UNIWERSALNY SŁOWNIK ANGIELSKO-POLSKI POLSKO-ANGIELSKI

Maria Szkutnik

UNIWERSALNY SŁOWNIK ANGIELSKO-POLSKI POLSKO-ANGIELSKI

UNIVERSAL ENGLISH-POLISH & POLISH-ENGLISH DICTIONARY

DELTA

Projekt okładki: Marta i Łukasz Dziubalscy

Komentarz gramatyczny: Leszek Szkutnik

Redaktorzy: Ewa Czerwińska i Ita Turowicz
Redaktor techniczny: Elżbieta Kacprzak
Korekta: Elżbieta Kijewska i Barbara Zamorska-Wieliczko

ISBN 83-7175-079-X

Skład i łamanie: »Coronei« Warszawa

Drukarnia Wydawnictw Naukowych S.A.
Łódź, ul. Żwirki 2

SPIS TREŚCI

WSTĘP

Słownik dwujęzyczny jest jedną z najważniejszych pomocy w procesie nauki języka obcego. Moim zamiarem było napisanie takiego słownika, którym użytkownik mógłby posługiwać się w sposób twórczy, zyskując możliwie jak najwięcej informacji co do podanych znaczeń i sposobu ich użycia. Nie mniej ważnym aspektem – szczególnie gdy użytkownikiem jest osoba początkująca – jest odpowiednie sprecyzowanie znaczenia oraz przykłady użycia wyrazu, gdyż tylko w kontekście wyraz naprawdę „żyje" i tylko z kontekstu można się domyślić jego prawdziwego znaczenia. Wiadomo bowiem, że języki tak do końca nie są przetłumaczalne, a odpowiednik polski stanowi tylko przybliżone znaczenie wyrazu angielskiego.

Wyboru haseł dokonano kierując się:

● częstotliwością występowania wyrazów

● przydatnością dla osoby wykształconej (przynajmniej na poziomie szkoły średniej), żyjącej w kręgu kultury europejskiej.

Uwzględniono również wiele wyrazów i pojęć, które stosunkowo niedawno pojawiły się w języku angielskim czy polskim, a już są szeroko stosowane.

Część angielsko-polska zawiera około 32 000 znaczeń. Część polsko-angielska jest obszerniejsza – obejmuje około 40 000 znaczeń. Prawie każde hasło ilustruje przynajmniej jeden przykład. Podano także wiele wyrażeń i zwrotów idiomatycznych.

Wszystkie przykłady spełniają następujące warunki:

● całkowita naturalność językowa

● wysoka przydatność w potocznym użyciu języka

● uwzględnienie – z jednej strony podobieństw obu języków, z drugiej zaś – różnic i tzw. pułapek językowych, co pomaga uniknąć typowych błędów.

Słownik zasadniczo jest słownikiem języka angielskiego, którym mówi się w Wielkiej Brytanii. Uwzględniono jednak niektóre ważne wyrazy czy zwroty charakterystyczne dla amerykańskiej odmiany angielskiego.

Przy każdym haśle w części angielsko-polskiej podano wymowę w międzynarodowej transkrypcji fonetycznej. Nowość stanowi zamieszczenie wymowy wyrazów angielskich również w części polsko-angielskiej, co jest dla użytkownika niezwykłym ułatwieniem i pozwala na natychmiastowe prawidłowe odczytanie i użycie wyrazu.

Poza częścią główną *Słownik* zawiera m.in.: spis nazw geograficznych, skrótów, wykaz jednostek miar i wag, mini-rozmówki angielsko-polskie, oraz szkicowo podany krótki zarys gramatyki angielskiej.

OBJAŚNIENIA ZNAKÓW TRANSKRYPCJI FONETYCZNEJ

Znaki transkrypcji	Najbardziej zbliżona głoska polska	Najważniejsze cechy głoski angielskiej, różne od najbardziej zbliżonej głoski polskiej
[i:]	i	dłuższe, bardziej otwarte
[ɪ]	y	między polskim „y" a „i"
[e]	e	jak w polskim „jeszcze"
[æ]	a	między polskim „a" i „e"
[ɑ:]	a	długie, tylnojęzykowe
[ɒ]	o	podobne do [ɑ:], ale krótkie, tylnojęzykowe
[ɔ:]	o	przymknięte, długie, tylnojęzykowe, wargi zaokrąglone
[ʊ]	u	krótkie, bardziej otwarte
[u:]	u	długie, wargi silnie zaokrąglone
[ʌ]	a	krótkie
[ɜ:]	e	długie, wargi neutralne, między polskim „e", „a" i „o"
[ə]	e	jak [ɜ:] tylko niezwykle krótkie, występuje w pozycjach nieakcentowanych

U w a g a: dwugłoski nie są zwykłymi zestawieniami dwóch głosek, ale całościami wymawianymi bez pauzy

[eɪ]	ej	
[əʊ]	ou	między „ou" i „eu"
[aɪ]	aj	
[aʊ]	au	
[ɔɪ]	oj	
[ɪə]	ia	dłuższe, głośniejsze „i" + krótkie, ciche „a" – zlane w jedno
[eə]	ea	dłuższe, głośniejsze „e" + krótkie, ciche „a" – zlane w jedno
[ʊə]	ua	dłuższe, głośniejsze „u" + krótkie, ciche „a" – zlane w jedno
[p]	p	jak w wyrazie „eksplozja"
[b]	b	
[t]	t	dziąsłowe (przód języka dotyka górnego dziąsła)
[d]	d	dziąsłowe
[k]	k	przydechowe
[g]	g	
[f]	f	

[v]	w	
[ð]	–	dźwięczne, ćwiczyć jak polskie „w" z językiem między zębami
[θ]	–	bezdźwięczne, ćwiczyć jak polskie „f" z językiem między zębami
[s]	s	dziąsłowe
[z]	z	dziąsłowe
[ʃ]	sz	zmiękczone, między „sz" i „ś"
[tʃ]	cz	zmiękczone, między „cz" i „ć"
[ʒ]	ż	zmiękczone, między „ż" i „ź"
[dʒ]	dż	zmiękczone, między „dż" i „dź"
[h]	h	przydechowe, ciche
[m]	m	
[n]	n	dziąsłowe
[ŋ]	ng	jak „n" w wyrazach „bank", „Anglia"
[r]	r	bez wibracji
[l]	l	dziąsłowe
[w]	u/ł	jak „ł" w potocznej polszczyźnie (nieaktorskie i niekresowe)
[j]	j	

SKRÓTY I ZNAKI OBJAŚNIAJĄCE, JAK KORZYSTAĆ ZE SŁOWNIKA

I. Lista skrótów

am. – amerykański
anat. – anatomia
arch. – architektura
biol. – biologia
bot. – botanika
bryt. – brytyjski
chem. – chemia
dosł. – dosłowny
dot. – dotyczy
ekon. – ekonomia
el. – elektryczny
farm. – farmakologia
fiz. – fizyka
fot. – fotografia
franc. – francuski
gram. – gramatyka
jęz. – językowy
komp. – komputerowy
kulin. – kulinarny
l.mn. – liczba mnoga
lotn. – lotnictwo
łac. – łaciński
mar. – marynarka
mat. – matematyka
med. – medycyna
min. – mineralogia
mot. – motoryzacja
muz. – muzyka
okr. – okrętowy
opt. – optyka
p. – patrz
pot. – potoczny
prawn. – prawo
przen. – przenośnia
psych. – psychologia
rel. – religia
sb – somebody (ktoś)
sb's – somebody's (czyjś)
sport. – sportowy
sth – something (coś)
szk. – szkolny
techn. – technika
wł. – włoski
wojsk. – wojskowy
wyd. – wydawniczy
zool. – zoologia

II. Część angielsko-polska

link^{1} [lɪŋk] ogniwo, więź; *The link between the past and the future.* – Ogniwo łączące przeszłość z przyszłością.
link^{2} [lɪŋk] łączyć; *A bridge links the two banks of the river.* – Most łączy dwa brzegi rzeki.

Cyframi umieszczonymi u góry hasła oznaczono wyrazy o tej samej pisowni, ale innym znaczeniu. Na ogół, choć nie zawsze, są to różne części mowy (np. rzeczownik i czasownik). Kolejność, w jakiej zostały umieszczone, odpowiada częstotliwości ich występowania.

line^{3} [laɪn] ❶ podszyć; **a jacket lined with fur** – kurtka podszyta futrem ❷ wysłać, wyścielić, wyłożyć
linen ['lɪnɪn] ❶ len, płótno ❷ bielizna

Kolejnymi cyframi arabskimi ❶, ❷, ❸... oznaczono w obrębie hasła odpowiedniki polskie o różnym znaczeniu.

◆ **let down** – (a) **let sb down** – zawieść kogoś; *He is very reliable, he won't let you down.* – On jest bardzo solidny/Można na nim polegać, nie zawiedzie cię. (b) **let down a skirt** – podłużyć spódnicę

◆ **let off** – (a) zwolnić, darować winę, ukarać łagodniej; *This criminal shouldn't be let off lightly.* – Temu przestępcy nie powinno się tak lekko darować winy. (b) zwolnić; *The children have been let off school earlier.* – Dzieci zostały zwolnione ze szkoły wcześniej.

Kolejnymi literami alfabetu (a), (b)..., oznaczono w podhasłach odpowiedniki polskie o różnym znaczeniu.

length [leŋθ] długość; *What is the length of the bridge?* – Jaka jest długość mostu? *The room is 5 metres in length.* – Pokój ma 5 metrów długości.

◆ **at length** – (a) szczegółowo, dokładnie; *We discussed the problem at length.* – Przedyskutowaliśmy ten problem szczegółowo. (b) wreszcie, w końcu; *He arrived at length.* – Wreszcie przyjechał.

Czarny romb jest symbolem oznaczającym zwroty lub znaczenia różniące się od znaczenia głównego i pozornie z nim nie związane.

look[1] [luk] ❶ patrzeć; *Look at that!* – Spójrz na to! *Look where you are going!* – Patrz, gdzie idziesz! *I looked everywhere but couldn't find it.* – Patrzyłam/Szukałam wszędzie, ale nie mogłam tego znaleźć. **to look someone in the eye/in the face** – spojrzeć komuś w oczy/w twarz ❷ wyglądać; *You look happy today.* – Wyglądasz dziś na szczęśliwego. *She looks like her mother.* – Ona wygląda jak jej matka. *The situation looks hopeless.* – Sytuacja wygląda na beznadziejną. *What does he look like?* – Jak on wygląda? *It looks like rain./It looks as if it will rain.* – Wygląda na to, że będzie padać.

◆ **look after** – opiekować się; *Who looks after the children when you go to work?* – Kto opiekuje się dziećmi, kiedy idziesz do pracy? *You must look after yourself.* – Musisz na siebie uważać.

Tak również oznaczono czasowniki dwu- lub trzyczęściowe, tzw. "phrasal verbs".

moor [muə] / **moorland** ['muələnd] wrzosowisko

Kreską ukośną (/) oznaczono alternatywę – wyrazy lub grupy wyrazów, które można stosować wymiennie.

quick[2] [kwɪk] / **quickly** ['kwɪklɪ] szybko; *Come here quick/quickly!* – Chodź tu szybko! *He hopes to get rich quick.* – On ma nadzieję szybko stać się bogatym.

line[2] [laɪn] ❶ obramować, ustawić (się) rzędem, ustawić (się) w szpaler; **a tree-lined street** – ulica ze szpalerem drzew; *Thousands of people lined the streets.* – Tysiące ludzi ustawiły się szpalerem wzdłuż ulic. ❷ poliniować, nakreślić linie; *His face was lined with age.* – Jego twarz była poorana bruzdami/pokryta zmarszczkami ze starości.

W nawiasach okrągłych ( ) podano elementy, które czasami w przypadku niektórych znaczeń, można pominąć.

ledge [ledʒ] wąska półka, występ (*w ścianie, skale itp.*); **a window ledge** – parapet

Kursywą w nawiasie podano szczegółowe wyjaśnienia lub też dodatkowe informacje.

legend ['ledʒənd] ❶ mit, legenda; **the Greek legends** – mity greckie ❷ legenda (*objaśnienie rysunku, mapy itp.*)

lose [lu:z] **(lost, lost** [lost, lost]**)** ❶ stracić; *He has lost his job.* – Stracił pracę. *There is not a moment to lose.* – Nie ma chwili do stracenia. **to lose a chance** – stracić szansę; **to lose weight** – stracić na wadze ❷ zgubić; *I've lost my keys.* – Zgubiłem klucze. **to get lost** – zgubić się; *They got lost in the mountains.* – Zagubili się w górach. ❸ przegrać; **to lose a match/a battle** – przegrać mecz/bitwę; *Our team lost by three points.* – Nasza drużyna przegrała trzema punktami.

formy czasowników nieregularnych

led [led] *p.* **lead**[1] **(led, led)**

Formy czasowników nieregularnych podawane są zawsze, nawet gdy jest odsyłacz do hasła głównego.

magnify ['mægnıfaı] **(-ies, -ied, -ying)** ❶ powiększyć; **to magnify a photograph** – powiększyć fotografię ❷ wyolbrzymiać, przesadzać; **to magnify dangers** – wyolbrzymiać niebezpieczeństwa

formy trzeciej osoby liczby pojedynczej czasu przeszłego i imiesłowu czynnego czasowników regularnych zmieniających pisownię, np.:
magnify – *bezokolicznik*
magnifies – *trzecia osoba l.poj.*
magnified – *forma czasu przeszłego i imiesłów bierny*
magnifying – *imiesłów czynny i rzeczownik odsłowny*

stop[1] [stɒp] **(-pp-)** ❶ zatrzymać się, zatrzymać; *He stopped his car.* – Zatrzymał samochód. *The train stopped at the station.* – Pociąg zatrzymał się na stacji. *They stopped to look at the shopwindow.* – Zatrzymali się, żeby popatrzeć na wystawę. ❷ przestać; *They stopped working.* – Przestali pracować. ❸ powstrzymać; *How can you stop her from smoking?* – Jak można ją powstrzymać od palenia?

podwajanie spółgłoski niektórych czasowników regularnych, np.:
stop – *bezokolicznik*
stopped – *forma czasu przeszłego i imiesłów bierny*
stopping – *imiesłów czynny i rzeczownik odsłowny*

shut[1] [ʃʌt] **(-tt-)** **(shut, shut** [ʃʌt, ʃʌt]) ❶ zamknąć; *Please shut the door.* – Proszę, zamknij drzwi. ❷ zamknąć się; *The door shut silently.* – Drzwi zamknęły się cicho.

podwajanie spółgłoski niektórych czasowników nieregularnych przy tworzeniu imiesłowu czynnego czy rzeczownika odsłownego, np.:
shut – *bezokolicznik*
shutting – *imiesłów czynny i rzeczownik odsłowny*

mouse [maʊs] (*l.mn.* **mice** [maıs]) ❶ mysz ❷ *komp.* mysz

loaf [ləʊf] (*l.mn.* **loaves** [ləʊvz]) bochenek; **a loaf of bread** – bochenek chleba

nieregularna forma liczby mnogiej rzeczowników – wraz z wymową

lorry ['lɒrı] (*l.mn.* **lorries**) ciężarówka

regularna forma liczby mnogiej rzeczowników, gdy następuje zmiana pisowni – nie podaje się wtedy wymowy przy liczbie mnogiej

little² [lɪtl] **(less, least)** mało; *He has little free time.* – On ma mało wolnego czasu. *He has little to say.* – On ma mało/niewiele do powiedzenia. *There is little hope.* – Prawie nie ma nadziei.

stopień wyższy i najwyższy przymiotników i przysłówków stopniujących się w sposób nieregularny

bad [bæd] **(worse, worst** [wɜ:s, wɜ:st]**)** ❶ zły, niedobry; **a bad teacher** – zły nauczyciel; **bad manners** – złe maniery; **a bad taste** – zły gust; **to develop a bad habit** – wpaść w nałóg

mad [mæd] **(-dd-)** szalony, obłąkany; **to go mad** – oszaleć/zwariować; **to drive sb mad** – doprowadzić do szału; *She is mad about pop music.* – Ona szaleje na punkcie muzyki pop. **to be mad with sb** – być na kogoś wściekłym; *He was mad with me for coming late.* – Był na mnie wściekły, że się spóźniłem.

podwojenie spółgłoski w stopniu wyższym i najwyższym przymiotników stopniujących się w sposób regularny
mad – madder – maddest

pretty² ['prɪtɪ] **(-ier, -iest)** ładny; **a pretty girl** – ładna dziewczyna; *We are in a pretty mess.* – Jesteśmy w ładnych tarapatach. *It cost a pretty penny.* – To kosztowało ładny grosz.

zmiana pisowni w stopniu wyższym i najwyższym przymiotników stopniujących się w sposób regularny
pretty – pretter – prettiest

III. Część polsko-angielska

bal¹ *(zabawa)* ball [bɔ:l]; **bal kostiumowy** – a fancy-dress ball
bal² *(pień drzewa)* log [lɒg]

Wyrazy o takim samym brzmieniu, lecz o różnych znaczeniach potraktowano jako oddzielne hasła.

koncert ❶ *(impreza)* concert ['kɒnsət]; **dać koncert** – to give a concert; **iść na koncert** – to go to a concert; *Spotkaliśmy się na koncercie.* – We met at the concert. ❷ *(utwór)* concerto [kən'tʃeətəʊ]; **koncert fortepianowy** – a piano concerto

Kolejnymi cyframi arabskimi oznaczono w obrębie hasła odrębne znaczenia.

byle ❶ (*pod warunkiem, dopóki*) provided [prə'vaɪdɪd], as long as [əz'lɒŋəz]; *Może być gorzej, byle tanio.* – It may be worse, provided it's cheap./Let it be worse, as long as it's cheap. ❷ **byle co** – it doesn't matter what; **byle kto** – it doesn't matter who; **byle gdzie** – it doesn't matter where; **byle jak** – (a) (*nieporządnie*) carelessly/in a slovenly way; (b) (*w jakikolwiek sposób*) it doesn't matter how/any way you like

Kolejnymi literami alfabetu w nawiasach oznaczono w podhasłach ❶, ❷, itd. odpowiedniki angielskie o różnym znaczeniu.

baczność attention [ə'tenʃn]; **stanąć na baczność** – to come to attention; **stać na baczność** – to stand at/to attention
◆ **mieć się na baczności** – to be on one's guard

amen amen [ɑ:'men/eɪ'men]
◆ **na amen** – for good/completely; **jak amen w pacierzu** – dead sure/for certain

Czarnym rombem oznaczono zwroty i znaczenia różne od znaczenia hasła głównego.

burzyć (*niszczyć*) demolish [dɪ'mɒlɪʃ], pull down [pʊl'daʊn], destroy [dɪ'strɔɪ]; *Dzielnica slumsów została wyburzona.* – The slum district has been demolished/pulled down. *Dom został zburzony przez bomby.* – The house was destroyed by bombs. **burzyć spokój** – to shatter the peace

burta side [saɪd]; **lewa/prawa burta** – port/starboard side; **wyrzucić za burtę** – to throw overboard; **człowiek za burtą** – man overboard

Kreską ukośną (/) oznaczono albo alternatywę – wyrazy lub grupy wyrazów, które można stosować wymiennie (**demolished = pulled down**), bądź też elementy znaczeniowo różne. Kreska ukośna pozwala tu uniknąć niepotrzebnych powtórzeń (**lewa/prawa burta** – port/starboard side = **lewa burta** – port side; **prawa burta** – starboard side).

buntowniczy mutinous ['mju:tɪnəs], rebellious [rɪ'beljəs]; **buntownicze zachowanie** – mutinous/rebellious behaviour
buntownik mutineer [mju:tɪ'nɪə], rebel ['rebl]
burak beet [bi:t], beetroot ['bi:tru:t]; **burak cukrowy** – sugar-beet
burmistrz mayor [meə]

W nawiasach kwadratowych [ ] podano wymowę wyrazów angielskich.

kompromitować się compromise oneself ['kɒmprəmaɪz-], be discredited; *Rząd skompromitował się tym skandalem.* – The government was discredited by the scandal.

Wymowa wyrazów angielskich podana jest w większości haseł, czasem jednak w sposób niepełny. Kreseczka oznacza element, który został pominięty (tu np. nie podano wymowy "oneself").

bąk ❶ (*owad*) bumble-bee ['bʌmbl bi:] ❷ (*zabawka*) humming-top ['hʌmɪŋ tɒp]

beczeć ❶ (*o owcy*) bleat [bli:t] ❷ (*płakać*) blubber ['blʌbə], weep [wi:p]

biblioteczka (*szafka*) book-case ['bʊkkeɪs]

W nawiasach okrągłych kursywą podano szczegółowe wyjaśnienia lub dodatkowe informacje uściślające znaczenie hasła.

analfabeta illiterate (person) [ɪ'lɪtərət-]

W nawiasach okrągłych podano elementy, które można pominąć (analfabeta = illiterate lub illiterate person).

W słowniku zawarto szereg informacji gramatycznych.

analiza analysis, *l.mn.* analyses [ə'næləsɪs, ə'næləsi:z]; **robić analizę** – to make an analysis

Podawana jest zawsze nieregularna liczba mnoga rzeczowników wraz z wymową.

bębnić drum (mm) [drʌm]; **bębnić palcami po stole** – to drum on the table with one's fingers; *Deszcz bębni o szybę.* – The rain is drumming against the window.

Niektóre czasowniki regularne podwajają spółgłoskę w czasie przeszłym i przy tworzeniu imiesłowu. Podwojenie spółgłosek jest podane w nawiasach (**drum** – bezokolicznik, **drummed** – forma czasu przeszłego i imiesłowu biernego, **drumming** – forma imiesłowu czynnego)

bić ❶ (*uderzać*) beat (beat, beaten) [bi:t, bi:t, 'bi:tn], strike (struck, struck) [straɪk, strʌk, strʌk]; **bić w bęben** – to beat the drum; **pobić kogoś do nieprzytomności** – to beat sb unconscious; *Jego serce ciągle jeszcze bije.* – His heart is still beating. *Zegar właśnie wybił trzecią.* – The clock has just struck three. **ubić jajka** – to beat the eggs up; **bić brawo** – to clap one's hands/to applaude; **bić w dzwony** – to ring/peal the bells; **bić na alarm** – to sound the alarm ❷ (*pokonać*) beat (beat, beaten) [bi:t, bi:t, 'bi:tn]; *Pobił mnie w szachach.* – He beat me at chess. **bić rekordy** – to beat records ❸ (*zabijać zwierzęta*) slaughter ['slɔ:tə]

bić się fight (fought, fought) [faɪt, fɔ:t, fɔ:t]; **bić się z myślami** – to be in two minds; **bić się na wojnie** – to fight in a war; *Przestańcie się bić!* – Do stop fighting!

W przypadku czasowników nieregularnych zawsze podawane są trzy jego formy wraz z wymową.

daleki far (farther, farthest/further, furthest) [fɑ:, fɑ:ðə, fɑ:ðɪst/'fɜ:ðə, fɜ:ðɪst]; far-off [fɑ:r'ɒf], far-away ['fɑ:rəweɪ], distant ['dɪstnt], remote [rɪ'məʊt]; **daleki kraj** – a far/a far-off country; **daleki horyzont** – the distant horizon; **Daleki Wschód** – the Far East; **w dalekiej przyszłości** – in the distant/remote future; *On jest moim dalekim kuzynem.* – He is a distant cousin of mine.

Podano stopień wyższy i najwyższy niektórych przymiotników i przysłówków stopniujących się w sposób nieregularny.

ANGIELSKO-POLSKI
ENGLISH-POLISH

a

a [ə] **/ an** [ən/n] *gram.* przedimek nieokreślony

abandon [ə'bændən] ❶ zostawić, porzucić, opuścić; *The captain gave the order to abandon ship.* – Kapitan wydał rozkaz opuszczenia statku. *He abandoned his family and emigrated to America.* – Porzucił rodzinę i wyemigrował do Ameryki. ❷ zaniechać, zrezygnować; *We abandoned all hope.* – Całkiem straciliśmy nadzieję.

abbey ['æbɪ] opactwo; **Westminster Abbey** – Opactwo Westminsterskie

abbreviate [ə'bri:vɪeɪt] skrócić; *The word "advertisement" is often abbreviated to "ad".* – Wyraz „advertisement" jest często skracany do „ad".

abbreviation [ə,bri:vi'eɪʃn] skrót; *Mon is an abbreviation for "Monday".* – „Mon" jest skrótem „Monday".

ability [ə'bɪləti] (*l.mn.* **abilities**) ❶ zdolności, umiejętności; **a person of many abilities** – osoba o wielu umiejętnościach ❷ możliwość, zdolność; *She has the ability to study medicine.* – Jest na tyle zdolna, że może studiować medycynę. *She had a remarkable ability to remember telephone numbers.* – Miała niezwykłą zdolność zapamiętywania numerów telefonów.

able ['eɪbl] zdolny, będący w stanie, mogący; **to be able to do sth** – być w stanie/móc coś zrobić; *I won't be able to come.* – Nie będę mógł przyjść.

aboard [ə'bɔ:d] na pokładzie, na pokład; *All aboard!* – Wszyscy na pokład! **to go aboard a ship/a plane/a train** – wejść na pokład statku/samolotu/do pociągu

abolish [ə'bɒlɪʃ] obalić, znieść; **to abolish slavery** – znieść niewolnictwo

abolition [,æbə'lɪʃn] zniesienie, abolicja

about [ə'baʊt] ❶ o; *I'm thinking about you.* – Myślę o tobie. *What are you talking about?* – O czym rozmawiacie? ❷ tu i tam, naokoło; *The letters were lying about on the floor.* – Listy leżały porozrzucane po (całej) podłodze. ❸ około; *He arrived about midnight.* – Przybył około północy. *It'll cost about £100.* – To będzie kosztować około stu funtów. ❹ gdzieś tu, niedaleko; *There is no-one about.* – Nie ma tu nikogo (w pobliżu).

◆ **to be about to do sth** – właśnie mieć coś zrobić; *The train was about to depart.* – Pociąg właśnie miał odjechać. *We were about to leave when the telephone rang.* – Właśnie mieliśmy wyjść, kiedy zadzwonił telefon.

◆ **How about?/What about?** – A co jeżeli chodzi o?/A może byśmy? *How about going to the cinema tonight?* – A może byśmy tak poszli do kina dziś wieczorem?

above[1] [ə'bʌv] powyżej, ponad, nad; *There was a painting above the fireplace.* – Nad kominkiem wisiał obraz. *The plane was flying above the clouds.* – Samolot leciał nad chmurami. **children above 10 years of age** – dzieci powyżej 10 roku życia; *It'll*

cost above £100. – To będzie kosztować powyżej 100 funtów.
◆ **above all** – (a) nade wszystko; *She likes travelling above all.* – Ona nade wszystko lubi podróżować. (b) przede wszystkim; *She is a hard-working person and, above all, she has talent.* – Ona jest pracowita, a przede wszystkim ma talent.

above^{2} [ə'bʌv] powyżej, położony powyżej; *I heard somebody moving in the flat above.* – Słyszałam, jak ktoś chodzi w mieszkaniu powyżej. **children aged 12 and above** – dzieci w wieku 12 lat i powyżej

abroad [ə'brɔ:d] za granicą, za granicę; *They go abroad every summer.* – Wyjeżdżają za granicę każdego lata. *She lives abroad.* – Ona mieszka za granicą.

absence ['æbsns] nieobecność; *They made the decision in my absence.* – Podjęli tę decyzję w czasie mojej nieobecności/pod moją nieobecność.

absent ['æbsnt] nieobecny; **to be absent from school/from work** – być nieobecnym w szkole/w pracy

absent-minded [,æbsnt'maındıd] roztargniony

absolute ['æbsəlu:t] ❶ całkowity, absolutny, zupełny; *I have absolute trust in him.* – Mam do niego całkowite zaufanie. **absolute monarchy** – monarchia absolutna ❷ bezwzględny; **absolute zero** – zero bezwzględne

absolutely ['æbsəlu:tlı] całkowicie, absolutnie, zupełnie; *You're absolutely right.* – Masz całkowitą rację.

absorb [əb'sɔ:b] ❶ absorbować, wchłaniać; *This kind of cloth absorbs water easily.* – Ten rodzaj tkaniny łatwo wchłania wodę. ❷ absorbować, pochłaniać; *She is absorbed in her work.* – Ona jest pochłonięta pracą.

abstract ['æbstrækt] abstrakcyjny; **abstract art** – sztuka abstrakcyjna; **an abstract painting** – obraz abstrakcyjny

absurd [əb'sɜ:d] absurdalny, śmieszny; *It's absurd.* – To bzdura/nonsens. *Don't be absurd!* – Nie bądź śmieszny!

abundance [ə'bʌndəns] duża ilość, obfitość; *There was fruit in abundance.* – Owoców było mnóstwo./Owoce były w obfitości.

abuse^{1} [ə'bju:s] ❶ nadużywanie; **drug abuse** – nadużywanie leków/narkomania ❷ złe traktowanie, wykorzystywanie, znęcanie się; **child abuse** – znęcanie się nad dziećmi ❸ obelgi, zniewagi; **to shout abuse at sb** – ubliżać komuś

abuse^{2} [ə'bju:z] ❶ nadużywać; **to abuse sb's trust** – nadużyć czyjegoś zaufania ❷ obrzucać obelgami, znieważać ❸ źle traktować

academic [,ækə'demık] ❶ akademicki; **the academic year** – rok akademicki ❷ akademicki, teoretyczny; *It's an academic question.* – To jest pytanie teoretyczne.

academy [ə'kædəmı] (*l.mn.* **academies**) akademia, uczelnia; **the Royal Academy of Music** – Królewska Akademia Muzyczna

accelerate [ək'seləreıt] przyspieszać; *She accelerated and overtook the lorry in front of her.* – Przyspieszyła i wyprzedziła ciężarówkę jadącą przed nią. *Sunshine accelerates the growth of plants.* – Słońce powoduje szybszy wzrost roślin.

acceleration [ək,selə'reıʃn] przyspieszenie

accelerator [ək'seləreıtə] ❶ *mot.* pedał gazu; **to put the foot down on the accelerator** – nacisnąć pedał gazu ❷ *fiz./chem.* akcelerator

accent^{1} ['æksent] ❶ akcent, sposób wymawiania wyrazów; **to speak with a strong foreign accent** – mówić z silnym obcym akcentem ❷ akcent, nacisk; **to place/to put the accent on the first syllable** – akcentować pierwszą sylabę

accent^{2} [æk'sent] akcentować

accept [ək'sept] ❶ przyjąć, zaakceptować; **to accept a present** – przyjąć prezent; **to accept an invitation** – przyjąć zaproszenie ❷ zgodzić się, zaakceptować; *I can't accept your decision.* – Nie mogę zaakceptować twojej decyzji. ❸ pogodzić się z, zaakceptować; *She can't accept that her husband has left her.* – Ona nie może się pogodzić z tym, że mąż ją opuścił.

acceptable [ək'septəbl] możliwy do przyjęcia; *His proposal wasn't acceptable to us.* – Jego propozycja była dla nas nie do przyjęcia.

acceptance [ək'septəns] akceptacja

access ['ækses] dostęp; *Students must have access to computers.* – Studenci muszą mieć dostęp do komputerów. *We have access to the lake from our garden.* – Z naszego ogrodu mamy dostęp do jeziora.

accessible [ək'sesəbl] dostępny; *The beach is accessible only by boat.* – Plaża jest dostępna tylko od strony morza/jeziora. *Unfortunately some drugs are easily/readily accessible.* – Niestety, niektóre narkotyki są łatwo dostępne.

accident ['æksɪdənt] ❶ wypadek; **a car accident** – wypadek samochodowy; **to have an accident** – ulec wypadkowi ❷ przypadek; **by accident** – przypadkowo

accidental [ˌæksɪ'dentl] przypadkowy

accommodation [əˌkɒmə'deɪʃn] lokum, miejsce do mieszkania, kwatera; *They managed to find cheap accomodation.* – Udało im się znaleźć tanie lokum.

accompany [ə'kʌmpənɪ] **(-ies, -ied, -ying)** ❶ towarzyszyć; *He accompanied us on our hiking expeditions.* – Towarzyszył nam w naszych wędrówkach. ❷ współwystępować; *Economic crisis is usually accompanied by social unrest.* – Kryzysowi ekonomicznemu zazwyczaj towarzyszą niepokoje społeczne. ❸ akompaniować; *She sang, he accompanied her on the piano.* – Ona śpiewała, on jej akompaniował na pianinie.

accomplish [ə'kʌmplɪʃ] wykonać, dokonać; **to accomplish the task** – wykonać zadanie; **to accomplish the goal** – osiągnąć cel; *He had a feeling that he had accomplished nothing in all his life.* – Miał uczucie, że niczego nie dokonał w swoim życiu.

accord [ə'kɔːd]:
of one's own accord – samemu, bez niczyjej interwencji; *He resigned of his own accord.* – Sam zrezygnował.

according [ə'kɔːdɪŋ]:
according to – zgodnie z, według; *She put the books on the shelf according to size.* – Ułożyła książki na półce według wielkości. *According to Julia, they are getting divorced.* – Zgodnie z tym, co mówi Julia, rozwodzą się.

account [ə'kaʊnt] ❶ rachunek (*bankowy*), konto; **to have/to open an account with a bank** – mieć/otworzyć rachunek w banku; **to pay money into the bank account** – wpłacić pieniądze na konto bankowe ❷ **accounts** – rachunki, rachunkowość, księgowość; **to keep the accounts** – prowadzić księgowość ❸ sprawozdanie, raport, relacja; *He gave a long account of what had happened.* – Podał obszerną relację z tego, co się stało.

◆ **on account of** – z powodu

◆ **on no account** – w żadnym wypadku, pod żadnym pozorem; *On no account can you believe him.* – W żadnym wypadku nie możesz mu (u)wierzyć.

◆ **to take sth into account** – brać coś pod uwagę; *You must take his age into account.* – Musisz wziąć pod uwagę jego wiek.

◆ **to take no account of sth** – nie zwracać na coś uwagi

accountant [ə'kaʊntənt] księgowy

accurate ['ækjʊrət] ❶ dokładny, ścisły; *Her description was accurate in every detail.* – Jej opis był dokładny w każdym szczególe. **to be accurate in one's work** – być dokładnym w pracy; **to be accurate in predicting the weather** – dokładnie prognozować pogodę ❷ (*o strzale*) celny; **an accu-**

a

rate shot by Maradona – celny strzał Maradony

accusation [ˌækju:ˈzeɪʃn] posądzenie, oskarżenie; *Several accusations were made against him.* – Wysunięto przeciw niemu szereg oskarżeń. **an unfounded accusation** – bezpodstawne oskarżenie

accuse [əˈkju:z] oskarżać; **to be accused of murder** – być oskarżonym o morderstwo

accustom [əˈkʌstəm] przyzwyczaić; **to get accustomed to** – przyzwyczaić się; *He accustomed himself to the hot climate.* – Przyzwyczaił się do gorącego klimatu.

ace [eɪs] as (*w kartach*); **the ace of diamonds** – as karo

ache[1] [eɪk] boleć; *My legs and arms ached after a long climb.* – Po długiej wspinaczce bolały mnie nogi i ramiona.

ache[2] [eɪk] ból; **backache** – ból kręgosłupa; **toothache** – ból zęba; **headache** – ból głowy; **earache** – ból ucha; *I have a headache.* – Boli mnie głowa.

achieve [əˈtʃi:v] osiągnąć, uzyskać; **to achieve one's aim** – osiągnąć swój cel

achievement [əˈtʃi:vmənt] osiągnięcie; *This discovery was his greatest achievement.* – To odkrycie było jego największym osiągnięciem.

acid[1] [ˈæsɪd] *chem.* kwas

acid[2] [ˈæsɪd] kwaśny; **acid rain** – kwaśny deszcz; *It has an acid taste.* – To ma kwaśny smak.

acknowledge [əkˈnɒlɪdʒ] ❶ przyznać, uznać; *He refused to acknowledge that he had made a mistake.* – Nie chciał przyznać, że popełnił błąd. ❷ potwierdzić; **to acknowledge a letter** – potwierdzić otrzymanie listu ❸ wyrazić uznanie, uznać czyjś wkład; *In the preface the author acknowledged the help of his assistants.* – W przedmowie autor podziękował za pomoc swoim asystentom.

acknowledgement [əkˈnɒlɪdʒmənt] ❶ przyznanie (się), uznanie ❷ potwierdzenie (*odbioru*) ❸ uznanie czyjegoś wkładu, przyznanie się do korzystania z czyjejś pomocy; **acknowledgements** – podziękowania (*zwykle na początku książki za możliwość z korzystania z czyjejś pomocy*)

acorn [ˈeɪkɔ:n] *bot.* żołądź

acquaintance [əˈkweɪntəns] znajomy, osoba znajoma; *He's not a friend of mine, he is only an acquaintance.* – On nie jest moim przyjacielem, jest tylko znajomym. **to make sb's acquaintance** – poznać kogoś/zawrzeć z kimś znajomość

acquire [əˈkwaɪə] zdobyć, nabyć, przyswoić sobie; **to acquire a knowledge of a language** – poznać język/nauczyć się języka

acre [ˈeɪkə] akr (*jednostka powierzchni = 0,405 ha*)

acrobat [ˈækrəbæt] akrobata

acrobatic [ˌækrəˈbætɪk] akrobatyczny

acrobatics [ˌækrəˈbætɪks] akrobatyka

across [əˈkrɒs] ❶ przez, poprzez; **to walk across the street** – przejść przez ulicę ❷ po drugiej stronie, po przeciwnej stronie; **the house across the street** – dom po przeciwległej/przeciwnej stronie ulicy

act[1] [ækt] ❶ czyn, uczynek; **an act of kindness/a kind act** – akt dobroci; **an act of bravery/a brave act** – akt odwagi; **in the act of** – w trakcie; *He caught the thieves in the act of stealing his car.* – Przyłapał złodziei w trakcie kradzieży samochodu. ❷ akt (*część sztuki teatralnej*); **a one-act play** – jednoaktówka ❸ uchwała, ustawa; **an Act of Parliament** – uchwała Parlamentu

act[2] [ækt] ❶ działać, czynić; *We had to act quickly.* – Musieliśmy działać szybko. **to act as sb** – spełniać funkcje/działać jako; *She acted as manager when her boss was on holiday.* – Pełniła funkcję kierownika, kiedy jej szef był na wakacjach. ❷ grać (*w sztuce, w filmie*); *He acted (the part of) Hamlet.* – On grał (rolę) Hamleta.

acting¹ ['æktɪŋ] pełniący (czyjeś) obowiązki, działający w zastępstwie; **acting manager** – zastępca kierownika

acting² ['æktɪŋ] gra aktorska, aktorstwo, występowanie na scenie; *She did some acting when she was at school.* – Będąc w szkole występowała trochę na scenie.

action ['ækʃn] ❶ działanie; *Now is the time for action.* – Teraz pora działać. **to take action** – podjąć działanie; **to put a plan into action** – wprowadzić plan w życie; **in action** – (*o maszynie*) działający; **out of action** – (*o maszynie*) zepsuty ❷ akcja (*filmu, powieści*); *The action of the film takes place in Australia.* – Akcja filmu rozgrywa się w Australii. ❸ proces, postępowanie sądowe; **to take legal action against sb/to bring an action against sb** – wytoczyć komuś proces/podać kogoś do sądu

active ['æktɪv] ❶ aktywny, czynny; *He is very active for his age.* – On jest bardzo aktywny jak na swój wiek. **to be active in politics** – brać czynny udział w polityce; **an active volcano** – czynny wulkan ❷ *gram.* czynny; **the active voice** – strona czynna

activity [æk'tɪvətɪ] (*l.mn.* **activities**) ❶ aktywność, ożywienie; **political/industrial activity** – ożywienie polityczne/gospodarcze ❷ czynność, zajęcie, działanie; *Her numerous activities leave her little time for reading.* – Liczne zajęcia zostawiają jej niewiele czasu na czytanie.

actor ['æktə] aktor

actress ['æktrɪs] aktorka

actual ['æktʃʊəl] prawdziwy, rzeczywisty, faktyczny; **in actual fact** – faktycznie/w rzeczywistości; *The actual cost of the renovation was much higher.* – Faktyczny koszt remontu był dużo wyższy./W rzeczywistości koszty remontu były dużo wyższe.

actually ['æktʃʊəlɪ] ❶ właściwie, w rzeczywistości; *What actually happened?* – Co się właściwie stało? ❷ właściwie, jeżeli chodzi o ścisłość, faktycznie; *Actually, I hardly know him.* – Jeżeli chodzi o ścisłość, prawie go nie znam.

acute [ə'kju:t] ostry; **an acute angle** – kąt ostry; **acute pain** – ostry ból; **acute eyesight** – znakomity wzrok

ad [æd] **/ advertisement** *pot.* ogłoszenie, reklama

adapt [ə'dæpt] przystosować, adaptować; *He couldn't adapt (himself) to living in new contidions.* – Nie mógł przystosować się do życia w nowych warunkach. **to adapt a novel for the stage/television** – adaptować powieść do potrzeb sceny/telewizji

adaptation [ˌædæp'teɪʃn] ❶ przystosowanie (się), dostosowanie (się), adaptacja; **adaptation to new environment** – adaptacja w nowym środowisku ❷ adaptacja, przeróbka (*np. na scenę*); **an adaptation of a novel for television** – telewizyjna adaptacja powieści

add [æd] dodać; *Add two spoonfuls of sugar to the mixture.* – Dodaj dwie łyżki cukru do mieszaniny. *If you add 3 and 4, you get 7.* – Jeżeli dodasz 3 i 4, otrzymasz 7. *"And don't forget to phone him", he added.* – I nie zapomnij do niego zadzwonić – dodał.

addict ['ædɪkt] nałogowiec; **a drug addict** – narkoman

addicted [ə'dɪktɪd] uzależniony (*od środków narkotycznych*); **to be addicted to heroin** – być uzależnionym od heroiny

addiction [ə'dɪkʃn] uzależnienie, narkomania; **heroin addiction** – uzależnienie od heroiny

addition [ə'dɪʃn] ❶ dodawanie; *Children learn addition and subtraction.* – Dzieci uczą się dodawania i odejmowania. ❷ dodatek; **in addition** – w dodatku/ /dodatkowo

additional [ə'dɪʃənl] dodatkowy

address¹ [ə'dres] ❶ adres; *She still lives at that address.* – Ona ciągle mieszka pod tym adresem. *His address is 12*

a

Wigmore Street. – Jego adres to Wigmore Street 12. ❷ przemówienie; **to give an address** – wygłosić przemówienie

address² [ə'dres] ❶ adresować; **to address a letter to sb** – zaadresować list do kogoś ❷ tytułować, zwracać się do kogoś; *Should I address him as "Sir" or as "Professor"?* – Czy mam się do niego zwracać per „sir", czy per „profesor"? ❸ przemawiać; *He addressed the meeting.* – Przemówił do zgromadzonych.

adequate ['ædɪkwət] odpowiedni, dostateczny; *She complained she hadn't got adequate pay for her work.* – Narzekała, że nie otrzymała odpowiedniej/dostatecznej zapłaty za swoją pracę.

adjective ['ædʒɪktɪv] *gram.* przymiotnik

adjust [ə'dʒʌst] ❶ przystosować, dostosować; *She adjusted her driving mirror.* – Ustawiła lusterko w samochodzie. ❷ poprawić; *He adjusted his tie.* – Poprawił krawat. ❸ przystosować (się), dostosować (się); *He can't adjust/get adjusted to the hot climate.* – On nie może się przystosować do gorącego klimatu. *After a few moments our eyes adjusted to the bright sunlight.* – Po kilku chwilach nasze oczy przywykły do blasku słońca.

administration [əd,mɪnɪ'streɪʃn] administracja, zarząd, zarządzanie; **the school administration** – zarządzanie szkołą

admiral ['ædmərəl] admirał

admiration [,ædmə'reɪʃn] podziw; *She sang so beautifully that we were filled with admiration.* – Śpiewała tak pięknie, że byliśmy pełni podziwu.

admire [əd'maɪə] podziwiać; *I admire her for her patience.* – Podziwiam ją za jej cierpliwość.

admission [əd'mɪʃn] ❶ wstęp; *Admission free.* – Wstęp wolny/bezpłatny. *There is no admission to the museum after 6 p.m.* – Po godzinie 18 do muzeum nie ma wstępu. ❷ przyjęcie; *He applied for admission to university.* – Ubiegał się o przyjęcie na uniwersytet. ❸ przyznanie się; **an admission of guilt** – przyznanie się do winy

admit [əd'mɪt] **(-tt-)** ❶ przyznać (się); *I admit I was wrong.* – Przyznaję, że się myliłem. **to admit one's guilt** – przyznać się do winy ❷ wpuścić; *Children are not admitted to night-clubs.* – Dzieci nie są wpuszczane do nocnych lokali. ❸ przyjąć; **to be admitted to hospital/to university** – zostać przyjętym do szpitala/na uniwersytet

adolescence [,ædə'lesns] wiek dojrzewania, wiek młodzieńczy

adolescent [,ædə'lesnt] chłopiec lub dziewczyna w wieku dojrzewania (*od 13 do 18 lat*)

adopt [ə'dɒpt] ❶ adoptować; **to adopt a child** – adoptować dziecko ❷ przyjąć, zastosować; **to adopt a new strategy** – przyjąć nową strategię

adoption [ə'dɒpʃn] ❶ adopcja ❷ przyjęcie, zastosowanie

adore [ə'dɔ:] uwielbiać; *He simply adores his wife.* – On po prostu uwielbia swoją żonę.

adult¹ ['ædʌlt] dorosły, osobnik dorosły; *This film is for adults only.* – To jest film tylko dla dorosłych.

adult² ['ædʌlt] ❶ dotyczący osób dorosłych; **an adult ticket** – bilet dla osoby dorosłej; **adult education** – kształcenie dorosłych; *He spent his adult life abroad.* – On spędził swe dorosłe życie za granicą. ❷ dojrzały, dorosły; **an adult male** – dorosły/dojrzały samiec

advance¹ [əd'vɑ:ns] ❶ postęp, posuwanie się naprzód; **recent advances in science** – ostatnie postępy w nauce ❷ zaliczka, zadatek; *He asked for a £100 advance on his salary.* – Poprosił o sto funtów tytułem zaliczki.

◆ **in advance** – z góry, naprzód; *Let me know in advance.* – Proszę mi dać znać z wyprzedzeniem.

advance² [əd'vɑ:ns] (*zrobiony*) z góry, z wyprzedzeniem; **an advance payment** – zapłata z góry, zaliczka

advance³ [əd'vɑ:ns] ❶ poruszać się naprzód; *The troops have advanced into the enemy's territory.* – Oddziały wojska weszły w głąb terytorium wroga. ❷ robić postępy, rozwijać się; *We have advanced greatly in scientific research.* – Zrobiliśmy duże postępy w badaniach naukowych. ❸ posuwać naprzód; *His discovery has advanced our understanding of the problem.* – Jego odkrycie pomogło nam w głębszym zrozumieniu tego problemu.

advanced [əd'vɑ:nst] zaawansowany, daleko posunięty; **advanced in years** – posunięty w latach; **advanced students** – studenci zaawansowani; **an advanced course** – kurs dla zaawansowanych

advantage [əd'vɑ:ntɪdʒ] ❶ zaleta, dobra strona, plus; *There are many advantages of living in the country.* – Istnieje wiele dobrych stron życia na wsi. ❷ korzyść, pożytek; **to take advantage of sth** – skorzystać z czegoś/ /wykorzystać coś; **to take advantage of sb** – wykorzystać kogoś ❸ przewaga; **to have/to gain an advantage over sb** – mieć/uzyskać nad kimś przewagę

advantageous [ˌædvən'teɪdʒəs] korzystny; *You are in a very advantageous position.* – Jesteś w bardzo korzystnej sytuacji.

adventure [əd'ventʃə] przygoda; *He told us about his adventures in the Himalayas.* – Opowiedział nam o swoich przygodach w Himalajach.

adventurous [əd'ventʃərəs] pełen przygód, awanturniczy; **an adventurous life** – życie pełne przygód

adverb ['ædvɜ:b] *gram.* przysłówek

advertise ['ædvətaɪz] ogłaszać, reklamować; *The new washing powder is advertised on TV.* – Ten nowy proszek do prania jest reklamowany w telewizji. *We must advertise in the newspaper for a new secretary.* – Musimy dać ogłoszenie do gazety, że poszukujemy nowej sekretarki.

advertisement [əd'vɜ:tɪsmənt] **/ ad** [æd] ogłoszenie, reklama; **to put an advertisement in the newspaper** – zamieścić ogłoszenie w gazecie; **an advertisement for a new shampoo** – reklama nowego szamponu

advertising ['ædvətaɪzɪŋ] reklama, reklamowanie; *She works in advertising.* – Ona pracuje w reklamie. **an advertising campaign** – kampania reklamowa; **an advertising agency** – agencja reklamowa

advice [əd'vaɪs] rada, porada (*w języku angielskim „rada" [advice] jest rzeczownikiem niepoliczalnym i nie występuje w liczbie mnogiej*); *I'd like to give you some/a piece of advice.* – Chciałbym udzielić ci pewnej rady. **to take/to follow sb's advice** – posłuchać czyjejś rady/postępować zgodnie z czyjąś radą

advise [əd'vaɪz] radzić, udzielać rady; *The doctor advised him to stay in bed.* – Lekarz poradził mu, aby został w łóżku. *He advises the president on foreign policy.* – On doradza prezydentowi w sprawie polityki zagranicznej. *You would be well advised to get insured against fire.* – Byłoby roztropne z pana strony ubezpieczyć się od ognia.

adviser [əd'vaɪzə] doradca; **an adviser to the president** – doradca prezydenta

aerial ['eərɪəl] antena; **a television aerial** – antena telewizyjna

aerobics [eə'rəʊbɪks] aerobik; **to do aerobics** – uprawiać aerobik, ćwiczyć aerobik

aeroplane ['eərəpleɪn] samolot

aerosol ['eərəsɒl] pojemnik aerozolowy, pojemnik pod ciśnieniem; **an aerosol deodorant** – dezodorant w aerozolu

affair [ə'feə] ❶ sprawa; *That's my affair.* – To moja sprawa. **the Minister of Foreign Affairs** – minister spraw zagranicznych ❷ wydarzenie; *Let's try to forget the whole affair.* – Spróbujmy zapomnieć o tym całym wydarzeniu. *Their wedding was a quiet affair.*

a

– Ich ślub odbył się bez rozgłosu. ❸ /**love affair** – romans, przygoda; *She is having an affair with her boss.* – Ona ma romans ze swoim szefem.

affect [ə'fekt] ❶ mieć wpływ na, oddziaływać, wpływać (*na ogół niekorzystnie*); *Unhealthy diet may affect your health.* – Niezdrowa dieta może zaszkodzić twojemu zdrowiu. ❷ dotknąć, zaatakować; **the area affected by the flood** – teren dotknięty powodzią; *The disease affects the respiratory system.* – Ta choroba atakuje drogi oddechowe. ❸ wzruszyć, obejść; *We were deeply affected by the news of his death.* – Byliśmy bardzo poruszeni wiadomością o jego śmierci.

affection [ə'fekʃn] uczucie, miłość; **to feel/to have affection for sb** – kochać/lubić kogoś

affectionate [ə'fekʃənət] kochający, czuły; *She gave him an affectionate look.* – Spojrzała na niego czule. *He is a very affectionate child.* – On jest bardzo kochającym dzieckiem.

affectionately [ə'fekʃənətlı] czule, z miłością, tkliwie; *She hugged him affectionately.* – Objęła go czule.

◆ **Yours affectionately** – Szczerze oddany (*zwrot grzecznościowy kończący list do przyjaciół lub krewnych – przed podpisem*)

afford [ə'fɔ:d] pozwolić sobie (na); *We can't afford to buy a new car.* – Nie możemy sobie pozwolić/Nie stać nas na kupno nowego samochodu. *I can't afford to waste any more time.* – Nie mogę sobie pozwolić na dalszą stratę czasu.

afraid [ə'freıd] obawiający się, odczuwający strach; **to be afraid of** – bać się; *She is afraid of spiders.* – Ona boi się pająków. *After the accident he was afraid to drive a car.* – Po wypadku bał się prowadzić samochód. *I was afraid of offending her.* – Bałam się, że ją obrażę.

◆ **I'm afraid** – obawiam się, przykro mi; *It's impossible, I'm afraid.* – Niestety, to niemożliwe. *I'm afraid so.* – Obawiam się, że tak./Niestety tak. *I'm afraid not.* – Niestety nie.

after[1] ['ɑ:ftə] ❶ po (*dot. czasu*); *She left just after ten o'clock.* – Wyszła tuż po dziesiątej. *She left after you had phoned.* – Wyszła po tym, jak zadzwoniłeś. *Don't go out after dark.* – Nie wychodź po zapadnięciu zmroku. ❷ za, po (*czymś, kimś*); **day after day** – dzień za dniem/dzień po dniu; *She shut the door after her.* – Zamknęła drzwi za sobą. *After you.* – Pan pierwszy./Pani pierwsza. (*zwrot grzecznościowy*)

◆ **after all** – w końcu, ostatecznie, mimo wszystko

after[2] ['ɑ:ftə] potem, później; *He phoned at 6, and she left soon after.* – Zadzwonił o szóstej, a ona wkrótce potem wyszła.

afternoon [ˌɑftə'nu:n] popołudnie; **in the afternoon** – po południu; **this afternoon** – dziś po południu; **tomorrow afternoon** – jutro po południu; **on Sunday afternoon** – w niedzielę po południu

◆ **Good afternoon** – dzień dobry! (*pozdrowienie używane od dwunastej w południe do wieczora*)

afterwards ['ɑ:ftəwədz] potem, później; *We are going to the cinema, but we haven't yet decided what to do afterwards.* – Idziemy do kina, ale jeszcze nie zdecydowaliśmy, co będziemy robili potem.

again [ə'geın] znowu, jeszcze raz; *Say it again.* – Powiedz to jeszcze raz. *I'll never do it again.* – Nigdy więcej tego nie zrobię. **now and again** – od czasu do czasu; **again and again** – wiele razy/wielokrotnie

against [ə'geınst] ❶ przeciw; *Are you for or against?* – Czy jesteś za, czy przeciw? **to swim against the current** – płynąć pod prąd; *It's against the law.* – To jest niezgodne z prawem. *Germany is playing against England.* – Niemcy grają z Anglią. ❷ przed, na wypadek, przeciwko; **a vaccine against rabies** – szczepionka przeciw wściekliźnie; **to be insured against fire** – być ubezpieczonym od ognia ❸ o (*dot. punktu podparcia*); *Lean it against the wall.* – Oprzyj to o ścianę.

age [eɪdʒ] ❶ wiek, ilość przeżytych lat; *What age is your brother?* – Ile lat ma twój brat?/W jakim wieku jest twój brat? *He is eight years of age.* – On ma osiem lat. *He started school at the age of six.* – Zaczął chodzić do szkoły w wieku sześciu lat; **middle age** – wiek średni; **old age** – wiek starczy; **to come of age** – osiągnąć pełnoletność ❷ wiek, epoka; **the Middle Ages** – średniowiecze ❸ **ages** – *przen.* wieki, bardzo dawno; *I haven't seen you for ages.* – Nie widziałem cię od bardzo dawna.

aged[1] [eɪdʒd] w wieku; **a man aged twenty** – mężczyzna w wieku dwudziestu lat

aged[2] ['eɪdʒɪd] sędziwy, stary, wiekowy; **his aged parents** – jego rodzice w podeszłym wieku; **the aged** – ludzie starzy

agency ['eɪdʒənsɪ] (*l.mn.* **agencies**) agencja; **a travel agency** – biuro podróży; **an employment agency** – biuro pośrednictwa pracy; **the Central Intelligence Agency** – Centralna Agencja Wywiadowcza

agent ['eɪdʒənt] agent, przedstawiciel; **a travel agent** – pracownik biura podróży; **an insurance agent** – przedstawiciel firmy ubezpieczeniowej/agent ubezpieczeniowy; **a secret agent** – tajny agent

aggression [ə'greʃn] agresja, napaść; **an act of aggression** – akt agresji

aggressive [ə'gresɪv] agresywny

aggressor [ə'gresə] agresor, napastnik

ago [ə'gəʊ] ...temu, przed (*dot. czasu*); **two years ago** – dwa lata temu; **a long time ago** – dawno temu; **long ago** – bardzo dawno temu

agony ['ægənɪ] silny ból, udręka, męczarnia; *I was in agony with toothache.* – Przechodziłem męczarnie z powodu bólu zęba.

agree [ə'gri:] ❶ zgadzać się; *I agree with you.* – Zgadzam się z tobą. *He agreed to lend me his car.* – Zgodził się pożyczyć mi swój samochód. ❷ służyć, odpowiadać (*na ogół w zdaniach przeczących*); *This kind of food doesn't agree with me.* – Ten rodzaj jedzenia nie służy mi/szkodzi mi.

agreement [ə'gri:mənt] ❶ zgoda; *I'm in agreement with your opinion.* – Zgadzam się z twoją opinią. ❷ porozumienie, układ, ugoda; **to come to an agreement** – osiągnąć zgodę/porozumienie; **to break an agreement** – nie dotrzymać warunków układu/porozumienia; **to sign an agreement** – podpisać porozumienie

agricultural [,ægrɪ'kʌltʃərəl] rolniczy

agriculture ['ægrɪkʌltʃə] rolnictwo

ahead [ə'hed] na przodzie, z przodu, naprzód; **to look ahead** – patrzyć w przyszłość; *I'll go ahead and you'll follow me.* – Pójdę przodem, a wy pójdziecie za mną.

aid [eɪd] ❶ pomoc, pomaganie; **to come to sb's aid** – przyjść komuś z pomocą; **first aid** – pierwsza pomoc ❷ pomoc, wsparcie; **financial aid** – pomoc finansowa; **a concert in aid of flood victims** – koncert na rzecz pomocy ofiarom powodzi ❸ pomoc, urządzenie pomocnicze, urządzenie wspomagające; **a hearing aid** – aparat słuchowy; **teaching aids** – szkolne pomoce naukowe

aim[1] [eɪm] cel; *His aim in life is to help the poor.* – Jego celem w życiu jest pomaganie biednym. **to take aim at the target** – wycelować do tarczy

aim[2] [eɪm] ❶ celować, mierzyć; **to aim the gun at sb** – wycelować do kogoś z pistoletu ❷ mieć na celu, dążyć; *He aims to go to university.* – On zamierza pójść na uniwersytet. *He aims high.* – On mierzy wysoko.

air[1] [eə] powietrze; *Air is a mixture of gases.* – Powietrze jest mieszaniną ga-

a

zów. **the fresh air** – świeże powietrze; **in the open air** – na dworze/na świeżym powietrzu; **to vanish into thin air** – zniknąć bez śladu; **to travel by air** – podróżować samolotem

air² [eə] przewietrzyć; *Open the window to air the room.* – Otwórz okno, żeby przewietrzyć pokój.

air-conditioned ['eəkən,dɪʃnd] klimatyzowany; *The house is fully air-conditioned.* – Ten dom jest całkowicie klimatyzowany.

air-conditioning ['eəkən,dɪʃnɪŋ] klimatyzacja

aircraft ['eəkrɑ:ft] (*l.mn.* **aircraft**) samolot

air force ['eəfɔ:s] *wojsk.* siły powietrzne

air-hostess ['eə,həʊstɪs] stewardessa

airline ['eəlaɪn] linia lotnicza

airmail ['eəmeɪl] poczta lotnicza

airplane ['eəpleɪn] *am.* samolot

airport ['eəpɔ:t] port lotniczy

air-sickness ['eə,sɪknɪs] choroba powietrzna/samolotowa

air terminal ['eə,tɜ:mɪnl] miejsce w centrum miasta, z którego odjeżdżają autobusy na lotnisko

aisle [aɪl] ❶ przejście między rzędami krzeseł (*w teatrze, samolocie, itp.*) ❷ boczna nawa w kościele

alarm¹ [ə'lɑ:m] ❶ alarm (*urządzenie*); **a burglar alarm** – alarm przeciwwłamaniowy; **fire alarm** – alarm pożarowy; *The alarm went off when the burglars entered the house.* – Alarm włączył się, kiedy włamywacze weszli do domu. ❷ alarm, sygnał alarmowy, ostrzeżenie; **to sound the alarm** – zadzwonić na alarm/włączyć alarm; **to raise the alarm** – wszcząć alarm; **a false alarm** – fałszywy alarm ❸ przestrach, przerażenie; *She jumped up in alarm.* – Podskoczyła przerażona. *There is no cause for alarm.* – Nie ma powodu do obaw.

alarm² [ə'lɑ:m] przestraszyć, zaalarmować, zaniepokoić; *We were alarmed by the news that she was ill.* – Zaniepokoiliśmy się wiadomością, że jest chora.

alarm clock [ə'lɑ:mklɒk] budzik; **to set the alarm clock for six o'clock** – nastawić budzik na szóstą; *The alarm clock went off at seven.* – Budzik zadzwonił o siódmej.

album ['ælbəm] ❶ album; **a stamp album** – klaser; **a photograph album** – album ze zdjęciami ❷ album (*płyta długogrająca lub kompaktowa z nagraniem jednego piosenkarza lub grupy rockowej*)

alcohol ['ælkəhɒl] ❶ *chem.* alkohol ❷ *pot.* alkohol, spirytus; **alcohol-free beer** – piwo bezalkoholowe; **alcohol abuse** – nadużywanie alkoholu/alkoholizm

alcoholic¹ [,ælkə'hɒlɪk] alkoholik

alcoholic² [,ælkə'hɒlɪk] alkoholowy; **an alcoholic drink** – napój alkoholowy

ale [eɪl] rodzaj piwa

alert¹ [ə'lɜ:t] czujny, gotowy; **to stay/to keep alert** – zachować czujność; **to be alert to danger** – być świadomym niebezpieczeństwa/być przygotowanym na wypadek niebezpieczeństwa

alert² [ə'lɜ:t] ostrzec, obudzić czujność; *The police have been alerted to the possibility of a terrorist attack.* – Policja została ostrzeżona o możliwości ataku terrorystycznego.

alert³ [ə'lɜ:t] stan gotowości, alarm, pogotowie; **to be on the alert** – być czujnym/zachować gotowość; **a security alert** – stan podwyższonej gotowości na wypadek ataku terrorystycznego; **a flood alert** – alarm przeciwpowodziowy

algebra ['ældʒɪbrə] algebra

algebraic [,ældʒɪ'breɪɪk] algebraiczny

alibi ['ælɪbaɪ] alibi; **to confirm sb's alibi** – potwierdzić czyjeś alibi; **a cast-iron alibi** – alibi doskonałe; *He's got an alibi for Saturday evening.* – On ma alibi na sobotni wieczór.

alien¹ ['eɪljən] ❶ obcy, cudzoziemiec ❷ istota pozaziemska; **aliens from outer space** – istoty z kosmosu

alien² ['eɪljən] obcy; **alien environment** – obce środowisko

alienate ['eɪljəneɪt] ❶ zrazić, odstręczyć; *The president's decision alienated many of his supporters.* – Decyzja prezydenta zraziła wielu jego zwolenników. ❷ alienować; **to feel alienated from society** – czuć się wyalienowanym ze społeczeństwa

alienation [ˌeɪljə'neɪʃn] alienacja

alike¹ [ə'laɪk] podobny; *These two girls are very much alike.* – Te dwie dziewczyny są do siebie bardzo podobne.

alike² [ə'laɪk] podobnie, jednakowo; **to treat everybody alike** – traktować wszystkich jednakowo

alive [ə'laɪv] żywy, żyjący; *Are your parents still alive?* – Czy twoi rodzice jeszcze żyją?

all¹ [ɔ:l] ❶ wszyscy, wszystko, wszystek; **all my friends** – wszyscy moi przyjaciele; **all of us** – my wszyscy; **all the best** – wszystkiego najlepszego ❷ cały; **all my life** – całe moje życie; **all the time** – cały czas; **all over the world** – na całym świecie

all² [ɔ:l] całkowicie, zupełnie; *She was dressed all in white.* – Cała ubrana była na biało. *He lives all by himself.* – On mieszka zupełnie sam.

all³ [ɔ:l] wszystko; *All is lost.* – Wszystko jest stracone. **all together** – wszyscy razem; **first of all** – przede wszystkim; **above all** – nade wszystko

◆ **(not) at all** – wcale

◆ **not at all** – *zwrot używany w odpowiedzi na „Dziękuję" – odpowiednik polskiego „Proszę"; "Thank you". – "Not at all".* – Dziękuję. – Proszę.

◆ **all the same** – mimo wszystko

◆ **all of a sudden** – nagle

◆ **all right** – dobrze, w porządku

◆ **all along** – cały czas, od początku; *I knew all along that it would end in failure.* – Wiedziałem od początku, że to się zakończy klęską.

allergic [ə'lɜ:dʒɪk] alergiczny, uczulony; *He is allergic to dust.* – On jest uczulony na kurz.

allergy ['ælədʒɪ] (*l.mn.* **allergies**) alergia, uczulenie

alley ['ælɪ] uliczka, pasaż między domami, zaułek; **a blind alley** – ślepa uliczka

alliance [ə'laɪəns] sojusz, przymierze

alligator ['ælɪgeɪtə] aligator

allow [ə'laʊ] pozwolić; *Her parents didn't allow her to go on holiday alone.* – Rodzice nie pozwolili jej wyjechać samej na wakacje. *Smoking is not allowed here.* – Nie wolno tu palić. *You are not allowed to take photographs here.* – Nie wolno tu fotografować.

ally ['ælaɪ] (*l.mn.* **allies**) sprzymierzeniec, sojusznik

almond ['ɑ:mənd] migdał

almost ['ɔ:lməʊst] prawie

alone [ə'ləʊn] ❶ sam, samotnie; *He lives all alone.* – On mieszka sam. *Leave me alone.* – Zostaw mnie w spokoju. ❷ tylko, jedynie; *She alone may know the truth.* – Tylko ona może znać prawdę.

along¹ [ə'lɒŋ] ❶ naprzód, dalej; *The policeman told the group of people to move along.* – Policjant kazał grupce ludzi przejść dalej (nie zatrzymywać się). *My work is getting along fine.* – Moja praca posuwa się naprzód. ❷ razem z; *Come to the party and bring your friend along.* – Przyjdź na przyjęcie i przyprowadź ze sobą przyjaciela.

along² [ə'lɒŋ] wzdłuż, po; **to walk along the road** – iść drogą

aloud [ə'laʊd] głośno, na głos; **to think aloud** – głośno myśleć; **to read aloud** – czytać na głos

alphabet ['ælfəbet] alfabet

alphabetical [ˌælfə'betɪkl] alfabetyczny; *Put the names in alphabetical order.* – Ułóż nazwiska w porządku alfabetycznym.

alpine ['ælpaɪn] alpejski

alpinist ['ælpɪnɪst] alpinista

already [ɔ:l'redɪ] ❶ już; *I've already finished.* – Już skończyłem. ❷ już przedtem; *I've been there already.* – Już przedtem tam byłem.

a

alright [ˌɔ:l'raɪt] / **allright** w porządku

also ['ɔ:lsəʊ] również, także, też; *She can also come.* – Ona też może przyjść. *Not only can she sing, but she can also play the piano.* – Ona nie tylko potrafi śpiewać, umie również grać na pianinie.

altar ['ɔ:ltə] ołtarz

alter ['ɔ:ltə] ❶ zmienić; *I had to alter my plans.* – Musiałam zmienić swoje plany. ❷ (*o części garderoby*) przerobić; *I must have the coat altered.* – Muszę oddać płaszcz do przeróbki.

alteration [ˌɔ:ltə'reɪʃn] ❶ zmiana; *We made some alterations to our plans.* – Zmieniliśmy trochę nasze plany. ❷ przeróbka; **to make alterations to the house** – zrobić remont domu dokonując przeróbek/wprowadzić zmiany w domu

alternate [ɔ:l'tɜ:nət] naprzemienny, przemienny; *He works on alternate days.* – On pracuje co drugi dzień.

alternative[1] [ɔ:l'tɜ:nətɪv] alternatywa, możliwość; *We had no alternative but to agree.* – Nie mieliśmy innej alternatywy, jak tylko się zgodzić.

alternative[2] [ɔ:l'tɜ:nətɪv] alternatywny; *There is no alternative option.* – Nie ma żadnej innej możliwości. **alternative medicine** – medycyna alternatywna (*stosująca np. homeopatię, akupunkturę itp.*)

although [ɔ:l'ðəʊ] chociaż; *Although she is only five, she can read and write.* – Chociaż ma tylko pięć lat, umie czytać i pisać.

altitude ['æltɪtju:d] wysokość nad poziomem morza; *We were flying at an altitude of 10,000 metres.* – Lecieliśmy na wysokości 10 000 metrów. **at high altitudes** – na dużych wysokościach

altogether [ˌɔ:ltə'geðə] ❶ całkowicie, zupełnie; *That's a different matter altogether.* – To jest zupełnie inna sprawa. *It's impossible to eliminate crime altogether.* – Nie da się całkowicie wyeliminować przestępczości. ❷ wszystkiego razem, biorąc wszystko pod uwagę; *We need £2000 altogether.* – Potrzebujemy wszystkiego razem 2000 funtów.

always ['ɔ:lweɪz] zawsze; *He always tells the truth.* – On zawsze mówi prawdę.

am [æm, əm, m] *p.* **be (was/were, been)**

amateur[1] ['æmətə] amator, nieprofesjonalista; *The tennis tournament is open only to amateurs.* – W tym turnieju tenisowym mogą brać udział tylko amatorzy.

amateur[2] ['æmətə] amatorski, nieprofesjonalny; **amateur dramatics** – teatr amatorski; **an amateur tennis player** – tenisista-amator

amaze [ə'meɪz] zdumiewać; *You amaze me!* – Zdumiewasz mnie!

amazed [ə'meɪzd] zdumiony; *I was amazed to see him on television.* – Byłam zdumiona widząc go w telewizji.

amazement [ə'meɪzmənt] zdumienie; *He looked at me in amazement.* – Spojrzał na mnie zdumiony.

amazing [ə'meɪzɪŋ] zdumiewający

ambassador [æm'bæsədə] ambasador; **the Polish Ambassador to Washington** – polski ambasador w Waszyngtonie

ambition [æm'bɪʃn] ambicja; *His greatest ambition is to become a lawyer.* – Jego największą ambicją jest zostać prawnikiem.

ambitious [æm'bɪʃəs] ambitny

ambulance ['æmbjʊləns] karetka pogotowia

ambush ['æmbʊʃ] zasadzka; **to set an ambush** – zastawić zasadzkę; **to run into an ambush** – wpaść w zasadzkę

amethyst ['æmɪθɪst] ametyst

amiable ['eɪmjəbl] przyjazny, miły, przyjemny; *Our guide was an amiable young man.* – Nasz przewodnik był miłym, młodym człowiekiem.

ammunition [ˌæmjʊ'nɪʃn] amunicja

amnesty ['æmnəstɪ] (*l.mn.* **amnesties**) amnestia; **to declare an amnesty for political prisoners** – ogłosić amnestię dla więźniów politycznych

among [ə'mʌŋ] / **amongst** [ə'mʌŋkst] pomiędzy, pośród, wśród; *She was standing among other children.* – Stała wśród innych dzieci. **among other things** – między innymi; *Divide the cake among all of us.* – Podziel ciasto między nas wszystkich.

amount[1] [ə'maʊnt] liczba, suma, ilość, kwota; **a large amount of money** – duża suma pieniędzy

amount[2] [ə'maʊnt]:
amount to – wynieść, być równym; *The total cost will amount to £1000.* – Całkowity koszt wyniesie 1000 funtów. *She didn't say a word of protest, which amounted to her agreeing with the decision.* – Nie powiedziała słowa sprzeciwu, co było równoznaczne z tym, że zgadza się z decyzją.

amplifier ['æmplɪfaɪə] wzmacniacz

amuse [ə'mju:z] ❶ zabawiać, rozśmieszać, rozweselać; *His jokes didn't amuse me.* – Jego dowcipy mnie nie śmieszyły. ❷ zabawiać, zajmować, bawić; *We amused ourselves playing cards.* – Zabawialiśmy się grą w karty.

amusement [ə'mju:zmənt] ❶ rozbawienie; *We listened in amusement to his stories.* – Słuchaliśmy jego historyjek w rozbawieniu. ❷ zabawa, rozrywka; *There is a range of amusements in a big city.* – W dużym mieście jest cały szereg rozrywek. **an amusement park** – lunapark/wesołe miasteczko

amusing [ə'mju:zɪŋ] zabawny, śmieszny

an [æn, ən] *gram.* przedimek nieokreślony

anaesthetic [,ænɪs'θetɪk] znieczulenie, środek znieczulający; **a local anaesthetic** – znieczulenie miejscowe; **a general anaesthetic** – narkoza ogólna; **an operation under a local anaesthetic** – operacja przy znieczuleniu miejscowym

analogy [ə'nælədʒɪ] (*l.mn.* **analogies**) analogia

analyse ['ænəlaɪz] analizować

analysis [ə'næləsɪs] (*l.mn.* **analyses** [ə'næləsi:z]) analiza

analyst ['ænəlɪst] ❶ analityk ❷ psychoanalityk

analytic [,ænə'lɪtɪk] analityczny

anarchist ['ænəkɪst] anarchista

anarchy ['ænəkɪ] anarchia

anatomy [ə'nætəmɪ] anatomia

anatomical [,ænə'tɒmɪkl] anatomiczny

ancestor ['ænsestə] przodek; *His ancestors were Irish.* – Jego przodkowie byli Irlandczykami.

anchor ['æŋkə] kotwica; **to drop anchor** – zarzucić kotwicę; **to ride/to lay at anchor** – stać na kotwicy

ancient ['eɪnʃənt] ❶ starożytny; **ancient Greece/Egypt** – starożytna Grecja/ /starożytny Egipt; **ancient history** – historia starożytna ❷ bardzo stary, starodawny; **ancient traditions** – stare tradycje

and [ænd, ənd, ən] ❶ i; **a boy and a girl** – chłopiec i dziewczynka; **and so on** – i tak dalej ❷ a; *I'm staying, and you?* – Ja zostaję, a ty?

angel ['eɪndʒəl] anioł

anger ['æŋgə] gniew, złość; **to be filled with anger** – wpaść w złość; *He said it in anger.* – Powiedział to w złości.

angle ['æŋgl] ❶ kąt; **an acute/an obtuse/a right angle** – kąt ostry/rozwarty/prosty; **at an angle of 30° (degrees)** – pod kątem 30 stopni ❷ punkt widzenia; *Try to look at the problem from a different angle.* – Spróbuj spojrzeć na ten problem z innego punktu widzenia.

angrily ['æŋgrɪlɪ] ze złością, gniewnie

angry ['æŋgrɪ] **(-ier, -iest)** zły, rozgniewany; **to get angry** – rozgniewać się/ /wpaść w złość; *She was angry with me for being late.* – Była na mnie zła, ponieważ się spóźniłam.

animal ['ænɪml] zwierzę

ankle ['æŋkl] kostka, staw skokowy; **to sprain one's ankle** – skręcić (sobie) nogę w kostce

anniversary [,ænɪ'vɜ:sərɪ] (*l.mn.* **anniversaries**) rocznica; **the 10th wed-**

a

ding anniversary – dziesiąta rocznica ślubu; **a golden/a silver anniversary** – złota/srebrna rocznica/jubileusz

announce [ə'naʊns] ogłosić, oznajmić, podać do wiadomości; *They announced the winner of the competition.* – Ogłoszono nazwisko zwycięzcy konkursu. *They announced their engagement in the local paper.* – Ogłosili swoje zaręczyny w lokalnej gazecie.

announcement [ə'naʊnsmənt] komunikat, oznajmienie, zapowiedź, ogłoszenie; **to make an official announcement** – wydać oficjalny komunikat

announcer [ə'naʊnsə] prezenter telewizyjny lub spiker radiowy

annoy [ə'nɔɪ] irytować, drażnić, denerwować; *It annoyed me that I had to wait.* – Zirytowało mnie to, że musiałam czekać. *What annoys me is the way they treat their employees.* – To co mnie złości, to sposób, w jaki (tu) się traktuje pracowników.

annoyance [ə'nɔɪəns] ❶ irytacja, rozdrażnienie; *To my annoyance the bus arrived late.* – Ku mojej irytacji autobus się spóźnił. ❷ przykrość, rzecz dokuczliwa; *We had to suffer the annoyance of being woken up every night by the noise coming from the disco.* – Musieliśmy znosić przykrość budzenia nas każdej nocy przez hałas dochodzący z dyskoteki.

annoyed [ə'nɔɪd] zły, zirytowany, rozdrażniony; *She was annoyed with me for being late.* – Była na mnie zła, ponieważ się spóźniłem. *I was annoyed at the way they treated me.* – Byłam zirytowana sposobem, w jaki mnie traktowali.

annoying [ə'nɔɪɪŋ] irytujący

annual ['ænjʊəl] ❶ doroczny, coroczny; **an annual meeting** – doroczne zebranie ❷ roczny; **an annual income** – roczny dochód; **an annual plant** – roślina jednoroczna

anonymous [ə'nɒnɪməs] anonimowy; **an anonymous letter** – anonim/list anonimowy

anorak ['ænəræk] kurtka sportowa z kapturem

another [ə'nʌðə] ❶ jeszcze jeden; *Have another cup of tea.* – Wypij jeszcze jedną filiżankę herbaty. ❷ inny; **another time** – innym razem; **one another** – siebie/sobie/sobą nawzajem; *Children like playing with one another.* – Dzieci lubią się ze sobą bawić.

answer[1] ['ɑːnsə] ❶ odpowiedź; **to give an answer** – dać odpowiedź/udzielić odpowiedzi; **in answer to your question** – w odpowiedzi na pańskie pytanie; *I got no answer to my letter.* – Nie otrzymałam odpowiedzi na mój list. ❷ rozwiązanie; **the correct/the wrong answer to the problem** – poprawne/błędne rozwiązanie problemu

answer[2] ['ɑːnsə] odpowiedzieć; **to answer a question** – odpowiedzieć na pytanie; **to answer a letter** – odpowiedzieć/odpisać na list; **to answer the door** – otworzyć (komuś) drzwi; **to answer the telephone** – odebrać telefon

answering machine ['ɑːnsərɪŋ mə,ʃiːn] automatyczna sekretarka

answerphone ['ɑːnsəfəʊn] automatyczna sekretarka; **to leave a message on the answerphone** – zostawić wiadomość na sekretarce automatycznej

ant [ænt] mrówka

Antarctic [æn'tɑːktɪk] antarktyczny; **the Antarctic Ocean** – Ocean Antarktyczny; **the Antarctic** – Antarktyda

antelope ['æntɪləʊp] antylopa

anthill ['ænthɪl] mrowisko

anti- ['æntɪ-] *gram.* (*przedrostek*) anty-

antibiotic [,æntɪbaɪ'ɒtɪk] antybiotyk

anticipate [æn'tɪsɪpeɪt] oczekiwać, spodziewać się, przewidywać; *We didn't anticipate any difficulties.* – Nie przewidywaliśmy żadnych trudności.

anticipation [æn,tɪsɪ'peɪʃn] oczekiwanie, przewidywanie; *We awaited her appearance with eager anticipation.* – Z niecierpliwością oczekiwaliśmy na jej pojawienie się. *He sold all his shares in anticipation of a stock market* *crash.* – On sprzedał wszystkie swoje akcje przewidując krach na giełdzie.

anticlockwise [ˌæntɪ'klɒkwaɪz] w kierunku przeciwnym do ruchu wskazówek zegara

antipathy [æn'tɪpəθɪ] antypatia

antique [æn'ti:k] stary, antyczny, zabytkowy; **antique furniture** – stare meble, antyki; **an antique shop** – sklep z antykami, antykwariat

anxiety [æŋ'zaɪətɪ] (*l.mn.* **anxieties**) niepokój, obawa; *He is a source of anxiety to his parents.* – On jest źródłem niepokoju dla swoich rodziców. **anxiety disorders** – stany lękowe, zaburzenia lękowe

anxious ['æŋkʃəs] ❶ niespokojny, zaniepokojony; *She was anxious about her children.* – Była niespokojna o swoje dzieci. ❷ pragnący, chętny; *She was anxious to leave as soon as possible.* – Bardzo chciała wyjechać jak najszybciej.

any ['enɪ] ❶ jakiś, trochę (*w zdaniach pytających i przeczących*); *Are there any letters for me?* – Czy są dla mnie jakieś listy? *There isn't any milk in the fridge.* – Nie ma (żadnego) mleka w lodówce. *They have hardly any money.* – Oni prawie nie mają pieniędzy. ❷ jakikolwiek, którykolwiek; *You can come any day in the afternoon.* – Może pan przyjść jakiegokolwiek dnia po południu. **in any case** – w każdym bądź razie

anybody ['enɪˌbɒdɪ] / **anyone** ['enɪwʌn] ❶ ktoś (*w zdaniach pytających i przeczących*); *Did you speak to anyone?* – Czy z kimś rozmawiałeś? *There wasn't anyone in sight.* – Nie było nikogo w polu widzenia. ❷ ktokolwiek; *You can ask anyone.* – Możesz zapytać kogokolwiek.

anyhow ['enɪhaʊ] *p.* **anyway**

anyone ['enɪwʌn] *p.* **anybody**

anything ['enɪθɪŋ] ❶ coś (*w zdaniach pytających i przeczących*); *Did you notice anything?* – Czy coś zauważyłeś? *I didn't say anything.* – Nic nie powiedziałem. ❷ cokolwiek; **if anything should happen...** – gdyby cokolwiek się stało...

anyway ['enɪweɪ] / **anyhow** ['enɪhaʊ] w każdym bądź razie, tak czy inaczej; *He left the job because it was badly paid, and anyway he was fed up with it.* – Porzucił tę pracę, ponieważ była mało płatna, a tak czy inaczej, miał jej dosyć.

anywhere ['enɪweə] ❶ gdzieś (*w zdaniach pytających i przeczących*); *I couldn't find it anywhere.* – Nigdzie nie mogłam tego znaleźć. ❷ gdziekolwiek, dokądkolwiek; *You can go anywhere you like.* – Możesz pójść dokądkolwiek chcesz.

apart [ə'pɑ:t] oddzielony, osobno, daleko od siebie; *The houses are 100 metres apart.* – Domy są od siebie oddalone o 100 m. **to take sth apart** – rozebrać coś na części; *It fell apart in my hands.* – To rozpadło mi się w ręku.

◆ **apart from** – oprócz, nie licząc; *The street was empty apart from an old man with a dog.* – Ulica była pusta nie licząc starego człowieka z psem.

apartment [ə'pɑ:tmənt] *am.* mieszkanie

ape [eɪp] *zool.* małpa (*człekokształtna*)

apologetic [əˌpɒlə'dʒetɪk] przepraszający, skruszony; *He gave me an apologetic smile.* – Uśmiechnął się do mnie przepraszająco. *He was apologetic about his behaviour.* – Wyraził skruchę z powodu swego zachowania.

apologize [ə'pɒlədʒaɪz] przeprosić, usprawiedliwić się; *He apologized to me for being late.* – Przeprosił mnie za spóźnienie.

apology [ə'pɒlədʒɪ] (*l.mn.* **apologies**) przeprosiny, przeproszenie; *Please accept my apologies.* – Bardzo przepraszam./Proszę przyjąć moje przeprosiny. **to make one's apologies to sb** – przeprosić kogoś

apostrophe [ə'pɒstrəfɪ] apostrof

apparent [ə'pærənt] ❶ widoczny, oczywisty, jasny; *It was apparent that she didn't want to accept his invitation.* –

Było widoczne/jasne, że nie chciała przyjąć jego zaproszenia. **for no apparent reason** – bez widocznego powodu ❷ pozorny; *He received the news with apparent unconcern.* – Przyjął tę wiadomość z pozorną beztroską.

apparently [ə'pærəntlı] ❶ widocznie, najwidoczniej, wyraźnie; *Apparently she didn't get my letter.* – Najwidoczniej nie otrzymała mojego listu. ❷ pozornie, na pozór; *Apparently she didn't mind losing the game.* – Na pozór nie przejęła się tym, że przegrała partię.

appeal[1] [ə'pi:l] ❶ apel, wezwanie; **to make an appeal for help** – apelować o pomoc ❷ pociąg, zainteresowanie; *Poetry has lost its appeal for him.* – Poezja przestała go pociągać.

appeal[2] [ə'pi:l] ❶ apelować, zwracać się do; *They appealed to the public for funds.* – Zwrócono się do społeczeństwa o wsparcie finansowe. ❷ pociągać, przemawiać; *This sort of music doesn't appeal to me.* – Ten rodzaj muzyki do mnie nie przemawia.

appear [ə'pıə] ❶ pojawić się; *We waited and waited but he didn't appear.* – Czekaliśmy długo, ale on nie pojawił się. ❷ wydawać się; *You appear to know everything.* – Zdajesz się wiedzieć wszystko.

appearance [ə'pıərəns] ❶ wygląd, powierzchowność; *The stylish clothes changed her appearance completely.* – Szykowne ubranie całkowicie zmieniło jej wygląd. **to keep up appearances** – zachowywać pozory ❷ pojawienie się; **to put in an appearance** – pojawić się (*np. na przyjęciu, zazwyczaj na krótko*); *It was his first appearance on TV.* – To było jego pierwsze pojawienie się (występ) w telewizji.

appetite ['æpıtaıt] apetyt; *He always has an appetite for sweets.* – On ma zawsze apetyt na słodycze. *Skiing all day gave them a good appetite.* – Całodzienna jazda na nartach sprawiła, że nabrali apetytu.

applaud [ə'plɔ:d] ❶ bić brawo; *The audience applauded him loudly.* – Publiczność głośno biła mu brawo. ❷ aprobować, pochwalać; *I applaud his decision to resign.* – Pochwalam jego decyzję rezygnacji.

applause [ə'plɔ:z] aplauz, brawa; **thunderous applause** – huczne brawa

apple ['æpl] jabłko

appliance [ə'plaıəns] przyrząd, urządzenie; **kitchen appliances** – kuchenny sprzęt zmechanizowany (*np. kuchenka, zmywarka do naczyń, itp.*); **household appliances** – sprzęt zmechanizowany gospodarstwa domowego

applicant ['æplıkənt] kandydat, osoba ubiegająca się o; *There will be many applicants for the job.* – O tę pracę będzie się ubiegać wiele osób.

application [,æplı'keıʃn] ❶ prośba, podanie, ubieganie się; **to make an application for a job** – ubiegać się o pracę; **an application form** – formularz/ /kwestionariusz przy ubieganiu się np. o pracę ❷ zastosowanie; **the application of new scientific discoveries to industry** – zastosowanie nowych odkryć naukowych w przemyśle

apply [ə'plaı] **(-ies, -ied, -ying)** ❶ ubiegać się; **to apply for a job** – ubiegać się o pracę ❷ odnosić się, dotyczyć; *This rule applies to everybody.* – Ten przepis odnosi się do wszystkich. ❸ stosować, używać; **to apply theory to practice** – stosować teorię w praktyce; **to apply the ointment to burns** – stosować maść na miejsca oparzone

appoint [ə'pɔınt] mianować; **to appoint sb manager** – mianować kogoś na stanowisko kierownika

appointment [ə'pɔıntmənt] ❶ umówione spotkanie; **to have an appointment with a doctor** – mieć umówioną wizytę u lekarza; **to make an appointment** – umówić się na spotkanie; **to cancel an appointment** – odwołać spotkanie; **to keep an appointment** – stawić się na umówione spotkanie ❷ mianowanie; *He an-*

nounced the appointment of Tom Smith as chairman. – Ogłosił mianowanie Toma Smitha na stanowisko przewodniczącego.

appreciate [ə'pri:ʃɪeɪt] ❶ doceniać, wysoko cenić; *I'd appreciate your cooperation.* – Byłbym wdzięczny za twoją pomoc. *You don't appreciate the effort I made.* – Nie doceniasz wysiłku, jaki w to włożyłem. ❷ rozumieć, zdawać sobie sprawę; *Nobody appreciated the depth of the crisis.* – Nikt nie zdawał sobie sprawy z głębi kryzysu.

appreciation [əˌpri:ʃɪ'eɪʃn] uznanie, wyrazy uznania; *They were given bonus in appreciation of their work.* – Dano im premię jako wyraz uznania dla ich pracy.

apprentice [ə'prentɪs] czeladnik, uczeń rzemiosła

approach[1] [ə'prəʊtʃ] ❶ zbliżać się, podchodzić do; *He approached the lion very cautiously.* – Bardzo ostrożnie zbliżył się do lwa. *She is studying hard as the exams are approaching.* – Ona dużo się uczy, ponieważ zbliżają się egzaminy. ❷ zwrócić się (*do kogoś*) z prośbą; **to approach sb for a loan** – zwrócić się do kogoś z prośbą o pożyczkę ❸ podejść do zagadnienia, zastosować metodę; *I don't know how to approach the problem.* – Nie wiem, jak się zabrać do tego problemu.

approach[2] [ə'prəʊtʃ] ❶ zbliżanie się, nadejście; **with the approach of spring** – z nadejściem wiosny ❷ podejście, metoda; **a new approach to teaching small children** – nowa metoda uczenia małych dzieci ❸ dostęp, droga dojazdowa; *The only approach to the house is by a mountain road.* – Jedyny dojazd do tego domu stanowi górska droga. ❹ zwrócenie się (*na ogół o pomoc finansową*); *They made an approach to a business firm for sponsorship.* – Zwrócili się do pewnej firmy z prośbą o sponsorowanie.

appropriate [ə'prəʊprɪət] odpowiedni, stosowny, właściwy; *This dress isn't appropriate for the office.* – Ta suknia nie jest odpowiednia do biura.

approval [ə'pru:vl] ❶ zgoda, zatwierdzenie; **to submit plans for approval** – przedstawić plany do zatwierdzenia ❷ aprobata; **to win sb's approval** – zdobyć/zyskać czyjąś aprobatę; *She smiled at her son with approval.* – Uśmiechnęła się do syna z aprobatą.

approve [ə'pru:v] ❶ aprobować, pochwalać; *I don't approve of his behaviour.* – Nie pochwalam jego zachowania. ❷ zatwierdzić; *The town council approved the plans of the new hospital.* – Rada miejska zatwierdziła plany nowego szpitala.

approximate [ə'prɒksɪmət] przybliżony; *The approximate cost of the renovations is £10,000.* – Przybliżony koszt remontu wynosi 10 000 funtów.

approximately [ə'prɒksɪmətlɪ] w przybliżeniu, mniej więcej, około; *It weighs approximately 6 kg.* – To waży w przybliżeniu 6 kg.

apricot ['eɪprɪkɒt] morela

Apr = April

April ['eɪprəl] kwiecień

apron ['eɪprən] fartuch

aquarium [ə'kweərɪəm] akwarium

Aquarius [ə'kweərɪəs] Wodnik (*znak Zodiaku*)

arc [ɑ:k] *mat.* łuk, *el.* łuk

arch [ɑ:tʃ] *arch.* łuk

archaeological [ˌɑ:kɪə'lɒdʒɪkl] archeologiczny

archaeologist [ˌɑ:kɪ'ɒlədʒɪst] archeolog

archaeology [ˌɑ:kɪ'ɒlədʒɪ] archeologia

archaic [ɑ:'keɪɪk] archaiczny

archbishop [ˌɑ:tʃ'bɪʃəp] arcybiskup

architect ['ɑ:kɪtekt] architekt

architectural [ˌɑ:kɪ'tektʃərəl] architektoniczny

architecture ['ɑ:kɪtektʃə] architektura

are [ɑ:, ə] *p.* **be (was/were, been)**

area ['eərɪə] ❶ obszar, teren, strefa, okolica; *I don't live in this area.* – Nie mieszkam w tej okolicy. **a non-smoking area in a restaurant** – strefa dla

a

niepalących w restauracji ❷ powierzchnia, pole; *The circle is 42 square centimetres in area.* – To koło ma pole 40 cm^2. *How do we find the area of a triangle?* – Jak się znajduje/oblicza pole trójkąta?

arena [ə'ri:nə] arena

aren't [ɑ:nt] = **are not**

argue ['ɑ:gju:] ❶ sprzeczać się, dyskutować, spierać się; *They always argue about money.* – Oni zawsze sprzeczają się o pieniądze. ❷ argumentować, dowodzić; *He argued that it's cheaper to travel by plane.* – Argumentował, że taniej jest lecieć samolotem.

argument ['ɑ:gjʊmənt] ❶ kłótnia, sprzeczka, spór; **to get involved into an argument about politics** – wdać się w spór na tematy polityczne ❷ argument; **to present arguments for/ /against sth** – przedstawić argumenty za/przeciw czemuś

Aries ['eəri:z] Byk (*znak zodiaku*)

arithmetic¹ [ə'rɪθmətɪk] arytmetyka

arithmetic² [,ærɪθ'metɪk] arytmetyczny; **arithmetic progression** – *mat.* postęp arytmetyczny

arm¹ [ɑ:m] ❶ ramię, ręka; **to walk arm in arm** – iść trzymając się pod ręce; **to welcome sb with open arms** – powitać kogoś z otwartymi ramionami; **to keep sb at arm's length** – trzymać kogoś na dystans ❷ rękaw (*część garderoby*) ❸ boczne oparcie fotela, poręcz fotela

arm² [ɑ:m] zbroić (się); *He armed (himself) with a strong stick and went outside to investigate.* – Uzbroił się w mocny kij i wyszedł na zewnątrz, żeby sprawdzić, co się dzieje.

armaments ['ɑ:məmənts] zbrojenia

armchair [,ɑ:m'tʃeə] fotel

armed ['ɑ:md] uzbrojony; *He was attacked by two armed men.* – Został zaatakowany przez dwóch uzbrojonych mężczyzn. **the armed forces** – siły zbrojne

armour ['ɑ:mə] zbroja

arms [ɑ:mz] broń, uzbrojenie; **to lay down one's arms** – złożyć broń; **to take up arms against sb** – powstać zbrojnie przeciw komuś; **to present arms** – prezentować broń; **an arms control agreement** – porozumienie dotyczące ograniczenia zbrojeń

army ['ɑ:mɪ] (*l.mn.* **armies**) armia, wojsko

aroma [ə'rəʊmə] aromat, zapach

around [ə'raʊnd] ❶ dookoła, naokoło; **to turn around** – obrócić się dokoła; **to sit around the table** – siedzieć dookoła stołu ❷ około; **around midnight** – około północy ❸ tu i tam, naokoło; *His books were lying around the room.* – Jego książki leżały rozrzucone po pokoju. ❹ gdzieś tu, w pobliżu, niedaleko; *There wasn't anybody around.* – W pobliżu nie było nikogo.

arrange [ə'reɪndʒ] ❶ ułożyć, ustawić; *She arranged the flowers in the vase.* – Ułożyła kwiaty w wazonie. ❷ zaplanować, przygotować, ułożyć, umówić; *It's been arranged that she starts work on Monday.* – Zostało umówione, że zacznie pracować w poniedziałek. **to arrange a meeting** – zorganizować zebranie/spotkanie; **to arrange a party** – urządzić przyjęcie

arrangement [ə'reɪndʒmənt] ❶ przygotowanie, zorganizowanie; **to make arrangements for the party** – robić przygotowania do przyjęcia ❷ ułożenie, układ; **a flower arrangement** – sposób ułożenia kwiatów/kompozycja kwiatowa

arrest¹ [ə'rest] aresztować

arrest² [ə'rest] areszt, aresztowanie; *You are under arrest.* – Jest pan aresztowany. **to make an arrest** – zaaresztować

arrival [ə'raɪvl] ❶ przybycie, przyjazd, nadejście; *We are waiting for the arrival of spring.* – Czekamy na nadejście wiosny. *On his arrival at the airport he realized that he had forgotten his passport.* – Po przybyciu na lotnisko, zorientował się, że zapomniał paszportu. ❷ osoba nowo przybyła, nowo przybyły gość; *Everybody was curious about the new arrival at the hotel.* – Wszyscy byli ciekawi nowo przybyłej do hotelu osoby.

arrive [ə'raɪv] przybyć, przyjechać; *The train arrives in London at 11.30.* – Pociąg przyjeżdża do Londynu o 11.30. **to arrive at a decision** – podjąć decyzję (*zwykle po długim namyśle*)

arrogance ['ærəgəns] arogancja

arrogant ['ærəgənt] arogancki

arrow ['ærəʊ] ❶ strzała; *They were armed with bows and arrows.* – Byli uzbrojeni w łuki i strzały. ❷ strzałka; *We followed the arrows.* – Szliśmy kierując się strzałkami.

art [ɑ:t] ❶ sztuka; **a work of art** – dzieło sztuki; **modern art** – sztuka nowoczesna; **the arts** – sztuki piękne ❷ **arts** – nauki humanistyczne; *He is very good at arts.* – On jest bardzo dobry z przedmiotów humanistycznych.

article ['ɑ:tɪkl] ❶ rzecz, artykuł; **an article of clothing** – część garderoby ❷ *wyd.* artykuł; **a newspaper article** – artykuł w gazecie ❸ *gram.* przedimek; **the definite/the indefinite article** – przedimek określony/nieokreślony

artificial [,ɑ:tɪ'fɪʃl] sztuczny; **artificial flowers** – sztuczne kwiaty; **artificial teeth** – sztuczne zęby

artist ['ɑ:tɪst] artysta

artistic [ɑ:'tɪstɪk] ❶ artystyczny ❷ o uzdolnieniach artystycznych, o wyczuciu artystycznym

as [æz, əz, z] ❶ jako; *She is employed as a sales representative.* – Ona jest zatrudniona jako akwizytor/przedstawiciel handlowy. ❷ jak, tak jak; **as soon as possible** – jak najszybciej/tak szybko, jak tylko jest to możliwe; *He is not as tall as his father.* – Nie jest tak wysoki, jak jego ojciec. **Do as I tell you!** – Rób tak jak ci mówię! **as usual** – jak zwykle; **as a rule** – z reguły; **as if/as though** – jak gdyby ❸ ponieważ, skoro; *As he missed the bus he had to walk.* – Ponieważ spóźnił się na autobus, musiał iść piechotą. ❹ kiedy, podczas gdy, jak; *I saw him as I was walking along the street.* – Zobaczyłam go, kiedy szłam ulicą. *Just as we were leaving, the guests arrived.* – Właśnie gdy wychodziliśmy, przybyli goście.

ash[1] [æʃ] popiół; **Ash Wednesday** – Środa Popielcowa

ash[2] [æʃ] *bot.* jesion

ashamed [ə'ʃeɪmd] zawstydzony; *She was ashamed of her shabby clothes.* – Wstydziła się swojego nędznego ubrania. *You ought to be ashamed of yourself.* – Powinieneś się wstydzić.

ashore [ə'ʃɔ:] na brzegu/lądzie, na brzeg/ląd; **to go ashore** – zejść na ląd

ashtray ['æʃtreɪ] popielniczka

aside [ə'saɪd] na bok, na boku; **to put sth aside** – odłożyć coś na bok; **to take sb aside** – wziąć kogoś na stronę

ask [ɑ:sk] ❶ pytać; **to ask a question** – zadać pytanie; *She asked me if I knew about it.* – Zapytała mnie, czy o tym wiem. **to ask the time** – zapytać o godzinę; **to ask the way** – pytać o drogę ❷ prosić; *She asked for help.* – Poprosiła o pomoc. *She asked me to help her.* – Poprosiła, żebym jej pomógł. **to ask sb a favour** – poprosić kogoś o przysługę; *You are asking too much.* – Zbyt wiele wymagasz. ❸ zaprosić; *They asked us to the party.* – Zaprosili nas na przyjęcie.

asleep [ə'sli:p] śpiący, pogrążony we śnie; **to be fast/sound asleep** – spać mocno; **to fall asleep** – zasnąć

aspect ['æspəkt] aspekt

aspirin ['æsprɪn] aspiryna

ass [æs] osioł

assassin [ə'sæsɪn] zamachowiec

assassinate [ə'sæsɪneɪt] dokonać zamachu, zamordować (*na tle politycznym*); *The president has been assassinated.* – Prezydent został zamordowany.

a

assassination [əˌsæsɪ'neɪʃn] zamach, zabójstwo

assault¹ [ə'sɔ:lt] atak, napaść, szturm; **assault and battery** – napaść i pobicie; **to take sth by assault** – wziąć coś szturmem; *The troops carried out an assault on the enemy's position.* – Oddziały wojska przeprowadziły atak na pozycję nieprzyjaciela.

assault² [ə'sɔ:lt] zaatakować, napaść; *She was assaulted as she was walking across the park.* – Została zaatakowana, kiedy szła przez park.

assemble [ə'sembl] ❶ zbierać się, gromadzić się; *We all assembled in the main hall.* – Wszyscy zgromadziliśmy się w holu głównym. ❷ złożyć (*z części*), zmontować; **to assemble a model plane** – złożyć model samolotu

assembly [ə'semblɪ] (*l.mn.* **assemblies**) zgromadzenie, zebranie

assembly line [ə'semblɪ laɪn] linia montażowa

assist [ə'sɪst] pomagać, wspomagać; *He assisted me with my duties.* – Pomagał mi w obowiązkach.

assistance [ə'sɪstəns] pomoc; *Can I be of any assistance?* – Czy mogę służyć jakąś pomocą? *I can't do it without your assistance.* – Nie mogę tego zrobić bez twojej pomocy. **economic/financial assistance** – pomoc ekonomiczna/finansowa; *He did the translation with the assistance of a dictionary.* – Zrobił to tłumaczenie z pomocą słownika.

assistant [ə'sɪstənt] ❶ pomocnik; **a shop assistant** – sprzedawca/sprzedawczyni ❷ asystent ❸ osoba niższa rangą, zastępca; **assistant director** – wicedyrektor

associate [ə'səʊʃɪeɪt] kojarzyć, mieć skojarzenia; *We associate sandy beaches with summer holidays.* – Kojarzymy piaszczyste plaże z wakacjami letnimi.

association [əˌsəʊsɪ'eɪʃn] ❶ stowarzyszenie, związek; **The Automobile Association** – Związek Motorowy ❷ związek, współpraca, powiązanie; *The film was made in association with a television company.* – Film został zrobiony przy współpracy telewizji. *What are his associations with the Communist Party?* – Jakie są jego powiązania z Partią Komunistyczną? ❸ skojarzenie, związek; *This place has happy associations for me.* – To miejsce ma dla mnie miłe skojarzenia.

assume [ə'sju:m] zakładać, przyjmować; *Let's assume that he is innocent.* – Załóżmy, że jest niewinny.

assurance [ə'ʃɔ:rəns] ❶ zapewnienie; *He gave us his assurance that he would return the money on Monday.* – Zapewnił nas, że zwróci pieniądze w poniedziałek. ❷ pewność siebie; *He spoke with assurance.* – Mówił z pewnością siebie.

assure [ə'ʃɔ:] zapewnić; *I assure you that everything is all right.* – Zapewniam cię, że wszystko jest w porządku.

astonish [ə'stɒnɪʃ] zdziwić, zdumiewać; *Her refusal astonished us.* – Jej odmowa zdumiała nas.

astonished [ə'stɒnɪʃt] zdziwiony, zdumiony; *I was astonished to hear they had got divorced.* – Byłam zaskoczona dowiedziawszy się, że się rozwiedli.

astonishing [ə'stɒnɪʃɪŋ] zdumiewający

astonishment [ə'stɒnɪʃmənt] zdumienie; *He stared at me in astonishment.* – Wpatrywał się we mnie zdumiony. *To our astonishment she refused to take the money.* – Ku naszemu zdumieniu odmówiła przyjęcia pieniędzy.

astrologer [ə'strɒlədʒə] astrolog

astrology [ə'strɒlədʒɪ] astrologia

astronaut ['æstrənɔ:t] astronauta

astronomer [ə'strɒnəmə] astronom

astronomical [ˌæstrə'nɒmɪkl] astronomiczny

astronomy [ə'strɒnəmɪ] astronomia

asylum [ə'saɪləm] ❶ azyl; **to ask for political asylum** – poprosić o azyl polityczny ❷ szpital dla umysłowo chorych; **a lunatic asylum** – dom wariatów

at [æt, ət] ❶ w, na, przy, o (*dot. punktu w przestrzeni lub czasie*); **at two o'clock** – o godzinie drugiej; **at the bus stop** – na przystanku autobusowym; **at the airport** – na lotnisku; **at school** – w szkole; **at the table** – przy stole; **at night** – nocą ❷ na, do (*dot. kierunku działania*); *He threw the ball at me.* – Rzucił do mnie piłką. *He smiled at me.* – Uśmiechnął się do mnie. ❸ *dot. ceny, prędkości, itp.*; **to drive at 80 miles per hour** – jechać z prędkością 80 mil na godzinę; **to buy sth at £10** – kupić coś za 10 funtów; **to sell at a loss** – sprzedać ze stratą; **at this rate** – w tym tempie ❹ w, z (*dot. przedmiotów studiów, umiejętności*); *He is good at physics.* – On jest dobry z fizyki. ❺ z (*powodu*); *What are you laughing at?* – Z czego się śmiejecie? ❻ przy (*dot. czynności lub stanu*); **at work** – przy pracy; **at war** – w stanie wojny; **at peace** – w stanie pokoju/w spokoju

ate [et/eɪt] *p.* **eat (ate, eaten)**

athlete ['æθli:t] sportowiec

athletic [æθ'letɪk] ❶ wysportowany, dobrze zbudowany ❷ sportowy, lekkoatletyczny

athletics [æθ'letɪks] lekka atletyka

atlas ['ætləs] atlas

atmosphere ['ætmə,sfɪə] ❶ atmosfera (*ziemska*) ❷ atmosfera, nastrój; **a friendly atmosphere** – przyjazna atmosfera

atmospheric [,ætməs'ferɪk] atmosferyczny; **atmospheric pressure** – ciśnienie atmosferyczne

atom ['ætəm] atom

atomic [ə'tɒmɪk] atomowy; **atomic physics** – fizyka atomowa; **an atomic bomb** – bomba atomowa

attach [ə'tætʃ] ❶ przytwierdzić, przymocować, przyczepić; *Attach this label to your luggage.* – Proszę przyczepić tę etykietę do bagażu. ❷ przywiązywać; *He attached great importance to physical fitness.* – Przywiązywał olbrzymią wagę do sprawności fizycznej. **to be attached to sb** – być do kogoś przywiązanym/być z kimś związanym uczuciowo

attack[1] [ə'tæk] ❶ atak, napaść; **to carry out an attack on the enemy's position** – przeprowadzić atak na pozycję nieprzyjaciela ❷ atak, napad; **a heart attack** – atak serca; **an attack of asthma** – atak astmy

attack[2] [ə'tæk] atakować

attempt[1] [ə'temt] próba, usiłowanie; *He made an attempt to climb Mount Everest.* – Podjął próbę weścia na Mount Everest. *He made an attempt to interrupt her.* – Próbował jej przerwać. **to make an attempt on the Olympic record** – podjąć próbę pobicia rekordu olimpijskiego

attempt[2] [ə'temt] usiłować, próbować; *He attempted to swim across the Channel.* – Usiłował przepłynąć Kanał La Manche. *He attempted an explanation.* – Usiłował (coś) wytłumaczyć.

attend [ə'tend] ❶ uczęszczać (do); **to attend school** – uczęszczać do szkoły; **to attend a course** – chodzić na kurs ❷ uczestniczyć, brać udział; **to attend a meeting** – brać udział w zebraniu ❸ poświęcać uwagę; *You should attend more to your studies.* – Powinieneś więcej uwagi poświęcać swoim studiom. ❹ służyć, obsługiwać, zajmować się; *A doctor is attending to the injured man.* – W tej chwili lekarz zajmuje się rannym.

attendant [ə'tendənt] osoba dozorująca; **an attendant in a museum** – osoba pilnująca w muzeum

attention [ə'tenʃn] ❶ uwaga; *May I have your attention, please?* – Czy mogę prosić o uwagę? *He didn't pay attention to what I was saying.* – Nie zwracał uwagi na to, co mówiłam. **to attract attention** – przyciągać uwagę; **to be the centre of attention** – być centrum zainteresowania/uwagi ❷ postawa „na baczność"; **to stand to attention** – stanąć na baczność

a

attentive [ə'tentıv] ❶ uważający, dbały; *He is attentive to the needs of his wife.* – On dba o potrzeby swojej żony. ❷ uważny, pilny; **attentive audience** – uważna publiczność

attic ['ætık] strych

attitude ['ætıtju:d] podejście, stosunek, postawa, nastawienie; *He must change his attitude towards his co-workers.* – Musi zmienić swój stosunek do współpracowników.

attorney [ə'tɜ:nı] *am.* prawnik, adwokat

attract [ə'trækt] ❶ przyciągać; *Magnet attracts iron.* – Magnes przyciąga żelazo. **to attract criticism** – prowokować krytykę ❷ pociągać, przyciągać; *This place attracts many tourists.* – To miejsce przyciąga wielu turystów. *Tall blond women have always attracted him.* – Zawsze pociągały go wysokie blondynki. **to attract sb's attention** – zwrócić na siebie/przyciągnąć czyjąś uwagę

attraction [ə'trækʃn] ❶ atrakcja; *Waikiki beach is a tourist attraction.* – Plaża w Waikikii stanowi atrakcję turystyczną. ❷ pociąganie, pociąg; *Diving holds no attraction for me.* – Nurkowanie mnie nie pociąga. ❸ *fiz.* przyciąganie

attractive [ə'træktıv] atrakcyjny, pociągający

auction[1] ['ɔ:kʃn] aukcja; **to put sth up for auction** – wystawić coś na aukcję; **to sell sth by auction** – sprzedać coś na aukcji

auction[2] ['ɔ:kʃn] sprzedać na aukcji

audience ['ɔ:djəns] ❶ widownia, publiczność, audytorium; *The audience applauded him loudly.* – Publiczność głośno biła mu brawo. *He lectured to audiences in many countries.* – Miał wykłady w wielu krajach. *Her books have reached a wide audience.* – Jej książki docierają do szerokiej publiczności. ❷ audiencja; **to grant sb an audience** – udzielić komuś audiencji

Aug = August

August ['ɔ:gəst] sierpień

aunt [ɑ:nt] ciotka

auntie ['ɑ:ntı] ciocia

authentic [ɔ:'θentık] autentyczny

author ['ɔ:θə] autor

authority [ɔ:'θɒrətı] ❶ władza, moc rozkazywania; *Who is in authority here?* – Kto tu rządzi/zarządza? *The police have the authority to stop your car.* – Policja ma prawo zatrzymać twój samochód. ❷ **the authorities** – władze; *The authorities refused to give him a passport.* – Władze odmówiły mu wydania paszportu. ❸ autorytet, powaga; *He is an outstanding authority on tropical diseases.* – On jest wybitnym autorytetem w dziedzinie chorób tropikalnych.

autobiography [,ɔ:təbaı'ɒgrəfı] (*l.mn.* **autobiographies**) autobiografia

autograph ['ɔ:təgrɑ:f] autograf

automatic [,ɔ:tə'mætık] automatyczny; **an automatic washing-machine** – pralka automatyczna; **an automatic response** – automatyczna odpowiedź

automobile ['ɔ:təməbi:l] *am.* samochód

autumn ['ɔ:təm] jesień

auxiliary [ɔ:g'zıljərı] pomocniczy, posiłkowy; **an auxiliary verb** – czasownik posiłkowy

available [ə'veıləbl] dostępny, osiągalny; *Are these shoes available in a smaller size?* – Czy te buty są (też) w mniejszym rozmiarze? *The manager is not available at the moment.* – W tej chwili nie może pan rozmawiać z kierownikiem.

avalanche ['ævəlɑ:ntʃ] lawina

avenue ['ævənju:] ❶ aleja; *A beautiful avenue of oak trees led up to the entrance.* – Piękna dębowa aleja prowadziła do wejścia. ❷ ulica, aleja (*w nazwach ulic – skrót Ave*); *They live in Sixth Avenue.* – Mieszkają przy Szóstej Alei.

average[1] ['ævrıdʒ] przeciętna, średnia, średnia arytmetyczna; **above/below the average** – powyżej/poniżej średniej; **on average** – przeciętnie, średnio

average² ['ævrɪdʒ] średni, przeciętny; **the average person** – przeciętna osoba; **a man of average height** – mężczyzna średniego wzrostu

avocado [ˌævə'kɑ:dəʊ] awokado

avoid [ə'vɔɪd] unikać; *He avoids her.* – On jej unika. *Try to avoid talking about politics.* – Staraj się unikać rozmów o polityce.

await [ə'weɪt] oczekiwać; *We await the exam results.* – Oczekujemy wyników egzaminu.

awake¹ [ə'weɪk] obudzony, nie będący w stanie snu; *Is the baby asleep or awake?* – Czy dziecko śpi, czy nie? **to be wide awake** – nie spać/być całkowicie rozbudzonym

awake² [ə'weɪk] **(awoke, awoken** [ə'wəʊk, ə'wəʊkn]) obudzić (się); *The noise awoke me.* – Obudził mnie hałas. *I awoke from a deep sleep.* – Obudziłem się z głębokiego snu.

awaken [ə'weɪkn] ❶ obudzić (się); *I was awakened by the noise.* – Obudził mnie hałas. ❷ wzbudzić; *He couldn't awaken any interest in English grammar in his students.* – Nie mógł rozbudzić żadnego zainteresowania gramatyką angielską u swoich studentów.

award¹ [ə'wɔ:d] nagroda, odznaczenie; **to give/to grant sb an award** – dać/ /przyznać komuś nagrodę; **to win an award** – zdobyć nagrodę

award² [ə'wɔ:d] odznaczyć, przyznać (*nagrodę, odznaczenie*); *She's been awarded the Nobel prize for her work in biochemistry.* – Przyznano jej nagrodę Nobla za pracę w dziedzinie biochemii. *She's been awarded a scholarship at Oxford.* – Przyznano jej stypendium w Oksfordzie.

aware [ə'weə] świadomy, zdający sobie sprawę; *He was not aware of the danger.* – Nie był świadomy niebezpieczeństwa. *We were aware that we were being watched.* – Zdawaliśmy sobie sprawę, że jesteśmy obserwowani.

away [ə'weɪ] ❶ stąd, z tego miejsca, od; **to run away** – uciec; *They live far away from the city.* – Oni mieszkają daleko od miasta. *The nearest post office is miles away.* – Najbliższa poczta jest oddalona o mile stąd. ❷ nie tu; *She is away.* – Ona wyjechała./Nie ma jej tu.

awful ['ɔ:fʊl] okropny, straszny; *What awful weather!* – Co za straszna pogoda! *I've had an awful day.* – Miałam okropny dzień. *You look awful.* – Wyglądasz okropnie.

awfully ['ɔ:fʊlɪ] strasznie, okropnie; *Thanks awfully.* – *pot.* Bardzo dziękuję. *I'm awfully sorry.* – Strasznie mi przykro./Bardzo przepraszam. *It was awfully cold.* – Było okropnie zimno.

awkward ['ɔ:kwəd] ❶ niezręczny, krępujący; **an awkward situation** – niezręczna sytuacja; **to feel awkward** – czuć się niezręcznie/być skrępowanym; **an awkward silence** – pełna skrępowania cisza ❷ niezręczny, niezgrabny; *He is awkward with his hands.* – On ma dwie lewe ręce.

awoke [ə'wəʊk] *p.* **awake (awoke, awoken)**

awoken *p.* **awake (awoke, awoken)**

axe [æks] siekiera

axis ['æksɪs] (*l.mn.* **axes** ['æksi:z]) *geom.* oś; *The Earth revolves round its axis.* – Ziemia obraca się wokół własnej osi.

azure ['æʒə/'æʒjʊə] lazur, lazurowy

b

baby ['beɪbɪ] (*l.mn.* **babies**) dziecko, niemowlę

babysit ['beɪbɪsɪt] (**-tt-**) (**babysat, babysat** ['beɪbɪsæt, 'beɪbɪsæt]) opiekować się dzieckiem (*na ogół odpłatnie i przez niedługi okres czasu*); *I promised Lydia to babysit for her on Monday.* – Obiecałam Lidii, że posiedzę z jej dzieckiem w poniedziałek.

babysitter ['beɪbɪˌsɪtə] opiekunka do dzieci

bachelor ['bætʃələ] ❶ kawaler, człowiek nieżonaty ❷ stopień naukowy niższy od magistra; **Bachelor of Arts/ /Science** – stopień naukowy uzyskany po ukończeniu studiów humanistycznych/ścisłych

back¹ [bæk] ❶ z powrotem; *Put the book back on the shelf.* – Odłóż książkę z powrotem na półkę. *He'll be back in half an hour.* – On wróci za pół godziny. ❷ do tyłu; **to look back** – obejrzeć się; **back and forth** – tam i z powrotem

back² [bæk] ❶ tył; **at the back of the house** – z tyłu domu; **to put a pullover back to front** – włożyć sweter tył na przód ❷ plecy, kręgosłup; **to lie on one's back** – leżeć na plecach; **to have back trouble** – mieć kłopoty z kręgosłupem; **to do sth behind sb's back** – zrobić coś za czyimiś plecami; **to turn one's back on sb** – odwrócić się do kogoś plecami

back³ [bæk] tylny; **the back door** – tylne drzwi

back⁴ [bæk] ❶ poruszać się do tyłu, cofać się; **to back the car into the garage** – wjechać tyłem do garażu ❷ popierać, poprzeć; *Nobody backed his proposal at the meeting.* – Nikt nie poparł jego propozycji na zebraniu.

◆ **back away** – cofnąć się, wycofać się tyłem

◆ **back out** – wycofać się (*z czegoś*); **to back out of one's promise** – wycofać się z danej obietnicy

backache ['bækeɪk] ból kręgosłupa

backbone ['bækbəʊn] (*dosł. i przen.*) kręgosłup

background ['bækgraʊnd] ❶ dalszy plan, tło; **to remain in the background** – pozostawać na dalszym planie/w cieniu ❷ pochodzenie, przeszłość (*człowieka*); **people from different religious and cultural backgrounds** – ludzie o różnej tradycji religijnej i kulturowej

backpack ['bækpæk] plecak

backstroke ['bækstrəʊk] *sport.* styl grzbietowy (*w pływaniu*)

backward ['bækwəd] ❶ zacofany, opóźniony w rozwoju; **a backward country** – zacofany kraj; **a backward child** – dziecko opóźnione w rozwoju ❷ wsteczny; *She went away without a backward glance.* – Odeszła nie oglądając się wstecz. **to take a backward step** – *przen.* zrobić krok wstecz/w tył

backwards ['bækwədz] / **backward** ['bækwəd] ❶ do tyłu; **to look backwards** – obejrzeć się ❷ od końca do początku, w odwrotnej kolejności; **to say the alphabet backwards** – powiedzieć alfabet od końca; **backwards and forwards** – tam i z powrotem

bacon ['beɪkn] bekon, boczek; **bacon and eggs** – jajka na boczku

bacterium [bæk'tɪərɪəm] (*l.mn.* **bacteria** [bæk'tɪərɪə]) *biol.* bakteria

bad [bæd] (**worse, worst** [wɜ:s, wɜ:st]) ❶ zły, niedobry; **a bad teacher** – zły nauczyciel; **bad manners** – złe maniery; **a bad taste** – zły gust; **to develop a bad habit** – wpaść w nałóg ❷ zepsuty; *The meat will go bad.* – Mięso się zepsuje. **a bad smell** – nieprzyjemny zapach ❸ ciężki, poważny; **a bad accident** – poważny wypadek; **a bad headache** – silny ból głowy ❹ niefortunny; **bad luck** – pech; *That's too bad.* – To fatalnie./To się źle składa.

badge [bædʒ] odznaka, symbol, identyfikator, plakietka; *Everybody at the conference were wearing badges with their names on.* – Wszyscy na konferencji nosili identyfikatory z nazwiskami.

badly ['bædlɪ] (**worse, worst** [wɜ:s, wɜ:st]) ❶ źle, niedobrze; *The room was badly lit.* – Pokój był źle oświetlony. *Don't think badly of me.* – Nie myśl o mnie źle. **to behave badly** – zachowywać się źle ❷ ciężko, poważnie; *He was badly injured.* – On był ciężko ranny. ❸ bardzo; *He needed the money badly.* – On bardzo potrzebował tych pieniędzy.

badminton ['bædmɪntən] badminton

bad-tempered [ˌbæd'tempəd] ❶ łatwo wpadający w złość, drażliwy ❷ rozdrażniony

bag [bæg] torba; **a handbag** – torebka (*damska*); **a carrier bag** – torba na zakupy, reklamówka; **a paper bag** – torebka/torba papierowa

baggage ['bægɪdʒ] bagaż

bagpipes ['bægpaɪps] dudy

bait [beɪt] przynęta

bake [beɪk] piec, wypiekać; **to bake a cake** – upiec ciasto

baked [beɪkt] pieczony; **baked potatoes** – pieczone ziemniaki

baker ['beɪkə] piekarz

bakery ['beɪkərɪ] (*l.mn.* **bakeries**) piekarnia

balance[1] ['bæləns] ❶ równowaga; **to keep one's balance** – utrzymywać równowagę; **to loose one's balance** – stracić równowagę ❷ saldo; **on balance** – biorąc wszystko pod uwagę

balance[2] ['bæləns] balansować

balanced ['bælənst] ❶ zrównoważony; **a balanced person** – osoba zrównoważona ❷ dobrze wyważony; **a balanced diet** – dobrze skomponowana dieta/dieta o dobrze wyważonych proporcjach; **a balanced judgement** – bezstronny osąd

balcony ['bælkənɪ] (*l.mn.* **balconies**) balkon

bald [bɔ:ld] łysy

ball[1] [bɔ:l] ❶ piłka; **a tennis ball** – piłka tenisowa; **a beach ball** – piłka plażowa ❷ przedmiot w kształcie kuli; **a snowball** – śnieżka/kula śnieżna; **a ball of wool** – kłębek wełny

ball[2] [bɔ:l] bal

ballerina [ˌbælə'ri:nə] baletnica

ballet ['bæleɪ] balet

ballet dancer ['bæleɪˌdɑ:nsə] tancerz baletowy, tancerka baletowa

balloon [bə'lu:n] balon

ballot ['bælət] tajne głosowanie; **to hold a ballot** – prowadzić tajne głosowanie; **to be elected by ballot** – zostać wybranym w tajnym głosowaniu

ball-point ['bɔ:lpɔɪnt] długopis

ballroom ['bɔ:lrʊm] sala balowa

ban[1] [bæn] zakaz; *There is a ban on smoking in the waiting-room.* – W poczekalni jest zakaz palenia tytoniu.

ban[2] [bæn] (**-nn-**) zakazać; *Advertising alcohol on television is banned.* – Reklamowanie alkoholu w telewizji jest zakazane. *He is banned from driving for a year.* – Odebrano mu prawo jazdy na rok.

banana [bə'nɑ:nə] banan

band[1] [bænd] ❶ grupa muzyczna; **a jazz band** – grupa jazzowa; **a rock band** – grupa rockowa ❷ orkiestra; **a brass band** – orkiestra dęta ❸ grupa ludzi; **a band of robbers** – szajka rabusiów

b

band[2] [bænd] ❶ opaska, taśma, wstążka; *The banknotes were held together with a rubber band.* – Banknoty były związane gumką. ❷ pasmo fal; **the long waveband** – fale długie/pasmo fal długich

bandage[1] ['bændɪdʒ] bandaż

bandage[2] ['bændɪdʒ] bandażować

bandit ['bændɪt] bandyta

bang[1] [bæŋ] ❶ trzaśnięcie, łomot, łoskot; *The door shut with a loud bang.* – Drzwi zamknęły się z głośnym trzaskiem. ❷ silne uderzenie; **to get a bang on the head** – mocno uderzyć się w głowę/zostać mocno uderzonym w głowę

bang[2] [bæŋ] ❶ trzaskać, zatrzaskiwać; *Don't bang the door!* – Nie trzaskaj drzwiami! ❷ mocno uderzyć, walnąć; *He banged his fist on the table.* – Walnął pięścią w stół. *He banged his head on the low ceiling.* – Uderzył głową w niski sufit.

banish ['bænɪʃ] wygnać, skazać na banicję; **to banish sb from the country** – wygnać kogoś z kraju

banisters ['bænɪstəz] poręcz schodów

bank[1] [bæŋk] bank; **to keep money in the bank** – trzymać pieniądze w banku; **a bank account** – rachunek bankowy; **a bank clerk** – urzędnik bankowy; **bank holiday** – dzień wolny od pracy (*poza sobotą i niedzielą*), kiedy również banki są nieczynne

bank[2] [bæŋk] ❶ brzeg rzeki ❷ nasyp, wał

banker ['bæŋkə] bankier

banknote ['bæŋknəʊt] banknot

bankrupt[1] ['bæŋkrʌpt] zbankrutowany; **to go bankrupt** – zbankrutować

bankrupt[2] ['bæŋkrʌpt] bankrut

bankruptcy ['bæŋkrəpsɪ] bankructwo

banner ['bænə] transparent, sztandar

banquet ['bæŋkwɪt] uczta, bankiet

baptism ['bæptɪzm] chrzest

baptize [bæp'taɪz] chrzcić

bar[1] [bɑ:] ❶ bar; **a coffee bar** – bar kawowy; **a snack bar** – bar przekąskowy ❷ kontuar w barze, bar; *We stood at the bar.* – Staliśmy przy barze. ❸ **bars** – krata, kraty; **to be behind bars** – być za kratkami ❹ sztabka, pręt; **a bar of gold** – sztabka złota; **a bar of chocolate** – tabliczka czekolady; **a bar of soap** – kostka mydła ❺ przeszkoda; **a bar to success** – przeszkoda w drodze do sukcesu

bar[2] [bɑ:] (**-rr-**) zagrodzić, przeszkodzić; **to bar the way** – zagrodzić drogę

barbecue ['bɑ:bɪkju:] ❶ przyjęcie na otwartym powietrzu, podczas którego piecze się mięso nad ogniskiem ❷ ruszt do pieczenia nad otwartym ogniem

barbed wire [ˌbɑ:bd'waɪə] drut kolczasty

barber ['bɑ:bə] fryzjer męski

bare [beə] nagi, goły; **to walk with bare feet** – chodzić boso; **a bare wooden floor** – drewniana podłoga nie przykryta dywanem; *I could have killed him with my bare hands.* – Mogłabym go zabić gołymi rękoma.

barefoot ['beəfʊt] boso; **to walk barefoot** – chodzić boso

barely ['beəlɪ] ledwo, zaledwie; *I can barely remember what he said.* – Prawie nie pamiętam tego, co mówił. *He was barely three when his father died.* – Miał zaledwie trzy lata, kiedy umarł jego ojciec.

bargain[1] ['bɑ:gɪn] ❶ interes, transakcja; **to make a bargain (with sb)** – ubić (z kimś) interes ❷ okazja, towar kupiony tanio, okazyjnie; *This blouse was a bargain – it cost only £10.* – Ta bluzka była kupiona okazyjnie – kosztowała tylko 10 funtów. **to offer goods at bargain price** – proponować towary po okazyjnej cenie

bargain[2] ['bɑ:gɪn] targować się; *He will reduce the price, you must only bargain hard.* – On obniży cenę, musisz tylko bardzo się targować.

barge [bɑ:dʒ] barka

baritone ['bærɪtəʊn] baryton

bark[1] [bɑ:k] szczekać; *The dog barked at the stranger.* – Pies szczekał na nieznajomego.

bark² [bɑ:k] szczeknięcie
bark³ [bɑ:k] kora drzewa
barley ['bɑ:lɪ] *bot.* jęczmień
barmaid ['bɑ:meɪd] barmanka
barman ['bɑ:mən] (*l.mn.* **barmen** ['bɑ:mən]) barman
barn [bɑ:n] stodoła
barometer [bə'rɒmɪtə] barometr; **the barometer falls** – barometr wskazuje spadek ciśnienia; **the barometer rises** – barometr wskazuje wzrost ciśnienia (*idzie na pogodę*)
barracks ['bærəks] koszary
barrel ['bærəl] ❶ beczka, baryłka ❷ lufa karabinu
barricade¹ [ˌbærɪ'keɪd] barykada; **to put up/to erect a barricade** – wznieść barykadę
barricade² [ˌbærɪ'keɪd] barykadować; *They barricaded doors and windows.* – Zabarykadowali drzwi i okna. *They barricaded themselves in.* – Zabarykadowali się wewnątrz.
barrier ['bærɪə] bariera, szlaban; *You must show your passport at the barrier.* – Musisz okazać paszport przy barierce. **the sound barrier** – bariera dźwięku
barrister ['bærɪstə] adwokat występujący w sądzie (*w Wielkiej Brytanii*)
barrow ['bærəʊ] taczka
base¹ [beɪs] bazować, opierać; *He based his suspicions on certain facts.* – Opierał swoje podejrzenia na pewnych faktach.
base² [beɪs] ❶ podstawa, dolna część; **the base of the mountain** – podnóże góry; **the base of a triangle** – podstawa trójkąta ❷ baza, podłoże, podstawa ❸ *wojsk.* baza ❹ *chem.* zasada
baseball ['beɪsbɔ:l] baseball
basement ['beɪsmənt] suterena
bases¹ ['beɪsi:z] *p.* **basis**
bases² ['beɪsi:z] *p.* **base²**
basic ['beɪsɪk] podstawowy, zasadniczy; *The house lacks even basic facilities like toilet and running water.* – Ten dom nie ma nawet podstawowych wygód, jak toaleta czy woda bieżąca. **the basic salary** – płaca podstawowa (*bez podatków, premii itp.*)
basics ['beɪsɪks] ❶ podstawy; **the basics of mathematics** – podstawy matematyki ❷ rzeczy podstawowe; *We need some basics like bread, tea and sugar.* – Potrzebujemy takich podstawowych rzeczy, jak chleb, herbata czy cukier.
basin ['beɪsn] ❶ miska, miednica ❷ **washbasin** – umywalka ❸ dorzecze rzeki
basis ['beɪsɪs] (*l.mn.* **bases** ['beɪsi:z]) podstawa, baza, zasada; *Your theory has no scientific basis.* – Twoja teoria nie ma podstaw naukowych. *I want everyone to be treated on an equal basis.* – Chcę, żeby wszyscy byli traktowani jednakowo/na jednakowych zasadach.
basket ['bɑ:skɪt] koszyk, kosz; **a shopping basket** – kosz na zakupy; **a waste-paper basket** – kosz na śmieci
basketball ['bɑ:skɪtbɔ:l] koszykówka
bass [beɪs] bas
bat¹ [bæt] nietoperz
bat² [bæt] rakietka do tenisa stołowego, kij do baseballa lub krykieta; **a baseball bat** – kij do baseballa; **a table tennis bat** – rakietka do tenisa stołowego
bath¹ [bɑ:θ] ❶ wanna; **to get into the bath** – wejść do wanny ❷ kąpiel (*w wannie*); **to take/to have a hot bath** – wziąć gorącą kąpiel
bath² [bɑ:θ] ❶ kąpać (*w wannie*); **to bath a baby** – kąpać dziecko ❷ kąpać się (*w wannie*); *She baths every morning.* – Ona się kąpie codziennie rano.
bathe [beɪð] ❶ kąpać się, pływać (*w morzu, jeziorze, itp.*); **to bathe in the sea** – kąpać się w morzu ❷ przemyć; **to bathe a wound** – przemyć ranę; **to bathe one's eyes** – przemyć sobie oczy
bathing costume ['beɪðɪŋ kɒstjʊm] kostium kąpielowy

b

bathing suit ['beɪðɪŋ su:t] kostium kąpielowy

bathing trunks ['beɪðɪŋ trʌŋks] kąpielówki

bathroom ['bɑ:θrʊm] łazienka

battery ['bætərɪ] (*l.mn.* **batteries**) ❶ bateria; **a radio battery** – bateria do radia ❷ akumulator; *The battery has gone flat/dead.* – Akumulator się wyładował.

battle ['bætl] bitwa, walka; **the battle of Waterloo** – bitwa pod Waterloo; *His son was killed in battle.* – Jego syn zginął w akcji/na polu bitwy. **the battle for civil rights** – walka o prawa obywatelskie

bay [beɪ] zatoka; **the Bay of Biscay** – Zatoka Biskajska

be [bi:, bɪ] (**was/were, been** [wɒz, wəz/ /wɜ:, wə, bi:n, bɪn]) ❶ być

I am – (ja) jestem
you are – ty jesteś, pan/pani jest
he is – on jest
she is – ona jest
it is – to/ono jest
we are – my jesteśmy
you are – wy jesteście, państwo są
they are – oni/one są

◆ **I was** – ja byłem/byłam
you were – ty byłeś/byłaś, pan był/ /pani była
he was – on był
she was – ona była
it was – ono/to było
we were – my byliśmy
you were – wy byliście/byłyście, państwo byli
they were – oni byli/one były

◆ **I have been** – jestem (*od pewnego czasu*), byłem
you have been – jesteś (*od pewnego czasu*), byłeś
he/she/it has been – on/ona/ono/to jest (*od pewnego czasu*), on był/ona była, ono/to było
we have been – jesteśmy (*od pewnego czasu*), byliśmy
you have been – jesteście (*od pewnego czasu*), byliście
they have been – oni/one są (*od pewnego czasu*), oni byli/one były

To be or not to be. – Być albo nie być. *He is at home.* – On jest w domu. *It was beautiful.* – To było piękne. *He's been a student for a year.* – On jest studentem od roku. ❷ **to be to (do sth)** – mieć (coś zrobić); *They are to come at nine.* – Oni mają przyjść o dziewiątej. *They were to have been married last month, but the wedding was cancelled at the last moment.* – Mieli się pobrać w zeszłym miesiącu, ale w ostatniej chwili ślub został odwołany. ❸ mieć lat; *He is twelve (years old).* – On ma dwanaście lat. ❹ kosztować; *It is £20.* – To kosztuje 20 funtów. *How much is it?* – Ile to kosztuje? ❺ *(wyraz posiłkowy oddzielnie nieprzetłumaczalny występujący w czasach Continuous)*; *He is reading a book.* – On czyta książkę.

◆ **be against** – być przeciw; *I'm against smoking in public places.* – Jestem przeciw paleniu w miejscach publicznych.

◆ **be away** – być poza domem, wyjechać; *He is away on holiday.* – On wyjechał na urlop.

◆ **be back** – wrócić; *I'll be back in a moment.* – Wrócę za chwilę.

◆ **be for** – być za; *I'm for introducing the new method.* – Jestem za wprowadzeniem nowej metody.

◆ **be in** – (a) być w modzie; *Long skirts are in again.* – Długie spódnice są znowu w modzie. (b) być w domu, być obecnym; *Is your father in?* – Czy twój ojciec jest w domu?

◆ **be off** – być odwołanym, wyłączonym, niedostępnym; *Their wedding is off.* – Ich ślub jest odwołany. *The electricity is off.* – Nie ma prądu./Prąd jest wyłączony. *I must be off.* – Muszę już iść. *She was off school all last week.* – Nie było jej w szkole cały zeszły tydzień. *I'm glad to have this problem off my hands.* – Jestem szczęśliwa, że pozbyłam się tego problemu.

◆ **be on** – (a) być aktualnym, być w programie; *What's on at the cinema this evening?* – Co dziś wieczorem grają w kinie? (b) być włączonym; *Is the light on?* – Czy światło jest włączone?

◆ **be out** – (a) być nieobecnym; *He's out at the moment.* – W tej chwili go nie ma. (b) być niemodnym; *Mini skirts are out.* – Mini-spódniczki są niemodne.

◆ **be over** – skończyć się; *The lesson is over.* – Lekcja się skończyła.

◆ **be up** – (a) wstać (*z łóżka*), być na nogach; *It's seven o'clock, I'm sure they are already up.* – Jest siódma, jestem pewien, że już wstali. (b) jeszcze nie iść spać; *We are often up late.* – Często siedzimy do późna w nocy.

◆ **be up and about** – wstać po chorobie; *I phoned her (up) after a few days, and it turned out that she was already up and about.* – Zadzwoniłem do niej po kilku dniach i okazało się, że już wstała po chorobie.

◆ **be up to** – (a) zależeć od; *It's up to you if you want to go or not.* – To zależy od ciebie, czy chcesz iść, czy nie. (b) być w stanie; *I don't know if she's up to studying mathematics.* – Nie wiem, czy ona będzie w stanie studiować matematykę. (c) zamierzać coś spsocić; *I wonder what the children are up to.* – Ciekawa jestem, co dzieci zamierzają spsocić.

beach [bi:tʃ] plaża

bead [bi:d] koralik, paciorek; **a string of beads** – sznur korali; **beads of perspiration** – krople potu

beak [bi:k] dziób ptaka

beam [bi:m] ❶ belka ❷ promień, promyk; **a sunbeam** – promień słońca

bean [bi:n] ❶ fasola (*w języku angielskim „fasola" występuje na ogół w l.mn. – beans*); *We had beans for lunch.* – Na obiad była fasola. **runner beans** – fasolka szparagowa; **soya beans** – soja ❷ ziarno, ziarnko (*w kształcie ziaren fasoli*); **coffee beans** – ziarna kawy; **cocoa beans** – ziarno kakaowe

bear[1] [beə] (**bore, borne** [bɔ:, bɔ:n]) ❶ znosić, wytrzymywać; *We couldn't bear the noise.* – Nie mogliśmy znieść tego hałasu. ❷ wytrzymać, utrzymać; *This bridge can bear the weight of 10 tons.* – Ten most może wytrzymać obciążenie do 10 ton. ❸ urodzić; *She has borne him three children.* – Urodziła mu troje dzieci. **to bear fruit** – *dosł.* i *przen.* przynosić owoce

bear[2] [beə] niedźwiedź; **a polar bear** – niedźwiedź polarny; **a teddy bear** – miś pluszowy

beard [bɪəd] broda, zarost

bearded ['bɪədɪd] z brodą, brodaty

beast [bi:st] bestia, zwierzę

beat[1] [bi:t] (**beat, beaten** [bi:t, 'bi:tn]) ❶ bić; *His father beat him for being disobedient.* – Ojciec zbił go za to, że był nieposłuszny. *Her heart beat fast.* – Jej serce biło szybko. **to beat the eggs** – ubić jajka (*na pianę*) ❷ pobić, pokonać; **to beat the record** – pobić rekord; *He beat me at tennis.* – Wygrał ze mną w tenisa.

beat[2] [bi:t] uderzenie, bicie; **the beat of the drums** – odgłos bicia w bębny; **heartbeat** – bicie serca

beautiful ['bju:təfʊl] piękny, śliczny

beauty ['bju:tɪ] ❶ piękno, uroda; *We admired the beauty of the landscape.* – Podziwialiśmy piękno krajobrazu. **a beauty spot** – punkt widokowy/miejsce wyjątkowo piękne; **a beauty parlour** – salon piękności ❷ (*l.mn.* **beauties**) piękność

became [bɪ'keɪm] *p.* **become** (**became, become**)

because [bɪ'kɒz] ponieważ, dlatego że; *He didn't come because he was ill.* – Nie przyszedł, ponieważ był chory; **because of** – z powodu; *The excursion was cancelled because of the weather.* – Wycieczka została odwołana z powodu pogody.

become [bɪ'kʌm] (**became, become** [bɪ'keɪm, bɪ'kʌm]) stać się, zostać; *She became famous.* – Ona stała się sławna. *What has become of him?* – Co się z nim stało?

b

bed [bed] ❶ łóżko; **to go to bed** – iść spać/iść do łóżka; **to make the bed** – posłać łóżko; **a single/a double bed** – łóżko jednoosobowe/dwuosobowe; **bed and breakfast** – nocleg i śniadanie ❷ grządka, rabata; **a flower bed** – grządka kwiatowa; **a bed of roses** – rabata różana ❸ dno morza/ /rzeki; **the river bed** – koryto rzeki; **the sea bed** – dno morza

bedclothes ['bedkləʊdz] bielizna pościelowa

bedroom ['bedrʊm] sypialnia

bedsit ['bedsɪt] / **bedsitter** [ˌbed'sɪtə] pokój służący jako sypialnia i jako pokój dzienny

bedtime ['bedtaɪm] pora snu; *My usual bedtime is 11 p.m.* – Zazwyczaj idę spać o 11 wieczór.

bee [bi:] *zool.* pszczoła

beech [bi:tʃ] *bot.* buk

beef [bi:f] wołowina; **roast beef** – pieczeń wołowa

been [bi:n, bɪn] *p.* **be (was/were, been)**

beer [bɪə] piwo

beetle ['bi:tl] *zool.* żuk, chrabąszcz

beetroot ['bi:tru:t] burak ćwikłowy

before[1] [bɪ'fɔ:] ❶ przed; *Your name is before mine on the list.* – Twoje nazwisko jest przed moim na liście. **the day before yesterday** – przedwczoraj; **before long** – wkrótce; **before dark** – przed zapadnięciem ciemności ❷ przed (kimś); **to appear before the judge** – stanąć przed sędzią ❸ zanim; *He had put the document in the safe before he left.* – Włożył ten dokument do sejfu, zanim wyszedł.

before[2] [bɪ'fɔ:] przedtem, poprzednio; *I've never been here before.* – Nigdy przedtem tu nie byłem. **the day before** – poprzedniego dnia

beforehand [bɪ'fɔ:hænd] przedtem, wcześniej, poprzednio; *You should have informed us beforehand.* – Powinien był pan zawiadomić nas wcześniej.

beg [beg] **(-gg-)** ❶ prosić, błagać; *He begged her to stay.* – Błagał ją, żeby została. *I beg your pardon.* – (a) Przepraszam. (b) Słucham? (*zwrot grzecznościowy, używany, gdy prosimy rozmówcę o powtórzenie*) ❷ żebrać; *He begged in the street.* – Żebrał na ulicy.

began [bɪ'gæn] *p.* **begin (began, begun)**

beggar ['begə] żebrak

begin [bɪ'gɪn] **(-nn) (began, begun** [bɪ'gæn, bɪ'gʌn]**)** ❶ zacząć, rozpocząć; *He began his speech with thanks.* – Rozpoczął swoją mowę od podziękowań. *It began to snow.* – Zaczął padać śnieg. *She began to cry/crying.* – Zaczęła płakać. **to begin with** – (a) na początku/początkowo, (b) po pierwsze ❷ zaczynać się, rozpoczynać się; *The word "physics" begins with "p".* – Wyraz „physics" zaczyna się na literę „p". *The show begins at 8.* – Przedstawienie zaczyna się o ósmej.

beginner [bɪ'gɪnə] początkujący

beginning [bɪ'gɪnɪŋ] początek, rozpoczęcie; *We missed the beginning of the play.* – Nie widzieliśmy początku sztuki. **from beginning to end** – od początku do końca; **at the beginning** – na początku/początkowo

begun [bɪ'gʌn] *p.* **begin (began, begun)**

behalf [bɪ'hɑ:f]:
on behalf of sb/on sb's behalf – w czyimś imieniu; *On behalf of the management I'd like to thank you for your cooperation.* – W imieniu kierownictwa chciałbym podziękować za państwa współpracę.

behave [bɪ'heɪv] zachowywać się; **to behave well/badly** – zachowywać się dobrze/źle; *I told the children to behave themselves.* – Powiedziałam dzieciom, żeby się dobrze sprawowały/były grzeczne.

behaviour [bɪ'heɪvjə] zachowanie

behind[1] [bɪ'haɪnd] z tyłu, za (*czymś, kimś*); *He hid behind the sofa.* – Schował się za kanapą. **behind sb's back** – za czyimiś plecami; *I wonder what's behind his sudden friendliness.* – Ciekaw jestem, co się kryje za jego niespodziewanym okazywaniem przyjaźni. **to be behind schedule** – być opóźnionym/mieć opóźnienia w stosunku do planu/harmonogramu

behind[2] [bɪ'haɪnd] z tyłu, w tyle; **to look behind** – oglądać się wstecz; *I left my umbrella behind on the train.* – Zostawiłem parasol w pociągu. *I'm behind with my work.* – Mam zaległości w pracy. **to leave sb behind** – zostawić kogoś w tyle

beige [beɪʒ] beż, beżowy

being[1] ['bi:ɪŋ] ❶ istota; **the human being** – człowiek/istota ludzka; **beings from other planets** – istoty z innych planet ❷ istnienie; **to come into being** – zaistnieć

being[2] ['bi:ɪŋ]:
for the time being – na razie

belief [bɪ'li:f] ❶ wiara; **belief in God** – wiara w Boga; *It's beyond belief.* – To nie do wiary. **to shake sb's belief** – zachwiać czyjąś wiarą ❷ przekonanie; **religious/political beliefs** – przekonania religijne/polityczne

believe [bɪ'li:v] ❶ wierzyć; **to believe in God** – wierzyć w Boga; *I don't believe him.* – Nie wierzę mu. *I can't believe it's true.* – Nie mogę uwierzyć, że to prawda. *I couldn't believe my eyes.* – Nie mogłam uwierzyć własnym oczom. ❷ sądzić, myśleć, utrzymywać, mniemać; *She will stay here for a week, I believe.* – Sądzę, że ona zostanie tu przez tydzień. *He is believed to have spent some years in prison.* – Mniema się, że spędził kilka lat w więzieniu. ❸ **believe in** – być zwolennikiem, być przekonanym o słuszności; **He doesn't believe in divorce.** – On nie jest zwolennikiem rozwodów.

bell [bel] dzwon, dzwonek; *The church bells were ringing.* – Dzwoniły dzwony kościelne. **the doorbell** – dzwonek u drzwi; **to ring the bell** – zadzwonić dzwonkiem

belong [bɪ'lɒŋ] należeć; *The car belonged to his father.* – Samochód należał do jego ojca. *She belongs to the club.* – Ona należy do tego klubu.

belongings [bɪ'lɒŋɪŋz] mienie, posiadane rzeczy, dobytek; *She put a few personal belongings in a bag and left.* – Zapakowała trochę osobistych rzeczy do torby i wyjechała.

below[1] [bɪ'ləʊ] pod, niżej, poniżej; *The sun sank below the horizon.* – Słońce skryło się za horyzontem. **the temperature below zero** – temperatura poniżej zera; **below the age of 18** – poniżej osiemnastego roku życia

below[2] [bɪ'ləʊ] poniżej, pod spodem, na dole; *They live in the flat below.* – Mieszkają poniżej. *From the top of the tower we looked at the city below.* – Ze szczytu wieży patrzyliśmy na miasto leżące w dole.

belt [belt] pas, pasek; *It was below the belt.* – To było (uderzenie) poniżej pasa. **safety belt/seat belt** – pas bezpieczeństwa (*w samolocie lub samochodzie*)

bench [bentʃ] ❶ ławka, ława; **a park bench** – ławka w parku ❷ stół roboczy, warsztat; **the laboratory bench** – stół laboratoryjny ❸ **the bench** – sąd, trybunał

bend[1] [bend] (**bent, bent** [bent, bent]) ❶ zgiąć, zakrzywić; **to bend a metal bar** – zgiąć pręt metalowy; *His head was bent over a book.* – Jego głowa była pochylona nad książką. **to bend a rule** – nagiąć przepisy/prawo ❷ giąć się, zginać się; *Copper wire bends easily.* – Drut miedziany gnie się łatwo. ❸ zakręcać, skręcać; *The road bends to the right.* – Droga zakręca w prawo.

◆ **bend down** – schylić się

bend[2] [bend] zakręt; **a bend in the road** – zakręt drogi

beneath [bɪ'ni:θ] poniżej, pod; *They looked from the top of the mountain on the valley beneath.* – Patrzyli ze szczytu góry na dolinę (*znajdującą się*) poniżej.

benefit[1] ['benɪfɪt] ❶ korzyść, pożytek; **to do sth for sb's benefit** – zrobić coś dla czyjegoś dobra; **to give sb the**

b

b

benefit of the doubt – interpretować fakty na korzyść osoby zainteresowanej ❷ zasiłek; **unemployment benefit** – zasiłek dla bezrobotnych; **sickness benefit** – zasiłek chorobowy

benefit² ['benıfıt] ❶ odnieść korzyść, korzystać; *You will benefit from a holiday in winter.* – Wakacje w zimie przyniosą ci korzyść. *How will I benefit?* – Jaką odniosę korzyść? ❷ przynieść korzyść; *The new law will benefit large families.* – Nowa ustawa przyniesie korzyść dużym rodzinom.

bent [bent] *p.* **bend² (bent, bent)**

berry ['berı] (*l.mn.* **berries**) jagoda; **blackberries** – jeżyny; **strawberries** – truskawki; **raspberries** – maliny

beside [bı'saıd] obok; *He sat beside me.* – Usiadł obok mnie.

besides¹ [bı'saıdz] oprócz, dodatkowo; *In the street there were only two people besides me.* – Na ulicy poza mną były tylko dwie osoby. *Two people saw the accident besides me.* – Oprócz mnie dwie osoby widziały ten wypadek.

besides² [bı'saıdz] oprócz tego, poza tym, ponadto; *The house was too big and expensive for us, and besides we didn't like it.* – Ten dom był dla nas za duży i za drogi, a poza tym nie podobał się nam.

best¹ [best] najlepszy; *It's the best book I've ever read.* – To najlepsza książka, jaką kiedykolwiek czytałem. *The best thing to do is to wait.* – Najlepszą rzeczą, jaką można zrobić, jest czekać. **best wishes** – najlepsze życzenia

best² [best] najlepiej, najbardziej; *Which one do you like best?* – Który najbardziej ci się podoba?

best³ [best] rzecz najlepsza, coś najlepszego; **to do one's best** – dołożyć wszelkich starań, robić co można/co się da, starać się jak najlepiej; *Her picture was the best.* – Jej obraz był najlepszy. **all the best** – wszystkiego najlepszego

bet¹ [bet] **(-tt-) (bet, bet** [bet, bet]**)** ❶ założyć się; *I bet you £10 that he will be late.* – Założę się z tobą o 10 funtów, że się spóźni. *I bet he won't pass the exam.* – Założę się, że on nie zda tego egzaminu. ❷ postawić (*na konia*); *She bet £100 on the horse which came in first.* – Postawiła 100 funtów na konia, który przyszedł pierwszy.

bet² [bet] zakład; **to make a bet** – założyć się; **to lose a bet** – przegrać zakład

betray [bı'treı] zdradzić; **to betray secret information to the enemy** – zdradzić tajną informację wrogowi; **to betray sb's trust** – zdradzić czyjeś zaufanie

better¹ ['betə] ❶ lepszy; *He's got a much better job now.* – Teraz ma o wiele lepszą pracę. **to get better** – polepszyć się ❷ o lepszym samopoczuciu, czujący się lepiej, zdrowszy; *I feel better now.* – Teraz czuję się lepiej. **to get better** – wyzdrowieć/nabierać lepszego samopoczucia

better² ['betə] lepiej; *He speaks English better than French.* – On mówi lepiej po angielsku niż po francusku. *I like her better than her sister.* – Wolę ją od jej siostry. **better late than never** – lepiej późno niż wcale

◆ **had better** – lepiej będzie, jeżeli; *You had better tell the truth.* – Lepiej będzie, jeżeli powiesz prawdę.

between [bı'twi:n] między, pomiędzy; **between 2 and 3 o'clock** – między godziną drugą a trzecią; *There is a regular coach service between London and Coventry.* – Jest regularna linia autobusowa między Londynem a Coventry. **between you and me** – między nami (mówiąc); *There's been a rivalry between them for years.* – Pomiędzy nimi od lat trwa rywalizacja. *We shared the profit between two of us.* – Podzieliliśmy zysk między sobą.

◆ **in between** – pomiędzy, między; *Eat proper meals, but don't eat anything in between.* – Jedz normalne posiłki, ale nie jedz nic pomiędzy (nimi).

beware [bı'weə]:
beware of – uwaga na/strzeż się/miej się na baczności; **beware of the dog** – uwaga, zły pies

bewildered [bɪ'wɪldəd] zagubiony, oszołomiony, zdezorientowany; *I felt bewildered in the supermarket by the variety of products.* – Czułam się zdezorientowana w supermarkecie, widząc tak olbrzymi wybór produktów.

beyond [bɪ'jɒnd] ❶ poza, po drugiej stronie, ponad; *From our window we saw the fields and some mountains beyond.* – Z naszego okna widzieliśmy pola i dalej poza nimi góry. ❷ ponad (*pewną ilość, miarę itp.*); *He went on working beyond the age of 70.* – Pracował dalej, mimo że przekroczył 70 lat. *It's beyond me.* – Tego nie mogę pojąć./To przekracza moje siły/możliwości. *He changed beyond recognition.* – Zmienił się nie do poznania. *The watch is beyond repair.* – Ten zegarek jest już nie do naprawienia. ❸ poza to, ponadto; *I can't tell you anything beyond what I've already told you.* – Nie mogę powiedzieć nic poza tym, co już powiedziałem.

Bible (the) ['baɪbl] Biblia

bicycle ['baɪsɪkl] rower; **to ride a bicycle** – jeździć na rowerze

big [bɪg] **(-gg-)** ❶ duży; **a big city** – duże miasto ❷ ważny, wielki; **a big man** – ważny człowiek; **to have big ambitions** – mieć wielkie ambicje; **the big event** – doniosłe wydarzenie ❸ (*o rodzeństwie*) starszy; **my big brother** – mój starszy brat

bike [baɪk] *pot.* rower

bill[1] [bɪl] ❶ rachunek (*do zapłacenia*); **to pay a bill** – zapłacić rachunek; **to settle a bill** – uregulować rachunek; *Can I have the bill, please?* – Czy mogę prosić o rachunek? (*w restauracji*) ❷ projekt ustawy; **to debate on the new bill** – debatować nad projektem nowej ustawy ❸ *am.* banknot; **a ten-dollar bill** – banknot dziesięciodolarowy

bill[2] [bɪl] dziób ptaka

billiards ['bɪljədz] bilard

billion ['bɪljən] *am.* miliard, *bryt.* bilion

bin [bɪn] pojemnik (*na ogół z pokrywką*); **a bread bin** – pojemnik na chleb; **a rubbish bin** – pojemnik na śmiecie

bind [baɪnd] **(bound, bound** [baʊnd, baʊnd]**)** związać, przywiązać; *They bound him to a chair.* – Przywiązali go do krzesła.

binoculars [bɪ'nɒkjʊləz] lornetka

biography [baɪ'ɒgrəfɪ] (*l.mn.* **biographies**) biografia

biological [ˌbaɪə'lɒdʒɪkl] biologiczny; **biological warfare** – wojna biologiczna

biologist [baɪ'ɒlədʒɪst] biolog

biology [baɪ'ɒlədʒɪ] biologia

birch [bɜːtʃ] *bot.* brzoza

bird [bɜːd] ptak; **bird of prey** – ptak drapieżny

birth [bɜːθ] ❶ urodzenie; *What's your date of birth?* – Jaka jest pana data urodzenia? **to give birth to a child** – urodzić dziecko; **birth control** – kontrola urodzeń ❷ ród, pochodzenie; *He is English by birth.* – On jest Anglikiem z pochodzenia. **a person of noble birth** – osoba szlachetnie urodzona

birthday ['bɜːθdeɪ] urodziny; **to celebrate sb's birthday** – obchodzić czyjeś urodziny; *Happy Birthday!* – Wszystkiego najlepszego w dniu urodzin!

biscuit ['bɪskɪt] herbatnik

bishop ['bɪʃəp] biskup

bit[1] [bɪt] ❶ kawałek; **to cut/to tear sth to bits** – pociąć/podrzeć coś na kawałki; *It fell to bits in my hands.* – To rozpadło się (na kawałki) w moich rękach. ❷ **a bit** – trochę, odrobinę; *I'm a bit worried.* – Jestem trochę zaniepokojona. *I've had a bit of luck.* – Miałem trochę szczęścia. *This coat is a bit too big.* – Ten płaszcz jest trochę za duży.

◆ **bit by bit** – po trochu, powoli

bit[2] [bɪt] *p.* **bite**[1] **(bit, bitten)**

bitch [bɪtʃ] suka

bite[1] [baɪt] **(-tt-) (bit, bitten** [bɪt, 'bɪtn]**)** ❶ ugryźć; *He's been bitten by a dog.*

– Został ugryziony przez psa. **to bite one's lip** – zagryźć usta ❷ ukąsić; *We've been bitten by mosquitoes.* – Pogryzły nas komary.

b

bite² [baɪt] ❶ kęs; *She took a bite from the apple.* – Ugryzła kawałek jabłka. *I haven't had a bite since breakfast.* – Nie jadłem nic od śniadania. ❷ ukąszenie, ugryzienie; **a mosquito bite** – ukąszenie komara

bitter¹ ['bɪtə] ❶ gorzki; *It's bitter to the taste.* – To jest gorzkie w smaku. *It was a bitter disappointment.* – To było gorzkie rozczarowanie. **to shed bitter tears** – ronić gorzkie łzy ❷ przejmująco zimny; **a bitter wind** – lodowaty wiatr

bitter² ['bɪtə] rodzaj piwa o gorzkim smaku

bitterly ['bɪtəlɪ] ❶ *przen.* gorzko; *I was bitterly disappointed.* – Byłem gorzko rozczarowany. *She wept bitterly.* – Ona gorzko płakała. ❷ przejmująco (zimno); *It was bitterly cold.* – Było przejmująco zimno.

black¹ [blæk] czarny; **a black and white film** – film czarno-biały; **black coffee** – czarna kawa; **black despair** – czarna rozpacz; **black humour** – czarny humor; **black comedy** – czarna komedia; **black market** – czarny rynek; **to give sb a black eye** – podbić komuś oko

black² [blæk] ❶ czerń, czarny kolor; **to be dressed in black** – być ubranym na czarno ❷ **Black** – Murzyn

blackberry ['blækbərɪ] (*l.mn.* **blackberries**) jeżyna

blackbird ['blækbɜ:d] *zool.* kos

blackboard ['blækbɔ:d] tablica szkolna

blackcurrant [ˌblæk'kʌrənt] czarna porzeczka

blackmail¹ ['blækmeɪl] szantażować

blackmail² ['blækmeɪl] szantaż

blackmailer ['blækmeɪlə] szantażysta

blade [bleɪd] ❶ ostrze; **the blade of a knife** – ostrze noża; **the blade of a skate** – ostrze łyżwy ❷ płaski przedmiot, płaska część mechanizmu lub urządzenia; **a shoulder blade** – *anat.* łopatka; **the blade of an oar** – pióro wiosła; **the blade of a propeller** – łopata śmigła

blame¹ [bleɪm] winić; *He blamed me for his failure.* – Winił mnie za swoje niepowodzenia. *You have only yourself to blame.* – Sam jesteś sobie winien.

blame² [bleɪm] wina; **to take the blame** – wziąć winę na siebie; **to lay the blame on sb** – winić kogoś

blank¹ [blæŋk] ❶ pusty, niewypełniony; **a blank sheet of paper** – pusty arkusz papieru; **a blank cheque** – czek in blanco ❷ (*o twarzy*) bez wyrazu, nie zdradzający uczuć; *He gave me a blank stare.* – Patrzył na mnie, a jego twarz nie zdradzała żadnych uczuć.

blank² [blæŋk] puste miejsce, wolne miejsce; *Fill in the blanks.* – Wypełnij puste miejsca. *My mind was a blank.* – Miałem pustkę w głowie.

blanket ['blæŋkɪt] koc

blast¹ [blɑ:st] ❶ eksplozja bomby; *Three people were killed in the blast.* – Trzy osoby zginęły podczas eksplozji. ❷ silny podmuch powietrza; **a blast of cold air** – podmuch zimnego powietrza ❸ odgłos np. trąby, ryk; *The radio was on at full blast.* – Radio było nastawione na cały regulator.

blast² [blɑ:st] ❶ wysadzić dynamitem; **to blast a tunnel in the mountain** – przebić (*za pomocą wybuchów*) tunel prowadzący przez górę ❷ ryczeć, grzmieć; *Rock music was blasting from the radio.* – Z radia ryczała muzyka rockowa.

blaze¹ [bleɪz] ❶ palić się dużym płomieniem, płonąć; *The fire was blazing merrily.* – Ogień płonął wesoło. ❷ świecić, błyszczeć; *The sun was blazing down.* – Słońce świeciło intensywnie.

blaze² [bleɪz] ❶ płomień, ogień; *The firemen were trying to put out the blaze.* – Strażacy próbowali ugasić płomienie. ❷ silny blask; **the blaze of sunshine** – (silny) blask słońca; *The garden is a blaze of colours.* – Ten ogród lśni żywością barw.

blazer ['bleɪzə] rodzaj marynarki, żakiet, blezer

bleach¹ [bli:tʃ] środek wybielający

bleach² [bli:tʃ] wybielić

bleed [bli:d] **(bled, bled** [bled, bled]) krwawić; *His nose was bleeding./He was bleeding from the nose.* – Ciekła mu krew z nosa. **to bleed to death** – wykrwawić się na śmierć

blend¹ [blend] ❶ mieszać, połączyć; *Blend the flour and eggs together.* – Wymieszaj mąkę z jajkami. ❷ mieszać się, łączyć się; *Oil doesn't blend with water.* – Olej nie miesza się z wodą.

blend² [blend] mieszanka; **a good blend of coffee** – mieszanka dobrych gatunków kawy

bless [bles] błogosławić; *The priest blessed the people in the church.* – Ksiądz pobłogosławił ludzi w kościele. *God bless you.* – Niech cię Bóg błogosławi. *Bless you!* – Na zdrowie!

blessing ['blesɪŋ] błogosławieństwo

blew [blu:] *p.* **blow¹ (blew, blown)**

blind¹ [blaɪnd] ślepy, niewidomy; *He is blind from birth.* – On jest niewidomy od urodzenia. **to be blind in one/in both eyes** – być ślepym na jedno oko/ /na dwoje oczu; **to turn a blind eye to sth** – przymknąć na coś oko; *He is blind to her faults.* – On jest ślepy na jej wady. **a blind date** – randka w ciemno

blind² [blaɪnd] oślepić; *The glare of the sun blinded us for a moment.* – Blask słońca na moment nas oślepił.

blind³ [blaɪnd] żaluzja, zasłona; **to pull down/to lower the blinds** – opuścić żaluzje; **to raise the blinds** – podnieść żaluzje

blindfold¹ ['blaɪndfəuld] przepaska na oczy

blindfold² ['blaɪndfəuld] zasłonić komuś oczy przepaską

blindness ['blaɪnnəs] ślepota

blink [blɪŋk] mrugać; *He blinked his eyes in the strong light.* – Zamrugał oczami w silnym świetle. *The lighthouse was blinking on the horizon.* – Latarnia morska mrugała na horyzoncie.

blister ['blɪstə] pęcherz (*od oparzenia, obtarcia, itp.*)

blizzard ['blɪzəd] zamieć, zadymka

block¹ [blɒk] ❶ blok, bryła, kloc; **a block of concrete** – blok betonowy/ /bryła betonu ❷ blok, budynek; **a block of flats** – budynek mieszkalny; **an office block** – biurowiec ❸ kwartał ulic, kompleks budynków ograniczony ulicami; **to walk round the block** – obejść ulicami pewien teren ❹ blokada, zapora, zator; **a road block** – blokada dróg; **a block in the pipe** – blokada rury/zatkanie rury

block² [blɒk] blokować, stanowić zaporę; *The fallen tree blocked the rails.* – Zwalone drzewo zablokowało tory.

blond [blɒnd] blond, jasny, jasnowłosy; **blond hair** – włosy blond; *She is blond.* – Ona jest blondynką.

blonde [blɒnd] blondynka

blood [blʌd] krew; **blood pressure** – ciśnienie krwi; **blood transfusion** – transfuzja krwi; **to kill sb in cold blood** – zabić kogoś z zimną krwią

bloodthirsty ['blʌd,θɜ:stɪ] krwiożerczy

bloody ['blʌdɪ] ❶ krwawy; **a bloody battle** – krwawa bitwa ❷ *pot.* cholerny

bloom¹ [blu:m] kwiat (*rośliny ozdobnej*); *The tulips are in full bloom now.* – Teraz kwitną tulipany.

bloom² [blu:m] kwitnąć; *Tulips bloom in spring.* – Tulipany kwitną wiosną.

blossom¹ ['blɒsəm] kwiat, kwiecie; **apple blossom** – kwiat jabłoni; *Cherry trees are in blossom now.* – Teraz kwitną wiśnie.

blossom² ['blɒsəm] kwitnąć; *Apple trees are blossoming.* – Kwitną jabłonie.

blouse [blauz] bluzka

b

blow[1] [bləʊ] (**blew, blown** [blu:, bləʊn]) ❶ wiać; *The wind was blowing from the west.* – Wiatr wiał z zachodu. ❷ dmuchać; **to blow on hot food** – dmuchać na gorące jedzenie ❸ zadąć; **to blow a whistle** – zagwizdać (*gwizdkiem*)
◆ **blow up** – (a) wysadzić w powietrze; *The terrorists threatened to blow up the plane.* – Terroryści grozili, że wysadzą samolot w powietrze. (b) wylecieć w powietrze, eksplodować; *The car blew up.* – Samochód eksplodował. (c) nadmuchać, napełnić powietrzem; **to blow up a balloon** – nadmuchać balon, (d) powiększyć fotografię

blow[2] [b;əʊ] cios; **to strike sb a heavy blow on the head** – zadać komuś silny cios w głowę; *His wife's death was a heavy blow to him.* – Śmierć żony była dla niego wielkim ciosem.

blue[1] [blu:] niebieski; *She has got blue eyes.* – Ona ma niebieskie oczy.

blue[2] [blu:] kolor niebieski; **to be dressed in blue** – być ubranym na niebiesko; **out of the blue** – niespodziewanie/ni z tego ni z owego; **a bolt from/out of the blue** – grom z jasnego nieba

bluff[1] [blʌf] blefować

bluff[2] [blʌf] blef

blunt [blʌnt] ❶ tępy; **a blunt knife** – tępy nóż ❷ (*o osobie*) bezpośredni, mówiący bez ogódek

blur[1] [blɜ:] zamazany obraz, niewyraźny obraz, zamazana plama; *When I took my glasses off everything was a blur.* – Kiedy zdjąłem okulary, wszystko było zamazane.

blur[2] [blɜ:] (**-rr-**) zamazać, rozmazać; *Her eyes blurred with tears.* – Oczy jej zasnuły się łzami.

blush[1] [blʌʃ] rumienić się

blush[2] [blʌʃ] rumieniec

boar [bɔ:] ❶ knur ❷ dzik

board[1] [bɔ:d] ❶ deska; *The floor was made of pine boards.* – Podłoga była zrobiona z sosnowych desek. **an ironing board** – deska do prasowania ❷ tablica; **a blackboard** – tablica szkolna; **a notice board** – tablica ogłoszeń ❸ komisja, komitet zarządzający, rada; **the board of directors** – rada nadzorcza; **the examination board** – komisja egzaminacyjna ❹ pokład; **on board a ship/a plane/a train** – na pokładzie statku/samolotu/w pociągu; **to go on board** – wejść na pokład

board[2] [bɔ:d] wejść na pokład; **to board a ship** – wejść na pokład okrętu/zaokrętować się

boarding card ['bɔ:dɪŋ kɑ:d] karta pokładowa (*uprawniająca do wejścia do samolotu*)

boarding-school ['bɔ:dɪŋ sku:l] szkoła z internatem

boast [bəʊst] chwalić się, przechwalać się, szczycić się; *He boasted that he could speak four languages.* – Chwalił się, że mówi czterema językami. *She boasted about her son's achievements.* – Szczyciła się osiągnięciami swojego syna.

boat [bəʊt] łódź, łódka, statek; **a fishing boat** – łódź rybacka; **a rowing boat** – łódź wiosłowa; **to travel by boat** – podróżować statkiem

body ['bɒdɪ] (*l.mn.* **bodies**) ❶ ciało; **the human body** – ciało ludzkie ❷ martwe ciało, trup, zwłoki; *The police discovered a body in the cellar.* – Policja odkryła w piwnicy zwłoki.

bodyguard ['bɒdɪgɑ:d] członek ochrony osobistej

boil [bɔɪl] ❶ wrzeć, gotować się; *Water boils at 100°C.* – Woda wrze w temperaturze 100°C. *Has the water boiled?* – Czy woda się gotowała? ❷ gotować, doprowadzić do stanu wrzenia; **to boil water for tea** – gotować wodę na herbatę ❸ gotować w wodzie; **to boil an egg** – ugotować jajko
◆ **boil away** – wygotować się
◆ **boil over** – wykipieć

boiled ['bɔɪld] gotowany; **boiled potatoes** – gotowane ziemniaki; **a soft-boiled egg** – jajko na miękko

boiler ['bɔɪlə] bojler

bold [bəʊld] ❶ śmiały, odważny, zuchwały ❷ wyraźny, wyrazisty; **bold handwriting** – wyraźny charakter pisma ❸ (*o druku*) gruby, tłusty, pogrubiony; *It was printed in bold type.* – To było wydrukowane grubą czcionką.

bolt¹ [bəʊlt] ❶ rygiel, zasuwa; *I closed the door and drew the bolt.* – Zamknęłam drzwi i zaryglowałam je. ❷ sworzeń ❸ strzała, piorun; **a bolt from the blue** – grom z jasnego nieba; **a thunderbolt** – grom/piorun

bolt² [bəʊlt] zaryglować; **to bolt the door** – zaryglować drzwi

bomb¹ [bɒm] bomba; **the atomic bomb** – bomba atomowa; **to diffuse a bomb** – rozbroić bombę; *The bomb went off.* – Bomba wybuchła.

bomb² [bɒm] bombardować; *The city was badly bombed.* – Miasto zostało ciężko zbombardowane.

bomber ['bɒmə] bombowiec

bone [bəʊn] kość

bonfire ['bɒn,faɪə] ognisko

bonnet ['bɒnɪt] ❶ maska samochodu ❷ rodzaj kapelusza wiązanego pod brodą

book¹ [bʊk] ❶ książka; **to read a book** – czytać książkę; **to write a book** – napisać książkę; **an exercise book** – zeszyt (*szkolny*); **a cheque book** – książeczka czekowa ❷ **books** – księgi rachunkowe; **to keep the books** – prowadzić rachunkowość

book² [bʊk] zarezerwować; **to book a seat on the plane** – zarezerwować miejsce w samolocie; *The plane was fully booked.* – Samolot miał komplet pasażerów.

◆ **book in** – zgłosić się (*jako gość*) w hotelu

bookcase ['bʊkkeɪs] szafa na książki, biblioteczka

booking ['bʊkɪŋ] rezerwacja, zarezerwowanie; **to make a booking** – zarezerwować (*miejsce*)

booking office ['bʊkɪŋ ɒfis] kasa kina, teatru itp.

booklet ['bʊklɪt] książeczka, broszura

bookshop ['bʊkʃɒp] księgarnia

boom¹ [bu:m] wzrost, ożywienie; **a boom in sales** – wzrost sprzedaży; **an economic boom** – ożywienie gospodarcze/dobra koniunktura; **the baby boom** – wzrost liczby urodzeń/*pot.* wyż demograficzny

boom² [bu:m] huk, łoskot, grzmot, buczenie; **the boom of the cannon** – odgłos armat

boom³ [bu:m] prosperować, przechodzić okres dobrej koniunktury; *The economy is booming.* – Gospodarka jest w stadium rozkwitu.

boot [bu:t] ❶ but (*powyżej kostki*); **skiing-boots** – buty narciarskie ❷ bagażnik samochodu

booth [bu:ð] budka telefoniczna, kabina

border¹ ['bɔ:də] ❶ granica; *We had to show our passports at the border.* – Musieliśmy pokazać nasze paszporty na granicy. *They escaped over the border.* – Oni uciekli przez granicę. ❷ brzeg, skraj, kres; **the border of the field** – skraj pola ❸ obwódka, lamówka; **a blouse with a lace border** – bluzka obszyta koronką; **a herbaceous border** – rabata kwiatowa

border² ['bɔ:də] graniczyć; *Our garden borders on a meadow.* – Nasz ogród graniczy z łąką. *It borders on the absurd.* – To graniczy z absurdem./To leży na granicy absurdu.

bore¹ [bɔ:] *p.* **bear¹ (bore, borne)**

bore² [bɔ:] nudzić; *He bored us with his stories.* – Nudził nas swoimi opowieściami. **to bore sb to death** – zanudzić kogoś na śmierć

bore³ [bɔ:] borować, drążyć, wiercić; **to bore a hole in the ground** – drążyć dziurę w ziemi

bore⁴ [bɔ:] nudziarz

bored [bɔ:d] znudzony; *I'm bored.* – Nudzę się./Jestem znudzony.

boredom ['bɔ:dəm] nuda

boring ['bɔ:rɪŋ] nudny

born [bɔ:n] urodzony; *I was born in 1978.* – Urodziłem się w 1978 roku.

b

When were you born? – Kiedy się urodziłeś? *He is a born leader.* – On jest urodzonym przywódcą.

borne [bɔ:n] *p.* **bear¹ (bore, borne)**

borrow ['bɒrəʊ] pożyczyć (*od kogoś*); *I borrowed some money from him.* – Pożyczyłem od niego trochę pieniędzy.

boss [bɒs] szef

bossy ['bɒsɪ] apodyktyczny, dążący do dominacji, narzucający swą wolę

both [bəʊθ] obaj, oboje; *Both my sisters are married./My both sisters are married.* – Obie moje siostry są zamężne. *They invited both of us.* – Zaprosili nas oboje. **both... and...** – i... i.../zarówno... jak i...; *He is both rich and handsome.* – Jest i bogaty, i przystojny.

bother¹ ['bɒðə] ❶ sprawiać kłopot; *Don't bother to get up.* – Nie wstawaj, proszę. *He didn't even bother to answer my letter.* – Nawet nie zadał sobie trudu, aby odpowiedzieć na mój list. ❷ niepokoić, martwić; *It bothered me that he hadn't turned up.* – Niepokoiło mnie, że się nie pojawił. ❸ przeszkadzać, zawracać głowę; *Don't bother me with silly questions!* – Nie zawracaj mi głowy głupimi pytaniami! *I'm sorry to bother you, but could you...* – Przepraszam, że przeszkadzam, ale czy mógłby pan...

bother² ['bɒðə] kłopot; *You can stay the night, it's no bother at all.* – Możesz zostać na noc, to żaden kłopot. *Please don't put yourself to any bother.* – Proszę, nie rób sobie kłopotu.

bottle ['bɒtl] butelka

bottom ['bɒtəm] ❶ dno; **the bottom of the sea** – dno morza; *The ship went to the bottom.* – Statek poszedł na dno. *It's deep here, I can't touch the bottom.* – Tu jest głęboko, nie mam gruntu. ❷ podnóże, podstawa, dół; **from top to bottom** – od góry do dołu; **the bottom of the stairs** – podnóże schodów; **the bottom of the page** – dół strony; **to get to the bottom of a problem** – dotrzeć do sedna problemu ❸ siedzenie (*u człowieka*)

bought [bɔ:t] *p.* **buy (bought, bought)**

boulder ['bəʊldə] głaz

bounce [baʊns] ❶ odbijać (*piłkę*); **to bounce a ball** – odbijać piłkę ❷ (*o piłce*) odbijać się, podskakiwać; *The ball bounced off the wall.* – Piłka odbiła się od ściany. *The baby was bouncing on its mother's knees.* – Dziecko podskakiwało na kolanach matki.

bound¹ [baʊnd] *p.* **bind (bound, bound)**

bound² [baʊnd] ❶ związany, zobowiązany; *We are bound by this contract to make an advance payment.* – Ten kontrakt zobowiązuje nas do wypłacenia zaliczki. **to be honour-bound** – być związanym słowem honoru ❷ **be bound to** – być bardzo prawdopodobnym; *She is bound to find out the truth.* – Ona z całą pewnością dowie się prawdy. ❸ odjeżdżający, udający się do; *The ship is bound for Liverpool.* – Statek płynie do Liverpoolu. **the eastbound/the westbound trains** – pociągi (jadące) w kierunku wschodnim/zachodnim

boundary ['baʊndərɪ] (*l.mn.* **boundaries**) granica; **within the boundaries of the city** – w obrębie miasta; **to transgress the boundary of good taste** – przekroczyć granice dobrego smaku

bouquet [bʊ'keɪ] bukiet

boutique [bu:'ti:k] butik

bow¹ [bəʊ] ❶ łuk; **to draw a bow** – napiąć łuk ❷ *muz.* smyczek ❸ kokarda; **to tie a bow** – zawiązać kokardę

bow² [baʊ] ukłon; *He made a bow.* – On ukłonił się.

bow³ [baʊ] ❶ ukłonić się; *He bowed and left the room.* – Ukłonił się i wyszedł z pokoju. ❷ skłonić, pochylić; *He bowed his head.* – Skłonił głowę.

bowels ['baʊəlz] kiszki, jelita

bowl [bəʊl] miska, miseczka; **a sugar bowl** – cukiernica

box¹ [bɒks] ❶ pudełko, pudło, skrzynia; **a box of matches** – pudełko zapałek;

a cardboard box – pudełko kartonowe; **a box of chocolates** – bombonierka ❷ boks, kabina; **a Post Office box** – skrytka pocztowa; **a telephone box** – kabina telefoniczna ❸ loża (*w teatrze*)

box² [bɒks] boksować

boxer ['bɒksə] ❶ *sport.* bokser ❷ *zool.* bokser (*rasa psa*)

boxing ['bɒksɪŋ] boks; **a boxing match** – mecz bokserski

Boxing Day ['bɒksɪŋ deɪ] drugi dzień świąt Bożego Narodzenia

box office ['bɒks ɒfɪs] kasa kina lub teatru

boy [bɔɪ] chłopiec

boyfriend ['bɔɪfrend] sympatia, chłopiec

bra [brɑ:] *pot.* biustonosz

bracelet ['breɪslɪt] bransoletka

brackets ['brækɪts] nawias; *Put the word in brackets.* – Napisz to słowo w nawiasie.

braid [breɪd] *am.* warkocz

brain [breɪn] ❶ mózg; **the left/the right hemisphere of the brain** – lewa/prawa półkula mózgu ❷ umysł, rozum; *Use your brain!* – Myśl! *The best brains in the world are working on the problem.* – Najlepsze umysły na świecie pracują nad tym problemem. ❸ **brains** – inteligencja, talent; *She has brains and ambition – she will go far.* – Ona jest inteligentna i ambitna – zajdzie wysoko.

brake¹ [breɪk] hamulec; **the hand-brake** – hamulec ręczny; **to step hard on the brake** – mocno nacisnąć na hamulec

brake² [breɪk] hamować; *He braked sharply/hard to avoid a collision.* – Zahamował ostro, aby uniknąć zderzenia.

branch¹ [brɑ:ntʃ] ❶ gałąź; **a branch of a tree** – gałąź drzewa ❷ filia, oddział; **the local branch of the Bank of England** – lokalny oddział Banku Anglii

branch² [brɑ:ntʃ] rozgałęziać się; *Turn left where the road branches.* – Skręć w lewo, tam gdzie droga się rozgałęzia.

brand [brænd] gatunek, nazwa firmowa, marka; *Which brand of toothpaste do you use?* – Jakiej pasty do zębów używasz (*jakiej firmy*)?

brand name ['brænd neɪm] nazwa firmowa produktu

brand-new [,bræn'nju:] nowiutki, zupełnie nowy

brandy ['brændɪ] brandy

brass [brɑ:s] mosiądz

brassière ['bræsɪə] biustonosz

brave [breɪv] dzielny, odważny, śmiały; *It was brave of her to challenge him.* – To było odważne z jej strony, że rzuciła mu wyzwanie. **to put on a brave face** – robić dobrą minę/nadrabiać miną

bravery ['breɪvərɪ] odwaga, dzielność

bread [bred] chleb; **bread and butter** – chleb z masłem; **a loaf of bread** – bochenek chleba; **a slice of bread** – kromka chleba

breadcrumb ['bredkrʌm] okruch chleba

breadcrumbs ['bredkrʌmz] tarta bułka

breadth [bretθ] szerokość; *The river is 20 metres in breadth.* – Ta rzeka ma 20 metrów szerokości.

break¹ [breɪk] (**broke, broken** [brəʊk, 'brəʊkn]) ❶ złamać; **to break a leg** – złamać nogę; **to break the law** – łamać prawo; **to break sb's heart** – złamać (czyjeś) serce; **to break a promise** – złamać daną obietnicę ❷ stłuc, zbić; **to break the window** – zbić szybę ❸ zbić się, stłuc się; *The glass broke into pieces.* – Szklanka rozbiła się na kawałki. ❹ zepsuć; *Who broke my watch?* – Kto zepsuł mój zegarek?

◆ **break down** – (a) zepsuć się; *Our car broke down on our journey home.* – Nasz samochód zepsuł się w drodze powrotnej do domu. (b) załamać się; *She broke down completely.* – Załamała się całkowicie.

b

◆ **break into** – włamać się; *The burglars broke into the house.* – Włamywacze włamali się do domu.

◆ **break out** – wybuchnąć; *The fire broke out during the night.* – Pożar wybuchł w nocy. *The war broke out in 1939.* – Wojna wybuchła w 1939 roku.

◆ **break up** – (*o szkole*) zakończyć się, zacząć przerwę wakacyjną; *The school breaks up in June.* – Szkoła kończy się w czerwcu.

◆ **break with** – zerwać z; **to break up with tradition** – zerwać z tradycją

break² [breɪk] przerwa; **a tea break** – przerwa na herbatę; *We work without a break.* – Pracujemy bez przerwy. **a break in the clouds** – przerwa między chmurami

breakable ['breɪkəbl] kruchy, łamliwy

breakdown ['breɪkdaʊn] ❶ awaria, defekt; *We had a breakdown.* – Mieliśmy awarię. ❷ załamanie, załamanie się; **a nervous breakdown** – załamanie nerwowe; **a breakdown of talks** – załamanie się negocjacji; **a family breakdown** – kryzys rodziny/rozpad rodziny

breakfast ['brekfəst] śniadanie; **an English breakfast** – śniadanie angielskie (*składające się z płatków zbożowych, jajek na bekonie, grzanek z marmoladą pomarańczową, herbaty lub kawy*); **a continental breakfast** – śniadanie kontynentalne (*składające się z rogalików z masłem i marmoladą, kawy*)

breast [brest] pierś; **breast cancer** – rak piersi; **breast-feeding** – karmienie piersią

breast-stroke ['brest strəʊk] *sport.* pływanie żabką, klasyczny styl pływania

breath [breθ] oddech; **to take a deep breath** – wziąć głęboki oddech; **to hold one's breath** – wstrzymać oddech; **to be out of breath** – być zasapanym/nie móc złapać tchu; **to take sb's breath away** – zaprzeć dech w piersiach

breathe [bri:ð] oddychać; **to breathe deeply** – oddychać głęboko

◆ **breathe in** – wciągać powietrze, wdychać

◆ **breathe out** – wydychać, wypuścić powietrze

breathless ['breθlɪs] zasapany, bez tchu, zadyszany

breathtaking ['breθteɪkɪŋ] zapierający dech w piersiach; *The view was breathtaking.* – Widok zapierał dech w piersiach.

breed¹ [bri:d] (**bred, bred** [bred, bred]) ❶ hodować, prowadzić hodowlę; *He breeds rabits.* – On hoduje króliki. ❷ rozmnażać się, mieć małe; *Some animals don't breed in captivity.* – Niektóre zwierzęta nie rozmnażają się w niewoli.

breed² [bri:d] rasa; **a new breed of cattle** – nowa rasa bydła

breeze [bri:z] lekki wiatr, wietrzyk

brew¹ [bru:] ❶ parzyć, zaparzać; **to brew tea** – parzyć herbatę ❷ warzyć; **to brew beer** – warzyć piwo

brew² [bru:] napar; **a strong brew of tea** – mocny napar herbaty

brewery ['brʊərɪ] (*l.mn.* **breweries**) browar

bribe¹ [braɪb] przekupić, dać łapówkę

bribe² [braɪb] łapówka; **to offer a bribe** – proponować łapówkę

brick [brɪk] cegła

bricklayer ['brɪk,leɪə] murarz

bride [braɪd] panna młoda

bridegroom ['braɪdgrʊm] pan młody

bridesmaid ['braɪdzmeɪd] druhna (*na ślubie*)

bridge¹ [brɪdʒ] most; **to cross a bridge** – przejść mostem; **to burn one's bridges** – palić za sobą mosty

bridge² [brɪdʒ] brydż; **to play bridge** – grać w brydża

brief [bri:f] krótki, zwięzły; *He gave us a brief account of what had happened.* – Podał nam zwięzłą relację z tego, co się stało.

briefcase ['bri:fkeɪs] teczka, aktówka

bright [braɪt] ❶ jasny, jaskrawy; **bright light** – jaskrawe światło; **bright colours** – jaskrawe kolory; **bright red** – jaskrawoczerwony ❷ bystry, inteligentny; *She isn't very bright.* – Ona nie jest zbyt bystra.

brighten ['braıtn] ❶ rozjaśnić, rozświecić; *These yellow curtains will brighten (up) the room.* – Te żółte zasłony rozjaśnią pokój. ❷ rozpromienić się, pojaśnieć; *Her face brightened when she saw him.* – Jej twarz rozpromieniła się, kiedy go zobaczyła.

◆ **brighten up** – (*o pogodzie*) przejaśnić się

brightness ['braıtnıs] jasność, jaskrawość

brilliance ['brılјəns] ❶ jasność, blask ❷ błyskotliwość, geniusz

brilliant ['brılјənt] ❶ błyskotliwy, genialny; *That was a brilliant idea.* – To był genialny pomysł. **a brilliant student** – błyskotliwy student ❷ lśniący, połyskujący, jaskrawy; **brilliant light** – jaskrawe światło

brim [brım] ❶ rondo kapelusza ❷ brzeg, krawędź; *His glass was full to the brim.* – Jego kieliszek był napełniony po brzegi.

bring [brıŋ] (**brought, brought** [brɔ:t, brɔ:t]) ❶ przynieść; *He brought me a cup of tea.* – Przyniósł mi filiżankę herbaty. ❷ przyprowadzić; *May I bring my dog with me?* – Czy mogę przyprowadzić ze sobą psa? ❸ powodować, wywoływać, sprawiać; *The memories brought tears to her eyes.* – Wspomnienia sprawiły, że jej oczy wypełniły się łzami.

◆ **bring back** – (a) oddać, przynieść z powrotem; *Bring the books back to the library.* – Przynieś książki z powrotem do biblioteki./Oddaj książki do biblioteki. (b) przywołać (*wspomnienia*); **to bring back memories** – przywołać wspomnienia

◆ **bring (sb) up** – wychować (*kogoś*)

brisk [brısk] energiczny, szybki, żwawy; **a brisk walk** – szybki spacer

bristle[1] ['brısl] szczecina

bristle[2] ['brısl] jeżyć się

broad [brɔ:d] szeroki

broadcast[1] ['brɔ:dkɑ:st] transmisja; **a radio broadcast** – transmisja radiowa; **a live broadcast** – transmisja na żywo

broadcast[2] ['brɔ:dkɑ:st] (**broadcast, broadcast** ['brɔ:dkɑ:st, 'brɔ:dkɑ:st]) nadawać, transmitować; *The president's speech will be broadcast live on TV.* – Przemówienie prezydenta będzie transmitowane na żywo przez telewizję.

brochure ['brəʊʃə] broszura; **a travel brochure** – broszura biura podróży

broke[1] [brəʊk] *p.* **break (broke, broken)**

broke[2] [brəʊk] bez pieniędzy, bez grosza; *He spent all his money and now he is broke.* – Wydał wszystkie pieniądze i teraz jest bez grosza.

broken[1] ['brəʊkn] *p.* **break (broke, broken)**

broken[2] ['brəʊkn] zepsuty; *My watch is broken.* – Mój zegarek jest zepsuty.

bronze [brɒnz] brąz; **a bronze medal** – medal brązowy

brooch [brəʊtʃ] broszka

broom [bru:m] miotła

brother ['brʌðə] brat

brother-in-law ['brʌðərınlɔ:] (*l.mn.* **brothers-in-law**) szwagier

brought [brɔ:t] *p.* **bring (brought, brought)**

brow [braʊ] brew

brown [braʊn] brązowy

bruise[1] [bru:z] siniak, stłuczenie

bruise[2] [bru:z] stłuc, posiniaczyć; *She fell and bruised her knee.* – Upadła i stłukła sobie kolano.

brush[1] [brʌʃ] ❶ szczotka; **a hairbrush** – szczotka do włosów; **a toothbrush** – szczoteczka do zębów ❷ pędzel; **a paintbrush** – pędzel do malowania; **a shaving brush** – pędzel do golenia

brush[2] [brʌʃ] szczotkować, czyścić szczotką; **to brush one's teeth** – myć zęby; **to brush one's hair** – szczotkować włosy

brussels sprout [ˌbrʌsəlz 'spraʊt] brukselka; *We had brussels sprouts for lunch.* – Na obiad była brukselka.

brutal ['bru:tl] brutalny

brutality [bru:'tælətɪ] brutalność

brute [bru:t] brutal

bubble[1] ['bʌbl] pęcherzyk, bańka, bąbelek

bubble[2] ['bʌbl] ❶ musować, wydzielać pęcherzyki ❷ bulgotać, wrzeć

bucket ['bʌkɪt] wiadro

buckle ['bʌkl] klamra

bud [bʌd] pąk; *The rose bush is in bud.* – Krzak róży jest cały w pąkach.

budget[1] ['bʌdʒɪt] budżet

budget[2] ['bʌdʒɪt] rozporządzać pieniędzmi, planować wydatki; *You can save money if you budget carefully.* – Możesz zaoszczędzić, jeśli rozsądnie (za)planujesz wydatki.

buffet ['bʊfeɪ] ❶ bufet (*w pociągu, na stacji*) ❷ zimny bufet; **buffet lunch/ /supper** – przyjęcie na stojąco

bug [bʌg] ❶ pluskwa ❷ *pot.* infekcja, wirus

build [bɪld] (**built, built** [bɪlt, bɪlt]) budować; **to build a house** – zbudować dom

builder ['bɪldə] budowniczy

building ['bɪldɪŋ] budynek

built [bɪlt] *p.* **build (built, built)**

bulb [bʌlb] ❶ żarówka; *The bulb has burnt out.* – Żarówka przepaliła się. ❷ bulwa, cebulka; **tulip bulbs** – cebulki tulipanów

bulge[1] [bʌldʒ] wybrzuszenie

bulge[2] [bʌldʒ] wybrzuszać się, wystawać, stanowić wybrzuszenie; **a bulging stomach** – wypukły brzuch

bull [bʊl] *zool.* byk

bulldog ['bʊldɒg] *zool.* buldog

bulldozer ['bʊldəʊzə] buldożer, spychacz

bullet ['bʊlɪt] kula, pocisk

bullet-proof ['bʊlɪtpru:f] kuloodporny

bully[1] ['bʊlɪ] (*l.mn.* **bullies**) osoba terroryzująca innych, tyran

bully[2] ['bʊlɪ] (**-ies, -ied, -ying**) terroryzować, straszyć, zastraszać; *He was bullied by stronger boys at school.* – W szkole był terroryzowany przez silniejszych chłopców.

bump[1] [bʌmp] ❶ uderzyć; *He bumped his head on the beam.* – Uderzył głową w belkę. *He bumped the car in front of him.* – Uderzył w samochód jadący przed nim. ❷ **/ bump along** – jechać po wyboistej drodze

◆ **bump into** – spotkać kogoś przypadkowo; *I bumped into my old friend in the street.* – Spotkałem na ulicy swojego starego kolegę.

bump[2] [bʌmp] ❶ guz (*od uderzenia*); *He's got a bump on the head.* – On ma guza na czole. ❷ uderzenie, upadek, wstrząs; *He fell with a bump.* – Upadł z głuchym odgłosem. *We heard a bump downstairs.* – Usłyszeliśmy głuchy odgłos upadku na dole. ❸ wybój (*na drodze*), wybrzuszenie; *The bicycle hit a bump and bounced.* – Rower wpadł na wybój i podskoczył.

bumper ['bʌmpə] zderzak

bun [bʌn] ❶ bułeczka ❷ kok

bunch [bʌntʃ] ❶ bukiet, wiązanka, pęczek; **a bunch of flowers** – bukiet kwiatów; **a bunch of parsley** – pęczek zielonej pietruszki ❷ pęk, kiść; **a bunch of keys** – pęk kluczy; **a bunch of grapes** – kiść winogron

bundle ['bʌndl] ❶ wiązka, plik; **a bundle of newspapers** – plik gazet ❷ węzełek, zawiniątko, tłumoczek; **a bundle of old clothes** – zwinięte razem stare ubrania

bungalow ['bʌŋgələʊ] bungalow, rodzaj parterowego domu

bunk [bʌŋk] ❶ koja ❷ łóżko piętrowe

buoy [bɔɪ] boja

burden ['bɜ:dn] ciężar, brzemię; *He stooped under a heavy burden.* – Pochylał się pod dużym ciężarem. *He didn't want to be a burden to his family.* – Nie chciał być ciężarem dla swojej rodziny.

burglar ['bɜ:glə] włamywacz

burglary ['bɜ:glərɪ] włamanie

burgle ['bɜ:gl] włamać się, okraść; *Their house has been burgled.* – Włamano się do ich domu.

burial ['berɪəl] pogrzeb, pochówek

burn[1] [bɜ:n] (**burnt, burnt/burned, burned** [bɜ:nt, bɜ:nt/bɜ:nd, bɜ:nd]) ❶ palić; *She has burned the old letters.* – Spaliła stare listy. *We burn coal in this stove.* – W tym piecu palimy węglem. **to burn one's bridges** – spalić za sobą mosty ❷ palić się; *Big logs were burning in the fireplace.* – Duże polana paliły się w kominku. ❸ przypalić (się); *She has burnt the toasts again.* – Znowu przypaliła grzanki. *The cake has burnt badly.* – Ciasto fatalnie się przypaliło. ❹ oparzyć, sparzyć; **to burn one's fingers** – *przen.* sparzyć się; *She burned herself while cooking.* – Oparzyła się przy gotowaniu.

◆ **burn down** – spłonąć, spalić się; *The barn has burnt down.* – Stodoła spłonęła.

burn[2] [bɜ:n] oparzenie; **a first/a second/a third degree burns** – oparzenia pierwszego/drugiego/trzeciego stopnia

burst [bɜ:st] (**burst, burst** [bɜ:st, bɜ:st]) ❶ pęknąć; *The balloon has burst.* – Balon pękł. *He was bursting to tell everyone the news.* – Nie mógł się doczekać, aż wszystkim to powie. *We were bursting with curiosity.* – Wychodziliśmy z siebie z ciekawości. *The door burst open.* – Drzwi otworzyły się z trzaskiem. ❷ przedziurawić, powodować pęknięcie; **to burst a balloon** – przedziurawić balon

◆ **burst into** – (a) wtargnąć, wpaść; *He burst into the room.* – Wpadł do pokoju. (b) zacząć (*coś robić – na ogół niespodziewanie*); **to burst into tears** – wybuchnąć płaczem; **to burst into song** – zacząć śpiewać; **to burst into laughter** – wybuchnąć śmiechem

◆ **burst out** – *przen. i dosł.* wybuchnąć; **to burst out crying** – wybuchnąć płaczem

bury ['berɪ] (**-ies, -ied, -ying**) pochować, pogrzebać

bus [bʌs] autobus; **to go by bus** – jechać autobusem; **to get on/off the bus** – wsiąść do/wysiąść z autobusu

bush [bʊʃ] ❶ krzak, krzew; **a rose bush** – krzak róży ❷ busz (*np. australijski*)

busily ['bɪzɪlɪ] pracowicie, gorliwie; *She was busily arranging books on the shelves.* – Pracowicie układała książki na półkach.

business ['bɪznɪs] ❶ interes, interesy, handel, biznes; **to go into business** – zająć się biznesem (*zawodowo*); **to do business with sb** – robić (z kimś) interesy; **to go away on business** – wyjechać w interesach/w podróż służbową; *Business is brisk before Christmas.* – Handel idzie dobrze przed Bożym Narodzeniem. ❷ przedsiębiorstwo; *His uncle has a business in Leeds.* – Jego wuj ma przedsiębiorstwo w Leeds. *He started his own business.* – On założył własny biznes/przedsiębiorstwo. **show business** – przemysł rozrywkowy ❸ sprawa, interes; *It's none of your business.* – Nie twój interes. *Mind your own business.* – Zajmuj się własnymi sprawami./Nie wtrącaj się. **to get down to business** – przejść do rzeczy/do sedna sprawy

businessman ['bɪznɪsmæn] (*l.mn.* **businessmen** ['bɪznɪsmen]) biznesmen

businesswoman ['bɪznɪswʊmən] (*l.mn.* **businesswomen** ['bɪznɪswɪmɪn]) kobieta interesu

bus-stop ['bʌsstɒp] przystanek autobusowy

busy ['bɪzɪ] (**-ier, -iest**) ❶ zajęty; *He is a busy man.* – On jest człowiekiem zajętym. *I'm busy tomorrow.* – Jutro jestem zajęta. *He is busy with some important work.* – Jest zajęty jakąś ważną pracą. **a busy day** – dzień wypełniony pracą ❷ ruchliwy; **a busy street** – ruchliwa ulica

but[1] [bʌt] lecz, ale; *The situation is grave but not hopeless.* – Sytuacja jest

b

poważna, ale nie beznadziejna. *I don't smoke but my husband does.* – Nie palę, ale mój mąż tak.

b

but[2] [bʌt] oprócz; *She drinks nothing but water.* – Ona nie pije nic oprócz wody. **the last but one** – przedostatni

butcher ['bʊtʃə] rzeźnik; **the butcher's** – sklep mięsny

butter ['bʌtə] masło

butterfly ['bʌtəflaɪ] (*l.mn.* **butterflies**) motyl

button[1] ['bʌtn] ❶ guzik; **to do/to undo a button** – zapiąć/odpiąć guzik ❷ przycisk; **to press the button** – nacisnąć przycisk

button[2] ['bʌtn] / **button up** – zapiąć na guziki

buttonhole ['bʌtnhəʊl] ❶ dziurka od guzika ❷ butonierka ❸ kwiat do butonierki

buy [baɪ] (**bought, bought** [bɔ:t, bɔ:t]) kupić

buyer ['baɪə] kupujący

buzz[1] [bʌz] brzęczeć, bzyczeć

buzz[2] [bʌz] brzęczenie, bzyczenie

by[1] [baɪ] ❶ niedaleko, obok, przy, nad; *We walked by the river.* – Spacerowaliśmy nad rzeką. *She sat by my side.* – Usiadła przy mnie. ❷ mimo, obok; *She walked quickly by me.* – Szybko przeszła obok mnie. ❸ do (*punktu w czasie*); *We'll have done it by Friday.* – Zrobimy to do piątku. ❹ przez (*dot. autorstwa*); **a painting by Picasso** – obraz Picassa; *The exhibition was opened by the President himself.* – Wystawa została otwarta przez samego prezydenta. ❺ przez (*dot. sposobu*), za pomocą; *It's worked by electricity.* – To jest poruszane prądem elektrycznym. **to pay by cheque** – płacić czekiem; **to travel by train/ /boat/bus** – podróżować pociągiem/ /statkiem/autobusem; *He learnt English by reading books.* – On nauczył się angielskiego czytając książki. *We were woken up by the noise.* – Zostaliśmy obudzeni przez ten hałas. **by mistake/by accident** – przez pomyłkę/przypadkowo ❻ przy (*dot. okoliczności*), podczas; **by day/night** – w dzień/w nocy; **by the moonlight** – przy świetle księżyca ❼ przez, razy (*przy mnożeniu, dzieleniu*); **a room 3 metres by 2** – pokój 3 metry na 2; **to multiply 5 by 8** – pomnożyć 5 przez 8

◆ **by all means** – koniecznie, oczywiście

◆ **by the way** – przy okazji, à propos

◆ **little by little** – po trochu

◆ **by far** – o wiele

by[2] [baɪ] ❶ obok, mimo; *She went quickly by.* – Przeszła szybko obok. ❷ niedaleko; *They live close by.* – Oni mieszkają niedaleko.

bye [baɪ] / **bye-bye** [ˌbaɪ'baɪ] *pot.* do widzenia

bypass ['baɪpɑ:s] ❶ obwodnica; *Take the bypass to avoid the busy town.* – Pojedź obwodnicą, żeby uniknąć ruchliwego miasta. ❷ *med.* bypass; **a bypass operation/surgery/a heart bypass** – operacja ominięcia zwężonych naczyń krwionośnych

by-product ['baɪˌprɒdʌkt] produkt uboczny

C

C

cab [kæb] ❶ taksówka ❷ kabina kierowcy (*w ciężarówce*) ❸ dorożka

cabaret ['kæbəreɪ] kabaret

cabbage ['kæbɪdʒ] kapusta

cabin ['kæbɪn] ❶ kajuta, kabina ❷ kabina pasażerska w samolocie ❸ mały domek, chatka, domek kempingowy; *They have a log cabin in the mountains.* – (Oni) mają mały domek z bali w górach.

cabinet ['kæbɪnɪt] ❶ szafka, gablotka; **a medicine cabinet** – apteczka; **a kitchen cabinet** – szafka kuchenna; **a filing cabinet** – szafka na akta (*w biurze*) ❷ **the Cabinet** – gabinet rządu, rząd, rada ministrów; **a Cabinet crisis** – kryzys rządowy

cable¹ ['keɪbl] ❶ kable, przewód (*np. elektryczny*); **cable television** – telewizja kablowa ❷ lina ❸ depesza, telegram

cable² ['keɪbl] telegrafować

cable-car ['keɪbl kɑ:] kolejka linowa

cacao [kə'kɑ:əʊ] kakao, ziarno kakaowe

cactus ['kæktəs] (*l.mn.* **cactuses/cacti** ['kæktəsɪz/'kæktaɪ]) *bot.* kaktus

café ['kæfeɪ] kawiarnia

caffeine ['kæfi:n] kofeina

cage [keɪdʒ] klatka

cake [keɪk] ❶ ciasto, tort; **a sponge cake** – biszkopt; **a wedding cake** – tort weselny ❷ ciastko, ciasteczko

calculate ['kælkjʊleɪt] obliczać, wyliczać, kalkulować; **to calculate the cost of the repairs** – obliczyć koszt remontu

calculation [ˌkælkjʊ'leɪʃn] ❶ wyliczenie, obliczenie, kalkulacja; **to be out in one's calculation** – pomylić się w obliczeniach/przeliczyć się ❷ wyrachowanie

calculator ['kælkjʊleɪtə] kalkulator

calendar ['kælɪndə] kalendarz; **a calendar month/year** – miesiąc/rok kalendarzowy

calf¹ [kɑ:f] (*l.mn.* **calves** [kɑ:vz]) cielę

calf² [kɑ:f] (*l.mn.* **calves** [kɑ:vz]) łydka

call¹ [kɔ:l] ❶ wołać; **to call for help** – wzywać pomocy/wołać o pomoc; *Billy, is that you? – she called.* – Billy, czy to ty? – zawołała. ❷ wezwać; *Shall I call a doctor?* – Czy mam wezwać lekarza? *Call me a taxi.* – Proszę wezwać dla mnie taksówkę. ❸ nazywać; *What is your dog called?* – Jak się nazywa wasz pies? *Call me Jack.* – Mów do mnie Jack. ❹ telefonować; *Did anybody call while I was out?* – Czy ktoś dzwonił, kiedy mnie nie było? ❺ przychodzić; *The postman calls twice a day.* – Listonosz przychodzi dwa razy dziennie.

◆ **call for sb/sth** – (a) wstąpić po kogoś/coś; *We'll call for you on the way to the station.* – Wstąpimy po ciebie w drodze na stację. *I'll call for the medicine at 8 o'clock.* – Odbiorę lekarstwo o ósmej. (b) **call for sth** – wymagać czegoś; *The situation calls for maximum tact.* – Sytuacja wymaga dużego taktu.

◆ **call in** – wstąpić, wpaść (*z krótką wizytą*); *She called in as soon as she had come from abroad.* – Wpadła z krótką wizytą, gdy tylko wróciła z zagranicy.

◆ **call off** – odwołać; *The meeting has been called off.* – Zebranie zostało odwołane.

◆ **call on/upon sb** – wstąpić do kogoś z wizytą, złożyć wizytę komuś; *He promised to call on us during his next* *visit in London.* – Obiecał, że nas odwiedzi podczas swojej następnej wizyty w Londynie.

◆ **call sb up** – (a) zatelefonować do kogoś; *Let's call her up.* – Zadzwońmy do niej. (b) powołać do wojska; *He was called up when the war broke out.* – Został powołany do wojska, kiedy wybuchła wojna.

C

call[2] [kɔ:l] ❶ krzyk, zawołanie, wołanie; *We heard a call for help.* – Usłyszeliśmy wołanie o pomoc. **to be within call** – być w zasięgu głosu ❷ rozmowa telefoniczna; *I made a call to Peter.* – Zadzwoniłem do Piotra. **a long-distance call** – rozmowa międzymiastowa lub międzynarodowa ❸ wizyta; *I paid a call on Emma.* – Złożyłam wizytę Emmie.

call-box ['kɔ:lbɒks] budka telefoniczna

calm[1] [kɑ:m] ❶ spokojny; *Try to keep calm, don't panic.* – Spróbuj zachować spokój, nie wpadaj w panikę. ❷ (*o np. morzu*) bez fal, spokojny, (*o np. pogodzie*) bezwietrzny; **calm sea** – spokojne morze; **a calm day** – bezwietrzny dzień

calm[2] [kɑ:m] uspokoić; *I calmed the crying child.* – Uspokoiłam płaczące dziecko.

◆ **calm down** – uspokoić się; *At first he was furious, but soon he calmed down.* – Z początku był wściekły, ale wkrótce się uspokoił.

calorie ['kælərɪ] kaloria

calves [kɑ:vz] *p.* **calf**[1, 2]

came [keɪm] *p.* **come (came, come)**

camel ['kæml] wielbłąd

camera ['kæmərə] *fot.* ❶ aparat fotograficzny ❷ kamera

camp[1] [kæmp] obóz, obozowisko; *We pitched camp by the river.* – Rozbiliśmy obóz nad rzeką.

camp[2] [kæmp] biwakować, rozbić obóz; *We camped by the river.* – Obozowaliśmy nad rzeką; **to go camping** – spędzać wakacje pod namiotem

campaign [kæm'peɪn] kampania; **an advertising campaign** – kampania reklamowa; **an election campaign** – kampania wyborcza

camping ['kæmpɪŋ] obozowanie, biwakowanie, mieszkanie pod namiotem

camp-site ['kæmpsaɪt] pole namiotowe, pole campingowe

campus ['kæmpəs] teren uniwersytetu, miasteczko uniwersyteckie, kampus; **to live on the campus** – mieszkać w kampusie

can[1] [kæn, kən] (**could** [kʊd, kəd], *forma przecząca* **cannot** ['kænɒt], **can't** [kɑ:nt]) czasownik ułomny wyrażający: ❶ umiejętność; *She can speak three languages.* – Ona mówi trzema obcymi językami. *Can you dance?* – Czy umiesz tańczyć? ❷ możliwość, możność; *I can't see her.* – Nie widzę jej (nie mogę jej zobaczyć). *I can read without glasses.* – Mogę czytać bez okularów. *I can come tomorrow.* – Mogę przyjść jutro. ❸ pozwolenie. *You can't park your car here.* – Nie może pan tu parkować. *You can take a day off.* – Może pani wziąć dzień wolny. *Can I ask you a question?* – Czy mogę ci zadać pytanie? ❹ prośbę; *Can you book the tickets for me, too?* – Czy możesz także zarezerwować bilety dla mnie? ❺ prawdopodobieństwo, możliwość; *It can't be true.* – To nie może być prawda. *He can't have forgotten me.* – To niemożliwe, żeby o mnie zapomniał. *Someone is knocking at the door. Who can it be?* – Ktoś puka do drzwi. Kto to może być? ❻ propozycję; *Can I help you?* – Czy mogę pani służyć?/Czy mogę służyć pomocą? *Can I get you a cup of tea?* – Czy mogę ci podać filiżankę herbaty?

can[2] [kæn] ❶ puszka; **a can of beer** – puszka piwa ❷ kanister; **a can of petrol** – kanister benzyny

canal [kə'næl] kanał (*na ogół sztuczny*); **the Suez Canal** – Kanał Sueski

canary [kə'neərɪ] (*l.mn.* **canaries**) *zool.* kanarek

cancel ['kænsl] **(-ll-)** ❶ odwołać, anulować; **to cancel a reservation** – odwołać rezerwację; *Many trains have been cancelled because of heavy snowfall.* – Wiele pociągów zostało odwołanych z powodu dużego opadu śniegu. ❷ skasować (*np. bilet*); **to cancel a stamp** – skasować znaczek/ /przybić stempel na znaczku

cancellation [ˌkænsə'leɪʃn] odwołanie, anulowanie, unieważnienie

cancer ['kænsə] *med.* rak; **to die of cancer** – umrzeć na raka

Cancer ['kænsə] Rak (*znak zodiaku*)

candidate ['kændɪdət] kandydat; **a candidate for the post** – kandydat na stanowisko; **a presidential candidate** – kandydat na prezydenta

candle ['kændl] świeca

candlestick ['kændlstɪk] świecznik

candy ['kændɪ] (*l.mn.* **candies**) *am.* cukierek

cane [keɪn] trzcina, laska, łodyga rośliny; **sugar cane** – trzcina cukrowa; **a cane chair** – krzesło ratanowe

canned ['kænd] konserwowany, w puszce; **canned beer** – piwo w puszce; **canned fruit** – owoce w puszce

cannibal ['kænɪbl] kanibal

cannon ['kænən] (*l.mn.* **cannon/cannons**) armata; **a water cannon** – armatka wodna

cannot ['kænɒt] *p.* **can**[1]

canoe [kə'nu:] ❶ kajak ❷ czółno, kanadyjka

can't [kɑ:nt] **= cannot** *p.* **can**[1]

canteen [kæn'ti:n] stołówka

canvas ['kænvəs] ❶ grube płótno (*np. namiotowe lub żeglarskie*); **a canvas bag** – torba płócienna; **to sleep under canvas** – spać pod namiotem ❷ obraz na płótnie, płótno; *The gallery sold two of his canvases.* – Galeria sprzedała dwa z jego płócien.

cap [kæp] ❶ czapka; **a peaked cap** – czapka z daszkiem (*na ogół oficerska*); **a swimming cap** – czepek kąpielowy ❷ nakrętka; **a tube cap** – nakrętka tuby

capable ['keɪpəbl] ❶ zdolny, umiejętny; **a capable worker** – pracownik o dużych umiejętnościach; *You can leave everything in her capable hands.* – Możesz wszystko jej zostawić – ona sobie świetnie z tym poradzi. ❷ zdolny (*do czegoś*); *He could be capable of murder.* – On mógłby być zdolny do popełnienia morderstwa.

capacity [kə'pæsətɪ] (*l.mn.* **capacities**) ❶ pojemność, objętość, kubatura; *What's the capacity of this tank?* – Jaka jest pojemność tego zbiornika? ❷ nośność, ładowność ❸ wydajność, zdolność; *The factory was working at full capacity.* – Fabryka pracowała na pełnych obrotach.

cape[1] [keɪp] peleryna

cape[2] [keɪp] przylądek; **the Cape of Good Hope** – Przylądek Dobrej Nadziei

capital ['kæpɪtl] ❶ stolica; *Paris is the capital of France.* – Paryż jest stolicą Francji. ❷ **/capital letter** – wielka litera, duża litera; **Proper names begin with a capital letter.** – Imiona własne pisze się z dużej litery; **to write sth in capitals** – napisać coś dużymi literami ❸ kapitał

capitalism ['kæpɪtəlɪzm] kapitalizm

capitalist ['kæpɪtəlɪst] kapitalista

capital punishment [ˌkæpɪtl'pʌnɪʃmənt] kara śmierci

capitulate [kə'pɪtʃʊleɪt] kapitulować

capitulation [kəˌpɪtʃʊ'leɪʃn] kapitulacja

Capricorn ['kæprɪkɔ:n] Koziorożec (*znak zodiaku*)

capsize [kæp'saɪz] (*o łodzi*) wywrócić się dnem do góry; *The boat capsized and we had to swim ashore.* – Łódź wywróciła się i musieliśmy dopłynąć do brzegu. *The wave has capsized the boat.* – Fala wywróciła łódź.

captain ['kæptɪn] kapitan; **the captain of a ship** – kapitan statku; **the captain of a football team** – kapitan drużyny piłki nożnej

captive[1] ['kæptɪv] ujęty, pojmany; **to take sb captive** – wziąć kogoś do niewoli; **to hold sb captive** – trzymać kogoś w niewoli

C

C

captive² ['kæptɪv] jeniec, więzień

captivity [kæp'tɪvətɪ] niewola; *Some animals don't breed in captivity.* – Niektóre zwierzęta nie rozmnażają się w niewoli.

capture¹ ['kæptʃə] ❶ pojmać, złapać, schwytać; *Several soldiers were captured by the enemy.* – Kilku żołnierzy zostało pojmanych przez wroga. **to capture sb's attention** – przykuć (czyjąś) uwagę ❷ uchwycić, oddać; *The painting captured the atmosphere of the place.* – Obraz uchwycił atmosferę miejsca.

capture² ['kæptʃə] pojmanie, schwytanie; **the capture of the bank robbers** – schwytanie złodziei bankowych

car [kɑ:] ❶ samochód; **to drive a car** – prowadzić samochód; **to go by car** – jechać/podróżować samochodem ❷ *am.* wagon ❸ wagon kolejowy o pewnym przeznaczeniu; **a dining car** – wagon restauracyjny; **the sleeping car** – wagon sypialny

caramel ['kærəmel] ❶ karmel ❷ karmelek

caravan ['kærəvæn] ❶ kempingowa przyczepa samochodowa ❷ karawana ❸ wóz cygański

carbohydrate [,kɑ:bəʊ'haɪdreɪt] *chem.* węglowodan

carbon ['kɑ:bən] *chem.* węgiel (*pierwiastek*); **carbon dioxide** – dwutlenek węgla

card [kɑ:d] ❶ karta pocztowa; **a picture postcard** – widokówka; **Christmas cards** – karty świąteczne (*na Boże Narodzenie*); **a birthday card** – karta z życzeniami urodzinowymi ❷ legitymacja, karta (*dokument uprawniający do czegoś*); **a credit card** – karta kredytowa; **a phone card** – karta magnetyczna (*telefoniczna*); **a cash card** – karta do bankomatu; **a membership card** – legitymacja członkowska ❸ karta do gry; **a pack of cards** – talia kart; **to play cards** – grać w karty; **to put one's cards on the table** – *przen.* wyłożyć karty na stół ❹ wizytówka; **a business card** – wizytówka z adresem i telefonem firmy

cardboard ['kɑ:dbɔ:d] karton, tektura

cardiac ['kɑ:dɪæk] *med.* sercowy; **cardiac surgery** – chirurgia na otwartym sercu; **cardiac arrest** – zatrzymanie akcji serca

cardigan ['kɑ:dɪgən] sweter rozpinany na przodzie

cardinal¹ ['kɑ:dɪnl] kardynał

cardinal² ['kɑ:dɪnl] najważniejszy, zasadniczy, kardynalny; **cardinal sins** – grzechy główne; **cardinal points** – cztery strony świata

cardinal number [,kɑ:dɪnl 'nʌmbə] liczebnik główny

care¹ [keə] ❶ dbać, troszczyć się; *I don't care what people say.* – Nie dbam o to, co ludzie mówią. *I can't care less.* – Nie dbam o to./Nie zależy mi. *He doesn't care about his appearance.* – On nie dba o swój wygląd. ❷ chcieć, mieć ochotę; *Would you care to join us?* – Czy chciałbyś się do nas przyłączyć?

◆ **care for sb** – (a) kochać, lubić kogoś; *Do you still care for me?* – Czy mnie jeszcze kochasz? (b) zajmować się, opiekować się; *Who will care for the dog when you go away?* – Kto będzie się opiekował psem, kiedy wyjedziesz?

◆ **care for sth** – (a) lubić coś; *I don't care much for abstract art.* – Nie bardzo lubię sztukę abstrakcyjną. (b) mieć na coś ochotę; *Would you care for a sandwich?* – Czy miałbyś ochotę na kanapkę?

care² [keə] ❶ ostrożność; *Fragile – handle with care.* – Ostrożnie – szkło. (kruche/łamliwe – obchodzić się ostrożnie); *Take care when you cross the street.* – Uważaj, kiedy przechodzisz przez ulicę. ❷ opieka, dbałość, pielęgnacja; **to take care of sb** – opiekować się kimś; **to take care of sth** – zająć się czymś/dopilnować czegoś; *She left the baby in her sister's care.* – Zostawiła dziecko pod opieką swojej siostry. ❸ troska, niepokój; **without a care in the world** – bez żadnych trosk

career [kə'rɪə] zawód, kariera; **a career in journalism/politics** – kariera dziennikarska/polityczna; **an academic career** – kariera naukowa

carefree ['keəfri:] beztroski

careful ['keəful] ostrożny, uważny; *Be careful with those cups – they are very expensive.* – Uważaj z tymi filiżankami – są bardzo drogie. *She was careful not to make the same mistake.* – Uważała, żeby nie popełnić tego samego błędu.

carefully ['keəfulɪ] ostrożnie, uważnie; *She drove carefully as the road was slippery.* – Jechała ostrożnie, ponieważ droga była śliska. *Everything was carefully planned.* – Wszystko zostało dokładnie zaplanowane.

careless ['keəlɪs] nieostrożny, niedbały; **a careless driver** – nieostrożny kierowca; **a careless mistake** – pomyłka popełniona przez niedbalstwo

carelessly ['keəlɪslɪ] niedbale, nieostrożnie; **to drive carelessly** – jechać nieostrożnie; *He carelessly put the document in his pocket.* – Niedbale włożył dokument do kieszeni.

carelessness ['keəlɪsnəs] niedbałość, nieostrożność

caretaker ['keə,teɪkə] dozorca

cargo ['kɑ:gəu] (*l.mn.* **cargoes**) ładunek (*statku, samolotu*)

caricature ['kærɪkə,tjuə] karykatura

caries ['keəri:z] *med.* próchnica (*zębów*)

carnation [kɑ:'neɪʃn] goździk

carnival ['kɑ:nɪvl] karnawał

carol ['keərəl] kolęda

car park ['kɑ: pɑ:k] parking

carpenter ['kɑ:pəntə] stolarz, cieśla

carpentry ['kɑ:pəntrɪ] stolarka

carpet ['kɑ:pɪt] dywan

carriage ['kærɪdʒ] ❶ wagon pociągu ❷ powóz, kareta

carried ['kærɪd] *p.* **carry (-ies, -ied, -ying)**

carrier bag ['kærɪə bæg] torba (*plastykowa lub papierowa*) na zakupy, reklamówka

carrot ['kærət] marchew; *We had carrots for lunch.* – Na obiad była marchewka.

carry ['kærɪ] **(-ies, -ied, -ying)** ❶ nieść, nosić; *I can carry this suitcase, it's not very heavy.* – Mogę nieść tę walizkę, nie jest bardzo ciężka. *I don't usually carry much money on me.* – Zwykle nie noszę przy sobie dużo pieniędzy. *He always carries a gun.* – On zawsze nosi (przy sobie) pistolet. ❷ przenosić, przewodzić; *These pipes carry water to the village.* – Te rury doprowadzają wodę do wioski. *This disease is carried by rats.* – Ta choroba jest przenoszona przez szczury. *Copper carries electricity.* – Miedź przewodzi prąd elektryczny. ❸ przewozić; *The ship was carrying coal.* – Statek przewoził węgiel.

◆ **carry on** – (a) kontynuować, nie przestawać, robić (coś) dalej; *Carry on along this street.* – Idź dalej tą ulicą. *Carry on with your work.* – Pracuj dalej./Nie przerywaj pracy. (b) prowadzić (*np. rozmowę*); **to carry on a conversation/a discussion** – prowadzić rozmowę/dyskusję

◆ **carry out** – wykonywać, przeprowadzać; **to carry out experiments** – przeprowadzać eksperymenty; **to carry out instructions** – wykonywać polecenia

cart [kɑ:t] wóz, wózek

carton ['kɑ:tn] karton, opakowanie kartonowe; **a carton of cigarettes** – karton papierosów; **a carton of milk** – karton mleka

cartoon [kɑ:'tu:n] ❶ rysunek humorystyczny ❷ film rysunkowy (*animowany*)

carve [kɑ:v] ❶ rzeźbić, wycinać; *The lid of the box was beautifully carved.* – Wieczko pudełka było pięknie wyrzeźbione. ❷ kroić mięso w plastry

C

case[1] [keɪs] ❶ przypadek, wydarzenie; **in case** – na wypadek; *Take an umbrella in case it rains.* – Weź parasol na wypadek deszczu. **just in case** – na wszelki wypadek; *I'm sure she remembers about the meeting, but remind her just in case.* – Jestem pewien, że ona pamięta o zebraniu, ale przypomnij jej, tak na wszelki wypadek. **in case of** – na wypadek (*czegoś*); *Sound the alarm in case of fire.* – Włącz alarm w wypadku pożaru. **in that case** – w tym przypadku; **in any case** – tak czy inaczej/w każdym (bądź) razie ❷ sprawa sądowa; **a divorce case** – sprawa rozwodowa; **to win/to lose a case** – wygrać/przegrać sprawę ❸ sprawa kryminalna, przestępstwo; **a murder case** – przypadek morderstwa; **to solve a case** – rozwiązać zagadkę kryminalną ❹ *med.* przypadek (*choroby*); *There are five cases of cholera in hospital.* – W szpitalu jest pięć przypadków cholery.

case[2] [keɪs] ❶ skrzynia, pojemnik; **a case of whisky** – skrzynia/karton whisky ❷ pojemnik, futerał; **a suitcase** – walizka; **a briefcase** – teczka; **a cigarette case** – papierośnica; **a pillow case** – powłoczka na poduszkę ❸ gablotka, szafka; **a bookcase** – szafka na książki/biblioteczka

cash[1] [kæʃ] gotówka; **to pay in cash** – płacić gotówką; *I'm short of cash.* – Brak mi gotówki. **cash on delivery** – płatne gotówką przy odbiorze

cash[2] [kæʃ] zainkasować, spieniężyć; **to cash a cheque** – zrealizować czek

cashdesk ['kæʃdesk] kasa (*miejsce, gdzie się płaci*)

cashier [kæ'ʃɪə] kasjer

cash register ['kæʃ ˌredʒɪstə] kasa (*urządzenie przechowujące i liczące pieniądze*)

cassette [kə'set] kaseta (*magnetofonowa lub wideo*); **a video cassette** – kaseta wideo; **a cassette recorder** – magnetofon kasetowy

cast[1] [kɑ:st] **(cast, cast** [kɑ:st, kɑ:st]) rzucać; *The evening sun cast long shadows.* – Wieczorne słońce rzucało długie cienie. **to cast a glance at sb** – rzucić na kogoś spojrzenie; **to cast a net** – zarzucić sieć; **to cast light on a mystery** – rzucić światło na tajemnicę

◆ **cast aside** – odrzucić, porzucić; **to casts aside one's doubts** – porzucić wątpliwości

◆ **cast off** – zrzucić (*z siebie*); *The snake casts off its skin.* – Wąż zrzuca skórę.

cast[2] [kɑ:st] ❶ obsada (*filmu, sztuki*) ❷ odlew

castle ['kɑ:sl] zamek

casual ['kæʒʊəl] ❶ przypadkowy; **a casual meeting** – przypadkowe spotkanie; **a casual observer** – przypadkowy obserwator ❷ nieformalny, niedbały, niewymuszony, swobodny; **casual clothes** – swobodny strój/ubranie noszone w czasie wolnym od pracy

casualty ['kæʒʊəltɪ] (*l.mn.* **casualties**) ofiara wypadku; *There were many casualties of the train crash.* – Wiele osób zostało rannych w katastrofie kolejowej. **a casualty department** – oddział szpitala przyjmujący nagłe przypadki (*np. rannych po wypadkach*)

cat [kæt] kot

catalogue ['kætəlɒg] katalog

catastrophe [kə'tæstrəfɪ] katastrofa

catch [kætʃ] **(caught, caught** [kɔ:t, kɔ:t]) ❶ złapać, schwytać; **to catch a ball** – złapać piłkę; **to catch a thief** – schwytać złodzieja; **to catch sb's eye** – zwrócić na siebie czyjąś uwagę/ /przyciągnąć czyjś wzrok; **to catch sb doing sth** – przyłapać kogoś na czymś; **to catch (a) cold** – przeziębić się; **to catch fire** – zacząć się palić ❷ zdążyć na; **to catch a bus** – zdążyć na autobus ❸ zrozumieć, dosłyszeć; *Sorry, I didn't quite catch what you said.* – Słucham? Nie całkiem dosłyszałem, co pan powiedział.

◆ **catch up on** – nadrobić zaległości; *I've got a lot of correspondence to catch up on.* – Mam duże zaległości (do nadrobienia) w korespondencji.

◆ **catch up with** – dogonić; *I'll catch up with you in five minutes.* – Dogonię cię za pięć minut.

category ['kætəgərı] (*l.mn.* **categories**) kategoria

caterpillar ['kætəpılə] *zool., techn.* gąsienica

cathedral [kə'θi:drəl] katedra

Catholic¹ ['kæθəlık] katolik

Catholic² ['kæθəlık] katolicki; **the Roman Catholic Church** – Kościół rzymskokatolicki

cattle ['kætl] bydło

caught [kɔ:t] *p.* **catch (caught, caught)**

cauliflower ['kɒlı,flaʊə] kalafior

cause¹ [kɔ:z] ❶ przyczyna, powód; *What was the cause of the fire?* – Co było przyczyną pożaru? **the cause and effect** – przyczyna i skutek ❷ sprawa, cel; **to fight for a good cause** – walczyć w słusznej sprawie

cause² [kɔ:z] powodować; *It caused a lot of problems.* – To spowodowało wiele problemów. **to cause sb trouble** – przysporzyć komuś kłopotu

caution ['kɔ:ʃn] ostrożność, uwaga; *We must treat it with caution.* – Musimy postępować z tym ostrożnie. *I must give you a word of caution.* – Muszę cię ostrzec. *Caution!* – Uwaga!

cautious ['kɔ:ʃəs] ostrożny, rozważny, uważny; *She is a cautious driver.* – Ona jest ostrożnym kierowcą. **cautious optimism** – ostrożny optymizm

cave [keıv] jaskinia

caviar ['kævıɑ:] kawior

ceiling ['si:lıŋ] sufit

celebrate ['selıbreıt] obchodzić, świętować; *How do you celebrate Christmas in your country?* – Jak w twoim kraju obchodzi się Boże Narodzenie? **to celebrate one's birthday** – obchodzić urodziny

celery ['selərı] *bot.* seler naciowy

cell [sel] ❶ cela; **a prison cell** – cela więzienna ❷ *biol.* komórka; **red blood cells** – czerwone ciałka krwi ❸ bateria

cellar ['selə] piwnica

cello ['tʃeləʊ] *muz.* wiolonczela; **to play the cello** – grać na wiolonczeli

cellophane ['seləfeın] celofan

cement¹ [sı'ment] cement

cement² [sı'ment] cementować, spajać, zespalać; *That experience has cemented their friendship.* – To przeżycie scementowało ich przyjaźń.

cemetery ['semıtrı] (*l.mn.* **cemeteries**) cmentarz

cent [sent] cent

centigrade ['sentıgreıd] stopni Celsjusza, w stustopniowej skali temperatury; **30° centigrade** – 30° Celsjusza

centimetre ['sentı,mi:tə] centymetr (*jednostka długości*)

central ['sentrəl] centralny; *Our house is very central.* – Nasz dom znajduje się w samym centrum (miasta). **central heating** – centralne ogrzewanie; **central nervous system** – centralny układ nerwowy

centre ['sentə] ❶ środek; **the centre of a circle** – środek okręgu; **the centre of gravity** – środek ciężkości ❷ centrum; *We live in the city centre.* – Mieszkamy w centrum miasta. **a shopping centre** – centrum handlowe; **to be the centre of interest** – stanowić centrum zainteresowania

century ['sentʃʊrı] (*l.mn.* **centuries**) wiek, stulecie; **the twentieth (20th) century** – wiek dwudziesty

cereal ['sıərıəl] ❶ zboże ❷ płatki zbożowe, przetwory zbożowe; *We usually have cereal with milk for breakfast.* – Zwykle na śniadanie jemy płatki zbożowe z mlekiem.

ceremony ['serımənı] (*l.mn.* **ceremonies**) ceremonia; **a wedding ceremony** – ceremonia ślubna; **the opening ceremony** – ceremonia otwarcia

certain ['sɜ:tn] ❶ pewny, nie ulegający wątpliwości; *I'm certain I saw him.* – Jestem pewien, że go widziałem. **to make certain** – upewnić się; **for certain** – z całą pewnością ❷ pewien, jakiś; *There are certain reasons.* – Są pewne powody. *I'm sure that certain people will protest.* – Jestem pewna, że pewne osoby zaprotestują.

certainly ['sɜ:tnlı] ❶ z całą pewnością, niezawodnie, na pewno; *She will certainly come.* – Ona przyjdzie z całą pewnością. ❷ oczywiście, bezwarunkowo; *You can certainly pay by cheque.* – Oczywiście, że może pan zapłacić czekiem. *Could you lend me £5? – Yes, certainly.* – Czy możesz mi pożyczyć 5 funtów? – Tak, oczywiście. *May I use your car? – Certainly not!* – Czy mogę wziąć twój samochód? – Absolutnie nie!

certainty ['sɜ:tntı] pewność

certificate [sə'tıfıkət] świadectwo, zaświadczenie, metryka; **a birth certificate** – metryka urodzenia; **a marriage certificate** – świadectwo ślubu

chain [tʃeın] łańcuch

chair[1] [tʃeə] ❶ krzesło; *Please take a chair.* – Proszę usiąść. ❷ / **chairman** – przewodniczący zebrania ❸ katedra na uniwersytecie, stanowisko profesora uniwersytetu

chair[2] [tʃeə] przewodniczyć (*zebraniu*); **to chair a meeting** – przewodniczyć zebraniu

chairman ['tʃeəmən] (*l.mn.* **chairmen** ['tʃeəmən]) przewodniczący

chairperson ['tʃeəpɜ:sn] przewodniczący lub przewodnicząca

chairwoman ['tʃeəwʊmən] (*l.mn.* **chairwomen** ['tʃeəwımın]) przewodnicząca

chalk [tʃɔ:k] kreda

challenge[1] ['tʃælındʒ] wyzwanie; *He accepted his friends' challenge to swim across the river.* – Przyjął wyzwanie swoich kolegów, żeby przepłynąć rzekę. *The job is difficult but it's a great challenge.* – Ta praca jest trudna, ale stanowi wielkie wyzwanie.

challenge[2] ['tʃælındʒ] wyzwać, rzucić wyzwanie; *He challenged me to a game of chess.* – Zaproponował mi partię szachów. *He challenged her to deny the accusation.* – Rzucił jej wyzwanie, aby zaprzeczyła temu oskarżeniu.

chamber ['tʃeımbə] ❶ izba, sala, pomieszczenie ❷ komora; **the gas chamber** – komora gazowa; **the chambers of the heart** – komory serca ❸ izba (*np. parlamentu*); **the Upper Chamber** – Wyższa Izba Parlamentu (*Izba Lordów*); **the Lower Chamber** – Niższa Izba Parlamentu (*Izba Gmin*); **the Chamber of Commerce** – Izba Handlowa

chambermaid ['tʃeımbəmeıd] pokojówka

chamber music ['tʃeımbə 'mju:zık] muzyka kameralna

champagne [ˌʃæm'peın] szampan

champion ['tʃæmpjən] mistrz, zwycięzca; **the world champion** – mistrz świata

championship ['tʃæmpjənʃıp] mistrzostwo; *The world championship will be held next year.* – Mistrzostwa świata odbędą się w przyszłym roku.

chance [tʃɑ:ns] ❶ szansa; *We had no chance to succeed.* – Nie mieliśmy żadnych szans na sukces. *It's the chance of a lifetime – you can't miss it.* – To jedyna szansa w życiu – nie możesz jej zmarnować/przepuścić. ❷ przypadek; *I'll leave everything to chance.* – Całkowicie zdam się na przypadek. **by chance** – przypadkowo/przypadkiem; *We met by chance in the street.* – Spotkaliśmy się przypadkowo na ulicy. ❸ prawdopodobieństwo, szansa; **a fifty-fifty chance** – szansa pół na pół/prawdopodobieństwo pięćdziesiąt procent; **to take a chance** – zaryzykować; *He has a good chance of winning.* – Ma duże szanse na wygraną.

change[1] [tʃeındʒ] ❶ zmienić; *He has changed his address.* – On zmienił adres. **to change one's mind** – zmienić zdanie/rozmyślić się ❷ zmienić się; *She hasn't changed much.* – Ona nie zmieniła się zbytnio. ❸ wymienić, zamienić; **to change dollars into pounds** – wymienić dolary na funty ❹ zamienić się, zmienić się; *Water changes into steam when it boils.* –

Podczas wrzenia woda zamienia się w parę. ❺ rozmienić (*pieniądze*); *Can you change a ten-pound note, please?* – Czy może pan rozmienić banknot dziesięciofuntowy? ❻ przebrać się; *I must change/get changed before dinner.* – Muszę się przebrać do kolacji/przed kolacją. **to change the baby** – przewinąć dziecko ❼ przesiąść się (*z jednego środka lokomocji na drugi*); *We'll have to change (trains) in Leeds.* – Będziemy musieli przesiąść się w Leeds.

change[2] [tʃeɪndʒ] ❶ zmiana, odmiana; *The new government is making a lot of changes in the economy.* – Nowy rząd dokonuje wielu zmian w gospodarce. **a change for the better** – zmiana na lepsze; **a change in the weather** – zmiana pogody; **for a change** – dla odmiany; *We always go to the mountains for our holiday – let's go to the seaside for a change.* – Zawsze jeździmy na wakacje w góry, pojedźmy dla odmiany nad morze. ❷ reszta (*wydana z dużej sumy*); *In the shop I got 20p change.* – W sklepie dostałem 20 pensów reszty. ❸ drobne pieniądze; *I haven't got any change.* – Nie mam drobnych.

channel ['tʃænl] ❶ kanał (*na ogół naturalny, łączący dwa morza*); **the English Channel/the Channel** – Kanał La Manche ❷ kanał (*telewizyjny*), program; *What's on Channel 4?* – Co jest w czwartym programie/na kanale czwartym? *Switch to the other channel.* – Zmień program.

chaos ['keɪɒs] chaos

chaotic [keɪ'ɒtɪk] chaotyczny

chapel ['tʃæpl] kaplica

chapter ['tʃæptə] rozdział; *It's in Chapter 3 of the book.* – To jest w trzecim rozdziale książki.

character ['kærəktə] ❶ charakter; **a person of strong character** – osoba o silnym charakterze; **to show strength of character** – wykazać siłę charakteru ❷ postać literacka; **a leading/a main character in the novel** – główna postać powieści ❸ pismo, czcionka; **to write in Chinese characters** – pisać pismem chińskim

characteristic[1] [ˌkærəktə'rɪstɪk] cecha charakterystyczna, cecha charakteru; *Generosity is one of his characteristics.* – Wspaniałomyślność jest jedną z jego cech charakterystycznych/charakteru.

C

characteristic[2] [ˌkærəktə'rɪstɪk] charakterystyczny, typowy; *It's characteristic of him to ignore such remarks.* – To jest charakterystyczne dla niego, że ignoruje/nie reaguje na takie uwagi. *He responded with characteristic enthusiasm.* – Zareagował (na to) z typowym dla siebie entuzjazmem.

charge[1] [tʃɑːdʒ] ❶ opłata, należność; **free of charge** – wolny od opłaty; *Is there any charge for the service?* – Czy jest jakaś opłata za obsługę? ❷ zarzut, oskarżenie; **to bring a charge against sb** – wnieść przeciw komuś oskarżenie; *He was arrested on a charge of murder.* – Został aresztowany pod zarzutem morderstwa. ❸ odpowiedzialność, obowiązek, piecza; *Who is in charge here?* – Kto tu zarządza/kieruje? *The captain is in charge of a ship.* – Kapitan jest odpowiedzialny za statek. **to put sb in charge** – powierzyć komuś odpowiedzialność; *The child was left in my charge.* – Dziecko zostało zostawione pod moją opieką. ❹ *fiz., el.* ładunek; **a positive/a negative charge** – ładunek dodatni/ujemny ❺ *wojsk.* szarża

charge[2] [tʃɑːdʒ] ❶ zażądać opłaty, obciążyć kosztami; *He charged me £20 for repairing the watch.* – Policzył mi 20 funtów za zreperowanie zegarka. ❷ postawić zarzut, oskarżyć; **to charge a man with murder** – oskarżyć człowieka o morderstwo ❸ *fiz.* naładować; **to charge a battery** – naładować akumulator ❹ szarżować, nacierać; *He charged into the room.* – Wpadł do pokoju. **to charge at/towards the enemy** – szarżować na wroga

C

charity ['tʃærətɪ] ❶ instytucja dobroczynna, organizacja charytatywna; **to make a donation to charity** – dać pieniądze na cele charytatywne; **a charity concert** – koncert na cele dobroczynne ❷ dobroczynność, jałmużna; **to live on charity** – żyć z jałmużny/z datków dobroczynnych; *She refused to accept charity.* – Odmówiła przyjęcia jałmużny. ❸ miłosierdzie

charm¹ [tʃɑ:m] ❶ urok; *She has a lot of charm.* – Ona ma dużo uroku. ❷ amulet; **a good-luck charm/a lucky charm** – amulet przynoszący szczęście

charm² [tʃɑ:m] oczarować, zachwycić; *Her music charmed all of us.* – Jej muzyka nas oczarowała. *We were charmed by his easy manner.* – Byliśmy zachwyceni jego swobodnym stylem bycia.

charming ['tʃɑ:mɪŋ] czarujący, uroczy

chart [tʃɑ:t] ❶ wykres; **a temperature chart** – wykres temperatury; **a weather chart** – mapa pogody ❷ *okr.* mapa morska (*do nawigacji*)

charter ['tʃɑ:tə] wynająć, wyczarterować samolot

charter flight ['tʃɑ:tə flaɪt] lot czarterowy

chase¹ [tʃeɪs] ścigać, gonić; *He chased (after) the thief.* – Puścił się w pogoń za złodziejem.

◆ **chase away** – przegonić, wygonić

chase² [tʃeɪs] pościg, pogoń

chat¹ [tʃæt] pogawędka; *We had a long chat over the phone.* – Ucięliśmy sobie długą pogawędkę przez telefon.

chat² [tʃæt] **(-tt-)** gawędzić, rozmawiać

chatter¹ ['tʃætə] ❶ dużo mówić, gadać, trajkotać ❷ (*o ptakach*) świergotać, ćwierkać ❸ szczękać, terkotać; *I was so cold that my teeth chattered.* – Było mi tak zimno, że szczękałem zębami.

chatter² ['tʃætə] ❶ gadanie, paplanie ❷ świergot, ćwierkanie

cheap¹ [tʃi:p] tani

cheap² [tʃi:p] tanio; *I bought it cheap.* – Kupiłem to tanio.

cheat¹ [tʃi:t] ❶ oszukiwać; **to cheat at cards** – oszukiwać w kartach/przy grze w karty; *They cheated him out of his money.* – Oszustwem wyłudzili od niego pieniądze. ❷ ściągać; **to cheat in an exam** – ściągać na egzaminie

cheat² [tʃi:t] oszust

check¹ [tʃek] ❶ sprawdzić, skontrolować; *I always check that the gas is turned off before I leave.* – Przed wyjściem zawsze sprawdzam, czy wyłączyłam gaz. *Check your answers with the key.* – Sprawdź swoje odpowiedzi z kluczem. ❷ powstrzymać; *He checked his impulse to laugh.* – Powstrzymał chęć śmiechu.

◆ **check in** – zgłosić się, zameldować się; **to check in at a hotel** – przybyć do hotelu/zameldować się w hotelu; **to check in at the airport** – zgłosić się do odprawy na lotnisku

◆ **check (up) on** – sprawdzić, skontrolować; *I must check on your progress.* – Muszę sprawdzić, jakie robisz postępy. **to check (up) on sb** – sprawdzić kogoś

◆ **check out** – wymeldować się (*np. z hotelu*); **to check out of a hotel** – wyprowadzić się z hotelu

check² [tʃek] ❶ kontrola, sprawdzenie; **a security check** – kontrola antyterrorystyczna; *I had a check in my handbag to see if the purse was still there.* – Sprawdziłam w torebce, czy mam jeszcze portmonetkę. *Keep a check on your blood pressure.* – Proszę kontrolować ciśnienie krwi. ❷ *am.* czek ❸ *am.* rachunek (*do zapłacenia*) ❹ powstrzymanie, zatrzymanie, utrzymanie na pewnym poziomie; **to keep sth in check** – trzymać pod kontrolą/zahamować/powstrzymać; *The inflation is kept in check.* – Inflacja została powstrzymana.

check³ [tʃek] kratka, krata (*wzór na tkaninie*)

checked ['tʃekt] w kratę, w kratkę, kraciasty; **a checked tablecloth** – obrus w kratę

checkers ['tʃekəz] *am.* warcaby

check-in ['tʃekın] miejsce odprawy celnej i bagażowej na lotnisku

checkout ['tʃekaʊt] ❶ kasa w sklepie samoobsługowym ❷ koniec doby hotelowej; *Checkout is at 3 p.m. in this hotel.* – W tym hotelu doba hotelowa kończy się o trzeciej po południu.

check-up ['tʃekʌp] kontrolne badanie lekarskie

cheek [tʃi:k] ❶ policzek; *She kissed him on both cheeks.* – Pocałowała go w oba policzki. ❷ bezczelność; *She had the cheek to tell me I was wrong.* – Miała czelność powiedzieć mi, że się mylę.

cheeky ['tʃi:kı] **(-ier, -iest)** bezczelny, zuchwały

cheer¹ [tʃıə] wiwatowanie, okrzyki wyrażające aprobatę; *The fans gave a loud cheer when the pop-group appeared on the balcony.* – Tłum wydał głośny okrzyk aprobaty, kiedy grupa rockowa ukazała się na balkonie. *His speech was received with cheers and a standing ovation.* – Jego wystąpienie zostało przyjęte wiwatami i owacją na stojąco.

cheer² [tʃıə] ❶ wiwatować; *The crowd cheered loudly when the Queen appeared.* – Tłum wiwatował głośno, kiedy ukazała się królowa. ❷ dodawać otuchy, rozweselać, pocieszać; *The good news cheered me.* – Dobra wiadomość wprawiła mnie w lepszy nastrój.

◆ **cheer on** – dopingować, zachęcać; *The crowd cheered the skiers on.* – Tłum dopingował narciarzy.

◆ **cheer up** – pocieszyć, rozweselić (się); *Cheer up! Everything will be all right.* – Głowa do góry! Wszystko będzie dobrze. *She cheered up when she saw him come.* – Rozpogodziła się, kiedy zobaczyła, że przyszedł.

cheerful ['tʃıəfʊl] pogodny, radosny, pełen otuchy; **a cheerful person** – pogodna osoba; **a cheerful smile** – radosny uśmiech

cheers [tʃıəz] zdrowie (*okrzyk przy wznoszeniu toastu*)

cheese [tʃi:z] ser

chef [ʃef] szef kuchni, kucharz

chemical¹ ['kemıkl] związek chemiczny; **chemicals** – chemikalia; **toxic chemicals** – trujące związki chemiczne

chemical² ['kemıkl] chemiczny; **a chemical reaction** – reakcja chemiczna; **chemical warfare** – wojna chemiczna

chemist ['kemıst] ❶ chemik ❷ aptekarz; **the chemist's** – apteka

chemistry ['kemıstrı] chemia

cheque [tʃek] czek; **to write a cheque for £100** – wypisać czek na 100 funtów; **to cash a cheque** – zrealizować czek; **to pay by cheque** – zapłacić czekiem

cheque-book ['tʃekbʊk] książeczka czekowa

cherry [tʃerı] (*l.mn.* **cherries**) czereśnia, wiśnia

chess [tʃes] szachy; **to play chess** – grać w szachy; **a game of chess** – partia szachów

chessboard ['tʃesbɔ:d] szachownica (*do gry w szachy*)

chessmen ['tʃesmen] figury szachowe

chest [tʃest] ❶ klatka piersiowa ❷ skrzynia

chest of drawers [ˌtʃest əv 'drɔ:z] komoda

chestnut ['tʃesnʌt] kasztan

chew [tʃu:] żuć, gryźć; *Dogs like to chew bones.* – Psy lubią gryźć kości.

chewing-gum ['tʃu:ıŋgʌm] guma do żucia

chick [tʃık] pisklę, kurczę

chicken ['tʃıkın] kurczę, kurczak; **roast chicken** – kurczę pieczone

chief¹ [tʃi:f] główny, najważniejszy; *That was the chief reason for his resignation.* – To był główny powód jego rezygnacji.

chief² [tʃi:f] osoba najwyższa rangą, głowa, szef; **the Chief of Police** – komendant główny policji/szef policji;

Commander-in-Chief – głównodowodzący (*np. armią*)

chiefly ['tʃi:flɪ] głównie, przede wszystkim; *I left the job, chiefly because the pay wasn't adequate.* – Zrezygnowałem z tej pracy głównie dlatego, że nie była odpowiednio płatna.

child [tʃaɪld] (*l.mn.* **children** ['tʃɪldrən]) dziecko

childbirth ['tʃaɪldbɜ:θ] poród

childhood ['tʃaɪldhʊd] dzieciństwo

childish ['tʃaɪldɪʃ] dziecinny; **childish behaviour** – dziecinne zachowanie

chill[1] [tʃɪl] ochłodzić, oziębić; **to be chilled to the bone** – być zmarzniętym do szpiku kości

chill[2] [tʃɪl] ❶ chłód; *There is a chill in the air.* – Czuje się chłód w powietrzu. ❷ zaziębienie; **to catch a chill** – zaziębić się

chilli ['tʃɪlɪ] (*l.mn.* **chillies**) ❶ ostra czerwona papryka ❷ **/ chilli powder** – ostra przyprawa ze sproszkowanej czerwonej papryki

chilly ['tʃɪlɪ] **(-ier, -iest)** chłodny, zimny; **a chilly morning** – chłodny poranek; *We got a chilly reception.* – Spotkało nas chłodne przywitanie.

chime[1] [tʃaɪm] kurant; **a chime of bells** – odgłos bicia dzwonów

chime[2] [tʃaɪm] (*o zegarze*) bić, wybijać godziny, wydzwaniać; *The clock chimed six.* – Zegar wybił godzinę szóstą. *The church bells were chiming.* – Biły dzwony kościoła.

chimney ['tʃɪmnɪ] komin

chimpanzee [ˌtʃɪmpən'zi:] szympans

chin [tʃɪn] broda (*część twarzy*), szczęka; **a double chin** – podwójny podbródek

china ['tʃaɪnə] porcelana

chip[1] [tʃɪp] ❶ odłamek, drzazga; **wood chips** – drzazgi drewna/wióry ❷ wyszczerbienie, szczerba; *There's a chip in this plate.* – Ten talerz jest wyszczerbiony. ❸ **chips** – frytki; **fish and chips** – ryba z frytkami ❹ **microchip** – *komp.* chip

chip[2] [tʃɪp] **(-pp-)** wyszczerbić; *This cup is chipped.* – Ta filiżanka jest wyszczerbiona.

chirp[1] [tʃɜ:p] (*o ptakach*) świergotać

chirp[2] [tʃɜ:p] świergot ptaków

chocolate ['tʃɒklət] ❶ czekolada; **milk/ /plain chocolate** – czekolada mleczna/gorzka; **a bar of chocolate** – tabliczka czekolady ❷ czekoladka; **a box of chocolates** – bombonierka

choice [tʃɔɪs] ❶ wybór, alternatywa; **to make a choice** – dokonać wyboru; *I had no choice.* – Nie miałem wyboru. ❷ wybór, asortyment; *This shop has a big choice of coats.* – W tym sklepie jest duży wybór płaszczy.

choir ['kwaɪə] ❶ chór; **the church choir** – chór kościelny; **to sing in a choir** – śpiewać w chórze ❷ *rel.* prezbiterium

choke [tʃəʊk] udławić się, zakrztusić się

choose [tʃu:z] **(chose, chosen** [tʃəʊz, 'tʃəʊzn]) wybrać; *I don't know which one to choose. They are all beautiful.* – Nie wiem, który wybrać, wszystkie są piękne.

chop[1] [tʃɒp] **(-pp-)** rąbać, siekać; **to chop wood for the fire** – porąbać drewno na opał; *Chop the onions finely.* – Posiekaj drobno cebulę.

chop[2] [tʃɒp] kotlet (*z kostką*); **a veal chop** – kotlet cielęcy

chorus ['kɔ:rəs] ❶ chór (*również grecki*); **to sing in chorus** – śpiewać chórem ❷ chór zespołu rewiowego; **a chorus girl** – dziewczyna z rewii ❸ refren piosenki (*śpiewany chórem*)

chose [tʃəʊz] *p.* **choose (chose, chosen)**

chosen ['tʃəʊzn] *p.* **choose (chose, chosen)**

christen ['krɪsn] ochrzcić; *The priest christened the baby.* – Ksiądz ochrzcił dziecko. *They christend her Mary Ann.* – Ochrzcili ją imieniem Mary Ann.

christening ['krɪsnɪŋ] chrzest, chrzciny

Christian[1] ['krɪstʃən] chrześcijanin

Christian[2] ['krɪstʃən] chrześcijański

Christianity [ˌkrɪstɪ'ænətɪ] chrześcijaństwo

Christmas ['krɪsməs] Boże Narodzenie; *Merry Christmas!* – Wesołych Świąt! **Christmas tree** – choinka (*bożonarodzeniowa*); **Christmas cards** – karty świąteczne (*bożonarodzeniowe*); **Christmas Day** – Dzień Bożego Narodzenia (*25 grudnia*)/pierwszy dzień świąt Bożego Narodzenia; **Christmas Eve** – Wigilia (*Bożego Narodzenia*)

church [tʃɜ:tʃ] ❶ kościół (*budynek*) ❷ nabożeństwo (*w kościele*); **to go to church** – chodzić/iść do kościoła (*na nabożeństwo*) ❸ kościół (*instytucja*); **the Church of England** – Kościół anglikański

churchyard ['tʃɜ:tʃjɑ:d] dziedziniec kościelny, cmentarz (*przy kościele*)

cigar [sɪ'gɑ:] cygaro

cigarette [ˌsɪgə'ret] papieros; **to smoke a cigarette** – palić papierosa

cinema ['sɪnəmə] kino; *We went to the cinema yesterday night.* – Wczoraj wieczorem poszliśmy do kina.

circle ['sɜ:kl] koło, okrąg, krąg; **the circumference of a circle** – obwód koła/okręgu; **the diameter of a circle** – średnica okręgu; **to stand in a circle** – stanąć w koło (*tworząc koło*); **a circle of friends** – krąg przyjaciół

circular[1] ['sɜ:kjʊlə] okólnik

circular[2] ['sɜ:kjʊlə] kolisty, kołowy

circulate ['sɜ:kjʊleɪt] ❶ krążyć, być w obiegu; *Blood circulates through the body.* – Krew krąży w organizmie. *She circulated among her guests.* – Krążyła wśród swoich gości. ❷ rozprowadzać, wprowadzać do obiegu; *I circulated the book among the students.* – Dałam tę książkę studentom (*aby wśród nich krążyła*).

circulation [ˌsɜ:kjʊ'leɪʃn] ❶ obieg; **to put new coins into circulation** – wprowadzić nowe monety do obiegu ❷ krwiobieg, krążenie; *He has poor circulation.* – On ma złe krążenie.

circumference [sə'kʌmfərəns] *geom.* obwód

circumstance ['sɜ:kəmstəns] okoliczność; *I wasn't able to do anything in/ /under the circumstances.* – Nic nie mogłam zrobić w tych okolicznościach. **in/under no circumstances** – w żadnym wypadku/pod żadnym pozorem

circus ['sɜ:kəs] ❶ cyrk ❷ plac, rondo (*zwykle w nazwach np. Picadilly Circus*)

citizen ['sɪtɪzn] obywatel; *He is a British citizen.* – On jest obywatelem brytyjskim.

citizenship ['sɪtɪznʃɪp] obywatelstwo

citrus ['sɪtrəs] cytrus

citrus fruit ['sɪtrəs fru:t] owoce cytrusowe, owoc cytrusowy

city ['sɪtɪ] (*l.mn.* **cities**) miasto; **the City** – centrum finansowe Londynu, część Londynu, gdzie mieszczą się banki i biura

civil ['sɪvl] ❶ obywatelski; **civil rights** – prawa obywatelskie/prawa człowieka; **civil service** – służba państwowa/ /administracja państwowa ❷ cywilny; **civil engineering** – budownictwo lądowe i wodne; **civil law** – prawo cywilne; **civil war** – wojna domowa

civilian ['sɪ'vɪljən] cywil

civilization [ˌsɪvɪlaɪ'zeɪʃn] cywilizacja

claim[1] [kleɪm] ❶ rościć sobie prawo do własności; *Did anyone claim the lost umbrella?* – Czy ktoś się zgłosił po zgubiony parasol? ❷ domagać się, żądać; **to claim damages** – domagać się odszkodowania ❸ twierdzić, przypisywać sobie; *A terrorist group claimed the responsibility for blowing up the bridge.* – Grupa terrorystyczna przyznała się do wysadzenia mostu w powietrze. *I don't claim to be an expert on the subject.* – Nie twierdzę, że jestem ekspertem w tej dziedzinie.

claim[2] [kleɪm] ❶ żądanie, domaganie się; **to make a claim for damages** – domagać się odszkodowania ❷ prawo, pretendowanie (*do czegoś*); **to lay claim to sth** – rościć sobie prawo do czegoś ❸ twierdzenie; *His claim that* *he can reduce inflation has proven unfounded.* – Jego twierdzenie, że potrafi obniżyć inflację, okazało się bezpodstawne.

clap [klæp] **(-pp-)** ❶ klaskać; **to clap one's hands** – klaskać w dłonie ❷ bić brawo; *The audience clapped when she stopped playing.* – Publiczność klaskała, gdy ona skończyła grać.

C

clash[1] [klæʃ] ❶ zderzyć się, wejść w konflikt, zetrzeć się; *The group of demonstrators clashed with police.* – Grupa demonstrantów starła się z policją. ❷ nie harmonizować (*ze sobą*), kłócić się ze sobą; *Pink clashes with red.* – Różowy gryzie się/kłóci z czerwonym.

clash[2] [klæʃ] starcie, utarczka, konflikt; *There were clashes with police after the demonstration.* – Po demonstracji nastąpiły utarczki z policją.

class [klɑ:s] ❶ klasa, grupa w szkole; *We are in the same class.* – Jesteśmy w tej samej klasie. ❷ lekcja; *We have an English class at 9 o'clock.* – Mamy lekcję angielskiego o dziewiątej. **in class** – podczas lekcji; *You mustn't talk aloud in class.* – Nie wolno głośno rozmawiać podczas lekcji. **evening classes in English** – wieczorowy kurs angielskiego ❸ klasa społeczna; **the working class** – klasa robotnicza; **the upper classes** – klasy wyższe; **the middle class** – klasa średnia; **the class society** – społeczeństwo klasowe ❹ klasa, kategoria, jakość; **to travel first class** – podróżować pierwszą klasą; *She's got real class.* – Ona jest osobą o dużej klasie./Ona ma prawdziwą klasę.

classic[1] ['klæsɪk] ❶ dzieło literatury klasycznej ❷ **classics** – klasyka, filologia klasyczna; **to study classics** – studiować filologię klasyczną

classic[2] ['klæsɪk] klasyczny; *It's a classic example of racial discrimination.* – To jest klasyczny przypadek dyskryminacji rasowej.

classical ['klæsɪkl] klasyczny; **classical music** – muzyka klasyczna; **classical education** – wykształcenie klasyczne (*znajomość łaciny i greki*)

classicism ['klæsɪsɪzm] klasycyzm

classicist ['klæsɪsɪst] filolog klasyczny

classification [ˌklæsɪfɪ'keɪʃn] klasyfikacja

classify ['klæsɪfaɪ] **(-ies, -ied, -ying)** klasyfikować

classroom ['klɑ:srʊm] klasa, sala szkolna

clatter ['klætə] szczękanie, pobrzękiwanie; **the clatter of cutlery** – pobrzękiwanie sztućców

clause [klɔ:z] ❶ *gram.* zdanie ❷ klauzula, paragraf, punkt umowy

claw [klɔ:] szpon, pazur

clay [kleɪ] glina

clean[1] [kli:n] czysty; **clean hands** – czyste ręce; **clean water** – czysta woda; **clean reputation** – czysta reputacja

clean[2] [kli:n] czyścić, myć; **to clean one's teeth** – myć zęby; **to clean the windows** – myć okna; **to dry-clean** – prać na sucho

◆ **clean up** – posprzątać; **to clean up the room** – posprzątać pokój

cleaner ['kli:nə] ❶ osoba sprzątająca; **a window cleaner** – osoba myjąca okna ❷ środek czyszczący, urządzenie do czyszczenia; **a vacuum cleaner** – odkurzacz; **a floor cleaner** – środek do mycia podłóg

cleaner's/cleaners ['kli:nəz] pralnia; **to take the suit to the cleaner's** – zanieść garnitur do pralni

cleanliness ['klenlɪnɪs] czystość, zamiłowanie do czystości

cleanse [klenz] czyścić, oczyszczać; *Cleanse the wound before you put a dressing on.* – Oczyść ranę przed nałożeniem opatrunku. **cleansing milk** – mleczko (oczyszczające) do twarzy

clear[1] [klɪə] ❶ jasny, wyraźny; **a clear picture** – jasny/wyraźny obraz; **the clear sound of the bells** – czysty dźwięk dzwonów; *The explanation is quite clear.* – Wyjaśnienie jest całkiem jasne. *It's clear that he doesn't want it.* – To jasne, że on tego nie chce. ❷ przejrzysty, czysty; **clear water** – przejrzysta/klarowna woda; **clear skin** – czysta cera; **a clear day** – jasny/pogodny dzień ❸ pusty, bez przeszkód; *The road was clear.* – Droga była pusta/wolna.

clear² [klɪə] ❶ uprzątnąć; **to clear the table** – uprzątnąć ze stołu; **to clear the snow off the path** – uprzątnąć śnieg ze ścieżki; **to clear one's throat** – odchrząknąć ❷ wypogodzić się; *The sky cleared.* – Niebo wypogodziło się.

◆ **clear sth away** – uprzątnąć, zabrać coś; **to clear away the dishes** – uprzątnąć/zebrać naczynia

◆ **clear off** – uciekać, zwiewać, zmykać; *He told us to clear off.* – Kazał nam się wynosić.

◆ **clear up** – (a) wyjaśnić; **to clear up a mystery** – wyjaśnić zagadkę, (b) uprzątnąć; **to clear up the table after a meal** – uprzątnąć ze stołu po posiłku; **to clear up the mess** – uprzątnąć bałagan, (c) wypogodzić się; *The sky has cleared up.* – Niebo wypogodziło się.

clearly ['klɪəlɪ] ❶ wyraźnie; *Try to speak more clearly.* – Staraj się mówić wyraźniej. ❷ bez wątpienia, niewątpliwie; *She was clearly unhappy.* – Niewątpliwie była nieszczęśliwa.

clerk [klɑ:k] ❶ urzędnik; **a bank clerk** – urzędnik bankowy ❷ *am.* sprzedawca ❸ *am.* recepcjonista w hotelu

clever ['klevə] zdolny, sprytny, bystry; *It was clever of you to book the tickets in advance.* – To było sprytne z twojej strony, że zarezerwowałeś bilety wcześniej. *He is clever at physics.* – On jest dobry z fizyki. *She is clever with her hands.* – Ona ma zręczne ręce. **a clever idea** – sprytny pomysł

click¹ [klɪk] trzasnąć, brzęknąć; *The door clicked shut.* – Drzwi zamknęły się z trzaskiem. **to click one's tongue** – mlaskać/cmokać językiem

click² [klɪk] trzaśnięcie, brzęk, kliknięcie; *The door shut with a click.* – Drzwi zamknęły się z charakterystycznym trzaśnięciem.

client ['klaɪənt] klient

cliff [klɪf] urwisko, stromy stok, brzeg klifowy

climate ['klaɪmɪt] klimat

climatic [klaɪ'mætɪk] klimatyczny

climb¹ [klaɪm] ❶ wspinać się, wchodzić; **to climb a mountain** – wspiąć się na górę; **to climb the stairs** – wejść po schodach na górę; **to climb a tree** – wejść na drzewo ❷ wznosić się; *The road climbs steeply up the hill.* – Droga wznosi się stromo.

climb² [klaɪm] wspinanie się, podejście; *It was a steep climb to the top of the mountain.* – Na szczyt góry było strome podejście.

climber ['klaɪmə] wspinacz, alpinista

climbing ['klaɪmɪŋ] wspinaczka, alpinizm; **to go climbing** – iść na wspinaczkę

cling [klɪŋ] **(clung, clung** [klʌŋ, klʌŋ]**)** ❶ przylegać, przywierać; *The wet shirt clung to his body.* – Mokra koszula przykleiła się do jego ciała. ❷ przytulać się, lgnąć, trzymać się kurczowo; *The child was clinging to its mother.* – Dziecko trzymało się kurczowo matki.

clinic ['klɪnɪk] klinika, poradnia, przychodnia

clip¹ [klɪp] spinacz

clip² [klɪp] **(-pp-)** spiąć spinaczem

cloak [kləʊk] peleryna, płaszcz

cloakroom ['kləʊkrʊm] ❶ szatnia ❷ toaleta (*w miejscu publicznym*)

clock [klɒk] zegar; **an alarm-clock** – budzik; *The clock is fast/slow.* – Zegar się spieszy/późni.

clockwise ['klɒkwaɪz] zgodnie z ruchem wskazówek zegara

close¹ [kləʊz] ❶ zamknąć; *Close your eyes.* – Zamknij oczy. ❷ zamykać się, zakończyć działalność; *The shops close at 7 p.m.* – Sklepy zamyka się o siódmej wieczorem.

◆ **close down** – zamknąć, zlikwidować; *His business closed down during the*

C

recession. – Jego firma została zlikwidowana w czasie recesji.

close[2] [kləʊs] ❶ bliski; **close friends** – bliscy przyjaciele; **a close relative** – bliski krewny; **a close resemblance** – bliskie podobieństwo; *We live close to the beach.* – Mieszkamy blisko plaży. ❷ (*o walce*) wyrównany, o krok, o włos; **a close result** – wynik prawie remisowy; **a close shave/thing** – uniknięcie niebezpieczeństwa o włos ❸ duszny, parny; **a close evening** – parny wieczór ❹ uważny, skrupulatny; **to pay close attention to sth** – uważnie/pilnie czegoś słuchać, pilnie uważać na coś

close[3] [kləʊs] blisko; *It's close on midnight.* – Zbliża się północ. **to be close to death** – być bliskim śmierci; *We stood close together.* – Staliśmy blisko siebie. **close by** – niedaleko; *We live close by.* – Mieszkamy niedaleko.

close[4] [kləʊz] koniec, zakończenie; *The meeting was drawing to a close.* – Zebranie miało się ku końcowi.

closed [kləʊzd] zamknięty; *The shops were already closed.* – Sklepy były już zamknięte.

closely ['kləʊslɪ] uważnie, skrupulatnie; **to watch sb closely** – obserwować kogoś uważnie; **a closely guarded secret** – skrupulatnie strzeżona tajemnica

closet ['klɒzɪt] *am.* szafka, szafa

close-up ['kləʊsʌp] *fot.* zbliżenie (*w fotografii*)

cloth [klɒθ] ❶ materiał, tkanina ❷ kawałek materiału służący do określonego celu; **a tablecloth** – obrus; **a dishcloth** – ścierka do naczyń

clothes [kləʊðz] ubranie; *He took off his clothes and dived into the lake.* – Zdjął ubranie i wskoczył do jeziora.

clothing ['kləʊðɪŋ] ubranie, odzienie

cloud [klaʊd] chmura

cloudy ['klaʊdɪ] **(-ier, -iest)** pochmurny, zachmurzony; **a cloudy sky** – zachmurzone niebo; **a cloudy day** – pochmurny dzień

clove [kləʊv] goździk (*przyprawa*)

clover ['kləʊvə] *bot.* koniczyna

clown [klaʊn] klaun

club[1] [klʌb] klub; **a night-club** – nocny lokal; **a tennis club** – klub tenisowy

club[2] [klʌb] ❶ kij do golfa ❷ **clubs** – trefle (*w kartach*); **the ace of clubs** – as trefl ❸ maczuga

clue [klu:] wskazówka, trop, ślad; *The police have found no clue where he had hidden the money.* – Policja nie wpadła na żaden ślad, gdzie ukrył pieniądze. *I haven't a clue.* – Nie mam pojęcia.

clumsy ['klʌmzɪ] **(-ier, -iest)** niezręczny, niezgrabny

clung [klʌŋ] *p.* **cling (clung, clung)**

clutch [klʌtʃ] trzymać się kurczowo, chwytać się; *He desperately clutched onto the rope.* – Kurczowo trzymał się liny. **to clutch at a straw** – *przen.* chwytać się brzytwy

coach[1] [kəʊtʃ] ❶ *sport.* trener; **a tennis coach** – trener tenisa ❷ korepetytor

coach[2] [kəʊtʃ] ❶ autokar; **to go by coach** – jechać autokarem ❷ powóz, kareta; **a stagecoach** – dyliżans ❸ wagon osobowy

coach[3] [kəʊtʃ] ❶ trenować (*drużynę*); **to coach a team for the Olympics** – przygotowywać drużynę do Olimpiady ❷ dawać korepetycje; **to coach sb in maths** – dawać (komuś) korepetycje z matematyki

coal [kəʊl] *min.* węgiel (*minerał*)

coarse [kɔ:s] ❶ szorstki, chropowaty; **a coarse skin** – szorstka/chropowata skóra ❷ wulgarny, chamski, ordynarny

coast [kəʊst] wybrzeże, brzeg morza; *The village is on the coast.* – Ta miejscowość leży nad morzem. **the coast is clear** – *przen.* droga wolna, nie ma niebezpieczeństwa

coastguard ['kəʊstgɑ:d] strażnik wybrzeża

coastline ['kəʊstlaɪn] linia brzegowa

coat[1] [kəʊt] ❶ płaszcz; **a raincoat** – płaszcz przeciwdeszczowy ❷ futro zwierzęcia; *The tiger has a striped coat.* – Tygrys ma futro w prążki. ❸ warstwa; **a coat of dust** – warstwa kurzu; **a coat of paint** – warstwa farby

coat[2] [kəʊt] powlec, pokryć warstwą; **biscuits coated in chocolate** – herbatniki w czekoladzie

coat-hanger ['kəʊt,hæŋə] wieszak, ramiączko

cobra ['kəʊbrə] kobra

cobweb ['kɒbweb] pajęczyna

cocaine [kəʊ'keɪn] kokaina

cock [kɒk] *zool.* ❶ kogut ❷ samiec ptaka

cockpit ['kɒkpɪt] *lotn.* kabina pilota w samolocie

coctail ['kɒkteɪl] koktajl

cocoa ['kəʊkəʊ] kakao

coconut ['kəʊkənʌt] kokos

cod [kɒd] (*l.mn.* **cod**) dorsz

code [kəʊd] ❶ szyfr; **to break/to crack a code** – złamać szyfr; **to write sth in code** – zapisać coś szyfrem; **the Morse code** – alfabet Morse'a ❷ kod; **dialling code** – numer kierunkowy (*telefoniczny*); *What's the code for London?* – Jaki jest numer kierunkowy do Londynu? **the post code** – kod pocztowy ❸ kodeks, zbiór przepisów; **the Highway Code** – kodeks drogowy

coffee ['kɒfɪ] kawa; **white/black coffee** – biała/czarna kawa; **a cup of coffee** – filiżanka kawy

coffin ['kɒfɪn] trumna

coil[1] [kɔɪl] zwinąć; **to coil a length of wire** – zwinąć drut/przewód; *The snake coiled itself up.* – Wąż zwinął się.

coil[2] [kɔɪl] ❶ zwój, spirala; **a coil of rope** – zwój liny ❷ *fiz.* cewka

coin [kɔɪn] moneta

coincidence [kəʊ'ɪnsɪdəns] zbieg okoliczności; **by a curious coincidence** – dziwnym zbiegiem okoliczności

Coke [kəʊk] coca cola

coke [kəʊk] koks

cold[1] [kəʊld] zimny; **cold water** – zimna woda; **cold war** – zimna wojna; **a cold smile** – chłodny uśmiech; **to feel cold** – odczuwać zimno; *I feel cold.* – Zimno mi. **to murder sb in cold blood** – zamordować kogoś z zimną krwią

cold[2] [kəʊld] ❶ zimno; **to shiver with cold** – drżeć z zimna; **in the cold** – na zimnie/na mrozie ❷ zaziębienie; **to catch (a) cold** – zaziębić się; **to have a cold** – być przeziębionym

coldly ['kəʊldlɪ] zimno, ozięble; *He looked at me coldly.* – Spojrzał na mnie chłodno.

collapse[1] [kə'læps] załamanie (się), zawalenie się; **the collapse of a bridge** – zawalenie się mostu; **the collapse of negotiations** – załamanie się negocjacji; **a nervous collapse** – załamanie nerwowe

collapse[2] [kə'læps] załamać się, runąć, zawalić się; *The building collapsed in the earthquake.* – Budynek runął w czasie trzęsienia ziemi. *His business has collapsed.* – Jego firma upadła.

collar ['kɒlə] ❶ kołnierz ❷ obroża

colleague ['kɒli:g] kolega (*z pracy*)

collect [kə'lekt] ❶ zbierać, kolekcjonować; **to collect stamps** – zbierać znaczki ❷ zbierać, gromadzić; **to collect empty bottles** – zbierać puste butelki; *We are collecting money for the poor.* – Zbieramy pieniądze dla biednych. ❸ pobierać, inkasować; *The conductor collected money from the passengers.* – Konduktor zainkasował pieniądze od pasażerów. ❹ odebrać, przyjść po; **to collect a child from school** – odebrać dziecko ze szkoły

collection [kə'lekʃn] ❶ kolekcja, zbiór; **a collection of old paintings** – kolekcja starych obrazów ❷ zbieranie, zbiórka; **a collection for charity** – zbiórka (pieniędzy) na cele charytatywne ❸ odbiór; *The photographs will be ready*

C

for collection in an hour. – Fotografie będą do odebrania za godzinę. **rubbish collection** – wywóz śmieci

collector [kə'lektə] ❶ kolekcjoner; **a stamp collector** – kolekcjoner znaczków ❷ inkasent, poborca, kontroler; **a ticket collector** – kontroler biletów; **a tax collector** – poborca podatkowy; **a rubbish/garbage collector** – śmieciarz

college ['kɒlɪdʒ] ❶ szkoła średnia lub pomaturalna, kolegium, college/koledż; **a teachers' training college** – szkoła pedagogiczna; **a secretarial college** – szkoła sekretarek ❷ uczelnia, wydzielona część uniwersytetu; *Merton is a college at Oxford.* – Merton jest jednym z college'ów/koledżów w Oksfordzie.

collide [kə'laɪd] zderzyć się; *The cars collided head-on.* – Samochody zderzyły się czołowo.

collision [kə'lɪʒn] kolizja, zderzenie; **a head-on collision** – zderzenie czołowe; **a collision in mid-air** – zderzenie w powietrzu

colloquial [kə'ləʊkwɪəl] potoczny

colon ['kəʊlən] *gram.* dwukropek

colonel ['kɜ:nl] *wojsk.* pułkownik

colonial [kə'ləʊnjəl] kolonialny

colony ['kɒlənɪ] (*l.mn.* **colonies**) kolonia

colossal [kə'lɒsl] kolosalny

colour¹ ['kʌlə] kolor, barwa; *What colour is his car?* – Jakiego koloru jest jego samochód?

colour² ['kʌlə] ❶ kolorować, malować, barwić; **to colour a picture with crayons** – pokolorować obrazek kredkami; *She colours her hair red.* – Ona maluje włosy na rudo. ❷ czerwienić się, rumienić się; *She coloured when he spoke to her.* – Zaczerwieniła się, kiedy się do niej odezwał.

colour³ ['kʌlə] kolorowy; **a colour film** – film kolorowy; **colour TV** – telewizja kolorowa

coloured ['kʌləd] kolorowy; **multi-coloured** – wielokolorowy/wielobarwny; **brightly-coloured flowers** – kwiaty o jaskrawych kolorach

colourful ['kʌləfʊl] barwny, kolorowy; *She was wearing a colourful dress.* – Miała na sobie barwną sukienkę. *He had a colourful life.* – Miał barwne życie.

colourless ['kʌləlɪs] bezbarwny

column ['kɒləm] ❶ kolumna, filar; **Nelson's Column in Trafalgar Square** – Kolumna Nelsona na Trafalgar Square ❷ szpalta, dział gazety, łam, rubryka; **a sports column** – dział sportowy

coma ['kəʊmə] śpiączka, stan głębokiej nieświadomości; **to be in a coma** – być w stanie śpiączki; **to go into a coma** – zapaść w śpiączkę

comb¹ [kəʊm] grzebień

comb² [kəʊm] czesać; **to comb one's hair** – czesać się

combination [ˌkɒmbɪ'neɪʃn] połączenie

combine [kəm'baɪn] łączyć (się); *The two substances combine to form a powerful toxin.* – Te dwie substancje łącząc się tworzą silną truciznę. *The new machine combines efficiency with power.* – Ta nowa maszyna łączy w sobie wydajność i moc.

combine harverster [ˌkɒmbaɪn 'hɑ:vɪstə] kombajn

come [kʌm] (**came, come** [keɪm, kʌm]) przyjść, przybyć, przyjechać; *Come here!* – Chodź tutaj! *Come in!* – Proszę wejść!/Wejdź! *I'm sorry, I won't be able to come.* – Przykro mi, ale nie będę mógł przyjść. *He came home late.* – Przyszedł do domu późno. *The train comes at 5.30.* – Pociąg przyjeżdża o 5.30. **to come true** – spełnić się/urzeczywistnić; *Her dreams have come true.* – Jej marzenia spełniły się.

◆ **come across** – znaleźć przypadkowo, natrafić; *I came across these letters in the attic.* – Natknęłam się na te listy na strychu.

◆ **come along** – (a) nadejść, nadjechać; *The bus came along at last.* – Autobus w końcu nadjechał. (b) przyjść razem z; *Pauline turned up at the party, and her husband came along, too.* – Paulina zjawiła się na przyjęciu, i jej mąż także przybył. (c) / **come on** – pospieszać, spieszyć się (*na ogół w zdaniach rozkazujących*); *Come along/on! They are waiting for us.* – No, pospiesz się. Czekają na nas. (d) / **come on** (*wyrażenie oznaczające zdziwienie, dezaprobatę, zachętę*): *Come along/on! – You don't mean that!* – No, co ty, nie mówisz poważnie!

◆ **come apart** – rozpaść się, rozlecieć się; *It just came apart in my hands.* – To mi się po prostu rozleciało w rękach.

◆ **come back** – wrócić

◆ **come from** – pochodzić z; *Where do you come from?* – Skąd pochodzisz?

◆ **come in** – wejść (*do środka*); **to come in handy/useful** – przydać się

◆ **come into** – (a) wejść w posiadanie, osiągnąć; **to come into power** – dojść do władzy; **to come into fashion** – wejść w modę/stać się modnym; **to come into existence** – zacząć istnieć, (b) odziedziczyć; **to come into a fortune** – odziedziczyć majątek

◆ **come on** – (a) / **come along** – pospiesz się (*na ogół w zdaniach rozkazujących*); *Come on!/Come along!* – No chodź!/Pospiesz się! (b) / **come along** (*wyrażenie sygnalizujące zdziwienie, dezaprobatę, zachętę*): *Oh, come on, I'm sure you will manage!* – No nie, na pewno dasz sobie radę!

◆ **come out** – (a) pojawić się, ukazać się; *The clouds parted and the stars came out.* – Chmury rozsunęły się i pojawiły się gwiazdy. (b) ukazać się, zostać opublikowanym; *His novel came out last year.* – Jego powieść ukazała się w zeszłym roku.

◆ **come round/come to** – odzyskać przytomność

comedian [kə'mi:djən] ❶ komik, aktor komediowy ❷ komediant

comedy ['kɒmədı] (*l.mn.* **comedies**) komedia

comfort[1] ['kʌmfət] ❶ wygoda, dobrobyt; *They have a lot of money and they live in great comfort.* – Mają mnóstwo pieniędzy i żyją w wielkim dobrobycie. ❷ pociecha, oparcie, otucha; *You've been a great comfort to me.* – Byłeś dla mnie wielkim oparciem. **a few words of comfort** – parę słów otuchy/pocieszenia

comfort[2] ['kʌmfət] pocieszyć, dodać otuchy; *I tried to comfort her when her husband had left her.* – Starałem się ją pocieszyć, kiedy opuścił ją mąż.

comfortable ['kʌmfətəbl] ❶ wygodny; **a comfortable armchair** – wygodny fotel; **comfortable shoes** – wygodne buty; *Make yourself comfortable.* – Rozgość się./Czuj się jak u siebie w domu. ❷ o dobrym samopoczuciu, nie odczuwający dolegliwości; *The patient is comfortable.* – Pacjent czuje się dobrze/nie cierpi.

comic[1] ['kɒmık] komiks

comic[2] ['kɒmık] ❶ komiczny, zabawny; **comic opera** – opera komiczna ❷ komediowy; **a comic actor** – aktor komediowy

comical ['kɒmıkəl] komiczny, zabawny

comma ['kɒmə] przecinek

command[1] [kə'mɑ:nd] ❶ rozkaz, polecenie; **to obey sb's commands** – wykonywać czyjeś rozkazy ❷ władza, dowodzenie; *Who is in command of the army?* – Kto dowodzi armią? **to take command** – przejąć dowodzenie ❸ władanie, opanowanie; **to have a good command of a language** – dobrze władać jakimś językiem

command[2] [kə'mɑ:nd] ❶ rozkazywać; *He commanded the soldiers to fire.* – Wydał rozkaz żołnierzom, aby strzelali. ❷ dowodzić; *He commands the regiment.* – On dowodzi pułkiem.

commander [kə'mɑ:ndə] dowódca, dowodzący; **commander-in-chief** – głównodowodzący

commando [kə'mɑ:ndəʊ] (*l.mn.* **commandos/commandoes**) ❶ komandos ❷ oddział komandosów, grupa komandosów; **a commando raid** – atak komandosów

commemorate [kə'meməreɪt] upamiętnić; **to commemorate the 20th anniversary** – upamiętnić dwudziestą rocznicę; **to commemorate those who were killed in battle** – uczcić pamięć poległych na polu chwały

C

commemoration [kə,memə'reɪʃn] upamiętnienie; *The monument was erected in commemoration of the victory.* – Pomnik został wzniesiony dla upamiętnienia zwycięstwa.

commence [kə'mens] zacząć, rozpocząć

comment¹ ['kɒmənt] komentarz, uwaga; **no comment** – bez komentarza; *She made some comments on my new dress.* – Zrobiła kilka uwag na temat mojej nowej sukni.

comment² ['kɒmənt] komentować; *He didn't comment on that matter.* – Nie skomentował tej sprawy.

commentary ['kɒməntərɪ] (*l.mn.* **commentaries**) komentarz; **a running commentary** – komentarz towarzyszący (*jakiemuś wydarzeniu*); **a commentary on a football match on TV** – komentarz telewizyjny meczu piłki nożnej

commentator ['kɒmənteɪtə] komentator, sprawozdawca; **a football commentator** – sprawozdawca sportowy (*piłki nożnej*)

commerce ['kɒmɜ:s] handel; **the Chamber of Commerce** – Izba Handlowa

commercial¹ [kə'mɜ:ʃl] reklama w telewizji lub w radiu

commercial² [kə'mɜ:ʃl] ❶ handlowy; **commercial law** – prawo handlowe ❷ komercyjny, komercjalny; *The film was a commercial success.* – Ten film odniósł sukces kasowy. **a commercial TV channel** – telewizja komercyjna (*kanał utrzymujący się z reklam telewizyjnych*)

commission¹ [kə'mɪʃn] ❶ zamówienie, zlecenie; **a commission to design a new shopping centre** – zamówienie na zaprojektowanie nowego centrum handlowego ❷ prowizja, procent od sprzedanych towarów; **to get a 10% commission on sales** – otrzymywać 10% prowizji od sprzedaży ❸ komisja; *A government commission has been set up to investigate the problem.* – Powołano komisję rządową, aby zbadała ten problem.

commission² [kə'mɪʃn] ❶ zlecić, dać zlecenie; *He's been commissioned to paint her portrait.* – Dostał zlecenie namalowania jej portretu. ❷ mianować; *He was commissioned as a captain.* – Został mianowany kapitanem./ /Otrzymał nominację na stopień kapitana.

commit [kə'mɪt] **(-tt-)** popełnić; **to commit murder** – popełnić morderstwo; **to commit suicide** – popełnić samobójstwo

committee [kə'mɪtɪ] komitet; **to be on the committee** – być w komitecie

common¹ ['kɒmən] ❶ wspólny; **to work for the common good** – pracować dla wspólnego dobra; **the Common Market** – Wspólny Rynek; **to have something in common** – mieć (ze sobą) coś wspólnego; *We have no interests in common.* – Nie mamy wspólnych zainteresowań. ❷ często spotykany, powszechny; *This disease is very common among children.* – Ta choroba jest często spotykana/często występuje wśród dzieci. *This word is in common use.* – To słowo jest w powszechnym użyciu. **common knowledge** – wiedza powszechnie dostępna (*to, o czym wszyscy wiedzą*) ❸ zwykły, zwyczajny, pospolity; **a common man** – zwykły, przeciętny człowiek; **common sense** – zdrowy rozsądek

common² ['kɒmən] błonia (*miejskie, gminne*)

commons ['kɒmənz] gminy, lud; **the House of Commons/the Commons** – Izba Gmin

commonwealth ['kɒmənwelθ] wspólnota (*gospodarcza krajów*); **the**

British Commonwealth of Nations – Wspólnota Brytyjska

communicate [kə'mju:nıkeıt] ❶ porozumiewać się; *As he didn't know the language, he found it impossible to communicate.* – Ponieważ nie znał języka, nie mógł się porozumieć/ /-ewać. **to communicate in sign language** – porozumiewać się językiem migowym ❷ komunikować, przekazywać wiadomości; **to communicate one's thoughts** – przekazywać swoje myśli

communication [kə,mju:nı'keıʃn] ❶ porozumiewanie się; *In some families there is little communication between parents and children.* – W niektórych rodzinach prawie nie ma porozumienia między rodzicami a dziećmi. ❷ łączność, kontakt; *We are in constant communication with each other by telephone.* – Jesteśmy ze sobą w stałym kontakcie telefonicznym. **means of communication** – środki łączności ❸ **communications** – łączność, telekomunikacja; **a communications satellite** – satelita telekomunikacyjny

community [kə'mju:nətı] (*l.mn.* **communities**) społeczność, wspólnota; **the Polish community in Britain** – polska społeczność w Wielkiej Brytanii

commute [kə'mju:t] dojeżdżać (*dość daleko*) do pracy i z pracy; *He commutes to London every day.* – On codziennie dojeżdża (*do pracy*) do Londynu. *He commutes between London and Brighton/from Brighton to London.* – On dojeżdża z Brighton do Londynu.

commuter [kə'mju:tə] osoba dojeżdżająca do pracy

compact[1] ['kɒmpækt] puderniczka

compact[2] [kəm'pækt] zajmujący mało miejsca, zwarty, spoisty; **a compact camera** – kamera zajmująca mało miejsca; **a compact flat** – małe (*ale funkcjonalne*) mieszkanie; **compact soil** – spoisty grunt/spoista gleba

compact disc [,kɒmpækt 'dısk] płyta kompaktowa

compact disc player [,kɒmpækt'dısk-,pleıə] odtwarzacz płyt kompaktowych

companion [kəm'pænjən] towarzysz, osoba towarzysząca

company ['kʌmpənı] ❶ towarzystwo; **to keep sb company** – dotrzymać komuś towarzystwa; **to part company with sb** – rozstać się z kimś; *We are expecting company to dinner.* – Spodziewamy się gości na kolacji. ❷ (*l.mn.* **companies**) towarzystwo, spółka; **an insurance company** – towarzystwo ubezpieczeniowe; **Limited Liability Company** – Spółka z Ograniczoną Odpowiedzialnością (spółka z o.o.)

comparative[1] [kəm'pærətıv] ❶ porównawczy; **a comparative study of European languages** – studium porównawcze języków europejskich ❷ względny, stosunkowy; *They lived in comparative comfort.* – Żyli we względnym dobrobycie. ❸ *gram.* (*stopień*) wyższy przymiotnika/przysłówka; *The comparative form of "bad" is "worse".* – Stopniem wyższym przymiotnika „bad" jest „worse".

comparative[2] [kəm'pærətıv] wyższy stopień przymiotnika; *"Worse" is the comparative of "bad".* – „Worse" jest stopniem wyższym przymiotnika „bad".

compare [kəm'peə] porównywać; *You should compare prices in other shops.* – Powinieneś porównać ceny w innych sklepach. *You can't compare his results with mine.* – Nie możesz porównywać jego wyników z moimi. **compared to/with** – w porównaniu z; *Compared to/with other students Betty is rather slow.* – W porównaniu z innymi uczniami Betty uczy się powoli.

comparison [kəm'pærısn] ❶ porównanie; **in comparison with** – w porównaniu z; *Tom is tall in comparison* *with his schoolmates.* – Tom jest wysoki w porównaniu ze swoimi kolegami szkolnymi. ❷ *gram.* stopniowanie; **the comparison of adjectives** – stopniowanie przymiotników

compartment [kəm'pɑ:tmənt] ❶ przedział w wagonie kolejowym; **the first-class compartment** – przedział pierwszej klasy ❷ przegródka; **the glove compartment** – schowek w samochodzie

C

compass ['kʌmpəs] kompas; **the four points of the compass** – cztery strony świata

compasses ['kʌmpəsɪz] / **a pair of compasses** – cyrkiel

compassion [kəm'pæʃn] współczucie

compatible [kəm'pætəbl] kompatybilny, dający się połączyć z innymi elementami

compensate ['kɒmpenseɪt] zrekompensować, wynagrodzić; *He bought her flowers to compensate for his behaviour.* – Kupił jej kwiaty, aby jej wynagrodzić swoje zachowanie.

compensation [ˌkɒmpən'seɪʃn] rekompensata, wynagrodzenie; *He got some money compensation for his injuries.* – Otrzymał pieniądze w ramach rekompensaty za obrażenia. *Some parents buy their children expensive presents in compensation for their absence.* – Niektórzy rodzice kupują swoim dzieciom drogie prezenty, aby im wynagrodzić swoją nieobecność.

compete [kəm'pi:t] współzawodniczyć; *We are competing with their firm.* – Konkurujemy z ich firmą. *Over a thousand runners will be competing in the marathon.* – Ponad tysiąc biegaczy weźmie udział w maratonie.

competence ['kɒmpɪtəns] ❶ kompetencja; *It's within my competence.* – To leży w granicach moich kompetencji. *It's beyond my competence.* – To przekracza moje kompetencje. ❷ umiejętności, kwalifikacje, fachowość

competent ['kɒmpɪtənt] kompetentny, fachowy, posiadający znajomość rzeczy; **a competent secretary** – fachowa sekretarka; *I don't feel competent to give you an answer.* – Nie czuję się kompetentny, aby udzielić panu/ci odpowiedzi.

competition [ˌkɒmpɪ'tɪʃn] ❶ współzawodnictwo, konkurencja; *Our firm is in competition with the other.* – Nasza firma konkuruje z tą drugą. *There was fierce competition for the job.* – Była zaciekła rywalizacja przy ubieganiu się o tę pracę. ❷ zawody; **a swimming competition** – zawody pływackie

complain [kəm'pleɪn] narzekać, skarżyć się; *She complained that she had no money.* – Narzekała, że nie ma pieniędzy. *You have nothing to complain about.* – Nie masz się na co skarżyć/ /narzekać./Nie masz powodów do narzekań. *He complained of headache.* – Skarżył się na ból głowy.

complaint [kəm'pleɪnt] ❶ skarga, zażalenie; **to make/to lodge a complaint** – wnieść skargę/złożyć zażalenie ❷ narzekanie; **to have good cause for complaint** – mieć uzasadnione powody do narzekania ❸ choroba, dolegliwość; **to suffer from a heart complaint** – cierpieć na chorobę serca

complete[1] [kəm'pli:t] ❶ kompletny, całkowity, zupełny; *It was a complete surprise.* – To była całkowita niespodzianka. *He is a complete stranger.* – On jest osobą zupełnie obcą. *You are a complete idiot.* – Jesteś kompletnym idiotą. ❷ kompletny, stanowiący całość; **the complete works of Shakespeare** – kompletne dzieła Szekspira ❸ ukończony, zakończony; *My work is complete.* – Moja praca jest zakończona.

complete[2] [kəm'pli:t] ❶ ukończyć, zakończyć; *The building will be completed next year.* – Budynek będzie ukończony w przyszłym roku. **to complete one's studies** – ukończyć studia ❷ uzupełnić, wypełnić; **to complete a questionnaire** – wypełnić kwestionariusz

completely [kəm'pli:tlɪ] zupełnie, całkowicie, kompletnie; *I completely forgot about the meeting.* – Zupełnie zapomniałem o zebraniu. **a completely different problem** – zupełnie inny problem

complex¹ ['kɒmpleks] ❶ kompleks, zbiór; **a new shopping complex** – nowy kompleks handlowy ❷ *psych.* kompleks; **an inferiority complex** – kompleks niższości

complex² ['kɒmpleks] złożony; **a complex problem** – złożony problem; *He has a very complex personality.* – On ma bardzo złożoną osobowość.

complexion [kəm'plekʃn] karnacja, cera

complicate ['kɒmplɪkeɪt] komplikować; *It complicated the situation even further.* – To jeszcze bardziej skomplikowało sytuację.

complicated ['kɒmplɪkeɪtɪd] skomplikowany, złożony, trudny; **a complicated problem** – trudny/skomplikowany problem; *The instructions were too complicated to follow.* – Instrukcje były zbyt trudne do zrozumienia.

complication [ˌkɒmplɪ'keɪʃn] komplikacja

compliment¹ ['kɒmplɪmənt] ❶ komplement; **to pay sb a compliment** – powiedzieć komuś komplement ❷ **compliments** – pozdrowienia; *My compliments to your wife.* – Pozdrowienia dla żony.

compliment² ['kɒmplɪmənt] pochwalić, powiedzieć komplement; *I complimented him on his skill.* – Wyraziłem uznanie dla jego umiejętności.

component [kəm'pəʊnənt] komponent, część składowa

compose [kəm'pəʊz] ❶ komponować, tworzyć; **to compose a poem** – napisać wiersz; **to compose an opera** – skomponować operę; **to compose a speech** – ułożyć przemówienie ❷ **be composed of** – składać się; *Air is mainly composed of nitrogen and oxygen.* – Powietrze składa się głównie z azotu i tlenu.

composer [kəm'pəʊzə] kompozytor

composition [ˌkɒmpə'zɪʃn] ❶ kompozycja (*malarska lub muzyczna*) ❷ skład; **to analyse the composition of the rock** – analizować skład chemiczny skały ❸ wypracowanie (*szkolne*); **to write a composition** – napisać wypracowanie

compound¹ ['kɒmpaʊnd] *chem.* związek; **a chemical compound** – związek chemiczny

compound² ['kɒmpaʊnd] złożony; **a compound word** – *gram.* wyraz złożony

compound fracture [ˌkɒmpaʊnd 'fræktʃə] złamanie otwarte

comprehend [ˌkɒmprɪ'hend] rozumieć, pojmować

comprehension [ˌkɒmprɪ'henʃn] rozumienie, pojmowanie; *It's beyond my comprehension.* – Tego absolutnie nie rozumiem./To przekracza moje zdolności pojmowania. **listening comprehension** – rozumienie ze słuchu

comprehensive school [ˌkɒmprɪ'hensɪv sku:l] szkoła ogólnokształcąca dla dzieci powyżej 11 lat

compromise ['kɒmprəmaɪz] kompromis; **to reach a compromise** – osiągnąć kompromis

compulsory [kəm'pʌlsərɪ] obowiązkowy, przymusowy; *School is compulsory for children over seven years of age.* – Szkoła jest obowiązkowa dla dzieci powyżej siódmego roku życia.

computer [kəm'pju:tə] komputer; **computer program** – program komputerowy; **computer disc** – dyskietka

computing [kəm'pju:tɪŋ] informatyka

conceal [kən'si:l] zataić, ukryć; **to conceal the truth** – zataić prawdę; *You are concealing something from me.* – Coś przede mną taisz. *She concealed the gun under the sofa.* – Ukryła pistolet pod kanapą.

conceit [kən'si:t] zarozumialstwo

conceited [kən'si:tɪd] zarozumiały

concentrate ['kɒnsəntreɪt] ❶ skoncentrować (się), skupić (się); **to concentrate on a problem** – skupić się na problemie; *He finds it difficult to concentrate.* – Jest mu trudno skupić się. *You ought to concentrate on your studies.* – Powinieneś się skupić na swoich studiach. ❷ gromadzić się, skupiać się; *Heavy industry is concentrated in the south of the country.* – Przemysł ciężki jest skoncentrowany na południu kraju.

C

concentrated ['kɒnsəntreɪtɪd] skoncentrowany; **concentrated orange juice** – skoncentrowany sok pomarańczowy

concentration [ˌkɒnsən'treɪʃn] ❶ koncentracja, skupienie ❷ *chem.* stężenie

concern[1] [kən'sɜ:n] ❶ troska, obawa; *There is no cause for concern.* – Nie ma powodu do obaw. **to be full of concern over/about the future** – martwić się o przyszłość; *It's no concern of mine.* – To nie moje zmartwienie. *Unemployment if of great concern to the government.* – Bezrobocie stanowi wielką troskę rządu. ❷ koncern; **to manage a concern** – kierować koncernem

concern[2] [kən'sɜ:n] ❶ dotyczyć; *It concerns you, too.* – To ciebie też dotyczy. ❷ martwić, niepokoić; *It concerns me that she can't find a job.* – Martwi mnie, że ona nie może znaleźć pracy.

concerned [kən'sɜ:nd] ❶ zmartwiony; **to be concerned about sth/sb** – martwić się o kogoś/coś; *He was concerned that his son wasn't doing well at school.* – Martwił się tym, że syn nie radzi sobie w szkole. ❷ zainteresowany, ten którego (coś) dotyczy; *It was a surprise for everyone concerned.* – To była niespodzianka dla wszystkich zainteresowanych. **as far as I am concerned** – jeżeli o mnie chodzi

concerning [kən'sɜ:nɪŋ] dotyczący, będący w związku ze sprawą; *I got a letter concerning my insurance.* – Dostałem list w sprawie mojego ubezpieczenia.

concert ['kɒnsət] koncert; **to go to a concert** – iść na koncert; **to give a concert** – dać koncert; **a concert hall** – sala koncertowa

conclusion [kən'klu:ʒn] wniosek; **to come to the conclusion that...** – dojść do wniosku, że...; **to jump to conclusions** – wyciągać pochopne wnioski

concrete[1] ['kɒŋkri:t] betonowy

concrete[2] ['kɒŋkri:t] konkretny

concrete[3] ['kɒŋkri:t] beton

concussion [kən'kʌʃn] *med.* wstrząs mózgu

condemn [kən'dem] ❶ potępiać; *I condemn cruelty in all forms.* – Potępiam okrucieństwo w każdej formie. ❷ skazać; *The man was condemned to life imprisonment.* – Ten człowiek został skazany na dożywotnie więzienie. **to be condemned to death** – zostać skazanym na śmierć

condemned [kən'demd] ❶ potępiony ❷ skazany; **a condemned cell** – cela skazańca (*z wyrokiem śmierci*)

condense [kən'dens] kondensować; **condensed milk** – mleko skondensowane/zagęszczone

condition [kən'dɪʃn] ❶ stan, kondycja, forma; *He is in no condition to work.* – On nie jest w stanie pracować. *The car was in good condition.* – Samochód był w dobrym stanie. ❷ warunek, zastrzeżenie; **on condition that** – pod warunkiem że; **to accept certain conditions** – przyjąć pewne warunki; **to fulfil/to meet a condition** – spełnić warunek ❸ **conditions** – warunki, okoliczności; **in bad weather conditions** – przy złym stanie pogody; *They live in terrible conditions.* – Mieszkają w strasznych warunkach.

conditional [kən'dɪʃənl] warunkowy; **a conditional clause** – *gram.* zdanie warunkowe; **a conditional approval** – zgoda warunkowa; *Your place at university is conditional on passing the exam.* – Twoje miejsce na studiach zależy od zdania egzaminu.

conduct [kən'dʌkt] ❶ dyrygować; *The orchestra was conducted by the composer himself.* – Orkiestrą dyrygował sam kompozytor. ❷ prowadzić, oprowadzać; *She conducted the visitors round the castle.* – Oprowadziła zwiedzających po zamku. ❸ prowadzić, kierować; **to conduct negotiations** – prowadzić rokowania/negocjacje; **to conduct research** – prowadzić badania naukowe ❹ *fiz.* przewodzić; *Copper conducts electricity.* – Miedź przewodzi elektryczność.

conductor [kən'dʌktə] ❶ dyrygent ❷ konduktor ❸ *fiz.* przewodnik

cone [kəʊn] ❶ stożek ❷ rożek waflowy ❸ szyszka

confectionery [kən'fekʃnərɪ] wyroby cukiernicze

conference ['kɒnfrəns] konferencja; **to hold a conference** – zorganizować/ /urządzić konferencję; **a press conference** – konferencja prasowa; **to be in conference** – być na zebraniu/ /być na konferencji/być zajętym rozmową; *You can't see the director now. He is in conference.* – Nie może pan się widzieć teraz z dyrektorem. Jest na naradzie/rozmawia z kimś.

confess [kən'fes] wyznać; *She confessed that she didn't love him.* – Wyznała, że go nie kocha. *He confessed to the crime.* – Przyznał się do popełnienia zbrodni. **to confess one's sins** – wyznać swoje grzechy

confession [kən'feʃn] wyznanie; **to make a confession** – wyznać/przyznać się

confidence [ˌkɒnfɪdəns] ❶ pewność siebie, śmiałość; *She spoke with great confidence.* – Mówiła z dużą pewnością siebie. ❷ wiara, ufność, pewność; **to have confidence in sb** – pokładać w kimś wiarę/ufność/polegać na kimś ❸ zaufanie; *I'm telling you this in strict confidence.* – Mówię ci to w ścisłym sekrecie (poufnie, w zaufaniu).

confident ['kɒnfɪdənt] pewny, przekonany, pewny siebie; *He is confident of passing the exam./He is confident that he will pass the exam.* – Jest pewny, że zda egzamin.

confidential [ˌkɒnfɪ'denʃl] poufny; **confidential information** – informacja poufna

confirm [kən'fɜ:m] potwierdzić; *She confirmed the reservation.* – Ona potwierdziła rezerwację. *You must confirm that you are coming.* – Musisz potwierdzić, że przyjeżdżasz. *It confirmed our earlier suspicions.* – To potwierdziło nasze wcześniejsze podejrzenia.

confirmation¹ [ˌkɒnfə'meɪʃn] potwierdzenie; **a letter of confirmation** – list potwierdzający; *There's been no official confirmation of his resignation.* – Nie było oficjalnego potwierdzenia jego rezygnacji.

confirmation² [ˌkɒnfə'meɪʃn] *rel.* bierzmowanie

confiscate ['kɒnfɪskeɪt] konfiskować

confiscation [ˌkɒnfɪ'skeɪʃn] konfiskata

conflict ['kɒnflɪkt] konflikt; **to enter/to come into conflict with sb** – wejść z kimś w konflikt

confuse [kən'fju:z] ❶ pomylić, pomieszać; *Students often confuse the words "lay" and "lie".* – Studenci często mylą wyrazy „lay" i „lie". ❷ pogmatwać, zawikłać; *You only confused her with so much information.* – Wszystko jej pogmatwałeś taką ilością informacji.

confused [kən'fju:zd] pomieszany, pogmatwany; *I got confused.* – Wszystko mi się pomieszało.

confusing [kən'fju:zɪŋ] mylący, wprowadzający w błąd, niejasny; *His instructions were terribly confusing.* – Jego instrukcje były okropnie niejasne/wprowadzające w błąd.

confusion [kən'fju:ʒn] ❶ zamieszanie, chaos, nieład; **to throw everything into confusion** – wprowadzić zamieszanie/chaos; *The thief escaped in the confusion.* – W ogólnym zamieszaniu złodziej uciekł. ❷ pomieszanie, gmatwanina, poplątanie; *To avoid confusion label your luggage.* – Aby uniknąć pomyłki, proszę oznaczyć swój bagaż. *She looked at me in confusion.* – Spojrzała na mnie niczego nie rozumiejąc.

congratulate [kən'grætʃʊleɪt] gratulować; *He congratulated me on passing the exam.* – Pogratulował mi zdania egzaminu. **to congratulate sb on his marriage** – złożyć komuś życzenia z okazji ślubu

C

congratulations [kən,grætʃʊ'leɪʃnz] gratulacje; *Congratulations!* – Moje gratulacje! *Congratulations on passing the exam!* – Gratulacje z powodu zdania egzaminu!

congress ['kɒŋgres] ❶ kongres, zjazd ❷ **Congress** – Kongres (*Stanów Zjednoczonych*)

conifer ['kɒnɪfə] *bot.* drzewo iglaste

conjuction [kən'dʒʌŋkʃn] *gram.* spójnik

conjuror ['kʌndʒərə] magik, prestidigitator

connect [kə'nekt] ❶ połączyć, podłączyć; *The telephone hasn't been connected yet.* – Telefon nie został jeszcze podłączony. ❷ połączyć, skojarzyć; *The police connect those strange telephone calls with the kidnapping.* – Policja łączy te dziwne telefony z porwaniem.

connection [kə'nekʃn] ❶ związek, powiązanie; *There is a connection between economic crisis and unemployment.* – Istnieje związek między kryzysem ekonomicznym a bezrobociem. *The manager wants to see you in connection with your report.* – Kierownik chce się widzieć z tobą w związku z twoim sprawozdaniem. ❷ połączenie; **electrical connection** – połączenie elektryczne ❸ połączenie telefoniczne lub komunikacyjne; *I could hardly hear him, as we had a bad connection.* – Ledwie go słyszałam, bo mieliśmy złe połączenie. *The town has a very good railway connection with London.* – To miasto ma bardzo dobre połączenie kolejowe z Londynem. *If this train is late, I'll miss my connection.* – Jeżeli ten pociąg się spóźni, stracę połączenie.

connoisseur [,kɒnə'sɜ:] koneser, znawca

conquer ['kɒŋkə] zdobyć, podbić; **to conquer a country** – podbić jakiś kraj; **to conquer Mount Everest** – zdobyć Mount Everest

conquest ['kɒŋkwest] zdobycie, podbój

conscience ['kɒnʃəns] sumienie; **to have a clear conscience** – mieć czyste sumienie; **to have a guilty conscience** – mieć nieczyste sumienie; **to have sth on one's conscience** – mieć coś na sumieniu

conscientious [,kɒnʃɪ'enʃəs] skrupulatny, sumienny

conscious ['kɒnʃəs] ❶ świadomy; *She was conscious of the consequences.* – Ona była świadoma konsekwencji. ❷ przytomny; *He was fully conscious during the operation.* – Był całkowicie przytomny podczas operacji.

consciousness ['kɒnʃəsnɪs] ❶ przytomność; **to lose consciousness** – stracić przytomność; **to regain consciousness** – odzyskać przytomność ❷ świadomość; *The consciousness that she had hurt him made her uneasy.* – Świadomość tego, że go zraniła, nie dawała jej spokoju. **political consciousness** – świadomość polityczna

consent¹ [kən'sent] zgoda, pozwolenie; **to give one's consent** – dać pozwolenie/zgodzić się; *Her parents will never give their consent to their marriage.* – Jej rodzice nigdy nie wyrażą zgody na ich ślub. **by common consent** – za zgodą wszystkich; **a divorce by mutual consent** – rozwód za obopólną zgodą

consent² [kən'sent] zgodzić się; *Her parents will never consent to their marriage.* – Jej rodzice nigdy nie zgodzą się na ich małżeństwo. *I reluctantly consented to give him my car.* – Niechętnie zgodziłam się dać mu swój samochód.

consequence ['kɒnsɪkwəns] ❶ następstwo, skutek, konsekwencja; **to take the consequences** – ponieść konsekwencje ❷ znaczenie, waga, doniosłość; *It's of no consequence to me.* – To nie ma dla mnie żadnego znaczenia.

consequently ['kɒnsɪkwəntlɪ] w wyniku, w następstwie; *He was hurt in an accident and consequently spent two weeks in hospital.* – Został ranny w wypadku i w wyniku tego spędził dwa tygodnie w szpitalu.

conservation [,kɒnsə'veɪʃn] chronienie, ochrona, zachowanie; **the conservation of primaeval forests** – ochrona lasów pierwotnych

conservatism [kən'sɜ:vətɪzm] konserwatyzm

conservative [kən'sɜ:vətɪv] konserwatywny, tradycyjny; **the Conservative Party** – Partia Konserwatywna

consider [kən'sɪdə] ❶ rozważyć, brać pod uwagę; *He considered emigrating to Australia.* – Rozważał możliwość wyemigrowania do Australii. *Please consider my proposal.* – Proszę rozważyć moją propozycję. *All things considered, it was a success.* – Biorąc wszystko pod uwagę, był to sukces. ❷ sądzić, uważać; *I consider myself lucky.* – Uważam się za szczęściarza. ❸ mieć na względzie, liczyć się z; **to consider the feelings of other people** – mieć na względzie uczucia innych/ /liczyć się z uczuciami innych

considerable [kən'sɪdrəbl] znaczny; *The school fees can be considerable.* – Czesne szkoły może być znaczne/ /może wynieść sporą kwotę. *The crash caused considerable damage to the car.* – Zderzenie spowodowało znaczne uszkodzenie samochodu.

considerably [kən'sɪdrəblɪ] znacznie; *The prices are considerably higher.* – Ceny są znacznie wyższe.

considerate [kən'sɪdərət] troszczący się, mający innych na względzie, uważający; *It was considerate of you to offer to help her.* – To ładnie z twojej strony, że zaproponowałeś jej pomoc.

consideration [kən,sɪdə'reɪʃn] ❶ rozważenie, namysł, rozwaga; **to take sth into consideration** – wziąć coś pod uwagę; *After a lot of consideration we decided to buy the flat.* – Po długim namyśle zdecydowaliśmy się kupić to mieszkanie. ❷ troska, wzgląd na innych; *He shows no consideration for the feelings of other people.* – On nie liczy się z uczuciami innych.

consist [kən'sɪst] składać się; *Our family consist of five people.* – Nasza rodzina składa się z pięciu osób.

consistent [kən'sɪstənt] ❶ konsekwentny; *He is a consistent supporter of human rights.* – On konsekwentnie popiera ruch obrony praw człowieka. ❷ logiczny, spójny; *Your statement is not consistent with what you said earlier.* – Twoje oświadczenie nie jest zgodne z tym, co mówiłeś wcześniej.

consolation [,kɒnsə'leɪʃn] pocieszenie, pociecha; **consolation prize** – nagroda pocieszenia

console [kən'səʊl] pocieszyć; *She consoled me by saying that it could have been worse.* – Pocieszyła mnie mówiąc, że mogłoby być gorzej.

consonant ['kɒnsənənt] *gram.* spółgłoska

constable ['kʌnstəbl] policjant, posterunkowy

constant ['kɒnstənt] ❶ stały; **to drive at a constant speed** – jechać ze stałą prędkością; *Store the product at a constant temperature.* – Przechowywać produkt w stałej temperaturze. ❷ ciągły; *The computer is in constant use.* – Komputer jest w stałym użyciu. *He is in constant pain.* – On stale cierpi.

constituency [kən'stɪtjʊənsɪ] (*l.mn.* **constituencies**) okręg wyborczy

constitution [,kɒnstɪ'tju:ʃn] ❶ konstytucja; **to violate the constitution** –

pogwałcić konstytucję ❷ budowa ciała, konstytucja, organizm; **to have a strong constitution** – mieć silny organizm

construct [kən'strʌkt] konstruować, budować; **to construct a bridge** – budować most; **to construct a sentence** – budować zdanie

C

construction [kən'strʌkʃn] ❶ budowa, budowanie; **the construction of a new bridge** – budowa nowego mostu; *The bridge is still under construction.* – Most jest wciąż jeszcze w budowie. ❷ konstrukcja, budowla; *It was a strange construction of brick and wood.* – To była dziwna budowla z cegły i drzewa.

construction industry [kən,strʌkʃn 'ɪndəstrɪ] budownictwo, przemysł budowlany

constructive [kən'strʌktɪv] konstruktywny

consulate ['kɒnsjʊlət] konsulat

consult [kən'sʌlt] poradzić się, skonsultować się; *If symptoms persist you should consult a doctor.* – Jeżeli symptomy nie ustąpią, powinieneś poradzić się lekarza. **to consult a dictionary** – sprawdzić w słowniku

consultant [kən'sʌltənt] konsultant

consulting room [kən'sʌltɪŋ ru:m] gabinet lekarski

consume [kən'sju:m] ❶ pochłaniać, zużywać; *The car consumes too much petrol.* – Ten samochód zużywa zbyt dużo benzyny. *This work consumes a lot of time and energy.* – Ta praca pochłania mnóstwo czasu i energii. ❷ pochłaniać, trawić; *The fire consumed the whole building.* – Ogień pochłonął cały budynek. **to be consumed with hatred/jealousy** – być trawionym nienawiścią/zazdrością ❸ konsumować, spożywać; *He can consume large quantities of food.* – On potrafi spożywać ogromne ilości jedzenia.

consumer [kən'sju:mə] konsument; **consumer goods** – dobra konsumpcyjne

consumption [kən'sʌmpʃn] zużycie, spożycie; **fuel consumption** – zużycie paliwa; **alcohol consumption** – spożycie alkoholu

contact[1] ['kɒntækt] kontakt, styczność; *She lives alone and doesn't have much contact with other people.* – Ona mieszka samotnie i nie ma specjalnych kontaktów z innymi ludźmi. *I'm in contact with my lawyer.* – Jestem w kontakcie ze swoim prawnikiem. **to lose contact with sb** – stracić z kimś kontakt

contact[2] ['kɒntækt] skontaktować się; **to contact the police** – zawiadomić policję

contact lens ['kɒntækt lenz] soczewka kontaktowa

contagious [kən'teɪdʒəs] zaraźliwy; *This disease is highly contagious.* – Ta choroba jest bardzo zaraźliwa. **contagious laughter** – zaraźliwy śmiech

contain [kən'teɪn] zawierać; *What does this box contain?* – Co mieści się w tym pudełku? *The letter contained some important information.* – List zawierał pewne ważne informacje.

container [kən'teɪnə] ❶ pojemnik ❷ kontener

contemplate ['kɒntəmpleɪt] ❶ rozważać, rozmyślać, zastanawiać się; *He contemplates changing the job.* – On rozważa możliwość zmiany pracy. ❷ przypatrywać się, uważnie oglądać; *She contemplated her face in the mirror.* – Uważnie oglądała w lustrze swoją twarz.

contemplation [,kɒntem'pleɪʃn] rozważanie, kontemplacja, rozmyślanie; **to be lost in contemplation** – oddawać się rozmyślaniom/być zatopionym w myślach

contemporary [kən'tempərərɪ] współczesny

contempt [kən'temt] pogarda; **to hold sb in contempt** – pogardzać kimś

content[1] ['kɒntent] treść, zawartość; **food with a high fat content** – żywność o dużej zawartości tłuszczu; **the content of a book** – treść książki

content² [kən'tent] zadowolony; *He isn't content with his present job.* – Nie jest zadowolony ze swojej obecnej pracy.

contents ['kɒntənts] ❶ zawartość; **the contents of a bottle** – zawartość butelki ❷ treść; **the table of contents** – spis treści; **the contents of a letter** – treść listu

contented [kən'tentɪd] zadowolony, usatysfakcjonowany; **a contented smile** – uśmiech pełen zadowolenia; *At home he is happy and contented.* – W domu jest szczęśliwy i zadowolony.

contest ['kɒntest] ❶ konkurs; **a beauty contest** – konkurs piękności; **a dancing contest** – konkurs tańca ❷ wyścig, walka, rywalizacja; **a contest for a job** – rywalizacja o posadę

context ['kɒntekst] kontekst

continent ['kɒntɪnənt] kontynent; **the Continent** – *bryt.* Europa (*w odróżnieniu od Wielkiej Brytanii*)

continental [,kɒntɪ'nentl] ❶ kontynentalny ❷ *bryt.* należący do Europy, charakterystyczny dla Europy (*w odróżnieniu od Wielkiej Brytanii*); **continental breakfast** – śniadanie kontynentalne (*francuskie*), składające się z rogalików z masłem i dżemem oraz kawy

continual [kən'tɪnjʊəl] ustawiczny, nieustanny, ciągle ponawiający się; *We have continual problems with this car.* – Mamy ustawiczne problemy z tym samochodem.

continue [kən'tɪnju:] ❶ kontynuować, robić coś nadal; *Despite my warnings he continued driving at the same speed.* – Pomimo moich ostrzeżeń nadal jechał z tą samą prędkością. *If he continues overworking he will make himself ill.* – Jeżeli będzie się dalej przepracowywał, doprowadzi się do choroby. *He continued his education./He continued with his studies.* – Kontynuował swoją edukację/swoje studia. **to be continued** – ciąg dalszy nastąpi ❷ iść dalej, poruszać się dalej; *Continue along this route.* – Idź dalej tą drogą/tym szlakiem. ❸ mówić dalej, kontynuować; *Please, continue.* – Proszę mówić dalej.

continuous [kən'tɪnjʊəs] ciągły, nieprzerwany; **a continuous line** – linia ciągła; *He is in continuous pain.* – Bez przerwy go boli. **a continuous tense** – *gram.* czas ciągły

contraception [,kɒntrə'sepʃn] antykoncepcja

contraceptive¹ [,kɒntrə'septɪv] środek antykoncepcyjny

contraceptive² [,kɒntrə'septiv] antykoncepcyjny; **the contraceptive pill** – pigułka antykoncepcyjna; **a contraceptive method** – metoda zapobiegania ciąży

contract¹ ['kɒntrækt] kontrakt; **to sign a contract** – podpisać kontrakt; **a breach of contract** – naruszenie warunków/zerwanie kontraktu

contract² [kən'trækt] kurczyć się; *Metals contract in low temperatures.* – Metale kurczą się w niskich temperaturach. **to contract muscles** – kurczyć/zaciskać mięśnie

contradict [,kɒntrə'dɪkt] zaprzeczyć, zadać kłam, sprzeciwić się; *I didn't dare to contradict him.* – Nie śmiałem mu się sprzeciwić. *You contradict yourself.* – Przeczysz samemu sobie. *The facts contradict your theory.* – Fakty zadają kłam twojej teorii.

contradiction [,kɒntrə'dɪkʃn] ❶ zaprzeczenie, zadanie kłamu ❷ sprzeczność; *Her story was full of contradictions.* – Jej opowieść pełna była sprzeczności.

contrary¹ ['kɒntrərɪ]:
on the contrary – wręcz przeciwnie; **quite the contrary** – na odwrót/ /wręcz przeciwnie

contrary² ['kɒntrərɪ] przeciwny, sprzeczny, odwrotny; *He acted contrary to my advice.* – Działał wbrew mojej radzie. *Contrary to our expectations their* *marriage was a success.* – Wbrew naszym oczekiwaniom, ich małżeństwo okazało się udane.

contrast[1] ['kɒntrɑ:st] kontrast; *There's a big contrast between the two sisters.* – Istnieje duży kontrast między tymi dwiema siostrami.

C

contrast[2] [kən'trɑ:st] ❶ kontrastować; *The picture contrasts sharply with the white wall.* – Ten obraz ostro kontrastuje z białą ścianą. ❷ przeciwstawiać, zestawiać kontrastowo; *He contrasted the present situation with the crisis ten years ago.* – Zestawił obecną sytuację z kryzysem sprzed dziesięciu lat.

contribute [kən'trɪbju:t] dać wkład, przyczynić się; **to contribute money to a charity** – przekazać pieniądze na cele dobroczynne; *We all can contribute to the future of the firm.* – Wszyscy możemy przyczynić się do rozwoju firmy.

contribution [,kɒntrɪ'bju:ʃn] wkład; **a contribution to a charity** – datek na cel dobroczynny; *Her novel is a great contribution to the world literature.* – Jej powieść stanowi olbrzymi wkład do literatury światowej.

control[1] [kən'trəʊl] ❶ panowanie, kierowanie, władza, kontrola; **to have control of the government** – kierować rządem; *A driver must be in control of the car.* – Kierowca musi panować nad samochodem. **to take control of the situation** – zapanować nad sytuacją; *You have no control over your children.* – Nie panujesz nad swoimi dziećmi. **to lose control** – stracić panowanie; **to get out of control** – wymknąć się spod kontroli; *Everything is under control.* – Wszystko jest pod kontrolą. ❷ regulacja, regulowanie; **birth control** – regulacja urodzeń ❸ **controls** – urządzenia sterujące; **the controls of a plane** – urządzenia sterujące samolotu

control[2] [kən'trəʊl] **(-ll-)** ❶ sterować, kierować; **to control a plane** – kierować samolotem/pilotować samolot; *The car is difficult to control on a slippery road.* – Trudno jest kierować samochodem na śliskiej drodze. ❷ opanować, panować nad; *Control yourself.* – Opanuj się./Panuj nad sobą. **to control one's temper** – panować nad sobą/nad swoją złością ❸ regulować; *The temperature is controlled by a thermostat.* – Temperatura jest regulowana termostatem. *The government wants to control prices.* – Rząd pragnie regulować ceny. ❹ kontrolować

controller [kən'trəʊlə] kontroler

controversial [,kɒntrə'vɜ:ʃl] kontrowersyjny

controversy ['kɒntrəvɜ:sɪ] (*l.mn.* **controversies**) kontrowersja, dyskusja, polemika, spór

convalescence [,kɒnvə'lesns] rekonwalescencja

convalescent [,kɒnvə'lesnt] rekonwalescent

convenience [kən'vi:njəns] ❶ dogodność, wygoda; **for convenience** – dla wygody; *Please contact me at your earliest convenience.* – Proszę się ze mną skontaktować przy najbliższej sposobności. ❷ udogodnienie; *The credit card is a great convenience.* – Karta kredytowa jest olbrzymim udogodnieniem. ❸ **conveniences** – wygody, komfort; *The house has all the modern conveniences.* – Dom posiada wszelkie nowoczesne wygody. ❹ *bryt.* **public convenience** – toaleta publiczna

convenient [kən'vi:njənt] dogodny, wygodny; *Will it be convenient for you to come at 6 o'clock?* – Czy będzie panu odpowiadać przyjście o godzinie szóstej?

convent ['kɒnvənt] klasztor żeński

convention [kən'venʃn] ❶ konwencja; **the Geneva Convention** – Konwencja Genewska ❷ kongres, zjazd; **to hold a convention** – organizować zjazd ❸ konwencja, konwenans; **to**

be a slave to convention – być niewolnikiem konwenansu

conventional [kən'venʃənl] konwencjonalny

conversation [ˌkɒnvə'seɪʃn] rozmowa, konwersacja; *I had an interesting conversation with her.* – Miałem z nią ciekawą rozmowę. **to hold/to carry on a conversation** – toczyć rozmowę; *It's difficult to make conversation with strangers.* – Trudno jest prowadzić rozmowę z osobami nieznajomymi.

conversion [kən'vɜ:ʃn] ❶ zmiana, przemiana; **the conversion of solar energy into heat** – przemiana energii słonecznej na ciepło ❷ nawrócenie; **conversion to Buddhism** – przejście na buddyzm

convert [kən'vɜ:t] ❶ zamienić, przemienić; *They converted one room into a bathroom.* – Przerobili jeden z pokoi na łazienkę. **to convert dollars into pounds** – zamienić dolary na funty; **to convert miles into kilometres** – przeliczyć mile na kilometry ❷ nawrócić; **to convert sb to Christianity** – nawrócić kogoś na chrześcijaństwo

convince [kən'vɪns] przekonać; *He convinced me of his good intentions.* – Przekonał mnie o swoich dobrych zamiarach.

convinced [kən'vɪnst] przekonany; *I'm convinced she is telling the truth.* – Jestem przekonana, że ona mówi prawdę.

convincing [kən'vɪnsɪŋ] przekonywający

cook[1] [kʊk] gotować; *You must learn to cook.* – Musisz nauczyć się gotować. **to cook dinner** – gotować obiad

cook[2] [kʊk] kucharz; *She is a good cook.* – Ona dobrze gotuje.

cooker ['kʊkə] kuchenka; **a gas/an electric cooker** – kuchenka gazowa/elektryczna

cookery ['kʊkərɪ] gotowanie; **a cookery book** – książka kucharska; **cookery lessons** – lekcje gotowania; **Italian cookery** – kuchnia włoska

cooking ['kʊkɪŋ] gotowanie, kuchnia; **Italian cooking** – kuchnia włoska; **to do the cooking** – gotować/przyrządzać posiłki

cookie ['kʊkɪ] *am.* herbatnik

cool[1] [ku:l] chłodny; **a cool evening** – chłodny wieczór; **a cool welcome** – chłodne powitanie; **to keep cool** – zachować opanowanie/spokój

cool[2] [ku:l] ochłodzić

◆ **cool down** – (a) (*o pogodzie*) ochłodzić się, (b) (*o człowieku*) ochłonąć

co-op ['kəʊɒp] *p.* **cooperative**[2]

cooperate [kəʊ'ɒpəreɪt] współpracować, kooperować

cooperation [kəʊˌɒpə'reɪʃn] współpraca, kooperacja; **to work in cooperation with sb** – współpracować z kimś/ /pracować z kimś w kooperacji

cooperative[1] [kəʊ'ɒpərətɪv] współpracujący, chętny do współpracy; *Her students were very cooperative.* – Jej studenci byli chętni do współpracy.

cooperative[2] [kəʊ'ɒpərətɪv] **/ co-op** spółdzielnia; **an agricultural cooperative** – spółdzielnia rolnicza; **to set up a cooperative** – założyć spółdzielnię

cop [kɒp] *pot.* policjant

cope [kəʊp] radzić sobie, dawać sobie radę; *How can you cope with six dogs?* – Jak sobie dajesz radę z sześcioma psami? **to cope with difficulties** – radzić sobie z trudnościami

copied ['kɒpɪd] *p.* **copy**[2]

copies ['kɒpɪz] *p.* **copy**[1, 2]

copper ['kɒpə] miedź

copy[1] ['kɒpɪ] (*l.mn.* **copies**) ❶ kopia; *Is it a copy or the original?* – Czy to kopia, czy oryginał? *She kept a copy of the letter.* – Zatrzymała kopię tego listu. ❷ egzemplarz; **two copies of a book** – dwa egzemplarze książki

copy[2] ['kɒpɪ] (**-ies, -ied, -ying**) ❶ zrobić kopię, powielić; **to copy a document** – zrobić kopię dokumentu; *It's illegal to copy computer programs.* – Powielanie programów komputerowych jest nielegalne. ❷ kopiować, naśladować;

C

She copies her sister in the way she dresses. – Ona naśladuje swoją siostrę w sposobie ubierania. ❸ przepisywać; *Copy the text into your notebooks.* – Proszę przepisać ten tekst do zeszytów. ❹ ściągać; *You mustn't copy in an exam.* – Nie wolno ściągać na egzaminie.

C

copyright ['kɒpıraıt] prawa autorskie; *Who owns the copyright on the book?* – Do kogo należą prawa autorskie tej książki?

cord [kɔ:d] ❶ sznur, sznurek ❷ welwet, sztruks

cork [kɔ:k] korek

corn [kɔ:n] ❶ zboże ❷ *am.* kukurydza

corner ['kɔ:nə] róg; **at/on the corner of a street** – na rogu ulicy; **in the corner of a room** – w rogu pokoju; *It's just round the corner.* – To jest tuż za rogiem.

cornflakes ['kɔ:nfleıks] płatki kukurydziane

coronary[1] ['kɒrənərı] *med.* zawał

coronary[2] ['kɒrənərı] *med.* wieńcowy

corporal[1] ['kɔ:prəl] kapral

corporal[2] ['kɔ:prəl] cielesny; **corporal punishment** – kara cielesna

corporation [,kɔ:pə'reıʃn] korporacja

corps [kɔ:] (*l.mn.* **corps** [kɔ:z]) korpus; **the Peace Corps** – Korpus Pokoju

corpse [kɔ:ps] ciało, zwłoki

correct[1] [kə'rekt] prawidłowy, poprawny; **a correct answer** – prawidłowa odpowiedź

correct[2] [kə'rekt] poprawić; *Please correct me if I'm wrong.* – Proszę mnie poprawić, jeżeli się mylę. **to correct a mistake** – poprawić błąd

correspond [,kɒrı'spɒnd] ❶ odpowiadać, zgadzać się; *What he says doesn't correspond with his earlier statement.* – To co mówi, nie zgadza się z jego wcześniejszym oświadczeniem. ❷ korespondować

correspondence [,kɒrı'spɒndəns] ❶ korespondencja; **to be in correspondence with sb** – korespondować z kimś/być z kimś w kontakcie listowym ❷ zgodność, odpowiedniość; **correspondence between theory and practice** – zgodność teorii i praktyki

correspondent [,kɒrı'spɒndənt] korespondent; *I'm a bad correspondent.* – Rzadko i niechętnie pisuję listy. **the BBC correspondent in Warsaw** – korespondent BBC w Warszawie

corresponding [,kɒrı'spɒndıŋ] odpowiedni, zgodny; *Inflation is lower than in the corresponding period last year.* – Inflacja jest niższa niż w tym samym okresie ubiegłego roku.

corridor ['kɒrıdɔ:] korytarz

cosmetic [kɒz'metık] kosmetyczny; **cosmetic surgery** – chirurgia plastyczna

cosmetics [kɒz'metıks] kosmetyki; **the cosmetics industry** – przemysł kosmetyczny

cosmic ['kɒzmık] kosmiczny

cosmopolitan[1] [,kɒzmə'pɒlıtən] kosmopolita

cosmopolitan[2] [,kɒzmə'pɒlıtən] kosmopolityczny

cost[1] [kɒst] koszt, cena; *What is the cost of repairs?* – Jaki jest koszt remontu? **the cost of living** – koszt utrzymania; **at all costs** – za wszelką cenę

cost[2] [kɒst] **(cost, cost** [kɒst, kɒst]) kosztować; *How much does ist cost?* – Ile to kosztuje? *One mistake may cost him his life.* – Jeden błąd może go kosztować życie.

costly ['kɒstlı] **(-ier, -iest)** drogi, kosztowny; *Holidays abroad can be very costly.* – Wakacje za granicą mogą być bardzo kosztowne. *It was a costly mistake.* – To była kosztowna pomyłka.

costume ['kɒstju:m] strój, kostium; **the national costume** – strój narodowy; **a swimming costume** – kostium kąpielowy; **costume drama** – film kostiumowy/sztuka kostiumowa

cosy ['kəuzı] **(-ier, -iest)** przyjemny, przytulny, zaciszny; **a cosy little flat** – przytulne mieszkanko

cot [kɒt] łóżeczko dziecinne

cottage ['kɒtɪdʒ] mały, wiejski domek

cottage cheese [ˌkɒtɪdʒ'tʃi:z] twaróg, twarożek

cotton¹ ['kɒtn] bawełna

cotton² ['kɒtn] bawełniany

cotton wool [ˌkɒtn 'wʊl] wata

couch [kaʊtʃ] leżanka, tapczan, sofa

cough¹ [kɒf] kasłać

cough² [kɒf] kaszel; **to have a cough** – cierpieć na kaszel

could [kʊd/kəd] *p.* **can** czasownik ułomny wyrażający: ❶ przeszłą umiejętność (*czas przeszły „can"*); *He could read and write when he was 5.* – Mając 5 lat, umiał czytać i pisać. ❷ możliwość, prawdopodobieństwo; *She could be right.* – Być może ona ma rację. *It couldn't have been true.* – To nie mogła być prawda. ❸ tryb warunkowy; *If I could I would help you.* – Gdybym mógł, pomógłbym ci. ❹ prośbę; *Could I use the phone?* – Czy mógłbym skorzystać z telefonu? *Could you help me?* – Czy mógłbyś mi pomóc? ❺ sugestię, propozycję; *We could go on Friday.* – Moglibyśmy pojechać w piątek. *Could I help you to carry those bags?* – Czy mógłbym ci pomóc nieść te torby?

couldn't [kʊdnt] = **could not**

council ['kaʊnsl] rada; **the city council** – rada miejska

councillor ['kaʊnsələ] radny

count¹ [kaʊnt] ❶ liczyć; **to count money** – liczyć pieniądze; **to count from 1 to 10** – liczyć od 1 do 10 ❷ liczyć się; *His opinion just doesn't count.* – Jego opinia po prostu się nie liczy.

◆ **count on sb** – liczyć na kogoś

count² [kaʊnt] rachunek, rachuba, wyliczenie; **to keep count of sth** – liczyć coś; *He kept count of people entering the building.* – Liczył ludzi wchodzących do budynku. **to lose count of sth** – stracić rachubę (czegoś)

count³ [kaʊnt] hrabia

countable ['kaʊntəbl] policzalny; **countable nouns** – *gram.* rzeczowniki policzalne

counter ['kaʊntə] lada, kontuar

countess ['kaʊntɪs] hrabina

countless ['kaʊntlɪs] niezliczony

country ['kʌntrɪ] (*l.mn.* **countries**) ❶ kraj; *Italy is a country in Europe.* – Włochy są krajem leżącym w Europie. ❷ **the country** – wieś, okolica wiejska; **to have a house in the country** – mieć dom na wsi

countryside ['kʌntrɪsaɪd] okolica, krajobraz; *Their house is surrounded by a beautiful countryside.* – Ich dom leży w przepięknej okolicy.

county ['kaʊntɪ] (*l.mn.* **counties**) hrabstwo; *Essex is an English county.* – Essex jest hrabstwem w Anglii.

couple ['kʌpl] ❶ para (*dwoje ludzi*); **a married couple** – para małżeńska; *A few couples were dancing.* – Kilka par tańczyło. ❷ **a couple of** – parę, kilka; *Could you wait a couple of minutes?* – Czy mógłby pan zaczekać parę minut?

courage ['kʌrɪdʒ] odwaga; **to show great courage** – wykazać wielką odwagę

courageous [kə'reɪdʒəs] odważny

course [kɔ:s] ❶ kurs, kierunek, bieg; *The plane has changed course.* – Samolot zmienił kierunek. *The plane is off course.* – Samolot zboczył z trasy/ /kursu. **to change the course of the river** – zmienić bieg rzeki; **the course of events** – bieg wypadków ❷ kurs, seria wykładów; **to attend a course in English** – uczęszczać na kurs angielskiego ❸ danie; **the main course** – danie główne; **a three-course dinner** – obiad z trzech dań ❹ tor, pole; **a racecourse** – tor wyścigowy/bieżnia; **a golf course** – pole golfowe

◆ **of course** – oczywiście

court [kɔ:t] ❶ / **court of law** – sąd; **the Supreme Court** – Sąd Najwyższy; **to take sb to court** – podać kogoś do sądu; **to appear in court** – stawić się w sądzie ❷ dwór; **at the court of Louis XIV** – na dworze Ludwika XIV ❸ kort; **a tennis court** – kort tenisowy

courtyard ['kɔ:tjɑ:d] dziedziniec, podwórze

cousin ['kʌzn] brat cioteczny, siostra cioteczna, kuzyn, kuzynka

C

cover[1] ['kʌvə] przykryć, okryć, osłonić; *She covered her face with her hands.* – Zakryła twarz dłońmi. *Snow covered the fields.* – Śnieg okrył pola. *He talked a lot to cover his anxiety.* – Dużo mówił, aby pokryć swoje zdenerwowanie.

cover[2] ['kʌvə] ❶ przykrywka, pokrywa, osłona; *Put the cover over the typewriter.* – Nałóż osłonę na maszynę do pisania. ❷ okładka książki; **to read a book from cover to cover** – przeczytać książkę od deski do deski ❸ schronienie; **to take cover** – schronić się; **to run for cover** – pobiec szukając schronienia; **under cover of darkness** – pod osłoną ciemności

covering ['kʌvərɪŋ] pokrywa, osłona; **a covering of snow** – pokrywa śnieżna

cow [kaʊ] krowa

coward ['kaʊəd] tchórz

cowardice ['kaʊədɪs] tchórzostwo

cowboy ['kaʊbɔɪ] kowboj

crab [kræb] krab

crack[1] [kræk] ❶ rozłupać; **to crack open a nut** – rozłupać orzech; **to crack open a safe** – włamać się do sejfu ❷ powodować pęknięcie; *Be careful with these cups, don't crack them.* – Ostrożnie z tymi filiżankami – nie uszkodź ich. *He fell and cracked a bone in his arm.* – Upadł i pękła mu kość w ramieniu. ❸ trzasnąć, pęknąć; *The ice cracked when I stepped on it.* – Lód pękał, kiedy na niego weszłam. ❹ trzasnąć, wystrzelić; **to crack the whip** – trzaskać z bicza ❺ trzasnąć, uderzyć; *He cracked his head on the beam.* – Uderzył głową o belkę.

crack[2] [kræk] ❶ pęknięcie, rysa, szczelina; *There's a crack in this cup.* – Ta filiżanka jest pęknięta. **to open the door a crack** – lekko uchylić drzwi ❷ łoskot, trzask; **a crack of thunder** – łoskot piorunu

cracker ['krækə] krakers

cradle ['kreɪdl] kołyska

craft [krɑ:ft] ❶ rzemiosło; **handicraft** – rzemiosło artystyczne ❷ (*l.mn.* **craft**) statek, pojazd; **an aircraft** – samolot; **a spacecraft** – statek kosmiczny

craftsman ['krɑ:ftsmən] (*l.mn.* **craftsmen** ['krɑ:ftsmən]) rzemieślnik

cramp[1] [kræmp] *med.* skurcz; *He was seized with cramp while swimming.* – Podczas pływania złapał go skurcz.

cramp[2] [kræmp] hamować, ograniczać; **to cramp progress** – hamować rozwój

cramped ['kræmpt] ścieśniony, stłoczony; **to be cramped for space** – mieć mało miejsca/być stłoczonym; *We are cramped for space in this little flat.* – Brak nam miejsca w tym małym mieszkaniu.

cranberry ['krænbərɪ] (*l.mn.* **cranberries**) *bot.* żurawina

crane [kreɪn] dźwig

crash[1] [kræʃ] ❶ katastrofa, rozbicie; **a car crash** – katastrofa samochodowa; **an air crash** – katastrofa lotnicza ❷ trzask, łoskot, łomot; *The tree fell with a crash.* – Drzewo zwaliło się z trzaskiem. ❸ krach, załamanie się; **the crash at the New York Stock Exchange** – krach na giełdzie nowojorskiej

crash[2] [kræʃ] ❶ rozbić; *He crashed his new car.* – Rozbił swój nowy samochód. ❷ rozbić się, zderzyć się; *The car crashed into a wall.* – Samochód rozbił się o mur. *The plane has crashed.* – Samolot się rozbił. ❸ uderzać z trzaskiem, walić; *He crashed his fist down on the table.* – Uderzył pięścią w stół. ❹ walić się z trzaskiem; *The dishes crashed down on the floor.* – Naczynia spadły z trzaskiem na podłogę. *The door crashed open.* – Drzwi otworzyły się z trzaskiem.

crash-helmet ['kræʃ,helmɪt] kask motocyklowy

crate [kreɪt] skrzynia

crater ['kreɪtə] krater

crawl[1] [krɔ:l] czołgać się, pełzać

crawl[2] [krɔ:l] ❶ *sport.* kraul (*styl pływania*) ❷ powolne poruszanie się, pełzanie; *The traffic moved at a crawl.* – Pojazdy poruszały się w żółwim tempie.

crayon ['kreɪɒn] kredka

crazy ['kreɪzɪ] **(-ier, -iest)** szalony, zwariowany; **a crazy idea** – zwariowany pomysł; *You must be crazy to give up such a good job.* – Musisz być szalony, żeby rzucać tak dobrą pracę. **to be crazy about/over sb/sth** – szaleć za kimś/czymś, szalenie kogoś/coś lubić

creak [kri:k] skrzypieć, piszczeć

cream [kri:m] ❶ krem ❷ śmietana, śmietanka; **whipped cream** – bita śmietana

crease[1] [kri:s] zmarszczka, fałda

crease[2] [kri:s] ❶ pognieść, zmiąć; *You've creased your dress.* – Pogniotłaś sobie sukienkę. ❷ gnieść się, miąć się; *This material creases easily.* – Ten materiał łatwo się gniecie.

create [kri:'eɪt] tworzyć, kreować; **to create problems** – stwarzać problemy; **to create a good impression** – robić dobre wrażenie

creation [kri:'eɪʃn] ❶ stworzenie, tworzenie; **the creation of the world** – stworzenie świata; **the creation of works of art** – tworzenie dzieł sztuki ❷ rzecz stworzona, wytwór; *The meal was the creation of an artist.* – Ten posiłek był dziełem artysty. **the latest Paris creations** – najnowsze paryskie kreacje

creative [kri:'eɪtɪv] twórczy; **a creative person** – osoba twórcza; **creative thinking** – twórcze myślenie

creature ['kri:tʃə] stworzenie, istota; **creatures from other planets** – istoty z innych planet

credit ['kredɪt] ❶ kredyt; **to buy on credit** – kupować na kredyt; *This shop gives no credit.* – Ten sklep nie udziela kredytu. **a credit card** – karta kredytowa ❷ zasługa, zaszczyt; *What you did does you credit.* – To co zrobiłeś, dobrze o tobie świadczy. *She got no credit for doing the work.* – Nie doceniono tego, że wykonała pracę.

creep [kri:p] **(crept, crept** [krept, krept]**)** ❶ skradać się; *The man crept towards the house.* – Mężczyzna skradał się w kierunku domu. ❷ (*o roślinie*) płożyć się, piąć się ❸ (*o skórze*) cierpnąć; *The very thought made my flesh creep.* – Na samą myśl o tym, cierpła mi skóra.

crescent ['kresnt] ❶ półksiężyc, sierp księżyca ❷ ulica w kształcie półkola

crew [kru:] załoga

cricket[1] ['krɪkɪt] *zool.* świerszcz

cricket[2] ['krɪkɪt] krykiet

cried [kraɪd] *p.* **cry**[1]

cries [kraɪz] *p.* **cry**[1, 2]

crime [kraɪm] zbrodnia, przestępstwo; **to commit a crime** – popełnić przestępstwo

criminal[1] ['krɪmɪnl] ❶ zbrodniczy, przestępczy, kryminalny; **a criminal plan** – zbrodniczy plan; **to have a criminal record** – mieć przeszłość kryminalną/być notowanym jako przestępca; **a criminal offence** – przestępstwo ❷ karny; **criminal law** – prawo karne

criminal[2] ['krɪmɪnl] przestępca

crimson ['krɪmzn] szkarłatny, purpurowy

cripple[1] ['krɪpl] kaleka

cripple[2] ['krɪpl] okaleczyć, doprowadzić do kalectwa; *He was crippled in a car accident.* – Został kaleką w następstwie wypadku samochodowego.

crisis ['kraɪsɪs] (*l.mn.* **crises** ['kraɪsi:z]) kryzys; **a political crisis** – kryzys polityczny; **an economic crisis** – kryzys gospodarczy; **a mid-life crisis** – kryzys środka życia/wieku średniego

crisp[1] [krɪsp] chrupka ziemniaczana; **a packet of crisps** – paczka chrupek

crisp² [krɪsp] ❶ chrupki, chrupiący; **crisp biscuits** – chrupkie herbatniki ❷ rześki, chłodny; **a crisp sunny morning** – rześki, słoneczny poranek

critic ['krɪtɪk] krytyk; **a literary critic** – krytyk literacki

critical ['krɪtɪkl] ❶ poważny, ważny, krytyczny; *We arrived at a critical moment.* – Przybyliśmy w krytycznym momencie. *The patient is in critical condition.* – Pacjent jest w stanie krytycznym. ❷ krytyczny, nastawiony krytycznie; **to make a critical remark** – zrobić krytyczną uwagę; *He is always critical of everything I do.* – On odnosi się krytycznie do wszystkiego, co robię. ❸ krytyczny, *dot.* krytyki literackiej; *I've read some of his critical essays.* – Przeczytałem kilka jego esejów krytycznych.

critically ['krɪtɪkəlɪ] ❶ krytycznie, poważnie; *He is critically ill.* – On jest poważnie chory. ❷ krytycznie, krytykująco; *He looked critically at what I had written.* – Spojrzał krytycznie na to, co napisałam.

criticism ['krɪtɪsɪzm] krytycyzm, krytyka; **literary criticism** – krytyka literacka; **constructive criticism** – krytyka konstruktywna

criticize ['krɪtɪsaɪz] krytykować

croak¹ [krəʊk] (*o żabach*) rechotać

croak² [krəʊk] rechot żab

crockery ['krɒkərɪ] fajans i porcelana stołowa

crocodile ['krɒkədaɪl] krokodyl

crook [krʊk] oszust

crooked ['krʊkɪd] ❶ krzywy, przekrzywiony ❷ (*o osobie*) nieuczciwy

crop [krɒp] ❶ zbiór, plon; **a good/a poor crop of potatoes** – dobry/słaby zbiór ziemniaków ❷ **crops** – zboża i rośliny uprawne; *Rice is the main crop in China.* – Ryż jest podstawową rośliną uprawianą w Chinach.

cross¹ [krɒs] ❶ przejść przez, przekroczyć; **to cross the street** – przejść przez ulicę; **to cross a bridge** – przejść przez most; *The idea didn't even cross my mind.* – Nie przeszło mi to nawet przez myśl. ❷ skrzyżować; *She sat with her legs crossed.* – Siedziała z jedną nogą założoną na drugą. ❸ krzyżować się, przecinać się; *The roads cross not far from here.* – Drogi krzyżują się niedaleko stąd. ❹ *biol.* skrzyżować (*jedną rasę z drugą*); **to cross one breed with another** – skrzyżować jedną rasę z drugą

◆ **cross out** – wykreślić, przekreślić

cross² [krɒs] krzyż, krzyżyk; *She had a silver cross round her neck.* – Miała na szyi srebrny krzyżyk. **to make the sign of the cross** – przeżegnać się/ /uczynić znak krzyża; **to mark a place on the map with a cross** – oznaczyć krzyżykiem miejsce na mapie

cross³ [krɒs] zły, zirytowany; *He was cross with me because I forgot the address.* – Był na mnie zły, ponieważ zapomniałem adresu.

crossing ['krɒsɪŋ] ❶ przejście dla pieszych; **pedestrian crossing** – przejście dla pieszych; **zebra crossing** – pasy dla pieszych ❷ skrzyżowanie dróg lub linii kolejowych; **level crossing** – przejazd kolejowy/skrzyżowanie drogi z linią kolejową ❸ przeprawa, podróż morska; *We had a rough crossing.* – Mieliśmy trudną przeprawę.

crossroads ['krɒsrəʊdz] skrzyżowanie dróg, *przen.* rozstajne drogi

crossword ['krɒswɜːd] / **crossword puzzle** krzyżówka; **to do crosswords** – rozwiązywać krzyżówki

crouch [kraʊtʃ] przycupnąć, przykucnąć, skulić się

crow¹ [krəʊ] *zool.* wrona

crow² [krəʊ] (*o kogucie*) piać

crowd¹ [kraʊd] tłok, tłum; **to push/to elbow one's way through the crowd** – przepychać się przez tłum; *A crowd gathered outside the embassy.* – Tłum (ludzi) zebrał się przed ambasadą.

crowd² [kraʊd] ❶ tłoczyć się; *The reporters crowded around her as she came out of the building.* – Dziennikarze otoczyli ją tłumem, kiedy wyszła z budynku. *We all crowded into the bus.* – Wszyscy wtłoczyliśmy się do autobusu. ❷ przepełnić, zapełnić; *Thousand of tourists crowded the streets.* – Tysiące turystów wypełniały ulice.

crowded ['kraʊdɪd] zatłoczony, przepełniony; **a crowded train** – przepełniony pociąg

crown[1] [kraʊn] korona

crown[2] [kraʊn] koronować; *Queen Elisabeth II was crowned in 1952.* – Królowa Elżbieta II była koronowana w 1952 roku. *Our efforts were crowned with success.* – Nasze wysiłki zostały uwieńczone sukcesem.

crucial ['kru:ʃl] przełomowy, krytyczny, decydujący; **the crucial moment** – moment przełomowy; **a crucial decision** – przełomowa decyzja

cruel [krʊəl] okrutny

cruelty ['krʊəltɪ] okrucieństwo; **cruelty to animals** – okrucieństwo wobec zwierząt

cruise[1] [kru:z] ❶ żeglować, krążyć po morzach; **to cruise round the Mediterranean** – żeglować po Morzu Śródziemnym ❷ (*o samochodzie*) krążyć; jechać z niezbyt dużą, jednakową prędkością

cruise[2] [kru:z] podróż morska, rejs (*na ogół dla przyjemności*); **to go on a cruise in the Mediterranean** – wybrać się w rejs po Morzu Śródziemnym

crumb [krʌm] okruch, okruszyna; **bread crumbs** – tarta bułka

crumble ['krʌmbl] kruszyć (się), rozpadać (się); *The old walls were crumbling.* – Stare mury rozpadały się. *She crumbled the bread in her fingers.* – Kruszyła chleb w palcach.

crumple ['krʌmpl] zmiąć, pognieść (się)

crunch [krʌntʃ] ❶ chrupać; *She was crunching an apple.* – Chrupała jabłko. ❷ (*o śniegu*) skrzypieć; *The snow crunched under our feet.* – Śnieg skrzypiał nam pod nogami.

crunchy ['krʌntʃɪ] chrupki, chrupiący

crush [krʌʃ] zgnieść, rozgnieść, zmiażdżyć

crust [krʌst] skorupa, skorupka, skórka (*np. na chlebie*)

crusty ['krʌstɪ] chrupiący, z chrupiącą skórką; **crusty bread** – chleb z chrupiącą skórką

crutch [krʌtʃ] kula (*podpora do chodzenia*); **to walk on crutches** – chodzić o kulach

cry[1] [kraɪ] **(-ies, -ied, -ying)** ❶ płakać; *She was crying bitterly.* – Płakała gorzko. *It's no use crying over spilt milk.* – Nie ma sensu płakać nad rozlanym mlekiem. ❷ wołać, krzyczeć; **to cry with pain** – krzyknąć z bólu; *"Help!" he cried.* – „Na pomoc!" zawołał.

cry[2] [kraɪ] (*l.mn.* **cries**) krzyk, zawołanie; **a cry for help** – wołanie o pomoc; **the cry of a bird** – krzyk ptaka

crystal ['krɪstl] kryształ

cub [kʌb] *zool.* małe niektórych zwierząt (*tygrysa, lwa, niedźwiedzia, wilka lub lisa*)

cube [kju:b] ❶ kostka, sześcian ❷ sześcian, trzecia potęga; *The cube of 2 is 8.* – Sześcianem liczby 2 jest 8.

cubic ['kju:bɪk] sześcienny; **a cubic metre** – metr sześcienny

cuckoo ['kʊku:] *zool.* kukułka

cucumber ['kju:kʌmbə] ogórek

cuddle ['kʌdl] tulić, przytulać; *She cuddled her baby.* – Tuliła (do siebie) dziecko.

cuff [kʌf] mankiet

cultivate ['kʌltɪveɪt] ❶ kultywować, pielęgnować; **to cultivate friendship** – podtrzymywać przyjaźń; **to cultivate one's mind** – dbać o rozwój (swojego) umysłu ❷ uprawiać; **to cultivate soil** – uprawiać ziemię

cultivation [,kʌltɪ'veɪʃn] uprawa; **cultivation of the soil** – uprawa gruntu; *The land is under cultivation.* – Ta ziemia jest uprawiana.

cultural ['kʌltʃərəl] ❶ kulturowy; **cultural differences** – różnice kulturowe; **our cultural heritage** – nasze dziedzictwo kulturowe ❷ kulturalny; *The festival is a great cultural event.* – Ten festiwal jest wielkim wydarzeniem kulturalnym. **a cultural desert** – pustynia kulturalna

culture ['kʌltʃə] kultura; *She is studying Chinese culture.* – Ona studiuje kulturę chińską. **mass culture** – kultura masowa

cultured ['kʌltʃəd] wykształcony, o dużej kulturze, kulturalny

cunning[1] ['kʌnɪŋ] sprytny, przebiegły; **a cunning plan** – sprytny plan

cunning[2] ['kʌnɪŋ] przebiegłość, spryt; *He showed a great deal of cunning in dealing with his opponents.* – Wykazał dużo przebiegłości w postępowaniu ze swoimi przeciwnikami.

cup [kʌp] ❶ filiżanka; **a cup of tea** – filiżanka herbaty ❷ puchar; **World Cup Finals** – Mistrzostwa o Puchar Świata; **to win the cup** – zdobyć puchar

cupboard ['kʌbəd] kredens, szafka

cure[1] [kjʊə] wyleczyć; *This medicine will cure him of the disease.* – To lekarstwo wyleczy go z choroby.

cure[2] [kjʊə] kuracja, lekarstwo; **a cure for cold** – lekarstwo na zaziębienie; *There is no cure for it.* – Nie ma na to lekarstwa.

curiosity [,kjʊərɪ'ɒsətɪ] ❶ ciekawość; *I asked out of curiosity.* – Pytałem z ciekawości. *I was burning with curiosity.* – Płonąłem z ciekawości. ❷ (*l.mn.* **curiosities**) osobliwość, ciekawostka

curious ['kjʊərɪəs] ❶ ciekawy, ciekawski; *She wanted to avoid curious neighbours.* – Chciała uniknąć ciekawskich sąsiadów. *I'm curious to know what happened.* – Chciałbym wiedzieć, co się stało. ❷ dziwny; *I heard a curious noise and went to investigate.* – Usłyszałem dziwny hałas i poszedłem sprawdzić.

curl[1] [kɜ:l] lok, pukiel; *Her hair is a mass of golden curls.* – Jej włosy to masa złotych loków. **a curl of smoke** – smuga dymu

curl[2] [kɜ:l] kręcić się, zwijać się; *Her hair curls naturally.* – Jej włosy kręcą się w sposób naturalny.

◆ **curl up** – zwinąć się (*w kłębek*); *He curled up on the sofa and went to sleep.* – Zwinął się w kłębek na kanapie i zasnął.

curly ['kɜ:lɪ] kręcony; **curly hair** – kręcone włosy

currant ['kʌrənt] ❶ rodzynek/-ka ❷ porzeczka; **blackcurrants** – czarne porzeczki

currency ['kʌrənsɪ] (*l.mn.* **currencies**) waluta; *The dollar is American currency.* – Dolar jest walutą amerykańską.

current[1] ['kʌrənt] ❶ prąd, nurt; **to swim with/against the current** – płynąć z prądem/pod prąd; **a cold current of air** – zimny prąd powietrza ❷ prąd elektryczny

current[2] ['kʌrənt] bieżący, aktualny; **current events** – bieżące wydarzenia

curry ['kʌrɪ] ❶ ostra przyprawa indyjska ❷ (*l.mn.* **curries**) danie przyrządzone z przyprawą curry

curse[1] [kɜ:s] ❶ przekleństwo ❷ klątwa; **to put a curse on sb** – rzucić na kogoś klątwę

curse[2] [kɜ:s] przeklinać; *He cursed his bad luck.* – Przeklinał swojego pecha.

curtain ['kɜ:tn] ❶ zasłona; **to draw the curtains** – zaciągnąć zasłony ❷ kurtyna

curve[1] [kɜ:v] ❶ krzywa ❷ zagięcie, łuk, zakręt; **a curve in the road** – zakręt drogi

curve[2] [kɜ:v] zakręcać, zakrzywiać się

curved [kɜ:vd] krzywy, zakrzywiony, zagięty

cushion ['kʊʃn] poduszka (*np. fotela, kanapy*), poduszka ozdobna (*na kanapę*)

custard ['kʌstəd] rodzaj kremu z jajek i mleka

custom ['kʌstəm] zwyczaj; *It's our old custom to eat eggs for Easter.* – Spożywanie jajek na Wielkanoc jest naszym starym zwyczajem.

customer ['kʌstəmə] klient

customs ['kʌstəmz] ❶ **Customs** – odprawa celna; **to go through Customs** – przechodzić odprawę celną; **a customs officer** – celnik ❷ cło; **to pay customs** – płacić cło

cut[1] [kʌt] **(-tt-) (cut, cut** [kʌt, kʌt]) ciąć, kroić; **to cut a lemon in half** – przeciąć cytrynę na pół; *She cut her finger while slicing bread.* – Zacięła się w palec przy krojeniu chleba. **to cut sb's hair** – obciąć komuś włosy

◆ **cut down** – ściąć; **to cut down a tree** – ściąć drzewo

◆ **cut down on** – obniżyć, zredukować; *The doctor told him to cut down on sweets.* – Lekarz kazał mu zmniejszyć spożycie słodyczy.

◆ **cut off** – odciąć, przerwać; *Electricity has been cut off.* – Został odcięty dopływ prądu. *We were cut off by the snow.* – Byliśmy odcięci od świata przez zaspy śnieżne. *I managed to get him on the phone but unfortunately we were soon cut off.* – Zdołałam się do niego dodzwonić, ale niestety wkrótce przerwano nam rozmowę.

cut[2] [kʌt] ❶ przecięcie, rozcięcie, rana cięta, skaleczenie; *I have a cut in my arm.* – Mam skaleczone ramię. ❷ cięcie, obniżenie; **cuts in the budget** – cięcia w budżecie; **a short-cut** – skrót (*drogi*); **to take short-cuts** – iść na skróty

cutlery ['kʌtlərɪ] sztućce

cycle[1] ['saɪkl] cykl

cycle[2] ['saɪkl] rower

cycle[3] ['saɪkl] jeździć na rowerze; *Do you cycle to work every day?* – Czy codziennie jeździsz do pracy rowerem?

cyclist ['saɪklɪst] rowerzysta

cylinder ['sɪlɪndə] ❶ walec ❷ *mot.* cylinder (*część silnika*)

cylindrical [sɪ'lɪndrɪkl] cylindryczny, walcowaty

cynic ['sɪnɪk] cynik

cynical ['sɪnɪkl] cyniczny

cypress ['saɪprəs] cyprys

d

'd ❶ = **had** ❷ = **would**

dab [dæb] **(-bb-)** lekko dotknąć, musnąć, przyłożyć (*coś do czegoś*)

dad [dæd] tato

daddy ['dædɪ] (*l.mn.* **daddies**) tato, tatuś

daffodil ['dæfədɪl] żonkil

dagger ['dægə] sztylet

daily[1] ['deɪlɪ] codzienny, powszedni; **a daily newspaper** – gazeta codzienna

daily[2] ['deɪlɪ] codziennie; *The shop is open daily from 8 a.m. to 8 p.m.* – Sklep jest czynny codziennie od 8 rano do 8 wieczór.

dairy ['deərı] (*l.mn.* **dairies**) mleczarnia, sklep mleczarski

daisy ['deızı] (*l.mn.* **daisies**) stokrotka

dam [dæm] tama

damage[1] ['dæmıdʒ] szkoda, uszkodzenie; *The storm did some damage to the house.* – Burza spowodowała pewne uszkodzenie domu. ❷ **damages** – odszkodowanie; **to claim £200 damages** – domagać się 200 funtów odszkodowania

damage[2] ['dæmıdʒ] uszkodzić; *The house was badly damaged by the storm.* – Dom został poważnie uszkodzony przez burzę.

damn[1] [dæm] (*wykrzyknik*) cholera, do cholery

damn[2] [dæm] *pot.* nic; *I don't care a damn.* – Nic mnie to nie obchodzi. *It isn't worth a damn.* – To jest nic nie warte.

damn[3] [dæm] potępiać, przeklinać, skazać na potępienie

damnation [dæm'neıʃn] potępienie; **to suffer eternal damnation** – cierpieć potępienie wieczne

damp [dæmp] wilgotny

dance[1] [dɑ:ns] ❶ taniec; **to have a dance with sb** – zatańczyć z kimś ❷ tańce, zabawa taneczna; *He took me to the dance on Saturday.* – Zabrał mnie na zabawę w sobotę.

dance[2] [dɑ:ns] tańczyć

dancer ['dɑ:nsə] tancerz, tancerka; **a ballet dancer** – tancerz baletowy/tancerka baletowa

dancing ['dɑ:nsıŋ] taniec, tańczenie

danger ['deındʒə] niebezpieczeństwo; **to be in danger** – być w niebezpieczeństwie

dangerous ['deındʒərəs] niebezpieczny

dare [deə] ❶ mieć odwagę, śmieć, odważyć się; *How dare you!* – Jak śmiesz! *He daren't do it./He doesn't dare to do it.* – On nie śmie tego zrobić. *Don't you dare use my car!* – Nie waż się używać mojego samochodu! ❷ rzucić wyzwanie, sprowokować; *His friends dared him to jump into the icy cold water.* – Jego przyjaciele rzucili mu wyzwanie, by skoczył do lodowatej wody.

daring ['deərıŋ] śmiały, wyzywający; *She was wearing a rather daring low-cut dress.* – Miała na sobie dość wyzywającą, głęboko wyciętą suknię.

dark[1] [dɑ:k] ❶ ciemny, pogrążony w ciemności; *It was dark in the room.* – W pokoju było ciemno. *It soon got dark.* – Wkrótce zapadł zmrok. **dark blue** – ciemnoniebieski ❷ (*o kolorze włosów*) ciemny; **a tall dark man** – wysoki, ciemnowłosy mężczyzna

dark[2] [dɑ:k] ciemność; *I couldn't see well in the dark.* – Nie widziałam dobrze w ciemności. *Some children are afraid of the dark.* – Niektóre dzieci boją się ciemności. **after dark** – po zapadnięciu zmroku; **before dark** – przed zapadnięciem zmroku

darkness ['dɑ:knıs] ciemność; *The house was in complete darkness.* – Dom był pogrążony w zupełnej ciemności. *Darkness has fallen.* – Zapadła ciemność.

darling ['dɑ:lıŋ] kochanie, kochany; *Is that you, darling?* – Czy to ty, kochanie?

dart[1] [dɑ:t] pomknąć, przemknąć; *He darted into the room.* – Wpadł (jak strzała) do pokoju.

dart[2] [dɑ:t] strzałka, lotka; **to play darts** – grać w strzałki (*rzucać lotkami do tarczy*)

dash[1] [dæʃ] mknąć, pędzić; *He dashed out of the room.* – Wypadł z pokoju. *It's getting late. I must dash.* – Robi się późno, muszę lecieć.

dash[2] [dæʃ] ❶ szybki ruch, pęd, werwa; *We made a dash for the exit.* – Rzuciliśmy się do wyjścia. ❷ myślnik, kreska (*np. w alfabecie Morse'a*) ❸ odrobina, mały dodatek

data ['deɪtə] dane; *The data is/are being collected.* – Dane są właśnie zbierane. **data bank** – bank danych; **data base** – *komp.* baza danych; **data-processing** – *komp.* przetwarzanie danych

date[1] [deɪt] ❶ data; **the date of birth** – data urodzenia; *What's the date today?* – Jaka jest dziś data? **to be out of date** – być przestarzałym; **to go out of date** – wyjść z mody; **to bring sth up to date** – zmodernizować coś/ /uaktualnić ❷ randka, umówione spotkanie; **to make a date with sb** – umówić się z kimś na randkę; **to have a date with sb** – mieć z kimś randkę; **a blind date** – randka w ciemno

date[2] [deɪt] daktyl; **a date palm** – palma daktylowa

daughter ['dɔ:tə] córka

daughter-in-law ['dɔ:tərɪnlɔ:] (*l.mn.* **daughters-in-law**) synowa

dawn[1] [dɔ:n] świt, brzask; *We got up at dawn.* – Wstaliśmy o świcie.

dawn[2] [dɔ:n] świtać; *We got up when the day was dawning.* – Wstaliśmy, kiedy świtało. *It suddenly dawned on me that he was lying.* – Nagle zdałem sobie sprawę/do mnie dotarło, że on kłamie.

day [deɪ] dzień; *What day is it today?* – Jaki jest dziś dzień? **by day** – w ciągu dnia/za dnia; **day by day** – dzień po dniu; **the day after tomorrow** – pojutrze; **the day before yesterday** – przedwczoraj; **the other day** – przed kilku dniami; **one day** – pewnego dnia; **some day** – kiedyś/pewnego dnia (*w przyszłości*); *You'll understand it some day.* – Kiedyś to zrozumiesz.

daylight ['deɪlaɪt] światło dzienne; *The colours look much better in daylight.* – Te kolory wyglądają dużo lepiej w świetle dziennym. **in broad daylight** – w biały dzień

days [deɪz] czasy; **in those days** – w tamtych czasach; *Those were the days!* – To były czasy! **these days** – obecnie/w obecnych czasach

daytime ['deɪtaɪm] dzień (*od świtu do zmroku*); *I never sleep during the daytime.* – Nigdy nie śpię w dzień. *Tomorrow daytime temperatures will be between 15° and 20°C.* – Jutro w ciągu dnia temperatura będzie się wahać od 15° do 20°C.

daze[1] [deɪz] oszołomienie, ogłuszenie; **to be in a daze** – być w stanie oszołomienia

daze[2] [deɪz] ogłuszyć, oszołomić; *The blow dazed him for a moment.* – Cios ogłuszył go na chwilę. *He was dazed by the tragic news.* – Ta tragiczna wiadomość ogłuszyła go.

dazzle ['dæzl] oślepić; *I was dazzled by the sunlight.* – Blask słońca oślepił mnie.

dead [ded] umarły, nieżywy, martwy; *He's dead.* – On nie żyje. **the dead** – umarli; **dead silence** – martwa cisza; **a dead language** – martwy język; **dead end** – *przen.* ślepa uliczka; **to come to a dead end** – utknąć w martwym punkcie

deadline ['dedlaɪn] ostateczny i nieprzekraczalny termin; **to meet the deadline** – dotrzymać terminu

deadly[1] ['dedlɪ] **(-ier, -iest)** śmiertelny, śmiercionośny; **a deadly poison** – śmiertelna trucizna; **a deadly weapon** – śmiercionośna broń; **deadly enemies** – śmiertelni wrogowie

deadly[2] ['dedlɪ] nadzwyczaj, niezwykle, śmiertelnie; **to be deadly serious** – być śmiertelnie poważnym; *It was deadly boring.* – To było okropnie nudne.

deaf [def] głuchy; **to go/to become deaf** – ogłuchnąć; *He is deaf to my advice.* – On jest głuchy na moje rady. **the deaf** – głusi

deafen ['defn] ogłuszyć; *We were deafened by loud music.* – Byliśmy ogłuszeni głośną muzyką.

deafness ['defnıs] głuchota

deal¹ [di:l] **(dealt, dealt** [delt, delt]) ❶ zajmować się; *We'll deal with the problem later on.* – Później zajmiemy się tym problemem. ❷ dotyczyć, traktować; *This paper deals with common mistakes in English.* – Ten referat dotyczy powszechnie popełnianych błędów w języku angielskim. ❸ mieć do czynienia, prowadzić interesy; *We've been dealing with this company for 20 years.* – Prowadzimy interesy z tą firmą od 20 lat.

◆ **deal in** – zajmować się kupnem lub sprzedażą, handlować; *He deals in second-hand cars.* – On handluje używanymi samochodami.

◆ **deal out** – rozdać karty

deal² [di:l] ❶ umowa, transakcja, układ, interes; **to make a deal** – zawrzeć układ/umowę; *It's a deal.* – Umowa stoi. ❷ rozdanie kart

deal³ [di:l]:

a good deal/a great deal – dużo; *He travels a great deal.* – On dużo podróżuje. *He spent a great deal of money on his house.* – Dużo wydał na swój dom.

dealer ['di:lə] ❶ pośrednik, osoba zajmująca się handlem; **a car dealer** – pośrednik w handlu samochodami; **a dealer in antique furniture** – antykwariusz (*zajmujący się handlem starymi meblami*); **a drug dealer** – pośrednik w handlu narkotykami ❷ osoba rozdająca karty

dealt [delt] *p.* **deal¹ (dealt, dealt)**

dear¹ [dıə]: (*wykrzyknik*) *Oh, dear!/ /Dear me!* – Ojej!

dear² [dıə] ❶ ktoś drogi, kochana/droga osoba; *You are a dear.* – Jesteś kochany. ❷ kochanie, mój drogi, moja droga; *Yes, dear, you may be right.* – Tak, kochanie, chyba masz rację.

dear³ [dıə] ❶ drogi, kochany; *Dear Ann...* – Droga Anno... (*początek listu*); *She is very dear to him.* – Ona jest mu bardzo droga. ❷ drogi, kosztowny; *This flat is too dear for us.* – To mieszkanie jest dla nas za drogie.

dear⁴ [dıə] drogo; **to buy cheap and sell dear** – kupować tanio, a sprzedawać drogo

dearly ['dıəlı] ❶ bardzo serdecznie, z całego serca; *I love them dearly.* – Kocham ich z całego serca. ❷ drogo, dużym kosztem; *She paid dearly for her mistake.* – Drogo zapłaciła za swój błąd.

death [deθ] śmierć; *Her husband's death was a blow to her.* – Śmierć męża była dla niej ciosem. **to bore sb to death** – zanudzić kogoś na śmierć; **death penalty** – kara śmierci

deathly ['deθlı] śmiertelny, jak śmierć; **deathly silence** – śmiertelna cisza; *She was deathly pale.* – Była śmiertelnie blada.

debate¹ [dı'beıt] debata; **a parliamentary debate** – debata parlamentarna

debate² [dı'beıt] debatować; **to debate the new law** – debatować nad nową ustawą

debt [det] dług; **to be in debt** – być zadłużonym; **to run into debt** – zadłużyć się; **a debt of gratitude** – dług wdzięczności; **a debt of honour** – dług honorowy

Dec = December

decay¹ [dı'keı] ❶ psuć się, gnić; *Your teeth will decay if you don't brush them regularly.* – Popsują ci się zęby, jeżeli nie będziesz ich mył regularnie. ❷ chylić się ku upadkowi, niszczeć

decay² [dı'keı] ❶ psucie się, gnicie, rozkład; **tooth decay** – próchnica zębów ❷ upadek, schyłek, ruina; **to fall into decay** – *dosł. i przen.* popaść w ruinę

deceased [dı'si:st] *prawn.* zmarły, nieboszczyk

deceive [dı'si:v] zwieść, oszukać, wprowadzić w błąd; *They deceived him into believing their story.* – Zwiedli go tak, że uwierzył w ich historię. *Don't deceive yourself.* – Nie oszukuj samego siebie. *Unless my eyes deceive me...* – O ile mnie oczy nie mylą...

December [dɪ'sembə] grudzień

decent ['di:snt] przyzwoity, porządny; **decent pay** – przyzwoita płaca; **decent clothes** – przyzwoite ubranie; *Decent citizens have nothing to fear.* – Przyzwoici obywatele nie muszą się niczego obawiać.

decide [dɪ'saɪd] decydować; *We decided to tell him about it.* – Zdecydowaliśmy się powiedzieć mu o tym.

decimal[1] ['desɪml] dziesiętny; **decimal point** – kropka (*przy zapisie ułamków dziesiętnych w krajach anglosaskich*) – odpowiednik przecinka (*przy zapisie ułamków dziesiętnych*); **decimal fraction** – ułamek dziesiętny

decimal[2] ['desɪml] ułamek dziesiętny

decision [dɪ'sɪʒn] decyzja; **to make a decision** – podjąć decyzję; **to come to/to reach a decision** – dojść do decyzji (*po namyśle*)

deck [dek] pokład; *We went up on deck and looked at the sunset.* – Weszliśmy na pokład i oglądaliśmy zachód słońca. **the top deck of a bus** – piętro/ /druga kondygnacja autobusu

deck-chair ['dektʃeə] leżak

declaration [,deklə'reɪʃn] deklaracja, oświadczenie; **a customs declaration** – deklaracja celna; **The Declaration of Independence** – Deklaracja Niepodległości; **a declaration of war** – wypowiedzenie wojny; **a declaration of love** – wyznanie miłości

declare [dɪ'kleə] ❶ oznajmić, oświadczyć; *He declared that the hadn't taken the money.* – Oświadczył, że nie wziął tych pieniędzy. **to declare war on a country** – wypowiedzieć wojnę jakiemuś państwu ❷ zgłosić do oclenia; *Have you got anything to declare?* – Czy ma pan coś do oclenia?

decorate ['dekəreɪt] ❶ dekorować, przystroić; **to decorate a cake** – udekorować tort ❷ odnowić, odmalować (*mieszkanie*); **to decorate a room green** – pomalować/wytapetować pokój na zielono ❸ odznaczyć, udekorować; **to decorate sb with a medal** – odznaczyć kogoś medalem

decoration [,dekə'reɪʃn] ❶ dekoracja, ozdoba; **Christmas decorations** – ozdoby bożonarodzeniowe ❷ wystrój, urządzenie; **interior decoration** – wystrój wnętrza ❸ odznaczenie, medal; **to be awarded a military decoration** – zostać odznaczonym medalem wojskowym

decorator ['dekəreɪtə] dekorator; **interior decorator** – dekorator wnętrz

decrease[1] [di:'kri:s] zmniejszać się, obniżać się, spadać; *The number of students has decreased from 1500 to 1200.* – Liczba studentów zmniejszyła się z 1500 do 1200.

decrease[2] ['di:kri:s] spadek, obniżenie się; **a decrease in population** – spadek liczby ludności; **to be on the decrease** – zmniejszać się/wykazywać tendencję spadkową

dedicate ['dedɪkeɪt] ❶ dedykować, poświęcić; *The book is dedicated to his wife.* – Ta książka jest dedykowana/ /poświęcona jego żonie. ❷ poświęcić; *He dedicated his life to medical research.* – Poświęcił swoje życie badaniom w dziedzinie medycyny.

deduce [dɪ'dju:s] wydedukować, wywnioskować; *The police have deduced who was the author of the letter.* – Policja doszła drogą dedukcji do tego, kto był autorem listu.

deduct [dɪ'dʌkt] odjąć, potrącić; *The referee deducted five points from his score.* – Sędzia odliczył mu pięć punktów.

deduction [dɪ'dʌkʃn] ❶ odjęcie, potrącenie; *Your salary is £500 a month after deduction for tax.* – Pańskie za-

d

robki wynoszą 500 funtów miesięcznie po potrąceniu podatku. ❷ dedukcja; *I guessed the answer by/through a process of deduction.* – Odgadłem odpowiedź drogą dedukcji.

deed [di:d] czyn, uczynek; **a heroic deed** – czyn bohaterski; **to do a good deed** – zrobić dobry uczynek

deep [di:p] głęboki; *The lake is 4 metres deep.* – To jezioro ma 4 metry głębokości. **a deep sleep** – głęboki sen; **deep blue** – ciemnoniebieski; **a deep voice** – niski głos

d

deep freeze [ˌdi:p'fri:z] zamrażarka, zamrażalnik

deeply ['di:plɪ] głęboko, bardzo, niezmiernie; *He looked deeply into my eyes.* – Spojrzał mi głęboko w oczy. *He is still deeply in love with her.* – Jest w niej ciągle bardzo zakochany. **to be deeply interested** – być bardzo zainteresowanym

deer [dɪə] (*l.mn.* **deer**) sarna, zwierzyna płowa

defeat[1] [dɪ'fi:t] klęska; **to suffer defeat** – ponieść klęskę; **to admit defeat** – przyznać się do niepowodzenia

defeat[2] [dɪ'fi:t] pokonać; *Our team were defeated by 2 goals to 4.* – Nasza drużyna została pokonana czterema bramkami do dwóch.

defect ['di:fekt] defekt, usterka, wada; **a defect in the engine** – usterka w silniku; **a speech defect** – wada wymowy

defective [dɪ'fektɪv] wadliwy, uszkodzony, zepsuty; **a defective engine** – uszkodzony silnik; **a defective verb** – *gram.* czasownik ułomny

defence [dɪ'fens] obrona; **to act in self-defence** – działać w obronie własnej; **to come to sb's defence** – przyjść komuś na pomoc/z pomocą; **counsel for the defence** – obrońca (*w sądzie*)

defend [dɪ'fend] bronić; **to defend oneself against an attack** – bronić się przed atakiem; **to defend sb in court** – bronić kogoś w sądzie; **to defend a goal** – bronić bramki (*np. w piłce nożnej*)

defendant [dɪ'fendənt] pozwany, oskarżony

defender [dɪ'fendə] obrońca

deficiency [dɪ'fɪʃnsɪ] niedobór; **to suffer from a vitamin deficiency** – cierpieć na niedobór witamin

defied [dɪ'faɪd] *p.* **defy**

defies [dɪ'faɪz] *p.* **defy**

define [dɪ'faɪn] ❶ definiować ❷ określić; *Your rights are clearly defined in the constitution.* – Twoje prawa są wyraźnie określone w konstytucji.

definite ['defɪnɪt] zdecydowany, określony, wyraźny, sprecyzowany; *I have no definite plans for tomorrow.* – Nie mam sprecyzowanych planów na jutro. *I can't see any definite changes.* – Nie widzę żadnych wyraźnych zmian. **the definite article** – *gram.* przedimek określony

definitely ['defɪnɪtlɪ] zdecydowanie, z całą pewnością; *I'm definitely leaving tomorrow.* – Zdecydownie wyjeżdżam jutro. *She's the best candidate. – Yes, definitely.* – Ona jest najlepszym kandydatem. – Tak, z całą pewnością.

definition [ˌdefɪ'nɪʃn] definicja

defrost [ˌdi:'frɒst] rozmrozić; **to defrost the refrigerator** – rozmrozić lodówkę; *Defrost meat before cooking.* – Rozmroź mięso przed gotowaniem/ /przyrządzeniem.

defy [dɪ'faɪ] **(-ies, -ied, -ying)** przeciwstawiać się, buntować się, postępować wbrew; *She daren't defy her father.* – Ona nie śmie przeciwstawić się swemu ojcu. **to defy sb's orders** – sprzeciwić się czyimś rozkazom; *It defies description.* – Tego się nie da opisać.

degree [dɪ'gri:] ❶ stopień; *Water boils at 100 degrees Centigrade/Celsius.* –

Woda gotuje się w temperaturze 100 stopni Celsjusza. *There are 90 degrees in a right angle.* – Kąt prosty ma 90 stopni. **first/second/third degree burns** – oparzenia pierwszego/ /drugiego/trzeciego stopnia; *She wasn't in the slightest degree nervous.* – Nie była w najmniejszym stopniu zdenerwowana. **by degrees** – stopniowo ❷ stopień naukowy (*akademicki*); **the degree of Master of Arts/Science** – stopień magistra nauk humanistycznych/ścisłych; **to study for the degree** – być na studiach magisterskich

delay[1] [dɪ'leɪ] zwłoka, spóźnienie; *You must inform the police without delay.* – Musisz natychmiast/bezzwłocznie zawiadomić policję. *We expect long delays because of the strike.* – Spodziewamy się dużych opóźnień z powodu strajku.

delay[2] [dɪ'leɪ] ❶ opóźnić; *The plane was delayed three hours.* – Samolot spóźnił się o trzy godziny. ❷ odłożyć, przełożyć, wstrzymać, odwlekać; *We should delay our departure till Monday.* – Powinniśmy odłożyć nasz wyjazd do poniedziałku.

delayed [dɪ'leɪd] opóźniony, spóźniony; **a delayed train** – opóźniony pociąg; **a bomb with a delayed-action fuse** – bomba z opóźnionym zapłonem

deliberate [dɪ'lɪbərət] rozmyślny, dokonany z premedytacją; **a deliberate lie** – kłamstwo z premedytacją; *His steps were slow and deliberate.* – Jego kroki były powolne i ostrożne.

deliberately [dɪ'lɪbərətlɪ] umyślnie, celowo, z premedytacją; *They were deliberately delaying the action.* – Oni rozmyślnie wstrzymywali akcję.

delicate ['delɪkət] ❶ delikatny, wrażliwy; **delicate skin** – delikatna skóra ❷ delikatny, subtelny; **a delicate shade of green** – subtelny odcień zieleni

delicious [dɪ'lɪʃəs] pyszny, smakowity, smaczny

delight[1] [dɪ'laɪt] wielka przyjemność, zachwyt, rozkosz, radość; *I read your book with delight.* – Przeczytałem twoją książkę z olbrzymią przyjemnością. **to take delight in doing sth** – znajdować przyjemność w robieniu czegoś; *To my great delight he agreed to stay.* – Ku mojej wielkiej radości zgodził się zostać.

delight[2] [dɪ'laɪt] sprawiać przyjemność, uszczęśliwiać, zachwycać; *Her singing delighted everyone.* – Jej śpiew zachwycił wszystkich.

delighted [dɪ'laɪtɪd] zachwycony; *We were delighted to hear the news of their engagement.* – Ucieszyliśmy się na wiadomość o ich zaręczynach.

delightful [dɪ'laɪtfʊl] uroczy, rozkoszny, zachwycający; *She is a delightful child.* – Ona jest uroczym dzieckiem.

deliver [dɪ'lɪvə] dostarczać; *Newspapers can be delivered to your house.* – Gazety mogą być dostarczane do domu.

delivery [dɪ'lɪvərɪ] dostawa, dostarczenie; **pay on delivery** – płacić przy odbiorze; **a delivery van** – samochód dostawczy

demand[1] [dɪ'mɑːnd] ❶ popyt; *Our goods are in great demand.* – Nasze towary cieszą się dużym popytem. ❷ żądanie, domaganie się; **on demand** – na żądanie; *Catalogues are available on demand.* – Katalogi są udostępniane na życzenie. *Don't give in to his demands.* – Nie ulegaj jego żądaniom.

demand[2] [dɪ'mɑːnd] żądać; *She demanded more money.* – Ona zażądała więcej pieniędzy. *You demand too much of him.* – Oczekujesz/Żądasz od niego zbyt wiele.

demanding [dɪ'mɑːndɪŋ] wymagający; **a demanding job** – trudna praca; *His boss can be very demanding.* – Jego szef potrafi być bardzo wymagający.

democracy [dɪ'mɒkrəsɪ] (*l.mn.* **democracies**) demokracja

d

d

democrat ['deməkræt] demokrata

democratic [ˌdemə'krætɪk] demokratyczny

demolish [dɪ'mɒlɪʃ] zburzyć, rozebrać; *The house had to be demolished as a new road was to be built there.* – Ten dom musiał zostać zburzony, ponieważ miała być tam budowana nowa droga.

demonstrate ['demənstreɪt] ❶ demonstrować, pokazywać; *He demonstrated how to use the new appliance.* – Pokazał, jak używać tego nowego urządzenia. *His last remark demonstrates his ignorance.* – Jego ostatnia uwaga wykazuje jego niewiedzę. ❷ demonstrować, manifestować; *Thousands of people demonstrated in the streets.* – Tysiące ludzi demonstrowało na ulicach.

demonstration [ˌdemən'streɪʃn] ❶ demonstracja, manifestacja; **to stage a demonstration** – urządzić demonstrację ❷ pokaz; **a cookery demonstration** – pokaz gotowania; *He gave us a demonstration how the microwave oven worked.* – Zademonstrował nam, jak działa kuchenka mikrofalowa.

den [den] nora, jaskinia, legowisko dzikiego zwierza

denial [dɪ'naɪəl] ❶ zaprzeczenie; *The ministry issued an offical denial.* – Ministerstwo ogłosiło oficjalne dementi. *I didn't believe his denial that he hadn't taken the money.* – Nie uwierzyłam jego zaprzeczeniom, że nie wziął tych pieniędzy. ❷ odmowa; **the denial of human rights** – odmowa respektowania praw człowieka/ /nieuznawanie praw człowieka

denim ['denɪm] materiał dżinsowy

dense [dens] gęsty; **dense fog** – gęsta mgła; **a dense crowd** – gęsty tłum

density ['densətɪ] ❶ gęstość, zagęszczenie; **the density of population** – gęstość zaludnienia ❷ *fiz.* gęstość, masa właściwa; **the density of water** – gęstość wody

dent¹ [dent] wgniecenie

dent² [dent] wgnieść; *The bonnet of the car was badly dented.* – Maska samochodu była fatalnie wgnieciona.

dental ['dentl] zębowy, stomatologiczny, dot. zębów; **dental floss** – nić dentystyczna; **dental decay** – próchnica zębów

dentist ['dentɪst] dentysta

deny [dɪ'naɪ] **(-ies, -ied, -ying)** ❶ zaprzeczyć; **to deny the accusations** – zaprzeczyć oskarżeniom; *There's no denying that she did a good job.* – Nie da się zaprzeczyć, że wykonała świetną robotę. *He denied knowing anything about it.* – Zaprzeczył, że cokolwiek o tym wiedział. *He denied having ever seen her.* – Zaprzeczył, że ją kiedykolwiek widział. ❷ odmówić; *They were denied permission to enter the building.* – Odmówiono im prawa wstępu do budynku. *He denies himself nothing.* – On niczego sobie nie odmawia.

deodorant [diː'əʊdərənt] dezodorant

depart [dɪ'pɑːt] odjechać, odejść; *The train departs at 4.30.* – Pociąg odchodzi o 4.30.

department [dɪ'pɑːtmənt] wydział, oddział, departament; **the English department** – wydział anglistyki; **the sales department** – dział sprzedaży; **the State Department** – Departament Stanu

department store [dɪ'pɑːtmənt stɔː] dom handlowy

departure [dɪ'pɑːtʃə] odejście, odjazd, odlot; *The departure of the plane was delayed.* – Odlot samolotu był opóźniony. *Everybody was surprised by his sudden departure (from the post).* – Wszyscy byli zdziwieni jego nagłym odejściem (ze stanowiska). **departure from the rules** – odejście od przepisów/niezgodność z przepisami

depend [dɪ'pend] ❶ zależeć; *Are you coming tomorrow? – That depends.* – Czy przychodzisz jutro? – To zależy. *It depends on the price.* – To zależy od ceny. ❷ być zależnym, być na utrzymaniu; *She depends on her husband for everything.* – Ona jest całkowicie na utrzymaniu męża. ❸ polegać; *You can depend on him to help you.* – Możesz na nim polegać/liczyć na niego, że ci pomoże.

dependable [dɪ'pendəbl] solidny, niezawodny; **a dependable friend** – niezawodny przyjaciel

dependence [dɪ'pendəns] zależność

dependent [dɪ'pendənt] ❶ zależny, będący na utrzymaniu; *He is dependent on his parents.* – On jest na utrzymaniu swoich rodziców. ❷ zależny, będący w zależności, uzależniony; *She became dependent on sleeping pills.* – Uzależniła się od tabletek nasennych. *The result is dependent on how much time you spend practising.* – Rezultat zależny jest od tego, jak dużo czasu poświęcasz na ćwiczenia. **a dependent clause** – *gram.* zdanie podrzędne

deposit[1] [dɪ'pɒzɪt] ❶ depozyt; **to make a deposit in a bank** – złożyć depozyt w banku ❷ zadatek, przedpłata; *We paid a deposit of £1000 on the car.* – Zapłaciliśmy zadatek w wysokości 1000 funtów na samochód. ❸ kaucja, zastaw; **a refundable/a returnable deposit** – kaucja zwrotna ❹ złoże, pokład; *There are rich deposits of coal here.* – Są tu bogate złoża węgla. ❺ *chem.* osad, nalot

deposit[2] [dɪ'pɒzɪt] ❶ zdeponować, złożyć; **to deposit money in the bank** – zdeponować pieniądze w banku; **to deposit valuables in the safe** – złożyć kosztowności w sejfie ❷ położyć, umieścić; *She deposited the bag on the bed.* – Położyła torbę na łóżku.

depress [dɪ'pres] przygnębiać; *The news depressed me.* – Ta wiadomość przygnębiła mnie.

depressed [dɪ'prest] przygnębiony

depressing [dɪ'presɪŋ] przygnębiający

depression [dɪ'preʃn] ❶ depresja, przygnębienie; **to fall into a deep depression** – wpaść w głębokie przygnębienie; **to suffer from depression** – *med.* cierpieć na depresję ❷ zagłębienie, wgłębienie ❸ *ekon.* kryzys, stagnacja

depth [depθ] głębokość; *The lake is 4 metres in depth.* – To jezioro ma 4 metry głębokości. *What's the depth of the river?* – Jaka jest głębokość tej rzeki?

deputy ['depjʊtɪ] (*l.mn.* **deputies**) zastępca; **a deputy minister** – wiceminister; **a deputy manager** – zastępca dyrektora; **to act as deputy** – być zastępcą/zastępować

descend [dɪ'send] ❶ zejść, zjechać, zstąpić; *He descended the stairs.* – Zszedł na dół po schodach. – *The plane descended.* – Samolot zniżył lot. *Darkness has descended.* – Zapadła ciemność. ❷ **descend from/be descended from** – pochodzić od; *All animals are descended from simple organisms.* – Wszystkie zwierzęta pochodzą od prostych organizmów.

descendant [dɪ'sendənt] potomek

descent [dɪ'sent] ❶ droga w dół, zejście; *The plane began its descent.* – Samolot zaczął schodzić do lądowania/obniżać lot. ❷ spadek terenu, pochyłość; *There was a steep descent from the top of the mountain.* – Ze szczytu góry było strome zejście. ❸ pochodzenie; *He is of English descent.* – On jest z pochodzenia Anglikiem.

describe [dɪ'skraɪb] opisać; *He described the thief to the police.* – Opisał policji, jak wyglądał złodziej.

description [dɪ'skrɪpʃn] opis; *He gave the police the description of his attacker.* – Podał policji opis swojego napastnika. *It's beyond description.* – Tego się nie da opisać.

desert[1] ['dezət] pustynia; **the Sahara Desert** – Pustynia Sahara

desert[2] [dɪ'zɜ:t] opuścić, uciec (od); *This man has deserted his family.* – Ten człowiek opuścił swoją rodzinę. *My courage deserted me.* – Odwaga mnie opuściła. **to desert from the army** – zdezerterować z wojska

deserted [dı'zɜ:tıd] pusty, opustoszały, opuszczony; *I walked along deserted streets.* – Chodziłem po opustoszałych ulicach.

desert island [ˌdezət 'aılənd] bezludna wyspa

deserve [dı'zɜ:v] zasługiwać; *You deserve a holiday after hard work.* – Zasłużyliście na wakacje po ciężkiej pracy. *She deserves better.* – Ona zasługuje na coś lepszego/na lepszy los. *They got what they deserved.* – Mają to, na co zasłużyli./Spotkało ich to, na co zasłużyli.

d

design¹ [dı'zaın] ❶ projekt, plan; **a design for a new hotel** – projekt nowego hotelu ❷ wzór, deseń; *The wallpaper had a pretty floral design.* – Tapeta miała ładny deseń w kwiaty. ❸ zamiar, zamysł; **by design** – celowo, rozmyślnie; **to have designs on sb** – mieć wobec kogoś (złe) zamiary

design² [dı'zaın] projektować; *Their house was designed by a famous architect.* – Ich dom został zaprojektowany przez słynnego architekta.

designer [dı'zaınə] projektant; **a fashion designer** – projektant mody

desirable [dı'zaıərəbl] pożądany, wskazany

desire¹ [dı'zaıə] ❶ pragnąć, chcieć; *She had everything you could possibly desire.* – Miała wszystko, czego można by sobie zamarzyć. *It achieved the desired effect.* – To odniosło pożądany skutek. ❷ pożądać

desire² [dı'zaıə] ❶ pragnienie, życzenie, silna chęć; *His main desire is to get rich.* – Jego głównym pragnieniem jest wzbogacić się. ❷ pożądanie

desk [desk] ❶ biurko, ławka szkolna; *He was sitting at his desk and working.* – Siedział przy biurku i pracował. ❷ kontuar, lada; **the information desk** – informacja, miejsce gdzie udziela się informacji; **the reception desk** – recepcja (*w hotelu*)

desolate ['desələt] ❶ odludny, opustoszały, przygnębiający; *The seaside resort looked desolate in winter.* – Zimą miejscowość nadmorska wyglądała ponuro i pusto. ❷ smutny, samotny, przygnębiony; *I felt desolate in the strange country.* – Czułem się samotny w tym obcym kraju.

despair¹ [dı'speə] rozpacz; *He was in despair.* – On był w rozpaczy. *Her son's behaviour drove her to despair.* – Zachowanie syna doprowadzało ją do rozpaczy.

despair² [dı'speə] rozpaczać, stracić nadzieję; *She despaired of ever having a house of her own.* – Straciła nadzieję, że kiedykolwiek będzie miała własny dom.

desperate ['desprət] ❶ zrozpaczony, zdesperowany; *He was so desperate, that he stole money to buy food.* – Był tak zdesperowany, że ukradł pieniądze, by kupić jedzenie. ❷ rozpaczliwy; **a desperate financial situation** – rozpaczliwe położenie finansowe

desperately ['desprətlı] ❶ rozpaczliwie, beznadziejnie; *He is desperately ill.* – On jest bardzo chory. *He wanted desperately to find a job.* – Rozpaczliwie chciał znaleźć pracę. ❷ zaciekle; *They fought desperately.* – Walczyli zaciekle.

desperation [ˌdespə'reıʃn] rozpacz, desperacja; *She stole the money out of desperation.* – Ona ukradła te pieniądze z desperacji.

despise [dı'spaız] nie znosić, nienawidzić, pogardzać; *She despised him for being such a coward.* – Pogardzała nim za to, że był takim tchórzem.

despite [dı'spaıt] pomimo, mimo, wbrew; *We went there despite their warnings.* – Poszliśmy tam pomimo ich ostrzeżeń.

dessert [dı'zɜ:t] deser; *We had ice-cream for dessert.* – Na deser zjedliśmy lody.

destination [ˌdestı'neıʃn] cel podróży, miejsce przeznaczenia; *We reached our destination at midnight.* – Dotarliśmy do celu podróży o północy.

destiny ['destɪnɪ] (*l.mn.* **destinies**) przeznaczenie, los; *It was his destiny to become famous.* – Jego przeznaczeniem było stać się sławnym. *You can't escape your destiny.* – Nie można uciec od własnego losu.

destroy [dɪ'strɔɪ] zniszczyć; *The house was destroyed by a bomb.* – Dom został zniszczony przez bombę.

destruction [dɪ'strʌkʃn] zniszczenie, destrukcja; **the destruction of rain forests** – niszczenie lasów tropikalnych; **weapons of mass destruction** – broń masowej zagłady

detach [dɪ'tætʃ] odczepić, odłączyć; **to detach a coach from the train** – odczepić wagon od pociągu

detached [dɪ'tætʃt] ❶ (*o domu*) wolno stojący ❷ bezstronny, obiektywny, nie podlegający wpływom; **a detached observer** – obiektywny obserwator

detail ['di:teɪl] detal, szczegół; **to go into details** – wdawać się w szczegóły; *I've sent for the details of the job.* – Wysłałam list z zapytaniem o szczegóły tej pracy. **in detail** – szczegółowo, ze szczegółami

detective [dɪ'tektɪv] detektyw

detective novel [dɪ'tektɪv nɒvl] **/ detective story** [dɪ'tektɪv stɔ:rɪ] kryminał, powieść detektywistyczna

detergent [dɪ'tɜ:dʒənt] detergent

deteriorate [dɪ'tɪərɪəreɪt] pogorszyć się; *His health is deteriorating.* – Jego zdrowie się pogarsza. *Relations between the two countries have deteriorated.* – Stosunki między tymi dwoma krajami pogorszyły się.

determination [dɪˌtɜ:mɪ'neɪʃn] ❶ determinacja, zdecydowanie; *She showed great determination to achieve her aim.* – Wykazała wielkie zdecydowanie, aby osiągnąć cel. ❷ określenie, ustalenie; **the determination of a ship's position** – określenie położenia statku

determine [dɪ'tɜ:mɪn] określić, ustalić

determined [dɪ'tɜ:mɪnd] zdecydowany, zdeterminowany; *She was determined to tell them the truth.* – Ona była zdecydowana powiedzieć im prawdę.

detest [dɪ'test] nie znosić, nienawidzieć; *I detest cruelty.* – Nie znoszę okrucieństwa.

détour ['di:ˌtʊə] objazd; *We had to make a détour because of the road works.* – Musieliśmy zrobić objazd z powodu robót drogowych.

devastate ['devəsteɪt] zniszczyć doszczętnie, spustoszyć; *The earthquake devastated the town.* – Trzęsienie ziemi doszczętnie zniszczyło miasto.

devastation [ˌdevə'steɪʃn] zniszczenie, spustoszenie

develop [dɪ'veləp] ❶ rozwijać się; *The baby is developing well.* – Dziecko rozwija się dobrze. *Our little town has developed into a big industrial centre.* – Nasze małe miasteczko rozwinęło się w duże centrum przemysłowe. ❷ wywołać (*film*); *Our photos haven't been developed yet.* – Nasze fotografie nie zostały jeszcze wywołane. ❸ popaść (w), nabyć; **to develop a habit** – popaść w nałóg; **to develop an illness** – nabawić się choroby

development [dɪ'veləpmənt] ❶ rozwój; **economic development of a country** – rozwój gospodarczy kraju ❷ **developments** – bieg wydarzeń, rozwój wypadków; **the latest developments** – ostatni rozwój wypadków

device [dɪ'vaɪs] ❶ urządzenie, przyrząd; **labour-saving devices** – urządzenie oszczędzające pracę; **a useful device for sharpening knives** – praktyczne urządzenie do ostrzenia noży ❷ metoda, pomysł, środek; **to leave sb to his own devices** – zostawić kogoś, aby sam sobie radził

devil ['devl] diabeł

devote [dɪ'vəʊt] poświęcać, oddawać; *She devoted herself/her life to helping the poor.* – Poświęciła się/swoje życie pomaganiu biednym.

devoted [dɪ'vəʊtɪd] oddany, przywiązany; *She is absolutely devoted to her children.* – Ona jest bez reszty oddana

d

swoim dzieciom. **a devoted mother** – oddana matka

devotion [dɪ'vəʊʃn] ❶ oddanie się, poświęcenie się; **her devotion to her children** – jej oddanie/poświęcenie dla dzieci; **his devotion to the cause** – jego oddanie dla sprawy ❷ religijność

dew [dju:] rosa

diabetes [ˌdaɪə'bi:ti:z] cukrzyca

diabetic[1] [ˌdaɪə'betɪk] ❶ cukrzycowy; **a diabetic coma** – śpiączka cukrzycowa; **diabetic chocolate** – czekolada dla chorych na cukrzycę ❷ chory na cukrzycę; *She is diabetic.* – Ona jest chora na cukrzycę.

d

diabetic[2] [ˌdaɪə'betɪk] cukrzyk

diagnose ['daɪəgnəʊz] postawić diagnozę, rozpoznać (*chorobę*)

diagnosis [ˌdaɪəg'nəʊsɪs] (*l.mn.* **diagnoses** [ˌdaɪəg'nəʊsi:z]), diagnoza, rozpoznanie

diagonal[1] [daɪ'ægənl] ukośny, idący po przekątnej

diagonal[2] [daɪ'ægənl] *mat.* przekątna

diagram ['daɪəgræm] diagram

dial[1] ['daɪəl] ❶ tarcza (*np. zegara*); **the dial of a clock** – tarcza zegara; **a telephone dial** – tarcza telefonu; **a sundial** – zegar słoneczny ❷ pokrętło, regulator, gałka regulująca

dial[2] ['daɪəl] **(-ll-)** wykręcić numer telefonu; *She dialled his number.* – Wykręciła numer jego telefonu.

dialling code ['daɪəlɪŋ kəʊd] numer kierunkowy

dialling tone ['daɪəlɪŋ təʊn] ciągły sygnał po podniesieniu słuchawki

dialect ['daɪəlekt] dialekt

dialogue ['daɪəlɒg] dialog

diameter [daɪ'æmɪtə] średnica; *The circle is 2 metres in diameter.* – To koło ma 2 metry średnicy.

diamond ['daɪəmənd] ❶ diament, brylant ❷ **diamonds** – karo (*w kartach*); **the two of diamonds** – dwójka karo

diaper ['daɪəpə] *am.* pieluszka

diary ['daɪərɪ] (*l.mn.* **diaries**) ❶ pamiętnik; **to keep a diary** – prowadzić pamiętnik ❷ kalendarz; *I must look in my diary to see if I'm free.* – Muszę zajrzeć do kalendarza, żeby zobaczyć, czy jestem wolna.

dice [daɪs] (*l.mn.* **dice**) kość, kostka do gry; **to throw the dice** – rzucać kostką

dictate [dɪk'teɪt] dyktować; *He was dictating a letter to his secretary.* – Dyktował list sekretarce. **to dictate terms** – dyktować warunki

dictation [dɪk'teɪʃn] dyktando

dictator [dɪk'teɪtə] dyktator

dictionary ['dɪkʃənrɪ] (*l.mn.* **dictionaries**) słownik

did [dɪd] *p.* **do**[2] ***(did, done)***

didn't ['dɪdnt] = **did not**

die [daɪ] **(-ies, -ied, -ying)** umrzeć; **to die of cancer** – umrzeć na raka; **to die from hunger** – umrzeć z głodu; **to die of natural causes** – umrzeć śmiercią naturalną; **to die a violent death** – umrzeć śmiercią gwałtowną; *We were dying of boredom.* – Umieraliśmy z nudów.

◆ **die down** – ucichnąć, zaniknąć, umilknąć; *The wind died down.* – Wiatr ucichł.

◆ **be dying for** – marzyć o; *I'm dying for something to drink.* – Marzę o czymś do picia.

◆ **die out** – wymrzeć; *This species of animals died out many years ago.* – Ten gatunek zwierząt wymarł wiele lat temu.

diesel ['di:zl] diesel

diet ['daɪət] dieta; **to go on a diet** – przejść na dietę; *She is on a diet of fruit and milk.* – Ona jest na diecie mleczno-owocowej.

differ ['dɪfə] różnić się; *Our views on the subject differ widely.* – Nasze poglądy na tę sprawę znacznie się różnią.

difference ['dɪfrəns] różnica; *There is a big difference between European and Chinese customs.* – Istnieje duża różnica między zwyczajami europejskimi a chińskimi. *It makes no difference.* – Nie robi to żadnej różnicy. **to tell the**

difference – odróżnić; **a difference of opinion** – różnica zdań

different ['dɪfrənt] różny, inny; *The result was different from what I had expected.* – Rezultat był inny niż się spodziewałam.

difficult ['dɪfɪkəlt] trudny; *Chinese is a difficult language to learn.* – Trudno jest nauczyć się języka chińskiego. *He is a difficult child.* – On jest trudnym dzieckiem.

difficulty ['dɪfɪkəltɪ] (*l.mn.* **difficulties**) trudność; *She could read only with great difficulty.* – Czytała z największą trudnością. **to run into/to come across difficulties** – napotkać trudności; **to overcome difficulties** – pokonać/przezwyciężyć trudności; **to get into difficulties** – popaść w kłopoty; *He has difficulty in breathing.* – On ma trudności z oddychaniem.

dig [dɪg] **(-gg-) (dug, dug** [dʌg, dʌg]) kopać; **to dig the garden** – kopać w ogrodzie; **to dig a tunnel** – wykopać tunel

◆ **dig up** – wykopać, wydobyć; **to dig up the buried treasure** – wykopać ukryty skarb

digest [dɪ'dʒest/daɪ'dʒest] *med.* trawić

digestion [dɪ'dʒestʃən/daɪ'dʒestʃən] trawienie

digestive [dɪ'dʒestɪv/daɪ'dʒestɪv] trawienny; **the digestive system** – układ pokarmowy; **digestive juices** – soki trawienne

digit ['dɪdʒɪt] cyfra

digital ['dɪdʒɪtl] cyfrowy; **a digital watch** – zegarek cyfrowy

dignified ['dɪgnɪfaɪd] pełen godności, dostojny

dignity ['dɪgnətɪ] godność

dilute [daɪ'lju:t/dɪ'lju:t] rozcieńczyć; **to dilute juice with water** – rozcieńczyć sok wodą

dilution [daɪ'lu:ʃn/dɪ'lu:ʃn] rozcieńczenie, roztwór

dim [dɪm] przyćmiony, mętny, niejasny, przytłumiony; *The light was too dim to ready by.* – Światło było za słabe, żeby przy nim czytać. *I have only dim recollections of my early childhood.* – Mam tylko mgliste wspomnienia z wczesnego dzieciństwa. *Her eyesight is getting dim.* – Wzrok się jej pogarsza.

dimension [dɪ'menʃn/daɪ'menʃn] ❶ **dimensions** – wymiary, rozmiar; *What are the dimensions of the garden?* – Jakie są wymiary ogrodu? ❷ *mat.* wymiar; **the fourth dimension** – czwarty wymiar ❸ rozmiar; *I didn't realize the dimensions of the problem.* – Nie zdawałem sobie sprawy z rozmiaru problemu. ❹ wymiar, aspekt; *It added a new dimension to their lives.* – To wzbogaciło ich życie o nowy wymiar.

dimensional [dɪ'menʃənl/daɪ'menʃənl] wymiarowy; **two-/three-dimensional** – dwu-/trójwymiarowy

diminish [dɪ'mɪnɪʃ] zmniejszyć (się)

dine [daɪn] jeść obiad, jeść kolację

diner ['daɪnə] ❶ osoba jedząca obiad lub kolację ❷ *am.* mała restauracja

dinghy ['dɪŋgɪ] (*l.mn.* **dinghies**) mała łódka; **a rubber dinghy** – ponton gumowy

dining-room ['daɪnɪŋrum] jadalnia

dinner ['dɪnə] obiad (*gorący posiłek spożywany wieczorem*), gorąca kolacja

dinosaur ['daɪnəsɔ:] dinozaur

dip [dɪp] **(-pp-)** zamoczyć, zanurzyć; *She dipped her fingers in the water to see how cold it was.* – Zanurzyła palce w wodzie, żeby sprawdzić, jak jest zimna. *He dipped the brush in the paint.* – Zanurzył/Zamoczył pędzel w farbie.

diploma [dɪ'pləumə] dyplom; *He has a diploma in teaching.* – On ma dyplom nauczycielski. **a master's diploma** – dyplom magisterski

diplomacy [dɪ'pləuməsɪ] dyplomacja

diplomat ['dɪpləmæt] dyplomata

diplomatic [,dɪplə'mætɪk] dyplomatyczny; **the diplomatic service** – służba dyplomatyczna; **diplomatic immunity** – immunitet dyplomatyczny; **a**

diplomatic answer – dyplomatyczna odpowiedź

direct[1] [dɪ'rekt/daɪ'rekt] bezpośredni; **a direct flight to New York** – bezpośredni rejs do Nowego Jorku; *He asked me a direct question.* – Zadał mi pytanie wprost. **in direct proportion to** – wprost proporcjonalnie do; *Always wear glasses in direct sunlight.* – Zawsze noś na słońcu okulary.

direct[2] [dɪ'rekt/daɪ'rekt] ❶ kierować; **to direct the traffic** – kierować ruchem ulicznym; *He directed the criticism at me.* – Skierował swą krytykę na mnie. *Can you direct me to the station?* – Czy może mi pan wskazać drogę do stacji? ❷ reżyserować; **to direct a play** – reżyserować sztukę

direct[3] [dɪ'rekt/daɪ'rekt] bezpośrednio, wprost; **to fly direct to New York** – lecieć bezpośrednio do Nowego Jorku; *Can I dial this number direct?* – Czy mogę wykręcić ten numer bezpośrednio (*nie przez centralę*)?

direction [dɪ'rekʃn/daɪ'rekʃn] ❶ kierunek; *You are going in the wrong direction.* – Idziesz w złym kierunku. **to have a good/a poor sense of direction** – mieć dobrą/złą orientację ❷ kierownictwo, zarządzanie; *They finished the project under his direction.* – Pod jego kierownictwem ukończyli projekt. ❸ reżyseria

directions [dɪ'rekʃnz/daɪ'rekʃnz] wskazówki, instrukcje; **to ask sb for directions** – zapytać kogoś o drogę; **to follow directions** – postępować zgodnie ze wskazówkami/według wskazówek

directly [dɪ'rektlɪ/daɪ'rektlɪ] ❶ bezpośrednio, prosto; *She flew directly from Paris to Chicago.* – Poleciała bezpośrednio z Paryża do Chicago. *He answered me directly and openly.* – Odpowiedział mi wprost i otwarcie. ❷ bezpośrednio, zaraz (po); *He left directly after the meeting.* – Wyszedł zaraz po zebraniu.

director [dɪ'rektə/daɪ'rektə] ❶ dyrektor; **the Board of Directors** – zarząd; **the managing director** – dyrektor/dyrektor naczelny ❷ reżyser; **a film director** – reżyser filmowy

directory [dɪ'rektərɪ/daɪ'rektərɪ] (*l.mn.* **directories**) ❶ książka telefoniczna lub adresowa; **the telephone directory** – książka telefoniczna ❷ *komp.* – katalog plików

dirt [dɜ:t] brud

dirty ['dɜ:tɪ] (**-ier, -iest**) brudny; **dirty hands** – brudne ręce; **dirty dishes** – brudne naczynia; **a dirty joke** – nieprzyzwoity kawał; **dirty language** – wulgarny język

dis- [dɪs] *gram.* przedrostek oznaczający zaprzeczenie, przeciwieństwo

disability [,dɪsə'bɪlətɪ] inwalidztwo, niepełnosprawność, upośledzenie

disabled [dɪs'eɪbld] niepełnosprawny; **the disabled** – niepełnosprawni/inwalidzi

disadvantage [,dɪsəd'vɑ:ntɪdʒ] minus, zła strona, niekorzyść; *Having no education she is at a disadvantage in modern society.* – Brak wykształcenia stawia ją w niekorzystnej sytuacji w nowoczesnym społeczeństwie. *It's a great disadvantage not to have a car when one lives in the country.* – Kiedy mieszka się na wsi, brak samochodu stanowi wielką niedogodność. **to consider advantages and disadvantages** – rozważyć plusy i minusy/ /wady i zalety

disagree [,dɪsə'gri:] ❶ nie zgadzać się; *I disagree with his opinion.* – Nie zgadzam się z jego zdaniem. ❷ nie służyć, szkodzić; *The climate disagrees with me.* – Ten klimat mi nie służy.

disagreeable [,dɪsə'gri:əbl] nieprzyjemny, przykry, niemiły; **a disagreeable man** – nieprzyjemny człowiek; **a disagreeable experience** – niemiłe przeżycie; **a disagreeable smell** – przykry zapach

disagreement [,dɪsə'gri:mənt] różnica zdań, sprzeczka, niezgoda; *There were often disagreements between them.* – Często zdarzały się sprzeczki między nimi. *There's been some disagreement over/about the budget.* – Były pewne różnice zdań co do budżetu.

disappear [ˌdɪsə'pɪə] zniknąć; *He disappeared into the crowd.* – Zniknął w tłumie. *The car disappeared from view.* – Samochód zniknął z oczu.

disappearance [ˌdɪsə'pɪərəns] zniknięcie

disappoint [ˌdɪsə'pɔɪnt] rozczarować, zawieść/-odzić; *I'm sorry to disappoint you but I won't be able to come.* – Przykro mi, że cię rozczaruję, ale nie będę mogła przyjść. *His new play disappointed me.* – Jego nowa sztuka rozczarowała mnie.

disappointed [ˌdɪsə'pɔɪntɪd] rozczarowany

disappointing [ˌdɪsə'pɔɪntɪŋ] przynoszący zawód, powodujący rozczarowanie

disappointment [ˌdɪsə'pɔɪntmənt] rozczarowanie, zawód; *To our disappointment he didn't come.* – Ku naszemu rozczarowaniu nie zjawił się. *He's been a disappointment to his father.* – Był rozczarowaniem dla swojego ojca.

disapproval [ˌdɪsə'pru:vl] dezaprobata

disapprove [ˌdɪsə'pru:v] nie pochwalać, nie aprobować, odnosić się nieprzychylnie; *Her mother disapproves of her new friends.* – Jej matce nie podobają się jej nowi przyjaciele.

disaster [dɪ'zɑ:stə] nieszczęście, katastrofa, klęska; *It was a disaster for him to lose his job.* – Utrata pracy była dla niego katastrofą. **the air/the rail disaster** – katastrofa lotnicza/kolejowa; **a natural disaster** – klęska/katastrofa żywiołowa; **the disaster area** – obszar dotknięty klęską

disastrous [dɪ'zɑ:strəs] katastrofalny; *That decision was disastrous.* – Tamta decyzja była katastrofalna. **disastrous floods** – katastrofalne powodzie

disc [dɪsk] ❶ *anat.* dysk; **a slipped disc** – wypadnięty dysk ❷ krążek, tarcza, mały okrągły przedmiot; **the disc of the sun** – tarcza słońca ❸ **/ compact disc** – płyta kompaktowa; *The recording is available on disc.* – To nagranie jest dostępne na płycie kompaktowej.

discipline¹ ['dɪsɪplɪn] dyscyplina; **military discipline** – dyscyplina wojskowa

discipline² ['dɪsɪplɪn] ❶ utrzymywać w karności, ćwiczyć; *The children are well-disciplined.* – Dzieci są zdyscyplinowane. **to discipline oneself** – utrzymywać się w ryzach ❷ ukarać; *The clerk was disciplined but wasn't dismissed.* – Urzędnik został ukarany, ale go nie zwolniono.

disc jockey ['dɪskˌdʒɒkɪ] dysk-dżokej, prezenter muzyki rockowej

disco ['dɪskəʊ] dyskoteka

discomfort [dɪs'kʌmfət] ❶ niewygoda; **the discomforts of travel** – niewygody podróży ❷ cierpienie, dolegliwość; *You may feel some discomfort after the operation.* – Może pan odczuwać pewne dolegliwości po operacji. ❸ przykrość, niepokój, skrępowanie; *I felt some discomfort in his presence.* – Czułam się trochę skrępowana w jego obecności.

disconnect [ˌdɪskə'nekt] odłączyć, rozłączyć; *The telephone has been disconnected because he didn't pay the bill.* – Telefon został wyłączony, ponieważ nie zapłacił rachunku.

discontent [ˌdɪskən'tent] niezadowolenie

discontented [ˌdɪskən'tentɪd] niezadowolony

discoteque ['dɪskətek] dyskoteka

discount ['dɪskaʊnt] obniżka ceny, rabat; **discount on the price** – obniżenie ceny; *I bought it at 20% discount.* – Kupiłem to z 20% rabatem.

discourage [dɪ'skʌrɪdʒ] ❶ zniechęcić; *Don't let the difficulties discourage you.* – Nie pozwól, aby trudności cię zniechęciły. ❷ odwieść (*od czegoś*), zniechęcić (*do czegoś*); *Her parents tried to discourage her from studying* *at drama school.* – Rodzice próbowali ją odwieść od studiów w szkole aktorskiej.

discover [dɪ'skʌvə] odkryć; *Columbus discovered America.* – Kolumb odkrył Amerykę. *I discovered that my phone wasn't working.* – Odkryłem, że mój telefon nie działa.

discovery [dɪ'skʌvərɪ] (*l.mn.* **discoveries**) odkrycie; **to make a scientific discovery** – dokonać odkrycia naukowego; **the discovery of America** – odkrycie Ameryki

discreet [dɪ'skri:t] dyskretny

discriminate [dɪ'skrɪmɪneɪt] ❶ rozróżniać; **to discriminate between poisonous and edible berries** – rozróżniać jagody trujące od jadalnych ❷ dyskryminować; *In some countries women are still discriminated against.* – W niektórych krajach kobiety są ciągle jeszcze dyskryminowane. **to discriminate in favour of sb** – wyróżniać kogoś/faworyzować kogoś

discrimination [dɪˌskrɪmɪ'neɪʃn] ❶ rozróżnianie, rozeznanie; *She shows no discrimination in her choice of friends.* – Ona nie wykazuje żadnego rozeznania w doborze przyjaciół. ❷ dyskryminacja; **racial discrimination** – dyskryminacja rasowa; **discrimination against women** – dyskryminacja kobiet; **discrimination in favour of sb** – wyróżnianie/faworyzowanie kogoś

discus ['dɪskəs] *sport.* dysk; **to throw the discus** – rzucać dyskiem

discuss [dɪ'skʌs] dyskutować; **to discuss politics** – dyskutować o polityce; *We are prepared to discuss the matter.* – Jesteśmy gotowi przedyskutować tę sprawę.

discussion [dɪ'skʌʃn] dyskusja; *We had an interesting discussion about tolerance.* – Przeprowadziliśmy ciekawą dyskusję o tolerancji. *The matter is still under discussion.* – Sprawa jest wciąż jeszcze omawiana.

disease [dɪ'zi:z] choroba; **a contagious/ /an infectious disease** – choroba zakaźna; **to catch/to contract a disease** – zarazić się chorobą; **to suffer from a disease** – cierpieć na chorobę

disgrace[1] [dɪs'greɪs] skandal, hańba; *He brought disgrace on himself and his family.* – Przyniósł hańbę sobie i swojej rodzinie. **to be in disgrace** – być w niełasce; *His clothes are a disgrace.* – Jego ubranie było skandaliczne.

disgrace[2] [dɪs'greɪs] przynieść wstyd, okryć hańbą; *She disgraced her family by shop-lifting.* – Przyniosła wstyd swojej rodzinie kradnąc w sklepach/ /domach towarowych.

disgraceful [dɪs'greɪsful] skandaliczny, haniebny

disguise[1] [dɪs'gaɪz] ❶ przebrać (się); *He went to the ball disguised as a pirate.* – Poszedł na bal przebrany za pirata. ❷ ukryć, zamaskować; *He didn't try to disguise his feelings.* – Nie próbował ukryć swoich uczuć.

disguise[2] [dɪs'gaɪz] przebranie; **in disguise** – w przebraniu

disgust[1] [dɪs'gʌst] niesmak, wstręt, odraza; *We were filled with disgust at the sight of the dirty room.* – Byliśmy pełni odrazy na widok brudnego pokoju. *She looked away in disgust.* – Odwróciła wzrok z niesmakiem/ze wstrętem.

disgust[2] [dɪs'gʌst] napawać wstrętem, budzić wstręt; *Her behaviour disgusted us.* – Jej zachowanie budziło w nas niesmak.

disgusted [dɪ'gʌstɪd] zdegustowany, pełen wstrętu, oburzony; *We were disgusted by the way he treated the children.* – Byliśmy oburzeni sposobem, w jaki traktował dzieci.

dish [dɪʃ] ❶ danie, potrawa; **a vegetarian dish** – potrawa wegetariańska ❷ naczynie; **an oven-proof dish** – naczynie żaroodporne; **to wash the dishes** – zmywać naczynia

dishonest [dɪs'ɒnɪst] nieuczciwy

dishwasher ['dɪʃˌwɒʃə] zmywarka do naczyń

disinfect [ˌdɪsɪn'fekt] dezynfekować

disinfectant [,dısın'fektənt] środek dezynfekujący

disintegrate [,dıs'ıntıgreıt] rozpaść się

disinterested [dıs'ıntrəstıd] ❶ bezinteresowny; *His actions are not disinterested.* – Jego działanie nie jest bezinteresowne. ❷ nie zainteresowany, okazujący brak zainteresowania

disk [dısk] *komp.* dysk; **a floppy disk** – dyskietka; **a hard disk** – twardy dysk

dislike¹ [dıs'laık] nie lubić; *He dislikes travelling by train.* – On nie lubi podróżować pociągiem. *Much as I dislike modern art, I have to admit that this picture is very good.* – Jakkolwiek nie lubię sztuki nowoczesnej, muszę przyznać, że ten obraz jest bardzo dobry.

dislike² [dıs'laık] niechęć, antypatia; *What are your likes and dislikes?* – Co lubisz, a czego nie? **to take a dislike to sb** – poczuć do kogoś niechęć/ /antypatię; *She didn't conceal her dislike of housework.* – Ona nie taiła swojej niechęci do prac domowych.

disloyal [,dıs'lɔıəl] nielojalny; **to be disloyal to sb** – być nielojalnym wobec kogoś

dismay¹ [dıs'meı] konsternacja, przerażenie; *The news of her departure filled us with dismay.* – Wiadomość o jej wyjeździe wprawiła nas w konsternację.

dismay² [dıs'meı] zaniepokoić, przerażać, konsternować; *We were dismayed to find that we had to pay such a lot of money.* – Byliśmy skonsternowani stwierdziwszy, że trzeba zapłacić tyle pieniędzy.

dismiss [dıs'mıs] ❶ zwolnić z pracy; *He was dismissed from his job.* – Został zwolniony z pracy. ❷ zwolnić, puścić; *The teacher dismissed the class when the bell rang.* – Nauczyciel zwolnił klasę, gdy zadzwonił dzwonek. ❸ zaniechać, porzucić, odrzucić; *We dismissed the idea as impossible.* – Odrzuciliśmy ten pomysł jako niemożliwy.

disobedience [,dısə'bi:djəns] nieposłuszeństwo

disobedient [,dısə'bi:djənt] nieposłuszny

disobey [,dısə'beı] nie słuchać (się), być nieposłusznym; **to disobey sb's orders** – nie posłuchać (czyichś) rozkazów; *He disobeyed his parents and left school.* – Nie posłuchał rodziców i rzucił szkołę.

disorder [dıs'ɔ:də] ❶ nieporządek, bałagan, chaos; *The room is in great disorder.* – W pokoju jest wielki bałagan. ❷ *med.* zaburzenie; *He is suffering from mental disorder.* – On cierpi na zaburzenia psychiczne. **metabolic disorder** – zaburzenia przemiany materii ❸ zamieszki, rozruchy; *Violent public disorder broke out in several cities.* – W kilku miastach doszło do gwałtownych rozruchów społecznych.

d

disorganize [dıs'ɔ:gənaız] dezorganizować

display¹ [dı'spleı] ❶ pokaz, wystawa; *His paintings are on display at the gallery.* – Jego obrazy są wystawione w galerii. ❷ pokaz, popis; **a firework display** – pokaz sztucznych ogni; **a display of bad temper** – okazywanie złego humoru

display² [dı'spleı] ❶ wystawić, pokazywać; *The books were displayed in the shop window.* – Książki były wystawione w witrynie sklepowej. ❷ okazywać; *He didn't display much emotion.* – Nie okazywał wiele emocji.

disposable [dı'spəʊzəbl] jednorazowy, do jednokrotnego użycia; **disposable nappies** – pieluszki jednorazowe

disposal [dı'spəʊzl] ❶ usuwanie, unieszkodliwianie; **rubbish disposal** – wywóz śmieci; **disposal of radioactive waste** – unieszkodliwianie odpadów radioaktywnych ❷ rozporządzanie; *The whole flat is at your disposal.* – Całe mieszkanie jest do twojej dyspozycji.

dispose [dı'spəʊz] ❶ skłaniać, usposabiać; *Her absent-mindedness didn't dispose me kindly to her.* – Jej roztargnienie nie usposobiło mnie do niej dobrze. ❷ **dispose of** – pozbywać się, usuwać; **to dispose of nuclear waste** – unieszkodliwiać odpadki radioaktywne ❸ rozprawić się; *He disposed of his opponent.* – On rozprawił się ze swoim przeciwnikiem./Pozbył się swego przeciwnika.

disposed [dɪ'spəʊzd] nastawiony, odnoszący się (do); *I don't feel disposed to talk about it.* – Nie mam ochoty o tym mówić. *He is favourably disposed to the proposal.* – Jest przychylnie nastawiony do tej propozycji.

d

disproportionate [ˌdɪsprə'pɔ:ʃnət] nieproporcjonalny; *The prices are disproportionate to income.* – Ceny są nieproporcjonalne w stosunku do dochodów.

dispute[1] [dɪ'spju:t] dysputa, zażarta dyskusja, sprzeczka; *The workers are in dispute with management over pay.* – Pracownicy spierają się z dyrekcją w kwestii płac. *It's beyond dispute.* – To nie podlega dyskusji/nie ulega wątpliwości.

dispute[2] [dɪ'spju:t] ❶ sprzeczać się, zażarcie dyskutować ❷ poddać w wątpliwość, zakwestionować; *Nobody would dispute such obvious truth.* – Nikt nie będzie kwestionował tak oczywistej prawdy.

dissatisfied [ˌdɪs'sætɪsfaɪd] niezadowolony (*z czegoś*), nieusatysfakcjonowany (*czymś*); *I'm dissatisfied with the results.* – Jestem niezadowolony z wyników.

dissolve [dɪ'zɒlv] ❶ rozpuścić; **to dissolve salt in water** – rozpuścić sól w wodzie ❷ rozpuścić się; *Salt dissolves in water.* – Sól rozpuszcza się w wodzie. ❸ rozwiązać, unieważnić; **to dissolve Parliament** – rozwiązać parlament; *Their marriage has been dissolved.* – Ich małżeństwo zostało rozwiązane/unieważnione.

distance ['dɪstəns] odległość; *What's the distance between the trees?* – Jaka jest odległość między drzewami? *What's the distance from your house to the river?* – Jaka jest odległość od twojego domu do rzeki? *The mountains are visible at a distance of 80 km.* – Góry są widoczne z odległości 80 km. **in the distance** – w oddali; *I could see an outline of a yacht in the distance.* – Widziałem zarys jachtu w oddali. **to keep your distance** – (a) trzymać się na dystans/zachowywać się z dystansem, (b) zachowywać odległość; **to keep sb at a distance** – trzymać kogoś na dystans/nie spoufalać się z kimś

distant ['dɪstənt] ❶ daleki, odległy; *We looked at the distant hills.* – Patrzyliśmy na odległe wzgórza. **in the distant future** – w dalekiej przyszłości; **a distant relative** – daleki krewny ❷ niedostępny, nieprzyjazny; *He was cold and distant.* – Był chłodny i nieprzystępny.

distaste [ˌdɪs'teɪst] niesmak, wstręt; *He looked with distaste at the pile of dirty dishes in the sink.* – Spojrzał z niesmakiem na stertę brudnych naczyń w zlewie.

distasteful [dɪs'teɪstfʊl] wstrętny, nieprzyjemny

distinct [dɪ'stɪŋkt] ❶ wyraźny; *There was a distinct smell of oranges in the room.* – W pokoju czuć było wyraźny zapach pomarańczy. ❷ różny, odrębny; **as distinct from** – w odróżnieniu od

distinctly [dɪ'stɪŋktlɪ] wyraźnie; **to speak loudly and distinctly** – mówić głośno i wyraźnie; *I distinctly remember closing the window.* – Wyraźnie pamiętam, że zamykałam okno.

distinguish [dɪ'stɪŋgwɪʃ] ❶ odróżnić; *I can't distinguish between the twins.* – Nie mogę rozróżnić tych bliźniaków. *It's difficult to distinguish one twin sister from the other.* – Trudno jest odróżnić jedną bliźniaczkę od drugiej. ❷ wyróżniać, rozróżniać, odróżniać; *Thinking distinguishes man from animals.* – Myślenie odróżnia człowieka od zwierząt.

distinguished [dɪ'stɪŋgwɪʃt] wybitny, wyróżniający się; **a distinguished scientist** – wybitny naukowiec; **a distinguished-looking man** – mężczyzna o dystyngowanym wyglądzie

distract [dɪ'strækt] oderwać (*czyjąś*) uwagę, zdekoncentrować, rozproszyć uwagę; *The constant noise distracted me from my work.* – Ciągły hałas nie pozwalał mi się skoncentrować na pracy/odrywał mnie od pracy. **to distract sb's attention** – odwrócić czyjąś uwagę

distraction [dɪ'strækʃn] ❶ brak skupienia, rozproszenie uwagi, roztargnienie ❷ rozrywka ❸ rozterka, szaleństwo; **to drive sb to distraction** – doprowadzać kogoś do szaleństwa

distress¹ [dɪ'stres] strapienie, zmartwienie, rozpaczliwe położenie; **to be in distress** – być w rozpaczliwym położeniu; **distress signal** – sygnał SOS

distress² [dɪ'stres] unieszczęśliwiać, martwić; *Her son's behaviour distressed her very much.* – Zachowanie syna doprowadzało ją do rozpaczy.

distressed [dɪ'strest] załamany, zdenerwowany, dotknięty nieszczęściem, strapiony; *She was deeply distressed at the news that her son had been arrested.* – Była bardzo załamana wiadomością o tym, że jej syn został aresztowany.

distribute [dɪ'strɪbju:t] rozdzielić, rozprowadzić; *Warm clothes were distributed among the flood victims.* – Wśród ofiar powodzi rozdzielono ciepłe ubrania. *The teacher distributed the new books to the students.* – Nauczyciel rozdał studentom nowe książki.

distribution [ˌdɪstrɪ'bju:ʃn] ❶ rozmieszczenie, rozkład; **population distribution** – rozkład zaludnienia ❷ rozdział, rozprowadzenie, dystrybucja; **the distribution of newspapers** – dystrybucja gazet

district ['dɪstrɪkt] dzielnica, rejon, obszar, okręg; **the Lake District** – Okręg Jezior (*w północno-zachodniej Anglii*); **a suburban district** – dzielnica podmiejska

district attorney [ˌdɪstrɪkt ə'tɜ:nɪ] *am.* prokurator okręgowy

distrust¹ [dɪs'trʌst] nieufność; *He looked at the stranger with distrust.* – Spojrzał nieufnie na nieznajomego. *Her distrust of people made her life very lonely.* – Nieufność wobec ludzi uczyniła jej życie bardzo samotnym.

distrust² [dɪs'trʌst] nie ufać; *I don't lend money to people I distrust.* – Nie pożyczam pieniędzy ludziom, którym nie ufam.

disturb [dɪ'stɜ:b] ❶ zakłócać, przeszkadzać; *Sorry to disturb you, but there's a phone call for you.* – Przepraszam, że przeszkadzam, ale jest do ciebie telefon. *Do not disturb.* – Proszę nie przeszkadzać/nie wchodzić. **to disturb the peace** – zakłócać spokój (*publiczny*) ❷ niepokoić; *We were disturbed to hear she had lost her job.* – Zaniepokoiliśmy się wiadomością, że straciła pracę.

disturbance [dɪ'stɜ:bəns] zaburzenie, zakłócenie, poruszenie; *She had a room in the attic where she could work without disturbance.* – Miała pokój na strychu, gdzie mogła pracować bez przeszkód. **political disturbances** – rozruchy/zamieszki polityczne; **mental disturbance** – zaburzenia psychiczne

ditch [dɪtʃ] rów

dive [daɪv] (**dived/dove** [daɪvd/dəʊv]) ❶ nurkować; **to dive for sunken treasure** – nurkować w poszukiwaniu zatopionego skarbu ❷ skakać (*do wody*) na głowę; *He dived into the swimming-pool.* – Skoczył na głowę do basenu.

diver ['daɪvə] nurek; **a deep sea diver** – nurek głębinowy

diving ['daɪvɪŋ] ❶ nurkowanie ❷ skakanie na głowę; **a diving board** – trampolina; **a diving competition** – zawody w skokach do wody

diversion [daɪ'vɜ:ʃn/dɪ'vɜ:ʃn] ❶ odwrócenie, zmiana kierunku ❷ rozrywka;

d

Playing golf is a pleasant diversion. – Gra w golfa jest miłą rozrywką. ❸ odwrócenie uwagi; **to create/to make a diversion** – zrobić coś dla odwrócenia uwagi ❹ objazd; *There was a diversion because of road repairs.* – Był objazd z powodu robót drogowych.

divert [daɪ'vɜ:t/dɪ'vɜ:t] ❶ odwrócić, zmienić kierunek; **to divert a river from its course** – zmienić bieg rzeki ❷ odwrócić (*uwagę*), oderwać; **to divert attention** – odwrócić uwagę ❸ zabawiać, rozerwać

d

divide [dɪ'vaɪd] ❶ dzielić; **to divide 30 by 6** – podzielić 30 przez 6; *His fortune is to be divided equally between the two sons.* – Jego majątek ma być podzielony równo między dwóch synów. ❷ dzielić się; *The class divided into three groups.* – Klasa podzieliła się na trzy grupy.

divine [dɪ'vaɪn] boski

diving ['daɪvɪŋ] ❶ nurkowanie ❷ skakanie (*do wody*) na głowę

division [dɪ'vɪʒn] ❶ podział; **the division of labour** – podział pracy; **a deep political division within the party** – głęboki rozłam polityczny w obrębie partii ❷ *mat.* dzielenie; *Children must learn to do division.* – Dzieci muszą się nauczyć dzielenia. ❸ dział, wydział, sekcja; *She works in the export division.* – Ona pracuje w dziale eksportu. ❹ *wojsk.* dywizja

divorce[1] [dɪ'vɔ:s] rozwód; **to get a divorce** – uzyskać rozwód; *His marriage ended in divorce.* – Jego małżeństwo zakończyło się rozwodem. **a divorce case** – sprawa rozwodowa

divorce[2] [dɪ'vɔ:s] rozwieść (się); *She divorced her husband.* – Rozwiodła się z mężem.

divorced [dɪ'vɔ:st] rozwiedziony; *She is divorced.* – Jest rozwiedziona. **to get divorced** – rozwieść się

dizzy ['dɪzɪ] **(-ier, -iest)** oszołomiony, mający zawroty głowy; *I felt dizzy after the flight.* – Miałem zawroty głowy po przelocie samolotem.

do[1] [du:/də] **(did** [dɪd]**)** czasownik posiłkowy występujący w czasach Present Simple i Past Simple

do[2] [du:/dʊ/də] **(did, done** [dɪd, dʌn]**)** ❶ robić, czynić, wykonywać coś; *What are you doing?* – Co robisz? (*w tej chwili*); *What do you do?/What do you do for a living?* – Co robisz?/ /Czym się zajmujesz?/Jaki jest twój zawód? *I have a lot of work to do.* – Mam dużo pracy (*do zrobienia*). **to do business with sb** – robić z kimś interesy; **to do the cooking** – gotować/ /zajmować się gotowaniem/przyrządzać posiłki; **to do the dishes/the laundry** – zmywać naczynia/robić pranie; **to do one's hair** – czesać się; **to do one's homework** – odrabiać pracę domową; **to do sb a favour** – wyświadczyć komuś przysługę; **to do one's duty** – wykonywać swój obowiązek; **to do one's best** – starać się jak najlepiej/robić co się da; *It will do you good.* – To ci dobrze zrobi. *It won't do you any harm.* – To ci nie zaszkodzi/nie wyrządzi krzywdy ❷ miewać się, czuć się; *How are you doing?* – Jak ci idzie?/Jak leci? *The patient is doing fine.* – Pacjent ma się nieźle. *She is doing well in her new job/at school.* – Dobrze jej idzie w nowej pracy/w szkole. ❸ wystarczyć, ujść; *Two loaves of bread should do for ten people.* – Dwa bochenki chleba powinny wystarczyć dla dziesięciu osób. *That will do.* – To wystarczy. *That will do!* – Dość!/ /Koniec!

◆ **do in** – *pot.* zabić; *He did his partner in.* – Zabił swojego partnera.

◆ **do up** – (a) zapiąć, zawiązać; **to do up one's coat** – zapiąć płaszcz; *The blouse does up at the back.* – Bluzka zapina się z tyłu. (b) wyremontować, odnowić; *They are doing up their house.* – Remontują swój dom.

◆ **do with** – (a) zadowolić się; *We must do with the little bread we have.* – Musimy zadowolić się tą małą ilością chleba, którą mamy. (b) **could do** with – przydałoby się; *I could do with a drink.* – Chętnie bym się napił.

◆ **do without** – obyć się bez; *We'll have to do without a car.* – Będziemy się musieli obyć bez samochodu.

dock[1] [dɒk] dok; *The ship is in dock for repairs.* – Statek jest w doku celem dokonania napraw.

dock[2] [dɒk] dokować; *The ship docked at Southampton.* – Statek zadokował w Southampton.

docker ['dɒkə] doker

doctor ['dɒktə] ❶ *med.* lekarz, doktor ❷ doktor (*stopień naukowy*)

document ['dɒkjʊment] dokument; **a legal document** – dokument prawny

documentary[1] [,dɒkjʊ'mentərɪ] (*l.mn.* **documentaries**) film dokumentalny; *We saw a documentary about agricultural methods in Africa.* – Obejrzeliśmy film dokumentalny o metodach uprawiania ziemi w Afryce.

documentary[2] [,dɒkjʊ'mentərɪ] dokumentalny; **a documentary film** – film dokumentalny

dodge [dɒdʒ] unikać, zrobić unik, uchylić się; *He dodged behind a tree to avoid being seen.* – Uskoczył za drzewo, aby go nie zobaczono. *He dodged a shot.* – Uchylił się/Zrobił unik przed strzałem. **to dodge tax** – uchylać się od płacenia podatków; **to dodge the issue** – unikać dyskutowania (tej) sprawy; **to dodge military service** – uchylać się od służby wojskowej

does [dʌz/dəz] trzecia osoba l.poj. czasownika „do"

doesn't ['dʌznt] = **does not**

dog [dɒg] pies

doll [dɒl] lalka

dollar ['dɒlə] dolar; *It cost ten dollars ($10).* – To kosztowało 10 dolarów. **a ten-dollar bill** – banknot dziesięciodolarowy

dolphin ['dɒlfɪn] delfin

dome [dəʊm] kopuła

domestic [də'mestɪk] ❶ domowy, dot. gospodarstwa domowego; **domestic animals** – zwierzęta domowe; **a domestic help** – pomoc domowa; **domestic life** – życie rodzinne; **domestic appliances** – sprzęt zmechanizowany gospodarstwa domowego ❷ krajowy, wewnętrzny; **the domestic market** – rynek wewnętrzny; **a domestic flight** – lot na linii krajowej

domesticate [də'mestɪkeɪt] udomowić, oswoić

dominant ['dɒmɪnənt] dominujący, silny, przeważający; **a dominant personality** – silna/dominująca osobowość

dominate ['dɒmɪneɪt] ❶ dominować, panować, przeważać; **to dominate the conversation** – zdominować rozmowę/nie dopuszczać innych do rozmowy ❷ być silniejszym, rządzić; *Women are often still dominated by men.* – Kobiety bywają jeszcze często zdominowane przez mężczyzn. ❸ górować nad; *The castle dominates the city.* – Zamek góruje nad miastem.

dominion [də'mɪnjən] dominium

donate [də'neɪt] ofiarować, podarować; **to donate money to a charity** – ofiarować pieniądze na cele dobroczynne; **to donate blood** – oddać krew

donation [də'neɪʃn] dar; **to make a donation to charity** – dokonać wpłaty na cel dobroczynny

done [dʌn] *p.* **do**[2] **(did, done)**

donkey ['dɒŋkɪ] osioł

donor ['dəʊnə] dawca, ofiarodawca; **an organ donor** – dawca organu; **a blood donor** – dawca krwi

don't [dəʊnt] = **do not**

door [dɔ:] drzwi; **the front/the back door** – drzwi frontowe/tylne; **to close/to shut the door** – zamknąć drzwi; **to lock the door** – zamknąć drzwi na klucz; **to open the door** – otworzyć drzwi; **to slam the door** – trzaskać drzwiami; **to knock on/at the door** – pukać do drzwi; *There's someone at the door.* – Ktoś stoi u drzwi. **to answer the door** – iść i otworzyć (komuś) drzwi; **next door** – obok (*w domu, mieszkaniu*); *They* *live next door.* – Oni mieszkają obok. **out of doors** – na dworze/na zewnątrz

doorbell ['dɔ:bel] dzwonek u drzwi; **to ring the doorbell** – zadzwonić do drzwi

doormat ['dɔ:mæt] wycieraczka przy drzwiach

doorstep ['dɔ:step] próg

doorway ['dɔ:weı] drzwi, otwór wejściowy, wejście; *He was standing in the doorway.* – On stał w drzwiach.

d

dope[1] [dəʊp] ❶ *pot.* narkotyk (*marihuana lub kokaina*) ❷ środek nasenny

dope[2] [dəʊp] ❶ **/ dope up** – podać (komuś) środek nasenny lub narkotyk ❷ podać (komuś) środek dopingujący

dormitory ['dɔ:mətrı] (*l.mn.* **dormitories**) ❶ sypialnia w internacie ❷ *am.* dom studencki

dose [dəʊs] dawka, porcja; *He took a large dose of medicine.* – Zażył dużą dawkę lekarstwa. **a dose of radiation** – dawka promieniowania

dot [dɒt] ❶ kropka, punkcik; *There is a dot over the letter "i".* – Nad literą „i" jest kropka. *The ship soon became only a dot on the horizon.* – Statek wkrótce stał się tylko punktem na horyzoncie. ❷ kropka w alfabecie Morse'a; *There are dots and dashes in Morse code.* – Alfabet Morse'a składa się z kropek i kresek.

◆ **on the dot** – punktualnie co do minuty

dotted line [ˌdɒtıd'laın] linia kropkowana

double[1] ['dʌbl] podwójny; **a double portion of ice-cream** – podwójna porcja lodów; **a double meaning** – podwójne znaczenie; **a double bed** – łóżko dwuosobowe; **a double room** – pokój dwuosobowy; *My phone number is 14 22 81 (one-four, double two, eight-one).* – Mój numer telefonu to 14 22 81.

double[2] ['dʌbl] ❶ podwójna ilość, dwa razy tyle ❷ dubler

double[3] ['dʌbl] podwoić (się); *The price has doubled since last year.* – Od zeszłego roku cena wzrosła dwukrotnie.

double-decker [ˌdʌbl'dekə] autobus piętrowy

doubt[1] [daʊt] wątpliwość; *I have some doubts whether he was telling the truth.* – Mam pewne wątpliwości, czy mówił prawdę. **without a shadow of doubt** – bez cienia wątpliwości; *When in doubt, ask the doctor.* – Jeżeli nie jesteś pewien/masz wątpliwości, zapytaj lekarza. **no doubt** – bez wątpienia/niewątpliwie

doubt[2] [daʊt] wątpić; *I doubt it.* – Wątpię w to. *I doubt whether it's possible.* – Wątpię, czy jest to możliwe. **to doubt sb's word** – wątpić w czyjąś prawdomówność

doubtful ['daʊtfʊl] ❶ pełen wątpliwości; *I feel doubtful whether I should tell him about it.* – Mam wątpliwości, czy powinienem mu o tym powiedzieć. ❷ wątpliwy; *It seems doubtful that his condition will improve.* – Wydaje się wątpliwe, by jego stan się poprawił. *The future looks doubtful.* – Przyszłość wygląda nieszczególnie.

doubtless ['daʊtlıs] bez wątpienia, niewątpliwie

dough [dəʊ] ❶ ciasto (*nie upieczone*) ❷ *pot.* pieniądze, forsa

doughnut ['dəʊnʌt] pączek

dove [dʌv] gołąb, gołębica (*również symbol*)

down[1] [daʊn] ❶ na dół, w dół; *The price has gone down.* – Cena spadła. **to go down the stairs** – schodzić po schodach; **to sail down the river** – płynąć w dół rzeki (*z prądem*); **to fall down** – spaść/upaść; **to lie down** – położyć się ❷ wzdłuż; **to walk up and down the street** – spacerować ulicą (*w jedną i drugą stronę*); *Go down the street.* – Proszę iść tą ulicą.

down[2] [daʊn] puch, puszek

downhill[1] [ˌdaʊn'hıl] z góry; *He ran downhill very fast.* – Biegł z góry bardzo szybko.

downhill² ['daʊnhɪl] idący z góry w dół, prowadzący z góry; **downhill run** – bieg zjazdowy; **downhill skiing** – narciarstwo zjazdowe

down payment [ˌdaʊn 'peɪmənt] zadatek; **to make a down payment on a car** – wpłacić zadatek na samochód

downpour ['daʊnpɔ:] ulewa

downstairs [ˌdaʊn'steəz] na dół, na dole, piętro niżej; *We went downstairs to inspect the cellar.* – Zeszliśmy na dół, żeby obejrzeć piwnicę. *She lives downstairs.* – Ona mieszka na dole/na niższym piętrze.

downtown [ˌdaʊn'taʊn] *am.* centrum miasta; **to go downtown** – iść do miasta; **to live downtown** – mieszkać w mieście (*w centrum miasta*)

downward¹ ['daʊnwəd] idący w dół, pochyły; **a downward movement** – ruch w dół/poruszanie się w dół; **a downward trend in the number of students** – tendencja spadkowa w liczbie studentów

downward² ['daʊnwəd] / **downwards** ['daʊnwədz] w/na dół, ku dołowi; *The lift went downwards.* – Winda zjechała na dół. **to lie face downwards** – leżeć twarzą do dołu

doze¹ [dəʊz] drzemać
◆ **doze off** – zdrzemnąć się, przysnąć

doze² [dəʊz] drzemka; **to have a doze** – zdrzemnąć się

dozen ['dʌzn] tuzin; **two dozen eggs** – dwa tuziny jajek; **dozens of** – mnóstwo/wiele; *I saw the view dozens of times.* – Widziałam ten widok wiele razy.

draft [drɑ:ft] ❶ szkic, brudnopis, wersja robocza; **to make a rough draft of a speech** – napisać szkic przemówienia ❷ *am.* zaciąg do wojska ❸ **bank draft** – przelew bankowy

drag [dræg] **(-gg-)** ❶ ciągnąć, sunąć, wlec; **to drag a heavy box along the floor** – ciągnąć ciężką skrzynię po podłodze; **to drag one's feet** – pociągać/powłóczyć nogami ❷ ciągnąć się, wlec się; *Time dragged.* – Czas się dłużył. **to drag behind sb** – ciągnąć się/wlec się za kimś

dragon ['drægən] smok

drain¹ [dreɪn] ❶ odwodnić, osuszyć, wydrenować; **to drain the fields** – odwodnić pola, osuszyć pola ❷ odsączyć; *I washed the lettuce and drained it.* – Umyłam sałatę i odsączyłam ją. ❸ **drain away** – odpłynąć, spłynąć; *The water drained away from the bath.* – Woda spłynęła z wanny.

drain² [dreɪn] kanał, ściek, rura kanalizacyjna; *The plumber had to unblock the drains.* – Hydraulik musiał przepchać rury. **to go down the drain** – być zmarnowanym/ulec zmarnowaniu; *His effort went down the drain.* – Jego wysiłek został zmarnowany.

draining-board ['dreɪnɪŋbɔ:d] ociekacz zlewu kuchennego

drainpipe ['dreɪnpaɪp] ❶ rynna ❷ rura kanalizacyjna

drama ['drɑ:mə] dramat; **contemporary British drama** – współczesny dramat brytyjski; **drama school** – szkoła aktorska; **to make a drama out of sth** – robić z czegoś dramat

dramatic [drə'mætɪk] ❶ dramatyczny, teatralny; **a dramatic gesture** – dramatyczny gest ❷ dramatyczny; **a dramatic change** – dramatyczna zmiana

dramatist ['dræmətɪst] dramaturg

drank [dræŋk] *p.* **drink²** **(drank, drunk)**

draught [drɑ:ft] przeciąg

draughts [drɑ:fts] warcaby

draughty ['drɑ:ftɪ] **(-ier, -iest)** (*o pomieszczeniu*) z przeciągami, zimny; **a draughty house** – zimny dom

draw¹ [drɔ:] **(drew, drawn** [dru:, drɔ:n]**)** ❶ rysować; **to draw a picture** – narysować obrazek ❷ ciągnąć; *Two horses were drawing a cart.* – Dwa konie ciągnęły wóz. ❸ wyciągnąć; **to draw a cork from a bottle** – wyciągnąć korek z butelki; **to draw conclusions** – wyciągać wnioski; **to draw money from the bank** – podejmować pieniądze z banku; *He drew a*

d

gun from his pocket. – Wyciągnął pistolet z kieszeni. ❹ przybliżać się, przybyć, nadejść; *The summer holidays are drawing near.* – Zbliżają się wakacje letnie. **to draw to a close/an end** – dobiegać końca ❺ zasłonić, zasunąć, zaciągnąć; **to draw the curtains** – zaciągnąć zasłony ❻ osiągnąć remis, zremisować; *They drew 1:1.* – Osiągnęli remis/Zremisowali 1:1.

◆ **draw up** – (*o pojeździe*) podjechać i zatrzymać się; *The car drew up in front of the house.* – Samochód zatrzymał się przed domem.

d

draw[2] [drɔ:] remis; *The match ended in a draw.* – Mecz zakończył się remisem.

drawback ['drɔ:bæk] wada, minus

drawer [drɔ:] szuflada

drawing ['drɔ:ɪŋ] rysunek

drawing-pin ['drɔ:ɪŋpɪn] pinezka

drawing room ['drɔ:ɪŋrʊm] salon

drawn [drɔ:n] *p.* **draw**[1] **(drew, drawn)**

dreadful ['dredfʊl] okropny, straszny, *We had dreadful weather.* – Mieliśmy okropną pogodę. **a dreadful mistake** – okropna pomyłka; *I feel dreadful.* – Czuję się paskudnie.

dreadfully ['dredfʊlɪ] bardzo, okropnie, strasznie; *I'm dreadfully sorry.* – Strasznie mi przykro. *He was dreadfully worried.* – Był okropnie zmartwiony.

dream[1] [dri:m] ❶ sen, marzenie senne; *I had a dream about taking an exam.* – Śniło mi się, że zdaję egzamin. *It was like a bad dream.* – To było jak zły sen. ❷ marzenie; *His greatest dream is to become a pilot.* – Jego największym marzeniem jest zostać pilotem. *Her dreams have come true.* – Jej marzenia spełniły się.

dream[2] [dri:m] **(dreamt/-ed, dreamt/ /-ed** [dremt, dremt]**)** ❶ śnić; *I dreamt about you last night.* – Śniłaś mi się zeszłej nocy. ❷ marzyć; *He dreams of setting up business of his own.* – On marzy o założeniu własnego interesu. ❸ **wouldn't dream of** – nie zrobić czegoś pod żadnym pozorem; *She wouldn't even dream of doing that.* – Nigdy w życiu/za nic w świecie by tego nie zrobiła.

dreary ['drɪərɪ] ponury, nieprzyjemny

dregs [dregz] fusy (*kawy*), osad

dress[1] [dres] ❶ suknia, sukienka ❷ ubiór, strój, ubranie; **national dress** – strój narodowy; **evening dress** – strój wieczorowy

dress[2] [dres] ❶ ubierać się; *She dresses well.* – Ona dobrze ubiera się. *How should I dress for work? – Don't dress in jeans.* – Jak mam się ubrać do pracy? – Nie zakładaj dżinsów. *Dress warmly if you go sailing.* – Ubierz się ciepło, skoro wybierasz się na żagle. ❷ ubierać; *She dressed the child.* – Ubrała dziecko. ❸ opatrzyć, nałożyć opatrunek; **to dress a wound/a cut** – opatrzyć ranę/skaleczenie

◆ **dress up** – (a) wystroić się; *She dressed up for the party.* – Wystroiła się na przyjęcie. (b) przebrać się (*za kogoś*); *He dressed up as a cowboy.* – Przebrał się za kowboja.

dressed ['drest] ubrany; *She was dressed in black.* – Była ubrana na czarno. **to get dressed** – ubrać się

dressing ['dresɪŋ] ❶ opatrunek; *You must put a dressing on that wound.* – Musisz założyć opatrunek na tę ranę. ❷ *kulin.* sos do sałatki (*np. majonez*)

dressing-gown ['dresɪŋ gaʊn] szlafrok

dressing-table ['dresɪŋ ˌteɪbl] toaletka

dressmaker ['dres,meɪkə] krawcowa

dress rehearsal ['dres rɪ,hɜ:sl] próba generalna/kostiumowa

drew [dru:] *p.* **draw**[1] **(drew, drawn)**

dried [draɪd] suszony; **dried fruit** – suszone owoce

drier[1] ['draɪə] **/ dryer** suszarka; **a hair drier** – suszarka do włosów

drier[2] ['draɪə] *p.* **dry**[1]

dries [draɪz] *p.* **dry**[2]

driest ['draɪɪst] *p.* **dry**[1]

drift[1] [drɪft] dryfować, unosić się z prądem, być unoszonym z prądem; *We* *let the boat drift.* – Pozwoliliśmy łodzi dryfować. *The raft drifted away.* – Tratwa odpłynęła unoszona prądem. *He drifts from one job to another.* – On pracuje to tu, to tam./On stale zmienia pracę/przenosi się z jednej pracy do drugiej.

drift[2] [drıft] zaspa; **a snow drift** – zaspa śnieżna

drill[1] [drıl] ❶ wiertło; **a dentist's drill** – wiertło dentystyczne; **a pneumatic drill** – młot pneumatyczny ❷ musztra ❸ ćwiczenie (*polegające na powtarzaniu*)

drill[2] [drıl] ❶ wiercić, drążyć, borować; **to drill for water/oil** – wiercić w poszukiwaniu wody/nafty ❷ ćwiczyć musztrę ❸ ćwiczyć (*np. strukturę gramatyczną*) przez powtarzanie

drink[1] [drıŋk] ❶ napój, coś do wypicia; *May I have a drink of water?* – Czy mogę napić się wody? **a soft drink** – napój bezalkoholowy ❷ alkohol, napój alkoholowy; *Would you have a drink?* – Czy się napijesz? **to stand sb a drink** – postawić komuś drinka; **drink problem** – problem alkoholowy

drink[2] [drıŋk] **(drank, drunk** [dræŋk, drʌŋk]**)** ❶ pić; *Drink a little water.* – Napij się trochę wody. *Drink plenty of fluids.* – Proszę pić dużo płynów. ❷ pić alkohol; *No, thank you. I don't drink.* – Nie, dziękuję. Nie piję. *He drinks heavily.* – On dużo pije. **to drink sb's health** – wypić czyjeś zdrowie; *Let's drink to your success.* – Wypijmy za twój sukces.

drip [drıp] **(-pp-)** ❶ ściekać, kapać; *Water is dripping from the tap.* – Woda kapie z kranu. ❷ przeciekać, ociekać; *The tap is dripping.* – Kran cieknie/przecieka. *His coat was dripping wet.* – Jego płaszcz ociekał wodą. *Water was dripping through the roof.* – Dach przeciekał./Woda kapała przez dach.

drip-dry[1] [ˌdrıp'draı] (*o ubraniu*) schnący bez wykręcania; **a drip-dry skirt** – spódnica, którą należy suszyć bez wykręcania

drip-dry[2] [ˌdrıp'draı] **(-ies, -ied, -ying)** suszyć (*bieliznę*) bez wykręcania, wieszać (*ubranie*) całkiem mokre, aby ściekła woda

drive[1] [draıv] **(drove, driven** [drəʊv, 'drıvn]**)** ❶ prowadzić samochód; *Can you drive?* – Czy umiesz prowadzić samochód? *He drives well.* – On dobrze prowadzi. **to drive a lorry** – prowadzić ciężarówkę ❷ jechać samochodem; *Shall we drive or go by bus?* – Pojedziemy samochodem, czy autobusem? *I'll drive you to the station.* – Zawiozę cię na stację. ❸ powodować, doprowadzać; *You are driving me mad.* – Doprowadzasz mnie do szaleństwa. *The hopeless situation drove him to drink.* – Beznadziejna sytuacja sprawiła, że zaczął pić. ❹ wbić, wprowadzić; **to drive a post into the ground** – wbić słupek w ziemię ❺ napędzać, stanowić siłę napędową; *The machine is driven by electricity.* – Ta maszyna jest napędzana elektrycznością. *He was driven by jealousy.* – Powodowała nim zazdrość.

drive[2] [draıv] ❶ podróż samochodem, przejażdżka samochodem; *Let's go for a drive.* – Wybierzmy się na przejażdżkę. *It was a two-day drive from Rome to Berlin.* – Była to dwudniowa podróż samochodem z Rzymu do Berlina. ❷ podjazd do rezydencji; **to park the car in the drive** – zaparkować samochód na podjeździe ❸ energia, siła przebicia; *He won't succeed because he lacks drive.* – On nie odniesie sukcesu, ponieważ brak mu siły przebicia.

driver ['draıvə] kierowca

drive-in ['draıvın] restauracja lub kino na otwartym powietrzu, gdzie wjeżdża się samochodem

driving ['draıvıŋ] prowadzenie samochodu; **dangerous driving** – niebezpieczna jazda

driving lessons ['draɪvɪŋ ˌlesnz] kurs prowadzenia samochodu

driving licence ['draɪvɪŋ ˌlaɪsns] prawo jazdy

driving test ['draɪvɪŋ ˌtest] egzamin na prawo jazdy

drizzle[1] ['drɪzl] mżyć

drizzle[2] ['drɪzl] mżawka

droop [dru:p] opadać, obwisać; *The flowers were drooping because they hadn't been watered.* – Kwiaty zwiesiały się, ponieważ nie były podlewane. **drooping moustache** – zwisające wąsy

drop[1] [drɒp] **(-pp-)** ❶ upuścić; *She dropped the vase and it broke.* – Upuściła wazon i zbiła go. **to drop anchor** – zarzucić/opuścić kotwicę ❷ upaść; *The vase dropped on the floor and got smashed.* – Wazon spadł na podłogę i rozbił się. *She dropped into a chair.* – Opadła na krzesło. **to drop dead** – paść martwym ❸ opaść, obniżyć się; *The wind dropped.* – Wiatr zmniejszył się/ucichł. *The prices have dropped.* – Ceny spadły. *The cliff drops to the sea.* – Brzeg klifowy opada stromo ku morzu. *Drop your voice.* – Mów ciszej. ❹ porzucić, rzucić; **to drop a bad habit** – rzucić nałóg; *Let's drop the subject.* – Zostawmy ten temat. ❺ wysadzić pasażera; *I dropped him at the airport.* – Wysadziłem go na lotnisku.

◆ **drop in** – wpaść z wizytą; *Drop in for a drink.* – Wpadnij na drinka. *We dropped in on Jenny later in the evening.* – Później wieczorem wstąpiliśmy z wizytą do Jenny.

◆ **drop off** – zdrzemnąć się, zapaść w sen

◆ **drop out** – odpaść; *He dropped out of university after a month.* – Odpadł ze studiów po miesiącu.

drop[2] [drɒp] ❶ kropla; **drops of rain** – krople deszczu; **eyedrops** – krople do oczu; *I had tea with a drop of brandy.* – Wypiłem herbatę z odrobiną brandy. ❷ spadek, obniżenie; **a drop in temperature** – spadek temperatury ❸ landrynka, drops, mały twardy cukierek; **fruit drops** – dropsy owocowe ❹ przepaść, uskok terenu; **a drop of nine metres** – dziewięciometrowa przepaść

drought [draʊt] susza

drove [drəʊv] *p.* **drive**[1] **(drove, driven)**

drown [draʊn] ❶ utopić się, utonąć; *She drowned in the sea.* – Utonęła w morzu. ❷ utopić; **to drown one's sorrows** – topić smutki (*w alkoholu*)

drug[1] [drʌg] ❶ lek, lekarstwo ❷ narkotyk; **to take drugs** – brać narkotyki; **a drug addict** – narkoman; **a drug dealer** – handlarz narkotykami; **hard drug** – „twardy" narkotyk (*heroina, kokaina*); **soft drug** – „miękki" narkotyk (*marihuana, haszysz*); **drug abuse** – narkomania/nadużywanie narkotyków

drug[2] [drʌg] **(-gg-)** podać narkotyk, domieszać narkotyku; *The drink had been drugged.* – Do napoju domieszano narkotyku. *They drugged him to kill the pain.* – Podali mu narkotyki, by uśmierzyć ból.

druggist ['drʌgɪst] *am.* aptekarz

drugstore ['drʌgstɔ:] *am.* apteka, drogeria

drum [drʌm] bęben; **to beat the drum** – bić w bęben

drummer ['drʌmə] dobosz

drunk[1] [drʌŋk] *p.* **drink**[2] **(drank, drunk)**

drunk[2] [drʌŋk] pijany; **to get drunk** – upić się; *He doesn't remember what happened because he was drunk.* – Nie pamięta, co się stało, ponieważ był pijany. **drunk driving** – prowadzenie samochodu po pijanemu

drunk[3] [drʌŋk] ktoś pijany, pijak; *There were many drunks in the street.* – Na ulicy było wielu pijanych.

drunkard ['drʌŋkəd] pijak

drunken ['drʌŋkən] pijany, pijacki; **drunken stupor** – zamroczenie alkoholowe; **a drunken brawl** – pijacka awantura

dry[1] [draɪ] **(-ier, -iest)** ❶ suchy; *My clothes are quite dry.* – Moje ubranie jest całkiem suche. *The paint isn't dry yet.* – Farba jeszcze nie wyschła. **dry skin/hair** – sucha cera/suche włosy ❷ (*o winie*) wytrawny; **dry red wine** – wytrawne, czerwone wino

dry² [draɪ] **(-ies, -ied, -ying)** ❶ schnąć, suszyć się; *The washing was drying outside.* – Pranie suszyło się na dworze. ❷ osuszyć; *Dry your hands on this towel.* – Wytrzyj ręce tym ręcznikiem. *Don't dry your hair in direct sunlight.* – Nie susz włosów na słońcu.

◆ **dry out** – wyschnąć, wysuszyć się; *We waited until our boots dried out.* – Czekaliśmy, aż wyschną nam buty.

◆ **dry up** – (a) wyschnąć; *The river has dried up.* – Rzeka wyschła. (b) wycierać naczynia; *I washed the dishes and she dried up.* – Zmyłam naczynia, a ona powycierała.

dry-clean [ˌdraɪ'kli:n] czyścić/prać na sucho

dry-cleaner's [ˌdraɪ'kli:nəz] pralnia chemiczna

dryer ['draɪə] = **drier**

dual ['dju:əl] podwójny; **dual citizenship** – podwójne obywatelstwo

dual carriageway [ˌdju:əl 'kærɪdʒweɪ] *am.* **divided highway** autostrada

duchess ['dʌtʃɪs] księżna

duck¹ [dʌk] *zool.* kaczka

duck² [dʌk] schylić szybko głowę, zrobić unik; *He saw the ball and ducked just in time to avoid being hit.* – Spostrzegł piłkę i schylił się w samą porę, aby uniknąć uderzenia. **to duck a blow** – uchylić się od ciosu

duckling ['dʌklɪŋ] kaczątko; **an ugly duckling** – brzydkie kaczątko

due [dju:] ❶ spodziewany, planowany; *The press conference is due to start at 11 a.m.* – Konferencja prasowa ma się zacząć o 11. *The baby is due next month.* – Dziecko ma się urodzić w przyszłym miesiącu. ❷ należny; *The wages due to him will be paid.* – Należny zarobek zostanie mu wypłacony. *Our thanks are due to the police.* – Nasze podziękowania należą się policji. ❸ odpowiedni, stosowny, należyty; **after due consideration** – po należytym rozważeniu; **in due course** – w odpowiednim czasie/we właściwym sobie czasie ❹ płatny, mający termin płatności; *The bill is due tomorrow.* – Jutro przypada termin płatności rachunku.

◆ **due to** – z powodu; *The accident was due to reckless driving.* – Wypadek był spowodowany nieostrożną jazdą.

duel ['dju:əl] pojedynek; **to challenge sb to a duel** – wyzwać kogoś na pojedynek

duet [dju:'et] duet

dug [dʌg] *p.* **dig (dug, dug)**

duke [dju:k] książę

dull [dʌl] ❶ matowy, bez połysku; **dull colours** – przyćmione, mdłe kolory ❷ tępy, nieostry; **a dull blade** – tępe ostrze ❸ tępy, przytłumiony; **a dull pain** – tępy ból ❹ tępy, nieinteligentny; **a dull student** – tępy uczeń ❺ nieciekawy, nudny, bez fantazji; *They lead a dull life.* – Oni prowadzą nudne życie.

duly ['dju:lɪ] w odpowiednim czasie, w odpowiedni sposób, należycie; *The taxi duly arrived.* – Taksówka przyjechała we właściwym czasie. *The contract was duly signed.* – Kontrakt został podpisany zgodnie z ustaleniami.

dumb [dʌm] ❶ niemy; **deaf and dumb** – głuchoniemy; **to be struck dumb** – oniemieć (*z powodu szoku lub zdziwienia*) ❷ głupi, nieinteligentny; *What a dumb question!* – Co za głupie pytanie! **to act dumb** – udawać głupiego

dump [dʌmp] rzucić, porzucić, zostawić; *She dumped her bag on the sofa.* – Rzuciła torbę na kanapę. *You can't dump rubbish here.* – Nie wolno tu wyrzucać śmieci. **to dump sewage into the sea** – wypuszczać/zrzucać/ /odprowadzać ścieki do morza

dumper truck ['dʌmpə trʌk] **/ dump truck** ['dʌmp trʌk] samochód wywrotka

dune [dju:n] wydma

dungeon ['dʌndʒən] loch

duplicate[1] ['dju:plɪkət] duplikat; **to issue a document in duplicate** – wydać dokument w dwóch egzemplarzach

duplicate[2] ['dju:plɪkeɪt] powielić, zrobić kopię

durable ['djʊərəbl] trwały

duration [djʊə'reɪʃn] trwanie, czas trwania; *She has to stay in a nursing home for the duration of her illnes.* – Musi przebywać w szpitalu podczas trwania choroby.

d

during ['djʊərɪŋ] podczas, w ciągu; **during the war** – podczas wojny; **during the day** – w ciągu dnia; **during the past two years** – w ciągu ostatnich dwóch lat; *He came to see us during his stay in London.* – Przyszedł nas odwiedzić podczas swojego pobytu w Londynie.

dusk [dʌsk] zmierzch, półmrok; **at dusk** – o zmierzchu

dust[1] [dʌst] kurz, pył; *The furniture was covered with dust.* – Meble były pokryte kurzem.

dust[2] [dʌst] ❶ ścierać kurze; **to dust the furniture** – zetrzeć kurze z mebli ❷ posypać, obsypać; *Dust the cake with sugar.* – Posyp ciasto cukrem.

dustbin ['dʌstbɪn] pojemnik na śmieci (*na zewnątrz budynku*)

duster ['dʌstə] ściereczka do kurzu

dustman ['dʌstmən] (*l.mn.* **dustmen** ['dʌstmən]) śmieciarz

dusty ['dʌstɪ] **(-ier, -iest)** zakurzony, pełen kurzu; **a dusty room** – zakurzony pokój; **a dusty road** – piaszczysta droga/droga pełna kurzu

duty ['dju:tɪ] (*l.mn.* **duties**) ❶ obowiązek; **to do one's duty** – wypełniać swój obowiązek; *It's your duty to lock the safe after work.* – Zamykanie sejfu po pracy jest pana obowiązkiem. **a sense of duty** – poczucie obowiązku ❷ dyżur, służba; **on duty** – na dyżurze; **off duty** – poza godzinami pracy ❸ cło, podatek; **custom duties** – cło/ /opłata celna; **to pay duty on sth** – zapłacić za coś cło; **death duties** – podatek spadkowy

duty-free [,dju:tɪ'fri:] bez cła, bezcłowy; **a duty-free shop** – sklep bezcłowy

duvet ['dju:veɪ] kołdra

dwarf [dwɔ:f] (*l.mn.* **dwarves/dwarfs** [dwɔ:vz/dwɔ:fs]) karzeł

dye[1] [daɪ] barwnik, farba; **hair dye** – farba do włosów; **vegetable dyes** – barwniki roślinne

dye[2] [daɪ] **(dyes, dyed, dyeing)** farbować; **to dye a white dress red** – ufarbować białą sukienkę na czerwono; *She's dyed her hair black.* – Ufarbowała włosy na czarno.

dying ['daɪɪŋ] umierający

dynamic [daɪ'næmɪk/dɪ'næmɪk] dynamiczny

dynamics [daɪ'næmɪks/dɪ'næmɪks] dynamika

dynamite[1] ['daɪnəmaɪt] dynamit

dynamite[2] ['daɪnəmaɪt] wysadzić za pomocą dynamitu; *The terrorists dynamited the building.* – Terroryści wysadzili budynek w powietrze.

dynasty ['dɪnəstɪ/'daɪnəstɪ] (*l.mn.* **dynasties**) dynastia

d'you [dju:/djə] = **do you**

dysentery ['dɪsntrɪ] dyzenteria, czerwonka

e

each [i:tʃ] każdy (*z osobna*); *Each child must have a room of his/her own.* – Każde dziecko musi mieć własny pokój. *He gave each of them a present.* – Dał prezent każdemu z nich. *The peaches cost 10p each.* – Brzoskwinie kosztują po 10 pensów za sztukę. **each other** – siebie/sobie nawzajem; *We looked at each other.* – Spojrzeliśmy na siebie.

eager ['i:gə] chętny, pełen zapału; *We were eager to start the climb.* – Paliliśmy się wprost do rozpoczęcia wspinaczki. *She saw a class of eager students waiting for her to speak.* – Zobaczyła klasę z pełnymi zapału uczniami/studentami, czekającymi na jej słowa.

eagerly ['i:gəlɪ] chętnie, z zapałem, ochoczo; *We waited eagerly for the film to start.* – Czekaliśmy z niecierpliwością na rozpoczęcie filmu.

eagle [i:gl] orzeł

ear [ɪə] ❶ ucho; **the middle/the inner ear** – ucho środkowe/wewnętrzne; *He whispered something in her ear.* – (Wy)szeptał jej coś do ucha. *I'm all ears.* – Słucham niecierpliwie./Zamieniam się w słuch. ❷ słuch; **to have good ears** – mieć dobry słuch; **to have a good ear for music** – mieć słuch muzyczny

earache ['ɪəreɪk] ból ucha

earl [ɜ:l] hrabia

early[1] ['ɜ:lɪ] **(-ier, -iest)** wczesny; **early evening** – wczesny wieczór; *She is in her early thirties.* – Ona jest trochę po trzydziestce (*nie ma więcej niż 35 lat*). **to make an early start** – wyruszyć wcześnie; **an early night** – wczesne pójście spać; **the early hours** – wczesne godziny ranne

early[2] ['ɜ:lɪ] **(-ier, -iest)** wcześnie; **to get up early** – wsta(wa)ć wcześnie; *She arrived five minutes too early.* – Przybyła o pięć minut za wcześnie.

earn [ɜ:n] ❶ zarabiać; **to earn a living** – zarabiać na życie; *She earns £20,000 a year.* – Ona zarabia 20 000 funtów rocznie. ❷ zasłużyć na; *You ought to take a short holiday, you've earned it.* – Powinieneś wziąć krótki urlop, zasłużyłeś na niego.

earnest ['ɜ:nɪst] poważny, serio, sumienny; **an earnest young man** – poważny, młody człowiek; **to speak in earnest** – mówić serio

earnings ['ɜ:nɪŋz] zarobki

earphones ['ɪəfəʊnz] słuchawki

earring ['ɪərɪŋ] kolczyk

earth [ɜ:θ] ❶ Ziemia (*planeta*), świat; *The Earth goes round the Sun.* – Ziemia obraca się wokół Słońca. **the happiest person on earth** – najszczęśliwsza osoba na świecie ❷ ziemia, powierzchnia ❸ ziemia, gleba; *Flowers will not grow in poor earth.* – Kwiaty nie wyrosną na lichej glebie.

earthquake ['ɜ:θkweɪk] trzęsienie ziemi

ease [i:z] ❶ łatwość; *They climbed over the wall with ease.* – Z łatwością pokonali mur. ❷ wygoda, spokój; **to have a life of ease** – mieć wygodne (i spokojne) życie; **to be/to feel at ease** – nie denerwować się/być odprężonym/na luzie; **to put sb at their ease** – uspokoić kogoś; **to feel ill at ease** – czuć się skrępowanym

easier ['i:zɪə] *p.* **easy (-ier, -iest)**

easily ['i:zılı] łatwo, lekko; *We easily found the way.* – Z łatwością znaleźliśmy drogę.

east[1] [i:st] ❶ wschód (*kierunek*); *Which way is east?* – Gdzie jest wschód? *The wind was coming from the east.* – Wiatr wiał ze wschodu. ❷ Wschód (*kraje Wschodu*); **the Far East/the Middle East/the Near East** – Daleki/Środkowy/Bliski Wschód

east[2] [i:st] wschodni; **an east wind** – wschodni wiatr; **the East Coast** – Wschodnie Wybrzeże (*Stanów Zjednoczonych*); **East Africa** – Afryka Wschodnia

e

east[3] [i:st] na wschód, w kierunku wschodnim; **to travel east** – podróżować na wschód; *They live east of the town.* – Oni mieszkają na wschód od miasta.

Easter ['i:stə] Wielkanoc

easterly ['i:stəlı] (*o kierunku*) wschodni; **easterly wind** – wiatr wschodni; *We set off in the easterly direction.* – Wyruszyliśmy w kierunku wschodnim.

eastern ['i:stən] wschodni, położony na wschodzie; **Eastern Europe** – Europa Wschodnia

easy[1] ['i:zı] (**-ier, -iest**) ❶ łatwy, prosty; *The exam was very easy.* – Egzamin był bardzo łatwy. *The machine is easy to operate.* – Ta maszyna jest łatwa w obsłudze. **to have an easy life** – mieć łatwe życie; *It's easy for you to say.* – Łatwo ci mówić. ❷ spokojny, uspokojony; **with an easy mind** – z lekkim sercem

easy[2] ['i:zı] (**-ier, -iest**) łatwo. *Easier said than done.* – Łatwiej powiedzieć niż wykonać. *Easy come, easy go.* – Łatwo przyszło, łatwo poszło.

◆ *Take it easy.* – Nie przejmuj się. *The doctor told me to take things easy for a while.* – Lekarz mi powiedział, żebym przez jakiś czas się oszczędzał.

◆ **to go easy on sth** – nie nadużywać czegoś; *Go easy on sugar if you want to lose weight.* – Ogranicz cukier, jeżeli chcesz stracić na wadze.

eat [i:t] (**ate, eaten** [eıt/et, 'i:tn]) jeść; *Would you like something to eat?* – Czy chciałbyś coś zjeść/coś do zjedzenia? *We've eaten all the apples.* – Zjedliśmy wszystkie jabłka.

◆ **eat out** – jeść w restauracji

◆ **eat up** – zjeść (*do końca*); **to be eaten up with jealousy** – być zżeranym przez zazdrość

ebony ['ebənı] heban

eccentric[1] [ık'sentrık] ekscentryczny

eccentric[2] [ık'sentrık] ekscentryk, dziwak

echo[1] ['ekəʊ] ❶ odbijać się echem; *Our footsteps echoed in the empty corridor.* – Nasze kroki odbijały się echem w pustym korytarzu. ❷ odbijać głos; *The corridor echoed with children's voices.* – Korytarz rozbrzmiewał głosami dzieci.

echo[2] ['ekəʊ] (*l.mn.* **echoes**) echo

eclipse [ı'klıps] zaćmienie; **the eclipse of the sun** – zaćmienie słońca

ecological [,i:kə'lɒdʒıkl] ekologiczny; **ecological balance** – równowaga ekologiczna; **an ecological disaster** – katastrofa ekologiczna

ecologist [i:'kɒlədʒıst] ekolog

ecology [i:'kɒlədʒı] ekologia

economic [,i:kə'nɒmık] ❶ ekonomiczny, gospodarczy; **the economic policy** – polityka gospodarcza; **economic growth** – wzrost gospodarczy; **economic reforms** – reformy gospodarcze ❷ ekonomiczny, przynoszący dochód

economical [,i:kə'nɒmıkl] oszczędny; **an economical system of heating the house** – oszczędny system ogrzewania domu; *Try to be more economical with housekeeping money.* – Staraj się oszczędniej gospodarować pieniędzmi na dom.

economics [,i:kə'nɒmıks] ekonomia; *He has a degree in economics.* – On ma ukończone studia ekonomiczne. **to study economics** – studiować ekonomię

economist [ı'kɒnəmıst] ekonomista

economize [ɪ'kɒnəmaɪz] oszczędzać; *We had to economize on fuel.* – Musieliśmy oszczędzać paliwo.

economy¹ [ɪ'kɒnəmɪ] (*l.mn.* **economies**) ❶ gospodarka; *The country's economy shows some signs of improvement.* – Gospodarka kraju wykazuje pewne oznaki poprawy. ❷ oszczędność; **to make economies** – robić oszczędności/oszczędzać

economy² [ɪ'kɒnəmɪ] ekonomiczny, pozwalający na oszczędność; **economy size/pack** – ekonomiczne (*duże*) opakowanie (*produktu*); **economy class** – klasa turystyczna (*w samolocie*)

edge [edʒ] ❶ brzeg, krawędź, skraj; **to stand at the water's edge** – stać na brzegu (*np. morza, jeziora*); **on the edge of a cliff** – na skraju urwiska ❷ ostrze; **a knife with a sharp edge** – nóż z ostrym ostrzem/ostry nóż

edit ['edɪt] ❶ redagować; **to edit a text** – redagować tekst; **to edit a newspaper** – redagować gazetę ❷ wydać (*książkę*); **to edit a book** – wydać książkę

edition [ɪ'dɪʃn] wydanie; **the first edition of a book** – pierwsze wydanie książki; **the evening edition of a newspaper** – wieczorne wydanie gazety

editor ['edɪtə] wydawca, redaktor

educate ['edʒʊkeɪt] kształcić, szkolić

educated ['edʒʊkeɪtɪd] wykształcony

education [,edʒʊ'keɪʃn] wykształcenie, edukacja

educational [,edʒʊ'keɪʃənl] dydaktyczny, edukacyjny, związany z nauczaniem; **the educational system** – system szkolnictwa/system edukacji; **educational experience** – doświadczenie dydaktyczne

eel [i:l] węgorz

effect [ɪ'fekt] ❶ skutek, rezultat; *Stress can have a bad effect on our health.* – Stres może źle wpływać na nasze zdrowie. **to achieve the desired effect** – osiągnąć pożądany skutek; **cause and effect** – przyczyna i skutek ❷ efekt; **sound effects/special effects** – efekty dźwiękowe/specjalne

effective [ɪ'fektɪv] skuteczny, efektywny; *Antibiotics are effective against infection.* – Antybiotyki skutecznie zwalczają infekcję.

efficiency [ɪ'fɪʃənsɪ] sprawność, wydajność, skuteczność, kompetencja; *They worked with great efficiency.* – Pracowali bardzo wydajnie/sprawnie.

efficient [ɪ'fɪʃnt] sprawny, wydajny, kompetentny, skuteczny; **an efficient secretary** – kompetentna sekretarka; **an efficient transport system** – sprawny system transportu; **an efficient machine** – wydajna maszyna; **an efficient method of teaching** – skuteczna metoda nauczania

efficiently [ɪ'fɪʃntlɪ] sprawnie, skutecznie, wydajnie; **to work efficiently** – pracować sprawnie/wydajnie

effort ['efət] wysiłek; *It takes a lot of effort to write a book.* – Napisanie książki wymaga dużego wysiłku. *She made a big effort to get everything ready in time.* – Włożyła dużo wysiłku, by przygotować wszystko na czas. *He climbed slowly and with great effort.* – Wspinał się powoli i z dużym wysiłkiem.

effortless ['efətlɪs] bezwysiłkowy, nie wymagający wysiłku, łatwy

effortlessly ['efətlɪslɪ] bez wysiłku, łatwo, lekko

egg [eg] jajko; **a hard-boiled/a soft-boiled egg** – jajko na twardo/na miękko; **to lay eggs** – znosić jajka

eggcup ['egkʌp] kieliszek do jajka

eggplant ['egplɑ:nt] *am.* bakłażan

eggshell ['egʃel] skorupka jajka

ego ['egəʊ] ego, jaźń

egocentric [,egə'sentrɪk] egocentryczny

egoism ['egəʊɪzm] egoizm

egoist ['egəʊɪst] egoista

egoistic [,egəʊ'ɪstɪk] egoistyczny

eiderdown ['aɪdədaʊn] kołdra puchowa

eight [eɪt] osiem

eighteen [,eɪ'ti:n] osiemnaście

eighteenth [,eɪ'ti:nθ] **(18th)** osiemnasty

eighth [eɪtθ] **(8th)** ósmy

eightieth ['eɪtɪəθ] **(80th)** osiemdziesiąty
eighty ['eɪtɪ] osiemdziesiąt
either[1] ['aɪðə] ❶ jeden lub drugi, którykolwiek z dwóch; *Take either of these two books.* – Weź którąkolwiek z tych dwóch książek. ❷ jeden i drugi, oba, oboje; *There are shops on either side of the street.* – Sklepy znajdują się po obu stronach ulicy.
either[2] ['aɪðə/'i:ðə] ❶ też, również, też nie (*w zdaniach przeczących*); *I can't come on Tuesday either.* – Również we wtorek nie mogę przyjść. ❷ **either... or...** – albo... albo...; *You can either go by bus or take a taxi.* – Możesz pojechać autobusem, albo wziąć taksówkę.

e

elaborate[1] [ɪ'læbrət] ❶ misterny, wyszukany, skomplikowany; **an elaborate design** – misterny wzór ❷ staranny; **elaborate preparations** – staranne przygotowania
elaborate[2] [ɪ'læbreɪt] dokładnie opracować, omówić
elastic[1] [ɪ'læstɪk] guma, tkanina elastyczna
elastic[2] [ɪ'læstɪk] elastyczny; **elastic band** – guma/taśma gumowa
elbow ['elbəʊ] łokieć
elder[1] ['eldə] (*o osobach w rodzinie*) starszy; **my elder brother** – mój starszy brat
elder[2] ['eldə] czarny bez
elderly ['eldəlɪ] starszy, w starszym wieku; **an elderly lady** – starsza pani; **the elderly** – osoby w podeszłym/starszym wieku
eldest ['eldɪst] najstarszy (*w rodzinie*); **my eldest daughter** – moja najstarsza córka
elect [ɪ'lekt] wybrać (*w wyborach*); **to elect sb president** – wybrać kogoś na prezydenta
election [ɪ'lekʃn] wybory; **general election** – wybory powszechne; **the election campaign** – kampania wyborcza
electric [ɪ'lektrɪk] elektryczny; **an electric cooker** – kuchenka elektryczna; **an electric blanket** – koc elektryczny; **electric current** – prąd elektryczny; **electric shock** – porażenie prądem
electrical [ɪ'lektrɪkl] elektryczny; **electrical equipment** – sprzęt elektryczny; **electrical engineer** – inżynier elektryk
electrician [ˌɪlek'trɪʃn] elektryk
electricity [ˌɪlek'trɪsətɪ] ❶ elektryczność ❷ prąd elektryczny; *The electricity has been cut off.* – Odcięto dopływ prądu.
electrification [ɪˌlektrɪfɪ'keɪʃn] elektryfikacja
electrify [ɪ'lektrɪfaɪ] **(-ies, -ied, -ying)** ❶ zelektryzować; *We were electrified by her appearance.* – Byliśmy zelektryzowani jej pojawieniem się. ❷ zelektryfikować; **to electrify a railway line** – zelektryfikować linię kolejową
electron [ɪ'lektrɒn] elektron
electronic [ˌɪlek'trɒnɪk] elektroniczny; **electronic equipment** – sprzęt elektroniczny
electronics [ˌɪlek'trɒnɪks] elektronika
elegance ['elɪgəns] elegancja
elegant ['elɪgənt] elegancki
element ['elɪmənt] ❶ pierwiastek chemiczny ❷ żywioł (*także przen.*); *He is in his element.* – On jest w swoim żywiole. ❸ element, część składowa; *There is an element of truth in what he says.* – Jest cząstka prawdy w tym, co mówi. ❹ **the elements** – podstawy, elementarne zasady; **the elements of geometry** – podstawy geometrii
elementary [ˌelɪ'mentərɪ] podstawowy, elementarny; **an elementary textbook of English** – podstawowy podręcznik języka angielskiego; **an elementary particle** – *fiz.* cząstka elementarna
elephant ['elɪfənt] słoń
elevator ['elɪveɪtə] *am.* winda
eleven [ɪ'levn] jedenaście
eleventh [ɪ'levnθ] **(11th)** jedenasty

eliminate [ɪ'lɪmɪneɪt] wyeliminować
élite [eɪ'li:t] elita
ellipse [ɪ'lɪps] elipsa
elliptical [ɪ'lɪptɪkl] eliptyczny, owalny
else [els] jeszcze, dodatkowo, ktoś inny, coś innego; *You must ask someone else.* – Musisz zapytać kogoś innego/ /jeszcze kogoś. **something else** – coś jeszcze/coś innego; *Who else?* – Kto jeszcze? **somewhere else** – gdzie indziej
◆ **or else** – bo inaczej, bo w przeciwnym razie; *Hurry up, or else you'll miss the train.* – Pospiesz się, bo inaczej spóźnisz się na pociąg.
elsewhere [ˌels'weə] gdzie indziej; *It isn't here, you must look for it elsewhere.* – Tutaj tego nie ma, musisz poszukać gdzie indziej.
emancipate [ɪ'mænsɪpeɪt] emancypować, wyzwolić
emancipation [ɪˌmænsɪ'peɪʃn] emancypacja, wyzwolenie
embankment [ɪm'bæŋkmənt] nabrzeże, wał, skarpa
embargo [em'bɑ:gəʊ] (*l.mn.* **embargoes**) embargo; **to put/to impose an embargo on trade with a country** – wprowadzić embargo na handel z jakimś krajem; **to lift an embargo** – znieść embargo
embark [ɪm'bɑ:k] wejść na pokład; zaokrętować się
embarrass [ɪm'bærəs] wprawić w zakłopotanie; *His questions embarrassed her.* – Jego pytania wprawiły ją w zakłopotanie.
embarrassed [ɪm'bærəst] zażenowany, zakłopotany, skrępowany
embarrassing [ɪm'bærəsɪŋ] żenujący, kłopotliwy; **to put sb in an embarrassing position** – postawić kogoś w kłopotliwej sytuacji; **an embarrassing question** – kłopotliwe pytanie
embarrassment [ɪm'bærəsmənt] zakłopotanie, zażenowanie; *He was red with embarrassment.* – Był czerwony z zażenowania.
embassy ['embəsɪ] (*l.mn.* **embassies**) ambasada
embrace [ɪm'breɪs] ❶ objąć, otoczyć ramionami; *She embraced her sister tenderly.* – Objęła swoją siostrę czule. ❷ objąć się; *They embraced.* – Objęli się.
embroider [ɪm'brɔɪdə] ❶ haftować; **to embroider a tablecloth with flowers** – wyhaftować obrus w kwiaty ❷ koloryzować (*opowieść*); *He didn't tell any lies, he just embroidered the facts.* – On nie kłamał, tylko koloryzował.
embroidered [ɪm'brɔɪdəd] haftowany
embroidery [ɪm'brɔɪdərɪ] ❶ haft ❷ koloryzacja, koloryzowanie
embryo ['embrɪəʊ] embrion, zarodek
emerald[1] ['emərəld] szmaragd
emerald[2] ['emərəld] szmaragdowy
emerge [ɪ'mɜ:dʒ] wyłonić się; *The sun emerged from behind the clouds.* – Słońce wyszło zza chmur. *The truth will emerge in the end.* – Prawda w końcu wyjdzie na jaw.
emergency [ɪ'mɜ:dʒənsɪ] (*l.mn.* **emergencies**) nagły wypadek, krytyczna sytuacja; **in an emergency** – w nagłym wypadku/gdyby coś się stało; **emergency exit** – wyjście awaryjne; **emergency services** – pogotowie ratunkowe, straż pożarna, policja
emigrant ['emɪgrənt] emigrant
emigrate ['emɪgreɪt] emigrować
emigration [ˌemɪ'greɪʃn] emigracja
emit [ɪ'mɪt] **(-tt-)** emitować, wysyłać; *The sun emits heat and light.* – Słońce emituje ciepło i światło.
emotion [ɪ'məʊʃn] emocja, uczucie, wzruszenie; *His voice trembled with emotion.* – Głos mu drżał ze wzruszenia.
emotional [ɪ'məʊʃənl] ❶ uczuciowy, emocjonalny; **the physical and emotional development of a child** – fizyczny i emocjonalny rozwój dziecka; **to have emotional problems** – mieć problemy emocjonalne ❷ okazujący wzruszenie, łatwo wzruszający się; *She always gets emotional when it's*

time to say goodbye. – Ona zawsze się wzrusza, kiedy nadchodzi pora pożegnania.

emperor ['emprə] cesarz, imperator

emphasis ['emfəsɪs] ❶ nacisk, akcent; **to put the emphasis on the first syllable** – akcentować pierwszą sylabę; *He put a great emphasis on efficiency.* – Położył duży nacisk na wydajność. ❷ emfaza

emphasize ['emfəsaɪz] podkreślać, kłaść nacisk; *He emphasized the importance of systematic learning.* – Podkreślił wagę systematycznego uczenia się. *The black dress emphasized her figure.* – Czarna suknia podkreślała jej figurę.

emphatic [ɪm'fætɪk] dobitny, wyraźny, niedwuznaczny; **an emphatic refusal** – niedwuznaczna odmowa

emphatic pronouns [ɪm,fætɪk 'prəunaunz] *gram.* zaimki emfatyczne (*np. myself, yourself, itp.*)

empire ['empaɪə] imperium, cesarstwo; **the Roman Empire** – Imperium Rzymskie

empirical [ɪm'pɪrɪkl] empiryczny, doświadczalny; **empirical evidence** – dowód empiryczny

employ [ɪm'plɔɪ] zatrudniać; *The factory employs 800 people.* – Ta fabryka zatrudnia 800 osób. *She is employed as a secretary.* – Jest zatrudniona jako sekretarka.

employee [,emplɔɪ'i:] pracownik; **an employee of a bank** – pracownik banku

employer [ɪm'plɔɪə] pracodawca

employment [ɪm'plɔɪmənt] zatrudnienie; *She found employment as a shop-assistant.* – Znalazła zatrudnienie jako ekspedientka. *The employment of children under 16 is forbidden.* – Zatrudnianie dzieci poniżej 16 lat jest niedozwolone. **an employment agency** – biuro zatrudnienia; **to seek employment** – szukać zatrudnienia

empress ['emprɪs] cesarzowa

emptiness ['emptɪnɪs] pustka

empty[1] ['emptɪ] (**-ier, -iest**) ❶ pusty; **an empty bottle** – pusta butelka; *The hall was empty.* – Hol był pusty. **on an empty stomach** – na pusty żołądek ❷ pusty, próżny, czczy; **an empty threat** – czcza pogróżka; **empty words** – puste słowa

empty[2] ['emptɪ] (**-ies, -ied, -ying**) ❶ opróżnić; **to empty the ashtrays** – opróżnić popielniczki; *She emptied the contents of her handbag out onto the table.* – Wyłożyła zawartość torebki na stół. ❷ opróżnić się; *It was getting late and the room began to empty.* – Robiło się późno i sala zaczynała się opróżniać.

empty-handed [,emptɪ'hændɪd] z pustymi rękoma

emulsion [ɪ'mʌlʃn] emulsja

enable [ɪ'neɪbl] umożliwiać; *This money will enable him to finish his studies.* – Te pieniądze umożliwią mu ukończenie studiów.

enamel [ɪ'næml] ❶ emalia ❷ lakier ❸ szkliwo zęba

enchant [ɪn'tʃɑ:nt] oczarować; *We were enchanted by the little cottage.* – Byliśmy oczarowani tą małą chatką.

enchanting [ɪn'tʃɑ:ntɪŋ] cudowny, czarujący, czarowny

enchantment [ɪn'tʃɑ:ntmənt] ❶ oczarowanie ❷ zaczarowanie, zaklęcie, czar

enclose [ɪn'kləuz] ❶ załączyć; *I enclose a cheque with the letter.* – Do listu załączam czek. ❷ otoczyć, ogrodzić; *A high fence enclosed the garden.* – Wysoki płot otaczał ogród.

encounter[1] [ɪn'kauntə] spotkać, napotkać; *It was the worst problem they had ever encountered.* – To był najgorszy problem, z jakim kiedykolwiek się zetknęli.

encounter[2] [ɪn'kauntə] spotkanie; **a chance encounter** – przypadkowe spotkanie

encourage [ɪn'kʌrɪdʒ] zachęcać, dodawać odwagi; *We encouraged her to continue her studies.* – Zachęcaliśmy ją do kontynuowania studiów.

encouraged [ɪn'kʌrɪdʒd] pełen otuchy, zachęcony; *She felt encouraged by the positive reaction from the audience.* – Pozytywna reakcja ze strony publiczności dodała jej otuchy.

encouragement [ɪn'kʌrɪdʒmənt] zachęta, poparcie; *They gave me a great deal of encouragement.* – Bardzo mnie zachęcili.

encouraging [ɪn'kʌrɪdʒɪŋ] zachęcający, pozytywny; *The results have been very encouraging so far.* – Jak dotąd wyniki są bardzo zachęcające.

encyclopedia [ɪn,saɪklə'pi:djə] encyklopedia

encyclopedic [ɪn,saɪklə'pi:dɪk] encyklopedyczny; **encyclopedic knowledge** – wiedza encyklopedyczna

end[1] [end] koniec; **at the end of the month** – pod koniec (tego) miesiąca; **at the end of the street** – przy końcu ulicy; **in the end** – w końcu; **without end** – bez końca; **to come to an end** – zakończyć się/skończyć się; **to put an end to sth** – położyć czemuś kres; **to make ends meet** – wiązać koniec z końcem

end[2] [end] ❶ kończyć, zakończyć; *She ended her relationship with him.* – Zerwała swój związek z nim. *He ended his speech with a quotation from Shakespeare.* – Zakończył przemówienie cytatem z Szekspira. ❷ kończyć się; *The road ends here.* – Droga tutaj się kończy. *How does the film end?* – Jak się kończy ten film? *The word "energy" ends in "y".* – Wyraz „energy" kończy się na „y".

◆ **end up** – skończyć (*jakoś*), znaleźć się w jakiejś sytuacji; *If he goes on like that he will end up in prison.* – Jeżeli nadal będzie się tak zachowywał, wyląduje w więzieniu.

ending ['endɪŋ] ❶ zakończenie; **a film with a happy ending** – film z happy endem ❷ końcówka; **the ending of a word** – końcówka wyrazu

endless ['endlɪs] niekończący się, bez końca; *The road seemed endless.* – Droga wydawała się nie mieć końca. **endless patience** – nieskończona cierpliwość

endlessly ['endlɪslɪ] nieskończenie, w nieskończoność; *They talked endlessly about politics.* – Rozmawiali bez końca o polityce. **to be endlessly patient** – być nieskończenie cierpliwym

endurance [ɪn'djʊərəns] wytrzymałość; *You need great endurance as a long-distance runner.* – Potrzebujesz dużej wytrzymałości jako długodystansowiec. *It was boring beyond endurance.* – To było nudne nie do wytrzymania.

endure [ɪn'djʊə] wytrzymać, znieść; *We can't endure much longer without water.* – Nie możemy już dłużej wytrwać bez wody. *I can't endure that person.* – Nie mogę znieść/ścierpieć tej osoby.

enemy ['enəmɪ] (*l.mn.* **enemies**) nieprzyjaciel, wróg; *We were pursued by the enemy.* – Byliśmy ścigani przez wroga. **to make enemies** – robić sobie wrogów

energetic [,enə'dʒetɪk] energiczny

energy ['enədʒɪ] energia; *This man is full of energy.* – Ten człowiek jest pełen energii. *It takes a great deal of energy to look after six children.* – Opiekowanie się sześciorgiem dzieci wymaga dużo energii. **electrical energy** – energia elektryczna; **nuclear energy** – energia jądrowa

engage [ɪn'geɪdʒ] ❶ zaangażować, zatrudnić; *He engaged a new secretary.* – Zatrudnił nową sekretarkę. ❷ zająć, zaabsorbować; **to engage sb's attention/interest** – zaabsorbować czyjąś uwagę/zainteresować kogoś; **to engage sb in conversation** – zająć kogoś rozmową/włączyć kogoś do rozmowy

engaged [ɪn'geɪdʒd] ❶ zaręczony; **to get engaged** – zaręczyć się; *They are engaged (to be married).* – Są zaręczeni. *She is engaged to him.* – Jest z nim zaręczona. ❷ zajęty, zaabsorbowany; *We can't meet on Monday, I'm otherwise engaged.* – Nie możemy się spotkać w poniedziałek, jestem umówiony/zajęty gdzie indziej. ❸ (*o linii telefonicznej*) zajęty; *Her line is still engaged.* – Jej telefon jest wciąż/jeszcze zajęty. **the engaged tone/signal** – krótki, przerywany sygnał (*zajętej linii telefonicznej*)

engagement [ɪn'geɪdʒmənt] ❶ zaręczyny; **to announce one's engagement** – ogłosić zaręczyny; **to break off one's engagement** – zerwać zaręczyny; **the engagement ring** – pierścionek zaręczynowy ❷ zajęcie, umówione spotkanie, zobowiązanie; *I can't come, I have a previous engagement.* – Nie mogę przyjść, jestem już umówiony/ /zajęty.

e

engine ['endʒɪn] ❶ silnik; **a car engine** – silnik samochodowy; **a jet engine** – silnik odrzutowy; **a steam engine** – silnik parowy; **to start the engine** – uruchomić silnik/włączyć silnik ❷ lokomotywa; **a steam engine** – lokomotywa parowa

engine driver ['endʒɪn draɪvə] maszynista

engineer [,endʒɪ'nɪə] inżynier

engineering [,endʒɪ'nɪərɪŋ] inżynieria

English¹ ['ɪŋglɪʃ] ❶ język angielski; **to learn English** – uczyć się angielskiego; **to speak English** – mówić po angielsku; **to teach English** – uczyć/ /nauczać angielskiego; *His English is very good.* – Jego angielski jest bardzo dobry. ❷ **the English** – Anglicy

English² ['ɪŋglɪʃ] angielski; **English literature** – literatura angielska; *I'm English.* – Jestem Anglikiem. **English breakfast** – angielskie śniadanie (*składające się z płatków zbożowych, jajek na bekonie, grzanek z marmoladą pomarańczową, kawy lub herbaty*); **the English Channel** – Kanał La Manche

Englishman ['ɪŋglɪʃmən] (*l.mn.* **Englishmen** ['ɪŋglɪʃmən]) Anglik

Englishwoman ['ɪŋglɪʃ,wʊmən] (*l.mn.* **Englishwomen** ['ɪŋglɪʃ,wɪmɪn]) Angielka

enjoy [ɪn'dʒɔɪ] znajdować przyjemność w, cieszyć się; *He enjoys travelling.* – On lubi podróżować. *We enjoyed the film.* – Podobał się nam ten film. **to enjoy oneself** – dobrze się bawić; *Did you enjoy yourself at the party yesterday?* – Czy dobrze się bawiłeś wczoraj na przyjęciu?

enjoyable [ɪn'dʒɔɪəbl] przyjemny, udany, miły; *We spent a very enjoyable day on the beach.* – Spędziliśmy bardzo miły dzień na plaży.

enjoyment [ɪn'dʒɔɪmənt] przyjemność; *I didn't get much enjoyment out of the book.* – Czytanie tej książki nie sprawiło mi dużej przyjemności. *He spoiled my enjoyment of the film.* – Zepsuł mi przyjemność oglądania filmu.

enlarge [ɪn'lɑ:dʒ] powiększyć; **to enlarge a photograph** – powiększyć fotografię

enlargement [ɪn'lɑ:dʒmənt] powiększenie

enormous [ɪ'nɔ:məs] olbrzymi; *Their new house is enormous.* – Ich nowy dom jest olbrzymi. **an enormous sum of money** – olbrzymia suma pieniędzy

enormously [ɪ'nɔ:məslɪ] niezwykle, bardzo, w olbrzymim stopniu, ogromnie; *I enjoyed the trip enormously.* – Wycieczka sprawiła mi ogromną przyjemność.

enough [ɪ'nʌf] dość, dosyć; *They have enough money to go abroad every year.* – Mają dość pieniędzy, aby jeździć za granicę każdego roku. *Your work isn't good enough.* – Twoja praca nie jest dość dobra. *He isn't old enough to travel alone.* – Nie jest wystarczająco dorosły, by podróżować samemu.

enquire [ɪn'kwaɪə] *p.* **inquire**

enquiry [ɪn'kwaɪərɪ] *p.* **inquiry**

enrol [ɪn'rəʊl] **(-ll-)** zapisać się (*na kurs, do szkoły, itp.*); **to enrol on an**

English course – zapisać się na kurs angielskiego

ensure [ɪn'ʃɔ:] upewnić się; *She ensured that the document was still valid.* – Upewniła się, że dokument jest jeszcze ważny.

enter ['entə] ❶ wejść; *He entered the room without knocking.* – Wszedł do pokoju bez pukania. *It has never entered my mind.* – Nie przyszło mi to nigdy do głowy. ❷ wstąpić (do), (na); **to enter university** – wstąpić na uniwersytet; **to enter politics** – wejść do świata polityki/zająć się karierą polityczną/polityką; **to enter a convent** – wstąpić do klasztoru ❸ wpisać; **to enter sb's name on a list** – wpisać czyjeś nazwisko na listę; **to enter information into a computer** – wprowadzić informację do komputera ❹ brać udział, zgłosić swój udział; **to enter a competition/a race** – stanąć do konkursu/wyścigu

enterprise ['entəpraɪz] przedsięwzięcie, przedsiębiorstwo, przedsiębiorczość; **a business/an industrial enterprise** – przedsiębiorstwo prowadzące interesy/przedsiębiorstwo przemysłowe; **free enterprise** – wolna przedsiębiorczość; **to promote private enterprise** – wspierać/promować prywatną przedsiębiorczość; *She showed enterprise and energy in setting up her own business.* – Wykazała się przedsiębiorczością i energią zakładając swój własny interes.

enterprising ['entəpraɪzɪŋ] przedsiębiorczy

entertain [,entə'teɪn] ❶ przyjmować gości; *They entertain a lot.* – Oni prowadzą ożywione życie towarzyskie (*często przyjmują gości*). ❷ zabawiać, rozerwać, zajmować; *He entertained us with his stories.* – Zabawiał nas swoimi historyjkami.

entertainer [,entə'teɪnə] osoba zabawiająca publiczność

entertaining [,entə'teɪnɪŋ] zabawny, zajmujący

entertainment [,entə'teɪnmənt] rozrywka; *A big city provides a lot of entertainment for everyone.* – Duże miasto zapewnia mnóstwo rozrywek dla każdego.

enthusiasm [ɪn'θju:zɪæzm] entuzjazm, zapał; **an outburst of enthusiasm** – wybuch entuzjazmu

enthusiast [ɪn'θju:zɪæst] entuzjasta, gorący zwolennik

enthusiastic [ɪn,θju:zɪ'æstɪk] entuzjastyczny, zapalony; *She was very enthusiastic about the new flat.* – Była bardzo entuzjastycznie nastawiona do nowego mieszkania./Kipiała entuzjazmem z powodu nowego mieszkania. **an enthusiastic skier** – zapalony narciarz

entire [ɪn'taɪə] cały, całkowity; *She spent the entire month in the mountains.* – Spędziła cały miesiąc w górach. *The entire family was/were shocked.* – Cała rodzina była zaszokowana.

entirely [ɪn'taɪəlɪ] ❶ całkowicie, zupełnie; *I entirely agree with you.* – Całkowicie się z tobą zgadzam. *It's an entirely different matter.* – To jest zupełnie inna sprawa. ❷ wyłącznie, całkowicie; *It was entirely your fault.* – To była wyłącznie twoja wina. *It depends entirely on his decision.* – To zależy całkowicie od jego decyzji.

entrance ['entrəns] ❶ wejście, drzwi wejściowe; *I'll be waiting at the main entrance.* – Będę czekał przy głównym wejściu. ❷ wejście, wkroczenie; *The actress made an impressive entrance.* – Aktorka miała imponujące wejście. *We noticed the entrance of several latecomers.* – Zauważyliśmy wejście kilku spóźnialskich. ❸ wstęp, wstąpienie, wejście; *He was refused entrance to the restaurant because he was drunk.* – Nie wpuszczono go do restauracji, ponieważ był pijany. **to gain entrance to the building** – wejść do budynku; **the entrance fee** – opłata za wstęp/członkostwo; **university entrance examinations** – egzaminy wstępne na uniwersytet

entry ['entrı] ❶ wejście, wstęp; **NO ENTRY** – WSTĘP WZBRONIONY; *Pay on entry into the bus.* – Proszę płacić przy wejściu do autobusu. **to be refused entry into a country** – nie zostać wpuszczonym do jakiegoś kraju; **an entry visa** – wiza wjazdowa; **to force entry into the building** – wejść do gmachu siłą/przemocą/wedrzeć się do gmachu ❷ pozycja, hasło (*w słowniku, encyklopedii*); **dictionary entries** – hasła w słowniku ❸ pozycja, zapis; *She made no entry in the diary for that day.* – Tego dnia nie zapisała w pamiętniku nic. ❹ uczestnictwo (*w zawodach*), zgłoszenie (*do konkursu*); *There is a large number of entries for the piano competition this year.* – W tym roku jest duża liczba zgłoszeń do konkursu pianistycznego.

e

envelope ['envələʊp] koperta

envied ['envıd] *p.* **envy¹** **(-ies, -ied, -ying)**

envies ['envız] *p.* **envy¹** **(-ies, -ied, -ying)**

envious ['envıəs] pełen zazdrości, zawistny; *She is envious of her sister's success.* – Jest zazdrosna o sukces swojej siostry.

environment [ın'vaıərənmənt] ❶ środowisko, otoczenie; *She was brought up in a happy, secure environment.* – Wychowała się w szczęśliwym, bezpiecznym środowisku. ❷ **the environment** – środowisko naturalne; **the pollution of the environment** – zanieczyszczenie/skażenie środowiska; **to take measures to protect the environment** – przedsięwziąć/-brać środki w celu ochrony środowiska

envy¹ ['envı] **(-ies, -ied, -ying)** zazdrościć, czuć zawiść; *I envy you your good luck.* – Zazdroszczę ci, że masz szczęście. *I don't envy you having to make that decision.* – Nie zazdroszczę ci, że musisz podjąć tę decyzję.

envy² ['envı] zazdrość, zawiść; *He was filled with envy at my success.* – Przepełniała go zazdrość z powodu mojego sukcesu. **to be green with envy** – zzielenieć z zazdrości; *His new car was the envy of all his friends.* – Jego nowy samochód był przedmiotem zazdrości wszystkich przyjaciół.

epidemic¹ [,epı'demık] epidemia; **a flu epidemic/an epidemic of flu** – epidemia grypy

epidemic² [,epı'demık] epidemiczny

epilepsy ['epılepsı] epilepsja, padaczka

epilogue ['epılɒg] epilog

Epiphany [ı'pıfənı] Święto Trzech Króli

episode ['epısəʊd] ❶ epizod ❷ odcinek serialu; *Don't miss the next week's exciting episode!* – Nie przepuśćcie fascynującego odcinka w przyszłym tygodniu!

epoch ['i:pɒk] epoka

epoch-making ['i:pɒk,meıkıŋ] epokowy; **an epoch-making discovery** – epokowe odkrycie

equal¹ ['i:kwəl] równy, taki sam; **two rooms of equal size** – dwa pokoje jednakowej wielkości; *They are demanding equal pay for equal work.* – Domagają się równej płacy za jednakową pracę. *Both issues are of equal importance.* – Obie sprawy są równie ważne.

equal² ['i:kwəl] ❶ równać się; *Two plus two equals four.* – Dwa plus dwa równa się cztery. ❷ dorównać; **to equal the world record** – wyrównać rekord świata; *No-one can equal him in strength.* – Nikt nie dorówna mu pod względem siły.

equality [ı'kwɒlətı] równość; **social equality** – równość społeczna; **equality of the sexes** – równouprawnienie płci

equally ['i:kwəlı] ❶ równo, jednakowo; **to treat everybody equally** – traktować wszystkich jednakowo; *Both questions are equally important.* – Obie kwestie są jednakowo ważne. ❷ po równo; *They shared the money equally between them.* – Podzielili się pieniędzmi po równo.

equation [ı'kweıʒn] *mat.* równanie

equator [ɪ'kweɪtə] równik

equip [ɪ'kwɪp] (**-pp-**) wyposażyć, wyekwipować; *It costs a lot of money to equip the modern kitchen.* – Wyposażenie nowoczesnej kuchni kosztuje mnóstwo pieniędzy. *They equipped themselves with ropes and torchers for the expedition.* – Zaopatrzyli się na wyprawę w liny i latarki.

equipment [ɪ'kwɪpmənt] wyposażenie, sprzęt; **the equipment of a laboratory** – wyposażenie laboratorium

erase [ɪ'reɪz] wytrzeć, zmazać; **to erase sth from one's memory** – wymazać coś z pamięci

eraser [ɪ'reɪzə] *am.* gumka do wycierania

erect [ɪ'rekt] wznieść, wybudować, postawić; **to erect a tent** – rozbić namiot; **to erect a monument** – postawić pomnik

erode [ɪ'rəʊd] ❶ ulegać erozji, niszczeć; *The cliff is slowly eroding away.* – Brzeg klifowy z wolna ulega erozji. *His authority was starting to erode.* – Jego autorytet zaczynał słabnąć. ❷ powodować erozję, niszczyć; *The cliff is constantly eroded by wind, rain and the sea.* – Brzeg klifowy jest stale niszczony przez wiatr, deszcz i morze.

erosion [ɪ'rəʊʒn] erozja, niszczenie; **the erosion of the cliff** – erozja klifu; **soil erosion** – erozja gruntu

erotic [ɪ'rɒtɪk] erotyczny

error ['erə] błąd, pomyłka; **a spelling error** – błąd w pisowni; **to commit an error** – popełnić pomyłkę/zrobić błąd; **a computer error** – błąd komputerowy; **error of judgement** – błąd w ocenie sytuacji/w osądzie/w sztuce; **by trial and error** – metodą prób i błędów

erupt [ɪ'rʌpt] (*o wulkanie*) wybuchnąć

eruption [ɪ'rʌpʃn] wybuch wulkanu

escalator ['eskəleɪtə] schody ruchome

escape¹ [ɪ'skeɪp] ❶ uciec; *The convict has escaped from prison.* – Skazany uciekł z więzienia. ❷ wydobywać się, ulatniać się; *I could smell gas escaping from the pipe.* – Czułam gaz ulatniający się z przewodu. ❸ uniknąć, ujść; **to escape being punished** – uniknąć kary; **to escape sb's attention** – ujść czyjejś uwadze

escape² [ɪ'skeɪp] ucieczka; **an escape from prison** – ucieczka z więzienia; **to make one's escape** – uciec; **to have a narrow escape** – uniknąć nieszczęścia o włos; **the fire escape** – schody przeciwpożarowe

escort¹ ['eskɔ:t] eskorta; *The man was transported under armed escort.* – Mężczyzna był przewożony pod uzbrojoną eskortą.

escort² [ɪ'skɔ:t] eskortować

especial [ɪ'speʃl] szczególny, specjalny; *That's a matter of especial interest to him.* – To jest sprawa szczególnie go interesująca.

especially [ɪ'speʃəlɪ] szczególnie; *Unemployment is big, especially in small towns.* – Bezrobocie jest wysokie, szczególnie w małych miastach.

espionage ['espɪənɑ:ʒ] szpiegostwo, wywiad; *He was suspected of espionage.* – Był podejrzany o szpiegostwo. **counter-espionage** – kontrwywiad; **industrial espionage** – wywiad przemysłowy

espresso [e'spresəʊ] mocny napar kawy uzyskany przez przepływ wody lub pary wodnej pod ciśnieniem

essay ['eseɪ] esej, szkic literacki, opracowanie literackie, wypracowanie

essence ['esns] ❶ kwintesencja ❷ esencja, ekstrakt; **vanilla essence** – esencja waniliowa

essential [ɪ'senʃl] istotny, zasadniczy, niezbędny; *It's essential that you should be on time.* – To konieczne/ /ważne, żebyś przyszedł na czas/punktualnie. *Money is not essential to happiness.* – Pieniądze nie są konieczne do szczęścia.

establish [ɪ'stæblɪʃ] ❶ ustanowić, założyć; **to establish a new government** – ustanowić nowy rząd; *The school was established over a hundred years* *ago.* – Ta szkoła została założona ponad sto lat temu. **to establish diplomatic relations with a country** – ustanowić stosunki dyplomatyczne z jakimś krajem ❷ ustalić, stwierdzić; *It's been established that the virus may be transmitted by flies.* – Ustalono, że wirus może być przenoszony przez muchy. *The police are trying to establish the cause of death.* – Policja próbuje ustalić przyczynę śmierci.

establishment [ɪ'stæblɪʃmənt] ❶ **the Establishment** – panująca struktura społeczna, system, władza; *Young people often try to fight the Establishment.* – Młodzi ludzie często próbują walczyć z panującym systemem. ❷ przedsiębiorstwo, instytucja; *It's a well-run establishment.* – To jest dobrze prowadzona instytucja. ❸ założenie, ustanowienie; **the establishment of a new school** – założenie nowej szkoły; **the establishment of a new government** – ustanowienie nowego rządu

e

estate [ɪ'steɪt] ❶ posiadłość, nieruchomość, majątek; *He owns a large estate in New Zealand.* – On ma dużą posiadłość w Nowej Zelandii. ❷ teren o pewnym przeznaczeniu; **a housing estate** – osiedle mieszkaniowe; **an industrial estate** – dzielnica przemysłowa/tereny przemysłowe

estate agent [ɪ'steɪt,eɪdʒənt] pośrednik w handlu nieruchomościami

estate car [ɪ'steɪt kɑ:] samochód kombi (*pięciodrzwiowy*)

esteem [ɪ'sti:m] estyma, szacunek; **to hold sb in high esteem** – wysoko kogoś cenić/darzyć kogoś szacunkiem

estimate¹ ['estɪmət] ❶ wartość szacunkowa, przybliżenie; *Will you give me a rough estimate of the cost of the renovations?* – Czy poda mi pan przybliżony koszt remontu? ❷ ocena; *You were wrong in the estimate of her abilities.* – Myliłeś się w ocenie jej możliwości.

estimate² ['estɪmeɪt] oszacować, ocenić; *I estimated that it will cost £1000.* – Oszacowałem, że to będzie kosztować 1000 funtów. *His property was estimated at £100 million.* – Jego majątek został oszacowany na 100 milionów funtów.

estuary ['estjʊərɪ] (*l.mn.* **estuaries**) ujście rzeki

etc [ɪt'setrə] = **et cetera**

et cetera [ɪt'setrə] i tak dalej

etching ['etʃɪŋ] akwaforta

eternal [ɪ'tɜ:nl] wieczny; *I'm tired of his eternal complaints.* – Jestem zmęczona jego wiecznym narzekaniem. **eternal love** – wieczna miłość; **eternal life** – życie wieczne

eternity [ɪ'tɜ:nətɪ] ❶ wieczność, życie wieczne ❷ wieczność, bardzo długi czas; *It seemed an eternity before the rescue party arrived.* – Wydawało się, że minęła wieczność, zanim przybyła ekipa ratownicza.

ether ['i:θə] eter

ethic ['eθɪk] ❶ etyka, system moralny ❷ **/ ethics** – etyka, zbiór norm, zasad moralnych; **medical ethics** – etyka lekarska

ethical ['eθɪkl] etyczny

ethnic ['eθnɪk] etniczny; **ethnic minorities** – mniejszości etniczne; **ethnic cleansing** – czystka etniczna

ethnographer [eθ'nɒgrəfə] etnograf

ethnography [eθ'nɒgrəfɪ] etnografia

etiquette ['etɪket] etykieta, zbiór przepisów protokołu; **diplomatic etiquette** – etykieta dyplomatyczna

eucalyptus [,ju:kə'lɪptəs] (*l.mn.* **eucalyptus/eucalyptuses**) eukaliptus

Europe ['jʊərəp] Europa

European¹ [jʊərə'pi:ən] Europejczyk

European² [jʊərə'pi:ən] europejski

evacuate [ɪ'vækjʊeɪt] ❶ ewakuować; *They evacuated everybody from the area.* – Ewakuowano wszystkich z tego terenu. *The whole building was evacuated.* – Ewakuowano wszystkich z budynku. ❷ ewakuować się; *People evacuated the area threatened by the flood.* – Ludzie ewakuowali się z terenu zagrożonego powodzią.

evacuation [ɪ,vækjʊ'eɪʃn] ewakuacja

evade [ɪ'veɪd] ❶ unikać, wymknąć się; *He managed to evade the press.* – Udało mu się wymknąć reporterom. *You are evading my question.* – Unikasz odpowiedzi na moje pytanie. ❷ uchylać się od; **to evade military service** – uchylać się od służby wojskowej; **to evade taxes** – uchylać sie od płacenia podatków; **to evade responsibility** – uchylać się od odpowiedzialności

evaporate [ɪ'væpəreɪt] parować

evasion [ɪ'veɪʒn] unik, wykręt, uchylanie się (*od czegoś*); **evasion of responsibility** – uchylanie się od odpowiedzialności; **tax evasion** – uchylanie się od płacenia podatków

eve [i:v] wigilia, przeddzień; **on Christmas Eve** – w Wigilię Bożego Narodzenia; **New Year's Eve** – sylwester; **on the eve of his departure** – w przeddzień jego wyjazdu

even¹ ['i:vn] nawet; *Even a child can understand it.* – Nawet dziecko potrafi to zrozumieć. *She didn't even look at it.* – Nawet na to nie spojrzała. **even if** – gdyby nawet; *I won't agree even if he asks me.* – Nie zgodzę się, nawet jeśli mnie o to poprosi. **even though** – chociaż; *He drove me to the airport even though he had very little time.* – Podwiózł mnie na lotnisko, chociaż miał bardzo mało czasu. **even so** – jakkolwiek/mimo wszystko

even² ['i:vn] ❶ równy, gładki; **an even surface** – równa/gładka powierzchnia; ❷ równomierny, równy; *His breathing was even.* – Jego oddech był równomierny. *Store it in even temperature.* – Przechowuj to w stałej/nie ulegającej wahaniom temperaturze. ❸ równy, wyrównany; **an even game** – wyrównana gra ❹ (*o liczbach*) parzysty; *4, 6, 8 are even numbers.* – 4, 6, 8 są liczbami parzystymi.

◆ **to get even with sb** – wyrównać z kimś rachunki

evening¹ ['i:vnɪŋ] wieczór; *Good evening!* – Dobry wieczór! **in the evening** – wieczorem; **this evening** – dziś wieczorem; **tomorrow evening** – jutro wieczorem; **on Sunday evening** – w niedzielę wieczorem

evening² ['i:vnɪŋ] wieczorny, wieczorowy; **an evening paper** – gazeta wieczorna; **evening dress** – (a) strój wieczorowy, (b) suknia wieczorowa; **evening classes** – kurs wieczorowy

evenly ['i:vnlɪ] równo, równomiernie; *Wealth is not evenly distributed.* – Bogactwo nie rozkłada się równomiernie (*w społeczeństwie*).

event [ɪ'vent] ❶ wydarzenie; **the main events of the year** – najważniejsze wydarzenia roku; **the course of events** – rozwój wypadków; **in any event** – na wszelki wypadek ❷ konkurencja sportowa; *The next event will be the triple jump.* – Następną konkurencją będzie trójskok.

eventually [ɪ'ventʃʊəlɪ] w końcu; *The train eventually arrived 2 hours late.* – Pociąg w końcu nadjechał – spóźniony o dwie godziny.

ever ['evə] kiedykolwiek; *Have you ever been to London?* – Czy kiedykolwiek byłeś w Londynie? *If he ever asks you about it, tell him you know nothing.* – Jeżeli kiedykolwiek cię o to zapyta, powiedz mu, że o niczym nie wiesz. **hardly ever** – prawie nigdy; *She hardly ever goes out.* – Ona prawie nigdy nie wychodzi. **ever since** – od tamtej pory; *And we haven't seen her ever since.* – I od tamtej pory nie widzieliśmy jej. **ever so** – bardzo/ /ogromnie; *He's been ever so kind.* – On był taki dobry/uprzejmy. *Thanks ever so much.* – Bardzo dziękuję. **for ever** – na zawsze/zawsze; *I'll love you for ever.* – Zawsze będę cię kochać. **Yours ever** – Zawsze twój (*formułka kończąca list od znajomych lub przyjaciół – przed podpisem*)

evergreen¹ ['evəgri:n] roślina wiecznie zielona; *Conifers are evergreens.* – Drzewa iglaste są roślinami wiecznie zielonymi.

e

evergreen² ['evəgri:n] wiecznie zielony

every ['evrɪ] każdy; *Don't believe every word he says.* – Nie wierz we wszystko, co on mówi. *I see her every day.* – Widuję ją każdego dnia. **every other day** – co drugi dzień; **every two hours** – co dwie godziny; **every time** – za każdym razem; **every now and then** – od czasu do czasu

everybody ['evrɪˌbɒdɪ] **/ everyone** ['evrɪwʌn] wszyscy, każdy; *His paintings were admired by everybody present.* – Jego obrazy były podziwiane przez wszystkich obecnych. *Everybody knows it's not true.* – Wszyscy wiedzą, że to nieprawda.

e

everyday ['evrɪdeɪ] codzienny, powszedni; **everyday life** – życie codzienne; **everyday clothes** – ubranie na co dzień

everyone ['evrɪwʌn] **/ everybody** ['evrɪˌbɒdɪ] wszyscy, każdy; *Has everyone finished their work?* – Czy wszyscy skończyli pracę? *You can't make everyone happy.* – Nie można wszystkich uszczęśliwić.

everything ['evrɪθɪŋ] wszystko; *Money isn't everything.* – Pieniądze to nie wszystko. *Tell me everything you know about it.* – Powiedz mi wszystko, co o tym wiesz.

everywhere ['evrɪweə] wszędzie; *His books were everywhere: on the table, on the floor, on the sofa.* – Jego książki były wszędzie: na stole, na podłodze, na kanapie.

evidence ['evɪdəns] ❶ dowód, znak, świadectwo; *He has destroyed the evidence of his guilt.* – Zniszczył dowód swojej winy. **material evidence** – dowód rzeczowy; **circumstantial evidence** – poszlaka; *Everything you say can be used in evidence against you.* – Wszystko co powiesz, może być użyte (*jako dowód*) przeciwko tobie. *The room showed evidence of a struggle.* – W pokoju widoczne były ślady walki. ❷ zeznanie; **to give evidence in court** – składać zeznania w sądzie ❸ oczywistość, jawność; *The police were very much in evidence.* – Policja była wszędzie widoczna.

evident ['evɪdənt] widoczny, jasny, oczywisty; *It's evident that she is unhappy.* – To oczywiste, że jest nieszczęśliwa. *He looked at it with evident distaste.* – Spojrzał na to z widocznym niesmakiem. **self-evident** – oczywisty/samo przez się zrozumiały

evidently ['evɪdəntlɪ] w sposób oczywisty, najwyraźniej; *She's evidently unhappy.* – Najwyraźniej jest nieszczęśliwa. *Evidently they had already heard the news.* – Najwyraźniej słyszeli już tę wiadomość.

evil¹ ['i:vl] zły; **an evil man** – zły człowiek; **an evil spirit** – zły duch; **an evil smell** – zły zapach; **an evil temper** – złość/wściekłość/porywczy charakter

evil² ['i:vl] zło; **the lesser of two evils** – mniejsze zło; **a necessary evil** – zło konieczne; **to return good for evil** – odpłacać dobrem za zło

evolution [ˌi:və'lu:ʃn] rozwój, ewolucja; **the theory of evolution by natural selection** – teoria ewolucji drogą doboru naturalnego

evolutionary [ˌi:və'lu:ʃnərɪ] ewolucyjny, rozwojowy; **an evolutionary process** – proces ewolucyjny

evolve [ɪ'vɒlv] rozwijać się, ewoluować; *Language is constantly evolving.* – Język nieustannie rozwija się.

exact [ɪg'zækt] dokładny; *I want to know the exact time.* – Chcę znać dokładny czas. *She is the exact opposite to her sister.* – Ona jest dokładnym przeciwieństwem swojej siostry. **to be exact** – ściśle mówiąc/dokładnie mówiąc

exacting [ɪg'zæktɪŋ] wymagający

exactly [ɪg'zæktlɪ] ❶ dokładnie, ściśle; *What's the time exactly?* – Która jest dokładnie godzina? *This dress is exactly what I wanted.* – Ta sukienka jest dokładnie taka, jakiej chciałam. ❷ właśnie, dokładnie tak; *So you are giving up your job? – Exactly!* – A więc rzucasz pracę? – Właśnie! **not exactly** – niezupełnie

exaggerate [ɪg'zædʒəreɪt] przesadzać; *Don't exaggerate. It wasn't as bad as that.* – Nie przesadzaj. To nie było aż takie złe. *He exaggerates the difficulties.* – On wyolbrzymia trudności.

exaggeration [ɪg,zædʒə'reɪʃn] przesada

exam [ɪg'zæm] **/ examination** [ɪg,zæmɪ'neɪʃn] egzamin; **to take/to sit an exam** – przystępować do egzaminu/zdawać egzamin; **to pass an exam** – zdać egzamin; **to fail an exam** – nie zdać egzaminu/oblać egzamin; **an exam in physics** – egzamin z fizyki; **an oral/a written exam** – egzamin ustny/pisemny; **the exam results** – wyniki egzaminu

examination [ɪg,zæmɪ'neɪʃn] ❶ badanie; **to undergo a medical examination** – przejść badanie lekarskie ❷ badanie, inspekcja, kontrola; **examination of business accounts** – kontrola rachunków przedsiębiorstwa; *On examination it was found that the signature was not genuine.* – Po przyjrzeniu się stwierdzono, że podpis nie jest autentyczny. ❸ przesłuchanie, śledztwo; *The prisoner is under examination.* – Więzień jest poddawany przesłuchaniu. ❹ **/ exam** – egzamin *p.* **exam**

examine [ɪg'zæmɪn] ❶ sprawdzać, badać, poddać badaniu; *The doctor is examining a patient.* – Doktor bada pacjenta. **to have one's teeth examined** – iść na przegląd zębów; *He examined the document and found it was authentic.* – Zbadał/Obejrzał/ /Sprawdził dokument i stwierdził, że jest autentyczny. **to examine a room for fingerprints** – zbadać odciski palców w pokoju ❷ przesłuchiwać; **to examine a witness in the law court** – przesłuchiwać świadka w sądzie

examiner [ɪg'zæmɪnə] egzaminator

example [ɪg'zɑ:mpl] przykład; **for example** – na przykład; *He gave us some examples of passive voice sentences.* – Podał nam kilka przykładów zdań w stronie biernej. **to set a good example to sb** – dawać komuś dobry przykład; *Follow her example and give up smoking.* – Idź za jej przykładem i rzuć palenie.

exasperated [ɪg'zæspəreɪtɪd] zły, zniecierpliwiony, doprowadzony do irytacji; *"Will you be quiet!" said the exasperated mother.* – Bądźcie cicho!/ /Czy będziecie cicho! – powiedziała zirytowana matka.

exasperation [ɪg,zæspə'reɪʃn] złość, irytacja, rozdrażnienie; *He gritted his teeth in exasperation.* – Zacisnął zęby ze złości.

excavate ['ekskəveɪt] ❶ kopać, wydobywać; **to excavate for coal** – wydobywać węgiel ❷ prowadzić wykopaliska; *The archaeological expedition excavated ancient ruins.* – Wyprawa archeologiczna odkopała starożytne ruiny.

excavation [,ekskə'veɪʃn] prace wykopaliskowe, wykopaliska, wydobywanie, kopanie

excavator ['ekskəveɪtə] koparka

exceed [ɪk'si:d] przekroczyć, przewyższyć; **to exceed the speed limit** – przekroczyć prędkość dopuszczalną; *It exceeded all expectations.* – To przekroczyło wszelkie oczekiwania.

exceedingly [ɪk'si:dɪŋlɪ] nadzwyczaj, niezmiernie

excellent ['eksələnt] doskonały, świetny, znakomity; *He speaks excellent English.* – On świetnie mówi po angielsku. **the wine of excellent quality** – wino znakomitej jakości

except [ɪk'sept] oprócz, z wyjątkiem; *Everyone was present except Tom.* – Wszyscy byli obecni z wyjątkiem Toma.

exception [ɪk'sepʃn] wyjątek; **an exception to the rule** – wyjątek od reguły; **to make an exception** – robić wyjątek; **without exception** – bez wyjątku; **with the exception of sb/sth** – z wyjątkiem kogoś/czegoś

exceptional [ɪk'sepʃənl] wyjątkowy; **in exceptional circumstances** – w wyjątkowych okolicznościach

exceptionally [ɪk'sepʃənəlɪ] wyjątkowo; *She is exceptionally talented.* – Ona jest wyjątkowo uzdolniona.

excess [ɪk'ses] ❶ nadmiar; *Luggage in excess of 40 kg will be charged extra.* – Za bagaż powyżej 40 kg będzie pobierana dodatkowa opłata. **to do sth to excess** – nie zachowywać umiaru w robieniu czegoś ❷ **excesses** – ekscesy

excessive [ɪk'sesɪv] nadmierny

e

exchange¹ [ɪks'tʃeɪndʒ] wymiana; **an exchange of war prisoners** – wymiana jeńców wojennych; **an exchange of information** – wymiana informacji; **in exchange for** – za/w zamian za; **the rate of exchange** – kurs wymiany; *What is the rate of exchange between the dollar and the pound?* – Jaki jest kurs wymiany dolara w stosunku do funta? **the London Stock Exchange** – Giełda Londyńska

exchange² [ɪks'tʃeɪndʒ] wymieniać; *I exchanged seats with her.* – Zamieniłyśmy się miejscami. *I exchanged dollars for pounds.* – Wymieniłem dolary na funty. *We exchanged addresses.* – Wymieniliśmy adresy. *We exchanged glances.* – Wymieniliśmy spojrzenia./Spojrzeliśmy na siebie.

excite [ɪk'saɪt] podniecać, pobudzać, ekscytować; *The discovery excited a great deal of interest.* – To odkrycie wzbudziło duże zainteresowanie. *Don't excite yourself.* – Nie denerwuj się./Uspokój się./Nie podniecaj się. *The prospect of going to India excited us very much.* – Perspektywa podróży do Indii bardzo nas podnieciła.

excited [ɪk'saɪtɪd] podniecony, podekscytowany; *He got excited about going to India.* – Był podniecony wyjazdem do Indii.

excitement [ɪk'saɪtmənt] podniecenie, ekscytacja; *Everyone was in a state of excitement before the wedding.* – Wszyscy byli w stanie ogromnego podniecenia przed ślubem.

exciting [ɪk'saɪtɪŋ] podniecający, pasjonujący, emocjonujący; **an exciting discovery** – niezwykle ciekawe/pasjonujące odkrycie; *The journey was very exciting.* – Podróż była bardzo emocjonująca.

exclaim [ɪk'skleɪm] wykrzyknąć; *"It can't be true!" she exclaimed.* – To nie może być prawda! – wykrzyknęła.

exclamation [,ekskləˈmeɪʃn] okrzyk (*zdziwienia, protestu, itp.*); *She gave an exclamation of surprise when she saw him.* – Zobaczywszy go wydała okrzyk zdziwienia.

exclamation mark [,ekskləˈmeɪʃn mɑ:k] wykrzyknik (!)

exclude [ɪk'sklu:d] wyłączyć, wykluczyć; *You ought to exclude animal fats from the diet.* – Powinien pan wykluczyć tłuszcze zwierzęce ze swojej diety. *We cannot exclude that possibility.* – Nie możemy wykluczyć tej możliwości.

excluding [ɪk'sklu:dɪŋ] wyłączając, nie licząc

excursion [ɪk'skɜ:ʃn] wycieczka; *We went on a one-day excursion to the mountains.* – Pojechaliśmy na jednodniową wycieczkę w góry. **a shopping excursion** – wyprawa po zakupy

excuse¹ [ɪk'skju:z] ❶ wybaczyć, usprawiedliwić, wytłumaczyć; *Please excuse me for being late.* – Proszę mi wybaczyć spóźnienie. *Nothing can excuse such behaviour.* – Nic nie może usprawiedliwić takiego zachowania. ❷ zwolnić; *The teacher excused me from attendance at the lesson.* – Nauczyciel zwolnił mnie z lekcji. ❸ **excuse me...** – przepraszam...; *Excuse me, what's the time?* – Przepraszam, która godzina? *Excuse me, I don't think you are right.* – Przepraszam, myślę, że nie ma pan racji. *Excuse me!* – Przepraszam! (*jeżeli chcemy przejść przez tłum, gdy ktoś blokuje nam drogę, gdy chcemy zwrócić na siebie czyjąś uwagę*)

excuse² [ɪk'skju:s] wymówka, usprawiedliwienie, wytłumaczenie; *He is always making excuses for being late.* – On zawsze znajdzie wytłumaczenie/wymówkę, dlaczego się spóźnił. *There's no excuse for such behaviour.* – Nie ma usprawiedliwienia dla takiego zachowania. **to be absent without good excuse** – być nieobecnym bez usprawiedliwienia; *His excuse for leaving early was that he felt ill.* – Wytłumaczeniem wczesnego wyjścia było to, że czuje się chory.

exercise¹ ['eksəsaɪz] ❶ ćwiczenie; **to do grammar exercises** – robić ćwiczenia gramatyczne; **military exercises** – ćwiczenia wojskowe; **gymnastic exercises** – ćwiczenia gimnastyczne; **exercise book** – zeszyt (*szkolny*) ❷ ruch fizyczny, ćwiczenia fizyczne; *You ought to take more exercise.* – Powinien pan zażywać więcej ruchu.

exercise² ['eksəsaɪz] ❶ zażywać ruchu fizycznego, gimnastykować się; *If you want to keep fit you ought to exercise regularly.* – Jeżeli chcesz zachować sprawność, musisz się regularnie gimnastykować. ❷ wykonywać, pełnić, praktykować, korzystać z przywileju; **to exercise one's rights** – korzystać ze swoich praw ❸ ćwiczyć, gimnastykować; **to exercise the muscles** – ćwiczyć mięśnie; *He is out exercising the dogs.* – On jest na dworze, wyszedł z psami (*aby się wybiegały*).

exhaust¹ [ɪg'zɔ:st] ❶ wyczerpać, zmęczyć; *The long walk exhausted us.* – Długi marsz nas wyczerpał. ❷ wyczerpać, zużyć; *They have exhausted all their food supplies.* – Zużyli całe zapasy żywności. *We have exhausted the subject.* – Wyczerpaliśmy (ten) temat.

exhaust² [ɪg'zɔ:st] *mot.* rura wydechowa samochodu

exhausted [ɪg'zɔ:stɪd] wyczerpany, zmęczony; *She was exhausted after the journey.* – Była wyczerpana po podróży.

exhibit¹ [ɪg'zɪbɪt] wystawić, pokazywać; *His painting were exhibited in a gallery in London.* – Jego obrazy były wystawione w pewnej galerii w Londynie.

exhibit² [ɪg'zɪbɪt] eksponat

exhibition [,eksɪ'bɪʃn] wystawa; **an exhibition of paintings** – wystawa obrazów; *His paintings are now on exhibition at the National Museum.* – Jego obrazy są obecnie wystawione w Muzeum Narodowym.

exile¹ ['eksaɪl] ❶ wygnanie, banicja; **to send sb into exile** – skazać kogoś na banicję; *He spent some years in exile.* – Spędził kilka lat na wygnaniu. ❷ banita

exile² ['eksaɪl] wygnać, skazać na banicję; *He was exiled from his country for political reasons.* – Został wygnany z kraju/skazany na banicję z przyczyn politycznych.

exist [ɪg'zɪst] ❶ istnieć; *You can't pretend that the problem doesn't exist.* – Nie możesz udawać, że problem nie istnieje. ❷ żyć, egzystować; *We can't exist without water.* – Nie możemy żyć bez wody.

existence [ɪg'zɪstəns] ❶ byt, istnienie; *Do you believe in the existence of ghosts?* – Czy wierzysz w istnienie duchów?/Czy wierzysz w duchy? **to come into existence** – zacząć istnieć ❷ egzystencja, bytowanie; *He led a lonely existence before he met her.* – Prowadził samotne życie, zanim ją spotkał.

exit ['eksɪt] wyjście; **the emergency exit** – wyjście awaryjne; **the fire exit** – wyjście przeciwpożarowe; **to make an exit** – wyjść

exotic [ɪg'zɒtɪk] egzotyczny

expand [ɪk'spænd] ❶ powiększyć się, rozszerzać się; *The metal bar expands in high temperature.* – Pręt metalowy rozszerza się w wysokiej temperaturze. *His small shop expanded into a big department store.* – Jego mały sklep rozrósł się w duży dom towarowy. ❷ powiększyć; *He wants to expand his business.* – On chce powiększyć swoją firmę.

expansion [ɪk'spænʃn] powiększenie, wzrost, ekspansja; **the expansion of metals when heated** – rozszerzanie się metali przy ogrzewaniu; *The company plans further expansion.* – Firma planuje dalszy rozwój.

expect [ɪk'spekt] spodziewać się; *We are expecting visitors this evening.* – Spodziewamy się gości dziś wieczorem. *I expect it'll rain in the afternoon.* – Myślę/Spodziewam się, że będzie padać po południu. *She is expecting a baby.* – Ona spodziewa się dziecka. *I expected you to help me.* – Spodziewałem się, że mi pomożesz. *She is expected to return on Saturday.* – Powinna wrócić w sobotę. **to expect too much of sb** – za dużo od kogoś oczekiwać/wymagać; **to expect too much of sth** – zbyt wiele oczekiwać w związku z czymś; *I expect so.* – Spodziewam się/Przypuszczam, że tak.

expectation [ˌekspek'teɪʃn] oczekiwanie; **against all our expectations** – wbrew wszelkim naszym oczekiwaniom; *His success was beyond our expectations.* – Jego sukces przerósł nasze oczekiwania. *It didn't come up to our expectations.* – To nie spełniło naszych oczekiwań.

expedition [ˌekspɪ'dɪʃn] ekspedycja, wyprawa; **to lead an expedition** – stać na czele wyprawy; **a shopping expedition** – wyprawa po zakupy

expel [ɪk'spel] **(-ll-)** wyrzucić, wydalić (*ze szkoły*); *The boy has been expelled from school.* – Ten chłopiec został wyrzucony ze szkoły.

expense [ɪk'spens] ❶ wydatek, koszt; *They renovated the house at great expense.* – Odnowili dom dużym kosztem. *It's a big expense to go abroad on holiday.* – Wyjazd na wakacje za granicę to duży wydatek. **to put sb to a lot of expense** – narazić kogoś na duże koszty; *He achieved success at the expense of his health.* – Osiągnął sukces kosztem swego zdrowia. **at sb's expense** – kosztem kogoś/na czyjś koszt ❷ **expenses** – wydatki; **household expenses** – wydatki na dom/koszty związane z prowadzeniem domu; **travelling expenses** – wydatki związane z podróżą/koszty podróży; *It was an all-expenses-paid business trip to Paris.* – Była to podróż służbowa do Paryża na koszt firmy.

expensive [ɪk'spensɪv] drogi, kosztowny; *The car is very expensive.* – Ten samochód jest bardzo drogi.

experience[1] [ɪk'spɪərɪəns] ❶ doświadczenie; *We are looking for someone with teaching experience.* – Szukamy kogoś z doświadczeniem pedagogicznym. *I know it from experience.* – Znam to z (własnego) doświadczenia. ❷ przeżycie, doznanie; **an unpleasant experience** – nieprzyjemne przeżycie; *You should try surfing – it's quite an experience.* – Powinieneś spróbować surfingu – to jest (niezwykłe) przeżycie.

experience[2] [ɪk'spɪərɪəns] doświadczyć, doznać, przeżyć; **to experience pain/distress/panic** – doznać bólu/ /nieszczęścia/uczucia paniki

experienced [ɪk'spɪərɪənst] doświadczony; **an experienced teacher** – doświadczony nauczyciel; *She's experienced in that kind of work.* – Ona ma doświadczenie w tego rodzaju pracy.

experiment[1] [ɪk'sperɪmənt] eksperyment, doświadczenie; **to carry out/to perform experiments** – przeprowadzać doświadczenia

experiment[2] [ɪk'sperɪment] przeprowadzać doświadczenia, eksperymentować; *Experimenting on animals ought to be forbidden.* – Przeprowadzanie doświadczeń na zwierzętach powinno być zabronione.

experimental [ekˌsperɪ'mentl] eksperymentalny, doświadczalny

expert ['ekspɜːt] ekspert, znawca; **an expert in economics** – ekspert w dziedzinie ekonomii; **an expert on antique furniture** – znawca mebli antycznych

expire [ɪk'spaɪə] wygasać, stracić ważność; *My visa expires next month.* –

Moja wiza traci ważność w przyszłym miesiącu.

expiry [ɪk'spaɪərɪ] wygaśnięcie, przekroczenie terminu ważności

expiry date [ɪk'spaɪərɪdeɪt] data ważności, data wygaśnięcia

explain [ɪk'spleɪn] wyjaśnić, wytłumaczyć; *He explained to us how to operate the computer.* – Wyjaśnił nam, jak obsługuje się (ten) komputer. *Can you explain the situation to me?* – Czy możesz mi wyjaśnić, co się dzieje/jaka jest sytuacja? *She explained why she hadn't come.* – Wytłumaczyła, dlaczego nie przyszła.

explanation [,eksplə'neɪʃn] wyjaśnienie, wytłumaczenie; *He gave no explanation for his strange behaviour.* – Nie dał żadnych wyjaśnień swego dziwnego zachowania.

explode [ɪk'spləud] ❶ eksplodować, wybuchnąć; *The bomb exploded, injuring several people.* – Bomba wybuchła, raniąc kilka osób. ❷ powodować wybuch; *The terrorists exploded a bomb in one of the main streets.* – Terroryści spowodowali wybuch bomby na jednej z głównych ulic.

exploit [ɪk'splɔɪt] eksploatować, wyzyskiwać, wykorzystywać; *Workers are often exploited by their employers.* – Pracownicy są często wykorzystywani/eksploatowani przez swoich pracodawców. **to exploit solar energy** – wykorzystywać energię słoneczną

exploration [,eksplə'reɪʃn] badanie, eksploracja, poszukiwanie; **oil exploration** – poszukiwania ropy naftowej; **the exploration of space** – badanie przestrzeni kosmicznej

explore [ɪk'splɔ:] ❶ badać; **to explore the Amazon jungle** – badać dżunglę amazońską; **to explore every possibility** – wybadać każdą możliwość ❷ poszukiwać; **to explore for gold/ /for oil** – poszukiwać złota/ropy naftowej

explorer [ɪk'splɔ:rə] badacz, poszukiwacz

explosion [ɪk'spləuʒn] ❶ wybuch, eksplozja; *Two people have been killed in a bomb explosion.* – Z powodu wybuchu bomby zginęły dwie osoby. **a nuclear explosion** – wybuch jądrowy ❷ nagły wzrost; **a population explosion** – nagły wzrost liczby ludności/wyż demograficzny

explosive¹ [ɪk'spləusɪv] ❶ wybuchowy; **an explosive gas** – gaz wybuchowy ❷ grożący wybuchem, niebezpieczny; **an explosive situation** – sytuacja grożąca wybuchem; **an explosive subject** – niebezpieczny temat

explosive² [ɪk'spləusɪv] materiał wybuchowy; *The police found explosives in his flat.* – Policja znalazła materiały wybuchowe w jego mieszkaniu. **high explosive** – materiał silnie wybuchowy

export¹ ['ekspɔ:t] ❶ eksport; **the export of coal** – eksport węgla ❷ **exports** – towary wysyłane na eksport, eksport; *The country's biggest exports are coffee and crude oil.* – Głównymi towarami eksportowymi tego kraju są kawa i ropa naftowa. **a rise/a fall in exports** – wzrost/spadek eksportu

export² [ɪk'spɔ:t] eksportować

exporter [ɪk'spɔ:tə] eksporter

expose [ɪk'spəuz] ❶ narazić, wystawić; *Don't expose your skin to strong sunlight.* – Nie wystawiaj swojej skóry na silne promieniowanie słoneczne. **to expose oneself to ridicule** – narażać się na śmieszność/wystawiać się na pośmiewisko ❷ pokazać, obnażyć; *The dog growled, exposing his teeth.* – Pies zawarczał, pokazując zęby.

express¹ [ɪk'spres] wyrazić; *He expressed his doubts about the project.* – Wyraził swoje wątpliwości co do projektu. *Words can't express how I felt.* – Słowa nie mogą wyrazić, co czułem. **to express oneself** – wyrazić swoje myśli/wyrazić to, co się chce powiedzieć

express² [ɪk'spres] ekspresowy; **express post/mail/delivery** – przesyłka ekspresowa; **express train** – pociąg ekspresowy

express[3] [ɪk'spres] ❶ / **express train** – pociąg ekspresowy; *We caught the express to London.* – Zdążyliśmy na ekspres do Londynu. ❷ list ekspresowy, przesyłka ekspresowa; *Send this parcel by express.* – Wyślij tę paczkę pocztą ekspresową/jako ekspres.

expression [ɪk'spreʃn] ❶ wyraz twarzy; *He looked at her with an expression of surprise.* – Spojrzał na nią z wyrazem zdziwienia. ❷ wyrażenie, zwrot; **an idiomatic expression** – wyrażenie idiomatyczne ❸ wyraz, wyrażenie; *Please accept this gift as an expression of my gratitude.* – Proszę przyjąć ten upominek jako wyraz mojej wdzięczności. ❹ ekspresja

e

expressway [ɪk'spres weɪ] *am.* autostrada

exquisite ['ekskwɪzɪt] wytworny, piękny, subtelny, wyrafinowany; **exquisite manners** – wytworne maniery; **exquisite taste** – wyrafinowany gust

extend [ɪk'stend] ❶ przedłużyć, przeciągnąć; *He extended his visit to three weeks.* – Przedłużył swoją wizytę do trzech tygodni. *They extended the road by 2 km.* – Przedłużyli drogę o 2 km. ❷ ciągnąć się, rozciągać się; *The park extends as far as the river.* – Park rozciąga się aż do rzeki. ❸ wyciągnąć; *He extended his hand.* – Wyciągnął rękę.

extension [ɪk'stenʃn] ❶ przedłużenie, rozbudowanie; *They are building an extension to the hospital.* – Dobudowują nowe skrzydło szpitala./Rozbudowują szpital. *I want to apply for the extension of my visa.* – Chcę wystąpić o przedłużenie wizy. ❷ / **extension number** – telefon wewnętrzny, numer wewnętrzny; *My phone number is 62 20 11, extension 820.* – Mój numer telefonu jest 62 20 11, wewnętrzny 820. *You can get him on extension 678.* – Możesz do niego dzwonić pod numer wewnętrzny 678.

extensive [ɪk'stensɪv] rozległy, obszerny; *The flood caused extensive damage.* – Powódź poczyniła znaczne szkody. *He has extensive knowledge on the subject.* – On posiada rozległą wiedzę na ten temat.

extent [ɪk'stent] ❶ obszar, zasięg, rozmiar; *What is the extent of the damage?* – Jaki jest rozmiar zniszczeń? ❷ stopień, miara; **to some/to certain extent** – w pewnym stopniu/w pewnej mierze; **to a large extent** – w dużym stopniu; *The house was damaged to such an extent that it had to be pulled down.* – Dom został uszkodzony do takiego stopnia, że trzeba go było całkowicie zburzyć.

exterior[1] [ɪk'stɪərɪə] ❶ część zewnętrzna, zewnątrz; *The exterior of the house was painted green.* – Dom na zewnątrz pomalowany był na zielono. ❷ wygląd zewnętrzny; *Underneath his tough exterior he is sensitive and shy.* – Wygląda na silnego i twardego faceta, ale tak naprawdę jest wrażliwy i nieśmiały./Pod jego szorstką powierzchownością kryje się wrażliwa i nieśmiała natura.

exterior[2] [ɪk'stɪərɪə] zewnętrzny; **exterior walls of the house** – zewnętrzne ściany budynku

external [ɪk'stɜ:nl] zewnętrzny; *The medicine is for external use only.* – To lekarstwo jest tylko do użytku zewnętrznego.

extinct [ɪk'stɪŋkt] wymarły, wygasły; **an extinct volcano** – wygasły wulkan; *This species has almost become extinct.* – Ten gatunek już prawie wymarł.

extinction [ɪk'stɪŋkʃn] wymarcie, wygaśnięcie; **a species threatened with extinction** – gatunek zagrożony wymarciem; **to save a species from extinction** – uratować gatunek od wyginięcia

extinguish [ɪk'stɪŋgwɪʃ] zgasić, ugasić; **to extinguish a cigarette** – zgasić papierosa; *They extinguished the flames with water.* – Ugasili płomienie wodą. **to extinguish all hope** – pozbawić nadziei/rozwiać nadzieje

extinguisher [ɪk'stɪŋgwɪʃə] / **fire extinguisher** gaśnica

extra¹ ['ekstrə] dodatkowy; **extra pay for extra work** – dodatkowa płaca za dodatkową pracę; *I need extra two days to finish the work.* – Potrzebuję dwóch dodatkowych dni, aby skończyć pracę.

extra² ['ekstrə] dodatkowo; **extra large** – (*rozmiar*) bardzo duży; **extra small** – (*rozmiar*) bardzo mały; *You must pay extra for the use of the kitchen.* – Musisz płacić dodatkowo za możliwość korzystania z kuchni.

extract¹ [ɪk'strækt] ❶ wyjąć, wydobyć, wyrwać; *The dentist will have to extract your tooth.* – Dentysta będzie musiał wyrwać ci ząb. **to extract the cork from the bottle** – wyciągnąć korek z butelki; *In the end I extracted the truth from her.* – W końcu wydobyłam z niej prawdę. ❷ *chem.* ekstrahować, oddzielać; **to extract oil from olives** – otrzymywać oliwę z oliwek

extract² ['ekstrækt] ❶ ekstrakt, wyciąg; **plant extracts** – wyciągi z roślin; **vanilla extract** – esencja waniliowa/ /ekstrakt wanilii ❷ wyjątek, fragment; *He read us extracts from his book.* – Przeczytał nam fragmenty swojej książki.

extraction [ɪk'strækʃn] ❶ wyrwanie (*zęba*), ekstrakcja; **the extraction of a tooth** – wyrwanie zęba ❷ wydobycie, uzyskanie; **the extraction of uranium from uranium ore** – uzyskanie uranu z rudy uranu

extraordinary [ɪk'strɔ:dnrɪ] ❶ niezwykły; **child of extraordinary talent** – dziecko o niezwykłym talencie; *How extraordinary!* – Jakie to niezwykłe!/ /Niesamowite! ❷ nadzwyczajny; **an extraordinary meeting** – zebranie nadzwyczajne

extravagant [ɪk'strævəgənt] rozrzutny; *She is very extravagant and spends vast sums on clothes and perfume.* – Jest bardzo rozrzutna i wydaje olbrzymie sumy na ubrania i perfumy.

extreme¹ [ɪk'stri:m] ❶ wyjątkowy, niezwykły; *He showed us extreme kindness.* – Okazał nam niezwykłą dobroć. *You must behave with extreme caution.* – Musisz zachować wyjątkową ostrożność. ❷ krańcowy, ekstremalny, skrajny; **an extreme right-wing politician** – skrajnie prawicowy polityk; *His political views are rather extreme.* – Jego poglądy polityczne są raczej ekstremalne. ❸ najdalszy, najbardziej wysunięty; *I can't see people at the extreme end of the hall.* – Nie widzę ludzi w samym końcu sali.

extreme² [ɪk'stri:m] ekstremum, ostateczność; **to go from one extreme to the other** – wpadać z jednej skrajności w drugą; **to be driven to extremes** – być doprowadzonym do ostateczności; **in the extreme** – w największym stopniu

extremely [ɪk'stri:mlɪ] nadzwyczaj, wyjątkowo, w najwyższym stopniu; *I'm extremely sorry.* – Ogromnie mi przykro.

eye [aɪ] ❶ oko; **to open/to close one's eyes** – otworzyć/zamknąć oczy; **to blink one's eyes** – mrugać oczami; *I couldn't believe my eyes.* – Nie wierzyłem własnym oczom. **to keep an eye on sb/sth** – nie spuszczać oka z kogoś/czegoś; **to keep one's eyes open** – mieć oczy otwarte; **to turn a blind eye to sth** – przymknąć oko na coś; *It's visible to the naked eye.* – To jest widoczne gołym okiem. ❷ **eyes** – wzrok, oczy; **to have sharp eyes** – mieć dobry/ostry wzrok; *He couldn't take his eyes off her.* – Nie mógł oderwać od niej wzroku.

eyebrow ['aɪbraʊ] brew

eyelash ['aɪlæʃ] rzęsa

eyelid ['aɪlɪd] powieka

eye shadow ['aɪ ˌʃædəʊ] cień do powiek

eyesight ['aɪsaɪt] wzrok; **keen eyesight** – ostry wzrok; **poor/weak eyesight** – słaby wzrok

f

fable ['feɪbl] bajka

fabric ['fæbrɪk] materiał, tkanina; **woollen/silk fabrics** – materiały wełniane/jedwabne

fabulous ['fæbjʊləs] fantastyczny, wspaniały, niewiarygodny; *You look fabulous!* – Wyglądasz wspaniale! **a man of fabulous wealth** – człowiek niewiarygodnie bogaty/niewiarygodnego bogactwa

f

face[1] [feɪs] ❶ twarz; *She has a lovely face.* – Ona ma śliczną twarz. *She went red in the face.* – Zaczerwieniła się./Zarumieniła się. **to look sb in the face** – spojrzeć komuś w twarz/oczy; **face to face** – twarzą w twarz; **to lose/ /to save face** – stracić/zachować twarz ❷ mina, wyraz twarzy; *I'd like to see her face when she hears about it.* – Chciałabym zobaczyć jej minę, kiedy się o tym dowie. **to make/to pull faces** – robić miny; **sad/smiling faces** – smutne/uśmiechnięte twarze; **to keep a straight face** – zachować poważną minę ❸ czołowa strona, tarcza, powierzchnia; **the face of a clock** – tarcza zegara; **the face of a building** – fronton/fasada budynku; **to disappear from the face of the earth** – zniknąć z powierzchni ziemi; **the north face of a mountain** – północna ściana góry

face[2] [feɪs] ❶ stać frontem do, stać twarzą do, być naprzeciwko; *They stood facing each other.* – Stali naprzeciw siebie. *Our house faces south.* – Nasz dom stoi frontem na południe. ❷ stawić czoła, stanąć twarzą w twarz, stanąć przed; *I can't face him after what had happened.* – Nie mogę spojrzeć mu w oczy po tym, co się stało. *Let's face the facts/the truth.* – Spójrzmy prawdzie w oczy. **to be faced with serious problems** – stanąć wobec poważnych problemów

facilities [fə'sɪlətɪz] udogodnienia, urządzenia; **sports facilities** – urządzenia sportowe

facility [fə'sɪlətɪ] umiejętność, zdolność; *She has an amazing facility for learning languages.* – Ona ma niezwykłą zdolność do (uczenia się) języków obcych. **a phone with memory facility** – telefon z pamięcią

fact [fækt] fakt; *The facts speak for themselves.* – Fakty mówią za siebie. *I know it for a fact.* – Wiem to z całą pewnością. **in fact** – w rzeczywistości/właściwie; **as a matter of fact** – jeżeli chodzi o ścisłość; *The scenario is founded on facts.* – Scenariusz jest napisany w oparciu o fakty/jest oparty na faktach.

factor ['fæktə] czynnik, element, parametr; **the deciding factor** – czynnik decydujący; **a suntan cream with a high protection factor** – krem do opalania z filtrem ochronnym o wysokim wskaźniku

factory ['fæktərɪ] (*l.mn.* **factories**) fabryka

faculty ['fækltɪ] (*l.mn.* **faculties**) ❶ zdolność; **the faculty of sight** – wzrok, zdolność widzenia; **to be in full possession of one's faculties** – być w pełni władz fizycznych i umysłowych; *He has an amazing faculty for remembering facts.* – On ma zdumiewającą zdolność do zapamiętywania faktów. ❷ wydział, fakultet; **the Faculty of Law** – Wydział Prawa

fade [feɪd] ❶ spłowieć, wyblaknąć; *The material faded in the sun.* – Materiał spłowiał na słońcu. ❷ zaniknąć; *The sound faded (away) in the distance.* – Dźwięk zanikł w oddali. *Our hopes are beginning to fade.* – Nasze nadzieje zaczynają niknąć.

faded ['feɪdɪd] spłowiały, wyblakły; **faded jeans** – wypłowiałe dżinsy

Fahrenheit ['færənhaɪt] stopnie, skala Fahrenheita; *Water freezes at 32°F (Fahrenheit).* – Woda zamarza w temperaturze 32° w skali Fahrenheita.

fail [feɪl] ❶ nie zdać; **to fail the exam/ /the test** – nie zdać egzaminu/nie zaliczyć testu ❷ nie zdołać, ponieść klęskę; *He tried several times, but failed to reach the top.* – Próbował kilka razy, ale nie zdołał wejść na szczyt. ❸ oblać studenta; *The teacher failed several students in the written exam.* – Wykładowca oblał kilku studentów na egzaminie pisemnym. ❹ zawieść, nie spełnić zadania, zaniedbać; *His eyesight is failing.* – Jego wzrok słabnie. *He failed his mother by refusing to study at university.* – Zawiódł matkę, odrzucając studia uniwersyteckie. *You failed to tell me the most important facts.* – Nie powiedziałeś mi o najważniejszych faktach. *Words fail me.* – Nie mogę znaleźć słów (żeby to wyrazić)./Brak mi słów. *The power failed and we had to sit in total darkness.* – Wyłączono prąd (*z powodu awarii*) i musieliśmy siedzieć w całkowitej ciemności.

failure ['feɪljə] ❶ klęska, niepowodzenie; *Her attempts ended in failure.* – Jej wysiłki skończyły się niepowodzeniem. *Their marriage was doomed to failure.* – Ich małżeństwo było skazane na klęskę. ❷ osoba, która poniosła klęskę; *As a bank manager he was a complete failure.* – Jako dyrektor banku nie sprawdził się zupełnie/okazał się kompletnie nieudolny. ❸ awaria; **a power failure** – awaria prądu; **a heart failure** – niewydolność serca/ /atak serca; **a crop failure** – nieurodzaj

faint[1] [feɪnt] ❶ lekki, nikły, słaby; **a faint smell of perfume** – lekki/nikły zapach perfum; **a faint sound of music** – ledwo słyszalne dźwięki muzyki; **a faint hope/chance** – słaba nadzieja/nikła szansa ❷ słabo czujący się, omdlewający; *I feel faint.* – Jest mi słabo.

faint[2] [feɪnt] zemdleć; *She fainted from hunger.* – Zemdlała z głodu. *I nearly fainted when I saw the price.* – O mało nie zemdlałam, kiedy zobaczyłam cenę.

fair[1] [feə] ❶ prawy, słuszny, szlachetny, sprawiedliwy; **a fair decision** – sprawiedliwa/słuszna decyzja; *Your must be fair to everyone.* – Musisz być sprawiedliwy/bezstronny wobec wszystkich. **fair play** – gra fair (*z zachowaniem zasad*) ❷ ładny, piękny; **fair weather** – ładna pogoda ❸ dostateczny, zadowalający; *Your mark is only fair.* – Twoja ocena jest tylko dostateczna. ❹ (*o cerze, włosach*) jasny; **fair hair** – jasne włosy; **a fair complexion** – jasna cera/karnacja

fair[2] [feə] ❶ targowisko, jarmark, targi; **the Book Fair** – Targi Książki ❷ **/ funfair** – wesołe miasteczko

fairly ['feəlɪ] ❶ sprawiedliwie, bezstronnie, słusznie; *You must treat everybody fairly.* – Musisz wszystkich traktować sprawiedliwie. ❷ dość, dostatecznie; *I know him fairly well.* – Znam go dość dobrze.

fairy story ['feərɪ ˌstɔːrɪ] **/ fairy tale** ['feərɪteɪl] bajka; *"Sleeping Beauty" is a fairy tale.* – „Śpiąca Królewna" jest bajką.

faith [feɪθ] wiara; **the Christian faith** – wiara chrześcijańska; **to put one's faith in God** – pokładać wiarę/ufność w Bogu; *I haven't much faith in his abilities.* – Niezbyt wierzę w jego umiejętności. **to lose one's faith** – stracić wiarę; **in good faith** – w dobrej wierze

faithful ['feɪθfʊl] wierny; **a faithful friend** – wierny/oddany przyjaciel; **a**

faithful description – wierny opis; *She remained faithful to her husband.* – Pozostała wierna mężowi.

faithfully ['feɪθfʊlɪ] wiernie; **to translate a text faithfully** – wiernie przetłumaczyć tekst; **Yours faithfully** – Z poważaniem (*formuła kończąca oficjalny list – przed podpisem*)

fake[1] [feɪk] falsyfikat; *It's not a Rembrandt, it's a fake.* – To nie jest obraz Rembrandta, to falsyfikat.

fake[2] [feɪk] sfałszować; **to fake sb's signature** – sfałszować czyjś podpis

fall[1] [fɔ:l] (**fell, fallen** [fel, 'fɔ:ln]) ❶ upaść, przewrócić się; *He slipped on a banana skin and fell.* – Pośliznął się na skórce banana i upadł. **to fall into a trap** – wpaść w pułapkę ❷ spaść; *He fell down the stairs.* – Spadł ze schodów. ❸ spaść, opaść, obniżyć się; *The temperature fell sharply in the night.* – W nocy temperatura bardzo się obniżyła. ❹ (*np. o ciemności*) zapaść, nastać; *Darkness was falling when we arrived.* – Kiedy przybyliśmy, zapadała ciemność. *An awkward silence fell.* – Zapadła niezręczna cisza. ❺ opaść, opadać, spadać; *Leaves are already starting to fall.* – Zaczynają już opadać liście. *Her hair falls to her shoulders.* – Włosy opadają jej na ramiona. ❻ popaść w pewien stan; **to fall asleep** – zasnąć; **to fall ill** – zachorować; **to fall in love with sb** – zakochać się w kimś; **to fall into decay** – popaść w ruinę

◆ **fall apart** – rozpaść się; *It fell apart in my hands.* – To mi się rozpadło w rękach. *Their marriage is falling apart.* – Ich małżeństwo się rozpada.

◆ **fall behind** – zostawić w tyle; **to fall behind schedule** – mieć opóźnienie w stosunku do planu; *I've fallen behind with my work.* – Mam zaległości w pracy.

◆ **fall down** – (a) upaść, przewrócić się; *She fell down and bruised her knee.* – Upadła i stłukła sobie kolano. (b) walić się, runąć; *The wall is falling down.* – Mur się wali.

◆ **fall for sb** – zakochać się w kimś

◆ **fall off** – odpaść, oderwać się

◆ **fall out with sb** – poróżnić się z kimś

◆ **fall over** – przewrócić się

◆ **fall through** – nie dojść do skutku; *The deal fell through because of a disagreement about the price.* – Umowa/ /Interes nie doszedł do skutku, ponieważ nie osiągnięto zgody co do ceny.

fall[2] [fɔ:l] ❶ upadek; *He had a nasty fall from the horse.* – Doznał fatalnego upadku z konia. ❷ spadek; **a sudden fall in profits** – nagły spadek zysku ❸ opad; **a heavy fall of snow** – duży opad śniegu ❹ upadek, schyłek; **the fall of the Roman Empire** – upadek Imperium Rzymskiego ❺ **falls** – wodospad; **the Niagara Falls** – Wodospad Niagara ❻ *am.* jesień; **in the fall** – na jesieni/jesienią

false [fɔ:ls] ❶ fałszywy; *She registered at the hotel under a false name.* – Zameldowała się w hotelu pod fałszywym nazwiskiem. **a false alarm** – fałszywy alarm; **false modesty** – fałszywa skromność; **to make a false step/move** – zrobić fałszywy krok/ /ruch ❷ sztuczny, nieprawdziwy; **false teeth** – sztuczne zęby; **false eyelashes** – sztuczne rzęsy ❸ nieprawidłowy; **a false answer** – nieprawidłowa odpowiedź; **to make a false start** – popełnić falstart

fame [feɪm] sława; **to achieve fame and fortune** – zdobyć sławę i pieniądze

familiar [fə'mɪljə] znajomy, znany; *Her face seemed familiar to me.* – Jej twarz wydała mi się znajoma. **to be familiar with sth** – znać się na czymś/być z czymś zaznajomionym; *I'm not very familiar with this problem.* – Nie znam dobrze tego problemu. **to be familiar with sb** – znać kogoś dobrze/być z kimś w zażyłych stosunkach/traktować kogoś poufale

family[1] ['fæməlɪ] (*l.mn.* **families**) rodzina (*na ogół termin ten oznacza tylko rodziców i dzieci*); **to start a family** – założyć rodzinę, mieć dzieci; *His fam-*

ily live/lives in a large house. – Jego rodzina mieszka w dużym domu.

family² ['fæməlɪ] rodzinny, dotyczący rodziny; **family likeness** – podobieństwo rodzinne; **family tree** – drzewo genealogiczne; **family planning** – planowanie rodziny

famine ['fæmɪn] głód; *Crop failure resulted in famine.* – Nieurodzaj spowodował głód.

famous ['feɪməs] znany, sławny, słynny; **a famous actress** – sławna aktorka; *Venice is famous for its architecture.* – Wenecja słynie ze swojej architektury.

fan¹ [fæn] ❶ wachlarz ❷ **/ electric fan** – wentylator

fan² [fæn] **(-nn-)** wachlować; *She fanned herself with a newspaper.* – Wachlowała się gazetą.

fan³ [fæn] fan, zwolennik, entuzjasta; **a football fan** – kibic piłki nożnej

fanatic [fə'nætɪk] fanatyk

fanatical [fə'nætɪkl] fanatyczny

fanatisism [fə'nætɪsɪzm] fanatyzm

fancy¹ ['fænsɪ] **(-ies, -ied, -ying)** ❶ odnosić wrażenie, mieć wrażenie; *I fancy I heard the doorbell.* – Wydaje mi się, że słyszałem dzwonek do drzwi. ❷ mieć ochotę na; *I just don't fancy a drink.* – Po prostu nie mam ochoty na drinka. ❸ czasownik wyrażający zdziwienie; *Fancy that!* – Coś takiego!/Niemożliwe! *Fancy him becoming an actor!* – Niesłychane, żeby on został aktorem!

fancy² ['fænsɪ] ❶ upodobanie, kaprys; *It's just a passing fancy.* – To tylko przelotny kaprys. **to take a fancy to sth** – zacząć coś lubić/nabrać do czegoś upodobania ❷ fantazja, wyobraźnia, rzecz wyimaginowana, wytwór wyobraźni; **the writer's fancy** – wyobraźnia pisarza/wytwór wyobraźni pisarza

fancy³ ['fænsɪ] ozdobny, wymyślny, fantazyjny; *The dress is too fancy for me, I prefer a plain one.* – Ta suknia jest dla mnie zbyt wymyślna, wolę coś prostego.

fancy dress [ˌfænsɪ 'dres] przebranie, kostium; **a fancy dress ball** – bal kostiumowy

fantastic [fæn'tæstɪk] fantastyczny; *So you've got the job? Fantastic!* – Więc dostałeś pracę? Fantastycznie! *That's a fantastic opportunity for you.* – To dla ciebie fantastyczna okazja/sposobność/możliwość.

fantasy ['fæntəsɪ] (*l.mn.* **fantasies**) wytwór wyobraźni, rzecz wyimaginowana; **to live in a fantasy world** – żyć w świecie fantazji/wyobraźni

far¹ [fɑ:] **(farther, farthest/further, furthest** ['fɑ:ðə, 'fɑ:ðɪst/'fɜ:ðə, 'fɜ:ðɪst]**)** ❶ daleko; *How far is it to the station?* – Jak daleko jest do stacji? *It isn't far from here.* – To nie jest daleko stąd. *We walked as far as the bridge.* – Doszliśmy aż do mostu. *You are going too far.* – Posuwasz się za daleko. *It's far from easy.* – To wcale nie jest łatwe. ❷ o wiele, w dużym stopniu; *She is far more intelligent than her sister.* – Ona jest o wiele bardziej inteligentna niż jej siostra.

◆ **as far as I know** – o ile wiem

◆ **as far as I am concerned** – jeżeli chodzi o mnie

◆ **so far** – jak dotąd, do tej pory; *I haven't had any difficulties so far.* – Jak dotąd nie miałem żadnych trudności.

far² [fɑ:] **(farther, farthest/further, furthest** ['fɑ:ðə, 'fɑ:ðɪst/'fɜ:ðə, 'fɜ:ðɪst]**)** daleki; **the Far East** – Daleki Wschód; *I could see him at the far end of the room.* – Dostrzegłem go w odległym końcu sali.

faraway ['fɑ:rəweɪ] daleki, oddalony, odległy; **a faraway place** – miejsce położone daleko stąd; *They visited many faraway places.* – Zwiedzili wiele odległych stron. **a faraway look** – zamyślone/nieobecne spojrzenie

fare [feə] opłata za przejazd; *How much is the air fare from Warsaw to London?* – Ile kosztuje bilet lotniczy z Warszawy do Londynu? **to travel at**

full/reduced fare – podróżować za pełną/za obniżoną opłatą

farewell[1] [,feə'wel] pożegnanie; *It's time to say our farewells.* – Czas się pożegnać. **a farewell party** – przyjęcie pożegnalne

farewell[2] [,feə'wel]: *Farewell!* – Żegnaj!

farm[1] [fɑ:m] farma, gospodarstwo rolne; **to work on a farm** – pracować na farmie

farm[2] [fɑ:m] prowadzić gospodarstwo rolne

farmer ['fɑ:mə] farmer

farmhouse ['fɑ:mhaʊs] dom mieszkalny na farmie

farmyard ['fɑ:mjɑ:d] podwórze gospodarskie

f

farther[1] ['fɑ:ðə] dalej; *I can't walk any farther.* – Nie mogę już dalej iść.

farther[2] ['fɑ:ðə] dalszy

farthest[1] ['fɑ:ðɪst] najdalej; *Who can swim farthest?* – Kto potrafi przepłynąć najdalej?

farthest[2] ['fɑ:ðɪst] najdalszy; *The farthest distance I've ever swum was 2000 metres.* – Najdłuższy dystans, jaki przepłynąłem, wynosił 2000 metrów.

fascinate ['fæsɪneɪt] fascynować

fascinating ['fæsɪneɪtɪŋ] fascynujący

fascination [,fæsɪ'neɪʃn] fascynacja

fascism ['fæʃɪzm] faszyzm

fascist ['fæʃɪst] faszysta

fashion ['fæʃn] ❶ moda; **the latest fashion** – najnowsza moda; **to be in fashion** – być w modzie; **to come into fashion** – wejść w modę/stać się modnym; **to go out of fashion** – wyjść z mody; **a fashion designer** – projektant mody; **a fashion show** – pokaz mody ❷ sposób; *He behaves in a strange fashion.* – On zachowuje się w dziwny sposób.

fashionable ['fæʃnəbl] modny

fast[1] [fɑ:st] ❶ szybki; **a fast car** – szybki samochód; **a fast worker** – szybki pracownik; **fast action** – szybka akcja; *My watch is ten minutes fast.* – Mój zegarek spieszy się o dziesięć minut. ❷ przymocowany; *Make the boat fast.* – Przymocuj łódź. ❸ (*o kolorze*) trwały; **colourfast** – o trwałych barwach/nie farbujący w praniu

fast[2] [fɑ:st] ❶ szybko; *You are driving too fast.* – Jedziesz za szybko. *My heart beat fast.* – Serce biło mi szybko. *You ought to leave as fast as possible.* – Powinieneś wyjechać jak najszybciej/najprędzej. ❷ mocno; *Hold fast on to the rope.* – Trzymaj się mocno liny. **to be fast asleep** – spać mocno

fast[3] [fɑ:st] pościć

fast[4] [fɑ:st] post

fasten ['fɑ:sn] ❶ przymocować, przytwierdzić; *He fastened the shelf to the wall.* – Przymocował półkę do ściany. ❷ zapiąć, zamknąć; *Fasten your seat belts.* – Proszę zapiąć pasy bezpieczeństwa. **to fasten the coat** – zapiąć płaszcz; *Are all the windows fastened?* – Czy wszystkie okna są dobrze zamknięte? ❸ zapinać się; *The dress fastens at the front.* – Ta sukienka zapina się z przodu.

fat[1] [fæt] **(-tt-)** tłusty, gruby; **to get fat** – utyć; **a fat book** – gruba książka

fat[2] [fæt] tłuszcz; **vegetable fats** – tłuszcze roślinne

fatal ['feɪtl] ❶ śmiertelny; **fatal injuries** – śmiertelne obrażenia; **a fatal accident** – śmiertelny wypadek ❷ zgubny, fatalny; **a fatal mistake** – fatalny błąd

fate [feɪt] los, przeznaczenie; **to decide sb's fate** – zadecydować o czyimś losie; *Nothing is known of the fate of the hostages.* – Nic nie wiadomo o losie zakładników. **by a strange twist/turn of fate** – dziwnym zrządzeniem losu; **to leave sb to their fate** – zostawić kogoś własnemu losowi

father ['fɑ:ðə] ojciec

fatherhood ['fɑ:ðəhʊd] ojcostwo

father-in-law ['fɑ:ðərɪnlɔ:] (*l.mn.* **fathers-in-law**) teść

faucet ['fɔ:sɪt] *am.* kran

fault [fɔ:lt] ❶ wada; **in spite of all my faults** – mimo wszystkich moich wad ❷ wina; *It isn't my fault.* – To nie moja wina. ❸ usterka, błąd, defekt; **a technical fault** – usterka techniczna

faultless ['fɔ:ltlɪs] bez skazy, idealny, nie uszkodzony

faulty ['fɔ:ltɪ] z usterką, zepsuty, z defektem; **a faulty switch** – zepsuty wyłącznik

fauna ['fɔ:nə] fauna

favour¹ ['feɪvə] ❶ przysługa, uprzejmość; *Will you do me a favour?* – Czy wyświadczysz mi przysługę? *Could I ask you a favour?* – Czy mogę cię o coś prosić? ❷ przychylność, życzliwość; **to win sb's favour** – zdobyć czyjąś przychylność; **to be in favour of sth** – być za czymś/przychylać się do; *The minister is in favour of reducing taxes.* – Minister jest za obniżeniem podatków.

favour² ['feɪvə] faworyzować, wyróżniać; **to favour an idea** – być przychylnie nastawionym do pewnego pomysłu; *He favours his youngest son.* – On faworyzuje swojego najmłodszego syna.

favourable ['feɪvərəbl] ❶ przychylny; *The play received favourable reviews.* – Ta sztuka miała przychylne recenzje. ❷ korzystny; **to make a favourable impression** – wywrzeć/zrobić korzystne wrażenie ❸ pomyślny, sprzyjający; **favourable weather conditions** – sprzyjające warunki atmosferyczne/sprzyjająca pogoda

favourite¹ ['feɪvərɪt] ulubiony; *Who's your favourite actor?* – Kto jest twoim ulubionym aktorem?

favourite² ['feɪvərɪt] ulubieniec, faworyt; *He is his father's favourite.* – Jest ulubieńcem swojego ojca. *This dress is my favourite.* – To jest moja ulubiona suknia.

fax¹ [fæks] faks, telefaks; *My fax number is 24 76 51.* – Mój numer telefaksu to 24 76 51. *I didn't get your fax.* – Nie dostałem twojego faksu.

fax² [fæks] przesłać coś faksem

fear¹ [fɪə] lęk, strach, obawa; *She showed no fear.* – Nie okazała strachu. *She has a fear of snakes.* – Ona boi się węży. **to shake with fear** – trząść się ze strachu; *It confirmed our worst fears.* – To potwierdziło nasze najgorsze obawy. *Our fears were unfounded.* – Nasze obawy okazały się bezpodstawne.

fear² [fɪə] bać się, obawiać się; *We feared the worst.* – Obawialiśmy się najgorszego. *I fear for her safety.* – Lękam się o jej bezpieczeństwo. *I fear that he may refuse.* – Obawiam się, że on może odmówić.

fearful ['fɪəfʊl] ❶ bojaźliwy; *She's never been fearful.* – Nigdy nie była bojaźliwa. ❷ okropny, straszny, przerażający; **a fearful accident** – okropny wypadek; **fearful consequences** – przerażające konsekwencje

fearless ['fɪəlɪs] nieustraszony

feast [fi:st] uczta

feather ['feðə] pióro (*ptaka*); **as light as a feather** – lekki jak piórko; **an ostrich feather** – pióro strusia

feature¹ ['fi:tʃə] ❶ cecha charakterystyczna; **the features of the landscape** – cechy charakterystyczne krajobrazu ❷ **features** – rysy twarzy; *She has fine features.* – Ona ma delikatne rysy twarzy. ❸ obszerny artykuł lub cykl artykułów na jakiś temat w gazecie lub tygodniku; *We run a special feature on New York in the next week edition.* – W przyszłym tygodniu zamieścimy specjalny cykl artykułów o Nowym Jorku.

feature² ['fi:tʃə] (*o filmie*) przedstawiać (*w roli*); *This film features Charlie Chaplin.* – W tym filmie występuje Charlie Chaplin.

feature film ['fi:tʃə fɪlm] film fabularny

Feb = February

February ['februərɪ] luty

fed [fed] *p.* **feed (fed, fed)**

federal ['fedrəl] federalny

federation [ˌfedəˈreɪʃn] federacja

fed up [ˌfedˈʌp]:
be fed up with sth – mieć czegoś dość; *I'm fed up with my job.* – Mam dość swojej pracy.

fee [fi:] opłata, honorarium; **a lawyer's/ /a doctor's fee** – honorarium adwokata/lekarza; **an entrance fee** – opłata za wstęp; **school fees** – czesne (szkoły); **a membership fee** – opłata członkowska

feeble [ˈfi:bl] słaby; **a feeble old man** – słaby stary człowiek; **a feeble excuse** – kiepska wymówka

feed [fi:d] (**fed, fed** [fed, fed]) ❶ karmić; *Have you fed the baby?* – Czy nakarmiłeś dziecko? *She fed the baby on carrots and apples.* – Karmiła dziecko marchewką i jabłkami. ❷ żywić się, karmić się; *Sheep feed on grass.* – Owce żywią się trawą.

f

feedback [ˈfi:dbæk] ❶ reakcja, odzew; *We've got very positive feedback on our products.* – Reakcja (*konsumentów*) na nasze produkty była bardzo pozytywna. ❷ *techn.* sprzężenie zwrotne

feel [fi:l] (**felt, felt** [felt, felt]) ❶ czuć, odczuwać; *I felt a certain tension in the room.* – Poczułem w pokoju pewne napięcie. *I feel it's my duty.* – Czuję, że to mój obowiązek. *I feel cold/ /hot.* – Jest mi zimno/gorąco. *I feel sorry.* – Jest mi przykro. *I feel happy/ /hungry.* – Czuję się szczęśliwy./Jestem głodny. ❷ czuć się; *How do you feel?* – Jak się czujesz? *She's feeling ill.* – Ona czuje się źle/jest chora. *I feel terrible.* – Czuję się okropnie. ❸ czuć dotykiem, macać, wyczuwać; *Feel this soft wool.* – Dotknij tej miękkiej wełny. *I felt in my pockets for the keys.* – Sprawdziłem (*dotykiem*), czy mam klucze w kieszeni. **to feel the pulse** – wyczuwać/zmierzyć puls ❹ (*o przedmiocie*) być w dotyku; *It feels soft to the touch.* – To jest miękkie w dotyku.
◆ **feel like** – mieć ochotę na; *I don't feel like going for a walk.* – Nie mam ochoty na spacer.

feeling [ˈfi:lɪŋ] ❶ uczucie, poczucie, wrażenie; *I have a feeling that she isn't telling the truth.* – Mam wrażenie/Czuję, że ona nie mówi prawdy. ❷ uczucie; **to hurt sb's feelings** – zranić czyjeś uczucia; **a feeling of gratitude** – uczucie wdzięczności; **to have mixed feelings** – mieć mieszane uczucia ❸ czucie; *I've lost all feeling in my fingers.* – Straciłem czucie w palcach.

feet [fi:t] *p.* **foot**

fell [fel] *p.* **fall (fell, fallen)**

fellow¹ [ˈfeləʊ] ❶ facet; *What a nice fellow he is.* – Jaki z niego miły facet. *My dear fellow!* – Mój stary! ❷ współtowarzysz; **a schoolfellow** – kolega szkolny ❸ członek towarzystwa naukowego; **Fellow of the British Academy** – Członek Akademii Brytyjskiej

fellow² [ˈfeləʊ]:
a fellow prisoner – współwięzień; **a fellow student** – student tej samej uczelni; **a fellow traveller** – towarzysz podróży

felt [felt] *p.* **feel (felt, felt)**

felt-tip pen [ˌfeltˈtɪp pen] / **felt pen** [ˌfeltˈpen] flamaster

female¹ [ˈfi:meɪl] żeński, płci żeńskiej; **a female cat** – kotka

female² [ˈfi:meɪl] ❶ osoba płci żeńskiej, kobieta ❷ samica, osobnik płci żeńskiej; *Is your dog a male or a female?* – Czy twój pies to on, czy ona?

feminine [ˈfemɪnɪn] kobiecy, żeński, rodzaju żeńskiego; **the traditional feminine roles** – tradycyjne role kobiece; **feminine curiosity** – kobieca ciekawość; **the feminine form of a noun** – rodzaj żeński rzeczownika

fence [fens] płot, ogrodzenie

fern [fɜ:n] paproć

ferry [ˈferɪ] (*l.mn.* **ferries**) prom; **to cross the Channel by ferry** – przepłynąć promem Kanał La Manche

fertile [ˈfɜ:taɪl] ❶ urodzajny; **fertile soil** – urodzajna ziemia ❷ płodny

fertility [fəˈtɪlətɪ] ❶ urodzajność ❷ płodność

fertilize ['fɜ:tılaız] ❶ użyźnić ❷ zapłodnić

fertilizer ['fɜ:tılaızə] nawóz; **chemical fertilizers** – nawozy sztuczne

festival ['festəvl] ❶ festiwal ❷ święta, okres świąteczny; *Christmas and Easter are Christian festivals.* – Boże Narodzenie i Wielkanoc są świętami chrześcijańskimi.

festive ['festıv] świąteczny, odświętny; **to be in a festive mood** – być w świątecznym nastroju; **the festive season** – okres Świąt Bożego Narodzenia

fetch [fetʃ] pójść i przynieść, sprowadzić; *Fetch my coat from my room, will you?* – Przynieś mi płaszcz z mojego pokoju, dobrze? **to fetch the children from school** – odebrać dzieci ze szkoły; *Fetch a doctor at once.* – Natychmiast sprowadź doktora.

fête [feıt] festyn

feudal ['fju:dl] feudalny

feudalism ['fju:dəlızm] feudalizm

fever ['fi:və] ❶ gorączka; *This medicine will reduce fever.* – To lekarstwo obniży gorączkę. *He has a high fever.* – On ma wysoką gorączkę. ❷ choroba (*pewnego rodzaju*); **hay fever** – katar sienny; **scarlet fever** – szkarlatyna; **rheumatic fever** – gorączka reumatyczna ❸ gorączkowe podniecenie, rozgorączkowanie; **a fever of excitement** – gorączkowe podniecenie; **election fever** – gorączka przedwyborcza

feverish ['fi:vərıʃ] ❶ gorączkujący, w gorączce; *He looked feverish.* – Wyglądał tak, jakby miał gorączkę. ❷ gorączkowy, rozgorączkowany; *They were packing their things with feverish haste.* – Pakowali się w gorączkowym pośpiechu.

feverishly ['fi:vərıʃlı] gorączkowo; *He was feverishly looking for his keys.* – Gorączkowo szukał swoich kluczy.

few [fju:] ❶ niewielu, mało; *Only few people can understand this problem.* – Niewielu ludzi potrafi zrozumieć ten problem. *She has got very few friends.* – Ona ma bardzo mało przyjaciół. ❷ **a few** – kilka, parę; *She has a few friends.* – Ona ma kilku/kilkoro przyjaciół. **quite a few** – sporo

fiancé [fı'ãŋseı] narzeczony

fiancée [fı'ãŋseı] narzeczona

fibre ['faıbə] ❶ włókno ❷ błonnik

fiction ['fıkʃn] ❶ beletrystyka; *I like reading light fiction.* – Lubię czytać lekkie powieści. *Life is stranger than fiction.* – Życie jest dziwniejsze od powieści. ❷ fikcja

fictional ['fıkʃənl] powieściowy; **a fictional character** – postać literacka

fictitious [fık'tıʃəs] fikcyjny, zmyślony

fiddle[1] ['fıdl] *pot.* skrzypce

fiddle[2] ['fıdl] bawić się, manipulować; *She sat silent, fiddling with her pen.* – Siedziała w milczeniu, bawiąc się piórem.

fidelity [fı'delətı] wierność; **fidelity to one's principles** – wierność swoim zasadom; **fidelity to one's wife/husband** – wierność wobec żony/męża; **high fidelity (hi-fi)** – wysoka wierność odtwarzania

field [fi:ld] ❶ pole uprawne; **to work in the fields** – pracować w polu; **a field of corn** – pole zboża/*am.* pole kukurydzy ❷ pole, obszar; **a football field** – boisko piłki nożnej; **an oil-field** – pole naftowe; **a field of vision** – pole widzenia; **a magnetic field** – pole magnetyczne; **the field of battle** – pole bitwy ❸ dziedzina; *It's outside my field.* – To wykracza poza moją dziedzinę.

field-glasses ['fi:ld glɑ:sız] lornetka (*polowa*)

fierce [fıəs] ❶ zaciekły, zajadły; **a fierce attack** – zaciekły atak; **fierce criticism** – zajadła krytyka ❷ zły, rozzłoszczony, agresywny; **a fierce dog** – zły pies; *He looked fierce.* – Wyglądał agresywnie.

fiery ['faıərı] **(-ier, -iest)** płomienny, ognisty; **fiery red hair** – ogniście rude włosy; **a fiery speech** – płomienne przemówienie

f

fifteen [,fɪf'ti:n] piętnaście

fifteenth [,fɪf'ti:nθ] **(15th)** piętnasty

fifth [fɪfθ] **(5th)** piąty

fifties ['fɪftɪz] *p.* **fifty** ❷

fiftieth ['fɪftɪəθ] **(50th)** pięćdziesiąty

fifty ['fɪftɪ] ❶ pięćdziesiąt ❷ **fifties** – między 50 a 59 rokiem; **in the fifties** – w latach pięćdziesiątych; *He is in his fifties.* – On jest w wieku między 50 a 59 lat.

fifty-fifty [,fɪftɪ'fɪftɪ] ❶ pół na pół; *We'll share the profit fifty-fifty.* – Podzielimy się dochodem pół na pół. ❷ pięćdziesiąt procent; **a fifty-fifty chance** – szansa pięćdziesiąt procent

fig [fɪg] figa

fight[1] [faɪt] **(fought, fought** [fɔ:t, fɔ:t]**)** ❶ walczyć, bić się; *The boys were fighting in the street.* – Chłopcy bili się na ulicy. *He fought in the last war.* – Walczył w ostatniej wojnie. *The doctors fought for her life.* – Lekarze walczyli o jej życie. ❷ zwalczać; **to fight a fire** – gasić pożar; **to fight (against) poverty** – zwalczać nędzę//walczyć z nędzą ❸ kłócić się; *It's not worth fighting about.* – Nie warto się o to kłócić.

fight[2] [faɪt] walka, bitwa, bójka; **the fight against crime** – walka z przestępczością; **to get into a fight** – wdać się w bójkę; **to pick up/to start a fight** – wszcząć bójkę

fighter ['faɪtə] ❶ bojownik; osoba, która walczy; **a freedom fighter** – osoba walcząca o pokój ❷ osoba, która walczy; osoba, która łatwo się nie poddaje; *She is a real fighter.* – Ona jest osobą, która potrafi walczyć. ❸ *lotn.* samolot myśliwski

figure ['fɪgə] ❶ *mat.* cyfra; *Write the number in figures.* – Napisz tę liczbę cyframi. ❷ liczba; **the unemployment figures** – liczba osób bezrobotnych ❸ figura, kształt; **a geometrical figure** – figura geometryczna ❹ figura, budowa ciała; *She has a good figure.* – Ona ma dobrą figurę. ❺ postać; *He is a leading figure in politics.* – On jest czołową postacią w polityce. ❻ wykres, rycina, diagram

figure skating ['fɪgə skeɪtɪŋ] *sport.* łyżwiarstwo figurowe

file[1] [faɪl] ❶ teczka na akta, segregator ❷ rejestr, kartoteka; *We must keep this letter on file.* – Musimy włożyć ten list do akt./Musimy trzymać ten list w kartotece. ❸ zbiór dokumentów, dossier; **to keep a file on a person** – mieć wszystkie dane dotyczące jakiejś osoby/mieć akta jakiejś osoby w kartotece ❹ *komp.* plik

file[2] [faɪl] segregować akta, włożyć do kartoteki; *The secretary filed the letters.* – Sekretarka włożyła listy do akt.

file[3] [faɪl] pilnik

file[4] [faɪl] opiłować pilnikiem; **to file the nails** – opiłować paznokcie pilnikiem

fill [fɪl] ❶ napełnić; **to fill the tank with petrol** – napełnić zbiornik benzyną ❷ napełnić się, wypełnić się; *Her eyes filled with tears.* – Jej oczy wypełniły się łzami.

◆ **fill in** – wypełnić; *Fill in this form, please.* – Proszę wypełnić ten formularz.

◆ **fill up** – (a) napełnić, nalać do pełna; *He filled the glass up with whisky.* – Nalał whisky do pełna. (b) napełniać się, wypełniać się; *The hall began to fill up with people.* – Sala zaczęła wypełniać się ludźmi.

filling ['fɪlɪŋ] ❶ wypełnienie stomatologiczne, plomba; **to put in a filling** – założyć plombę ❷ nadzienie, farsz; **pancakes with jam filling** – naleśniki z dżemem

film[1] [fɪlm] ❶ film; **a feature film** – film fabularny; **a horror film** – horror//film grozy; *Have you seen the new film?* – Czy widziałeś ten nowy film? ❷ film, błona fotograficzna; **to put a film in the camera** – włożyć film do aparatu; **to expose a film** – naświetlić film; **to develop a film** – wywołać film ❸ warstwa, powłoka; *The sea was coated with a film of oil.* – Morze było pokryte cienką warstwą ropy naftowej. ❹ cienki plastik, folia; **cling film** – folia przylepna do pakowania żywności

film² [fɪlm] filmować, robić zdjęcia do filmu

film star ['fɪlm stɑ:] gwiazda filmowa

filter¹ ['fɪltə] filtr; **water filter** – filtr do wody; **coffee filter** – filtr do kawy; **cigarette filter** – filtr papierosowy

filter² ['fɪltə] filtrować; *Filter the water before boiling it.* – Przefiltruj wodę przed gotowaniem.

filth [fɪlθ] brud

filthy ['fɪlθɪ] **(-ier, -iest)** brudny, obrzydliwy; *Change you jeans – they are filthy!* – Zmień dżinsy – są obrzydliwie brudne! **a filthy joke** – nieprzyzwoity kawał

fin [fɪn] płetwa

final¹ ['faɪnl] ❶ końcowy, ostatni; **the final stage of the match** – końcowa część meczu ❷ ostateczny, nieodwołalny; *That's my final decision.* – To jest moja ostateczna decyzja. *I won't sign it and that's final.* – Nie podpiszę tego i jest to nieodwołalne.

final² ['faɪnl] finał; ❶ **World Cup Finals** – Finały o Puchar Świata w Piłce Nożnej ❷ **finals** – końcowe egzaminy na uczelni; *When do you take your finals?* – Kiedy masz ostatnie egzaminy?

finally ['faɪnəlɪ] ❶ w końcu; *After a long search I finally found a job* – Po długich poszukiwaniach w końcu znalazłem pracę. ❷ na koniec; *And finally, I'd like to thank all of you.* – A na koniec, chciałbym podziękować każdemu z was/wam wszystkim.

finance¹ [faɪ'næns/fɪ'næns] ❶ finanse; **the Ministry of Finance** – Ministerstwo Finansów ❷ **finances** – zasoby pieniężne, zasoby finansowe; *My finances are very limited.* – Moje zasoby pieniężne są bardzo ograniczone.

finance² [faɪ'næns/fɪ'næns] finansować; *The research will be financed by the government.* – Te badania naukowe będą finansowane przez rząd.

financial [faɪ'nænʃl/fɪ'nænʃl] finansowy, budżetowy; **a financial adviser** – doradca finansowy; **financial difficulties** – trudności finansowe; *The film was a financial success.* – Ten film odniósł sukces finansowy.

find¹ [faɪnd] **(found, found** [faʊnd, faʊnd]**)** ❶ znaleźć; *I found my keys at last.* – W końcu znalazłem klucze. *We couldn't find our way in the dark.* – Nie mogliśmy znaleźć drogi w ciemności. **to find a solution to a problem** – znaleźć rozwiązanie problemu ❷ odkryć, stwierdzić; *He found that his car had been stolen.* – Stwierdził, że ukradziono mu samochód. *I find this book very interesting.* – Uważam tę książkę za bardzo ciekawą. *I found him a difficult person to work with.* – Stwierdziłam, że trudno się z nim pracuje. *I find it impossible to work at night.* – Stwierdziłam, że nie mogę pracować nocą.

◆ **find out** – dowiedzieć się; **to find out the truth** – odkryć prawdę/dowiedzieć się prawdy

find² [faɪnd] odkrycie, znalezisko; **an archaeological find** – odkrycie archeologiczne

fine¹ [faɪn] ❶ ładny, piękny; **a fine day** – piękny dzień; *It's a fine mess we are in.* – Jesteśmy w ładnych tarapatach. ❷ świetny, wspaniały, wysokiej jakości; **a fine collection of paintings** – wspaniała kolekcja obrazów ❸ o dobrym samopoczuciu; *How are you? – Fine, thanks.* – Jak się miewasz? – Dziękuję, świetnie. *That's fine, I can manage.* – W porządku, dam sobie radę. ❹ drobny, cienki; **fine thread** – cienka nić; **fine sand** – drobny piasek ❺ subtelny, delikatny; **fine features** – subtelne/delikatne rysy twarzy; **a fine sense of humour** – subtelne poczucie humoru; **a fine distinction** – subtelne rozróżnienie

fine² [faɪn] ❶ dobrze, świetnie; *It suits me fine.* – To mi odpowiada. *You are doing fine.* – Świetnie ci idzie. ❷ cienko, drobno; *Cut the vegetables fine.* – Drobno pokrój warzywa.

f

fine[3] [faɪn] ukarać mandatem, nałożyć grzywnę; *He was fined £50 for speeding.* – Został ukarany mandatem w wysokości 50 funtów za szybką jazdę.

fine[4] [faɪn] kara, mandat, grzywna; **a parking fine** – mandat za nieprawidłowe parkowanie; *You'll get a heavy fine for driving too fast.* – Dostaniesz wysoki mandat za zbyt szybką jazdę.

finely ['faɪnlɪ] cienko, drobno; *The onions were chopped finely.* – Cebula była cienko poszatkowana.

finger ['fɪŋgə] palec; **the little finger** – mały palec; **the ring finger** – palec serdeczny; **the middle finger** – palec środkowy; **the index finger** – palec wskazujący; **to lift a finger** – *przen.* ruszyć palcem; *He didn't even lift a finger to help us.* – Nawet nie ruszył palcem, żeby nam pomóc. **to keep one's fingers crossed** – trzymać kciuki; **to lay a finger on sb** – tknąć kogoś palcem; *Don't you dare to lay a finger on him!* – Nie waż się nawet tknąć go palcem!

fingernail ['fɪŋgəneɪl] paznokieć

fingerprint ['fɪŋgəprɪnt] odcisk palca; *The murderer wore gloves so as not to leave any fingerprints.* – Morderca używał rękawiczek, żeby nie zostawić odcisków palców.

finish[1] ['fɪnɪʃ] ❶ skończyć, dokończyć; *We finish work at five o'clock.* – Kończymy pracę o piątej. *She has already finished typing.* – Już skończyła pisać na maszynie. *I haven't finished my tea.* – Nie dokończyłam herbaty. ❷ kończyć się; *School finishes at two.* – Zajęcia szkolne kończą się o drugiej.

◆ **finish off** – skończyć, zjeść do końca, zużyć do końca; *He finished off the cake.* – Zjadł resztę ciasta. **finish sb off** – zabić kogoś

finish[2] ['fɪnɪʃ] ❶ finisz; **the finish of a race** – finisz wyścigu ❷ koniec; **from start to finish** – od początku do końca; **to fight to the finish** – walczyć do końca

fir [fɜ:] / **fir-tree** ['fɜ:tri:] *bot.* jodła

f

fire[1] ['faɪə] ❶ ogień, płomień; **on fire** – w płomieniach; *The house is on fire.* – Dom stoi w płomieniach. **to catch fire** – zająć się/zapalić się; *Be careful, your dress may catch fire.* – Bądź ostrożna/Uważaj, twoja sukienka może się zapalić. **to set sth on fire** – podpalić coś/podłożyć pod coś ogień; **to set fire to sth** – podłożyć pod coś ogień; **to play with fire** – igrać z ogniem ❷ pożar; **a forest fire** – pożar lasu; **to put out a fire** – ugasić pożar; *A fire broke out suddenly and destroyed the roof of the house.* – Pożar wybuchł nagle i zniszczył dach budynku. ❸ ognisko, ogień w kominku; **to make/to build a fire** – przygotować ognisko; **to light a fire** – zapalić ogień (*w kominku*)/rozpalić ognisko ❹ urządzenie do ogrzewania, grzejnik; **a gas/an electric fire** – grzejnik gazowy/elektryczny ❺ strzelanie, ostrzał, ogień; **to be under heavy fire** – być pod ciężkim ostrzałem; **to open fire on sb** – otworzyć do kogoś ogień

fire[2] ['faɪə] ❶ strzelać; **to fire at the enemy** – strzelać do nieprzyjaciela ❷ *pot.* wyrzucić z pracy; *You're fired!* – Jest pan zwolniony!

fire-alarm ['faɪərə'lɑ:m] sygnał alarmowy w razie pożaru; *The fire alarm went off in the middle of the night.* – Alarm pożarowy włączył się w środku nocy.

fire brigade ['faɪə brɪ,geɪd] straż pożarna; **to call the fire brigade** – wezwać straż pożarną

fire-engine ['faɪər,endʒɪn] samochód strażacki

fire-escape ['faɪər ɪ,skeɪp] schody pożarowe (*na ogół na zewnątrz budynku*)

fire extinguisher ['faɪər ɪk,stɪŋgwɪʃə] gaśnica

fire fighter ['faɪə ,faɪtə] strażak

fireman ['faɪəmən] (*l.mn.* **firemen** ['faɪəmən]) strażak

fireplace ['faɪəpleɪs] kominek

fireproof ['faɪəpru:f] ognioodporny

fire station ['faɪə steɪʃn] posterunek straży pożarnej

firework ['faɪəwɜ:k] fajerwerk, sztuczne ognie; **a fireworks display** – pokaz sztucznych ogni

firm¹ [fɜ:m] firma; **a law firm** – zespół adwokacki

firm² [fɜ:m] ❶ stanowczy; *He is firm with the children.* – Jest stanowczy wobec dzieci. **a firm decision** – mocne postanowienie ❷ pewny, stabilny; *Is the ladder firm enough?* – Czy drabina jest dość stabilna? ❸ mocny, silny; *He gave me a firm handshake.* – Mocno uścisnął mi dłoń. ❹ twardy, jędrny; **a firm matress** – twardy materac; **firm muscles** – twarde/silne mięśnie

firmly ['fɜ:mlɪ] ❶ stanowczo, zdecydowanie; *She firmly rejected the offer.* – Stanowczo odrzuciła (tę) propozycję. ❷ mocno, silnie, stabilnie; *The shelf was firmly fixed.* – Półka była dobrze przymocowana.

first¹ [fɜ:st] pierwsza rzecz, pierwszy w kolejności; *He was the first to arrive.* – Przybył jako pierwszy. **on the first of January** – pierwszego stycznia; **from the (very) first** – od samego początku

first² [fɜ:st] pierwszy; **his first wife** – jego pierwsza żona; **for the first time** – po raz pierwszy; **at first sight/ /glance** – na pierwszy rzut oka; **love at first sight** – miłość od pierwszego wejrzenia; **the First World War** – pierwsza wojna światowa

first³ [fɜ:st] ❶ najwcześniej, najpierw; *Ladies first.* – Panie pierwsze. *He came first in the race.* – W wyścigu był pierwszy. *First we must decide what to do.* – Najpierw musimy zdecydować, co robić. ❷ po raz pierwszy; **when I first saw him** – kiedy zobaczyłam go po raz pierwszy ❸ na początku; **when we first lived here** – kiedy zaczęliśmy tu mieszkać; **at first** – początkowo/na początku ❹ po pierwsze; *The new model has many advantages. First, it is considerably cheaper.* – Nowy model ma szereg zalet. Po pierwsze, jest znacznie tańszy. **first of all** – przede wszystkim

first aid [ˌfɜ:st 'eɪd] pierwsza pomoc; **to give first aid** – udzielić pierwszej pomocy; **a first aid kit** – apteczka pierwszej pomocy

first class¹ [ˌfɜ:st 'klɑ:s] pierwsza klasa (*np. w pociągu*); **to travel in first class** – podróżować w pierwszej klasie

first class² [ˌfɜ:st 'klɑ:s] pierwszą klasą; **to travel first class** – podróżować pierwszą klasą; **to send a letter first class** – wysłać list ekspresem

first-class ['fɜ:stklɑ:s] ❶ znakomity, pierwszorzędny, wspaniały; *His work is really first-class.* – Jego praca jest naprawdę znakomita. ❷ pierwszej klasy; **a first-class carriage** – wagon pierwszej klasy; **a first-class letter** – rodzaj listu ekspresowego

first cousin [ˌfɜ:st 'kʌzn] brat cioteczny, siostra cioteczna

first name ['fɜ:st neɪm] imię, pierwsze imię; **to be on first name terms with sb** – być z kimś po imieniu

first night [ˌfɜ:st 'naɪt] premiera

fish¹ [fɪʃ] (*l.mn.* **fish/fishes**) ryba; *He caught several fish.* – Złapał/Złowił kilka ryb. *I fried fresh fish for lunch.* – Na obiad usmażyłam świeżą rybę.

fish² [fɪʃ] ❶ łowić ryby; *We fished in the lake.* – Łowiliśmy ryby w jeziorze. **to fish for trout** – łowić pstrąga ❷ szukać, szperać; *She fished in her handbag for a handkerchief.* – Szperała w torebce szukając chusteczki do nosa. **to fish for information** – szukać informacji/dopytywać się o coś; **to fish for compliments** – zabiegać o komplementy

fisherman ['fɪʃəmən] (*l.mn.* **fishermen** ['fɪʃəmən]) rybak

fishing ['fɪʃɪŋ] łowienie ryb; **to go fishing** – iść na ryby

fishing rod ['fɪʃɪŋ rɒd] wędka

fist [fɪst] pięść; **to clench one's fists** – zaciskać/-nąć pięści; **a fist fight** – walka na pięści

fit[1] [fit] **(-tt-)** ❶ pasować, mieć odpowiedni rozmiar; *This dress fits you very well.* – Ta suknia bardzo dobrze na tobie leży. *These shoes don't fit me.* – Te buty mają niewłaściwy dla mnie rozmiar/nie pasują na mnie. ❷ pasować do, odpowiadać, zgadzać się z; *This key doesn't fit the lock.* – Ten klucz nie pasuje do zamka. *The facts fit your theory.* – Fakty pasują do twojej teorii. *The punishment should fit the crime.* – Kara powinna być stosowna do zbrodni. ❸ dopasować; **to fit the pieces of the puzzle together** – dopasować do siebie części układanki; **to fit sb for a new suit** – wziąć miarę na nowy garnitur/uszyć komuś nowy garnitur na miarę

◆ **fit in** – umieścić, zmieścić; *The doctor can't fit in another patient.* – Doktor nie może przyjąć więcej ani jednego pacjenta.

fit[2] [fit] **(-tt-)** ❶ zdrowy, sprawny; **to keep fit** – zachowywać sprawność fizyczną; *He looks fit.* – Wygląda na sprawnego fizycznie. ❷ nadający się, odpowiedni, zdatny, właściwy; *The food was not fit to eat.* – Żywność nie nadawała się do jedzenia. *He isn't fit for the job.* – On nie nadaje się do tej pracy. *He is in no fit state to drive.* – On nie jest w stanie prowadzić samochodu. *Do as you think fit.* – Rób, jak uważasz.

fit[3] [fit] atak, napad; **an epileptic fit** – atak padaczki; **a fit of coughing/a coughing fit** – napad kaszlu; **a fit of laughter** – atak śmiechu; **a fit of anger** – napad złości

fitness ['fitnɪs] ❶ sprawność fizyczna; *Swimming will improve your fitness.* – Pływanie poprawi twoją sprawność fizyczną. ❷ nadawanie się, przydatność; *Somebody questioned her fitness for the job.* – Ktoś zakwestionował jej przydatność do tej pracy.

five [faɪv] pięć

fix [fiks] ❶ umocować, przytwierdzić; **to fix shelves to a wall** – przymocować półki do ściany; *He fixed his eyes on her.* – Utkwił w niej wzrok. **to fix one's attention on sth** – skoncentrować się na czymś/skupić na czymś uwagę ❷ ustalić, określić; **to fix the date of the elections** – ustalić datę wyborów ❸ naprawić, zreperować; *Can you fix my car?* – Czy może pan naprawić mój samochód? ❹ załatwić; *If you want to meet him, I can fix it.* – Jeżeli chcesz go poznać, mogę to załatwić. *I'll fix him!* – Ja go załatwię! ❺ przyrządzić, przygotować; *I'll fix lunch.* – Przygotuję lunch. *Can I fix you a drink?* – Mogę przygotować ci drinka?

fixed [fikst] ❶ stały, trwały, ustalony; **fixed prices** – stałe ceny; **a fixed star** – stała gwiazda; **a fixed smile** – „przyklejony do twarzy" uśmiech; **to have fixed ideas** – mieć ustalone poglądy ❷ przymocowany; *The shelf was fixed on to the wall.* – Półka była przymocowana do ściany.

fizzy ['fɪzɪ] **(-ier, -iest)** (*o napoju*) gazowany

fjord/fiord ['fi:ɔ:d] fiord

flag [flæg] flaga; **the national flag** – flaga narodowa; **a ship under the Polish flag** – statek pod polską banderą; *The flag was flying at half-mast.* – Flaga była opuszczona do połowy masztu.

flake[1] [fleɪk] płatek; **a flake of snow** – płatek śniegu; **cornflakes** – płatki kukurydziane; **soap flakes** – płatki mydlane

flake[2] [fleɪk] **/ flake off** łuszczyć się, schodzić; *The paint was beginning to flake off (the wall).* – Farba (na ścianie) zaczynała się łuszczyć.

flame [fleɪm] płomień; **the flame of a candle** – płomień świecy; *The building was in flames.* – Budynek stał w płomieniach. **to burst into flames** – wybuchnąć ogniem/stanąć w płomieniach; *The house went up in flames.* – Budynek spłonął.

flammable ['flæməbl] łatwopalny

flannel ['flænl] ❶ flanela wełniana ❷ myjka, bawełniana ściereczka do mycia ciała

flap¹ [flæp] ❶ klapa, poła; **the flap of a tent** – klapa namiotu; **the flap of an envelope** – część koperty do podklejenia ❷ łopotanie; **the flap of the sails** – łopotanie żagli

flap² [flæp] **(-pp-)** łopotać, trzepotać; *The bird flapped its wings.* – Ptak trzepotał skrzydłami. *The sails were flapping in the wind.* – Żagle łopotały na wietrze.

flare¹ [fleə] palić się silnym płomieniem; *Tempers flared at the meeting.* – Emocje wrzały podczas zebrania.

flare² [fleə] silne światło, silny płomień

flash¹ [flæʃ] ❶ błyskać; *A lighthouse was flashing in the distance.* – Światło latarni morskiej błyskało w oddali. **to flash a torch into sb's eyes** – świecić komuś latarką w oczy; *Her eyes flashed angrily.* – Jej oczy rzucały gniewne błyski. **to flash a smile at sb** – rzucić komuś promienny uśmiech ❷ przemknąć; *A car flashed by at high speed.* – Samochód przemknął z olbrzymią prędkością. *A thought flashed through my mind.* – Pewna myśl przemknęła mi przez głowę. ❸ pokazać coś szybko, mignąć czymś; *He flashed his indentity card at me.* – Mignął mi swoją legitymacją/dowodem tożsamości.

flash² [flæʃ] ❶ błysk; **a flash of lightning** – błysk błyskawicy; **a flash of inspiration** – błysk natchnienia; **in a flash** – w okamgnieniu ❷ flesz, lampa błyskowa; **a camera with a built--in flash** – aparat fotograficzny z wbudowanym fleszem

flashlight ['flæʃlaɪt] latarka

flask [flɑːsk] płaska butelka, flaszka; **a vacuum/a thermos flask** – termos

flat¹ [flæt] **(-tt-)** ❶ płaski; **a flat surface** – płaska powierzchnia; **a flat roof** – płaski dach; **flat shoes** – buty na płaskim obcasie ❷ (*o oponie*) bez powietrza; **flat tyre** – opona bez powietrza ❸ (*o baterii, akumulatorze*) wyładowany; *The battery has gone flat.* – Akumulator rozładował się. ❹ (*o napoju*) bez gazu ❺ kategoryczny; **a flat refusal** – kategoryczna odmowa; **a flat denial** – kategoryczne zaprzeczenie

flat² [flæt] mieszkanie; **a block of flats** – budynek mieszkalny

flat³ [flæt] **(-tt-)** ❶ płasko; *He slipped and fell flat on his back.* – Poślizgnął się i upadł płasko na plecy. ❷ bez osłonek, bez ogródek; *He told me flat that he wouldn't pay us.* – Powiedział mi wprost, że nam nie zapłaci.

flatly ['flætlɪ] ❶ kategorycznie; *She flatly refused.* – Ona kategorycznie odmówiła. ❷ bez emocji, obojętnie; *I'm leaving, she said flatly.* – Odchodzę – powiedziała nie okazując emocji.

flatten ['flætn] rozpłaszczyć; *Flatten the carton before disposal.* – Rozpłaszcz karton przed wyrzuceniem. *He flattened himself against the wall.* – Przywarł płasko do ściany.

flatter ['flætə] ❶ pochlebiać; *He flattered her saying how well she looked.* – Pochlebiał jej mówiąc, jak świetnie wygląda. *Don't flatter yourself.* – Nie pochlebiaj sobie. ❷ **be flattered** – czuć się dowartościowanym, mile połechtanym; *I was flattered to be asked for advice.* – Poczułam się dowartościowana, ponieważ poproszono mnie o radę.

flattery ['flætərɪ] pochlebstwo

flavour¹ [fleɪvə] smak, aromat; *Garlic will add flavour to the soup.* – Czosnek doda smaku tej zupie. *Ice-cream is available in four different flavours.* – Lody są (dostępne) w czterech różnych smakach.

flavour² ['fleɪvə] dodać aromatu, smaku; **to flavour a dish with herbs** – przyprawić danie ziołami; **vanilla--flavoured ice-cream** – lody o smaku waniliowym

flaw [flɔː] skaza, defekt; *There are a few flaws in his theory.* – Jest kilka słabych punktów w jego teorii. **a flaw in sb's character** – skaza w czyimś charakterze

flea [fli:] pchła

flea market ['fli: mɑ:kɪt] pchli targ

fleck [flek] plama

flee [fli:] **(fled, fled** [fled, fled]**)** uciec, zbiec; *They saw me and fled.* – Zobaczyli mnie i uciekli. *When the war broke out he fled the country.* – Kiedy wybuchła wojna, uciekł z kraju.

fleet [fli:t] flota

flesh [fleʃ] ❶ ciało; *The spirit is willing but the flesh is weak.* – Duch jest wprawdzie ochoczy, ale ciało mdłe. **to put on flesh** – przytyć/nabrać ciała; *I saw the president in the flesh.* – Widziałem/Zobaczyłem prezydenta we własnej osobie. ❷ mięso; **flesh-eating animals** – zwierzęta mięsożerne ❸ miąższ owoców

f

flew [flu:] *p.* **flow (flew, flown)**

flex [fleks] *el.* izolowany, giętki przewód elektryczny

flexible ['fleksəbl] ❶ giętki, elastyczny ❷ elastyczny, mogący się dostosować; *Your approach ought to be more flexible.* – Twoje podejście (*do tej sprawy*) powinno być bardziej elastyczne. **flexible working hours** – nie ustalone ściśle godziny pracy/ruchomy czas pracy

flicker¹ ['flɪkə] migotać, błyskać; *The candle flickered and went out.* – Świeca zamigotała i zgasła. *The stars flickered in the sky.* – Gwiazdy migotały na niebie.

flicker² ['flɪkə] migotanie, błysk; **the flicker of flames** – migotanie płomieni; **a flicker of hope** – przebłysk nadziei

flies [flaɪz] ❶ *p.* **fly²** ❷ *p.* **fly¹ (flew, flown, -ies, -ied, -ying)**

flight [flaɪt] ❶ lot, latanie; **a bird in flight** – ptak w locie ❷ lot, rejs; *BA Flight 202 has been cancelled.* – Rejs Brytyjskich Linii Lotniczych (BA) numer 202 został odwołany. ❸ lot, przelot samolotem; *The flight from Paris to New York takes 8 hours.* – Lot z Paryża do Nowego Jorku trwa 8 godzin. ❹ ciąg schodów; **a flight of stairs** – kondygnacja schodów (*od podestu do podestu*) ❺ ucieczka

flimsy ['flɪmzɪ] **(-ier, -iest)** ❶ (*o ubraniu*) cienki, lekki; **a flimsy dress** – cienka sukienka ❷ nietrwały, cienki, kruchy; *The walls of the house were flimsy.* – Ściany domu były cienkie. ❸ słaby, łatwy do podważenia; **flimsy evidence** – łatwy do podważenia dowód; **a flimsy excuse** – kiepska wymówka

fling [flɪŋ] **(flung, flung** [flʌŋ, flʌŋ]**)** rzucić z rozmachem, cisnąć; *He flung a stone at the window.* – Rzucił kamieniem w okno. *He flung the papers on the floor.* – Cisnął papiery na podłogę. *He flung himself onto the bed.* – Rzucił się na łóżko. **to fling the door open** – otworzył drzwi z rozmachem

flirt¹ [flɜ:t] flirtować

flirt² [flɜ:t] osoba, która chętnie flirtuje

flirtation [flɜ:'teɪʃn] flirt

float [fləʊt] unosić się na wodzie lub w powietrzu; *Cork floats on water.* – Korek unosi się na wodzie. *The balloon was floating in the air.* – Balon unosił się w powietrzu.

flock [flɒk] stado; **a flock of birds** – stado ptaków; **a flock of sheep** – stado owiec

flood¹ [flʌd] ❶ zalać, zatopić; *The river flooded the village.* – Rzeka zalała wioskę. *We've been flooded with letters.* – Zostaliśmy zalani olbrzymią ilością listów. *Japanese cars flooded the market.* – Samochody japońskie zalały rynek. ❷ ulec zalaniu; *The bathroom flooded when the pipe burst.* – Zalało łazienkę, gdy pękła rura.

flood² [flʌd] ❶ powódź, zalew; *Some people were killed in the flood.* – Kilka osób zginęło w czasie powodzi. **an area threatened by flood** – teren zagrożony powodzią; **a flood of tears** – potoki łez; **a flood of letters** – zalew listów ❷ **the Flood** – Potop (*biblijny*)

floodlight ['flʌdlaɪt] silne światło reflektorów, jupitery; *The match will be played under floodlights.* – Mecz zostanie rozegrany przy świetle jupiterów.

floor [flɔ:] ❶ podłoga; **to sit on the floor** – usiąść na podłodze ❷ piętro, kondygnacja; *We live on the second floor.* – Mieszkamy na drugim piętrze.

floppy ['flɒpɪ] miękki, opadający; **a floppy hat** – kapelusz z miękkim/opadającym rondem

floppy disk [ˌflɒpɪ 'dɪsk] *komp.* dyskietka

flora ['flɔ:rə] *bot.* roślinność, flora

florist ['flɒrɪst] kwiaciarka, kwiaciarz; **the florist's** – kwiaciarnia

floss [flɒs] nić; **dental floss** – nić dentystyczna

flour ['flaʊə] mąka

flourish ['flʌrɪʃ] rozkwitać, kwitnąć bujnie; *This plant will flourish in a warm and damp climate.* – Ta roślina będzie kwitnąć/rozwinie się bujnie w ciepłym i wilgotnym klimacie. *The business is flourishing.* – Interes kwitnie. *The children are flourishing.* – Dzieci mają się świetnie.

flow¹ [fləʊ] przepływ, strumień; **the flow of blood** – przepływ krwi; **a flow of traffic** – strumień ruchu ulicznego; **a flow of information** – przepływ informacji

flow² [fləʊ] płynąć; *The river flows into the sea.* – Ta rzeka wpada do morza. *The traffic was flowing slowly.* – Pojazdy poruszały się wolno. *Tears were flowing down her cheeks.* – Łzy spływały jej po policzkach. *The conversation flowed freely.* – Rozmowa toczyła się wartko.

flower¹ ['flaʊə] kwiat; **to grow flowers** – hodować kwiaty; **to pick flowers** – zbierać kwiaty; *Tulips are in flower now.* – Teraz kwitną tulipany.

flower² ['flaʊə] kwitnąć; *Roses will flower next month.* – Róże będą kwitły w przyszłym miesiącu.

flowerbed ['flaʊəbed] grządka kwiatowa, rabata

flowering ['flaʊərɪŋ] kwitnący; **a flowering plant** – roślina kwitnąca

flowery ['flaʊərɪ] kwiecisty; **a flowery pattern** – kwiecisty wzór

flowing ['fləʊɪŋ] powiewny, powiewający; **long flowing hair** – długie rozwiane włosy; **a flowing robe** – powiewna szata

flown [fləʊn] *p.* **fly¹ (flew, flown)**

flu [flu:] grypa; **to come down with (the) flu** – zachorować na grypę

fluent ['flu:ənt] biegły, płynny; *He is fluent in Italian.* – On zna biegle język włoski. *He speaks fluent German.* – Mówi biegle po niemiecku.

fluently ['flu:əntlɪ] biegle, płynnie; *He speaks German fluently.* – On mówi biegle po niemiecku.

fluff [flʌf] puch, puszek

fluid¹ ['flu:ɪd] płyn; *Drink plenty of fluids.* – Proszę pić dużo płynów.

fluid² ['flu:ɪd] ❶ płynny; **a fluid substance** – substancja płynna ❷ niestabilny, ulegający zmianom; *The situation is fluid.* – Sytuacja ciągle ulega zmianom.

flung [flʌŋ] *p.* **fling (flung, flung)**

flush [flʌʃ] ❶ spłukiwać; **to flush the toilet** – spłukiwać toaletę ❷ zaczerwienić się; *He flushed when she asked his name.* – Zaczerwienił się, kiedy spytała jak się nazywa.

flushed [flʌʃt] zaczerwieniony; *He was flushed with anger.* – Był czerwony ze złości.

flute [flu:t] flet; **to play the flute** – grać na flecie

fly¹ [flaɪ] **(flew, flown** [flu:, fləʊn], **-ies, -ied, -ying)** ❶ latać, fruwać; *Some birds were flying high in the sky.* – Jakieś ptaki fruwały wysoko na niebie. *A plane was flying overhead.* – Samolot leciał nad głowami. *A ball came flying through the window.* – Piłka wleciała przez okno. ❷ latać samolotem; *I'm flying to Paris tomorrow.* – Jutro lecę do Paryża. **the first man to fly the Atlantic** – pierwszy człowiek, który przeleciał nad Atlantykiem ❸ prowadzić samolot, pilotować samolot; *Can you fly an aircraft?* – Czy umiesz prowadzić samolot? ❹ lecieć, poruszać się szybko; *It's getting late, I must fly.*

f

– Robi się późno, muszę lecieć. *How time flies!* – Jak ten czas leci!

fly² [flaɪ] (*l.mn.* **flies**) mucha

flying¹ ['flaɪɪŋ] latający; **flying fish** – latająca ryba; **a flying saucer** – latający talerz/spodek; **the flying squad** – brygada lotna (*policji*)

flying² ['flaɪɪŋ] latanie samolotem; *I'm afraid of flying.* – Boję się latać.

flyover ['flaɪəʊvə] estakada

foal [fəʊl] źrebak

foam¹ [fəʊm] piana

foam² [fəʊm] pienić się

focus¹ ['fəʊkəs] ❶ zogniskować,ześrodkować, nastawić na ostrość; *He focused his camera on the group of people and took a photo.* – Nastawił ostrość aparatu na grupę ludzi i zrobił zdjęcie. *Please focus your attention on the following problem.* – Proszę skoncentrować się/skupić uwagę na następującym problemie. ❷ (*o wzroku*) nastawić się na ostrość; *His eyes slowly began to focus.* – Jego oczy powoli zaczynały widzieć.

focus² ['fəʊkəs] ❶ *fiz. opt.* ognisko; *The picture is out of focus.* – Ten obraz jest nieostry. *The photograph is in focus.* – Ta fotografia ma dobrą ostrość. ❷ centrum; *Recent events have become the focus of international attention.* – Ostatnie wydarzenia stały się centrum międzynarodowej uwagi.

fog [fɒg] mgła; *The city was shrouded in fog.* – Miasto było zasnute mgłą. *The fog has already cleared.* – Mgła się już rozwiała.

foggy ['fɒgɪ] (**-ier, -iest**) mglisty; **a foggy day** – mglisty dzień; **a foggy memory** – mgliste wspomnienie; *I haven't the foggiest (idea).* – Nie mam zielonego pojęcia.

fold¹ [fəʊld] złożyć, zgiąć; *She folded the letter into two and tore it in half.* – Złożyła list na pół i przedarła. **to fold (up) a chair** – złożyć krzesło; *He folded the clothes up neatly.* – Porządnie złożył ubranie.

fold² [fəʊld] fałda, zakładka, zagniecenie; *Her dress was hanging in folds.* – Jej suknia opadała w fałdach.

folder ['fəʊldə] teczka tekturowa, skoroszyt

folk¹ [fəʊk] ❶ lud, ludzie; **simple country folk** – prości ludzie ze wsi ❷ **folks** – *am.* rodzice, rodzina

folk² [fəʊk] ludowy; **folk-dance** – taniec ludowy; **folk-song** piosenka ludowa; **folk music** – muzyka folk

folklore ['fəʊklɔ:] folklor

follow ['fɒləʊ] ❶ iść za; *He entered, followed by reporters.* – Wszedł, a za nim dziennikarze. *She looked back to see that no-one was following her.* – Obejrzała się, żeby się upewnić, że nikt za nią nie idzie/nie śledzi jej. ❷ następować w kolejności po; *Thursday follows Wednesday.* – Czwartek następuje po środzie. *The results are as follows:* – Wyniki są następujące: ❸ stosować się do, postępować według, iść za; *Follow my advice.* – Idź za moją radą. *Follow the instructions.* – Postępuj według instrukcji/zgodnie z instrukcją. **to follow sb's example** – iść za czyimś przykładem; *Follow this road.* – Idź tą drogą. **to follow (in) sb's footsteps** – iść w czyjeś ślady ❹ śledzić, interesować się; *I followed his career with interest.* – Śledziłem jego karierę z zainteresowaniem. ❺ rozumieć, nadążać myślą; *I can't follow her because she speaks too quickly.* – Nie mogę za nią nadążyć, ponieważ mówi zbyt szybko.

following ['fɒləʊɪŋ] następny, następujący; **the following day** – następnego dnia; *Answer the following questions.* – Odpowiedz na następujące pytania.

fond [fɒnd] kochający, czuły; **a fond gesture** – czuły gest

◆ **to be fond of** – kochać, lubić; *I'm very fond of dancing.* – Bardzo lubię tańczyć. *He's always been very fond of you.* – On zawsze bardzo cię lubił.

food [fu:d] pożywienie, jedzenie, żywność; **a serious shortage of food** –

poważne braki/niedobory żywności; **junk food** – bezwartościowe (*z odżywczego punktu widzenia*) jedzenie (*np. hamburgery, chrupki, słodkie napoje gazowane itp.*); **health food** – zdrowa żywność; **without food and drink** – bez jedzenia i picia

fool[1] [fu:l] głupiec; *What a fool he was to leave the door open.* – Cóż z niego za głupiec, że zostawił drzwi otwarte. *She's nobody's fool.* – Ona jest bardzo sprytna/przebiegła. **to make a fool of sb** – robić z kogoś wariata; **to make a fool of oneself** – ośmieszyć się/robić z siebie głupca

fool[2] [fu:l] ❶ okpić, oszukać, ogłupić, zwieść, wprowadzić w błąd; *You can't fool me into believing that.* – Nie ogłupisz mnie na tyle, żebym w to uwierzył. *She fooled him with a very lame excuse.* – Dał się nabrać na jej mętne tłumaczenie. ❷ wygłupiać się; *Don't treat him seriously. He's just fooling.* – Nie traktuj go poważnie. On się tylko wygłupia.

◆ **fool about/around** – bawić się, zajmować się czymś nieodpowiedzialnie; *Stop fooling around with that gun!* – Przestań się bawić tym pistoletem!

foolish ['fu:lɪʃ] ❶ nierozsądny, niemądry, głupi; *I was foolish enough to believe him.* – Byłem na tyle głupi, że mu uwierzyłem. *He felt foolish.* – Było mu głupio. ❷ głupi, idiotyczny; **a foolish mistake** – idiotyczna pomyłka

foolishly ['fu:lɪʃlɪ] w sposób nierozsądny, idiotycznie, głupio; *Foolishly, I didn't write down his address* – Bardzo nierozsądnie, że nie zapisałem jego adresu. *He grinned foolishly.* – Uśmiechnął się głupio.

foot [fʊt] (*l.mn.* **feet** [fi:t]) ❶ stopa, noga; *My feet hurt after the long walk.* – Bolały mnie nogi (stopy) po długim marszu. *I've been on my feet all day.* – Cały dzień jestem na nogach. *He jumped to his feet.* – Skoczył na równe nogi. *I'll never set foot in that house again.* – Moja noga nie postanie więcej w tym domu. **on foot** – piechotą/na piechotę; *It'll take about 20 minutes on foot.* – To zajmie około 20 minut na piechotę. ❷ podnóże, dolna część, dół; **at the foot of the mountain/cliff** – u podnóża góry/urwiska; **at the foot of the page** – na dole strony/u dołu strony ❸ stopa (*miara długości = 30,5 cm*); *George is 6 foot/feet tall.* – George ma 6 stóp (*183 cm*) wzrostu. *The wall is ten feet high.* – Mur ma 10 stóp (*3 m*) wysokości.

football ['fʊtbɔ:l] piłka nożna; **to play football** – grać w piłkę nożną; **a football match** – mecz piłki nożnej

footpath ['fʊtpɑ:θ] ścieżka

footprint ['fʊtprɪnt] ślad stopy

footstep ['fʊtstep] krok, odgłos kroków; *I heard somebody's footsteps.* – Usłyszałem czyjeś kroki. **to follow (in) sb's footsteps** – iść/pójść w czyjeś ślady (*np. wybrać taki sam zawód*); *He wants to follow in his father's footsteps and become a doctor.* – On chce pójść w ślady swego ojca i zostać lekarzem.

footwear ['fʊtweə] obuwie; **the sports footwear** – obuwie sportowe

for[1] [fɔ:/fə] ❶ dla (*kogoś*); *There's a letter for you.* – Jest do ciebie list. *I have a present for you.* – Mam dla ciebie prezent. ❷ do, dla, na (*dot. celu*); *The house is not for sale.* – Ten dom nie jest na sprzedaż. **a shampoo for dry hair** – szampon dla włosów suchych; *What did you do that for?* – Dlaczego/Po co to zrobiłeś? **to wait for a bus** – czekać na autobus; **to apply for a job** – ubiegać się o pracę; **to shout for help** – wołać o pomoc; **to go for a walk** – iść na spacer ❸ z powodu, dla, za (*dot. przyczyny*); *He was in prison for murder.* – On był w więzieniu za morderstwo. *Oxford is famous for its university.* – Oksford jest słynny ze swojego uniwersytetu. *I didn't accept the offer for various reasons.*

f

– Nie przyjęłam tej oferty z wielu powodów. ❹ przez (*dot. czasu i odległości*); *He'll be away for a few days.* – Nie będzie go przez kilka dni. *She's been talking on the phone for at least an hour.* – Ona rozmawia przez telefon co najmniej przez godzinę/co najmniej od godziny. *We haven't seen each other for ages.* – Nie widzieliśmy się od bardzo dawna. **for the time being** – na razie; *We walked for miles and didn't see a single person.* – Szliśmy całe mile i nie widzieliśmy żywej duszy. ❺ z, na (*dot. okazji, kolejnego razu itp.*); *He got a present for his birthday.* – Dostał prezent na urodziny. **for the first time** – po raz pierwszy; *We made an appointment for Monday.* – Umówiliśmy się na poniedziałek. *What's for lunch?* – Co jest na obiad? ❻ na, jak na (*dot. porównania*); *It's warm for October.* – Jest ciepło jak na październik. *She's tall for her age.* – Jest wysoka jak na swój wiek. ❼ za (*dot. poparcia*); *Are you for or against?* – Czy jesteś za, czy przeciw? ❽ dla, do (*w stosunku do*), wobec; *She felt a certain admiration for him.* – Czuła wobec niego pewien podziw. *It's too difficult for me.* – To jest dla mnie za trudne. *Isn't the suitcase too heavy for you to carry?* – Czy ta walizka nie jest dla ciebie za ciężka? ❾ za, w zamian za (*dot. kupna, sprzedaży*); *I bought this dress for £50.* – Kupiłam tę sukienkę za 50 funtów. *He sold his house for a large sum of money.* – Sprzedał swój dom za dużą sumę pieniędzy. *How much did you pay for it?* – Ile za to zapłaciłeś? ❿ dla, za (*dot. reprezentowania kogoś*); *She's been working for this firm since July.* – Ona pracuje w tej firmie od lipca. *He writes for a newspaper.* – On pisuje dla jakiejś gazety. *I can substitute for you.* – Mogę cię zastąpić (*w pracy*). ⓫ do (*dot. miejsca przeznaczenia, celu podróży*); *Is this the train for Glasgow?* – Czy to jest pociąg do Glasgow? *He left for Liverpool yesterday.* – Wczoraj wyjechał do Liverpoolu. *We set out for home.* – Wyruszyliśmy w drogę powrotną do domu.

for² [fɔ:/fə] bowiem, dlatego że, gdyż; *She didn't say anything, for she knew nothing could persuade him.* – Nie odezwała się, bowiem wiedziała, że nic go nie przekona.

forbid [fə'bɪd] **(forbade, forbidden** [fə'bæd/fə'beɪd, fə'bɪdn]) zabronić; *Her parents forbade her to see him again.* – Rodzice zabronili jej widywać się z nim. *It's forbidden to employ children.* – Zabronione jest zatrudnianie dzieci. *God forbid!* – Boże uchowaj!

forbidden [fə'bɪdn] zakazany; *Smoking is forbidden on the premises of the school.* – Na terenie szkoły palenie jest zabronione. **forbidden fruit** – zakazany owoc

force¹ [fɔ:s] ❶ siła; **the force of gravity** – siła ciężkości; **the force of the explosion** – siła wybuchu; **by force** – siłą; *I had to open the door by force.* – Musiałam siłą otworzyć drzwi. ❷ zorganizowana grupa ludzi, policja, wojsko; **the Police Force** – policja; **the armed forces** – siły zbrojne; **Royal Air Force** – Królewskie Lotnictwo Brytyjskie

force² [fɔ:s] ❶ zmusić, wymusić, narzucić; *He forced me to make the decision.* – Zmusił mnie do podjęcia tej decyzji. *He forced a smile.* – Z trudem przywołał na twarz uśmiech./Zmusił się do uśmiechu. ❷ forsować, zrobić coś na siłę; *We forced the window open.* – Siłą otworzyliśmy okno.

forecast¹ ['fɔ:kɑ:st] prognoza, przewidywanie; **the weather forecast** – prognoza pogody; **the election forecast** – prognozy wyborcze

forecast² ['fɔ:kɑ:st] **(forecast, forecast/ /forecasted** ['fɔ:kɑ:st, 'fɔ:kɑ:st/'fɔ:kɑ:stɪd]) przewidywać; *They forecast further economic growth.* – Przewidują dalszy wzrost gospodarczy.

foreground ['fɔ:graʊnd] pierwszy plan obrazu; *You can see me in the foreground in this photograph.* – Na tej fotografii widać mnie na pierwszym planie.

forehead ['fɒrɪd] czoło (*część twarzy*)

foreign ['fɒrən] zagraniczny, cudzoziemski, obcy; **foreign countries** – obce kraje; **foreign languages** – języki obce; **foreign trade** – handel zagraniczny; **the Ministry of Foreign Affairs** – Ministerstwo Spraw Zagranicznych

foreigner ['fɒrənə] cudzoziemiec, obcokrajowiec

forest ['fɒrɪst] las

forever [fə'revə] na zawsze, zawsze; *I'll love you forever.* – Zawsze będę cię kochać.

forgave [fə'geɪv] *p.* **forgive (forgave, forgiven)**

forge [fɔ:dʒ] sfałszować; **to forge a document** – sfałszować dokument

forger ['fɔ:dʒə] fałszerz

forgery ['fɔ:dʒərɪ] ❶ fałszerstwo; *He is accused of forgery.* – Jest oskarżony o fałszerstwo. ❷ sfałszowany obraz, dokument itp.; *This picture is not by Rembrandt, it's a forgery.* – To nie jest obraz Rembrandta, to fałszerstwo.

forget [fə'get] **(-tt-) (forgot, forgotten** [fə'gɒt, fə'gɒtn]) zapomnieć; *I forgot his phone number.* – Zapomniałam numer jego telefonu. *Don't forget me.* – Nie zapomnij o mnie. *Don't forget to lock the door.* – Nie zapomnij zamknąć drzwi. *I've forgotten my umbrella.* – Zapomniałam parasola. *Try to forget about him.* – Postaraj się o nim zapomnieć. *I'll never forget dancing with you.* – Nigdy nie zapomnę, jak z tobą tańczyłam. *How much do I owe you? – Forget it.* – Ile ci jestem dłużny/winien? – Drobiazg, nieważne (zapomnij o tym).

forgetful [fə'getfʊl] zapominalski

forget-me-not [fə'getmɪnɒt] (*l.mn.* **forget-me-nots**) niezapominajka

forgive [fə'gɪv] **(forgave, forgiven** [fə'geɪv, fə'gɪvn]) wybaczyć; *She forgave him everything.* – Wybaczyła mu wszystko. *Forgive my interrupting, but...* – Proszę mi wybaczyć, że przerywam, ale... *If anything should happen to him, I'll never forgive myself.* – Jeżeli coś mu się stanie, nigdy sobie tego nie wybaczę.

forgiveness [fə'gɪvnəs] wybaczenie; **to ask for forgiveness** – prosić o wybaczenie

forgot [fə'gɒt] *p.* **forget (forgot, forgotten)**

forgotten [fə'gɒtn] *p.* **forget (forgot, forgotten)**

fork [fɔ:k] ❶ widelec ❷ widły ❸ rozwidlenie drogi

form[1] [fɔ:m] ❶ kształt, postać; *A dark form could be seen in the distance.* – Ciemny kształt był widoczny w oddali. ❷ forma, kondycja; *He is in good form.* – On jest w dobrej formie. ❸ formularz; *You must fill in the form.* – Musi pan wypełnić ten formularz. ❹ forma, postać; *Ice is a form of water.* – Lód jest postacią wody. ❺ klasa, oddział szkoły; *He is in the sixth form.* – On jest w szóstej klasie. ❻ *gram.* forma; **the past form** – forma czasu przeszłego

form[2] [fɔ:m] formować, tworzyć, kształtować; **to form a government** – tworzyć rząd; **to form a statue out of stone** – wyrzeźbić posąg z kamienia; **to form an opinion** – wytworzyć (sobie) zdanie (o)/ukształtować opinię; **to form sb's character** – kształtować czyjś charakter; **to form a plan** – ułożyć plan

formal ['fɔ:ml] formalny, oficjalny, ceremonialny; **a formal dinner** – oficjalny obiad; **formal dress** – uroczysty strój

formality [fɔ:'mælətɪ] (*l.mn.* **formalities**) formalność; **legal formalities** – formalności prawne; *The exam was a mere formality.* – Egzamin był tylko formalnością.

former ['fɔ:mə] poprzedni, dawny; *He forgot his former friends.* – Zapomniał o swych dawnych przyjaciołach. **the former Soviet Union** – dawny Związek Radziecki

formerly ['fɔ:məlɪ] dawniej, poprzednio; **Sri Lanka, formerly Ceylon** – Sri Lanka, dawniej Cejlon

formula ['fɔ:mjʊlə] (*l.mn.* **formulae** ['fɔ:mjʊli:] / **formulas**) ❶ wzór; *The chemical formula for water is* H_2O. – Wzrór chemiczny wody to H_2O. **a mathematical formula** – wzór matematyczny ❷ przepis, recepta; **a formula for success** – recepta na sukces; *The formula for this medicine is a secret.* – Przepis na to lekarstwo jest tajemnicą. ❸ formuła

fort [fɔ:t] fort

forthieth ['fɔ:tɪɪθ] **(40th)** czterdziesty

forties ['fɔ:tɪz] *p.* **forty** ❷

fortify ['fɔ:tɪfaɪ] **(-ies, -ied, -ying)** wzmocnić; *We fortified ourselves with a drink.* – Wzmocniliśmy się drinkiem.

fortnight ['fɔ:tnaɪt] dwa tygodnie; *We spent a fortnight in Italy.* – Spędziliśmy dwa tygodnie we Włoszech; **a fortnight's holiday** – dwutygodniowe wakacje

fortress ['fɔ:trɪs] forteca

fortunate ['fɔ:tʃnət] mający szczęście, szczęśliwy; *You are fortunate to have a good job.* – Masz szczęście, że masz dobrą pracę. *It was fortunate that he was insured.* – Na szczęście był ubezpieczony. **by a fortunate coincidence** – szczęśliwym zbiegiem okoliczności

fortunately ['fɔ:tʃnətlɪ] na szczęście, szczęśliwie; *The car was smashed but fortunately the passengers were unharmed.* – Samochód rozbił się, ale na szczęście pasażerom nic się nie stało.

fortune ['fɔ:tʃu:n] ❶ los, fortuna; *Fortune was always against him.* – Los był zawsze przeciwko niemu. *She has fortune on her side.* – Los jej zawsze sprzyja. **ill fortune** – zły los/pech; **to tell sb's fortune** – wróżyć komuś ❷ majątek, bogactwo; **to make a fortune** – zrobić majątek; **to come into fortune** – odziedziczyć fortunę; *It's worth a fortune.* – To jest warte majątek.

forty ['fɔ:tɪ] ❶ czterdzieści ❷ **forties** – lata (*wiek*) między 40 a 49; **in the forties** – w latach czterdziestych; *He is in his early/mid/late forties.* – On jest tuż po czterdziestce/w wieku około 45 lat/koło pięćdziesiątki.

forward[1] ['fɔ:wəd] / **forwards** ['fɔ:wədz] naprzód, do przodu; **to move forward** – posunąć się do przodu; **to move backwards and forwards** – poruszać się tam i z powrotem; **an important step forward** – ważny krok do przodu; **to plan forward** – planować na przyszłość; **to look forward to** – oczekiwać (z radością) na

forward[2] ['fɔ:wəd] przesłać (*przesyłkę*) dalej; *Please forward my letters to my new address.* – Proszę przesłać moje listy pod nowy adres.

forward[3] ['fɔ:wəd] napastnik (*w piłce nożnej*)

fossil ['fɒsl] skamielina

fought [fɔ:t] *p.* **fight**[1] **(fought, fought)**

foul[1] [faʊl] ❶ wstrętny, odrażający, obrzydliwy, paskudny; **foul taste** – wstrętny smak; **foul smell** – obrzydliwy zapach; **a foul crime** – odrażająca zbrodnia; **foul weather** – paskudna pogoda ❷ ordynarny, wulgarny; **foul language** – wulgarny język

foul[2] [faʊl] faulować; *He was sent off the field for fouling.* – Został usunięty z boiska/wycofany z gry za faulowanie.

foul[3] [faʊl] faul

found[1] [faʊnd] *p.* **find**[1] **(found, found)**

found[2] [faʊnd] ❶ założyć, ustanowić; *The firm was founded in 1910.* – Firma została założona w 1910 roku. ❷ ufundować; *He founded a hospital here.* – Ufundował tutaj szpital.

foundation [faʊn'deɪʃn] ❶ założenie; **the foundation of a new school** – założenie nowej szkoły ❷ **foundations** – fundamenty; **the foundations**

of a house – fundamenty domu; **to lay the foundations of a building** – położyć fundamenty pod budynek ❸ podstawa, podstawy; *The suspicion was not entirely without foundation.* – To podejrzenie nie było całkowicie pozbawione podstaw/bezpodstawne. **a foundation course** – kurs wstępny ❹ fundacja; **the Ford Foundation** – Fundacja Forda ❺ / **foundation cream** – podkład pod makijaż

foundation stone [faʊn'deɪʃn stəʊn] kamień węgielny

fountain ['faʊntɪn] fontanna

fountain-pen ['faʊntɪn pen] pióro wieczne

four [fɔ:] cztery

four-legged ['fɔ:legd] czworonożny

fourteen [ˌfɔ:'ti:n] czternaście

fourteenth [ˌfɔ:'ti:nθ] **(14th)** czternasty

fourth [fɔ:θ] **(4th)** czwarty

fox [fɒks] lis

fraction ['frækʃn] ❶ ułamek; **3/4 is a fraction** – 3/4 jest ułamkiem; **a decimal fraction** – ułamek dziesiętny ❷ cząstka, część, ułamek; *I hesitated for a fraction of a second.* – Wahałem się przez ułamek sekundy. *He opened the window just a fraction.* – Uchylił troszeczkę okno.

fracture[1] ['fræktʃə] złamać; *She fell and fractured her arm.* – Upadła i złamała rękę.

fracture[2] ['fræktʃə] złamanie; **to sustain multiple fractures** – doznać wielokrotnych złamań; **a compound fracture** – złamanie otwarte; **a hairline fracture** – pęknięcie

fragile ['frædʒaɪl] delikatny, kruchy, łamliwy; *Fragile. Handle with care.* – Ostrożnie, szkło.

fragment ['frægmənt] fragment, kawałek, urywek; *The floor was covered with fragments of broken china.* – Podłoga była pokryta kawałkami potłuczonej porcelany. *He read us fragments from his book.* – Przeczytał nam fragmenty swojej książki.

fragmentary ['frægməntərɪ] fragmentaryczny

fragrance ['freɪgrəns] zapach

fragrant ['freɪgrənt] pachnący

frail [freɪl] kruchy, słaby, wątły, słabowity

frame [freɪm] ❶ rama, ramka, oprawa; **a picture frame** – rama obrazu; **a door frame** – framuga drzwi; **glasses frames** – oprawka okularów ❷ szkielet, struktura

◆ **a frame of mind** – nastrój, usposobienie (*do czegoś*)

framework ['freɪmwɜ:k] szkielet, struktura

frank [fræŋk] szczery, otwarty; **to be quite frank** – otwarcie mówiąc

frankly ['fræŋklɪ] szczerze, otwarcie; *He told me quite frankly what he thought.* – Powiedział mi całkiem otwarcie, co myśli. *Frankly speaking, I see no point in asking her.* – Szczerze mówiąc, nie widzę sensu, aby ją pytać.

frantic ['fræntɪk] frenetyczny, oszalały, gorączkowy; *She was frantic when the child didn't return from school.* – Ona szalała (*z niepokoju*), kiedy jej dziecko nie wróciło ze szkoły.

fraud [frɔ:d] ❶ nieuczciwość, oszustwo; *He got this money by fraud.* – Zdobył pieniądze w sposób nieuczciwy. **tax fraud** – oszustwo podatkowe ❷ oszust; *He says he is a lawyer, but I think he is a fraud.* – Mówi, że jest prawnikiem, ale sądzę, że to oszust.

freckle ['frekl] pieg; *She has freckles all over her face.* – Ona ma piegi na całej twarzy.

freckled ['frekld] piegowaty

free[1] [fri:] **(freer, freest)** ❶ wolny, na wolności; **to set free** – uwolnić ❷ wolny, niczym nie ograniczony; **a free country** – wolny kraj; **a free market** – wolny rynek; **free enterprise** – wolna przedsiębiorczość; **free elections** – wolne wybory; **on your own free will** – z własnej woli; **a free translation** – wolny przekład; *She leads a free and easy sort of life.* –

Ona prowadzi swobodne i beztroskie życie. ❸ bezpłatny, wolny; **a free ticket** – bezpłatny bilet; *Admission is free.* – Wstęp jest wolny/bezpłatny. **a free pass for all the theatres** – dokument (*np. legitymacja*) uprawniający do bezpłatnego wstępu do wszystkich teatrów ❹ wolny (*od czegoś*), pozbawiony czegoś; **to be free from fear** – być wolnym od lęku; *Our products are completely free of preservatives.* – Nasze produkty są całkowicie wolne od/pozbawione środków konserwujących. ❺ wolny, nie zajęty; *What do you do in your free time?* – Co robisz w czasie wolnym od pracy? *Are you free on Saturday?* – Czy jesteś wolna/ /Czy masz czas w sobotę? *Is this seat free?* – Czy to miejsce jest wolne? ❻ swobodny, niczym nie ograniczony, nie zamocowany; **free fall** – spadanie swobodne; *He grabbed the free end of the rope.* – Chwycił za zwisający koniec liny.

f

free[2] [fri:] uwolnić; **to free the hostages** – uwolnić zakładników; **to free an animal from the cage** – uwolnić zwierzę z klatki

free[3] [fri:] **(freer, freest)** ❶ wolno, swobodnie; *The dog was allowed to run free in the park.* – Pies mógł biegać swobodnie (*bez smyczy*) po parku. ❷ bezpłatnie; **to travel free** – podróżować bezpłatnie

freedom ['fri:dəm] wolność

freeway ['fri:weı] *am.* autostrada

freeze ['fri:z] **(froze, frozen** [frəuz, 'frəuzn]**)** ❶ zamarzać; *When water freezes it becomes ice.* – Kiedy woda zamarza, zamienia się w lód. *The sea sometimes freezes in winter.* – Zimą morze czasami zamarza. ❷ zamrażać; **to freeze fruit** – zamrażać owoce ❸ marznąć; **to freeze to death** – zamarznąć na śmierć; *I'm freezing.* – Bardzo mi zimno. ❹ znieruchomieć; *When he heard the footsteps he froze and listened.* – Kiedy usłyszał kroki, znieruchomiał i nasłuchiwał.

freezer ['fri:zə] ❶ zamrażalnik ❷ zamrażarka

freight [freıt] przewóz towaru, fracht; **a freight train** – pociąg towarowy

French fries [,frentʃ 'fraız] *am.* frytki

French windows [,frentʃ 'windəuz] drzwi balkonowe

frequency ['fri:kwənsı] częstość, częstotliwość

frequent ['fri:kwənt] częsty; *He is a frequent visitor.* – On jest częstym gościem.

frequently ['fri:kwəntlı] często; *She frequently complained about it.* – Często na to narzekała.

fresh [freʃ] ❶ świeży; **fresh bread** – świeży chleb; **milk fresh from the cow** – mleko prosto od krowy ❷ świeży, czysty; **fresh air** – świeże powietrze; **a fresh piece of paper** – czysta/nowa kartka papieru; **fresh fruit** – świeże owoce (*nie z puszki*)

fresh water [,freʃ 'wɔ:tə] woda słodka

freshwater ['freʃwɔ:tə] słodkowodny; **freshwater fish** – ryby słodkowodne

Friday ['fraıdı/'fraıdeı] piątek

fridge [frıdʒ] lodówka

fried[1] [fraıd] smażony; **fried fish** – ryba smażona

fried[2] [fraıd] *p.* **fry (-ies, -ied, -ying)**

friend [frend] przyjaciel; **a close friend** – bliski przyjaciel; **to make friends with sb** – zaprzyjaźnić się z kimś

friendly ['frendlı] **(-ier, -iest)** przyjazny, przyjacielski; **a friendly smile** – przyjazny uśmiech; **to be on friendly terms with sb** – być z kimś w przyjaznych stosunkach; *He was very friendly towards us.* – Był bardzo przyjazny wobec nas.

friendship ['frendʃıp] przyjaźń

fries[1] [fraız] *p.* **French fries**

fries[2] [fraız] *p.* **fry (-ies, -ied, -ying)**

fright [fraıt] przerażenie, strach; **to give sb a fright** – przestraszyć kogoś; **to take fright** – przestraszyć się

frighten ['fraıtn] przestraszyć; *Did the noise frighten you?* – Czy ten hałas cię przestraszył?

frightened ['fraɪtnd] przestraszony; **a frightened child** – przestraszone dziecko; *She was frightened of being left alone.* – Bała się, że zostanie sama.

frightening ['fraɪtnɪŋ] przerażający; **a frightening possibility** – przerażająca możliwość

frightful ['fraɪtfʊl] okropny, straszny; **a frightful accident** – straszny wypadek; **frightful weather** – okropna pogoda

fringe [frɪndʒ] ❶ frędzla ❷ grzywka ❸ skraj, obręb; **on the fringe of the forest** – na skraju lasu

fro [frəʊ]:
to and fro – tam i z powrotem; *They walked to and fro on the promenade.* – Przechadzali się tam i z powrotem po promenadzie.

frog [frɒg] żaba

from [frɒm/frəm] ❶ z (*dot. miejsca*); **a train from London** – pociąg z Londynu; **the wind from the south** – wiatr z południa; *He took a wallet from his pocket.* – Wyjął portfel z kieszeni. *I know it from my own experience.* – Wiem to z własnego doświadczenia. **from my point of view** – z mojego punktu widzenia ❷ od, z (*dot. czasu, przestrzeni, zakresu*); *He works from 9 till 4.* – On pracuje od 9 do 16. **two miles from the village** – dwie mile od wioski; **from that day on** – od tamtego dnia; *The sky changed from blue to grey.* – Niebo zmieniło barwę z niebieskiej na szarą. ❸ od (*dot. pochodzenia*); *He is from Norway.* – On jest z Norwegii. **a present from Peter** – prezent od Piotra; **water from the tap** – woda z kranu ❹ z (*dot. materiału, substancji, składników*); *Jam is made from fruit and sugar.* – Dżem przyrządza się z owoców i cukru. ❺ na, z (*dot. przyczyny*); *He died from hunger.* – Umarł z głodu. *She suffers from headaches.* – Ona cierpi na bóle głowy. ❻ od (*dot. różnicy*); *I'm different from my sister.* – Jestem inna od mojej siostry/niż moja siostra. ❼ od, przed (przede); *They concealed that fact from me.* – Ukryli ten fakt przede mną. **to protect sb from danger** – chronić kogoś przed niebezpieczeństwem

front¹ [frʌnt] ❶ przód, przednia część; *She sat in/at the front of the bus.* – Siedziała na przodzie/na przednim siedzeniu autobusu. **in front of** – przed; **in front of the house** – przed domem; *She spends all her free time in front of the television.* – Ona spędza cały wolny czas przed telewizorem. **in front of your friends** – przed przyjaciółmi ❷ front atmosferyczny; **the warm/cold front** – front ciepły/ /chłodny ❸ *wojsk.* front; **to be sent to the front** – zostać wysłanym na front

front² [frʌnt] przedni, frontowy; **the front door** – drzwi frontowe; **the front teeth** – przednie zęby

frontier ['frʌn,tɪə] granica; *Poland has frontiers with Germany, Russia and Ukraine.* – Polska ma granice z Niemcami, Rosją i Ukrainą. *We showed our passports at the frontier.* – Pokazaliśmy (nasze) paszporty na granicy.

frost [frɒst] ❶ mróz; **ten degrees of frost** – dziesięć stopni mrozu; **hard frost** – duży mróz ❷ szron; *The windows were covered with frost.* – Okna były pokryte szronem.

frost-bite ['frɒst baɪt] odmrożenie

frosty ['frɒstɪ] **(-ier, -iest)** ❶ mroźny; **a frosty morning** – mroźny poranek; **a frosty smile** – lodowaty uśmiech ❷ pokryty szronem, oblodzony; *The roads were frosty.* – Drogi były oblodzone.

frown¹ [fraʊn] marszczyć brwi

frown² [fraʊn] zmarszczenie brwi

froze [frəʊz] *p.* **freeze (froze, frozen)**

frozen¹ ['frəʊzn] *p.* **freeze (froze, frozen)**

frozen² ['frəʊzn] ❶ zamrożony, mrożony; **frozen fruit** – mrożone owoce ❷ zmarznięty; *I'm frozen.* – Zmarzłem na kość. ❸ pokryty lodem, zamarznięty; *The lake was frozen.* – Jezioro było zamarznięte.

f

fruit [fru:t] owoc, owoce; *Do you eat much fruit?* – Czy jesz dużo owoców?

fruitful ['fru:tfʊl] owocny

fruitless ['fru:tləs] bezowocny; **a fruitless attempt** – bezowocne usiłowanie

frustrating [frʌ'streɪtɪŋ] frustrujący, przynoszący frustrację

frustration [frʌ'streɪʃn] frustracja, poczucie daremności, poczucie bezsilności

fry [fraɪ] **(-ies, -ied, -ying)** smażyć; **to fry (the) eggs** – (u)smażyć jajka

frying pan ['fraɪɪŋ pæn] patelnia

fuel ['fju:əl] paliwo

fulfil [fʊl'fɪl] **(-ll-)** spełnić, wypełnić; **to fulfil one's duty** – wypełnić obowiązek; **to fulfil a promise** – spełnić obietnicę; *He fulfilled his dreams and became a famous pianist.* – Spełnił swoje marzenia i został sławnym pianistą.

f

full [fʊl] ❶ pełny, zapełniony; *The room was full of people.* – Pokój był pełen ludzi. *The train was full.* – Pociąg był zatłoczony. ❷ cały, pełny; *Tell me the full story.* – Opowiedz mi całą historię. *Write your full name and address.* – Napisz pełne imię, nazwisko i adres. **a full moon** – księżyc w pełni; *He was driving at full speed.* – Jechał z ogromną prędkością. *I had to wait a full hour.* – Musiałem czekać całą/pełną godzinę. *She is rather full in the face.* – Jest raczej pełna na twarzy.

full stop [,fʊl 'stɒp] kropka

full-time [,fʊl'taɪm] na cały etat, pełnoetatowy; *He works full-time.* – On pracuje na całym etacie. **a full-time job** – praca na całym etacie

fully ['fʊlɪ] całkowicie, w pełni; *I fully agree with you.* – Całkowicie się z tobą zgadzam.

fumes [fju:mz] wyziewy, spaliny, gryzący dym; **petrol fumes** – spaliny samochodowe; *The air was thick with tobacco fumes.* – Powietrze było gęste od dymu papierosowego.

fun [fʌn] radość, zabawa, uciecha; *Swimming in the sea is great fun.* – Pływanie w morzu jest wielką uciechą. *Have fun!* – Baw się dobrze! **to do sth for fun** – robić coś dla zabawy; **to make fun of sb** – wyśmiewać się z kogoś/robić z kogoś żarty

function¹ ['fʌŋkʃn] ❶ funkcja; *The brain performs a very important function.* – Mózg sprawuje bardzo ważną funkcję. ❷ *mat.* funkcja

function² ['fʌŋkʃn] funkcjonować, działać; *The phone doesn't function again.* – Telefon znowu nie działa.

functional ['fʌnkʃənəl] funkcjonalny

fund [fʌnd] ❶ fundusz; **International Monetary Fund** – Międzynarodowy Fundusz Walutowy ❷ **funds** – fundusze, pieniądze; **to raise funds** – zbierać pieniądze; **to be short of funds** – mieć mało pieniędzy/nie mieć funduszy

fundamental [,fʌndə'mentl] fundamentalny, podstawowy, zasadniczy; **fundamental changes in education** – fundamentalne zmiany w edukacji; **a fundamental mistake** – zasadniczy błąd; **fundamental rules of mathematics** – podstawowe prawa matematyczne/reguły matematyczne

funeral ['fju:nərəl] pogrzeb

funnel ['fʌnl] lejek

funny ['fʌnɪ] **(-ier, -iest)** ❶ zabawny, śmieszny; **a funny story** – zabawna historia ❷ dziwny, niesamowity; *That's funny, I can't find my keys.* – To dziwne, nie mogę znaleźć kluczy. *There's something funny about him.* – Jest w nim coś niesamowitego.

fur [fɜ:] ❶ futro, sierść; **the rabbit's soft fur** – miękkie futro królika/miękka sierść królika ❷ futro, wyprawiona skóra zwierzęcia; **a fur coat** – futro (*płaszcz*)

furious ['fjʊərɪəs] zły, wściekły; *He will be furious when he learns about it.* – Będzie wściekły, kiedy się o tym dowie.

furnace ['fɜ:nɪs] palenisko, piec

furnish ['fɜ:nɪʃ] umeblować; *We haven't furnished our flat yet.* – Jeszcze nie umeblowaliśmy mieszkania. *The room was furnished with antiques.* – Pokój był umeblowany antykami.

furnished ['fɜ:nɪʃt] umeblowany; *She wants to rent a furnished flat.* – Ona chce wynająć umeblowane mieszkanie.

furniture ['fɜ:nɪtʃə] meble (*rzeczownik niepoliczalny – występuje tylko w liczbie pojedynczej*); **a piece of furniture** – mebel; **antique furniture** – meble antyczne

further¹ ['fɜ:ðə] dalej; *I was too tired to go further.* – Byłem zbyt zmęczony, żeby iść dalej. *I have nothing further to say.* – Nie mam nic więcej do powiedzenia.

further² ['fɜ:ðə] dalszy; *Do you need further help?* – Czy potrzebujesz dalszej pomocy? *Have you any further questions?* – Czy macie jakieś dalsze pytania? *For further information write to the above address.* – Dla uzyskania dalszej informacji proszę napisać pod wskazany adres.

furthest ['fɜ:ðɪst] najdalszy, najdalej; *Who can jump the furthest?* – Kto skoczy najdalej?

fury ['fjʊərɪ] złość, wściekłość, gniew; *She was filled with fury.* – Była wściekła. *To my fury I saw that he had taken my car.* – Ku swojej wściekłości zobaczyłem, że wziął mój samochód.

fuse¹ [fju:z] ❶ bezpiecznik; **to blow a fuse** – przepalić bezpiecznik ❷ zapalnik bomby

fuse² [fju:z] ❶ zrobić spięcie, zrobić zwarcie; *You'll fuse the lights.* – Zrobisz zwarcie. ❷ (*o bezpieczniku*) przepalić się; *The lights have fused.* – Zrobiło się spięcie. ❸ połączyć (się), zespolić (się)

fuss¹ [fʌs] ❶ zamieszanie, rozgardiasz, krzątanina, nerwowe podniecenie, awantura; *What a fuss about nothing!* – Tyle zamieszania o nic! **to make a fuss** – denerwować się drobiazgami; *She always makes a fuss when I'm late for dinner.* – Ona zawsze się denerwuje/robi awanturę, kiedy się spóźnię na obiad. ❷ krzątanina, ceremonia; **to make a fuss of sb** – nadskakiwać komuś/krzątać się koło kogoś

fuss² [fʌs] robić zamieszanie, być zaaferowanym, awanturować się, denerwować się drobiazgami; *Don't fuss, we'll be on time.* – Nie denerwuj się, zdążymy. *She's always fussing over her children.* – Ona zawsze skacze koło swoich dzieci/jest zaaferowana swoimi dziećmi.

fussy ['fʌsɪ] **(-ier, -iest)** grymaśny, kapryśny, drobiazgowy

futile ['fju:taɪl] daremny; **a futile attempt** – daremna próba; *It's futile to try to persuade him.* – Nie ma sensu próbować go przekonać.

future¹ ['fju:tʃə] przyszły; **his future wife** – jego przyszła żona; **the future tense** – *gram.* czas przyszły

future² ['fju:tʃə] przyszłość; *The future of the firm is uncertain.* – Przyszłość firmy jest niepewna. **in the distant future** – w dalekiej przyszłości; **in future** – na przyszłość, w przyszłości; *Try to be on time in future.* – Na przyszłość staraj się być punktualny.

g

gadget ['gædʒɪt] przyrząd, wynalazek; **a new gadget for peeling vegetables** – nowy przyrząd do obierania warzyw

gaffe [gæf] gafa; **to commit/to make a gaffe** – popełnić gafę

gag¹ [gæg] **(-gg-)** zakneblować; *He was tied and gagged by the kidnappers.* – Został związany i zakneblowany przez porywaczy.

gag² [gæg] ❶ knebel ❷ gag, dowcip

gaiety ['geɪətɪ] wesołość, radość, zabawa; *Christmas is a time for gaiety.* – Boże Narodzenie jest czasem radości i zabawy.

gaily ['geɪlɪ] wesoło, radośnie; *She laughed gaily.* – Zaśmiała się wesoło. **a gaily coloured dress** – sukienka w żywych/wesołych kolorach

gain¹ [geɪn] zyskać, uzyskać; *We have nothing to gain but everything to lose.* – Nie mamy nic do zyskania, a wszystko do stracenia. **to gain experience** – zdobyć doświadczenie; **to gain an advantage over sb** – zdobyć nad kimś przewagę; **to gain access to information** – uzyskać dostęp do informacji; **to gain in weight** – przybrać na wadze; *The baby gained five pounds.* – Dziecku przybyło pięć funtów.

gain² [geɪn] ❶ zysk; **a net gain** – zysk netto; **a short-term gain** – szybki zysk/zysk uzyskany w krótkim terminie ❷ przyrost, wzrost, powiększenie, przybytek; **weight gain** – przyrost wagi/przybranie na wadze

galaxy ['gæləksɪ] (*l.mn.* **galaxies**) galaktyka

gale [geɪl] wiatr huraganowy, wiatr o sile sztormu (*od 8 stopni w skali Beauforta*)

gallery ['gælərɪ] (*l.mn.* **galleries**) ❶ galeria; **an art gallery** – galeria sztuki; **the Tate Gallery** – Galeria Tate ❷ arkady, krużganek ❸ drugi lub trzeci balkon w teatrze

gallon ['gælən] galon (*miara objętości = 4,5 litra*)

gallop¹ ['gæləp] galopować

gallop² ['gæləp] galop; *He rode away at a gallop.* – Odjechał galopem.

gallows ['gæləʊz] szubienica

gamble¹ ['gæmbl] grać hazardowo, uprawiać hazard; **to gamble on the horses** – grać na wyścigach konnych; **to gamble on the stock exchange** – grać na giełdzie; *He lost his money gambling at cards.* – On przegrał pieniądze (grając) w karty. *He has gambled away half of his fortune.* – Przegrał połowę majątku.

gamble² ['gæmbl] ryzykowne przedsięwzięcie, ryzyko; *Starting a business during a recession is a gamble.* – Zakładanie firmy w czasie recesji jest ryzykownym przedsięwzięciem.

gambler ['gæmblə] gracz, hazardzista, ryzykant

gambling ['gæmblɪŋ] hazard; *He lost his money on gambling.* – Stracił pieniądze na hazard. **gambling debts** – długi powstałe w wyniku hazardu (*np. karciane*)

game [geɪm] ❶ gra, zabawa; *Tennis is a game.* – Tenis jest grą. **to play a game of hide-and-seek** – bawić się w chowanego; **to see through sb's**

game – przejrzeć czyjąś grę ❷ partia; **a game of chess** – partia szachów; **a game of tennis** – gem ❸ zwierzyna łowna

gamekeeper ['geɪmki:pə] gajowy

games [geɪmz] ❶ igrzyska, zawody; **the Olympic Games** – Olimpiada//Igrzyska Olimpijskie ❷ szkolne zajęcia sportowe, WF

gang [gæŋ] ❶ gang, banda; **a gang of robbers** – banda rabusiów ❷ ekipa, brygada; **a gang of builders** – ekipa budowlana

gangway ['gæŋweɪ] ❶ trap, kładka do wchodzenia na statek ❷ przejście między rzędami krzeseł

gaol [dʒeɪl] **/ jail** [dʒeɪl] więzienie; *He spent five years in gaol.* – Spędził pięć lat w więzieniu.

gap [gæp] szpara, szczelina; **a gap in the curtain** – szczelina między zasłonami; **a gap in the fence** – szpara w płocie

gape [geɪp] ❶ gapić się (*z ustami otwartymi ze zdziwienia*) ❷ ziać, stać otworem, rozłazić się

gaping ['geɪpɪŋ] otwarty, rozdziawiony, ziejący; **a gaping hole in the wall** – olbrzymia/ziejąca dziura w ścianie

garage ['gærɑ:ʒ/'gærɪdʒ] ❶ garaż; *She put the car away in the garage.* – Odstawiła/Wstawiła samochód do garażu. ❷ warsztat naprawczy samochodów; *My car is at the garage for a check-up.* – Mój samochód jest w warsztacie na przeglądzie. ❸ *bryt.* stacja benzynowa

garbage ['gɑ:bɪdʒ] *am.* śmiecie; **a garbage collector** – śmieciarz

garbage can ['gɑ:bɪdʒ kæn] *am.* pojemnik na śmiecie (*na zewnątrz budynku*)

garbageman ['gɑ:bɪdʒmən] (*l.mn.* **garbagemen** ['gɑ:bɪdʒmən]) *am.* śmieciarz

garden[1] ['gɑ:dn] ❶ ogród; *We sat in the shade in the garden.* – Siedzieliśmy w cieniu w ogrodzie. ❷ **gardens** – park, ogród botaniczny; **Kensington Gardens** – Park Kensington; **the Botanical Gardens** – Ogród Botaniczny

garden[2] ['gɑ:dn] uprawiać ogród, pracować w ogrodzie

gardener ['gɑ:dnə] ogrodnik

gardening ['gɑ:dnɪŋ] praca w ogrodzie, ogrodnictwo; **to do the gardening** – pracować w ogrodzie/uprawiać ogród; **gardening equipment** – sprzęt ogrodniczy

garlic ['gɑ:lɪk] czosnek

gas [gæs] ❶ *fiz., chem.* ciało lotne; *Air is a mixture of gases.* – Powietrze jest mieszaniną gazów. ❷ gaz (*do gotowania i ogrzewania*); *She uses gas for cooking.* – Ona gotuje na gazie. *Turn the gas off.* – Wyłącz gaz./Zakręć gaz. ❸ *am.* benzyna

gas cooker ['gæs kʊkə] kuchenka gazowa

gasoline ['gæsəli:n] *am.* benzyna

gas station ['gæs steɪʃn] *am.* stacja benzynowa

gasp[1] [gɑ:sp] sapać, ciężko oddychać, łapać z trudem powietrze; *He was gasping for air.* – Z trudem chwytał powietrze./Nie mógł złapać tchu. *He gasped in surprise.* – Zaparło mu dech ze zdziwienia.

gasp[2] [gɑ:sp] sapnięcie, łapanie tchu, dyszenie; *He gave a gasp of surprise.* – Zaparło mu dech ze zdziwienia.

gate [geɪt] ❶ brama, furtka ❷ wyjście na lotnisku (*do samolotu*); *All passengers for flight BA 202 please proceed to gate 12.* – Pasażerowie odlatujący samolotem Brytyjskich Linii Lotniczych (BA), rejs numer 202 proszeni są do wyjścia numer 12.

gateway ['geɪtweɪ] brama (*wjazdowa*)

gather ['gæðə] ❶ zbierać się, gromadzić się; *A crowd gathered around him.* – Tłum zgromadził się wokół niego. ❷ zbierać; **to gather mushrooms** – zbierać grzyby; *In August farmers gather corn.* – W sierpniu rolnicy zbierają zboże. *She gathered up her things and left.* – Zebrała (spakowała) swoje rzeczy i wyjechała. ❸ wnioskować, wnosić, sądzić, rozumieć; *I gather you are satisfied with your present job.* – Rozumiem, że jesteś zadowolony ze swojej obecnej pracy.

gathering ['gæðərɪŋ] zbiegowisko, zgromadzenie

gauge [geɪdʒ] ❶ *techn.* wskaźnik, przyrząd pomiarowy, miernik; **the petrol gauge** – wskaźnik poziomu benzyny (*w samochodzie*); **the pressure gauge** – manometr ❷ kaliber, rozmiar, rozstaw (*np. torów*); **a 12-gauge shotgun** – pistolet 12-kalibrowy; **a narrow gauge railway** – kolej wąskotorowa

gave [geɪv] *p.* **give (gave, given)**

gay[1] [geɪ] ❶ wesoły, radosny; *We could hear gay music and laughter.* – Słyszeliśmy wesołą muzykę i śmiech. ❷ homoseksualny

gay[2] [geɪ] homoseksualista

gaze [geɪz] spoglądać, patrzeć; *In the train I sat and gazed out of the window.* – Siedziałem w pociągu i spoglądałem przez okno.

g

gear [gɪə] ❶ *mot.* bieg w samochodzie; **to change gear** – zmienić bieg; **reverse gear** – bieg wsteczny; **to be in first gear** – być na pierwszym biegu; **a gear lever** – dźwignia skrzyni biegów ❷ sprzęt, ekwipunek; **fishing/ /camping gear** – sprzęt wędkarski/biwakowy

geese [gi:s] *p.* **goose**

gel [dʒel] żel

gelatine ['dʒeləti:n] żelatyna

gem [dʒem] klejnot, kamień szlachetny; *Diamonds and rubies are gems.* – Brylanty i rubiny są kamieniami szlachetnymi.

Gemini ['dʒemɪnaɪ/'dʒemɪnɪ] Bliźnięta (*znak zodiaku*)

gender ['dʒendə] ❶ płeć; *They knew the gender of the baby before it was born.* – Znali płeć dziecka, zanim się urodziło. ❷ *gram.* rodzaj; *"She" is a pronoun of the feminine gender.* – „Ona" jest zaimkiem rodzaju żeńskiego.

gene [dʒi:n] gen

general[1] ['dʒenrəl] ❶ ogólny, powszechny; *It's a matter of general interest.* – To jest sprawa budząca powszechne zainteresowanie. **a general strike** – strajk generalny; **general knowledge** – wiedza ogólna; **the general elections** – wybory powszechne; **a general anaesthetic** – narkoza ogólna ❷ ogólny, ogólnikowy; *I have only a general idea what it is about.* – Mam tylko ogólne pojęcie, o co tu chodzi.
◆ **in general** – na ogół, zazwyczaj

general[2] ['dʒenrəl] generał

generally ['dʒenrəlɪ] na ogół, zazwyczaj; *Women are generally more responsible than men.* – Kobiety są na ogół bardziej odpowiedzialne od mężczyzn. **generally speaking** – uogólniając/mówiąc ogólnie

generate ['dʒenəreɪt] wytwarzać, generować, powodować; **to generate electricity** – wytwarzać energię elektryczną

generation [,dʒenə'reɪʃn] ❶ pokolenie, generacja; **to work for future generations** – pracować dla przyszłych pokoleń; **the younger/the older generation** – młode/starsze pokolenie; **the generation gap** – różnica pokoleń (*niemożność porozumienia się między pokoleniami*); **a new generation of computers** – nowa generacja komputerów ❷ produkcja, produkowanie, generowanie, wytwarzanie; **electricity generation** – wytwarzanie energii elektrycznej

generosity [,dʒenə'rɒsətɪ] wielkoduszność, wspaniałomyślność, hojność

generous ['dʒenrəs] ❶ hojny, wspaniałomyślny, wielkoduszny; *He is generous with his money.* – Jest hojny, jeżeli chodzi o pieniądze. ❷ suty, obfity, bogaty; **a generous portion of ice-cream** – duża porcja lodów

genial ['dʒi:nɪəl] łagodny, dobroduszny, przyjazny, towarzyski; *He greeted us with a genial smile.* – Przywitał nas przyjaznym uśmiechem.

genius ['dʒi:nɪəs] geniusz, talent; **a poet of great genius** – poeta obdarzony wielkim talentem; **a stroke of genius** – przebłysk geniuszu

gentle ['dʒentl] ❶ delikatny, łagodny; *Be gentle with the baby.* – Delikatnie obchodź się z dzieckiem. **a gentle slope** – łagodny spadek ❷ szlachetny; **a person of gentle birth** – osoba szlachetnie urodzona

gentleman ['dʒentlmən] (*l.mn.* **gentlemen** ['dʒentlmən]) ❶ dżentelmen; *You are a real gentleman.* – Jesteś prawdziwym dżentelmenem. ❷ pan; *Ladies and Gentlemen...* – Panie i Panowie... *This gentleman wants to speak to you.* – Ten pan pragnie z tobą mówić.

gently ['dʒentlı] łagodnie, delikatnie, ostrożnie

Gents [dʒents] toaleta męska; *Where's the Gents, please?* – Gdzie jest męska toaleta?

genuine ['dʒenjuın] prawdziwy, autentyczny; *These are genuine diamonds.* – To są prawdziwe brylanty. *His surprise seemed genuine.* – Jego zdziwienie wydawało się szczere/autentyczne/nie udawane.

genuinely ['dʒenjuınlı] prawdziwie, szczerze; *I'm genuinely sorry.* – Jest mi naprawdę przykro.

geocentric [ˌdʒi:əu'sentrık] geocentryczny

geographer [dʒı'ɒgrəfə] geograf

geographical [dʒıə'græfıkl] geograficzny

geography [dʒı'ɒgrəfı] geografia

geological [dʒıəu'lɒdʒıkl] geologiczny

geologist [dʒı'ɒlədʒıst] geolog

geology [dʒı'ɒlədʒı] geologia

geometric [ˌdʒıəu'metrık] geometryczny; **geometric progression** – postęp geometryczny

geometry [dʒı'ɒmətrı] geometria

geranium [dʒı'reınjəm] ❶ pelargonia ❷ geranium

germ [dʒɜ:m] ❶ bakteria, zarazek; *This disinfectant kills all germs.* – Ten środek dezynfekujący zabija wszystkie bakterie. ❷ zarodek

germinate ['dʒɜ:mıneıt] kiełkować

gerund ['dʒerənd] *gram.* rzeczownik odsłowny, gerundium

gesticulate [dʒe'stıkjuleıt] gestykulować

gesture ['dʒestʃə] ❶ gest, ruch ręką; **a gesture of refusal** – gest odmowy ❷ gest, czyn; **a gesture of goodwill** – gest dobrej woli

get [get] **(-tt-) (got, got** [gɒt, gɒt]) ❶ **have got** – mieć; *He has got a car.* – On ma samochód. *I've got something to tell you.* – Mam ci coś do powiedzenia. *That has got nothing to do with you.* – To nie ma z tobą nic wspólnego. ❷ dostać; *I got a lot of presents for my birthday.* – Dostałem dużo prezentów na urodziny. ❸ przynieść, podać; *Please, get me a pen.* – Proszę, przynieś mi pióro. *Can I get you anything?* – Czy mogę ci coś przynieść/podać? ❹ kupić; *We must get some tomatoes.* – Musimy kupić trochę pomidorów. ❺ stać się, zostać; **to get hungry** – zgłodnieć; **to get old** – zestarzeć się; **to get ill** – zachorować ❻ dostać się, przybyć; *How do I get to the station?* – Jak mogę się dostać na dworzec? *I got home at 6.* – Przyszedłem do domu o szóstej. ❼ pojąć, zrozumieć, dosłyszeć; *I didn't get her name.* – Nie dosłyszałem jej nazwiska. *He didn't get the joke.* – Nie zrozumiał (tego) dowcipu. ❽ nakłonić, zmusić; *How can I get her to understand?* – Jak ją skłonić do tego//Co mam zrobić, żeby zrozumiała? ❾ **get sth done** – kazać coś zrobić; *I got the car repaired.* – Oddałem do naprawy samochód./Naprawiono mi samochód. ❿ **have got to** – musieć; *I've got to prepare it by Friday.* – Muszę przygotować to do piątku.

◆ **get away** – wyjechać, uciec, wydostać się; *I won't be able to get away from the office before five.* – Nie będę mogła wyrwać się z biura przed piątą. *She should get away for a few days.* – Powinna wyjechać (*na urlop*) na kilka dni. *Two prisoners have got away.* – Dwóch więźniów uciekło.

g

◆ **get away with** – (a) uciec z; *Bank robbers got away with a lot of money.* – Rabusie bankowi uciekli z dużą ilością pieniędzy. (b) ujść bez kary; *He cheated in the exam and got away with it.* – Ściągał na egzaminie i uszło mu to (bez kary).

◆ **get back** – wrócić; *He only got back yesterday.* – Wrócił dopiero wczoraj.

◆ **get in** – (a) dostać się, wejść; *How did you get in?* – Jak się dostałeś (do środka)? (b) przybyć, przyjechać; *When does the plane get in?* – Kiedy przylatuje samolot?

◆ **get off** – (a) wysiąść; *Get off at the next stop.* – Wysiądź na następnym przystanku. (b) wyruszyć, wyjść; *We got off after lunch.* – Wyruszyliśmy po obiedzie.

◆ **get on** – posuwać się naprzód; *How is your work getting on?* – Jak się posuwa twoja praca? *Time is getting on.* – Czas leci.

g

◆ **get on with/get along with** – (a) posuwać naprzód, robić postępy; *Get on with your work!* – Pracuj dalej! *How are you getting on with your work?* – Jak ci idzie praca? (b) żyć (*z kimś*) w zgodzie, dobrze razem współżyć; *She's never really got on with her sister.* – Ona nigdy nie żyła w zgodzie ze swoją siostrą.

◆ **get out** – (a) wydostać się, wyjść; *Get out of here!* – Wynoś się stąd! *I don't know how the secret got out.* – Nie wiem, w jaki sposób ten sekret wyszedł na jaw. (b) wydobyć; *The police got the truth out of her.* – Policja wydobyła od niej prawdę.

◆ **get out of** – wykręcić się, wymigać się; *He tried to get out of washing up.* – Próbował wykręcić się od zmywania. **to get out of a difficult situation** – wyjść z trudnej sytuacji

◆ **get over** – dojść do siebie (*po czymś*), pokonać (*np. chorobę*); **to get over an illness** – wyzdrowieć/pokonać chorobę; **to get over a difficulty** – przezwyciężyć trudność; **to get over the shock** – dojść do siebie po szoku

◆ **get through** – (a) zdać egzamin, przejść (*przez coś*); *Luckily he's got through his exams.* – Szczęśliwie zdał (wszystkie) egzaminy. (b) przejść (*przez coś*), przeżyć; *You don't know what I got through waiting for the results.* – Nie wiesz, co przeżyłam czekając na wyniki. (c) dodzwonić się; *I tried to phone you but couldn't get through.* – Próbowałam do ciebie zatelefonować, ale nie mogłam się dodzwonić.

◆ **get up** – wstawać (*z łóżka*); *What time do you get up?* – O której godzinie wstajesz?

ghost [gəʊst] duch; *He believes in ghosts.* – On wierzy w duchy. *The castle is haunted by the ghost of his first wife.* – W zamku straszy duch jego pierwszej żony. *He looked as if he had seen a ghost.* – Wyglądał, jakby zobaczył ducha.

giant ['dʒaɪənt] olbrzym

giddiness ['gɪdɪnəs] zawroty głowy

giddy ['gɪdɪ] mający zawroty głowy

gift [gɪft] ❶ prezent, dar, podarunek; **a birthday gift** – prezent urodzinowy; **a gift from the gods** – *przen.* dar od bogów ❷ talent, dar; *My daughter has a gift for languages.* – Moja córka ma talent do języków.

gifted ['gɪftɪd] utalentowany, uzdolniony

gigantic [dʒaɪ'gæntɪk] gigantyczny, olbrzymi

giggle[1] ['gɪgl] chichotać

giggle[2] ['gɪgl] chichot

ginger[1] ['dʒɪndʒə] imbir

ginger[2] ['dʒɪndʒə] jasnorudy; **a ginger cat** – rudy kot; **ginger hair** – rude/jasnorude włosy

ginger ale [ˌdʒɪndʒər 'eɪl] rodzaj imbirowego napoju bezalkoholowego

gingerbread ['dʒɪndʒəbred] piernik

gipsy ['dʒɪpsɪ] / **gypsy** Cygan, Cyganka

giraffe [dʒɪ'rɑ:f] żyrafa

girl [gɜ:l] dziewczyna, dziewczynka

girlfriend ['gɜ:lfrend] dziewczyna, sympatia

give [gɪv] **(gave, given** [geɪv, 'gɪvn]) ❶ dawać; *They gave him a present./They gave a present to him.* – Dali mu prezent. *I gave £60 for my watch.* – Dałem/Zapłaciłem 60 funtów za swój zegarek. *The sun gives light and heat.* – Słońce daje światło i ciepło. *I give you ten minutes to get ready.* – Daję ci dziesięć minut na przygotowanie się. *I was given to understand...* – Dano mi do zrozumienia... ❷ przysparzać, powodować; *The noise gave me a headache.* – Ten hałas przyprawił mnie o ból głowy. *The walk will give you an appetite.* – Spacer zaostrzy ci apetyt. *Her children are giving her a lot of trouble.* – Dzieci przysparzają jej wiele kłopotu. ❸ wydawać, dawać; **to give a party** – wydać przyjęcie; **to give a talk/a lecture** – wygłosić pogadankę/wykład; **to give a concert/a performance** – dać koncert/przedstawienie ❹ udzielić, obdarzyć; *He gave me a smile.* – Uśmiechnął się do mnie. *She gave me a curious look.* – Spojrzała na mnie zaciekawiona.

◆ **give away** – (a) rozdać; *She gave away all her money to the poor.* – Rozdała wszystkie pieniądze biednym. (b) wydać, zdradzić; *Don't give the secret away.* – Nie zdradź tego sekretu. *Somebody gave him away to the police.* – Ktoś go wydał policji.

◆ **give back** – oddać; *When will you give the book back?* – Kiedy oddasz tę książkę?

◆ **give in** – poddać się, ulec; *The terrorists were forced to give in.* – Terroryści byli zmuszeni poddać się.

◆ **give in to** – ulec (*czemuś*); *I gave in to the temptation.* – Uległem pokusie.

◆ **give up** – (a) porzucić, rzucić, zrezygnować z; *You ought to give up smoking.* – Powinieneś rzucić palenie. *Don't give up your job.* – Nie rzucaj swojej pracy. (b) poddać się, ustąpić; *She doesn't give up easily.* – Ona łatwo nie rezygnuje. *I give up. I have no other arguments.* – Poddaję się. Nie mam więcej argumentów.

given ['gɪvn] dany, ustalony; *They are to meet at a given time and place.* – Mają się spotkać w ustalonym czasie i miejscu.

glacier ['glæsɪə] lodowiec

glad [glæd] zadowolony; *I'm so glad to see you.* – Tak się cieszę, że cię widzę.

gladly ['glædlɪ] chętnie; *I'll gladly help you.* – Chętnie ci pomogę.

glare[1] [gleə] ❶ ostro świecić, świecić oślepiającym światłem; *The sun glared down from the blue sky.* – Słońce świeciło ostro z błękitnego nieba. ❷ spojrzeć ze złością, spojrzeć groźnie; *He glared at the naughty children.* – Spojrzał groźnie na nieznośne dzieci.

glare[2] [gleə] ❶ blask, odblask, oślepiające światło; **the glare of the sun on the water** – odblask słońca na wodzie ❷ spojrzenie pełne złości; *He gave me a glare.* – Spojrzał na mnie ze złością.

glass [glɑ:s] ❶ szkło; *It's made of glass.* – To jest zrobione ze szkła. ❷ szklanka, kieliszek; **a wine glass** – kieliszek do wina; **a glass of milk** – szklanka mleka

glasses ['glɑsi:z] okulary; **a pair of glasses** – para okularów/okulary; **sunglasses** – okulary słoneczne

gleam[1] [gli:m] połyskiwać, błyszczeć

gleam[2] [gli:m] lśnienie, odblask; **a gleam of hope** – przebłysk nadziei

glide [glaɪd] ❶ sunąć, szybować ❷ sunąć, płynąć, prześlizgnąć się

glider ['glaɪdə] szybowiec; **hang-glider** – lotnia

gliding ['glaɪdɪŋ] szybownictwo; **hang-gliding** – latanie na lotni

glimmer[1] ['glɪmə] słabe światełko, promyk, błysk, migotanie; **the glimmer of a candle** – migotanie świecy/migoczące światło świecy; **a glimmer of hope** – promyk/przebłysk nadziei

glimmer[2] ['glɪmə] świecić słabym światłem, migotać, lśnić; *The lights of the ships glimmered in the distance.* –

g

Światła statków migotały/połyskiwały w oddali.

glimpse¹ [glɪms] zobaczyć przez moment; *I glimpsed a plane between the clouds.* – Ujrzałem przez moment samolot między chmurami.

glimpse² [glɪms] przelotne spojrzenie; mignięcie; **to catch a glimpse of sth** – ujrzeć coś przelotnie/przez moment

glisten ['glɪsn] lśnić, błyszczeć; **eyes glistening with tears** – oczy błyszczące od łez

glitter¹ ['glɪtə] połyskiwać, lśnić, migotać, iskrzyć się; *The diamonds glittered brilliantly.* – Brylanty iskrzyły się lśniąco. *All that glitters is not gold.* – Nie wszystko złoto, co się świeci.

glitter² ['glɪtə] migotanie, blask, połyskiwanie, iskrzenie się; **the glitter of diamonds** – lśnienie brylantów

global ['gləʊbl] globalny, ogólny, ogólnoświatowy

globe [gləʊb] ❶ **the globe** – glob, kula ziemska; **people from over the globe** – ludzie z całego świata ❷ globus ❸ przedmiot w kształcie kuli (*np. klosz lampy*)

gloom [glu:m] ❶ ciemność, mrok ❷ ponurość, przygnębienie

gloomy ['glu:mɪ] **(-ier, -iest)** ❶ ciemny, mroczny ❷ ponury, posępny, przygnębiony

glorious ['glɔ:rɪəs] ❶ wspaniały, przepiękny, świetny; **a glorious view** – wspaniały widok; **glorious weather** – przepiękna pogoda ❷ chlubny, sławny; **glorious victory** – chlubne zwycięstwo

glory ['glɔ:rɪ] ❶ sława, chwała; **to cover oneself with glory** – okryć się chwałą; **Glory to God in the highest** – chwała Bogu na wysokościach ❷ świetność, wspaniałość; **the glories of ancient Rome** – świetność starożytnego Rzymu

gloss [glɒs] połysk; *The floor was polished to a high gloss.* – Podłoga była wyfroterowana na wysoki połysk. **a varnish with gloss finish** – lakier dający połysk; **lip gloss** – błyszczek na usta

glossy ['glɒsɪ] **(-ier, -iest)** błyszczący, lśniący; **glossy hair** – lśniące włosy; **a glossy magazine** – czasopismo na błyszczącym papierze

glove [glʌv] rękawiczka

glow¹ [gləʊ] jarzenie się, jasność, czerwona poświata, żar; **the glow of the fire** – żar bijący z ogniska/łuna bijąca od ognia; **a glow of satisfaction** – miłe poczucie satysfakcji

glow² [gləʊ] żarzyć się, jarzyć się, promieniować; *A cigarette glowed in the dark.* – Papieros żarzył się w ciemnościach. *She was glowing with health and happiness.* – Promieniała zdrowiem i szczęściem.

glue¹ [glu:] klej

glue² [glu:] przykleić, skleić; *Glue the pieces of the broken vase together.* – Sklej kawałki potłuczonego wazonu./ /Sklej rozbity wazon.

gnaw [nɔ:] gryźć, ogryzać; *The dog was gnawing (on/at) a bone.* – Pies ogryzał kość. **to gnaw at one's fingernails** – obgryzać paznokcie

go¹ [gəʊ] **(went, gone** [went, gɒn]**)** ❶ iść, jechać, przemieszczać się; *They went for a walk.* – Poszli na spacer. *He's gone home.* – Poszedł do domu. *He's gone to China.* – Pojechał do Chin. *They've gone on holiday.* – Pojechali na urlop. **to go on foot** – iść piechotą; **to go by bus/train/coach/ /plane** – jechać/podróżować autobusem/pociągiem/autokarem/samolotem; *The train goes at 11.30.* – Pociąg odjeżdża o 11.30. ❷ chodzić, uczęszczać; **to go to school** – chodzić do szkoły; **to go to church** – chodzić do kościoła ❸ stawać się; **to go red** – zaczerwienić się; **to go white** – zblednąć; **to go mad** – oszaleć ❹ znikać, zanikać; *My headache has gone.* – Mój ból głowy ustąpił. ❺ **be going to** – mieć zamiar; *He is going to give up his job.* – On ma zamiar porzucić pracę. *It's going to rain.* – Będzie padać.

◆ **go ahead** – (a) posuwać się naprzód, iść przodem; *You go ahead and we'll follow you.* – Idź przodem, my pójdziemy za tobą. (b) nie wahać się; *May I start now? – Go ahead.* – Czy mogę zaczynać? – Zaczynaj. (c) być realizowanym, dojść do skutku; *The building of the new bridge will go ahead.* – Budowa nowego mostu będzie realizowana.

◆ **go back** – wrócić; *Let's go back home.* – Wracajmy do domu. *Let's go back to what I said at the beginning.* – Wróćmy do tego, co powiedziałem na początku.

◆ **go by** – przechodzić obok, mijać; *The car went by.* – Samochód przejechał obok. *Three years went by.* – Minęły trzy lata.

◆ **go down** – obniżać się, zmniejszać się; *The value of the dollar has gone down.* – Wartość dolara spadła.

◆ **go down with** – zachorować na; *The whole family has gone down with flu.* – Cała rodzina zachorowała na grypę.

◆ **go for** – (a) zaatakować; *My dog went for a policeman yesterday.* – Wczoraj mój pies zaatakował policjanta. (b) gustować w, znajdować przyjemność w; *He goes for blond slim girls.* – On gustuje w szczupłych blondynkach. (c) dotyczyć; *What I said about him goes for you, too.* – To co powiedziałem na jego temat, dotyczy również ciebie.

◆ **go in for** – (a) brać udział; **to go in for a competition** – brać udział w konkursie, (b) zajmować się dla przyjemności, uprawiać (*sport*); **to go in for hunting** – zajmować się polowaniem; *Do you go in for sport?* – Czy uprawiasz sport?

◆ **go into** – (a) zacząć się zajmować profesjonalnie; **to go into politics** – zacząć brać udział w życiu politycznym/zająć się polityką, (b) zbadać, zgłębić; **to go into details** – wdawać się w szczegóły; *The matter must be gone into.* – Ta sprawa musi być zbadana.

◆ **go off** – (a) eksplodować, wybuchnąć; *The bomb may go off any minute.* – Bomba może wybuchnąć w każdej chwili. (b) (*o urządzeniu elektrycznym*) przestać działać, wyłączyć się; *The lights went off.* – Światła zgasły. *The heating goes off at night.* – Ogrzewanie wyłącza się w nocy. (c) (*o alarmie*) włączyć się; *The alarm-clock went off at six.* – Budzik zadzwonił o szóstej.

◆ **go on** – (a) dziać się; *What's going on here?* – Co się tu dzieje? (b) (*o urządzeniu elektrycznym*) włączyć się; *The lights went on.* – Światła zapaliły się. (c) kontynuować; *She went on talking.* – Mówiła dalej. *It can't go on like that.* – Nie może tak dłużej być/trwać. *Go on.* – Mów dalej. (d) przemijać (*o czasie*); *The situation will improve as time goes on.* – Sytuacja się poprawi w miarę upływu czasu/z czasem.

◆ **go out** – (a) wyjść; *He went out an hour ago.* – Wyszedł godzinę temu. (b) wygasnąć, zgasnąć; *The fire has gone out.* – Ogień zgasł. *The lights went out.* – Światło zgasło.

◆ **go over** – przejrzeć; *We went over the accounts again.* – Jeszcze raz przejrzeliśmy rachunki.

◆ **go through** – (a) przejść, przecierpieć; *You have no idea what I have gone through.* – Nie masz pojęcia, przez co przeszłam. (b) przejrzeć dokładnie; *She went through the accounts looking for a mistake.* – Przejrzała rachunki szukając błędu. *He's gone through his pockets looking for the keys.* – Przejrzał kieszenie szukając kluczy. (c) (*o ustawie*) przejść, być zaakceptowanym; *The bill went through.* – Ustawa została przyjęta (*przez parlament*). *He wants to get married as soon as his divorce gets through.* – On chce się ożenić, gdy tylko uzyska rozwód.

◆ **go up** – (a) iść w górę, podnieść się; *What time does the curtain go up?* –

O której godzinie kurtyna idzie w górę? (b) rosnąć, iść w górę; *The prices are going up.* – Ceny rosną. (c) rosnąć, wyrastać; *New blocks are going up everywhere.* – Wszędzie rosną nowe bloki. (d) **go up in flames** – spłonąć

◆ **go without** – obywać się bez; *We can't go without water.* – Nie możemy obyć się bez wody. *He went without sleep for two days.* – Nie spał przez dwa dni.

go² [gəʊ] ❶ usiłowanie, próba; **to have a go at sth** – próbować coś zrobić; **in one go** – za jednym razem; **to make a go of sth** – odnieść w czymś sukces ❷ ruch, energia; **to be on the go** – być w ruchu

goal [gəʊl] ❶ cel; *His goal in life is to help the poor.* – Celem jego życia jest pomaganie biednym. ❷ bramka (*w piłce nożnej*); *He kicked the ball into the goal.* – Kopnął piłkę do bramki. *He is keeping goal.* – On stoi na bramce/ /broni bramki. ❸ gol, bramka; **to score a goal** – strzelić bramkę; *Liverpool has won by three goals to one.* – Liverpool wygrał trzy do jednego.

goalkeeper ['gəʊlki:pə] bramkarz

goat [gəʊt] koza

god [gɒd] bóg; **the Greek gods** – bogowie greccy; **to believe in God** – wierzyć w Boga; *Thank God!* – Dzięki Bogu!

goddess ['gɒdəs] bogini

goes [gəʊz] *p.* **go¹ (went, gone)**

goggles ['gɒglz] gogle

gold¹ [gəʊld] ❶ złoto; *It's made of gold.* – To jest zrobione ze złota. ❷ / **gold medal** – złoty medal; **to win the gold** – zdobyć złoty medal

gold² [gəʊld] ❶ złoty, ze złota; **a gold watch** – złoty zegarek ❷ złoty, koloru złota

golden ['gəʊldn] ❶ złoty, zrobiony ze złota; **a golden necklace** – złoty naszyjnik ❷ koloru złotego, złocisty; **golden hair** – złociste włosy

◆ **golden jubilee** – złoty jubileusz

◆ **golden opportunity** – wspaniała szansa, szansa jedyna w życiu

goldfish ['gəʊldfɪʃ] (*l.mn.* **goldfish/ /goldfishes**) złota rybka

gold-plated [ˌgəʊld'pleɪtɪd] pozłacany

golf [gɒlf] *sport.* golf; **to play golf** – grać w golfa; **a golf club** – (a) klub golfowy, (b) kij do golfa

golf-course ['gɒlfkɔ:s] pole golfowe

gone [gɒn] *p.* **go¹ (went, gone)**

gong [gɒŋ] gong

good¹ [gʊd] **(better, best** ['betə, best]**)** dobry; *He is a good man.* – On jest dobrym człowiekiem. **a good driver** – dobry kierowca; *He is good at maths.* – On jest dobry z matematyki. *Are you ready? Good!* – Czy jesteś gotowy? Dobrze! *It's good to see you.* – Miło cię widzieć. **as good as new** – jak nowy; *The machine is now as good as new.* – Ta maszyna jest teraz jak nowa.

good² [gʊd] dobro; *It's for your own good.* – To (jest) dla twojego dobra. *It'll do you good.* – To ci dobrze zrobi. *It's no good.* – To nie ma sensu. *It's no good talking to him.* – Nie ma sensu z nim rozmawiać. **for good** – na zawsze/na dobre; *He went away for good.* – On odszedł na dobre/odjechał na zawsze.

good afternoon [gʊd ˌɑ:ftə'nu:n] dzień dobry (*pozdrowienie używane od dwunastej w południe do wieczora*)

goodbye [ˌgʊd'baɪ] do widzenia

good evening [ˌgʊd 'i:vnɪŋ] dobry wieczór

Good Friday [ˌgʊd 'fraɪdɪ] Wielki Piątek

good-looking [ˌgʊd 'lʊkɪŋ] przystojny

good morning [ˌgʊd 'mɔ:nɪŋ] dzień dobry (*pozdrowienie używane do dwunastej w południe*)

good-natured [ˌgʊd'neɪtʃəd] łagodny, miły, zrównoważony, pogodny

goodness ['gʊdnəs] ❶ dobroć; *He believes in the goodness of human nature.* – On wierzy w dobroć natury ludzkiej. *I want to thank you for your goodness.* – Chcę ci podziękować za twoją dobroć. ❷ Bóg (*w wyrażeniach wykrzyknikowych*); *Goodness me!/ /Goodness!/My Goodness!* – Mój Boże! *Thank Goodness!* – Dzięki Bogu! ❸ wartość odżywcza pożywienia (*witaminy i sole mineralne*); *Vegetables are full of goodness.* – Jarzyny są pełne witamin/są zdrowe.

good night [ˌgʊd 'naɪt] dobranoc

goods [gʊdz] ❶ towary; **consumer goods** – towary konsumpcyjne; **high-quality goods** – towary wysokiego gatunku; **a goods train** – pociąg towarowy ❷ dobra, ruchomości

good-tempered [gʊd 'tempəd] zrównoważony, spokojny

goose [gu:s] (*l.mn.* **geese** [gi:s]) gęś

gooseberry ['gʊzbərɪ] (*l.mn.* **gooseberries**) agrest

gorgeous ['gɔ:dʒəs] ❶ strojny, pyszny, okazały; **a bird with gorgeous feathers** – ptak ze strojnymi piórami ❷ wspaniały, przepiękny, cudowny; **gorgeous weather** – przepiękna pogoda; *She looked gorgeous.* – Wyglądała cudownie/przepięknie.

gorilla [gə'rɪlə] goryl

gospel ['gɒspl] ❶ **the Gospel** – Ewangelia ❷ **gospel music** – rodzaj muzyki religijnej

gossip[1] ['gɒsɪp] ❶ plotka ❷ plotkarz, plotkara; *He is an awful gossip.* – Jest okropnym plotkarzem.

gossip[2] ['gɒsɪp] plotkować

got [gɒt] *p.* **get (got, got)**

govern ['gʌvən] rządzić; *The military are now governing the country.* – Teraz krajem rządzi wojsko.

government ['gʌvənmənt] rząd; **to form a government** – uformować/ /powołać rząd

governor ['gʌvənə] ❶ gubernator ❷ naczelnik, dyrektor, członek zarządu; **the prison governor** – naczelnik więzienia; **the board of governors** – zarząd

gown [gaʊn] ❶ suknia (*do ziemi*); **a wedding gown** – suknia ślubna; **an evening gown** – suknia wieczorowa ❷ toga, sutanna

grab [græb] **(-bb-)** chwycić, porwać; *The thief grabbed the handbag from her.* – Złodziej wyrwał jej torebkę. **to grab an opportunity** – schwycić w lot okazję/skwapliwie skorzystać ze sposobności

grace [greɪs] ❶ wdzięk, gracja; *She danced with grace.* – Tańczyła z wdziękiem. ❷ modlitwa przed posiłkiem; **to say grace** – odmówić modlitwę (*przed jedzeniem*) ❸ łaska, łaskawość; **to fall from grace** – wypaść z łask (*u kogoś*); *It was only by the grace of God that they returned safe and sound.* – Tylko dzięki Bożej łasce/Boskiej Opatrzności wrócili cali i zdrowi.

graceful ['greɪsfʊl] pełen wdzięku, o lekkich ruchach; **a graceful dancer** – tancerz o pełnych wdzięku ruchach

gracefully ['greɪsfʊlɪ] wdzięcznie, płynnie, z gracją; *She moved gracefully.* – Poruszała się z wdziękiem.

grade[1] [greɪd] ❶ stopień, ocena (*w szkole*); *She got good grades last term.* – W zeszłym semestrze miała dobre oceny. ❷ klasa, gatunek; **low-grade potatoes** – ziemniaki podrzędnego gatunku ❸ *am.* klasa, oddział szkoły; *He is now in the third grade.* – On jest teraz w trzeciej klasie. ❹ nachylenie, pochyłość; **a steep grade** – stromizna, duże nachylenie

grade[2] [greɪd] ❶ klasyfikować, sortować ❷ stawiać stopnie, oceniać

grade crossing ['greɪd krɒsɪŋ] *am.* skrzyżowanie drogi z linią kolejową, przejazd kolejowy

gradual ['grædʒʊəl] stopniowy; **gradual improvement** – stopniowa poprawa

gradually ['grædʒʊəlɪ] stopniowo, powoli, nie nagle; *Gradually she got used to the new situation.* – Stopniowo przyzwyczaiła się do nowej sytuacji.

graduate[1] ['grædʒʊət] absolwent; **a graduate of Oxford/an Oxford graduate** – absolwent Oksfordu; **a law**

graduate/a graduate in law – absolwent prawa

graduate² ['grædʒʊeɪt] ukończyć wyższą uczelnię, uzyskać tytuł naukowy; *He graduated from London University.* – Ukończył Uniwersytet Londyński. *He graduated in physics.* – Ukończył wydział fizyki./Uzyskał dyplom z fizyki.

graffiti [grə'fi:tɪ] napisy i rysunki na murze

grain [greɪn] ❶ ziarno, zboże; *Grain prices are rising again.* – Ceny zboża znowu rosną. ❷ ziarnko, ziarenko; **grains of sand** – ziarenka piasku; **grains of rice** – ziarna ryżu; **a grain of truth** – ziarno prawdy ❸ gran (*miara wagi = 0,0648 g*)

gram / gramme [græm] gram

grammar ['græmə] gramatyka

grammar school ['græmə sku:l] ponadpodstawowa szkoła ogólnokształcąca dla dzieci powyżej 11 lat

g

grammatical [grə'mætɪkl] gramatyczny; **a grammatical rule** – reguła gramatyczna; **a grammatical error** – błąd gramatyczny; *He speaks good grammatical English.* – On mówi dobrze i gramatycznie po angielsku.

gramme [græm] *p.* **gram**

gramophone ['græməfəʊn] gramofon

gran [græn] babcia

grand [grænd] ❶ wspaniały, wytworny, imponujący, okazały; **a grand palace** – wspaniały, imponujący pałac; **to live in grand style** – żyć w wielkim stylu ❷ wielki; **the Grand Canyon** – Wielki Kanion; **the grand final** – wielki finał; ❸ wspaniały, świetny, znakomity; *We had a grand time.* – Bawiliśmy się świetnie.

grandad ['grændæd] dziadek

grandchild ['græntʃaɪld] (*l.mn.* **grandchildren** ['græntʃɪldrən]) wnuk, wnuczka

granddaughter ['grændɔ:tə] wnuczka

grandfather ['grænfɑ:ðə] dziad, dziadek

grandma ['grænmɑ:] babcia, babunia

grandmother ['grænmʌðə] babka, babcia

grandpa ['grænpɑ:] dziadek

grandparents ['grænpeərənts] dziadkowie

grandson ['grænsʌn] wnuk

grandstand ['grænstænd] trybuna (*na stadionie*)

grannie / granny ['grænɪ] babcia, babunia

grant¹ [grɑ:nt] subwencja, grant; *He was rewarded a research grant.* – Przyznano mu subwencję na badania naukowe.

grant² [grɑ:nt] ❶ przyznać, nadać, udzielić; **to grant sb a visa** – przyznać komuś wizę; *She wasn't granted the permission.* – Nie udzielono jej zezwolenia. ❷ przyznać (*np. rację*), przyjąć; *I grant you that it's very logical.* – Przyznaję, że to bardzo logiczne. **to take sth for granted** – przyjmować coś za samo przez się zrozumiałe/za oczywiste ❸ wysłuchać, spełnić; *Your wish is granted.* – Twoje życzenie zostało spełnione.

grape [greɪp] winogrono; **a bunch of grapes** – kiść winogron

grapefruit ['greɪpfru:t] (*l.mn.* **grapefruit/grapefruits**) grejpfrut

grapevine ['greɪpvaɪn] winorośl

graph [grɑ:f] wykres

graphic ['græfɪk] ❶ graficzny ❷ (*o opisie*) obrazowy, jaskrawy, malowniczy

graphics ['græfɪks] grafika

grasp¹ [grɑ:sp] ❶ chwycić, uchwycić; *He grasped the rope with both hands.* – Chwycił linę obiema rękami. ❷ pojąć, zrozumieć; *I can't grasp the problem.* – Nie mogę pojąć tego zagadnienia.

grasp² [grɑ:sp] ❶ uchwyt, chwyt; *He lost the grasp of the rope and fell.* – Lina wymknęła mu się z ręki i spadł. ❷ zasięg; *The success is within our grasp.* – Sukces leży w naszym zasięgu. *They were beyond the grasp of their enemies.* – Byli poza zasięgiem nieprzyjaciół. ❸ pojęcie, zrozumienie; *You have a good grasp of the subject.* – Dobrze rozumiesz ten temat.

grass [grɑ:s] ❶ trawa; **a blade of grass** – źdźbło trawy ❷ **the grass** – trawnik, trawa; **to cut the grass** – kosić trawnik; *Don't walk on the grass.* – Nie chodź po trawniku/po trawie.

grateful ['greɪtfʊl] wdzięczny; *I'm grateful to you for your help.* – Jestem ci wdzięczny za pomoc.

gratefully ['greɪtfʊlɪ] z wdzięcznością; *He looked at me gratefully.* – Spojrzał na mnie z wdzięcznością.

gratitude ['grætɪtju:d] wdzięczność; *We expressed our gratitude by buing him a present.* – Okazaliśmy naszą wdzięczność, kupując mu prezent. **a letter of gratitude** – list z podziękowaniem; **a debt of gratitude** – dług wdzięczności

grave[1] [greɪv] grób; *He laid flowers on his father's grave.* – Położył kwiaty na grobie ojca. *Is there life beyond the grave?* – Czy istnieje życie pozagrobowe?

grave[2] [greɪv] ❶ poważny, ciężki, groźny; *He made a grave mistake.* – Popełnił poważny błąd. *His condition is grave.* – Jego stan jest ciężki. **a grave risk** – poważne ryzyko ❷ poważny, pełen powagi; *He looked grave and we knew that something wrong must have happened.* – Miał poważną minę, więc wiedzieliśmy, że musiało się zdarzyć coś złego.

gravel ['grævl] żwir

gravely ['greɪvlɪ] poważnie, ciężko; *He is gravely ill.* – On jest ciężko chory. *He looked at us gravely.* – Spojrzał na nas poważnie.

gravestone ['greɪvstəʊn] nagrobek, płyta nagrobna

graveyard ['greɪvjɑ:d] cmentarz

gravitation [,grævɪ'teɪʃn] grawitacja, ciążenie

gravity ['grævətɪ] ❶ ciążenie, siła ciężkości, grawitacja; **the force of gravity** – siła ciążenia; **the centre of gravity** – środek ciężkości; **the laws of gravity** – prawa ciążenia ❷ powaga, waga; *He didn't realize the gravity of the situation.* – Nie zdawał sobie sprawy z powagi sytuacji.

gravy ['greɪvɪ] sos do mięsa

gray [greɪ] *am.* szary

grease[1] [gri:s] ❶ tłuszcz ❷ *techn.* smar

grease[2] [gri:s] naoliwić, nasmarować, natłuścić

greasy ['gri:sɪ] **(-ier, -iest)** tłusty; **greasy food** – tłuste jedzenie; *My fingers are greasy after the meal.* – Moje palce są zatłuszczone po posiłku. **a shampoo for greasy hair** – szampon do włosów tłustych

great [greɪt] ❶ wielki *dosł. i przen.*; **great joy** – wielka radość; **great expectations** – wielkie oczekiwania; **Great Britain** – Wielka Brytania; **a great painter** – wielki malarz ❷ ważny, doniosły, wielki; **a great event** – doniosłe wydarzenie ❸ wspaniały, świetny; *We had a great time.* – Bawiliśmy się świetnie. *That's great!* – To świetnie!

◆ **a great many/a great deal of** – dużo

great-aunt [,greɪt'ɑ:nt] cioteczna babka

great-grandfather [,greɪt'græn,fɑ:ðə] pradziadek

great-grandmother [,greɪt'græn,mʌðə] prababcia, prababka

greatly ['greɪtlɪ] wielce, bardzo; *I was greatly surprised to see him.* – Bardzo się zdziwiłam widząc go. *Her results at school have improved greatly since last year.* – Od zeszłego roku jej wyniki w szkole bardzo się poprawiły.

greed [gri:d] zachłanność, chciwość, żądza (*np. władzy*)

greedy ['gri:dɪ] **(-ier, -iest)** łakomy, zachłanny, łapczywy

green[1] [gri:n] zielony; **to be green with envy** – zzielenieć z zazdrości; **the Green Party** – Partia Zielonych

green[2] [gri:n] ❶ zieleń; *She was dressed all in green.* – Ubrana była całkowicie na zielono. ❷ teren zielony, łąka; **the village green** – błonia wiejskie

greengrocer ['gri:n,grəʊsə] sprzedawca warzyw i owoców; **the greengrocer's** – sklep warzywno-owocowy

greenhouse ['gri:nhaus] szklarnia, cieplarnia; **the greenhouse effect** – efekt cieplarniany (*stopniowe ocieplanie się atmosfery wokół Ziemi*)

greet [gri:t] powitać pozdrowić; *She greeted us with a smile.* – Powitała nas uśmiechem.

greeting ['gri:tɪŋ] ❶ powitanie, pozdrowienie; *He raised his hand in greeting.* – Uniósł rękę na powitanie/ /w geście powitalnym. ❷ **greetings** – pozdrowienia, życzenia; **birthday greetings** – życzenia urodzinowe; **Christmas greetings** – życzenia świąteczne (*na Boże Narodzenie*); **a greetings card** – karta z życzeniami

grenade [grə'neɪd] *wojsk.* granat; **a hand-grenade** – granat ręczny

grew [gru:] *p.* **grow (grew, grown)**

grey [greɪ] ❶ szary; **a grey sky** – szare niebo; *His face went grey when he heard the news.* – Jego twarz poszarzała, gdy usłyszał tę wiadomość. ❷ siwy; **grey hair** – siwe włosy; **to go/to turn grey** – posiwieć

grief [gri:f] rozpacz, smutek, żal

grieve [gri:v] ❶ rozpaczać; *She is grieving for her dead husband.* – Ona rozpacza po swoim zmarłym mężu. ❷ zasmucić, zmartwić; *It grieved me to hear they are getting divorced.* – Zasmuciła mnie wiadomość, że oni się rozwodzą.

grill¹ [grɪl] ruszt

grill² [grɪl] piec na ruszcie, opiekać

grim [grɪm] **(-mm-)** ❶ srogi, groźny, nieubłagany; *His expression was grim.* – Wyraz jego twarzy był groźny. ❷ ponury; **the grim prospect of unemployment** – ponura perspektywa bezrobocia

grin¹ [grɪn] **(-nn-)** uśmiechać się szeroko, szczerzyć zęby w uśmiechu

grin² [grɪn] szeroki uśmiech

grind [graɪnd] **(ground, ground** [graund, graund]**)** ❶ mleć, ucierać, miażdżyć; **to grind wheat for flour** – mleć pszenicę na mąkę; **to grind coffee** – mleć kawę ❷ szlifować, ostrzyć; **to grind a knife** – ostrzyć nóż; **to grind one's teeth** – zgrzytać zębami

grip¹ [grɪp] uchwyt, chwyt; *He lost his grip on the rocks and fell.* – Puścił się/ /nie utrzymał się skały i spadł.

grip² [grɪp] **(-pp-)** uchwycić, ścisnąć; *The child gripped my hand in fear.* – Przestraszone dziecko chwyciło moją rękę. *It gripped my imagination.* – To przemówiło do mojej wyobraźni.

groan¹ [grəun] jęczeć

groan² [grəun] jęk

grocer ['grəusə] sprzedawca w sklepie spożywczym, właściciel (małego) sklepu spożywczego; **the grocer's** – sklep spożywczy

grocery ['grəusərɪ] / **grocery shop** sklep spożywczy

ground¹ [graund] ❶ ziemia, grunt; *An apple fell to the ground.* – Jabłko spadło na ziemię. **marshy/stony ground** – grunt bagnisty/kamienisty; **to be on safe ground** – *przen.* być na bezpiecznym gruncie ❷ teren, plac; **a playground** – plac zabaw; **a sports ground** – boisko sportowe ❸ **grounds** – teren, tereny; **hospital grounds** – teren należący do szpitala; **fishing/ /hunting grounds** – łowiska/tereny myśliwskie ❹ **grounds** – powód, podstawa, przyczyna; *You have strong grounds for dismissing him.* – Masz poważne powody, aby go zwolnić. *He refused on moral grounds.* – Odmówił z przyczyn moralnych. *The divorce was granted on grounds of mental cruelty.* – Podstawą udzielenia rozwodu było znęcanie się psychiczne. ❺ tło; **red flowers on a white ground** – czerwone kwiaty na białym tle

ground² [graund] *p.* **grind (ground, ground)**

ground³ [graund] mielony; **ground coffee** – kawa mielona

ground floor [,graund 'flɔ:] parter; *They live on the ground floor.* – Mieszkają na parterze.

group [gru:p] grupa; **a group of people** – grupa ludzi; **a pop group** – grupa muzyczna/zespół muzyki pop; **blood group** – grupa krwi; **age group** – przedział wieku; *What age group are you in?* – W jakim jest pan przedziale wiekowym?

grow [grəʊ] (**grew, grown** [gru:, grəʊn]) ❶ rosnąć; *This plant grows best in a warm and sunny place.* – Ta roślina najlepiej rośnie w miejscu ciepłym i słonecznym. *How tall you've grown!* – Ależ ty wyrosłeś! ❷ hodować; **to grow flowers** – hodować kwiaty; **to grow a beard** – zapuścić brodę; **to grow one's hair** – zapuścić włosy ❸ stawać się; *It grew dark.* – Zrobiło się ciemno. *He grew old.* – On się zestarzał. *She grew sad.* – Ona posmutniała.

◆ **grow into** – wyrosnąć na, stać się; *She grew into a beautiful woman.* – Ona wyrosła na piękną kobietę.

◆ **grow out of** – wyrosnąć z; *My son has grown out of his clothes.* – Mój syn wyrósł ze swoich ubrań. *She used to be afraid of the dark but she grew out of it.* – Kiedyś bała się ciemności, ale wyrosła z tego.

◆ **grow up** – dorosnąć; *He wants to be a policeman when he grows up.* – Chce zostać policjantem kiedy dorośnie.

growl[1] [graʊl] warczeć; *The dog growled at the stranger.* – Pies zawarczał na nieznajomego.

growl[2] [graʊl] warczenie; *The dog gave a growl.* – Pies zawarczał.

grown [grəʊn] *p.* **grow (grew, grown)**

grown-up[1] ['grəʊnʌp] (*człowiek*) dorosły; *The grown-ups sometimes don't understand children's needs.* – Dorośli czasem nie rozumieją potrzeb dzieci.

grown-up[2] [ˌgrəʊn'ʌp] dorosły; *She has a grown-up daughter.* – Ona ma dorosłą córkę.

growth [grəʊθ] wzrost, rozwój; *Vitamins are necessary for healthy growth.* – Witaminy są konieczne dla zdrowego rozwoju. **a period of rapid economic growth** – okres szybkiego wzrostu ekonomicznego

grumble ['grʌmbl] narzekać, gderać

grunt[1] [grʌnt] chrząkać, mruknąć; *The pigs grunted loudly.* – Świnie głośno chrząkały. *I spoke to him, but he just grunted in reply.* – Mówiłem do niego, ale on tylko mruknął coś w odpowiedzi.

grunt[2] [grʌnt] chrząknięcie, mruknięcie

guarantee[1] [ˌgærən'ti:] gwarantować, zapewnić, udzielić gwarancji; *The car is guaranteed for two years.* – Ten samochód ma gwarancję na dwa lata. *Our products are guaranteed free of preservatives.* – Gwarantujemy, że nasze produkty nie zawierają środków konserwujących.

guarantee[2] [ˌgærən'ti:] gwarancja; *The watch has/comes with a year's guarantee.* – Ten zegarek ma roczną gwarancję. *The car is still under guarantee.* – Samochód jest jeszcze na gwarancji. *There is no guarantee that the business will bring a profit.* – Nie ma żadnej gwarancji, że ten interes przyniesie zysk.

guard[1] [gɑ:d] ❶ warta, straż; **to be on guard** – być na warcie/stać na warcie; **to keep guard** – stać na warcie; **to keep guard over sth** – pilnować/ /strzec czegoś ❷ strażnik, wartownik, konwojent; **a prison guard** – strażnik więzienny; **a security guard** – wartownik/ochroniarz ❸ **the Guards** – straż przyboczna; **the Royal Horse Guards** – Królewska Konna Straż Przyboczna ❹ baczność, poza obroną; **bo be on one's guard** – mieć się na baczności; **to take sb off guard** – zaskoczyć kogoś ❺ osłona, ochrona, część stanowiąca zabezpieczenie; **a mudguard** – *mot.* błotnik; **a helmet with a face guard** – kask z osłoną na twarz

guard[2] [gɑ:d] ❶ strzec, pilnować, chronić, zabezpieczać; *Two big dogs guard the house.* – Dwa duże psy strzegą domu. **her carefully guarded secret** – jej starannie strzeżony sekret ❷ **guard against** – chronić, zapobie-

g

gać; **to guard against disease** – zapobiegać chorobie/chronić przed chorobą

guardian ['gɑ:djən] opiekun; *The guardian of the child must give his consent.* – Opiekun dziecka musi dać zezwolenie. **a guardian angel** – anioł stróż

guerrilla / guerilla [gə'rılə] partyzant; **guerrilla warfare** – wojna partyzancka

guess[1] [ges] ❶ zgadnąć, odgadnąć; *She guessed my thoughts.* – Odgadła moje myśli. ❷ domyślić się; *I can guess where the money is.* – Mogę się domyślić/Domyślam się, gdzie są pieniądze. ❸ *am.* myśleć, przypuszczać, sądzić; *I guess she'll be late.* – Sądzę, że ona się spóźni.

guess[2] [ges] przypuszczenie, domysł, próba odgadnięcia; **to take/to make a guess** – próbować odgadnąć

g

guest [gest] gość; *We are expecting guests to dinner.* – Spodziewamy się gości na obiedzie. **a guest of honour** – gość honorowy; **a hotel guest** – gość hotelowy

guest-house ['gest haʊs] pensjonat, dom z pokojami gościnnymi

guidance ['gaıdns] kierownictwo, przewodnictwo, wskazówki; *He sought my guidance while he was trying to solve the problem.* – Szukał mojej rady, próbując rozwiązać ten problem.

guide[1] [gaıd] ❶ przewodnik, osoba prowadząca; *The guide took us round the castle.* – Przewodnik oprowadził nas po zamku. ❷ **/ guidebook** – przewodnik, poradnik; **a guide to London** – przewodnik po Londynie ❸ **/ Girl Guide** – harcerka

guide[2] [gaıd] ❶ prowadzić, oprowadzić; **to guide visitors round the museum** – oprowadzić gości po muzeum ❷ prowadzić, przeprowadzić; *He guided us through the forest.* – Przeprowadził nas przez las. ❸ kierować; *We had a compass to guide us.* – Mieliśmy kompas, którym się kierowaliśmy. *You must be guided by common sense.* – Musisz się kierować zdrowym rozsądkiem.

guidebook ['gaıdbʊk] przewodnik

guided tour [ˌgaʊdıd 'tʊə] wycieczka z przewodnikiem

guilt [gılt] wina; *The court must establish his guilt.* – Sąd musi ustalić jego winę. **a feeling/a sense of guilt** – poczucie winy

guilty ['gıltı] **(-ier, -iest)** winny, winien; *He is guilty of murder.* – On jest winien morderstwa. *He has a guilty look on his face.* – Ma winę wypisaną na twarzy. **a guilty conscience** – nieczyste sumienie; **to plead guilty** – przyznać się do winy (*w sądzie*); **to plead not guilty** – nie przyznać się do winy/oświadczyć, że jest się niewinnym (*w sądzie*)

guinea ['gını] gwinea (*jednostka monetarna w Wielkiej Brytanii = 1,05 funta, używana do tej pory przy podawaniu honorarium prawnika czy lekarza*)

guinea-pig ['gınıpıg] ❶ świnka morska ❷ królik doświadczalny; *I don't want to be a guinea-pig for your experiment.* – Nie chcę być królikiem doświadczalnym w twoim eksperymencie.

guitar [gı'tɑ:] gitara; **to play the guitar** – grać na gitarze

guitarist [gı'tɑ:rıst] gitarzysta

gulf [gʌlf] zatoka; **the Gulf of Mexico** – Zatoka Meksykańska; **the Gulf/the Persian Gulf** – Zatoka Perska; **the Gulf Stream** – Golfstrom (*prąd ciepłej wody płynący z Zatoki Meksykańskiej w kierunku Europy*)

gum [gʌm] ❶ dziąsło ❷ klej, guma arabska ❸ **/ chewing gum** – guma do żucia; *He was chewing gum.* – On żuł gumę.

gun [gʌn] strzelba, rewolwer, pistolet, karabin; **a machine gun** – karabin maszynowy

gunpowder ['gʌnˌpaʊdə] proch strzelniczy

gust [gʌst] poryw, podmuch, porywisty wiatr; **a gust of wind** – poryw wiatru

gutter ['gʌtə] ❶ rynsztok, ściek ❷ rynna

guy [gaɪ] facet

gym [dʒɪm] ❶ / **gymnasium** – sala gimnastyczna, siłownia ❷ zajęcia gimnastyczne w szkole; **a gym lesson** – lekcja wychowania fizycznego

gymnasium [dʒɪm'neɪzjəm] *p.* **gym** ❶

gymnastic [dʒɪm'næstɪk] gimnastyczny

gymnastics [dʒɪm'næstɪks] gimnastyka

gym shoes ['dʒɪm ʃu:z] tenisówki

gynaecological [,gaɪnəkə'lɒdʒɪkl] ginekologiczny

gynaecologist [,gaɪnə'kɒlədʒɪst] ginekolog

gynaecology [,gaɪnə'kɒlədʒɪ] ginekologia

gypsy ['dʒɪpsɪ] (*l.mn.* **gypsies**) Cygan, Cyganka

h

habit ['hæbɪt] zwyczaj, nawyk, przyzwyczajenie; *It's my habit to get up early.* – Mam zwyczaj wstawać wcześnie. *I'm not in the habit of reading other people's letters.* – Nie mam zwyczaju czytania cudzych listów. **to do sth out of habit** – robić coś z przyzwyczajenia; **to get into the habit of doing sth** – nabrać jakiegoś zwyczaju; **a bad habit** – nałóg; **to fall/to get into a bad habit** – wpaść w nałóg; **to break a habit** – zerwać z nałogiem/odzwyczaić się

habitable ['hæbɪtəbl] nadający się do zamieszkania; *Their old house is no longer habitable.* – Ich stary dom nie nadaje się dłużej do mieszkania.

habitat ['hæbɪtæt] środowisko naturalne; *It's interesting to watch animals in their natural habitat.* – Interesujące jest obserwowanie zwierząt w ich naturalnym środowisku.

habitual [hə'bɪtʃʊəl] ❶ zwykły, normalny, powszedni; *It's not his habitual behaviour.* – To nie jest jego zwykłe zachowanie. ❷ notoryczny, nałogowy; **a habitual gambler** – nałogowy gracz

had [hæd/həd] *p.* **have[1] (had, had); have[2] (had)**

hadn't ['hædnt] = **had not**

haemoglobin [,hi:mə'gləʊbɪn] hemoglobina

haemorrhage ['hemərɪdʒ] krwotok

hail[1] [heɪl] grad

hail[2] [heɪl] (*o gradzie*) padać

hailstone ['heɪlstəʊn] kulka gradu

hair [heə] włos, włosy; *Her hair is blond and short.* – Jej włosy są jasne i krótkie. **fair/dark/red hair** – włosy jasne/ciemne/rude; **straight/wavy/curly hair** – włosy proste/układające się w fale/kręcone; *There is a hair in my soup.* – W mojej zupie jest włos. **to split hairs** – dzielić włos na czworo

haircut ['heəkʌt] ❶ ostrzyżenie, ścięcie włosów; *You need a haircut.* – Powinieneś się ostrzyc. ❷ fryzura, sposób ostrzyżenia; *I like your new haircut.* – Podoba mi się twoja nowa fryzura/ /sposób obcięcia włosów.

hairdo ['heədu:] fryzura, uczesanie

hairdresser ['heə,dresə] fryzjer

hair-drier / hair-dryer ['heədraıə] suszarka do włosów

hairstyle ['heəstaıl] fryzura

hairy ['heərı] **(-ier, -iest)** owłosiony, włochaty

half¹ [hɑ:f] pół; *It's half past four.* – Jest pół do piątej. **half an hour** – pół godziny; **half a dozen** – pół tuzina; *We spent half the time persuading her to stay.* – Połowę czasu zajęło nam przekonywanie jej, by została.

half² [hɑ:f] (*l.mn.* **halves** [hɑ:vz]) połowa; *Half of the children went home.* – Połowa dzieci poszła do domu. *We still have an hour and a half.* – Mamy jeszcze półtorej godziny. *She cut the apple in half.* – Przekroiła jabłko na pół. *We scored two points in the second half.* – Zdobyliśmy dwa punkty w drugiej połowie (meczu).

half³ [hɑ:f] w połowie, do połowy; *The bottle was half full/half-empty.* – Butelka była do połowy pełna/pusta. *I half expected him to turn up.* – Po trosze spodziewałam się jego pojawienia.

half-brother ['hɑ:fbrʌðə] brat przyrodni

half-price [,hɑ:f'praıs] za połowę ceny; *I bought those shoes at half-price.* – Kupiłem te buty za połowę ceny. **a half-price coat** – płaszcz przeceniony o połowę

half-sister ['hɑ:fsıstə] siostra przyrodnia

half-term [,hɑ:f'tɜ:m] połowa semestru (*trymestru*)

half-time [,hɑ:f'taım] przerwa w połowie meczu; *What was the score at half-time?* – Jaki był wynik w połowie meczu?

halfway [,hɑ:f'weı] w połowie drogi; *He was halfway up the stairs when she called his name.* – Był w połowie schodów, kiedy go zawołała. *I am halfway through the book.* – Jestem w połowie książki. **to meet sb halfway** – pójść z kimś na kompromis

hall [hɔ:l] ❶ przedpokój, hol; *Leave your coats in the hall.* – Zostawcie płaszcze w przedpokoju. ❷ sala; **a concert hall** – sala koncertowa ❸ refektorium (*sala na uniwersytecie, gdzie studenci i wykładowcy jedzą wspólnie posiłki*)

hallo [hə'ləʊ] = **hello**

Halloween / Hallowe'en [,hæləʊ'i:n] 31 października, przeddzień Wszystkich Świętych (*w krajach anglosaskich obchodzony jako święto duchów*)

hallucinate [hə'lu:sıneıt] mieć halucynacje

hallucination [hə,lu:sı'neıʃn] halucynacja; **drug-induced hallucinations** – halucynacje wywołane narkotykiem; **to suffer from/to have hallucinations** – mieć halucynacje

halt¹ [hɔ:lt] zatrzymanie się, postój; **to come to a halt** – zatrzymać się/stanąć; **to bring sth to a halt** – wstrzymać coś/zatrzymać coś

halt² [hɔ:lt] zatrzymać (się); *He halted the car at the traffic lights.* – Zatrzymał samochód na światłach. *We were halted by a fallen tree.* – Zostaliśmy zatrzymani przez zwalone drzewo. *Halt!* – Stać!

halve [hɑ:v] podzielić na połowy, przepołowić; *You must halve the apple.* – Musisz przepołowić jabłko.

halves [hɑ:vz] *p.* **half²**

ham [hæm] szynka

hamburger ['hæmbɜ:gə] hamburger

hammer¹ ['hæmə] młotek

hammer² ['hæmə] ❶ walić, uderzać, łomotać; *He hammered at the door to wake us up.* – Załomotał/Walił w drzwi, żeby nas obudzić. ❷ uderzać młotkiem, wbijać młotkiem; *He ham-*

mered a nail into the wall. – Wbił gwóźdź w ścianę.

hammock ['hæmək] hamak

hamster ['hæmstə] chomik

hand[1] [hænd] ❶ dłoń, ręka; *He was holding the box in his hands.* – Trzymał pudełko w rękach. **to hold hands** – trzymać się za ręce; **to take sb by the hand** – wziąć kogoś za rękę; **to walk hand in hand** – iść trzymając się za ręce; **to clap one's hands** – klaskać w dłonie; **to shake hands with sb** – uścisnąć sobie ręce/uścisnąć czyjąś dłoń; **hands up** – ręce do góry; **to be in good hands** – być w dobrych rękach; **to have one's hands full** – mieć pełne ręce roboty ❷ kontrola, panowanie; *They have the situation in hand.* – Panują nad sytuacją. **to get out of hand** – wymknąć się spod kontroli; **to take sb in hand** – wziąć kogoś w karby ❸ wskazówka zegara lub zegarka; **the minute/the hour hand of a watch** – duża/mała wskazówka zegarka; *The minute hand of the clock pointed to twelve.* – Duża wskazówka zegara wskazywała pełną godzinę. ❹ pomoc; **to give/to lend sb a hand** – pomóc komuś

hand[2] [hænd] wręczyć; *He handed me the document.* – Wręczył mi dokument.

◆ **hand back** – oddać; *I looked at the document and handed it back to the official.* – Popatrzyłem na dokument i oddałem go urzędnikowi.

◆ **hand down** – przekazywać z pokolenia na pokolenie

◆ **hand in** – (a) oddać; *Please hand in the exam papers.* – Proszę oddać prace egzaminacyjne. (b) wręczyć, przekazać; *He handed in his resignation yesterday.* – Wczoraj wręczył swoją rezygnację.

◆ **hand over** – przekazać; *She handed over a large sum to the new hospital.* – Przekazała dużą sumę na nowy szpital. *He was handed over to the police.* – Został oddany w ręce policji.

handbag ['hænbæg] torebka damska

handbook ['hænbʊk] podręcznik, poradnik

handcuffs ['hænkʌfs] kajdanki

handful ['hænfʊl] ❶ garść; **a handful of sand** – garść piasku ❷ garstka (*ludzi*); *Only a handful of people were present at the meeting.* – Tylko garstka ludzi była obecna na zebraniu.

handicap ['hændɪkæp] ❶ przeszkoda, zawada; *We find it a bit of a handicap having no car.* – To, że nie mamy samochodu, uważamy za pewnego rodzaju niedogodność. ❷ upośledzenie; **mental/physical handicap** – upośledzenie umysłowe/fizyczne; *The loss of sight was a great handicap to him.* – Utrata wzroku była dla niego wielkim upośledzeniem. ❸ *sport.* utrudnienia dla silniejszego zawodnika w celu wyrównania szans wszystkich uczestników

handicapped ['hændɪkæpt] upośledzony; **physically/mentally handicapped** – upośledzony fizycznie//umysłowo; **the handicapped** – upośledzeni

handicraft ['hændɪkrɑ:ft] rzemiosło artystyczne, rękodzieło

handkerchief ['hæŋkətʃɪf] chusteczka do nosa

handle[1] ['hændl] ❶ dotykać, brać do ręki, obchodzić się; *Please don't handle the fruit.* – Proszę nie dotykać owoców. *Fragile – handle with care!* – Ostrożnie – szkło! (przedmioty łatwo tłukące się – obchodzić się ostrożnie!) ❷ obchodzić się z, traktować; *He doesn't know how to handle children.* – On nie wie, jak obchodzić się z dziećmi. *He doesn't know how to handle a gun.* – On nie wie, jak posługiwać się rewolwerem. ❸ radzić sobie; *Can you handle the situation?* – Czy poradzisz sobie z tą sytuacją? *A child can't handle that big dog.* – Dziecko nie poradzi sobie z tym dużym psem.

handle[2] ['hændl] ❶ klamka u drzwi ❷ rączka, uchwyt; **a cup handle** – uszko

h

filiżanki/uchwyt filiżanki; **a drawer handle** – uchwyt szuflady; **the handle of a knife** – rękojeść noża

handlebars ['hændlbɑ:z] kierownica (*roweru, motocykla*)

hand-luggage ['hændlʌgɪdʒ] bagaż ręczny

handmade [ˌhæn'meɪd] robiony ręcznie

handshake ['hænʃeɪk] uścisk dłoni

handsome ['hænsəm] ❶ przystojny ❷ hojny, szczodry, pokaźny; **a handsome sum of money** – duża suma pieniędzy; **a handsome gift** – hojny prezent

handwriting ['hændraɪtɪŋ] pismo, charakter pisma; *The note was written in her handwriting.* – Notatka była napisana jej charakterem pisma.

handy ['hændɪ] **(-ier, -iest)** ❶ zręczny; *He is handy with the tools.* – On zręcznie posługuje się narzędziami. *He is handy about the house.* – On potrafi wszystko zrobić w domu. ❷ poręczny, wygodny w użyciu, dogodny; *This little gadget is very handy for peeling vegetables.* – To małe urządzenie jest bardzo poręczne przy obieraniu warzyw. **to come in handy** – przydać się; *This old box may come in handy.* – To stare pudełko może się przydać. ❸ bliski, znajdujący się pod ręką; **to keep sth handy** – mieć coś pod ręką; *Keep a pen and a piece of paper handy.* – Proszę trzymać pod ręką (przy sobie) długopis i kartkę papieru.

hang[1] [hæŋ] **(hung, hung** [hʌŋ, hʌŋ]**)** ❶ zawiesić, powiesić; *Hang your coat (up) on that hook.* – Powieś płaszcz na tym wieszaku. ❷ wisieć, zwieszać się; *Several coats were hanging in the hall.* – W przedpokoju wisiało kilka płaszczy. *Her robe hung in thick folds.* – Jej szata opadała w ciężkich fałdach. ❸ być zawieszonym nieruchomo; *The smoke was hanging in the air.* – Dym wisiał nieruchomo w powietrzu.

◆ **hang about/around** – wałęsać się, obijać się

◆ **hang on** – zaczekać

◆ **hang on to** – kurczowo się trzymać; *Hang on to the rope.* – Trzymaj się mocno liny.

◆ **hang up** – odłożyć słuchawkę telefoniczną po rozmowie z kimś

◆ **hang up on sb** – rzucić słuchawkę telefoniczną podczas rozmowy z kimś

hang[2] [hæŋ] **(hanged, hanged** [hæŋd, hæŋd]**)** powiesić (*człowieka*); *He was hanged for murder.* – Został powieszony za morderstwo.

hangar ['hæŋə] hangar

hanger ['hæŋə] wieszak

hang-glider ['hæŋglaɪdə] lotnia

hang-gliding ['hæŋglaɪdɪŋ] latanie na lotni

hanky / hankie ['hæŋkɪ] *pot.* chusteczka do nosa

happen ['hæpn] stać się, wy-/zdarzyć się; *What happened yesterday?* – Co zdarzyło się wczoraj? *How did it happen?* – Jak się to stało? *What happened to her?* – Co się z nią stało? *I happen to know her.* – Tak się składa, że ją znam. *I happened to be present.* – Tak się zdarzyło, że byłem obecny.

happening ['hæpnɪŋ] wydarzenie

happily ['hæpɪlɪ] ❶ szczęśliwie; *She is happily married.* – Jej małżeństwo jest szczęśliwe./Jest szczęśliwą mężatką. *...and they lived happily ever after.* – ...i żyli długo i szczęśliwie. ❷ na szczęście; *Happily the accident was not serious.* – Na szczęście wypadek nie był groźny.

happiness ['hæpɪnəs] szczęście; *I wish you every happiness.* – Życzę ci wszelakiego szczęścia.

happy ['hæpɪ] **(-ier, -iest)** ❶ szczęśliwy; *They are very happy.* – Oni są bardzo szczęśliwi. **a happy marriage** – szczęśliwe małżeństwo; *Happy Birthday to you!* – Wszystkiego najlepszego z okazji urodzin! *Happy New Year!* – Szczęśliwego Nowego Roku! **by a happy coincidence** – szczęśliwym zbiegiem okoliczności ❷ zadowolony; *We were happy to learn she was safe.* – Byliśmy bardzo zadowoleni, dowiedziawszy się, że jest bezpieczna. *He won't be happy about the results.* – Nie będzie zadowolony z wyników.

harbour ['hɑ:bə] port, przystań; **a fishing harbour** – port rybacki

hard[1] [hɑ:d] ❶ twardy; *The surface was very hard.* – Powierzchnia była bardzo twarda. *The cakes were as hard as rock.* – Ciasteczka były twarde jak kamień. **hard water** – twarda woda; **hard currency** – twarda waluta; **hard disk** – twardy dysk ❷ ciężki, trudny; **hard work** – ciężka praca; **hard life** – ciężkie życie; **hard winter** – ciężka zima; *It's hard to say who will win.* – Trudno powiedzieć, kto wygra.

hard[2] [hɑ:d] ❶ ciężko, bardzo; *You must work hard.* – Musisz ciężko pracować. *She was trying hard to understand.* – Bardzo starała się, by zrozumieć. ❷ mocno, intensywnie; *It was raining hard.* – Bardzo padało./Lało.

hardback ['hɑ:dbæk] książka w twardej oprawie

harden ['hɑ:dn] ❶ stwardnieć; *Concrete hardens within hours.* – Beton twardnieje w ciągu kilku godzin. ❷ wzmocnić, umocnić; **to harden one's heart** – znieczulić serce; **to harden one's attitude** – stać się bardziej nieustępliwym/usztywnić postawę

hardly ['hɑ:dlɪ] zaledwie, ledwo, prawie nie; *I hardly know her.* – Prawie jej nie znam. *I could hardly walk.* – Szedłem z olbrzymią trudnością./Ledwie mogłem iść. **hardly ever** – prawie nigdy; *I hardly ever see her.* – Prawie nigdy jej nie widuję.

hard-working [ˌhɑ:d'wɜ:kɪŋ] pracowity

hare [heə] zając

harm[1] [hɑ:m] szkoda, krzywda; *It will do you no harm.* – To ci nie zaszkodzi. *I meant no harm.* – Nie miałem nic złego na myśli. *There's no harm in asking.* – Nic nie szkodzi zapytać. *He fell down the stairs but didn't come to any harm.* – Spadł ze schodów, ale nic mu się nie stało/nie poniósł szkody.

harm[2] [hɑ:m] uszkodzić, wyrządzić szkodę; *It won't harm you to get up early.* – Wczesne wstawanie ci nie zaszkodzi. *Frost will harm the plants.* – Mróz zaszkodzi roślinom/uszkodzi rośliny.

harmful ['hɑ:mfʊl] szkodliwy; **the harmful effects of smoking** – szkodliwe skutki palenia; *This toxic substance is harmful to the environment.* – Ta trująca substancja jest szkodliwa dla środowiska.

harmless ['hɑ:mləs] nieszkodliwy

harmonious [hɑ:'məʊnɪəs] harmonijny

harmony ['hɑ:mənɪ] harmonia; **to live together in harmony** – żyć razem w harmonii/w zgodzie

harp [hɑ:p] harfa

harsh [hɑ:ʃ] szorstki, ostry, nieprzyjemny; **a harsh voice** – ostry głos; *He is too harsh with the children.* – Jest zbyt szorstki dla dzieci.

harvest[1] ['hɑ:vɪst] ❶ żniwa, okres zbiorów ❷ zbiory, plon; **a good harvest of potatoes** – dobry zbiór ziemniaków; **a bumper harvest** – rekordowe zbiory/świetny urodzaj

harvest[2] ['hɑ:vɪst] zbierać plony

has [hæz/həz] trzecia osoba liczby pojedynczej czasownika „have[1, 2]"

hasn't ['hæznt] **= has not**

haste [heɪst] pośpiech; *He left in haste because he was already late.* – Wyszedł w pośpiechu, ponieważ już był spóźniony.

hasten ['heɪsn] pospieszyć, przyspieszyć; *The collapse of the firm has been hastened by the recession.* – Upadek firmy został przyspieszony przez recesję. *Fertilizers hasten the growth of plants.* – Nawozy przyspieszają wzrost roślin. *He hastened to assure me that everything was all right.* – Pospieszył zapewnić mnie, że wszystko jest w porządku.

hasty ['heɪstɪ] **(-ier, -iest)** ❶ pospieszny, robiony w pośpiechu; *He had a hasty meal.* – Zjadł szybki posiłek./Pospiesznie zjadł posiłek. ❷ pochopny, nie przemyślany; *He regretted his hasty decision.* – Żałował swej nieprzemyślanej decyzji.

hat [hæt] kapelusz

hatch [hætʃ] ❶ wykluwać się ❷ (*o ptaku*) wysiadywać jaja

hatchet ['hætʃɪt] siekiera, topór

hate[1] [heɪt] nienawidzić, nie znosić; *They hate each other.* – Oni się nienawidzą. *He hates going to parties.* – On nie znosi chodzić na przyjęcia. *He hates being told what to do.* – On nie znosi, jak mu się mówi, co ma robić. *I hate to bother you, but could you...* – Przykro mi, że muszę ci przeszkodzić, ale czy mógłbyś...

hate[2] [heɪt] nienawiść; *I don't feel hate for her.* – Nie czuję do niej nienawiści.

hatred ['heɪtrɪd] nienawiść; *He looked at me with hatred.* – Spojrzał na mnie z nienawiścią. **to be full of hatred for sb** – żywić do kogoś nienawiść

haunt [hɔ:nt] nachodzić, straszyć, nawiedzać; *A ghost haunts the castle.* – Duch straszy w tym zamku. *The memory haunted her for years.* – To wspomnienie nie dawało jej spokoju przez lata.

h

haunted ['hɔ:ntɪd] nawiedzany, nachodzony; **a haunted house** – dom, w którym straszy

have[1] [hæv/həv] (**had, had** [hæd, hæd] *trzecia osoba liczby pojedynczej* **has** [hæz/həz]) ❶ **/ have got** – mieć, posiadać; *I have (got) a small car.* – Mam mały samochód. *He has dark hair.* – On ma ciemne włosy. *He has (got) friends in London.* – On ma przyjaciół w Londynie. ❷ mieć, miewać; *The book has over 600 pages.* – Książka ma ponad 600 stron. *Do you have any doubts?* – Czy masz jakieś wątpliwości? *I have something to tell you.* – Mam ci coś do powiedzenia. *I have a good idea.* – Mam dobry pomysł. *You have two days to finish the job.* – Masz dwa dni na skończenie tej pracy. ❸ doznać, doświadczyć; **to have a shock** – doznać szoku; **to have an accident** – mieć wypadek/doznać wypadku; **to have problems** – mieć problemy; **to have difficulties** – mieć trudności; **to have a cold** – być zaziębionym; **to have a good time** – dobrze się bawić/miło spędzać czas ❹ dostać; *I had a letter from Jenny.* – Dostałam list od Jenny. *I must have the answer tomorrow.* – Jutro muszę mieć/ /dostać odpowiedź. *Could I have the book back?* – Czy mógłbym dostać tę książkę z powrotem? ❺ inne znaczenia – „have" może zastępować inne czasowniki; *Do you have tea or coffee for breakfast?* – Czy na śniadanie pijesz herbatę czy kawę? *Did you have a good holiday?* – Czy miło spędziłeś wakacje? **to have breakfast/lunch/ /dinner/supper** – jeść śniadanie/ /lunch/obiad/kolację; *She is having a bath just now.* – Ona właśnie się kąpie. *May I have a look at the document?* – Czy mogę rzucić okiem na ten dokument? *His wife has just had a baby.* – Jego żona właśnie urodziła dziecko. ❻ **to have to** – musieć; *I had to return earlier.* – Musiałem wrócić wcześniej. ❼ **have sth done** – kazać coś zrobić, dać coś do zrobienia; *I had my hair cut.* – Obcięłam włosy./Kazałam sobie obciąć włosy.

have[2] [hæv/həv] (**had** [hæd/həd] *trzecia osoba liczby pojedynczej* **has** [hæz/ /həz]) *czasownik posiłkowy oddzielnie nieprzetłumaczalny, występujący w czasach Perfect*

haven't ['hævnt] **= have not**

hawk [hɔ:k] jastrząb

hay [heɪ] siano; **hay fever** – katar sienny

hazard ['hæzəd] niebezpieczeństwo, ryzyko; *Smoking is a health hazard.* – Palenie stanowi ryzyko dla zdrowia. **occupational hazard** – ryzyko zawodowe

hazardous ['hæzədəs] ryzykowny, niebezpieczny; **a hazardous climb** – niebezpieczna wspinaczka

haze [heɪz] mgiełka

hazel[1] ['heɪzl] leszczyna

hazel[2] ['heɪzl] jasnobrązowy; **hazel eyes** – oczy piwne

hazelnut ['heɪzlnʌt] orzech laskowy

hazy ['heɪzɪ] **(-ier, -iest)** ❶ mglisty, zamglony; **a hazy day** – mglisty dzień; *The mountains looked hazy.* – Góry były zamglone. ❷ mglisty, niepewny, niewyraźny, niejasny; *I have only a hazy idea what it means.* – Mam tylko niejasne pojęcie, co to znaczy. *I have a hazy memory of the incident.* – Mam mgliste wspomnienie z tego wydarzenia.

he [hi:/hɪ] on

head¹ [hed] ❶ głowa; **to nod one's head** – skinąć głową; **to shake one's head** – potrząsnąć (przecząco) głową; *My head ached.* – Bolała mnie głowa. **from head to foot** – od stóp do głów; *It never entered my head.* – Nigdy nie przyszło mi to do głowy. **to have one's head in the clouds** – mieć głowę w chmurach; **to lose one's head** – stracić głowę; **to keep one's head** – nie tracić głowy; **to bury one's head in the sand** – chować głowę w piasek ❷ głowa, osoba kierująca; **head of state** – głowa państwa; *The Pope is the head of the Roman Catholic Church.* – Papież jest głową Kościoła rzymskokatolickiego. **the head teacher/the head** – dyrektor szkoły; **the head waiter** – główny kelner ❸ początek, góra, górna część, przód; **the head of a queue** – początek kolejki; **the head of the stairs** – szczyt schodów; **the head of the table** – szczyt stołu; **the head of the page** – góra strony; **the head on a coin** – reszka monety; **heads or tails?** – orzeł czy reszka? ❹ główka; **heads of lettuce** – główki sałaty; **the head of a flower** – główka kwiatu/kwiat

head² [hed] ❶ kierować się, podążać, wziąć kurs na; *The ship headed for Haiti.* – Statek zmierzał w kierunku Haiti. **to head home** – iść do domu/ /skierować się w stronę domu; **to be heading for disaster** – zmierzać ku katastrofie ❷ iść na czele, być na czele, stać na czele; **to head the procession** – iść na czele procesji

headache ['hedeɪk] ból głowy; *I have a headache.* – Boli mnie głowa.

heading ['hedɪŋ] nagłówek

headlight ['hedlaɪt] reflektor (*np. samochodu*)

headline ['hedlaɪn] ❶ nagłówek w gazecie (*na pierwszej stronie*); *She is in the headlines again.* – Ona/Jej nazwisko pojawia się znowu w nagłówkach gazet. ❷ najważniejsze wiadomości w skrócie; *Here are the news headlines.* – Oto najważniejsze wydarzenia w skrócie.

headmaster [ˌhed'mɑ:stə] dyrektor szkoły

headmistress [ˌhed'mɪstrəs] dyrektorka szkoły

headphones ['hedfəʊnz] słuchawki

headquarters [ˌhed'kwɔ:təz] kwatera główna, główne biuro

headway ['hedweɪ] postęp, postępy; *They are making little headway in the negotiations.* – Robią małe postępy w negocjacjach.

heal [hi:l] ❶ wyzdrowieć, zagoić się; *Her broken arm has healed already.* – Jej złamane ramię już się zrosło. *The wound will heal quickly.* – Rana szybko się zagoi. ❷ uleczyć, wyleczyć, uzdrowić; **to heal sb of his sickness** – uleczyć kogoś z choroby

healer ['hi:lə] uzdrowiciel

health [helθ] zdrowie; **to enjoy good health** – cieszyć się dobrym zdrowiem; **to be in good/in poor health** – cieszyć się dobrym zdrowiem/być w złym zdrowiu; **to drink sb's health** – wypić za czyjeś zdrowie; *Here's to your health!* – Twoje zdrowie!

health food ['helθ fu:d] zdrowa żywność

healthy ['helθɪ] **(-ier, -iest)** zdrowy; *The children are perfectly healthy.* – Dzieci są całkowicie zdrowe. **a healthy climate** – zdrowy klimat

heap [hi:p] sterta, kupa, stos; **a heap of books** – sterta książek; **heaps of** – *pot.* masa/mnóstwo

hear [hɪə] **(heard, heard** [hɜ:d, hɜ:d]) ❶ słyszeć; *Can you hear me?* – Czy mnie słyszysz? *I heard what she said.* – Słyszałam, co powiedziała. *I heard a curious noise.* – Usłyszałam dziwny hałas. *I heard her singing.* – Słyszałam, jak śpiewała. *I heard her say that.* – Słyszałam, jak to powiedziała. ❷ dowiedzieć się, usłyszeć; *Have you heard the news?* – Czy słyszałeś/Czy znasz tę wiadomość? *I have passed the exam! – So I've heard.* – Zdałem egzamin! – Tak, wiem.

◆ **hear from sb** – mieć wiadomość od kogoś; *I haven't heard from him lately.* – Ostatnio nie mam od niego żadnej wiadomości. *I'm looking forward to hearing from you.* – Czekam na list/ /wiadomość od pana.

◆ **hear of** – wiedzieć o, słyszeć o, dowiedzieć się o; *I've never heard of it.* – Nigdy o tym nie słyszałem. *He hasn't been heard of since.* – Zaginął bez wieści./Od tamtej pory o nim nie słyszano.

◆ **will not hear of** – odmówić, nie chcieć o czymś słyszeć; *I wanted to pay but he wouldn't even hear of it.* – Chciałem zapłacić, ale nie chciał nawet o tym słyszeć.

h

hearing ['hɪərɪŋ] ❶ słuch; *Her hearing is poor.* – Jej słuch jest słaby. **to be hard of hearing** – mieć słaby słuch ❷ zasięg głosu, granica słyszalności; **out of hearing** – poza zasięgiem głosu; *I said it in her hearing.* – Powiedziałem to w jej obecności. ❸ przesłuchanie, posłuchanie; **to give sb a fair hearing** – wysłuchać kogoś/dać komuś możliwość wypowiedzenia się

hearing aid ['hɪərɪŋ eɪd] aparat słuchowy

heart [hɑ:t] ❶ serce; *My heart beat fast.* – Serce biło mi szybko. **a heart attack** – atak serca; **heart failure** – niewydolność serca/zatrzymanie akcji serca; **to have heart trouble** – mieć chore serce/mieć kłopoty z sercem; **to break sb's heart** – złamać komuś serce; **to have a heart of gold** – mieć złote serce; **to have a heart of stone** – mieć serce z kamienia; **at heart** – w głębi serca; **to learn by heart** – uczyć się na pamięć ❷ otucha, odwaga, duch; **to lose heart** – stracić otuchę/entuzjazm; **to take heart** – nabrać otuchy ❸ **hearts** – (*w kartach*) kiery; **the ace of hearts** – as kier ❹ centrum, sedno, jądro; **to get to the heart of the matter** – dotrzeć do sedna sprawy; **in the heart of London** – w centrum/sercu Londynu

heartbeat ['hɑ:tbi:t] bicie serca, uderzenie serca; **rapid/irregular heartbeat** – szybkie/nieregularne bicie serca

heartbreaking ['hɑ:tbreɪkɪŋ] rozdzierający serce

heartbroken ['hɑ:tbrəʊkn] smutny, ze złamanym sercem

heartless ['hɑ:tləs] nieczuły, bez serca

hearty ['hɑ:tɪ] **(-ier, -iest)** ❶ serdeczny, szczery; *They gave me a hearty welcome.* – Powitali mnie serdecznie. ❷ (*o posiłku*) solidny, obfity; **a hearty meal** – solidny posiłek ❸ (*o apetycie*) dobry

heat[1] [hi:t] upał, gorąco, ciepło, żar; **the heat of the sun rays** – żar promieni słonecznych; **a heat wave** – fala upałów; **heat stroke** – udar cieplny; **in the heat of the argument** – w ferworze/gorączce dyskusji

heat[2] [hi:t] ❶ podgrzać; **to heat (up) some water** – podgrzać trochę wody ❷ rozgrzać się; *I waited for the oven to heat up.* – Czekałem, aż piec się rozgrzeje.

heater ['hi:tə] podgrzewacz, grzejnik; **a water heater** – podgrzewacz wody; **an immersion heater** – grzałka do wody

heath [hi:θ] wrzosowisko, łąka

heather ['heðə] wrzos

heating ['hi:tɪŋ] ogrzewanie; **the central heating** – centralne ogrzewanie

heave [hi:v] dźwignąć, podnieść

heaven ['hevn] niebo, niebiosa; **to go to heaven** – pójść do nieba; **to move heaven and earth** – poruszyć niebo i ziemię; **in seventh heaven** – w siódmym niebie; *Good Heavens!* – Wielkie nieba! *Thank heaven!* – Dzięki

Bogu! *For heaven's sake!* – Na miłość boską!

heavenly ['hevnlı] niebiański; *The weather was heavenly.* – Pogoda była cudowna. **heavenly bodies** – *astron.* ciała niebieskie

heavily ['hevılı] ❶ ciężko, z trudem; *She walked heavily up the stairs.* – Ciężko wchodziła po schodach. *He is heavily built.* – On jest ciężko zbudowany. ❷ mocno, intensywnie, bardzo; *It was raining heavily.* – Mocno padało./Lało. **to drink heavily** – dużo pić (*alkoholu*); *They were heavily armed.* – Byli mocno uzbrojeni.

heavy ['hevı] **(-ier, -iest)** ❶ ciężki; *This suitcase is too heavy to carry.* – Ta walizka jest za ciężka, żeby ją nieść. ❷ ciężki, trudny; **a heavy day** – ciężki dzień; **heavy work** – ciężka praca ❸ silny, intensywny; **a heavy blow** – silny cios; **a heavy rain** – intensywny deszcz; **a heavy traffic** – duży ruch uliczny; *He is a heavy smoker.* – On bardzo dużo pali. **heavy sleep** – głęboki sen

heavy industry [ˌhevı 'ındəstrı] przemysł ciężki

hectare ['hekteə] hektar (= *10 000 m²*)

he'd [hi:d/hıd] **= ❶ he had ❷ he would**

hedge [hedʒ] żywopłot

hedgehog ['hedʒhɒg] jeż

hedgerow ['hedʒrəʊ] żywopłot

heel [hi:l] ❶ pięta ❷ obcas

height [haıt] ❶ wysokość; *What is the height of the room?* – Jaka jest wysokość tego pokoju? **to fly at a height of 6000 metres** – lecieć na wysokości 6000 metrów; *I'm afraid of heights.* – Mam lęk wysokości. ❷ środek, pełnia; **the height of summer** – pełnia lata; **the height of tourist season** – pełnia sezonu turystycznego; *He is at the height of his career.* – On jest u szczytu swojej kariery.

heir [eə] spadkobierca, dziedzic, następca; *He is heir to a large fortune.* – Jest spadkobiercą wielkiej fortuny.

heiress ['eəres] spadkobierczyni, dziedziczka

held [held] *p.* **hold¹ (held, held)**

helicopter ['helıkɒptə] helikopter, śmigłowiec

hell [hel] piekło; **to go to hell** – pójść do piekła; *We went through hell when we waited for the results.* – Przeszliśmy piekło, oczekując na wyniki.

he'll ['hi:əl] **= he will**

hello [hə'ləʊ] ❶ halo ❷ *pot.* cześć, dzień dobry

helmet ['helmıt] hełm, kask; **a crash helmet** – kask motocyklowy

help¹ [help] ❶ pomóc, pomagać; *Help!* – Pomocy!/Na pomoc!; *Could you help me to carry the luggage?* – Czy mógłbyś mi pomóc nieść bagaż? *Could you help me with my homework?* – Czy mógłbyś mi pomóc w pracy domowej? *"Can I help you?" – said the shop assistant.* – Słucham panią? – powiedziała sprzedawczyni. *I can't help it.* – Nic na to nie poradzę. ❷ **can't help/ /couldn't help** – nie móc się powstrzymać; *I couldn't help laughing.* – Nie mogłam się powstrzymać od śmiechu.

help² [help] ❶ pomoc; **to cry for help** – wołać o pomoc; *Can I be of any help?* – Czy mogę służyć (jakąś) pomocą?/ /Czy mogę jakoś pomóc? *You need professional help.* – Potrzebujesz profesjonalnej pomocy. *Your advice was a great help.* – Twoja rada była wielką pomocą. *There's no help for it.* – Nie ma na to rady. ❷ pomoc domowa; *The help comes twice a week.* – Pomoc domowa przychodzi dwa razy w tygodniu.

helpful ['helpfʊl] pomocny; *He was most helpful.* – Bardzo mi pomógł.

helping ['helpıŋ] porcja; *She took a second helping of cake.* – Wzięła drugą porcję/dokładkę ciasta. *He ate three helpings of pie.* – Zjadł trzy porcje placka.

helpless ['helpləs] bezradny

hemisphere ['hemıˌsfıə] półkula; **the hemispheres of the brain** – półkule mózgu; **the Eastern/Western/Northern/Southern hemisphere** – półkula wschodnia/zachodnia/północna/ /południowa

hen [hen] kura

her[1] [hɜ:/hə] jej (*należący do niej*); *That's her car.* – To jej samochód.

her[2] [hɜ:/hə] ją, jej, nią, niej; *I love her.* – Kocham ją. *We can't invite her.* – Nie możemy jej zaprosić. *I wrote a letter to her.* – Napisałam do niej list.

herb [hɜ:b] ziele, zioło, przyprawa

herbal ['hɜ:bl] ziołowy

herd [hɜ:d] stado; **a herd of cattle** – stado bydła; **the herd instinct** – instynkt stadny

here [hɪə] tutaj, tu; *Do you live here?* – Czy mieszkasz tutaj? **here and there** – tu i tam; *Here you are.* – Proszę. (*przy np. podawaniu komuś czegoś*)

hereditary [hɪ'redɪtərɪ] dziedziczny; *This disease is not hereditary.* – Ta choroba nie jest dziedziczna. **a hereditary title** – tytuł dziedziczny

heredity [hɪ'redətɪ] dziedziczność

h

heritage ['herɪtɪdʒ] dziedzictwo, spuścizna; **our cultural heritage** – nasze dziedzictwo kulturowe

hero ['hɪərəʊ] (*l.mn.* **heroes**) bohater; **a war hero** – bohater wojenny

heroin ['herəʊɪn] heroina; **a heroin addict** – osoba uzależniona od heroiny

heroine ['herəʊɪn] bohaterka

herring ['herɪŋ] śledź

hers [hɜ:z] jej, rzecz należąca do niej; *This book isn't mine, it's hers.* – To nie moja książka, to jej. **a friend of hers** – jeden/któryś z jej przyjaciół

herself [hɜ:'self] ❶ (ona) sama, bez pomocy; *She made the cake herself.* – Ona sama upiekła ciasto. ❷ (ona) siebie, sobą, sobie; *She looked at herself in the mirror.* – Spojrzała na siebie w lustrze. *She burnt herself while cooking.* – Oparzyła się przy gotowaniu.

◆ **(all) by herself** – (a) sama, samotnie; *She lives all by herself.* – Ona mieszka zupełnie sama. (b) (ona) sama, bez pomocy; *She did the work by herself.* – Ona sama wykonała tę pracę.

he's [hi:z/hɪz] = ❶ **he is** ❷ **he has**

hesitate ['hezɪteɪt] wahać się; *She didn't know what to do and she hesitated.* – Nie wiedziała, co robić i wahała się. **to hesitate over a choice** – wahać się nad wyborem; *She hesitated whether to phone him or not.* – Wahała się, czy zadzwonić do niego, czy nie. *Don't hesitate to ask.* – Pytaj bez wahania.

hesitation [,hezɪ'teɪʃn] wahanie; **without hesitation** – bez wahania

hexagon ['heksəgən] sześciokąt

heksagonal [hek'sægənl] sześciokątny

hey [heɪ] hej!

hi [haɪ] *am.* cześć, dzień dobry

hiccup[1] **/ hiccough** ['hɪkʌp] czkawka; *I've got the hiccups.* – Mam czkawkę.

hiccup[2] **/ hiccough** ['hɪkʌp] czknąć

hide [haɪd] (**hid, hidden** [hɪd, 'hɪdn]) ❶ ukryć się, schować się; *She is hiding from me.* – Ona się przede mną ukrywa. ❷ ukryć, schować; *Where shall I hide the money?* – Gdzie schowam pieniądze? ❸ ukryć, zataić, nie okazywać; *I couldn't hide my disappointment.* – Nie mogłem ukryć rozczarowania. *He was hiding something from me.* – Coś przede mną ukrywał.

hide-and-seek [,haɪdən'si:k] zabawa w chowanego; **to play hide-and-seek** – bawić się w chowanego

hideous ['hɪdɪəs] szkaradny, ohydny, odrażający, wstrętny; **a hideous building** – szkaradny budynek; **a hideous crime** – odrażająca zbrodnia

hiding ['haɪdɪŋ] ukrycie, kryjówka; **to be in hiding** – być w ukryciu; **to go into hiding** – ukryć się/schować się

hi-fi ['haɪ faɪ] **/ high fidelity** [,haɪ fɪ'delətɪ] wysoka wierność odtwarzania

high[1] [haɪ] wysoki; *How high is the wall?* – Jak wysoki jest ten mur? *The wall is three metres high.* – Mur ma trzy metry wysokości. **the high cost of living** – wysoki koszt utrzymania;

high society – wyższe sfery; **to sing in a high voice** – śpiewać wysokim głosem; **high time** – najwyższy czas; *It's high time you went.* – Najwyższy czas, żebyś poszedł.

high² [haɪ] wysoko; *I saw a bird flying high in the sky.* – Widziałem ptaka wysoko na niebie. *He aims high.* – On mierzy wysoko. **to search high and low for sth** – szukać czegoś wszędzie

high-jump ['haɪ dʒʌmp] skok wzwyż

highly ['haɪlɪ] ❶ z uznaniem, wysoko; *He thinks highly of you.* – On wysoko ciebie ceni./Myśli o tobie z uznaniem. ❷ w wysokim stopniu, bardzo; **a highly paid job** – wysoko płatna praca; **a highly amusing film** – nadzwyczaj zabawny film; *It's highly unlikely that he will agree.* – Jest wysoce nieprawdopodobne, żeby się zgodził.

highlands ['haɪləndz] obszar górzysty; **the Highlands** – góry w Szkocji

Highness ['haɪnəs] Wysokość (*w tytule królewskim*); **Your Royal Highness** – Wasza Królewska Mość

high school ['haɪ sku:l] ❶ *bryt.* szkoła średnia dla dzieci od 11 do 18 lat ❷ *am.* szkoła średnia dla dzieci od 14 do 18 lat

highway ['haɪweɪ] autostrada

Highway Code (the) [ˌhaɪweɪ 'kəʊd] kodeks drogowy

hijack ['haɪdʒæk] porwać, uprowadzić (*zwłaszcza samolot*)

hijacker ['haɪdʒækə] porywacz (*samolotu*)

hike [haɪk] wędrować, uprawiać turystykę pieszą; **to go hiking in the mountains** – chodzić po górach; **a hiking holiday** – wakacje wędrowne/ /obóz wędrowny

hill [hɪl] wzgórze, pagórek; **on the top of the hill** – na szczycie pagórka; **the side of a hill** – zbocze pagórka; **to go up the hill** – iść pod górę

hilly ['hɪlɪ] **(-ier, -iest)** pagórkowaty

him [hɪm] jego, jemu, go, nim, mu; *I can't see him.* – Nie widzę go. *I gave him the book.* – Dałam mu książkę.

himself [hɪm'self] ❶ (on) sam, bez pomocy; *He repaired the car himself.* – On sam zreperował samochód. *He told me about it himself.* – On sam mi o tym mówił. ❷ (on) siebie, sobą, sobie; *He talked about himself.* – Mówił o sobie.

◆ **(all) by himself** – (a) sam, samotnie; *He lives all by himself.* – On mieszka zupełnie sam. (b) (on) sam, bez pomocy; *He did the work by himself.* – On sam wykonał tę pracę.

hinge [hɪndʒ] zawias

hint¹ [hɪnt] ❶ delikatna sugestia, wzmianka, aluzja; **to drop a hint** – dać do zrozumienia; **a broad hint** – wyraźna/ /przejrzysta aluzja ❷ rada, wskazówka

hint² [hɪnt] delikatnie sugerować, napomknąć, dać do zrozumienia; *I hinted that I might not be able to come.* – Napomknąłem, że może nie dam rady przyjść. *He hinted at the possibility of his early retirement.* – Napomknął o możliwości wcześniejszego przejścia na emeryturę.

hip [hɪp] biodro

hippo ['hɪpəʊ] *pot.* hipopotam

hippopotamus [ˌhɪpə'pɒtəməs] (*l.mn.* **hippopotamuses/hippopotami** [ˌhɪpə'pɒtəməsɪz/ˌhɪpə'pɒtəmaɪ]) hipopotam

hire¹ [haɪə] wynająć; **to hire a car** – wynająć samochód; **to hire a private detective** – wynająć prywatnego detektywa

hire² [haɪə] wynajęcie, wynajem; **cars for hire** – samochody do wynajęcia

hired ['haɪəd] wynajęty; **a hired car** – wynajęty samochód; **a hired help** – osoba wynajęta do pomocy (*zazwyczaj pomoc domowa*); **a hired killer** – wynajęty morderca

hire purchase ['haɪə ˌpɜ:tʃəs] kupno na raty; **to buy a car on hire purchase** – kupić samochód na raty

his¹ [hɪz] jego (*należący do niego*); *That is his car.* – To jest jego samochód.

his² [hɪz] jego, przedmiot należący do niego; *It's not my car, it's his.* – To nie jest mój samochód, to jego.

hiss [hɪs] syczeć; *The snake hissed.* – Wąż zasyczał.

historian [hɪ'stɔ:rɪən] historyk

historic [hɪ'stɔ:rɪk] historyczny (*o znaczeniu historycznym*); **a historic event** – wydarzenie historyczne (*o wielkim znaczeniu dla historii*); **historic monuments** – zabytki

historical [hɪ'stɔ:rɪkl] historyczny (*dotyczący historii*); **historical research** – historyczne badania naukowe; **a historical novel** – powieść historyczna

history ['hɪstrɪ] historia; **medieval history** – historia średniowiecza; **to go down in history** – przejść do historii; *History repeats itself.* – Historia się powtarza.

hit[1] [hɪt] **(-tt-) (hit, hit** [hɪt, hɪt]) ❶ uderzyć, ugodzić; *She hit him hard in the stomach.* – Uderzyła go mocno w żołądek. *The bullet hit him in the chest.* – Kula ugodziła go w pierś. *The new taxes will hit the poor.* – Nowe podatki uderzą w biednych. ❷ uderzyć (się) w; *The car hit a tree.* – Samochód uderzył w drzewo. *He hit his head on the low ceiling.* – Uderzył głową w niski sufit. ❸ zaatakować, uderzyć; **to hit the enemy's camp** – uderzyć w obóz nieprzyjaciela ❹ trafić; **to hit the mark** – trafić do celu; **to hit the nail on the head** – dotknąć sedna sprawy

hit[2] [hɪt] ❶ uderzenie, cios; **an unfair hit** – cios niedozwolony; **a direct hit on the enemy's camp** – bezpośrednie uderzenie na obóz nieprzyjaciela ❷ hit, sukces; *Their new record is a hit.* – Ich nowa płyta jest hitem/przebojem.

hitchhike ['hɪtʃhaɪk] podróżować autostopem; *We hitchhiked from Glasgow to London.* – Przejechaliśmy autostopem z Glasgow do Londynu.

hitchhiker ['hɪtʃhaɪkə] autostopowicz

hive [haɪv] ul

hoarse [hɔ:s] zachrypnięty, ochrypły; **a hoarse voice** – zachrypnięty głos; **to shout oneself hoarse** – zachrypnąć od krzyku; *I'm hoarse.* – Mam chrypkę.

hobby ['hɒbɪ] (*l.mn.* **hobbies**) hobby

hockey ['hɒkɪ] ❶ hokej na trawie ❷ / *am.* **ice hockey** – hokej na lodzie

hold[1] [həʊld] **(held, held** [held, held]) ❶ trzymać; *She was holding the baby in her arms.* – Trzymała dziecko w ramionach. ❷ trzymać, utrzymać (*coś w pewnej pozycji*); *She was holding her head above water.* – Trzymała głowę nad wodą. *We held our breath.* – Wstrzymaliśmy oddech. *Will the rope hold me?* – Czy ta lina mnie utrzyma? *Hold your tongue!* – Trzymaj język za zębami! *He was held prisoner by terrorists.* – Był trzymany jako więzień przez terrorystów. ❸ trzymać się, utrzymać się; *If the weather holds...* – Jeżeli pogoda utrzyma się... *Hold tight!* – Trzymaj się mocno! ❹ zawierać, pomieścić; *How much water will the tank hold?* – Ile wody pomieści ten zbiornik? ❺ organizować, urządzać; **to hold a meeting** – organizować zebranie; *The conference will be held in Prague.* – Ta konferencja odbędzie się w Pradze. ❻ uważać, przyjmować; *I'll hold you personally responsible if anything goes wrong.* – Będę pana uważać za osobiście odpowiedzialnego, jeżeli coś się nie uda.

◆ **hold back** – (a) zataić, ukryć; *Tell me the whole story, don't hold anything back.* – Opowiedz mi całą historię, niczego nie ukrywaj. (b) powstrzymać; *He tried to hold back his anger.* – Starał się powstrzymać swój gniew. *The police were unable to hold back the crowd.* – Policja nie była w stanie powstrzymać tłumu.

◆ **hold down** – (a) utrzymać na niskim poziomie, nie dopuścić do wzrostu; *The rate of inflation must be held down.* – Stopa inflacji musi być utrzymana na niskim poziomie. (b) **to hold down a job** – utrzymać pracę, utrzymać się na posadzie

◆ **hold on** – (a) nie odkładać słuchawki, czekać (*przy telefonie*); *Hold on, I'll just get my pen.* – Chwileczkę, tylko wezmę pióro. (b) wytrzymać, nie ustawać w wysiłkach; *I don't think I can hold on any longer.* – Myślę, że już dłużej nie wytrzymam.

◆ **hold on to** – trzymać się czegoś; *He held on to the rope.* – Trzymał się liny.

◆ **hold up** – (a) zatrzymać, wstrzymać, spowodować opóźnienie; **to hold up the traffic** – wstrzymać ruch uliczny; *Our flight was held up by the fog.* – Nasz lot został opóźniony z powodu mgły. **to hold up the negotiations** – wstrzymać negocjacje, (b) napaść w celach rabunkowych; **to hold up a bank** – napaść na bank

hold² [həuld] uchwyt, chwyt; **to get hold of sth** – chwycić się czegoś/złapać coś; **to lose hold of sth** – puścić coś/wypuścić coś (*z ręki*)

hold-up ['həuldʌp] ❶ wstrzymanie, zatrzymanie; **a traffic hold-up** – korek uliczny/zatrzymanie ruchu ulicznego ❷ napad (*np. na bank*)

hole [həul] dziura; *There is a hole in your pullover.* – Masz dziurę w swetrze. **a hole in a tooth** – dziura w zębie; *The road was full of holes.* – Droga była pełna dziur.

holiday ['hɒlədeɪ] ❶ urlop, święto, dzień wolny od pracy; *He is on holiday.* – On jest na urlopie. *They went to Italy for their holiday.* – Pojechali do Włoch na urlop. **national/public holiday** – święto państwowe; **bank holiday** – dzień wolny od pracy (*kiedy również nieczynne są banki*) ❷ **holidays** – wakacje; **school holidays** – wakacje szkolne; **summer holidays** – wakacje letnie

hollow¹ ['hɒləu] pusty, wydrążony

hollow² ['hɒləu] zagłębienie, wgłębienie, dziura, jama, puste miejsce

holocaust ['hɒləkɔ:st] zagłada; **a nuclear holocaust** – zagłada nuklearna; **the Holocaust** – zagłada Żydów w czasie drugiej wojny światowej

holy ['həulɪ] **(-ier, -iest)** święty; **the Holy Ghost/Spirit** – Duch Święty; **Holy Communion** – komunia święta; **holy cow** – święta krowa

home¹ [həum] ❶ dom, dom rodzinny, ognisko domowe; *He is at home.* – On jest w domu. *Make yourself at home.* – Czuj się jak u siebie w domu./Rozgość się. *He went home.* – Poszedł do domu. **to set up home** – założyć ognisko domowe ❷ kraj rodzinny; *He went home after two years in India.* – Pojechał do kraju po dwóch latach w Indiach. ❸ zakład opieki; **a nursing home** – szpital prywatny/zakład dla osób starszych; **old people's home** – dom starców

home² [həum] ❶ domowy; *What's your home address?* – Jaki jest pana adres domowy? **home cooking** – kuchnia domowa ❷ krajowy, wewnętrzny; **home market** – rynek wewnętrzny; **the Home Office** – Ministerstwo Spraw Wewnętrznych (*w Wielkiej Brytanii*); **the Home Secretary** – minister spraw wewnętrznych

homeless ['həumləs] bezdomny

home-made [ˌhəum'meɪd] własnej roboty, domowy; **home-made cake** – ciasto domowe

homesick ['həumsɪk] stęskniony za domem/za krajem

homework ['həumwɜ:k] praca domowa; **to do one's homework** – odrabiać/ /odrobić pracę domową

homoeopathy [ˌhəumɪ'ɒpəθɪ] homeopatia

homosexual¹ [ˌhəumə'sekʃuəl] homoseksualista

homosexual² [ˌhəumə'sekʃuəl] homoseksualny

honest ['ɒnɪst] uczciwy; *He is an honest man.* – On jest uczciwym człowiekiem. *To be quite honest, I don't think it's good enough.* – Szczerze mówiąc, nie sądzę, by to było wystarczająco dobre.

honestly ['ɒnɪstlɪ] ❶ uczciwie; *She earned the money honestly.* – Ona uczciwie zarobiła te pieniądze. ❷ naprawdę, doprawdy; *Honestly, I don't* *know what to do.* – Szczerze mówiąc, nie wiem, co robić.

honesty ['ɒnəstɪ] uczciwość

honeymoon ['hʌnɪmu:n] miesiąc miodowy; *They are on their honeymoon in Venice.* – Oni spędzają miesiąc miodowy w Wenecji.

honour[1] ['ɒnə] honor, cześć, zaszczyt; *It's a great honour to be invited.* – To wielki zaszczyt być zaproszonym. *I give you my word of honour.* – Daję ci słowo honoru. **in honour of (sb)** – na cześć (kogoś); *They are giving a reception in honour of the visiting president.* – Wydają przyjęcie na cześć przyjeżdżającego z wizytą prezydenta. **with military honours** – z honorami wojskowymi

honour[2] ['ɒnə] ❶ zaszczycić, uczcić; *We were deeply honoured.* – Byliśmy głęboko zaszczyceni. *The Queen honoured us with her presence.* – Królowa zaszczyciła nas swoją obecnością. ❷ honorować, uznać; **to honour a cheque** – honorować czek

h

hood [hʊd] ❶ kaptur ❷ *am.* maska samochodu ❸ budka, nakrycie, daszek

hoof [hu:f] (*l.mn.* **hoofs/hooves** [hu:fs/ /hu:vz]) kopyto

hook [hʊk] hak; *Hang the coat on the hook.* – Powieś płaszcz na wieszaku. *The phone is off the hook.* – Słuchawka telefoniczna jest odłożona (*nie leży na widełkach*).

hop[1] [hɒp] **(-pp-)** skakać, podskakiwać; *The birds were hopping in the garden.* – Ptaki podskakiwały w ogrodzie.

hop[2] [hɒp] chmiel

hope[1] [həʊp] mieć nadzieję; *I hope to see you soon.* – Mam nadzieję zobaczyć cię wkrótce. *I hope that he'll get the job.* – Mam nadzieję, że on dostanie tę pracę. *We have to hope for the best.* – Musimy mieć nadzieję na najlepsze./Musimy mieć nadzieję na najkorzystniejszy rozwój sytuacji. *I hope so.* – Mam nadzieję, że tak. *I hope not.* – Mam nadzieję, że nie.

hope[2] [həʊp] nadzieja; **to lose/to give up hope** – stracić nadzieję; **to raise sb's hopes** – wzbudzić czyjeś nadzieje; *What are you hopes for the future?* – Jakie są twoje nadzieje na przyszłość? *He is full of hope.* – On jest pełen nadziei.

hopeful ['həʊpfʊl] ❶ pełen nadziei; *We are hopeful about the results.* – Jesteśmy pełni nadziei co do wyników. *I'm hopeful that a compromise is possible.* – Jestem pełen nadziei, że kompromis jest możliwy. ❷ obiecujący; *The future doesn't seem very hopeful.* – Przyszłość nie wygląda bardzo obiecująco.

hopefully ['həʊpfʊlɪ] ❶ z nadzieją, z oczekiwaniem; *She looked hopefully at me.* – Spojrzała na mnie z nadzieją. ❷ miejmy nadzieję; *Hopefully the weather will improve.* – Miejmy nadzieję, że pogoda się poprawi.

hopeless ['həʊpləs] ❶ beznadziejny; *It's hopeless trying to persuade him.* – To beznadziejne starać się jego przekonać. **a hopeless situation** – beznadziejna sytuacja; **a hopeless case** – beznadziejny przypadek; *I'm hopeless at cooking.* – Jestem beznadziejny, jeżeli chodzi o gotowanie. ❷ rozpaczliwy, nie dający nadziei; **hopeless tears** – rozpaczliwe łzy

hopelessly ['həʊpləslɪ] beznadziejnie; **to be hopelessly in love** – być beznadziejnie zakochanym

horizon [hə'raɪzn] horyzont; *The sun disappeared below the horizon.* – Słońce zniknęło za horyzontem. **to appear on the horizon** – pojawić się na horyzoncie; **to broaden one's horizons** – poszerzyć swoje horyzonty

horizontal [,hɒrɪ'zɒntl] poziomy

horn [hɔ:n] ❶ róg (*zwierzęcia*); **to take the bull by the horns** – wziąć byka za rogi ❷ róg (*substancja z rogu zwierzęcia*); **horn-rimmed spectacles** – okulary w rogowej oprawie ❸ *muz.* róg; **a hunting horn** – róg myśliwski ❹ klakson samochodu; **to blow/to**

sound the horn – zatrąbić/dać sygnał klaksonem/włączyć klakson

horoscope ['hɒrəskəʊp] horoskop

horrible ['hɒrəbl] okropny, straszny; **a horrible crime** – straszna zbrodnia; **horrible weather** – okropna pogoda

horrid ['hɒrɪd] okropny, straszny, wstrętny, nieprzyjemny; *You are being horrid to her.* – Zachowujesz się wobec niej okropnie./Jesteś dla niej okropny.

horrified ['hɒrɪfaɪd] przerażony; *He gave me a horrified look.* – Posłał mi spojrzenie pełne przerażenia. *We were horrified at/by what we saw.* – Byliśmy przerażeni tym, co zobaczyliśmy.

horrify ['hɒrɪfaɪ] (**-ies, -ied, -ying**) przerazić; *The prospect has horrified me.* – Ta perspektywa przerażała/-ziła mnie.

horror ['hɒrə] ❶ przerażenie; *She ran away in horror.* – Uciekła przerażona/ /w przerażeniu. *She has a horror of spiders.* – Ona panicznie boi się pająków. *To her horror she saw the door open.* – Ku swojemu przerażeniu zauważyła, że drzwi się otwierają. ❷ okropność, horror, groza; **the horrors of war** – okropności wojny; **a horror film** – film grozy

horse [hɔ:s] koń; **to ride a horse** – jeździć konno

horseback ['hɔ:sbæk]:
on horseback – konno

horseshoe ['hɔ:sʃu:] podkowa

horticulture [ˌhɔ:tɪ'kʌltʃə] ogrodnictwo

hose [həʊz] **/ hosepipe** ['həʊzpaɪp] wąż gumowy (*np. do podlewania ogródka*)

hospitable ['hɒspɪtəbl] gościnny

hospital ['hɒspɪtl] szpital; *He is in hospital.* – On jest w szpitalu. **to be admitted to hospital** – zostać przyjętym do szpitala

hospitality [ˌhɒspɪ'tæləti] gościnność

host [həʊst] gospodarz, pan domu; *I must say goodbye to the host.* – Muszę się pożegnać z panem domu.

hostage ['hɒstɪdʒ] zakładnik; **to take/to hold sb hostage** – wziąć/trzymać kogoś jako zakładnika

hostel ['hɒstl] tani hotel, dom noclegowy; **a student's hostel** – dom akademicki; **a youth hostel** – schronisko młodzieżowe

hostess ['həʊstɪs] ❶ pani domu, gospodyni ❷ hostessa; **an air hostess** – stewardessa

hostile ['hɒstaɪl] wrogi; **a hostile look** – wrogie spojrzenie; **the hostile aircraft** – samolot/samoloty nieprzyjaciela

hot [hɒt] **(-tt-)** ❶ gorący; **hot weather** – upalna pogoda; **hot tea** – gorąca herbata; *I'm hot.* – Jest mi gorąco. ❷ ostry, ostro przyprawiony; **a hot Indian dish** – ostra potrawa indyjska

hotel [ˌhəʊ'tel] hotel; *We are staying at the hotel.* – Mieszkamy/Zatrzymaliśmy się w hotelu.

hour [aʊə] godzina; *It'll take an hour to get to the airport.* – Dojazd na lotnisko zajmie godzinę. **office hours** – godziny pracy w biurze/godziny otwarcia biura; *He is paid by the hour.* – Jest opłacany od godziny.

hourly ['aʊəlɪ] cogodzinny, godzinny; **at hourly intervals** – w odstępach godzinnych; *The medicine is to be taken hourly.* – To lekarstwo ma być zażywane co godzinę.

house [haʊs] (*l.mn.* **houses** ['haʊzɪz]) ❶ dom; *Do you live in a house or in a flat?* – Czy mieszkasz w domu, czy w mieszkaniu? **a detached house** – dom wolno stojący; **a semi-detached house** – dom bliźniak; **to keep house** – prowadzić dom ❷ dom, ród, linia; **the House of Windsor** – dynastia Windsorów ❸ izba; **the House of Commons** – Izba Gmin; **the House of Lords** – Izba Lordów; **the House of Representatives** – Izba Reprezentantów ❹ firma; **a publishing house** – wydawnictwo; *All the drinks are on the house.* – Wszystkie napoje są na koszt firmy. ❺ widownia w teatrze; **to play to a full/an empty house** – grać przy pełnej/pustej widowni

household ['haʊshəʊld] domostwo, gospodarstwo domowe, domownicy;

household expenses – wydatki domowe; *The whole household were there to meet him.* – Wszyscy domownicy byli obecni, by go powitać.

housewife ['haʊswaɪf] (*l.mn.* **housewives** ['haʊswaɪvz]) gospodyni domowa

housework ['haʊswɜ:k] prace domowe, praca w gospodarstwie domowym; **to do housework** – wykonywać prace domowe

housing ['haʊzɪŋ] pomieszczenie mieszkalne, mieszkania; *There's a shortage of housing for young people.* – Brakuje mieszkań dla młodych ludzi. **a housing estate** – osiedle mieszkaniowe

hover ['hɒvə] unosić się, wisieć w powietrzu; *A helicopter hovered overhead.* – Helikopter unosił się nad głowami.

hovercraft ['hɒvəkrɑ:ft] (*l.mn.* **hovercraft**) poduszkowiec

how [haʊ] jak; *How to solve the problem?* – Jak rozwiązać ten problem? *How are you?* – Jak się masz? *How do you feel?* – Jak się czujesz? *How do you know?* – Skąd wiesz? *How much?* – Ile? (*dot. rzeczowników niepoliczalnych*); *How many?* – Ile (*dla rzeczowników policzalnych*); *How old are you?* – Ile masz lat? *How wonderful!* – Cudownie! *How nice of you to offer us a lift.* – Jak to miło z twojej strony, że zaproponowałeś nam podwiezienie. *How about going to the cinema?* – A może byśmy tak poszli do kina? *How about you?* – A ty?

however [haʊ'evə] ❶ jakkolwiek, w jakikolwiek sposób; *What he said was a lie, however you look at it.* – To co mówił było kłamstwem, jakkolwiek byś na to nie patrzył. ❷ niezależnie od; *I'll buy it, however much it costs.* – Kupię to, niezależnie od kosztów. ❸ jednak, tym niemniej; *There is, however, another problem to solve.* – Jest jednak jeszcze inny problem do rozwiązania.

howl¹ [haʊl] wyć; *The dog howled.* – Pies zawył. *The wind was howling in the trees.* – Wiatr zawodził pośród drzew.

howl² [haʊl] wycie, jęk

hug¹ [hʌg] (**-gg-**) obejmować, ściskać, trzymać w objęciach

hug² [hʌg] uścisk, uściśnięcie; **to give sb a hug** – uścisnąć kogoś

huge [hju:dʒ] ogromny, olbrzymi, potężny

hullo [hə'ləʊ] = **hello**

hum [hʌm] (**-mm-**) ❶ nucić; *She was humming a song.* – Nuciła piosenkę. ❷ brzęczeć, buczeć; *Bees were humming in the garden.* – Pszczoły brzęczały w ogrodzie.

human¹ ['hju:mən] ludzki; **the human race** – rasa ludzka; **human nature** – natura ludzka; **human rights** – prawa człowieka; *Of course I can make a mistake, I'm only human.* – Oczywiście, że mogę popełnić błąd, jestem tylko człowiekiem.

human² ['hju:mən] / **human being** człowiek, istota ludzka

humane [hjʊ'meɪn] humanitarny

humanity [hjʊ'mænətɪ] ❶ ludzkość, rodzaj ludzki; **crimes against humanity** – zbrodnie przeciwko ludzkości ❷ **the humanities** – przedmioty humanistyczne

humankind [,hju:mən'kaɪnd] rodzaj ludzki, ludzkość

humble ['hʌmbl] ❶ pokorny, uniżony; *He is very humble towards his superiors.* – On jest bardzo pokorny wobec swoich zwierzchników. **Your humble servant** – pokorny sługa (*formuła kończąca list, przed podpisem – obecnie mało używana*) ❷ skromny, biedny; **in my humble opinion** – moim skromnym zdaniem; *He has a humble background.* – On pochodzi ze skromnej rodziny./Jego pochodzenie jest skromne.

humid ['hju:mɪd] wilgotny; **a humid climate** – wilgotny klimat

humidity [hjʊ'mɪdətɪ] wilgotność

humorous ['hju:mərəs] humorystyczny, śmieszny, zabawny; **to see the humorous side of the situation** – widzieć zabawny aspekt sytuacji

humour ['hju:mə] humor; **to have a sense of humour** – mieć poczucie humoru; **a story full of humour** – opowiadanie pełne humoru; *He didn't see the humour of the situation.* – On nie dostrzegł zabawnej strony tej sytuacji.

hump [hʌmp] garb

hundred ['hʌndrəd] sto; **a/one hundred and twenty** – sto dwadzieścia; **two/ /three hundred** – dwieście/trzysta; **hundreds of people** – setki ludzi

hundredth ['hʌndrədθ] setny

hung [hʌŋ] *p.* **hang**[1] **(hung, hung)**

hunger ['hʌŋgə] głód; **to die from/of hunger** – umrzeć z głodu; **to be weak with hunger** – być słabym z głodu; **to satisfy one's hunger** – zaspokoić głód

hungry ['hʌŋgrɪ] **(-ier, -iest)** głodny; *I'm hungry.* – Jestem głodny. **to get hungry** – zgłodnieć; **to go hungry** – głodować

hunt[1] [hʌnt] ❶ polować; **to hunt for big game** – polować na grubego zwierza; *Lions hunt for food.* – Lwy polują dla zdobycia pożywienia. *Cats hunt mice.* – Koty polują na myszy. ❷ poszukiwać; *I've hunted everywhere for the book.* – Wszędzie szukałem tej książki.

hunt[2] [hʌnt] ❶ polowanie; **fox-hunt** – polowanie na lisa ❷ poszukiwanie; *After a long hunt he found what he wanted.* – Po długich poszukiwaniach znalazł to, czego chciał.

hunter ['hʌntə] myśliwy

hunting ['hʌntɪŋ] polowanie; **to go hunting** – iść na polowanie; **hunting ground** – tereny łowieckie

hurricane ['hʌrɪkən] huragan

hurry[1] ['hʌrɪ] **(-ies, -ied, -ying)** ❶ śpieszyć się, pośpieszyć się; *We have to hurry if we want to catch the train.* – Musimy się pośpieszyć, jeżeli chcemy zdążyć na pociąg. *Hurry up!* – Pośpiesz się! ❷ popędzać, pośpieszać, przynaglać; *Don't hurry me!* – Nie popędzaj mnie! *She won't be hurried into a decision.* – Ona nie da się popędzać do podjęcia decyzji. ❸ spieszyć, pospieszać (*dokądś*); *He hurried home.* – Pospieszył do domu. *She hurried to catch the bus.* – Pospieszyła, żeby zdążyć na autobus.

hurry[2] ['hʌrɪ] pośpiech; *I'm in a hurry.* – Śpieszę się. *They were in a hurry to leave.* – Chcieli pośpiesznie wyjechać. *I'm in no hurry to get married.* – Nie spieszę się z zamążpójściem. *There's no hurry.* – Nie ma pośpiechu. *She left in a hurry.* – Wyszła w pośpiechu. *What's the hurry?* – Po co ten pośpiech?

hurt[1] [hɜ:t] **(hurt, hurt** [hɜ:t, hɜ:t]**)** ❶ zranić, skaleczyć; *He hurt himself when he fell.* – Zranił się, kiedy upadł. **to hurt sb's feelings** – zranić czyjeś uczucia ❷ sprawiać ból, boleć; *My leg hurts.* – Boli mnie noga. *These shoes hurt my feet.* – Te buty uciskają mnie (sprawiają, że bolą mnie stopy). *Stop! You are hurting me!* – Przestań! To boli! ❸ zaszkodzić; *It won't hurt you to get up early.* – Nie zaszkodzi ci wcześniejsze wstawanie.

hurt[2] [hɜ:t] ❶ ranny; *He is hurt.* – On jest ranny. ❷ zraniony, dotknięty; *She felt hurt by his critical remarks.* – Poczuła się dotknięta jego krytycznymi uwagami.

husband ['hʌzbənd] mąż

hush[1] [hʌʃ] uciszyć, uspokoić; *Hush!* – Cicho!/Cisza!

◆ **hush up** – zatuszować; **to hush up a scandal** – zatuszować skandal

hush[2] [hʌʃ] cisza

hut [hʌt] chata, domek drewniany, szałas

hyacinth ['haɪəsɪnθ] hiacynt

hydrant ['haɪdrənt] hydrant

hydrogen ['haɪdrədʒən] wodór

hyena [haɪ'i:nə] hiena

hygiene ['haɪdʒi:n] higiena

hygienic [haɪ'dʒi:nɪk] higieniczny, czysty

hymn [hɪm] hymn

hypnosis [hɪp'nəʊsɪs] hipnoza; **under hypnosis** – w stanie hipnozy

hypnotic [hɪp'nɒtɪk] hipnotyczny; **the hypnotic trance** – trans hipnotyczny

hypnotist ['hɪpnətɪst] hipnotyzer

hypnotize ['hɪpnətaɪz] hipnotyzować

hypochondria [,haɪpə'kɒndrɪə] hipochondria

hypochondriac [,haɪpə'kɒndrɪæk] hipochondryk

hypocrisy [hɪ'pɒkrəsɪ] hipokryzja

hypocrite ['hɪpəkrɪt] hipokryta

hypocritical [,hɪpə'krɪtɪkl] hipokrytyczny

hypodermic [,haɪpə'dɜ:mɪk] podskórny; **a hypodermic syringe** – strzykawka; **a hypodermic injection** – zastrzyk

hypothesis [haɪ'pɒθəsɪs] (*l.mn.* **hypotheses** [haɪ'pɒθəsi:z]) hipoteza

hypothetical [,haɪpə'θetɪkl] hipotetyczny

hysteria [hɪ'stɪərɪə] histeria

hysterical [hɪ'sterɪkl] histeryczny; **to get hysterical** – dostać ataku histerii; **hysterical laughter** – śmiech histeryczny

hysterics [hɪ'sterɪks] histeria, atak histerii; **to go into hysterics** – dostać ataku histerii/wpaść w histerię

I

I [aɪ] ja

ice [aɪs] ❶ lód; *There's ice on the lake.* – Na jeziorze jest lód. **to break the ice** – *przen.* przełamać lody; **as cold as ice** – zimny jak lód; **ice cube** – kostka lodu ❷ lody; *Two ices, please.* – Poproszę dwie porcje lodów.

iceberg ['aɪsbɜ:g] góra lodowa; **the tip of the iceberg** – wierzchołek góry lodowej

ice-cold [,aɪs'kəʊld] lodowaty, zimny jak lód

ice-cream [,aɪs'kri:m] lody

iced [aɪst] ❶ mrożony, z lodem; **iced tea** – mrożona herbata ❷ polukrowany; **iced cakes** – polukrowane ciasteczka

ice hockey ['aɪs hɒkɪ] hokej na lodzie

icicle ['aɪsɪkl] sopel lodu

icing ['aɪsɪŋ] lukier; **cake with white icing** – ciasto z białym lukrem

icy ['aɪsɪ] **(-ier, -iest)** ❶ lodowaty; **icy wind** – lodowaty wiatr ❷ pokryty lodem, oblodzony; *The roads were icy.* – Drogi były oblodzone.

I'd [aɪd] = ❶ **I had** ❷ **I would** ❸ **I should**

idea [aɪ'dɪə] ❶ pomysł, myśl; *It wasn't a good idea.* – To nie był dobry pomysł. *He is full of new ideas.* – On jest pełen nowych pomysłów. *The very idea of it makes me shudder.* – Na samą myśl o tym przenika mnie dreszcz. ❷ wyobrażenie, pojęcie, idea; *I have no idea where he is.* – Nie mam pojęcia, gdzie on jest. *I haven't the faintest/the foggiest idea.* – NIe mam zielonego pojęcia. *The lecture will give you a general idea of what post-modernism is.* – Ten wykład da ci ogólne pojęcie o tym, czym jest postmodernizm.

ideal[1] [aɪ'di:əl] idealny; **an ideal husband** – idealny mąż; **an ideal place for a holiday** – idealne miejsce na wakacje

ideal[2] [aɪ'di:əl] ideał

identical [aɪ'dentɪkl] identyczny

identification [aɪ,dentɪfɪ'keɪʃn] ❶ identyfikacja; **the identification of the murdered man** – identyfikacja zamordowanego mężczyzny ❷ dowód tożsamości, dokument stwierdzający tożsamość

identify [aɪ'dentɪfaɪ] **(-ies, -ied, -ying)** ❶ zidentyfikować, stwierdzić tożsamość; *The police are trying to identify the body.* – Policja próbuje ustalić tożsamość ofiary. ❷ identyfikować, stwierdzić, określić; *The scientists identified bacteria responsible for the disease.* – Naukowcy zidentyfikowali bakterie wywołujące tę chorobę. ❸ identyfikować się, utożsamiać się; **to identify with the characters of a film** – identyfikować się z postaciami filmu

identity [aɪ'dentətɪ] tożsamość; *The police established his true identity.* – Policja ustaliła jego prawdziwą tożsamość. **identity card** – dowód tożsamości; **identity crisis** – kryzys tożsamości

ideological [,aɪdɪə'lɒdʒɪkl] ideologiczny

ideology [,aɪdɪ'ɒlədʒɪ] ideologia

idiocy ['ɪdɪəsɪ] idiotyzm, niedorozwój umysłowy

idiom ['ɪdɪəm] idiom, wyrażenie idiomatyczne, zwrot językowy

idiomatic [,ɪdɪə'mætɪk] idiomatyczny

idiot ['ɪdɪət] idiota

idiotic [,ɪdɪ'ɒtɪk] idiotyczny

idle ['aɪdl] ❶ bezczynny, bez pracy; *She's been idle all day.* – Nic nie robiła przez cały dzień. *The factory is lying idle.* – Ta fabryka jest nieczynna. ❷ leniwy, próżnujący; **an idle girl** – leniwa dziewczyna ❸ próżny, czczy, daremny; **idle talk** – czcza gadanina; **an idle promise** – próżna obietnica; **idle curiosity** – czysta ciekawość

idol ['aɪdl] idol

i.e. [,aɪ'i:] (*łac.* id est) to jest, to znaczy

if[1] [ɪf] ❶ jeżeli, gdyby; *I'll help you today if you help me tomorrow.* – Pomogę ci dziś, jeżeli ty pomożesz mi jutro. *If he were here he would know what to do.* – Gdyby on tu był, wiedziałby co robić. *If she should phone tell her to come.* – Gdyby zadzwoniła, powiedz jej, żeby przyszła. *If you would wait a moment.* – Gdyby pan zechciał chwilę poczekać. **if I were you** – na twoim miejscu; *If I were you I wouldn't pay them.* – Na twoim miejscu nie zapłaciłbym im.

◆ **as if** – jak gdyby; *He looked as if he had seen a ghost.* – Wyglądał tak, jak gdyby zobaczył ducha.

◆ **if only** – gdyby tylko; *If only I knew!* – Gdybym tylko wiedział!/Szkoda, że nie wiem! *If only I had known!* – Gdybym był wiedział!/Szkoda, że nie wiedziałem!

❷ kiedy, kiedy tylko, jak; *If I am ill I stay in bed.* – Kiedy jestem chory, leżę w łóżku. ❸ że, jeżeli; *Do you mind if I smoke?* – Czy nie przeszkądza ci, że zapalę?

if[2] [ɪf] czy (*w pytaniach zależnych*); *I wonder if you know him.* – Ciekaw jestem, czy go znasz.

ignorance ['ɪgnərəns] ignorancja, niewiedza; **to show/to display ignorance** – wykazać/-ywać ignorancję; *They were kept in ignorance of what had happened.* – Trzymano ich w niewiedzy co do tego, co zaszło./Nie poinformowano ich o tym, co się wydarzyło.

ignorant ['ɪgnərənt] nie wiedzący, nie poinformowany; *I was ignorant of the facts.* – Te fakty nie były mi znane. *He is ignorant and prejudiced.* – Jest ignorantem pełnym przesądów.

ignore [ɪg'nɔ:] ignorować; *She just ignored my question.* – Po prostu zignorowała moje pytanie.

I'll [aɪl] = **I will, I shall**

ill[1] [ɪl] ❶ chory; *I'm feeling ill.* – Czuję się chory. **to fall/to be taken ill** – zachorować; **to be ill with pneumonia** – być chorym na zapalenie płuc ❷ zły; **ill health** – złe zdrowie; **ill effects** – złe skutki; **ill manners** – złe maniery; **ill will** – zła wola; **to bear no ill feelings** – nie żywić negatywnych uczuć; **to feel ill at ease** – czuć się nieswojo/być skrępowanym

ill[2] [ɪl] ❶ źle; **to be ill treated** – być źle traktowanym; **to think/speak ill of sb** – źle o kimś myśleć/mówić ❷ niedostatecznie, ledwo, z trudem; *He can ill afford to buy a car.* – Nie bardzo go stać na kupno samochodu.

ill-advised [ˌɪləd'vaɪzd] nierozważny, nierozsądny, nieroztropny; *It was ill-advised of her to sell her house.* – Sprzedanie domu było z jej strony nierozsądne.

ill-bred [ˌɪl'bred] źle wychowany, niegrzeczny

ill-disposed [ˌɪldɪs'pəʊzd] źle nastawiony, nieżyczliwy, uprzedzony; *They are ill-disposed towards me.* – Oni są wobec mnie źle nastawieni.

I

illegal [ɪ'li:gəl] nielegalny

illegitimate [ˌɪlə'dʒɪtəmət] ❶ (*o dziecku*) nieślubny ❷ bezprawny, nieprawny

illiterate[1] [ɪ'lɪtərət] nie umiejący czytać i pisać, niepiśmienny; **to be illiterate** – nie umieć pisać i czytać; **to be scientifically illiterate** – nie mieć pojęcia o naukach ścisłych/być analfabetą w zakresie nauk ścisłych

illiterate[2] [ɪ'lɪtərət] analfabeta

ill-mannered [ˌɪl'mænəd] niegrzeczny, o złych manierach

illness ['ɪlnəs] choroba; **to recover from an illness** – wyzdrowieć; **mental illness** – choroba psychiczna

illogical [ɪ'lɒdʒɪkl] nielogiczny

ill-tempered [ˌɪl'tempəd] zły, zirytowany, rozdrażniony

illuminate [ɪ'lu:mɪneɪt] ❶ oświetlić; *The room was illuminated by candles.* – Pokój był oświetlony świecami. ❷ oświecić, wyjaśnić ❸ iluminować (*manuskrypt*), ozdobić

illuminating [ɪ'lu:mɪneɪtɪŋ] wyjaśniający, rzucający światło (*na sprawę*)

illumination [ɪˌlu:mɪ'neɪʃn] ❶ oświetlenie; *The only illumination in the room was a single light-bulb.* – Jedyne oświetlenie pokoju stanowiła pojedyncza żarówka. ❷ **illuminations** – iluminacja, oświetlenie

illusion [ɪ'lu:ʒn] iluzja, złudzenie; **an optical illusion** – złudzenie optyczne; *I have no illusion about her true character.* – Nie mam złudzeń co do jej prawdziwego charakteru. **to cherish an illusion** – żywić złudzenie/łudzić się; **to be under an illusion** – mieć złudzenia/mieć iluzje

illustrate ['ɪləstreɪt] ilustrować; *The book was illustrated with photographs.* – Książka była ilustrowana fotografiami. *She gave many examples to illustrate her point.* – Podała wiele przykładów na zilustrowanie swojej tezy.

illustration [ˌɪlə'streɪʃn] ilustracja

I'm [aɪm] = **I am**

image ['ɪmɪdʒ] ❶ obraz, podobieństwo, podobizna; *She is the living image of her mother.* – Ona jest żywym obrazem swojej matki. *According to the Bible God created man in his image.* – Zgodnie z Biblią Bóg stworzył człowieka na Swoje podobieństwo. **an image of Buddha** – posążek/postać Buddy ❷ obraz, wyobrażenie, wizja, wizerunek; *He saw his image in the mirror.* – Zobaczył swoje odbicie w lustrze. *The government must improve its public image.* – Rząd musi poprawić swój obraz/wizerunek/image w oczach społeczeństwa.

imaginary [ɪ'mædʒɪnərɪ] urojony, wyimaginowany, zmyślony; *All characters in this book are imaginary.* – Wszystkie postaci tej książki są wymyślone. **an imaginary illness** – urojona choroba

imagination [ɪ,mædʒɪ'neɪʃn] wyobraźnia, imaginacja; **to have an active/a lively/a vivid imagination** – mieć żywą wyobraźnię; **to excite/to stir sb's imagination** – pobudzić czyjąś wyobraźnię

imagine [ɪ'mædʒɪn] ❶ wyobrazić sobie; *It's hard to imagine living in such conditions.* – Trudno sobie wyobrazić życie w takich warunkach. *It can't be true. You must have imagined the whole thing.* – To nie może być prawda. Chyba ci się to wszystko zdawało. ❷ sądzić, przypuszczać, mieć wrażenie; *It must have been difficult, I imagine.* – Przypuszczam, że to musiało być trudne.

imbalance [,ɪm'bæləns] nierównowaga, brak równowagi

imitate ['ɪmɪteɪt] naśladować, imitować; *He can imitate birds' voices.* – On umie naśladować głosy ptaków.

imitation [,ɪmɪ'teɪʃn] ❶ imitacja; *The diamond in the ring is only a glass imitation.* – Brylant w twym pierścionku jest tylko imitacją ze szkła. ❷ naśladowanie; **to learn by imitation** – uczyć się przez naśladowanie

immaculate [ɪ'mækjʊlət] nieskazitelny, bez skazy; *His white shirt was immaculate.* – Jego biała koszula była nieskazitelna.

immature [,ɪmə'tʃʊə] niedojrzały; **to be emotionally immature** – być niedojrzałym emocjonalnie

immediate [ɪ'mi:djət] ❶ natychmiastowy, bezzwłoczny; *You must give me an immediate answer.* – Musi mi pan dać natychmiastową odpowiedź. ❷ bezpośredni, najbliższy; *What are his plans for the immediate future?* – Jakie są jego plany na najbliższą przyszłość? *The immediate cause of his death is unknown.* – Bezpośrednia przyczyna jego śmierci nie jest znana.

immediately [ɪ'mi:djətlɪ] ❶ natychmiast, bezzwłocznie; *Come here immediately.* – Przyjdź tu natychmiast. ❷ bezpośrednio; *It was immediately after the war.* – To było bezpośrednio po wojnie.

immense [ɪ'mens] ogromny, niezmierny, bezgraniczny; **a matter of immense importance** – sprawa ogromnej wagi

immensely [ɪ'menslɪ] ogromnie, niezmiernie, bezgranicznie; *We enjoyed ourselves immensely.* – Fantastycznie się bawiliśmy.

immensity [ɪ'mensətɪ] ogrom, bezmiar; **the immensity of the universe** – ogrom wszechświata

immerse [ɪ'mɜ:s] zanurzyć

immersion [ɪ'mɜ:ʃn] zanurzenie

immigrant ['ɪmɪgrənt] imigrant

immigrate ['ɪmɪgreɪt] imigrować; *Many people from Europe immigrated to America.* – Wielu ludzi z Europy przyjechało/przybyło do Ameryki (*i osiedliło się tam*).

immigration [,ɪmɪ'greɪʃn] imigracja; **immigration control** – kontrola paszportowa przy wjeździe do kraju; **immigration officer** – funkcjonariusz kontrolujący paszporty (*przy wjeździe do Wielkiej Brytanii*)/urzędnik imigracyjny

immobile [ɪ'məʊbaɪl] nieruchomy

immobilize [ɪ'məʊbɪlaɪz] unieruchomić; *Her broken arm was immobilized for a month.* – Jej złamana ręka była unieruchomiona przez miesiąc.

immoral [ɪ'mɒrəl] niemoralny

immorality [,ɪmə'rælətɪ] niemoralność

immortal [ɪ'mɔ:tl] nieśmiertelny

immortality [,ɪmɔ:tælətɪ] nieśmiertelność

immune [ɪ'mju:n] odporny; **to be immune to infection** – być odpornym na infekcję; **to be immune to criticism** – być odpornym na krytykę; **the immune system** – system odpornościowy/immunologiczny

immunity [ɪ'mju:nətɪ] ❶ odporność; **immunity to a disease** – odporność na chorobę ❷ immunitet, nietykalność; **diplomatic immunity** – immunitet dyplomatyczny

impact ['ɪmpækt] ❶ uderzenie, wstrząs, siła uderzenia; **the impact of the collision** – wstrząs wynikający ze zderzenia ❷ wpływ, działanie; *The discovery made a great impact on modern life.* – To odkrycie wywarło duży wpływ na współczesne życie.

impasse [æm'pɑ:s] impas, martwy punkt, sytuacja bez wyjścia; *The negotiations reached an impasse.* – Negocjacje utknęły w martwym punkcie.

impassive [ɪm'pæsɪv] niewzruszony, nieporuszony, beznamiętny; *His face remained impassive.* – Jego twarz pozostała kamienna/nieruchoma.

impatience [ɪm'peɪʃns] niecierpliwość

impatient [ɪm'peɪʃnt] niecierpliwy; *We had to wait and he was becoming impatient.* – Musieliśmy czekać i on zaczynał się niecierpliwić. *He was impatient for the trip to start.* – Z niecierpliwością czekał na rozpoczęcie podróży.

imperative¹ [ɪm'perətɪv] ❶ rozkazujący, nakazujący, władczy; **the imperative tone of voice** – nie znoszący sprzeciwu ton głosu ❷ konieczny, niezbędny, naglący; *It's imperative that all should be present.* – Jest konieczne, żeby wszyscy byli obecni.

imperative² [ɪm'perətɪv] *gram.* tryb rozkazujący

imperceptible [,ɪmpə'septəbl] niezauważalny, nieuchwytny, niedostrzegalny; **an imperceptible change** – niedostrzegalna zmiana

imperfect [ɪm'pɜ:fɪkt] niedoskonały

imperial [ɪm'pɪərɪəl] imperialny, cesarski; **the imperial palace** – pałac cesarski; **imperial power** – władza cesarska

imperialism [ɪm'pɪərɪəlɪzm] imperializm

imperialist¹ [ɪm'pɪərɪəlɪst] imperialista

imperialist² [ɪm'pɪərɪəlɪst] imperialistyczny

imperialistic [ɪm,pɪərɪəl'ɪstɪk] imperialistyczny

impersonal [ɪm'pɜ:snl] nieosobowy, bezosobowy

implant¹ [ɪm'plɑ:nt] wszczepić; *The surgeon implanted an artificial valve to the patient's heart.* – Chirurg wszczepił sztuczną zastawkę do serca pacjenta. *A deep sense of duty has been implanted on him by his parents.* – Głębokie poczucie obowiązku zostało mu wszczepione przez rodziców.

implant² ['ɪmplɑ:nt] wszczep, implant

implement¹ ['ɪmplɪment] wprowadzić w życie, przeprowadzić; **to implement a programme of economic reforms** – wprowadzić w życie program reform gospodarczych

implement² ['ɪmplɪmənt] urządzenie, narzędzie; **farming implements** – urządzenia rolnicze; **household implements** – urządzenia i przyrządy gospodarstwa domowego

implicate ['ɪmplɪkeɪt] wikłać, wplątywać; *He was implicated in a financial scandal.* – Był uwikłany w aferę finansową.

implication [,ɪmplɪ'keɪʃn] ❶ implikacja, skojarzenie; **by implication** – przez skojarzenie ❷ uwikłanie, wplątanie, wmieszanie

imply [ɪm'plaɪ] **(-ies, -ied, -ying)** ❶ implikować, dawać do zrozumienia; *He implied that I was responsible.* – Dawał do zrozumienia, że ja jestem odpowiedzialny. ❷ implikować, nasuwać wniosek

impolite [,ɪmpə'laɪt] niegrzeczny, nieuprzejmy; *It's impolite to interrupt when somebody is speaking.* – Niegrzecznie jest przerywać, kiedy ktoś mówi.

import¹ ['ɪmpɔ:t] ❶ import; **import duties** – cła importowe; **to impose restrictions on the import of food** – nałożyć ograniczenia na import żywności ❷ **imports** – towary importowane

import² [ɪm'pɔ:t] importować; **to import goods from abroad** – importować towary z zagranicy

importance [ɪm'pɔ:tns] znaczenie, ważność, doniosłość; *He doesn't attach great importance to his appearance.* – On nie przywiązuje wielkiej wagi do swojego wyglądu. *It's a matter of considerable importance to me.* – To jest dla mnie sprawa dużej wagi.

important [ɪm'pɔ:tnt] ważny; *Money is very important to him.* – Pieniądze są dla niego bardzo ważne. *It's important to know all the facts before you make a judgement.* – Ważne jest, by znać wszystkie fakty, zanim wyda się o czymś sąd. *It's important that you (should) be on time.* – Ważne jest, żebyś był punktualnie. **a very important person** – bardzo ważna osoba/ /osobistość

importer [ɪm'pɔ:tə] importer

impose [ɪm'pəʊz] narzucić, nałożyć, wprowadzić; **to impose sanctions** – nałożyć sankcje; **to impose one's ideas on sb** – narzucić komuś swoje poglądy

impossibility [ɪm,pɒsə'bɪlətɪ] niemożliwość, rzecz niemożliwa, rzecz niewykonalna

impossible [ɪm'pɒsəbl] niemożliwy; *It's impossible for me to come.* – Nie mogę przyjść. *He makes life impossible for the whole family.* – On sprawia, że życie jest nieznośne dla całej rodziny.

impracticable [ɪm'præktɪkəbl] niewykonalny, niemożliwy do przeprowadzenia; *The scheme was costly and impracticable.* – Plan był kosztowny i niemożliwy do przeprowadzenia.

impractical [ɪm'præktɪkl] niepraktyczny

impress [ɪm'pres] ❶ imponować, wywierać/robić wrażenie; *He tried to impress his girl-friend.* – Starał się zaimponować swojej dziewczynie. *What impressed me was the quality of her work.* – Tym, co na mnie wywarło wrażenie, była jakość jej pracy. ❷ wpoić; *He tried to impress on his son the necessity to work harder.* – Starał się wpoić synowi konieczność podejmowania większego wysiłku (*cięższej pracy*). ❸ wycisnąć, odcisnąć (*znak*)

impressed [ɪm'prest] (*będący*) pod wrażeniem; *The tourists were impressed by the view.* – Widok zrobił na turystach duże wrażenie. **to be favourably impressed** – odnieść korzystne wrażenie

impression [ɪm'preʃn] wrażenie; **to make a favourable impression** – zrobić dobre wrażenie; *I was under the impression that she wasn't happy.* – Miałam wrażenie, że nie jest szczęśliwa.

impressionism [ɪm'preʃnɪzm] impresjonizm

impressive [ɪm'presɪv] imponujący, robiący wrażenie; **an impressive castle** – imponujący zamek

imprison [ɪm'prɪzn] uwięzić

imprisonment [ɪm'prɪznmənt] uwięzienie; *He was sentenced to five years' imprisonment.* – Został skazany na pięć lat więzienia.

improbable [ɪm'prɒbəbl] nieprawdopodobny; *It's highly improbable that he will come.* – Jest wysoce nieprawdopodobne, żeby on przyszedł.

improve [ɪm'pru:v] ❶ polepszyć, ulepszyć, udoskonalić; *He wants to improve his English.* – On chce udoskonalić swój angielski. ❷ polepszyć, poprawić się; *His health is improving.* – Jego zdrowie polepsza się.

improvement [ɪm'pru:vmənt] ❶ poprawa, postęp, polepszenie; *The teacher is pleased with improvement in my work.* – Nauczyciel jest zadowolony z moich postępów w pracy. *The country's economy is showing signs of improvement.* – Gospodarka kraju wykazuje oznaki poprawy. ❷ ulepszenie, udoskonalenie; *They are making improvements to their house.* – Oni modernizują swój dom.

I

improvisation [ˌɪmprəvaɪ'zeɪʃn] improwizacja

improvise ['ɪmprəvaɪz] improwizować

impulse ['ɪmpʌls] impuls, poryw, odruch; **to act on impulse** – działać odruchowo/działać pod wpływem impulsu

impulsive [ɪm'pʌlsɪv] impulsywny

in[1] [ɪn] ❶ w (*dot. pomieszczenia, miejsca w przestrzeni*); **in the room** – w pokoju; **in London** – w Londynie; **in the shade** – w cieniu; **in the middle of the room** – pośrodku pokoju ❷ na (*dot. miejsca w przestrzeni*); **in the street** – na ulicy; **in the fields** – na polu; **in the Pacific** – na Pacyfiku ❸ w (*dot. niektórych określeń czasu*); **in July** – w czerwcu; **in 1959** – w roku 1959; **in the spring/summer** – wiosną/latem; **in the morning** – rano; **in time** – w porę/na czas ❹ za, w ciągu (*dot. czasu*); **in two years** – za dwa lata; **in an hour** – za godzinę/w ciągu godziny ❺ w (*dot. stanu*); **in tears** – we łzach; **in despair** – w rozpaczy; **in danger** – w niebezpieczeństwie; **to be in love** – być zakochanym ❻ w (*dot. ubioru*); **a woman in white** – kobieta w bieli; **a man in a brown suit** – mężczyzna w brązowym garniturze; **in uniform** – w mundurze ❼ w (*dot. sposobu*); **to write in ink** – pisać atramentem; **to speak in Italian** – mówić po włosku/językiem włoskim; **to talk in whisper** – mówić szeptem ❽ na (*dot. ilości*); **one child in twenty** – jedno dziecko na dwadzieścia; **one chance in a million** – jedna szansa na milion ❾ za (*w zamian za*); **in return** – w zamian; **in reply to your letter** – w odpowiedzi na pański list

in[2] [ɪn] ❶ w domu, w pomieszczeniu; *Is Anna in?* – Czy Anna jest w domu? *We unlocked the door and went in.* – Otworzyliśmy drzwi i weszliśmy do środka. ❷ w modzie; *Mini-skirts are in again.* – Mini-spódniczki są znowu w modzie.

inability [ˌɪnə'bɪlətɪ] niemożliwość, niemożność, niezdolność; **his inability to make decisions** – jego niemożność podjęcia decyzji

inaccurate [ɪn'ækjərət] niedokładny, nieścisły; *My watch is inaccurate.* – Mój zegarek źle chodzi.

inadequate [ɪn'ædɪkwət] ❶ nieodpowiedni, niewystarczający; *Supplies of food were inadequate.* – Dostawy żywności były niewystarczające. ❷ nie mogący sprostać zadaniu; *She felt hopelessly inadequate as a mother.* – Czuła, że kompletnie nie radzi sobie w roli matki. **to be inadequate for sth** – nie nadawać się do czegoś

incapable [ɪn'keɪpəbl] niezdolny (*do czegoś*), nie będący w stanie; *He is incapable of telling a lie.* – On nie jest w stanie powiedzieć nieprawdy.

incarnation [ˌɪŋkɑː'neɪʃn] inkarnacja, wcielenie

inch [ɪntʃ] cal (*jednostka długości = 2,54 cm*); *She is 26 inches round the waist* – Ona ma 26 cali (65 cm) w talii.

incident ['ɪnsɪdənt] wydarzenie, incydent, zajście

incidental [ˌɪnsɪ'dentl] przypadkowy, uboczny, marginalny

incidentally [ˌɪnsɪ'dentəlɪ] ❶ przy okazji, à propos; *Incidentally, do you know that he had got married?* – Przy okazji, czy wiesz, że on się ożenił? ❷ przypadkowo, przypadkiem; *I heard about it quite incidentally.* – Dowiedziałem się o tym całkiem przypadkowo.

inclination [ˌɪŋklɪ'neɪʃn] skłonność, inklinacja; *He showed no inclination to work.* – Nie wykazał/-ywał żadnej ochoty do pracy.

inclined [ɪŋ'klaɪnd] skłonny; *I didn't feel inclined to talk about it.* – Nie byłam skłonna o tym rozmawiać. *I'm inclined to agree with you.* – Jestem skłonna zgodzić się z tobą.

include [ɪŋ'kluːd] zawierać, włączać, obejmować; *The tour includes a visit to a nightclub.* – Program wycieczki obejmuje wizytę w nocnym lokalu.

I don't include her among my best friends. – Nie zaliczam jej do najbliższych przyjaciół.

including [ɪŋ'klu:dɪŋ] włączając, łącznie z; *I have seen all his films including the last one.* – Widziałam wszystkie jego filmy, łącznie z ostatnim.

inclusive [ɪŋ'klu:sɪv] obejmujący, zawierający; *Is the price inclusive of VAT?* – Czy w cenie zawarty jest podatek VAT?

income ['ɪnkʌm] dochód, wpływy; **an annual income** – dochód roczny; **to live beyond one's income** – żyć ponad stan/ponad poziom odpowiadający dochodom; **to live within one's income** – żyć na poziomie odpowiadającym dochodom

income tax ['ɪnkʌm tæks] podatek dochodowy

incompatible [,ɪŋkəm'pætəbl] niezgodny, nie do pogodzenia, nie do połączenia, niekompatybilny

incompetent [ɪŋ'kɒmpɪtənt] niekompetentny

incomplete [,ɪŋkəm'pli:t] niepełny, nie dokończony; *The painting is still incomplete.* – Obraz jest jeszcze nie dokończony.

incomprehensible [ɪŋ,kɒmprɪ'hensəbl] niezrozumiały, niepojęty

inconsiderate [,ɪŋkən'sɪdrət] nie zwracający uwagi na innych, nie biorący innych pod uwagę, nie zważający; *It was inconsiderate of you to make so much noise at night.* – To było bezmyślne z twojej strony tak hałasować w nocy.

inconsistent [,ɪŋkən'sɪstənt] niespójny, niekonsekwentny, nielogiczny; *The statements given by two witnesses are inconsistent.* – Oświadczenia złożone przez dwóch świadków są niespójne (*nie zgadzają się ze sobą*).

inconspicuous [,ɪŋkən'spɪkjuəs] nie rzucający się w oczy, nie zwracający na siebie uwagi

inconvenience [,ɪŋkən'vi:nɪəns] niedogodność, niewygoda; *We apologize for any inconvenience caused by the repairs.* – Przepraszamy za wszelkie utrudnienia związane z remontem.

inconvenient [,ɪŋkən'vi:nɪənt] niedogodny, niewygodny, kłopotliwy; *He arrived at an inconvenient moment.* – Przybył w nieodpowiednim czasie/ /momencie. *It's inconvenient for me to wait.* – Czekanie jest dla mnie niewygodne.

incorrect [,ɪŋkə'rekt] nieprawidłowy, niepoprawny, błędny; **an incorrect answer** – nieprawidłowa odpowiedź

increase[1] [ɪn'kri:s] ❶ podwyższać, zwiększać; *The government increased taxes.* – Rząd podwyższył podatki. ❷ wzrastać, rosnąć; *The population has increased since last year.* – Liczba ludności wzrosła od zeszłego roku.

increase[2] ['ɪŋkri:s] wzrost; *There's been a big increase in the number of students.* – Nastąpił duży wzrost liczby studentów. **a price increase** – wzrost ceny; **to be on the increase** – wzrastać/wykazywać tendencję zwyżkową

increasingly [ɪn'kri:sɪŋlɪ] coraz bardziej, w coraz większym stopniu; *It's increasingly difficult to find a good job.* – Jest coraz trudniej znaleźć dobrą pracę.

incredible [ɪŋ'kredəbl] niewiarygodny, nieprawdopodobny, nie do wiary; *He told us an incredible story.* – Opowiedział nam niewiarygodną historię. *It's incredible how fast she learns languages.* – To nie do wiary, jak ona szybko się uczy języków.

incredibly [ɪŋ'kredəblɪ] niewiarygodnie

indecent [ɪn'di:snt] nieprzyzwoity

indeed [ɪn'di:d] naprawdę, doprawdy; *I'm very glad indeed that you are better.* – Naprawdę bardzo się cieszę, że czujesz się lepiej. *Oh, indeed!* – O, doprawdy! *Do you intend to retire? – I do indeed.* – Czy zamierza pan przejść na emeryturę? – Rzeczywiście, tak.

indefinite [ɪn'defnət] nieokreślony, nie sprecyzowany; *He'll be absent for an* *indefinite period of time.* – On będzie nieobecny przez czas nieokreślony.

indefinite article [ɪn,defnət'ɑ:tɪkl] *gram.* przedimek nieokreślony

indefinitely [ɪn'defnətlɪ] nieskończenie, w nieskończoność; *I can't wait indefinitely.* – Nie mogę czekać w nieskończoność.

independence [,ɪndɪ'pendəns] niezależność, niepodległość; **to declare a country's independence** – ogłosić niepodległość kraju; **financial independence** – niezależność finansowa

independent [,ɪndɪ'pendənt] niezależny, niepodległy; **an independent country** – niepodległy kraj; *She is independent of her parents.* – Ona jest niezależna od swoich rodziców. **a person of independent means** – osoba dysponująca niezależnymi środkami finansowymi

index ['ɪndeks] (*l.mn.* **indexes/indices** ['ɪndeksɪz/'ɪndɪsi:z]) ❶ indeks, spis alfabetyczny ❷ wskaźnik ❸ *mat.* wykładnik potęgi ❹ *fiz.* współczynnik

index finger ['ɪndeks fɪŋgə] palec wskazujący

Indian[1] ['ɪndɪən] ❶ Hindus ❷ Indianin

Indian[2] ['ɪndɪən] ❶ indyjski ❷ indiański

Indian summer [,ɪndɪən 'sʌmə] babie lato

indicate ['ɪndɪkeɪt] ❶ wskazywać; *He indicated the door with his finger.* – Wskazał drzwi palcem. *The results of the research indicate that...* – Wyniki badań naukowych wskazują, że... ❷ sygnalizować, dawać znak kierunkowskazem; **to indicate left/right** – włączyć lewy/prawy kierunkowskaz

indication [,ɪndɪ'keɪʃn] znak, oznaka, symbol; *He gave no indication that he was going to change his mind.* – Nie okazywał wcale, że zamierza zmienić zdanie.

indicator ['ɪndɪkeɪtə] ❶ kierunkowskaz ❷ wskaźnik

indices ['ɪndɪsi:z] *p.* **index**

indifference [ɪn'dɪfrəns] obojętność; *She treats him with complete indifference.* – Ona traktuje go z całkowitą obojętnością.

indifferent [ɪn'dɪfrənt] obojętny; *He was indifferent to the dangers of the journey.* – Był obojętny na niebezpieczeństwa podróży./Nie obchodziły go niebezpieczeństwa podróży.

indignant [ɪn'dɪgnənt] oburzony; *She was indignant when he accused her of lying.* – Była oburzona, kiedy zarzucił jej kłamstwo.

indignation [,ɪndɪg'neɪʃn] oburzenie

indirect [,ɪndə'rekt/,ɪndaɪ'rekt] pośredni, okrężny; **to take an indirect route** – pojechać/pójść okrężną drogą; **an indirect answer to the question** – pośrednia odpowiedź na pytanie

indirectly [,ɪndə'rektlɪ/,ɪndaɪ'rektlɪ] pośrednio, nie wprost; *He was indirectly responsible for it.* – On był za to pośrednio odpowiedzialny.

indirect speech [,ɪndərekt 'spi:tʃ] *gram.* mowa zależna

indispensable [,ɪndɪ'spensəbl] nieodzowny, niezastąpiony, konieczny; *This book is indispensable to a student.* – Ta książka jest dla studenta niezastąpiona.

indisposed [,ɪndɪ'spəʊzd] ❶ niedysponowany ❷ niechętny, nieskory, nieskłonny; *He was indisposed to help me.* – Nie był skłonny mi pomóc.

individual[1] [,ɪndɪ'vɪdʒʊəl] indywidualny, osobny, oddzielny

individual[2] [,ɪndɪ'vɪdʒʊəl] człowiek, jednostka, osobnik; **the rights of an individual** – prawa jednostki

indoor [,ɪn'dɔ:] (*będący*) wewnątrz pomieszczeń zamkniętych; *Table tennis is an indoor game.* – Tenis stołowy jest grą uprawianą w pomieszczeniach zamkniętych. **an indoor swimming-pool** – basen kryty

indoors [,ɪn'dɔ:z] wewnątrz, w domu, w pomieszczeniu; *We stayed indoors because it was raining.* – Zostaliśmy w domu, ponieważ padało.

industrial [ɪn'dʌstrɪəl] przemysłowy; **an industrial city** – miasto przemysłowe; **industrial workers** – robotnicy przemysłowi

industry ['ɪndəstrɪ] (*l.mn.* **industries**) przemysł; **light/heavy industry** – przemysł lekki/ciężki; **car industry** – przemysł samochodowy; **textile industry** – przemysł tekstylny

ineffective [ˌɪnɪ'fektɪv] bezskuteczny, nieskuteczny, daremny, nie przynoszący rezultatu; *The treatment proved ineffective.* – Leczenie okazało się nieskuteczne.

inefficiency [ˌɪnɪ'fɪʃnsɪ] nieudolność, niesprawność, nieskuteczność

inefficient [ˌɪnɪ'fɪʃnt] ❶ nieudolny, niekompetentny; **an inefficient secretary** – nieudolna/nieporadna sekretarka ❷ niesprawny, nieefektywny, nieskuteczny; *The heating system is outdated and inefficient.* – Ten system ogrzewania jest przestarzały i nieefektywny.

inequality [ˌɪnɪ'kwɒlətɪ] nierówność; **social/racial inequality** – nierówność społeczna/rasowa

inert [ɪ'nɜ:t] bezwładny

inertia [ɪ'nɜ:ʃə] inercja, bezwład

inessential [ˌɪnɪ'senʃl] nieważny, nieistotny

inevitable [ɪn'evɪtəbl] nieunikniony, nieuchronny

inevitably [ɪn'evɪtəblɪ] w sposób nieunikniony, nieuchronnie; *That decision inevitably led to disaster.* – Ta decyzja nieuchronnie doprowadziła do nieszczęścia.

inexcusable [ˌɪnɪk'skju:zəbl] niewybaczalny

inexpensive [ˌɪnɪk'spensɪv] niedrogi

inexperienced [ˌɪnɪk'spɪərɪənst] niedoświadczony

infallible [ɪn'fæləbl] nieomylny

infamous ['ɪnfəməs] haniebny, niesławny, nikczemny

infamy ['ɪnfəmɪ] hańba, niesława

infancy ['ɪnfənsɪ] wczesne dzieciństwo, niemowlęctwo

infant ['ɪnfənt] małe dziecko, niemowlę

infantile ['ɪnfəntaɪl] ❶ dziecięcy; **infantile paralysis** – paraliż dziecięcy ❷ infantylny, dziecinny; **infantile behaviour** – infantylne zachowanie

infant school ['ɪnfənt sku:l] szkoła dla dzieci od 4 do 7 roku życia

infantry ['ɪnfəntrɪ] *wojsk.* piechota

infect [ɪn'fekt] zarazić, zakazić; *You will infect everyone with flu.* – Zarazisz wszystkich grypą.

infected [ɪn'fektɪd] zarażony, zakażony; **people infected with HIV** – osoby zarażone wirusem HIV; **an infected wound** – zakażona rana

infection [ɪn'fekʃn] ❶ infekcja; **to pass on/to spread a viral infection** – szerzyć infekcję wirusową ❷ zakażenie; **the risk of infection** – ryzyko zakażenia

infectious [ɪn'fekʃəs] zaraźliwy; **an infectious illness** – zaraźliwa choroba; **infectious laughter** – zaraźliwy śmiech

inferior¹ [ɪn'fɪərɪə] gorszy, pośledniejszy, gorszej jakości; **products of inferior quality** – towary gorszego gatunku; *His intelligence is inferior to hers.* – On jest mniej inteligentny od niej.

inferior² [ɪn'fɪərɪə] podwładny, osoba na niższym stanowisku, osoba niższa rangą

inferiority [ɪnˌfɪərɪ'ɒrətɪ] pośledniość, gorszy gatunek, niższość

inferiority complex [ɪnˌfɪərɪ'ɒrətɪ kɒmpleks] kompleks niższości

infinite ['ɪnfɪnət] nieskończony; *There is an infinite number of possibilities.* – Jest nieskończona liczba możliwości. **infinite patience** – nieskończona/niezmierna cierpliwość

infinitely ['ɪnfɪnətlɪ] nieskończenie, bardzo; *I feel infinitely better now.* – Teraz czuję się o wiele lepiej.

infinitive [ɪn'fɪnətɪv] *gram.* bezokolicznik

infinity [ɪn'fɪnətɪ] nieskończoność

inflammable [ɪn'flæməbl] łatwopalny

i

inflammation [ˌɪnflə'meɪʃn] zapalenie, stan zapalny

inflatable [ɪn'fleɪtəbl] nadmuchiwany; **an inflatable mattress** – materac nadmuchiwany

inflate [ɪn'fleɪt] nadmuchać; **to inflate a rubber dinghy** – nadmuchać gumowy ponton

inflation [ɪn'fleɪʃn] inflacja; **the rate of inflation** – stopa inflacji

influence[1] ['ɪnflʊəns] wpływ; *TV has a strong influence on people.* – Telewizja ma duży wpływ na ludzi.

influence[2] ['ɪnflʊəns] wpływać, wywierać wpływ, mieć wpływ; *She is able to influence people.* – Ona potrafi wpływać na ludzi. *Don't be influenced by what he says.* – Nie ulegaj temu, co on mówi.

influenza [ˌɪnflʊ'enzə] **/ flu** [flu:] grypa

inform [ɪn'fɔ:m] informować, zawiadamiać; *I wasn't informed about the meeting.* – Nie byłem powiadomiony o tym zebraniu. **to inform the police** – zawiadomić policję

informal [ɪn'fɔ:ml] nieoficjalny, nieformalny; **an informal letter** – list nieoficjalny (*np. do przyjaciół czy krewnych*); **informal dress** – strój nieformalny/nieuroczysty

information [ˌɪnfə'meɪʃn] informacja (*rzeczownik niepoliczalny, nie występuje w liczbie mnogiej*); **a useful piece/bit of information** – pożyteczna informacja; *For further information, please write to the above address.* – Dla uzyskania dalszej informacji, proszę napisać pod wskazany wyżej adres.

infra-red [ˌɪnfrə'red] podczerwony; **infra-red radiation** – promieniowanie podczerwone

infrastructure ['ɪnfrəˌstrʌktʃə] infrastruktura

ingenious [ɪn'dʒi:nɪəs] genialny, pomysłowy; **an ingenious invention** – genialny wynalazek

ingenuity [ˌɪndʒə'nju:ətɪ] pomysłowość

ingenuous [ɪn'dʒenjʊəs] naiwny, prostolinijny

ingredient [ɪn'gri:dɪənt] składnik; **the ingredients of a cake** – składniki ciasta

inhabit [ɪn'hæbɪt] zamieszkiwać; *The South Pole is not inhabited.* – Biegun Północny nie jest zamieszkały.

inhabitant [ɪn'hæbɪtənt] mieszkaniec; *The town has 10,000 inhabitants.* – To miasto ma 10 000 mieszkańców.

inherit [ɪn'herɪt] dziedziczyć; **to inherit a fortune from an uncle** – odziedziczyć majątek po wuju

inheritance [ɪn'herɪtəns] spadek, dziedzictwo; *The inheritance will make him a rich man.* – Spadek uczyni go bogatym człowiekiem. **inheritance tax** – podatek spadkowy

inhuman [ɪn'hju:mən] nieludzki

inhumane [ˌɪnhjʊ'meɪn] niehumanitarny, okrutny

initial [ɪ'nɪʃl] wstępny, początkowy; **after the initial talks** – po rozmowach wstępnych

initials [ɪ'nɪʃlz] inicjały; *Her initials are J.P.* – Jej inicjały są J.P.

initiative [ɪ'nɪʃətɪv] inicjatywa; *He took the initiative.* – Przejął inicjatywę. **on one's own initiative** – z własnej inicjatywy

inject [ɪn'dʒekt] wstrzyknąć, zrobić zastrzyk; **to inject a drug into the bloodstream** – wstrzyknąć narkotyk do krwiobiegu; **to inject a patient with antibiotic** – wstrzyknąć pacjentowi antybiotyk

injection [ɪn'dʒekʃn] zastrzyk; **to administer/to give an injection** – zrobić zastrzyk

injure ['ɪndʒə] zranić, uszkodzić; *He fell and injured his knee.* – Upadł i doznał kontuzji kolana. **to injure sb's feelings/pride** – zranić czyjeś uczucia/ /czyjąś dumę; *He was badly injured in the accident.* – Został ciężko ranny w wypadku.

injured ['ɪndʒəd] ranny, zraniony, poszkodowany; **injured pride** – zraniona duma; **an injured look** – obrażone spojrzenie; **the injured** – ranni

injury ['ɪndʒərɪ] (*l.mn.* **injuries**) uszkodzenie ciała, obrażenie; **to sustain/to receive injuries** – odnieść obrażenia; **internal injuries** – obrażenia wewnętrzne

injustice [ɪn'dʒʌstɪs] niesprawiedliwość; **to do sb an injustice** – być wobec kogoś niesprawiedliwym/niesprawiedliwie kogoś osądzać

ink [ɪŋk] atrament, tusz; **to write in green ink** – pisać zielonym atramentem

inland[1] ['ɪnlənd] wewnętrzny, położony wewnątrz kraju; **an inland sea** – morze śródlądowe; **the Inland Revenue** – Urząd Skarbowy (*w Wielkiej Brytanii*)

inland[2] [ɪn'lænd] w głębi kraju, w głąb kraju; *We travelled inland.* – Pojechaliśmy w głąb kraju.

in-laws ['ɪnlɔ:z] powinowaci

inn [ɪn] zajazd, gospoda, oberża

inner ['ɪnə] wewnętrzny; *She had inner doubts.* – Miała wewnętrzne wątpliwości. **the inner ear** – ucho wewnętrzne; **an inner meaning** – ukryte znaczenie

innkeeper ['ɪnki:pə] właściciel zajazdu, oberżysta

innocence ['ɪnəsəns] niewinność; **to prove one's innocence** – udowodnić swoją niewinność

innocent ['ɪnəsənt] niewinny; *He was innocent of the crime.* – Był niewinny popełnienia tego przestępstwa/tej zbrodni. **an innocent victim** – niewinna ofiara

inoculate [ɪ'nɒkjʊleɪt] szczepić, uodpornić; **to inoculate children against measles** – zaszczepić dzieci przeciwko odrze

inoculation [ɪˌnɒkjʊ'leɪʃn] szczepienie

inorganic [ˌɪnɔ:'gænɪk] nieorganiczny; **inorganic chemistry** – chemia nieorganiczna

input ['ɪnpʊt] wkład, dane wejściowe

inquire / enquire [ɪŋ'kwaɪə] pytać się, dowiadywać się, informować się; **to inquire about the price of tickets** – dowiedzieć się/zasięgnąć informacji o cenie biletów

◆ **inquire after** – pytać o; *He inquired after your health.* – Pytał o twoje zdrowie.

◆ **inquire into** – prowadzić dochodzenie, badać; *The police are inquiring into the cause of his death.* – Policja prowadzi dochodzenie w sprawie przyczyny jego śmierci.

inquiry / enquiry [ɪŋ'kwaɪərɪ] (*l.mn.* **inquiries/enquiries**) ❶ pytanie o informację, zasięganie informacji; *I must make inquiries and find out where he had moved.* – Muszę popytać i dowiedzieć się, gdzie on się wyprowadził. **an inquiry desk/office** – informacja/ /miejsce lub biuro, gdzie się udziela informacji ❷ śledztwo, dochodzenie; **an official inquiry into the incident** – oficjalne śledztwo dotyczące incydentu ❸ **inquiries/enquiries** – informacja, punkt uzyskiwania informacji

inquisitive [ɪn'kwɪzətɪv] wścibski, ciekawski

insane [ɪn'seɪn] szalony, obłąkany, chory psychicznie

insect ['ɪnsekt] owad

insecure [ˌɪnsɪ'kjʊə] niepewny, nie dający poczucia bezpieczeństwa; **to feel insecure** – nie mieć poczucia bezpieczeństwa/czuć się niepewnie; **an insecure job** – niepewna praca; **an insecure ladder** – chwiejna/niepewna drabina

insecurity [ˌɪnsɪ'kjʊərətɪ] niepewność, brak poczucia bezpieczeństwa; *She suffered from a great sense of insecurity.* – Cierpiała z powodu braku poczucia bezpieczeństwa.

insert [ɪn'sɜ:t] włożyć, wsunąć; *He inserted the key into the lock.* – Włożył klucz do zamka.

inside[1] [ɪn'saɪd] wewnątrz, do wnętrza, do wewnątrz; *Come inside, it's raining.* – Wejdź do środka, pada.

inside² [ɪn'saɪd] wnętrze, wewnętrzna strona; *You must see the inside of the house.* – Musisz zobaczyć wnętrze tego domu. **inside out** – (a) na lewą stronę; *Wash inside out.* – Proszę prać odwróciwszy na lewą stronę. (b) na wylot, całkowicie; *I know the subject inside out.* – Znam ten temat bardzo dobrze.

inside³ ['ɪnsaɪd] wewnętrzny; **an inside door** – drzwi wewnętrzne; **inside information** – informacja dostępna tylko dla wtajemniczonych

insist [ɪn'sɪst] ❶ upierać się, utrzymywać, uparcie twierdzić; *He insists that he had seen a ghost.* – On utrzymuje, że widział ducha. *He insists that he is not guilty.* – On uparcie twierdzi, że nie jest winien. ❷ nalegać, domagać się; *He insisted on informing the police.* – Domagał się, żeby zawiadomić policję. *I insisted that he should come with us.* – Nalegałem, żeby poszedł z nami.

inspect [ɪn'spekt] ❶ obejrzeć, zlustrować, sprawdzić, zbadać; *He inspected the car before buying it.* – Nim kupił samochód, dobrze go obejrzał. ❷ kontrolować, wizytować; *Someone is coming to inspect the school next month.* – W przyszłym miesiącu ktoś przyjdzie do szkoły na wizytację.

inspection [ɪn'spekʃn] ❶ obejrzenie, zbadanie; *On close inspection the signature turned out to be forged.* – Po dokładnym obejrzeniu podpis okazał się sfałszowany. ❷ kontrola, inspekcja, sprawdzenie; **to make an inspection** – zrobić inspekcję/obejrzeć

inspector [ɪn'spektə] ❶ wizytator, kontroler, inspektor; **a school inspector** – wizytator szkolny ❷ inspektor policji

inspiration [ˌɪnspə'reɪʃn] inspiracja, natchnienie

inspire [ɪn'spaɪə] ❶ zachęcić, natchnąć, zainspirować, pobudzić; *She inspired him to change his life.* – Zainspirowała go do zmiany swojego życia. ❷ wzbudzać; **to inspire confidence** – wzbudzać zaufanie

install [ɪn'stɔ:l] ❶ zainstalować; **to install central heating** – zainstalować centralne ogrzewanie ❷ umieścić (się); *He installed himself in the armchair by the fire.* – Usadowił się w fotelu przy kominku. **to be installed in the new home** – zadomowić się w nowym miejscu

instalment [ɪn'stɔ:lmənt] ❶ odcinek powieści lub serialu; *The story will appear on TV in instalments.* – Ta opowieść ukaże się w telewizji w odcinkach. ❷ rata; *He is paying for his car in twelve monthly instalments.* – On spłaca swój samochód w dwunastu miesięcznych ratach.

instance ['ɪnstəns] przykład, przypadek; **for instance** – na przykład; **in this instance** – w tym przypadku/w tym wypadku

instant¹ ['ɪnstənt] ❶ natychmiastowy; *The medicine took instant effect.* – Lekarstwo zadziałało natychmiast. *I took an instant dislike to him.* – Poczułem do niego natychmiastową niechęć. ❷ błyskawiczny, szybki do przygotowania; **instant soup** – zupa błyskawiczna; **instant coffee** – kawa rozpuszczalna

instant² ['ɪnstənt] chwila, moment; *I'll be with you in an instant.* – Wrócę za chwilę. *For an instant she thought it was him.* – Przez moment pomyślała, że to on. *The instant I saw him, I took a dislike to him.* – Od pierwszej chwili poczułem do niego niechęć.

instead [ɪn'sted] zamiast; *Don't use butter, use margarine instead.* – Nie używaj masła, zamiast niego używaj margaryny. *You should get down to work instead of complaining.* – Powinieneś zabrać się do roboty zamiast narzekać.

instinct ['ɪnstɪŋkt] instynkt, wyczucie; *Birds learn to fly by instinct.* – Ptaki uczą się latać kierując się instynktem.

instinctive [ɪn'stɪŋktɪv] instynktowny

institute ['ɪnstɪtju:t] instytut

institution [ˌɪnstɪ'tju:ʃn] ❶ instytucja, organizacja, system; **a financial insti-**

tution – instytucja finansowa; **the institution of marriage** – instytucja małżeństwa ❷ zakład opieki (*dla sierot, osób starszych lub psychicznie chorych*); *He ended his life in an institution.* – Zakończył życie w domu opieki.

instruct [ɪn'strʌkt] ❶ uczyć, pouczać, instruować; **to instruct a class in history** – uczyć klasę historii ❷ polecić, kazać, zalecić; *I've been instructed to leave as soon as possible.* – Polecono mi, żebym wyruszył jak najszybciej.

instruction [ɪn'strʌkʃn] ❶ instrukcja, polecenie, wskazówka; **to give instructions** – dawać wskazówki/wydawać polecenia; **to act on/under instructions** – działać zgodnie z poleceniami/wykonywać rozkazy; **to obey instructions** – wykonywać polecenia ❷ **instructions** – instrukcja (*obsługi*); **to follow the instructions** – trzymać się instrukcji/postępować zgodnie z instrukcją ❸ szkolenie, nauka, kształcenie; *He is still under instruction.* – On jeszcze nie skończył szkolenia.

instructive [ɪn'strʌktɪv] pouczający, kształcący

instructor [ɪn'strʌktə] instruktor; **a driving instructor** – instruktor jazdy samochodem; **a ski instructor** – instruktor jazdy na nartach

instrument ['ɪnstrʊmənt] instrument, narzędzie; **musical instruments** – instrumenty muzyczne; **surgical instruments** – narzędzia chirurgiczne; **optical instruments** – przyrządy optyczne

insufficient [,ɪnsə'fɪʃnt] niewystarczający, niedostateczny; *There is insufficient food for everyone.* – Nie wystarczy jedzenia dla wszystkich.

insular ['ɪnsjʊlə] wyspiarski, ograniczony, ciasny (*dot. tylko Brytyjczyków*); **an insular outlook** – ograniczony, wyspiarski światopogląd

insulate ['ɪnsjʊleɪt] izolować; *Hot water pipes must be well insulated against heat loss.* – Przewody z gorącą wodą muszą być dobrze izolowane, aby nie dochodziło do utraty ciepła. **insulated cables** – przewody (*elektryczne*) izolowane; **insulating tape** – taśma izolująca (*przewody elektryczne*)

insulation [,ɪnsjʊ'leɪʃn] izolacja; *Good insulation makes a house warmer.* – Dobra izolacja sprawia, że dom jest cieplejszy.

insulator ['ɪnsjʊleɪtə] izolator

insult[1] [ɪn'sʌlt] obrażać, ubliżać, znieważać; **to feel insulted** – czuć się obrażonym/znieważonym; *You've insulted him.* – Obraziłeś go.

insult[2] ['ɪnsʌlt] obelga, obraza, zniewaga; **to shout insults at sb** – obrzucać kogoś obelgami; *If you leave early it will be an insult to the hostess.* – Jeżeli wyjdziesz wcześnie, będzie to zniewagą dla pani domu.

insulting [ɪn'sʌltɪŋ] obraźliwy; **to make insulting remarks** – robić obraźliwe uwagi

insurance [ɪn'ʃʊərəns] ubezpieczenie; **life insurance** – ubezpieczenie na życie; **motor car insurance** – ubezpieczenie samochodowe; **an insurance company** – towarzystwo ubezpieczeniowe; **an insurance policy** – polisa ubezpieczeniowa; **to take out insurance** – ubezpieczyć się/wykupić polisę ubezpieczeniową

insure [ɪn'ʃʊə] ubezpieczyć; *Have you insured your house against fire?* – Czy ubezpieczyłeś swój dom od ognia?

insured [ɪn'ʃʊəd] ubezpieczony

integrate ['ɪntɪgreɪt] integrować (się), łączyć (się) w jedną całość

integration [,ɪntɪ'greɪʃn] integracja

intellect ['ɪntəlekt] intelekt, umysł

intellectual[1] [,ɪntə'lektʃʊəl] intelektualny

intellectual[2] [,ɪntə'lektʃʊəl] intelektualista

intelligence [ɪn'telɪdʒəns] ❶ inteligencja; **intelligence quotient** – iloraz inteligencji; **a boy of low intelligence** – chłopiec o niskiej inteligencji ❷ wywiad; **military intelligence** – wywiad wojskowy

intelligent [ɪn'telɪdʒənt] inteligentny

intend [ɪn'tend] zamierzać, mieć zamiar; *He intends to emigrate to Australia.* – On zamierza wyemigrować do Australii. *I didn't intend her to be present.* – Nie chciałem, żeby była obecna. **be intended for** – być przeznaczonym dla; *The book is intended for children.* – Ta książka jest przeznaczona dla dzieci.

intense [ɪn'tens] ❶ mocny, ogromny, skrajny, silny; **intense heat** – ogromny upał; **intense jealousy** – skrajna nienawiść ❷ (*o człowieku*) o skrajnych poglądach, zaangażowany

intensive [ɪn'tensɪv] intensywny; **an intensive course in English** – intensywny kurs angielskiego; **the intensive care unit** – oddział intensywnej terapii; **intensive farming** – rolnictwo intensywne

intention [ɪn'tenʃn] zamiar, plan; *She had no intention of leaving.* – Nie miała zamiaru wyjść. *It wasn't my intention to hurt your feelings, I do apologize.* – Nie zamierzałem zranić twoich uczuć, bardzo przepraszam. *We went to Paris with the intention of learning French.* – Pojechaliśmy do Paryża z zamiarem nauczenia się francuskiego.

intentional [ɪn'tenʃənl] celowy, umyślny, zamierzony; *I'm sorry I hurt you, it wasn't intentional.* – Przepraszam, że cię zraniłem/uraziłem, to nie było umyślne.

intentionally [ɪn'tenʃənəlɪ] celowo, umyślnie; *He didn't do it intentionally.* – On nie zrobił tego umyślnie.

interest[1] ['ɪntrəst] ❶ zainteresowanie, ciekawość; *He listened to our conversation with interest.* – Przysłuchiwał się naszej rozmowie z zainteresowaniem. **to take an interest in** – interesować się; **to lose interest** – stracić zainteresowanie/przestać się interesować; *Your problems are of no interest to me.* – Twoje problemy nie interesują mnie. ❷ zainteresowanie, dziedzina, którą ktoś się interesuje; *He has numerous interests.* – On ma liczne zainteresowania. ❸ korzyść, interes; *It would be in your best interest.* – To byłoby w twoim interesie. **to look after one's interests** – dbać o swoje interesy/bronić swoich interesów ❹ odsetki, procent; **interest rate** – odsetki; **to lend money at 10% interest** – pożyczać pieniądze na 10%

interest[2] ['ɪntrəst] interesować; *His story interested me.* – Jego opowiadanie zainteresowało mnie.

interested ['ɪntrəstɪd] zainteresowany; **to be interested in** – interesować się; *He is interested in pop music.* – On interesuje się muzyką pop.

interesting ['ɪntrəstɪŋ] ciekawy, interesujący; *It's an interesting book.* – To jest interesująca książka. *That's interesting that he suddenly has a lot of money.* – To ciekawe, że on nagle ma mnóstwo pieniędzy.

interfere [ˌɪntə'fɪə] ❶ wtrącać się, ingerować; *Please, stop interfering in my affairs.* – Proszę przestać się wtrącać w moje sprawy. ❷ przeszkadzać, kolidować; *Does sport interfere with your studies?* – Czy sport przeszkadza ci w nauce? **to interfere with sb's plans** – pokrzyżować komuś plany

interference [ˌɪntə'fɪərəns] ❶ wtrącanie się, ingerencja; *I don't want any interference in my affairs.* – Nie życzę sobie żadnej ingerencji w moje sprawy. ❷ zakłócenia (*np. w odbiorze*); *The interference was due to bad weather conditions.* – Zakłócenia były spowodowane złymi warunkami atmosferycznymi. ❸ *fiz.* interferencja

interior[1] [ɪn'tɪərɪə] wnętrze, środek, interior; **the interior of the house** – wnętrze domu; **the interior decorator/designer** – dekorator wnętrz; **interior design** – architektura/dekoracja wnętrz; **the Ministry of the Interior** – Ministerstwo Spraw Wewnętrznych; **the Australian interior** – interior kontynentu australijskiego

I

interior² [ɪn'tɪərɪə] wewnętrzny; **the interior walls of the house** – wewnętrzne ściany domu

intermediate [ˌɪntə'mi:dɪət] średni, średnio zaawansowany, pośredni; **intermediate students** – studenci średnio zaawansowani; **at an intermediate stage of development** – w pośrednim stadium rozwoju

internal [ɪn'tɜ:nl] wewnętrzny; **internal injuries** – obrażenia wewnętrzne; **internal medicine** – interna/medycyna chorób wewnętrznych; **the Ministry of Internal Affairs** – Ministerstwo Spraw Wewnętrznych

international [ˌɪntə'næʃnəl] międzynarodowy; **international relations** – stosunki międzynarodowe; **an international conference** – konferencja międzynarodowa

interpret [ɪn'tɜ:prɪt] ❶ tłumaczyć (*mowę*); *As I didn't know French I asked my friend to interpret for me.* – Ponieważ nie znałam francuskiego, poprosiłam przyjaciółkę, żeby mi tłumaczyła. ❷ interpretować. *I interpreted your silence as a flat refusal.* – Uznałam twoje milczenie za kategoryczną odmowę.

interpretation [ɪnˌtɜ:prɪ'teɪʃn] interpretacja

interpreter [ɪn'tɜ:prɪtə] tłumacz mowy

interrogate [ɪn'terəgeɪt] przesłuchiwać, indagować, zadawać pytania; *The police inspector interrogated the prisoner.* – Inspektor policji przesłuchiwał więźnia.

interrogation [ɪnˌterə'geɪʃn] przesłuchiwanie, przesłuchanie, indagacja

interrogation mark [ɪnterə'geɪʃn mɑ:k] znak zapytania

interrogative¹ [ˌɪntə'rɒgətɪv] pytający; **an interrogative look** – pytające spojrzenie

interrogative² [ˌɪntə'rɒgətɪv] *gram.* zdanie pytające

interrupt [ˌɪntə'rʌpt] przerwać; *She interrupted me to ask a question.* – Przerwała mi, żeby zadać pytanie. *He had to interrupt his holidays.* – Musiał przerwać (swój) urlop.

interruption [ˌɪntə'rʌpʃn] przerywanie, przerwa; *I can't finish the work because there are so many interruptions.* – Nie mogę skończyć pracy, ponieważ tyle razy mi się przerywa.

intersect [ˌɪntə'sekt] przecinać (się), krzyżować (się)

intersection [ˌɪntə'sekʃn] skrzyżowanie

interval ['ɪntəvl] ❶ przerwa (*np. w teatrze*); *Let's meet in the interval.* – Spotkajmy się w czasie przerwy. *After a short interval the speaker began again.* – Po krótkiej przerwie mówca przemawiał dalej. **at regular intervals** – w regularnych odstępach czasu ❷ odstęp; *Lamp-posts stand at intervals of 20 metres.* – Latarnie stoją w odstępach 20 metrów.

intervene [ˌɪntə'vi:n] interweniować, ingerować

intervention [ˌɪntə'venʃn] interwencja; **military intervention** – interwencja zbrojna

interview¹ ['ɪntəvju:] ❶ wywiad; *He refused to give any newspaper interviews.* – Odmówił udzielania jakichkolwiek wywiadów prasowych. ❷ wstępna rozmowa z kandydatem (*np. przy ubieganiu się o pracę*); *I have an interview for a job tomorrow.* – Mam jutro rozmowę w sprawie pracy.

interview² ['ɪntəvju:] ❶ przeprowadzać wywiad; *She interviews many famous film-stars.* – Ona przeprowadza wywiady z wieloma słynnymi gwiazdami filmowymi. ❷ prowadzić rozmowę wstępną z kandydatem; *I was interviewed for the job.* – Przeprowadzono ze mną rozmowę wstępną (czy nadaję się do tej pracy).

intimate ['ɪntɪmət] ❶ bliski; **an intimate friend** – bliski przyjaciel ❷ intymny; **the intimate details of sb's life** – intymne szczegóły czyjegoś życia ❸ dogłębny, gruntowny, dokładny; **an intimate knowledge of Greek** – gruntowna znajomość greki

intimidate [ɪn'tɪmɪdeɪt] onieśmielić, zastraszyć; *She was intimidated into accepting the conditions.* – Była tak zastraszona, że zgodziła się na te warunki.

into ['ɪntu:/'ɪntə] ❶ do, do środka, do wewnątrz; *Come into the house.* – Wejdź do domu. *He jumped into the water.* – Wskoczył do wody. **to get into trouble** – wpaść w kłopoty; **to come into power** – dojść do władzy; **to go into details** – wdawać się w szczegóły ❷ w, na (*dot. zmiany*); *Water turns into ice.* – Woda zamienia się w lód. **to translate into French** – (prze)tłumaczyć na francuski; **to burst into flames** – stanąć w ogniu/ /w płomieniach ❸ w (*przy dzieleniu*); *Six into twelve makes two.* – Dwanaście dzielone przez sześć daje dwa. (Sześć w dwunastu mieści się dwa razy). ❹ w, o; *The car crashed into a wall.* – Samochód uderzył w ścianę/ /uderzył o ścianę.

intolerable [ɪn'tɒlərəbl] nieznośny, nie do zniesienia; **intolerable heat** – nieznośny upał

intolerance [ɪn'tɒlərəns] nietolerancja

intolerant [ɪn'tɒlərənt] nietolerancyjny

intoxicated [ɪn'tɒksɪkeɪtɪd] odurzony alkoholem, upojony, nietrzeźwy; **to be intoxicated by/with success** – być upojonym sukcesem

intoxication [ɪn,tɒksɪ'keɪʃn] upojenie alkoholowe; **a state of intoxication** – stan upojenia alkoholowego

introduce [,ɪntrə'dju:s] ❶ przedstawić; *He introduced me to his mother.* – Przedstawił mnie swojej matce. *Let me introduce myself.* – Pan pozwoli, że się przedstawię. ❷ wprowadzić; **to introduce a new teaching method** – wprowadzić nową metodę nauczania; **to introduce a new law** – wprowadzić nowe prawo/nową ustawę

introduction [,ɪntrə'dʌkʃn] ❶ przedstawienie, prezentacja; **to perform introductions** – przedstawić (*różne osoby*) ❷ wstęp, słowo wstępne; **an introduction to a book** – wstęp do książki ❸ wprowadzenie, wstęp, zaznajomienie; **an introduction to physics** – wstęp/wprowadzenie do fizyki ❹ wprowadzenie, zaprowadzenie; **the introduction of a new method** – wprowadzenie nowej metody

introductory [,ɪntrə'dʌktərɪ] wstępny, wprowadzający; **an introductory course in word-processing** – wstępny kurs posługiwania się edytorem tekstu; **introductory remarks** – uwagi wstępne

intrude [ɪn'tru:d] przeszkadzać, zakłócać, niepokoić; *I hope I'm not intruding.* – Mam nadzieję, że nie przeszkadzam. **to intrude on sb's privacy** – zakłócać czyjąś prywatność

intruder [ɪn'tru:də] intruz

intrusion [ɪn'tru:ʒn] wtargnięcie, zakłócenie; *This is an intrusion upon my privacy.* – To jest zakłócenie mojej prywatności.

intuition [,ɪntjʊ'ɪʃn] intuicja, przeczucie; *My intuition tells me that something is wrong.* – Mam przeczucie, że coś jest nie w porządku.

intuitive [ɪn'tju:ətɪv] intuicyjny, oparty na intuicji

invade [ɪn'veɪd] napaść, najechać, wtargnąć, dokonać inwazji; **to invade a country's territory** – wtargnąć na terytorium jakiegoś państwa

invader [ɪn'veɪdə] najeźdźca

invalid[1] [ɪn'vælɪd] nieważny, nie posiadający mocy prawnej; *Your ticket is invalid.* – Pański bilet jest nieważny.

invalid[2] ['ɪnvəli:d] inwalida, osoba chora, osoba niesprawna

invalid[3] ['ɪnvəli:d] ❶ chory, niesprawny; *She looks after her invalid mother.* – Ona opiekuje się swoją chorą/niesprawną matką. ❷ inwalidzki; **an invalid chair** – wózek inwalidzki

invaluable [ɪn'væljʊəbl] bezcenny, nieoceniony; *His advice was invaluable to us.* – Jego rada była dla nas nieoceniona.

invariable [ɪn'veərɪəbl] niezmienny; *It was his invariable custom to go for a walk after supper.* – Miał stały zwyczaj wychodzenia na spacer po kolacji.

invariably [ɪn'veərɪəblɪ] niezmiennie, nieodmiennie

invasion [ɪn'veɪʒn] inwazja, najazd; **the German invasion of Poland** – niemiecki najazd na Polskę

invent [ɪn'vent] ❶ wynaleźć; *Who invented television?* – Kto wynalazł telewizję? ❷ wymyślić; **to invent an excuse** – wymyślić wymówkę

invention [ɪn'venʃn] ❶ wynalazek; *A dishwasher is a wonderful invention.* – Zmywarka do naczyń jest wspaniałym wynalazkiem. ❷ wynalezienie; **the invention of the telephone** – wynalezienie telefonu ❸ wymyślenie, zmyślenie; *Don't believe what he says – it's pure invention.* – Nie wierz w to, co on mówi – to czysty wymysł. **powers of invention** – wyobraźnia/ /fantazja/pomysłowość

inverse [,ɪn'vɜ:s] odwrotny; **in inverse proportion to** – odwrotnie proporcjonalnie do

inversion [ɪn'vɜ:ʃn] przedstawienie, inwersja

invert [ɪn'vɜ:t] odwrócić, przestawić

inverted commas [ɪn,vɜ:tɪd 'kɒməz] *gram.* cudzysłów

invest [ɪn'vest] inwestować; **to invest money in business** – inwestować pieniądze w interes

investigate [ɪn'vestɪgeɪt] ❶ prowadzić dochodzenie; *The police are investigating the crime.* – Policja prowadzi dochodzenie w sprawie tej zbrodni. ❷ badać, dociekać; **to investigate the possibilities** – wybadać możliwości; *Having heard a noise in the cellar I went downstairs to investigate.* – Usłyszawszy hałas w piwnicy, zszedłem na dół, żeby to zbadać/sprawdzić.

investigation [ɪn,vestɪ'geɪʃn] dochodzenie, badanie, śledztwo; **to hold an investigation into the accident** – prowadzić śledztwo w sprawie wypadku; *The matter is under investigation.* – Ta sprawa jest badana/poddana śledztwu.

investment [ɪn'vestmənt] inwestycja, lokata; **profitable investments** – dochodowe inwestycje; **to make an investment of £1000** – zainwestować 1000 funtów; *Buying the house was a good investment.* – Kupno tego domu było dobrą inwestycją.

investor [ɪn'vestə] inwestor

invisible [ɪn'vɪzəbl] niewidoczny, niewidzialny; *Bacteria are invisible to the naked eye.* – Bakterie są niewidzialne gołym okiem. *The house is invisible from here.* – Dom jest stąd niewidoczny.

invitation [,ɪnvɪ'teɪʃn] zaproszenie; *She sent me an invitation to her wedding.* – Przysłała mi zaproszenie na swój ślub. **to accept an invitation** – przyjąć zaproszenie; **to decline/to turn down an invitation** – odrzucić zaproszenie; **an open/a standing invitation** – stałe zaproszenie

invite [ɪn'vaɪt] zaprosić; *She invited me to tea.* – Zaprosiła mnie na podwieczorek. **to invite sb for a drink** – zaprosić kogoś na drinka

inviting [ɪn'vaɪtɪŋ] zachęcający, zapraszający; **an inviting smile** – zachęcający uśmiech

invoice ['ɪnvɔɪs] faktura, list przewozowy

involve [ɪn'vɒlv] ❶ uwikłać, wmieszać, wplątać; *The preparations involved all the students.* – Przygotowania wciągnęły wszystkich studentów. *The accident involved two cars and a bus.* – W wypadku brały udział dwa samochody i autobus. ❷ pociągać za sobą; *The job involves travelling a great deal.* – Ta praca pociąga za sobą częste podróże.

involved [ɪn'vɒlvd] wmieszany, zaangażowany; *He is not involved in the crime.* – On nie jest zamieszany w tę zbrodnię. **to be involved in politics** – być zaangażowanym w politykę; **to become emotionally involved** – zaangażować się uczuciowo

inward[1] ['ınwəd] wewnętrzny; **a feeling of inward satisfaction** – poczucie wewnętrznej satysfakcji

inward[2] ['ınwəd] / **inwards** ['ınwədz] do wewnątrz, do wnętrza; *The door opens inwards.* – Drzwi otwierają się do środka.

iodine ['aıədi:n] ❶ *chem.* jod ❷ jodyna

ion ['aıɒn] jon

iris ['aırıs] ❶ irys ❷ tęczówka oka

iron[1] ['aıən] ❶ żelazo; **iron ore** – ruda żelaza ❷ żelazko

iron[2] ['aıən] prasować

iron[3] ['aıən] żelazny; **an iron gate** – żelazna brama; **iron will** – silna wola/żelazna wola; **Iron Age** – epoka żelaza

ironic [aı'rɒnık] ironiczny

irony ['aırənı] ironia

irrational [ı'ræʃnəl] nieracjonalny, irracjonalny; **irrational fear of flying** – irracjonalny lęk przed lataniem

irregular [ı'regjʊlə] ❶ nieregularny, nierówny, nierównomierny; **irregular pulse** – nieregularny puls; **at irregular intervals** – w nieregularnych odstępach czasu; **to keep irregular hours** – prowadzić nieregularny tryb życia ❷ niezgodny z przepisami, nieregulaminowy; *It would be irregular to accept money for it.* – Przyjęcie za to pieniędzy byłoby niezgodne z przepisami. **irregular verbs** – *gram.* czasowniki nieregularne

irrelevant [ı'reləvənt] nieistotny, nieważny, nie mający związku z tematem; *If you do the job well, your age is irrelevant.* – Jeżeli dobrze wykonujesz pracę, twój wiek jest nieistotny.

irresistible [,ırı'zıstəbl] nieodparty; *Her smile was irresistible.* – Nie można było się oprzeć jej uśmiechowi. **an irresistible temptation** – nieodparta pokusa

irresponsible [,ırı'spɒnsəbl] nieodpowiedzialny, lekkomyślny; *It was irresponsible to leave the baby alone at home.* – Zostawienie dziecka samego w domu było lekkomyślnością.

irreverent [ı'revrənt] nie okazujący szacunku, lekceważący

irreversible [,ırı'vɜ:səbl] nieodwracalny

irrigate ['ırıgeıt] nawadniać

irrigation [,ırı'geıʃn] nawadnianie, irygacja

irritable ['ırıtəbl] drażliwy, przewrażliwiony, łatwo ulegający irytacji

irritate ['ırıteıt] ❶ irytować, drażnić; *Her behaviour started to irritate me.* – Jej zachowanie zaczynało mnie irytować. *I was irritated by the delay.* – Byłem poirytowany zwłoką. ❷ drażnić, podrażniać; *The smoke irritated my eyes.* – Dym podrażnił mi oczy.

irritating ['ırıteıtıŋ] irytujący, drażniący

irritation [,ırı'teıʃn] ❶ irytacja, rozdrażnienie ❷ podrażnienie; *This substance may cause irritation to sensitive skin.* – Ta substancja może powodować podrażnienie wrażliwej skóry.

is [ız] *p.* **be (was/were, been)**

Islam ['ızlɑ:m] Islam

Islamic [ız'læmık] islamski

island ['aılənd] wyspa; **an island in the Pacific** – wyspa na Pacyfiku; **a desert island** – bezludna wyspa

isle [aıl] wyspa (*wyraz używany głównie w nazwach geograficznych i poezji*); **the British Isles** – Wyspy Brytyjskie

isn't ['ızənt] = **is not**

isolate ['aısəleıt] odciąć, odizolować, odosobnić; **to isolate the infected children** – odizolować zarażone dzieci; *Snow has isolated many villages.* – Śnieg odciął (od świata) wiele miejscowości.

isolated ['aısəleıtıd] odcięty, odizolowany, odosobniony; **an isolated house** – dom na pustkowiu; **an isolated case of smallpox** – odosobniony/ /pojedynczy przypadek ospy

isolation [,aısə'leıʃn] izolacja, odosobnienie, osamotnienie; **to live in isolation** – żyć w odosobnieniu/samotności

isotope ['aɪsətəʊp] izotop

issue¹ ['ɪʃju:] ❶ kwestia, sprawa, zagadnienie; *Parliament will debate the issue.* – Parlament rozpatrzy tę kwestię. **political/social/environmental issues** – kwestie polityczne/społeczne/ochrony środowiska; **a burning issue** – palący problem; **a side issue** – sprawa uboczna/marginalna ❷ emisja, wydanie; **a new issue of stamps** – nowa seria znaczków; **the date of issue** – data emisji/wydania ❸ numer (*pisma*), nakład, wydanie; **the latest issue of the magazine** – najnowszy numer pisma ❹ upływ, ujście, wydobywanie się; **issue of blood** – upływ krwi

issue² ['ɪʃju:] ❶ wydawać, emitować, puszczać w obieg; **to issue new banknotes** – emitować nowe banknoty ❷ wydawać, rozprowadzać; **to issue tickets to the passengers** – wydawać bilety pasażerom ❸ wydawać, rozpowszechniać; **to issue books** – wydawać książki; *The government will issue an official statement.* – Rząd wyda oficjalne oświadczenie. ❹ wypływać, wydobywać się; *Blood issued from the wound.* – Krew wypływała z rany.

it [ɪt] ❶ ono (on, ona – *zaimek trzeciej osoby liczby pojedynczej zastępujący rzeczowniki nieżywotne oraz nazwy zwierząt*); *Where is my book? – It's on the shelf.* – Gdzie jest moja książka? – Jest na półce. *The problem is difficult, but we can solve it.* – Ten problem jest trudny, ale możemy go rozwiązać ❷ to; *Who's that? – It's me.* – Kto tam? – To ja. *It's his car.* – To (jest) jego samochód. ❸ nieprzetłumaczalny podmiot gramatyczny (*forma bezosobowa*); *It's raining.* – Pada. *It's hot today.* – Jest dziś gorąco. *It's six o'clock.* – Jest szósta godzina. *It's about 2 km to the beach.* – Jest około 2 km do plaży. *It seems that he has forgotten the appointment.* – Wydaje się, że zapomniał o tym spotkaniu.

itch¹ [ɪtʃ] swędzić

itch² [ɪtʃ] swędzenie

it'd ['ɪtəd] = ❶ **it had** ❷ **it would**

item ['aɪtəm] pozycja, punkt (*programu*), szczegół; **an item of clothing** – część garderoby; *Are there any interesting items in the newspaper?* – Czy są jakieś interesujące pozycje w gazecie? *There are several items on the agenda.* – Jest kilka punktów programu (*do dyskusji*).

it'll ['ɪtəl] = **it will**

it's [ɪts] = ❶ **it is** ❷ **it was**

its [ɪts] jej, jego, swój (*zaimek i przymiotnik dzierżawczy zaimka „it"*); *The dog wagged its tail.* – Pies pomerdał ogonem. *The firm increased its profits.* – Firma zwiększyła swoje zyski.

itself [ɪt'self] ❶ (ono) samo, samo z siebie, (rzecz) jako taka; *Did you see the explosion itself?* – Czy widziałeś sam wybuch? *She was charm itself.* – Ona była samym urokiem (wcieleniem czaru). *The problem itself is not difficult.* – Ten problem sam w sobie nie jest trudny. ❷ (ono) siebie, sobą, sobie; *My dog has hurt itself.* – Mój pies się zranił. *The firm has got itself into trouble.* – Firma wpakowała się w kłopoty.

◆ **(all) by itself** – (a) (ono) samo, samotnie; *A dog can't be left in the house by itself all day.* – Pies nie może być przez cały dzień zostawiony sam w domu. (b) (ono) samo, bez pomocy; *The cat managed to open the door by itself.* – Kot sam bez pomocy zdołał otworzyć drzwi.

I've [aɪv] = **I have**

ivory¹ ['aɪvərɪ] ❶ kość słoniowa; **Ivory Coast** – Wybrzeże Kości Słoniowej ❷ kolor kości słoniowej

ivory² ['aɪvərɪ] z kości słoniowej; **an ivory tower** – wieża z kości słoniowej

ivy ['aɪvɪ] bluszcz

j

jackal ['dʒækɔ:l] szakal

jacket ['dʒækɪt] ❶ marynarka, żakiet ❷ obwoluta książki lub płyty

jackpot ['dʒækpɒt] najwyższa stawka, pula; **to win/hit the jackpot** – zgarnąć pulę, rozbić bank (*w hazardzie*)

jade [dʒeɪd] nefryt

jaguar ['dʒægjʊə] jaguar

jail[1] [dʒeɪl] / **gaol** [dʒeɪl] więzienie; **to go to jail** – pójść do więzienia; **to be released from jail** – wyjść z więzienia/być zwolnionym z więzienia

jail[2] [dʒeɪl] / **gaol** [dʒeɪl] uwięzić; *He was jailed for five years.* – Był w więzieniu przez pięć lat.

jam[1] [dʒæm] ❶ dżem; **strawberry jam** – dżem truskawkowy ❷ zator, blokada; **a traffic jam** – korek/zator uliczny ❸ tłum, tłok; **a jam of shoppers before Christmas** – tłum kupujących przed Bożym Narodzeniem

◆ **to be in a jam** – być w trudnej sytuacji, mieć kłopoty

jam[2] [dʒæm] **(-mm-)** ❶ wcisnąć, wetknąć; *She jammed her clothes into a suitcase.* – Wcisnęła ubrania do walizki. ❷ zaciąć się, zaklinować się; *The door jammed and we can't open it.* – Drzwi się zaklinowały i nie możemy ich otworzyć. ❸ zablokować; *People jammed the entrance to the cinema.* – Ludzie zablokowali wejście do kina. ❹ nacisnąć, wcisnąć; **to jam on the brakes** – nacisnąć na hamulce

Jan [dʒæn] = **January**

January ['dʒænjʊərɪ] styczeń

jar [dʒɑ:] słoik; **a jar of jam** – słoik dżemu

jasmine ['dʒæzmɪn] jaśmin

jaundice ['dʒɔ:ndɪs] żółtaczka

javelin ['dʒævlɪn] ❶ oszczep; **to throw the javelin** – rzucać oszczepem ❷ **the javelin** – rzut oszczepem (*dyscyplina sportowa*)

jaw [dʒɔ:] szczęka; *He hit the thief in the jaw.* – Uderzył złodzieja w szczękę.

jaws [dʒɔ:z] szczęki, paszcza, pysk; *The dog had a mouse in its jaws.* – Pies miał w pysku mysz.

jazz [dʒæz] jazz; **a jazz-band** – zespół jazzowy/orkiestra jazzowa

jealous ['dʒeləs] zazdrosny; **a jealous husband** – zazdrosny mąż; **to be jealous of sb's success** – być zazdrosnym o czyjś sukces

jealousy ['dʒeləsɪ] zazdrość

jeans [dʒi:nz] dżinsy

jeep / Jeep [dʒi:p] rodzaj wojskowego amerykańskiego samochodu terenowego

jeer[1] [dʒɪə] drwić, szydzić, wygwizdywać; *A group of people jeered at the speaker.* – Grupka ludzi (głośno) drwiła z mówcy.

jeer[2] [dʒɪə] drwina, szyderstwo, (*głośne*) wyśmiewanie się; *His entrance was greeted by loud jeers.* – Jego wejście było powitane głośnymi drwinami.

jelly ['dʒelɪ] galareta, galaretka

jelly-fish ['dʒelɪfɪʃ] (*l.mn.* **jelly-fish/ /jelly-fishes**) meduza

jerk[1] [dʒɜ:k] szarpnąć; *The train jerked to a halt.* – Pociągiem szarpnęło i zatrzymał się.

jerk[2] [dʒɜ:k] szarpnięcie, drgnięcie; *The train stopped with a jerk.* – Zatrzymaniu pociągu towarzyszyło szarpnięcie.

jersey ['dʒɜ:zɪ] ❶ dżersej, wełniana tkanina dziana ❷ sweter ❸ **a Jersey/ /a Jersey cow** – rodzaj małej krowy dającej bardzo tłuste mleko

jet [dʒet] ❶ silny strumień wody lub gazu; **a jet of water** – strumień wody; **a jet engine** – silnik odrzutowy ❷ samolot odrzutowy

jet lag ['dʒet læg] uczucie zmęczenia i bezsenności po długiej podróży samolotem wywołane zakłóceniem rytmu dnia i nocy; **to suffer from jet lag** – cierpieć na dolegliwości związane ze zmianą strefy czasowej

jet-black [ˌdʒet'blæk] kruczoczarny

jetty ['dʒetɪ] (*l.mn.* **jetties**) molo, falochron

Jew [dʒu:] Żyd

jewel ['dʒu:əl] klejnot, kamień szlachetny

jeweller ['dʒu:ələ] jubiler; **the jeweller's** – sklep jubilerski

jewellery ['dʒu:əlrɪ] biżuteria

Jewess ['dʒu:əs] Żydówka

Jewish ['dʒu:ɪʃ] żydowski

jigsaw ['dʒɪgsɔ:] **/ jigsaw puzzle** ['dʒɪgsɔ: pʌzl] łamigłówka, układanka

jingle¹ ['dʒɪŋgl] dzwonić, dźwięczeć, brzęczeć; *Some coins jingled in his pocket.* – Monety brzęczały mu w kieszeni.

jingle² ['dʒɪŋgl] dźwięczenie, dzwonienie

job [dʒɒb] ❶ praca, posada; *He has lost his job.* – Stracił pracę. *He is out of job.* – On jest bez pracy. **to apply for a job** – ubiegać się o pracę; **a temporary/a permanent job** – zatrudnienie tymczasowe/stałe; **a full-time job** – praca na pełnym etacie/pełny etat; **a part-time job** – praca na pół etatu ❷ zajęcie, praca; *Have you got any jobs for me to do?* – Czy masz dla mnie jakieś zajęcie/jakieś prace? **to make a good job of sth** – zrobić coś dobrze/ /wykonać dobrą robotę; *Good job!* – Dobra robota! ❸ sprawa, interes, obowiązek; *It's not my job to interfere.* – To nie moja sprawa wtrącać się.

jockey ['dʒɒkɪ] dżokej

jog [dʒɒg] (**-gg-**) ❶ trącić, lekko popchnąć; *He jogged my elbow and I spilled the tea.* – Trącił mnie w łokieć i rozlałam herbatę. ❷ biegać dla kondycji; *He jogs every morning.* – On biega codziennie rano. ❸ jechać powoli (*podskakując*), wlec się, telepać się; *We jogged along the bad roads.* – Wlekliśmy się złymi drogami.

jogging ['dʒɒgɪŋ] bieganie dla kondycji; **to go in for jogging** – uprawiać jogging

join [dʒɔɪn] ❶ łączyć, połączyć; *The bridge joins the two banks of the river.* – Most łączy dwa brzegi rzeki. **to join hands** – wziąć się za ręce ❷ przyłączyć się, wstąpić do; **to join the army** – wstąpić do wojska; **to join the queue** – dołączyć do kolejki/stanąć w kolejce ❸ przyłączyć się do; *He joined us for a walk.* – Poszedł z nami na spacer. *I'll join you in few minutes.* – Zaraz do was dołączę.

joint¹ [dʒɔɪnt] połączony, wspólny; **a joint account** – wspólny rachunek bankowy (*dla dwóch lub więcej osób*); **a joint effort** – wspólny wysiłek; **a joint venture** – wspólne przedsięwzięcie (*dwóch firm*)

joint² [dʒɔɪnt] ❶ staw, przegub; **to put a knee out of joint** – zwichnąć staw kolanowy/wybić kolano ❷ złącze, spojenie, połączenie; **joints of a pipe** – złącza rury ❸ udziec, pieczeń, ćwiartka (*np. wołu*); **a joint of lamb** – udziec barani (jagnięcy)

joint-stock company [ˌdʒɔɪnt'stɒk ˌkʌmpənɪ] spółka akcyjna

joke¹ [dʒəʊk] żart, dowcip; *He told us a joke.* – Opowiedział nam dowcip. **to play a joke on sb** – zrobić komuś kawał; *I can't see the joke.* – Nie widzę w tym nic śmiesznego.

joke² [dʒəʊk] żartować; *I was only joking, I didn't mean what I said.* – Tylko żartowałem, nie mówiłem poważnie. *You must be joking!* – Chyba żartujesz!

jolly[1] ['dʒɒlɪ] (**-ier, -iest**) szczęśliwy, radosny, przyjemny; **a jolly occasion** – radosna okazja; **to be in a jolly mood** – być w radosnym nastroju

jolly[2] ['dʒɒlɪ] bardzo; *It was jolly difficult.* – To było bardzo trudne.

jolt[1] [dʒəʊlt] ❶ wytrącić, wybić; *The noise jolted her out of her sleep.* – Hałas wybił/wytrącił ją ze snu. *The shock has jolted him out of his lethargy.* – Ten szok wytrącił go ze stanu letargu/obojętnej bezczynności. ❷ trząść się, podskakiwać; *The bus jolted along the bad road.* – Autobus podskakiwał na wyboistej drodze.

jolt[2] [dʒəʊlt] wstrząs, szarpnięcie; *A sudden jolt of the ship woke us up.* – Obudził nas nagły wstrząs statku.

journal ['dʒɜ:nl] ❶ dziennik, magazyn np. **the British Medical Journal, the Wall Street Journal** ❷ dziennik, pamiętnik; **to keep a journal** – prowadzić dziennik

journalism ['dʒɜ:nəlɪzm] dziennikarstwo

journalist ['dʒɜ:nəlɪst] dziennikarz

journey ['dʒɜ:nɪ] podróż; *Have a good journey!* – Szczęśliwej podróży! **to go on a journey round the world** – pojechać w podróż dookoła świata; *It's a four hours' journey by car.* – To jest czterogodzinna podróż samochodem.

joy [dʒɔɪ] radość, szczęście; *He was filled with joy when he heard the news.* – Przepełniła go radość, kiedy się o tym dowiedział. **to weep for/with joy** – płakać z radości; **to jump for joy** – skakać z radości; **joys and sorrows of life** – radości i smutki życia

joyful ['dʒɔɪfʊl] radosny, szczęśliwy

joystick ['dʒɔɪstɪk] drążek sterowy

jubilant ['dʒu:bɪlənt] radosny, triumfujący

jubilee ['dʒu:bɪli:] jubileusz; **a silver jubilee** – srebrny jubileusz

Judaism ['dʒu:dəɪzm] judaizm

judge[1] [dʒʌdʒ] sędzia; **a high court/ /a Supreme court judge** – sędzia Sądu Najwyższego; *He is a good/ /a bad judge of character.* – On zna się/nie zna się na ludziach.

judge[2] [dʒʌdʒ] sądzić, osądzić, oceniać; *I can't judge which picture is the best.* – Nie mogę ocenić, który obraz jest najlepszy. *It's too soon to judge whether he is fit for the job or not.* – Jest za wcześnie, by ocenić, czy on nadaje się do tej pracy, czy nie.

judgement / judgment ['dʒʌdʒmənt] ❶ osąd, sąd, opinia; *He showed excellent judgement in choosing wine.* – Wykazał znakomity gust/osąd w doborze wina. *He is a person of good/ /sound judgement.* – On potrafi właściwie ocenić sytuację. **in the judgement of most people** – według opinii większości ludzi; **to pass judgement (on others)** – wydawać opinię (o innych)/osądzać (innych); **to reserve judgement** – zawiesić swój osąd/nie wydawać (*pochopnej*) opinii ❷ orzeczenie/decyzja sądu; **to pass/to pronounce judgment on the case** – wydać wyrok w (*pewnej*) sprawie

judo ['dʒu:dəʊ] judo, dżudo

jug [dʒʌg] dzbanek; **a jug of water** – dzbanek wody

juice [dʒu:s] sok; **a glass of orange juice** – szklanka soku pomarańczowego; **a carton of apple juice** – karton(ik) soku jabłkowego

juicy ['dʒu:sɪ] (**-ier, -iest**) soczysty; **a juicy orange** – soczysta pomarańcza

jukebox ['dʒu:kbɒks] szafa grająca

Jul = July

July [dʒʊ'laɪ] lipiec

jumble ['dʒʌmbl] mieszanina, bałagan, gmatwanina; *He left his clothes in a jumble.* – Zostawił swoje ubrania w nieładzie.

jumble sale ['dʒʌmbl seɪl] giełda rzeczy używanych, giełda staroci

jumbo ['dʒʌmbəʊ] bardzo duży, olbrzymich rozmiarów; **the jumbo size of washing powder** – proszek do prania w olbrzymim opakowaniu; **a jumbo jet** – duży odrzutowiec pasażerski

jump[1] [dʒʌmp] skakać; **to jump the fence** – przeskoczyć przez płot; **to jump into the river** – skoczyć do rzeki; **to jump up and down** – podskakiwać; **to jump for joy** – skakać z radości; *She jumped to her feet.* – Skoczyła na równe nogi. **to jump to conclusions** – dojść pochopnie do wniosku; **to jump from one subject to another** – przeskakiwać z tematu na temat; **to jump the lights** – przejechać na czerwonych światłach

jump[2] [dʒʌmp] skok; **long/high jump** – skok w dal/wzwyż; **a parachute jump** – skok ze spadochronem

jumper ['dʒʌmpə] rodzaj wełnianego swetra

Jun = June

junction ['dʒʌŋkʃn] skrzyżowanie; *Turn right at the next junction.* – Skręć w prawo na następnym skrzyżowaniu. **a railway junction** – węzeł kolejowy

June [dʒu:n] czerwiec

jungle ['dʒʌŋgl] dżungla

junior[1] ['dʒu:nɪə] młodszy, niższy rangą; **a junior partner in a firm** – młodszy partner (*w firmie*); **a junior officer** – oficer niższy rangą

junior[2] ['dʒu:nɪə] ❶ / **Junior** – junior (*przy nazwisku syna mającego to samo imię co ojciec, np. Tom Brown, junior/Jun/Jnr/jr*) ❷ osoba młodsza; *He is my junior by two years.* – On jest ode mnie o dwa lata młodszy. ❸ uczeń niższych klas (*szkoły lub college'u*)

junior high school [,dʒu:nɪə'haɪ sku:l] *am.* szkoła dla dzieci od 12 do 14 lat

junior school ['dʒu:nɪə sku:l] *bryt.* szkoła podstawowa dla dzieci od 7 do 11 lat

junk [dʒʌŋk] rupiecie (*rzeczownik niepoliczalny, nie występuje w liczbie mnogiej*); *The attic was full of junk.* – Strych był pełen rupieci.

junk food ['dʒʌŋ kfu:d] bezwartościowe pożywienie (*z punktu widzenia racjonalnego odżywiania*), przeciwieństwo zdrowej żywności (health food)

jury ['dʒʊərɪ] (*l.mn.* **juries**) ❶ ława przysięgłych; **to sit on a jury** – zasiadać w ławie przysięgłych ❷ jury

just[1] [dʒʌst] ❶ właśnie, ściśle, dokładnie; *We are just going out.* – Właśnie wychodzimy. **just now** – teraz/w tej chwili; *We've just had dinner.* – Właśnie zjedliśmy obiad. *It's just what I wanted.* – To jest właśnie to, czego chciałem. ❷ tylko; *I have come here just to see you.* – Przyszedłem tu tylko po to, żeby cię zobaczyć. *Just look at that!* – Spójrz tylko na to! *Just a moment!* – Chwileczkę! **only just** – prawie

just[2] [dʒʌst] ❶ sprawiedliwy; **to be just to sb** – być wobec kogoś sprawiedliwym; **a just decision** – sprawiedliwa decyzja ❷ słuszny, uzasadniony; **a just cause for complaint** – słuszny powód do skargi; **just punishment** – słuszna kara; **just reward** – słuszna nagroda

justice ['dʒʌstɪs] ❶ sprawiedliwość; **a court of justice** – sąd/trybunał; **a miscarriage of justice** – pomyłka sądowa; **to bring sb to justice** – oddać kogoś pod sąd; **to do sb justice** – oddać komuś sprawiedliwość ❷ sędzia; **Justice of the Peace** – sędzia pokoju

justified ['dʒʌstɪfaɪd] usprawiedliwiony, uzasadniony; **justified criticism** – usprawiedliwiona krytyka; *You were justified in refusing the offer.* – Miałeś podstawy do odrzucenia tej propozycji.

justify ['dʒʌstɪfaɪ] **(-ies, -ied, -ying)** usprawiedliwić, wytłumaczyć; *Nothing can justify such behaviour.* – Nic nie może wytłumaczyć takiego zachowania.

juvenile ['dʒu:vənaɪl] niepełnoletni, małoletni; **juvenile court** – sąd dla nieletnich; **juvenile delinquency** – przestępczość młodocianych; **juvenile behaviour** – dziecinne zachowanie

J

k

kangaroo [ˌkæŋgəˈruː] kangur
karate [kəˈrɑːtɪ] karate
keen [kiːn] ❶ silny, żywy, głęboki; *He shows a keen interest in his work.* – On wykazuje żywe zainteresowanie swoją pracą. ❷ chętny, entuzjastyczny, zapalony, namiętny; **a keen student** – gorliwy/entuzjastycznie nastawiony student; **a keen sportsman** – zapalony sportowiec; **to be keen on sth** – bardzo coś lubić/bardzo czegoś chcieć/rwać się do czegoś; *He is mad keen on windsurfing.* – On szaleje na punkcie windsurfingu. **to be keen on sb** – podkochiwać się w kimś; *They were keen to start the journey.* – Bardzo chcieli rozpocząć podróż. ❸ ostry, bystry, żywy; **keen eyesight** – bystry wzrok; **keen mind** – bystry/żywy umysł ❹ ostry, naostrzony; **a keen edge of a knife** – ostrze noża; **a keen wind** – ostry/przenikliwy wiatr
keep[1] [kiːp] **(kept, kept** [kept, kept]) ❶ zatrzymać; *May I keep this book for another week?* – Czy mogę zatrzymać tę książkę jeszcze przez tydzień? *I mustn't keep you any longer.* – Nie chciałbym/Nie mogę/Nie wolno mi cię dłużej zatrzymywać. ❷ dotrzymać, utrzymać; **to keep one's promise** – dotrzymać obietnicy; **to keep one's appointment** – zjawić się na umówione spotkanie; **to keep a secret** – dotrzymać tajemnicy ❸ hodować (*zwierzęta*); **to keep chickens** – hodować kurczaki ❹ prowadzić; **to keep a shop** – prowadzić sklep; **to keep a diary** – prowadzić pamiętnik ❺ trwać (*w pewnym stanie*), kontynuować; **to keep quiet** – zachowywać się spokojnie/nie hałasować; *Keep still when I photograph you.* – Nie ruszaj się, kiedy będę cię fotografował. *Keep smiling.* – Nie przestawaj uśmiechać się./Uśmiechaj się nadal. *Keep going.* – Idź dalej (nie przystawaj). *Keep knocking until somebody opens the door.* – Pukaj, aż ktoś otworzy drzwi. ❻ utrzymywać; *He doesn't earn enough money to keep his family.* – On nie zarabia dość pieniędzy, aby utrzymać rodzinę. **to keep house** – prowadzić dom ❼ przechowywać się, trwać (*w dobrym stanie*); *Milk won't keep in this temperature.* – Mleko nie przechowa się (świeże) w tej temperaturze.

◆ **keep away from** – trzymać się z dala od; *The police warned the crowd to keep away from the burning building.* – Policja ostrzegła tłum, żeby trzymał się z dala od płonącego budynku. *Her illness kept her away from her work for weeks.* – Choroba na całe tygodnie oderwała ją od pracy.

◆ **keep back** – (a) powstrzymać; *She tried to keep back her tears.* – Starała się powstrzymać łzy. (b) zataić; *She is keeping something back from us.* – Ona coś przed nami tai.

◆ **keep off** – (a) trzymać się z dala od; *Try to keep off the subject of politics.* – Staraj się trzymać z dala od tematów politycznych. *Keep off the grass!* – Nie wchodzić na trawę!/Nie deptać trawników! (b) wystrzegać się; *Keep off fatty foods.* – Nie jedz/Wystrzegaj się tłustego jedzenia.

◆ **keep on** – kontynuować, nie przestawać; *Keep on working.* – Pracuj dalej./ /Nie przerywaj pracy. *The rain kept on all night.* – Deszcz padał przez całą noc.

◆ **keep up** – (a) utrzymywać się, trwać; *I hope this sunny weather will keep up.* – Mam nadzieję, że ta słoneczna pogoda utrzyma się. (b) zachowywać, utrzymywać; **to keep up old customs** – zachowywać stare zwyczaje

◆ **keep up with** – nadążać, dotrzymywać kroku; *You are too fast, I can't keep up with you.* – Idziesz za szybko, nie mogę za tobą nadążyć.

keep² [ki:p] ❶ utrzymanie; *She doesn't earn enough money for her keep.* – Ona nie zarabia dość na swoje utrzymanie. ❷ **keeps: for keeps** – na zawsze; *This pen is yours for keeps.* – Daję ci to pióro na zawsze.

keeper ['ki:pə] dozorca, osoba pilnująca/opiekująca się; **a park-keeper** – dozorca parku; **a shop-keeper** – właściciel sklepu; **a goal-keeper** – bramkarz; **a housekeeper** – osoba prowadząca dom

kennel ['kenl] ❶ psia buda ❷ **kennels** – hodowla psów ❸ **kennels** – miejsce tresury psów ❹ **kennels** – miejsce, gdzie można zostawić psa na przechowanie; **to leave the dog at a kennels** – zostawić psa na przechowanie

kept [kept] *p.* **keep¹ (kept, kept)**

kerb [kɜ:b] krawężnik

kerchief ['kɜ:tʃɪf] chusta na głowę

kernel ['kɜ:nl] jądro, ziarno

ketchup ['ketʃəp] keczup

kettle ['ketl] czajnik; **to put the kettle on** – nastawić czajnik

key [ki:] ❶ klucz; *I turned the key and opened the door.* – Przekręciłam klucz i otworzyłam drzwi. *Check your answers with the key at the back of the book.* – Sprawdźcie swoje odpowiedzi z kluczem na końcu książki. **a key to a mystery** – klucz do zagadki ❷ klawisz (*fortepianu, maszyny do pisania*); **to press a key** – nacisnąć klawisz

keyboard ['ki:bɔ:d] klawiatura (*fortepianu, maszyny do pisania, komputera*)

keyhole ['ki:həʊl] dziurka od klucza

khaki ['kɑ:kɪ] kolor zielonobrązowy, khaki

kick¹ [kɪk] kopać; **to kick a ball** – kopnąć piłkę; *He kicked the thief hard in the leg.* – Kopnął złodzieja z całej siły w nogę. **to kick a man when he is down** – *przen.* kopać leżącego; *The baby was kicking and screaming.* – Dziecko kopało (nóżkami) i krzyczało.

◆ **kick off** – zacząć mecz piłki nożnej

◆ **kick sb out** – wyrzucić kogoś

kick² [kɪk] ❶ kopnięcie; **to give sb a kick** – kopnąć kogoś ❷ *sport.* rzut (*w piłce nożnej*); **a free kick** – rzut wolny; **a penalty kick** – rzut karny ❸ uczucie podniecenia, ekscytacja; *He gets a kick out of fast driving.* – Szybka jazda podnieca go.

kid¹ [kɪd] ❶ *pot.* dziecko; *How are your wife and kids?* – Jak się czują twoja żona i dzieci? ❷ koźlę; **kid gloves** – rękawiczki z koźlej skóry

kid² [kɪd] **(-dd-)** żartować, nabierać (*kogoś*), oszukiwać; *You are kidding!* – Nie żartuj!

kidnap ['kɪdnæp] **(-pp-)** porwać (*w celu żądania okupu*); *He was kidnapped by terrorists.* – Został porwany przez terrorystów.

kidnapper ['kɪdnæpə] kidnaper, porywacz

kidney ['kɪdnɪ] *anat.* nerka

kill [kɪl] zabić; *He was killed in an accident.* – On zginął w wypadku. *This poison is strong enough to kill.* – Ta trucizna jest wystarczająco mocna, by zabić. *He will kill me if I'm late.* – On mnie zabije, jeżeli się spóźnię.

killer ['kɪlə] zabójca

kilo ['kɪləʊ] kilogram

kilogram / kilogramme ['kɪləgræm] kilogram

kilometre ['kɪləmi:tə] kilometr

kilt [kɪlt] spódnica szkocka

kin [kɪn] ród, rodzina; **next of kin** – najbliższy krewny; *He is my own kin.* – On należy do mojej rodziny/jest moim krewnym.

kind[1] [kaınd] rodzaj; *What kind of tree is that?* – Jaki to (jest) rodzaj drzewa? *He is not the kind of person to cheat you.* – On nie jest człowiekiem, który mógłby cię oszukać. **nothing of the kind** – nic z tych rzeczy/nic podobnego; **kind of** – w pewnym sensie/trochę; *He was kind of angry.* – Był trochę zły.

kind[2] [kaınd] miły, dobry, uprzejmy; *It was kind of you to help us.* – To było uprzejme/miłe z twojej strony, że nam pomogłeś. **to be kind to animals** – być dobrym dla zwierząt

kind-hearted [ˌkaınd'hɑ:tıd] dobry, o dobrym sercu

kindly[1] ['kaındlı] ❶ miło, z dobrocią, życzliwie; *You must treat him kindly.* – Musisz go traktować życzliwie. ❷ uprzejmie, łaskawie; *Kindly close the window.* – Bądź uprzejmy zamknąć okno.

kindly[2] ['kaındlı] **(-ier, -iest)** przyjazny, życzliwy, dobrotliwy; **a kindly smile** – życzliwy/dobrotliwy uśmiech

kindness ['kaındnəs] dobroć, dobre serce; *I want to thank you for all your kindness.* – Chcę ci podziękować za twoją dobroć.

king [kıŋ] król; **to be crowned king** – być ukoronowanym; **the king of diamonds** – król karo

kingdom ['kıŋdəm] królestwo; **the United Kingdom** – Zjednoczone Królestwo; **the animal, vegetable and mineral kingdom** – królestwo zwierząt, roślin i minerałów

K

kiosk ['ki:ɒsk] ❶ kiosk ❷ budka telefoniczna

kipper ['kıpə] rodzaj solonego śledzia wędzonego

kiss[1] [kıs] całować (się); *They kissed.* – Pocałowali się. **to kiss sb on the cheek/on the mouth** – pocałować kogoś w policzek/w usta; *She kissed the child goodnight.* – Pocałowała dziecko na dobranoc.

kiss[2] [kıs] pocałunek; *He gave her a kiss.* – Pocałował ją. **the kiss of life** – sztuczne oddychanie metodą usta-usta

kit [kıt] zestaw przyborów lub przyrządów; **a survival kit** – zestaw rzeczy potrzebnych do przetrwania (*w trudnych warunkach*); **a first-aid kit** – apteczka pierwszej pomocy

kitchen ['kıtʃən] kuchnia

kite [kaıt] latawiec; **to fly a kite** – puszczać latawiec

kitten ['kıtn] kocię

kiwi ['ki:wi:] nowozelandzki ptak kiwi

kiwi fruit ['ki:wi: fru:t] owoc kiwi

knapsack ['næpsæk] plecak

knee [ni:] kolano; *He hurt his knee while skiing.* – Doznał kontuzji kolana podczas jazdy na nartach. *The baby sat on my knee.* – Dziecko usiadło mi na kolanach. **to go down on one's knees** – uklęknąć

knee-deep [ˌni: 'di:p] (*głęboki*) po kolana; *The snow was knee-deep.* – Śnieg sięgał po kolana.

kneel [ni:l] **(knelt, knelt** [nelt, nelt]**)** klęczeć; *She knelt (down) and looked under the bed.* – Uklękła i zajrzała pod łóżko.

knew [nju:] *p.* **know (knew, known)**

knife [naıf] (*l.mn.* **knives** [naıvz]) nóż

knight[1] [naıt] ❶ rycerz; **the knights of King Arthur** – rycerze króla Artura ❷ osoba, której został nadany tytuł szlachecki (*mogąca używać tytułu „Sir" przed nazwiskiem*) ❸ koń w szachach

knight[2] [naıt] nadać tytuł szlachecki; *He has been knighted by the Queen.* – Królowa nadała mu tytuł szlachecki.

knit [nıt] **(-tt-) (knit/-ted, knit/-ted** [nıt/'nıtıd, nıt/'nıtıd]**)** robić na drutach; *She is knitting a pullover.* – Ona robi sweter na drutach.

knitting ['nıtıŋ] robótka na drutach

knitting needle ['nıtıŋ ni:dl] drut do robótek (*na drutach*)

knives [naıvz] *p.* **knife**

knob [nɒb] gałka, okrągły uchwyt (*np. przy drzwiach, szufladach*)

knock[1] [nɒk] ❶ pukać; *Someone is knocking at the door.* – Ktoś puka do drzwi. ❷ uderzyć; *He knocked his* *head on the wall.* – Uderzył głową w ścianę. *He knocked a hole in the wall.* – Wybił dziurę w ścianie. *He was knocked unconscious.* – Uderzono go i stracił przytomność.

◆ **knock down** – (a) przewrócić, uderzyć, potrącić; *She was knocked down by a bus.* – Została potrącona przez autobus. (b) zburzyć, rozebrać; *These old houses will have to be knocked down.* – Te stare domy będą musiały być zburzone.

◆ **knock out** – znokautować; *The blow has knocked him out.* – Cios go znokautował. *The drug has knocked him out.* – Narkotyk go powalił.

◆ **knock over = knock down** (a)

knock² [nɒk] ❶ uderzenie; *Tom got a knock on the head.* – Tom otrzymał cios w głowę. ❷ pukanie; *Did you hear a knock on the door?* – Czy słyszałeś pukanie do drzwi?

knot¹ [nɒt] ❶ węzeł, supeł, pętla; **to make/to tie a knot** – zrobić/zawiązać supeł; **to undo/to untie a knot** – rozwiązać supeł ❷ *mar.* węzeł (= *1 mila morska/godz.*); *The ship sailed at 20 knots.* – Statek płynął z prędkością 20 węzłów.

knot² [nɒt] **(-tt-)** zawiązać, zrobić węzeł; **to knot two ropes together** – związać razem dwie liny; *He knotted his tie round his neck.* – Zawiązał na szyi krawat.

know [nəʊ] **(knew, known** [nju:, nəʊn]**)** ❶ wiedzieć; *I don't know.* – Nie wiem. *I don't know where he is.* – Nie wiem, gdzie on jest. ❷ znać; *I've known her for years.* – Znam ją od lat. *She knows the poem by heart.* – Ona zna ten wiersz na pamięć. **to know sb by sight** – znać kogoś z widzenia; **to know sb through and through** – znać kogoś na wylot; **to know sth from sth** – rozróżniać coś od czegoś

knowledge ['nɒlɪdʒ] wiedza, znajomość tematu; *He has a good knowledge of mathematics.* – On dobrze zna matematykę. **the quest for knowledge** – poszukiwanie wiedzy/dążenie do wiedzy; **it came to my knowledge** – dowiedziałem się o tym; **to the best of my knowledge** – o ile mi wiadomo/ /zgodnie z moją wiedzą

known¹ [nəʊn] *p.* **know (knew, known)**

known² [nəʊn] znany; *This disease is still little known.* – Ta choroba jest jeszcze mało znana. **well-known** – znany/sławny; **to let sth be known** – podać coś do wiadomości/ujawnić coś

koala [kəʊ'ɑ:lə] koala

l

L [el] = ❶ **large size** – duży rozmiar (*ubrania*) ❷ **Learner** – uczeń w szkole jazdy samochodem

lab [læb] = **laboratory**

label[1] ['leɪbl] nalepka, etykietka, metka; *Put labels on your luggage.* – Nalep etykietki (*z nazwiskiem i adresem*) na swój bagaż.

label[2] ['leɪbl] (**-ll-**) przylepić etykietę, oznaczyć; *She labelled her case with her name and address.* – Oznaczyła swoją walizkę nazwiskiem i adresem. *All items should be labelled with a price.* – Wszystkie artykuły powinny być opatrzone ceną.

laboratory [lə'bɒrətərɪ] laboratorium

labour[1] ['leɪbə] ❶ ciężka praca fizyczna, trud; **manual labour** – praca fizyczna ❷ siła robocza; **skilled/unskilled labour** – wykwalifikowana/niewykwalifikowana siła robocza ❸ świat pracy, klasa pracująca; **the Labour Party** – Partia Pracy ❹ poród; **a labour ward** – sala porodowa

labour[2] ['leɪbə] ciężko pracować, trudzić się

labourer ['leɪbərə] pracownik fizyczny; **a farm labourer** – robotnik rolny

lace [leɪs] ❶ koronka; **a lace collar** – koronkowy kołnierzyk; **a handkerchief with lace round the edge** – chusteczka z koronkowym brzegiem ❷ sznurowadło; *She bent down to tie her shoe laces.* – Schyliła się, żeby zawiązać sznurowadła.

lack[1] [læk] brak, niedostatek; **a lack of money** – brak pieniędzy; **for lack of time** – z powodu braku czasu

lack[2] [læk] brakować; *He lacks courage.* – Brakuje mu odwagi. *We don't lack for anything.* – Niczego nam nie brakuje.

Ladies ['leɪdɪz] toaleta damska; *Where's the Ladies, please?* – Gdzie jest damska toaleta?

ladder ['lædə] drabina; **to climb/to go up a ladder** – wspinać się/wchodzić na drabinę; **to climb the ladder of success** – *przen.* wspinać się po drabinie sukcesu

ladle ['leɪdl] łyżka wazowa

lady ['leɪdɪ] (*l.mn.* **ladies**) ❶ pani; *This lady wants to speak to you.* – Ta pani chce z tobą mówić. **an elderly lady** – starsza pani ❷ dama; *She is a real lady.* – Jest prawdziwą damą (zachowuje się jak prawdziwa dama). ❸ tytuł szlachecki przed nazwiskiem; **Lady Bracknell**

lady-bird ['leɪdɪbɜ:d] biedronka

lager ['lɑ:gə] rodzaj piwa

laid [leɪd] *p.* **lay**[2] **(laid, laid)**

lain [leɪn] *p.* **lie**[1] **(lay, lain)**

lake [leɪk] jezioro; *They have a summer bungallow on/at the lake.* – Mają letni dom nad jeziorem. **to sail on the lake** – żeglować po jeziorze

lamb [læm] ❶ jagnię ❷ mięso baranie lub jagnięce; **roast lamb** – pieczona baranina

lame [leɪm] ❶ kulawy, ułomny; *He went lame.* – On okulał. ❷ słaby, nieprzekonywający; **a lame excuse** – kiepska wymówka

lamp [læmp] lampa; **to switch on a lamp** – zapalić lampę

lamp-post ['læmppəʊst] latarnia (*uliczna*), słup latarni

lampshade ['læmpʃeɪd] abażur

land[1] [lænd] ❶ ląd, ziemia; **to travel over land and sea** – podróżować po lądzie i morzu; **to reach land** – osiągnąć ląd; *After a bad boat journey we were glad to arrive on land.* – Po uciążliwej podróży statkiem byliśmy szczęśliwi dotarłszy do lądu. ❷ ziemia; **to cultivate land** – uprawiać ziemię; *Do you own much land here?* – Czy masz tu dużo ziemi? ❸ kraj; **my native land** – mój kraj ojczysty

land[2] [lænd] ❶ lądować; *The plane landed safely.* – Samolot wylądował bezpiecznie. ❷ sprowadzić samolot na ziemię; *The pilot landed the plane safely.* – Pilot sprowadził samolot bezpiecznie na ziemię. ❸ wyładować; *The ship landed the cargo at Dover.* – Statek wyładował ładunek w Dover.

landing ['lændıŋ] ❶ lądowanie; **to make a landing** – wylądować; **an emergency landing** – lądowanie awaryjne; **a safe/a smooth/a soft landing** – bezpieczne/gładkie/miękkie lądowanie ❷ podest schodów, półpiętro

landlady ['læn,leıdı] (*l.mn.* **landladies**) właścicielka małego hotelu lub domu z pokojami gościnnymi

landlord ['lænlɔ:d] właściciel małego hotelu lub domu z pokojami gościnnymi

landscape ['lænskeıp] krajobraz, pejzaż

landslide ['lænslaıd] obsunięcie się gruntu

lane [leın] ❶ uliczka, alejka, dróżka (*najczęściej na wsi*) ❷ ulica (*w nazwach*); **Park Lane** ❸ pasmo ruchu; **the middle lane of the motorway** – środkowe pasmo autostrady

language ['læŋgwıdʒ] język; **native language** – język ojczysty; **the English language** – język angielski; **to learn a foreign language** – uczyć się języka obcego

lanolin ['lænəli:n] lanolina

lantern ['læntən] latarnia, lampion

lap [læp] ❶ część ciała (*od kolan do talii*) osoby siedzącej, podołek; *The mother held her baby on her lap.* – Matka trzymała dziecko na kolanach. ❷ okrążenie bieżni; *They are on the last lap.* – Są na ostatnim okrążeniu. ❸ odcinek podróży; *The first lap of the journey was by train.* – Pierwszy odcinek podróży przebyto pociągiem.

larder ['lɑ:də] spiżarnia

large [lɑ:dʒ] duży; *She takes a large size in dresses.* – Ona nosi sukienki w dużym rozmiarze.

◆ **at large** – (a) na wolności; *The murderer is still at large.* – Morderca jest nadal na wolności. (b) ogółem, wszyscy; **the country at large** – cały kraj

largely ['lɑ:dʒlı] w dużej mierze, w dużym stopniu, przeważnie

lark [lɑ:k] skowronek

last[1] [lɑ:st] ❶ ostatni; *This is your last chance.* – To twoja ostatnia szansa. *The last time I saw him he seemed quite happy.* – Ostatnim razem kiedy go widziałem, wydawał się całkiem szczęśliwy. *I was the last person to see him that night.* – Byłem ostatnią osobą, która go widziała tamtej nocy. ❷ zeszły, ubiegły; *I saw him last Saturday.* – Widziałem go w zeszłą sobotę. **last week** – ubiegły tydzień/ /w ubiegłym tygodniu

last[2] [lɑ:st] ❶ ostatnio, po raz ostatni; *When did you see him last?* – Kiedy go widziałeś ostatnio/po raz ostatni? ❷ na koniec, ostatecznie

last[3] [lɑ:st] ❶ ostatnia rzecz, ostatnia osoba; *They were the last to arrive.* – Przybyli jako ostatni. **the week before last** – przedostatni tydzień ❷ **at last** – w końcu, wreszcie; *He managed to get a job at last.* – W końcu udało mu się znaleźć pracę.

last[4] [lɑ:st] ❶ trwać; *How long did the film last?* – Jak długo trwał film? ❷ wystarczyć; *Will this loaf of bread last until tomorrow?* – Czy ten bochenek chleba starczy do jutra? *The food will last us for a week.* – To jedzenie starczy nam na tydzień.

late[1] [leıt] ❶ późny; *In summer the sun goes down in late evening.* – Latem słońce zachodzi późnym wieczorem. *It's late.* – Jest późno. **at the latest** – najpóźniej ❷ spóźniony; *You are late.*

– Spóźniłeś się./Jesteś spóźniony. *The plane was an hour late.* – Samolot spóźnił się o godzinę. **to have a late lunch** – zjeść spóźniony lunch ❸ nieżyjący, świętej pamięci; **her late husband** – jej nieżyjący mąż

late² [leɪt] późno; *He went to bed late.* – Poszedł późno spać. *Better late than never.* – Lepiej późno niż wcale. **sooner or later** – prędzej czy później; *I'll see you later on.* – Zobaczymy się później.

lately ['leɪtlɪ] ostatnio, ostatnimi czasy; *Have you seen him lately?* – Czy ostatnio się z nim widziałeś?

latest ['leɪtɪst] najnowszy; **the latest fashion** – najnowsza moda

lather ['lɑ:ðə] piana z mydła

latitude ['lætɪtju:d] szerokość geograficzna; **a latitude of ten degrees north** – dziesięć stopni szerokości geograficznej północnej

latter ['lætə] końcowy, drugi, ostatni (*z dwóch*)

laugh¹ [lɑ:f] śmiać się; *I was laughing at his jokes.* – Śmiałam się z jego dowcipów. *It makes me laugh.* – To mnie rozśmiesza. **to laugh at sb/at sth** – śmiać się z kogoś/z czegoś; **to burst out laughing** – wybuchnąć śmiechem

laugh² [lɑ:f] śmiech; *He gave a loud laugh.* – Zaśmiał się głośno. *He has a loud laugh.* – On ma głośny śmiech.

laughter ['lɑ:ftə] śmiech; *They roared with laughter.* – Ryczeli ze śmiechu.

launch¹ [lɔ:ntʃ] ❶ wodować; **to launch a new passenger liner** – wodować nowy statek pasażerski ❷ wypuszczać, wystrzelić; **to launch a spacecraft** – wystrzelić statek kosmiczny ❸ rozpocząć, wszcząć; **to launch an attack** – rozpocząć atak

launch² [lɔ:ntʃ] łódź motorowa, duża motorówka

launderette [ˌlɔ:ndə'ret] pralnia samoobsługowa

laundry ['lɔ:ndrɪ] (*l.mn.* **laundries**) ❶ pralnia; *You must send your clothes to the laundry.* – Musisz oddać ubranie//bieliznę do pralni. ❷ odzież (bielizna) już uprana; *Has the laundry come back yet?* – Czy już przynieśli pranie?/Czy już wróciła bielizna z prania?

laurel ['lɒrəl] laur, krzew laurowy

lava ['lɑ:və] lawa

lavatory ['lævətrɪ] (*l.mn.* **lavatories**) ubikacja, toaleta

lavender ['lævəndə] lawenda

law [lɔ:] ❶ prawo, zbiór przepisów prawnych; **to break the law** – (z)łamać prawo; **to obey the law** – przestrzegać prawa; **to study law** – studiować prawo; **it's against the law** – to niezgodne z prawem; *Law and order must be maintained.* – Prawo i porządek muszą być zachowane.//Należy przestrzegać praworządności. ❷ prawo, zasada, reguła; **a mathematical law** – prawo matematyczne; **the law of gravity** – prawo grawitacji; **the law of the jungle** – prawo dżungli; **the laws of good behaviour** – zasady dobrego zachowania; **the laws of tennis** – reguły gry w tenisa ❸ ustawa, prawo; *The new law comes into force.* – Nowe prawo wchodzi w życie.

lawcourt ['lɔ:kɔ:t] sąd

lawful ['lɔ:fl] ❶ zgodny z prawem; **by lawful means** – legalnymi sposobami ❷ prawowity; **his lawful heir** – jego prawowity spadkobierca

lawn [lɔ:n] trawnik, murawa

lawsuit ['lɔ:su:t] proces cywilny

lawyer ['lɔ:jə] prawnik, adwokat

lay¹ [leɪ] *p.* **lie¹ (lay, lain)**

lay² [leɪ] **(laid, laid** [leɪd, leɪd]) położyć, ułożyć; *She laid the papers on my desk.* – Położyła papiery na moim biurku. **to lay an egg** – znieść jajko; **to lay the table** – nakryć do stołu; **to lay a plan** – ułożyć/opracować plan; **to lay a trap** – zastawić pułapkę

layer ['leɪə] ❶ warstwa; **a layer of dust** – warstwa kurzu; **a layer cake** – tort (*przekładany*) ❷ instalator, osoba

L

układająca coś; **a brick layer** – murarz

lazy ['leızı] (**-ier, -iest**) leniwy

lb = pound

lead[1] [li:d] (**led, led** [led, led]) prowadzić; *He led us through the wood.* – Prowadził nas przez las. **to lead an expedition** – prowadzić wyprawę/stać na czele wyprawy; **to lead an orchestra** – dyrygować orkiestrą; **to lead an army** – kierować armią/stać na czele armii; *Where does this road lead to?* – Dokąd prowadzi ta droga? *Which horse is leading?* – Który koń prowadzi?

lead[2] [li:d] ❶ prowadzenie; **to take the lead** – objąć prowadzenie; **to be in the lead** – prowadzić; **to have a lead over sb** – mieć przewagę nad kimś ❷ smycz, linka; **a dog on a lead** – pies na smyczy

lead[3] [led] ❶ ołów ❷ grafit w ołówku

leader ['li:də] lider, przywódca; **a political leader** – przywódca polityczny

leadership ['li:dəʃıp] przywództwo

leading ['li:dıŋ] ❶ prowadzący; **the leading runner** – prowadzący w wyścigu ❷ główny, naczelny; **a leading role in a film** – główna rola w filmie ❸ wybitny, czołowy; **the leading composer** – czołowy kompozytor

leaf[1] [li:f] (*l.mn.* **leaves** [li:vz]) ❶ liść ❷ kartka, arkusz

leaf[2] [li:f] przekartkować; **to leaf through a book** – przekartkować książkę

leaflet ['li:flıt] ulotka

league [li:g] liga; **the League of Nations** – Liga Narodów; **the football league** – liga piłkarska

leak[1] [li:k] ❶ przeciekać, wyciekać; *Oil was leaking from the tank.* – Olej wyciekał ze zbiornika. ❷ przeciekać, przepuszczać; *The boat leaks.* – Łódka przecieka.

leak[2] [li:k] przeciek, nieszczelność, wyciek; *There is a leak in the roof.* – Dach przecieka. *The boat has sprung a leak.* – Łódka zaczęła przeciekać. **a gas leak** – przeciek gazu

lean[1] [li:n] (**leant/-ed, leant/-ed** [lent/ /li:nd, lent/li:nd]) ❶ oprzeć; *He leaned the ladder against the wall.* – Oparł drabinę o ścianę. *He leant on the back of the armchair.* – Rozparł się na oparciu fotela. ❷ pochylić się, nachylić; **to lean out of the window.** – wychylić się przez okno; **to lean forward** – pochylić się do przodu; **the Leaning Tower** – Krzywa Wieża; **to lean on sb** – oprzeć się na kimś/ /mieć w kimś oparcie

lean[2] [li:n] chudy; **a lean man** – chudy/ /szczupły) człowiek; **lean meat** – chude mięso

leap[1] [li:p] (**leapt/-ed, leapt/-ed** [lept/ /li:pt, lept/li:pt]) skoczyć; *The cat leapt from the wall to the tree.* – Kot skoczył z ogrodzenia na drzewo.

leap[2] [li:p] skok, sus

leap year ['li:p jıə] rok przestępny

learn [lɜ:n] (**learnt/-ed, learnt/-ed** [lɜ:nt/lɜ:nd, lɜ:nt/lɜ:nd]) ❶ uczyć się; *Ann is learning to drive.* – Anna uczy się prowadzić samochód. *He is learning German.* – On uczy się niemieckiego. *I hope she'll learn from her mistakes.* – Mam nadzieję, że ona się nauczy na swoich błędach. **to learn by heart** – nauczyć się na pamięć ❷ dowiedzieć się; *I learnt from her letter that she was ill.* – Dowiedziałam się z jej listu, że jest chora.

learned ['lɜ:nıd] uczony; **the most learned professors** – niezwykle uczeni profesorowie

learner ['lɜ:nə] uczący się, uczeń; *This dictionary is for learners of English.* – Ten słownik jest dla osób uczących się angielskiego. **a slow learner** – osoba wolno ucząca się

learnt [lɜ:nt] *p.* **learn (learnt/-ed, learnt/-ed)**

least[1] [li:st] najmniejszy; **the least worry** – najmniejsze zmartwienie

least[2] [li:st] najmniej; *Which shirt is the least expensive?* – Która koszula jest najtańsza? *When we least expected it.* – Kiedy się tego najmniej spodziewaliśmy. **at least** – przynajmniej; **not in the least** – nawet w najmniejszym stopniu nie; *He is not in the least angry.* – On nie jest w najmniejszym stopniu zły.

leather ['leðə] skóra; *Is this bag made of genuine leather?* – Czy ta torba jest zrobiona z prawdziwej skóry?

leave¹ [li:v] **(left, left** [left, left]) ❶ opuścić; *Would you please leave the room?* – Czy możesz łaskawie opuścić pokój/wyjść z pokoju? *He left her because they argued too much.* – Opuścił ją, ponieważ za dużo się kłócili. ❷ wyjść, wyjechać; *What time did he leave?* – O której wyszedł? *They have left for London.* – Wyjechali do Londynu. ❸ przestać pracować/uczyć się; *He left his job last month.* – Porzucił pracę w zeszłym miesiącu. *When did you leave school?* – Kiedy skończyłeś szkołę? ❹ zostawić; *Did you leave the window open?* – Czy zostawiłeś otwarte okno? *My father left me this farm.* – Mój ojciec zostawił mi to gospodarstwo. *I left my umbrella in the shop.* – Zostawiłam parasol w sklepie. *Leave me alone!* – Zostaw mnie w spokoju!

◆ **leave out** – opuścić, pominąć; *Leave out the last paragraph.* – Opuść ostatni akapit.

leave² [li:v] ❶ pozwolenie, zezwolenie; *He was given leave to speak.* – Pozwolono mu mówić; **leave of absence** – zwolnienie; *He was given leave of absence to attend the lesson.* – Został zwolniony z obecności na lekcji. ❷ urlop, zwolnienie; **to be on leave** – być na urlopie; **to be on sick leave** – być na zwolnieniu lekarskim ❸ pożegnanie, odejście; **to take leave of sb** – pożegnać się z kimś

leaves [li:vz] *p.* **leaf¹**

lecture¹ ['lektʃə] wykład; **to give a lecture** – mieć/wygłosić wykład

lecture² ['lektʃə] wykładać; *He is lecturing on French literature.* – On wykłada literaturę francuską. *Stop lecturing me!* – Przestań mnie pouczać!

lecturer ['lektʃərə] wykładowca

led [led] *p.* **lead¹ (led, led)**

ledge [ledʒ] wąska półka, występ (*w ścianie, skale itp.*); **a window ledge** – parapet

leek [li:k] por

left¹ [left] lewy; *He writes with his left hand.* – On pisze lewą ręką.

left² [left] na lewo; *Turn left.* – Skręć w lewo. *Look left.* – Patrz w lewo.

left³ [left] ❶ lewa strona; *Our house is on the left.* – Nasz dom jest po lewej stronie. ❷ lewica; *Vote for the left.* – Głosuj na lewicę.

left⁴ [left] *p.* **leave¹ (left, left)**

left-hand ['lefthænd] ❶ z lewej ręki; **a left-hand glove** – rękawiczka z lewej ręki ❷ lewy, lewostronny; **the left-hand side of the room** – lewa strona pokoju

left-handed [ˌleft'hændɪd] leworęczny

left-luggage office [ˌleft'lʌgɪdʒ ɒfɪs] przechowalnia bagażu

leg [leg] noga; **a leg of a table** – noga stołu; **to stretch one's legs** – rozprostować nogi; **to pull sb's leg** – *przen.* żartować z kogoś, nabierać kogoś

legacy ['legəsɪ] spadek

legal ['li:gl] ❶ legalny, zgodny z prawem; *It isn't legal to park here.* – Parkowanie tu nie jest legalne. ❷ prawniczy, prawny; **the legal profession** – zawód prawniczy; **to take legal action** – wszcząć postępowanie prawne

legend ['ledʒənd] ❶ mit, legenda; **the Greek legends** – mity greckie ❷ legenda (*objaśnienie rysunku, mapy itp.*)

legendary ['ledʒəndərɪ] legendarny

legitimate [lɪ'dʒɪtɪmət] ❶ ślubny (*o dziecku*) ❷ słuszny, prawnie uzasadniony, usankcjonowany

leisure ['leʒə] czas wolny od pracy; *I don't get much leisure.* – Nie mam dużo wolnego czasu. **leisure wear** – swobodny ubiór (*noszony po pracy*); **at one's leisure** – nie spiesząc się, będąc swobodnym, mając czas; *Please* *fill in the form at your leisure.* – Proszę wypełnić ten formularz bez pośpiechu.

leisurely ['leʒəlı] spokojny, powolny, bez pośpiechu; *We had a leisurely lunch.* – Zjedliśmy powoli/bez pośpiechu lunch.

lemon ['lemən] cytryna

lemonade [ˌlemə'neıd] lemoniada

lend [lend] **(lent, lent** [lent, lent]) pożyczyć (*komuś*); *I have lent my camera to him.* – Pożyczyłem mu swój aparat fotograficzny. *The bank lends money at 12% interest.* – Ten bank pożycza pieniądze na 12%.

length [leŋθ] długość; *What is the length of the bridge?* – Jaka jest długość mostu? *The room is 5 metres in length.* – Pokój ma 5 metrów długości.

◆ **at length** – (a) szczegółowo, dokładnie; *We discussed the problem at length.* – Przedyskutowaliśmy ten problem szczegółowo. (b) wreszcie, w końcu; *He arrived at length.* – Wreszcie przyjechał.

lengthen ['leŋθn] podłużyć, przedłużyć; **to lengthen a dress** – podłużyć sukienkę

lengthy ['leŋθı] **(-ier, -iest)** przydługi, rozwlekły; **a lengthy speech** – rozwlekłe przemówienie

lenient ['li:njənt] pobłażliwy, wyrozumiały; *He is too lenient towards/with his children.* – Jest zbyt pobłażliwy dla swoich dzieci.

lens [lenz] ❶ *opt., anat.* soczewka; **glasses with thick lenses** – okulary z grubymi szkłami; **contact lens** – soczewka kontaktowa ❷ lupa

lent[1] [lent] *p.* **lend (lent, lent)**

Lent[2] [lent] Wielki Post

lentil ['lentl] soczewica

Leo ['li:əʊ] Lew (*znak zodiaku*)

leopard ['lepəd] lampart

less [les] mniej; *I like apples less than bananas.* – Mniej lubię jabłka niż banany. *He has less money than me.* – On ma mniej pieniędzy ode mnie. **less and less** – coraz mniej; **more or less** – mniej więcej

lesser ['lesə] mniejszy, pomniejszy; **to choose the lesser evil** – wybrać mniejsze zło

lesson ['lesn] ❶ lekcja; **to take lessons** – pobierać lekcje; **a lesson in English** – lekcja angielskiego; ❷ lekcja, nauczka; *The accident will be a lesson to him not to drive so fast.* – Ten wypadek będzie dla niego nauczką, żeby tak szybko nie jeździł.

let [let] **(-tt-) (let, let** [let, let]) ❶ pozwolić; *Don't let the children drink cold water.* – Nie pozwól dzieciom pić zimnej wody. *Let me pay for it.* – Pozwól mi za to zapłacić. *Let me see.* – Niech się zastanowię./Pozwól mi się zastanowić. *Let me alone.* – Zostaw mnie w spokoju. ❷ wpuścić; *Open the curtains and let the sunshine in.* – Odsłoń zasłony i wpuść trochę słońca. *I'll give you the key and you'll let yourself in.* – Dam ci klucz i otworzysz sobie sam. ❸ wynająć; *Have you any rooms to let?* – Czy ma pan jakieś pokoje do wynajęcia? *She has two houses and she lets one of them.* – Ona ma dwa domy i jeden z nich wynajmuje. ❹ (*czasownik posiłkowy wyrażający zachętę itp.*); *Let's go to the cinema.* – Chodźmy do kina. *Don't let's start yet.* – Nie rozpoczynajmy jeszcze. *Let me find you here again and I'll call the police.* – Niech cię tu jeszcze raz znajdę, a wezwę policję. *Let x equal 15.* – Niech x będzie równe 15.

◆ **let down** – (a) **let sb down** – zawieść kogoś; *He is very reliable, he won't let you down.* – On jest bardzo solidny./Można na nim polegać, nie zawiedzie cię. (b) **let down a skirt** – podłużyć spódnicę

◆ **let off** – (a) zwolnić, darować winę, ukarać łagodniej; *This criminal shouldn't be let off lightly.* – Temu przestępcy nie powinno się tak lekko darować winy. (b) zwolnić; *The children have been let off school earlier.* – Dzieci zostały zwolnione ze szkoły wcześniej.

L

lethal ['li:θl] ❶ śmiertelny; **a lethal dose of poison** – śmiertelna dawka trucizny ❷ śmiercionośny, morderczy; **a lethal weapon** – śmiercionośna broń

let's = let us

letter ['letə] ❶ list ❷ litera; **capital letters** – wielkie litery; **small letters** – małe litery; **block letters** – litery drukowane

letter-box ['letəbɒks] skrzynka pocztowa (*na listy*)

lettuce ['letɪs] sałata

level[1] ['levl] ❶ poziom; **at sea level** – na poziomie morza; **1500 metres above sea level** – 1500 metrów nad poziomem morza; **high level of radiation** – wysoki poziom napromieniowania; *The level of his work is not satisfactory.* – Poziom jego pracy nie jest zadowalający. ❷ poziomnica

level[2] ['levl] ❶ poziomy, równy; **level ground** – poziomy grunt ❷ równy, na tym samym poziomie; *My shoulder is level with yours.* – Moje ramię jest równe z twoim./Jesteśmy równego wzrostu.

level[3] ['levl] **(-ll-)** wyrównać, zniwelować, wygładzić; **to level the ground** – wyrównać grunt; **to level social differences** – wyrównać różnice społeczne

level-crossing [ˌlevl'krɒsɪŋ] jednopoziomowe skrzyżowanie drogi z linią kolejową

lever ['li:və] dźwignia, lewar

liability [ˌlaɪə'bɪlətɪ] (*l.mn.* **liabilities**) ❶ odpowiedzialność cywilna; **full/ /limited liability** – pełna/ograniczona odpowiedzialność ❷ zadłużenie, obciążenie długiem, pasywa; **assets and liabilities** – aktywa i pasywa ❸ podatność, skłonność

liable ['laɪəbl] ❶ odpowiedzialny cywilnie; *Is a man liable for his son's debts?* – Czy jest się odpowiedzialnym za długi syna? ❷ skłonny, podatny; *We are all liable to make mistakes.* – Wszyscy mamy skłonności do popełniania omyłek. *He is liable to asthma.* – On ma skłonności do astmy.

liar ['laɪə] kłamca

liberal ['lɪbrəl] ❶ hojny, szczodry; *He is liberal with money and gives a lot of presents.* – Jest bardzo hojny i daje dużo prezentów. ❷ liberalny; **Liberal Party** – Partia Liberalna ❸ tolerancyjny; **liberal parents** – tolerancyjni rodzice ❹ oświecony; **a liberal-minded person** – osoba o szerokich poglądach; **liberal education** – wykształcenie ogólne

liberate ['lɪbəreɪt] wyzwolić, uwolnić, wyswobodzić; **to liberate a country from a military regime** – wyzwolić kraj spod reżimu wojskowego

liberation [ˌlɪbə'reɪʃn] wyzwolenie, oswobodzenie

liberty ['lɪbətɪ] wolność; *They fought to defend their liberty.* – Walczyli w obronie wolności. **to be at liberty** – mieć pozwolenie; *You are at liberty to use my typewriter.* – Możesz używać mojej maszyny do pisania. **to take the liberty** – pozwolić sobie; *I took the liberty of borrowing your book.* – Pozwoliłem sobie pożyczyć twoją książkę.

Libra ['laɪbrə] Waga (*znak zodiaku*)

librarian [laɪ'breərɪən] bibliotekarz

library ['laɪbrərɪ] (*l.mn.* **libraries**) biblioteka, czytelnia

licence ['laɪsns] pozwolenie, zezwolenie, licencja; **a driving licence** – prawo jazdy

licensed ['laɪsnst] upoważniony, uprawniony, koncesjonowany; **a fully licensed restaurant** – restauracja mająca zezwolenie na podawanie napojów alkoholowych

lick [lɪk] lizać; *The cat was licking its paws.* – Kot lizał łapy.

lid [lɪd] ❶ pokrywka; **a lid of a pot** – pokrywka garnka ❷ **eyelid** – powieka

lie[1] [laɪ] **(lay, lain** [leɪ, leɪn]**)** leżeć; *In the autumn leaves lie on the ground.* – Jesienią liście leżą na ziemi. *She lay* *on the bed and read.* – Leżała w łóżku i czytała. **lie down** – położyć się; *If you feel tired you must lie down.* – Jeżeli czujesz się zmęczony, musisz się położyć.

lie² [laı] **(lying, lied** [laıd]) kłamać; *He lied to me about the money.* – Nakłamał o tych pieniądzach.

lie³ [laı] kłamstwo; **to tell a lie** – skłamać/powiedzieć kłamstwo

lieutenant [lef'tenənt] porucznik

life [laıf] (*l.mn.* **lives** [laıvz]) życie; *She had a hard life.* – Miała ciężkie życie. **a matter of life and death** – sprawa życia i śmierci; **way of life** – styl życia; **to be full of life** – być pełnym życia

lifebelt ['laıfbelt] koło ratunkowe

life-boat ['laıfbəut] szalupa ratunkowa

life expectancy [ˌlaıfıks'pektənsı] spodziewana długość życia

life-jacket ['laıfˌdʒækıt] kamizelka ratunkowa

lifeless ['laıflıs] bez życia, drętwy

lifestyle ['laıfstaıl] styl życia

lifetime ['laıftaım] życie, okres życia; **the chance of a lifetime** – życiowa szansa; *I've experienced a lot during/in my lifetime.* – Dużo przeszedłem w ciągu mojego życia.

lift¹ [lıft] ❶ podnieść, dźwignąć w górę; *The box is too heavy for me to lift.* – Skrzynia jest dla mnie za ciężka. *She lifted her eyes from her book.* – Podniosła oczy znad książki. ❷ podnieść się, unieść się; *The mist began to lift.* – Mgła zaczęła się podnosić. ❸ ukraść ze sklepu; *She was caught shoplifting.* – Została złapana na kradzieży w sklepie.

lift² [lıft] ❶ winda; *We took the lift to the tenth floor.* – Wjechaliśmy windą na dziesiąte piętro. ❷ podwiezienie samochodem; **to give sb a lift** – podwieźć kogoś; *Could you give me a lift to the station?* – Czy mógłbyś mnie podwieźć na stację?

light¹ [laıt] ❶ jasny, widny; *This room has two windows and is very light.* – Ten pokój ma dwa okna i jest bardzo jasny/widny. *It's still light outside.* – Na dworze jest jeszcze widno. **light blue** – jasnoniebieski ❷ lekki; **a light suitcase** – lekka walizka; **light rain** – lekki deszcz; **light music/comedy** – lekka muzyka/komedia; **light industry** – przemysł lekki

light² [laıt] ❶ światło; **the light of the sun** – światło słoneczne; **to turn off/ /to turn on the light** – zgasić/zapalić światło; **traffic lights** – światła ruchu drogowego ❷ ogień; *Can you give me a light, please?* – Czy mogę prosić o ogień?

light³ [laıt] **(lit/-ed, lit/-ed** [lıt/'laıtıd, lıt/'laıtıd]) ❶ zapalić; **to light the fire** – zapalić w kominku; **to light a cigarette** – zapalić papierosa ❷ oświetlić; *The streets were brightly lit.* – Ulice były jasno oświetlone.

light-bulb ['laıtbʌlb] żarówka

lighten ['laıtn] ❶ rozjaśnić, rozświetlić; *Use white paint to lighten the room.* – Użyj białej farby, żeby rozjaśnić pokój. ❷ odciążyć, zmniejszyć ciężar; *It will lighten the basket if you take out the potatoes.* – Odciąży to koszyk, jeżeli wyjmiesz kartofle. **to lighten sb's duties** – zmniejszyć czyjeś obowiązki

lighter ['laıtə] zapalniczka

lighthouse ['laıthaus] latarnia morska

lighting ['laıtıŋ] oświetlenie; **street lighting** – oświetlenie ulic

lightly ['laıtlı] lekko; **to sleep lightly** – spać płytko; **to breathe lightly** – oddychać lekko; *Don't worry – he said lightly.* – Nie przejmuj się – powiedział lekko.

lightning ['laıtnıŋ] błyskawica, piorun; **to be struck by lightning** – zostać uderzonym piorunem; **to be killed by lightning** – stracić życie od pioruna

like¹ [laık] tak jak, podobnie; *They behave like children.* – Zachowują się jak dzieci. *It looks like new.* – To wygląda jak nowe. *What is he like?* – Jaki on jest? **to feel like** – mieć ochotę (*na coś*); *I don't feel like watching* *television.* – Nie mam ochoty na oglądanie telewizji.

like² [laɪk] ❶ lubić; *He likes watching sport on TV.* – On lubi oglądać sport w telewizji. *I like her.* – Lubię ją. *He likes his students to be punctual.* – On lubi/woli, żeby jego studenci byli punktualni. **if you like** – jeżeli chcesz ❷ **would like: I would like** – chciałbym; *She would like to go to the cinema.* – Chciałaby pójść do kina. *I would like you to help me.* – Chciałabym, żebyś mi pomógł. ❸ uznać, że coś/ktoś się podoba; *Did you like the film yesterday?* – Czy podobał ci się film wczoraj? *I liked it very much.* – Bardzo mi się podobał. *I like her.* – Ona mi się podoba./Lubię ją.

likely¹ ['laɪklɪ] **(-ier, -iest)** prawdopodobny; *That's the likely result.* – To jest prawdopodobny rezultat. *It's likely to rain.* – Może padać. *He is not likely to come on time.* – Nie jest prawdopodobne, żeby przyszedł punktualnie. *It's likely that...* – Jest to prawdopodobne, że.../Możliwe, że...

likely² ['laɪklɪ] prawdopodobnie; *More than likely I shall be here again next month.* – Najprawdopodobniej będę tu znowu w przyszłym miesiącu.

likeness ['laɪknɪs] podobieństwo; *I can't see much likeness between the two boys.* – Nie widzę dużego podobieństwa między tymi dwoma chłopcami.

lilac ['laɪlək] bez

lily ['lɪlɪ] (*l.mn.* **lilies**) lilia

lily of the valley [ˌlɪlɪ əv ðə 'vælɪ] (*l.mn.* **lilies of the valley**) konwalia

limb [lɪm] kończyna

lime [laɪm] ❶ lima, limona (*owoc cytrusowy*) ❷ wapno

limit¹ [lɪmɪt] granica, kres, zakres; *She has reached the limit of her patience.* – Doszła do kresu swojej cierpliwości. **a speed limit** – ograniczenie prędkości/prędkość dopuszczalna; **to exceed a limit** – przekroczyć granicę; **within limits** – w pewnych granicach

limit² [lɪmɪt] ograniczyć; *You must limit the number of cigarettes you smoke.* – Musi pan ograniczyć liczbę wypalanych papierosów. **limited liability company (Ltd)** – spółka z ograniczoną odpowiedzialnością

limp¹ [lɪmp] bezwładny, wiotki, opadnięty; *She gave me a limp handshake.* – Przekazała mi słaby uścisk dłoni.

limp² [lɪmp] kuleć; *He sprained his ankle and limped home.* – Skręcił nogę w kostce i pokuśtykał do domu.

line¹ [laɪn] ❶ linia; *He drew a line with his pencil.* – Narysował linię ołówkiem. **the telephone line** – linia telefoniczna; *The line is engaged.* – Linia jest zajęta. **a railway line** – linia kolejowa; **an airline** – linia lotnicza; **the line of least resistance** – linia najmniejszego oporu; **a front line** – linia frontu ❷ wiersz, linijka; *There are 30 lines on the page.* – Na stronie jest 30 wierszy. **to read between the lines** – *przen.* czytać między wierszami ❸ lina, sznur; *We hang our washing on a line.* – Wieszamy pranie na sznurze. ❹ szereg; *Please stand in line.* – Proszę stanąć w szeregu/uformować kolejkę. **to wait in line** – czekać w kolejce

line² [laɪn] ❶ obramować, ustawić (się) rzędem, ustawić (się) w szpaler; **a tree-lined street** – ulica ze szpalerem drzew; *Thousands of people lined the streets.* – Tysiące ludzi ustawiły się szpalerem wzdłuż ulic. ❷ poliniować, nakreślić linie; *His face was lined with age.* – Jego twarz była poorana bruzdami/pokryta zmarszczkami ze starości.

◆ **line up** – ustawić się w kolejce, uformować kolejkę

line³ [laɪn] ❶ podszyć; **a jacket lined with fur** – kurtka podszyta futrem ❷ wysłać, wyścielić, wyłożyć

linen ['lɪnɪn] ❶ len, płótno ❷ bielizna

liner ['laɪnə] liniowiec (*statek lub samolot pasażerski*); **a jet airliner** – odrzutowiec pasażerski

linger ['lɪŋgə] ociągać się, zwlekać, przeciągać; *Don't linger over your coffee.* – Nie przedłużaj picia kawy. *The memory of the event lingered on.* – Wspomnienie tego wydarzenia pozostawało w pamięci.

lingerie ['lænʒəri:] bielizna damska

lining ['laɪnɪŋ] podszewka

link[1] [lɪŋk] ogniwo, więź; *The link between the past and the future.* – Ogniwo łączące przeszłość z przyszłością.

link[2] [lɪŋk] łączyć; *A bridge links the two banks of the river.* – Most łączy dwa brzegi rzeki.

lino ['laɪnəʊ] / **linoleum** [lɪ'nəʊljəm] linoleum

lion ['laɪən] lew

lioness ['laɪənes] lwica

lip [lɪp] warga; **lower/upper lip** – dolna/górna warga

lips [lɪps] usta; *He kissed her on the lips.* – Pocałował ją w usta. *He had a cigarette between his lips.* – Miał papierosa w ustach.

lipstick ['lɪpstɪk] szminka do ust

liquid[1] ['lɪkwɪd] ciecz; *Water is a liquid.* – Woda jest cieczą.

liquid[2] ['lɪkwɪd] ciekły; **liquid gas** – gaz skroplony

liquor ['lɪkə] alkohol, napój alkoholowy

list [lɪst] lista, spis; **a shopping list** – lista zakupów; **to draw up/to make a list** – sporządzić listę; **on a list** – na liście

listen ['lɪsn] słuchać; *We listened but heard nothing.* – Nasłuchiwaliśmy, ale nic nie słyszeliśmy. *Don't listen to him!* – Nie słuchaj go!

listener ['lɪsnə] słuchacz; **a radio listener** – radiosłuchacz

lit [lɪt] *p.* **light**[3] **(lit/-ed, lit/-ed)**

literal ['lɪtrəl] dosłowny; **a literal translation** – dosłowne tłumaczenie

literally ['lɪtrəlɪ] dosłownie; *The children were literally starving.* – Dzieci dosłownie głodowały.

literary ['lɪtrərɪ] literacki; **a literary style** – styl literacki

literature ['lɪtrətʃə] literatura

litre ['li:tə] litr

litter[1] ['lɪtə] ❶ śmiecie; *Pick up your litter after your picnic.* – Pozbierajcie po sobie śmieci po pikniku. ❷ miot; **a litter of puppies** – miot szczeniąt

litter[2] ['lɪtə] zaśmiecać; *Books and papers littered his desk.* – Książki i papiery zaśmiecały jego biurko.

little[1] ['lɪtl] ❶ mały; **a little village** – wioska, mała miejscowość; **the Little Bear** – Mała Niedźwiedzica; **a little finger** – mały palec; *I have a little problem.* – Mam mały problem. **a little while** – chwila, chwileczka ❷ młody, mały; **my little sister** – moja młodsza siostrzyczka; **little children** – małe dzieci

little[2] [lɪtl] **(less, least)** mało; *He has little free time.* – On ma mało wolnego czasu. *He has little to say.* – On ma mało/niewiele do powiedzenia. *There is little hope.* – Prawie nie ma nadziei.

◆ **a little** – trochę; *I can speak a little Italian.* – Mówię trochę po włosku. *Let's stay a little longer.* – Zostańmy trochę dłużej. *I feel a little better.* – Czuję się trochę lepiej.

◆ **little by little** – po trochu, stopniowo

live[1] [lɪv] ❶ żyć; *He lived to ninety.* – Dożył do dziewięćdziesięciu lat. *They lived happily.* – Żyli szczęśliwie. *They live only on fruit and vegetables.* – Żyją jedząc tylko owoce i warzywa. ❷ mieszkać; *They live abroad.* – Mieszkają za granicą. *How long have you been living here?* – Od jak dawna tu mieszkasz?

live[2] [laɪv] ❶ żywy; *You won't see live animals in a museum.* – W muzeum nie zobaczysz żywych zwierząt. ❷ na żywo; *It's a live concert from the Royal Festival Hall.* – To jest koncert na żywo z Royal Festival Hall. ❸ *el.* pod napięciem; **live wires** – przewody pod napięciem

lively ['laɪvlɪ] żywy, ożywiony, energiczny, pełen życia; *The puppy is very lively.* – Ten szczeniak jest bardzo żywy. **lively imagination** – żywa wyobraźnia

liven ['laɪvn] ożywić, wprowadzić ożywienie; *We put on some music to liven up the party.* – Nastawiliśmy muzykę, żeby ożywić przyjęcie.

liver ['lɪvə] wątroba

lives [laɪvz] *p.* **life**

living¹ ['lɪvɪŋ] żyjący, żywy, istniejący; **a living language** – żywy język; *He is the living image of his father.* – On jest żywym obrazem swojego ojca.

living² ['lɪvɪŋ] utrzymanie, życie; **to earn one's living** – zarabiać na utrzymanie; *He must work to earn his living.* – On musi pracować, żeby zarobić na życie. **to make a living as an artist** – utrzymywać się z twórczości artystycznej; **standard of living** – stopa życiowa/poziom życia

living-room ['lɪvɪŋrʊm] duży pokój, pokój dzienny

lizard ['lɪzəd] jaszczurka

load¹ [ləʊd] ładunek, ciężar; **to carry/to transport a load** – przewozić ładunek; **loads of** – *pot.* mnóstwo

load² [ləʊd] ładować; **to load a ship with coal** – załadować statek węglem; **to load a gun** – załadować karabin

loaf [ləʊf] (*l.mn.* **loaves** [ləʊvz]) bochenek; **a loaf of bread** – bochenek chleba

loan¹ [ləʊn] pożyczka; **a bank loan** – pożyczka bankowa; *I asked him for a loan of £50.* – Poprosiłem go o pożyczenie 50 funtów. *The painting is on loan from the Louvre.* – Ten obraz jest wypożyczony z Luwru.

loan² [ləʊn] pożyczyć, wypożyczyć; *He loaned the painting for the exhibition.* – Wypożyczył ten obraz na wystawę.

loathe [ləʊð] nie znosić, nie cierpieć, nienawidzić; *I loathe rats.* – Nie cierpię szczurów.

loaves [ləʊvz] *p.* **loaf**

lobby ['lɒbɪ] ❶ hol w hotelu, westybul; *Let's meet in the lobby.* – Spotkajmy się w holu hotelowym. ❷ grupa nacisku, lobby; *The oil lobby has become stronger.* – Grupa nacisku związana z przemysłem naftowym umocniła się.

lobster ['lɒbstə] homar

local ['ləʊkl] lokalny, miejscowy; **the local newspaper** – lokalna gazeta; **the local anaesthetic** – miejscowe znieczulenie

locate [ləʊ'keɪt] ❶ zlokalizować, umiejscowić; **to locate a place on a map** – znaleźć (jakieś) miejsce na mapie; *I can't locate him. Do you know where he is?* – Nie mogę go znaleźć. Czy wiesz, gdzie on jest? ❷ umieścić, ulokować; **to be located** – być położonym; *The school is located in the centre of the housing estate.* – Szkoła jest położona w centrum osiedla mieszkaniowego.

location [ləʊ'keɪʃn] ❶ położenie, umiejscowienie; *The house has a location overlooking the sea.* – Dom ma położenie z widokiem na morze. ❷ miejsce w plenerze, gdzie robiony jest film; *The film was shot on location in the Amzon jungle.* – Film był kręcony w dżungli amazońskiej.

lock¹ [lɒk] zamknąć na klucz; *Are all the doors locked?* – Czy wszystkie drzwi są zamknięte? *This suitcase won't lock.* – Walizka nie chce się zamknąć (na klucz). *This suitcase doesn't lock.* – Ta walizka nie zamyka się na klucz.

lock² [lɒk] zamek; *Turn the key in the lock.* – Przekręć klucz w zamku. *It's under lock and key.* – To jest bezpiecznie schowane/zamknięte.

locker ['lɒkə] szafka zamykana na klucz; *At the swimming pool I put my clothes in the locker.* – Na pływalni zamknąłem swoje ubranie w szafce.

locomotive [,ləʊkə'məʊtɪv] lokomotywa

lodge¹ [lɒdʒ] udzielić noclegu, zakwaterować, wynająć pokój; *Where are you lodging?* – Gdzie jesteś zakwaterowany?

lodge² [lɒdʒ] ❶ mały domek; **a hunting lodge** – domek myśliwski ❷ loża; **Masonic lodge** – loża masońska

lodger ['lɒdʒə] lokator

lodgings ['lɒdʒɪŋz] kwatera, zakwaterowanie, nocleg; *Where can we find lodgings for the night?* – Gdzie możemy znaleźć nocleg?

log [lɒg] kłoda; **to sleep like a log** – spać jak kłoda

logic ['lɒdʒɪk] logika

logical ['lɒdʒɪkl] logiczny; **a logical conclusion** – logiczny wniosek

loiter ['lɔɪtə] wałęsać się, włóczyć się, kręcić się; *Why is that man loitering suspiciously at the street corner?* – Dlaczego ten człowiek kręci się podejrzanie na rogu ulicy?

lollipop ['lɒlɪpɒp] **/ lolly** ['lɒlɪ] lizak

loneliness ['ləʊnlɪnɪs] samotność

lonely ['ləʊnlɪ] **(-ier, -iest)** samotny; *She felt lonely.* – Czuła się samotna. **a lonely mountain village** – samotna/ /odosobniona wioska górska

long[1] [lɒŋ] długi; *The bridge is 20 metres long.* – Most ma 20 metrów długości. **for a long time** – przez długi czas; **long jump** – skok w dal

long[2] [lɒŋ] długo; *Have you been waiting long?* – Czy długo czekasz? *I can't stay long.* – Nie mogę długo zostać. *It was long ago.* – To było dawno temu.

◆ **as long as** – (a) tak długo, jak; *You can stay as long as you like.* – Możesz zostać jak długo chcesz. (b) pod warunkiem, że, o ile; *You can go to the disco as long as you come back before eleven.* – Możesz pójść do dyskoteki pod warunkiem, że wrócisz przed jedenastą.

◆ **no/any longer** – już (nie); *He doesn't work here any longer./He no longer works here.* – On już tu nie pracuje.

◆ *So long!* – Na razie!

long[3] [lɒŋ] pragnąć, tęsknić, mieć wielką ochotę; *I'm longing to see you.* – Pragnę cię zobaczyć./Tęsknię za tobą. *We are longing for the holidays.* – Marzymy o wakacjach./Bardzo już chcemy mieć wakacje.

longitude ['lɒndʒɪtju:d] długość geograficzna; **at a longitude of ten degrees west** – na dziesiątym stopniu długości geograficznej zachodniej

long-playing record [ˌlɒŋpleɪɪŋ 'rekəd] płyta długogrająca

long-sighted [ˌlɒŋ'saɪtɪd] dalekowzroczny

loo [lu:] *pot.* toaleta; **to go to the loo** – pójść do toalety

look[1] [lʊk] ❶ patrzeć; *Look at that!* – Spójrz na to! *Look where you are going!* – Patrz, gdzie idziesz! *I looked everywhere but couldn't find it.* – Patrzyłam/Szukałam wszędzie, ale nie mogłam tego znaleźć. **to look someone in the eye/in the face** – spojrzeć komuś w oczy/w twarz ❷ wyglądać; *You look happy today.* – Wyglądasz dziś na szczęśliwego. *She looks like her mother.* – Ona wygląda jak jej matka. *The situation looks hopeless.* – Sytuacja wygląda na beznadziejną. *What does he look like?* – Jak on wygląda? *It looks like rain./It looks as if it's going to rain.* – Wygląda na to, że będzie padać.

◆ **look after** – opiekować się; *Who looks after the children when you go to work?* – Kto opiekuje się dziećmi, kiedy idziesz do pracy? *You must look after yourself.* – Musisz na siebie uważać.

◆ **look ahead** – planować, patrzeć w przyszłość; *Have you looked ahead to what you are going to do when you leave school?* – Czy już planowałeś, co będziesz robił po skończeniu szkoły?

◆ **look at** – (a) patrzeć na, spojrzeć na; obejrzeć; *A doctor ought to look at your swollen knee.* – Lekarz powinien zobaczyć twoje spuchnięte kolano. (b) wziąć pod uwagę, zaznajomić się, rozważyć; *They didn't even want to look at my proposal.* – Nawet nie chcieli rozważyć mojej propozycji. (c) patrzeć na, traktować; *They look at life differently from you.* – Patrzą na życie inaczej niż ty.

◆ **look back** – patrzeć w przeszłość, wracać do przeszłości; **to look back**

on one's childhood – wracać myślami do dzieciństwa

◆ **look down on** – patrzeć z góry na, patrzeć z pogardą; *She looks down on uneducated people.* – Ona patrzy z góry na ludzi niewykształconych.

◆ **look for** – szukać; *I'm looking for my keys.* – Szukam (moich) kluczy.

◆ **look forward to** – oczekiwać z radością; *I'm looking forward to seeing you again.* – Czekam z radością na to, że cię znów zobaczę.

◆ **look in** – wpaść na moment; *You must look in on me when you come next time.* – Musisz wpaść do mnie, kiedy przyjedziesz następnym razem.

◆ **look into** – zbadać; *The matter has been looked into by the police.* – Sprawa została zbadana przez policję.

◆ **look out** – uważać, zwrócić uwagę; *Look out for spelling mistakes.* – Uważaj/Zwróć uwagę na błędy w pisowni. *Look out! There is a car coming!* – Uważaj! Nadjeżdża samochód! *Look out for Jane at the station.* – Wypatruj Jane na stacji.

◆ **look over** – przejrzeć; *I've looked over the mail.* – Przejrzałem pocztę.

◆ **look round** – rozejrzeć się; *I'm not going to buy anything, I just want to look round.* – Nie mam zamiaru nic kupować, chcę się tylko rozejrzeć.

◆ **look through** – przejrzeć; *She looked through her papers.* – Przejrzała swoje papiery.

◆ **look up** – (a) sprawdzić (*w słowniku*); *You must look this word up in a dictionary.* – Musisz sprawdzić to słowo w słowniku. (b) odwiedzić kogoś (*po długim niewidzeniu*), odszukać; *I must look up a friend of mine who lives here.* – Muszę odwiedzić jednego z moich przyjaciół, który tu mieszka.

◆ **look sb up and down** – zlustrować kogoś wzrokiem, spojrzeć od góry do dołu

◆ **look up to sb** – podziwiać kogoś, poważać kogoś

look² [lʊk] ❶ spojrzenie; *He gave me an angry look.* – Rzucił mi złe/pełne złości spojrzenie. **to have a look at** – rzucić okiem na ❷ wygląd; *The town has an Italian look.* – Miasto ma włoski wygląd. **new-look** – ostatnia moda; **good looks** – uroda; *She has her mother's good looks.* – Jest tak ładna, jak jej matka./Odziedziczyła urodę po matce. – *She is beginning to lose her looks.* – Ona zaczyna tracić urodę.

look-out ['lʊkaʊt] czujność, uwaga; **to be on the look-out for** – być czujnym/uważać na

loop [lu:p] pętla

loose [lu:s] ❶ luźny; **loose clothes** – luźne ubranie ❷ wolny, nie na uwięzi; *The dog broke its chain and got loose.* – Pies zerwał łańcuch i poszedł samopas. **to let the dog loose** – spuścić psa z uwięzi

loosely ['lu:slɪ] luźno; *The knot was tied loosely.* – Supeł był luźno zawiązany.

loosen ['lu:sn] rozluźnić, poluzować; *He loosened his tie.* – Rozluźnił krawat. **to loosen one's grip/hold** – rozluźnić uchwyt/popuścić

lord [lɔ:d] ❶ lord, pan; **the House of Lords** – Izba Lordów ❷ **the Lord** – Bóg; *Good Lord!* – Dobry Boże!

lorry ['lɒrɪ] (*l.mn.* **lorries**) ciężarówka

lose [lu:z] **(lost, lost** [lɒst, lɒst]**)** ❶ stracić; *He has lost his job.* – Stracił pracę. *There is not a moment to lose.* – Nie ma chwili do stracenia. **to lose a chance** – stracić szansę; **to lose weight** – stracić na wadze ❷ zgubić; *I've lost my keys.* – Zgubiłem klucze. **to get lost** – zgubić się; *They got lost in the mountains.* – Zagubili się w górach. ❸ przegrać; **to lose a match/a battle** – przegrać mecz/bitwę; *Our team lost by three points.* – Nasza drużyna przegrała trzema punktami.

loser ['lu:zə] przegrywający, pokonany

loss [lɒs] strata; *Loss of health is more serious than loss of money.* – Strata zdrowia jest poważniejsza niż strata pieniędzy. **to sell at a loss** – sprzedać ze stratą; **to be at a loss** – nie być pewnym co robić; *I'm at a loss of words.* – Nie wiem, co powiedzieć.

lost[1] [lɒst] zgubiony; *We didn't take a compass with us and soon got lost.* – Nie wzięliśmy ze sobą kompasu i wkrótce zagubiliśmy się. **lost property** – rzeczy znalezione; **lost property office** – buro rzeczy znalezionych

lost[2] [lɒst] *p.* **lose (lost, lost)**

lot[1] [lɒt]:
a lot – dużo; **a lot of time** – dużo czasu; **a lot of visitors** – dużo gości; *She bought lots of new clothes.* – Kupiła masę nowych ubrań. **the lot** – wszystko/całość; *You can give me the lot.* – Możesz dać mi to wszystko.

lot[2] [lɒt] ❶ partia towaru; *We have received a new lot of coats from Paris.* – Otrzymaliśmy nową partię płaszczy z Paryża. ❷ los; **to draw lots** – ciągnąć losy

lotion ['ləʊʃn] płyn, mleczko kosmetyczne; **suntan lotion** – mleczko do opalania

loud[1] [laʊd] głośny; *I heard some loud voices.* – Usłyszałam głośną rozmowę/donośne głosy.

loud[2] [laʊd] głośno; *Don't talk so loud.* – Nie mów tak głośno.

loudly ['laʊdlɪ] głośno; *Somebody knocked loudly at the door.* – Ktoś głośno zapukał do drzwi.

loud-speaker [ˌlaʊd'spi:kə] głośnik, megafon; **to speak over a loud-speaker** – mówić przez megafon

lounge [laʊndʒ] salon, hol w hotelu

lovable ['lʌvəbl] przemiły, uroczy; **a lovable child** – przemiłe dziecko

love[1] [lʌv] kochać, bardzo lubić; *He loves her.* – On ją kocha. *She loves working in her garden.* – Ona uwielbia pracować w ogrodzie. *I'd love to come.* – Bardzo chciałabym przyjść.

love[2] [lʌv] miłość; **to be in love with** – być zakochanym w; **to fall in love** – zakochać się; **unrequited love** – nieodwzajemniona miłość

lovely ['lʌvlɪ] **(-ier, -iest)** śliczny, uroczy; **a lovely child** – śliczne dziecko; **a lovely party** – urocze przyjęcie; **lovely holidays** – wspaniałe wakacje

lover ['lʌvə] ❶ kochanek ❷ miłośnik; **a music lover** – miłośnik muzyki

loving ['lʌvɪŋ] kochający, oddany; **a loving wife** – kochająca żona

low[1] [ləʊ] niski; **a low wall** – niski mur; **a low price** – niska cena; **a low temperature** – niska temperatura; **to speak in a low voice** – mówić cicho

low[2] [ləʊ] nisko; *The birds are flying low.* – Ptaki latają nisko.

lower[1] ['ləʊə] niższy; **the lower lip** – dolna warga; **the lower classes** – klasy niższe

lower[2] ['ləʊə] obniżyć, opuścić; *He lowered his voice to a whisper.* – Zniżył głos do szeptu. **to lower the sails/a flag** – opuścić żagle/flagę; **to lower the prices** – obniżyć ceny

loyal ['lɔɪəl] lojalny; **to be loyal to one's friends** – być lojalnym wobec przyjaciół

loyalty ['lɔɪəltɪ] lojalność

L-plate ['el plate] tablica umieszczona na samochodzie, z dużą czerwoną literą L (L = learner) oznaczająca naukę jazdy

Ltd ['lɪmɪtɪd] **= limited liability company**

luck [lʌk] szczęście, szczęśliwy los, traf; *Please wish me good luck.* – Życz mi szczęścia. **to have good luck** – mieć szczęście; **to have bad luck** – mieć pecha; *Hard luck!* – A to pech!

luckily ['lʌkɪlɪ] na szczęście; *Luckily I was at home when he phoned.* – Na szczęście byłem w domu, kiedy zadzwonił.

lucky ['lʌkɪ] **(-ier, -iest)** szczęśliwy, mający szczęście; *You are lucky to have a car.* – Tobie dobrze, że masz samochód. **a lucky number** – szczęśliwa/ /przynosząca szczęście liczba; **a lucky man** – szczęściarz

luggage ['lʌgɪdʒ] bagaż (*rzeczownik niepoliczalny – nie występuje w liczbie mnogiej*); **four pieces of luggage** – cztery sztuki bagażu; **hand-luggage** – bagaż ręczny

lukewarm ['lu:kwɔ:m] letni, ciepławy; *The tea was lukewarm.* – Herbata była letnia. *We've got a lukewarm reception.* – Spotkało nas chłodne przyjęcie.

lullaby ['lʌləbaɪ] kołysanka

lump [lʌmp] ❶ bryła, grudka, kawałek; **a lump of sugar** – kostka cukru ❷ guz; *He's got a lump on the head.* – On ma guza na głowie.

lunatic¹ ['lu:nətɪk] wariat, szalony, chory psychicznie

lunatic² ['lu:nətɪk] wariacki, szalony, obłąkany; **a lunatic idea** – szalony pomysł; **lunatic asylum** – zakład dla psychicznie chorych

lunch¹ [lʌntʃ] obiad (*posiłek w środku dnia lub we wczesnych godzinach popołudniowych*); *They were at lunch when I called.* – Jedli obiad, kiedy przyszedłem. *What will you have for lunch?* – Co zjesz na obiad? *I invited her to lunch.* – Zaprosiłem ją na obiad.

lunch² [lʌntʃ] jeść lunch; *We are lunching early today.* – Dziś wcześnie jemy obiad.

luncheon ['lʌntʃən] elegancki lunch

lung [lʌŋ] płuco

lurk [lɜ:k] czaić się, czyhać; *Somebody was lurking in the shadows.* – Ktoś czaił się w ciemnościach.

luxuriant [lʌg'zjʊərɪənt] bujny; **the luxuriant vegetation of the tropics** – bujna roślinność tropików

luxurious [lʌg'zjʊərɪəs] luksusowy; **a luxurious hotel** – luksusowy hotel

luxury ['lʌkʃərɪ] luksus; *He lives in luxury.* – On żyje w luksusie. *Can we afford the luxury of a second car?* – Czy możemy sobie pozwolić na luksus posiadania drugiego samochodu?

lyric¹ ['lɪrɪk] liryczny; **lyric poetry** – poezja liryczna

lyric² ['lɪrɪk] ❶ wiersz liryczny ❷ **lyrics** – słowa piosenki

lyrical ['lɪrɪkl] liryczny

m

M [em] = **medium size** rozmiar średni (*ubrania*)

M.A. [ˌem'eɪ] = **Master of Arts** magister nauk humanistycznych; **Jonathan Blake, M.A.** – mgr Jonathan Blake; *She has an M.A. in psychology.* – Ona ma stopień magistra psychologii//ukończyła psychologię z tytułem magistra.

ma [mɑ:] mama, mamusia

mac [mæk] = **mackintosh**

machine [mə'ʃi:n] maszyna; **a sewing machine** – maszyna do szycia; **a washing-machine** – pralka

machine-gun [mə'ʃi:n gʌn] karabin maszynowy

machinery [mə'ʃi:nərɪ] maszyneria; **the complicated machinery of a**

lift – skomplikowana maszyneria windy

mackintosh ['mækıntɒʃ] płaszcz przeciwdeszczowy

mad [mæd] **(-dd-)** szalony, obłąkany; **to go mad** – oszaleć/zwariować; **to drive sb mad** – doprowadzić do szału; *She is mad about pop music.* – Ona szaleje na punkcie muzyki pop. **to be mad with sb** – być na kogoś wściekłym; *He was mad with me for coming late.* – Był na mnie wściekły, że się spóźniłem.

madam ['mædəm] pani, proszę pani; *Yes, madam.* – Tak, proszę pani. *Can I help you, madam?* – Czym mogę pani służyć? *Dear Madam...* – Droga Pani... (*początek listu oficjalnego lub handlowego, kiedy nie używa się nazwiska adresata*)

maddening ['mædnıŋ] doprowadzający do szału, irytujący; *What's that maddening noise?* – Co to za okropny hałas?

made[1] [meıd] *p.* **make**[1] **(made, made)**

made[2] [meıd] zrobiony, wytworzony; **made in Poland** – zrobione w Polsce; *It's made of plastic.* – To jest zrobione z plastiku.

madly ['mædlı] szalenie, szaleńczo, bardzo; **to be madly in love** – być szaleńczo zakochanym

madman ['mædmən] (*l.mn.* **madmen** ['mædmən]) szaleniec, wariat

madness ['mædnıs] szaleństwo; *It's madness to drive so fast.* – Szaleństwem jest jechać tak szybko.

magazine [,mægə'zi:n] ❶ czasopismo, magazyn ilustrowany; **a fashion magazine** – żurnal mody ❷ *wojsk.* magazyn ❸ *wojsk.* magazyn broni palnej

magic[1] ['mædʒık] magia; **the magic of poetry** – magia poezji; **black magic** – czarna magia; **as if by magic** – w cudowny sposób/jak za dotknięciem czarodziejskiej różdżki

magic[2] ['mædʒık] magiczny; **The Magic Flute** – Czarodziejski Flet

magical ['mædʒıkl] ❶ magiczny; **magical powers** – siły magiczne ❷ cudowny, czarujący

magician [mə'dʒıʃn] mag, magik

magistrate ['mædʒıstrət] sędzia pokoju, urzędnik stanu cywilnego o władzy sędziowskiej; *The magistrate fined him £50 for driving too fast.* – Sędzia ukarał go mandatem w wysokości 50 funtów za zbyt szybką jazdę.

magnesium [mæg'ni:zjəm] magnez

magnet ['mægnıt] magnes

magnetic [mæg'netık] magnetyczny; **magnetic force** – siła magnetyczna; **magnetic field** – pole magnetyczne; **magnetic personality** – osobowość magnetyczna

magnificent [mæg'nıfısnt] wspaniały, pełen przepychu; **a magnificent palace** – wspaniały pałac; **a magnificent ceremony** – pełna przepychu ceremonia

magnify ['mægnıfaı] **(-ies, -ied, -ying)** ❶ powiększyć; **to magnify a photograph** – powiększyć fotografię ❷ wyolbrzymiać, przesadzać; **to magnify dangers** – wyolbrzymiać niebezpieczeństwa

magnifying glass ['mægnıfaııŋ glɑ:s] szkło powiększające; *He looked at the stamp through a magnifying glass.* – Spojrzał na znaczek przez szkło powiększające.

magpie ['mægpaı] *zool.* sroka

maid [meıd] ❶ pokojówka, służąca ❷ dziewczyna, panna

maiden name ['meıdnneım] nazwisko panieńskie

mail[1] [meıl] poczta, listy, korespondencja; *Was there any mail this morning?* – Czy były dziś rano jakieś listy? **to send a letter by airmail** – wysłać list pocztą lotniczą

mail[2] [meıl] wysłać pocztą; *The letter was mailed from New York.* – List był wysłany z Nowego Jorku.

mailbox ['meılbɒks] *am.* skrzynka pocztowa, skrzynka na listy

main[1] [meɪn] główny; **the main street of a town** – główna ulica miasta

main[2] [meɪn] główny przewód wodociągowy/gazowy/kanalizacyjny

mainly ['meɪnlɪ] głównie; *Babies drink mainly milk.* – Niemowlęta piją głównie mleko.

maintain [meɪn'teɪn] ❶ twierdzić, utrzymywać; *He maintains that he is innocent.* – Utrzymuje, że jest niewinny. ❷ utrzymywać, zachowywać, podtrzymywać; **to maintain law and order** – utrzymywać prawo i porządek; **to maintain friendly relations with sb** – utrzymywać z kimś przyjazne stosunki; **to maintain a speed of 60 miles per hour** – utrzymywać prędkość 60 mil na godzinę ❸ utrzymywać, mieć na utrzymaniu; **to maintain a wife and 3 children** – utrzymywać żonę i troje dzieci ❹ utrzymywać (*w dobrym stanie*), konserwować; **to maintain the roads** – utrzymywać drogi (*w dobrym stanie*)

maintenance ['meɪntənəns] ❶ utrzymywanie, utrzymanie; **the maintenance of good relationships with the other countries** – utrzym(yw)anie dobrych stosunków z innymi krajami; **money for the maintenance of the family** – pieniądze na utrzymanie rodziny ❷ utrzymanie, konserwacja; **building maintenance** – konserwacja budynku

maize [meɪz] *bryt.* kukurydza

majestic [mə'dʒestɪk] majestatyczny, królewski

majesty ['mædʒəstɪ] ❶ majestat ❷ **/ Majesty** (*l.mn.* **Majesties**) (królewska) wysokość; *Her Majesty will arrive at noon.* – Jej Wysokość przyjedzie w południe.

major[1] ['meɪdʒə] większy, ważniejszy, poważny, o większym znaczeniu; **a major road** – główna droga; **a major fault** – poważny błąd

major[2] ['meɪdʒə] *wojsk.* major

majority [mə'dʒɒrətɪ] większość; **the majority of people** – większość ludzi; *He's been elected by a large majority.* – Został wybrany znaczną większością głosów.

make[1] [meɪk] **(made, made** [meɪd, meɪd]) ❶ robić, wytwarzać, produkować; *They make cars here.* – Tutaj produkują samochody. **to make a cup of tea** – zrobić filiżankę herbaty; **to make a cake** – upiec ciasto; **to make a noise** – robić hałas; **to make an effort** – zrobić wysiłek; **to make progress** – robić postępy; **to make money** – robić/zarabiać pieniądze; **to make a mistake** – zrobić/popełnić błąd; **to make a fuss** – robić zamieszanie ❷ *inne znaczenia:* **to make the bed** – posłać łóżko; **to make sure/ /certain** – upewnić się; **to make sb happy** – uszczęśliwić kogoś; *We made the station in 5 minutes.* – Dotarliśmy do stacji w 5 minut. *She will make him a good wife.* – Będzie dla niego dobrą żoną. ❸ sprawić, doprowadzić (*do czegoś*); **to make sb do sth** – nakłonić/zmusić kogoś do czegoś; *They made me wait.* – Kazali mi czekać./Zmusili mnie do czekania. *The food made him ill.* – To jedzenie przyprawiło go o chorobę.

◆ **make for** – iść, podążać w stronę; *They made for home.* – Poszli do domu/w kierunku domu.

◆ **make sth of sth** – sądzić coś o, rozumieć coś z; *What do you make of her behaviour?* – Czy rozumiesz coś z jej zachowania?

◆ **make off** – uciec; *They made off in a stolen car.* – Uciekli kradzionym samochodem.

◆ **make off with** – ukraść; *Someone has made off with his bicycle.* – Ktoś mu ukradł rower.

◆ **make out** – odczytać, odcyfrować, zrozumieć; *I can't make him out at all.* – Nie mogę go zrozumieć jako człowieka. *I can't make out his handwriting.* – Nie mogę odczytać jego charakteru pisma.

◆ **make up** – (a) **make oneself up** – umalować się, nałożyć makijaż; *She has made up her face./She has made* *herself up.* – Umalowała się. (b) pogodzić się; *After the quarrel they kissed and made up.* – Po kłótni pocałowali się i pogodzili. *You must make up with her.* – Musisz się z nią pogodzić. (c) zmyślić, wymyślić; **to make up a story** – wymyślić historię; **to make up an excuse** – wymyślić wymówkę, (d) **to be made up of** – składać się; *The group is made up of scientists.* – Grupa składała się z naukowców. (e) złożyć, sporządzić; **to make up a bottle of medicine** – przygotować butelkę lekarstwa, (f) **to make up one's mind** – zdecydować się, powziąć decyzję, postanowić

◆ **make up for** – nadrobić, zrekompensować; *The tried to make up for the lost time.* – Starali się nadrobić stracony czas. *He tried to make up for his behaviour by buying her a present.* – Starał się zrekompensować swoje zachowanie kupując jej prezent.

make² [meɪk] marka; *What make is your car?* – Jakiej marki jest twój samochód?

make-up ['meɪkʌp] makijaż; **to apply/ /to put on make-up** – nakładać/stosować makijaż; **to remove make-up** – zmywać/usuwać makijaż

malaria [mə'leərɪə] malaria

male¹ [meɪl] samiec

male² [meɪl] męski, rodzaju męskiego, samczy; **a male bird** – ptak samiec; **male chauvinism** – szowinizm męski (*lekceważenie i pogardliwe traktowanie kobiet*)

malicious [mə'lɪʃəs] złośliwy; **malicious gossip** – złośliwa plotka

mama / mamma [mə'mɑ:] mama

mammal ['mæml] ssak

man [mæn] (*l.mn.* **men** [men]) ❶ mężczyzna; **two women and a man** – dwie kobiety i mężczyzna; **a young man** – młody człowiek/mężczyzna ❷ człowiek; **an average man** – przeciętny człowiek; *The builder said his men would start the next day.* – Budowniczy powiedział, że jego ludzie zaczną następnego dnia. ❸ człowiek, jako przedstawiciel ludzkości; *Man is mortal.* – Człowiek jest śmiertelny.

manage ['mænɪdʒ] ❶ zdołać, potrafić; *He managed to lift the box.* – Zdołał podnieść skrzynkę. ❷ dać sobie radę; *Can you manage without a car?* – Czy dasz sobie radę bez samochodu? ❸ organizować, zarządzać, kierować; **to manage a business** – zarządzać interesem

management ['mænɪdʒmənt] ❶ zarządzanie, kierowanie; **efficient management** – sprawne zarządzanie ❷ dyrekcja, kierownictwo; *The factory is under new management.* – Fabryka ma nowe kierownictwo. **talks between workers and management** – rozmowy między robotnikami i kierownictwem

manager ['mænɪdʒə] dyrektor, kierownik; **a hotel manager** – dyrektor hotelu

manageress [ˌmænɪdʒə'res] kierowniczka, dyrektorka; **a shop manageress** – kierowniczka sklepu

managing director [ˌmænɪdʒɪŋ daɪ'rektə] dyrektor naczelny

mane [meɪn] grzywa; **a horse's/a lion's mane** – końska/lwia grzywa

mango ['mæŋgəʊ] (*l.mn.* **mangos/mangoes**) mango

manhood ['mænhʊd] męskość, dojrzałość, męstwo

maniac ['meɪnɪæk] maniak, wariat, szaleniec; *The man is driving like a maniac.* – Ten człowiek jedzie jak wariat.

manipulate [mə'nɪpjʊleɪt] ❶ manipulować, sterować; *A clever politician knows how to manipulate public opinion.* – Sprytny polityk wie, jak manipulować opinią publiczną. ❷ obsługiwać, manipulować; **to manipulate machinery** – obsługiwać maszynę

manipulation [mə'nɪpjʊleɪʃn] manipulacja

mankind [mæn'kaɪnd] rodzaj/gatunek ludzki, ludzkość

manner ['mænə] ❶ sposób; *She walked in a strange manner.* – Szła w dziwny sposób. ❷ maniera, sposób zachowania się; *I don't like his manner.* – Nie podoba mi się jego sposób zachowania. **to have good/bad manners** – mieć dobre/złe maniery

mannered ['mænəd] o (*pewnych*) manierach; **ill-mannered** – niegrzeczny/ /grubiański/źle wychowany; **well- -mannered** – grzeczny/dobrze wychowany/o dobrych manierach

manoeuvre [mə'nu:və] ❶ manewr; **a political manoeuvre** – manewr polityczny. *To reverse a car is not a complicated manoeuvre.* – Cofanie samochodu nie jest skomplikowanym manewrem. ❷ **manoeuvres** – *wojsk.* manewry; **to carry out manoeuvres** – przeprowadzać/odbywać manewry

manor ['mænə] dwór

manor-house ['mænəhaʊs] dwór

mansion ['mænʃn] rezydencja, duży elegancki dom

mantelpiece ['mæntlpi:s] półka nad kominkiem

manual¹ ['mænjʊəl] ręczny; **manual work** – praca ręczna

manual² ['mænjʊəl] podręcznik, poradnik; **a car manual** – poradnik samochodowy/instrukcja samochodowa

manufacture¹ [,mænjʊ'fæktʃə] wytwarzać, produkować; *This factory manufactures cars.* – Ta fabryka produkuje samochody.

manufacture² [,mænjʊ'fæktʃə] wytwarzanie, produkcja, wyrób; *Japan is famous for the manufacture of radios.* – Japonia jest słynna z produkcji odbiorników radiowych.

manufacturer [,mænjʊ'fæktʃərə] wytwórca, producent; *You must send this faulty radio back to the manufacturer.* – Musisz odesłać to wadliwe radio z powrotem do producenta.

manuscript ['mænjʊskrɪpt] ❶ rękopis ❷ rękopis (maszynopis) nie wydanej jeszcze książki; **to give the manuscript to the editor** – oddać maszynopis wydawcy

many ['menɪ] **(more, most)** dużo; *Many people think so.* – Dużo ludzi tak sądzi. *How many students were present?* – Ilu studentów było obecnych? **a great many of** – bardzo dużo

map [mæp] mapa; *I couldn't find the place on the map.* – Nie mogłem znaleźć tego miejsca na mapie.

maple ['meɪpl] *bot.* klon

Mar = March

marathon ['mærəθən] maraton; **to run a marathon** – biec w maratonie

marble ['mɑ:bl] ❶ marmur ❷ kamienna/szklana kulka do zabawy

march¹ [mɑ:tʃ] maszerować; *The troops marched ten miles.* – Oddziały wojskowe przeszły dziesięć mil. *He marched into the room.* – Wkroczył do pokoju. **to march past** – defilować; *The army marched past the general.* – Wojsko defilowało przed generałem.

march² [mɑ:tʃ] ❶ maszerowanie, marsz; **a march of ten miles** – marsz dziesięciomilowy ❷ *muz.* marsz; **to compose a march** – skomponować marsza; **a military/a wedding march** – marsz wojskowy/weselny

March [mɑ:tʃ] marzec

margarine [,mɑ:dʒə'ri:n] margaryna

marge [mɑ:dʒ] **= margarine**

margin ['mɑ:dʒɪn] ❶ margines; *Leave a safety margin between you and the next car.* – Zachowaj bezpieczną odległość między tobą i następnym samochodem. ❷ brzeg, krawędź

marjoram ['mɑ:dʒərəm] majeranek

mark¹ [mɑ:k] ❶ zaznaczyć; *Can you mark your house on this map?* – Czy możesz zaznaczyć swój dom na tej mapie? ❷ ocenić, punktować; **to mark examination papers** – sprawdzać/oceniać prace egzaminacyjne ❸ poplamić; *You have marked the table- -cloth.* – Poplamiłeś obrus.

mark² [mɑ:k] ❶ plama, skaza; *What are these dirty marks on my book?* – Co to za brudne plamy na mojej książce? ❷ znak, znamię; *The dog has a white mark on its head.* – Pies ma białą łatkę na głowie. *He shows marks of old age.* – Zauważa się u niego oznaki starzenia się. **a trade mark** – znak handlowy ❸ stopień, ocena; *She has* *got good marks for her essay.* – Dostała dobry stopień z wypracowania.

market ['mɑ:kɪt] ❶ targ, rynek; *She went to the market to buy food.* – Poszła na rynek kupić żywność. ❷ *ekon.* rynek; **the Common Market** – Wspólny Rynek; *It's not on the market.* – Tego nie ma w sprzedaży/na rynku.

marmalade ['mɑ:məleɪd] dżem z owoców cytrusowych

marriage ['mærɪdʒ] ❶ małżeństwo; *Her marriage ended in divorce.* – Jej małżeństwo skończyło się rozwodem. ❷ ślub; *Their marriage took place last month.* – Ich ślub odbył się w zeszłym miesiącu. **a marriage ceremony** – ceremonia ślubna; **to announce a marriage** – zawiadomić o ślubie

married ['mærɪd] ❶ żonaty, zamężna; **a married woman** – zamężna kobieta; **to get married** – ożenić się, wyjść za mąż, pobrać się; *They got married last week.* – Pobrali się w zeszłym tygodniu. **to be married** – być żonatym/zamężną; *She is married.* – Ona jest mężatką. *She is married to the famous actor.* – Ona jest żoną tego sławnego aktora. ❷ małżeński; **married life** – życie małżeńskie; **a married couple** – małżeństwo, para małżeńska

marry ['mærɪ] **(-ies, -ying, -ied)** wyjść za mąż, ożenić się; *Tom has married Susan.* – Tom ożenił się z Susan.

marsh ['mɑ:ʃ] teren podmokły, bagno, moczary

martyr ['mɑ:tə] męczennik

marvel[1] ['mɑ:vl] **(-ll-)** dziwić się, podziwiać; *We marvel at her patience.* – Podziwiamy jej cierpliwość.

marvel[2] ['mɑ:vl] cud; *It's a marvel that you are alive.* – To cud, że jesteś żywy. *The new drug worked marvels.* – To nowe lekarstwo zdziałało cuda.

marvellous ['mɑ:vləs] cudowny; *It's marvellous to have a day off.* – Cudownie jest mieć wolny dzień.

mascara [mæ'skɑ:rə] tusz do rzęs

mascot ['mæskət] maskotka

masculine ['mæskjʊlɪn] ❶ męski; **a masculine style** – męski styl ❷ *gram.* rodzaj męski; *"Prince" is the masculine of "princess".* – „Prince" jest rodzajem męskim od „princess". *"He" is a masculine pronoun.* – „On" jest zaimkiem rodzaju męskiego.

mask[1] [mɑ:sk] maska; **to wear a mask** – nosić maskę; **a gas mask** – maska przeciwgazowa; **a surgical mask** – maska chirurgiczna

mask[2] [mɑ:sk] (za)maskować; **to mask one's feelings** – maskować swoje uczucia; **to mask one's face** – (za)maskować twarz, włożyć maskę

mass[1] [mæs] ❶ masa, mnóstwo; **masses of dark clouds** – masy ciemnych chmur; **masses of tourists** – masy turystów ❷ *fiz.* masa; **atomic mass** – masa atomowa

mass[2] [mæs] masowy; **mass production** – produkcja masowa; **mass media** – środki masowego przekazu

Mass[3] [mæs] msza (*katolicka*); **to celebrate/to say Mass** – celebrować/odprawiać mszę; **to attend/to hear Mass** – uczestniczyć we/wysłuchać mszy

massacre[1] ['mæsəkə] zmasakrować

massacre[2] ['mæsəkə] masakra

mast [mɑ:st] maszt; **at half mast** – do połowy masztu

master[1] ['mɑ:stə] ❶ pan; *He is master of the situation.* – On jest panem sytuacji. *Who is the master of this dog?* – Kto jest panem tego psa? **the master of the house** – pan domu ❷ nauczyciel; **the mathematics master** – nauczyciel matematyki ❸ mistrz; *Rembrandt was a master of painting.* – Rembrandt był mistrzem malarstwa. **Master of Arts/of Science** – magister nauk humanistycznych/nauk ścisłych

master[2] ['mɑ:stə] opanować; **to master a foreign language** – opanować język obcy; **to master one's temper** – opanować gniew

masterpiece ['mɑ:stəpi:s] arcydzieło

mat [mæt] mata, dywanik; **a doormat** – wycieraczka; **a bath mat** – dywanik łazienkowy; **a table mat** – rodzaj serwetki pod talerz

match¹ [mætʃ] zapałka; **to light/to strike a match** – zapalić zapałkę; **a match box** – pudełko zapałek

match² [mætʃ] mecz; **to win/to lose a match** – wygrać/przegrać mecz; **a tennis match** – mecz tenisowy

match³ [mætʃ] pasować (do); *Her pullover matches her skirt.* – Jej sweter pasuje do spódnicy.

match⁴ [mætʃ] ❶ rzecz dopasowana (*do innej*), rzecz harmonizująca (*z inną*); *The pullover is a perfect match for the skirt.* – Ten sweter świetnie pasuje/ /jest świetnie dobrany do tej spódnicy. ❷ partia małżeńska, para małżeńska; **to make a good match** – zrobić dobrą partię ❸ osoba dorównująca umiejętnościami; **to find/to meet one's match** – znaleźć/spotkać sobie równego; *She was no match for him at chess.* – Nie dorównywała mu w szachach.

mate¹ [meɪt] ❶ towarzysz, kolega; *He went to the pub with his mates.* – Poszedł do pubu z przyjaciółmi. **a class-mate** – kolega szkolny, kolega z tej samej klasy; **a flatmate** – osoba dzieląca (*z kimś*) mieszkanie; **a playmate** – towarzysz zabaw ❷ oficer okrętowy, zastępca kapitana, mat ❸ samiec, samica, towarzysz życia, partner; *Swans have the same mate throughout their life.* – Łabędzie mają tych samych partnerów przez całe życie.

mate² [meɪt] dobierać się w pary, łączyć się w pary

material¹ [mə'tɪərɪəl] materiał; **raw materials** – surowce mineralne; **writing materials** – materiały piśmienne; **dress materials** – materiały sukienkowe

m

material² [mə'tɪərɪəl] ❶ materialny; **material needs** – potrzeby materialne ❷ istotny, ważny; *You have mentioned some material facts.* – Wspomniał pan o pewnych istotnych faktach.

materialism [mə'tɪərɪəlɪzm] materializm

materialist [mə'tɪərɪəlɪst] materialista

materialize [mə'tɪərɪəlaɪz] zmaterializować się, urzeczywistnić się, dojść do skutku; *My plans haven't materialized.* – Moje plany nie doszły do skutku.

maternal [mə'tɜ:nl] macierzyński; **maternal instinct** – instynkt macierzyński; **maternal care** – matczyna troska

maternity [mə'tɜ:nɪtɪ] macierzyństwo; **maternity leave** – urlop macierzyński

math [mæθ] *am.* matematyka

mathematical [,mæθə'mætɪkl] matematyczny

mathematician [,mæθəmə'tɪʃn] matematyk

mathematics [,mæθə'mætɪks] matematyka

maths [mæθs] *bryt.* matematyka; *I'm not good at maths.* – Nie jestem dobry z matematyki.

matinée ['mætɪneɪ] przedstawienie popołudniowe, popołudniówka

matter¹ ['mætə] ❶ materia; **organic/inorganic matter** – materia organiczna/ /nieorganiczna ❷ sprawa; *It's a matter of great importance.* – To jest sprawa wielkiej wagi. **a matter of life and death** – sprawa życia i śmierci; *What's the matter?* – O co chodzi? **as a matter of fact...** – jeżeli chodzi o ścisłość...

matter² ['mætə] mieć znaczenie; *It doesn't matter.* – To nie ma znaczenia.

mattress ['mætrɪs] materac

mature¹ [mə'tjʊə] dojrzały; **a mature man** – dojrzały mężczyzna

mature² [mə'tjʊə] dojrzeć, dojrzewać; *Wine must mature for some time.* – Wino musi dojrzewać przez jakiś czas.

maxima ['mæksɪmə] *p.* **maximum²**

maximum¹ ['mæksɪməm] maksymalny; *What is the maximum speed of this car?* – Jaka jest maksymalna prędkość tego samochodu?

maximum² ['mæksɪməm] (*l.mn.* **maxima** ['mæksɪmə]) maksimum

may [meɪ] (**might** [maɪt]) czasownik specjalny wyrażający: ❶ pozwolenie;

May I use your phone? – Czy wolno mi skorzystać z twojego telefonu? *You may go home when you have finished.* – Możesz iść do domu, kiedy skończysz. ❷ możliwość, prawdopodobieństwo; *It may rain tomorrow.* – Może jutro padać. *He may have missed the train.* – Może on spóźnił się na pociąg./Mógł się był spóźnić na pociąg. ❸ życzenia; *May you both be very happy!* – Obyście oboje byli bardzo szczęśliwi.

May [meɪ] maj; **May Day** – Pierwszy Maja

maybe ['meɪbi:] być może; *Maybe I'll come and maybe I won't.* – Być może przyjdę, być może nie.

mayday ['meɪdeɪ] sygnał SOS nadawany na falach radiowych

mayn't [meɪnt] = **may not**

mayonnaise [,meɪə'neɪz] majonez

mayor [meə] burmistrz, mer

mayoress [meə'res] kobieta-burmistrz

maze [meɪz] labirynt

me [mi:/mɪ] mnie, mi, mną; *She gave me a present.* – Dała mi prezent. – *Who's that? – It's me.* – Kto tam? – To ja.

meadow ['medəʊ] łąka

meal [mi:l] posiłek; *You must have three meals a day.* – Musisz jeść trzy posiłki dziennie.

mean¹ [mi:n] **(meant, meant** [ment, ment]) ❶ znaczyć; *What does this word mean?* – Co znaczy ten wyraz? *Your friendship means a lot to me.* – Twoja przyjaźń wiele dla mnie znaczy. ❷ mieć na myśli; *What do you mean?* – Co przez to rozumiesz?/Co masz na myśli?/Do czego zmierzasz? *He doesn't mean what he says.* – On nie mówi tego poważnie. *I mean it.* – Mówię poważnie./Naprawdę tak myślę. ❸ mieć zamiar, zamierzać; *I didn't mean to hurt your feelings.* – Nie chciałam cię urazić. *He means well.* – On chce jak najlepiej/ma jak najlepsze intencje. *I meant to help you.* – Chciałam/Zamierzałam ci pomóc.

mean² [mi:n] ❶ skąpy; *He is mean with/about his money.* – On jest skąpy, jeżeli chodzi o pieniądze. ❷ podły; *It was mean of her to say that.* – Było podłe z jej strony, że to powiedziała. ❸ średni, przeciętny; **the mean annual temperature** – średnia temperatura roczna

mean³ [mi:n] przeciętna, średnia (*wartość*); **an arithmetic mean** – średnia arytmetyczna; **the golden mean** – złoty środek

meaning ['mi:nɪŋ] znaczenie, sens; *What is the meaning of this word?* – Jakie jest znaczenie tego słowa? *Life has no meaning without you.* – Bez ciebie życie nie ma sensu.

means [mi:nz] ❶ środek, środki; **means of transport** – środki komunikacji//transportu; **a means to an end** – środek do celu; *The end does not justify the means.* – Cel nie uświęca środków. *He obtained the money by illegal means.* – Zdobył te pieniądze w nielegalny sposób. *There's no means of finding out the truth.* – Nie ma sposobu, żeby dowiedzieć się prawdy. ❷ środki do życia, zasoby pieniężne; **a man of independent means** – osoba dysponująca niezależnymi zasobami finansowymi; *They have the means to buy such a large house.* – Mają środki finansowe, żeby kupić taki duży dom.

◆ **by means of** – za pomocą

◆ **by all means** – oczywiście, jak najbardziej; *May I ask a question? – Yes, by all means.* – Czy mogę zadać pytanie? – Tak, oczywiście.

◆ **by no means** – w żadnym wypadku, w żaden sposób, stanowczo nie; *She is by no means poor.* – Ona stanowczo nie jest biedna. *It's by no means certain that he will come.* – Wcale nie jest pewne, czy on przyjdzie.

meant [ment] *p.* **mean¹ (meant, meant)**

meantime [,mi:n'taɪm]:
in the meantime – w międzyczasie

meanwhile [,mi:n'waɪl] tymczasem, w międzyczasie

measles ['mi:zlz] *med.* odra

measure[1] ['meʒə] ❶ miara; *A metre is a measure of length.* – Metr jest miarą długości. **a tape-measure** – centymetr (*krawiecki*); *This suit is made to measure.* – Ten garnitur jest zrobiony na miarę. ❷ środek/krok zaradczy; *The authorities took measures to reduce crime.* – Władze przedsięwzięły kroki w celu zmniejszenia przestępczości.

measure[2] ['meʒə] mierzyć; **to measure the size of the room** – zmierzyć pokój; *The room measures eighteen feet by twelve.* – Pokój mierzy 18 na 12 stóp.

measurement ['meʒəmənt] ❶ wymiar, rozmiar; *The measurements of the room are 5 metres by 4.* – Wymiary pokoju są 5 na 4 metry. ❷ miara; **the metric system of measurement** – system metryczny miar

meat [mi:t] mięso

mechanic [mɪ'kænɪk] mechanik; **a car mechanic** – mechanik samochodowy

mechanical [mɪ'kænɪkl] ❶ mechaniczny, techniczny; **a mechanical toy** – zabawka mechaniczna; *The plane had a mechanical problem.* – Samolot miał awarię techniczną. **mechanical engineering** – mechanika (*dział inżynierii*) ❷ mechaniczny, machinalny (*np. o ruchach człowieka*); **a mechanical answer** – automatyczna odpowiedź

mechanics [mɪ'kænɪks] mechanika; **quantum mechanics** – mechanika kwantowa

medal ['medl] medal; **gold/silver/ /bronze medal** – złoty/srebrny/brązowy medal; **to award/to give a medal** – przyznać medal; **to win a gold medal** – zdobyć złoty medal

media ['mi:djə] *p.* **medium**[2]; **the media/mass media** – media, środki masowego przekazu (*radio, prasa, telewizja*)

medical ['medɪk] medyczny, lekarski; **a medical student** – student medycyny; **a medical examination** – badanie lekarskie; **a medical certificate** – zaświadczenie lekarskie

medicine ['medsn] ❶ medycyna; **to practise/to study medicine** – praktykować/studiować medycynę ❷ lekarstwo; **to take medicine** – zażyć lekarstwo

medieval [,medɪ'i:vl] średniowieczny; **medieval history** – historia średniowiecza

mediocre [,mi:dɪ'əʊkə] średni, mierny, gorszego gatunku

mediocrity [,mi:dɪ'ɒkrətɪ] mierność

meditate ['medɪteɪt] medytować, rozważać

meditation [,medɪ'teɪʃn] rozmyślanie, medytacja

mediterranean [,medɪtə'reɪnjən] śródziemnomorski; **mediterranean climate** – klimat śródziemnomorski; **the Mediterranean (Sea)** – Morze Śródziemne

medium[1] ['mi:djəm] średni; **a man of medium height** – człowiek średniego wzrostu; **medium size** – średni rozmiar

medium[2] ['mi:djəm] (*l.mn.* **media** ['mi:dɪə]) środek, medium, ośrodek; *Air is the medium of sound.* – Powietrze jest ośrodkiem, w którym rozchodzi się dźwięk. **the mass media** – środki masowego przekazu

meet [mi:t] **(met, met** [met, met]) ❶ spotkać; *I met Mary in the library.* – Spotkałem Mary w czytelni. *Where shall we meet?* – Gdzie się spotkamy? *I'll meet you at the station.* – Wyjdę po ciebie na stację. ❷ napotykać, spotkać się z; **to meet with an accident** – ulec wypadkowi; *His proposal met with violent opposition.* – Jego propozycja spotkała się z gwałtownym sprzeciwem. **to meet with obstacles** – napotykać trudności/przeszkody ❸ poznać (*kogoś*); *Come and meet my mother.* – Chodź i poznaj moją mamę. *I don't think we've met.* – Chyba się nie znamy. *Pleased to meet* *you.* – Miło mi pana poznać. *I know him by sight but we've never met.* – Znam go z widzenia, ale nigdy nie poznaliśmy się.

meeting ['mi:tɪŋ] ❶ spotkanie; **an unexpected meeting** – niespodziewane spotkanie ❷ zebranie, zgromadzenie, konferencja; **a cabinet meeting** – zebranie gabinetu; **to call a meeting** – zwołać zebranie; **to conduct/to preside over a meeting** – prowadzić zebranie/przewodniczyć zebraniu ❸ mityng; **an athletics meeting** – mityng lekkoatletyczny

melodrama ['meləʊ,drɑ:mə] melodramat

melody ['melədɪ] (*l.mn.* **melodies**) melodia

melon ['melən] melon; **a water melon** – arbuz

melt [melt] roztopić się, topnieć; *Ice quickly melts in the sunshine.* – Lód się szybko topi na słońcu. *The cake melts in the mouth.* – To ciasto rozpływa się w ustach.

member ['membə] członek, uczestnik; *He's become a member of the tennis club.* – Został członkiem klubu tenisowego. **a Member of Parliament** – członek parlamentu

membership ['membəʃɪp] członkostwo; **to apply for membership** – ubiegać się o członkostwo

memo ['meməʊ] notatka wewnętrzna, pismo w obrębie jednej firmy; *I sent you a memo about the meeting.* – Wysłałem wam notatkę/pismo o tym zebraniu.

memoirs ['memwɑ:z] pamiętniki, wspomnienia; *He's just published his memoirs.* – On właśnie opublikował swoje pamiętniki.

memorable ['memərəbl] pamiętny; **a memorable day** – pamiętny dzień

memorandum [,memə'rændəm] (*l.mn.* **memoranda** [,memə'rændə]) ❶ = **memo** ❷ memorandum

memorial [mɪ'mɔ:rɪəl] pomnik; **a war memorial** – pomnik ofiar wojny

memorize ['meməraɪz] uczyć się na pamięć, zapamiętywać; *An actor must memorize his part.* – Aktor musi się nauczyć na pamięć swojej roli.

memory ['memərɪ] ❶ pamięć; **to have a good/a poor memory** – mieć dobrą/ /złą pamięć; **to speak from memory** – mówić z pamięci; **within living memory** – jak sięga pamięć ludzka; *His memory will always remain with us.* – Pamięć o nim na zawsze pozostanie z nami. **in memory of** – dla uczczenia pamięci ❷ wspomnienie; **memories of childhood** – wspomnienia z dzieciństwa ❸ pamięć komputera

men [men] *p.* **man**

mend [mend] reperować, naprawiać; *Can you mend this radio?* – Czy możesz naprawić to radio?

mental ['mentl] psychiczny, umysłowy; **a mental process** – proces myślowy; **mental cruelty** – znęcanie się psychiczne; **mental age** – wiek psychiczny; **mental illness** – choroba umysłowa; **a mental patient/case** – pacjent chory psychicznie; **a mental hospital** – szpital psychiatryczny

mentality [men'tælətɪ] mentalność, umysłowość

mentally ['mentəlɪ] psychicznie, umysłowo; **mentally ill** – chory psychicznie

menthol ['menθɒl] mentol

mention[1] ['menʃn] wspomnieć, nadmienić; *I mentioned that you'd like to come.* – Nadmieniłem, że chcesz przyjść. *I heard his name mentioned.* – Słyszałem, że ktoś wymienił jego nazwisko. **not to mention** – pomijając/pomijając to, że; *He was a Harvard graduate not to mention the fact that he was a millionaire.* – Był absolwentem Harvardu, pomijając już fakt, że był milionerem. *Thank you so much. – Don't mention it.* – Bardzo dziękuję. – Proszę./Drobiazg./Nie warto o tym wspominać.

mention[2] ['menʃn] wzmianka; *There was no mention of the accident in the* *newspaper.* – W gazecie nie było żadnej wzmianki o wypadku.

menu ['menju:] ❶ menu, karta dań, jadłospis; *What's on the menu?* – Co jest w karcie dań? ❷ *komp.* menu

mercenary¹ ['mɜ:sɪnərɪ] interesowny, przekupny

mercenary² ['mɜ:sɪnərɪ] (*l.mn.* **mercenaries**) najemnik, żołnierz najemny

merchandise ['mɜ:tʃəndaɪz] towar, towary

merchant ['mɜ:tʃənt] kupiec, handlowiec

merciful ['mɜ:sɪfʊl] miłosierny, łagodny, łaskawy

merciless ['mɜ:sɪlɪs] bezlitosny, bez serca, niemiłosierny

mercy ['mɜ:sɪ] łaska, litość, miłosierdzie; *The ship was at the mercy of waves.* – Statek był na łasce fal. *They were given no mercy.* – Nie okazano im litości.

merely ['mɪəlɪ] tylko, zaledwie, jedynie; *I merely asked his name.* – Tylko się zapytałem, jak on się nazywa.

merge [mɜ:dʒ] połączyć się, zlewać się (*w jedno*); *The two firms are planning to merge.* – Te dwie firmy planują się połączyć. *Pink and blue merged in the evening sky.* – Róże i błękity zlewały się ze sobą na wieczornym niebie.

meridian [mə'rɪdɪən] ❶ południk; **the Greenwich meridian** – południk zerowy ❷ zenit

meringue [mə'ræŋ] *kulin.* beza

merit ['merɪt] ❶ zasługa; **a man of merit** – człowiek zasłużony/wartościowy ❷ zaleta, wartość; *Literature of this kind has no artistic merit.* – Literatura tego rodzaju nie ma wartości artystycznej.

mermaid ['mɜ:meɪd] syrena, rusałka

merry ['merɪ] (**-ier, -iest**) wesoły; **a merry laugh** – wesoły śmiech; *A Merry Christmas!* – Wesołych Świąt!

merry-go-round ['merɪgəʊ,raʊnd] karuzela

mess¹ [mes] ❶ bałagan, nieporządek; *There was a terrible mess in the room after the party.* – Po przyjęciu w pokoju był straszny bałagan. *You look a mess!* – Wyglądasz okropnie/nieporządnie! *You've made an awful mess in your room!* – Zrobiłeś okropny bałagan w swoim pokoju! ❷ trudna sytuacja, kłopoty; *I'm in real mess.* – Jestem w bardzo trudnej sytuacji/ /w okropnych kłopotach.

mess² [mes] mesa

mess³ [mes] zabrudzić, doprowadzić do nieładu; *Young Tommy has messed his clothes again!* – Tomeczek znowu zabrudził ubranie!

◆ **mess about/around** – grzebać się, dłubać; *She likes messing about in the garden.* – Ona lubi dłubać w ogródku.

◆ **mess about with** – obchodzić się nieumiejętnie; *Who's been messing about with my radio?* – Kto ruszał moje radio?

◆ **mess up** – (a) doprowadzić do nieładu; *Someone has messed up the kitchen.* – Ktoś zrobił bałagan w kuchni. (b) zepsuć, źle wykonać; **to mess up a job** – źle wykonać pracę

message ['mesɪdʒ] ❶ wiadomość; *I left her a message with the receptionist.* – Zostawiłam dla niej wiadomość w recepcji. *Please give her a message that I'll be back on Monday.* – Proszę, przekaż jej wiadomość, że wrócę w poniedziałek. *The ship sent a radio message.* – Statek przesłał wiadomość drogą radiową. ❷ przesłanie; *What was the message of the film?* – Jakie było przesłanie tego filmu?

messenger ['mesɪndʒə] posłaniec

messy [mesɪ] (**-ier, -iest**) brudny, w stanie bałaganu; **a messy room** – nieporządny pokój; **a messy job** – brudząca praca

met [met] *p.* **meet (met, met)**

metal¹ ['metl] metal; **ferrous/non-ferrous metals** – metale żelazne/nieżelazne

metal² ['metl] metalowy

metallic [mɪ'tælɪk] metaliczny; **a metallic sound** – metaliczny dźwięk

metamorphosis [,metə'mɔ:fəsɪs] (*l.mn.* **metamorphoses** [,metə'mɔ:fəsi:z]) metamorfoza

metaphor ['metəfə] metafora, przenośnia

metaphysics [ˌmetə'fɪzɪks] metafizyka

meteor ['mi:tjə] meteor

meteorite ['mi:tjəraɪt] meteoryt

meteorology [ˌmi:tjə'rɒlədʒɪ] meteorologia

meteorological [ˌmi:tjərə'lɒdʒɪkl] meteorologiczny; **a meteorological chart** – mapa pogody; **a meteorological forecast** – prognoza pogody

meter ['mi:tə] licznik; **to read the gas meter** – odczytać licznik gazowy; **an electricity meter** – licznik elektryczności; **a parking meter** – licznik na parkingu

method ['meθəd] metoda, sposób; **to apply/to employ a method** – stosować metodę; *What's the best method of teaching small children?* – Jaka jest najlepsza metoda uczenia małych dzieci?

methodical [mɪ'θɒdɪkl] metodyczny, systematyczny; **a methodical worker** – systematyczny pracownik

metre ['mi:tə] metr

metric ['metrɪk] metryczny; **the metric system** – system metryczny

mice [maɪs] *p.* **mouse**

microphone ['maɪkrəfəʊn] mikrofon; **to speak into a microphone** – mówić do mikrofonu

microscope ['maɪkrəskəʊp] mikroskop; **to examine bacteria under a microscope** – obejrzeć/zbadać bakterie pod mikroskopem

microwave ['maɪkrəʊweɪv] **/ microwave oven** [ˌmaɪkrəʊweɪv 'ʌvn] kuchenka mikrofalowa

mid [mɪd] średni, środkowy; **in mid June** – w połowie czerwca; **collision in mid-air** – zderzenie w powietrzu

midday ['mɪddeɪ] południe; *We set out at midday.* – Wyruszyliśmy w południe.

middle[1] ['mɪdl] ❶ środek; **in the middle of the room** – pośrodku pokoju; *I can't answer the phone, I'm in the middle of cooking.* – Nie mogę odebrać telefonu, jestem w trakcie gotowania. ❷ połowa ciała, talia; *She is very thin round the middle.* – Ona jest bardzo szczupła w talii.

middle[2] ['mɪdl] środkowy, średni; *She had a ring on her middle finger.* – Miała pierścionek na środkowym palcu. **the middle class** – klasa średnia

middle-aged [ˌmɪdl'eɪdʒd] w średnim wieku; **a middle-aged man** – mężczyzna w średnim wieku

Middle Ages (the) [ˌmɪdl'eɪdʒɪz] średniowiecze

middle class [ˌmɪdl'klɑ:s] klasa średnia

Middle East (the) [ˌmɪdl'i:st] Bliski Wschód

middle ear [ˌmɪdl'ɪə] ucho środkowe

middle distance [ˌmɪdl 'dɪstns] średni plan obrazu; **in the middle distance** – na średnim planie

middle school ['mɪdl sku:l] ❶ *bryt.* szkoła dla dzieci od 8 do 12 lat ❷ *am.* szkoła dla dzieci od 11 do 14 lat

Midlands (the) ['mɪdləndz] środkowa część Anglii

midnight ['mɪdnaɪt] północ; **at midnight** – o północy

midstream [ˌmɪd'stri:m] środek rzeki

midsummer [ˌmɪd'sʌmə] ❶ okres najdłuższych dni w roku; **Midsummer Day** – 24 czerwca (*dzień św. Jana*) ❷ środek lata

midway [ˌmɪd'weɪ] w połowie drogi; *The ship sank midway between Cyprus and the coast of Turkey.* – Statek zatonął w połowie drogi między Cyprem a wybrzeżem Turcji.

midwinter [ˌmɪd'wɪntə] ❶ okres najkrótszych dni w roku (*ok. 21 grudnia*) ❷ środek zimy

might[1] [maɪt] *p.* **may (might, might)** czasownik specjalny wyrażający: ❶ pozwolenie; *Might I come?* – Czy mógłbym przyjść? (*grzeczniej od „may"*) ❷ mniejsze prawdopodobieństwo niż w przypadku **may**; *He might be ill.* – Nie (jest) wykluczone, że jest chory. ❸ w mowie zależnej w miejsce **may** w zdaniach w czasie przeszłym; *He asked if he might use the phone.* – Zapytał czy wolno mu skorzystać z telefonu. ❹ delikatną prośbę lub życzenie; *You might post these letters for me.* – Mógłbyś za mnie wysłać te listy.

might² [maɪt] moc, potęga, siła; *He pushed the door with all his might.* – Pchnął drzwi z całej siły.

mighty ['maɪtɪ] **(-ier, -iest)** potężny, silny, wielki; **a mighty king** – potężny król

migraine ['mi:greɪn] migrena

migrate [maɪ'greɪt] migrować, wędrować; *Some birds migrate south in autumn.* – Jesienią niektóre ptaki wędrują na południe.

migratory ['maɪgrətərɪ] migrujący, wędrowny; **migratory birds** – ptaki wędrowne

mike [maɪk] = **microphone**

mild [maɪld] łagodny, delikatny; *He is a very mild man.* – On jest bardzo łagodnym człowiekiem. **a mild breeze** – delikatny wietrzyk; **a mild climate** – łagodny klimat; **mild cheese** – łagodny ser

mildew ['mɪldju:] pleśń

mile [maɪl] mila (= *1,61 km*)

mileage ['maɪlɪdʒ] odległość w milach, ilość przebytych mil, milaż; **a used car with a low mileage** – używany samochód o niskim przebiegu

military ['mɪlɪtərɪ] wojskowy; **military training** – szkolenie wojskowe; **to be called up for the military service** – być powołanym do służby wojskowej

milk¹ [mɪlk] mleko; **skimmed milk** – mleko odtłuszczone; **milk fresh from the cow** – mleko prosto od krowy; **condensed milk** – mleko skondensowane; **powdered milk** – mleko w proszku

m

milk² [mɪlk] doić

milk chocolate [ˌmɪlk 'tʃɒklɪt] czekolada mleczna

milkman ['mɪlkmən] (*l.mn.* **milkmen** ['mɪlkmən]) mleczarz

milkshake ['mɪlkʃeɪk] koktajl mleczny

milk tooth ['mɪlk tu:θ] (*l.mn.* **milk teeth** ['mɪlk ti:θ]) mleczny ząb

milky ['mɪlkɪ] mleczny, z mlekiem; **milky coffee** – kawa z mlekiem (*z dużą ilością mleka*); **Milky Way** – Droga Mleczna

mill [mɪl] ❶ młyn; **a wind-mill** – wiatrak; **a water-mill** – młyn wodny; **a coffee/a pepper mill** – młynek do kawy/do pieprzu ❷ fabryka; **cotton-mill** – przędzalnia bawełny; **paper-mill** – papiernia; **steel-mill** – walcownia

millimetre ['mɪlɪmi:tə] milimetr

million ['mɪljən] milion; **six million people** – sześć milionów ludzi; **four million dollars** – cztery miliony dolarów; **millions of dollars** – miliony dolarów

millionth ['mɪljənθ] **(1 000 000th)** milionowy

millionaire [ˌmɪljə'neə] milioner

millstone ['mɪlstəʊn] kamień młyński

mime¹ [maɪm] mim

mime² [maɪm] grać mimicznie, wyrażać mimiką

mince [mɪns] przepuszczać przez maszynkę, siekać; **minced beef** – mielona wołowina

mind¹ [maɪnd] ❶ umysł, umysłowość, intelekt; *She has a mind of a child.* – Ona ma umysłowość dziecka. **a scientific/a logical/a brilliant mind** – ścisły/logiczny/błyskotliwy umysł; *He is one of the greatest minds of our century.* – On jest jednym z największych umysłów naszego wieku. ❷ rozum; *He is out of his mind.* – Postradał zmysły. **to be sound in mind and in body** – być zdrowym na umyśle i ciele ❸ myśl, umysł, głowa; *What do you have in mind?* – Co masz na myśli? *It has crossed my mind.* – To przyszło mi na myśl. *Her mind is full of silly thoughts.* – Jej głowa jest pełna głupich myśli. *It has slipped my mind.* – Wyleciało mi to z głowy. ❹ zdanie, osąd, opinia; **to**

change one's mind – zmienić zdanie; **to keep an open mind** – nie wydawać sądów/zawiesić dokonanie wyboru; **to make up one's mind** – podjąć decyzję/zdecydować się

mind² [maɪnd] ❶ opiekować się, zajmować się, pilnować; *Would you mind our house while we are away?* – Czy mógłbyś popilnować naszego domu, kiedy wyjedziemy? *I must mind the baby.* – Muszę zajmować się dzieckiem. *Mind your own business.* – Zajmuj się własnymi sprawami./Nie wtrącaj się. ❷ mieć coś przeciwko; *I don't mind washing up.* – Nie mam nic przeciwko myciu naczyń./Mogę zmywać naczynia. *He didn't mind her smoking.* – Nie miał nic przeciwko temu, żeby paliła. *Do you mind if I smoke?* – Czy masz coś przeciwko temu, że zapalę? *Would you mind opening the window?* – Czy mógłbyś otworzyć okno? *Would you mind if I opened the window?* – Czy miałbyś coś przeciwko temu, gdybym otworzył okno? ❸ przejmować się, zwracać uwagę na; *I don't mind what people say.* – Nie dbam, co ludzie mówią. *Mind the step!* – Uważaj na stopień! *Never mind!* – Mniejsza o to! *Mind you come home early!* – Żebyś wrócił do domu wcześnie!

mine¹ [maɪn] moja rzecz, moja własność; *It isn't your umbrella, it's mine.* – To nie twój parasol, to mój. **a friend of mine** – jeden z moich przyjaciół

mine² [maɪn] ❶ kopalnia; **a coal mine** – kopalnia węgla ❷ *wojsk.* mina; *The car was destroyed by a mine.* – Samochód został zniszczony przez minę.

miner ['maɪnə] górnik

mineral¹ ['mɪnrəl] minerał

mineral² ['mɪnrəl] mineralny; **mineral water** – woda mineralna

miniature¹ ['mɪnətʃə] mały, miniaturowy; **a miniature poodle** – pudel-miniatura

miniature² ['mɪnətʃə] miniatura; **a miniature artist** – malarz malujący miniatury; **in miniature** – w miniaturze

minima ['mɪnɪmə] *p.* **minimum²**

minimal ['mɪnɪml] minimalny, bardzo mały; *The vegetation was minimal.* – Roślinność była minimalna.

minimum¹ ['mɪnɪməm] minimalny, najmniejszy; **the minimum speed** – najmniejsza prędkość; **the minimum temperature** – najmniejsza temperatura

minimum² ['mɪnɪməm] (*l.mn.* **minima** ['mɪnɪmə]) minimum, dolna granica; **a minimum of 15 students in each group** – minimum 15 studentów w każdej grupie; **to reduce the price to a minimum** – obniżyć cenę do minimum

mining ['maɪnɪŋ] górnictwo

minister ['mɪnɪstə] ❶ minister; **the Minister of Education** – minister oświaty; **the Prime Minister** – premier ❷ duchowny w Kościele protestanckim

ministry ['mɪnɪstrɪ] (*l.mn.* **ministries**) ministerstwo; **the Ministry of Defence** – Ministerstwo Obrony

minor ['maɪnə] mniejszy, mniej ważny, drugorzędny, drobny; **a minor road** – drugorzędna droga; **minor injuries** – drobne obrażenia; **a minor accident** – niegroźny wypadek; **a minor role in a play** – drugorzędna rola w sztuce

minority [maɪ'nɒrətɪ] (*l.mn.* **minorities**) mniejszość; **ethnic minorities** – mniejszości etniczne; *A small minority voted against.* – Mała grupka głosowała przeciwko.

mint [mɪnt] ❶ mięta; **mint tea** – herbata miętowa ❷ **/ peppermint** – miętówka

minus ['maɪnəs] minus; *Ten minus two is eight.* – Dziesięć minus dwa jest osiem. **minus ten degrees Centigrade** – minus dziesięć stopni w skali Celsjusza

minute¹ ['mɪnɪt] ❶ minuta; *It's seven minutes past four.* – Jest siedem minut po czwartej. **the minute hand of a watch** – minutowa/duża wskazówka zegarka ❷ chwila; *I'll be ready in a minute.* – Będę gotowy za chwilę. *Just a minute!* – Chwileczkę! ❸ notatka; *We read the minutes of the last meeting.* – Przeczytaliśmy notatki z poprzedniego zebrania.

minute[2] [maɪ'nju:t] ❶ maleńki, bardzo drobny; **minute particles of dust** – drobne cząstki kurzu ❷ szczegółowy, drobiazgowy; **a minute inspection** – szczegółowa inspekcja

miracle ['mɪrəkl] cud; *We survived by a miracle.* – Cudem przeżyliśmy. *It was a miracle that we survived.* – To był cud, że przeżyliśmy. **to perform/to work miracles** – czynić/działać cuda

miraculous [mɪ'rækjʊləs] cudowny; **a miraculous escape from the burning building** – cudem dokonana ucieczka z płonącego budynku

mirror ['mɪrə] lustro, zwierciadło; *She looked at herself in the mirror.* – Spojrzała na siebie w lustrze.

misbehave [ˌmɪsbɪ'heɪv] źle się zachowywać; *The children misbehaved and were punished.* – Dzieci źle się zachowywały i zostały ukarane.

misbehaviour [ˌmɪsbɪ'heɪvjə] złe zachowanie

mischief ['mɪstʃɪf] psota; **to be up to mischief** – psocić

mischievous ['mɪstʃɪvəs] psotny, przekorny; **a mischievous child** – psotne dziecko; **a mischievous smile** – figlarny uśmiech

misdeed [ˌmɪs'di:d] zły uczynek, czyn karygodny; *He was punished for his misdeeds.* – Został ukarany za swoje złe czyny.

miserable ['mɪzərəbl] ❶ nieszczęśliwy, przygnębiony, żałosny; *He was miserable when he failed the exam.* – Był nieszczęśliwy, kiedy oblał egzamin. ❷ przygnębiający, przykry; **miserable weather** – przykra pogoda

misery ['mɪzərɪ] nieszczęście, przygnębienie, niedola; **to lead a life of misery** – żyć w biedzie/niedoli; **to suffer misery** – cierpieć/znosić nieszczęście

m

misfit ['mɪsfɪt] człowiek niedopasowany/nieprzystosowany; **a social misfit** – człowiek nieprzystosowany społecznie

misfortune [mɪs'fɔ:tʃən] nieszczęście, pech, zły los; *She had the misfortune to get there at the wrong moment.* – Miała pecha przybyć tam w nieodpowiednim momencie. **companions in misfortune** – towarzysze niedoli; *She suffered her misfortunes bravely.* – Dzielnie znosiła nieszczęścia.

misgiving [mɪs'gɪvɪŋ] obawa, przeczucie

misguided [ˌmɪs'gaɪdɪd] nieopatrzny, nierozważny, niefortunny

mislay [ˌmɪs'leɪ] **(mislaid, mislaid** [ˌmɪs'leɪd, ˌmɪs'leɪd]) zapodziać, zgubić; *I've mislaid my umbrella.* – Zapodziałam gdzieś swój parasol.

mislead [ˌmɪs'li:d] **(misled, misled** [ˌmɪs'led, ˌmɪs'led]) wprowadzić w błąd, zmylić; *The information is misleading.* – Ta informacja jest myląca/wprowadza w błąd.

misplace [ˌmɪs'pleɪs] położyć w niewłaściwym miejscu, źle ulokować/ /umieścić

miss[1] [mɪs] ❶ tęsknić za, odczuwać brak; *I miss you.* – Tęsknię za tobą./ /Brak mi ciebie. *I miss walking in the park every day.* – Brakuje mi codziennych spacerów w parku. ❷ spóźnić się, przepuścić, opuścić, stracić, nie trafić; *I missed the train.* – Spóźniłam się na pociąg. *I threw the ball at him but I missed.* – Rzuciłam do niego piłkę, ale nie trafiłam. *He has missed the English lesson again.* – Znowu opuścił lekcję angielskiego. *You've missed a lot!* – Dużo straciłeś! *Their house is at the end of the road, you can't miss it!* – Ich dom jest na końcu ulicy, nie możesz nie trafić! **to miss a chance/an opportunity** – stracić/ /przepuścić okazję ❸ zgubić, zauważyć brak; *When did you first miss your passport?* – Kiedy pan zauważył brak paszportu?

miss² [mɪs] ❶ pani, panna (*przed nazwiskiem kobiety niezamężnej lub nazwiskiem panieńskim używanym przez kobietę zamężną*); **Miss Brown** – pani/panna Brown ❷ pani, proszę pani (*sposób zwracania się dzieci do nauczycielki*); *Good morning, miss!* – Dzień dobry pani!

missile ['mɪsaɪl] pocisk; **a nuclear missile** – pocisk jądrowy

missing ['mɪsɪŋ] zgubiony, zaginiony, brakujący; *Put in the missing words.* – Wstaw brakujące wyrazy. *The police are looking for the missing child.* – Policja poszukuje zaginionego dziecka.

mission ['mɪʃn] misja; **a mission of nuns to teach in Africa** – misja zakonnic uczących w Afryce; **a top-secret mission** – tajna misja

missionary ['mɪʃnərɪ] (*l.mn.* **missionaries**) misjonarz

mist [mɪst] mgła, mgiełka; **early morning mists in autumn** – jesienne poranne mgły

mistake¹ [mɪ'steɪk] błąd, pomyłka; **to make a mistake** – popełnić błąd; **by mistake** – przez pomyłkę

mistake² [mɪ'steɪk] **(mistook, mistaken** [mɪ'stʊk, mɪ'steɪkn]) pomylić (się); *He mistook me for my brother.* – Wziął mnie za mojego brata./Pomylił mnie z moim bratem. *If I'm not mistaken.* – Jeżeli się nie mylę. *I was mistaken about his real motives.* – Myliłem się//Byłem w błędzie, co do jego prawdziwych motywów.

mister ['mɪstə] pan (*przed nazwiskiem*); **Mr Brown** – pan Brown

mistletoe ['mɪsltəʊ] *bot.* jemioła

mistook [mɪ'stʊk] *p.* **mistake² (mistook, mistaken)**

mistress ['mɪstrɪs] ❶ nauczycielka; **our history mistress** – nasza pani od historii ❷ pani, właścicielka (*domu, psa*); **the mistress of the house** – pani domu; *Where is the mistress of this dog?* – Gdzie jest pani tego psa? ❸ kochanka

misty ['mɪstɪ] mglisty; **a misty morning** – mglisty poranek

misunderstand [ˌmɪsʌndə'stænd] **(misunderstood, misunderstood** [ˌmɪsʌndə'stʊd, ˌmɪsʌndə'stʊd]) źle zrozumieć; *Don't misunderstand me.* – Nie zrozum mnie źle.

misunderstanding [ˌmɪsʌndə'stændɪŋ] nieporozumienie

misunderstood *p.* **misunderstand (misunderstood, misunderstood)**

mitten ['mɪtn] rękawiczka z jednym palcem

mix [mɪks] ❶ mieszać; *Mix all ingredients.* – Zmieszaj wszystkie składniki. ❷ mieszać się; *Oil doesn't mix with water.* – Olej nie miesza się z wodą.

◆ **mix up** – pomylić; *I always mix up Kate and Jill because they look very much alike.* – Zawsze mylę Kate z Jill, ponieważ są bardzo do siebie podobne.

◆ **to be mixed up in** – wplątać się, być zamieszanym w; *Don't get mixed up in politics.* – Nie mieszaj się do polityki.

mixed ['mɪkst] mieszany; **to have mixed feelings** – mieć mieszane uczucia; **a mixed school** – szkoła koedukacyjna

mixer ['mɪksə] mikser

mixture ['mɪkstʃə] mieszanka, mieszanina; *Air is a mixture of gases.* – Powietrze jest mieszaniną gazów.

moan¹ [məʊn] jęczeć, lamentować, narzekać; *He is always moaning that he has no money.* – On zawsze jęczy, że nie ma pieniędzy.

moan² [məʊn] jęk

mob [mɒb] tłum, motłoch; *The police arrived to control the football mob.* – Przybyła policja, żeby opanować tłum kibiców piłki nożnej.

mobile ['məʊbaɪl] ruchomy, przenośny, ruchliwy; **a mobile library** – biblioteka objazdowa; **a mobile home** – dom na kółkach

mock [mɒk] drwić, śmiać się, przedrzeźniać; *The children mocked the fat boy.* – Dzieci śmiały się z grubego chłopca.

model¹ ['mɒdl] ❶ model; **a model of an ocean liner** – model statku pasażerskiego; **the latest models of cars** – najnowsze modele samochodów ❷ modelka; **an artist's model** – modelka pozująca artyście; **a fashion model** – modelka prezentująca ubrania ❸ wzór, wzorzec; *She is a model of tact.* – Ona jest wzorem taktu. **a model wife** – wzorowa żona

model² ['mɒdl] **(-ll-)** ❶ modelować; *The sculptor modelled a horse.* – Rzeźbiarz wymodelował konia. ❷ prezentować stroje (*jako modelka*); *She models clothes in Paris.* – Ona jest modelką w Paryżu. ❸ **/ be modelled** – wzorować się; *The building is modelled on classical forms.* – Ten budynek wzoruje się na formach klasycznych.

moderate¹ ['mɒdərət] umiarkowany; **a moderate political party** – umiarkowana partia polityczna; **a moderate appetite** – umiarkowany apetyt

moderate² ['mɒdəreɪt] powściągnąć, poskromić, uciszyć

modern ['mɒdən] ❶ nowoczesny; **a modern painting** – nowoczesny obraz; **modern furniture** – nowoczesne meble ❷ współczesny, dzisiejszy; *It's one of the problems of modern life.* – To jeden z problemów współczesnego życia. ❸ nowożytny; **modern languages** – języki nowożytne; **modern history** – historia nowożytna

modest ['mɒdɪst] skromny; *He is modest about his success.* – Jest skromny, jeżeli chodzi o swój sukces. *My needs are quite modest.* – Moje potrzeby są całkiem skromne. **a modest dress** – skromna sukienka

modesty ['mɒdɪstɪ] skromność; **with false modesty** – z fałszywą skromnością

modify ['mɒdɪfaɪ] **(-ies, -ied, -ying)** modyfikować, zmieniać

mohair ['məʊheə] mohair, wełna z kozy angorskiej

moist [mɔɪst] wilgotny; **eyes moist with tears** – oczy wilgotne od łez

moisten ['mɔɪsn] zwilżyć

moisturize ['mɔɪstʃəraɪz] nawilżyć; **moisturizing cream** – krem nawilżający

molar ['məʊlə] *anat.* ząb trzonowy

mole [məʊl] ❶ *zool.* kret ❷ znamię, pieprzyk

mole-hill ['məʊlhɪl] kretowisko

moment ['məʊmənt] chwila, moment; **at the moment** – w tej chwili; **in a moment** – za chwilę; *The moment I saw you...* – W momencie, gdy cię zobaczyłem...

momentum [məʊ'mentəm] rozmach, rozpęd, impet; **to gather momentum** – nabrać rozpędu

monarch ['mɒnək] monarcha

monarchy ['mɒnəkɪ] (*l.mn.* **monarchies**) monarchia; **an absolute/a constitutional monarchy** – monarchia absolutna/konstytucyjna

monastery ['mɒnəstərɪ] (*l.mn.* **monasteries**) klasztor (*męski*), zakon; **to enter a monastery** – wstąpić do zakonu

Monday ['mʌndɪ/'mʌndeɪ] poniedziałek

money ['mʌnɪ] pieniądze (*rzeczownik niepoliczalny, nie występuje w liczbie mnogiej*); *Money is not so important.* – Pieniądze nie są takie ważne. **to earn money** – zarabiać pieniądze; **to make money** – *pot.* robić pieniądze; *How much money do we need?* – Ile pieniędzy potrzebujemy? **to put money into a business** – włożyć pieniądze w interes; **to put money on a horse** – postawić pieniądze na konia

mongrel ['mʌngrəl] kundel

monitor ['mɒnɪtə] monitor

monk [mʌŋk] mnich, zakonnik

monkey ['mʌŋkɪ] małpa

monogamy [mɒ'nɒgəmɪ] monogamia

monogram ['mɒnəgræm] monogram

monologue ['mɒnəlɒg] monolog

monopoly [mə'nɒpəlɪ] (*l.mn.* **monopolies**) monopol

monotonous [mə'nɒtnəs] monotonny

monster ['mɒnstə] potwór

monstrous ['mɒnstrəs] ❶ potworny; **a monstrous crime** – potworna zbrodnia ❷ skandaliczny; *It's monstrous*

m

that men should be paid more than women. – To skandaliczne, żeby mężczyznom płacono więcej niż kobietom ❸ monstrualny, olbrzymi

month [mʌnθ] miesiąc; **this month** – w tym miesiącu; **in a month** – za miesiąc

monthly ['mʌnθlı] miesięczny, comiesięczny; **a monthly ticket** – bilet miesięczny; **a monthly magazine** – miesięcznik; *He is paid monthly.* – Jemu się płaci co miesiąc./On dostaje pensję co miesiąc.

monument ['mɒnjʊmənt] pomnik; **a monument to soldiers killed in the war** – pomnik żołnierzy poległych na wojnie; **an ancient monument** – zabytek

monumental [ˌmɒnjʊ'mentl] monumentalny; **a monumental achievement** – olbrzymie osiągnięcie

mood [mu:d] ❶ nastrój, usposobienie; **to be in a good/in a bad mood** – być w dobrym/złym nastroju; *I'm not in the mood for music.* – Nie jestem w nastroju do słuchania muzyki. ❷ *gram.* tryb; **conditional/indicative//imperative mood** – tryb warunkowy/oznajmujący/rozkazujący

moon [mu:n] księżyc; **full moon** – pełnia księżyca; **new moon** – nów, księżyc w nowiu

moonlight ['mu:nlaıt] światło/blask księżyca; **to walk by moonlight/in the moonlight** – spacerować przy świetle księżyca

moor [mʊə] / **moorland** ['mʊələnd] wrzosowisko

mop¹ [mɒp] ❶ rodzaj szczotki do zmywania podłogi, mopa ❷ **a mop of hair** – czupryna

mop² [mɒp] wytrzeć, zmyć; **to mop the floor** – zmyć podłogę

moral¹ ['mɒrl] moralny; **a moral problem** – problem moralny; **a moral person** – moralna osoba; **the decline of moral standards** – upadek zasad//norm moralnych; **moral support** – wsparcie moralne

moral² ['mɒrl] morał; *What was the moral of the story?* – Jaki był morał tej opowieści?

morals ['mɒrəlz] moralność (*czyjaś*), zasady moralne; **to question sb's morals** – kwestionować czyjeś zasady moralne/czyjąś moralność; **a person of loose morals** – osoba o niezbyt surowych zasadach moralnych

morality [mə'rælətı] moralność, etyka; **Christian morality** – moralność chrześcijańska; **standards of morality** – zasady moralne

more¹ [mɔ:] bardziej; *He is more careful now.* – Jest teraz bardziej ostrożny//ostrożniejszy. *I like oranges more than apples.* – Bardziej lubię pomarańcze niż jabłka. **more and more** – coraz bardziej; *I was becoming more and more irritated.* – Stawałam się coraz bardziej poirytowana.

more² [mɔ:] więcej; *Would you like some more coffee?* – Czy chciałbyś jeszcze kawy? *We need more books.* – Potrzebujemy więcej książek. **once more** – jeszcze raz; **more and more** – coraz więcej; *The baby eats more and more every day.* – Dziecko je coraz więcej każdego dnia. **any more/no more** – już nie/już więcej nie; *He doesn't work here any more.* – On już tu nie pracuje. **more or less** – mniej więcej; **what's more** – a co więcej//ponadto

moreover [mɔ:'rəʊvə] ponadto, poza tym

morning¹ ['mɔ:nıŋ] rano, ranek, przedpołudnie; **in the morning** – rano, z rana; **this morning** – dziś rano; **on Sunday morning** – w niedzielę rano; **every morning** – codziennie rano; *Good morning!* – Dzień dobry! (*powitanie do południa*)

morning² ['mɔ:nıŋ] poranny; **morning newspapers** – poranne gazety

morphia ['mɔ:fjə] / **morphine** ['mɔ:fi:n] morfina

mortal¹ ['mɔ:tl] śmiertelny; *Man is mortal.* – Człowiek jest śmiertelny. **mor-**

tal enemies – śmiertelni wrogowie; **mortal fear** – śmiertelny strach; **mortal injuries** – śmiertelne obrażenia

mortal[2] ['mɔ:tl] śmiertelnik

mortality [mɔ:'tælɪtɪ] śmiertelność; **infant mortality** – śmiertelność noworodków

mortgage ['mɔ:gɪdʒ] hipoteka, dług hipoteczny; **to take out a mortgage on a house** – kupić dom na hipotekę (*wziąć pożyczkę na dom, który jest jednocześnie zastawem*); **to pay off a mortgage** – spłacić hipotekę/dług za dom

mosaic [məʊ'zeɪɪk] mozaika

Moslem ['mɒzlem] = **Muslim**

mosque [mɒsk] meczet

mosquito [mə'ski:təʊ] (*l.mn.* **mosquitoes**) komar; **mosquito's bite** – ukąszenie komara

moss [mɒs] mech

most[1] [məʊst] ❶ najbardziej, najwięcej; *She is the most intelligent student in the group.* – Ona jest najbardziej inteligentną studentką w grupie. *I'll most probably stay here.* – Najprawdopodobniej zostanę tutaj. **the most that I can do** – najwięcej, co mogę zrobić ❷ bardzo, niezwykle; *He was most polite to me.* – Był dla mnie niezwykle grzeczny.

most[2] [məʊst] większość, większa część; *Most children like ice-cream.* – Większość dzieci lubi lody. *He was ill for most of last week.* – Był chory przez większą część ubiegłego tygodnia. *She spends most of her time at home.* – Ona spędza większość czasu w domu. **at most/at the most** – najwyżej; *There were 15 students present at the most.* – Było obecnych najwyżej 15 studentów. **for the most part** – przeważnie, najczęściej

mostly ['məʊstlɪ] przeważnie; *Babies drink mostly milk.* – Dzieci piją przeważnie mleko.

motel [məʊ'tel] motel

moth [mɒθ] ❶ ćma ❷ mól

mother ['mʌðə] matka

motherhood ['mʌðəhʊd] macierzyństwo

mother-in-law ['mʌðərɪnlɔ:] (*l.mn.* **mothers-in-law**) teściowa

mother tongue [ˌmʌðə 'tʌŋ] język ojczysty

motion ['məʊʃn] ruch; **in motion** – w ruchu; *Don't get off when the train is in motion.* – Nie wysiadaj, kiedy pociąg jest w ruchu. **in slow motion** – w zwolnionym tempie

motive ['məʊtɪv] motyw; *What was the murderer's motive?* – Jaki był motyw mordercy?

motor[1] ['məʊtə] silnik, motor

motor[2] ['məʊtə] prowadzić samochód, jechać samochodem

motor-bike ['məʊtəbaɪk] motocykl

motor-boat ['məʊtəbəʊt] motorówka

motor-car ['məʊtəkɑ:] samochód

motor-cycle ['məʊtəˌsaɪkl] motocykl

motorist ['məʊtərɪst] prowadzący pojazd, kierowca, automobilista

motorway ['məʊtəweɪ] autostrada

mould[1] [məʊld] pleśń

mould[2] [məʊld] odlew, forma odlewnicza

mould[3] [məʊld] kształtować, modelować, nadawać kształt; **to mould sb's character** – kształtować czyjś charakter; **to mould a statue in clay** – ulepić figurkę z gliny

mound [maʊnd] kopiec

mount[1] [maʊnt] ❶ wejść, wspinać się; **to mount a ladder** – wejść na drabinę; *The climbers mounted higher and higher.* – Alpiniści wspinali się coraz wyżej. ❷ dosiąść (*np. konia*); **to mount a horse/a bicycle** – dosiąść konia/siadać na rower; **mounted police** – policja konna

mount[2] [maʊnt] góra (*wyraz używany głównie w nazwach własnych*); **Mount Everest/Mt Everest**

mountain ['maʊntɪn] góra; **mountain chain/range** – łańcuch górski; *We went to the mountains last summer.* – Pojechaliśmy w góry zeszłego lata.

mountaineer [ˌmaʊntɪ'nɪə] turysta górski, alpinista

mountaineering [ˌmaʊntɪ'nɪərɪŋ] wspinaczka, alpinizm

mountainous ['maʊntɪnəs] górzysty; **mountainous country** – górzysta okolica

mourn [mɔ:n] być w żałobie, opłakiwać, być pogrążonym w smutku po stracie kogoś; **to mourn a dead child/for a dead child** – opłakiwać zmarłe dziecko; **to mourn over a child's death** – opłakiwać śmierć dziecka

mourning ['mɔ:nɪŋ] żałoba; **to be in mourning for sb** – być w żałobie po kimś; **to be dressed in mourning** – być ubranym na czarno

mouse [maʊs] (*l.mn.* **mice** [maɪs]) ❶ mysz ❷ *komp.* mysz

moustache [mə'stɑ:ʃ] wąs, wąsy; **to grow a moustache** – zapuścić wąsy

mouth [maʊθ] (*l.mn.* **mouths** [maʊðz]) ❶ usta ❷ ujście rzeki

movable ['mu:vəbl] ruchomy; *Easter is a movable feast.* – Wielkanoc jest świętem ruchomym.

move[1] [mu:v] ❶ ruszać się; *Don't move when I take the photograph.* – Nie ruszaj się, kiedy będę robiła zdjęcie. ❷ przeprowadzić się; *They have moved to a new house.* – Przeprowadzili się do nowego domu. ❸ wzruszać, poruszać; *Her story moved us to tears.* – Jej opowieść wzruszyła nas do łez.

◆ **move in** – wprowadzić się

◆ **move on** – iść dalej, posuwać się dalej/naprzód, ruszać w dalszą drogę

◆ **move out** – wyprowadzić się

move[2] [mu:v] ❶ ruch; *He watched my every move.* – Obserwował każdy mój ruch. **to make a move** – wykonać ruch; **the moves in chess** – ruchy w szachach; *It's your move.* – Teraz twój ruch. *Get a move on!* – Pospiesz się! **on the move** – w ruchu. *Don't get off the train when it's on the move.* – Nie wysiadaj z pociągu, kiedy jest w ruchu. ❷ przeprowadzka; *We need a big van for the move.* – Potrzebujemy dużej ciężarówki do przeprowadzki.

movement ['mu:vmənt] ruch; **a slight movement of the head** – lekkie poruszenie głową; **the civil rights movement** – ruch obrony praw człowieka

moved ['mu:vd] wzruszony; *I was deeply moved by her sad story.* – Byłam głęboko wzruszona jej smutną historią.

movie ['mu:vɪ] ❶ *am.* film; *We saw a movie on TV.* – Obejrzeliśmy film w telewizji. ❷ **the movies** – kino; *Let's go to the movies.* – Chodźmy do kina.

mow [məʊ] (**mowed, mown** [məʊd, məʊn] strzyc (*trawnik, trawę*); **to mow the lawn** – strzyc trawnik

Mr ['mɪstə] = **mister**

Mrs ['mɪsɪz] pani (*przed nazwiskiem kobiety zamężnej*); **Mrs Alice Wilson** – pani Alice Wilson

Ms ['mɪz] pani (*przed nazwiskiem kobiety zamężnej lub niezamężnej*); **Ms Celia Lee** – pani Celia Lee

Mt [maʊnt] = **mount**[2]

much [mʌtʃ] (**more, most**) ❶ dużo; *There was too much work for us.* – Było dla nas za dużo pracy. *They have much to learn.* – Mają jeszcze wiele do nauczenia się. *I feel much better now.* – Teraz czuję się dużo lepiej. *How much?* – Ile? *How much does it cost?* – Ile to kosztuje? *She isn't much of an artist.* – Ona nie jest wielką artystką. ❷ bardzo, wielce; *He was much surprised to see us.* – On był bardzo zdumiony, kiedy nas zobaczył. **very much** – bardzo; *I like it very much.* – Bardzo mi się to podoba. *Thank you very much.* – Bardzo dziękuję.

mud [mʌd] błoto; *My shoes were covered with mud.* – Moje buty były pokryte błotem.

muddle[1] ['mʌdl] bałagan, zamęt, zamieszanie; **to get into a muddle** – znaleźć się w stanie zamętu, zagmatwać się

m

muddle[2] ['mʌdl] poplątać, zagmatwać; *I muddled (up) their names.* – Poplątały mi się ich nazwiska. **to muddle sb up** – wprowadzić kogoś w stan zamieszania/zagubienia; **to get muddled up** – zagubić się, pogubić się

muddy ['mʌdɪ] **(-ier, -iest)** zabłocony, błotnisty; **muddy shoes** – zabłocone buty; **muddy roads** – błotniste drogi

mug [mʌg] kubek

multicoloured ['mʌltɪ,kʌləd] wielobarwny, wielokolorowy

multiplication [,mʌltɪplɪ'keɪʃn] mnożenie; **to do multiplication** – wykonywać mnożenie

multiply ['mʌltɪplaɪ] **(-ies, -ied, -ying)** mnożyć; *2 multiplied by 3 is 6.* – 2 pomnożone przez 3 jest 6.

mum [mʌm] / **mummy** ['mʌmɪ] mama, mamusia

mumble ['mʌmbl] mamrotać; *She mumbled something I couldn't understand.* – Wymamrotała coś, czego nie zrozumiałem.

mummify ['mʌmɪfaɪ] **(-ies, -ying, -ied)** zmumifikować

mummy ['mʌmɪ] mumia

mumps ['mʌmps] *med.* świnka

munch [mʌntʃ] chrupać

municipal [mju:'nɪsɪpl] miejski, komunalny

municipality [mju:,nɪsɪ'pæləti] okręg administracyjny obejmujący miasto, zarząd miasta

murder[1] ['mɜ:də] morderstwo; **to commit murder** – popełnić morderstwo; **to be guilty of murder** – być winnym popełnienia morderstwa

murder[2] ['mɜ:də] zamordować

murderer ['mɜ:dərə] morderca

murderess ['mɜ:dərɪs] morderczyni

murmur[1] ['mɜ:mə] mamrotać, mruczeć, szemrać, mówić półgłosem

murmur[2] ['mɜ:mə] pomruk, mruczenie, szmer, szemranie; **the murmur of a stream** – szmer strumyka; **the murmur of voices in the next room** – odgłosy rozmowy z pokoju obok; *He paid the fine without a murmur.* – Zapłacił mandat/grzywnę bez szemrania; **murmurs of discontent** – pomruki niezadowolenia

muscle ['mʌsl] mięsień

muscular ['mʌskjʊlə] ❶ muskularny, umięśniony; **a muscular body** – umięśnione ciało ❷ mięśniowy; **the muscular system** – system mięśniowy; **a muscular pain** – ból mięśniowy

museum [mju:'zɪəm] muzeum

mushroom ['mʌʃrʊm] grzyb; **mushroom-poisoning** – zatrucie grzybami; **edible mushrooms** – grzyby jadalne; **poisonous mushrooms** – grzyby trujące

music ['mju:zɪk] ❶ muzyka; **to compose/to write music** – komponować muzykę; **classical music** – muzyka klasyczna; **pop music** – muzyka pop; **light/serious music** – muzyka lekka/ /poważna ❷ nuty, zapis muzyczny

musical[1] ['mju:zɪkl] ❶ muzyczny; **a musical instrument** – instrument muzyczny; **a musical comedy** – komedia muzyczna ❷ muzykalny; **a musical child** – muzykalne dziecko

musical[2] ['mju:zɪkl] musical

musician [mju:'zɪʃn] muzyk

musk [mʌsk] piżmo

Muslim[1] ['mʊslɪm] muzułmanin

Muslim[2] ['mʊslɪm] muzułmański

must [mʌst/məst/məs] czasownik specjalny wyrażający: ❶ konieczność; *You must finish your work before you go.* – Musisz skończyć pracę zanim pójdziesz. *Must you go so soon?* – Czy musisz już iść? ❷ przypuszczenie graniczące z pewnością; *He must be ill.* – On musi być chory. *They must have left the door open.* – Oni musieli byli zostawić otwarte drzwi./ /Z pewnością to oni zostawili otwarte drzwi. ❸ **must not** – zakaz; *You mustn't smoke here.* – Nie wolno ci tu palić.

mustard ['mʌstəd] musztarda

mustn't [mʌsnt] = **must not**

mute [mju:t] niemy

mutiny ['mju:tını] bunt

mutter ['mʌtə] szeptać, mamrotać, szemrać

mutton ['mʌtn] baranina

mutual ['mju:tʃʊəl] ❶ wspólny; **our mutual friend** – nasz wspólny znajomy ❷ wzajemny; **mutual affection** – wzajemne uczucie

muzzle ['mʌzl] ❶ pysk, morda; **a muzzle of a dog** – pysk psa ❷ kaganiec; **to put a muzzle on a dog** – nałożyć psu kaganiec

my [maı] mój, moja, moje; *I have lost my passport.* – Zgubiłem (swój) paszport.

myself [ˌmaı'self] ❶ (ja) sam; *I can do it myself.* – Mogę to zrobić sam. ❷ (ja) siebie, sobą, sobie; *I have hurt myself.* – Skaleczyłem się.

◆ **(all) by myself** – (a) (ja) sam, samotnie; *I live (all) by myself.* – Mieszkam sam. (b) (ja) sam, bez pomocy; *I can't do all the work by myself.* – Nie mogę sam (bez pomocy) wykonać całej pracy.

mysterious [mı'stıərıəs] tajemniczy; **a mysterious letter** – tajemniczy list

mystery ['mıstərı] (*l.mn.* **mysteries**) tajemnica, zagadka; *Her disappearance is a complete mystery.* – Jej zniknięcie jest całkowitą zagadką.

myth [mıθ] mit; **Greek myths** – mity greckie

mythical ['mıθıkl] mityczny

mythology [mı'θɒlədʒı] mitologia; **Greek mythology** – mitologia grecka

n

nail¹ [neıl] ❶ paznokieć; *She paints her nails pink.* – Ona maluje paznokcie na różowo. ❷ gwóźdź; **to drive a nail into a board** – wbić gwóźdź w deskę

nail² [neıl] przybić gwoździem; **to nail a lid on a box** – przybić wieko do skrzyni

naked ['neıkıd] nagi; *He was naked when he went swimming.* – Był nagi, kiedy poszedł pływać. **the naked facts/the naked truth** – nagie fakty, naga prawda; **to see sth with the naked eye** – widzieć coś gołym okiem

name¹ [neım] ❶ imię, nazwisko, imię i nazwisko; *What's your name?* – Jak się pan nazywa? *His name is John Christopher Brown.* – Nazywa się John Christopher Brown. **first name** – pierwsze imię; **Christian name** – pierwsze imię (*nadane na chrzcie*); **surname** – nazwisko; **to give sb a name** – nadać komuś imię ❷ nazwa; **trade name** – nazwa handlowa; *What's the name of the town?* – Jak się nazywa to miasto?

name² [neım] ❶ nazwać, nadać imię; *They named their baby Victoria after* *her grandmother.* – Nadali swojemu dziecku imię Wiktoria po babci. ❷ wyliczyć, wymienić, nazwać; *Can you name all the flowers in your garden?* – Czy możesz wymienić wszystkie kwiaty w swoim ogrodzie? ❸ wyznaczyć; *They named a date for the wedding.* – Wyznaczyli datę ślubu.

name day ['neɪm deɪ] imieniny

nameless ['neɪmlɪs] bezimienny, nieznany

namely ['neɪmlɪ] mianowicie

nanny ['nænɪ] (*l.mn.* **nannies**) niania

nap[1] [næp] drzemka; **to have a nap** – zdrzemnąć się

nap[2] [næp] **(-pp-)** drzemać

napkin ['næpkɪn] serwetka; *Wipe your fingers on the napkin, not on the tablecloth.* – Wycieraj/Wytrzyj palce serwetką, a nie obrusem.

nappy ['næpɪ] (*l.mn.* **nappies**) pieluszka; **to change a nappy** – zmienić pieluszkę

narrow ['nærəʊ] wąski; **a narrow road** – wąska droga; **to have a narrow escape** – uniknąć niebezpieczeństwa o włos

narrow-minded [,nærəʊ 'maɪndɪd] ograniczony, o wąskich horyzontach myślowych

nasty ['nɑ:stɪ] **(-ier, -iest)** nieprzyjemny, paskudny, wstrętny; *Don't be so nasty to her!* – Nie bądź dla niej taki wstrętny. *This medicine has a nasty taste.* – To lekarstwo ma paskudny smak. **a nasty accident** – groźny wypadek

nation ['neɪʃn] naród; **European nation** – naród europejski

national ['næʃnl] narodowy; **national anthem** – hymn narodowy; **national flag** – flaga narodowa; **national park** – park narodowy; **national status** – przynależność narodowa

nationality [,næʃə'nælətɪ] (*l.mn.* **nationalities**) narodowość, obywatelstwo; *What's your nationality? – British.* – Jaka jest pana narodowość? – Brytyjska.

native[1] ['neɪtɪv] ojczysty; **my native land** – mój kraj ojczysty; *His native language is English.* – Jego ojczystym językiem jest angielski. **a native speaker of English** – osoba mówiąca językiem angielskim jako ojczystym; *He is a native Londoner.* – On jest z pochodzenia londyńczykiem.

native[2] ['neɪtɪv] człowiek miejscowy, tubylec, krajowiec; **a native of London** – mieszkaniec Londynu (*urodzony w Londynie*); *The natives were very friendly.* – Tubylcy byli bardzo przyjaźni.

natural ['nætʃrəl] ❶ naturalny; *It's natural to laugh when you are happy.* – Jest rzeczą naturalną śmiać się, kiedy jest się szczęśliwym. ❷ dotyczący natury/przyrody; **natural forces** – siły przyrody; **natural phenomena** – zjawiska przyrody; **to die a natural death** – umrzeć śmiercią naturalną; **a country's natural resources** – bogactwa naturalne kraju; **animals living in their natural state** – zwierzęta żyjące w naturalnych warunkach/ /w stanie pierwotnym

natural history [,nætʃrəl 'hɪstrɪ] przyrodoznawstwo, przyroda

naturalism ['nætʃrəlɪzm] naturalizm

naturalistic [,nætʃrə'lɪstɪk] naturalistyczny; **a naturalistic painting** – obraz naturalistyczny

naturally ['nætʃrəlɪ] ❶ naturalnie, oczywiście ❷ naturalnie, w sposób naturalny; *She speaks and behaves naturally.* – Ona mówi i zachowuje się w sposób naturalny. ❸ z natury; *She is naturally musical.* – Ona jest z natury muzykalna.

natural science [,nætʃrəl 'saɪəns] nauki przyrodnicze

natural selection [,nætʃrəl sɪ'lekʃn] dobór naturalny

nature ['neɪtʃə] ❶ przyroda, natura; **the forces of nature** – siły natury; *Nature is at its best in spring.* – Przyroda jest najpiękniejsza na wiosnę. ❷ natura, charakter; **human nature** – natura ludzka; *It's in the nature of a dog to bark.* – Leży w naturze psa to, że szczeka. *He is by nature friendly.* – On jest z natury przyjacielski. *She has a sweet nature.* – Ona ma słodki/łagodny charakter.

naughty ['nɔ:tɪ] (**-ier, -iest**) niegrzeczny, nieposłuszny; **naughty children** – niegrzeczne dzieci

nausea ['nɔ:sjə] mdłości

naval ['neɪvl] morski, związany z marynarką wojenną; **a naval officer** – oficer marynarki wojennej; **naval exercises** – ćwiczenia marynarki wojennej

navigate ['nævɪgeɪt] ❶ żeglować, przepłynąć morze, sterować statkiem; **to navigate the Atlantic** – przepłynąć przez Atlantyk ❷ wskazywać drogę, pilotować; *I'll drive the car, you navigate.* – Ja będę prowadzić, ty wskazuj drogę (za pomocą mapy).

navigation [,nævɪ'geɪʃn] nawigacja

navigator ['nævɪgeɪtə] nawigator, żeglarz

navy ['neɪvɪ] marynarka wojenna

navy-blue [,neɪvɪ'blu:] granatowy

near[1] [nɪə] blisko; *The beach is quite near.* – Plaża jest całkiem blisko. *I live near the city centre.* – Mieszkam blisko centrum (miasta).

near[2] [nɪə] bliski; **a near relation** – bliski krewny; **the near future** – bliska przyszłość; *Where is the nearest restaurant?* – Gdzie jest najbliższa restauracja?

nearby ['nɪəbaɪ] ❶ pobliski; **the nearby restaurant** – pobliska restauracja ❷ w pobliżu; *He lives nearby.* – On mieszka w pobliżu.

Near East (the) [,nɪər'i:st] Bliski Wschód

nearly ['nɪəlɪ] prawie; *It's nearly nine o'clock.* – Jest prawie dziewiąta. *I'm nearly ready.* – Jestem prawie gotowa. *He was nearly killed.* – O mało nie został zabity.

neat [ni:t] ❶ porządny, czysty, staranny; **a neat worker** – staranny pracownik; **neat writing** – staranne/czyste pismo; **a neat room** – czysty/porządnie utrzymany pokój ❷ czysty (*nie rozcieńczony*); **to drink whisky neat** – pić czystą whisky (*bez wody*)

necessarily ['nesəsərɪlɪ] koniecznie; *Big men are not necessarily strong.* – Okazali mężczyźni niekoniecznie są silni.

necessary ['nesəsərɪ] konieczny; *It's absolutely necessary for you to be present.* – Twoja obecność jest absolutnie konieczna. *It's necessary that you should be present.* – Twoja obecność jest konieczna.

necessary evil [,nesəsərɪ'i:vl] zło konieczne

necessity [nɪ'sesətɪ] (*l.mn.* **necessities**) ❶ konieczność, potrzeba; *Is there a necessity to work twelve hours a day?* – Czy koniecznie trzeba pracować dwanaście godzin dziennie? **when the necessity arises** – kiedy zajdzie potrzeba ❷ rzecz niezbędna; *Food and clothes are necessities of life.* – Pożywienie i ubranie są artykułami pierwszej potrzeby.

neck [nek] ❶ szyja; *She wears a gold chain round her neck.* – Ona nosi złoty łańcuszek na szyi. **to break one's neck** – skręcić sobie kark; **the neck of a bottle** – szyjka butelki ❷ dekolt, wycięcie przy szyi; **polo neck** – golf, półgolf; **V-neck** – dekolt/wycięcie w szpic; **turtleneck** – golf; **crew neck** – okrągłe wycięcie przy szyi

necklace ['neklɪs] naszyjnik

need[1] [ni:d] potrzebować; *Do you need my help?* – Czy potrzebujesz mojej pomocy? *He needs to go to hospital.* – On musi pójść do szpitala. *The house needs painting.* – Dom wymaga malowania.

need[2] [ni:d] czasownik specjalny występujący w przeczeniu **(needn't)**, wyrażający brak konieczności; *You needn't come tomorrow.* – Nie musisz jutro przychodzić. *You needn't have worried.* – Niepotrzebnie się martwiłeś./Nie musiałeś się był martwić.

need[3] [ni:d] potrzeba; *There is no need for you to start yet.* – Nie musisz jeszcze wyruszać. *My needs are few.* – Mam niewielkie potrzeby/niewiele potrzeb. **to be in need of** – potrzebować czegoś; *You are in need of sleep.* – Potrzebujesz snu.

needle ['ni:dl] igła; **to thread a needle** – nawlec igłę; **needle's eye** – ucho igielne; **a sewing needle** – igła do szycia; **a hypodermic needle** – igła do strzykawki; **knitting needles** – druty do robótek; **pine-needles** – igły sosnowe

needless ['ni:dlıs] niepotrzebny, zbędny; **needless trouble** – niepotrzebny kłopot; **needless to say** – nie trzeba dodawać, że

needn't ['ni:dnt] = **need not**

negative[1] ['negətıv] ❶ przeczący; **a negative answer** – przecząca odpowiedź ❷ negatywny; **negative criticism** – krytyka negatywna ❸ ujemny; **the negative charge** – ładunek ujemny; **Rh-negative** – Rh(–); *Your tests were negative.* – Pańskie testy dały wynik negatywny/ujemny (nie wykazują choroby).

negative[2] ['negətıv] ❶ negatyw; **to develop a negative** – wywołać negatyw ❷ zaprzeczenie, odmowa; *She answered in the negative.* – Odpowiedziała przecząco.

neglect[1] [nı'glekt] zaniedbywać; *She neglects her children.* – Ona zaniedbuje swoje dzieci.

neglect[2] [nı'glekt] zaniedbanie; *The garden has fallen into a state of neglect.* – Ogród został zapuszczony. *He was found guilty of neglect.* – Został uznany winnym zaniedbania.

neigh[1] [neı] (*o koniu*) rżeć

neigh[2] [neı] rżenie (*konia*)

neighbour ['neıbə] ❶ sąsiad; **my next-door neighbour** – mój najbliższy sąsiad ❷ bliźni

neighbourhood ['neıbəhʊd] sąsiedztwo; *They live in the neighbourhood of the airport.* – Mieszkają w sąsiedztwie portu lotniczego/lotniska. *Is there a restaurant in the neighbourhood?* – Czy jest tu w pobliżu jakaś restauracja?

neighbouring ['neıbərıŋ] sąsiedni, sąsiadujący

neither[1] ['naıðə] żaden z dwóch, ani jeden ani drugi; *They were both invited, but neither of them was able to come.* – Oboje byli zaproszeni, ale żadne z nich nie mogło przyjść. *Would you like tea or coffee? – Neither, thank you.* – Czy chciałbyś herbaty, czy kawy? – Dziękuję, nie mam ochoty ani na jedno, ani na drugie.

neither[2] ['naıðə] ❶ też nie; *I didn't know about it and neither did my husband.* – Nie wiedziałam o tym i mój mąż też (o tym) nie (wiedział). ❷ **neither... nor...** – ani... ani...; *Neither Ann nor her husband can drive a car.* – Ani Anna, ani jej mąż nie umieją prowadzić samochodu. *She is neither talented nor hard-working.* – Ona nie jest ani uzdolniona, ani pracowita.

nephew ['nevju:] siostrzeniec, bratanek

nerve [nɜ:v] ❶ *anat.* nerw ❷ **nerves** – nerwy; *You have nerves of steel.* – Masz nerwy ze stali. **to get on sb's nerves** – działać komuś na nerwy; *That noise gets on my nerves.* – Ten hałas działa mi na nerwy. ❸ odwaga, zimna krew; *He wanted to jump but lost his nerve.* – Chciał skoczyć, ale stracił odwagę. ❹ tupet, czelność; *He had the nerve to say that I was wrong.* – Miał czelność powiedzieć, że się mylę/nie mam racji.

nervous ['nɜ:vəs] ❶ nerwowy; **the nervous system** – system nerwowy; **nervous breakdown** – załamanie nerwowe ❷ zdenerwowany, niespokojny; *Are you nervous when you are alone in the house?* – Czy jesteś niespokojna, kiedy zostajesz sama w domu?

nervously ['nɜ:vəslı] nerwowo; *He laughed nervously.* – Zaśmiał się nerwowo.

nervousness ['nɜ:vəsnəs] nerwowość, zdenerwowanie

nest [nest] gniazdo

net[1] [net] siatka; **a fishing net** – sieć rybacka; **to catch fish in a net** – łowić ryby w sieć; **tennis net** – siatka przy grze w tenisa

net²/ nett [net] netto; **net weight** – waga netto

nettle ['netl] *bot.* pokrzywa

network ['netwɜ:k] sieć; **railway network** – sieć kolejowa

neuter ['nju:tə] nijaki, rodzaj nijaki; *"It" is a neuter pronoun.* – „It" jest zaimkiem rodzaju nijakiego.

neutral ['nju:trəl] ❶ neutralny; **a neutral country** – państwo neutralne ❷ obojętny (*chemicznie*)

never ['nevə] nigdy

nevertheless [ˌnevəðə'les] niemniej (jednak)

new [nju:] nowy; **a new dress** – nowa sukienka; *You are new here, aren't you?* – Jesteś tu nowy, prawda? **as good as new** – jak nowy

newborn ['nju:bɔ:n] nowo narodzony; **a newborn baby** – noworodek

newcomer ['nju:ˌkʌmə] przybysz

newly ['nju:lɪ] świeżo, niedawno, dopiero co; **a newly-married couple** – świeżo poślubiona para, nowożeńcy; **a newly built house** – dopiero co zbudowany dom

news [nju:z] ❶ wiadomość (*rzeczownik niepoliczalny, nie występuje w liczbie mnogiej*); *What's the news?* – Co słychać? ❷ wiadomości (*w radio, telewizji*); *Here is the news.* – A oto wiadomości.

newsagent [nju:zˌeɪdʒənt] właściciel kiosku/stoiska z gazetami

newspaper ['nju:speɪpə] gazeta

New Year [ˌnju:'jɜ:] Nowy Rok; *A happy New Year!* – Szczęśliwego Nowego Roku!

New Year's Eve [ˌnju:jɜ:z'i:v] Sylwester

next¹ [nekst] następnie, potem; *What shall I do next?* – Co mam robić potem?

next² [nekst] następny; *I'll come next week.* – Przyjdę w następnym tygodniu. *I'll take the next train.* – Pojadę następnym pociągiem.

next door [ˌnekst'dɔ:] obok, w mieszkaniu/w domu obok; *Who lives next door?* – Kto mieszka obok?

nice [naɪs] miły, przyjemny, sympatyczny; *They have a very nice house.* – Mają bardzo ładny dom. *She is a very nice person.* – Ona jest bardzo miłą osobą. *It was nice of you to say so.* – Miło, że tak mówisz. *How nice!* – Jak miło!/Jak dobrze! *It's nice and warm here.* – Jest tu przyjemnie ciepło.

nicely ['naɪslɪ] ładnie, przyjemnie, dobrze

nickname ['nɪkneɪm] przezwisko

niece [ni:s] siostrzenica, bratanica

night [naɪt] ❶ noc; **at night** – nocą/ /w nocy; **by night** – nocą; **to travel by night** – podróżować nocą; **all night long** – całą noc; **night and day** – dzień i noc; *Good night.* – Dobranoc. ❷ wieczór; **tonight** – dziś wieczorem; **on Friday night** – w piątek wieczorem
◆ **first night** – premiera; **a first night of a play** – premiera sztuki

nightclub ['naɪtklʌb] klub nocny, nocny lokal

nightdress ['naɪtdres] / **nightie** ['naɪtɪ] koszula nocna

nightingale ['naɪtɪŋgeɪl] *zool.* słowik

nightmare ['naɪtmeə] koszmar, zły/ /koszmarny sen

night-watchman [ˌnaɪt'wɒtʃmən] (*l.mn.* **night-watchmen** [ˌnaɪt'wɒtʃmən]) stróż nocny

nil [nɪl] zero (*zw. przy podawaniu wyników w sporcie*); **3:0/three – nil** – trzy do zera

nine [naɪn] dziewięć

nineteen [ˌnaɪn'ti:n] dziewiętnaście

nineteenth [ˌnaɪn'ti:nθ] **(19th)** dziewiętnasty

ninetieth ['naɪntɪəθ] **(90th)** dziewięćdziesiąty

ninety ['naɪntɪ] dziewięćdziesiąt

ninth [naɪnθ] **(9th)** dziewiąty

nitrogen ['naɪtrədʒən] *chem.* azot

no¹ [nəʊ] nie; *Dou you like it?* – *No./No, I don't.* – Czy to ci się podoba? – Nie.

no² [nəʊ] żaden, żadna; *She has no money.* – Ona nie ma (żadnych) pieniędzy. *No parking!* – Nie wolno parkować!

Nobel Prize [nəʊ'bel'praɪz] Nagroda Nobla; **a Nobel Prize winner** – laureat Nagrody Nobla

nobility [nəʊ'bɪlətɪ] ❶ szlachetność; **the nobility of character** – szlachetność charakteru ❷ szlachta, arystokracja

noble ['nəʊbl] szlachetny; **a man of noble birth** – człowiek szlachetnie urodzony; **a noble gesture** – szlachetny gest

nobody ['nəʊbədɪ] nikt; *Nobody met me at the station.* – Nikt nie wyszedł po mnie na stację.

nod[1] [nɒd] **(-dd-)** skinąć/kiwnąć głową; *He nodded when I asked him if he understood.* – Kiwnął głową, kiedy zapytałam go, czy rozumie.

nod[2] [nɒd] skinienie głowy, ukłon; *He gave me a nod when he passed me in the street.* – Skinął mi głową, mijając mnie na ulicy.

noise [nɔɪz] ❶ hałas; *Don't make so much noise!* – Nie rób tyle hałasu! ❷ dźwięk, odgłos, szmer, głos; *I heard a strange noise outside.* – Usłyszałam dziwny odgłos na zewnątrz.

noiseless ['nɔɪzlɪs] bezdźwięczny, bezgłośny, cichy

noisily ['nɔɪzɪlɪ] głośno, hałaśliwie; *He blew his nose noisily.* – Głośno wysiąpał nos.

noisy ['nɔɪzɪ] hałaśliwy, głośny, krzykliwy; **noisy children** – hałaśliwe dzieci; *It's too noisy here to work.* – Tu jest za głośno, żeby pracować.

non-aggression [ˌnɒnə'greʃn] nieagresja; **a non-aggression pact** – pakt o nieagresji

none [nʌn] ❶ żaden, nic; *I wanted some milk but there was none in the house.* – Chciałam trochę mleka, ale nie było nic (żadnego mleka) w domu. ❷ (*dla ilości większej niż dwa*) nikt, żaden; *None of them knew the answer.* – Nikt z nich/Żaden z nich nie znał odpowiedzi.

n

nonsense ['nɒnsəns] nonsens, bzdura; *Don't talk nonsense!* – Nie opowiadaj bzdur! *It's nonsense to suggest that he has lying.* – To bzdura sugerować, że on kłamał.

non-stop [ˌnɒn'stɒp] bez przerwy, bez zatrzymywania się, non-stop; **a non-stop flight to New York** – bezpośredni lot do Nowego Jorku; *He talked non-stop.* – Mówił bez przerwy.

noon [nu:n] południe; **at noon** – w południe

no-one ['nəʊwʌn] nikt; *No-one lives here.* – Nikt tu nie mieszka.

nor [nɔ:] ❶ **neither... nor...** – ani... ani...; *Neither Ann nor Alice can play the piano.* – Ani Anna, ani Alicja nie potrafią grać na pianinie. *She is neither pretty nor intelligent.* – Ona nie jest ani ładna, ani inteligentna. ❷ też nie; *She didn't come and nor did her brother.* – Ona nie przyszła i jej brat też nie.

normal ['nɔ:ml] normalny, zwykły, prawidłowy; *Will you have lunch at the normal time?* – Czy zjesz lunch o zwykłej porze? **the normal temperature of the human body** – prawidłowa temperatura ciała; *The situation is back to normal.* – Sytuacja wróciła do normy.

normally ['nɔ:məlɪ] zazwyczaj, normalnie; *The trains are running normally again.* – Pociągi znowu kursują normalnie. *Normally, I have lunch at home.* – Zazwyczaj jadam obiad w domu.

north[1] [nɔ:θ] północ; *They live in the north of England.* – Mieszkają na północy Anglii. **cold winds from the north** – zimne wiatry z północy

north[2] [nɔ:θ] północny; **the North Pole** – biegun północny; **a north wind** – wiatr północny

northerly ['nɔ:ðəlɪ] północny (*o kierunku*); **northerly wind** – wiatr północny; **in the northerly direction** – w kierunku północnym, na północ

northern ['nɔ:ðn] północny (*leżący na północy*); **northern France** – północna Francja; **the Northern Hemisphere** – półkula północna

nose [nəʊz] ❶ nos; **to blow one's nose** – wytrzeć/wydmuchać nos; **to turn one's nose up** – zadzierać nosa ❷ węch, zmysł węchu; **a dog with a good nose** – pies o dobrym węchu ❸ dziób łodzi, samolotu, statku

nostril ['nɒstrəl] nozdrze

nosy ['nəʊzɪ] **(-ier, -iest)** wścibski

not [nɒt] nie; *Why not?* – Dlaczego nie? *I'm afraid not.* – Obawiam się, że nie. *I'm not tired.* – Nie jestem zmęczona. *He asked us not to be late.* – Prosił nas, żebyśmy się nie spóźnili. **not at all** – (a) wcale nie, zupełnie nie; *Are you tired? – Not at all.* – Czy jesteś zmęczony? – Zupełnie nie. (b) *Thank you so much. – Not at all.* – Bardzo dziękuję. – Proszę.

note[1] [nəʊt] ❶ notka, notatka, adnotacja; **to make a note** – zanotować; *Make a note of his name.* – Zapisz, jak on się nazywa. **a note of thanks** – krótki list z podziękowaniem; **to take a note of sth** – (a) słuchać uważnie czegoś, zapamiętać coś, (b) zanotować coś; **to take notes** – notować/zapisywać; **a footnote** – przypisek ❷ banknot; **a five-pound note** – banknot pięciofuntowy ❸ nuta

note[2] [nəʊt] ❶ **/ note down** – zanotować; *The policeman noted down my name and address.* – Policjant zanotował moje nazwisko i adres. ❷ zauważyć, zwrócić uwagę, zapamiętać; *Note how I do it.* – Zauważ, jak ja to robię. *We noted that she was late again.* – Zwróciliśmy uwagę, że znowu się spóźniła.

notebook ['nəʊtbʊk] notatnik, zeszyt

notepaper ['nəʊt,peɪpə] papier listowy

nothing ['nʌθɪŋ] nic; *There is nothing in the box.* – Nie ma nic w pudełku. **next to nothing** – prawie nic; *Nothing doing.* – Nic z tego. **to say nothing of** – nie mówiąc o, nie wspominając; **to have nothing on** – być bez ubrania/ /nago

notice[1] ['nəʊtɪs] zauważyć, spostrzec; *I noticed that he had gone.* – Zauważyłam, że poszedł.

notice[2] ['nəʊtɪs] ❶ wywieszka, ostrzeżenie, ogłoszenie; *There is a notice saying "No Parking".* – Jest tu tabliczka z napisem „Zakaz parkowania". **to put up a notice about a meeting** – wywiesić ogłoszenie/zawiadomienie o zebraniu ❷ uprzedzenie, zawiadomienie; **at ten minutes' notice** – z uprzedzeniem dziesięciominutowym; **at short notice** – z krótkim uprzedzeniem, w krótkim terminie; **until further notice** – do odwołania ❸ wypowiedzenie (*pracy, umowy itp.*); **to hand in/to give in one's notice** – wymówić pracę; *They gave me three months' notice.* – Dali mi trzymiesięczne wymówienie. ❹ uwaga, spostrzeżenie; **to take notice** – zwrócić uwagę; *Take no notice of him.* – Nie zwracaj na niego uwagi. **to bring sth to sb's notice** – zwrócić komuś uwagę na coś ❺ notatka dziennikarska, recenzja

noticeable ['nəʊtɪsəbl] dostrzegalny, widoczny

notice-board ['nəʊtɪsbɔ:d] tablica ogłoszeń

notify ['nəʊtɪfaɪ] **(-ies, -ied, -ying)** zawiadomić; **to notify the police** – zawiadomić policję

notion ['nəʊʃn] ❶ pojęcie, wyobrażenie; *She has no notion of the difficulty.* – Ona nie ma wyobrażenia o trudności. ❷ zamiar, zamysł

notorious [nəʊ'tɔ:rɪəs] powszechnie znany (*ze złej strony*), notoryczny; **a notorious criminal** – notoryczny przestępca

nought [nɔ:t] zero; **0.6/nought point six** – 0,6; **.07/point nought seven** – 0,07

noun [naʊn] rzeczownik

nourish ['nʌrɪʃ] odżywiać; **a well-nourished child** – dobrze odżywione dziecko

Nov = November

novel ['nɒvl] powieść; **to publish a novel** – opublikować/wydać powieść

novelist ['nɒvəlɪst] powieściopisarz

novelty ['nɒvəltɪ] nowość, innowacja

November [nəʊ'vembə] listopad

now [naʊ] teraz, w tej chwili; **from now on** – od teraz, od tej chwili; **now and then/now and again** – od czasu do czasu

nowadays ['naʊədeɪz] w obecnych czasach, dzisiaj

nowhere ['nəʊweə] nigdzie; *The little boy was nowhere to be found.* – Chłopczyka nigdzie nie można było znaleźć. *He is nowhere about.* – Nie ma go tu nigdzie.

nuclear ['nju:klɪə] nuklearny, jądrowy; **nuclear energy** – energia jądrowa; **nuclear physics** – fizyka jądrowa; **nuclear powered submarine** – łódź podwodna z napędem jądrowym

nucleus ['nju:klɪəs] jądro

nude [nju:d] nagi; **in the nude** – nago; **to go swimming in the nude** – kąpać się/pływać nago

nudge [nʌdʒ] trącić (*łokciem*)

nudism ['nju:dɪzm] nudyzm, naturyzm

nudist ['nju:dɪst] nudysta, naturysta; **nudist camp/colony** – plaża nudystów

nuisance ['nju:sns] kłopot, niedogodność, rzecz dokuczliwa, plaga; *These mosquitoes are a nuisance.* – Te komary są plagą. *It's a nuisance that there is no hot water.* – To niedogodność, że nie ma gorącej wody. *What a nuisance!* – Co za kłopot!/Fatalnie! **to make a nuisance of oneself** – dokuczać/sprawiać sobą kłopot

numb [nʌm] zdrętwiały; *My fingers are numb with cold.* – Palce zdrętwiały mi z zimna.

number[1] ['nʌmbə] ❶ liczba; *2, 18, 31 are numbers.* – 2, 18, 31 są liczbami. **a lucky number** – szczęśliwa liczba ❷ ilość, liczba; **a large number of people** – duża liczba ludzi ❸ numer; *What's your phone number?* – Jaki jest twój numer telefonu? *Room No 101.* – Pokój numer 101. **No = Number; Nos = Numbers;** *We live at Number 15 Green Street.* – Mieszkamy pod numerem 15 na Green Street. **the current number of "Newsweek"** – bieżący numer „Newsweeka"

number[2] ['nʌmbə] ❶ ponumerować; *Number the pages of your exercise book.* – Ponumeruj strony swojego zeszytu. ❷ zaliczyć; *I number him among my friends.* – Zaliczam go do moich przyjaciół. ❸ liczyć; *Our group numbered 25.* – Nasza grupa liczyła 25 osób.

numbered ['nʌmbəd] ❶ ponumerowany; *The seats in a cinema are numbered.* – Miejsca w kinie są ponumerowane. ❷ policzony; *His days are numbered.* – Jego dni są policzone.

number-plate ['nʌmbəpleɪt] tablica rejestracyjna

numeral ['nju:mərəl] cyfra; **an Arabic numeral** – cyfra arabska; **a Roman numeral** – cyfra rzymska

numerous ['nju:mərəs] liczny; *He has numerous friends.* – On ma licznych przyjaciół.

nun [nʌn] zakonnica

nunnery ['nʌnərɪ] (*l.mn.* **nunneries**) klasztor żeński

nurse[1] [nɜ:s] ❶ pielęgniarka ❷ pomoc do małych dzieci (*najczęściej wykwalifikowana*)

nurse[2] [nɜ:s] ❶ pielęgnować ❷ karmić dziecko piersią

nursery ['nɜ:sərɪ] (*l.mn.* **nurseries**) ❶ pokój dziecinny ❷ przedszkole

nursery-school ['nɜ:sərɪsku:l] przedszkole

nursing ['nɜ:sɪŋ] pielęgnacja, pielęgniarstwo; **a nursing home** – mały szpital (*na ogół prywatny*)

nut [nʌt] ❶ orzech; **a peanut** – orzech ziemny; **a hazelnut** – orzech laskowy; **a walnut** – orzech włoski ❷ *techn.* nakrętka

nutrition [nju:'trɪʃn] odżywianie

nutritious [nju:'trɪʃəs] odżywczy, pożywny

nutshell ['nʌtʃəl] łupina orzecha

nylon ['naɪlɒn] nylon

nymph [nɪmf] nimfa

O

O [əʊ] zero (*wymawiane przy odczytywaniu numerów telefonów lub pokoi*); *My phone number is 2031* (**two-O-three-one**). – Mój numer telefonu to 2031.

O / Oh [əʊ] o, och; *O, yes!* – O, tak! *Oh, dear!* – Ojej!

oak[1] [əʊk] dąb

oak[2] [əʊk] dębowy; **an oak table** – dębowy stół

oar [ɔ:] wiosło

oasis [əʊ'eɪsɪs] (*l.mn.* **oases** [əʊ'eɪsi:z]) oaza

oath [əʊθ] (*l.mn.* **oaths** [əʊðz]) przysięga; *He took an oath on the Bible.* – Złożył przysięgę na Biblię. **to testify under oath** – zeznawać pod przysięgą

oatmeal ['əʊtmi:l] płatki owsiane

oats [əʊts] owies

obedience [ə'bi:djəns] posłuszeństwo; **obedience to orders** – posłuszeństwo wobec rozkazów

obedient [ə'bi:djənt] posłuszny; **an obedient child** – posłuszne dziecko; **to be obedient to one's parents** – być posłusznym wobec rodziców

obey [ə'beɪ] słuchać się, być posłusznym; *A dog should obey its master.* – Pies powinien słuchać swojego pana.

obituary [ə'bɪtʃjʊərɪ] (*l.mn.* **obituaries**) nekrolog

object[1] ['ɒbdʒɪkt] ❶ przedmiot, obiekt; **an unidentified flying object** – niezidentyfikowany obiekt latający; **an object of interest** – obiekt zainteresowania ❷ cel; *What was the object of his visit?* – Jaki był cel jego wizyty? ❸ *gram.* dopełnienie; *He wrote a letter. "A letter" is the object.* – On napisał list. „List" jest dopełnieniem.

object[2] [əb'dʒekt] mieć coś przeciwko, oponować, protestować; *He objected to my smoking in the room.* – On zaoponował przeciwko mojemu paleniu w pokoju.

objection [əb'dʒekʃn] zarzut, sprzeciw; *Have you any objection to getting up early?* – Czy masz coś przeciw wstawaniu wcześnie? *Do you have any objections?* – Czy macie jakieś zarzuty? **to raise an objection** – wysunąć sprzeciw

objective[1] [əb'dʒektɪv] obiektywny; **an objective view of the situation** – obiektywny pogląd na sytuację

objective[2] [əb'dʒektɪv] cel; *The objective of the research was...* – Celem badań naukowych było...

obligation [,ɒblɪ'geɪʃn] zobowiązanie, obowiązek; *We have an obligation to help.* – Mamy obowiązek pomóc. **to be under an obligation** – być zobowiązanym

obligatory [ə'blɪgətərɪ] obowiązkowy; *Attendance at the meeting is obligatory.* – Obecność na zebraniu jest obowiązkowa.

oblige [ə'blaɪdʒ] zobowiązać, zmuszać; **to be obliged to** – musieć, być zobowiązanym; *I was obliged to pay my debts.* – Byłam zobowiązana/Musiałam zapłacić swoje długi. *I'm obliged to you.* – Jestem panu zobowiązany.

oblong[1] ['ɒblɒŋ] prostokąt

oblong[2] ['ɒblɒŋ] prostokątny

obscure [əb'skjʊə] ❶ ciemny, mroczny ❷ niejasny, niezrozumiały, niewidoczny; *His motive was obscure.* – Jego motyw był niejasny.

observant [əb'zɜ:vnt] spostrzegawczy

observation [ˌɒbzəˈveɪʃn] obserwacja; **to be under observation** – być pod obserwacją; **to keep sb/sth under observation** – obserwować kogoś/coś

observe [əbˈzɜ:v] ❶ obserwować; **to observe the behaviour of animals** – obserwować zachowanie zwierząt ❷ skomentować, zauważyć, zrobić spostrzeżenie; *"It looks like rain", he observed.* – „Zanosi się na deszcz" – zauważył. ❸ przestrzegać, zachowywać; **to observe the speed limit** – przestrzegać ograniczenia szybkości; **to observe Christmas** – obchodzić święta Bożego Narodzenia

obsessed [əbˈsest] opętany; *He seems obsessed with the idea.* – On wydaje się opętany tą myślą./Ta myśl nie daje mu spokoju.

obsession [əbˈseʃn] obsesja

obsolete [ˈɒbsəli:t] przestarzały

obstacle [ˈɒbstəkl] przeszkoda; **to take an obstacle** – pokonać przeszkodę; **an obstacle to progress** – przeszkoda stojąca na drodze postępu

obstetrics [ɒbˈstetrɪks] położnictwo

obstinate [ˈɒbstənət] uparty

obstruct [əbˈstrʌkt] zawadzać, przeszkadzać, utrudniać, blokować; *Trees obstructed the view.* – Drzewa zasłaniały widok. *A broken car obstructed the traffic.* – Zepsuty samochód zablokował ruch uliczny. **to obstruct the police in the course of their duties** – utrudniać policji wykonywanie jej obowiązków

obstruction [əbˈstrʌkʃn] ❶ utrudnienie ❷ zator

obtain [əbˈteɪn] uzyskać, otrzymać, dostać; *Where can I obtain the tickets?* – Gdzie mogę dostać bilety?

obvious [ˈɒbvɪəs] widoczny, oczywisty, wyraźny; **an obvious error** – oczywista pomyłka; *Her disappointment was obvious to everyone.* – Jej rozczarowanie było widoczne dla każdego.

obviously [ˈɒbvɪəslɪ] w sposób widoczny/oczywisty; *He was obviously drunk.* – On był wyraźnie pijany.

occasion [əˈkeɪʒn] ❶ okazja, sposobność; *There was no occasion for me to tell her.* – Nie miałam sposobności jej powiedzieć. **on this occasion** – tym razem ❷ wydarzenie; *Their wedding was a joyful occasion.* – Ich ślub był radosnym wydarzeniem. ❸ powód; *There is no occasion for alarm.* – Nie ma powodu do paniki.

occasional [əˈkeɪʒənl] ❶ zdarzający się od czasu do czasu; **an occasional visit** – przypadkowa/zdarzająca się od czasu do czasu wizyta; **occasional showers** – przelotne deszcze ❷ z okazji, okazjonalny

occasionally [əˈkeɪʒənəlɪ] od czasu do czasu, czasami; *I occasionally visit her.* – Czasami ją odwiedzam.

Occident (the) [ˈɒksɪdənt] Zachód (*Europa i Ameryka; kulturowy aspekt w odróżnieniu od Wschodu – Orient*)

occupation [ˌɒkjʊˈpeɪʃn] ❶ zajęcie, zawód; *What's your occupation?* – Jaki jest pana zawód? ❷ zajęcie, spędzanie czasu; *My favourite occupation is gardening.* – Moim ulubionym zajęciem jest praca w ogrodzie. ❸ okupacja; **under occupation** – pod okupacją

occupational hazard [ˌɒkju:ˈpeɪʃənl ˈhæzəd] ryzyko zawodowe

occupy [ˈɒkjʊpaɪ] **(-ies, -ied, -ying)** ❶ zajmować; *Is this seat occupied?* – Czy to miejsce jest zajęte? *They occupy two rooms in our house.* – Zajmują dwa pokoje w naszym domu. *She occupies an important position in our firm.* – Ona zajmuje ważne stanowisko w naszej firmie. *This work will occupy him for at least on hour.* – Ta praca zajmie mu co najmniej godzinę. *He is occupied with playing chess.* – Jest zajęty grą w szachy. ❷ okupować, zajmować; *The army occupied the enemy's capital.* – Wojsko okupowało stolicę wroga.

occur [əˈkɜ:] **(-rr-)** ❶ występować; *Poverty occurs in every country.* – Bieda występuje w każdym kraju.

Iron occurs in nature in the form of iron ore. – Żelazo występuje w przyrodzie w postaci rudy żelaza. ❷ zdarzyć się, nastąpić; *When did the accident occur?* – Kiedy zdarzył się ten wypadek? ❸ przyjść do głowy; *An idea occurred to her.* – Pewna myśl przyszła jej do głowy. *It occurred to me that she wasn't telling the truth.* – Zdałam sobie sprawę, że ona nie mówi prawdy.

occurrence [ə'kʌrəns] ❶ występowanie; *Robberies are of frequent occurrence here.* – Rozboje zdarzają się tu często. ❷ wydarzenie, zjawisko; **an unusual occurrence** – niezwykłe wydarzenie

ocean ['əʊʃn] ocean

o'clock [ə'klɒk] godzina (*na zegarze*); *It's six o'clock.* – Jest godzina szósta.

Oct = October

October [ɒk'təʊbə] październik

octopus ['ɒktəpəs] ośmiornica

oculist ['ɒkjʊlɪst] okulista

odd [ɒd] ❶ nieparzysty; *Three is an odd number.* – Trzy jest liczbą nieparzystą. ❷ nie do pary; **an odd glove** – pojedyncza rękawiczka; **an odd man out** – niepasujący, nieprzystosowany ❸ niezwykły, dziwny; *It's odd.* – To dziwne. *She is an odd person.* – Ona jest dziwną osobą.

odd jobs [ˌɒd 'dʒɒbz] różne (przypadkowe) prace przy domu

odds [ɒdz] ❶ szanse, prawdopodobieństwo; *The odds are in our favour.* – Szanse przemawiają na naszą korzyść./Mamy duże szanse. *What are the odds that he will win?* – Jakie są szanse, że on wygra? *The odds are ten to one.* – Szanse są dziesięć do jednego. ❷ niezgodność, sprzeczność, niezgoda; **to be at odds with sth** – być w sprzeczności z czymś ❸ przewaga, nierówność; **to fight against odds** – prowadzić nierówną walkę

odds and ends [ˌɒdzən'endz] to i owo, drobiazgi; *She packed some odds and ends.* – Zapakowała jakieś drobiazgi.

ode [əʊd] oda

odious ['əʊdjəs] wstrętny, ohydny, odpychający

odour ['əʊdə] zapach, woń

odourless ['əʊdəlɪs] bezzapachowy, bezwonny

of [ɒv/əv/v/f] wyraz oddzielnie nieprzetłumaczalny tworzący formę dopełniacza; **the leg of the table** – noga stołu; **the President of the USA** – prezydent USA; **a cup of tea** – filiżanka herbaty; **a piece of wood** – kawałek drewna; **history of art** – historia sztuki; **a friend of mine** – jeden z moich przyjaciół; **a boy of ten** – chłopiec dziesięcioletni; **the works of Shakespeare** – dzieła Szekspira; **fear of the dark** – lęk przed ciemnością; **it's nice of you** – to miłe z twojej strony

of course [əv'kɔ:s] oczywiście

off [ɒf] ❶ nie tu, w oddaleniu; *It's not far off.* – To niedaleko (stąd). *We live off the main street.* – Mieszkamy z dala od głównej ulicy. **an island off the coast of Spain** – wyspa u wybrzeży Hiszpanii; *We are going off the subject.* – Odchodzimy/Odbiegamy od tematu. *I must be off.* – Muszę już iść. ❷ wskazuje, że czegoś nie ma; *The door handle is off.* – Odpadła klamka od drzwi. *There is a button off my coat.* – Oderwał mi się guzik od płaszcza. *Take off your shoes.* – Zdejmij buty. **off season** – poza sezonem ❸ wskazuje, że coś jest wyłączone; *Turn the gas off.* – Wyłącz/Zakręć gaz. ❹ wskazuje, że coś jest odwołane/nieaktualne; *Their wedding is off.* – Ich ślub jest odwołany. ❺ nie w pracy; *I'm taking a day off.* – Biorę wolny dzień. *The secretary is off today.* – Dzisiaj nie ma sekretarki.

off and on [ˌɒfən 'ɒn] z przerwami; *It rained off and on all day.* – Padało z przerwami przez cały dzień.

offence [ə'fens] ❶ wykroczenie, przestępstwo, przewinienie; **an offence against the law** – wykroczenie przeciw prawu; **to commit a serious offence** – popełnić poważne przestępstwo ❷ obraza, uraza; **to take offence** – obrazić się; *He is quick to take offence.* – On się łatwo obraża. *No offence (was) meant.* – Nie chciałem nikogo obrazić. ❸ ofensywa, agresja

offend [ə'fend] obrazić; *I offended him when I said he was a liar.* – Obraziłam go, kiedy powiedziałam, że jest kłamcą. *He was offended by my remark.* – Był urażony moją uwagą.

offender [ə'fendə] przestępca

offer[1] ['ɒfə] zaproponować, zaoferować; *I offer you £50 for your radio.* – Proponuję 50 funtów za twoje radio. *I offered him a cup of tea.* – Zaproponowałam mu filiżankę herbaty. *He's been offered a job in Italy.* – Zaproponowano mu pracę we Włoszech. *They offered to help me.* – Zaproponowali, że mi pomogą.

offer[2] ['ɒfə] ❶ propozycja; **an offer of help** – propozycja pomocy ❷ oferta; *He made an offer of £500 for my old car.* – Zaproponował 500 funtów za mój stary samochód.

office ['ɒfɪs] ❶ biuro; *She works in an office.* – Ona pracuje w biurze. **an office block** – biurowiec; **post-office** – poczta; **the lost property office** – biuro rzeczy znalezionych ❷ urząd, ministerstwo; **the Foreign Office** – Ministerstwo Spraw Zagranicznych ❸ pozycja, stanowisko, funkcja; **to hold office** – zajmować stanowisko; **to resign from (an) office** – zrezygnować z funkcji

officer ['ɒfɪsə] ❶ oficer; **a commissioned/a non-commissioned officer** – oficer/podoficer ❷ przedstawiciel władzy, urzędnik państwowy; **a customs officer** – celnik ❸ policjant; **a police officer** – policjant

official[1] [ə'fɪʃl] wyższy urzędnik państwowy, funkcjonariusz; **a government official** – funkcjonariusz rządowy, osoba sprawująca jakąś funkcję w rządzie; *A railway official told us the train would be late.* – Kierownik ruchu powiedział nam, że pociąg się spóźni.

official[2] [ə'fɪʃl] oficjalny; **an official report** – oficjalny raport

off-licence ['ɒf,laɪsns] sklep sprzedający alkohol na wynos

offspring ['ɒfsprɪŋ] potomek, latorośl

often ['ɒfn] często; *How often?* – Jak często? *He often comes to visit us.* – On często nas odwiedza.

oh [əʊ] o, och!

oil[1] [ɔɪl] ❶ olej; **cooking oil** – olej jadalny; **olive oil** – oliwa z oliwek; **sunflower oil** – olej słonecznikowy ❷ ropa naftowa; **crude oil** – ropa naftowa; **refined oil** – ropa naftowa rafinowana; **to strike oil** – natrafić na ropę naftową

oil[2] [ɔɪl] naoliwić

oil-field ['ɔɪlfi:ld] pole naftowe

oil-painting [,ɔɪl'peɪntɪŋ] obraz olejny

oil-rig ['ɔɪlrɪg] wieża wiertnicza

oils [ɔɪlz] farby/płótna olejne

oil-tanker ['ɔɪltæŋkə] tankowiec

oil-well ['ɔɪlwel] studnia wiertnicza

oily ['ɔɪlɪ] **(-ier, -iest)** ❶ oleisty; **oily liquid** – oleista ciecz ❷ tłusty, natłuszczony; **oily fingers** – zatłuszczone palce

ointment ['ɔɪntmənt] maść

O.K. / okay [,əʊ'keɪ] w porządku, dobrze; *Everything is O.K.* – Wszystko jest w porządku. *Are you O.K.?* – Czy dobrze się czujesz? *Is it O.K. to bring my dog with me?* – Czy będzie w porządku, jeżeli przyprowadzę ze sobą psa?/Czy mogę przyprowadzić psa?

old [əʊld] **(older, oldest; elder, eldest)** ❶ stary; **an old man** – stary człowiek; **old times** – dawne czasy; **an old friend** – stary przyjaciel/znajomy ❷ przy podawaniu wieku; *How old are you?* – Ile masz lat? *She is twelve years old.* – Ona ma dwanaście lat.

old-age [,əʊld'eɪdʒ] wiek starczy

old-age pension [,əʊldeɪdʒ 'penʃn] renta starcza

old-age pensioner [,əʊldeɪdʒ 'penʃənə] rencista, emeryt

O

old-fashioned [ˌəʊld'fæʃnd] staromodny, staroświecki; *She always wears old-fashioned clothes.* – Ona zawsze nosi niemodne ubrania.

old maid [ˌəʊld'meɪd] stara panna

old master [ˌəʊld'mɑːstə] obraz któregoś z wielkich malarzy do XVIII w.; *They have a wonderful collection of old masters.* – Oni mają wspaniałą kolekcję starych mistrzów.

olive ['ɒlɪv] oliwka; **olive oil** – oliwa z oliwek

olympic [əʊ'lɪmpɪk] olimpijski; **an olympic gold medal** – złoty medal olimpijski

Olympic Games [əʊˌlɪmpɪk'geɪmz] **/ the Olimpics** [əʊ'lɪmpɪks] olimpiada; **to hold the Olympics** – organizować olimpiadę

omelette ['ɒmlɪt] omlet

omit [ə'mɪt] **(-tt-)** pominąć, opuścić; *The last sentence should be omitted.* – Ostatnie zdanie powinno być opuszczone. *He omitted to say why he was late.* – Nie powiedział, dlaczego się spóźnił.

on [ɒn/ən] ❶ na; **on the table** – na stole; **on a wall** – na ścianie; **on holiday** – na urlopie; **on the coast** – na wybrzeżu/na brzegu; **a story based on fact** – scenariusz oparty na faktach; **to put a coat on** – włożyć płaszcz (*na siebie*) ❷ w; **on Monday** – w poniedziałek; **on a train** – w pociągu ❸ na (temat), o; **on the subject** – na temat; **a book on Shakespeare** – książka o Szekspirze ❹ wskazuje, że coś jest włączone; **to switch the light on** – włączyć światło ❺ przez; **to speak on the phone** – rozmawiać przez telefon; **a broadcast on the radio** – program radiowy (*nadawany przez radio*); *It was on TV.* – To było w telewizji. ❻ dalej; **to drive on** – jechać dalej; **from now on** – od teraz, na przyszłość; **an so on** – i tak dalej

once [wʌns] ❶ raz; *I saw her only once.* – Widziałam ją tylko raz. **once again** – znowu; **once more** – jeszcze raz; **once or twice** – raz lub dwa; **at once** – od razu, natychmiast; **once and for all** – raz na zawsze; **once in a while** – od czasu do czasu, z rzadka ❷ kiedyś; *He once lived in America.* – On kiedyś mieszkał w Ameryce. **once upon a time** – kiedyś, dawno temu ❸ kiedy już, jak już; *Once you understand the instruction you will have no difficulty in operating this machine.* – Jak tylko zrozumiesz instrukcję, nie będziesz miał trudności w obsługiwaniu tej maszyny.

one [wʌn] ❶ jeden; *I have only one apple.* – Mam tylko jedno jabłko. *I'll have one of these lemons.* – Wezmę jedną z tych cytryn. **at one o'clock** – o pierwszej godzinie; **one by one** – jeden po drugim, kolejno; **one and the other** – jeden i drugi; *One is big and the other is small.* – Jeden jest duży, a drugi mały. **one of these days** – któregoś dnia (*w najbliższej przyszłości*); **one day** – pewnego dnia ❷ *gram.* wyraz występujący jako podmiot w zdaniach bezosobowych; *One cannot always be right.* – Nie można zawsze mieć racji. ❸ wyraz zastępujący rzeczownik; *I don't like this picture, I like that one.* – Nie podoba mi się ten obraz, podoba mi się tamten. *Don't take the new newspapers, take the old ones.* – Nie bierz nowych gazet, weź stare.

oneself [wʌn'self] ❶ (człowiek) sam; *One can easily do it oneself.* – Można to łatwo zrobić samemu. ❷ (człowiek) siebie, sobie, sobą; *One can see oneself in the mirror.* – Można się obejrzeć w lustrze.

◆ **(all) by oneself** – (a) (człowiek) sam, samotnie; *One doesn't always like to be by oneself.* – Nie zawsze przyjemnie być samemu. (b) (człowiek) sam, bez pomocy; *It's impossible to do it by oneself.* – Nie sposób zrobić tego samemu.

one-way [ˌwʌn'weɪ] ❶ jednokierunkowy; **a one-way street** – ulica jednokierunkowa ❷ w jedną stronę; **a one-way ticket** – bilet w jedną stronę

onion ['ʌnɪən] cebula

only¹ ['əʊnlɪ] tylko, zaledwie; *Only 5 students were present.* – Było obecnych tylko 5 studentów. *It's only me.* – To tylko ja. *I only saw her, I didn't speak to her.* – Tylko ją widziałem, nie rozmawiałem z nią.

only² ['əʊnlɪ] jedyny; *It's the only way to do it.* – To jedyny sposób, w jaki można to zrobić. **an only child** – jedyne dziecko, jedynak; *We were the only people present.* – Byliśmy jedynymi obecnymi.

onto ['ɒntʊ/'ɒntə] do, w; **to get onto a train** – wsiąść do pociągu

onward ['ɒnwəd] / **onwards** ['ɒnwədz] ❶ naprzód, do przodu; **to move onwards** – posuwać się naprzód ❷ dalej, powyżej; *I shall be at home from 8 o'clock onwards.* – Będę w domu od ósmej.

opal ['əʊpl] opal

opaque [əʊ'peɪk] nieprzezroczysty, nieprzejrzysty

open¹ ['əʊpn] otwarty; *The window is open.* – Okno jest otwarte. *Are the shops open?* – Czy sklepy są otwarte? **an open book** – otwarta książka; **the open sea** – otwarte morze; *The competition is open to everyone.* – Konkurs jest otwarty dla każdego./Każdy może brać udział w konkursie. **to leave a matter open** – pozostawić kwestię otwartą; **in the open air** – na świeżym powietrzu, na dworze

open² ['əʊpn] otworzyć; **to open the door** – otworzyć drzwi; **to open a book** – otworzyć książkę; **to open an account** – otworzyć rachunek; **to open a meeting** – otworzyć zebranie

open³ ['əʊpn]:
in the open – na świeżym powietrzu, na dworze

O

open-air [ˌəʊpn'eə] na świeżym powietrzu, pod gołym niebem; **an open-air concert** – koncert pod gołym niebem

opener ['əʊpnə] otwieracz; **a tin opener** – otwieracz do puszek

opening¹ ['əʊpnɪŋ] ❶ początek, rozpoczęcie; *We were too late to see the opening of the game.* – Przybyliśmy za późno i nie widzieliśmy rozpoczęcia meczu. ❷ otwarcie; **an opening in chess** – otwarcie w szachach ❸ wyjście, otwór, wylot; *The dog got out through an opening in the fence.* – Pies wydostał się przez otwór w płocie.

opening² ['əʊpnɪŋ] ❶ wstępny, początkowy; **her opening remarks** – jej uwagi wstępne ❷ dotyczący otwarcia; **the opening time for pubs** – godzina otwarcia pubów

openly ['əʊpnlɪ] otwarcie, szczerze; **to speak openly** – mówić otwarcie

opera ['ɒprə] opera

opera house ['ɒprəhaʊs] gmach opery

operate ['ɒpəreɪt] ❶ działać, funkcjonować; *How does this machine operate?* – Jak działa ta maszyna? ❷ obsługiwać, posługiwać się; **to operate a machine** – obsługiwać maszynę ❸ operować; *The doctor decided to operate on her leg at once.* – Lekarz zdecydował się od razu operować jej nogę. *She was operated on for appendicitis.* – Ona była operowana na wyrostek.

operatic [ˌɒpə'rætɪk] operowy; **operatic music** – muzyka operowa

operating theatre ['ɒpəreɪtɪŋθɪətə] sala operacyjna

operation [ˌɒpə'reɪʃn] ❶ operacja (*chirurgiczna*); **to perform an operation** – przeprowadzić operację; **to undergo an operation** – przejść operację//poddać się operacji; **an operation for appendicitis** – operacja wyrostka robaczkowego; **a heart transplant operation** – operacja przeszczepu serca ❷ działanie, funkcjonowanie; **banking operations** – operacje bankowe; *The new rule will come into operation.* – Nowy przepis wchodzi w życie. **to put a law into operation** – wprowadzić ustawę w życie

operator ['ɒpəreɪtə] osoba obsługująca; **a telephone operator** – telefonistka;

a computer operator – osoba obsługująca komputer

operetta [ˌɒpəˈretə] operetka

opinion [əˈpɪnjən] opinia, zdanie, sąd; *What's your opinion of the new President?* – Jakie jest twoje zdanie na temat nowego prezydenta? *In my opinion...* – Moim zdaniem... *I am of the opinion that...* – Jestem zdania, że... *That's a matter of opinion.* – To sprawa poglądu.

opponent [əˈpəʊnənt] przeciwnik, oponent

opportunism [ˌɒpəˈtju:nɪzm] oportunizm

opportunity [ˌɒpəˈtju:nətɪ] (*l.mn.* **opportunities**) sposobność, okazja; *I had no opportunity to read a newspaper this morning.* – Nie miałam okazji przeczytać dziś rano gazety. **to find an opportunity** – znaleźć sposobność; **to take the opportunity to do sth** – skorzystać z okazji, żeby coś zrobić

oppose [əˈpəʊz] przeciwstawić się, oponować, stawić opór; *I didn't oppose his plans.* – Nie przeciwstawiałem się jego planom. **to be opposed to sth** – sprzeciwiać się czemuś, być przeciwnym czemuś

opposite[1] [ˈɒpəzɪt] naprzeciwko; *They live in the house opposite.* – Mieszkają w domu naprzeciwko.

opposite[2] [ˈɒpəzɪt] przeciwny; **on the opposite side of the street** – po przeciwległej stronie ulicy; **in the opposite direction** – w przeciwną stronę; **the opposite sex** – płeć przeciwna

opposite[3] [ˈɒpəzɪt] przeciwieństwo; *"Possible" is the opposite of "impossible".* – „Możliwe" jest przeciwieństwem „niemożliwego". *Quite the opposite.* – Wręcz przeciwnie.

opposition [ˌɒpəˈzɪʃn] sprzeciw, opozycja; *There was a strong opposition to the new taxes.* – Nowe podatki wywołały duży sprzeciw. **the leader of the Opposition** – lider opozycji; *Our proposal met with strong opposition.* – Nasza propozycja spotkała się z silnym sprzeciwem.

optical [ˈɒptɪkl] optyczny; **an optical illusion** – złudzenie optyczne; *A microscope is an optical instrument.* – Mikroskop jest przyrządem optycznym.

optician [ɒpˈtɪʃn] optyk

optics [ˈɒptɪks] optyka

optimal [ˈɒptɪml] optymalny

optimism [ˈɒptɪmɪzm] optymizm

optimist [ˈɒptɪmɪst] optymista

optimistic [ˌɒptɪˈmɪstɪk] optymistyczny; *I'm optimistic about our chances.* – Jestem optymistą, jeżeli chodzi o nasze szanse.

optimum[1] [ˈɒptɪməm] optymalny; **an optimum temperature** – optymalna temperatura

optimum[2] [ˈɒptɪməm] optimum

option [ˈɒpʃn] możliwość wyboru, opcja, alternatywa; *I haven't much option in the matter.* – Nie mam dużych możliwości wyboru w tej sprawie. *French and Italian are the options if you want to learn a foreign language.* – Jeżeli chcesz uczyć się języka obcego, możesz wybrać francuski lub włoski.

optional [ˈɒpʃənl] do wyboru, fakultatywny, nie obowiązujący; *Russian is an optional subject.* – Rosyjski jest przedmiotem fakultatywnym.

or [ɔ:] ❶ lub, albo; *To be or not to be.* – Być albo nie być. *You can have tea or coffee for breakfast.* – Na śniadanie możesz dostać herbatę lub kawę. **either... or...** – albo..., albo... ❷ czy; *Is she a teacher or a student?* – Czy ona jest nauczycielką, czy studentką? **sooner or later** – prędzej czy później ❸ w przeciwnym razie, albo; *You must hurry or you'll miss the train.* – Musisz się pospieszyć, w przeciwnym razie spóźnisz się na pociąg. **or else** – bo w przeciwnym razie (*zwrot używany też jako groźba*); *You must hurry or else you'll miss the train.* – Musisz się pospieszyć, bo spóźnisz się na pociąg.

oral [ˈɔ:rəl] ustny; **an oral examination** – egzamin ustny; **oral hygiene** – higiena jamy ustnej

orange ['ɒrɪndʒ] ❶ pomarańcza; **an orange segment** – cząstka pomarańczy ❷ kolor pomarańczowy

orbit[1] ['ɔ:bɪt] poruszać się po orbicie; *The satellite is orbiting the Earth.* – Satelita krąży wokół Ziemi.

orbit[2] ['ɔ:bɪt] orbita; *Another satellite has been put in orbit round the earth.* – Na orbitę ziemską został wprowadzony następny satelita.

orchard ['ɔ:tʃəd] sad; **a cherry orchard** – wiśniowy sad

orchestra ['ɔ:kɪstrə] orkiestra; **to conduct/to direct an orchestra** – dyrygować orkiestrą; **a chamber orchestra** – orkiestra kameralna; **a philharmonic/a symphony orchestra** – orkiestra filharmonii/symfoniczna

orchestral [ɔ:'kestrəl] orkiestralny; **an orchestral concert** – koncert na orkiestrę

ordeal [ɔ:'di:l] ciężka próba, doświadczenie; **to undergo an ordeal** – przejść ciężką próbę

order[1] ['ɔ:də] ❶ porządek; **to put names in alphabetical order** – ułożyć nazwiska w porządku alfabetycznym; *There is always order in her kitchen.* – W jej kuchni zawsze jest porządek. *The police must keep order.* – Policja musi utrzymywać porządek. *Is your passport in order?* – Czy pana paszport jest w porządku? *The machine is in working order.* – Maszyna funkcjonuje normalnie. **to be out of order** – nie działać, być zepsutym; *Our phone is again out of order.* – Nasz telefon jest znowu zepsuty. **a social order** – ład społeczny ❷ rozkaz; **to give orders** – wydawać rozkazy; **to carry out orders** – wykonywać rozkazy; **to obey orders** – słuchać rozkazów, wykonywać rozkazy ❸ zamówienie; *Has the waiter taken your order?* – Czy kelner przyjął pańskie zamówienie? *He placed an order for groceries.* – Złożył zamówienie na produkty spożywcze. ❹ order, odznaczenie; **Order of the British Empire** – Order Imperium Brytyjskiego ❺ **in order to/in order that** – żeby, aby; *He went to Italy in order to learn Italian.* – Pojechał do Włoch, żeby uczyć się włoskiego. *The teacher spoke slowly in order that the students could write down everything he said.* – Nauczyciel mówił powoli, żeby uczniowie mogli wszystko zapisać.

order[2] ['ɔ:də] ❶ polecić, kazać, rozkazać; *The doctor ordered her to stay in bed.* – Doktor polecił jej zostać w łóżku. **to order sb about** – rządzić kimś wydając polecenia; *He always tries to order me about.* – On zawsze próbuje mną rządzić. ❷ zamówić; *We've ordered coffee and cakes.* – Zamówiliśmy kawę i ciastka. ❸ organizować, uporządkować, usystematyzować; **a well-ordered life** – uporządkowane//systematyczne życie

ordinary ['ɔ:dnrɪ] zwykły, przeciętny, codzienny; *She was wearing ordinary clothes at the party.* – Na przyjęciu miała na sobie codzienne ubranie. **out of the ordinary** – niezwykły; *Did you notice anything out of the ordinary?* – Czy zauważyłeś coś niezwykłego//dziwnego?

ore [ɔ:] ruda; **iron ore** – ruda żelaza

organ ['ɔ:gən] ❶ *muz.* organy; **to play the organ** – grać na organach ❷ organ; **the organs of speech** – organy mowy; *In Britain Parliament is the chief government organ.* – W Wielkiej Brytanii parlament jest głównym organem władzy.

organic [ɔ:'gænɪk] organiczny; **organic chemistry** – chemia organiczna

organic food [ɔ:'gænɪk ˌfu:d] żywność produkowana bez nawozów sztucznych

organism ['ɔ:gənɪzm] organizm

organization [ˌɔ:gənaɪ'zeɪʃn] organizacja, organizowanie; *They are busy with the organization of a new school.* – Oni są zajęci organizowaniem nowej szkoły. **United Nations Organization** – Organizacja Narodów Zjednoczonych; **to establish/to form an organization** – założyć organizację

organize ['ɔ:gənaɪz] organizować; **to organize trade unions** – organizować związki zawodowe; **to organize one's work** – organizować swoją pracę

Orient (the) ['ɔ:rɪənt] Wschód (*znaczenie kulturowe*); **in the Orient** – na Wschodzie

oriental [ˌɔ:rɪ'entl] orientalny, wschodni; **oriental civilization** – cywilizacja wschodnia; **oriental art** – sztuka Wschodu

origin ['ɒrɪdʒɪn] pochodzenie; **the origin of Man** – pochodzenie człowieka; **a word of Latin origin** – wyraz pochodzenia łacińskiego; *The fire was of undetermined origin.* – Pożar powstał z nie ustalonej przyczyny.

original[1] [ə'rɪdʒənl] ❶ oryginalny, autentyczny; *These are original paintings.* – To są autentyczne obrazy/oryginały. ❷ oryginalny, niezwykły; *He is an original thinker.* – On myśli w sposób oryginalny. ❸ pierwotny, początkowy; *Who were the original inhabitants of North America?* – Kim byli pierwotni mieszkańcy Ameryki Północnej?

original[2] [ə'rɪdʒənl] oryginał; *It's only a copy, the original is in the National Museum.* – To tylko kopia, oryginał jest w Muzeum Narodowym. **to read Conrad in the original** – czytać Conrada w oryginale

originally [ə'rɪdʒənəlɪ] pierwotnie; *This hotel was originally a manor house.* – Ten hotel był pierwotnie dworem.

ornament ['ɔ:nəmənt] ozdoba, ornament

ornamental [ˌɔ:nə'mentl] ozdobny

ornithologist [ˌɔ:nɪ'θɒlədʒɪst] ornitolog

ornithology [ˌɔ:nɪ'θɒlədʒɪ] ornitologia

orphan ['ɔ:fn] sierota

orphanage ['ɔ:fənɪdʒ] sierociniec

orthography [ɔ:'θɒgrəfɪ] ortografia

orthopaedic [ˌɔ:θəʊ'pi:dɪk] ortopedyczny; **orthopaedic surgery** – chirurgiczny zabieg ortopedyczny

ostrich ['ɒstrɪtʃ] *zool.* struś; **ostrich feathers** – strusie pióra

other ['ʌðə] ❶ inny; *Some other facts are necessary.* – Konieczne są jakieś inne/dodatkowe fakty. *Learn from other people's mistakes.* – Ucz się na błędach innych ludzi. **in other words** – innymi słowy; **some other time** – innym razem; **the other/the others** – pozostali, pozostałe; *Where are the others?* – Gdzie są pozostali? *Take all the other books.* – Weź wszystkie pozostałe książki. ❷ drugi; **on the other side of the street** – po drugiej stronie ulicy; **one... and the other** – jeden... i drugi; **on the other hand** – z drugiej strony; **the other day** – parę dni temu; **to tell one from the other** – odróżnić jedno od drugiego; **one after the other** – jeden po drugim; **every other day** – co drugi dzień; **each other** – jeden drugiego

otherwise ['ʌðəwaɪz] ❶ w przeciwnym wypadku; *Look where you are going, otherwise you'll fall.* – Patrz, gdzie idziesz, w przeciwnym razie upadniesz. ❷ inaczej; *His father wanted him to become a lawyer, but he decided otherwise.* – Jego ojciec chciał, żeby został prawnikiem, ale on zdecydował inaczej. ❸ oprócz tego, pod każdym innym względem, skądinąd; *The flat is far from the city centre, otherwise it's perfect.* – Mieszkanie położone jest daleko od centrum, pod każdym innym względem jest doskonałe.

ought [ɔ:t] czasownik specjalny wyrażający: ❶ powinność; *She ought to work harder.* – Ona powinna więcej pracować. *He ought to have apologized.* – On powinien był się usprawiedliwić/przeprosić. ❷ prawdopodobieństwo; *He ought to pass the exam.* – On powinien zdać/Myślę, że on zda ten egzamin.

ounce [aʊns] (*l.mn.* **ounces** ['aʊnsɪz]) uncja (*miara wagi = 28,35 g*); **1 oz (one ounce)** – 1 uncja; **2 oz (two ounces)** – 2 uncje

our ['aʊə] nasz; *It's our dog.* – To nasz pies.

ours ['aʊəz] nasz, nasza rzecz; *It's your problem, not ours.* – To jest wasz problem, nie nasz.

ourselves [ˌaʊə'selvz] ❶ (my) sami; *We've painted the house ourselves.* – Sami pomalowaliśmy dom. ❷ (my) siebie, sobie, sobą; *We can look after ourselves.* – Potrafimy uważać na siebie/dbać o siebie. *We helped ourselves to the sandwiches.* – Poczęstowaliśmy się kanapkami.

◆ **(all) by ourselves** – (a) (my) sami, samotnie; *We live in this big house by ourselves.* – Mieszkamy w tym dużym domu sami. (b) (my) sami, bez pomocy; *We can't do it by ourselves.* – Nie możemy tego zrobić sami.

out [aʊt] ❶ na zewnątrz, poza; *Lock the door if you go out.* – Zamknij drzwi, jeżeli wychodzisz. *Put the cat out.* – Wypuść kota. *He's out, he'll be back soon.* – Nie ma go, wkrótce wróci. *They live out in the country.* – Mieszkają na wsi/poza miastem. **out at sea** – na pełnym morzu; **out of doors** – na zewnątrz, na dworze ❷ sugeruje wyłączenie (zgaszenie); **to turn out the light** – zgasić światło; **to put out a cigarette** – zgasić papierosa ❸ sugeruje kompletność (skończenie); *I'm tired out.* – Jestem bardzo zmęczona/ /wykończona. **to work out a problem** – do końca rozpracować problem; *Sugar is running out.* – Cukier się kończy. ❹ sugeruje nieaktualność (niemożliwość); *Long skirts are out.* – Długie spódnice są niemodne. *Your suggestion is out.* – Twoja propozycja jest nie do przyjęcia. ❺ **out of** – (a) poza; **to be out of breath** – nie móc złapać oddechu; *The situation is out of control.* – Sytuacja jest nie do opanowania. **out of reach** – poza zasięgiem; **out of place** – nie na miejscu; *Your sense of humour is out of place.* – Twoje poczucie humoru jest nie na miejscu. *He must be out of his mind.* – On chyba postradał zmysły. (b) z; **to drink out of a cup** – pić z filiżanki; **to take sth out of a box** – wyjąć coś z pudełka; **a scene out of a play** – scena ze sztuki; *She helped us out of kindness.* – Pomogła nam z uprzejmości/dobroci. *She made a blouse out of her old dress.* – Zrobiła bluzkę ze starej sukienki. *Only 2 out of 20 students were present.* – Tylko dwóch z dwudziestu studentów było obecnych.

outbreak ['aʊtbreɪk] wybuch; **an outbreak of war** – wybuch wojny; **an outbreak of an epidemic** – wybuch epidemii

outcome ['aʊtkʌm] wynik, rezultat; *What's the outcome of the experiment?* – Jaki jest wynik eksperymentu?

outdoor ['aʊtdɔ:] odnoszący się do tego, co na dworze (na świeżym powietrzu); **an outdoor swimming-pool** – basen odkryty; **to lead an outdoor life** – prowadzić życie związane z przebywaniem na świeżym powietrzu; **an outdoor sport** – sport uprawiany na świeżym powietrzu

outdoors [ˌaʊt'dɔ:z] na dworze, na zewnątrz; *It's cold outdoors.* – Na dworze jest zimno.

outer ['aʊtə] zewnętrzny; **the outer walls of the house** – zewnętrzne ściany domu; **the outer parts of the city** – peryferia miasta

outfit ['aʊtfɪt] sprzęt, ekwipunek, ubranie; **a skiing outfit** – strój i ekwipunek narciarski

outing ['aʊtɪŋ] krótka wycieczka; *We are going for an outing to the mountains.* – Jedziemy na wycieczkę w góry.

outlaw ['aʊtlɔ:] człowiek wyjęty spod prawa

outlet ['aʊtlet] wylot, odpływ, ujście; **an outlet for water** – wylot/odpływ wody

outline ['aʊtlaɪn] zarys; *We saw the outline of the mountains.* – Widzieliśmy zarys gór. **to present a project in broad outline** – zaprezentować plan w ogólnym zarysie

O

outlook ['aʊtlʊk] ❶ pogląd; **to have an optimistic outlook on life** – mieć optymistyczny pogląd na życie ❷ widoki na przyszłość, prognoza, perspektywa; *The outlook for the future seems gloomy.* – Perspektywy na przyszłość wydają się ponure. ❸ widok; *The house has a beautiful outlook over the sea.* – Z domu jest piękny widok na morze.

outnumber [ˌaʊt'nʌmbə] uzyskać przewagę liczebną nad; *Female teachers outnumbered male teachers.* – Nauczycielki uzyskały przewagę liczebną nad nauczycielami.

out-of-date [ˌaʊtəv'deɪt] ❶ niemodny; **out-of-date clothes** – niemodne ubrania ❷ nieaktualny, przestarzały; **out-of-date data** – nieaktualne dane

out-of-door [ˌaʊtəv'dɔː] = **outdoor**

output ['aʊtpʊt] ❶ produkcja, wydajność; **the annual output of a factory** – roczna produkcja fabryki ❷ informacja uzyskana z komputera

outrageous [aʊt'reɪdʒəs] skandaliczny, oburzający; **outrageous behaviour** – skandaliczne zachowanie; **outrageous prices** – nadmiernie wygórowane ceny

outright [aʊt'raɪt] ❶ wprost, otwarcie; *I told him outright what I thought.* – Powiedziałam mu otwarcie, co myślę. ❷ od razu, z miejsca; *He was killed outright.* – Został zabity na miejscu.

outside¹ [aʊt'saɪd] na zewnątrz; *We went outside to see the sunset.* – Wyszliśmy na zewnątrz zobaczyć zachód słońca. *I left the dog outside the shop.* – Zostawiłam psa na zewnątrz sklepu.

outside² ['aʊtsaɪd] zewnętrzny; **an outside wall** – zewnętrzna ściana; **the outside lane of a motorway** – pasmo ruchu najbliżej środka autostrady, najszybsze pasmo ruchu

outside³ ['aʊtsaɪd] zewnątrz, część zewnętrzna; *The outside of the car is red.* – Zewnętrzna strona samochodu jest czerwona. *She seems calm on the outside.* – Na zewnątrz wydaje się spokojna.

outsider [ˌaʊt'saɪdə] człowiek obcy (*z zewnątrz, stojący zewnątrz danej grupy społecznej*)

outskirts ['aʊtskɜːts] peryferie, krańce, skraj; *Airports are usually situated on the outskirts of big cities.* – Lotniska są zazwyczaj usytuowane na peryferiach dużych miast.

outstanding [ˌaʊt'stændɪŋ] wybitny wyróżniający się; *He is an outstanding physicist.* – On jest wybitnym fizykiem.

outward¹ ['aʊtwəd] zewnętrzny; **his outward appearance** – jego wygląd zewnętrzny

outward² ['aʊtwəd] / **outwards** ['aʊtwədz] na zewnątrz; *The window opens outwards.* – Okno otwiera się na zewnątrz.

oval ['əʊvl] owalny, jajowaty

ovation [əʊ'veɪʃn] owacje, aplauz; **to get a standing ovation** – dostać owację/ /być oklaskiwanym na stojąco

oven ['ʌvn] piec, piecyk do pieczenia; *Put the cake into the oven.* – Włóż ciasto do piecyka. **to light/to turn on an oven** – włączyć piecyk; **a microwave oven** – kuchenka mikrofalowa

over¹ ['əʊvə] ❶ nad, ponad, na; **to jump over the wall** – przeskoczyć przez mur; *We saw the moon over the lake.* – Zobaczyliśmy księżyc ponad jeziorem. *He was away for over a month.* – Nie było go ponad miesiąc; **over the age of 5** – powyżej piątego roku życia; **the snow lying over the fields** – śnieg leżący na polach; **boil over** – wykipieć; *I put a blanket over the sleeping child.* – Przykryłam śpiące dziecko kocem. *It's over there.* – To jest o, tam. **all over** – wszędzie; *He travelled all over the world.* – Podróżował po całym świecie. *The dog is wet all over.* – Pies jest cały mokry. ❷ nad, na zewnątrz, ponad, na drugą stronę; *She turned the photo over to see the writing on the other side.* –

Owróciła fotografię, żeby zobaczyć, co jest napisane na drugiej stronie.

◆ **all over again** – znowu, od początku; *I had to say it all over again.* – Musiałam to powiedzieć jeszcze raz od początku.

◆ **over and over again** – wiele razy od początku; *Read the text over and over again until you remember it.* – Czytaj tekst wiele razy, aż go zapamiętasz.

over[2] ['əʊvə] skończony; *The lesson is over.* – Lekcja jest skończona.

over- ['əʊvə] przedrostek oznaczający nadmiar

overabundance [,əʊvərə'bʌndəns] nadmiar

overall[1] ['əʊvərɔ:l] całkowity, ogólny, obejmujący całość; *My overall impressions are favourable.* – Moje ogólne wrażenia są korzystne.

overall[2] ['əʊvərɔ:l] ❶ **overalls** ['əʊvərɔ:lz] kombinezon ❷ **/overalls** fartuch roboczy

overboard ['əʊvəbɔ:d] za burtę; **to fall overboard** – wypaść za burtę; *Man overboard!* – Człowiek za burtą!

overcame [,əʊvə'keɪm] *p.* **overcome (overcame, overcome)**

overcoat ['əʊvəkəʊt] płaszcz

overcome [,əʊvə'kʌm] **(overcame, overcome** [əʊvə'keɪm, əʊvə'kʌm]) pokonać, przezwyciężyć; **to overcome the enemy** – pokonać wroga; **to overcome a bad habit** – przezwyciężyć nałóg

overcrowded [,əʊvə'kraʊdɪd] zatłoczony, przepełniony; **an overcrowded train** – przepełniony pociąg

overdo [,əʊvə'du:] **(overdid, overdone** [,əʊvə'dɪd, ,əʊvə'dʌn]) ❶ przesadzić (*w czymś*); *He overdid his part in the play.* – Grał rolę w sztuce w sposób przesadzony. ❷ **overdo it** – przepracowywać się; *You mustn't overdo it or you'll get ill.* – Nie wolno ci się przepracowywać, bo zachorujesz.

overdose ['əʊvədəʊs] nadmierna/za duża dawka, przedawkowanie; **to take a massive overdose of sleeping tables** – zażyć nadmierną dawkę tabletek nasennych; **a fatal/a lethal overdose** – dawka śmiertelna; *He died of a heroin overdose.* – Zmarł z powodu przedawkowania heroiny.

overdue [,əʊvə'dju:] spóźniony, zaległy; *The train is 2 hours overdue.* – Pociąg jest spóźniony o 2 godziny. *The rent is overdue.* – Zalegamy z komornym.

overestimate [,əʊvər'estɪmeɪt] przeceniać; *You overestimate his capability.* – Przeceniasz jego możliwości/zdolności.

overflow ['əʊvəfləʊ] przelać się, wystąpić z brzegów, wylewać się; *The river overflowed its banks.* – Rzeka wystąpiła z brzegów. *The bath is overflowing, somebody must have left the water running.* – Woda w wannie się przelewa, ktoś musiał zostawić odkręcony kran.

overgrown [,əʊvə'grəʊn] ❶ zarośnięty; *The garden is overgrown with weeds.* – Ogród jest zarośnięty chwastami. ❷ przerośnięty, nadmiernie wyrośnięty; **an overgrown child** – wyrośnięte ponad wiek dziecko

overhaul[1] [,əʊvə'hɔ:l] ❶ dokonać przeglądu i naprawy samochodu; *The garage will overhaul your car for you.* – Warsztat dokona przeglądu twojego samochodu. ❷ wyprzedzić; *The sports car soon overhauled us.* – Sportowy samochód wkrótce nas wyprzedził.

overhaul[2] ['əʊvəhɔ:l] przegląd i gruntowna naprawa samochodu

overhead ['əʊvəhed] nad głowami, wysoko, na górze; **the stars overhead** – gwiazdy nad nami

overhear [,əʊvə'hɪə] **(overheard, overheard** [,əʊvə'hɜ:d, ,əʊvə'hɜ:d]) podsłuchiwać

overjoyed [,əʊvə'dʒɔɪd] uradowany; *She was overjoyed to hear good news.* – Była uradowana słysząc dobre wiadomości.

overlook [,əʊvə'lʊk] ❶ pominąć, nie zauważyć, przeoczyć; *The teacher overlooked some mistakes in Tom's essay.* – Nauczyciel przeoczył kilka błędów w wypracowaniu Toma. ❷ zamykać oczy (*na coś*), patrzeć przez palce, pomijać milczeniem; *The teacher won't overlook your late arrival.* – Nauczyciel nie będzie patrzeć przez palce na twoje spóźnienie. ❸ wychodzić na, mieć widok na; *Our room overlooked the sea.* – Nasz pokój miał widok na morze.

overnight [ˌəuvəˈnaɪt] ❶ na noc, przez noc; **to stay overnight at a friend's house** – zostać na noc/przenocować w domu przyjaciela ❷ z dnia na dzień, nagle; *The situation changed overnight.* – Sytuacja zmieniła się z dnia na dzień.

overpass [ˈəuvəpɑːs] *am.* estakada

over-populated [ˌəuvəˈpɒpjuleɪtɪd] nadmiernie zaludniony, przeludniony; **over-populated cities** – przeludnione miasta

over-population [ˌəuvəpɒpjuˈleɪʃn] przeludnienie

overpower [ˌəuvəˈpauə] pokonać, przezwyciężyć, wziąć górę; *The police soon overpowered the criminals.* – Policja wkrótce pokonała przestępców.

overpowering [ˌəuvəˈpauərɪŋ] przemożny, przytłaczający, nieprzezwyciężony; **an overpowering desire** – przemożna chęć

overrate [ˌəuvəˈreɪt] przeceniać; *You overrate her abilities.* – Przeceniasz jej zdolności.

overseas [ˌəuvəˈsiːz] kraje zamorskie

over-sensitive [ˌəuvəˈsensɪtɪv] nadwrażliwy, przewrażliwiony

oversleep [ˌəuvəˈsliːp] **(overslept, overslept** [ˌəuvəˈslept, ˌəuvəˈslept]**)** zaspać; *He overslept and was late for school.* – Zaspał i spóźnił się do szkoły.

overtake [ˌəuvəˈteɪk] **(overtook, overtaken** [ˌəuvəˈtuk, ˌəuvəˈteɪkn]**)** wyprzedzić; **to overtake other cars on the road** – wyprzedzać inne samochody na drodze

overthrow [ˌəuvəˈθrəu] **(overthrew, overthrown** [ˌəuvəˈθruː, ˌəuvəˈθrəun]**)** obalić, przewrócić; **to overthrow a government** – obalić rząd

overtime [ˈəuvətaɪm] godziny nadliczbowe, nadgodziny; *He works overtime to earn more money.* – Pracuje w godzinach nadliczbowych, żeby zarobić więcej pieniędzy.

overtook [ˌəuvəˈtuk] *p.* **overtake (overtook, overtaken)**

overture [ˈəuvəˌtjuə] uwertura

overturn [ˈəuvətɜːn] przewrócić; *The boat overturned.* – Łódź przewróciła się. *Look out! You'll overturn the lamp.* – Uważaj! Przewrócisz lampę. **to overturn the military regime** – obalić dyktaturę wojskową

overweight [ˌəuvəˈweɪt] przekraczający normalną wagę; *He is 10 kilos overweight.* – On ma 10 kg nadwagi. *If your luggage is overweight you must pay more.* – Jeżeli twój bagaż waży za dużo, musisz dopłacić.

overwhelming [ˌəuvəˈwelmɪŋ] (*o uczuciu*) nieprzeparty, przytłaczający; **an overwhelming desire to change one's life** – nieprzeparta chęć zmiany swojego życia; **an overwhelming majority** – przytłaczająca większość

overwork [ˌəuvəˈwɜːk] przepracowywać się, przemęczać; *You are tired because you've been overworking.* – Jesteś zmęczony, ponieważ przepracowałeś się.

owe [əu] ❶ być dłużnym; *I owe you 50 pounds.* – Jestem ci dłużna 50 funtów. ❷ zawdzięczać; *We owe a great deal to our parents.* – Zawdzięczamy wiele naszym rodzicom. *She owes her life to the man who rescued her from the burning building.* – Zawdzięcza swoje życie człowiekowi, który uratował ją z płonącego budynku.

owing to [ˈəuɪŋtə] z powodu, wskutek; *Owing to bad weather the garden party has been put off.* – Z powodu złej pogody przyjęcie w ogrodzie zostało odwołane.

owl [aul] sowa

own¹ [əʊn] własny; *I saw it with my own eyes.* – Widziałam to na własne oczy. **to have sth of one's own** – mieć coś na własność/mieć coś własnego; *She has a house of her own.* – Ona ma swój własny dom. **on one's own** – samodzielnie; *I did it on my own.* – Zrobiłam to sama.

own² [əʊn] ❶ posiadać, mieć na własność; *She owns the house she lives in.* – Jest właścicielką domu, w którym mieszka. ❷ przyznać, uznać; *I own that you are right.* – Przyznaję, że masz rację.

◆ **own up to sth** – przyznać się do czegoś; *No-one owned up to the broken window.* – Nikt się nie przyznał do wybicia szyby.

owner ['əʊnə] właściciel

ox [ɒks] (*l.mn.* **oxen** ['ɒksn]) wół

oxygen ['ɒksɪdʒən] *chem.* tlen

oyster ['ɔɪstə] *zool.* ostryga

oz [aʊns] = **ounce, ounces**

ozone ['əʊzəʊn] ozon; **the ozone layer** – warstwa ozonowa; **an ozone-friendly aerosol** – aerozol nie uszkadzający warstwy ozonowej

p

p [pi:] = **penny**

pa [pɑ:] = **papa**

p.a. = **per annum**

pace [peɪs] ❶ krok; **to take two paces forward** – zrobić dwa kroki naprzód ❷ tempo; **to set the pace** – nadawać tempo; **to keep pace with sb** – dotrzymywać komuś kroku; *You walk so fast that I can't keep pace with you.* – Idziesz tak szybko, że nie mogę dotrzymać ci kroku. **to move at a fast pace/at a slow pace** – poruszać się w szybkim/w wolnym tempie

pacify ['pæsɪfaɪ] **(-ies, -ied, -ying)** ❶ uspokoić ❷ pacyfikować

pack¹ [pæk] ❶ pakować się; *Have you already packed?* – Czy już się spakowałeś? ❷ pakować; *I must pack everything into one suitcase.* – Muszę wszystko spakować do jednej walizki. *They packed the children into the buses.* – Zapakowali dzieci do autobusów.

pack² [pæk] ❶ pakunek, paczka; **a backpack** – plecak; **a pack of cigarettes** – *am.* paczka papierosów ❷ grupa, zbiór (*jednorodnych rzeczy lub osób*); **a pack of wolves** – sfora wilków; **a pack of thieves** – banda złodziei; **a pack of lies** – stek kłamstw; **a pack of cards** – talia kart

package ['pækɪdʒ] paczka, pakunek; **to deliver a package** – dostarczyć paczkę; **to post a package** – wysłać paczkę

package holiday [ˌpækɪdʒ'hɒlədɪ] / / **package tour** ['pækɪdʒtʊə] wycieczka zbiorowa (*zagraniczna*)

packaging ['pækɪdʒɪŋ] opakowanie; *Attractive and expensive packaging adds to the cost of the product.* – Atrakcyjne i drogie opakowanie podnosi cenę produktu. **the date of packaging** – data pa(cz)kowania

packet ['pækɪt] paczka, paczuszka; **a packet of cigarettes** – paczka papierosów

pact [pækt] pakt; **a non-aggression pact** – pakt o nieagresji

pad [pæd] ❶ blok listowy, rysunkowy; **a writing pad** – blok listowy ❷ wyściółka, miękka podkładka

paddle[1] ['pædl] wiosło

paddle[2] ['pædl] ❶ wiosłować; *They paddled the boat up the river.* – Płynęli łodzią w górę rzeki. ❷ brodzić po wodzie, taplać się; *Children like paddling in the sea.* – Dzieci lubią brodzić w morzu.

paddock ['pædək] wybieg/zagroda dla koni

padlock ['pædlɒk] kłódka

pagan[1] ['peɪgən] pogański

pagan[2] ['peɪgən] poganin

page [peɪdʒ] ❶ strona; **a title page** – strona tytułowa; *Open the book on page 131.* – Otwórz książkę na stronie 131. ❷ kartka; **to turn a page** – odwrócić kartkę; *Some of the pages have been torn out.* – Niektóre kartki zostały wyrwane. **a glorious page in our history** – chwalebna karta w naszej historii

paid [peɪd] *p.* **pay**[1] **(paid, paid)**

pail [peɪl] wiadro

pain [peɪn] ból; **to feel/to suffer pain** – odczuwać ból/cierpieć; **to relieve/to kill/to soothe pain** – uśmierzyć ból; **a back pain** – ból w krzyżu; **a pain in the knee** – ból w kolanie

painful ['peɪnfʊl] bolesny

pain-killer ['peɪnkɪlə] środek uśmierzający ból

painless ['peɪnlɪs] bezbolesny

pains [peɪnz] wysiłek, kłopot, trud; *She took great pains to send the message.* – Zadała sobie wiele trudu, żeby wysłać wiadomość.

paint[1] [peɪnt] farba; **a coat of paint** – warstwa farby; *Wet paint!* – Świeżo malowane!

paint[2] [peɪnt] malować; *We painted the walls white.* – Pomalowaliśmy ściany na biało. *She usually paints in water-colours.* – Ona zazwyczaj maluje akwarelami.

paintbrush ['peɪntbrʌʃ] pędzel do malowania

painter ['peɪntə] malarz

painting ['peɪntɪŋ] obraz, malowidło

pair [peə] para; **a pair of shoes** – para butów; **a pair of jeans** – para dżinsów; *They make a happy pair.* – Tworzą szczęśliwą parę. **in pairs** – parami

palace ['pælɪs] pałac; **an imperial palace** – pałac cesarski; **a presidential palace** – pałac prezydencki

pale[1] [peɪl] blady; *He turned/went pale.* – On zbladł. *The sky was pale blue.* – Niebo było bladoniebieskie.

pale[2] [peɪl] zblednąć; *She paled at the sight of blood.* – Zbladła na widok krwi. *Everything paled into insignificance before the possibility of war.* – Wszystko zbladło/stało się nieważne wobec możliwości wojny.

palm [pɑːm] ❶ dłoń (*wewnętrzna strona*); **to read sb's palm** – odczytywać i interpretować linie na czyjejś dłoni, wróżyć z dłoni ❷ palma; **a date palm** – palma daktylowa; **a coconut palm** – palma kokosowa

pan [pæn] płaski garnek, rondel, patelnia; **a saucepan** – rondelek; **a frying-pan** – patelnia

pancake ['pænkeɪk] naleśnik
pane [peɪn] szyba
panel ['pænl] ❶ tablica rozdzielcza; **the instrument/control panel** – tablica rozdzielcza ❷ kaseton, rodzaj wypukłej boazerii, płytka szklana lub metalowa ❸ grupa ludzi, panel; **a panel of experts** – grupa współpracujących ze sobą ekspertów
panic[1] ['pænɪk] panika; **to be in a panic** – być w panice; **to cause panic** – powodować panikę; **to spread panic** – szerzyć panikę
panic[2] ['pænɪk] **(panicked)** wpadać w panikę; *The people panicked when the building caught fire.* – Ludzie wpadli w panikę, kiedy budynek zaczął płonąć.
panic-striken ['pænɪkˌstrɪkn] w panice, ogarnięty panicznym lękiem
panorama [ˌpænə'rɑːmə] panorama
pant [pænt] sapać, dyszeć, z trudem łapać oddech; *She was panting after the run.* – Z trudem chwytała oddech po biegu.
panther ['pænθə] pantera
panto ['pæntəʊ] / **pantomime** ['pæntəmaɪm] pantomima
pantry ['pæntrɪ] pokój kredensowy
pants [pænts] ❶ majteczki ❷ *am.* spodnie
papa [pə'pɑː] tatuś, ojciec
paper[1] ['peɪpə] ❶ papier; **a sheet of paper** – arkusz papieru ❷ gazeta; **a newspaper** – gazeta; **the evening paper** – gazeta wieczorna ❸ **papers** – papiery, dokumenty; *The policeman wanted to see his papers.* – Policjant chciał zobaczyć jego dokumenty. ❹ referat, rozprawa naukowa; **to deliver/to give/to present a paper on a subject** – wygłosić referat na jakiś temat ❺ test, pytania na egzaminie pisemnym; **a test paper** – pytania/temat egzaminu pisemnego; *The history paper was difficult.* – Egzamin pisemny z historii był trudny.
paper[2] ['peɪpə] tapetować; **to paper a room** – wytapetować pokój
paperback ['peɪpəbæk] książka w miękkiej okładce
paper-clip ['peɪpəklɪp] spinacz
paprika ['pæprɪkə] papryka
parabola ['pəræbələ] parabola
parachute [pæ'rəʃuːt] spadochron; **to make a parachute jump** – skoczyć ze spadochronem
parade [pə'reɪd] parada, pochód, defilada
paradise ['pærədaɪs] raj
paradox ['pærədɒks] paradoks
paraffin ['pærəfɪn] ❶ nafta ❷ parafina
paragraph ['pærəgrɑːf] ❶ akapit ❷ notatka dziennikarska; *There is a paragraph on the incident in the newspaper.* – W gazecie jest notatka na temat tego incydentu.
parallel[1] ['pærəlel] ❶ linia równoległa ❷ analogia; **without parallel** – bez porównania, nie mający równego ❸ porównanie, paralela; **to draw a parallel** – porównywać
parallel[2] ['pærəlel] ❶ równoległy; **parallel lines** – linie równoległe; *The fence runs parallel to the road.* – Płot biegnie równolegle do drogi. ❷ analogiczny; **a parallel case** – analogiczny przypadek
paralyse ['pærəlaɪz] paraliżować; **to be paralysed with fear** – być zdrętwiałym ze strachu
parasite ['pærəsaɪt] pasożyt
parcel ['pɑːsl] paczka; **to post a parcel** – wysłać paczkę
pardon[1] ['pɑːdn] wybaczenie; **to ask for pardon** – prosić o wybaczenie; *I beg your pardon.* – Przepraszam. (*Zwrot formalny stosowany np. w przypadku, gdy kogoś niechcący potrąciliśmy*). *Pardon?/I beg you pardon?* – Słucham?
pardon[2] ['pɑːdn] wybaczyć; *Please pardon me for disturbing you.* – Proszę mi wybaczyć, że przeszkadzam.
parent ['peərənt] rodzic
parenthood ['peərənthʊd] rodzicielstwo
parish ['pærɪʃ] parafia

park¹ [pɑ:k] park; **Hyde Park** (*nazwa parku w Londynie*); **a national park** – park narodowy; **an amusement park** – lunapark; **a car park** – parking

park² [pɑ:k] parkować; *Can I park the car here?* – Czy mogę tu zaparkować?

parking ['pɑ:kɪŋ] parkowanie; *No parking.* – Parkowanie zabronione.

parking-lot ['pɑ:kɪŋlɒt] *am.* parking

parking meter ['pɑ:kɪŋ mi:tə] licznik odmierzający czas parkowania

parliament ['pɑ:ləmənt] parlament; **Member of Parliament** – członek parlamentu; **to open a session of Parliament** – otworzyć sesję parlamentu

parliamentary [ˌpɑ:lə'mentərɪ] parlamentarny, dotyczący parlamentu; **parliamentary democracy** – demokracja parlamentarna; **a parliamentary debate** – debata parlamentarna; **parliamentary election** – wybory do parlamentu

parlour ['pɑ:lə] salon; **a beauty parlour** – salon fryzjerski i kosmetyczny

parody ['pærədɪ] parodia

parrot ['pærət] papuga

parsley ['pɑ:slɪ] pietruszka; **a bunch of parsley** – pęczek pietruszki

parson ['pɑ:sn] ksiądz, pastor, proboszcz

part¹ [pɑ:t] ❶ część; *They spent part of their holiday at the seaside.* – Spędzili część urlopu/wakacji nad morzem. **spare parts** – części zapasowe; **parts of speech** – części mowy; **for the most part** – przeważnie; **in part** – częściowo, w pewnym stopniu; *I agree in part.* – Po części się zgadzam. ❷ udział, rola; **to take part in** – brać udział w; **to play a part in a play** – mieć rolę/grać w sztuce; *He played the part of Hamlet.* – Grał rolę Hamleta. ❸ strona; **for my part** – z mojej strony, jeżeli o mnie chodzi; **to take sb's part** – stanąć po czyjejś stronie; *She always takes his part.* – Ona zawsze staje po jego stronie/bierze jego stronę.

part² [pɑ:t] ❶ rozstać się; *We parted as friends.* – Rozstaliśmy się jak przyjaciele. *She hates to part with her money.* – Ona nie znosi wydawać pieniędzy. ❷ rozdzielić, oddzielić; *The children were parted from their parents.* – Dzieci oddzielono od rodziców. *He tried to part two fighting dogs.* – Próbował rozdzielić dwa walczące psy.

partial ['pɑ:ʃl] ❶ częściowy; **a partial success** – częściowy sukces ❷ stronniczy; *The examiner was partial towards the students he liked.* – Egzaminator był stronniczy w stosunku do studentów, których lubił. ❸ lubiący, mający słabość; *He is partial to French wines.* – On ma słabość do win francuskich.

participant [pɑ:'tɪsɪpənt] uczestnik

participate [pɑ:'tɪsɪpeɪt] brać udział, uczestniczyć; *He wasn't able to participate in the conference because he was ill.* – Nie mógł uczestniczyć w konferencji, ponieważ był chory.

participation [pɑ:ˌtɪsɪ'peɪʃn] uczestnictwo

participle ['pɑ:tɪsɪpl] *gram.* imiesłów

particle ['pɑ:tɪkl] ❶ cząstka, cząsteczka; **a particle of dust** – pyłek kurzu; **an elementary particle** – *fiz.* cząstka elementarna ❷ *gram.* partykuła

particular [pə'tɪkjʊlə] ❶ szczególny, poszczególny; **in this particular case** – w tym właśnie przypadku; **for no particular reason** – bez szczególnego powodu; **in particular** – szczególnie, zwłaszcza; *He took particular trouble to...* – Zadał sobie szczególnie wiele trudu, żeby... ❷ dbały, wymagający, drobiazgowy

◆ **to be particular about** – przywiązywać dużą wagę do; *She is very particular about her clothes.* – Ona przywiązuje dużą wagę do ubrań./Ona ubiera się bardzo starannie.

particularly [pə'tɪkjʊləlɪ] szczególnie, zwłaszcza; *He particularly wanted to see you.* – On szczególnie chciał się z tobą zobaczyć. *Do you like it? – Not* *particularly.* – Czy ci się to podoba? – Nie za bardzo./Nieszczególnie.

particulars [pə'tɪkjʊləz] szczegóły, dokładne/szczegółowe dane; *I want some particulars about the new staff.* – Potrzebne mi są szczegółowe dane o nowym personelu.

parting ['pɑ:tɪŋ] ❶ rozstanie ❷ przedziałek (*we włosach*)

partly ['pɑ:tlɪ] częściowo; *It was partly your fault.* – To była częściowo twoja wina.

partner ['pɑ:tnə] partner, wspólnik; **a business partner** – wspólnik w interesach

partnership ['pɑ:tnəʃɪp] partnerstwo, współudział, spółka; **to go into partnership** – zawiązać spółkę

part-time [ˌpɑ:t'taɪm] w niepełnym wymiarze czasu; **a part-time job** – praca na niepełnym etacie; **a part-time secretary** – sekretarka pracująca na niepełnym etacie

party ['pɑ:tɪ] (*l.mn.* **parties**) ❶ przyjęcie; **a birthday party** – przyjęcie urodzinowe; **a dinner party** – proszony obiad ❷ partia; **the Conservative Party** – Partia Konserwatystów ❸ grupa; **a party of tourists** – grupa turystów ❹ strona (*np. w procesie*); **the guilty party** – strona winna

pass[1] [pɑ:s] ❶ minąć, przejść (obok); *He passed me in the street.* – On przeszedł obok/minął mnie na ulicy. *Let me pass.* – Proszę mnie przepuścić/ /pozwolić mi przejść. *The road was too narrow for the car to pass.* – Droga była za wąska, żeby samochód przejechał. *His remarks passed without comment.* – Jego uwagi przeszły bez komentarzy. *The pain will soon pass.* – Ból wkrótce przejdzie. ❷ spędzać czas; *How shall we pass the evening?* – Jak spędzimy wieczór? ❸ (*o czasie*) mijać; *Six months passed without any news of him.* – Minęło sześć miesięcy bez wiadomości od niego. ❹ zdać (*egzamin*); *He passed the exam.* – Zdał egzamin. *The examiners passed most of the candidates.* – Egzaminatorzy przepuścili większość kandydatów. ❺ podać; *Would you pass me the salt, please?* – Czy mógłbyś podać mi sól?

◆ **pass along:**
Pass along! – Proszę przechodzić dalej! (*w autobusie, pociągu itp.*)

◆ **pass away** – umrzeć, odejść; *He passed away in his sleep.* – Umarł we śnie.

◆ **pass for** – uchodzić za; *He can pass for an Englishman, his English is so good.* – Może uchodzić za Anglika, jego angielski jest tak dobry.

◆ **pass on** – przekazać; *Will you pass on this message to him?* – Czy przekażesz mu tę wiadomość?

◆ **pass out** – zemdleć; *A girl passed out, it was so hot.* – Było tak gorąco, że jakaś dziewczyna zemdlała.

pass[2] [pɑ:s] ❶ przełęcz ❷ przepustka; *You need a pass if you want to get into hospital after visiting hours.* – Musisz mieć przepustkę, jeżeli chcesz wejść do szpitala po godzinach odwiedzin. ❸ zdanie egzaminu; **a pass in physics** – zdany egzamin z fizyki; **a pass degree** – zdanie egzaminu końcowego z wynikiem dostatecznym

passage ['pæsɪdʒ] ❶ korytarz, wąskie przejście; *Go along this passage to the library.* – Proszę iść tym korytarzem do biblioteki. **a secret passage** – tajemne/ukryte przejście ❷ urywek, fragment, ustęp; **an interesting passage in the story** – interesujący fragment opowiadania ❸ przeprawa, podróż morska, przelot; **to book a passage to New York** – zarezerwować przelot/ /rejs statkiem do Nowego Jorku

passenger ['pæsɪndʒə] pasażer

passer-by [ˌpɑ:sə'baɪ] (*l.mn.* **passers-by**) przechodzień

passing ['pɑ:sɪŋ] przemijający, chwilowy

passion ['pæʃn] namiętność, pasja

passionate ['pæʃənət] namiętny, pełen pasji, porywczy, zapalczywy

p

passive ['pæsıv] bierny; **passive resistance** – bierny opór; **passive voice** – *gram.* strona bierna

passport ['pɑ:spɔ:t] paszport; **to apply for passport** – ubiegać się o paszport; **to issue a passport** – wydać paszport; **to renew a passport** – odnowić paszport

past[1] [pɑ:st] przeszły; **for the past two weeks** – w ciągu ostatnich dwóch tygodni; **the past tense** – *gram.* czas przeszły

past[2] [pɑ:st] po, za, poza; *It's four minutes past twelve.* – Jest cztery minuty po dwunastej. *She's past middle age.* – Ona przekroczyła średni wiek. *I'm past caring.* – Wszystko mi jedno.

past[3] [pɑ:st] przeszłość; **in the past** – w przeszłości; *We know nothing of his past.* – Nic nie wiemy o jego przeszłości.

past[4] [pɑ:st] obok; *She went quickly past.* – Szybko przeszła obok.

pasta ['pæstə] makaron

paste[1] [peıst] ❶ pasta (*kulinarna*); **fish paste** – pasta rybna ❷ klej mączny

paste[2] [peıst] przykleić

pasteurized ['pæstəraızd] pasteryzowany

pastime ['pɑ:staım] rozrywka; *Reading is his favourite pastime.* – Czytanie jest jego ulubioną rozrywką.

pastry ['peıstrı] ciasto (*kruche*)

pat [pæt] **(-tt-)** poklepać, pogłaskać; *The boy patted the dog.* – Chłopiec pogłaskał/poklepał psa.

patch[1] [pætʃ] łata, łatka; **a sweater with patches on the elbows** – sweter z łatami na łokciach; *My dog has a white patch on its back.* – Mój pies ma białą łatkę na grzbiecie.

patch[2] [pætʃ] ❶ łatać; *I've patched the hole in my jeans.* – Załatałam dziurę w moich dżinsach. ❷ opatrzyć ranę; **to patch (up) an injury** – opatrzyć ranę

◆ **to patch up a quarrel** – pogodzić się po kłótni

patchwork ['pætʃwɜ:rk] robótka z łat, skrawków materiałów (*np. narzuta*); szachownica (*np. pól*)

pâté ['pæteı] pasztet

paternal [pə'tɜ:nl] ojcowski

paternity [pə'tɜ:nətı] ojcostwo

path [pɑ:θ] dróżka, ścieżka

pathetic [pə'θetık] żałosny, budzący litość; **the pathetic sight of hungry children** – budzący litość widok głodnych dzieci

patience ['peıʃns] ❶ cierpliwość; **to lose one's patience** – stracić cierpliwość; *Do you have the patience to do the job?* – Czy masz cierpliwość, żeby wykonać to zadanie? ❷ pasjans; **to play patience** – stawiać pasjansa

patient[1] ['peıʃnt] pacjent

patient[2] ['peıʃnt] cierpliwy; *She is patient with the children.* – Ona jest cierpliwa w stosunku do dzieci. *You are a patient listener.* – Jesteś cierpliwym słuchaczem.

patrol[1] [pə'trəʊl] **(-ll-)** patrolować

patrol[2] [pə'trəʊl] patrol; *The police are on patrol.* – Policja patroluje. **a motorway patrol** – patrol drogowy

pattern ['pætən] wzór, struktura; **a pattern on a wallpaper** – wzór na tapecie; **new patterns of family life** – nowe wzorce życia rodzinnego

pause[1] [pɔ:z] zatrzymać się, zrobić przerwę; *He paused to look around.* – Zatrzymał się, żeby rozejrzeć się dookoła.

pause[2] [pɔ:z] pauza, przerwa; *There was an awkward pause in the conversation.* – Nastąpiła niezręczna przerwa w rozmowie.

pavement ['peıvmənt] chodnik (*dla pieszych*)

pavillion [pə'vıljən] pawilon

paw [pɔ:] łapa

pay[1] [peı] **(paid, paid** [peıd, peıd]**)** ❶ płacić; *He paid £5000 for his car.* – Zapłacił 5000 funtów za swój samochód. *He's paid by the hour.* – Jest opłacany od godziny. **pay back** – odpłacić się, zwrócić dług ❷ opłacać się; *Crime doesn't pay.* – Zbrodnia nie popłaca. ❸ okazywać, udzielać; **to pay attention** – zwracać uwagę, uważać; **to pay compliments** – prawić komplementy

pay² [peɪ] zapłata, płaca; **equal pay for equal work** – jednakowa płaca za tę samą pracę; **to get an increase in pay** – uzyskać podwyżkę płacy

payment ['peɪmənt] zapłata, wypłata, płatność, zapłacenie; **to make a payment** – dokonać wpłaty; **to suspend payments** – zawiesić wypłaty; **a down payment** – zapłata z dołu

pea [pi:] groch, groszek; **sweet pea** – groszek pachnący; **pea soup** – grochówka

peace [pi:s] ❶ pokój; *The situation threatens the world peace.* – Sytuacja zagraża pokojowi światowemu. **a peace treaty** – traktat pokojowy ❷ spokój; *Leave me in peace!* – Zostaw mnie w spokoju! **to disturb the peace** – zakłócać spokój; *All I want is peace and quiet.* – Wszystko czego pragnę to cisza i spokój.

peaceful ['pi:sfʊl] ❶ pokojowy; **a state of peaceful coexistence** – stan pokojowego współistnienia ❷ spokojny, cichy; **a peaceful evening** – spokojny wieczór

peach [pi:tʃ] brzoskwinia

peacock ['pi:kɒk] *zool.* paw; **as proud as a peacock** – dumny jak paw

peak [pi:k] ❶ szczyt; **to reach the peak** – osiągnąć/wejść na szczyt; **at the peak of her success** – u szczytu jej sukcesu ❷ daszek czapki ❸ szczyt komunikacyjny

peaked cap ['pi:kt kæp] czapka z daszkiem

peanut ['pɪ:nʌt] orzech ziemny

pear [peə] gruszka

pearl [pɜ:l] perła

peasant ['peznt] wieśniak, chłop

pebble ['pebl] okrągły i gładki kamyk

peculiar [pɪ'kju:ljə] szczególny, dziwny, niezwykły; *It's peculiar that he doesn't answer the phone.* – To dziwne, że on nie odbiera telefonu.

pedagogic [ˌpedə'gɒdʒɪk] / **pedagogical** [ˌpedə'gɒdʒɪkl] pedagogiczny

pedal¹ ['pedl] pedał

pedal² ['pedl] (**-ll-**) pedałować

pedestrian [pɪ'destrɪən] pieszy; *Too many pedestrians are killed in traffic accidents.* – Zbyt wielu pieszych ginie w wypadkach drogowych.

pedestrian crossing [pɪˌdestrɪən 'krɒsɪŋ] przejście dla pieszych

pedestrian precinct [pɪˌdestrɪən 'pri:sɪŋkt] pasaż dla pieszych, ulica wyłączona z ruchu kołowego

pedigree¹ ['pedɪgri:] rodowód, genealogia; **a dog of unknown pedigree** – pies niewiadomej rasy

pedigree² ['pedɪgri:] rasowy, z rodowodem; **a pedigree dog** – rasowy pies

peel¹ [pi:l] ❶ obierać; **to peel potatoes/ /a banana** – obierać ziemniaki/banana ❷ schodzić, łuszczyć się (*o skórze*); *Her nose was peeling.* – Schodziła jej skóra z nosa.

peel² [pi:l] skórka; **apple/banana/orange/potato peel** – skórka jabłka/banana/pomarańczy/ziemniaka

peep¹ [pi:p] spojrzeć ukradkiem, zerknąć, zajrzeć; *She peeped from behind the curtains.* – Spojrzała ukradkiem zza firanki.

peep² [pi:p] ❶ szybkie i ukradkowe spojrzenie, zerknięcie; **to have a peep through the keyhole** – zerknąć przez dziurkę od klucza ❷ pisk myszy

peer¹ [pɪə] par, członek Izby Lordów

peer² [pɪə] przyglądać się badawczo, starać się zobaczyć mrużąc oczy; **to peer shortsightedly** – starać się zobaczyć z wysiłkiem, mrużąc oczy jak krótkowidz

peg [peg] ❶ kołek ❷ / **clothes-peg** – spinacz do przypinania bielizny na sznurku

pen¹ [pen] pióro; **a fountain pen** – pióro wieczne; **a ball-point pen** – długopis

pen² [pen] zagroda dla zwierząt, wybieg

penalty ['penltɪ] ❶ kara; **the death penalty** – kara śmierci; *What's the penalty for driving too fast?* – Jaka jest kara za zbyt szybką jazdę? ❷ rzut karny; *The referee awarded a penalty.* – Sędzia zarządził rzut karny. **penalty kick** – rzut karny; **penalty area** – pole karne

pence [pens] *p.* **penny**

pencil ['pensl] ołówek; **to write with a pencil** – pisać ołówkiem; *It's written in pencil.* – To jest napisane ołówkiem.

penetrate ['penɪtreɪt] wejść do, wniknąć, przeniknąć; *A scream penetrated the silence.* – Krzyk przeszył ciszę. *Our eyes couldn't penetrate the darkness.* – Nasze oczy nie mogły przeniknąć ciemności. *Our troops penetrated deeply into enemy lines.* – Nasze oddziały przedostały się poza linie nieprzyjaciela. *He heard what I said but it didn't penetrate.* – On usłyszał, co powiedziałem, ale to do niego nie dotarło. **to penetrate the mistery** – zgłębić/rozwiązać tajemnicę

penetrating ['penɪtreɪtɪŋ] przenikliwy, przenikający; *He gave me a penetrating look.* – Spojrzał na mnie przenikliwie. **cold, penetrating wind** – zimny, przenikliwy wiatr

pen-friend ['pen frend] **/ pen-pal** ['pen pæl] korespondencyjny przyjaciel

penguin ['peŋgwɪn] pingwin

peninsula [pɪ'nɪnsjʊlə] półwysep; **the Iberian Peninsula** – Półwysep Iberyjski

pen-knife ['pennaɪf] (*l.mn.* **pen-knives** ['pennaɪvz]) scyzoryk

penniless ['penɪlɪs] bez grosza

penny ['penɪ] (*l.mn.* **pence** [pens] *lub* **pennies** ['penɪz]) pens; *It costs a few pence.* – To kosztuje parę groszy (pensów). **75 p = seventy five pence** [ˌsevəntɪ'faɪvˌpi:]; **1/2 p = halfpence** ['heɪpəns]; **halfpenny** ['heɪpnɪ]; **2 p = twopence** ['tʌpəns], **twopenny** ['tʌpnɪ]; **3 p = threepence** ['θrepəns], **threepenny** ['θrepnɪ]; *Give me ten pennies for this tenpence piece.* – Daj mi dziesięć pensów (dziesięć monet jednopensowych) za tę monetę dziesięciopensową. *It won't cost you a penny.* – Nie będzie cię to kosztowało ani grosza.

pension ['penʃn] emerytura, renta; **to draw/to receive a pension** – pobierać emeryturę

pensioner ['penʃənə] rencista, emeryt

people ['pi:pl] ❶ ludzie, osoby; *How many people were there?* – Ile było tam osób? ❷ naród, obywatele, społeczeństwo, lud; *"Government of the people, by the people, for the people".* – „Rząd ludu, przez lud, dla ludu". (*Cytat z przemówienia A. Lincolna*) ❸ lud; **the peoples of Africa** – ludy Afryki

pepper[1] ['pepə] ❶ pieprz; **a dash of pepper** – szczypta/odrobina pieprzu; **a pepper-mill** – młynek do pieprzu ❷ papryka; **red/green peppers** – papryka czerwona/zielona

pepper[2] ['pepə] pieprzyć

peppermint ['pepəmɪnt] ❶ mięta pieprzowa ❷ miętówka, cukierek miętowy

per [pɜ:/pə] na, przez; **100 kilometres per hour** – 100 kilometrów na godzinę; **per head** – na osobę, na głowę

perambulate [pə'ræmbjʊleɪt] przechadzać się

perambulator [pə'ræmbjʊleɪtə] wózek dziecinny

per annum [pər'ænəm] rocznie

perceive [pə'si:v] spostrzegać, dostrzegać, zauważyć, uświadomić sobie; *We perceived that the situation was critical.* – Uświadomiliśmy sobie, że sytuacja jest krytyczna.

per cent [pə'sent] procent; **two per cent** – 2%; *I'm a hundred per cent sure.* – Jestem w stu procentach pewna.

percentage [pə'sentɪdʒ] procent; **a high/a small percentage** – wysoki/ /niski procent; *A salesman gets a percentage on everything he sells.* – Sprzedawca dostaje procent od wszystkiego, co sprzedaje.

perception [pə'sepʃn] postrzeganie, percepcja; **extra-sensory perception** – postrzeganie pozazmysłowe

perceptive [pə'septɪv] bystry, spostrzegawczy

perfect ['pɜ:fɪkt] ❶ doskonały, znakomity; **a perfect solution** – doskonałe rozwiązanie ❷ całkowity, zupełny; **a perfect stranger** – osoba zupełnie obca ❸ *gram.* dokonany; **Perfect Tenses** – czasy typu Perfect

perfection [pə'fekʃn] ❶ perfekcja, doskonałość ❷ udoskonalenie, doprowadzenie do perfekcji

perfectly ['pɜ:fɪklɪ] ❶ doskonale; *He speaks Italian perfectly.* – On doskonale mówi po włosku. ❷ całkowicie, zupełnie; *I'm perfectly happy.* – Jestem absolutnie szczęśliwa.

perform [pə'fɔ:m] ❶ wykonywać, przeprowadzać, spełniać zadanie; **to perform an operation** – wykonywać operację; **to perform a task** – wykonać zadanie ❷ działać, funkcjonować; *Is the new car performing well?* – Czy nowy samochód dobrze działa? ❸ występować, odgrywać sztukę; **to perform at a concert** – występować na koncercie; **a well-performed play** – dobrze zagrana sztuka

performance [pə'fɔ:məns] ❶ przedstawienie, występ; *The pianist gave a fine performance.* – Pianista pięknie zagrał. *We are going to the evening performance of the play.* – Idziemy na wieczorne przedstawienie sztuki. ❷ wykonanie, wywiązanie się, performancja; **the performance of duties** – wywiązywanie się z obowiązków; *Her performance in the test was not too good.* – Nie wypadła zbyt dobrze na teście.

perfume ['pɜ:fju:m] ❶ perfumy ❷ zapach

perhaps [pə'hæps] być może; *Perhaps I'll get the letter tomorrow.* – Być może dostanę list jutro.

peril ['perl] groźne niebezpieczeństwo, zagrożenie; *Our lives were in peril.* – Nasze życie było w wielkim niebezpieczeństwie. *Ice is a peril on the road.* – Lód stanowi duże zagrożenie na drodze.

perilous ['perələs] niebezpieczny, ryzykowny; **a perilous journey** – podróż pełna niebezpieczeństw

period ['pɪərɪəd] ❶ okres; **a period of 5 years** – okres 5 lat; *The weather will be dry with sunny periods.* – Pogoda będzie bezdeszczowa z rozpogodzeniami. **a trial period** – okres próbny ❷ epoka; **the Victorian period** – epoka wiktoriańska; **period furniture** – meble stylowe, antyki ❸ *am.* kropka (*znak interpunkcyjny*) ❹ okres, menstruacja

periodic [ˌpɪərɪ'ɒdɪk] okresowy; **periodic table** – układ okresowy (*pierwiastków chemicznych*)

periodical [ˌpɪərɪ'ɒdɪkl] czasopismo, periodyk; *Where are the current periodicals?* – Gdzie są bieżące czasopisma?

perm [pɜ:m] **/ permanent wave** [ˌpɜ:mənənt'weɪv] trwała ondulacja

permanent ['pɜ:mənənt] stały, permanentny, trwały; **a permanent occupation** – stałe zajęcie, stała praca; *What's your permanent address?* – Jaki jest pana stały adres?

permanently ['pɜ:mənəntlɪ] na stałe, trwale, nieustannie; *They have settled permanently in Australia.* – Na stałe osiedlili się w Australii.

permission [pə'mɪʃn] pozwolenie; *May I have your permission to leave early?* – Czy pozwoli mi pan wyjść wcześniej? *They left without permission.* – Wyszli bez pozwolenia.

permit[1] [pə'mɪt] **(-tt-)** zezwolić, pozwolić; *Smoking is not permitted here.* – Palenie nie jest tu dozwolone.

permit[2] ['pɜ:mɪt] zezwolenie, pozwolenie (*oficjalne*); **to grant/to give a permit** – wydać zezwolenie; **work permit** – zezwolenie na pracę

perpendicular [ˌpɜ:pən'dɪkjʊlə] prostopadły, linia prostopadła

perpetual [pə'petʃʊəl] wieczny, nieustający, stały; **perpetual complaints** – wieczne narzekanie; **perpetual motion** – nieustający ruch (*łac.* perpetuum mobile); **perpetual snow on mountain tops** – wieczny śnieg na szczytach górskich

persecute ['pɜːsɪkjuːt] prześladować; *The first Christians were persecuted for their beliefs.* – Pierwsi chrześcijanie byli prześladowani za swoje przekonania.

persecution [ˌpɜːsɪ'kjuːʃn] prześladowanie; **to suffer persecution** – być prześladowanym; **political/racial/religious persecution** – prześladowanie polityczne/rasowe/religijne

persecution mania [ˌpɜːsɪ'kjuːʃn ˌmeɪnjə] mania prześladowcza

persevere [ˌpɜːsɪ'vɪə] dążyć uporczywie, nie ustawać w wysiłkach; *She persevered in her efforts to become a pianist.* – Ona uparcie dążyła do tego, żeby zostać pianistką.

persist [pə'sɪst] trwać uporczywie, upierać się, obstawać; *She persists in her refusal to cooperate.* – Ona uparcie odmawia współpracy. *Fog persisted all day.* – Mgła utrzymywała się przez cały dzień.

persistence [pə'sɪstəns] upór, wytrwałość, stałość

persistent [pə'sɪstənt] wytrwały, trwały, uporczywy, uparty; *He was persistent in his efforts.* – Wytrwale podejmował wysiłki. **a persistent cough** – uporczywy kaszel

person ['pɜːsn] (*l.mn.* **persons/people**) osoba; *We have room for another person in the car.* – Mamy miejsce w samochodzie dla jeszcze jednej osoby. **to appear in person** – pojawić się we własnej osobie/osobiście

personal ['pɜːsnl] osobisty, prywatny; *It's my personal affair.* – To moja prywatna sprawa. *He always makes personal remarks.* – On zawsze robi osobiste aluzje. **personal column** – dział ogłoszeń prywatnych (*w gazecie*); **personal computer** – komputer osobisty

personality [ˌpɜːsə'nælətɪ] (*l.mn.* **personalities**) ❶ osobowość, indywidualność; **a charismatic personality** – osobowość charyzmatyczna; **a charming personality** – pełna uroku/czarująca osobowość ❷ osobistość; **a TV personality** – postać znana z telewizji/często występująca w telewizji

personally ['pɜːsnlɪ] osobiście, *Personally, I have nothing against it.* – Osobiście nie mam nic przeciwko temu. *She personally gave me the book.* – Dała mi tę książkę osobiście.

personnel [ˌpɜːsə'nel] personel; **qualified personnel** – personel wykwalifikowany; *Five airline personnel were killed in the plane crash.* – W katastrofie lotniczej zginęło pięciu członków załogi.

perspective [pə'spektɪv] perspektywa; **to see things in the right perspective** – widzieć rzeczy w odpowiedniej perspektywie/z zachowaniem proporcji; **to view a situation from a new perspective** – zobaczyć sytuację z nowego punktu widzenia

perspire [pə'spaɪə] pocić się

persuade [pə'sweɪd] przekonać; *I persuaded her to abandon the project.* – Przekonałam ją, żeby porzuciła ten zamiar. *How can I persuade you of my good intentions?* – Jak mogę cię przekonać o moich dobrych intencjach?

persuasion [pə'sweɪʒn] ❶ przekonywanie, perswazja; **the power of persuasion** – siła perswazji ❷ przekonanie; *What is their religious persuasion?* – Jakie są ich przekonania religijne?

perverse [pə'vɜːs] ❶ przekorny, przewrotny ❷ perwersyjny

pessimist ['pesɪmɪst] pesymista

pessimistic [ˌpesɪ'mɪstɪk] pesymistyczny; *He is pessimistic about the future.* – On pesymistycznie zapatruje się na przyszłość.

pest [pest] ❶ plaga, szkodnik; **garden pests** – szkodniki roślin ❷ utrapienie, zaraza; *My little brother is a pest!* – Mój młodszy brat to istne utrapienie!

pester ['pestə] nękać, nie dawać spokoju; *He kept pestering me to buy a new car.* – On nękał mnie/nie dawał mi spokoju, żebym kupił nowy samochód. *Stop pestering me with your questions!* – Przestań mnie dręczyć pytaniami!

pesticide ['pestɪsaɪd] pestycyd (*środek ochrony roślin*)

pet [pet] ❶ zwierzątko domowe; *Tom wants to keep a tiger as a pet.* – Tom chce mieć w domu tygrysa jako zwierzę domowe. ❷ ulubieniec; *Mary is the teacher's pet.* – Mary jest ulubienicą nauczycielki.

petal ['petl] płatek; **a rose-petal** – płatek róży

petition [pɪ'tɪʃn] petycja, prośba

petrol ['petrəl] benzyna; **to fill the car up with petrol** – zatankować

petrol station ['petrəl steɪʃn] stacja benzynowa

petrol tank [ˌpetrəl 'tæŋk] (*w samochodzie*) zbiornik z benzyną, bak

petroleum [pɪ'trəʊljəm] ropa naftowa

petticoat ['petɪkəʊt] sztywna halka pod spódnicę

petty ['petɪ] drobny, pomniejszy; **petty larceny** – drobna kradzież

phantom ['fæntəm] duch, fantom, widmo, zjawa

pharmaceutical [ˌfɑːmə'sjuːtɪkl] farmaceutyczny

pharmacist ['fɑːməsɪst] farmaceuta, aptekarz

pharmacologist [ˌfɑːmə'kɒlədʒɪst] farmakolog, farmaceuta

pharmacology [ˌfɑːmə'kɒlədʒɪ] farmakologia

pharmacy ['fɑːməsɪ] ❶ apteka; *She works at the pharmacy.* – Ona pracuje w aptece. ❷ farmacja

phase [feɪz] faza; **to go through a difficult phase** – przechodzić trudną fazę; **a critical phase of illness** – krytyczna faza choroby; **phases of the moon** – fazy księżyca

PhD [ˌpiːeɪtʃ'diː] = **Doctor of Philosophy** doktor (*tytuł naukowy*); **Linda Evans PhD** – dr Linda Evans; **a PhD thesis/dissertation** – doktorat, praca doktorska; *She has a PhD in nuclear physics.* – Ona ma doktorat z fizyki jądrowej. **a PhD student** – doktorant

phenomenon [fə'nɒmɪnən] (*l.mn.* **phenomena** [fə'nɒmɪnə]) zjawisko; **phenomena of nature** – zjawiska przyrody

philharmonic [ˌfɪlɑː'mɒnɪk] filharmoniczny; **the London Philharmonic Orchestra** – Orkiestra Filharmonii Londyńskiej

philologist [fɪ'lɒlədʒɪst] filolog

philology [fɪ'lɒlədʒɪ] filologia

philosopher [fɪ'lɒsəfə] filozof

philosophy [fɪ'lɒsəfɪ] filozofia

phone¹ [fəʊn] telefon; **to be on the phone** – mieć telefon; *Unfortunately I'm not on the phone.* – Niestety, nie mam telefonu. **on the phone** – przez telefon; *They are talking on the phone.* – Rozmawiają przez telefon. *You are wanted on the phone.* – Jest do ciebie telefon./Jesteś proszony do telefonu.

phone² [fəʊn] telefonować; *Will you phone us tomorrow?* – Czy zadzwonisz do nas jutro?

phone booth ['fəʊnbuːð] budka/kabina telefoniczna

phone box ['fəʊnbɒks] budka telefoniczna

phone call ['fəʊnkɔːl] rozmowa telefoniczna; **to make a phone call** – zadzwonić

phone number ['fəʊnnʌmbə] numer telefonu

phonetic [fəʊ'netɪk] *jęz.* fonetyczny; **a phonetic transcription of a word** – transkrypcja fonetyczna wyrazu

phonetics [fəʊ'netɪks] *jęz.* fonetyka

phoney ['fəʊnɪ] nieprawdziwy, fałszywy; *She gave the policeman a phoney* *name.* – Podała policjantowi fałszywe nazwisko.

photo ['fəutəu] fotografia, zdjęcie; **to take a photo** – zrobić zdjęcie

photocopy[1] ['fəutəukɒpɪ] (*l.mn.* **photocopies**) fotokopia; **to make a photocopy of a document** – sporządzić fotokopię dokumentu

photocopy[2] ['fəutəukɒpɪ] (**-ies, -ied, -ying**) zrobić fotokopię; **to photocopy a document** – sporządzić fotokopię dokumentu

photograph[1] ['fəutəgrɑ:f] / **photo** ['fəutəu] fotografia, zdjęcie; **to take a photograph** – zrobić zdjęcie; **to develop a photograph** – wywołać zdjęcie; **to blow up/to enlarge a photograph** – powiększyć zdjęcie

photograph[2] ['fəutəgrɑ:f] fotografować; *He likes photographing animals.* – On lubi fotografować zwierzęta. *She photographs well.* – Ona jest fotogeniczna/dobrze wychodzi na zdjęciach.

photographer [fə'tɒgrəfə] fotograf

photographic [ˌfəutə'græfɪk] fotograficzny; **photographic equipment** – sprzęt fotograficzny; **photographic memory** – pamięć fotograficzna

photography [fə'tɒgrəfɪ] sztuka fotografowania, fotografia

phrasal ['freɪzl] *gram.* dotyczący frazy, wyrażenia; **phrasal verbs** – czasowniki dwuczęściowe (*np. look after*)

phrase [freɪz] wyrażenie, fraza, zwrot; **a colloquial phrase** – zwrot potoczny; **an empty phrase** – pusty frazes; **a phrase in music** – fraza muzyczna

physical ['fɪzɪkl] ❶ fizyczny, dotyczący świata materialnego; **the physical world** – świat fizyczny/materialny; **a physical impossibility** – niemożność fizyczna; **a physical map** – mapa fizyczna; **physical chemistry** – chemia fizyczna ❷ fizyczny, dotyczący ciała ludzkiego; **physical exercises** – ćwiczenia gimnastyczne; **physical pain** – ból, cierpienie fizyczne

physician [fɪ'zɪʃn] lekarz; **a practicing physician** – lekarz praktykujący

physics ['fɪzɪks] fizyka

physicist ['fɪzɪsɪst] fizyk

pianist ['pɪənɪst] pianista

piano [pɪ'ænəu] fortepian; **to play the piano** – grać na fortepianie; **to tune the piano** – nastroić fortepian

pick[1] [pɪk] ❶ zbierać, zrywać; **to pick flowers** – zrywać kwiaty; **to pick berries** – zbierać jagody ❷ wybrać; *Pick a nice melon for me.* – Wybierz dla mnie ładny melon. *He picked the strongest boys for the team.* – Wybrał najsilniejszych chłopców do drużyny. ❸ dłubać; **to pick the teeth** – dłubać w zębach

◆ **pick up** – (a) podnieść; *She picked up a book from the floor.* – Podniosła książkę z podłogi. (b) podnieść się, pozbierać się; *She picked herself up and started running again.* – Ona podniosła się (po upadku) i znowu zaczęła biec. (c) nauczyć się, przyswoić; *When you go to England you'll pick up English very soon.* – Kiedy pojedziesz do Anglii, bardzo szybko nauczysz się angielskiego. (d) zabrać, odebrać; *Pick me up at the hotel.* – Wstąp po mnie do hotelu. (e) ożywić, polepszyć samopoczucie; *This drink will pick you up.* – Ten napój sprawi, że poczujesz się raźniej. (f) **to pick up speed** – nabierać szybkości

pick[2] [pɪk] / **pickaxe** ['pɪkæks] kilof

picket[1] ['pɪkɪt] pikieta

picket[2] ['pɪkɪt] pikietować

pickle ['pɪkl] marynata, pikle

pickpocket ['pɪkˌpɒkɪt] kieszonkowiec

picnic[1] ['pɪknɪk] piknik

picnic[2] ['pɪknɪk] (**picnicked**) urządzać piknik; *We picnicked in the woods.* – Mieliśmy piknik w lesie.

picture[1] ['pɪktʃə] ❶ obraz, fotografia, rysunek; **to paint a picture** – namalować obraz; **to take a picture** – zrobić fotografię; **to draw a picture** – naszkicować/narysować obraz; *What can you see in the picture?* – Co widzisz na obrazku? **to be the picture of health** – być okazem zdrowia ❷

the pictures – kino; *Let's go to the pictures.* – Chodźmy do kina. *He is in pictures.* – On pracuje w filmie.

picture² ['pɪktʃə] wyobrazić/przedstawić sobie; *I cannot picture her as an actress.* – Nie mogę sobie wyobrazić jej jako aktorki.

picture postcard [ˌpɪktʃə 'pəʊstkɑ:d] widokówka

pie [paɪ] placek; **an apple pie** – placek z jabłkami (*szarlotka*); **meat pie** – rodzaj pasztetu pieczonego w cieście

piece [pi:s] ❶ kawałek, fragment; **a piece of paper** – kawałek papieru; **to break into pieces** – rozpaść się na kawałki, rozbić się; *The vase fell and broke into pieces.* – Wazon spadł i rozbił się na kawałki. **to go to pieces** – załamać się; *She went to pieces and confessed everything.* – Załamała się i wyznała wszystko. **to fall to pieces** – rozpaść się, rozlecieć się; *It fell to pieces in my hand.* – To rozleciało mi się w ręku. **in pieces** – w kawałkach, rozbity; **to take to pieces** – rozebrać na części; *To repair the car he had to take it to pieces first.* – Żeby naprawić samochód, musiał go najpierw rozebrać na części. ❷ część składowa całości; **a dinner service of 50 pieces** – serwis obiadowy składający się z 50 części ❸ kompozycja, dzieło literackie/muzyczne; **a piece of music** – kompozycja muzyczna ❹ wydzielona część całości; **a piece of news** – wiadomość; **a piece of furniture** – mebel; **a piece of advice** – rada

pier [pɪə] molo

pierce [pɪəs] przekłuć, przebić, przeszyć; **to have one's ears pierced** – mieć przekłute uszy, dać sobie przekłuć uszy

piercing ['pɪəsɪŋ] przeszywający, przenikliwy, ostry; **a piercing scream** – rozdzierający krzyk; **a piercing stare** – przeszywające spojrzenie; **a piercing wind** – przenikliwy wiatr

pig [pɪg] świnia

pigeon ['pɪdʒɪn] gołąb

piglet ['pɪglɪt] prosię, prosiaczek

pigsty ['pɪstaɪ] (*l.mn.* **pigsties**) chlew

pile¹ [paɪl] sterta, stos; **a pile of books** – sterta książek

pile² [paɪl] złożyć na stertę, nagromadzić, ułożyć w stos; *She piled dirty dishes on the kitchen table.* – Zgromadziła stertę brudnych naczyń na stole.

◆ **pile up** – nagromadzić się, spiętrzyć się; *His work piled up when he was ill.* – Nagromadziło mu się pracy podczas choroby.

pilgrim ['pɪlgrɪm] pielgrzym

pilgrimage ['pɪlgrɪmɪdʒ] pielgrzymka; *They went on a pilgrimage to Rome.* – Pojechali na pielgrzymkę do Rzymu.

pill [pɪl] ❶ pigułka; **to swallow a pill** – połknąć pigułkę; **to take a pill** – zażyć pigułkę; **a sleeping pill** – tabletka nasenna ❷ **the pill / a contraceptive pill** – pigułka antykoncepcyjna; **to be on the pill** – zażywać pigułki antykoncepcyjne

pillar ['pɪlə] kolumna, podpora, filar

pillar-box ['pɪləbɒks] skrzynka pocztowa (*wolno stojąca w kształcie słupa*)

pillow ['pɪləʊ] poduszka

pillow-case ['pɪləʊkeɪs] / **pillow-slip** ['pɪləʊslɪp] poszewka na poduszkę

pilot¹ ['paɪlət] ❶ pilot (*samolotu*); **an airline pilot** – pilot samolotów pasażerskich ❷ pilot, przewodnik (*osoba wskazująca drogę np. jednostkom pływającym*) ❸ program próbny, test, program pilotażowy ❹ pilot programu telewizyjnego; pierwszy, próbny odcinek programu

pilot² ['paɪlət] pilotować, prowadzić; **to pilot a plane** – prowadzić samolot; **to pilot a ship** – wskazywać drogę statkowi; **to pilot sb through the crowd** – prowadzić kogoś przez tłum

pin¹ [pɪn] szpilka; **a safety pin** – agrafka; **a drawing pin** – pinezka; **a hairpin** – spinka do włosów

pin² [pɪn] **(-nn-)** ❶ przypiąć, przytwierdzić; **to pin papers together** – spiąć razem papiery; **to pin up a notice** –

p

przypiąć ogłoszenie ❷ unieruchomić; *He pinned me against the wall.* – On przyparł mnie do muru.

pinafore ['pɪnəfɔ:] fartuszek

pinch¹ [pɪntʃ] ❶ uszczypnąć; *He pinched the baby's cheek playfully.* – Zartobliwie uszczypnął dziecko w policzek. ❷ uwierać, cisnąć; *These shoes pinch me.* – Te buty mnie cisną. ❸ ukraść, zabrać; *Who pinched my pen?* – Kto ukradł moje pióro? ❹ złapać, aresztować; *He was pinched for stealing.* – Został aresztowany za kradzież.

pinch² [pɪntʃ] ❶ uszczypnięcie; **to give sb a pinch** – uszczypnąć kogoś; *He gave my arm a pinch.* – Uszczypnął mnie w ramię. ❷ szczypta; **a pinch of salt** – szczypta soli

pine¹ [paɪn] sosna; **pine-needles** – igły sosnowe; **pine-cones** – szyszki sosnowe

pine² [paɪn] drzewo sosnowe; **a pine table** – stół z drzewa sosnowego

pine³ [paɪn] tęsknić, usychać z tęsknoty

pineapple ['paɪn,æpl] ananas; **pineapple rings** – krążki ananasa; **pineapple chunks** – kawałki ananasa

ping-pong ['pɪŋpɒŋ] = **table tennis**

pink [pɪŋk] różowy

pint [paɪnt] miara objętości (= *0,57 l*); **a pint of beer** – duże piwo

pioneer [,paɪə'nɪə] pionier

pious ['paɪəs] pobożny

pip [pɪp] pestka; **a lemon/an orange/an apple/a pear/a grape pip** – pestka cytryny/pomarańczy/jabłka/gruszki//winogrona

pipe [paɪp] ❶ rura; **a water pipe** – rura wodociągowa; **a gas-pipe** – rura gazowa ❷ fajka; **to smoke a pipe** – palić fajkę; **to light a pipe** – zapalić fajkę ❸ **pipes/bagpipes** – dudy

pipeline ['paɪplaɪn] *techn.* rurociąg

pirate ['paɪərət] pirat

Pisces ['pɪsi:z] Ryby (*znak zodiaku*)

pistol ['pɪstl] pistolet; **to aim a pistol** – wycelować pistolet; **to fire a pistol** – wystrzelić z pistoletu

pit [pɪt] ❶ kopalnia (*pod ziemią*), szyb ❷ jama, dziura, dołek

pitch [pɪtʃ] ustawić; **to pitch a tent** – rozbić namiot; *The song is pitched too low for me.* – Tonacja tej piosenki jest dla mnie ustawiona za nisko. **high//low pitched voice** – wysoki/niski głos

pitiful ['pɪtɪfʊl] żałosny, godny litości; **a pitiful sight** – żałosny widok

pity¹ ['pɪtɪ] ❶ litość, żal, współczucie; *I feel pity for her.* – Żal mi jej. **to arouse pity** – budzić litość; **to take pity of** – zlitować się nad; **out of pity** – z litości; *He agreed out of pity for her children.* – On zgodził się z litości dla jej dzieci. ❷ szkoda; *What a pity!* – Jaka szkoda! *It's a pity that you cannot come.* – Szkoda, że nie możesz przyjść.

pity² ['pɪtɪ] **(-ies, -ied, -ying)** współczuć, żałować; *I pity you having to get up so early.* – Żal mi cię, że musisz tak wcześnie wstawać.

pizza ['pi:tsə] pizza

placard ['plækɑ:d] plakat, afisz

place¹ [pleɪs] ❶ miejsce; *The office is a place of work.* – Biuro jest miejscem pracy. **a place at the table** – miejsce przy stole; *Someone was sitting in my place.* – Ktoś siedział na moim miejscu. *They took places.* – Zajęli miejsca. *We have no places left.* – Brak wolnych miejsc. **to get a place at university** – dostać się na uniwersytet; *Who got the first place?* – Kto zajął pierwsze miejsce? **out of place** – nie na miejscu; *Your remark was out of place.* – Twoja uwaga była nie na miejscu. **to take the place of sb** – zastąpić kogoś; *My colleague took my place for a week when I was ill.* – Kolega zastępował mnie przez tydzień, kiedy byłem chory. **to take place** – wydarzyć się; *The accident took place at three o'clock yesterday.* – Wypadek zdarzył się wczoraj o trzeciej. ❷ miejscowość; *What's the name of the place?* – Jak się nazywa ta miejscowość? ❸ mieszkanie, dom; **at sb's place** – u kogoś (*w domu*); *Let's meet at your place.* – Spotkajmy się u ciebie.

place² [pleɪs] ❶ umieścić, ulokować; **to place books on the shelf** – ustawić książki na półce; *She is placed among the best students.* – Ona lokuje się wśród najlepszych studentów. *He places his family above all other concerns.* – On przedkłada swoją rodzinę nad wszystkie inne sprawy. ❷ złożyć; **to place an order for books with the bookshop** – złożyć zamówienie na książki w księgarni ❸ pokładać; **to place confidence in a leader** – pokładać zaufanie w przywódcy ❹ umiejscowić; *I know the man but I can't place him.* – Znam tego człowieka, ale nie mogę sobie przypomnieć, kto to.

plague [pleɪg] ❶ plaga; **a plague of flies** – plaga much ❷ zaraza, dżuma; **to avoid somebody like the plague** – unikać kogoś jak zarazy

plain¹ [pleɪn] ❶ jasny, prosty, wyraźny, zrozumiały; *The facts are plain to see.* – Fakty widać wyraźnie. *It's plain to everyone.* – To jest oczywiste dla każdego. **plain instructions** – jasne/proste instrukcje ❷ zwykły, prosty, niewyszukany, nieskomplikowany; *He likes best plain food.* – On najbardziej lubi niewyszukane/proste potrawy. **a plain dress** – prosta/zwykła sukienka; **plain blue material** – gładki, niebieski materiał ❸ pospolity, nieładny; **a plain girl** – nieładna dziewczyna ❹ **plain-clothes policeman** – policjant w cywilu

plain² [pleɪn] równina; **on a plain** – na równinie

plain chocolate [ˌpleɪn 'tʃɒklɪt] czekolada gorzka (pełna)

plainly ['pleɪnlɪ] jasno, wyraźnie; *I said plainly what I thought.* – Powiedziałem jasno, co myślę.

plait [plæt] warkocz; *She wears her hair in plaits.* – Ona czesze się w warkocze.

plan¹ [plæn] plan, projekt; *What are your plans for the future?* – Jakie są twoje plany na przyszłość? **to make plans for holidays** – robić plany na wakacje; **to carry out a plan** – przeprowadzić/wykonać plan; **a long-term plan** – plan długoterminowy; **a plan of the town** – plan/mapa miasta; **to draw up plans for the new school** – sporządzić projekt nowej szkoły

plan² [plæn] **(-nn-)** planować, projektować, zamierzać; *We are planning a visit to Paris this summer.* – Planujemy wyjazd do Paryża tego lata. **to plan a house** – projektować dom

plane [pleɪn] ❶ samolot; **to travel by plane** – podróżować samolotem ❷ płaszczyzna

planet ['plænɪt] planeta

plank [plæŋk] deska

plant¹ [plɑ:nt] roślina; **decorative plants** – rośliny dekoracyjne

plant² [plɑ:nt] zasadzić; *I planted my garden with rose-bushes.* – Zasadziłem w całym ogrodzie krzaki róż. *I planted roses in my garden.* – Zasadziłem róże w swoim ogrodzie.

plantation [plæn'teɪʃn] plantacja

plaster ['plɑ:stə] ❶ tynk ❷ gips; *His broken arm was in plaster for three weeks.* – Jego złamane ramię było w gipsie przez trzy tygodnie. **plaster of Paris** – gips sztukatorski ❸ plaster

plastic¹ ['plæstɪk] plastik; *The plate is made of plastic.* – Ten talerz jest zrobiony z plastiku.

plastic² ['plæstɪk] ❶ plastikowy; **plastic cups** – plastikowe filiżanki ❷ plastyczny; **plastic surgery** – chirurgia/ /operacja plastyczna; *Clay is a plastic substance.* – Glina jest masą plastyczną (dającą się łatwo kształtować).

plate [pleɪt] ❶ talerz; **a soup plate** – głęboki talerz; **dinner plate** – płaski talerz ❷ tabliczka, plakietka; **a door plate** – tabliczka na drzwiach; **a number plate** – tablica rejestracyjna

platform ['plætfɔ:m] ❶ peron; *Our train leaves from platform one.* – Nasz po-

p

ciąg odjeżdża z peronu pierwszego. ❷ podest, scena, podium

play[1] [pleı] ❶ bawić się; *The children are playing with the kitten.* – Dzieci bawią się z kotkiem. ❷ grać; **to play tennis** – grać w tenisa; **to play the piano** – grać na fortepianie; **to play cards** – grać w karty; **to play for money** – grać na pieniądze; *Who will play Hamlet?* – Kto zagra Hamleta? *I'll play my new cassette.* – Przegram//Puszczę swoją nową kasetę.

play[2] [pleı] ❶ gra, zabawa; *The children are at play.* – Dzieci się bawią. **fair play** – gra fair; **foul play** – gra nie fair; **rough play** – brutalna gra ❷ sztuka teatralna; **to present a play** – przedstawiać/wystawiać sztukę; **to produce/to put on/to stage a play** – wystawiać sztukę; *The play ran for two years on Broadway.* – Ta sztuka szła dwa lata na Broadwayu.

player ['pleıə] ❶ gracz; **a football player** – piłkarz ❷ muzyk; **the best player in the orchestra** – najlepszy muzyk w orkiestrze

playful ['pleıfυl] swawolny, chętny do zabawy, figlarny; **a playful kitten** – figlarny kotek

playground ['pleıgraυnd] plac zabaw, boisko

playing-cards ['pleııŋkɑ:dz] karty do gry

playing-field ['pleııŋfi:ld] boisko

plea [pli:] ❶ usilna prośba; *The president made a plea for peace.* – Prezydent zaapelował o pokój. ❷ obrona (*w sądzie*), oświadczenie (*złożone przez oskarżonego*) w sądzie; **to enter a plea of not guilty** – oświadczyć, że jest się niewinnym/nie przyznać się do winy

plead [pli:d] ❶ prosić, błagać; *He pleaded for more time.* – Błagał o więcej czasu. ❷ bronić sprawy w sądzie, argumentować; **to plead guilty** – przyznać się do winy; **to plead not guilty** – nie przyznać się do winy

pleasant ['pleznt] przyjemny; *It's pleasant to lie in the sun.* – Przyjemnie jest leżeć na słońcu. *She is a pleasant person to work with.* – Przyjemnie jest z nią pracować.

please[1] [pli:z] proszę (*zwrot grzecznościowy*); *Please, don't do that.* – Proszę, nie rób tego. *Some more tea? – Yes, please.* – Jeszcze trochę herbaty? – Tak, proszę. *May I use your phone? – Please, do.* – Czy mogę skorzystać z telefonu? – Proszę. *I'd like a glass of water, please.* – Proszę o szklankę wody.

please[2] [pli:z] ❶ sprawiać satysfakcję//przyjemność, zadowolić; *It pleased us to hear of your success.* – Ucieszyła nas wiadomość o twoim sukcesie. *She is difficult to please.* – Trudno jej dogodzić. ❷ chcieć, uważać za stosowne; *As you please.* – Jak chcesz. *I shall do as I please.* – Zrobię, jak będę uważał za stosowne.

pleased ['pli:zd] zadowolony; *I'm pleased to see you.* – Cieszę się, że cię widzę. *He was pleased with himself.* – Był zadowolony z siebie. *Are you pleased with your new job?* – Czy jesteś zadowolony ze swojej nowej pracy?

pleasure ['pleʒə] przyjemność; **with pleasure** – z przyjemnością; **to take pleasure in** – znajdować przyjemność w; *Some people take pleasure in fast driving.* – Niektórzy znajdują przyjemność w szybkiej jeździe. **for pleasure** – dla przyjemności; *It's a pleasure to teach these children.* – To przyjemność uczyć te dzieci. *The pleasure is mine.* – Cała przyjemność po mojej stronie.

plentiful ['plentıfυl] obfity, liczny; *Apples are plentiful at this time of the year.* – O tej porze roku jest obfitość jabłek.

plenty ['plentı] dużo, mnóstwo; *We have plenty of time.* – Mamy mnóstwo czasu. *She has plenty of friends.* – Ona ma mnóstwo przyjaciół.

pliers ['plaıəz] obcęgi

plot[1] [plɒt] ❶ zmowa, spisek; **a plot to rob a bank** – spisek w celu obrabowania banku ❷ fabuła, intryga (*powieści, filmu itp.*) ❸ działka, parcela; **a garden plot** – ogródek, działka

plot² [plɒt] (**-tt-**) spiskować, knuć; **to plot against the government** – spiskować przeciw rządowi

plough¹ [plaʊ] pług; **a snow plough** – pług śnieżny

plough² [plaʊ] orać; **to plough a field** – zaorać pole

plug¹ [plʌg] ❶ wtyczka do kontaktu ❷ zatyczka do wanny

plug² [plʌg] (**-gg-**) zatkać; **to plug a leak** – zatkać przeciek; **to plug in** – włączyć do kontaktu; *Plug in the lamp.* – Włącz lampę (do kontaktu).

plum [plʌm] śliwka

plumber ['plʌmə] hydraulik

plump [plʌmp] pulchny, grubiutki; *The baby was plump and healthy.* – Dziecko było grubiutkie i zdrowe.

plural ['plʊərəl] *gram.* mnogi, liczba mnoga; **the plural form of a noun** – liczba mnoga rzeczownika; **in the plural** – w liczbie mnogiej; *The plural of "child" is "children".* – Liczbą mnogą rzeczownika „child" jest „children".

plus [plʌs] plus; **the plus sign (+)** – znak plus; *Three plus two is five.* – Trzy plus dwa wynosi pięć. **to weigh the pluses and the minuses** – rozważyć plusy i minusy

p.m. [ˌpi:'em] (*łac.* post meridiem) po południu (*między dwunastą w południe a północą*); **at 10 p.m.** – o dziesiątej wieczór

pneumonia [nju:'məʊnjə] zapalenie płuc

P.O. Box [ˌpi:'əʊbɒks] skrytka pocztowa; **P.O. Box 262 Oxford** – skrytka pocztowa 262 Oxford

poach¹ [pəʊtʃ] kłusować, uprawiać kłusownictwo

poach² [pəʊtʃ] gotować jajko na parze/ /we wrzątku bez skorupki

poacher ['pəʊtʃə] kłusownik

pocket ['pɒkɪt] kieszeń; *I had to pay for it out of my own pocket.* – Musiałam za to zapłacić z własnej kieszeni. **to pick sb's pocket** – ukraść z kieszeni/ /torebki

pocketbook ['pɒkɪtbʊk] ❶ portfel ❷ *am.* torebka damska ❸ notes, notatnik

pocket-money ['pɒkɪtˌmʌnɪ] kieszonkowe

pod [pɒd] strąk

poem ['pəʊɪm] wiersz, poemat; **to compose a poem** – napisać wiersz; **to recite a poem** – wyrecytować wiersz

poet ['pəʊɪt] poeta

poetess ['pəʊɪtɪs] poetka

poetic [pəʊ'etɪk] poetycki

poetry ['pəʊɪtrɪ] poezja; **to write poetry** – pisać wiersze

point¹ [pɔɪnt] ❶ punkt; *Our team scored 2 points.* – Nasza drużyna zdobyła dwa punkty. **to lead by two points** – prowadzić dwoma punktami; **the decimal point** – przecinek (*przy podawaniu liczb dziesiętnych*); **2.5 (two point five)** – 2,5; *From my point of view...* – Z mojego punktu widzenia... *There are some points on which we don't agree.* – Jest parę punktów, w których się nie zgadzamy. *The petrol station is at the point where the two roads meet.* – Stacja benzynowa znajduje się u zbiegu dwóch ulic. *She reached the highest point of her career.* – Osiągnęła szczyt swojej kariery. **the boiling/the freezing point** – temperatura/punkt wrzenia/zamarzania ❷ cecha, strona; **the good and the bad points** – dobre i złe strony/wady i zalety ❸ sens, puenta, sedno sprawy; *There is no point in complaining.* – Nie ma sensu narzekać. *The point of going to school is to learn.* – Do szkoły chodzi się po to, by się uczyć. **to miss the point** – nie zrozumieć puenty/najważniejszej rzeczy; **to the point** – do rzeczy, trafny, dotyczący istoty sprawy; *Her explanations were clear and to the point.* – Jej objaśnienia były jasne i ujmowały sedno sprawy. **beside the point** – nie na temat/nie odnoszący się do sedna sprawy; *The* *point is that...* – Chodzi o to, że... ❹ punkt w czasie, moment; *At that point he refused to cooperate.* – W tym momencie on odmówił współpracy. *I was on the point of returning the money.* – Właśnie miałam zwrócić pieniądze. ❺ ostrze, czubek, koniec; *This pencil has a sharp point.* – Ten ołówek ma ostry koniec.

point[2] [pɔɪnt] wskazywać; *She pointed at me.* – Ona wskazała na mnie. **to point a gun at sb** – wymierzyć do kogoś z rewolweru; **to point out a mistake** – wytknąć błąd; **point out** – wskazać, zwrócić uwagę; *I must point out that the price is relatively low.* – Muszę zwrócić uwagę na to, że cena jest stosunkowo niska.

pointed ['pɔɪntɪd] ❶ ostry, spiczasty; **a sharp-pointed pencil** – zaostrzony ołówek ❷ wymowny, niedwuznaczny, aluzyjny; *She made some pointed remarks about his work.* – Zrobiła kilka wymownych uwag na temat jego pracy.

pointless ['pɔɪntlɪs] bezsensowny; *It's pointless to argue with him.* – Nie ma sensu z nim się sprzeczać. *What he said was pointless.* – To, co powiedział, było bez sensu.

poison[1] ['pɔɪzn] trucizna; **deadly poison** – śmiertelna trucizna

poison[2] ['pɔɪzn] otruć

poisoning ['pɔɪznɪŋ] zatrucie; **food poisoning** – zatrucie pokarmowe

poisonous ['pɔɪznəs] trujący, jadowity; *Some mushrooms are poisonous.* – Niektóre grzyby są trujące. *She gave me a poisonous look.* – Ona rzuciła mi jadowite spojrzenie.

poke [pəʊk] szturchnąć, grzebać, wetknąć; **to poke the fire** – pogrzebać w ogniu (*aby się lepiej palił*); *He poked his head through the window.* – Wsadził głowę przez okno. *He poked his hands into his pockets.* – Wetknął ręce do kieszeni.

poker ['pəʊkə] ❶ poker ❷ pogrzebacz

polar ['pəʊlə] polarny, biegunowy; **a polar expedition** – ekspedycja podbiegunowa; **a polar bear** – niedźwiedź polarny

polarity [pəʊ'lærətɪ] polarność, biegunowość

pole [pəʊl] ❶ biegun; **the North Pole** – biegun północny; **the South Pole** – biegun południowy; **a magnetic pole** – biegun magnetyczny; **a negative/ /a positive pole** – biegun ujemny/dodatni; *Our opinions are at opposite poles.* – Nasze opinie są biegunowo różne. ❷ tyczka, słup, słupek; **a flag pole** – maszt; **a telegraph pole** – słup telegraficzny

police [pə'li:s] policja (*w j. ang. zawsze w l.mn. – the police = they*); *The police are still looking for the murderer.* – Policja ciągle szuka mordercy.

policeman [pə'li:smən] (*l.mn.* **policemen** [pə'li:smən]) policjant

police officer [pə'li:s,ɒfisə] policjant, oficer policji

police-station [pə'li:s,steɪʃn] posterunek policji

policewoman [pə'li:s,wʊmən] (*l.mn.* **policewomen** [pə'li:s,wɪmɪn]) policjantka

policy ['pɒləsɪ] (*l.mn.* **policies**) ❶ polityka, kierunek postępowania, kurs; *What is the government policy on education?* – Jaka jest polityka rządowa w dziedzinie edukacji? *It is the company's policy that all the workers should be well paid.* – Zgodnie z polityką/taktyką przedsiębiorstwa, wszyscy pracownicy powinni być dobrze opłacani. ❷ polisa; **an insurance policy** – polisa ubezpieczeniowa

polish[1] ['pɒlɪʃ] polerować, froterować, nadawać połysk; **to polish shoes** – czyścić buty; **to polish the floor** – froterować podłogę

polish[2] ['pɒlɪʃ] pasta (*do polerowania*); **shoe polish** – pasta do obuwia; **furniture polish** – pasta/wosk do mebli

polite [pə'laɪt] grzeczny, uprzejmy, dobrze wychowany; *It wouldn't be polite to refuse that invitation.* – Niegrzecznie byłoby odrzucić to zaproszenie.

politely [pə'læɪtlɪ] grzecznie, uprzejmie; *He thanked us politely.* – Uprzejmie nam podziękował.

politeness [pə'laɪtnɪs] grzeczność, uprzejmość

political [pə'lɪtɪkl] polityczny; **political views** – poglądy polityczne; **political prisoners** – więźniowie polityczni; **political asylum** – azyl polityczny

politician [ˌpɒlɪ'tɪʃn] polityk

politics ['pɒlɪtɪks] polityka; **to discuss politics** – dyskutować o polityce; *He is studying politics.* – On studiuje nauki polityczne. **to go into politics** – zająć się karierą polityczną/polityką

poll [pəʊl] ❶ głosowanie; **the results of the poll** – wyniki głosowania; **to go to the polls** – iść głosować (do urn); **a light/a heavy poll** – mała/duża frekwencja wyborcza ❷ obliczanie głosów, badanie opinii publicznej; **to conduct a poll among students** – prowadzić badania opinii publicznej wśród studentów; **a Gallup poll** – ośrodek badania opinii publicznej Gallupa

pollute [pə'lu:t] zanieczyszczać, zatruwać; *The factory polluted the river.* – Fabryka spowodowała zanieczyszczenie rzeki.

pollution [pə'lu:ʃn] zanieczyszczenie; **water pollution** – zanieczyszczenie wody; **environmental pollution** – zanieczyszczenie środowiska

polytechnic [ˌpɒlɪ'teknɪk] politechnika

pond [pɒnd] staw

pony ['pəʊnɪ] (*l.mn.* **ponies**) mały koń, kucyk

pool[1] [pu:l] ❶ sadzawka, kałuża; *There were pools of water on the road.* – Na drodze były kałuże wody. *He was lying in a pool of blood.* – Leżał w kałuży krwi. ❷ basen; *He dived into the pool.* – On skoczył na głowę do basenu. **a swimming-pool** – basen pływacki ❸ pula, wspólny fundusz

pool[2] [pu:l] stworzyć wspólny fundusz, zgromadzić pieniądze; *They pooled their money to buy a car.* – Oni złożyli się, żeby kupić samochód.

pools [pu:lz] totalizator, zakłady sportowe; **the football pools** – zakłady piłkarskie; **to win money on the pools** – wygrać pieniądze w zakładach

poor [pʊə] ❶ biedny; *They are too poor to go on holiday.* – Oni są zbyt biedni, żeby pojechać na wakacje. *That poor man has lost his wife.* – Ten biedny człowiek stracił żonę. ❷ zły, słaby; **poor eyesight** – słaby wzrok; **poor health** – złe/słabe zdrowie; **a poor supply of food** – złe/niedostateczne zaopatrzenie w żywność; **poor salary** – kiepskie zarobki

poorly ['pʊəlɪ] źle, słabo; *He is poorly paid.* – On jest źle opłacany.

pop[1] [pɒp] (**-pp-**) ❶ rozerwać się z trzaskiem, pęknąć, strzelić; *The champagne cork popped loudly.* – Korek od szampana głośno wystrzelił. ❷ powodować rozerwanie; **to pop a balloon** – spowodować rozerwanie balonu, przekłuć balon ❸ *pot.* skoczyć, pójść; *I'll pop round to the shop to buy some tea.* – Skoczę do sklepu po herbatę. ❹ wsunąć, wetknąć; *She popped her head round the door to say "hello".* – Wsunęła głowę w drzwi, żeby powiedzieć „dzień dobry".

◆ **pop in** – wstąpić, wpaść (*z krótką wizytą*)

◆ **pop up** – pojawić się niespodziewanie

pop[2] [pɒp] muzyka pop; **a pop singer** – piosenkarz pop; **a pop group** – zespół muzyki pop

pop[3] [pɒp] odgłos wystrzału, trzask; *The baloon burst with a loud pop.* – Balon rozerwał się z głośnym trzaskiem.

pope [pəʊp] papież

poppy ['pɒpɪ] (*l.mn.* **poppies**) mak (*kwiat*)

poppy-seed ['pɒpɪsi:d] mak (*nasienie*)

popular ['pɒpjʊlə] popularny; *"Margaret" is a very popular name.* – „Małgorzata" jest bardzo popularnym imieniem. **a popular science magazine** – magazyn popularnonaukowy; *The teacher is very popular with the* *students.* – Ten nauczyciel jest bardzo lubiany przez studentów/popularny wśród studentów.

popularity [ˌpɒpjʊ'lærətɪ] popularność; **to gain/to win popularity** – zyskać/ /zdobyć popularność

popular music ['pɒpjʊlə ˌmju:zɪk] muzyka pop

populate ['pɒpjʊleɪt] zaludnić; **densely populated regions** – regiony/obszary gęsto zaludnione

population [ˌpɒpjʊ'leɪʃn] ❶ zaludnienie, ludność; *What's the population of your country?* – Jakie jest zaludnienie w twoim kraju? **dense/sparse population** – gęste/słabe zaludnienie ❷ populacja, ludność; *The government has the support of the entire population.* – Rząd ma poparcie całej ludności.

porcelain ['pɔ:slɪn] porcelana

porch [pɔ:tʃ] ganek, weranda

pork [pɔ:k] wieprzowina; **roast pork** – pieczona wieprzowina

porridge ['pɒrɪdʒ] owsianka

port¹ [pɔ:t] port; *The ship will come into port tomorrow.* – Jutro statek zawinie do portu. *The ship left port yesterday.* – Statek wypłynął z portu wczoraj. **a port of call** – port pośredni (*do którego zawija statek po drodze*); *Our next port of call is Piraeus.* – Naszym następnym portem będzie Pireus.

port² [pɔ:t] porto (*rodzaj mocnego czerwonego wina pochodzącego z Portugalii*)

portable ['pɔ:təbl] przenośny; **a portable radio** – przenośne radio; **a portable typewriter** – maszyna do pisania typu portable

porter ['pɔ:tə] ❶ bagażowy ❷ portier

porthole ['pɔ:thəʊl] iluminator (*okrągłe okienko na statku*)

portion ['pɔ:ʃn] ❶ część, partia, udział; **to pay back a portion of a loan** – spłacić część długu ❷ porcja

portrait ['pɔ:trɪt] portret; **to sit for one's portrait** – pozować do portretu

position¹ [pə'zɪʃn] ❶ miejsce; **in position** – na miejscu; *The players were in position.* – Gracze zajęli swoje miejsca. ❷ pozycja; *He was sitting in an uncomfortable position.* – Siedział w niewygodnej pozycji. **to assume/to take a position** – przybrać pozycję; **to negotiate from a position of strength** – negocjować z pozycji siły; **to have a high/a low position in society** – mieć wysoką/niską pozycję w społeczeństwie ❸ sytuacja; *He is in a difficult position.* – On jest w trudnej sytuacji. ❹ posada; **to apply for a position of a teacher** – ubiegać się o posadę nauczyciela; **a permanent/ /temporary position** – stała/tymczasowa posada

position² [pə'zɪʃn] ustawić, umieścić, ulokować; *He positioned himself next to the door.* – Ustawił się blisko drzwi.

positive ['pɒzətɪv] ❶ pewny, nie budzący wątpliwości, zdecydowany; *I want a positive answer.* – Chcę zdecydowanej odpowiedzi. *Are you positive that he took the car?* – Czy jesteś pewna, że wziął samochód? ❷ istny, prawdziwy; *It's a positive scandal.* – To istny skandal. ❸ konstruktywny, pozytywny; **positive criticism** – konstruktywna krytyka ❹ dodatni; **a positive number** – liczba dodatnia; **a positive charge** – dodatni ładunek ❺ dotyczący pozytywu (*w fotografii*) ❻ pozytywny (*o wyniku testów medycznych wskazujących obecność np. bakterii*); *Your tests are positive.* – Pańskie testy wykazują, że podejrzenia się potwierdziły. **Rh-positive** – Rh(+)

positively ['pɒzətɪvlɪ] ❶ dodatnio; **positively charged** – dodatnio naładowany ❷ stanowczo, z całym przekonaniem; *She positively assured me that there would be no side effects.* – Zapewniła mnie z całym przekonaniem, że nie będzie skutków ubocznych. ❸ dosłownie; *He was positively furious.* – Był dosłownie wściekły.

possess [pə'zes] ❶ posiadać, mieć; *He has lost all he possessed.* – Stracił wszystko, co posiadał. ❷ opętać; *He is possessed by the idea that there is a plot against him.* – Opętała go myśl, że organizuje się przeciw niemu spisek.

possession [pə'zeʃn] ❶ posiadanie; *He is in possession of some important information.* – On jest w posiadaniu ważnych informacji. *How did it come into your possession?* – Jak wszedłeś w posiadanie tego?/Jak to trafiło do twoich rąk? ❷ **possesions** – posiadane rzeczy, majątek; *They lost all their possessions during the war.* – Stracili cały majątek w czasie wojny.

possibility [,pɒsə'bɪlətɪ] (*l.mn.* **possibilities**) możliwość; **to rule out/to exclude a possibility** – wykluczyć możliwość; *Is there any possibility of your going abroad this year?* – Czy jest jakakolwiek możliwość twojego wyjazdu za granicę w tym roku? *He is a man of great possibilities.* – On jest człowiekiem o wielkich możliwościach.

possible ['pɒsəbl] możliwy; **as soon as possible** – jak najszybiej, tak szybko, jak to tylko możliwe; **a possible explanation** – możliwe wytłumaczenie; *Is it possible to book a seat on the plane?* – Czy można zarezerwować miejsce w samolocie?

possibly ['pɒsəblɪ] ❶ możliwie, prawdopodobnie; *Possibly it will be ready tomorrow.* – Prawdopodobnie będzie to gotowe na jutro. ❷ jak tylko jest możliwe; *I can't possibly help you.* – Nie mogę ci w żaden sposób pomóc. *I'll come as soon as I possibly can.* – Przyjdę tak szybko, jak tylko będę mógł.

p

post¹ [pəʊst] ❶ słup, pal, filar; **a lamp post** – latarnia; **a signpost** – drogowskaz ❷ poczta, przesyłki pocztowe, korespondencja; *Has the post arrived?* – Czy była już poczta? **to send a parcel by post** – wysłać paczkę pocztą; *There was a big post this morning.* – Dzisiaj było dużo listów. ❸ posada, pozycja, stanowisko; **a teaching post** – stanowisko nauczyciela ❹ stanowisko, posterunek; **an observation post** – punkt obserwacyjny; *The guards were ordered not to leave their posts.* – Strażnicy mieli rozkaz nie opuszczać swych posterunków.

post² [pəʊst] ❶ wysłać pocztą; *She posted the book to me.* – Przesłała mi książkę pocztą. *The letter was posted from London.* – List był wysłany z Londynu. ❷ wysłać służbowo, oddelegować; *He was posted to Washington.* – On został oddelegowany do Waszyngtonu.

postage ['pəʊstɪdʒ] opłata pocztowa, porto; *What's the postage for an air letter?* – Jaka jest opłata za list lotniczy?

postage stamp ['pəʊstɪdʒ stæmp] znaczek pocztowy

postal ['pəʊstl] pocztowy; **postal charges** – opłaty pocztowe

postal code ['pəʊstl,kəʊd] kod pocztowy

postal order ['pəʊstl ,ɔ:də] rodzaj pieniężnego przekazu pocztowego

post-box ['pəʊstbɒks] skrzynka pocztowa

postcard ['pəʊstkɑ:d] karta pocztowa

postcode ['pəʊskəʊd] kod pocztowy

post-free [,pəʊst'fri:] wolny od opłaty pocztowej

poster ['pəʊstə] plakat, afisz

post-graduate [,pəʊst'grædjʊət] podyplomowy; **a post-graduate course** – studia podyplomowe

postman ['pəʊstmən] (*l.mn.* **postmen** ['pəʊstmən]) listonosz

postmaster ['pəʊst,mɑ:stə] naczelnik poczty

post office ['pəʊst ,ɒfɪs] poczta, urząd pocztowy

post office box ['pəʊst ɒfɪs bɒks] skrytka pocztowa

postpone [,pəʊs'pəʊn] odłożyć na później, odroczyć; *The meeting has been postponed until Wednesday.* – Zebranie zostało odroczone do środy. *They postponed leaving because of the weather.* – Odłożyli wyjazd z powodu pogody.

pot [pɒt] ❶ garnek (*do gotowania*); *Put all the ingredients in a pot and boil it for an hour.* – Włóż wszystkie składniki do garnka i gotuj przez godzinę. **pots and pans** – garnki; *You will need pots and pans for the kitchen.* – Potrzebujesz jeszcze garnków do kuchni. ❷ garnek (pojemnik) z gliny lub ceramiki; **a pot of honey** – garnek miodu; **a teapot** – czajniczek do herbaty; **a coffee-pot** – dzbanek do kawy; **a flower-pot** – doniczka ❸ **pots of** – mnóstwo, duża ilość; *They have pots of money.* – Mają mnóstwo pieniędzy.

potato [pə'teɪtəu] (*l.mn.* **potatoes** [pə'teɪtəuz]) ziemniak

potential¹ [pəu'tenʃl] potencjalny

potential² [pəu'tenʃl] potencjał

pot plant ['pɒt plɑ:nt] roślina doniczkowa

pottery ['pɒtərɪ] ❶ naczynia gliniane/ /fajansowe/porcelitowe ❷ garncarstwo

poultry ['pəultrɪ] drób

pound [paund] ❶ funt (*miara wagi = 0,45 kg*); **1 lb/one pound** – jeden funt; **2 lbs/two pounds** – dwa funty ❷ funt szterling; **£500/five hundred pounds** – pięćset funtów szterlingów

pour [pɔ:] ❶ nalać, wlać, lać; *She poured herself some tea.* – Nalała sobie trochę herbaty. *He poured wine into my glass.* – Nalał wina do mojego kieliszka. *Tears poured down her cheeks.* – Łzy spływały po jej policzkach. ❷ **/pour down** (*o deszczu*) – lać; *The rain poured down for hours.* – Deszcz lał godzinami.

poverty ['pɒvətɪ] bieda, ubóstwo; **to live in poverty** – żyć w biedzie

powder¹ [paudə] proszek; **baking powder** – proszek do pieczenia; **soap powder** – proszek do prania; **gunpowder** – proch strzelniczy; **face powder** – puder (*do twarzy*)

powder² ['paudə] upudrować; *She powdered her face.* – Upudrowała sobie twarz.

powdered ['paudəd] ❶ sproszkowany, w proszku; **powdered milk** – mleko w proszku ❷ upudrowany

power [pauə] ❶ moc, możliwość, możność; *I'll do everything in my power.* – Zrobię wszystko, co w mojej mocy. *It was not in my power to help you.* – Nie było w mojej mocy pomóc ci. ❷ siła, energia, moc; **electric power** – energia elektryczna; **power station** – elektrownia; **power point** – gniazdko elektryczne; **the power of a blow** – siła uderzenia ❸ potęga; *The press is a great power in any country.* – Prasa stanowi wielką potęgę w każdym kraju. **a world power** – potęga światowa, mocarstwo światowe; *The United States of America and China are world powers.* – USA i Chiny są światowymi potęgami. ❹ *mat.* potęga; **to raise to a power** – podnieść do potęgi; **to raise x to the third power (x^3)** – podnieść x do trzeciej potęgi; **x to the power of 3 (x^3)** – x do trzeciej potęgi ❺ władza; **to be in power** – być u władzy; **the party in power** – partia u władzy; **to come into power** – dojść do władzy; *In Britain the Prime Minister has the power to dissolve parliament.* – W Wielkiej Brytanii premier jest władny rozwiązać parlament.

powerful ['pauəful] potężny, silny, mocny; **a powerful enemy** – potężny nieprzyjaciel; **a powerful drug** – silny narkotyk

powerless ['pauəlɪs] bezsilny

practicable ['præktɪkəbl] wykonalny, możliwy do wykonania

practical ['præktɪkl] praktyczny; *Your idea has no practical value.* – Twój pomysł nie ma wartości praktycznej. **practical experience** – doświadczenie, praktyka

practically ['præktɪklɪ] ❶ faktycznie, prawie, właściwie; *We've had practically no snow this winter.* – Właściwie nie mieliśmy śniegu tej zimy. ❷ praktycznie

practice ['præktɪs] ❶ praktyka, stosowanie w praktyce; *Dr Grey has a private practice.* – Dr Grey ma praktykę prywatną. **in practice** – w praktyce; *Your idea may never work in practice.* – Twój pomysł może się nie sprawdzić w praktyce. **to put theory into practice** – wprowadzić teorię w życie/zastosować teorię w praktyce ❷ ćwiczenia praktyczne, wprawa; *It takes a lot of practice to learn to play the piano well.* – Trzeba dużo ćwiczyć, żeby nauczyć się dobrze grać na pianinie. **to be out of practice** – wyjść z wprawy

practise ['præktɪs] ❶ praktykować, stosować w praktyce; **to practise medicine/law** – praktykować jako lekarz/ /jako adwokat; **to practise getting up early** – praktykować wczesne wstawanie; **a practising Catholic** – praktykujący katolik ❷ ćwiczyć; **to practise playing the piano** – ćwiczyć grę na pianinie

praise[1] [preɪz] wychwalać, pochwalić; *The teacher praised Betty for her excellent work.* – Nauczyciel pochwalił Betty za znakomitą pracę.

praise[2] [preɪz] pochwała; **to earn praise** – zasłużyć na pochwałę

pram [præm] / **perambulator** [pə'ræmbjʊleɪtə] wózek dziecinny

pray [preɪ] modlić się; *They knelt down and prayed.* – Uklękli i modlili się.

prayer [preə] modlitwa; **to say a prayer** – odmówić modlitwę; *Our prayers were answered.* – Nasze modlitwy zostały wysłuchane.

p

preach [pri:tʃ] wygłaszać kazanie

preacher ['pri:tʃə] kaznodzieja

precaution [prɪ'kɔ:ʃn] środek ostrożności, ostrożność; **to take precautions against sth** – przedsięwziąć środki ostrożności przed czymś

precious ['preʃəs] cenny, drogocenny, kosztowny; *He is very careful about his precious possessions.* – On obchodzi się bardzo ostrożnie ze swoimi cennymi przedmiotami.

precious metals [ˌpreʃəs 'metlz] metale szlachetne

precious stones [ˌpreʃəs 'stəʊnz] kamienie szlachetne

precipice ['presɪpɪs] przepaść; **on the edge of a precipice** – na skraju przepaści; **to fall over a precipice** – spaść w przepaść

précis ['preɪsi:] streszczenie

precise [prɪ'saɪs] precyzyjny, dokładny, ścisły; **precise measurements** – dokładne pomiary; **precise information** – dokładna informacja; **at the precise moment** – dokładnie w tym momencie; **a precise worker** – dokładny/ /skrupulatny pracownik

precisely [prɪ'saɪslɪ] ❶ dokładnie, ściśle; *We arrived precisely at 9 o'clock.* – Przybyliśmy dokładnie o 9. ❷ właśnie, dokładnie; *You think you are right? – Precisely.* – Myślisz, że masz rację? – Dokładnie (tak myślę).

precision [prɪ'sɪʒn] precyzja, ścisłość, dokładność

predator ['predətə] drapieżnik

predatory ['predətərɪ] drapieżny; *A tiger is a predatory animal.* – Tygrys jest zwierzęciem drapieżnym.

predict [prɪ'dɪkt] przewidzieć, przepowiedzieć; *The scientists can predict earthquakes.* – Naukowcy potrafią przewidzieć trzęsienia ziemi.

prediction [prɪ'dɪkʃn] przewidywanie, przepowiednia; **to make a prediction** – przepowiedzieć; *His predictions have come true.* – Jego przewidywania się sprawdziły.

prefer [prɪ'fɜ:] woleć; *Which do you prefer coffee or tea?* – Co wolisz, kawę czy herbatę? *I prefer skiing to skating.* – Wolę jeździć na nartach niż na łyżwach. *I prefer to read a book rather than to watch TV.* – Wolę poczytać książkę niż oglądać telewizję.

preferable ['prefrəbl] (bardziej) wskazany, lepszy, bardziej pożądany; *She finds travelling by train preferable to* *driving.* – Ona woli podróżować pociągiem niż samochodem.

preferably ['prefrəblı] raczej, najlepiej, chętniej; *Leave as soon as possible, preferably today.* – Wyjedź jak najprędzej, najlepiej dzisiaj.

preference ['prefrəns] ❶ przedkładanie (*jednej rzeczy nad drugą*), preferencja; *It's a matter of personal preference.* – To jest sprawa tego, co kto lubi. *She has a preference for classical music.* – Ona woli muzykę klasyczną. *She chose a flat in the centre in preference to a house in the suburbs.* – Wybrała mieszkanie w centrum, woląc je od domu na przedmieściu. ❷ pierwszeństwo; *We give preference to people with large families.* – Dajemy pierwszeństwo osobom z dużymi rodzinami.

prefix ['pri:fıks] *gram.* przedrostek

pregnancy ['pregnənsı] ciąża

pregnant ['pregnənt] w ciąży, ciężarna

prejudice ['predʒʊdıs] uprzedzenie, nieprzychylność; *Some people have a deep prejudice against new ideas.* – Niektórzy ludzie mają głębokie uprzedzenia/są źle nastawieni w stosunku do nowych idei/pomysłów. **free from prejudice** – wolny od uprzedzeń, bezstronny

prejudiced ['predʒʊdıst] uprzedzony, mający uprzedzenia, źle nastawiony; **a prejudiced judgement** – stronniczy osąd

preparation [ˌprepə'reıʃn] przygotowanie; **to make preparations for a journey** – robić przygotowania do podróży; *The book is in preparation.* – Książka jest w przygotowaniu.

prepare [prı'peə] przygotowywać; *She is preparing lunch.* – Ona przygotowuje lunch. *They are preparing for the exam.* – Oni przygotowują się do egzaminu. *They prepared themselves for unpleasant news.* – Przygotowali się na nieprzyjemną wiadomość. *Parents should prepare children to cope with life.* – Rodzice powinni przygotowywać dzieci do radzenia sobie w życiu.

preposition [ˌprepə'zıʃn] *gram.* przyimek; *"On, to, in, with" are prepositions.* – „Na, do, w, z" są przyimkami.

prescribe [prı'skraıb] przepisać, zaordynować lekarstwo; **to prescribe a medicine** – przepisać lekarstwo

prescription [prı'skrıpʃn] recepta; **by prescription only** – tylko na receptę; **to obtain a drug on a doctor's prescription** – otrzymać lek na receptę lekarza; *His prescription for economic recovery is unrealistic.* – Jego recepta na uzdrowienie gospodarcze jest nierealna.

presence ['prezns] ❶ obecność; *Your presence is requested at the meeting.* – Prosi się o pańską obecność na zebraniu. *We can't discuss it in her presence.* – Nie możemy o tym rozmawiać w jej obecności. **presence of mind** – przytomność umysłu ❷ prezencja, postawa

present¹ ['preznt] obecny; *Is everybody present?* – Czy wszyscy są obecni? **my present job** – moja obecna praca; **the present government** – obecny rząd; **the present tense** – *gram.* czas teraźniejszy

present² [prı'zent] ❶ dać, wręczyć; *The Chairman presented the prizes to winners.* – Przewodniczący wręczył nagrody zwycięzcom. *He presented her with a bunch of roses.* – Wręczył jej bukiet róż. ❷ przedstawić; *I was presented to the rest of the staff.* – Zostałam przedstawiona pozostałym pracownikom. *It presents no problem to me.* – To nie jest dla mnie żadnym problemem. ❸ zaprezentować, przedstawić; *The BBC will present a special program next week.* – W przyszłym tygodniu BBC przedstawi specjalny program. ❹ prezentować; *Present arms!* – Prezentuj broń!

present³ ['preznt] prezent; **a birthday present** – prezent urodzinowy

present[4] ['preznt] teraźniejszość; **at present** – teraz, obecnie; **for the present** – na razie

presentation [ˌprezn'teɪʃn] ❶ przedstawienie, wystawienie; **the presentation of a new musical** – wystawienie nowego musicalu ❷ wręczenie; **the presentation of prizes** – wręczenie nagród ❸ prezentacja, przedstawienie

presenter [prɪ'zentə] prezenter

presently ['prezntlɪ] za chwilę, wkrótce, niebawem; *The manager will see you presently.* – Kierownik za chwilę pana przyjmie.

preservation [ˌprezə'veɪʃn] zachowanie, utrzymanie; *The painting is in a good state of preservation.* – Obraz jest zachowany w dobrym stanie. **the preservation of health** – utrzymywanie/zachowanie zdrowia; **the preservation of democracy** – zachowanie demokracji

preservative [prɪ'zɜ:vətɪv] środek konserwujący; *This product is free from artificial preservatives.* – Ten produkt nie zawiera sztucznych środków konserwujących.

preserve[1] [prɪ'zɜ:v] ❶ zachować; *Only few of his paintings are preserved.* – Tylko nieliczne z jego obrazów są zachowane. ❷ chronić; **to preserve the environment from pollution** – chronić środowisko przed zanieczyszczeniem

preserve[2] [prɪ'zɜ:v] ❶ przetwory (*np. konfitura, dżem*), konserwy; *She is making strawberry preserve at the moment.* – Ona właśnie robi konfiturę z truskawek. ❷ rezerwat

p

preside [prɪ'zaɪd] przewodniczyć; **to preside over a meeting** – przewodniczyć zebraniu

president ['prezɪdənt] prezydent; **to be elected president** – być wybranym na prezydenta

presidential [ˌprezɪ'denʃl] prezydencki; **the presidential election** – wybory prezydenckie; **the presidential campaign** – kampania prezydencka

press[1] [pres] ❶ *techn.* prasa; **hydraulic press** – prasa hydrauliczna; **a printing press** – prasa drukarska; ❷ **the press** – prasa (*gazety, tygodniki itp.*); **the freedom of the press** – wolność prasy; **the daily press** – prasa codzienna; **to have a good/a bad press** – mieć dobrą/złą prasę; *The book had a good press.* – Książka miała przychylne recenzje. ❸ prasowanie; *Your jacket needs a press.* – Twój żakiet wymaga prasowania.

press[2] [pres] ❶ nacisnąć; *You must press the button.* – Musisz nacisnąć guzik. ❷ wywierać nacisk, naciskać; *They pressed me to agree to a compromise.* – Naciskali na mnie, żebym zgodził się na kompromis. ❸ wycisnąć; **to press the juice out of oranges** – wycisnąć sok z pomarańczy ❹ prasować; *I must press my skirt.* – Muszę uprasować spódnicę.

pressure ['preʃə] ❶ nacisk, presja; **to be under pressure** – być pod naciskiem; *He was under pressure to resign.* – Był pod presją, żeby złożyć rezygnację. **to put/to exert pressure on sb** – wywrzeć na kogoś nacisk; *They put pressure on him to agree.* – Oni wywarli na niego nacisk, żeby się zgodził. ❷ ciśnienie; **blood pressure** – ciśnienie krwi; **high/low pressure** – wysokie/niskie ciśnienie; *He suffers from high blood pressure.* – On ma wysokie ciśnienie krwi. **atmospheric pressure** – ciśnienie atmosferyczne; *The atmospheric pressure is falling.* – Ciśnienie atmosferyczne spada.

pressure group ['preʃəgru:p] grupa nacisku

prestige [pre'sti:ʒ] prestiż

presume [prɪ'zju:m] przypuszczać, wnioskować

pretence [prɪ'tens] pozór, udawanie; *She made a pretence of working.* – Ona stwarzała pozory, że pracuje. *I have no pretence to being an expert.* – Nie chcę stwarzać pozorów, że jestem ekspertem. **under false pretences** – pod fałszywym pozorem

pretend [prɪ'tend] udawać; *She pretended not to notice.* – Udawała, że nie zauważa.

pretext ['pri:tekst] pretekst, wymówka; **to find a pretext** – znaleźć pretekst; **under/on the pretext of** – pod pretekstem; *He came under the pretext of asking for advice.* – Przyszedł pod pretekstem, że chce się spytać o radę.

pretty¹ ['prɪtɪ] całkiem, dosyć; *It's pretty cold outside.* – Jest całkiem zimno na dworze. *It's pretty good.* – To całkiem dobre. **pretty well** – prawie; *I've pretty well finished.* – Prawie skończyłem.

pretty² ['prɪtɪ] **(-ier, -iest)** ładny; **a pretty girl** – ładna dziewczyna; *We are in a pretty mess.* – Jesteśmy w ładnych tarapatach. *It cost a pretty penny.* – To kosztowało ładny grosz.

prevent [prɪ'vent] zapobiegać, nie dopuszczać, przeszkodzić; *How can we prevent crime?* – Jak możemy zapobiegać przestępczości? *We must prevent young people (from) taking drugs.* – Musimy zapobiegać temu, by młodzież się narkotyzowała/brała narkotyki.

prevention [prɪ'venʃn] zapobieganie; **the prevention of crime** – zapobieganie przestępczości

previous ['pri:vjəs] poprzedni; *I mentioned that on a previous occasion.* – Wspomniałem to poprzednim razem. *He said she had left the previous day.* – Powiedział, że wyjechała poprzedniego dnia.

previously ['pri:vjəslɪ] poprzednio, przedtem; *Where did you work previously?* – Gdzie pan pracował poprzednio?

prey [preɪ] zdobycz, łup, żer, ofiara; **a beast/a bird of prey** – zwierzę drapieżne/ptak drapieżny; **to fall prey to** – stać się ofiarą/pastwą; **easy prey** – *przen.* łatwa zdobycz

price [praɪs] cena, koszt; *The prices are going up.* – Ceny rosną. *She wanted to know the price of the house.* – Chciała się dowiedzieć, jaka jest cena domu. **to sell/to buy sth at a certain price** – sprzedać/kupić coś za pewną cenę

prick¹ [prɪk] przekłuć, ukłuć; **to prick a balloon** – przekłuć balon; *She pricked her finger with a pin.* – Ukłuła się w palec szpilką.

prick² [prɪk] ukłucie, przekłucie

prickle¹ ['prɪkl] kolec, cierń

prickle² [prɪkl] ukłuć

prickly ['prɪklɪ] kłujący, ciernisty

pride [praɪd] duma; **to hurt sb's pride** – zranić czyjąś dumę; **to take pride in sth** – być dumnym z czegoś, szczycić się czymś; *They take great pride in their children.* – Są bardzo dumni ze swoich dzieci. *The little girl is her mother's pride and joy.* – Ta mała dziewczynka jest dumą i radością swojej matki.

priest [pri:st] ksiądz

primary ['praɪmərɪ] ❶ główny, najważniejszy; **the decision of primary importance** – decyzja wielkiej wagi/ /o fundamentalnym znaczeniu ❷ pierwotny, początkowy; **the primary stages of a disease** – początkowe stadia choroby

primary school ['praɪmərɪ sku:l] szkoła podstawowa (*od 5 do 11 lat*)

prime [praɪm] szczyt, rozkwit, pełnia; **in the prime of life** – w kwiecie wieku

prime meridian [,praɪm mə'rɪdɪən] południk zerowy

prime minister [,praɪm 'mɪnɪstə] premier

primrose ['prɪmrəʊz] *bot.* pierwiosnek

prince [prɪns] książę

princess [prɪn'ses] księżniczka

principal¹ ['prɪnsəpl] główny, najważniejszy; *His principal interest is...* – Jego głównym zainteresowaniem jest...

principal² ['prɪnsəpl] dyrektor szkoły

principality [,prɪnsɪ'pælətɪ] księstwo

principally ['prɪnsəpəlɪ] głównie, przede wszystkim

principle ['prɪnsəpl] zasada; *He is a man of strong principles.* – On jest człowiekiem o mocnych zasadach. **moral**

principles – zasady moralne; **in principle** – w zasadzie; **on principle** – z zasady, dla zasady; *He doesn't drink on principle.* – On z zasady nie pije. *This machine works on the same principle.* – Ta maszyna działa na tej samej zasadzie. **the principles of geometry** – zasady geometrii

print¹ ['prɪnt] ❶ drukować; *They printed ten thousand copies of the novel.* – Wydrukowano 10 tysięcy egzemplarzy powieści. ❷ pisać drukowanymi literami; *Please print your name.* – Proszę napisać nazwisko drukowanymi literami. ❸ odcisnąć; *The mark was clearly printed in sand.* – Ślad był wyraźnie odciśnięty na piasku.

print² [prɪnt] ❶ druk; *The book is in large/small print.* – Ta książka jest wydana grubym/drobnym drukiem. *I haven't seen the story in print.* – Nie widziałem w druku tego opowiadania. *The book is out of print.* – Nakład książki jest wyczerpany. ❷ odcisk, ślad; **a footprint** – ślad stopy; **a fingerprint** – odcisk palca ❸ sztych, rycina; *He has a collection of old prints.* – On ma kolekcję starych sztychów.

printer ['prɪntə] ❶ drukarz ❷ drukarka komputerowa

printing press ['prɪntɪŋ ˌpres] maszyna drukarska, prasa drukarska

priority [praɪ'ɒrətɪ] pierwszeństwo, priorytet; *Providing housing for homeless people is our top priority.* – Zapewnienie mieszkań dla bezdomnych jest naszym głównym priorytetem. **to have priority over sb** – mieć pierwszeństwo przed kimś

p

prison ['prɪzn] więzienie; **to go to prison** – pójść do więzienia; **to be sentenced to prison** – być skazanym na więzienie; **to be released from prison** – być wypuszczonym z więzienia

prisoner ['prɪznə] ❶ więzień ❷ jeniec; **to take sb prisoner** – wziąć kogoś do niewoli (*jako jeńca*); **to keep sb prisoner** – trzymać kogoś w niewoli (*jako jeńca*); **a prisoner of war** – jeniec wojenny

privacy ['praɪvəsɪ] ❶ odosobnienie, prywatność; *We must talk in privacy.* – Musimy porozmawiać na osobności. ❷ życie prywatne (osobiste); *She said that the press had invaded her privacy.* – Powiedziała, że prasa wtargnęła do jej życia prywatnego.

private ['praɪvɪt] ❶ prywatny; **a private hospital** – szpital prywatny; **a private school** – szkoła prywatna; **private enterprise** – prywatna inicjatywa ❷ osobisty; **a private letter** – list osobisty; **a private adress** – adres domowy; *We must talk in private.* – Musimy porozmawiać na osobności. *We must keep it private.* – Nie możemy tego rozgłaszać.

privilege ['prɪvəlɪdʒ] ❶ przywilej; *The oldest boys have the privilege of going to bed late.* – Najstarsi chłopcy mają przywilej chodzenia późno spać. **the privileges of birth** – przywileje nabyte z racji urodzenia ❷ zaszczyt, satysfakcja; *It was a privilege to hear him play.* – Słuchanie jak grał było prawdziwą satysfakcją.

privileged ['prɪvəlɪdʒd] uprzywilejowany; *We are privileged to live in democracy.* – Jesteśmy uprzywilejowani, że żyjemy w demokracji. **the privileged classes** – klasy uprzywilejowane; *We are privileged to have as our guest the President of France.* – Mamy zaszczyt gościć dzisiaj prezydenta Francji.

prize [praɪz] nagroda; **to award a prize** – przyznać nagrodę; **to win the first prize** – zdobyć pierwszą nagrodę; **the Nobel Prize** – Nagroda Nobla

pro [prəʊ] = **professional²**

probability [ˌprɒbə'bɪlətɪ] prawdopodobieństwo; *There is not much probability of his returning tonight.* – Jest małe prawdopodobieństwo, by wrócił dzisiaj wieczorem. **in all probability** – według wszelkiego prawdopodobieństwa

probable ['prɒbəbl] prawdopodobny; *What's the probable result?* – Jaki jest prawdopodobny rezultat?

probably ['prɒbəblɪ] prawdopodobnie; *He'll probably return tomorrow.* – Prawdopodobnie on wróci jutro.

problem ['prɒbləm] ❶ problem; *The problem is that we haven't got the necessary information.* – Problem polega na tym, że nie mamy koniecznych informacji. *What's the problem?* – Na czym polega problem?/Co się stało? *We have problems with our child.* – Mamy problemy z naszym dzieckiem. *No problem.* – Nie ma problemu. **to solve a problem** – rozwiązać problem ❷ zadanie matematyczne; **to do/to solve a mathematical problem** – rozwiązać zadanie matematyczne

procedure [prə'si:dʒə] sposób postępowania, procedura; **parliamentary procedure** – procedura parlamentarna; *What's the procedure for getting a visa?* – Jaka jest procedura załatwiania wizy?

proceed [prə'si:d] kontynuować; *They proceeded with their research.* – Oni kontynuowali badania.

process[1] ['prəʊses] proces, przebieg; **the process of breathing** – proces oddychania; **in the process of** – w trakcie, w czasie

process[2] ['prəʊses] przetwarzać; **to process information in a computer** – przetwarzać dane w komputerze; **data processing** – przetwarzanie danych; **to process food** – przetwarzać żywność (*tj. pasteryzować, konserwować, dodawać sztuczne barwniki i środki konserwujące*)

processed cheese [ˌprəʊsest 'tʃi:z] ser topiony

proclaim [prə'kleɪm] proklamować, obwieścić, oświadczyć; **to proclaim war** – wypowiedzieć wojnę; **to proclaim a public holiday** – ogłosić święto; *The country proclaimed its independence.* – Kraj ogłosił niepodległość.

proclamation [ˌprɒklə'meɪʃn] proklamacja, obwieszczenie; **the proclamation of independence** – ogłoszenie niepodległości

produce[1] [prə'dju:s] ❶ produkować, wytwarzać; *We must produce more goods.* – Musimy produkować więcej towarów. ❷ okazać, przedłożyć; *He produced his driving licence when the policeman asked for it.* – Okazał prawo jazdy, kiedy policjant o to poprosił. ❸ przedstawić, wystawić; **to produce a film** – zrobić film; **to produce a play** – wystawić sztukę

produce[2] ['prɒdju:s] płody rolne, produkcja rolna; **produce of Poland** – (*o produkcie rolniczym*) produkt polski

producer [prə'dju:sə] producent; **a TV producer** – kierownik produkcji TV

product ['prɒdʌkt] produkt; **end product** – produkt końcowy; **by-product** – produkt uboczny

production [prə'dʌkʃn] ❶ produkcja, wydajność; **fall/increase in production** – spadek/wzrost produkcji ❷ wystawienie sztuki, zrobienie filmu; **a Hollywood production** – film zrobiony w Hollywood

production line [prə'dʌkʃn laɪn] taśma/linia produkcyjna

profession [prə'feʃn] profesja, zawód; *He is a lawyer by profession.* – On jest z zawodu prawnikiem.

professional[1] [prə'feʃnl] profesjonalny, zawodowy, fachowy; **professional skills** – umiejętności fachowe; **a professional footballer** – piłkarz zawodowy

professional[2] [prə'feʃnl] / **pro** [prəʊ] profesjonalista, zawodowiec; **a tennis professional** – tenisista zawodowiec

professor [prə'fesə] profesor

profile ['prəʊfaɪl] profil; **in profile** – z profilu

profit[1] ['prɒfɪt] korzyść, zysk; **to make a profit** – osiągnąć zysk; **to sell sth at a profit** – sprzedać coś z zyskiem

profit[2] ['prɒfɪt] odnieść korzyść; *I hope you'll profit from my advice.* – Mam nadzieję, że odniesiesz korzyść z mojej rady.

profitable ['prɒfɪtəbl] ❶ przynoszący korzyść, dochodowy, intratny; **profitable investments** – dochodowe inwestycje ❷ pożyteczny, korzystny; *It would be more profitable to join together the two factories.* – Korzystniejsze byłoby połączenie dwóch fabryk.

profound [prə'faʊnd] głęboki; **profound sleep** – głęboki sen; **profound knowledge** – głęboka wiedza

program¹ ['prəʊgræm] program komputerowy; **to write a program** – napisać program

program² ['prəʊgræm] **(-mm-)** *komp.* programować

programme¹ ['prəʊgræm] program, plan; **political programme** – program polityczny; *What's on your programme today?* – Co masz dziś w planie? **according to the programme** – zgodnie z planem

programme² ['prəʊgræm] planować, programować

progress ['prəʊgres] postęp; **to make good progress** – robić szybkie postępy; **economic/scientific progress** – postęp ekonomiczny/naukowy; **progress at school** – postępy w szkole; **to be in progress** – być w toku//w trakcie; *The meeting is in progress.* – Zebranie trwa.

progressive [prə'gresɪv] ❶ postępujący, stopniowy; **a progressive loss of sight** – postępująca utrata wzroku ❷ postępowy; **a progressive political party** – postępowa partia polityczna ❸ posuwający się naprzód

progressive tense [prə'gresɪv tens] *gram.* czas ciągły

prohibit [prə'hɪbɪt] zakazać, zabronić; *Smoking is prohibited here.* – Palenie jest tutaj zabronione.

project ['prɒdʒekt] ❶ projekt, plan; **a project of a new airport** – projekt nowego lotniska; **to draw up a project** – naszkicować/sporządzić plan; **to carry out a project** – wykonać plan ❷ naukowa praca szkolna

projector [prə'dʒektə] rzutnik, aparat projekcyjny

prolong [prə'lɒŋ] przedłużać; *I want to prolong my stay in England by two weeks.* – Chcę przedłużyć mój pobyt w Anglii o dwa tygodnie.

promenade [ˌprɒmə'nɑːd] promenada

prominent ['prɒmɪnənt] ❶ wystający, wydatny; **prominent teeth** – wystające zęby ❷ rzucający się w oczy, wyróżniający się; **in a prominent position** – w widocznym miejscu ❸ sławny, wybitny, wyróżniający się; **a prominent scientist** – wybitny naukowiec

promise¹ ['prɒmɪs] obiecać; *He promised to meet me at the station.* – Obiecał wyjść po mnie na stację.

promise² ['prɒmɪs] obietnica; **to make a promise** – złożyć obietnicę; **to keep a promise** – dotrzymać obietnicy; **to break a promise** – złamać obietnicę

promising ['prɒmɪsɪŋ] obiecujący; **a promising student** – obiecujący student

promote [prə'məʊt] awansować; *He was promoted from captain to major.* – Awansował ze stopnia kapitana na majora.

promotion [prə'məʊʃn] ❶ awans, promowanie; **to get a promotion to the rank of professor** – zostać mianowanym profesorem ❷ popieranie, sprzyjanie, lansowanie, promocja

prompt¹ [prɒmt] szybki, natychmiastowy; **a prompt answer** – natychmiastowa odpowiedź

prompt² [prɒmt] podpowiadanie, podpowiedź

prompt³ [prɒmt] ❶ podpowiadać; *The actor had to be prompted all the time.* – Aktorowi trzeba było cały czas podpowiadać. ❷ skłonić, pobudzić; *His reaction prompted me to ask him that question.* – Jego reakcja skłoniła mnie do zadania tego pytania.

pronoun ['prəʊnaʊn] *gram.* zaimek; *"He" is a pronoun.* – „On" jest zaimkiem.

pronounce [prə'naʊns] ❶ wymawiać; *Some English words are difficult to pronounce.* – Niektóre angielskie słowa są trudne do wymówienia. ❷ wypowiadać, oświadczać; *He was officially pronounced dead.* – On został oficjalnie uznany za zmarłego.

pronunciation [prə,nʌnsı'eıʃn] wymowa; *Your pronunciation is better now.* – Twoja wymowa jest teraz lepsza.

proof[1] [pru:f] dowód; *You must present some proof that I am guilty.* – Musisz przedstawić jakiś dowód, że jestem winny. **mathematical proof** – dowód matematyczny

proof[2] [pru:f] dający ochronę, odporny; **waterproof** – wodoszczelny; **soundproof** – dźwiękoszczelny; **bullet-proof glass** – szkło kuloodporne

proper ['prɒpə] prawidłowy, odpowiedni, właściwy; *You must wear proper clothes for climbing.* – Do wspinaczki musisz mieć odpowiednie ubranie. **proper behaviour** – właściwe zachowanie

properly ['prɒpəlı] dobrze, właściwie, prawidłowo; *Have you locked the door properly?* – Czy dobrze zamknąłeś drzwi?

property ['prɒpətı] (*l.mn.* **properties**) ❶ własność; *This house is his own property.* – Ten dom jest jego własnością. ❷ posiadłość, nieruchomość; *His family has a large property in Scotland.* – Jego rodzina ma dużą posiadłość w Szkocji. ❸ właściwość, własność, cecha; *What are the properties of oxygen?* – Jakie są własności tlenu?

prophecy ['prɒfısı] (*l.mn.* **prophecies**) proroctwo, przepowiednia

prophesy ['prɒfısaı] (**-ies, -ied, -ying**) prorokować, przepowiadać przyszłość

prophet ['prɒfıt] prorok

proportion [prə'pɔ:ʃn] proporcja; **the proportion of imports to exports** – proporcje importu do eksportu; *Try not to lose your sense of proportion.* – Staraj się nie stracić poczucia proporcji. **in proportion to** – proporcjonalnie do; *Pay must be in proportion to work.* – Płaca musi być proporcjonalna do pracy. **out of proportion** – nieproporcjonalnie; *The prices are out of proportion to income.* – Ceny są nieproporcjonalne do zarobków.

proportional [prə'pɔ:ʃənl] proporcjonalny; *Punishment should be proportional to the offence.* – Kara powinna być proporcjonalna do wykroczenia. **directly proportional to** – wprost proporcjonalny do; **inversely proportional to** – odwrotnie proporcjonalny do

proposal [prə'pəʊzl] ❶ propozycja, oferta; **to consider a proposal** – rozważyć propozycję; **to put forward a proposal** – wysunąć propozycję ❷ oświadczyny

propose [prə'pəʊz] ❶ proponować, wysunąć wniosek; *She proposed that we should leave at once.* – Zaproponowała, żebyśmy wyruszyli od razu. **the motion was proposed by** – wniosek został wysunięty przez ❷ wysunąć kandydaturę; *I propose Andrew Bright as a chairman.* – Proponuję Andrew Brighta na przewodniczącego. ❸ oświadczyć się; *Tom proposed to Brenda yesterday.* – Wczoraj Tom oświadczył się Brendzie. ❹ wznieść (*toast*); **to propose a toast** – wznieść toast

proposition [,prɒpə'zıʃn] ❶ wniosek, twierdzenie ❷ zadanie, przedsięwzięcie

proprietor [prə'praıətə] właściciel (*sklepu, hotelu itp.*)

prose [prəʊz] proza

prosecute ['prɒsıkju:t] oskarżać, ścigać sądownie

prosecution [,prɒsı'kju:ʃn] ❶ droga sądowa ❷ oskarżyciel, strona oskarżająca

prospect ['prɒspekt] perspektywa, widoki na przyszłość; *It's a job with very good prospects.* – To jest posada z perspektywami awansu. *She doesn't like the prospect of going there alone.*

– Nie uśmiecha się jej perspektywa pójścia tam samej. *There is no prospect of improvement.* – Nie ma widoków na poprawę.

prosper ['prɒspə] prosperować, dobrze się rozwijać; *The business is prospering.* – Interes kwitnie.

prosperity [prɒ'sperətɪ] pomyślność finansowa, dobrobyt, dobra koniunktura

prosperous ['prɒsprəs] prosperujący, odnoszący sukcesy finansowe, cieszący się dobrobytem; **a prosperous man** – człowiek odnoszący sukces finansowy; **a prosperous business** – prosperujący interes

protect [prə'tekt] chronić, osłaniać; *An umbrella protects us against the rain.* – Parasol osłania nas przed deszczem. **to protect from danger** – chronić przed niebezpieczeństwem

protection [prə'tekʃn] ochrona, obrona; *He needs police protection from terrorists.* – On potrzebuje ochrony policyjnej przed terrorystami.

protein ['prəʊti:n] białko

protest[1] ['prəʊtest] protest; *We expressed a protest against unfair treatment.* – Wyraziliśmy protest przeciw niesprawiedliwemu traktowaniu. *He paid the fine without protest.* – Zapłacił mandat bez protestu.

protest[2] [prə'test] protestować; *He protested against being dismissed.* – Zaprotestował przeciwko zwolnieniu go.

Protestant[1] ['prɒtɪstənt] protestant

Protestant[2] ['prɒtɪstənt] protestancki

proud [praʊd] dumny; *He is proud of his success.* – Jest dumny ze swojego sukcesu.

proudly ['praʊdlɪ] dumnie

prove [pru:v] udowodnić; *Can you prove it to me?* – Czy możesz mi to udowodnić?

proverb ['prɒvɜ:b] przysłowie

provide [prə'vaɪd] ❶ zapewnić, zaopatrzyć; *We must provide the children with food for the picnic.* – Musimy zaopatrzyć dzieci w jedzenie na piknik. ❷ przewidywać, postanawiać, zapewniać; *The law provides that...* – Prawo przewiduje, że...

provided [prə'vaɪdɪd] pod warunkiem

providing [prə'vaɪdɪŋ] pod warunkiem; *I will go providing you accompany me.* – Pójdę pod warunkiem, że będziesz mi towarzyszył.

providence ['prɒvɪdəns] opatrzność

province ['prɒvɪns] prowincja

provincial [prə'vɪnʃl] ❶ prowincjonalny; *He is person of narrow-minded provincial attitude.* – On jest osobą o ograniczonym, prowincjonalnym podejściu. ❷ lokalny, wojewódzki; **provincial capital** – stolica województwa

provision [prə'vɪʒn] ❶ zabezpieczenie; **to make provision for one's old age** – zabezpieczyć się na stare lata ❷ **provisions** – zapasy żywności, artykuły spożywcze; **to have a good supply of provisions** – mieć duże zapasy żywności/dobre zaopatrzenie

provocation [,prɒvə'keɪʃn] prowokacja; **at the slightest provocation** – przy najmniejszej prowokacji; *He loses his temper at the slightest provocation.* – On wpada w gniew z najbardziej błahego powodu.

provoke [prə'vəʊk] ❶ powodować, prowokować; *She provoked me into saying more than I had intended.* – Sprowokowała mnie do powiedzenia więcej niż zamierzałem. ❷ drażnić, denerwować, irytować; *If you provoke that cat he'll scratch you.* – Jeżeli rozdrażnisz tego kota, podrapie cię.

prudent ['pru:dnt] rozważny, roztropny, ostrożny

prune [pru:n] suszona śliwka

pseudonym ['sju:dənɪm] pseudonim; **to write under a pseudonym** – pisać pod pseudonimem

psyche ['saɪkɪ] psyche, dusza

psychiatric [,saɪkɪ'ætrɪk] psychiatryczny; **a psychiatric clinic** – klinika psychiatryczna

psychiatrist [saɪ'kaɪətrɪst] psychiatra
psychiatry [saɪ'kaɪətrɪ] psychiatria
psychic ['saɪkɪk] ❶ psychiczny; **psychic disorder** – zaburzenia psychiczne ❷ parapsychiczny, telepatyczny
psychoanalysis [ˌsaɪkəʊə'næləsɪs] psychoanaliza
psychoanalyst [ˌsaɪkəʊ'ænəlɪst] psychoanalityk
psychological [ˌsaɪkə'lɒdʒɪkl] psychologiczny
psychologist [saɪ'kɒlədʒɪst] psycholog
psychology [saɪ'kɒlədʒɪ] psychologia
pub [pʌb] pub, piwiarnia
public[1] ['pʌblɪk] publiczny; **public opinion** – opinia publiczna; **public transport** – transport publiczny
public[2] ['pʌblɪk] publiczność, ludzie, społeczeństwo; **in public** – publicznie
publication [ˌpʌblɪ'keɪʃn] ❶ wydanie, opublikowanie, publikacja ❷ publikacja, dzieło wydane
publicity [pʌb'lɪsətɪ] reklama, rozgłos; **a publicity campaign** – kampania reklamowa; *She tried to avoid publicity.* – Starała się uniknąć rozgłosu.
public school [ˌpʌblɪk 'sku:l] *bryt.* prywatna szkoła średnia *(od 13 do 18 lat)*, *am.* średnia szkoła państwowa
publicly ['pʌblɪklɪ] publicznie; *He announced it publicly.* – Ogłosił to publicznie.
publish ['pʌblɪʃ] ❶ ogłosić, opublikować; **to publish the news** – ogłosić wiadomości ❷ opublikować, wydać; *The book was published last year.* – Książka była wydana w zeszłym roku.
publisher ['pʌblɪʃə] wydawca
pudding ['pʊdɪŋ] pudding
puddle ['pʌdl] kałuża
puff[1] [pʌf] ❶ sapać, dyszeć ❷ pykać *(z fajki)*, wypuszczać kłęby dymu; *He puffed on/at his pipe.* – Pykał z fajki.
puff[2] [pʌf] kłąb dymu, pyknięcie; **a puff of smoke** – kłąb dymu
pull[1] [pʊl] ciągnąć; *Stop pulling my hair.* – Przestań mnie ciągnąć za włosy. *She pulled the door open.* – Ona otworzyła drzwi (ciągnąc).
◆ **pull down** – zburzyć; *They have pulled down the old houses.* – Zburzono stare domy.
◆ **pull in** – *(o pociągu)* wjechać na stację, zatrzymać się
◆ **pull out** – *(o pociągu)* ruszyć; *The train was pulling out of the station when we arrived.* – Kiedy przyszliśmy, pociąg właśnie ruszał.
◆ **pull oneself together** – wziąć się w garść
◆ **pull up** – *(o pojeździe)* zatrzymać się; *The car pulled up in front of the house.* – Samochód zatrzymał się przed domem.
pull[2] [pʊl] ❶ pociągnięcie, szarpnięcie; **to give the rope a pull** – pociągnąć za linę ❷ siła ciągnąca, siła przyciągania
pullover ['pʊlˌəʊvə] sweter, pulower
pulse [pʌls] puls, tętno; **to take sb's pulse** – mierzyć komuś puls
pump[1] [pʌmp] pompa, pompka
pump[2] [pʌmp] pompować; **to pump water into a tank** – napompować wodę do zbiornika; *I pumped up my bicycle tyre.* – Napompowałem koło roweru.
pumpkin ['pʌmpkɪn] *bot.* dynia
pun [pʌn] kalambur, gra słów
punch[1] [pʌntʃ] ❶ uderzyć pięścią; *I punched him in the stomach.* – Uderzyłem go pięścią w żołądek. ❷ dziurkować, przebić; **to punch a ticket** – skasować/przedziurkować bilet
punch[2] [pʌntʃ] ❶ cios; **a punch in the stomach** – cios w żołądek ❷ dziurkacz, kasownik dziurkujący bilety
punch[3] [pʌntʃ] poncz
punctual ['pʌŋktjʊəl] punktualny
punctuality [ˌpʌŋktjʊ'ælətɪ] punktualność
punctually ['pʌŋktjʊəlɪ] punktualnie
punctuate ['pʌŋktjʊeɪt] stawiać znaki interpunkcji
punctuation [ˌpʌŋktjʊ'eɪʃn] interpunkcja; **punctuation marks** – znaki interpunkcji

puncture[1] ['pʌŋktʃə] przekłucie, przebicie, przebicie opony; **to mend a puncture** – zreperować przebitą oponę

puncture[2] ['pʌŋktʃə] przedziurawić, przekłuć, przebić; *The tyre punctured on a nail.* – Gwóźdź przedziurawił oponę.

punish ['pʌnɪʃ] ukarać; *He was punished for what he had done.* – Został ukarany za to, co zrobił.

punishment ['pʌnɪʃmənt] kara; **to escape punishment** – uniknąć kary; **to inflict punishment** – nałożyć karę, ukarać; **severe punishment** – surowa kara; **capital punishment** – kara śmierci

pupil[1] ['pju:pl] uczeń

pupil[2] ['pju:pl] źrenica oka

puppet ['pʌpɪt] kukiełka

puppy ['pʌpɪ] (*l.mn.* **puppies**) szczeniak

purchase[1] ['pɜ:tʃəs] kupić, nabyć; **to purchase shares in a firm** – nabywać akcje przedsiębiorstwa

purchase[2] ['pɜ:tʃəs] ❶ nabytek, sprawunek; *I made several purchases at the chemist's.* – Nabyłam kilka rzeczy w drogerii. ❷ kupno, nabycie, zakup; *He needs some money for the purchase of a new car.* – On potrzebuje pieniędzy na zakup nowego samochodu.

purchase tax ['pɜ:tʃəs tæks] podatek od nabycia (*doliczany do ceny sprzedaży w sklepie*), podatek VAT

pure [pjʊə] ❶ czysty; **pure air** – czyste powietrze; **pure gold** – czyste złoto (*bez domieszek*); **pure wool** – czysta wełna ❷ całkowity, czysty; **pure waste of time** – czysta strata czasu; **pure nonsense** – całkowity nonsens ❸ teoretyczny; **pure science** – nauka teoretyczna

purely ['pjʊəlɪ] wyłącznie, jedynie, całkowicie; *I met her purely by accident.* – Spotkałem ją całkiem przypadkowo.

purple ['pɜ:pl] fioletowy; **to go purple in the face** – zrobić się purpurowym na twarzy

purpose ['pɜ:pəs] ❶ cel, zamiar; *What's the purpose of doing that?* – Jaki jest cel robienia tego? **on purpose** – celowo, specjalnie, umyślnie; *She said that on purpose just to annoy you.* – Powiedziała to specjalnie, żeby cię zirytować. ❷ stanowczość, stanowcze dążenie; *Her character lacks purpose.* – Brakuje stanowczości w jej charakterze.

purposeful ['pɜ:pəsfʊl] zdecydowany, rozmyślny, dążący do celu

purposefully ['pɜ:pəsfʊlɪ] zdecydowanie; *He strode purposefully into the room.* – Zdecydowanie wkroczył do pokoju.

purposely ['pɜ:pəslɪ] celowo, specjalnie, umyślnie

purse [pɜ:s] ❶ portmonetka ❷ *am.* torebka

pursue [pə'sju:] ❶ śledzić, ścigać, iść za, gonić; *She knew she was being pursued.* – Wiedziała, że za nią ktoś idzie. ❷ kontynuować; *He pursued his studies of French literature.* – Kontynuował swoje studia literatury francuskiej.

pursuit [pə'sju:t] ❶ pościg, pogoń, gonitwa; *The police were in pursuit of the bandits.* – Policja była na tropie bandytów. ❷ dążenie, zajmowanie się; **literary pursuits** – zajmowanie się literaturą, tworzenie literatury

push[1] [pʊʃ] pchnąć, popchnąć; *Our car broke down and we had to push it.* – Nasz samochód się zepsuł i musieliśmy go pchać.

◆ **push along** – pospieszyć się, pospieszać; *I must be pushing along.* – Muszę już iść.

◆ **push around** – pomiatać (*kimś*); *Stop pushing me around!* – Przestań mną pomiatać!

◆ **push aside** – odsunąć

push[2] [pʊʃ] pchnięcie; *He gave the door a hard push.* – Mocno pchnął drzwi.

push-button [pʊʃ'bʌtn] przycisk; **a push-button radio** – radio włączane przyciskiem

push-chair ['pʊʃtʃeə] spacerowy wózek dziecinny

p

put [pʊt] **(-tt-) (put, put** [pʊt, pʊt]) ❶ położyć; *Put the book on the table.* – Połóż książkę na stole. *Put the children to bed.* – Połóż dzieci do łóżka. ❷ włożyć; *Put the milk into the fridge.* – Włóż/Wstaw mleko do lodówki. *Do you put sugar in tea?* – Czy słodzisz herbatę? ❸ postawić; *Put yourself in my place.* – Postaw się w moim położeniu. **to put money on a horse** – postawić pieniądze na konia ❹ wyrazić słowami; *How shall I put it?* – Jak to powiedzieć?/Jak mam to ująć w słowa? **to put one's feelings into words** – wyrazić uczucia słowami; *He's not very bright to put it mildly.* – On nie jest zbyt bystry, delikatnie mówiąc/wyrażając się łagodnie.

◆ **put aside** – odłożyć/odsunąć na bok, odłożyć; *They've put aside some money.* – Odłożyli trochę pieniędzy. *We must put aside our differences.* – Musimy zapomnieć o naszych różnicach poglądów.

◆ **put away** – odłożyć na miejsce; *Put the dishes away.* – Odłóż naczynia na miejsce.

◆ **put back** – cofnąć; *Put the clock back by an hour.* – Cofnij zegar o godzinę.

◆ **put forward** – (a) posunąć do przodu; *Put the clock forward by two hours.* – Posuń zegar do przodu o dwie godziny. (b) wysunąć; **to put forward a proposal** – wysunąć propozycję

◆ **put off** – odłożyć (*na później*); *They have put the meeting off until Friday.* – Odłożono zebranie aż do piątku.

◆ **put on** – włożyć (*na siebie*); *Put on your warm pullover.* – Włóż ciepły sweter.

◆ **put out** – (a) zgasić; **to put out the fire** – ugasić ogień; **to put out the lights** – zgasić światła, (b) wytrącić z równowagi, zbić z tropu; *I was put out by his rude behaviour.* – Byłam wytrącona z równowagi jego niegrzecznym zachowaniem.

◆ **put through** – połączyć; *Could you put me through to the manager?* – Czy mogłaby pani połączyć mnie z kierownikiem? *I must put a call through to London.* – Muszę uzyskać połączenie telefoniczne z Londynem.

◆ **put up** – (a) postawić, wznieść; **to put up a block of flats** – postawić budynek mieszkalny, (b) podnieść, podwyższyć; **to put the price up** – podnieść cenę, (c) przenocować; **to put sb up for the night** – przenocować kogoś u siebie

◆ **put up with** – znosić, tolerować; *I won't put up with your behaviour any more.* – Dłużej nie będę tolerował twojego zachowania.

puzzle[1] ['pʌzl] ❶ dziwić, intrygować; *It puzzles me that she doesn't answer the phone.* – Dziwi mnie, że ona nie odbiera telefonu. ❷ zastanawiać się; **to puzzle over a problem** – zastanawiać się/łamać sobie głowę nad problemem

puzzle[2] ['pʌzl] zagadka, łamigłówka; **to solve a puzzle** – rozwiązać zagadkę; *The whole matter was a puzzle to the police.* – Cała sprawa była dla policji zagadką. **a crossword puzzle** – krzyżówka; **a jigsaw puzzle** – układanka

puzzled ['pʌzld] zdziwiony; *They were puzzled to hear of her decision.* – Byli zdziwieni dowiedziawszy się o jej decyzji. **a puzzled expression** – zdziwiony wyraz twarzy

pyjamas [pə'dʒɑ:məz] piżama

pyramid ['pɪrəmɪd] piramida

python ['paɪθn] pyton

p

q

quadrangle ['kwɒdræŋgl] ❶ czworobok, czworokąt ❷ dziedziniec

qualification [,kwɒlɪfɪ'keɪʃn] kwalifikacja; *She has the necessary qualifications for the job.* – Ona ma odpowiednie kwalifikacje do tej pracy.

qualified ['kwɒlɪfaɪd] wykwalifikowany; **a qualified teacher** – wykwalifikowany nauczyciel

qualify ['kwɒlɪfaɪ] (**-ies, -ied, -ying**) ❶ wykształcić, zdobyć kwalifikacje; *He qualified as a doctor.* – Zdobył kwalifikacje lekarza. ❷ kwalifikować; **a qualifying match** – mecz kwalifikacyjny; *What qualifies her to represent us?* – Co ją kwalifikuje do tego, żeby nas reprezentować?

quality ['kwɒlətɪ] (*l.mn.* **qualities**) ❶ jakość, klasa; **wine of excellent quality** – wino doskonałej jakości ❷ cecha, zaleta; *She has many good qualities.* – Ona ma wiele dobrych cech.

quantity ['kwɒntətɪ] (*l.mn.* **quantities**) ilość; *He buys things in large quantities.* – On kupuje rzeczy w dużych ilościach.

q

quarantine ['kwɒrənti:n] kwarantanna; **to be under quarantine** – odbywać kwarantannę

quarrel[1] ['kwɒrl] kłótnia, sprzeczka; *He had a violent quarrel with his wife about the money.* – Miał ze swoją żoną gwałtowną kłótnię o pieniądze.

quarrel[2] ['kwɒrl] (**-ll-**) kłócić się, sprzeczać się; *They quarrelled bitterly about who should get the money.* – Kłócili się zawzięcie, kto ma dostać pieniądze.

quarrelsome ['kwɒrlsəm] kłótliwy

quarry ['kwɒrɪ] (*l.mn.* **quarries**) kamieniołom

quart [kwɔ:t] kwarta (*miara objętości = 1,14 l*)

quarter ['kwɔ:tə] ❶ czwarta część, ćwierć; **a quarter of an hour** – kwadrans, 15 minut; **a quarter of a mile** – ćwierć mili ❷ kwadrans; *It's a quarter to five.* – Jest za kwadrans piąta. ❸ kwartał; **to pay by the quarter** – płacić co kwartał ❹ dzielnica, część miasta; *They live in the rich quarter of the city.* – Mieszkają w bogatej dzielnicy miasta. ❺ miejsce, kierunek; *The help came from a most unexpected quarter.* – Pomoc nadeszła z najmniej spodziewanej strony. **at close quarters** – z bliska ❻ kwadra (*księżyca*); *The moon is at the first quarter.* – Księżyc jest w pierwszej kwadrze. ❼ **quarters** – kwatera, miejsce zakwaterowania; *The soldiers went back to their quarters.* – Żołnierze wrócili na kwaterę.

quartet [kwɔ:'tet] kwartet

quartz [kwɔ:ts] kwarc

quay [ki:] molo, nadbrzeże

queen [kwi:n] królowa

queer [kwɪə] ❶ dziwny; *He has some queer ideas.* – On ma dziwne poglądy. ❷ nieswój; *I feel queer.* – Niezbyt dobrze się czuję. ❸ homoseksualista, homoseksualny

quench [kwentʃ] ugasić; **to quench fire** – ugasić ogień; **to quench one's thirst** – ugasić pragnienie

question[1] ['kwestʃn] ❶ pytanie; **to ask/ /to put a question** – zadać/stawiać pytanie; **to answer a question** – odpowiedzieć na pytanie ❷ kwestia; *It's* *a question of time.* – To kwestia czasu. *It's out of the question.* – To wykluczone.

question² ['kwestʃn] ❶ zadawać pytania, przesłuchiwać, indagować; *The police questioned her about the accident.* – Policja przesłuchiwała ją w sprawie wypadku. ❷ kwestionować, podawać w wątpliwość; *I don't question her honesty.* – Nie kwestionuję jej uczciwości.

questionable ['kwestʃənəbl] niejasny, budzący wątpliwości; **a questionable character** – podejrzana postać

question mark ['kwestʃn mɑ:k] *gram.* znak zapytania

questionnaire [,kwestʃə'neə] kwestionariusz; **to fill in a questionnaire** – wypełnić kwestionariusz

queue¹ [kju:] kolejka; **to form a queue** – utworzyć kolejkę; **to stand in a queue** – stanąć/stać w kolejce; **to jump the queue** – stanąć poza kolejnością/kolejką

queue² [kju:] **/ queue up** stać w kolejce; *They had to queue up for an hour to get the tickets.* – Musieli stać w kolejce przez godzinę, żeby dostać bilety.

quick¹ [kwɪk] szybki; **a quick worker** – szybki pracownik; *He is quick to learn/at learning.* – On szybko się uczy.

quick² [kwɪk] **/ quickly** ['kwɪklɪ] szybko; *Come here quick/quickly!* – Chodź tu szybko! *He hopes to get rich quick.* – On ma nadzieję szybko stać się bogatym.

quickly ['kwɪklɪ] szybko

quick-tempered [,kwɪk'tempəd] łatwo wpadający w gniew, porywczy

quid [kwɪd] (*l.mn.* **quid**) *pot.* funt (szterling); **five quid** – pięć funtów

quiet¹ ['kwaɪət] spokojny, cichy; *Be quiet, the baby is asleep.* – Bądź cicho, dziecko śpi. **a quiet life in the country** – spokojne życie na wsi

quiet² ['kwaɪət] spokój, cisza; **to have peace and quiet** – mieć ciszę i spokój

quieten ['kwaɪətn] uspokoić; **to quieten sb's fears** – uspokoić czyjeś obawy; **to quieten a crying child** – uspokoić płaczące dziecko

quietly ['kwaɪətlɪ] spokojnie, cicho

quietness ['kwaɪətnɪs] cisza, spokój

quilt [kwɪlt] kołdra

quite [kwaɪt] ❶ całkiem, dość; *It's quite warm today.* – Dzisiaj jest całkiem ciepło. *It's quite a good story.* – To niezłe opowiadanie. ❷ całkowicie, zupełnie; *I quite agree.* – Całkowicie się zgadzam. *Are you quite sure?* – Czy jesteś zupełnie pewny?

quiz [kwɪz] (*l.mn.* **quizzes**) kwiz

quizzical ['kwɪzɪkl] żartobliwy, pytający; *She gave me a quizzical look.* – Rzuciła mi żartobliwe spojrzenie.

quotation [kwəʊ'teɪʃn] cytat

quotation marks [kwəʊ'teɪʃn mɑ:ks] cudzysłów

quote [kwəʊt] cytować, przytaczać; *She loves to quote from Shakespeare.* – Ona uwielbia cytować Szekspira.

quotient ['kwəʊʃnt] iloraz; **an intelligence quotient** – iloraz inteligencji

r

rabbi ['ræbaɪ] rabin

rabbit ['ræbɪt] królik

rabies ['reɪbi:z] wścieklizna

race¹ [reɪs] wyścig; **to lose/to win a race** – przegrać/wygrać wyścig; **a race against time** – wyścig z czasem; **the races** – wyścigi; **horse-races** – wyścigi konne; **motor-races** – wyścigi samochodowe; **to lose money at the races** – stracić pieniądze na wyścigach

race² [reɪs] rasa; **the human race** – rasa ludzka

race³ [reɪs] ❶ ścigać (się); *We often race one another to the bus stop.* – Często ścigamy się do przystanku autobusowego. ❷ pędzić, mknąć; *They raced along in their car.* – Przemknęli swoim samochodem.

race-course ['reɪskɔ:s] tor wyścigowy

racial ['reɪʃl] rasowy; **racial discrimination** – dyskryminacja rasowa

racing ['reɪsɪŋ] wyścigowy; **a racing car** – samochód wyścigowy

racism ['reɪsɪzm] rasizm

racist¹ ['reɪsɪst] rasista

racist² ['reɪsɪst] rasistowski

rack [ræk] ❶ półka na bagaże w pociągu ❷ wieszak ❸ stelaż, stojak; **a plate rack** – suszarka na naczynia kuchenne; **a roof-rack** – bagażnik na dachu samochodu

racket / racquet ['rækɪt] rakieta tenisowa

radar ['reɪdɑ:] radar

radial ['reɪdjəl] radialny

radiant ['reɪdjənt] promienny, rozpromieniony; *She was radiant with joy.* – Ona była rozpromieniona z radości.

radiate ['reɪdɪeɪt] ❶ emitować, wysyłać promienie, promieniować; *Heat radiated from the fire.* – Gorąco biło od ognia. ❷ promieniować, jaśnieć; **to radiate joy** – promieniować radością

radiation [ˌreɪdɪ'eɪʃn] promieniowanie, radiacja; **nuclear radiation** – promieniowanie jądrowe; *An X-ray apparatus emits radiation.* – Aparat Roentgena emituje promieniowanie.

radiator ['reɪdɪeɪtə] ❶ grzejnik, kaloryfer ❷ chłodnica w samochodzie

radical ['rædɪkl] radykalny

radio ['reɪdɪəʊ] radio; **to listen to the radio** – słuchać radia; **to listen to the news on the radio** – słuchać wiadomości przez radio; **to send a message by radio** – wysłać wiadomość drogą radiową

radioactive [ˌreɪdɪəʊ'æktɪv] radioaktywny

radioactivity [ˌreɪdɪəʊæk'tɪvətɪ] radioaktywność, promieniowanie; **to be exposed to radioactivity** – być wystawionym na promieniowanie

radish ['rædɪʃ] rzodkiewka

radius ['reɪdjəs] (*l.mn.* **radii** ['reɪdɪaɪ]) promień (*okręgu*)

raft [rɑ:ft] tratwa

rag [ræg] ❶ szmata; *She cleaned her car with a rag.* – Wyczyściła swój samochód szmatą. *The poor man was dressed in rags.* – Biedny człowiek był ubrany w łachmany. ❷ gazeta brukowa

rage [reɪdʒ] ❶ gniew, wściekłość, furia; **to fly into a rage** – wpaść we wściekłość; *He was in a rage because he discovered he had been cheated.* – Wpadł we wściekłość, ponieważ odkrył, że został oszukany. ❷ **the latest rage** – ostatni krzyk mody

ragged ['rægɪd] ❶ poszarpany, wystrzępiony; **ragged clothes** – poszarpane ubranie ❷ nierówny, nie wygładzony

raid[1] [reɪd] ❶ napad; **a bank raid** – napad na bank ❷ niespodziewany atak; **to make a raid on the enemy's camp** – niespodziewanie napaść na obóz nieprzyjaciela; **an air-raid** – nalot ❸ nalot policji, obława; **a police raid on an illegal gambling casino** – nalot policji na nielegalne kasyno gry

raid[2] [reɪd] przeprowadzać atak (nalot, obławę); *Police raided the night club.* – Policja zrobiła nalot na nocny klub.

rail [reɪl] ❶ barierka, poręcz, balustrada; *He was leaning over the rail.* – Wychylał się przez poręcz. **a towel rail** – wieszak na ręczniki ❷ szyna kolejowa; *Don't cross the rails!* – Nie przechodź przez tory! ❸ kolej; **to go by rail** – jechać koleją; **British Rail** – Koleje Brytyjskie

railing ['reɪlɪŋ] barierka, balustrada, ogrodzenie, sztachety

railroad ['reɪlrəʊd] *am.* = **railway**

railway ['reɪlweɪ] ❶ linia kolejowa; *They are building a new railway here.* – Budują tutaj nową linię kolejową. ❷ kolej; **a railway timetable** – kolejowy rozkład jazdy; *He has a job on the railway.* – On ma pracę na kolei.

railway station ['reɪlweɪ ˌsteɪʃn] stacja kolejowa

rain[1] [reɪn] deszcz; *A light rain fell.* – Spadł lekki deszcz. *Don't go out in the rain.* – Nie wychodź na deszcz.

rain[2] [reɪn] padać (*o deszczu*); *It will rain tomorrow.* – Jutro będzie padać.

rainbow ['reɪnbəʊ] tęcza

raincoat ['reɪnkəʊt] płaszcz przeciwdeszczowy

raindrop ['reɪndrɒp] kropla deszczu

rain forest ['reɪn fɒrɪst] las tropikalny

rainproof ['reɪnpru:f] przeciwdeszczowy, nieprzemakalny

rainwater ['reɪnˌwɔ:tə] woda deszczowa

rainy ['reɪnɪ] deszczowy; *It's a rainy day today.* – Dziś jest deszczowy dzień.

raise [reɪz] ❶ podnieść; *He raised the lid and looked into the box.* – Podniósł pokrywę i zajrzał do skrzyni. *They have raised the prices.* – Podnieśli ceny. *He raised his hand and waved to me.* – Podniósł dłoń i pomachał do mnie. **to raise a protest** – podnieść protest; **to raise one's voice** – podnieść głos ❷ wyhodować, wychować; *She raised the family of five children.* – Urodziła i wychowała pięcioro dzieci.

raisin ['reɪzn] rodzynek

rake [reɪk] grabie

ran [ræn] *p.* **run**[1] **(ran, run)**

ranch [rɑ:ntʃ] ranczo, farma

random ['rændəm] przypadkowy, wyrywkowy, nie planowany; **a random choice** – przypadkowy wybór; **at random** – na ślepo, kierując się przypadkiem; **to fire at random** – wystrzelić nie celując

rang [ræŋ] *p.* **ring**[2] **(rang, rung)**

range[1] [reɪndʒ] ❶ łańcuch, pasmo; **a mountain range** – łańcuch górski ❷ zasięg, granice; **the range of binoculars** – zasięg lornetki; **the rifle range** – zasięg karabinu; **in/within range** – w zasięgu; **out of/beyond range** – poza zasięgiem; **at close range** – z bliska ❸ zakres, gama, wachlarz; **a wide range of colours** – duża gama kolorów

range[2] [reɪndʒ] wahać się, obejmować, rozciągać; *The prices ranged from £2 to £200.* – Ceny wahały się od dwóch do dwustu funtów.

rank [ræŋk] ❶ ranga, pozycja; **to be promoted to the rank of major** – być promowanym do rangi majora; **people of high rank** – ludzie o wysokiej pozycji ❷ szereg, rząd; **to form a rank** – utworzyć szereg, stanąć w rzędzie; **a taxi rank** – postój taksówek

ransom ['rænsəm] okup; *The kidnappers demanded a high ransom.* – Porywacze zażądali wysokiego okupu.

to hold sb to ransom – więzić kogoś z zamiarem wymuszenia okupu

rap[1] [ræp] **(-pp-)** stukać, uderzać (*szybko i dość lekko*); *He rapped on the door and waited.* – Zastukał w drzwi i czekał.

rap[2] [ræp] ❶ pukanie, stukanie ❷ muzyka rap

rape[1] [reɪp] zgwałcić

rape[2] [reɪp] gwałt

rapid ['ræpɪd] szybki, prędki; **rapid changes** – szybkie zmiany

rapidly ['ræpɪdlɪ] szybko, prędko; *He rapidly made the decision.* – Szybko podjął decyzję.

rapids ['ræpɪdz] progi wodne, wodospady

rare [reə] ❶ rzadki, rzadko spotykany; *You can see here some very rare birds.* – Można tu zobaczyć niektóre rzadkie okazy ptaków. *It's rare that he gets home before seven.* – Rzadko wraca do domu przed siódmą. ❷ nie dosmażony, w środku surowy (*o mięsie*); *I prefer my steak rare.* – Wolę befsztyk w środku surowy.

rarely ['reəlɪ] rzadko; *I rarely see him.* – Rzadko go widuję.

rash[1] [ræʃ] pochopny, nierozważny; *It was rash of you to give up your job.* – Porzucenie pracy było z twej strony czymś nierozważnym.

r

rash[2] [ræʃ] wysypka; **to come out in a rash** – dostać wysypki

raspberry ['rɑ:zbərɪ] (*l.mn.* **raspberries**) malina

rat [ræt] szczur

rate [reɪt] ❶ szybkość, tempo; **to walk at the rate of 2 miles per hour** – iść w tempie dwóch mil na godzinę; *You'll never finish at this rate.* – Nigdy nie skończysz w tym tempie. ❷ wskaźnik; **the birthrate** – wskaźnik urodzeń; **the death rate** – umieralność ❸ stopa, kurs, stawka; **rate of exchange** – kurs wymiany; **interest rates** – stopa oprocentowania/odsetki ❹ klasa, kategoria; **first-rate actor** – pierwszorzędny aktor

◆ **at any rate** – w każdym bądź razie

rather ['rɑ:ðə] ❶ raczej; *He paid the fine or rather his father paid.* – On zapłacił mandat, a raczej jego ojciec zapłacił. *He prefers walking/to walk rather than waiting/to wait for a bus.* – On woli iść niż czekać na autobus. **I would rather** – wolałbym; *I would rather stay here than go out.* – Wolałbym zostać tu niż wyjść. *I would rather you didn't borrow my umbrella.* – Wolałbym, żebyś nie pożyczał mojego parasola. *I'd rather not.* – Wolałbym nie. ❷ dość, nieco, poniekąd; *It's rather a long story.* – To dość długa historia. *It rather surprised me.* – To mnie nieco zdziwiło.

ratio ['reɪʃɪəʊ] stosunek, współczynnik

ration[1] ['ræʃn] przydział, racja

ration[2] ['ræʃn] racjonować; *If the situation gets worse they will ration food.* – Jeżeli sytuacja się pogorszy, zacznie się racjonować żywność.

rational ['ræʃənl] racjonalny, rozsądny; **rational behaviour** – rozsądne zachowanie

rattle[1] ['rætl] grzechotać, brzęczeć, szczękać, stukotać; *The windows rattled in the storm.* – Szyby drżały w czasie burzy.

rattle[2] ['rætl] grzechotka

rattle-snake ['rætlsneɪk] grzechotnik

raw [rɔ:] surowy; *Some vegetables can be eaten raw.* – Niektóre jarzyny można jeść na surowo.

raw materials [ˌrɔ:mə'tɪərɪəlz] surowce

ray [reɪ] promień; **the rays of the sun** – promienie słońca; **a ray of hope** – promyk nadziei; **X-rays** – promienie Roentgena; **ultraviolet rays** – promienie nadfioletowe; **infrared rays** – promienie podczerwone

razor ['reɪzə] brzytwa

razor blade ['reɪzə bleɪd] żyletka

reach[1] [ri:tʃ] ❶ sięgnąć, dosięgnąć ręką, dostać; *The rope doesn't reach to the ground.* – Lina nie sięga do ziemi. *I can't reach the top shelf.* – Nie mogę dostać do górnej półki. ❷ osiągnąć, dotrzeć; *We reached London before midnight.* – Dotarliśmy do Londynu przed północą. *You can reach her on the phone.* – Możesz porozumieć się z nią telefonicznie. *The temperature reached 32°C.* – Temperatura osiągnęła 32°C.

reach[2] [ri:tʃ] zasięg ręki; **beyond/out of reach** – poza zasięgiem, niedostępny; *Keep this medicine out of the reach of the children.* – Przechowuj to lekarstwo w miejscu niedostępnym dla dzieci. **within/in reach** – dostępny, osiągalny; *Keep the dictionary within arm's reach.* – Połóż słownik w zasięgu ręki. *We live within easy reach of the beach.* – Mieszkamy w pobliżu plaży.

react [rɪ'ækt] reagować; *How did he react to your proposal?* – Jak on zareagował na twoją propozycję? *He reacted strongly against unfair treatment.* – On zdecydowanie przeciwstawił się niesłusznemu traktowaniu. *How do acids react on metals?* – Jak kwasy działają na metale?

reaction [rɪ'ækʃn] reakcja; *What was her reaction to the news?* – Jaka była jej reakcja na tę wiadomość? **a chemical reaction** – reakcja chemiczna

read [ri:d] **(read, read** [red, red]) ❶ czytać; *She is reading a story to the children.* – Ona czyta dzieciom opowiadanie. *You are reading my thoughts.* – Czytasz w moich myślach. **to read between the lines** – *przen.* czytać między wierszami; *Can you read the map?* – Czy orientujesz się na mapie? *Can you read music?* – Czy umiesz czytać nuty? ❷ studiować; *He's reading medieval history at university.* – On studiuje historię średniowiecza na uniwersytecie.

◆ **read out** – odczytać (*głośno*)

◆ **read through** – przeczytać dokładnie, dokładnie zapoznać się

reader ['ri:də] ❶ czytelnik ❷ wykładowca uniwersytetu (*stopień niższy od profesora*) ❸ podręcznik szkolny z tekstami literackimi

ready ['redɪ] ❶ gotowy, przygotowany; *I'll be ready in a moment.* – Będę gotowy za chwilę. **to get ready** – przygotować się; *We must get ready for any emergency.* – Musimy się przygotować na każdą sytuację awaryjną. ❷ chętny, skłonny; *She is always ready to help.* – Ona jest zawsze gotowa do pomocy.

real ['ri:əl] prawdziwy, rzeczywisty; *What was the real reason of his resignation?* – Jaki był prawdziwy powód jego rezygnacji?

real estate ['ri:əlɪ,steɪt] nieruchomości

realistic [,rɪə'lɪstɪk] realistyczny; *You must be realistic about the possibility of solving our problems at once.* – Musisz realistycznie podchodzić do możliwości rozwiązania naszych wszystkich problemów od razu. **a realistic picture** – obraz w konwencji realistycznej, realistyczny obraz

reality [rɪ'ælətɪ] rzeczywistość; *Her dreams became reality.* – Jej marzenia stały się rzeczywistością. **in reality** – w rzeczywistości

realization [,rɪəlaɪ'zeɪʃn] ❶ uświadomienie sobie, świadomość, wniosek; **to come to the realization that** – dojść do wniosku, że ❷ realizacja, urzeczywistnienie; **the realization of our hopes** – urzeczywistnienie naszych nadziei

realize ['rɪəlaɪz] ❶ uświadomić/uprzytomnić sobie; *I realized that I had made a mistake.* – Uświadomiłam sobie, że popełniłam błąd. ❷ zrealizować, urzeczywistnić; *Our worst fears were realized.* – Nasze najgorsze obawy urzeczywistniły się.

really ['rɪəlɪ] ❶ rzeczywiście, naprawdę; *Do you really want to go?* – Czy naprawdę chcesz iść? ❷ doprawdy, naprawdę; *I really don't understand him.* – Doprawdy go nie rozumiem. *She is getting married. – Really?* – Ona wychodzi za mąż. – Naprawdę?

rear[1] [rɪə] tył; **to be attacked from the rear** – być zaatakowanym od tyłu;

The kitchen is at the rear of the house. – Kuchnia znajduje się z tyłu domu. **the rear wheels of the car** – tylne koła samochodu

rear[2] [rıə] hodować, wychowywać; **to rear children** – wychowywać dzieci; **to rear poultry** – hodować drób

reason ['ri:zn] ❶ przyczyna, powód; *What was the reason for his strange behaviour?* – Jaka była przyczyna jego dziwnego zachowania? **for some reason** – z jakiegoś powodu. *She left without telling the reason.* – Wyjechała/Wyszła nie podając powodu. ❷ rozum, rozsądek; *Human beings have reason.* – Istoty ludzkie mają rozum. **within reason** – w granicach zdrowego rozsądku; *I'll do everything for you within reason.* – Zrobię dla ciebie wszystko w granicach zdrowego rozsądku. **to lose one's reason** – stracić rozum.

reasonable ['ri:znəbl] rozsądny; *You must be reasonable and accept the offer.* – Musisz być rozsądny i przyjąć ofertę. **a reasonable price** – rozsądna cena

reasonably ['ri:znəblı] ❶ rozsądnie; **to behave reasonably** – zachowywać się rozsądnie ❷ dość, całkiem; *It was reasonably cheap.* – To było dość tanie (w granicach rozsądku).

reassurance ['ri:ə'ʃʊərəns] zapewnienie

reassure [ˌri:ə'ʃʊə] uspokoić, rozproszyć obawy, zapewnić; *The doctor reassured her that the child would get better soon.* – Doktor zapewnił ją, że dziecko wkrótce poczuje się lepiej.

reassuring [ˌri:ə'ʃʊərıŋ] uspokajający; *It is reassuring that the airport security has been improved.* – To uspokajające, że poprawiła się kontrola antyterrorystyczna na lotnisku.

rebel[1] ['rebl] buntownik

rebel[2] [rı'bel] **(-ll-)** buntować się; *The pupils rebelled against too much homework.* – Uczniowie zbuntowali się przeciw zbyt dużej porcji pracy domowej.

rebellion [rı'beljən] bunt, rewolta, rebelia; **an open rebellion against the government** – otwarty bunt przeciwko rządowi

rebellious [rı'beljəs] buntowniczy; **a child with a rebellious temper** – dziecko o buntowniczym usposobieniu

rebuild [ˌri:'bıld] **(rebuilt, rebuilt** [ˌri:'bılt, ˌri:'bılt]**)** odbudować

recall [rı'kɔ:l] przypominać sobie, pamiętać; *I can't recall his name.* – Nie mogę sobie przypomnieć, jak on się nazywa.

receipt [rı'si:t] ❶ potwierdzenie odbioru, pokwitowanie, paragon; *Ask for a receipt if you pay in the shop.* – Poproś o paragon, jeżeli płacisz w sklepie. ❷ odbiór, otrzymanie; **to acknowledge receipt of a letter** – potwierdzić odbiór listu

receive [rı'si:v] ❶ otrzymywać; *We've received some good news.* – Otrzymaliśmy dobre wiadomości. **to receive presents** – otrzymywać prezenty ❷ przyjmować; **to receive guests** – przyjmować gości

receiver [rı'si:və] słuchawka telefoniczna

recent ['ri:snt] niedawny, ostatni; *During my recent visit to London I met my old friend.* – Podczas mojej ostatniej/niedawnej podróży do Londynu spotkałem starego przyjaciela. **a recent event** – niedawne wydarzenie

recently ['ri:sntlı] ostatnio, niedawno; *I haven't seen him recently.* – Nie widziałem go ostatnio.

reception [rı'sepʃn] ❶ przyjęcie; *There was a reception after the wedding ceremony.* – Po ceremonii ślubnej było przyjęcie. ❷ przyjęcie, powitanie; *The book had a favourable reception.* – Książka spotkała się z przychylnym przyjęciem. *We were given a friendly reception.* – Zgotowano nam serdeczne przyjęcie. ❸ recepcja; *He went to reception for his key.* – Poszedł do recepcji po klucz. ❹ odbiór (*radiowy,* *telewizyjny)*; **poor reception** – zły odbiór

receptionist [rı'sepʃənıst] recepcjonistka

recession [rı'seʃn] recesja, zastój

recipe ['resıpı] przepis; **a recipe for a chocolate cake** – przepis na ciasto czekoladowe

reciprocate [rı'sıprəkeıt] odwzajemnić; *I reciprocate his dislike of me.* – Odwzajemniam jego niechęć do mnie.

recital [rı'saıtl] ❶ recital; **to give a piano recital** – dać recital fortepianowy ❷ wyszczególnienie, przytoczenie; *We were bored by the long recital of his troubles.* – Byliśmy znudzeni długim wyliczaniem jego kłopotów.

reckless ['reklıs] brawurowy, szaleńczy, lekkomyślny; **a reckless driver** – brawurowy kierowca

reckon ['rekn] ❶ uważać, sądzić; *I reckon he'll come soon.* – Uważam, że on wkrótce przyjdzie. ❷ liczyć; *I reckon it will cost £500.* – Liczę, że to będzie kosztować 500 funtów.

recognition [,rekəg'nıʃn] ❶ rozpoznanie, poznanie; **to change beyond recognition** – zmienić się nie do poznania ❷ uznanie; **to receive a prize in recognition of one's merits** – otrzymać nagrodę w uznaniu zasług

recognize ['rekəgnaız] ❶ rozpoznać; *He had changed so much that I didn't recognize him.* – On tak się zmienił, że go nie poznałam. ❷ uznać; *She is a recognized authority on the subject.* – Ona jest uznanym autorytetem w tej dziedzinie.

recollect [,rekə'lekt] przypominać sobie, pamiętać; *Do you recollect where it is?* – Czy przypominasz sobie, gdzie to jest?

recommend [,rekə'mend] polecać; *I recommend you to buy this book.* – Polecam ci kupno tej książki. *She was recommended as a suitable candidate for the job.* – Ona została polecona, jako odpowiednia kandydatka na to stanowisko.

recommendation [,rekəmen'deıʃn] rekomendacja, zalecenie, rada; *I bought the book on my friend's recommendation.* – Kupiłem tę książkę za radą przyjaciela.

reconcile ['rekənsaıl] pogodzić; *They were enemies but now they are reconciled.* – Byli nieprzyjaciółmi, ale teraz się pogodzili. **to reconcile two points of view** – pogodzić dwa punkty widzenia; *We must reconcile ourselves to our fate.* – Musimy pogodzić się z naszym losem.

reconciliation [,rekənsılı'eıʃn] pojednanie, pogodzenie, zgoda; **to bring about a reconciliation** – doprowadzić do zgody

record[1] ['rekɔ:d] ❶ rekord; **to break the world record** – pobić rekord świata; **to hold the record** – być rekordzistą ❷ płyta; **a longplaying record** – płyta długogrająca ❸ notatka, akta, archiwa, rejestr, zapis w rejestrze; **medical records** – statystyki lekarskie; **to keep a record of events** – prowadzić kronikę/zapis wypadków; *He has a criminal record.* – On ma przeszłość kryminalną.

record[2] [rı'kɔ:d] ❶ nagrać; *The programme was recorded.* – Program był nagrywany. ❷ notować, zapisać, zarejestrować; **to record the results** – zanotować wyniki; *Film cameras recorded the event.* – Kamery filmowe zarejestrowały to wydarzenie.

recorder [rı'kɔ:də] ❶ urządzenie do nagrywania; **a tape recorder** – magnetofon; **a cassette recorder** – magnetofon kasetowy; **a video recorder** – magnetowid ❷ *muz.* flet prosty

recording [rı'kɔ:dıŋ] nagranie; **a recording studio** – studio nagrań

record player ['rekɔ:d ,pleıə] gramofon

recover [rı'kʌvə] ❶ odzyskać; **to recover consciousness** – odzyskać przytomność; *He recovered his stolen car.* – Odzyskał swój skradziony samochód. ❷ odzyskać zdrowie, wyzdrowieć; *He is recovering from his illness.* – On wraca do zdrowia po chorobie.

recovery [rɪ'kʌvərɪ] wyzdrowienie, powrót do zdrowia; *The patient made a quick recovery.* – Pacjent szybko wrócił do zdrowia. *I wish you a speedy recovery.* – Życzę ci szybkiego powrotu do zdrowia.

recreation [ˌrekrɪ'eɪʃn] rekreacja, rozrywka, wypoczynek; *She walks in the mountains for recreation.* – Ona chodzi po górach dla wypoczynku.

recreation ground [ˌrekrɪ'eɪʃn graʊnd] plac zabaw

rectangle ['rekˌtæŋgl] prostokąt

rectangular [rek'tæŋgjʊlə] prostokątny

recycle [ˌri:'saɪkl] (*o odpadach*) utylizować, zawracać do obiegu/do produkcji; *Old bottles and newspapers can be recycled.* – Stare butelki i gazety mogą być utylizowane. **recycled paper** – papier odzyskany z makulatury

red[1] [red] **(-dd-)** czerwony

red[2] [red] czerwień

reduce [rɪ'dju:s] zredukować, obniżyć, zmniejszyć; *She must reduce her weight.* – Ona musi zredukować swoją wagę. **to reduce the price** – obniżyć cenę; *He was reduced in rank.* – Został zdegradowany.

reduction [rɪ'dʌkʃn] zmniejszenie, obniżenie, redukcja; **a price reduction** – obniżenie ceny; **a reduction in the number of students** – zmniejszenie liczby studentów

redundancy [rɪ'dʌndənsɪ] ❶ zwolnienia pracowników z powodu redukcji etatów ❷ nadmiar, zbyteczność

redundant [rɪ'dʌndənt] ❶ zwolniony (*z pracy*) z powodu redukcji etatów; *Many factory workers have been made redundant.* – Wielu robotników fabryki zostało zwolnionych z powodu redukcji etatów. ❷ zbyteczny, niepotrzebny, nadmierny

reed [ri:d] trzcina

reel [ri:l] szpulka

refer [rɪ'fɜ:] **(-rr-)** ❶ odnosić się, nawiązywać, dotyczyć; *This remark didn't refer to you.* – Ta uwaga nie dotyczyła ciebie. *What do these figures refer to?* – Do czego się odnoszą/ /Czego dotyczą te liczby? ❷ odwoływać się, korzystać, powoływać się na; *You can't refer to your dictionary when you are in the exam.* – Nie możecie korzystać ze słownika na egzaminie. *The speaker often referred to his notes.* – Mówca często zaglądał do swoich notatek. ❸ skierować, odesłać; *He referred me to his article on the subject.* – Odesłał mnie do swojego artykułu na ten temat.

referee [ˌrefə'ri:] sędzia sportowy (*w piłce nożnej, boksie, koszykówce, hokeju, rugby*)

reference ['refrəns] ❶ aluzja, nawiązanie; *The statement contained some references to me.* – Oświadczenie zawierało kilka aluzji do mojej osoby. **in reference to** – w nawiązaniu do, w odniesieniu do; *I'm writing in reference to your advertisement.* – Piszę w nawiązaniu do pańskiego ogłoszenia. ❷ referencje; **to have good references from one's employers** – mieć dobre referencje od pracodawców ❸ odniesienie się do źródeł informacji; **a reference book** – książka, w której szukamy potrzebnej informacji (*np. książka telefoniczna, słownik, encyklopedia*)

referendum [ˌrefə'rendəm] (*l.mn.* **referendums/referenda** [ˌrefə'rendəmz/ /ˌrefə'rendə]) referendum; *The government will hold a referendum.* – Rząd przeprowadzi referendum.

refill [ˌri:'fɪl] napełnić ponownie; *May I refill your glass?* – Czy mogę ci jeszcze nalać?

refined [rɪ'faɪnd] ❶ rafinowany; **refined oil** – rafinowany olej ❷ wyrafinowany, wyszukany, wytworny

reflect [rɪ'flekt] ❶ odbijać (się); *The moon reflected in the lake.* – Księżyc odbijał się w jeziorze. *The water re-*

flected the moon. – Woda odbijała blask księżyca. ❷ rozmyślać, rozważać; **to reflect on one's past mistakes** – rozważać dawne błędy

reflection [rɪ'flekʃn] / **reflexion** ❶ odbicie; *She saw her reflection in water.* – Zobaczyła swoje odbicie w wodzie. ❷ rozmyślanie, przemyślenia, refleksja; *He was lost in reflection.* – Był pogrążony w myślach. *After further reflection she saw her mistake.* – Po dalszych rozmyślaniach zauważyła swój błąd.

reflexive pronoun [rɪ,fleksɪv 'prəʊnaʊn] *gram.* zaimek zwrotny (*herself, himself itp.*)

reform¹ [rɪ'fɔ:m] reformować, poprawiać; **to reform one's character** – poprawić/zmienić własny charakter

reform² [rɪ'fɔ:m] reforma; **to carry out a reform** – przeprowadzać reformy; **agrarian reform** – reforma rolnictwa; **economic reform** – reforma gospodarcza

refresh [rɪ'freʃ] ❶ odświeżyć; *After a journey I like to refresh myself with a warm bath.* – Po podróży lubię się odświeżyć ciepłą kąpielą. **to refresh one's memory** – odświeżyć pamięć, przypomnieć sobie ❷ posilić się, pokrzepić, wzmocnić; *They stopped at a pub to refresh themselves.* – Oni zatrzymali się w/wstąpili do piwiarni, żeby się pokrzepić.

refreshing [rɪ'freʃɪŋ] odświeżający, wzmacniający; **a refreshing sleep** – pokrzepiający sen

refreshments [rɪ'freʃmənts] coś do zjedzenia i wypicia, lekki posiłek, zakąska; *We were offered light refreshments.* – Poczęstowano nas lekkim posiłkiem.

refrigerator [rɪ'frɪdʒəreɪtə] lodówka

refuge ['refju:dʒ] schronienie, azyl; **to take refuge** – schronić się

refugee [,refjʊ'dʒi:] uchodźca, uciekinier; **political refugees** – uchodźcy polityczni; **refugee camps** – obozy dla uchodźców

refund¹ ['ri:fʌnd] zwrot kosztów, refundacja; *I applied for a refund of my travelling expenses.* – Zwróciłem się z prośbą o zwrot kosztów podróży.

refund² [rɪ'fʌnd] zwrócić pieniądze; *They refunded me the price of the ticket.* – Zwrócono mi koszt biletu.

refusal [rɪ'fju:zl] odmowa; *My proposal met with a cold refusal.* – Moja propozycja spotkała się z chłodną odmową.

refuse¹ [rɪ'fju:z] odmówić; *She refused to say anything on the subject.* – Odmówiła jakiejkolwiek wypowiedzi na ten temat. *I was refused a visa.* – Odmówiono mi wizy.

refuse² ['refju:s] odpadki, śmieci; **to collect the refuse** – wywozić śmieci; **refuse collector** – śmieciarz; **a refuse dump** – wysypisko śmieci; **refuse disposal** – unieszkodliwianie odpadków

regain [rɪ'geɪn] odzyskać; **to regain consciousness** – odzyskać przytomność; **to regain one's freedom** – odzyskać wolność

regard¹ [rɪ'gɑ:d] ❶ wzgląd, troska, uwaga; *He shows no regard for the feelings of others.* – On nie zwraca żadnej uwagi na uczucia innych. ❷ szacunek, poważanie; **to hold sb in high regard** – czuć wobec kogoś szacunek ❸ odniesienie; **with regard to your question** – w odniesieniu/nawiązując do pańskiego pytania ❹ **regards** – pozdrowienia, ukłony, wyrazy szacunku; *Please, give my regards to your wife.* – Proszę, przekaż żonie ukłony. *With kind regards* – Łączę pozdrowienia (*zakończenie listu – przed podpisem*)

regard² [rɪ'gɑ:d] ❶ uważać, traktować; *He regards her as a friend.* – On ją uważa za przyjaciela. ❷ obserwować, widzieć, patrzeć; *He regarded the situation with great concern.* – Patrzył na sytuację z dużą troską. ❸ spoglądać, przyglądać się, obserwować; *He regarded his guests with a smile.* –

Przyglądał się swoim gościom z uśmiechem. ❹ dotyczyć; **as regards your question** – co się tyczy pańskiego pytania

regardless [rɪ'gɑ:dlɪs] bez względu; *She will buy the house regardless of the expense.* – Ona kupi dom niezależnie od kosztów.

regime [reɪ'ʒi:m] reżim, ustrój

regiment ['redʒɪmənt] *wojsk.* pułk

region ['ri:dʒən] region, okolica, obszar

regional ['ri:dʒənəl] regionalny

register[1] ['redʒɪstə] rejestr, spis, wykaz; **to keep a register** – prowadzić rejestr; **a hotel register** – lista gości hotelowych

register[2] ['redʒɪstə] zarejestrować; **to register a gun with the police** – zarejestrować pistolet na policji; **to register in the hotel book** – wpisać się do rejestru gości hotelowych; *The thermometer registered 32°C.* – Termometr wskazywał/zarejestrował 32°C. **registered letter** – list polecony

registration [ˌredʒɪ'streɪʃn] rejestracja, zapisy na listę; **to conduct a registration of students for a course** – prowadzić zapisy studentów na kurs

registration number [ˌredʒɪ'streɪʃn nʌmbə] numer rejestracyjny samochodu

registry office ['redʒɪstrɪ ˌɒfɪs] urząd stanu cywilnego

regret[1] [rɪ'gret] **(-tt-)** odczuwać żal, żałować, ubolewać; *I regret to say that it's impossible.* – Z żalem muszę powiedzieć, że to niemożliwe. *I regret doing it.* – Żałuję, że to zrobiłem. *Don't do it or you will regret it.* – Nie rób tego, bo pożałujesz.

regret[2] [rɪ'gret] żal, ubolewanie; *I have no regrets about giving up my job.* – Nie żałuję, że rzuciłem pracę. *Much to my regret I am unable to come.* – Bardzo żałuję, że nie mogę przyjść. *I heard with regret about your resignation.* – Z żalem dowiedziałem się o twojej rezygnacji.

regular ['regjʊlə] ❶ regularny; **regular heartbeat** – regularne bicie serca; **regular verbs** – czasowniki regularne ❷ stały; **a regular customer** – stały klient; *He has no regular work.* – On nie ma stałej pracy. ❸ zgodny z regulaminem, przepisowy

regulation [ˌregjʊ'leɪʃn] zarządzenie, regulamin, przepis; **traffic regulations** – przepisy drogowe; **to obey/to observe a regulation** – przestrzegać przepisu

rehearsal [rɪ'hɜ:sl] próba teatralna; **to hold a dress rehearsal** – mieć próbę generalną

rehearse [rɪ'hɜ:s] robić próbę teatralną; *The actors are rehearsing the new play.* – Aktorzy mają próbę nowej sztuki.

reign[1] [reɪn] królowanie, panowanie, rządy; **in/during the reign of Queen Elisabeth I** – w czasie panowania królowej Elżbiety I; **a reign of terror** – rządy terroru

reign[2] [reɪn] królować, panować

rein [reɪn] cugiel, lejc

reincarnation [ˌri:ɪnkɑ:'neɪʃn] reinkarnacja

reindeer ['reɪndɪə] (*l.mn.* **reindeer**) *zool.* renifer

reinforce [ˌri:'ɪnfɔ:s] wzmocnić; **reinforced concrete** – *bud.* beton zbrojony, żelbet, żelazobeton

reject [rɪ'dʒekt] odrzucić; *She rejected an offer of marriage.* – Odrzuciła propozycję małżeństwa.

relate [rɪ'leɪt] ❶ mieć związek, być związanym; *The results relate with the cause.* – Skutki mają związek z przyczyną. ❷ relacjonować, opowiadać; *She related her version of the accident to the police.* – Opowiedziała policji swoją wersję wypadku.

related [rɪ'leɪtɪd] ❶ spokrewniony; *He says he is related to the Queen.* – On mówi, że jest spokrewniony z królową. *We are distantly related.* – Jest między nami dalekie pokrewieństwo. **to be related to sb by marriage** –

być z kimś spowinowaconym ❷ związany (z), powiązany (z); *These two problems are closely related.* – Te dwa problemy są ze sobą ściśle związane.

relation [rɪ'leɪʃn] ❶ związek, relacja; **to break off diplomatic relations with a country** – zerwać stosunki dyplomatyczne z jakimś krajem ❷ krewny, powinowaty; *I she a friend or a relation?* – Czy to przyjaciółka, czy krewna?

relationship [rɪ'leɪʃnʃɪp] ❶ zależność; **a relationship between heat and energy** – zależność między ciepłem a energią ❷ stosunek, związek; **to break off relationships with sb** – zerwać z kimś stosunki; **to have good relationships with one's neighbours** – mieć dobre stosunki z sąsiadami

relative[1] ['relətɪv] krewny; **a near relative** – bliski krewny; **a distant relative** – daleki krewny

relative[2] ['relətɪv] ❶ względny, stosunkowy; *They live in relative comfort.* – Oni żyją we względnym dobrobycie. **relative clauses** – zdania względne ❷ powiązany, dotyczący; **the facts relative to this problem** – fakty związane z tym problemem

relatively ['relətɪvlɪ] względnie, stosunkowo; *It's relatively easy.* – To jest stosunkowo łatwe.

relax [rɪ'læks] ❶ odprężyć się, odpocząć; *Let's relax for an hour.* – Odpocznijmy przez godzinę. ❷ złagodzić, rozluźnić; **to relax immigration control** – złagodzić kontrolę imigracyjną

relaxation [ˌri:læk'seɪʃn] ❶ odpoczynek, relaks, odprężenie; *His favourite relaxation is gardening.* – Jego ulubionym odpoczynkiem jest praca w ogrodzie. ❷ złagodzenie, rozluźnienie; **the relaxation of the rules** – złagodzenie przepisów

relaxed [rɪ'lækst] odprężony

release[1] [rɪ'li:s] zwolnić; *He has been released from prison.* – Został zwolniony z więzienia.

release[2] [rɪ'li:s] zwolnienie; **a release from prison** – zwolnienie z więzienia

relevant ['reləvənt] istotny, odnoszący się do tematu, ważny; *If you want to get a job your qualifications are relevant, not your sex.* – Jeżeli chcesz dostać pracę, ważne/istotne są twoje kwalifikacje, a nie płeć.

reliable [rɪ'laɪəbl] solidny, niezawodny, pewny; **a reliable car** – niezawodny samochód; **a reliable person** – osoba godna zaufania

relief[1] [rɪ'li:f] ❶ ulga; *She sighed with relief.* – Odetchnęła z ulgą. *It was a relief to get home.* – Powrót do domu był prawdziwą ulgą. ❷ pomoc; *Many countries sent relief to people who had lost their homes in the earthquake.* – Wiele krajów udzieliło pomocy ludziom, którzy stracili domy w wyniku trzęsienia ziemi. **a relief fund** – fundusz pomocy

relief[2] [rɪ'li:f] płaskorzeźba

relies [rɪ'laɪz] *p.* **rely (-ies, -ied, -ying)**

relieve [rɪ'li:v] ❶ przynieść ulgę, ulżyć; *It relieved me to hear that they were safe.* – Ulżyło mi, kiedy się dowiedziałem, że są bezpieczni. *These tablets will relieve the pain.* – Te tabletki uśmierzą ból. ❷ zwolnić, zmienić; **to relieve a guard on duty** – zmienić wartownika na służbie

relieved [rɪ'li:vd] uspokojony; *We were relieved at the news.* – Wiadomości nas uspokoiły.

religion [rɪ'lɪdʒən] religia

religious [rɪ'lɪdʒəs] religijny

reluctance [rɪ'lʌktəns] wahanie, niechęć; *She displayed reluctance to get involved.* – Wykazywała niechęć do angażowania się.

reluctant [rɪ'lʌktənt] wahający się, niechętny; *He was reluctant to take up the responsibility.* – Wahał się przed podjęciem odpowiedzialności.

rely [rɪ'laɪ] **(-ies, -ied, -ying)** polegać, liczyć; *You can always rely on me for advice.* – Zawsze na mnie możesz liczyć, jeżeli chodzi o radę. *You can* *rely on him to help you.* – Możesz na nim polegać, że ci pomoże./Możesz liczyć na jego pomoc.

remain [rɪ'meɪn] pozostawać, zostać; *He remained silent.* – On uparcie milczał/ /pozostawał milczący. *She remained at home to look after the baby.* – Została w domu, żeby opiekować się dzieckiem. *The situation remains unchanged.* – Sytuacja pozostaje bez zmian. *That remains to be seen.* – To się jeszcze okaże.

remains [rɪ'meɪnz] resztki, szczątki, pozostałości; **the remains of an ancient building** – pozostałości starożytnej budowli

remark[1] [rɪ'mɑ:k] uwaga, stwierdzenie, komentarz; *He always makes impertinent remarks.* – On zawsze robi impertynenckie uwagi.

remark[2] [rɪ'mɑ:k] stwierdzić, zauważyć, skomentować, wygłosić uwagę; *He remarked that the situation was getting better.* – Stwierdził, że sytuacja się poprawia. *The visitors remarked on the beauty of the palace.* – Goście wymieniali uwagi na temat piękna pałacu.

remarkable [rɪ'mɑ:kəbl] niezwykły, godny uwagi, zadziwiający; *He made a remarkable discovery.* – On dokonał niezwykłego odkrycia.

remarkably [rɪ'mɑ:kəblɪ] nadzwyczajnie, w wysokim stopniu, wybitnie

remedy ['remədɪ] (*l.mn.* **remedies**) remedium, środek, lekarstwo; **a remedy for a cold** – środek na przeziębienie; **to exhaust all remedies** – wyczerpać wszystkie środki

remember [rɪ'membə] pamiętać; *She remembered to lock the door.* – Pamiętała, żeby zamknąć drzwi. *She remembered locking the door.* – Pamiętała, że zamykała drzwi. *Remember me to your mother.* – Pozdrów ode mnie mamę.

remembrance [rɪ'membrəns] wspomnienie, pamięć; *I have no remembrance of meeting him.* – Nie przypominam sobie, żebym go spotkała. **in remembrance of those killed in the war** – dla uczczenia pamięci ofiar wojny

remind [rɪ'maɪnd] przypominać; *Please remind me to post the letter.* – Proszę, przypomnij mi, żebym wysłała list.

remote [rɪ'məʊt] daleki, odległy; **a remote possibility** – słabe/nikłe prawdopodobieństwo; **a remote place** – odległe/daleko położone miejsce; **a remote cousin** – daleki kuzyn; **remote control** – zdalne sterowanie

removal [rɪ'mu:vl] ❶ usunięcie, uprzątnięcie; **snow removal** – uprzątnięcie śniegu ❷ przeprowadzka; **a removal van** – samochód do przewozu mebli (*przy przeprowadzce*)

remove [rɪ'mu:v] usunąć; *Remove these newspapers from the table.* – Usuń/ /Sprzątnij te gazety ze stołu. **to remove a stain from cloth** – usunąć plamę z materiału; *He was removed from his position as a chairman.* – Został usunięty ze stanowiska przewodniczącego.

renaissance [rə'neɪsns] renesans

renew [rɪ'nju:] odnowić; **to renew a contract** – odnowić kontrakt; **to renew an acquaintance with a former friend** – odnowić znajomość ze starym przyjacielem

renovate ['renəʊveɪt] odnowić, przeprowadzić renowację; *They are renovating their old house.* – Przeprowadzają renowację swojego starego domu.

renovation [ˌrenəʊ'veɪʃn] renowacja, remont; **to make renovations** – przeprowadzić renowację/remont

rent[1] [rent] wynająć; *We rented our house to them while we were abroad.* – Wynajęliśmy im nasz dom, kiedy przebywaliśmy za granicą.

rent[2] [rent] czynsz, komorne; *How much rent do you pay for your flat?* – Jakie/ /Jak wysokie komorne płacisz za swoje mieszkanie?

repaid [ˌri:'peɪd] *p.* **repay (repaid, repaid)**

repair[1] [rɪ'peə] reperować, naprawiać; *Can you repair my watch?* – Czy może pan zreperować mój zegarek?

repair[2] [rɪ'peə] reperacja, remont, naprawa; *The road is under repair.* – Droga jest w naprawie. *We have done the repairs to our roof.* – Przeprowadziliśmy remont (naszego) dachu. **in good repair** – w dobrym stanie; *The car is in good repair.* – Samochód jest w dobrym stanie.

repay [ˌri:'peɪ] (**repaid, repaid** [ˌri:'peɪd, ˌri:'peɪd]) ❶ zwrócić (*pieniądze*), spłacić; *She repaid me the money she had borrowed last month.* – Zwróciła mi pieniądze, które pożyczyła w zeszłym miesiącu. ❷ odpłacić, wynagrodzić; *How can I repay you for your kindness?* – Jak ci się odwdzięczę za twoją dobroć?

repayment [ri:'peɪmənt] spłata (*długu*), zwrot (*pieniędzy*)

repeat [rɪ'pi:t] powtarzać; *Don't repeat what I told you.* – Nie powtarzaj, co ci powiedziałem. *Repeat after me.* – Proszę powtarzać za mną. **to repeat a year at school** – powtarzać rok w szkole

repeatedly [rɪ'pi:tɪdlɪ] wielokrotnie, raz po raz, wiele razy; *She's told you repeatedly not to do it.* – Wielokrotnie ci powtarzała, żebyś tego nie robił.

repetition [ˌrepɪ'tɪʃn] powtórzenie/powtarzanie; *He remembered the poem after numerous repetitions.* – Zapamiętał wiersz po wielokrotnym powtarzaniu.

replace [rɪ'pleɪs] ❶ odłożyć na miejsce; **to replace the receiver** – odłożyć słuchawkę; **to replace a book on the shelf** – odłożyć książkę na półkę ❷ zastąpić, wymienić; *You must replace some parts of your car.* – Musisz wymienić niektóre części w swoim samochodzie.

replay [ˌri:'pleɪ] ❶ powtórnie rozegrać mecz ❷ odtworzyć, przegrać nagraną taśmę/nagrany film

reply[1] [rɪ'plaɪ] (**-ies, -ied, -ying**) odpowiedzieć; *He did not reply to my letter.* – Nie odpowiedział na mój list. *He replied that he was very sorry.* – Odpowiedział, że bardzo mu przykro.

reply[2] [rɪ'plaɪ] odpowiedź; *I asked him but he gave no reply.* – Zapytałem go, ale on nie odpowiedział. **in reply to your letter** – w odpowiedzi na pański list

report[1] [rɪ'pɔ:t] raport, sprawozdanie; **an annual report of a business company** – roczne sprawozdanie przedsiębiorstwa; **a newspaper report** – doniesienie prasowe

report[2] [rɪ'pɔ:t] ❶ poinformować, zawiadomić, donieść; *Our Middle East correspondent reports on the situation in Iran.* – Nasz korespondent na Bliskim Wschodzie donosi o sytuacji w Iranie. *They were reported to be safe.* – Doniesiono, że są bezpieczni. ❷ zrelacjonować, zdać relację, przytoczyć; *He reported how the accident had taken place.* – Zrelacjonował, jak doszło do wypadku. **reported speech** – *gram.* mowa zależna ❸ zameldować, zgłosić; **to report sb to the police** – złożyć doniesienie o kimś na policji; **to report a burglary** – zgłosić włamanie; *She's just been released from prison and has to report to the police every day.* – Właśnie wyszła z więzienia i musi się codziennie meldować na policji.

reporter [rɪ'pɔ:tə] reporter, sprawozdawca

represent [ˌreprɪ'zent] ❶ reprezentować; *His represents his country in the swimming competition.* – On reprezentuje swój kraj w zawodach pływackich. ❷ przedstawiać; *This painting represents a battle scene.* – Ten obraz przedstawia scenę batalistyczną.

representation [ˌreprɪzen'teɪʃn] ❶ reprezentacja, przedstawicielstwo ❷ przedstawienie

representative[1] [ˌreprɪ'zentətɪv] reprezentatywny, typowy; *His opinions are representative of the other workers'.* –

r

Jego opinie reprezentują zdanie również pozostałych robotników.

representative² [ˌreprɪ'zentətɪv] reprezentant, przedstawiciel; *We sent our representative to the conference.* – Wysłaliśmy naszego przedstawiciela na konferencję. **the House of Representatives** – Izba Reprezentantów

reproduce [ˌri:prə'dju:s] ❶ reprodukować, odtwarzać; **to reproduce music from a tape** – odtwarzać muzykę z taśmy ❷ rozmnażać; *Bacteria reproduce quickly.* – Bakterie szybko się rozmnażają.

reproduction [ˌri:prə'dʌkʃn] ❶ rozmnażanie (się) ❷ reprodukcja; **a reproduction of a famous painting by Monet** – reprodukcja słynnego obrazu Moneta ❸ odtwarzanie, odgrywanie (*np. płyty*)

reptile ['reptaɪl] *zool.* gad

republic [rɪ'pʌblɪk] republika

republican¹ [rɪ'pʌblɪkən] republikański

republican² [rɪ'pʌblɪkən] republikanin

repulsion [rɪ'pʌlʃn] wstręt, odraza; **to feel repulsion** – czuć odrazę

repulsive [rɪ'pʌlsɪv] wstrętny, odrażający

reputation [ˌrepjʊ'teɪʃn] ❶ reputacja, dobre imię, opinia; **to have a good/ /a bad reputation as a doctor** – być znanym jako dobry/zły lekarz; *He has the reputation of being a heavy drinker.* – On ma opinię człowieka nadużywającego alkoholu. ❷ sława, uznanie; **to make a reputation for oneself as a writer** – zdobyć sobie uznanie jako pisarz

request¹ [rɪ'kwest] prośba; *She did it at my request.* – Zrobiła to na moją prośbę. **on request** – na żądanie, na życzenie; *Catalogues will be sent on request.* – Katalogi będą wysyłane na życzenie.

request² [rɪ'kwest] prosić; *Visitors are requested not to touch the paintings.* – Uprasza się zwiedzających o niedotykanie obrazów.

require [rɪ'kwaɪə] wymagać, żądać; *The house requires painting.* – Dom wymaga malowania. *She required that everyone should attend her lectures.* – Zażądała, żeby wszyscy uczęszczali na jej wykłady. *Every student was required to take an entrance exam.* – Wymagano, aby każdy student zdawał egzamin wstępny./Od każdego studenta wymagano przystąpienia do egzaminu wstępnego.

requirement [rɪ'kwaɪəmənt] wymaganie, żądanie, warunek; **to fulfil/to meet/to satisfy a requirement** – spełnić wymaganie

rescue¹ ['reskju:] uratować życie, uratować, wybawić; **to rescue sb from drowning** – uratować tonącego/kogoś przed utonięciem

rescue² ['reskju:] pomoc, ratunek, wybawienie; **to come to sb's rescue** – przyjść komuś na pomoc/ratunek; **a rescue party** – ekipa ratownicza

research [rɪ'sɜ:tʃ] badanie, praca naukowa; **to conduct/to carry out scientific research** – prowadzić badania naukowe; **to carry out research on the causes of cancer** – prowadzić badania nad przyczynami raka

resemblance [rɪ'zembləns] podobieństwo; *She bears a strong resemblance to her sister.* – Widać u niej niezwykłe podobieństwo do siostry.

resemble [rɪ'zembl] być podobnym, przypominać; *She resembles her elder sister.* – Jest podobna do swojej starszej siostry./Przypomina swoją starszą siostrę.

resent [rɪ'zent] mieć coś przeciwko, mieć za złe, czuć żal i złość; *He resents your criticism.* – On nie może znieść twojej krytyki. *I resent your reading my letters.* – Mam ci za złe, że czytasz moje listy.

resentful [rɪ'zentfʊl] pełen żalu, urażony, obrażony; *He was bitterly resentful about your refusal.* – Czuł się głęboko urażony twoją odmową.

resentment [rɪ'zentmənt] żal, złość, uraza; **to bear/to feel resentment** – mieć żal; *She felt bitter resentment*

r

that none of her friends helped her. – Miała wielki żal, że nikt z przyjaciół jej nie pomógł.

reservation [ˌrezəˈveɪʃn] ❶ rezerwacja; **to make a reservation at a hotel** – dokonać rezerwacji w hotelu ❷ zastrzeżenie, wątpliwość; *He accepted the project without any reservations.* – Przyjął projekt bez zastrzeżeń. ❸ rezerwat; **an Indian reservation** – rezerwat Indian

reserve¹ [rɪˈzɜːv] rezerwować; *I reserved two seats on the train.* – Zarezerwowałem dwa bilety na pociąg.

reserve² [rɪˈzɜːv] ❶ rezerwa, zapas; **a reserve of food** – zapas żywności; **to keep sth in reserve** – trzymać coś w rezerwie ❷ rezerwa, powściągliwość; **to break down sb's reserve** – przełamać czyjąś powściągliwość ❸ zastrzeżenie, warunek; **without reserve** – bez zastrzeżeń ❹ rezerwat; **a nature reserve** – rezerwat przyrody

reserved [rɪˈzɜːvd] ❶ zarezerwowany ❷ powściągliwy, trzymający się z rezerwą

reservoir [ˈrezəvwɑː] zbiornik, rezerwuar

residence [ˈrezɪdəns] ❶ rezydencja, willa, duży dom; **a family residence** – dom dla rodziny ❷ miejsce zamieszkania (*stałego pobytu*); **to establish/to take up residence** – zamieszkać, osiedlić się; **to change one's place of residence** – zmienić miejsce zamieszkania

residential [ˌrezɪˈdenʃl] willowy, mieszkalny (*o dzielnicy*); **a quiet residential area** – spokojna dzielnica willowa

resign [rɪˈzaɪn] ❶ ustąpić, zrzec się, zrezygnować; *The Prime Minister has resigned.* – Premier ustąpił (ze stanowiska). **to resign one's post** – złożyć rezygnację ze stanowiska; **to resign from a job** – ustąpić z posady, rzucić pracę ❷ pogodzić się; *He resigned himself to his fate.* – Pogodził się ze swoim losem.

resignation [ˌrezɪgˈneɪʃn] ❶ rezygnacja, dymisja; **to hand in one's resignation from a post** – złożyć rezygnację ze stanowiska ❷ rezygnacja, pogodzenie się z losem; **to accept one's fate with resignation** – przyjąć swój los z rezygnacją

resist [rɪˈzɪst] stawiać opór, oprzeć się, przeciwstawić się; **to resist the enemy** – stawić opór nieprzyjacielowi; *It's a kind of glass that resists heat.* – To jest szkło odporne na wysokie temperatury. *I can't resist temptation.* – Nie mogę się oprzeć pokusie.

resistance [rɪˈzɪstəns] ❶ opór; **resistance movement** – ruch oporu; **to break down resistance** – przełamać opór; *Armed resistance was broken down.* – Opór zbrojny został przełamany. **to overcome the resistance** – pokonać opór; *An aircraft has to overcome the resistance of the air.* – Samolot musi pokonać opór powietrza. ❷ odporność; **resistance to a disease** – odporność na chorobę

resistant [rɪˈzɪstənt] oporny, odporny, wytrzymały; **an infection resistant to antibiotics** – infekcja oporna na antybiotyki; **water-resistant** – wodoodporny

resolution [ˌrezəˈluːʃn] ❶ rezolucja, uchwała ❷ postanowienie; *I made a resolution to stop smoking.* – Postanowiłem, że przestanę palić.

resolve [rɪˈzɒlv] ❶ postanowić, zdecydować; *She resolved to work harder.* – Postanowiła pracować lepiej/więcej. *The senate resolved that...* – Senat postanowił, że... ❷ rozwiązać; **to resolve a difficulty** – znaleźć wyjście z trudnej sytuacji

resort [rɪˈzɔːt] ❶ ratunek, ucieczka; **the last resort** – ostatnia deska ratunku ❷ kurort; **a seaside resort** – wypoczynkowa miejscowość nadmorska; **a mountain resort** – wypoczynkowa miejscowość górska

resources [rɪˈzɔːsɪz] środki, zasoby; **to exploit the natural resources** – wykorzystywać/eksploatować bogactwa/ /zasoby naturalne

respect[1] [rɪ'spekt] szacunek, poważanie; *You must show respect for elderly people.* – Musisz okazywać szacunek ludziom starszym. *The Prime Minister is held in great respect.* – Premier jest darzony ogromnym szacunkiem.

respect[2] [rɪ'spekt] ❶ szanować, poważać; *I respect him for his honesty.* – Szanuję go za uczciwość. ❷ respektować, przestrzegać; **to respect sb's rights** – szanować czyjeś prawa

respectable [rɪ'spektəbl] szanowny, zasługujący na szacunek, poważany, poważny, szacowny; *You must look respectable for the interview.* – Idąc na rozmowę wstępną musisz wyglądać poważnie/szacownie.

respond [rɪ'spɒnd] zareagować, odpowiedzieć; *I asked him but he didn't respond.* – Zapytałem go, ale nie zareagował/nie odpowiedział. *The disease does not respond to treatment.* – Leczenie nie odnosi skutku.

response [rɪ'spɒns] odpowiedź, reakcja, odzew; *There was no response to my letter.* – Nie było odpowiedzi na mój list.

responsibility [rɪ,spɒnsə'bɪlətɪ] ❶ odpowiedzialność; *You must take full responsibility for my car if you want to borrow it.* – Musisz wziąć całkowitą/ /pełną odpowiedzialność za mój samochód, jeżeli chcesz go pożyczyć. ❷ (*l.mn.* **responsibilities**) obowiązek; *It's your responsibility to look after your dog.* – Twoim obowiązkiem jest opiekowanie się własnym psem.

r

responsible [rɪ'spɒnsəbl] odpowiedzialny; *The driver is responsible for the safety of his passengers.* – Kierowca jest odpowiedzialny za bezpieczeństwo pasażerów. *You can trust her, she is very responsible.* – Możesz jej ufać, jest bardzo odpowiedzialna.

rest[1] [rest] ❶ odpoczynek; *You must have a rest from your work during the weekend.* – Musisz mieć trochę odpoczynku od pracy w czasie weekendu. ❷ reszta; *Where are the rest of the students?* – Gdzie jest reszta studentów?

rest[2] [rest] ❶ odpoczywać; *She rested after lunch.* – Ona odpoczywała po obiedzie. *I won't rest until I find my keys.* – Nie spocznę, dopóki nie znajdę kluczy. ❷ oprzeć; *He rested the ladder against the wall.* – Oparł drabinę o ścianę.

restaurant ['restərɒnt] restauracja

restless ['restlɪs] niespokojny; *After two lessons without a break the pupils became restless.* – Po dwóch lekcjach bez przerwy uczniowie stali się niespokojni. *We had a restless night when we waited for the news.* – Spędziliśmy niespokojną/bezsenną noc, czekając na wiadomości.

restoration [,restə'reɪʃn] ❶ odbudowa, odnowienie, odrestaurowanie; **the restoration of the old castle** – odbudowa starego zamku ❷ przywrócenie (*na stanowisko*), restauracja; **the restoration of the monarchy** – przywrócenie monarchii

restore [rɪ'stɔ:] ❶ przywrócić; **to restore order** – przywrócić porządek; **to restore sb to power** – przywrócić kogoś do władzy/komuś władzę; **to restore sb's sight** – przywrócić komuś wzrok ❷ odrestaurować, odnowić; *The building was restored after the war.* – Ten dom został po wojnie odbudowany.

restrain [rɪ'streɪn] powstrzymać, opanować, powściągnąć; *He couldn't restrain his anger.* – Nie mógł opanować gniewu. *I couldn't restrain him from drinking another whisky.* – Nie umiałam go powstrzymać od wypicia jeszcze jednej whisky.

restraint [rɪ'streɪnt] opanowanie, powściągliwość, umiarkowanie; *They showed restraint and didn't respond to the provocation.* – Okazali opanowanie i nie zareagowali na prowokację.

restrict [rɪ'strɪkt] ograniczyć; *Speed is restricted to 50 miles per hour.* – Prędkość jest ograniczona do 50 mil na godzinę.

restriction [rɪ'strɪkʃn] ograniczenie, zakaz; **to impose restrictions on imports** – nałożyć/wprowadzić ograniczenia importowe; **legal restrictions** – ograniczenia prawne

result[1] [rɪ'zʌlt] rezultat, wynik, skutek; **exam results** – wyniki egzaminu; *The accident was the result of carelessness.* – Wypadek był wynikiem nieostrożności.

result[2] [rɪ'zʌlt] wyniknąć, być wynikiem, dawać w wyniku; *Her death resulted from an overdose of pills.* – Jej śmierć była spowodowana przedawkowaniem tabletek (*nasennych*).

retire [rɪ'taɪə] przejść na emeryturę; *He retired from his job when he was 65.* – Przeszedł na emeryturę, kiedy skończył/miał 65 lat.

retired [rɪ'taɪəd] emerytowany; *He is retired.* – On jest na emeryturze.

retirement [rɪ'taɪəmənt] przejście na emeryturę, stan spoczynku; **to go into retirement** – wycofać się z czynnego życia (*zawodowego*); **early retirement** – wcześniejsza emerytura

retreat[1] [rɪ'tri:t] wycofać się; *The troops retreated.* – Oddziały wycofały się. *I retreated to my bedroom.* – Wycofałem się/Poszedłem do swojego pokoju.

retreat[2] [rɪ'tri:t] ❶ wycofanie się, odwrót; *The army is in full retreat.* – Armia jest w pełnym odwrocie. **to beat a retreat** – uciec, wycofać się ❷ azyl, schronienie, ustronie ❸ odsunięcie się od ludzi, samotność ❹ *rel.* rekolekcje

return[1] [rɪ'tɜ:n] ❶ wrócić; *He returned from Paris yesterday.* – Wczoraj wrócił z Paryża. ❷ zwrócić; *When will you return my book?* – Kiedy zwrócisz moją książkę?

return[2] [rɪ'tɜ:n] ❶ powrót; *What is the date of his return?* – Jaka jest data jego powrotu?/Kiedy on wraca? *On my return I found that he had left.* – Po powrocie stwierdziłam, że odjechał/wyjechał. *Many happy returns of the day.* – Niech ten dzień powraca wiele razy. (*życzenia urodzinowe*) ❷ zwrot; *They demand the return of their books.* – Żądają zwrotu swoich książek. **in return** – w zamian ❸ **by return** – następną pocztą; *Send your answer by return.* – Wyślij odpowiedź następną pocztą.

return[3] [rɪ'tɜ:n] powrotny; **a return ticket** – bilet powrotny; **a return journey** – podróż powrotna

reunion [ri:'ju:nɪən] ponowne połączenie, zjazd; **a family reunion** – zjazd rodzinny

Rev. = Reverend

reveal [rɪ'vi:l] odsłonić, ujawnić; **to reveal the truth** – ujawnić prawdę; *She revealed her secret to us.* – Wyjawiła nam swój sekret.

revelation [ˌrevə'leɪʃn] ❶ rewelacja, odkrycie, ujawnienie; *The revelation that she had been to prison surprised everybody.* – Ujawnienie tego, że ona była w więzieniu, zdumiało nas wszystkich. ❷ *rel.* objawienie

revenge[1] [rɪ'vendʒ] odwet, zemsta; **to do sth out of revenge** – zrobić coś z zemsty; **in revenge for** – z zemsty za; **to take revenge on sb for sth** – zemścić się na kimś za coś

revenge[2] [rɪ'vendʒ] zemścić się, pomścić; **to revenge a friend** – pomścić przyjaciela; **to revenge oneself on** – zemścić się na

Reverend ['revrənd] wielebny, duchowny (*przed nazwiskiem*); **Rev. Thomas Smith/the Reverend Thomas Smith**

reverse[1] ['ri:vɜ:s] odwrócić; **to reverse roles** – zamienić się rolami; *Reverse the car into the garage.* – Wjedź tyłem do garażu.

reverse[2] ['ri:vɜ:s] ❶ odwrotność, przeciwieństwo, odwrotna strona; *He did the reverse of what we had expected.* – Postąpił odwrotnie niż się tego spodziewaliśmy. **the reverse of the cloth**

– lewa (odwrotna) strona materiału; **in reverse** – na odwrót ❷ wsteczny bieg; **to put the car into reverse** – wrzucić wsteczny bieg

review[1] [rɪ'vju:] ❶ przegląd; **the press review** – przegląd prasy; **a review of the year's events** – przegląd wydarzeń roku ❷ recenzja; *The book has got very favourable reviews.* – Książka miała bardzo przychylne recenzje. **to write a review for a play** – napisać recenzję sztuki

review[2] [rɪ'vju:] ❶ zrobić przegląd; **to review the situation** – ocenić sytuację ❷ napisać recenzję; *The book was well reviewed.* – Ta książka miała dobre recenzje.

revise [rɪ'vaɪz] ❶ skorygować, poprawić, zrewidować; **to revise one's opinion of sb** – skorygować swoją opinię o kimś; **a revised edition** – wydanie poprawione ❷ przejrzeć, zrobić powtórzenie; *I must revise for the exam in literature.* – Muszę powtórzyć (materiał) przed egzaminem z literatury.

revision [rɪ'vɪʒn] ❶ powtórzenie materiału; *He had to do some revision for the exam.* – Musiał dokonać powtórki przed egzaminem. ❷ przejrzenie, ulepszenie, poprawka; *This is a revision of an earlier edition.* – Jest to uzupełnione/poprawione wydanie wcześniejszej edycji. *Several revisions have been made to the plan.* – Zrobiono kilka poprawek do planu.

r

revolt[1] [rɪ'vəʊlt] ❶ powstać, zbuntować się; *The people revolted against the ruler.* – Ludność powstała przeciw władcy. ❷ budzić odrazę, wywołać oburzenie; *The cruel scene revolted us all.* – Okrutna scena napełniła nas odrazą.

revolt[2] [rɪ'vəʊlt] rewolta, bunt, powstanie; *A revolt broke out against the tyrant.* – Wybuchło powstanie przeciw tyranowi.

revolting [rɪ'vəʊltɪŋ] odrażający, wstrętny, oburzający

revolution [ˌrevə'lu:ʃn] ❶ rewolucja; **the Industrial Revolution** – rewolucja przemysłowa; **the French Revolution** – Rewolucja Francuska ❷ obrót (*wokół osi*); *The wheel makes 50 revolutions a minute.* – Koło robi 50 obrotów na minutę.

revolutionary[1] [ˌrevə'lu:ʃənərɪ] (*l.mn.* **revolutionaries**) rewolucjonista

revolutionary[2] [ˌrevə'lu:ʃənərɪ] rewolucyjny

revolve [rɪ'vɒlv] obracać się; *The earth revolves around the sun.* – Ziemia obraca się wokół Słońca.

revolver [rɪ'vɒlvə] rewolwer

reward[1] [rɪ'wɔ:d] nagroda; *I offered £10 reward for finding my dog.* – Zaoferowałam 10 funtów nagrody za znalezienie mojego psa. *I didn't expect anything in reward.* – Niczego się nie spodziewałam w nagrodę./Nie spodziewałam się nagrody.

reward[2] [rɪ'wɔ:d] wynagrodzić; *He was generously rewarded for his honesty.* – Został hojnie wynagrodzony za swoją uczciwość.

rewind [ri:'waɪnd] **(rewound, rewound** [ri:'waʊnd, ri:'waʊnd]) przewinąć (*np. taśmę magnetofonową*)

rheumatism ['ru:mətɪzm] reumatyzm; **to suffer from rheumatism** – cierpieć na reumatyzm

rhinoceros [raɪ'nɒsərəs] (*l.mn.* **rhinoceros/rhinoceroses**) *zool.* nosorożec

rhubarb ['ru:bɑ:b] *bot.* rabarbar

rhyme[1] [raɪm] rym, wiersz; **to write in rhyme** – pisać wierszem/do rymu

rhyme[2] [raɪm] rymować; *The word "bee" rhymes with the word "see".* – Wyraz „bee" rymuje się ze słowem „see".

rhythm ['rɪðəm] rytm

rib [rɪb] *anat.* żebro

ribbon ['rɪbɒn] wstążka

rice [raɪs] ryż

rich [rɪtʃ] bogaty; **a rich man** – bogaty człowiek; *The country is rich in coal deposits.* – Kraj jest zasobny w złoża węgla. **rich food** – ciężko strawne (*wysokokaloryczne*) jedzenie; **the rich** – bogaci (*ludzie*)

riches ['rɪtʃɪz] bogactwa; *She is said to possess fabulous riches.* – Mówi się o niej, że posiada niewiarygodne bogactwa.

rid [rɪd] **(-dd-) (rid, rid** [rɪd, rɪd]**)** pozbyć się, uwolnić; **to rid a town of rats** – uwolnić miasto od szczurów; **to rid oneself of debts** – pozbyć się długów, spłacić długi; *I can't get rid of my bad habits.* – Nie mogę się pozbyć swoich złych nawyków/nałogów.

ridden ['rɪdn] *p.* **ride[1] (rode, ridden)**

riddle ['rɪdl] zagadka; **to solve a riddle** – odgadnąć/rozwiązać zagadkę

ride[1] [raɪd] **(rode, ridden** [rəʊd, 'rɪdn]**)** ❶ jeździć konno, rowerem, motocyklem; **to ride a horse** – jeździć konno; *He jumped on his bike and rode away.* – Wskoczył na rower i odjechał. ❷ podróżować, jechać (*samochodem, autobusem itp.*); *We rode at the back of the bus.* – Jechaliśmy z tyłu autobusu.

ride[2] [raɪd] przejażdżka; *Let's go for a ride in my car.* – Pojedźmy na przejażdżkę moim samochodem.

rider ['raɪdə] jeździec

ridiculous [rɪ'dɪkjʊləs] śmieszny, idiotyczny, absurdalny; *It's ridiculous that he can't solve such a simple problem.* – To śmieszne, że on nie potrafi rozwiązać tak prostego problemu.

riding ['raɪdɪŋ] jazda konna

rifle ['raɪfl] strzelba, karabin

right[1] [raɪt] ❶ prawy, po prawej stronie; *I write with my right hand.* – Piszę prawą ręką. ❷ dobry, prawidłowy, poprawny; *You gave the right answer.* – Udzieliłeś prawidłowej odpowiedzi. *I was right.* – Miałam rację. *It was right of her to refuse.* – Dobrze, że odmówiła./Miała rację odmawiając. *Is that the right time?* – Czy to prawidłowy czas?/Czy to dobra godzina? *He is the right person for the job.* – On jest odpowiednią osobą na to stanowisko. ❸ dobry, słuszny, właściwy; *It isn't right to steal.* – Nie jest rzeczą słuszną kraść.

◆ *All right.* – Dobrze./W porządku.

◆ *That's right.* – Tak jest./Właśnie.

right[2] [raɪt] ❶ prosto, bezpośrednio, bezzwłocznie; *I'll phone him right now.* – Zadzwonię do niego właśnie teraz. ❷ dokładnie, ściśle; *Put it right in the middle.* – Połóż to dokładnie pośrodku. ❸ słusznie, należycie, poprawnie, dobrze; *You guessed right.* – Dobrze zgadłeś. ❹ w prawo; *Turn right at the traffic lights.* – Skręć w prawo na światłach.

right[3] [raɪt] ❶ prawo; *You have no right to do it.* – Nie masz prawa tego robić. *I know my rights.* – Znam swoje prawa. ❷ dobro, praworządność; **to know the difference between right and wrong** – odróżniać dobro od zła ❸ prawa strona; *The house is on the right.* – Ten dom jest po prawej stronie. ❹ **the Right** – *polit.* prawica

right angle ['raɪt ˌæŋgl] kąt prosty

right-hand ['raɪthænd] z prawej ręki (strony); **a right-hand glove** – rękawiczka z prawej ręki; **a right-hand turning** – skręt w prawo

right-handed [ˌraɪt'hændɪd] praworęczny

rightly ['raɪtlɪ] ❶ prawidłowo, dobrze, poprawnie, właściwie; *If I remember rightly...* – O ile dobrze pamiętam... ❷ słusznie, sprawiedliwie; *She insisted, quite rightly, that they should pay her.* – Nalegała, mając słuszność/Słusznie nalegała, żeby jej zapłacili.

rigid ['rɪdʒɪd] sztywny, niepodatny

rim [rɪm] obrzeże, brzeg, obwódka

rind [raɪnd] skórka, skóra; **rind of a lemon/a melon/cheese/bacon** – skórka cytryny/melona/sera/bekonu

ring[1] [rɪŋ] ❶ pierścionek; **a wedding-ring** – obrączka ślubna ❷ kółko; **a key-ring** – kółko na klucze; **an ear-ring** – kolczyk ❸ koło; **to stand in a ring** – stanąć w kole ❹ ring (*bokserski*); **a boxing-ring** – ring bokserski ❺ dzwonek, odgłos dzwonka; *There is a ring at the door.* – Słyszę dzwonek u drzwi.

ring[2] [rɪŋ] (**rang, rung** [ræŋ, rʌŋ]) ❶ dzwonić; *The telephone is ringing.* – Telefon dzwoni. *She rang the door--bell.* – Zadzwoniła do drzwi. *My ears are ringing.* – W uszach mi dzwoni. ❷ telefonować; *I'll ring you tomorrow.* – Zadzwonię do ciebie jutro.

◆ **ring off** – odłożyć słuchawkę

◆ **ring up** – zadzwonić, zatelefonować

rink [rɪŋk] ślizgawka

rinse [rɪns] płukać, wypłukać, opłukać; *You must rinse your hair after you've used shampoo.* – Musisz wypłukać włosy po użyciu szamponu.

riot ['raɪət] zamieszki, rozruchy; *Riots broke out in many cities.* – Rozruchy wybuchły w wielu miastach. **to put down the riot** – stłumić rozruchy

riot police ['raɪət pə'li:s] specjalne oddziały policji używane do tłumienia rozruchów

ripe [raɪp] dojrzały; *Strawberries are already ripe for picking.* – Truskawki są już dojrzałe (do zbierania).

rise[1] [raɪz] (**rose, risen** [rəʊz, rɪzn]) ❶ podnieść (się); *Prices continue to rise.* – Ceny ciągle rosną. *His voice rose in anger.* – Jego głos podniósł się w gniewie. *He rose to his feet.* – On wstał/podniósł się. *The river has risen after the rains.* – Rzeka wezbrała po deszczach. ❷ (*o słońcu, księżycu*) wschodzić; *The sun rises in the east.* – Słońce wschodzi na wschodzie. ❸ wstawać; *When do you rise in the morning?* – Kiedy wstajesz rano?

rise[2] [raɪz] ❶ zwyżka, podwyżka; **a rise in salary** – podwyżka zarobków; *The prices are on the rise.* – Ceny wykazują tendencję zwyżkową/rosną. ❷ unoszenie się, wznoszenie; **a rise in social position** – awans społeczny; **the rise and fall** – wzlot i upadek; **sunrise** – wschód słońca

risk[1] [rɪsk] ryzyko; **to take a risk** – podejmować ryzyko; *She won't take risks when she is driving.* – Ona nie będzie ryzykowała, kiedy prowadzi. **at one's own risk** – na własne ryzyko; *If you climb you do it at your own risk.* – Jeżeli się wspinasz, robisz to na własne ryzyko.

risk[2] [rɪsk] ryzykować; *I can't risk losing everything.* – Nie mogę ryzykować utraty wszystkiego. *He risked his life when he jumped into the sea to rescue a man.* – Ryzykował swoim życiem, kiedy wskoczył do morza ratować człowieka.

risky ['rɪskɪ] (**-ier, -iest**) ryzykowny

rival ['raɪvl] rywal

river ['rɪvə] rzeka

road [rəʊd] droga, szosa; **a main road** – główna droga; **a road accident** – wypadek drogowy; *It will take you more time to get there by road than by rail.* – Więcej czasu zajmie dotarcie tam samochodem niż koleją.

road-side ['rəʊdsaɪd] pobocze drogi

roar [rɔ:] ryczeć

roast[1] [rəʊst] piec, przypiekać; **to roast meat/potatoes** – piec mięso/ziemniaki; **to roast coffee** – palić kawę

roast[2] [rəʊst] pieczeń; **to make a roast** – zrobić pieczeń

roast[3] [rəʊst] pieczony; **roast chicken** – pieczony kurczak

rob [rɒb] (**-bb-**) ograbić, obrabować, zrabować; **to rob a bank** – obrabować bank; *He was robbed of his watch.* – Zrabowano mu zegarek.

robber ['rɒbə] rabuś, złodziej

robbery ['rɒbərɪ] (*l.mn.* **robberies**) grabież, kradzież, rozbój

rock[1] [rɒk] skała, głaz; **rock-climbing** – wspinaczka po skałach

rock[2] [rɒk] **/ rock music** ['rɒk ˌmju:zɪk] muzyka rockowa

rock[3] [rɒk] bujać (się), kołysać (się); *The boat rocked gently on the waves.* – Łódź kołysała się lekko na falach. *She rocked the baby in her arms.* – Kołysała dziecko w ramionach.

rock'n'roll [ˌrɒkən'rəʊl] rock and roll

rocket ['rɒkɪt] rakieta; **to launch a rocket** – wystrzelić rakietę

rock music [ˌrɒk'mju:zɪk] *p.* **rock²**

rocky ['rɒkɪ] **(-ier, -iest)** skalisty

rode [rəʊd] *p.* **ride¹ (rode, ridden)**

role [rəʊl] rola; **to play the role of Hamlet** – grać rolę Hamleta; **a role of mass-media in modern life** – rola środków masowego przekazu we współczesnym świecie

roll¹ [rəʊl] ❶ toczyć się, toczyć; *The coin rolled under the table.* – Moneta potoczyła się pod stół. ❷ tarzać się; *The dog rolled in the snow.* – Pies tarzał się w śniegu. ❸ zwinąć; **to roll the carpet** – zwinąć dywan; **to roll the wool into a ball** – zwinąć włóczkę w kłębek; *He rolled himself up in a blanket.* – Zawinął się w koc. ❹ rozwałkować; **to roll the pastry** – rozwałkować ciasto ❺ kołysać (się) (*na falach*)

roll² [rəʊl] ❶ lista, rejestr, spis, wykaz; **to call the roll** – odczytywać listę obecności ❷ rulon, rolka, zwitek; **a roll of paper** – rulon papieru ❸ bułeczka, rogalik ❹ kołysanie (*na fali*); **the roll of the ship** – kołysanie statku

roller-skate¹ ['rəʊləskeɪt] wrotka

roller-skate² ['rəʊləskeɪt] jeździć na wrotkach

roller-skating ['rəʊləskeɪtɪŋ] jazda na wrotkach

rolling-pin ['rəʊlɪŋpɪn] wałek do ciasta

Roman ['rəʊmən] rzymski; **Roman Empire** – Cesarstwo Rzymskie; **Roman numerals** – cyfry rzymskie

Roman Catholic¹ [ˌrəʊmən 'kæθəlɪk] rzymskokatolicki; **the Roman Catholic Church** – Kościół rzymskokatolicki

Roman Catholic² [ˌrəʊmən 'kæθəlɪk] katolik

romance [rəʊ'mæns] ❶ romans, romantyczna historia ❷ przygoda, niezwykłe przeżycia

romantic [rəʊ'mæntɪk] romantyczny

roof [ru:f] dach

room [ru:m] ❶ pokój ❷ miejsce, przestrzeń; *This table takes up too much room.* – Ten stół zajmuje za dużo miejsca. *There is no room for more books.* – Nie ma miejsca na więcej książek.

root [ru:t] korzeń

rope [rəʊp] sznur, lina

rope-ladder [ˌrəʊp'lædə] drabinka sznurowa

rose¹ [rəʊz] róża

rose² [rəʊz] *p.* **rise¹ (rose, risen)**

rosy ['rəʊzɪ] **(-ier, -iest)** różowy; **rosy cheeks** – zaróżowione policzki; **rosy future** – różowa przyszłość

rotate [rəʊ'teɪt] obracać się, wirować

rotation [rəʊ'teɪʃn] obrót, obracanie się, rotacja

rotten ['rɒtn] ❶ zgniły, zepsuty; **rotten apples** – zgniłe jabłka ❷ okropny, paskudny, do niczego; *I feel rotten.* – Czuję się paskudnie. **rotten weather** – paskudna pogoda

rough [rʌf] ❶ szorstki, chropowaty, nierówny; **a rough surface** – nierówna/ /chropowata powierzchnia; **rough to the touch** – szorstki w dotyku ❷ szorstki, niedelikatny, brutalny; *You've been too rough on the children.* – byłeś zbyt szorstki dla dzieci. ❸ nie wygładzony, niedokładny, przybliżony; **a rough translation** – niedokładne/przybliżone tłumaczenie; **a rough version** – szkic/brudnopis/wersja robocza ❹ (*o morzu*) wzburzony; *The sea was rough.* – Morze było wzburzone.

roughly ['rʌflɪ] ❶ szorstko, brutalnie; **to treat sb roughly** – traktować kogoś szorstko ❷ mniej więcej, około, w przybliżeniu; *It'll cost roughly £100.* – To będzie kosztować około 100 funtów.

round¹ ['raʊnd] okrągły; **a round table** – okrągły stół

round² ['raʊnd] ❶ dookoła; **to turn round** – odwrócić się/okręcić się; *The earth moves round the sun.* – Ziemia porusza się dookoła Słońca. *They are* *sitting round the table.* – Siedzą dookoła stołu. **to look round** – obejrzeć się/rozejrzeć się ❷ tuż za; *It's round the corner.* – To jest tuż za rogiem.

round³ [raʊnd] ❶ runda; **the second round of a boxing match** – druga runda meczu bokserskiego ❷ obchód, tura; **the doctor's round of visits** – obchód lekarza, wizyty domowe lekarza; **the postman's round** – roznoszenie listów przez listonosza

roundabout¹ ['raʊndəbaʊt] ❶ rondo komunikacyjne ❷ karuzela; **to ride a roundabout** – jeździć na karuzeli

roundabout² ['raʊndəbaʊt] okrężny; *We heard the news in the roundabout way.* – Usłyszeliśmy tę wiadomość okrężną drogą.

rouse [raʊz] ❶ obudzić; *The noise in the street roused me.* – Hałas na ulicy obudził mnie. ❷ wzbudzić, pobudzić, wzniecić; **to rouse sb to action** – pobudzić kogoś do działania ❸ zirytować, rozdrażnić, sprowokować; *He is dangerous when roused.* – On jest niebezpieczny, kiedy się go rozdrażni.

route [ru:t] droga, szlak, trasa; *They have changed the route of the bus.* – Zmieniono trasę autobusu. *Which is the nearest route to London?* – Jaka jest najbliższa droga do Londynu?

row¹ [rəʊ] rząd, szereg; **a row of houses** – szereg domów; **the first row of seats at the theatre** – pierwszy rząd w teatrze

row² [raʊ] kłótnia, awantura; **to have a row with one's neighbours** – mieć awanturę z sąsiadami

row³ [rəʊ] wiosłować

row-boat ['rəʊbəʊt] / **rowing-boat** ['rəʊɪŋbəʊt] łódź wiosłowa

royal ['rɔɪəl] królewski; **the Royal Family** – rodzina królewska; **Her Royal Highness** – Jej Królewska Mość

royalty ['rɔɪəltɪ] ❶ członek/członkowie rodziny królewskiej ❷ **royalties** – honorarium autorskie; *The publishers paid him royalties on his book.* – Wydawnictwo zapłaciło mu honorarium za książkę.

rub [rʌb] (**-bb-**) trzeć, pocierać; **to rub the cream into one's skin** – wetrzeć krem w skórę; *He rubbed his hands together.* – Zatarł ręce. **to rub out** – wytrzeć, zmazać; *Rub out the mistake.* – Wytrzyj ten błąd.

rubber ['rʌbə] ❶ guma; **rubber band** – gumka, taśma gumowa ❷ gumka kreślarska

rubbish ['rʌbɪʃ] ❶ śmieci; *Put the rubbish into the dustbin.* – Wrzuć śmieci do pojemnika. ❷ nonsens, bzdura; *He was talking a lot of rubbish.* – Mówił same brednie.

ruby ['ru:bɪ] rubin

rucksack ['rʌksæk] plecak

rudder ['rʌdə] ster

rude [ru:d] niegrzeczny, chamski, grubiański, obraźliwy; *It's rude to interrupt when someone is talking.* – Niegrzecznie jest przerywać, kiedy ktoś mówi.

rug [rʌg] ❶ dywanik ❷ koc, pled

rugby ['rʌgbɪ] / **rugger** ['rʌgə] rugby

ruin¹ ['rʊɪn] zniszczyć, zrujnować; *The dog came in dirty and ruined my carpets.* – Pies przyszedł brudny i zniszczył mi dywany. *The crisis ruined his business.* – Kryzys doprowadził jego interes do ruiny.

ruin² ['rʊɪn] ruina; *The house has fallen into ruin.* – Dom został doprowadzony do ruiny. **to face financial ruin** – stanąć wobec ruiny finansowej; **the ruins** – ruiny, gruzy; *The house is in ruins.* – Dom jest w gruzach. *His career is in ruins.* – Jego kariera jest zrujnowana.

rule¹ [ru:l] ❶ reguła, prawo, zasada, przepis; **the rules of English grammar** – zasady gramatyki angielskiej; *It's against the rules.* – To niezgodne z przepisami. **to break the rules** – łamać przepisy; **as a rule** – z reguły ❷ panowanie, rządy; **to be under another country's rule** – być pod panowaniem innego państwa

rule² [ru:l] ❶ rządzić, panować; **to rule over a country** – rządzić krajem ❷ postanowić, orzekać; *The court ruled that the witness should be disqualified.* – Sąd orzekł, że świadek ma być wykluczony ze sprawy. **to rule out** – odrzucić, wykluczyć; *This possibility can't be ruled out.* – Tej możliwości nie można wykluczyć.

ruler ['ru:lə] ❶ władca ❷ linijka

rum [rʌm] rum

rumour ['ru:mə] pogłoska, plotka; *There are rumours that you are getting married.* – Krążą pogłoski, że wychodzisz za mąż.

run[1] [rʌn] **(-nn-) (ran, run** [ræn, rʌn]**)** ❶ biec; *Don't run across the road.* – Nie przebiegaj przez jezdnię. ❷ płynąć, ciec; *The river runs to the sea.* – Rzeka wpływa do morza. *Who's left the water running?* – Kto zostawił odkręcony kran (z cieknącą wodą)? *The tap is running.* – Kran przecieka. *My nose is running.* – Cieknie mi z nosa./Mam katar. ❸ kursować, chodzić; *This bus doesn't run on Sundays.* – Ten autobus nie kursuje w niedziele. ❹ prowadzić; **to run the house** – prowadzić dom; **to run a business** – prowadzić interes ❺ stawać się, wyczerpywać się; *The river is running dry.* – Rzeka wysycha. *Supplies are running low.* – Zapasy się kończą.

◆ **run across/run into** – spotkać przypadkowo; *I've just run across my old friend.* – Właśnie spotkałem przypadkowo starego przyjaciela.

◆ **run after** – gonić; *The dog was running after a rabbit.* – Pies gonił królika.

◆ **run away** – uciec; *The bandits have run away.* – Bandyci uciekli.

◆ **run down** – potrącić, przejechać; *A car ran her down in the street.* – Samochód potrącił ją na ulicy.

◆ **run out of** – kończyć, wyczerpywać się; *We are running out of water.* – Kończy nam się woda.

◆ **run over** – (a) przejechać; *He was run over by a bus.* – On został przejechany przez autobus. (b) przelewać się; *The bath is running over.* – Woda z wanny się przelewa.

run[2] [rʌn] bieg; **a run across the fields** – bieg przez pola; **a cross-country run** – bieg na przełaj; **a down-hill run** – bieg zjazdowy; **to be on the run** – być w biegu; **in the long run** – na dłuższą metę

rung[1] [rʌŋ] *p.* **ring**[2] **(rang, rung)**

rung[2] [rʌŋ] szczebel drabiny

runner ['rʌnə] biegacz; **a marathon runner** – maratończyk

running[1] ['rʌnɪŋ] ❶ bieganie, biegi; **running shoes** – buty do biegania ❷ prowadzenie, kierowanie; **the running of a shop** – prowadzenie sklepu

running[2] ['rʌnɪŋ] ❶ bieżący; **running water** – bieżąca woda; **running repairs** – bieżące naprawy; **running commentary** – komentarz bieżących wydarzeń, komentarz towarzyszący przedstawianym wydarzeniom ❷ z rzędu, pod rząd; **for the third day running** – trzeci dzień z rzędu

runway ['rʌnweɪ] pas startowy

rural ['rʊərəl] wiejski

rush[1] [rʌʃ] pędzić; *The children rushed out of the school building.* – Dzieci wypadły z budynku szkolnego. *Don't rush me.* – Nie ponaglaj mnie. *He was rushed to hospital.* – Pospiesznie zabrano go do szpitala.

rush[2] [rʌʃ] pęd, pośpiech; **in a rush** – w pośpiechu; **rush-hour** – godzina szczytu

rust[1] [rʌst] rdza

rust[2] [rʌst] rdzewieć

rusty ['rʌstɪ] **(-ier, -iest)** zardzewiały

rustle[1] ['rʌsl] szeleścić; *The leaves rustled in the wind.* – Liście szeleściły na wietrze.

rustle[2] ['rʌsl] szelest

ruthless ['ru:θlɪs] bezlitosny, bezwzględny; *He is ruthless in his methods.* – Jest bezlitosny w swoich metodach.

rye [raɪ] żyto

rye bread [ˌraɪ 'bred] chleb żytni

S

S [es] = **small size** mały rozmiar (*ubrania*)

sabotage ['sæbətɑ:ʒ] sabotaż

sack[1] [sæk] ❶ worek ❷ zwolnienie (wyrzucenie) z pracy; *He was given a sack for unpunctuality.* – Został wyrzucony z pracy za niepunktualność.

sack[2] [sæk] zwolnić (wyrzucić) kogoś z pracy; *He was sacked for being always late.* – Został wyrzucony z pracy za ciągłe spóźnianie się.

sacred ['seɪkrɪd] święty; **a sacred building** – świątynia; **sacred music** – muzyka sakralna; **sacred cow** – *przen.* święta krowa

sacrifice[1] ['sækrɪfaɪs] poświęcenie, ofiara; *Parents often make sacrifices for their children.* – Rodzice często poświęcają się dla swoich dzieci.

sacrifice[2] ['sækrɪfaɪs] poświęcać (się); *He sacrificed his life to save the child.* – Poświęcił swoje życie, żeby uratować dziecko.

S

sad [sæd] **(-dd-)** smutny; *Why is she always so sad?* – Dlaczego ona zawsze jest taka smutna? *I'm afraid I have sad news for you.* – Obawiam się, że mam dla ciebie smutną wiadomość.

sadly ['sædlɪ] smutno, ze smutkiem

sadness ['sædnɪs] smutek

safari [sə'fɑ:rɪ] safari

safe[1] [seɪf] bezpieczny; *Is this toy safe for a small child?* – Czy ta zabawka jest bezpieczna dla małego dziecka? *Don't go there alone, it isn't safe.* – Nie chodź tam sam, to nie jest bezpieczne. **to be on the safe side** – działać bez ryzyka; *We didn't want to miss the plane, so we arrived early at the airport to be on the safe side.* – Nie chcieliśmy się spóźnić na samolot, więc na wszelki wypadek przyjechaliśmy wcześnie na lotnisko.

safe[2] [seɪf] kasa pancerna, sejf

safely ['seɪflɪ] bezpiecznie; *We arrived safely in spite of the storm.* – Dotarliśmy bezpiecznie pomimo burzy.

safety ['seɪftɪ] bezpieczeństwo

safety-belt ['seɪftɪbelt] pas bezpieczeństwa; *Please fasten your safety-belts.* – Proszę zapiąć pasy bezpieczeństwa.

safety-pin ['seɪftɪpɪn] agrafka

Sagittarius [ˌsædʒɪ'tærɪəs] Strzelec (*znak zodiaku*)

said [sed] *p.* **say (said, said)**

sail[1] [seɪl] ❶ żeglować; *It's not easy to learn to sail.* – Nie jest łatwo nauczyć się żeglować. ❷ (*o statku*) płynąć; *The ship sails at 10 o'clock.* – Statek odpływa o dziesiątej. *The ship sails from New York to Liverpool.* – Statek płynie z Nowego Jorku do Liverpoolu.

sail[2] [seɪl] żagiel; **to raise the sails** – podnieść żagle

sailing ['seɪlɪŋ] żeglarstwo

sailing-boat ['seɪlɪŋbəʊt] łódź żaglowa, żaglówka

sailor ['seɪlə] żeglarz, marynarz

saint [seɪnt] święty; **Saint John** – św. Jan; **to have the patience of a saint** – mieć świętą cierpliwość

sake [seɪk]:
for the sake of – ze względu na; **for sb's sake** – przez wzgląd/ze względu na kogoś; *I do it only for your sake.* – Robię to tylko przez wzgląd na ciebie.

salad ['sæləd] sałatka

salary ['sælərɪ] (*l.mn.* **salaries**) pensja, pobory, wynagrodzenie; **to get/to earn a salary** – dostawać pensję

sale [seıl] ❶ sprzedaż; **for sale** – na sprzedaż; *Their house is for sale.* – Ich dom jest na sprzedaż. ❷ wyprzedaż; *I bought it in a sale.* – Kupiłam to na wyprzedaży.

salesgirl ['seılzgɜ:l] sprzedawczyni, ekspedientka

salesman ['seılzmən] (*l.mn.* **salesmen** ['seılzmən]) sprzedawca, handlowiec

saleswoman ['seılz,wʊmən] (*l.mn.* **saleswomen** ['seılz,wımın]) kobieta-handlowiec, sprzedawczyni

salmon ['sæmən] (*l.mn.* **salmon**) łosoś

saloon [sə'lu:n] ❶ *am.* bar ❷ salon na statku ❸ **saloon-car** – limuzyna

salt[1] [sɔ:lt] sól; **a grain/a pinch of salt** – szczypta soli

salt[2] [sɔ:lt] solić; *Have you salted the potatoes?* – Czy posoliłeś ziemniaki?

salt water ['sɔ:lt ,wɔ:tə] słona woda

salty ['sɔ:ltı] **(-ier, -iest)** słony

same [seım] ten sam, to samo; *I've lived at the same address for 15 years.* – Mieszkam pod tym samym adresem od 15 lat. **at the same time** – w tym samym czasie; **on the same day** – tego samego dnia; *The same to you.* – Nawzajem. *Merry Christmas! – The same to you!* – Wesołych Świąt! – Wzajemnie! *It's all the same to me.* – Nie robi mi różnicy./Wszystko mi jedno.

◆ **all the same** – mimo wszystko

sample ['sɑ:mpl] próbka

sand [sænd] piasek

sandal ['sændl] sandał

sandwich ['sænwıdʒ] kanapka

sandy ['sændı] **(-ier, -iest)** piaszczysty; **a sandy beach** – piaszczysta plaża

sane [seın] ❶ zdrowy umysłowo ❷ rozsądny; **a sane decision** – rozsądna decyzja

sang [sæŋ] *p.* **sing (sang, sung)**

sanity ['sænətı] zdrowie psychiczne; **to maintain/to preserve sanity** – zachować zdrowie psychiczne

sank [sæŋk] *p.* **sink[1] (sank, sunk)**

Santa Claus ['sæntəklɔ:z] Święty Mikołaj

sapphire ['sæfaıə] szafir

sarcastic [sɑ:'kæstık] sarkastyczny

sardine [sɑ:'di:n] sardynka

sat [sæt] *p.* **sit (sat, sat)**

satellite ['sætəlaıt] satelita; **to launch/to orbit a satellite** – wystrzelić/wprowadzić na orbitę satelitę; *The moon is a satellite of the earth.* – Księżyc jest satelitą Ziemi.

satin ['sætın] atłas

satisfaction [,sætıs'fækʃn] satysfakcja, zadowolenie; *His job gives him great satisfaction.* – Jego praca przynosi mu wielką satysfakcję.

satisfactory [,sætıs'fæktərı] wystarczający, zadowalający, dostateczny; **a satisfactory answer** – zadowalająca odpowiedź

satisfied ['sætısfaıd] usatysfakcjonowany, zadowolony; *Are you satisfied with your new job?* – Czy jesteś zadowolony ze swojej nowej pracy? *She looked at me with a satisfied smile.* – Spojrzała na mnie z uśmiechem zadowolenia.

satisfy ['sætısfaı] **(-ies, -ied, -ying)** ❶ przynosić satysfakcję, zadowalać; *I'm not satisfied with the result.* – Nie jestem zadowolony z wyniku. *Nothing satisfies him – he always complains.* – Nic go nie zadowala, on ciągle narzeka. ❷ zaspokoić; **to satisfy one's hunger** – zaspokoić głód; **to satisfy one's curiosity** – zaspokoić ciekawość ❸ spełnić, zadośćuczynić; **to satisfy conditions** – spełnić warunki/wymagania

satisfying ['sætısfaııŋ] dający satysfakcję; **satisfying work** – praca dająca satysfakcję

Saturday ['sætədı/'sætədeı] sobota

sauce [sɔ:s] sos

saucepan ['sɔ:spən] rondel/-ek

saucer ['sɔ:sə] spodek; **flying saucers** – latające talerze/spodki

sausage ['sɒsıdʒ] kiełbasa

savage ['sævıdʒ] ❶ dziki, niecywilizowany; **savage people** – barbarzyńcy, dzicy ludzie ❷ dziki, rozwścieczony, zły; **a savage dog** – zły/agresywny pies; **a savage attack** – wściekły atak

save [seɪv] ❶ uratować, ocalić, uchronić; **to save sb's life** – uratować czyjeś życie; **to save sb from drowning** – uratować kogoś przed utonięciem; **to save valuable paintings from destruction** – ocalić cenne obrazy od zniszczenia ❷ oszczędzać, zaoszczędzić; **to save money** – oszczędzać pieniądze; **to save up for a new car** – oszczędzać na nowy samochód; *That will save you a lot of trouble.* – To ci zaoszczędzi dużo kłopotu. ❸ zbawić

savings ['seɪvɪŋz] oszczędności

savings account ['seɪvɪŋzə,kaʊnt] rachunek oszczędnościowy

saviour ['seɪvjə] zbawiciel

saw[1] [sɔ:] *p.* **see (saw, seen)**

saw[2] [sɔ:] piła

saw[3] [sɔ:] **(sawed, sawn** [sɔ:d, sɔ:n]**)** piłować

sawdust ['sɔ:dʌst] trociny

saxophone ['sæksəfəʊn] *muz.* saksofon

say [seɪ] **(said, said** [sed, sed]**)** mówić, powiedzieć; *I have nothing to say.* – Nie mam nic do powiedzenia. *He said he was busy.* – Powiedział, że jest zajęty. *It's hard to say if it's true.* – Trudno powiedzieć, czy to prawda. *He is said to be very rich.* – Mówi się o nim, że jest bogaty. *It says here that children under 12 are not allowed.* – Tu jest napisane, że nie wpuszcza się dzieci poniżej 12 lat.

saying ['seɪɪŋ] powiedzenie

scald [skɔ:ld] oparzyć (*gorącym płynem*); *I scalded my hand with boiling water.* – Oparzyłam dłoń wrzątkiem.

scale [skeɪl] ❶ skala; **a scale marked in centimetres** – skala (oznaczona) w centymetrach; **the decimal scale** – skala dziesiętna; **scale of one to a hundred** – skala jeden do stu; **a large-scale map** – mapa w dużej skali; **on a large scale** – na wielką skalę ❷ *muz.* gama; **to practice scales on the piano** – ćwiczyć gamy na pianinie ❸ szalka wagi ❹ łuska rybia; **to scrape the scales off a fish** – zeskrobać łuskę z ryby

scales ['skeɪlz] waga; **bathroom scales** – waga łazienkowa

scan [skæn] **(-nn-)** przejrzeć, obejrzeć; **to scan a newspaper** – przejrzeć gazetę; **to scan the horizon** – zbadać linię horyzontu

scandal ['skændl] skandal

scandalous ['skændələs] skandaliczny

scanner ['skænə] skaner

scar[1] [skɑ:] blizna, szrama; *The injury will leave a scar.* – Rana zostawi bliznę.

scar[2] [skɑ:] **(-rr-)** uszkodzić, zostawić bliznę (ślad); *The cut will scar his face.* – Rana cięta zostawi ślad na jego twarzy.

scarce [skeəs] rzadki, rzadko spotykany, w małych ilościach; *The food was scarce.* – Było mało żywności./Brakowało żywności.

scarcely ['skeəslɪ] ledwie, zaledwie, prawie nie; *I scarcely know him.* – Prawie go nie znam.

scare[1] [skeə] przestrach, strach, popłoch; **to get a scare** – przestraszyć się

scare[2] [skeə] przestraszyć; *The dog scared the stranger away.* – Pies odstraszył nieznajomego.

scarecrow ['skeəkrəʊ] strach na wróble

scared [skeəd] przestraszony; *We were scared stiff.* – Byliśmy bardzo przestraszeni/Bardzo się baliśmy. *She is too scared to say anything.* – Jest zbyt przestraszona, żeby coś powiedzieć.

scarf [skɑ:f] (*l.mn.* **scarves** [skɑ:vz]) szalik

scarlet ['skɑ:lət] szkarłatny

scarlet fever [,skɑ:lət 'fi:və] szkarlatyna

scarves [skɑ:vz] *p.* **scarf**

scatter ['skætə] ❶ rozproszyć, rozpędzić, rozpierzchnąć (się); *The birds scattered at the sound of the dog barking.* – Ptaki rozpierzchły się na odgłos szczekającego psa. *The police scattered the crowd.* – Policja rozpędziła tłum. ❷ rozsypać, rozrzucić; *We* *scattered crumbs for the birds.* – Rozsypaliśmy okruchy dla ptaków.

scene [si:n] ❶ scena w sztuce teatralnej; *Act I, Scene 2.* – Akt pierwszy, scena druga. ❷ scena, obrazek; *He describes the scenes from his childhood.* – On opisuje sceny ze swojego dzieciństwa. **behind the scenes** – za kulisami; ❸ miejsce akcji; *The scene of the novel is set in Italy.* – Miejscem akcji powieści są Włochy. *The police arrived at the scene of crime.* – Policja dotarła na miejsce przestępstwa. ❹ scena, awantura; **to make a scene** – zrobić awanturę

scenery ['si:nərı] ❶ sceneria, dekoracja teatralna/filmowa ❷ krajobraz, widok; **a picturesque scenery** – malownicza sceneria

scent¹ [sent] ❶ zapach; **the scent of lavender** – zapach lawendy ❷ perfumy; **a bottle of scent** – flakonik perfum ❸ trop; **to follow the scent** – iść za tropem; **to be on the scent** – być na tropie

scent² [sent] ❶ perfumować, nasycić zapachem; *The roses scented the air.* – Róże nasyciły powietrze zapachem. ❷ wyczuć; **to scent danger** – wyczuć niebezpieczeństwo; *The dog scented a fox.* – Pies wyczuł lisa.

schedule ['ʃedju:l] plan, program, harmonogram; **on schedule** – zgodnie z planem; *The bus arrived on schedule.* – Autobus przyjechał zgodnie z planem. **behind schedule** – opóźniony; **a tight schedule** – napięty program

scheme¹ [ski:m] ❶ plan, projekt, układ; **a colour scheme for the room** – planowany układ kolorystyczny pokoju ❷ system, metoda, plan; **a pension scheme** – system emerytur

scheme² [ski:m] spiskować, intrygować, knuć; **to scheme to take/to seize power** – spiskować w celu przejęcia władzy

scholar ['skɒlə] ❶ student, uczeń ❷ stypendysta; **a British Council scholar** – stypendysta British Council ❸ naukowiec, uczony; *He is an emminent Latin scholar.* – On jest wybitnym uczonym w dziedzinie łaciny.

scholarship ['skɒləʃıp] stypendium; **to award/to grant a scholarship** – przyznać stypendium; **to apply for a scholarship** – ubiegać się o stypendium; **to win/to receive a scholarship for language study** – otrzymać stypendium na naukę języka; **a scholarship to Oxford** – stypendium w Oxfordzie

school [sku:l] szkoła; **to go to school** – chodzić/iść do szkoły; **to be at school** – być w szkole, uczyć się; **to leave school** – skończyć szkołę; *There is no school tomorrow.* – Jutro nie ma szkoły/lekcji. **the Dutch school of painting** – holenderska szkoła malarstwa

schoolboy ['sku:lbɔı] uczeń

schoolfellow ['sku:lˌfeləʊ] kolega szkolny

schoolgirl ['sku:lgɜ:l] uczennica

schoolmaster ['sku:lˌmɑ:stə] nauczyciel (*zazwyczaj w szkole prywatnej*)

schoolmate ['sku:lmeıt] kolega szkolny

schoolmistress ['sku:lˌmıstrıs] nauczycielka (*w szkole prywatnej*)

school-teacher ['sku:lˌti:tʃə] nauczyciel

science ['saıəns] nauka, nauki przyrodnicze; **recent developments in science** – najnowsze osiągnięcia nauki

science-fiction [ˌsaıəns'fıkʃn] literatura fantastyczno-naukowa, fantastyka naukowa

scientific [ˌsaıən'tıfık] naukowy

scientist ['saıəntıst] naukowiec

scissors ['sızəz] nożyczki

scooter ['sku:tə] ❶ hulajnoga ❷ skuter

scorch ['skɔ:tʃ] przypiekać, przypalić, spalić; *I scorched my blouse when I ironed it.* – Przypaliłam bluzkę podczas prasowania. *The grass was scorched by the hot sun.* – Gorące słońce wypaliło trawę.

score¹ [skɔ:] ❶ wynik, liczba zdobytych punktów; *What was the score of*

S

the match? – Jaki był wynik meczu? *The half-time score was 2:1.* – W połowie meczu wynik był 2:1. **the final score** – wynik końcowy; **to keep the score** – zapisywać punkty ❷ nuty, partytura ❸ muzyka do filmu

score² [skɔ:] zdobyć punkt; **to score a goal** – zdobyć bramkę; *They scored five points against the other team.* – Zdobyli pięć punktów grając z inną drużyną.

scorn [skɔ:n] pogarda; *He feels scorn for people who cheat.* – On odczuwa pogardę dla ludzi, którzy oszukują.

scornful ['skɔ:nfʊl] pogardliwy

Scorpio ['skɔ:pɪəʊ] Skorpion (*znak zodiaku*)

scorpion ['skɔ:pɪən] *zool.* skorpion

scout [skaʊt] **/ Boy Scout** harcerz

scrambled eggs [ˌskræmbld 'egz] jajecznica

scrap [skræp] ❶ skrawek, kawałek; **a scrap of paper** – kawałek papieru; **a scrap of truth** – odrobina prawdy ❷ złom

scrape [skreɪp] zeskrobać; *He scraped the old paint off before painting the door.* – Przed pomalowaniem drzwi zeskrobał starą farbę.

scratch [skrætʃ] drapać, podrapać; *The cat will scratch you if you provoke it.* – Kot cię podrapie, jeżeli będziesz go drażnił. *Stop scratching the mosquito bites!* – Przestań drapać miejsca ukąszone przez komary!

scream¹ [skri:m] krzyczeć; *She screamed when she saw a rat in her room.* – Krzyknęła, kiedy zobaczyła szczura w swoim pokoju.

scream² [skri:m] krzyk

screen¹ [skri:n] ❶ parawan, zasłona; *The nurse put a screen round his bed.* – Pielęgniarka ustawiła parawan wokół jego łóżka. **a smoke screen** – zasłona dymna ❷ ekran; *I saw her on the screen.* – Widziałem ją na ekranie/w filmie. **a TV screen** – ekran telewizyjny

screen² [skri:n] zasłonić; *She screened her eyes from the sun.* – Osłoniła oczy przed słońcem.

screw¹ [skru:] śruba; **to tighten a screw** – przykręcić/dokręcić śrubę

screw² [skru:] przykręcić, zakręcić, przyśrubować; *She screwed the lid on the jar.* – Zakręciła słoik (przekręciła pokrywkę słoika).

screwdriver ['skru:ˌdraɪvə] śrubokręt

script [skrɪpt] ❶ rękopis ❷ scenariusz

scriptwriter ['skrɪptˌraɪtə] scenarzysta, autor scenariusza

scrub [skrʌb] **(-bb-)** szorować; *She scrubbed the floor.* – Wyszorowała podłogę.

scruple ['skru:pl] skrupuł; *We had no scruples about taking the money from him.* – Nie mieliśmy skrupułów biorąc od niego pieniądze.

scrupulous ['skru:pjʊləs] skrupulatny, sumienny, drobiazgowy; **with scrupulous care** – z niezwykłą ostrożnością/ /dbałością

sculptor ['skʌlptə] rzeźbiarz

sculpture¹ ['skʌlptʃə] ❶ rzeźba ❷ rzeźbiarstwo

sculpture² ['skʌlptʃə] rzeźbić

sea [si:] morze; *We swam in the sea.* – Pływaliśmy w morzu. *We sailed on the sea.* – Żeglowaliśmy na morzu. **to be at sea** – być na morzu; **to go by sea** – podróżować drogą morską; *They live by the sea.* – Mieszkają nad morzem.

sea bed ['si: bed] dno morza

seafood ['si:fu:d] owoce morza

seafront ['si:frʌnt] promenada nadmorska

seagull ['si:gʌl] *zool.* mewa

seal¹ [si:l] *zool.* foka

seal² [si:l] zapieczętować; **to seal an envelope** – zakleić kopertę

sea level ['si:levl] poziom morza; **above sea level** – nad poziomem morza

seam [si:m] szew

seaman ['si:mən] (*l.mn.* **seamen** ['si:mən]) żeglarz, marynarz

sea mile ['si: maɪl] mila morska (*=1852 m*)

seaport ['si:pɔ:t] port morski

search¹ [sɜ:tʃ] poszukiwanie; **to go in search for a missing child** – wyruszyć na poszukiwanie zaginionego dziecka

search² [sɜ:tʃ] poszukiwać; *The customs officer searched my bags carefully.* – Celnik dokładnie przeszukał moje torby.

seashell ['si:ʃel] muszelka

seashore ['si:ʃɔ:] brzeg morza; *Children were playing at the seashore.* – Dzieci bawiły się na brzegu morza.

seasick ['si:sɪk] cierpiący na chorobę morską; *She is always seasick on board a ship.* – Ona zawsze ma chorobę morską na statku.

seasickness ['si:sɪknɪs] choroba morska; **to suffer from seasickness** – cierpieć na chorobę morską

seaside¹ ['si:saɪd] wybrzeże; **to go to the seaside** – pojechać nad morze; **to spend holidays at the seaside** – spędzić wakacje nad morzem

seaside² ['si:saɪd] nadmorski; **a seaside resort** – kurort nadmorski

season ['si:zn] ❶ sezon; **tourist season** – sezon turystyczny; **the holiday season** – sezon urlopowy; **in season** – w sezonie; **the high season** – pełnia sezonu; **the dead season** – martwy sezon; **out of season** – poza sezonem ❷ pora roku; **at that season of the year** – o tej porze roku

seat¹ [si:t] ❶ miejsce; *Is this seat occupied?* – Czy to miejsce jest zajęte? *Please take a seat.* – Proszę, niech pan usiądzie. **to book a seat** – zarezerwować miejsce ❷ siedzenie; **a chair seat** – siedzenie krzesła

seat² [si:t] usiąść; *Please be seated.* – Proszę, niech pan usiądzie. *She seated herself on the floor.* – Usadowiła się na podłodze. *The theatre seats 700 people.* – Teatr może pomieścić 700 osób.

seat-belt ['si:tbelt] pas bezpieczeństwa

sea water ['si: ˌwɔ:tə] woda morska

seaweed ['si:wi:d] wodorost, wodorosty

second¹ ['sekənd] drugi; **the second of July** – drugiego lipca; **a second chance** – druga szansa; **the second prize** – druga nagroda; **to come in second in a race** – przybiec jako drugi/na drugiej pozycji w wyścigu

second² ['sekənd] sekunda; *I'll be ready in a second.* – Będę gotowa za sekundę. **1°6′8″ (one degree, six minutes and eight seconds)** – jeden stopień, sześć minut i osiem sekund

secondary school [ˌsekəndərɪ 'sku:l] szkoła średnia (*od 11 do 18 lat*)

second-best [ˌsekənd'best] gorszy od najlepszego

second-class [ˌsekənd'klɑ:s] drugiej klasy/kategorii; **a second-class compartment** – przedział drugiej klasy

second class [ˌsekənd'klɑ:s] druga klasa/kategoria; **to travel second class** – podróżować drugą klasą

second-degree burns [ˌsekəndɪgri:'bɜ:nz] oparzenia drugiego stopnia

second-hand [ˌsekənd'hænd] z drugiej ręki; *I bought this book second-hand.* – Kupiłam tę książkę z drugiej ręki//w antykwariacie.

second-rate [ˌsekənd'reɪt] podrzędny, drugorzędny; **a second-rate restaurant** – podrzędna restauracja

secrecy ['si:krəsɪ] dyskrecja; *I depend on your secrecy.* – Polegam na twojej dyskrecji. **to meet in secrecy** – spotkać się potajemnie/w sekrecie

secret¹ ['si:krɪt] tajny; **a secret hiding-place** – tajna kryjówka/skrytka; **to keep sth secret from sb** – trzymać coś przed kimś w tajemnicy

secret² ['si:krɪt] sekret, tajemnica; **in secret** – potajemnie; **to keep a secret** – dotrzymać tajemnicy; *What's the secret of his success?* – Jaka jest tajemnica jego sukcesu?

secret agent [ˌsi:krɪt 'eɪdʒənt] tajny agent

secretarial [ˌsekrə'teərɪəl] dotyczący pracy sekretarki; **secretarial college** – szkoła dla sekretarek

secretary ['sekrətrɪ] (*l.mn.* **secretaries**) ❶ sekretarka ❷ sekretarz (*wysoki urzędnik państwowy, minister*); **the Secretary of State** – sekretarz stanu

secretive ['si:krətɪv] skryty, tajemniczy; *He is very secretive about his past.* –

Jest bardzo tajemniczy jeśli chodzi o swoją przeszłość.

secret police [ˌsi:krıt pəˈli:s] tajna policja

Secret Service (the) [ˌsi:krıt ˈsɜ:vıs] tajna służba wywiadowcza

sect [sekt] sekta

section [ˈsekʃn] ❶ część, cząstka; **a section of an orange** – cząstka pomarańczy; **the residential section of the town** – mieszkalna/willowa część miasta ❷ dział, sektor, sekcja; **the sports section in a newspaper** – sportowy dział gazety; **the political section of an embassy** – wydział polityczny ambasady; **the historical section of a library** – dział historyczny biblioteki ❸ przekrój, cięcie; **vertical section** – przekrój pionowy; **cross section** – przekrój poziomy/poprzeczny

sector [ˈsektə] sektor

secure[1] [sıˈkjʊə] zabezpieczyć; **to secure against attack** – zabezpieczyć przed atakiem; *Secure the doors and windows before going out.* – Zamknij/Zabezpiecz drzwi i okna przed wyjściem.

secure[2] [sıˈkjʊə] bezpieczny, pewny, spokojny; *I feel secure about the future.* – Czuję się spokojny co do przyszłości. *Is that ladder secure?* – Czy ta drabina jest bezpieczna?

security [sıˈkjʊərətı] bezpieczeństwo; **to have a sense of security** – mieć poczucie bezpieczeństwa; **to provide security measures** – zapewnić środki ostrożności

Security Council (the) [sıˈkjʊərətı ˌkaʊnsl] Rada Bezpieczeństwa

seduce [sıˈdju:s] uwieść

see [si:] **(saw, seen** [sɔ:, si:n]**)** ❶ widzieć, zobaczyć, ujrzeć; *What can you see there?* – Co tam widzisz? *See page 121.* – Patrz strona 121. *Did you see the accident?* – Czy widziałeś wypadek? ❷ widzieć się z kimś; *I'll see you tomorrow.* – Zobaczymy się jutro. *Come and see us on Wednesday.* – Odwiedź nas/Przyjdź do nas w środę. *I went to see the doctor.* – Poszedłem do lekarza. *The manager will see you in a few minutes.* – Kierownik przyjmie pana za kilka minut. ❸ rozumieć; *I can't see why.* – Nie rozumiem dlaczego. *Do you see what I mean?* – Czy rozumiesz, o co mi chodzi? *Let me see.* – Niech się zastanowię. ❹ dopilnować, sprawdzić; *I'll see that everything is ready.* – Sprawdzę, czy wszystko jest gotowe.

◆ **see about** – zająć się, dopilnować; *He'll see about my broken window.* – On zajmie się moją rozbitą szybą.

◆ **see sb back/see sb home** – odprowadzić kogoś do domu; *He saw her home.* – Odprowadził ją do domu.

◆ **see sb off** – odprowadzić kogoś (*na pociąg, samolot itp.*)

◆ **see to** – dopatrzyć, dopilnować; *I'll see to lunch.* – Zajmę się przygotowaniem obiadu.

seed [si:d] nasienie, ziarno

seek [si:k] **(sought, sought** [sɔ:t, sɔ:t]**)** szukać; **to seek a solution to a problem** – szukać rozwiązania problemu; **to seek help from sb** – prosić kogoś o pomoc

seem [si:m] wydawać się; *He seems happy.* – On wydaje się szczęśliwy. *It seems to me that...* – Wydaje mi się, że...

seen [si:n] *p.* **see (saw, seen)**

seize [si:z] chwycić; *He seized the thief by the collar.* – Chwycił złodzieja za kołnierz. **to seize a chance/an opportunity** – skorzystać z szansy/ze sposobności

seldom [ˈseldəm] rzadko; *He seldom leaves his house.* – On rzadko wychodzi z domu.

select[1] [sıˈlekt] wybrać; *I must select a book for a child.* – Muszę wybrać książkę dla dziecka.

select[2] [sıˈlekt] wybrany, dobrany, doborowy; **a few select friends** – kilku wybranych przyjaciół

selection [sıˈlekʃn] wybór; *This shop has a good selection of shoes.* – Ten

S

sklep ma duży wybór butów. **natural selection** – dobór naturalny

self [self] (*l.mn.* **selves** [selvz]) jaźń, ja; **my real self/my true self** – moje prawdziwe ja; *I'm not my usual self today.* – Nie jestem dzisiaj sobą.

self-absorbed [ˌselfəb'sɔ:bd] zaabsorbowany samym sobą, pogrążony w sobie

self-assurance [ˌselfə'ʃɔ:rəns] pewność siebie

self-centred [ˌself'sentəd] skoncentrowany na sobie, egocentryczny

self-confidence [ˌself'kɒnfɪdəns] pewność siebie

self-confident [ˌself'kɒnfɪdənt] pewny siebie

self-conscious [ˌself'kɒnʃəs] niepewny siebie, nieśmiały, skrępowany

self-control [ˌselfkən'trəʊl] samokontrola, opanowanie, zimna krew; **to lose one's self-control** – stracić panowanie nad sobą

self-defence [ˌselfdɪ'fens] samoobrona; **to kill a person in self-defence** – zabić kogoś w obronie własnej

selfish ['selfɪʃ] samolubny, egoistyczny

selfishness ['selfɪʃnəs] egoizm

self-service [ˌself'sɜ:vɪs] samoobsługa; **a self-service restaurant** – restauracja samoobsługowa

self-sufficient [ˌselfsə'fɪʃnt] samowystarczalny, niezależny

sell [sel] **(sold, sold** [səʊld, səʊld]**)** sprzedać; *We sold our car to him for £1000.* – Sprzedaliśmy mu nasz samochód za 1000 funtów.

seller ['selə] sprzedawca; **a bookseller** – sprzedawca książek; **a bestseller** – bestseller (*książka, która się dobrze sprzedaje*)

selves [selvz] *p.* **self**

semi ['semɪ] przedrostek pół-

semi-colon [ˌsemɪ'kəʊlən] średnik

semi-detached house [ˌsemɪdɪ'tætʃt 'haʊs] dom-bliźniak

semi-final [ˌsemɪ'faɪnl] półfinał

seminar ['semɪnɑ:] seminarium; **to conduct a seminar on** – prowadzić seminarium na temat

senate ['senɪt] senat

senator ['senətə] senator

send [send] **(sent, sent** [sent, sent]**)** posłać, wysłać; *Have you sent the letter to Mary?* – Czy wysłałeś list do Mary? *We must send for a doctor.* – Musimy wezwać lekarza.

senior¹ ['si:njə] starszy, wyższy rangą; **a senior officer** – starszy oficer; **a senior partner in a firm** – szef/właściciel firmy

senior² ['si:njə] ❶ **/ Senior** – senior (*przy nazwisku ojca, którego syn nosi takie samo imię*), np. Tom Brown, Senior/Sr, Snr, Sen ❷ osoba starsza; *She is my senior by five years./She is five years my senior.* – Ona jest ode mnie starsza o pięć lat. ❸ uczeń ostatniej klasy szkoły lub college'u

sensation [sen'seɪʃn] ❶ uczucie, poczucie, czucie; **to have a sensation of warmth** – odczuwać ciepło; **to lose all sensation in one's leg** – stracić czucie w nodze ❷ sensacja; **to cause/ /to create a sensation** – spowodować/wzbudzić sensację

sensational [sen'seɪʃənl] sensacyjny, wzbudzający sensację; **sensational news** – sensacyjna wiadomość

sense¹ [sens] ❶ zmysł; **the sense of hearing** – zmysł słuchu ❷ rozsądek; **to show common sense** – okazywać zdrowy rozsądek; *She had the sense to admit she was wrong.* – Miała dość rozsądku, by przyznać, że się myli. ❸ poczucie; **a sense of humour** – poczucie humoru; **a sense of beauty** – poczucie piękna; **a sense of duty** – poczucie obowiązku ❹ sens, znaczenie; *In what sense are you using the word?* – W jakim znaczeniu używasz tego słowa? *It doesn't make any sense.* – To nonsens. **in a sense** – w pewnym sensie ❺ sens; *There is no sense in doing that.* – Nie ma sensu tego robić.

sense² [sens] wyczuć, przeczuć; *I sensed that something was wrong.* – Wyczułam, że coś tu nie gra.

senseless ['senslɪs] ❶ bezsensowny; *It's senseless to expect him to help.* – Nie ma sensu oczekiwać jego pomocy. ❷ nieprzytomny; *She fell senseless to the ground.* – Upadła nieprzytomna na ziemię.

sensibility [ˌsensɪ'bɪlətɪ] wrażliwość; **the sensibility of an artist** – wrażliwość artysty

sensible ['sensəbl] ❶ rozsądny; *It was sensible of her to wait until the danger was over.* – Było rozsądne z jej strony, że czekała, aż niebezpieczeństwo minie. ❷ racjonalny, praktyczny (*o ubraniu*); **sensible shoes** – praktyczne/wygodne buty

sensitive ['sensɪtɪv] wrażliwy, czuły, drażliwy; *My eyes are sensitive to light.* – Moje oczy są wrażliwe na światło. *He is very sensitive to criticism.* – On jest bardzo czuły na krytykę.

sent [sent] *p.* **send (sent, sent)**

sentence¹ ['sentəns] ❶ zdanie, sentencja; **an affirmative sentence** – zdanie twierdzące; **an interrogative sentence** – zdanie pytające; **a negative sentence** – zdanie przeczące ❷ wyrok; **to pass/to pronounce a sentence on sb** – wydać na kogoś wyrok; **to be under sentence of death** – być skazanym na śmierć; **to serve a sentence of five years** – odbyć/-ywać wyrok pięciu lat więzienia

sentence² ['sentəns] skazać; *The judge sentenced the man to five years for theft.* – Sędzia skazał tego człowieka na pięć lat za kradzież.

sentiment ['sentɪmənt] ❶ sentyment, uczucie; *There is no place for sentiment in business.* – W interesach nie ma miejsca na sentymenty. ❷ uczucie, opinia, zapatrywanie; *There is public sentiment in favour of a tax reduction.* – Opinia publiczna opowiada się za zmniejszeniem podatków. *I share your sentiments.* – Podzielam twoje zapatrywania.

sentimental [ˌsentɪ'mentl] sentymentalny

separate¹ ['seprət] oddzielny, odrębny, osobny; *My sister and I have separate bedrooms.* – Moja siostra i ja mamy oddzielne sypialnie.

separate² ['sepəreɪt] oddzielić, odseparować, odłączyć (się); **to separate boys from girls** – oddzielić chłopców od dziewcząt; *We started climbing together but soon separated.* – Zaczęliśmy wspinać się razem, ale wkrótce się rozdzieliliśmy. *My parents have separated.* – Moi rodzice rozstali się/ /żyją w separacji.

separation [ˌsepə'reɪʃn] separacja, rozdzielenie, rozłączenie; *Separation from his parents made the boy very unhappy.* – Rozłączenie z rodzicami sprawiło, że chłopiec był bardzo nieszczęśliwy.

Sept = September

September [sep'tembə] wrzesień

sequence ['si:kwəns] bieg wydarzeń, kolejność wypadków, następstwo; **a sequence of events** – kolejność wydarzeń

sergeant ['sɑ:dʒnt] sierżant

serial¹ ['sɪərɪəl] serial

serial² ['sɪərɪəl] seryjny; **a serial number of a banknote** – numer seryjny banknotu

series ['sɪəri:z] (*l.mn.* **series**) ❶ seria; **a series of stamps** – seria znaczków ❷ serial, seria filmów (*np. TV*) o tej samej tematyce; **a TV series** – serial telewizyjny

serious ['sɪərɪəs] poważny; **a serious boy** – poważny chłopiec; **a serious film** – poważny film; **a serious accident** – poważny wypadek; **a serious illness** – poważna choroba

seriously ['sɪərɪəslɪ] poważnie; *He is seriously ill.* – On jest poważnie chory. *He doesn't treat me seriously.* – On nie traktuje mnie poważnie.

seriousness ['sɪərɪəsnɪs] powaga

sermon ['sɜ:mən] kazanie

servant ['sɜ:vnt] służący

serve [sɜ:v] ❶ służyć; **to serve in the army** – służyć w wojsku; *This box will serve for a seat.* – Ta skrzynia będzie służyć za siedzenie. *His illness serves as an excuse.* – Choroba służy mu za wymówkę. ❷ obsłużyć; *There was no-one in the shop to serve me.* – W sklepie nie było komu mnie obsłużyć. ❸ podać; *She served dinner to us.* – Podała nam obiad. *What time is lunch served?* – O której podaje się lunch? ❹ serwować (*w tenisie*); **to serve a ball** – serwować piłkę

◆ *It serves him right.* – Dobrze mu tak./ /Ma to, na co zasłużył.

service ['sɜ:vɪs] ❶ służba; **military service** – służba wojskowa; **the Diplomatic Service** – dyplomacja ❷ przysługa, grzeczność, usługa; *I'm at your service.* – Jestem do twojej dyspozycji. – *Can I be of any service to you?* – Czy mogę czymś służyć? ❸ obsługa; *The meal was good but the service was bad.* – Jedzenie było dobre, ale obsługa zła. **self-service** – samoobsługa; *My car needs a service.* – Mój samochód wymaga naprawy/obsługi. **the bus/the train service** – komunikacja autobusowa/kolejowa, transport autobusowy/kolejowy; *The town has a good bus service.* – Miasto ma dobrą komunikację autobusową. ❹ **the services** – usługi; *Do you need the services of a doctor?* – Czy potrzebujesz porady lekarza? ❺ nabożeństwo; **to hold a service** – odprawiać nabożeństwo; **the marriage service** – ceremonia ślubna (*w kościele*) ❻ serwis (*stołowy*); **a dinner service** – serwis obiadowy

service station ['sɜ:vɪs ˌsteɪʃn] stacja benzynowa

serviette [ˌsɜ:vɪ'et] serwetka

session ['seʃn] sesja; **the session of Parliament** – sesja parlamentu

set¹ [set] **(-tt-) (set, set** [set, set]) ❶ umieszczać; *She set the food on the table.* – Postawiła jedzenie na stole. *The scene is set in Africa.* – Miejscem akcji jest Afryka. ❷ (*o słońcu*) zachodzić; *The sun sets and it gets dark.* – Słońce zachodzi i robi się ciemno. ❸ ustawić, nastawić; **to set a trap for a rat** – zastawić pułapkę na szczura; **to set a broken arm** – nastawić złamaną rękę; **to set pace** – ustalić/nadać tempo; **to set a good example** – dać dobry przykład; **to set a watch** – nastawić zegarek ❹ powodować zaistnienie pewnej sytuacji; **to set a bird free** – uwolnić ptaka; **to set a house on fire** – podpalić dom; **to set a machine going** – wprawić maszynę w ruch; **to set a dog on a trespasser** – poszczuć intruza psem

◆ **set about** – zabrać się do; *I don't know how to set about getting a visa.* – Nie wiem, co trzeba zrobić, żeby dostać wizę./Nie wiem, jak się zabrać do załatwiania wizy.

◆ **set off/set out** – wyruszyć; *They set off at midnight.* – Wyruszyli o północy.

set² [set] ❶ zestaw, komplet; **a chess set** – komplet szachów; **a cutlery set** – komplet sztućców ❷ aparat, odbiornik; **a TV set** – odbiornik telewizyjny, telewizor; **a radio-set** – odbiornik radiowy ❸ *mat.* zbiór ❹ grupa ludzi, sfera; **the literary set** – sfery literackie

set³ [set] ❶ umieszczony, osadzony; **a ring with a diamond set in it** – pierścionek z osadzonym brylantem; **deep-set eyes** – głęboko osadzone oczy ❷ zdeterminowany, zdecydowany; *She is set on becoming an actress.* – Ona jest zdecydowana/bardzo chce zostać aktorką. ❸ ustalony; *He is a person of set opinions.* – On jest człowiekiem o ustalonych/stałych poglądach.

settee [se'ti:] kanapa

settle ['setl] ❶ osiąść; *A bird settled on a tree.* – Ptak usiadł/osiadł na drzewie. *Fog settled over the town.* – Mgła spowiła miasto. *He went to Australia and settled there.* – On wyjechał i osiadł/osiedlił się w Australii. ❷ zaadaptować się, zadomowić się;

S

He has settled in his new job. – Zaadaptował się w nowej pracy. ❸ załatwić, uregulować, uporządkować; **to settle a bill** – uregulować rachunek; **to settle an argument** – zakończyć spór ❹ zadecydować, ustalić; *Have you settled for a place for your holiday?* – Czy już ustaliłeś, gdzie chcesz spędzić urlop?

◆ **settle down** – (a) osiąść, zadomowić się; *They have settled down in Canada.* – Oni osiedlili się w Kanadzie. (b) ustatkować się, ustabilizować; *It's time you got married and settled down.* – Najwyższy czas, żebyś się ożenił i ustatkował. **to settle down into a routine** – popaść w rutynę

settlement ['setlmənt] ❶ ugoda, umowa, porozumienie; **to come to/to reach a settlement** – osiągnąć porozumienie; **to make a settlement on sb** – sporządzić akt darowizny na rzecz kogoś ❷ osada, osiedle, kolonia

seven ['sevn] siedem

seventeen [,sevn'ti:n] siedemnaście

seventeenth (17th) [,sevn'ti:nθ] siedemnasty

seventh (7th) ['sevnθ] siódmy

S

seventieth (70th) ['sevntɪəθ] siedemdziesiąty

seventy ['sevntɪ] ❶ siedemdziesiąt ❷ **seventies** – między liczbą 70 a 79; **in the seventies** – w latach siedemdziesiątych (*naszego stulecia*); *He is in his seventies.* – On jest między 70 a 79 rokiem życia.

several ['sevrəl] kilka, kilku, kilkoro; *There were several students in the class.* – Było kilku studentów w klasie.

severe [sɪ'vɪə] ❶ surowy, srogi; *He is severe with his children.* – On jest surowy dla swoich dzieci. ❷ ostry, dotkliwy, silny; **a severe pain** – dotkliwy ból; **a severe storm** – silny sztorm; **a severe winter** – ostra zima

sew [səʊ] **(sewed, sewn** [səʊd, səʊn]**)** szyć; **to sew a dress** – uszyć sukienkę; **to sew a button on a jacket** – przyszyć guzik do marynarki

sewing-machine ['səʊɪŋmə,ʃi:n] maszyna do szycia

sex [seks] ❶ płeć; **the opposite sex** – płeć przeciwna; **the female/the male sex** – płeć żeńska/męska ❷ seks

shabby ['ʃæbɪ] **(-ier, -iest)** znoszony, podniszczony, nieporządny, biedny; **a shabby coat** – podniszczony płaszcz

shade¹ [ʃeɪd] ❶ cień; **the shade of the tree** – cień drzewa; **a temperature of 30°C in the shade** – temperatura 30°C w cieniu; **to put sb into the shade** – odsunąć kogoś w cień ❷ odcień; **a delicate shade of green** – delikatny odcień zieleni; **a word with many shades of meaning** – wyraz o wielu odcieniach znaczeniowych ❸ daszek, coś ocieniającego; **a lamp-shade** – abażur; **a window shade** – żaluzja, zasłony, stora

shade² [ʃeɪd] ocieniać, zasłonić; *He shaded his eyes from the sun.* – Osłonił oczy przed słońcem.

shadow¹ ['ʃædəʊ] cień; *We were in the shadow of the house.* – Byliśmy w cieniu domu. **to cast/to throw a shadow** – rzucać cień; **without a shadow of doubt** – bez cienia wątpliwości; **to have shadows under the eyes** – mieć cienie pod oczami/podkrążone oczy

shadow² ['ʃædəʊ] śledzić; *He was shadowed by a detective.* – Był śledzony przez detektywa.

shadowy ['ʃædəʊɪ] pozostający w cieniu, tajemniczy; **a shadowy figure** – tajemnicza postać

shady ['ʃeɪdɪ] **(-ier, -iest)** ❶ cienisty, ocieniony; **a shady garden** – cienisty ogród ❷ podejrzany, ciemny; **a shady business** – podejrzany interes

shake [ʃeɪk] **(shook, shaken** [ʃʊk, 'ʃeɪkn]**)** trząść (się), drżeć; **to shake with fear** – drżeć ze strachu; **to shake a rug** – wytrzepać dywanik; **to shake hands** – podać/uścisnąć sobie dłonie; **to shake one's head** – potrząsnąć (przecząco) głową; *We were shaken by the news.* – Ta wiadomość nami wstrząsnęła. *His voice shook with emotion.* – Jego głos drżał z emocji.

◆ **shake up** – wstrząsnąć; *The news shook me up badly.* – Wiadomość mną wstrząsnęła. *Shake up the bottle of medicine.* – Wstrząśnij butelkę z lekarstwem. **to shake up a cushion** – przetrzepać poduszkę

shaky ['ʃeɪkɪ] **(-ier, -iest)** ❶ trzęsący się, drżący; **shaky hands** – trzęsące się ręce; **shaky voice** – drżący głos ❷ niepewny, chwiejny; **a shaky table** – chwiejący się stół

shall [ʃəl/ʃl] **(should** [ʃʊd/ʃd], *forma przecząca* **shan't** [ʃɑ:nt]) czasownik specjalny wyrażający: ❶ przyszłość (*tylko w pierwszej osobie liczby pojedynczej i mnogiej*); *I shall (will) see him tomorrow.* – Będę się z nim widział jutro. ❷ pytanie o radę lub wskazówkę (*we wszystkich osobach*); *What shall he do?* – Co on ma robić? *Shall I make you a cup of tea?* – Czy mam ci zrobić herbatę?

shallow ['ʃæləʊ] płytki; **a shallow river** – płytka rzeka

shame [ʃeɪm] wstyd; **to feel shame** – odczuwać wstyd; *Shame on you!* – Wstydź się!

◆ **it's a shame that...** – (a) szkoda, że... *It's a shame that they couldn't come.* – Szkoda, że nie mogli przyjść. (b) skandal, że...; *It's a shame that they didn't pay you.* – To skandal, że ci nie zapłacili.

shameful ['ʃeɪmfʊl] haniebny, skandaliczny; **shameful conduct** – skandaliczne zachowanie/prowadzenie się

shampoo¹ [ʃæm'pu:] szampon

shampoo² [ʃæm'pu:] umyć włosy szamponem

shan't [ʃɑ:nt] **= shall not**

shape¹ [ʃeɪp] kształt; *What is the shape of the table?* – Jaki jest kształt stołu? **to take shape** – nabierać kształtu, konkretyzować się; **to be in good/in bad shape** – być w dobrej/złej formie

shape² [ʃeɪp] kształtować, nadawać kształt/formę; **to shape a person's character** – kształtować charakter osoby

share¹ [ʃeə] dzielić z kimś na spółkę, podzielać; *You'll have to share the room with me.* – Będziesz musiała dzielić ze mną pokój/mieszkać ze mną w pokoju. *I don't share your views.* – Nie podzielam twoich poglądów.

share² [ʃeə] ❶ przydział, działka, część, udział; *I did my share of the work.* – Wykonałem swoją część pracy. *Here is your share of the money.* – Oto jest twoja część pieniędzy. *You have a share in his success.* – Masz swój udział w jego sukcesie. ❷ **shares** – akcje; *I own some oil shares.* – Posiadam trochę akcji firmy naftowej.

shark [ʃɑ:k] rekin

sharp¹ [ʃɑ:p] ostry; **a sharp knife** – ostry nóż; **a sharp bend in the road** – ostry zakręt drogi; **sharp eyes** – ostry wzrok; **sharp words** – ostre/ /nieprzyjemne słowa

sharp² [ʃɑ:p] dokładnie co do minuty; **at 10 o'clock sharp** – dokładnie o dziesiątej

sharpen ['ʃɑ:pn] naostrzyć; **to sharpen a knife** – naostrzyć nóż

sharpener ['ʃɑ:pnə] przyrząd do ostrzenia; **a pencil-sharpener** – temperówka

shatter ['ʃætə] zniszczyć, rozbić na drobne kawałki, roztrzaskać; **to shatter a window** – rozbić okno/szybę; *Our hopes were shattered.* – Nasze nadzieje zostały zniweczone.

shave¹ [ʃeɪv] golić się

shave² [ʃeɪv] ogolenie; **to have a shave** – ogolić się

shaver ['ʃeɪvə] elektryczna maszynka do golenia

shaving brush ['ʃeɪvɪŋ brʌʃ] pędzel do golenia

shawl [ʃɔ:l] szal, chusta

she [ʃi:/ʃɪ] ona

shed¹ [ʃed] szopa

shed² [ʃed] **(-dd-) (shed, shed** [ʃed, ʃed]) zrzucać, gubić; *The snake sheds its skin.* – Wąż zrzuca skórę. **to shed tears** – ronić łzy

she'd [ʃi:d] = ❶ **she would** ❷ **she had**

sheep [ʃi:p] (*l.mn.* **sheep** [ʃi:p]) owca; **a flock of sheep** – stado owiec

sheer [ʃɪə] ❶ czysty, całkowity; **sheer nonsense** – czysty nonsens; **sheer waste of time** – całkowita strata czasu ❷ przezroczysty, przejrzysty; **sheer cloth** – przezroczysty/zwiewny materiał ❸ prostopadły, pionowy, stromy; **a sheer drop of 100 metres** – stumetrowa przepaść

sheet [ʃi:t] ❶ prześcieradło ❷ arkusz, kartka; **a sheet of paper** – arkusz papieru

shelf [ʃelf] (*l.mn.* **shelves** [ʃelvz]) półka

she'll [ʃi:l] = **she will**

shell [ʃel] ❶ muszla ❷ skorupka

shelter[1] ['ʃeltə] ❶ schronienie, schron; **to take shelter** – schronić się; *We took shelter from the storm under a tree.* – Schroniliśmy się przed burzą pod drzewem. **an air-raid shelter** – schron przeciwlotniczy; **a bus shelter** – wiata/daszek nad przystankiem autobusowym ❷ dach nad głową; *The refugees needed food and shelter.* – Uchodźcy potrzebowali pożywienia i dachu nad głową.

S

shelter[2] ['ʃeltə] ❶ schronić się; *We sheltered under a tree until the rain passed.* – Schroniliśmy się pod drzewem, aż deszcz przestał padać. ❷ chronić, osłonić, ochronić; **to shelter sb from danger** – osłaniać kogoś przed niebezpieczeństwem; *The trees shelter our house from cold winds.* – Drzewa osłaniają nasz dom przed zimnymi wiatrami.

shelves [ʃelvz] *p.* **shelf**

shepherd ['ʃepəd] pasterz

sherry ['ʃerɪ] dość mocne wino o złocistym kolorze pochodzące z Hiszpanii

she's [ʃi:z] = ❶ **she is** ❷ **she has**

shield[1] [ʃi:ld] tarcza, osłona

shield[2] [ʃi:ld] osłaniać, ochraniać; **to shield eyes with one's hand** – osłaniać oczy ręką

shift[1] [ʃɪft] ❶ przesunąć; *Will you shift these boxes under the window?* – Czy mógłbyś przesunąć te skrzynie pod okno? ❷ zmienić; **to shift gears** – zmieniać biegi; **to shift into second gear** – wrzucić drugi bieg

shift[2] [ʃɪft] zmiana (*robocza*); **the night shift** – nocna zmiana; **shift-work** – praca na zmiany

shine [ʃaɪn] (**shone, shone** [ʃɒn, ʃɒn]) błyszczeć, świecić; *The sun is shining.* – Słońce świeci. *Her face shone with happiness.* – Jej twarz promieniała szczęściem.

shiny ['ʃaɪnɪ] (**-ier, -iest**) błyszczący; **shiny shoes** – błyszczące/wyczyszczone buty

ship[1] [ʃɪp] statek, okręt; **on board a ship** – na pokładzie statku; **to board a ship** – wejść na pokład statku; **to disembark from a ship** – zejść z pokładu statku

ship[2] [ʃɪp] (**-pp-**) przesyłać drogą morską/lądową; **to ship oil to Europe** – przesyłać/transportować ropę do Europy

shipwreck[1] ['ʃɪprek] rozbicie statku, katastrofa morska; **to experience a shipwreck** – przeżyć rozbicie statku, doświadczyć katastrofy morskiej

shipwreck[2] ['ʃɪprek] (*o statku*) rozbić się; *Many ships have shipwrecked on these dangerous rocks.* – Wiele statków rozbiło się na tych niebezpiecznych skałach.

shipyard ['ʃɪpjɑ:d] stocznia

shirt [ʃɜ:t] koszula

shiver ['ʃɪvə] drżeć, trząść się; **to shiver with cold** – drżeć z zimna

shock[1] [ʃɒk] ❶ szok, wstrząs; **to get a shock** – doznać szoku; **to suffer from shock after an accident** – być w stanie szoku po wypadku; *His arrest was a terrible shock to all of us.* – Jego aresztowanie było dla nas wszystkich strasznym szokiem. ❷ wstrząs, porażenie; **an electric shock** – porażenie prądem

shock² [ʃɒk] szokować, wstrząsać; *She shocked everyone with her behaviour.* – Zaszokowała wszystkich swoim zachowaniem.

shocking ['ʃɒkɪŋ] ❶ szokujący; **shocking behaviour** – szokujące zachowanie ❷ wstrząsający; **shocking news** – wstrząsająca wiadomość; **shocking crime** – wstrząsająca zbrodnia

shoe [ʃu:] but

shoelace ['ʃu:leɪs] sznurowadło

shone [ʃɒn] *p.* **shine (shone, shone)**

shook [ʃʊk] *p.* **shake (shook, shaken)**

shoot [ʃu:t] **(shot, shot** [ʃɒt, ʃɒt]**)** ❶ strzelać; **to shoot at a target** – strzelać do celu; *He was shot as a deserter.* – Został zastrzelony jako dezerter. ❷ kręcić film, fotografować; *They are shooting the scene of the battle.* – Kręcą scenę bitwy.

shop¹ [ʃɒp] sklep

shop² [ʃɒp] **(-pp-)** kupować, robić zakupy; *Tomorrow morning I must shop for food.* – Jutro rano muszę kupić coś do jedzenia.

shop assistant ['ʃɒp ə,sɪstənt] sprzedawca

shopkeeper ['ʃɒp,ki:pə] właściciel (małego) sklepu

shoplifter ['ʃɒplɪftə] złodziej kradnący w sklepach i domach towarowych

shop-lifting ['ʃɒp,lɪftɪŋ] kradzież ze sklepu/domu towarowego

shopper ['ʃɒpə] kupujący, robiący zakupy (*w sklepie*)

shopping ['ʃɒpɪŋ] zakupy; **to go shopping** – iść po zakupy; **to do shopping** – robić zakupy; *She always does her shopping in the morning.* – Ona zawsze robi zakupy rano. **window shopping** – oglądanie wystaw bez zamiaru kupowania; **a shopping centre** – centrum handlowe; **a shopping mall** – pasaż handlowy

shop window [,ʃɒp'wɪndəʊ] wystawa sklepowa, witryna

shore [ʃɔ:] brzeg; **on the shore of a lake** – na brzegu jeziora; **on shore** – na lądzie

short¹ [ʃɔ:t] ❶ krótki; **short hair** – krótkie włosy ❷ (*o osobie*) niski; *She is too short to be a model.* – Ona jest za niska, żeby być modelką.

◆ **to be short of** – odczuwać brak; *We are short of bread.* – Brakuje nam chleba./Mamy za mało chleba. *I was short of breath when I climbed the stairs.* – Zabrakło mi tchu, kiedy weszłam na górę (po schodach).

short² [ʃɔ:t] ❶ nagle, w miejscu; *I stopped short when I saw a bull in my path.* – Stanęłam w miejscu, kiedy zobaczyłam byka na drodze. ❷ krótko; **to cut short the discussion** – uciąć (krótko) dyskusję

shortage ['ʃɔ:tɪdʒ] brak, niedobór; *There was a food shortage after the flood.* – Po powodzi brakowało żywności.

short circuit [,ʃɔ:t 'sɜ:kɪt] krótkie spięcie, zwarcie

short-cut [,ʃɔ:t'kʌt] skrót; **to take a short-cut** – iść/pójść na skróty

shorten ['ʃɔ:tn] skrócić; *I must shorten my trousers by two inches.* – Muszę skrócić swoje spodnie o dwa cale. *Days are beginning to shorten.* – Dni są coraz krótsze.

shorthand ['ʃɔ:thænd] stenografia; **to take a text down in shorthand** – (za)stenografować tekst

shorthand-typist [,ʃɔ:thænd'taɪpɪst] stenotypistka

shortly ['ʃɔ:tlɪ] wkrótce, niebawem, zaraz; *I'll be back shortly.* – Wkrótce będę z powrotem./Zaraz wrócę. *He arrived shortly afterwards.* – Przybył niebawem. **shortly before the lesson started** – na krótko przed rozpoczęciem lekcji

shorts [ʃɔ:ts] szorty

shot¹ [ʃɒt] ❶ strzał; *I think I heard a shot.* – Zdaje mi się, że słyszałam strzał. **to fire a shot at sb** – wystrzelić/oddać strzał do kogoś ❷ strzelec; *He is a first-class shot.* – Jest pierwszorzędnym strzelcem.

shot² [ʃɒt] *p.* **shoot (shot, shot)**

should [ʃud/ʃəd/ʃd] czasownik specjalny używany: ❶ do wyrażania obowiązku, konieczności, rady; *You should try once more.* – Powinieneś jeszcze raz spróbować. *She should have warned you.* – Ona powinna była cię ostrzec. ❷ w konstrukcjach: *I suggest/demand/insist, that he should come.* – Proponuję/Żądam/Nalegam, żeby on przyszedł. *It is necessary/advisable/important, that they should be present.* – Jest konieczne/pożądane/ /ważne, żeby oni byli obecni. ❸ zamiast **would** w pierwszej osobie liczby pojedynczej i mnogiej; *I should/ /would tell you if I knew.* – Powiedziałabym ci, gdybym wiedziała. *I promised I should/would come on time.* – Obiecałam, że przyjdę na czas/ /punktualnie. ❹ w zdaniach trybu łączącego; *If you should meet her, please let me know./Should you meet her, please let me know.* – Gdybyś ją spotkał, daj mi znać.

shoulder ['ʃəuldə] ramię; **to shrug one's shoulders** – wzruszyć ramionami; *She put a coat over her shoulders.* – Zarzuciła płaszcz na ramiona.

shouldn't ['ʃudnt] = **should not**

should've ['ʃudəv] = **should have**

shout[1] [ʃaut] krzyczeć; *Don't shout at me!* – Nie krzycz na mnie! *She shouted for help.* – Wzywała krzykiem pomocy./Wołała o pomoc.

shout[2] [ʃaut] krzyk, okrzyk

shove ['ʃʌv] popchnąć, przesunąć

shovel[1] ['ʃʌvl] szufla

shovel[2] ['ʃʌvl] zgarniać za pomocą szufli; **to shovel the snow off the path** – odgarnąć śnieg ze ścieżki

show[1] [ʃəu] **(showed/showed, shown/ /showed** [ʃəud/ʃəud, ʃəun/ʃəud]) pokazywać, pokazać, wskazywać, okazywać; *I must show you my new car.* – Muszę ci pokazać mój nowy samochód. *He showed me how to operate a computer.* – Pokazał mi, jak się obsługuje komputer. *That shows how little you know.* – To świadczy o tym, jak mało wiesz.

◆ **show around/over/round** – oprowadzać; *He showed us round the museum.* – Oprowadził nas po muzeum.

◆ **show off** – popisywać się, starać się imponować/wywierać wrażenie; *He always shows off how well he speaks English.* – On zawsze popisuje się swoim angielskim/jak dobrze mówi po angielsku.

◆ **show out** – odprowadzić do drzwi, wyprowadzić; *My secretary will show you out.* – Moja sekretarka odprowadzi pana do drzwi.

◆ **show to** – wprowadzić, zaprowadzić do pokoju; *He showed me to my room.* – Zaprowadził mnie do mojego pokoju./Pokazał mi mój pokój.

◆ **show up** – ukazać się, pokazać się, pojawić się; *Only a few students showed up yesterday.* – Tylko kilku studentów pojawiło się wczoraj (na zajęciach).

show[2] [ʃəu] ❶ pokaz, wystawa; **a flower show** – wystawa kwiatów; **a show of strength** – demonstracja siły ❷ show

shower ['ʃauə] ❶ przelotny deszcz ❷ prysznic

shown ['ʃəun] *p.* **show**[1] **(showed/ /showed, shown/showed)**

shred[1] [ʃred] skrawek, strzęp, odrobina; *He tore the letter to shreds.* – Podarł list na strzępy. **not a shred of doubt** – ani cienia wątpliwości

shred[2] [ʃred] **(-dd-) (shred, shred** [ʃred, ʃred]) poszatkować, pociąć na strzępy

shriek[1] [ʃri:k] krzyczeć, piszczeć

shriek[2] [ʃri:k] krzyk, pisk

shrill [ʃrɪl] (*o dźwięku*) przenikliwy, ostry, przeraźliwy

shrimp [ʃrɪmp] krewetka

shrine [ʃraɪn] świątynia, kaplica, sanktuarium

shrink [ʃrɪŋk] **(shrank/shrunk, shrunk** [ʃræŋk/ʃrʌŋk, ʃrʌŋk]) kurczyć się, zbiegać się; *This blouse won't shrink in the wash.* – Ta bluzka nie kurczy się w praniu.

shrub [ʃrʌb] krzew, krzak

shrug [ʃrʌg] **(-gg-)** wzruszyć ramionami; *She shrugged at the suggestion.* – Wzruszyła ramionami na tę propozycję.

shrunk [ʃrʌŋk] *p.* **shrink (shrank/ /shrunk, shrunk)**

shudder ['ʃʌdə] wstrząsnąć się, wzdrygnąć się; *He shuddered at the thought of going back to work.* – Wzdrygnął się na samą myśl o powrocie do pracy. **to shudder with horror** – zadrżeć ze zgrozy; **to shudder with cold** – dygotać z zimna

shut¹ [ʃʌt] **(-tt-) (shut, shut** [ʃʌt, ʃʌt]**)** ❶ zamknąć; *Please shut the door.* – Proszę, zamknij drzwi. ❷ zamknąć się; *The door shut silently.* – Drzwi zamknęły się cicho.

◆ **shut down** – zamknąć (*interes*), zlikwidować (*np. sklep*); **to shut down a shop** – zlikwidować sklep

◆ **shut up** – *pot.* zamknąć się, przestać mówić

shut² [ʃʌt] zamknięty; *The door was shut.* – Drzwi były zamknięte.

shutter ['ʃʌtə] okiennica

shuttle ['ʃʌtl] wahadłowiec; **a space shuttle** – prom kosmiczny

shy [ʃaɪ] **(-ier, -iest)** nieśmiały

sick [sɪk] ❶ chory; *She had to stay at home with a sick child.* – Musiała zostać w domu z chorym dzieckiem. *He's been sick for a week.* – Jest chory od tygodnia. ❷ odczuwający mdłości, mający wymioty; **to feel sick** – odczuwać mdłości

◆ **to be sick of** – mieć dosyć, mieć powyżej uszu; *I'm sick of your lies.* – Mam dosyć twoich kłamstw.

sick-leave ['sɪkli:v] zwolnienie lekarskie; **to be on sick-leave** – mieć zwolnienie lekarskie

sickness ['sɪknɪs] choroba; **sea sickness** – choroba morska

side¹ [saɪd] ❶ bok; **the three sides of a triangle** – trzy boki trójkąta; **side by side** – obok siebie; *I feel a pain in my left side.* – Czuję ból w lewym boku. ❷ strona; **the left side of the street** – lewa strona ulicy; **the left side of cloth** – lewa strona materiału; **on the other side of the house** – po drugiej stronie domu; **to take sb's side** – stanąć po czyjejś stronie; **to be on sb's side** – być po czyjejś stronie; *There are faults on both sides.* – Wina leży po obu stronach. **to be on the safe side** – na wszelki wypadek

side² [saɪd] boczny; **the side entrance** – boczne wejście; **the side effects of a drug** – skutki uboczne leku

siege [si:dʒ] oblężenie; **to lay siege to** – przystąpić do oblężenia (czegoś); **to raise the siege** – odstąpić od oblężenia

sigh¹ [saɪ] wzdychać

sigh² [saɪ] westchnienie; **with a sigh of relief** – z westchnieniem ulgi

sight [saɪt] ❶ wzrok; **to have good sight** – mieć dobry wzrok; **to have bad/poor sight** – mieć zły/słaby wzrok ❷ widok; **at the sight** – na widok; *She fainted at the sight of blood.* – Zemdlała na widok krwi. **to be in sight** – być widocznym, być w polu widzenia/zasięgu wzroku; *The ship was no longer in sight.* – Statku nie było już widać. **to be out of sight** – być niewidocznym/poza zasięgiem wzroku; **to know sb by sight** – znać kogoś z widzenia; **at first sight** – na pierwszy rzut oka; **to fall in love at first sight** – zakochać się od pierwszego wejrzenia; *It was a horrible sight.* – To był straszny widok. **to see the sights** – zwiedzać

sightseeing ['saɪt,si:ɪŋ] zwiedzanie

sightseer ['saɪt,si:ə] zwiedzający, turysta; *The Colosseum was full of sightseers.* – Koloseum było pełne zwiedzających.

sign¹ [saɪn] ❶ znak; **"plus" and "minus" sign** – znak „plus" i „minus"; **traffic signs** – znaki drogowe; **to make a sign with one's hand** – skinąć dłonią, zrobić znak/gest ręką; *The economy is showing signs of improvement.* – W gospodarce zauważa się oznaki poprawy.

❷ szyld, neon, reklama sklepowa; **shop signs** – reklamy sklepowe

sign² [saɪn] ❶ podpisać (się); **to sign a cheque** – podpisać czek ❷ dać znak; *He signed me to stop.* – Dał mi znak, żebym się zatrzymała.

signal¹ ['sɪgnl] sygnał, znak; *They gave the signal to attack.* – Dali sygnał do ataku.

signal² ['sɪgnl] **(-ll-)** dawać znaki, sygnalizować; *They signalled for help.* – Zasygnalizowali o pomoc. *The policeman signalled the children to cross the street.* – Policjant dał znak dzieciom, żeby przeszły przez ulicę.

signature ['sɪgnətʃə] podpis

significance [sɪg'nɪfɪkəns] znaczenie, doniosłość, waga; *This discovery is of great significance to medicine.* – To odkrycie ma olbrzymie znaczenie dla medycyny.

significant [sɪg'nɪfɪkənt] znaczący, ważny, istotny; **a significant improvement** – znaczna poprawa

signpost ['saɪnpəʊst] drogowskaz

silence¹ ['saɪləns] cisza

silence² ['saɪləns] uciszyć; *The teacher silenced the class of children.* – Nauczyciel uciszył klasę.

S

silent ['saɪlənt] ❶ cichy; *The house was silent when the children were away.* – Pod nieobecność dzieci w domu było cicho. ❷ milczący; **to keep silent** – milczeć

silk [sɪlk] jedwab, jedwabny

sill [sɪl] parapet; **the window-sill** – parapet okienny

silly ['sɪlɪ] **(-ier, -iest)** głupi, niemądry

silver ['sɪlvə] srebro, srebrny; **a silver teapot** – srebrny czajniczek do herbaty; **silver jubilee** – srebrny jubileusz; **silver wedding** – srebrne wesele (*25 rocznica ślubu*)

similar ['sɪmələ] podobny; *The two brothers are very similar.* – Dwaj bracia są bardzo do siebie podobni. *Your pen is very similar to mine.* – Twoje pióro jest bardzo podobne do mojego.

similarity [ˌsɪmə'lærətɪ] (*l.mn.* **similarities**) podobieństwo

simple ['sɪmpl] ❶ prosty, łatwy, nieskomplikowany; *The job is very simple to do.* – Ta praca jest bardzo łatwa do zrobienia./To zadanie jest bardzo łatwe do wykonania. ❷ prosty, zwykły, skromny; **simple meal** – skromny/zwykły posiłek; **a simple dress** – prosta/skromna sukienka

simplicity [sɪm'plɪsətɪ] prostota, łatwość

simplification [ˌsɪmplɪfɪ'keɪʃən] uproszczenie

simplify ['sɪmplɪfaɪ] **(-ies, -ied, -ying)** uprościć; **to simplify a text for learners** – uprościć tekst dla uczących się

simply ['sɪmplɪ] ❶ prosto, zwyczajnie, skromnie; *She was simply dressed.* – Była skromnie ubrana. ❷ po prostu; *It was simply terrible.* – To było po prostu straszne.

sin¹ [sɪn] grzech; **to commit a sin** – popełnić grzech; **to forgive sb's sin** – wybaczyć komuś grzech; **an unforgivable sin** – niewybaczalny grzech; **a mortal sin** – grzech śmiertelny

sin² [sɪn] **(-nn-)** grzeszyć

since¹ [sɪns] ❶ od tego czasu; *I met him in October, but I haven't seen him since.* – Spotkałem go w październiku, ale od tamtej pory go nie widziałem. **ever since** – od tamtej pory, od tego czasu ❷ od (*punktu w czasie*); *I haven't seen him since October.* – Nie widziałam go od października.

since² [sɪns] ponieważ, skoro, jako że; *Since he hasn't arrived yet, we can assume that he is not coming at all.* – Skoro jeszcze nie przybył, możemy założyć, że w ogóle nie przyjdzie.

sincere [sɪn'sɪə] szczery; **a sincere friend** – szczery/prawdziwy przyjaciel; *He expressed a sincere admiration for his opponent.* – Wyraził szczery podziw dla swojego przeciwnika.

sincerely [sɪn'sɪəlɪ] szczerze; *I sincerely hope you will succeed.* – Mam szczerą nadzieję, że odniesie pan sukces.

Yours sincerely – Twój oddany (*zakończenie nieoficjalnego listu – przed podpisem*)

sincerity [sɪn'serətɪ] szczerość

sinful ['sɪnfʊl] grzeszny

sing [sɪŋ] **(sang, sung** [sæŋ, sʌŋ]**)** śpiewać; **to sing in a choir** – śpiewać w chórze

singer ['sɪŋə] śpiewak

singing ['sɪŋɪŋ] śpiew; **to take singing lessons** – brać lekcje śpiewu

single[1] ['sɪŋgl] ❶ pojedynczy, jednoosobowy; **a single room** – pokój jednoosobowy; **a single bed** – pojedyncze łóżko ❷ jeden, jedyny; **not a single person** – ani jednej osoby; *I haven't got a single chance.* – Nie mam żadnej szansy. ❸ samotny, nieżonaty, niezamężna; **a single woman** – kobieta niezamężna; **to remain single** – pozostawać w stanie wolnym (*nie wychodzić za mąż, nie żenić się*) ❹ w jedną stronę (*o bilecie*); **a single ticket** – bilet w jedną stronę

single[2] ['sɪŋgl] ❶ bilet w jedną stronę; *A single to Brighton, please.* – Poproszę bilet do Brighton. ❷ płyta z jednym utworem na każdej stronie

single-handed [,sɪŋgl'hændɪd] w pojedynkę, samemu, bez niczyjej pomocy; *It's a difficult task to bring up children single-handed.* – Samotne wychowywanie dzieci jest trudnym zadaniem.

singular ['sɪŋgjʊlə] *gram.* pojedynczy, liczba pojedyncza; **in the singular** – w liczbie pojedynczej

sink[1] [sɪŋk] **(sank, sunk** [sæŋk, sʌŋk]**)** ❶ tonąć; *The ship sank off the coast of Greece.* – Statek zatonął u wybrzeży Grecji. *Wood doesn't sink.* – Drewno nie tonie. ❷ (*o słońcu*) zachodzić; *The sun was sinking.* – Słońce zachodziło. *The sun sank below the horizon.* – Słońce zaszło za horyzont. ❸ opadać, opuszczać, obniżać; *He sank his voice to a whisper.* – Obniżył głos do szeptu. *She sank to her knees.* – Ona uklękła.

sink[2] [sɪŋk] zlew kuchenny

sinner ['sɪnə] grzesznik

sip [sɪp] **(-pp-)** pić powoli (małymi łykami); *She sipped hot tea.* – Ona popijała gorącą herbatę.

sir [sɜ:/sə] ❶ pan (*w oficjalnej korespondencji, w rozmowie przy zwracaniu się do przełożonego, nauczyciela itp.*); **Dear Sir** – Szanowny Panie; *Can I help you, sir?* – Czym mogę panu służyć? ❷ tytuł szlachecki (*używany przy imieniu lub imieniu i nazwisku*); **Sir James Logan/Sir James**

siren ['saɪərən] ❶ syrena, sygnał; **a ship's siren** – syrena statku; **an ambulance siren** – sygnał karetki pogotowia ❷ syrena (*postać mitologiczna*)

sister ['sɪstə] ❶ siostra ❷ siostra zakonna ❸ siostra szpitalna, przełożona pielęgniarek

sister-in-law ['sɪstərɪnlɔ:] (*l.mn.* **sisters-in-law**) bratowa, szwagierka

sit [sɪt] **(-tt-)** **(sat, sat** [sæt, sæt]**)** siedzieć

◆ **sit back** – usiąść opierając się plecami, odchylić się do tyłu; *We sat back and relaxed.* – Usiedliśmy wygodnie i odpoczywaliśmy.

◆ **sit down** – usiąść; *Sit down, please.* – Proszę usiąść.

◆ **sit up** – (a) siedzieć prosto, (b) usiąść w łóżku (*z pozycji leżącej*)

site [saɪt] teren, parcela, działka budowlana; **a site for a new school** – teren pod nową szkołę

sitting room ['sɪtɪŋ rʊm] pokój dzienny

situated ['sɪtjʊeɪtɪd] położony, umiejscowiony; *The house is situated by the river.* – Dom jest położony nad rzeką.

situation [,sɪtjʊ'eɪʃn] ❶ położenie; *The house has a beautiful situation.* – Dom ma piękne położenie. ❷ położenie, sytuacja; **to be in a difficult situation** – być w trudnym położeniu

six [sɪks] sześć

sixteen [,sɪks'ti:n] szesnaście

sixteenth (16th) [,sɪks'ti:nθ] szesnasty

sixth (6th) ['sɪksθ] szósty

sixtieth (60th) ['sɪkstɪəθ] sześćdziesiąty

sixty ['sıkstı] ❶ sześćdziesiąt ❷ **sixties** – pomiędzy liczbą 60 a 69; **in the early nineteen sixties** – we wczesnych latach sześćdziesiątych (naszego stulecia); *He is in his sixties.* – On jest w wieku między 60 a 69 rokiem życia.

size [saız] ❶ rozmiar, numer; *What size of shoes do you wear?* – Jaki numer butów nosisz? *I take size 6 shoes.* – Noszę szóstkę. ❷ rozmiar, wielkość, wymiar; *What is the size of the garden?* – Jakie są wymiary ogrodu?

skate¹ [skeıt] łyżwa

skate² [skeıt] jeździć na łyżwach

skating-rink ['skeıtıŋrıŋk] lodowisko, ślizgawka

skateboard ['skeıtbɔ:d] deskorolka

skeleton ['skelıtn] szkielet

sketch¹ [sketʃ] szkic; **to draw/to make a sketch** – narysować/zrobić szkic

sketch² [sketʃ] szkicować

ski¹ [ski:] narta; **a pair of skis** – narty

ski² [ski:] **(-iing, -ied)** jeździć na nartach

skid¹ [skıd] **(-dd-)** wpaść w poślizg; *The car skidded off the road.* – Samochód wpadł w poślizg i zjechał z drogi.

skid² [skıd] poślizg; *The car went into a skid.* – Samochód wpadł w poślizg.

S

skier ['ski:ə] narciarz

skiing ['ski:ıŋ] narciarstwo, jazda na nartach; **downhill/alpine skiing** – narciarstwo zjazdowe/alpejskie; **cross-country skiing** – narciarstwo biegowe

skilful ['skılfʊl] wprawny, umiejętny

skill [skıl] umiejętność, zręczność; **professional skill** – umiejętności zawodowe; **with great skill** – z dużą wprawą

skilled ['skıld] zręczny, posiadający umiejętności/kwalifikacje, wykwalifikowany; **a skilled workman** – wykwalifikowany robotnik; **to be skilled with one's hands** – mieć zręczne ręce/zdolności manualne

skin¹ [skın] skóra; **delicate skin** – delikatna cera; **a banana skin** – skórka banana

skin² [skın] **(-nn-)** obedrzeć ze skóry, zdjąć skórę

skip [skıp] **(-pp-)** ❶ skakać, podskakiwać; **to skip the rope** – skakać ze skakanką; **to skip from one subject to another** – przeskakiwać z tematu na temat ❷ przeskoczyć, opuścić, pominąć; *She skipped the boring parts of the book.* – Pominęła nudne partie książki.

skipping-rope ['skıpıŋrəʊp] skakanka

skirt [skɜ:t] spódnica

ski-slope ['ski:sləʊp] stok narciarski

skull [skʌl] czaszka

sky [skaı] niebo; **a cloudy/a cloudless sky** – pochmurne/bezchmurne niebo; **in the sky** – na niebie

skyline ['skaılaın] zarys (*np. miasta, gór*) na tle nieba

skyscraper ['skaı,skreıpə] drapacz chmur

slack [slæk] leniwy, powolny, opieszały; **a slack student** – leniwy/powolny student; *Business is slack this week.* – W tym tygodniu nie ma ruchu w interesie.

slam [slæm] **(-mm-)** trzasnąć, zamknąć, rzucić z trzaskiem; *She slammed the door angrily.* – Zatrzasnęła drzwi ze złością.

slang [slæŋ] slang, żargon, gwara

slap [slæp] **(-pp-)** uderzyć dłonią; *She slapped him on the face.* – Uderzyła go w twarz.

slaughter¹ ['slɔ:tə] zabić (*zwierzę*), zrobić masakrę

slaughter² ['slɔ:tə] rzeź, ubój

slave [sleıv] niewolnik

slavery ['sleıvərı] ❶ niewola; **to live in slavery** – żyć w niewoli ❷ niewolnictwo; **the abolition of slavery** – obalenie niewolnictwa

sledge [sledʒ] sanki

sleep¹ [sli:p] **(slept, slept** [slept, slept]) spać

sleep² [sli:p] sen; **to go to sleep** – zasnąć; *She never gets enough sleep.* – Ona nigdy nie dosypia.

sleeping-bag ['sli:pıŋbæg] śpiwór

sleeping-pill ['sli:pıŋpıl] tabletka nasenna

sleepless ['sli:plɪs] bezsenny; **a sleepless night** – bezsenna noc

sleepy ['sli:pɪ] **(-ier, -iest)** senny, śpiący

sleet[1] [sli:t] deszcz ze śniegiem

sleet[2] [sli:t] (*o deszczu ze śniegiem*) padać

sleeve [sli:v] rękaw

sleigh [sleɪ] sanie

slender ['slendə] ❶ szczupły, wysmukły ❷ nikły, znikomy, bardzo mały; **a slender income** – znikomy dochód

slept [slept] *p.* **sleep**[1] **(slept, slept)**

slice[1] [slaɪs] kromka, plasterek; **a slice of bread** – kromka chleba; **a slice of cake** – kawałek ciasta; **a slice of ham** – plasterek szynki

slice[2] [slaɪs] pokroić w plasterki/kromki; *She sliced the bread thin for the sandwiches.* – Pokroiła cienko chleb na kanapki.

slid [slɪd] *p.* **slide**[1] **(slid, slid)**

slide[1] [slaɪd] **(slid, slid** [slɪd, slɪd]) ślizgać się, ześlizgnąć się; *Children were sliding on the ice.* – Dzieci ślizgały się na lodzie. *The drawers must slide in and out easily.* – Szuflady muszą się łatwo wsuwać i wysuwać. *She slid out of the room unnoticed.* – Wyślizgnęła się z pokoju nie zauważona.

slide[2] [slaɪd] ❶ poślizg; *The car went into a slide.* – Samochód wpadł w poślizg. ❷ zjeżdżalnia ❸ osunięcie gruntu; **a rock slide** – lawina kamieni ❹ osuwanie, posuwanie się w dół; **the slide in living standards** – obniżanie się stopy życiowej ❺ slajd

slight [slaɪt] lekki, drobny, mały; **a slight error** – drobna pomyłka; **a slight headache** – lekki ból głowy; **a slight figure** – szczupła/drobna figura

slightly ['slaɪtlɪ] ❶ trochę; *She is slightly better today.* – Ona dzisiaj czuje się trochę lepiej. *I know him slightly.* – Znam go trochę/niezbyt dobrze. ❷ szczupło, drobno; *She was slightly built.* – Była drobnej budowy.

slim[1] [slɪm] **(-mm-)** ❶ szczupły ❷ mały, znikomy; **a slim chance** – znikoma szansa

slim[2] [slɪm] **(-mm-)** zeszczupleć, schudnąć

slip[1] [slɪp] **(-pp-)** ❶ poślizgnąć się; *She slipped on a banana skin and broke her arm.* – Poślizgnęła się na skórce banana i złamała rękę. ❷ wyślizgnąć się, wymknąć się; *Don't let the opportunity slip.* – Nie pozwól okazji wymknąć się. *She slipped out of the room.* – Wymknęła się z pokoju. ❸ wsunąć; *She slipped a note into my hand.* – Wsunęła mi liścik do ręki.

slip[2] [slɪp] ❶ poślizgnięcie się; *He had a bad slip on the ice.* – Fatalnie poślizgnął się na lodzie. ❷ błąd, omyłka popełniona przez nieuwagę; **to make a slip** – popełnić omyłkę; **a slip of the tongue** – przejęzyczenie ❸ kawałek papieru; *He gave me a slip with his address.* – Dał mi świstek papieru ze swoim adresem.

slipper ['slɪpə] pantofel ranny

slippery ['slɪpərɪ] śliski; *The road was very slippery.* – Droga była bardzo śliska.

slit[1] [slɪt] **(-tt-) (slit, slit** [slɪt, slɪt]) rozciąć, rozpłatać; **to slit an envelope open** – rozciąć kopertę

slit[2] [slɪt] szpara, szczelina; **the slit in the letter-box** – szpara w skrzynce do listów

slope[1] [sləʊp] ❶ spadek, pochyłość, kąt nachylenia; **the slope of the roof** – nachylenie dachu ❷ stok, zbocze; **a mountain slope** – zbocze góry; **a ski slope** – stok narciarski

slope[2] [sləʊp] pochylać się, (*o terenie*) nachylać się; *The field slopes gently down to the river.* – Pole nachyla się łagodnie ku rzece.

slot [slɒt] szczelina, otwór (*na monetę*); **to put the coin into the slot** – włożyć monetę w otwór

slot-machine ['slɒtmə,ʃi:n] automat do sprzedaży (*papierosów, biletów itp.*)

slow[1] [sləʊ] powolny; **a slow worker** – powolny pracownik; **a slow train** – pociąg osobowy (*niepospieszny*); **in slow motion** – w zwolnionym tempie;

My watch is ten minutes slow. – Mój zegarek późni się o dziesięć minut. *She was slow to react.* – Reagowała powoli/z pewnym opóźnieniem.

slow² [sləʊ] / **slow down** zwolnić; *He slowed down when he saw a sharp bend in the road.* – Zwolnił, kiedy zobaczył ostry zakręt drogi.

slowly ['sləʊlɪ] powoli, pomału

slum [slʌm] ❶ **slums** [slʌmz] slumsy, dzielnica ruder ❷ brudne/zaniedbane mieszkanie, zaniedbany dom

small [smɔ:l] mały; **a small size** – mały rozmiar; *He is small for his age.* – Jest mały jak na swój wiek. **small wonder** – nic dziwnego

small change [ˌsmɔ:l 'tʃeɪndʒ] drobne pieniądze

small talk ['smɔ:l tɔ:k] rozmowa towarzyska

smart [smɑ:t] ❶ elegancki, wytworny, szykowny; **smart clothes** – eleganckie ubranie ❷ inteligentny, bystry, rozgarnięty; **a smart student** – bystry uczeń

smash [smæʃ] rozbić, roztrzaskać (się); **to smash a window** – rozbić okno; *The car smashed into a wall.* – Samochód rozbił się o/wjechał na ścianę.

smell¹ [smel] ❶ zapach; **the smell of paint** – zapach farby ❷ węch; *The sense of smell is stronger in dogs than in people.* – Zmysł węchu jest silniejszy u psów niż u ludzi.

smell² [smel] **(smelt, smelt** [smelt, smelt]**)** ❶ pachnieć, wydawać zapach; *The food smells good.* – To jedzenie ładnie pachnie. ❷ wyczuwać zapach; *I can smell smoke here.* – Czuję tu dym. ❸ śmierdzieć

smile¹ [smaɪl] uśmiechać się; *She smiled at me.* – Uśmiechnęła się do mnie.

smile² [smaɪl] uśmiech

smog [smɒg] smog (*mgła zawierająca dym i spaliny; smoke + fog*)

smoke¹ [sməʊk] ❶ dym; **cigarette smoke** – dym papierosowy ❷ palenie papierosa, fajki itp.; *Let's stop working and have a smoke.* – Przerwijmy pracę i wypalmy papierosa.

smoke² [sməʊk] ❶ palić fajkę, papierosa itp.; **to smoke a cigar** – palić cygaro ❷ dymić; *The volcano is smoking again.* – Wulkan znowu dymi.

smoked ['sməʊkt] wędzony; **smoked salmon** – wędzony łosoś

smoker ['sməʊkə] ❶ palący, palacz; **a heavy smoker** – osoba, która dużo pali; **a chain smoker** – osoba paląca jednego papierosa za drugim ❷ przedział/wagon dla palących

smoking ['sməʊkɪŋ] palenie (*papierosów*); *No smoking.* – Palenie wzbronione.

smooth [smu:ð] gładki, wygładzony, równy; *It's smooth to the touch.* – To jest gładkie w dotyku. **a smooth sea** – spokojne morze

smuggle ['smʌgl] przemycić; **to smuggle goods across the border** – przemycać towary przez granicę

smuggler ['smʌglə] przemytnik

snack [snæk] przekąska, krótki posiłek

snack-bar ['snækbɑ:] bufet, bar z przekąskami

snail [sneɪl] ślimak

snake [sneɪk] wąż

snap¹ [snæp] **(-pp-)** ❶ łamać się z trzaskiem, trzasnąć; *The branch snapped under his weight.* – Gałąź trzasnęła pod jego ciężarem. ❷ próbować ugryźć, chwycić zębami, chapnąć; *The dog snapped at him.* – Pies próbował go chwycić zębami. ❸ powiedzieć coś krótko, ostro, niegrzecznie; *"I'm busy", she snapped.* – Jestem zajęta – powiedziała krótko. ❹ zamknąć się z trzaskiem, zaskoczyć; *The lid snapped shut.* – Wieczko zamknęło się z trzaskiem.

snap² [snæp] / **snapshot** ['snæpʃɒt] fotografia (*najczęściej amatorska*)

snatch [snætʃ] złapać, wyrwać, chwycić, porwać; *He snatched the letter out of my hand.* – Wyrwał mi list z ręki. **to snatch at an opportunity** – skwapliwie skorzystać z okazji

sneak [sni:k] wkradać się, chyłkiem przedostać się; *She sneaked into the room.* – Wślizgnęła się do pokoju.

sneer [snɪə] wyśmiewać się, szydzić, drwić

sneeze¹ [sni:z] kichać, kichnąć

sneeze² [sni:z] kichnięcie

sniff [snɪf] ❶ pociągać nosem; *If you have a cold you sniff and sneeze.* – Będąc przeziębionym, kichasz i pociągasz nosem. ❷ wąchać pociągając nosem; *The dog sniffed at the stranger suspiciously.* – Pies podejrzliwie obwąchiwał nieznajomego.

snore [snɔ:] chrapać

snow¹ [snəʊ] śnieg

snow² [snəʊ] (*o śniegu*) padać; *It snowed all night.* – Śnieg padał całą noc.

snowball ['snəʊbɔ:l] śnieżka, kula śnieżna

snowdrift ['snəʊdrɪft] zaspa śnieżna

snowfall ['snəʊfɔ:l] opad śniegu

snowflake ['snəʊfleɪk] płatek śniegu

snowman ['snəʊmæn] (*l.mn.* **snowmen** ['snəʊmen]) bałwan śniegowy

snow-plough ['snəʊplaʊ] pług śnieżny

snow-white [snəʊ'waɪt] śnieżnobiały

snowy ['snəʊɪ] **(-ier, -iest)** śnieżny, śniegowy; **snowy winter** – śnieżna zima

snug [snʌg] **(-gg-)** wygodny, przytulny, zaciszny; *I was snug and warm in bed.* – Było mi ciepło i przytulnie w łóżku.

so¹ [səʊ] ❶ tak; *The coffee was so hot that I couldn't drink it.* – Kawa była tak gorąca, że nie mogłem jej wypić. *I love you so.* – Tak cię kocham. *I'm afraid so.* – Obawiam się, że tak. *I think so.* – Myślę, że tak; **and so on** – i tak dalej; **so far** – jak dotąd; **or so** – mniej więcej; *We waited for an hour or so.* – Czekaliśmy mniej więcej godzinę. ❷ w zdaniu uzupełniającym: i...też; *I can understand it and so can you.* – Mogę to zrozumieć i ty też.

◆ **so-so** – tak sobie

so² [səʊ] ❶ więc; *So you've come back!* – Więc wróciłeś! *It was late so we took a taxi.* – Było późno, więc wzięliśmy taksówkę. ❷ dla wyrażania celu; **so that** – po to, żeby; *He works hard so that his children can go on holiday.* – On ciężko pracuje po to, żeby jego dzieci mogły pojechać na wakacje. **so as not to** – (po to), żeby nie, aby nie; *He went in quietly so as not to wake the baby.* – Wszedł cicho, żeby nie zbudzić dziecka.

soak [səʊk] ❶ maczać, namoczyć; *Soak the dirty clothes before washing them.* – Namocz brudną bieliznę/brudne ubranie przed praniem/zanim upierzesz. ❷ zmoczyć, przemoczyć; *The rain soaked us to the skin.* – Deszcz przemoczył nas do suchej nitki. ❸ wsiąknąć, nasiąknąć, nasycić; *Water soaked into the soil.* – Woda wsiąkła w ziemię.

soap [səʊp] mydło

soap-powder ['səʊp,paʊdə] proszek do prania

sob [sɒb] **(-bb-)** łkać, szlochać; *The child sobbed bitterly because he was left alone.* – Dziecko płakało/szlochało rozpaczliwie, ponieważ zostało samo.

sober ['səʊbə] ❶ trzeźwy ❷ stateczny, spokojny, zrównoważony

so-called [,səʊ'kɔ:ld] tak zwany

soccer ['sɒkə] piłka nożna

sociable ['səʊʃəbl] towarzyski; *Is he a very sociable person?* – Czy on jest bardzo towarzyski/osobą bardzo towarzyską?

social ['səʊʃl] ❶ społeczny, socjalny; **a social class** – klasa społeczna; *Ants are social animals.* – Mrówki są owadami społecznymi. ❷ towarzyski; **a busy social life** – bogate życie towarzyskie

socialism ['səʊʃəlɪzm] socjalizm

society [sə'saɪətɪ] ❶ społeczeństwo; **a civilized society** – społeczeństwo cywilizowane ❷ towarzystwo; **in the society of one's friends** – w towarzystwie swoich przyjaciół; **high society** – sfery wyższe, socjeta ❸ towarzystwo, stowarzyszenie; **the Literary**

Society – towarzystwo/stowarzyszenie literackie; **to establish/to set up a society** – założyć stowarzyszenie

sociologist [ˌsəʊsɪ'ɒlədʒɪst] socjolog

sociology [ˌsəʊsɪ'ɒlədʒɪ] socjologia

sock [sɒk] skarpetka

socket ['sɒkɪt] ❶ gniazdko elektryczne, oprawka żarówki; **to put the plug into the socket** – włożyć wtyczkę do kontaktu ❷ oczodół

soda ['səʊdə] ❶ woda sodowa; *A whisky and soda, please.* – Poproszę whisky z wodą sodową. ❷ soda

soda-water ['səʊdəˌwɔ:tə] woda sodowa

sofa ['səʊfə] kanapa, sofa

soft [sɒft] ❶ miękki; **a soft bed** – miękkie łóżko; **soft water** – miękka woda; **a soft-boiled egg** – jajko na miękko; **to have a soft heart** – mieć miękkie serce ❷ łagodny; **a soft wind** – lekki/ /łagodny wietrzyk; **a soft tone of voice** – łagodny ton głosu; **soft light** – łagodne/przytłumione światło ❸ delikatny; **soft blue** – delikatny odcień niebieskiego ❹ (*o napoju*) bezalkoholowy; **a soft drink** – napój bezalkoholowy

soften ['sɒfn] ❶ złagodzić, złagodnieć, zmięknąć; *She softened when she saw the child.* – Złagodniała, kiedy zobaczyła dziecko. ❷ stonować, złagodzić, osłabić; *The curtains softened the sunlight.* – Zasłony stonowały blask słońca. ❸ zmiękczyć; **to soften water** – zmiękczyć wodę

softly ['sɒftlɪ] cicho; *You must speak softly, the baby is asleep.* – Musisz mówić cicho, dziecko śpi.

software ['sɒftweə] oprogramowanie komputerowe

soil¹ [sɔɪl] ziemia, gleba; **to cultivate soil** – uprawiać ziemię; **good/poor soil** – dobra/zła gleba

soil² [sɔɪl] pobrudzić, zabłocić, poplamić; *You've soiled your pullover.* – Poplamiłeś swój sweter.

solar ['səʊlə] słoneczny; **the Solar System** – Układ Słoneczny; **solar energy** – energia słoneczna

sold [səʊld] *p.* **sell (sold, sold)**

soldier ['səʊldʒə] żołnierz

sole¹ [səʊl] jedyny, wyłączny; *He is the sole heir to the fortune.* – On jest jedynym spadkobiercą majątku.

sole² [səʊl] ❶ podeszwa buta ❷ spód stopy

sole³ [səʊl] sola (*ryba morska*)

solemn ['sɒləm] poważny, uroczysty, namaszczony; *He looked solemn during the ceremony.* – Wyglądał uroczyście podczas ceremonii.

solid¹ ['sɒlɪd] ❶ stały (*niecieklły*); **a solid state** – stan stały; **solid food** – pokarm stały (*niepłynny*) ❷ pełny w środku, lity, masywny; *It's made of solid gold.* – To jest zrobione z litego złota. ❸ solidny, mocny, trwały; **solid furniture** – solidne/mocne meble; **a man of solid character** – człowiek o silnym charakterze

solid² ['sɒlɪd] ciało stałe

solidarity [ˌsɒlɪ'dærətɪ] solidarność

solitary ['sɒlɪtərɪ] samotny; **solitary life** – samotne życie

solo ['səʊləʊ] solo; **to sing solo** – śpiewać solo

soloist ['səʊləʊɪst] solista

soluble ['sɒljʊbl] rozpuszczalny; *This substance is soluble in water.* – Ta substancja jest rozpuszczalna w wodzie.

solution [sə'lu:ʃn] ❶ roztwór; **a solution of salt in water** – roztwór soli w wodzie; **a strong/a weak solution** – mocny/słaby roztwór ❷ rozwiązanie; **to find a solution to a problem** – znaleźć rozwiązanie problemu

solve [sɒlv] rozwiązać; *You must help me to solve the puzzle.* – Musisz mi pomóc rozwiązać zagadkę.

some [sʌm/səm/sm] ❶ trochę; **some tea** – trochę herbaty; **some money** – trochę pieniędzy; **some more cake** – trochę więcej ciasta ❷ kilka; *I have some letters to write.* – Mam kilka listów do napisania. **for some weeks** – przez kilka tygodni ❸ jakiś, któryś; *I read it in some book.* – Przeczytałem to w jakiejś książce. *I'll tell you about it some day.* – Kiedyś/Któregoś dnia powiem ci o tym. ❹ niektóry; *Some people find English difficult.* – Niektórzy (ludzie) uważają angielski za trudny.

somebody ['sʌmbədɪ] / **someone** ktoś; *Somebody is waiting for you.* – Ktoś na ciebie czeka.

somehow ['sʌmhaʊ] jakoś; *She somehow managed alone.* – Jakoś poradziła sobie sama.

someone ['sʌmwʌn] / **somebody** ktoś; *Someone is waiting for you.* – Ktoś na ciebie czeka.

something ['sʌmθɪŋ] coś; *There is something I want to tell you.* – Jest coś, co chcę ci powiedzieć./Chcę ci coś powiedzieć.

sometime ['sʌmtaɪm] kiedyś; *I will speak to him about it sometime.* – Kiedyś pomówię z nim o tym.

sometimes ['sʌmtaɪmz] czasami; *We sometimes have guests to dinner.* – Czasami mamy gości na obiedzie.

somewhat ['sʌmwɒt] nieco, do pewnego stopnia, w pewnym sensie; *He was somewhat surprised.* – Był nieco zdziwiony.

somewhere ['sʌmweə] gdzieś; *The book must be somewhere in this room.* – Książka musi być gdzieś w tym pokoju.

son [sʌn] syn

song [sɒŋ] ❶ piosenka, pieśń; **to sing a song** – zaśpiewać piosenkę ❷ śpiew; **bird-song** – ptasi śpiew; *She burst into song.* – Zaczęła śpiewać.

son-in-law ['sʌnɪnlɔ:] (*l.mn.* **sons-in--law**) zięć

sonnet ['sɒnɪt] sonet

soon [su:n] wkrótce, niedługo, niebawem; *I'll be back soon.* – Będę wkrótce z powrotem./Niedługo wrócę. **as soon as** – jak tylko; *I'll tell you as soon as I know.* – Powiem ci o tym, jak tylko się dowiem. **sooner or later** – prędzej czy później; **the sooner the better** – im prędzej, tym lepiej

soothe [su:ð] uspokoić, uciszyć, ukoić; *She soothed the crying baby.* – Uspokoiła płaczące dziecko. **to soothe pain** – złagodzić ból

sophisticated [sə'fɪstɪkeɪtɪd] ❶ wyrafinowany, wyszukany; **sophisticated tastes** – wyrafinowane gusta; **a sophisticated woman** – światowa kobieta ❷ skomplikowany, wysoko rozwinięty, o dużym stopniu złożoności; **highly sophisticated equipment** – wysoce skomplikowany sprzęt

sore [sɔ:] bolący, obolały, bolesny; **to have a sore throat** – mieć ból gardła

sorrow ['sɒrəʊ] smutek, żal; *He felt deep sorrow at the death of his friend.* – Czuł głęboki żal po śmierci przyjaciela. *To my great sorrow I never saw her again.* – Ku mojemu ogromnemu żalowi nigdy już jej nie zobaczyłam.

sorrowful ['sɒrəʊfʊl] pełen smutku, zasmucony

sorry[1] ['sɒrɪ] odczuwający żal/przykrość, zmartwiony; *We were sorry to hear of your father's death.* – Było nam przykro, kiedy się dowiedzieliśmy o śmierci twojego ojca. *I'm sorry that I've lost your pen.* – Przykro mi/ /Przepraszam, że zgubiłem twoje pióro. *He was sorry for what he had done.* – Żałował tego, co zrobił. *I feel sorry for people who can't afford to go on holiday.* – Żal mi ludzi, którzy nie mogą sobie pozwolić na wyjazd na urlop.

sorry[2] ['sɒrɪ] ❶ przepraszam; *Sorry, I can't help you.* – Przepraszam, nie mogę panu pomóc. ❷ słucham? nie dosłyszałem; *Sorry, could you repeat?* – Słucham, czy mógłby pan powtórzyć?

sort[1] [sɔ:t] rodzaj, gatunek; *What sort of music do you like?* – Jaki rodzaj muzyki lubisz? **sort of** – w pewnym sensie, trochę; *I sort of expected that.* – W pewnym sensie się tego spodziewałem.

sort[2] [sɔ:t] sortować, porządkować, ułożyć; *She sorted the shoes into pairs.* – Posegregowała buty parami.

S

S.O.S. [ˌesəʊ'es] sygnał SOS; **to send an S.O.S.** – wysłać sygnał SOS

sought [sɔ:t] *p.* **seek (sought, sought)**

soul [səʊl] dusza; **an immortal soul** – dusza nieśmiertelna; *There wasn't a soul to be seen.* – Nie było widać żywej duszy.

sound¹ [saʊnd] głos, odgłos, dźwięk; *I heard the sound of music from upstairs.* – Usłyszałam dźwięki muzyki z pokoju na górze. *Don't make a sound.* – Siedź cicho. **to turn down the sound on TV** – przyciszyć telewizor

sound² [saʊnd] ❶ brzmieć; *It sounds interesting.* – To brzmi interesująco. ❷ wydawać odgłos/dźwięk; *The door-bell sounded.* – Rozległ się dźwięk dzwonka u drzwi. ❸ dać sygnał, uderzyć na alarm, zagrać (*na trąbce, rogu itp.*); *Sound the alarm if there is fire.* – Włącz alarm, jeśli będzie pożar. **to sound the trumpet** – zagrać na trąbce

sound³ [saʊnd] ❶ zdrów, zdrowy, w dobrym stanie; **to be of sound mind** – być zdrowym na umyśle; *They came back safe and sound.* – Wrócili cali i zdrowi. ❷ solidny, rozsądny, słuszny; **sound advice** – rozsądna rada; **to make a sound investment** – zrobić dobrą inwestycję

S

sound⁴ [saʊnd] zdrowo, mocno; **to be sound asleep** – spać mocno, być pogrążonym w głębokim śnie

soup [su:p] zupa

sour ['saʊə] kwaśny; *Lemon is sour.* – Cytryna jest kwaśna. *Milk has turned sour.* – Mleko skwaśniało.

source [sɔ:s] źródło; *Where does the river have its source?* – Gdzie ta rzeka ma swoje źródło? **a reliable source of information** – pewne źródło informacji

south¹ [saʊθ] południe (*strona świata*); **warm winds from the south** – ciepłe wiatry z południa; *They live in the south of France.* – Mieszkają na południu Francji.

south² [saʊθ] południowy; **south wind** – wiatr południowy; **South Pole** – biegun południowy; **South Africa** – Afryka Południowa; **to travel south** – jechać na południe

southerly ['sʌðəlɪ] (*o kierunku*) południowy; *They set off in a southerly direction.* – Wyruszyli w kierunku południowym. **southerly winds** – wiatry południowe

southern ['sʌðən] położony na południu, południowy; **southern Europe** – południowa Europa; **the Southern Hemisphere** – półkula południowa

southwards ['saʊθwədz] w kierunku południowym; **to travel southwards** – podróżować w kierunku południowym

souvenir [ˌsu:və'nɪə] pamiątka, upominek; *He brought some souvenirs from his travels.* – Przywiózł trochę pamiątek ze swoich podróży.

sow [səʊ] **(sowed, sown** [səʊd, səʊn]**)** siać

soya ['sɔɪə] soja

soya oil ['sɔɪə ɔɪl] olej sojowy

spa [spɑ:] uzdrowisko

space [speɪs] ❶ przestrzeń (*kosmiczna*); **outer space** – przestrzeń kosmiczna; **to travel through space to other planets** – podróżować w przestrzeni kosmicznej do innych planet ❷ przestrzeń, miejsce, odstęp; *There is no parking space here.* – Nie ma tu miejsca do (za)parkowania. *Keep some space between you and the other car.* – Zachowaj odstęp między tobą a innym samochodem.

spacecraft ['speɪskrɑ:ft] pojazd kosmiczny

spaceship ['speɪsʃɪp] statek kosmiczny

space shuttle ['speɪs ʃʌtl] prom kosmiczny

spacious ['speɪʃəs] przestrzenny, przestronny, obszerny; **a spacious room** – przestronny pokój

spade [speɪd] szpadel, łopata

spades [speɪdz] piki (*w kartach*); **the ace of spades** – as pik

spaghetti [spə'getɪ] spaghetti

span¹ [spæn] *p.* **spin (spun, spun)**

span² [spæn] ❶ (*krótki*) okres, długość; **a short span of time** – krótki okres, krótki czas; **life's span** – długość życia ❷ przęsło mostu, rozpiętość

spanner ['spænə] *techn.* klucz płaski

spare¹ [speə] ❶ dodatkowy, zapasowy; **a spare wheel** – koło zapasowe; **spare parts** – części zamienne ❷ wolny, zbywający, niepotrzebny; *What do you do in your spare time?* – Co porabiasz w wolnym czasie?

spare² [speə] ❶ zaoszczędzić, oszczędzić; *Can you spare us details?* – Czy możesz zaoszczędzić nam szczegółów? **to spare sb's life** – darować komuś życie ❷ poświęcić, mieć na zbyciu; *I have no time to spare.* – Nie mam chwili czasu. *Can you spare me a few minutes?* – Czy możesz mi poświęcić parę minut?

spark [spɑ:k] iskra

sparkle ['spɑ:kl] błyszczeć, rzucać iskry, skrzyć się; *Her eyes sparkled.* – Jej oczy błyszczały. *Her diamonds sparkled in the light.* – Jej brylanty skrzyły się w świetle.

sparkling ['spɑ:klɪŋ] ❶ błyszczący, iskrzący się ❷ (*o winie*) musujący

sparrow ['spærəʊ] wróbel

spat [spæt] *p.* **spit (spat, spat)**

speak [spi:k] **(spoke, spoken** [spəʊk, spəʊkn]**)** mówić; *Do you speak German?* – Czy pan zna niemiecki?/Czy pan mówi po niemiecku? *I have a sore throat, I can hardly speak.* – Boli mnie gardło, ledwo mówię. *They spoke about politics.* – Mówili/Rozmawiali o polityce. *May I speak to Maggie?* – Czy mogę mówić z Maggie? (*przez telefon*); *They speak well of you.* – Dobrze o tobie mówią.

speaker ['spi:kə] ❶ mówca; *He is a poor public speaker.* – On jest złym mówcą. ❷ osoba mówiąca; **a native speaker of English** – osoba mówiąca językiem angielskim jako ojczystym ❸ głośnik; **a loud-speaker** – głośnik ❹ **the Speaker** – przewodniczący Parlamentu, marszałek (*sejmu*)

spear [spɪə] włócznia, kopia, pika

special ['speʃl] ❶ szczególny; *A wedding is a special occasion.* – Ślub stanowi szczególną okazję. *Take special care of it.* – Obchodź się z tym ze szczególną ostrożnością. ❷ specjalny; *I have special boots for skiing.* – Mam specjalne buty do jazdy na nartach.

specialist ['speʃəlɪst] specjalista; *He is a specialist in plastic surgery.* – On jest specjalistą w dziedzinie chirurgii plastycznej.

speciality [ˌspeʃɪ'ælɪtɪ] specjalność; **the speciality of the house** – specjalność zakładu; *Her speciality is ancient history.* – Jej specjalnością/specjalizacją jest historia starożytna.

specialize ['speʃəlaɪz] specjalizować się; *He specialized in medieval history.* – Wyspecjalizował się w historii średniowiecza.

specially ['speʃlɪ] ❶ szczególnie; *It was specially difficult.* – To było szczególnie trudne. ❷ specjalnie; *I came specially to see you.* – Przyjechałem specjalnie, żeby się z tobą zobaczyć.

species ['spi:ʃi:z] (*l.mn.* **species** ['spi:ʃi:z]) gatunek; *This species of animals is now extinct.* – Ten gatunek zwierząt już wymarł. **an endangered species** – gatunek zagrożony wymarciem

specific [spɪ'sɪfɪk] ❶ szczególny, specyficzny, wyraźnie określony; *Do you have anything specific in mind?* – Czy masz na myśli coś konkretnego? ❷ szczegółowy, sprecyzowany; *Could you be more specific?* – Czy mógłbyś wyrazić się jaśniej/bardziej precyzyjnie? ❸ charakterystyczny, swoisty; **specific gravity** – *fiz.* ciężar właściwy

specify ['spesɪfaɪ] **(-ies, -ied, -ying)** wyszczególnić, sprecyzować, wymienić; *Can you specify your terms?* – Czy może pan sprecyzować swoje warunki? *The instruction specifies how the medicine is to be taken.* – Instrukcja podaje szczegółowo, jak należy brać lekarstwo.

specimen ['spesımən] ❶ próbka; **a specimen of blood** – próbka krwi ❷ okaz, egzemplarz

speck [spek] pyłek, odrobina; **a speck of dust** – pyłek kurzu

speckle ['spekl] cętka

speckled ['spekld] cętkowany, w plamki

specs [speks] = **spectacles**

spectacle ['spektəkl] widowisko

spectacles ['spektəklz] okulary

spectacular [spek'tækjʊlə] imponujący, efektowny, widowiskowy; **a spectacular view** – imponujący widok

spectator [spek'teıtə] widz

speculate ['spekjʊleıt] ❶ rozważać; **to speculate about the future** – snuć rozważania na temat przyszłości ❷ spekulować; **to speculate on the stock market** – spekulować na giełdzie

sped [sped] *p.* **speed²** **(sped, sped)**

speech [spi:tʃ] ❶ mowa; *Human beings are capable of speech.* – Istoty ludzkie mają zdolność mówienia. ❷ przemówienie, mowa; *He made a speech on human rights.* – Wygłosił przemówienie na temat praw człowieka.

speechless ['spi:tʃlıs] oniemiały; *He was speechless with anger.* – Zaniemówił ze złości.

speed¹ [spi:d] szybkość, prędkość; *He was driving at a speed of 60 km per hour.* – Jechał z szybkością 60 km na godzinę. **at top speed** – z największą prędkością; **to pick up/to gather speed** – nabierać prędkości

speed² [spi:d] **(sped/speeded, sped//speeded** [sped/'spi:dıd, sped/'spi:dıd]) jechać szybko, mknąć, pędzić; *The cars were speeding along the motorway.* – Samochody pędziły autostradą. *He was fined for speeding.* – Zapłacił mandat za zbyt szybką jazdę.

◆ **speed up** – przyspieszyć; *They have speeded up the production.* – Przyspieszyli produkcję.

speed limit ['spi:d ˌlımıt] szybkość maksymalna; *You mustn't exceed the speed limit.* – Nie wolno (ci) przekraczać dozwolonej szybkości.

speedometer [spi:'dɒmıtə] szybkościomierz

spell¹ [spel] **(spelt/spelled, spelt/spelled** [spelt/speld, spelt/speld]) ❶ literować, sylabizować; *Can you spell your name?* – Czy może pan przeliterować swoje nazwisko? ❷ pisać poprawnie (*ortograficznie*); *I don't know how to spell this word.* – Nie wiem, jak poprawnie napisać to słowo.

spell² [spel] ❶ zaklęcie, urok, czary; **to put/to cast a spell over sb** – rzucić na kogoś czary; **to be under a spell** – być pod urokiem, być zaczarowanym ❷ okres; **a long spell of rainy weather** – długi okres deszczowej pogody

spelling ['spelıŋ] ortografia, pisownia

spelt [spelt] *p.* **spell¹** **(spelt, spelt)**

spend [spend] **(spent, spent** [spent, spent]) ❶ spędzać; *He always spends his holidays in the mountains.* – On zawsze spędza wakacje w górach. ❷ wydawać; *He spends too much money on books.* – On wydaje za dużo pieniędzy na książki.

sphere [sfıə] ❶ sfera, dziedzina, domena; *It's outside the sphere of my interests.* – To jest poza dziedziną moich zainteresowań. **a sphere of influence** – sfera wpływów ❷ sfera, powierzchnia kuli; *The Earth is not a perfect sphere.* – Ziemia nie jest idealną kulą.

spherical ['sferıkl] sferyczny, kulisty

spice [spaıs] przyprawa korzenna

spicy ['spaısı] **(-ier, -iest)** ostry, przyprawiony, pikantny

spider ['spaıdə] pająk

spied [spaıd] *p.* **spy²**

spies [spaız] *p.* **spy¹, ²**

spike [spaık] kolec, ostrze, szpic

spill [spıl] **(spilt/spilled, spilt/spilled** [spılt/spıld, spılt/spıld]) ❶ wylać, rozlać; *He spilt whisky all over the carpet.* – Rozlał whisky po całym dywanie. ❷ wysypać, rozsypać; **to spill salt** – rozsypać sól

spin [spɪn] **(-nn-) (spun/span, spun** [spʌn/spæn, spʌn]) ❶ kręcić się, wirować; *My head spun.* – Kręciło mi się w głowie. **to spin clothes in a washing machine** – wirować bieliznę w pralce ❷ prząść, snuć; **to spin wool** – prząść wełnę

spinach ['spɪnɪdʒ] szpinak

spine [spaɪn] kręgosłup

spinster ['spɪnstə] kobieta niezamężna, stara panna

spiral[1] ['spaɪərəl] spiralny; **a spiral staircase** – kręcone schody

spiral[2] ['spaɪərəl] spirala

spire ['spaɪə] strzelisty dach wieży, iglica

spirit ['spɪrɪt] ❶ duch; *The spirit is willing but the flesh is weak.* – Duch jest wprawdzie ochoczy, ale ciało mdłe. **an evil spirit** – zły duch; **in a spirit of cooperation** – w duchu współpracy ❷ energia, charakter, zapał; *They sang with great spirit.* – Śpiewali z wielkim zapałem. ❸ spirytus palny (*do maszynki itp.*); *We had no spirit in the lamp.* – Nie mieliśmy spirytusu w lampie.

spirited ['spɪrɪtɪd] pełen zapału/werwy/ /odwagi; **a spirited action** – śmiała akcja; **a spirited reply** – pełna werwy/odwagi odpowiedź

spirits ['spɪrɪts] ❶ napoje alkoholowe wysokoprocentowe (*np. whisky, koniak*) ❷ nastrój, stan ducha; **to be in high spirits** – być w świetnym nastroju; **to be in low spirits** – być przygnębionym

spiritual ['spɪrɪtjʊəl] duchowy

spit [spɪt] **(-tt-) (spat, spat** [spæt, spæt]) pluć

spite [spaɪt] ❶ złośliwość, złość, niechęć; **to do sth out of spite** – zrobić coś złośliwie/na złość ❷ **in spite of** – pomimo; *He spends very little in spite of being rich.* – Wydaje bardzo mało, pomimo że jest bogaty.

spiteful ['spaɪtfʊl] złośliwy, dokuczliwy

splash[1] [splæʃ] pluskać się, chlapać; *Children love to splash in water.* – Dzieci uwielbiają pluskać się w wodzie. *They splash water over each other.* – Chlapią się nawzajem wodą.

splash[2] [splæʃ] plusk; *He jumped into water with a splash.* – Skoczył do wody z pluskiem/rozbryzgując wodą.

splendid ['slendɪd] wspaniały, świetny, okazały; **a splendid sunset** – wspaniały zachód słońca; **a splendid idea** – wspaniały pomysł

splendour ['splendə] wspaniałość, świetność, przepych

splinter ['splɪntə] drzazga, odłamek

split [splɪt] **(-tt-) (split, split** [splɪt, splɪt]) ❶ łupać, rąbać, rozszczepiać; **to split wood for the fire** – rąbać (na drobne kawałki) drewno na opał; **to split hairs** – dzielić włos na czworo ❷ rozerwać, rozdwajać; *My skirt has split at the seam.* – Spódnica rozpruła mi się na szwie. ❸ dzielić, rozdzielić; **to split profits with sb** – podzielić się z kimś dochodem; *They split into several fractions.* – Podzielili się na kilka frakcji.

split second [ˌsplɪt 'sekənd] ułamek sekundy

spoil [spɔɪl] **(spoilt/spoiled, spoilt/ /spoiled** [spɔɪlt/spɔɪld, spɔɪlt/spɔɪld]) ❶ zepsuć, zniszczyć, psuć się; *Bad weather spoilt our holidays.* – Zła pogoda zepsuła nam wakacje. *Strawberries and raspberries spoil easily.* – Truskawki i maliny łatwo się psują. ❷ rozpieszczać, psuć; *Some parents spoil their children.* – Niektórzy rodzice rozpieszczają swoje dzieci.

spoke [spəʊk] *p.* **speak (spoke, spoken)**

spoken [spəʊkn] *p.* **speak (spoke, spoken)**

spokesman ['spəʊksmən] (*l.mn.* **spokesmen** ['spəʊksmən]) rzecznik

spokesperson ['spəʊkspɜːsn] rzecznik

sponge [spʌndʒ] gąbka

sponge-cake ['spʌndʒkeɪk] biszkopt

sponsor[1] ['spɒnsə] sponsor, fundator

sponsor[2] ['spɒnsə] sponsorować

spontaneous [spɒn'teɪnjəs] spontaniczny; *He made a spontaneous offer of help.* – Spontanicznie zaoferował pomoc.

spoon [spu:n] łyżka; **a table-spoon** – łyżka stołowa; **a tea-spoon** – łyżeczka do herbaty

spoonful ['spu:nfʊl] łyżka, zawartość łyżki; **a heaped spoonful** – czubata łyżka; **a level spoonful** – płaska łyżka; *Put two teaspoonfuls of baking powder into the mixture.* – Wsyp dwie łyżeczki proszku do pieczenia do mieszaniny.

sport [spɔ:t] sport; **to play sport** – uprawiać sport; **winter sports** – sporty zimowe; **outdoor sports** – sporty uprawiane na świeżym powietrzu

sports[1] [spɔ:ts] sportowy; **a sports car** – samochód sportowy; **a sports report** – wiadomości sportowe, reportaż sportowy

sports[2] [spɔ:ts] zawody sportowe; *The school sports are next week.* – Szkolne zawody sportowe odbędą się w przyszłym tygodniu.

S

sportsman ['spɔ:tsmən] (*l.mn.* **sportsmen** ['spɔ:tsmən]) sportowiec

sportswear ['spɔ:tsweə] ubranie sportowe

sportswoman ['spɔ:tswʊmən] (*l.mn.* **sportswomen** ['spɔ:tswɪmɪn]) sportsmenka

spot[1] [spɒt] ❶ kropka, punkcik; **a white blouse with red spots** – biała bluzka w czerwone kropki ❷ plama, skaza; **a grease spot** – tłusta plama; **to remove/to get out a spot** – usunąć/wywabić plamę ❸ znamię, krosta; *He has spots all over his face.* – Ma krosty na całej twarzy. ❹ miejsce; *Let's meet at the same spot tomorrow.* – Spotkajmy się w tym samym miejscu jutro. **on the spot** – z miejsca, na miejscu, natychmiast; *He was killed on the spot.* – Został zabity/Zginął na miejscu.

spot[2] [spɒt] (**-tt-**) ❶ poplamić; *I spotted my skirt with tea.* – Poplamiłam spódnicę herbatą. ❷ zauważyć, spostrzec; **to spot a mistake** – zauważyć pomyłkę; **to spot a friend in the crowd** – spostrzec znajomego w tłumie

spotless ['spɒtlɪs] bez skazy, nieskazitelny; **a spotless white blouse** – nieskazitelnie biała bluzka; **a spotless character** – nieskazitelny charakter

spotlessly ['spɒtlɪslɪ] nieskazitelnie; **a spotlessly clean room** – nieskazitelnie czysty pokój

spotlight ['spɒtlaɪt] reflektor

sprang [spræŋ] *p.* **spring**[2] **(sprang, sprung)**

spray[1] [spreɪ] rozpylać, opryskiwać; **to spray the plants with insecticide** – opryskiwać rośliny środkiem owadobójczym

spray[2] [spreɪ] ❶ spray, aerozol, rozpylona substancja, pył wodny; **sea-spray** – aerozol morski ❷ rozpylacz, spray; **a hair spray** – lakier do włosów w aerozolu

spread [spred] (**spread, spread** [spred, spred]) ❶ rozpościerać, rozciągać; **to spread one's wings** – rozwinąć skrzydła; **to spread a rug on the grass** – rozłożyć koc na trawie; **to spread one's arms** – wyciągnąć ręce; *The desert spread for miles.* – Pustynia ciągnęła się milami. ❷ rozprzestrzeniać, szerzyć (się); **to spread disease** – szerzyć chorobę; *The epidemic spread quickly.* – Epidemia szybko się rozszerzała. *The fire spread to the other houses.* – Ogień rozprzestrzenił się na inne domy. ❸ rozsmarowywać, powlec; *Spread butter thinly on a piece of bread.* – Posmaruj chleb cienką warstwą masła. **to spread a slice of bread with butter** – posmarować kromkę chleba masłem

spring[1] [sprɪŋ] ❶ wiosna; *We'll go there in early spring.* – Pojedziemy tam wczesną wiosną. ❷ źródło; **a mineral spring** – źródło mineralne ❸ skok; *The cat made a spring at the* *mouse.* – Kot skoczył w kierunku myszy. ❹ sprężyna, sprężystość; **the spring of a watch** – sprężyna zegarka; *There was a spring to her step.* – Szła sprężystym/lekkim krokiem.

spring² [sprɪŋ] **(sprang, sprung** [spræŋ, sprʌŋ]) skakać; *The lion sprang at the hunter.* – Lew skoczył na myśliwego. **to spring to one's feet** – skoczyć na równe nogi

sprint¹ [sprɪnt] szybko biec, pędzić

sprint² [sprɪnt] sprint, krótki bieg

sprout¹ [spraʊt] wyrastać, puszczać kiełki/pędy; *The bush is sprouting new leaves.* – Krzak wypuszcza nowe liście.

sprout² [spraʊt] ❶ pęd, kiełek ❷ **brussels sprout** – brukselka

sprung [sprʌŋ] *p.* **spring² (sprang, sprung)**

spun [spʌn] *p.* **spin (spun, spun)**

spy¹ [spaɪ] (*l.mn.* **spies**) szpieg

spy² [spaɪ] **(-ies, -ied, -ying)** szpiegować, śledzić; **to spy for a foreign power** – szpiegować na rzecz obcego mocarstwa; **to spy on a person** – szpiegować/śledzić osobę; *We spied them coming through the gate.* – Wyśledziliśmy ich, jak przechodzą/-ili przez bramę.

squad [skwɒd] oddział (*policji, wojska*), ekipa, brygada, drużyna; **the Flying Squad** – lotna brygada policji

square¹ [skweə] kwadratowy; **a square table** – kwadratowy stół; **a square metre** – metr kwadratowy

square² [skweə] ❶ kwadrat; *Is it a square or a triangle?* – Czy to jest kwadrat, czy trójkąt? *The square of 3 is 9.* – Kwadrat liczby 3 wynosi 9. ❷ plac, skwer; **Trafalgar Square** – Plac Trafalgar (*w Londynie*)

squash¹ [skwɒʃ] wycisnąć, zgnieść, zmiażdżyć

squash² [skwɒʃ] ❶ napój/koncentrat z soku wyciśniętych owoców ❷ ścisk, tłok ❸ rodzaj gry podobnej do tenisa uprawianej w pomieszczeniu zamkniętym

squeak¹ [skwi:k] piszczeć, skrzypieć; *You must put some oil on the door because it's squeaking.* – Musisz naoliwić drzwi, bo skrzypią. *The mouse squeaked.* – Mysz pisnęła.

squeak² [skwi:k] pisk; **the squeak of a mouse** – pisk myszy

squeal¹ [skwi:l] piszczeć, kwiczeć; *Pigs squeal.* – Świnie kwiczą.

squeal² [skwi:l] pisk, kwik; **the squeal of brakes** – pisk hamulców

squeeze [skwi:z] ❶ ściskać; *She squeezed his hand.* – Ścisnęła mu rękę. ❷ wycisnąć; **to squeeze an orange** – wycisnąć pomarańczę; **to squeeze toothpaste out of a tube** – wycisnąć pastę do zębów z tubki ❸ wcisnąć, wepchnąć; *We squeezed into a crowded bus.* – Wcisnęliśmy się do zatłoczonego autobusu.

squirrel ['skwɪrəl] wiewiórka

St¹ [stri:t] = **street**

St² [sənt/sɪnt/sn] = **saint**; **St John** – św. Jan

st = first (*w skrótach: 1st, 31st itp.*)

stab¹ [stæb] **(-bb-)** dźgnąć, zasztyletować

stab² [stæb] pchnięcie sztyletem; **a stab of pain** – przeszywający ból

stability [stə'bɪlətɪ] stabilność

stable¹ ['steɪbl] stabilny, mocny, trwały, stały; **a stable job** – stała praca; **a stable character** – silny/stabilny charakter; **a stable chair** – mocne/trwałe krzesło

stable² [steɪbl] stajnia

stack¹ [stæk] stóg, sterta; **a woodstack** – sterta drewna; **a haystack** – stóg siana

stack² [stæk] ułożyć w stertę/stóg; *I stacked the books on the floor.* – Ułożyłem książki w stertę na podłodze.

stadium ['steɪdjəm] stadion; **an Olympic stadium** – stadion olimpijski

staff [stɑ:f] personel; **the medical staff of a hospital** – medyczny personel szpitala; **to be on the staff of a university** – być członkiem personelu uniwersytetu

stage[1] [steɪdʒ] ❶ scena; **to go on the stage** – zostać aktorem; **to appear on stage** – ukazać się/występować na scenie ❷ faza, stadium; *We reached a critical stage in our negotiations.* – W negocjacjach doszliśmy do krytycznego momentu. **at this stage** – na tym etapie, w tym stanie rzeczy; **at a later stage** – później ❸ odcinek, etap; **the first stage of our journey** – pierwszy etap naszej podróży

stage[2] [steɪdʒ] wystawiać na scenie, inscenizować; **to stage a play** – inscenizować sztukę

stagecoach ['steɪdʒkəʊtʃ] dyliżans

stage fright ['steɪdʒ fraɪt] trema

stage whisper [ˌsteɪdʒ 'wɪspə] szept sceniczny

stagger ['stægə] zataczać się, iść chwiejnym krokiem; *The man staggered out of the room.* – Mężczyzna wyszedł z pokoju zataczając się.

stain[1] [steɪn] poplamić, pobrudzić, zostawić plamę; *Ink stained the cloth.* – Tusz/Atrament poplamił materiał. **blood-stained hands** – ręce splamione krwią

stain[2] [steɪn] plama; *There are some coffee stains on the table-cloth.* – Na obrusie są plamy z kawy. **to remove stains** – usunąć/-wać plamy; **a stain on one's reputation** – plama na czyjejś reputacji

stainless steel [ˌsteɪnlɪs 'sti:l] stal nierdzewna

stair [steə] stopień, schodek

staircase ['steəkeɪs] klatka schodowa, schody

stairs [steəz] schody; **to go up/down the stairs** – iść na górę/w dół po schodach; **to climb the stairs** – wchodzić na górę po schodach; **a flight of stairs** – nieprzerwany ciąg schodów (*od podestu do podestu*)

stairway ['steəweɪ] klatka schodowa

stake [steɪk] ❶ pal, palik, słupek; **to drive a stake into the ground** – wbić palik w ziemię; **to be burned at the stake** – być spalonym na stosie (przy słupie) ❷ stawka; **to play for high stakes** – grać o wysokie stawki; **at stake** – wchodzić w grę/być zagrożonym/stanowić stawkę; *His life was at stake.* – Chodziło o jego życie.

stale [steɪl] ❶ nieświeży, zestarzały, zleżały, stary; **stale bread** – czerstwy chleb; **stale air** – stęchłe/nieświeże powietrze ❷ (*o wiadomości, dowcipie*) oklepany

stalk [stɔ:k] łodyga

stall [stɔ:l] stoisko, stragan, kiosk; **a book stall** – stoisko z książkami; **a flower stall** – stragan/kiosk z kwiatami

stamina ['stæmɪnə] samozaparcie, wytrzymałość, wytrwałość (*psychiczna i fizyczna*); *He lacked the stamina to finish the race.* – Zabrakło mu wytrwałości, żeby skończyć wyścig.

stammer ['stæmə] jąkać się

stamp[1] [stæmp] ❶ znaczek pocztowy; **to stick a stamp on an envelope** – przykleić znaczek do koperty ❷ stempel, pieczęć; **a date-stamp** – datownik ❸ tupnięcie nogą

stamp[2] [stæmp] ❶ nakleić znaczek; *Enclose a stamped, addressed envelope.* – Proszę załączyć zaadresowaną kopertę ze znaczkiem. ❷ ostemplować; **to stamp a document** – ostemplować dokument ❸ tupnąć; **to stamp one's foot** – tupnąć nogą

stand[1] [stænd] **(stood, stood** [stʊd, stʊd]) ❶ stać; *The house stands in the fields.* – Dom stoi na polu. *The bus was full and we had to stand.* – Autobus był przepełniony i musieliśmy stać. *Stand still.* – Stój spokojnie./ /Nie ruszaj się. ❷ **I can't stand** – nie mogę znieść/wytrzymać; *I can't stand anybody smoking.* – Nie mogę znieść, jak ktoś pali.

◆ **stand by** – (a) stać i przyglądać się; *How can he stand by and do nothing?* – Jak on może stać bezczynnie, przyglądać się i nic nie robić? (b) stać lojalnie przy, nie opuszczać; *I'll stand by you whatever happens.* – Nie opuszczę cię, cokolwiek by się stało.

S

◆ **stand for** – znaczyć, być symbolem; *RAF stands for Royal Air Force.* – RAF jest skrótem Royal Air Force.

◆ **stand out** – (a) wyróżniać się; *He stands out as a real talent.* – On się wyróżnia jako prawdziwy talent. (b) być widocznym, wyróżniać się: *The black letters stand out well.* – Czarne litery są dobrze widoczne.

◆ **stand up** – wstać; *They stood up as she entered.* – Wstali, kiedy ona weszła.

stand² [stænd] ❶ stoisko, stragan; **a newsstand** – stoisko z gazetami; **a fruitstand** – stoisko z owocami ❷ stanowisko, pozycja; *He took a stand near the door.* – Zajął pozycję przy drzwiach. ❸ stojak, statyw, wieszak itp. ❹ trybuna; **a seat in the stand in a stadium** – miejsca na trybunie na stadionie

standard¹ ['stændəd] standard, poziom; **standard of living/living standards** – standard życiowy, stopa życiowa; *Your work is below standard.* – Twoja praca jest poniżej poziomu.

standard² ['stændəd] standardowy, wzorcowy, typowy; **a standard method** – typowa/standardowa metoda

standstill ['stændstɪl] ❶ bezruch; **to come to a standstill** – stanąć, zatrzymać się ❷ zastój, martwy punkt; *The negotiations were at a complete standstill.* – Negocjacje stanęły w martwym punkcie.

stank [stæŋk] *p.* **stink¹ (stank/stunk, stunk)**

star¹ [stɑ:] gwiazda; **stars in the sky** – gwiazdy na niebie; **to be born under a lucky star** – urodzić się pod szczęśliwą gwiazdą; **a film-star** – gwiazda filmowa; **a five-star hotel** – hotel pięciogwiazdkowy

star² [stɑ:] **(-rr-)** występować w roli głównej (jednej z głównych ról); *This film is starring Greta Garbo.* – W tym filmie w roli głównej występuje Greta Garbo.

starch [stɑ:tʃ] ❶ skrobia ❷ krochmal

stare [steə] gapić się, wpatrywać się, wytrzeszczać oczy; *She stared in astonishment at me.* – Wytrzeszczyła na mnie oczy ze zdumienia./Wpatrywała się we mnie zdumiona.

starlight ['stɑ:laɪt] światło gwiazd

starling ['stɑ:lɪŋ] *zool.* szpak

starry ['stɑ:rɪ] rozgwieżdżony; **a starry sky** – rozgwieżdżone niebo

Stars and Stripes [ˌstɑ:z ən 'straɪps] flaga Stanów Zjednoczonych

start¹ [stɑ:t] ❶ zacząć, rozpocząć; *It started raining.* – Zaczęło padać. *The lesson starts at 9.* – Lekcja zaczyna się o 9. ❷ wyruszyć; *We started from London at noon.* – Wyruszyliśmy z Londynu w południe. ❸ uruchomić; **to start the engine** – uruchomić silnik; *The engine won't start.* – Silnik nie chce zapalić. ❹ drgnąć z przestrachu, podskoczyć; *He started when the telephone rang.* – Drgnął/Podskoczył, kiedy zadzwonił telefon. ❺ startować

start² [stɑ:t] ❶ początek, rozpoczęcie; *You must make a start on your journey.* – Musisz wyruszyć w podróż. **from start to finish** – od początku do końca ❷ drgnięcie, wstrząs (*z przestrachu*); *She woke up with a start.* – Obudziła się drgnąwszy z przestrachu. ❸ start; *Runners lined up at the start.* – Biegacze ustawili się na starcie.

starter ['stɑ:tə] *kulin.* przystawka, zakąska

startle ['stɑ:tl] przestraszyć, zaskoczyć; *It startled me to see her looking so ill.* – Zaskoczyło mnie/Wstrząsnęło mną, że wyglądała na tak chorą. *The sudden noise startled me.* – Nagły hałas przestraszył mnie.

startling ['stɑ:tlɪŋ] zadziwiający, wstrząsający; *His success was really startling.* – Jego sukces był naprawdę zadziwiający.

starvation [stɑ:'veɪʃn] głód; **to die of starvation** – umrzeć z głodu

starve [stɑ:v] ❶ głodować, zagłodzić się; *He starved to death.* – On umarł z głodu./Zagłodził się na śmierć. ❷

be starving – być bardzo głodnym; *I'm starving – is there anything to eat?* – Umieram z głodu – czy jest coś do jedzenia?

state¹ [steɪt] stan; **the bad state of affairs** – zły stan rzeczy; *He is in a poor state of health.* – Stan jego zdrowia jest zły. **to be in a state** – być złym/ /zdenerwowanym; *She is in quite a state.* – Jest okropnie zła/zdenerwowana. **the United States** – Stany Zjednoczone; **the Secretary of State** – sekretarz stanu

state² [steɪt] stwierdzić, oznajmić, oświadczyć, wyrazić; *I stated that I had never seen the man.* – Oświadczyłam, że nigdy nie widziałam tego człowieka.

statement ['steɪtmənt] oświadczenie, oznajmienie, deklaracja; **to make a statement to the press** – złożyć oświadczenie dla prasy

statesman ['steɪtsmən] (*l.mn.* **statesmen** ['steɪtsmən]) mąż stanu

static ['stætɪk] statyczny, nieruchomy

station ['steɪʃn] stacja; **a railway station** – stacja kolejowa, dworzec kolejowy; **a radio station** – rozgłośnia radiowa; **a police station** – posterunek policji; **a fire station** – posterunek straży pożarnej

S

stationary ['steɪʃnərɪ] stojący, nieruchomy, stały; **to fire at a stationary target** – strzelać do nieruchomego celu

stationery ['steɪʃnərɪ] papier listowy, papeteria, materiały piśmienne

statistics [stə'tɪstɪks] statystyka

statue ['stætju:] statua, posąg

stay¹ [steɪ] ❶ zostać, pozostać; *Let's stay at home.* – Zostańmy w domu. *I can't stay to dinner.* – Nie mogę zostać na obiedzie. **to stay calm** – pozostawać spokojnym; **to stay single** – nie żenić się/nie wychodzić za mąż ❷ przebywać, zatrzymać się; *We stayed at the seaside for two weeks.* – Zatrzymaliśmy się/Spędziliśmy nad morzem dwa tygodnie. *I'll stay with friends in London.* – Zatrzymam się u przyjaciół w Londynie.

stay² [steɪ] pobyt; *Tell me about your stay in London.* – Opowiedz mi o swoim pobycie w Londynie.

steady ['stedɪ] (**-ier, -iest**) ❶ stabilny; **a steady hand** – ręka, która nie drży; *Hold the ladder steady.* – Trzymaj drabinę, żeby nie ruszała się. ❷ stały, równomierny; **steady wind** – wiatr o stałej sile; **steady income** – stały dochód

steak [steɪk] zraz, kotlet, befsztyk

steal [sti:l] (**stole, stolen** [stəʊl, stəʊln]) ❶ kraść; *He stole money from her.* – Ukradł jej pieniądze. ❷ skradać się; *He stole out of the room.* – Wyślizgnął się z pokoju.

steam¹ [sti:m] para wodna

steam² [sti:m] ❶ parować; *The tea was steaming.* – Herbata parowała. *The windows steamed up.* – Szyby zaparowały. ❷ gotować na parze; *Steam the pudding for an hour.* – Gotuj pudding na parze przez godzinę. **to steam open an envelope** – otworzyć kopertę nad parą

steam-engine ['sti:m,endʒɪn] silnik parowy, maszyna parowa

steamer ['sti:mə] statek parowy, parowiec

steamship ['sti:mʃɪp] statek parowy

steel [sti:l] stal

steep [sti:p] stromy; *She walked up the steep path.* – Szła w górę stromą ścieżką.

steer [stɪə] sterować, kierować, prowadzić; **to steer a boat** – sterować łodzią; **to steer a car** – kierować samochodem

steering wheel ['stɪərɪŋ wi:l] ❶ *mot.* kierownica samochodu ❷ *mar.* koło sterowe statku

stem [stem] ❶ łodyga, pień drzewa ❷ nóżka kieliszka

step¹ [step] ❶ krok; **the first step** – pierwszy krok; **to walk with slow steps** – iść wolno; *It's just a few steps from the station.* – To tylko kilka kroków od dworca. **to take steps to prevent an epidemic** – podjąć kroki zapobiegające epidemii; **step by step** – krok po kroku, powoli ❷ schodek, stopień; *She walked up the steps to the entrance.* – Weszła po schodach do wejścia. *Mind the step.* – Uwaga na stopień.

step² [step] (**-pp-**) stąpać, uczynić krok, przejść; **to step off the train** – wyjść/ /wysiąść z pociągu; **to step on the brake** – nacisnąć na hamulec; *Step this way, please.* – Proszę tędy.

◆ **step aside** – odsunąć się na bok

◆ **step in** – wkroczyć, wejść

step-brother ['step,brʌðə] brat przyrodni

step-child ['steptʃaɪld] (*l.mn.* **step-children** ['step,tʃɪldrən]) pasierb, pasierbica

step-daughter ['step,dɔ:tə] pasierbica

step-father ['step,fɑ:ðə] ojczym

step-mother ['step,mʌðə] macocha

step-sister ['step,sɪstə] siostra przyrodnia

step-son ['stepsʌn] pasierb

stereo ['sterɪəʊ] / **stereophonic** [,sterɪəʊ'fɒnɪk] stereofoniczny

sterling ['stɜ:lɪŋ] (funt) szterling

stern [stɜ:n] surowy, srogi; **stern parents** – surowi rodzice

stew¹ [stju:] *kulin.* gulasz

stew² [stju:] dusić, gotować

steward ['stjʊəd] steward

stewardess [,stjʊə'des] stewardessa

stick¹ [stɪk] (**stuck, stuck** [stʌk, stʌk]) ❶ przytwierdzić, przylepić, przymocować; **to stick a stamp on/to the envelope** – przykleić znaczek do koperty ❷ utknąć, zaciąć się; *The car is stuck in the snowdrift.* – Samochód utknął w zaspie. *The key stuck in the lock.* – Klucz zaciął się w zamku. *The drawer has stuck and I can't open it.* – Szuflada się zacięła i nie mogę jej wysunąć. ❸ trzymać się, tkwić przy, być lojalnym; **to stick to one's friends** – być lojalnym wobec przyjaciół; **to stick to one's principles** – być wiernym swoim zasadom; **to stick to the facts** – trzymać się faktów ❹ wetknąć, wsadzić; **to stick a needle into a cushion** – wetknąć igłę w poduszeczkę; **to stick one's hands into one's pockets** – włożyć/wsadzić ręce do kieszeni

◆ **stick out** – wystawać, wystawiać; **to stick one's head out of the window** – wystawić głowę za okno; *His ears stick out* – On ma odstające uszy. *The nail sticks out from the wall.* - Gwóźdź wystaje ze ściany.

stick² [stɪk] patyk, laska, pręt; *He can't walk without a stick.* – On nie może chodzić bez laski. **a hockey stick** – kij do hokeja

sticky ['stɪkɪ] (**-ier, -iest**) lepki; *Don't touch the book with your sticky fingers.* – Nie dotykaj książki lepkimi palcami.

stiff [stɪf] sztywny

still¹ [stɪl] ❶ ciągle, jeszcze, nadal; *She is still busy.* – Jest nadal zajęta. ❷ jeszcze bardziej; *He drove still faster.* – Jechał jeszcze szybciej. ❸ jednak, pomimo wszystko; *Still, he is your brother.* – Mimo wszystko jest twoim bratem.

still² [stɪl] nieruchomy, spokojny; *The air was still.* – Powietrze było nieruchome. *Please stand still.* – Proszę, stój nieruchomo/nie ruszaj się.

still life [,stɪl 'laɪf] martwa natura

stimulate ['stɪmjʊleɪt] stymulować, pobudzać, zachęcać; **to stimulate economic growth** – stymulować wzrost ekonomiczny; *His ambition stimulated him to make greater efforts.* – Ambicja pobudzała go do podejmowania większych wysiłków.

sting¹ [stɪŋ] (**stung, stung** [stʌŋ, stʌŋ]) ❶ użądlić; *A wasp has stung her on the arm.* – Osa użądliła ją w rękę. ❷ boleć, piec; *My eyes are stinging from the smoke.* – Oczy mnie pieką od dymu. ❸ powodować ból; *The smoke is stinging my eyes.* – Dym gryzie mnie w oczy. *My criticism has stung him.* – Moja krytyka go ubodła.

sting² [stɪŋ] żądło, użądlenie; **a bee sting** – żądło/użądlenie pszczoły

stink¹ [stɪŋk] **(stank/stunk, stunk** [stæŋk/stʌŋk, stʌŋk]**)** śmierdzieć; *The place stinks of bad fish.* – To miejsce śmierdzi zepsutą rybą.

stink² [stɪŋk] smród, wstrętny zapach

stir¹ [stɜ:] **(-rr-)** ❶ poruszać, ruszać; *Nobody was stirring in the house.* – Nikt nie kręcił się po domu. *The wind stirred the leaves.* – Wiatr poruszał liśćmi. **to stir one's imagination** – pobudzić wyobraźnię ❷ mieszać; *You must stir your tea.* – Musisz zamieszać herbatę.

stir² [stɜ:] poruszenie; *The news has caused quite a stir in the office.* – Ta wiadomość wywołała znaczne poruszenie w biurze.

stitch¹ [stɪtʃ] ❶ szew; *He had three stitches in the wound.* – Miał założone trzy szwy na ranę. ❷ ścieg ❸ oczko w dzianinie

stitch² [stɪtʃ] zaszyć

stock¹ [stɒk] ❶ mieć na składzie, prowadzić sprzedaż; *We don't stock cigarettes.* – Nie prowadzimy sprzedaży papierosów. ❷ zaopatrzyć, robić zapasy; *The fridge was well-stocked with food.* – Lodówka była zaopatrzona w żywność/pełna żywności.

S

stock² [stɒk] ❶ zapas, skład, asortyment; *The shop has a big stock of raincoats.* – Sklep ma duży asortyment płaszczy nieprzemakalnych/ /przeciwdeszczowych. **to have in stock** – mieć na składzie; **to be out of stock** – (*o towarze*) być wyprzedanym; **to take stock** – robić inwentaryzację; **to take stock of the situation** – oceniać sytuację ❷ **stocks** – obligacje, papiery wartościowe; *He invested his money in stocks and shares.* – Zainwestował pieniądze w obligacje i akcje.

stockbroker ['stɒkˌbrəʊkə] makler giełdowy

stock exchange ['stɒkɪksˌtʃeɪndʒ] giełda

stocking ['stɒkɪŋ] pończocha

stock market ['stɒk ˌmɑ:kɪt] rynek papierów wartościowych, giełda

stole [stəʊl] *p.* **steal (stole, stolen)**

stolen [stəʊln] *p.* **steal (stole, stolen)**

stomach ['stʌmək] żołądek; **on an empty stomach** – na pusty żołądek/ /na czczo

stomachache ['stʌməkeɪk] ból żołądka

stone [stəʊn] ❶ kamień; *The house is made of stone.* – Dom jest zbudowany z kamienia. *The boys threw stones at each other.* – Chłopcy rzucali w siebie kamieniami. **a foundation stone** – kamień węgielny; **a precious stone** – kamień szlachetny ❷ pestka; **a cherry/a peach/a plum stone** – pestka wiśni/brzoskwini/śliwki ❸ miara wagi (= *6,35 kg*)

stony ['stəʊnɪ] **(-ier, -iest)** kamienisty, kamienny; **a stony path** – kamienista ścieżka; **a stony stare** – kamienne spojrzenie

stood [stʊd] *p.* **stand¹ (stood, stood)**

stool [stu:l] stołek, taboret

stoop [stu:p] pochylać się, nachylać się; *She stooped to pick up the crying baby.* – Pochyliła się, żeby podnieść płaczące dziecko.

stop¹ [stɒp] **(-pp-)** ❶ zatrzymać (się); *He stopped his car.* – Zatrzymał samochód. *The train stopped at the station.* – Pociąg zatrzymał się na stacji. *They stopped to look at the shopwindow.* – Zatrzymali się, żeby popatrzeć na wystawę. ❷ przestać; *They stopped working.* – Przestali pracować. ❸ powstrzymać; *How can you stop her from smoking?* – Jak można ją powstrzymać od palenia?

stop² [stɒp] ❶ zatrzymanie, przerwa; *The car came to a stop.* – Samochód zatrzymał się. *We made a short stop on our journey.* – Zrobiliśmy krótką przerwę w podróży. **to put a stop to** – położyć kres, ukrócić; *The police put a stop to parking in the narrow street.* – Policja położyła kres parkowaniu w wąskiej uliczce. ❷ przystanek; **a bus stop** – przystanek autobusowy; *Get off at the next stop.* – Proszę wysiąść na następnym przystanku. ❸ **full stop** – kropka (*znak interpunkcji*)

store[1] [stɔ:] ❶ zapasy, zasoby; **to have a large store of food** – mieć duże zapasy żywności ❷ magazyn; **a department store** – dom towarowy

store[2] [stɔ:] gromadzić, magazynować; **to store food for the winter** – gromadzić żywność na zimę; **to store information in a computer** – gromadzić informacje w komputerze

storey ['stɔ:rɪ] piętro

storm [stɔ:m] burza; **a thunderstorm** – burza z piorunami; **a storm in a teacup** – burza w szklance wody

stormy ['stɔ:mɪ] **(-ier, -iest)** burzliwy; **a stormy day** – burzliwy dzień; **a stormy discussion** – burzliwa dyskusja

story ['stɔ:rɪ] (*l.mn.* **stories**) opowiadanie, historia, opowieść; *Tell us a story.* – Opowiedz nam coś. **a short story** – nowela

stove [stəʊv] piec, **a coal stove** – piec węglowy; **to light a stove** – napalić w piecu/zapalić piecyk (*gazowy*)

straight[1] [streɪt] prosto; *Go straight on.* – Proszę iść prosto (przed siebie). *Come straight home.* – Wracaj prosto do domu. **straight away** – od razu

straight[2] [streɪt] prosty; *She has straight hair.* – Ona ma proste włosy. **to put sth straight** – doprowadzić coś do porządku, uporządkować coś

straighten ['streɪtn] wyprostować; **to straighten one's tie** – poprawić krawat; **to straighten (oneself) up** – wyprostować się, stanąć prosto

straightforward [,streɪt'fɔ:wəd] ❶ prostolinijny, prawy; **a straightforward person** – osoba prostolinijna ❷ prosty, jasny, niedwuznaczny; **a straightforward question** – proste/jasne pytanie

strain[1] [streɪn] ❶ nacisk, stress, napięcie, przemęczenie; *He has been under severe strain.* – On jest pod wpływem dużego napięcia. *She can't stand the emotional strain.* – Ona nie może znieść napięcia emocjonalnego. **to suffer from nervous strain** – być przemęczonym nerwowo ❷ napięcie, naprężenie; *The rope broke under the strain.* – Sznur pękł wskutek naprężenia.

strain[2] [streɪn] ❶ napinać, naciągać, naprężać; *The dog strained at the lead.* – Pies napinał smycz. ❷ robić wysiłek, wysilać, napinać; **to strain one's eyes** – natężać wzrok; **to strain one's muscles** – napinać mięśnie; *They were straining to get the car out of the mud.* – Wytężali się, żeby wydostać samochód z błota. ❸ odcedzić; *Strain off the vegetables.* – Odcedź jarzyny.

strainer ['streɪnə] sitko, durszlak

strand[1] [strænd] splot (*np. włosów*), pasmo

strand[2] [strænd] brzeg, nabrzeże

strand[3] [strænd] osiąść na brzegu/na mieliźnie; *The ship was stranded.* – Statek osiadł na mieliźnie.

strange [streɪndʒ] ❶ dziwny, niezwykły; *Her behaviour was strange.* – Jej zachowanie było dziwne. *That's strange that you've never met him.* – To dziwne, że nigdy go nie spotkałeś. *It's strange of her not to tell the truth.* – To dziwne, że ona nie powiedziała prawdy. ❷ obcy, nieznajomy; **a strange country** – obcy kraj; *Don't talk to strange men.* – Nie rozmawiaj z nieznajomymi.

stranger ['streɪndʒə] ❶ nieznajomy, osoba nieznajoma; **a perfect stranger** – zupełnie obca osoba ❷ przyjezdny, przybysz; *I can't tell you the way, I'm a stranger here myself.* – Nie mogę panu wskazać drogi, sam jestem przyjezdny/nietutejszy.

strangle ['strængl] udusić

strap[1] [stræp] pasek, rzemień, ramiączko; **a watch strap** – pasek do zegarka; **a bag with a shoulder strap** – torebka z paskiem na ramię

strap² [stræp] (**-pp-**) przymocować paskiem; **to strap a suitcase** – zapiąć walizkę za pomocą paska

strategic [strə'ti:dʒɪk] strategiczny

strategy ['strætədʒɪ] strategia

straw [strɔ:] ❶ słoma ❷ słomka; *She drank the lemonade through a straw.* – Piła lemoniadę przez słomkę. **straw hat** – słomkowy kapelusz

strawberry ['strɔ:bərɪ] (*l.mn.* **strawberries**) truskawka

stray¹ [streɪ] zgubić się, zabłąkać się, zbłądzić; **to stray from the path** – zejść ze ścieżki; **to stray from the subject** – odchodzić od tematu

stray² [streɪ] zgubiony, zabłąkany; **a stray dog** – zabłąkany pies

stream¹ [stri:m] ❶ strumień, potok; **a mountain stream** – potok górski; *Streams of people were coming out of the station.* – Strumień ludzi wypływał ze stacji. ❷ prąd, nurt; **to go up/ /down the stream** – iść/płynąć pod prąd/z prądem

stream² [stri:m] płynąć, spływać; *Tears streamed down her face.* – Łzy spływały jej strumieniem po twarzy. *Cars were streaming out of the city.* – Samochody płynęły nieprzerwanym potokiem z miasta.

S

street [stri:t] ulica; *I met a friend in the street.* – Spotkałam znajomego na ulicy. **to cross a street** – przejść przez ulicę (*na drugą stronę*); *We live in Baker Street.* – Mieszkamy na Baker Street. *We live at No 4 Baker Street.* – Mieszkamy pod numerem czwartym na Baker Street.

strength [streŋθ] siła; *She has no strength to climb the stairs.* – Ona nie ma siły wejść po schodach. **strength of character** – siła charakteru

strengthen ['streŋθn] wmocnić, umocnić

stress¹ [stres] ❶ stres, nacisk, presja; **to be under stress** – być pod wpływem stresu, być w stresie ❷ akcent, nacisk; **to put/to lay stress on** – kłaść nacisk na; **to put the stress on the first syllable** – akcentować pierwszą sylabę

stress² [stres] kłaść nacisk, podkreślać, akcentować; *I must stress that the rules should be obeyed.* – Muszę podkreślić, że należy przestrzegać przepisów. *He stressed the value of his experience.* – Podkreślił wartość swojego doświadczenia.

stressful ['stresfʊl] stresujący, stresowy; **a stressful job** – stresująca praca

stretch [stretʃ] rozciągnąć, wyciągnąć; **to stretch the rope between two trees** – rozciągnąć sznur między dwoma drzewami; *He woke up and stretched.* – On obudził się i przeciągnął. *He stretched out on the grass.* – On wyciągnął się na trawie. *The forest stretched for many miles.* – Las ciągnął się całymi milami. **to stretch one's legs** – rozprostować nogi

stretcher ['stretʃə] nosze

strict [strɪkt] ❶ surowy, srogi; *He is strict with children.* – On jest surowy dla dzieci. ❷ ścisły, dokładny; **the strict truth** – dokładna prawda, naga prawda; **in strict confidence** – w ścisłym zaufaniu

strictly ['strɪktlɪ] ❶ surowo; *It's strictly forbidden to smoke here.* – Palenie jest tutaj surowo zabronione. ❷ ściśle, dokładnie; **strictly speaking** – ściśle mówiąc

strike¹ [straɪk] (**struck, struck** [strʌk, strʌk]) ❶ uderzyć, bić; *He struck the table with his fist.* – Uderzył pięścią w stół. *The tree was struck by lightning.* – Drzewo zostało ugodzone przez piorun. *The clock struck five.* – Zegar wybił godzinę piątą. ❷ (*o myśli*) uderzać, przychodzić do głowy; *The idea struck me as silly.* – Ta myśl wydała mi się niemądra. *How does it strike you?* – Co o tym sądzisz?/Jakie jest twoje wrażenie? ❸ strajkować; *The workers are striking for more pay.* – Robotnicy strajkują o większe zarobki. ❹ krzesać ogień; **to strike a match** – zapalić zapałkę

strike² [straɪk] strajk; **to be on strike** – strajkować; **to go on strike** – zacząć strajk

striker ['straɪkə] strajkujący

striking ['straɪkɪŋ] uderzający, zaskakujący; **striking likeness** – uderzające podobieństwo

string [strɪŋ] ❶ sznurek, sznur; **a ball/ /a piece of string** – kłębek/kawałek sznurka; **a string of pearls** – sznur pereł ❷ struna; **the strings of a violin** – struny skrzypiec

stringed instrument [ˌstrɪŋd 'ɪnstrʊmənt] instrument smyczkowy

string orchestra [ˌstrɪŋ 'ɔ:kɪstrə] orkiestra smyczkowa

string quartet [ˌstrɪŋ kwɔ:'tet] kwartet smyczkowy

strip¹ [strɪp] **(-pp-)** rozebrać (się), zedrzeć, zdzierać; **to strip off one's clothes** – rozebrać się; **to strip the paper off a parcel** – rozwinąć paczkę z papieru/zedrzeć papier z paczki

strip² [strɪp] pas, pasek, pasmo; **a strip of land** – pas ziemi

stripe [straɪp] pas, pasek, prążek; **tiger's stripes** – prążki tygrysa; **Stars and Stripes** – flaga USA

striped [straɪpt] w paski, pasiasty; **a striped dress** – sukienka w paski

stroke¹ [strəʊk] ❶ uderzenie, cios; **a stroke of a whip** – uderzenie batem; **a backhand/a forehand stroke** – uderzenie bekhendem/forhendem; **on the stroke of midnight** – z wybiciem północy ❷ udar; **to have a stroke** – dostać udaru; **heatstroke** – udar cieplny; **sunstroke** – udar słoneczny ❸ pociągnięcie, ruch ręki; *He swam with powerful strokes.* – Płynął z potężnym wymachem ramion. **the breast stroke** – żabka (*styl pływania*); **the back stroke** – styl grzbietowy (*styl pływania*); **with a stroke of the pen** – jednym pociągnięciem pióra

◆ **a stroke of genius** – błysk geniuszu

◆ **a stroke of luck** – łut szczęścia, szczęśliwy zbieg wydarzeń

stroke² [strəʊk] głaskać; *He stroked the cat.* – Pogłaskał kota.

stroll¹ [strəʊl] przechadzać się, spacerować, iść wolnym krokiem; *We strolled in the park for an hour.* – Przechadzaliśmy się/Spacerowaliśmy po parku przez godzinę. *She strolled out of the room.* – Wyszła powoli/spacerowym krokiem z pokoju.

stroll² [strəʊl] przechadzka, spacer; **to go for a stroll** – iść na przechadzkę

strong [strɒŋ] mocny, silny; *He is strong enough to lift the box.* – On jest dostatecznie silny, żeby podnieść skrzynię. **a strong structure** – mocna struktura; **strong coffee** – mocna kawa; **a strong personality** – silna osobowość

strongbox ['strɒŋbɒks] sejf, kasa pancerna

struck [strʌk] *p.* **strike¹ (struck, struck)**

structure ['strʌktʃə] struktura

struggle¹ ['strʌgl] walczyć, borykać się, szarpać się; **to struggle against tyranny** – walczyć z tyranią; *Two boys were struggling together.* – Dwaj chłopcy walczyli ze sobą. **to struggle to one's feet** – wstać z wysiłkiem/ /z trudem na nogi

struggle² ['strʌgl] walka, szarpanina, zmaganie się; **a struggle for freedom** – walka o wolność

stubborn ['stʌbən] uparty

stuck [stʌk] *p.* **stick¹ (stuck, stuck)**

student ['stju:dnt] student, uczeń, uczący się; **a medical student** – student medycyny

studio ['stju:dɪəʊ] ❶ studio; **a TV studio** – studio telewizyjne ❷ studio, pracownia; **a painter's studio** – pracownia malarska

study¹ ['stʌdɪ] (*l.mn.* **studies**) ❶ studia, nauka; *You should be more attentive to your studies.* – Powinieneś poświęcić swoim studiom więcej uwagi. ❷ studium, badanie, opracowanie; **a department of social studies** – wydział badań socjologicznych/społecznych; **to make a study of the country's economic situation** – przeprowadzić badanie sytuacji gospodarczej kraju ❸ gabinet, pokój do pracy

study² [stʌdɪ] **(-ies, -ied, -ying)** ❶ studiować; **to study medicine** – studiować medycynę; **to study for a degree** – studiować na studiach magisterskich ❷ studiować, przeglądać, przestudiować; **to study a map** – studiować/ /dokładnie oglądać mapę ❸ uczyć się; **to study until late at night** – uczyć się do późna w nocy; **to study for an exam** – uczyć się do egzaminu

stuff[1] [stʌf] ❶ substancja, materia; *What's the stuff in this jar?* – Co to za substancja w tym słoiku? ❷ głupstwa, *przen.* śmieci

stuff[2] [stʌf] ❶ napchać, wypchać; *They stuffed their suitcase with lots of things.* – Napchali swoją walizkę mnóstwem rzeczy. *The children were stuffing themselves with cakes.* – Dzieci opychały się ciastkami. **to stuff a cushion with feathers** – wypchać poduszkę piórami; **a stuffed bird** – wypchany ptak ❷ nadziać, nafaszerować; **a stuffed chicken** – faszerowany kurczak

stuffing ['stʌfɪŋ] ❶ nadzienie, farsz ❷ materiał do wypychania/wyściełania

stuffy ['stʌfɪ] **(-ier, -iest)** duszny; **a stuffy room** – duszny pokój

stumble ['stʌmbl] potknąć się; *He stumbled over a fallen tree.* – Potknął się o leżące drzewo.

stun [stʌn] **(-nn-)** ogłuszyć, oszołomić

stung [stʌŋ] *p.* **sting**[1] **(stung, stung)**

stunk [stʌŋk] *p.* **stink**[1] **(stank, stunk)**

stunning ['stʌnɪŋ] oszałamiający, wspaniały, fantastyczny; *You look stunning in this dress.* – Wyglądasz oszałamiająco w tej sukience.

stunt [stʌnt] wyczyn, sztuka

stunt man ['stʌnt mæn] kaskader

stupid ['stju:pɪd] głupi; **a stupid person** – głupia osoba; **a stupid idea** – głupi pomysł

stupidity [stju:'pɪdətɪ] głupota, idiotyzm

stutter ['stʌtə] jąkać się

sty [staɪ] chlew

style [staɪl] ❶ styl; **the style of architecture** – styl w architekturze; **to write in good style** – pisać dobrym stylem; **to live in grand style** – żyć w wielkim stylu ❷ moda, fason; **the latest style in dresses** – najnowsze fasony sukienek; **a hair style** – sposób uczesania, fryzura

subconscious[1] [ˌsʌb'kɒnʃəs] podświadomy

subconscious[2] [ˌsʌb'kɒnʃəs] **the subconscious** – podświadomość

subconsciousness [ˌsʌb'kɒnʃəsnɪs] podświadomość

subject ['sʌbdʒɪkt] ❶ temat; **to take up a subject** – podjąć temat; **to change the subject** – zmienić temat; *I have nothing to say on the subject.* – Nie mam nic do powiedzenia na ten temat. ❷ przedmiot studiów; **to study a subject** – studiować na pewnym kierunku; **to take up a subject** – wybrać kierunek studiów, podjąć studia na pewnym kierunku; *Physics is her favourite subject.* – Fizyka jest jej ulubionym przedmiotem. ❸ *gram.* podmiot (*zdania*) ❹ poddany; **a British subject** – poddany/ /obywatel brytyjski

submarine[1] [ˌsʌbmə'ri:n] podwodny

submarine[2] [ˌsʌbmə'ri:n] łódź podwodna

submerge [səb'mɜ:dʒ] zatopić, zanurzyć (się); *The submarine has submerged.* – Łódź podwodna zanurzyła się.

submission [səb'mɪʃn] ❶ uległość, poddanie się ❷ poddanie (*np. ekspertyzie*), oddanie (*do oceny*)

submit [səb'mɪt] **(-tt-)** ❶ ulec, podporządkować się ❷ oddać (*np. do oceny*), przedłożyć; **to submit a project for approval** – przedłożyć projekt do aprobaty

subscribe [səb'skraɪb] ❶ prenumerować; **to subscribe to a magazine** – prenumerować magazyn/czasopismo ❷ płacić składki członkowskie (*na cele dobroczynne*); *They subscribe to the animal protection society.* – Wpłacają pieniądze na towarzystwo ochrony zwierząt.

subscription [səb'skrɪpʃn] ❶ prenumerata, subskrypcja; **to enter a subscription to the "Times"** – zacząć prenumerować „Timesa"; **to cancel a subscription** – zrezygnować z prenumeraty; **to renew a subscription** – odnowić prenumeratę ❷ składka członkowska (*na cele organizacyjne*) ❸ datek (*np. na cele dobroczynne*)

substance ['sʌbstəns] substancja

substantial [səb'stænʃl] istotny, znaczny, pokaźny; **a substantial meal** – duży/obfity posiłek; **a substantial salary** – duże zarobki; **substantial changes** – istotne/duże zmiany

substitute[1] ['sʌbstɪtju:t] ❶ substytut, namiastka; *Margarine is a substitute for butter.* – Margaryna jest substytutem masła. ❷ zastępca, osoba zastępująca; *One of the players was ill so we had to find a substitute.* – Jeden z graczy był chory, więc musieliśmy znaleźć zastępcę.

substitute[2] ['sʌbstɪtju:t] zastępować; *I must substitute for a colleague who is ill.* – Muszę zastępować koleżankę, która jest chora. **to substitute margarine for butter** – zastępować masło margaryną

subtitles ['sʌbtaɪtlz] napisy na kopii filmowej; **an English film with Polish subtitles** – angielski film z polskimi napisami

subtract [səb'trækt] odejmować; *If you subtract 2 from 5 you will have 3.* – Jeżeli odejmie się 2 od 5 otrzyma się 3.

subtraction [səb'trækʃn] odejmowanie

suburb ['sʌbɜ:b] przedmieście; **to live in the suburbs** – mieszkać na przedmieściach

suburban [sə'bɜ:bən] podmiejski

subway ['sʌbweɪ] ❶ przejście podziemne ❷ *am.* metro, kolej podziemna

succeed [sək'si:d] ❶ odnieść sukces; *He succeeded in business.* – Odniósł sukces w interesie. ❷ następować po, objąć stanowisko/tytuł; *Who will succeed our present president?* – Kto będzie (naszym) następnym prezydentem?/Kto nastąpi po (naszym) obecnym prezydencie? *His eldest son will succeed to the title.* – Jego najstarszy syn odziedziczy tytuł.

success [sək'ses] sukces; *I wish you success with your studies.* – Życzę ci sukcesów w nauce. **to achieve a success** – osiągnąć sukces; *She is a big success as a teacher.* – Odnosi sukces jako nauczycielka.

successful [sək'sesfʊl] odnoszący sukces, uwieńczony powodzeniem; **a successful actress** – aktorka odnosząca sukcesy; **successful peace talks** – pertraktacje pokojowe uwieńczone sukcesem; *I was not successful in persuading him to change his mind.* – Nie zdołałem go przekonać, żeby zmienił zdanie.

such [sʌtʃ] ❶ taki; *I've never heard such nonsense before.* – Nigdy jeszcze nie słyszałem takiej bzdury. ❷ tak; *She is such a nice person.* – Ona jest tak miłą osobą.

suck [sʌk] ssać; *The baby sucked milk from the bottle.* – Dziecko ssało mleko z butelki. **to suck (at) a sweet** – ssać cukierek

sudden ['sʌdn] nagły, nieoczekiwany; **a sudden rainstorm** – nagła burza; **all of a sudden** – nagle, niespodziewanie

suddenly ['sʌdnlɪ] nagle

sue [sju:] zaskarżyć, wnieść skargę; **to sue sb for damages** – wytoczyć przeciw komuś proces o odszkodowanie

suffer ['sʌfə] ❶ cierpieć; **to suffer from insomnia** – cierpieć na bezsenność ❷ znosić, znieść, ponosić; **to suffer the consequences** – ponosić konsekwencje; *How can you suffer such behaviour?* – Jak możesz znosić/ścierpieć takie zachowanie?

suffering ['sʌfərɪŋ] cierpienie

sufficient [sə'fɪʃnt] wystarczający, dostateczny; *Have we sufficient money?* – Czy mamy dostatecznie dużo pieniędzy? **a sufficient reason for divorce** – wystarczający powód do rozwodu

suffix ['sʌfɪks] *gram.* przyrostek

suffocate ['sʌfəkeɪt] dusić (się); *You will suffocate in this smoke.* – Udusisz się w tym dymie. *The pillow may suffocate the baby.* – Poduszka może udusić dziecko.

sugar ['ʃʊgə] cukier

sugar beet [ˌʃʊgə 'bi:t] *bot.* burak cukrowy

sugarcane ['ʃʊgəkeɪn] *bot.* trzcina cukrowa

suggest [sə'dʒest] sugerować, proponować; *She suggested going to the cinema.* – Zaproponowała pójście do kina. *I suggest that they should meet tomorrow.* – Proponuję, żeby spotkali się jutro.

suggestion [sə'dʒestʃən] sugestia, propozycja; **to make a suggestion** – zrobić propozycję, zasugerować; *I did it at your suggestion.* – Zrobiłem to zgodnie z twoją sugestią.

suicide ['sju:ɪsaɪd/'su:ɪsaɪd] ❶ samobójstwo; **to commit suicide** – popełnić samobójstwo ❷ samobójca

suit[1] [sju:t/su:t] ❶ garnitur, kostium, komplet ❷ proces; **to bring suit against sb** – wytoczyć proces przeciwko komuś

suit[2] [sju:t/su:t] ❶ pasować, harmonizować; *The blue colour suits you.* – Dobrze wyglądasz w niebieskim kolorze. ❷ odpowiadać, być odpowiednim; *The climate doesn't suit him.* – Klimat mu nie służy. *Will it suit you if I come at 9?* – Czy będzie ci odpowiadać, jeżeli przyjdę o dziewiątej?

S

suitable ['sju:təbl/'su:təbl] odpowiedni, stosowny; **suitable clothes** – stosowne ubranie; **suitable behaviour** – odpowiednie/stosowne zachowanie

suitcase ['sju:tkeɪs/'su:tkeɪs] walizka

sulk [sʌlk] dąsać się

sulpha drug ['sʌlfədrʌg] *med.* sulfonamid

sum [sʌm] suma; **a large sum of money** – duża suma/kwota pieniędzy; *The sum of 5 and 2 is 7.* – Sumą 5 i 2 jest 7. **to do sums** – wykonywać działania arytmetyczne

summary ['sʌmərɪ] (*l.mn.* **summaries**) streszczenie, podsumowanie, wyciąg

summer ['sʌmə] lato; **high summer** – pełnia lata; **Indian summer** – babie lato

summit ['sʌmɪt] szczyt; **to reach the summit** – osiągnąć szczyt; **a summit conference** – konferencja na szczycie

summon ['sʌmən] wezwać, wzywać, zawołać; *The director summoned his secretary.* – Dyrektor wezwał sekretarkę.

sun [sʌn] słońce; *The sun is shining.* – Słońce świeci. **to sit in the sun** – siedzieć na słońcu

sunbathe ['sʌnbeɪð] opalać się, zażywać kąpieli słonecznej

sunburn ['sʌnbɜ:n] opalenizna, oparzenie słoneczne; **to get a sunburn** – opalić się (nadmiernie), doznać oparzeń słonecznych

sunburned ['sʌnbɜ:nd] / **sunburnt** ['sʌnbɜ:nt] opalony

Sunday ['sʌndɪ/'sʌndeɪ] niedziela

sundial ['sʌndaɪəl] zegar słoneczny

sung [sʌŋ] *p.* **sing (sang, sung)**

sunglasses ['sʌnglɑ:sɪz] okulary przeciwsłoneczne

sunk [sʌŋk] *p.* **sink**[1] **(sank, sunk)**

sunlight ['sʌnlaɪt] światło słoneczne

sunny ['sʌnɪ] **(-ier, -iest)** słoneczny; **a sunny day** – słoneczny dzień; **a sunny smile** – słoneczny/promienny uśmiech

sunrise ['sʌnraɪz] wschód słońca; **at sunrise** – o wschodzie słońca

sunset ['sʌnset] zachód słońca; **at sunset** – o zachodzie słońca

sunshine ['sʌnʃaɪn] blask słońca

sunstroke ['sʌnstrəʊk] udar słoneczny

suntan ['sʌntæn] opalenizna; **to get a suntan** – opalić się

suntanned ['sʌntænd] opalony

super ['sju:pə/'su:pə] wspaniały, super, świetny, pierwszorzędny; **a super new car** – świetny nowy samochód

superb [sju:'pɜ:b/su:'pɜ:b] wspaniały, nadzwyczajny; **a superb result** – wspaniały wynik

superficial [ˌsu:pə'fɪʃl] powierzchowny

superintendent [ˌsu:pərɪn'tendənt] ❶ nadinspektor ❷ dyrektor

superior[1] [su:'pɪərɪə] mający przewagę, lepszy, wyższy; **superior intelligence** – ponadprzeciętna inteligencja; *He* *smiled a superior smile.* – Uśmiechnął się pełnym wyższości uśmiechem.

superior² [su:'pɪərɪə] przełożony, zwierzchnik, wyższy rangą; *You must do what your superiors tell you.* – Musisz robić to, co ci zlecają zwierzchnicy.

superiority complex [su:ˌpɪərɪ'ɒrətɪ kɒmpleks] kompleks wyższości

superlative¹ [su:'pɜ:lətɪv] najwyższy, największy, w najwyższym stopniu; **a woman of superlative beauty** – kobieta niezwykłej urody

superlative² [su:'pɜ:lətɪv] ❶ *gram.* stopień najwyższy przymiotnika; *"Best" is the superlative of "good".* – „Best" jest stopniem najwyższym przymiotnika „good". ❷ superlatywa; *He spoke of you in superlatives.* – Wyrażał się o tobie w superlatywach.

supermarket ['su:pəˌmɑ:kɪt] duży sklep samoobsługowy, supermarket

supersonic [ˌsu:pə'sɒnɪk] naddźwiękowy; **a supersonic aeroplane** – samolot naddźwiękowy

superstition [ˌsu:pə'stɪʃn] przesąd

superstitious [ˌsu:pə'stɪʃəs] przesądny

supervise ['su:pəvaɪz] nadzorować

supervision [ˌsu:pə'vɪʒn] nadzór, nadzorowanie; **under sb's supervision** – pod czyimś nadzorem

supper ['sʌpə] kolacja

supply¹ [sə'plaɪ] (*l.mn.* **supplies**) ❶ zapas, zaopatrzenie; **a good supply of food** – dobre zaopatrzenie w żywność, dobra aprowizacja ❷ zaopatrywanie, zaopatrzenie, dostawa; *There was no electricity supply during the strike.* – Podczas strajku nie było dostaw prądu. ❸ podaż; **supply and demand** – podaż i popyt

supply² [sə'plaɪ] **(-ies, -ied, -ying)** dostarczać, zaopatrywać; **to supply power to industry/to supply industry with power** – zaopatrywać przemysł w energię

support¹ [sə'pɔ:t] ❶ popierać, udzielać poparcia, wspierać; **to support a political party** – popierać partię polityczną ❷ utrzymywać, finansować; *He has five people to support.* – On ma pięć osób na utrzymaniu. ❸ utrzymywać (ciężar), podtrzymywać; *The ladder is not strong enough to support such a heavy person.* – Drabina nie jest dość mocna, żeby utrzymać tak ciężką osobę.

support² [sə'pɔ:t] ❶ poparcie; *You have my full support.* – Masz moje pełne poparcie. *He spoke in support of the idea.* – Mówił popierając tę ideę/koncepcję. ❷ podpora, podparcie ❸ utrzymanie; *What are your means of support?* – Jakie są pana środki utrzymania? *She must have some financial support for her children from her husband.* – Ona musi uzyskać jakieś środki finansowe od męża na utrzymanie dzieci.

supporter [sə'pɔ:tə] zwolennik, poplecznik, kibic

suppose [sə'pəʊz] ❶ przypuszczać; *I suppose she is telling the truth.* – Przypuszczam, że ona mówi prawdę. *She is supposed to be very rich.* – Przypuszcza się, że jest bardzo bogata. ❷ **to be supposed to** – (a) mieć obowiązek, musieć; *You are supposed to know the rules.* – Powinieneś znać przepisy. (b) **it is supposed to be** – to ma być; *The meeting is supposed to end at 7.* – Zebranie ma się skończyć o 7.

supposed [sə'pəʊzd] przypuszczalny, domniemany

supposing [sə'pəʊzɪŋ] przypuśćmy, a jeśli; *Supposing he doesn't come, what shall we do?* – A jeśli on nie przyjdzie, co zrobimy?

supposition [ˌsʌpə'zɪʃn] przypuszczenie, domniemanie; **to make a supposition** – przypuszczać; **to confirm a supposition** – potwierdzić przypuszczenie

suppress [sə'pres] stłumić, poskromić; **to suppress the opposition** – stłumić opór; **to suppress a smile** – powstrzymać uśmiech; **to suppress the truth** – zataić/ukryć prawdę

supreme [sʊ'pri:m] najwyższy, olbrzymi; **supreme joy** – olbrzymia radość

Supreme Court (the) [sʊˌpri:m 'kɔ:t] Sąd Najwyższy

sure¹ [ʃʊə] pewny; *I'm sure about this.* – Jestem pewna co do tego. *She is sure to pass the exam.* – Ona z całą pewnością zda ten egzamin. *She is sure of passing the exam.* – Jest pewna, że zda egzamin. **to make sure** – upewnić się

sure² [ʃʊə]:
for sure – z całą pewnością; *I don't know for sure.* – Nie wiem na pewno. *am. Sure.* – Pewnie./Jasne./Oczywiście (że tak).

surely ['ʃʊəlɪ] ❶ z pewnością, chyba, niewątpliwie; *Surely you know him?* – Chyba go znasz? ❷ pewnie; **slowly but surely** – powoli, ale pewnie

surf¹ [sɜ:f] uprawiać surfing

surf² [sɜ:f] grzywa fali przybrzeżnej

surface ['sɜ:fɪs] powierzchnia

surfboard ['sɜ:fbɔ:d] deska surfingowa

surfing ['sɜ:fɪŋ] pływanie na desce na falach, surfing

surgeon ['sɜ:dʒən] chirurg

surgery ['sɜ:dʒərɪ] ❶ chirurgia ❷ operacja chirurgiczna; **to perform surgery** – wykonywać operację; **to undergo surgery** – poddać się operacji ❸ gabinet lekarski/dentystyczny

surgical ['sɜ:dʒɪkl] chirurgiczny

surname ['sɜ:neɪm] nazwisko

surprise¹ [sə'praɪz] ❶ niespodzianka; **to give sb a surprise** – zrobić komuś niespodziankę ❷ zdziwienie, zaskoczenie; *I looked at him in surprise.* – Spojrzałem na niego zdziwiony. **to take sb by surprise** – zaskoczyć kogoś

surprise² [sə'praɪz] zaskoczyć, zdziwić; *It surprised me to see him drunk.* – Zdziwiło mnie, gdy zobaczyłam go pijanego. *I was surprised.* – Byłam zdziwiona. *We surprised a burglar in the house.* – Zaskoczyliśmy włamywacza w domu.

surprising [sə'praɪzɪŋ] zaskakujący

surrender [sə'rendə] poddać się; **to surrender to the enemy** – poddać się nieprzyjacielowi

surround [sə'raʊnd] otoczyć; *The house is surrounded by/with a fence.* – Dom jest otoczony płotem.

surroundings [sə'raʊndɪŋz] ❶ otoczenie, okolica ❷ środowisko

survey ['sɜ:vɪ] ❶ badanie socjologiczne, studium socjologiczne; **to carry out/ /to conduct a survey** – prowadzić badania socjologiczne ❷ przegląd, inspekcja

survival [sə'vaɪvl] przetrwanie, przeżycie; **the survival of the fittest** – dobór naturalny, przetrwanie osobników najsilniejszych

survive [sə'vaɪv] przetrwać, przeżyć; **to survive an earthquake** – przeżyć trzęsienie ziemi; *We can't survive without water.* – Nie możemy przetrwać bez wody.

survivor [sə'vaɪvə] ocalony, pozostały przy życiu

suspect¹ [sə'spekt] podejrzewać; *The police suspected him of taking part in the robbery.* – Policja podejrzewała go o udział w tym rozboju. *We suspected strongly that she was guilty.* – Poważnie podejrzewaliśmy, że ona jest winna.

suspect² ['sʌspekt] podejrzany, osoba podejrzana; **to arrest a suspect** – zaaresztować podejrzanego

suspend [sə'spend] zawiesić; **to suspend a lamp** – zawiesić lampę; **to suspend sb from duty** – zawiesić kogoś w wykonywaniu czynności służbowych; **to suspend judgement** – zawiesić sąd; *Dust was suspended in the air.* – Kurz unosił się w powietrzu.

suspense [sə'spens] stan niepewności, zawieszenia, nierozstrzygnięcia; *We waited in suspense for the news.* – Czekaliśmy napięci i niepewni na wiadomości.

suspicion [sə'spɪʃn] podejrzenie; **to be under suspicion** – być podejrzanym; **on suspicion** – na podstawie podejrzeń; *He was arrested on suspicion of murder.* – Był aresztowany z powodu podejrzenia o morderstwo. **to be above/beyond suspicion** – być poza wszelkimi podejrzeniami

S

suspicious [sə'spɪʃəs] ❶ podejrzliwy, nieufny; *He is suspicious about my motives.* – On jest podejrzliwy co do moich motywów. ❷ podejrzany; *I heard a suspicious noise in the cellar and went down to investigate.* – Usłyszałam podejrzany hałas w piwnicy i zeszłam, żeby to sprawdzić.

suspiciously [sə'spɪʃəslɪ] ❶ podejrzliwie ❷ podejrzanie

swallow[1] ['swɒləʊ] połknąć

swallow[2] ['swɒləʊ] *zool.* jaskółka

swam [swæm] *p.* **swim**[1] **(swam, swum)**

swamp [swɒmp] bagno, trzęsawisko

swan [swɒn] *zool.* łabędź

swarm[1] [swɔ:m] rój; **a swarm of bees** – rój pszczół

swarm[2] [swɔ:m] roić się; *The beaches were swarming with people.* – Plaże roiły się od ludzi.

sway [sweɪ] kołysać (się), przechylać (się); *The palms were swaying in the wind.* – Palmy kołysały się na wietrze.

swear [sweə] **(swore, sworn** [swɔ:, swɔ:n]**)** ❶ przeklinać; *You mustn't swear in front of the children.* – Nie wolno ci przeklinać w obecności dzieci. ❷ przysięgać; *He swore to tell the truth.* – Przysiągł, że będzie mówić prawdę.

sweat[1] [swet] pocić się

sweat[2] [swet] pot

sweater ['swetə] sweter

sweep[1] [swi:p] **(swept, swept** [swept, swept]**)** ❶ zamiatać; **to sweep the floor clean** – dokładnie zamieść podłogę; *Her dress swept the ground.* – Jej suknia zamiatała podłogę/ciągnęła się po podłodze. ❷ zmieść, zagarnąć, przewalić, przesuwać; *The wind swept the leaves.* – Wiatr zagarniał liście. *The wave swept over us.* – Fala przewaliła się przez nas. ❸ poruszać się lekko i szybko; *She swept out of the room.* – Wypadła z pokoju.

sweep[2] [swi:p] kominiarz

sweet[1] [swi:t] słodki

sweet[2] [swi:t] ❶ cukierek ❷ deser

sweeten ['swi:tn] posłodzić, osłodzić

swell [swel] **(swelled, swollen/swelled** [sweld, 'swəʊlən/sweld]**)** puchnąć

swelling ['swelɪŋ] opuchlizna

swept [swept] *p.* **sweep**[1] **(swept, swept)**

swerve [swɜ:v] zboczyć, nagle i ostro skręcić; *The driver swerved to avoid a head-on collision.* – Kierowca ostro skręcił, żeby uniknąć zderzenia czołowego.

swift [swɪft] szybki, bystry, prędki; *She was swift to react.* – Ona szybko zareagowała.

swim[1] [swɪm] pływanie; *Let's go for a swim.* – Chodźmy popływać.

swim[2] [swɪm] **(-mm-) (swam, swum** [swæm, swʌm]**)** pływać; **to swim with/against the tide** – *przen.* płynąć/iść z prądem/pod prąd

swimmer ['swɪmə] pływak

swimming ['swɪmɪŋ] pływanie

swimming costume ['swɪmɪŋ kɒstju:m] kostium kąpielowy

swimming-pool ['swɪmɪŋ pu:l] basen kąpielowy

swim-suit ['swɪmsju:t] kostium kąpielowy

swing[1] [swɪŋ] **(swung, swung** [swʌŋ, swʌŋ]**)** ❶ poruszać się ruchem wahadłowym/obrotowym; *His arms swung as he walked.* – Jego ręce poruszały się ruchem wahadłowym, kiedy szedł. *The door swung shut.* – Drzwi zamknęły się. *The children were swinging on a rope.* – Dzieci bujały się na linie. ❷ wprawiać w ruch wahadłowy/obrotowy; *He swung his arms as he walked.* – On wymachiwał rękami, kiedy szedł.

swing[2] [swɪŋ] ❶ wahnięcie, ruch wahadła, rozmach, zamach; **the swing of the pendulum** – ruch wahadła; **in full swing** – w pełnym toku; *The party is in full swing.* – Przyjęcie trwa w pełni. ❷ huśtawka (*w formie ławeczki zawieszonej na sznurach*)

swing-door [ˌswɪŋ'dɔ:] drzwi wahadłowe

switch¹ [swɪtʃ] ❶ zmienić, nadać inny kierunek; **to switch from French to English** – przejść z francuskiego na angielski; *The wind has switched from east to west.* – Wiatr się zmienił ze wschodniego na zachodni. ❷ zamienić; **to switch seats** – zamienić się miejscami
◆ **switch off** – wyłączyć; **to switch off the light/the radio** – wyłączyć światło/radio
◆ **switch on** – włączyć
◆ **switch over** – (a) przełączyć, (b) przerzucić się, przestawić się

switch² [swɪtʃ] ❶ wyłącznik, przełącznik; **a light switch** – wyłącznik światła ❷ zmiana, przestawienie; **a switch in opinion** – zmiana poglądu

switchboard ['swɪtʃbɔ:d] ❶ centrala telefoniczna ❷ tablica rozdzielcza

swollen ['swəʊlən] spuchnięty

sword [sɔ:d] miecz, szpada

swore [swɔ:] *p.* **swear (swore, sworn)**

sworn¹ [swɔ:n] *p.* **swear (swore, sworn)**

sworn² [swɔ:n] zatwardziały; **sworn enemies** – śmiertelni wrogowie

swum [swʌm] *p.* **swim² (swam, swum)**

swung [swʌŋ] *p.* **swing¹ (swung, swung)**

S

syllable ['sɪləbl] sylaba

symbol ['sɪmbl] symbol; *The chemical symbol for iron is Fe.* – Symbolem chemicznym żelaza jest Fe.

symbolic [sɪm'bɒlɪk] symboliczny

symmetrical [sɪ'metrɪkl] symetryczny

symmetry ['sɪmɪtrɪ] symetria

sympathetic [ˌsɪmpə'θətɪk] ❶ pełen współczucia/zrozumienia, współczujący; **a sympathetic look** – pełne zrozumienia/współczucia spojrzenie; *Everybody was very sympathetic when her mother died.* – Wszyscy bardzo jej współczuli, kiedy zmarła jej matka. ❷ życzliwy; *They were sympathetic to our proposal.* – Oni życzliwie odnieśli się do naszej propozycji.

sympathize ['sɪmpəθaɪz] współczuć, odnosić się życzliwie, mieć zrozumienie; *I sympathize with you.* – Rozumiem, współczuję ci.

sympathy ['sɪmpəθɪ] ❶ współczucie; **to send sb a letter of sympathy** – wysłać komuś list z wyrazami współczucia; *Please accept our deepest sympathy.* – Proszę przyjąć wyrazy naszego najgłębszego współczucia. **to feel sympathy for sb** – mieć dla kogoś współczucie ❷ zrozumienie, podzielanie uczuć; *She will be in sympathy with your proposal.* – Ona znajdzie zrozumienie dla twojej propozycji./ /Ona poprze twoją propozycję. ❸ sympatia; **a bond of sympathy** – więź sympatii

symphonic [sɪm'fɒnɪk] symfoniczny

symphony ['sɪmfənɪ] (*l.mn.* **symphonies**) symfonia; **symphony orchestra** – orkiestra symfoniczna

symptom ['sɪmtəm] symptom, objaw

syndrome ['sɪndrəʊm] syndrom, zespół objawów

synonym ['sɪnənɪm] synonim

synopsis [sɪ'nɒpsɪs] (*l.mn.* **synopses** [sɪ'nɒpsi:z]) streszczenie

synthesis ['sɪnθɪsɪs] (*l.mn.* **syntheses** ['sɪnθəsi:z]) synteza

synthetic [sɪn'θetɪk] syntetyczny

syringe ['sɪrɪndʒ] strzykawka

syrup ['sɪrəp] syrop

system ['sɪstəm] ❶ system, układ; **the nervous system** – system nerwowy; **a political system** – system polityczny; **the solar system** – układ słoneczny ❷ organizm człowieka

systematic [ˌsɪstɪ'mætɪk] systematyczny

t

table ['teɪbl] ❶ stół; **at the table** – przy stole, za stołem; **to lay the table** – nakryć do stołu; **to clear the table** – sprzątnąć ze stołu ❷ tabela, tablica; **logarythmic tables** – tablice logarytmiczne; **multiplication table** – tabliczka mnożenia; **to give data in tables** – podać dane w tabelach; **timetable** – rozkład jazdy

tablecloth ['teɪblklɒθ] obrus

table-napkin ['teɪblnæpkɪn] serwetka stołowa

tablespoon ['teɪblspu:n] łyżka stołowa

tablet ['tæblɪt] ❶ tabletka; **to take a tablet** – zażyć tabletkę ❷ tabliczka, tablica

table tennis ['teɪbl ˌtenɪs] tenis stołowy

tact [tækt] takt; *She showed great tact in refusing the offer.* – Wykazała dużo taktu odrzucając tę propozycję.

tactful ['tæktfʊl] taktowny

tactless ['tæktlɪs] nietaktowny

tag [tæg] metka, etykietka; **a name tag** – karteczka z nazwiskiem (*przyczepiona np. do bagażu*); **a price tag** – metka z ceną

tail [teɪl] ❶ ogon; *The dog wagged its tail.* – Pies zamachał ogonem. **the tail of a plane** – ogon samolotu ❷ **tails** – reszka monety ❸ **tails** – frak

tailor ['teɪlə] krawiec

tailor-made ['teɪləmeɪd] uszyty na miarę

take [teɪk] **(took, taken** [tʊk, 'teɪkn]**)** ❶ wziąć, brać, zabrać; *Take your umbrella with you.* – Zabierz ze sobą parasol. **to take a taxi** – wziąć taksówkę; **to take sb to the cinema** – zabrać kogoś do kina; *I took him for his brother.* – Wzięłam go za jego brata. *It'll take you two hours.* – To ci zajmie dwie godziny. **to take medicine** – wziąć/zażyć lekarstwo; **to take a bath** – wziąć kąpiel ❷ *inne znaczenia:* **to take a photograph** – zrobić zdjęcie; **to take a seat** – zająć miejsce, usiąść; **to take a walk** – pójść na przechadzkę; **to take notes** – notować, robić notatki; *Do you take sugar in tea?* – Czy słodzisz herbatę? **to take sth to pieces** – rozebrać coś na części; **to take sth for granted** – traktować coś jako samo przez się zrozumiałe/jako oczywiste; **to be taken ill** – zachorować; **to take place** – odbywać się, zdarzyć się; *The incident took place yesterday afternoon.* – Incydent miał miejsce wczoraj po południu.

◆ **take apart** – rozebrać na części; *He took his watch apart to mend it.* – Rozebrał swój zegarek na części, żeby go zreperować.

◆ **take down** – zanotować; *I took down his phone number.* – Zanotowałem jego numer telefonu.

◆ **take in** – (a) udzielać noclegu; *She takes in lodgers.* – Ona wynajmuje pokoje/przyjmuje lokatorów). (b) oszukać, nabrać; *I was taken in by his promises.* – Dałam się nabrać na jego obietnice.

◆ **take off** – (a) (*o samolocie*) startować; *The plane hasn't taken off yet.* – Samolot jeszcze nie wystartował. (b) zdjąć; *She took off her coat.* – Zdjęła płaszcz.

◆ **take over** – przejąć; *He took over the firm from his father.* – Przejął firmę po swoim ojcu.

◆ **take up** – (a) zająć (*np. czas, uwagę*), zajmować (*miejsce*); *The table takes up too much room.* – Ten stół zajmuje zbyt dużo miejsca. (b) zająć się, podjąć; *She has taken up painting.* – Zajęła się malarstwem.

take-off ['teɪkɒf] start samolotu

talcum powder ['tælkəm ˌpaʊdə] talk kosmetyczny

tale [teɪl] historia, opowieść; **a fairy tale** – bajka

talent ['tælənt] talent; *She has a talent for music.* – Ona ma talent muzyczny.

talented ['tæləntɪd] zdolny, utalentowany

talk[1] [tɔ:k] rozmawiać, mówić; *Can I talk to you for a few minutes?* – Czy mogę z tobą chwilę/parę minut porozmawiać? *She is talking to her friend.* – Ona rozmawia z przyjaciółką. *She is talking about her trip to Italy.* – Ona opowiada o swojej podróży do Włoch. *What are you talking about?* – O czym mówisz?/O co ci chodzi? **to talk nonsense** – mówić bzdury; **to talk sth over** – coś omówić

talk[2] [tɔ:k] ❶ rozmowa; *I must have a talk with the teacher about my son.* – Muszę porozmawiać z nauczycielem o moim synu. **small talk** – rozmowa towarzyska ❷ prelekcja, pogadanka; *She gave an interesting talk on bringing up children.* – Wygłosiła ciekawą pogadankę na temat wychowania dzieci. ❸ mówienie, gadanina; *It's all talk and no action.* – Dużo się mówi, a nic nie robi.

talkative ['tɔ:kətɪv] rozmowny, gadatliwy

tall [tɔ:l] wysoki; *He is a tall man.* – On jest wysokim mężczyzną. *He is nearly two metres tall.* – On ma prawie dwa metry.

tame[1] [teɪm] oswojony; *He keeps a tame tiger at home.* – On trzyma w domu oswojonego tygrysa.

tame[2] [teɪm] oswoić (*dzikie zwierzę*)

tan [tæn] ❶ opalenizna ❷ kolor jasnobrązowy

tanned [tænd] opalony

tandem ['tændəm] tandem

tangerine [ˌtændʒə'ri:n] mandarynka

tangle ['tæŋgl] plątanina, gmatwanina, splot

tango ['tæŋgəʊ] tango; **to dance the tango** – tańczyć tango

tank [tæŋk] ❶ zbiornik; **a water tank** – zbiornik z wodą ❷ *wojsk.* czołg

tanker ['tæŋkə] ❶ tankowiec ❷ samochód cysterna

tap[1] [tæp] kran; **to turn on/to turn off the tap** – odkręcić/zakręcić kran; **to leave the tap running** – zostawić kran odkręcony

tap[2] [tæp] **(-pp-)** zapukać, zastukać; **to tap on the window** – zastukać w okno; **to tap sb on the shoulder** – trącić kogoś w ramię

tap dance ['tæp dɑ:ns] taniec ze stepowaniem

tape [teɪp] ❶ taśma; **adhesive tape** – taśma klejąca ❷ taśma magnetofonowa/wideo; **to put on a tape** – puścić taśmę; **to rewind a tape** – przewinąć taśmę

tape-measure ['teɪpˌmeʒə] centymetr (*krawiecki*), taśma do mierzenia

tape-recorder ['teɪprɪˌkɔ:də] magnetofon

tar [tɑ:] smoła

target ['tɑ:gɪt] tarcza, cel; **to aim at a target** – mierzyć do celu

tarmac ['tɑ:mæk] ❶ asfalt ❷ pas startowy

tart [tɑ:t] kruche ciasto z owocami

tartan ['tɑ:tn] szkocka krata, materiał w szkocką kratę

task [tɑ:sk] zadanie, przedsięwzięcie; **to carry out/to perform/to fulfil a task** – wykonać zadanie

taste[1] [teɪst] smak; *It's sour to the taste.* – To jest kwaśne w smaku. *Everything was done in good taste.* – Wszystko było zrobione w dobrym smaku.

taste[2] [teɪst] ❶ smakować; *This coffee tastes too bitter.* – Ta kawa jest zbyt gorzka w smaku. *The food tastes of garlic.* – W jedzeniu wyczuwa się czosnek. ❷ próbować smaku, skosztować; *She tasted the soup and put some more salt in it.* – Skosztowała zupy i trochę więcej ją posoliła. *I can taste some garlic in the soup.* – Czuję czosnek w zupie.

tasty ['teɪstɪ] **(-ier, -iest)** smaczny

taught [tɔ:t] *p.* **teach (taught, taught)**

Taurus ['tɔ:rəs] Byk (*znak zodiaku*)

tax [tæks] podatek; **an income tax** – podatek dochodowy; **to pay a tax on a new car** – zapłacić podatek od nabycia nowego samochodu

taxi ['tæksɪ] taksówka; **to take a taxi** – wziąć taksówkę; **to go somewhere by taxi** – pojechać gdzieś taksówką

taxi rank ['tæksɪ ræŋk] postój taksówek

tea [ti:] ❶ herbata; **a cup of tea** – filiżanka herbaty; **to make/to brew tea** – parzyć herbatę ❷ podwieczorek; *They have tea at five o'clock.* – Jedzą podwieczorek o piątej.

teach [ti:tʃ] **(taught, taught** [tɔ:t, tɔ:t]**)** uczyć; *She teaches history.* – Ona uczy historii. *He is teaching her to ski.* – On uczy ją jeździć na nartach.

teacher ['ti:tʃə] nauczyciel

teacup ['ti:kʌp] filiżanka do herbaty

team [ti:m] zespół, drużyna; **a football team** – drużyna piłki nożnej; **a team of surgeons at a hospital** – zespół chirurgów w szpitalu

teapot ['ti:pɒt] czajniczek do herbaty

tear[1] [tɪə] łza; *Her eyes filled with tears.* – Jej oczy wypełniły się łzami. **to burst into tears** – wybuchnąć płaczem; **to be in tears** – być we łzach, płakać; *She was in tears over failing the exam.* – Płakała z powodu niezdania egzaminu.

tear[2] [teə] **(tore, torn** [tɔ:, tɔ:n]**)** ❶ rozerwać, podrzeć; *She tore her dress.* – Rozerwała sobie sukienkę. ❷ porwać, podrzeć; *She tore the letter into pieces.* – Podarła list na kawałki. ❸ wyrwać, oderwać; *She tore the page out of the book.* – Wyrwała kartkę z książki.

tear[3] [teə] dziura, rozdarcie; *There is a tear in your skirt.* – Rozdarła ci się spódnica.

tease [ti:z] drażnić, dokuczać; *Don't tease the cat.* – Nie drażnij kota. *They teased her about being fat.* – Dokuczali jej, że jest za gruba.

teaspoon ['ti:spu:n] łyżeczka (*do herbaty*)

teaspoonful ['ti:spu:nfʊl] zawartość łyżeczki (*do herbaty*)

technical ['teknɪkl] techniczny

technical college ['teknɪkl kɒlɪdʒ] technikum

technician [tek'nɪʃn] technik

technique [tek'ni:k] technika, metoda; **to develop a technique** – rozwinąć/ /wynaleźć/opracować metodę; **to perfect a technique** – udoskonalić metodę/technikę

technology [tek'nɒlədʒɪ] technologia, technika

teddy bear ['tedɪ beə] miś pluszowy

tedious ['ti:djəs] nudny, żmudny; **tedious work** – żmudna praca

teenager ['ti:n,eɪdʒə] nastolatek

teens [ti:nz] lata między 13 i 19 rokiem życia; *She is in her teens.* – Ona ma -naście lat.

teeth [ti:θ] *p.* **tooth**

telegram ['telɪgræm] telegram

telegraph[1] ['telɪgrɑ:f] telegraf

telegraph[2] ['telɪgrɑ:f] telegrafować; *They telegraphed the news to us.* – Przetelegrafowali nam tę wiadomość.

telephone[1] ['telɪfəʊn] telefon; **to speak to sb by telephone** – mówić z kimś przez telefon; **to answer the telephone** – odebrać telefon

telephone[2] ['telɪfəʊn] telefonować, dzwonić; *He telephoned me to say he was not coming.* – Zatelefonował do mnie, żeby powiedzieć, że nie przyjeżdża.

telephone booth ['telɪfəʊn bu:ð] budka telefoniczna

telephone box ['telɪfəʊn bɒks] budka telefoniczna

telephone directory ['telɪfəʊn daɪ,rektərɪ] książka telefoniczna

telephone exchange ['telɪfəʊn əks-,tʃeɪndʒ] centrala telefoniczna

t

telephonist [tɪ'lefənɪst] telefonistka
telescope ['telɪskəʊp] teleskop
television ['telɪ,vɪʒn] telewizja; *I saw her on television yesterday.* – Widziałam ją wczoraj w telewizji. *What's on television tonight?* – Co jest dziś wieczorem w telewizji? *He works in television.* – On pracuje w telewizji.
telex[1] ['teleks] teleks
telex[2] ['teleks] wysłać/nadać teleks
tell [tel] (**told, told** [təʊld, təʊld]) ❶ mówić, powiedzieć, opowiedzieć; *I told her the truth.* – Powiedziałem jej prawdę. *Tell me about it.* – Opowiedz mi o tym. *I told her I couldn't do it.* – Powiedziałam jej, że nie mogę tego zrobić. ❷ kazać, polecić; *He told me to wait outside.* – Polecił mi zaczekać na zewnątrz. *Children ought to do what they are told.* – Dzieci powinny robić to, co im się każe.
◆ **tell apart** – odróżnić; *I can't tell the two sisters apart.* – Nie mogę rozróżnić dwóch sióstr.
telly ['telɪ] = **television**
temper ['tempə] ❶ nastrój, usposobienie; **to be in a bad temper** – być w złym nastroju, być złym; **to be in a good temper** – być w dobrym nastroju ❷ panowanie nad sobą, opanowanie; **to have a short temper** – łatwo wpadać w złość; **to keep one's temper** – nie wpaść w złość, opanować się; **to lose one's temper** – stracić panowanie nad sobą, wpaść w gniew ❸ złość, gniew; **to fly into a temper** – wpaść w złość
temperament ['temprəmənt] temperament
temperate ['temprət] ❶ umiarkowany; **temperate climate** – klimat umiarkowany ❷ powściągliwy; *Be more temperate in your language.* – Wyrażaj się bardziej powściągliwie./Uważaj na to, co mówisz.
temperature ['tempretʃə] temperatura; **at room temperature** – w temperaturze pokojowej; **to have a temperature** – mieć temperaturę/gorączkę; **to run a temperature** – dostać gorączki; **to take sb's temperature** – zmierzyć komuś temperaturę
temple ['templ] ❶ świątynia ❷ skroń
temporary ['temprərɪ] tymczasowy, czasowy, chwilowy; **a temporary job** – tymczasowe zajęcie
tempt [temt] kusić, nęcić; *He tempted me into accepting the job.* – Skusił//Nakłonił mnie do przyjęcia tej pracy.
temptation [tem'teɪʃn] pokusa; **to resist temptation** – oprzeć się pokusie
tempting ['temtɪŋ] kuszący; **a tempting offer** – kusząca propozycja
ten [ten] dziesięć
tenant ['tenənt] lokator, dzierżawca; *The tenants pay a high rent for their flat.* – Lokatorzy płacą wysoki czynsz za swoje mieszkanie.
tend [tend] mieć tendencję/skłonności; *He tends to exaggerate.* – On ma skłonności do przesadzania.
tendency ['tendənsɪ] (*l.mn.* **tendencies**) tendencja, skłonność; *He has a tendency to exaggerate.* – On ma skłonności do przesadzania.
tender ['tendə] ❶ czuły; *She is tender towards her children.* – Jest czuła dla swoich dzieci. ❷ wrażliwy, delikatny; *It's a very tender subject.* – To jest bardzo delikatny/drażliwy temat. ❸ (*o mięsie*) miękki
tenderly ['tendəlɪ] czule
tenderness ['tendənəs] czułość
tennis ['tenɪs] *sport.* tenis; **to play tennis** – grać w tenisa; **a game of tennis** – gem
tennis-court ['tenɪskɔ:t] kort tenisowy
tennis racket ['tenɪs ,rækɪt] rakieta tenisowa
tenor ['tenə] tenor
tense[1] [tens] napięty; **tense muscles** – napięte mięśnie; *We were all tense with anxiety.* – Wszyscy byliśmy spięci i niepokoiliśmy się.
tense[2] [tens] *gram.* czas; **the Present Simple Tense** – czas teraźniejszy prosty

tension ['tenʃn] napięcie; **political tension** – napięcie polityczne; **nervous tension** – napięcie nerwowe

tent [tent] namiot; **to pitch/to put up a tent** – rozbić namiot; **to take down a tent** – złożyć namiot

tenth (10th) [tenθ] dziesiąty

term [tɜ:m] ❶ okres, czas trwania, termin; **a long term of imprisonment** – długoletnie więzienie; **the president's term of office** – kadencja prezydencka; *The term expires next month.* – Termin upływa w przyszłym miesiącu. ❷ semestr, trymestr (*jedna z trzech lub czterech części roku szkolnego, akademickiego itp.*); **the summer/the winter term** – semestr letni/ /zimowy; **end-of-term examinations** – egzaminy semestralne ❸ termin, wyrażenie; **scientific terms** – wyrażenia/terminy naukowe; **to speak in general terms** – wyrażać się ogólnie; *She spoke of you in glowing terms.* – Wyrażała się o tobie z zachwytem. ❹ **terms** – warunki; *What are the terms of the contract?* – Jakie są warunki umowy? ❺ **terms** – relacje, stosunki; **to be on good/on bad terms with sb** – być z kimś w dobrych/w złych stosunkach

terminal ['tɜ:mɪnl] ❶ końcowy przystanek autobusu/tramwaju, końcowa stacja pociągu ❷ miejsce odjazdu autobusów na lotnisko

terminology [ˌtɜ:mɪ'nɒlədʒɪ] terminologia

terminus ['tɜ:mɪnəs] końcowy przystanek autobusu/tramwaju/pociągu

terrace ['terəs] taras

terraced house ['terəst ˌhaʊs] segment, jeden z domków szeregowych

terrible ['terəbl] okropny, straszny; *The heat was terrible.* – Upał był straszny.

terribly ['terəblɪ] okropnie, strasznie, bardzo; *I'm terribly sorry.* – Strasznie mi przykro.

terrific [tə'rɪfɪk] ❶ wspaniały, znakomity; **a terrific view** – wspaniały widok ❷ straszny, ogromny; *They were driving at a terrific speed.* – Jechali z ogromną szybkością.

terrified ['terɪfaɪd] przerażony; *The children were terrified by the storm.* – Dzieci były przerażone burzą.

terrify ['terɪfaɪ] **(-ies, -ied, -ying)** przerażać; *It terrifies us that there may be another war.* – Przeraża nas, że może być następna wojna.

terrifying ['terɪfaɪɪŋ] przerażający, potworny

territory ['terətrɪ] (*l.mn.* **territories**) terytorium, obszar

terror ['terə] ❶ przestrach, przerażenie, paniczny strach; *She screamed in terror.* – Krzyknęła przerażona. *I have a terror of the dark.* – Panicznie boję się ciemności. ❷ terror; **a terror campaign** – kampania terroru

terrorism ['terərɪzm] terroryzm

terrorist ['terərɪst] terrorysta

terrorize ['terəraɪz] terroryzować; *He terrorized the old woman into giving him money.* – Sterroryzował starszą kobietę, by dała mu pieniądze.

test[1] [test] ❶ test, sprawdzian, egzamin; **a driving test** – egzamin na prawo jazdy; **a test in physics** – test z fizyki; **to fail a test** – nie zdać egzaminu; **to pass a test** – zdać egzamin ❷ badanie, próba; **a blood test** – badanie krwi; **nuclear test** – próba jądrowa; **to carry out/to do a test** – przeprowadzać/robić badania; **to stand the test of time** – wytrzymać próbę czasu

test[2] [test] ❶ testować, wykonywać badania; **to test blood for sugar** – badać krew na obecność cukru; **to have one's eyes tested** – dać sobie zbadać wzrok; **to test a new car** – testować nowy samochód ❷ egzaminować, testować; *The teacher is testing the students in English.* – Nauczyciel egzaminuje studentów z angielskiego.

test-tube ['testju:b] probówka

text [tekst] tekst

textbook ['tekstbʊk] podręcznik; **a textbook on grammar** – podręcznik gra-

t

matyki; **an English textbook** – podręcznik angielskiego

than [ðæn/ðən] niż, od; *She is older than her sister.* – Jest starsza od swojej siostry.

thank [θæŋk] podziękować; *She thanked me for help.* – Podziękowała mi za pomoc. *Thank you.* – Dziękuję.

thankful ['θæŋkfʊl] wdzięczny; *We were thankful to be alive.* – Byliśmy wdzięczni, że (jeszcze) żyjemy. *I am thankful for your offer of help.* – Jestem wdzięczny za twoją propozycję pomocy.

thanks[1] ['θæŋks] ❶ dzięki; *Thanks to you we were rescued.* – Dzięki tobie byliśmy uratowani. ❷ podziękowanie; *She sends her thanks for the invitation.* – Ona przesyła wyrazy podziękowania za zaproszenie.

thanks[2] [θæŋks] dziękuję, dzięki; *Thanks a lot for your help.* – Serdeczne dzięki za pomoc.

Thanksgiving [ˌθæŋks'gɪvɪŋ] Święto Dziękczynienia (*w USA*)

t

thank you ['θæŋkjʊ] dziękuję

that[1] [ðæt] (*l.mn.* **those** [ðəʊz]) ❶ tamten, ten (*w pewnym oddaleniu w przestrzeni lub czasie*); *Who is that girl?* – Kim jest tamta dziewczyna? **that day** – tamtego dnia; **at that time** – wtedy ❷ tamto, to (*w pewnym oddaleniu w przestrzeni lub w czasie*); *What's that?* – Co to jest? (*tam, dalej*); *That is my new hat.* – To (tam) jest mój nowy kapelusz. *So that's why he didn't agree.* – A więc dlatego on się nie zgodził.

that[2] [ðæt/ðət] że; *He said that he would come.* – Powiedział, że przyjdzie. **so that/in order that** – po to, żeby

that[3] [ðæt/ðət] który; *Did you see the man that brought the parcel?* – Czy widziałeś tego człowieka, który przyniósł paczkę?

that[4] [ðæt] aż tak, tak, do takiego stopnia; *I was not that tired.* – Nie byłem aż tak zmęczony.

thaw[1] [θɔ:] topnieć, odtajać, rozmrozić; *It's warm, the snow is thawing.* – Jest ciepło, śnieg topnieje. *You must thaw the meat before cooking it.* – Musisz rozmrozić mięso przed gotowaniem.

thaw[2] [θɔ:] odwilż; *Let's go skiing before the thaw sets in.* – Chodźmy na narty, zanim nastanie odwilż.

the [ði:/ðɪ/ðə] *gram.* przedimek określony

theatre ['θɪətə] ❶ teatr; *We were at the theatre yesterday.* – Wczoraj byliśmy w teatrze. ❷ / **operating theatre** – sala operacyjna

theatrical [θɪ'ætrɪkl] teatralny

theft [θeft] kradzież

their [ðeə] ich; *It's their house.* – To jest ich dom.

theirs [ðeəz] ich, rzecz należąca do nich; *It's not our car, it's theirs.* – To nie jest nasz samochód, to jest ich (samochód).

them [ðem/ðəm/ðm] ich, nich, nimi, im; *We invited them to the party.* – Zaprosiliśmy ich na przyjęcie.

theme [θi:m] ❶ temat; **a theme for discussion** – temat do dyskusji ❷ temat muzyczny, motyw

themselves [ðm'selvz] ❶ (oni) sami; *They told me that themselves.* – Oni sami mi to powiedzieli. ❷ (oni) się, siebie, sobie; *They are pleased with themselves.* – Oni są z siebie zadowoleni.

◆ **(all) by themselves** – (a) sami, samotnie; *They live here (all) by themselves.* – Mieszkają tu sami. (b) sami, bez pomocy; *They did it all by themselves.* – Oni to zrobili sami.

then [ðen] ❶ wtedy; *We were very young then.* – Byliśmy wtedy bardzo młodzi. **from then on** – od tamtej pory; *From then on he started treating life seriously.* – Od tamtej pory zaczął traktować życie poważnie. **now and then** – od czasu do czasu ❷ następnie, potem; *We finished our work and then went home.* – Skończyliśmy pracę, a potem poszliśmy do domu. ❸ zatem, w takim razie; *It must have been a surprise, then.* – A zatem, to musiała być niespodzianka. ❹ wtedy, to wtedy; *If x equals a then y equals b.* – Jeżeli x równe jest a, to y będzie równe b.

theoretical [θɪə'retɪkl] teoretyczny

theory ['θɪərɪ] (*l.mn.* **theories**) teoria

therapeutic [ˌθerə'pju:tɪk] terapeutyczny

therapy ['θerəpɪ] terapia

there¹ [ðeə/ðə] podmiot gramatyczny oddzielnie nieprzetłumaczalny; *There are some letters for you.* – Jest kilka listów do ciebie. *There seems to be an error.* – Wydaje się, że jest tu pomyłka.

there² [ðeə] ❶ tam; *Don't go there.* – Nie chodź tam. *Their house is over there.* – Ich dom jest o, tam. **here and there** – tu i tam; **there and then** – wtedy i tam/właśnie wtedy; *He should have refused there and then.* – Właśnie wtedy powinien był odmówić. *There he goes!* – O, idzie! ❷ **there you are** – (a) proszę (*przy podawaniu czegoś*); *There you are, I've brought you your newspaper.* – Proszę, masz, przyniosłam ci twoją gazetę. (b) a właśnie, nie mówiłem? *There you are. I told you he was lying.* – A nie mówiłem? Powiedziałem ci, że kłamie.

therefore ['ðeəfɔ:] dlatego; *He's ill, therefore he can't come.* – On jest chory, dlatego nie może przyjść.

thermometer [θə'mɒmɪtə] termometr

thermos ['θɜ:mɒs] termos

thermos flask ['θɜ:mɒs flɑ:sk] termos

thesaurus [θɪ'sɔ:rəs] słownik synonimów i antonimów, gdzie wyrazy są pogrupowane według znaczeń, a nie alfabetycznie (*skarbiec wiedzy*)

these [ði:z] *p.* **this**

thesis ['θi:sɪs] (*l.mn.* **theses** ['θi:si:z]) praca dyplomowa; **to write a thesis** – pisać pracę dyplomową; **a Ph.D. thesis** – praca doktorska; **a master's thesis** – praca magisterska

they [ðeɪ] oni, one

they'd [ðeɪd] = ❶ **they had** ❷ **they would**

they'll [ðeɪl] = **they will**

they're [ðeə] = **they are**

they've [ðeɪv] = **they have**

thick [θɪk] ❶ gruby; **a thick book** – gruba książka; **a thick coat** – gruby płaszcz; *The wall is a metre thick.* – Ściana ma metr grubości. ❷ gęsty; **a thick forest** – gęsty las; **thick hair** – gęste włosy; **thick soup** – gęsta/zawiesista zupa

thicken [θɪkn] zagęścić

thief [θi:f] (*l.mn.* **thieves** [θi:vz]) złodziej

thigh [θaɪ] udo

thin [θɪn] (**-nn-**) ❶ cienki, chudy; *She's very thin.* – Ona jest bardzo chuda. **thin cloth** – cienki materiał ❷ rzadki; **thin hair** – rzadkie włosy; **thin soup** – rzadka/wodnista zupa

thing [θɪŋ] ❶ rzecz, przedmiot; *What is that thing on the shelf?* – Co to za przedmiot na półce? *Take your things with you.* – Weź swoje rzeczy ze sobą. ❷ rzecz, coś o co chodzi, sprawa; *That was the wrong thing to do.* – To było to, czego nie należało robić. *Let's forget the whole thing.* – Zapomnijmy o tej całej sprawie. *I don't remember a thing I said.* – Nic nie pamiętam, o czym mówiłem. *I have a lot of things to do.* – Mam dużo rzeczy do zrobienia.

think [θɪŋk] (**thought, thought** [θɔ:t, θɔ:t]) myśleć; *What are you thinking about?* – O czym myślisz/rozmyślasz? *I'm thinking about the future.* – Myślę/Rozmyślam o przyszłości. *What do you think of his proposal?* – Co myślisz/sądzisz o jego propozycji? *Have you ever thought of changing your job?* – Czy kiedykolwiek myślałeś o zmianie pracy? **to think badly of sb** – myśleć o kimś źle, mieć o kimś złe zdanie; **to think well of sb** – myśleć o kimś dobrze, mieć o kimś dobre zdanie; **to think highly of sb** – wysoko kogoś cenić, mieć o kimś jak najlepsze zdanie; *Think twice before accepting the offer.* – Dobrze się zastanów przed przyjęciem propozycji. *I can't think why she left so unexpectedly.* – Nie mam pojęcia, dlaczego wyjechała tak nagle.

thinker ['θɪŋkə] myśliciel

thinking ['θɪŋkɪŋ] myślenie

third (3rd) [θɜ:d] trzeci

thirst [θɜ:st] pragnienie; **to die of thirst in the desert** – umrzeć z pragnienia na pustyni; **to quench one's thirst** – zaspokoić pragnienie; **a thirst for knowledge** – pragnienie/głód wiedzy

thirsty ['θɜ:stɪ] spragniony

thirteen [,θɜ:'ti:n] trzynaście

thirteenth (13th) [,θɜ:'ti:nθ] trzynasty

thirtieth (30th) ['θɜ:tɪəθ] trzydziesty

thirty ['θɜ:tɪ] ❶ trzydzieści ❷ **thirties** – lata między 30 a 39 rokiem życia; *He is in his early thirties.* – On ma niewiele ponad 30 lat./Jest trochę po trzydziestce.

this [ðɪs] (*l.mn.* **these** [ði:z]) ❶ ten (*tu – w zasięgu ręki*); *I like this book.* – Podoba mi się ta książka. **this morning** – tego ranka, dziś rano; **this year** – tego roku ❷ to (*tu – w zasięgu ręki*); *This is my house.* – To jest mój dom. *Who told you this?* – Kto ci to powiedział?

thistle ['θɪsl] *bot.* oset

thorn [θɔ:n] kolec, cierń

thorough ['θʌrə] ❶ dokładny, skrupulatny, sumienny; **a thorough worker** – sumienny pracownik; **a thorough search** – dokładne przeszukiwania ❷ całkowity, zupełny; **a thorough waste of time** – całkowita strata czasu

thoroughly ['θʌrəlɪ] ❶ dokładnie; *They searched the house thoroughly.* – Dokładnie przeszukali dom. ❷ całkowicie, kompletnie; *We thoroughly enjoyed our holiday.* – Wybornie bawiliśmy się na wakacjach.

those [ðəʊz] *p.* **that**[1]

though [ðəʊ] chociaż; *Though he is rich, he always travels second class.* – Chociaż jest bogaty, zawsze podróżuje drugą klasą. *I'll phone her, though I don't think she'll be there.* – Zadzwonię do niej, chociaż nie sądzę, że będzie.
◆ **as though** – jak gdyby; *He looked as though he hadn't eaten for a month.* – Wyglądał, jak gdyby nic nie jadł przez miesiąc.

thought[1] [θɔ:t] *p.* **think (thought, thought)**

thought[2] [θɔ:t] myśl; *A thought has crossed my mind.* – Pewna myśl przemknęła mi przez głowę. **to be lost in thought** – być pogrążonym w myślach; **on second thoughts** – po zastanowieniu

thoughtful ['θɔ:tfʊl] ❶ zamyślony, pogrążony w myślach; **a thoughtful expression** – zamyślony wyraz twarzy ❷ biorący innych pod uwagę, troskliwy, uważający; *It was thoughtful of you to meet me at the station.* – To było ładnie z twojej strony, że wyszedłeś po mnie na stację.

thoughtless ['θɔ:tlɪs] ❶ bezmyślny, nierozważny ❷ nie biorący innych pod uwagę

thousand ['θaʊznd] tysiąc

thread[1] [θred] nitka

thread[2] [θred] nawlec igłę (nitką)

threat [θret] groźba; *I didn't take his threats seriously.* – Nie brałam poważnie jego gróźb. **to carry out a threat** – spełnić groźbę; *He did what he was told under threat of punishment.* – Zrobił, co mu kazano pod groźbą kary.

threaten ['θretn] straszyć, grozić; *The terrorists threatened to blow up the plane.* – Terroryści grozili, że wysadzą samolot w powietrze. *The black clouds threatened rain.* – Czarne chmury zwiastowały deszcz.

threatening ['θretnɪŋ] groźny, grożący

three [θri:] trzy

three-dimensional [,θri:dɪ'menʃənl] trójwymiarowy

threw [θru:] *p.* **throw (threw, thrown)**

thrill [θrɪl] przejmować dreszczem, poruszać, wstrząsać; *We were thrilled to hear the wonderful news.* – Byliśmy niezwykle poruszeni słysząc wspaniałe wiadomości. **to be thrilled with horror** – być przejętym dreszczem grozy

thriller ['θrılə] powieść sensacyjna, film sensacyjny, dreszczowiec

throat [θrəʊt] gardło; **to have a sore throat** – mieć ból gardła; **to clear one's throat** – odchrząknąć

throne [θrəʊn] tron

through[1] [θru:] ❶ przez, poprzez; **a path through the fields** – ścieżka przez pole; *I couldn't see through the fog.* – Nic nie widziałem przez mgłę. ❷ za pomocą, na skutek; *The damage was done through carelessness.* – Szkoda powstała na skutek zaniedbania/w wyniku niedbalstwa.

through[2] [θru:] na wskroś, od początku do końca; **to be wet through** – być przemokniętym do suchej nitki; **to sleep the whole night through** – przespać całą noc; **a through train** – pociąg bezpośredni

throughout [θru:'aʊt] całkowicie, od początku do końca; **throughout the year** – przez cały rok; **throughout the country** – przez cały kraj, w całym kraju

throw [θrəʊ] **(threw, thrown** [θru:, θrəʊn]) rzucać; *He threw a snowball at me.* – Rzucił we mnie śnieżką.

◆ **throw away/out** – wyrzucić (coś); *You must throw away these old papers.* – Musisz wyrzucić te stare gazety.

◆ **throw out** – wyrzucić (kogoś); **to throw sb out on the street** – wyrzucić kogoś na ulicę; **to get thrown out of school** – zostać wyrzuconym ze szkoły

thumb [θʌm] kciuk

thunder ['θʌndə] grzmot (*piorunu*)

thunderbolt ['θʌndəbəʊlt] piorun, grom

thunderstorm ['θʌndəstɔ:m] burza z piorunami

Thursday ['θɜ:zdı/'θɜ:zdeı] czwartek

thus [ðʌs] ❶ w ten sposób ❷ dlatego, stąd

tick[1] [tık] tykanie zegara

tick[2] [tık] (*o zegarze*) tykać

ticket ['tıkıt] ❶ bilet; **a single ticket** – bilet w jedną stronę; **a return ticket** – bilet powrotny ❷ mandat; **a parking ticket** – mandat za nieprawidłowe (za)parkowanie ❸ metka

ticket-collector ['tıkıtkə,lektə] kontroler biletów

tide [taıd] pływ (*okresowe ruchy mas wodnych*); **the tide comes in** – jest przypływ; **the tide goes out** – jest odpływ; **at high tide** – w czasie przypływu; **at low tide** – w czasie odpływu

tidy[1] ['taıdı] **(-ier, -iest)** porządny, uporządkowany, czysty

tidy[2] ['taıdı] **(-ies, -ied, -ying)** uporządkować, doprowadzić do porządku; **to tidy one's room** – uporządkować/posprzątać swój pokój

tie[1] [taı] **(-ies, -ied, -ying)** wiązać, zawiązać; *She tied the rope tight.* – Mocno zawiązała linę.

tie[2] [taı] ❶ krawat ❷ więź, związek; **the ties of friendship** – więzi przyjaźni ❸ remis; *The match ended in a tie.* – Mecz zakończył się remisem.

tiger ['taıgə] tygrys

tight[1] [taıt] ❶ ciasny, obcisły, zaciśnięty; **a tight knot** – ciasny węzeł; **tight clothes** – ciasne ubranie ❷ naprężony, napięty; **a tight schedule** – napięty plan; **tight rope** – naprężona lina

tight[2] [taıt] mocno, ciasno; *Hold it tight.* – Trzymaj to mocno. *My suitcase is packed tight.* – Moja walizka jest ciasno napakowana.

tightly ['taıtlı] mocno

tighten ['taıtn] zacieśnić; **to tighten the screws** – dokręcić śruby; **to tighten the knot** – zacieśnić węzeł

tights [taıts] rajstopy

tile [taıl] ❶ płytka (*np. ceramiczna*) ❷ dachówka

till [tıl] do, aż do; *I'll wait till half past four.* – Poczekam do pół do piątej. *We'll wait till he comes.* – Zaczekamy, aż on przyjdzie.

timber ['tımbə] tarcica, drzewo, drewno

time[1] [taım] ❶ czas; *I have no time.* – Nie mam czasu. **for a long time** – przez długi czas, od dawna; **from time to time** – od czasu do czasu; **for**

the time being – na razie; **it's high time** – najwyższy czas; **in time** – w porę; **on time** – punktualnie; **in no time** – bardzo szybko; *What's the time?* – Która godzina? *Can you tell me the time?* – Czy może mi pan powiedzieć, która godzina? **to have a good time** – dobrze się bawić ❷ raz; **next time** – następnym razem; **three times a week** – trzy razy w tygodniu; *Two times three is six.* – Dwa razy trzy jest sześć. **at a time** – w tym samym czasie; *I can't do two things at a time.* – Nie mogę robić dwóch rzeczy w tym samym czasie/na raz. **each time** – za każdym razem

time[2] ['taɪm] ❶ zaplanować w czasie, wybrać moment; *He timed his work so that he would finish by noon.* – Zaplanował pracę (w czasie) tak, żeby skończyć przed południem. *His arrival was well-timed.* – Jego przybycie nastąpiło w odpowiednim momencie. ❷ mierzyć czas; *He timed how long it would take him to swim a length of the pool.* – Zmierzył, ile czasu mu zajmie przepłynięcie jednej długości basenu.

timetable ['taɪm,teɪbl] rozkład zajęć/ /jazdy; **railway timetable** – kolejowy rozkład jazdy; *His arrival has upset my timetable for the day.* – Jego przybycie przewróciło do góry nogami/ /zburzyło/zakłóciło mój rozkład dnia.

timid ['tɪmɪd] nieśmiały; *She is too timid to speak in front of the group of people.* – Jest zbyt nieśmiała, żeby mówić do grupy ludzi.

tin [tɪn] ❶ cyna ❷ puszka; **a tin of sardines** – puszka sardynek

tinned ['tɪnd] w puszce, konserwowy; **tinned fruit** – owoce w puszce

tin-opener ['tɪn,əʊpnə] otwieracz do konserw

tiny ['taɪnɪ] **(-ier, -iest)** maleńki

tip[1] [tɪp] ❶ koniuszek, koniec; **a finger-tip** – koniuszek palca; **on the tip of one's tongue** – na końcu języka; *I can't remember the name, but it's on the tip of my tongue.* – Nie pamiętam nazwy, ale mam ją na końcu języka. ❷ napiwek; *How much tip shall I give to the waiter?* – Jaki napiwek mam dać kelnerowi? ❸ wskazówka, rada; *She gave me some tips about cooking.* – Udzieliła mi kilku wskazówek dotyczących gotowania.

tip[2] [tɪp] **(-pp-)** ❶ dać napiwek; *He tipped the waiter two dollars.* – Dał kelnerowi dwa dolary napiwku. ❷ przechylić, wywrócić; *Don't tip the table or everything will slide on to the floor.* – Nie przechylaj stołu, bo wszystko zjedzie na podłogę. *She tipped the rubbish.* – Wyrzuciła śmieci. **to tip over** – przewrócić, wywrócić do góry nogami; *He tipped the boat over.* – On wywrócił łódź.

tiptoe[1] ['tɪptəʊ]:
on tiptoe – na palcach; **to walk on tiptoe** – chodzić na paluszkach

tiptoe[2] ['tɪptəʊ] chodzić na palcach; *She tiptoed out of the room.* – Wyszła z pokoju na palcach.

tire ['taɪə] zmęczyć; *The long journey tired us.* – Długa podróż zmęczyła nas.

tired ['taɪəd] zmęczony; *She is too tired to work.* – Jest zbyt zmęczona, żeby pracować. *I'm tired of your complaining.* – Jestem zmęczona twoim narzekaniem./Mam dosyć twojego narzekania.

tiredness ['taɪədnɪs] zmęczenie

tiring ['taɪərɪŋ] męczący

tissue ['tɪʃu:] ❶ papierowa chusteczka do nosa, chusteczka higieniczna ❷ tkanka; **fatty tissue** – tkanka tłuszczowa; **muscular tissue** – tkanka mięśniowa

tissue paper ['tɪʃu: ,peɪpə] bibułka

title ['taɪtl] ❶ tytuł; **the title of a book** – tytuł książki; *He uses the title of a professor.* – On używa tytułu profesora. ❷ prawo; *They have no title to the property.* – Nie mają prawa do tej posiadłości.

to[1] [tu:/tʊ/tə/t] ❶ wyraz nieprzetłumaczalny sygnalizujący bezokolicznik;

You ought to work more. – Powinieneś więcej pracować. ❷ wyraz stosowany do wyrażania celu (*po to, żeby*); *They came to help me.* – Przyszli, żeby mi pomóc. *I didn't say anything in order not to annoy her.* – Nic nie mówiłam, żeby jej nie irytować.

to² [tu:/tʊ/tə/t] do, dla; *He went to London.* – Pojechał do Londynu. *It's a quarter to eleven.* – Jest za kwadrans jedenasta. **from beginning to end** – od początku do końca; *I gave it to her.* – Dałam to jej. *To my surprise he won.* – Ku mojemu zdziwieniu on wygrał. **a key to the door** – klucz do (tych) drzwi

toad [təʊd] ropucha

toast¹ [təʊst] grzanka

toast² [təʊst] opiec; *Toast me two slices of bread.* – Zrób mi dwie grzanki.

toast³ [təʊst] toast; *We drank a toast to her.* – Wypiliśmy za nią toast.

toast⁴ [təʊst] wznieść toast; *We toasted the bride and bridegroom.* – Wznieśliśmy toast na cześć państwa młodych.

toaster ['təʊstə] opiekacz do grzanek

tobacco [tə'bækəʊ] tytoń

tobacconist [tə'bækənɪst] ❶ sklep z tytoniem ❷ właściciel sklepu z tytoniem

toboggan [tə'bɒgən] sanki, saneczki

today [tə'deɪ] dzisiaj

toe [təʊ] ❶ palec u stopy ❷ czubek buta, palce skarpetki

toffee ['tɒfɪ] toffi, krówka

together [tə'geðə] razem; *We left the house together.* – Wyszliśmy z domu razem.

toilet ['tɔɪlɪt] toaleta, ubikacja

toilet paper ['tɔɪlɪt ˌpeɪpə] papier toaletowy

told [təʊld] *p.* **tell (told, told)**

tolerable ['tɒlərəbl] znośny, nie najgorszy; **tolerable weather** – znośna pogoda; **tolerable food** – nie najgorsze jedzenie

tolerance ['tɒlərəns] tolerancja; **to behave with tolerance towards the others** – zachowywać się z tolerancją wobec innych

tolerant ['tɒlərənt] tolerancyjny

tolerate ['tɒləreɪt] tolerować, znosić; *I won't tolerate your smoking.* – Nie będę tolerować tego, że palisz.

tomato [tə'mɑ:təʊ] (*l.mn.* **tomatoes** [tə'mɑ:təʊz]) pomidor

tomb [tu:m] grób, grobowiec

tombstone ['tu:mstəʊn] nagrobek

tomorrow [tə'mɒrəʊ] jutro

ton [tʌn] miara wagi (= *1016 kg*); **a long ton** = 2240 lb (2240 funtów); **a short ton** = 2000 lb (2000 funtów); **to weigh a ton** – bardzo dużo ważyć; *Your suitcase weighs a ton.* – Twoja walizka strasznie dużo waży.

tone [təʊn] ❶ ton; *She spoke in a friendly tone.* – Mówiła przyjaznym tonem. ❷ dźwięk, brzmienie; *The piano has beautiful tone.* – Ten fortepian ma piękny dźwięk.

tongs [tɒŋz] szczypce; **sugar tongs** – szczypczyki do cukru

tongue [tʌŋ] ❶ *anat.* język; *The little boy stuck out his tongue at me.* – Chłopczyk pokazał mi język. ❷ język, mowa; **one's native tongue/one's mother tongue** – język ojczysty

tonic ['tɒnɪk] ❶ środek wzmacniający/ /tonizujący ❷ tonik (*woda gazowana z dodatkiem chininy*)

tonight [tə'naɪt] dzisiaj wieczorem, dziś w nocy

tonne [tʌn] tona (= *1000 kg*)

too [tu:] ❶ również, też; *My sister wants to come, too.* – Moja siostra też chce przyjść. ❷ zbyt; *He drives too fast.* – On jedzie za szybko. *The tea is too hot to drink.* – Herbata jest za gorąca, żeby ją wypić.

took [tʊk] *p.* **take (took, taken)**

tool [tu:l] narzędzie

tooth [tu:θ] (*l.mn.* **teeth** [ti:θ]) ząb; **to brush/to clean one's teeth** – umyć zęby; **to have a tooth out** – mieć wyrwany ząb, kazać wyrwać ząb

toothache ['tu:θeɪk] ból zęba

t

toothbrush ['tu:θbrʌʃ] szczoteczka do zębów

toothpaste ['tu:θpeɪst] pasta do zębów

top¹ [tɒp] ❶ szczyt, najwyższy punkt; **the top of the mountain** – szczyt góry; **to reach the top** – wejść na szczyt, sięgać/sięgnąć szczytu; **on top** – na wierzchu, na szczycie; **to shout at the top of one's voice** – krzyczeć z całych sił ❷ nakrętka, wieczko; **a bottle top** – nakrętka/kapsel butelki

top² [tɒp] ❶ najwyższy; **the top floor** – najwyższe piętro; **at top speed** – z najwyższą prędkością; **top secret** – ściśle tajny ❷ najlepszy, pierwszy; *He is our top student.* – On jest naszym najlepszym studentem.

topic ['tɒpɪk] temat (*rozmowy, dyskusji*); **to bring up a topic** – podjąć/wprowadzić temat

topography [tə'pɒgrəfɪ] topografia

torch [tɔ:tʃ] ❶ latarka ❷ pochodnia

tore [tɔ:] *p.* **tear² (tore, torn)**

torn [tɔ:n] *p.* **tear² (tore, torn)**

tornado [tɔ:'neɪdəʊ] tornado, huragan, trąba powietrzna; *The tornado struck several cities.* – Tornado nawiedziło kilka miast.

torrent ['tɒrənt] potok; *The rain came down in torrents.* – Deszcz lał strumieniami. *The river become a torrent.* – Rzeka stała się rwącym potokiem. **a torrent of abuse** – potok obelg

torrential [tə'renʃl] ulewny; **torrential rains** – ulewne deszcze

tortoise ['tɔ:təs] żółw

torture¹ ['tɔ:tʃə] tortura; **to inflict tortures on sb** – zadawać komuś tortury; **to undergo tortures** – przechodzić tortury; *It was torture to hear her sing.* – Słuchanie jej śpiewu było istną torturą.

torture² ['tɔ:tʃə] torturować; *He was tortured into confessing.* – Zmuszono go torturami do wyznania. *We were tortured with anxiety.* – Przechodziliśmy męki niepokoju.

toss [tɒs] rzucać; *Toss the ball to me.* – Rzuć do mnie piłkę. *He was tossing in his sleep.* – Rzucał się we śnie. *The captains tossed a coin before the match.* – Kapitanowie rzucali monetę przed meczem.

total¹ ['təʊtl] całkowity, kompletny; *It was a total failure.* – To była całkowita klęska.

total² ['təʊtl] suma ogólna/globalna, liczba ogólna/globalna, kwota ogólna

totally ['təʊtlɪ] całkowicie; *He is totally deaf.* – On jest całkowicie głuchy.

touch¹ [tʌtʃ] ❶ dotykać; *Don't touch the door – the paint is still wet.* – Nie dotykaj drzwi – farba jest jeszcze mokra. ❷ wzruszać; *His story touched us all.* – Jego historia wzruszyła nas wszystkich.

touch² [tʌtʃ] ❶ dotknięcie, dotyk; *The cloth is soft to the touch.* – Materiał jest miękki w dotyku. *It fell into pieces at the touch of my hand.* – To rozpadło się na kawałki przy dotknięciu ręką. **to put some finishing touches** – zrobić końcowe poprawki ❷ kontakt; *I'll be in touch with you.* – Będę z tobą w kontakcie. *How to get in touch with him?* – Jak się z nim skontaktować? *I'm out of touch with the present situation.* – Nie jestem zorientowana w obecnej sytuacji. ❸ odrobina; *There is a touch of frost in the air.* – Czuje się lekki mróz w powietrzu. *I've got a touch of flu.* – Mam lekką grypę.

touchdown ['tʌtʃdaʊn] moment lądowania samolotu

touching ['tʌtʃɪŋ] wzruszający

tough [tʌf] ❶ silny, mocny, wytrzymały; *He's seventy, but he is still very tough.* – Ma siedemdziesiąt lat, ale jeszcze jest bardzo silny. **tough cloth** – mocny/wytrzymały materiał ❷ trudny; **a tough problem** – trudny problem; **a tough job** – ciężkie zadanie ❸ surowy, ostry; *The police are tough on drunk drivers.* – Policja jest surowa dla pijanych kierowców. ❹ (*o mięsie*) twardy

tour¹ [tʊə] ❶ objazd, podróż, tournée; **to go on a tour round Europe** – wybrać się w podróż po Europie; **a package**

tour – zorganizowana wycieczka (*najczęściej zagraniczna*); *The orchestra is now on tour in America.* – Orkiestra odbywa teraz tournée po Ameryce. ❷ zwiedzanie, obchód; **a tour of the palace** – zwiedzanie pałacu

tour² [tʊə] objeżdżać, zwiedzać; **to tour America** – zwiedzać Amerykę

tourism ['tʊərɪzm] turystyka

tourist ['tʊərɪst] turysta

tournament ['tʊənəmənt] zawody, turniej; **to hold a tennis tournament** – organizować turniej tenisa

tow [təʊ] holować; *We towed the damaged car to the nearest service station.* – Zaholowaliśmy uszkodzony samochód do najbliższej stacji obsługi.

towards [tə'wɔ:dz] w kierunku; *He was walking towards me.* – Szedł w moim kierunku.

towel ['taʊəl] ręcznik

tower¹ ['taʊə] wieża; **a church tower** – wieża kościelna; **a TV-tower** – wieża telewizyjna; **the Tower of London** – Twierdza Tower

tower² ['taʊə] górować; *As a scientist she towers over her colleagues.* – Jako naukowiec ona góruje nad swoimi kolegami.

tower-block ['taʊə blɒk] wieżowiec

town [taʊn] miasto

town hall [,taʊn 'hɔ:l] ratusz

toxic ['tɒksɪk] *med.* toksyczny, trujący

toxin ['tɒksɪn] trucizna, toksyna

toy [tɔɪ] zabawka

trace¹ [treɪs] wytropić, wyśledzić, odnaleźć ślad; *The police have traced the stolen paintings.* – Policja odnalazła skradzione obrazy./Policja wpadła na ślad skradzionych obrazów. *She has traced her origins back to the twelfth century.* – Odnalazła początki swojego rodu sięgające XII wieku.

trace² [treɪs] ślad, znak, trop; *They disappeared without a trace.* – Zniknęli bez śladu.

track¹ [træk] ❶ ślad, trop; *The police are on the track of the burglar.* – Policja jest na tropie włamywacza. *There were car tracks in the sand.* – Na piasku były ślady kół samochodu. ❷ tor; **a motor-racing track** – tor wyścigowy (*dla samochodów*); **a railway track** – tor kolejowy ❸ droga, trakt, szlak

track² [træk] ścigać, iść po śladzie; **to track down a fox** – tropić lisa

tracksuit ['træksju:t] dres

tractor ['træktə] traktor

trade¹ [treɪd] ❶ handel; **foreign trade** – handel zagraniczny; **to carry on trade with many countries** – prowadzić handel z wieloma krajami ❷ branża, przemysł; *He is in clothing trade.* – On pracuje w branży odzieżowej. **tourist trade** – hotelarstwo/ /turystyka ❸ rzemiosło, fach; *He is a carpenter by trade.* – On jest z zawodu stolarzem.

trade² [treɪd] ❶ prowadzić handel, dokonywać transakcji; **to trade with many countries** – prowadzić handel z wieloma krajami ❷ wymienić, dokonać handlu wymiennego; *He traded his bicycle for a skateboard.* – Wymienił swój rower na deskorolkę.

trade mark ['treɪd mɑ:k] znak handlowy; **a registered trade mark** – zastrzeżony znak handlowy

tradesman ['treɪdzmən] (*l.mn.* **tradesmen** ['treɪdzmən]) handlowiec, dostawca

trade union [,treɪd 'ju:njən] związek zawodowy

tradition [trə'dɪʃn] tradycja; **to maintain/to preserve a tradition** – zachowywać tradycję; **according to tradition/by tradition** – zgodnie z tradycją

traditional [trə'dɪʃənl] tradycyjny

traffic ['træfɪk] ruch uliczny; **to direct traffic** – kierować ruchem ulicznym; **to hold up traffic** – wstrzymać ruch uliczny; *There is a lot of traffic on Friday afternoon.* – Zazwyczaj jest duży ruch w piątek po południu.

traffic jam ['træfɪk dʒæm] korek, zator uliczny

t

traffic lights ['træfık laıts] światła sygnalizacyjne

traffic ticket ['træfık tıkıt] mandat za nieprawidłowe prowadzenie pojazdu

tragedy ['trædʒıdı] (*l.mn.* **tragedies**) tragedia

trail[1] [treıl] ❶ ciągnąć (się), wlec (się); *The children trailed behind their mother.* – Dzieci wlokły się za matką. ❷ iść śladem

trail[2] [treıl] ❶ ślad; *The wounded animal left a trail of blood.* – Ranne zwierzę zostawiło ślad krwi. *The police are on the trail of the murderer.* – Policja jest na tropie mordercy. ❷ droga, ścieżka, szlak

trailer ['treılə] przyczepa

train[1] [treın] ❶ pociąg; **to go/to travel by train** – jechać/podróżować pociągiem; **to change trains** – przesiadać się z pociągu do pociągu; **to miss a train** – spóźnić się na pociąg; **to catch a train** – zdążyć na pociąg; **on a train** – w pociągu; *I met him on the train.* – Spotkałem go w pociągu. ❷ ciąg, pasmo, szereg; *He interrupted my train of thought.* – Przerwał moje rozmyślania/mi ciąg myśli. ❸ tren (*sukni*)

train[2] [treın] ❶ trenować; *He is training for the Olympics.* – On trenuje do Olimpiady. ❷ uczyć się, szkolić się, kształcić się; *He's training to be a teacher.* – On kształci się na nauczyciela. ❸ tresować; **to train a dog** – tresować psa

trainer ['treınə] trener, treser

trainers ['treınəz] adidasy, trampki

training ['treınıŋ] ❶ trening ❷ nauka, szkolenie; *He received a good training.* – Otrzymał dobre przeszkolenie/ /wyszkolenie. ❸ tresura

traitor ['treıtə] zdrajca; **a traitor to one's country** – zdrajca ojczyzny

tram [træm] tramwaj

tramline ['træmlaın] linia tramwajowa, tory tramwajowe

tramp [træmp] włóczęga

trance [trɑ:ns] trans; **to go into a trance** – wpaść w trans

tranquil ['træŋkwıl] spokojny, cichy; **a tranquil life in the country** – spokojne życie na wsi

tranquilizer ['træŋkwılaızə] *farm.* środek uspokajający

transaction [træn'zækʃn] transakcja; **to conduct financial transactions with** – prowadzić transakcje finansowe z

transatlantic [,trænzət'læntık] transatlantycki; **a transatlantic flight** – lot transatlantycki/przez Atlantyk

transcontinental ['trænz,kɒntı'nentl] transkontynentalny; **a transcontinental railway** – kolej transkontynentalna

transfer[1] [træns'fɜ:] (**-rr-**) przenieść; *He has been transferred to another department.* – Został przeniesiony do innego wydziału/oddziału.

transfer[2] ['trænsfɜ:] przeniesienie

transform [træns'fɔ:m] przetworzyć, zmienić, przekształcić; *His character has been transformed.* – Jego charakter się zmienił. **to transform heat into energy** – przetwarzać ciepło na energię; **to transform current from one voltage to another** – zmieniać napięcie prądu

transformation [,trænsfə'meıʃn] zmiana, transformacja, przeobrażenie

transformer [træns'fɔ:mə] transformator

transfusion [træns'fju:ʒn] transfuzja; **to give sb a blood transfusion** – zrobić komuś transfuzję krwi

transistor [træn'sıstə] tranzystor

transit ['trænsıt] tranzyt

transit visa ['trænsıt vi:zə] wiza tranzytowa

translate [træns'leıt] tłumaczyć; *Translate the text from German into English.* – Przetłumacz tekst z niemieckiego na angielski.

translation [træns'leıʃn] tłumaczenie

translator [træns'leıtə] tłumacz

transmit [trænz'mıt] (**-tt-**) ❶ transmitować, nadawać, przekazywać; **to transmit a message by radio** – przekazywać wiadomość drogą radiową ❷ przenosić, przekazywać; *Iron transmits heat.* – Żelazo przewodzi ciepło. *This infection is transmitted by birds.* – Ta infekcja jest przenoszona przez ptaki.

transparent [træns'pærənt] ❶ przezroczysty ❷ jasny, zrozumiały

transport[1] ['trænspɔ:t] ❶ transport, przewóz; **the transport of goods** – przewóz towarów ❷ komunikacja; **public transport** – komunikacja publiczna; **means of transport** – środki komunikacji/transportu

transport[2] [træns'pɔ:t] transportować, przewozić

trap[1] [træp] pułapka; **to set a trap for mice** – zastawić pułapkę na myszy; **to fall into a trap** – wpaść w pułapkę

trap[2] [træp] **(-pp-)** złapać w pułapkę; *They were trapped underground.* – Nie mogli się wydostać spod ziemi./ /Zostali uwięzieni pod ziemią.

travel[1] ['trævl] **(-ll-)** podróżować; **to travel all over the world** – podróżować po całym świecie; **to travel by air** – podróżować samolotem; **to travel by sea** – podróżować drogą morską; **to travel first/second class** – podróżować pierwszą/drugą klasą; *Light travels faster than sound.* – Światło porusza się z większą prędkością niż dźwięk.

travel[2] ['trævl] podróż; *Travel broadens the mind.* – Podróże kształcą/poszerzają horyzonty myślowe.

travel agency ['trævl eɪdʒənsɪ] agencja turystyczna

traveller ['trævlə] podróżnik, podróżny

traveller's cheque [ˌtrævləz 'tʃek] czek podróżniczy

tray [treɪ] taca

treacherous ['tretʃrəs] ❶ zdradliwy, niebezpieczny; *There are some treacherous currents in the river.* – W rzece są zdradliwe prądy. ❷ zdradziecki; **a treacherous plot** – zdradziecki spisek

treason ['tri:zn] zdrada stanu

treasure ['treʒə] skarb

treasurer ['treʒərə] skarbnik

treasury ['treʒərɪ] ❶ skarbiec ❷ **the Treasury** – Skarb Państwa

treat[1] [tri:t] ❶ traktować; *He treats us like children.* – On nas traktuje jak dzieci. ❷ traktować, omawiać; *Her book treats of economic problems.* – Jej książka traktuje o problemach ekonomicznych. ❸ leczyć; *He is being treated for the heart trouble with a new drug.* – On jest leczony na serce za pomocą nowego środka.

treat[2] [tri:t] wielka przyjemność; *It's a great treat for the children to have ice-cream for tea.* – Wielką przyjemnością dla dzieci jest podwieczorek z lodami.

treatment ['tri:tmənt] ❶ traktowanie; **brutal treatment of prisoners** – brutalne traktowanie więźniów ❷ leczenie, terapia; **to undergo treatment for cancer** – poddać się leczeniu raka

treaty ['tri:tɪ] (*l.mn.* **treaties**) traktat; **a peace treaty** – traktat pokojowy; **to sign a treaty** – podpisać traktat

tree [tri:] drzewo

tremble ['trembl] drżeć; **to tremble with fear** – drżeć ze strachu; **to tremble from the cold** – drżeć z zimna

tremendous [trɪ'mendəs] ❶ olbrzymi, ogromny; **a tremendous explosion** – olbrzymia eksplozja; **a tremendous speed** – ogromna szybkość ❷ wspaniały, niezwykły; **a tremendous party** – wspaniałe przyjęcie

trench [trentʃ] rów, okop

trend [trend] kierunek, trend, tendencja

trespass ['trespəs] wchodzić/wkraczać na cudzy teren; **to trespass on sb's private property** – wchodzić bez zezwolenia na czyjś teren prywatny; **to trespass on sb's hospitality** – nadużywać czyjejś gościnności; **to trespass on sb's time** – zabierać komuś czas

trespasser ['trespəsə] człowiek wchodzący bez pozwolenia na cudzy teren, intruz; *Trespassers will be prosecuted.* – Osoby wchodzące bez zezwolenia będą ukarane./Zabrania się wchodzenia na teren./Przejście wzbronione pod groźbą kary.

trial ['traɪəl] ❶ proces; *He was on trial for murder.* – Był sądzony w procesie o morderstwo. ❷ próba, test; *He gave the car a trial before he bought it.* – Wypróbował samochód, zanim go kupił. **a trial period** – okres próbny; **by trial and error** – metodą prób i błędów ❸ próba cierpliwości, ciężkie doświadczenie; *He is a trial to his parents.* – On jest utrapieniem dla swoich rodziców.

triangle ['traɪæŋgl] trójkąt

triangular [traɪ'æŋgjʊlə] trójkątny

tribunal [traɪ'bju:nl] trybunał

tributary ['trɪbjʊtərɪ] dopływ (*rzeki*)

tribute ['trɪbju:t] ❶ hołd; **to pay tribute** – składać hołd ❷ danina, haracz

trick[1] [trɪk] ❶ sztuczka (*magiczna*); **to do/to perform tricks** – robić sztuczki ❷ żart, kawał; **to play a trick on sb** – zrobić komuś kawał ❸ podstęp, chwyt; *He got the money from me by a trick.* – Podstępem wyłudził ode mnie pieniądze.

trick[2] [trɪk] oszukać; *He was tricked out of his money.* – Wyłudzono od niego pieniądze. *He was tricked into accepting the offer.* – Skłoniono go podstępem, żeby przyjął tę propozycję.

tricky ['trɪkɪ] (**-ier, -iest**) ❶ trudny, zawiły; **a tricky problem** – problem mogący spowodować nieoczekiwane trudności ❷ zręczny, sprytny, podstępny; **a tricky person** – sprytna/ /podstępna osoba

tried [traɪd] *p.* **try**[1] (**-ies, -ied, -ying**)

tries [traɪz] *p.* **try**[1, 2] (**-ies, -ied, -ying**)

trigger ['trɪgə] spust (*rewolweru*); **to press/to squeeze/to pull the trigger** – pociągnąć za spust

trim[1] [trɪm] (**-mm-**) ❶ przystrzyc, ostrzyc, przyciąć; **to trim hair** – przystrzyc włosy; **to trim the hedge** – przystrzyc żywopłot ❷ przybrać, przystroić; **a hat trimmed with flowers** – kapelusz przybrany kwiatami

trim[2] [trɪm] dobrze utrzymany, porządny, zadbany; **a trim garden** – zadbany ogród

trip[1] [trɪp] podróż, wycieczka; **to go on a trip** – wybrać się w podróż; **to take a trip** – pojechać, wybrać się; *We took a trip to the seaside last weekend.* – W zeszły weekend pojechaliśmy nad morze. **a business trip** – podróż służbowa; **a round-the-world trip** – podróż dookoła świata

trip[2] [trɪp] (**-pp-**) potknąć się; *He tripped over the fallen tree.* – Potknął się o leżące drzewo.

triumph ['traɪəmf] triumf, sukces; **shouts of triumph** – okrzyki triumfu; *They returned home in triumph.* – Wrócili do domu w chwale.

triumphant [traɪ'ʌmfənt] triumfujący, zwycięski, radosny; *He was triumphant over passing the exam.* – Był radosny/Triumfował z powodu zdania egzaminu.

trolley ['trɒlɪ] ❶ stolik/barek na kółkach ❷ wózek (*na zakupy*) w sklepie samoobsługowym ❸ rodzaj wózka do przewożenia bagażu, towarów itp.

troop [tru:p] ❶ zastęp, grupa; **a troop of children** – grupa dzieci; **a troop of soldiers** – oddział wojska ❷ **troops** – wojsko, wojska

trophy ['trəʊfɪ] (*l.mn.* **trophies**) trofeum

tropic ['trɒpɪk] zwrotnik; **the Tropic of Cancer** – zwrotnik Raka; **the Tropic of Capricorn** – zwrotnik Koziorożca

tropical ['trɒpɪkl] tropikalny, podzwrotnikowy

tropics ['trɒpɪks] tropik, obszar gorącego klimatu między zwrotnikami; **to live in the tropics** – mieszkać w tropikach

trouble[1] ['trʌbl] ❶ kłopot, zmartwienie; *The trouble is I have no money.* – Kłopot w tym, że nie mam pieniędzy. *Our troubles are over.* – Koniec naszych kłopotów./Nasze kłopoty się skończyły. *I had some trouble opening the door.* – Miałem problemy/kłopoty z otwarciem drzwi. ❷ kłopot, trud, niewygoda; *I don't want to be any trouble to you.* – Nie chcę ci sprawiać kłopotu. **to take trouble** – zadać sobie trud; *I took the trouble to find the document.* – Zadałam sobie trud, żeby odnaleźć ten dokument. ❸ dolegliwość; *He has a lot of trouble with his back.* – On ma duże kłopoty z kręgosłupem. **stomach trouble** – dolegliwości żołądka; **heart trouble** – choroba serca

trouble² ['trʌbl] ❶ sprawić kłopot; *I'm sorry to trouble you.* – Przepraszam, że sprawiam kłopot. ❷ robić sobie kłopot; *She didn't even trouble to lock the door.* – Nawet nie zadała sobie trudu, żeby zamknąć drzwi na klucz. *Don't trouble to buy the ticket for me.* – Nie fatyguj się i nie kupuj biletu dla mnie.

troubled ['trʌbld] zmartwiony; *We were troubled to hear the news.* – Zmartwiliśmy się słysząc tę wiadomość.

troublesome ['trʌblsəm] kłopotliwy, sprawiający kłopot; **a troublesome problem** – trudny problem; **troublesome children** – dzieci sprawiające kłopoty

trousers ['traʊzəz] spodnie; **a pair of trousers** – para spodni

trout [traʊt] (*l.mn.* **trout**) pstrąg

truant ['tru:ənt] wagarowicz; **to play truant** – iść na wagary

truck [trʌk] ❶ ciężarówka ❷ wagon towarowy (*otwarty*), platforma

true [tru:] prawdziwy; *Is it a true story?* – Czy to prawdziwa historia? *Is it true?* – Czy to prawda? **to come true** – spełnić się, urzeczywistnić się; *Her dream will never come true.* – Jej marzenie nigdy się nie spełni. **a true friend** – prawdziwy przyjaciel

truly ['tru:lı] ❶ szczerze; *I'm truly grateful.* – Jestem naprawdę wdzięczny. **Yours truly** – Z poważaniem (*zakończenie oficjalnego listu*) ❷ prawdziwie, naprawdę, rzeczywiście

trumpet ['trʌmpıt] trąbka

trunk [trʌŋk] ❶ pień (*drzewa*) ❷ kufer, waliza ❸ trąba słonia ❹ *am.* bagażnik samochodu

trunk-call ['trʌŋkkɔ:l] rozmowa międzymiastowa

trunks ['trʌŋks] spodenki kąpielowe, kąpielówki

trust¹ [trʌst] zaufanie; *I have a perfect trust in him.* – Mam do niego całkowite/pełne zaufanie.

trust² [trʌst] ufać, wierzyć, mieć zaufanie; *I trust her to pay back the money.* – Wierzę, że ona odda pieniądze.

trustworthy ['trʌst,wɜ:ðı] godny zaufania

truth [tru:θ] prawda; **to tell the truth** – powiedzieć prawdę

truthful ['tru:θfʊl] ❶ prawdomówny ❷ prawdziwy, zgodny z prawdą

try¹ [traı] **(-ies, -ied, -ying)** ❶ próbować, usiłować; *He tried to push the car.* – Próbował popchnąć samochód. *He tried pushing the car to start it.* – Pchając samochód próbował go uruchomić. ❷ sądzić; *He was tried for murder and found guilty.* – Był sądzony/Miał proces o morderstwo i został uznany za winnego.

◆ **try on** – przymierzyć; *I'd like to try this coat on.* – Chciałabym przymierzyć ten płaszcz.

◆ **try out** – wypróbować; *They are trying out the new equipment.* – Wypróbowują nowy sprzęt.

try² [traı] (*l.mn.* **tries**) usiłowanie, próba; *Can I have a try?* – Czy mogę spróbować?

trying ['traııŋ] ❶ męczący, irytujący; *He is a very trying person.* – On jest bardzo męczącą osobą. ❷ męczący, ciężki, trudny; **a trying day** – męczący dzień

tsp = teaspoonful

T-shirt ['ti:ʃɜ:t] bawełniana koszulka z krótkimi rękawami

tube [tju:b] ❶ tuba; **a tube of toothpaste** – tubka pasty do zębów ❷ rura, przewód; **an inner tube of a car tyre** – dętka opony samochodowej ❸ **the tube** – *bryt.* metro; **to travel by tube** – jechać metrem

Tuesday ['tju:zdı/'tju:zdeı] wtorek

t

tuition [tju:'ɪʃn] nauczanie; **to have private tuition in English** – mieć prywatne lekcje angielskiego

tulip ['tju:lɪp] *bot.* tulipan

tumbler ['tʌmblə] szklanka do napojów

tummy ['tʌmɪ] (*l.mn.* **tummies**) brzuszek

tuna ['tju:nə] (*l.mn.* **tuna**) *zool.* tuńczyk

tune¹ [tju:n] melodia; **to whistle a tune** – gwizdać melodię; **to sing out of tune** – śpiewać fałszując; **to sing in tune** – śpiewać czysto

tune² [tju:n] nastroić; **to tune a piano** – nastroić pianino; **to tune in** – nastawić radio; *I tuned the radio in to the local station.* – Nastawiłem radio na rozgłośnię lokalną.

tunnel ['tʌnl] tunel

turban ['tɜ:bən] turban

turbine ['tɜ:baɪn] turbina

turbulence ['tɜ:bjʊləns] turbulencja, burzliwość, niepokój

turbulent ['tɜ:bjʊlənt] turbulentny, burzliwy, niespokojny; **turbulent times** – niespokojne czasy; **a turbulent sea voyage** – burzliwa podróż morska

tureen [tju:'ri:n] waza (*do zupy*)

turkey ['tɜ:kɪ] *zool.* indyk

turn¹ [tɜ:n] ❶ skręcić; *Turn right.* – Skręć w prawo. ❷ obrócić, zwrócić, odwrócić, skierować; *She turned her eyes towards him.* – Zwróciła/Obróciła oczy na niego. *He turned against his friends.* – Zwrócił się przeciwko swoim przyjaciołom. *He turned to his family for help.* – Zwrócił się do swojej rodziny o pomoc. ❸ zmienić, zamienić się; *Water turns into ice.* – Woda zamienia się w lód. *His love turned into hate.* – Jego miłość zmieniła się w nienawiść. ❹ stać się, zrobić się; *Her hair turned grey.* – Jej włosy zrobiły się siwe/osiwiały. *She turned white.* – Zbladła. *The weather turned cold.* – Zrobiło się zimno.

◆ **turn down** – (a) odmówić, odrzucić; *She turned down their offer.* – Odrzuciła ich propozycję. (b) ściszyć, przykręcić, nastawić ciszej

◆ **turn off** – wyłączyć; *Turn off the gas before you go out.* – Wyłącz gaz, zanim wyjdziesz.

◆ **turn on** – włączyć; *Turn on the radio, the news is about to start.* – Włącz radio, mają się właśnie zacząć wiadomości.

◆ **turn out** – (a) okazać się; *He turned out to be a spy.* – On okazał się szpiegiem. (b) wyrzucić (kogoś); *The teacher turned him out of the classroom.* – Nauczyciel wyrzucił go z klasy.

◆ **turn over** – (a) przewrócić, odwrócić; *The car skidded and turned over.* – Samochód wpadł w poślizg i przewrócił się. (b) rozważać, zastanawiać się (nad czymś); *She turned the problem over in her mind.* – Zastanawiała się głęboko nad problemem.

◆ **turn up** – (a) pojawić się, zjawić się; *When they turned up everybody else were leaving.* – Kiedy się pojawili, wszyscy pozostali już wychodzili. (b) wzmocnić (*głos*), nastawić głośniej; **to turn up the radio** – nastawić radio głośniej

turn² [tɜ:n] ❶ skręt, obrót, zwrot; **to make a turn** – zrobić obrót/skręt; **a turn to the right** – skręt w prawo ❷ kolej, kolejność; *It's your turn to wash up today.* – Dzisiaj twoja kolej na zmywanie. **to wait one's turn** – czekać na swoją kolej; **to take turns** – robić coś na zmianę z kimś; *We took turns at driving.* – Prowadziliśmy na zmianę. ❸ punkt zwrotny, przełom; *The situation took a turn for the better.* – Sytuacja zmieniła się na lepsze. **at the turn of the century** – na przełomie wieku

turning ['tɜ:nɪŋ] skrzyżowanie, przecznica; *Take the first turning to the right.* – Skręć w pierwszą przecznicę w prawo.

turquoise ['tɜ:kwɔɪz] turkus

turtle ['tɜ:tl] *zool.* żółw

tutor ['tju:tə] ❶ nauczyciel prywatny ❷ nauczyciel akademicki prowadzący indywidualnie grupę studentów

t

TV [ˌti:'vi:] = **television**

tweed [twi:d] tweed (*rodzaj tkaniny*)

twelfth (12th) [twelfθ] dwunasty

twelve [twelv] dwanaście

twentieth (20th) ['twentɪɪθ] dwudziesty

twenty ['twentɪ] ❶ dwadzieścia ❷ **twenties** – liczby pomiędzy 20 a 29; *He is in his twenties.* – On ma dwadzieścia kilka lat. **in the twenties** – w latach dwudziestych

twice [twaɪs] dwa razy; **twice a week** – dwa razy w tygodniu; *I work twice as hard as him.* – Pracuję dwa razy ciężej niż on.

twig [twɪg] gałązka

twilight ['twaɪlaɪt] półmrok, zmierzch

twin [twɪn] bliźniak; **my twin brother** – mój brat bliźniak

twist [twɪst] skręcić, wykręcić; *The path twisted and turned through the forest.* – Ścieżka wiła się przez las. *He fell and twisted his ankle.* – Upadł i skręcił nogę w kostce. **twist off** – odkręcić; *Twist the lid off the jar.* – Odkręć nakrętkę słoika.

two [tu:] dwa

two-way [ˌtu:'weɪ] dwukierunkowy; **a two-way street** – ulica dwukierunkowa

type[1] [taɪp] typ, rodzaj; **that type of person** – osoba tego typu

type[2] [taɪp] druk

type[3] [taɪp] pisać na maszynie

typewriter ['taɪpˌraɪtə] maszyna do pisania

typical ['tɪpɪkl] typowy

typist ['taɪpɪst] maszynistka

tyranny ['tɪrənɪ] tyrania

tyrant ['taɪərənt] tyran

tyre ['taɪə] opona; **a flat tyre** – opona bez powietrza

U

ugliness ['ʌglɪnɪs] brzydota

ugly ['ʌglɪ] brzydki

ultrasonic [ˌʌltrə'sɒnɪk] (*o fali*) ultradźwiękowy

ultraviolet [ˌʌltrə'vaɪələt] nadfioletowy, ultrafioletowy; **ultraviolet light** – światło ultrafioletowe

umbrella [ʌm'brelə] parasol; **to open an umbrella** – otworzyć parasol; **to fold an umbrella** – złożyć parasol

umpire ['ʌmpaɪə] sędzia sportowy (*w tenisie, koszykówce, lekkiej atletyce, pływaniu itp.*)

un- [ʌn] przedrostek negatywny: nie-, bez-

unable [ʌn'eɪbl] niezdolny, nie będący w stanie; *She is unable to come because she is ill.* – Ona nie może przyjść, ponieważ jest chora.

unacceptable [ˌʌnək'septəbl] nie do przyjęcia

unaccustomed [ˌʌnəˈkʌstəmd] nie przyzwyczajony; *I'm unaccustomed to speak in public.* – Nie jestem przyzwyczajony do przemawiania publicznego.

unafraid [ˌʌnəˈfreɪd] nie bojący się, nie odczuwający strachu

unanimous [ju:ˈnænɪməs] jednogłośny; **to be elected by a unanimous vote** – być wybranym jednogłośnie

unarmed [ˌʌnˈɑ:md] nieuzbrojony

unattended [ˌʌnəˈtendɪd] bez opieki, bez dozoru; *She left her children home unattended.* – Zostawiła dzieci w domu bez opieki.

unattractive [ˌʌnəˈtræktɪv] nieładny

unavoidable [ˌʌnəˈvɔɪdəbl] nieunikniony

unaware [ˌʌnəˈweə] nieświadomy, nie zdający sobie sprawy; *He was unaware that he was being watched.* – Nie zdawał sobie sprawy z tego, że jest śledzony.

U

unawares [ˌʌnəˈweəz] ❶ znienacka, niespodziewanie; *I caught her unawares when she was searching my room.* – Zaskoczyłam ją, kiedy przeszukiwała mój pokój. ❷ nieświadomie, mimo woli

unbalanced [ˌʌnˈbælənst] niezrównoważony; **mentally unbalanced** – psychicznie niezrównoważony

unbearable [ʌnˈbeərəbl] nie do zniesienia; *The noise in the class was unbearable.* – Hałas w klasie był nie do zniesienia.

unbelievable [ˌʌnbɪˈli:vəbl] nie do wiary, niewiarygodny; *It was unbelievable luck that they survived.* – To było niewiarygodne szczęście, że ocaleli.

unborn [ˌʌnˈbɔ:n] nie narodzony

uncertain [ʌnˈsɜ:tn] niepewny; *The weather is uncertain.* – Pogoda jest niepewna. *I'm uncertain when they are coming.* – Nie jestem pewien, kiedy przychodzą.

uncertainty [ʌnˈsɜ:tntɪ] niepewność

unchanged [ˌʌnˈtʃeɪndʒd] nie zmieniony

uncle [ˈʌŋkl] wuj, stryj

uncomfortable [ʌnˈkʌmfətəbl] niewygodny

uncommon [ʌnˈkɒmən] niezwykły, rzadko spotykany; **an uncommon sight** – niezwykły/rzadko spotykany widok

unconscious [ʌnˈkɒnʃəs] ❶ nieprzytomny; *She remained unconscious for three hours.* – Była nieprzytomna przez trzy godziny. ❷ nieświadomy; *I was unconscious of having offended her.* – Byłam nieświadoma, że ją obraziłam.

uncooked [ˌʌnˈkʊkt] surowy, nie gotowany

uncountable [ˌʌnˈkaʊntəbl] niepoliczalny; **uncountable nouns** – rzeczowniki niepoliczalne

uncover [ʌnˈkʌvə] odkryć, odsłonić

undecided [ˌʌndɪˈsaɪdɪd] niezdecydowany; *He was undecided whether to go or stay.* – Był niezdecydowany czy pójść, czy zostać. *I'm still undecided as to how to travel.* – Jestem ciągle niezdecydowana, czym jechać.

under [ˈʌndə] ❶ pod; **under the table** – pod stołem; **to be under the impression (that...)** – być pod wrażeniem (że...); *Everything is under control.* – Wszystko jest pod kontrolą. *He is under the influence of his friends.* – On jest pod wpływem swoich przyjaciół. ❷ poniżej; **children under 7 years of age** – dzieci poniżej siódmego roku życia; *It cost under £10.* – To kosztowało poniżej 10 funtów. ❸ według, zgodnie z, przy; **under the terms of the contract** – zgodnie z warunkami kontraktu; **under the circumstances** – w danych okolicznościach

underclothes [ˈʌndəkləʊðz] bielizna

underdone [ˌʌndəˈdʌn] nie dosmażony, nie dogotowany

undergo [ˌʌndəˈgəʊ] (**underwent, undergone** [ˌʌndəˈwent, ˌʌndəˈgɒn]) przejść, doznać, przeżyć; *He has to undergo a serious heart operation.* – On musi przejść poważną operację serca.

undergraduate [ˌʌndəˈgrædjʊət] student

underground[1] ['ʌndəgraʊnd] podziemny; **an underground passage** – przejście podziemne, korytarz podziemny; **the underground resistance movement** – podziemny ruch oporu

underground[2] ['ʌndəgraʊnd] ❶ *bryt.* metro; **to go by the underground** – pojechać metrem ❷ podziemie (*podziemny ruch oporu*); **to join the underground** – przyłączyć się do podziemia

undergrowth ['ʌndəgrəʊθ] poszycie leśne

underline ['ʌndəlaɪn] podkreślić

underneath [,ʌndə'ni:θ] ❶ pod spodem, poniżej; *She was wearing a fur coat but nothing underneath.* – Miała na sobie futro, ale nic pod spodem. ❷ pod; *She found a five pound note underneath the carpet.* – Znalazła banknot pięciofuntowy pod dywanem.

undernourished [,ʌndə'nʌrɪʃt] niedożywiony

understand [,ʌndə'stænd] **(understood, understood** [,ʌndə'stʊd, ,ʌndə'stʊd]) rozumieć; *I don't understand what he says.* – Nie rozumiem, co on mówi. *He gave me to understand that...* – Dał mi do zrozumienia, że...

understandable [,ʌndə'stændəbl] zrozumiały

understanding[1] [,ʌndə'stændɪŋ] pełen wyrozumiałości, pełen zrozumienia, rozumiejący

understanding[2] [,ʌndə'stændɪŋ] ❶ rozumienie, pojmowanie; *He has a good understanding of the subject.* – On dobrze rozumie ten temat. ❷ zrozumienie; *There's no understanding between them.* – Nie ma między nimi zrozumienia. ❸ porozumienie; **to come to an understanding** – dojść do porozumienia

understatement [,ʌndə'steɪtmənt] powściągliwość w wyrażaniu oceny, przeciwieństwo przesady, wyrażanie silnych odczuć w sposób pełen rezerwy; *When we think that something is exceptionally good and we say "It's not too bad" – that is an understatement.* – Kiedy uważamy, że coś jest wyjątkowo dobre, a mówimy „to jest niezłe" – to jest właśnie „understatement".

understood [,ʌndə'stʊd] *p.* **understand (understood, understood)**

undertake [,ʌndə'teɪk] **(undertook, undertaken** [,ʌndə'tʊk, ,ʌndə'teɪkn]) podjąć się, przedsięwziąć; *He undertook the organization of the whole project.* – Podjął się organizacji całej sprawy/całego projektu.

undertaker [,ʌndə'teɪkə] przedsiębiorca pogrzebowy

underwater [,ʌndə'wɔ:tə] podwodny; **an underwater camera** – aparat fotograficzny/kamera do wykonywania zdjęć pod wodą

underwear ['ʌndəweə] bielizna

underwent [,ʌndə'went] *p.* **undergo (underwent, undergone)**

underworld ['ʌndəwɜ:ld] ❶ półświatek ❷ Hades

undo [,ʌn'du:] **(undid, undone** [,ʌn'dɪd, ,ʌn'dʌn]) ❶ rozwiązać, rozpiąć; **to undo a knot** – rozwiązać supeł; **to undo a button** – rozpiąć guzik ❷ zniweczyć, przekreślić; *He has undone months of our hard work.* – Zniweczył miesiące naszej ciężkiej pracy. *What is done cannot be undone.* – Co się stało, już się nie odstanie.

undone [,ʌn'dʌn] rozwiązany, rozpięty; *My shoelace has come undone.* – Rozwiązało mi się sznurowadło.

undoubtedly [ʌn'daʊtɪdlɪ] niewątpliwie

undress [,ʌn'dres] rozebrać (się)

uneasy [ʌn'i:zɪ] niespokojny; *She gets uneasy when the children are late from school.* – Staje się niespokojna, kiedy dzieci wracają późno ze szkoły. **to have an uneasy conscience** – mieć nieczyste sumienie

unemployed [,ʌnɪm'plɔɪd] bezrobotny

unemployment [,ʌnɪm'plɔɪmənt] bezrobocie

unequal [,ʌn'i:kwəl] nierówny; **unequal rights** – nierówne prawa; **an unequal fight** – nierówna walka; *He proved to* *be unequal to the job.* – Okazało się, że nie stanął na wysokości zadania.

uneven [ˌʌn'i:vn] nierówny; **an uneven heartbeat** – nierówne/nieregularne bicie serca; **an uneven surface** – nierówna/chropowata/wyboista powierzchnia; **an uneven struggle** – nierówna walka

unexpected [ˌʌnɪk'spektɪd] niespodziewany

unfair [ˌʌn'feə] nie fair, niesprawiedliwy, nieuczciwy, krzywdzący; *It's unfair that he must do most of the work.* – To niesprawiedliwe, że on musi wykonywać większość pracy.

unfaithful [ˌʌn'feɪθfʊl] niewierny; *She is unfaithful to her husband.* – Ona jest niewierna wobec swego męża.

unfamiliar [ˌʌnfə'mɪljə] nieznany, nieznajomy, obcy; *The people were unfamiliar to me.* – Ci ludzie byli mi obcy./Nie znałem tych ludzi.

U

unfashionable [ˌʌn'fæʃnəbl] niemodny

unfasten [ˌʌn'fɑ:sn] rozpiąć

unfavourable [ˌʌn'feɪvərəbl] niesprzyjający, niepomyślny; **unfavourable conditions** – niesprzyjające okoliczności

unfinished [ˌʌn'fɪnɪʃt] nie dokończony

unfit [ˌʌn'fɪt] niestosowny, nie nadający się; *The food is unfit to eat.* – Ta żywność nie nadaje się do jedzenia.

unfold [ʌn'fəʊld] rozwinąć, rozłożyć

unforgettable [ˌʌnfə'getəbl] niezapomniany; **an unforgettable experience** – niezapomniane przeżycie

unfortunate [ʌn'fɔ:tʃnət] niefortunny, pechowy; *He was unfortunate to lose his keys.* – Miał pecha, że zgubił klucze. **an unfortunate accident** – niefortunny wypadek

unfortunately [ʌn'fɔ:tʃnətlɪ] niestety; *Unfortunately I'm unable to come.* – Niestety, nie mogę przyjść.

unfriendly [ˌʌn'frendlɪ] nieprzyjazny

ungrateful [ʌn'greɪtfʊl] niewdzięczny

unhappiness [ʌn'hæpɪnəs] nieszczęście, niedola

unhappy [ʌn'hæpɪ] **(-ier, -iest)** nieszczęśliwy

unhealthy [ʌn'helθɪ] **(-ier, -iest)** niezdrowy; *It's unhealthy to smoke.* – Niezdrowo jest palić. **an unhealthy environment** – niezdrowe środowisko

unidentified [ˌʌnaɪ'dentɪfaɪd] niezidentyfikowany; **unidentified flying object** – niezidentyfikowany obiekt latający, UFO

uniform ['ju:nɪfɔ:m] mundur, uniform; **in uniform** – w mundurze

unimportant [ˌʌnɪm'pɔ:tənt] nieważny

uninhabited [ˌʌnɪn'hæbɪtɪd] niezamieszkały, bezludny; **an uninhabited island** – bezludna wyspa

uninterested [ˌʌn'ɪntrɪstɪd] nie zainteresowany, obojętny

uninteresting [ˌʌn'ɪntrɪstɪŋ] nie interesujący, nieciekawy

union ['ju:njən] związek, zjednoczenie, unia; **trade unions** – związki zawodowe

Union Jack (the) [ˌju:njən 'dʒæk] flaga Wielkiej Brytanii

unique [ju:'ni:k] unikalny, wyjątkowy

unit ['ju:nɪt] jednostka; **a unit of length** – jednostka długości; **a unit of weight** – jednostka wagi

unite [ju:'naɪt] zjednoczyć się, złączyć się; *We must unite to fight for human rights.* – Musimy się zjednoczyć w walce o prawa człowieka. *The two companies plan to unite.* – Dwa/Oba przedsiębiorstwa planują połączenie się.

united [ju:'naɪtɪd] zjednoczony; **the United Kingdom** – Zjednoczone Królestwo

unity ['ju:nətɪ] jedność; *In unity there is strength.* – W jedności siła.

universal [ˌju:nɪ'vɜ:sl] ❶ uniwersalny ❷ ogólny, powszechny

universe ['ju:nɪvɜ:s] wszechświat

university [ˌju:nɪ'vɜ:sɪtɪ] (*l.mn.* **universities**) uniwersytet; **to go to university** – iść na uniwersytet; **to study at**

university – studiować na uniwersytecie

unjust [ˌʌn'dʒʌst] niesprawiedliwy

unkind [ʌn'kaɪnd] niedobry, nieuprzejmy, nieżyczliwy; **an unkind remark** – nieuprzejma/niemiła uwaga

unknown [ˌʌn'nəʊn] nieznany; *The facts were unknown to us.* – Te fakty nie były nam znane.

unless [ən'les] chyba że, o ile nie; *You will miss the train unless you take a taxi.* – Spóźnisz się na pociąg, chyba że weźmiesz taksówkę.

unlike [ˌʌn'laɪk] niepodobny do; *She is unlike her sister.* – Jest niepodobna do swojej siostry. *It's unlike him to be late.* – To niepodobne do niego, żeby się spóźniał.

unlikely [ʌn'laɪklɪ] mało prawdopodobny, nieprawdopodobny; *They are unlikely to accept our invitation.* – Mało prawdopodobne, że przyjmą nasze zaproszenie. **an unlikely story** – niezbyt prawdopodobna historia

unlock [ˌʌn'lɒk] otworzyć kluczem, odemknąć; *She unlocked the front door and went in.* – Otworzyła drzwi kluczem i weszła.

unlocked [ˌʌn'lɒkt] otwarty, nie zamknięty na klucz; *Don't leave the front door unlocked.* – Nie zostawiaj drzwi wejściowych otwartych/nie zamkniętych na klucz.

unlucky [ʌn'lʌkɪ] **(-ier, -iest)** ❶ pechowy, nieszczęśliwy; *She was unlucky to fall ill on holiday.* – Miała pecha, że zachorowała w czasie wakacji. ❷ nie mający/nie przynoszący szczęścia; *13 is an unlucky number.* – 13 jest nieszczęśliwą liczbą. **to be unlucky in cards** – nie mieć szczęścia w kartach; **to be unlucky in love** – nie mieć szczęścia w miłości

unmarried [ˌʌn'mærɪd] niezamężna, nieżonaty

unnecessary [ʌn'nesəsərɪ] niepotrzebny

unnoticed [ˌʌn'nəʊtɪst] nie zauważony; *The incident went unnoticed.* – Incydent przeszedł nie zauważony.

unofficial [ˌʌnə'fɪʃl] nieoficjalny

unpack [ˌʌn'pæk] rozpakować się

unpaid [ˌʌn'peɪd] ❶ nie zapłacony; **an unpaid debt** – nie zapłacony dług ❷ niepłatny, bezpłatny; **an unpaid holiday** – urlop bezpłatny

unpleasant [ʌn'pleznt] nieprzyjemny

unpopular [ˌʌn'pɒpjʊlə] niepopularny, nielubiany

unprepared [ˌʌnprɪ'peəd] nie przygotowany; *We were unprepared for such an emergency.* – Nie byliśmy przygotowani na taki wypadek.

unqualified [ˌʌn'kwɒlɪfaɪd] niewykwalifikowany

unreasonable [ʌn'ri:znəbl] nierozsądny, bezsensowny; **unreasonable behaviour** – nierozsądne zachowanie; **unreasonable price** – wygórowana cena

unreliable [ˌʌnrɪ'laɪəbl] niesolidny, niepewny

unrest [ˌʌn'rest] niepokój, zamieszki; **political unrest** – zamieszki polityczne

unsatisfactory ['ʌnˌsætɪs'fæktərɪ] ❶ niedostateczny; **an unsatisfactory mark** – ocena niedostateczna ❷ niezadowalający; **unsatisfactory results** – niezadowalające wyniki

unseen [ˌʌn'si:n] niewidzialny, niewidoczny

unsuccessful [ˌʌnsək'sesfʊl] nie odnoszący/nie przynoszący sukcesu, nieudany

unsuitable [ˌʌn'sju:təbl] nieodpowiedni

unsure [ˌʌn'ʃɔ:] niepewny

untidy [ʌn'taɪdɪ] **(-ier, -iest)** ❶ nieporządny, niestaranny; **an untidy person** – nieporządna osoba, bałaganiarz ❷ nie uporządkowany, w nieładzie; **an untidy room** – nie posprzątany pokój

untie [ˌʌn'taɪ] **(-ies, -ied, -ying)** rozwiązać; **to untie a knot** – rozwiązać węzeł

until [ən'tɪl] do, aż do; *We stayed until 7 o'clock.* – Zostaliśmy do godziny siódmej. *I'll wait until he comes.* – Zaczekam, aż on przyjdzie. **not until** – dopiero, nie wcześniej niż; *I won't see you until Friday.* – Zobaczę cię dopiero w piątek.

untrue [ˌʌn'tru:] nieprawdziwy

untruthful [ˌʌn'tru:θfʊl] ❶ nieprawdomówny; **an untruthful person** – nieprawdomówna osoba ❷ nieprawdziwy, niezgodny z prawdą; **an untruthful story** – nieprawdziwa historia

unusual [ʌn'ju:ʒʊəl] niezwykły

unwanted [ʌn'wɒntɪd] nie chciany

unwelcome [ʌn'welkəm] nieproszony, niepożądany, niemile widziany; **an unwelcome visitor** – nieproszony/ /niemile widziany gość

unwell [ˌʌn'wel] niezdrowy; *I feel unwell.* – Nie czuję się dobrze.

unwilling [ˌʌn'wɪlɪŋ] niechętny, nieskłonny; *She was unwilling to lend her typewriter.* – Nie była skłonna pożyczyć swojej maszyny do pisania.

U

unwrap [ˌʌn'ræp] **(-pp-)** rozwinąć, rozpakować

up [ʌp] ❶ w górę, do góry; *We went up the stairs.* – Weszliśmy po schodach na górę. **stand up** – wstać ❷ wzdłuż; **to walk up the street** – iść ulicą; **to walk up and down the street** – spacerować ulicą w jedną i drugą stronę ❸ do (*dotyczy granicy*); **up to now** – do teraz/do tej pory; *Up to 5 people can go in this car.* – Tym samochodem może jechać do 5 osób. ❹ wyraz nieprzetłumaczalny stosowany w celu podkreślenia lub wyrażenia czynności dokonanej; *They live up North.* – Oni mieszkają na północy. *Speak up!* – Mów głośno i wyraźnie! *You must eat everything up.* – Musisz wszystko zjeść. *Add up these figures!* – Dodaj te liczby! *What's up?* – Co się dzieje!

upbringing ['ʌpˌbrɪŋgɪŋ] wychowanie

uphill [ˌʌp'hɪl] pod górę; **to walk uphill** – iść pod górę; **an uphill climb** – wspinaczka (*w górę*)

upon [ə'pɒn] **= on:**

once upon a time... – kiedyś, dawno temu...

upper ['ʌpə] górny, wyższy; **the upper lip** – górna warga; **the upper arm** – ramię (*w odróżnieniu od przedramienia*); **the upper classes** – klasy wyższe

Upper House (the) [ˌʌpə 'haʊs] Izba Lordów

upright [ˌʌp'raɪt] prosto, pionowo; **to stand upright** – stanąć prosto

uproar ['ʌprɔ:] zgiełk, wrzawa

upset¹ [ʌp'set] **(-tt-) (upset, upset** [ʌp'set, ʌp'set]**)** ❶ przewrócić, wywrócić; *He upset the table.* – Przewrócił stół. ❷ zepsuć, popsuć; *The weather upset our picnic.* – Pogoda zepsuła nasz piknik. *The fatty food will upset your stomach.* – To tłuste jedzenie popsuje ci żołądek. ❸ zdenerwować, wytrącić z równowagi; *She was upset by the bad news.* – Zła wiadomość wytrąciła ją z równowagi/ /zdenerwowała ją.

upset² [ʌp'set] zdenerwowany, wytrącony z równowagi

upside-down [ˌʌpsaɪd'daʊn] do góry nogami

upstairs [ˌʌp'steəz] na górze, na piętrze; **to go upstairs** – iść na górę

up-to-date [ˌʌptə'deɪt] nowoczesny, aktualny, bieżący; **up-to-date methods** – nowoczesne metody; **an up-to-date map** – aktualna mapa

upward ['ʌpwəd] do góry, ku górze; **upward movement** – ruch ku górze

upwards ['ʌpwədz] w górę, ku górze; *He looked upwards.* – Spojrzał w górę.

urban ['ɜ:bən] miejski

urge [ɜ:dʒ] ponaglać, zachęcać; *He urged me to accept the offer.* – Usilnie nakłaniał mnie, żebym przyjął tę propozycję.

urgency ['ɜ:dʒənsɪ] nagląca konieczność, nagłość

urgent ['ɜ:dʒənt] pilny, naglący, nagły; *It's urgent, I can't wait till tomorrow.* – To pilne, nie mogę czekać do jutra.

us [ʌs/əs] nas, nami, nam; *They invited us to the party.* – Zaprosili nas na przyjęcie.

use¹ [ju:z] używać; *May I use your bicycle?* – Czy mogę skorzystać z/używać twojego roweru? *How much sugar do you use?* – Ile cukru używasz?

use² [ju:s] ❶ używanie, użycie; *This machine is still in use.* – Ta maszyna jest ciągle jeszcze w użyciu. **to come into use** – zacząć być używanym; **to go out of use** – wyjść z użycia ❷ zastosowanie, użyteczność, użytek; **to make use of sth** – zastosować coś, zrobić z czegoś użytek; *It won't be of any use.* – To się do niczego nie przyda. *Electricity has many uses.* – Elektryczność ma wiele zastosowań. ❸ sens, cel; *It's no use worrying.* – Nie ma sensu się martwić. *What's the use?* – Jaki jest sens?

used¹ [ju:st] przyzwyczajony; *I'm used to getting up early.* – Jestem przyzwyczajony do wczesnego wstawania. *You'll get used to it.* – Przyzwyczaisz się do tego.

used² [ju:zd] używany; **a used car** – używany samochód

used³ [ju:st] zwykł był, miał zwyczaj (*wyraża czynność odbywającą się regularnie w przeszłości*); *He used to smoke a lot.* – On zwykł był dużo palić. *He didn't use to work till midnight./He usedn't to work till midnight.* – Nie miał zwyczaju pracować do północy.

usedn't ['ju:snt] = **used not**

useful ['ju:sfʊl] użyteczny, przydatny; *A dictionary is useful for students.* – Słownik jest przydatny dla studentów.

useless ['ju:slɪs] ❶ bezużyteczny, nieprzydatny; *This machine is useless for us.* – Ta maszyna jest dla nas nieprzydatna. ❷ bezsensowny, bezcelowy; *It's useless to complain./It's useless complaining.* – Nie ma sensu narzekać.

user ['ju:zə] użytkownik

usual ['ju:ʒʊəl] zwykły, normalny, zwyczajny; *He came later than usual.* – Przyszedł później niż zazwyczaj. *Let's meet at the usual time.* – Spotkajmy się o zwykłej porze.

usually ['ju:ʒʊəlɪ] zazwyczaj; *I usually have lunch at home.* – Zazwyczaj jadam lunch w domu.

utmost ['ʌtməʊst] niezwykły, nadzwyczajny, największy; *It's of utmost importance.* – To jest (sprawa) najwyższej wagi.

utter¹ ['ʌtə] całkowity, kompletny, zupełny; **utter silence** – kompletna cisza

utter² ['ʌtə] wydać głos; *He uttered a few words.* – Wypowiedział kilka słów.

utterly ['ʌtəlɪ] całkowicie

V

V

vacancy ['veɪkənsɪ] (*l.mn.* **vacancies**) ❶ wolne miejsce w hotelu; *Do you have any vacancies?* – Czy są jakieś wolne pokoje? ❷ wakat, wolna posada; *There is a vacancy for a secretary.* – Jest wolne stanowisko sekretarki.

vacant ['veɪkənt] ❶ pusty, wolny, próżny; *There are no rooms vacant.* – Nie ma wolnych pokoi. *There is a vacant position in our office.* – Jest wolne miejsce pracy w naszym biurze. ❷ bezmyślny, nieprzytomny, nieobecny myślami; **a vacant smile** – bezmyślny uśmiech; **a vacant expression** – nieprzytomny wyraz twarzy

vacation [və'keɪʃn] urlop, wakacje (*uniwersyteckie*)

vaccinate ['væksɪneɪt] szczepić

vaccine ['væksi:n] szczepionka

vacuum ['vækjʊəm] próżnia

vacuum-cleaner ['vækjʊəm ˌkli:nə] odkurzacz

vacuum flask ['vækjʊəm flɑ:sk] termos

vague [veɪg] niejasny, niewyraźny, mglisty, niesprecyzowany; *She was vague about her plans.* – Mówiła w sposób niejasny o swoich planach./ /Nie miała jeszcze sprecyzowanych planów.

vain [veɪn] próżny; **a vain attempt** – próżne usiłowanie; **in vain** – na próżno; *He is very vain about his appearance.* – Jest bardzo próżny, jeżeli chodzi o swój wygląd.

valid ['vælɪd] ważny; *The visa is valid for three months.* – Wiza jest ważna przez trzy miesiące.

valley ['vælɪ] dolina

valuable ['væljʊəbl] cenny; *Your help has been very valuable.* – Pańska pomoc była bardzo cenna. **a valuable object of art** – cenne dzieło sztuki

value¹ ['vælju:] wartość; *What's the value of this necklace?* – Jaka jest wartość tego naszyjnika? *The value of the dollar has fallen.* – Wartość dolara spadła. *This theory has little practical value.* – Ta teoria ma małą wartość praktyczną. *They set a high value on the education of their children.* – Przywiązują dużą wagę do wychowania/wykształcenia swoich dzieci. **moral values** – wartości moralne

value² ['vælju:] ❶ cenić, doceniać; *I value her highly as a friend.* – Cenię ją bardzo jako przyjaciółkę. ❷ oceniać, oszacować; *I value this painting at five thousand pounds.* – Oceniam ten obraz na pięć tysięcy funtów.

vampire ['væmpaɪə] wampir

van [væn] ❶ furgonetka; **a delivery van** – samochód dostawczy ❷ wagon bagażowy

vandal ['vændl] wandal

vandalism ['vændəlɪzm] wandalizm

vanilla [və'nɪlə] wanilia

vanish ['vænɪʃ] zniknąć; *They vanished from sight.* – Oni zniknęli z pola widzenia. **to vanish into thin air** – zniknąć jak kamfora

vanity ['vænətɪ] próżność

variety [və'raɪətɪ] ❶ różnorodność, rozmaitość, urozmaicenie; **for a variety of reasons** – z wielu różnych powodów; *There is no variety in his diet.* – Jego dieta jest nieurozmaicona. ❷ odmiana; **variety of apples** – odmiana jabłek

various ['veərɪəs] różny, różnorodny, rozmaity; **for various reasons** – z wielu różnych powodów
varnish¹ ['vɑ:nɪʃ] politura, lakier; **nail varnish** – lakier do paznokci
varnish² ['vɑ:nɪʃ] lakierować
vary ['veərɪ] **(-ies, -ied, -ying)** zmieniać się, różnić się; *Opinions vary on that point.* – Są różne opinie na ten temat.
vase [vɑ:z] wazon
vast [vɑ:st] olbrzymi
veal [vi:l] cielęcina
vegetable ['vedʒtəbl] jarzyna
vegetarian [ˌvedʒɪ'teərɪən] wegetarianin
vegetate ['vedʒɪteɪt] wegetować
vegetation [ˌvedʒɪ'teɪʃn] roślinność; *There was very little vegetation in the desert.* – Na pustyni było bardzo mało roślinności.
vehicle ['vi:ɪkl] pojazd
vehicular [vɪ'hɪkjʊlə] kołowy; **vehicular traffic** – ruch kołowy
veil [veɪl] welon, zasłona
vein [veɪn] żyła
velvet ['velvɪt] aksamit
venture¹ ['ventʃə] przedsięwzięcie
venture² ['ventʃə] zaryzykować, odważyć się; *Nothing ventured, nothing gained.* – Nic się nie zyska, jeżeli się nie zaryzykuje.
verandah [və'rændə] weranda
verb [vɜ:b] *gram.* czasownik
verbal ['vɜ:bl] ❶ ustny, słowny; **a verbal agreement** – umowa ustna ❷ czasownikowy
verbal noun [ˌvɜ:bl 'naʊn] *gram.* rzeczownik odsłowny, gerundium
verdict ['vɜ:dɪkt] werdykt, wyrok, **to announce a verdict** – ogłosić wyrok/ /werdykt; **to arrive at a verdict** – ustalić werdykt; **a verdict of guilty** – wyrok stwierdzający winę; **a verdict of not guilty** – wyrok uniewinniający
verse [vɜ:s] ❶ wiersz; **blank verse** – biały wiersz ❷ strofa, zwrotka (*wiersza*) ❸ werset
version ['vɜ:ʃn] wersja
vertical ['vɜ:tɪkl] pionowy
very ['verɪ] bardzo; *He is very ill.* – On jest bardzo chory. *I like it very much.* – Bardzo to lubię.
vest [vest] ❶ podkoszulka ❷ *am.* kamizelka; **a bulletproof vest** – kamizelka kuloodporna
vet [vet] **/ veterinary surgeon** [ˌvetərɪnərɪ 'sɜ:dʒən] weterynarz
via ['vaɪə] przez (*miejscowość*); **to travel to London via Paris** – jechać do Londynu przez Paryż
viaduct ['vaɪədʌkt] wiadukt
vibrate [vaɪ'breɪt] wibrować, drgać
vibration [vaɪ'breɪʃn] wibracja, drganie, drżenie
vicar ['vɪkə] wikary, pastor opiekujący się parafią
vicarage ['vɪkərɪdʒ] plebania
vice¹ [vaɪs] grzech, występek, rozpusta
vice² [vaɪs] przedrostek wice-; **the Vice-President** – wiceprezydent
vicinity [vɪ'sɪnətɪ] pobliże, sąsiedztwo; *There is no bank in the vicinity.* – W pobliżu nie ma żadnego banku.
vicious ['vɪʃəs] ❶ zły, występny, zdeprawowany ❷ zajadły, pełen okrucieństwa, złości; **a vicious attack** – zaciekły atak
vicious circle [ˌvɪʃəs 'sɜ:kl] błędne koło
victim ['vɪktɪm] ofiara; **earthquake victims** – ofiary trzęsienia ziemi
victorious [vɪk'tɔ:rɪəs] zwycięski
victory ['vɪktərɪ] (*l.mn.* **victories**) zwycięstwo; **to gain/to win a victory** – osiągnąć zwycięstwo; **a victory over the enemy** – zwycięstwo nad wrogiem; **a victory in a battle** – zwycięstwo w bitwie
video ['vɪdɪəʊ] wideo
videotape ['vɪdɪəʊteɪp] taśma wideo
view [vju:] ❶ widok; **a room with a view of the sea** – pokój z widokiem na morze; **a breathtaking view of the mountains** – zapierający dech widok gór; **a bird's eye view** – widok z lotu ptaka ❷ pole widzenia, zasięg wzroku; *He disappeared from view.* –

Zniknął z pola widzenia. *Her paintings are on view in the gallery.* – Jej obrazy są wystawione w galerii. **a point of view** – punkt widzenia ❸ opinia, zdanie, pogląd; *She took an optimistic view of the matter.* – Przyjęła optymistyczne spojrzenie na tę sprawę.

view[2] [vju:] oglądać, patrzeć; *She views the future with apprehension.* – Ona patrzy w przyszłość z obawą.

viewer ['vju:ə] widz; **a television viewer** – telewidz

vigorous ['vɪgərəs] silny, energiczny

vigour ['vɪgə] wigor, energia

villa ['vɪlə] willa (*najczęściej na południu Europy*)

village ['vɪlɪdʒ] wioska, miejscowość

V

villager ['vɪlɪdʒə] wieśniak

vine [vaɪn] winorośl

vinegar ['vɪnɪgə] ocet

vineyard ['vɪnjəd] winnica

viola ['vaɪələ] altówka; **to play the viola** – grać na altówce

violence ['vaɪələns] przemoc, siła; *The wind blew with great violence.* – Wiatr wiał z wielką siłą. *There is too much violence shown on TV.* – Zbyt wiele przemocy pokazuje się w telewizji. **an act of violence** – akt przemocy; **to resort to violence** – uciec się do użycia siły

violent ['vaɪələnt] gwałtowny; **a violent wind** – gwałtowny wiatr; **a violent person** – niepohamowana/gwałtowna osoba; **a violent quarrel** – gwałtowna kłótnia; **to die a violent death** – umrzeć gwałtowną śmiercią

violet ['vaɪələt] ❶ fiołek ❷ fiolet, kolor fioletowy

violin [ˌvaɪə'lɪn] skrzypce; **to play the violin** – grać na skrzypcach

violinist ['vaɪəlɪnɪst] skrzypek

viper ['vaɪpə] żmija

Virgo ['vɜ:gəʊ] Panna (*znak zodiaku*)

virtue ['vɜ:tju:] prawość, cnota, zaleta; *His greatest virtues are loyalty and truthfulness.* – Jego największymi cnotami są lojalność i prawdomówność.

virus ['vaɪərəs] wirus

visa ['vi:zə] wiza; **to issue/to grant a visa** – wydać/przyznać wizę; **to deny a visa** – odmówić wizy; **to get a visa** – dostać wizę; **to apply for a visa** – ubiegać się o wizę

visible ['vɪzəbl] widoczny; **visible to the naked eye** – widoczny gołym okiem

vision ['vɪʒn] ❶ wizja; **vision of the future** – wizja przyszłości ❷ wzrok; **a field of vision** – pole widzenia; **acute/ /poor vision** – ostry/słaby wzrok

visit[1] ['vɪzɪt] odwiedzić; *I went to visit my friend.* – Poszedłem odwiedzić mojego przyjaciela. *He visited London last summer.* – Był w Londynie/Odwiedził Londyn zeszłego lata.

visit[2] ['vɪzɪt] wizyta; **to make/to pay a visit** – złożyć wizytę; *This is my first visit to your country.* – To jest moja pierwsza wizyta w waszym kraju.

visitor ['vɪzɪtə] gość

vital ['vaɪtl] niezbędny, konieczny, istotny; *Their help is vital to our success.* – Ich pomoc jest konieczna dla naszego sukcesu. *It's of vital importance.* – Jest to sprawa najwyższej wagi.

vitality [vaɪ'tælətɪ] siła, energia, żywotność

vitamin ['vɪtəmɪn] witamina

vivid ['vɪvɪd] żywy, ostry, jaskrawy; **a vivid description** – jasny/żywy opis; **vivid colours** – jaskrawe kolory; **to have a vivid imagination** – mieć żywą wyobraźnię

vocabulary [vəʊ'kæbjʊlərɪ] słownictwo, zasób słów; *She speaks English well and has an extensive vocabulary.* – Ona mówi dobrze po angielsku i ma bogate słownictwo.

vocal ['vəʊkl] ❶ głosowy; **vocal cords** – struny głosowe ❷ wokalny

voice [vɔɪs] ❶ głos; **to speak in a loud voice** – mówić głośno; **to raise/to lower one's voice** – podnieść/zniżyć głos ❷ *gram.* strona czasownika; **the**

active voice – strona czynna; **the passive voice** – strona bierna

volcano [vɒl'keɪnəʊ] wulkan; **an active volcano** – czynny wulkan; **an extinct volcano** – wygasły wulkan; *The volcano may erupt any time.* – Wulkan może wybuchnąć w każdej chwili.

volleyball ['vɒlɪbɔ:l] *sport.* siatkówka

voltage ['vəʊltɪdʒ] *el.* napięcie; **high/low voltage** – wysokie/niskie napięcie

volume ['vɒlju:m] ❶ objętość; **the volume of water in the container** – objętość wody w pojemniku ❷ siła głosu; **to turn down the volume** – obniżyć siłę głosu, przyciszyć ❸ tom, księga, wolumin

voluntary ['vɒləntərɪ] dobrowolny, ochotniczy, nieprzymusowy; **voluntary social work** – dobrowolna praca w opiece społecznej; *He made a voluntary statement to the police.* – Złożył dobrowolne zeznanie na policji.

volunteer[1] [ˌvɒlən'tɪə] ochotnik

volunteer[2] [ˌvɒlən'tɪə] zgłosić się na ochotnika, zaofiarować się; *She volunteered to wash up.* – Zaofiarowała się, że pozmywa.

vote[1] [vəʊt] głos, głosowanie; **to hold a vote on the motion** – poddać wniosek pod głosowanie; **to count the votes** – liczyć głosy

vote[2] [vəʊt] głosować; *He is too young to vote.* – Jest za młody, żeby głosować. **to vote for** – głosować za; **to vote against** – głosować przeciw

vowel ['vaʊəl] *gram.* samogłoska

voyage ['vɔɪɪdʒ] podróż (*morska*); **to go on a voyage** – wybrać się w podróż morską

vulgar ['vʌlgə] wulgarny

vulnerable ['vʌlnərəbl] podatny, nieodporny, nie zabezpieczony przed atakiem, łatwo ulegający zranieniu

W

wade [weɪd] brodzić

wafer ['weɪfə] wafel, opłatek

waffle ['wɒfl] gofr

wag [wæg] **(-gg-)** machać, kiwać; *The dog wagged its tail.* – Pies zamachał ogonem.

wage [weɪdʒ] **/ wages** zarobek, płaca; *His wages are £80 a week.* – Jego zarobek wynosi 80 funtów tygodniowo.

waggon ['wægən] ❶ wóz ❷ wagon towarowy, platforma

waist [weɪst] talia; *She wore a belt around her waist.* – Miała pasek w talii.

waistcoat ['weɪstkəʊt] kamizelka

wait[1] [weɪt] czekać; *Wait for me.* – Zaczekaj na mnie. **to keep sb waiting** – kazać komuś na siebie czekać

◆ **wait on** – obsługiwać; **to wait on sb** – obsługiwać kogoś, usługiwać komuś; **to wait at table** – obsługiwać przy stole, podawać do stołu

wait[2] [weɪt] oczekiwanie, czekanie; *We had a long wait for the bus.* – Długo czekaliśmy na autobus. **to lie in wait for sb** – czaić się na kogoś

waiter ['weɪtə] kelner

waiting-room ['weɪtɪŋrʊm] poczekalnia

waitress ['weɪtrɪs] kelnerka

wake [weɪk] **(woke, woken** [wəʊk, wəʊkn]) budzić, obudzić; *Don't wake the baby.* – Nie budź dziecka.

◆ **wake up** – obudzić się; *He woke up earlier than usual.* – Obudził się wcześniej niż zwykle.

walk[1] [wɔ:k] ❶ iść, spacerować, iść piechotą; *The baby can walk already.* – Dziecko umie już chodzić. *We walked from the park to the station.* – Przeszliśmy piechotą od parku do stacji. *We've walked ten miles already.* – Przeszliśmy już dziesięć mil. ❷ iść z kimś, prowadzić, wyprowadzić; *I'll walk you home.* – Odprowadzę cię do domu. *He's out walking the dog.* – Nie ma go, wyszedł z psem.

◆ **walk out on sb** – odejść od kogoś, opuścić kogoś; *Her husband has walked out on her.* – Mąż odszedł od niej.

walk[2] [wɔ:k] spacer; **to go for a walk** – iść na spacer; *The station is just a ten-minute walk from here.* – Stacja jest odległa dziesięć minut drogi spacerem.

wall [wɔ:l] ❶ ściana; *She painted the walls of her room green.* – Pomalowała ściany swojego pokoju na zielono. **a wall-to-wall carpet** – dywan na całą podłogę, wykładzina dywanowa ❷ mur; *The house is surrounded with a wall.* – Dom jest otoczony murem.

wallet ['wɒlɪt] portfel

wallpaper[1] ['wɔ:lpeɪpə] tapeta

wallpaper[2] ['wɔ:lpeɪpə] tapetować

walnut ['wɔ:lnʌt] orzech włoski

waltz[1] [wɔ:ls] walc

waltz[2] [wɔ:ls] tańczyć walca

wander ['wɒndə] ❶ wędrować, włóczyć się, błąkać; **to wander through the countryside** – wędrować po okolicy; *Her eyes wandered over the room.* – Jej wzrok błądził po pokoju. ❷ zbaczać, błądzić; *Don't wander from the subject.* – Nie odbiegaj od tematu.

want[1] [wɒnt] ❶ chcieć; *He wants to travel.* – On chce podróżować. *I want him to help me.* – Chcę, żeby mi pomógł. ❷ wymagać; *The fence wants repairing.* – Płot wymaga reperacji.

want[2] [wɒnt] ❶ potrzeba, wymaganie; *We can meet/satisfy all your wants.* – Możemy zaspokoić wszystkie wasze wymagania. *This house is in want of repair.* – Ten dom powinien być wyremontowany/wymaga remontu. ❷ brak, niedostatek; *These flowers died from want of water.* – Te kwiaty uschły z braku wody. **to live in want** – żyć w niedostatku

war [wɔ:] wojna; **to be at war with one's neighbour** – być w stanie wojny/prowadzić wojnę z sąsiadem; *The war broke out in 1939.* – Wojna wybuchła w 1939 roku.

ward [wɔ:d] pokój w szpitalu, sala, oddział

warden ['wɔ:dn] opiekun, nadzorca; **an air-raid warden** – członek cywilnej obrony przeciwlotniczej

warder ['wɔ:də] dozorca więzienny

wardrobe ['wɔ:drəʊb] szafa

ware [weə] towar, wyrób; **silverware** – wyroby ze srebra

warehouse ['weəhaʊs] magazyn, skład

warm[1] [wɔ:m] ciepły; **warm weather** – ciepła pogoda; **warm clothes** – ciepłe ubranie

warm[2] [wɔ:m] ogrzać; *We warmed ourselves by the fire.* – Ogrzaliśmy się przy ogniu. **warm up** – podgrzać; *She warmed up the soup before serving it.* – Podgrzała zupę przed podaniem.

warmth [wɔ:mθ] ciepło; **the warmth of the fire** – ciepło ogniska/kominka

warn [wɔ:n] ostrzec; *He warned me to be careful.* – Ostrzegł mnie, żebym była ostrożna. *He warned me of the danger.* – Ostrzegł mnie przed niebezpieczeństwem.

warning ['wɔ:nɪŋ] ostrzeżenie; *They attacked us without warning.* – Zaatakowali nas bez ostrzeżenia. *He gave me a warning not to go there at night.* – Ostrzegł mnie, żebym tam nie chodziła/nie szła nocą. *Let that be a warning to you.* – Niech to będzie dla ciebie przestrogą.

warrant¹ ['wɒrənt] nakaz sądowy; **to issue a warrant for sb's arrest** – wydać nakaz aresztowania kogoś; *The police can't search your house without a warrant.* – Policja nie może przeszukać/-iwać twojego domu bez nakazu.

warrant² ['wɒrənt] ❶ gwarantować; *The material is warranted pure cotton.* – Gwarantuje się, że ten materiał jest czystą bawełną. ❷ usprawiedliwić; *Nothing can warrant such behaviour.* – Nic nie może usprawiedliwić takiego zachowania.

warranty ['wɒrəntɪ] gwarancja

was [wɒz/wəz] *p.* **be (is/are, was/were, been)**

wash¹ [wɒʃ] ❶ myć; *Wash your hands.* – Umyj ręce. *She has washed the dishes.* – Umyła naczynia. ❷ prać; *She washed the clothes herself.* – Sama uprała bieliznę. ❸ wymywać, zmyć; *He was washed overboard.* – Fala zmyła go z pokładu.

◆ **wash up** – (a) zmywać naczynia, (b) *am.* myć ręce

wash² [wɒʃ] pranie, mycie; *Go and have a wash.* – Idź i umyj się. **to hang out the wash** – rozwiesić pranie

wash-basin ['wɒʃbeɪsn] umywalka

washing ['wɒʃɪŋ] pranie; **to hang out the washing** – rozwiesić pranie

washing-machine ['wɒʃɪŋmə,ʃi:n] pralka

washing-powder ['wɒʃɪŋpaʊdə] proszek do prania

washing-up [,wɒʃɪŋ'ʌp] zmywanie (*naczyń*); **to do the washing-up** – pozmywać

wasn't ['wɒznt] = **was not**

waste¹ [weɪst] ❶ marnowanie, strata; **a waste of time** – strata czasu ❷ odpadki, śmieci; **toxic waste** – odpadki toksyczne; **radioactive waste** – odpadki radioaktywne ❸ **wastes** – obszary pustynne, pustkowie

waste² [weɪst] marnować; *She wastes her money on unimportant things.* – Ona trwoni swoje pieniądze na niepotrzebne rzeczy.

wasteful ['weɪstfʊl] marnotrawny, rozrzutny; *It's wasteful to use so much fuel.* – Jest marnotrawstwem zużywać tak dużo paliwa.

waste-paper basket [,weɪst'peɪpə ,bɑ:skɪt] kosz na śmieci

waste-pipe ['weɪstpaɪp] rura kanalizacyjna

watch¹ [wɒtʃ] ❶ obserwować, oglądać; *They watched TV.* – Oglądali telewizję. *I watched the children swimming.* – Patrzyłam jak dzieci pływają./Przyglądałam się pływającym dzieciom. ❷ uważać; *Watch how you use that knife!* – Uważaj, jak używasz tego noża! **watch out** – uważać; *Watch out! There is a car coming!* – Uważaj! Nadjeżdża samochód!

watch² [wɒtʃ] ❶ zegarek; **a wrist-watch** – zegarek na rękę; **a pocket-watch** – zegarek kieszonkowy; **to set a watch** – nastawić zegarek; **to wind up a watch** – nakręcić zegarek; *My watch is fast/slow.* – Mój zegarek się śpieszy/późni. ❷ obserwacja; **to keep a watch on sb** – mieć kogoś pod obserwacją, obserwować kogoś

watchman ['wɒtʃmən] (*l.mn.* **watchmen** ['wɒtʃmən]) strażnik, dozorca

water¹ ['wɔ:tə] woda; *The flat has hot and cold running water.* – Mieszkanie ma gorącą i zimną bieżącą wodę. **fresh water** – woda słodka; **salt water** – woda słona/morska; **to travel by water** – podróżować drogą morską

water² ['wɔ:tə] ❶ podlewać; *She's already watered the flowers.* – Ona już podlała kwiaty. ❷ łzawić, napełniać się łzami; *Our eyes watered in the smoke.* – Oczy nam łzawiły od dymu. ❸ poić; **to water the horses** – poić konie

water-colours ['wɔ:tə,kʌləz] akwarele; **to paint in water-colours** – malować akwarelami

waterfall ['wɔ:təfɔ:l] wodospad

water-melon ['wɔ:təmelən] arbuz

water-pipe ['wɔ:təpaɪp] rura wodociągowa

waterproof ['wɔ:təpru:f] wodoszczelny; **a waterproof watch** – wodoszczelny zegarek

W

water supply ['wɔ:tə sə,plaɪ] zaopatrzenie w wodę

waterworks ['wɔ:təwɜ:ks] wodociągi

wave¹ [weɪv] ❶ fala; *A big wave swept him off the board.* – Potężna fala zmyła go z pokładu. **radio waves** – fale radiowe; **medium/short/long waves** – fale średnie/krótkie/długie; **a heat wave** – fala upałów. *Her hair has waves.* – Jej włosy układają się w fale. **a permanent wave** – trwała ondulacja ❷ gest ręki; *He gave us a wave of the hand.* – Pomachał nam ręką.

wave² [weɪv] ❶ machać; *He waved goodbye to us.* – Pomachał nam na pożegnanie. *She waved her hand as she left.* – Pomachała ręką odchodząc. ❷ powiewać; *The flags were waving in the wind.* – Flagi powiewały na wietrze. ❸ falować; *Her hair waves naturally.* – Jej włosy falują/kręcą się w sposób naturalny.

wavy ['weɪvɪ] **(-ier, -iest)** falujący; **wavy hair** – falujące włosy

wax [wæks] wosk

way [weɪ] ❶ droga; *Can you show me the way to the station?* – Czy może mi pan pokazać drogę na stację? *It's a long way from here.* – To daleko stąd. *She is on her way.* – Ona jest w drodze. **to lose one's way** – zgubić drogę, zgubić się; **to be in the way** – stać na drodze, przeszkadzać ❷ sposób; *You can't do it this way.* – Nie możesz tego zrobić w ten sposób. **one's way of life** – czyjś sposób/styl życia ❸ kierunek; *She went that way.* – Poszła w tamtym kierunku. *Please step this way.* – Proszę tędy. **to be on one's way (to)** – być w drodze (do)

◆ **by the way** – przy okazji, à propos

◆ **in a way** – w pewnym sensie

◆ **the other way round** – na odwrót, wręcz odwrotnie

◆ *No way!* – Nie ma mowy!/Wykluczone!

WC [,dʌblju:'si:] WC

we [wi:/wɪ] my

weak [wi:k] słaby; *He was weak from hunger.* – Był słaby z głodu. **weak tea** – słaba herbata; *She is weak in grammar.* – Ona jest słaba z gramatyki.

weaken ['wi:kn] osłabić

weakness ['wi:knɪs] słabość; *Don't show weakness.* – Nie okazuj słabości. *He has a weakness for sweets.* – On ma słabość do słodyczy.

wealth [welθ] bogactwo, majątek; **a man of wealth** – człowiek majętny/ /bardzo bogaty

wealthy ['welθɪ] bogaty, zamożny

weapon ['wepən] broń; **nuclear/conventional weapons** – broń jądrowa/ /konwencjonalna

wear¹ [weə] **(wore, worn** [wɔ:, wɔ:n]**)** ❶ nosić (*ubranie*); *She was wearing an old dress.* – Miała na sobie starą sukienkę. ❷ (*o ubraniu*) nosić się; *This cloth is wearing well.* – Ten materiał dobrze się nosi. *Good leather will wear for years.* – Dobra skóra może być noszona przez lata. ❸ zniszczyć, znosić; *You've worn holes in this pullover.* – Przetarłeś dziury w tym swetrze.

◆ **wear off** – zniknąć; *His patience is wearing off.* – Jego cierpliwość się wyczerpuje.

◆ **wear out** – (a) zniszczyć, zdzierać; *His clothes looked worn out.* – Jego ubranie wyglądało na znoszone. (b) zmęczyć, wyczerpać; *I was worn out after a hard day.* – Byłem wyczerpany po ciężkim dniu.

wear² ['weə] ❶ ubranie, odzież; **children's wear** – odzież dziecięca; **sports wear** – odzież sportowa ❷ zużycie, zniszczenie; *The carpet is showing signs of wear.* – Na dywanie widać ślady zużycia.

weary ['wɪərɪ] zmęczony, znużony

weather ['weðə] pogoda; **to predict/to forecast the weather** – przewidywać/ /przepowiadać pogodę

we'd [wi:d] = ❶ **we had** ❷ **we would**

wedding ['wedɪŋ] ślub, wesele; *They invited their friends to their wedding.* – Zaprosili przyjaciół na swój ślub. *I wasn't at her wedding.* – Nie byłam na jej ślubie.

wedding dress ['wedɪŋ dres] suknia ślubna

wedding-ring ['wedɪŋrɪŋ] obrączka ślubna

Wednesday ['wenzdɪ/'wenzdeɪ] środa

weed¹ [wi:d] chwast; **to pull weeds** – wyrywać chwasty

weed² [wi:d] wyrywać chwasty, pielić; **to weed the garden** – pielić ogród

week [wi:k] tydzień; **this week** – w tym tygodniu/ten tydzień; **next week** – w przyszłym tygodniu/przyszły tydzień; **in a week** – za tydzień; **on Tuesday week/a week on Tuesday** – od wtorku za tydzień

weekday ['wi:kdeɪ] dzień powszedni

weekend [,wi:k'end] weekend, sobota i niedziela; *She never works at weekends.* – Ona nigdy nie pracuje w soboty i niedziele.

weekly ['wi:klɪ] tygodniowy, cotygodniowy; *She earns £100 weekly.* – Ona zarabia 100 funtów tygodniowo. **a weekly magazine** – magazyn tygodniowy, tygodnik

weep [wi:p] **(wept, wept** [wept, wept]**)** płakać; **to weep for joy** – płakać z radości; **to weep over one's misfortune** – opłakiwać nieszczęście/niepowodzenie

weigh [weɪ] ważyć; *The suitcase weighs quite a lot.* – Walizka sporo waży. *She weighed the baby on the scales.* – Zważyła dziecko na wadze.

weight [weɪt] ❶ waga, ciężar; *What's the weight of your suitcase?* – Ile waży twoja walizka? **overweight** – nadwaga; **underweight** – niedowaga; **to put on weight** – przybrać na wadze; **to lose weight** – stracić na wadze ❷ ciężarek, odważnik

weight-lifting ['weɪtlɪftɪŋ] *sport.* podnoszenie ciężarów

welcome¹ ['welkəm] ❶ powitać, przyjąć; *He welcomed us warmly to his home.* – Przyjął nas serdecznie w swoim domu. ❷ przyjąć z radością; *I'd welcome any suggestion.* – Chętnie wysłucham każdej propozycji.

welcome² ['welkəm] ❶ mile widziany; **a welcome visitor** – mile widziany gość; *You are always welcome.* – Jesteś zawsze mile widziany. ❷ mogący dysponować, mający pozwolenie; *You are welcome to use my car.* – Bardzo proszę, używaj mojego samochodu. *Thank you for your help. – You are welcome.* – Dziękuję za pomoc. – Proszę bardzo.

welcome³ ['welkəm] powitanie; *The immigrants got a cool welcome.* – Imigranci spotkali się z chłodnym powitaniem. *We gave them a cordial welcome.* – Przywitaliśmy ich serdecznie.

welfare ['welfeə] ❶ dobro, dobrobyt ❷ opieka socjalna

welfare state [,welfeə 'steɪt] państwo opiekuńcze

well¹ [wel] **(better, best)** dobrze; *He played the piano well.* – Dobrze grał na pianinie. **to do well** – osiągnąć powodzenie/sukces; *He is doing well at school.* – Idzie mu dobrze w szkole. *Well done!* – Dobrze!/Brawo!/Dobra robota!

◆ **as well** – również; *My sister is coming as well.* – Moja siostra również przyjeżdża.

well² [wel] ❶ cóż; *Well, I'm not sure.* – Cóż, nie jestem pewna. ❷ ależ; *Well, really, how can you say such a thing!* – Ależ, doprawdy, jak możesz mówić coś takiego! ❸ no, no; *Well, well, so*

W

he is getting married! – No, no, więc on się żeni! ❹ no cóż; *Oh, well, there is nothing we can do.* – No cóż, nic nie możemy zrobić. ❺ więc, a więc; *Well, to continue the story...* – A więc, wracając do naszej historii...

well³ [wel] **(better, best)** ❶ zdrowy (*odznaczający się zdrowiem*); *You look well.* – Wyglądasz dobrze/na zdrowego. **to get well** – wyzdrowieć ❷ pomyślny; *All's well that ends well.* – Wszystko dobre, co się dobrze kończy.

well⁴ [wel] studnia; **to bore/to drill a well** – wiercić studnię; **an artesian well** – studnia artezyjska; **an oil-well** – szyb naftowy

W

we'll [wi:l] = ❶ **we will** ❷ **we shall**

well-behaved [ˌwelbɪ'heɪvd] grzeczny, dobrze wychowany; **well-behaved children** – grzeczne dzieci

well-being [ˌwel'bi:ɪŋ] dobre samopoczucie/zdrowie

well-founded [ˌwel'faʊndɪd] uzasadniony

wellingtons ['welɪŋtənz] kalosze

well-known [ˌwel'nəʊn] znany

well-off [ˌwel'ɒf] dobrze sytuowany, zamożny

went [went] *p.* **go (went, gone)**

wept [wept] *p.* **weep (wept, wept)**

were [wɜ:/wə] *p.* **be (is/are, was/were, been)**

we're [wɪə] = **we are**

weren't [wɜ:nt] = **were not**

west¹ [west] ❶ zachód (*strona świata*); *The wind is coming from the west.* – Wiatr wieje z zachodu. *They live in the west of Poland.* – Mieszkają na zachodzie Polski. ❷ **the West** – Zachód (*znaczenie kulturowe*); *They live in the West.* – Mieszkają na Zachodzie.

west² [west] zachodni; **a west wind** – wiatr zachodni

westerly ['westəlɪ] (*o kierunku*) zachodni; **a westerly wind** – wiatr zachodni

western¹ ['westən] zachodni; **western Europe** – zachodnia Europa; **the Western Hemisphere** – półkula zachodnia

western² ['westən] western

westwards ['westwədz] na zachód, w kierunku zachodnim; *We travelled westwards.* – Podróżowaliśmy w kierunku zachodnim.

wet¹ [wet] **(-tt-)** mokry; **to get wet** – zmoknąć; **to be wet through** – być przemokniętym do suchej nitki; **wet weather** – deszczowa pogoda

wet² [wet] **(-tt-)** zmoczyć, zamoczyć; *You will wet your shoes.* – Przemoczysz buty.

we've [wi:v] = **we have**

whale [weɪl] wieloryb

what [wɒt] ❶ co (*zaimek pytający*); *What are you doing?* – Co robisz? *What for?* – Po co? ❷ co, jaki (*wykrzyknik*); *What a day!* – Co za dzień! ❸ co (*zaimek względny*); *What you need is peace and quiet.* – To czego ci trzeba, to spokój i cisza. *What he says is true.* – To co mówi, jest prawdą. ❹ jaki; *What's your name?* – Jak się nazywasz? *What colour is it?* – Jakiego to jest koloru? *What is he like?* – Jaki on jest?

whatever [wɒt'evə] cokolwiek; *Do whatever you like.* – Zrób, cokolwiek chcesz/co ci się podoba.

wheat [wi:t] *bot.* pszenica

wheel¹ [wi:l] ❶ koło; **a spare wheel** – koło zapasowe; **to change the wheel** – zmienić koło ❷ kierownica; **at the wheel** – za kierownicą

wheel² [wi:l] toczyć, popychać; *She had to wheel her bicycle up the road.* – Musiała wtoczyć rower pod górę.

wheelbarrow ['wi:lˌbærəʊ] taczka

wheelchair [ˌwi:l'tʃeə] wózek inwalidzki

when [wen] ❶ kiedy (*zaimek pytający*); *When did it happen?* – Kiedy to się stało? ❷ kiedy, gdy; *I'll phone you when she comes.* – Zadzwonię do ciebie, kiedy ona przyjdzie.

whenever [wen'evə] kiedy tylko, kiedykolwiek; *Come whenever you like.* – Przyjdź, kiedy tylko chcesz.

where [weə] ❶ (*zaimek pytający*) gdzie; *Where do you live?* – Gdzie mieszkasz? ❷ gdzie, tam gdzie; *Show me where the accident happened.* – Pokaż mi, gdzie się wydarzył wypadek.

whereabouts ['weərəbaʊts] miejsce pobytu; *Her whereabouts are still unknown.* – Jej miejsce pobytu nie jest znane.

whereas [weər'æz] podczas gdy; *He wants to live in the country, whereas I prefer to live in town.* – On chce mieszkać na wsi, podczas gdy ja wolę w mieście.

wherever [weər'evə] gdziekolwiek, dokądkolwiek; *I'll go with you, wherever you go.* – Pójdę z tobą, dokądkolwiek pójdziesz.

whether ['weðə] czy (*w pytaniach zależnych*); *She can't decide whether to go or stay.* – Ona nie może się zdecydować, czy iść czy zostać.

which [wɪtʃ] ❶ który (*zaimek pytający*); *Which book do you choose?* – Którą książkę wybierasz? *Which of you can swim underwater?* – Który z was umie pływać pod wodą? ❷ co (*z dwóch rzeczy – zaimek pytający*); *Which do you prefer, coffee or tea?* – Co wolisz, kawę czy herbatę? ❸ który (*zaimek względny*); *Don't take the books which belong to me.* – Nie bierz książek, które należą do mnie. *Smoking, which is a very bad habit, ought to be forbidden in public places.* – Palenie, które jest bardzo złym nawykiem, powinno być zabronione w miejscach publicznych. *"Romeo and Juliet", which you will see tomorrow, is a very romantic play.* – Sztuka „Romeo i Julia", którą zobaczysz jutro, jest bardzo romantyczna. ❹ co (*zaimek względny*); *He was late, which upset our plans.* – On się spóźnił, co popsuło nasze plany.

whichever [wɪtʃ'evə] którykolwiek; *Take whichever one you like.* – Weź którykolwiek chcesz.

while¹ [waɪl] podczas gdy; *I did all the work while you were sleeping.* – Zrobiłem wszystko, podczas gdy ty spałaś.

while² [waɪl] chwila, moment; *I'll be with you in a little while.* – Będę z powrotem za chwilę.

whim [wɪm] kaprys; *She did it on a whim.* – Ona zrobiła to dla kaprysu.

whip¹ [wɪp] bat

whip² [wɪp] **(-pp-)** ❶ zbić/uderzyć batem; **to whip a horse** – uderzyć konia batem ❷ ubić; **to whip eggs into froth** – ubić jajka na pianę

whipped cream ['wɪpt kri:m] bita śmietana

whirl [wɜ:l] wirować, zawirować, zakręcić; *The wind whirled the dead leaves.* – Suche liście wirowały na wietrze. *My head whirled.* – Kręciło mi się w głowie.

whirlpool ['wɜ:lpu:l] wir; **to be drawn into a whirlpool** – być wciągniętym w wir

whiskers ['wɪskəz] wąsy (*psa, kota itp.*)

whiskey / whisky ['wɪskɪ] whisky

whisper¹ ['wɪspə] szeptać, mówić szeptem; *She whispered a few words to me.* – Powiedziała do mnie szeptem/Wyszeptała do mnie kilka słów.

whisper² ['wɪspə] szept; **to speak in a whisper** – mówić szeptem; **a stage whisper** – szept sceniczny

whistle¹ ['wɪsl] gwizdać; *He whistled as he walked.* – Pogwizdywał, kiedy szedł./Idąc pogwizdywał.

whistle² ['wɪsl] ❶ gwizd, gwizdek, gwizdanie; *A police whistle sounded.* – Rozległ się dźwięk gwizdka policyjnego. **the whistle of birds** – pogwizdywanie/śpiew ptaków ❷ gwizdek; **to blow a whistle** – zagwizdać

white¹ [waɪt] biały

white² [waɪt] ❶ biel; **to be dressed in white** – być w bieli/być ubranym na biało ❷ białko jajka

who [hu:] ❶ kto (*zaimek pytający*); *Who told you about it?* – Kto ci o tym powiedział? *Who is he?* – Kto to jest? Jak się nazywa? *Who are you talking* *to?* – Z kim rozmawiasz? ❷ który (*zaimek względny*); *The man who wanted to see you phoned again.* – Człowiek, który chciał się z tobą widzieć, dzwonił znowu. *His wife, who is an actress, is coming from New York this afternoon.* – Jego żona, która jest aktorką, wraca dziś po południu z Nowego Jorku. *His mother, who you met yesterday, is a famous physicist.* – Jego matka, którą poznałeś wczoraj, jest znanym fizykiem.

who'd [hu:d] = ❶ **who would** ❷ **who had**

W

whoever [hu:'evə] ktokolwiek; *Whoever it is, I don't want to see him.* – Ktokolwiek to jest, nie chcę go widzieć.

whole¹ [həul] cały; *I waited a whole hour.* – Czekałem całą godzinę. *Tell me the whole truth.* – Powiedz mi całą prawdę. *You can't swallow it whole.* – Nie możesz tego połknąć w całości.

whole² [həul] całość; **as a whole** – jako całość, w całości; **to form/to constitute a whole** – tworzyć całość; *On the whole the situation is satisfactory.* – Ujmując rzecz całościowo, sytuacja jest zadowalająca.

wholesale ['həulseıl] hurt; **to buy/to sell wholesale** – kupować/sprzedawać hurtem

wholesome ['həulsəm] zdrowy, przynoszący zdrowie; **wholesome food** – zdrowe jedzenie/zdrowa żywność

who'll [hu:l] = **who will**

wholly ['həulı] całkowicie; *I wholly agree with you.* – Całkowicie się z tobą zgadzam.

whom [hu:m] ❶ kogo, komu (*zaimek pytający*); *Whom did you invite?* – Kogo zaprosiłeś? ❷ którego, któremu (*zaimek względny*); *That's the man to whom I gave the money.* – To jest człowiek, któremu dałem pieniądze. *My only brother, whom I haven't seen for a year, arrived last night.* – Mój jedyny brat, którego nie widziałem od roku, przyjechał wczoraj wieczorem.

who's [hu:z] = ❶ **who is** ❷ **who has**

whose [hu:z] ❶ czyj (*zaimek pytający*); *Whose is this suitcase?* – Czyja jest ta walizka? ❷ którego (*zaimek względny*); *That's the woman whose husband was killed in the crash.* – To jest ta kobieta, której mąż zginął w katastrofie.

why¹ [waı] dlaczego; *Why did you do it?* – Dlaczego to zrobiłeś? *Why not?* – Dlaczego nie?

why² [waı] ależ; *Why, it's you!* – Ależ, to ty!

wicked ['wıkıd] niecny, nikczemny, niegodziwy; **a wicked crime** – nikczemna zbrodnia; **a wicked witch** – zła czarownica

wide¹ [waıd] szeroki; **a wide smile** – szeroki uśmiech; **a wide river** – szeroka rzeka; *The passage is 2 metres wide.* – Przejście ma 2 metry szerokości.

wide² [waıd] szeroko; *She opened her eyes wide.* – Otworzyła szeroko oczy. *We planted the trees wide apart.* – Posadziliśmy drzewa daleko od siebie/w dużych odstępach.

wide-awake ['waıdəweık] całkowicie obudzony

widely ['waıdlı] szeroko, rozlegle, znacznie; *It's widely known.* – To jest powszechnie znane/wiadome. *They have widely different opinions.* – Mają znacznie różniące się od siebie/całkiem różne zdania.

widen ['waıdn] poszerzyć; **to widen the road** – poszerzyć drogę

widespread ['waıdspred] rozpowszechniony, powszechny

widow ['wıdəu] wdowa

widower ['wıdəuə] wdowiec

width [wıdθ] szerokość; *The passage has a width of two metres.* – Korytarz ma dwa metry szerokości. *It is two metres in width.* – Ma dwa metry szerokości.

wife [waıf] (*l.mn.* **wives** [waıvz]) żona

wig [wıg] peruka

wild [waıld] ❶ dziki; **wild flowers** – dziko rosnące kwiaty; **wild animals** –

dzikie zwierzęta ❷ zły, wściekły, oszalały; *He was wild with anger.* – Był oszalały z gniewu. ❸ entuzjastyczny; *The audience went wild over the new play.* – Publiczność szalała na punkcie nowej sztuki. ❹ burzliwy, szalony; **a wild confusion** – dzikie zamieszanie; **a wild storm** – gwałtowna burza

wildlife ['waıldlaıf] przyroda w stanie naturalnym

will[1] **/ would** [wʊd/wəd] czasownik specjalny wyrażający: ❶ przyszłość; *I think it'll rain.* – Myślę, że będzie padać. ❷ obietnicę; *I'll help you.* – Pomogę ci./Obiecuję ci pomóc. ❸ prośbę, propozycję; *Will you come in?* – Czy zechciałbyś wejść? *Open the window, will you.* – Otwórz okno, dobrze? *If you will wait, I'll find the document you want.* – Gdyby pan zechciał zaczekać, znajdę dokument, o który panu chodzi. ❹ opór materii, odmowę; *The door won't open.* – Drzwi nie chcą się otworzyć. *I won't work in such conditions.* – Nie będę pracować w takich warunkach. ❺ sytuację, która nie ulegnie zmianie; *Boys will be boys.* – Chłopcy zawsze pozostaną chłopcami.

will[2] [wıl] ❶ wola; **to have a strong will** – mieć silną wolę; *She did it against my will.* – Zrobiła to wbrew mojej woli. *She did it of her own free will.* – Zrobiła to z własnej woli. **to show good will** – okazać/okazywać dobrą wolę ❷ testament; **to draw up/to make a will** – sporządzić testament

willing ['wılıŋ] chętny, skłonny, pełen dobrej woli; *She was willing to co-operate.* – Była chętna do współpracy.

willingly ['wılıŋlı] chętnie, z ochotą; *He willingly agreed to come with us.* – Chętnie zgodził się pójść z nami.

willingness ['wılıŋnıs] chęć, gotowość; *She expressed the willingness to work for us.* – Wyraziła gotowość do pracy dla nas/u nas.

willow ['wıləʊ] *bot.* wierzba

willpower ['wıl,paʊə] siła woli

win [wın] **(-nn-) (won, won** [wʌn, wʌn]) wygrać; **to win a race** – wygrać wyścig; **to win a prize** – zdobyć nagrodę; **to win at cards** – wygrać w karty; **to win the election** – wygrać wybory

wind[1] [wınd] wiatr; *A cold wind was blowing.* – Wiał zimny wiatr.

wind[2] [waınd] **(wound, wound** [waʊnd, waʊnd]) ❶ kręcić, wić się; *The river wound its way to the sea.* – Rzeka wiła się/płynęła meandrami do morza. ❷ zwijać, nawijać, owijać; **to wind a ball of wool** – zwinąć kłębek wełny; *She wound a scarf round her neck.* – Owinęła szalik wokół szyi. ❸ nakręcić; **to wind a clock** – nakręcić zegar

wind instrument ['wınd ,ınstrʊmənt] instrument dęty

windmill ['wınmıl] wiatrak

window ['wındəʊ] okno

window-pane ['wındəʊpeın] szyba okienna

window-sill ['wındəʊsıl] parapet okienny

windscreen ['wınskri:n] przednia szyba samochodu

windsurfing ['wındsɜ:fıŋ] windsurfing

windy ['wındı] **(-ier, -iest)** wietrzny

wine [waın] wino; **sweet/dry wine** – wino słodkie/wytrawne

wing [wıŋ] skrzydło; *The bird spread its wings and flew off.* – Ptak rozpostarł skrzydła i odleciał. **a wing of an aeroplane** – skrzydło samolotu; **to add a wing to a building** – dobudować skrzydło domu/budynku; **the left/the right wing of a political party** – lewe/prawe skrzydło partii politycznej

wink [wıŋk] mrugnąć; *She winked at me.* – Mrugnęła do mnie.

winner ['wınə] zwycięzca

winter ['wıntə] zima; **a harsh/a severe winter** – sroga/surowa/ostra zima; **a mild winter** – łagodna zima

winter sports [,wıntə 'spɔ:ts] sporty zimowe

wintry ['wɪntrɪ] zimny, zimowy, lodowaty; **a wintry landscape** – zimowy krajobraz; **a wintry smile** – lodowaty uśmiech

wipe [waɪp] wytrzeć; *She wiped her hands on a towel.* – Wytarła ręce w ręcznik.

◆ **wipe off** – zetrzeć; *She wiped the drawing off the blackboard.* – Starła rysunek z tablicy. **to wipe a town off the face of the earth** – zetrzeć miasto z powierzchni ziemi

◆ **wipe up** – wytrzeć; *Wipe up the spilt water.* – Wytrzyj rozlaną wodę.

W

wire1 ['waɪə] ❶ przewód, drut, kabel; **telephone wires** – przewody telefoniczne; **barbed wire** – drut kolczasty; **live wire** – przewód pod napięciem ❷ telegram; *We sent a wire that we were coming.* – Wysłaliśmy telegram, że przyjeżdżamy.

wire2 ['waɪə] ❶ zatelegrafować; *We wired the money to her.* – Przesłaliśmy jej telegraficznie pieniądze. ❷ założyć przewody; *The house is wired for electricity.* – Dom ma założoną instalację elektryczną.

wisdom ['wɪzdəm] mądrość; **a person of great wisdom** – osoba (o) wielkiej mądrości

wise [waɪz] ❶ mądry; *She is a wise woman.* – Ona jest mądrą kobietą. ❷ rozsądny; **a wise decision** – rozsądna decyzja

wish1 [wɪʃ] ❶ chcieć, życzyć sobie; *Where do you wish to go?* – Gdzie chcesz/życzysz sobie pójść? *What do you wish me to do?* – Co chcesz, żebym zrobił? ❷ życzyć; *I wish you good luck.* – Życzę ci szczęścia. *I wish you well.* – Dobrze ci życzę. ❸ czasownik wyrażający sytuację niemożliwą/stan niemożliwy do spełnienia w danej chwili; *I wish I were rich!* – Żałuję, że nie jestem bogaty!

wish2 [wɪʃ] życzenie; *They expressed the wish to visit a museum.* – Wyrazili życzenie zwiedzenia muzeum. **to fulfil a wish** – spełnić życzenie; **best wishes** – najlepsze życzenia

wishful thinking [ˌwɪʃfʊl 'θɪŋkɪŋ] pobożne życzenia

wit [wɪt] ❶ dowcip; *Everybody admires her for her wit.* – Wszyscy podziwiają ją za jej dowcip. ❷ inteligencja, rozum, refleks; *I hope he has wits enough to return at once.* – Mam nadzieję, że on ma dość rozumu, żeby wrócić od razu.

witch [wɪtʃ] czarownica

with [wɪð/wɪθ] ❶ (a) z (*razem*); *I'm going with you.* – Idę z tobą. *She quarrelled with them again.* – Ona znowu się z nimi kłóciła. *Can I wear this belt with my blue dress?* – Czy mogę założyć ten pasek do niebieskiej sukienki? (b) z (*powodu*); **to tremble with fear** – trząść się ze strachu; **to be pleased with the result** – być zadowolonym z wyniku; **to be angry with children** – być złym na dzieci, (c) z (*w miarę*); *Wine improves with age.* – Wino staje się lepsze z wiekiem. ❷ u; *Leave the message with the receptionist.* – Zostaw wiadomość w recepcji/ /u recepcjonistki. *I'm staying with friends.* – Zatrzymałam się u przyjaciół. ❸ za pomocą; **to write with a pen** – pisać piórem; *He was killed with a knife.* – Został zabity nożem. *I saw it with my own eyes.* – Widziałam to na własne oczy. ❹ przez (*czym*); *The tank was filled with water.* – Zbiornik był wypełniony wodą. *The fields were covered with snow.* – Pola były pokryte śniegiem.

withdraw [wɪð'drɔ:] **(withdrew, withdrawn** [wɪð'dru:, wɪð'drɔ:n]) wycofać (się), cofać (się); *The army withdrew to a safer area.* – Wojsko wycofało się na bezpieczniejszy teren. *I must withdraw some money from the bank.* – Muszę podjąć trochę pieniędzy z banku. *He refused to withdraw his remark.* – Odmówił odwołania swojej uwagi/tego, co powiedział.

withdrawal [wɪð'drɔ:l] cofnięcie, wycofanie

withdrawn [wɪð'drɔ:n] *p.* **withdraw (withdrew, withdrawn)**

withdrew [wɪð'dru:] *p.* **withdraw (withdrew, withdrawn)**

within [wɪ'ðɪn] w obrębie; **within the law** – w granicach prawa; **within an hour** – w ciągu godziny; **within the walls of this room** – w czterech ścianach tego pokoju

without [wɪ'ðaʊt] bez; *I'm not going without you.* – Nie idę bez ciebie. *You can't open it without tools.* – Nie możesz tego otworzyć bez narzędzi. **without any doubt** – bez wątpienia

witness¹ ['wɪtnɪs] świadek; **an eye witness** – naoczny świadek; **a witness to an accident** – świadek wypadku; **a witness for the prosecution** – świadek oskarżenia; **a witness for the defence** – świadek obrony

witness² ['wɪtnɪs] być świadkiem; **to witness an accident** – być świadkiem wypadku; *Who witnessed his signing the document?* – Kto był świadkiem, jak on podpisywał ten dokument?

witty ['wɪtɪ] **(-ier, -iest)** dowcipny

wives [waɪvz] *p.* **wife**

woke [wəʊk] *p.* **wake (woke, woken)**

woken [wəʊkn] *p.* **wake (woke, woken)**

wolf [wʊlf] (*l.mn.* **wolves** [wʊlvz]) wilk

woman ['wʊmən] (*l.mn.* **women** ['wɪmɪn]) kobieta

won [wʌn] *p.* **win (won, won)**

wonder¹ ['wʌndə] ❶ być ciekawym, zastanawiać się; *I wonder why she did that.* – Ciekaw jestem, dlaczego to zrobiła. ❷ dziwić się; *I wonder that he refused the job.* – Dziwię się, że odmówił przyjęcia tej pracy.

wonder² ['wʌndə] ❶ zdumienie; *She looked around in wonder.* – Rozejrzała się dookoła w zdumieniu. ❷ cud; **the seven wonders of the world** – siedem cudów świata; *It's a wonder that we didn't get lost.* – To cud, że się nie zgubiliśmy. **to work wonders** – czynić cuda; **to do wonders** – dokonywać cudów

wonderful ['wʌndəfʊl] cudowny; *What a wonderful view!* – Cóż za cudowny widok!

won't [wəʊnt/wəʊn] = **will not**

wood [wʊd] ❶ drzewo, drewno; *The table is made of wood.* – Stół jest zrobiony z drzewa. ❷ **the wood, the woods** – las; *Let's go for a walk in the wood/the woods.* – Chodźmy na spacer do lasu.

wooden ['wʊdn] drewniany

woody ['wʊdɪ] (*o okolicy*) lesisty

wool [wʊl] wełna

woollen ['wʊlən] wełniany; **a woollen pullover** – wełniany sweter

word [wɜ:d] słowo; *What is the meaning of this word?* – Jakie jest znaczenie tego słowa? **in other words** – innymi słowy; *I'd like to have a word with you.* – Czy mogę cię prosić na słówko? *He gave me his word that he would never drink again.* – Dał mi słowo, że już nigdy nie będzie pił. **to keep one's word** – dotrzymać słowa; **to break one's word** – złamać słowo; *Tell it in your own words.* – Powiedz to swoimi słowami. **word for word** – słowo w słowo, dosłownie; **a word-for-word translation** – dosłowne tłumaczenie

wore [wɔ:] *p.* **wear**¹ **(wore, worn)**

work¹ [wɜ:k] ❶ pracować; *She's been working hard lately.* – Ona ostatnio ciężko pracuje. *They work 40 hours a week.* – Pracują 40 godzin tygodniowo. ❷ działać, być skutecznym; *The lift is not working.* – Winda nie działa. *I'm sure the new method won't work.* – Jestem pewien, że nowa metoda nie sprawdzi się.

work² [wɜ:k] ❶ praca; **to do work** – wykonywać pracę; **to go to work** – iść do pracy; **to be at work** – być w/przy pracy; **to be out of work** – być bez pracy ❷ dzieło; **a work of art** – dzieło sztuki; **the works of Shakespeare** – dzieła Szekspira

workday ['wɜ:kdeɪ] dzień roboczy/powszedni

worker ['wɜ:kə] ❶ robotnik; **a factory worker** – robotnik w fabryce ❷ pracownik; *He is a poor/a good worker.*

W

– On jest złym/dobrym pracownikiem.

working ['wɜ:kɪŋ] roboczy

working class [ˌwɜ:kɪŋ 'klɑ:s] klasa robotnicza

workman ['wɜ:kmən] (*l.mn.* **workmen** ['wɜ:kmən]) robotnik wykwalifikowany

workshop ['wɜ:kʃɒp] warsztat

world [wɜ:ld] świat; **to travel round the world** – podróżować dookoła świata; *There are many problems in the modern world.* – We współczesnym świecie jest wiele problemów. **the Third World** – Trzeci Świat

W

worldwide [ˌwɜ:ld'waɪd] światowy, o światowym zasięgu; **a worldwide crisis** – kryzys światowy

worm [wɜ:m] robak

worn [wɔ:n] *p.* **wear**[1] **(wore, worn)**

worn-out [ˌwɔ:n'aʊt] ❶ (*o ubraniu*) znoszony, zniszczony ❷ zmęczony, wyczerpany

worried ['wʌrɪd] zmartwiony; *He looks worried.* – On wygląda na zmartwionego.

worry[1] ['wʌrɪ] **(-ies, -ied, -ying)** martwić (się), niepokoić się, przejmować się; *I was worried about you.* – Martwiłam się o ciebie. *It worried me that they didn't answer the phone.* – Niepokoiło mnie, że nie odbierali telefonu. *Don't worry!* – Nie przejmuj się!

worry[2] ['wʌrɪ] (*l.mn.* **worries**) zmartwienie, troska; *She is full of worries about the future.* – Ona jest pełna troski o przyszłość. **financial worries** – kłopoty finansowe

worse[1] [wɜ:s] gorszy; *His eyesight is worse than mine.* – Jego wzrok jest gorszy od mojego. **for better or worse** – na dobre lub złe; *Everything is going from bad to worse.* – Wszystko idzie ku gorszemu.

worse[2] [wɜ:s] gorzej; *The child is behaving worse than ever.* – Dziecko zachowuje się gorzej niż kiedykolwiek. *She feels worse today.* – Ona dziś gorzej się czuje.

worship[1] ['wɜ:ʃɪp] **(-pp-)** wielbić, uwielbiać; **to worship God** – czcić Boga; *He worships his wife.* – On uwielbia swoją żonę.

worship[2] ['wɜ:ʃɪp] ❶ kult; **places of worship** – miejsca kultu ❷ uwielbienie

worst[1] [wɜ:st] najgorszy; *It's the worst book I've ever read.* – To najgorsza książka, jaką kiedykolwiek przeczytałam.

worst[2] [wɜ:st] najgorsze; *You must be prepared for the worst.* – Musisz być przygotowany na najgorsze. **if the worst comes to the worst** – w najgorszym razie; *I fear the worst.* – Obawiam się najgorszego.

worst[3] [wɜ:st] najgorzej; *She is the worst-dressed woman I've ever known.* – Ona jest najgorzej ubraną kobietą, jaką znam.

worth[1] [wɜ:θ] wart; *The house is worth a lot of money.* – Dom jest dużo wart. *Is it worth going there?* – Czy warto tam pójść?

worth[2] [wɜ:θ] wartość; *These are books of great worth.* – To są książki wielkiej wartości. *I bought a pound worth of apples.* – Kupiłam jabłek za funta.

worthless ['wɜ:θlɪs] bez wartości, bezwartościowy

worthwhile [ˌwɜ:θ'waɪl] wart zachodu, opłacający się; *It was a difficult climb but it was worthwhile, because the view was marvellous.* – Wspinaczka była trudna, ale warto było, gdyż widok był cudowny.

worthy ['wɜ:ðɪ] zasługujący; *Your behaviour is worthy of praise.* – Twoje zachowanie zasługuje na pochwałę.

would [wʊd/wəd] czasownik specjalny wyrażający: ❶ czas przeszły **will**; *They said they would come.* – Powiedzieli, że przyjdą. ❷ tryb warunkowy; *What would you do if you found a thousand pounds in the street?* – Co byś zrobił, gdybyś znalazł tysiąc funtów na ulicy? ❸ czynność powtarzającą się regularnie w przeszłości; *She would visit her friends every day.*

– Codziennie odwiedzała swoich przyjaciół. ❹ w sposób delikatny prośbę lub propozycję; *Would you open the window?* – Czy mógłbyś otworzyć okno? *Would you have some tea?* – Czy napiłbyś się herbaty? *Would you like to see my collection?* – Czy chciałby pan obejrzeć moją kolekcję? **would rather** – wolałbym raczej; *I'd rather not.* – Wolałbym nie.

wouldn't ['wʊdnt] **= would not**

wound[1] [waʊnd] *p.* **wind**[2] **(wound, wound)**

wound[2] [wu:nd] rana; **to dress a wound** – opatrzyć ranę; **to inflict a wound** – zadać ranę; **to receive a wound** – otrzymać ranę

wound[3] [wu:nd] zranić; *He was wounded in the leg.* – Miał zranioną nogę.

wounded ['wu:ndɪd] ❶ ranny; *He was seriously wounded.* – Był ciężko ranny. ❷ zraniony, głęboko dotknięty; *He felt deeply wounded by her criticism.* – Czuł się głęboko zraniony jej krytyką.

wrap [ræp] **(-pp-)** zawinąć; *She wrapped the child in a blanket.* – Zawinęła dziecko w koc.

wreath [ri:θ] ❶ wianek; **a bridal wreath** – wianek ślubny ❷ wieniec; *She laid a wreath on the grave of her parents.* – Położyła wieniec na grobie swoich rodziców. **a laurel wreath** – wieniec laurowy

wreck[1] [rek] wrak (*rozbitego statku*)

wreck[2] [rek] ❶ zniszczyć ❷ **to be wrecked** – (*o statku*) rozbić się

wreckage ['rekɪdʒ] szczątki

wrench [rentʃ] wykręcić; **to wrench an ankle** – skręcić nogę w kostce; *He wrenched the handbag from the old woman.* – On wyrwał torebkę starej kobiecie.

wrestle ['resl] mocować się, walczyć

wrestling ['reslɪŋ] zapasy

wretched ['retʃɪd] nieszczęsny, nędzny, marny

wring [rɪŋ] **(wrung, wrung** [rʌŋ, rʌŋ]**)** wykręcać, wyżymać; *Don't wring that woollen pullover.* – Nie wyżymaj tego wełnianego swetra. **to wring one's hands** – załamywać ręce

wrinkle ['rɪŋkl] zmarszczka

wrinkled ['rɪŋkld] pomarszczony

wrist [rɪst] nadgarstek

wristwatch ['rɪswɒtʃ] zegarek na rękę

write [raɪt] **(wrote, written** [rəʊt, 'rɪtn]**)** pisać; *They often write to me.* – Oni często do mnie piszą. **to write sth down** – zapisać/zanotować coś

writer ['raɪtə] pisarz

writing ['raɪtɪŋ] ❶ pismo, charakter pisma; *His writing was impossible to read.* – Jego pismo było niemożliwe do odczytania./Nie dało się odczytać jego pisma. ❷ pisanie; **creative writing** – pisanie twórcze ❸ **writings** – pisma, dzieła, twórczość; **the writings of Charles Dickens** – twórczość Karola Dickensa

writing-desk ['raɪtɪŋdesk] biurko

writing-paper ['raɪtɪŋ,peɪpə] papier listowy

written ['rɪtn] *p.* **write (wrote, written)**

wrong[1] [rɒŋ] ❶ zły, nieprawidłowy; *They gave me the wrong information.* – Udzielili mi złej informacji. *It was wrong to ignore your advice.* – To był błąd, że zignorowaliśmy twoją radę. *He always says the wrong thing.* – On zawsze mówi nie to, co trzeba. ❷ zły, niemoralny, godny potępienia; *It's wrong to lie.* – Kłamać jest rzeczą złą. ❸ zepsuty, nie w porządku; *What's wrong with the machine?* – Co jest nie tak z tą maszyną?

wrong[2] [rʌŋ] źle, nieprawidłowo; *Everything went wrong* – Wszystko poszło nie tak, jak trzeba. *Don't get me wrong.* – Nie zrozum mnie źle. *You guessed wrong.* – Źle zgadłeś./ /Nie zgadłeś.

wrong[3] [rʌŋ] zło; **to know right from wrong** – odróżniać dobro od zła

wrongly ['rʌŋlɪ] nieprawidłowo; *We wrongly thought that he was guilty.* – Myliliśmy się sądząc, że on jest winny.

wrote [rəʊt] *p.* **write (wrote, written)**

wrung [rʌŋ] *p.* **wring (wrung, wrung)**

W

x

xenophobia [ˌzenə'fəʊbjə] ksenofobia (*niechęć lub wrogość w stosunku do obcych*)

xerox ['zɪərɒks] kserograf

XL [ˌeks'el] = **extra large** rozmiar bardzo duży (*ubrania*)

Xmas ['krɪsməs] = **Christmas**

X-ray¹ [ˌeks'reɪ] ❶ promienie Rtg ❷ **X-ray photo** – zdjęcie rentgenowskie; *The doctor decided to take an X-ray of my arm.* – Lekarz zadecydował, żeby prześwietlić moje ramię/ /zrobić zdjęcie rtg mojego ramienia.

X-ray² [ˌeks'reɪ] prześwietlić; *You must have your arm X-rayed.* – Musi pan prześwietlić ramię.

XS [ˌeks'es] = **extra small** rozmiar bardzo mały (*ubrania*)

xylophone ['zaɪləfəʊn] ksylofon

y

yacht [jɒt] jacht, żaglówka; **to sail a yacht** – żeglować; **to spend a summer on a yacht** – spędzić lato na jachcie

yachting ['jɒtɪŋ] żeglarstwo

yard¹ [jɑːd] dziedziniec, podwórko

yard² [jɑːd] jard (*miara długości = 0,91 m*)

yarn [jɑːn] włóczka

yawn¹ [jɔːn] ziewać

yawn² [jɔːn] ziewnięcie

yd = yard

yds = yards

year [jɜː] rok; **in the year 1891** – w roku 1891; *She is ten years old.* – Ona ma dziesięć lat. **this year** – ten rok/tego roku; **last year** – zeszłego roku; **in a year** – za rok

yearly ['jɜːlɪ] coroczny, doroczny

yeast [jiːst] drożdże

yell¹ [jel] krzyczeć, wrzeszczeć, wyć; *He yelled to us that the car was on fire.* – Krzyknął do nas, że pali się samochód.

yell² [jel] krzyk, wrzask, ryk, wycie

yellow ['jeləʊ] żółty

yes [jes] tak

yesterday ['jestədı/ˌjestə'deı] wczoraj

yet [jet] ❶ jeszcze; *I haven't finished the book yet.* – Jeszcze nie skończyłem tej książki. **as yet** – do tej pory; *I haven't had any message from her as yet.* – Do tej pory nie mam od niej żadnej wiadomości. ❷ jednak; *She worked hard and yet nobody appreciated it.* – Pracowała ciężko, a jednak nikt jej nie docenił.

yield[1] [ji:ld] ❶ dawać plon/wyniki, przynosić dochód; *The orchard yields plenty of fruit.* – Sad przynosi dużo owoców. ❷ ustępować; *They finally yielded to our demands.* – W końcu ustąpili i zgodzili się na nasze żądania.

yield[2] [ji:ld] plon, wynik, wydobycie, dochód; **the yield of a investment** – zysk/wydajność inwestycji; **a good yield of wheat** – duży plon pszenicy

yoga ['jəʊgə] joga; **to practise yoga** – uprawiać jogę

yoghurt ['jɒgət] jogurt

yolk [jəʊk] żółtko jajka

you [ju:/jʊ] ❶ ty, wy, państwo, pani, pan ❷ zaimek bezosobowy; *You never can tell.* – Nigdy (nic) nie wiadomo. ❸ tobie, tobą, ciebie, wam, wami; *Did he write to you?* – Czy on do ciebie napisał?

you'd [ju:d] = ❶ **you would** ❷ **you had**

you'll [ju:l] = **you will**

young[1] [jʌŋ] młody; *He is too young to work.* – Jest za młody, żeby pracować.

young[2] [jʌŋ] ❶ **the young** – młodzi ludzie, młodzież ❷ młode (*zwierząt*); *The lioness fought to defend her young.* – Lwica walczyła w obronie młodych.

your [jɔ:] twój, wasz, pana, pani; *Is that your book?* – Czy to pani książka?

you're [ju:ə] = **you are**

yours [jɔ:z] rzecz należąca do ciebie, do was, do pana, do pani; *Is that book yours?* – Czy ta książka jest pani?

yourself [jɔ:'self] (*l.mn.* **yourselves** [jɔ:'selvz]) ❶ (ty, wy, pan, pani) sama, sam, sami; *Did you do it yourself?* – Czy zrobiłeś to sam? ❷ (ty, wy, pan, pani) siebie, sobą, sobie; *Must you always talk about yourself?* – Czy musisz zawsze mówić o sobie?

◆ **(all) by yourself/yourselves** – (a) (ty, pan, pani/wy, państwo) sam, sama/sami, samotnie; *Would you like to live in that big house by yourself?* – Czy chciałbyś mieszkać w tym dużym domu sam? (b) (ty, pan, pani/wy, państwo) sam, bez pomocy; *You won't be able to do it all by yourself.* – Nie będziesz w stanie zrobić tego wszystkiego sam.

youth [ju:θ] ❶ młodość; **in my youth** – za czasów mojej młodości ❷ młody człowiek, młodzieniec ❸ **the youth** – młodzież; **youth hostel** – schronisko młodzieżowe

youthful ['ju:θfʊl] młodzieńczy; **a youthful appearance** – młodzieńczy wygląd

you've [ju:v] = **you have**

yucca ['jʌkə] jukka

yuppie ['jʌpı] **(young urban professional person)** przedstawiciel nowej klasy młodych, ambitnych, wykształconych zawodowo ludzi, o wysokich dochodach i standardzie życiowym

Z

zeal [zi:l] zapał, gorliwość; **to work with zeal** – pracować z zapałem

zealous ['zeləs] gorliwy, pełen zapału; **a zealous worker** – gorliwy pracownik

zebra ['zi:brə] zebra

zebra crossing [ˌzebrə 'krɒsɪŋ] pasy dla pieszych

zero ['zɪərəʊ] zero

zinc [zɪŋk] *chem.* cynk

zip[1] [zɪp] **/ zipper** ['zɪpə] zamek błyskawiczny; **to do up a zip** – zapiąć zamek; **to undo a zip** – rozpiąć zamek; *The zip got stuck.* – Zamek się zaciął.

zip[2] [zɪp] **(-pp-)** zapiąć na zamek

zip-fastener ['zɪpˌfɑ:snə] **= zip**[1]

zodiak ['zəʊdɪæk] zodiak; **the signs of the Zodiak** – znaki zodiaku

zone [zəʊn] strefa

zoo [zu:] ogród zoologiczny

zoological [ˌzəʊə'lɒdʒɪkl] zoologiczny

zucchini [zʊ'ki:nɪ] cukinia

WYKAZ NAJWAŻNIEJSZYCH CZASOWNIKÓW NIEREGULARNYCH

Infinitive Bezokolicznik	**Past Tense** Forma czasu przeszłego	**Past Participle** Imiesłów czasu przeszłego
arise	**arose**	**arisen**
awake	**awoke**	**awoken**
be	**was/were**	**been**
babysit	**babysat**	**babysat**
bear	**bore**	**borne**
beat	**beat**	**beaten**
become	**became**	**become**
begin	**began**	**begun**
bend	**bent**	**bent**
bet	**bet/betted**	**bet/betted**
bind	**bound**	**bound**
bite	**bit**	**bitten**
bleed	**bled**	**bled**
bless	**blessed/blest**	**blessed/blest**
blow	**blew**	**blown**
break	**broke**	**broken**
breed	**bred**	**bred**
bring	**brought**	**brought**
broadcast	**broadcast**	**broadcast**
build	**built**	**built**
burn	**burnt/burned**	**burnt/burned**
burst	**burst**	**burst**
buy	**bought**	**bought**
cast	**cast**	**cast**
catch	**caught**	**caught**
choose	**chose**	**chosen**
come	**came**	**come**
cost	**cost**	**cost**
creep	**crept**	**crept**
cut	**cut**	**cut**
deal	**dealt**	**dealt**
defreeze	**defroze**	**defrozen**
dig	**dug**	**dug**
do	**did**	**done**
draw	**drew**	**drawn**
dream	**dreamed/dreamt**	**dreamed/dreamt**
drink	**drank**	**drunk**
drive	**drove**	**driven**

eat	**ate**	**eaten**
fall	**fell**	**fallen**
feed	**fed**	**fed**
feel	**felt**	**felt**
fight	**fought**	**fought**
find	**found**	**found**
flee	**fled**	**fled**
fly	**flew**	**flown**
forbid	**forbade**	**forbidden**
forecast	**forecast**	**forecast**
foresee	**foresaw**	**foreseen**
foretell	**foretold**	**foretold**
forget	**forgot**	**forgotten**
forgive	**forgave**	**forgiven**
freeze	**froze**	**frozen**
get	**got**	**got**
give	**gave**	**given**
go	**went**	**gone**
grind	**ground**	**ground**
grow	**grew**	**grown**
hang	**hung/hanged**	**hung/hanged**
have	**had**	**had**
hear	**heard**	**heard**
hide	**hid**	**hidden**
hit	**hit**	**hit**
hold	**held**	**held**
hurt	**hurt**	**hurt**
keep	**kept**	**kept**
kneel	**knelt**	**knelt**
knit	**knitted/knit**	**knitted/knit**
know	**knew**	**known**
lay	**laid**	**laid**
lead	**led**	**led**
lean	**leant/leaned**	**leant/leaned**
leap	**leaped/leapt**	**leaped/leapt**
learn	**learned/learnt**	**learned/learnt**
leave	**left**	**left**
lend	**lent**	**lent**
let	**let**	**let**
lie	**lay**	**lain**
light	**lit/lighted**	**lit/lighted**
lose	**lost**	**lost**
make	**made**	**made**
mean	**meant**	**meant**
meet	**met**	**met**
mislay	**mislaid**	**mislaid**
mislead	**misled**	**misled**
mistake	**mistook**	**mistaken**
misunderstand	**misunderstood**	**misunderstood**
mow	**mowed**	**mown**

outdo	**outdid**	**outdone**
outgrow	**outgrew**	**outgrown**
outshine	**outshone**	**outshone**
overcome	**overcame**	**overcome**
overdo	**overdid**	**overdone**
overhang	**overhung**	**overhung**
overhear	**overheard**	**overheard**
oversee	**oversaw**	**overseen**
oversleep	**overslept**	**overslept**
overtake	**overtook**	**overtaken**
overthrow	**overthrew**	**overthrown**
pay	**paid**	**paid**
put	**put**	**put**
read	**read**	**read**
rebuild	**rebuilt**	**rebuilt**
redo	**redid**	**redone**
remake	**remade**	**remade**
repay	**repaid**	**repaid**
rewrite	**rewrote**	**rewritten**
rid	**rid**	**rid**
ride	**rode**	**ridden**
ring	**rang**	**rung**
rise	**rose**	**risen**
run	**ran**	**run**
saw	**sawed**	**sawn**
say	**said**	**said**
see	**saw**	**seen**
seek	**sought**	**sought**
sell	**sold**	**sold**
send	**sent**	**sent**
set	**set**	**set**
sew	**sewed**	**sewn**
shake	**shook**	**shaken**
shed	**shed**	**shed**
shine	**shone**	**shone**
shoot	**shot**	**shot**
show	**showed**	**shown/showed**
shrink	**shrank/shrunk**	**shrunk**
shut	**shut**	**shut**
sing	**sang**	**sung**
sink	**sank**	**sunk**
sit	**sat**	**sat**
sleep	**slept**	**slept**
slide	**slid**	**slid**
slit	**slit**	**slit**
smell	**smelt**	**smelt**
sow	**sowed**	**sown**
speak	**spoke**	**spoken**
speed	**sped/speeded**	**sped/speeded**
spell	**spelt/spelled**	**spelt/spelled**

spend	**spent**	**spent**
spill	**spilt/spilled**	**spilt/spilled**
spin	**spun/span**	**spun**
spit	**spat**	**spat**
split	**split**	**split**
spoil	**spoilt/spoiled**	**spoilt/spoiled**
spread	**spread**	**spread**
spring	**sprang**	**sprung**
stand	**stood**	**stood**
steal	**stole**	**stolen**
stick	**stuck**	**stuck**
stink	**stank/stunk**	**stunk**
strike	**struck**	**struck**
string	**strung**	**strung**
strive	**strove**	**striven**
swear	**swore**	**sworn**
sweep	**swept**	**swept**
swell	**swelled**	**swollen/swelled**
swim	**swam**	**swum**
swing	**swung**	**swung**
take	**took**	**taken**
teach	**taught**	**taught**
tear	**tore**	**torn**
tell	**told**	**told**
think	**thought**	**thought**
throw	**threw**	**thrown**
thrust	**thrust**	**thrust**
tread	**trod**	**trodden**
unbend	**unbent**	**unbent**
undergo	**underwent**	**undergone**
understand	**understood**	**understood**
undertake	**undertook**	**undertaken**
undo	**undid**	**undone**
upset	**upset**	**upset**
wake	**woke**	**woken**
wear	**wore**	**worn**
weave	**wove**	**woven**
wed	**wedded/wed**	**wedded/wed**
weep	**wept**	**wept**
win	**won**	**won**
wind	**wound**	**wound**
withdraw	**withdrew**	**withdrawn**
withhold	**withheld**	**withheld**
wring	**wrung**	**wrung**
write	**wrote**	**written**

NAZWY PAŃSTW, KRAJÓW, REGIONÓW GEOGRAFICZNYCH Z PRZYMIOTNIKAMI I NAZWAMI NARODOWOŚCI

część angielsko-polska

Na ogół nazwy narodowości, języka i osoby pochodzącej z danego kraju przyjmują postać przymiotnika, np. **German** – niemiecki, narodowości niemieckiej, język niemiecki, Niemiec. Czasami jednak występują różnice, np. **Pole** – Polak/Polka, **the Poles** – Polacy, **Polish** – polski, narodowości polskiej, język polski. Różnice te zaznaczono w poniższym wykazie. Polskie znaczenia podano jedynie dla państwa lub regionu, obok wymienia się przymiotnik już bez polskiego odpowiednika.

NAZWA GEOGRAFICZNA	PRZYMIOTNIK
Afghanistan [æf'gænɪstɑ:n] Afganistan	**Afghan** ['æfgæn] **/ Afghani** [æf'gænɪ] / **/ Afghanistani** [æf,gænɪ'stɑ:nɪ]
Africa ['æfrɪkə] Afryka	**African** ['æfrɪkən]
Albania [æl'beɪnɪə] Albania	**Albanian** [æl'beɪnɪən]
Algeria [æl'dʒɪərɪə] Algieria	**Algerian** [æl'dʒɪərɪən]
America [ə'merɪkə] Ameryka	**American** [ə'merɪkən]
Angola [æŋ'gəʊlə] Angola	**Angolan** [æŋ'gəʊlən]
Antarctic (the) [æn'tɑ:ktɪk] Antarktyda	**Antarctic** [æn'tɑ:ktɪk]
Arabia [ə'reɪbɪə] Arabia	**Arabian** [ə'reɪbɪən] / **Arab** ['ærəb], (*język*) **Arabic** ['ærəbɪk], (*osoba*) **Arab** ['ærəb]
Arctic (the) ['ɑ:ktɪk] Arktyka	**Arctic** ['ɑ:ktɪk]
Argentina [,ɑ:dʒən'ti:nə] **/ Argentine (the)** ['ɑ:dʒəntaɪn] Argentyna	**Argentinian** [,ɑ:dʒən'tɪnɪən] / **Argentine** ['ɑ:dʒəntaɪn]
Armenia [ɑ:'mi:nɪə] Armenia	**Armenian** [ɑ:'mi:nɪən]
Asia ['eɪʃə] Azja	**Asian** ['eɪʃən]
Australia [ɒ'streɪlɪə] Australia	**Australian** [ɒ'streɪlɪən]
Austria ['ɒstrɪə] Austria	**Austrian** ['ɒstrɪən]
Azerbaijan [,æzəbaɪ'dʒɑ:n] Azerbejdżan	**Azerbaijani** [,æzəbaɪ'dʒɑ:nɪ]
Bangladesh [,bæŋglə'deʃ] Bangladesz	**Bangladeshi** [,bæŋglə'deʃɪ]
Belarus [bɪ,elə'ru:s] Białoruś	**Belorussian** [bɪ,elə'rʌʃn]
Belgium ['beldʒəm] Belgia	**Belgian** ['beldʒən]
Bolivia [bə'lɪvɪə] Boliwia	**Bolivian** [bə'lɪvɪən]
Bosnia-Herzegovina [,bɒsnɪə ,hɜ:tsəgə'vi:nə] Bośnia	**Bosnian** ['bɒsnɪən]
Brazil [brə'zɪl] Brazylia	**Brazilian** [brə'zɪlɪən]
Britain ['brɪtn] Wielka Brytania	**British** ['brɪtɪʃ], (*osoba*) **Briton** ['brɪtn]; **the British** – Brytyjczycy
Bulgaria [bʌl'geərɪə] Bułgaria	**Bulgarian** [bʌl'geərɪən]
Burkina [bɜ:'ki:nə] Burkina	**Burkinese** [,bɜ:kɪ'ni:z]
Burma ['bɜ:mə] Birma	**Burmese** [,bɜ:mi:z]
Burundi [bʊ'rʊndɪ] Burundi	**Burundian** [bʊ'rʊndɪən]
Cambodia [kəm'bəʊdɪə] Kambodża	**Cambodian** [kəm'bəʊdɪən]

Cameroon [ˌkæmə'ru:n] Kamerun	**Cameroonian** [ˌkæmə'ru:nɪən]
Canada ['kænədə] Kanada	**Canadian** [kə'neɪdɪən]
Caribbean (the) [ˌkærɪ'bi:ən] Karaiby	**Caribbean** [ˌkærɪ'bi:ən]
Chad [tʃæd] Czad	**Chadian** ['tʃædɪən]
Chile ['tʃɪlɪ] Chile	**Chilean** ['tʃɪlɪən]
China ['tʃaɪnə] Chiny	**Chinese** [ˌtʃaɪ'ni:z]
Colombia [kə'lʌmbɪə] Kolumbia	**Colombian** [kə'lʌmbɪən]
Congo (the) ['kɒŋgəʊ] Kongo	**Congolese** [ˌkɒŋgə'li:z]
Costa Rica [ˌkɒstə 'ri:kə] Kostaryka	**Costa Rican** [ˌkɒstə 'ri:kən]
Croatia [krəʊ'eɪʃə] Chorwacja	**Croatian** [krəʊ'eɪʃn], (*osoba*) **Chroat** ['krəʊæt]
Cuba ['kju:bə] Kuba	**Cuban** ['kju:bən]
Czech Republic [ˌtʃek rɪ'pʌblɪk] Republika Czeska	**Czech** [tʃek]
Denmark ['denmɑ:k] Dania	**Danish** ['deɪnɪʃ], (*osoba*) **Dane** [deɪn]
Ecuador ['ekwədɔ:] Ekwador	**Ecuadorian** [ˌekwə'dɔ:rɪən]
Egypt ['i:dʒɪpt] Egipt	**Egyptian** [ɪ'dʒɪpʃən]
El Salvador [el'sælvədɔ:] Salwador	**Salvadorean** [ˌsælvə'dɔ:rɪən]
England ['ɪŋglænd] Anglia	**English** ['ɪŋglɪʃ], (*osoba*) **Englishman** ['ɪŋglɪʃmən], **Englishwoman** ['ɪŋglɪʃwʊmən]; **the English** – Anglicy
Estonia [e'stəʊnɪə] Estonia	**Estonian** [e'stəʊnɪən]
Ethiopia [ˌi:θɪ'əʊpɪə] Etiopia	**Ethiopian** [ˌi:θɪ'əʊpɪən]
Europe ['jʊərəp] Europa	**European** [ˌjʊərə'pi:ən]
Far East (the) [ˌfɑ:r'i:st] Daleki Wschód	**Far Eastern** [ˌfɑ:r'i:stən]
Fiji [ˌfi:'dʒi:] Fidżi	**Fijian** [ˌfi:dʒi:ən]
Finland ['fɪnlənd] Finlandia	**Finnish** ['fɪnɪʃ], (*osoba*) **Finn** [fɪn]
France [frɑ:ns] Francja	**French** [frentʃ], (*osoba*) **Frenchman** ['frentʃmən], **Frenchwoman** ['frentʃwʊmən]; **the French** – Francuzi
Gambia ['gæmbɪə] Gambia	**Gambian** ['gæmbɪən]
Georgia ['dʒɔ:dʒə] Gruzja	**Georgian** ['dʒɔ:dʒən]
Germany ['dʒɜ:mənɪ] Niemcy	**German** ['dʒɜ:mən]
Ghana ['gɑ:nə] Ghana	**Ghanaian** [gɑ:'neɪən]
Great Britain [ˌgreɪt 'brɪtn] Wielka Brytania *p.* **Britain**	
Greece [gri:s] Grecja	**Greek** [gri:k]
Guatemala [ˌgwɑ:tə'mɑ:lə] Gwatemala	**Guatemalan** [ˌgwɑ:tə'mɑ:lən]
Guinea ['gɪnɪ] Gwinea	**Guinean** ['gɪnɪən]
Guyana [gaɪ'ænə] Gujana	**Guyanese** [ˌgaɪə'ni:z]
Haiti ['heɪtɪ] Haiti	**Haitian** ['heɪʃn]
Holland ['hɒlənd] Holandia	**Dutch** [dʌtʃ], (*osoba*) **Dutchman** ['dʌtʃmən], **Dutchwoman** ['dʌtʃwʊmən]; **the Dutch** – Holendrzy
Honduras [hɒn'dʒʊərəs] Honduras	**Honduran** [hɒn'dʒʊərən]
Hungary ['hʌŋgərɪ] Węgry	**Hungarian** [hʌŋ'geərɪən]

Iceland ['aɪslənd] Islandia	**Icelandic** [aɪs'lændɪk], (*osoba*) **Icelander** ['aɪsləndə]
India ['ɪndɪə] Indie	**Indian** ['ɪndɪən]
Indonesia [ˌɪndə'ni:zɪə] Indonezja	**Indonesian** [ˌɪndə'ni:zɪən]
Iran [ɪ'rɑ:n] Iran	**Iranian** [ɪ'reɪnɪən]
Iraq [ɪ'rɑ:k] Irak	**Iraqi** [ɪ'rɑ:kɪ]
Ireland ['aɪələnd] Irlandia	**Irish** ['aɪərɪʃ], (*osoba*) **Irishman** ['aɪərɪʃmən], **Irishwoman** ['aɪərɪʃwʊmən]; **the Irish** – Irlandczycy
Israel ['ɪzreɪl] Izrael	**Israeli** [ɪz'reɪlɪ]
Italy ['ɪtəlɪ] Włochy	**Italian** [ɪ'tælɪən]
Ivory Coast [ˌaɪvərɪ 'kəʊst] Wybrzeże Kości Słoniowej	**Ivorian** [aɪ'vɔ:rɪən]
Jamaica [dʒə'meɪkə] Jamajka	**Jamaican** [dʒə'meɪkən]
Japan [dʒə'pæn] Japonia	**Japanese** [ˌdʒæpə'ni:z]
Jordan ['dʒɔ:dn] Jordania	**Jordanian** [dʒɔ:'deɪnɪən]
Kazakhstan [ˌkæzæk'stɑ:n] Kazachstan	**Kazakh** [kə'zæk]
Kenya ['kenjə] Kenia	**Kenyan** ['kenjən]
Kirgyztan [ˌkɪəgɪz'stɑ:n] Kirgizja	**Kirgyz** [kɪə'gi:z]
Korea [kə'rɪə] Korea	**Korean** [kə'rɪən]
Kuwait (the) [kʊ'weɪt] Kuwejt	**Kuwaiti** [kʊ'weɪtɪ]
Laos [laʊs] Laos	**Laotian** ['laʊʃn]
Latvia ['lætvɪə] Łotwa	**Latvian** ['lætvɪən]
Lebanon ['lebənən] Liban	**Lebanese** [ˌlebə'ni:z]
Libya ['lɪbɪə] Libia	**Libyan** ['lɪbɪən]
Lithuania [ˌlɪθjʊ'eɪnɪə] Litwa	**Lithuanian** [ˌlɪθjʊ'eɪnɪən]
Macedonia [ˌmæsə'dəʊnɪə] Macedonia	**Macedonian** [ˌmæsə'dəʊnɪən]
Madagascar [ˌmædə'gæskə] **/ Malagasy Republic (the)** [ˌmælə'gæsɪ rɪpʌblɪk] Madagaskar/Republika Malgaska	**Madagascan** [ˌmædə'gæskən], (*osoba*) **Malagasy** [ˌmælə'gæsɪ]
Malaysia [mə'leɪzjə] Malezja	**Malaysian** [mə'leɪzɪən]
Mali ['mɑ:lɪ] Mali	**Malian** ['mɑ:lɪən]
Malta ['mɔ:ltə] Malta	**Maltese** [mɔ:l'ti:z]
Mexico ['meksɪkəʊ] Meksyk	**Mexican** ['meksɪkən]
Middle East (the) [ˌmɪdl'i:st] Bliski Wschód	**Middle Eastern** [ˌmɪdl 'i:stən]
Moldova [mɒl'dəʊvə] Mołdawia	**Moldovan** [mɒl'dəʊvən]
Monaco ['mɒnəkəʊ] Monako	**Monegasque** [ˌmɒnə'gæsk]
Mongolia [mɒŋ'gəʊlɪə] Mongolia	**Mongolian** [mɒŋ'gəʊlɪən], (*osoba*) **Mongolian / Mongol** ['mɒŋgl]
Morocco [mə'rɒkəʊ] Maroko	**Moroccan** [mə'rɒkən]
Mozambique [ˌməʊzæm'bi:k] Mozambik	**Mozambiquean** [ˌməʊzæm'bi:kən]
Nepal [nɪ'pɔ:l] Nepal	**Nepalese** [ˌnepə'li:z]
Netherlands (the) ['neðələndz] Holandia *p.* **Holland**	

New Zealand [ˌnju: 'zi:lənd] Nowa Zelandia	**New Zealand** [ˌnju:'zi:lənd], (*osoba*) **New Zealander** [ˌnju: 'zi:ləndə]
Nicaragua [ˌnɪkə'rægjʊə] Nikaragua	**Nicaraguan** [ˌnɪkə'rægjʊən]
Niger [ni:'ʒeə] Niger	**Nigerien** [ni:'ʒeərɪən]
Nigeria [naɪ'dʒɪərɪə] Nigeria	**Nigerian** [naɪ'dʒɪərɪən]
Northern Ireland [ˌnɔ:ðən 'aɪələnd] Północna Irlandia	**Northern Irish** [ˌnɔ:ðən 'aɪərɪʃ]
Norway ['nɔ:weɪ] Norwegia	**Norwegian** [nɔ:'wi:dʒən]
Pakistan [ˌpɑ:kɪ'stɑ:n] Pakistan	**Pakistani** [ˌpɑ:kɪ'stɑ:nɪ]
Palestine ['pæləstaɪn] Palestyna	**Palestinian** [ˌpælə'stɪnɪən]
Panama ['pænəmɑ:] Panama	**Panamanian** [ˌpænə'meɪnɪən]
Papua New Guinea [ˌpæpʊə ˌnju: 'gɪnɪ] Papua Nowa Gwinea	**Papuan** ['pæpʊən]
Paraguay ['pærəgwaɪ] Paragwaj	**Paraguayan** [ˌpærə'gwaɪən]
Peru [pə'ru:] Peru	**Peruvian** [pə'ru:vɪən]
Philippines (the) ['fɪlɪpi:nz] Filipiny	**Philippine** ['fɪlɪpi:n], (*osoba*) **Filipino** [ˌfɪlɪ'pi:nəʊ]
Poland ['pəʊlənd] Polska	**Polish** ['pəʊlɪʃ], (*osoba*) **Pole** [pəʊl]; **the Poles** – Polacy
Polynesia [ˌpɒlɪ'ni:zɪə] Polinezja	**Polynesian** [ˌpɒlɪ'ni:zɪən]
Portugal ['pɔ:tʃʊgl] Portugalia	**Portuguese** [ˌpɔ:tʃʊ'gi:z]
Puerto Rico [ˌpwɜ:təʊ 'ri:kəʊ] Puerto Rico	**Puerto Rican** [ˌpwɜ:təʊ 'ri:kən]
Romania [ru:'meɪnɪə] Rumunia	**Romanian** [ru:'meɪnɪən]
Russia ['rʌʃə] Rosja	**Russian** ['rʌʃn]
Rwanda [rʊ'ændə] Rwanda	**Rwandan** [rʊ'ændən]
Saudi Arabia [ˌsaʊdɪ ə'reɪbɪə] Arabia Saudyjska	**Saudi Arabian** [ˌsaʊdɪ ə'reɪbɪən], (*osoba*) **Saudi** ['saʊdɪ] **/ Saudi Arabian** [ˌsaʊdɪ ə'reɪbɪən]
Scotland ['skɒtlənd] Szkocja	**Scottish** ['skɒtɪʃ] **/ Scotch** [skɒtʃ], (*osoba*) **Scot** [skɒt] **/ Scotsman** ['skɒtsmən], **Scotswoman** [ˌskɒtswʊmən]; **the Scots** – Szkoci
Senegal [ˌsenɪ'gɔ:l] Senegal	**Senegalese** [ˌsenɪgə'li:z]
Sierra Leone [sɪˌerəlɪ'əʊn] Sierra Leone	**Sierra Leonean** [sɪˌerə lɪ'əʊnɪən]
Singapore [ˌsɪŋgə'pɔ:] Singapur	**Singaporean** [ˌsɪŋgə'pɔ:rɪən]
Slovakia [sləʊ'vækɪə] Słowacja	**Slovak** ['sləʊvæk]
Slovenia [sləʊ'vi:nɪə] Słowenia	**Slovenian** [sləʊ'vi:nɪən]
Somalia [sə'mɑ:lɪə] Somalia	**Somalian** [sə'mɑ:lɪən], **Somali** [sə'mɑ:lɪ]
South Africa [ˌsaʊθ 'æfrɪkə] Afryka Południowa	**South African** [ˌsaʊθ'æfrɪkən]
Spain [speɪn] Hiszpania	**Spanish** ['spænɪʃ], (*osoba*) **Spaniard** ['spænɪəd]
Sri Lanka [ˌsri: 'læŋkə] Sri Lanka	**Sri Lankan** [ˌsri:'læŋkən]
Sudan (the) [su:'dɑ:n] Sudan	**Sudanese** [ˌsu:də'ni:z]
Sweden ['swi:dn] Szwecja	**Swedish** ['swi:dɪʃ], (*osoba*) **Swede** [swi:d]

Switzerland ['swɪtsələnd] Szwajcaria
Syria ['sɪrɪə] Syria
Tahiti [tɑ:'hi:tɪ] Tahiti
Taiwan [taɪ'wɑ:n] Tajwan
Tajikistan [tæ,dʒi:kɪ'stɑ:n] Tadżykistan
Tanzania [,tænzə'ni:ə] Tanzania
Thailand ['taɪlænd] Tajlandia
Tibet [tɪ'bet] Tybet
Togo ['təʊgəʊ] Togo
Tunisia [tjʊ'nɪzɪə] Tunezja
Turkey ['tɜ:kɪ] Turcja
Turkmenistan [tɜ:k,menɪ'stɑ:n] Turkmenia
Uganda [ju:'gændə] Uganda
Ukraine (the) [ju:'kreɪn] Ukraina
United Kingdom (the) [jʊ,naɪtɪd' kɪŋdəm] Zjednoczone Królestwo *p.* **Britain**
United States of America (the) [jʊ,naɪtɪd ,steɪts əv ə'merɪkə] Stany Zjednoczone Ameryki Północnej
Uruguay ['jʊərəgwaɪ] Urugwaj
Uzbekistan [ʊz,bekɪ'stɑ:n] Uzbekistan
Venezuela [,venə'zweɪlə] Wenezuela
Vietnam [,vjet'næm] Wietnam
Wales [weɪlz] Walia
Yemen ['jemən] Jemen
Zaire [zɑ:'ɪə] Zair
Zambia ['zæmbɪə] Zambia
Zimbabwe [zɪm'bɑ:bwɪ] Zimbabwe

Swiss [swɪs]
Syrian ['sɪrɪən]
Tahitian [tɑ:'hi:ʃn]
Taiwanese [,taɪwə'ni:z]
Tajik [tə'dʒi:k]
Tanzanian [,tænzə'ni:ən]
Thai [taɪ]
Tibetan [tɪ'betn]
Togolese [,təʊgə'li:z]
Tunisian [tjʊ'nɪzɪən]
Turkish ['tɜ:kɪʃ], (*osoba*) **Turk** [tɜ:k]
Turkmen ['tɜ:kmen]
Ugandan [ju:'gændən]
Ukrainian [ju:'kreɪnɪən]
American [ə'merɪkən]
Uruguayan ['jʊərə'gwaɪən]
Uzbek ['ʊzbek]
Venezuelan [,venə'zweɪlən]
Vietnamese [,vjetnə'mi:z]
Welsh [welʃ], (*osoba*) **Welshman** ['welʃmən], **Welshwoman** ['welʃwʊmən]; **the Welsh** – Walijczycy
Yemeni ['jemənɪ]
Zairean [zɑ:'ɪərɪən]
Zambian ['zæmbɪən]
Zimbabwean [zɪm'bɑ:bwɪən]

WYKAZ PAŃSTW, KRAJÓW I REGIONÓW GEOGRAFICZNYCH

Obok odpowiednika angielskiego podano przymiotnik.

Afganistan Afghanistan [æf'gænıstɑ:n], **afgański, Afgańczyk** Afghan ['æfgæn], Afghani [æf'gɑ:nı], Afghanistani [æf,gænı'stɑ:nı]

Afryka Africa ['æfrıkə], **afrykański, Afrykanin** African

Albania Albania [æl'beınıə], **albański, Albańczyk** Albanian

Algieria Algeria [æl'dʒıərıə], **algierski, Algierczyk** Algerian

Ameryka Łacińska Latin America [,lætın ə'merıkə], **latynoamerykański** Latin American [,lætın ə'merıkən]

Ameryka Południowa South America [,saʊθ ə'merıkə], **południowoamerykański** South American [,saʊθ ə'merıkən]

Ameryka Północna North America [,nɔ:θ ə'merıkə], **północnoamerykański** North American [,nɔ:θ ə'merıkən]

Ameryka Środkowa Central America [,sentrəl ə'merıkə], **środkowoamerykański** Central American [,sentrəl ə'merıkən]

Anglia England ['ıŋglənd], **angielski,** English ['ıŋglıʃ], **Anglik** Englishman ['ıŋglıʃmən], **Angielka** Englishwoman ['ıŋglıʃwʊmən]; **Anglicy** – the English

Angola Angola [æŋ'gəʊlə], **angolski, Angolijczyk** Angolan [æŋ'gəʊlən]

Antarktyda the Antarctic [-æn'tɑ:ktık], **antarktyczny** Antarctic [æn'tɑ:ktık]

Arktyka the Arctic [-ɑ:ktık], **arktyczny** Arctic [ɑ:ktık]

Armenia Armenia [ɑ:'mi:nıə], **armeński, Ormianin** Armenian [ɑ:'mi:nıən]

Australia Australia [ɒ'streılıə], **australijski, Australijczyk** Australian [ɒ'streılıən]

Austria Austria ['ɒstrıə], **austriacki, Austriak** Austrian ['ɒstrıən]

Azerbejdżan Azerbaijan [,æzəbaı'dʒɑ:n], **azerski, Azer** Azerbaijani [,æzəbaı'dʒɑ:nı], Azeri [ə'zeərı]

Azja Asia ['eıʃə], **azjatycki, Azjata** Asian ['eıʃən]

Bangladesz Bangladesh [,bæŋglə'deʃ], **bangladeski, banglijczyk** Bangladeshi [,bæŋglə'deʃı]

Belgia Belgium ['beldʒəm], **belgijski, Belg** Belgian ['beldʒən]

Białoruś Belarus [bı,elə'ru:s], **białoruski, Białorusin** Belorussian [bı,elə'rʌʃn]

Birma Burma ['bɜ:mə], **birmański, Birmańczyk** Burmese [bə'mi:z]

Boliwia Bolivia [bə'lıvıə], **boliwijski, Boliwijczyk** Bolivian [bə'lıvıən]

Bośnia-Hercegowina Bosnia-Herzegovina ['bɒznıə, hɜ:tsəgə'vi:nə], **bośniacki, Bośniak** Bosnian ['bɒznıən]

Brazylia Brazil [brə'zıl], **brazylijski, Brazylijczyk** Brazilian [brə'zılıən]

Bułgaria Bulgaria [bʌl'geərıə], **bułgarski, Bułgar** Bulgarian [bʌl'geərıən]

Chile Chile ['tʃılı], **chilijski, Chilijczyk** Chilean ['tʃılıən]

Chiny China ['tʃaınə], **chiński, Chińczyk** Chinese [,tʃaı'ni:z]

Chorwacja Croatia [krəʊ'eıʃə], **chorwacki,** Croatian [krəʊ'eıʃən], **Chorwat** Croat [krəʊət]

Czad Chad [tʃæd], **czadzki** Chadian ['tʃædıən]

Czechy ❶ (*Republika Czeska*) the Czech Republic [-,tʃekrı'pʌblık], **czeski, Czech** Czech [tʃek] ❷ (*historycznie*) Bohemia [bəʊ'hi:mıə], **czeski, Czech** Bohemian [bəʊ'hi:mıən]

Dania Denmark ['denmɑ:k], **duński** Danish ['deınıʃ], **Duńczyk** Dane [deın]

Egipt Egypt ['i:dʒıpt], **egipski, Egipcjanin** Egyptian [ı'dʒıpʃn]

Ekwador Ecuador ['ekwədɔ:], **ekwadorski, Ekwadorczyk** Ecuadorian [ˌekwə'dɔ:rıən]
Estonia Estonia [e'stəʊnıə], **estoński, Estończyk** Estonian [e'stəʊnıən]
Etiopia Ethiopia [ˌi:θı'əʊpıə], **etiopski, Etiopczyk** Ethiopian [ˌi:θı'əʊpıən]
Europa Europe ['jʊərəp], **europejski, Europejczyk** European [ˌjʊərə'pi:ən]
Fidżi Fiji ['fi:dʒi:], **fidżyński, Fidżyjczyk** Fijian [ˌfi:'dʒi:ən]
Filipiny the Philippines [-'fılıpi:nz], **filipiński** Philippine ['fılıpi:n], **Filipińczyk** Filipino [ˌfılıpi:nəʊ]
Finlandia Finland ['fınlənd], **fiński** Finnish ['fınıʃ], **Fin** Finn [fın]
Francja France [frɑ:ns], **francuski** French [frentʃ], **Francuz** Frenchman [frentʃmən], **Francuzka** Frenchwoman ['frentʃwʊmən]; **Francuzi** – the French
Gambia the Gambia [-'gæmbıə], **gambijski, Gambijczyk** Gambian ['gæmbıən]
Ghana Ghana ['gɑ:nə], **Ghański, Ghanin** Ghanaian [gɑ:'neıən]
Grecja Greece [gri:s], **grecki, Grek** Greek [gri:k]
Gruzja Georgia ['dʒɔ:dʒə], **gruziński, Gruzin** Georgian ['dʒɔ:dʒən]
Gujana Guyana [gaı'ænə], **gujański, Gujańczyk** Guyanese [ˌgaıə'ni:z]
Gwatemala Guatemala [ˌgwɑ:tə'mɑ:lə], **gwatemalski, Gwatemalczyk** Guatemalan [ˌgwɑ:tə'mɑ:lən]
Gwinea Guinea ['gını], **gwinejski, Gwinejczyk** Guinean ['gınıən]
Haiti Haiti ['heıtı], **haitański, Haitańczyk** Haitian ['heıʃn]
Hiszpania Spain [speın], **hiszpański** Spanish ['spænıʃ], **Hiszpan** Spaniard ['spænıəd]
Holandia the Netherlands [-'neðələndz], Holland ['hɒlənd], **holenderski** Dutch [dʌtʃ], **Holender** Dutchman ['dʌtʃmən], **Holenderka** Dutchwoman ['dʌtʃwʊmən]; **Holendrzy** – the Dutch
Honduras Honduras [hɒn'djʊərəs], **honduraski, Hondurańczyk** Honduran [hɒn'djʊərən]
Indie India ['ındıə], **indyjski, Hindus** Indian ['ındıən]
Indonezja Indonesia [ˌındə'ni:zıə], **indonezyjski, Indonezyjczyk** Indonesian [ˌındə'ni:zıən]
Irak Iraq [ı'rɑ:k], **iracki, Irakijczyk** Iraqi [ı'rɑ:kı]
Iran Iran [ı'rɑ:n], **irański, Irańczyk** Iranian [ı'reınıən]
Irlandia Ireland ['aıələnd], (*Republika Irlandii*) Eire ['eərə], the Irish Republic [-ˌaırıʃrı'pʌblık], **irlandzki** Irish ['aırıʃ], **Irlandczyk** Irishman ['aıərıʃmən], **Irlandka** Irishwoman ['aıərıʃwʊmən]; **Irlandczycy** – the Irish
Irlandia Północna Northern Ireland [ˌnɔ:ðən'aıələnd], **irlandzki** Northern Irish [ˌnɔ:ðən'aıərıʃ]
Islandia Iceland ['aıslənd], **islandzki** Icelandic [aıs'lændık], **Islandczyk** Icelander ['aısləndə]
Izrael Israel ['ızreıl], **izraelski, Izraelczyk** Israeli [ız'reılı]
Jamajka Jamaica [dʒə'meıkə], **jamajski, Jamajczyk** Jamaican [dʒə'meıkən]
Japonia Japan [dʒə'pæn], **japoński, Japończyk** Japanese [ˌdʒæpə'ni:z]
Jordania Jordan ['dʒɔ:dn], **jordański, Jordańczyk** Jordanian [dʒɔ:'deınıən]
Kambodża Cambodia [kæm'bəʊdıə], **kambodżański, Kambodżanin** Cambodian [kæm'bəʊdıən]
Kamerun Cameroon [ˌkæmə'ru:n], **kameruński, Kameruńczyk** Cameroonian [ˌkæmə'ru:nıən]
Kanada Canada ['kænədə], **kanadyjski, Kanadyjczyk** Canadian [kə'neıdıən]
Kazachstan Kazakhstan [ˌkæzæk'stɑ:n], **kazachski, Kazach** Kazakh [kə'zæk]
Kenia Kenya ['kenjə], **kenijski, Kenijczyk** Kenyan ['kenjən]
Kirgizja Kirgystan [ˌkıəgız'stɑ:n], **kirgiski, Kirgiz** Kirgyz [kıə'gi:z]
Kolumbia Colombia [kə'lʌmbıə], **kolumbijski, Kolumbijczyk** Colombian [kə'lɒmbıən]
Kongo the Congo [-'kɒŋgəʊ], **kongijski, Kongijczyk** Congolese [ˌkɒŋgə'li:z]
Korea Południowa South Korea [ˌsaʊθ kə'rıə], **południowokoreański, Koreańczyk** South Korean [ˌsaʊθ kə'rıən]

Korea Północna North Korea [ˌnɔ:θ kə'rɪə], **północnokoreański, Koreańczyk** North Korean [ˌnɔ:θ kə'rɪən]

Kuba Cuba ['kju:bə], **kubański, Kubańczyk** Cuban ['kju:bən]

Kuwejt (the) Kuwait [kʊ'weɪt], **kuwejcki, Kuwejtczyk** Kuwaiti [kʊ'weɪtɪ]

Laos Laos [laʊs], **laotański, Laotańczyk** Laotian ['laʊʃn]

Liban Lebanon ['lebənən], **libański, Libańczyk** Lebanese [ˌlebə'ni:z]

Libia Libya ['lɪbɪə], **libijski, Libijczyk** Libyan ['lɪbɪən]

Litwa Lithuania [ˌlɪθjʊ'eɪnɪə], **litewski, Litwin** Lithuanian [ˌlɪθjʊ'eɪnɪən]

Luksemburg Luxembourg ['lʌksəmbɜ:g], **luksemburski** Luxembourg ['lʌksəmbɜ:g], **Luksemburczyk** Luxembourger ['lʌksəmbɜ:gə]

Łotwa Latvia ['lætvɪə], **łotewski, Łotysz** Latvian ['lætvɪən]

Macedonia Macedonia [ˌmæsə'dəʊnɪə], **macedoński, Macedończyk** Macedonian [ˌmæsə'dəʊnɪən]

Madagaskar Madagascar [ˌmædə'gæskə], **madagaskarski** Madagascan [ˌmædə'gæskən], **Madagaskarczyk** Malagasy [ˌmælə'gæsɪ]

Malezja Malasia [mə'leɪzɪə], **malezyjski, Malezyjczyk** Malaysian [mə'leɪzɪən]

Mali Mali [mɑ:lɪ], **malijski, Malijczyk** Malian ['mɑ:lɪən]

Maroko Morocco [mə'rɒkəʊ], **marokański, Marokańczyk** Moroccan [mə'rɒkən]

Meksyk Mexico ['meksɪkəʊ], **meksykański, Meksykanin** Mexican ['meksɪkən]

Mołdawia Moldova [mɒl'dəʊvə], **mołdawski, Mołdawianin** Moldovan [mɒl'dəʊvən]

Monako Monaco ['mɒnəkəʊ], **monakijski, Monakijczyk** Monegasque [ˌmɒnɪ'gæsk]

Mongolia Mongolia [mɒŋ'gəʊlɪə], **mongolski** Mongolian [mɒŋ'gəʊlɪən], **Mongoł** Mongol ['mɒŋgl], Mongolian ['mɒŋ'gəʊlɪən]

Mozambik Mozambique [ˌməʊzæm'bi:k], **mozambicki, Mozambijczyk** Mozambiquean [ˌməʊzæm'bi:kən]

Nepal Nepal [nɪ'pɔ:l], **nepalski, Nepalczyk** Nepalese [ˌnepə'li:z]

Niemcy Germany ['dʒɜ:mənɪ], **niemiecki, Niemiec** German ['dʒɜ:mən]

Niger Niger [ni:'ʒeə], **nigerski, Nigerczyk** Nigerien [ni:'ʒeərɪən]

Nigeria Nigeria [naɪ'dʒɪərɪə], **nigeryjski, Nigeryjczyk** Nigerian [naɪ'dʒɪərɪən]

Nikaragua Nicaragua [ˌnɪkə'rægjʊə], **nikaraguański, Nikaraguańczyk** Nicaraguan [ˌnɪkə'rægjʊən]

Norwegia Norway ['nɔ:weɪ], **norweski, Norweg** Norwegian [nɔ:'wi:dʒən]

Nowa Zelandia New Zealand [ˌnju: 'zi:lənd], **nowozelandzki** New Zealand [ˌnju: 'zi:lənd], **Nowozelandczyk** New Zealander [ˌnju: 'zi:ləndə]

Pakistan Pakistan [ˌpɑ:kɪ'stɑ:n], **pakistański, Pakistańczyk** Pakistani [ˌpɑ:kɪ'stɑ:nɪ]

Palestyna Palestine ['pæləstaɪn], **palestyński, Palestyńczyk** Palestinian [ˌpælə'stɪnɪən]

Panama Panama ['pænəmə], **panamski, Panamczyk** Panamanian [ˌpænə'meɪnɪən]

Papua Nowa Gwinea Papua New Guinea [ˌpæpʊəˌnju: 'gɪnɪ], **papuaski, Papuas** Papuan ['pæpʊən]

Paragwaj Paraguay ['pærəgwaɪ], **paragwajski, Paragwajczyk** Paraguayan [ˌpærə'gwaɪən]

Peru Peru [pə'ru:], **peruwiański, Peruwiańczyk** Peruvian [pə'ru:vɪən]

Polska Poland ['pəʊlənd], **polski** Polish ['pəʊlɪʃ], **Polak** Pole [pəʊl]

Portugalia Portugal ['pɔ:tʃʊgl], **portugalski, Portugalczyk** Portuguese [ˌpɔ:tʃʊ'gi:z]

Republika Czeska *p.* **Czechy**

Republika Irlandii *p.* **Irlandia**

Rosja Russia ['rʌʃə], **rosyjski, Rosjanin** Russian ['rʌʃn]

Rumunia Romania [rʊ'meɪnɪə], **rumuński, Rumun** Romanian [rʊ'meɪnɪən]

Rwanda Rwanda [rʊ'ændə], **rwandyjski, Rwandyjczyk** Rwandan [rʊ'ændən]

Senegal Senegal [ˌsenɪ'gɔ:l], **senegalski, Senegalczyk** Senegalese [ˌsenɪgə'li:z]

Serbia Serbia ['sɜ:bɪə], **serbski** Serbian ['sɜ:bɪən], Serb [sɜ:b], **Serb** Serb [sɜ:b]

Singapur Singapore [ˌsɪŋgə'pɔ:], **singapurski, Singapurczyk** Singaporean [ˌsɪŋgə'pɔ:rɪən]

Słowacja Slovakia [sləʊ'vækɪə], **słowacki, Słowak** Slovak ['sləʊvæk]

Słowenia Slovenia [sləʊ'vi:nɪə], **słoweński, Słoweniec** Slovenian [sləʊ'vi:nɪən], Slovene ['sləʊvi:n]

Somalia Somalia [sə'mɑ:lɪə], **somalijski, Somalijczyk** Somali [sə'mɑ:lɪ]

Sri Lanka Sri Lanka [srɪ'læŋkə], **lankijski, mieszkaniec Sri Lanki** Sri Lankan [srɪ'læŋkən]

Stany Zjednoczone Ameryki Północnej the United States of America [-jʊ'naɪtɪdˌsteɪts əv ə'merɪkə], **amerykański, Amerykanin** American [ə'merɪkən]

Sudan the Sudan [-sʊ'dɑ:n], **sudański, Sudańczyk** Sudanese [ˌsu:də'ni:z]

Syria Syria ['sɪrɪə], **syryjski, Syryjczyk** Syrian ['sɪrɪən]

Szkocja Scotland ['skɒtland], **szkocki** Scottish ['skɒtɪʃ], **Szkot** Scot [skɒt], Scotsman ['skɒtsmən], **Szkotka** Scotswoman ['skɒtswʊmən]; **Szkoci** – the Scots

Szwajcaria Switzerland ['swɪtsələnd], **szwajcarski, Szwajcar** Swiss [swɪs]

Szwecja Sweden ['swi:dn], **szwedzki** Swedish ['swi:dɪʃ], **Szwed** Swede [swi:d]

Tadżykistan Tajikistan [tæˌdʒi:kɪ'stɑ:n], **tadżykistański, Tadżyk** Tajik [tæ'dʒi:k]

Tajlandia Thailand ['taɪlænd], **tajlandzki, tajski** Thai [taɪ]

Tajwan Taiwan [taɪ'wɑ:n], **tajwański, Tajwańczyk** Taiwanese [ˌtaɪwə'ni:z]

Tanzania Tanzania [ˌtænzə'ni:ə], **tanzański, Tanzańczyk** Tanzanian [ˌtænzə'ni:ən]

Togo Togo ['təʊgəʊ], **togijski, Togijczyk** Togolese [ˌtəʊgə'li:z]

Tunezja Tunisia [tjʊ'nɪzɪə], **tunezyjski, Tunezyjczyk** Tunisian [tjʊ'nɪzɪən]

Turcja Turkey ['tɜ:kɪ], **turecki** Turkish ['tɜ:kɪʃ], **Turek** Turk [tɜ:k]

Turkmenia Turkmenistan [tɜ:kˌmenɪ'stɑ:n], **turkmeński, Turkmen** Turkmen ['tɜ:kmen], Turkmenistani [tɜ:kˌmenɪ'stɑ:nɪ], Turkmeni [tɜ:k'menɪ]

Tybet Tibet [tɪ'bet], **tybetański, Tybetańczyk** Tibetan [tɪ'betn]

Uganda Uganda [ju:'gændə], **ugandyjski, Ugandyjczyk** Ugandan [ju:'gændən]

Ukraina (the) Ukraine [-ju:'kreɪn], **ukraiński, Ukrainiec** Ukrainian [ju:'kreɪnɪən]

Urugwaj Uruguay ['jʊərəgwaɪ], **urugwajski, Urugwajczyk** Uruguayan [ˌjʊərə'gwaɪən]

Uzbekistan Uzbekistan [ʊz'bekɪ'stɑ:n], **uzbecki, Uzbek** Uzbek ['ʊzbek]

Walia Wales [weɪlz], **walijski** Welsh [welʃ], **Walijczyk** Welshman ['welʃmən], **Walijka** Welshwoman ['welʃwʊmən]; **Walijczycy** – the Welsh

Wenezuela Venezuela [ˌvenə'zweɪlə], **wenezuelski, Wenezuelczyk** Venezuelan [ˌvenə'zweɪlən]

Węgry Hungary ['hʌŋgərɪ], **węgierski, Węgier** Hungarian [hʌŋ'geərɪən]

Wielka Brytania Great Britain [ˌgreɪt 'brɪtn], Britain ['brɪtn], **brytyjski** British ['brɪtɪʃ], **Brytyjczyk** Briton ['brɪtn]; **Brytyjczycy** – the British

Wietnam Vietnam [vɪˌet'næm], **wietnamski, Wietnamczyk** Vietnamese [vɪˌetnə'mi:z]

Włochy Italy ['ɪtəlɪ], **włoski, Włoch** Italian [ɪ'tælɪən]

Zair Zaire [zɑ:'ɪə], **zairski, Zairczyk** Zairean [zɑ:'ɪərɪən]

Zambia Zambia ['zæmbɪə], **zambijski, Zambijczyk** Zambian ['zæmbɪən]

Zimbabwe Zimbabwe [zɪm'bɑ:bwɪ], **mieszkaniec Zimbabwe** Zimbabwean [zɪm'bɑ:bwɪən]

Zjednoczone Królestwo Wielkiej Brytanii i Północnej Irlandii the United Kingdom of Great Britain and Northern Ireland [-jʊˌnaɪtɪd'kɪŋdəm-], **brytyjski** British ['brɪtɪʃ]

NAJWAŻNIEJSZE NAZWY GEOGRAFICZNE

część angielsko-polska

Adriatic Sea (the) [,eıdrı'ætık'si:] Adriatyk
Aegean Sea (the) [i:,dʒıən'si:] Morze Egejskie
Alaska [ə'læskə] Alaska
Alps (the) [ælps] Alpy
Amazon (the) ['æməzən] Amazonka
Andes (the) ['ændi:z] Andy
Antarctic (the) [æn'tɑ:ktık] Antarktyda
Appenines (the) ['æpı,naınz] Apeniny
Arctic (the) ['ɑ:ktık] Arktyka
Asia Minor [,eıʃə'maınə] Azja Mniejsza
Athens ['æθınz] Ateny
Atlantic (the) [ət'læntık] Atlantyk
Baghdad [bæg'dæd] Bagdad
Bahama Islands (the) [bə,hɑ:mə 'aıləndz] Wyspy Bahama
Balkans (the) ['bɔ:lkənz] Bałkany
Baltic (the) ['bɔ:ltık] Bałtyk
Basel ['bɑ:zəl] / **Basle** [bɑ:l] / **Bâle** [bɑ:l] Bazylea
Beirut [beı'ru:t] Bejrut
Belgrade [bel'greıd] Belgrad
Berlin [bə'lın] Berlin
Bermuda Islands (the) [bɜ:mju:də 'aıəlændz] Bermudy
Black Sea [,blæk'si:] Morze Czarne
Brittany ['brıtənı] Bretania
Brussels ['brʌslz] Bruksela
Bucharest ['bju:kə,rest] Bukareszt
Budapest ['bju:də,pest] Budapeszt
Buenos Aires [,bwənəs 'aıərız] Buenos Aires
Cairo ['kaıərəʊ] Kair
California [kælı'fɔ:nıə] Kalifornia
Canary Islands (the) [kə,neərı 'aıləndz] Wyspy Kanaryjskie
Cape Horn [,keıp hɔ:n] Przylądek Horn
Cape of Good Hope (the) [,keıp əv gʊd 'həʊp] Przylądek Dobrej Nadziei
Capetown ['keıptaʊn] Kapsztad
Caribbean Sea (the) [,kærəbi:ən'si:] Morze Karaibskie
Carthage ['kɑ:θıdʒ] Kartagina
Casablanca [,kæsə'blæŋkə] Casablanca
Cashmere ['kæʃmıə] Kaszmir
Caspian Sea (the) [,kæspıən'si:] Morze Kaspijskie
Ceylon [sı'lɒn] Cejlon
Chicago [ʃı'kɑ:gəʊ] Chicago
Constantinople [,kɒnstæntı'nəʊpl] Konstantynopol
Copenhagen [,kəʊpən'heıgən] Kopenhaga
Corfu [,kɔ:'fu:] Korfu
Cornwall ['kɔ:nwɔ:l] Kornwalia
Cracow ['krækaʊ] Kraków
Crete [kri:t] Kreta
Crimea [kraı'mıə] Krym
Cyprus ['saıprəs] Cypr
Danube (the) ['dænju:b] Dunaj
Darjeeling [dɑ:'dʒi:lıŋ] Darjeeling
Dead Sea (the) [,ded'si:] Morze Martwe
Delhi ['delı] Delhi
Detroit [dı'trɔıt] Detroit
Dover ['dəʊvə] Dover
Dublin ['dʌblın] Dublin
Edinburgh ['edınbərə] Edynburg
English Channel (the) [,ıŋglıʃ 'tʃænəl] Kanał La Manche
Falkland Islands (the) ['fɔ:lklənd aıləndz] Falklandy
Florence ['flɒrəns] Florencja
Florida ['flɒrıdə] Floryda
Geneva [dʒə'ni:və] Genewa
Genoa ['dʒenəʊə] Genua
Georgia[1] ['dʒɔ:dʒə] Georgia (*stan USA*)
Georgia[2] ['dʒɔ:dʒə] Gruzja
Gibraltar [dʒı'brɔ:ltə] Gibraltar
Glasgow ['glɑ:zgəʊ] Glasgow
Greenland ['gri:nlənd] Grenlandia

Hague (the) [heɪg] Haga
Havana [hə'vænə] Hawana
Helsinki [hel'sɪŋkɪ] Helsinki
Himalayas (the) [ˌhɪmə'leɪəz] Himalaje
Iberian Peninsula [aɪˌbɪərɪən pɪ'nɪnsjʊlə] Półwysep Iberyjski
Istanbul [ˌɪstæn'bʊl] **/ Stamboul** [ˌstæm'bu:l] Istanbuł (Stambuł)
Jerusalem [dʒə'ru:sələm] Jerozolima
Kilimanjaro [ˌkɪlɪmən'dʒɑ:rəʊ] Kilimandżaro
Lake Constance [ˌleɪk 'kɒstəns] Jezioro Bodeńskie
Lapland ['læplænd] Laponia
Lisbon ['lɪzbən] Lizbona
London ['lʌndən] Londyn
Los Angeles [lɒs 'ændʒəli:z] Los Angeles
Madagascar [ˌmædə'gæskə] Madagaskar
Madrid [mə'drɪd] Madryt
Main [maɪn] Men
Majorca [mə'jɔ:kə] Majorka
Malay Peninsula [məˌleɪ pɪ'nɪnsjʊlə] Półwysep Malajski
Malaya [mə'laɪə] Malaje
Manchester ['mæntʃɪstə] Manchester
Manhattan [mæn'hætən] Manhattan
Mediterranean (the) [ˌmedɪtə'reɪnɪən] Morze Śródziemne
Melbourne ['melbən] Melbourne
Miami [maɪ'æmɪ] Miami
Milan [mɪ'læn] Mediolan
Mississippi (the) [ˌmɪsɪ'sɪpɪ] Missisipi
Missouri (the) [mɪ'sʊərɪ] Missouri
Mont Blanc [ˌmɒn 'blɑŋ] Mont Blanc
Moscow ['mɒskəʊ] Moskwa
Munich ['mju:nɪk] Monachium
Naples ['neɪplz] Neapol
Newfoundland ['nju:fəndlənd] Nowa Fundlandia
New Orleans [ˌnju: 'ɔ:li:ənz] Nowy Orlean
New York [ˌnju:'jɔ:k] Nowy Jork
Niagara Falls [naɪˌægərə 'fɔ:lz] Wodospad Niagary
Nice [ni:s] Nicea
Nile (the) [naɪl] Nil
Normandy ['nɔ:məndɪ] Normandia
North Sea (the) [ˌnɔ:θ'si:] Morze Północne
Olympus [ə'lɪmpəs] Olimp
Orkneys (the) ['ɔ:knɪz] Orkady (*wyspy i hrabstwo w Szkocji*)
Oslo ['ɒzləʊ] Oslo
Ostend [ˌɒst'end] Ostenda
Ottawa ['ɒtəwə] Ottawa
Oxford ['ɒksfəd] Oksford
Pacific (the) [pə'sɪfɪk] Pacyfik
Paris ['pærɪs] Paryż
Peking [ˌpi:'kɪŋ] Pekin
Peloponnese ['peləpəni:s] Peloponez
Persia ['pɜ:ʃə] Persja
Pisa ['pi:zə] Piza
Pomerania [ˌpɒmə'reɪnɪə] Pomorze
Port Said [ˌpɔ:t'saɪd] Port Said
Prague [prɑ:g] Praga
Pyrenees (the) [ˌpɪrə'ni:z] Pireneje
Red Sea (the) [ˌred'si:] Morze Czerwone
Reykjavik ['reɪkjəvɪk] Reykjavik
Rhine (the) [raɪn] Ren
Rio de Janeiro ['ri:əʊ deʒə'nɪərəʊ] Rio de Janeiro
Rocky Mountains (the) [ˌrɒkɪ 'maʊntɪnz] Góry Skaliste
Rome [rəʊm] Rzym
Sahara (the) [sə'hɑ:rə] Sahara
San Francisco [ˌsænfrən'sɪskəʊ] San Francisco
Savoy [sə'vɔɪ] Sabaudia
Saxony ['sæksənɪ] Saksonia
Scandinavia [ˌskændɪ'neɪvɪə] Skandynawia
Seine (the) [seɪn] Sekwana
Shanghai [ˌʃæŋ'haɪ] Szanghaj
Shetland Islands (the) [ˌʃetlənd 'aɪləndz] Szetlandy
Siberia [saɪ'bɪərɪə] Syberia
Sicily ['sɪsəlɪ] Sycylia
Silesia [saɪ'li:zɪə] Śląsk
Sofia ['səʊfɪə] Sofia
Stamboul [ˌstæm'bu:l] *p.* **Istanbul**

Stockholm ['stɒkhəʊm] Sztokholm
Suez Canal (the) [ˌsu:ɪz kə'nɑ:l] Kanał Sueski
Tatra Mountains (the) [ˌtɑ:trə 'maʊntɪnz] Tatry
Tehran / Teheran [ˌteə'rɑ:n] Teheran
Tel Aviv [ˌtelə'vi:v] Tel Awiw
Thames (the) [temz] Tamiza
Tibet [tɪ'bet] Tybet
Tirana [tɪ'rɑ:nə] Tirana
Transylvania [ˌtrænsɪl'veɪnɪə] Siedmiogród
Tripoli ['trɪpəlɪ] Trypolis
Tunis ['tju:nɪs] Tunis
Ural ['jʊərəl] Ural
Vatican City [ˌvætɪkən 'sɪtɪ] Watykan
Venice ['venɪs] Wenecja
Versailles [veə'saɪ] Wersal
Vienna [vɪ'enə] Wiedeń
Warsaw ['wɔ:sɔ:] Warszawa
Washington ['wɒʃɪŋtən] Waszyngton
Waterloo [ˌwɔ:tə'lu:] Waterloo
White Sea (the) [ˌwaɪt'si:] Morze Białe
Yellow Sea (the) [ˌjeləʊ'si:] Morze Żółte
Zurich ['zʊərɪk] Zurych

NAJWAŻNIEJSZE NAZWY GEOGRAFICZNE

część polsko-angielska

Adriatyk the Adriatic [-,eıdrı'ætık], the Adriatic Sea [-,eıdrı'ætık 'si:]
Aleksandria Alexandria [,ælıg'zɑ:ndrıə]
Alaska Alaska [ə'læskə]
Algier Algiers [æl'dʒıəz]
Alpy the Alps [-ælps]
Amazonka the Amazon [-'æməzən]
Amsterdam Amsterdam ['æmstədæm]
Andora Andorra [æn'dɔ:rə]
Andy the Andes [-'ændi:z]
Ankara Ankara ['æŋkərə]
Antarktyda the Antarctic [-æn'tɑ:ktık]
Apeniny the Appenines [-'æpı,naınz]
Arktyka the Arctic [-'ɑ:ktık]
Ateny Athens ['æθınz]
Atlantyk the Atlantic [ət'læntık], the Atlantic Ocean [-ət'læntık,əʊʃn]
Atlas Atlas Mountains ['ætləs,maʊntınz]
Auckland Auckland ['ɔ:klənd]
Azja Asia ['eıʃə]
Azja Mniejsza Asia Minor [,eıʃə'maınə]
Azory the Azores [-ə'zɔ:z]
Bagdad Baghdad [bæg'dæd]
Bahama the Bahamas [-bə'hɑ:məz], the Bahama Islands [-bə,hɑ:mə'aıləndz]
Bajkał Baikal [baı'kæl], Lake Baikal [,leık baı'kæl]
Baleary the Balearic Islands [-,bælı'ærık ,aıələndz]
Bałkany the Balkans ['bɔ:lkənz]
Bałkański Półwysep the Balkan Peninsula ['bɔ:lkən pə,nınsjʊlə]
Bałtyk the Baltic [-'bɔ:ltık], the Baltic Sea [-'bɔ:ltık,si:]
Bazylea Basel ['bɑ:zəl], Basle [bɑ:l], Bâle [bɑ:l]
Bejrut Beirut [beı'ru:t]
Belfast Belfast [,bel'fɑ:st]
Belgrad Belgrade [bel'greıd]
Berlin Berlin [bə'lın]
Bermudy the Bermudas [-bɜ:'mju:dəz], the Bermuda Islands [-bɜ:,mju:də 'aıələndz]
Berno Berne [bɜ:n]
Boston Boston ['bɒstən]
Brasilia Brasilia [brə'zılıə]
Bretania Brittany ['brıtənı]
Bruksela Brussels ['brʌslz]
Budapeszt Budapest ['bju:də,pest]
Buenos Aires Buenos Aires [,bwənəs-'aıərız]
Bukareszt Bucharest ['bju:kə,rest]
Cambridge Cambridge ['keımbrıdʒ]
Casablanca Casablanca [,kæsə'blæŋkə]
Cejlon Ceylon [sı'lɒn]
Chicago Chicago [ʃı'kɑ:gəʊ]
Cieśnina Beringa the Bering Strait [-,beərıŋ'streıt]
Cieśnina Bosfor Bosporus ['bɒspərəs], Bosphorus ['bɒspərəs]
Cieśnina Gibraltarska the Straits of Gibraltar [-,streıts əv dʒı'brɔ:ltə]
Cieśnina Kaletańska the Strait of Dover [-,streıt əv'dəʊvə]
Cieśnina Magellana the Magellan Straits [-mə'gelən,streıts]
Cypr Cyprus ['saıprəs]
Czechy Bohemia [bəʊ'hi:mıə]
Damaszek Damascus [də'mæskəs]
Dardanele the Dardanelles [-,dɑ:də-'nelz]
Delhi Delhi ['delı]
Detroit Detroit [dı'trɔıt]
Dover Dover ['dəʊvə]
Dublin Dublin ['dʌblın]
Dunaj the Danube [-'dænju:b]
Dżakarta Djakarta [dʒə'kɑ:tə]
Edynburg Edinburgh ['edınbərə]
Falklandy the Falklands [-'fɔ:kləndz], the Falkland Islands [-'fɔ:klənd ,aıələndz]

Fidżi Fiji [ˌfi:'dʒi:]
Filadelfia Philadelphia [ˌfılə'delfıə]
Filipiny the Phillipines ['fıləpi:nz]
Florencja Florence ['flɒrəns]
Floryda Florida ['flɒrıdə]
Galapagos the Galapagos Islands [-gə-'læpəgəsˌaıələndz]
Genewa Geneva [dʒə'ni:və]
Genua Genoa ['dʒenəʊə]
Gibraltar Gibraltar [dʒı'brɔ:ltə]
Glasgow Glasgow ['glɑ:zgəʊ]
Góry Skaliste the Rockies [-'rɒkız], the Rocky Mountains [-ˌrɒkı'maʊntınz]
Greenwich Greenwich ['grınıtʃ]
Grenlandia Greenland ['gri:nlənd]
Haga the Hague [-heıg]
Haiti Haiti ['heıtı]
Hawaje Hawaii [hə'waıi:]
Hawana Havana [hə'vænə]
Hebrydy the Hebrides [-'hebrədi:z]
Helsinki Helsinki [hel'sıŋkı]
Himalaje the Himalayas [-ˌhımə'leıəz]
Irlandia Ireland ['aıələnd]
Islandia Iceland ['aıslənd]
Istambuł / Stambuł Istanbul [ˌıstən'bʊl]
Jamajka Jamaica [dʒə'meıkə]
Jawa Java ['dʒɑ:və]
Jerozolima Jerusalem [dʒə'ru:sələm]
Jezioro Bajkał Lake Baikal [ˌleık baı-'kæl]
Jezioro Bodeńskie Lake Constance [ˌleık'kɒnstəns]
Jezioro Genewskie Lake Geneva [ˌleık dʒə'ni:və]
Jezioro Górne Lake Superior [ˌleık sʊ-'pıərıə]
Jezioro Ładoga Lake Ladoga [ˌleık 'lɑ:dəgə]
Jezioro Ontario Lake Ontario [ˌleık ɒn'teərıəʊ]
Kair Cairo ['kaıərəʊ]
Kalifornia California [kælı'fɔ:nıə]
Kanał La Manche the English Channel [-ˌıŋglıʃ'tʃænəl]
Kanał Panamski the Panama Canal [-ˌpænəmə kə'nɑ:l]
Kanał Sueski the Suez Canal [-ˌsu:ız kə'nɑ:l]
Kapsztad Cape Town ['keıp taʊn]
Karaiby (Greater and Lesser) Antilles [-æn'tıli:z]
Karpaty the Carpatian Mountains [-kɑ:-'peıθıənˌmaʊntınz], the Carpathians [-kɑ:'peıθıənz]
Kartagina Carthage ['kɑ:θıdʒ]
Kaszmir Cashmere ['kæʃmıə]
Kaukaz Caucasus ['kɔ:kəsəs]
Kilimandżaro Kilimanjaro [ˌkılımən-'dʒɑ:rəʊ]
Komory the Comoro Islands [-kə'mɔ:rəʊ ˌaıələndz], the Comoros [-kə'mɔ:rəʊz]
Konstantynopol Constantinople [ˌkɒn-stæntı'nəʊpl]
Kopenhaga Copenhagen [ˌkəʊpən-'heıgən]
Kordyliery the Cordilleras [-ˌkɔ:dıl-'jeərəz]
Korfu Corfu [ˌkɔ:'fu:]
Kornwalia Cornwall ['kɔ:nwɔ:l]
Korsyka Corsica ['kɔ:sıkə]
Kraków Cracow ['krækaʊ]
Kreta Crete [kri:t]
Krym Crimea [kraı'mıə]
Kuba Cuba ['kju:bə]
La Manche *p.* **kanał La Manche**
Laponia Lapland ['læplænd]
Liverpool Liverpool ['lıvəpu:l]
Lizbona Lisbon ['lızbən]
Londyn London ['lʌndən]
Los Angeles Los Angeles [lɒs'ændʒə-li:z]
Madagaskar Madagascar [ˌmædə-'gæskə]
Madryt Madrid [mə'drıd]
Majorka Majorca [mə'jɔ:kə]
Malaje Malaya [mə'laıə]
Malajski Archipelag the Malay Archipelago [-mə'leıˌɑ:kı'peləgəʊ]
Malajski Półwysep the Malayan Peninsula [-mə'leıən pə'nınsjʊlə]
Malediwy the Maldives [-'mɔ:ldi:vz], the Maldive Islands [-ˌmɔ:ldi:v 'aıələndz]
Malta Malta ['mɔ:ltə]

Manchester Manchester ['mæntʃɪstə]
Marsylia Marseilles [mɑ:'seɪ]
Mediolan Milan [mɪ'lɑ:n]
Melbourne Melbourne ['melbən]
Miami Miami [maɪ'æmɪ]
Missisipi Mississippi [,mɪsɪ'sɪpɪ]
Missouri Missouri [mɪ'sʊərɪ]
Monachium Munich ['mju:nɪk]
Montreal Montreal [,mɒntrɪ'ɔ:l]
Morze Arabskie the Arabian Sea [-ə,reɪbɪən'si:]
Morze Bałtyckie the Baltic Sea [-,bɔ:l-tɪk'si:]
Morze Beringa the Bering Sea [-beərɪŋ-'si:]
Morze Białe the White Sea [-,waɪt'si:]
Morze Czarne the Black Sea [-,blæk-'si:]
Morze Czerwone the Red Sea [-,red-'si:]
Morze Egejskie the Aegean Sea [-ɪ-,dʒi:ən'si:]
Morze Jońskie the Ionian Sea [-aɪ-,əʊnɪən'si:]
Morze Karaibskie the Caribbean Sea [-,kærəbi:ən'si:]
Morze Kaspijskie the Caspian Sea [-,kæspɪən'si:]
Morze Marmara the Sea of Marmara [-,si:əv'mɑ:mərə]
Morze Martwe the Dead Sea [-,ded'si:]
Morze Północne the North Sea [-,nɔ:θ-'si:]
Morze Śródziemne the Mediterranean Sea [-,medɪtə'reɪnɪən'si:], the Mediterranean [-,medɪtə'reɪnɪən], *pot.* the Med [-med]
Morze Tyrreńskie the Tyrrhenian Sea [-,tɪ'ri:nɪən si:]
Morze Żółte the Yellow Sea [-,jeləʊ'si:]
Moskwa Moscow ['mɒskəʊ]
Neapol Naples ['neɪplz]
Niagara (*Wodospad Niagara*) the Niagara Falls [-naɪ,ægərə'fɔ:lz]
Nicea Nice [ni:s]
Nil the Nile [-naɪl]
Normandia Normandy ['nɔ:məndɪ]
Nowa Funlandia Newfoundland ['nju:-fəndlənd]
Nowa Kaledonia New Caledonia [,nju:,kælɪ'dəʊnɪə]
Nowy Jork New York [,nju:'jɔ:k]
Nowy Orlean New Orleans [,nju:-'ɔ:li:ənz]
Ocean Atlantycki *p.* **Atlantyk**
Ocean Indyjski the Indian Ocean [-,ɪndɪən'əʊʃn]
Ocean Lodowaty Północny the Arctic Ocean [-,ɑ:ktɪk'əʊʃn]
Ocean Spokojny the Pacific [-pə-'sɪfɪk], the Pacific Ocean [-pə,sɪfɪk-'əʊʃn]
Oksford Oxford ['ɒksfəd]
Olimp Mount Olympus [,maʊnt ə'lɪmpəs]
Ontario Ontario [ɒn'teərɪəʊ]
Orkady the Orkney Islands [-'ɔ:knɪ ,aɪələndz], the Orkeys [-'ɔ:knɪz]
Oslo Oslo ['ɒzləʊ]
Ostenda Ostend [,ɒst'end]
Ottawa Ottawa ['ɒtəwə]
Pacyfik the Pacific [-pə'sɪfɪk], the Pacific Ocean [-pə,sɪfɪk'əʊʃn]
Paryż Paris ['pærɪs]
Pekin Peking [,pi:'kɪŋ], Beijing [,beɪ-'dʒɪŋ]
Peloponez Peloponnese ['peləpəni:s]
Persja Persia ['pɜ:ʃə]
Pireneje the Pyrenees [-,pɪrə'ni:z]
Piza Pisa ['pi:zə]
Polinezja Polynesia [,pɒlɪ'ni:zɪə]
Pomorze Pomerania [,pɒmə'reɪnɪə]
Port Said Port Said [,pɔ:t'saɪd]
Praga Prague [prɑ:g]
Przylądek Horn Cape Horn [,keɪp'hɔ:n]
Przylądek Dobrej Nadziei the Cape of Good Hope [-,kəɪpəvgʊd'həʊp] *pot.* the Cape [-keɪp]
Quebec Quebec [kwɪ'bek/keb'bek]
Rejkiawik Reykjavik ['reɪkjəvɪk]
Ren the Rhine [-raɪn]
Rio de Janeiro Rio de Janeiro ['ri:əʊ de ʒə'nɪərəʊ]
Rzym Rome [rəʊm]
Sahara Sahara [sə'hɑ:rə]

San Francisco San Francisco [ˌsænfrən'sɪskəʊ]
Sardynia Sardinia [sɑ:'dɪnɪə]
Sekwana the Seine [-seɪn]
Seszele the Seychelles [-ˌseɪ'ʃelz]
Skandynawia Scandinavia [ˌskændɪ'neɪvɪə]
Sofia Sofia ['səʊfɪə]
Stambuł / Istambuł Stamboul [ˌstæm'bu:l]
Suez Suez ['su:ɪz]
Sumatra Sumatra [sʊ'mɑ:trə]
Syberia Siberia [saɪ'bɪərɪə]
Sycylia Sicily ['sɪsəlɪ]
Sydney Sydney ['sɪdnɪ]
Szanghaj Shanghai [ˌʃæŋ'haɪ]
Szetlandy the Shetland Islands [-ˌʃetlənd'aɪələndz], the Shetlands [-'ʃetləndz]
Sztokholm Stockholm ['stɒkhəʊm]
Śląsk Silesia [saɪ'li:zɪə]
Tamiza the Thames [-temz]
Tasmania Tasmania [tæz'meɪnɪə]
Tatry the Tatra Mountains [-ˌtɑ:trə'maʊntɪnz], the Tatras [-'tɑ:trəz]
Teheran Tehran [ˌteə'rɑ:n]
Tel Awiw Tel Aviv [ˌtelə'vi:v]
Tirana Tirana [tɪ'rɑ:nə]
Teksas Texas ['teksəs]
Tokio Tokyo ['təʊkɪəʊ]
Toronto Toronto [tə'rɒntəʊ]
Trypolis Tripoli ['trɪpəlɪ]
Tunis Tunis ['tju:nɪs]
Tybet Tibet [tɪ'bet]
Ukraina the Ukraine [-jʊ'kreɪn]
Ulster Ulster ['ʌlstə]
Ural Ural Mountains [ˌjʊərəl'maʊntɪnz], the Urals [-'jʊərəlz]
Warszawa Warsaw ['wɔ:sɔ:]
Waszyngton Washington ['wɒʃɪŋtən]
Watykan Vatican City [ˌvætɪkən'sɪtɪ]
Wenecja Venice ['venɪs]
Wersal Versailles [veə'saɪ]
Wiedeń Vienna [vɪ'enə]
Wisła the Vistula [-'vɪstjʊlə]
Wołga the Volga [-'vɒlgə]
Wyspa Wielkanocna Easter Island [ˌi:stər'aɪələnd]
Wyspy Brytyjskie the British Isles [-ˌbrɪtɪʃ'aɪlz]
Wyspy Galapagos the Galapagos Islands [-gə'læpəgəs,aɪələndz]
Wyspy Kanaryjskie the Canary Islands [-kəˌneərɪ'aɪələndz]
Wyspy Salomona the Solomon Islands [-ˌsɒləmən'aɪələndz]
Wyspy Zielonego Przylądka the Cape Verde Islands [-keɪpˌvɜ:d'aɪələndz]
Zatoka Baffina Baffin Bay [ˌbæffɪn 'beɪ]
Zatoka Bengalska the Bay of Bengal [-ˌbeɪəvben'gɔ:l]
Zatoka Biskajska the Bay of Biscay [-ˌbeɪəv'bɪskeɪ]
Zatoka Botnicka the Bay of Bothnia [-ˌbeɪəv'bɒθnɪə]
Zatoka Hudsona Hudson Bay [ˌhʌdsən'beɪ]
Zatoka Kalifornijska The Gulf of California [-ˌgʌlfəvˌkælə'fɔ:nɪə]
Zatoka Karpentaria the Gulf of Carpentaria [-ˌgʌlfəvˌkɑ:pən'teərɪə]
Zatoka Meksykańska the Gulf of Mexico [-ˌgʌlfəv'meksɪkəʊ]
Zatoka Neapolitańska the Bay of Naples [-ˌbeɪəv'neɪplz]
Zatoka Perska the Persian Gulf [-ˌpɜ:ʃn'gʌlf], *pot.* the Gulf [-gʌlf]
Zatoka Św. Wawrzyńca the Gulf of St Lawrence [-ˌgʌlf əv sn'lɔ:rəns]
Zurych Zurich ['zʊərɪk]

SYSTEM MIAR I WAG

JEDNOSTKI DŁUGOŚCI

1 inch – cal = 2,54 m
1 foot – stopa = 0,30 m
1 yard – jard = 0,91 m
1 fathom = 1,83 m
1 rod = 5,03 m
1 chain = 20,12 m
1 furlong = 0,20 km
1 mile – mila lądowa = 1,61 km
1 nautical mile – mila morska = 1,85 km
1 sea league = 5,55 km

JEDNOSTKI POWIERZCHNI

1 square inch – cal kwadratowy = 6,45 cm^2
1 square foot – stopa kwadratowa = 0,09 m^2
1 square yard – jard kwadratowy = 0,83 m^2
1 acre – akr = 4047 m^2 = 0,4047 ha
1 square mile – mila kwadratowa = 259 ha

JEDNOSTKI OBJĘTOŚCI I POJEMNOŚCI

1 fluid ounce – uncja objętości = 28,41 ml
1 pint = 0,57 l
1 quart – kwarta = 1,14 l
1 gallon = 4,55 l
1 gallon *am.* = 3,78 l
1 bushel = 36,37 l

JEDNOSTKI WAGI

1 grain = 64,79 mg
1 ounce – uncja = 28,35 g
1 pound – funt = 0,45 kg
1 stone = 6,35 kg
1 imperial hundredweight = 50,80 kg
1 long ton = 1016 kg
1 US hundredweight = 45,36 kg
1 short ton = 907,18 kg

TEMPERATURA

Stopnie Celsjusza	Stopnie Fahrenheita
100°C	212°F
90°C	194°F
80°C	176°F
70°C	158°F
60°C	140°F
50°C	122°F
40°C	104°F
30°C	86°F
20°C	68°F
10°C	50°F
0°C	32°F
–10°C	14°F
–17,8°C	0°F
–273,15°C	–459,67°F

Aby zamienić stopnie Fahrenheita na stopnie Celsjusza, należy zastosować wzór:

$$C = (F - 32)\frac{5}{9} .$$

Natomiast, żeby zamienić stopnie Celsjusza na stopnie Fahrenheita, należy zastosować wzór:

$$F = 32 + \frac{9}{5}C$$

SPOSÓB ODCZYTYWANIA LICZB

LICZBY CAŁKOWITE

102 – **one hundred and two (a hundred and two)**
1101 – **one thousand one hundred and one (eleven hundred and one)**
286 – **two hundred and eighty-six**

UŁAMKI

$\frac{1}{2}$ – **a half/one half**
$\frac{1}{3}$ – **a third/one third**
$\frac{1}{4}$ – **a quarter/one quarter**
$\frac{1}{8}$ – **an eighth/one eighth**
$\frac{1}{11}$ – **an eleventh/one eleventh**
$\frac{3}{4}$ – **three quarters**
$\frac{2}{3}$ – **two thirds**
$4\frac{1}{2}$ – **four and a half**
$2\frac{3}{4}$ – **two and three quarters**
$\frac{71}{176}$ – **seventy-one over one-seven-six** *(liczbę pod kreską odczytuje się po jednej cyfrze)*

Zapisu **ułamków dziesiętnych** dokonuje się za pomocą kropki (**point, decimal point**), natomiast przecinka używa się w celu oznaczenia tysięcy przy wysokich liczbach. „Zero" odczytuje się jako **"nought"** [nɔ:t].

0.5 – **(nought) point five** *(„zero" przed kropką można pominąć przy odczytywaniu)*
0.175 – **(nought) point one-seven-five** *(po kropce liczbę odczytuje się po jednej cyfrze)*
371.283 – **three hundred and seventy-one point two-eight-three** *(liczbę całkowitą przed kropką odczytuje się zwyczajnie)*

DATY

Lata

1721 – **seventeen twenty-one**
1902 – **nineteen – o – two** *(„zero" wymawia się jak „o"* [əʊ]*)*
1900 – **nineteen hundred**
1991 – **nineteen ninety-one**

Dla lat przed naszą erą używa się skrótu **B.C. (Before Christ** – przed Chrystusem); **B.C.** umieszcza się po roku, np.: **550 B.C. – five hundred fifty B.C.** [ˌbi: 'si:].

Skrót **A.D.** (**Anno Domini** – roku pańskiego) używa się tylko przy początkowych latach naszej ery; **A.D.** umieszcza się przed rokiem, np. **A.D. 35 – A.D.** [ˌeɪ'di:] **thirty-five.**

Dni miesiąca

Przy podawaniu dnia miesiąca zawsze używa się liczebnika porządkowego (**the first, the second, the third** itp.), np.:
2nd Feb 1990 – the second of February nineteen ninety/February the second nineteen ninety.

INNE LICZBY

Numery telefonów, rachunków bankowych itp. odczytuje się po jednej cyfrze, grupując je po dwie lub trzy. „Zero" wymawia się jak „o" [əʊ], np.: 28 44 01 – **two-eight-/double four/-o -one.**

Przy podawaniu wyniku meczu piłki nożnej „zero" odczytuje się jako **"nil"** [nɪl].
3:0 – **three – nil**
3:2 – **three to two**
0:0 – **nil-nil**
Przy podawaniu wyników w tenisie „zero" odczytuje się **"love"** [lʌv].
15:0 – **fifteen love**
15:15 – **fifteen all**
15:30 – **fifteen thirty**

WYKAZ NAJWAŻNIEJSZYCH SKRÓTÓW I AKRONIMÓW

Akronimy są to wyrazy utworzone z pierwszych liter grupy wyrazów, wyrażających jakieś pojęcie lub stanowiących nazwę np. **NATO (North Atlantic Treaty Organization)**; zwróćmy uwagę na wymowę ['neɪtəʊ]. W języku angielskim istnieje również wiele skrótów, które nie są akronimami i każdą literę czyta się osobno, np. **BBC (British Broadcasting Corporation)** [,bi:bi:'si:]. W poniższym wykazie zawarte są również skróty, które występują tylko w języku pisanym, a wymowa jest taka jak pełnego wyrazu lub wyrazów, np. **Ave = Avenue**.

AA [,eɪ'eɪ] ❶ **Alcoholics Anonymous** – Anonimowi Alkoholicy ❷ **Automobile Association** – Związek Automobilowy

AAA [,eɪ eɪ 'eɪ] ❶ **Amateur Athletics Association** – Amatorski Związek Atletyczny ❷ **American Automobile Association** – Amerykański Związek Automobilowy

ABC [,eɪ bi: 'si:] ❶ **American Broadcasting Company** – Radio Amerykańskie ❷ **Australian Broadcasting Comission** – Australijska Komisja Radiofoniczna

A-bomb ['eɪbɒm] **atomic bomb** – bomba atomowa

AC = alternating current – prąd zmienny

AD [,eɪ di:] **Anno Domini** – roku pańskiego (*termin używany dla lat naszej ery*)

addr = address – adres

AI [,eɪ 'aɪ] ❶ **artificial insemination** – sztuczne zapłodnienie ❷ **artificial intelligence** – sztuczna inteligencja

AIDS ['eɪdz] **Acquired Immune Deficiency Syndrom** – Nabyty Zespół Braku Odporności

A-level ['eɪlevl] **advanced level** – egzaminy na poziomie zaawansowanym po szkole średniej

a.m. [eɪ'em] **ante meridiem** – *łac.* przed południem

ANZAC ['ænzæk] **Australia and New Zealand Army Corps** – Australijsko-Nowozelandzki Korpus Wojskowy

ANZUS ['ænzəs] **Australia – New Zealand – United States** – Pakt Wojskowy między Australią, Nową Zelandią i Stanami Zjednoczonymi

AP = Associated Press – Zrzeszona Prasa

APEX ['eɪpeks] **Advanced Purchase Excursion** – podróż wykupiona z wyprzedzeniem (*system zniżkowej sprzedaży biletów lotniczych*)

approx = approximately – w przybliżeniu

Apr = April – kwiecień

APR [,eɪpi:'ɑ:] **annual percentage rate** – roczna stopa procentowa

ASA [,eɪes'eɪ] **American Standards Association** (*dotyczy szybkości przesuwania się filmu w kamerze*)

asap [,eɪ es eɪ'pi:] **as soon as possible** – jak najprędzej, jak najszybciej

ASCII ['æskɪ] **American Standard Code for Information Interchange** – kod ASCII (*kod składający się ze 128 znaków służący do łatwej wymiany informacji między komputerem a ośrodkiem przetwarzania danych*)

ASEAN ['æsɪæn] **Association of South East Asian Nations** – Związek Państw Azji Południowo-Wschodniej

Aug = August – sierpień

AV [ˌeɪ 'viː] **Audio-Visual** – audiowizualny
Ave = Avenue – Aleja
AWACS ['eɪwæks] **airborne warning and control system** – napowietrzny system wczesnego ostrzegania (*służący do wykrywania samolotów nieprzyjaciela z dużej odległości*)
AWOL [ˌeɪ dʌblju əʊ'el] **absent without leave** – nieobecny nie usprawiedliwiony
b & b [ˌbiːən'biː] **bed and breakfast** – nocleg i śniadanie
BA [ˌbiː 'eɪ] ❶ **British Airways** – Brytyjskie Linie Lotnicze ❷ **Bachelor of Arts** – stopień akademicki niższy od magistra nauk humanistycznych
BBC [ˌbiː biː 'siː] **British Broadcasting Corporation** – Radio Brytyjskie
BC [ˌbiː 'siː] ❶ **Before Christ** – przed Chrystusem (*termin używany przy datach przed naszą erą*) ❷ **British Council** – Brytyjska Rada Wymiany Kulturalnej
BE = British Empire – Imperium Brytyjskie
BM [ˌbiː'em] **British Museum** – Muzeum Brytyjskie
BMA [ˌbiː em'eɪ] **British Medical Association** – Brytyjskie Stowarzyszenie Lekarzy
BR [ˌbiː'ɑː] **British Rail** – Brytyjskie Koleje
Brit = Britain, British
Bro(s) [brɒs] **= brother, brother(s)** – brat, bracia (*zwykle tylko w nazwie przedsiębiorstwa*)
BSc [ˌbiːes'siː] **Bachelor of Science** – stopień niższy od magistra nauk ścisłych
BST [ˌbiːes'tiː] **British Summer Time** – brytyjski czas letni
ca = circa – *łac.* około
CAP [ˌsiːeɪ'piː] **Common Agricultural Policy** – Wspólna Polityka Rolna (*dot. krajów Unii Europejskiej*)
Capt = Captain – kapitan
Card = Cardinal – kardynał
CAT [kæt] **College of Advanced Technology** – nazwa wyższej szkoły technicznej
Cath = Catholic – katolik, katolicki
CB [ˌsiː 'biː] **citizens' band** – ogólnodostępne pasmo fal radiowych
CBC [ˌsiː biː'siː] **Canadian Broadcasting Corporation** – Radio Kanadyjskie
CBE [ˌsiː biː'iː] **Commander (of the Order) of the British Empire** – Komandor Orderu Imperium Brytyjskiego
CBI [ˌsiː biː'aɪ] **Confederation of British Industry** – Zrzeszenie Przemysłu Brytyjskiego
CBS [ˌsiː biː'es] **Columbia Broadcasting System** – Radio „Columbia"
cc [ˌsiː'siː] ❶ **cubic centimetre** – centymetr sześcienny ❷ **carbon copy** – kopia maszynowa (*dokumentu, listu itp.*)
CC = Consular Corps – korpus konsularny
CD [ˌsiː'diː] ❶ **Corps Diplomatique** – *franc.* korpus dyplomatyczny ❷ **compact disc** – płyta kompaktowa
Cdr = Commander
Cdre = Commodore
CD-ROM [ˌsiːdiː'rɒm] **compact disc read-only memory** – (*w komputerze*) dyskowa pamięć tylko do odczytu
CE = Church of England – Kościół anglikański
CENTO ['sentəʊ] **Central Treaty Organization** – Organizacja Paktu Centralnego
CERN [sɜːn] **Conseil European pour la Recherche Nucleaire** – *franc.* Ośrodek Badań Jądrowych CERN
cf ['siːef] **confer** – *łac.* porównaj
CFC [ˌsiːef'siː] chlorofluorocarbon
CFE [ˌsiːef'iː] **College of Further Education** – Studium Kształcenia Podyplomowego (*np. po szkołach zawodowych*)
chap = chapter – rozdział
CIA [ˌsiːaɪ'eɪ] **Central Intelligence Agency** – Centralna Agencja Wywiadowcza
CID [ˌsiːaɪ'diː] **Criminal Investigation Department** – Wydział do Spraw Kryminalnych

C-in-C [ˌsi:ɪn'si:] **Commander-in-Chief** – głownodowodzący (*armią*)
cl = centilitre (*1/100 litra, 10 ml*)
Cllr = councillor
CND [ˌsi:en'di:] **Campaign for Nuclear Disarmament** – organizacja w Wielkiej Brytanii walcząca o rozbrojenie nuklearne
CNN [ˌsi:en'en] **Cable News Network** – amerykańska sieć telewizyjna nadająca wiadomości
co. = company – spółka, towarzystwo
co = county – hrabstwo (*skrót używany przy adresie*)
CO [ˌsi:əʊ] **Commanding Officer** – dowódca
c/o = care of – przy adresowaniu listu z prośbą przekazania innej osobie
COD [ˌsi:əʊ'di:] **Cash on Delivery** – płatne gotówką przy dostawie
C of E [ˌsi:əv'i:] **Church of England** – Kościół anglikański
COI [ˌsi:əʊ'aɪ] **Central Office of Information** – Centralne Biuro Informacji
Col = Colonel – pułkownik
Coll = College – szkoła, uczelnia
Co-op [ˌkəʊ'ɒp] **Co-operative** – spółdzielnia
Corp = Corporation – korporacja
CP [ˌsi:'pi:] **Communist Pary** – Partia Komunistyczna
Cpl = corporal – kapral
CPU [ˌsi:'pi:'ju:] **Central Processing Unit** – jednostka centralna (*główna część komputera przetwarzająca dane*)
CSE [ˌsi: es 'i:] **Certificate of Secondary Education** – dyplom szkoły średniej
CS gas [ˌsi: es'gɑs] gaz łzawiący
ct = ❶ carat – karat **❷ cent** – cent
cu = cubic – sześcienny
CV [ˌsi:'vi:] **Curriculum Vitae** – życiorys uwzględniający wykształcenie, umiejętności i osiągnięcia zawodowe (c.v.)
cwt = hundredweight – miara wagi (= *50,80 kg*)
DA [ˌdi:'eɪ] **District Attorney** – prokurator okręgowy
DBMS [di:bi:em'es] **Database Management System** – system zarządzania bazą danych
DC [ˌdi:'si:] **❶ District of Columbia** – okręg Kolumbii USA **❷ Direct Current** – prąd stały
D-day [ˌdi:'deɪ] dzień inwazji wojsk alianckich w Normandii
DDT [ˌdidi:'ti:] **dichlorodiphenyl-trichloroethane** – dwuchlorodwufenylotrójchloroetan (*środek owadobójczy*)
Dec = December – grudzień
deg = degree – stopień, stopni
Dept = Department – wydział
DG [ˌdi:'dʒi:] **Director General** – dyrektor naczelny
Dip = Diploma – dyplom
Dir = Director – dyrektor
DIY [ˌdi:aɪ'waɪ] **do-it-yourself** – zrób to sam
DJ [ˌdi:'dʒeɪ] **Disc Jockey** – prezenter muzyki pop, dysk dżokej
DNA [ˌdi:en'eɪ] **deoxyribonucleic acid** – kwas dezoksyrybonukleinowy
dol = dollar – dolar, dolary
doz = dozen – tuzin, tuziny
D Phil [ˌdi:'fɪl] **Doctor of Philosophy** – doktor filozofii
Dr = Doctor – doktor
DSc [ˌdi:es'si:] **Doctor of Science** – doktor nauk ścisłych
DT [ˌdi:'ti:] **delirium tremens**
DTI [ˌdi:ti:'i:] **Department of Trade and Industry** – Departament Handlu i Przemysłu
E = East – wschód
EC [i:'si:] **European Community** – Wspólnota Europejska
ECG [ˌi:si:'dʒi:] **electrocardiograph, electrocardiogram** – elektrokardiogram
ECU ['ekju:] **European Currency Unit** – Europejska Jednostka Monetarna
EEC [ˌi:i:'si:] **European Economic Community** – Europejska Wspólnota Gospodarcza
EFL [ˌi:ef'el] **English as a foreign language** – angielski jako język obcy

EFTA ['eftə] **European Free Trade Association** – Europejskie Stowarzyszenie Wolnego Handlu

e.g. [ˌi:'dʒi:] *łac.* **exempli gratia** – na przykład

ELT [ˌi:el'ti:] **English Language Teaching** – nauczanie języka angielskiego

EMS [ˌi:em'es] **European Monetary System** – Europejski System Monetarny

EMU [ˌi:em'ju:] **Economic and Monetary Union** – Unia Gospodarcza i Monetarna

Eng = ❶ **England, English** – Anglia, angielski ❷ **engineer, engineering** – inżynier, inżynieria

ER [ˌi:'ɑ:] **Elizabetha Regina** – Królowa Elżbieta

ERM [ˌi:ɑ:r'em] **Exchange Rate Mechanism**

ESL [ˌi:es'el] **English as a Second Language** – angielski jako drugi język

esp = **especially** – szczególnie

ESP [ˌi:es'pi:] ❶ **Extra-Sensory Perception** – postrzeganie pozazmysłowe ❷ **English for Special Purposes** – angielski o profilu specjalistycznym

Esq = **Esquire** – (*w adresie*) pan

etc = **et cetera** – i tak dalej

EU [ˌi:'ju:] **European Union** – Unia Europejska

eve = **evening** – wieczór

ex [eks] **excluding** – wyłączając

ext = **extension** – wewnętrzny numer telefonu

F = ❶ **Fahrenheit** – stopnie w skali Fahrenheita ❷ **Fellow** – członek akademii

FA [ˌef'eɪ] **Football Association** – Związek Piłki Nożnej

FAO [ˌefeɪ'əʊ] **Food and Agriculture Organization** – Organizacja do Spraw Wyżywienia i Rolnictwa

FBA [ˌefbi:'eɪ] **Fellow of the British Academy** – członek Akademii Brytyjskiej

FBI [ˌefbi:'aɪ] ❶ **Federal Bureau of Investigation** – Federalne Biuro Śledcze ❷ **Federation of British Industries** – Związek Przemysłowców Brytyjskich

Feb = **February** – luty

Fed = **Federal, Federated, Federation** – federalny, zjednoczony, federacja

FIFA ['fɪfə] **Federation Internationale de Football Association** – *franc.* Międzynarodowa Federacja Piłki Nożnej

fl oz = **fluid ounce** – uncja objętości (*= 28,4 ml*)

FM [ˌef'em] **frequency modulation** – system nadawania o zmiennych częstotliwościach zapewniający wysoką jakość odbioru

FO [ˌef'əʊ] **Foreign Office** – Ministerstwo Spraw Zagranicznych

Fri = **Friday** – piątek

FRS [ˌef ɑ:r'es] **Fellow of the Royal Society** – członek Towarzystwa Królewskiego

FX [ˌef'eks] **special effects** – efekty specjalne

g = **gram** – gram

G7 [ˌdʒɪ 'sevn] grupa siedmiu najbardziej uprzemysłowionych państw świata

gal = **gallon(s)** – galon, galony (*= 4,55 l*)

GATT [gæt] **General Agreement on Tariffs and Trade** – Układ Ogólny w Sprawie Ceł i Handlu

GB [ˌdʒi:'bi:] **Great Britain** – Wielka Brytania

GCE [ˌdʒi: si:'i:] **General Certificate of Education** – (*dawniej*) dyplom szkoły średniej (*poziom wyższy niż CSE*)

GCSE [ˌdʒi: si: es'i:] **General Certificate of Secondary Education** – dyplom szkoły średniej (*na poziomie wyższym niż CSE*)

GDP [ˌdʒi: di:'pi:] **Gross Domestic Product** – produkt krajowy brutto

Gen = **General** – generał

GHQ [ˌdʒi:etʃ 'kju:] **General Headquarters** – kwatera główna

GM [ˌdʒi: 'em] **General Manager** – dyrektor generalny

GMT [ˌdʒi: em'ti:] **Greenwich Mean Time** – czas Greenwich (*średni czas zachodnioeuropejski*)

GNP [ˌdʒi: en'pi:] **Gross National Product** – produkt narodowy brutto

Gov = ❶ **Government** – rząd ❷ **Governor** – gubernator

Govt = **Government** – rząd

GP [ˌdʒi:'pi:] **General Practitioner** – lekarz praktykujący ogólnie

GPO [ˌdʒi: pi:'əʊ] **General Post Office** – Główny Urząd Pocztowy

Gt = **Great** (*w nazwach geograficznych*)

GT [ˌdʒi: 'ti:] **gran turismo** – *wł.* szybki samochód o dużej mocy

ha = **hectare** – hektar

H-bomb ['eɪtʃbɒm] **hydrogen bomb** – bomba wodorowa

HF [ˌeɪtʃ'ef] **high frequency** – wysoka częstotliwość

HGV [ˌeɪtʃ dʒi: 'vi:] **heavy goods vehicle** – pojazd do przewożenia ciężkich towarów (*np. cieżarówka*)

HIV [ˌeɪtʃaɪ'vi:] **Human Immunodeficiency Virus** – wirus nabytego braku odporności (*wirus choroby AIDS*)

HM = **His/Her Majesty** – Jego/Jej Królewska Mość

HMG = **His/Her Majesty's Government** – Rząd Jego/Jej Królewskiej Mości

HMS [ˌeɪtʃem'es] **Her/His Majesty's Ship** – Okręt Jego/Jej Królewskiej Mości (*dotyczy tylko okrętów wojennych*)

H of C = **House of Commons** – Izba Gmin

H of L = **House of Lords** – Izba Lordów

Hon [ɒn] ❶ **Honorary** – honorowy ❷ **Honourable** – tytuł stosowany przed nazwiskami niektórych członków rodzin szlacheckich

HP [ˌeɪtʃ'pi:] ❶ **Hire Purchase** – zakup ratalny ❷ **Horse Power** – koń mechaniczny

HQ [ˌeɪtʃ'kju:] **Headquarters** – kwatera główna

hr = **hour** – godzina

HRH = **His/Her Royal Highness** – Jego/Jej Królewska Wysokość

hrs = **hours** – godziny

IATA [i:'ɒ:tə] **International Air Traffic Association** – Zrzeszenie Międzynarodowego Transportu Lotniczego

IBM [ˌaɪ bi:'em] **International Business Machines** – nazwa jednej z największych firm komputerowych

IC [ˌaɪ'si:] **integrated circuit** – układ scalony

ICBM [ˌaɪ si: bi:'em] **Inter-Continental Ballistic Missile** – międzykontynentalny pocisk balistyczny

ICI [ˌaɪ si: 'aɪ] **Imperial Chemical Industries** – nazwa dużego koncernu chemicznego w W. Brytanii

ICU [ˌaɪ si:'ju:] **intensive care unit** – oddział intensywnej opieki medycznej (OIOM)

ID [ˌaɪ'di:] **identity** – tożsamość

i.e. [ˌaɪ'i:] **id est** – *łac.* to jest

ILO [ˌaɪ el'əʊ] ❶ **International Labour Organization** – Międzynarodowa Organizacja Pracy ❷ **International Labour Office** – Międzynarodowe Biuro Pracy

IMF [ˌaɪ em 'ef] **International Monetary Fund** – Międzynarodowy Fundusz Walutowy

in = **inch(es)** – cal, cale

Inc = **Incorporated** – zarejestrowany (*o spółce handlowej*)

incl = **including, included** – włącznie

info ['ɪnfəʊ] **information** – informacja

Inst = **Institute** – Instytut

IOU [ˌaɪ əʊ'ju:] **I owe you** – jestem ci dłużny

IQ [ˌaɪ'kju:] **Intelligence Quotient** – iloraz inteligencji

IRA [ˌaɪ ɑ:r'eɪ] **Irish Republican Army** – Irlandzka Armia Republikańska

ISBN [ˌaɪ es bi: 'en] **International Standard Book Number** – ISBN

IT [ˌaɪ 'ti:] **Information Technology** – technika informacyjna

ITV [ˌaɪ ti:'vi:] **Independent Television** – Telewizja Niezależna (*brytyjskie stacje samofinansujące się z reklam*)

Jan = **January** – styczeń

JNR/JR = **Junior** – junior (jr)

JP [ˌdʒeɪ 'pi:] **Justice of the Peace** – sędzia pokoju

Jul = **July** – lipiec

Jun = ❶ **June** – czerwiec ❷ **Junior** – junior

K = stopni Kelvina

kg = **kilogram(s)** – kilogram, kilogramy

kHz = kilohertz

km = **kilometre(s)** – kilometr, kilometry

KO [ˌkeɪ'əʊ] **knock-out** – nokaut, znokautować

kph [ˌkeɪ pi: 'eɪtʃ] **kilometres per hour** – kilometrów na godzinę

kw = **kilowatt(s)** – kilowat, kilowaty

L = ❶ **large size** – duży rozmiar ❷ **Learner** – nauka jazdy

LA [ˌel'eɪ] **Los Angeles** – Los Angeles

Lab = **Labour Party** – Partia Pracy

lab [læb] **laboratory** – laboratorium

lb = **pound** – funt (= *0,45 kg*)

lbs = **pounds** – funty

LCD [ˌelsi:'di:] **Liquid crystal display** – wyświetlacz (monitor) ciekłokrystaliczny

Lib = **Liberal Party** – partia liberalna

Lib Dem [ˌlɪb'dem] **Liberal Democrat** – Liberalny Demokrata, Liberalno-Demokratyczny

LP [ˌel 'pi:] **long-playing (record)** – płyta długogrająca

LSD [ˌel es'di:] **lysergic acid diethylamide** – narkotyk halucynogenny, LSD

Lt = **Lieutenant** – porucznik

Ltd = **Limited** – z ograniczoną odpowiedzialnością

M = ❶ **medium size** – rozmiar średni ❷ **Motorway** – autostrada

MA [ˌem'eɪ] **Master of Arts** – magister nauk humanistycznych

Maj = **Major** – major

Mar = **March** – marzec

maths [mæθs] **mathematics** – matematyka

max = **maximum** – maksimum

MC [ˌem'si:] ❶ **master of ceremonies** – mistrz ceremonii ❷ *am.* **Member of Congress** – członek Kongresu ❸ **Military Cross** – Krzyż Wojskowy

MCP [ˌem si:'pi:] **male chauvinist pig** – mężczyzna dyskryminujący kobiety

MD [ˌem 'di:] ❶ **Medicinae Doctor** – *łac.* doktor medycyny ❷ **Managing Director** – dyrektor zarządzający

Met [met] ❶ **meteorological** – meteorologiczny ❷ **the Met – the Metropolitan Opera House** – Metropolitan Opera (*w Nowym Jorku*) ❸ **the Met – the Metropolitan Police**

METO ['mɪtəʊ] **Middle East Treaty Organization** – Organizacja Paktu Środkowego Wschodu

mg = **milligram(s)** – miligram, miligramy

Mgr = **Monsignor** – przewielebny

MI [ˌem aɪ] **Military Intelligence** – wywiad wojskowy

MI5 [ˌem aɪ'faɪv] **National Security Divison of Military Intelligence** – Wydział Wywiadu Wojskowego do Spraw Bezpieczeństwa Kraju

min = ❶ **minimum** – minimum ❷ **minute** – minuta

MOD [ˌem əʊ'di:] **Ministry of Defence** – Ministerstwo Obrony

Mon = **Monday** – poniedziałek

MOT [ˌem əʊ'ti:] ❶ **Ministry of Transport** – Ministerstwo Transportu ❷ **MOT test** – obowiązkowy coroczny przegląd techniczny samochodu

MP [ˌem 'pi:] ❶ **Member Of Parliament** – członek Parlamentu ❷ **Military Police** – żandarmeria, policja wojskowa

mph = **miles per hour** – mil na godzinę

MSc [ˌem es 'si:] **Master of Science** – magister nauk ścisłych

Mt = **Mount** – góra (*w nazwach geograficznych*)

MW = ❶ **medium wave** – fala średnia ❷ **megawatt(s)** – megawat, megawaty

N = **North** – północ

NAAFI ['næfɪ] **Navy, Army and Air Force Institute** – Instytut Marynarki Wojennej, Armii i Lotnictwa

NASA ['næsə] **National Aeronautics and Space Administration** – Ośrodek Badań Kosmicznych

NATO ['neɪtəʊ] **North Atlantic Treaty Organization** – Organizacja Paktu Północnoatlantyckiego

NBC [ˌen biː'siː] **National Broadcasting Company** – Radio Amerykańskie

NCO [ˌensiː'əʊ] **Non-Commissioned Officer** – podoficer

NE = north-east – północny wschód

NFL [ˌen ef 'el] **National Football League** – Narodowa Liga Piłkarska

NHS [ˌen eɪtʃ 'es] **National Health Service** – Państwowa Służba Zdrowia

NI = ❶ National Insurance – ubezpieczenie państwowe **❷ Northern Ireland** – Irlandia Północna

no = number – numer

non-U [ˌnɒn 'juː] **non upper class** – niearystokratyczny, charakterystyczny dla klas niższych

nos = numbers – numery

Nov = November – listopad

NSPCC [ˌen es piː siː'siː] **National Society for the Prevention of Cruelty to Children** – Krajowe Towarzystwo Zapobiegania Okrucieństwu wobec Dzieci

NW = north-west – północny zachód

NY = New York – Nowy Jork

NYC = New York City – miasto Nowy Jork

NZ = New Zealand – Nowa Zelandia

OAP [ˌəʊ eɪ 'piː] **old-age pensioner** – rencista

OAS [ˌəʊ eɪ 'es] **Organization of American States** – Organizacja Stanów Amerykańskich (Sojusz Panamerykański)

OAU [ˌəʊeɪ'juː] **Organization for African Unity** – Organizacja Jedności Afrykańskiej

OBE [ˌəʊ biː 'iː] **Officer (of the Order) of the British Empire** – Oficer Orderu Imperium Brytyjskiego

Oct = October – październik

OECD [ˌəʊ iː siː 'diː] **Organization of Economic Cooperation and Development** – Organizacja Współpracy Gospodarczej i Rozwoju

OHMS [ˌəʊ eɪtʃ em 'es] **On His/Her Majesty's Service** – w służbie Jego/ /Jej Królewskiej Mości

OK [ˌəʊ'keɪ] **all correct** – wszystko w porządku

O-level ['əʊ'levl] **Ordinary level** – egzamin na zwykłym, nie zaawansowanym poziomie po szkole średniej

OM [ˌəʊ'em] **Order of Merit** – Order Zasługi

OPEC ['əʊpek] **Organization of Petroleum Exporting Countries** – Organizacja Krajów Eksporterów Ropy Naftowej

Oxfam ['ɒksfəm] **Oxford Committee for Famine Relief** – Oksfordzki Komitet Pomocy Krajom Głodującym

Oxon ['ɒksn] **Oxoniensis** – *łac.* Oksfordczyk, oksfordzki

oz = ounce(s) – uncja, uncje

p = ❶ page – strona **❷ per** – przez

p [piː] **penny, pence** – pens, pensy

p.a. = per annum – rocznie

PA [ˌpiː'eɪ] **❶ Personal Assistant** – osobisty asystent **❷ Press Association** – Zjednoczenie Prasowe

PAYE [ˌpiːeɪ waɪ'iː] **pay as you earn** – system płacenia podatków przy otrzymywaniu płacy

PC [ˌpiː'siː] **❶ Privy Councillor** – członek Tajnej Rady Królewskiej **❷ Peace Corps** – korpus pokoju **❸ Personal Computer** – komputer osobisty

P.C. [ˌpiː'siː] **Police Constable** – policjant

PE [ˌpiː'iː] **physical education** – wychowanie fizyczne

PG [ˌpiː 'dʒiː] **❶ paying guest** – pensjonariusz, lokator **❷ parental guidance** – pod nadzorem rodziców (*dot. filmów zawierających sceny nieodpowiednie dla dzieci*)

PGCE [ˌpiː dʒiː siː 'iː] **Postgraduate Certificate of Education** – świadectwo ukończenia studiów podyplomowych

PhD [ˌpiː eɪtʃ 'diː] **Philosphiae Doctor** – *łac.* doktor filozofii (*skrót używany po*

nazwisku osób z tytułem naukowym doktora)

PIN [pɪn] **personal identification number** – numer identyfikacyjny (*w banku*) używany razem z kartą magnetyczną

pkt = packet – paczka, opakowanie

pl = plural – liczba mnoga

Pl = Place – miejsce (*używane przy adresie*)

PLC [ˌpi: el'si:] **Public Limited Company** – spółka z ograniczoną odpowiedzialnością (Sp. z o.o.)

PLO [ˌpi: el 'əʊ] **Palestinian Liberation Organization** – Organizacja Wyzwolenia Palestyny (OWP)

PM [ˌpi: 'em] **Prime Minister** – premier

p.m. [ˌpi:'em] **post meridiem** – *łac.* po południu

PO [ˌpi:'əʊ] ❶ **Post Office** – poczta ❷ **postal order** – przekaz pocztowy ❸ **Petty Officer** – młodszy oficer ❹ **Personnel Officer** – kierownik działu kadr

PO Box [ˌpi: 'əʊbɒks] **Post Office Box** – skrzynka pocztowa

POW [ˌpi: əʊ 'dʌblju:] **Prisoner of War** – jeniec wojenny

PR [ˌpi: 'ɑ:] **Public Relations** – służba informacyjna

Pres = President – prezydent

PRO [ˌpi: ɑ:r'əʊ] ❶ **Public Records Office** – Archiwum Państwowe ❷ **Public Relations Officer** – urzędnik zajmujący się kontaktami firmy z opinią publiczną, kierownik biura prasowego

pro [prəʊ] **professional** – profesjonalista

Prof = Professor – profesor

Prov = Province – prowincja

Ps [ˌpi: 'es] **postscriptum** – *łac.* dopisek (*w liście*)

pt = ❶ **pint** – pint (*miara objętości = pół kwarty = 0,568 l*) ❷ **point** – punkt

PT [ˌpi: 'ti:] **physical training** – wychowanie fizyczne

PTA [ˌpi: 'ti: 'eɪ] **Parent-Teacher Association** – Zrzeszenie Rodziców i Nauczycieli

PTO = please turn over – proszę odwrócić stronę

PVC [ˌpi: vi: 'si:] **polyvinyl chloride** – PCV, polichlorek winylu

QC [ˌkju: 'si:] **Queen's Counsel** – Doradca Królowej (*tytuł nadawany wybitnym adwokatom*)

QED [ˌkju: i: 'di:] **quod erat demonstrandum** – *łac.* co było do okazania

qt = quart – miara objętości – kwarta (= *1,14 l*)

RA [ˌɑ:r'eɪ] **Royal Academy** – Królewska Akademia Sztuk Pięknych

RADA ['rɑ:də] **Royal Academy of Dramatic Art** – Królewska Akademia Dramatyczna

RAF [ˌɑ:reɪ'ef] **Royal Air Force** – Królewskie Lotnictwo Brytyjskie

RAM [ˌɑ:reɪ'em] **Royal Academy of Music** – Królewska Akademia Muzyczna

RAM [ræm] **Random Access Memory** – *komp.* pamięć o dostępie swobodnym

R and D [ˌɑ:rən'di:] **research and development** – badania naukowe i rozwój

RC [ˌɑ:r'si:] ❶ **Red Cross** – Czerwony Krzyż ❷ **Roman Catholic** – rzymski katolik ❸ **Rotary Club** – Klub Rotariański

RCM [ˌɑ:r si:'em] **Royal College of Music** – Królewska Wyższa Szkoła Muzyczna

Rd = Road – ulica, droga (*przy nazwie*)

RE [ˌɑ:r 'i:] **religious education** – katecheza, religia

rec = received – otrzymano

ref = ❶ **reference** – opinia, referencja ❷ **referring** – dotyczący

Reg = Regina – *łac.* królowa

Rep = ❶ **Republican** – republikański ❷ **Representative** – przedstawiciel

Rev = Reverend – wielebny

RIP [ˌɑ:r aɪ pi:] **rest in peace** – (*łac.* requiescat in pace) pokój jego duszy

RM [ˌɑ:r'em] **Royal Marines** – Strzelcy Królewskiej Marynarki Wojennej

RN [ˌɑ:r'en] **Royal Navy** – Królewska Marynarka Wojenna

RNA [ˌɑ:r en 'eɪ] **ribonucleic acid** – kwas rybonukleinowy

RNIB [ˌɑːr en aɪ ˈbiː] **Royal National Institute for the Blind** – Królewski Instytut dla Niewidomych

ROM [ˈrɒm] **Read-Only Memory** – *komp.* pamięć tylko do odczytu

rpm = revolutions per minute – obrotów na minutę

RSA [ˌɑːr esˈeɪ] ❶ **Republic of South Africa** – Republika Południowej Afryki ❷ **Royal Society of Arts** – Królewskie Towarzystwo Sztuk Pięknych ❸ **Royal Scottish Academy** – Królewska Szkocka Akademia

RSC [ˌɑːr es ˈsiː] **Royal Shakespeare Company** – Królewskie Towarzystwo Szekspirowskie

RSM [ˌɑːr es em] **Royal School of Music** – Królewska Szkoła Muzyczna

RSPCA [ˌɑːr es piː siːˈeɪ] **Royal Society for the Prevention of Cruelty to Animals** – Królewskie Towarzystwo Ochrony Zwierząt

RSVP [ˌɑːr es viː ˈpiː] **répondez s'il vous plait** – *franc.* prosi się o odpowiedź

S = ❶ South – południe ❷ **small size** – mały rozmiar

SA = ❶ Salvation Army – Armia Zbawienia ❷ **South Africa** – Afryka Południowa

SALT [sɔːlt] **Strategic Arms Limitation Talks** – Rokowania w Sprawie Ograniczenia Zbrojeń Strategicznych

Sat = Saturday – sobota

SE = south-east – południowy wschód

SEATO [ˈsiːˌɪtəʊ] **South-East Asia Treaty Organization** – Organizacja Paktu Azji Południowo-Wschodniej

sec = second(s) – sekunda, sekundy

Sen = ❶ Senator – senator ❷ **Senior** – senior

Sept = September – wrzesień

SF [ˌes ef] **science fiction** – fantastyka naukowa

Sgt = Sergeant – sierżant

SHAPE [ʃeɪp] **Supreme Headquarters of Allied Powers in Europe** – Kwatera Główna Naczelnego Dowództwa Mocarstw Alianckich w Europie

SI [ˌesˈaɪ] **Système International** – *franc.* międzynarodowy system miar i wag (*metryczny*)

Snr = Senior – senior

Soc = Society – towarzystwo, stowarzyszenie

sq = square – kwadrat, kwadratowy

Sq = Square – plac (*w nazwach ulic*)

Sr = Senior – senior (sen.)

SRN [ˌes ɑːr ˈen] **State Registered Nurse** – dyplomowana pielęgniarka

SS [ˌes ˈes] **Steamship** – statek parowy

St = ❶ Street – ulica ❷ **Saint** – święty

Sta = Station – stacja

STD [ˌes tiː ˈdiː] ❶ **sexually transmitted disease** – choroba przenoszona drogą płciową ❷ **subscriber trunk dialling** – bezpośrednie połączenie telefoniczne (*np. międzymiastowe*)

Str = ❶ Strait – cieśnina ❷ **Street** – ulica

Sun = Sunday – niedziela

SW = south-west – południowy zachód

T = temperature – temperatura

t = ❶ time – czas ❷ **ton(s)** – tona, tony

TB [ˌtiː ˈbiː] **tuberculosis** – gruźlica

TEFL [ˈtefl] **Teaching English as a Foreign Language** – nauczanie angielskiego jako języka obcego

tel = ❶ telephone – telefon ❷ **telegram** – telegram ❸ **telegraph** – telegraf

temp = ❶ temperature – temperatura ❷ **temporary** – chwilowy, tymczasowy

TESL [ˈtesl] **Teaching English as a Second Language** – nauczanie angielskiego jako drugiego języka

TESOL [ˈtesɒl] **Teaching English to Speakers of other Languages** – nauczanie języka angielskiego cudzoziemców

three-D [ˌθriː ˈdiː] **three-dimensional** – trójwymiarowy

Thurs = Thursday – czwartek

TNT [ˌtiː enˈtiː] **trinitrotoluene** – trotyl

TOEFL [ˈtəʊfl] **Test of English as a Foreign Language** – egzamin z angielskiego jako języka obcego

TU = **Trade Union** – Związek Zawodowy

TUC [ˌti: ju: 'si:] **Trade Union Congress** – Kongres Związków Zawodowych

Tues = **Tuesday** – wtorek

TV [ˌti: 'vi:] **television** – telewizja

TWA [ˌti: dʌblju:'eɪ] **Trans-World Airlines** – Międzynarodowe Linie Lotnicze

U [ju:] ❶ **Union** – związek ❷ **upper class** – arystokratyczny, charakterystyczny dla klas wyższych ❸ **universal** – bez ograniczeń wieku (*dot. filmów*)

UAE [ju: eɪ'i:] **United Arab Emirates** – Zjednoczone Emiraty Arabskie

UAR [ju: eɪ'ɑ:] **United Arab Republic** – Zjednoczone Emiraty Arabskie

U-boat ['ju:bəʊt] niemiecka łódź podwodna

UCAS ['ju:kæs] **Universities and Colleges Admission Service** – komisja rekrutacyjna na wyższe uczelnie w Wielkiej Brytanii

UEFA [ju: 'i:fə] **Union of European Football Association** – Europejski Związek Piłki Nożnej

UFO ['ju:fəʊ] **Unidentified Flying Object** – niezidentyfikowany obiekt latający

UHF [ju: eɪtʃ'ef] **ultra high frequency** – ultrawysoka częstotliwość fal (*300–3000 MHz*)

UHT [ju: eɪtʃ'ti:] **ultra heat treated** – o przedłużonej trwałości (*poddawany działaniu wysokich temperatur*)

UK [ju:'keɪ] **United Kingdom** – Zjednoczone Królestwo

UN [ju:'en] **United Nations** – Narody Zjednoczone

UNESCO [ju:'neskəʊ] **United Nations Educational, Scientific and Cultural Organization** – Organizacja Narodów Zjednoczonych do Spraw Oświaty, Nauki i Kultury

UNICEF ['ju: nɪsef] **United Nations Children's Fund** – Fundusz Narodów Zjednoczonych Pomocy Dzieciom

Univ = **University** – uniwersytet

UNO ['junəʊ] **United Nations Organization** – Organizacja Narodów Zjednoczonych

UPI [ju: pi: 'aɪ] **United Press International** – Zjednoczona Prasa Międzynarodowa

US [ju: 'es] **United States** – Stany Zjednoczone

USA [ju: es 'eɪ] ❶ **United States of America** – Stany Zjednoczone Ameryki Północnej ❷ **United States Army** – Armia Stanów Zjednoczonych Ameryki Północnej

USAF [ju: es eɪ'ef] **United States Air Force** – Siły Powietrzne Stanów Zjednoczonych

USN [ju: es 'en] **United States Navy** – Marynarka Wojenna Stanów Zjednoczonych

USS [ju: es 'es] **United States Ship** – okręt Stanów Zjednoczonych

USSR [ju: es es 'ɑ:] **Union of Soviet Socialist Republics** – Związek Socjalistycznych Republik Radzieckich

v = **versus** – *łac.* przeciwko

V = **volt(s)** – wolt

VA = **Vice-Admiral** – wiceadmirał

V & A [ˌvi: ən 'eɪ] **Victoria and Albert Museum** – Muzeum Królowej Wiktorii i Księcia Alberta

vac [væk] ❶ **vacation** – urlop, wakacje ❷ **vacuum** – próżnia

VAT [ˌvi: eɪ'ti:], [væt] **Value Added Tax** – podatek od wartości dodanej

VC [ˌvi: 'si:] ❶ **Victoria Cross** – Krzyż Wiktorii (*odznaczenie za waleczność*) ❷ **Vice Chairman** – wiceprzewodniczący ❸ **Vice Consul** – wicekonsul ❹ **Vice Chancellor** – wicekanclerz

VCR [ˌvi: 'si: 'ɑ:] **video casette recorder** – system do zapisu wideo, magnetowid

VD [ˌvi: 'di:] **venereal disease** – choroba weneryczna

VDU [ˌvi: di: 'ju:] **visual display unit** – wyświetlacz

VE Day [ˌvi: i: 'deɪ] **Victory in Europie Day** – dzień zwycięstwa w Europie 8 V 1945 r.

VHF [ˌvi: eɪtʃ'ef] **very high frequency** – bardzo wysoka częstotliwość fal (*30–300 MHz*)

VIP [ˌvi: aɪ'pi:] **very important person** – bardzo ważna osobistość

VOA [ˌvi: əʊ'eɪ] **Voice of America** – Głos Ameryki

vol = volume – objętość

VP = Vice-President – wiceprezydent

VS = Veterinary Surgeon – lekarz weterynarii

vs = versus – *łac.* przeciwko

VSO [ˌvi: es'əʊ] **Voluntary Service Overseas** – Ochotnicza Służba Pomocy dla Krajów Rozwijających się

W = West – zachód

wc [ˌdʌblju: 'si:] **water closet** – wc

WC [ˌdʌblju: 'si:] **West Central** – zachodni centralny (*kod pocztowy*)

WCC [ˌdʌblju:'si:'si:] **World Council of Churches** – Światowa Rada Kościołów

Wed = Wednesday – środa

WHO [ˌdʌblju:eɪtʃ'əʊ] **World Health Organization** – Światowa Organizacja Zdrowia

WI = ❶ West Indies – Indie Zachodnie **❷ Women's Institute** – Instytut Kobiet

WPC [ˌdʌblju: pi: 'si:] **woman police constable** – policjantka

wpm [ˌdʌblju: pi: 'em] **words per minute** – słów na minutę

WRAC [ˌdʌblju:ɑ:reɪ'si:], [ræk] **Women's Royal Army Corps** – Żeński Korpus Królewskiej Armii

WRAF [ˌdʌblju:ɑ:r eɪ'ef] [ræf] **Women's Royal Air Force** – Żeńska Służba Pomocnicza w Lotnictwie Królewskim

WRNS [ˌdʌblju:ɑ:r en'es], [renz] **Women's Royal Naval Service** – Żeńska Służba Pomocnicza w Królewskiej Marynarce Wojennej

WYSIWYG ['wɪzɪwɪg] **what you see is what you get** – to co widzisz jest tym, co otrzymasz (*komp. – wydruk będzie identyczny z tym, co widzisz na ekranie*)

XL = extra large – rozmiar bardzo duży

Xmas = Christmas – Boże Narodzenie

XS = extra small – rozmiar bardzo mały

yd = yard – jard (= *0,91 m*)

yds = yards – jardy

YHA [ˌwaɪ eɪtʃ'eɪ] **Youth Hostels Association** – Stowarzyszenie Schronisk Młodzieżowych

YMCA [ˌwaɪ em si:'eɪ] **Young Men's Christian Association** – Związek Młodzieży Chrześcijańskiej

yr = ❶ year – rok **❷ your** – twój

yrs = ❶ years – lata **❷ yours** – twój

YTS [ˌwaɪ ti:'es] **Youth Training Scheme** – program kształcenia młodzieży

YWCA [ˌwaɪ dʌblju: si: 'eɪ] **Young Women's Christian Association** – Chrześcijańskie Zrzeszenie Młodzieży Żeńskiej

& = and – i

MINI-ROZMÓWKI ANGIELSKO-POLSKIE

CZĘŚĆ I

Funkcje mowy i zwroty grzecznościowe

A (wypowiedź) pytanie	B (reakcja) odpowiedź

I. Przedstawianie się

How do you do? My name is Brenda Johnson.
Nazywam się Brenda Johnson.

I'm Mary Wright. How do you do!
Jestem Mary Wright. Miło mi.

(*„How do you do" jest formułą grzecznościową wypowiadaną przy poznawaniu kogoś. Odpowiedzią jest również „How do you do?" Jest to odpowiednik polskiego „Miło mi"*)

How do you do? I'm Peter Morris.
Jestem Peter Moris.

Pleased to meet you.
Miło mi pana poznać.

I don't think we've met before. I'm Robert Green.
Chyba się jeszcze nie znamy. Jestem Robert Green.

I've been looking forward to meeting you. I'm John Lennon.
Bardzo chciałem pana poznać. Jestem John Lennon.

Hello! My name is Eva Franklin.
Cześć! Nazywam się Eva Franklin.

Hello! Nice to meet you! I'm Betty Williams.
Cześć! Miło cię poznać. Jestem Betty Williams.

Hi! I'm Anna Martin.
Cześć! Jestem Anna Martin.

Hi!/Hello! Pleased/Nice to meet you.
Cześć! Miło cię poznać.

Allow me to introduce myself. I'm Ken White.
Pozwolą państwo, że się przedstawię. Jestem Ken White.

I'm delighted to meet you.
Miło mi pana poznać.

Let me introduce myself. I'm...
Pozwolą państwo, że się przedstawię. Jestem...

przez telefon

Hello? This is Pamela Bright speaking.
Hallo! Mówi Pamela Bright.

Good afternoon. – My name is Keith Leigh.
Dzień dobry. Nazywam się/Moje nazwisko Keith Leigh.

II. Przedstawianie kogoś

John, this is Mary. Mary, this is John.
John, to jest Mary. Mary – to jest John.
John, I'd like you to meet Mary.
John, chcę, żebyś poznał Mary.
I don't think you know each other. John. – Mary.
Chyba się jeszcze nie znacie. John. – Mary.
I don't think you've met before. Professor Green – Doctor White.
Panowie się chyba nie znają. Profesor Green – doktor White.
I'd like to introduce Doctor Green of Nuclear Physics Department.
Chciałbym przedstawić doktora Greena z Wydziału Fizyki Jądrowej.
May I introduce Professor White, the eminent philospher.
Niech mi będzie wolno przedstawić profesora White'a, wybitnego filozofa.

A	B

III. Zwracanie na siebie uwagi

A	B
Excuse me...? Przepraszam...?	**Yes?** Tak?
Excuse me... Is this your camera? Przepraszam... Czy to pański aparat fotograficzny?	
Excuse me...? Could you tell me where the railway station is, please? Przepraszam... czy może mi pan powiedzieć, gdzie jest dworzec?	
Excuse me...? Are you Dr Green? Przepraszam...? Doktor Green?	
May I have your attention, please? Czy mogę prosić (państwa) o uwagę?	

IV. Powitanie

A	B
Good morning. Dzień dobry.	**Good morning.** Dzień dobry.
Good afternoon. Dzień dobry.	**Good afternoon.** Dzień dobry.

(*„good morning" używa się tylko do południa, „good afternoon" od południa do wieczora, tj. ok. 18.00*)

A	B
Good evening. Dobry wieczór. **Hello!** Cześć! **Hi!** Cześć! **Good to see you!** Miło cię widzieć! **Lovely to see you.** Miło cię widzieć. **How nice to see you again.** Jak miło cię znowu zobaczyć. **Hello everybody!** Witam wszystkich./Dzień dobry wszystkim. **Good evening, Ladies and Gentlemen.** Dobry wieczór państwu.	**Good evening.** Dobry wieczór. **Hello!** Cześć! **Hi!/Hello!** Cześć! **Nice to see you, too.** Ciebie również.

Va. Pytanie o samopoczucie

How are you? Jak się masz?	**I'm fine/very well/all right/OK, and you?** Świetnie/Bardzo dobrze/W porządku, a ty?
How are things with you? Jak leci?	**So – so.** Tak sobie./Średnio. **Not too bad, thanks.** Nie najgorzej, dziękuję.

Vb. Pytanie o zdrowie

Are you all right? Czy dobrze się czujesz?/Czy wszystko w porządku?	**Yes, I'm perfectly all right, thank you.** Tak, czuję się zupełnie dobrze, dziękuję.
How are you today? Jak się czujesz dzisiaj? **Are you feeling better?** Czy czujesz się lepiej?	**I'm much better, thanks.** O wiele lepiej, dziękuję. **I'm not very well I'm afraid.** Niestety, nie czuję się najlepiej.

VI. Pożegnanie

Goodbye. Do widzenia. **Goodbye for now.** Do widzenia, na razie.	**Goodbye.** Do widzenia.

A	B
Bye! Pa! **Bye-bye!** Pa! **I'll be seeing you.** Do zobaczenia. **See you soon.** Do zobaczenia wkrótce. **See you later/next week.** Do zobaczenia później/w przyszłym tygodniu.	**Bye!/Bye-bye!** Pa!
Goodnight. Dobranoc. **I'm afraid I must go now.** Obawiam się, że muszę już iść. **I have to be going.** Muszę już iść. **I must be off.** Muszę lecieć.	**Goodnight.** Dobranoc.

VII. Przerywanie na chwilę rozmowy/spotkania

Excuse me. Przepraszam. **Excuse me a moment.** Przepraszam na moment. **Excuse me, I'll be back in a moment.** Przepraszam, zaraz wracam. **Excuse me, I'll be right back.** Przepraszam, zaraz wracam.	**That's perfectly all right.** Nic nie szkodzi./Proszę bardzo.

VIII. Pozdrowienia i życzenia

All the best. Wszystkiego najlepszego. **Good luck.** Powodzenia. **The best of luck.** Dużo szczęścia. **Good luck with your exams.** Powodzenia na egzaminach. **Enjoy yourself.** Baw się dobrze.	**Thank you (very much).** (Bardzo) dziękuję. **Thanks.** Dzięki.

A	B
Have a good time. Baw się dobrze.	
A Merry Christmas to you./Merry Christmas! Wesołych Świąt Bożego Narodzenia.	**Thank you, the same to you!/Thank you. And a Merry Christmas to you too!** Dziękuję, nawzajem.
A Happy New Year! Szczęśliwego Nowego Roku!	**And a Happy New Year to you, too./ /The same to you.** Nawzajem!
Happy Easter! Wesołych Świąt Wielkiejnocy!	**The same to you!/And a Happy Easter to you, too.** Nawzajem!
Happy birthday! Wszystkiego najlepszego z okazji urodzin!	**Thanks a lot./Thank you very much.** Serdeczne dzięki./Bardzo dziękuję.
Many happy returns of the day!/Happy anniversary! Wszystkiego najlepszego z okazji rocznicy!	

IX. Przekazywanie pozdrowień trzeciej osobie

Please give my best wishes to Mary. Pozdrów serdecznie Mary.	**Thank you.** Dziękuję.
Give my love to Brenda. Przekaż serdeczności Brendzie.	
Please give my regards to your mother. Proszę pozdrowić mamę./Proszę przekazać ukłony mamie.	
Remember me to your wife. Proszę pozdrowić ode mnie żonę.	

X. Podziękowania

Thank you very much. Bardzo dziękuję.	**Don't mention it.** Drobiazg.
Thank you very much indeed. Dziękuję serdecznie.	**You're welcome.** Proszę.
Thanks a lot for your help. Wielkie dzięki za pomoc.	**It's no trouble at all.** To żaden kłopot.
Thank you very much for lending me your car. Bardzo dziękuję za pożyczenie samochodu.	

A	B
I'm very/extremely grateful for your help. Jestem bardzo/niezmiernie wdzięczny za pomoc.	**I'm glad I was able to help.** Cieszę się, że mogłem pomóc.
I can't thank you enough. Nie wiem, jak mam dziękować.	**It's a pleasure.** Cała przyjemność po mojej stronie.

XI. Przepraszanie

Oh. I'm sorry. O, przepraszam. **I'm very sorry./I'm ever so sorry.** Bardzo przepraszam. **I'm terribly sorry.** Strasznie przepraszam. **Sorry I'm late.** Przepraszam za spóźnienie. **I must apologize for being late.** Muszę przeprosić za spóźnienie.	**That's quite all right.** Nic nie szkodzi. **It really doesn't matter at all.** Naprawdę nic się nie stało. **Not at all.** Nic nie szkodzi. **That's all right.** Wszystko w porządku.
I can't tell you how sorry I am. Naprawdę strasznie mi przykro/bardzo przepraszam.	**It's perfectly all right./There's no reason to apologize.** Wszystko w porządku./Nie ma za co przepraszać.
Please, forgive me. Proszę mi wybaczyć.	**Please, don't worry.** Nie przejmuj się.

XII. Reagowanie na dobre i złe wiadomości

We are getting married. Pobieramy się! **Jim has just got a promotion.** Jim właśnie dostał awans.	**That's wonderful news!** To wspaniała nowina! **I'm so glad.** Tak się cieszę. **I'm delighted to hear it.** Miło mi to usłyszeć.
I've failed the exam. Nie zdałem egzaminu.	**I'm very sorry to hear that. I know how it feels.** Przykro mi. Wiem, jak to jest.
My son is having an operation next week. Mój syn będzie miał operację w przyszłym tygodniu. **Our firm has gone bankrupt.** Nasza firma zbankrutowała.	**Oh, dear, I'm awfully sorry.** Ojej, strasznie mi przykro. **I'm extremely sorry to hear that. I do sympathize.** Bardzo mi przykro o tym słyszeć. Naprawdę współczuję.

A	B
They didn't pay me. Nie zapłacili mi.	**What a shame!/I'm sorry to hear that!** Co za skandal!/Bardzo mi przykro!

XIII. Gratulacje

A	B
Congratulations! (Moje) Gratulacje!	**Thank you!** Dziękuję!
Congratulations on passing the exam! (Moje) Gratulacje z powodu zdania egzaminu!	**Thank you very much!** Bardzo dziękuję!
I've just heard that you are getting married. I'd like to congratulate you both. Właśnie dowiedziałem się, że się pobieracie. Chciałbym pogratulować wam obojgu.	
I've been delighted to hear of your promotion. Congratulations! Z radością dowiedziałem się o twoim awansie. Moje gratulacje!	
Let me congratulate you on your engagement. Niech złożę państwu gratulacje/Proszę mi pozwolić pogratulować państwu z powodu zaręczyn.	

XIV. Prośba o powtórzenie (gdy się nie dosłyszało)

Pardon?/I beg you pardon?/I'm sorry?
Słucham?
Sorry? I'm sorry, I didn't catch what you said.
Słucham? Nie dosłyszałem, co pan powiedział.
Sorry, what did you say?
Słucham, co pan powiedział?
I'm sorry, what was the name/the word again?
Przepraszam, proszę jeszcze raz powtórzyć to nazwisko (nazwę)/to słowo.
Would you repeat what you said, please?
Czy mógłby pan powtórzyć?
Could you repeat the name, please?
Czy mógłby pan powtórzyć to nazwisko/tę nazwę?
Could you say the last sentence again, please?
Czy mógłby pan powtórzyć ostatnie zdanie?
I'm sorry, would you mind repeating that again, please?
Przepraszam, czy mógłby pan to powtórzyć?

I'm sorry, but I'm not sure I understand.
Przepraszam, chyba nie rozumiem.
I'm not quite with you, I'm afraid.
Obawiam się, że nie całkiem rozumiem/nadążam.
Sorry, I'm not quite with what you've just said.
Przepraszam, nie całkiem zrozumiałem, co pan powiedział.

A	B
XV. Wyrażanie próśb	
	tak
Could you bring the book back on Monday, please? Czy mógłbyś przynieść tę książkę w poniedziałek?	**Yes, of course.** Tak, oczywiście. **Yes, certainly.** Tak, oczywiście.
Would you phone me this evening? Czy mógłbyś do mnie zadzwonić dziś wieczorem?	
Would you mind waiting for a few days? Czy mógłby pan zaczekać kilka dni?	**No, of course not.** Oczywiście.
	uprzejma odmowa
Could I ask you to come again on Thursday? Czy mogę pana prosić o ponowne przyjście w czwartek?	**I'm sorry, it's not possible.** Przykro mi, to niemożliwe.
Could you possibly lend me £15? Czy możesz mi pożyczyć 15 funtów?	**I'm afraid, I can't, I'm sorry.** Obawiam się, że nie mogę, przepraszam.
Would it be possible for you to post this letter for me? Czy możesz wysłać ten list?	**I only wish I could, but...** Chciałbym, żeby to było możliwe, ale...
May I ask you a favour? Czy mogę prosić cię o przysługę?	**I'm sorry to say it's not possible.** Z przykrością muszę powiedzieć, że jest to niemożliwe.
	odmowa mniej uprzejma
Would you be so kind as to lend me this book? Czy byłby pan na tyle uprzejmy, aby pożyczyć mi tę książkę?	**I'd rather not, if you don't mind.** Wolałbym nie. **I'm afraid not.** Obawiam się, że nie.
XVI. Pytanie o pozwolenie	
	przyzwolenie, zgoda
Could I leave a bit early? Czy mógłbym wyjść trochę wcześniej?	**Yes, certainly.** Tak, oczywiście.

A	B
Can I use the phone, please? Czy mogę skorzystać z telefonu? **May I have your permission to leave a bit early today?** Czy zgodzi się pan, żebym wyszedł dziś trochę wcześniej? **Would it be possible to bring my dog with me?** Czy mogę zabrać psa? **I was wondering if I could borrow this book.** Zastanawiam się, czy mógłbym pożyczyć tę książkę.	**Yes, of course.** Tak, oczywiście. **By all means.** Proszę bardzo. **Yes, that's all right.** Tak, oczywiście/w porządku. **I can see no objection.** Nie widzę przeszkód. **OK./All right./Fine.** W porządku./Dobra.
Do you mind if I smoke? Czy będzie pan miał coś przeciwko temu, że zapalę? **OK if I smoke?/All right if I smoke?** Czy mogę zapalić?	**No, of course not. Please, do.** Nie, oczywiście, że nie. Proszę bardzo. *uprzejma odmowa* **Sorry, I'm afraid it's impossible./I'm afraid it's not possible.** Przykro mi, obawiam się, że jest to niemożliwe./Obawiam się, że to nie jest możliwe. **No, I'm sorry you can't./I'm sorry, that's not allowed.** Nie, przykro mi, nie może pan./Przykro mi, to nie jest dozwolone. *niezbyt uprzejma odmowa* **That's out of the question, I'm afraid.** To jest absolutnie niemożliwe./To jest absolutnie wykluczone. **Sorry, no way.** Nie ma mowy.

XVII. Zapraszanie

A	B
Would you like to join us? Czy chciałbyś się do nas przyłączyć? **I'd very much like you to come to my party on Saturday.** Bardzo chciałbym, żebyś do mnie przyszedł w sobotę na przyjęcie. **Do come and visit us on Sunday.** Przyjdź do nas w niedzielę.	**Thank you, I'd like to very much.** Dziękuję, z przyjemnością. **That would be very nice.** Byłoby mi bardzo miło. **Thank you very much, I'd love to.** Dziękuję bardzo, z ogromną przyjemnością. **That's very kind of you.** To bardzo miłe z pana strony.

A	B
	uprzejma odmowa
We should be delighted if you could come and have dinner with us on Sunday. Bardzo bylibyśmy radzi, gdyby mógł pan przyjść do nas na kolację w niedzielę. **Would you like to go to the cinema with me?** Czy chciałabyś pójść ze mną do kina?	**Thank you very much, but I'm very busy at the moment.** Dziękuję bardzo, ale jestem teraz bardzo zajęty. **That's very kind of you, but...** To bardzo miłe z twojej strony, ale... **Thank you for asking me, but...** Dziękuję za zaproszenie, ale... **I'm terribly sorry, I don't think I can. I...** Ogromnie mi przykro, ale chyba nie mogę. Ja... **I'd love to, but I can't, I'm afraid.** Bardzo bym chciał, ale obawiam się, że nie mogę. **I'm afraid I won't be able to, but thank you very much all the same.** Obawiam się, że nie będę mógł, ale bardzo dziękuję za zaproszenie. **I wish I could, but...** Żałuję, że nie mogę, ale...

XVIII. Propozycje

a. częstowanie

Will you have a cup of coffee? Czy napijesz się kawy? **Won't you have something to drink?** Czy napiłbyś się czegoś? **Would you like a sandwich?** Czy chciałbyś kanapkę? **What can I get you?** Co ci mogę podać?	**Yes, please.** Tak, proszę. **Thanks a lot.** Bardzo dziękuję (tak). **Yes, with pleasure.** Tak, z przyjemnością. **I'd like some coffee.** Chciałbym trochę kawy.
	uprzejma odmowa
Can I offer you a drink? Czy mogę ci zaproponować coś do picia?	**No, thank you.** Nie, dziękuję. **Not for me, thanks.** Ja nie, dziękuję. **No, I really won't, thank you.** Naprawdę nie, dziękuję. **That's very kind, but I won't, thank you.** To bardzo uprzejme z pana strony, ale nie, dziękuję.

A	B

b. propozycja pomocy

Shall I help you?
Czy mam ci pomóc?
Shall I help you to carry the suitcase?
Czy pomóc ci nieść tę walizkę?

Can I help?
Czy mogę pomóc?
Let me help you.
Pozwól, że ci pomogę
Is there anything I can do?
Czy mogę coś zrobić?
What can I do to help you?
Jak mogę ci pomóc?

May I be of assistance?
Czy mogę służyć pomocą?

Thank you, that's very kind of you.
Dziękuję, to miłe z twojej strony.
Thanks a lot, if you are sure it's no trouble for you.
Wielkie dzięki, jeżeli ci to nie sprawi kłopotu.
You are most kind.
Bardzo pan uprzejmy.
That's extremely kind of you.
To bardzo uprzejme z pana strony.
No, thank you. I can manage.
Nie, dziękuję, dam sobie radę.
That's very kind of you, but I can manage.
To miło z twojej strony, ale poradzę sobie.
No, it's all right, really.
Nie, wszystko w porządku, dziękuję.
No, it's OK, thanks.
Nie, wszystko w porządku, dzięki.

XIX. Pytanie o informację

Excuse me, do you know where the post office is, please?
Przepraszam, gdzie jest poczta?
Can you tell me..., please.
Czy może mi pan powiedzieć...?
Sorry to trouble you, but could you tell me...?
Przepraszam, że sprawiam kłopot, ale czy mógłby mi pan powiedzieć...?
I wonder if you could tell me...?
Zastanawiam się, czy mógłby mi pan powiedzieć...?
Do you happen to know where...?
Czy może pan wie, gdzie...?
Could you give me any information about...?
Czy mógłby mi pan udzielić informacji o...?

I'm afraid I don't know.
Niestety, nie wiem.
I'm sorry, I've no idea.
Przepraszam, ale nie mam pojęcia.
I'm sorry, I really don't know.
Przykro mi, naprawdę nie wiem.
Sorry, I can't help you there.
Przepraszam, nie mogę panu pomóc.
No idea, I'm afraid.
Niestety, nie mam pojęcia.

A

Pytanie o drogę

Excuse me... Where is the post office, please?
Przepraszam, gdzie jest poczta?
Excuse me, do you know where... is, please?
Przepraszam, czy wie pan, gdzie jest...?
Excuse me, how do I get to...?
Przepraszam, jak się dostać do...?
Excuse me, can you tell me how to get to..., please?
Przepraszam, czy może mi pan powiedzieć, jak się dostać do...?
Where is..., please?
Gdzie jest...?
Could you direct me to..., please?
Czy może mi pan wskazać drogę do...?
Could you tell me the way to...?
Czy może mi pan powiedzieć, jak się idzie do...?
Could tell me where... is, please?
Czy mógłby mi pan powiedzieć, gdzie jest...?

XX. Wyrażanie konieczności, przymusu

I ought to finish it by tomorrow.
Powinienem to skończyć do jutra.
I should visit him.
Powinienem go odwiedzić.
I have to check it properly.
Muszę to porządnie sprawdzić.
I've got to pack immediately.
Muszę się natychmiast spakować.
I'd better go at once.
Lepiej będzie, jeżeli pójdę natychmiast.
I feel it is my duty to inform you about it.
Czuję, że moim obowiązkiem jest pana o tym poinformować.
I feel obliged to...
Czuję się zobowiązany do...
I have no alternative but to resign.
Nie mam innego wyboru, jak tylko zrezygnować.

I feel it's absolutely necessary for me to inform them about it.
Czuję, że koniecznie muszę ich o tym poinformować.
I think you have to pay for it.
Myślę, że musisz za to zapłacić.
I'm afraid you've got to do it.
Obawiam się, że musisz to zrobić.
I'm afraid you must come tomorrow.
Niestety, musi pan przyjść jutro.
I think/I'm afraid you'll have to apply for a visa.
Niestety/Sądzę, że/Obawiam się, że musi pan się ubiegać o wizę.
I think you should/you ought to eat less.
Myślę, że powinieneś mniej jeść.
You are expected to come on time.
Masz przychodzić punktualnie.
You are supposed to keep the documents in a safe.
Powinien pan trzymać te dokumenty w sejfie.
I'm afraid you are obliged to...
Obawiam się, że musi pan...
I'm afraid it's compulsory/obligatory to attend all the lectures.
Niestety, uczęszczanie na wszystkie wykłady jest obowiązkowe.
I'm afraid you can't avoid/get out of...
Niestety, nie może pan uniknąć...

XXI. Wyrażanie braku konieczności

I needn't come every day./I don't have to come every day.
Nie muszę przychodzić codziennie.
There's no need for me to...
Nie ma potrzeby, abym...
You needn't accept it./You don't have to accept it.
Nie musisz tego przyjmować.
There's no need to renew your passport.
Nie ma potrzeby odnawiania pańskiego paszportu.
You don't need to book a seat in advance.
Nie musi pan rezerwować miejsca z wyprzedzeniem.
You are under no obligation to decide now.
Nie musi pan podejmować decyzji teraz.

XXII. Wyrażanie zakazu lub konieczności negatywnej

I shouldn't really accept it.
Nie powinienem tego przyjmować/akceptować/zgadzać się na to.
I oughtn't to tell you about it.
Nie powinienem ci tego mówić.

I'd better not do it.
Lepiej będzie, jeżeli tego nie zrobię.
I feel it's my duty not to disclose his name.
Czuję, że moim obowiązkiem jest nieujawnianie jego nazwiska.
I'm obliged not to disclose this information.
Jestem zobowiązany nie ujawniać tej informacji.
I don't think you should/ought to do it.
Chyba/Myślę, że nie powinieneś tego robić.
You oughtn't to/shouldn't tell anybody about it.
Nie powinieneś nikomu o tym mówić.
It isn't allowed to smoke here.
Tu nie wolno palić.
Don't park your car here.
Nie parkuj tutaj samochodu.
You can't take photographs here.
Nie można tu fotografować.
You mustn't smoke in here.
Tu nie wolno palić.
On no account must you tell him about it.
W żadnym wypadku nie wolno ci mówić mu o tym.
You are not supposed to talk about these matters to anyone.
Nie wolno panu mówić o tych sprawach nikomu.

XXIII. Zamiary, plany, intencje

I'm going to...
Mam zamiar...
I'm planning to...
Planuję...
I intend to...
Zamierzam...
I've decided to...
Zdecydowałem...
It's my intention to...
Moim zamiarem jest...
I'm thinking of changing my job.
Myślę o zmianie pracy.
I'm not going to...
Nie zamierzam...
I've decided not to...
Zdecydowałem się nie...
I don't plan to...
Nie planuję...
I don't intend to...
Nie zamierzam...

I have no intention of...
Nie mam zamiaru...

XXIV. Wyrażanie opinii

In my opinion...
Moim zdaniem...
I believe/think/suppose...
Myślę/Sądzę, że/Przypuszczam...
It seems to me...
Wydaje mi się...
As far as I am concerned...
Jeżeli o mnie chodzi...
The way I see it...
Tak jak to widzę...
If you ask me...
Gdyby ktoś chciał wiedzieć, co myślę...
I'd say...
Powiedziałbym, że...
I'm of the opinion...
Jestem zdania, że...

CZĘŚĆ II

Zwroty związane z konkretną sytuacją

I. Podróż

1. pociągiem

Where is the railway station?
Gdzie jest stacja kolejowa?
Where is the ticket office, please?
Gdzie jest kasa (biletowa)?
How much is the first/the second class ticket to...
Ile kosztuje bilet pierwszej/drugiej klasy do...
a second/a first class single to...
bilet drugiej/pierwszej klasy w jedną stronę do...
a return ticket
bilet powrotny
Have you got a timetable, please?
Czy mogę dostać rozkład jazdy?

I want to reserve two seats/a sleeper/a couchette.
Chcę zarezerwować i kupić dwie miejscówki/miejsce sypialne/kuszetkę.
I'd like a window seat.
Chciałbym miejsce przy oknie.
When is the next train to...
Kiedy jest następny pociąg do...
What time does the train for... leave?
O której godzinie odchodzi/odjeżdża pociąg do...?
Do I have to change?
Czy muszę się przesiadać?
It's a through train.
To jest pociąg bezpośredni.
Which platform does the train for... leave from?
Z którego peronu odchodzi pociąg do...?
When does the train get to...?
Kiedy ten pociąg przyjeżdża do...?
Where is the left luggage office?
Gdzie jest przechowalnia bagażu?

2. samolotem

I'd like to book a seat on the plane to...
Chciałbym zarezerwować miejsce w samolocie do...
I'd like to cancel my reservation.
Chciałbym odwołać rezerwację.
I'd like to change my reservation.
Chciałbym zmienić rezerwację.
Can I change my ticket?
Czy mogę zamienić bilet?
What's the flight number?
Jaki jest numer rejsu?
My luggage hasn't arrived.
Mój bagaż nie przybył.
My suitcase is missing.
Zginęła moja walizka.

3. autokarem

Where is the coach station?
Gdzie jest dworzec autobusowy?
When does the coach leave?
Kiedy odjeżdża autokar?
When does the coach get to...
Kiedy autokar przyjeżdża do...?

4. miejskie środki transportu

Have you got an uderground map?
Czy mają państwo mapę metra?

Where is the nearest underground station?
Gdzie jest najbliższa stacja metra?
Where is the nearest bus stop?
Gdzie jest najbliższy przystanek autobusowy?
What is the fare?
Jaka jest opłata za przejazd?
Where do I buy the tickets?
Gdzie mogę kupić bilety?
When is the next bus?
Kiedy jest następny autobus?
How often do the buses run?
Jak często kursują autobusy?
Does this bus go to the town centre?
Czy ten autobus jedzie do centrum?
Where can I get a bus to...
Gdzie mogę znaleźć autobus do...?
When do I get off?
Kiedy mam wysiąść?

II. Kontrola celna i paszportowa

Your passport, please.
Pański paszport, proszę.
I'm here on business/on holiday.
Jestem tu służbowo/na wakacjach.
I'm visiting my relatives.
Odwiedzam rodzinę.
How long are you staying here?
Jak długo zamierza pan tu zostać?
Nothing to declare
Nic do oclenia
Goods to declare
Towary do oclenia
Have you got anything to declare?
Czy ma pan coś do oclenia?
Open your suitcase, please.
Proszę otworzyć walizkę.
I have nothing to declare.
Nie mam nic do oclenia.
I have a bottle of whisky and a bottle of perfume.
Mam butelkę whisky i flakon perfum.
You may go through.
Może pan przejść.

III. Podróżowanie samochodem

Where is the nearest garage?
Gdzie jest najbliższy warsztat samochodowy/stacja benzynowa?
Where is the nearest car park?
Gdzie jest najbliższy parking?
Can I park here?
Czy mogę tu zaparkować?
Where can I get a road map?
Gdzie dostanę mapę samochodową?
How far is it to...?
Jak daleko jest do...?
What's the speed limit?
Jaka jest prędkość dopuszczalna?
May I see your driving licence?
Czy mogę prosić pana o prawo jazdy?
Is your car insured?
Czy pański samochód jest ubezpieczony?
How much is petrol a litre?
Ile kosztuje litr benzyny?
Fill her up.
Proszę do pełna.
20 litres of petrol, please.
Proszę dwadzieścia litrów benzyny.
Could you check the brakes, please?
Czy może pan sprawdzić hamulce?
My car has broken down.
Zepsuł mi się samochód.
My car won't start.
Mój samochód nie chce zapalić.
There is something wrong with the engine.
Coś jest nie tak z silnikiem.
Can you give me a lift to the nearest garage?
Czy może mnie pan podwieźć do najbliższego warsztatu?
Can you send somebody to tow it away?
Czy może pan przysłać kogoś, żeby odholować samochód?
I want the car serviced.
Chcę oddać samochód do przeglądu.
The battery is flat.
Akumulator się wyładował.
How long will it take to repair it?
Ile czasu zajmie naprawa?
Can you repair it?
Czy może pan to naprawić?
How much will it cost?
Ile to będzie kosztować?

IV. Hotel

Have you got a room free?
Czy mają państwo wolny pokój?
I want to reserve a room/a single room/a double room.
Chciałbym zarezerwować pokój/pokój jednoosobowy/dwuosobowy.
I've reserved a room. My name is...
Zarezerwowałem pokój na nazwisko...
I'd like a single room/a double room with a shower/a bath.
Chciałbym pokój jednoosobowy/dwuosobowy z prysznicem/z łazienką.
I'd like to stay here for a night/a week/till Tuesday.
Chciałbym się tu zatrzymać przez noc/przez tydzień/do wtorku.
How much is the room per night?
Ile kosztuje doba?
Is the service included?
Czy wliczona jest obsługa?
Are the meals included?
Czy wliczone są posiłki?
How much is the room with full board?
Ile kosztuje pokój z pełnym wyżywieniem?
half board
wyżywienie niepełne (śniadanie i obiadokolacja)
bed and breakfast
nocleg i śniadanie
Would you fill in the registration form, please?
Czy może pan wypełnić formularz meldunkowy?

V. Poczta

Where is the nearest post office, please?
Gdzie jest najbliższa poczta?
Where is the post box?
Gdzie jest skrzynka pocztowa?
Where can I buy stamps?
Gdzie mogę kupić znaczki?
Where can I post the letter?
Gdzie mogę wysłać list?
Where can I send a telegram?
Gdzie mogę wysłać telegram?
How much is a postcard/a letter to...?
Ile kosztuje znaczek na pocztówkę/na list do...?
How much is an airmail letter to...?
Ile kosztuje list lotniczy do...?
I want to send a telegram.
Chcę wysłać telegram.

I want to register this letter.
Chcę wysłać ten list jako polecony.
I want to send this letter express.
Chcę wysłać ten list jako ekspres.
to send a telex/to send a parcel
wysłać teleks/paczkę

VI. Telefon

I'd like to make a phone call.
Chciałbym zatelefonować.
Where is the nearest phone box?
Gdzie jest najbliższa budka telefoniczna?
Operator...? I want to make a phone call to...
Centrala...? Chciałbym zatelefonować do...
What is the code for...?
Jaki jest numer kierunkowy do...?
Where can I get a telephone directory?
Gdzie mogę dostać książkę telefoniczną?
I was cut off.
Przerwano nam rozmowę.
The line is engaged.
Linia jest zajęta.
There is no reply.
Nikt nie odpowiada.
Wrong number.
Pomyłka.
I can't hear you.
Nie słyszę pana.
Put the receiver down.
Proszę odłożyć słuchawkę.
Hold the line.
Proszę nie odkładać słuchawki.

VII. Bank

Where is the nearest bank?
Gdzie jest najbliższy bank?
Do you cash travellers' cheques?
Czy można u państwa spieniężyć/zrealizować czek podróżny?
I want to change dollars into pounds.
Chciałbym zamienić dolary na funty.
How much do I get for a dollar?
Ile dostanę za dolara?

What is the rate of exchange?
Jaki jest kurs wymiany?
I want to open a bank account.
Chciałbym otworzyć rachunek.

VIII. Zakupy

Can I help you?
Czym mogę pani służyć?/Słucham panią?
I'd like to buy.../to have...
Chciałbym kupić...
Do you sell...?
Czy państwo prowadzą.../sprzedają...?
I'm just looking round.
Tylko się rozglądam.
Could you show me...?
Czy może mi pani pokazać...?
How much is...?
Ile kosztuje...?
Do you accept credit cards?
Czy państwo przyjmujecie karty kredytowe?
Can I pay by cheque?
Czy mogę zapłacić czekiem?
That's too expensive.
To jest za drogie.
Have you got anything cheaper?
Czy jest coś tańszego?
What size is it?
Jaki to jest rozmiar?
Could I see that one, please?
Czy mogę obejrzeć tamten?
May I try it on?
Czy mogę to przymierzyć?
I need a smaller/larger size.
Potrzebuję mniejszy/większy rozmiar.
I take size six shoes.
Noszę szóstkę obuwia.
May I have the receipt, please.
Poproszę o paragon.

IX. Zwiedzanie

Where can I get a street plan?
Gdzie mogę dostać plan miasta?

Where can I get a guide book?
Gdzie mogę kupić przewodnik?
We'd like to go on a sight-seeing tour.
Chcielibyśmy wybrać się na wycieczkę (z przewodnikiem).
We'd like to visit the museum/the gallery/the cathedral.
Chcielibyśmy zwiedzić muzeum/galerię/katedrę.
We'd like to walk round the town.
Chcielibyśmy pochodzić po mieście.
When does the museum open?
Kiedy otwiera się muzeum?
What time does the museum close?
Kiedy zamyka się muzeum?
Is the admission free?
Czy wstęp jest bezpłatny?
How much is the admission fee?
Ile kosztuje wstęp?
Where do I buy a ticket?
Gdzie kupię bilet?
Is there a reduction for children/for students?
Czy jest zniżka dla dzieci/dla studentów?
I'd like to buy a catalogue.
Chciałbym kupić katalog.

X. Restauracja

I'd like to book a table.
Chciałbym zarezerwować stolik.
I've reserved a table.
Zarezerwowałem stolik.
Is there a non-smoking area?
Czy jest tu sala/strefa dla niepalących?
May I see the menu?
Czy mogę przejrzeć menu?
I want something light.
Chciałbym coś lekkiego.
What do you recommend?
Co pan poleca?
What is the speciality of the restaurant?
Jaka jest specjalność tej restauracji?
We'd like to order now.
Chcielibyśmy teraz coś zamówić.
May I have...
Czy mogę dostać...?
The bill, please.
Proszę o rachunek.

Does the bill include the service?
Czy obsługa jest wliczana do rachunku?
Do you take credit cards?
Czy można zapłacić kartą kredytową?

XI. Lekarz

I must see a doctor.
Muszę iść do/wezwać lekarza.
Please call a doctor.
Proszę wezwać lekarza.
Can I make an appointment? It's urgent.
Czy mogę umówić się na wizytę? To pilne.
I feel ill.
Czuję się źle.
I have a fever.
Mam gorączkę.
I've got a cold.
Jestem zaziębiony.
I have a pain in my chest.
Boli mnie w klatce piersiowej.
I have a headache.
Boli mnie głowa.
I feel dizzy.
Mam zawroty głowy.
I feel sick.
Mam mdłości.
I have a stomachache.
Boli mnie brzuch.
I fell and hurt my arm.
Upadłem i stłukłem sobie ramię.
I'm allergic to...
Jestem uczulony na...
Must I stay in bed?
Czy muszę leżeć w łóżku?
When can I travel again?
Kiedy mogę kontynuować podróż?
How long must I stay at hospital?
Jak długo muszę zostać w szpitalu?
How much do I owe you?
Ile jestem panu winien?
Are you insured?
Czy jest pan ubezpieczony?

WYBRANE PROBLEMY GRAMATYCZNE

CZASOWNIK

Formę czasownika, która występuje w słowniku nazywać będziemy formą podstawową. Forma podstawowa jest identyczna z formą bezokolicznika bez wyrazu gramatycznego *to*. Przykłady:

play – grać
write – pisać.

Po *write* występują w słowniku jeszcze informacje (formy) dodatkowe: *write (wrote, written)*. Wyraz *wrote* jest formą osobową czasu Past Simple (przeszły prosty), natomiast *written* jest formą imiesłowu biernego (w tym wypadku przetłumaczalnego oddzielnie na polski: napisany, pisany). Forma osobowa jest formą, która występuje z osobą, np. formami osobowymi czasu przeszłego od *pisać* są wyrazy: *pisałem, pisałeś, pisał, pisała* etc.

Informacje (formy) dodatkowe występują w słowniku tylko przy czasownikach nieregularnych, patrz str. 1. Czasowniki regularne (które stanowią ogromną większość) mają w formie Past Simple i w formie imiesłowu biernego końcówkę *-ed* (w piśmie), np. *play (played, played)*. Dlatego podawanie tych form w słowniku jest niepotrzebne.

W języku angielskim formy osobowe występują tylko w czasie teraźniejszym prostym (**Present Simple**) i przeszłym prostym (**Past Simple**) i nie mają tak skomplikowanego systemu końcówek jak ich polskie odpowiedniki. Porównajmy:

Present Simple		**Past Simple**	
I	play/write	I	played/wrote
you	play/write	you	played/wrote
he	plays/writes	he	played/wrote
she	plays/writes	she	played/wrote
it	plays/writes	it	played/wrote
we	play/write	we	played/wrote
you	play/write	you	played/wrote
they	play/write	they	played/wrote

Zwróćmy uwagę na końcówkę *-(e)s* (w piśmie), która występuje w III osobie liczby pojedynczej (on, ona, ono) czasu **Present Simple**. W czasie **Past Simple** forma osobowa jest taka sama dla wszystkich osób. Wyjątek stanowi tu czasownik *to be* (być), który funkcjonuje również jako czasownik posiłkowy:

Present Simple		**Past Simple**	
I	am	I	was
you	are	you	were
he	is	he	was
she	is	she	was
it	is	it	was
we	are	we	were
you	are	you	were
they	are	they	were

Oddzielne zagadnienie stanowią tzw. czasowniki ułomne. Jest ich kilka (m.in. *can, must, may, ought*) i charakteryzują się brakiem niektórych form, np. formy bezokolicznika, formy osobowej czasu **Past Simple** (np. *must*), formy imiesłowu biernego. Uwaga: w języku polskim forma bezokolicznika ma zakończenie -ć, np. grać, pisać. Dlatego np. formy *must* (która nie jest bezokolicznikiem) nie można przetłumaczyć przez „musieć".

Aspekty

Aspekt czasownika wyraża sposób przedstawiania opisywanej czynności (lub stanu). Np. różnica między polskim *pisałem* i *napisałem* jest różnicą aspektową.

W języku angielskim występują dwa aspekty: **continuous** (progressive) sygnalizujący „znajdowanie się w trakcie" (odnoszący się tylko do czynności) i **perfect** sygnalizujący zakończenie (czynności lub stanu) do punktu w czasie. Np.:

He is writing a book.	On pisze (jest w trakcie pisania) książkę.
He has written a book.	On napisał (do teraz) książkę.

W powyższych przykładach posiłkowe (oddzielnie nieprzetłumaczalne na polski) *is* + końcówka *-ing* (dodana do formy podstawowej czasownika pełnoznacznego) sygnalizują „znajdowanie się w trakcie" (On jest w trakcie pisania książki).

Natomiast posiłkowe *has* + forma imiesłowu biernego sygnalizują zakończenie czynności do punktu w czasie (konkretnie do punktu „teraz").

Rozszerzając: posiłkowe *am/are/is* + forma *-ing* sygnalizują czas **Present Continuous**;

– posiłkowe *was/were* + forma *-ing* sygnalizują czas **Past Continuous**;

– posiłkowe *will be* + forma *-ing* sygnalizują czas **Future Continuous** (przyszły w aspekcie ciągłym), etc.

Odpowiednio: posiłkowe *have/has* + imiesłów bierny czasownika pełnoznacznego sygnalizują czas **Present Perfect**;

– posiłkowe *had* + forma imiesłowu biernego czasownika pełnoznacznego sygnalizują czas **Past Perfect**;

– posiłkowe *will have* + imiesłów bierny czasownika pełnoznacznego sygnalizują czas **Future Perfect** (przyszły w aspekcie dokonanym), etc.

W pytaniach posiłkowe *am, are, is, was, were, have, has, had* występują przed podmiotem, a w przeczeniach łączą się bezpośrednio z *not*. Skróty: aren't, isn't, wasn't, weren't, haven't, hasn't, hadn't.

Czasownika posiłkowego *have* nie należy mylić z czasownikiem pełnoznacznym *have (had, had) (mieć)* podobnie jak posiłkowego *be* nie należy mylić z *be* przetłumaczalnym na polski przez „być".

Formami (osobowymi) posiłkowymi są również *do, does, did* służące do tworzenia zdań pytających i przeczących w czasach **Present Simple** i **Past Simple** (czasowników nieułomnych), oraz *will* i *would* służące do tworzenia czasu **Future Simple** (przyszły prosty) i **Future in the Past** (przyszły w przeszłości) odpowiednio. Uwaga: posiłkowego *do (did, done)* nie należy mylić z pełnoznacznym *do (did, done) (robić, czynić)*. Porównajmy:

He writes books.	On pisze książki.
Does he write books?	Czy on pisze książki?
He doesn't write books.	On nie pisze książek.
He wrote books.	On pisał książki.
Did he write books?	Czy on pisał książki?
He didn't write books.	On nie pisał książek.

Wyrazy *do, does, did* występują tutaj jako formy osobowe czasownika posiłkowego *do (did, done)*. Zwróćmy uwagę, że *do, does* i *did* występują z formą podstawową czasownika pełnoznacznego (np. write). Ale:

He does his work well. On dobrze wykonuje swoją pracę.
does – forma czasownika pełnoznacznego *do (did, done)*

Does he do his work well? Czy on dobrze wykonuje swoją pracę?
does – forma osobowa czasownika posiłkowego *do (did, done)*;
do – forma osobowa czasownika pełnoznacznego *do (did, done)*.

Did he do his work well? Czy on dobrze wykonał swoją pracę?
did – posiłkowe, *do* – pełnoznaczne

He did his work well. On dobrze wykonał swoją pracę.
did – pełnoznaczne

Porównajmy również:

He writes books.	On pisze książki.
Does he write books?	Czy on pisze książki?
He doesn't write books.	On nie pisze książek.
He is a writer.	On jest pisarzem.
Is he a writer?	Czy on jest pisarzem?
He isn't a writer.	On nie jest pisarzem.

Zwróćmy uwagę, że formy osobowe czasownika *be (was/were, been)*: *am, are, is, was, were* w pytaniach występują przed podmiotem, a w przeczeniach łączą się bezpośrednio z *not*. Podobnie zachowują się formy osobowe: *must, can, could, will, would, shall, should, may, might, ought.*

Aspekty połączone

Aspekty **Continuous** i **Perfect** (patrz wyżej) mogą się łączyć, np.:

He has been writing that book since last year. On pisze tę książkę od zeszłego roku.

Posiłkowe *has* sygnalizuje aspekt **Perfect**, natomiast posiłkowe *been* + forma *-ing* sygnalizują aspekt **Continuous**. Całość wyraża sytuację, w której opisywana czynność rozpoczęła się w przeszłości, przekroczyła punkt „teraz" i trwa nadal.

Strona bierna

Porównajmy:

He gave me a book.	Dał mi książkę.
A book was given to me.	Dano mi książkę. (Książka została mi dana.)
I was given a book.	Dano mi książkę. (Zostałem obdarowany książką.)

Ostatnie dwa zdania są przykładami strony biernej (podmiot zdania jest przedmiotem oddziaływania: książka jest dana; mnie dają, tzn. że ja jestem przedmiotem działania osoby dającej). Za każdym razem podmiotem jest element znaczeniowo ważny, odpowiednio: *he, a book, I.*

RZECZOWNIK

Rzeczownik jest nazwą (imieniem) rzeczy. Wyraz „rzecz" może tu również oznaczać osobę, substancję, pojęcie abstrakcyjne, stan, proces. Znaczenie rzeczownika może być modyfikowane przez inne elementy, np. przez przedimki, przymiotniki, inne rzeczowniki, etc.

Liczba mnoga rzeczowników

Regularny sposób tworzenia form liczby mnogiej: dodanie końcówki *-(e)s* (w piśmie) do formy liczby pojedynczej. Np.: a book – książka, books – książki.

Przykłady nieregularnych form liczby mnogiej:

a man – mężczyzna	men – mężczyźni
a woman – kobieta	women – kobiety
a child – dziecko	children – dzieci
a tooth – ząb	teeth – zęby

Przypadki

Funkcje analogiczne do funkcji końcówek poszczególnych przypadków w języku polskim w języku angielskim spełnia pozycja w zdaniu i użycie przyimków. Porównajmy:

Jim admires Barbara.	Jim podziwia Barbarę.
Barbara admires Jim.	Barbara podziwia Jima.
You must give it to Jim.	Musisz to dać Jimowi.

Wyjątek stanowi tzw. dopełniacz saksoński ('s):

Jim's books	książki Jima
the boy's books	książki (tego) chłopca
the boys' books	książki (tych) chłopców

Ostatnie dwa zdania mają taką samą wymowę.

the women's books	książki (tych) kobiet

Dopełniacz saksoński występuje najczęściej z osobami. Z nieosobami występuje zazwyczaj konstrukcja z of:

the meaning of the sentence	znaczenie (tego) zdania.

Przydawka rzeczownikowa

Jeżeli w obrębie tej samej grupy znaczeniowej występują obok siebie dwa rzeczowniki, to pierwszy z nich spełnia rolę przydawki. Porównajmy: a film – film, a star – gwiazda, a film star – gwiazda filmowa.

PRZEDIMKI

Przedimki są oddzielnie nieprzetłumaczalnymi na polski wyrazami gramatycznymi (w języku polskim wyrazami gramatycznymi są np. wyrazy: *się, bym, czy*).

Przedimek nieokreślony

Przedimek nieokreślony *a* przed wyrazami zaczynającymi się od samogłoski przyjmuje formę *an*, np.: **a doctor, an economist**. Przedimek nieokreślony *a(n)* występuje w liczbie pojedynczej przed nazwami rzeczy dających się policzyć. W języku polskim (podobnie jak po angielsku) wyraz książka jest rzeczownikiem policzalnym, ponieważ książki dadzą się policzyć: można powiedzieć sto książek. Natomiast wyraz powietrze jest rzeczownikiem niepoliczalnym (zarówno w polskim jak i w angielskim), ponieważ jest nazwą substancji, której nie da się policzyć. Nie można powiedzieć sto... (powietrze). Można również powiedzieć, że rzeczownik policzalny jest nazwą rzeczy, która ma kontury (zamkniętą formę). Kontury ma książka, nie ma ich np. powietrze.

Porównajmy:

a glass – szklanka	glass – szkło
an iron – żelazko	iron – żelazo
a coffee – (jedna) kawa, filiżanka kawy	coffee – kawa (substancja)

Przedimek określony

Przedimek określony *the* występuje zarówno przed rzeczownikami w liczbie pojedynczej jak i mnogiej, zarówno przed nazwami rzeczy dających się policzyć, jak i nie dających się policzyć. Przedimek określony *the* jest zredukowanym do jednego krótkiego wyrazu (gramatycznego) komunikatem następującej treści: „Zakładam, że wiesz, którą konkretnie rzecz (lub osobę) mam na myśli". Założenie takie może, ale nie musi być prawdziwe. Porównajmy:

– Did you like the film?	– Czy podobał ci się film?
– Yes.	– Tak.

Założenie osoby zadającej pytanie było prawdziwe – rozmówca przez swoją odpowiedź zasygnalizował, że wie, o który film chodzi.

– Did you like the programme?	– Czy podobał ci się program?
– What programme?	– Jaki program?

Założenie osoby zadającej pytanie było fałszywe – rozmówca dał do zrozumienia, że nie wie, o który program chodzi. W obydwu przykładach wystąpił zaimek określony *the* jako sygnał, że pytający zrobił pewne założenie, które mogło, ale nie musiało być prawdziwe.

ZAIMKI

Zaimki osobowe i zwrotne

A	B	C
I	me	myself
you	you	yourself
he	him	himself
she	her	herself
it	it	itself
we	us	ourselves
you	you	yourselves
they	them	themselves

W kolumnie A występują zaimki osobowe w funkcji podmiotu (odpowiedź na pytanie kto? co? ja, ty on, etc.).

W kolumnie B występują zaimki w funkcji dopełnienia (odpowiedź na pytanie kogo? co?, komu? czemu?, etc. mnie, mi, mną, etc.).

Formy przypadku dopełnieniowego w języku angielskim są odpowiednikami wszystkich przypadków zaimków polskich poza pierwszym (kto? co?). Znaczenie zaimka angielskiego (w przypadku dopełnieniowym) określa pozycja w zdaniu i użyty przyimek.

W kolumnie C występują zaimki zwrotne i emfatyczne (taka sama forma). Zaimek zwrotny występuje w funkcji dopełnienia w sytuacji, kiedy podmiot i dopełnienie to jedna i ta sama osoba. Porównajmy:

He talked about him.	On mówił o nim. (w grę wchodzą dwie osoby)
He talked about himself.	On mówił o sobie. (w grę wchodzi jedna osoba)

Zaimek emfatyczny spełnia funkcję podkreślającą. Porównajmy:

He told me about it.	Opowiedział mi o tym.
He himself told me about it.	On sam mi o tym opowiedział.

Zaimki (i tzw. przymiotniki) dzierżawcze

A	B
my	mine
your	yours
his	his
her	hers
its	(its)
our	ours
your	yours
their	theirs

W kolumnie A występują tzw. przymiotniki dzierżawcze, które występują zawsze łącznie z elementem, do którego się odnoszą. W kolumnie B występują zaimki dzierżawcze, których funkcją jest zastępowanie rzeczownika, do którego się odnoszą. Porównajmy:

This is my money.	To są moje pieniądze.
The money is mine.	Pieniądze (te) są moje.

Zaimka *its* się nie używa.

Zaimek *one*

Zaimek *one* może wystąpić w funkcji podmiotu, w funkcji dopełnienia i w formie *oneself* jako zaimek zwrotny.

Przykłady:

One must be patient.	Trzeba być cierpliwym. (*One* spełnia funkcję podmiotu)
This machine and that one.	Ta maszyna i tamta (maszyna). (*One* spełnia tu również funkcję podmiotu umożliwiając uniknięcie niezręcznego powtarzania wyrazu machine)
I prefer that one.	Wolę tamto. (*One* zastępuje poprzednio użyty rzeczownik)
One can deceive oneself.	Można siebie oszukiwać.

Zaimki względne

Zaimek względny odnosi się zawsze do elementu, który go poprzedza. Porównajmy:

Who saw him?	Kto go widział? (who – zaimek pytający)
The man who saw him.	Człowiek, który go widział. (who – zaimek względny)
Which film?	Który film?
The film which shocked him.	Film, który go zaszokował.

Zaimek względny *who* odnosi się do osób, *which* – do nieosób. Zamiast *who* i *which* (w powyższych przykładach) może wystąpić zaimek względny *that* (który).

W powyższych przykładach zaimki względne wystąpiły w funkcji podmiotu (kto? co?).

Zaimki względne w funkcji dopełnienia mogą być opuszczane:

The man whom/who/that I saw.	Człowiek, którego widziałem.

Wersja: **The man I saw.** jest najbardziej naturalna. Analogicznie:

The film which/that I saw.	Film, który widziałem.

Wersja: **The film I saw.** jest najbardziej naturalna.

WYRAZY *SOME, ANY, NO;* POJEDYNCZE PRZECZENIE

Some jest elementem pozytywnym, *any* – neutralnym, *no* – negatywnym. Porównajmy:

I have some money.	Mam trochę pieniędzy.
Do you have any money?	Czy masz jakieś pieniądze?
I have no money.	Nie mam pieniędzy.

Ostatnie zdanie jest przykładem zasady pojedynczego przeczenia, które występuje w języku angielskim (w polskim występuje przeczenie podwójne). Porównajmy dalej:

He is never at home.	Jego nigdy nie ma w domu. (never – nigdy, „nigdy jest")

Zamiast powiedzieć: **I have no money**, możemy powiedzieć: **I don't have any money** (no = any + not).

STOPNIOWANIE PRZYMIOTNIKÓW

Stopniowanie regularne

Stopień wyższy przymiotników jednosylabowych tworzymy przez dodanie końcowki *-er* do formy stopnia równego, np. **young – młody, younger – młodszy**.

Stopień najwyższy przymiotników jednosylabowych tworzymy przez dodanie końcówki *-est* do formy stopnia równego, forma stopnia najwyższego poprzedzana jest zazwyczaj przedimkiem określonym *the,* np. **young – młody, (the) youngest – najmłodszy**.

Przymiotniki trzy- i więcej sylabowe tworzą stopień wyższy za pomocą wyrazu *more* (bardziej) i najwyższy za pomocą *most* (najbardziej), np.:

attractive, more attractive, the most attractive.

Przymiotniki dwusylabowe stopniują się albo jak jednosylabowe, albo jak trzysylabowe, np.:

happy	happier	(the) happiest
modern	more modern	(the) most modern.

W wypadkach wątpliwych bezpieczniej jest używać konstrukcji z *more/most.*

Przykłady stopniowania nieregularnego:

good	better	(the) best	dobry	lepszy	najlepszy
bad	worse	(the) worst	zły	gorszy	najgorszy

PRZYSŁÓWKI SPOSOBU

Przysłówki sposobu tworzymy przez dodanie końcówki *-ly* do formy odpowiedniego przymiotnika, np. slow – powolny, *slowly* – powoli, nice – miły, *nicely* – mile. Do wyjątków należy wyraz fast – szybki, szybko.

POLSKO-ANGIELSKI
POLISH-ENGLISH

a

a ❶ (*spójnik*) and [ænd/ənd/ən]; **a jednak** – and yet; *Napiję się wina, a ty?* – I'll have a glass of wine, and you? *Podlewaj kwiaty, a będą rosły.* – Water the flowers and they will grow. ❷ (*przy wyrażaniu alternatywy lub propozycji*) what about [wɒtə'baʊt], how about [haʊə'baʊt]; *Nie możesz zatem przyjść w piątek. A w sobotę?* – So you can't come on Friday. What about/How about Saturday? ❸ (*wykrzyknik*) oh! [əʊ], ah! [ɑ:]; *A! To ty!* – Oh/Ah, it's you! *A, tak!* – Oh, yes! *A! Co widzę!* – Well, what do I see!

abażur lampshade ['læmpʃeɪd]

abdykacja abdication [æbdɪ'keɪʃn]

abdykować abdicate ['æbdɪkeɪt]; *Król abdykował.* – The king has abdicated (from the throne).

abecadło alphabet ['ælfəbɪt]

abonament season ticket ['si:zn,tɪkɪt]

abonent subscriber [səb'skraɪbə]; **abonent telefoniczny** – a telephone subscriber

aborcja abortion [ə'bɔ:ʃn]; **przeprowadzać aborcję** – to do/to perform abortion; **poddać się aborcji** – to have an abortion

absencja absence ['æbsəns], absenteeism [æbsən'ti:ɪzm]; **absencja usprawiedliwiona / nieusprawiedliwiona** – an excused/unexcused absence; **wysoka absencja** – a high rate of absenteeism

absolutnie absolutely ['æbsəlu:tlɪ], definitely ['defɪnɪtlɪ], positively ['pɒzətɪvlɪ]; *On jej wierzył absolutnie.* – He trusted her absolutely. *To absolutnie pewne.* – It's positively certain. *Absolutnie nie!* – Definitely not!

absolutny absolute ['æbsəlu:t], definite ['defɪnɪt], positive ['pɒzətɪv], sheer [ʃɪə], total ['təʊtl]; **władza absolutna** – absolute power; **zero absolutne** – absolute zero; **absolutne szaleństwo** – sheer madness

absolwent graduate ['grædʒʊət]; **absolwent Oxfordu** – an Oxford graduate; **absolwent prawa** – a graduate in law/a law graduate

absorbować absorb [əb'sɔ:b]; *Praca go absorbuje.* – His work absorbs him.

absorpcja absorption [əb'sɔ:pʃn]

abstrakcyjny abstract ['æbstrækt]; **sztuka abstrakcyjna** – abstract art; **obraz abstrakcyjny** – an abstract painting

abstynencja abstinence ['æbstɪnəns]; **całkowita abstynencja** – complete/ /total abstinence; **abstynencja od alkoholu** – abstinence from alcohol; **zachować abstynencję** – to practice abstinence

abstynent teetotaller [ti:'təʊtlə], abstainer [əb'steɪnə]

absurd absurdity [əb'sɜ:dɪtɪ], nonsense ['nɒnsəns]; **szczyt absurdu** – the height of absurdity; *To absurd.* – It's nonsense/absurdity.

absurdalny absurd [əb'sɜ:d], nonsensical [nɒn'sensɪkl], ridiculous [rɪ'dɪkjʊləs]; **absurdalny pomysł** – an absurd idea

a

aby to, in order to, so that, in order that, *p.* **żeby**
aceton acetone ['æsɪtəʊn]
acetylen acetylene [ə'setɪli:n]
ach! oh! [əʊ], ah! [ɑ:]
adamaszek damask ['dæməsk]
adaptacja adaptation [ædæp'teɪʃn]
adapter record player ['rekɔ:d ˌpleɪə]
adaptować się adapt [ə'dæpt], adjust [ə'dʒʌst]; **adaptować się do nowych warunków** – to adapt (oneself) to the new conditions
adidasy trainers ['treɪnəz]
administracja (*państwa*) administration [ədˌmɪnɪ'streɪʃn], (*szkoły, szpitala itp.*) administration, management ['mænɪdʒmənt], (*przedsiębiorstwa*) management
administracyjny administrative [əd'mɪnɪstrətɪv], of the administration
administrować administer [əd'mɪnɪstə], manage ['mænɪdʒ], direct [daɪ'rekt/ /dɪ'rekt]
admirał admiral ['ædmərəl]
adopcja adoption [ə'dɒpʃn]; **przekazać dziecko do adopcji** – to put a child up for adoption
adoptować adopt [ə'dɒpt]
adoptowany adopted ['ədɒptɪd]
adres address [ə'dres]; *Pod jakim adresem on mieszka?* – At what address does he live? **adres domowy/do pracy** – home/business address
adresat addressee [ædre'si:]
adresować address [ə'dres]
adriatycki Adriatic [ˌeɪdrɪ'ætɪk]
adwokacki lawyer's ['lɔ:jəz], barrister's ['bærɪstəz], solicitor's [sə'lɪsɪtəz]; **kancelaria adwokacja** – solicitor's office
adwokat lawyer ['lɔ:jə], barrister ['bærɪstə], solicitor [sə'lɪsɪtə], *przen.* advocate ['ædvəkət]; **adwokat diabła** – the devil's advocate
aerozol aerosol ['eərəʊsɒl]
afera ❶ (*przedsięwzięcie kolidujące z prawem*) scandal ['skændl], swindle ['swɪndl]; **afera podatkowa** – a tax swindle ❷ (*zajście*) event [ɪ'vent], incident ['ɪnsɪdənt]
Afgańczyk Afghani [æf'gænɪ], Afghanistani [æfˌgænɪ'stɑ:nɪ], Afghan ['æfgæn]
afgański Afghan ['æfgæn]
afisz poster ['pəʊstə]
aforyzm aphorism ['æfərɪzm]
Afrykanin African ['æfrɪkən]
afrykański African ['æfrɪkən]
agat agate ['ægət]
agencja agency ['eɪdʒənsɪ]; **agencja prasowa** – news agency; **agencja wywiadowcza** – intelligence agency
agent agent ['eɪdʒənt]; **tajny agent** – a secret agent
agonia dying ['daɪɪŋ], death-struggle [ˌdeθ'strʌgl], throes of death [ˌθrəʊzəv'deθ], last agony[lɑ:st'ægənɪ]; **być w agonii** – to be at the point of death
agrafka safety-pin ['seɪftɪpɪn]
agresja aggression [ə'greʃn]; **akt agresji** – an act of aggression/violence; **przejawiać agresję** – to manifest aggression
agresor aggressor [ə'gresə]
agrest gooseberry ['gʊzbərɪ]
agresywny aggressive [ə'gresɪv]
aha ❶ (*wyrażające przypomnienie*) oh, yes [əʊ'jes] ❷ (*wyrażające zrozumienie*) oh, I see [əʊaɪ'si:]
akacja acacia [ə'keɪʃə]
akademia ❶ (*uczelnia, instytucja*) academy [ə'kædəmɪ]; **członek akademii** – fellow of the academy; ❷ (*uroczystość*) festive celebration ['festɪv selɪ'breɪʃn]; **akademia rocznicowa** – celebration of an anniversary
akademicki academic [ækə'demɪk]; **rok akademicki** – academic year; **dom akademicki** – students' hostel
akapit paragraph ['pærəgrɑ:f]
akcent accent ['æksənt]; *On mówi z obcym akcentem.* – He speaks with a foreign accent. **kłaść akcent na ostatniej sylabie** – to place the accent on the last syllable
akcentować accent [æk'sent], accentuate [æk'sentjʊeɪt], emphasize ['emfəsaɪz], stress [stres]; *W wyrazie „fizy-*

ka" akcentuje się pierwszą sylabę. – You stress/accent the first syllable in the word "physics".

akceptacja acceptance [ək'septəns]; **uzyskać akceptację dla swoich planów** – to gain acceptance for one's plans; **spotkać się z powszechną akceptacją** – to meet with universal acceptance

akceptować accept [ək'sept], agree (to) [ə'gri:], approve (of) [ə'pru:v]; *Akceptuję zaproponowane zmiany.* – I accept the proposed changes.

akcesoria accessories [ək'sesərız]

akcja ❶ (*powieści, sztuki, filmu*) action ['ækʃn], plot [plɒt], scenario [sı'nɑ:rıəʊ], story ['stɔ:rı]; *Akcja rozgrywa się w małej wiosce.* – The action takes place in a small village. *Akcja była tak skomplikowana, że nie wiedziałem, o co chodzi.* – The plot was so complicated that I couldn't follow it. ❷ (*działanie*) action ['ækʃn]; **akcja ratunkowa** – rescue action; **akcja wyborcza** – election campaign ❸ *ekon.* share [ʃeə], (*akcje*) stock [stɒk]; *Ceny akcji rosną.* – Share prices are rising. **zainwestować w akcje** – to invest in stocks and shares

akcjonariusz shareholder ['ʃeəhəʊldə], *am.* stockholder ['stɒkhəʊldə]

akcyjny joint-stock ['dʒɔıntstɒk]; **spółka akcyjna** – joint-stock company

aklimatyzacja acclimatization [əklaımətaı'zeıʃn]

aklimatyzować się acclimatize [ə'klaımətaız]; *Szybko aklimatyzowaliśmy się w nowych warunkach.* – We quickly acclimatized ourselves/We quickly became acclimatized to the new conditions.

akompaniament accompaniment [ə'kʌmpənımənt]

akompaniator accompanist [ə'kʌmpənıst]

akompaniować accompany [ə'kʌmpənı]

akord ❶ piecework ['pi:swɜ:k]; **pracować na akord** – to do piecework ❷ *muz.* chord [kɔ:d]

akordeon accordion [ə'kɔ:djən]; **grać na akordeonie** – to play the accordion

akr (*4047 m²*) acre ['eıkə]

akredytować accredit [ə'kredıt]; **akredytować przy rządzie** – to accredit to the government

akrobacja acrobatics [ækrəʊ'bætıks] (*tylko l.mn.*); **wykonywać akrobacje** – to do/to perform acrobatics

akrobata acrobat ['ækrəbæt]

akrobatyczny acrobatic [ækrəʊ'bætık]

Akropol the Acropolis [-ə'krɒpəlıs]

akryl acrylic [ə'krılık]

akrylowy acrylic [ə'krılık]

aksamit velvet ['velvıt]

akt ❶ (*czyn*) act [ækt], deed [di:d]; **akt przemocy** – an act of violence; **akt odwagi** – a courageous act/an act of courage ❷ (*część sztuki teatralnej*) act [ækt]; **sztuka w trzech aktach** – a play in three acts; **akt drugi, scena trzecia** – Act 2, Scene 3 ❸ (*obraz lub rzeźba nagiej osoby*) nude [nju:d]; **akt męski** – the male nude ❹ (*dokument*) document ['dɒkjʊment], certificate [sə'tıfıkət]; **akt prawny** – legal document; **akt urodzenia/małżeństwa/ /zgonu** – birth/marriage/death certificate; **akt kupna** – purchase deed

aktor actor ['æktə]

aktorka actress ['æktrıs]

aktualny current ['kʌrənt], topical ['tɒpıkl]; *Dyskutowaliśmy o aktualnych sprawach.* – We discussed the current/topical issues.

aktywność activity [æk'tıvətı]

aktywny active ['æktıv]; *On prowadzi aktywne życie.* – He leads an active life.

akumulator battery ['bætərı]; **naładować akumulator** – to charge a battery; **rozładować akumulator** – to discharge/to run down a battery; *Akumulator jest rozładowany.* – The battery is flat/dead. *Akumulator się rozładował.* – The battery has gone flat.

akurat ❶ (*dokładnie*) exactly [ıg'zæktlı] ❷ (*ściśle w danym momencie*) just

a

[dʒʌst]; *On akurat wszedł.* – He has just come in.

akustyczny acoustic [ə'ku:stɪk]

akustyka acoustic(s) [ə'ku:stɪk(s)]; *Sala koncertowa ma bardzo dobrą akustykę.* – The acoustics of the concert hall are very good.

akuszerka midwife, *l.mn.* midwives ['mɪdwaɪf, 'mɪdwaɪvz]

akwarela watercolour ['wɔ:təkʌlə]; **malować akwarelami** – to paint in watercoulours

akwarium aquarium [ə'kweərɪəm]

akwizycja acquisition [ækwɪ'zɪʃn], *handl.* canvassing ['kænvəsɪŋ]

akwizytor sales representative [seɪlz reprɪ'zentətɪv], *am.* travelling salesman, *l.mn.* travelling salesmen ['trævlɪŋ 'seɪlzmən]

alabaster alabaster ['æləbɑ:stə]

alarm alarm [ə'lɑ:m]; **podnieść alarm** – to give/to raise the alarm; **dzwonić na alarm** – to sound the alarm; **fałszywy alarm** – a false alarm; **alarm pożarowy** – a fire alarm; **alarm przeciwwłamaniowy** – a burglar alarm; *Włączył się alarm.* – The alarm went off.

alarmować alarm [ə'lɑ:m], raise the alarm [reɪz ði: ə'lɑ:m];

alarmowy alarm [ə'lɑ:m]; **sygnał alarmowy** – alarm signal

alaskański Alaskan [ə'læskən]

Albańczyk Albanian [æl'beɪnjən]

albański Albanian [æl'beɪnjən]

albatros albatross ['ælbətrɒs]

albo or [ɔ:]; **być albo nie być** – to be, or not to be; **albo..., albo...** – either... or...; *Możesz pojechać albo tramwajem, albo autobusem.* – You can go either by tram or by bus.

albowiem because [bɪ'kɒz], for [fə], since [sɪns], as [æz/əz]

album album ['ælbəm]

ale ❶ (*lecz*) but [bʌt/bət]; *Ty to lubisz, ale ja nie.* – You like it, but I don't. ❷ (*a jednak*) yet [jet], but [bʌt/bət]; *To dziwne, ale prawdziwe.* – It's strange, but/yet true. ❸ (*jednakże*) however [haʊ'evə], but [bʌt/bət]; *Powiedział „nie", ale później zmienił zdanie.* – He said "no". Later, however, he changed his mind.
◆ *Bez żadnych „ale".* – But me no "buts".

aleja alley ['ælɪ], avenue ['ævənjʊ:]

alejka lane [leɪn]

alergia allergy ['ælədʒɪ]

alergiczny allergic [ə'lɜ:dʒɪk]

ależ but [bʌt/bət], why [waɪ]; *Aleź to niemożliwe!* – But it's impossible! *Aleź to proste!* – Why, it's easy!

alfabet alphabet ['ælfəbɪt]

alfabetyczny alphabetical [ælfə'betɪkl]; **w porządku alfabetycznym** – in alphabetical order

algebra algebra ['ældʒɪbrə]

algebraiczny algebraic ['ældʒɪ'breɪɪk]

Algierczyk Algerian [æl'dʒɪərɪən]

algierski Algerian [æl'dʒɪərɪən]

aliancki allied ['ælaɪd]

aliant ally ['ælaɪ]; **alianci** (*siły alianckie podczas I i II wojny światowej*) – the Allied Forces/the Allies

alibi alibi ['ælɪbaɪ]; **niezbite alibi** – a cast-iron alibi

alienacja alienation [eɪljə'neɪʃn]

aligator alligator ['ælɪgeɪtə]

alimenty alimony ['ælɪmənɪ] (*tylko l.poj.*); **przyznać alimenty** – to award alimony

alkaliczny alkaline ['ælkəlaɪn]

alkohol ❶ *chem.* alcohol ['ælkəhɒl]; **alkohol metylowy/etylowy** – methyl/ /ethyl alcohol ❷ *pot.* alcohol ['ælkəhɒl], spirits ['spɪrɪts], liquor ['lɪkə]; **pod wpływem alkoholu** – under the influence of liquor/alcohol

alkoholik alcoholic [ælkə'hɒlɪk]

alkoholizm alcoholism ['ælkəhɒlɪzm]

alkoholowy alcoholic [ælkə'hɒlɪk]; **napoje alkoholowe** – alcoholic drinks/ /spirits; **zamroczenie alkoholowe** – alcoholic stupor

aloes aloe ['æləʊ]

alpejski alpine ['ælpaın]; **fiołek alpejski** – cyclamen

alpinista alpinist ['ælpınıst], mountain climber ['maʊntın 'klaımə], mountaineer [maʊntı'nıə]

alpinizm alpinism ['ælpınızm], mountain climbing ['maʊntın 'klaımıŋ], mountaineering [maʊntı'nıərıŋ]

alt alto ['æltəʊ]

altanka arbour ['ɑ:bə], bower ['baʊə]

alternatywa alternative [ɔ:l'tɜ:nətıv]

altruista altruist ['æltrʊıst]

altruistyczny altruistic [ˌæltrʊ'ıstık], unselfish [ʌn'selfıʃ]

altruizm altruism ['æltrʊızm], unselfishness [ʌn'selfıʃnıs]

aluminiowy aluminium [æljʊ'mınjəm]; **folia aluminiowa** – aluminium foil

aluminium aluminium [æljʊ'mınjəm]

aluzja allusion [ə'lu:ʒn], hint [hınt]; **robić aluzję** – to allude/to imply/to make an allusion/to drop a hint; **delikatna aluzja** – a subtle hint

alzacki Alsatian [æl'seıʃn]; **owczarek alzacki** – an Alsatian/a German shepherd dog

amalgamat amalgam [ə'mælgəm]; *Dentyści używają amalgamatu do plombowania zębów.* – Dentists use amalgam to fill teeth.

amarant amaranth ['æmərænθ]

amarantowy amaranth ['æmərænθ]

amator ❶ (*nieprofesjonalista*) amateur ['æmətə] ❷ (*miłośnik*) lover ['lʌvə], fan [fæn]

amatorski amateur ['æmətə]; **sport amatorski** – amateur sports

amatorstwo amateurism ['æmətərızm]

ambasada embassy ['embəsı]

ambasador ambassador [æm'bæsədə]; **mianować ambasadora** – to appoint an ambassador; **nasz ambasador w Waszyngtonie** – our ambassador to Washington; **odwołać ambasadora** – to recall an ambassador

ambicja ambition [æm'bıʃn]; **zrealizować swoje ambicje** – to fulfill/to realize one's ambitions

ambitny ambitious [æm'bıʃəs]

ambona pulpit ['pʊlpıt]

ambulans ambulance ['æmbjʊləns]

ambulatorium out-patients' clinic ['aʊt peıʃnts 'klınık]

ameba amoeba [ə'mi:bə]

amen amen [ɑ:'men/eı'men]

◆ **na amen** – for good/completely; **jak amen w pacierzu** – dead sure/for certain

Amerykanin American [ə'merıkən]

amerykański American [ə'merıkən]

ametyst amethyst ['æmıθıst]

amfiteatr amphitheatre ['æmfıθıətə]

amfora amphora ['æmfərə]

amnestia amnesty ['æmnıstı]; *Rząd ogłosił powszechną amnestię dla więźniów politycznych.* – The government declared a general amnesty for political prisoners. *Zwolniono go na mocy amnestii.* – He was granted amnesty.

amnezja amnesia [æm'nı:zjə]; **doznać amnezji** – to suffer amnesia

amok amok [ə'mɒk]; **wpaść w amok** – to run amok

amoniak ammonia [ə'məʊnjə]

amorek cupid ['kju:pıd]

amortyzacja ❶ *ekon.* amortization [əmɔ:tı'zeıʃn] ❷ (*łagodzenie wstrząsów*) shock absorption [ʃɒkəb'sɔ:pʃn]

amortyzować ❶ amortize [ə'mɔ:taız] ❷ (*łagodzić wstrząsy*) absorb shocks [əb'sɔ:b ʃɒks]

ampułka ampoule ['æmpu:l]

amputacja amputation [æmpjʊ'teıʃn]

amputować amputate ['æmpjʊteıt]

amulet amulet ['æmjʊlıt]

amunicja ammunition [æmju'nıʃn], munitions [mjʊ:'nıʃnz] (*tylko l.mn.*)

analfabeta illiterate (person) [ı'lıtərət-]

analfabetyzm illiteracy [ı'lıtərəsı]

analityczny analytic [ænə'lıtık], analytical [ænə'lıtıkl]; **umysł analityczny** – an analytic mind; **chemia analityczna** – analytical chemistry

analityk analyst ['ænəlıst]

a

a

analiza analysis, *l.mn.* analyses [ə'næləsıs, ə'næləsi:z]; **robić analizę** – to make an analysis

analizować analyse ['ænəlaız]

analogia analogy [ə'nælədʒı]; **przeprowadzać analogię** – to draw/to make an analogy; *Nauczyciel przeprowadził analogię między sercem ludzkim a pompą.* – The teacher drew an analogy between the human heart and a pump. **rozumować przez analogię** – to reason by analogy

analogiczny analogous [ə'næləgəs]; *Obecny kryzys jest analogiczny do sytuacji sprzed wojny.* – The present crisis is analogous to/with the situation before the war.

ananas pineapple ['paınæpl]

anarchia anarchy ['ænəkı]

anarchiczny anarchic [æ'nɑ:kık]

anarchista anarchist ['ænəkıst]

anatomia anatomy [ə'nætəmı]

anatomiczny anatomical [ænə'tɒmıkl]

andrut wafer ['weıfə]

anegdota anecdote ['ænıkdəʊt]

anemia anaemia [ə'ni:mjə]; **anemia złośliwa** – pernicious anaemia

anemiczny anaemic [ə'ni:mık]

anestezjolog anaesthetist [æ'ni:sθətıst]

anestezjologia anaesthesiology [ænıs'θezjələdʒı]

angażować (*zatrudniać*) engage [ın'geıdʒ], hire ['haıə], employ [ım'plɔı]

angażować się ❶ (*zobowiązywać się*) commit oneself [kə'mıtwʌn'self] ❷ (*mieszać się*) become involved [bı,kʌmın'wɒlvd]

Angielka Englishwoman, *l.mn.* Englishwomen ['ıŋglıʃwʊmən, 'ıŋglıʃwımın]; *Jestem Angielką.* – I'm English.

angielski English ['ıŋglıʃ]; **język angielski** – English/the English language; **mówić po angielsku** – to speak English

angielszczyzna English ['ıŋglıʃ], the English language; *Jego angielszczyzna jest znakomita.* – His English is perfect. *Mówił płynną angielszczyzną.* – He spoke fluent English.

angina throat infection [θrəʊtın'fekʃn], tonsilitis [tɒnsı'laıtıs]

Anglik Englishman, *l.mn.* Englishmen ['ıŋglıʃmən], English ['ıŋglıʃ]; *Jestem Anglikiem.* – I'm English. **Anglicy** – the English

anglikanin Anglican ['æŋglıkən]

anglikański Anglican ['æŋglıkən]; **Kościół anglikański** – the Church of England

anglista Anglicist ['æŋglısıst], English scholar ['ıŋglıʃ 'skɒlə], (*absolwent anglistyki*) English graduate ['ıŋglıʃ 'grædʒʊət]

anglistyka ❶ (*studia*) English studies ['ıŋglıʃ'stʌdız], English philology ['ıŋglıʃ fı'lɒlədʒı] ❷ (*wydział*) the English Department, English Studies

Anglosas Anglo-Saxon [æŋgləʊ'sæksən]

anglosaski Anglo-Saxon [æŋgləʊ'sæksən]

angora angora [æŋ'gɔ:rə]

ani not even [nɒt'i:vn], not a ['nɒtə]; **ani razu** – not even once; **ani trochę** – not a bit; **ani jednej osoby** – not a living soul; **ani śladu** – not a trace; **ani..., ani...** – neither... nor...; *Nie jest ani ładna, ani bogata.* – She is neither pretty nor rich. *Ani mnie to ziębi, ani grzeje.* – I don't care a damn./I can't care less.

anielski angelic [æn'dʒelık]

anioł angel ['eındʒəl]

ankieta questionnaire [kwestʃə'neə], public-opinion poll; **wypełnić ankietę** – to complete/to fill in a questionnaire; **przeprowadzać ankietę** – to conduct a public-opinion poll

anoda anode ['ænəʊd]

anonim ❶ (*nieznany autor*) anonymous author [ə'nɒnıməs'ɔ:θə] ❷ (*list*) anonymous letter [ə'nɒnıməs'letə]

anonimowość anonymity [ænə'nımətı]; **zachować anonimowość** – to remain anonymous

anonimowy anonymous [ə'nɒnɪməs]
anons ❶ (*ogłoszenie w gazecie*) advertisement [əd'vɜ:tɪsmənt] ❷ (*zapowiedź*) announcement [ə'naʊnsmənt]
anonsować ❶ (*ogłosić w gazecie*) advertise ['ædvətaɪz] ❷ (*zapowiedzieć*) announce [ə'naʊns]
antagonistyczny antagonistic [æntægə'nɪstɪk], hostile ['hɒstaɪl]
antagonizm antagonism [æn'tægənɪzm]
antarktyczny Antarctic [ænt'ɑ:ktɪk]
antena aerial ['eərɪəl]; **antena telewizyjna** – a TV aerial; **antena satelitarna** – a satellite dish
antropolog anthropologist [ænθrə'pɒlədʒɪst]
antropologia anthropology [ænθrə'pɒlədʒɪ]
antropologiczny anthropological [ænθrəpə'lɒdʒɪkl]
antybiotyk antibiotic [æntɪbaɪ'ɒtɪk]
antyczny ❶ (*starożytny*) ancient ['eɪnʃənt], (*dotyczący Grecji i Rzymu*) antique [æn'ti:k] ❷ (*zabytkowy*) antique [æn'ti:k]; **antyczne meble** – antique furniture
antyfeminista misogynist [mɪ'sɒdʒɪnɪst], male chauvinist [meɪl 'ʃəʊvɪnɪst]
antyfeministyczny male chauvinist [meɪl 'ʃəʊvɪnɪst]
antyfeminizm misogyny [mɪ'sɒdʒɪnɪ], male chauvinism [meɪl 'ʃəʊvɪnɪzm]
antyk ❶ (*przedmiot*) antique [æn'ti:k]; **mebel antyczny** – a piece of antique furniture ❷ (*okres historyczny*) antiquity [æn'tɪkwətɪ]
antykoncepcyjny contraceptive [kɒntrə'septɪv]; **środki antykoncepcyjne** – contraceptives; **pigułka antykoncepcyjna** – a contraceptive pill/the pill
antykwariat ❶ (*sklep z antykami*) antique shop [æn'ti:kʃɒp] ❷ (*sklep z używanymi książkami*) second-hand bookshop ['sekəndhænd 'bʊkʃɒp]
antylopa antelope ['æntɪləʊp]
antypatia dislike [dɪs'laɪk], aversion [ə'vɜ:ʃn], antipathy [æn'tɪpəθɪ]
antypatyczny repugnant [rɪ'pʌgnənt], repulsive [rɪ'pʌlsɪv]
antyseptyczny antiseptic [æntɪ'septɪk]
anulować annul(ll) [ə'nʌl], cancel(ll) ['kænsl]; **anulować małżeństwo** – to annul a marriage; **anulować kontrakt** – to cancel/to annul a contract
anyż anise ['ænɪs]
anyżowy aniseed ['ænɪsi:d]
aorta aorta [eɪ'ɔ:tə]
aparat apparatus [æpə'reɪtəs], device [dɪ'vaɪs]; **aparat fotograficzny** – a camera; **aparat radiowy/telewizyjny** – a radio/a TV set; **aparat rządowy** – the apparatus of government
aparatura apparatus [æpə'reɪtəs]; **aparatura laboratoryjna** – laboratory apparatus; **aparatura pomiarowa** – instrumentation
apartament ❶ (*w hotelu*) suite (of rooms) [swi:t-] ❷ (*mieszkanie*) flat [flæt], *am.* apartment [ə'pɑ:tmənt]
apaszka scarf [skɑ:f]
apatia apathy ['æpəθɪ]
apatyczny apathetic [æpə'θetɪk]
apel ❶ (*wezwanie*) appeal [ə'pi:l]; **zwrócić się z apelem do społeczeństwa** – to make an appeal to the society ❷ (*czytanie listy obecnych*) roll-call ['rəʊlkɔ:l]; *Zobaczymy się po apelu.* – I'll see you after roll-call. **apel poległych** – roll of honour
apelacja appeal [ə'pi:l]; **wnieść apelację do Sądu Najwyższego** – to appeal to the Supreme Court; *Nie ma apelacji od wyroku Sądu Najwyższego.* – There is no appeal from a verdict of the Supreme Court.
apelować appeal [ə'pi:l], make an appeal ['meɪkənə'pi:l]; **apelować do zdrowego rozsądku** – to appeal to common sense; **apelować do społeczeństwa o pomoc** – to appeal to the public for help
apetyczny appetizing ['æpɪtaɪzɪŋ]
apetyt appetite ['æpɪtaɪt]; *On ma apetyt na słodycze.* – He has an appetite for sweets.
aplauz applause [ə'plɔ:z]; **zdobyć aplauz** – to get/to win applause; *Jego*

a

książka spotkała się z powszechnym aplauzem. – His book met with general applause.

apopleksja apoplexy ['æpəupleksı]; **dostać apopleksji** – to have an apoplectic fit

apoplektyczny apoplectic [æpəu'plektık]

aportować retrieve [rı'tri:v]

apostolski apostolic [æpə'stɒlık]; **Stolica Apostolska** – the Holy See; **listy apostolskie** – the Epistles

apostoł apostle [ə'pɒsl]

apostrof apostrophe [ə'pɒstrəfı]

aprobata approval [ə'pru:vl], agreement [ə'gri:mənt], consent [kən'sent]; **spotkać się z aprobatą** – to meet with approval

aprobować approve (of) [ə'pru:v-], agree (to) [ə'gri:-], consent (to) [kən'sent-]; *Zaaprobowaliśmy jego plan.* – We approved (of) his plan.

apteczka ❶ (*pierwszej pomocy*) first-aid kit [fɜ:st'eıd 'kıt] ❷ (*szafka na lekarstwa*) medicine chest ['medsın tʃest], medicine cabinet ['medsın 'kæbənıt]

apteczny pharmaceutical [fɑ:mə'sju:tıkl]

apteka chemist's (shop) ['kemısts-], *am.* drugstore ['drʌgstɔ:], pharmacy ['fɑ:məsı], (*w szpitalu*) dispensary [dı'spensərı]

aptekarz chemist ['kemıst], pharmacist ['fɑ:məsıst], *am.* druggist ['drʌgıst]

ar (*100 m^2*) are [ɑ:]

Arab Arab ['ærəb]

arab (*koń*) Arab ['ærəb]

arabski ❶ (*dot. państwa*) Arab ['ærəb]; **państwa arabskie** – the Arab countries ❷ (*dot. języka*) Arabic ['ærəbık] ❸ (*o cyfrach*) arabic ['ærəbık]; **cyfry arabskie** – the arabic numerals ❹ (*dot. nazw geograficznych*) Arabian [ə'reıbıən]; **Morze Arabskie** – the Arabian Sea

arachid peanut ['pi:nʌt]

arbiter arbitrator ['ɑ:bıtreıtə], arbiter ['ɑ:bıtə], (*w piłce nożnej*) referee [refə'rı:], (*w tenisie*) umpire ['ʌmpaıə]

arbuz water melon ['wɔ:təmelən]

archaiczny archaic [ɑ:'keıık], (*przestarzały*) obsolete ['ɒbsəli:t]

archanioł archangel ['ɑ:keındʒəl]

archeolog archaeologist [ɑ:kı'ɒlədʒıst]

archeologia archaeology [ɑ:kı'ɒlədʒı]

archeologiczny archaeological [ɑ:kıə'lɒdʒıkl]; **archeologiczne prace wykopaliskowe** – archaeological excavations; **odkrycie archeologiczne** – archaeological find

archipelag archipelago [ɑ:kı'peləgəu]

architekt architect ['ɑ:kıtekt]

architektoniczny architectural [ɑ:kı'tektʃərəl]; **plany architektoniczne** – architectural plans

architektura architecture ['ɑ:kıtektʃə]

archiwista archivist ['ɑ:kıvıst]

archiwum archives ['ɑ:kaıvz] (*tylko l.mn.*)

arcybiskup archbishop [ɑ:tʃ'bıʃəp]

arcydzieło masterpiece ['mɑ:stəpi:s]

arena arena [ə'ri:nə]; **arena polityczna** – the political arena

areszt ❶ (*pozbawienie wolności*) arrest [ə'rest], custody ['kʌstədı], detention [dı'tenʃn]; **być w areszcie** – to be under arrest/in custody ❷ (*pomieszczenie*) prison ['prızn], police station [pəli:s'steıʃn]

aresztant prisoner ['prıznə]

aresztować arrest [ə'rest], detain [dı'teın; *Policja aresztowała go pod zarzutem morderstwa.* – The police arrested him on a charge of murder.

aresztowanie arrest [ə'rest]; **wydać nakaz aresztowania** – to issue an arrest warrant

argentyński Argentinian [ɑ:dʒən'tınıən], Argentine ['ɑ:dʒəntaın]

argument argument ['ɑ:gjumənt]; **niezbity/przekonywający/rzeczowy argument** – an irrefutable/a convincing/ /a rational argument; **wysunąć argumenty** – to present/to put forward arguments; **argumenty za i przeciw** – arguments for and against

argumentacja argumentation [ɑ:gjumen'teıʃn], reasoning ['ri:znıŋ]

a

argumentować argue ['ɑ:gju:]; *Argumentowała logicznie, że nowe przepisy zaszkodzą biednym.* – She argued logically that the new regulations would harm the poor.
aria aria ['ɑ:rɪə]
arka ark [ɑ:k]
arkada arcade [ɑ:'keɪd]
arktyczny Arctic ['ɑ:ktɪk]
arkusz sheet [ʃi:t]; **arkusz papieru** – a sheet of paper
armata cannon ['kænən]; **wystrzelić z armaty** – to fire a cannon; **armatka wodna** – water cannon
armeński Armenian [ɑ:'mi:njən]
armia army ['ɑ:mɪ]
arnika arnica ['ɑ:nɪkə]
arogancja arrogance ['ærəgəns], insolence ['ɪnsələns]
arogancki arrogant ['ærəgənt], disdainful [dɪs'deɪnfl], insolent ['ɪnsələnt]
aromat aroma [ə'rəʊmə]
aromatyczny aromatic [ærəʊ'mætɪk]
arras tapestry ['tæpɪstrɪ]
arsenał ❶ (*pomieszczenie*) arsenal ['ɑ:sənl], armoury ['ɑ:mərɪ] ❷ *przen.* arsenal ['ɑ:sənl]; *W kryjówce terrorystów policja znalazła arsenał noży i karabinów.* – The police found an arsenal of knives and guns in the terrorists' hideout.
arszenik arsenic ['ɑ:snɪk]
arteria *med., kom.* artery ['ɑ:tərɪ]
artezyjski artesian [ɑ:'ti:zjən]; **studnia artezyjska** – artesian well
artykuł ❶ (*w gazecie*) article ['ɑ:tɪkl]; **pisać artykuły do gazety** – to write articles for a newspaper; **artykuł wstępny** – an editorial ❷ (*przedmiot*) article ['ɑ:tɪkl], commodity [kə'mɒdətɪ]; **artykuły** – goods [gʊdz]; **artykuły konsumpcyjne** – consumer goods; **artykuły spożywcze** – groceries; **artykuły piśmienne** – stationery (*tylko l.poj.*); **artykuły gospodarstwa domowego** – household goods
artyleria artillery [ɑ:'tɪlərɪ]
artysta (*np. malarz, rzeźbiarz*) artist ['ɑ:tɪst]; (*np. artysta cyrkowy, kabaretowy*) artiste [ɑ:'ti:st]
artystyczny artistic [ɑ:'tɪstɪk]
arystokracja aristocracy [ærɪ'stɒkrəsɪ]
arystokrata aristocrat ['ærɪstəkræt]
arystokratyczny aristocratic [ærɪstə'krætɪk]
arytmetyczny arithmetic ['ærɪθ'metɪk], arithmetical ['ærɪθ'metɪkl]; **postęp arytmetyczny** – arithmetic progression
arytmetyka arithmetic [ə'rɪθmətɪk]
as[1] ❶ (*karta*) ace [eɪs]; **mieć asa w rękawie** – to have an ace up one's sleeve, *am.* to have an ace in the hole; **as karo** – ace of diamonds ❷ *przen.* ace [eɪs]; **as lotnictwa** – a flying ace
as[2] *muz.* A flat; **As-mol** – A flat minor
asceta ascetic [ə'setɪk]
ascetyczny ascetic [ə'setɪk]
asceza asceticism [ə'setɪsɪzm]
asekuracja safety measures ['seɪftɪ ˌmeʒəz]
asekuracyjny protective [prə'tektɪv]; **siatka asekuracyjna** – safety net
asekurować (*kogoś*) secure [sɪ'kjʊə], guard [gɑ:d]
asekurować się play safe [pleɪ'seɪf], cover oneself ['kʌvəwʌn'self]
aseptyczny aseptic [æ'septɪk], sterile ['steraɪl]
asfalt asphalt ['æsfælt]
asfaltować asphalt ['æsfælt]
asfaltowy asphalt ['æsfælt]
asortyment assortment [ə'sɔ:tmənt], stock [stɒk]; **duży asortyment butów** – a good stock of shoes
aspekt aspect ['æspekt]; **rozważyć problem we wszystkich aspektach** – to look at every aspect of the problem; *Sprawa ma wiele aspektów.* – There are many sides to the question.
aspiryna aspirin ['æsprɪn]; **zażyć aspirynę** – to take an aspirin
aster aster ['æstə]
astma asthma ['æsmə]
astmatyczny asthmatic [æs'mætɪk]
astrolog astrologer [ə'strɒlədʒə]
astrologia astrology [ə'strɒlədʒɪ]
astronauta astronaut ['æstrənɔ:t]

a

astronautyka astronautics [æstrə'nɔ:tɪks]

astronom astronomer [æ'strɒnəmə]

astronomia astronomy [æ'strɒnəmɪ]

astronomiczny astronomical [æstrə'nɒmɪkl]; **teleskop astronomiczny** – astronomical telescope; **astronomiczne sumy pieniędzy** – astronomical sums of money

asymetria asymmetry [æ'sɪmətrɪ]

asymetryczny asymmetric [æsɪ'metrɪk], asymmetrical [æsɪ'metrɪkl]

asymilacja assimilation [əsɪmɪ'leɪʃn]

asysta company ['kʌmpənɪ], escort ['eskɔ:t], attendance [ə'tendəns]; *Prezydent pojawił się w asyście kilku osób.* – The president appeared in the company of/escorted by/attended by several people.

asystent assistant [ə'sɪstənt]

asystować ❶ (*towarzyszyć*) accompany [ə'kʌmpənɪ] ❷ (*pomagać*) assist [ə'sɪst]; **asystować przy operacji** – to assist at the operation

atak ❶ (*agresja*) attack [ə'tæk], assault [ə'sɔ:lt]; **być w ataku** – to be on the attack, **być obiektem ataku** – to be under attack; **rozpocząć atak na nieprzyjaciela** – to launch an attack on the enemy; **przeprowadzić atak na pozycje nieprzyjaciela** – to carry out an assault on the enemy positions ❷ (*atak choroby*) attack [ə'tæk], fit [fɪt]; **atak serca** – a heart attack; **atak kaszlu** – a coughing fit ❸ *sport.* attack [ə'tæk], offensive [ə'fensɪv]

atakować attack [ə'tæk], assault [ə'sɔ:lt]; *Nieprzyjaciel zaatakował nocą.* – The enemy attacked at night. *Choroba atakuje system nerwowy.* – The disease attacks the nervous system.

ateista atheist ['eɪθɪɪst]

ateistyczny atheistic [eɪθɪ'ɪstɪk]

ateizm atheism ['eɪθɪɪzm]

atelier studio ['stjʊ:dɪəʊ]

atlantycki Atlantic [ət'læntɪk]

atlas atlas ['ætləs]

atleta athlete ['æθli:t], (*w zapasach*) wrestler ['reslə]

atletyczny athletic [æθ'letɪk]

atletyka (*lekka atletyka*) athletics [æθ'letɪks]

atłas satin ['sætɪn]

atmosfera ❶ *geogr., fiz.* atmosphere ['ætməsfɪə] ❷ (*nastrój*) atmosphere ['ætməsfɪə], mood [mʊ:d], spirit ['spɪrɪt]; **przyjacielska/napięta atmosfera** – friendly/tense atmosphere

atmosferyczny atmospheric [ætməs'ferɪk]; **warunki atmosferyczne** – atmospheric conditions; **ciśnienie atmosferyczne** – atmospheric pressure

atom atom ['ætəm]

atomowy atomic [ə'tɒmɪk]; **bomba atomowa** – atomic bomb

atrakcja attraction [ə'trækʃn]; **atrakcja turystyczna** – a tourist attraction

atrakcyjny attractive [ə'træktɪv]; **atrakcyjna dziewczyna** – an attractive girl; *Propozycja wydała nam się bardzo atrakcyjna.* – The offer seemed very attractive to us.

atrament ink [ɪŋk]; **pisać atramentem** – to write in ink

attaché attaché [ə'tæʃeɪ]; **attaché wojskowy** – a military attaché

atut trump (card) ['trʌmp-]

audiencja audience ['ɔ:djəns]; **udzielić komuś audiencji** – to grant sb an audience; **być na audiencji u papieża** – to be at/to have an audience with the Pope

audiowizualny audio-visual [ɔ:dɪəʊ'vɪzjʊəl]

audycja programme ['prəʊgræm], broadcast ['brɔ:dkɑ:st]

audytorium ❶ (*sala*) auditorium [ɔ:dɪ'tɔ:rɪəm], lecture-room ['lektʃərʊ:m] ❷ (*słuchacze*) audience ['ɔ:djəns]

aukcja auction ['ɔ:kʃn]; **wystawić coś na aukcję** – to put sth up for auction; **kupować/sprzedać coś na aukcji** – to buy/to sell sth by auction

aula assembly hall [ə'semblɪ 'hɔ:l]

aureola halo ['heɪləʊ], aureola [ɔ:'rɪəʊlə]

Australijczyk Australian [ɒ'streɪljən]
australijski Australian [ɒ'streɪljən]
austriacki Austrian ['ɒstrɪən]
Austriak Austrian ['ɒstrɪən]
aut out [aʊt]; *Piłka została wyrzucona na aut.* – The ball was out.
autentyczność authenticity [ɔ:θen'tɪsətɪ]; **wykazać/udowodnić autentyczność czegoś** – to establish/to prove the authenticity of sth; **podawać w wątpliwość/kwestionować autentyczność** – to doubt/to question the authenticity
autentyczny authentic [ɔ:'θentɪk]
auto car [kɑ:], motor car ['məʊtəkɑ:], *am.* automobile ['ɔ:təməʊbi:l]
autobiografia autobiography [ɔ:təʊbaɪ'ɒgrəfɪ]
autobus bus [bʌs]; **autobus piętrowy** – a double-decker bus; **pojechać autobusem** – to go by bus
autograf autograph ['ɔ:təgrɑ:f]
autokar coach [kəʊtʃ]; **podróżować autokarem** – to travel by coach
automat ❶ (*robot*) automaton, *l.mn.* automata/automatons [ɔ:'tɒmətən, ɔ:'tɒmətə] ❷ (*urządzenie do sprzedaży np. papierosów*) slot-machine [slɒtmə'ʃi:n] ❸ (*telefon*) public telephone ['pʌblɪk 'telɪfəʊn] ❹ (*pistolet maszynowy*) automatic pistol [ɔ:tə'mætɪk ˌpɪstl]
automatyczny automatic [ɔ:tə'mætɪk]; **pilot automatyczny** – automatic pilot; **sekretarka automatyczna** – telephone-answering machine/answerphone
automatyzacja automation [ɔ:tə'meɪʃn]
automobilista motorist ['məʊtərɪst]
autonomia autonomy [ɔ:'tɒnəmɪ]
autonomiczny autonomous [ɔ:'tɒnəməs]
autoportret self-portrait [self'pɔ:trət]
autor author ['ɔ:θə]; **książka tego autora** – a book by this author
autorka authoress ['ɔ:θərɪs]
autorytet authority [ɔ:'θɒrətɪ]; *Ona jest autorytetem w dziedzinie fizyki jądrowej.* – She is an authority on nuclear physics.
autostop hitch-hiking ['hɪtʃhaɪkɪŋ]; **podróżować autostopem** – to hitch-hike; *Pojechaliśmy autostopem z Londynu do Leeds.* – We hitch-hiked from London to Leeds.
autostopowicz hitch-hiker ['hɪtʃhaɪkə]
autostrada motorway ['məʊtəweɪ], *am.* expressway [ɪk'spresweɪ], freeway ['fri:weɪ]
awangarda avant-garde [ævɑ̃:ŋ'gɑ:d]
awangardowy avant-garde [ævɑ̃:ŋ'gɑ:d]; **pisarz awangardowy** – an avant-garde writer
awans promotion [prə'məʊʃn]; **uzyskać awans** – to gain/to win one's promotion; **awans na stanowisko profesora** – a promotion to the rank of professor
awansować ❶ (*kogoś*) promote [prə'məʊt] ❷ (*objąć wyższe stanowisko*) be promoted; *On awansował do stopnia kapitana.* – He was promoted to the rank of captain.
awantura row [raʊ], brawl [brɔ:l]; **zrobić awanturę** – to make/to kick up a row; **pijacka awantura** – a drunken brawl
awanturniczy adventurous [əd'ventʃərəs]; **awanturnicze życie** – adventurous life
awanturnik ❶ (*szukający przygód*) adventurer [əd'ventʃərə] ❷ (*skłonny do awantur*) rowdy ['raʊdɪ]
awanturować się row [raʊ], make a row, kick up a row
awaria breakdown ['breɪkdaʊn], failure ['feɪljə]; **awaria silnika** – engine failure
awaryjny emergency [ɪ'mɜ:dʒənsɪ]; **wyjście awaryjne** – emergency exit
azalia azalea [ə'zeɪljə]
azbest asbestos [æz'bestəs]
Azjata Asian ['eɪʃn]
azjatycki Asian ['eɪʃn]
azot nitrogen ['naɪtrədʒən]
azotowy nitric ['naɪtrɪk]; **kwas azotowy** – nitric acid
azyl asylum [ə'saɪləm]; **prosić o azyl polityczny** – to ask for political asy-

lum; **udzielić azylu politycznego** – to grant political asylum

aż ❶ (*dot. czasu i przestrzeni*); **aż do teraz** – till now/up to now; **aż do tego miejsca** – up to here; **aż z Londynu** – all the way from London ❷ (*dot. ilości*); **aż 2 tysiące** – as many as two thousand

ażur open-work ['əʊpnwɜ:k]

ażurowy open-work ['əʊpnwɜ:k]; **ażurowa żelazna krata** – open-work wrought iron

b

baba ❶ (*kobieta*) female ['fi:meɪl]; **ta wstrętna baba** – that awful female ❷ (*kobieta ze wsi*) peasant woman, *l.mn.* peasant women ['peznt ˌwʊmən, 'peznt-ˌwɪmɪn] ❸ (*ciasto*) cake [keɪk]

babcia grandmother ['grænmʌðə], granny ['grænɪ]

babka ❶ (*ciasto*) cake [keɪk] ❷ (*roślina*) plantain ['plæntɪn]

bacznie attentively [ə'tentɪvlɪ]; **patrzeć bacznie na coś** – to look attentively at sth

baczność attention [ə'tenʃn]; **stanąć na baczność** – to come to attention; **stać na baczność** – to stand at/to attention

◆ **mieć się na baczności** – to be on one's guard

baczny watchful ['wɒtʃfl], attentive [ə-'tentɪv]; **obserwować kogoś bacznym okiem** – to keep a watchful eye on sb

baczyć ❶ (*pilnować*) watch [wɒtʃ], pay attention to [-ə'tenʃn], mind [maɪnd]; **pilnie baczyć** – to pay close attention to ❷ (*zważać*) heed [hi:d], mind [maɪnd], watch out for [wɒtʃ'aʊtfə]; **nie bacząc na niebezpieczeństwo** – heedless of the danger

bać się be afraid [-ə'freɪd], fear [fɪə], dread [dred]; *On boi się własnego cienia.* – He is afraid of his own shadow. *Boję się o swoją pracę/że stracę pracę.* – I'm afraid for my job./I'm afraid of losing my job. *Ona boi się wyjść wieczorem z domu.* – She is afraid to go out in the evening. *Boję się myśleć, co się stanie, jeżeli...* – I dread to think of what will happen if... *Boję się o jej bezpieczeństwo.* – I fear for her safety.

badacz ❶ (*np. odkrywca nowych lądów*) explorer [ɪk'splɔ:rə] ❷ (*naukowiec*) scientist ['saɪəntɪst], research worker [rɪ'sɜ:tʃ'wɜ:kə]

badać ❶ (*np. nowe lądy*) explore [ɪk's-plɔ:]; *Ten rejon nie został jeszcze zbadany.* – That region hasn't been explored yet. ❷ (*naukowo*) do research [-rɪ'sɜ:tʃ], investigate [ɪn'vestɪ-geɪt], study ['stʌdɪ]; **badać przyczyny raka** – to investigate/to do research (into) the causes of cancer ❸ (*cho-

rego) examine [ɪg'zæmɪn]; **badać pacjenta** – to examine a patient

badanie ❶ (*np. nowych lądów*) exploration [eksplə'reɪʃn]; **badanie przestrzeni kosmicznej** – the exploration of outer space ❷ (*naukowe*) research [rɪ'sɜ:tʃ], study ['stʌdɪ], investigation [ɪnvestɪ'geɪʃn]; **prowadzić badania** – to carry out/to do research; **badania medyczne nad rakiem** – medical research on cancer ❸ (*pacjenta*) examination [ɪgzæmɪ'neɪʃn]; **przeprowadzić dokładne badanie pacjenta** – to do a thorough examination of the patient

badawczy ❶ (*dot. np. odkrywania nowych lądów*) exploratory [ek'splɒrətərɪ]; **ekspedycja badawcza w górę Amazonki** – an exploratory expedition up the Amazon ❷ (*dot. nauk ścisłych*) scientific [saɪən'tɪfɪk], research [rɪ'sɜ:tʃ]; **prace naukowo-badawcze** – research/scientific work
◆ **badawcze spojrzenie** – scrutinizing/ /searching look

badminton badminton ['bædmɪntən]; **grać w badmintona** – to play badminton

bagatelizować ❶ (*lekceważyć*) make light of [meɪk'laɪtəv], make nothing of [meɪk 'nʌθɪŋəv] ❷ (*nie doceniać*) underestimate [ˌʌndər'estɪmeɪt]

bagaż (*rzeczownik niepoliczalny*) luggage ['lʌgɪdʒ], *am.* baggage ['bægɪdʒ]; **przechowalnia bagażu** – left--luggage office; **oddać na bagaż** – to register one's luggage; **odebrać bagaż** – to claim one's luggage

bagażnik ❶ (*w samochodzie*) boot [bu:t], *am.* trunk [trʌŋk] ❷ (*na dachu samochodu*) roof-rack ['ru:fræk] ❸ (*przy rowerze*) carrying rack ['kærɪɪŋræk]

bagażowy[1] (*osoba*) porter ['pɔ:tə]

bagażowy[2] (*dot. bagażu*) luggage ['lʌgɪdʒ]; **wagon bagażowy** – luggage--van/*am.* baggage car

bagażówka van [væn]

bagnet bayonet ['beɪənɪt]

bagnisty boggy ['bɒgɪ], marshy ['mɑ:ʃɪ], swampy ['swɒmpɪ]

bagno bog ['bɒg], marsh [mɑ:ʃ], swamp [swɒmp]

bajka ❶ fairy-tale ['feərɪteɪl] ❷ (*przen., utwór literacki*) fable ['feɪbl]

bajkopisarz fabulist ['fæbjʊlɪst]

bak tank [tæŋk]

bakalie raisins, dates, nuts and figs ['reɪznz, deɪts ˌnʌtsən 'fɪgz]

bakłażan egg-plant ['egplɑ:nt], aubergine ['əʊbəʒi:n]

bakteria bacterium, *l.mn.* bacteria [bæk'tɪərɪəm, bæk'tɪərɪə]

bakteriobójczy antiseptic [æntɪ'septɪk]

bakteriolog bacteriologist [bæktɪərɪ'ɒlədʒɪst]

bakteriologia bacteriology [bæktɪərɪ'ɒlədʒɪ]

bakteriologiczny bacteriological [bæktɪərɪə'lɒdʒɪkl]

bakteryjny bacterial [bæk'tɪərɪəl]; **infekcja bakteryjna** – a bacterial infection

bal[1] (*zabawa*) ball [bɔ:l]; **bal kostiumowy** – a fancy-dress ball

bal[2] (*pień drzewa*) log [lɒg]

balansować balance ['bæləns]

balast ballast ['bæləst]

baldachim canopy ['kænəpɪ]

balerina ballerina [bælə'ri:nə]

baleron smoked pork [sməʊkt' pɔ:k]

balet ballet ['bæleɪ]

baletmistrz ballet master ['bælɪmɑ:stə], ballet dancer ['bælɪ dɑ:nsə]

baletnica ballet dancer ['bælɪdɑ:nsə], ballerina [bælə'ri:nə]

baletowy ballet ['bæleɪ]; **muzyka baletowa** – ballet music

balia wash-tub ['wɒʃtʌb]

balkon balcony ['bælkənɪ]

ballada ❶ (*śpiewany utwór poetycki*) ballad ['bæləd] ❷ (*utwór muzyczny lub rodzaj wiersza*) ballade [bæ'lɑ:d]

balon balloon [bə'lu:n]

balsam balm [bɑ:m], balsam ['bɔ:səm]; *Ta muzyka była balsamem dla moich* *uszu.* – The music was a balm to my ears.

balsamować embalm [ɪm'bɑ:m]

balustrada rail [reɪl], railing ['reɪlɪŋ], balustrade [bælə'streɪd]

bałagan mess [mes], disorder [dɪs'ɔ:də], disarray [dɪsə'reɪ]; *W pokoju jest bałagan.* – The room is in a mess. *Dom był w stanie kompletnego bałaganu.* – The house was in a state of complete disorder. **robić bałagan w kuchni/na biurku** – to make a mess in the kitchen/to throw the things on the desk into disarray

bałkański Balkan ['bɔ:lkən]

bałtycki Baltic ['bɔ:ltɪk]

bałwan ❶ (*fala morska*) breaker ['breɪkə] ❷ (*ze śniegu*) snow-man ['snəʊmæn] ❸ (*głupiec*) blockhead ['blɒkhed], nitwit ['nɪtwɪt]

bambosz slipper ['slɪpə]

bambus bamboo [bæm'bu:]

banalny banal [bə'nɑ:l], commonplace ['kɒmənpleɪs], trivial ['trɪvɪəl]

banał banality [bə'nælətɪ]; *Jego przemówienie składało się głównie z banałów.* – His speech consisted mainly of banalities.

banan banana [bə'nɑ:nə]; **skórka banana** – banana skin

bananowy banana [bə'nɑ:nə]; **republika bananowa** – a banana republic

banda ❶ (*szajka*) gang [gæŋ], band [bænd] ❷ (*grupa*) bunch [bʌntʃ], company ['kʌmpənɪ]

bandaż bandage ['bændɪdʒ]

bandażować bandage ['bændɪdʒ]

bandera flag [flæg]; **pływać pod polską banderą** – to sail under the Polish flag; **podnieść/opuścić banderę** – to raise/to lower a flag

bandyta bandit ['bændɪt], gangster ['gæŋstə], thug [θʌg]

banicja exile ['eksaɪl; **skazać na banicję** – to send into exile/to exile/to banish; *Z przyczyn politycznych został skazany przez rząd na banicję.* – He was banished by the goverment for political reasons.

banita exile ['eksaɪl]

bank bank [bæŋk]

bankier banker ['bæŋkə]

bankiet banquet ['bæŋkwɪt]; **wydać bankiet** – to give/to hold a banquet

banknot bank note ['bæŋknəʊt], note [nəʊt], *am.* bill [bɪl]; **banknot pięciofuntowy** – a five-pound note; **banknot pięciodolarowy** – a five-dollar bill

bankowość banking ['bæŋkɪŋ]

bankructwo bankruptcy ['bæŋkrəpsɪ]

bankrut bankrupt ['bæŋkrəpt]

bankrutować go bankrupt [gəʊ'bæŋkrəpt]; *Przedsiębiorstwo zbankrutowało.* – The company went bankrupt.

bańka ❶ (*naczynie na mleko*) milk-churn ['mɪlktʃɜ:n] ❷ (*pęcherzyk*) bubble ['bʌbl]; **puszczać bańki mydlane** – to blow soap bubbles

baobab baobab ['beɪəʊbæb]

bar bar [bɑ:]

baran ram [ræm], **Baran** (*znak zodiaku*) Aries ['eəri:z]

barani sheep's [ʃi:ps], mutton ['mʌtn]; **kożuch barani** – sheepskin coat; **udziec barani** – a joint of mutton

baranina mutton ['mʌtn], lamb [læm]

barbakan barbican ['bɑ:bɪkən]

barbarzyńca barbarian [bɑ:'beərɪən]

barbarzyński barbaric [bɑ:'bærɪk], barbarous ['bɑ:bərəs]

barbarzyństwo barbarism ['bɑ:bərɪzm]

barczysty broad-shouldered [brɔ:d-'ʃəʊldəd]

bardziej more [mɔ:]; **coraz bardziej** – more and more; **im bardziej..., tym bardziej** – the more... the more

bardzo very ['verɪ], very much [verɪ-'mʌtʃ]; *To bardzo dobre.* – It's very good. *Bardzo dziękuję.* – Thank you very much. *Bardzo mi się to podoba.* – I like it very much. *Czy mogę...?* – *Proszę bardzo.* – May I...? – By all means. **za bardzo** – too much; **nie za bardzo** – hardly, not quite

barek ❶ (*stolik na kółkach*) trolley ['trɒlɪ] ❷ (*szafka na alkohole*) cocktail cabinet ['kɒkteɪl ˌkæbənɪt]

bariera barrier ['bærɪə], bar [bɑ:]; **bariera dźwięku** – the sound barrier; **przekroczyć barierę dźwięku** – to break the sound barrier
barierka rail [reɪl], railing ['reɪlɪŋ]
bark shoulder ['ʃəʊldə]
barka barge [bɑ:dʒ]
barman barman, *l.mn.* barmen ['bɑ:mən], *am.* bartender ['bɑ:tendə]
barmanka barmaid ['bɑ:meɪd]
barok baroque [bə'rɒk]
barokowy baroque [bə'rɒk]
barometr barometer [bə'rɒmɪtə]; **barometr idzie w górę/spada** – the barometer is rising/falling; *Barometr nie wykazuje zmian ciśnienia.* – The barometer is steady.
barometryczny barometric [bærəʊ'metrɪk]; **ciśnienie barometryczne** – barometric pressure
baron baron ['bærən]
baronowa baroness ['bærənɪs]
barszcz borstch [bɔ:stʃ], beetroot soup ['bi:tru:tsʊ:p]
barwa colour ['kʌlə]; **barwy ochronne** – protective colouring
barwnik dye [daɪ], pigment ['pɪgmənt]; *Do farbowania wełny użyliśmy wyłącznie barwników naturalnych.* – We used only natural pigments to dye the wool.
barwny ❶ (*kolorowy*) coloured ['kʌləd] ❷ (*o żywych kolorach*) colourful ['kʌləfʊl], brightly coloured ❸ *przen.* vivid ['vɪvɪd], colourful ['kʌləfʊl]; **barwna postać** – a colourful character; **barwny opis** – a vivid description
baryczny:
niż/wyż baryczny – an area of (barometric) low/high pressure
barykada barricade [bærɪ'keɪd]; **wznieść barykadę** – to set up a barricade
baryłka barrel ['bærəl]
baryton baritone ['bærɪtəʊn]
bas bass [beɪs]
basen swimming-pool ['swɪmɪŋ pu:l]
baszta tower ['taʊə]
baśń fairy-tale ['feərɪteɪl]
bat whip [wɪp]
batalia battle ['bætl], fight [faɪt]
batalion battalion [bə'tæljən]
bateria battery ['bætərɪ], (*w zegarkach elektronicznych*) cell [sel]; *Bateria jest wyczerpana.* – The battery is flat/ /dead.
baton bar [bɑ:]
batuta baton ['bætən]; **orkiestra pod batutą** – orchestra conducted by
batyst cambric ['keɪmbrɪk], batiste [bæ'ti:st]
bawełna cotton ['kɒtn]
bawić ❶ (*kogoś*) amuse [ə'mju:z], entertain [entə'teɪn]; *Zabawiał nas swoimi historyjkami.* – He amused/entertained us with his stories. ❷ (*przebywać*) stay [steɪ], sojourn ['sɒdʒɜ:n]
bawić się ❶ (*spędzać przyjemnie czas*) have a good time, enjoy oneself; *Czy dobrze się wczoraj bawiłeś?* – Did you have a good time/enjoy yourself yesterday? ❷ (*bawić się w coś lub z kimś*) play [pleɪ]; *Czy on może przyjść pobawić się?* – Can he come and play? **bawić się z psem** – to play with the dog; **bawić się w chowanego/w piratów** – to play hide-and-seek/(at)pirates; **bawić się zapałkami** – to play with matches
bawół buffalo ['bʌfələʊ]
baza base [beɪs] basis, *l.mn.* bases ['beɪsɪs, 'beɪsi:z]
bazalt basalt ['bæsɔ:lt]
bazar bazaar [bə'zɑ:]
bazia catkin ['kætkɪn]
bazylia basil ['bæzl]
bazylika basilica [bə'zɪlɪkə]; **Bazylika św. Piotra w Rzymie** – the Basilica of St. Peter's in Rome
bażant pheasant ['feznt]
bąbel blister ['blɪstə]
bąbelek bubble ['bʌbl]; **bąbelki w wodzie sodowej/szampanie** – bubbles in carbonated water/champagne
bądź *p.* **być**
◆ **bądź co bądź** – however/all the same/ /at any rate; **gdzie bądź** – anywhere

b

bąk ❶ (*owad*) bumble-bee ['bʌmbl bi:] ❷ (*zabawka*) humming-top ['hʌmɪŋ-tɒp]

beczeć ❶ (*o owcy*) bleat [bli:t] ❷ (*płakać*) blubber ['blʌbə], weep [wi:p]

beczka barrel ['bærəl], (*na wino*) cask [kɑ:sk]

befsztyk beefsteak ['bi:fsteɪk], steak [steɪk]; **befsztyk z polędwicy** – sirloin steak; **befsztyk dobrze wysmażony/średnio wysmażony/niedosmażony** – a well-done/medium/rare steak

begonia begonia [bɪ'gəʊnjə]

bekon bacon ['beɪkən]; **jajka na bekonie** – bacon and eggs

bela ❶ (*materiału*) bale (of cloth) [beɪl-] ❷ (*drzewa*) log [lɒg]

beletrystyczny fiction ['fɪkʃn], fictional ['fɪkʃənəl]; **literatura beletrystyczna** – works of fiction

beletrystyka fiction ['fɪkʃn], literary fiction ['lɪtrərɪ'fɪkʃn]

Belg Belgian ['beldʒən]

belgijski Belgian ['beldʒən]

belka beam [bi:m]; **belka stropowa** – tie-beam

bełkot mumble ['mʌmbl], gibberish ['dʒɪbərɪʃ]

bełkotać mumble ['mʌmbl], stammer ['stæmə], gibber ['dʒɪbə]

benzyna petrol ['petrəl], *am.* gas(oline)

berek tag [tæg]; **bawić się w berka** – to play tag

beret beret ['bereɪ]

berło sceptre ['septə]

bestia ❶ (*zwierzę*) beast [bi:st] ❷ *przen.* beast [bi:st], brute [bru:t]

bestialski bestial ['bestjəl], brutal ['bru:tl], savage ['sævɪdʒ]

bestialstwo bestiality [bestɪ'ælətɪ], brutality [bru:'tælətɪ], savagery ['sævɪdʒrɪ]

bestseller bestseller [best'selə]

beton concrete ['kɒŋkri:t]

betoniarka concrete mixer ['kɒŋkri:t-mɪksə]

betonować concrete ['kɒŋkri:t]

bez[1] lilac ['laɪlək], (*czarny bez*) elder ['eldə]

bez[2] without [wɪ'ðaʊt]; *Nie możesz jechać bez paszportu.* – You can't go without a passport.

◆ **bez końca** – endlessly; **bez grosza** – peniless; **bez potrzeby** – unnecessarily; **bez wątpienia** – undoubtedly, doubtless; **bez względu na** – regardless of

beza meringue [mə'ræŋ]

bezalkoholowy non-alcoholic [nɒn-ælkə'hɒlɪk]; **napój bezalkoholowy** – soft drink

bezbarwny colourless ['kʌləlɪs], *przen.* colourless, dull [dʌl]

bezbłędny faultless ['fɔ:ltlɪs]

bezbolesny painless ['peɪnlɪs]

bezbronny defenceless [dɪ'fenslɪs], vulnerable ['vʌlnərəbl]

bezbrzeżny boundless ['baʊndlɪs], limitless ['lɪmɪtlɪs]; **bezbrzeżny smutek** – boundless grief; **bezbrzeżna głupota** – boundless stupidity; **bezbrzeżna chciwość** – limitless greed

bezcelowy aimless ['eɪmlɪs], pointless ['pɔɪntlɪs], useless ['ju:slɪs]; **bezcelowa dyskusja** – aimless/pointless discussion; *To bezcelowe próbować z nimi negocjować.* – It's useless/pointless trying to negotiate with them.

bezcen:
za bezcen – dirt-cheap [dɜ:t'tʃi:p]; *Kupiłam to za bezcen.* – I bought it dirt-cheap.

bezcenny priceless ['praɪslɪs], invaluable [ɪn'væljʊəbl]; *Ten obraz jest bezcenny.* – This picture is invaluable//priceless. **bezcenne rady** – invaluable advice

bezchmurny cloudless ['klaʊdlɪs]

bezcłowy duty-free [dju:tɪ'fri:]

bezczelność impudence ['ɪmpjʊdəns], insolence ['ɪnsəlens], cheek [tʃi:k]; *Mam dosyć twojej bezczelności!* – I've had enough of your impudence! *Był na tyle bezczelny, że powiedział...* – He had the cheek to say... *Co za bezczelność!* – What a cheek!

bezczelny impudent ['ımpjʊdənt], insolent ['ınsələnt], cheeky ['tʃi:kı]; **bezczelne zachowanie** – impudent/insolent behaviour
bezczynność idleness ['aıdlnıs], inactivity [ınæk'tıvətı]
bezczynny idle ['aıdl], inactive [ın'æktıv]
bezdeszczowy rainless ['reınlıs], dry [draı]; **bezdeszczowy dzień** – a rainless day; **bezdeszczowa pogoda** – dry weather
bezdomny homeless ['həʊmlıs]
bezdroże unbeaten track [ʌn,bi:tn 'træk]
bezdzietny childless ['tʃaıldlıs]
beze mnie without me
bezgłośny soundless ['saʊndlıs], unvoiced [ʌn'vɔıst]; **poruszać się bezgłośnie** – to move soundlessly
bezgraniczny limitless ['lımıtlıs], boundless ['baʊndlıs]; **bezgraniczna głupota** – boundless stupidity; **bezgraniczna chciwość** – limitless greed
bezgrzeszny sinless ['sınlıs], innocent ['ınəsnt]
bezgwiezdny starless ['stɑ:lıs]; **bezgwiezdne niebo** – a starless sky
bezimienny anonymous [ə'nɒnıməs], nameless ['neımlıs]
bezinteresowny disinterested [dıs'ıntrəstıd]; **bezinteresowny akt dobroci** – a disinterested act of kindness
bezkarny unpunished [ʌn'pʌnıʃt]
bezklasowy classless ['klɑ:slıs]; **społeczeństwo bezklasowe** – a classless society
bezkolizyjny:
skrzyżowanie bezkolizyjne – a cloverleaf ['kləʊvəli:f], flyover ['flaıəʊvə]
bezkonfliktowy peaceful ['pi:sfl], peace-loving [pi:s'lʌvıŋ]; **osoba bezkonfliktowa** – a peace-loving/peaceful person
bezkonkurencyjny unrivalled [ʌn'raıvld]
bezkres boundlessness ['baʊndlısnıs]
bezkresny boundless ['baʊndlıs]
bezkręgowiec invertebrate [ın'vɜ:tıbrət]
bezkrwawy bloodless ['blʌdlıs]
bezkrytyczny uncritical [ʌn'krıtıkl], indiscriminate [ındı'skrımınət]; **bezkrytyczni zwolennicy rządu** – uncritical supporters of the government; *Jest bezkrytyczna w doborze przyjaciół.* – She is indiscriminate in her choice of friends.
bezksiężycowy moonless ['mu:nlıs]
bezkształtny shapeless ['ʃeıplıs]
bezlitosny merciless ['mɜ:sılıs], pitiless ['pıtılıs], ruthless ['ru:θlıs]; **bezlitosna krytyka** – merciless criticism; **bezlitosny morderca** – a merciless/ruthless killer; **bezlitosne okrucieństwo** – ruthless cruelty; **bezlitosne tempo** – ruthless pace
bezludny uninhabited [ʌnın'hæbıtıd]; **bezludna wyspa** – a desert/an uninhabited island
bezład chaos ['keıɒs], disorder [dıs'ɔ:də], confusion [kən'fju:ʒn]
bezładny chaotic [keı'ɒtık], disorderly [dıs'ɔ:dəlı], confused [ken'fju:zd]
bezmiar immensity [ı'mensıtı], infinity [ın'fınətı]
bezmierny immense [ı'mens], infinite ['ınfınət]
bezmięsny (*o diecie*) vegetarian [vedʒı'teərıən]
bezmyślność thoughtlessness ['θɔ:tlısnıs], carelessness ['keəlısnıs]
bezmyślny unthinking [ʌn'θınkıŋ], thoughtless ['θɔ:tlıs], wanton ['wɒntən], (*lekkomyślny*) careless ['keəlıs]; **bezmyślne okrucieństwo** – wanton cruelty
beznadziejność hopelessness ['həʊplısnıs]
beznadziejny hopeless ['həʊplıs]
bezokolicznik infinitive [ın'fınətıv]
bezosobowy impersonal [ım'pɜ:snl]
bezowocny fruitless ['fru:tlıs], futile ['fju:taıl]; *Nasze wysiłki były bezowocne.* – Our efforts were fruitless.

b

bezpański ownerless ['əʊnəlɪs], (*o psie*) stray [streɪ]

bezpaństwowy stateless ['steɪtlɪs]

bezpieczeństwo safety ['seɪftɪ], security [sɪ'kjʊərətɪ]; **pas bezpieczeństwa** – safety belt; **zawór bezpieczeństwa** – safety valve; **dla twojego własnego bezpieczeństwa** – for your own safety; **bezpieczeństwo państwa** – national security; **środki bezpieczeństwa** – security measures; **Rada Bezpieczeństwa** – the Security Council

bezpiecznik fuse [fjʊ:z], (*przy broni palnej*) safety catch ['seɪftɪ'kætʃ]; **przepalić bezpiecznik (elektryczny)** to blow a fuse

bezpieczny safe [seɪf], secure [sɪ'kjʊə]; *Czy to bezpieczne miejsce do pływania?* – Is this a safe place to swim? *To nie jest bezpieczny temat.* – This isn't a safe subject. *Czuł się bezpieczny w pobliżu matki.* – He felt secure near his mother.

bezpłatny free [fri:]; *Wstęp jest bezpłatny.* – Admission is free.

bezpłodność infertility [ɪnfə'tɪlətɪ]

bezpłodny infertile [ɪn'fɜ:taɪl] (*bezowocny, bezskuteczny*) fruitless ['fru:tlɪs], ineffectual [ɪnɪ'fektʃʊəl]

bezpodstawny groundless ['graʊndlɪs], unfounded [ʌn'faʊndɪd]; *Nasze obawy okazały się bezpodstawne.* – Our fears proveds groundless. **bezpodstawne podejrzenia/oskarżenia/pogłoski** – groundless/unfounded suspicions/accusations/rumours

bezpośredni direct [dɪ'rekt/daɪ'rekt], immediate [ɪ'mi:djət]; **pociąg bezpośredni** – a through/direct train; **samolot bezpośredni** – a direct flight; **bezpośrednia przyczyna śmierci** – the immediate cause of death; *Ona pochodzi w bezpośredniej linii od króla.* – She descends in a direct line from the king.

bezpośrednio directly [dɪ'rektlɪ/daɪ'rektlɪ], immediately [ɪ'mi:djətlɪ]; *Odpowiedział bezpośrednio i otwarcie.* – He answered directly and openly. *Ona jest bezpośrednio za to odpowiedzialna.* – She is directly responsible for it. **lata bezpośrednio po wojnie** – the years immediately after the war

bezpotomny heirless ['eəlɪs]

bezprawny illegal [ɪ'li:gl], unlawful [ʌn'lɔ:fl]

bezpretensjonalny unpretentious [ʌnprɪ'tenʃəs], unassuming [ʌnə'sju:mɪŋ]

bezprzewodowy cordless ['kɔ:dlɪs]; **telefon bezprzewodowy** – cordless telephone

bezradność helplessness ['helplɪsnɪs]

bezradny helpless ['helplɪs]

bezrobocie unemployment [ʌnɪm'plɔɪmənt]

bezrobotny unemployed [ʌnɪm'plɔɪd]

bezruch immobility [ɪməʊ'bɪlətɪ], standstill ['stænstɪl]; **pozostawać w bezruchu** – to be at a standstill

bezsenność insomnia [ɪn'sɒmnɪə], sleeplessness ['sli:plɪsnɪs]; **cierpieć na bezsenność** – to suffer from insomnia

bezsenny sleepless ['sli:plɪs]; **spędzić bezsenną noc** – to pass a sleepless night

bezsens nonsense ['nɒnsns], absurdity [əb'sɜ:dətɪ]

bezsensowny nonsensical [nɒn'sensɪkl], absurd [əb'sɜ:d], senseless ['senslɪs]

bezsilność helplessness ['helplɪsnɪs]

bezsilny helpless ['helplɪs], powerless ['paʊəlɪs]

bezskutecznie in vain [ɪn'veɪn], vainly ['veɪnlɪ]; *Bezskutecznie staraliśmy się go przekonać.* – We tried in vain/ /vainly to persuade him.

bezskuteczność ineffectiveness [ɪnɪ'fektɪvnɪs], futility [fju:'tɪlətɪ]

bezskuteczny vain [veɪn], ineffective [ɪnɪ'fektɪv], futile ['fju:taɪl]; **bezskuteczna próba** – a vain/futile attempt

bezsłoneczny sunless ['sʌnlɪs]

bezsporny unquestionable [ʌn'kwestʃənəbl], indisputable [ɪndɪ'spju:təbl]

bezstronność impartiality [ɪmpɑ:ʃɪ'ælətɪ]

bezstronny impartial [ɪm'pɑ:ʃl], unbiased [ʌn'baɪəst]

bezterminowy of unlimited duration [əvʌn'lɪmɪtɪd djʊə'reɪʃn], open-ended [əʊpn'endɪd]

beztroska unconcern [ʌnkən'sɜ:n], light-heartedness [laɪt'hɑ:tɪdnɪs]; *Przyjął tę wiadomość z pozorną beztroską.* – He heard the news with apparent unconcern.

beztroski unconcerned [ʌnkən'sɜ:nd]; light-hearted [laɪt'hɑ:tɪd], carefree ['keəfri:]; *Czuła się beztroska myśląc o przyszłości.* – She felt unconcerned about her future.

bezustanny incessant [ɪn'sesnt], continual [kən'tɪnjʊəl]; **bezustanne awarie** – continual breakdowns; **jej bezustanne narzekanie** – her incessant complaining; *Żyliśmy w bezustannym strachu.* – We lived in continual fear. **tydzień bezustannego deszczu** – a week of incessant/continual rain

bezużyteczny useless ['ju:slɪs]

bezwartościowy worthless ['wɜ:θlɪs], valueless ['væljʊlɪs]

bezwarunkowy unconditional [ʌnkən'dɪʃənl]; **bezwarunkowa kapitulacja** – unconditional surrender

bezwietrzny windless ['wɪndlɪs]

bezwład inertia [ɪ'nɜ:ʃjə]

bezwładność inertia [ɪ'nɜ:ʃjə]; *To się porusza siłą bezwładności.* – It moves by its own inertia.

bezwładny inert [ɪ'nɜ:t]

bezwonny odourless ['əʊdəlɪs]

bezwstydny shameless ['ʃeɪmlɪs]; **bezwstydny kłamca** – a shameless liar

bezwzględnie ❶ (*surowo*) ruthlessly ['ru:θlɪslɪ]; **traktować kogoś bezwzględnie** – to treat sb ruthlessly ❷ (*całkowicie, bezwarunkowo*) absolutely ['æbsəlu:tlɪ], unconditionally [ʌnkən'dɪʃənəlɪ]; **bezwzględnie komuś ufać** – to trust sb absolutely ❸ (*koniecznie*) without fail [wɪ'ðaʊt 'feɪl], most certainly [məʊst 'sɜ:tnlɪ]

bezwzględność ruthlessness ['ru:θlɪsnɪs]

bezwzględny ❶ (*surowy*) ruthless ['ru:θlɪs]; **bezwzględny dyktator** – a ruthless dictator ❷ (*bezwarunkowy, absolutny*) absolute ['æbsəlu:t]; **bezwzględne zaufanie** – absolute trust; **zero bezwzględne** – absolute zero

bezzębny toothless ['tu:θlɪs]

bezzwłocznie immediately [ɪ'mi:djətlɪ], without delay

bezzwłoczny immediate [ɪ'mi:djət], prompt [prɒmt]; *Żądam bezzwłocznej odpowiedzi.* – I demand/insist on an immediate reply.

beż beige [beɪʒ]

beżowy beige [beɪʒ]

bęben (*muz., w pralce automatycznej*) drum [drʌm]; **uderzenia w bęben** – the beat of the drum

bębenek ❶ *muz.* tambourine [tæmbə'ri:n] ❷ *anat.* ear-drum ['ɪədrʌm]

bębnić drum (mm) [drʌm]; **bębnić palcami po stole** – to drum on the table with one's fingers; *Deszcz bębni o szybę.* – The rain is drumming against the window.

bękart bastard ['bɑ:stəd]

biadolić whine [waɪn], moan [məʊn], groan [grəʊn], complain [kəm'pleɪn]; *On zawsze biadoli, jaki to jest biedny.* – He always moans how poor he is. *Przestań biadolić!* – Do stop moaning!

białaczka *med.* leukaemia [lju:'ki:mɪə]

białko protein ['prəʊti:n], (*jajka*) the white of an egg, (*oka*) the white of an eye; **dieta uboga w białko** – a diet low in protein

biały white [waɪt]; **biała kawa** – white coffee; **białe ciałka krwi** – white blood cells; **Biały Dom** – the White House; **w biały dzień** – in broad daylight; **biały wiersz** – blank verse

Biblia the Bible [-'baɪbl]

biblijny biblical ['bɪblɪkl]

bibliografia bibliography [bɪblɪ'ɒgrəfɪ]

bibliograficzny bibliographical [bɪblɪə'græfɪkl]

biblioteczka (*szafka*) book-case ['bʊkkeɪs]

biblioteka library ['laɪbrərɪ]

bibliotekarka librarian [laɪ'breərɪən]

bibliotekarstwo librarianship [laɪ'breərɪənʃɪp]

b

b

bibliotekarz librarian [laɪ'breərɪən]

bibuła blotting-paper ['blɒtɪŋ peɪpə]

bibułka tissue-paper ['tɪʃu: peɪpə]

biceps biceps, *l.mn.* biceps ['baɪseps]

bicie ❶ (*np. kijem*) beating ['bi:tɪŋ] ❷ (*uderzenie*) beat [bi:t]; **bicie w bęben** – drum beat; **bicie dzwonów** – ringing/peal of bells; **bicie serca** – heartbeat ❸ (*ubój zwierząt*) slaughter ['slɔ:tə]

bicz whip [wɪp]

biczować whip (pp) [wɪp], flog (gg) [flɒg]

bić ❶ (*uderzać*) beat (beat, beaten) [bi:t, bi:t, 'bi:tn], strike (struck, struck) [straɪk, strʌk, strʌk]; **bić w bęben** – to beat the drum; **pobić kogoś do nieprzytomności** – to beat sb unconscious; *Jego serce ciągle jeszcze bije.* – His heart is still beating. *Zegar właśnie wybił trzecią.* – The clock has just struck three. **ubić jajka** – to beat the eggs up; **bić brawo** – to clap one's hands/to applaude; **bić w dzwony** – to ring/peal the bells; **bić na alarm** – to sound the alarm ❷ (*pokonać*) beat (beat, beaten) [bi:t, bi:t, 'bi:tn]; *Pobił mnie w szachach.* – He beat me at chess. **bić rekordy** – to beat records ❸ (*zabijać zwierzęta*) slaughter ['slɔ:tə]

bić się fight (fought, fought) [faɪt, fɔ:t, fɔ:t]; **bić się z myślami** – to be in two minds; **bić się na wojnie** – to fight in a war; *Przestańcie się bić!* – Do stop fighting!

bidet bidet ['bi:deɪ]

biec run (ran, run) [rʌn, ræn, rʌn]; *Czy możesz biec szybciej?* – Can you run faster? *On pobiegnie na dystansie 1500 metrów.* – He will be running in the 1500 meters. *Pobiegnij do sklepu po cukier.* – Run and buy some sugar. *On biega za kobietami.* – He runs after women. *Droga biegnie równolegle do linii kolejowej.* – The road runs parallel to the railway. (*o czasie, wydarzeniach*) pass [pɑ:s]; *Dzień biegnie za dniem.* – The days are passing.

bieda ❶ (*ubóstwo*) poverty ['pɒvətɪ], want [wɒnt], need [ni:d]; **żyć w biedzie** – to live in poverty ❷ (*kłopot*) trouble ['trʌbl]; *Bieda w tym, że nie mamy mapy.* – The trouble is we have no map. ❸ (*zły los*) distress [dɪs'tres]

biedak (*cierpiący biedę*) poor man [pʊə'mæn], *przen.* poor fellow [pʊə'feləʊ], poor creature [pʊə'kri:tʃə]

biedny ❶ (*cierpiący biedę*) poor [pʊə]; *Ona jest tak biedna, że nie może zapłacić komornego.* – She is so poor, that she cannot pay the rent. ❷ (*nieszczęśliwy*) poor [pʊə], miserable ['mɪzərəbl]; *Biedny, mały szczeniaczek!* – Poor little puppy!

biedronka ladybird ['leɪdɪbɜ:d]

bieg ❶ (*ruch, przemieszczanie się*) run [rʌn]; *Przez cały dzień jestem w biegu.* – I've been on the run all day. *Puścił się biegiem.* – He started off at a run. ❷ *sport.* run [rʌn], race [reɪs]; **bieg na 5 km** – a 5 km race/run; **bieg zjazdowy** – down-hill run; **bieg przełajowy** – cross-country run ❸ (*bieg czasu, wydarzeń*) course [kɔ:s]; **z biegiem czasu** – in the course of time; **normalnym biegiem rzeczy** – in the ordinary course of events ❹ (*w samochodzie*) gear [gɪə]; **zmieniać bieg** – to change gear; **bieg wsteczny** – reverse gear; *Samochód jest na biegu.* – The car is in gear.

◆ **z biegiem rzeki** – with the stream, downstream; **górny bieg rzeki** – the upper reaches of the river

biegacz runner ['rʌnə]

biegać run (ran, run) [rʌn, ræn, rʌn]

bieganie running ['rʌnɪŋ], (*bieganie dla kondycji*) jogging ['dʒɒgɪŋ]

biegle fluently ['flu:əntlɪ], expertly ['ekspɜ:tlɪ], proficiently [prə'fɪʃntlɪ]; **mówić biegle po angielsku** – to speak English fluently; **znać coś biegle** – to know sth expertly/proficiently

biegłość fluency ['flu:ənsɪ], proficiency [prə'fɪʃnsɪ], (*zręczność, wprawa*) skill [skɪl]; **osiągnąć biegłość w języku obcym** – to acquire fluency in a foreign language; **osiągnąć biegłość w posługiwaniu się komputerem** – to acquire a skill in using a computer

biegły expert ['ekspɜ:t], skilled ['skɪld], proficient [prə'fɪʃnt]

biegun pole [pəʊl]; **biegun północny/ /południowy** – the North/South Pole; **biegun dodatni/ujemny** – the positive/negative pole
◆ **fotel na biegunach** – a rocking chair; **koń na biegunach** – a rocking horse

biegunka diarrhoea [daɪə'rɪə]

biegunowy polar ['pəʊlə]; *Nasze punkty widzenia są biegunowo różne.* – Our points of view are at opposite poles.

biel whiteness ['waɪtnɪs], white [wɪt]; **kobieta w bieli** – a woman in white

bieleć go white [gəʊ'waɪt], turn white [tɜ:n'waɪt]; *Włosy bieleją mu na skroniach.* – His hair is going/is turning white at the temples.

bielić ❶ (*ściany*) whitewash ['waɪtwɒʃ] ❷ (*bieliznę*) bleach [bli:tʃ]

bielizna linen ['lɪnɪn], (*pościelowa*) bedlinen ['bedlɪnɪn], (*osobista*) underwear ['ʌndəweə], (*damska*) lingerie ['lænʒəri:]

bierność passivity [pæ'sɪvətɪ]

bierny passive ['pæsɪv]; **bierne posłuszeństwo** – passive obiedience; **bierny opór** – passive resistance; **bierna rezygnacja** – passive resignation; **strona bierna** – the passive voice

bierzmowanie confirmation [kɒnfə'meɪʃn]

biesiada feast [fi:st]

bieżący ❶ (*aktualny*) current ['kʌrənt], topical ['tɒpɪkl]; **bieżące wydarzenia** – current events; **bieżące wiadomości** – topical news; **w bieżącym roku** – in the current year ❷ (*płynący*) running ['rʌnɪŋ]; **bieżąca woda** – running water

bieżnia racing track ['reɪsɪŋ ˌtræk]

bieżnik tread [tred]

bigamia bigamy ['bɪgəmɪ]; **popełnić bigamię** – to commit bigamy

bigamista bigamist ['bɪgəmɪst]

bigos sauerkraut stew ['saʊəkraʊt,stju:]

bikini bikini [bɪ'ki:nɪ]

bila billiard ball ['bɪljəd bɔ:l]

bilans balance ['bæləns]; **bilans handlowy** – balance of trade; **bilans płatniczy** – balance of payments

bilard billiards ['bɪljədz]

bilet ticket ['tɪkɪt]; **bilet powrotny** – a return ticket/*am.* a round-trip ticket; **bilet w jedną stronę** – a single ticket/ /*am.* a one-way ticket; **bilet okresowy** (*np. miesięczny*) – a season ticket

bilon small change [smɔ:l'tʃeɪndʒ], coins [kɔɪnz]

binokle eye-glasses ['aɪglɑ:sɪz]

biodro hip [hɪp]; **być szerokim w biodrach** – to be wide in/round the hips; *Stał z rękami na biodrach.* – He stood with his hands on his hips.

biografia biography [baɪ'ɒgrəfɪ]

biograficzny biographic [baɪəʊ'græfɪk], biographical [baɪəʊ'græfɪkl]

biolog biologist [baɪ'ɒlədʒɪst]

biologia biology [baɪ'ɒlədʒɪ]

biologiczny biological [baɪəʊ'lɒdʒɪkl]

bis encore [ɒŋ'kɔ:]; **zaśpiewać na bis** – to sing an encore

biskup bishop ['bɪʃəp]

bistro bistro ['bi:strəʊ]

biszkopt sponge-cake ['spʌndʒkeɪk]

bitwa battle ['bætl]; **bitwa pod Waterloo** – the battle of Waterloo; **toczyć bitwę** – to fight a battle; **pole bitwy** – battlefield/battleground; **bitwa morska** – a naval battle; **bitwa o...** – a battle for/over...; **paść na polu bitwy** – to be killed in battle

bity (*o drodze*) beaten ['bi:tn]; **droga bita** – beaten track

biuletyn bulletin ['bʊlətɪn]

biurko writing-desk ['raɪtɪŋdesk], bureau ['bjʊərəʊ]

biuro office ['ɒfɪs]; **pracować w biurze** – to work in an office; **biuro podróży** – travel agency/bureau

biurokracja bureaucracy [bjʊə'rɒkrəsɪ]

biurokrata bureaucrat ['bjʊərəkræt]

biurokratyczny bureaucratic [bjʊərəʊ'krætɪk]

biurowiec office-block ['ɒfɪs blɒk]

b

biurowy office ['ɒfɪs]; **pracownik biurowy** – an office worker; **wyposażenie biurowe** – office equipment

biust bust [bʌst], breast [brest], bosom ['bʊzəm], (*popiersie*) bust [bʌst]

biustonosz bra [brɑ:], brassiere ['bræsɪə]

biwak bivouac ['bɪvwæk], camp [kæmp]; **rozłożyć się biwakiem nad rzeką** – to pitch camp by the river

biwakować bivouac ['bɪvwæk], camp [kæmp]; *Tydzień biwakowaliśmy w lesie.* – We camped in the woods for a week.

biznesmen businessman, *l.mn.* businessmen ['bɪznɪsmæn, 'bɪznɪsmən]

bizon bison, *l.mn.* bison ['baɪsn]

biżuteria jewellery ['dʒu:əlrɪ]

blacha (*arkusz metalu*) sheet metal [ʃi:t'metl], (*cynowa*) tin plate [tɪn'pleɪt], (*materiał*) tin [tɪn]; **blacha** (*forma*) **do pieczenia** – cake tin; **płaska blacha do pieczenia** – baking sheet

bladość pallor ['pælə]; **chorobliwa bladość** – sickly pallor

blady pale [peɪl], (*o uśmiechu, świetle*) wan [wɒn]; **blady jak ściana** – pale as a sheet; **blady uśmiech** – a wan smile; **blade światło zimowego poranka** – wan light of a winter morning

blankiet blank [blæŋk], form [fɔ:m]; **wypełnić blankiet** – to fill in a form; *Czy mogę dostać jeszcze jeden blankiet?* – May I have another blank?

blask ❶ (*jasność*) brightness ['braɪtnɪs], radiance ['reɪdjəns], brilliance ['brɪljəns], glare [gleə], glimmer ['glɪmə], glitter ['glɪtə]; **blask słońca** (*ostry*) – glare; **blask księżyca** – moonlight; **blask brylantów** – glitter of diamonds ❷ (*świetność*) glamour ['glæmə], splendour ['splendə]

◆ **blaski i cienie** – ups and downs

blaszka tin plate ['tɪn pleɪt], metal plate ['metl pleɪt]

blat (*stołu*) table-top ['teɪbltɒp], (*kuchenny*) work surface, work top ['wɜ:ktɒp]

blednąć pale [peɪl], go/grow/turn pale; *Pobladła ze złości słysząc tę wiadomość.* – She paled with anger at the news. *Nasze problemy zbladły wobec prawdziwego niebezpieczeństwa.* – Our problems paled in comparison with real danger.

blef bluff [blʌf]

blefować bluff [blʌf]

blezer cardigan ['kɑ:dɪgən]

bliski near [nɪə], close [kləʊs]; **bliski krewny** – close relative; **bliski przyjaciel** – close friend; **Bliski Wschód** – the Near East; **bliska przyszłość** – near future; **bliska odległość** – near/ /short distance; **temat bliski mojemu sercu** – a subject close to my heart; *Gdzie jest najbliższy przystanek autobusowy?* – Where is the nearest bus stop?

blisko close [kləʊs], closely ['kləʊslɪ], near [nɪə]; *Nie podchodź zbyt blisko.* – Don't come too close. *Mieszkamy tu blisko.* – We live close by./We live near by./We live near here. *Moje biuro znajduje się bardzo blisko stacji.* – My office is very near to the station. *Ona i jej matka były zawsze bardzo bliskie sobie.* – She and her mother have always been very close. *Jest blisko północy.* – It's close on midnight. *To kosztowało blisko milion.* – It cost close to a million. *Te dwa wydarzenia są blisko powiązane.* – The two events are closely connected. **z bliska** – at close quarters; **blisko położony** – nearby

blizna scar [skɑ:]

bliźni neighbour ['neɪbə]; **kochać bliźniego** – to love one's neighbour

bliźniaczy twin [twɪn]; **ciąża bliźniacza** – twin pregnancy

bliźniak twin [twɪn]; **mój brat-bliźniak** – my twin brother

bliźnięta twins [twɪnz], **Bliźnięta** (*znak zodiaku*) Gemini ['dʒemɪnaɪ]

bliżej nearer ['nɪərə], closer ['kləʊsə]; *Podejdź bliżej.* – Will you come closer. *Nie znam go bliżej.* – I'm not closely acquainted with him./I don't know him well.

bloczek (*zeszycik*) writing-pad ['raɪtɪŋ pæd]

blok ❶ (*bryła*) block [blɒk]; **blok granitu** – a block of granite ❷ (*budynek*) block [blɒk]; **blok mieszkalny** – a block of flats ❸ (*budynek dla więźniów*) barrack ['bærək] ❹ (*zeszyt, blok listowy*) writing pad ['raɪtɪŋ pæd]; **blok rysunkowy** – drawing pad ❺ (*związek państw*) bloc [blɒk]; **Blok Wschodni** – the Eastern bloc

blokada blockade [blɒ'keɪd]; **przerwać blokadę** – to break a blockade

blokować block [blɒk]; *Śnieg zablokował drogi.* – Snow has blocked the roads.

blond blond [blɒnd]

blondyn fair-haired man [ˌfeəheəd'mæn]

blondynka blonde [blɒnd]

blues blues [blu:z]

bluszcz ivy ['aɪvɪ]

bluza blouson ['blu:zɒn], (*munduru*) tunic ['tju:nɪk]

bluzka blouse [blaʊz]

bluźnierstwo blasphemy ['blæsfəmɪ]

błagać beg (gg) [beg], implore [ɪm'plɔ:]; *Błagał ją o wybaczenie.* – He begged her for forgiveness. *Błagał ją, żeby została.* – He implored her to stay.

błagalny imploring [ɪm'plɔ:rɪŋ]; *Rzucił jej błagalne spojrzenie.* – He gave her an imploring look.

błaganie entreaty [ɪn'tri:tɪ]; **głuchy na wszelkie błagania** – deaf to all the entreaties

błahostka trifle ['traɪfl]

błahy trivial ['trɪvɪəl], trifling ['traɪflɪŋ], insignificant [ɪnsɪg'nɪfɪkənt]

bławatek cornflower ['kɔ:nflaʊə]

błazen fool [fu:l]

błąd mistake [mɪs'teɪk], fault [fɔ:lt], error ['erə]; **popełnić błąd** – to make a mistake; *To był duży błąd, że powiedzieliśmy mu o tym.* – It was a big mistake to tell him about it. *Twoje wypracowanie jest pełne błędów.* – Your essay is full of mistakes/errors. **błąd ortograficzny** – a spelling mistake; **błąd drukarski** – a misprint/a printer's error; **błąd komputera** – a computer fault; **błąd w obliczeniach** – an error in the calculations; **błąd w ocenie sytuacji/w sztuce** – an error of judgment; **metodą prób i błędów** – by trial and error

błądzić ❶ (*mylić się*) err [ɜ:]; *Błądzić jest rzeczą ludzką.* – To err is human. ❷ (*o wzroku, myślach*) wander ['wɒndə] ❸ (*błąkać się*) stray [streɪ], wander ['wɒndə]; *Błądził godzinami szukając tego domu.* – He wandered about for hours looking for the house.

błąkać się p. **błądzić**

błędny ❶ (*zawierający błąd*) erroneous [ɪ'rəʊnjəs], wrong [rɒŋ], false [fɔ:ls], incorrect [ɪnkə'rekt]; **błędne przekonanie** – erroneous belief; **błędna odpowiedź** – a wrong answer; **błędne wnioski** – false conclusions ❷ (*obłąkany, nieprzytomny*) wild [waɪld], vague [veɪg], wandering ['wɒndərɪŋ]; **błędny wzrok** – wild look; **błędne myśli** – vague thoughts ❸ (*błądzący*): **błędny rycerz** – knight errant; **błędne koło** – vicious circle

błękit sky-blue [skaɪ'blu:], azure ['æʒə]

błękitny azure ['æʒə], sky-blue [skaɪ-'blu:]

błogi blissful ['blɪsfl]

błogosławić bless [bles]

błogosławieństwo blessing ['blesɪŋ]

błogość bliss [blɪs]

błona film [fɪlm], membrane ['membreɪn]; **błona śluzowa** – mucous membrane; **błona fotograficzna** – film

błonnik fibre ['faɪbə]

błotnik (*roweru*) mudguard ['mʌdgɑ:d], (*samochodu*) wing [wɪŋ]

błotnisty muddy ['mʌdɪ]

błotny mud [mʌd]; **kąpiel błotna** – mud-bath

błoto mud [mʌd]; *Moje buty były oblepione błotem.* – My shoes were plastered with mud. *przen.* **obrzucanie błotem** – mud-slinging

błysk flash [flæʃ], glitter ['glɪtə], sparkle ['spɑ:kl]; **błysk intuicji** – a flash of intuition

błyskać / błysnąć flash [flæʃ], glitter ['glɪtə], sparkle ['spɑ:kl]; *Światło latarni morskiej błyskało w oddali.* – A lighthouse was flashing in the distance. *Jej oczy rozbłysnęły złością.* – Her eyes flashed angrily. *Jej brylanty błyskały w świetle świec.* – Her diamonds sparkled in candlelight.

błyskawica lightning ['laɪtnɪŋ]; **szybki jak błyskawica** – quick as lightning

błyskawicznie like lightning, in a flash, like a flash

błyskawiczny rapid ['ræpɪd], instant ['ɪnstənt], swift [swɪft]; **zamek błyskawiczny** – zip fastener/zipper

błyskotliwy brilliant ['brɪljənt], sparkling ['spɑ:klɪŋ]; **błyskotliwy młody człowiek** – a brilliant young man; **błyskotliwa kariera** – brilliant career; **błyskotliwa konwersacja** – sparkling conversation

błysnąć p. **błyskać**

błyszczący shiny ['ʃaɪnɪ], brilliant ['brɪljənt], glittering ['glɪtərɪŋ]; *Szklanki były czyste i błyszczące.* – The glasses were clean and shiny. **błyszczące oczy** – glittering eyes; **błyszczące gwiazdy** – glittering stars

błyszczeć ❶ (*świecić się*) shine (shone, shone) [ʃaɪn, ʃɒn, ʃɒn], sparkle ['spɑ:kl], glitter ['glɪtə], glisten ['glɪsn]; *Oczy błyszczały jej z radości.* – Her eyes were sparkling with joy. ❷ (*w towarzystwie*) shine (shone, shone) [ʃaɪn, ʃɒn, ʃɒn], sparkle ['spɑ:kl]

bo ❶ (*gdyż*) because [bɪ'kɒz], for [fə], as [æz/əz]; *Musiałam wyjść, bo miałam pociąg o ósmej.* – I had to leave because/for/as I had a train at 8. ❷ (*bo inaczej*) or [ɔ:], or else [ɔ:'rels]; *Pospiesz się, bo spóźnisz się na pociąg.* – Hurry up or else you'll miss the train.

boa ❶ (*wąż*) boa ['bəʊə], boa constrictor ['bəʊə kən'strɪktə] ❷ (*okrycie na szyję*) boa ['bəʊə]

boazeria panelling ['pænlɪŋ]

bochenek loaf [ləʊf]

bocian stork [stɔ:k]

boczek bacon ['beɪkn]

boczny side [saɪd]; **boczny tor** – side track; **boczne światło** – sidelight; **boczna droga** – side road

bodaj ❶ (*oby*); *Bodajby tak było.* – May it be so. ❷ (*choćby, przynajmniej*) just [dʒʌst]; **bodaj kilka dobrych słów** – just a few kind words ❸ (*podobno, chyba, bodajże*); *Był bodajże nauczycielem.* – He was a teacher, if I'm not mistaken/unless I'm mistaken.

bodziec stimulus *l.mn.* stimuli ['stɪmjʊləs, 'stɪmjʊlaɪ]

bogacić się become/grow/get rich

bogactwo ❶ wealth [welθ], riches ['rɪtʃɪz]; *Sukces przyniósł mu olbrzymie bogactwo.* – His succes has brought him vast riches. *Bogactwo nie przyniosło im szczęścia.* – Wealth has not brought them happiness. **bogactwa naturalne** – natural resources ❷ (*różnorodność*) variety [və'raɪətɪ]; **bogactwo kolorów** – a variety of colours

bogaty rich [rɪtʃ], wealthy ['welθɪ]; *Pomarańcze są bogate w witaminę C.* – Oranges are rich in vitamin C. **bogaci** – the rich; **zabrać bogatym i dać biednym** – take from the rich and give to the poor

bogini goddess ['gɒdɪs]

bohater hero ['hɪərəʊ]

bohaterka heroine ['herəʊɪn]

bohaterski heroic [hɪ'rəʊɪk]

bohaterstwo heroism ['herəʊɪzm], courageous act [kə'reɪdʒəs,ækt]

boisko playing-field ['pleɪɪŋfi:ld], (*szkolne*) playground ['pleɪgraʊnd]; **boisko do piłki nożnej** – football field

boja buoy [bɔɪ]

bojaźliwy fearful ['fɪəfl], timid ['tɪmɪd], shy [ʃaɪ]

bojkot boycott ['bɔɪkɒt]

bojkotować boycott ['bɔɪkɒt]

bojler boiler ['bɔɪlə]

bojownik fighter ['faɪtə]

bojowy combat ['kɒmbət]; **samolot bojowy** – combat aircraft; **duch bojowy** – fighting spirit; **okrzyk bojowy** – battle-cry

bok side [saɪd]; *Kwadrat ma cztery równe boki.* – A square has four equal sides. *Córka szła u jego boku.* – His daughter walked by his side. *Boli mnie w lewym boku.* – I have a pain in my left side. *On zarabia trochę pieniędzy na boku, reperując samochody.* – He makes a little money on the side by repairing cars. **zrywać boki ze śmiechu** – to split one's sides

boks[1] *sport.* boxing ['bɒksɪŋ]

boks[2] (*pomieszczenie*) cubicle ['kju:bɪkl], (*w stajni*) horse-box ['hɔ:sbɒks]

bokser boxer ['bɒksə]

bokserski boxing ['bɒksɪŋ]; **mecz bokserski** – a boxing match; **rękawice bokserskie** – boxing gloves

bolący painful ['peɪnfl], aching ['eɪkɪŋ], sore [sɔ:]; **bolący ząb** – aching tooth; **bolące gardło** – sore throat

boleć[1] ❶ ache [eɪk], hurt (hurt, hurt) [hɜ:t, hɜ:t, hɜ:t]; *Bolą mnie nogi.* – My feet hurt. *Co panią boli?* – What hurts you?/What ails you? *Boli mnie głowa/ /ząb.* – I have a headache/a toothache. *Boli mnie gardło.* – I have a sore throat. *Boli mnie wszystko.* – I ache all over. ❷ *przen.* grieve [gri:v]; *Boli mnie, że odmawiasz powrotu do domu.* – It grieves me, that you refuse to return home.

boleć[2] (*nad czymś*) regret(tt) [rɪ'gret], feel sorry [fi:l'sɒrɪ]; **boleć nad straconymi możliwościami** – to regret missed opportunities; *Boleję nad tym, że jesteś nieszczęśliwa.* – It grieves me that you are not happy.

bolero bolero [bə'leərəʊ]

bolesny painful ['peɪnfl]

bomba bomb [bɒm]; *Zrzucali bomby na miasto.* – They dropped bombs on the city. **bomba atomowa** – atomic bomb; **bomba czasowa/zegarowa** – time bomb

bombardować (*z samolotu*) bomb [bɒm], (*artylerią, przen.*) bombard [bɒm'bɑ:d]; *Podczas ostatniej wojny Londyn był silnie bombardowany.* – London was heavily bombed during the last war. *Dziennikarze bombardowali prezydenta pytaniami.* – Reporters bombarded the President with questions.

bombardowanie bombardment [bɒm'bɑ:dmənt]

bombka glass ball ['glɑ:sbɔ:l]

bombonierka a box of chocolates [bɒks əv 'tʃɒkləts]

bombowiec bomber ['bɒmə]

bonifikata discount ['dɪskaʊnt], price reduction [praɪs rɪ'dʌkʃn]

bordo dark red [dɑ:k'red], deep red [di:p'red]

borować drill [drɪl]

borsuk badger ['bædʒə]

borykać się struggle ['strʌgl], wrestle ['resl], grapple ['græpl]; **borykać się z różnymi problemami** – to wrestle/ /to grapple/to struggle with various problems

boski divine [dɪ'vaɪn]

boskość divinity [dɪ'vɪnətɪ]

bosman boatswain ['bəʊsn]

boso barefoot ['beəfʊt]; **biegać boso** – to run barefoot

boss boss [bɒs]

bosy barefoot ['beəfʊt], barefooted [beə'fʊtɪd]

botaniczny botanical [bə'tænɪkl]; **ogród botaniczny** – botanical garden/gardens

botanik botanist ['bɒtənɪst]

botanika botany ['bɒtənɪ]

bowiem because [bɪ'kɒz], for [fɔ:/fə], since [sɪns], *p.* **bo**

boy page [peɪdʒ], page-boy ['peɪdʒbɔɪ], *am.* bellboy ['belbɔɪ]

bożek idol ['aɪdl]

Boże Narodzenie Christmas ['krɪsməs]; **obchodzić Boże Narodzenie** – to celebrate Christmas

Boży God's [gɒdz], of God, divine [dɪ'vaɪn]; **Boże Ciało** – Corpus Christi

bożyszcze idol ['aɪdl]

b

bób broad bean [brɔ:d 'bi:n]

bóbr beaver ['bi:və]

Bóg *relig.* God [gɒd]; *O (mój) Boże!* – Oh, (my) God!/Oh, Lord! *Dzięki Bogu!/ /Chwała Bogu!* – Thank God!/Thank Goodness!/Thank Heavens! *Nie daj Boże!/Niech Bóg broni!* – God forbid!

bój fight [faɪt], battle ['bætl]; **toczyć bój** – to fight a battle

bójka fight [faɪt], scuffle ['skʌfl]; **wszcząć bójkę** – to start/to provoke a fight; **wdać się w bójkę** – to get into a fight; **bójka na pięści** – a fist fight

ból pain [peɪn], ache [eɪk]; **ból gardła** – a sore throat; **ból głowy** – a headache; **ból zęba** – a toothache; **ból żołądka** – a stomachache; **ból krzyża** – a backache

bór forest ['fɒrɪst]

brać take (took, taken) [teɪk, tʊk, 'teɪkn]; **brać coś ręką** – to take sth with the hand; **brać coś do ręki** – to take sth into one's hand; **brać kogoś za rękę** – to take sb's hand/to take sb by the hand; **brać odpowiedzialność** – to take responsibility; **brać pod uwagę** – to take into consideration; **brać kogoś serio** – to take sb seriously; *Za kogo mnie bierzesz?* – What do you take me for? **brać** *(jeńców)* **do niewoli** – to take prisoners; **brać taksówkę** – to take a taxi; **brać lekarstwo** – to take medicine; **brać kąpiel** – to take a bath; **brać udział** – to take part; **brać przeszkody** – to take obstacles

brać się:
brać się do pracy – to get down to work; **brać się w garść** – to pull oneself together; *Skąd się to bierze?* – Where does it come from?

brak[1] ❶ *(niedostatek, nieobecność)* lack [læk], want [wɒnt], shortage ['ʃɔ:tɪdʒ], scarcity ['skeəsətɪ]; *W czasie wojny występował brak żywności.* – There was a shortage of food during the war. **z braku czasu** – for lack of time; **odczuwać brak** – to lack ❷ *(wada)* fault [fɔ:lt], defect [dɪ'fekt]

brak[2] *(brakuje)*; *Brak mi ciebie.* – I miss you. *Brak mi pieniędzy.* – I lack money/I'm short of money. *Brak dwojga dzieci.* – Two children are missing.

brakować *p.* **brak**[2], be short of [-ʃɔ:t], be short on, want [wɒnt]; *Niczego nam nie brakuje.* – We don't need anything. *W szpitalu zaczyna brakować żywności.* – The hospital is getting short of food. *Brakuje nam jeszcze 500 funtów.* – We are still £500 short. – *Brakuje jeszcze pół godziny do północy.* – It still wants half an hour till midnight. *Tego by jeszcze brakowało!* – That would be the last straw!

brama gate [geɪt]

bramka *sport.* goal [gəʊl]; **stać na bramce** – to keep goal; **strzelić bramkę** – to score a goal

bramkarz goal-keeper ['gəʊl ki:pə]

bransoleta bracelet ['breslɪt]

branża branch [brɑ:ntʃ], line of business

brat brother ['brʌðə]; **brat cioteczny** – cousin/first cousin; **brat przyrodni** – step-brother, half-brother

bratanek nephew ['nevju:]

bratanica niece [ni:s]

bratek pansy ['pænsɪ]

braterski brotherly ['brʌðəlɪ]

braterstwo brotherhood ['brʌðəhʊd]

bratowa sister-in-law ['sɪstərɪnlɔ:]

brawo ❶ *(oklaski)* applause [ə'plɔ:z]; **huczne brawa** – thunderous applause; **dostać brawa** – to get applause; **bić brawo** – to applaud ❷ *(okrzyk wyrażający pochwałę)* bravo! ['brɑ:vəʊ], well done! [wel 'dʌn]

Brazylijczyk Brazilian [brə'zɪljən]

brazylijski Brazilian [brə'zɪljən]

brąz ❶ *(stop miedzi)* bronze [brɒnz]; **posążek z brązu** – a bronze statue ❷ *(kolor)* brown [braʊn]

brązowy ❶ *(kolor)* brown [braʊn] ❷ *(z brązu)* bronze [brɒnz]; **medal brązowy** – a bronze medal

brednia nonsense ['nɒnsns], rubbish ['rʌbɪʃ], drivel ['drɪvl]; *Opowiadasz brednie.* – You are talking nonsense/ /rubbish.

bredzić ❶ (*majaczyć*) rave [reɪv], maunder (on) ['mɔ:ndə-] ❷ (*mówić bzdury*) drivel (ll) ['drɪvl], talk nonsense [tɔ:k 'nɒnsns], talk rubbish [tɔ:k 'rʌbɪʃ]

brew brow [braʊ], eyebrow ['aɪbraʊ]; **marszczyć brwi** – to frown, to knit one's brows

brezent tarpaulin [tɑ:'pɔ:lɪn]

brnąć flounder ['flaʊndə]; **brnąć w długi** – to run up debts/to get into debt

broda ❶ (*dolna część twarzy*) chin [tʃɪn] ❷ (*zarost*) beard [bɪəd]; **zapuścić brodę** – to grow a beard

brodaty bearded ['bɪədɪd]

brodawka wart[wɔ:t] , (*sutkowa*) nipple ['nɪpl]

brodzić wade [weɪd], paddle ['pædl]

brodzik paddling pool ['pædlɪŋ pu:l], *am.* wading pool ['weɪdɪŋ pu:l]

brokat brocade [brəʊ'keɪd]

brom *chem.* bromine ['brəʊmi:n], *pot.* (*środek nasenny*) bromide ['brəʊmaɪd]

bronchit bronchitis [brɒn'kaɪtɪs]

bronić ❶ (*działać w obronie, chronić*) defend [dɪ'fend], protect [prə'tekt], guard [gɑ:d]; **bronić kraju przed nieprzyjacielem** – to defend one's country against the enemy; **bronić kogoś przed atakiem** – to defend sb from attack; **bronić bramki** – to defend the goal ❷ (*praw, sprawy, w sądzie*) plead [pli:d], defend [dɪ'fend]; **bronić własnego zdania** – to defend one's ideas; **bronić sprawy** – to plead a case ❸ (*zabraniać*) forbid (forbade, forbidden) [fə'bɪd, fə'bæd, fə'bɪdn]; *Niech Bóg broni!* – God forbid!

bronić się defend oneself [dɪ'fendwʌn-'self]

broń weapon ['wepən], arms [ɑ:mz]; *Mieli ze sobą broń.* – They had weapons with them. **broń i amunicja** – arms and ammunition; **chwycić za broń** – to take up arms; **broń nuklearna/konwencjonalna** – nuclear/ /conventional weapons

broszka brooch [brəʊtʃ]

broszura brochure ['brəʊʃə], pamphlet ['pæmflɪt]

browar brewery ['brʊərɪ]

bród ❶ (*płytkie miejsce*) ford [fɔ:d] ❷ (*obfitość*) abundance [ə'bʌndəns], galore [gə'lɔ:]; *Jedzenia i picia było w bród.* – There was food and drink galore/in abundance.

brud dirt [dɜ:d]; **brudy** (*brudna bielizna*) – dirty linen

brudny dirty ['dɜ:tɪ]; **brudne ręce** – dirty hands; **brudna robota** – a dirty job; **mieć brudne myśli** – to have a dirty mind

brudzić dirty ['dɜ:tɪ], soil [sɔɪl], stain [steɪn]; *Pobrudzisz ręce.* – You'll dirty your hands.

bruk pavement ['peɪvmənt]

brukować pave [peɪv]

brukselka Brussels sprout [brʌsl'spraʊt] (Uwaga: w języku angielskim rzeczownik **brukselka** jako potrawa występuje w l.mn.); *Na obiad była brukselka.* – We had Brussels sprouts for lunch.)

brukselski Brussels ['brʌslz]

brulion rough copy ['rʌfkɒpɪ], (*zeszyt*) notebook ['nəʊtbʊk]

brunatny brown [braʊn]

brunet dark-haired man

brunetka brunette [bru:'net]

brutal brute [bru:t]

brutalność brutality [bru:'tælətɪ]

brutalny brutal ['bru:tl]

brutto gross [grəʊs]; **waga brutto** – gross weight

bruzda furrow ['fʌrəʊ]

brydż bridge [brɪdʒ]; **grać w brydża** – to play bridge

brydżysta bridge-player [brɪdʒ 'pleɪə]

brygada (*w policji*) squad [skwɒd], (*w wojsku*) brigade [brɪg'eɪd], (*robocza*) gang [gæŋ]; **brygada budowlana** – a gang of builders

brygadzista foreman ['fɔ:mən]

brylant diamond ['daɪəmənd]

bryła ❶ block [blɒk], lump [lʌmp]; **bryła ziemi** – a lump/a clod of earth

❷ (*geometryczna*) solid figure ['sɒlɪd 'fɪgə], solid ['sɒlɪd]

Brytyjczyk Briton ['brɪtn], Britisher ['brɪtɪʃə], British ['brɪtɪʃ]; *On jest Brytyjczykiem.* – He is British. *Brytyjczycy mają poczucie humoru.* – The British have a sense of humour.

b

brytyjski British ['brɪtɪʃ]

bryza breeze [bri:z]

brzask dawn [dɔ:n], daybreak ['deɪbreɪk]; *Wyruszyli o brzasku.* – They set out at dawn/at daybreak.

brzdęk twang [twæŋ]

brzeg ❶ (*jeziora*) shore [ʃɔ:], (*morza*) shore [ʃɔ:], coast [kəʊst]; *Łódź znajdowała się około mili od brzegu.* – The boat was about a mile from the shore. *Statek zatonął dwie mile od brzegu.* – The ship sank two miles off the coast. *Obozowaliśmy na brzegu jeziora.* – We camped on the shore of the lake. *Podpłynęli do brzegu.* – They swam to the shore. ❷ (*rzeki*) bank [bæŋk], riverside ['rɪvəsaɪd]; *Dom znajduje się na lewym brzegu rzeki.* – The house is on the left bank of the river. *Poszliśmy na spacer brzegiem rzeki.* – We went for a walk along the riverside. ❸ (*przepaści*) edge [edʒ] ❹ (*naczynia*) brim [brɪm]; **pełny po brzegi** – full to the brim

brzegowy coast [kəʊst], shore [ʃɔ:]; **linia brzegowa** – coastline

brzemienny (*o kobiecie, przen.*) pregnant ['pregnənt]; **brzemienny w skutki** – pregnant with consequences

brzemię burden ['bɜ:dn]; **dźwigać brzemię** – to carry/to bear a burden

brzęczeć (*o metalu, szkle*) clink [klɪŋk], (*o metalu*) jingle ['dʒɪŋgl], (*o owadach*) buzz [bʌz], hum (mm) [hʌm], (*o talerzach*) clatter ['klætə]

brzęk (*metalu*) jingle ['dʒɪŋgl], clink [klɪŋk], (*szklanek*) clink [klɪŋk], (*owadów*) buzz [bʌz], hum [hʌm], (*talerzy*) clatter ['klætə]

brzmieć sound [saʊnd], ring (rang, rung) [rɪŋ, ræŋ, rʌŋ]; *To brzmi interesująco.* – It sounds interesting. *Zabrzmiał głos trąbki.* – A trumpet sounded.

brzmienie sound [saʊnd]; **brzmienie jego głosu** – the sound of his voice; *Zespół ma swoje własne, unikalne brzmienie.* – The group have their own unique sound.

brzoskwinia peach [pi:tʃ]

brzoza birch [bɜ:tʃ]

brzuch stomach ['stʌmək], *anat.* abdomen ['æbdəmən], *pot.* belly ['belɪ]; **ból brzucha** – stomach-ache; *Uderzył mnie w brzuch.* – He hit me in the stomach.

brzuszny abdominal [æb'dɒmɪnl]; **dur brzuszny** – typhoid fever

brzydki ugly ['ʌglɪ]; **brzydkie kaczątko** – an ugly duckling

brzydnąć become ugly [bɪ'kʌm,ʌglɪ], lose one's looks

brzydota ugliness ['ʌglɪnɪs]

brzydzić się loathe [ləʊð], abhor (rr) [əb'hɔ:], feel disgust fi:ldɪs'gʌst]

brzytwa razor ['reɪzə]

buchać ❶ (*o dymie*) come out in clouds ❷ (*o cieczach*) gush [gʌʃ] ❸ (*o płomieniach*) blaze [bleɪz], flare [fleə]

buczeć hum (mm) [hʌm], buzz [bʌz], drone [drəʊn]

buda ❶ (*pomieszczenie do składowania*) shed [ʃed], shack [ʃæk] ❷ (*stoisko jarmarczne*) stall [stɔ:l] ❸ (*dla psa*) kennel ['kenl]

buddyjski Buddhist ['bʊdɪst]; **świątynia buddyjska** – a Buddhist temple; **mnich buddyjski** – a Buddhist monk

buddysta Buddhist ['bʊdɪst]

buddyzm Buddhism ['bʊdɪzm]

budka ❶ (*wartownika*) sentry-box ['sentrɪbɒks], watch-box ['wɒtʃbɒks] ❷ (*suflera*) prompt box ['prɒmptbɒks], *am.* prompter's box ['prɒmtəz bɒks] ❸ (*telefoniczna*) telephone booth/box [-bu:ð/ /bɒks], call box ['kɔ:lbɒks] ❹ (*kiosk*) news-stand ['nju:zstænd] ❺ *p.* **buda** ❷

budowa ❶ (*budowanie*) building ['bɪldɪŋ], construction [kən'strʌkʃn]; **budowa dróg** – the construction of roads; **budowa okrętów** – shipbuilding; **plac budowy** – building site;

Hotel jest w budowie. – The hotel is under construction. ❷ (*struktura*) structure ['strʌktʃə], build [bɪld]; **człowiek silnej budowy ciała** – a man of powerful build; **budowa komórki** – cell structure; **budowa mózgu** – the structure of the brain

budować build (built, built) [bɪld, bɪlt, bɪlt], construct [kən'strʌkt]; **budować dom/drogę/linię kolejową** – to build a house/road/railway; *Dom jest zbudowany z cegły.* – The house is built of brick. *Nie od razu Kraków zbudowano.* – Rome was not built in one day. **budować lepszą przyszłość** – to build a better future; **budować zdanie** – to construct a sentence

budowla building ['bɪldɪŋ], structure ['strʌktʃə]; *To jest jedna z najwyższych budowli w naszym mieście.* – That is one of the tallest buildings in our town. *Nowy kościół jest dziwnie wyglądającą budowlą z kamienia, cegły i szkła.* – The new church is an odd-looking structure of brick, stone and glass.

budowlany building ['bɪldɪŋ], construction [kən'strʌkʃn]; **materiały budowlane** – building materials; **robotnicy budowlani** – construction workers; **przedsiębiorca budowlany** – building contractor; **przemysł budowlany** – construction industry; **inżynieria budowlana** – civil engineering

budownictwo building ['bɪldɪŋ], building trade ['bɪldɪŋ,treɪd], construction [kən'strʌkʃn], architecture ['ɑ:kɪtektʃə]; *On pracuje w budownictwie.* – He works in construction/in building trade/in construction industry. **budownictwo wielkopłytowe** – prefabricated building; **budownictwo XIX wieku** – the architecture of the nineteenth century

budowniczy builder ['bɪldə], architect ['ɑ:kɪtekt]

buduar boudoir ['bu:dwɑ:]

budynek building ['bɪldɪŋ], house [haʊs]; **budynek szkoły** – the school building

budyń pudding ['pʊdɪŋ], custard ['kʌstəd]

budzić ❶ (*ze snu*) wake (up) (woke, woken) [weɪk-, wəʊk, 'wəʊkn], awake (awoke, awoken) [ə'weɪk, ə'wəʊk, ə'wəʊkn], waken ['weɪkn], awaken [ə'weɪkn]; *Nie budź dziecka!* – Don't wake the baby! ❷ (*wzbudzać np. zaufanie, sympatię*) arouse [ə'raʊz], inspire [ɪn'spaɪə]; **budzić ciekawość/ /podejrzenia** – to arouse curiosity suspicions; **budzić nadzieję/entuzjazm/zaufanie** – to inspire hope/enthusiasm/confidence

budzić się wake (up) (woke, woken) [weɪk-, wəʊk, 'wəʊkn]; *Dziś rano obudziłem się o szóstej.* – I woke at 6 o'clock this morning.

budzik alarm-clock [ə'lɑ:mklɒk]; *Nastaw budzik na szóstą.* – Set the alarm-clock for six o'clock.

budżet budget ['bʌdʒɪt]

bufet ❶ (*lada w barze, restauracji*) bar [bɑ:]; **wypić coś przy bufecie** – to have a drink at the bar ❷ (*na stacji kolejowej*) refreshment room [rɪ'freʃmənt 'rʊm], buffet ['bʊfeɪ] ❸ (*w zakładzie pracy*) canteen [kæn'ti:n] ❹ (*stół z przekąskami*) buffet ['bʊfeɪ]; **zimny bufet** – cold buffet

bufor buffer ['bʌfə]

buhaj bull [bʊl]

bujać ❶ (*huśtać*) rock [rɒk], swing (swung, swung) [swɪŋ, swʌŋ, swʌŋ] ❷ (*nabierać kogoś*) to pull sb's leg

bujny ❶ (*o roślinności*) luxuriant [lʌg'zjʊərɪənt]; **bujne lasy tropikalne** – luxuriant tropical forests ❷ (*o wyobraźni*) vivid ['vɪvɪd]; **bujna wyobraźnia** – vivid imagination

buk beech [bi:tʃ]

bukiecik posy ['pəʊzɪ]

bukiet ❶ (*pęk kwiatów*) bunch (of flowers) [bʌntʃ-], bouquet [bʊ'keɪ] ❷ (*zapach wina*) bouquet [bʊ'keɪ]

buldog bulldog ['bʊldɒg]

buldożer bulldozer ['bʊldəʊzə]

bulgotać gurgle ['gɜ:gl], bubble ['bʌbl]

b

b

bulion broth [brɒθ], beef-tea [bi:f'ti:], bouillon ['bu:jɔ:ŋ]

bulwa bulb [bʌlb], tuber ['tju:bə]

bulwar boulevard ['bu:lvɑ:], avenue ['ævənju:]

buława baton ['bætən]; **buława marszałkowska** – a Field-Marshal's baton

Bułgar Bulgarian [bʌl'geərıən]

bułgarski Bulgarian [bʌl'geərıən]

bułka roll [rəʊl], breadroll ['bredrəʊl]; **bułka paryska** – French loaf/bread; **bułka tarta** – bread crumbs

bumerang boomerang ['bu:məræŋ]

bunkier bunker ['bʌŋkə]

bunt mutiny ['mju:tını], rebellion [rı'beljən], revolt [rı'vəʊlt]; **podżegać do buntu** – to incite/to stir up a mutiny//a revolt; **stłumić bunt** – to crush a mutiny/a revolt; **podnieść bunt** – to rise in revolt/to revolt; **bunt wybucha** – a mutiny breaks out

buntować się mutiny ['mju:tını], revolt [rı'vəʊlt], rebel (ll) [rı'bel]; **buntować się przeciwko tyranii** – to mutiny/to rebel against tyranny; **buntować (kogoś) przeciwko czemuś** – to induce//to stir up a revolt against sth

buntowniczy mutinous ['mju:tınəs], rebellious [rı'beljəs]; **buntownicze zachowanie** – mutinous/rebellious behaviour

buntownik mutineer [mju:tı'nıə], rebel ['rebl]

burak beet [bi:t], beetroot ['bi:tru:t]; **burak cukrowy** – sugar-beet

burmistrz mayor [meə]

bursztyn amber ['æmbə]; **korale/naszyjnik z bursztynu** – amber necklace

burta side [saıd]; **lewa/prawa burta** – port/starboard side; **wyrzucić za burtę** – to throw overboard; **człowiek za burtą** – man overboard

burza storm [stɔ:m], tempest ['tempıst]; **burza z piorunami** – thunderstorm; **burza śnieżna/piaskowa** – snow//sand storm; **burza w szklance wody** – a storm in a teacup/*am.* a tempest in a teapot; **rozpętać burzę** – to raise/to stir up a storm

burzliwy stormy ['stɔ:mı], tempestuous [tem'pestjʊəs]; **burzliwa debata polityczna** – a tempestuous political debate; **burzliwa dyskusja** – a stormy discussion; **burzliwe oklaski** – thunderous applause

burzowy stormy ['stɔ:mı]; **burzowa pogoda** – stormy weather; **chmura burzowa** – storm-cloud/thunder-cloud

burzyć (*niszczyć*) demolish [dı'mɒlıʃ], pull down [pʊl'daʊn], destroy [dı'strɔı]; *Dzielnica slumsów została wyburzona.* – The slum district has been demolished/pulled down. *Dom został zburzony przez bomby.* – The house was destroyed by bombs. **burzyć spokój** – to shatter the peace

burzyć się (*buntować się*) rebel (ll) [rı'bel], revolt [rı'vəʊlt]; *Natura ludzka burzy się na takie okrucieństwo.* – Human nature revolts against such cruelty.

burżuazja bourgeoisie [bʊəʒwɑ:'zi:]

burżuazyjny bourgeois ['bʊəʒwɑ:]

busola compass ['kʌmpəs]

busz the bush [bʊʃ]

but shoe [ʃu:], (*powyżej kostki*) boot [bu:t]

butan butane ['bju:teın]

butelka bottle ['bɒtl]

butelkować bottle ['bɒtl]

butla ❶ (*na gaz*) cylinder ['sılındə] ❷ (*na wino*) demijohn ['demıdʒɒn]

butwieć rot (tt) [rɒt]

by *gram.* (bym, byś, byśmy, byście – *tryb warunkowy sygnalizowany jest czasownikami* should [ʃʊd, ʃəd], would [wʊd, wəd]); *On by tam nie pojechał.* – He would not go there. *Byłaby szkoda to zgubić.* – It would be a pity to lose it. *Na twoim miejscu przemyślałbym to.* – If I were you I would/should think it over.

bycie being ['bi:ıŋ], *p.* **być**

◆ **sposób bycia** – manner; **mieć agresywny sposób bycia** – to have an aggressive manner

być ❶ (*czasownik pełnoznaczny*) be, was/were, been [bi:, wɒz, wəz/wɜ: wə, bi:n, bɪn]
jestem – I am
jesteś – you are
on/ona/ono jest – he/she/it is
jesteśmy – we are
jesteście – you are
oni/one są – they are
◆ **byłem** – I was
byłeś – you were
on był – he was
ona była – she was
ono było – it was
byliśmy – we were
byliście – you were
oni byli/one były – they were
◆ **jestem** (*od pewnego czasu*) – I have been
jesteś – you have been
on/ona/ono jest – he/she/it has been
jesteśmy – we have been
jesteście – you have been
oni/one są – they have been
◆ **będę** – I will be
będziesz – you will be
on/ona/ono będzie – he/she/it will be
będziemy – we will be
będziecie – you will be
oni/one będą – they will be

być albo nie być – to be, or not to be; *Będę jutro w domu.* – I'll be at home tomorrow. **co ma być, to będzie** – what will be, will be ❷ (*czasownik posiłkowy służący do tworzenia złożonych form czasowników*) (a) czasu przyszłego złożonego (will, shall); *Będę pamiętać.* – I will remember. (b) strony biernej (be); *Praca była wykonana szybko.* – The work was quickly done. (c) w zwrotach nieosobowych (it is/there is); *Było późno.* – It was late. *Jest do ciebie list.* – There is a letter for you. *W parku jest dużo starych drzew.* – There are a lot of old trees in the park. (d) czasu zaprzeszłego (have+past participle); *Powinnam była to zrobić.* – I should have done that.

być może maybe ['meɪbi:], perhaps [pə'hæps], may be [meɪ'bi:]; *Być może on jest chory.* – He may be ill./ /Perhaps he's ill./Maybe he's ill. *Będzie padać. – Być może.* – It's going to rain. – Maybe./Perhaps.

bydlak beast [bi:st], brute [bru:t]

bydlę beast [bi:st], animal ['ænɪml]

bydło cattle ['kætl]

byk bull [bʊl], **Byk** (*znak zodiaku*) Taurus ['tɔ:rəs]; **walka byków** – bullfight; **wziąć byka za rogi** – to take the bull by the horns

byle ❶ (*pod warunkiem, dopóki*) provided [prə'vaɪdɪd], as long as [əz'lɒŋəz]; *Może być gorzej, byle tanio.* – It may be worse, provided it's cheap./Let it be worse, as long as it's cheap. ❷ **byle co** – it doesn't matter what; **byle kto** – it doesn't matter who; **byle gdzie** – it doesn't matter where; **byle jak** – (a) (*nieporządnie*) carelessly/in a slovenly way; (b) (*w jakikolwiek sposób*) it doesn't matter how/any way you like

były former ['fɔ:mə], ex- [eks]; **jej były mąż** – her ex-husband/former husband

bynajmniej not at all [,nɒtət'ɔ:l], not in the least [,nɒtɪnðə'li:st], by no means [baɪ,nəʊ'mi:nz]

bystry ❶ (*szybki*) fast [fɑ:st], swift [swɪft], rapid ['ræpɪd]; **bystra rzeka** – a swift-flowing river ❷ (*o wzroku*) sharp [ʃɑ:p], keen [ki:n]; **bystry wzrok** – keen eyesight; **bystre oczy** – sharp eyes ❸ (*o umyśle*) keen [ki:n], shrewd [ʃru:d], sharp [ʃɑ:p]; **bystry umysł** – keen/sharp mind

byt ❶ (*istnienie*) existence [ɪg'zɪstəns]; **walka o byt** – struggle for survival ❷ (*bycie*) being ['bi:ɪŋ] ❸ (*byt jednostkowy*) entity ['entətɪ], being ['bi:ɪŋ]
◆ **zapewnić komuś byt** – to provide for sb; *Ciężko pracował, aby zapewnić byt swojej licznej rodzinie.* – He worked hard to provide for his large family.

bytowy:
warunki bytowe – living conditions/ /standard of living/living standard; **potrzeby bytowe** – necessities of life

b

bywać ❶ (*być często obecnym*) be often present, frequent [frı'kwent], attend [ə'tend], often go; *Często bywam w teatrze.* – I often go to the theatre. *On bywa na wszystkich wykładach.* – He attends all the lectures. *On bywał za granicą każdego lata.* – He used to go abroad every summer. *Bywał w klubach nocnych.* – He used to frequent night-clubs. ❷ (*odwiedzać kogoś*) visit ['vızıt], come and see [kʌmən-'si:]; *On często u nas bywa.* – He often comes to see us/visits us. *Ona bywa w świecie.* – She goes out a lot. ❸ (*zdarzać się*) happen ['hæpn], occur (rr) [ə'kɜ:], take place [teık 'pleıs]; *Jak to często bywa.* – As it often happens. ❹ (*jako czasownik posiłkowy*) be [bi:], used to be ['ju:st-]; *Bywało, że milczał całymi dniami.* – He used to be silent for days and days.

bywalec habitué [hə'bıtjʊeı]

bzdura nonsense ['nɒnsns], rubbish ['rʌbıʃ]; **mówić bzdury** – to talk nonsense/rubbish

bzik craze [kreız], mania ['meınjə], fixed idea [fıkstaı'dıə]; **mieć bzika** – to have a bee in one's bonnet/to be crazy

bzykać buzz [bʌz], hum (mm) [hʌm]

bzykanie buzz [bʌz], hum [hʌm]

C

cal (*jednostka długości = 2,54 cm*) inch [ıntʃ]

całka integral ['ıntıgrəl]

całkiem ❶ (*dość, dosyć*) quite ['kwaıt], rather ['rɑ:ðə], fairly ['feəlı]; *On jest całkiem przystojny.* – He is quite handsome. *Jest całkiem zimno jak na maj.* – It's rather cold for May. *To jest całkiem trudne ćwiczenie.* – It's a fairly difficult exercise./It's quite/rather a difficult exercise. ❷ (*zupełnie, całkowicie*) quite [kwaıt], entirely [ın'taıəlı] *p.* **całkowicie**; *To całkiem niepotrzebne.* – It's entirely unnecessary. *Butelka była całkiem pusta.* – The bottle was quite empty.

całkować integrate ['ıntıgreıt]

całkowicie absolutely [æbsə'lu:tlı], completely [kəm'pli:tlı], entirely [ın'taıəlı], quite [kwaıt], totally ['təʊtlı], wholly ['həʊlı]; *Całkowicie się zgadzam.* – I absolutely/entirely/utterly agree. *Całkowicie masz rację.* – You're absolutely right. – *Czy jesteś całkowicie zadowolony?* – Are you quite satisfied? *Całkowicie rozumiem.* – I quite understand. *Obawiam się, że całkowicie o tym zapomniałem.* – I'm afraid I've totally forgotten about it.

całkowity absolute ['æbsəlu:t], complete [kəm'pli:t], utter ['ʌtə], total ['təʊtl], whole [həʊl]; **całkowita cisza** – utter/ /absolute/total silence; **całkowita bzdura** – utter/absolute nonsense;

całkowita ignorancja – total ignorance; **całkowita strata czasu** – total waste of time; **całkowite zaćmienie Słońca** – total eclipse of the sun; *Całkowita liczba ofiar ciągle jeszcze nie jest znana.* – The total number of casualties is still unknown. *mat.* **liczba całkowita** – integer, whole number

cało safe [seɪf], unharmed [ʌn'hɑ:md]; *Wyszli z opresji cało i zdrowo.* – They escaped safe and sound.

całokształt the whole (of) [-həʊl-], entirety [ɪn'taɪətɪ], the totality (of) [təʊ-'tælətɪ-]

całość whole [həʊl], entirety [ɪn'taɪətɪ]; *Całość jest większa, niż jakakolwiek z jej części.* – A whole is greater than any of its parts. **jako całość** – as a whole; *Kupił posiadłość w całości.* – He bought the estate in its entirety.

całować kiss [kɪs]; *Pocałował mnie na pożegnanie.* – He kissed me goodbye. *Pocałował mnie w usta.* – He kissed me on the lips.

całun shroud [ʃraʊd]

całus kiss [kɪs]; **dać komuś całusa** – to give sb a kiss

cały all [ɔ:l], entire [ɪn'taɪə], whole [həʊl]; **cały czas** – all the time; **cały dzień/tydzień/miesiąc/rok** – all day/ /week/month/year; *Cała żywność została zjedzona.* – All the food has been eaten. *Całe miasto zostało zniszczone.* – The entire town was destroyed. *Straciłem na to cały dzień.* – I wasted an entire/a whole day on this. *Wypiliśmy całą butelkę.* – We drank the whole bottle. *Zapomnijmy o całej sprawie.* – Let's forget the whole affair. *Powiedz mi całą prawdę.* – Tell me the whole truth. *Z całego serca mam nadzieję, że...* – I hope with all my heart that... *Ubrana była cała na biało.* – She was dressed all in white.

◆ **cały boży dzień** – all day long; **całymi dniami** – for days and days/for days on end

camping campsite ['kæmpsaɪt], camping-site ['kæmpɪŋ,saɪt]

campingowy camping ['kæmpɪŋ]; **domek campingowy** – chalet ['ʃæleɪ]; **przyczepa campingowa** – caravan/ /*am.* trailer

car tsar [zɑ:]

caryca tsarina [zɑ:'ri:nə]

cążki pliers ['plaɪəz]; **cążki do paznokci** – nail pliers, **cążki do skórek** – cuticle pliers

cebula onion ['ʌnɪən]

cebulka bulb [bʌlb]; **cebulka włosowa** – hair bulb

cecha ❶ (*właściwość*) feature ['fi:tʃə], quality ['kwɒlətɪ], characterics [kærəktə'rɪstɪks], attribute ['ætrɪbju:t], trait [treɪt]; *Jakie cechy odróżniają Brytyjczyków od Francuzów?* – What characteristics distinguish the British from the French? *Ona ma wiele dobrych cech.* – She has many good qualities. *Arogancja jest jedną z mniej przyjemnych cech jego charakteru.* – One of his less attractive traits/characteristics is his arrogance. ❷ (*znak fabryczny*) mark [mɑ:k], brand [brænd]

cechować ❶ (*odznaczać*) characterize ['kærəktəraɪz], be characteristic of [-kærəktə'rɪstɪk-]; *Głęboka znajomość natury ludzkiej cechuje wszystkie jej powieści.* – A deep knowledge of human nature characterizes all her novels./A deep knowledge of human nature is characteristic of all her novels. ❷ (*znaczyć*) mark [mɑ:k], brand [brænd]

cedr cedar ['si:də]

cedzak strainer ['streɪnə], skimmer ['skɪmə]

cedzić (*odcedzać*) strain [streɪn], skim (mm) [skɪm]

cegielnia brickyard ['brɪkjɑ:d], brickfield ['brɪkfi:ld]

ceglany brick [brɪk]

cegła brick [brɪk]; *Dom jest zbudowany z czerwonej cegły.* – The house is made of red brick.

C

C

cel ❶ (*obiekt, do którego się mierzy*) target ['tɑ:gɪt]; **mierzyć do celu** – to aim at a target; **trafić/nie trafić do celu** – to hit/to miss a target; *Konsulat był celem ataków terrorystycznych.* – The consulate was a target for terrorist attacks. ❷ (*to, do czego się dąży*) aim [eɪm], goal [gəʊl], purpose ['pɜ:pəs]; *Jaki jest cel pana przyjazdu do Anglii?* – What's the purpose of your visit to England? *On ma jedyny cel w życiu: wzbogacić się.* – He has only one aim/ /purpose in life: to get rich. **osiągnąć cel w życiu** – to reach one's aim/goal in life; **w tym celu** – for this purpose

cela cell [sel], (*w więzieniu*) ward [wɔ:d], cell [sel]

celibat celibacy ['selɪbəsɪ]

celnik customs officer ['kʌstəmz,ɒfɪsə]

celny ❶ (*trafny*) accurate ['ækjʊrət], well--aimed [wel'eɪmd], (*o wypowiedzi*) apt [æpt] ❷ (*dot. cła*) customs ['kʌstəmz]; **opłata celna** – customs duty

celować ❶ aim [eɪm], take aim; *Uważnie celuj do tarczy zanim wystrzelisz.* – Take careful aim at the target before you fire. ❷ **celować w czymś** – to excel at sth

celowo purposely ['pɜ:pəslɪ], on purpose [ɒn'pɜ:pəs], intentionally [ɪn'tenʃənlɪ], deliberately [dɪ'lɪbrətlɪ]; *Jestem pewna, że on celowo stwarza problemy.* – I'm sure he's purposely creating difficulties. *Jestem pewna, że on zrobił to celowo.* – I'm sure he did it on purpose/intentionally.

celowy ❶ (*stosowny*) advisable [əd'vaɪzəbl]; *Czy sądzisz, że celowe jest czekanie?* – Do you think it's advisable to wait? ❷ (*z określonym celem*) purposeful ['pɜ:pəsfʊl] ❸ (*świadomy*) deliberate [dɪ'lɪbrət], intentional [ɪn'tenʃənl]

Celt Celt [kelt]

celtycki Celtic ['keltɪk]

celujący excellent ['eksələnt]; **stopień celujący** – full marks

celuloza celluloze ['seljʊləʊs]

cement cement [sɪ'ment]

cementować cement [sɪ'ment]

cena price [praɪs]; *Jaka jest cena tego obrazu?* – What's the price of this picture? *Ceny rosną.* – The prices are rising/going up. *Ceny spadają.* – The prices are falling/going down. *Sprzedał ten obraz za dobrą cenę.* – He sold the painting for/at a good price. **za każdą/ /wszelką cenę** – at any price/at all costs

cenić (*doceniać wartość*) value ['vælju:], esteem [ɪ'sti:m], prize [praɪz], appreciate [ə'pri:ʃɪeɪt]; *Cenię sobie twoją radę.* – I value your advice. *Wysoko cenię twoją pracę.* – I esteem your work highly. *Cenię sobie swoją niezależność.* – I prize my independence. **wysoko/nisko kogoś cenić** – to hold sb in high/in low esteem

ceniony esteemed [ɪ'sti:md], respected [rɪ'spektɪd], appreciated [ə'pri:ʃɪeɪtɪd]

cennik price-list ['praɪslɪst]

cenny valuable ['væljʊəbl], precious ['preʃəs]

cent cent [sent]

centrala ❶ (*główne biuro*) headquarters [hed'kwɔ:təz] ❷ (*telefoniczna*) exchange [ɪks'tʃeɪndʒ], telephone exchange; *Centrala?... Chciałbym zamówić rozmowę z Londynem.* – Operator?... I'd like to put a call through to London.

centralny central ['sentrəl]; **centralne ogrzewanie** – central heating

centrum centre ['sentə], *am.* center; **centrum Londynu** – the centre of London; **centrum miasta** – the city centre; **centrum handlowe** – a shopping centre; *On lubi być w centrum uwagi/zainteresowania.* – He likes to be the centre of attention/interest.

centymetr ❶ (*miara długości*) centimetre ['sentɪmi:tə] ❷ (*centymetr krawiecki*) tape-measure ['teɪpmeʒə]

cenzor censor ['sensə]

cenzura ❶ (*kontrola publikacji*) censorship ['sensəʃɪp] ❷ (*świadectwo*) school report

cenzurować censor ['sensə]; **ocenzurowana wersja filmu** – the censored version of a film

cera skin [skın], complexion [kəm'plekʃn]

ceramiczny ceramic [sı'ræmık], earthenware ['ɜ:θnweə]

ceramika pottery ['pɒtərı], ceramics [sı'ræmıks], earthenware ['ɜ:θnweə]

cerata oilcloth ['ɔılklɒθ]

ceremonia ceremony ['serımənı]; **ceremonia ślubna** – a wedding/a marriage ceremony; **bez ceremonii** – without ceremony

ceremonialny ceremonious [serı'məʊnjəs], ceremonial [serı'məʊnjəl]; **strój ceremonialny** – ceremonial dress; **ceremonialne zachowanie** – ceremonious behaviour

cerkiew (*Kościół prawosławny*) the Orthodox church [-'ɔ:θədɒks'tʃɜ:tʃ]

cerować darn [dɑ:n]

certyfikat certificate [sə'tıfıkət]

cesarski imperial [ım'pıərıəl]; **cesarskie cięcie** – Caesarean (section) [si:'zeərıən-]

cesarstwo empire ['empaıə]

cesarz emperor ['emprə]

cesarzowa empress ['emprıs]

cewka ❶ *anat.* duct [dʌkt]; **cewka moczowa** – urethra ❷ *fiz.* coil [kɔıl]

cez *chem.* caesium ['si:zjəm]

cętka spot [spɒt], speckle ['spekl]

cętkowany spotted ['spɒtıd], speckled ['spekld]

chaber cornflower ['kɔ:nflaʊə]

chabrowy cornflower blue ['kɔ:nflaʊə-ˌblu:]

chadzać *p.* **chodzić**

chałwa halva(h) ['hælvə]

cham lout [laʊt], boor [bʊə]

chamski loutish ['laʊtıʃ], boorish ['bʊərıʃ]

chamstwo loutish behaviour, boorishness ['bʊərıʃnıs]

chaos chaos ['keıɒs], confusion [kən'fju:ʒn]; **wprowadzać chaos** – to cause chaos; **być w stanie kompletnego chaosu** – to be in a state of utter chaos/confusion; **mieć zupełny chaos w głowie** – to be utterly confused

chaotyczny chaotic [keı'ɒtık]

charakter character ['kærıktə]; **kształtować czyjś charakter** – to form sb's character; **silny/słaby charakter** – a strong/a weak character; **osoba z charakterem** – a person of character; *Jego wypowiedź miała charakter polityczny.* – His statement was of a political character. **charakter pisma** – handwriting

charakterystyczny characteristic (of) [kærəktə'rıstık-], typical (of) ['tıpıkl-]; *Takie zachowanie jest dla niego charakterystyczne.* – Such behaviour is characteristic/typical of him. **cecha charakterystyczna** – characteristic; **aktor charakterystyczny** – character actor

charakterystyka ❶ (*przedstawienie postaci*) characterization [kærəktəraı'zeıʃn] ❷ (*opis cech charakteru*) description of character

charakteryzacja make-up ['meıkʌp]

charakteryzować ❶ (*opisywać cechy*) characterize ['kærəktəraız] ❷ (*zmieniać wygląd*) make up ['meık'ʌp] (made, made)

chargé d'affaires chargé d'affaires [ʃɑ:ʒeıdæ'feə]

chart greyhound ['greıhaʊnd]

charytatywny charitable ['tʃærətəbl]; **instytucja charytatywna** – a charitable institution; **koncert na cele charytatywne** – a charity concert

chata hut [hʌt], cottage ['kɒtıdʒ]

chcieć want [wɒnt]; *Czy chcesz pójść z nami?* – Do you want to come with us? *Nie chcę, żeby wracał późno do domu.* – I don't want him to come home late. **jeśli chcesz** – if you like

◆ **chciałbym** – I would like; *Chciałbym pójść do teatru.* – I'd like to go to the theatre. *Chciałbym, żeby mi pomogła.* – I'd like her to help me. *Czy chciałbyś napić się herbaty?* – Would you like some tea?

chciwość greed [gri:d]

chciwy greedy ['gri:dı]

chemia chemistry ['kemıstrı]

chemiczny chemical ['kemıkl]

chemik chemist ['kemıst]

C

chemikalia chemicals ['kemɪklz]
chemoterapia chemotherapy [ki:məʊ-'θerəpɪ]
cherubin cherub ['tʃerəb]
chęć ❶ (*ochota*) inclination [ɪnklɪ'neɪʃn], fancy ['fænsɪ]; **mieć chęć** – to feel like/to fancy; *Mam chęć na lody truskawkowe.* – I have a fancy for strawberry ice-cream./I fancy strawberry ice-cream. *Mam chęć na drinka.* – I feel like having a drink. *Nie mam zbyt wielkiej chęci słuchać jej przez cały dzień.* – I have little inclination to listen to her all day long./I don't feel like listening to her all day long. ❷ (*zamiar*) intention [ɪn'tenʃn]; **mieć dobre chęci** – to have good intentions ❸ (*pragnienie*) desire [dɪ'zaɪə]
chętnie willingly ['wɪlɪŋlɪ], with pleasure [wɪθ'pleʒə]; *Napijesz się? – Dziękuję, chętnie.* – Will you have a drink? – Thank you, with pleasure.
chętny willing ['wɪlɪŋ], eager ['i:gə]; *Jest chętny do pomocy.* – He is willing/eager to help.
chichot giggle ['gɪgl]
chichotać giggle ['gɪgl]
Chilijczyk Chilean ['tʃɪlɪən]
chilijski Chilean ['tʃɪlɪən]
chinina quinine [kwɪ'ni:n]
Chińczyk Chinese [tʃaɪ'ni:z]
chiński Chinese [tʃaɪ'ni:z]
chirurg surgeon ['sɜ:dʒən]; **chirurg ortopeda** – orthopaedic surgeon; **chirurg plastyczny** – plastic surgeon
chirurgia surgery ['sɜ:dʒərɪ]; **chirurgia plastyczna** – plastic surgery
chirurgiczny surgical ['sɜ:dʒɪkl]; **narzędzia chirurgiczne** – surgical instruments; **oddział chirurgiczny** – surgical ward
chlapać splash [splæʃ]
chleb bread [bred]; **bochenek chleba** – a loaf of bread; **kromka chleba** – a slice of bread; **chleb z masłem** – bread and butter; **chleb biały/ciemny** – white/brown bread; **chleb powszedni** – one's daily bread
chlew pig-sty ['pɪgstaɪ]
chlor chlorine ['klɔ:ri:n]
chlorek chloride ['klɔ:raɪd]
chlorować chlorinate ['klɔ:rɪneɪt]; *Woda w basenie jest chlorowana.* – The swimming-pool is chlorinated.
chluba pride [praɪd], glory ['glɔ:rɪ]; *Syn jest ich chlubą.* – Their son is their pride (and joy). *To mu przynosi chlubę.* – It does him credit.
chlubić się take pride [teɪk'praɪd], boast [bəʊst], glory ['glɔ:rɪ]; **chlubić się sukcesem** – to glory in one's success; *Nie ma się czym chlubić.* – There is nothing to boast about. *Ona bardzo się chlubi sukcesem swojego syna.* – She takes great pride in her son's success.
chlubny glorious ['glɔ:rɪəs], creditable ['kredɪtəbl]
chłodnia fridge [frɪdʒ], freezer ['fri:zə]
chłodnica *mot.* radiator ['reɪdɪeɪtə]
chłodnik cold borsch [kəʊld'bɔ:stʃ]
chłodno coolly ['ku:lɪ]; *Odpowiedział mi chłodno.* – He answered me coolly. *Jest chłodno.* – It's cool. *Jest mi chłodno.* – I feel chilly. *Przywitali nas chłodno.* – They gave us a cool welcome.
chłodny cool [ku:l]; **chłodny dzień** – a cool day; **chłodne powitanie** – a cool welcome
chłodzić cool [ku:l], chill [tʃɪl]; *Białe wino należy ochłodzić przed podaniem.* – You must cool/chill white wine before serving.
chłonąć absorb [əb'sɔ:b]; *Dzieci z łatwością chłoną wiedzę.* – Children absorb knowledge easily.
chłonny ❶ (*łatwo pochłaniający*) absorbent [əb'sɔ:bənt] ❷ (*o umyśle*) receptive [rɪ'septɪv]; **chłonny umysł** – receptive mind
◆ **węzły chłonne** – lymphatic glands
chłop ❶ (*wieśniak*) peasant ['peznt], small farmer [smɔ:l'fɑ:mə] ❷ (*mężczyzna*) man, *l.mn.* men [mæn, men]
chłopiec boy [bɔɪ]
chłopięcy boyish ['bɔɪɪʃ]; **chłopięcy wygląd** – boyish looks; **chór chłopięcy** – boys' choir

chłopka peasant-woman, *l.mn.* peasant-women ['peznt,wʊmən, 'pəznt,wɪmɪn]

chłopstwo peasantry ['pezntrɪ], the farmers ['fɑ:məz]

chłód cold [kəʊld], cool [ku:l], coldness ['kəʊldnɪs], chill [tʃɪl]; *Nie czuję chłodu.* – I don't feel the cold. **przyjemny chłód wieczoru** – the pleasant cool of the evening; *Siądźmy tu w chłodzie.* – Let's sit here in the cool. *Czuje się dziś chłód w powietrzu.* – There is a chill in the air today. *Zauważyłem pewien chłód w stosunku do mojej osoby.* – I noticed a certain coolness/ /coldness towards me.

chmara swarm [swɔ:m], (*o owadach*) swarm [swɔ:m], cloud [klaʊd]; **chmary dzieci** – swarms of children; **chmary komarów** – swarms/clouds of mosquitoes

chmiel hop [hɒp]

chmura cloud [klaʊd]; **chmura burzowa** – thundercloud; **chmura dymu** – a cloud of smoke; *Szczyty gór były okryte chmurami.* – The mountain tops were covered in cloud. **mieć głowę w chmurach** – to have one's head in the clouds; **oberwanie chmury** – cloudburst

chmurzyć się cloud over [klaʊd'əʊvə]; *Niebo się zachmurzyło.* – The sky clouded over. *Chmurzy się.* – It's getting cloudy.

chociaż though [ðəʊ], even though ['i:vnðəʊ], although [ɔ:l'ðəʊ]; *Wykonał pracę dobrze, chociaż powoli.* – He did his work well, though/although slowly. *Powiedział, że jest szczęśliwy, chociaż jestem pewna, że nie.* – He said he was happy, although I'm sure he isn't. *Chociaż staraliśmy się, nie zdołaliśmy tego skończyć na czas.* – Even though/ /Though/Although we tried, we didn't manage to finish it in time.

choć ❶ *p.* **chociaż** ❷ (*przynajmniej*) at least [ət 'li:st]; *Zostań choć do jutra.* – Stay at least till tomorrow.

choćby ❶ (*nawet*) even ['i:vn]; *Kupmy samochód, choćby stary.* – Let's buy a car, even an old one. ❷ (*w trybie warunkowym*) even if; *Nie pójdę, choćbyś mnie zmuszał.* – I won't go even if you forced me/even if you were to force me.

chodnik ❶ (*trotuar*) pavement ['peɪvmənt], *am.* sidewalk ['saɪdwɔ:k] ❷ (*długi, wąski dywanik*) carpet ['kɑ:pɪt] ❸ (*podziemny korytarz w kopalni*) gallery ['gælərɪ]

chodzić ❶ (*poruszać się*) walk [wɔ:k], go (went, gone) [gəʊ, went, gɒn]; *Moje dziecko umie już chodzić.* – My baby can walk already. *Ona codziennie chodzi na spacer.* – She goes for a walk every day. ❷ (*chodzić, uczęszczać*) attend [ə'tend], go (to); **chodzić do szkoły** – to go to school/to attend school ❸ (*o mechanizmie*) go; *Ten zegar nie chodzi.* – This clock doesn't go. ❹ (*o pojeździe*) run (ran, run) [rʌn, ræn, rʌn]; *Autobus chodzi co pół godziny.* – The bus runs every half hour.

◆ **Chodź tutaj!** – Come here! *O co chodzi?* – What's the matter? *O co ci chodzi?* – What do you mean?/What are you driving at? *Jeżeli o mnie chodzi...* – As far as I am concerned... *Chodzi o to, że...* – The problem is that...

choinka (*bożonarodzeniowa*) Christmas tree ['krɪsməstri:]

cholesterol cholesterol [kə'lestrɒl]

chomik hamster ['hæmstə]

chorągiew banner ['bænə], flag [flæg]

chorąży ensign ['ensaɪn], standard-bearer ['stændəd,beərə]

choreograf choreographer [kɒrɪ'ɒgrəfə]

choreografia choreography [kɒrɪ'ɒgrəfɪ]

choroba illness ['ɪlnɪs], sickness ['sɪknɪs], disease [dɪ'zi:z]; **choroba serca** – heart disease; **choroba umysłowa** – mental illness; **choroba lokomocyjna** – travel sickness; **choroba morska** – sea-sickness; **choroba nieuleczalna** – an incurable disease; **choroba zakaźna** – an infectious disease; **zapaść na chorobę** – to come down/go down with a disease; **pokonać chorobę** – to get over/to recover from an illness; **zapobiegać chorobie** – to prevent disease; **wywoływać chorobę** – to cause disease; **zarazić się chorobą** – to contract a disease; **cierpieć na chorobę** – to suffer from an illness/a disease; *Byli nieobecni z powodu choroby.* – They were absent because of sickness. **w zdrowiu i w chorobie** – in sickness and in health

C

chorobliwy morbid ['mɔ:bɪd], sickly ['sɪklɪ], pathological [pæθə'lɒdʒɪkl]; **chorobliwa wyobraźnia** – morbid imagination; **chorobliwa bladość** – sickly pallor; **chorobliwa zazdrość** – pathological jealousy

chorobowy:

zasiłek chorobowy – sickness benefit; **mieć prawo do zasiłku chorobowego** – to be entitled to sickness benefit

chorować be ill [bi:'ɪl], be sick [bi:'sɪk], suffer ['sʌfə]; *Ona choruje na jakieś poważne schorzenie.* – She is suffering from a serious disease.

chorowity sickly ['sɪklɪ]; **chorowite dziecko** – a sickly child

chory ill [ɪl], sick [sɪk]; *Była chora przez dwa tygodnie.* – She's been ill for two weeks. **chora osoba** – a sick person; **chory umysłowo** – mentally ill; **nieuleczalnie chory** – incurably ill; **poważnie chory** – seriously/gravely ill; **chorzy** – the sick

chować ❶ (*ukrywać*) hide (hid, hidden) [haɪd, hɪd, 'hɪdn], conceal [kən'si:l]; *Schowała list do kieszeni.* – She hid/ /concealed the letter in her pocket. ❷ (*przechowywać*) keep (kept, kept) [ki:p, kept, kept], put (put, put) [pʊt, pʊt, pʊt]; *Gdzie chowasz sztućce?* – Where do you keep the cutlery? ❸ (*wychowywać*) bring up [brɪŋ'ʌp] (brought, brought); **chować dzieci** – to bring up children ❹ (*utrzymywać, hodować*) keep (kept, kept) [ki:p, kept, kept]; **chować pszczoły** – to keep bees ❺ (*składać do grobu*) bury ['berɪ]; *Pochowała czterech mężów.* – She's buried four husbands. ❻ (*usuwać z pola widzenia*) bury ['berɪ]; **chować głowę w piasek** – to bury one's head in the sand; *List był schowany pod stertą książek.* – The letter was buried under a pile of books.

chować się ❶ (*ukrywać się*) hide (hid, hidden) [haɪd, hɪd, 'hɪdn]; *Chłopiec chował się przed nami za kanapą.* – The boy was hiding from us behind the sofa. ❷ (*o dziecku – dobrze chować się*) thrive (throve, thriven) [θraɪv, θrəʊv, 'θrɪvn]; *Dzieci świetnie się chowają.* – The children are thriving.

chowany *p.* **chować**; **zabawa w chowanego** – hide-and-seek; **bawić się w chowanego** – to play hide-and-seek

chód ❶ (*sposób chodzenia*) walk [wɔ:k]; *Poznałam go po chodzie.* – I recognized him by his walk/by the way he walked. ❷ (*działanie mechanizmu*) working order ['wɜ:kɪŋ'ɔ:də]; *Silnik jest na chodzie.* – The engine is in working/running order

chór ❶ (*zespół śpiewaczy*) choir ['kwaɪə]; **śpiewać w chórze** – to sing in a choir ❷ (*w dramacie*) chorus ['kɔ:rəs]; **mówić chórem** – to speak in chorus ❸ (*część kościoła*) choir ['kwaɪə]

chóralny choral ['kɔ:rəl]; **muzyka chóralna** – choral music; **chóralny śmiech** – a chorus of laughter

chów breeding ['bri:dɪŋ], rearing ['rɪərɪŋ]

chrapać snore [snɔ:]

chrapanie snoring ['snɔ:rɪŋ]

chrom *chem.* chromium ['krəʊmjəm], chrome [krəʊm]

chromosom chromosome ['krəʊməsəʊm]

chromowany chromium-plated [krəʊmjəm'pleɪtɪd]; **stal chromowana** – chrome steel

chroniczny chronic ['krɒnɪk]

chronić protect [prə'tekt], preserve [prɪ'zɜ:v], shelter ['ʃeltə], guard [gɑ:d]; **chronić przed infekcją** – to protect against/from infection; **chronić od**

zimna – to protect against/from the cold; **chronić prawa i interesy pracowników** – to protect the rights and interests of the workers; **chronić przemysł przed konkurencją** – to protect industry from competition; *Drzewa chronią dom przed wiatrem.* – The trees are sheltering the house from the wind. *Boże, chroń nas od takich ludzi!* – Lord preserve us from such people! *Myj zęby regularnie, żeby je chronić przed próchnicą.* – Brush your teeth regularly to guard them against dental decay.

chronologia chronology [krə'nɒlədʒɪ]

chronologiczny chronological [krɒnə'lɒdʒɪkl]

chropowaty rough [rʌf]

chrupać crunch [krʌntʃ]

chrupka crisp [krɪsp]

chrupki crisp [krɪsp], crunchy ['krʌntʃɪ]

chrypka hoarseness ['hɔ:snɪs]; *Mam chrypkę.* – I'm hoarse.

chrypliwy hoarse [hɔ:s]; **chrypliwym głosem** – in a hoarse voice.

Chrystus Christ [kraɪst]

chryzantema chrystanthemum [krɪ'sænθəməm]

chrzan horse-radish ['hɔ:srædɪʃ]

chrząkać clear one's throat, (*o świni*) grunt [grʌnt]

chrząstka cartilage ['kɑ:'tɪlɪdʒ]

chrząszcz beetle ['bi:tl]

chrzcić christen ['krɪsn], baptize [bæp'taɪz]; *Ochrzczono dziecko imieniem Maria.* – The child was christened/ /was baptized Mary.

chrzcielnica font [fɒnt]

chrzciny christening ['krɪsnɪŋ]

chrzest baptism ['bæptɪzm], christening ['krɪsnɪŋ]

chrzestny baptismal [bæp'tɪzml]; **ojciec chrzestny** – godfather; **matka chrzestna** – godmother

chrześcijanin Christian ['krɪstjən]

chrześcijański Christian ['krɪstjən]

chrześcijaństwo ❶ (*wiara chrześcijańska*) Christianity [krɪstɪ'ænətɪ] ❷ (*ogół wyznawców*) Christendom ['krɪsndəm]

chrześniaczka goddaughter ['gɒddɔ:tə]

chrześniak godchild ['gɒdtʃaɪld], (*syn chrzestny*) godson ['gɒdsʌn]

chudnąć slim down [slɪm'daʊn], thin down [θɪn'daʊn], lose weight [lu:z'weɪt]; *Schudła o cztery kilogramy.* – She's lost four kilograms in weight.

chudość thinness ['θɪnnɪs], leanness ['li:nnɪs]

chudy thin [θɪn], lean [li:n]; *Jesteś bardzo chuda.* – You are very thin. **chude mięso** – lean meat

chuligan hooligan ['hʊ:lɪgən]

chuligaństwo hooliganism ['hu:lɪgənɪzəm]

chusta kerchief ['kɜ:tʃɪf], scarf, *l.mn.* scarves [skɑ:f, skɑ:vz]

chustka ❶ (*do nosa*) handkerchief ['hæŋkətʃɪf] ❷ (*na głowę*) kerchief ['kɜ:tʃɪf]

chwalić praise [preɪz]; *Krytycy chwalili jego sztukę jako wysoce oryginalną.* – Critics have praised his play as highly original.

chwalić się boast [bəʊst]; *Nie ma się czym chwalić.* – There is nothing to boast about.

chwała glory ['glɔ:rɪ]; **okryć się chwałą** – to cover oneself with glory; **Chwała Bogu na wysokościach** – Glory to God in the highest; *Chwała Bogu!* – Thank God!

chwast weed [wi:d]

chwiać shake (shook, shaken) [ʃeɪk, ʃʊk, ʃeɪkn], sway [sweɪ], totter ['tɒtə]; *To wydarzenie zachwiało moją wiarę w niego.* – The incident shook my faith in him.

chwiać się sway [sweɪ], totter ['tɒtə]; *Chwiał się lekko, jak gdyby miał upaść.* – He swayed slightly as if about to fall. *Stara wieża zachwiała się i runęła.* – The old tower tottered and then collapsed.

chwiejny shaky ['ʃeɪkɪ], tottery ['tɒtərɪ], unstable [ʌn'steɪbl], unsteady [ʌn-

C

'stedı]; **chwiejne krzesło** – a shaky chair; **chwiejna sytuacja polityczna** – unstable political situation; **chwiejna równowaga** – unstable balance

chwila moment ['məʊmənt], instant ['ınstənt], while [waıl]; **w tej chwili** – at the moment; **w ostatniej chwili** – at the last moment; **za chwilę** – in a moment/in an instant; **lada chwila** – any moment; *Proszę chwilę poczekać.* – One moment, please. **czekać na odpowiednią chwilę** – to wait for the right moment

C

chwilowo at present [ət'preznt], temporarily ['temprərəlı], at the moment [ətðə'məʊmənt]

chwilowy momentary ['məʊməntrı], temporary ['temprərı]

chwycić *p.* **chwytać**

chwyt ❶ (*ujęcie, złapanie*) grasp [grɑ:sp], catch [kætʃ], hold [həʊld]; **mocny chwyt** – firm grasp; *To był chwyt poniżej pasa.* – It was below the belt. ❷ (*środek, sposób*) trick [trık]; **stary, wypróbowany chwyt** – an old trick

chwytać seize [si:z], catch (caught, caught) [kætʃ, kɔ:t, kɔ:t], grasp [grɑ:sp], take hold of [teık'həʊldəv]; *Chwycił mnie za ramię.* – He seized me by the arm. **chwytać złodzieja** – to catch a thief; **chwytać sposobność** – to seize an opportunity; *Chwycił moją rękę.* – He grasped my hand. – *Chwyciła piłkę, którą jej rzuciłam.* – She caught the ball I threw. **chwycić byka za rogi** – to take the bull by the horns

chyba probably ['prɒbəblı], may be [meı'bi:]; *On chyba ma rację.* – He may be right. *Chyba tak.* – Yes, probably. *Chyba nie.* – Probably not./ /I don't think so.

◆ **chyba że** unless [ʌn'les]; *Nie zrobię tego, chyba że mi zapłacisz.* – I won't do it unless you pay me.

chybić miss [mıs]; *Strzelił do tarczy, ale chybił.* – He shot at the target, but missed. **na chybił trafił** – at random; **otworzyć książkę na chybił trafił** – to open a book at random

chylić incline [ın'klaın], bow [baʊ], bend (bent, bent) [bend, bent, bent]; *Pochyliła głowę w modlitwie.* – She inclined/bent her head in prayer. **chylić czoło przed kimś** – to bow to sb/to pay tribute to sb; **chylić się ku upadkowi** – to be on the decline

chyłkiem furtively ['fɜ:tıvlı]; **wymknąć się chyłkiem z domu** – to sneak out of the house; **przekradać się chyłkiem** – to steal

chytry cunning ['kʌnıŋ], sly [slaı], crafty ['krɑ:ftı], tricky ['trıkı]

ciałko corpuscle ['kɔ:pʌsl], cell [sel]; **białe ciałka krwi** – white blood cells; **czerwone ciałka krwi** – red blood cells

ciało ❶ (*organizm*) body ['bɒdı]; **ciało ludzkie** – the human body; *Duch jest ochoczy, ale ciało mdłe.* – The spirit is willing but the flesh is weak. ❷ (*tkanka mięsna*) flesh [fleʃ]; **nabierać ciała** – to put on flesh ❸ (*zwłoki*) body ['bɒdı], corpse [kɔ:ps] ❹ (*grono ludzi, personel*) staff [stɑ:f]; **ciało pedagogiczne** – teaching staff ❺ *chem., fiz.* body ['bɒdı]; **ciało stałe** – solid; **ciało gazowe/płynne** – gaseous/liquid body; **ciała niebieskie** – heavenly bodies

◆ **Boże Ciało** – Corpus Christi

ciarki creeps [kri:ps]; *Przechodzą mnie ciarki.* – It gives me the creeps.

ciasny tight [taıt]; **ciasne buty** – tight shoes; (*o pomieszczeniu*) cramped ['kræmpt]; **małe, ciasne biuro** – cramped little office; (*o umyśle*) narrow ['nærəʊ]

ciastkarnia confectionery [kən'fekʃnərı]

ciastko cake [keık], *am.* cookie ['kʊkı]

ciasto cake [keık], pastry ['peıstrı]; **ciasto drożdżowe** – yeast cake; **ciasto biszkoptowe** – sponge cake; **kruche ciasto** – short pastry; **ciasto francuskie** – puff pastry; **kruche ciasto z jabłkami** – apple tart/apple flan

ciąć cut (cut, cut) [kʌt, kʌt, kʌt]; **ciąć coś na kawałki** – to cut sth into pieces

ciąg ❶ (*trwanie*) duration [djuə'reɪʃn], course [kɔ:s]; **w ciągu dnia** – during the day; **w ciągu mojego życia** – in the course of my life; **ciąg dalszy** – continuation; **ciąg dalszy nastąpi** – to be continued; *On w dalszym ciągu tu pracuje.* – He still works here. ❷ (*ciąg powietrza*) current ['kʌrənt], draught [drɑ:ft] ❸ *mat.* sequence ['si:kwəns]

ciągle constantly ['kɒnstəntlɪ], continually [kən'tɪnjuəlɪ], perpetually [pə'petʃuəlɪ], still [stɪl]; *On ciągle mi przerywa.* – He constantly interrputs me./He keeps interrupting me. *Oni się ciągle kłócą.* – They are continually arguing. *On ciągle jeszcze tu pracuje.* – He is still working here.

ciągłość continuity [kɒntɪ'nju:ətɪ]

ciągły constant ['kɒnstənt], continual [kən'tɪnjuəl], perpetual [pə'petʃuəl], continuous [kən'tɪnjuəs]; **ciągłe awarie** – continual breakdowns; **ciągłe narzekania** – perpetual complaints; **ciągły deszcz** – continual rain; **ciągły wzrost** – continuous increase; *To jest w ciągłym użyciu.* – It's in constant use.

ciągnąć ❶ (*przesuwać, wlec*) pull [pul], draw (drew, drawn) [drɔ:, dru:, drɔ:n]; *Nie ciągnij jej za włosy!* – Don't pull her hair! *Koń ciągnął ciężki wóz.* – The horse was pulling/drawing a heavy cart. **ciągnąć losy** – to draw lots; **ciągnąć korzyści z czegoś** – to profit by/from sth ❷ (*o prądzie powietrza*): *Tu ciągnie od okna.* – There is a draught coming from the window.

ciągnąć się ❷ (*rozciągać się w przestrzeni*) stretch [stretʃ], continue [kən'tɪnju:]; *Lasy ciągnęły się milami.* – Forests stretched for miles and miles. *Jak daleko ciągnie się ta droga?* – How long does this road continue? ❷ (*w czasie*) continue [kən'tɪnju:], last [lɑ:st], drag (on) [dræg]; *Wojna ciągnęła się przez pięć lat.* – The war lasted five years. *Dyskusja ciągnęła się godzinami.* The discussion dragged on for hours.

ciągnik tractor ['træktə]

ciąża pregnancy ['pregnənsɪ]; **w ciąży** – pregnant; *Ona jest w ciąży.* – She is pregnant. *Była w piątym miesiącu ciąży.* – She was five months pregnant. *Zaszła z nim w ciążę.* – She's got pregnant by him.

ciążenie gravitation [grævɪ'teɪʃn], gravity ['grævətɪ]; **siła ciążenia** – force of gravitation/gravitation/gravity; **prawo powszechnego ciążenia** – Newton's law of universal gravitation

ciążyć ❶ (*być ciężkim*) weight [weɪt] ❷ (*o obowiązkach*) to lie heavy on one's shoulders

cicho ❶ (*bez hałasu*) noiselessly ['nɔɪzlɪslɪ], silently ['saɪləntlɪ]; *Poruszał się cicho.* – He moved noiselessly. *Cicho!* – Silence!/Hush! ❷ (*nie głośno*) softly ['sɒftlɪ], gently ['dʒentlɪ]; **mówić cicho** – to speak softly/to speak in a low voice ❸ (*spokojnie*) quietly ['kwaɪətlɪ]; *Bądźcie cicho!* – Be quiet! **po cichu** – (a) (*bez hałasu*) quietly//noiselessly; (b) (*bez rozgłosu*) quietly/on the quiet

cichy ❶ (*mało słyszalny*) low [ləu], soft [sɒft], noiseless ['nɔɪzlɪs], quiet ['kwaɪət]; **ciche kroki** – noiseless footsteps; **cichy głos** – quiet/low/soft voice ❷ (*pogrążony w ciszy i spokoju*) silent ['saɪlənt], quiet ['kwaɪət], calm [kɑ:m]; **cicha noc** – silent night; **cichy** (*bezwietrzny*) **dzień** – calm day ❸ (*o człowieku*) quiet ['kwaɪət], gentle ['dʒentl] ❹ (*pozbawiony rozgłosu*) quiet ['kwaɪət]; **cichy ślub** – quiet wedding

◆ **cicha msza** – low mass; **cichy wspólnik** – sleeping partner; **cicha woda brzegi rwie** – still waters run deep

ciec ❶ (*płynąć*) flow [fləu], stream [stri:m], treakle ['tri:kl], (*ciec powoli*) ooze [u:z]; *Krew ciekła z rany.* – Blood trickled from the wound. *Łzy ciekły jej po policzkach.* – Tears flowed/streamed down her cheeks. ❷ (*przeciekać*) leak [li:k]; *Kran w łazience cieknie.* – The tap in the bathroom is leaking.

ciecz liquid ['lɪkwɪd]

ciekawić interest ['ɪntrɪst]

C

ciekawość curiosity [kjʊərɪ'ɒsətɪ]; **przez ciekawość** – out of curiosity; **ciekawość to pierwszy stopień do piekła** – curiosity killed the cat

ciekawy ❶ (*interesujący*) interesting ['ɪntrɪstɪŋ], curious ['kjʊərɪəs]; **ciekawy człowiek/ciekawa książka** – an interesting person/an interesting book; *To ciekawe, że ci nie powiedział.* – It's interesting/curious that he didn't tell you. ❷ (*dociekliwy, spragniowy wiedzy*) curious ['kjʊərɪəs], inquisitive [ɪn'kwɪzətɪv]; *Nie bądź taki ciekawy!* – Don't be so curious/inquisitive! *Jestem ciekawa, co powiedziała.* – I'm curious to know what she said.

C

ciekły liquid ['lɪkwɪd]; **stan ciekły** – liquid state; **ciekły azot** – liquid nitrogen

cielak calf, *l.mn.* calves [kɑ:f, kɑ:vz]

cielę *p.* **cielak**

cielęcina veal [vi:l]

cielęcy calf [kɑ:f], veal [vi:l]; **pieczeń cielęca** – roast veal; **skóra cielęca** – calfskin

ciemię crown of the head

◆ *On jest nie w ciemię bity.* – He is nobody's fool.

ciemno dark [dɑ:k], dimly ['dɪmlɪ]; *Tu jest ciemno.* – It's dark in here.

ciemność darkness ['dɑ:knɪs], dark [dɑ:k], dimness ['dɪmnɪs]; **w ciemności** – in the dark; *Dziecko boi się ciemności.* – The child is afraid of the dark. *Pokój był pogrążony w całkowitej ciemności.* – The room was in complete darkness.

ciemny dark [dɑ:k]; **ciemna ulica** – dark street; **ciemna suknia** – dark dress; **ciemna cera** – dark complexion; **ciemny chleb** – brown bread

cienisty shady ['ʃeɪdɪ]; **cieniste miejsce w ogrodzie** – a shady place in the garden

cienki thin [θɪn]; **cienka jedwabna suknia** – a thin silk dress; *Lód jest jeszcze zbyt cienki, żeby jeździć na łyżwach.* – The ice is still too thin to skate on. *Ona jest cienka w talii.* – She's thin round the waist.; **cienkie włosy** – thin hair; **cienkie wino** – thin wine; (*o głosie*) high [haɪ], high-pitched [haɪ'pɪtʃt]

cienko thin [θɪn], thinly [θɪnlɪ]; *Musisz to cienko pokroić.* – You must cut it thin. *Posmaruj chleb cienko masłem.* – Spread the bread thin with butter. **cienko pokrojony chleb** – thinly-sliced bread

cień shade [ʃeɪd], shadow ['ʃædəʊ]; **rzucać cień** – to cast a shadow; *Cienie są dłuższe, kiedy słońce jest nisko.* – Shadows are longer when the sun is low. **mieć cienie pod oczami** – to have shadows under the eyes; **ani cienia wątpliwości** – not a shadow of doubt; *Przez lata żyła w cieniu swojego męża.* – For years she lived in the shadow of her husband. **temperatura 30° w cieniu** – a temperature of 30° in the shade; *Drzewa dają trochę cienia.* – The trees give some shade. **usunąć kogoś w cień** – to put sb in the shade; **bać się własnego cienia** – to be afraid of one's own shadow

cieplarnia hothouse ['hɒthaʊs], greenhouse ['gri:nhaʊs]

cieplarniany hothouse ['hɒthaʊs], greenhouse ['gri:nhaʊs]; **roślina cieplarniana** – a hothouse plant; **efekt cieplarniany** – greenhouse effect

cieplny thermal ['θɜ:ml]; **izolacja cieplna** – thermal insulation

ciepło¹ warmth [wɔ:mθ], heat [hi:t]; **ciepło promieni słonecznych** – the heat of the sun's rays; **ciepło ognia** – the warmth of the fire; **trzymać w cieple** – to keep warm

ciepło² warmly ['wɔ:mlɪ]; *Ciepło nas powitał.* – He greeted us warmly. **być ciepło ubranym** – to be warmly dressed; *Dziś jest ciepło.* – It's warm today. *Jest mi ciepło.* – I'm warm.

ciepłokrwisty warm-blooded [wɔ:m-'blʌdɪd]

ciepłota temperature ['temprətʃə]

ciepłownia heating plant

ciepły warm [wɔ:m]; **ciepły klimat** – warm climate; **ciepłe ręce** – warm hands; **ciepłe ubranie** – warm clothes;

ciepłe kolory – warm colours; **ciepłe powitanie** – warm welcome

ciernisty thorny ['θɔ:nɪ]

cierń thorn [θɔ:n]

cierpiący suffering ['sʌfərɪŋ], (*chory*) unwell [ʌn'wel], ill [ɪl]; **cierpiący na reumatyzm** – suffering from rheumatism

cierpieć suffer ['sʌfə]; **cierpieć na bóle głowy** – to suffer from headaches; **cierpieć ból/głód/chłód** – to suffer pain/cold/hunger

◆ **nie cierpieć** (*nie znosić*) hate [heɪt], loathe [ləʊθ]; *Tego nie cierpię!* – I hate it!/I loathe it!

cierpienie pain [peɪn], suffering ['sʌfərɪŋ]; *Na świecie jest tyle cierpienia.* – There is so much suffering in the world.

cierpki ❶ (*o smaku*) tart [tɑ:t] ❷ (*o słowach*) acrid ['ækrɪd], tart [tɑ:t] ❸ (*o minie*) sour [saʊə]

cierpliwość patience ['peɪʃns]; **stracić cierpliwość** – to lose one's patience; **mieć cierpliwość do dzieci** – to have patience with children; **wystawiać czyjąś cierpliwość na próbę** – to try sb's patience; **anielska cierpliwość** – infinite/endless patience

cierpliwy patient ['peɪʃnt]; **cierpliwy do dzieci** – patient with children

cierpnąć ❶ (*o skórze*) creep [kri:p]; *Na myśl o tym skóra mi cierpnie.* – It makes my flesh creep. ❷ (*drętwieć*) grow/go numb [-nʌm], go to sleep; *Ścierpła mi noga.* – My leg has gone to sleep.

cieszyć (*sprawiać radość, przyjemność*) delight [dɪ'laɪt], give pleasure

cieszyć się ❶ (*być zadowolonym*) be glad [-glæd], be happy [-'hæpɪ], be delighted [-dɪ'laɪtɪd]; *Cieszę się, że odniosłeś sukces.* – I am delighted to hear about your success. **cieszyć się ze zwycięstwa** – to rejoice over a victory ❷ (*z posiadania*) enjoy [ɪn'dʒɔɪ]; **cieszyć się dobrym zdrowiem** – to enjoy good health

cieśla carpenter ['kɑ:pəntə]

cieśnina strait (*zazwyczaj w l.mn.* – straits) [streɪt]; **Cieśnina Magellana** – the Magellan Straits; **Cieśnina Gibraltarska** – the Straits of Gibraltar

cięcie cut [kʌt]; **cięcia w budżecie** – cuts in the budget; **cesarskie cięcie** – Caesarean (section) [si:'zeərɪən-]

cięty ❶ (*o kwiatach*) cut [kʌt] ❷ (*o dowcipie*) biting ['baɪtɪŋ]

ciężar ❶ (*waga*) weight [weɪt], gravity ['grævətɪ]; **ciężar właściwy** – specific gravity ❷ (*ciężki przedmiot*) weight [weɪt], burden ['bɜ:dn], load [ləʊd]; **zdjąć ciężar z serca** – to take a weight/load off sb's mind; **podnoszenie ciężarów** – weight-lifting; **dźwigać ciężar** – to bear/to carry a burden

ciężarek weight [weɪt]

ciężarna pregnant ['pregnənt]

ciężarówka lorry ['lɒrɪ], *am.* truck [trʌk]

ciężki (*fizycznie*) heavy ['hevɪ], *przen.* hard [hɑ:d], heavy; *To jest dla mnie za ciężkie do niesienia.* – It's too heavy for me to carry. **ciężki dzień** – heavy day; **ciężkie czasy** – hard times; **ciężka zima** – hard winter; **ciężka praca** – hard work; **ciężka choroba** – serious illness

ciężko heavily ['hevɪlɪ], hard [hɑ:d]; **pracować ciężko** – to work hard; *Wchodziła ciężko po schodach.* – She walked heavily up the stairs. **ciężko chory** – seriously ill; **ciężko ranny** – seriously wounded

ciężkość heaviness ['hevɪnɪs]; **siła ciężkości** – gravity; **środek ciężkości** – centre of gravity

ciocia aunt [ɑ:nt], auntie ['ɑ:ntɪ]

cios blow [bləʊ]; **zadać cios** – to strike a blow; **silny cios** – a heavy blow; **cios w głowę** – a blow on the head; *Jej śmierć była dla niego ciężkim ciosem.* – Her death was a hard blow to him.

cioteczny:
brat cioteczny/siostra cioteczna – first cousin

ciotka aunt [ɑ:nt]

cis yew [ju:]

ciskać throw (threw, thrown) [θrəʊ, θru:, θrəʊn]; fling (flung, flung) [flɪŋ, flʌŋ,

C

flʌŋ], hurl [hɜ:l]; **ciskać kamieniami w okno** – to throw/to fling/to hurl stones at the window; *Cisnął papiery na podłogę i wyszedł.* – He flung the papers on the floor and left. **ciskać obelgi pod czyimś adresem** – to hurl insults at sb

cisnąć ❶ *p.* **ciskać** ❷ (*o butach*) pinch [pɪntʃ]

cisza ❶ (*brak hałasu*) silence ['saɪləns], stillness ['stɪlnɪs]; *Proszę o ciszę!* – Silence, please! *Panowała martwa cisza.* – A dead silence reigned. *Ciszę przerwał krzyk.* – A scream shattered the silence. *Potrzebuję ciszy i spokoju.* – What I need is peace and quiet. ❷ (*na morzu*) calm [kɑ:m], lull [lʌl]; **cisza przed burzą** – the calm before the storm

ciśnienie pressure ['preʃə]; *Gaz jest przechowywany pod ciśnieniem.* – The gas is stored under pressure. **wysokie/niskie ciśnienie krwi** – high/ /low blood pressure

clić lay duty on

cło duty ['dju:tɪ], customs duty ['kʌstəmz-ˌdju:tɪ]; **wolny od cła** – duty-free; **podlegający cłu** – dutiable

cmentarz cemetery ['semɪtrɪ], graveyard ['greɪvjɑ:d], (*przy kościele*) churchyard ['tʃɜ:tʃjɑ:d]

co ❶ (*zaimek pytający*) what [wɒt]; *Co robisz?* – What are you doing? *Po co to robisz?* – What are you doing it for? ❷ (*zaimek względny*) what [wɒt], which [wɪtʃ]; *To, co mówisz, może być prawdą.* – What you say may be true. *Wszystko, co powiedział, było kłamstwem.* – All he said was a lie. *Przyszła punktualnie, co było dziwne.* – She came on time, which was strange. **wszystko, co jest ważne** – all that matters ❸ (*w zdaniach wykrzyknikowych*); **co za...!** – what (a)...! *Co za piękny obraz!* – What a beautiful picture!

◆ **bądź co bądź** – anyhow/anyway; **dopiero co** – just now; **co do** – (a) (*odnośnie*); **co do tamtej sprawy** – with regard to that matter/regarding that matter; **co do mnie** – as far as I am concerned; (b) (*dokładnie*); **co do minuty** – on the dot; **co do grosza** – to the last penny

cocktail cocktail ['kɒkteɪl]

codziennie every day [evrɪ'deɪ], daily ['deɪlɪ]

codzienność everyday life

codzienny everyday ['evrɪdeɪ], daily ['deɪlɪ]; **do codziennego użytku** – for everyday use; **codzienna gazeta** – a daily newspaper

cofać ❶ (*powodować ruch wstecz*) back [bæk], put back (put, put); **cofać zegar** – to put back the clock; **cofać samochód** – to back/to reverse a car; **cofać taśmę magnetofonu** – to rewind the tape ❷ (*odwołać*) retract [rɪ'trækt], withdraw (withdrew, withdrawn) [wɪð-'drɔ:, wɪð'dru:, wɪð'drɔ:n]; *Cofam to, co powiedziałem.* – I withdraw what I said. *Generał wycofał swoje wojska.* – The general withdrew his troops. **cofnąć ofertę** – to withdraw an offer

cofać się ❶ (*rezygnować z czegoś*) rectract [rɪ'trækt], go back on (went, gone), draw back [drɔ:'bæk] (drew, drawn); *Firma wycofała się z umowy.* – The firm drew back from the agreement. ❷ (*ustępować*) withdraw (withdrew, withdrawn) [wɪð'drɔ:, wɪð'dru:, wɪð'drɔ:n], draw back [drɔ:'bæk] (drew, drawn), (*wracać do przeszłości*) look back [lʊk'bæk]; *Tłum cofnął się, żeby dać przejść policji.* – The crowd drew back to let the police through. *Cofnęliśmy się krok do tyłu.* – We took a step back. **cofać się myślą w przeszłość** – to look back on one's past; **nie cofać się przed niczym** – to stop at nothing

cofnąć *p.* **cofać**

cokolwiek ❶ (*wszystko jedno co*) anything ['enɪθɪŋ], whatever [wɒt'evə]; *Możecie robić cokolwiek.* – You can do anything. *Cokolwiek by nie powiedział, to bzdura.* – Whatever he says is nonsense. ❷ (*w pewnym stopniu*) somewhat ['sʌmwɒt]; *Spodnie są cokolwiek za ciasne.* – The trousers are somewhat too tight.

coraz:
coraz lepszy – better and better; **coraz ciekawszy** – more and more interesting
coroczny yearly ['jɜ:lɪ], annual ['ænjʊəl]
coś something ['sʌmθɪŋ], anything ['enɪθɪŋ]; *Czy jest coś, co mogę dla ciebie zrobić?* – Is there anything I can do for you? *Mam tu coś dla ciebie.* – I have something for you here.
cośkolwiek *p.* **cokolwiek**
córka daughter ['dɔ:tə]
cóż ❶ *p.* **co** ❶, ❷ whatever [wɒt'evə]; *Cóż to może być?* – Whatever can it be? ❸ well [wel]; *Cóż, szkoda.* – Well, it's a pity.
cuchnąć stink (stank, stunk) [stɪŋk, stæŋk, stʌŋk]; *To cuchnie zepsutą rybą.* – It stinks of rotten fish.
cud miracle ['mɪrəkl], wonder ['wʌndə], marvel ['mɑ:vl]; **czynić cuda** – to perform/to do wonders; **dokonywać cudów** – to work wonders; *To cud, że ona przeżyła.* – It's a miracle/wonder/marvel that she survived. **siedem cudów świata** – the seven wonders of the world
cudowny ❶ (*zachwycający, wspaniały*) wonderful ['wʌndəfʊl], marvellous ['mɑ:vləs], fabulous ['fæbjʊləs], fantastic [fən'tæstɪk], terrific [tə'rɪfɪk] ❷ (*związany z cudami*) miraculous [mɪ'rækjʊləs]; **cudowne wyzdrowienie** – a miraculous recovery
cudzołożyć commit adultery [kə'mɪt ə'dʌltərɪ]
cudzołóstwo adultery [ə'dʌltərɪ]
cudzoziemiec foreigner ['fɒrənə]
cudzoziemski foreign ['fɒrən]
cudzy someone else's [ˌsʌmwʌn'elsɪz]; **cudze problemy** – other people's problems
cudzysłów inverted commas [ɪn'vɜ:tɪdˌkɒməz], quotation marks [kwəʊ'teɪʃnˌmɑ:ks]
cukier sugar ['ʃʊgə]
cukierek sweet [swi:t], *am.* candy ['kændɪ]
cukiernia confectionery [kən'fekʃnərɪ]
cukiernica sugar bowl ['ʃʊgəbəʊl]
cukinia courgette [kɔ:'ʒet], *am.* zucchini [zu'ki:nɪ]
cukrownia sugar-refinery [ˌʃʊgərɪ'faɪnərɪ]
cukrowy sugar ['ʃʊgə]; **burak cukrowy** – sugar-beet; **trzcina cukrowa** – sugar-cane; **cukrowa wata** – candy floss//*am.* cotton candy
cukrzyca diabetes [daɪə'bi:ti:z]
cukrzyć sugar ['ʃʊgə]; *Czy herbata jest cukrzona?* – Is this tea sugared? *Czy cukrzysz herbatę?* – Do you take sugar in your tea?
cybernetyczny cybernetic [saɪbə'netɪk]
cybernetyka cybernetics [saɪbə'netɪks]
cyfra digit ['dɪdʒɪt], numeral ['nju:mərəl]; **cyfry rzymskie/arabskie** – Roman/Arabic numerals
cyfrowy digital ['dɪdʒɪtl]; **liczba trzycyfrowa** – a three-digit number
Cygan Gypsy ['dʒɪpsɪ]
Cyganka Gypsy ['dʒɪpsɪ]
cygański gypsy ['dʒɪpsɪ]; **cygańskie życie** – the gypsy life
cygaro cigar [sɪ'gɑ:]
cyjanek cyanide ['saɪənaɪd]
cykl cycle ['saɪkl]; **cykl koniunkturalny** – business cycle
cykliczny cyclic ['saɪklɪk], cyclical ['saɪklɪkl]; **cykliczny charakter gospodarki** – the cyclical nature of economic activity
cyklon cyclone ['saɪkləʊn]
cykoria chicory ['tʃɪkərɪ]
cylinder ❶ (*walec*) cylinder ['sɪlɪndə]; **silnik sześciocylindrowy** – a six-cylinder engine ❷ (*kapelusz*) top hat [tɒp'hæt], topper ['tɒpə]
cylindryczny cylindrical [sɪ'lɪndrɪkl]
cyna tin [tɪn]
cynaderki kidneys ['kɪdnɪz]
cynamon cinnamon ['sɪnəmən]
cynfolia tin foil [tin'fɔɪl]
cyngiel trigger ['trɪgə]
cynia zinnia ['zɪnjə]
cyniczny cynical ['sɪnɪkl]

cynik cynic ['sɪnɪk]
cynizm cynicism ['sɪnɪsɪzm]
cynk zinc [zɪŋk]
cypel headland ['hedlənd], promontory ['prɒməntrɪ]
Cypryjczyk Cypriot ['sɪprɪət]
cyprys cypress ['saɪprəs]
cyrk circus ['sɜ:kəs]
cyrkiel a pair of compasses [-'kʌmpəsɪz], compasses
cyrkowiec circus performer [,sɜ:kəs pə'fɔ:mə], artiste [ɑ:'ti:st]
cyrkulacja circulation [sɜ:kjʊ'leɪʃn]
cysterna tank [tæŋk]; **samochód cysterna** – tanker/*am.* tank truck
cytadela citadel ['sɪtədəl]
cytat quotation [kwəʊ'teɪʃn]
cytować quote [kwəʊt]; **cytować Szekspira** – to quote from Shakespeare
cytrusowy citrus ['sɪtrəs], citrous ['sɪtrəs]; **owoce cytrusowe** – citrus fruit
cytryna lemon ['lemən]
cywil civilian [sɪ'vɪljən]
cywilizacja civilization [sɪvɪlaɪ'zeɪʃn]
cywilizować civilize ['sɪvɪlaɪz]
cywilizowany civilized ['sɪvɪlaɪzd]
cywilny civilian [sɪ'vɪljən]; **urząd stanu cywilnego** – registry office; **ubranie cywilne** – mufti, (*dot. agentów policji*) plainclothes; **ubrany po cywilnemu** – in mufti
czajniczek tea-pot ['ti:pɒt]
czajnik kettle ['ketl]; **nastawić czajnik** – to put the kettle on
czapka cap [kæp]
czapla heron ['herən], (*biała*) egret ['i:gret]
czar (*urok*) charm [tʃɑ:m]
czarno black [blæk]; **być ubranym na czarno** – to be dressed in black; *Przyszłość rysuje się czarno.* – The future looks black. **czarno na białym** – in black and white; **pracować na czarno** – to work illegally
czarnoksiężnik wizard ['wɪzəd], magician [mə'dʒɪʃn], sorcerer ['sɔ:sərə]
czarnorynkowy black market [blæk'mɑ:kɪt]
czarnoskóry black [blæk]
czarnoziem humus ['hju:məs]
czarny black [blæk]; **czarna suknia** – black dress; **czarna kawa** – black coffee; **czarny humor** – black humour; **czarna komedia** – black comedy; **czarna magia** – black magic; **czarny rynek** – black market; **czarna owca** – black sheep; **czarna jagoda** – blueberry; **czarna porzeczka** – black currant; **czarny jak smoła** – as black as pitch
czarodziej wizard ['wɪzəd], magician [mə'dʒɪʃn]
czarodziejski magic ['mædʒɪk], magical ['mædʒɪkl]; **czarodziejskie zaklęcie** – a magic spell; **Czarodziejski Flet** – The Magic Flute
czarownica witch [wɪtʃ]
czarownik wizard ['wɪzəd]
czarter (*lot czarterowy*) charter flight ['tʃɑ:tə'flaɪt]
czarterowy charter ['tʃɑ:tə]; **lot/samolot czarterowy** – charter flight/plane
czarujący charming ['tʃɑ:mɪŋ], enchanting [ɪn'tʃɑ:ntɪŋ]
czary witchcraft ['wɪtʃkrɑ:ft], sorcery ['sɔ:sərɪ]; **uprawiać czary** – to practise witchcraft/sorcery
czas ❶ time [taɪm]; *Czas to pieniądz.* – Time is money. *Czas szybko mija.* – Time goes by quickly/passes quickly. **w czasie i przestrzeni** – in space and time; **zyskać na czasie** – to gain time; *Nie mamy ani chwili czasu do stracenia.* – We have no time to lose. *Co za strata czasu!* – What a waste of time! **nadrobić stracony czas** – to make up for the lost time; *To zajmie trochę czasu.* – That will take time. *Czy może mi pan podać czas?* – Can you tell me the time? *Przebiegł milę w rekordowym czasie.* – He ran the mile in record time. **w tym samym czasie** (*jednocześnie*) – at the same time; **cały czas** – all the time; *Z czasem to zrozumiesz.* – You'll understand it in time. *Musisz przyjść na czas, żeby zdążyć na pociąg.* – You'll have to be in time to catch the train. **od czasu do**

czasu – from time to time; **najwyższy czas** – it's high time/it's about time; *Najwyższy czas, żebyś zaczął szukać pracy.* – It's high time you started looking for a job. **czas letni/zimowy** – summer/winter time ❷ (*czasy*) time [taɪm], times [taɪmz], days [deɪz]; *To były czasy!* – Those were the days! **stare, dobre czasy** – the good old days; **w czasach królowej Wiktorii** – in the days of Queen Victoria/in Queen Victoria's times; **ostatnimi czasy** – recently/in recent times; **od niepamiętnych czasów** – from time immemorial; **znak czasu** – a sign of the times; **iść z duchem czasu** – to keep up with the times; *To są ciężkie czasy dla intelektualistów.* – These are hard times for the intelectuals. ❸ *gram.* tense [tens]; **czas teraźniejszy/przeszły/przyszły** – the present/past/future tense

czasami sometimes ['sʌmtaɪmz], from time to time, occasionally [ə'keɪʒənəlɪ]

czasochłonny time-consuming [taɪmkən'sju:mɪŋ]

czasopismo periodical [pɪərɪ'ɒdɪkl], journal ['dʒɜ:nl], magazine [mægə'zi:n]

czasownik verb [vɜ:b]

czasowy (*chwilowy*) temporary ['tempərərɪ]

czaszka scull [skʌl]

cząsteczka particle ['pɑ:tɪkl], corpuscle ['kɔ:pʌsl], *chem.* molecule ['mɒlɪkju:l]

cząstka part [pɑ:t], particle ['pɑ:tɪkl], (*pomarańczy*) segment ['segmənt]; **cząstka elementarna** – an elementary particle

czcić ❶ (*oddawać cześć*) worship (pp) ['wɜ:ʃɪp] ❷ (*obchodzić*) celebrate ['selɪbreɪt]

czcigodny venerable ['venərəbl], honourable ['ɒnərəbl]

czcionka type [taɪp], character ['kærəktə]; **gruba czcionka** – bold type; **dużymi czcionkami** – in large type

czczo:
na czczo – on an empty stomach

czczy idle ['aɪdl], empty ['emptɪ]; **czcze pogróżki/obietnice** – idle/empty threats/promises

Czech Czech [tʃek]

czego what [wɒt], which [wɪtʃ]; *Czego się spodziewałeś?* – What did you expect?

czek cheque [tʃek], *am.* check; **wypisać czek** – to write out a cheque; **zrealizować czek** – to cash a cheque; **czek in blanco** – a blank cheque; *Płaci pan gotówką czy czekiem?* – Are you paying in cash or by cheque?

czekać wait [weɪt], expect [ɪk'spekt]; *Czekam na niego od godziny.* – I've been waiting for him for an hour. *Czekamy, aż przestanie padać.* – We are waiting for the rain to stop/until it stops raining. *Będziesz musiał poczekać na swoją kolej.* – You'll have to wait your turn. *Nie daj mi na siebie czekać.* – Don't keep me waiting. *To jest list, na który czekałam.* – This is the letter I've been expecting.

czekolada chocolate ['tʃɒklɪt]; **tabliczka czekolady** – a bar of chocolate

czekoladka chocolate ['tʃɒklɪt]

czekoladowy chocolate ['tʃɒklɪt]

czemu ❶ *p.* **co** ❷ (*dlaczego*) why [waɪ]

czepek cap [kæp]
◆ **być w czepku urodzonym** – to be born with a silver spoon in one's mouth

czepiać się ❶ (*lgnąć*) cling (clung, clung) [klɪŋ, klʌŋg, klʌŋg], stick (stuck, stuck) [stɪk, stʌk, stʌk], hang on to [hæŋ'ɒntə] (hung, hung); *Rozbitkowie czepiali się tratwy.* – Survivors were clinging to/were hanging on to a raft. ❷ (*dokuczać, szykanować*) find fault with [faɪnd'fɔ:ltwɪð] (found, found), pick at [pɪk 'æt]; *Przestań się mnie czepiać!* – Stop picking at me! *On się mnie bez przerwy czepia.* – He is always finding fault with me.

czereśnia cherry ['tʃerɪ], sweet cherry [swi:t'tʃerɪ]

czerń blackness ['blæknɪs], black [blæk]; **kobieta w czerni** – a woman in black

C

czerpać ❶ (*wydobywać*) draw (drew, drawn) [drɔ:, dru:, drɔ:n]; **czerpać wodę ze studni** – to draw water from a well ❷ (*korzystać*) draw (drew, drawn) [drɔ:, dru:, drɔ:n], derive [dɪ'raɪv]; *Czerpała natchnienie ze swoich przeżyć.* – She drew inspiration from her experience. **czerpać korzyść/ /zysk** – to derive profit

czerstwy ❶ (*o chlebie*) stale [steɪl] ❷ (*zdrowy, mocny*) hale [heɪl]

czerwiec June [dʒu:n]

czerwienić (się) go/turn/grow red, redden ['redn], blush [blʌʃ]

czerwień red [red], redness ['rednɪs]; *Ten obraz zawiera zbyt dużo czerwieni.* – There is too much red in this painting. **czerwienie i brązy jesieni** – the reds and browns of the autumn

czerwonka dysentery ['dɪsntrɪ]

czerwonoskóry redskin ['redskɪn]

czerwony red [red]; **czerwone wino** – red wine; **czerwone ciałka krwi** – red corpuscles/red blood cells; **Czerwony Krzyż** – Red Cross; **czerwona porzeczka** – red currant; **być czerwonym na twarzy (ze złości)** – to be red in the face (with anger); **przejechać na czerwonym świetle** – to jump a red light

czesać (się) comb [kəʊm]

czeski Czech [tʃek]

cześć ❶ (*głęboki szacunek*) honour ['ɒnə], reverence ['revərəns], veneration [venə'reɪʃn]; **oddawać cześć** – to honour; **otaczać czcią** – to hold in veneration/to venerate/to revere/to honour; **uroczystość ku czci poległych na polu chwały** – a ceremony in honour of those killed in battle ❷ (*honor*) honour ['ɒnə]; *Chodzi o jego cześć.* – His honour is at stake. ❸ (*rodzaj pozdrowienia*) hi [haɪ], hello/ /hallo/hullo [hə'ləʊ], (*na pożegnanie*) cheerio [tʃɪərɪ'əʊ]

często often ['ɒfn], frequently ['fri:kwəntlɪ]

częstotliwość frequency ['fri:kwənsɪ]

częstować treat sb to [tri:t-], offer ['ɒfə]; *Poczęstowałem go papierosem.* – I offered him a cigarette.

częstować się help oneself [helpwʌn'self]; *Poczęstuj się kanapką.* – Help yourself to a sandwich.

częsty frequent ['fri:kwənt]

częściowo partly ['pɑ:tlɪ], partially ['pɑ:ʃlɪ]; *Jest częściowo sparaliżowany.* – He is partially paralysed. *To była częściowo moja wina.* – It was partly my fault.

częściowy partial ['pɑ:ʃl], fragmentary ['frægməntərɪ]; **częściowy sukces** – partial success; **częściowe zaćmienie Słońca** – a partial eclipse of the Sun

część part [pɑ:t]; *Podzieliła grupę na trzy części.* – She divided the group into three parts. **części zamienne** – spare parts

czkawka hiccups/hiccoughs ['hɪkʌps]; **dostać czkawki** – to get the hiccups

człon element ['elɪmənt], segment ['segmənt], member ['membə]

członek ❶ (*osoba należąca np. do danej grupy, organizacji*) member ['membə]; **członek rodziny** – a member of the family; **członek honorowy** – an honorary member; **członek akademii** – Fellow of the Academy ❷ (*kończyna*) limb [lɪm] ❸ *anat.* penis ['pi:nɪs]

człowieczeństwo humanity [hju:'mænətɪ], human nature [hju:mən 'neɪtʃə]

członkostwo membership ['membəʃɪp]

człowiek ❶ (*istota ludzka*) man, *l.mn.* men/people [mæn, men/pi:pl], human being [,hju:mən'bi:ɪŋ], human ['hju:mən]; *Człowiek jest śmiertelny.* – Man is mortal. **pochodzenie człowieka** – the origin of man ❷ (*mężczyzna*) man, *l.mn.* men [mæn, men]; *Jakiś człowiek czeka na ciebie.* – There is a man waiting to see you. **utalentowany młody człowiek** – a talented young man ❸ (*w formie nieosobowej*) one [wʌn], you [ju:, jʊ]; *Człowiek nigdy nie wie, co się może zdarzyć.* – You never know/One never knows what may happen.

czołg tank [tæŋk]
czołgać się crawl [krɔ:l]
czoło ❶ (*część twarzy*) forehead ['fɒrɪd], brow [braʊ]; **marszczyć czoło** – to knit one's brow, to frown ❷ (*początek np. pochodu*) head [hed]; **maszerować na czele pułku** – to march at the head of the regiment
◆ **stawić czoła** – to face
czołowy frontal ['frʌntl]; **atak czołowy** – frontal attack; **zderzenie czołowe** – a head-on crash/a head-on collision
czosnek garlic ['gɑ:lɪk]; **ząbek czosnku** – a clove of garlic
czółenka (*pantofle*) pumps [pʌmps]
czółno canoe [kə'nu:]
czterdzieści forty ['fɔ:tɪ]
czternasty fourteenth [fɔ:'ti:nθ] (14th)
czternaście fourteen [fɔ:'ti:n]
cztery four [fɔ:]
czterysta four hundred [fɔ: 'hʌndrəd]
czubek tip [tɪp], top [tɒp]; **czubek góry lodowej** – the tip of the iceberg; *Mam to na czubku języka.* – I have it on the tip of my tongue. *Baletnica tańczyła na czubkach palców.* – The ballerina danced on the tips of her toes.
czucie feeling ['fi:lɪŋ]; *Straciłam czucie w stopie.* – I lost all feeling in my foot.
czuć ❶ (*odczuwać*) feel (felt, felt) [fi:l, felt, felt]; *Rośliny nie czują.* – Plants don't feel. ❷ (*wyczuwać zapach*) smell (smelt, smelt) [smel, smelt, smelt]; *Czuję gaz.* – I can smell gas. *Czuć tu gaz.* – It smells of gas here. ❸ (*wyczuwać*) sense [sens], feel (felt, felt) [fi:l, felt, felt]; **czuć wrogość** – to sense hostility; *Czułam, że rozsądnie będzie poczekać.* – I felt it advisable to wait.
czuć się feel (felt, felt) [fi:l, felt, felt], be (was/were, been) [bi:, wɒz/wɜ:, bi:n]; *Jak pan się dzisiaj czuje?* – How are you feeling today? *Czuję się dobrze.* – I'm feeling well. *Czuję się zmęczony.* – I feel tired. *Jak się czujesz? – Świetnie, dziękuję.* – How are you? – I'm fine, thanks.
czujność watchfulness ['wɒtʃfʊlnɪs], wariness ['weərɪnɪs], alertness [ə'lɜ:tnɪs]; **zmylić czyjąś czujność** – to put sb off his/her guard
czujny watchful ['wɒtʃfʊl], wary ['weərɪ], alert [ə'lɜ:t]; **być czujnym** – to be alert/to be on one's guard
czułość tenderness ['tendənɪs]
czuły ❶ (*tkliwy*) tender ['tendə] ❷ (*wrażliwy*) sensitive ['sensɪtɪv], (*o słuchu*) acute [ə'kju:t]; *Papier fotograficzny jest bardzo czuły na światło.* – Photographic paper is highly sensitive to light. **czuły słuch** – acute hearing; **czułe miejsce** – a sore point/a tender spot
czupryna mop [mɒp]
czuwać ❶ (*być czujnym*) keep vigilance [ki:p'vɪdʒɪləns], keep watch [ki:p'wɒtʃ] ❷ (*nie spać*) stay up [steɪ'ʌp]
czuwanie vigil ['vɪdʒɪl]
czwartek Thursday ['θɜ:zdɪ]; **we czwartek** – on Thursday; **Wielki Czwartek** – Maundy Thursday
czwarty fourth [fɔ:θ]; **czwarty maja** – the fourth of May/4th May/May 4th; **czwarta godzina** – four o'clock; **strona czwarta** – page four
czworaczki quadruplets ['kwɒdrʊplets], quads ['kwɒdz]
czworobok quadrilateral [kwɒdrɪ'lætərəl]
czworokąt quadrangle ['kwɒdræŋgl]
czwórka ❶ (*liczba*) four [fɔ:] ❷ (*ocena*) good mark
czy ❶ (*w pytaniach wprost odpowiednikiem* **czy** *jest pozycja formy osobowej czasownika specjalnego przed podmiotem*); *Czy to ci się podoba?* – Do you like it? *Czy masz samochód?* – Have you got a car? *Czy ona umie prowadzić?* – Can she drive? ❷ (*w zdaniach zależnych*) if [ɪf], whether ['weðə]; *Zastanawiam się, czy to możliwe.* – I wonder if/whether it's possible. *Nie wiem, czy on przyjdzie.* – I don't know if/whether he will come. *Nie wiem, czy on przyjdzie, czy nie.* – I don't know whether he will come or

C

not. ❸ (*dla wyrażenia alternatywy*) or [ɔ:]; *Kawa czy herbata?* – Tea or coffee? *Tak czy nie?* – Yes, or no?

czyj whose [hu:z]

czyjkolwiek anybody's ['enıbɒdız]

czyjś somebody's ['sʌmbɒdız], anybody's ['enıbɒdız], someone's ['sʌmwʌnz]

C

czyli that is

czym what [wɒt]; *Czym kroisz chleb?* – What do you cut bread with? *O czym mówicie?* – What are you talking about? *Czym mogę pani służyć?* – What can I do for you?/(*w sklepie*) Can I help you?

czyn act [ækt], deed [di:d]; **czyn bohaterski** – deed of heroism; **być wynagrodzonym za dobre czyny** – to be rewarded for one's good deeds; **liczą się czyny, nie słowa** – deeds are better than words; *Morderstwo było niewątpliwie czynem szaleńca.* – The murder was surely the act of a madman.

czynić do/does (did, done) [du:/də/ /dʌz, did, dʌn]; *Czyń jak chcesz.* – Do as you wish. **czynić dobro** – to do good; **czynić cuda** – to do/to perform wonders

czynnik factor ['fæktə]

czynność activity [æk'tıvətı], function ['fʌnkʃn]

czynny active ['æktıv], (*o sklepie*) open ['əʊpn]; **brać czynny udział** – to take an active part; **czynny opór** – active resistance; **czynny wulkan** – an active volcano; *gram.* **strona czynna** – the active voice

czynsz rent [rent]

czystość cleanliness ['klenlınıs], tidiness ['taıdınıs], purity ['pjʊərətı]; **środki czystości** – cleaning products

czysty ❶ (*niebrudny, wolny od zanieczyszczeń, zniekształceń*) clean [kli:n], clear [klıə], neat [ni:t], pure [pjʊə]; **czyste ręce** – clean hands; **czysty, posprzątany pokój** – neat, tidy room; **czyste powietrze** – clean air; **czysta woda** – pure water; **czyste niebo** – clear sky; **czysta wełna** – pure wool; **czysta cera** – clear complexion; *Jego motywy są czyste.* – His motives are pure. **czyste sumienie** – clear conscience; **czysty zysk** – clear/net profit ❷ (*niewątpliwy, oczywisty, prawdziwy*) sheer [ʃıə], pure [pjʊə]; **czysty przypadek** – sheer chance; **czysty nonsens** – pure/sheer nonsense; **czysta złośliwość** – pure malice

czyszczenie cleaning ['kli:nıŋ], cleansing ['klenzıŋ]

czyścić ❶ (*usuwać brud*) clean [kli:n], cleanse [klenz], (*szczotką*) brush [brʌʃ]; **czyścić buty** – to clean one's shoes; **czyścić zęby** – to clean/to brush one's teeth; **czyścić na sucho** – to dry-clean ❷ *med.* purge [pɜ:dʒ]

czyściec purgatory ['pɜ:gətərı]

czytać read (read, read) [ri:d, red, red]; *Czytałam tę książkę dwa razy.* – I read this book twice. **czytać między wierszami** – to read between the lines; **czytać w czyichś myślach** – to read sb's thoughts

czytanie reading ['ri:dıŋ]

czytelnia reading-room ['ri:dıŋrʊm]

czytelnik reader ['ri:də]

czytelny readable ['ri:dəbl], legible ['ledʒəbl]

czyż (*forma wzmocniona* **czy**): *Czyż nie masz mi nic do powiedzenia?* – Isn't there anything you want to tell me?/You've got nothing to tell me, have you?

czyżby (*pytanie z niedowierzaniem*) really ['rıəlı], indeed [ın'di:d], is that so? *Nie mam ci nic do powiedzenia. – Czyżby?* – I have nothing to tell you. – Really?/Indeed? *Czyżbyś nie miał mi nic do powiedzenia?* – Don't you have anything to tell me?

ć

ćma moth [mɒθ]

ćwiartka ❶ (*jedna czwarta*) quarter ['kwɔ:tə], one fourth ❷ (*kawałek mięsa*) joint [dʒɔɪnt]

ćwiczenie exercise ['eksəsaɪz], practice ['præktɪs], training ['treɪnɪŋ]; **ćwiczenia kondycyjne** – keep-fit exercises; **ćwiczenia gimnastyczne** – gymnastic exercise; *Dobra gra na pianinie wymaga dużo ćwiczeń.* – Playing the piano well requires a lot of practice. **ćwiczenia wojskowe** – military exercises

ćwiczyć exercise ['eksəsaɪz], practise ['præktɪs]; *On ćwiczy (fizycznie) dwa razy dziennie.* – He exercises twice a day. *Ona ćwiczy na pianinie.* – She is practising (on) the piano.

ćwierć quarter ['kwɔ:tə], one fourth

ćwierćfinał quarter-final [kwɔ:tə'faɪnl]

ćwierkać chirp [tʃɜ:p], twitter ['twɪtə]

ćwierkanie twitter ['twɪtə], chirping ['tʃɜ:pɪŋ]

ćwikła beetroot salad with horse-radish

d

dach roof [ru:f]; **dach płaski/spadzisty** – a flat/a sloping roof; **mieszkać pod tym samym dachem** – to live under the same roof; **nie mieć dachu nad głową** – to have no roof over one's head

dachówka tile [taɪl]

dać ❶ (*przekazać, udzielić*) give (gave, given) [gɪv, geɪv, 'gɪvn]; *Dałam chłopcu pomarańczę.* – I gave an orange to the boy./I gave the boy an orange. *Dano mi książkę na urodziny.* – I was given a book for my birthday. *Dano mi do zrozumienia, że to niemożliwe.* – I was given to understand, that it was impossible. *Daj mi tydzień na podjęcie decyzji.* – Give me a week to make up my mind. *Ile dałeś za swój samochód?* – How much did you give for your car? *Ona daje lekcje prywatne.* –

She gives private lessons. **dać koncert/przedstawienie** – to give a concert/a performance; **dawać przykład** – to set an example ❷ (*pozwolić*) let (let, let) [let, let, let]; *Daj mi przejść.* – Let me pass. *Daj mi znać.* – Let me know. ❸ (*dać coś do zrobienia*) have/get sth done; *Muszę dać samochód do naprawy.* – I must have/get my car repaired.

◆ **dać za wygraną** – to give up; **dajmy na to** – (a) (*przypuśćmy*) let's suppose; (b) (*wyrażające powątpiewanie*) that is as it may be/supposing it's true. *Nie da rady.* – Nothing can be done./ /It's impossible.

d

dać się ❶ (*pozwolić się pokonać*) give in [gɪv'ɪn] (gave, given), surrender [sə'rendə] ❷ (*nieosobowo – być możliwym*): *Coś da się zrobić.* – Something can be done. *Drzwi nie da się otworzyć.* – The door won't open.

daktyl date [deɪt]

dal distance ['dɪstns]; **w dali** – in the distance; **z dala** – from afar; **z dala od domu** – far from home; **trzymać się z dala od** (*wystrzegać się*) **czegoś/kogoś** – to keep clear of sth/sb; **trzymać się z dala** (*stronić*) **od ludzi** – to keep apart from people; **skok w dal** – long jump

dalej farther ['fɑ:ðə], further ['fɜ:ðə]; *Paryż jest dalej od Warszawy niż Berlin.* – Paris is farther/further from Warsaw than Berlin. *Nie możemy już iść dalej.* – We can't go any farther/ /further. **patrzeć dalej w przyszłość** – to look farther/further forward to the future; **i tak dalej** – and so on; **i tak dalej, i tak dalej** – and so on, and so forth

daleki far (farther, farthest/further, furthest) [fɑ:, fɑ:ðə, fɑ:ðɪst/'fɜ:ðə, fɜ:-ðɪst]; far-off [fɑ:r'ɒf], far-away ['fɑ:r-əweɪ], distant ['dɪstnt], remote [rɪ-'məʊt]; **daleki kraj** – a far/a far-off country; **daleki horyzont** – the distant horizon; **Daleki Wschód** – the Far East; **w dalekiej przyszłości** – in the distant/remote future; *On jest moim dalekim kuzynem.* – He is a distant cousin of mine.

daleko far (farther, farthest/further, furthest) [fɑ:, fɑ:ðə, fɑ:ðɪst/'fɜ:ðə, 'fɜ:-ðɪst], far away ['fɑ:rəweɪ], far off [fɑ:r'ɒf]; *Jak to daleko stąd?* – How far is it from here? *Zawołaj mnie, jeżeli będziesz mnie potrzebował. Nie będę daleko.* – Call me if you need me. I won't be far off/far away. *Jest uzdolniona i zajdzie daleko.* – She is talented and she will go far. **daleko lepsze rozwiązanie** – a far better solution; **daleko jak okiem sięgnąć** – as far as the eye can see

dalekobieżny long-distance ['lɒŋ dɪs-tns]

dalekosiężny far-reaching [fɑ:'ri:tʃn]

dalekowidz far-sighted [fɑ:'saɪtɪd], long--sighted (person) [lɒŋ'saɪtɪd-]

dalekowzroczny far-sighted [fɑ:'saɪt-ɪd], long-sighted [lɒŋ'saɪtɪd]

dalia dahlia ['deɪljə]

dalszy further ['fɜ:ðə]; *Jakie są twoje dalsze zamiary?* – What are your further plans? **ciąg dalszy nastąpi** – to be continued

dama lady ['leɪdɪ]; *Zachowuje się jak prawdziwa dama.* – She behaves like a real lady. **światowa dama** – a woman of the world; (*w kartach, szachach*) queen [kwi:n]

damski lady's/ladies' ['leɪdɪz]; **toaleta damska** – the Ladies; *Gdzie jest damska toaleta?* – Where is the Ladies, please?

dancing/dansing dance [dɑ:ns]

dane data ['deɪtə]; *Dane są analizowane.* – The data are/is analysed. **analiza danych** – data analysis; **dane osobiste** – particulars

danie dish [dɪʃ], course [kɔ:s]; **obiad z trzech dań** – a three-course dinner

dany given ['gɪvn], this [ðɪs], that [ðæt]; *Mieli się wszyscy spotkać w danym miejscu i godzinie.* – They were all to meet at a given time and place. **w danej chwili** – at that moment; **w danym wypadku** – in this case

dar gift [gɪft], present ['preznt]; **hojny dar** – a generous gift

daremnie vainly ['veɪnlɪ], in vain [ɪn'veɪn]

daremny futile ['fju:taɪl], vain [veɪn]; *Nasze wysiłki okazały się daremne.* – Our efforts proved vain/futile.

darmo free [fri:], free of charge, for nothing, gratis ['greɪtɪs]; *Mogę to zrobić za darmo.* – I can do it for nothing. *Dzieci w wieku do trzech lat mogą podróżować za darmo.* – Children under 3 can travel for nothing.

◆ **na darmo** – in vain

darmowy free [fri:]; **bilet darmowy** – a free ticket

darować ❶ (*dać w prezencie*) present [prɪ'zent], give (gave, given) [gɪv, geɪv, 'gɪvn], donate [dəʊ'neɪt]; *Darowali uczelni dużą sumę pieniędzy.* – They presented a large sum of money to the college. **darować duże sumy instytucjom dobroczynnym** – to donate large sums to charities ❷ (*przebaczyć*) forgive (forgave, forgiven) [fə'gɪv, fə'geɪv, fə'gɪvn], pardon ['pɑ:dn]; **darować komuś winę** – to forgive sb's fault; *Pan daruje, ale...* – I beg your pardon, but.../Forgive me, but... ❸ (*zwolnić od czegoś*) remit (tt) [rɪ'mɪt], cancel (ll) ['kænsl], spare [speə]; **darować dług** – to cancel/to remit a debt; **darować komuś życie** – to spare sb's life; *Darowano mu karę więzienia.* – His prison sentence has been remitted. *Darujmy sobie szczegóły.* – Let's spare the details.

daszek (*czapki*) peak [pi:k], (*osłona oczu*) eye-shade ['aɪʃeɪd]; **czapka z daszkiem** – a peaked cap; **daszek** (*np. nad przystankiem autobusowym – zadaszenie*) – shelter

data date [deɪt]; **osoba starej daty** – an old-fashioned person

datek donation [dəʊ'neɪʃn], offering ['ɒfərɪŋ], contribution [kɒntrɪ'bju:ʃn]; **datek na cele charytatywne** – the contribution of money to charity

datować date [deɪt]; *Proszę nie zapomnieć datować czeku.* – Don't forget to date your cheque. **datować znaleziska archeologiczne** – to date archaeological finds

datować się date back ['deɪt'bæk]; *Nasza przyjaźń datuje się od 1980 roku.* – Our friendship dates back to 1980.

datownik date-stamp ['deɪtstæmp]

dawać *p.* **dać**

dawca donor ['dəʊnə]; **dawca krwi** – blood donor

dawka dose [dəʊs]; **śmiertelna dawka promieniowania** – a lethal dose of radiation

dawkować dose [dəʊs]

dawniej formerly ['fɔ:məlɪ], in the past; **Sri Lanka, dawniej Cejlon** – Sri Lanka, formerly Ceylon

◆ (*dla wyrażenia czynności lub stanu należących wyłącznie do przeszłości używa się konstrukcji* "used to"); *Życie na wsi jest teraz łatwiejsze niż dawniej.* – Life in the country is now easier than it used to be. *Dawniej paliłeś, prawda?* – You used to smoke, didn't you?

dawno long ago [lɒŋə'gəʊ]; *Skończyłem pracę dawno temu.* – I finished the work long ago. *Nie widziałem cię od dawna.* – I haven't seen you for a long time. **od bardzo dawna** – for ages; **dawno, dawno temu...** – once upon a time...

dawny ❶ (*stary*) ancient ['eɪnʃənt], old [əʊld]; **dawne zwyczaje** – old customs; **dawne czasy** – the old times; **dawne cywilizacje** – ancient civilizations ❷ (*poprzedni, były*) former ['fɔ:mə], old [əʊld]; **mój dawny student** – my former student; **nasze dawne mieszkanie** – our old flat

dąb oak [əʊk]

dążenie aspiration [æspə'reɪʃn], pursuit [pə'sju:t]

dążyć aspire [ə'spaɪə], strive (strove, striven) [straɪv, strəʊv, 'strɪvn], aim [eɪm]; *On dąży do tego, żeby zostać politykiem.* – He aspires to become a politician. **dążyć do wiedzy** – to aspire after knowledge/to strive for knowledge; **dążyć do sukcesu** – to strive for success

dbać care [keə], take care of, look after [lʊk'ɑ:ftə]; *Nie dbam o to, co się stanie.* – I don't care about what happens. *Ona bardzo dba o swoje dzieci.* – She takes great care of her children. *Dbaj o siebie!* – Take care!/Look after yourself!

dbałość care [keə]

d

debata debate [dı'beıt]; **debata parlamentarna** – parliamentary debate; **rozpocząć debatę nad nowym projektem ustawy** – to open the debate on a new bill

debatować debate [dı'beıt]; *Nad czym oni debatują?* – What are they debating about?

debiut début ['deıbu:]

dech breath [breθ]; **bez tchu** – out of breath, breathless; *Była bez tchu, kiedy wbiegła na schody.* – She was breathless after running up the stairs. **zapierający dech w piersiach** – breath-taking

decydować decide [dı'saıd], make a decision [-dı'sıʒn]

decydujący decisive [dı'saısıv]; **decydujący moment** – a decisive moment; **decydujący czynnik** – a decisive factor

decyzja decision [dı'sıʒn]; **podjąć decyzję** – to make a decision

dedukcja deduction [dı'dʌkʃn]

dedukować deduce [dı'dju:s]

dedykacja dedication [,dedı'keıʃn]

dedykować dedicate ['dedıkeıt]

defekt fault [fɔ:lt], defect ['di:fekt], flaw [flɔ:]; **mechaniczny defekt samochodu** – a mechanical defect in a car; **defekt silnika** – engine failure/breakdown

defensywa defensive [dı'fensıv]; **być w defensywie** – to be on the defensive

deficyt deficit ['defısıt]

defilada parade [pə'reıd]

defilować march past [mɑtʃ'pɑ:st]; **defilować przed** – to march past before

definicja definition [defı'nıʃn]

definitywny definite ['defınət]; **definitywna odpowiedź** – a definite answer

degeneracja degeneration [dıdʒenə'reıʃn]

degenerować się degenerate [dı'dʒenəreıt]

degradacja degradation [degrə'deıʃn]

deka *p.* **dekagram**

dekada decade ['dekeıd]

dekagram decagramme ['dekəgræm]

dekalog the Decalogue [-'dekəlɒg]

deklamacja declamation [deklə'meıʃn], recitation [resı'teıʃn]

deklamować declaim [dı'kleım], recite [rı'saıt]

deklaracja declaration [deklə'reıʃn]; **Deklaracja Praw Człowieka** – the Declaration of Human Rights; **złożyć deklarację** – to declare; **deklaracja celna** – customs declaration

deklarować declare [dı'kleə]; *Zadeklarował swoją lojalność wobec rządu.* – He declared his loyalty to the government.

dekolt neck [nek], neckline ['neklaın], (*głęboki dekolt*) decolletage [deıkɒl'tɑ:ʒ]; **dekolt w szpic** – a V-neck/ /a V-shaped neck; **dekolt karo** – a square neck; **suknia z głębokim dekoltem** – a low-cut dress

dekoracja decoration [dekə'reıʃn], (*sklepowa*) window-dressing ['wındəʊ,dresıŋ], (*potraw*) garnish ['gɑ:nıʃ]

dekoracyjny decorative ['dekərətıv]

dekorator decorator ['dekəreıtə], **dekorator wnętrz** – interior decorator

dekorować decorate ['dekəreıt], (*wystawę sklepową*) dress [dres], (*potrawy*) garnish ['gɑ:nıʃ]; *Ulice były udekorowane flagami.* – The streets were decorated with flags. **ryba udekorowana plasterkami cytryny** – fish garnished with slices of lemon; **dekorować choinkę** – to dress a Christmas tree; **dekorować wystawę sklepową** – to dress a shop-window

dekret decree [dɪ'kri:]; **wydać dekret** – to issue a decree

delegacja delegation [delɪ'geɪʃn], (*wyjazd służbowy*) business trip ['bɪznɪstrɪp]; *Prezydent odmówił spotkania z delegacją związków zawodowych.* – The president refused to meet the union delegation. **wyjechać w delegację** – to go on a business trip/to be away on business

delegat delegate ['delɪgət]

delegować delegate ['delɪgeɪt], send (sent, sent) [send, sent, sent]; **delegować kogoś na konferencję** – to delegate/to send sb to a conference

delfin dolphin ['dɒlfɪn]

delicje delicacies ['delɪkəsɪz], dainties ['deɪntɪz]

delikatesy delicatessen [delɪkə'tesn]

delikatnie gently ['dʒentlɪ], subtly ['sʌtlɪ]; **delikatnie mówiąc** – to put it mildly

delikatność delicacy ['delɪkəsɪ], (*w postępowaniu*) tact [tækt], thoughtfulness ['θɔ:tfʊlnɪs]

delikatny delicate ['delɪkət], subtle ['sʌtl], (*wrażliwy*) sensitive ['sensɪtɪv], (*w zachowaniu*) thoughtful ['θɔ:tfʊl], considerate [kən'sɪdərət], tactful ['tæktfʊl]; **delikatna skóra dziecka** – a baby's delicate skin; **być delikatnego zdrowia** – to be in delicate health

demagog demagogue ['deməgɒg]

demagogia demagogy ['deməgɒdʒɪ]

demagogiczny demagogic [dəmə'gɒdʒɪk]

demaskować unmask [ʌn'mɑ:sk], expose [ɪks'pəʊz]; **demaskować spisek** – to unmask/to expose a plot; **demaskować przestępcę** – to expose a criminal

dementi denial [dɪ'naɪəl]

dementować deny [dɪ'naɪ]; *Zdementował, że coś o tym wiedział.* – He denied knowing anything about it.

demobilizacja demobilization ['di:məʊbɪlaɪ'zeɪʃn]

demografia demography [dɪ'mɒgrəfɪ]

demograficzny demographic [demə'græfɪk]; **wyż demograficzny** – population explosion/an increase in the birth rate/*pot.* baby-boom

demokracja democracy [dɪ'mɒkrəsɪ]; **demokracja parlamentarna** – parliamentary democracy

demokrata democrat ['deməkræt]

demokratyczny democratic [demə'krætɪk]

demolować destroy [dɪ'strɔɪ]

demon demon ['di:mən]

demoniczny demonic [di:'mɒnɪk]

demonstracja demonstration ['demən'streɪʃn]; **masowa demonstracja przeciwko bombie atomowej** – a mass demonstration against the atomic bomb; **demonstracja nowego samochodu** – a demonstration of a new car

demonstracyjny demonstrative [dɪ'mɒnstətɪv], ostentatious [ɒstən'teɪʃəs]

demonstrować demonstrate ['demənstreɪt]; *Zademonstrował, jak się bronić.* – He demonstrated how to defend oneself. *Robotnicy demonstrowali przeciwko podwyżkom cen.* – Workers demonstrated against the price increases.

demoralizacja demoralization [dɪmɒrəlaɪ'zeɪʃn], depravation [deprə'veɪʃn]

demoralizować demoralize [dɪ'mɒrəlaɪz], deprave [dɪ'preɪv], corrupt [kə'rʌpt]

denerwować ❶ (*drażnić*) irritate ['ɪrɪteɪt], annoy [ə'nɔɪ], get on sb's nerves; *Jej zachowanie denerwuje mnie.* – Her behaviour irritates me/annoys me/gets on my nerves. ❷ (*niepokoić*) upset (upset, upset) [ʌp'set, ʌp'set, ʌp'set], distress [dɪ'stres]; *Nie chcę cię denerwować, ale...* – I don't want to distress/upset you, but....

denerwować się be nervous [bi:'nɜ:vəs], be upset [bi:ʌp'set], be distressed [bi:dɪ'strest], get flustered [get'flʌstəd]; *Ona zawsze się denerwuje, kiedy dziecko wraca późno ze szkoły.* – She always gets nervous when the child comes back late from school. *Nie denerwuj się. Nic się nie stało.* – Don't upset yourself./Don't distress yourself./Don't get upset. Nothing happened.

denerwujący ❶ (*irytujący*) annoying [ə'nɔɪɪŋ], irritating ['ɪrɪteɪtɪŋ]; *Te ciągłe awarie były bardzo denerwujące.* – Those constant break-downs were very annoying. ❷ (*niepokojący*) upsetting [ʌp'setɪŋ], distressing [dɪ'stresɪŋ]; **denerwująca wiadomość** – upsetting/distressing news

d

dentysta dentist ['dentɪst]

dentystyczny dental ['dentl], dentist's ['dentɪsts]; **chirurgia dentystyczna** – dental surgery; **gabinet dentystyczny** – dentist's surgery

departament department [dɪ'pɑ:tmənt]

depesza telegram ['telɪgræm], cable ['keɪbl]; **wysłać/otrzymać depeszę** – to send/to receive a telegram

depeszować telegraph ['telɪgrɑ:f], cable ['keɪbl], wire ['waɪə]

deportować deport [dɪ'pɔ:t]; *Deportowano grupę uchodźców.* – A group of refugees has been deported.

depresja depression [dɪ'preʃn]; *Był w stanie całkowitej depresji.* – He was in a state of total depression. **depresja gospodarcza** – an economic depression

deptać tread (trod, trodden) [tred, trɒd, 'trɒdn], trample ['træmpl]; **deptać czyjeś uczucia** – to trample on sb's feelings; *Nie depczcie po moich grządkach!* – Don't trample all over my flower-beds! **deptać komuś po piętach** – to tread on sb's heels; *Nie deptać trawników!* – Keep off the grass!

deptak promenade [,prɒmə'nɑ:d]

dermatolog dermatologist [dɜ:mə'tɒlədʒɪst]

dermatologia dermatology [dɜ:mə'tɒlədʒɪ]

desant landing ['lændɪŋ]; **wysadzić desant** – to make a landing; **desant powietrzny** – air-borne troops/division, air landing

deseń pattern ['pætən], design [dɪ'zaɪn]; **deseń w kwiaty** – a flowery pattern//a flower design

deser dessert [dɪ'zɜ:t], sweet [swi:t]; **deser czekoladowy** – a chocolate dessert; *Co jest na deser?* – What's for sweet/for dessert?

deserowy dessert [dɪ'zɜ:t]; **wino deserowe** – dessert wine; **łyżeczka deserowa** – a dessert spoon

deska board [bɔ:d], plank [plæŋk]; **deska do prasowania** – an ironing board; **deska do krojenia chleba** – a breadboard; **przeczytać książkę od deski do deski** – to read a book from cover to cover; **deska surfingowa** – a surfboard

deskorolka skate-board ['skeɪtbɔ:d]

despota despot ['despɒt], tyrant ['taɪərənt]

despotyczny despotic [de'spɒtɪk]

despotyzm despotism ['despətɪzm], tyranny ['tɪrənɪ]

destrukcja destruction [dɪ'strʌkʃn]

destylacja distillation [dɪstɪ'leɪʃn]

destylować distil (ll) [dɪ'stɪl]; **woda destylowana** – distilled water

deszcz rain [reɪn]; *Pada deszcz.* – It is raining. *Zanosi się na deszcz.* – It looks like rain. **ulewny deszcz** – heavy rain; **lekki deszcz** – fine/light rain

deszczowy rainy ['reɪnɪ]; **deszczowy dzień** – a rainy day; **pora deszczowa** – the rainy season; **klimat deszczowy** – a rainy climate

detal ❶ (*szczegół*) detail ['di:teɪl] ❷ *handl.* retail ['ri:teɪl]

detaliczny *handl.* retail ['ri:teɪl]; **sprzedawać coś w handlu detalicznym** – to sell sth (by) retail; **cena detaliczna** – retail price

detektyw detective [dɪ'tektɪv]

detektywistyczny detective [dɪ'tektɪv]; **opowiadanie detektywistyczne** – a detective story

dewaluacja devaluation [di:væljʊ'eɪʃn]; *Nastąpiła dalsza dewaluacja dolara.* – There's been a further devaluation of the dollar.

dewastacja devastation [devə'steɪʃn]

dewastować devastate ['devəsteɪt]; *Wojna zdewastowała kraj.* – War devastated the country.

dewizowy foreign-currency [ˌfɒrən-'kʌrənsɪ]; **rachunek dewizowy** – foreign-currency account

dewizy foreign currency [ˌfɒrən'kʌrənsɪ]

dezaprobata disapproval [dɪsə'pru:vl]; *Nasze propozycje spotkały się z silną dezaprobatą.* – Our suggestions met with a strong disapproval. *Potrząsnęła głową z dezaprobatą.* – She shook her head in disapproval.

dezercja desertion [dɪ'zɜ:ʃn]; **dezercja z wojska** – desertion from the army

dezerter deserter [dɪ'zɜ:tə]

dezodorant deodorant [di:'əʊdərənt]

dezynfekcja disinfection [dɪsɪn'fekʃn]

dezynfekować disinfect [dɪsɪn'fekt]

dębowy oak [əʊk]

dęty:
instrumenty dęte drewniane/blaszane – wind/brass instruments; **orkiestra dęta** – brass band

dętka tyre ['taɪə]

diabelski devilish ['devlɪʃ], diabolic [daɪə'bɒlɪk]

diabeł devil ['devl], *bibl.* the Devil; *On wierzy w diabły i demony.* – He believes in devils and demons. *O co ci u diabła chodzi?* – What the devil do you mean? **być adwokatem diabła** – to play the devil's advocate

diaboliczny diabolical [daɪə'bɒlɪkl]

diagnoza diagnosis, *l.mn.* diagnoses [daɪəg'nəʊsɪs, daɪəg'nəʊsi:z], **postawić diagnozę** – to make a diagnosis

diagram diagram ['daɪəgræm], chart [tʃɑ:t], graph [græf]

dialekt dialect ['daɪəlekt]; **mówić miejscowym dialektem** – to speak in a local dialect

dialog dialogue ['daɪəlɒg]

diament diamond ['daɪəmənd]

dieta diet ['daɪət]; **być na diecie** – to be on a diet; **przejść na dietę** – to go on a diet; **dieta niskokaloryczna** – a low-calorie diet

dietetyczny dietetic [daɪə'tetɪk]

dietetyk dietician [daɪə'tɪʃn]

dioptria dioptre [daɪ'ɒptə], *am.* diopter

dla for [fɔ:/fə], to [tu:/tə]; *To jest książka dla dzieci.* – This is a book for children. *Ona uczy się angielskiego dla przyjemności.* – She is learning English for pleasure. *Co mogę dla ciebie zrobić?* – What can I do for you? *Na szczęście dla nas pogoda zmieniła się.* – Fortunately for us the weather changed. *To dla mnie niemożliwe.* – It's impossible for me. *To jest dla mnie za ciężkie.* – It's too heavy for me. – *Bądź dla niej dobry.* – Be kind to her. **przyjemne dla oka** – pleasing to the eye

dlaczego why [waɪ]; *Dlaczego się spóźniasz?* – Why are you late? *Oto dlaczego on ją opuścił.* – That's why he left her.

dlatego that's why [ðæts'waɪ], therefore ['ðeəfɔ:]; **dlatego że** – because; *Zrobił to, dlatego że go poprosiłam.* – He did it because I had asked him./I asked him, that's why he did it.

dłoń palm [pɑ:m], hand [hænd]; **uścisnąć komuś dłoń** – to shake sb by the hand/to shake sb's hand; *Trzymał kotka na dłoni.* – He held the little kitten in the palm of his hand. **wróżyć komuś z dłoni** – to read sb's palm

dług debt [det]; **wpaść w długi** – to go into/to get into debts; **zaciągnąć dług** – to run up a debt; **dług wdzięczności** – a debt of gratitude; **dług honorowy** – a debt of honour

długi long [lɒŋ]; *Jej włosy są długie.* – Her hair is long. *Jak długa jest Amazonka?* – How long is the Amazon? *Jak długie są wakacje?* – How long are the holidays? **dziesięć długich lat** – ten long years; **od dłuższego czasu** – for a long time

długo long [lɒŋ]; *Zostań tak długo, jak chcesz.* – Stay as long as you like. *To nie potrwa długo.* – This won't take (me) long.

długodystansowy long-distance ['lɒŋ-dɪstns]

d

długoletni long-term ['lɒŋtɜ:m], of long standing; **długoletnia przyjaźń** – a long-term friendship

długometrażowy:
film długometrażowy – feature film

długopis ball-point pen ['bɔ:lpɔɪnt'pen], ball-point ['bɔ:lpɔɪnt]

długość length [leŋθ]; *Pokój ma dziesięć metrów długości.* – The room is ten metres in length. **długość geograficzna** – longitude

d

długoterminowy long-term ['lɒŋtɜ:m]

długotrwały long-time ['lɒŋtaɪm], long-life ['lɒŋlaɪf]; **długotrwała przyjaźń** – a long-time friendship

dłuto chisel ['tʃɪzl]

dłużej longer ['lɒŋgə], *p.* **długo**; *Tak dłużej nie może być.* – This can't go on.

dłużny owing ['əuɪŋ]; *Jestem ci dłużna 50 funtów.* – I owe you £50.

dłuższy *p.* **długi**

dłużyć się drag (gg) on [dræg]; *Lekcja okropnie się dłużyła.* – The lesson dragged (on) terribly.

dmuchać blow (blew, blown) [bləu, blu:, bləun]; *Dmuchał zimny wiatr.* – A cold wind was blowing. **dmuchać w trąbkę** – to blow a trumpet

dnieć dawn [dɔ:n]; *Dniało, kiedy wrócił.* – It was dawning when he returned.

dniówka day's work

dno bottom ['bɒtəm]; *Statek poszedł na dno.* – The ship went to the bottom.

do ❶ (*dot. kierunku*) to [tu:/tu/tə], into [ɪntu/ɪntə], (*cel podróży*) for [fɔ:/fə]; **chodzić do szkoły** – to go to school; **podróżować z miasta do miasta** – to travel from town to town; *Skoczyła do basenu.* – She dived into the swimming-pool. *Wrzuć to do ognia.* – Throw it into the fire. *Czy to jest pociąg do Brighton?* – Is this the train for Brighton? ❷ (*dot. czasu*) to [tu:/tə], till [tɪl], until [ʌn'tɪl], by [baɪ]; *Będę zajęta do piątku.* – I will be busy till/until Friday. *Czy możesz to skończyć do piątej?* – Can you finish it by 5 o'clock? **od czasu do czasu** – from time to time; *Agencja jest czynna od poniedziałku do piątku.* – The agency is open Monday to Friday/*am.* Monday through Friday. ❸ (*wyrażające stosunek*) to [tu:/tə], towards [tə'wɔ:dz], for [fɔ:/fə]; **jego podejście do tej sprawy** – his attitude to/towards the problem; **mieć do czegoś wstręt** – to have an aversion to sth; **uczucie do kogoś** – affection for sb ❹ (*dot. granicy*) to [tu:/tu/tə], as far as [əz'fɑ:rəz]; **policz do dziesięciu** – count to ten; **być wiernym do końca** – to be faithful to the end; **suknia do kostek** – a dress to the ankles; *Ogród ciągnie się aż do rzeki.* – The garden extends to as far as the river. ❺ (*dot. celu, przeznaczenia*) for [fɔ:/fə], to [tu:/tu/tə]; **klucz do drzwi** – a key to the door; *Do czego to jest?* – What is it for? *To jest maszynka do krojenia chleba.* – This is a machine for slicing bread.

doba twenty-four hours, day and night; **w dzisiejszej dobie** – nowadays

dobiegać reach [ri:tʃ], near [nɪə]; *Żaden dźwięk nie dobiegał do naszych uszu.* – Not a sound reached our ears. **dobiegać końca** – to near the end/to come to an end; *Nareszcie zebranie dobiegło końca.* – At last the meeting came to an end. *Słynny pianista, dobiegający osiemdziesiątki, da recital.* – The famous pianist, nearing 80, will give a recital.

dobierać select [sɪ'lekt], choose (chose, chosen) [tʃu:z, tʃəuz, 'tʃəuzn], match [mætʃ]; **dobierać kartę z talii** – to select a card from the pack

dobowy twenty-four hours'

dobór selection [sɪ'lekʃn]; **dobór naturalny** – natural selection; **ewolucja drogą doboru naturalnego** – the survival of the fittest

dobrać *p.* **dobierać**

dobranoc good night [gud'naɪt]

dobrany well-matched [wel'mætʃt]; **dobrana para** – a well-matched couple; **czerwona suknia i dobrane pod kolor rękawiczki** – a red dress and gloves to match

dobro good [gʊd]; **różnica między dobrem a złem** – the difference between good and evil; *To dla twojego dobra.* – It's for your own good. **czynić dobro** – to do good; **dobra** (*towary*) – goods

dobrobyt prosperity [prɒ'sperətı]; **żyć w dobrobycie** – to live in comfort

dobroczynny charitable ['tʃærətəbl]; **instytucja dobroczynna** – a charitable institution; **dawać pieniądze na cele dobroczynne** – to give money to charities; **koncert na cele dobroczynne** – a charity concert

dobroć goodness ['gʊdnıs], kindness ['kaındnıs]; *Wierzę w dobroć natury ludzkiej.* – I believe in the goodness of human nature. **okazywać dobroć dzieciom** – to show kindness to children

dobrotliwy kindly ['kaındlı], benevolent [bı'nevələnt]

dobrowolny voluntary ['vɒləntərı]; **dobrowolny datek** – a voluntary contribution; *Oskarżony złożył dobrowolne oświadczenie.* – The accused made a voluntary statement.

dobry good [gʊd]; **dobre zachowanie** – good behaviour; **dobry wzrok** – good eyesight; **dobre czasy** – good times; **być dobrym z fizyki** – to be good at physics; *Do stacji jest dobre trzy mile.* – It's a good three miles to the station. *Wyjechała z kraju na dobre.* – She left the country for good.

dobrze well [wel]; *Ona dobrze śpiewa.* – She can sing well. *Dobrze mu życzę.* – I wish him well. *Czuję się dobrze.* – I'm feeling well. *To wygląda/brzmi/ /pachnie/smakuje dobrze.* – It looks/ /sounds/smells/tastes good. *To ci dobrze zrobi.* – It'll do you good. *Dobrze ci tak!* – It serves you right! *Dobrze. Zrobię to.* – All right./Good./Very well. I'll do it.

dobytek property ['prɒpətı], belongings [bı'lɒŋıŋz], possesions [pə'zeʃnz]

doceniać appreciate [ə'pri:ʃıeıt], value ['vælju:]; *Doceniam twoją pomoc.* – I appreciate your help. **nie doceniać** – underestimate

docent assistant professor [ə'sıstənt prə'fesə]

dochodowy profitable ['prɒfıtəbl]; **podatek dochodowy** – income tax; **dochodowa inwestycja** – profitable investment

dochodzenie inquiry [ın'kwaıərı], investigation [ınvestı'geıʃn]; *W tej sprawie prowadzi się dochodzenie.* – The matter is under investigation. **prowadzić oficjalne dochodzenie w sprawie katastrofy lotniczej** – to conduct an official inquiry into the air crash

dochodzić ❶ (*przybliżać się, docierać*) reach [ri:tʃ], get (got, got) [get, gɒt, gɒt], come (came, come) [kʌm, keım, kʌm]; *Nie dochodził do nas żaden odgłos.* – Not a sound reached us. *Jeżeli to kiedyś dojdzie do niej...* – If it ever reaches her ears... *Nigdy nie dojdziemy do doskonałości.* – We can never reach perfection. **dojść do siebie** – to come to oneself; *Dochodzi siódma.* – It's getting on for seven ❷ (*osiągnąć*) reach [ri:tʃ], come (off, about) (came, come) [kʌm, keım, kʌm]; **dojść do wniosku** – to come to a conclusion/to reach a conclusion; **dojść do skutku** – come off; *Czy twoja podróż do Afryki Centralnej doszła do skutku?* – Did your trip to Central Africa come off? *Jak doszło do wypadku?* – How did the accident come about? **dojść do władzy** – to come to power ❸ (*dochodzić praw*) claim [kleım]; *Ona dochodzi swoich praw własności do ziemi.* – She claims ownership of the land. ❹ (*prowadzić dochodzenie, badać*) investigate [ın'vestıgeıt], inquire [ın'kwaıə]; **dochodzić prawdy** – to search for/to seek the truth

dochować keep (kept, kept) [ki:p, kept, kept]; **dochować tajemnicy** – to keep a secret

dochód ❶ (*zarobki*) income ['ınkʌm]; *Podatek płaci się od wszelkich do-*

d

chodów. – Tax is payable on all income. ❷ (*zysk*) profit ['prɒfɪt] ❸ (*dochód państwowy*) revenue ['revənju:]

docierać ❶ (*dostać się*) reach [ri:tʃ]; *Wiadomość dotarła do mnie wczoraj.* – The news reached me yesterday. *Dotarliśmy do Londynu przed szóstą.* – We reached London by 6 o'clock. *Ratownicy dotarli do niego w samą porę.* – The rescuers reached him just in time. *Słuchał, co mówiłam, ale nie docierało to do niego.* – He listened to what I was saying, but it wasn't penetrating/it failed to get across. ❷ (*o silniku*) run in [rʌn'ɪn] (ran, run); *Musisz dotrzeć swój nowy samochód.* – You must run the new car in.

d

doczekać (się) wait [weɪt]; *Nie mogę się doczekać.* – I can hardly wait. **doczekać stu lat** – to live to a hundred

dodać add [æd], lend (lent, lent) [lend, lent, lent]; *Jeżeli dodasz dwa do dwóch, otrzymujesz cztery.* – If you add two and two you get four. *Dodaj jajka i mleko do ciasta.* – Add eggs and milk to the pastry. *Jej obecność dodała splendoru uroczystości.* – Her presence lent glamour to the occasion.

dodatek supplement ['sʌplɪment], appendix [ə'pendɪks], addition [ə'dɪʃn]; **dodatek ilustrowany do gazety niedzielnej** – the colour supplement to the Sunday newspaper; **w dodatku** (*dodatkowo*) – in addition (to); **dodatki do ubioru** – accessories

dodatkowy additional [ə'dɪʃənl], extra ['ekstrə], supplementary [sʌplɪ'mentərɪ]; **dodatkowa płaca za dodatkową pracę** – extra pay for extra work; *Podstawiono dodatkowe autobusy, ponieważ było tak dużo ludzi.* – They provided extra buses because there were so many people.

dodatni positive ['pɒzətɪv]; **liczba dodatnia** – a positive number; **ładunek dodatni** – a positive charge; **biegun dodatni** – a positive pole

dodawać *p.* **dodać**

dodawanie addition [ə'dɪʃn]

dodzwonić się reach [ri:tʃ], get through [get'θrʊ:] (got, got); *Nie mogę się do niego dodzwonić.* – I can't reach him on the phone./I can't get through to him.

dog great Dane [greɪt'deɪn]

doganiać catch up with [kætʃʌp'wɪð] (caught, caught)

doglądać ❶ (*czuwać, opiekować się*) look after [lʊk'a:ftə], see to ['si:tʊ] (saw, seen) ❷ (*pielęgnować*) nurse [nɜ:s], care for [keə'fɔ:]; **doglądać chorego** – to nurse a sick person/to care for a sick person ❸ (*nadzorować*) supervise ['sju:pəvaɪz], tend [tend]; **doglądać stada** – to tend the flock

dogmat dogma ['dɒgmə]

dogmatyczny dogmatic [dɒg'mætɪk]

dogodny convenient [kən'vi:njənt]; *Czy dogodny jest dla pana ten termin?* – Is this date convenient for you?

dogonić *p.* **doganiać**

doić milk [mɪlk]

dojazd access ['ækses], approach [ə'prəʊtʃ]; *Dojazd do wioski jest łatwy.* – The village is easy of access. *Jaki tam jest dojazd?* – How do I get there?

dojechać ❶ (dotrzeć) reach [ri:tʃ], arrive [ə'raɪv], get to ['gettʊ] (got, got); *Dojechaliśmy do Paryża w poniedziałek wieczór.* – We reached Paris/arrived in Paris on Monday evening. ❷ (*zbliżać się*) approach [ə'prəʊtʃ]; *Dojeżdżaliśmy do miasta.* – We were approaching the town.

dojeżdżać (*do pracy z innej miejscowości*) commute [kə'mju:t]

dojrzałość maturity [mə'tjʊərətɪ], ripeness ['raɪpnɪs]; **egzamin dojrzałości** – the school-leaving exam

dojrzały mature [mə'tjʊə], ripe [raɪp], mellow ['meləʊ]; *On nie jest na tyle dojrzały, żeby zrozumieć.* – He is not mature enough to understand. *Jabłka nie są jeszcze dostatecznie dojrzałe do jedzenia.* – The apples are not ripe/

/mellow enough to eat. **dojrzały ser** – mature/ripe cheese

dojrzeć (*dostrzec*) catch a glimpse of [kætʃə'glɪmsəv] (caught, caught), make out [meɪk'aʊt] (made, made); *Dojrzałem tylko zarys domu w ciemności.* – I could just make out the outline of the house in the darkness. *Dojrzałem ją w tłumie.* – I caught a glimpse of her in the crowd

dojrzewać mature [mə'tjʊə], ripen ['raɪpən], mellow ['meləʊ]; *Ser dojrzewa powoli.* – Cheese matures slowly. *Wino dojrzewa z wiekiem.* – Wine mellows with age.

dojrzewanie (*dot. człowieka*) puberty ['pju:bətɪ]; **okres dojrzewania** – the age of puberty; **w okresie dojrzewania** – at puberty

dojść *p.* **dochodzić**

dok dock [dɒk]

dokąd ❶ (*dot. miejsca*) where [weə], where to; *Dokąd idziesz?* – Where are you going? ❷ (*dot. czasu*) how long [haʊ'lɒŋ]; *Dokąd mam na ciebie czekać?* – How long shall I wait for you?

doker docker ['dɒkə]

dokładać add [æd]; **dokładać starań** – to take pains; *Dokładają wszelkich starań, żeby zapewnić bezpieczeństwo pasażerom.* – They take great pains to ensure the safety of passengers.

dokładnie ❶ (*ściśle*) exactly [ɪg'zæktlɪ], precisely [prɪ'saɪslɪ]; *Która jest dokładnie godzina?* – What's the time exactly? *Nie pamiętam dokładnie, jak to się stało.* – I can't remember precisely how it happened. ❷ (*starannie*) carefully ['keəfʊlɪ], thoroughly ['θʌrəlɪ]

dokładność ❶ (*ścisłość*) exactitude [ɪg'zæktɪtju:d], precision [prɪ'sɪʒn] ❷ (*staranność*) care [keə], thoroughness ['θʌrənɪs]

dokładny ❶ (*ścisły*) exact [ɪg'zækt], precise [prɪ'saɪs], accurate ['ækjʊrət] ❷ (*staranny*) careful ['keəfʊl], thorough ['θʌrə]; **dokładne przeszukanie** – a thorough search

dokoła/dookoła round [raʊnd], around [ə'raʊnd], about [ə'baʊt]; **siedzieć dokoła stołu** – to sit round the table; *Ziemia porusza się dokoła Słońca.* – The Earth moves round/around the Sun. **wszędzie dokoła** – all around/ /round about; *Dokoła biegały dzieci.* – Children were running about.

dokonać achieve [ə'tʃi:v], accomplish [ə'kʌmplɪʃ]; **dokonywać cudów** – to perform wonders

dokończyć finish (up) [fɪnɪʃ-], end (up) [end-], complete [kəm'pli:t]; *Dokończmy to ciasto.* – Let's finish up the cake. *Kiedy budynek będzie dokończony?* – When will the building be completed?

doktor doctor ['dɒktə]; **doktor medycyny** – doctor of medicine/M.D.; **dr med. J. Thompson** – J. Thompson M.D.; **dr Martin Brooks** (*posiadający tytuł naukowy doktora*) – Martin Brooks Ph.D./Dr. Martin Brooks

doktorancki:
studia doktoranckie – Ph.D. studies/ /doctoral studies

doktorant Ph.D. student [pi:eɪtʃ'di:'stju:dənt]

doktorat doctorate ['dɒktərət], (*stopień doktorski*) Ph.D. degree; **robić doktorat** – to take a Ph.D. degree; *On ma doktorat z chemii.* – He has a Ph.D. in chemistry. **nadać doktorat honoris causa** – to award an honorary doctorate

doktorski Ph.D. [pi:eɪtʃ'di:], doctoral ['dɒktərəl]; **praca doktorska** – Ph.D. dissertation/thesis/doctoral thesis; **stopień doktorski** – Ph.D. degree/doctor's degree/doctoral degree

dokuczać ❶ (*drażnić, denerwować*) tease [ti:z]; *Przestań dokuczać swojej siostrzyczce!* – Stop teasing your little sister! ❷ (*dawać się we znaki*) trouble ['trʌbl], annoy [ə'nɔɪ]; *Od jakiegoś czasu dokucza mi kręgosłup.* – My back has been troubling me for some time. *Komary tak nam dokuczały, że nie mogliśmy spać.* – The mosquitoes annoyed us so much that we couldn't sleep.

dokuczliwy annoying [ə'nɔɪɪŋ], trying ['traɪɪŋ], bothersome ['bɒðəsəm], (*o bólu*) nagging ['nægɪŋ]

d

dokument document ['dɒkjʊmənt]
dokumentalny documentary [dɒkjʊ'mentərɪ]
dola lot [lɒt], fate [feɪt]
dolać pour [pɔ:]; **dolać oliwy do ognia** – to pour oil on the flames; *Czy dolać ci jeszcze herbaty?* – Shall I give/pour you some more tea?
dolar dollar ['dɒlə]
dolegać ail [eɪl], trouble ['trʌbl]; *Co pani dolega?* – What's wrong with your health?/What's the trouble? *Od dwóch dni dolega mi wątroba.* – My liver has been troubling me for two days.
dolegliwość ailment ['eɪlmənt], trouble ['trʌbl]; **dolegliwość żołądka/serca** – stomach/heart trouble
dolewać *p.* **dolać**
dolina valley ['vælɪ]
dolny lower ['ləʊə]; **dolna warga** – the lower lip; **dolny bieg rzeki** – the lower course of the river; **dolna granica** – the minimum
dołączyć join [dʒɔɪn], enclose [ɪn'kləʊz]; *Czy mogę do was dołączyć?* – May I join jou? *W Exeter do pociągu został dołączony dodatkowy wagon.* – An extra carriage was joined onto the train in Exeter. *Dołączam czek na dziesięć funtów.* – I enclose a cheque for ten pounds.
dołożyć *p.* **dokładać**
dom ❶ (*budynek*) house [haʊs], building ['bɪldɪŋ]; **zbudować/zburzyć dom** – to build/to pull down a house; **dom jednorodzinny** – a one-family house; **dom wolno stojący** – a detached house; **dom czynszowy** – apartment house/block, tenement house; **dom trzypiętrowy** – three-storey house//building ❷ (*miejsce, gdzie się mieszka*) home [həʊm]; **być w domu** – to be at home; **iść do domu** – to go home; **odprowadzić kogoś do domu** – to see sb home; *Czuj się jak w domu.* – Make yourself at home. *Wszędzie dobrze, ale w domu najlepiej.* – There is no place like home. ❸ (*ognisko domowe, rodzina, domownicy*) home [həʊm], house [haʊs]; **zajmować się domem/prowadzić dom** – to keep house; **prowadzić dom otwarty** – to keep open house/to hold an open house; **tęsknić za domem** – to be homesick; *Obudził cały dom.* – He woke up the whole house. **czynić honory domu** – to play the host; **pan domu** – the host; **pani domu** – the hostess/the lady of the house ❹ (*instytucja*) home [həʊm]; **dom dziecka** – a children's home; **dom starców** – an old people's home; **dom poprawczy** – a reformatory; **dom towarowy** – a department store; **dom wariatów** – a lunatic asylum ❺ (*ród, dynastia*) house [haʊs], **dom Windsorów** – the House of Windsor; **Victoria Greenway, z domu Wells** – Victoria Greenway neé Wells
domagać się demand [dɪ'mɑ:nd], claim [kleɪm], insist [ɪn'sɪst]; *Robotnicy domagają się lepszej płacy.* – The workers are demanding better pay. *Domagam się ukarania winnych.* – I demand/insist that the guilty (should) be punished. **domagać się przywilejów** – to claim the privileges
domino dominoes ['dɒmɪnəʊz]
domofon entryphone ['entrɪfəʊn]
domowy domestic [dəʊ'mestɪk], home [həʊm], house [haʊs], home-made ['həʊmmeɪd]; **gospodarstwo domowe** – household; **adres domowy** – home address; **areszt domowy** – house arrest; **prace domowe** – housework; **praca domowa** (*szkolna*) – homework; **pomoc domowa** – domestic//household help; **wydatki domowe** – household/domestic expenses; **ciasto domowe** – home-made cake
domysł conjecture [kən'dʒektʃə], speculation [spekjʊ'leɪʃn], guess [ges]
domyślać się guess [ges], conjecture [kən'dʒektʃə]
doniczka flowerpot ['flaʊəpɒt]
doniczkowy potted ['pɒtɪd], pot [pɒt]; **roślina doniczkowa** – a potted/a pot plant
doniesienie report [rɪ'pɔ:t]

donieść ❶ (*poinformować*) report [rɪ'pɔ:t], inform [ɪn'fɔ:m]; *Jak doniesiono, siedem osób zostało zabitych.* – Seven people are reported to have been killed. *Doniesiono mi o tym.* – I have been informed about it. *Gazety donoszą.../Nasz korespondent donosi...* – The papers report.../Our correspondent reports... ❷ (*donieść na policję*) report [rɪ'pɔ:t], denounce [dɪ'naʊns], inform [ɪn'fɔ:m]; *Ktoś doniósł na niego na policję.* – Somebody denounced/reported him to the police.

doniosły weighty ['weɪtɪ], significant [sɪg'nɪfɪkənt], important [ɪm'pɔ:tnt]

donosiciel informer [ɪn'fɔ:mə]

donosić *p.* **donieść**

donośny resonant ['rezənənt], sonorous [sə'nɔ:rəs]

dookoła *p.* **dokoła**

dopasowywać fit (tt) [fɪt], adjust [ə'dʒʌst], adapt [ə'dæpt], (*kolorem*) match [mætʃ]; *Postaram się dopasować termin moich wakacji do twoich.* – I'll try to fit my holidays with yours. **mocno dopasowany kostium** – a tight-fitting suit

dopełnienie *gram.* object ['ɒbdʒɪkt]

dopędzić catch up with [kætʃʌp'wɪð] (caught, caught)

dopiąć ❶ (*zapiąć do końca*) button up [bʌtn'ʌp], fasten up [fɑ:sn'ʌp] ❷ (*osiągnąć*) attain [ə'teɪn]; **dopiąć celu** – to attain one's objective; **dopiąć swego** – to have one's way

dopiero ❶ (*zaledwie*) only ['əʊnlɪ]; *Ona ma dopiero 4 lata.* – She is only 4. **dopiero co** – only just; *Dopiero przyjechałem.* – I've only just arrived. ❷ (*nie prędzej niż*) not until [nɒtʌn'tɪl], not till [nɒt'tɪl]; *Zobaczymy się dopiero w czwartek.* – We won't meet until Thursday.

dopilnować see to ['si:tʊ] (saw, seen), keep an eye on (kept, kept); *Dopilnuj, żeby wszystko było jak należy.* – See that everything is all right. *Dopilnuj dzieci, żeby się dobrze zachowywały.* – See to it that the children behave themselves. *Dopilnuj dziecka, kiedy mnie nie będzie.* – Keep an eye on the baby while I'm away.

dopisek postscript ['pəʊsskrɪpt]

dopisywać ❶ (*dodać do tekstu*) add [æd] ❷ (*spełniać nadzieje*) not to let down; *Szczęście mu dopisało.* – His luck didn't let him down./His luck was with him. *Zdrowie mu nie dopisuje.* – His health is failing.

dopłacać pay extra [peɪ'ekstrə]

dopłata extra charge [ekstrə'tʃɑ:dʒ], surcharge [sɜ:'tʃɑ:dʒ]

dopływ *geogr.* tributary ['trɪbjʊtərɪ]

dopóki as long as [əz'lɒŋəz]; *Dopóki żyję, nie pozwolę, żebyś wyszła za niego za mąż.* – As long as I live I won't let you marry him.

dopóty till [tɪl], until [ʌn'tɪl]

doprawdy really ['rɪəlɪ], indeed [ɪn'di:d]

doprowadzać lead (led, led) [li:d, led, led], bring (brought, brought) [brɪŋ, brɔ:t, brɔ:t], drive (drove, driven) [draɪv, drəʊv, 'drɪvn]; *Co doprowadziło cię do tego wniosku?* – What led you to this conclusion? *Picie dla towarzystwa może prowadzić do alkoholizmu.* – Social drinking may lead to alcoholism. *Doprowadź mleko do wrzenia.* – Bring milk to the boil. *Bieda i głód doprowadziły go do rozpaczy.* – Poverty and hunger drove him to despair. *Ten hałas doprowadza mnie do szału.* – The noise is driving me mad. **doprowadzać do ruiny** – bring to ruin

dopuszczać let (let, let) [let, let, let], allow [ə'laʊ], permit (tt) [pə'mɪt], admit (tt) [əd'mɪt]; *Nie dopuścili mnie do niej.* – They didn't let me see her. *Nie możemy do tego dopuścić.* – We can't let it happen. **dopuścić kogoś do głosu** – to let sb speak; **dopuścić kogoś do egzaminu** – to allow sb to take the exam; **dopuszczać możliwość** – to allow for/to take into account; *Musimy dopuścić tę możliwość, że pociąg się spóźni.* – We must allow for the train to be late. **być dopuszczonym do kogoś** – to be admitted to sb's presence

d

dopuszczalny permissible [pə'mɪsəbl], admissible [əd'mɪsəbl]; **dopuszczalny poziom alkoholu we krwi** – the permissible level of alcohol in the blood; *Takie zachowanie nie jest dopuszczalne.* – Such behaviour is not admissible. **prędkość dopuszczalna** – speed limit

dopuścić *p.* **dopuszczać**

doradca adviser [əd'vaɪzə]

dorastać ❶ (*osiągać dojrzałość*) grow up [grəʊ'ʌp] (grew, grown); *Co chcesz robić, kiedy dorośniesz?* – What do you want to do when you grow up? ❷ (*dorównać*) equal (ll) ['i:kwəl], be equal to, come up to (came, come); *Ona nie dorasta do zadania.* – She isn't equal to the task.

doraźny immediate [ɪ'mi:djət]; *Naszą doraźną troską jest ewakuowanie ludzi z terenu klęski.* – Our immediate concern is to evacuate people from the disaster area. **środek doraźny** – temporary measure; **doraźna pomoc lekarska** – first-aid

doręczać deliver [dɪ'lɪvə]; *Listy są doręczane codziennie.* – Letters are delivered every day.

doręczenie delivery [dɪ'lɪvərɪ]

doręczyciel (*listonosz*) postman, *l.mn.* postmen ['pəʊstmən]

doręczyć *p.* **doręczać**

dorobek ❶ (*rzeczy materialne*) property ['prɒpətɪ] ❷ (*wynik pracy twórczej*) work [wɜ:k], accomplishment [ə'kʌmplɪʃmənt]; **wystawa dorobku słynnego malarza** – an exhibition of the work of a famous painter

dorobić *p.* **dorabiać**

dorosły[1] (*osobnik dorosły*) grown up [grəʊn'ʌp], adult ['ædʌlt]; *Ten film jest tylko dla dorosłych.* – This film is for adults only. *Dzieci poszły spać, podczas gdy dorośli rozmawiali i pili wino.* – The children went to bed, while the grown-ups talked and drank wine.

dorosły[2] (*dojrzały*): *On ma dorosłego syna.* – He has a grown-up son.

dorównać equal (ll) ['i:kwəl], come up to [kʌm'ʌptə] (came, come), match [mætʃ]; *Nikt mu nie dorówna, jeżeli chodzi o siłę.* – Nobody can equal him in strength. *Nikt nie może jej dorównać w szachach.* – No-one can match her at chess.

dorsz cod [kɒd]

dorywczy casual ['kæʒjʊəl], part-time ['pɑ:t taɪm], occasional [ə'keɪʒənl]; **utrzymywać się z pracy dorywczej** – to earn one's living by casual work

dorzecze basin ['beɪsn]; **dorzecze Tamizy** – the Thames basin

doskonale perfectly ['pɜ:fɪktlɪ]

doskonalić improve [ɪm'pru:v], perfect [pə'fekt], cultivate ['kʌltɪveɪt]; *Pianista musi ciągle doskonalić technikę.* – A pianist must constantly perfect his technique. **doskonalić umysł** – to cultivate one's mind

doskonałość perfection [pə'fekʃn]; **dążyć do doskonałości** – to aim for perfection; **osiągnąć doskonałość** – to achieve perfection; **doprowadzić coś do doskonałości** – to bring sth to perfection

doskonały perfect ['pɜ:fɪkt], excellent ['eksəlent]

dosłownie literally ['lɪtrəlɪ]; *Idiomy nie mogą być tłumaczone dosłownie.* – Idioms can't be translated literally. *Dosłownie umieraliśmy z głodu!* – We were literally starving!

dosłowny literal ['lɪtrəl]; **dosłowne tłumaczenie** – a literal/a word-for-word translation

dosłyszeć hear (heard, heard) [hɪə, hɜ:d, hɜ:d], catch (caught, caught) [kætʃ, kɔ:t, kɔ:t]; *Przepraszam, nie całkiem dosłyszałem, co pan powiedział.* – Sorry, I didn't quite hear/catch what you said.

dostać get (got, got) [get, gɒt, gɒt], obtain [əb'teɪn], receive [rɪ'si:v]; *Czy dostałeś mój list?* – Did you get/receive my letter? *Czy dostałeś bilety na koncert?* – Did you get tickets for the concert? *Dostał dwa lata za napad z bronią w ręku.* – He got two years for armed robbery. *Jemu zawsze udaje się dostać to, czego chce.* – He always manages to obtain what he wants. *Gdzie mogę dostać tę książkę?* – Where can I obtain this book? *pot.* **dostać grypy** – to get flu

dostać się get (got, got) [get, gɒt, gɒt]; **dostać się do środka** – to get inside; *Chciał studiować prawo na uniwersytecie, ale się nie dostał.* – He wanted to study law at university, but he didn't get in.

dostarczać ❶ (*dostawiać do domu*) deliver [dɪ'lɪvə]; *Dostarczamy towary do domu.* – We deliver goods to your door. ❷ (*zaopatrywać*) provide [prə'vaɪd], supply [sə'plaɪ]; *Dostarczą nam jedzenie i picie.* – They will provide us with food and drink. **dostarczać prąd do odbiorców** – to supply consumers with electricity ❸ (*być źródłem*) give (gave, given) [gɪv, geɪv, 'gɪvn]; **dostarczać przyjemności** – to give pleasure

dostatecznie sufficiently [sə'fɪʃntlɪ], enough [ɪ'nʌf]; *Nie byłeś dostatecznie ostrożny.* – You were not sufficiently careful./You were not careful enough. **dostatecznie dużo** – enough/sufficient; *Czy mamy dostatecznie dużo jedzenia dla ośmiu osób?* – Do we have enough/ /sufficient food for eight people?

dostateczny satisfactory [sætɪs'fæktərɪ], adequate ['ædɪkwət]; *Ze świadectwa wynika, że ma ocenę dostateczną z angielskiego.* – His school report says that his English is satisfactory. *Masz dostateczne powody do rozwodu.* – You have adequate grounds for divorce.

dostatek comfort ['kʌmfət], welfare ['welfeə]; **żyć w dostatku** – to live in comfort

dostawa delivery [dɪ'lɪvərɪ], supply [sə'plaɪ]; *Proszę zapłacić przy dostawie.* – Please pay on delivery. *Jeżeli kupię węgiel, czy możecie zapewnić dostawę?* – If I buy coal, can you guarantee its supply?

dostawać *p.* **dostać**

dostawca deliverer [dɪ'lɪvərə], deliveryman [dɪ'lɪvərɪmən], supplier [sə'plaɪə]

dostęp access ['ækses], approach [ə'prəʊtʃ]; *Jedyny dostęp do domu jest od strony pól.* – The only access to the house is through the fields.

dostępny ❶ accessible [ək'sesəbl], approachable [ə'prəʊtʃəbl]; *Dokumenty nie są publicznie dostępne.* – The documents are not accessible to the public. *Plaża jest dostępna tylko od strony morza.* – The beach is accessible/approachable only from the sea. ❷ (*łatwy*) easy ['i:zɪ], simple ['sɪmpl]

dostojnik notable ['nəʊtəbl], dignitary ['dɪgnɪtərɪ]

dostojny dignified ['dɪgnɪfaɪd], stately ['steɪtlɪ], distinguished [dɪ'stɪŋgwɪʃt]; **dostojny gość** – a distinguished guest

dostosować *p.* **dostosowywać**

dostosowywać adapt [ə'dæpt], adjust [ə'dʒʌst]

dostosowywać się adapt (oneself) [ə'dæpt-], adjust [ə'dʒʌst]; *Dzieci szybko dostosowały się do nowego klimatu.* – The children adapted themselves quickly to the new climate. *Ciało szybko dostosowuje się do zmian temperatury.* – The body quickly adjusts (itself) to changes in temperature.

dostrzec perceive [pə'si:v], notice ['nəʊtɪs], catch sight of; *Dostrzegłam zmianę w jego zachowaniu.* – I noticed/ /perceived a change in his behaviour. *Dostrzegłem ją w tłumie.* – I caught sight of her in the crowd.

dostrzegalny perceptible [pə'septəbl], noticeable ['nəʊtɪsəbl]; **ledwie dostrzegalna zmiana** – a barely perceptible difference; *Uszkodzenie mojego samochodu jest ledwie dostrzegalne.* – The damage to my car is hardly noticeable.

dosyć ❶ (*wystarczająco*) enough [ɪ'nʌf], sufficient [sə'fɪʃnt], sufficiently [sə'fɪʃntlɪ]; *Czy on jest dosyć silny, żeby to nieść?* – Is he strong enough to carry it? *Czy masz dosyć pieniędzy, żeby zapłacić za bilety?* – Have you got enough/sufficient money to pay for the tickets? *Mam tego dość.* – I've had enough. ❸ (*w pewnym stopniu*) quite [kwaɪt], rather ['rɑ:ðə]; *Jest dosyć zimno.* – It's rather cold. *Ona śpiewała dość dobrze.* – She sang quite well.

doszczętnie completely [kəm'pli:tlɪ], totally ['təʊtlɪ], utterly ['ʌtəlɪ]; *Miasto było doszczętnie zburzone.* – The city was utterly/completely/totally destroyed.

dość *p.* **dosyć**

doświadczalny experimental [eksperɪ'mentl]; **metody doświadczalne** – experimental methods; **gospodarstwo doświadczalne** – experimental farm; **fizyka doświadczalna** – experimental physics; **królik doświadczalny** – guinea pig

doświadczenie ❶ (*eksperyment*) experiment [ɪk'sperɪmənt]; **przeprowadzać doświadczenia** – to perform/to carry out/to conduct/to do/to make experiments; **robić doświadczenia na szczurach** – to make experiments on rats ❷ (*doświadczenie życiowe*) experience [ɪk'spɪərɪəns]; **zdobyć doświadczenie** – to acquire/to gain experience; *Wiem to z doświadczenia.* – I know it from my own experience. *Ona ma wystarczające doświadczenie, żeby wykonać tę pracę.* – She has enough experience to do the job.

doświadczony experienced [ɪk'spɪərɪənst]; **doświadczony nauczyciel** – an experienced teacher

doświadczyć *p.* **doświadczać**

dotąd ❶ (*do tego miejsca*) up to here ❷ (*do tej chwili*) until now, till now, so far; *Jak dotąd, zaginione dziecko nie zostało odnalezione.* – The lost child hasn't been found so far.

dotkliwy severe [sɪ'vɪə], intense [ɪn'tens], acute [ə'kju:t]

dotknąć touch [tʌtʃ], feel (felt, felt) [fi:l, felt, felt]; *Uprasza się, aby zwiedzający nie dotykali obrazów.* – Visitors are requested not to touch the paintings. *Dotknęłam czoła dziecka, żeby się przekonać, czy ma gorączkę.* – I felt the child's forehead to see if he had a fever. **dotknąć kogoś do żywego** – to touch sb on the raw

dotknięcie touch [tʌtʃ]

dotknięty ❶ (*urażony*) offended [ə'fendɪd], hurt [hɜ:t]; *Był dotknięty twoją uwagą.* – He was hurt by your remark. ❷ (*nieszczęściem*) afflicted [ə'flɪktɪd]; **tereny dotknięte suszą** – the areas afflicted with drought

dotować subsidize ['sʌbsɪdaɪz], donate [dəʊ'neɪt]; **dotowany przemysł** – subsidized industry; **dotować organizacje pomocy** – to donate money to relief organizations

dotrzeć *p.* **docierać**

dotrzymać keep (kept, kept) [ki:p, kept, kept]; **dotrzymać obietnicy/tajemnicy** – to keep a promise/a secret; **dotrzymać komuś towarzystwa** – to keep sb company; **dotrzymać komuś kroku** – to keep pace with sb

dotychczas so far, until now

dotyczyć concern [kən'sɜ:n], relate [rɪ'leɪt], regard [rɪ'gɑ:d]; *To ciebie nie dotyczy.* – It doesn't concern you. *Raport dotyczy nadużywania leków.* – The report concerns drug abuse. *Nowe prawo dotyczy aborcji.* – The new law relates to abortion. *To, co mam do powiedzenia, dotyczy was wszystkich.* – What I have to say refers to you all/goes for you all.

dotyk touch [tʌtʃ]; **być miękkim w dotyku** – to be soft to the touch; *Materiał jest miękki w dotyku.* – The material has a soft touch. **zmysł dotyku** – a sense of touch

dotykać *p.* **dotknąć**

doustny oral ['ɔ:rəl]

dowcip ❶ (*żart*) joke [dʒəʊk]; **powiedzieć dowcip** – to tell a joke; **zrobić komuś dowcip** – to play a joke on sb ❷ (*cecha umysłu*) wit [wɪt]

dowcipny witty ['wɪtɪ]

dowiadywać się inquire/enquire [ɪn'kwaɪə]; *Dowiem się w informacji, o której odchodzi pociąg.* – I'll inquire at the information desk what time the train leaves.

dowiedzieć się learn (learnt, learnt) [lɜ:n, lɜ:nt, lɜ:nt], get to know [gettə'nəʊ] (got, got), find out [faɪnd'aʊt] (found, found); *Nigdy nie dowiedziałem się, jak on się nazywa.* – I never learned his name. *Czy dowiedziałeś się, o której odchodzi pociąg?* – Have you found out what time the train leaves?

dowieść (*udowodnić*) prove [pru:v], demonstrate ['demənstreɪt]

dowodzić command [kə'mɑ:nd], lead (led, led) [li:d, led, led]; **dowodzić armią** – to command/to lead an army; **dowodzić ekspedycją** – to lead an expedition; **dowodzić dywizją** – to command a division

dowolny any ['enɪ], whichever [wɪtʃ'evə]; *Zadzwoń do mnie dowolnego dnia w przyszłym tygodniu.* – Phone me any day next week. **dowolne tłumaczenie** – free translation

dowód proof [pru:f], evidence ['evɪdens]; *Czy ma pan jakiś dowód, że jest pan właścicielem domu?* – Do you have any proof that you are the owner of the house? *Nie było dostatecznych dowodów, żeby wykazać jego winę.* – There wasn't enough evidence to prove his guilt. **dowód rzeczowy** – material evidence; *Naukowiec musi przedstawić dowody dla uzasadnienia teorii.* – A scientist must produce evidence in support of a theory. **dowód osobisty** – identity card; **dowód wpłaty/odbioru** – receipt

dowódca commander [kə'mɑ:ndə]; **dowódca naczelny** – a commander-in--chief; *Kto tu jest dowódcą?* – Who is in command here?

dowództwo command [kə'mɑ:nd]; **pod czyimś dowództwem** – under sb's command; **przejąć dowództwo pułku** – to take a command of a regiment

doza dose [dəʊs]

doznać experience [ɪk'spɪərɪəns], suffer ['sʌfə], meet with [mi:t'wɪð] (met, met); **doznać bólu** – to experience/to suffer pain; **doznać upokorzeń** – to suffer humiliation; *Doznała dużo dobroci.* – She (was) met with much kindness.

dozorca caretaker ['keəteɪkə], *am.* janitor ['dʒænɪtə]

dozorować supervise ['su:pəvaɪz], watch (over) [wɒtʃ'əʊvə]

dozór supervision [sju:pə'vɪʒn], (*policyjny*) surveillance [sɜ:'veɪləns]; *Dzieci nie powinny być zostawiane bez dozoru.* – Children shouldn't be left without supervision.

dożywotni life [laɪf], lifelong ['laɪflɒŋ]; **być skazanym na dożywotnie więzienie** – to be sentenced to life imprisonment

dół ❶ (*dziura w ziemi*) hole [həʊl], pit [pɪt] ❷ (*najniższa część przedmiotu*) bottom ['bɒtəm], base [beɪs], foot [fʊt]; *Podpisz się na dole strony.* – Sign your name at the bottom/foot of the page. ❸ (*parter lub najniższa kondygnacja domu*) downstairs [daʊn'steəz]; *Cały dół wymaga remontu.* – The whole downstairs needs renovating. *Czekają na nas na dole.* – They are waiting for us downstairs. ❹ (*kierunek*) down [daʊn]; **schodzić w dół** – to go down; **schodzić w dół po schodach** – to go downstairs; **schodzić w dół z góry/ /pagórka** – to go down hill; **do dołu** – downwards; **ruch do dołu** – downward movement; **leżeć twarzą do dołu** – to lie face downwards

drabina ladder ['lædə]; **wchodzić po drabinie** – to climb a ladder

drabinka ladder ['lædə]; **drabinka sznurowa** – a rope ladder

dramat ❶ *teatr.* drama ['drɑ:mə] ❷ (*ciężkie przeżycie*) tragedy ['trædʒɪdɪ]

dramaturg playwright ['pleɪraɪt], dramatist ['dræmətɪst]

dramatyczny dramatic [drə'mætɪk]; **krytyk dramatyczny** – a drama critic

d

drapacz chmur sky-scraper ['skaɪ-skreɪpə]
drapać scratch [skrætʃ]
drapieżnik predator ['prədətə]; beast/ /bird of prey
drapieżny predatory ['prədətərɪ]
drastyczny drastic ['dræstɪk]; *Należy podjąć drastyczne środki w celu utrzymania porządku publicznego.* – Drastic measures must be taken to maintain public order.
d
drażetka pill [pɪl], tablet ['tæblɪt]
drażliwy ❶ (*o sprawie, temacie*) delicate ['delɪkət], ticklish ['tɪklɪʃ], touchy ['tʌtʃɪ] ❷ (*o człowieku*) irritable ['ɪrɪtəbl], touchy ['tʌtʃɪ]
drażnić irritate ['ɪrɪteɪt], annoy [ə'nɔɪ], tease [ti:z]; *Dym drażni mi oczy.* – The smoke irritates my eyes. *Nie drażnij kota!* – Don't tease the cat!
drąg pole [pəʊl]
drążek bar [bɑ:], rod [rɒd]
drążyć bore [bɔ:]
drelich denim ['denɪm]
drenaż drainage ['dreɪnɪdʒ]; **drenaż mózgów** – brain-drain
drenować drain [dreɪn]
dres track suit ['træksju:t]
dreszcz shiver ['ʃɪvə], shudder ['ʃʌdə], thrill [θrɪl]; *Lodowaty dreszcz przeszedł mi po plecach.* – An icy shiver went down my spine. *Przeszedł go dreszcz grozy.* – A shudder of terror ran through him.
dreszczowiec thriller ['θrɪlə]
drewniany wooden ['wʊdn]
drewno wood [wʊd]
dręczyć torment [tɔ:'ment]; *Byliśmy dręczeni niepokojem.* – We were tormented by anxiety.
dręczyć się worry ['wʌrɪ], be distressed [-dɪ'strest], torment oneself [tɔ:'ment-]
drętwieć go numb [-nʌm], stiffen ['stɪfn], go to sleep
drętwy numb ['nʌm], stiff [stɪf]
drgać vibrate [vaɪ'breɪt], tremble ['trembl], twitch [twɪtʃ]; *Struny pianina drgają, kiedy ktoś dotyka klawiszy.* – The strings of the piano vibrate when someone touches the keys. *Drgała mu powieka.* – His eyelid was twitching.
drganie vibration [vaɪ'breɪʃn], trembling ['tremblɪŋ], tremor ['trəmə], twitch [twɪtʃ]
drgawka convulsion [kən'vʌlʃn]; **dostać drgawek** – to go into convulsions
drobiazg trifle ['traɪfl], trifling matter ['traɪflɪŋ'mætə]
drobina particle ['pɑ:tɪkl]
drobne (*pieniądze*) small change [smɔ:l-'tʃeɪndʒ]
drobnomieszczański petit bourgeois [petɪ'bɔ:ʒwɑ:]; **drobnomieszczańskie przesądy** – petit bourgeois prejudices
drobnomieszczaństwo the lower middle class [-'ləʊəmɪdl'klɑ:s], petit bourgeois [petɪ'bɔ:ʒwɑ:]
drobnoustrój germ [dʒɜ:m], microbe ['maɪkrəʊb], microorganism [maɪkrəʊ-'ɔ:gənɪzm]
drobnoziarnisty fine [faɪn]; **piasek drobnoziarnisty** – fine sand
drobny ❶ (*niewielkich rozmiarów lub złożony z małych cząsteczek*) small [smɔ:l], fine [faɪn]; **drobny piasek/ /kurz** – fine sand/dust; **drobne kawałki** – small pieces; **drobne wydatki/pieniądze** – small expenses/ /change; **drobna różnica** – a small difference; **drobny druk** – (the) small print; **drobne ogłoszenia** – small ads ❷ (*delikatny, szczupły*) small [smɔ:l], (*o kobiecie*) petite [pə'ti:t] ❸ (*nie na dużą skalę*) small [smɔ:l]; **drobne rzemiosło/drobny handel** – small business
droga ❶ (*szlak komunikacyjny*) way [weɪ], road [rəʊd]; **droga przez pola** – a way across the fields; **droga główna** – a main road/a major road; **droga drugorzędna** – a minor road; **droga wiejska** – a country road/a lane; **skrzyżowanie dróg** – a crossroads ❷ (*trasa, przejście, przebywanie odległości*) way [weɪ]; **pytać się o drogę** – to ask the way; **zgubić drogę** – to lose the/one's way; *Którą drogą zazwyczaj*

chodzicie na plażę? – Which way do you usually go to the beach? **całą drogę** – all the way; *Przez całą drogę do domu narzekała na wszystko.* – All the way home she complained about everything. **w/po drodze** – on one's way; *Zrobię zakupy w/po drodze do domu.* – I'll do shopping on my/the way home. *Jeżeli chcesz wyjść za niego za mąż, nie będę stać ci na drodze.* – If you want to marry him, I won't stand in your way. *Ona zawsze chodzi swoimi własnymi drogami.* – She always goes her own ways. **być na rozstaju dróg** – to be at the crossroads ❸ (*sposób postępowania, działania, osiągania celu*) way [weɪ], road [rəʊd], path [pɑ:θ], channel ['tʃænl]; *Wszystkie drogi prowadzą do Rzymu.* – All roads lead to Rome. **znaleźć drogę wyjścia z trudności** – to find a way out of a difficulty; **droga do sukcesu** – the path/the road to success; **drogą dyplomatyczną** – through diplomatic channels; **drogą oficjalną** – through regular channels

drogeria chemist's ['kemɪsts], *am.* drugstore ['drʌgstɔ:]

drogi ❶ (*mający wysoką cenę, kosztowny*) expensive [ɪk'spensɪv], dear [dɪə], precious ['preʃəs]; *Czy ten sweter jest bardzo drogi?* – Is this pullover very expensive? *Ten sklep jest dla mnie za drogi.* – That shop is too dear for me. **drogie kamienie** – precious stones ❷ (*bliski uczuciowo*) dear [dɪə]; *Jego żona jest mu bardzo droga.* – His wife is very dear to him. **Droga Pani** – (*w liście oficjalnym*) Dear Madam, (*w liście prywatnym*) Dear Mrs (+nazwisko)

drogo expensively [ɪk'spensɪvlɪ], dearly ['dɪəlɪ], dear [dɪə]; *Jeżeli chce się mieć zysk, należy kupować tanio, a sprzedawać drogo.* – If you want to make a profit, buy cheap and sell dear. *Drogo zapłaciła za swój błąd.* – She paid dearly for her mistake

drogocenny precious ['preʃəs], valuable ['væljʊəbl]

drogowskaz signpost ['saɪnpəʊst]

drogowy road [rəʊd]; **roboty drogowe** – road works; **mapa drogowa** – road-map; **znaki drogowe** – road signs; **kodeks drogowy** – the Highway Code; **przepisy drogowe** – traffic regulations; **pirat drogowy** – road-hog

dropsy drops [drɒps]

drożdże yeast [ji:st]

drożdżowy yeast [ji:st]; **ciasto drożdżowe** – yeast cake

drożdżówka bun [bʌn], brioche [bri:'ɒʃ]

drożeć go up in price, get more expensive

drób poultry ['pəʊltrɪ]

druciany wire ['waɪə]; **siatka druciana** – wire netting

drugi ❶ (*drugi w kolejności*) second/ /2nd ['seknd]; **drugi czerwca** – 2nd June/the second of June/June 2nd/ /June the second; *Kto był drugi w wyścigu?* – Who was second in the race? *Przybył jako drugi.* – He was the second to arrive. **podróżować drugą klasą** – to travel second class; **druga godzina** – two o'clock; **druga strona** (*w książce*) – page 2/page two ❷ (*jeden z dwóch, przeciwny*) other ['ʌðə]; **co drugi dzień** – every other day; **jeden po drugim** – one after the other; **z drugiej strony** – on the other hand; **druga strona** (*np. w rokowaniach*) the other side; *Ona ma dwóch braci, jeden jest filozofem, a drugi biznesmenem.* – She has two brothers – one is a philospher, and the other is a businessman. *Mieszkają po drugiej stronie ulicy.* – They live on the other side of the street.

drugorzędny second-rate [seknd'reɪt], secondary ['sekndərɪ]

druk ❶ (*formularz*) form [fɔ:m], application form [æplɪ'keɪʃn,fɔ:m] ❷ (*proces drukowania*) print [prɪnt], printing ['prɪntɪŋ]; **wynalezienie druku** – the invention of printing; **wydać drukiem** – to publish; **ukazać się drukiem** – to

d

come out in print; **„Druk"** (*napis na kopercie*) – Printed Matter ❸ (*wykrój czcionki*) print [prɪnt]; **drobnym drukiem** – in small print; **tłustym drukiem** – in bold print; **dużym drukiem** – in large print

drukarka (*komputerowa*) printer ['prɪntə]

drukarnia the printers [-'prɪntəz]; print shop ['prɪntʃɒp]

drukarz printer ['prɪntə]

drukować print [prɪnt]

d

drut wire [waɪə], (*do robótek*) knitting needle ['nɪtɪŋni:dl]; **drut kolczasty** – barbed wire; **robić na drutach** – to knit

drużyna team [ti:m]

drwal woodcutter ['wʊdkʌtə], lumberjack ['lʌmbədʒæk]

drwić sneer [snɪə], jeer [dʒɪə], mock [mɒk]; *Drwili z jego wysiłków.* – They mocked/sneered at his efforts.

drwina sneer [snɪə], jeer [dʒɪə], mockery ['mɒkərɪ]

dryfować drift [drɪft]

drzazga splinter ['splɪntə]

drzeć ❶ (*rwać*) tear (tore, torn) [teə, tɔ:, tɔ:n]; **podrzeć kartkę papieru na kawałki** – to tear a sheet of paper into pieces ❷ (*zdzierać, zużywać*) wear (out) (wore, worn) [weə-, wɔ:, wɔ:n]; *Zdarł dwie pary dżinsów w czasie jednego lata.* – He wore out two pairs of jeans in one summer.

drzeć się ❶ (*być zużywanym, niszczonym*) tear (tore, torn) [teə, tɔ:, tɔ:n]; wear (out) (wore, worn) [weə-, wɔ:, wɔ:n]; *Ten materiał łatwo się drze.* – This cloth tears easily. *Te buty szybko się zedrą.* – These shoes will wear out quickly. ❷ (*krzyczeć*) scream [skri:m], yell [jel]

drzemać nap (pp) [næp], snooze [snu:z], doze [dəʊz]

drzemka nap [næp], snooze [snu:z], doze [dəʊz]; **uciąć sobie drzemkę** – to have a snooze, to have/to take a nap

drzewo ❶ (*roślina*) tree [tri:] ❷ (*materiał*) wood [wʊd], lumber ['lʌmbə], timber ['tɪmbə]; *To jest zrobione z drzewa.* – It's made of wood.

drzeworyt woodcut ['wʊdkʌt]

drzwi door [dɔ:]; **drzwi frontowe** – front door; **drzwi balkonowe** – French window; **zamknąć/otworzyć drzwi** – to shut/to open the door; **zamknąć na klucz/zaryglować drzwi** – to lock/to bolt the door

drżeć tremble ['trembl], shake (shook, shaken) [ʃeɪk, ʃʊk, 'ʃeɪkn], shiver ['ʃɪvə]; *Drżę na myśl, co się może zdarzyć.* – I tremble at the thought of what may happen. *Nasz dom drży, kiedy przejeżdża pociąg.* – Our house vibrates/trembles when a train passes. **drżeć ze strachu** – to tremble/to shake with fear; **drżeć z zimna** – to shiver with cold

dubbing dubbing ['dʌbɪŋ]

dubbingować dub (bb) [dʌb]; **wersja dubbingowa filmu** – a dubbed version of a film

dubler double ['dʌbl]

duch ghost [gəʊst], spirit ['spɪrɪt]; **Duch Święty** – the Holy Ghost/Spirit; *Duch jest ochoczy, ale ciało mdłe.* – The spirit is willing but the flesh is weak. *Wyglądał tak, jak gdyby zobaczył ducha.* – He looked as if he had seen a ghost. *Duch straszy w tym zamku.* – A ghost haunts this castle. **być opętanym przez złe duchy** – to be possessed by evil spirits; **duch czasu** – the spirit of the times

duchowieństwo clergy ['klɜ:dʒɪ], priesthood ['pri:sthʊd]

duchowny[1] (*osoba duchowna*) priest [pri:st], clergyman, *l.mn.* clergymen ['klɜ:dʒɪmən]

duchowny[2]:

stan duchowny – priesthood; **wstąpić do stanu duchownego** – to go into the Church/to enter the Church

duchowy ❶ (*dot. ducha*) spiritual ['spɪrɪtjʊəl] ❷ (*dot. umysłu*) intellectual [ɪntə'lektjʊəl], mental ['mentl]

duet duet [dju:'et]; **śpiewać w duecie** – to sing a duet

duma pride [praɪd]

dumny proud [praʊd]; *On jest dumny ze swoich dzieci.* – He is proud of his children.

Duńczyk Dane [deɪn]

duński Danish ['deɪnɪʃ]

duplikat duplicate ['dju:plɪkeɪt], copy ['kɒpɪ]

dur typhoid fever ['taɪfɔɪdfi:və]

dureń fool [fu:l]

durszlak strainer ['streɪnə]

dusić (się) ❶ (*ściskać za gardło*) strangle ['stræŋgl], strangulate ['stræŋgjʊleɪt] ❷ (*uniemożliwiać dopływ powietrza*) stifle ['staɪfl], suffocate ['sʌfəkeɪt], choke [tʃəʊk]; *Ludzie udusili się w płonącym budynku.* – People suffocated in the burning building. *Dym dusił nas.* – Smoke choked us. *Dusiliśmy się w pokoju przy zamkniętymch oknach.* – We were stifling in the room with the windows closed. ❸ (*powoli gotować pod przykryciem*) stew [stju:]

dusza soul [səʊl]; **nieśmiertelność duszy** – the immortality of the soul; *Nie było widać żywej duszy.* – There wasn't a soul to be seen. **bratnia dusza** – kindred spirit

duszno close [kləʊs], stuffy ['stʌfɪ], stifling ['staɪflɪŋ]; *Jest tu duszno – otwórz okno.* – It's stifling/stuffy/close in here – open a window.

duszony stewed [stju:d]

dużo ❶ (*przy rzeczownikach policzalnych*) many ['menɪ] (more, most), a lot of, a large number of; *Na zebraniu nie było dużo osób.* – There weren't many people at the meeting. *Dostał dużo prezentów na urodziny.* – He got a lot of presents for his birthday. ❷ (*przy rzeczownikach niepoliczalnych*) much [mʌtʃ] (more, most), a lot of, lots of; *Nie mam dużo pieniędzy.* – I haven't got much money. *Wczoraj za dużo wypił.* – He drank too much last night. *Oni mają dużo pieniędzy.* – They have a lot of/lots of money. ❸ (*przed stopniem wyższym przymiotnika i przysłówka*) much [mʌtʃ]; **dużo lepiej/dużo lepszy** – much better; **dużo ciekawszy** – much more interesting

duży big [bɪg], large [lɑ:dʒ]; **duży dom** – a big house; **duże pieniądze** – big money; **duży majątek** – a big/a large fortune

dwa two [tu:]; **dwa razy** – twice

dwadzieścia twenty ['twentɪ]

dwanaście twelve ['twelv]

dwieście two hundred [tu: 'hʌndrɪd]

dworcowy station ['steɪʃn]

dworzec railway station [reɪlweɪ 'steɪʃn]

dwója bad mark [bæd'mɑ:k], unsatisfactory mark [ˌʌnsætɪs'fæktərɪ'mɑ:k]

dwójka ❶ (*liczba*) two [tu:] ❷ (*para*) couple ['kʌpl], two [tu:]; **we dwójkę** – the two (of us); **iść dwójkami** – to walk in twos

dwór ❶ (*posiadłość ziemiańska*) manor ['mænə], manor-house ['mænəhaʊs] ❷ (*królewski*) court [kɔ:t]; **być przedstawionym na dworze** – to be presented at the court ❸ (*przestrzeń otaczająca dom, miejsce pod gołym niebem*) outdoors [aʊt'dɔ:z], outside [aʊt'saɪd]; *Na dworze jest zimno.* – It's cold outdoors/outside. *Ponieważ noc była duszna, dzieci chciały spać na dworze.* – As it was a sultry night, children wanted to sleep outdoors.

dwuczęściowy two-piece [tu:'pi:s]; **dwuczęściowy kostium kąpielowy** – a two-piece bathing costume

dwudziesty twentieth ['twentɪəθ]; **lata dwudzieste** (*naszego stulecia*) – the twenties; **godzina dwudziesta** – 8 p.m./twenty hours

dwujęzyczny bilingual [baɪ'lɪŋgwəl]

dwukierunkowy two-way [tu:'weɪ]; **ulica dwukierunkowa** – a two-way street

dwukropek colon ['kəʊlən]

dwukrotny twofold [tu:'fəʊld]; **dwukrotny wzrost** – a twofold increase

dwunastnica duodenum [dju:əʊ'di:nəm]

dwunasty twelfth [twelfθ]; **godzina dwunasta** – twelve o'clock; **strona**

dwunasta – page 12/page twelve; **dwunasty maja** – 12th May/the twelfth of May/May 12th/May the twelfth
dwuosobowy:
samochód dwuosobowy – two-seater; **pokój dwuosobowy** – a double room
dwupiętrowy three-storeyed [θri:-'stɔ:rɪd], *am.* three-storied
dwurodzinny:
dom dwurodzinny – a semidetached house

d

dwustronny two-sided [tu:'saɪdɪd], bilateral [baɪ'lætərəl]; **traktat dwustronny** – a bilateral treaty
dwutlenek dioxide [daɪ'ɒksaɪd]; **dwutlenek węgla** – carbon dioxide
dwuwymiarowy two-dimensional [tu:-dɪ'menʃənəl]
dwuznaczność double meaning [dʌbl-'mi:nɪŋ], ambiguity [æmbɪ'gju:ɪtɪ]
dwuznaczny ambiguous [æm'bɪgjʊəs]
dydaktyczny didactic [dɪ'dæktɪk/daɪ-'dæktɪk]
dydaktyka teaching ['ti:tʃɪŋ], instruction [ɪn'strʌkʃn]
dyfteryt diphteria [dɪf'θɪərɪə]
dygnitarz dignitary ['dɪgnɪtərɪ]
dygotać shake (shook, shaken) [ʃeɪk, ʃʊk, ʃeɪkn], tremble ['trembl], shiver ['ʃɪvə], shudder ['ʃʌdə]; **dygotać z zimna** – to shiver with cold; **dygotać ze strachu** – to tremble with fear
dygresja digression [daɪ'greʃn/dɪ'greʃn]; **robić dygresje** – to digress
dykta plywood ['plaɪwʊd]
dyktafon dictaphone ['dɪktəfəʊn]
dyktando dictation [dɪk'teɪʃn]
dyktator dictator [dɪk'teɪtə]
dyktatura dictatorship [dɪk'teɪtəʃɪp]
dyktować dictate [dɪk'teɪt]; **dyktować list sekretarce** – to dictate a letter to the secretary; **dyktować warunki** – to dictate terms
dylemat dilemma [dɪ'lemə]
dyliżans stage-coach ['steɪdʒkəʊtʃ]
dym smoke [sməʊk]; *Pokój był pełen dymu papierosowego.* – The room was full of cigarette smoke. *Dom poszedł z dymem.* – The house went up in smoke. *Nie ma dymu bez ognia.* – There is no smoke without fire.
dymić (się) smoke [sməʊk]; **dymiący wulkan** – a smoking volcano; **dymiące kominy fabryczne** – smoking factory chimneys
dymisja dismissal [dɪs'mɪsl], resignation [rezɪg'neɪʃn]; **udzielić dymisji** – to dismiss; **podać się do dymisji** – to resign from office/to hand in one's resignation
dymisjonować dismiss [dɪs'mɪs]
dynamiczny dynamic [daɪ'næmɪk/dɪ-'næmɪk]
dynamika dynamics [daɪ'næmɪks/dɪ-'næmɪks]
dynamit dynamite ['daɪnəmaɪt]
dynastia dynasty ['dɪnəstɪ/'daɪnəstɪ]
dynia pumpkin ['pʌmpkɪn]
dyplom diploma [dɪ'pləʊmə]; **przyznać dyplom** – to award a diploma
dyplomacja ❶ (*zręczność, spryt*) diplomacy [dɪ'pləʊməsɪ]; *Możemy polegać na jej dyplomacji.* – We can rely on her diplomacy. ❷ (*instytucje zajmujące się realizacją zadań dyplomatycznych*) diplomatic service; *On pracuje w dyplomacji.* – He works in diplomatic service.
dyplomata diplomat ['dɪpləmæt]
dyplomatyczny ❶ (*zręczny, sprytny*) diplomatic [dɪplə'mætɪk]; *Ona jest dyplomatyczna w postępowaniu z ludźmi.* – She is diplomatic in dealing with people. ❷ **korpus dyplomatyczny** – the diplomatic corps; **służba dyplomatyczna** – diplomatic service
dyplomowany qualified ['kwɒlɪfaɪd], certified ['sɜ:tɪfaɪd]
dyplomowy diploma [dɪ'pləʊmə]; **praca dyplomowa** – master's thesis/dissertation; **egzamin dyplomowy** – the master's exam/diploma exam
dyrekcja (*kierownictwo*) management ['mænɪdʒmənt], (*ciało zarządzające*) board of directors ['bɔ:dəvdɪ'rektəz]

dyrektor director [dı'rektə/daı'rektə], managing director ['mænıdʒıŋ-], manager ['mænıdʒə]

dyrygent conductor [kən'dʌktə]

dyrygować ❶ (*orkiestrą*) conduct (an orchestra) [kən'dʌkt (ən'ɔ:kəstrə)] ❷ (*kimś*) order around/about ['ɔ:dərə-'raund/'baut], direct [dı'rekt/daı'rekt]; **dyrygować grupą pracowników** – to direct a group of workers; *Nie lubię, jak się mną dyryguje.* – I don't like being ordered about.

dyscyplina ❶ (*karność*) discipline ['dısıplın]; **utrzymywać dyscyplinę wojskową** – to maintain military discipline ❷ (*gałąź nauki*) branch [brɑ:ntʃ], discipline ['dısıplın]

dysk ❶ *anat.* disc [dısk]; **wypadnięty dysk** – a slipped disc ❷ *sport.* discus ['dıskəs]; **rzut dyskiem** – discus throwing; **rzucać dyskiem** – to throw the discus ❸ *komp.* disk [dısk]; **twardy dysk** – hard disk; **stacja dysków** – disk drive

dyskietka (floppy) disk [dısk]; **kopiować na dyskietkę** – to copy onto a disk

dyskobol discus thrower [dıskəs'θrəuə]

dyskoteka discotheque ['dıskəutek], disco ['dıskəu]

dyskrecja discretion [dı'skreʃn]; *Mogę liczyć na jej dyskrecję.* – I can count on her discretion

dyskretny discreet [dı'skri:t]

dyskryminacja discrimination [dıskrımı'neıʃn]; **dyskryminacja religijna** – religious discrimination; **dyskryminacja mniejszości etnicznych** – discrimination against ethnic minorities

dyskryminować discriminate [dı-'skrımıneıt]; *Prawo ciągle dyskryminuje kobiety.* – Law still discriminates against women.

dyskusja discussion [dı'skʌʃn]; *Sprawa została poddana pod dyskusję.* – The matter is under discussion. **prowadzić ożywioną dyskusję** – to have a lively/an animated discussion

dyskusyjny controversial [kɒntrə'vɜ:ʃl]

dyskutować discuss [dı'skʌs], debate [dı'beıt]; *Kiedy przyszłam, dyskutowali o polityce.* – They discussed politics when I arrived.

dyskwalifikacja disqualification [dıskwɒlıfı'keıʃn]

dyskwalifikować disqualify [dıs'kwɒlıfaı]; *Drużyna została zdyskwalifikowana.* – The team has been disqualified (from the competition).

dysponować ❶ (*rozporządzać*) have at one's disposal [-dı'spəuzl]; **dysponować czasem** – to have free time ❷ (*wydawać rozporządzenia*) order ['ɔ:də], give instructions

dyspozycja ❶ (*możność rozporządzania*) disposal [dı'spəuzl]; *Macie do dyspozycji bibliotekę.* – You have the library at your disposal. ❷ (*zarządzenie*) orders ['ɔ:dəz]; instructions [ın-'strʌkʃnz]; **wydawać dyspozycje** – to give instructions

dystans distance ['dıstns], detachment [dı'tætʃmənt]; *Piechotą możesz przebyć dystans ponad dwudziestu mil dziennie.* – On foot you can cover a distance of over 20 miles a day. **zachować dystans** – to keep one's distance; **trzymać kogoś na dystans** – to keep sb at a distance; **z dystansem** – with detachment

dystansować outdistance [aut'dıstns]

dystrybucja distribution [dıstrı'bju:ʃn]

dystyngowany distinguished [dı'stıŋgwıʃt], dignified ['dıgnıfaıd]

dysydent dissident ['dısıdənt]

dyszeć gasp [gɑ:sp], pant [pænt]; *Stał dysząc po długim biegu.* – He stood panting after the long run. *Dyszał, próbując złapać oddech.* – He was gasping for breath.

dywan carpet ['kɑ:pıt]

dywanik *przen.* carpet ['kɑ:pıt]; **wezwać kogoś na dywanik** – to have sb on the carpet

dywersja sabotage ['sæbətɑ:ʒ]

dywizja division [dı'vıʒn]

dywizjon *lotn.* wing [wıŋ]

dyzenteria dysentery ['dısntrı]

d

dyżur duty ['dju:tɪ]; **być na dyżurze** – to be on duty

dyżurny on duty

dyżurować be on duty

dzban jug [dʒʌg]; pitcher ['pɪtʃə]

dziać się go on [gəʊ'ɒn] (went, gone), happen ['hæpn], occur [ə'kɜ:], take place [teɪk'pleɪs] (took, taken); *Co tu się dzieje?* – What's going on here? *Co działo się potem?* – What happened next? *Nigdy nie dowiedzieliśmy się, co się działo tamtej nocy.* – We never discovered what took place that night. *Co się z tobą dzieje?* – What's the matter with you?

d

dziadek grandfather ['grænfɑ:ðə], (*zdrobniale*) grandpa ['grænpɑ:], (*dziadek do orzechów*) nutcrackers ['nʌtkrækəz], (*przy brydżu*) dummy ['dʌmɪ]

dział division [dɪ'vɪʒn], section ['sekʃn], department [dɪ'pɑ:tmənt], (*w gazecie*) column ['kɒləm]; **dział sportowy** – the sports column

działacz activist ['æktɪvɪst]

działać ❶ (*o człowieku*) act [ækt]; *W sytuacji zagrożenia należy działać natychmiast.* – In case of emergency you must act at once. ❷ (*o maszynie, urządzeniu*) operate ['ɒpəreɪt], work [wɜ:k]; *Maszyna nie działała prawidłowo.* – The machine was not operating properly. *Winda nie działa.* – The lift doesn't work. ❸ (*wywołać reakcję, wywierać wpływ*) work [wɜ:k]; *Kiedy lekarstwo zacznie działać?* – How long does this medicine take to work? ❹ (*o aktach prawnych*) be in force; **działający wstecz** – retroactive/retrospective; *Ustawa nie działa wstecz.* – The law is not retroactive/retrospective.

działalność activity [æk'tɪvətɪ]

działanie action ['ækʃn]; *Nadszedł czas działania.* – The time has come for action. **ułożyć plan działania** – to formulate a plan of action

działka ❶ (*parcela*) plot [plɒt] ❷ (*ogródek działkowy*) allotment [ə'lɒtmənt]

działo artillery piece [ɑ:'tɪlərɪpi:s], gun [gʌn]

dzianina jersey ['dʒɜ:zɪ]

dziąsło gum [gʌm]

dziczyzna (*mięso*) venison ['venɪzn]

dziecięcy children's ['tʃɪldrənz], infantile ['ɪnfəntaɪl], childlike ['tʃaɪdlaɪk]; **ubiory dziecięce** – children's clothes; **choroby dziecięce** – infantile diseases; **dziecięca ufność/radość** – childlike trust/enjoyment

dziecinny ❶ (*właściwy dziecku*) children's ['tʃɪldrənz], childish ['tʃaɪldɪʃ]; **obuwie dziecinne** – children's footwear; **dziecinny śmiech** – childish laughter; **pokój dziecinny** – nursery; **wózek dziecinny** – perambulator/ /pram ❷ (*postępujący jak dziecko*) infantile ['ɪnfəntaɪl], childish ['tʃaɪldɪʃ]; **dziecinne zachowanie** – childish/infantile behaviour; **dziecinna igraszka** (*rzecz dziecinnie łatwa*) – child's play

dzieciństwo childhood ['tʃaɪldhʊd]

dziecko child, *l.mn.* children [tʃaɪld, 'tʃɪldrən]; **urodzić dziecko** – to have/to give birth to a child; **spodziewać się dziecka** – to expect a baby; **wychować dziecko** – to bring up/to raise a child

dziedzictwo heritage ['herɪtɪdʒ]; **nasze kulturalne dziedzictwo** – our cultural heritage

dziedziczność heredity [hɪ'redətɪ]

dziedziczny ❶ (*o właściwościach fizycznych i psychicznych przekazywanych potomstwu*) hereditary [hɪ'redɪtərɪ]; *Ta choroba nie jest dziedziczna.* – The disease is not hereditary. ❷ (*otrzymany w spadku*) inherited [ɪn'herɪtɪd] ❸ (*sprawujący władzę na podstawie sukcesji po przodkach*) hereditary [hɪ'redɪtərɪ]; **władca dziedziczny** – a hereditary ruler

dziedziczyć inherit [ɪn'herɪt], come into [kʌm'ɪntə] (came, come); **dziedziczyć majątek/tytuł po ojcu** – to inherit an estate/a title from one's father; **dziedziczyć majątek** – to come into a fortune

dziedzina branch [brɑ:ntʃ], line [laɪn], sphere [sfɪə], domain [dəʊ'meɪn], field [fi:ld]; *To nie leży w mojej dziedzinie.*

– That's not my line. *To jest poza moją dziedziną.* – It's outside my domain. *On jest wybitny w wielu różnych dziedzinach.* – He is distinguished in many different spheres.

dziedziniec courtyard ['kɔ:tjɑ:d], yard [jɑ:d]

dzieje history ['hɪstərɪ]; *Tak, byłem w więzieniu, ale to są stare dzieje.* – Yes, I was in prison, but that's ancient history now.

dziejowy (*ważny pod względem historycznym*) historic [hɪ'stɒrɪk]; **wydarzenie dziejowe** – historic event

dziekan dean [di:n]

dzielenie *mat.* division [dɪ'vɪʒn]; **wykonywać dzielenie** – to do division

dzielić ❶ (*rozdrabniać, rozłączać*) divide [dɪ'vaɪd], separate ['sepəreɪt], partition [pɑ:'tɪʃn], split (split, split) [splɪt, splɪt, splɪt]; *Kanał La Manche oddziela Anglię od Francji.* – The English Channel divides/separates England from France. **dzielić włos na czworo** – to split hairs ❷ (*rozdzielać, rozdawać*) distribute [dɪ'strɪbju:t], divide [dɪ'vaɪd], share [ʃeə]; *Podzieliliśmy pracę między siebie.* – We divided work between us. ❸ (*współuczestniczyć*) share [ʃeə]; *Będę dzielić z tobą pokój.* – I'll share the room with you. *Będę dzielił z tobą koszt.* – I'll share in the cost with you. ❹ *mat.* divide [dɪ'vaɪd]; *12 dzielone przez 4 wynosi 3.* – 12 divided by 4 is 3.

dzielić się ❶ (*rozdzielać się*) divide [dɪ'vaɪd], split (split, split) [splɪt, splɪt, splɪt]; *Podzieliliśmy się na grupy.* – We divided/split into groups. ❷ (*rozdzielać między siebie*) share [ʃeə]; *On nie chce podzielić się z nami swoją tajemnicą.* – He won't share his secret with us. *Podzielmy się jabłkiem.* – Let's share the apple.

dzielnica district ['dɪstrɪkt], quarter ['kwɔ:tə]

dzielnicowy[1] (*policjant*) district constable [ˌdɪstrɪkt'kʌnstəbl]

dzielnicowy[2] ❶ (*dot. części miasta*) district ['dɪstrɪkt] ❷ (*regionalny*) regional ['ri:dʒənl]

dzielny brave [breɪv]

dzieło work [wɜ:k]; **wszystkie dzieła Szekspira** – the complete works of Shakespeare; *Ten obraz jest dziełem młodego artysty.* – The picture is the work of a young painter. **dzieło sztuki** – a work of art; **zabrać się do dzieła** – to get to work

dziennie daily ['deɪlɪ], a day; **dwa razy dziennie** – twice a day; **osiem godzin dziennie** – eight hours a day

dziennik ❶ (*gazeta*) newspaper ['nju:speɪpə], paper ['peɪpə], daily ['deɪlɪ] ❷ (*wiadomości radiowe lub telewizyjne*) news [nju:z] ❸ (*księga codziennych zapisów*) journal ['dʒɜ:nl] ❹ (*pamiętnik*) diary ['daɪərɪ], journal ['dʒɜ:nl]; **prowadzić dziennik** – to keep a diary/a journal ❺ (*szkolny*) register ['redʒɪstə]

dziennikarstwo journalism ['dʒɜ:nəlɪzm]

dziennikarz journalist ['dʒɜ:nəlɪst], reporter [rɪ'pɔ:tə]

dzienny day [deɪ], daily ['deɪlɪ], day's [deɪz]; **żłobek dzienny** – day nursery; **zmiana dzienna** – day shift; **światło dzienne** – daylight; *Kolory wyglądają inaczej w świetle dziennym.* – The colours look different in daylight.

dzień day [deɪ]; *Pracowałam ciężko cały dzień.* – I've been working hard all day. *Kiedy się obudził, był już dzień.* – When he woke up it was already day. *Jaki mamy dziś dzień tygodnia?* – What day of the week is it? *Mój dzień roboczy trwa siedem godzin.* – My working day is seven hours. **dzień powszedni** – workday/weekday; **dzień po dniu** – day after day; **następnego dnia** – the next day/the following day; *Jego dni są policzone.* – His days are numbered. **Dzień dobry!** – Good morning!/(*po dwunastej w południe*) Good afternoon!

dzierżawa lease [li:s], tenancy ['tenənsɪ]; **wziąć w dzierżawę dom** – to take out a lease on a house; *Kiedy wygasa*

d

dzierżawa? – When does the lease expire? **dać coś komuś w dzierżawę** – to lease sth to sb

dzierżawić lease [li:s]; **wydzierżawić komuś majątek** – to lease property to sb; **dzierżawić od kogoś majątek** – to lease property from sb

dziesiąty tenth [tenθ]; **dziesiąty maja** – 10th May/the tenth of May/May 10th/May the tenth; **godzina dziesiąta** – ten o'clock; **strona dziesiąta** – page 10/page ten

d

dziesięciolecie ❶ (*okres*) decade ['dekeɪd], ten years ❷ (*rocznica*) the tenth anniversary [-ænɪ'vɜ:sərɪ]

dziesięć ten [ten]

dziesiętny decimal ['desɪml]; **ułamek/ /system dziesiętny** – decimal fraction/system

dziewczyna girl [gɜ:l], (*sympatia*) girlfriend ['gɜ:lfrend]

dziewczynka girl [gɜ:l]; **mała dziewczynka** – little girl

dziewiarski knitting ['nɪtɪŋ]; **maszyna dziewiarska** – knitting machine; **fabryka dziewiarska** – knitting factory

dziewiarstwo knitwear ['nɪtweə], knitting ['nɪtɪŋ]

dziewiąty ninth [naɪnθ]; **dziewiąty maja** – 9th May/the ninth of May/May 9th/May the ninth; **godzina dziewiąta** – nine o'clock; **strona dziewiąta** – page 9/page nine

dziewica virgin ['vɜ:dʒɪn]

dziewictwo virginity [və'dʒɪnətɪ]

dziewięć nine [naɪn]

dziewięćdziesiąt ninety ['naɪntɪ]

dziewięćdziesiąty ninetieth ['naɪntɪəθ]

dziewięćset nine hundred [naɪn'hʌndrɪd]

dziewiętnasty nineteenth [naɪn'ti:nθ]; **dziewiętnasty maja** – 19th May/the nineteenth of May/May 19th/May the nineteenth

dzięcioł woodpecker ['wʊdpekə]

dzięki[1] (*dziękuję*) thanks ['θæŋks]; *Wielkie dzięki za wszystko, co dla mnie zrobiłeś.* – Many thanks for all you have done for me. *Czy ci pomóc? – O, dzięki.* – Shall I help you? – Oh, thanks.

dzięki[2] (*zawdzięczając*) thanks ['θæŋks], thank [θæŋk]; *Dzięki Bogu!* – Thank God!/Thank Goodness! *Dzięki tobie nie straciliśmy wszystkich pieniędzy.* – Thanks to you we didn't lose all our money.

dziękować thank [θæŋk]; *Bardzo dziękuję. – Proszę.* – Thank you very much. – You are welcome.

dzik (wild) boar [(waɪld) 'bɔ:]

dziki[1] (*dzikus*) savage ['sævɪdʒ]; *Wyspa była zamieszkana przez dzikich.* – The island was inhabited by savages.

dziki[2] wild [waɪld], savage ['sævɪdʒ]; **dzikie zwierzęta** – wild animals; **dzika róża** – wild rose; **dzikie plemię** – savage tribe; **dziki strajk** – wildcat strike

dzikus savage ['sævɪdʒ], barbarian [bɑ:'beərɪən]

dziobać peck [pek]

dziób (*ptaka*) bill [bɪl], beak [bi:k], (*łodzi*) bow [baʊ], bows [baʊz], stem [stem], (*samolotu*) nose [nəʊz]

dzisiaj ❶ today [tə'deɪ]; **dzisiaj rano/ /po południu/wieczorem** – this morning/afternoon/evening; **od dziś za tydzień** – today week ❷ (*obecnie*) nowadays ['naʊədeɪz]; *Dziś kobiety wolą iść do pracy niż zostawać w domu.* – Nowadays women prefer to go to work rather than stay at home.

dzisiejszy today [tə'deɪ], today's [tə'deɪz], of today, present-day ['prezntdeɪ]; *Dzisiejsze kobiety są bardziej niezależne.* – Women today are more independent. **dzisiejsza angielszczyzna** – present-day English; *Gdzie jest dzisiejsza gazeta?* – Where is today's paper? **w dzisiejszych czasach** – nowadays/these days

dziura hole [həʊl]; (*w łodzi, w dachu*) leak [li:k]; *Droga była pełna dziur.* – The road was full of holes. *Masz dziurę w skarpetce.* – There is a hole in your sock. **mysia dziura** – a mouse's hole; **dziura ozonowa** – the ozone hole; *W łodzi zrobiła się dziura.* – The boat has sprung a leak.

dziurawy full of holes, (*o łodzi, dachu*) leaky ['li:kı]; *Moje skarpetki są dziurawe.* – My socks are full of holes/ /are in holes.

dziwactwo eccentricity [eksen'trısətı]

dziwaczny peculiar [pı'kju:ljə], bizzare [bı'zɑ:], odd [ɒd], queer [kwıə]

dziwak eccentric [ık'sentrık], crank [kræŋk]

dziwić surprise [sə'praız], astonish [ə'stɒnıʃ]; *To mnie nie dziwi.* – It doesn't surprise me.

dziwić się wonder ['wʌndə], be surprised [bi: sə'praızd]; *Dziwię się, że się ożenił.* – I wonder/I'm surprised that he got married. *Dziwię się, jeszcze nie przyszedł.* – I'm surprised that he hasn't come yet.

dziwny strange [streındʒ], odd [ɒd], queer [kwıə]

dzwon bell [bel]; **bić w dzwony** – to ring/to peal the bells; *Słyszę bicie dzwonów.* – I can hear the bells ringing/pealing.

dzwonek ❶ (*przedmiot*) bell [bel]; **dzwonek u drzwi** – a door-bell ❷ (*dźwięk dzwonka*) ring [rıŋ], bell [bel]; *Dzwonek oznajmia koniec lekcji.* – There is a bell for the end of the lesson. *Rozległ się dzwonek do drzwi.* – There was a ring at the door. ❸ (*roślina*) campanula [kəm'pænjʊlə], blue-bell ['blu:bel]

dzwonić ❶ (*powodować dźwięk*) ring (rang, rung) [rıŋ, ræŋ, rʌŋ]; **zadzwonić dzwonkiem** – to ring the bell; *Ktoś dzwoni do drzwi.* – Someone is ringing at the door. *Dzwoni telefon.* – The telephone is ringing. *Dzwoni mi w uszach.* – My ears are ringing. ❷ (*telefonować*) ring up [rıŋ'ʌp] (rang, rung), call up [kɔ:l'ʌp], phone [fəʊn], telephone ['telıfəʊn]; *Czy mógłbyś zadzwonić do mnie dziś wieczorem?* – Would you ring me up this evening? *Później jeszcze raz zadzwonię.* – I'll call you again later. *Czy ktoś dzwonił?* – Did anybody phone?

dźwięczeć sound [saʊnd], ring (rang, rung) [rıŋ, ræŋ, rʌŋ]; *Dzwoneczki dźwięczały.* – The bells were ringing. *Jej śmiech dźwięczał mi w uszach.* – Her laughter rang in my ears.

dźwięczny resonant ['rezənənt], ringing ['rıŋgıŋ], resounding [rı'zaʊndıŋ]; **głoska dźwięczna** – voiced sound

dźwięk sound [saʊnd]; *Jak zmierzyć szybkość rozchodzenia się dźwięku?* – How to measure the speed at which sound travels? *Tańczyli przy dźwiękach muzyki.* – They danced to the sound of music. **bariera dźwięku** – sound barrier

dźwig ❶ crane [kreın]; **obsługiwać dźwig** – to operate a crane ❷ (*winda*) lift [lıft]

dźwigać ❶ (*podnosić*) lift [lıft], heave [hi:v] ❷ (*nosić*) bear (bore, borne) [beə, bɔ:, bɔ:n], carry ['kærı]; **dźwigać ciężar** – to carry a burden; **dźwigać odpowiedzialność** – to bear responsibility

dźwignia lever ['li:və]

dżdżownica earthworm ['ɜ:θwɜ:m]

dżdżysty rainy ['reını]

dżem jam [dʒæm]

dżentelmen gentleman, *l.mn.* gentlemen ['dʒentlmən]; *On jest prawdziwym dżentelmenem.* – He is a real gentleman.

dżentelmeński gentlemanly ['dʒentlmənlı], gentleman's ['dʒentlmənz]; **dżentelmeńskie zachowanie** – gentlemanly behaviour; **umowa dżentelmeńska** – a gentleman's agreement

dżins denim ['denım]

dżinsy jeans [dʒi:nz], (*z materiału dżinsowego*) denims ['denımz]

dżokej jockey ['dʒɒkı]

dżokejka riding cap [raıdıŋ'kæp], riding helmet [raıdıŋ'helmıt]

dżudo judo ['dʒu:dəʊ]

dżudoka judoist ['dʒu:dəʊıst], judoka ['dʒu:dəʊkɑ:]

dżuma plague [pleıg], pest [pest], pestilence ['pestıləns]

dżungla jungle ['dʒʌŋgl]; **prawo dżungli** – the law of the jungle

e

echo echo ['ekəʊ]; *Echo jego kroków rozbrzmiewało w pustym budynku.* – His footsteps echoed in the empty building.

edukacja education [edju:'keɪʃn]

edukacyjny educational [edju:'keɪʃənl]

efekt effect [ɪ'fekt], result [rɪ'zʌlt]; **efekty specjalne w filmie** – special effects in a film; *Starałam się go przekonać, ale bez efektu.* – I tried to persuade him, but with no effect.

efektowny attractive [ə'træktɪv], impressive [ɪm'presɪv], spectacular [spek'tækjʊlə]

efektywny effective [ɪ'fektɪv], efficient [ɪ'fɪʃnt]

Egipcjanin Egyptian [ɪ'dʒɪpʃn]

egipski Egyptian [ɪ'dʒɪpʃn]

egoista egoist ['egəʊɪst]

egoistyczny egoistic [egəʊ'ɪstɪk], selfish ['selfɪʃ]

egoizm egoism ['egəʊɪzm], selfishness ['selfɪʃnɪs]

egzamin examination [ɪgzæmɪ'neɪʃn], exam [ɪg'zæm]; **zdawać egzamin** – to take/to sit an examination; **zdać egzamin** – to pass an exam; **nie zdać egzaminu** – to fail an exam; **egzamin z angielskiego** – an exam in English; **egzamin ustny/pisemny** – an oral/ /a written exam; **egzamin wstępny/końcowy** – an entrance/a final exam

egzaminacyjny examination [ɪgzæmɪ'neɪʃn]; **komisja egzaminacyjna** – a board of examiners

egzaminator examiner [ɪg'zæmɪnə]

egzaminować examine [ɪg'zæmɪn]

egzekucja execution [eksɪ'kju:ʃn]

egzemplarz ❶ (*np. książki*) copy ['kɒpɪ] ❷ (*okaz*) specimen ['spesɪmɪn]

egzotyczny exotic [ɪg'zɒtɪk]

egzystencja existence [ɪg'zɪstəns]

egzystencjalista existentialist [egzɪ'stenʃəlɪst]

egzystencjalizm existentialism [egzɪ'stenʃəlɪzm]

egzystencjalny existential [egzɪ'stenʃl]

egzystować exist [ɪg'zɪst]

ekierka set square ['setskweə]

ekipa team [ti:m], crew [kru:], party ['pɑ:tɪ], gang [gæŋ]; **ekipa piłkarska** – football team; **ekipa telewizyjna** – television crew; **ekipa ratownicza** – rescue party; **ekipa budowlana** – a gang of builders

ekologia ecology [i:'kɒlədʒɪ]

ekologiczny ecological [i:kə'lɒdʒɪkl]

ekonomia economics [i:kə'nɒmɪks]; **ekonomia polityczna** – political economy

ekonomiczny economic [i:kə'nɒmɪk], (*oszczędny*) economical [i:kə'nɒmɪkl]

ekonomista economist [ɪ'kɒnəmɪst]

ekran screen [skri:n]

ekskluzywny exclusive [ɪk'sklu:sɪv]

ekspedient shop assistant ['ʃɒpəsɪstənt], *am.* salesclerk ['seɪlzklɑ:k], salesman, *l.mn.* salesmen ['seɪlzmən]

ekspedientka shop assistant ['ʃɒpəsɪstənt], shop girl ['ʃɒpgɜ:l], salesclerk ['seɪlzklɑ:k], salesgirl ['seɪlzgɜ:l], saleswoman, *l.mn.* sales women ['seɪlzwʊmən, 'seɪlzwɪmɪn]

ekspedycja ❶ (*wyprawa*) expedition [ekspɪ'dɪʃn] ❷ (*wysyłanie*) dispatch [dɪ'spætʃ]

ekspert expert ['ekspɜ:t]; *Nie jestem ekspertem w tej dziedzinie.* – I'm not an expert on this subject.

ekspertyza expertise [ekspɜ:'ti:z], expert opinion ['ekspɜ:tə'pɪnɪən]; **oddać do ekspertyzy** – submit to an expert opinion

eksperyment experiment [ɪk'sperɪmənt]; **przeprowadzać eksperymenty na szczurach** – to carry out/to perform experiments on rats

eksperymentalny experimental [eksperɪ'mentl]; **fizyka eksperymentalna** – experimental physics; **teatr eksperymentalny** – experimental theatre

eksperymentować experiment [ɪk'sperɪmənt]; **eksperymentować na zwierzętach** – to experiment upon/on animals

eksploatacja ❶ (*wykorzystywanie*) exploitation [eksplɔɪ'teɪʃn]; **eksploatacja siły roboczej** – exploitation of labour ❷ (*używanie*) use [ju:s]

eksploatować exploit [ɪk'splɔɪt]; **eksploatować zasoby naturalne kraju** – to exploit the country's natural resources

eksplodować explode [ɪk'spləʊd]

eksplozja explosion [ɪk'spləʊʒn]

eksponat exhibit [ɪg'zɪbɪt]

eksport export ['ekspɔ:t]

eksporter exporter [ɪk'spɔ:tə]

eksportować export [ɪk'spɔ:t]

eksportowy export ['ekspɔ:t]

ekspozycja exposition [ekspəʊ'zɪʃn]

ekspres ❶ (*pociąg ekspresowy*) express [ɪk'spres], express train [ɪk'sprestreɪn] ❷ (*list ekspresowy*) express letter [ɪk'spresletə]; *List został wysłany ekspresem.* – The letter was sent express. ❸ (*urządzenie do parzenia kawy*) coffee maker ['kɒfɪmeɪkə]

ekspresowy express [ɪk'spres]; **pociąg ekspresowy** – express train

ekstra ❶ (*nadzwyczajny*) super ['su:pə] ❷ (*dodatkowy*) extra ['ekstrə]

ekstrakt extract ['ekstrækt]

ekstrawagancja eccentricity [eksen'trɪsətɪ]

ekstrawagancki eccentric [ɪk'sentrɪk]

ekwipunek equipment [ɪ'kwɪpmənt]

ekwiwalent equivalent [ɪ'kwɪvələnt]

elastyczność elasticity [elæ'stɪsətɪ]

elastyczny elastic [ɪ'læstɪk]

elegancja elegance ['elɪgəns], chic [ʃi:k]

elegancki elegant ['elɪgənt], smart [smɑ:t], chic [ʃi:k]

elektorat electorate [ɪ'lektərət]

elektrociepłownia thermal-electric power station

elektroda electrode [ɪ'lektrəʊd]

elektrokardiograf electrocardiograph [ɪlektrəʊ'kɑ:dɪəʊgræf]

elektrokardiogram electrocardiogram [ɪlektrəʊ'kɑ:dɪəʊgræm]

elektron electron [ɪ'lektrɒn]

elektroniczny electronic [ɪlek'trɒnɪk]; **kalkulator elektroniczny** – electronic calculator

elektronik electronics engineer [ɪlek'trɒnɪksendʒɪ'nɪə]

elektronika electronics [ɪlek'trɒnɪks]

elektronowy electron [ɪ'lektrɒn]; **mikroskop elektronowy** – an electron microscope

elektrownia power station ['paʊəsteɪʃn]; **elektrownia jądrowa** – a nuclear power-station

elektryczność electricity [ɪlek'trɪsətɪ]

elektryczny electric [ɪ'lektrɪk], electrical [ɪ'lektrɪkl]; **prąd elektryczny** – electric current; **kuchenka elektryczna** – an electric cooker; **krzesło elektryczne** – the electric chair

elektryfikacja electrification [ɪlektrɪfɪ'keɪʃn]

elektryfikować electrify [ɪ'lektrɪfaɪ]; **elektryfikować koleje** – to electrify the railway system

elektryk electrician [ɪlek'trɪʃn]

element element ['elɪmənt], (*część składowa*) component [kəm'pəʊnənt]; *Dzieci powinny nauczyć się elementów matematyki.* – Children should learn the elements of mathematics. **element przestępczy** – a criminal element

elementarny elementary [elɪ'mentərɪ]; **elementarna znajomość matematy-**

ki – an elementary knowledge of mathematics; **cząstka elementarna** – an elementary particle

elementarz primer ['praımə]

elewacja elevation [elı'veıʃn]

eliminacja elimination [ılımı'neıʃn]

eliminować eliminate [ı'lımıneıt]

elipsa ellipse [ı'lıps]

eliptyczny elliptic [ı'lıptık]

elita élite [eı'li:t]; **elita rządząca** – the ruling élite

elitarny élite [eı'li:t], exclusive [ık'sklu:-sıv]; **elitarny klub** – an exclusive club; **elitarne uczelnie** – élite training establishments

e

emalia enamel [ı'næml], (*farba*) enamel paint [ı'næml,peınt]; *W tym miejscu emalia odprysnęła.* – The enamel is chipped off at this spot.

emancypacja emancipation [ımænsı-'peıʃn]; **emancypacja kobiet** – the emancipation of women

embargo embargo [em'bɑ:gəʊ]; **nałożyć embargo na coś** – to put/to impose an embargo on sth; **znieść z czegoś embargo** – to lift/to raise an embargo from sth

embrion embryo ['embrıəʊ]

embrionalny embryonic [embrı'ɒnık]; **stadium embrionalne** – embryonic stage

emeryt old-age pensioner [-'penʃənə], retired person [rı'taıəd,pɜ:sn]

emerytowany retired [rı'taıəd]

emerytura ❶ (*wycofanie się z życia zawodowego*) retirement [rı'taıəmənt]; *On jest na emeryturze.* – He is retired. **przejść na emeryturę** – to retire/to go into retirement; **przejść na wcześniejszą emeryturę** – to take early retirement ❷ (*świadczenie pieniężne*) retirement pension [rı'taıəmənt'penʃn]

emigracja emigration [emı'greıʃn]; **wyjechać na emigrację** – to emigrate

emigrant emigrant ['emıgrənt], (*polityczny*) émigré ['emıgreı]

emigrować emigrate ['emıgreıt]

emisja ❶ (*puszczanie w obieg pieniędzy*) issue ['ıʃju:] ❷ (*nadawanie programu telewizyjnego lub radiowego*) broadcast ['brɔ:dkɑ:st] ❸ *fiz.* emission [ı'mıʃn]; **emisja fal elektromagnetycznych** – emission of electromagnetic waves

emitować ❶ (*puszczać w obieg pieniądze*) issue ['ıʃju:] ❷ (*nadawać program*) broadcast (broadcast, broadcast) ['brɔ:dkɑ:st, 'brɔ:dkɑ:st, 'brɔ:d-kɑ:st] ❸ *fiz.* emit [ı'mıt]

emocja excitement [ık'saıtmənt], emotion [ı'məʊʃn]; *Pies drżał z emocji.* – The dog was trembling with excitement.

emocjonalny emotional [ı'məʊʃənl], intense [ın'tens]; **problemy emocjonalne** – emotional problems

emulsja emulsion [ı'mʌlʃn], (*farba*) emulsion paint [ı'mʌlʃn'peınt]

encyklopedia encyclopedia [ensaıkləʊ-'pi:dıə]

energetyczny energy ['enədʒı]; **kryzys energetyczny** – an energy crisis

energia energy ['enədʒı], drive [draıv], power ['paʊə]; *Jest pełen energii.* – He is full of energy. **energia jądrowa/ /kinetyczna** – nuclear/kinetic energy

energiczny energetic [enə'dʒetık], vigorous ['vıgərəs]; **energiczny, młody biznesmen** – an energetic young businessman

entuzjastyczny enthusiastic (about) [ınθju:zı'æstık]; **entuzjastyczne przywitanie** – an enthusiastic welcome

entuzjazm enthusiasm [ın'θju:zıæzm]; **wybuch entuzjazmu** – an outburst of enthusiasm; *Propozycja wzbudziła niewielki entuzjazm.* – The proposal aroused little enthusiasm.

enzym enzyme ['enzaım]

epidemia epidemic [epı'demık]; **epidemia grypy** – a flu epidemic; *Trudno jest opanować epidemię cholery.* – It's difficult to control a cholera epidemic. **wybuch epidemii** – the outbreak of an epidemic

epidemiczny epidemic [epı'demık]; *Drobna przestępczość przybrała rozmiary epidemiczne.* – Petty crime has reached epidemic proportions.

epilepsja epilepsy ['epɪlepsɪ]
epileptyczny epileptic [epɪ'leptɪk]; **atak epileptyczny** – an epileptic fit
epilog epilogue ['epɪlɒg]
epizod episode ['epɪsəʊd]
epoka epoch ['i:pɒk], age [eɪdʒ]; **epoka brązu/żelaza** – the Bronze/the Iron Age; **epoka lodowcowa** – the Ice Age; **koniec pewnej epoki historycznej** – the end of a historical epoch
epokowy epoch-making ['i:pɒkmeɪkɪŋ]; **epokowe odkrycie** – an epoch-making discovery
epopeja epic ['epɪk]
era era ['ɪərə], **naszej ery** – A.D. (*łac.* Anno Domini); **rok 56 naszej ery** – A.D. 56/56 A.D.; **przed naszą erą** – B.C. (Before Christ); **rok 156 przed naszą erą** – 156 B.C.
erotyczny erotic [ɪ'rɒtɪk]
erotyk love poem ['lʌvpəʊɪm]
erotyka eroticism [ɪ'rɒtɪsɪzm]
erozja erosion [ɪ'rəʊʒn]; **erozja gleby** – soil erosion; **ulegać erozji** – to erode/ /be eroded; *Brzeg klifowy powoli ulega erozji.* – The cliff is slowly eroding. **powodować erozję** – to erode; *Morze powoduje erozję skał.* – The sea erodes the rocks.
errata erratum, *l.mn.* errata [e'rɑ:təm, e'rɑ:tə]; **errata** (*załączona do książki*) – an erratum slip
esej essay ['eseɪ]
esencja ❶ (*ekstrakt*) essence ['esns]; **esencja waniliowa** – vanilla essence ❷ (*silny napar herbaty*) infusion [ɪn'fju:ʒn]
eskadra squadron ['skwɒdrən]
Eskimos Eskimo, *l.mn.* Eskimo/Eskimos ['eskɪməʊ]
eskimoski Eskimo ['eskɪməʊ]
eskorta escort ['eskɔ:t]; *Słynny obraz był transportowany pod eskortą policji.* – The famous painting was transported under police escort.
eskortować escort [ɪ'skɔ:t]
esperanto Esperanto [espə'ræntəʊ]
estakada fly-over ['flaɪəʊvə]
esteta aesthete ['i:sθi:t]
estetyczny aesthetic [i:s'θetɪk]
Estończyk Estonian [e'stəʊnjən]
estoński Estonian [e'stəʊnjən]
estrada stage [steɪdʒ]
estragon tarragon ['tærəgən]
etan *chem.* ethane ['i:θeɪn]
etanol *chem.* ethyl alcohol [eθɪl'ælkəhɒl]
etap stage [steɪdʒ], (*podróży*) leg [leg] *Pierwszy etap podróży przebyliśmy pociągiem.* – We did the first stage of the trip by train. *Na tym etapie trudno jest przewidzieć rezultat.* – It's impossible to know the result at this stage.
etat permanent employment/post/job ['pɜ:mənəntɪm'plɔɪmənt/pəʊst/dʒɒb]; **być na etacie** – to have a permanent employment/to be permanently employed; **pełny etat** – a full-time job; **niepełny etat** – a part-time job; **pracować na niepełnym etacie** – to work part-time
eter *chem.* ether ['i:θə]
eteryczny ethereal [i:'θɪərɪəl]; **olejki eteryczne** – essential oils
etniczny ethnic ['eθnɪk]; **mniejszości etniczne** – ethnic minorities
etnograf ethnographer [eθ'nɒgrəfə]
etnografia ethnography [eθ'nɒgrəfɪ]
etnograficzny ethnographic [eθnəʊ'græfɪk]
etui case [keɪs]
etyczny ethical ['eθɪkl]
etyka ethic ['eθɪk], ethics ['eθɪks]; **etyka chrześcijańska** – the Christian ethic; **etyka lekarska** – medical ethics; *Etyka jest gałęzią filozofii.* – Ethics is a branch of philosophy.
etykieta ❶ (*nalepka*) label ['leɪbl] ❷ (*sposób zachowania się*) etiquette ['etɪket]
etylen *chem.* ethylene ['eθɪli:n]
eukaliptus *bot.* eucalyptus [ju:kə'lɪptəs]
Europejczyk European [jʊərə'pi:ən]
europejski European [jʊərə'pi:ən]
ewakuacja evacuation [ɪvækjʊ'eɪʃn]
ewakuacyjny:
wyjście ewakuacyjne – emergency exit; **schody ewakuacyjne** – fire escape

ewakuować evacuate [ɪ'vækjʊeɪt]
Ewangelia the Gospel ['gɒspl]
ewangelicki evangelical [i:væn'dʒelɪkl], Protestant ['prɒtɪstənt]; **Kościół ewangelicki** – Evangelical Church/Protestant Church
ewangelik Protestant ['prɒtɪstənt], evangelical [i:væn'dʒelɪkl]
ewangelista evangelist [ɪ'vændʒəlɪst]
ewentualnie ❶ (*w razie czego*) if need be ❷ (*lub, albo, czy też*) or [ɔ:] ❸ (*być może*) possibly ['pɒsəblɪ]
ewentualność possibility [pɒsə'bɪlətɪ], contingency [kən'tɪndʒənsɪ]; *Musimy być przygotowani na każdą ewentualność.* – We must be prepared for all possible contingencies.
ewentualny possible ['pɒsəbl], likely ['laɪklɪ]
ewidencja record ['rekɔ:d], files [faɪlz]; **mieć coś w ewidencji** – to have sth on file; **prowadzić ewidencję czegoś** – to keep record/file on sth
ewolucja evolution [i:və'lu:ʃn]
exposé exposé [ek'spəʊzeɪ]; **wygłosić exposé** – to present an exposé

f

fabryczny factory ['fæktərɪ], of a factory; **robotnik fabryczny** – factory worker; **znak fabryczny** – trade mark
fabryka factory ['fæktərɪ]
fabularny feature ['fi:tʃə]; **film fabularny** – feature film
fabuła plot [plɒt], story ['stɔ:rɪ]
facet fellow ['feləʊ], chap ['tʃæp], bloke [bləʊk], *am.* guy [gaɪ]
fach occupation [ɒkjʊ'peɪʃn], job [dʒɒb], trade [treɪd]; *Jego fachem jest ciesielstwo.* – He is a carpenter by trade. **znać swój fach** – to know one's job
fachowiec skilled workman ['skɪld-'wɜ:kmən], expert ['ekspɜ:t], professional [prə'feʃənl]
fachowy expert ['ekspɜ:t], competent ['kɒmpɪtənt], skilled ['skɪld]; **fachowa robota** – a skilled job/an expert job; *Powinieneś zasięgnąć fachowej porady.* – You should take expert advice.
fajans faience [faɪ'ɑ:ns], porcelain ['pɔ:səlɪn]
fajerwerk firework ['faɪəwɜ:k]
fajka pipe [paɪp]; **palić fajkę** – to smoke a pipe; **zapalić fajkę** – to light a pipe; **fajka pokoju** – a peace pipe
fajny great [greɪt]
fakt fact [fækt]; **fakt dokonany** – an accomplished fact; *Fakty mówią za siebie.* – The facts speak for themselves.
faktycznie in fact [ɪn'fækt], actually ['æktʃʊəlɪ], really ['rɪəlɪ], in actual fact [ɪn'æktʃʊəl'fækt]; *Ona wygląda młodziej od swojego męża, ale faktycznie są w tym samym wieku.* – She looks

younger than her husband but in actual fact they are the same age.

faktyczny actual ['æktʃuəl], real [rɪəl]; *Jaki był faktyczny koszt?* – What was the actual cost?

fakultet faculty ['fækltɪ]

fala wave [weɪv]; *Fale rozbijały się o skały.* – Waves broke on the rocks. **fala upałów** – a heat wave; **fale radiowe** – radio waves; **fale długie/ /średnie/krótkie** – long/medium/ /short waves; **zakres długości fal radiowych** – waveband/wavelenght

falbana flounce [flaʊns]

falisty wavy ['weɪvɪ], (*o terenie*) undulating ['ʌndjʊleɪtɪŋ]; **blacha falista** – corrugated iron

falochron breakwater ['breɪkwɔ:tə]

falować wave [weɪv], roll [rəʊl], (*o terenie*) undulate ['ʌndjʊleɪt]; **łan falującego zboża** – a field of waving corn

falstart false start [fɔ:ls'stɑ:t]; **popełnić falstart** – to make a false start

falsyfikat forgery ['fɔ:dʒərɪ], fake [feɪk]

fałd/fałda fold [fəʊld], (*u spódnicy*) pleat [pli:t]

fałsz falsehood ['fɔ:lshʊd], deceit [dɪ'si:t]

fałszerstwo forgery ['fɔ:dʒərɪ], falsification [fɔ:lsɪfɪ'keɪʃn], fake [feɪk]

fałszerz forger ['fɔ:dʒə], counterfeiter ['kaʊntəfɪtə]

fałszować ❶ (*podrabiać*) forge [fɔ:dʒ], counterfeit ['kaʊntəfɪt], falsify ['fɔ:lsɪfaɪ]; **fałszować podpis** – to fake a signature; **fałszować pieniądze** – to forge/to counterfeit banknotes; **fałszować fakty** – to falsify facts ❷ (*nieczysto śpiewać*) sing out of tune ['sɪŋaʊtəv'tju:n] (sang, sung)

fałszywy false [fɔ:ls], counterfeit ['kaʊntəfɪt]; **iść fałszywym tropem** – to follow a false scent; **fałszywy alarm** – a false alarm; **fałszywy krok** – a false step; **fałszywa skromność** – false modesty; **fałszywy przyjaciel** – a false friend

familijny family ['fæməlɪ]; **zjazd familijny** – a family reunion

fanatyczny fanatic [fə'nætɪk], fanatical [fə'nætɪkl]

fanatyk fanatic [fə'nætɪk]

fanatyzm fanaticism [fə'nætɪsɪzm]

fantastyczno-naukowy science fiction [saɪəns'fɪkʃn], sci-fi ['saɪfaɪ], SF [es 'ef]; **powieść fantastyczno-naukowa** – a science-fiction novel/an SF novel

fantastyczny fantastic [fæn'tæstɪk]

fantazja ❶ (*wyobraźnia*) imagination [ɪmædʒɪ'neɪʃn], fantasy ['fæntəsɪ]; **mieć bujną fantazję** – to have wild imagination ❷ (*zmyślenie, urojenie*) fantasy ['fæntəsɪ]; **żyć w świecie fantazji** – to live in a fantasy world ❸ *muz.* fantasy ['fæntəsɪ], fantasia [fæn'teɪzjə]

faraon pharaoh ['feərəʊ]

farba ❶ (*do malowania*) paint [peɪnt] ❷ (*do farbownia*) dye [daɪ]

farbować dye [daɪ]; **ufarbować białą bluzkę na czarno** – to dye a white blouse black; **ufarbować włosy na rudo** – to dye one's hair red

farma farm [fɑ:m]

farmaceuta pharmacist ['fɑ:məsɪst], chemist ['kemɪst], *am.* druggist ['drʌgɪst]

farmaceutyczny pharmaceutical [fɑ:mə'sju:tɪkl]; **przemysł farmaceutyczny** – pharmaceutical industry

farmacja pharmacy ['fɑ:məsɪ], pharmaceutics [fɑ:mə'sju:tɪks]

farmer farmer ['fɑ:mə]

farsa farce [fɑ:s]

farsz stuffing ['stʌfɪŋ]

fartuch apron ['eɪprən]

fasada façade [fə:'sɑ:d], front [frʌnt]

fascynacja fascination [fæsɪ'neɪʃn]

fascynować fascinate ['fæsɪneɪt]

fasola bean [bi:n] (Uwaga: w języku angielskim rzeczownik **fasola** jako potrawa występuje w l.mn.); *Na obiad była fasola.* – We had beans for lunch. **fasolka szparagowa** – runner bean/ /string bean/green bean

fasolówka bean soup ['bi:nsu:p]

fason ❶ (*krój*) cut [kʌt]; *Nie podoba mi się fason tej sukienki.* – I don't like the cut of this dress. ❷ (*fantazja*) dash [dæʃ], esprit ['espri:]

faszerować stuff [stʌf]; **kurczak faszerowany** – stuffed chicken

faszysta fascist ['fæʃɪst]

faszystowski fascist ['fæʃɪst]; **państwo faszystowskie** – a fascist state

faszyzm fascism ['fæʃɪzm]

fatalny ❶ (*nieszczęsny*) disastrous [dɪ'zɑ:strəs], ill-fated [ɪl'feɪtɪd], fatal ['feɪtl]; **fatalna pomyłka** – a fatal mistake; **fatalne posunięcie** – a disastrous step ❷ (*bardzo zły*) awful ['ɔ:fʊl], bad [bæd], rotten ['rɒtn]; **fatalna pogoda** – awful/rotten weather

fatamorgana mirage ['mɪrɑ:ʒ]

fatyga trouble ['trʌbl], bother ['bɒðə]; **zadawać sobie fatygę i...** – to take the trouble to...; *Przepraszam, że naraziłem cię na taką fatygę.* – I'm sorry to have put you to all this bother.

fatygować trouble ['trʌbl], bother ['bɒðə]; *Przepraszam, że cię fatyguję.* – I'm sorry to bother you./I'm sorry to trouble you.

faul foul [faʊl]

faulować foul [faʊl]

faun faun [fɔ:n]

fauna fauna ['fɔ:nə]

faworyt favourite ['feɪvrɪt]

faworyzować favour ['feɪvə]; *Ona faworyzuje swoje najstarsze dziecko.* – She favours her eldest child.

faza phase [feɪz], stage [steɪdʒ]; **faza krytyczna** – a crucial stage/phase; **fazy Księżyca** – the phases of the moon

febra fever ['fi:və]; **dostać febry** – to come down with fever

federacja federation [fedə'reɪʃn]

federalny federal ['fedərəl]

feler flaw [flɔ:], defect [dɪ'fekt]

feministka feminist ['femɪnɪst]

feministyczny feminist ['femɪnɪst]

fenomen ❶ (*zjawisko*) phenomenon, *l.mn.* phenomena [fə'nɒmɪnən, 'fe'nɒmɪnə] ❷ (*coś niezwykłego*) marvel ['ma:vl]

fenomenalny ❶ (*wspaniały*) marvellous ['mɑ:vləs], wonderful ['wʌndəfl] ❷ (*zadziwiający*) extraordinary [ɪk'strɔ:dnrɪ]

ferie holidays ['hɒlədɪz], vacation [və'keɪʃn]; **ferie wielkanocne** – the Easter vacation/holidays; **ferie zimowe** – winter holidays

ferma farm [fɑ:m]; **ferma kurza** – a chicken farm

ferment ferment ['fɜ:ment]

fermentacja fermentation [fɜ:men'teɪʃn]; *W procesie fermentacji cukier zamienia się w alkohol.* – Sugar is converted into alcohol through the process of fermentation.

fermentować ferment [fə'ment]

festiwal festival ['festəvl]

festyn street party ['stri:t,pɑ:tɪ], garden party ['gɑ:dn,pɑ:tɪ], fete [feɪt]

feudalizm feudalism ['fju:dəlɪzm]

feudalny feudal ['fju:dl]

fiasko fiasco [fɪ'æskəʊ], failure ['feɪljə], flop [flɒp]; **zakończyć się fiaskiem** – to end in a fiasco; *Przedsięwzięcie było skazane na fiasko.* – The venture was doomed to failure. *Jego ostatnia sztuka była kompletnym fiaskiem.* – His latest play was a complete flop.

figa fig [fɪg]

figiel joke [dʒəʊk], prank [præŋk], mischief ['mɪstʃɪf]; **spłatać komuś figla** – to play a joke on sb

figlarny mischievous ['mɪstʃɪvəs], playful ['pleɪfl]

figowy fig [fɪg]; **listek figowy** – fig-leaf

figura figure ['fɪgə], (*w szachach*) chessman, *l.mn.* chessmen ['tʃesmæn, 'tʃesmen]; *Jestem na diecie, żeby zachować figurę.* – I'm dieting to keep my figure. *Łyżwiarz wykonał doskonałą figurę.* – The skater executed a perfect figure. *On jest tu wiodącą figurą.* – He is a leading figure here.

figurować figure ['fɪgə], appear [ə'pɪə]

figurowy figure ['fɪgə]; **jazda figurowa na lodzie** – figure-skating

fikcja fiction ['fıkʃn], invention [ın'venʃn]

fikcyjny fictitious [fık'tıʃəs], imaginary [ı'mædʒınərı]

filar pillar ['pılə]

filatelista philatelist [fı'lætəlıst], stamp--collector ['stæmpkə,lektə]

filatelistyka stamp-collecting ['stæmpkə'lektıŋ], philately [fı'lætəlı]

filc felt [felt]

filcować się (*zbiegać się*) shrink (shrank, shrunk) [ʃrıŋk, ʃræŋk, ʃrʌŋk]

filcowy felt [felt]; **filcowy kapelusz** – a felt hat

filet fillet ['fılıt]

filharmonia (*budynek*) concert hall ['kɒnsəthɔ:l]; **Orkiestra Filharmonii** – the Philharmonic Orchestra

filharmoniczny philharmonic [fılɑ:'mɒnık]; **Królewska Orkiestra Filharmoniczna** – the Royal Philharmonic Orchestra

filia branch ['brɑ:ntʃ]

filiżanka cup [kʌp]; **filiżanka do herbaty** – a tea cup; **filiżanka herbaty** – a cup of tea; **filiżanka do kawy** – a coffee cup; **filiżanka kawy** – a cup of coffee

film film [fılm]; **film fabularny/dokumentalny** – a feature/a documentary film; **film niemy/dźwiękowy** – a silent/a sound film; **kręcić film** – to make/to shoot a film; **wyświetlać film** – to release a film; **założyć nowy film do aparatu** – to put a new film in the camera; **wywołać film** – to develop a film; *Moja siostra pracuje w filmie.* – My sister works in films.

filmować film [fılm]

filmowy film [fılm]; **gwiazda filmowa** – a film star; **reżyser filmowy** – a film director

filolog philologist [fı'lɒlədʒıst]

filologia philology [fı'lɒlədʒı]

filozof philosopher [fı'lɒsəfə]

filozofia philosophy [fı'lɒsəfı]

filozoficzny philosophical [fılə'sɒfıkl]

filtr filter ['fıltə]; **papieros z filtrem** – a filter-tipped cigarette

filtrować percolate ['pɜ:kəleıt], filter ['fıltə]; *Woda pitna musi być filtrowana.* – All drinking water must be filtered.

Fin Finn [fın]

finalista finalist ['faınəlıst]

finał final ['faınl], end [end], *muz.* finale [fı'nɑ:lı]; **dostać się do finału** – to get through to the finals; **finały mistrzostw świata w piłce nożnej** – World Cup Finals; **pomyślny finał negocjacji** – successful end to the negotiations

finałowy final ['faınl]

finanse finance [faı'næns]; **Ministerstwo Finansów** – the Ministry of Finance/(*w W. Bryt.*) the Treasury

finansować finance [faı'næns]; *Remont szkoły był finansowany przez Ministerstwo Edukacji.* – The repairs to the school were financed by the Ministry of Education.

finansowy financial [faı'nænʃl]; **doradca finansowy** – a financial adviser; **sukces finansowy** – a financial success; **kłopoty finansowe** – money/financial worries

finisz finish ['fınıʃ]

fiński Finnish ['fınıʃ]

fiolet violet ['vaıələt], purple ['pɜ:pl]

fioletowy violet ['vaıələt], purple ['pɜ:pl]

fiołek *bot.* violet ['vaıələt]

fiord fiord [fjɔ:d]

firanka lace curtain ['leıskɜ:tn]

firma firm [fɜ:m], establishment [ı'stæblıʃmənt], company ['kʌmpənı], business ['bıznıs]; *Ona już nie pracuje w naszej firmie.* – She doesn't work for our firm any more. *Firma została założona w 1900 roku.* – The business was established in 1900. **prowadzić firmę** – to run a business/firm

firmowy firm [fɜ:m]; **znak firmowy** – trade-mark; **nazwa firmowa** – trade//brand name

fizjologia physiology [fızı'ɒlədʒı]

fizjologiczny physiological [fızıə'lɒdʒıkl]

fizyczny physical ['fɪzɪkl]; **chemia fizyczna** – physical chemistry; **geografia fizyczna** – physical geography; **mapa fizyczna** – physical map; **człowiek o dużej sile fizycznej** – a man of great physical strength; **ćwiczenia fizyczne** – physical exercise

fizyk physicist ['fɪzɪsɪst]

fizyka physics ['fɪzɪks]; **prawa fizyki** – the laws of physics

flaga flag [flæg]; **flaga narodowa** – the national flag; **wywiesić flagę** – to hang out a flag; **wciągnąć flagę na maszt** – to hoist/to raise a flag; *Flaga była opuszczona do połowy masztu.* – The flag was flying at half-mast.

flaki ❶ (*wnętrzności*) guts [gʌts] ❷ (*potrawa*) tripe [traɪp]

flakon ❶ (*wazon*) vase [vɑ:z] ❷ (*ozdobna buteleczka*) phial ['faɪəl]

flamandzki Flemish ['flemɪʃ]

flamaster felt-pen [felt'pen], felt-tip [felt'tɪp], felt tipped pen

flanela (*wełniana*) flannel ['flænl], (*bawełniana*) flannelette [flænl'et]

flądra flounder ['flaʊndə]

flecista flautist ['flɔ:tɪst], *am.* flutist ['flu:tɪst]

flegmatyczny phlegmatic [fleg'mætɪk]

flesz flash [flæʃ], flashlight ['flæʃlaɪt]; **aparat z wbudowanym fleszem** – a camera with a built-in flash

flet flute [flu:t]; **grać na flecie** – to play the flute

flirt flirtation [flɜ:'teɪʃn]

flirtować flirt [flɜ:t]

flota fleet [fli:t]

fluor ❶ *chem.* fluorine ['flʊəri:n] ❷ (*pot. związek fluoru dodawany do pasty do zębów*) fluoride ['flʊəraɪd]

fluorescencja fluorescence [flʊə'resns]

fluorescencyjny fluorescent [flʊə'resnt]

fluorować fluoridate ['flʊərɪdeɪt], fluoridize ['flʊərɪdaɪz]

fobia phobia ['fəʊbɪə]

foka seal [si:l]

foksterier foxterrier [fɒks'terɪə]

folia foil [fɔɪl], plastic ['plæstɪk], plastic sheet; **folia aluminiowa** – aluminium foil; **folia do przechowywania żywności** – cling film

folklor folklore ['fəʊklɔ:]

folklorystyczny folk [fəʊk], folklore ['fəʊklɔ:]

folwark manorial farm [mə'nɔ:rɪəl'fɑ:m]

fonetyczny phonetic [fəʊ'netɪk]

fonetyka phonetics [fəʊ'netɪks]

fonia sound [saʊnd]

fontanna fountain ['faʊntɪn]

forma form [fɔ:m], shape [ʃeɪp]; *Drużyna prezentuje świetną formę przed meczem.* – The team is in superb form/shape before the match. **utrzymywać dobrą formę fizyczną** – to keep fit

formalność formality [fɔ:'mælətɪ]; *Egzamin był czystą formalnością.* – The exam was a mere formality. **dopełnić formalności prawnych** – to go through legal formalities

formalny formal ['fɔ:ml]

format size [saɪz], format ['fɔ:mæt]

formować form [fɔ:m], mould [məʊld]; **formować czyjś charakter** – to form/ /to mould sb's character; **formować rząd** – to form a government

formularz form [fɔ:m]; *Proszę wypełnić i podpisać ten formularz.* – Will you fill in and sign the form, please

formuła formula, *l.mn.* formulae ['fɔ:mjʊlə, 'fɔ:mjʊli:]; *„Miło mi pana poznać" jest formułą grzecznościową.* – "Nice to meet you" is a social formula.

formułować formulate ['fɔ:mjʊleɪt]; **formułować teorię** – to formulate a theory; **formułować myśli** – to formulate one's thoughts

forsa cash [kæʃ], dough [dəʊ]

forsować ❶ (*przeprowadzać coś siłą*) force (the issue) [fɔ:s], push [pʊʃ] ❷ (*przeciążać, nadwerężać*) strain [streɪn], exert [ɪg'zɜ:t]; *Nie wolno ci się forsować.* – You mustn't exert yourself. **sforsować mięsień** – to strain a muscle ❸ (*pokonać przeszkodę*) force [fɔ:s], overcome (overcame, overcome) [əʊvə'kʌm, əʊvə'keɪm, əʊvə'kʌm]; **forsować drzwi** – to force a door; **forsować przeszkodę** – to overcome an obstacle

forsowny strenuous ['strenjʊəs]

fort fort [fɔ:t]

forteca fort [fɔ:t], fortress ['fɔ:trɪs]

fortepian piano [pɪ'ænəʊ], grand piano; **grać na fortepianie** – to play the piano

fortepianowy piano [pɪ'ænəʊ]; **koncert fortepianowy** – piano concerto

fortuna fortune ['fɔ:tʃu:n]

fosa moat [məʊt]

fosfor phosphorus ['fɒsfərəs]

fosforan phosphate ['fɒsfeɪt]

fotel armchair [ɑ:m'tʃeə]; easy chair ['i:zɪtʃeə]; **fotel na biegunach** – a rocking chair

fotograf photographer [fə'tɒgrəfə]

fotografia ❶ (*zdjęcie fotograficzne*) photograph ['fəʊtəgrɑ:f], photo ['fəʊtəʊ]; **robić fotografię** – to take a photo; **pozować do fotografii** – to pose for a photograph; **wywoływać fotografię** – to develop a photo; **powiększać fotografię** – to blow-up a photo ❷ (*sztuka fotografowania*) photography [fə'tɒgrafɪ]; *Fotografia stanowi jej hobby.* – Her hobby is photography.

fotograficzny photographic [fəʊtə'græfɪk]; **sprzęt fotograficzny** – photographic equipment; **aparat fotograficzny** – camera; **pamięć fotograficzna** – photographic memory

fotografować photograph ['fəʊtəgrɑ:f], take photos

fotokomórka photoelectric cell ['fəʊtəʊɪlektrɪk'sel]; photocell ['fəʊtəʊsel], electric eye [ɪ'lektrɪk'aɪ]

fotokopia photocopy ['fəʊtəʊkɒpɪ]; **zrobić fotokopię** – to make a photocopy

foyer foyer ['fɔɪeɪ], (*w hotelu*) lounge [laʊndʒ]

fragment fragment ['frægmənt], (*książki, utworu*) excerpt ['eksɜ:pt]; *Słyszałem tylko fragment ich rozmowy.* – I heard only a fragment of their conversation. *W telewizji widziałem tylko krótki fragment tego filmu.* – I only saw a short excerpt from the film on television.

frak tails [teɪlz], tail-coat [teɪl'kəʊt]

frakcja fraction ['frækʃn], *polit.* faction ['fækʃn]; **frakcja opozycyjna w obrębie partii** – an opposing faction within the party

framuga frame [freɪm]; **framuga okienna** – a window frame

francuski French [frentʃ]; **mówić po francusku** – to speak French

Francuz Frenchman, *l.mn.* Frenchmen ['frentʃmən]; **Francuzi** – the French; *Jestem Francuzem.* – I'm French.

Francuzka Frenchwoman, *l.mn.* Frenchwomen ['frentʃwʊmən, 'frentʃwɪmɪn]

fraszka ❶ (*utwór literacki*) epigram ['epɪgræm] ❷ (*błahostka*) trifle ['traɪfl]

frazes ❶ (*banał*) platitude ['plætɪtju:d], commonplace ['kɒmənpleɪs], trite phrase [traɪt'freɪz]; **puste frazesy** – empty phrases ❷ (*slogan*) cliché ['kli:ʃeɪ], catchword ['kætʃwɜ:d]

fregata frigate ['frɪgɪt]

frekwencja attendance [ə'tendəns]; *Spodziewamy się dużej frekwencji na zebraniu.* – We are expecting a large attendance at the meeting.

fresk fresco ['freskəʊ]

frędzla fringe [frɪndʒ]

front ❶ (*przód*) front [frʌnt]; **front domu** – the front of the house ❷ *wojsk.* front [frʌnt]; **linia frontu** – the front line; **być wysłanym na front** – to be sent to the front; *Korespondenci wojenni spędzili dzień na froncie.* – The war correspondents spent a day at the front. ❸ *meteor.* front [frʌnt]; *Zimny front przesuwa się z północy.* – A cold front is moving from the north.

frontalny frontal ['frʌntl]; **atak frontalny** – a frontal attack

frontowy front [frʌnt]; **drzwi frontowe** – the front door; **pokój frontowy** – the front room

frotté terry ['terı]; **płaszcz kąpielowy frotté** – a terry bath-robe
froterka floor polisher [flɔ:'pɒlıʃə]
froterować polish ['pɒlıʃ], buff [bʌf]
frunąć *p.* **fruwać**
frustracja frustration [frʌ'streıʃn]
fruwać fly (flew, flown) [flaı, flu:, fləʊn]; *Młode ptaki uczą się fruwać.* – Young birds learn to fly.
frytki chips [tʃıps], *am.* French fries [frentʃ'fraız]
fryzjer hairdresser ['heədresə], hair-stylist ['heə staılıst], (*męski*) barber ['bɑ:bə]
fryzura (*sposób ułożenia i obcięcia włosów*) hair-style ['heəstaıl], hair-do ['heədu:], (*sposób, w jaki włosy są obcięte*) haircut ['heəkʌt]
fujarka pipe [paıp]

f

fundacja foundation [faʊn'deıʃn]; **Fundacja Forda** – the Ford Foundation
fundament foundation(s) [faʊn'deıʃn (z)]; **położyć fundament pod budynek** – to lay the foundations of a building
fundamentalny fundamental [fʌndə-'mentl]
fundować ❶ (*zakładać, budować dla użytku publicznego*) found [faʊnd]; **fundować ośrodek badawczy** – to found a research institute ❷ (*zapraszać i pokrywać koszty*) stand (stood, stood) [stænd, stʊd, stʊd]; **fundować komuś drinka** – to stand sb a drink
fundusz fund [fʌnd]; **fundusz na odbudowę kościoła** – the church restoration fund; **Międzynarodowy Fundusz Walutowy** – the International Monetary Fund
funkcja function ['fʌŋkʃn]; *Jaka jest funkcja związków zawodowych?* – What is the function of trade unions? *y jest funkcją x.* – y is a function of x. **funkcja liniowa** – a linear function; *Jakie funkcje spełnia mózg?* – What functions does the brain perform?
funkcjonalny functional ['fʌŋkʃnl]
funkcjonować function ['fʌŋkʃn]; *Jego serce wydaje się funkcjonować normalnie.* – His heart seems to be functioning normally. *Telefon znów nie funkcjonuje.* – The phone doesn't function again.
funt ❶ (*jednostka monetarna Wielkiej Brytanii*) pound (£) [paʊnd]; *To kosztowało 50 funtów.* – It cost £50/fifty pounds. ❷ (*jednostka wagi = 0,454 kg*) pound (lb) [paʊnd]; *Walizka waży 20 funtów.* – The suitcase weighs 20 lbs/ /twenty pounds.
furgonetka van [væn]
furia fury ['fjʊərı]; **wpaść w furię** – to fly into a fury
furtka gate [geıt]
fusy dregs [dregz], (*kawy*) grounds [graʊndz], (*herbaty*) leaves [li:vz]
futbol football ['fʊtbɔ:l], soccer ['sɒkə]
futbolista footballer ['fʊtbɔ:lə], soccer player ['sɒkəpleıə]
futerał case [keıs]
futro ❶ (*skóra zwierzęcia*) fur [fɜ:], pelt [pelt] ❷ (*okrycie*) fur [fɜ:], fur-coat ['fɜ:kəʊt]
futryna frame [freım]; **futryna okienna** – a window-frame
futrzany fur [fɜ:]; **kołnierz futrzany** – fur collar

g

gabardyna gabardine ['gæbədi:n]
gabinet ❶ (*pokój do pracy*) study ['stʌdı] ❷ (*gabinet lekarski*) surgery ['sɜ:dʒərı] ❸ *polit.* cabinet ['kæbənıt]; *Premier ogłosił skład nowego gabinetu.* – The prime minister has announced his new cabinet.
gablotka cabinet ['kæbənıt], show-case ['ʃəʊkeıs]
gad reptile ['reptaıl]
gadać talk [tɔ:k], chatter ['tʃætə], gab [gæb]; **gadać głupstwa** – to talk nonsense
gadatliwy talkative ['tɔ:kətıv], garrulous ['gærələs]
gafa blunder ['blʌndə], faux pas [fəʊ-'pɑ:]; **popełnić gafę** – to make a blunder/to drop a brick/to make a faux pas
gaj grove [grəʊv]
gajowy gamekeeper ['geımki:pə]
gala gala ['gɑ:lə]
galaktyka galaxy ['gæləksı]
galanteria ❶ (*grzeczność*) gallantry ['gæləntrı] ❷ (*drobne wyroby, np. rękawiczki*) accessories [ək'sesərız]; **sklep z galanterią męską** – haberdashery
galareta jelly ['dʒelı]
galaretka jelly ['dʒelı]
galeria gallery ['gælərı]; **galeria sztuki** – art gallery
galon (*jednostka objętości = 4,55 l*) gallon ['gælən]
galop gallop ['gæləp]; *Jechał pełnym galopem.* – He rode at full gallop.
galopować gallop ['gæləp]
galowy gala ['gɑ:lə]; **przedstawienie galowe** – gala performance
gałązka twig [twıg], sprig [sprıg]; **gałązka oliwna** – olive-branch
gałąź branch [brɑ:ntʃ]
gałka knob [nɒb]
gałka muszkatołowa nutmeg ['nʌtmeg]
gama ❶ *muz.* scale [skeıl]; **ćwiczyć gamy na pianinie** – to practise scales on the piano ❷ (*zakres*) range [reındʒ]; *On ma szeroką gamę zainteresowań.* – He has a wide range of interests.
ganek porch [pɔ:tʃ]
gang gang [gæŋ]
gangrena gangrene ['gæŋgri:n]; *Musiał mieć amputowaną stopę, kiedy wdała się gangrena.* – His foot had to be amputated when gangrene set in.
gangster gangster ['gæŋstə]
ganić rebuke [rı'bju:k], tell of [tel'ɒf] (told, told); *Nauczyciel zganił go za spóźnienie.* – The teacher rebuked him for being late.
gapić się gape [geıp], stare [steə], gawp [gɔ:p], gawk [gɔ:k]; *Na co się gapisz?* – What are you gaping at?
garaż garage ['gærɑ:dʒ]
garb hump [hʌmp], humpback ['hʌmpbæk], hunchback ['hʌntʃbæk]
garbaty hunchbacked ['hʌntʃbækt], humpback ['hʌmpbæk]
garbić się stoop [stu:p], hunch [hʌntʃ]; *Nie garb się!* – Don't hunch your shoulders! *Z wiekiem zaczynamy się garbić.* – We are beginning to stoop with age.
garderoba ❶ (*odzież*) wardrobe ['wɔ:drəʊb]; clothes ['kləʊðz]; **część garderoby** – a garment, a piece of cloth-

ing ❷ (*pokój z szafami służący do przebierania się – również w teatrze*) dressing-room ['dresɪŋrʊm] ❸ (*szatnia*) cloak-room ['kləʊkrʊm]

gardło throat [θrəʊt]; **ból gardła** – a sore throat; *Słowa utknęły mi w gardle.* – The words stuck in my throat. *przen.* **wąskie gardło** – a bottle-neck

gardzić despise [dɪ'spaɪz], scorn [skɔ:n], hold in contempt ['həʊldɪnkən'temt]

garmażeria delikatessen [delɪkə'tesn]

garnąć się cling (clung, clung) [klɪŋ, klʌŋ, klʌŋ], seek (sought, sought) [si:k, sɔ:t, sɔ:t]; *Małe dziecko garnęło się do matki.* – The little child clung to her mother.

garncarstwo pottery ['pɒtərɪ]

garncarz potter ['pɒtə]

garnek pot [pɒt]

garnitur suit [sju:t]

garnizon garrison ['gærɪsn]

g

garsonka two-piece ['tu:pi:s], dress and jacket ensamble [-ɑ̃:n'sɑ:mbl], skirt and jacket to match

garstka handful ['hænfʊl]; *Była tam tylko garstka ludzi.* – Only a handful of people were there.

garść ❶ (*tyle, ile się zmieści w dłoni*) handful ['hænfʊl]; **brać coś garściami** – to take sth by the handful ❷ (*dłoń*) hand [hænd]; **wziąć się w garść** – to pull oneself together

gasić ❶ (*ogień*) extinguish [ɪk'stɪŋgwɪʃ], put out [pʊt'aʊt] (put, put); **gasić ogień** – to extiguish/to put out a fire; **gasić świecę** – to put out a candle ❷ (*wyłączać*) put out [pʊt'aʊt] (put, put), swith off [swɪtʃ'ɒf], turn off [tɜ:n'ɒf]; *Zgaś gaz.* – Turn the gas off. **zgasić światło** – to switch off the light/to put out the light; **zgasić radio** – to turn the radio off/switch off the radio

◆ **gasić pragnienie** – to quench one's thirst; **gasić zapał** – to damp/to dampen (down) the enthusiasm

gasnąć ❶ (*o ogniu*) go out [gəʊ'aʊt] (went, gone), die down [daɪ'daʊn] ❷ (*zanikać*) fade [feɪd], wane [weɪn]; *Wieczorne światło gasło.* – The evening light was fading. *Jego zapał gasł gwałtownie.* – His enthusiasm was waning rapidly.

gastronomia ❶ (*sztuka kulinarna*) gastronomy [gæ'strɒnəmɪ] ❷ (*bary, restauracje*) catering ['keɪtərɪŋ]

gaśnica fire extinguisher ['faɪər ɪk'stɪŋgwɪʃə]

gatunek ❶ (*rodzaj*) kind [kaɪnd], sort [sɔ:t] ❷ (*jakość*) quality ['kwɒlətɪ], class [klɑ:s]; **w dobrym gatunku** – of good quality ❸ *bot., zool.* species ['spi:ʃi:z]

gatunkowy ❶ *chem.* specific [spɪ'sɪfɪk]; **ciężar gatunkowy** – specific gravity ❷ (*wysokiej jakości*) high quality ['haɪ'kwɒlətɪ]

gawędzić chat (tt) [tʃæt]

gawron rook [rʊk]

gaz gas [gæs]; *Wodór jest gazem.* – Hydrogen is a gas. **włączyć gaz** – to light the gas/to turn the gas on; **wyłączyć gaz** – to turn the gas off; **gaz łzawiący** – tear gas

gazela gazelle [gə'zel]

gazeta paper ['peɪpə], newspaper ['nju:zpeɪpə], daily ['deɪlɪ]

gazociąg gas pipeline ['gæs ˌpaɪplaɪn], gasmain ['gæsmeɪn]

gazomierz gas meter ['gæs mi:tə]

gazownia gasworks ['gæswɜ:ks]

gazowy gas [gæs], gaseous ['gæsjəs]; **kuchenka gazowa** – a gas cooker; **komora gazowa** – a gas chamber; **stan gazowy** – a gaseous state

gąbka sponge [spʌndʒ]

gąsienica *zool., techn.* caterpillar ['kætəpɪlə]

gąsior *zool.* gander ['gændə]

gąszcz thicket ['θɪkɪt]

gbur boor [bʊə]

gburowaty boorish ['bʊərɪʃ]

gdakać cackle ['kækl]

gderać grumble ['grʌmbl]

gdy when [wen], as [æz, əz], while [waɪl]; *Powiem mu, gdy go zobaczę.* – I'll tell him when I see him. *Obserwowałam go, gdy otwierał list.* – I watched him as he opened the letter. *Gdy dorósł, docenił wartość dobrego wykształcenia.* – As he grew up he understood the value of good education. *W przyszłym miesiącu lecę do Nowego Jorku. Gdy tam będę, odwiedzę starych przyjaciół.* – I'm flying to New York next month. While I'm there I'll look up my old friends. *Gdy szedłem ulicą...* – As/When/While I was walking along the street...

gdyby if [ɪf]; *Pobralibyśmy się, gdybyśmy mieli mieszkanie.* – We would get married if we had a flat. *Gdyby nie twoja pomoc, bylibyśmy zgubieni.* – If it weren't for your help we would be lost. *Gdybyś znalazł ten dokument, daj mi znać.* – If you should find the document, please let me know. *Gdyby zechciał pan chwilę poczekać...* – If you would wait a moment...

◆ **jak gdyby** – as if/as though; *Wyglądał, jak gdyby zobaczył ducha.* – He looked as if he had seen a ghost. *Wygląda, jak gdyby był pijany.* – He looks as if he was/were drunk.

◆ **gdyby tylko** – if only; *Gdyby tylko on tu był...* – If only he were/was here...

◆ **nawet gdyby** – even if

gdyż because [bɪ'kɒz], for [fɔ:/fə], as [æz/əz]

gdzie where [weə]; *Gdzie on jest?* – Where is he? *Usiądź, gdzie chcesz.* – Sit where you like. *Przeprowadził się do Nowego Jorku, gdzie mieszkał dwa lata.* – He moved to New York, where he lived for two years.

gdzie indziej elsewhere [els'weə], somewhere else [ˌsʌmweə'rels]; *Jestem pewien, że położyła to gdzie indziej.* – I'm sure she's put it somewhere else.

gdziekolwiek ❶ (*gdzie bądź*) anywhere ['enɪweə], wherever [weər'evə]; *Usiądź gdziekolwiek.* – Sit anywhere/wherever you like. ❷ (*wszędzie*) wherever [weər'evə]; *Znajdę to, gdziekolwiek by to nie było.* – I'll find it wherever it is.

gdzieniegdzie here and there

gdzieś somewhere ['sʌmweə], anywhere ['enɪweə]; *Oni tu gdzieś mieszkają.* – They live somewhere here. *Czy gdzieś wyjeżdżasz tego lata?* – Are you going anywhere this summer?

gejzer geyser ['gaɪzə]

gen gene [dʒi:n]

genealogia genealogy [dʒi:nɪ'ælədʒɪ]

genealogiczny genealogical [dʒi:njə'lɒdʒɪkl]; **drzewo genealogiczne** – a family/a genealogical tree

generacja generation [dʒenə'reɪʃn]

generalnie generally ['dʒenərəlɪ], in general

generalny general ['dʒenərəl]; **strajk generalny** – a general strike; **sekretarz generalny** – the general secretary

generał general ['dʒenərəl]

generator generator ['dʒenəreɪtə]

generować generate ['dʒenəreɪt]

genetyczny genetic [dʒɪ'netɪk]; **kod genetyczny** – the genetic code; **inżynieria genetyczna** – genetic engineering

genetyk geneticist [dʒɪ'netɪsɪst]

genetyka genetics [dʒɪ'netɪks]

genewski Geneva [dʒɪ'ni:və]

genialny ❶ (*obdarzony geniuszem*) of genius [-'dʒi:njəs]; *On jest genialny.* – He is a man of genius. ❷ (*znakomity*) brilliant ['brɪljənt], ingenious [ɪn'dʒi:njəs]; *To genialny pomysł!* – It's a brilliant idea! *Jesteś genialny!* – You are brilliant!

geniusz genius ['dʒi:njəs]

geocentryczny geocentric [dʒi:əʊ'sentrɪk]

geodeta surveyor [sə'veɪə]

geodezja surveying [sə'veɪɪŋ], geodesy [dʒi:'ɒdɪsɪ]

geograf geographer [dʒɪ'ɒgrəfə]

geografia geography [dʒɪ'ɒgrəfɪ]; **geografia fizyczna/polityczna** – physical/political geography

geograficzny geographical [dʒɪə'græfɪkl]

geolog geologist [dʒɪ'ɒlədʒɪst]

g

geologia geology [dʒɪ'ɒlədʒɪ]
geologiczny geological [dʒɪəʊ'lɒdʒɪkl]
geometria geometry [dʒɪ'ɒmətrɪ]
geometryczny geometric [dʒɪəʊ'metrɪk]; **postęp (ciąg) geometryczny** – geometric progression
germański Germanic [dʒɜ:'mænɪk]; **języki germańskie** – Germanic languages
gest gesture ['dʒestʃə]; **gest pojednawczy/przyjacielski** – a conciliatory/ /a friendly gesture; **zrobić wulgarny gest** – to make a rude gesture
◆ **mieć szeroki gest** – to be generous/ /free-handed/open-handed
gestykulacja gesticulation [dʒestɪkjʊ'leɪʃn]
gestykulować gesticulate [dʒe'stɪkjʊleɪt]
getto ghetto ['getəʊ]
gęba trap [træp], mug [mʌg]
gęgać gaggle ['gægl]
gęstnieć thicken ['θɪkən], become dense; *Mgła gęstnieje.* – The fog is thickening.
gęsto thickly ['θɪklɪ], densely ['denslɪ]; **gęsto zaludniony obszar** – a densely populated area; *Drzewa rosły gęsto po obu stronach drogi.* – Trees grew thickly on both sides of the road.
gęstość (*również fiz.*) density ['densətɪ]; **gęstość mgły** – the density of the fog
gęsty thick [θɪk], dense [dens]; **gęsta mgła** – dense/thick fog; **gęsty las** – a dense/thick forest; **gęsty tłum** – dense/thick crowd; **gęste włosy** – thick hair; **gęsty sos** – thick sauce
gęś goose, *l.mn.* geese [gu:s, gi:s]
giąć (się) bend (bent, bent) [bend, bent, bent]; *Drut miedziany łatwo się gnie.* – Copper wire bends easily.
giełda stock exchange
giętki flexible ['fleksəbl]
gigant giant ['dʒaɪənt]
gigantyczny giant ['dʒaɪənt], gigantic [dʒaɪ'gæntɪk]
gilotyna guillotine [gɪlə'ti:n]
gimnastyczny gymnastic [dʒɪm'næstɪk]; **sala gimnastyczna** – gymnasium
gimnastyka gymnastics [dʒɪm'næstɪks], *pot.* physical exercise [-'eksəsaɪz]; **uprawiać gimnastykę** – to do gymnastics/to do physical exercise
gimnastykować exercise ['eksəsaɪz], train [treɪn]; **gimnastykować mięśnie** – to exercise the muscles
gimnastykować się exercise ['eksəsaɪz], do gymnastics [dʊdʒɪm'næstɪks], take physical exercise
gimnazjum grammar school ['græmə sku:l], *am.* high school ['haɪ sku:l]
ginąć ❶ (*umierać*) die (out) [daɪ], perish ['perɪʃ]; *Niektóre gatunki zwierząt wyginęły.* – Some species of animals have died out. – *Stare tradycje giną.* – Old traditions are dying out. ❷ (*zanikać*) vanish ['vænɪʃ], fade [feɪd], die (away) [daɪ-]; *Zginął z oczu w tłumie.* – He vanished in the crowd. ❸ (*przepadać, gubić się*) get lost [get 'lɒst] (got, got); *Mały chłopczyk zginął w tłumie.* – The little boy got lost in the crowd.
ginekolog gynaecologist [gaɪnɪ'kɒlədʒɪst]
ginekologia gynaecology [gaɪnɪ'kɒlədʒɪ]
ginekologiczny gynaecological [gaɪnɪkə'lɒdʒɪkl]
gips plaster ['plɑ:stə], plaster of Paris, (*minerał*) gypsum ['dʒɪpsəm]; *On ma nogę w gipsie.* – His leg is in plaster.
gitara guitar [gɪ'tɑ:]; **grać na gitarze** – to play the guitar
gitarzysta guitarist [gɪ'tɑ:rɪst]
glazura ❶ (*płytki*) bathroom tiles ['bɑ:θrʊm ˌtaɪlz] ❷ (*szklista powłoka*) glaze [gleɪz]
gleba soil [sɔɪl]; **słaba/piaszczysta/urodzajna gleba** – poor/sandy/fertile soil
gliceryna glycerine ['glɪsəri:n]
glin *chem.* aluminium [æljʊ'mɪnjəm]
glina clay [kleɪ]
gliniany clay [kleɪ], earthenware ['ɜ:θnweə]; **gliniana miska** – earthenware bowl

glista *zool.* worm [wɜ:m]
glob globe [gləʊb], sphere [sfɪə]
globalny global ['gləʊbl]
globus globe [gləʊb]
glon alga, *l.mn.* algae ['ælgə, 'ældʒi:]
glukoza glucose ['glu:kəʊs], dextrose ['dekstrəʊz]
gładki smooth [smu:ð], even ['i:vn]; **gładka skóra** – smooth skin; **gładkie morze** – smooth sea; *Blat stołu jest gładki w dotyku.* – The table top is smooth to the touch. *Droga była idealnie gładka.* – The road was perfectly even.
gładko smoothly ['smu:ðlɪ], evenly ['i:vnlɪ]; *Wszystko idzie gładko.* – Everything is going smoothly.
gładkość smoothness ['smu:ðnɪs]
głaskać stroke [strəʊk]; **głaskać psa** – to stroke a dog
głaz boulder ['bəʊldə]
głąb[1] (*głębia*) depth [depθ], profundity [prə'fʌndətɪ]; *Temu wierszowi brak głębi i mądrości.* – The poem lacks depth and wisdom. **w głębi duszy** – deep down/at heart; **z głębi serca** – from the bottom of one's heart; **głębia jego miłości** – the depth of his love
głąb[2] (*kapusty*) stump [stʌmp]
głębia *p.* **głąb**[1]
głębinowy deep-water ['di:pwɔ:tə], deep-sea ['di:p'si:]; **nurkowanie głębinowe** – deep-sea diving
głęboki deep [di:p], profound [prə'faʊnd]; **głęboka studnia** – deep well; **głęboka rana** – deep wound; *Wziął głęboki oddech.* – He drew a deep breath. *Wydał głębokie westchnienie.* – He gave a deep sigh. **głęboka cisza** – a profound silence; **głęboki sen** – deep/profound sleep; **głęboki szok** – profound shock; **głęboka myśl** – a profound thought
głęboko deep [di:p], deeply ['di:plɪ], profoundly [prə'faʊndlɪ]; *Musicie kopać głęboko, żeby znaleźć wodę.* – You must dig deep to find water. *Był głęboko zatopiony w myślach.* – He was deep in thought. *Jesteśmy głęboko pogrążeni w długach.* – We are deep in debt. *Trzymał ręce głęboko w kieszeniach.* – He had his hands deep in his pockets. **głęboko zakorzeniona niechęć** – deep-rooted dislike; **być głęboko zainteresowanym** – to be deeply interested; **być głęboko wdzięcznym** – to be profoundly grateful
głębokość depth [depθ], profundity [prə'fʌndətɪ]; **głębokość rzeki** – the depth of a river; **głębokość wiedzy** – the depth/the profundity of sb's knowledge; *Rzeka ma trzy metry głębokości.* – The river is three metres deep.
głodny hungry ['hʌŋgrɪ]; *Jestem głodny!* – I'm hungry!/I'm starving!
głodować hunger ['hʌŋgə], starve [stɑ:v], go hungry; *Tysiące ludzi głodują z powodu suszy.* – Thousands are going hungry/are starving because of the drought.
głodowy hunger ['hʌŋgə], starvation [stɑ:'veɪʃn]; **strajk głodowy** – a hunger strike; **marsz głodowy** – a hunger march; **dieta głodowa** – a starvation diet; **głodowe zarobki** – starvation wages
głodówka starvation diet [stɑ:'veɪʃn ˌdaɪət]
głodzić starve [stɑ:v]; *Ona się głodzi, żeby stracić na wadze.* – She is starving herself in order to lose weight.
głos ❶ (*dźwięk*) sound [saʊnd], voice [vɔɪs]; **głos trąbki** – the sound of trumpet; **mówić cichym głosem** – to speak in a soft voice; **podnieść głos** – to raise one's voice; **ściszyć głos** – to lower one's voice; **ściszyć głos** (*radia, TV*) – to turn down the sound; **wzmocnić głos** (*radia, TV*) – to turn up the sound ❷ (*wypowiedź, prawo wypowiedzi*) voice [vɔɪs]; **głos rozsądku** – the voice of reason; **głos ludu** – the voice of the people; *Nie masz głosu w tej sprawie.* – You have no voice in this matter. **udzielić komuś głosu** – to give floor to sb; **zabierać głos** – to take the floor/to have

g

the floor ❸ (*decyzja wyrażona przez głosowanie*) vote [vəʊt]; *Nasz kandydat otrzymał 150 głosów.* – Our candidate received 150 votes. *Wniosek przeszedł 10 głosami do 6.* – The motion was passed by 10 votes to 6.

głosić proclaim [prə'kleım], announce [ə'naʊns]; **głosić Ewangelię** – to preach the Gospel

głoska sound [saʊnd]

głosować vote [vəʊt]; **głosować za wnioskiem** – to vote for the motion; **głosować przeciwko** – to vote against; **głosować przez podniesienie ręki** – to vote by a show of hands; **głosować w sposób tajny** – to vote by ballot

głosowy vocal ['vəʊkl]; **struny głosowe** – vocal cords

głośnik loudspeaker [laʊd'spi:kə]

głośno loudly ['laʊdlı], loud [laʊd], noisily ['nɔızılı]; **śmiać się/krzyczeć/rozmawiać głośno** – to laugh/cry/talk loud; **mówić głośno** – to speak loudly; **zachowywać się głośno** – to behave noisily

g

głośny ❶ (*donośny*) loud [laʊd]; **głośna muzyka** – loud music ❷ (*hałaśliwy*) noisy ['nɔızı] ❸ (*słynny*) famous ['feıməs]

głowa ❶ (*część ciała*) head [hed]; *Boli mnie głowa.* – My head aches./I have a headache. *Kamień uderzył go w głowę.* – The stone hit him on the head. **skinąć głową** – to nod one's head; **potrząsnąć głową** – to shake one's head; *On ma dobrą głowę do interesów.* – He has a good head for business. **mieć głowę na karku** – to have a good head on one's shoulders; **chodzić z głową w chmurach** – to have one's head in the clouds; **chować głowę w piasek** – to bury one's head in the sand; **nie tracić głowy** – to keep one's head; **tracić głowę** – to lose one's head; **wybić coś komuś z głowy** – to put sth out of sb's head; *Alkohol uderzył mi do głowy.* – The alcohol went straight to my head. *Sukces uderzył jej do głowy.* – Success has gone to her head. **od stóp do głów** – from head to foot; **zawracać głowę** – to bother; **przyszło mi do głowy** – it occured to me ❷ (*najważniejsza osoba*) head [hed]; **głowa rodziny** – the head of the family

głód hunger ['hʌŋgə], famine ['fæmın]; **głód w Etiopii** – a famine in Ethiopia; **zaspokoić głód** – to satisfy one's hunger

głóg hawthorn ['hɔ:θɔ:n]

główka head [hed]; **główka kapusty** – a cabbage head

głównie mainly ['meınlı], chiefly ['tʃi:flı], principally ['prınsəplı], mostly ['məʊstlı]

główny main [meın], chief [tʃi:f], principal ['prınsəpl]; **główny powód** – the main reason; **główna ulica** – the main street; **główne biuro** – the head office; **grzechy główne** – the cardinal sins; **liczebniki główne** – the cardinal numbers

głuchnąć go/grow/become deaf [-def]

głuchoniemy deaf mute [,def'mju:t], deaf-and-dumb [defən'dʌm]

głuchota deafness ['defnıs]

głuchy deaf [def]; **być głuchym na jedno ucho** – to be deaf in one ear; **być głuchym na prośby** – to be deaf to all entreaties; **głuchy jak pień** – as deaf as a post

głupi stupid ['stju:pıd], foolish ['fu:lıʃ], silly ['sılı], idiotic [ıdı'ɒtık]; *Byłem na tyle głupi, że mu uwierzyłem.* – I was foolish enough to believe him. **głupia decyzja** – a foolish decision; **głupie pytanie** – a stupid question; **głupi błąd** – a silly mistake; **głupi dowcip** – a silly joke; **głupia sytuacja** – an idiotic/an awkward situation

głupiec fool [fu:l], idiot ['ıdıət]

głupieć ❶ (*stawać się głupim*) go off one's head ❷ (*tracić głowę*) to lose one's head

głupio foolish ['fu:lıʃ], foolishly ['fu:lıʃlı]; *Czułem się głupio.* – I felt foolish.

głupota stupidity [stju:'pıdətı], foolishness ['fu:lıʃnıs]; *To była czysta głupo-*

ta uwierzyć mu. – It was (a) sheer stupidity to believe him.

głupstwo ❶ (*błąd*) mistake [mɪ'steɪk], blunder ['blʌndə]; *Popełniłem głupstwo.* – I made a blunder. ❷ (*niedorzeczność*) nonsense ['nɒnsəns]; *Mówisz głupstwa.* – You are talking nonsense. ❸ (*rzecz nieważna*) trifle ['traɪfl]

gmach building ['bɪldɪŋ]

gmina ❶ (*jednostka administracyjna*) commune [kə'mju:n], (*wiejska*) parish ['pærɪʃ], (*miejska*) municipality [mju:nɪsɪ'pælətɪ] ❷ (*zgromadzenie*) community [kə'mju:nətɪ]

◆ **Izba Gmin** – the House of Commons

gminny communal ['kɒmjʊnl]

gnębić oppress [ə'pres]; *Lud był gnębiony przez okrutnego tyrana.* – People were oppressed by the cruel tyrant. *Co cię gnębi?* – What's worrying you?

gniazdo nest [nest]

gnić rot (tt) [rɒt], decay [dɪ'keɪ]

gnieść ❶ (*przyciskać, ugniatać*) press [pres], squeeze [skwi:z], squash [skwɒʃ], crush [crʌʃ], (*wyrabiać ciasto*) knead [ni:d] ❷ (*miąć*) crumple ['krʌmpl], crease [kri:s]; *Ten materiał łatwo się gniecie.* – This material creases/crumples easily. ❸ (*przytłaczać*) oppress [ə'pres]

gniew anger ['æŋgə], (bad) temper [-'tempə]; *Powiedziała to w gniewie.* – She said it in anger. **wybuch gniewu** – an outburst of anger; **atak gniewu** – a fit of anger/temper

gniewać się be angry with; *Nie gniewaj się na mnie!* – Don't be angry with me!

gniewny angry ['æŋgrɪ], cross [krɒs]

gnój dung [dʌŋ], manure [mə'njʊə], muck [mʌk]

gobelin tapestry ['tæpɪstrɪ]

godło emblem ['embləm]

godność ❶ (*poczucie wartości*) dignity ['dɪgnətɪ], self-respect [selfrɪs'pekt]; *Poruszał się z godnością.* – He moved with dignity. *Ona nie ma poczucia własnej godności.* – She has no self-respect. ❷ (*zaszczytne stanowisko*) status ['steɪtəs] ❸ (*zaszczyt*) honour ['ɒnə], distinction [dɪ'stɪŋkʃn] ❹ (nazwisko) name [neɪm]

godny ❶ (*zasługujący*) worthy ['wɜ:ðɪ], deserving [dɪ'zɜ:vɪŋ]; *Jego osiągnięcia są godne pochwały.* – His achievements are worthy of praise. **godny współczucia** – deserving of sympathy; **godny uwagi** – noteworthy; **godny pogardy** – despicable ❷ (*pełen poczucia własnej wartości*) dignified ['dɪgnɪfaɪd] ❸ (*stosowny*) proper ['prɒpə]

godzić ❶ (*doprowadzać do porozumienia*) reconcile ['rekənsaɪl]; *Starałem się pogodzić go z rodziną.* – I tried to reconcile him with his family. ❷ (*łączyć*) reconcile ['rekənsaɪl]; **godzić obowiązki rodzinne z pracą zawodową** – to reconcile family duties with professional work

godzić się reconcile ['rekənsaɪl], be reconciled; *Musiałem się pogodzić z losem.* – I had to reconcile myself to my fate. *Ona nie chciała pogodzić się z mężem.* – She refused to be reconciled with her husband.

godzina hour ['aʊə]; *Podróż trwa trzy godziny.* – The journey lasts three hours. *Pracuję 7 godzin dziennie.* – I work 7 hours a day. *Zegar wybił godzinę.* – The clock struck the hour. *Która godzina? – Jest pierwsza godzina.* – What's the time? – It's one o'clock. *Godziny urzędowania są od 8.30 do 4.30.* – Office hours are from 8.30 till 4.30. **punktualnie co godzina** – every hour on the hour; **zostać po godzinach** – to stay after hours; **godzina policyjna** – curfew; **wprowadzić godzinę policyjną** – to impose a curfew

godzinny hourly ['aʊəlɪ], hour [aʊə], hours'; *Autobusy kursują w odstępach godzinnych.* – Buses leave at hourly intervals. **trzygodzinna podróż** – a three hours' journey/a three-hour journey

g

goić heal [hi:l]; *Rana nie jest jeszcze zagojona.* – The wound is not yet healed. *Czas goi wszystkie smutki.* – Time heals all sorrows.

gol goal [gəʊl], **zdobyć gola** – to score a goal

golarka shaver ['ʃeɪvə]

golenie shave [ʃeɪv], shaving ['ʃeɪvɪŋ]; **krem do golenia** – shaving cream

golf ❶ *sport.* golf [gɒlf] ❷ (*sweter*) turtle-neck ['tɜ:tlnek]

golić (się) shave [ʃeɪv]

gołąb pigeon ['pɪdʒɪn]

gołębica dove [dʌv]

gołoledź glazed frost ['gleɪzd 'frɒst], black ice [ˌblæk'aɪs]

goły naked ['neɪkɪd], nude [nju:d], bare [beə]; *To jest niewidoczne gołym okiem.* – It's invisible to the naked eye. **z gołą głową** – with (one's) head bare; **gołymi rękoma** – with (one's) bare hands

g

gondola gondola ['gɒndələ]

gondolier gondolier [gɒndə'lɪə]

gong gong [gɒŋ]; **uderzyć w gong** – to beat/to sound a gong

gonić (*ścigać*) run after [rʌn'ɑ:ftə] (ran, run), chase [tʃeɪs], pursue [pə'sju:]; *Mój pies lubi gonić koty.* – My dog likes chasing/running after cats. **gonić przestępcę** – to pursue a criminal

gonić się race [reɪs]

goniec messenger ['mesɪndʒə], office boy/girl ['ɒfɪsbɔɪ/'ɒfɪsgɜ:l]

gonitwa ❶ (*pościg*) chase [tʃeɪs], pursuit [pə'sju:t] ❷ (wyścig) race [reɪs]

gończy:
list gończy – a "wanted" circular; **pies gończy** – hound [haʊnd], bloodhound ['blʌdhaʊnd]

gorąco ❶ (*ciepło*) hot [hɒt]; *Ta potrawa musi być podana na gorąco.* – This dish must be served hot. *Dziś jest gorąco.* – It's hot today. ❷ (*serdecznie*) warmly ['wɔ:mlɪ], heartily ['hɑ:tɪlɪ]; *Gorąco nas przywitała.* – She greeted us warmly. ❸ (*żarliwie*) hotly ['hɒtlɪ], fervently ['fɜ:vəntlɪ]; *Gorąco zaprzeczyła oskarżeniom.* – She hotly denied the accusations.

gorący ❶ (*o wysokiej temperaturze*) hot [hɒt]; **gorący dzień** – a hot day; **gorąca kawa** – hot coffee; **kuć żelazo póki gorące** – to strike while the iron is hot ❷ (*serdeczny*) warm [wɔ:m], hearty ['hɑ:tɪ]; **gorące powitanie** – a warm welcome ❸ (*żarliwy*) fervent ['fɜ:vənt]; **gorący wielbiciel** – a fervent admirer; **gorąca miłość** – fervent love

gorączka fever ['fi:və], temperature ['temprətʃə]; *Dziecko ma wysoką gorączkę.* – The child has a high fever. **zmierzyć gorączkę** – to take the temperature; **dostać gorączki** – to get/to run a temperature/to develop a fever; **obniżyć gorączkę** – to reduce fever

gorączkować have a fever [-'fi:və], develop a fever

gorączkować się get excited [-ɪk'saɪtɪd], be in a frenzy [-'frenzɪ], be frantic [-fræntɪk]; *Gorączkowali się, kiedy się okazało, że mogą się spóźnić na samolot.* – They got into a frenzy/ /They got frantic when it turned out they might miss the plane. *Nie gorączkuj się.* – Keep cool./Don't get excited.

gorączkowy feverish ['fi:vərɪʃ], frantic ['fræntɪk]; **gorączkowe poszukiwania** – a frantic search; **gorączkowy pośpiech** – feverish haste

gorliwy zealous ['zeləs]

gorset corset ['kɔ:sɪt], stays [steɪz]

gorszący scandalous ['skændələs], shocking ['ʃɒkɪŋ]

gorszy worse [wɜ:s]

gorszyć ❶ (*wywoływać zgorszenie*) scandalize ['skændəlaɪz], shock [ʃɒk] ❷ (*deprawować*) deprave [dɪ'preɪv], corrupt [kə'rʌpt]

gorszyć się be/feel shocked [-ʃɒkt], be/feel scandalized [-'skændəlaɪzd]

gorycz bitterness ['bɪtənɪs]

goryl ❶ (*zwierzę*) gorilla [gə'rɪlə] ❷ (*członek ochrony osobistej*) bodyguard ['bɒdɪgɑ:d]

gorzej worse [wɜ:s]

gorzelnia distillery [dɪ'stɪlərɪ]

gorzki bitter ['bɪtə]; **gorzki smak** – a bitter taste; **gorzkie rozczarowanie** – a bitter disappointment; **ronić gorzkie łzy** – to shed bitter tears; **gorzka czekolada** – plain chocolate

gorzko bitterly ['bɪtəlɪ]; **gorzko czegoś żałować** – to regret sth bitterly; **być gorzko rozczarowanym** – to be bitterly disappointed

gospoda inn [ɪn]

gospodarczy economic [i:kə'nɒmɪk]; **polityka gospodarcza** – economic policy; **rozwój/wzrost gospodarczy** – economic development/growth

gospodarka ❶ *ekon.* economy [ɪ'kɒnəmɪ]; **gospodarka wolnorynkowa** – a free-market economy; **gospodarka planowa** – a planned economy ❷ (*gospodarstwo rolne*) farm [fɑ:m]

gospodarność economy [ɪ'kɒnəmɪ]

gospodarny (*zapobiegliwy, oszczędny*) thrifty ['θrɪftɪ]

gospodarować (*kierować, zarządzać*) manage ['mænɪdʒ], administer [əd'mɪnɪstə]

gospodarski (*dot. gospodarstwa wiejskiego*) farm [fɑ:m], farming ['fɑ:mɪŋ]; **podwórze gospodarskie** – farmyard; **zabudowania gospodarskie** – farmstead/outbuildings

gospodarstwo ❶ (*posiadłość wiejska*) farm [fɑ:m] ❷ (*gospodarstwo domowe*) house [haʊs], household ['haʊshəʊld]; **prowadzić gospodarstwo domowe** – to keep house/to run a household; **artykuły gospodarstwa domowego** – household goods/utensils/implements

gospodarz ❶ (*właściciel gospodarstwa wiejskiego*) farmer ['fɑ:mə] ❷ (*pełniący honory domu*) host [həʊst] ❸ (*pan domu – głowa domu*) householder ['haʊshəʊldə], master of the house ❹ (*właściciel domu, pensjonatu wynajmujący mieszkania*) landlord ['lænlɔ:d]

gospodyni ❶ (*wynajęta gosposia prowadząca gospodarstwo domowe*) housekeeper ['haʊski:pə] ❷ (*osoba zajmująca się własnym domem*) housewife, *l.mn.* housewives ['haʊswaɪf, 'haʊswaɪvz] ❸ (*pani domu*) lady of the house/mistress of the house ❹ (*pełniąca honory pani domu*) hostess ['həʊstɪs] ❺ (*właścicielka domu, pensjonatu*) landlady ['lænleɪdɪ]

gosposia housekeeper ['haʊski:pə]

gościć ❶ (*przyjmować, podejmować gości*) entertain [entə'teɪn], have sb as a guest; *Gościliśmy ich zeszłego lata.* – They were our guests last summer. ❷ (*być gościem*) be sb's guest [-gest]; *Gościli u nas zeszłego lata.* – They were our guests last summer.

gościec rheumatism ['ru:mətɪzəm]

gościna stay [steɪ], visit ['vɪzɪt]; **przebywać w gościnie u kogoś** – to be sb's guest/to stay with sb/stay at sb's house/to enjoy sb's hospitality; **podziękować za gościnę** – to thank for sb's hospitality

gościnność hospitality [hɒspɪ'tælətɪ]; **nadużyć czyjejś gościnności** – to outstay one's welcome/to trespass on sb's hospitality

gościnny hospitable ['hɒspɪtəbl]; *Możesz się u niej zatrzymać – jest bardzo gościnna.* – You can stay with her – she's very hospitable. **pokój gościnny** – guest-room

gość guest [gest], visitor ['vɪzɪtə], (*w restauracji*) customer ['kʌstəmə]; **nieproszony gość** – an uninvited guest; **gość honorowy** – a guest of honour; *Spodziewamy się gości na kolację.* – We are expecting guests to dinner. *Ona jest tu częstym gościem.* – She is a frequent visitor here. **księga gości** (*np. hotelowych*) – visitors' book

gotować ❶ (*przyrządzać posiłki*) cook [kʊk]; *Ona nie lubi gotować.* – She doesn't like cooking. *Jak się gotuje tę potrawę?* – How to cook this dish? *Ona świetnie gotuje.* – She's an excellent cook. **gotować obiad** – to make/ /to prepare lunch ❷ (*doprowadzać do wrzenia, gotować w wodzie*) boil

g

[bɔıl]; **gotować wodę na herbatę** – to boil water for tea; *Czy woda się gotowała?* – Has the water boiled? **gotowane jajko** – boiled egg; **jajko gotowane na twardo** – hard-boiled egg

gotowość readiness ['redınıs]; **gotowość pomocy** – readiness to help; **gotowość bojowa** – readiness for battle/combat readiness; **być w gotowości** – to hold oneself in readiness/to be ready

gotowy ❶ (*wykonany*) ready ['redı], done [dʌn], completed [kəm'pli:tıd]; *Śniadanie gotowe.* – Breakfast is ready. *Kiedy ten dom będzie gotowy?* – When will the house be finished/be completed? ❷ (*w gotowości*) ready ['redı], prepared [prı'peəd], ripe [raıp]; *Jestem gotowa na wszystko.* – I'm ready for anything./I'm prepared for everything. *Jestem gotowy zacząć pracę jutro.* – I'm ready to start work tomorrow. ❸ (*skłonny*) ready ['redı], willing ['wılıŋ], disposed [dıs'pəuzd], prepared [prı'peəd]; *On jest zawsze gotów do pomocy.* – He is always ready to help. *Jestem gotów pożyczyć ci te pieniądze.* – I'm prepared to lend you the money. *On jest gotów wziąć na siebie odpowiedzialność.* – He is willing to accept responsibility.

gotówka cash [kæʃ]; **płacić gotówką** – to pay (in) cash

gotycki Gothic ['gɒθık]

gotyk ❶ *arch.* Gothic ['gɒθık], ❷ (*pismo*) Gothic ['gɒθık], black letter ['blækletə]

goździk ❶ (*kwiat*) carnation [kɑ:'neıʃn] ❷ (*przyprawa*) clove [kləuv]

góra[1] ❶ (*wzniesienie*) mountain ['mauntın]; **wspinać się po górach** – to climb mountains; **chodzić po górach** – to go hiking in the mountains; **pojechać w góry** – to go to the mountains; **być w górach** – to be in the mountains; **góra lodowa** – iceberg ❷ *przen.* mountain ['mauntın], heap [hi:p], pile [paıl]; **góra listów** – a mountain of letters; **góra śmieci** – a pile of rubbish ❸ (*górna część czegoś*) top [tɒp], upper part [ʌpə'pɑ:t]; **góra domu** – upstairs [ʌp'steəz]; *Dzieci śpią na górze.* – The children sleep upstairs. **iść na górę (po schodach)** – to go upstairs; **zejść z góry (po schodach)** – to come downstairs; **w górę** – up; **iść do góry** – to go up; **wchodzić pod górę** – to go uphill/to go up the hill; **wchodzić na górę po schodach** – to go up the stairs; **płynąć w górę rzeki** – to sail up the river; **do góry nogami** – upside down; **od góry do dołu** – from top to bottom; *Przeszukałam dom od góry do dołu.* – I searched the house from top to bottom. *Gdzie jest góra mojego kostiumu kąpielowego?* – Where is the top of my bikini?

góra[2] (*najwyżej*) maximum ['mæksıməm], not more than, at (the) most; *Ona ma góra dwadzieścia pięć lat.* – She is twenty five years old at (the) most.

góral highlander ['haıləndə]

górą ❶ (*na pewnej wysokości*) above [ə'bʌv], overhead ['əuvəhed]; *Górą płynęły obłoki.* – The clouds passed overhead. ❷ (*w pozycji przewagi*) **być nad kimś górą** – to have the upper hand over sb

◆ **z górą** – well over; *Ona ma trzydzieści lat z górą.* – She's well over thirty. *To będzie kosztować z górą tysiąc funtów.* – It will cost well over £1000.

◆ **z góry** – in advance; **cieszyć się z góry na coś** – to look forward to sth; **z góry zaplanowane** – planned ahead; **z góry przesądzone** – a foregone conclusion

górnik miner ['maınə]

górny upper ['ʌpə], top [tɒp]; **górna warga** – upper lip; **górny bieg rzeki** – the upper reaches of a river; **górna granica** – maximum/top limit

górować (*mieć przewagę*) surpass [sə'pɑ:s], have an advantage over; **górować nad kimś umiejętnościami** – to surpass sb in skill; **górować nad przeciwnikiem** – to have an advantage over an opponent

g

górski mountain ['maʊntɪn]; **górskie powietrze** – mountain air; **szczyty górskie** – mountain peaks; **łańcuch górski** – mountain chain/range

górzysty mountainous ['maʊntɪnəs], hilly ['hɪlɪ]

gra ❶ (*zabawa prowadzona według zasad*) play [pleɪ], game [geɪm]; **gry dla dzieci** – children's games; **gra w brydża** – bridge; **gra w tenisa** – tennis; **karty do gry** – playing-cards; **gra hazardowa** – gambling; *Gra została przerwana z powodu deszczu.* – The play was interrupted by rain. *Gra nie była warta świeczki.* – The game was not worth the candle. ❷ (*postępowanie według pewnych zasad*) play [pleɪ]; **gra fair** – fair play; **gra nie fair** – foul play; **brutalna gra** – rough play; **prowadzić niebezpieczną grę** – to play a dangerous game ❸ (*gra na instrumencie*) playing ['pleɪɪŋ]

◆ **wchodzić w grę** – to come into play; *Tu wchodzi w grę jego życie.* – His life is at stake.

grabarz grave-digger ['greɪvdɪgə]

grabić ❶ (*zgarniać grabiami*) rake [reɪk] ❷ (*rabować*) plunder ['plʌndə], loot [lu:t]

grabie rake [reɪk]

grabież plunder ['plʌndə], robbery ['rɒbərɪ]

gracja ❶ (*wdzięk*) grace [greɪs]; **pełen gracji** – graceful ❷ *mitol.* **Gracje** – the Graces

gracz player ['pleɪə]

grać ❶ (*postępować według pewnych zasad*) play [pleɪ]; **grać w piłkę nożną/w tenisa/w karty/w szachy** – to play football/tennis/cards/chess; *We środę Anglia gra z Holandią.* – England plays against Holland on Wednesday. **grać fair** – to play fair ❷ (*grać na instrumencie*) play [pleɪ]; **grać na skrzypcach** – to play the violin; **grać walca na pianinie** – to play a waltz on the piano; *W radiu gra muzyka.* – There is some music playing on the radio. ❸ (*w teatrze, filmie*) play [pleɪ], act [ækt]; **grać rolę Hamleta** – to play/to act the part of Hamlet; *Ona dobrze gra.* – She acts well.

◆ *To nie gra żadnej roli.* – It's irrelevant./It's of no importance.

grad hail [heɪl]; **grad kul** – a hail of bullets

gradowy hail [heɪl]; **burza gradowa** – hailstorm; **chmura gradowa** – thundercloud

graficzny ❶ (*dot. grafiki*) graphic ['græfɪk] ❷ (*dot. drukarstwa*) typographic [taɪpə'græfɪk]

grafik ❶ (*rysownik*) draughtsman, *l.mn.* draughtsmen ['drɑ:ftsmən], graphic artist ['græfɪkɑ:tɪst] ❷ (*wykres*) diagram ['daɪəgræm], chart [tʃɑ:t]

grafika ❶ (*sztuka graficzna*) graphic art ['græfɪkɑ:t] ❷ (*dzieło sztuki graficznej*) engraving [ɪn'greɪvɪŋ] ❸ (*druk*) typography [taɪ'pɒgrəfɪ]

grafit ❶ (*odmiana węgla*) graphite ['græfaɪt] ❷ (*część pisząca ołówka*) lead [led]

gram gramme/gram [græm]

gramatyczny grammatical [grə'mætɪkl]; **błąd gramatyczny** – a grammatical error

gramatyka grammar ['græmə]

gramofon gramophone ['græməfəʊn]

granat[1] ❶ (*owoc*) pomegranate ['pɒmɪgrænɪt] ❷ (*kolor*) navy-blue [neɪvɪ'blu:]

granat[2] ❶ (*pocisk*) grenade [grɪ'neɪd]; **granat ręczny** – hand grenade ❷ (*minerał*) garnet ['gɑ:nɪt]

granatowy navy-blue [neɪvɪ'blu:]

granica ❶ (*linia zamykająca lub oddzielająca*) border ['bɔ:də], frontier ['frʌntɪə], boundary ['baʊndərɪ]; **przekroczyć granicę** – to cross a frontier/ /a border; **granica między Polską a Niemcami** – the frontier/the border between Poland and Germany; **pojechać za granicę** – to go abroad; **być za granicą** – to be abroad; **uciec przez granicę** – to escape across the

g

border; **na granicy** – at/on the border; **otwarta granica** – an open border; **ustalić granicę** – to draw/to establish a border; *Musimy oznaczyć granicę między naszą i waszą posiadłością.* – We must mark the boundary between our land and yours. ❷ (*ograniczony zasięg, miara, kres*) limit ['lɪmɪt], boundary ['baʊndərɪ]; **granice wiedzy** – the frontiers of knowledge; **w granicach rozsądku** – within limits; *Jego chciwość nie zna granic.* – His greed knows no limits. **bez granic** – limitless/boundless; **możliwości bez granic** – limitless possibilities; **wyobraźnia bez granic** – boundless imagination

graniczny border ['bɔ:də], frontier ['frʌntɪə], borderline ['bɔ:dəlaɪn]; **strefa graniczna** – a frontier zone; **przejście graniczne** – a border crossing; **straż graniczna** – frontier police/frontier defence troops; **patrol graniczny** – the border patrol; **przypadek graniczny** – a borderline case; **linia graniczna** – borderline

graniczyć border ['bɔ:də], bound [baʊnd]; *Na zachodzie Polska graniczy z Niemcami.* – Poland borders Germany in the west. *To graniczy z absurdem/z niemożliwością.* – It borders on the absurd/on the impossible.

granit granite ['grænɪt]

gratis gratis ['greɪtɪs], free [fri:], free of charge

gratulacje congratulations [kəngrætjʊ'leɪʃnz]; **złożyć gratulacje** – to offer one's congratulations; *Moje gratulacje!* – Congratulations!

gratulacyjny congratulatory [kəngrætjʊ'leɪtərɪ]; **list/telegram gratulacyjny** – a congratulatory letter/telegram

gratulować congratulate [kən'grætjʊleɪt]; **gratulować komuś z powodu dobrych wyników egzaminu** – to congratulate sb on good exam results; **gratulować komuś z okazji ślubu** – to congratulate sb on his marriage

grawitacja gravitation [grævɪ'teɪʃn], gravity ['grævətɪ]; **siła grawitacji** – the force of gravity

grawitacyjny gravitational [grævɪ'teɪʃnl]

grawitować gravitate ['grævɪteɪt]

grecki (*dot. współczesnej Grecji*) Greek [gri:k], (*dot. starożytności*) Grecian ['gri:ʃn]

grejpfrut grapefruit ['greɪpfru:t]

Grek Greek [gri:k]

grobla dike [daɪk], dam [dæm]

grobowiec tomb [tu:m], vault [vɔ:lt]; **grobowiec rodzinny** – family vault

grobowy tomb [tu:m], grave [greɪv], sepulchral [sɪ'pʌlkrəl]; **kamień grobowy** – tombstone/gravestone; **cisza grobowa** – dead silence; **mina grobowa** – a sepulchral/a gloomy face

groch pea [pi:] (Uwaga: w języku angielskim rzeczownik **groch** jako potrawa występuje w l.mn.); *Na obiad był groch.* – We had peas for lunch.

grochówka pea soup ['pi:su:p]

grom thunder ['θʌndə], thunderbolt ['θʌndəbəʊlt]; **łoskot/trzask gromu** – crash/peal of thunder; *To było jak grom z jasnego nieba.* – It came as a thunderbolt. **rażony gromem** – thunderstruck

gromada (*grupa ludzi*) group [gru:p], crowd [kraʊd], bunch [bʌntʃ]

gromadzić accumulate [ə'kju:mjʊleɪt], amass [ə'mæs], gather ['gæðə], collect [kə'lekt]; **gromadzić książki** – to collect books; **gromadzić majątek** – to amass/to accumulate a fortune; **gromadzić dowody** – to amass evidence

gromadzić się gather ['gæðə], accumulate [ə'kju:mjʊleɪt], collect [kə'lekt]; *Tłum zgromadził się wokół niego.* – A crowd gathered around him. *Na niebie gromadzą się chmury.* – The clouds are gathering in the sky.

grono ❶ (*grupa ludzi*) group [gru:p], circle ['sɜ:kl], bunch [bʌntʃ]; **grono rodzinne** – a family circle; **grono przyjaciół** – a circle of friends; **grono**

pedagogiczne – the teaching staff ❷ (*kiść owoców*) cluster ['klʌstə], bunch [bʌntʃ]; **grono winogron** – a bunch of grapes; **grono porzeczek** – a cluster of berries

grosz *przen.* penny ['penı], farthing ['fɑ:ðıŋ]; *On jest bez grosza.* – He hasn't got a penny./He is penniless. *Nie będzie cię to kosztowało ani grosza.* – It won't cost you a penny.

groszek ❶ pea [pi:] (Uwaga: w języku angielskim rzeczownik **groszek** jako potrawa występuje w l.mn.); *Na obiad był groszek.* – We had peas for lunch.; **groszek zielony** – green pea; **groszek pachnący** – sweet pea ❷ (*deseń na tkaninie*) spot [spɒt]; dot [dɒt]; **biała bluzka w czarne groszki** – a white blouse with black spots

grota cave [keıv], grotto ['grɒtəʊ]

grotołaz caver ['keıvə]

groza horror ['hɒrə], terror ['terə]; **film grozy** – a horror film; **ogarnięty grozą** – filled with terror/horror-stricken/horrified/terrified; **budzić w kimś grozę** – to strike terror into sb

grozić threaten ['θretn]; *Groził mi pistoletem.* – He threatened me with a gun. *Porywacze grozili, że zabiją wszystkich zakładników.* – The highjackers threatened to kill all the hostages. *Grozi (nam) wojna.* – War is imminent.

groźba threat [θret], imminence ['ımınəns]; **pod groźbą** – under the threat of; **czcze groźby** – empty threats; **groźba wojny jądrowej** – the imminence/the threat of nuclear war

groźny ❶ (*budzący lęk*) threatening ['θretənıŋ], formidable ['fɔ:mıdəbl], menacing ['menəsıŋ]; **groźne spojrzenie** – a threatening look ❷ (*zagrażający, poważny*) serious ['sıərıəs], dangerous ['deındʒərəs], severe [sı'vıə]; **groźny wypadek** – a serious accident; **groźna choroba** – a serious/a dangerous illness

grób grave [greıv], tomb [tu:m]; **Grób Nieznanego Żołnierza** – the Tomb of an Unknown Soldier; **być jedną nogą w grobie** – to be one foot in the grave; **przewracać się w grobie** – to turn in (one's) grave

grubiański rude [ru:d], gross [grəʊs], coarse [kɔ:s], uncouth [ʌn'ku:θ]

grubo ❶ (*o grubej warstwie*) thick [θık], thickly ['θıklı]; *Posmaruj chleb grubo masłem.* – Spread the bread thickly with butter./Spread the butter thick on the bread. ❷ (*o grubych kawałkach*) coarsely ['kɔ:slı], coarse [kɔ:s]; *Pokrój grubo cebulę.* – Chop onions coarsely. ❸ (*dużo, bardzo*) grossly ['grəʊslı]; **grubo przesadzona relacja** – a grossly exaggerated account; **grubo się mylić** – to be grossly mistaken

grubość thickness ['θıknıs]; *Jaka jest grubość ściany?* – What's the thickness of the wall? *Ściana ma 20 cm grubości.* – The wall is 20 cm thick.

gruboziarnisty coarse-grained [kɔ:s-'greınd]

gruby ❶ (*o osobie*) fat [fæt] ❷ (*mający znaczny przekrój poprzeczny*) thick [θık]; **gruba książka** – a thick book; **gruba kromka chleba** – a thick slice of bread; **gruby sweter** – a thick pullover; **jelito grube** – the large intestine; **grube włosy** – thick hair; **grube rysy** – coarse features ❸ *przen.* big [bıg]; **grube pieniądze** – big money; **gruby zwierz** – big game; **gruba pomyłka** – a gross error; **gruba ryba** – a VIP/a very important person ❹ (*o dużych ziarnach*) coarse [kɔ:s]; **gruba sól** – coarse salt; **gruby piasek** – coarse sand

◆ **z grubsza** – roughly

gruczoł gland [glænd]

grudka clod [klɒd], lump [lʌmp]

grudzień December [dı'sembə]

grunt ❶ (*teren, powierzchnia ziemi*) ground [graʊnd], land [lænd], (*gleba*) soil [sɔıl]; *On chce kupić więcej gruntu.* – He wants to buy more ground/ /land. **grunt bagnisty/kamienisty** – marshy/stony ground; **grunty orne** – arable land; *Jak daleko rozciągają się* *twoje grunta?* – How far does your land extend? **stać na mocnym gruncie** – to be on firm ground ❷ (*dno zbiornika wodnego*) bottom ['bɒtəm]; *Tu jest głęboko; nie czuję gruntu.* – It's deep here; I can't touch the bottom. ❸ (*podstawa*) base [beɪs], basis, *l.mn.* bases ['beɪsɪs, 'beɪsi:z]; **w gruncie rzeczy** – in fact; **z gruntu zły** – fundamentally bad

gruntowny thorough ['θʌrə]; **gruntowne porządki** – thorough cleaning; **gruntowne poszukiwania** – thorough search

grupa group [gru:p]; **grupa ludzi** – a group of people; **grupa wiekowa** – age group; **grupa krwi** – a blood group; *Jaką masz grupę krwi?* – What blood group are you? **grupa nacisku** – pressure group, lobby

grupka *p.* **grupa**

grupowy group [gru:p]; **terapia grupowa** – group therapy

g

grusza *bot.* pear-tree ['peətri:]

gruszka *bot.* pear [peə]

gruz rubble ['rʌbl], debris ['deɪbri:]; **gruzy** – ruins ['rʊɪnz]; **sterta gruzu** – a heap of rubble; *Jego kariera legła (dosł. leży) w gruzach.* – His carrier lies in ruins.

Gruzin Georgian ['dʒɔ:dʒjən]

gruziński Georgian ['dʒɔ:dʒjən]

gruźlica tuberculosis [tju:bɜ:kjʊ'ləʊsɪs], TB [ti:'bi:]

gryka buckweat ['bʌkwi:t]

grymasić ❶ (*wybredzać*) be choosy [-'tʃu:zɪ], be fussy [-'fʌsɪ] ❷ (*o dziecku – kaprysić*) be fretful [-'fretfʊl]

grymaśny fussy ['fʌsɪ], choosy ['tʃu:zɪ]

grypa flu [flu:], influenza [ɪnflʊ'enzə]; **zachorować na grypę** – to come down with flu

gryzący (*o dymie*) acrid ['ækrɪd]

gryzoń rodent ['rəʊdənt]

gryźć ❶ (*o człowieku, zwierzęciu*) bite (bit, bitten) [baɪt, bɪt, 'bɪtn], (*mocno poruszając szczękami*) chew [tʃu:], munch [mʌntʃ]; *Czy ten pies gryzie?* – Does the dog bite? **ugryźć się w język** – to bite one's tongue; *Pogryź dobrze jedzenie, zanim połkniesz.* – Chew the food well before you swallow it. *Uważaj! Szczeniak gryzie twój but!* – Look out! The puppy is chewing your shoe!/The puppy is munching at your shoe! ❷ (*o owadach*) bite (bit, bitten) [baɪt, bɪt, 'bɪtn], sting (stung, stung) [stɪŋ, stʌŋ, stʌŋ]; *Byliśmy bardzo pogryzieni przez komary.* – We were badly bitten by mosquitoes. *Pszczoła ugryzła go w ramię.* – A bee stung him on the arm. ❸ (*o dymie*) sting (stung, stung) [stɪŋ, stʌŋ, stʌŋ]; *Dym gryzie mnie w oczy.* – The smoke is stinging my eyes. ❹ (*dręczyć*) worry ['wʌrɪ], torment [tɔ:'ment], bite (bit, bitten) [baɪt, bɪt, 'bɪtn]; *Co cię gryzie?* – What's worrying you?/What's biting you?

grzać ❶ (*czynić ciepłym*) warm [wɔ:m], heat [hi:t]; *Trzeba podgrzać zupę.* – You must warm up the soup. ❷ (*dawać ciepło*) give out heat; *Ten piec nie bardzo grzeje.* – The stove doesn't give out much heat. *Słońce miło grzeje.* – The sun is nice and warm. *Słońce niemiłosiernie grzeje.* – The sun beats down mercilessly.

grzać się warm [wɔ:m], heat [hi:t], get warm; *Mleko grzeje się na kuchence.* – The milk is warming on the stove. *Ogrzej się przy ogniu.* – Warm yourself by the fire. *Pokój wkrótce się ogrzeje.* – The room will soon heat up./The room will soon get warm.

grzałka heater ['hi:tə]

grzanka toast [təʊst]

grządka (*kwiatowa*) flower-bed ['flaʊəbed], (*warzywna*) patch [pætʃ]

grząski boggy ['bɒgɪ], quaggy ['kwægɪ], marshy ['mɑ:ʃɪ]

grzbiet ❶ (*tylna część tułowia*) back [bæk] ❷ (*górna część czegoś*) back [bæk]; **grzbiet dłoni** – the back of one's hand; **grzbiet fali** – crest ❸ (*górna część łańcucha górskiego*) ridge [rɪdʒ], crest [krest]

grzebać ❶ (*chować umarłych*) bury ['berɪ] ❷ (*rozgarniać, rozrzucać szu-*

kając) rummage ['rʌmɪdʒ], fumble ['fʌmbl], rake [reɪk]; *Kto mi grzebał w szufladach?* – Who rummaged in my drawers?/Who raked around in my drawers? **grzebać w kieszeniach** – to fumble in one's pockets; **grzebać w ognisku** – to rake the fire

grzebień comb [kəʊm]

grzech sin [sɪn]

grzechotać rattle ['rætl]

grzechotka rattle ['rætl]

grzechotnik *zool.* rattle-snake ['rætl-sneɪk]

grzeczność ❶ (*dobre wychowanie, uprzejmość*) politeness [pə'laɪtnɪs], courtesy ['kɜ:tɪsɪ]; *Powiedział to z grzeczności.* – He said it out of politeness. ❷ (*przysługa*) kindness ['kaɪndnɪs], favour ['feɪvə]; **wyświadczyć komuś grzeczność** – to do sb a favour/a kindness

grzeczny ❶ (*dobrze wychowany, uprzejmy*) polite [pə'laɪt], courteous ['kɜ:tjəs], well-mannered [wel'mænəd]; **grzeczna odpowiedź** – a polite reply; *On jest grzeczny wobec wszystkich.* – He is courteous towards everyone. *Nie było grzeczne twoje wyjście bez pożegnania.* – It wasn't polite of you to leave without saying good-bye. *Bądź tak grzeczny i zanieś to na górę.* – Be so kind as to take it upstairs. ❷ (*o dzieciach, psach*) good [gʊd], well-behaved [welbɪ'heɪvd]; *Jesteś grzecznym chłopcem!* – Good boy!

grzejnik radiator ['reɪdɪəɪtə], (*grzejnik elektryczny*) electric fire [ɪ,lektrɪk'faɪə]

grzesznik sinner ['sɪnə]

grzeszyć sin (nn) [sɪn]

grzęzawisko bog [bɒg], marsh [mɑ:ʃ], swamp [swɒmp], quagmire ['kwɒmaɪə]

grzęznąć bog (gg) [bɒg], get stuck [get'stʌk]; *Traktor ugrzązł w błocie.* – The tractor bogged down in the mud./ /The tractor got stuck in the mud.

grzmieć thunder ['θʌndə]; *Grzmiało cały dzień.* – It thundered all day.

grzmot thunder ['θʌndə], thunderclap ['θʌndəklæp]

grzyb (np. *jadalny*) mushroom ['mʌʃrʊm], *biol.* fungus, *l.mn.* fungi ['fʌŋgəs, 'fʌndʒaɪ]; **zatrucie grzybami** – mushroom poisoning

grzywa mane [meɪn]

grzywka fringe [frɪndʒ]

grzywna fine [faɪn]; **ukarać kogoś grzywną** – to fine sb/to impose a fine on sb; *To podlega karze wysokiej grzywny.* – It's liable to a heavy fine.

gubernator governor ['gʌvənə]

gubić ❷ (*tracić*) lose (lost, lost) [lu:z, lɒst, lɒst]; *On znowu zgubił klucz.* – He lost the key again. *Zgubiłam go w tłumie.* – I lost him in the crowd. – *Zgubiłam drogę w ciemności.* – I lost the way in the dark. ❷ (*doprowadzić do zguby*) ruin [rʊɪn], bring to ruin; *Hazard go zgubił.* – Gambling brought him to ruin.

gubić się ❶ (*tracić orientację*) get lost [get'lɒst]; *Zgubiliśmy się w ciemności.* – We got lost in the dark. ❷ (*ginąć*) get lost [get'lɒst]; *Książka zgubiła się.* – The book got lost. ❸ (*tracić się nawzajem z oczu*) lose each other/one another. *Pogubiliśmy się w tłumie.* – We lost each other in the crowd.

gulasz stew [stju:], (*węgierski*) goulash ['gu:læʃ]

guma rubber ['rʌbə], gum [gʌm]; *Przewód jest izolowany gumą.* – The cable is insulated with rubber. **guma do żucia** – chewing gum

gumka ❶ (*do wycierania*) rubber ['rʌbə], eraser [ɪ'reɪżə] ❷ (*elastyczna tasiemka*) rubber band ['rʌbəbænd], elastic band [ɪ'læstɪk'bænd], *am.* elastic [ɪ'læstɪk]

gumowy rubber ['rʌbə]; **rękawice gumowe** – rubber gloves

gust ❶ (*poczucie elegancji, smak*) taste [teɪst]; *To sprawa gustu.* – It's a matter of taste. *Ona ma doskonały gust, jeżeli chodzi o ubrania.* – She has excellent taste in clothes. **wybredny gust** – discriminating taste; **w dobrym/w złym guście** – in good/in bad taste; **w najlepszym/w najgorszym**

g

guście – in the best/in the worst of taste ❷ (*upodobanie*) liking ['laɪkɪŋ], fancy ['fænsɪ]; *To nie w moim guście.* – It's not to my liking.

gustowny tasteful ['teɪstfl], in good taste, elegant ['elɪgənt]

guz (*gula*) bump [bʌmp], lump [lʌmp], (*od uderzenia*) bruise [bru:z], *med.* tumour ['tju:mə]; **guz złośliwy/łagodny** – malignant/benign tumour

guzik button ['bʌtn]

gwałciciel rapist ['reɪpɪst]

gwałcić rape [reɪp]

gwałt rape [reɪp]; **popełnić gwałt** – to commit rape

gwałtowność violence ['vaɪəlens]

gwałtowny ❶ (*burzliwy, porywczy, żywiołowy*) violent ['vaɪələnt]; **gwałtowny atak** – a violent attack; **gwałtowny protest** – a violent protest; **gwałtowne namiętności** – violent passions; **gwałtowny wiatr/sztorm** – violent wind/storm ❷ (*nagły*) sudden ['sʌdn], urgent ['ɜ:dʒnt]; **gwałtowna potrzeba** – an urgent need; **gwałtowna śmierć** – a sudden death

g

gwar hubbub ['hʌbʌb], buzz (of voices) [bʌz-]

gwara (*regionalna*) dialect ['daɪəlekt], (*żargon*) jargon ['dʒɑ:gən]

gwarancja guarantee [gærən'ti:], (*pisemna*) warranty ['wɒrəntɪ]; **gwarancja na nowy samochód** – the warranty on a new car; *Na to radio jest roczna gwarancja.* – The radio comes with a year's guarantee. *Gwarancja wygasa w przyszłym miesiącu.* – The warranty expires/runs out next month. *Samochód jest ciągle jeszcze na gwarancji.* – The car is still under guarantee/warranty. *Gwarancja jest jeszcze ważna.* – The guarantee is still valid. *Nie ma gwarancji, że ona się zgodzi.* – There is no guarantee she'll agree.

gwarantować guarantee [gærən'ti:], warrant ['wɒrənt]; *Mogę zagwarantować, że przyjdziemy punktualnie.* – I can guarantee we'll arrive on time. *Gwarantujemy, że to czysta bawełna.* – It's guaranteed/warranted pure cotton.

gwarny humming/buzzing with voices ['hʌmɪŋ/'bʌzɪŋ-]

gwiazda star [stɑ:]; **gwiazda stała** – a fixed star; **gwiazdy na niebie** – stars in the sky; **gwiazdy sceny i ekranu** – the stars of stage and screen; **być urodzonym pod szczęśliwą gwiazdą** – to be born under a lucky star

gwiazdka ❶ (*mała gwiazda, symbol*) star [stɑ:]; *Ta restauracja ma trzy gwiazdki.* – The restaurant has got three stars. ❷ (*młoda aktoreczka*) starlet ['stɑ:lɪt] ❸ (*Boże Narodzenie*) Christmas ['krɪsməs]

gwiazdkowy ❶ (*mający gwiazdkę*) star [stɑ:]; **pięciogwiazdkowy hotel** – a five-star hotel ❷ (*związany z Bożym Narodzeniem*) Christmas ['krɪsməs]; **prezent gwiazdkowy** – a Christmas present

gwiazdor film star ['fɪlmstɑ:]

gwiazdozbiór constellation [kɒnstə'leɪʃn]

gwiaździsty starry ['stɑ:rɪ]

gwiezdny star [stɑ:]; **gwiezdne wojny** – star wars

gwinea (*dawna jednostka monetarna Wielkiej Brytanii, do dziś używana przy podawaniu wysokości honorariów prawników i lekarzy = 1,05 funta*) guinea ['gɪnɪ]

gwizd whistle ['wɪsl]

gwizdać whistle ['wɪsl]

gwizdek whistle ['wɪsl]

gwizdnąć whistle ['wɪsl], blow a whistle

gwóźdź nail [neɪl]; **wbić gwóźdź** – to hammer a nail in

gzyms ❶ (*występ w ścianie*) ledge [ledʒ] ❷ (*półka nad kominkiem*) mantelpiece ['mæntlpi:s]

h

habilitacja habilitation [həbılı'teıʃn], (*praca habilitacyjna*) post Ph D dissertation ['pəʊst pi:eıtʃ'di:dısə'teıʃn]

habilitować się habilitate [hə'bılıteıt]

habilitowany habilitated [hə'bılıteıtıd]

habit frock [frɒk]

haczyk hook [hʊk]; **haczyk na ryby** – fish-hook

haft embroidery [ım'brɔıdərı]; **haft angielski** – broderie anglaise [brəʊdrı ɑ:ŋ'gleız]

haftka hook and eye [hʊkənd'aı]

haftować embroider [ım'brɔıdə]

hak hook [hʊk]

hala[1] (*pomieszczenie*) hall [hɔ:l], room [ru:m]; **hala targowa** – market hall; **hala sportowa** – a sports hall

hala[2] (*górska*) mountain pasture [ˌmaʊntın'pɑ:stʃə]

halka petticoat ['petıkəʊt]

hall hall [hɔ:l]

halowy indoor ['ındɔ:]; **halowy rekord** – indoor record; **halowe mistrzostwa** – indoor championships

halucynacja hallucination [həˌlu:si'neıʃn]; **cierpieć na halucynacje** – to suffer from hallucinations

hałas noise [nɔız]; **robić hałas** – to make noise; *Nie róbcie tyle hałasu.* – Don't make such noise. **ogłuszający hałas** – deafening noise

hałasować make noise

hałaśliwy noisy ['nɔızı]

hamak hammock ['hæmək]

hamować ❶ (*zatrzymać*) brake [breık] ❷ (*utrudniać*) hamper ['hæmpə], hinder ['hındə], obstruct [əb'strʌkt], impede [ım'pi:d]; **hamować postęp** – to impede/to obstruct/to hinder progress; *Produkcja została zahamowana z powodu strajku.* – Production was hindered because of the strike. *Badania zostały zahamowane z powodu zmniejszenia funduszów.* – Research was impeded by reduction in funds. ❸ (*opanowywać, powściągać*) restrain [rı'streın], curb [kɜ:b], control (ll) [kən'trəʊl], keep in check, keep under control; **hamować gniew/łzy/śmiech** – to restrain anger/tears/laughter

hamować się control oneself [kən'trəʊl-], restrain oneself [rı'streın-]

hamulec brake [breık]; *Hamulce zawiodły.* – The brakes failed. **nacisnąć na hamulec** – to step on the brake; **używać hamulców** – to apply the brakes

handel trade [treıd], business ['bıznıs], commerce ['kɒmɜ:s]; **handel zagraniczny/wewnętrzny** – foreign/domestic trade; **prowadzić handel z wieloma krajami** – to conduct trade with many countries; **handel hurtowy/detaliczny** – wholesale/retail business; *Handel idzie dobrze.* – Business is brisk. **handel niewolnikami** – slave-trade

handlarz dealer ['di:lə], tradesman, *l.mn.* tradesmen ['treıdzmən]

handlować trade [treıd]

handlowiec trader ['treıdə], tradesman, *l.mn.* tradesmen ['treıdzmən]

handlowy trade [treıd], commercial [kə'mɜ:ʃl]; **znak handlowy** – trade mark; **nazwa handlowa** – trade name; **bilans handlowy** – trade balance; **działalność handlowa** – commercial activity; **prawo handlowe** – commercial law; **centrum handlowe** – shopping centre

hangar hangar ['hæŋə]

hańba shame [ʃeɪm], disgrace [dɪs'greɪs], infamy ['ɪnfəmɪ]; **okryć hańbą swoją rodzinę** – to bring disgrace on one's family
hańbić disgrace [dɪs'greɪs], bring disgrace on
harcerka Girl Guide [gɜ:l'gaɪd], *am.* Girl Scout [gɜ:l'skaʊt]
harcerstwo the Scouts [skaʊts]; **wstąpić do harcerstwa** – to join the Scouts
harcerz Boy Scout [bɔɪ'skaʊt]
harem harem ['hɑ:ri:m]
harfa harp [hɑ:p]
harmonia harmony ['hɑ:mənɪ], (*instrument muzyczny*) harmonium [hɑ:'məʊnjəm]
harmonijka ustna mouth-organ ['maʊθɔ:gən]
harmonijny harmonic [hɑ:'mɒnɪk]
harmonizować harmonize ['hɑ:mənaɪz]
harmonogram schedule ['ʃedju:l], plan [plæn], timetable ['taɪmteɪbl]; **zgodnie z harmonogramem** – according to plan/schedule
h
hart fortitude ['fɔ:tɪtju:d], endurance [ɪn'djʊərəns]
hartować harden ['hɑ:dn], inure [ɪ'njʊə]
hartować się become inured [-ɪ'njʊəd]
hasło ❶ *wojsk.* password ['pɑ:swɜ:d] ❷ (*sygnał*) order ['ɔ:də], signal ['sɪgnl] ❸ (*pozycja w słowniku*) entry ['entrɪ] ❹ (*slogan*) slogan ['sləʊgən], catchword ['kætʃwɜ:d]
haszysz hashish ['hæʃi:ʃ]
haust gulp [gʌlp], draught [drɑ:ft]; **wypić coś jednym haustem** – to drink sth at a draught
hazard gambling ['gæmblɪŋ]; **uprawiać hazard** – to gamble
hazardzista gambler ['gæmblə]
heban ebony ['ebənɪ]
hebel plane [pleɪn]
heblować plane [pleɪn], shave (wood) [ʃeɪv]
hebrajski Hebrew ['hi:bru:]
hej! hey! [heɪ], hallo there! [hə'ləʊ'ðeə]
hejnał bugle-call ['bju:glkɔ:l]
hektar (*10 000 m²*) hectare ['hektɑ:]
hel *chem.* helium ['hi:ljəm]
helikopter helicopter ['helɪkɒptə]
hełm helmet ['helmɪt]
henna henna ['henə]
herb coat of arms [kəʊtəv'ɑ:mz], arms [ɑ:mz], emblem ['embləm]
herbaciarnia tea-room ['ti:rʊm], tea-shop [ti:ʃɒp]
herbata tea [ti:]; **filiżanka herbaty** – a cup of tea; **parzyć herbatę** – to make tea; **herbata miętowa** – mint tea
herbatnik biscuit ['bɪskɪt]
hermetyczny hermetic [hɜ:'metɪk]
heroiczny heroic [hɪ'rəʊɪk]
heroina heroin ['herəʊɪn]
hiacynt *bot.* hyacinth ['haɪəsɪnθ]
hiena *zool.* hyena/hyaena [haɪ'i:nə]
hierarchia hierarchy ['haɪərɑ:kɪ]
hieroglif hieroglyph ['haɪərəʊglɪf]
higiena hygiene ['haɪdʒi:n]; **higiena osobista** – personal hygiene
higieniczny hygienic [haɪ'dʒi:nɪk]
hinduizm Hinduism ['hɪndu:ɪzm]
Hindus (*mieszkaniec Indii*) Indian ['ɪndjən]
hindus (*wyznawca hinduizmu*) Hindu [hɪn'du:]
hinduski Hindu [hɪn'du:], (*język hinduski*) Hindi ['hɪndi:]
hipnotyzować hypnotize ['hɪpnətaɪz]
hipnoza hypnosis [hɪp'nəʊsɪs]; **wprowadzić kogoś w stan hipnozy** – to put sb under hypnosis
hipokryta hypocrite ['hɪpəkrɪt]
hipokryzja hypocrisy [hɪ'pɒkrəsɪ]
hipopotam hippopotamus, *l.mn.* hippopotami/hippopotamuses [hɪpə'pɒtəməs, hɪpə'pɒtəmaɪ], hippo ['hɪpəʊ]
hipoteczny mortgage ['mɔ:gɪdʒ]; **pożyczka hipoteczna/dług hipoteczny** – mortgage; **księga hipoteczna** – register of mortgages
hipoteka ❶ (*instytucja*) land registry [lænd'redʒɪstrɪ] ❷ (*zabezpieczenie zapłaty długu na nieruchomości*) mortgage ['mɔ:gɪdʒ] ❸ (*księga hipoteczna*) register of mortgages

hipotetyczny hypothetical [haɪpəʊ'θetɪkl]

hipoteza hypothesis, *l.mn.* hypotheses [haɪ'pɒθɪsɪs, haɪ'pɒθɪsi:z]

histeria hysteria [hɪ'stɪərɪə], hysterics [hɪ'sterɪks]; **atak histerii** – a fit of hysteria; **dostać (napadu) histerii** – to go into hysterics

histeryczny hysterical [hɪ'sterɪkl]; **histeryczny śmiech** – hysterical laughter

historia ❶ (*zapis przeszłych dziejów, nauka*) history ['hɪstərɪ]; **historia starożytna/średniowieczna/nowożytna** – ancient/medieval/modern history; **studiować historię na uniwersytecie** – to study history at university; **podręcznik do historii** – history book; **nauczyciel historii** – history teacher; **przejść do historii** – to go down in history; **historia się powtarza** – history repeats itself ❷ (*opowiadanie*) story ['stɔ:rɪ]; *Opowiedz dzieciom jakąś historię.* – Tell the children a story. ❸ (*sprawa, zdarzenie*) affair [ə'feə], business ['bɪznɪs]; **dziwna historia** – a strange/an odd business

historyczny ❶ (*o znaczeniu historycznym*) historic [hɪ'stɒrɪk]; **wydarzenie historyczne** – historic event ❷ (*zaistniały w historii*) historical [hɪ'stɒrɪkl]; **fakt historyczny** – historical fact; **badania historyczne** – historical research; **powieść historyczna** – historical novel

historyjka story ['stɔ:rɪ]

historyk historian [hɪ'stɔ:rɪən]

Hiszpan Spaniard ['spænjəd]

Hiszpanka Spanish woman, *l.mn.* Spanish women ['spænɪʃ wʊmən, 'spænɪʃ wɪmɪn]

hiszpański Spanish ['spænɪʃ]

hitlerowiec Nazi ['nɑ:tsɪ]

hitlerowski Nazi ['nɑ:tsɪ]

hitleryzm Nazism ['nɑ:tsɪzm]

hobbista hobbyist ['hɒbɪɪst]

hobby hobby ['hɒbɪ]

hodować ❶ (*zwierzęta*) keep (kept, kept) [ki:p, kept, kept], breed (bred, bred) [bri:d, bred, bred]; **hodować pszczoły** – to keep bees; **hodować konie** – to breed horses ❷ (*rośliny itp.*) grow (grew, grown) [grəʊ, gru:, grəʊn]; **hodować róże** – to grow roses

hodowca ❶ (*zwierząt*) keeper ['ki:pə], breeder ['bri:də]; **hodowca pszczół** – bee-keeper; **hodowca bydła** – cattle-breeder ❷ (*roślin*) grower ['grəʊə]; **hodowca róż** – rose-grower

hodowla ❶ (*hodowanie zwierząt*) animal husbandry ['ænɪml'hʌzbəndrɪ] ❷ (*miejsce, gdzie hoduje się zwierzęta*) farm [fɑ:m]; **hodowla drobiu** – chicken farm; **hodowla świń** – pig farm; **hodowla pstrągów** – trout farm

hojność generosity [dʒenə'rɒsətɪ]

hojny generous ['dʒenərəs]

hokeista hockey player ['hɒkɪpleɪə]

hokej hockey ['hɒkɪ]; **grać w hokeja** – to play hockey

hol[1] (*lina*) tow-line ['təʊlaɪn], tow-rope ['təʊrəʊp]; *Uszkodzony samochód wzięto na hol.* – The damaged car was on tow. **wziąć samochód na hol** – to take a car in tow

hol[2] (*przedpokój*) hall [hɔ:l], (*w hotelu*) lobby ['lɒbɪ], lounge [laʊndʒ]

Holender Dutch [dʌtʃ], Dutchman, *l.mn.* Dutchmen ['dʌtʃmən]; **Holendrzy** – the Dutch

Holenderka Dutchwoman, *l.mn.* Dutchwomen ['dʌtʃwʊmən, 'dʌtʃwɪmɪn]

holenderski Dutch [dʌtʃ]

holować tow [təʊ]; **holować uszkodzony samochód** – to tow a damaged car; *Czy może mnie pan podholować?* – Can you give me a tow?

holownik tug [tʌg], tug-boat ['tʌg bəʊt]

hołd tribute ['trɪbju:t], homage ['hɒmɪdʒ]; **składać hołd** – to pay homage/tribute

homar lobster ['lɒbstə]

homeopata homoeopath ['həʊmjəʊpæθ]

homeopatia homoeopathy [həʊmɪ'ɒpəθɪ]

homeopatyczny homoeopathic [həʊmjəʊ'pæθɪk]; **lekarstwa homeopatyczne** – homoeopathic remedies; **leczenie homeopatyczne** – homoeopathic treatment

h

homoseksualista homosexual [hɒməʊ'seksjʊəl]
homoseksualizm homosexuality [hɒməʊseksjʊ'ælətɪ]
homoseksualny homosexual [hɒməʊ'seksjʊəl]
honor honour ['ɒnə]; **pod słowem honoru** – on (one's) word of honour; **punkt honoru** – a point of honour; **być związanym słowem honoru** – to be honour bound; *Był pochowany z pełnymi honorami wojskowymi.* – He was buried with full military honours. **czynić honory** (*domu*) – to do the honours
honorarium (*lekarza, adwokata*) fee [fi:], (*autorskie*) royalty ['rɔɪəltɪ]
honorować honour ['ɒnə]; **honorować czek** – to honour a cheque
honorowy ❶ (*zgodny z honorem*) of honour [əv'ɒnə], honourable ['ɒnərəbl]; **dług honorowy** – a debt of honour; **człowiek honorowy** – a man of honour/an honourable man; **kodeks honorowy** – code of honour ❷ (*służący do okazania szacunku*) of honour [əv'ɒnə]; **miejsce honorowe** – the seat of honour; **kompania honorowa** – the guard of honour; **przejść przed kompanią honorową** – to inspect the guard of honour ❸ (*nominalny, tytularny*) honorary ['ɒnərərɪ]; **członek honorowy** – an honorary member
hormon hormone ['hɔ:məʊn]
hormonalny hormonal [hɔ:'məʊnl]
horoskop horoscope ['hɒrəskəʊp]
horyzont horizon [hə'raɪzn]; **pojawić się na horyzoncie** – to appear on the horizon; *Słońce schowało się za horyzontem.* – The sun sunk below the horizon. **poszerzać swoje horyzonty** – to broaden one's horizons
hostessa hostess ['həʊstɪs]
hostia the Host [-həʊst]
hotel hotel [həʊ'tel]
hotelarstwo hotel management [həʊ'tel ˌmænɪdʒmənt]
hotelarz hotelier [həʊ'telɪeɪ]
hrabia count [kaʊnt], earl [ɜ:l]
hrabina countess ['kaʊntɪs]
hrabstwo county ['kaʊntɪ]
huczeć roar [rɔ:], roll [rəʊl], rumble ['rʌmbl]
huczny ❶ (*okazały, szumny, na wielką skalę*) sumptuous ['sʌmptjʊəs], lavish ['lævɪʃ], pompous ['pɒmpəs] ❷ (*głośny*) uproarious [ʌp'rɔ:rɪəs], thunderous ['θʌndərəs]; **huczne brawa** – thunderous applause; **huczna zabawa** – revelry
huk ❶ (*łomot, łoskot*) rumble ['rʌmbl], crash [kræʃ] ❷ (*odgłos wybuchu*) explosion [ɪk'spləʊʒn], boom [bu:m] ❸ (*odgłos wystrzału*) report [rɪ'pɔ:t] ❹ (*odgłos pioruna*) clap [klæp], crash [kræʃ], roar [rɔ:], roll [rəʊl]
humanista arts scholar ['ɑ:tsskɒlə], humanist ['hju:mənɪst]
humanistyczny on the arts side, humanistic [hju:mə'nɪstɪk]; **nauki humanistyczne** – the arts/the humanities; *On ma zainteresowania humanistyczne.* – His interests are on the arts side. *On ma talent do przedmiotów humanistycznych.* – He has talent for the humanities.
humanistyka the Arts [ɑ:ts], the humanities [hju:'mænətɪz]
humanitarność humane attitude [hju:'meɪnˌætɪtju:d], humaneness [hju:'meɪnnɪs]
humanitarny humanitarian [hju:mænɪ'teərɪən], humane [hju:'meɪn]
humanizm humanism ['hju:mənɪzm]
humor ❶ (*cecha charakteru*) humour ['hju:mə]; **poczucie humoru** – a sense of humour ❷ (*nastrój*) humour ['hju:mə], mood [mu:d]; **być w świetnym humorze** – to be in an excellent humour/to be in a good mood
humorystyczny humoristic [hju:mə'rɪstɪk], funny ['fʌnɪ], humorous ['hju:mərəs]
hurra! hurray!/hooray! [hʊ'reɪ]
huragan hurricane ['hʌrɪkən]
hurt wholesale ['həʊlseɪl]; **kupować/ /sprzedawać hurtem** – to buy/to sell wholesale

hurtownia wholesale firm ['həʊlseɪl,fɜ:m]

hurtownik wholesaler ['həʊlseɪlə], wholesale dealer [,həʊlseɪl'di:lə]

hurtowy wholesale ['həʊlseɪl]; **handel hurtowy** – wholesale trade; **cena hurtowa** – wholesale price

huśtać rock [rɒk]; *Fale huśtały naszą łódką.* – Our boat was rocked by the waves.

huśtać się swing (swung, swung) [swɪŋ, swʌŋ, swʌŋ]

huśtawka (*ławeczka zawieszona na sznurach*) swing [swɪŋ], (*w postaci dźwigni dwustronnej*) see-saw ['si:sɔ:]

huta foundry ['faʊndrɪ], (*stali*) steelworks ['sti:lwɜ:ks], (*szkła*) glassworks ['glɑ:swɜ:ks]

hutnictwo metallurgy [me'tælədʒɪ]

hutnik steel worker ['sti:lwɜ:kə]

hydrant hydrant ['haɪdrənt]

hydrauliczny hydraulic [haɪ'drɔ:lɪk]

hydraulik plumber ['plʌmə]

hydraulika ❶ (*nauka o prawach ruchu cieczy*) hydraulics [haɪ'drɔ:lɪks] ❷ (*pot. zakładanie instalacji wodnej i kanalizacyjnej*) plumbing ['plʌmɪŋ]

hydroelektrownia hydroelectric power plant

hydrofor water tank (under pressure) worked by electricity

hydrologia hydrology [haɪ'drɒlədʒɪ]

hymn hymn [hɪm], (*narodowy*) national anthem [næʃnəl'ænθəm]

i

i and [ænd/ənd/ən]; *Mam syna i córkę.* – I have a son and daughter.

◆ **i... i...** – both... and...; *Ona jest i ładna, i bogata.* – She is both pretty and rich.

◆ **i tak** – (a) (*czy tak, czy inaczej*) anyway ['enɪweɪ], as it is; *Ja i tak to wiem.* – I know it anyway./As it is, I know it. (b) (*i w ten sposób*) thus [ðʌs]

◆ **i już/i koniec** – and that's final; *Nie pójdę, i koniec.* – I won't go and that's final.

ich ❶ (*przymiotnik dzierżawczy*) their [ðeə]; *To jest ich samochód.* – It's their car. ❷ (*zaimek dzierżawczy*) theirs [ðeəz]; *Te pieniądze są ich.* – The money is theirs. ❸ (*zaimek osobowy w przypadku dopełnienia*) them [ðem, ðm, əm]; *Nie zapraszaj ich.* – Don't invite them.

idea idea [aɪ'dɪə]

idealista idealist [aɪ'dɪəlɪst]

idealistyczny idealistic [aɪdɪə'lɪstɪk]

idealizm idealism [aɪ'dɪəlɪzm]

idealizować idealize [aɪ'dɪəlaɪz]

idealnie (*doskonale, bez zarzutu*) ideally [aɪ'dɪəlɪ], perfectly ['pɜ:fɪktlɪ]

idealny (*doskonały, znakomity*) ideal [aɪ'dɪəl], perfect ['pɜ:fɪkt]; **idealne**

miejsce na piknik – an ideal place for a picnic

ideał ❶ (*wzór doskonałości*) ideal [aɪ'dɪəl]; *Wiem, że on nie jest ideałem.* – I know he is no ideal. ❷ (*najwyższy cel dążeń*) ideal [aɪ'dɪəl]; **wzniosłe ideały** – high/lofty ideals

identyczność identity [aɪ'dentətɪ], sameness ['seɪmnɪs]

identyczny identic [aɪ'dentɪk], identical [aɪ'dentɪkl]

identyfikacja identification [aɪdentɪfɪ'keɪʃn]

identyfikować identify [aɪ'dentɪfaɪ]; **identyfikować przestępcę** – to identify a criminal

identyfikować się identify (oneself) [aɪ'dentɪfaɪ-]; **identyfikować się z bohaterem powieści** – to identify (oneself) with the hero of a novel

ideologia ideology [aɪdɪ'ɒlədʒɪ]

ideologiczny ideological [aɪdɪə'lɒdʒɪkl]

idiom idiom ['ɪdɪəm]

idiomatyczny idiomatic [ɪdɪə'mætɪk]; **wyrażenie idiomatyczne** – an idiomatic expression

idiota idiot ['ɪdɪət], imbecile ['ɪmbɪsi:l], fool [fu:l]

idiotyczny idiotic [,dɪ'ɒtɪk]

idiotyzm ❶ (*niedowład umysłowy*) idiocy ['ɪdɪəsɪ], imbecility [ɪmbɪ'sɪlətɪ] ❷ (*głupota*) stupidity [stju:'pɪdətɪ], idiocy ['ɪdɪəsɪ]

idol idol ['aɪdl]

idylla idyll ['ɪdɪl]

iglasty coniferous [kə'nɪfərəs]; **drzewa iglaste** – conifers

igliwie conifer needles ['kɒnɪfə,ni:dlz]

igloo igloo ['ɪglu:]

igła needle ['ni:dl]; **igła do szycia** – a sewing needle; **igła do strzykawki** – a hypodermic needle; **nawlec igłę** – to thread a needle; **szukać igły w stogu siana** – to look for a needle in a haystack

ignorancja ingorance ['ɪgnərəns]

ignorant ignoramus [ɪgnə'reɪməs]

ignorować ignore [ɪg'nɔ:]

igrać play (about with/around with) [pleɪ-]; **igrać z ogniem** – to play with fire; *Uśmiech igrał mu na twarzy.* – A smile played on his lips.

igraszka play [pleɪ], toy [tɔɪ], plaything ['pleɪθɪŋ]; **dziecięca igraszka** – a child's play

igrzysko athletic contest [æθ'letɪk,kɒntest]; **Igrzyska Olimpijskie** – the Olympic Games/the Olympics

ikona icon/ikon ['aɪkən]

ikra ❶ (*rybia*) spawn [spɔ:n] ❷ (*werwa*) spirit ['spɪrɪt]

ile ❶ (*zaimek pytający*) how much, how many, how long; *Ile to kosztuje?* – How much is it? *Ile masz lat?* – How old are you? *Ile razy ci to mówiłem?* – How many times did I tell you? *Ile czasu zabiera ci dojazd do pracy?* – How long does it take you to get to work? ❷ (*w wyrażeniach oznaczających stopień nasilenia*) as... as...; **o ile wiem** – as far as I know; *Zapłacił tyle, na ile go było stać.* – He paid as much as he could afford to. *Zrobił tyle, ile mógł.* – He did his utmost. ❸ (*w wyrażeniach*): **o ile...** if; **o ile nie...** unless; *Zrobię to, o ile mi pomożesz.* – I'll do it if you help me. *Nie zrobię tego, o ile mi nie pomożesz.* – I won't do it unless you help me.

◆ **o tyle, o ile** – so, so; *Podoba ci się?* – *O tyle, o ile.* – Do you like it? – So, so.

ilekroć every time [evrɪ'taɪm], whenever [wen'evə]

ileś some [səm], a certain number [sɜ:tn'nʌmbə], a certain amount [-ə'maʊnt]; **ileś lat temu** – some years ago

iloczyn (*wynik*) product ['prɒdʌkt], (*stosunek*) ratio ['reɪʃɪəʊ]

iloraz quotient ['kwəʊʃnt]

ilościowy quantitative ['kwɒntɪtətɪv]; **analiza ilościowa** – quantitative analysis

ilość quantity ['kwɒntətɪ], amount [ə'maʊnt]; *Jakość jest ważniejsza niż ilość.* – Quality is more important than quantity. **duża/mała ilość** – a large/a small amount

ilu *p.* **ile**

ilustracja illustration [ɪlə'streɪʃn], picture ['pɪktʃə]

ilustrować illustrate ['ɪləstreɪt]

im[1] (*zaimek osobowy w przypadku dopełnienia*) them [ðem/ðm/əm]; *Nie mów im o tym.* – Don't tell them about it.

im[2]:

im..., tym... – the... the...; *Im prędzej, tym lepiej.* – The sooner the better. *Im więcej o tym myślę, tym trudniejsze mi się to wydaje.* – The more I think about it, the more difficult it seems.

imbir ginger ['dʒɪndʒə]

imbryk kettle ['ketl]; **nastawić imbryk** – to put the kettle on

imieniny name-day ['neɪmdeɪ]

imię ❶ (*osobiste miano człowieka*) name [neɪm], first name ['fɜ:stneɪm]; *Mam na imię Anna.* – My name is Anna. **nadać komuś imię** – to name sb/to give a name to sb/to give sb a name; **być z kimś po imieniu** – to call sb by his/her Christian name/to be on intimate terms with sb ❷ (*nazwa*) name [neɪm]; **w imieniu prawa** – in the name of the law; **w imię przyjaźni** – in the name of friendship; **mówić w czyimś imieniu** – to speak on behalf of sb/to represent sb ❸ (*reputacja, opinia, honor*) name [neɪm]; **dobre/złe imię** – good/bad name; **zdobyć sobie imię** – to make a name for oneself

imigracja immigration [ɪmɪ'greɪʃn]

imigrant immigrant ['ɪmɪgrənt]

imigrować immigrate ['ɪmɪgreɪt]

imitacja imitation [ɪmɪ'teɪʃn]

imitować imitate ['ɪmɪteɪt]

immunitet immunity [ɪ'mju:nətɪ]; **immunitet dyplomatyczny** – diplomatic immunity

impas impasse [æm'pɑ:s]; *Rozmowy znalazły się w impasie.* – The talks have reached an impasse.

imperator emperor ['emprə]

imperialista imperialist [ɪm'pɪərɪəlɪst]

imperialistyczny imperialist [ɪm'pɪərɪəlɪst], imperialistic [ɪmpɪərɪə'lɪstɪk]

imperializm imperialism [ɪm'pɪərɪəlɪzm]

imperialny imperial [ɪm'pɪərɪəl]

imperium empire ['empaɪə]

impertynencja impertinence [ɪm'pɜ:tɪnəns]

impertynencki impertinent [ɪm'pɜ:tɪnənt]

impertynent impertinent person [ɪm'pɜ:tɪnənt pɜ:sn]

imponować impress [ɪm'pres]; *Zaimponował mi swoją znajomością języków.* – He impressed me with his knowledge of languages. *On lubi wszystkim imponować.* – He likes showing off.

import import ['ɪmpɔ:t]; **nałożyć cła na import żywności** – to impose duties on the import of food; **ograniczyć tani import** – to restrict cheap imports

importer importer [ɪm'pɔ:tə]

importować import [ɪm'pɔ:t]; *Importujemy towary z Japonii.* – We import goods from Japan. **wino importowane z Francji** – wine imported from France

importowy import ['ɪmpɔ:t]; **cła importowe** – import tariffs

impresario impresario [ɪmprɪ'sɑ:rɪəʊ]

impresjonista impressionist [ɪm'preʃnɪst]

impresjonistyczny impressionist [ɪm'preʃnɪst]; **obraz impresjonistyczny** – an impressionist painting

impresjonizm impressionism [ɪm'preʃnɪsm]

impreza ❶ (*widowisko*) show [ʃəʊ], performance [pə'fɔ:məns], ❷ (*sportowa*) sports event ['spɔ:tsɪ,vent], ❸ (*pot. zabawa*) do [du:]

improwizacja improvisation [ɪmprəvaɪ'zeɪʃn]

improwizować improvise ['ɪmprəvaɪz]

impuls impulse ['ɪmpʌls]; **kierując się impulsem** – on impulse; **oprzeć się impulsowi** – to resist an impulse

impulsywność impulsiveness [ɪm'pʌlsɪvnɪs]

impulsywny impulsive [ɪm'pʌlsɪv]

inaczej ❶ (*w inny sposób*) differently ['dɪfrəntlɪ], in a different way [ɪnə-'dɪfrəntweɪ], otherwise ['ʌðəwaɪz]; *Wyglądasz teraz inaczej i zachowujesz się też inaczej.* – Now you look different and you behave in a different way, too. *Ja myślę inaczej.* – I think otherwise. ❷ (*przy porównaniach – inaczej niż*) unlike [ʌn'laɪk]; *Ona postanowiła, inaczej niż większość kobiet, nie wychodzić za mąż.* – She decided, unlike most women, to remain ummarried. ❸ (*bo inaczej, w przeciwnym razie*) otherwise ['ʌðəwaɪz], or else [ɔ:r'els]; *Musimy wziąć taksówkę, bo inaczej spóźnimy się na pociąg.* – We must take a taxi, or else/otherwise we'll miss the train.

inauguracja opening ceremony ['əʊpnɪŋ'serɪmənɪ], inauguration [ɪnɔ:gjʊ:-'reɪʃn]

inaugurować inaugurate [ɪ'nɔ:gjʊreɪt]

incydent incident ['ɪnsɪdənt]; **incydenty na granicy** – border incidents

indeks ❶ (*alfabetyczny spis terminów na końcu książki*) index ['ɪndeks] ❷ *mat.* index, *l.mn.* indices ['ɪndeks, 'ɪndɪsi:z] ❸ (*książeczka studenta*) student's registration book

i

Indianin American Indian [ə'merɪkən 'ɪndjən], Indian ['ɪndjən]

indiański American Indian [ə'merɪkən 'ɪndjən], Indian ['ɪndjən]

indor *p.* **indyk**

indyjski Indian ['ɪndjən]

indyk turkey ['tɜ:kɪ]

indywidualista individualist [ɪndɪ'vɪd-jʊəlɪst]

indywidualność individuality [ˌɪndɪ-ˌvɪdjʊ'ælətɪ]

indywidualny individual [ɪndɪ'vɪdjʊəl]

indywiduum individual [ɪndɪ'vɪdjʊəl]

indziej:

gdzie indziej – somewhere else ['sʌmweər'els], elsewhere [els'weə]; **nigdzie indziej** – nowhere else [nəʊweər'els]; **kiedy indziej** – some other time/another time

infantylny infantile ['ɪnfəntaɪl], childish ['tʃaɪldɪʃ]

infekcja infection [ɪn'fekʃn]; **przenosić infekcję** – to transmit infection; **być narażonym na infekcję** – to be exposed to infection

infekcyjny infectious [ɪn'fekʃəs]; **choroby infekcyjne** – infectious diseases

inflacja inflation [ɪn'fleɪʃn]; **wskaźnik inflacji** – an inflation rate; **powstrzymać inflację** – to control inflation; **inflacja pełzająca** – creeping inflation; **hiperinflacja** – galloping inflation/ /hyperinflation

informacja ❶ (*wiadomość, wskazówka*) information [ɪnfə'meɪʃn], (*rzeczownik niepoliczalny, nie występuje w l.mn.*); **źródło informacji** – a source of information; **udzielić informacji o** – to give information about/on; **przekazać informację** – to pass on information; **zbierać informacje** – to collect/to gather information; **informacja poufna** – confidential/inside information; **informacja z pierwszej ręki** – first hand information; *Czy są jakieś dalsze informacje?* – Is there any further information? ❷ (*miejsce, gdzie można uzyskać informację*) information desk [ɪnfə'meɪʃn desk], inquiry desk [ɪn'kwaɪərɪ desk], inquiries/enquiries [ɪn-'kwaɪərɪz]; *Zapytaj się w informacji.* – Inquire at the information desk. ❸ (*informacja telefoniczna*) directory inquiries/enquiries; **informacja międzymiastowa** – long-distance inquiries/ /enquiries, *am.* long-distance information

informator ❶ (*osoba informująca*) informant [ɪn'fɔ:mənt] ❷ (*książka lub broszura*) directory [dɪ'rektərɪ/daɪ-'rektərɪ], guide-book ['gaɪdbʊk]

informatyka information science [ɪnfə-'meɪʃn'saɪəns], information technology, informatics [ɪnfə'mætɪks]

informować inform [ɪn'fɔ:m], give information [-ɪnfə'meɪʃn]

informować się inquire [ɪn'kwaɪə]

inicjał initial [ɪ'nɪʃl]

inicjatywa initiative [ɪ'nɪʃɪətɪv]; **przejąć inicjatywę** – to take the initiative; **z własnej inicjatywy** – on one's own initiative; **prywatna inicjatywa** – private enterprise

inkasent collector of payments [kə'lektə rəv'peɪmənts], (*gazowni*) gasman, *l.mn.* gasmen ['gæsmæn, 'gæsmən]

inkubacja incubation [ɪnkjʊ'beɪʃn]; **okres inkubacji** – incubation period

inkubator incubator ['ɪŋkjʊbeɪtə]

inkwizycja inquisition [ɪnkwɪ'zɪʃn], **Święta Inkwizycja** – the Inquisition/ /the Holy Office

inkwizytor inquisitor [ɪn'kwɪzɪtə]

inność otherness ['ʌðənɪs]; **akceptować czyjąś inność** – to accept sb's otherness

inny ❶ (*nie ten*) another [ə'nʌðə], other ['ʌðə]; **inni ludzie** – other people; **innym razem** – another time; **inni** (*pozostali*) – (the) others ❷ (*odmienny*) different ['dɪfrənt], unlike [ʌn'laɪk], other than ['ʌðəðən]; *Rezultat był inny niż się spodziewałem.* – The result was different from what I had expected. **w inny sposób** – in a different way; *Ta książka jest inna od wszystkiego, co dotąd czytałem.* – The book is unlike anything I've read before.

inscenizacja staging ['steɪdʒɪŋ], production [prə'dʌkʃn]

inscenizować stage [steɪdʒ], produce [prə'dju:s]

inspekcja inspection [ɪn'spekʃn]; **przeprowadzić inspekcję** – to carry out an inspection/to inspect

inspekt hotbed ['hɒtbed]

inspektor inspector [ɪn'spektə]

inspiracja inspiration [ɪnspə'reɪʃn]

inspirować inspire [ɪn'spaɪə]

instalacja ❶ (*całość urządzeń*) installation [ɪnstə'leɪʃn]; **instalacja grzewcza** – heating installation; **instalacja wodno-kanalizacyjna** – plumbing ❷ (*zakładanie urządzeń*) installation [ɪnstə'leɪʃn]

instalator installer [ɪn'stɔ:lə]

instalować install [ɪn'stɔ:l]; **instalować centralne ogrzewanie** – to install central heating

instancja instance ['ɪnstəns]; **sąd pierwszej instancji** – court of first instance

instrukcja instruction [ɪn'strʌkʃn]; **udzielać instrukcji** – to give instructions/to instruct; **postępować zgodnie z instrukcją** – to carry out/to follow instructions; **instrukcja obsługi** – instructions

instruktaż instruction [ɪn'strʌkʃn]; **prowadzić instruktaż** – to conduct instruction; **udzielać instruktażu** – to give instruction

instruktor instructor [ɪn'strʌktə]

instrument instrument ['ɪnstrʊmənt]; **instrumenty chirurgiczne** – surgical instruments; **instrumenty optyczne** – optical instruments; **instrumenty muzyczne** – musical instruments; **grać na instrumencie** – to play an instrument

instrumentalny instrumental [ɪnstrʊ'mentl]

instynkt instinct ['ɪnstɪŋt]; **instynkt zwierzęcy** – animal instinct; **instynkt macierzyński** – the maternal instinct; **instynkt samozachowawczy** – the survival instinct/the instinct to survive; **kierować się instynktem** – to act on instinct; **rozbudzać w kimś najniższe instynkty** – to arouse the lowest instincts in sb; **nieomylny instynkt** – an unerring instinct

instynktownie instinctively [ɪn'stɪŋktɪvlɪ], by instinct; *Instynktownie wiedziałam, że on kłamie.* – I knew, by instinct, that he was lying./I instinctly knew that he was lying.

instynktowny instinctive [ɪn'stɪŋktɪv]; *Poczułam instynktowną niechęć do tego człowieka.* – I took an instinctive dislike to that man.

instytucja institution [ɪnstɪ'tju:ʃn], establishment [ɪ'stæblɪʃmənt]

instytut institute ['ɪnstɪtju:t]

insulina insulin ['ɪnsjʊlɪn]

integracja integration [ɪntɪ'greɪʃn]
integrować integrate ['ɪntɪgreɪt]
integrować się integrate ['ɪntɪgreɪt]; *Musimy pomóc imigrantom integrować się w społeczeństwie.* – We must help immigrants to integrate into the society.
intelekt intellect ['ɪntəlekt], mind [maɪnd]; **człowiek wielkiego intelektu** – a man of great intellect
intelektualista intellectual [ɪntə'lektjʊəl], highbrow ['haɪbraʊ]
intelektualny intellectual [ɪntə'lektjʊəl]; **zainteresowania intelektualne** – intellectual/highbrow interests
inteligencja ❶ (*bystrość umysłu*) intelligence [ɪn'telɪdʒəns]; **osoba o wysokiej/niskiej inteligencji** – a person of high/low intelligence ❷ (*warstwa społeczna*) intelligentsia [ɪntelɪ'dʒentsɪə]
inteligent ❶ (*intelektualista*) intellectual [ɪntə'lektjʊəl] ❷ (*pracownik umysłowy*) white-collar worker
inteligentny intelligent [ɪn'telɪdʒənt], bright [braɪt], quick-witted [kwɪk'wɪtɪd]
intencja intention [ɪn'tenʃn]; **było w mojej intencji...** – it was my intention to...; **działać w dobrej intencji** – to mean well
intendent steward ['stjʊəd]
intensywność intensity [ɪn'tensətɪ]
intensywny intensive [ɪn'tensɪv]; **rolnictwo intensywne** – intensive farming
interes ❶ (*sprawa*) business ['bɪznɪs], matter ['mætə], affair [ə'feə]; *To nie twój interes.* – It's none of your business. *Nie wtrącaj się, nie twój interes!* – Mind your own business! *To mój prywatny interes.* – That's my private matter. *To nie mój interes.* – That's not my affair. ❷ (*pożytek, korzyść, zysk*) interest ['ɪntrəst]; **działać we własnym interesie** – to act in one's own interest; **działać w interesie społecznym** – to act in the public interest; **chodzić koło swoich interesów** – to look after one's own interests; **chronić swoje interesy** – to protect one's own interests; *To leży w twoim interesie.* – It is in your interest. ❸ (*przedsięwzięcie przynoszące korzyści materialne*) business ['bɪznɪs]; **człowiek interesu** – businessman; **wyjechać w interesach** – to go away on business; **robić z kimś interesy** – to do business with sb; **kręcić się koło swoich interesów** – to go about one's own business ❹ (*przedsiębiorstwo*) business ['bɪznɪs]; **prowadzić własny interes** – to have/to run one's own business; **założyć interes** – to establish a business
interesant client ['klaɪənt], customer ['kʌstəmə]
interesować interest ['ɪntrəst]; *Jego opowiadanie bardzo mnie zainteresowało.* – His story interested me very much.
interesować się be interested in [-'ɪntrɪstɪd], take an interest in; *On interesuje się sportem.* – He is interested in sport.
interesujący interesting ['ɪntrəstɪŋ]
internat hostel [hɒstl], dormitory ['dɔ:mɪtrɪ]; **szkoła z internatem** – boarding-school
internista internist, specialist in internal medicine
internować intern [ɪn'tɜ:n]
internowanie internment [ɪn'tɜ:nmənt]
internowany (*osoba internowana*) internee [ɪntɜ:'ni:]; **obóz dla internowanych** – an internment camp
interpretacja interpretation [ɪntɜ:prɪ'teɪʃn]
interpretować interpret [ɪn'tɜ:prɪt]; *Jego milczenie interpretowałam jako odmowę.* – I interpreted his silence as a refusal.
interwencja intervention [ɪntə'venʃn]
interweniować intervene [ɪntə'vi:n]
interwent intervenor [ɪntə'vi:nə], aggressor [ə'gresə]
intonacja intonation [ɪntə'neɪʃn]
intratny profitable ['prɒfɪtəbl], lucrative ['lu:krətɪv]; **intratny interes** – a lucrative business

introligator bookbinder ['bʊkbaɪndə], binder ['baɪndə]

introligatornia bindery ['baɪndərɪ]

intruz intruder [ɪn'tru:də]

intryga intrigue [ɪn'tri:g]

intrygant intriguer [ɪn'tri:gə], plotter ['plɒtə]

intrygować intrigue [ɪn'tri:g], plot (tt) [plɒt]; *Intryguje mnie twoje opowiadanie.* – Your story intrigues me. *Oni intrygowali przeciw swojemu kierownikowi.* – They were intriguing/plotting against their boss.

intuicja intuition [ɪntju:'ɪʃn]; **wyczuwać coś intuicją** – to know sth by intuition

intuicyjny intuitive [ɪn'tju:ɪtɪv]

intymność intimacy ['ɪntɪməsɪ]

intymny intimate ['ɪntɪmət]

inwalida invalid ['ɪnvəlɪd], disabled (person) [dɪs'eɪbld-]

inwalidzki invalid ['ɪnvəlɪd]; **wózek inwalidzki** – an invalid chair

inwalidztwo invalidism ['ɪnvəlɪdɪzm], disability [dɪsə'bɪlətɪ]

inwazja invasion [ɪn'veɪʒn]; **dokonać inwazji** – to invade

inwentaryzacja stock-taking; **robić inwentaryzację** – to take stock

inwentarz ❶ (*żywy*) livestock ['laɪvstɒk] ❷ (*spis majątku*) inventory ['ɪnvəntrɪ]

inwestor investor [ɪn'vestə]

inwestować invest [ɪn'vest]

inwestycja investment [ɪn'vestmənt]

inżynier engineer [endʒɪ'nɪə]

inżynieria engineering [endʒɪ'nɪərɪŋ]; **inżynieria chemiczna** – chemical engineering; **inżynieria budowlana** – civil engineering; **inżynieria genetyczna** – genetic engineering

inżynierski engineering [endʒɪ'nɪərɪŋ]; **stopień inżynierski** – an engineering degree

iracki Iraqi [ɪ'rɑ:kɪ]

Irakijczyk Iraqi [ɪ'rɑ:kɪ]

Irańczyk Iranian [ɪ'reɪnjən]

irański Iranian [ɪ'reɪnjən]

Irlandczyk Irishman, *l.mn.* Irishmen ['aɪrɪʃmən], Irish ['aɪərɪʃ]; **Irlandczycy** – the Irish

Irlandka Irishwoman, *l.mn.* Irishwomen ['aɪrɪʃwʊmən, 'aɪrɪʃwɪmɪn]

irlandzki Irish ['aɪərɪʃ]

ironia irony ['aɪərənɪ]

ironiczny ironic [aɪ'rɒnɪk], ironical [aɪ'rɒnɪkl]

irys iris ['aɪərɪs]

irytacja irritation [ɪrɪ'teɪʃn], annoyance [ə'nɔɪəns]

irytować irritate ['ɪrɪteɪt], annoy [ə'nɔɪ]; *Jego zachowanie irytuje mnie.* – His behaviour irritates me/annoys me.

irytować się be irritated [-'ɪrɪteɪtɪd], be annoyed [-ə'nɔɪd]; *Irytowałem się z powodu ciągłych awarii.* – I was irritated/annoyed by constant breakdowns. *On łatwo się irytuje.* – He gets irritated easily.

irytujący irritating ['ɪrɪteɪtɪŋ], annoying [ə'nɔɪɪŋ]

iskra spark [spɑ:k]

iskrzyć się sparkle ['spɑ:kl], glitter ['glɪtə]

islam Islam [ɪz'lɑ:m]

islamski Islamic [ɪz'læmɪk]

Islandczyk Icelander ['aɪsləndə]

islandzki Icelandic [aɪs'lændɪk]

istnieć exist [ɪg'zɪst]; *Czy istnieje życie na Marsie?* – Does life exist on Mars?

istnienie ❶ (*egzystencja*) existence [ɪg'zɪstəns] ❷ (*istota*) being ['bi:ɪŋ]

istota ❶ (*żywy organizm, osoba*) creature ['kri:tʃə], being ['bi:ɪŋ]; **istoty z innych planet** – creatures/beings from other planets; *Co za czarująca istota!* – What a charming creature! ❷ (*to, co zasadnicze*) essence ['esns], crux [krʌks]; **istota rzeczy** – the crux of the matter; **w istocie rzeczy** – in essence; **w istocie** – in fact/as a matter of fact

istotnie ❶ (*rzeczywiście*) indeed [ɪn'di:d], really ['rɪəlɪ], in fact [ɪn'fækt], as a matter of fact [əzə'mætərəv'fækt], actually ['æktʃʊəlɪ] ❷ (*zasadniczo,* *bardzo, znacznie)* essentially [ɪ'senʃlɪ], vitally ['vaɪtlɪ], substantially [səb'stænʃlɪ], considerably [kən'sɪdrəblɪ]; *Nasze zdania istotnie się różnią.* – Our opinions differ considerably. *Nowa wersja jest istotnie ulepszona.* – The new version is substantially improved.

istotny (*główny, podstawowy*) essential [ɪ'senʃl], vital ['vaɪtl], fundamental [fʌndə'mentl]; *To istotne, żeby ona miała odpowiednie wykształcenie.* – It's essential that she should have adequate education. **odgrywać istotną rolę** – to perform/to play a vital role

iść ❶ (*przenosić się z miejsca na miejsce, kroczyć*) go (went, gone) [gəʊ, went, gɒn], walk [wɔ:k]; **iść piechotą** – to go on foot/to walk; **iść na palcach** – to walk on tiptoe; **iść pod ramię/pod rękę** – to walk arm-in-arm; **iść pod górę** – to go up a hill/ /to go uphill; **iść w dół** – to go down a hill/to go downhill; **iść gęsiego** – to walk in single file; **iść swoją drogą** – to go one's own way ❷ (*udawać się, skierowywać się, zaczynać jakąś czynność*) go (went, gone) [gəʊ, went, gɒn]; **iść spać** – to go to bed; **iść na spacer** – to go for a walk; **iść do szkoły** (*jako uczeń*) – to go to school; **iść do szpitala** (*jako pacjent*) – to go to hospital; **iść na wyższą uczelnię** (*aby studiować*) – to go to university; **iść po zakupy** – to go shopping; **iść z wizytą** – to go and visit/to go on a visit; **iść popływać** – to go swimming/to go for a swim; **iść potańczyć** – to go dancing; **iść na narty** – to go skiing; **iść na ryby** – to go fishing; **iść do wojska** – to go into the army/to join the army ❸ (*posuwać się, przemieszczać*) run (ran, run) [rʌn, ræn, rʌn], go (went, gone) [gəʊ, went, gɒn]; *Ceny idą w górę.* – Prices are going up. **iść na dno** – to go/to sink to the bottom; **alkohol idzie do głowy** – alcohol goes to one's head ❹ (*o płynach*) run (ran, run) [rʌn, ræn, rʌn]; – *Łzy szły jej z oczu.* – Her eyes were running with tears. ❺ (*toczyć się, dziać się*) go (went, gone); *Jak ci idzie?* – How's it going?/How are things going? *Wszystko idzie zgodnie z planem.* – Everything goes according to plan. *Sprawy idą coraz gorzej.* – Things are going from bad to worse. *Wszystko idzie gładko.* – Everything is running/going smoothly. ❻ (*postępować w jakiś sposób, dążyć do celu*); **iść z duchem czasu** – to move with the times; **iść po linii najmniejszego oporu** – to follow/to take the line of least resistance; **iść komuś na rękę** – to meet sb half-way/to oblige sb ❼ (*być przeznaczonym, użytym na coś*) go (went, gone); *Wszystkie jej pieniądze idą na ubranie.* – All her money goes on clothes. **iść na marne** – to go for nothing/to go to waste/to be in vain ❽ (*ciągnąć się – w czasie i przestrzeni*) run (ran, run); *Droga idzie przez las.* – The road runs through the forest. *Ta sztuka szła na Broadwayu przez rok.* – This play ran for a year on Broadway.

izba room [ru:m], chamber ['tʃeɪmbə]; **Izba Lordów** – the House of Lords/ /the Upper Chamber; **Izba Gmin** – the House of Commons/the Lower Chamber; **Izba Reprezentantów** – the House of Representatives; **izba handlowa** – the chamber of commerce

izolacja ❶ (*odosobnienie*) isolation [aɪsə'leɪʃn] ❷ (*izolowanie np. przewodów elektrycznych*) insulation [ɪnsjʊ'leɪʃn] ❸ (*materiał izolacyjny*) insulation [ɪnsjʊ'leɪʃn]

izolatka isolation ward [aɪsə'leɪʃnwɔ:d]

izolować ❶ (*trzymać w odosobnieniu*) isolate ['aɪsəleɪt]; **izolować chore dziecko od pozostałych** – to isolate a sick child from other children ❷ (*stosować izolację*) insulate ['ɪnsjʊleɪt]; **izolowany przewód** – insulated wire; **taśma izolująca** – insulating tape

izotop isotope ['aɪsətəʊp]

Izraelczyk Israeli [ɪz'reɪlɪ]

izraelski Israeli [ɪz'reɪlɪ]

iż that [ðət]

j

ja ❶ (*zaimek osobowy*) I [aı], (*mnie, mi, mną*) me [mi:, mı]; *To ja.* – It's me. ❷ (*własna osoba – jaźń*) self [self]; **jego prawdziwe ja** – his true self

jabłecznik ❶ (*wino z jabłek*) cider ['saıdə] ❷ (*placek z jabłkami*) apple-pie [æpl'paı], apple-tart [æpl'tɑ:t]

jabłko *bot.* apple ['æpl]

jabłoń *bot.* apple-tree ['æpltri:]

jacht yacht [jɒt]

jachtklub yacht club ['jɒtklʌb]

jad poison ['pɔızn], venom ['venəm]

jadać have meals, eat, *p.* **jeść**; *Obiad jadamy o pierwszej.* – We have lunch at one. *On nigdy nie jadał regularnych posiłków.* – He never used to have regular meals.

jadalnia dining-room ['daınıŋrʊm]

jadalny ❶ (*zdatny do jedzenia*) edible ['edıbl], eatable ['i:təbl]; **grzyby jadalne** – edible mushrooms ❷ (*przeznaczony na miejsce posiłków*) dining ['daınıŋ]; **pokój jadalny** – dining-room; **stół jadalny** – dining-table

jadłodajnia eating house ['i:tıŋ haʊs], eating place ['i:tıŋ pleıs]

jadłospis menu ['menju:], bill of fare [bıləv'feə]; *Co jest w jadłospisie?* – What's on the menu?

jadowity poisonous ['pɔıznəs], venomous ['venəməs], **jadowite węże** – poisonous/venomous snakes; **jadowite spojrzenie** – venomous look; **jadowita uwaga** – venomous remark

jagnię *zool.* lamb [læm]

jagnięcy lamb [læm], lamb's [læmz]; **kotlet jagnięcy** – lamb chop; **wełna jagnięca** – lamb's-wool; **skóra jagnięca** – lambskin

jagoda *bot.* berry ['berı]; **czarna jagoda** – blueberry; **wilcza jagoda** – deadly nightshade

jaguar *zool.* jaguar ['dʒægjʊə]

jajecznica scrambled eggs [skræmbld-'egz]

jajko egg [eg]; **jajko na miękko/na twardo** – a soft-boiled/a hard-boiled egg; **jajko sadzone** – a poached egg; **skorupka jajka** – eggshell

jajo egg [eg], (*komórka rozrodcza*) ovum, *l.mn.* ova ['əʊvəm, 'əʊvə]; **znosić jaja** – to lay eggs; **wysiadywać jaja** – to hatch eggs

jak[1] ❶ (*zaimek pytający*) how [haʊ]; *Jak się masz?* – How are you? *Powiedz mi, jak to się stało.* – Tell me, how it happened. *Zapytała mnie, jak to zrobić.* – She asked me how to do it. *Jak to możliwe?* – How is it possible? *Jak to wygląda?* – What does it look like? *Jak ona wygląda?* (*pytanie dotyczące cech stałych*) – What does she look like? *Jak ona wyglądała?* (*pytanie dotyczące wyglądu w danej chwili*) – How did she look? *Jak to?* – How come? *Jak to się dzieje, że ty zawsze o wszystkim wiesz?* – How come (that) you always know about everything? ❷ (*w wyrażeniach ekspresywnych*) how [haʊ]; *Jeszcze jak!* – And how! *Bóg wie jak.* – God knows how. *Jak miło, że przyszedłeś!* – How nice of you to come! *Jak pięknie ona wygląda!* – How lovely she looks!

jak[2] ❶ (*przy podobieństwach, porównaniach*) as [æz, əz], like [laık]; *On jest jak jego ojciec.* – He is like his father. *Piękna jak zwykle!* – Lovely as usual!

j

Nie jest tak ładna jak jej siostra. – She is not as pretty, as her sister. *Czegoś podobnego nie widziałam, jak długo żyję.* – I haven't seen anything like that as long as I live. **jak najprędzej** – as soon as possible ❷ (*w określeniach czasowych*) as [æz, əz], when [wen]; *Jak go zobaczysz, powiedz mu o tym.* – When you see him, tell him about it. **jak tylko** – as soon as; *Jak tylko to zobaczyła, od razu chciała mieć.* – As soon as she saw it, she wanted to have it. *Zrozumiesz, jak dorośniesz.* – You'll understand it, as you grow up. (*w połączeniu z czasownikami „widzieć", „słyszeć" nie tłumaczy się oddzielnie*); *Widziałam, jak wyszedł.* – I saw him leave. *Słyszałam, jak ona śpiewa.* – I heard her singing. ❸ (*w taki sposób*) as [æz, əz], like [laɪk]; *Rób, jak chcesz.* – Do as you please. *Rób, jak ci mówię.* – Do as I say. *Pracował jak niewolnik.* – He worked like a slave. ❹ (*wprowadzające zdanie lub frazę*) as [æz, əz], like [laɪk]; **jak widzisz** – as you see; *Ta książka, jak wiecie, została napisana...* – The book, as you know, has been written... *Jego twórczość, jak mówi wielu krytyków...* – His work, as many critics say... *Trudne przedmioty, takie jak matematyka i fizyka, powinny być traktowane poważnie.* – Difficult subjects, like mathematics and physics, should be treated seriously. ❺ (*jak na*) for [fɔ:, fə]; *Jest wysoka jak na swój wiek.* – She is tall for her age. *Jest ciepło jak na grudzień.* – It's warm for December.

◆ **jak również** – as well as [əz'weləz], too [tu:], and also [-'ɔ:lsəʊ]; *On jest utalentowanym malarzem, jak również muzykiem.* – He is a talented painter as well as a musician.

jak[3] (*zwierzę*) yak [jæk]

jakby ❶ (*jak gdyby*, p. **gdyby**) as if [əz'ɪf], like [laɪk]; *Robi wrażenie, jakby była właścicielką.* – She looks like she owns the place./She looks as if she were the owner of the place. ❷ (*partykuła osłabiająca*) sort of ['sɔ:təv], kind of ['kaɪndəv]; **tak jakby** (*prawie*) – almost ['ɔ:lməʊst], practically ['præktɪklɪ]

jaki ❶ (*zaimek pytający*) what [wɒt]; *Jakiego to jest koloru?* – What colour is it? *Jaką muzykę lubisz?* – What kind of music do you like? *Jaka ona jest?* – What is she like? *Jakim prawem o to pytasz?* – What right do you have to ask such questions? *Jakim sposobem?* – How? ❷ (*przy wyrażeniach wykrzyknikowych*) what [wɒt]; *Jaki piękny obraz!* – What a beautiful picture! – *Jaka straszna pogoda!* – What terrible weather! *Jakie piękne kwiaty!* – What beautiful flowers! ❸ (*zaimek względny – który*) which [wɪtʃ], that [ðæt/ðət]; **tematy, jakie go interesują** – subjects he's interested in/subjects which interest him/subjects that interest him

jakikolwiek whatever [wɒt'evə], any [enɪ]; *Weźmy jakikolwiek przykład.* – Let's take any example. *Gdybyś miał jakiekolwiek wątpliwości, pytaj bez wahania.* – If you should have any doubts, don't hesitate to ask.

jakiś some [sʌm], any [enɪ], a/an [ə/ən]; *Jakiś człowiek chce się z tobą widzieć.* – There is a man who wants to see you. *Czy są jakieś pytania?* – Are there any questions?

jakkolwiek ❶ (*jakoś, w jakiś sposób*) anyhow ['enɪhaʊ], no matter how; **jakkolwiek postąpisz** – whatever you do ❷ (*chociaż*) however [haʊ'evə]; *Nie byłem w stanie tego zrobić, jakkolwiek bym się nie starał.* – I wasn't able to do it, however hard I tried.

jako ❶ (*będąc w charakterze*) as [æz/əz]; *Pracował jako lekarz.* – He worked as a doctor. *Jako dziecko przeszła wiele trudów.* – As a child she suffered many hardships. ❷ (*w wyrażeniu: jako że*) as [æz/əz], for [fə]; *Jako że nie mogłem się do niego dodzwonić, wysłałem telegram.* – As I wasn't able to reach him on the phone, I sent a telegram.

◆ **jako tako** – so, so/tolerably well

jakoś somehow ['sʌmhaʊ], one way or another; *Udało nam się jakoś uruchomić samochód.* – Somehow we managed to get the car going. *Jakoś mu nie ufam.* – Somehow I don't trust him. *Jakoś to będzie.* – We'll manage somehow.

jakość quality ['kwɒlətɪ]; **najwyższej/ /marnej jakości** – of the highest/of poor quality

jałmużna alms [ɑ:mz] (*tylko l.mn.*); **dawać jałmużnę** – to give alms; **prosić o jałmużnę** – to beg alms

jałowiec juniper ['dʒu:nɪpə]

jałowy ❶ (*nieurodzajny*) barren ['bærən], infertile [ɪn'fɜ:taɪl], sterile ['steraɪl] ❷ (*pozbawiony treści, bezużyteczny*) idle ['aɪdl], sterile ['steraɪl], empty ['emptɪ], pointless ['pɔɪntlɪs]; **jałowa dyskusja** – sterile debate/idle talk ❸ (*pozbawiony bakterii, sterylny*) sterile ['steraɪl], aseptic [æ'septɪk]

jama ❶ (*wgłębienie gruntu, jaskinia, rozpadlina*) hollow ['hɒləʊ], cavern ['kævən], cave [keɪv], den [den] ❷ (*nora wykopana w ziemi*) hole [həʊl], burrow ['bʌrəʊ]

jamnik *zool.* dachshund ['dækshʊnd]

Japończyk Japanese [dʒæpə'ni:z]

japoński Japanese [dʒæpə'ni:z]

jard (*jednostka długości = 0,91 m*) yard [jɑ:d]

jarmark fair [feə]

jarski vegetarian [vedʒɪ'teərɪən]

jarzeniówka arc lamp/light [ɑ:k læmp/ /laɪt], (*świetlówka*) fluoroscent lamp [flʊə'resənt læmp]

jarzębina *bot.* rowan ['raʊən], mountain ash [maʊntɪn'æʃ]

jarzyć się glow [gləʊ]

jarzyna vegetable ['vedʒtəbl]

jaskier *bot.* buttercup ['bʌtəkʌp]

jaskinia cave [keɪv], den [den]; **jaskinia lwa** – lion's den

jaskiniowiec caveman, *l.mn.* cavemen ['keɪvmæn, 'keɪvmən], cave-dweller ['keɪvdwelə]

jaskółka swallow ['swɒləʊ]

jaskrawy ❶ (*intensywny*) (*o świetle*) bright [braɪt], glaring ['gleərɪŋ], brilliant ['brɪljənt], dazzling ['dæzlɪŋ], (*o kolorach*) vivid ['vɪvɪd], bright [braɪt], garish ['geərɪʃ], brilliant ['brɪljənt] ❷ (*wyraźny, dobitny, oczywisty, skrajny*) glaring ['gleərɪŋ], gross [grəʊs], flagrant ['fleɪgrənt]; **jaskrawe naruszenie prawa** – flagrant/glaring violation of the law

jasno ❶ (*roztaczając dużo światła*) brightly ['braɪtlɪ], brilliantly ['brɪljəntlɪ]; **jasno oświetlone ulice** – brightly lit streets ❷ (*wyraźnie, zrozumiale*) clearly ['klɪəlɪ], plainly ['pleɪnlɪ], explicitly [ɪk'splɪsɪtlɪ], lucidly ['lu:sɪdlɪ]; **jasno coś wytłumaczyć** – to explain sth clearly; **jasno się wyrażać** – to express oneself clearly/to make oneself clear; **jasno coś powiedzieć** – to make sth plain/clear

jasność ❶ (*światłość, blask*) brightness ['braɪtnɪs], brilliance ['brɪljəns], glow [gləʊ], radiance ['reɪdjəns], light [laɪt] ❷ (*o tonie – czystość brzmienia*) clearness ['klɪənɪs], clarity ['klærətɪ] ❸ (*zrozumiałość, precyzja*) clarity ['klærətɪ], expliciteness [ɪk'splɪsɪtnɪs]; **jasność wypowiedzi** – clarity of expression; **jasność widzenia** – clarity of vision

jasnowidz clairvoyant [kleə'vɔɪənt]

jasnowidzenie clairvoyance [kleə'vɔɪəns], vision ['vɪʒn]

jasnowłosy fair-haired [feə'heəd], blond [blɒnd], flaxen-haired [flæksn'heəd], (*o kobiecie*) blonde [blɒnd], ash-blonde [æʃ'blɒnd]

jasny ❶ (*o świetle*) bright [braɪt], brilliant ['brɪljənt]; **jasne słońce** – bright sunshine ❷ (*pełen światła, dobrze oświetlony*) light [laɪt], bright [braɪt]; **jasny pokój** – light room; *Wieczory są teraz jaśniejsze niż zimą.* – The evenings are now lighter than in winter. **jasna przyszłość** – a bright future; **grom z jasnego nieba** – a bolt from the blue ❸ (*o barwie – mało intensywny, blady*) light [laɪt], pale [peɪl], (*o włosach*) fair [feə]; *Lepiej ci w jasnych kolorach.* – You look better in light colours. **jasna zieleń** – pale green ❹ (*zrozumiały*) clear [klɪə], explicit [ɪk'splɪsɪt], plain [pleɪn]; *Czy to jasne?* – Is that clear? **jasne, jak słońce** – as clear as day

jastrząb *zool.* hawk [hɔ:k]

jaszczurka *zool.* lizard ['lɪzəd]

jaśmin *bot.* jasmine ['dʒæsmɪn]

jaśnieć ❶ (*emanować blask, świecić*) shine (shone, shone) [ʃaɪn, ʃɒn, ʃɒn]; **jaśnieć szczęściem i radością** – to be radiant with joy and happiness ❷ (*odbijać światło*) glimmer ['glɪmə], glitter ['glɪtə], glisten ['glɪsn] ❸ (*tracić intensywność barwy, płowieć*) fade [feɪd]

jaw:

wyjść na jaw – to come to light/to become known

jawa reality [rɪ'æləti]; *Czy to sen czy jawa?* – Is it a dream or reality? **śnić na jawie** – to daydream

jawny open ['əʊpn]; **jawna wrogość** – open animosity

jazda ❶ (*przenoszenie się z miejsza na miejsce*) ride [raɪd], drive [draɪv]; *To dziesięć minut jazdy autobusem.* – It's a ten-minute ride by bus. **godzina jazdy samochodem** – an hour's drive; **rozkład jazdy** – timetable/(*publikacja*) railway guide; **prawo jazdy** – driving licence ❷ (*poruszanie się w pewien sposób, związany z umiejętnością*); **jazda konna** – horse-riding; **jazda na nartach** – skiing; **jazda na rowerze** – cycling; **jazda figurowa na lodzie** – figure skating ❸ (*wojsk. hist. – kawaleria*) cavalry ['kævlrɪ]

jazgotać clamour ['klæmə], yap (pp) [jæp]

jazz jazz [dʒæz]

jaźń self [self], ego ['egəʊ]

jądro ❶ (*wnętrze, środek, istota*) core [kɔ:], heart [hɑ:t], crux [krʌks] ❷ *anat.* testicle ['testɪkl] ❸ *fiz., biol.* nucleus, *l.mn.* nuclei ['nju:klɪəs, 'nju:klɪaɪ]

jądrowy nuclear ['nju:klɪə]; **energia jądrowa** – nuclear energy

j

jąkać się stammer ['stæmə], stutter ['stʌtə]

jechać ❶ (*przenosić się z miejsca na miejsce*) go (went, gone) [gəʊ, went, gɒn]; **jechać pociągiem/autobusem/ /samolotem** – to go by train/by bus/ /by plane; *W przyszłym tygodniu jadę do Nowego Jorku.* – I'm going to New York next week. *Wyjechał za granicę.* – He went abroad. **jechać rowerem** – to ride a bicycle; **jechać konno** – to ride a horse/to ride on horseback; **jechać samochodem** – to drive (a car)/(*jako pasażer*) – to go in a car ❷ (*poruszać się – o środku lokomocji*) go (went, gone) [gəʊ, went, gɒn], ride (rode, ridden) [raɪd, rəʊd, 'rɪdn], move [mu:v]; *Tramwaje jeżdżą po szynach.* – Trams run on rails. *Samochód jedzie za szybko.* – The car is going too fast. *Samochód jechał z prędkością 50 kilometrów na godzinę.* – The car was moving at a speed of 50 km an hour.

jeden ❶ (*liczebnik*) one [wʌn]; *Jest tylko jeden problem.* – There is only one problem. **jedna z moich sióstr** – one of my sisters; **odróżnić jeden od drugiego** – to tell one from the other; **z jednej strony...** – on (the) one hand...; **jeden... i drugi** – one... and the other...; **jeden po drugim** – one after the other ❷ (*sam jeden, jedyny*) all alone; **jeden, jedyny** – one and the only; *On mieszka sam jeden w tym dużym domu.* – He lives all alone in that large house. ❸ (*ten sam, wspólny*) the same [-seɪm]; *Mieszkali w jednym domu.* – They lived in the same house.

jedenasty eleventh [ɪ'levnθ] (11th)

jedenaście eleven [ɪ'levn]

jednak still [stɪl], yet [jet]

jednakowo identically [aɪ'dentɪklɪ], in the same way

jednakowy identical [aɪ'dentɪkl], the same [-seɪm]

jednoczesny simultaneous [sɪməl'teɪnjəs]

jednoczyć (się) unite [ju:'naɪt], merge [mɜ:dʒ], join [dʒɔɪn]

jednogłośnie unanimously [ju:'nænɪməslɪ]

jednogłośny unanimous [ju:'nænɪməs]

jednokierunkowy one-way [wʌn'weɪ]; **ruch jednokierunkowy** – one-way traffic; **ulica jednokierunkowa** – one-way street

jednolity uniform ['ju:nɪfɔ:m], homogeneous [hɒmə'dʒi:njəs]

jednomyślność unanimity [ju:nə'nɪmətɪ]

jednomyślny unanimous [ju:'nænɪməs]

jednoosobowy one-man [wʌn'mæn], (*o pokoju*) single ['sɪŋgl]

jednopiętrowy two-storeyed [tu:'stɔ:rɪd], *am.* two-storied

jednorazowy (*do jednorazowego użycia*) disposable [dɪ'spəʊzəbl]; **strzykawka jednorazowa** – a disposable syringe

jednorodny homogeneous [hɒmə'dʒi:njəs], uniform ['ju:nɪfɔ:m]

jednorodzinny one-family [wʌn'fæməlɪ]

jednostajnie uniformly ['ju:nɪfɔ:mlɪ], regularly ['regjʊləlɪ]; **ruch jednostajnie przyspieszony** – uniformly accelerated motion

jednostajność regularity [regjʊ'lærətɪ], monotony [mə'nɒtnɪ]

jednostajny regular ['regjʊlə], monotonous [mə'nɒtnəs], uniform ['ju:nɪfɔ:m]; **ruch jednostajny** – uniform motion

jednostka ❶ (*osoba, osobnik*) individual [ɪndɪ'vɪdjʊəl] ❷ (*umowna wartość jakiejś wielkości*) unit ['ju:nɪt]; **jednostka długości** – a unit of length; **jednostka monetarna** – a monetary unit ❸ (*jednostka wojskowa*) unit ['ju:nɪt], military unit

jedność unity ['ju:nətɪ]

jednoznaczny unambiguous [ʌnæm'bɪgjʊəs], univocal [ju:nɪ'vəʊkl]; **jednoznaczne oświadczenie** – an unambiguous statement

jedwab silk [sɪlk]

jedwabisty silken ['sɪlkn], silky ['sɪlkɪ]

jedyny (the) only [-'əʊnlɪ], (the) sole [-səʊl]; *On jest jedynym spadkobiercą.* – He is the sole heir. **jeden, jedyny** – one and the only

jedzenie ❶ (*żywność*) food [fu:d]; **jedzenie i picie** – food and drink ❷ (*posiłek*) meal [mi:l]; *Lekarstwo ma być zażywane po jedzeniu.* – The medicine is to be taken after meals. **przed jedzeniem** – before meals

jego ❶ (*przymiotnik dzierżawczy*) his [hɪz]; *To jego samochód.* – It's his car. ❷ (*zaimek dzierżawczy*) his [hɪz]; *Te pieniądze są jego.* – The money is his. ❸ (*zaimek osobowy w przypadku dopełnienia*) him [hɪm]; *Jego nie zapraszaj.* – Don't invite him.

jej ❶ (*przymiotnik dzierżawczy*) her [hɜ:]; *To jest jej brat.* – It's her brother. ❷ (*zaimek dzierżawczy*) hers [hɜ:z]; *Te pieniądze są jej.* – The money is hers. ❸ (*zaimek osobowy w przypadku dopełnienia*) her [hɜ:]; *Powiedz jej o tym.* – Tell her about it.

jeleń *zool.* stag [stæg], deer [dɪə]

jelito intestine [ɪn'tenstɪn]; **jelito grube/ /cienkie** – the large/the small intestine

jemioła *bot.* mistletoe ['mɪsltəʊ]

jemu him [hɪm]; *Jemu o tym nie mów.* – Don't tell him about it.

jeniec prisoner ['prɪznə]; **jeniec wojenny** – prisoner of war (POW)

jeniecki prisoner ['prɪznə]; **obóz jeniecki** – a POW camp

jesienny autumnal [ɔ:'tʌmnəl], autumn ['ɔ:təm]; **jesienne kolory** – autumn collours; *Mamy jesienną pogodę tego lata.* – We have autumnal weather this summer.

jesień autumn ['ɔ:təm], *am.* fall fɔ:l; **jesienią** – in autumn

jesion *bot.* ash [æʃ]

jeszcze ❶ (*jeszcze nie*) yet [jet]; *Jeszcze nie przyszedł.* – He hasn't come yet. *Jeszcze nie wiem.* – I don't know yet. ❷ (*w dalszym ciągu*) still [stɪl]; *Czy* *on jeszcze jest tutaj?* – Is he still here? *Tak, on ciągle jeszcze pracuje.* – Yes, he's still working. ❸ (*dodatkowo, jeszcze bardziej*) still [stıl]; **jeszcze lepiej** – better still/still better; **jeszcze raz** – once more/once again; *Czy chcesz jeszcze trochę herbaty?* – Would you like some more tea?

jeść have meals [-mi:lz], eat (ate, eaten) [i:t, eıt/et, 'i:tn]; *On je za dużo.* – He eats too much. **jeść obiad/kolację** – to have lunch/dinner; *Kiedy przyszłam, jedli lunch.* – They were having lunch when I came. *Szedł drogą jedząc jabłko.* – He was walking along the road eating an apple.

jeśli if [ıf]; *Jeśli go zobaczysz, proszę powiedz mu to.* – If you see him, please tell him about it. **jeśli się nie mylę** – if I'm not mistaken/unless I'm mistaken; **jeśli nie** – unless/if not

jezdnia street [stri:t]; **przechodzić przez jezdnię** – to cross the street

jezioro lake [leık]; **dom na brzegu jeziora** – a house on the shore of a lake; **spędzić wakacje nad jeziorami** – to spend (one's) holidays on the lakes

jeździć ❶ (*przemieszczać się z miejsca na miejsce*) go (went, gone) [gəʊ, went, gɒn]; *Oni co roku jeżdżą na wakacje za granicę.* – They go abroad for their holidays every year. **jeździć nad morze** – to go to the seaside; **jeździć w góry** – to go to the mountains; **jeździć pociągiem/autobusem** – to go by train/by bus ❷ (*umieć posługiwać się środkiem lokomocji*) **jeździć samochodem** – to drive (a car); **jeździć konno** – to ride a horse; **jeździć na nartach** – to ski; **jeździć na łyżwach** – to skate; **jeździć rowerem** – to ride a bicycle/to cycle ❸ (*o pojazdach – kursować*) run (ran, run) [rʌn, ræn, rʌn]; *Autobus jeździ co dziesięć minut.* – The bus runs every ten minutes.

jeździec rider ['raıdə]

jeździectwo horsemanship ['hɔ:smənʃıp], horse-riding ['hɔ:sraıdıŋ]

jeż *zool.* hedgehog ['hedʒhɒg]; **fryzura „na jeża"** – crew cut

jeżeli *p.* **jeśli**

jeżyć się bristle ['brısl], (*o włosach*) stand on end; *Włosy zjeżyły mu się ze strachu.* – Fear made his hair stand on end.

jeżyna *bot.* blackberry ['blækbərı]

jęczeć moan [məʊn], groan [grəʊn]

jęczmień ❶ *bot.* barley ['bɑ:lı] ❷ *med.* sty(e) [staı]

jędrność firmness ['fɜ:mnıs]

jędrny firm [fɜ:m]

jęk moan [məʊn], groan [grəʊn]

język ❶ *anat.* tongue [tʌŋ]; **ugryźć się w język** – to bite one's tongue; **pokazać komuś język** – to stick one's tongue at sb; **trzymać język za zębami** – to hold one's tongue; **na końcu języka** – on the tip of one's tongue; **zapomnieć języka w gębie** –to be tongue-tied ❷ (*mowa, narzędzie porozumiewania się*) language ['læŋgwıdʒ], tongue [tʌŋ]; **język ojczysty** – native tongue/mother tongue/native language; **mówić obcymi językami** – to speak foreign languages; **język potoczny** – colloquial language; **język literacki** – literary language; **mówić tym samym językiem** – to speak the same language; **uczyć się języka obcego** – to learn a foreign language ❸ (*przedmiot o kształcie przypominającym język*) tongue [tʌŋ]; **język buta** – the tongue of a shoe; **języki ognia** – tongues of flame

jidysz Yiddish ['jıdıʃ]

jod *chem.* iodine ['aıədi:n]

jodełka (*wzór*) herring bone ['herıŋbəʊn]; **marynarka w jodełkę** – a herring bone jacket

jodła *bot.* fir (tree) [fɜ:-]

jodyna iodine (solution), iodine tincture ['aıədi:n ˌtıŋktʃə]

joga yoga ['jəʊgə]

jogin yogi ['jəʊgı]

jogurt yoghurt/yogurt/yoghourt ['jɒgət]

jon ion ['aıən]

jubiler jeweller ['dʒu:ələ]

J

jubileusz jubilee ['dʒu:bɪli:]; **złoty/srebrny jubileusz** – golden/silver jubilee

judo judo ['dʒu:dəʊ]

Jugosłowianin Yugoslavian [ju:gə'slɑ:vjən]

jugosłowiański Yugoslavian [ju:gə'slɑ:vjən], Yugoslav ['ju:gəslɑ:v]

junior junior ['dʒu:njə]

juror juror ['dʒʊərə]

jury jury ['dʒʊərɪ]

jutro tomorrow [tə'mɒrəʊ]; *Jutro jest niedziela.* – Tomorrow is Sunday. **jutro rano** – tomorrow morning

jutrzejszy tomorrow [tə'mɒrəʊ], tomorrow's, of tomorrow; **jutrzejsza gazeta** – tomorrow's newspaper

już ❶ (*dla wyrażenia, że coś się skończyło*) already [ɔ:l'redɪ], yet [jet]; *Przeczytałem już gazetę.* – I've already read the newspaper. *Czy już skończyłeś?* – Have you finished yet? (*pytanie: czy już?*); *Już skończyłeś?* – Have you finished already? (*wyraża zdziwienie: że już*) *To już ósma?* – Is it 8 o'clock already? ❷ (*w zdaniach przeczących*) **już nie** – not any more/ /not any longer; *Ona już tu nie pracuje.* – She doesn't work here any more/ /any longer. *Już nigdy!* – Never again! ❸ (*już wtedy*) as early as [-'ɜ:lɪ-]; *Wiedziano o tym już w starożytnym Egipcie.* – It was known as early as in ancient Egypt.

k

kabaret cabaret ['kæbəreɪ]

kabel cable ['keɪbl]

kabina cabin ['kæbɪn]; **kabina telefoniczna** – telephone box/telephone booth

kabriolet convertible [kən'vɜ:təbl]

kac hangover ['hæŋəʊvə]

kaczątko duckling ['dʌklɪŋ]; **brzydkie kaczątko** – an ugly duckling

kaczeniec *bot.* cowslip ['kaʊslɪp]

kaczka *zool.* duck [dʌk]

kaczor *zool.* drake [dreɪk]

kadencja term of office

kadłub ❶ (*tułów*) trunk [trʌŋk] ❷ (*samolotu*) fuselage ['fju:zɪlɑ:ʒ], (*okrętu*) hull [hʌl]

kadra staff [stɑ:f], personnel [pɜ:sə'nel]

kadzidło incense ['ɪnsens], frankincense ['fræŋkɪnsens]

kafel tile [taɪl]

kaftan jacket ['dʒækɪt], (*ubiór wschodni*) caftan ['kæftæn]; **kaftan bezpieczeństwa** – strait jacket

kaftanik jacket ['dʒækɪt], (*dziecinny*) vest [vest]

kaganek oil lamp

kaganiec (*dla psa*) muzzle ['mʌzl]; **nałożyć psu kaganiec** – to put a muzzle on a dog/to muzzle a dog

kajak canoe [kə'nu:], kayak ['kaıæk]

kajdanki handcuffs ['hænkʌfs]; **nałożyć komuś kajdanki** – to put handcuffs on sb

kajdany shackles ['ʃæklz], fetters ['fetəz]

kakao cocoa ['kəʊkəʊ]

kaktus *bot.* cactus, *l.mn.* cacti/cactuses ['kæktəs, 'kæktaı]

kalafior *bot.* cauliflower ['kɒlıflaʊə]

kalarepa *bot.* kohlrabi [kəʊl'rɑ:bı]

kalectwo invalidism ['ınvəlıdızm], disability [dısə'bılətı]

kaleczyć ❶ hurt (hurt, hurt) [hɜ:t, hɜ:t, hɜ:t], wound [wu:nd], injure ['ındʒə], cut (cut, cut) [kʌt, kʌt, kʌt] ❷ *przen.* **kaleczyć język** – to murder the language

kaleczyć się hurt oneself [hɜ:t wʌn'self] (hurt, hurt), cut oneself [kʌt wʌn'self] (cut, cut); **skaleczyć się w palec** – to cut one's finger

kalejdoskop kaleidoscope [kə'laıdəskəʊp]

kaleka invalid ['ınvəlıd], cripple ['krıpl], disabled (person) [dıs'eıbld-]; **uczynić kogoś kaleką na całe życie** – to cripple sb for life

kaleki crippled ['krıpld], disabled [dıs'eıbld], lame [leım]

kalendarz calendar ['kælındə], (*terminowy*) diary ['daıərı]

kalesony drawers [drɔ:z], (*długie*) longjohns ['lɒŋdʒɒnz]

kaliber calibre ['kælıbə]

kalka ❶ (*maszynowa*) carbon paper ['kɑ:bənpeıpə] ❷ *techn.* tracing paper ['treısıŋpeıpə]

kalkulacja calculation [kælkjʊ'leıʃn]

kalkulować calculate ['kælkjʊleıt]

kaloria calorie ['kælərı]

kaloryczny caloric [kə'lɒrık], calorific [kælə'rıfık]; **wysokokaloryczny** – high-calorie; **niskokaloryczny** – low-calorie; **wartość kaloryczna** – calorific value

kaloryfer radiator ['reıdıeıtə]

kalosz rubber ['rʌbə], wellington ['welıŋtən], wellington boot [-'bu:t], welly ['welı]

kał faeces ['fi:si:z], excrement ['ekskrımənt]

kałamarz ink-pot ['ıŋkpɒt], ink-well ['ıŋkwel]

kałuża puddle ['pʌdl], pool [pu:l]

kamera camera ['kæmərə]

kameralny ❶ *muz.* chamber ['tʃeımbə]; **orkiestra kameralna** – a chamber orchestra ❷ (*o nastroju*) intimate ['ıntımıt], cosy ['kəʊzı]

kamfora camphor ['kæmfə]; **zniknąć jak kamfora** – to vanish into thin air

kamienica tenement house ['tenımənt-], mansion ['mænʃn]

kamieniołom quarry ['kwɒrı]

kamienisty stony ['stəʊnı]; **kamienisty grunt** – stony ground

kamienny stone [stəʊn], stony ['stəʊnı]; **kamienna podłoga** – a stone floor; **epoka kamienna** – the Stone Age; **kamienne spojrzenie** – a stony look; **o kamiennym sercu** – stony hearted

kamień ❶ (*bryła skalna*) stone [stəʊn]; *Dom jest zrobiony z kamienia.* – The house is made of stone. **kamień młyński** – millstone; **kamień węgielny** – foundation stone; **twardy jak kamień** – as hard as stone; **kamienie szlachetne** – precious stones; **zdjąć komuś kamień z serca** – to take a load off sb's mind ❷ (*twardy osad, złogi*) stone [stəʊn], (*kamień kotłowy*) fur [fɜ:], scale [skeıl], (*kamień nazębny*) tartar ['tɑ:tə]; **kamień żółciowy** – a gallstone; **kamień nerkowy** – a kidney stone ❸ (*w zegarku*) jewel ['dʒu:əl]

kamizelka waistcoat ['weıskəʊt], *am.* vest [vest]; **kamizelka kuloodporna** – a bullet-proof vest; **kamizelka ratunkowa** – a life-jacket

kampania campaign [kæm'peın], **kampania reklamowa** – an advertising campaign; **kampania wyborcza** – an election campaign; **prowadzić kampanię** – to carry on/to conduct a cam-

paign; **zacząć kampanię** – to launch/ /to start a campaign
kamyk stone ['stəʊn], pebble ['pebl], shingle ['ʃɪŋgl]
Kanadyjczyk Canadian [kə'neɪdjən]
kanadyjka (*łódka*) canoe [kə'nu:], Canadian canoe
kanadyjski Canadian [kə'neɪdjən]
kanalizacja sewers ['sjʊəz], sewage system ['sju:ɪdʒ'sɪstəm]
kanał ❶ (*sztuczny*) canal [kə'næl], (*naturalny*) channel ['tʃænl]; **Kanał Panamski** – the Panama Canal; **Kanał Sueski** – the Suez Canal; **Kanał La Manche** – the English Channel ❷ (*kanał ściekowy*) sewer ['sjʊə] ❸ (*przewód w ścianie*) duct [dʌkt] ❹ *anat.* canal [kə'næl], duct [dʌkt] ❺ (*TV*) channel ['tʃænl]
kanapa sofa ['səʊfə], couch [kaʊtʃ], settee [se'ti:]
kanapka sandwich ['sænwɪdʒ]
kanarek *zool.* canary [kə'neərɪ]
kancelaria (*biuro*) office ['ɒfɪs], (*w konsulacie lub ambasadzie*) chancellery ['tʃɑ:nsələrɪ]; **kancelaria adwokacka** – a lawyer's office
kanclerz chancellor ['tʃɑ:nsələ]
kandydat candidate ['kændɪdət]; **kandydat na urząd prezydenta** – candidate for the presidency; **kandydat na urząd** – a candidate for office
kandydatura candidature ['kændɪdətʃə], candidacy ['kændɪdəsɪ]
kandydować to run for a post, to stand as candidate; **kandydować w wyborach do parlamentu** – to stand as candidate in parliamentary elections
kangur *zool.* kangaroo [kæŋgə'ru:]
kanibal cannibal ['kænɪbl]
kanibalizm cannibalism ['kænɪbəlɪzm]
kanion canyon ['kænjən]
kanister can [kæn], petrol can ['petrəlkæn], container [kən'teɪnə]
kanonada cannonade [kænə'neɪd]
kanonizacja canonization [kænənaɪ'zeɪʃn]
kanonizować canonize ['kænənaɪz]
kant ❶ (*brzeg, krawędź*) edge [edʒ], (*zaprasowany u spodni*) crease [kri:s] ❷ (*oszustwo*) swindle ['swɪndl], racket ['rækɪt], humbug ['hʌmbʌg], fraud [frɔ:d]
kantor (*wymiany walut*) foreign exchange office, currency exchange office
kantyna mess [mes]
kapa bedspread ['bedspred], coverlet ['kʌvəlɪt]
kapać drip (pp) [drɪp], trickle ['trɪkl]; *Woda kapie z kranu.* – Water is dripping from the tap.
kapeć slipper ['slɪpə]
kapela band (of musicians) [bænd-]
kapelan chaplain ['tʃæplɪn]
kapelmistrz (*prowadzący orkiestrę*) band master ['bændmɑ:stə], (*prowadzący chór*) choir master ['kwaɪəmɑ:stə]
kapelusz hat [hæt]
kapitalista capitalist ['kæpɪtəlɪst]
kapitalistyczny capitalistic [kæpɪtə'lɪstɪk], capitalist ['kæpɪtəlɪst]
kapitalizm capitalism ['kæpɪtəlɪzm]
kapitalny ❶ (*główny*) fundamental [fʌndə'mentl], essential [ɪ'senʃl], vital ['vaɪtl], capital ['kæpɪtl]; **remont kapitalny (domu)** – extensive repairs/ /majors repairs (to the house) ❷ (*znakomity*) capital ['kæpɪtl], great [greɪt], splendid ['splendɪd]
kapitał ❶ *ekon.* capital ['kæpɪtl] ❷ (*znacząca suma pieniędzy*) funds [fʌndz], means [mi:nz], capital ['kæpɪtl]
kapitan captain ['kæptɪn]; **kapitan drużyny piłkarskiej** – the captain of the football team
kapitulacja capitulation [kəpɪtʃʊ'leɪʃn]
kapitulować capitulate [kə'pɪtʃʊleɪt]
kaplica chapel ['tʃæpl]
kapliczka shrine [ʃraɪn]
kapłan priest [pri:st]
kapłanka priestess ['pri:stes]
kapłaństwo priesthood ['pri:sthʊd]
kapral *wojsk.* corporal ['kɔ:prəl]
kaprys ❶ (*zachcianka*) whim [wɪm], vagary ['veɪgərɪ], caprice [kə'pri:s] ❷ *muz.* caprice [kə'pri:s]

kapryśny capricious [kə'prɪʃəs], whimsical ['wɪmzɪkl]
kapsel top [tɒp]
kapsułka capsule ['kæpsju:l]
kaptur(ek) hood [hʊd]; **Czerwony Kapturek** – Little Red Riding Hood
kapusta cabbage ['kæbɪdʒ]; **kapusta czerwona** – red cabbage; **kapusta włoska** – kale/savoy; **kapusta kiszona** – sauerkraut
kapuśniak cabbage soup ['kæbɪdʒsu:p]
kara punishment ['pʌnɪʃmənt], penalty ['penltɪ]; **zastosować karę wobec kogoś** – to inflict punishment on sb; **ponieść karę** – to take/to suffer punishment; **kara śmierci** – capital punishment/death penalty; **kara cielesna** – corporal punishment; **surowa kara** – harsh/severe punishment; *Kara za podróżowanie bez ważnego biletu wynosi 150 funtów.* – Penalty for travelling without a valid ticket is £150.
karabin gun [gʌn], rifle ['raɪfl]; **karabin maszynowy** – machine gun
karać punish ['pʌnɪʃ]
karafka decanter [dɪ'kæntə]
karaluch *zool.* cockroach ['kɒkrəʊtʃ]
karat carat ['kærət]
karatowy carat ['kærət]; **złoto 20-karatowe** – 20-carat gold
karawan hearse [hɜ:s]
karawana caravan ['kærəvæn]
karcić rebuke [rɪ'bju:k], reprimand ['reprɪmɑ:nd], scold [skəʊld]
karczma inn [ɪn], pub [pʌb]
karczmarz innkeeper [ɪn'ki:pə], publican ['pʌblɪkən]
karczoch *bot.* artichoke ['ɑ:tɪtʃəʊk]
karczować grub (bb) [grʌb], dig up [dɪg-'ʌp] (dug, dug); **wykarczować uschnięte drzewo** – to grub out a dead tree
kardiolog cardiologist [kɑ:dɪ'ɒlədʒɪst]
kardiologia *med.* cardiology [kɑ:dɪ'ɒlədʒɪ]
kardiologiczny cardiological [kɑ:dɪə'lɒdʒɪkl]
kardynalny cardinal ['kɑ:dɪnl], fundamental [fʌndə'mentl]; **błąd kardynalny** – cardinal error
kardynalski cardinal ['kɑ:dɪnl]
kardynał cardinal ['kɑ:dɪnl]
kareta carriage ['kærɪdʒ], coach ['kəʊtʃ]
karetka (*pogotowia*) ambulance ['æmbjʊləns]
kariera career [kə'rɪə]; *Zrobiła karierę w polityce.* – She made a career for herself in politics. **błyskotliwa kariera** – a brilliant career
karierowicz careerist [kə'rɪərɪst], opportunist ['ɒpətju:nɪst]
kark neck [nek], nape of the neck, back of the neck; **wziąć kogoś za kark** – to take sb by the scruff of his neck; **nadstawiać karku** – to stick one's neck out; **skręcić kark** – to break one's neck; **pędzić na złamanie karku** – to drive at a breakneck speed
karkołomny breakneck ['breɪknek]; **karkołomna prędkość** – breakneck speed
karma (*pożywienie*) fodder ['fɒdə], feed [fi:d]
karmel caramel ['kærəmel]
karmić ❶ (*dostarczać pożywienia*) feed (fed, fed) [fi:d, fed, fed]; *On ma rodzinę do wykarmienia.* – He has a family to feed. *Czy pies został nakarmiony?* – Has the dog been fed? **karmić krowy sianem** – to feed hay to cows; *Nakarm kota rybą.* – Feed the cat some fish. ❷ (*piersią*) nurse [nɜ:s], breast-feed ['brestfi:d]
karmić się (*żywić się*) feed (fed, fed) [fi:d, fed, fed]; *Pszczoły karmią się pyłkiem kwiatowym.* – Bees feed on the pollen.
karmienie feeding ['fi:dɪŋ], feed [fi:d]; **karmienie piersią** – breast-feeding/ /nursing; *Kiedy jest następne karmienie dziecka?* – When is the baby's next feed?
karmnik feeding tray ['fi:dɪŋ,treɪ]
karnawał carnival ['kɑ:nɪvl]
karnet (*abonament*) season ticket ['si:zn,tɪkɪt]
karnisz (*drążek na zasłony*) curtain pole ['kɜ:tnpəʊl], curtain rod ['kɜ:tnrɒd], (*szyna*) curtain track ['kɜ:tntræk]

karność discipline ['dɪsɪplɪn]

karny[1] (*dot. kary*) penal ['pi:nl], penalty ['penltɪ]; **kolonia karna** – penal colony; **pole karne** – penalty area; **rzut karny** – penalty kick; **zakład karny** – prison/penitentiary; **kodeks karny** – penal code; **prawo karne** – penal law

karny[2] (*zdyscyplinowany*) well-disciplined [wel'dɪsɪplɪnd]

karo ❶ (*w kartach*) diamonds ['daɪəməndz]; **czwórka karo** – the four of diamonds ❷ (*dekolt*) square neck

karoseria *mot.* body (of a car)

karp carp [kɑ:p]

karta ❶ (*kawałek papieru, druczek, formularz*) card [kɑ:d], (*książki*) leaf, *l.mn.* leaves [li:f, li:vz]; **karta członkowska** – a membership card; **karta kredytowa** – a credit card; **karta pocztowa** – postcard ❷ (*przen. – karta historii*) chapter ['tʃæptə], page [peɪdʒ]; **najświetniejsza karta w naszej historii** – the most glorious chapter in our history ❸ (*karta dań*) menu ['menju:], bill of fare [bɪləv'feə] ❹ (*karty do gry*) cards [kɑ:dz]; **talia kart** – a pack of cards; **grać w karty** – to play cards; **wygrać/przegrać w karty** – to win/to lose at cards; **mieć kartę w rękawie** – to have a card up one's sleeve ❺ (*karta praw*) charter ['tʃɑ:tə]; **karta ONZ** – the UN Charter

kartka ❶ (*książki*) leaf, *l.mn.* leaves [li:f, li:vz], page [peɪdʒ] ❷ (*arkusik*) slip of paper ❸ (*pocztowa*) postcard ['pəʊstkɑ:d] ❹ (*na żywność*) coupon ['ku:pɒn], voucher ['vaʊtʃə]

kartkować leaf [li:f]; **kartkować książkę** – to leaf through a book

kartofel potato, *l.mn.* potatoes [pə'teɪtəʊ, pə'teɪtəʊz]

kartoflanka potato soup [pə'teɪtəʊ'su:p]

kartografia cartography [kɑ:'tɒgrəfɪ]

kartograficzny cartographic [kɑ:tə'græfɪk]

karton ❶ (*gruby papier*) cardboard ['kɑ:dbɔ:d] ❷ (*pudełko kartonowe*) cardboard box ['kɑ:dbɔ:dbɒks] ❸ (*opakowanie kartonowe, np. mleka*) carton ['kɑ:tən]

kartoteka files [faɪlz], register ['redʒɪstə]; **mieć kogoś w kartotece** – to keep a file on sb

karuzela merry-go-round ['merɪgəʊraʊnd], roundabout ['raʊndəbaʊt]

karykatura caricature ['kærɪkətjʊə]

karykaturalny grotesque [grə'tesk], caricature ['kærɪkətjʊə]

karykaturzysta caricaturist ['kærɪkətjʊərɪst]

karzeł dwarf [dwɔ:f]

kasa ❶ (*miejsce, gdzie wpłaca się pieniądze*) cash desk ['kæʃdesk], (*w supermarkecie*) check-out ['tʃekaʊt], (*na stacji kolejowej*) booking office ['bʊkɪŋɒfɪs], (*w teatrze*) box-office ['bɒksɒfɪs] ❷ (*podręczna kasa sklepowa*) till [tɪl], (*kasa w sklepie, gdzie przechowuje się i liczy pieniądze*) cash register ['kæʃredʒɪstə], (*kasa pancerna*) safe [seɪf] ❸ (*zawartość kasy, pieniądze, fundusze*) cash [kæʃ], funds [fʌndz]; **trzymać kasę** – to keep the cash; **prowadzić kasę** – to make the cash accounts ❹ (*instytucja*); **kasa oszczędnościowa** – savings bank; **kasa chorych** – health insurance (scheme)/(*w W. Brytanii*) the National Health Service

kaseta (*magnetofonowa, wideo*) cassette [kæ'set]

kasjer cashier [kæ'ʃɪə], (*na kolei*) booking-clerk ['bʊkɪŋklɑ:k]

kasjerka *p.* **kasjer**

kask helmet ['helmɪt]

kaskada cascade [kæ'skeɪd], waterfall ['wɔ:təfɔ:l]

kasłać cough [kɒf]

kasować cancel (ll) ['kænsl], (*kasować bilet dziurkując go*) punch [pʌntʃ]

kasownik cancelling machine ['kænslɪŋ mə'ʃi:n], (*dziurkujący*) punch [pʌntʃ]

kasowy ❶ (*dotyczący prowadzenia kasy*) cash [kæʃ]; **saldo kasowe** – a cash balance; **okienko kasowe** – a cash

k

desk; **kwit kasowy** – a sales receipt ❷ (*przynoszący zysk*): **sukces kasowy** – a box-office success; *To jest kasowy film.* – This film is a box-office success.

kasyno casino [kə'si:nəʊ]

kasza grits [grɪts], groats [grəʊts]

kaszel cough [kɒf]

kaszleć *p.* **kasłać**

kasztan ❶ (*drzewo*) chestnut (tree) ['tʃesnʌttri:], (*owoc*) chestnut ['tʃesnʌt] ❷ (*kolor*) chestnut ['tʃesnʌt]

kat ❶ (*osoba wykonująca wyrok*) hangman ['hæŋmən], executioner [eksɪ'kju:ʃnə] ❷ (*prześladowca*) oppressor [ə'presə], tormentor [tɔ:'mentə], persecutor ['pɜ:sɪkju:tə]

kataklizm disaster [dɪ'zɑ:stə], cataclysm ['kætəklɪzm], catastrophe [ke'tæstrəfɪ]

katalog catalogue ['kætəlɒg]

katar *med.* catarrh [kə'tɑ:], *pot.* cold [kəʊld], common cold, cold in the head, running nose; **katar sienny** – hayfever; **nabawić się kataru** – to catch (a) cold

katastrofa catastrophe [kə'tæstrəfɪ], disaster [dɪ'zɑ:stə], cataclysm ['kætəklɪzm]; **katastrofa żywiołowa** – natural disaster; **katastrofa lotnicza/ /samochodowa** – an air/a car crash

katastrofalny disastrous [dɪ'zɑ:strəs]; **katastrofalna susza** – disastrous drought

katastroficzny catastrophic [kætə'strɒfɪk]; **katastroficzna wizja** – catastrophic vision

K

katecheta teacher of religion

katecheza religious instruction

katechizm catechism ['kætɪkɪzm]

katedra[1] (*kościół*) cathedral [kə'θi:drəl], minster ['mɪnstə]

katedra[2] ❶ (*pulpit wykładowcy*) teacher's desk ❷ (*jednostka organizacyjna uczelni*) department [dɪ'pɑ:tmənt]; **kierownik katedry** – head of department; *On jest kierownikiem katedry na uniwersytecie.* – He holds a chair at university.

kategoria category ['kætɪgərɪ]

kategoryczny categorical [kætɪ'gɒrɪkl]; **kategoryczna odmowa** – a categorical refusal

katolicki Catholic ['kæθəlɪk], Roman Catholic [rəʊmən 'kæθəlɪk]; **Kościół katolicki** – the Roman Catholic Church

katolicyzm Catholicism [kə'θɒlɪsɪzm], Roman Catholicism

katolik Catholic ['kæθəlɪk], Roman Catholic

katorga ❶ (*przen. – ciężka praca*) slavery ['sleɪvərɪ], drudgery ['drʌdʒərɪ] ❷ (*kara ciężkich robót*) hard labour [hɑ:d'leɪbə]; **zostać skazanym na katorgę** – to be sentenced to hard labour

katować torture ['tɔ:tʃə], torment [tɔ:'ment]

kaucja deposit [dɪ'pɒzɪt], bail [beɪl]; *Oskarżony został wypuszczony za kaucją.* – The accused was released on bail. **wpłacić kaucję za kogoś** – to bail sb out/to stand bail for sb

kauczuk caoutchouc ['kaʊtʃʊk], rubber ['rʌbə]

kauczukowy rubber ['rʌbə]

kawa coffee ['kɒfɪ]; **filiżanka kawy** – a cup of coffee; **filiżanka do kawy** – a coffee cup; **dzbanek do kawy** – a coffee pot; **parzyć/robić kawę** – to make coffee; **biała/czarna kawa** – white/ /black coffee; **kawa rozpuszczalna** – instant coffee; **kawa bez kofeiny** – decaffeinated coffee; **młynek do kawy** – coffee mill/coffee grinder

kawaler ❶ (*mężczyzna nieżonaty*) bachelor ['bætʃələ]; **stary kawaler** – a confirmed bachelor ❷ (*osoba odznaczona orderem*) knight [naɪt], officer ['ɒfɪsə]; **Kawaler Orderu Imperium Brytyjskiego** – Officer of the Order of the British Empire (O.B.E.)

kawaleria cavalry ['kævlrɪ]

kawał[1] ❶ (*żart*) joke [dʒəʊk]; **zrobić komuś kawał** – to play a joke on sb ❷ (*dowcip, anegdota*) joke [dʒəʊk]; **opowiadać kawały** – to tell jokes; **nieprzyzwoity kawał** – a dirty/an obscene joke

kawał² (*znaczna część*) piece [pi:s], lump [lʌmp], bit [bɪt]; **kawał czasu** – long time, ages; *Nie widzieliśmy się kawał czasu.* – We haven't seen each other for ages. **kawał drogi** – a long way

kawałek piece [pi:s], bit [bɪt]; *Weź kawałek ciasta.* – Have a piece of cake. **rozebrać coś na kawałki** – to take sth to pieces; **podrzeć coś na kawałki** – to tear sth into pieces; **rozbić coś na kawałki** – to smash/to shatter sth into pieces; **po kawałku** – bit by bit

kawiarnia café ['kæfeɪ]

kawior caviar ['kævɪɑ:]

kazać ❶ (*wydawać rozkaz, polecenie*) tell (told, told) [tel, təʊld, təʊld], order ['ɔ:də]; *Rób, jak ci każą.* – Do as you are told. *Kazano nam czekać.* – They told us to wait./We were told to wait. *Doktor kazał mu leżeć w łóżku.* – The doctor ordered him to stay in bed. ❷ (*powodować, sprawiać, że coś się dzieje*) have sth done/get sth done; *Kazałam sobie skrócić płaszcz.* – I had my coat shortened. *Nie każ mi na siebie czekać.* – Don't keep me waiting.

kazanie sermon ['sɜ:mən]; **wygłaszać kazania** – to preach (sermons); **prawić komuś kazania** – to lecture sb

każdy ❶ (*poszczególny*) each [i:tʃ]; *Każdy z nas ma samochód.* – Each of us has a car. *Telefon jest w każdym pokoju.* – There is a telephone in each room. *Dałam każdemu dziecku po jabłku.* – I gave each of the children an apple. ❷ (*wszelki, bez wyjątku*) every ['evrɪ]; *Spotykamy się w każdy poniedziałek.* – We see each other every Monday. **każdy człowiek** – everyone/everybody; *Każdy powinien o tym wiedzieć.* – Everyone ought to know about it. ❸ (*wszelki, jakikolwiek*) any ['enɪ], anybody ['enɪbɒdɪ], anyone ['enɪwʌn]; *Możesz do mnie zadzwonić o każdej porze.* – You can phone me at any hour. *Każdy może ci to powiedzieć.* – Anyone can tell you that. *Bilet miesięczny jest ważny na każdy autobus.* – The season ticket is valid on any bus.

kąpać bath [bɑ:θ]; **kąpać dziecko** – to bath a baby

kąpać się ❶ (*w morzu, jeziorze*) bathe [beɪð], swim (swam, swum) [swɪm, swæm, swʌm], go swimming, go bathing; *Chodźmy się wykąpać.* – Let's go swimming./Let's go bathing./ /Let's have a swim. *Tu nie wolno się kąpać.* – Bathing is not allowed here. ❷ (*w wannie*) bath [bɑ:θ], have a bath, take a bath

kąpiel ❶ (*w morzu, jeziorze*) bathe [beɪð], swim [swɪm], bathing ['beɪðɪŋ]; *Dziś jest za zimno na kąpiel.* – Today it's too cold for a swim. *Kąpiel wzbroniona.* – No bathing. ❷ (*w wannie*) bath [bɑ:θ]; **wziąć kąpiel** – to take a bath; *przen.* **wylać dziecko z kąpielą** – to throw the baby out with the bath water ❸ (*kąpiel słoneczna*) sunbathing ['sʌnbeɪðɪŋ]

kąpielisko ❶ (*miejscowość uzdrowiskowa, wczasowa, nadmorska*) seaside resort ['si:saɪdrɪ'zɔ:t], spa [spɑ:] ❷ (*miejsce, gdzie można się kąpać*) public beach [pʌblɪk'bi:tʃ]

kąpielowy bathing ['beɪðɪŋ], swimming ['swɪmɪŋ]; **kostium kąpielowy** – bathing suit/bathing costume/swimming costume/swimming suit/swim-suit; **czepek kąpielowy** – bathing-cap; **ręcznik kąpielowy** – bath towel; **płaszcz kąpielowy** – bathrobe; **basen kąpielowy** – swimming-pool; **kryty basen kąpielowy** – indoor swimming-pool/swimming-baths

kąpielówki swimming trunks ['swɪmɪŋ trʌŋks]

kąsać bite (bit, bitten) [baɪt, bɪt, 'bɪtn], (*o owadach*) sting (stung, stung) [stɪŋ, stʌŋ, stʌŋ]

kąt ❶ *geom.* angle ['æŋgl]; **kąt prosty/ostry/rozwarty** – a right/an acute/an obtuse angle; **kąt 45°** – an angle of 45°; **być nachylonym pod kątem** – to lean at an angle; **kąt widzenia** – an angle/a point of view;

Spójrzmy na to pod innym kątem. – Let's look at it from a different angle/ /point of view. ❷ (*przestrzeń między dwiema stykającymi się ścianami*) corner ['kɔ:nə]; **w kącie pokoju** – in the corner of the room; **kątem oka** – out of the corner of one's eye ❸ *przen.* home [həʊm], place [pleɪs]; **mieć własny kąt** – to have a place/a home of one's own

kątomierz protractor [prə'træktə]

kciuk thumb [θʌm]; **trzymać kciuki** – to keep one's fingers crossed

keczup ketchup ['ketʃəp]

keks fruit-cake ['fru:tkeɪk]

kelner waiter ['weɪtə]

kelnerka waitress ['weɪtrɪs]

kemping *p.* **camping**

kępa cluster ['klʌstə], clump [klʌmp]

kęs morsel ['mɔ:sl], bite [baɪt], (*tyle, ile się zmieści w ustach*) mouthful ['maʊθfʊl]; *Od śniadania nie miałem kęsa w ustach.* – I haven't had a bite to eat since breakfast. **smakowity kęs** – a tasty morsel

khaki khaki ['kɑ:kɪ]

kibic fan [fæn], supporter [sə'pɔ:tə]

kibicować support [sə'pɔ:t]

kichać sneeze [sni:z]

kidnaper kidnapper ['kɪdnæpə]

kiedy ❶ (*zaimek pytający*) when [wen]; *Kiedy widziałeś go po raz ostatni?* – When did you see him last? *Nie wiem, kiedy on przyjdzie.* – I don't know when he will come. ❷ (*zaimek względny*) when [wen]; *To był jeden z tych dni, kiedy nic się nie udaje.* – It was one of those days when everything goes wrong. ❸ (*gdy*) when [wen], while [waɪl]; *Pożyczę ci tę książkę, kiedy ją przeczytam.* – I'll lend you this book when I've read it. *Padał deszcz, kiedy czekaliśmy na autobus.* – It was raining while we were waiting for a bus. ❹ (*skoro*) when [wen], since [sɪns]; *Jak możesz zdać egzamin, kiedy się nie uczysz?* – How can you pass the exam, when you are not studying?

kiedykolwiek ❶ (*w czasie nieokreślonym*) ever ['evə]; *To najlepsza książka, jaką kiedykolwiek czytałem.* – It's the best book I've ever read. *Czy byłeś kiedykolwiek w Londynie?* – Have you ever been to London? *Jeżeli kiedykolwiek będziesz w Londynie, odwiedź nas.* – If you ever visit London do look us up. ❷ (*w czasie dowolnym*) at any time, whenever you like

kiedyś ❶ (*w przeszłości*) once [wʌns]; *Kiedyś była sławna.* – She was once famous. *Kiedyś, dawno temu...* – Once upon a time... ❷ (*w przyszłości*) one day, some day; *Kiedyś to zrozumiesz.* – You'll understand it one day.

kielich (*puchar*) cup [kʌp], goblet ['gɒblɪt], (*kościelny*) chalice ['tʃælɪs]

kieliszek glass [glɑ:s]; **kieliszek do wina** – a wineglass/goblet; **kieliszek do jajka** – an egg-cup; *Chciałbyś napić się (kieliszek) czegoś?* – Would you like a drink?

kieł (*u człowieka*) canine (tooth) ['keɪnaɪn-], (*u psa*) fang [fæŋ], (*u słonia, dzika*) tusk [tʌsk]

kiełbasa sausage ['sɒsɪdʒ]

kiełkować sprout [spraʊt], germinate ['dʒɜ:mɪneɪt]

kiepski poor [pʊə]; **być kiepskiego zdrowia** – to be in poor health

kier hearts [hɑ:ts]; **czwórka kier** – the four of hearts

kiermasz fair [feə]; **kiermasz książki** – a book fair

kierować ❶ (*prowadzić w pewnym kierunku, sterować*) direct [dɪ'rekt/daɪ'rekt], steer [stɪə], aim [eɪm]; **kierować ruchem ulicznym** – to direct traffic; **kierować czyjąś uwagę na** – to direct sb's attention to; **kierować rozmowę na tematy bardziej ogólne** – to steer the conversation towards more general topics ❷ (*odsyłać*) refer (rr) [rɪ'fɜ:]; **kierować pacjenta do specjalisty** – to refer a patient to a specialist; *Skierowano mnie do informacji.* – I was referred to the enquiry office. ❸ (*celować, nakierowywać*)

K

direct [dı'rekt/daı'rekt], aim [eım]; *Reklama jest skierowana głównie do młodych ludzi.* – Advertising is directed mainly at young people. ❹ (*zarządzać*) direct [dı'rekt/daı'rekt], run (ran, run) [rʌn, ræn, rʌn], control (ll) [kən'trəʊl], administer [əd'mınıstə], **kierować grupą robotników** – to direct a group of workers; **kierować szkołą** – to run a school; **kierować orkiestrą** – to conduct an orchestra ❺ (*kierować pojazdem*) steer [stıə]; **kierować samochodem** (*prowadzić samochód*) – to drive; *Skierował samochód bardziej na lewo.* – He steered the car to the left.

kierować się ❶ (*iść w określonym kierunku*) to direct one's steps towards, to make one's way towards; *Kieruj się na północ.* – Keep steering north. ❷ (*powodować się czymś*) be guided by [-'gaıdıd-], follow ['fɒləʊ]; **kierować się rozsądkiem** – to be guided by common sense; **kierować się czyjąś radą** – to follow sb's advice; **kierować się pewną zasadą** – to follow a rule

kierowca driver ['draıvə], motorist ['məʊtərıst]

kierownica steering-wheel ['stıərıŋ-wi:l]; **siąść za kierownicą** – to take the wheel; **być za kierownicą** – to be behind the wheel/to be at the wheel

kierownictwo management ['mænıdʒmənt], direction [dı'rekʃn/daı'rekʃn]; **pod jego kierownictwem** – under his direction; **pod nowym kierownictwem** – under the new management

kierowniczka manageress [mænıdʒə'res], (*szkoły*) headmistress [hed'mıstrıs]

kierowniczy managerial [mænə'dʒıərıəl], management ['mænıdʒmənt]; **kierownicze stanowisko** – an executive post; **zdolności kierownicze** – managerial skills

kierownik manager ['mænıdʒə], (*szkoły*) headmaster [hed'mɑ:stə]

kierunek ❶ (*droga do celu*) direction [dı'rekʃn/daı'rekʃn], way [weı]; *W jakim kierunku poszedł?* – Which way did he go? *Wyruszyliśmy w kierunku zachodnim.* – We set out in a westerly direction. ❷ (*prąd w sztuce i nauce*) trend [trend]; **najnowsze kierunki w psychologii** – the latest trends in psychology ❸ (*kierunek studiów*) specialization [speʃəlaı'zeıʃn], subject ['sʌbdʒıkt] ❹ (*kierownictwo*) direction [dı'rekʃn/daı'rekʃn]; **pod kierunkiem** – under the direction of

kierunkowskaz ❶ (*drogowskaz*) singpost ['saınpəʊst] ❷ (*w samochodzie*) indicator ['ındıkeıtə], traffic indicator ['træfık 'ındıkeıtə]; **włączyć prawy/ /lewy kierunkowskaz** – to flash the right-hand/the left-hand indicator

kierunkowy:
numer kierunkowy – dialling code ['daıəlıŋ-]; *Jaki jest numer kierunkowy do Londynu?* – What is the dialling code for London?

kieszeń ❶ (*w ubraniu*) pocket ['pɒkıt]; *Stał z rękami w kieszeniach.* – He was standing with his hands in his pockets. ❷ (*zasoby pieniężne*) pocket ['pɒkıt]; *To nie na moją kieszeń.* – It's beyond my pocket.

kieszonkowe pocket money ['pɒkıtmʌnı]

kieszonkowiec pickpocket ['pıkpɒkıt]

kieszonkowy pocket ['pɒkıt]; **kieszonkowy słownik** – a pocket dictionary

kij stick [stık], (*bilardowy*) billiard-cue ['bıljədkju:], (*hokejowy*) hockey stick ['hɒkıstık], (*golfowy*) golf club ['gɒlfklʌb], (*narciarski*) ski pole ['ski:pəʊl]

kijanka *zool.* tadpole ['tædpəʊl]

kikut stump [stʌmp]

kilim rug [rʌg], tapestry ['tæpıstrı]

kilka several ['sevrəl], a few [ə'fju:], some [sʌm], a number of [-'nʌmbə-]; *Obecnych było tylko kilku studentów.* – Only a few students were present.

kilkakrotnie repeatedly [rı'pi:tıdlı]

kilkakrotny repeated [rı'pi:tıd]

kilkanaście a dozen or so [-'dʌzn-]

kilo *p.* **kilogram**

K

kilof pickaxe ['pɪkæks], pick [pɪk]
kilogram kilogram/kilogramme ['kɪləʊ-'græm]
kilometr kilometre ['kɪləʊmi:tə]
kimono kimono [kɪ'məʊnəʊ]
kinematografia cinematography [sɪnəmə'tɒgrəfi], film industry [film 'ɪndəstrɪ]
kineskop kinescope ['kɪnəskəʊp], picture tube ['pɪktʃətju:b]
kino cinema ['sɪnəmə], the pictures [-'pɪktʃəz], the movies [-'mu:vɪz], (*budynek*) cinema ['sɪnəmə], movie house, movie theatre; **iść do kina** – to go to the cinema/to the pictures/to the movies
kiosk news-stand ['nju:zstænd], news--stall ['nju:zstɔ:l], kiosk ['ki:ɒsk]
kipieć boil over [boil 'əʊvə]
kisić pickle ['pɪkl]
kisiel fruit whip ['fru:t wɪp], jelly ['dʒelɪ]
kiszka bowel ['baʊəl]; *med.* **ślepa kiszka** – appendix; **zapalenie ślepej kiszki** – appendicitis
kiszony pickled ['pɪkld]; **kapusta kiszona** – sauerkraut ['saʊəkraʊt]
kiść bunch [bʌntʃ], cluster ['klʌstə]; **kiść bananów/winogron** – a bunch of bananas/of grapes
kit putty ['pʌtɪ]
kiwać (*poruszać*):
kiwać głową – to nod one's head; **kiwać komuś ręką** – to wave to sb; **nie kiwnąć palcem** – not lift/raise a finger
kiwać się rock to and fro ['rɒktu:ən-'frəʊ], totter ['tɒtə]
kiwi kiwi ['ki:wi:]
klacz mare [meə]
klakson horn [hɔ:n]; **włączyć klakson** – to sound the horn
klamerka buckle ['bʌkl], clip [klɪp], clasp [klɑ:sp]
klamka door handle ['dɔ:hændl]; *przen.* **klamka zapadła** – there's no turning back/it's too late now
klamra buckle ['bʌkl], clasp [klɑ:sp]
klan clan [klæn]
klapa ❶ (*zawór*) flap [flæp], valve [vælv]; **klapa bezpieczeństwa** – safety valve ❷ (*pokrywa na zawiasach*) trap-door [træp'dɔ:], flap [flæp], hatch [hætʃ] ❸ (*wyłóg u kołnierza marynarki*) lapel [lə'pel] ❹ (*pot. – niepowodzenie*) flop [flɒp]
klaps (*uderzenie*) slap [slæp], smack [smæk]; **dać dziecku klapsa** – to smack a child
klarowność clarity ['klærətɪ], purity ['pjʊərətɪ]
klarowny clear [klɪə]
klasa ❶ (*kategoria*) class [klɑ:s], category ['kætɪgərɪ], rate [reɪt]; **pierwszej klasy** – first-class/first-rate; **podróżować pierwszą klasą** – to travel first-class ❷ (*klasa społeczna*) class [klɑ:s]; **klasa pracująca/klasa średnia** – the working/the middle class; **klasy wyższe** – the upper classes ❸ (*wysoka jakość*) class [klɑ:s]; *Ona ma dużą klasę.* – She's got a lot of class. *Ten obraz stanowi klasę dla samego siebie.* – The painting is in a class of its own. ❹ (*grupa uczniów*) class [klɑ:s]; *Chodziliśmy do tej samej klasy.* – We were in the same class at school. ❺ (*oddział szkoły*) form [fɔ:m], *am.* grade [greɪd]; *Ona jest w szóstej klasie.* – She is in the sixth form. ❻ (*sala szkolna*) classroom ['klɑ:srʊm]
klaser stamp-album ['stæmp'ælbəm]
klaskać clap (pp) (one's hands) [klæp-], applaude [ə'plɔ:d]
klasówka class test ['klɑ:stest]
klasycyzm classicism ['klæsɪsɪzm]
klasyczny ❶ (*typowy*) classic ['klæsɪk], typical ['tɪpɪkl] ❷ (*odnoszący się do starożytnej kultury greckiej i rzymskiej*) classical ['klæsɪkl]; **filolog klasyczny** – classical scholar ❸ (*tradycyjny*) classical ['klæsɪkl]; **muzyka klasyczna** – classical music
klasyfikacja classification [klæsɪfi'keɪʃn]
klasyfikować classify ['klæsɪfaɪ]
klasyk ❶ (*twórca*) classic ['klæsɪk] ❷ (*filolog klasyczny*) classical scholar ['klæsɪkl'skɒlə] ❸ (*zwolennik klasycyzmu*) classicist ['klæsɪsɪst]
klasyka classic ['klæsɪk]

k

klasztor (*męski*) monastery ['mɒnəstərɪ], (*żeński*) nunnery ['nʌnərɪ], convent ['kɒnvənt]; **wstąpić do klasztoru** – to enter a convent

klasztorny convent ['kɒnvənt], monastic [mə'næstɪk], cloistered ['klɔɪstəd]; **szkoła klasztorna** – a convent school; **życie klasztorne** – cloistered/monastic life

klatka cage [keɪdʒ]; **klatka piersiowa** – chest; **klatka schodowa** – staircase

klawiatura keyboard ['ki:bɔ:d]

klawisz key [ki:]

kląć curse [kɜ:s], swear (swore, sworn) [sweə, swɔ:, swɔ:n]

klątwa curse [kɜ:s]; **rzucić na kogoś klątwę** – to put a curse on sb

kleić glue [glu:], paste [peɪst], stick (together) (stuck, stuck) [stɪk-, stʌk, stʌk]

kleić się (*być lepkim*) to be sticky [-'stɪkɪ], to be gluey [-'glu:ɪ]

kleik gruel [grʊəl]

kleisty gluey ['glu:ɪ]

klej glue [glu:]

klejnot jewel ['dʒu:əl], gem [dʒem]

kleks blot [blɒt], ink-stain ['ɪŋksteɪn]

kler clergy ['klɜ:dʒɪ]

kleryk seminarist ['semɪnərɪst], cleric ['klerɪk]

kleszcz tick [tɪk]

kleszcze ❶ (*narzędzie chirurgiczne*) forceps ['fɔ:seps] ❷ (*u niektórych zwierząt*) claws [klɔ:z], nippers ['nɪpəz]

klęczeć kneel (knelt, knelt) [ni:l, nelt, nelt]

klęczki:
na klęczkach – on one's knees; **paść na klęczki** – to go down/to fall on one's knees

klęcznik kneeler ['ni:lə]

klękać go down on one's knees, kneel down [ni:l'daʊn] (knelt, knelt)

klęska ❶ (*porażka*) defeat [dɪ'fi:t]; **ponieść klęskę** – to suffer defeat; **zadać komuś klęskę** – to defeat sb ❷ (*nieszczęście*) disaster [dɪ'zɑ:stə]; **klęska żywiołowa** – natural disaster

klient client ['klaɪənt], *handl.* customer ['kʌstəmə], (*w kawiarni*) guest [gest], (*stały klient, np. w kawiarni*) patron ['peɪtrən]

klientela customers ['kʌstəməz], clientèle [kli:ɑ:n'tel]

klif cliff [klɪf]

klimat climate ['klaɪmɪt]; **klimat umiarkowany/kontynentalny/tropikalny** – a temperate/continental/tropical climate

klimatyczny climate ['klaɪmɪt], climatic [klaɪ'mætɪk]

klimatyzacja air-conditioning ['eəkəndɪʃnɪŋ]

klimatyzowany air-conditioned ['eəkəndɪʃnd]

klin wedge [wedʒ]

klinga blade [bleɪd]

kliniczny clinical ['klɪnɪkl]

klinika clinic ['klɪnɪk]

klips earring ['ɪərɪŋ], clip earring

klisza *fot.* film [fɪlm], *druk.* plate [pleɪt], *jęz.* cliché ['kli:ʃeɪ]

kloc log [lɒg], block of wood

klocek block [blɒk]; **klocki** – building blocks

klomb flower-bed ['flaʊəbed]

klon maple (tree) ['meɪpl-]

klops ❶ (*potrawa*) minced meat pie [mɪnst'mi:tpaɪ], meatloaf ['mi:tləʊf] ❷ *pot.* = **klapa** ❹

klopsik minced-meat ball [mɪnst'mi:tbɔ:l], meat-ball ['mi:tbɔ:l]

klosz ❶ (*szklana osłona lampy*) globe [gləʊb] ❷ (*krój spódnicy rozszerzającej się ku dołowi*) flare [fleə]

kloszowy (*o spódnicy*) flared [fleəd]

klown clown [klaʊn]

klub club [klʌb]

klucz ❶ (*narzędzie do otwierania zamka*) key [ki:]; **klucz do drzwi** – key to a door; **kluczyki do samochodu** – car keys; **dziurka od klucza** – keyhole; **zamknąć drzwi na klucz** – to lock the door; **otworzyć drzwi kluczem** – to unlock the door ❷ *przen.* key [ki:]; **klucz do sukcesu** – key to success ❸ *techn.* key [ki:], spanner ['spænə], wrench [rentʃ]

k

kluska noodle ['nu:dl], dumpling ['dʌmplɪŋ]
kładka foot-bridge ['fʊtbrɪdʒ]
kłamać lie [laɪ]
kłamca liar ['laɪə]
kłamstwo lie [laɪ]
kłaniać się ❶ (*składać ukłon*) bow [baʊ] ❷ (*witać, pozdrawiać*) greet [gri:t], say hello ❸ (*przesyłać pozdrowienia*) send one's compliments, send one's greetings; *Proszę się kłaniać mamie.* – Remember me to your mother.
kłapać (*zębami*) snap (pp) [snæp]
kłaść ❶ (*umieszczać*) put (put, put) [pʊt, pʊt, pʊt], place [pleɪs], set (set, set) [set, set, set]; *Nie kładź noży do tej szuflady.* – Don't put the knives in that drawer. **kłaść swój podpis na dokumencie** – to put one's signature to a document; **kłaść na miejsce** – to put away; *Kładź swoje rzeczy na miejsce!* – Put your things away! **kłaść na siebie** – to put on; **kłaść na siebie płaszcz** – to put a coat on ❷ (*układać, budować*) lay (laid, laid) [leɪ, leɪd, leɪd]; **kłaść fundamenty** – to lay the foundations; **kłaść wykładzinę na podłogę** – to lay carpeting on the floor
kłaść się (*przybierać pozycję leżącą*) lie (down) (lay, lain) [laɪ-, leɪ, leɪn]; *Idź się położyć.* – Go and lie down. **kłaść się spać** – go to bed/to turn in
kłębek (*wełny*) ball of wool; **kłębek nerwów** – a bundle of nerves
kłoda log [lɒg]; **spać jak kłoda** – to sleep like a log
kłopot trouble ['trʌbl], bother ['bɒðə], nuisance ['nju:sns]; **zadać sobie kłopot** – to take the trouble to; **sprawić komuś kłopot** – to give sb trouble/ /to trouble sb/to bother sb; *Przepraszam, że ci sprawiam kłopot.* – I'm sorry to trouble you. *To żaden kłopot.* – It's no trouble/bother.
kłopotliwy ❶ (*sprawiający kłopot*) troublesome ['trʌblsəm], inconvenient [ɪnkən'vi:njənt] ❷ (*wprawiający w zakłopotanie*) awkward ['ɔ:kwəd]
kłos ear [ɪə] (of corn)
kłócić się quarrel ['kwɒrəl], have a quarrel, argue ['ɑ:gju:], have an argument [-'ɑ:gjʊmənt]
kłódka padlock ['pædlɒk]; **zamknąć drzwi na kłódkę** – to padlock the door
kłótliwy quarrelsome ['kwɒrəlsəm]
kłótnia quarrel ['kwɒrəl], argument ['ɑ:gjʊmənt]; *Wybuchła między nimi kłótnia o pieniądze.* – A quarel broke out between them over/about money.
kłuć prick [prɪk]
kłusownik poacher ['pəʊtʃə]
kminek caraway ['kærəweɪ]
knebel gag [gæg]
kneblować gag (gg) [gæg]
knedel *kulin.* dumpling ['dʌmplɪŋ]
knot candle-wick ['kændlwɪk]
knuć plot [plɒt], scheme [ski:m]
koalicja coalition [kəʊə'lɪʃn]; **utworzyć koalicję** – to form a coalition
koalicyjny coalition [kəʊə'lɪʃn]; **rząd koalicyjny** – a coalition government
kobalt *chem.* cobalt ['kəʊbɔ:lt]
kobiałka basket ['bɑ:skɪt]
kobiecy ❶ (*typowy dla kobiety*) feminine ['femɪnɪn], womanly ['wʊmənlɪ], (*jako cecha negatywna*) womanish ['wʊmənɪʃ]; *Ona ubiera się po kobiecemu.* – She dresses in a feminine way. *Jego sposób zachowania jest trochę kobiecy.* – He has a rather womanish manner. ❷ (*przynależny do kobiet, odnoszący się do kobiet*) female ['fi:meɪl], woman's ['wʊmənz], women's ['wɪmɪnz]; **pisma kobiece** – women's magazines; **kobieca mentalność** – female mentality
kobieta woman, *l.mn.* women ['wʊmən, 'wɪmɪn]; **kobieta niezamężna** – a single woman/an unmarried woman; **kobieta zamężna** – a married woman; **kobieta pracująca** – a professional woman; **kobieta światowa** – a woman of the world
kobra *zool.* cobra ['kəʊbrə]
kobyła *pot.* mare [meə]
koc blanket ['blæŋkɪt], rug [rʌg]

k

kochać love [lʌv]
kochać się ❶ (*być zakochanym*) be in love with ❷ (*uprawiać seks*) make love
kochanek lover ['lʌvə]
kochanie (*w wołaczu*) darling ['dɑ:lɪŋ], my love [-lʌv], my dearest [-'dɪərəst], my dear [-dɪə]
kochanka mistress ['mɪstrɪs], love [lʌv]
kochany ❶ (*sformułowanie używane w listach*) dear [dɪə], my dear; **Kochana Anno** – Dear Ann/My dear Ann/Dearest Ann ❷ (*osoba droga*) dear [dɪə], beloved [bɪ'lʌvɪd]
koci cat [kæt], cat's [kæts], catlike ['kætlaɪk], feline ['fi:laɪn]; *Miał zgrabne, kocie ruchy.* – He had gracious, feline movements.
kocię kitten ['kɪtn]
kocioł kettle ['ketl], cauldron ['kɔ:ldrən]
kociołek pot [pɒt], kettle ['ketl]
koczować camp [kæmp]
koczowniczy nomadic [nə'mædɪk]; **koczowniczy tryb życia** – a nomadic existence
kod code [kəʊd]; **kod pocztowy** – a postal code/a post-code; **kod genetyczny** – the genetic code; **przesłać wiadomość kodem** – to send a message in code
kodeks code [kəʊd]; **kodeks drogowy** – the highway code; **kodeks karny** – the penal code; **kodeks honorowy** – a code of honour
koedukacyjny coeducational [kəʊedju:'keɪʃnl], coed [kəʊ'ed], mixed ['mɪkst]; **szkoła koedukacyjna** – a coed//a mixed school
koegzystencja coexistence [kəʊɪg'zɪstəns]; **pokojowa koegzystencja** – peaceful coexistence
koegzystować coexist [kəʊɪg'zɪst]
kofeina caffeine ['kæfi:n]
kogut cock [kɒk]
koić soothe [su:ð], calm [kɑ:m]; **ukoić płaczące dziecko** – to soothe a crying child; **koić ból** – to soothe/to ease/to relieve pain
koja bunk [bʌŋk], sleeping-berth ['sli:pɪŋ bɜ:θ]
kojarzyć ❶ (*łączyć w pary*) pair [peə], (*o zwierzętach*) mate [meɪt] ❷ (*łączyć wrażenia*) associate [ə'səʊʃɪəɪt], connect [kə'nekt]; **kojarzyć fakty** – to associate facts ❸ (*pot. rozumieć*) grasp [grɑ:sp], take in [teɪk'ɪn] (took, taken)
kojarzyć się associate [ə'səʊʃɪəɪt], have associations [-əsəʊsɪ'eɪʃnz]; *Śnieg kojarzy mi się z jazdą na nartach.* – I associate snow with skiing. *Czy ci się to z czymkolwiek kojarzy?* – Does it ring a bell?
kojący soothing ['su:ðɪŋ]
kojec (*dla dziecka*) play-pen ['pleɪpen], (*dla kur*) coop [ku:p]
kok bun [bʌn]; **uczesać się w kok** – to put (one's) hair in a bun
kokaina cocaine [kəʊ'keɪn]
kokarda bow [bəʊ]
kokieteria coquetry ['kɒkɪtrɪ]
kokieteryjny coquettish [kɒ'ketɪʃ]
kokietka coquette [kɒ'ket]
kokietować coquet [kɒ'ket]
koklusz whooping-cough ['hu:pɪŋkɒf]
kokon cocoon [kə'ku:n]
kokos coconut ['kəʊkənʌt]
koks coke [kəʊk]
koktail coctail ['kɒkteɪl]
kolaboracja collaboration [kəlæbə'reɪʃn]
kolaborant collaborator [kə'læbəreɪtə]
kolaborować collaborate [kə'læbəreɪt]
kolacja (*zimna*) supper ['sʌpə], (*gorąca*) dinner ['dɪnə]; **proszona kolacja** – a dinner party
kolano knee [ni:]
kolarstwo cycling ['saɪklɪŋ]
kolarz cyclist ['saɪklɪst]
kolba ❶ (*u broni palnej*) butt [bʌt] ❷ (*kukurydzy*) corn-cob ['kɔ:nkɒb] ❸ (*laboratoryjna*) flask [flɑ:sk]
kolczasty thorny ['θɔ:nɪ]; **drut kolczasty** – barbed wire
kolczyk earring ['ɪərɪŋ], pierced earring, ear-drop ['ɪədrɒp]
kolebka cradle ['kreɪdl]; *Starożytna Grecja była kolebką kultury europejskiej.* – Ancient Greece was the cradle of

European culture. **od kolebki** – from the cradle

kolec thorn [θɔ:n], prick [prɪk], (*metalowy*) spike [spaɪk]

kolega friend [frend], (*z pracy*) colleague ['kɒli:g], (*szkolny*) school-friend ['sku:lfrend], class-mate ['klɑ:smeɪt]

kolegium ❶ (*zarząd, rada*) council ['kaʊnsl], body ['bɒdɪ], board [bɔ:d] ❷ (*uczelnia*) college ['kɒlɪdʒ]

koleina rut [rʌt], groove [gru:v]

kolej[1] ❶ (*instytucja*) railway ['reɪlweɪ], rail [reɪl], *am.* railroad ['reɪlrəʊd]; **Koleje Brytyjskie** – British Rail; **pracować na kolei** – to work on the railways ❷ (*środek transportu*) train [treɪn], rail [reɪl], railway ['reɪlweɪ]; **jechać koleją** – to go by train/to travel by rail; **kolej wąskotorowa/normalnotorowa** – narrow-gauge/normal-gauge railway; **sieć kolei** – a network of railways

kolej[2] ❷ (*kolejność*) turn [tɜ:n]; *Teraz moja kolej.* – It's my turn now. *Musisz czekać na swoją kolej.* – You must wait your turn. ❷ (*bieg rzeczy*) course [kɔ:s]; **normalną koleją rzeczy** – in the ordinary course of events; **koleje czyjegoś życia** – the course of sb's life

kolejarz railwayman, *l.mn.* railwaymen ['reɪlweɪmən]

kolejka[1] (*środek transportu*) railway ['reɪlweɪ]; **kolejka wąskotorowa** – a narrow-gauge railway; **kolejka górska** (*jadąca po ziemi*) – funicular; **kolejka górska linowa** – cableway

kolejka[2] (*szereg ludzi czekających*) queue [kju:], line [laɪn]; **utworzyć kolejkę** – to form a queue; **stać w kolejce** – to stand in a queue/to queue up; **kupić coś/załatwić poza kolejką** – to jump the queue

kolejność turn [tɜ:n], order ['ɔ:də], sequence ['si:kwəns]; **poza kolejnością** – out of turn; **w kolejności alfabetycznej** – in alphabetical order; **kolejność wypadków** – the sequence of events

kolejny following ['fɒləʊɪŋ], successive [sek'sesɪv], (*następny*) next [nekst]

kolejowy rail [reɪl], railway ['reɪlweɪ]; **komunikacja kolejowa** – rail transport; **stacja kolejowa** – railway station; **wagon kolejowy** – railway carriage; **tory kolejowe** – (the) rails

kolekcja collection [kə'lekʃn]

kolekcjoner collector [kə'lektə]

koleżeński friendly ['frendlɪ]

kolęda Christmas carol [krɪsməs'kærəl]

kolędować carol ['kærəl]

kolia necklace ['neklɪs]

kolidować collide [kə'laɪd]

kolisty circular ['sɜ:kjʊlə], round [raʊnd]

kolizja collision [kə'lɪʒn]; **kolizja dwóch samochodów** – a collision between two cars; **wejść w kolizję z prawem** – to get into collision with the law/to offend against the law

kolonia[1] (*zorganizowany pobyt dzieci na wakacjach*) holiday camp ['hɒlədɪkæmp]

kolonia[2] ❶ (*zagraniczna posiadłość państwa*) colony ['kɒlənɪ]; *Indie były kolonią brytyjską.* – India was a British colony. ❷ (*grupa ludzi tej samej narodowości mieszkających w innym kraju*) colony ['kɒlənɪ] ❸ (*miejsce przymusowego pobytu*) colony ['kɒlənɪ]; **kolonia karna** – penal colony ❹ *biol.* colony ['kɒlənɪ]

kolonialista colonialist [kə'ləʊnɪəlɪst]

kolonializm colonialism [kə'ləʊnɪəlɪzm]

kolonialny colonial [kə'ləʊnjəl]

kolonizacja colonization [kɒlənaɪ'zeɪʃn]

kolonizator colonist ['kɒlənɪst]

kolonizować colonize ['kɒlənaɪz]

koloński cologne [kə'ləʊn]; **woda kolońska** – eau-de-Cologne/cologne

kolor colour ['kʌlə]; *Jakiego to jest koloru?* – What colour is it? *Czy ten film jest w kolorze?* – Is the film in colour? **jasne/ciemne kolory** – light/dark colours; **jaskrawe/przygaszone kolory** – bright/subdued colours; **pod kolor** – to match; *Ubrana była w czerwony kostium i kapelusz pod kolor.* – She was wearing a red suit and a hat to match.

k

kolorowy colour ['kʌlə], coloured ['kʌləd], colourful ['kʌləfʊl]; **fotografia kolorowa** – colour photography; **telewizor kolorowy** – a colour TV-set; **kolorowa suknia** – a colourful dress

koloryt colour ['kʌlə]; **koloryt lokalny** – local colour

koloryzować (*upiększać opowiadanie*) embroider [ɪm'brɔɪdə], embellish [ɪm'belɪʃ]

kolumna column ['kɒləm]

kołdra quilt [kwɪlt], (*puchowa*) eiderdown ['aɪdədaʊn]

kołek peg [peg]

kołnierz collar ['kɒlə]

koło[1] ❶ (*krąg*) circle ['sɜ:kl], ring [rɪŋ]; **narysować koło** – to draw a circle; **błędne koło** – a vicious circle; **stanąć w koło** – to stand in a circle/in a ring; **obwód koła** – a circumference of a circle; **średnica koła** – a diameter of a circle; **promień koła** – a radius of a circle; **dokonać kwadratury koła** – to square the circle; **koło podbiegunowe/polarne** – the polar circle; **koło podbiegunowe północne/południowe** – the Arctic/the Antarctic circle ❷ (*element maszyny, koło pojazdu*) wheel [wi:l]; **koło zapasowe** – a spare wheel; **koło ruletki** – a roulette wheel; **koło ratunkowe** – a life-belt ❸ (*sfera, środowisko*) circle ['sɜ:kl]; *Jest znany w kołach politycznych.* – He is known in political circles.

◆ **w koło** ❶ (*wiele razy od początku*) over and over again; *W koło ci to powtarzam.* – I repeat it over and over again. ❷ (*naokoło*) around [ə'raʊnd]; *Rozejrzała się w koło.* – She looked around.

koło[2] ❶ (*niedaleko*) near to ['nɪətʊ], close to ['kləʊs-], near [nɪə]; *Sklep spożywczy jest koło naszego domu.* – The grocer's is near to our house. ❷ (*około*) about [ə'baʊt], around [ə'raʊnd]; *Ona musi mieć koło czterdziestki.* – She must be about forty. *Przybył koło północy.* – He arrived around midnight.

kołowy ❶ (*w kształcie koła*) circular ['sɜ:kjʊlə], rotary ['rəʊtərɪ] ❷ (*poruszający się na kołach*) vehicular [vɪ'hɪkjʊlə]; **ruch kołowy** – vehicular traffic

kołysać rock [rɒk]; **kołysać dziecko do snu** – to rock the baby to sleep; **kołysać łodzią** – to rock the boat

kołysać się rock [rɒk], sway [sweɪ]; *Drzewa kołysały się na wietrze.* – Trees were swaying in the wind. *Kołysał się w fotelu.* – He rocked in his chair.

kołysanka lullaby ['lʌləbaɪ], cradle-song ['kreɪdlsɒŋ]

kołyska cradle ['kreɪdl]; **od kołyski** – from the cradle

komandos commando [kə'mɑ:ndəʊ]

komar mosquito, *l.mn.* mosquitoes [mə'ski:təʊ, mə'ski:təʊz], gnat [næt]

kombajn combine ['kɒmbaɪn], combine harvester [kɒmbaɪn'hɑ:vɪstə]

kombatant war veteran [wɔ:'vetərən]

kombi station wagon ['steɪʃnwægən], estate car [ɪ'steɪtkɑ:]

kombinacja combination [kɒmbɪ'neɪʃn]

kombinezon overalls ['əʊvərɔ:lz]

komedia comedy ['kɒmədɪ]; **czarna komedia** – black comedy; **komedia sytuacyjna** – situation comedy

komenda ❶ (*rozkaz*) command [kə'mɑ:nd]; **wydawać komendę** – to give a command ❷ (*dowództwo*) command [kə'mɑ:nd]; **pod komendą** – under the command of ❸ (*komendantura*) headquarters [hed'kwɔ:təz]; **komenda policji** – police headquarters

komendant commandant [kɒmən'dænt]

komenderować ❶ (*dowodzić*) command [kə'mɑ:nd] ❷ (*dawać komendę*) order ['ɔ:də], give orders, give commands

komentarz ❶ (*objaśniający przypisy*) commentary ['kɒməntərɪ] ❷ (*opinia, zdanie, uwaga*) comment ['kɒmənt]; *Czy macie jakieś komentarze?* – Do you have any comments to make?

komentator commentator ['kɒmənteɪtə]
komentować comment ['kɒmənt]
kometa comet ['kɒmɪt]
komfort comfort ['kʌmfət], luxury ['lʌkʃərɪ]
komfortowy luxurious [lʌg'zjʊərɪəs], luxury ['lʌkʃərɪ]
komiczny comical ['kɒmɪkl], funny ['fʌnɪ], amusing [ə'mju:zɪŋ]
komik comedian [kə'mi:djən]
komiks comic ['kɒmɪk]
komin chimney ['tʃɪmnɪ]
kominek fireplace ['faɪəpleɪs]
kominiarz (chimney)-sweep [swi:p]
komisariat (*policji*) police-station [pə'li:s,steɪʃn]
komisja commision[kə'mɪʃn] , committee [kə'mɪtɪ], board [bɔ:d]; **komisja egzaminacyjna** – board of examiners
komitet committee [kə'mɪtɪ], board [bɔ:d]
komizm comicality [kɒmɪ'kælətɪ], comedy ['kɒmɪdɪ]
komoda chest of drawers [tʃestəv'drɔ:z]
komora chamber ['tʃeɪmbə]; **komory serca** – the chambers of the heart; **komora gazowa** – a gas chamber
komorne rent [rent]
komornik bailiff ['beɪlɪf]
komórka ❶ (*małe pomieszczenie*) cubicle ['kju:bɪkl], cubby-hole ['kʌbɪhəʊl], recess [rɪ'ses] ❷ *biol.* cell [sel]
komórkowy cellular ['seljʊlə]
kompania ❷ (*towarzystwo*) company ['kʌmpənɪ] ❷ *wojsk.* company ['kʌmpənɪ]
kompas compass ['kʌmpəs]
kompensata compensation [kɒmpən'seɪʃn]
kompensować compensate ['kɒmpənseɪt]; *Dobry słuch może kompensować kiepski wzrok.* – Good sense of hearing can compensate for poor eyesight.
kompetencja competence ['kɒmpɪtəns]; *To mieści się w granicach moich kompetencji.* – It's within my competence. *To leży poza moimi kompetencjami.* – It's beyond my competence.
kompetentny competent ['kɒmpɪtənt]
kompleks complex ['kɒmpleks]; **kompleks niższości** – an inferiority complex
komplement compliment ['kɒmplɪmənt]; **prawić komuś komplementy** – to pay sb compliments
komplet ❶ (*zestaw*) set [set]; **komplet sztućców** – a set of cutlery; **komplet narzędzi** – a set of tools; **komplet mebli** – a suite of furniture [swi:t-] ❷ (*określona maksymalna liczba osób*): *Byliśmy w komplecie.* – Nobody was missing. **komplet widzów** – a full house; *Hotel ma komplet gości.* – The hotel is fully booked. **komplet pasażerów** – all seats booked
kompletny ❶ (*w całości, bez braków*) complete [kəm'pli:t] ❷ (*całkowity, zupełny*) complete [kəm'pli:t], utter ['ʌtə], sheer [ʃɪə]; **kompletny idiota** – complete idiot; **kompletny nonsens** – utter/sheer nonsense
kompletować complete [kəm'pli:t]
komplikacja complication [kɒmplɪ'keɪʃn]; *Wynikły pewne komplikacje.* – Some complications have arisen.
komplikować complicate ['kɒmplɪkeɪt]
komponować compose [kəm'pəʊz]
kompost compost ['kɒmpɒst]
kompot stewed fruit ['stju:dfru:t]
kompozycja ❶ *muz.* composition [kɒmpə'zɪʃn]; **studiować kompozycję w szkole muzycznej** – to study composition at (a) music school ❷ (*dzieło sztuki*) composition [kɒmpə'zɪʃn] ❸ (*układ dzieła sztuki*) composition [kɒmpə'zɪʃn]
kompozytor composer [kəm'pəʊzə]
kompres compress ['kɒmpres], (*gorący*) poultice ['pəʊltɪs]
kompromis compromise ['kɒmprəmaɪz]; **pójść na kompromis** – to compromise/to meet half-way; **osiągnąć kompromis** – to reach a compromise
kompromitacja discredit [dɪs'kredɪt]
kompromitować discredit [dɪs'kredɪt], compromise ['kɒmprəmaɪz]

kompromitować się compromise oneself ['kɒmprəmaɪz-], be discredited; *Rząd skompromitował się tym skandalem.* – The government was discredited by the scandal.

kompromitujący discreditable [dɪs'kredɪtəbl], compromising ['kɒmprəmaɪzɪŋ]

komputer computer [kəm'pju:tə]

komu whom [hu:m], *p.* **kto**

komuna ❶ (*wspólnota*) commune ['kɒmju:n] ❷ (*system komunistyczny*) communist system ['kɒmju:nɪst'sɪstəm]

komunalny communal ['kɒmjʊnl], municipal [mju:'nɪsɪpl]

komunia communion [kə'mju:njən]; **przyjmować komunię** – to take communion

komunikacja ❶ (*transport odbywający się środkami lokomocji*) transport ['trænspɔ:t]; **komunikacja drogowa/ /kolejowa** – road/rail transport; **komunikacja publiczna** – public transport; *Zazwyczaj podróżuję środkami komunikacji publicznej.* – I usually travel by public transport. ❷ (*porozumiewanie się, przekazywanie wiadomości*) communication [kəmju:nɪ'keɪʃn]; **komunikacja telefoniczna** – telephone communication

komunikat announcement [ə'naʊnsmənt]; **komunikat meteorologiczny** – weather report; **wygłosić komunikat** – to make an announcement

komunista communist ['kɒmjʊnɪst]

komunistyczny communist ['kɒmjʊnɪst]; **reżim komunistyczny** – a communist regime; **partia komunistyczna** – the Communist Party

komunizm communism ['kɒmjʊnɪzm]

koncentracja concentration [kɒnsən'treɪʃn]; *Twój brak koncentracji może być wynikiem zmęczenia.* – Your lack of concentration can be the result of tiredness. **koncentracja oddziałów nieprzyjaciela** – concentration of enemy troops

koncentracyjny concentration [,kɒnsən'treɪʃn]; **obóz koncentracyjny** – a concentration camp

koncentrat concentrate ['kɒnsəntreɪt]; **koncentrat soku pomarańczowego** – orange juice concentrate/orange squash; **koncentrat pomidorowy** – tomato puree

koncentrować concentrate ['kɒnsəntreɪt]; *Musimy skoncentrować nasze wysiłki na rozwiązaniu problemu.* – We must concentrate our efforts on solving the problem.

koncentrować się concentrate ['kɒnsəntreɪt]; *Trudno się skoncentrować przy tym hałasie.* – It's difficult to concentrate with his noise going on.

koncepcja conception [kən'sepʃn]

koncern concern [kən'sɜ:n]; **olbrzymi koncern przemysłowy** – a huge industrial concern

koncert ❶ (*impreza*) concert ['kɒnsət]; **dać koncert** – to give a concert; **iść na koncert** – to go to a concert; *Spotkaliśmy się na koncercie.* – We met at the concert. ❷ (*utwór*) concerto [kən'tʃeətəʊ]; **koncert fortepianowy** – a piano concerto

kondolencja condolence [kən'dəʊləns]; **składać kondolencje** – to offer condolences; *Proszę przyjąć moje szczere kondolencje.* – Please accept my sincere condolences.

kondor *zool.* condor ['kɒndɔ:]

konduktor conductor [kən'dʌktə], ticket inspector ['tɪkɪtɪn'spektə]

kondycja condition [kən'dɪʃn], form [fɔ:m]; **nie być w kondycji** – to be out of condition/to be in poor form; **być w dobrej kondycji** – to be in good form/condition; **być w złej kondycji** – to be in bad form/condition; **zachowywać dobrą kondycję** – to keep fit

kondygnacja (*piętro*) storey ['stɔ:rɪ], *am.* story ['stɔ:rɪ], (*na schodach – od podestu do podestu*) a flight of stairs

konfederacja confederation [kən,fedə'reɪʃn]

konfekcja (*odzież*) clothes [kləʊðz], wear [weə], clothing ['kləʊðɪŋ]; **konfekcja damska/dziecięca** – ladies'/ /children's wear; **konfekcja męska** – menswear

konferansjer compére ['kɒmpeə]
konferencja conference ['kɒnfrəns]; **konferencja prasowa** – a press conference; *Ten problem był dyskutowany na konferencji.* – The problem was discussed at the conference. **organizować konferencję** – to hold a conference
konfesjonał confessional [kən'feʃənl]
konfiskata confiscation [kɒnfı'skeıʃn]
konfiskować confiscate ['kɒnfıskeıt]
konfitura jam [dʒæm], preserve [prı'zɜ:v], candied fruit ['kændıdfru:t]
konflikt conflict ['kɒnflıkt], collision [kə'lıʒn], clash [klæʃ]; **konflikt zbrojny** – an armed conflict; **konflikt interesów** – a conflict of interests; **wywołać konflikt** – to provoke a conflict; **wpaść w konflikt z** – to come into conflict with; **wejść w konflikt z prawem** – to come into collision with the law
konformista conformist [kən'fɔ:mıst]
konformistyczny conformist [kən'fɔ:mıst]
kongres congress ['kɒŋgres]; **Kongres Wiedeński** – the Congress of Vienna
koniak cognac ['kɒnjæk]
koniczyna clover ['kləʊvə]; **czterolistna koniczyna** – a four-leaf clover
koniec ❶ (*kres, schyłek*) end [end], close [kləʊz]; **koniec opowiadania** – the end of a story; **pod koniec dnia** – at the end of the day/at the close of the day; **od początku do końca** – from (the) beginning to (the) end/ /from start to finish; **do samego końca** – to the very end; **w końcu** – in the end; **doprowadzić coś do końca** – to bring sth to an end; *Wojna miała się ku końcowi.* – The war was drawing to an end/to a close. **światło na końcu tunelu** – light at the end of the tunnel; **wiązać koniec z końcem** – to make both ends meet; **na końcu języka** – on the tip of one's tongue ❷ (*zakończenie*) finish ['fınıʃ], ending ['endıŋ]; **szczęśliwy koniec** – a happy ending

k

koniecznie ❶ (*bezwarunkowo*) inevitably [ın'evıtəblı], necessarily ['nesəsərəlı]; *Jego milczenie nie oznacza koniecznie, że się z nami zgadza.* – His silence doesn't necessarily mean that he agrees with us. ❷ (*niezawodnie*) without fail [wı'ðaʊt feıl], absolutely [æbsə'lu:tlı], really ['rıəlı]; *Koniecznie muszę już iść.* – I really must go. *Przyjdź koniecznie.* – Do come and visit us.
konieczność necessity [nı'sesətı]; *Poszła do pracy nie z wyboru, ale z konieczności.* – She went to work not out of choice, but out of necessity.
konieczny necessary ['nesəsərı], vital ['vaıtl]; **zło konieczne** – necessary evil; **warunek konieczny** – a necessary condition
konkret hard fact; **przejść do konkretów** – to become specific/to come down to concrete facts
konkretny real [rıəl], concrete ['kɒŋkri:t]
konkurencja competition [kɒmpı'tıʃn]; **wolna konkurencja** – free competition; **silna konkurencja** – strong competition
konkurencyjny competitive [kəm'petətıv]; **ceny konkurencyjne** – competitive prices
konkurent ❶ *handl.* competitor [kəm'petıtə] ❷ (*starający się o rękę*) suitor ['sju:tə]
konkurować compete [kəm'pi:t], rival ['raıvl]; *Kilka firm konkuruje ze sobą.* – Several firms are competing against each other. *Nikt nie może z nim konkurować, jeżeli chodzi o umiejętności.* – Nobody can rival him in skill.
konkurs contest ['kɒntəst], competition [kɒmpı'tıʃn]; **konkurs piękności** – beauty contest; **konkurs tańca** – dancing contest; **brać udział w konkursie** – to enter a contest; **organizować konkurs** – to hold/to stage a contest
konkursowy competitive [kəm'petətıv]; **egzamin konkursowy** – competitive examination

konnica cavalry ['kævlrı]

konno on horseback [ɒn'hɔ:sbæk]; **jechać konno** – to ride on horseback

konny (*o człowieku*) mounted ['maʊntɪd], (*o pojeździe*) horse-drawn ['hɔ:sdrɔ:n]; **policja konna** – mounted police; **jazda konna** – horse-riding/ /horsemanship; **wyścigi konne** – horse races

konsekwencja ❶ (*logiczna ciągłość*) consistency [kən'sɪstənsɪ], consistence [kən'sɪstəns]; *W jego działaniu brakuje konsekwencji.* – His actions lack consistency. ❷ (*wynik*) consequence ['kɒnsɪkwəns]; **ponieść konsekwencje** – to take/to suffer consequences

konsekwentny (*spójny, logiczny, przemyślany*) consistent [kən'sɪstənt]

konserwa tinned food ['tɪnd'fu:d], canned food ['kænd'fu:d]; **konserwa mięsna** – tinned/canned meat; **konserwa rybna** – tinned/canned fish

konserwacja preservation [prezə'veɪʃn], (*budynków*) maintenance ['meɪntənəns]; **konserwacja dzieł sztuki** – preservation of works of art; **konserwacja żywności** – preservation of food

konserwatysta conservative [kən'sɜ:vətɪv]

konserwatywny conservative [kən'sɜ:vətɪv]

konserwatyzm conservatism [kən'sɜ:vətɪzm]

konserwować ❶ (*chronić, utrzymywać w dobrym stanie*) preserve [prɪ'zɜ:v], maintain [meɪn'teɪn] ❷ (*zabezpieczać żywność przed zepsuciem*) preserve [prɪ'zɜ:v], (*w puszkach*) tin (nn) [tɪn], can (nn) [kæn]

konserwowy tinned ['tɪnd], canned ['kænd]; **ogórki konserwowe** – pickled cucumbers; **groszek konserwowy** – tinned peas

konspiracja ❶ (*tajna działalność*) conspiracy [kən'spɪrəsɪ] ❷ (*tajna, podziemna organizacja*) underground ['ʌndəgraʊnd]; **działać w konspiracji** – to work for the underground

konspiracyjny (*spiskowy*) conspiratorial [kənspɪrə'tɔ:rɪəl], (*podziemny*) underground ['ʌndəgraʊnd]; *Mówił konspiracyjnym szeptem.* – He spoke in a conspiratorial whisper. **działalność konspiracyjna** – underground movement; **prasa konspiracyjna** – underground press

konspirator conspirator [kən'spɪrətə]

konspirować conspire [kən'spaɪə]

konstelacja constellation [kɒnstə'leɪʃn]

konsternacja dismay [dɪs'meɪ], consternation [kɒnstə'neɪʃn]; *Ku naszej konsternacji ona nie przyjęła oferty.* – To our consternation she turned down our offer.

konstrukcja ❶ (*układ elementów*) construction [kən'strʌkʃn], structure ['strʌktʃə] ❷ (*konstruowanie, budowa*) construction [kən'strʌkʃn]

konstruktor constructor [kən'strʌktə]

konstruktywny constructive [kən'strʌktɪv]; **konstruktywna krytyka** – constructive criticism

konstruować construct [kən'strʌkt]

konstytucja ❶ (*ustawa zasadnicza*) constitution [kɒnstɪ'tju:ʃn]; **przyjąć konstytucję** – to adopt a constitution ❷ (*budowa ciała*) constitution [kɒnstɪ'tju:ʃn]; **mężczyzna silnej konstytucji** – a man of a strong constitution

konstytucyjny constitutional [kɒnstɪ'tju:ʃənl]; **monarchia konstytucyjna** – a constitutional monarchy

konstytuować constitute ['kɒnstɪtju:t], form [fɔ:m], establish [ɪ'stæblɪʃ]; **konstytuować nowy rząd** – to form a new government

konstytuować się be constituted [-'kɒnstɪtju:tɪd], be formed [-'fɔ:md], be established [-ɪ'stæblɪʃt]; *Ukonstytuował się nowy rząd.* – A new government has been established.

konsul consul ['kɒnsəl]

konsularny consular ['kɒnsjʊlə]

konsulat consulate ['kɒnsjʊlət]

konsultacja consultation [kɒnsəl'teɪʃn]

konsultant consultant [kən'sʌltənt]

k

konsultować consult [kən'sʌlt]

konsultować się consult [kən'sʌlt]; **konsultować się z lekarzem** – to consult a doctor

konsument consumer [kən'sju:mə]

konsumować (*spożywać*) consume [kən'sju:m], eat (ate, eaten) [i:t, eɪt/et, 'i:tn], drink (drank, drunk) [drɪŋk, dræŋk, drʌŋk]

konsumpcja consumption [kən'sʌmʃn]; **zdatny do konsumpcji** – fit for consumption

konsumpcyjny consumer [kən'sju:mə]; **towary konsumpcyjne** – consumer goods; **społeczeństwo konsumpcyjne** – the consumer society

konsylium consultation [kʌnsəl'teɪʃn]; **zwołać konsylium** – to hold a consultation

konsystencja consistency [kən'sɪstənsɪ]

kontakt ❶ (*styczność*) contact ['kɒntækt], touch [tʌtʃ]; **być z kimś w kontakcie** – to keep in touch/to be in touch/in contact with sb; **nawiązać z kimś kontakt** – to get in touch with sb; **stracić z kimś kontakt** – to lose touch/contact with sb; **nie utrzymywać z kimś kontaktu** – to be out of touch with sb ❷ (*kontakt elektryczny*) (a) (*wyłącznik*) switch [swɪtʃ]; **włączyć kontakt** (*przez naciśnięcie*) – to press on a switch; **wyłączyć kontakt** – to press off a switch; (b) (*gniazdko elektryczne*) socket ['sɒkɪt]; **włożyć wtyczkę do kontaktu** – to put the plug in the socket

kontaktować contact [kɒn'tækt]

kontaktować się contact [kɒn'tækt], be in contact with [kɒn'tækt], be in touch with [-tʌtʃ]; *Gdzie mogę się jutro z tobą skontaktować?* – Where can I contact you tomorrow? *Nie kontaktowaliśmy się ze sobą latami.* – We've been out of touch for years.

kontaktowy contact ['kɒntækt]; **szkła kontaktowe** – contact lenses

kontener container [kən'teɪnə]

konto account [ə'kaʊnt]; **założyć konto** – to open an account; **mieć konto w banku** – to have an account with a bank/at a bank; *On ma 10 000 funtów na koncie.* – He has 10 000 in his account. **wpłacić pieniądze na konto** – to pay money into an account; **wyjąć pieniądze z konta** – to draw money out of an account; **na konto** (*na poczet/a conto*) – on account

kontrahent party to a contract, contracting party

kontrakt contract ['kɒntrækt]; **sporządzić kontrakt** – to draw up/to make a contract; **podpisać kontrakt** – to sign a contract; **zerwać kontrakt** – to break a contract

kontrast contrast ['kɒntrɑ:st]; **na zasadzie kontrastu** – by contrast

kontrastować contrast [kən'trɑ:st]; *Jej słowa kontrastują z zachowaniem.* – Her words contrast with her behaviour.

kontrastowy contrasting [kən'trɑ:stɪŋ]

kontrola ❶ (*sprawdzanie*) control [kən'trəʊl], check [tʃek], inspection [ɪn'spekʃn]; **przechodzić przez kontrolę paszportową** – to go through passport control; **kontrola celna** – customs, customs check; **przeprowadzać kontrolę** – to carry out an inspection/to make an inspection; *Prowadzimy regularne kontrole jakości naszego produktu.* – We conduct regular checks on the quality of our product. *Nie przejmuj się, wszystko jest pod kontrolą.* – Don't worry, everything is under control. ❷ (*pot. – instytucja, osoba kontrolująca*) inspector [ɪn'spektə]; **kontrola biletów** – ticket inspector

kontroler inspector [ɪn'spektə]; **kontroler biletów** – ticket inspector

kontrolny control [kən'trəʊl]; **wieża kontrolna** – a control tower

kontrolować ❶ (*sprawdzać*) inspect [ɪn'spekt], check [tʃek], control (ll) [kən'trəʊl]; **kontrolować bilety** – to collect/to inspect tickets ❷ (*panować*) control (ll) [kən'trəʊl]

kontrowersja controversy ['kɒntrəvɜ:sɪ]; *Ta decyzja wywołała wiele* *kontrowersji.* – That decision aroused a lot of controversy.

kontrowersyjny controversial [kɒntrə'vɜ:ʃl]

kontrwywiad counter-espionage [kaʊntər'espjənɑ:ʒ], counter-intelligence ['kaʊntərɪn'telɪdʒəns]

kontuzja contusion [kən'tju:ʒn]

kontynent continent ['kɒntɪnənt]

kontynentalny continental [kɒntɪ'nentl]

kontynuacja continuation [kəntɪnjʊ'eɪʃn]

kontynuować continue [kən'tɪnju:], go on [gəʊ'ɒn] (went, gone), carry on [kærɪ'ɒn], pursue [pə'sju:]

konwalia lily of the valley [lɪlɪəvðə'vælɪ]

konwencja convention [kən'venʃn]; **Konwencja Genewska** – the Geneva Convention

konwencjonalny conventional [kən'venʃənl]

konwersacja conversation [kɒnvə'seɪʃn]

konwojent guard [gɑ:d]

konwojować convoy ['kɒnvɔɪ], escort [ɪ'skɔ:t]

konwój convoy ['kɒnvɔɪ]

konwulsja convulsion [kən'vʌlʃn]; **dostać konwulsji** – to go into convulsions

koń horse [hɔ:s], (*w szachach*) knight [naɪt]; **koń na biegunach** – a rocking-horse; **zaglądać w zęby darowanemu koniowi** – to look a gift horse in the mouth; **koń mechaniczny** – horsepower

końcowy end [end], final ['faɪnl]; **produkt końcowy** – end-product; **efekt końcowy** – end result; **stacja końcowa** – terminus, terminal

końcówka ❶ (*zakończenie*) ending ['endɪŋ], end [end], *sport.* finish ['fɪnɪʃ] ❷ (*resztka*) remainder [rɪ'meɪndə]

kończyć finish ['fɪnɪʃ], end [end]; *Jeszcze nie skończyłam.* – I haven't finished yet. *On kończy szkołę w przyszłym roku.* – He will finish/leave school next year. **kończyć studia** – to graduate (from university); **źle skończyć** – to come to a bad end

kończyć się ❶ (*dobiegać kresu, zaprzestawać*) finish ['fɪnɪʃ], end [end], come to an end; *Semestr kończy się w przyszłym tygodniu.* – The semester finishes next week. *Jak kończy się ten film?* – How does the film end? *Słowo „friendliness" kończy się na „ness".* – The word "friendliness" ends in "ness". *Wszystko dobre, co się dobrze kończy.* – All's well that ends well. **nie kończący się** – neverending/endless ❷ (*zużywać się, wyczerpywać*) run out [rʌn'aʊt] (ran, run); *Kończy nam się cukier.* – Sugar is running out./We are running out of sugar. *Moja cierpliwość się kończy.* – I'm at the end of my patience.

kończyna limb [lɪm]

koński horse [hɔ:s], horse's ['hɔ:sɪz], equine ['ekwaɪn], **koński ogon** (*uczesanie*) – pony-tail; **końska dawka** – a hefty dose; **koskie zdrowie** – excellent health

kooperacja co-operation [kəʊɒpə'reɪʃn]

kooperacyjny co-operative [kəʊ'ɒpərətɪv]

kooperant co-operating firm, co-operating person

kooperować co-operate [kəʊ'ɒpəreɪt]

koordynacja co-ordination [kəʊɔ:dɪ'neɪʃn]

koordynować co-ordinate [kəʊ'ɔ:dɪneɪt]

kopa ❶ (*sześćdziesiąt sztuk*) sixty ['sɪkstɪ], three score, *przen.* dozens ['dʌznz]; *Nie widzieliśmy się kopę lat!* – We haven't seen each other for ages! ❷ (*sterta*) stack [stæk]; **kopa siana** – haystack

kopać ❶ (*uderzać nogą*) kick [kɪk]; **kopać piłkę** – to kick the ball; **kopnąć kogoś w nogę** – to kick sb in the leg; **kopać leżącego** – to kick a man when he is down ❷ (*ryć ziemię*) dig (dug, dug) [dɪg, dʌg, dʌg]; **kopać ogródek/w ogródku** – to dig the garden; **kopać kartofle** – to dig potatoes;

K

Nie pozwól psu kopać w moim ogrodzie! – Don't let the dog dig in my garden!

kopalnia mine [maɪn]; **kopalnia soli** – a salt-mine; **kopalnia węgla** – a coal-mine; **kopalnia złota** – a gold-mine; **kopalnia diamentów** – a diamond mine

kopalnictwo mining ['maɪnɪŋ], the mining industry

koparka excavator ['ekskəveɪtə]

koper (*włoski*) fennel ['fenl]

koperek dill [dɪl]

kopernikański Copernican [kə'pɜ:nɪkən]; **system kopernikański** – the Copernican system

koperta envelope ['envələʊp]

kopia copy ['kɒpɪ]; *Czy to jest kopia, czy oryginał?* – Is it a copy or the original? *Napisz list w trzech kopiach.* – Make three copies of the letter. **przygotować kontrakt w dwóch kopiach** – to prepare the contract in duplicate; **w trzech kopiach** – in triplicate

kopiarka copier ['kɒpɪə]

kopnąć *p.* **kopać**

kopniak kick [kɪk]

kopuła dome [dəʊm], cupola ['kju:pələ]

kopyto hoof [hu:f]

kora bark [bɑ:k]

koral coral ['kɒrəl]

korale beads [bi:dz], necklace ['neklɪs]; **sznur korali** – a string of beads

koralowiec coral ['kɒrəl]

Koran the Koran [-kɒ'rɑ:n]

k

korba handle ['hændl], crank [kræŋk]

kordon cordon ['kɔ:dn]; **kordon policji** – a police cordon

Koreańczyk Korean [kə'rɪən]

koreański Korean [kə'rɪən]

korek ❶ (*substancja z drzewa korkowego*) cork [kɔ:k] ❷ (*do butelki*) cork [kɔ:k], stopper ['stɒpə], bottle-stopper ❸ (*zator ruchu ulicznego*) traffic-jam ['træfɪkdʒæm]

korekta ❶ (*poprawka*) correction [kə'rekʃn] ❷ (*poprawianie błędów w tekście*) proof-reading ['pru:fri:dɪŋ]

korektor proof-reader ['pru:fri:də]

korepetycja private lesson ['praɪvət'lesn]; **udzielać komuś korepetycji z matematyki** – to coach sb in mathematics

korepetytor coach [kəʊtʃ]

korespondencja ❶ (*porozumiewanie się listowne*) correspondence [kɒrɪ'spɒndəns]; **prowadzić z kimś korespondencję** – to carry on correspondence with sb/to conduct correspondence with sb; **korespondencja handlowa** – commercial correspondence ❷ (*listy*) correspondence [kɒrɪs'pɒndəns], mail [meɪl], post [pəʊst], letters ['letəz]; *Mam dziś dużo korespondencji do załatwienia.* – I have a lot of correspondence/of post today to deal with. *Nie ma dziś żadnej korespondencji.* – There is no mail today.

korespondencyjny correspondence [kɒrɪ'spɒndəns]; **kurs korespondencyjny** – a correspondence course

korespondent correspondent [kɒrɪ'spɒndənt]; **korespondent wojenny** – a war correspondent; **członek korespondent akademii** – a corresponding member of the Academy

korespondować correspond [kɒrɪ'spɒnd]

korkociąg cork-screw ['kɔ:kskru:]

kormoran *zool.* cormorant ['kɔ:mərənt]

kornik *zool.* woodworm ['wʊd wɜ:m]

korodować corrode [kə'rəʊd]

korona crown [kraʊn]

koronacja coronation [kɒrə'neɪʃn]

koronka ❶ (*ażurowa tkanina*) lace [leɪs] ❷ (*zęba*) crown [kraʊn]

koronować crown [kraʊn]

korozja corrosion [kə'rəʊʒn]; **ulegać korozji** – to corrode

korporacja corporation [kɔ:pə'reɪʃn]

korpus ❶ (*tułów*) trunk [trʌŋk], body ['bɒdɪ] ❷ (*jednostka operacyjna*) corps, *l.mn.* corps [kɔ:, kɔ:z]; **Korpus Pokoju** – the Peace Corps; **Korpus Dyplomatyczny** – the Diplomatic Corps

korsarstwo piracy ['paɪərəsɪ]

korsarz pirate ['paɪərət]

kort court [kɔ:t]; **kort tenisowy** – tennis-court

korupcja corruption [kə'rʌpʃn]

korytarz ❶ (*długie, wąskie przejście*) corridor ['kɒrɪdɔ:], passage ['pæsɪdʒ] ❷ (*przekop*) tunnel ['tʌnl]

koryto ❶ (*naczynie do karmienia zwierząt*) feeding-trough ['fi:dɪŋtrɒf] ❷ (*łożysko rzeki*) river-bed ['rɪvəbed]

korzenny spicy ['spaɪsɪ]

korzeń ❶ (*część rośliny*) root [ru:t]; **wyrwać roślinę z korzeniami** – to pull a plant by its roots; **zapuścić korzenie** – to take root/*przen.* to put down roots; **poszukiwać własnych korzeni** – to search for one's roots ❷ (*korzenie – przyprawy*) spice [spaɪs], spices ['spaɪsɪz]

korzystać ❶ (*odnosić korzyść*) profit ['prɒfɪt], benefit ['benɪfɪt]; **korzystać ze sposobności** – to take an opportunity/to seize an opportunity ❷ (*używać*) use [ju:z]; *Czy mogę skorzystać z telefonu?* – May I use the phone? ❸ (*posiadać*) enjoy [ɪn'dʒɔɪ]; **korzystać z przywilejów** – to enjoy privileges; **korzystać z jednakowych praw** – to enjoy equal rights

korzystny ❶ (*przynoszący korzyść*) profitable ['prɒfɪtəbl], advantageous [ædvən'teɪdʒəs] ❷ (*pomyślny*) favourable ['feɪvərəbl]

korzyść ❶ (*zysk*) profit ['prɒfɪt], gain [geɪn]; **odnieść korzyść** – to profit/ /to gain/to benefit ❷ (*pożytek*) benefit ['benɪfɪt], interest ['ɪntrɪst], advantage [əd'vɑ:ntɪdʒ]; **ciągnąć korzyści z** – to derive benefits from; **byłoby z korzyścią dla nas...** – it would be of benefit to us...

kosiarka mower ['məʊə]; **kosiarka elektryczna** – an electric mower

kosić (*kosą*) scythe [saɪð], (*ścinać trawę kosiarką*) mow (mowed, mown) [məʊ, məʊd, məʊn]

kosmaty hairy ['heərɪ]

kosmetyczka ❶ (*osoba wykonująca zabiegi kosmetyczne*) cosmetician [kɒzmə'tɪʃn], beautician [bju:'tɪʃn] ❷ (*mała torebka na kosmetyki*) vanity bag ['vænətɪbæg], vanity case ['vænətɪkeɪs], (*większa kosmetyczka podróżna*) sponge bag ['spʌndʒbæg]

kosmetyczny cosmetic [kɒz'metɪk]; **chirurgia kosmetyczna** – cosmetic surgery; **gabinet kosmetyczny** – beauty parlour/beauty salon

kosmetyk cosmetic [kɒz'metɪk]

kosmetyka cosmetics [kɒz'metɪks]

kosmiczny cosmic ['kɒzmɪk], **promienie kosmiczne** – cosmic rays; **przestrzeń kosmiczna** – outer space

kosmonauta cosmonaut ['kɒzmənɔ:t]; astronaut ['æstrənɔ:t]

kosmonautyka aeronautics and space navigation

kosmopolita cosmopolitan [kɒzmə'pɒlɪtən]

kosmopolityczny cosmopolitan [kɒzmə'pɒlɪtən]

kosmos cosmos ['kɒzmɒs], the universe [-'ju:nɪvɜ:s]

kosmyk (*włosów*) wisp of hair, strand of hair

kostium (*żakiet i spódnica*) suit [sju:t]; **kostium kąpielowy** – bathing suit/ /swimming suit

kostka ❶ (*u nogi*) ankle ['æŋkl]; **skręcić nogę w kostce** – to sprain/to twist one's ankle; **iść po kostki w błocie** – to walk ankle-deep in mud ❷ (*przedmiot do gry*) die/dice, *l.mn.* dice [daɪs]; **rzucać kostką** – to throw the dice ❸ (*sześcian*) cube [kju:b]; **kostka cukru** – a lump of sugar ❹ (*zdrobniale kość*) bone [bəʊn]

kostnica mortuary ['mɔ:tjʊərɪ]

kostny bone [bəʊn]

kosz basket ['bɑ:skɪt]; **kosz na bieliznę** – a clothes-basket; **kosz na śmieci** – a waste-paper basket; **kosz plażowy** – a strand chair

koszary barracks ['bærəks]

koszmar nightmare ['naɪtmeə]

koszmarny nightmarish ['naɪtmeərɪʃ], ghastly ['gɑ:stlɪ]

koszt cost [kɒst], expense [ɪk'spens]; **koszty utrzymania** – the cost of living; **pokrywać koszty** – to meet the expenses; **małym/wielkim kosztem** – at little/at great expense; **narazić kogoś na koszt** – to put sb to the expense; *Osiągnął wielki sukces kosztem własnego zdrowia.* – He achieved a great success at the cost/at the expense of his health. **czyimś kosztem** – at sb's expense

kosztować cost (cost, cost) [kɒst, kɒst, kɒst]; *Ile to kosztuje?* – How much does it cost?/How much is it? *Pomyłka drogo go kosztowała.* – The mistake cost him dear.

kosztowności valuables ['væljʊəblz]

kosztowny expensive [ɪk'spensɪv], valuable ['væljʊəbl], costly ['kɒstlɪ]

koszula shirt [ʃɜ:t]; **koszula nocna** – a night-dress/a nightie

koszulka slip [slɪp]; **koszulka gimnastyczna** – a gym-slip; **koszulka trykotowa** – a T-shirt

koszyk basket ['bɑ:skɪt]

koszykarz basketball player

koszykówka basketball ['bɑ:skɪtbɔ:l]; **grać w koszykówkę** – to play basketball

kościelny[1] (*osoba opiekująca się kościołem*) sexton ['sekstən], sacristan ['sækrɪstən]

kościelny[2] (*odnoszący się do kościoła*) church [tʃɜ:tʃ], ecclesial [ɪ'kli:zjəl]

kościół ❶ (*miejsce kultu*) church [tʃɜ:tʃ] ❷ (*instytucja, ogół wyznawców*) Church [tʃɜ:tʃ]; **Kościół rzymskokatolicki** – the Roman Catholic Church; **Kościół anglikański** – the Church of England ❸ (*nabożeństwo*) church [tʃɜ:tʃ]; **pójść do kościoła** – to go to church; *Ona jest w kościele.* – She is in church.

k

kość ❶ *anat.* bone [bəʊn]; **złamać kość** – to break/to fracture a bone; **zmarznąć do szpiku kości** – to be chilled to the bone; **kość niezgody** – a bone of contention; **skóra i kości** – skin and bone ❷ (*kość słoniowa*) ivory ['aɪvərɪ] ❸ (*kości do gry*) die/dice, *l.mn.* dice [daɪs]; **grać w kości** – to play dice; **kości zostały rzucone** – the die is cast

kot *zool.* cat [kæt]

kotara curtain ['kɜ:tn]

kotlet chop [tʃɒp], cutlet ['kʌtlɪt]; **kotlet wieprzowy** – pork chop; **kotlet mielony** – Hamburger steak

kotlina valley ['vælɪ], dale [deɪl], dell [del]

kotłownia boiler room ['bɔɪlərʊm], boiler house ['bɔɪləhaʊs]

kotwica anchor ['æŋkə]; **opuścić kotwicę** – to lower the anchor; **zarzucić kotwicę** – to cast anchor; **stać na kotwicy** – to lie at anchor

kowal blacksmith ['blæksmɪθ], smith [smɪθ]

kowboj cowboy ['kaʊbɔɪ]

koza *zool.* goat [gəʊt]

kozioł ❶ (*zwierzę*) goat [gəʊt], billy-goat ['bɪlɪgəʊt] ❷ (*przyrząd gimnastyczny*) vaulting-horse ['vɔ:ltɪŋhɔ:s]

koziorożec *zool.* ibex ['aɪbeks], **Koziorożec** (*znak zodiaku*) Capricorn ['kæprɪkɔ:n]; **zwrotnik Koziorożca** – the tropic of Capricorn

kożuch ❶ (*okrycie*) sheepksin coat ['ʃi:pskɪn'kəʊt] ❷ (*błonka na powierzchni mleka*) skin [skɪn]

kpić mock [mɒk], sneer [snɪə], jeer (at) [dʒɪə-]

kpina mockery ['mɒkərɪ], jeer [dʒɪə]; *To są kpiny!* – That's ridiculous!

kra ice floe ['aɪsfləʊ]

krab *zool.* crab [kræb]

krach crash [kræʃ], collapse [kə'læps], crisis, *l.mn.* crises ['kraɪsɪs, kraɪsi:z]; **krach finansowy** – a financial crash

kradzież theft [θeft], robbery ['rɒbərɪ], *prawn.* larceny ['lɑ:sənɪ]; **drobna kradzież** – petty larceny

kradziony stolen ['stəʊln]

kraina land [lænd]; **kraina snów** – the land of dreams

kraj ❶ (*państwo*) country ['kʌntrɪ], land [lænd]; **mój kraj ojczysty** – my native land/country ❷ (*okolice, strony*) land [lænd] ❸ (*ojczyzna*) home [həʊm], one's country [-'kʌntrı], one's native country [-neıtıv'kʌntrı], one's native land [-neıtıv'lænd]; *Wracam do kraju w przyszłym miesiącu.* – I'm going home next month.

krajać cut (cut, cut) [kʌt, kʌt, kʌt], (*w plasterki*) slice [slaıs], (*mięso*) carve [kɑ:v]; **krajać chleb na kromki** – to cut bread into slices

krajobraz landscape ['lændskeıp]

krajowiec native ['neıtıv], local inhabitant ['ləʊklın'hæbıtənt]

krajowy ❶ (*ogólnokrajowy*) national ['næʃnl] ❷ (*wewnętrzny*) domestic [də'mestık], inland ['ınlənd]; **krajowe lotnisko** – domestic airport; **loty krajowe** – domestic flights

krakowski Cracow ['krækaʊ], Cracow's ['krækaʊz]

kraksa crash [kræʃ], accident ['æksıdənt]

kran tap [tæp], *am.* faucet ['fɔ:sıt]; **odkręcić kran** – to turn the tap on; **zakręcić kran** – to turn the tap off; **zostawić odkręcony kran** – to leave the tap running

kraniec end [end], edge [edʒ], outskirts ['aʊtskɜ:ts]; **na kraniec świata** – to the ends of the earth; *Oni mieszkają na krańcu miasta.* – They live on the outskirts of the town.

krańcowość extremism [ık'stri:mızm]; **popadać w krańcowość** – to go to extremes

krańcowy extreme [ık'stri:m]

krasnoludek dwarf [dwɔ:f], goblin ['gɒblın]

kraść steal (stole, stolen) [sti:l, stəʊl, 'stəʊln]

krata ❶ (*zabezpieczenie*) grille [grıl], (*więzienna*) iron bars ['aıənbɑ:z] ❷ (*wzór geometryczny*) check [tʃek], chequered pattern ['tʃekəd'pætən]; **krata szkocka** – tartan; **spódnica w szkocką kratę** – a tartan skirt

krater crater ['kreıtə]

kratka check [tʃek], chequered pattern ['tʃekəd'pætən]

◆ **być za kratkami** – to be behind bars

kraul *sport.* crawl [krɔ:l]; **pływać kraulem** – to swim the crawl

krawat tie [taı], necktie ['nektaı]

krawcowa dressmaker ['dresmeıkə]

krawędź edge [edʒ], border ['bɔ:də], verge [vɜ:dʒ], brink [brıŋk]

krawężnik kerb [kɜ:b]

krawiec tailor ['teılə]

krawiectwo tailoring ['teılərıŋ], dressmaking ['dresmeıkıŋ]

krąg ❶ (*obwód, przen.*) circle [sɜ:kl], ring [rıŋ]; **krąg polarny** – the polar circle; *Ona ma duży krąg przyjaciół.* – She has a large circle of friends. *On jest znany w kręgach biznesu.* – He is well known in business circles. ❷ (*zakres, zasięg*) sphere [sfıə], range [reındʒ]; **mieć szeroki krąg zainteresowań** – to have a wide range of interests; *Jego krąg zainteresowań jest bardzo ograniczony.* – His sphere of interests is very limited.

krążek ring [rıŋ], (*w hokeju*) puck [pʌk]

krążenie circulation [sɜ:kjʊ'leıʃn]

krążyć ❶ (*zataczać kręgi*) revolve [rı'vɒlv], rotate [rəʊ'teıt], go round [gəʊ'raʊnd] (went, gone); *Ziemia krąży dookoła Słońca.* – The Earth goes round the Sun./The Earth revolves round the Sun. ❷ (*przemieszczać się*) circulate ['sɜ:kjʊleıt], go round [gəʊ'raʊnd]; *Krew krąży w ciele.* – Blood circulates through the body. *Pani domu krążyła wśród gości.* – The hostess circulated among her guests.

kreda chalk [tʃɔ:k]

kredens ❶ (*mebel*) cupboard ['kʌbəd], sideboard ['saıdbɔ:d] ❷ (*pokój kredensowy*) pantry ['pæntrı]

kredka crayon ['kreıən]

kredyt credit ['kredıt]; **kupować coś na kredyt** – to buy sth on credit; **dać komuś kredyt** – to grant/to give sb credit

kredytowy credit ['kredıt]; **karta kredytowa** – credit card

krem ❶ *kulin.* cream [kri:m], (*jako osobne danie*) mousse [mu:s], custard ['kʌstəd]; **ciastko z kremem** – cream cake ❷ (*krem kosmetyczny*) cream [kri:m]; **krem nawilżający** – moisturizing cream

kremacja cremation [krı'meıʃn]

krematorium crematory ['kremətərı], crematorium [kremə'tɔ:rıəm]

kremowy (*o kolorze*) cream [kri:m], cream-coloured [kri:mkʌləd]

kres ❶ (*koniec*) end [end], term [tɜ:m], close [kləʊz]; *Jestem u kresu cierpliwości.* – I'm at the end of my patience. **być u kresu wytrzymałości/ /sił** – to be at the end of one's tether; **położyć czemuś kres** – to put an end to sth; **zbliżać się do kresu** – to come/to draw to a close ❷ (*granica*) limit ['lımıt]; **bez kresu** – limitless

kreska ❶ (*linia*) line [laın] ❷ (*linia na termometrze*) mark [mɑ:k], degree [dı'gri:] ❸ (*znak interpunkcji, kreska w alfabecie Morse'a*) dash [dæʃ]

kreślarski drawing ['drɔ:ıŋ]; **deska kreślarska** – drawing board

kreślarz draughtsman, *l.mn.* draughtsmen ['drɑ:'ftsmən]

kreślić (*rysować*) draw (drew, drawn) [drɔ:, dru:, drɔ:n]

kret mole [məʊl]

kretowisko molehill ['məʊlhıl]

kretyn cretin ['kretın], moron ['mɔ:rɒn]

krew blood [blʌd]; *Podczas operacji straciła dużo krwi.* – She lost a lot of blood during the operation. **transfuzja krwi** – blood transfusion; **ciśnienie krwi** – blood pressure; **czerwone/białe ciałka krwi** – red/white blood cells; **z zimną krwią** – in cold blood; **mrożący krew w żyłach** – blood-curdling

krewetka shrimp [ʃrımp]

krewny relative ['relətıv], relation [rı'leıʃn]

kręcić ❶ (*obracać*) turn [tɜ:n]; *Przekręcił klucz w zamku.* – He turned the key in the lock. **kręcić głową** – to shake the head ❷ (*kręcić włosy*) curl (the hair) [kɜ:l-] ❸ (*kręcić film*) make (made, made) [meık, meıd, meıd], shoot (shot, shot) [ʃu:t, ʃɒt, ʃɒt]

kręcić się ❶ (*obracać się wokoło*) revolve [rı'vɒlv], rotate [rəʊ'teıt], spin (spun, spun) [spın, spʌn, spʌn], turn round [tɜ:n-], whirl [wɜ:l]; *Ziemia kręci się wokół własnej osi.* – The Earth turns on its axis. ❷ (*wić się*) wind (wound, wound) [waınd, waʊnd, waʊnd], meander [mı'ændə], (*o włosach*) curl [kɜ:l] ❸ (*zabiegać*) go about [gəʊə'baʊt] (went, gone); **kręcić się koło własnych interesów** – to go about one's business ❹ (*wiercić się*) fidget ['fıdʒıt]; **kręcić się pod nogami** – to get underfoot

kręg *anat.* vertebra, *l.mn.* vertebrae ['vɜ:tıbrə, 'vɜ:tıbri:]

kręgielnia bowling-alley ['bəʊlıŋ,ælı]

kręgle bowls [bəʊlz]; **grać w kręgle** – to play bowls

kręgosłup spine [spaın], spinal column [,spaınl'kʌləm], backbone ['bækbəʊn]

kręgowiec *zool.* vertebrate ['vɜ:tıbrət]

kręgowy vertebral ['vɜ:tıbrəl], spinal ['spaınl]

krępować ❶ (*mocno związać*) bind (bound, bound) [baınd, baʊnd, baʊnd] ❷ (*ograniczać swobodę*) cramp [kræmp], cumber ['kʌmbə], hamper ['hæmpə] ❸ (*być niedogodnym*) inconvenience [ınkən'vi:njəns], incommode [ınkə'məʊd]

krępować się feel embarrassed [-ım'bærəst], feel ill at ease; **nie krępować się** – to feel at ease

krępujący awkward ['ɔ:kwəd], embarrassing [ım'bærəsıŋ]

krępy thickset [θık'set]

kręty winding ['waındıŋ], twisting ['twıstıŋ], meandering [mı'ændərıŋ]; **kręta ścieżka** – a twisting path; **kręta rzeka** – a winding river

krnąbrny insubordinate [ınsə'bɔ:dnət], unruly [ʌn'ru:lı], recalcitrant [rı'kælsıtrənt]

krochmal starch [stɑ:tʃ]
krochmalić starch [stɑ:tʃ]
kroczyć pace [peɪs], step (pp) [step], stride (strode, stridden) [straɪd, strəʊd, 'strɪdn]
kroić cut (cut, cut) [kʌt, kʌt, kʌt]; **kroić na kawałki** – to cut into pieces; **kroić chleb nożem** – to cut bread with a knife
krok ❶ (*stąpnięcie, posuwanie się*) step [step], pace [peɪs]; *Zrobiła dwa kroki naprzód.* – She took two steps/paces forward. ❷ (*odległość*) step [step]; *To tylko kilka kroków od stacji.* – It's only a few steps from the station. ❸ (*tempo*) pace [peɪs], tempo ['tempəʊ]; **iść szybkim/wolnym krokiem** – to walk at a fast/a slow pace; **dotrzymywać komuś kroku** – to keep pace with sb; **przyspieszyć kroku** – to quicken (one's) pace ❹ (*odgłos kroków*) step [step], footstep ['fʊtstep]; *Słyszałem kroki na zewnątrz.* – I heard steps outside. ❺ (*posunięcie, działanie*) step [step], move [mu:v], measure ['meʒə]; **podjąć kroki** – to take measures/steps; **fałszywy krok** – a false step/move
krokiet[1] (*gra*) croquet ['krəʊkeɪ]
krokiet[2] *kulin.* croquette [krəʊ'ket]
krokodyl *zool.* crocodile ['krɒkədaɪl]
krokus *bot.* crocus ['krəʊkəs]
kromka (*chleba*) a slice (of bread) [-slaɪs-]
kronika ❶ (*zapis wydarzeń*) chronicle ['krɒnɪkl], annals ['ænlz] ❷ (*wiadomości*) news [nju:z], (*filmowa*) newsreel ['nju:zri:l]; **kronika sportowa** – sports round-up; **kronika towarzyska** – society column
kronikarski chronicler's ['krɒnɪkləz]
kronikarz annalist ['ænəlɪst], chronicler ['krɒnɪklə]
kropka ❶ (*znak interpunkcji*) full stop ['fʊlstɒp], *am.* period ['pɪərɪəd], point [pɔɪnt] ❷ (*punkt*) dot [dɒt], point [pɔɪnt], spot [spɒt]; *Stawia się kropkę nad literą „j".* – There is a dot over the letter "j". **biała bluzka w czarne kropki** – a white blouse with black spots/dots ❸ (*w alfabecie Morse'a*) dot [dɒt]
kropla drop [drɒp]; **kropla w morzu** – a drop in the ocean; **krople potu** – beads of sweat; *To była kropla, która przepełniła dzban.* – It was the last straw that broke the camel's back.
krople drops [drɒps]; **krople do oczu** – eye drops
kroplówka drip [drɪp], intravenous drip; *Pacjenta podłączono do kroplówki.* – The patient was put on a drip.
krosta pimple ['pɪmpl]
krowa cow [kaʊ]; **święta krowa** – sacred cow
krowi cow [kaʊ], cow's, bovine ['bəʊvaɪn]
król king [kɪŋ], (*w kartach, szachach*) king [kɪŋ]; *Został królem, kiedy miał 20 lat.* – He became king when he was 20. **Trzej Królowie** – the Magi [-'meɪdʒaɪ]; **święto Trzech Króli** – the Epiphany [-ɪ'pɪfənɪ]
królestwo kingdom ['kɪŋdəm], realm [relm]
królewicz prince [prɪns]
królewna princess [prɪn'ses]; **Śpiąca Królewna** – the Sleeping Beauty
królewski royal ['rɔɪəl], king's [kɪŋz]; **Wasza Królewska Mość** – Your Majesty
królik *zool.* rabbit ['ræbɪt]
królowa queen [kwi:n], (*w szachach*) queen [kwi:n]; *Ona została królową po śmierci swojego ojca.* – She became queen on her father's death. **królowa pszczół** – queen bee; **królowa piękności** – a beauty queen
krótki ❶ (*o małej długości*) short [ʃɔ:t]; **krótka spódnica** – a short skirt; **krótka wizyta** – a short visit; **krótka pamięć** – a short memory ❷ (*krótkotrwały, zwięzły*) short [ʃɔ:t], brief [bri:f]; **krótka odpowiedź** – a short/a brief answer
◆ **krótkie spięcie** – a short circuit
krótko short [ʃɔ:t], shortly ['ʃɔ:tlɪ], briefly ['bri:flɪ]; *Ona ma krótko ostrzyżone*

K

włosy. – She has her hair cut short. **krótko mówiąc** – in short; *Odpowiedziała mi krótko.* – She answered me shortly.

krótkodystansowy short-distance ['ʃɔ:t-dıstns]

krótkofalowy ❶ (*składający się z krótkich fal*) short-wave [ʃɔ:t'weıv] ❷ (*zamierzony na krótki czas*) short-range [ʃɔ:t'reındʒ]; **krótkofalowa prognoza pogody** – a short-range weather forecast

krótkofalówka short wave transmitter

krótkoterminowy short-term ['ʃɔ:ttɜ:m]

krótkotrwały short-lived [ʃɔ:t'lıvd]

krótkowidz short-sighted (person) [ʃɔ:t-'saıtıd]; **być krótkowidzem** – to be short-sighted

krótkowieczny short-lived [ʃɔ:t'lıvd]

krótkowzroczność myopia [maı-'əʊpjə], *dosł. i przen.* shortsightednes [ʃɔ:t'saıtıdnıs]

krótkowzroczny short-sighted [ʃɔ:t-'saıtıd], near-sighted [nıə'saıtıd]

krówka (*rodzaj cukierka*) toffee ['tɒfı], cream fudge [kri:m'fʌdʒ]
◆ **boża krówka** – ladybird

krtań *anat.* larynx ['lærıŋks]; **zapalenie krtani** – laryngitis

kruchość ❶ (*łamliwość*) fragility [frə-'dʒılətı] ❷ *przen.* frailty ['freıltı], flimsiness ['fımzınıs]

kruchy ❶ (*łamliwy*) fragile ['frædʒaıl] ❷ (*chrupki*) crisp [krısp], crusty ['krʌstı]; **kruche ciasto** – shortcake ❸ (*o mięsie – miękki*) tender ['tendə] ❹ (*niepewny*) frail [freıl], flimsy ['flımzı]

krucjata crusade [kru:'seıd]

krucyfiks crucifix ['kru:sıfıks]

kruk *zool.* raven ['reıvn]; **biały kruk** – a rarity

kruszyć crumble ['krʌmbl]; *Kruszyła chleb w palcach.* – She crumbled bread in her fingers.

kruszyć się crumble ['krʌmbl]; *Ceglany mur zaczyna powoli się kruszyć.* – The brick wall is slowly beginning to crumble.

krużganek gallery ['gælərı]

krwawić bleed (bled, bled) [bli:d, bled, bled]

krwawienie bleeding ['bli:dıŋ]

krwawy bloody ['blʌdı]; **krwawa bitwa** – a bloody battle

krwinka blood cell ['blʌd'sel], blood corpuscule [ˌblʌd'kɔ:pʌsl]

krwiobieg circulation of blood

krwiodawca blood donor ['blʌddəʊnə]

krwionośny blood [blʌd]; **naczynia krwionośne** – blood vessels; **układ krwionośny** – the circulatory system

krwiożerczy bloodthirsty ['blʌdθɜ:stı]

krwotok haemorrhage ['hemərıdʒ]; **krwotok wewnętrzny** – an internal haemorrhage

kryć ❶ (*chować*) hide (hid, hidden) [haıd, hıd, 'hıdn]; conceal [kən'si:l] ❷ (*zasłaniać, osłaniać*) cover ['kʌvə]; **kryć poduszki nowym materiałem** – to cover cushions with new material; *Kryj (Osłaniaj) mnie, jak będę szedł naprzód.* – Cover me while I move forward. **kryć dachem** – to roof

kryć się hide (hid, hidden) [haıd, hıd, 'hıdn]; *Chciał się ukryć w lesie.* – He wanted to hide in the forest. *Co się za tym kryje?* – What lies behind all that?

kryjomy:
po kryjomu – secretly/on the quiet

kryjówka hiding-place ['haıdıŋpleıs], hide-out ['haıdaʊt]

kryminalista criminal ['krımınl]

kryminalistyka crime detection [kraım-dı'tekʃn]

kryminalny criminal ['krımınl]; **przestępstwo kryminalne** – a criminal offence; **powieść kryminalna** – a crime story/a detective novel

kryminał ❶ (*powieść kryminalna*) crime story [kraım'stɒrı], (*dreszczowiec*) thriller ['θrılə] ❷ (*więzienie*) prison ['prızn], gaol/jail [dʒeıl]

kryminolog criminologist [krımı'nɒlə-dʒıst]

kryminologia criminology [krımı'nɒlə-dʒı]

krynolina crinoline ['krɪnəli:n]

krypta crypt [krɪpt], vault [vɔ:lt]

krystaliczny crystalline ['krɪstəlaɪn]

krystalizacja crystallization [krɪstəlaɪ-'zeɪʃn]

krystalizować crystallize ['krɪstəlaɪz]

kryształ crystal ['krɪstl]

kryty (*dachem*) roofed [ru:ft], covered ['kʌvəd]; **kryty basen** – an indoor swimming-pool/swimming-baths

krytycyzm criticism ['krɪtɪsɪzm]

krytyczny ❶ (*dot. krytyki*) critical ['krɪtɪkl]; **uwagi krytyczne** – critical remarks ❷ (*przełomowy*) critical ['krɪtɪkl], crucial ['kru:ʃl]; **w krytycznym momencie** – at a critical/crucial moment; *Pacjent jest w stanie krytycznym.* – The patient's condition is critical.

krytyk critic ['krɪtɪk]; **krytyk literacki** – a literary critic

krytyka criticism ['krɪtɪsɪzm]; **krytyka literacka** – literary criticism; **poddawać kogoś krytyce** – to subject sb to criticism; **ostra krytyka** – severe/ /sharp criticism; **druzgocąca krytyka** – devastating criticism; **konstruktywna krytyka** – constructive criticism

krytykować criticize ['krɪtɪsaɪz]

kryzys crisis, *l.mn.* crises ['kraɪsɪs, kraɪsi:z]; **kryzys polityczny** – a political crisis; **przechodzić kryzys** – to be in a crisis; **przezwyciężyć kryzys** – to overcome a crisis

krzak bush [bʊʃ]

krzem silicon ['sɪlɪkən]

krzepnąć coagulate [kəʊ'ægjʊleɪt], congeal [kən'dʒi:l], set (set, set) [set, set, set]

krzepnięcie coagulation [kəʊægjʊ'leɪʃn]; punkt krzepnięcia – freezing point

krzesło chair [tʃeə]

krzew bush [bʊʃ]

krzta grain [greɪn], pinch [pɪntʃ]; *Nie ma w tym krzty prawdy.* – There is not a grain of truth in all that.

krztusić się (*dławić się*) choke [tʃəʊk]; **zakrztusić się ością** – to choke on a fish bone

krzyczeć shout [ʃaʊt], cry [kraɪ]; *Taki był hałas, że musiałem krzyczeć.* – I had to shout because of the noise. **krzyknąć z bólu** – to cry out in pain; **krzyczeć o pomoc** – to cry for help; **krzyczeć z radości** – to shout for joy; *Nasz nauczyciel zawsze na nas krzyczy.* – Our teacher is always shouting at us. **krzyczeć na całe gardło** – to yell/scream

krzyk cry [kraɪ], shout [ʃaʊt], scream [skri:m], yell [jel]; **krzyki radości** – shouts of joy; **krzyk przerażenia** – a cry of terror

krzykliwy ❶ (*hałaśliwy*) noisy ['nɔɪzɪ] ❷ (*o kolorach – jaskrawy*) loud [laʊd], garish ['gærɪʃ], gaudy ['gɔ:dɪ]

krzywa *mat.* curve [kɜ:v]

krzywda wrong [rɒŋ], harm [hɑ:m]; **doznać krzywdy** – to come to harm; **wyrządzić komuś krzywdę** – to do sb harm/to do sb a wrong; **cierpieć krzywdy** – to suffer wrongs

krzywdzić harm [hɑ:m], wrong [rɒŋ], (*być niesprawiedliwym*) wrong [rɒŋ], be unfair [-ʌn'feə], be unjust [-ʌn-'dʒʌst]; *Ona nie skrzywdziłaby muchy.* – She wouldn't harm/hurt a fly.

krzywica rickets ['rɪkɪts]

krzywić się ❶ (*ulegać skrzywieniu*) bend (bent, bent) [bend, bent, bent] ❷ (*okazywać niezadowolenie, robić grymas*) frown [fraʊn], scowl [skaʊl], pull a face

krzywo crookedly ['krʊkɪdlɪ], lop-sidedly [lɒp'saɪdɪdlɪ], askew [ə'skju:], awry [ə'raɪ]; *Obraz wisi krzywo.* – The picture is hanging askew. **patrzeć na coś krzywo/z dezaprobatą** – to disapprove of sth

krzywoprzysięstwo perjury ['pɜ:dʒərɪ]; **popełnić krzywoprzysięstwo** – to commit perjury

krzywy ❶ (*wygięty*) bent [bent] ❷ *przen.* disapproving [dɪsə'pru:vɪŋ]; **patrzyć na coś krzywym okiem** – to disapprove of sth/to look askance at sth

krzyż ❶ (*przedmiot w kształcie przecinających się linii – symbol*) cross [krɒs]; **zrobić znak krzyża** – to make the sign of the cross; **Czerwony Krzyż** – the Red Cross; **Krzyż Maltański** – a Maltese Cross ❷ (*przen. – ciężki los*) cross [krɒs]; **dźwigać swój krzyż** – to bear one's cross ❸ (*odznaczenie*) cross [krɒs] ❹ (*część kręgosłupa*) the back, the small of the back

krzyżacki of the Teutonic knights [-tju:'tɒnɪk'naɪts], of the Teutonic Order [-tju:'tɒnɪk'ɔ:də]; **zakon krzyżacki** – the Teutonic Order

krzyżak ❶ (*konstrukcja w kształcie krzyża*) trestle ['tresl] ❷ (**Krzyżak** – *członek zakonu krzyżackiego*) Teutonic Knight [-tju:'tɒnɪk'naɪt]

krzyżować ❶ (*układać na krzyż*) cross [krɒs]; **skrzyżować ręce na piersiach** – to cross one's arms on one's chest; **krzyżować szpady** – to cross swords ❷ (*przybijać do krzyża*) crucify ['kru:sɪfaɪ] ❸ (*niweczyć, unicestwiać*) foil [fɔɪl], frustrate [frʌ'streɪt], thwart [θwɔ:t]; **krzyżować czyjeś plany** – to frustrale sb's plans ❹ *bot., zool.* cross [krɒs]; **krzyżować konia z osłem** – to cross a horse with an ass

krzyżować się cross [krɒs]; *Drogi krzyżują się niedaleko stąd.* – The roads cross not far from here.

krzyżowiec (*uczestnik wypraw krzyżowych*) crusader [kru:'seɪdə]

krzyżowy cross [krɒs]; **ogień krzyżowy** – cross-fire; **krzyżowy ogień pytań** – cross-examination; **wyprawa krzyżowa** – crusade

k

krzyżówka ❶ (*zagadka literowa*) crossword puzzle ['krɒswɜ:d'pʌzl]; **rozwiązywać krzyżówki** – to do crossword puzzles ❷ *bot., zool.* cross [krɒs]; *Ich pies jest krzyżówką owczarka niemieckiego i rotweilera.* – Their dog is a cross between an Alsatian and a Rottweiler.

krzyżyk cross [krɒs]; *Ona nosi mały srebrny krzyżyk na szyi.* – She's wearing a small silver cross round her neck. **postawić krzyżyk** (*zamiast podpisu*) – to make one's cross

kserograf Xerox machine ['zɪərɒksmə'ʃi:n]

kserować xerox ['zɪərɒks]; *Proszę mi skserować ten dokument.* – Would you xerox this document for me.

ksiądz priest [pri:st], clergyman, *l.mn.* clergymen ['klɜ:dʒɪmən], (*przy nazwisku*) father ['fɑ:ðə]

książeczka (*mała książka*) booklet ['bʊklɪt]; **książeczka czekowa** – cheque-book; **książeczka oszczędnościowa** – bank-book

książę ❶ (*członek rodziny królewskiej*) prince [prɪns]; **książę Walii** – the Prince of Wales; **książę małżonek** – Prince Consort ❷ (*członek rodu arystokratycznego mający tytuł z nadania*) duke [dju:k]

książęcy prince's ['prɪnsɪz], duke's [dju:ks], (*wspaniały*) princely ['prɪnslɪ]; **Wasza Książęca Mość** – You Royal Highness/Your Grace

książka book [bʊk]

księga book [bʊk]

księgarnia bookshop ['bʊkʃɒp]

księgarz bookseller ['bʊkselə]

księgować enter in the books

księgowość bookkeeping ['bʊkki:pɪŋ], accountancy [ə'kaʊntənsɪ]

księgowy bookkeeper ['bʊkki:pə], accountant [ə'kaʊntənt]

księgozbiór library ['laɪbrərɪ]

księstwo duchy ['dʌtʃɪ], principality [prɪnsɪ'pælətɪ]; **księstwo Monako** – the principality of Monaco; **Wielkie Księstwo Litewskie** – the Grand Duchy of Lithuania

księżna duchness ['dʌtʃɪs], princess [prɪn'ses]; **księżna Walii** – the Princess of Wales

księżniczka princess [prɪn'ses]

księżyc moon [mu:n]; **księżyc w nowiu** – a new moon/a crescent moon; **księżyc w pełni** – a full moon

księżycowy moon [mu:n], lunar ['lu:nə]; **noc księżycowa** – a moonlit night; **blask księżycowy** – moonlight; **miesiąc księżycowy** – a lunar month

kształcenie (*edukacja*) education [edju:-'keɪʃn]

kształcić ❶ (*kształtować*) form [fɔ:m], mould [məʊld]; **kształcić charakter** – to mould/to form sb's character ❷ (*uczyć*) educate ['edjʊkeɪt], instruct [ɪn'strʌkt]; **kształcić umysł** – to improve one's mind

kształcić się (*pobierać nauki*) be educated [-'edjʊkeɪtɪd], study ['stʌdɪ]; *On kształcił się w Oxfordzie.* – He was educated at Oxford./He studied at Oxford university. **kształcić się w śpiewie** – to learn singing

kształt shape [ʃeɪp], form [fɔ:m]; **przybierać kształt** – to take/to assume a shape of

kształtny shapely ['ʃeɪplɪ]

kształtować shape [ʃeɪp], form [fɔ:m], mould [məʊld]; **kształtować charakter** – to form sb's character

kształtować się take shape

kształtowanie forming ['fɔ:mɪŋ], moulding ['məʊldɪŋ]; **kształtowanie charakteru** – moulding of sb's character

kto ❶ (*zaimek pytający*) who [hu:], (*komu, kim, kogo*) whom [hu:m], who [hu:]; *Kto ci to powiedział?* – Who told you that? *Kogo zaprosiłeś?* – Whom/Who did you invite? *Z kim poszłaś na koncert?* – Who did you go to the concert with? *Kto z was wybił szybę?* – Which of you has broken the window? ❷ (*zaimek względny*) who [hu:/hʊ], that [ðæt/ðət]; **każdy, kto...** – everybody who.../everybody that ❸ (*osoba bliżej nie określona*) somebody ['sʌmbədɪ], someone ['sʌmwʌn], anybody ['enɪbədɪ]; **mało kto/ /rzadko kto** – hardly anyone; **kto inny** – somebody else

ktokolwiek anybody ['enɪbɒdɪ], anyone ['enɪwʌn], whoever [hu:'evə]; *Ktokolwiek zadzwoni, powiedz mu, że mnie nie ma.* – Whoever phones, tell him I'm out. *Możesz zapytać kogokolwiek.* – You can ask anyone.

ktoś somebody ['sʌmbədɪ], someone ['sʌmwʌn], (*w zdaniach pytających*) anyone ['enɪwʌn]; *Pamiętam, że ktoś mi o tym mówił.* – I remember somebody telling me about it. *Czy ktoś dzwonił?* – Did anybody phone? *On to jest naprawdę ktoś.* – He's really somebody.

którędy which way; *Którędy oni poszli?* – Which way did they go?

który ❶ (*zaimek pytający*) which [wɪtʃ]; *Który z chłopców zostawił otwarte okno?* – Which of the boys has left the window open? *Nie wiem, którą książkę mam wybrać.* – I don't know which book to choose. *Która godzina?* – What's the time? *Którego dzisiaj mamy?* – Which day is it today? ❷ (a) (*zaimek względny zastępujący rzeczownik osobowy*) who [hu:/hʊ], that [ðæt/ðət], (*którego, któremu*) who, whom, that [hu:/hʊ, hu:m, ðæt/ðət], (*czyj*) whose [hu:z]; *Człowiek, który dzwonił, nie podał swojego nazwiska.* – The man who/that phoned didn't give me his name. *Kim był ten człowiek, z którym rozmawiałeś?* – Who was the man you were talking to? *Moja siostra Alicja, którą poznałeś w zeszłym tygodniu, wychodzi za mąż.* – My sister Alice, whom/who you met last week, is getting married. *To jest człowiek, którego żona miała wypadek.* – That's the man whose wife had an accident. (b) (*zaimek względny zastępujący rzeczownik nieosobowy*) which [wɪtʃ], that [ðæt/ðət]; *Lubię filmy, które dobrze się kończą.* – I like films which/that end happily.

którykolwiek whichever [wɪtʃ'evə], any ['enɪ]; *Weź którąkolwiek z tych książek.* – Take any of these books. *Którąkolwiek drogą byś nie poszedł, zajmie ci to przynajmniej dwie godziny.* – Whichever way you go, it'll take you at least 2 hours.

któryś a/an [ə/ən], some [sʌm/səm], one [wʌn]; **któryś z nas** – one of us; **któregoś dnia** – some/one day; **któraś z przyjaciółek mojej matki** – a friend of my mother's

ku ❶ (*dot. kierunku*) to [tʊ/tə], towards [tə'wɔ:dz]; **pierwszy krok ku poro-**

k

zumieniu – the first step towards reaching an agreement; **chylić się ku upadkowi** – to be on the decline ❷ (*dot. reakcji*) to [tʊ/tə]; **ku naszemu rozczarowaniu...** – to our disappointment...

kubek mug [mʌg]

kubeł bucket ['bʌkɪt]

kucać squat (tt) [skwɒt]

kucharka cook [kʊk]

kucharski cook [kʊk], cooking ['kʊkɪŋ], cookery ['kʊkərɪ]; **książka kucharska** – cookery-book/cookbook

kucharstwo cooking ['kʊkɪŋ], cookery ['kʊkərɪ]

kucharz cook [kʊk]

kuchenka cooker ['kʊkə]; **kuchenka gazowa/elektryczna** – a gas/an electric cooker

kuchenny kitchen ['kɪtʃɪn]; **stół kuchenny** – a kitchen table; **przybory kuchenne** – kitchen utensils/implements

kuchnia ❶ (*pomieszczenie*) kitchen ['kɪtʃɪn]; **kuchnia polowa** – cookhouse ❷ (*sposób przyrządzania potraw*) cooking ['kʊkɪŋ], cuisine [kwi:'zi:n]; **kuchnia chińska** – Chinese cooking; **kuchnia francuska** – French cuisine

kucnąć *p.* **kucać**

kucyk pony ['pəʊnɪ]

kuć ❶ (*formować ubijaniem*) forge [fɔ:dʒ], hammer ['hæmə]; **kuć żelazo póki gorące** – to strike while the iron is hot ❷ (*podkuwać konia*) shoe (shod, shod) [ʃu:, ʃɒd, ʃɒd] ❸ (*uczyć się na pamięć*) cram (mm) [kræm]

kudłaty hairy ['heərɪ], shaggy ['ʃægɪ]

kufel tankard ['tæŋkəd]

kufer trunk [trʌŋk]

kuglarz conjurer ['kʌndʒərə]

kukiełka puppet ['pʌpɪt]

kukiełkowy puppet ['pʌpɪt]; **przedstawienie kukiełkowe** – puppet-show/ /puppet play

kukła puppet ['pʌpɪt], effigy ['efɪdʒɪ], dummy ['dʌmɪ]

kukułka *zool.* cuckoo ['kʊku:]

kukurydza *bot.* maize [meɪz], *am.* corn [kɔ:n]

kukurydziany corn [kɔ:n]; **płatki kukurydziane** – cornflakes; **mąka kukurydziana** – cornflour

kula[1] ❶ (*bryła*) sphere [sfɪə] ❷ (*przedmiot o kształcie kuli*) ball [bɔ:l], globe [gləʊb]; **kula ziemska** – the globe ❸ *sport.* shot [ʃɒt]; **pchnięcie kulą** – shot-put/putting the shot ❹ (*pocisk*) bullet ['bʊlɪt]; **kula armatnia** – cannon-ball

kula[2] (*podpora*) crutch [krʌtʃ]; **chodzić o kulach** – to walk on crutches

kulawy lame [leɪm], limping ['lɪmpɪŋ]

kuleć limp [lɪmp]

kulinarny culinary ['kʌlɪnərɪ]; **umiejętności kulinarne** – culinary skills; **sztuka kulinarna** – the art of cooking

kulisa (*kulisy*) wings [wɪŋz], backstage ['bæksteɪdʒ]; **za kulisami** – on backstage; **iść za kulisy** – to go backstage; *przen.* **za kulisami** – behind the scenes

kulistość roundness ['raʊndnɪs]

kulisty spherical ['sferɪkl], ball-shaped [bɔ:l'ʃeɪpt], globular ['glɒbjʊlə]

kulka ball [bɔ:l]

kulminacja culmination [kʌlmɪ'neɪʃn]

kulminacyjny:

punkt kulminacyjny – climax ['klaɪmæks]

kulminować culminate ['kʌlmɪneɪt]

kuloodporny bullet-proof ['bʊlɪtpru:f]; **kamizelka kuloodporna** – bullet--proof vest

kult cult [kʌlt], worship ['wɜ:ʃɪp]; **miejsce kultu** – a place of worship

kultura culture ['kʌltʃə]; **kultura grecka** – Greek culture; **kultura masowa** – mass culture; **kultura fizyczna** – physical culture; *On jest człowiekiem wielkiej kultury.* – He is a person of great culture. **wyhodować kulturę bakterii** – to grow a culture of germs

kulturalny ❶ (*dot. kultury*) cultural ['kʌltʃərəl]; **attaché kulturalny** – a cultural attaché; **rewolucja kultural-**

na (*w Chinach*) – Cultural Revolution ❷ (*wykształcony, dobrze wychowany*) cultured ['kʌltʃəd], cultivated ['kʌltɪveɪtɪd]; **człowiek kulturalny** – a person of great culture

kulturowy culture ['kʌltʃə], cultural ['kʌltʃərəl]; **szok kulturowy** – culture shock; **różnice kulturowe** – cultural differences

kulturysta body-builder ['bɒdɪbɪldə]

kulturystyka body-building ['bɒdɪbɪldɪŋ]

kumulacja accumulation [əkju:mjʊ'leɪʃn]

kumulować (się) accumulate [ə'kju:mjʊleɪt]

kundel mongrel ['mʌŋgrəl]

kunszt skill [skɪl], art [ɑ:t], artistry ['ɑ:tɪstrɪ]

kunsztowny artistic [ɑ:'tɪstɪk], masterly ['mɑ:stəlɪ], sophisticated [sə'fɪstɪkeɪtɪd]

kupa ❶ (*sterta*) heap [hi:p], pile [paɪl] ❷ (*duża ilość*) heaps [hi:ps], lots of, a lot of; **kupa ludzi** – a crowd of people; *To się nie trzyma kupy.* – It doesn't make sense.

kupić buy (bought, bought) [baɪ, bɔ:t, bɔ:t]; *Kupił ten samochód za 3000 funtów.* – He bought the car for 3000. **kupić kota w worku** – to buy a pig in a poke

kupiec ❶ (*osoba prowadząca interesy*) merchant ['mɜ:tʃənt], trader ['treɪdə] ❷ (*ten, kto kupuje*) buyer ['baɪə]; *Czy znalazłeś już kupca na swój dom?* – Have you found a buyer for your house?

kupiecki merchant's ['mɜ:tʃənts], commercial [kə'mɜ:ʃl]

kupno purchase ['pɜ:tʃəs], buying ['baɪɪŋ]; **akt kupna** – a purchase deed; **cena kupna** – a purchase price

kupować *p.* **kupić**

kura ❶ (*ptak*) hen [hen] ❷ *kulin.* chicken ['tʃɪkɪn], fowl [faʊl]; **rosół z kury** – chicken broth/soup

kuracja cure [kjʊə], treatment ['tri:tmənt]; *Kuracja potrwa sześć tygodni.* – The cure will take six weeks. **poddać się kuracji** – to undergo treatment

kurcz cramp [kræmp], spasm ['spæzm]; *Kiedy pływałem, złapał mnie kurcz w nogę.* – I got cramp in my leg while swimming.

kurczak chicken ['tʃɪkɪn]

kurczowo:

trzymać się czegoś kurczowo – to cling to sth/to hold tight onto sth

kurczyć się shrink (shrank, shrunk) [ʃrɪŋk, ʃræŋk, ʃrʌŋk], dwindle ['dwɪndl]; *Mój sweter skurczył się w praniu.* – My pullover shrank in the wash. *Nasze oszczędności kurczą się.* – Our savings are dwindling.

kurier courier ['kʊrɪə]

kuropatwa *zool.* partridge ['pɑ:trɪdʒ]

kurs ❶ (*kierunek posuwania się*) course [kɔ:s]; **zmienić kurs** – to change course; *Samolot zboczył z kursu.* – The plane was off course. *Wzięliśmy kurs na najbliższy port.* – We set course for the nearest port. **trzymać się kursu** – to be on course ❷ (*przejazd, droga do oznaczonego punktu*) drive [draɪv]; **opłata za kurs** – fare ❸ (*obieg*) circulation [sɜ:kjʊ'leɪʃn]; **być w kursie** – to be in circulation; **puścić coś w kurs** – to put sth in circulation ❹ (*kurs wymiany walut*) rate of exchange; **kursy giełdowe** – quotations ❺ (*szkolenie, cykl wykładów*) course [kɔ:s]; **uczęszczać na kurs angielskiego** – to take a course in English; **kurs elementarny/ /średniozaawansowany** – an elementary/intermediate course; **ukończyć kurs** – to complete a course

kursować ❶ (*o środkach lokomocji*) run (ran, run) [rʌn, ræn, rʌn], go (went, gone) [gəʊ, went, gɒn]; *Ten autobus nie kursuje w niedzielę.* – The bus doesn't run on Sundays. ❷ (*być w obiegu*) circulate ['sɜ:kjʊleɪt], be in circulation

kurtka jacket ['dʒækɪt]; **kurtka sportowa** (*skafander*) – anorak ['ænəræk], parka ['pɑ:kə], windcheater ['wɪndtʃi:tə]

kurtuazja courtesy ['kɜ:tɪsɪ]

kurtyna curtain ['kɜ:tn]; **kurtyna idzie w górę** – the curtain rises/goes up; **kurtyna spada** – the curtain falls/ /comes down; **żelazna kurtyna** – the Iron Curtain

kurz dust [dʌst]; **pyłek kurzu** – a speck of dust; *Wszystko było pokryte kurzem.* – Everything was covered in dust. **ścierać kurze** – to dust

kurzajka wart [wɔ:t]

kusić tempt [temt]; **kusić los** – to tempt fate/providence; *Kusiło mnie, żeby zadać to pytanie.* – I was tempted to ask that question.

kuter (*rybacki*) fishing boat ['fɪʃɪŋbəʊt]

kuzyn/kuzynka cousin ['kʌzn], relative ['relətɪv]

kuźnia smithy ['smɪðɪ], forge [fɔ:dʒ]

kwadrans quarter of an hour ['kwɔ:tərəvən'aʊə]; **za kwadrans dziewiąta** – a quarter to nine; **kwadrans po dziewiątej** – a quarter past nine

kwadrat ❶ (*figura geometryczna*) square [skweə] ❷ (*mat. – druga potęga*) square [skweə]; **podnieść do kwadratu** – to square/to raise to the second power; *11 do kwadratu wynosi 121.* – 11 squared is 121./The square of 11 is 121.

kwadratowy square [skweə]; **kwadratowy pokój** – a square room; **metr kwadratowy** – a square metre; **pierwiastek kwadratowy** – square root; **równanie kwadratowe** – quadratic equation

k

kwalifikacja (*zwykle l.mn.*) qualification [kwɒlɪfɪ'keɪʃn]; *On ma odpowiednie kwalifikacje do tej pracy.* – He has the right qualifications for the job.

kwalifikować qualify ['kwɒlɪfaɪ]

kwalifikować się (*nadawać się*) be fit [-fɪt], be suitable [-'sju:təbl]; *On kwalifikuje się na to stanowisko.* – He is suitable for the post. *Ta żywność nie kwalifikuje się do spożycia.* – The food is not fit to eat.

kwalifikowany qualified ['kwɒlɪfaɪd]

kwant quantum, *l.mn.* quanta ['kwɒntəm, 'kwɒntə]; **teoria kwantów** – quantum theory

kwantowy quantum ['kwɒntəm]; **mechanika kwantowa** – quantum mechanics; **liczba kwantowa** – quantum number

kwarantanna quarantine ['kwɒrənti:n]; **odbywać kwarantannę** – to be kept in quarantine; **poddawać kogoś kwarantannie** – to place sb under quarantine

kwarc *miner.* quartz [kwɔ:ts]

kwartalny quarterly ['kwɔ:təlɪ]

kwartał ❶ (*trzy miesiące*) quarter ['kwɔ:tə], three months ❷ (*dzielnica*) quarter ['kwɔ:tə], district ['dɪstrɪkt]

kwartet quartet [kwɔ:'tet]; **kwartet smyczkowy** – a string quartet

kwas acid ['æsɪd]; **kwas solny/siarkowy** – hydrochloric/sulphuric acid

kwaśnieć sour ['saʊə], turn sour; *Mleko skwaśniało.* – The milk turned sour.

kwaśny acid ['æsɪd], sour ['saʊə]; **kwaśne mleko** – sour milk; **kwaśny deszcz** – acid rain; **kwaśny smak** – acid taste; *Cytryny są bardzo kwaśne.* – Lemons are very sour.

kwatera ❶ *wojsk.* quarters ['kwɔ:təz]; **stać na kwaterze** – to take up quarters; **kwatera główna** – headquarters ❷ (*miejsce zamieszkania*) lodging ['lɒdʒɪŋ], accommodation [əkɒmə'deɪʃn]

kwaterować ❶ *wojsk.* quarter ['kwɔ:tə], take up quarters ❷ (*dawać kwaterę*) take in lodgers ❸ (*zajmować kwaterę*) lodge [lɒdʒ]

kwaterunkowy council ['kaʊnsl], **mieszkanie kwaterunkowe/dom kwaterunkowy** – council flat/house

kwestia ❶ (*sprawa, zagadnienie*) question ['kwestʃən], matter ['mætə]; *To tylko kwestia czasu.* – It's only a question of time/a matter of time. ❷ (*wypowiedź aktora*) lines [laɪnz]

kwestionariusz questionnaire [kwestʃə'neə]; **wypełnić kwestionariusz** – to complete a questionnaire

kwestionować question ['kwestʃən]

kwiaciarka flower-girl ['flaʊəgɜ:l], florist ['flɒrɪst]

kwiaciarnia florist's ['flɒrɪsts], flower shop ['flaʊəʃɒp]

kwiat ❶ (*roślina kwitnąca lub końcowa część pędów roślin*) flower ['flaʊə], (*u drzew owocowych i krzewów*) blossom ['blɒsəm]; **hodować kwiaty** – to grow flowers; **zrywać kwiaty** – to pick flowers; **kwiaty cięte** – cut flowers; **bukiet kwiatów** – a bunch/a bouquet of flowers; **kwiat jabłoni** – apple blossom; **kwiaty więdną** – flowers wilt/wither ❷ (*ozdobna roślina doniczkowa*) plant [plɑ:nt], pot plant ['pɒt plɑ:nt], potted plant ['pɒtɪd plɑ:nt] ❸ *przen.* flower ['flaʊə]; **kwiat młodzieży** (*narodu*) – the flower of the nation's youth; **w kwiecie wieku** – in the prime of life

kwiczeć squeal [skwi:l], oink [ɔɪŋk]

kwiecie blossom ['blɒsəm]

kwiecień April ['eɪprəl]

kwietnik flower bed ['flaʊəbed], herbaceous border [hɜ:'beɪʃəs'bɔ:də]

kwintet quintet [kwɪn'tet]

kwit receipt [rɪ'si:t]

kwitnący ❶ (*pokryty kwiatem*) in flower [-flaʊə], in bloom [-blu:m], in blossom [-'blɒsəm], blossoming ['blɒsəmɪŋ] ❷ *przen.* flourishing ['flʌrɪʃɪŋ]

kwitnąć ❶ (*mieć kwiaty*) flower ['flaʊə], blossom ['blɒsəm], be in blossom, be in bloom [-blu:m]; *Ta roślina będzie kwitnąć jesienią.* – The plant will flower in autumn. *Wiśnie właśnie kwitną.* – Cherry trees are in blossom just now. *Ta jabłoń kwitnie każdego roku.* – This apple tree blossoms every year. ❷ *przen.* flourish ['flʌrɪʃ], thrive (throve, thriven) [θraɪv, θrəʊv, 'θrɪvn]; *Interes kwitnie.* – Business is flourishing.

kwota sum (of money) [sʌm-]

L

labirynt labyrinth ['læbərɪnθ], maze [meɪz]

laborant laboratory assistant [lə'bɒrətərɪ ə'sɪstənt]

laboratorium laboratory [lə'bɒrətərɪ], lab [læb]

lać (*nalewać, rozlewać*) pour [pɔ:], (*o deszczu*) pour, rain heavily, rain hard; *Czy mam nalać herbatę?* – Shall I pour the tea? *Leje.* – It's pouring (down)./It's raining heavily. **lać łzy** – to shed tears

lać się pour [pɔ:], stream [stri:m], flow [fləʊ], run (ran, run) [rʌn, ræn, rʌn]; *Łzy lały się jej po policzkach.* – Tears flowed/ran down her cheeks. *Krew lała się z rany.* – Blood was pouring from the wound./The wound streamed blood. *Woda leje się z kranu.* – Water is running from the tap. *On jest bardzo zaziębiony*

– *leje mu się z nosa.* – He has a terrible cold – his nose is running.

lada (*kontuar*) counter ['kaʊntə]

laguna lagoon [lə'gu:n]

laicki lay [leɪ]

laik layman, *l.mn.* laymen ['leɪmən]

lakier varnish ['vɑ:nɪʃ]; **lakier do paznokci** – nail varnish

lakierować varnish ['vɑ:nɪʃ]

lala doll [dɒl]

lalka doll [dɒl], (*kukiełka*) puppet ['pʌpɪt]; teatr lalek – puppet show

lama[1] *zool.* llama ['lɑ:mə]

lama[2] *rel.* lama ['lɑ:mə]

lament lament [lə'ment], lamentation [læmən'teɪʃn]

lamentować lament [lə'ment]

lampa lamp [læmp]; **zapalić lampę** – to light a lamp; **zgasić lampę** – to turn off a lamp; **lampa uliczna** – a street lamp; **lampa naftowa** – a kerosene/a paraffin lamp; **lampa błyskowa** – flash

lampart leopard ['lepəd]

lampka ❶ (*lampa*) lamp [læmp]; **lampka oliwna** – oil lamp ❷ (*kieliszek*) glass [glɑ:s]; **lampka wina** – a glass of wine

lancet lancet ['lɑ:nsɪt]

landrynka drop [drɒp]

larwa larva, *l.mn.* larvae ['lɑ:və, 'lɑ:vi:]

laryngolog throat specialist [θrəʊt-'speʃəlɪst]

laryngologia laryngology [lærɪŋ'gɒlədʒɪ]

las forest ['fɒrɪst], wood [wʊd], woods [wʊdz]; **iść na spacer do lasu** – to go for a walk in the wood; **lasy tropikalne** – tropical forests; **las iglasty/ /liściasty** – coniferous/broad-leaved forest; **las dziewiczy** – virgin forest

laser laser ['leɪzə]

laska walking-stick ['wɔ:kɪŋstɪk], cane [keɪn]

lasso lasso [læ'su:/'læsəʊ]; **rzucać lasso** – to throw a lasso; **złapać na lasso** – to catch with a lasso

latać ❶ (*fruwać*) fly (flew, flown) [flaɪ, flu:, fləʊn]; *Młode ptaki uczą się latać.* – Young birds learn to fly. ❷ (*biegać*) run (ran, run) [rʌn, ræn, rʌn]; *Latam po mieście od rana.* – I've been running around town since morning. *On lata za kobietami.* – He runs after women.

latarka flashlight ['flæʃlaɪt], torch [tɔ:tʃ]

latarnia (*uliczna*) street lamp ['stri:t-læmp; **słup latarni** – a lamp post

latarnia morska (*budynek*) lighthouse ['laɪthaʊs], (*sygnał*) beacon ['bi:kən]

latawiec kite [kaɪt]; **puszczać latawiec** – to fly a kite

lato ❶ (*pora roku*) summer ['sʌmə]; *Latem zazwyczaj jeżdżą nad morze.* – In summer they usually go to the seaside. **latem 1939 roku** – in the summer of 1939 ❷ (*lata* – *p.* **rok**)

latynoamerykański Latin-American [lætɪnə'merɪkən]

laur ❶ *bot.* laurel ['lɒrəl], bay [beɪ] ❷ (*laury* – *wieniec laurowy*) laurels ['lɒrəlz]; **zdobyć laury** – to gain/to win one's laurels; **spocząć na laurach** – to rest on one's laurels

laureat prize winner ['praɪzwɪnə]; **laureat Nagrody Nobla** – Nobel Prize winner

laurowy laurel ['lɒrəl], bay [beɪ]; **wieniec laurowy** – laurels; **liść laurowy** – bay-leaf

lawa lava ['lɑ:və]

lawenda *bot.* lavender ['lævəndə]

lawina avalanche ['ævəlɑ:nʃ]

lawirować (*omijać przeszkody*) pick one's way, behave evasively, be evasive [-ɪ'veɪsɪv], *żegl.* tack [tæk]

lazur azure ['æʒjʊə]

ląd land [lænd]; **dojrzeć ląd ze statku** – to sight land from a ship; **zejść na ląd** – to land/to go ashore/to disembark; **na lądzie** – on land/ashore; *Szybciej można się tam dostać morzem niż lądem.* – It's quicker to get there by sea than by land.

lądować land [lænd], (*o samolocie*) touch down [tʌtʃ'daʊn]

lądowanie landing ['lændɪŋ]; **lądowanie awaryjne** – an emergency landing/a crash landing

lądowy land [lænd]; **drogą lądową** – by land; **klimat lądowy** – continental climate

lecieć ❶ (*przebywać przestrzeń w powietrzu*) fly (flew, flown) [flaı, flu:, fləʊn]; *Lecę do Nowego Jorku w przyszłym miesiącu.* – I'm flying to New York next month. *Jaskółka przeleciała nad głowami.* – A swallow flew overhead. **lecieć samolotem** – to go by plane/to fly ❷ (*być unoszonym, rozchodzić się w powietrzu*) drift [drıft], fly (flew, flown) [flaı, flu:, fləʊn]; *Chmury lecą po niebie.* – The clouds are drifting in the sky. *Iskry leciały z ogniska.* – Sparks were flying out of the bonfire. ❸ (*spadać z góry*) fall (fell, fallen) [fɔ:l, fel, 'fɔ:ln], (*o cieczach*) run (ran, run) [rʌn, ræn, rʌn], *p.* **lać się** ❹ (*biec, pędzić*) fly (flew, flown) [flaı, flu:, fləʊn], run (ran, run) [rʌn, ræn, rʌn], rush [rʌʃ]; *Jest późno – muszę lecieć.* – It's late – I must fly. **lecieć komuś na pomoc** – to rush to sb's assistance/rescue ❺ (*o czasie – przemijać*) fly (flew, flown) [flaı, flu:, fləʊn], pass [pɑ:s]; *Jakże czas leci!* – How time flies!

lecz but [bʌt]

leczenie cure [kjʊə], treatment ['tri:tmənt]; **być w trakcie leczenia** – to undergo treatment

lecznica hospital ['hɒspıtl], clinic ['klınık]

lecznictwo health service [helθ'sɜ:vıs], medical care ['medıkl'keə]

leczniczy therapeutic [θerə'pju:tık], medicinal [me'dısınl], curative ['kjʊərətıv], healing ['hi:lıŋ]; **zioła lecznicze** – medicinal herbs; **dla celów leczniczych** – for medicinal purposes; **właściwości lecznicze** – curative properties; **gimnastyka lecznicza** – therapeutic exercises; **środek leczniczy** – medicine

leczyć treat [tri:t], heal [hi:l]; **leczyć kogoś na jakąś chorobę** – to treat sb for a disease; *Czas leczy wszystkie smutki.* – Time heals all sorrows.

leczyć się undergo treatment [ʌndə,gəʊ'tri:tmənt], be treated [-'tri:tıd] (for)

ledwie hardly ['hɑ:dlı], scarcely ['skeəslı]; *Ledwie weszliśmy do domu, gdy zadzwonił telefon.* – We had hardly come home when the telephone rang./ /Hardly had we come home when the telephone rang. *Ledwie uszedł z życiem.* – He escaped by the skin of his teeth.

legalizacja legalization [li:gəlaı'zeıʃn]

legalizować legalize ['li:gəlaız]

legalny legal ['li:gl], lawful ['lɔ:fʊl]

legenda legend ['ledʒənd]

legendarny legendary ['ledʒəndərı]

legia legion ['li:dʒən]; **Legia Cudzoziemska** – the French Foreign Legion

legion legion ['li:dʒən]

legionista legionary ['li:dʒənərı]

legitymacja card [kɑ:d]; **legitymacja członkowska** – membership card

legitymować (*stwierdzać tożsamość*) check credentials [tʃek krı'denʃlz], examine identity papers [ıg'zæmınaı'dentətı'peıpəz]

legitymować się (*okazywać legitymację*) show one's papers; show one's credentials [-krı'denʃlz], prove one's identity ['pru:vwʌnzaı'dentətı]

legowisko lair [leə]

legumina pudding ['pʊdıŋ]

lej (*wklęsłość w terenie*) crater ['kreıtə], pit [pıt]

lejce reins [reınz]

lejek funnel ['fʌnl]

lek medicine ['medsn], drug [drʌg], remedy ['remədı]; **lek na receptę** – prescription medicine/drug; **lek bez recepty** – non-prescription medicine/ /drug; **przepisać lek** – to prescribe a medicine; **aplikować lek** – to administer a medicine; **zażywać lek** – to take a medicine; **lek na kaszel** – a cough medicine; **lek na zaziębienie** – a medicine for a cold; **cudowny lek** – a wonder drug

lekarski ❶ (*odnoszący się do lekarza*) doctor's ['dɒktəz], medical ['medıkl]; **gabinet lekarski** – a surgery/a consulting room; **badanie lekarskie** –

medical examination; **zaświadczenie lekarskie** – medical certificate; **zwolnienie lekarskie** – sick-leave ❷ (*służący do leczenia*) medicinal [me'dısınl]

lekarstwo remedy ['remədı], *p.* **lek; lekarstwo na grypę** – a remedy for flu; *Na to nie ma lekarstwa.* – There is no cure for that.

lekarz doctor ['dɒktə], physician [fı'zıʃn]; **iść do lekarza** – to consult/to see a doctor; **lekarz domowy** – a family doctor; **lekarz dentysta** – a dentist, a dental surgeon; **lekarz weterynarii** – a vet/a veterinary surgeon

lekceważący ❶ (*odnoszący się bez szacunku*) disrespectful [dısrı'spektfʊl], supercilious [su:pə'sılıəs], contemptuous [kən'temtjʊəs] ❷ (*niedbały*) neglectful [nı'glektfʊl]

lekceważenie ❶ (*brak szacunku*) disrespect [dısrı'spekt], contempt [kən'temt] ❷ (*zaniedbanie*) neglect [nı'glekt], neglectfulness [nı'glektfʊlnıs]

lekceważyć ❶ (*traktować bez szacunku*) depreciate [dı'pri:ʃıeıt], disregard [dısrı'gɑ:d] ❷ (*bagatelizować*) make light of [meık'laıtəv], neglect [nı'glekt]

lekcja lesson ['lesn], class [klɑ:s]; *Ona bierze lekcje z angielskiego.* – She takes lessons in English. **lekcja matematyki** – a maths class; **prowadzić lekcję** – to hold/to conduct/to give a class; **być na lekcji/uczęszczać na lekcje** – to attend class

lekki light [laıt]; *Możesz nieść tę walizkę – jest dość lekka.* – You can carry that suitcase – it's light enough. **lekkie ubranie** – light clothing; **lekka praca** – light work; **lekka muzyka** – light music; **lekki posiłek** – a light meal; **przemysł lekki** – light industry; **z lekkim sercem** – with a light heart; **lekki jak piórko** – as light as a feather

lekko lightly ['laıtlı]; **traktować coś lekko** – to treat sth lightly

lekkoatleta athlete ['æθli:t]

lekkoatletyczny athletic [æθ'letık]; **mityng lekkoatletyczny** – an athletic meeting

lekkoatletyka athletics [æθ'letıks], athletic sports

lekkomyślność ❶ (*brak rozwagi*) recklessness ['reklısnıs] ❷ (*niepoważny stosunek do życia*) light-heartedness [laıt'hɑ:tıdnıs]

lekkomyślny ❶ (*nierozważny*) reckless ['reklıs] ❷ (*lekko traktujący życie*) light-hearted [laıt'hɑ:tıd]

lekkość lightness ['laıtnıs]

lektor ❶ (*osoba czytająca*) reader ['ri:də] ❷ (*osoba prowadząca lektorat*) teacher ['ti:tʃə], lecturer ['lektʃərə]

lektorat ❶ (*kurs nauki*) course [kɔ:s] ❷ (*lekcja*) class [klɑ:s]

lektura ❶ (*czytanie*) reading ['ri:dıŋ] ❷ (*to, co jest do czytania*) reading matter [ri:dıŋ'mætə] ❸ (*spis książek do przeczytania*) reading list [ri:dıŋ'lıst]

lemoniada lemonade [lemə'neıd]

len ❶ *bot.* flax [flæks] ❷ (*tkanina*) linen ['lının]

lenistwo laziness ['leızınıs], idleness ['aıdlnıs]

leniwy lazy ['leızı], idle ['aıdl]

leń lazybones ['leızıbəʊnz]

lepić ❶ (*urabiać, formować*) model ['mɒdl], mould [məʊld] ❷ (*przyklejać*) stick (together) (stuck, stuck) [stık-, stʌk, stʌk]

lepić się ❶ (*być lepkim*) be sticky [-'stıkı] ❷ (*przyklejać się*) stick (stuck, stuck) [stık, stʌk, stʌk]

lepiej better ['betə]; *Dziś czuję się lepiej.* – I feel better today. **coraz lepiej** – better and better; *Lepiej późno niż wcale.* – Better late than never. *Lepiej będzie, jeżeli zaczekasz.* – You'd better wait.

lepki sticky ['stıkı]

lepkość viscosity [vı'skɒsətı], stickiness ['stıkınıs]

lepszy better ['betə]

leszczyna *bot.* hazel ['heızl]

leśnictwo ❶ (*nauka i gospodarka leśna*) forestry ['fɒrıstrı] ❷ (*okręg leśny*) forest district ['fɒrıst'dıstrıkt]

leśniczówka forester's lodge ['fɒrıstəz'lɒdʒ], forester's cottage ['fɒrıstəz'kɒtıdʒ]

leśniczy forester ['fɒrɪstə]
letni ❶ (*dotyczący lata*) summer ['sʌmə], summery ['sʌmərɪ]; **letni dzień** – a summer/a summer's day; **wakacje letnie** – summer holidays; **dom letni** – a summer cottage; **czas letni** – summer time/*am.* fast time; **letnia sukienka** – a summery dress ❷ (*ciepławy*) lukewarm ['lu:kwɔ:m], tepid ['tepɪd]
lew *zool.* lion ['laɪən], **Lew** (*znak zodiaku*) Leo ['li:əʊ]
lewica ❶ *polit.* the left [left] ❷ (*lewa strona*) left-hand side
lewicowy left-wing [left'wɪŋ]
lewo left [left]; **skręć w lewo** – turn left
leworęczny left-handed [left'hændɪd]
lewostronny left hand ['lefthænd]
lewy left [left]; **lewa ręka** – the left hand; *W Wielkiej Brytanii samochody jeżdżą po lewej stronie.* – In Britain cars are driven on the left.
leżak deck-chair ['dektʃeə]
leżeć ❶ (*być w pozycji leżącej*) lie (lay, lain) [laɪ, leɪ, leɪn]; **leżeć na wznak** – to lie on one's back; **leżeć w łóżku** – to lie/to stay in bed; *Śnieg leżał na ziemi.* – Snow was lying on the ground. ❷ (*znajdować się*) lie (lay, lain) [laɪ, leɪ, leɪn], be situated [-'sɪtjʊəɪtɪd]; *Miasto leży na wybrzeżu.* – The town lies on the coast. *To nie leży w mojej mocy.* – I doesn't lie within my power. *To mu leży ciężko na sumieniu.* – It lies heavy on his conscience. *Wioska leżała w dolinie.* – The village was situated in the valley. ❸ (*o ubraniu – dobrze pasować*) fit (tt) [fɪt]; *Jej kostium świetnie leży.* – Her suit fits her like a glove.
lęk fear [fɪə], dread [dred], anxiety [æŋ'zaɪətɪ]; **czuć lęk** – to feel fear; **nie okazywać lęku** – to show no fear; **pokonać lęk** – to overcome one's fear; **lęk wysokości** – a fear of heights; *Czuję lęk przed szpitalem.* – I have a dread of hospitals.
lękać się be afraid [-ə'freɪd], fear [fɪə], dread [dred]; *Nie lękaj się.* – Don't be afraid. *Lękaliśmy się najgorszego.* – We feared the worst. *Lękam się o jej bezpieczeństwo.* – I fear for her safety. *Lękam się choroby.* – I dread being ill.
lękliwy fearful ['fɪəfʊl], timid ['tɪmɪd]
liberalizm liberalism ['lɪbərəlɪzm], (*w ekonomii*) laissez-faire policy [leseɪ'feə-'pɒləsɪ]
liberalny liberal ['lɪbrəl], tolerant ['tɒlərənt]
liberał liberal ['lɪbrəl]
libretto *muz.* libretto [lɪ'bretəʊ]
licealista secondary-school pupil ['sekəndərɪsku:l'pju:pl], grammar school pupil ['græməsku:l'pju:pl]
licealny secondary-school ['sekəndərɪsku:l], grammar school ['græməsku:l]
licencja licence ['laɪsns]
liceum secondary school [sekəndərɪ-'sku:l], grammar school ['græməsku:l]
lichtarz candlestick ['kændlstɪk]
lichy poor [pʊə]
licytacja auction ['ɔ:kʃn], (*w kartach*) bidding ['bɪdɪŋ]; **wystawić coś na licytację** – to put sth up for auction; **sprzedać coś na licytacji** – to sell sth by auction; **kupić coś na licytacji** – to buy sth at an auction
licytować ❶ (*dokonać publicznej sprzedaży*) auction ['ɔ:kʃn], sell by auction ❷ (*zgłaszać sumę na licytacji*) bid (bid, bid) [bɪd, bɪd, bɪd] ❸ (*przy grze w karty*) bid (bid, bid) [bɪd, bɪd, bɪd]
liczba number ['nʌmbə]; **liczba całkowita** – whole number/integer; **liczba parzysta/nieparzysta** – even/odd number; **liczba dziesiętna** – decimal number; *gram.* **liczba pojedyncza** – the singular; *gram.* **liczba mnoga** – the plural
liczbowy numerical [nju:'merɪkl]
liczebnik number ['nʌmbə]; **liczebnik porządkowy** – ordinal number; **liczebnik główny** – cardinal number
liczenie counting ['kaʊntɪŋ], calculation [kælkjʊ'leɪʃn]
licznik ❶ (*przyrząd, zegar*) meter ['mi:tə]; **licznik gazowy** – gas meter ❷ *mat.* numerator ['nju:məreɪtə]
liczny numerous ['nju:mərəs]
liczyć ❶ (*rachować*) count [kaʊnt], reckon ['rekn], calculate ['kælkjʊleɪt]; **liczyć od jednego do dziesięciu** – to

count from one to ten; **liczyć dzieci w klasie** – to count the children in the class; *Liczę, że to będzie kosztowało więcej niż 1000 funtów.* – I reckon it'll cost more than 1000. ❷ (*polegać, wiązać nadzieje*) count [kaʊnt], reckon ['rekn], calculate ['kælkjʊleɪt]; **liczyć na czyjąś pomoc** – to count on sb's help/to reckon on sb to help; **liczyć na dobrą pogodę** – to count on good weather ❸ (*brać w rachubę*) count [kaʊnt], take into account ['teɪkɪntʊə'kaʊnt]; *Było 50 osób, nie licząc dzieci.* – There were 50 people, not counting the children. ❹ (*składać się z pewnej liczby jednostek*) number ['nʌmbə]; *Nasza grupa liczyła 20 osób.* – Our group numbered twenty.

liczyć się ❶ (*mieć znaczenie, być uwzględnianym*) count [kaʊnt]; *Wykształcenie zawodowe bez doświadczenia nie liczy się.* – Professional training without experience doesn't count. ❷ (*brać pod uwagę*) reckon ['rekn], take into account ['teɪkɪntʊə'kaʊnt]; *On jest osobą, z którą należy się liczyć.* – He is a person to be reckoned with.

liczydło abacus ['æbəkəs]

lider leader ['li:də]

liga league [li:g]

likier liqueur [lɪ'kjʊə]

likwidacja (*upadek przedsiębiorstwa*) liquidation [lɪkwɪ'deɪʃn]; **być postawionym w stan likwidacji** – to go into liquidation

likwidować ❶ (*przedsiębiorstwo*) liquidate ['lɪkwɪdeɪt] ❷ (*unicestwiać*) make away with [meɪkə'weɪ'wɪð] (made, made), dispose of [dɪs'pəuz əv]

lila (*kolor*) mauve [məuv], lilac ['laɪlək]

lilia *bot.* lily ['lɪlɪ]

liliowy *p.* **lila**

limuzyna limousine ['lɪmu:zi:n]

lina line [laɪn], rope [rəup], (*metalowa*) cable [keɪbl], steel rope; **lina holownicza** – a tow-line/tow-rope; **chodzić po linie** – to walk a tightrope

lincz lynch [lɪntʃ]

linczować lynch [lɪntʃ]

linia ❶ *geom.* line [laɪn]; **linia pionowa/pozioma** – vertical/horizontal line; **linia równoległa/prostopadła** – parallel/perpendicular line; **linia prosta** – straight line; **linia krzywa** – curved line, curve; **linia frontu** – the front line; **linia bramkowa** – the goal line ❷ (*droga, trasa*) line [laɪn]; **linia autobusowa/tramwajowa** – a bus/a tram line; **linia lotnicza** – an air line ❸ (*linia telefoniczna*) line [laɪn], telephone line; *Linia jest zajęta.* – The line is engaged. **gorąca linia** – a hot line ❹ (*przewód elektryczny*) line [laɪn]; **linia wysokiego napięcia** – a high voltage line/a power line ❺ (*sposób postępowania*) line [laɪn]; **iść po linii najmniejszego oporu** – to follow the line of least resistance ❻ (*linia produkcyjna*) assembly line [ə'semblɪlaɪn], production line [prə'dʌkʃnlaɪn] ❼ (*dynastia*) line [laɪn] ❽ (*zarys, kontur*) line [laɪn], countour ['kɒntʊə]

linijka ❶ (*przyrząd kreślarski*) ruler ['ru:lə] ❷ (*wiersz*) line [laɪn]

linka line [laɪn], cord [kɔ:d]

linoleum linoleum [lɪ'nəʊljəm], lino ['laɪnəʊ]

linowy cable [keɪbl]; **kolejka linowa** – (*wagonik*) cable car, (*środek transportu*) – cable railway, (*jadąca po ziemi*) funicular [fjʊ'nɪkjʊlə]

lipa lime-tree ['laɪmtri:], linden ['lɪndən]

lipiec July [dʒu:'laɪ]

liryczny lyrical ['lɪrɪkl], lyric ['lɪrɪk]

liryka lyric ['lɪrɪk]

lis fox [fɒks]; **polowanie na lisa** – fox-hunting

list letter ['letə]; **napisać list** – to write a letter; **dostać list** – to get/to receive a letter; **wysłać list** – to send a letter; **list polecony** – a registered letter

lista list [lɪst], roll [rəʊl]; **lista zakupów** – a shopping list; **lista płac** – pay-roll; **lista wyborców** – the election roll; **wpisać coś na listę** – to put sth on the list; **czytać listę obecności** – to call the roll; **wciągnąć na listę** – to register; **skreślić z listy** (*studentów*) – to delete/strike off

listonosz postman, *l.mn.* postmen ['pəʊstmən]

listopad November [nəʊ'vembə]
liściasty leaved ['li:vd], leafed ['li:ft], leafy ['li:fɪ]; **drzewa liściaste** – deciduous trees
liść leaf, *l.mn.* leaves [li:f, li:vz]
litera letter ['letə]; **wielkimi literami** – in capital letters; **drukowanymi literami** – in block letters; **pierwsza litera alfabetu** – the first letter of the alphabet
literacki literary ['lɪtrərɪ]
literat writer ['raɪtə]
literatura literature ['lɪtrətʃə]; **literatura piękna** – belle-lettres
litewski Lithuanian [lɪθju:'eɪnjən]
litościwy merciful ['mɜ:sɪfʊl]
litość mercy ['mɜ:sɪ], pity ['pɪtɪ]; **mieć litość nad kimś** – to have mercy on sb/to take pity on sb; **z litości** – out of pity; **bez litości** – merciless/pitiless
litować się ❶ (*okazywać litość*) have mercy (on sb), have/take pity (on sb) ❷ (*współczuć*) feel pity for
litr litre ['li:tə]
Litwin Lithuanian [lɪθju:'eɪnjən]
lizać lick [lɪk]
lizak lollipop ['lɒlɪpɒp], lolly ['lɒlɪ]
lniany linen ['lɪnɪn]; **siemię lniane** – linseed; **olej lniany** – linseed oil
lodowaty icy ['aɪsɪ], ice-cold ['aɪskəʊld], glacial ['gleɪsjəl]; **lodowaty wiatr** – icy/glacial/ice-cold wind; **lodowaty głos** – icy voice; **lodowata cisza** – glacial silence
lodowcowy glacial ['gleɪsjəl]
lodowiec glacier ['glæsjə]
lodowisko skating-rink ['skeɪtɪŋrɪŋk]
lodowy ice [aɪs]; **góra lodowa** – an iceberg; **epoka lodowa** – the Ice Age
lodówka refrigerator [rɪ'frɪdʒəreɪtə], fridge [frɪdʒ]
lody ice-cream [aɪs'kri:m], ice [aɪs]
logiczny logical ['lɒdʒɪkl]
logika logic ['lɒdʒɪk]
lojalność loyalty ['lɔɪəltɪ]; **lojalność wobec przyjaciół** – loyalty to (one's) friends
lojalny loyal ['lɔɪəl]
lok curl [kɜ:l], coil [kɔɪl], lock [lɒk]
lokaj butler ['bʌtlə], footman, *l.mn.* footmen ['fʊtmən]
lokal ❶ (*pomieszczenie*) room [ru:m], rooms [ru:mz], place [pleɪs] ❷ (*zakład gastronomiczny*) restaurant ['restərɑ:ŋ], pub [pʌb], café ['kæfeɪ]; **nocny lokal** – night-club
lokalizacja ❶ (*miejsce, położenie*) location [ləʊ'keɪʃn] ❷ (*zlokalizowanie*) localization [ləʊkəlaɪ'zeɪʃn]
lokalizować localize ['ləʊkəlaɪz]
lokalny local ['ləʊkl]; **czas lokalny** – local time; **koloryt lokalny** – local colour
lokata ❶ *ekon.* investment [ɪn'vesmənt] ❷ (*pozycja*) position [pə'zɪʃn]
lokator lodger ['lɒdʒə]
lokomotywa locomotive [ləʊkə'məʊtɪv], engine ['endʒɪn]; **lokomotywa parowa/elektryczna/spalinowa** – a steam/an electric/a diesel engine
lombard pawnshop ['pɔ:nʃɒp]
londyńczyk Londoner ['lʌndənə]
londyński London ['lʌndən]
longplay long-playing record [lɒŋpleɪɪŋ 'rekəd], LP [el'pi:]
lord lord [lɔ:d]; **Izba Lordów** – the House of Lords
lornetka binoculars [bɪ'nɒkjʊləz], (*polowa*) field-glasses ['fi:ldglɑ:sɪz], (*teatralna*) opera glasses ['ɒprəglɑ:sɪz]
los ❶ (*koleje życia*) lot [lɒt], fortune ['fɔ:tʃu:n]; *Jej los był ciężki.* – Her lot was a hard one. **lekki los** – a happy lot; **zły los** – misfortune ❷ (*przeznaczenie*) destiny ['destɪnɪ], fate [feɪt]; **kusić los** – to tempt fate; **pogodzić się z losem** – to be resigned to one's fate; *On chciał zostać malarzem, ale los zdecydował inaczej.* – He wanted to become a painter, but fate decided otherwise. **zadecydować o czyimś losie** – to decide sb's fate; *Jesteśmy panami własnego losu.* – We are the masters of our own destiny. ❸ (*przypadek*) chance [tʃɑ:ns]; **szczęśliwy los** – a lucky chance; **zostawić wszystko losowi** – to leave everything to chance ❹ (*przy losowaniu*) lot [lɒt]; **ciągnąć losy** – to draw lots; **los loteryjny** – a lottery ticket
losować draw lots
losowanie drawing of lots

lot flight [flaɪt]; **ptak w locie** – a bird in flight; **lot pocisku** – the flight of a missile; *Czy miałeś dobry lot?* – Did you have a good flight? **lot czarterowy** – a chartered flight; *przen.* **lotem błyskawicy** – like lightning

loteria lottery ['lɒtərɪ]

lotka (*do gry w badmintona*) shuttlecock ['ʃʌtlkɒk]

lotnictwo aviation [eɪvɪ'eɪʃn], *wojsk.* air force ['eəfɔ:s]

lotniczy air [eə], aviation [eɪvɪ'eɪʃn]; **linia lotnicza** – airline; **poczta lotnicza** – airmail; **przemysł lotniczy** – aviation industry

lotnik airman, *l.mn.* airmen ['eəmən]

lotnisko airport ['eəpɔ:t], *wojsk.* airfield ['eəfi:ld]

lotniskowiec aircraft carrier ['eəkrɑ:ft-'kærɪə]

lotny ❶ (*łatwo przechodzący w stan gazowy*) volatile ['vɒlətaɪl] ❷ (*szybki*) flying ['flaɪɪŋ]; **lotna brygada** (*policji*) – a flying squad ❸ (*bystry – o umyśle*) quick [kwi:k], keen [ki:n], sharp [ʃɑ:p]

loża ❶ (*teatralna*) box [bɒks] ❷ (*jednostka organizacyjna masonerii*) lodge [lɒdʒ]

lód ice [aɪs]; *Lód nie jest wystarczająco gruby, żeby jeździć na łyżwach.* – The ice isn't thick enough for skating. **kostka lodu** – ice-cube; **skuty lodem** – ice-bound; **rewia na lodzie** – ice-show; **taniec na lodzie** – ice-dancing; **przełamać lody** – to break the ice

lśnić sparkle ['spɑ:kl], glisten ['glɪsn], shine (shone, shone) [ʃaɪn, ʃɒn, ʃɒn], glitter ['glɪtə]

lub or [ɔ:]

lubiany popular ['pɒpjʊlə]

lubić like [laɪk], be fond of [-fɒnd-], be keen on [-ki:n-], care for [keə-]; *Lubię jeździć na nartach.* – I like skiing. *Ona lubi muzykę.* – She likes music./ /She is fond of music. *W niedzielę lubię pospać dłużej.* – On Sundays I like to sleep late.

lubować się delight in [dɪ'laɪt-], take pleasure in

lud people ['pi:pl]

ludność population [pɒpjʊ'leɪʃn]

ludowy ❶ (*dot. ludu*) of the people [-'pi:pl], people's ['pi:plz] ❷ (*dot. wsi*) folk [fəʊk], country ['kʌntrɪ]; **taniec ludowy** – folk-dance

ludożerca cannibal ['kænɪbl]

ludożerstwo cannibalism ['kænɪbəlɪzm]

ludzie people ['pi:pl], folk [fəʊk]

ludzki ❶ (*dot. człowieka*) human ['hju:mən]; **istota ludzka** – human being/man; **natura ludzka** – human nature; **rodzaj ludzki** – humankind/ /mankind; *Mylić się jest rzeczą ludzką.* – To err is human. *Zrobię wszystko, co w ludzkiej mocy.* – I'll do everything that is humanly possible. ❷ (*humanitarny*) humane [hju:'meɪn], humanitarian [hju:mænɪ'teərɪən]

ludzkość humanity [hju:'mænətɪ], mankind [mæn'kaɪnd], humankind [hju:mən'kaɪnd]

lufa barrel ['bærəl]

lufcik ventilator ['ventɪleɪtə]

luka gap [gæp]

lukier icing ['aɪsɪŋ], frosting ['frɒstɪŋ]

lukrować ice [aɪs], frost [frɒst]

luksus luxury ['lʌkʃərɪ]

luksusowy luxurious [lʌg'zjʊərɪəs], luxury ['lʌkʃərɪ]

lunatyk sleep-walker ['sli:pwɔ:kə], somnambulist [sɒm'næmbjʊlɪst]

luneta telescope ['telɪskəʊp]

lupa magnifying glass ['mægnɪfaɪɪŋ'glɑ:s]

lusterko looking-glass ['lʊkɪŋglɑ:s], mirror ['mɪrə], (*w samochodzie*) driving-mirror

lustro mirror ['mɪrə], looking-glass ['lʊkɪŋglɑ:s]

lustrować inspect [ɪn'spekt], scrutinize ['skru:tɪnaɪz]

luty February ['februərɪ]

luźny loose [lu:s]

lwi lion's ['laɪənz]; **lwia część** – the lion's share

lżyć insult [ɪn'sʌlt], abuse [ə'bju:z]

Ł

łabędź swan [swɒn]
łacina Latin ['lætɪn]
łaciński Latin ['lætɪn]
ład order ['ɔ:də], ordeliness ['ɔ:dəlɪnɪs]; **utrzymywać ład i porządek** – to maintain law and order
ładny pretty ['prɪtɪ]; **ładna suknia** – a pretty dress; **ładny grosz** – a pretty penny
ładować load [ləʊd]
ładowność cargo capacity ['kɑ:gəʊkə-'pæsətɪ]
ładunek load [ləʊd], *mar.* cargo ['kɑ:gəʊ], freight [freɪt], bulk [bʌlk]
łagodność mildness ['maɪldnɪs], gentleness ['dʒentlnɪs], kindliness ['kaɪndlɪnɪs], good nature [gʊd'neɪtʃə]
łagodny ❶ (*dobry, dobrotliwy*) gentle ['dʒentl], kindly ['kaɪndlɪ], mild [maɪld], good-natured [gʊd'neɪtʃəd] ❷ (*niesurowy*) mild [maɪld], lenient ['li:njənt], soft [sɒft]; **łagodna kara** – mild punishment; *Nauczyciel jest zbyt łagodny wobec uczniów.* – The teacher is too lenient/soft with the pupils. ❸ (*nieostry, nieintensywny*) soft [sɒft], mellow ['meləʊ], mild [maɪld]; **łagodny klimat** – mild climate; **łagodne mydło** – mild soap; **łagodne światło** – soft light; **łagodny wiatr** – soft wind; (*o nowotworze*) benign [bɪ'naɪn] ❹ (*o zwierzęciu*) tame [teɪm], docile ['dəʊsaɪl]
łagodzić soothe [su:ð], appease [ə'pi:z], alleviate [ə'li:vɪeɪt]; **łagodzić ból** – to soothe/to alleviate pain; **łagodzić cierpienie** – to mitigate suffering; **łagodzić skutki inflacji** – to mitigate the effects of inflation
łaknąć ❶ (*odczuwać głód*) be hungry [-'hʌŋgrɪ], be starving [bi:'stɑ:vɪŋ] ❷ (*pragnąć*) crave [kreɪv], long [lɒŋ]
łaknienie ❶ (*głód*) hunger ['hʌŋgə] ❷ (*pragnienie*) craving ['kreɪvɪŋ], longing ['lɒŋgɪŋ]
łakomstwo gluttony ['glʌtənɪ], greediness ['gri:dɪnɪs], greed [gri:d]
łakomy ❶ (*chciwy jedzenia*) greedy ['gri:dɪ] ❷ (*budzący chciwość*) tempting ['temtɪŋ]
łamać break (broke, broken) [breɪk, brəʊk, 'brəʊkn]; **łamać prawo/zasady** – to break the law/the rules; **łamać czyjś opór** – to break sb's resistance; **łamać sobie głowę** – to rack one's brains; **łamać** (*załamywać*) **ręce** – to wring one's hands
łamać się ❶ (*być łamanym*) break (broke, broken) [breɪk, brəʊk, 'brəʊkn]; *Jego głos łamał się, kiedy wyznawał prawdę.* – His voice broke as he confessed the truth. ❷ (*być pokonanym, załamywać się*) break (broke, broken) [breɪk, brəʊk, 'brəʊkn] ❸ (*dzielić się czymś*); **łamać się opłatkiem** – to break the wafer ❹ (*zmagać się*) wrestle ['resl], grapple ['græpl]; **łamać się ze sobą** – to be in two minds
łamigłówka puzzle ['pʌzl]
łamliwy fragile ['frædʒaɪl], breakable ['breɪkəbl]
łan corn-field ['kɔ:nfi:ld]
łańcuch chain [tʃeɪn]; **zamknąć drzwi na łańcuch** – to put a chain on the door; **trzymać psa na łańcuchu** – to keep a dog on a chain; **łańcuch górski** – a mountain chain/range
łańcuszek chain [tʃeɪn]
łapa paw [pɔ:]
łapać catch (caught, caught) [kætʃ, kɔ:t, kɔ:t]; **łapać złodzieja** – to catch a thief; **łapać ryby** – to catch fish;

Ł

łapać autobus – to catch a bus; **łapać kogoś za ramię** – to catch sb by the arm

łapczywość greediness ['gri:dɪnɪs]

łapczywy greedy ['gri:dɪ]

łapownictwo corruption [kə'rʌpʃn]

łapówka bribe [braɪb]

łaska ❶ (*względy, łaskawość, przychylność*) favour ['feɪvə], mercy ['mɜ:sɪ]; **być zdanym na czyjąś łaskę** – to be at the mercy of sb; **jak z łaski** – with a bad grace ❷ (*ułaskawienie, darowanie kary*) pardon ['pɑ:dn], grace [greɪs]; **akt łaski** – an act of grace ❸ *rel.* grace [greɪs], mercy ['mɜ:sɪ]; **być w stanie łaski** – to be in the state of grace

łaskawość graciousness ['greɪʃəsnɪs], kindness ['kaɪndnɪs], generosity [dʒenə'rɒsətɪ]

łaskawy ❶ (*przyjazny, życzliwy*) friendly ['frendlɪ], kind [kaɪnd], kindly ['kaɪndlɪ] ❷ (*wielkoduszny*) gracious ['greɪʃəs] ❸ (*sprzyjający*) favourable ['feɪvərəbl]

◆ **bądź łaskaw...** – be so kind as to.../would you mind...

łata patch [pætʃ]

łatać patch (up) [pætʃ]

łatwo (*bez trudu*) easily ['i:zɪlɪ], easy ['i:zɪ]; **łatwo przyszło, łatwo poszło** – easy come, easy go; **łatwo tak powiedzieć** – it's easy to say

łatwopalny inflammable [ɪn'flæməbl], flammable ['flæməbl]

łatwość ease [i:z], easiness ['i:zɪnɪs]; *Zrobił to z łatwością.* – He did it with ease. **łatwość wypowiadania się** – fluency of speech

łatwowierny gullible ['gʌləbl]

łatwy ❶ (*nie wymagający trudu, nieskomplikowany*) easy ['i:zɪ], simple ['sɪmpl]; **łatwy egzamin** – an easy exam; **łatwa zdobycz** – easy prey; **łatwe pieniądze** – easy money; **łatwy w obsłudze** – easy to use, user-friendly ❷ (*o człowieku – bezkonfliktowy*) even-tempered [i:vn'tempəd]

Ł

ława bench [bentʃ]; **ława przysięgłych** – the jury

ławica (*skupisko*) shoal [ʃəʊl], school [sku:l]; **ławica ryb** – a shoal/a school of fish

ławka bench [bentʃ], (*szkolna*) desk [desk], (*w kościele*) pew [pju:]; **siedzieć w ławce** – to sit at the desk

łazić (*o owadzie*) crawl [krɔ:l], creep (crept, crept) [kri:p, krept, krept], (ciężko chodzić) tramp [træmp]; **łazić po drzewach** – to climb trees

łazienka bathroom ['bɑ:θrʊm]

łaźnia baths [bɑ:ðz]

łącznie ❶ (*razem*) together [tə'geðə], including [ɪn'klu:dɪŋ]; *Było nas 20 osób, łącznie z dziećmi.* – We were 20 people including children. ❷ (*wspólnie*) jointly ['dʒɔɪntlɪ]

łącznik ❶ (*osoba, przez którą utrzymuje się kontakt*) go-between ['gəʊbɪ'twi:n], *wojsk.* liaison officer [li:'eɪzən'ɒfɪsə] ❷ (*znak graficzny*) hyphen ['haɪfn]

łączność ❶ (*bliskość, kontakt*) contact ['kɒntækt]; **stracić z kimś łączność** – to lose contact with sb ❷ (*dział komunikacji*) communication(s) [kəmju:nɪ'keɪʃnz]; **nawiązać/przerwać/przywrócić łączność** – to establish/to cut off/to restore communication

łączyć ❶ (*jednoczyć w całość*) join [dʒɔɪn], unite [ju:'naɪt], connect [kə'nekt], combine [kəm'baɪn]; *Linia kolejowa łączy te dwa miasta.* – A railway connects the two towns. *Wspólne interesy łączą dwie partie.* – The common interests unite the two parties. *Nic nas nie łączy.* – There is nothing between us. ❷ (*telefonicznie*) connect [kə'nekt], put through [put'θru:] (put, put); *Proszę nie odkładać słuchawki, łączę pana z dyrektorem.* – Hold on, I'll just connect you with/put you through to the managing director.

łączyć się ❶ (*stykać się, stanowić całość*) join [dʒɔɪn], join up with, connect [kə'nekt], unite [ju:'naɪt]; **miejsce, gdzie łączą się dwie rzeki** – the place where two rivers join; **droga łączy się**

z autostradą – the road joins up with the motorway; *Dwie partie połączyły się w koalicję.* – The two parties have united to form a coalition. ❷ (*telefonicznie*) get a connection [-kə'nekʃn], get through [get'θru:] (got, got)

łąka meadow ['medəʊ]

łeb head [hed]; *przen.* **kocie łby** – cobble-stones; **patrzeć spode łba** – to scowl

łgać lie [laɪ], tell lies

łkać sob (bb) [sɒb]

łobuz scoundrel ['skaʊndrəl], rascal ['rɑ:skəl], villain ['vɪlən]

łodyga stem [stem], stalk [stɔ:k]

łokieć elbow ['elbəʊ]

łom (*pręt żelazny*) crow-bar ['krəʊbɑ:]

łomot rumble ['rʌmbl], crash [kræʃ], clatter ['klætə], din [dɪn]

łomotać (*dobijać się*) bang [bæŋ], knock [nɒk]; **łomotać do drzwi** – to bang at the door

łopata shovel ['ʃʌvl], spade [speɪd]

łopatka ❶ *anat.* shoulder-blade ['ʃəʊldəbleɪd] ❷ (*przyrząd kuchenny*) spatula ['spætjʊlə], slice [slaɪs]

łopotać flap (pp) [flæp], flutter ['flʌtə]; *Żagle łopotały na wietrze.* – The sails were flapping in the wind. *Ptak załopotał skrzydłami.* – The bird flapped/ /fluttered its wings.

łoskot rumble ['rʌmbl], crash [kræʃ], crack [kræk], din [dɪn]; **łoskot pioruna** – peal of thunder

łosoś *zool.* salmon ['sæmən]

łotewski Latvian ['lætvɪən]

Łotysz Latvian ['lætvɪən]

łowca hunter ['hʌntə]

łowić (*łapać*) catch (caught, caught) [kætʃ, kɔ:t, kɔ:t]; **łowić ryby** – to fish

łowiecki hunting ['hʌntɪŋ]

łowiectwo hunting ['hʌntɪŋ]

łoże bed [bed]; **na łożu śmierci** – on one's deathbed; **łoże z baldachimem** – a four-poster bed; **dziecko z prawego łoża** – a legitimate child; **dziecko z nieprawego łoża** – an illegitimate child

łożysko ❶ *anat.* placenta [plə'sentə] ❷ (*koryto rzeki*) riverbed ['rɪvəbed] ❸ *techn.* bearing ['beərɪŋ], bed [bed]; **łożysko kulkowe** – a ball bearing

łódka boat [bəʊt], dinghy ['dɪŋgɪ]

łódź boat [bəʊt]; **łódź motorowa** – motor-boat; **łódź podwodna** – submarine; **płynąć łodzią** – to go in a boat/to sail a boat

łóżko bed [bed]; **położyć się do łóżka** – to go to bed; **leżeć w łóżku** – to be in bed/to lie in bed; **posłać łóżko** – to make the bed; **łóżko polowe** – camp-bed

łucznictwo archery ['ɑ:tʃərɪ]

łucznik archer ['ɑ:tʃə]

łudzić delude [dɪ'lu:d], deceive [dɪ'si:v]

łudzić się delude oneself [dɪ'lu:d-], cherish illusions ['tʃerɪʃɪ'lu:ʒnz]

ług lye [laɪ], strong alkaline solution [strɒŋ'ælkəlaɪnsə'lu:ʃn]; **ług sodowy** – soda lye; **ług potasowy** – potash lye

łuk ❶ (*krzywizna*) bow [bəʊ], curve [kɜ:v] ❷ (*część obwodu koła*) arc [ɑ:k]; **łuk tęczy** – the arc of a rainbow ❸ (*broń*) bow [bəʊ]; **strzelać z łuku** – to shoot with a bow; **napiąć łuk** – to draw a bow ❹ *arch.* arch [ɑ:tʃ]

łuna glow [gləʊ]

łup loot [lu:t], plunder ['plʌndə]

łupież dandruff ['dændrʌf]

łupina ❶ (*skorupka*) shell [ʃel]; **łupina orzecha** – nutshell ❷ (*skórka ziemniaka*) peel [pi:l] ❸ (*łuska*) husk [hʌsk]

łuska ❶ *bot.* husk [hʌsk], hull [hʌl], scale [skeɪl] ❷ (*rybia*) scale [skeɪl] ❸ (*naboju*) shell [ʃel]

łuskać ❶ (*orzechy*) shell [ʃel] ❷ (*zboża*) husk [hʌsk], hull [hʌl]

łuszczyć shell [ʃel], flake [fləɪk], *p.* **łuskać**

łuszczyć się flake [fleɪk], peel [pi:l]; *Po zbyt intensywnym opalaniu skóra się łuszczy.* – After too much sunbathing the skin peels off. *Farba na ścianach zaczyna się łuszczyć.* – The paint on the walls is starting to peel/ /flake.

łydka calf, *l.mn.* calves [kɑ:f, kɑ:vz]
łyk draught [drɑ:ft], gulp [gʌlp]; **jednym łykiem** – at a draught; **popijać małymi łykami** – to sip
łykać swallow ['swɒləʊ]
łysieć become/grow/get bald [-bɔ:ld], get thin on top
łysy bald [bɔ:ld]
łyżeczka teaspoon ['ti:spu:n]; **zawartość łyżeczki** – teaspoonful; **dwie łyżeczki cukru** – two teaspoonfuls of sugar
łyżka spoon [spu:n]; **zawartość łyżki** – spoonful; **czubata łyżka cukru** – a heaped spoonful of sugar; **łyżka stołowa** – tablespoon; **łyżka wazowa** – ladle
łyżwa skate [skeɪt]; **jeździć na łyżwach** – to skate
łyżwiarstwo skating ['skeɪtɪŋ]
łyżwiarz skater ['skeɪtə]
łza tear [tɪə]; *Jej oczy wypełniły się łzami.* – Her eyes filled with tears. *Byłam wzruszona do łez.* – I was moved to tears. *To doprowadziło mnie do łez.* – It brought tears to my eyes./It brought me to tears. **ronić gorzkie łzy** – to weep/ to shed bitter tears; *Ona tonęła we łzach.* – She was in tears.
łzawić water ['wɔ:tə], run (ran, run) [rʌn, ræn, rʌn]; *Z powodu dymu zaczęły mi łzawić oczy.* – The smoke made my eyes run/water.

m

macać feel (felt, felt) [fi:l, felt, felt]
machać wave [weɪv]; *Zobaczywszy mnie, pomachał do mnie ręką.* – He waved his hand when he saw me. *Pomachali nam na pożegnanie.* – They waved goodbye to us. **machać ogonem** (*o psie*) – to wag the tail; **machać skrzydłami** (*o ptaku*) – to flap the wings
machinalny instinctive [ɪn'stɪŋktɪv], mechanical [mɪ'kænɪkl], automatic [ˌɔ:tə'mætɪk:]
machnąć *p.* **machać**
macica uterus ['ju:tərəs], womb [wu:m]; **macica perłowa** – mother-of-pearl
macierzyński maternal [mə'tɜ:nl], maternity [mə'tɜ:nətɪ]; **uczucia macierzyńskie** – maternal feelings; **urlop macierzyński** – maternity leave
macierzyństwo motherhood ['mʌðəhʊd], maternity [mə'tɜ:nətɪ]; **świadome macierzyństwo** – family planning
macocha stepmother ['stepmʌðə]
maczuga club [klʌb], bludgeon ['blʌdʒən]
Madonna Madonna [mə'dɒnə]
mafia mafia ['mæfiə], (*sycylijska*) the Mafia
magazyn ❶ (*skład, budynek*) warehouse ['weəhaʊs], (*pomieszczenie*) storeroom

m

['stɔ:rʊm], *wojsk.* magazine [mægə'zi:n]; **mieć towary w magazynie** – to have goods in stock ❷ (*sklep*) store [stɔ:], department store [dɪ'pɑ:tmənt-stɔ:] ❸ (*czasopismo*) magazine [mægə'zi:n]; **magazyn literacki** – a literary magazine

magazynować store [stɔ:]

magia magic ['mædʒɪk], sorcery ['sɔ:sərɪ]; **czarna magia** – black magic

magiczny magic ['mædʒɪk]

magister (*stopień uniwersytecki*) master ['mɑ:stə]; **magister nauk humanistycznych** – Master of Arts (M.A.); **magister nauk ścisłych** – Master of Science (M.Sc.); **mgr J. Presscott** – J. Presscott M.A./M.Sc.

magisterium Master's degree ['mɑ:stəz dɪ'gri:]; *Ona ma magisterium.* – She's an M.A. *Ona ma magisterium z historii nowożytnej.* – She has an M.A. in modern history. *On ma magisterium z fizyki.* – He has an M.Sc. in physics.

magisterski master's ['mɑ:stəz]; **praca magisterska** – master's thesis; **egzamin magisterski** – M.A./M.Sc. exam

magistrala ❶ (*główna linia komunikacyjna*) artery ['ɑ:tərɪ], arterial road [ɑ:'tɪərɪəl'rəʊd] ❷ (*główny przewód gazowy, wodociągowy itp.*) main [meɪn]

magnes magnet ['mægnɪt]

magnetofon tape recorder ['teɪprɪkɔ:də]

magnetowid video cassette recorder [vɪdɪəʊkə'setrɪkɔ:də], (VCR) [vi:si:'ɑ:]

magnetyczny magnetic [mæg'netɪk]; **pole magnetyczne** – a magnetic field; **osobowość magnetyczna** – a magnetic personality

magnetyzm magnetism ['mægnɪtɪzm]

magnez *chem.* magnesium [mæg'ni:zjəm]

magnolia *bot.* magnolia [mæg'nəʊljə]

maharadża maharaja [mɑ:ə'rɑ:dʒə]

mahometanin Muslim ['mʊslɪm/mʌzlɪm], Muhammadan/Mohammedan [mə'hæmɪdn]

mahometanizm Islam [ɪz'lɑ:m], Muhammadanism/Mohammedanism [mə'hæmɪdənɪzm]

mahometański Muslim ['mʊslɪm/mʌzlɪm], Muhammadan/Mohammedan [mə'hæmɪden]

mahoń mahogany [mə'hɒgənɪ]

maj May [meɪ]

majaczyć ❶ (*bredzić*) rave [reɪv], be delirious [bi:dɪ'lɪrɪəs] ❷ (*zarysowywać się mgliście*) loom [lu:m]

majątek ❶ (*posiadłość ziemska*) property ['prɒpətɪ], estate [ɪ'steɪt] ❷ (*bogactwo*) wealth [welθ], riches ['rɪtʃɪz], fortune ['fɔ:tʃu:n]; **zrobić majątek** – to make a fortune

majestat majesty ['mædʒəstɪ]

majestatyczny majestic [mə'dʒestɪk], stately ['steɪtlɪ]

majonez mayonnaise [məɪə'neɪz]

major major ['meɪdʒə]

majster ❶ (*w fabryce, na budowie*) foreman, *l.mn.* foremen ['fɔ:mən] ❷ (*rzemieślnik*) master ['mɑ:stə]

majtek deck-hand ['dekhænd], sailor ['seɪlə]

majtki panties ['pæntɪz], pants [pænts], knickers ['nɪkəz]

mak ❶ (*kwiat*) poppy ['pɒpɪ] ❷ (*ziarnka maku*) poppy seed ['pɒpɪsi:d]

makaron pasta ['pæstə], macaroni [mækə'rəʊnɪ]

makieta model ['mɒdl]

makijaż make-up ['meɪkʌp]; **nakładać makijaż** – to apply/to put on make-up; **ostry makijaż** – heavy make-up

makler stockbroker ['stɒkbrəʊkə]

makowiec poppy-seed cake [pɒpɪ'si:d-keɪk]

makówka poppy-head ['pɒpɪhed]

makrela *zool.* mackerel ['mækrəl]

maksimum maximum, *l.mn.* maxima ['mæksɪməm, 'mæksɪmə]

maksymalny maximal ['mæksɪml], maximum ['mæksɪməm]; **temperatura maksymalna** – a maximum temperature

makulatura waste paper [weɪst'peɪpə]

malachit *miner.* malachite ['mæləkaɪt]

malaria *med.* malaria [mə'leərɪə]

malarski (*dot. malarza*) painter's ['peɪntəz], (*dot. malowania*) painting ['peɪntɪŋ], paint [peɪnt]; **pędzel malarski** – paintbrush

malarstwo painting ['peɪntɪŋ]

malarz ❶ (*artysta*) painter ['peɪntə] ❷ (*malarz pokojowy*) decorator ['dekəreɪtə], house painter ['haʊspeɪntə]

maleńki tiny ['taɪnɪ]

malina *bot.* (*owoc*) raspberry ['rɑ:zbərɪ]

malować paint [peɪnt]; *Pomalowała swój pokój na różowo.* – She painted her room pink. **malować obraz** – to paint a picture; **malować akwarelami** – to paint in water-colours; **świeżo malowane** – wet paint

malować się (*nakładać makijaż*) make up [meɪk'ʌp] (made, made), paint one's face

malowniczy picturesque [pɪktʃə'resk]

maltański Maltese [mɔ:l'ti:z]; **krzyż maltański** – Maltese cross; **kawaler maltański** – Knight of Malta

malwa mallow ['mæləʊ]

mało ❶ (*w połączeniu z rzeczownikiem*) (a) (*policzalnym*) few [fju:], not many; *Na ulicy było bardzo mało ludzi.* – There were very few people in the street. *Oni mają mało książek.* – They don't have many books. (b) (*niepoliczalnym*) little ['lɪtl], not much; *Mamy mało czasu.* – We have little time./We haven't got much time. *Mało wiem na ten temat.* – I know very little about it. ❷ (*w połączeniu z zaimkiem*) hardly ['hɑ:dlɪ]; **mało kto** – hardly anybody; **mało co** – hardly at all ❸ (*w połączeniu z przeczeniem*): **o mało co** – almost ['ɔ:lməʊst], nearly ['nɪəlɪ]; *O mało nie upadłam.* – I nearly fell.

małoletni juvenile ['dʒu:vənaɪl], underage [ʌndər'eɪdʒ]

małomówny taciturn ['tæsɪtɜ:n], close-lipped [kləʊs'lɪpt], reticent ['retɪsənt], tight-lipped [taɪt'lɪpt]

małpa *zool.* monkey ['mʌŋkɪ], ape [eɪp]

mały[1] (*nieduży*) little ['lɪtl], small [smɔ:l]; **mały palec** – the little finger; **mała wskazówka zegara** – the little hand of the clock; **Mała Niedźwiedzica/ /Mały Wóz** – the Little Bear; **małe dziecko** – a little/a small child; *Kiedy byłeś mały.* – When you were little/ /small. *Ona jest mała jak na swój wiek.* – She's small for her age. *Te buty są dla mnie za małe.* – The shoes are too small for me. **mały dom/pokój/miasto** – a small house/room/ /town; **mała różnica/pomyłka** – a small difference/mistake; *Świat jest mały.* – It's a small world.

mały[2] (*osobnik niedorosły*) young [jʌŋ], the little one; *Tygrysica broniła swoich małych.* – The tigress defended her young.

małżeński marital ['mærɪtl], matrimonial [mætrɪ'məʊnjəl]; **kłopoty małżeńskie** – marital problems; **życie małżeńskie** – married life; **para małżeńska** – a married couple; **związek małżeński** – marriage

małżeństwo ❶ (*związek*) marriage ['mærɪdʒ]; **zawrzeć małżeństwo** – to get married; **małżeństwo z rozsądku** – a marriage of convenience ❷ (*para małżeńska*) married couple [mærɪd'kʌpl]; *Jesteśmy małżeństwem od roku.* – We've been married for a year.

małżonek ❶ (*mąż*) husband ['hʌzbənd], spouse [spaʊz]; **książę małżonek** – prince consort ❷ (*mąż lub żona – jedno z małżonków*) husband ['hʌzbənd], wife [waɪf], spouse [spaʊz]; **małżonkowie** – a married couple

małżonka wife, *l.mn.* wives [waɪf, waɪvz], spouse [spaʊz]

mama mother ['mʌðə], mum [mʌm], mummy ['mʌmɪ]

mamrotać mumble ['mʌmbl], mutter ['mʌtə]

mamut *zool.* mammoth ['mæməθ]

mandarynka *bot.* tangerine [tændʒə'ri:n]

mandat ❶ (*nakaz zapłacenia kary*) fine [faɪn]; **ukarać mandatem** – to fine; **mandat za złe parkowanie** – a parking ticket; **mandat za przekroczenie prędkości** – a speeding ticket ❷ (*pełnomocnictwo*) mandate ['mændeɪt]

manekin dummy ['dʌmɪ], mannequin ['mænɪkɪn]

manewr manoeuvre [mə'nu:və]; **wykonać manewr** – to carry out a manoeuvre; *Armia jest na manewrach.* – The army is on manoeuvres.

manewrować manoeuvre [mə'nu:və]

mania mania ['meɪnjə]; **mania prześladowcza** – persecution mania; **mania wielkości** – megalomania

maniak maniac ['meɪnɪæk]

manicure manicure ['mænɪkjʊə]

manicurzystka manicurist ['mænɪkjʊərɪst]

maniera ❶ (*sposób bycia; w l.mn. – maniery*) manners ['mænəz]; **dobre/ /złe maniery** – good/bad manners ❷ (*styl charakterystyczny dla artysty*) mannerism ['mænərɪzm]

manifest manifesto [mænɪ'festəʊ]; **opublikować/wydać manifest** – to issue a manifesto

manifestacja ❶ (*publiczne okazywanie uczuć*) manifestation [mænɪfe'steɪʃn] ❷ (*publiczne, masowe wystąpienie*) demonstration [demən'streɪʃn]

manifestować ❶ (*okazywać uczucia*) manifest ['mænɪfest]; **manifestować wrogość** – to manifest one's hostility ❷ (*brać udział w manifestacji*) demonstrate ['demənstreɪt]; *Tysiące manifestowały przeciwko wojnie.* – Thousands demonstrated against the war.

manipulacja manipulation [mənɪpjʊ'leɪʃn]

manipulować manipulate [mə'nɪpjʊleɪt], handle ['hændl]

mankiet cuff [kʌf]

manko deficit ['defɪsɪt]

manna ❶ (*kasza z pszenicy*) semolina [semə'li:nə] ❷ *bibl.* manna ['mænə]; **jak manna z nieba** – like manna from heaven

mapa map [mæp], chart [tʃɑ:t]; **znaleźć miejsce na mapie** – to find a place on a map; **mapa drogowa** – a road map; **mapa wojskowa** – a military map; **mapa pogody** – weather map/chart

maraton marathon ['mærəθn]; **biec w maratonie** – to run a marathon

maratończyk marathon runner ['mærəθn'rʌnə]

marcepan marzipan [mɑ:zɪ'pæn]

marchew carrot ['kærət]

marchewka (*potrawa*) carrots ['kærəts]

margaryna margarine [mɑ:dʒə'ri:n], marge [mɑ:dʒ]

margerytka marguerite [mɑ:gə'ri:t]

marginalny marginal ['mɑ:dʒɪnl]

margines margin ['mɑ:dʒɪn]; **szeroki/ /wąski margines** – a wide/a narrow margin; **notować na marginesie** – to write notes in/on the margin; **margines bezpieczeństwa** – a safety margin

marihuana marijuana/marihuana [mærɪ'hwɑ:nə]

marionetka marionette [mærɪə'net], puppet ['pʌpɪt]

marka ❶ (*firma*) make [meɪk], brand [brænd]; *Jakiej marki jest twój samochód?* – What make is your car? ❷ (*gatunek, jakość*) brand [brænd], quality ['kwɒlətɪ]; **wyrób dobrej marki** – a product of good quality ❸ (*imię, opinia*) reputation [repjʊ'teɪʃn], name [neɪm]; **mieć dobrą markę** – to enjoy a good reputation

marmur marble ['mɑ:bl]

marnotrawny wasteful ['weɪstfʊl]; **syn marnotrawny** – the prodigal son [-'prɒdɪgl-]

marnotrawstwo waste [weɪst]

marnować ❶ (*trwonić*) waste [weɪst]; **marnować czas/pieniądze** – to waste time/money; *Nie marnuj jedzenia.* – Don't waste food. ❷ (*niszczyć*) spoil (spoilt, spoilt) [spɔɪl, spɔɪlt, spɔɪlt]; *Ich wakacje były zmarnowane z powodu brzydkiej pogody.* – Their holidays were spoilt by bad weather.

marnować się go to waste, be wasted; *Jedzenie nie powinno się marnować.* – Food shouldn't go to waste. *Ona marnuje się w obecnej pracy.* – She is wasted in her present job.

marny poor [pʊə]

m

marsz march [mɑ:tʃ]; **marsz pokoju** – a peace march; **marsz pięciomilowy** – a 5-mile march; *muz.* **marsz wojskowy** – a military march; **marsz weselny** – a wedding march; **marsz pogrzebowy** – a funeral march

marszałek *wojsk.* marshal ['mɑ:ʃl]; **marszałek sejmu** – the Speaker

marszczyć wrinkle ['rɪŋkl]; **marszczyć brew** – to frown; **spódnica marszczona** – a gather skirt/a full skirt

marszczyć się wrinkle ['rɪŋkl]

marszruta route [ru:t]

martwić worry ['wʌrɪ], upset (upset, upset) [ʌp'set, ʌp'set, ʌp'set]; *Nie chcę cię martwić, ale...* – I don't want to worry/to upset you, but... *Martwi mnie, że nie mamy od niej żadnej wiadomości.* – It worries me that we haven't heard from her.

martwić się worry ['wʌrɪ], be worried; *Nie martw się.* – Don't worry. *Martwię się o swojego syna.* – I'm worried about my son.

martwy dead [ded]; **martwa cisza** – dead silence; **paść martwym** – to drop dead; **martwy punkt** – deadlock; *Negocjacje utknęły w martwym punkcie* – The negotiations have reached a deadlock.

◆ **martwa natura** – still life

marynarka ❶ (*górna część garnituru*) jacket ['dʒækɪt], coat [kəʊt]; **bez marynarki** – in one's shirt-sleeves ❷ (*morskie siły zbrojne*) navy ['neɪvɪ]; naval forces [neɪvl'fɔ:sɪz]; **oficer marynarki** – naval officer

marynarz sailor ['seɪlə]

marynata pickle ['pɪkl]

marynować pickle ['pɪkl]; **ogórki marynowane** – pickled cucumbers

marzec March [mɑ:tʃ]

marzenie dream [dri:m]; *Jej marzenia spełniły się.* – Her dreams have come true.

marznąć freeze [fri:z]; *Marznę w tym lekkim płaszczu.* – I'm freezing in this light coat.

marzyć dream [dri:m]; *Ona marzy, by zostać gwiazdą filmową.* – She dreams of becoming a film star.

masa ❶ (*substancja, wielka ilość*) mass [mæs]; **masy** (*świat ludzi pracy*) the masses ❷ *fiz.* mass [mæs]; **masa atomowa** – atomic mass

masakra massacre ['mæsəkə]

masakrować massacre ['mæsəkə]

masaż massage ['mæsɑ:ʒ]

masażysta masseur [mæ'sɜ:]

masażystka masseuse [mæ'sɜ:z]

maska mask [mɑ:sk]; **maska gazowa** – a gas mask; **nałożyć maskę** – to put on a mask

◆ **maska samochodu** – bonnet

maskarada masquerade [mæskə'reɪd]

maskotka mascot ['mæskət]

maskować mask [mɑ:sk]; **maskować swoje uczucia** – to mask one's feelings

masło butter ['bʌtə]

masować massage ['mæsɑ:ʒ]

masowy mass [mæs], **środki masowego przekazu** – mass media; **produkcja masowa** – mass production

maszerować march [mɑ:tʃ]

maszt mast [mɑ:st]

maszyna machine [mə'ʃi:n]; **maszyna do szycia** – a sewing-machine; **maszyna do pisania** – a typewriter; **maszyna parowa** – a steam engine

maszynista (*prowadzący lokomotywę*) engine-driver ['endʒɪndraɪvə], train-driver ['treɪndraɪvə]

maszynistka (*pisząca na maszynie*) typist ['taɪpɪst]

maszynka ❶ (*urządzenie*) device [dɪ'vaɪs]; **maszynka do golenia** – electric shaver; **maszynka do mielenia mięsa** – mincer ❷ (*rodzaj małej kuchenki*) stove [stəʊv], cooker ['kʊkə]; **maszynka spirytusowa** – spirit stove

maszynopis typescript ['taɪpskrɪpt]

maszynowy machine [mə'ʃi:n]; **pistolet maszynowy** – machine-gun

maść ❶ *farm.* ointment ['ɔɪntmənt] ❷ (*barwa sierści*) colour ['kʌlə]

mat[1] (*brak połysku, matowość*) mat(t) [mæt]; **farba akrylowa mat** – acrylic paint with matt finish

mat² (*w szachach*) checkmate ['tʃekmeɪt]; **dać mata** – to checkmate

mata mat [mæt]

matador matador ['mætədɔ:]

matematyczny mathematical [mæθə'mætɪkl]

matematyk mathematician [mæθəmə'tɪʃn]

matematyka mathematics [mæθə'mætɪks], maths [mæθs]

materac mattress ['mætrɪs]

materializm materialism [mə'tɪərɪəlɪzm]

materia matter ['mætə]; **przemiana materii** – metabolism

materialista materialist [mə'tɪərɪəlɪst]

materialistyczny materialist [mə'tɪərɪəlɪst]

materialny material [mə'tɪərɪəl]; **świat materialny** – the material world; **sytuacja materialna** – financial position; **trudności materialne** – financial difficulties

materiał material [mə'tɪərɪəl], (*tkanina*) material [mə'tɪərɪəl], cloth [klɒθ], fabric ['fæbrɪk]; **materiały piśmienne** – writing materials; **materiały budowlane** – building materials; **materiały wybuchowe** – explosives; *Ona zbiera materiały do pracy magisterskiej.* – She's collecting material for her master's thesis. **materiał dowodowy** – evidence

matka mother ['mʌðə]; **przyszła matka** – a mother-to-be/an expectant mother; **matka przełożona** – Mother Superior; **Dzień Matki** – Mother's Day/Mothering Sunday (*w W. Bryt. jest to czwarta niedziela postu*); **matka natura** – Mother Nature

matowy matt/mat [mæt]

matrymonialny matrimonial [mætrɪ'məʊnjəl], marital ['mærɪtl]

matura ❶ (*egzamin*) exam for secondary school certificate, school-leaving exam ❷ (*świadectwo*) secondary school certificate; **mieć maturę** – to have a secondary education

maturalny:
świadectwo maturalne – secondary school certificate; **egzamin maturalny** – school-leaving examination; **klasa maturalna** – undergraduates

maturzysta school-leaver ['sku:lli:və], *am.* graduate ['grædjʊɪt], high-school graduate

mauzoleum mausoleum [mɔ:sə'li:ʊm]

mawiać say (said, said), *p.* **mówić**; *On zwykł był mawiać, że...* – He used to say that...

mazać smear [smɪə]

mazurek ❶ *muz.* mazurka [mə'zɜ:kə] ❷ *kulin.* Easter shortcake/shortbread

maź grease [gri:s]

mącić (*zakłócać*) disturb [dɪ'stɜ:b]; **mącić w głowie** – to confuse

mądrość wisdom ['wɪzdəm]; **ząb mądrości** – a wisdom tooth

mądry ❶ (*rozumny*) wise [waɪz]; **mądra decyzja** – a wise decision; **mądry stary człowiek** – a wise old man; *To była mądra decyzja, żeby poczekać kilka dni.* – It was wise of you to wait a few days. ❷ (*sprytny*) clever ['klevə], intelligent [ɪn'telɪdʒənt]; **mądry pies** – a clever dog ❸ (*rozsądny*) sensible ['sensəbl] ❹ (*uczony*) learned ['lɜ:nɪd]

mąka flour ['flaʊə]

mąż ❶ (*małżonek*) husband ['hʌzbənd]; **wyść za mąż** – to get married ❷ (*człowiek*) man, *l.mn.* men [mæn, men]; **mąż stanu** – statesman; **jak jeden mąż** – unanimously

mdleć faint [feɪnt], lose consciousness [lu:z'kɒnʃəsnɪs], pass out [pɑ:s'aʊt]

mdlić nauseate ['nɔ:sɪeɪt], sicken ['sɪkn]; *Mdli mnie.* – I feel sick.

mdłości nausea ['nɔ:sjə]; *Czuję mdłości.* – I feel sick. **przyprawiać kogoś o mdłości** – to make sb sick

mdły ❶ (*przyprawiający o mdłości*) nauseating ['nɔ:sɪeɪtɪŋ]; nauseous ['nɔ:sjəs], sickly ['sɪklɪ]; **mdły zapach** – nauseating smell ❷ (*o świetle – blady*) faint [feɪnt], dim [dɪm] ❸ (*pozbawiony wyrazu*) insipid [ɪn'sɪpɪd]

mebel a piece of furniture [-'fɜ:nɪtʃə] (*rzeczownik niepoliczalny – w j. ang.*

tylko l.poj.); **nowe meble** – new furniture

meblować furnish ['fɜ:nɪʃ]; **meblować pokój antykami** – to furnish a room with antiques

mecenas ❶ (*adwokat*) lawyer ['lɔ:jə], solicitor [sə'lɪsɪtə] ❷ (*protektor artystów*) Maecenas [mi:'si:næs], sponsor ['spɒnsə]

mech moss [mɒs]

mechaniczny mechanical [mɪ'kænɪkl]; **koń mechaniczny** – horsepower, *l.mn.* horsepower

mechanik mechanic [mɪ'kænɪk]

mechanika mechanics [mɪ'kænɪks]; **mechanika kwantowa** – quantum mechanics

mechanizacja mechanization [mekənaɪ'zeɪʃn]

mechanizm mechanism ['mekənɪzm]

mecz match [mætʃ]; **mecz piłki nożnej** – a football match; **mecz bokserski** – a boxing match

meczet mosque [mɒsk]

medal medal ['medl]; **zdobyć medal** – to win a medal; **medal złoty/srebrny/brązowy** – a gold/silver/bronze medal

medalista medallist ['medlɪst]

medycyna medicine ['medsɪn]; **studiować medycynę** – to study medicine

medyczny medical ['medɪkl]

medytacja meditation [medɪ'teɪʃn]

medytować meditate ['medɪteɪt]

megafon loudspeaker [laʊd'spi:kə], megaphone ['megəfəʊn]

Meksykanin Mexican ['meksɪkn]

meksykański Mexican ['meksɪkn]

melancholia melancholy ['melənkəlɪ], melancholia [melən'kəʊljə]

melancholijny melancholic [melən'kɒlɪk], melancholy ['melənkəlɪ]

meldować ❶ (*zawiadamiać, składać raport*) report [rɪ'pɔ:t], inform [ɪn'fɔ:m]; **zameldować policji o włamaniu** – to report a burglary to the police; *Czy zameldowano o tym policji?* – Have the police been informed about it? ❷ (*zapisywać w księdze meldunkowej*) register ['redʒɪstə]; *On jest zameldowany pod fałszywym nazwiskiem.* – He is registered under a false name.

meldować się ❶ (*zgłaszać się*) report [rɪ'pɔ:t]; **meldować się w pracy/na dyżurze** – to report for duty; *Żołnierz zameldował się po powrocie z przepustki.* – The soldier reported back from leave. ❷ (*zapisywać się do księgi meldunkowej*) register ['redʒɪstə]; **zameldować się w hotelu** – to register at a hotel

meldunek report [rɪ'pɔ:t]

melioracja reclamation [reklə'meɪʃn]

meliorować reclaim [rɪ'kleɪm], (*osuszać*) drain [dreɪn], (*nawadniać*) irrigate ['ɪrɪgeɪt]

melodia melody ['melədɪ], tune [tju:n]

melodramat melodrama [melə'drɑ:mə]

melodyjny melodious [mɪ'ləʊdjəs], tuneful ['tju:nfʊl]

meloman music lover ['mju:zɪklʌvə], music fan ['mju:zɪkfæn]

melon melon ['melən]

melonik bowler ['bəʊlə], bowler-hat [bəʊlə'hæt]

membrana diaphragm ['daɪəfræm], membrane ['membreɪn]

menażeria menagerie [mɪ'nædʒərɪ]

mennica mint [mɪnt]

menstruacja menstruation [menstrʊ'eɪʃn]

mentalność mentality [men'tælətɪ]

mentol menthol ['menθɒl]

menu menu ['menju:], bill-of-fare [bɪləv'feə]

mer mayor [meə]

merdać (*ogonem*) wag (gg) (the tail) [wæg-]

meta finish ['fɪnɪʃ]; **na dłuższą metę** – in the long run

metafora metaphor ['metəfə]

metaforyczny metaphorical [metə'fɒrɪkl]

metal metal ['metl]

metaliczny metallic [mı'tælık]
metalurgia metallurgy [me'tæləd͡ʒı]
metamorfoza metamorphosis, *l.mn.* metamorphoses [metə'mɔ:fəsıs, metə-'mɔ:fəsi:z]
meteor meteor ['mi:tjə]
meteorolog meteorologist [mi:tjə'rɒlə-d͡ʒıst]
meteorologia meteorology [mi:tjə-'rɒləd͡ʒı]
meteorologiczny meteorological [mi:-tjərə'lɒd͡ʒıkl]
meteoryt meteorite ['mi:tjəraıt]
metoda method ['meθəd]
metodyczny methodical [mı'θɒdıkl]
metodyka methodology [meθə'dɒləd͡ʒı]
metr metre ['mi:tə]; **metr kwadrato-wy/sześcienny** – a square/a cubic metre
metro underground ['ʌndəgraʊnd], the tube [-tju:b], *am.* subway ['sʌbweı]; **podróżować metrem** – to travel by underground
metropolia metropolis [mı'trɒpəlıs]
metryczny metric ['metrık]; **system metryczny** – the metric system
metryka certificate [sə'tıfıkət]; **metryka urodzenia/chrztu** – birth/baptismal certificate
metylowy methyl ['meθıl]; **alkohol metylowy** – methyl alcohol
mewa gull [gʌl], sea-gull ['si:gʌl]
mezzosopran mezzo-soprano [medzəʊ-sə'prɑ:nəʊ]
męczący tiring ['taıərıŋ], strenuous ['strenjʊəs], exhausting [ıg'zɔ:stıŋ]
męczyć ❶ (*zadawać męki, torturować*) torture ['tɔ:tʃə], torment [tɔ:'ment] ❷ (*powodować zmęczenie*) tire ['taıə], make tired, exhaust [ıg'zɔ:st], fatigue [fə'ti:g]; *Długa podróż zmęczyła nas wszystkich.* – The long yourney tired us all.
męczyć się ❶ (*cierpieć fizycznie lub moralnie*) suffer ['sʌfə], be in agony [-'ægənı], be in anguish [-'æŋgwıʃ], be in pain [-peın] ❷ (*odczuwać zmęczenie*) tire ['taıə], get tired, become exhausted [-ıg'zɔ:stıd]; *Łatwo się męczę.* – I tire easily./I get tired easily. ❸ (*robić coś z dużym wysiłkiem*) toil [tɔıl], labour ['leıbə]; *Uczeń męczył się nad pracą domową.* – The student was toiling over his homework. **męczyć się nad zadaniem** – to labour at a task
męka agony ['ægənı], torture ['tɔ:tʃə], torment ['tɔ:mənt]; **droga przez mękę** – ordeal [ɔ:'di:l]
męski ❶ (*odnoszący się do mężczyzn*) man's [mænz], men's [menz]; **ubrania męskie** – men's clothes ❷ (*właściwy mężczyźnie*) masculine ['mæskjʊlın], virile ['vıraıl], manly ['mænlı]; *On jest bardzo męski.* – He is very masculine. ❸ (*płci męskiej*) male [meıl] ❹ *gram.* masculine ['mæskjʊlın]
męstwo manfulness ['mænfʊlnıs], fortitude ['fɔ:tıtju:d], courage ['kʌrıd͡ʒ]
mętny ❶ (*o cieczy*) turbid ['tɜ:bıd], muddy ['mʌdı], opaque [ə'peık] ❷ (*niejasny*) vague [veıg], confused [kən'fju:zd], muddled ['mʌdld]; **mętna odpowiedź** – a vague answer; **mętne rozumowanie** – muddled thinking/muddle-headedness
mężatka married woman, *l.mn.* married women [mærıd'wʊmən, mærıd'wımın]
mężczyzna man, *l.mn.* men [mæn, men]; *Bądź mężczyzną!* – Be a man!
mężny brave [breıv], courageous [kə-'reıd͡ʒəs]
mglisty ❶ (*zasnuty mgłą*) hazy ['heızı], foggy ['fɒgı], misty ['mıstı] ❷ (*widziany jak zza mgły*) dim [dım], nebulous ['nebjʊləs], misty ['mıstı] ❸ (*niejasny*) hazy ['heızı], vague [veıg]
mgła fog [fɒg], mist [mıst]
mgnienie flicker ['flıkə], wink [wıŋk]; **w mgnieniu oka** – in a split second/in an instant
miałki ❶ (*drobno pokruszony, sypki*) fine [faın], powdered ['paʊdəd] ❷ (*pozbawiony większych wartości*) shallow ['ʃæləʊ], trivial ['trıvıəl]
mianować appoint [ə'pɔınt]; **mianować kogoś dyrektorem** – to appoint sb a director

mianowicie that is, namely ['neɪmlɪ]

mianownik ❶ *gram.* nominative case ['nɒmɪnətɪv'keɪs], the nominative ❷ *mat.* denominator [dɪ'nɒmɪneɪtə]

miara ❶ (*wielkość przyjęta za jednostkę porównawczą przy pomiarach*) measure ['meʒə]; *Metr jest miarą długości.* – The metre is a measure of length. ❷ (*przedmiot służący do mierzenia*) measure ['meʒə]; **miara krawiecka** (*centymetr*) – tape measure ❸ (*rozmiar, wymiar, wielkość*) measure ['meʒə]; **brać miarę na kostium** – to measure sb for a suit; *Kostium był szyty na miarę.* – The suit was made to measure. ❹ (*umiar, granica*) measure ['meʒə], moderation [mɒdə'reɪʃn], bounds [baʊndz], limit ['lɪmɪt]; *Jej szczęście było bez miary.* – Her happiness was beyond measure. **nie mieć/nie znać miary** – to know no bounds; **zachować miarę** – to keep within bounds; **przekroczyć miarę** – to go beyond bounds; **bez miary** – boundless; **w miarę** (*umiarkowanie*) – moderately; **nad miarę** – beyond measure ❺ (*stopień*) degree [dɪ'gri:], measure ['meʒə]; **w pewnej mierze** – to a certain degree/in a certain measure; **w dużej mierze** – in great measure/to a great degree/to a great extent; **w miarę jak** – as; **w miarę, jak się starzał...** – as he was growing older...; **ze wszech miar** – in every respect ❻ (*przymiarka*) fitting ['fɪtɪŋ]; **mieć miarę** (*u krawca*) – to have a fitting

miarodajny reliable [rɪ'laɪəbl], authoritative [ɔ:'θɒrɪtətɪv]

miarowy (*powtarzający się w regularnych odstępach czasu*) regular ['regjʊlə], rhythmical ['rɪðmɪkl], steady ['stedɪ]; **miarowy puls** – regular heartbeat

miasto town [taʊn], city ['sɪtɪ]; **centrum miasta** – the city centre; **iść do miasta** – to go (in)to town/to go up to town/*am.* to go downtown/uptown; *Czy mieszkasz w mieście, czy na wsi?* – Do you live in town or in the country? **wyjechać za miasto** – to go to the country; **wyjechać z miasta** – to be out of town

miauczeć miaow [mi:'aʊ]

miażdżyca sclerosis [sklɪə'rəʊsɪs]

miażdżyć crush [krʌʃ], squash [skwɒʃ], reduce to pulp

miąć crumple ['krʌmpl], crease [kri:s], crush [krʌʃ]

miąć się crumple ['krʌmpl], crease [kri:s]; *Materiał łatwo się mnie.* – The material crumples easily.

miąższ flesh [fleʃ], pulp [pʌlp]

miecz sword [sɔ:d]; **miecz Damoklesa** – a sword of Damocles

mieć ❶ (*posiadać i znaczenia pokrewne*) have (had, had) [hæv/həv, hæd, həd]; *On ma wiele problemów.* – He's got a lot of problems./He has a lot of problems. *Czy masz mieszkanie w Warszawie?* – Have you got a flat in Warsaw?/ /Do you have a flat in Warsaw? **mieć coś przeciwko czemuś** – to have sth against/to mind sth; *Nie mam nic przeciwko temu.* – I have nothing against it. **mieć prawo** – to have the right to; **mieć zastrzeżenia co do kogoś/czegoś** – to have reservations about sb/sth; **mieć wątpliwości** – to have doubts; *Ona ma dwoje dzieci z pierwszym mężem.* – She has two children by her first husband. **mieć rację** – to be right; **mieć nadzieję** – to hope; **mieć zamiar** – to be going to/to intend to/to have the intention of; *Nie mam zamiaru tu zostać.* – I'm not going to stay here./I don't intend to stay here./I have no intention of staying here. **mieć szczęście** – to be lucky ❷ (*o wieku*) mieć... lat – to be... years old; *Ona ma dwadzieścia lat.* – She is twenty (years old). ❸ (*być obowiązanym, zamierzać, przewidywać*) be to, be going to; *Mają się pobrać w przyszłym miesiącu.* – They are to get married next month. *Co mam robić?* – What am I to do?/What shall I do? *Czy mam mu o tym powiedzieć?* – Shall I tell him about it? *Właśnie miałam wyjść.* – I was about to leave./I was just going to leave.

m

mieć się (*czuć się*) be (was/were, been) [bi:, wɒz/wɜ:, bi:n]; feel (felt, felt) [fi:l, felt, felt]; *Jak się masz?* – How are you? *Za kogo on się ma?* – Who does he think he is?
◆ **mieć się na baczności** – to be on one's guard
◆ **mieć się ku** (*zbliżać się*) – to be drawing to; *Zebranie miało się ku końcowi.* – The meeting was drawing to an end.
◆ **mieć się z pyszna** – to be sorry

miednica ❶ (*naczynie*) wash-basin ['wɒʃbeɪsn], bowl [bəʊl] ❷ *anat.* pelvis ['pelvɪs]

miedź *chem.* copper ['kɒpə]

miejsce ❶ (*punkt w przestrzeni*) place [pleɪs], spot [spɒt]; *To jest właśnie miejsce, gdzie się to wydarzyło.* – This is the place/the spot where it happened. **miejsce kultu** – a place of worship; **miejsce pracy** – a place of work; **miejsce urodzenia** – one's place of birth; **znać swoje miejsce** – to know one's place; **na miejscu** – (a) (*tam, gdzie powinno być*) in place; *Lubię, kiedy wszystko jest na miejscu.* – I like when everything is in place. (b) (*z poczuciem taktu*) in place; *Byłoby na miejscu podziękować mu.* – It would be in place to say "thank you". **nie na miejscu** – out of place; *Jej zachowanie było nie na miejscu.* – Her behaviour was out of place. (c) (*natychmiast*) on the spot; *Zginął na miejscu.* – He was killed on the spot. ❷ (*wolna przestrzeń*) room [ru:m], space [speɪs]; *Szafa zajmuje zbyt dużo miejsca.* – The wardrobe takes up too much room. *Nie ma tu miejsca na jeszcze jedną kanapę.* – There isn't enough room/space here for another sofa. ❸ (*przestrzeń do siedzenia, krzesło*) seat [si:t], place [pleɪs]; *Czy to miejsce jest zajęte?* – Is this seat taken? *Proszę wrócić na miejsce.* – Please return to your seat. *Wszyscy zajęli miejsca.* – Everybody took their places. **ustąpić komuś miejsca** (*np. w tramwaju*) – to give up one's seat to sb; **brak wolnych miejsc** – fully booked ❹ (*pozycja*) place [pleɪs]; *Co byś zrobił na moim miejscu?* – What would you do in my place? *Na twoim miejscu poczekałbym.* – If I were you I would wait. **zająć czyjeś miejsce** – to take sb's place; *On zajął drugie miejsce w zawodach.* – He took second place in the competition. **miejsce po przecinku** (*w ułamku dziesiętnym*) – decimal place; **obliczyć z dokładnością do pięciu miejsc po przecinku** – to calculate to five decimal places

miejscowość place [pleɪs], town [taʊn], village ['vɪlɪdʒ]; **miejscowość uzdrowiskowa** – health resort; **miejscowość wczasowa nad morzem** – a seaside resort

miejscowy local ['ləʊkl]; **miejscowa ludność** – local inhabitants/the locals; **miejscowe władze** – local authorities; **rozmowa miejscowa** – a local call; **miejscowe znieczulenie** – local anaesthetic

miejski urban ['ɜ:bən], town [taʊn]; **rada miejska** – the town council; **prawa miejskie** – civic rights

mielizna shallow ['ʃæləʊ], shoal [ʃəʊl], shelf [ʃelf]; **osiąść na mieliźnie** – to run aground/to be stranded

mielony (*o kawie*) ground [graʊnd], (*o mięsie*) minced ['mɪnst]

mienie possessions [pə'zeʃnz], property ['prɒpətɪ]

mierzeja spit [spɪt]

mierzyć ❶ (*określać rozmiar, wielkość*) measure ['meʒə]; **mierzyć długość pokoju** – to measure the length of the room; **mierzyć temperaturę** – to take temperature; **mierzyć komuś ciśnienie** – to take sb's blood pressure ❷ (*o wielkości – wynosić*) measure ['meʒə]; *Pokój mierzy cztery na pięć metrów.* – The room measures 4 metres by 5. ❸ (*o ubraniu – przymierzać*) try on [traɪ'ɒn]; *Czy mogę to zmierzyć?* – May I try it on? ❹ (*celować*) aim [eɪm], take aim [teɪk'eɪm]; *On mierzy wysoko.* – He aims high. *Wymierzył z rewolweru do tarczy i wy-*

strzelił. – He aimed his gun at the target and fired.

miesiąc month [mʌnθ]; **co miesiąc** – every month; **za miesiąc** – in a month/in a month's time; **w przyszłym miesiącu** – next month; **miesiąc miodowy** – honeymoon

miesięczny monthly ['mʌnθlɪ]; **dochód miesięczny** – a monthly income; **bilet miesięczny** – a monthly/a season ticket, a monthly

mieszać ❶ (*łączyć ze sobą*) mix [mɪks], stir (rr) [stɜ:]; **mieszać cement** – to mix cement; **mieszać herbatę łyżeczką** – to stir tea with a teaspoon; *Kiedy gotujesz sos, musisz go mieszać przez cały czas.* – When you prepare a sauce, you must stir it all the time. ❷ (*wplątywać*) mix (up) [mɪks-]; **być zamieszanym w sprawę** – to be mixed up in an affair ❸ (*mylić*) confuse [kən'fju:z], mix up [mɪks'ʌp], mistake (mistook, mistaken) [mɪs'teɪk, mɪs'tʊk, mɪs'teɪkn]; **mieszać fakty** – to confuse facts

mieszać się ❶ (*łączyć ze sobą*) mix [mɪks]; *Olej nie miesza się z wodą.* – Oil doesn't mix with water. ❷ (*wtrącać się*) interfere [ɪntə'fɪə]; *Nie mieszaj się w cudze sprawy.* – Don't interfere in other people's affairs.

mieszanina mixture ['mɪkstʃə]

mieszanka mixture ['mɪkstʃə], mix [mɪks], blend [blend]; **mieszanka czekoladowa** – assorted chocolates

mieszczański middle-class [mɪdl-'klɑ:s], bourgeois ['bʊəʒwɑ:]

mieszczaństwo the middle class, the bourgeoisie [bʊəʒwɑ:'zi:]

mieszkać live [lɪv]; *Mieszkam u rodziców/z rodzicami.* – I live with my parents. *Mieszkam pod tym samym adresem od dziesięciu lat.* – I've been living at this address for 10 years. *On mieszka przy tej ulicy.* – He lives in this street.

mieszkanie flat [flæt], *am.* apartment [ə'pɑ:tmənt]; **wynajmować mieszkanie** (*od kogoś*) – to rent a flat; **umeblowane mieszkanie** – a furnished flat; **odnowić mieszkanie** – to renovate a flat

mieszkaniec (*kraju, miasta*) inhabitant [ɪn'hæbɪtənt], (*domu*) resident ['rezɪdənt]

mieścić się ❶ (*znajdować się*) be (was/ /were, been) [bi:, wɒz/wɜ:, bi:n], be contained [-kən'teɪnd]; *Co się mieści w tym pokoju?* – What is in this room? ❷ (*móc się zmieścić*) go (went, gone) [gəʊ, went, gɒn]; *Do tej walizki nie mieszczą się wszystkie moje rzeczy.* – All my things won't go into this suitcase.

miewać have [hæv/həv], *p.* **mieć**; *On miewał okropne bóle głowy.* – He used to have terrible headaches.

miewać się (*czuć się*) be (was/were, been) feel (felt, felt) [fi:l, felt, felt]; *Jak się miewasz?* – How are you?

między ❶ (*pośrodku, pomiędzy*) between [bɪ'twi:n]; *Rozdzieliła jabłka między dzieci.* – She divided the apples between the children. *Między nami mówiąc...* – Between you and me... **temperatura między 10 i 12°C** – the temperature between 10 and 12°C; **miłość między dwojgiem ludzi** – love between two people ❷ (*pośród*) among [ə'mʌŋ], amongst [ə'mʌŋst]; **między innymi** – among other things; *Studenci rozmawiali między sobą.* – The students talked among themselves.

międzyczas meantime [mi:n'taɪm]; **w międzyczasie** – meanwhile/in the meantime

międzymiastowy:
rozmowa międzymiastowa – a trunk--call; *am.* long-distance call

międzynarodowy international [ɪntə'næʃənl]

miękki soft [sɒft], (*o mięsie*) tender ['tendə]; **miękka woda** – soft water; *Masz zbyt miękkie serce.* – You are too soft-hearted.

miękko softly ['sɒftlɪ]; **jajko na miękko** – a soft-boiled egg

miękkość softness ['sɒftnɪs]

mięknąć ❶ (*stawać się miękkim*) soften ['sɒfn]; *Masło mięknie w temperaturze pokojowej.* – Butter softens in room temperature. ❷ (*stawać się bardziej skłonnym do ustępstw*) soften ['sɒfn], relent [rı'lent]

mięsień muscle ['mʌsl]; **mięśnie gładkie/prążkowane** – smooth/striated muscles; **nadwerężyć mięsień** – to strain a muscle; **napinać mięśnie** – to contract muscles; **rozwinąć mięśnie** – to develop one's muscles

mięsisty fleshy ['fleʃı]

mięso meat [mi:t]; **sztuka mięsa** – boiled beef

mięsożerny carnivorous [kɑ:'nıvərəs]

mięśniowy muscular ['mʌskjʊlə]

mięta mint [mınt]

miętówka peppermint ['pepəmınt]

migdał ❶ almond ['ɑ:mənd], ❷ *anat.* tonsil ['tɒnsl]

migotać flicker ['flıkə], glimmer ['glımə], twinkle ['twıŋkl]

migracja migration [maı'greıʃn]

migrena migraine ['mi:greın], sick headache [sık'hedeık]

mijać pass [pɑ:s]; *Wakacje minęły bardzo szybko.* – The holidays passed very quickly. *Minął mnie na ulicy.* – He passed me in the street. *Ból wkrótce minie.* – The pain will soon pass.

mijać się pass [pɑ:s]; *Minęliśmy się na ulicy.* – We passed each other in the street. **mijać się z prawdą** – to depart from the truth

mikrobiolog microbiologist [maıkrəʊbaı'ɒlədʒıst]

mikrobiologia microbiology [maıkrəʊbaı'ɒlədʒı]

mikrobus minibus ['mınıbʌs]

mikrofon microphone ['maıkreʊfəʊn]

mikroorganizm microorganism [maıkrəʊ'ɔ:gənızm]

mikroskop microscope ['maıkrəskəʊp]; **oglądać bakterie pod mikroskopem** – to examine bacteria under a microscope

mikroskopijny microscopic [maıkrə'skɒpık], microscopical [maıkrə'skɒpıkl]

mikser mixer ['mıksə]

mila (*1,6 km*) mile [maıl]; **mila morska** (*1,852 km*) – nautical mile

milczący silent ['saılənt]; **milcząca większość** – the silent majority

milczeć be silent [-'saılənt], keep silent [ki:p'saılənt]

milczenie silence ['saıləns]; **zachować milczenie** – to keep silent/to maintain silence; **kamienne milczenie** – stony silence

mile ❶ (*serdecznie, życzliwie*) warmly ['wɔ:mlı], heartily ['hɑ:tılı]; **być mile widzianym** – to be welcome ❷ (*przyjemnie*) pleasantly ['plezntlı]; **być mile zaskoczonym** – to be pleasantly surprised

miliard milliard [mıljɑ:d], *am.* billion ['bıljən]

miligram milligram ['mılıgræm]

milimetr millimetre ['mılımi:tə]

milion million ['mıljən]

milioner millionaire [mıljə'neə]

militarny military ['mılıtərı]

militaryzacja militarization [mılıtəraı'zeıʃn]

milknąć ❶ (*przestać mówić*) become silent [bı'kʌmsaılənt], stop talking [stɒp'tɔ:kıŋ] ❷ (*cichnąć*) subside [səb'saıd], calm down [kɑ:m'daʊn]; *Oklaski umilkły.* – The applause subsided. *Burza zaczęła milknąć.* – The storm began to subside.

miło ❶ (*przyjemnie*) nice [naıs], nicely ['naıslı], pleasantly ['plezntlı]; *Miło pana poznać.* – Nice to meet you. *Spędziliśmy miło czas.* – We had a nice/a lovely time. ❷ *p.* **mile**; **uśmiechać się miło** – to smile pleasantly; *Miło z twojej strony, że pytasz.* – It's nice of you to ask.

miłosierdzie mercy ['mɜ:sı], pity ['pıtı]

miłosierny merciful ['mɜ:sıfʊl]

miłosny love [lʌv]; **list miłosny** – a love-letter; **przygoda miłosna** – a love-affair

miłość love [lʌv]; **ślepa/platoniczna miłość** – blind/platonic love; **praw-**

dziwa miłość – true love; **miłość nieodwzajemniona** – unrequited love; **wyjść za mąż/ożenić się z miłości** – to marry for love

miłośnik lover ['lʌvə], fan [fæn]

miły ❶ (*przyjemny*) nice [naıs], pleasant ['pleznt]; **miła niespodzianka** – a nice/a pleasant surprise; *Co za miła osoba!* – What a nice person! ❷ (*drogi*) dear [dıə], beloved [bı'lʌvıd]

mimika mimic ['mımık]

mimo ❶ (*wbrew czemuś, pomimo*) in spite of [ın'spaıtəv], although [ɔ:l'ðəʊ], despite [dı'spaıt], regardless of [rı'gɑ:dlısəv]; *Mimo że jest bogaty, wydaje bardzo mało.* – In spite of being rich he spends very little./Although he is very rich, he spends very little./Despite being rich he spends very little. **mimo to** – none the less/nevertheless; **mimo wszystko** – all the same/after all ❷ (*obok*) past [pɑ:st]; **przejść mimo** – to walk past; **mimo woli** – involuntarily; **puścić coś mimo uszu** – to let sth pass/go

mimochodem incidentally [ınsı'dentlı], casually ['kæʒjʊəlı]; **powiedzieć coś mimochodem** – to say sth casually

mimowolnie involuntarily [ın'vɒləntərılı], unintentionally [ʌnın'tenʃnəlı]

mimowolny involuntary [ın'vɒləntərı], unintentional [ʌnın'tenʃnəl]

mimoza *bot.* mimosa [mı'məʊzə]

mina[1] (*wyraz twarzy*) face [feıs], expression [ık'spreʃn]; **robić/stroić miny** – to make/to pull faces; **mieć smutną minę** – to look sad; **ze zdziwioną miną** – with an expression of complete surprise; **robić dobrą minę do złej gry** – to grin and bear it

mina[2] (*ładunek materiału wybuchowego*) mine [maın]; **podkładać/rozbrajać/wykrywać miny** – to lay/to disarm/to detect mines; **wykrywacz min** – mine-detector; **mina przeciwczołgowa** – an anti-tank mine

minąć *p.* **mijać**

mineralny mineral ['mınərəl]; **woda mineralna** – mineral water; **sole mineralne** – mineral salts

minerał mineral ['mınərəl]

minimalny minimal ['mınıml], minimum ['mınıməm]; **temperatura minimalna** – a minimum temperature

minimum minimum, *l.mn.* minima ['mınıməm, 'mınımə]; **zredukować coś do minimum** – to reduce sth to the minimum

miniony past [pɑ:st]; **w ciągu minionych kilku lat** – during the past few years

minister minister ['mınıstə], *am.* secretary ['sekrətrı]

ministerstwo ministry ['mınıstrı], *am.* department [dı'pɑ:tmənt]; **Ministerstwo Obrony** – the Ministry of Defence

minus ❶ *mat.* minus ['maınəs] ❷ (*wada*) minus ['maınəs], disadvantage [dısəd'vɑ:ntıdʒ], drawback ['drɔ:bæk]

minuta minute ['mınıt]; **co do minuty** – to the minute

miotła broom [bru:m]

miód honey ['hʌnı], (*pitny*) mead [mi:d]

misja mission ['mıʃn]; **wysłać kogoś z misją** – to send sb on a mission

misjonarz missionary ['mıʃnərı]

miska bowl [bəʊl]

mistrz ❶ (*człowiek niedościgniony – wzór*) master ['mɑ:stə]; **obraz mistrza holenderskiego** – a painting by a Dutch master; **mistrz ceremonii** – Master of Ceremonies ❷ (*rzemieślnik*) master ['mɑ:stə]; **mistrz stolarski** – a master carpenter ❸ (*zwycięzca w sporcie*) champion ['tʃæmpjən]; **mistrz świata** – a world champion

mistrzostwo ❶ (*najwyższy stopień biegłości*) mastery ['mɑ:stərı]; **osiągnąć mistrzostwo** – to acquire mastery ❷ *sport.* championship ['tʃæmpjənʃıp], (*zawody*) championships; **zdobyć mistrzostwo świata** – to win the world championship; **organizować mistrzostwa** – to hold championships

mistrzowski master ['mɑ:stə], masterly ['mɑ:stəlı]; **mistrzowska ręka** – a master hand; **mistrzowskie pociąg-**

nięcie – a master stroke; **medal mistrzowski** – a championship medal

mistycyzm mysticism ['mɪstɪsɪzm]

mistyk mystic ['mɪstɪk]

miś teddy bear ['tedɪbeə]

mit myth [mɪθ]

mitologia mythology [mɪ'θɒlədʒɪ]

mitologiczny mythological [mɪθə'lɒdʒɪkl]

mityng meeting ['mi:tɪŋ]; **mityng lekkoatletyczny** – an athletics meeting

mizerny ❶ (*źle wyglądający*) haggard ['hægəd], sickly ['sɪklɪ], peaked ['pi:kəd], peaky ['pi:kɪ], wan [wɒn] ❷ (*słaby*) poor [pʊə]

mknąć rush [rʌʃ], speed (sped, sped) [spi:d, sped, sped]

mlaskać smack one's tongue, make smacking noises

mleczarnia dairy ['deərɪ]

mleczarz milkman, *l.mn.* milkmen ['mɪlkmən]

mleczny milk [mɪlk]; **czekolada mleczna** – milk chocolate; **produkty mleczne** – milk products; **ząb mleczny** – a milk tooth

mleć (*o zbożu, kawie, orzechach*) grind (ground, ground) [graɪnd, graʊnd, graʊnd], (*o mięsie*) mince [mɪns]

mleko milk [mɪlk]; **mleko prosto od krowy** – milk fresh from the cow; **mleko pełne/odtłuszczone** – whole/ /skimmed milk; **mleko w proszku/ /skondensowane** – powdered/condensed milk; **mleko o przedłużonej trwałości** – long-life milk

młodość youth [ju:θ]

młodszy ❶ (*w młodszym wieku*) younger ['jʌŋgə]; *Ona jest o kilka lat młodsza od niego.* – She is several years younger than him./She is several years his junior. ❷ (*niższy rangą*) junior ['dʒu:njə]

młody young [jʌŋ]; **panna młoda** – bride; **pan młody** – bridegroom; **młoda para** – the bride and bridegroom; **młode kartofle** – new potatoes

młodzieniec youth [ju:θ], young man [jʌŋ'mæn]

młodzież youth [ju:θ], young people [jʌŋ'pi:pl]

młodzieżowy youth [ju:θ], young people's; **kultura młodzieżowa** – youth culture

młotek hammer ['hæmə]

młyn mill [mɪl]

młynarz miller ['mɪlə]

młynek mill [mɪl], grinder ['graɪndə]; **młynek do kawy** – a coffee mill/ /grinder

mnich monk [mʌŋk]

mniej ❶ (*w połączeniu z rzeczownikami policzalnymi*) fewer ['fju:ə]; *Jest tu teraz mniej obrazów niż poprzednio.* – There are fewer pictures here than before. ❷ (*w połączeniu z rzeczownikami niepoliczalnymi*) less [les]; *Mam teraz mniej czasu niż kiedyś.* – I have less time now, than before. ❸ (*w połączeniu z przymiotnikami*) less [les]; *On jest mniej inteligentny od swojej siostry.* – He is less intelligent than his sister. **coraz mniej** – less and less; **mniej więcej** – more or less/about/or so/approximately

mniejszość minority [maɪ'nɒrətɪ]; *Jesteśmy w mniejszości.* – We are in the minority. **mniejszość etniczna** – ethnic minority

mniejszy ❶ (*mniejszych rozmiarów*) smaller ['smɔ:lə] ❷ (*o mniejszym znaczeniu*) lesser ['lesə]; **w mniejszym stopniu** – to a lesser degree; **mniejsze zło** – the lesser of two evils; **mniejsza o to** – never mind

mniemanie belief [bɪ'li:f], opinion [ə'pɪnjən], conviction [kən'vɪkʃn]; **podważyć czyjeś mniemanie** – to undermine sb's belief/conviction; *W powszechnym mniemaniu ona jest niezwykle utalentowana.* – She is believed to be very talented. **utwierdzać kogoś w mniemaniu** – to confirm sb's belief; **mieć wysokie mniemanie o sobie** – to feel self-important/to think a great deal of oneself; **mieć o kimś wysokie mniemanie** – to think highly of sb/to hold sb in high esteem

mnożenie multiplication [mʌltɪplɪ'keɪʃn]; **wykonywać mnożenie** – to do multiplication; **tabliczka mnożenia** – the multiplication table

mnożyć ❶ *mat.* multiply ['mʌltɪplaɪ] ❷ (*powiększać*) increase [ɪn'kri:s], multiply ['mʌltɪplaɪ]; *Pomnożył swój majątek.* – He increased his wealth.

mnożyć się ❶ (*powiększać się*) increase [ɪn'kri:s], multiply ['mʌltɪplaɪ]; *Jego majątek mnożył się z upływem czasu.* – His wealth increased with years. ❷ (*rozmnażać się*) reproduce [ri:prə'dju:s], breed (bred, bred) [bri:d, bred, bred], multiply ['mʌltɪplaɪ]; *Króliki szybko się mnożą.* – Rabbits breed/multiply quickly.

mnóstwo multitude ['mʌltɪtju:d], heaps of [hi:ps-], lots of [lɒts-], a great number of [əgreɪt'nʌmbərəv]

mobilizacja mobilization [məʊbɪlaɪ'zeɪʃn]

mobilizować mobilize ['məʊbɪlaɪz]

mobilizować się (*zbierać siły*) muster one's energies [mʌstəwʌnz'enədʒɪz], pull oneself together [pʊlwʌn'self tə'geðə]

moc ❶ (*siła*) might [maɪt], power ['paʊə]; *Popchnąłem drzwi z całej mocy.* – I pushed the door with all my might. **mieć kogoś w swojej mocy** – to have sb in one's power; *Zrobię wszystko, co w mojej mocy.* – I'll do everything in my power. *To nie leży w mojej mocy.* – It's beyond my power./It's not within my power. ❷ (*ważność, prawomocność*) force [fɔ:s], validity [və'lɪdətɪ]; **moc prawna** – the force of law; **w mocy** – in force; *Nowe prawo jest teraz w mocy.* – The new law in now in force. **na mocy zarządzenia** – on the strength of the rule; **tracić moc** – to become invalid/to expire ❸ (*stężenie roztworu*) strength [streŋθ], concentration [kɒnsən'treɪʃn]

mocarstwo (world-) power [(wɜ:ld)-'paʊə]

mocno ❶ (*silnie*) strongly ['strɒŋlɪ], firmly ['fɜ:mlɪ], powerfully ['paʊəfʊlɪ], (*o uścisku itp.*) tight [taɪt]; **być mocno zbudowanym** – to be strongly/powerfully built; **mocno coś zamocować** – to fix sth firmly; **trzymać coś mocno** – to hold sth tight; **trzymać się mocno** – to hold tight; **mocno zawiązać węzeł** – to tie a knot tight ❷ (*w dużym stopniu*) very much [verɪ'mʌtʃ], greatly ['greɪtlɪ]; **być mocno zdziwionym** – to be greatly surprised; **mocno kogoś kochać** – to love sb very much

mocny ❶ (*silny*) strong [strɒŋ], powerful ['paʊəfʊl], (*o ciosie*) hard [hɑ:d], heavy ['hevɪ], powerful ['paʊəfʊl], (*o uścisku*) tight [taɪt]; **mocne przekonanie** – a strong conviction; *Wino słodkie jest mocniejsze od wytrawnego.* – Sweet wine is stronger that dry wine. **mocna herbata** – strong tea; **mocny roztwór** – strong solution; **mocna strona** – strong point; *Myślenie logiczne nie jest jego mocną stroną.* – Logical thinking is not his strong point. ❷ (*biegły*) good at [gʊd-], strong on [strɒŋ-]; *On jest mocny z fizyki.* – He is good at physics./He is strong on physics.

mocować fix [fɪks], fasten ['fɑ:sn]

mocować się (*zmagać się*) wrestle ['resl], grapple ['græpl]

mocz urine ['jʊərɪn]; **oddawać mocz** – to urinate, to pass water

moczyć ❶ (*zwilżać*) wet (tt) [wet]; **przemoczyć buty** – to wet one's shoes ❷ (*nasączać płynem, trzymać w płynie*) soak [səʊk]; **moczyć bieliznę w wodzie** – to soak linen in water

moczyć się soak [səʊk]; *Twoja bluzka moczy się w wodzie z proszkiem.* – Your blouse is soaking in soapy water.

moda fashion ['fæʃn]; **wejść w modę** – to come into fashion/to come in vogue; **być w modzie** – to be in fashion/to be in vogue/to be in; **wyjść z mody** – to go out of fashion/to be no longer fashionable; **najnowsza moda** – the lastest fashion; **krzyk mody** – all the rage/all the fashion; **pokaz mody** – fashion show

model model ['mɒdl]
modelka model ['mɒdl], fashion model [fæʃn'mɒdl]
modernizacja modernization [mɒdənaɪ'zeɪʃn]
modernizować modernize ['mɒdənaɪz]
modlić się pray [preɪ]; **modlić się za kogoś** – to pray for sb; **modlić się do Boga** – to pray to God; **modlić się o coś** – to pray for sth
modlitwa prayer [preə]; **odmawiać modlitwy** – to say prayers
modny fashionable ['fæʃnəbl], in vogue [ɪn'vəʊg], trendy ['trendɪ]
modry deep blue [di:p'blu:]
modrzew *bot.* larch [lɑ:tʃ]
mokasyn moccasin ['mɒkəsɪn]
moknąć get wet, get soaked; **przemoknąć do nitki** – to get wet to the skin/to get wet through/to get soaked to the skin/to get soaked through
mokradło swamp [swɒmp], bog [bɒg], marsh [mɑ:ʃ]
mokro wet [wet], wetly ['wetlɪ]; *Jest dziś mokro.* – It's wet today.
mokry wet [wet]
molekularny molecular [mə'lekjʊlə]
molekuła molecule ['mɒlɪkju:l]
molo pier [pɪə], jetty ['dʒetɪ]
moment moment ['məʊmənt], (*fiz. moment pędu*) momentum [məʊ'mentəm]
momentalnie instantaneously [ɪnstən'teɪnjəslɪ], in an instant [ɪnən'ɪnstənt], immediately [ɪ'mi:djətlɪ]
momentalny instantaneous [ɪnstən'teɪnjəs], immediate [ɪ'mi:djət]
monarcha monarch ['mɒnək]
monarchia monarchy ['mɒnəkɪ]
monarchistyczny monarchist ['mɒnəkɪst]
moneta coin [kɔɪn]
monetarny monetary ['mʌnɪtərɪ]; **system monetarny** – monetary system
mongolski Mongolian [mɒŋ'gəʊljən]
Mongoł Mongolian [mɒŋ'gəʊljən], Mongol ['mɒŋgɒl]
monitor monitor ['mɒnɪtə]
mono- mono- ['mɒnəʊ]
monogamia monogamy [mə'nɒgəmɪ]
monogram monogram ['mɒnəgræm]
monolog monologue ['mɒnəlɒg]
monopol monopoly [mə'nɒpəlɪ]
monopolizować monopolize [mə'nɒpəlaɪz]
monotonia monotony [mə'nɒtnɪ]
monotonny monotonous [mə'nɒtnəs]
monsun monsoon [mɒn'su:n]
montaż (*maszyn*) assembly [ə'semblɪ], (*zakładanie instalacji*) installation [ɪnstə'leɪʃn]
monter mechanic [mɪ'kænɪk]
montować (*składać w całość*) assemble [ə'sembl], (*zakładać instalacje*) install [ɪn'stɔ:l], fit (tt) [fɪt]
monumentalny monumental [mɒnjʊ'mentl]
mops pug [pʌg]
moralność morality [mə'rælətɪ], morals ['mɒrelz]; **moralność chrześcijańska** – Christian morality; **kwestionować czyjąś moralność** – to question sb's morals
moralny moral ['mɒrəl]
morał moral ['mɒrəl]; *Jaki był morał tej historii?* – What was the moral of the story? **prawić morały** – to moralize
mord murder ['mɜ:də]
morderca murderer ['mɜ:dərə]
morderstwo murder ['mɜ:də]; **popełnić morderstwo** – to commit murder; **morderstwo z zimną krwią/z premedytacją** – cold-blooded murder/ /premeditated murder; **masowe morderstwo** – mass murder
mordować murder ['mɜ:də]
morela apricot ['eɪprɪkɒt]
morfina morphine ['mɔ:fi:n], morphia ['mɔ:fjə]
mors *zool.* walrus ['wɔ:lrəs]
morski ❶ (*związany z morzem*) sea [si:], marine [mə'ri:n]; **woda morska** – sea water; **mila morska** – sea/nautical mile; **port morski** – sea-port; **ryba morska** – sea fish; **choroba morska** – sea sickness; **podróż morska** – sea

voyage; **drogą morską** – by sea; **wilk morski** – sea dog; **świnka morska** – *zool.* guinea pig ❷ (*związany z żeglugą*) nautical ['nɔ:tɪkl], marine [mə'ri:n]

morze sea [si:]; **Morze Śródziemne** – the Mediterranean (Sea); **na morzu** – at sea; **wyjść w morze** – to go to sea; **miasto nad morzem** – town on the sea; **pojechać nad morze** – to go to the seaside; **spędzić wakacje nad morzem** – to spend one's holidays at the seaside

mosiądz brass [brɑ:s]

moskitiera mosquito-net [mə'ski:təʊ-net]

most bridge [brɪdʒ]; **most zwodzony** – a drawbridge; **most pontonowy** – a pontoon bridge; **spalić za sobą mosty** – to burn one's bridges/boats

motek ❶ (*zwinięta wełna*) ball (of wool) [bɔ:l-] ❷ (*szpulka nici*) spool [spu:l], reel [ri:l]

motel motel [məʊ'tel]

motocykl motor cycle ['məʊtəsaɪkl], motor bike ['məʊtəbaɪk]

motocyklista motor cyclist ['məʊtə-saɪklɪst]

motor ❶ (*mechanizm, silnik*) engine ['endʒɪn], motor ['məʊtə]; **zapuścić/ /zapalić motor** – to start the engine; **wyłączyć motor** – to cut/to turn off the engine ❷ (*pot. – motocykl*) motor bike

motorniczy tram driver ['træmdraɪvə]

motorówka motor boat ['məʊtəbəʊt], (*duża*) launch [lɔ:ntʃ]

motto motto ['mɒtəʊ]

motyka hoe [həʊ]

motyl butterfly ['bʌtəflaɪ]

motyw ❶ (*pobudka*) motive ['məʊtɪv], reason ['ri:zn]; **motyw morderstwa** – a motive for the murder; *Jaki był motyw jego rezygnacji?* – What was the reason for his resignation? ❷ (*element kompozycyjny w dziele sztuki*) motif [məʊ'ti:f]

motywacja motivation [məʊtɪ'veɪʃn]; *Brak im motywacji, aby uczyć się języków.* – They lack the motivation to learn the languages.

motywować (*uzasadniać*) justify ['dʒʌs-tɪfaɪ], give reasons, (*powodować*) motivate ['məʊtɪveɪt]

mowa ❶ (*język*) language ['læŋgwɪdʒ], tongue [tʌŋ], speech [spi:tʃ]; **mowa ojczysta** – one's mother tongue/native language; **mowa potoczna** – colloquial speech; **mowa dziecka** – baby-talk/baby language ❷ (*zdolność mówienia*) speech [spi:tʃ]; **narządy mowy** – the speech organs; *Ze zdumienia odebrało mu mowę.* – He was rendered speechless with surprise. ❸ (*przemówienie*) speech [spi:tʃ]; **wygłosić mowę** – to make/to give a speech ❹ (*to, co się mówi*) talk [tɔ:k]; **o wilku mowa...** – talk of the devil...; *Nie było mowy o tej sprawie.* – That matter wasn't mentioned. *O czym jest mowa?* – What are you (they) talking about? *Nie ma mowy!/(Wykluczone!)* – It's out of the question! ❺ *gram.* speech [spi:tʃ]; **mowa zależna/niezależna** – indirect/direct speech

mozaika mosaic [məʊ'zeɪɪk]

mozolnie with great effort [-'efət], strenuously ['strenjʊəslɪ], laboriously [lə'bɔ:rɪəslɪ]

mozolny laborious [lə'bɔ:rɪəs], strenuous ['strenjʊəs]

moździerz (*naczynie do rozgniatania, również rodzaj działa*) mortar ['mɔ:-tə]

może ❶ (*wyrażające przypuszczenie*) perhaps [pə'hæps], maybe ['meɪbɪ]; *Może masz rację.* – Perhaps you're right./Maybe you're right./You may be right. *Może będzie padać.* – It may rain./It's likely to rain. ❷ (*wyrażające zachętę, prośbę*): *Może byśmy poszli na spacer?* – How/What about going for a walk? *Może byś się napił herbaty?* – Would you like some tea?/ /Would you have some tea? *Proszę, może pani usiądzie.* – Would you sit down? ❸ (*forma osobowa czasownika* **móc**)

m

możliwie ❶ (*w miarę możliwości*) if possible [ɪf'pɒsəbl], possibly ['pɒsəblɪ]; *Zrób to możliwie jak najszybciej.* – Do it as quickly as possible. *Przyjdę możliwie jak najszybciej.* – I'll come as soon as I possibly can. ❷ (*dość dobrze, znośnie*) passably ['pɑ:səblɪ], tolerably well ['tɒlərəblɪ-]

możliwość ❶ (*to, co jest możliwe, prawdopodobieństwo*) possibility [pɒsə'bɪlətɪ]; **poza granicami możliwości** – beyond the bounds of possibility; **w granicach możliwości** – within the bounds of possibility; **wykluczyć możliwość** – to exclude/ /to rule out a possibility; **duża/odległa/niewielka możliwość** – a strong/ a remote/a slim possibility ❷ (*szansa, perspektywa, widoki*) possibility [pɒsə'bɪlətɪ], chance [tʃɑ:ns], opportunity [ɒpə'tju:nətɪ], prospects ['prɒspekts]; **być przygotowanym na wszystkie możliwości** – to be prepared for all possibilities; *Czy jest jakaś możliwość wynajęcia samochodu?* – Is there any possibility of hiring a car? – *Nie zmarnuj tej możliwości.* – Don't miss this opportunity. **skorzystać z możliwości** – to take opportunity ❸ (*zdolność*) ability [ə'bɪlətɪ], capability [keɪpə'bɪlətɪ]; *To przekracza moje możliwości.* – It's beyond my capability.

możliwy ❶ (*ewentualny, przypuszczalny*) possible ['pɒsəbl]; *Jest kilka możliwych rozwiązań.* – There are several possible solutions. *To jest możliwe, choć nieprawdopodobne.* – It's possible, though unlikely to happen. ❷ (*nie najgorszy*) passable ['pɑ:səbl], tolerable ['tɒlərəbl]

można ❶ (*jest rzeczą możliwą*) one can, you can; *Można na nim polegać.* – You can rely on him. *Można powiedzieć, że...* – One can say that... ❷ (*wolno*) one/you may; one is allowed to [-ə'laʊd-]; *Czy można wejść?* – May I come in? *Tu nie można palić.* – You aren't allowed to smoke here./No smoking.

możność ❶ (*możliwość*) possibility [pɒsə'bɪlətɪ]; **w miarę możności** – if possible ❷ (*sposobność*) opportunity [ɒpə'tju:nətɪ], chance [tʃɑ:ns]; *Nie miałam możności z nim porozmawiać.* – I had no opportunity to talk to him. ❸ (*zdolność*) ability [ə'bɪlətɪ], capability [keɪpə'bɪlətɪ]

móc ❶ (*być w stanie coś zrobić, zdołać, potrafić*) be able to [bi:'eɪbltə], can/ /could [kæn, kən/kʊd, kəd] (*występuje tylko w formie osobowej*); *Czy możesz przyjść jutro?* – Can you come tomorrow? *Czy mógłbyś przyjść jutro?* – Could you come tomorrow? *Nie mogę sobie na to pozwolić.* – I can't/I cannot afford it. *Starał się jak mógł.* – He tried as hard as he could. *Nie mógł sam podnieść skrzyni.* – He wasn't able to lift the box by himself. *Nie będę mógł ci pomóc.* – I won't be able to help you. ❷ (*czasownik wyrażający przyzwolenie*) may/might [meɪ/maɪt], can/could [kæn, kən/kʊd, kəd] (*czasowniki te występują tylko w formie osobowej*); *Czy mógłbym pożyczyć twoją maszynę do pisania?* – May I borrow your typewriter?/Could I borrow your typewriter? *Nie możesz robić tego, co chcesz.* – You can't do what you want. ❸ (*czasownik wyrażający prawdopodobieństwo*) may/ /might [meɪ/maɪt], can/could [kæn, kən/kʊd, kəd] (*czasowniki te występują tylko w formie osobowej*); *On może być chory.* – He may be ill. *Ona mogła się pomylić.* – She may have made a mistake. *Nie jest wykluczone, że mogła się pomylić.* – She might have made a mistake. *To nie może być prawda.* – It can't be true. *Ona nie mogła się była pomylić. (Nie jest możliwe, że się pomyliła.)* – She can't have made a mistake.

mój ❶ (*przymiotnik dzierżawczy*) my [maɪ]; *Gdzie jest moja torebka?* – Where is my handbag? **jeden z moich przyjaciół** – one of my friends ❷ (*zaimek dzierżawczy*) mine [maɪn]; *To nie jest twoja rękawiczka, to moja.* –

It's not your glove, it's mine. **jeden z moich przyjaciół** – a friend of mine

mól moth [mɒθ]; **mól książkowy** – a bookworm

mówca speaker ['spi:kə]

mówić ❶ (*posługiwać się słowami, komunikować się*) speak (spoke, spoken) [spi:k, spəuk, 'spəukn], talk [tɔ:k], say (said, said) [seɪ, sed, sed], tell (told, told) [tel, təuld, təuld]; *Mówił wolno i wyraźnie.* – He spoke slowly and distinctly. **mówić po angielsku** – to speak English; *Czy mogę mówić z Anną?* – May I speak/talk to Anna? *Fakty mówią za siebie.* – The facts speak for themselves. **prawdę mówiąc** – to tell the truth; **ogólnie mówiąc** – generally speaking; **ściśle mówiąc** – strictly speaking; **mówić o kimś źle** – to speak ill of sb; **mówić to, co się myśli** – to speak one's mind; *Mówił, że się źle czuje.* – He said he was ill. *Mówi się o nim, że jest geniuszem.* – He is said to be a genius. *O czym mówicie?* – What are you talking about? *Dziecko ma dwa lata i już umie mówić.* – The baby is two and she can already talk. **mówić z sensem** – to talk sense; **mówić bzdury** – to talk nonsense; *Muszę z nim pomówić.* – I must talk to him. *A nie mówiłem!* – I told you so! ❷ (*wydawać polecenia*) tell (told, told) [tel, təuld, təuld]; *Mówiłem jej, żeby poczekała.* – I told her to wait. *Rób, jak ci mówię.* – Do as I tell you.

mózg brain [breɪn]

mroczny dark [dɑ:k], dim [dɪm], dusky ['dʌskɪ]

mrok dark [dɑ:k], dusk [dʌsk]; *Zapada mrok.* – It's growing dark. *Zapadł mrok.* – Dusk fell.

mrowisko anthill ['ænthɪl]

mrozić freeze (froze, frozen) [fri:z, frəuz, 'frəuzn], chill [tʃɪl]; **mrozić krew w żyłach** – to freeze one's blood; **mrożący krew w żyłach** – blood-curdling

mrozoodporny frost resistant

mroźny frosty ['frɒstɪ], icy ['aɪsɪ]

mrożonka frozen food [frəuzn'fu:d]

mrożony frozen ['frəuzn], chilled ['tʃɪld], iced ['aɪst]; **mrożone owoce** – frozen fruit; **mrożone wino** – chilled wine; **mrożona herbata** – iced tea

mrówka *zool.* ant [ænt]

mróz frost [frɒst]; **temperatura 15 stopni mrozu** – temperature of 15 degrees of frost; **ostry mróz** – a severe frost; *Okno było pokryte białym mrozem.* – The window was covered with frost.

mruczeć ❶ (*mamrotać*) mumble ['mʌmbl], mutter ['mʌtə] ❷ (*o kocie*) purr [pɜ:]

mrugać ❶ (*poruszać powiekami*) blink [blɪŋk], wink [wɪŋk]; *Spojrzał i zamrugał powiekami.* – He looked and blinked his eyes. *On mrugnął do mnie.* – He winked at me. ❷ (*świecić się nierównym światłem*) blink [blɪŋk], flicker ['flɪkə], wink [wɪŋk]; *Światła mrugały na horyzoncie.* – Lights were blinking on the horizon.

mrugnięcie wink [wɪŋk]; **bez mrugnięcia okiem** – without batting an eyelid

mrużyć (*oczy*) squint (one's eyes) [skwɪnt-]

msza mass [mæs]; **cicha msza** – low mass; **odprawiać mszę** – to say mass

mścić avenge [ə'vendʒ], revenge [rɪ'vendʒ], take revenge, take vengeance [-'vendʒəns]; **mścić śmierć ojca** – to avenge/revenge one's father's death

mścić się avenge oneself [ə'vendʒ-], revenge oneself [rɪ'vendʒ-], take revenge; **mścić się na mordercy** – to take revenge on the murderer

mściwość revengefulness [rɪ'vendʒfulnɪs], vindictiveness [vɪn'dɪktɪvnɪs]

mściwy revengeful [rɪ'vendʒful], vindictive [vɪn'dɪktɪv]

mucha ❶ *zool.* fly [flaɪ] ❷ (*rodzaj krawata*) bow-tie ['bəutaɪ]

muchomor *bot.* toadstool ['təudstu:l]

mulat mulatto [mju:'lætəu]

multimilioner multimillionaire [mʌltɪmɪljə'neə]

m

muł[1] *zool.* mule [mju:l]
muł[2] (*grząski osad*) slime [slaɪm], mud [mʌd]
mumia mummy ['mʌmɪ]
mumifikować mummify ['mʌmɪfaɪ]
mundur uniform ['ju:nɪfɔ:m]
mundurek uniform ['ju:nɪfɔ:m], dress [dres]; **kartofle w mundurkach** – jacket potatoes
mur wall [wɔ:l]
murarz bricklayer ['brɪkleɪə]
murawa lawn [lɔ:n], grass [grɑ:s]
murować build (built, built) [bɪld, bɪlt, bɪlt]
murowany brick [brɪk], stone [stəʊn]; **dom murowany** – house made of bricks/of stone
Murzyn Negro ['ni:grəʊ]
Murzynka Negress ['ni:grɪs]
murzyński Negro ['ni:grəʊ]
musieć ❶ (*czasownik wyrażający konieczność*) have to (had) [hæv/həv, tə, hæd/həd], must [mʌst/məst/məs] (*występuje tylko w formie osobowej*); *Naprawdę muszę już iść.* – I really must go. *Nie musisz się spieszyć.* – You needn't hurry. *Ona musiała pracować w zeszłą sobotę.* – She had to work last Saturday. *Będziesz musiał mu pomóc.* – You will have to help him. ❷ (*czasownik wyrażający przypuszczenie*) must [mʌst/məst/məs] (*występuje tylko w formie osobowej*); *Musisz być głodny.* – You must be hungry. *Musiałeś o tym słyszeć.* – You must have heard about it.
muskularny muscular ['mʌskjʊlə]
muskuł muscle ['mʌsl]
mustang *zool.* mustang ['mʌstæŋ]
musujący sparkling ['spɑ:klɪŋ], effervescent [efə'vesnt], fizzy ['fɪzɪ]
muszka ❶ (*mała mucha*) midge [mɪdʒ] ❷ (*rodzaj krawata*) bow-tie ['bəʊtaɪ] ❸ (*część układu celowniczego*) muzzle ['mʌzl]
muszla shell [ʃel], conch [kɒntʃ]
musztarda mustard ['mʌstəd]
musztra drill [drɪl]
musztrować drill [drɪl]
mutacja ❶ (*zmiana*) change [tʃeɪndʒ], variation [veərɪ'eɪʃn] ❷ *biol.* mutation [mju:'teɪʃn] ❸ (*zmiana wysokości i skali głosu*) breaking of voice; *Przechodził mutację, gdy miał czternaście lat.* – His voice broke when he was 14.
mutant mutant ['mju:tənt]
muza muse [mju:z]
muzealny museum [mju:'zɪəm]; **okaz muzealny** – museum piece
muzeum museum [mju:'zɪəm]
muzułmanin Muslim ['mʊzlɪm], Moslem ['mɒzləm]
muzułmański Muslim ['mʊzlɪm], Moslem ['mɒzləm]
muzyczny music ['mju:zɪk], musical ['mju:zɪkl]; **szkoła muzyczna** – music school/school of music; **instrumenty muzyczne** – musical instruments; **utwór muzyczny** – a musical composition
muzyk musician [mju:'zɪʃn]
muzyka music ['mju:zɪk]; **komponować muzykę** – to compose/to write music; **muzyka klasyczna/kameralna/ludowa/lekka/rokowa** – classical/ /chamber/folk/light/rock music; **tańczyć przy muzyce** – to dance to the music
muzykalny musical ['mju:zɪkl]
my we [wi:/wɪ], (*nas, nam, nami*) us [ʌs/əs]
myć wash [wɒʃ]; **myć ręce** – to wash one's hands; **myć naczynia** – to wash up/to wash the dishes; **myć okna** – to clean the windows
myć się wash (oneself) [wɒʃ-]; *Musiałam umyć się i ubrać w 15 minut.* – I had to wash and dress in 15 minutes.
mydelniczka soap holder, soap box
mydlić soap [səʊp]
mydło soap [səʊp]
mylić ❶ (*mieszać, plątać*) confuse [kən'fju:z], mix up [mɪks'ʌp]; *Zawsze mylę te dwie bliźniaczki.* – I always confuse/mix up the two twin sisters. ❷ (*wprowadzać w błąd*) mislead

(misled, misled) [mɪs'li:d, mɪs'led, mɪs'led], deceive [dɪ'si:v]; **mylące wskazówki** – misleading instructions; *Jeżeli mnie oczy nie mylą.* – If my eyes don't deceive me. *O ile mnie pamięć nie myli...* – If remember right...; **mylić tropy** – to throw sb off the scent

mylić się ❶ (*popełniać błąd*) make a mistake [-mɪs'teɪk], make an error [-'erə], err [ɜ:]; *Pomyliłam się w obliczeniach.* – I made a mistake in my calculations. *Często się ją myli z siostrą.* – She is often mistaken for her sister. ❷ (*być w błędzie*) be mistaken [bi:mɪs'teɪkn], be wrong [bi:rɒŋ]; *O ile się nie mylę.* – If I'm not mistaken./Unless I'm mistaken. *Jestem pewna, że się mylisz.* – I'm sure you must be wrong/be mistaken.

mylny wrong [rɒŋ], erroneous [ɪ'rəʊnjəs]; **mylny pogląd** – an erroneous belief; **mylna rachuba** – miscalculation; **mylna informacja** – misinformation; **być na mylnym tropie** – to follow a false scent

mysz mouse, *l.mn.* mice [maʊs, maɪs]; **pułapka na myszy** – a mousetrap

myśl thought [θɔ:t], idea [aɪ'dɪə]; *To świetna myśl.* – That's an excellent idea. **myśl naukowa** – scientific thought; **na samą myśl** – at the very thought; **czytać w czyichś myślach** – to read sb's thoughts; **być pogrążonym w myślach** – to be deep in thought; **zebrać myśli** – to gather thoughts/to concentrate; **wyrazić myśl** – to express a thought; **przeszło mi na myśl** – a thought has crossed my mind/an idea occurred to me; **przyszła mi myśl do głowy, że...** – a thought struck me that.../it occurred to me that...; **poddać myśl** – to suggest/to make a suggestion; **być dobrej myśli** – to be hopeful; **mieć na myśli** – to mean; *Co masz na myśli?* – What do you mean?/ /What do you have in mind? *To mi nie przyszło na myśl.* – It never crossed my mind./It never occurred to me. **bić się z myślami** – to be in two minds

myśleć think (thought, thought) [θɪŋk, θɔ:t, θɔ:t]; *O czym myślisz?* – What are you thinking about? *Myślę o przyszłości.* – I'm thinking about the future. *Co myślisz o tym planie?* – What do you think of this plan? *Myślę, że jest świetny.* – I think it's excellent. *Myślę, że tak.* – I think so. *Myślę, że nie.* – I don't think so. *On myśli o rzuceniu pracy.* – He is thinking of giving up his job.

myślenie thinking ['θɪŋkɪŋ]; **sposób myślenia** – a way of thinking; **dawać do myślenia** – to make sb think

myśliciel thinker ['θɪŋkə]

myślistwo hunting ['hʌntɪŋ]

myśliwiec (*wojsk. samolot*) fighter plane ['faɪtə pleɪn]

myśliwski ❶ (*dot. polowania*) hunting ['hʌntɪŋ]; **tereny myśliwskie** – hunting grounds; **domek myśliwski** – a hunting lodge ❷ (*wojsk. – dot. lotnictwa*) fighter ['faɪtə]; **samolot myśliwski** – a fighter (plane)

myśliwy hunter ['hʌntə], huntsman, *l.mn.* huntsmen ['hʌntsmən]

myślnik dash [dæʃ]

mżawka drizzle ['drɪzl]

mżyć drizzle ['drɪzl]

m

n

na ❶ (*dot. miejsca, położenia*) on [ɒn], at [æt/ʃət], in [ɪn]; **na stole** – on the table; **na ulicy** – in the street/*am.* on the street; **na przystanku** – at a bus stop; **na początku** – at the beginning; **na niebie** – in the sky; **na ziemi** – (*na powierzchni ziemi*) on the ground/(*na świecie*) on earth; **na rogu** (*ulicy*) – at/on the corner; **na głębokości dwóch metrów** – at the depth of 2 metres; **na południu Francji** – in the south of France; **na prawo** (*po prawej stronie*) on the right; **na konferencji** – at a conference; **na koncercie** – at a concert ❷ (*dot. kierunku*) to [tu:/tʊ/ /tə]; **na prawo** (*w kierunku*) right/to the right; **na południe** (*od czegoś*) – to the south/south; *Okna wychodzą na południe.* – The windows are facing south. *Miejscowość leży na południe od Warszawy.* – The village is to the south of Warsaw. ❸ (*dot. okresu, długości trwania*) for [fɔ:/fə]; **na zawsze** – for ever; **na 2 miesiące** – for two months; **na chwilę** – for a while/for a moment ❹ (*dot. przyczyny, bodźca, impulsu*) at [æt/ət]; **na ten widok** – at the sight; **na samą myśl** – at the very thought ❺ (*dot. pomiaru długości, powierzchni*) by [baɪ] (*czasami nie tłumaczy się*); **pokój 3 na 3,5 metra** – a room 3 metres by 3,5; **długi na trzy metry** – 3 metres long ❻ (*dot. podziału*) to [tu:/tʊ/tə], into ['ɪntʊ/'ɪntə], in [ɪn]; **dzielić na części** – to divide into parts; **rozpaść się na kawałki** – to fall into/to pieces ❼ (*przy podawaniu częstotliwości*) in [ɪn] (*czasami nie tłumaczy się*); **raz na dwa lata** – once in two years; **raz na tydzień** – once a week ❽ (*dot. celu*) for [fɔ:/ /fə], to [tu:/tʊ/tə]; *Na co to jest?* – What is it for? *Co jest na obiad?* – What's for dinner? **być zaproszonym na obiad** – to be invited to dinner; **iść na spacer** – to go for a walk; **iść na koncert** – to go to a concert ❾ (*dot. sposobu mierzenia i ważenia*) by [baɪ]; **sprzedawane na kilogramy** – sold by the kilogram; **na tuziny** – by the dozen ❿ (*dot. chorób*) with [wɪð], from [frɒm/frəm]; **chorować na grypę** – to be ill with flu; **cierpieć na chorobę serca** – to suffer from a heart disease ⓫ (*dot. przyczyny śmierci*) from [frɒm/frəm]; **umrzeć na raka** – to die from cancer ⓬ (*przy podawaniu ilości na jednostkę*) per [pɜ:/pə]; **50 mil na godzinę** – 50 miles per hour; **50 funtów na osobę** – £50 per person

nabawiać się let oneself in for; **nabawić się kłopotu** – to let oneself in for trouble, **nabawić się kataru** – to catch cold

nabiał dairy products [,deərɪ'prɒdəkts]

nabić (*naładować*) (*o broni*) load [ləʊd], (*o fajce*) fill [fɪl]

nabożeństwo ❶ (*kościelne*) service ['sɜ:vɪs]; **odprawiać nabożeństwo** – to hold a service; **nabożeństwo żałobne** – a burial service; **iść na nabożeństwo** – to go to church ❷ (*szczególna cześć*) devotion [dɪ'vəʊʃn]

nabój cartridge ['kɑ:trɪdʒ]

nabrać ❶ (*przyswoić sobie pewne cechy*) gather ['gæðə], acquire [ə'kwaɪə], develop [dɪ'veləp]; **nabrać szybkości** – to gather speed; **nabrać zamiłowania** – to acquire/to develop a taste; **nabrać przekonania** – to become convinced;

nabrać sił – to grow in strength/to get stronger ❷ (*zaczerpnąć, zagarnąć*) shovel ['ʃʌvl], scoop [sku:p] ❸ (*wciągnąć, wchłonąć*) draw (in) (drew, drawn) [drɔ:-, dru:, drɔ:n]; **nabrać wody ze studni** – to draw water from the well; **nabrać powietrza** – breathe in ❹ (*oszukać*) take in [teɪk'ɪn] (took, taken)

nabrzmieć swell (swelled, swollen) [swel, sweld, 'swəʊlən]

nabyć ❶ (*kupić*) buy (bought, bought) [baɪ, bɔ:t, bɔ:t], purchase ['pɜ:tʃəs] ❷ (*zdobyć*) acquire [ə'kwaɪə]; **nabyć umiejętności** – to acquire skill

nabytek purchase ['pɜ:tʃəs], acquisition [ækwɪ'zɪʃn]

nachylać *p.* **nachylić**

nachylenie slope [sləʊp], tilt [tɪlt], inclination [ɪŋklɪ'neɪʃn], slant [slɑ:nt]; **mieć nachylenie** – to slope/to slant; **kąt nachylenia** – gradient

nachylić slant [slɑ:nt], incline [ɪn'klaɪn]

nachylić się bend (bent, bent) [bend, bent, bent], lean forward

naciągnąć (*naprężyć*) stretch [stretʃ], tighten ['taɪtn]; **naciągnąć mięsień** – to strain a muscle; **naciągnąć strunę** (*instrumentu*) – to string an instrument

nacierać ❶ (*trzeć*) rub (bb) (in) [rʌb-] ❷ (*atakować*) attack [ə'tæk], charge ['tʃɑ:dʒ]; **nacierać na wroga** – to attack the enemy/to charge at the enemy

nacisk pressure ['preʃə]; **kłaść nacisk** – to stress/to accentuate/to emphasize; **wywierać nacisk na kogoś** – to put pressure on sb

naciskać press [pres]; **nacisnąć guzik** – to press a button; **naciskać na hamulec** – to step on the brake; **naciskać na kogoś** – to put pressure on sb

n

nacjonalista nationalist ['næʃnəlɪst]

nacjonalistyczny nationalist ['næʃnəlɪst]

nacjonalizacja nationalization [næʃnəlaɪ'zeɪʃn]

nacjonalizm nationalism ['næʃnəlɪzm]

nacjonalizować nationalize ['næʃnəlaɪz]

naczelnik head [hed], chief [tʃi:f], manager ['mænɪdʒə]; **naczelnik poczty** – postmaster; **naczelnik stacji** – stationmaster

naczelny ❶ (*główny*) leading ['li:dɪŋ], chief [tʃi:f] ❷ (*sprawujący władzę zwierzchnią*) chief [tʃi:f]; **naczelny dowódca** – commander-in-chief; **redaktor naczelny** – editor-in-chief

naczynie ❶ (*kuchenne*) dish [dɪʃ]; **zmywać naczynia** – to wash the dishes/to wash up ❷ (*pojemnik*) container [kən'teɪnə], holder ['həʊldə] ❸ *anat.* vessel ['vesl]; **naczynia krwionośne** – blood-vessels

nać leaves [li:vz]

nad ❶ (*ponad*) over ['əʊvə], above [ə'bʌv]; *Lecieliśmy nad chmurami.* – We were flying above the clouds. **nad naszymi głowami** – over/above our heads; **lampa nad stołem** – a lamp over the table; **panować nad krajem** – to rule over the country ❷ (*nad brzegiem*); (a) (*z narzędnikiem*) at [æt/ət], on [ɒn], by [baɪ]; **nad morzem** – at the seaside/by the sea; **nad rzeką** (*położony*) – on the river/by the riverside; **Kingston nad Tamizą** – Kingston-upon-Thames; *Londyn leży nad Tamizą.* – London lies on the Thames. **spacerować nad rzeką** – to walk by the river; **miasto nad morzem** – a town on the coast; (b) (*z biernikiem*) to [tʊ/tə]; **nad morze** – to the seaside; **nad rzekę** – to the river

nadać ❶ (*przyznać*) grant [grɑ:nt], give (gave, given) [gɪv, geɪv, 'gɪvn], confer (rr) [kən'fɜ:]; **nadać komuś szlachectwo** – to confer a knighthood on sb; **nadać komuś tytuł doktora honoris causa** – to grant sb an honorary doctorate ❷ (*wysłać*) send (sent, sent) [send, sent, sent]; **nadać list** – to send a letter ❸ (*przekazać*) broadcast (broadcast, broadcast) ['brɔ:dkɑ:st, 'brɔ:dkɑ:st, 'brɔ:dkɑ:st]; transmit (tt) [trænz'mɪt]; **nadać wiadomości** – to broadcast the news ❹ (*sprawić, spowodować*); **nadać znaczenie** – to give a meaning to; **nadać kształt** – to shape; **nadać bieg sprawie** – to get things moving

nadać się be fit [bi:'fɪt], be fitted [bi:'fɪtɪd], be suited [bi:'sju:tɪd]; *On nie nadaje się do tej pracy.* – He is not fitted for the job. *Jedzenie nie nadawało się do spożycia.* – The food was not fit to eat.

nadajnik transmitter [trænz'mɪtə]

nadal still [stɪl]

nadaremnie vainly ['veɪnlɪ], in vain [ɪn'veɪn]

nadaremny vain [veɪn], fruitless ['fru:tlɪs]

nadawać *p.* **nadać**

nadawca sender ['sendə], (*napis na kopercie*) from [frɒm/frəm]

nadąć (*nadmuchać*) inflate [ɪn'fleɪt], fill (out) [fɪl-]; **nadąć policzki** – to pout one's lips

nadąć się ❶ (*powiększyć objętość*) swell (swelled, swollen) [swel, sweld, 'swəʊln] ❷ (*nadąsać się*) assume a sulky air

nadążać keep up with [ki:pʌp'wɪð] (kept, kept); **nadążać za myślą** – to follow sb

nadchodzić come (came, come) [kʌm, keɪm, kʌm], approach [ə'prəʊtʃ], draw near [drɔ:'nɪə] (drew, drawn); *On jeszcze nie nadszedł.* – He hasn't come yet/arrived yet. *Nadchodzi burza.* – The storm is drawing near/coming.

nadciągać approach [ə'prəʊtʃ], draw near [drɔ:'nɪə] (drew, drawn), be coming [bi:'kʌmɪŋ]

nadciśnienie hypertension [haɪpə'tenʃn], high blood pressure

naddźwiękowy supersonic [su:pə'sɒnɪk]

nade *p.* **nad**; **nade wszystko** – above all

nadejście arrival [ə'raɪvl], oncoming ['ɒn'kʌmɪŋ]

nadfioletowy ultra-violet [ʌltrə'vaɪələt]

nadgarstek *anat.* wrist [rɪst]

nadgraniczny frontier ['frʌntɪə], border ['bɔ:də]; **miasto nadgraniczne** – a border town; **strefa nadgraniczna** – a frontier zone

nadjechać arrive [ə'raɪv], (*o samochodzie*) draw up [drɔ:ʌp] (drew, drawn)

nadmiar excess [ɪk'ses], surplus ['sɜ:pləs], overabundance [əʊvərə'bʌndəns]

nadmieniać mention ['menʃn]

nadmierny excessive [ɪk'sesɪv]

nadmorski seaside ['si:saɪd], coastal ['kəʊstl]; **kurort nadmorski** – a seaside resort

nadmuchać inflate [ɪn'fleɪt], blow up [bləʊ'ʌp] (blew, blown)

nadobowiązkowy optional ['ɒpʃənl]

nadprogramowy additional [ə'dɪʃnl]

nadprzyrodzony supernatural [su:pə'nætʃrəl]

nadrobić make up for [meɪkʌp'fɔ:] (made, made), catch up with [kætʃʌp'wɪð] (caught, caught); **nadrobić stracony czas** – to make up for the lost time

nadrzędny superior [su:'pɪərɪə], main [meɪn], supreme [sʊ'pri:m]

nadto ❶ (*poza tym*) moreover [mə'rəʊvə], besides [bɪ'saɪdz] ❷ (*zbyt, za*) too [tu:]

nadużycie abuse [ə'bju:s], misuse [mɪs'ju:s]; **nadużycie władzy** – an abuse of authority; **nadużycie finansowe** – embezzlement

nadużywać abuse [ə'bju:z], misuse [mɪs'ju:z], **nadużywać władzy** – to abuse one's authority; **nadużywać czyjejś gościnności** – to trespass on sb's hospitality; **nadużywać czyjegoś zaufania** – to abuse sb's trust

nadwaga overweight [əʊvə'weɪt]

nadwozie body (of a car) ['bɒdɪ-]

nadwrażliwy oversensitive [əʊvə'sensɪtɪv], hypersensitive [haɪpə'sensətɪv]

nadwyżka surplus ['sɜ:pləs]

nadziać ❶ *kulin.* stuff [stʌf], fill [fɪl] ❷ (*nakłuć*) stick (stuck, stuck) [stɪk, stʌk, stʌk]

nadzieja hope [həʊp]; **mieć nadzieję** – to hope; **wzbudzać czyjeś nadzieje** – to raise sb's hopes; **tracić nadzieję** –

to lose hope; **rozwiać czyjeś nadzieje** – to shatter/to dash sb's hopes

nadzienie stuffing ['stʌfɪŋ], filling ['fɪlɪŋ]

nadziewać *p.* **nadziać**

nadzmysłowy supersensory [su:pə'sensərɪ], supersensible [su:pə'sensəbl], supernatural [su:pə'nætʃrəl]

nadzorować supervise ['su:pəvaɪz]

nadzór supervision [su:pə'vɪʒn]; **pod nadzorem** – under supervision; **sprawować nadzór** – to supervise

nadzwyczajny ❶ (*niezwykły*) extraordinary [ɪk'strɔ:dnɪrɪ], remarkable [rɪ'mɑ:kəbl] ❷ (*specjalny*) special ['speʃl]

nafta ❶ (*ropa naftowa*) petroleum [pɪ'trəʊljəm], mineral oil [mɪnərl'ɔɪl] ❷ (*produkt destylacji ropy naftowej*) kerosene ['kerəsi:n], paraffin ['pærəfɪn]

naftalina naphthalene ['næfθəli:n], (*pot. – środek na mole*) moth balls ['mɒθbɔ:lz]

nagana reprimand ['reprɪmɑ:nd], rebuke [rɪ'bju:k]; **udzielić nagany** – to reprimand/to rebuke

nagi naked ['neɪkɪd], nude [nju:d], bare [beə]; **nagi, jak go Pan Bóg stworzył** – as naked as the day he was born; *przen.* **nagie fakty** – the bare facts; **naga prawda** – the naked truth; **nagie drzewa** – naked trees

nagietek *bot.* marigold ['mærɪgəʊld]

naginać bend (bent, bent) [bend, bent, bent], incline [ɪn'klaɪn]

nagle suddenly ['sʌdnlɪ]

naglić urge [ɜ:dʒ], press [pres]

nagłówek title ['taɪtl], headline ['hedlaɪn]

nagły sudden ['sʌdn]; **nagły wypadek** – an emergency; **w nagłym wypadku** – in case of emergency

nagminny common ['kɒmən], frequent ['fri:kwənt]

nagość nakedness ['neɪkɪdnɪs]

nagrać record [rɪ'kɔ:d]

nagradzać ❶ (*wynagradzać*) reward [rɪ'wɔ:d]; *Jak mogę ci nagrodzić twoją pomoc?* – How can I reward you for your help? ❷ (*dać nagrodę*) award a prize [ə'wɔ:d ə 'praɪz] ❸ (*naprawiać*) compensate (for) ['kɒmpenseɪt-]; **nagradzać poniesioną stratę** – to compensate for a loss

nagranie recording [rɪ'kɔ:dɪŋ]

nagrobek tombstone ['tu:mstəʊn]

nagroda ❶ (*zapłata*) reward [rɪ'wɔ:d]; *Otrzymał medal w nagrodę za odwagę.* – He received a medal in reward for his bravery. *Oferowano 50 funtów nagrody za zwrot psa.* – A £50 reward was offered for the return of the dog. ❷ (*odznaczenie*) prize [praɪz], award [ə'wɔ:d]; **przyznać komuś nagrodę** – to award sb a prize

nagromadzić amass [ə'mæs], accumulate [ə'kju:mjʊleɪt]

nagrywać *p.* **nagrać**

naigrawać się ridicule ['rɪdɪkju:l], sneer (at) [snɪə-]

naiwność naiveté [nɑ:'i:vteɪ]

naiwny naive [nɑ:'i:v], ingenuous [ɪn'dʒenjʊəs]

najazd invasion [ɪn'veɪʒn]

nająć engage [ɪn'geɪdʒ], hire ['haɪə]

najbliżej nearest ['nɪərəst], next [nekst]; **jak najbliżej** – as near as possible

najbliższy nearest ['nɪərəst]; *Gdzie jest najbliższy przystanek autobusowy?* – Where is the nearest bus stop? **najbliższy krewny** – next of kin; **najbliżsi** – one's nearest and dearest

najdalej ❶ (*w odniesieniu do czasu*) at the latest, at the longest; *On przyjedzie najdalej jutro.* – He'll come tomorrow at the latest. *To potrwa najdalej dwa dni.* – It'll last two days at the longest. ❷ (*w odniesieniu do przestrzeni*) (at the) furthest/farthest [-'fɜ:ðɪst/-'fɑ:ðɪst]

najechać ❶ (*jadąc wpaść*) run over/ /down/into [rʌn'əʊvə/daʊn/ɪntə] (ran, run); **najechać na kogoś** – to run sb down/over; **najechać na coś** – to run into sth ❷ (*dokonać najazdu*) invade [ɪn'veɪd]

najemnik (*żołnierz najemny*) mercenary ['mɜ:sɪnərɪ]

najemny hired ['haɪəd], (*o żołnierzu*) mercenary ['mɜ:sɪnərɪ]

najeźdźca invader [ɪn'veɪdə]

najgorszy the worst [-wɜ:st]; **w najgorszym wypadku** – if the worst comes to the worst/if it comes to the worst; **nie najgorszy** – not too bad/ /fairly good

najgorzej worst [wɜ:st]; **najgorzej, że...** – the worst thing is that...; **nie najgorzej** – not too badly

najlepiej best [best]; **chcieć jak najlepiej** – to have the best of intentions; *Najlepiej pracuje mi się rano.* – I work best in the morning. *Najlepiej będzie, jeżeli sobie pójdę.* – I had better/best go.

najlepszy the best [-best]; **w najlepszym razie** – at (the) best; **wszystkiego najlepszego** – all the best; **wszystkiego najlepszego z okazji urodzin** – many happy returns of the day

najmniej least [li:st]; *Właśnie kiedy najmniej się tego spodziewaliśmy...* – Just as we least expected it...; **jak najmniej** – as little as possible; **co najmniej** – at least

najmniejszy ❶ (*dot. ilości*) the least [-li:st]; **w najmniejszym stopniu nie** – not in the least ❷ (*dot. rozmiaru*) smallest ['smɔ:lɪst]

najpierw first [fɜ:st], to begin with

najwięcej most of all

najwyżej ❶ (*p.* **wysoko**) highest ['haɪɪst] ❷ (*przy oznaczaniu górnej granicy*) at the outmost [-'aʊtməʊst]; *Było najwyżej dwadzieścia osób.* – There were 20 people at the outmost.

nakarmić feed (fed, fed) [fi:d, fed, fed]

nakaz order ['ɔ:də], command [kə'mɑ:nd], demand [dɪ'mɑ:nd]; **nakaz płatniczy** – a demand note

nakazać ❶ (*polecić, zarządzić*) order ['ɔ:də], command [kə'mɑ:nd] ❷ (*stanowić konieczną rację postępowania*) demand [dɪ'mɑ:nd], require [rɪ'kwaɪə]

naklejać stick (on) (stuck, stuck) [stɪk-, stʌk, stʌk], paste [peɪst]

nakład ❶ (*włożona suma pieniędzy, praca*) cost [kɒst], expenditure [ɪk'spendɪtʃə]; **dużym nakładem czasu i sił** – at a great cost of time and labour; **nakład energii/pieniędzy** – expenditure of energy/money ❷ (*wydanie*) edition [ɪ'dɪʃn]

nakładać ❶ *p.* **kłaść** ❷ (*o ubraniu*) put on [pʊt'ɒn] (put, put); **nakładać płaszcz** – to put a coat on ❸ (*obciążać*) impose [ɪm'pəʊz]; **nakładać ograniczenia/podatki/cło na** – to impose restrictions/taxes/duty on

nakłaniać persuade [pə'sweɪd], cajole [kə'dʒəʊl]; *Nakłoniłam ją, żeby poradziła się lekarza.* – I persuaded her to consult a doctor.

nakręcić (*zegarek*) wind up [waɪnd'ʌp] (wound, wound)

nakrętka cap [kæp], screw-top ['skru:tɒp], screw-cap ['skru:kæp]

nakrycie cover ['kʌvə]; **nakrycie głowy** – headgear; **bez nakrycia głowy** – bareheaded

nakryć cover ['kʌvə]

◆ **nakryć kogoś na gorącym uczynku** – to catch sb red-handed

◆ **nakryć do stołu** – to lay the table

nalać pour [pɔ:]; *Nalać ci jeszcze trochę herbaty?* – Shall I pour you some more tea? *Nalała mleka do dzbanka.* – She poured the milk into the jug.

nalegać insist [ɪn'sɪst]; *Nalegałam, żeby od razu zawiadomili policję.* – I insisted that they (should) notify the police at once. – *Nalegał, żebym przyjechała jak najszybciej.* – He insisted on my coming as soon as possible./ /He insisted that I (should) come as soon as possible.

nalepiać stick on [stɪk'ɒn] (stuck, stuck), paste [peɪst]

nalepka label ['leɪbl]

naleśnik pancake ['pænkeɪk]

nalewać *p.* **nalać**

należeć belong [bɪ'lɒŋ]; *Ta torebka nie należy do mnie.* – This bag doesn't belong to me. *To nie należy do moich obowiązków.* – It's not my duty/responsibility. **należeć do organizacji** – to belong to an organization

należeć się (*przysługiwać*) be sb's due [-dju:], be due; *Należy mu się nagroda.* – A reward is due to him./He deserves a reward. *Ile się panu należy?* – How much do I owe you? *To było więcej niż mu się należało.* – It was more than his due.

należny due [dju:]; **z należnym szacunkiem** – with all due respect

należy (*nieosobowo – trzeba, powinno się*) one/you should, one/you ought to; *Należy uważać przy przechodzeniu przez jezdnię.* – One should be careful while crossing the street.

należyty suitable ['su:təbl], appropriate [ə'prəʊprıət], proper ['prɒpə]

nalot ❶ (*atak samolotów*) air raid ['eəreıd]; **nalot na pozycje nieprzyjaciela** – a raid on enemy positions; **przeprowadzić nalot** – to make/to launch a bombing raid ❷ (*osad, cienka warstewka*) coating ['kəʊtıŋ], deposit [dı'pɒzıt]

nałogowiec addict ['ædıkt]

nałogowy habitual [hə'bıtjʊəl]; **nałogowy pijak** – a habitual drunkard; **nałogowy palacz** – a habitual smoker//a nicotine addict

nałożyć *p.* **nakładać**

nałóg addiction [ə'dıkʃn], bad habit [bæd-'hæbıt]; **wyleczyć się z nałogu** – to overcome one's addiction; **wyzwolić się/pozbyć się nałogu** – to break oneself of a bad habit; **wpaść w nałóg** – to become an addict; **wpaść w nałóg** (*przyzwyczajenie*) – to fall into a habit

namawiać encourage [ın'kʌrıdʒ], persuade [pə'sweıd], talk into [tɔ:k'ıntə]; *Namówił mnie, żebym przyjęła tę pracę.* – He talked me into accepting the job. *Musisz go namówić, żeby rzucił palenie.* – You must persuade him to give up smoking.

namiastka substitute ['sʌbstıtju:t], ersatz ['eəzæts]

namiętność passion ['pæʃn]

namiętny passionate ['pæʃənət]

namiot tent [tent]; **rozbić namiot** – to pitch/to put up a tent; **zwinąć namiot** – to dismantle/to take down a tent; **namiot tlenowy** – an oxygen tent

namowa suggestion [sə'dʒestʃən], persuasion [pə'sweıʒn]; **za twoją namową...** – on your suggestion...; **po długich namowach** – after a lot of persuasion; **działać za czyjąś namową** – to act on sb's suggestion/to follow sb's advice/to follow sb's suggestion

namówić *p.* **namawiać**

namysł reflection [rı'flekʃn], consideration [kənsıdə'reıʃn], thought [θɔ:t]; **po namyśle** – after due consideration/on reflection/after much thought; *Muszę mieć czas do namysłu.* – I must have time to think it over.

namyślać się ❶ (*rozważać, zastanawiać się*) consider [kən'sıdə], think sth over [θıŋk-'əʊvə] (thought, thought); *Muszę się namyślić.* – I must think it over. **nie namyślając się** – on impulse/on the spur of the moment ❷ (*decydować się*) make up one's mind; *Czy już się namyśliłeś?* – Have you already made up your mind?

naoczny ocular ['ɒkjʊlə]; **naoczny dowód** – an ocular proof; **naoczny świadek** – an eye witness

naokoło *p.* **dokoła**

napad ❶ (*napadnięcie*) assault [ə'sɔ:lt], (*napad bandycki*) hold-up ['həʊldʌp]; **napad na bank** – a bank hold-up//a bank robbery/a bank raid; **napad z bronią w ręku** – armed robbery ❷ (*objaw chorobowy*) fit [fıt], attack [ə'tæk], seizure ['si:ʒə]; **napad epilepsji** – an epileptic fit; **napad kaszlu** – a fit of coughing; **napad nerwowy** – an attack of nerves; **napad czkawki** – an attack of hiccups

napadać assault [ə'sɔ:lt], attack [ə'tæk]; **napadać na sąsiedni kraj** – to attack a neighbouring country; **napadać na kogoś na ulicy** – to attack/to assault sb in the street; **napadać na bank** – to raid/to rob a bank

◆ *Co cię napadło?* – What came over you?

napar infusion [ɪn'fju:ʒn], brew [bru:]

naparstek thimble ['θɪmbl]

napastliwy aggressive [ə'gresɪv]

napastnik aggressor [ə'gresə], attacker [ə'tækə], assailant [ə'seɪlənt], (*w piłce nożnej*) forward ['fɔ:wəd]

napastować ❶ (*prześladować*) persecute ['pɜ:sɪkju:t], pester ['pestə], trouble ['trʌbl] ❷ (*zaczepiać w nieprzyjaznych, często niemoralnych zamiarach*) molest [mə'lest]

napaść[1] (*napadnięcie*) attack [ə'tæk], assault [ə'sɔ:lt]

napaść[2] *p.* **napadać**

napełniać fill [fɪl]; **napełniać wiadro wodą** – to fill a bucket with water

napełniać się fill [fɪl]

napęd propulsion [prə'pʌlʃn]; **napęd odrzutowy/atomowy** – jet/nuclear propulsion; **silnik o napędzie elektrycznym** – an electrically-propelled engine

napędzać (*dawać napęd*) drive (drove, driven) [draɪv, drəʊv, 'drɪvn], propel (ll) [prə'pel]; *Maszyna jest napędzana prądem elektrycznym.* – The machine is driven by electricity.

napić się have sth to drink, (*ugasić pragnienie*) quench one's thirst; *Muszę się napić wody.* – I must have a drink of water. *Napili się herbaty.* – They had some tea.

napięcie ❶ tension ['tenʃn], stress [stres], strain [streɪn]; **być w stanie dużego napięcia emocjonalnego** – to be under severe emotional strain; **odczuwać napięcie nerwowe** – to suffer from nervous tension; **napięcie psychiczne** – mental stress; **napięcie polityczne** – political tension ❷ *elektr.* voltage ['vəʊltɪdʒ]; **wysokie napięcie** – high voltage; **przewody wysokiego napięcia** – high-voltage lines

napięty tense [tens], taut [tɔ:t], tight [taɪt]; **napięte mięśnie** – tense/taut muscles; **napięty program** – tight schedule

napinać strain [streɪn], tighten ['taɪtn], tauten ['tɔ:tn], tense [tens], flex [fleks]; **napinać mięśnie** – to tense muscles; **napinać linę** – to strain a rope; **napinać łuk** – to draw a bow

napis inscription [ɪn'skrɪpʃn], (*w kinie*) subtitle ['sʌbtaɪtl]; *Był napis„...* – There was written: "...

napisać write (wrote, written) [raɪt, rəʊt, 'rɪtn]; *Było napisane „Palenie wzbronione".* – It said "No smoking".

napiwek tip [tɪp]; **dać napiwek** – to tip/to give a tip

napływ influx ['ɪnflʌks]

napoić give sth to drink, (*konie, krowy*) water ['wɔ:tə]

napotykać encounter [ɪn'kaʊntə], come across [kʌmə'krɒs] (came, come), meet (met, met) [mi:t, met, met], run into [rʌn'ɪntə] (ran, run), come up against [kʌmʌpə'geɪnst]; **napotykać trudności** – to come up against/to encounter/to run into/to meet with difficulties; **napotykać przeszkody** – to come up against/to encounter obstacles; **napotykać kogoś na ulicy** – to meet/to encounter/to run into sb in the street

napój drink [drɪŋk], beverage ['bevərɪdʒ]; **napój bezalkoholowy** – a soft drink

naprawa repair [rɪ'peə]; **oddać coś do naprawy** – to have sth repaired

naprawdę really ['rɪəlɪ], indeed [ɪn'di:d]

naprawiać ❶ (*doprowadzać do stanu używalności*) repair [rɪ'peə], mend [mend], put right [pʊt'raɪt] (put, put) ❷ (*wynagradzać krzywdę*) make amends for [-ə'mendz-] (made, made), compensate for ['kɒmpenseɪt-]; **naprawiać szkodę** – to compensate for the damage/to make up for the damage

naprędce in a hurry [-'hʌrɪ], hastily ['heɪstɪlɪ]

naprężać tighten ['taɪtn], tauten ['tɔ:tn], strain [streɪn]

naprężenie tightness ['taɪtnɪs], tautness ['tɔ:tnɪs], tension ['tenʃn], strain [streɪn]

naprężony taut [tɔ:t], tight [taɪt], tense [tens]

naprowadzać ❶ (*nakierowywać*) direct [dɪ'rekt/daɪ'rekt], lead (led, led) [li:d, led, led], guide [gaɪd] ❷ (*podsuwać myśl*) suggest [sə'dʒest]

naprzeciw/naprzeciwko opposite ['ɒpəzɪt]; *Siedziałam naprzeciw niego.* – I was sitting opposite (to) him. *Kim są ci ludzie mieszkający w domu naprzeciwko?* – Who are those people living in the house opposite?

naprzód forward ['fɔ:wəd]; **zrobić krok naprzód** – to make a step forward

narada council ['kaʊnsl], meeting ['mi:tɪŋ], conference ['kɒnfrəns]; **zwołać naradę** – to call a meeting; *Dyrektor jest na naradzie.* – The Director is in conference now.

naradzać się confer (rr) [kən'fɜ:], consult [kən'sʌlt], debate [dɪ'beɪt]

naraz ❶ (*jednocześnie*) at the same time, at a time, simultaneously [sɪməl'teɪnjəslɪ]; *Proszę nie brać naraz więcej niż dwie pastylki.* – Please don't take more than two pills at a time. ❷ (*nagle*) suddenly ['sʌdnlɪ], all of a sudden [-'sʌdn]

narazić expose [ɪk'spəʊz], risk [rɪsk]; **narazić kogoś na niebepieczeństwo** – to expose sb to danger; **narazić kogoś na kłopot** – to put sb to trouble/to inconvenience sb; **narazić swoje zdrowie** – to endanger one's health/to risk one's health

narazić się expose oneself [ɪk'spəʊz-], run the risk; **narazić się na niebezpieczeństwo** – to expose oneself to danger; **narazić się na krytykę/na śmieszność** – to expose oneself to criticism/to ridicule; **narazić się na utratę pracy** – to run the risk of losing one's job

narażenie risk [rɪsk], **z narażeniem życia** – at risk to/of one's own life

narciarstwo skiing ['ski:ɪŋ]

narciarz skier ['ski:ə]

narcyz *bot.* narcissus, *l.mn.* narcissi [nɑ:'sɪsəs, nɑ:'sɪsaɪ]

nareszcie at last [ət'lɑ:st]

narkoman drug addict ['drʌgædɪkt]

narkomania drug addiction ['drʌgə'dɪkʃn]; **wpaść w narkomanię** – to become addicted

narkotyczny narcotic [nɑ:'kɒtɪk], drugged ['drʌgd]; **zamroczenie narkotyczne** – drugged stupor; **środki narkotyczne** – drugs; **działanie narkotyczne** – narcotic effect

narkotyk drug [drʌg], narcotic [nɑ:'kɒtɪk]; **zażywać narkotyki** – to take drugs

narkotyzować się take drugs

narkoza anaesthesia [ænɪs'θi:zjə]; **dać narkozę** – to anaesthetize [-æ'ni:sθətaɪz]; **pod ogólną narkozą** – under a general anaesthetic

narodowość nationality [næʃə'nælətɪ]

narodowy national ['næʃənl]; **hymn narodowy** – national anthem; **park narodowy** – national park

narodzenie birth [bɜ:θ]; **Boże Narodzenie** – Christmas

narodzić się be born [-bɔ:n]; **nowo narodzone dziecko** – a new-born baby

narodziny birth [bɜ:θ]

naród nation ['neɪʃn]

narracja narrative ['nærətɪv], narration [nə'reɪʃn]

narrator narrator [nə'reɪtə]

narta ski [ski:]; **para nart** – a pair of skis; **narty wodne** – water skis; **jazda na nartach** – skiing; **jeździć na nartach** – to ski

nartostrada ski trail ['ski:treɪl], ski route ['ski:ru:t]

narty (*jazda na nartach*) skiing ['ski:ɪŋ]; **iść na narty** – to go skiing

naruszyć upset (upset, upset) [ʌp'set, ʌp'set, ʌp'set], disturb [dɪ'stɜ:b], break (broke, broken) [breɪk, brəʊk, 'brəʊkn], (*pogwałcić*) violate ['vaɪəleɪt]; **naruszyć prawo** – to violate/to break a law; **naruszyć tajemnicę** – to disclose a secret; **naruszyć czyjąś prywatność** – to violate sb's privacy/ /to intrude on sb's privacy

n

naruszenie violation [vaɪə'leɪʃn], breach [bri:tʃ]; **naruszenie tajemnicy** – a breach of conficence; **naruszenie traktatu** – a violation of a treaty

narząd organ ['ɔ:gən]

narzeczona fiancée [fɪ'ɑ:nseɪ]

narzeczony fiancé [fɪ'ɑ:nseɪ]

narzekać complain [kəm'pleɪn], grumble ['grʌmbl]

narzekanie complaint [kəm'pleɪnt], complaining [kəm'pleɪnɪŋ], grumbling ['grʌmblɪŋ]

narzędzie tool [tu:l], instrument ['ɪnstrʊmənt]

narzucać (*zmuszać kogoś do czegoś*) force [fɔ:s], impose [ɪm'pəʊz]; **narzucać swoją wolę** – to impose one's will; **narzucać ograniczenia** – to impose restrictions/limitations/restraints; *On narzucił swoje idee całej grupie.* – He imposed his ideas on the whole group.

narzucać się inflict oneself on [ɪn'flɪkt-], impose oneself on [ɪm'pəʊz-], intrude [ɪn'tru:d]

nas us [ʌs, əs], *p.* **my;** *Oni nas zaprosili.* – They invited us.

nasenny sleep-inducing [sli:pɪn'dju:sɪŋ]; **tabletka nasenna** – a sleeping pill

nasienie *bot.* seed [si:d], *anat.* semen ['si:men], sperm [spɜ:m]

nasilać się increase [ɪn'kri:s], intensify [ɪn'tensɪfaɪ]]

nasilenie ❶ (*wzmożenie*) intensification [ɪntensɪfɪ'keɪʃn] ❷ (*intensywność*) intensity [ɪn'tensətɪ]

nastawić ❶ (*umieścić w pewnym miejscu*) put on [pʊt'ɒn] (put, put); **nastawić wodę na herbatę** – to put the kettle on; **nastawić płytę** – to put on a record; **nastawić** (*włączyć*) **radio** – to put on/switch on the radio; **nastawić płytę kompaktową** – to put on a compact disc ❷ (*odpowiednio ustawić*) set (set, set) [set, set, set]; **nastawić zegarek** – to set a watch; **nastawić budzik na szóstą** – to set the alarm for 6 o'clock; *Chirurg nastawił jej złamaną nogę.* – The surgeon set her broken leg. **nastawić radio na jakąś stację** – to tune in to a station ❸ (*nastroić, usposobić*) dispose [dɪ'spəʊz]; **być dobrze do kogoś nastawionym** – to be favourably disposed towards sb; **być źle do kogoś nastawionym** – to be prejudiced against sb

nastąpić ❶ (*nadepnąć*) tread (trod, trodden) [tred, trɒd, 'trɒdn], step (pp) [step]; **nastąpić komuś na nogę** – to step/to tread on sb's foot ❷ (*pojawić się po*) follow ['fɒləʊ], succeed [sək'si:d]; **jak następuje...** – as follows; *Kto nastąpi po naszym obecnym prezydencie?* – Who will succeed our present president? *Jedno nieszczęście następowało po drugim.* – One misfortune followed another. *Odpowiedz na następujące pytania.* – Answer the following questions. ❸ (*nastać, nadejść*) come about [kʌmə'baʊt] (came, come), take place [teɪk'pleɪs] (took, taken)

następca successor [sək'sesə]; **następca tronu** – heir to the throne

następnie next [nekst], then [ðen], afterwards ['ɑ:ftəwədz]

następny next [nekst], the following [-'fɒləwɪŋ]; **następnym razem** – next time; **następnego dnia** – (on) the following day/the next day

następstwo ❶ (*skutek*) result [rɪ'zʌlt], consequence ['kɒnsɪkwəns]; *Twoje zaniedbanie może mieć poważne następstwa.* – Your neglect of duty can have grave consequences. **w następstwie** – in consequence/as a result ❷ (*kolejność w czasie*) sequence ['si:kwəns]; **następstwo czasów** – the sequence of tenses ❷ (*prawo do dziedziczenia*) succession [sək'seʃn]

nastroić (*instrument muzyczny*) tune [tju:n]; **nastroić pianino** – to tune a piano

nastrój ❶ (*usposobienie*) mood [mu:d]; **być w dobrym nastroju** – to be in a good mood/to be in high spirits; **nie**

być w nastroju do... – to be in no mood for... ❷ (*atmosfera*) mood [mu:d], atmosphere ['ætməsfiə]

nasturcja *bot.* nasturtium [nə'stɜ:ʃəm]

nasycić ❶ (*zaspokoić głód itp.*) satisfy ['sætɪsfaɪ] ❷ (*nasączyć płynem, substancją*) impregnate ['ɪmpregneɪt], saturate ['sætʃəreɪt]

nasycony (*o roztworze*) saturated ['sætʃəreɪtɪd]

nasyp embankment [ɪm'bæŋkmənt], bank [bæŋk]

nasz ❶ (*przymiotnik dzierżawczy*) our ['aʊə]; *To jest nasz dom.* – That's our house. ❷ (*zaimek dzierżawczy*) ours ['aʊəz]; *Ależ ten samochód nie jest nasz!* – But that car is not ours! *Jeden z naszych przyjaciół.* – A friend of ours.

naszyjnik necklace ['neklɪs]

naśladować imitate ['ɪmɪteɪt], copy ['kɒpɪ], follow suit [,fɒləʊ'sju:t]

naśmiewać się make fun of [meɪk'fʌn-], deride [dɪ'raɪd], laugh at [lɑ:f-]

naświetlać irradiate [ɪ'reɪdɪeɪt], (*o błonie fotograficznej*) expose (a film)

natarczywość insistence [ɪn'sɪstəns], importunity [ɪmpɔ:'tju:nətɪ]

natarczywy insistent [ɪn'sɪstənt], importunate [ɪmpɔ:'tjʊnət]

natchnienie inspiration [ɪnspə'reɪʃn]; **doznać natchnienia** – to be inspired; **czerpać natchnienie z...** – to draw inspiration from...

natężać ❶ (*wysilać*) strain [streɪn]; **natężać wzrok/słuch** – to strain one's eyes/ears ❷ (*potęgować*) intensify [ɪn'tensɪfaɪ]

natężać się ❶ (*wysilać się*) exert oneself [ɪg'zɜ:t-] ❷ (*potęgować się*) intensify [ɪn'tensɪfaɪ], become intensified

natężenie (*stopień nasilenia*) intensity [ɪn'tensətɪ]

natrafić encounter [ɪn'kaʊntə], come across [kʌmə'krɒs] (came, come), find (found, found) [faɪnd, faʊnd, faʊnd]; **natrafić na przeszkodę** – to encounter an obstacle; **natrafić na złoża węgla** – to find coal deposits

natręt intruder [ɪn'tru:də]

natrętny persistent [pə'sɪstənt], importunate [ɪm'pɔ:tjʊnət]

natrysk shower ['ʃaʊə]

natura nature ['neɪtʃə]; **natura ludzka** – human nature; *Ona jest z natury przyjazna.* – She is friendly by nature. **prawa natury** – the laws of nature; **powrót do natury** – back to nature

◆ **martwa natura** – a still life

naturalistyczny naturalistic [nætʃrə'lɪstɪk]

naturalizm naturalism ['nætʃrəlɪzm]

naturalnie ❶ (*jak w naturze*) naturally ['nætʃrəlɪ] ❷ (*swobodnie, prosto*) naturally ['nætʃrəlɪ], unaffectedly [ʌnə'fektɪdlɪ] ❸ (*oczywiście*) of course [əv'kɔ:s], naturally ['nætʃrəlɪ], certainly ['sɜ:tnlɪ]

naturalność naturalness ['nætʃrəlnɪs]

naturalny natural ['nætʃrəl]; **naturalne zachowanie** – natural behaviour; **dobór naturalny** – natural selection; **umrzeć śmiercią naturalną** – to die a natural death; **przyrost naturalny** – population growth/increase

natychmiast at once [ət'wʌns], immediately [ɪ'mi:djətlɪ]

natychmiastowy instantaneous [ɪnstən'teɪnjəs], immediate [ɪ'mi:djət]; **natychmiastowa odpowiedź** – an immediate reply; **natychmiastowa śmierć** – instantaneous death

nauczanie teaching ['ti:tʃɪŋ]

nauczka lesson ['lesn]; *Niech to będzie dla ciebie nauczką.* – Let it be a lesson to you.

nauczyciel teacher ['ti:tʃə], master ['mɑ:stə]; **nauczyciel historii** – a history teacher/a history master

nauczycielka teacher ['ti:tʃə], mistress ['mɪstrɪs]; **nauczycielka historii** – a history teacher/a history mistress

nauka ❶ (*wiedza, dyscyplina*) science ['saɪəns]; **nauki ścisłe** – sciences; **nauki humanistyczne** – the humanities; **nauki przyrodnicze** – natural sciences; **nauka czysta/stosowana** – pure/applied science ❷ (*kształcenie się*) studies ['stʌdɪz], education [edju:-'keɪʃn], lessons ['lesnz]; *Musisz więcej myśleć o nauce.* – You ought to think more about your studies. *Nauka zaczyna się w przyszłym tygodniu.* – Lessons start next week. ❸ (*pouczenie – nauczka*) lesson ['lesn], moral ['mɒrəl]; **wyciągnąć z czegoś naukę** – to learn a lesson from...; *Jaka jest z tego nauka?* – What's the moral of it?

naukowiec scientist ['saɪəntɪst], scholar ['skɒlə], research worker [rɪ'sɜ:tʃ-wɜ:kə]

naukowy scientific [saɪən'tɪfɪk]; **badania naukowe** – research (work); **stopień naukowy** – a university/an academic degree; **pomoce naukowe** – educational aids

naumyślnie deliberately [dɪ'lɪbrətlɪ], intentionally [ɪn'tenʃənəlɪ], on purpose [-'pɜ:pəs], purposely ['pɜ:pəslɪ]

nawa (*część kościoła*) nave [neɪv], (*nawa boczna*) aisle [aɪl]

nawadniać irrigate ['ɪrɪgeɪt]

nawalać ❶ (*zawodzić*) fail [feɪl], let down ['letdaʊn] (let, let) ❷ (*psuć się*) break down [breɪk'daʊn] (broke, broken), fail [feɪl]; *Hamulce nawaliły.* – The brakes failed. *Silnik nawalił.* – The engine broke down.

nawał lots of [lɒts-], heaps of [hi:ps-], mass [mæs]

nawałnica storm [stɔ:m], gale [geɪl], (*śnieżyca*) blizzard ['blɪzəd]

nawet even ['i:vn]; *Nawet dziecko może to zrozumieć.* – Even a child can understand it. *Nawet mi nie odpowiedział.* – He didn't even answer me. **gdyby nawet** – even if

nawias brackets ['brækɪts], parenthesis, *l.mn.* parentheses [pə'renθɪsɪs, pə'renθɪsi:z], (*nawias klamrowy*) braces ['breɪsɪz]; **w nawiasie** – in brackets/in parenthesis

◆ **nawiasem mówiąc** – by the way/incidentally

nawiązać ❶ (*wejść w kontakt*): **nawiązać kontakt** – to get in touch with/to contact; **nawiązać łączność z ekipą ratowniczą** – to establish communication with the rescue team; **nawiązać stosunki z** – to establish relationships with; **nawiązać korespondencję** – to enter into correspondence; **nawiązać znajomość** – to strike up an acquaintance ❷ (*oprzeć się, powoływać się*) refer (rr) [rɪ'fɜ:], make references [-'refrənsɪz]; *Nauczyciel często nawiązywał do poprzedniego wykładu.* – The teacher often referred to the previous lecture. *Nawiązując do pańskiego listu...* – In reference to your letter...

nawiązywać *p.* **nawiązać**

nawierzchnia surface ['sɜ:fɪs]

nawigacja navigation [nævɪ'geɪʃn]

nawigator navigator ['nævɪgeɪtə]

nawijać wind (wound, wound) [waɪnd, waʊnd, waʊnd]; **nawijać nić na szpulkę** – to wind thread onto a reel

nawilżać moisten ['mɔɪsn], (*skórę*) moisturize ['mɔɪstʃəraɪz]

nawilżający moisturizing ['mɔɪstʃəraɪzɪŋ]

nawlekać thread [θred]; **nawlekać igłę** – to thread a needle; **nawlekać perły** – to thread pearls

nawoływać ❶ (*wołać, wydawać okrzyki*) call [kɔ:l] ❷ (*wzywać*) urge [ɜ:dʒ]

nawożenie fertilization [fɜ:tɪlaɪ'zeɪʃn]

nawóz fertilizer ['fɜ:tɪlaɪzə], (*naturalny*) manure [mə'njʊə]

nawracać (*nakłaniać do zmiany poglądów*) convert [kən'vɜ:t]; **nawracać kogoś z ateizmu na chrześcijaństwo** – to convert sb from atheism to Christianity

nawracać się become converted; **nawracać się na chrześcijaństwo** – to be converted to Christianity

nawrót (*ponowne wystąpienie*) recurrence [rɪ'kʌrəns], relapse [rɪ'læps]; **nawrót choroby** – recurrence of an illness

nawyk habit ['hæbɪt]; **złe nawyki** – bad habits; **robić coś siłą nawyku** – to do sth from force of habit/out of force of habit; **wpaść w nawyk robienia czegoś** – to fall into the habit of doing sth; *On nie ma nawyku wczesnego wstawania.* – He is not in the habit of getting up early.

nawzajem ❶ (*jeden drugiego*) each other [i:tʃ'ʌðə], one another [wʌnə'nʌðə]; *Nawzajem się o to obwiniali.* – They accused each other of it. ❷ (*z wzajemnością*) in return [ɪnrı'tɜ:n]; *Wesołych Świąt! – Nawzajem!* – Merry Christmas! – The same to you!

nazbyt too [tu:]

nazwa name [neım]; **nazwa handlowa** – trade name; **tylko z nazwy** – in name only

nazwać name [neım], call [kɔ:l]; *Nazwali swojego syna imieniem John po dziadku.* – They named their son John after his grandfather. **nazywać rzeczy po imieniu** – to call a spade a spade

nazwisko name [neım], surname ['sɜ:neım]; *Ona pisze pod innym nazwiskiem.* – She writes under a different name. **nazwisko panieńskie** – (one's) maiden name; **nazwisko po mężu** – (one's) married name

nazywać się be called [-kɔ:ld]; *On nazywa się Henry Brown.* – His name is Henry Brown. *Jak to się nazywa?* – What is it called?

negatyw negative ['negətıv]

negatywny negative ['negətıv]

negocjacje negotiations [nıgəʊʃı'eıʃnz]; **negocjacje pokojowe** – peace negotiations; **prowadzić negocjacje** – to carry on/to conduct negotiations; **rozpocząć negocjacje** – to enter into negotiations

nekrolog obituary [ə'bıtjʊərı]

neon ❶ *chem.* neon ['ni:ɒn] ❷ (*świecący znak reklamowy*) neon sign ['ni:ɒnsaın]

neonowy neon ['ni:ɒn]; **lampa neonowa** – neon lamp

nenufar water lily ['wɔ:təlılı]

nerka kidney ['kıdnı]

nerw nerve [nɜ:v]

◆ **nerwy** – nerves; **działać komuś na nerwy** – to get on sb's nerves; **wojna nerwów** – a war of nerves; **kłębek nerwów** – a bundle of nerves; *Ona ma nerwy ze stali.* – She has nerves of steel.

nerwica neurosis, *l.mn.* neuroses [njʊə'rəʊsıs, njʊə'rəʊsi:z]

nerwowość nervousness ['nɜ:vəsnıs]

nerwowy ❶ (*dot. systemu nerwowego*) nervous ['nɜ:vəs]; **system nerwowy** – the nervous system; **załamanie nerwowe** – nervous breakdown ❷ (*świadczący o złym stanie nerwów*) nervous ['nɜ:vəs], jumpy ['dʒʌmpı]; **nerwowa energia** – nervous energy; **nerwowy śmiech** – a nervous laugh ❸ (*o człowieku – łatwo denerwujący się*) excitable [ık'saıtəbl], irritable ['ırıtəbl]

netto net [net]

neurolog neurologist [njʊə'rɒlədʒıst]

neurologia neurology [njʊə'rɒlədʒı]

neurologiczny neurological [njʊərə'lɒdʒıkl]

neutralizacja neutralization [nju:trəlaı'zeıʃn]

neutralizować neutralize ['nju:trəlaız]

neutralność neutrality [nju:'trælətı]; **zachować neutralność** – to maintain neutrality; **ogłosić neutralność** – to declare neutrality

neutralny neutral ['nju:trəl]

nęcący tempting ['temtıŋ]

nęcić tempt [temt]

nędza poverty ['pɒvətı], destitution [destı'tju:ʃn]; **cierpieć nędzę** – to be destitute

nędzny ❶ (*świadczący o nędzy*) wretched ['retʃıd], beggarly ['begəlı] ❷ (*cierpiący nędzę*) poverty-stricken ['pɒvətıstrıkn], destitute ['destıtju:t] ❸ (*mający małą wartość*) poor [pʊə], paltry ['pɔ:ltrı]

nic nothing ['nʌθıŋ]; *On nie ma nic do roboty.* – He has nothing to do. *Nic o tym nie wiem.* – I know nothing about it./I don't know anything about it. *Nic z tego!* – Nothing doing! *To na nic.* – It's no use. *Nie mam nic przeciwko temu.* – I don't mind it. **nic dziwnego** – no wonder/small wonder; *Nic się nie zmieniłaś.* – You didn't change a bit.

nicość nothingness ['nʌθɪŋnɪs]

niczyj nobody's ['nəʊbɒdɪz]

niczym like [laɪk]

nić thread [θred]

nie no [nəʊ], not [nɒt]; *Ależ, nie!* – Oh, no! *Tego nie wiem.* – I don't/do not know that. *Nie, nie znam go.* – No, I don't/do not know him

nieaktualny (*o ofercie, propozycji*) no longer open [nəʊ'lɒŋgər'əʊpn], (*o dokumencie*) no longer valid [nəʊ'lɒŋgə'vælɪd], invalid [ɪn'vælɪd], (*przestarzały*) out of date [aʊtəv'deɪt]

nieapetyczny unappetizing [ʌn'æpɪtaɪzɪŋ]

niebacznie imprudently [ɪm'pru:dəntlɪ], unguardedly [ʌn'gɑ:dɪdlɪ]

niebaczny unguarded [ʌn'gɑ:dɪd], imprudent [ɪm'pru:dənt], rash [ræʃ]

niebawem soon [su:n], presently ['prezntlɪ]

niebezpieczeństwo danger ['deɪndʒə]; **narażać na niebezpieczeństwo** – to expose to danger; *Nasze życie było w niebezpieczeństwie.* – Our lives were in danger. **śmiertelne niebezpieczeństwo** – deadly/mortal danger

niebezpieczny dangerous ['deɪndʒərəs]

niebiański heavenly ['hevnlɪ]

niebieski blue [blu:]

niebieskooki blue-eyed [blu:'aɪd]

niebo ❶ (*pozorne sklepienie nad ziemią*) sky [skaɪ]; **jasne/bezchmurne niebo** – a clear/a cloudless sky; **rozgwieżdżone niebo** – a starry sky; **gwiazdy na niebie** – the stars in the sky; **pod gołym niebem** – under the open sky//out of doors; **zachmurzone niebo** – a cloudy/an overcast sky ❷ (*nadziemska kraina szczęścia*) heaven ['hevn]; **iść do nieba** – to go to heaven; **być w siódmym niebie** – to be in seventh heaven; **poruszyć niebo i ziemię** – to move heaven and earth; *Wielkie nieba!* – Good Heavens!/Heavens above!

nieboszczyk deceased [dɪ'si:st]

niebyt non-existence [nɒnɪg'zɪstəns]

niebywały unusual [ʌn'ju:ʒwəl], uncommon [ʌn'kɒmən], unprecedented [ʌn'presɪdəntɪd], unthinkable [ʌn'θɪŋkəbl]

niecenzuralny indecent [ɪn'di:snt], obscene [əb'si:n]

niech let [let]; *Niech on poniesie konsekwencje.* – Let him suffer the consequences. *Niech x będzie równe a.* – Let x be equal to a. *Niech nie będzie żadnych nieporozumień co do tego.* – Let there be no mistake about it. *Niech żyje król!* – Long live the King!

niechęć ❶ (*brak chęci*) unwillingness [ʌn'wɪlɪŋnɪs], reluctance [rɪ'lʌktəns]; *Zgodził się w końcu, z pewną niechęcią.* – He finally agreed with some reluctance. ❷ (*nieprzyjazne uczucia*) dislike [dɪs'laɪk], animosity [ænɪ'mɒsətɪ], antipathy [æn'tɪpəθɪ]; *Od razu poczułam do niego silną niechęć.* – I took a strong dislike to him straight away. **czuć do kogoś niechęć** – to feel antipathy towards sb

niechętny ❶ (*nie wykazujący chęci*) reluctant [rɪ'lʌktənt], unwilling [ʌn'wɪlɪŋ]; *Była niechętna do pomocy.* – She was very reluctant to help. ❷ (*nieżyczliwy, nieprzyjazny*) unfriendly [ʌn'frendlɪ], ill-disposed [ɪldɪ'spəʊzd]; *Ona jest nam niechętna.* – She is ill--disposed towards us.

niechlujny slovenly ['slʌvnlɪ], untidy [ʌn'taɪdɪ], disorderly [dɪs'ɔ:dəlɪ]

niechybny certain ['sɜ:tn]

nieciekawy ❶ (*nie budzący zainteresowania*) uninteresting [ʌn'ɪntrɪstɪŋ], dull [dʌl] ❷ (*nie odczuwający ciekawości*) incurious [ɪn'kjʊərɪəs], not inquisitive [nɒtɪn'kwɪzətɪv]

niecierpliwić make sb impatient [-ɪm'peɪʃnt], exasperate [ɪg'zæspəreɪt]; *Długie czekanie zniecierpliwiło nas.* – The long wait exasperated us.

n

niecierpliwić się become/grow impatient [-ɪm'peɪʃnt]

niecierpliwość impatience [ɪm'peɪʃns]

niecodzienny uncommon [ʌn'kɒmən], unusual [ʌn'ju:ʒʊəl]

nieczęsto not often [nɒt'ɒfn], infrequently [ɪn'fri:kwəntlɪ]

nieczęsty infrequent [ɪn'fri:kwənt]

nieczuły ❶ (*niezdolny się wzruszyć*) unfeeling [ʌn'fi:lɪŋ], callous ['kæləs] ❷ (*nie reagujący na bodźce*) insensitive [ɪn'sensətɪv], impervious [ɪm'pɜ:vjəs]; **nieczuły na ból/zimno** – insensitive to pain/cold; **nieczuły na krytykę** – insensitive/impervious to criticism

nieczynny (*o sklepie*) closed ['kləʊzd], (*nie funkcjonujący*) out of order [aʊtəv'ɔ:də], (*o fabryce*) closed down [kləʊzd'daʊn]; *Winda była nieczynna.* – The lift was out of order.

nieczysty ❶ (*zawierający domieszki*) impure [ɪm'pjʊə] ❷ (*nieuczciwy, podejrzany*) shady ['ʃeɪdɪ], dishonest [dɪs'ɒnɪst]; **nieczysty interes** – a shady business ❸ (*niemoralny*) dirty ['dɜ:ti:], impure [ɪm'pjʊə], unclean [ʌn'kli:n], unchaste [ʌn'tʃeɪst]; **nieczyste myśli** – impure thoughts

◆ **nieczyste sumienie** – a guilty conscience/an uneasy conscience

◆ **siły nieczyste** – evil spirits

nieczytelny illegible [ɪ'ledʒəbl]

niedaleki ❶ (*dot. przestrzeni*) nearby ['nɪəbaɪ], not distant, not far (away); **niedaleki prawdy** – not far from the truth ❷ (*dot. czasu*) near [nɪə]; **w niedalekiej przyszłości** – in (the) near future

niedaleko not far [nɒt'fɑ:], close by [kləʊs'baɪ], close to ['kləʊstə]; *Mieszkają tu niedaleko.* – They live close by. *Mieszkają niedaleko od nas.* – They live not far from us.

niedawno recently ['ri:səntlɪ], not long ago

niedbale ❶ (*byle jak*) carelessly ['keəlɪslɪ], perfunctorily [pə'fʌŋktərɪlɪ] ❷ (*z nonszalancją*) nonchalantly ['nɒnʃələntlɪ], casually ['kæʒjʊəlɪ]

niedbalstwo carelessness ['keəlɪsnɪs]

niedbały ❶ (*robiony byle jak*) careless ['keəlɪs], slapdash ['slæpdæʃ] ❷ (*zbyt swobodny*) nonchalant ['nɒnʃələnt], casual ['kæʒjʊəl]; **niedbała poza** – nonchalant air; **niedbały strój** – casual clothes

niedelikatnie indelicately [ɪn'delɪkətlɪ]

niedelikatność (*brak taktu*) indelicacy [ɪn'delɪkəsɪ], tactlessness ['tæktlɪsnɪs], thoughtlessness ['θɔ:tlɪsnɪs]

niedelikatny (*pozbawiony taktu*) indelicate [ɪn'delɪkət], tactless ['tæktlɪs], thoughtless ['θɔ:tlɪs]

niedługi short [ʃɔ:t]

niedługo ❶ (*przez niedługi czas*) not long [nɒt'lɒŋ]; *To potrwa niedługo.* – It won't last long. ❷ (*po niedługim czasie*) shortly ['ʃɔ:tlɪ], soon [su:n]; *Przyjechał niedługo potem.* – He arrived shortly afterwards.

niedobór ❶ (*niedostateczna ilość*) shortage ['ʃɔ:tɪdʒ], scarcity ['skeəsɪtɪ], deficiency [dɪ'fɪʃnsɪ]; **niedobór witamin** – vitamin deficiency; **niedobór ludzi do pracy** – shortage of staff/ /labour shortage; **niedobór żywności** – shortage/scarcity of food ❷ (*nadwyżka rozchodu nad przychodem*) deficit ['defɪsɪt]; **niedobór budżetowy** – a budget deficit

niedobrany ill-matched [ɪl'mætʃt], ill-assorted [ɪlə'sɔ:tɪd]

niedobry ❶ (*niewłaściwy, nieprawidłowy*) bad [bæd], wrong [rɒŋ], improper [ɪm'prɒpə]; **niedobra** (*niewłaściwa*) **odpowiedź** – a wrong answer; **niedobre zachowanie** – bad/improper behaviour; **niedobre/źle zachowujące się dziecko** – a bad/a naughty child; **niedobra pogoda** – bad weather; **niedobra wiadomość** – bad news ❷ (*pozbawiony dobroci*) unkind [ʌn'kaɪnd]; *On jest dla niej niedobry.* – He is unkind to her. ❸ (*nieprzyjemny*) nasty ['nɑ:stɪ], unpleasant [ʌn'pleznt]; *Lekarstwo ma niedobry smak.* – The medicine has a nasty taste.

n

niedobrze ❶ (*niewłaściwie*) badly ['bædlı], ill [ıl], wrong [rɒŋ], wrongly ['rɒŋlı], improperly [ım'prɒpəlı]; **niedobrze się zachowywać** – to behave badly/improperly; **niedobrze zachowujące się dzieci** – ill-behaved children ❷ (*o samopoczuciu*) ill [ıl], unwell [ʌn'wel]; **czuć się niedobrze** – to feel ill/unwell; *Jest mi niedobrze. (Mdli mnie.)* – I feel sick. *Jest mi niedobrze (słabo).* – I feel faint. ❸ (*w sposób świadczący o braku życzliwości*) ill [ıl], badly ['bædlı]; **niedobrze o kimś mówić** – to speak ill of sb; **niedobrze kogoś traktować** – to treat sb badly; **niedobrze traktowany** – ill-treated

niedogodność inconvenience [ınkən'vi:njəns]

niedogodny inconvenient [ınkən'vi:njənt]

niedojrzałość (*dot. stadium rozwoju człowieka*) immaturity [ımə'tjʊərətı]

niedojrzały ❶ (*o owocach itp.*) unripe [ʌn'raıp] ❷ (*o człowieku*) immature [ımə'tjʊə]

niedokładność inaccuracy [ın'ækjʊrəsı]

niedokładny inaccurate [ın'ækjʊrət]

niedołęstwo ❶ (*brak sprawności fizycznej*) infirmity [ın'fɜ:mətı], disability [dısə'bılətı] ❷ (*nieudolność*) incompetence [ın'kɒmpıtəns], inefficiency [ını'fıʃnsı]

niedołężny ❶ (*nie mający sprawności fizycznej*) infirm [ın'fɜ:m], disabled [dıs'eıbld] ❷ (*nieudolny*) inefficient [ını'fıʃnt], ineffectual [ını'fektʃʊəl]

niedomagać (*być niezdrowym*) be ill [-ıl], be unwell [-ʌn'wel], be ailing [-eılıŋ]; *Jego żona niedomaga.* – His wife is ailing. **niedomagać na serce** – to suffer from a weak heart

niedopałek stub [stʌb]; **niedopałek papierosa** – a cigarette end

niedopatrzenie neglect [nı'glekt], dereliction of duty [derı'lıkʃnəv'dju:tı], oversight ['əʊvəsaıt]

niedopuszczalny unacceptable [ʌnək'septəbl], impermissible [ımpə'mısəbl], not permissible [nɒtpə'mısəbl]

niedorozwinięty ❶ (*dot. rozwoju umysłowego*) mentally deficient ['mentlıdı'fıʃnt], mentally retarded ['mentlırı'tɑ:dıd], backward ['bækwəd] ❷ (*dot. rozwoju fizycznego*) underdeveloped [ˌʌndədı'velɒpt], backward ['bækwəd]

niedorozwój ❶ (*umysłowy*) mental deficiency [mentldı'fıʃnsı], backwardness ['bækwədnıs] ❷ (*fizyczny*) underdevelopment [ʌndədı'veləpmənt], backwardness ['bækwədnıs]

niedorzeczność absurdity [əb'sɜ:dətı], nonsense ['nɒnsns]

niedorzeczny absurd [əb'sɜ:d], nonsensical [nɒn'sensıkl]

niedoskonałość imperfection [ımpə'fekʃn], deficiency [dı'fıʃnsı]

niedoskonały imperfect [ım'pɜ:fıkt], deficient [dı'fıʃnt]

niedosłyszalny inaudible [ın'ɔ:dəbl]

niedosłyszeć (*słabo słyszeć*) be hard of hearing [hɑ:dəv'hıərıŋ]

niedostatecznie ❶ (*niezadowalająco*) unsatisfactorily ['ʌnsætıs'fæktərılı] ❷ (*niewystarczająco*) insufficiently [ınsə'fıʃntlı]

niedostateczny ❶ (*niezadowalający*) unsatisfactory ['ʌnsætıs'fæktərı]; **stopień niedostateczny** – a bad mark/an unsatisfactory mark ❷ (*niewystarczający*) insufficient [ınsə'fıʃnt]

niedostatek ❶ (*bieda*) poverty ['pɒvətı], want [wɒnt]; **żyć w niedostatku** – to live in poverty/in want ❷ (*brak*) want [wɒnt], scarcity ['skeəsətı]; **niedostatek żywności** – scarcity of food

niedostępny inaccessible [ınæk'sesəbl], (*o człowieku – dumny, wyniosły*) unapproachable [ʌnə'prəʊtʃəbl]; *Park jest niedostępny dla publiczności.* – The park is inaccessible to the public.

niedostrzegalny imperceptible [ımpə'septəbl], unnoticeable [ʌn'nəʊtısəbl]; **niedostrzegalna zmiana** – an imperceptible change

niedościgły (*niezrównany*) unmatched [ʌn'mætʃt], unrivalled [ʌn'raıvld], unequalled [ʌn'i:kwəld]

niedoświadczony inexperienced [ɪnɪk'spɪərɪənst]
niedowiarek sceptic ['skeptɪk]
niedowidzieć be short-sighted [-ʃɔ:t'saɪtɪd]
niedowierzanie disbelief [dɪsbɪ'li:f], incredulity [ɪnkrɪ'dju:lətɪ]
niedozwolony forbidden [fə'bɪdn], prohibited [prə'hɪbɪtɪd], *prawn.* illicit [ɪ'lɪsɪt], illegal [ɪ'li:gl]
niedożywiony undernourished [ʌndə'nʌrɪʃt], underfed [ʌndə'fed]
niedrogi inexpensive [ɪnɪk'spensɪv]
niedrogo cheap [tʃi:p], inexpensively [ɪnɪk'spensɪvlɪ]; *Kupiłam to niedrogo.* – I bought it cheap.
niedużo ❶ (*w odniesieniu do rzeczowników policzalnych*) few [fju:], not many [nɒt'menɪ]; *Oni mają niedużo książek.* – They haven't got many books. ❷ (*w odniesieniu do rzeczowników niepoliczalnych*) little ['lɪtl], not much [nɒt'mʌtʃ]; *Mam niedużo czasu.* – I haven't got much time.
nieduży not big [nɒt'bɪg], not large [nɒt'lɑ:dʒ], small [smɔ:l]
niedwuznacznie clearly ['klɪəlɪ], unambiguously [ʌnæm'bɪgjʊəslɪ]
niedwuznaczny clear [klɪə], unambiguous [ʌnæm'bɪgjʊəs]; **niedwuznaczna aluzja** – a broad hint/a pointed remark
niedyskrecja indiscretion [ɪndɪ'skreʃn], indelicacy [ɪn'delɪkəsɪ]
niedyskretny indiscreet [ɪndɪ'skri:t], indelicate [ɪn'delɪkət]
niedyspozycja indisposition [ɪndɪspə'zɪʃn]
niedziela Sunday ['sʌndɪ]; **w niedzielę** – on Sunday; **w następną niedzielę** – next Sunday; **Niedziela Wielkanocna** – Easter Sunday; **Niedziela Palmowa** – Palm Sunday
niedzielny Sunday ['sʌndɪ]; **niedzielne popołudnie** – a Sunday afternoon
niedźwiedź *zool.* bear [beə]
nieekonomiczny uneconomical [ʌni:kə'nɒmɪkl]
niefachowy inexpert [ɪn'ekspɜ:t], amateurish ['æmətərɪʃ], incompetent [ɪn'kɒmpɪtənt]
nieforemny shapeless ['ʃeɪplɪs]
nieformalny ❶ (*niezgodny z przepisami*) irregular [ɪ'regljʊlə], illegal [ɪ'li:gl] ❷ (*nieoficjalny*) informal [ɪn'fɔ:ml], unofficial [ʌnə'fɪʃl]
niefortunny unfortunate [ʌn'fɔ:tʃnət], unlucky [ʌn'lʌkɪ], ill-fated [ɪl'feɪtɪd]
niegdyś once [wʌns], in the past [ɪnðə'pɑ:st]
niegodny (*nie zasługujący*) unworthy [ʌn'wɜ:ðɪ]; **zachowanie niegodne uczciwego człowieka** – behaviour unworthy of an honest man
niegodziwość wickedness ['wɪkɪdnɪs], meanness ['mi:nnɪs]
niegodziwy wicked ['wɪkɪd], mean [mi:n]
niegościnność inhospitality [ɪnhɒspɪ'tælətɪ]
niegościnny inhospitable [ɪn'hɒspɪtəbl]
niegroźny not serious [nɒt'sɪərɪəs], not dangerous [nɒt'deɪndʒərəs]; *To niegroźne.* – It's nothing serious.
niegrzeczny (*nieuprzejmy*) impolite [ɪmpə'laɪt], rude [ru:d], (*o dziecku*) bad [bæd], naughty ['nɔ:tɪ]
niegustowny in bad taste [ɪnbæd'teɪst], tasteless ['teɪstlɪs]
niehigieniczny unhygienic [ʌnhaɪ'dʒi:nɪk], insanitary [ɪn'sænɪtərɪ]
niehumanitarny inhumane [ɪnhju:'meɪn]; **niehumanitarne traktowanie więźniów** – inhumane treatment of prisoners
nieinteligentny unintelligent [ʌnɪn'telɪdʒənt]
nieinteresujący uninteresting [ʌn'ɪntrɪstɪŋ]
nieistotny irrelevant [ɪ'reləvənt], insignificant [ɪnsɪg'nɪfɪkənt], immaterial [ɪmə'tɪərɪəl], inconsequential [ɪnkɒnsɪ'kwenʃl], inessential [ɪnɪ'senʃl]; *Broszura była pełna nieistotnych informacji.* – The brochure was full of irrelevant information. *Koszt jest nie-*

istotny. – The cost is immaterial. *Spadek cen był tak mały, że nieistotny.* – The drop in prices was so small, it was insignificant.

niejadalny inedible [ɪn'edɪbl], uneatable [ʌn'i:təbl]

niejasno vaguely ['veɪglɪ], indistinctly [ɪndɪ'stɪŋktlɪ], hazily ['heɪzɪlɪ]

niejasność vagueness ['veɪgnɪs]

niejasny ❶ (*niewyraźny*) ambiguous [æm'bɪgjʊəs], vague [veɪg], unclear [ʌn'klɪə] ❷ (*niezrozumiały*) obscure [əb'skjʊə], enigmatic [enɪg'mætɪk], cryptic ['krɪptɪk]

niejeden many a, a number, not a few; *Byłem tu niejeden raz.* – I've been here many a time/a number of times. *Niejeden człowiek został doprowadzony przez alkohol do ruiny.* – Many a man has been ruined by alcohol.

niejednolity heterogenous [hetərə'dʒi:njəs], not uniform [nɒt'ju:nɪfɔ:m]

niejednoznaczny ambiguous [æm'bɪgjʊəs], unclear [ʌn'klɪə]

niekompetentny incompetent [ɪn'kɒmpɪtənt]

niekompletny incomplete [ɪnkəm'pli:t]

niekoniecznie not necessarily [nɒt'nesəsərəlɪ]

niekonieczny not necessary [nɒt'nesəsərɪ], not indispensable [nɒtɪndɪ'spensəbl]

niekonsekwencja inconsistency [ɪnkən'sɪstənsɪ]

niekonsekwentny inconsistent [ɪnkən'sɪstənt]

niekorzystny ❶ (*niepomyślny*) unfavourable [ʌn'feɪvərəbl] ❷ (*niepochlebny, ujemny*) disadvantageous [dɪsædvɑ:n'teɪdʒəs]

niekorzyść disadvantage [dɪsəd'vɑ:ntɪdʒ]; **na czyjąś niekorzyść** – to sb's disadvantage

niekształtny unshapely [ʌn'ʃeɪplɪ], shapeless ['ʃeɪplɪs]

niektórzy (*zwykle w l.mn. – niektórzy, niektóre*) some [sʌm, səm]; **niektórzy** (*ludzie*) – some people

niekulturalny rude [ru:d], coarse [kɔ:s], uncultivated [ʌn'kʌltɪveɪtɪd], uncouth [ʌn'ku:θ]

nielegalny illegal [ɪ'li:gl], unlawful [ʌn'lɔ:fʊl]

nieletni juvenile ['dʒu:vənaɪl], minor ['maɪnə]; **sąd dla nieletnich** – juvenile court

nielogiczny illogical [ɪ'lɒdʒɪkl]

nielojalność disloyalty [dɪs'lɔɪəltɪ]

nielojalny disloyal [dɪs'lɔɪəl]; **być nielojalnym wobec kogoś** – to be disloyal to sb

nieludzki ❶ (*okrutny*) inhuman [ɪn'hju:mən] ❷ (*nadludzki*) superhuman [su:pə'hju:mən]

nieład chaos ['keɪɒs], confusion [kən'fju:ʒn], disorder [dɪs'ɔ:də], mess [mes]; **wprowadzić nieład** – to throw sth into confusion

nieładnie (*niezgodnie z panującymi zasadami*) unfairly [ʌn'feəlɪ]; **postępować z kimś nieładnie** – to treat sb unfairly/to be unfair to sb

nieładny ❶ (*dość brzydki*) plain [pleɪn], uncomely [ʌn'kʌmlɪ], unattractive [ʌnə'træktɪv] ❷ (*sprzeciwiający się ogólnie przyjętym normom postępowania*) unfair [ʌn'feə], improper [ɪm'prɒpə], wrong [rɒŋ]

niełatwy not easy [nɒt'i:zɪ], pretty hard [prɪtɪ'hɑ:d]

niemal almost ['ɔ:lməʊst], nearly ['nɪəlɪ]

niemało not a little, quite a lot

niemały ❶ (*dużych rozmiarów*) pretty big, of considerable size ❷ (*duży, znaczny*) considerable [kən'sɪdərəbl]

niemądry silly ['sɪlɪ], stupid ['stju:pɪd]

niemiara:

co niemiara – countless

Niemiec German ['dʒɜ:mən]

niemiecki German ['dʒɜ:mən]

niemiły unpleasant [ʌn'pleznt], disagreeable [dɪsə'grɪəbl], nasty ['nɑ:stɪ]

niemłody no longer young

niemniej:

tym niemniej – however, all the same, nevertheless

niemodny out of fashion [aʊtəv'fæʃn], unfashionable [ʌn'fæʃnəbl], outmoded [aʊt'məʊdɪd]

niemoralność immorality [ɪmə'rælətɪ]

niemoralny immoral [ɪ'mɒrəl]

niemowa mute [mju:t], dumb (person) [dʌm-]

niemowlę baby ['beɪbɪ], infant ['ɪnfənt]

niemowlęctwo babyhood ['beɪbɪhʊd], infancy ['ɪnfənsɪ]

niemożliwość impossibility [ɪmpɒsə'bɪlətɪ], the impossible [-ɪm'pɒsəbl]; *To graniczy z niemożliwością.* – It borders on the impossible.

niemożliwy impossible [ɪm'pɒsəbl]

niemożność impossibility [ɪmpɒsə'bɪlətɪ], inability [ɪnʌə'bɪlətɪ]; **niemożność nauczenia się języka obcego** – inability to learn a foreign language

niemy mute [mju:t], dumb [dʌm], silent ['saɪlənt]; *Patrzyli w niemym zachwycie.* – They stared in mute admiration. *Litera „h" w wyrazie „honourable" jest niema.* – The "h" in "honourable" is mute/silent. **film niemy** – silent film

nienaganny faultless ['fɔ:ltlɪs], impeccable [ɪm'pekəbl], irreproachable [ɪrɪ'prəʊtʃəbl]

nienasycony ❶ (*nie zaspokojony*) insatiable [ɪn'seɪʃəbl]; **nienasycony apetyt** – insatiable appetite; **nienasycona ciekawość** – insatiable curiosity ❷ *chem., fiz.* unsaturated [ʌn'sætʃəreɪtɪd]; **roztwór nienasycony** – unsaturated solution

nienaturalny unnatural [ʌn'nætʃrəl], artificial [ɑ:tɪ'fɪʃl]

nienaumyślnie unintentionally [ʌnɪn'tenʃənəlɪ], not deliberately [nɒtdɪ'lɪbrətlɪ]

nienawidzić hate [heɪt], loath [ləʊð], detest [dɪ'test]

nienawistny ❶ (*znienawidzony*) hateful ['heɪtfʊl] ❷ (*pełen nienawiści*) full of hatred [fʊləv'heɪtrɪd]

nienawiść hate [heɪt], hatred ['heɪtrɪd]; **czuć nienawiść do wroga** – to feel hate/hatred for the enemy; **spojrzeć z nienawiścią** – to look with hatred

nienormalny ❶ (*odbiegający od normy*) abnormal [æb'nɔ:ml] ❷ (*pot. – chory psychicznie*) mentally ill [mentlɪ'ɪl], (*niedorozwinięty umysłowo*) mentally deficient/disabled [mentlɪ dɪ'fɪʃnt/dɪs'eɪbld]

nienowoczesny antiquated ['æntɪkweɪtɪd], not modern [-'mɒdn]

nieobecność absence ['æbsəns]; **pod czyjąś nieobecność** – in/during sb's absence

nieobecny[1] (*osoba nieobecna*) absentee [æbsən'ti:]

nieobecny[2] (*nie uczestniczący*) absent ['æbsənt]; **być nieobecnym w szkole** – to be absent from school

nieobliczalny ❶ (*niepoczytalny*) unpredictable [ʌnprɪ'dɪktəbl], incalculable [ɪn'kælkjʊləbl] ❷ (*ogromny, nie dający się policzyć*) incalculable [ɪn'kælkjʊləbl]

nieobowiązkowy ❶ (*niesumienny*) negligent ['neglɪdʒənt] ❷ (*nie będący obowiązkiem*) optional ['ɒpʃənl], not obligatory [nɒtɒ'blɪgətərɪ]

nieobyty uncultured [ʌn'kʌltʃəd], uncultivated [ʌn'kʌltɪveɪtɪd], uncouth [ʌn'ku:θ]

nieoczekiwany unexpected [ʌnɪk'spektɪd]

nieodłączny inherent [ɪn'hɪərənt], inseparable [ɪn'sepərəbl]

nieodparty irresistible [ɪrɪ'zɪstəbl]; **nieodparta chęć/pokusa** – an irresistible urge/temptation

nieodpłatny gratuitous [grə'tju:ɪtəs], free [fri:]

nieodpowiedni ❶ (*nie nadający się*) inadequate [ɪn'ædɪkwət], inappropriate [ɪnə'prəʊprɪət], unsuitable [ʌn'su:təbl], unfit [ʌn'fɪt] ❷ (*niewłaściwy*) inappropriate [ɪnə'prəʊprɪət]; **nieodpowiedni moment** – an inappropriate moment ❸ (*niestosowny*) improper [ɪm'prɒpə], unsuitable [ʌn'su:təbl]; **nieodpowiednie zachowanie** – improper behaviour

nieodpowiedzialny irresponsible [ɪrɪ'spɒnsəbl], unreliable [ʌnrɪ'laɪəbl]
nieodwołalny irrevocable [ɪ'revəkəbl], (*ostateczny*) final ['faɪnl]
nieodzowny indispensable [ɪndɪ'spensəbl]
nieoficjalny unofficial [ʌnə'fɪʃl], informal [ɪn'fɔ:ml]
nieograniczony unlimited [ʌn'lɪmɪtɪd], boundless ['baʊndlɪs], infinite ['ɪnfɪnət]
nieokiełznany uncontrollable [ʌnkən'trəʊləbl]
nieokreślony indefinite [ɪn'defɪnət], (*nie dający się określić, niejasny*) undefined [ʌndɪ'faɪnd], vague [veɪg]; **umowa na czas nieokreślony** – a contract for an indefinite period (of time); *gram.* **przedimek nieokreślony** – the indefinite article
nieomal almost ['ɔ:lməʊst], nearly ['nɪəlɪ]
nieomylny infallible [ɪn'fæləbl], unerring [ʌn'ɜ:rɪŋ]; *Nikt z nas nie jest nieomylny.* – None of us is infallible.
nieopanowany uncontrollable [ʌnkən'trəʊləbl], (*o charakterze*) impetuous [ɪm'petjʊəs], uncontrolled [ʌnkən'trəʊld]
nieopatrzny inadvertent [ɪnəd'vɜ:tənt], careless ['keəlɪs], unthinking [ʌn'θɪŋkɪŋ], thoughtless ['θɔ:tlɪs]
nieopisany indescribable [ɪndɪ'skraɪbəbl]
nieopłacalny unprofitable [ʌn'prɒfɪtəbl]
nieorganiczny inorganic [ɪnɔ:'gænɪk]; **chemia nieorganiczna** – inorganic chemistry
nieosiągalny unattainable [ʌnə'teɪnəbl]
nieostrożnie incautiously [ɪn'kɔ:ʃəslɪ], carelessly ['keəlɪslɪ], imprudently [ɪm'pru:dəntlɪ]
nieostrożność carelessness ['keəlɪsnɪs], imprudence [ɪm'pru:dəns]
nieostrożny imprudent [ɪm'pru:dənt], incautious [ɪn'kɔ:ʃəs], careless ['keəlɪs]
nieostry ❶ (*tępy*) blunt [blʌnt] ❷ (*łagodny*) mild [maɪld] ❸ (*o obrazie optycznym*) blurred [blɜ:d], out of focus [aʊtəv'fəʊkəs], (*rozmyty*) fuzzy ['fʌzɪ]
nieoswojony wild [waɪld], untamed [ʌn'teɪmd]
nieoświetlony unlit [ʌn'lɪt]
nieoświecony uneducated [ʌn'edjʊkeɪtɪd], unenlightened [ʌnɪn'laɪtnd]
niepalący (*osoba niepaląca*) non-smoker [nɒn'sməʊkə]; **przedział dla niepalących** – non-smoker/non-smoking compartment
niepalny incombustible [ɪnkəm'bʌstəbl], non-flammable [nɒn'flæməbl]
niepamięć oblivion [ə'blɪvɪən]
niepamiętny immemorial [ɪmɪ'mɔ:rɪəl]; **od niepamiętnych czasów** – from time immemorial
nieparlamentarny unparliamentary [ʌnpɑ:lə'mentərɪ]
nieparzysty odd [ɒd]; **liczby nieparzyste** – odd numbers
niepełnoletni under age ['ʌndəreɪdʒ], minor ['maɪnə]
niepełny incomplete [ɪnkəm'pli:t], not full [nɒt'fʊl]
niepełnosprawny (*o człowieku*) disabled [dɪs'eɪbld]
niepewność uncertainty [ʌn'sɜ:tntɪ]; **trzymać kogoś w niepewności** – to keep sb in suspense; **niepewność jutra** – uncertain future
niepewny ❶ (*trudny do przewidzenia*) uncertain [ʌn'sɜ:tn]; *Rezultat jest niepewny.* – The result is uncertain. **niepewna pogoda** – uncertain weather ❷ (*taki, na którym nie można polegać*) unreliable [ʌnrɪ'laɪəbl] ❸ (*nie mający pewności*) uncertain [ʌn'sɜ:tn]; **być niepewnym co do dalszego postępowania** – to be uncertain (about) what to do; **niepewny uśmiech** – an uncertain smile; **niepewne kroki** – uncertain steps; **być niepewnym siebie** – to be self-conscious
niepiśmienny illiterate [ɪ'lɪtərət]
niepłodność infertility [ɪnfə'tɪlətɪ]
niepłodny infertile [ɪn'fɜ:taɪl]
niepoczytalność insanity [ɪn'sænətɪ]

niepoczytalny insane [ɪn'seɪn]

niepodległość independence [ɪndɪ'pendəns]

niepodległy independent [ɪndɪ'pendənt], sovereign ['sɒvrɪn]

niepodobny unlike [ʌn'laɪk]; *Ona jest zupełnie niepodobna do swojej siostry.* – She is quite unlike her sister.

niepodzielny indivisible [ɪndɪ'vɪzəbl]; **niepodzielna całość** – an integral whole

niepogoda bad weather [bæd'weðə]

niepohamowany uncontrollable [ʌnkən'trəʊləbl], violent ['vaɪələnt]

niepojętny slow-witted ['sləʊwɪtɪd]

niepojęty inconceivable [ɪnkən'si:vəbl]

niepokalany immaculate [ɪ'mækjʊlət]; **Niepokalane Poczęcie** – the Immaculate Conception

niepokaźny inconspicuous [ɪnkən'spɪkjʊəs], modest ['mɒdɪst]

niepokoić ❶ (*przeszkadzać*) disturb [dɪ'stɜ:b], bother ['bɒðə], trouble ['trʌbl] ❷ (*wywoływać niepokój*) upset (upset, upset) [ʌp'set, ʌp'set, ʌp'set], alarm [ə'lɑ:m], worry ['wʌrɪ]; **niepokojące wieści** – alarming news

niepokoić się worry ['wʌrɪ], be worried [-'wʌrɪd], be uneasy [-ʌn'i:zɪ], be anxious [-'æŋkʃəs]

niepokonany invincible [ɪn'vɪnsəbl], unconquerable [ʌn'kɒŋkərəbl]

niepokój anxiety [æŋ'zaɪətɪ], uneasiness [ʌn'i:zɪnɪs], worry ['wʌrɪ]; **niepokoje społeczne/polityczne** – social/political unrest

niepomyślny unfavourable [ʌn'feɪvərəbl], unsuccessful [ʌnsək'sesfʊl]; **niepomyślna próba** – an unsuccessful attempt; **niepomyślna wiadomość** – bad news

niepopłatny unprofitable [ʌn'prɒfɪtəbl]

niepoprawny ❶ (*błędny*) incorrect [ɪnkə'rekt]; **niepoprawna odpowiedź** – an incorrect answer ❷ (*zatwardziały*) incorrigible [ɪn'kɒrɪdʒəbl]

niepopularność unpopularity [ʌnpɒpjʊ'lærətɪ]

niepopularny unpopular [ʌn'pɒpjʊlə]

nieporadny helpless ['helplɪs], (*niezgrabny*) awkward ['ɔ:kwəd]

nieporozumienie ❶ (*pomyłka*) misunderstanding [mɪsʌndə'stændɪŋ] ❷ (*spór, kłótnia*) disagreement [dɪsə'gri:mənt], argument ['ɑ:gjʊmənt], quarrel ['kwɒrəl]

nieporównywalny incomparable [ɪn'kɒmpərəbl]

nieporuszony ❶ (*niewzruszony*) impassive [ɪm'pæsɪv], immovable [ɪ'mu:vəbl] ❷ (*pozostający w bezruchu*) motionless ['məʊʃnlɪs]; *Stał nieporuszony.* – He stood motionless.

nieporządek disorder [dɪs'ɔ:də], mess [mes], chaos ['keɪɒs]

nieporządny ❶ (*niechlujny*) untidy [ʌn'taɪdɪ], disorderly [dɪs'ɔ:dəlɪ], slovenly ['slʌvnlɪ] ❷ (*nie utrzymany w porządku*) untidy [ʌn'taɪdɪ]

nieposkromiony uncontrollable [ʌnkən'trəʊləbl], wild [waɪld]

nieposłuszeństwo disobedience [dɪsə'bi:djəns], insubordination [ɪ'nsəbɔ:dɪ'neɪʃn]

nieposłuszny disobedient [dɪsə'bi:djənt], insubordinate [ɪnsə'bɔ:dnət]; **być nieposłusznym rodzicom** – to be disobedient to one's parents

niepostrzeżenie imperceptibly [ɪmpə'septəblɪ]; **wyjść niepostrzeżenie** – to leave without being seen/noticed/to leave unnoticed

nieposzlakowany irreproachable [ɪrɪ'prəʊtʃəbl], impeccable [ɪm'pekəbl]

niepotrzebnie unnecessarily [ʌn'nesəsərəlɪ]; *Niepotrzebnie podlałeś kwiaty.* – You needn't have watered the flowers.

niepotrzebny unnecessary [ʌn'nesəsərɪ]

niepoważny not serious [nɒt'sɪərɪəs]

niepowodzenie failure ['feɪljə], (*porażka*) defeat [dɪ'fi:t]; *Przedsięwzięcie było skazane na niepowodzenie.* – The venture was doomed to failure. **doznać niepowodzenia** – to suffer/to experience defeat

niepowtarzalny unique [ju:'ni:k]

n

niepozorny inconspicuous [ɪnkən'spɪkjʊəs]

niepożądany undesirable [ʌndɪ'zaɪərəbl], unwelcome [ʌn'welkəm]

niepraktyczny unpractical [ʌn'præktɪkl], impractical [ɪm'præktɪkl]

nieprawda lie [laɪ], falsehood ['fɔ:lshʊd], untruth [ʌn'tru:θ]; *To nieprawda!* – That's a lie!/That's not true!

nieprawdopodobny ❶ (*pozbawiony cech prawdopodobieństwa*) improbable [ɪm'prɒbəbl], unlikely [ʌn'laɪklɪ] ❷ (*niesłychany*) incredible [ɪn'kredəbl], unbelievable [ʌnbɪ'li:vəbl]; *To nieprawdopodobne!* – It's incredible!

nieprawdziwy ❶ (*niezgodny z prawdą*) untrue [ʌn'tru:], false [fɔ:ls] ❷ (*nierzeczywisty*) unreal [ʌn'rɪəl] ❸ (*sztuczny*) imitation [ɪmɪ'teɪʃn], artificial [ɑ:tɪ'fɪʃl]

nieprawidłowy incorrect [ɪnkə'rekt], wrong [rɒŋ]

nieproporcjonalny disproportionate [dɪsprə'pɔ:ʃnət], out of proportion [aʊtəvprə'pɔ:ʃn]; *Ceny są nieproporcjonalne do dochodów.* – The prices are out of proportion to income.

nieproszony unwelcome [ʌn'welkəm]; **nieproszony gość** – an unwelcome visitor

nieprzeciętny uncommon [ʌn'kɒmən]

nieprzejednany uncompromising [ʌn'kɒmprəmaɪzɪŋ], adamant ['ædəmənt]

nieprzekonujący unconvincing [ʌnkən'vɪnsɪŋ], implausible [ɪm'plɔ:zəbl]

nieprzeliczony countless ['kaʊntlɪs], innumerable [ɪ'nju:mərəbl]

nieprzemakalny rainproof ['reɪnpru:f], waterproof ['wɔ:təpru:f]

nieprzemyślany rash [ræʃ], thoughtless ['θɔ:tlɪs], impulsive [ɪm'pʌlsɪv], unconsidered [ʌnkən'sɪdəd]

nieprzenikniony impenetrable [ɪm'penɪtrəbl], (*nie dający się zrozumieć*) inscrutable [ɪn'skru:təbl]; **nieprzenikniony wyraz twarzy** – an inscrutable face

nieprzeparty overwhelming [əʊvə'welmɪŋ], overpowering [əʊvə'paʊərɪŋ], irresistible [ɪrɪ'zɪstəbl]

nieprzepisowy irregular [ɪ'regjʊlə]

nieprzepuszczalny (*dla cieczy*) waterproof ['wɔ:təpru:f], (*dla światła*) opaque [əʊ'peɪk], (*dla powietrza*) airtight ['eətaɪt]

nieprzespany sleepless ['sli:plɪs]

nieprzetłumaczalny untranslatable [ʌntræns'leɪtəbl]

nieprzewidziany unforeseen [ʌnfɔ:'si:n], unexpected [ʌnɪk'spektɪd]

nieprzezroczysty opaque [əʊ'peɪk]

nieprzezwyciężony overpowering [əʊvə'paʊərɪŋ], overwhelming [əʊvə'welmɪŋ]

nieprzychylny unfavourable [ʌn'feɪvərəbl]

nieprzydatny useless ['ju:slɪs]

nieprzygotowany unprepared [ʌnprɪ'peəd]

nieprzyjaciel enemy ['enəmɪ]

nieprzyjacielski enemy ['enəmɪ], hostile ['hɒstaɪl]; **siły nieprzyjacielskie** – enemy forces; **samolot nieprzyjacielski** – hostile aircraft

nieprzyjazny hostile ['hɒstaɪl], unfriendly [ʌn'frendlɪ]

nieprzyjemność unpleasantness [ʌn'plezntnɪs]

nieprzyjemny unpleasant [ʌn'pleznt]

nieprzystępny ❶ (*unikający bliższych kontaktów*) unapproachable [ʌnə'prəʊtʃəbl], aloof [ə'lu:f], haughty ['hɔ:tɪ] ❷ (*trudno dostępny*) inaccessible [ɪnæk'sesəbl]

nieprzytomny ❶ (*pozbawiony przytomności*) unconscious [ʌn'kɒnʃəs] ❷ (*nie panujący nad sobą*) mad [mæd], wild [waɪld]; **nieprzytomny wzrok** – a wild look; **nieprzytomny z radości** – mad/wild with joy; **nieprzytomny z bólu** – mad with pain

nieprzywykły unaccustomed (to) [ʌnə'kʌstəmd-], unused (to) [ʌn'ju:st-]

nieprzyzwoitość ❶ (*nieobyczajność*) indecency [ɪn'di:snsɪ], obscenity [əb'senətɪ] ❷ (*rzecz niewłaściwa*) impropriety [ɪmprə'praɪətɪ], unseemliness [ʌn'si:mlɪnɪs]

nieprzyzwoity ❶ (*nieobyczajny*) indecent [ɪn'di:snt], obscene [əb'si:n] ❷ (*niezgodny z panującymi normami*) improper [ɪm'prɒpə]

niepunktualny unpunctual [ʌn'pʌŋktjʊəl]

nieraz ❶ (*niejednokrotnie*) many a time ❷ (*czasem, niekiedy*) sometimes ['sʌmtaɪmz]

nierdzewny stainless ['steɪnlɪs]

nierealny ❶ (*nierzeczywisty*) unreal [ʌn'rɪəl] ❷ (*niemożliwy do zrealizowania*) impracticable [ɪm'præktɪkəbl]; **nierealny plan** – an impracticable scheme

nieregularność irregularity [ɪregjʊ'lærətɪ]

nieregularny irregular [ɪ'regjʊlə]

nierentowny unprofitable [ʌn'prɒfɪtəbl]

nierozdzielny inseparable [ɪn'sepərəbl]

nierozerwalny indissoluble [ɪndɪ'sɒljʊbl]; *Kościół uważa małżeństwo za nierozerwalne.* – The Church regards marriage as indissoluble.

nierozgarnięty slow-witted [sləʊ'wɪtɪd], slow [sləʊ], dim-witted [dɪm'wɪtɪd]

nierozłączny inseparrable [ɪn'sepərəbl]

nierozmowny uncommunicative [ʌnkə'mju:nɪkətɪv], reserved [rɪ'zɜ:vd], taciturn ['tæsɪtɜ:n], silent ['saɪlənt]

nierozpuszczalny insoluble [ɪn'sɒljʊbl]

nierozsądny ❶ (*nie odznaczający się rozsądkiem*) unreasonable [ʌn'ri:znəbl], foolish ['fu:lɪʃ], silly ['sɪlɪ]; *Nie bądź nierozsądny!* – Don't be unreasonable/ /silly! ❷ (*nierozważny*) unwise [ʌn'waɪz], foolish ['fu:lɪʃ], ill-advised [ɪləd'vaɪzd]; *To, że mu uwierzyłeś, było z twojej strony nierozsądne.* – It was foolish of you to believe him. **nierozsądna decyzja** – a foolish decision; **nierozsądne posunięcie** – an unwise step

nieroztropność imprudence [ɪm'pru:dəns], injudiciousness [ɪndʒu:'dɪʃəsnɪs]

nieroztropny imprudent [ɪm'pru:dənt], unwise [ʌn'waɪz], injudicious [ɪndʒu:'dɪʃəs]

nierozważny rash [ræʃ], hasty ['heɪstɪ], thoughtless ['θɔ:tlɪs], imprudent [ɪm'pru:dənt]

nierówno ❶ (*krzywo*) crookedly ['krʊkɪdlɪ], askew [ə'skju:], not straight [nɒt'streɪt] ❷ (*nierównomiernie*) irregularly [ɪ'regjʊləlɪ], unevenly [ʌn'i:vnlɪ]

nierównomierny irregular [ɪ'regjʊlə], uneven [ʌn'i:vn]; **nierównomierne bicie serca** – uneven heartbeat

nierówność ❶ (*brak równości*) inequality [ɪnɪ'kwɒlətɪ]; **nierówności rasowe** – racial inequalities ❷ (*dot. powierzchni, terenu*) unevenness [ʌn'i:vnnɪs], irregularity [ɪregjʊ'lærətɪ] ❸ *mat.* inequality [ɪnɪ'kwɒlətɪ], (*działanie matematyczne – odpowiednik równania*) inequation [ɪnɪ'kweɪʃn]; **znak nierówności** – sign of inequality

nierówny ❶ (*niegładki*) uneven [ʌn'i:vn], rugged ['rʌgɪd], (*o drodze*) bumpy ['bʌmpɪ] ❷ (*nieregularny, niejednolity*) uneven [ʌn'i:vn], irregular [ɪ'regjʊlə]

nieruchomieć become motionless [bɪˌkʌm'məʊʃnlɪs]

nieruchomość ❶ (*bezruch*) immobility [ɪmə'bɪlətɪ] ❷ (*dobra nieruchome, nieruchomości, posiadłość*) property ['prɒpətɪ], estate [ɪ'steɪt]

nieruchomy motionless ['məʊʃnlɪs], immobile [ɪ'məʊbaɪl]

nierzetelność unreliability ['ʌnrɪlaɪə'bɪlətɪ]

nierzetelny unreliable [ʌnrɪ'laɪəbl]

niesamowity ❶ (*niezwykły*) extraordinary [ɪk'strɔ:dnrɪ], unearthly [ʌn'ɜ:θlɪ] ❷ (*przerażający*) uncanny [ʌn'kænɪ], eerie ['ɪərɪ]

niesforny unruly [ʌn'ru:lɪ]

nieskazitelny immaculate [ɪ'mækjʊlət], spotless ['spɒtlɪs], impeccable [ɪm'pekəbl]

nieskończenie ❶ (*bez końca*) endlessly ['endlɪslɪ] ❷ (*w najwyższym stopniu*) infinitely ['ɪnfɪnətlɪ], extremely [ɪk'stri:mlɪ]

nieskończoność infinity [ɪn'fɪnətɪ]

nieskończony infinite ['ɪnfɪnət], endless ['endlɪs]

nieskuteczność ineffectiveness [ɪnɪ'fektɪvnɪs], futility [fju:'tɪlətɪ]

nieskuteczny ineffective [ɪnɪ'fektɪv], futile ['fju:taɪl]; **nieskuteczna metoda** – an ineffective method; **nieskuteczna próba** – a futile attempt

niesłowny unreliable [ʌnrɪ'laɪəbl]

niesłusznie unjustly [ʌn'dʒʌstlɪ], wrongly ['rɒŋlɪ]

niesłuszny ❶ (*niesprawiedliwy*) unjust [ʌn'dʒʌst], wrong [rɒŋ], unfair [ʌn'feə] ❷ (*nieuzasadniony*) groundless ['graʊndlɪs]

niesłychanie (*nadzwyczaj*) extremely [ɪk'stri:mlɪ]

niesłychany unprecedented [ʌn'presɪdəntɪd], unparalleled [ʌn'pærəleld], unheard of [ʌn'hɜ:dɒv]

niesmaczny ❶ (*dot. jedzenia*) unpalatable [ʌn'pælətəbl], unsavoury [ʌn'seɪvərɪ], tasteless ['teɪstlɪs] ❷ (*w złym guście, nie na miejscu*) in bad taste [ɪn'bædteɪst], coarse [kɔ:s], unsavoury [ʌn'seɪvərɪ]

niesmak ❶ (*przykry smak*) bad taste [bæd'teɪst] ❷ (*odraza*) disgust [dɪs'gʌst]; **pozostawić po sobie niesmak** – to leave a bad taste in the mouth; **poczuć niesmak** – to feel disgust

niesnaski quarrels ['kwɒrəlz], disagreement [dɪsə'gri:mənt], petty conflicts ['petɪ'kɒnflɪkts]

niespodzianka surprise [sə'praɪz]; **sprawić komuś niespodziankę** – to give sb a surprise

niespodziewanie unexpectedly [ʌnɪk'spektɪdlɪ]

niespodziewany unexpected [ʌnɪk'spektɪd]

niespokojny ❶ (*zaniepokojony*) anxious ['æŋkʃəs], uneasy [ʌn'i:zɪ] ❷ (*odznaczający się brakiem spokoju*) restless ['restlɪs], turbulent ['tɜ:bjʊlənt]; **niespokojny duch** – a restless person

niespotykany unparalleled [ʌn'pærəleld]

niesprawiedliwość injustice [ɪn'dʒʌstɪs]; **krzycząca niesprawiedliwość** – glaring injustice; **wyrządzić komuś niesprawiedliwość** – to do sb injustice/to wrong sb

niesprawiedliwy unjust [ʌn'dʒʌst], unfair [ʌn'feə]

niesprawny ❶ (*niedobrze funkcjonujący*) inefficient [ɪnɪ'fɪʃnt], ineffective [ɪnɪ'fektɪv], (*nie funkcjonujący*) faulty ['fɔ:ltɪ] ❷ (*o obniżonej sprawności fizycznej*) not fit [nɒt'fɪt], unfit [ʌn'fɪt], (*niepełnosprawny*) disabled [dɪs'eɪbld]

niestabilny unstable [ʌn'steɪbl]; **niestabilna sytuacja polityczna** – an unstable political situation

niestaranny careless ['keəlɪs], sloppy ['slɒpɪ]

niestety unfortunately [ʌn'fɔ:tʃnətlɪ], unluckily [ʌn'lʌkɪlɪ]; *Niestety nie mogę przyjść.* – Unfortunately I can't come./I can't come, I'm afraid.

niestosowny improper [ɪm'prɒpə], out of place [aʊtəv'pleɪs]

niestrawność indigestion [ɪndɪ'dʒestʃən], dyspepsia [dɪs'pepsɪə]

niestrawny indigestible [ɪndɪ'dʒestəbl]

niestrudzony indefatigable [ɪndɪ'fætɪgəbl], untiring [ʌn'taɪərɪŋ], tireless ['taɪələs]

niesumienny unreliable [ʌnrɪ'laɪəbl]

niesymetryczny unsymmetrical [ʌnsɪ'metrɪkl]

niesympatyczny disagreeable [dɪsə'grɪəbl], unpleasant [ʌn'pleznt]

niesystematyczny unsystematical [ʌnsɪstɪ'mætɪkl]

nieszczerość insincerity [ɪnsɪn'serətɪ]

nieszczery insincere [ɪnsɪn'sɪə]

nieszczęście ❶ (*tragedia*) disaster [dɪ'zɑ:stə] ❷ (*niepowodzenie, zły los*) misfortune [mɪs'fɔ:tʃən], ill fortune [ɪl'fɔ:tʃu:n], distress [dɪ'stres]; **znosić nieszczęście** – to bear misfortune; **pomóc komuś w nieszczęściu** – to help sb in distress; *Spotkało ich nieszczęście.* – They were struck by misfortune. ❸ (*brak szczęścia – pech*) bad luck [bæd'lʌk], ill luck [ɪl'lʌk]; *Trzynastka przynosi nieszczęście.* – Number 13 brings bad luck.

◆ *Nieszczęścia chodzą parami.* – It never rains but it pours. **na nie-**

szczęście – as ill luck would have it/ /unfortunately/unluckily

nieszczęśliwy ❶ (*taki, którego spotkało nieszczęście*) unhappy [ʌn'hæpɪ], miserable ['mɪzərəbl], distressed [dɪ'strest], wretched ['retʃɪd]; **nieszczęśliwy wypadek** – an accident ❷ (*taki, któremu nie dopisuje szczęście*) unlucky [ʌn'lʌkɪ], unfortunate [ʌn'fɔ:tʃnət], ill-fated [ɪl'feɪtɪd], ill-starred [ɪl'stɑ:d]; *Trzynastka jest nieszczęśliwą liczbą.* – Thirteen is an unlucky number.

nieszkodliwy harmless ['hɑ:mlɪs]

nieść carry ['kærɪ], bear (bore, borne) [beə, bɔ:, bɔ:n]; *Czy możesz nieść tę walizkę?* – Can you carry the suitcase? *Władza niesie ze sobą wielką odpowiedzialność.* – Power carries great responsibility. *Łódź była niesiona prądem.* – The boat was borne by the current. **nieść dary** – to bear gifts; **nieść pomoc** – to come to sb's help

nieść się ❶ (*rozprzestrzeniać się*) carry ['kærɪ]; **głos, który dobrze się niesie** – a voice that carries well ❷ (*o samicach ptaków – składać jaja*) lay (eggs) (laid, laid) [leɪ-, leɪd, leɪd]

nieślubny (*o dziecku*) illegitimate [ɪlɪ'dʒɪtɪmət]

nieśmiałość shyness ['ʃaɪnɪs], timidity [tɪ'mɪdətɪ]

nieśmiały shy [ʃaɪ], timid ['tɪmɪd]

nieśmiertelność immortality [ɪmɔ:'tælətɪ]

nieśmiertelny immortal [ɪ'mɔ:tl]

nieświadomość ❶ (*niewiedza*) unawareness [ʌnə'weənɪs], ignorance ['ɪgnərəns] ❷ (*brak świadomości*) unconsciousness [ʌn'kɒnʃəsnɪs], *psych.* the unconscious [-ʌn'kɒnʃəs]

nieświadomy ❶ (*nie zdający sobie sprawy*) unaware [ʌnə'weə]; *Byłam nieświadoma tego problemu.* – I was unaware of the problem. ❷ (*pozbawiony świadomości*) unconscious [ʌn'kɒnʃəs]

nieświeży no longer fresh [nəʊlɒŋgə'freʃ], (*zepsuty*) bad [bæd], (*o chlebie – czerstwy*) stale [steɪl]

nietakt faux pas [fəʊ'pɑ:]; **popełnić nietakt** – to make/to commit a faux pas/to drop a brick; *Wspominanie jego byłej żony było nietaktem.* – It was tactless to mention his ex-wife.

nietaktowny tactless ['tæktlɪs]

nietknięty intact [ɪn'tækt], untouched [ʌn'tʌtʃt]

nietolerancja intolerance [ɪn'tɒlərəns]

nietolerancyjny intolerant [ɪn'tɒlərənt]

nietoperz bat [bæt]

nietowarzyski unsociable [ʌn'səʊʃəbl]

nietrwały short-lived [ʃɔ:t'lɪvd], transient ['trænzɪənt], (*o żywności*) perishable ['perɪʃəbl]; *Ich szczęście było nietrwałe.* – Their happiness was short-lived.

nietrzeźwy intoxicated [ɪn'tɒksɪkeɪtɪd], inebriated [ɪ'ni:brɪeɪtɪd], drunk [drʌŋk], under the influence of alcohol

nietykalność immunity [ɪ'mju:nətɪ], inviolability [ɪnvaɪələ'bɪlətɪ]

nietykalny inviolable [ɪn'vaɪələbl]

nietypowy untypical [ʌn'tɪpɪkl]

nieubłagany (*bezwzględny, głuchy na prośby*) implacable [ɪm'plækəbl], relentless [rɪ'lentlɪs]

nieuchronny inevitable [ɪn'evɪtəbl], unavoidable [ʌnə'vɔɪdəbl]

nieuchwytny ❶ (*nie dający się uchwycić*) elusive [ɪ'lu:sɪv], evasive [ɪ'veɪsɪv] ❷ (*nie dający się spostrzec*) imperceptible [ɪmpə'septəbl]

nieuczciwość dishonesty [dɪs'ɒnɪstɪ]

nieuczciwy dishonest [dɪs'ɒnɪst]; **nieuczciwa konkurencja** – unfair/dishonest competition

nieudany unsuccesful [ʌnsək'sesfʊl], failed [feɪld], abortive [ə'bɔ:tɪv]; **nieudana próba** – an unsuccesful/an abortive attempt; *Przyjęcie było nieudane.* – The party was not a success./The party was a flop.

nieudolność ineptitude [ɪ'neptɪtju:d], incompetence [ɪn'kɒmpɪtəns], inefficiency [ɪnɪ'fɪʃnsɪ]

nieudolny ineffectual [ɪnɪ'fektʃʊəl], inept [ɪ'nept], incompetent [ɪn'kɒmpɪtənt]

nieufność mistrust [mɪs'trʌst], distrust [dɪs'trʌst]

nieufny distrustful [dɪs'trʌstfʊl], suspicious [sə'spɪʃəs]

nieugięty inflexible [ɪn'fleksəbl], unyielding [ʌn'ji:ldɪŋ], adamant ['ædəmənt]; **nieugięta wola/determinacja** – an inflexible will/determination; *Była nieugięta w swoich żądaniach.* – She was unyielding in her demands.

nieuleczalny incurable [ɪn'kjʊərəbl]

nieumyślny unintentional [ʌnɪn'tenʃənl]

nieunikniony unavoidable [ʌnə'vɔɪdəbl], inevitable [ɪn'evɪtəbl]

nieupoważniony unauthorized [ʌn'ɔ:θəraɪzd], non entitled [nɒtɪn'taɪtld]

nieuprzejmy impolite [ɪmpə'laɪt], rude [ru:d], unkind [ʌn'kaɪnd]

nieurodzaj crop failure [krɒp'feɪljə]

nieurodzajny infertile [ɪn'fɜ:taɪl], barren ['bærən]; **nieurodzajna ziemia** – infertile/barren land; **nieurodzajny rok** – lean year

nieustanny incessant [ɪn'sesnt], unceasing [ʌn'si:sɪŋ]

nieustępliwość inflexibility [ɪnfleksə'bɪlətɪ], stubbornness ['stʌbənnɪs]

nieustępliwy adamant ['ædəmənt], uncompromising [ʌn'kɒmprəmaɪzɪŋ], unyielding [ʌn'ji:ldɪŋ], inflexible [ɪn'fleksəbl]

nieustraszony fearless ['fɪəlɪs]

nieuwaga inattention [ɪnə'tenʃn], abstraction [æb'strækʃn], absent-mindedness [æbsənt'maɪndɪdnɪs]; **chwila nieuwagi** – an unguarded moment

nieuważny ❶ (*odznaczający się brakiem uwagi*) inattentive [ɪnə'tentɪv], absent-minded [æbsənt'maɪndɪd] ❷ (*nieostrożny*) careless ['keəlɪs]

nieuzasadniony groundless ['graʊndlɪs], unfounded [ʌn'faʊndɪd]

nieużytek (*obszar ziemi*) wasteland ['weɪstlænd], non-arable land [nɒn'ærəbl'lænd], uncultivated land [ʌn'kʌltɪveɪtɪd'lænd]

nieważkość weightlessness ['weɪtlɪsnɪs]

nieważny ❶ (*bez znaczenia*) unimportant [ʌnɪm'pɔ:tnt], inessential [ɪnɪ'senʃl] ❷ (*nieaktualny*) invalid [ɪn'vælɪd], null and void [nʌlənd'vɔɪd]; *Pański paszport jest nieważny.* – Your passport is invalid.

niewątpliwie doubtless ['daʊtlɪs], undoubtedly [ʌn'daʊtɪdlɪ], no doubt [nəʊ'daʊt]

niewątpliwy unquestionable [ʌn'kwestʃənəbl], indubitable [ɪn'dju:bɪtəbl]

niewdzięczność ingratitude [ɪn'grætɪtju:d]

niewdzięczny ungrateful [ʌn'greɪtfʊl], thankless ['θæŋklɪs], unrewarding [ʌnrɪ'wɔ:dɪŋ]; **niewdzięczna osoba** – an ungrateful person; **niewdzięczna rola** – a thankless role; **niewdzięczne zadanie** – an unrewarding/a thankless task; **niewdzięczna praca** – an unrewarding job

niewiadoma *mat.* unknown [ʌn'nəʊn]

niewiadomy unknown [ʌn'nəʊn]

niewiarygodny incredible [ɪn'kredəbl], unbelievable [ʌnbɪ'li:vəbl]

niewidoczny invisible [ɪn'vɪzəbl], unseen [ʌn'si:n]; **niewidoczny gołym okiem** – invisible to the naked eye

niewidomy blind [blaɪnd]

niewidzialny invisible [ɪn'vɪzəbl]

niewiedza ignorance ['ɪgnərəns]

niewiele ❶ (*przy rzeczownikach niepoliczalnych*) little ['lɪtl], not much [nɒt'mʌtʃ]; *Mamy niewiele czasu.* – We have little time./We haven't got much time. ❷ (*przy rzeczownikach policzalnych*) few [fju:], not many [nɒt'menɪ]; *Niewielu z nich ocalało.* – Few of them survived. ❸ (*przy czasowniku*) little ['lɪtl]; *Bardzo niewiele zrozumiałam z tego, co mówił.* – I understood very little of what he said.

niewielki ❶ (*o niewielkich rozmiarach*) not big [nɒt'bɪg], not large [nɒt'la:dʒ] ❷ (*nieznaczny*) inconsiderable [ɪnkən'sɪdərəbl], slight [slaɪt]; **niewielka poprawa** – a slight improvement

niewierność infidelity [ɪnfɪ'deləti], unfaithfulness [ʌn'feɪθfʊlnɪs], disloyalty [dɪs'lɔɪəltɪ]
niewierny unfaithful [ʌn'feɪθfʊl], faithless ['feɪθlɪs]; *Był jej niewierny.* – He was unfaithful to her. **niewierna żona** – an unfaithful/a faithless wife; **niewierny Tomasz** – doubting Thomas
niewierzący agnostic [æg'nɒstɪk], non-believer [nɒnbɪ'li:və]
niewinność innocence ['ɪnəsəns]; **udowodnić swoją niewinność** – to prove one's innocence
niewinny innocent ['ɪnəsnt]; **być niewinnym popełnienia zbrodni** – to be innocent of a crime; **niewinna ofiara** – an innocent victim; **niewinne pytanie** – an innocent question; **oświadczyć w sądzie, że jest się niewinnym** – to plead not guilty
niewłaściwy unsuitable [ʌn'su:təbl], inappriopriate [ɪnə'prəʊprɪət], improper [ɪm'prɒpə]
niewola (*niewolnictwo*) slavery ['sleɪvərɪ], (*brak swobody*) captivity [kæp'tɪvətɪ]; *Niektóre zwierzęta nie rozmnażają się w niewoli.* – Some animals don't breed in captivity. **trzymać kogoś w niewoli** – to hold sb in captivity; *wojsk.* **wziąć kogoś do niewoli** – to take sb prisoner; **dostać się do niewoli** – to be taken prisoner
niewolnictwo slavery ['sleɪvərɪ]
niewolnik slave [sleɪv]; **handel niewolnikami** – slave trade; **poganiacz niewolników** – a slave-driver
niewrażliwy insensible [ɪn'sensəbl], insensitive [ɪn'sensətɪv], unsusceptible [ʌnsə'septəbl]; **niewrażliwy na ból** – insensible/insensitive to pain; **niewrażliwy na krytykę** – insensitive to criticism
niewybaczalny unpardonable [ʌn'pɑ:dnəbl], inexcusable [ɪnɪk'skju:zəbl], unforgivable [ʌnfə'gɪvəbl]
niewybredny ❶ (*zadowalający się byle czym*) indiscriminate [ɪndɪ'skrɪmɪnət]; *Jest niewybredna, jeśli chodzi o towarzystwo.* – She is indiscriminate in her choice of friends. ❷ (*niewymagający, łatwy do zadowolenia*) easy to please [i:zɪtə'pli:z], not choosy [nɒt'tʃu:zɪ]; **niewybredny, jeżeli chodzi o jedzenie** – not choosy about his food ❸ (*prymitywny, wulgarny*) gross [grəʊs], coarse [kɔ:s], unrefined [ʌnrɪ'faɪnd], crude [kru:d]; **niewybredny żart** – a crude/a coarse joke
niewydajny inefficient [ɪnɪ'fɪʃnt]
niewydolność incapacity [ɪnkə'pæsətɪ], inefficiency [ɪnɪ'fɪʃnsɪ], *med.* insufficiency [ɪnsə'fɪʃnsɪ]
niewydolny ineffectual [ɪnɪ'fektʃʊəl], ineffective [ɪnɪ'fektɪv]
niewygoda ❶ (*brak wygody*) discomfort [dɪs'kʌmfət] ❷ (*trudność*) inconvenience [ɪnkən'vi:njəns], trouble ['trʌbl]; **narażać kogoś na niewygody** – to put sb to inconvenience/trouble
niewygodny ❶ (*nie zapewniający wygody*) uncomfortable [ʌn'kʌmftəbl], ❷ (*uciążliwy*) awkward ['ɔ:kwəd], inconvenient [ɪnkən'vi:njənt]
niewyjaśniony inexplicable [ɪnɪk'splɪkəbl], unaccountable [ʌnə'kaʊntəbl]
niewykonalny impracticable [ɪm'præktɪkəbl]
niewykwalifikowany unqualified [ʌn'kwɒlɪfaɪd], unskilled [ʌn'skɪld]
niewypał ❶ (*pocisk*) unexploded bomb [ʌnɪk'spləʊdɪd'bɒm] ❷ (*coś, co się nie udało*) failure ['feɪljə], flop [flɒp]
niewypłacalny insolvent [ɪn'sɒlvənt]
niewyraźny ❶ (*niejasny*) indistinct [ɪndɪ'stɪŋkt], vague [veɪg], inexplicit [ɪnɪk'splɪsɪt] ❷ (*o obrazie – zamazany*) blurred [blɜ:d], dim [dɪm] ❸ (*słabo widziany lub słyszany*) faint [feɪnt]
niewystarczający insufficient [ɪnsə'fɪʃnt], inadequate [ɪn'ædɪkwət]
niewyszukany ❶ (*prosty*) unsophisticated [ʌnsə'fɪstɪkeɪtɪd], simple ['sɪmpl] ❷ (*niewybredny*) unrefined [ʌnrɪ'faɪnd], coarse [kɔ:s], crude [kru:d]
niewzruszony ❶ (*trwający w przekonaniu, nieugięty*) unyielding [ʌn'ji:ldɪŋ], inflexible [ɪn'fleksəbl] ❷ (*nie dający się wzruszyć, nieporuszony*) imperturbable [ɪmpə'tɜ:bəbl], impassive [ɪm'pæsɪv]

n

niezachwiany unwavering [ʌn'weɪvərɪŋ], unshaken [ʌn'ʃeɪkn], adamant ['ædəmənt]

niezadowolenie discontent [dɪskən'tent], dissatisfaction [dɪ,sætɪs'fækʃn]

niezadowolony ❶ (*nie odczuwający zadowolenia*) unsatisfied [ʌn'sætɪsfaɪd] ❷ (*odczuwający niezadowolenie*) displeased [dɪs'pli:zd], dissatisfied [dɪs'sætɪsfaɪd]; *Nauczyciel jest niezadowolony z twojej pracy.* – The teacher is dissatisfied with your work.

niezależnie ❶ (*niezawiśle*) independently (of) [ɪndɪ'pendəntlɪ-] ❷ (*bez względu na*) irrespective (of) [ɪrɪ'spektɪv-]; *Każdy, niezależnie od rasy czy narodowości, powinien mieć równe prawa.* – Everyone, irrespective of their race or nationality should have equal rights.

niezależność independence [ɪndɪ'pendəns]

niezależny independent (of) [ɪndɪ'pendənt-]; *Ona chciałaby być niezależna od swoich rodziców.* – She would like to be independent of her parents. **telewizja niezależna** – independent television; **niezależne środki materialne** – independent means; **być niezależnym finansowo** – to have independent means/to be financially independent; *gram.* **mowa niezależna** – direct speech; **dziennikarz niezależny** – a free-lance journalist

niezamężna unmarried [ʌn'mærɪd], single (woman) ['sɪŋgl (wʊmən)]

niezamożny not very well-off [nɒt'verɪwel'ɒf]

niezapominajka *bot.* forget-me-not [fə'getmɪnɒt]

niezapomniany unforgettable [ʌnfə'getəbl], memorable ['memərəbl]

niezaradny helpless ['helplɪs], unpractical [ʌn'præktɪkl]

niezasłużony undeserved [ʌndɪ'zɜ:vd]

niezastąpiony indispensable [ɪndɪ'spensəbl], irreplaceable [ɪrɪ'pleɪsəbl]

niezauważalny imperceptible [ɪmpə'septəbl]

niezawisły independent [ɪndɪ'pendənt]

niezawodność reliability [rɪlaɪə'bɪlətɪ]

niezawodny reliable [rɪ'laɪəbl]

niezbędny indispensable [ɪndɪ'spensəbl], imperative [ɪm'perətɪv], essential [ɪ'senʃl]

niezbity irrefutable [ɪ'refjʊtəbl]; **niezbity dowód** – an irrefutable proof

niezbyt not very [nɒt'verɪ], not too much [nɒttʊ'mʌtʃ]

niezdarność clumsiness ['klʌmzɪnɪs], awkwardness ['ɔ:kwədnɪs]

niezdarny clumsy ['klʌmzɪ], awkward ['ɔ:kwəd]

niezdatność unfitness [ʌn'fɪtnɪs]

niezdatny unfit [ʌn'fɪt]; *Jedzenie było niezdatne do konsumpcji.* – The food was unfit for (human) consumption.

niezdecydowanie indecision [ɪndɪ'sɪʒn], irresolution [ɪrezə'lu:ʃn]

niezdecydowany undecided [ʌndɪ'saɪdɪd], hesitant ['hezɪtənt]; **być niezdecydowanym** – to hesitate/to be unable to make up one's mind

niezdobyty unconquerable [ʌn'kɒŋkərəbl]

niezdolność ❶ (*brak zdolności*) ineptitude [ɪ'neptɪtju:d] ❷ (*niemożność wykonania*) inability [ɪnə'bɪlətɪ], incapacity [ɪnkə'pæsətɪ]

niezdolny ❶ (*nie mający zdolności*) unintelligent [ʌnɪn'telɪdʒənt], slow [sləʊ] ❷ (*nie mogący czemuś podołać, niezdatny*) unfit [ʌn'fɪt], incapable (of) [ɪn'keɪpəbl-]; **niezdolny do służby wojskowej** – unfit for military service; *W tym stanie nie jest zdolny do prowadzenia auta.* – He is unfit to drive in this state. ❸ (*nie mogący, nie potrafiący*) unable [ʌn'eɪbl], incapable (of) [ɪn'keɪpəbl-]; *Ona byłaby niezdolna do kłamstwa.* – She would be incapable of telling a lie.

niezdrowy ❶ (*niezdrów*) unwell [ʌn'wel], ill [ɪl] ❷ (*świadczący o złym stanie zdrowia*) unhealthy [ʌn'helθɪ], sickly ['sɪklɪ], unwholesome [ʌn'həʊlsəm]; **niezdrowa bladość** – unhealthy/sickly pallor; **niezdrowy stan**

gospodarki – unhealthy state of economy ❸ (*szkodliwy dla zdrowia*) unhealthy [ʌn'helθı], unwholesome [ʌn'həʊlsəm]; **niezdrowy styl życia** – unhealthy life-style; **niezdrowa żywność** – unwholesome food ❹ (*chorobliwy, szkodliwy moralnie*) morbid ['mɔ:bıd], unhealthy [ʌn'helθı], unwholesome [ʌn'həʊlsəm]; *On okazuje niezdrowe zainteresowanie morderstwem.* – He shows a morbid/an unhealthy interest in murder. **niezdrowa wyobraźnia** – morbid imagination

niezgoda dissension [dı'senʃn], discord ['dıskɔ:d], disagreement [dısə'gri:mənt]; **kość niezgody** – the bone of contention; **siać niezgodę** – to stir up/to spread discord

niezgodność inconsistency [ınkən'sıstənsı], (*brak odpowiedniości*) incompatibility ['ınkəmpætə'bılətı], contradiction [kɒntrə'dıkʃn]

niezgodny ❶ (*skłonny do kłótni*) quarrelsome ['kwɒrəlsəm] ❷ (*pozostający w sprzeczności*) not in conformity with, in contradiction to; *Jego czyny są niezgodne z zasadami.* – His actions are not in conformity with his principles./His actions are in contradiction to his principles.

niezgrabny ❶ (*niezdarny*) clumsy ['klʌmzı], akward ['ɔ:kwəd] ❷ (*nieforemny*) unshapely [ʌn'ʃeıplı], shapeless ['ʃeıplıs]

nieziemski unearthly [ʌn'ɜ:θlı]

niezliczony innumerable [ı'nju:mərəbl], countless ['kaʊntlıs], numberless ['nʌmbəlıs]

niezłomność inflexibility [ınfleksə'bılətı], firmness ['fɜ:mnıs]

niezłomny inflexible [ın'fleksəbl], firm [fɜ:m]

niezły not too bad, quite good

niezmącony unruffled [ʌn'rʌfld], undisturbed [ʌndı'stɜ:bd]

niezmienny invariable [ın'veərıəbl], constant ['kɒnstənt], permanent ['pɜ:mənənt]

niezmiernie extremely [ık'stri:mlı], exceedingly [ık'si:dıŋlı]

nieznaczny inconsiderable [ınkən'sıdərəbl], trifling ['traıflıŋ], slight [slaıt]

nieznajomość unawareness [ʌnə'weənıs], ignorance ['ıgnərəns]

nieznajomy[1] (*osoba nieznajoma*) stranger ['streındʒə]

nieznajomy[2] (*nieznany*) strange [streındʒ], unknown [ʌn'nəʊn]

niezniszczalny indestructible [ındı'strʌktəbl]

nieznośny ❶ (*niemożliwy do zniesienia*) unbearable [ʌn'beərəbl], intolerable [ın'tɒlərəbl], insufferable [ın'sʌfərəbl] ❷ (*o dziecku – niegrzeczny*) troublesome ['trʌblsəm], naughty ['nɔ:tı], impossible [ım'pɒsəbl]

niezręczny ❶ (*kłopotliwy, żenujący*) awkward ['ɔ:kwəd], embarrassing [ım'bærəsıŋ]; **niezręczna sytuacja** – an awkward situation ❷ (*niezdarny*) clumsy ['klʌmzı], awkward ['ɔ:kwəd]

niezrozumiały incomprehensible [ınkɒmprı'hensəbl]

niezrównany unequalled [ʌn'i:kwəld], unrivalled [ʌn'raıvld], unmatched [ʌn'mætʃt], unsurpassed [ʌnsə'pɑ:st]

niezrównoważony unbalanced [ʌn'bælənst], unstable [ʌn'steıbl]; **psychicznie niezrównoważony** – mentally unbalanced; **niezrównoważona osobowość** – unstable personality

niezwłocznie immediately [ı'mi:djətlı], without delay [wı'ðaʊtdı'leı]

niezwłoczny immediate [ı'mi:djət], prompt [prɒmt]

niezwykle extraordinarily [ık'strɔ:dnrılı], unusually [ʌn'ju:ʒʊəlı]

niezwykły extraordinary [ık'strɔ:dnrı], unusual [ʌn'ju:ʒʊəl]

nieżonaty unmarried [ʌn'mærıd], single (man) ['sıŋgl (mæn)]

nieżyczliwy unfriendly [ʌn'frendlı], ill--disposed [ıldıs'pəʊzd], malevolent [mə'levələnt]

nieżyt catarrh [kə'tɑ:]; **nieżyt żołądka** – gastritis

nieżywy dead [ded]

nigdy never ['nevə]; *Oni nigdy nas nie odwiedzają.* – They never visit us.

Nigdy nic nie wiadomo. – You never know. *Jeszcze nigdy (w życiu) nie widziałam czegoś podobnego.* – Never in all my life have I seen anything like that. *Nigdy więcej!* – Never again!

nigdzie nowhere ['nəʊweə]; *Szukałam mojej portmonetki, ale nigdzie jej nie było.* – I looked for my purse, but it was nowhere to be found.

nijaki ❶ (*niczym się nie wyróżniający*) indeterminate [ˌɪndɪ'tɜ:mɪnət], vague [veɪg], indefinite [ɪn'defɪnət], characterless ['kærəktəlɪs] ❷ *gram.* neuter ['nju:tə]

nikczemność meanness ['mi:nnɪs], wickedness ['wɪkɪdnɪs]

nikczemny mean [mi:n], wicked ['wɪkɪd], villainous ['vɪlənəs]

nikiel *chem.* nickel ['nɪkl]

nikły dim [dɪm], faint [feɪnt]; **nikła nadzieja** – faint hope; **nikłe światło** – faint/dim light

niknąć ❶ (*ginąć z oczu*) vanish ['vænɪʃ] ❷ (*zanikać pomału*) fade (away) [feɪd-], wane [weɪn]; *Odgłos zanikł w oddali.* – The sound faded (away) in the distance. *Ich entuzjazm nikł powoli.* – Their enthusiasm was waning slowly. *Pacjent niknie w oczach.* – The patient is sinking fast

nikotyna nicotine ['nɪkəti:n]

nikt[1] (*ktoś bez znaczenia, nie liczący się*) nobody ['nəʊbdɪ]; **być nikim** – to be a nobody

nikt[2] (*żaden człowiek, żadna osoba*) nobody ['nəʊbdɪ], no-one ['nəʊwʌn], not anybody [nɒt'enɪbədɪ]; *Nikogo tu nie ma.* – There is nobody here./There isn't anybody here. *Nikt o tym nie wie.* – Nobody knows about it.

nim[1] him [hɪm], *p.* **on:** *Rozmawialiśmy o nim.* – We talked about him.

nim[2] (*zanim*) before [bɪ'fɔ:]; **nim będzie za późno** – before it's too late

nisko low [ləʊ]; **ukłonić się nisko** – to bow low

niski ❶ (*małego wzrostu*) short [ʃɔ:t] ❷ (*niewysoki*) low [ləʊ]; **niski sufit** – low ceiling; **niskie ceny** – low prices; **niska temperatura** – low temperature; **niski głos** – low-pitched voice

niszczeć deteriorate [dɪ'tɪərɪəreɪt], go to ruin [gəʊtə'rʊɪn], decay [dɪ'keɪ]

niszczenie ❶ (*rozpad*) ruin ['rʊɪn], decay [dɪ'keɪ], deterioration [dɪtɪərɪə'reɪʃn]; **ulegać niszczeniu** – to decay//to deteriorate/be destroyed ❷ (*burzenie*) destruction [dɪ'strʌkʃn], devastation [devə'steɪʃn]

niszczyć ❶ (*burzyć*) destroy [dɪ'strɔɪ], wreck [rek], demolish [dɪ'mɒlɪʃ] ❷ (*psuć*) spoil [spɔɪl], ruin ['rʊɪn]

nitka thread [θred]

nizina lowland ['ləʊlənd], plain [pleɪn]

nizinny lowland ['ləʊlənd]

niż[1] (*obszar niskiego ciśnienia*) (an) area of low pressure

niż[2] (*aniżeli*) than [ðən/ðn]; *Ona jest wyższa niż jej siostra.* – She is taller than her sister.

niżej lower ['ləʊə]

niższy lower ['ləʊə]; **klasy niższe** – the lower classes

noc night [naɪt]; **w ciągu nocy** – in the night/during the night; **w nocy** – at night; **nocą** – by night; *On pracuje dzień i noc.* – He works day and night. **bezsenna noc** – a sleepless night

nocleg accommodation for the night; **dać komuś nocleg** – to put sb up (for the night)

nocny night [naɪt]; **nocna koszula** – a nightdress/a nightie; **nocne życie** – night-life; **klub nocny** – a night-club

nocować spend the night, stay (over) the night; *Ponieważ zrobiło się późno, nocowałam u siostry.* – As it got late, I spend the night at my sister's. **nocować kogoś u siebie** – to put sb up

noga leg [leg], (*stopa*) foot, *l.mn.* feet [fʊt, fi:t]; **stanąć na własnych nogach** – to stand on one's own two feet; **stać mocno nogami na ziemi** – to have both feet on the ground; *Ona jest na nogach cały dzień.* – She's been on her feet all day. *przen.* **rozprostować nogi** – to stretch one's legs; **wstać z łóżka lewą nogą** – to have got out of bed on the wrong side

nogawka leg [leg]

nokturn *muz.* nocturne ['nɒktɜ:n]

nominacja nomination [nɒmɪ'neɪʃn]

nominalny nominal ['nɒmɪnl]; **wartość nominalna** – nominal value

nominować nominate ['nɒmɪneɪt], appoint [ə'pɔɪnt]; *Został nominowany na nowego dyrektora.* – He was nominated as the new director. *Nominowali go dyrektorem.* – They appointed him director.

nonsens nonsense ['nɒnsns], absurdity [əb'sɜ:dətɪ]

nonsensowny nonsensical [nɒn'sensɪkl], absurd [əb'sɜ:d]

nora burrow ['bʌrəʊ], hole [həʊl]

norma ❶ (*wzór*) norm [nɔ:m], standard ['stændəd]; *Temperatura jest poniżej/ /powyżej normy.* – The temperature is below/above normal. **wrócić do normy** – to be back to normal ❷ (*zasada, reguła*) rule [ru:l], principle ['prɪnsəpl]; **normy moralne** – moral principles

normalny normal ['nɔ:ml]

Norweg Norwegian [nɔ:'wi:dʒən]

norweski Norwegian [nɔ:'wi:dʒən]

nos nose [nəʊz]; **orli/zadarty nos** – an aquiline/a turned-up nose; **wycierać nos** – to wipe/to blow one's nose; **wsadzać nos w nie swoje sprawy** – to poke one's nose in other people's affairs; **pilnować własnego nosa** – to mind one's own business; **kręcić nosem** – to be choosy; **wodzić kogoś za nos** – to lead sb by the nose; **mieć czegoś po dziurki w nosie** – to be fed up with sth/to be sick and tired of sth

nosiciel *med.* carrier ['kærɪə]

nosić ❶ (*dźwigać, mieć ze sobą*) carry ['kærɪ]; *Nie mogę nosić ciężarów.* – I can't carry heavy loads. *Nigdy nie noszę ze sobą pieniędzy.* – I never carry money with me. *On zawsze nosi przy sobie broń.* – He always carries a gun with him. ❷ (*mieć na sobie – o ubraniu*) wear (wore, worn) [weə, wɔ:, wɔ:n]; *Nie możesz nosić tego płaszcza – jest zbyt zniszczony.* – You can't wear this coat – it's too shabby. *Powinnaś nosić okulary słoneczne.* – You should wear sunglasses. ❸ (*posiadać, nosić imię*) bear (bore, borne) [beə, bɔ:, bɔ:n]; *Mężatka zazwyczaj nosi nazwisko męża.* – A married woman usually bears her husband's name.

nosorożec *zool.* rhinoceros [raɪ'nɒsərəs], rhino ['raɪnəʊ]

nosze stretcher ['stretʃə]

notariusz notary ['nəʊtərɪ]

notatka ❶ (*zapisek*) note [nəʊt]; **robić notatki** – to make notes/to take notes ❷ (*wzmianka w prasie*) paragraph ['pærəgrɑ:f], a news item [ə'nju:z'aɪtəm]

notatnik notebook ['nəʊtbʊk]

notes diary ['daɪərɪ]

notować take notes [teɪk'nəʊts], note down [nəʊt'daʊn], write down [raɪt'daʊn] (wrote, written]

nowela short story [ʃɔ:t'stɔ:rɪ]

nowo newly ['nju:lɪ], new [nju:]; **nowo narodzone dziecko** – a new-born baby ◆ **zacząć od nowa** – to start anew

nowoczesność modernity [mɒ'dɜ:nətɪ]

nowoczesny modern ['mɒdən]

noworodek new-born baby ['nju:bɔ:n'beɪbɪ]

nowość novelty ['nɒvltɪ]

nowotwór *med.* tumour ['tju:mə]; **nowotwór złośliwy/łagodny** – malignant/benign tumour

nowożeniec ❶ (*pan młody*) bridegroom ['braɪdgrʊm] ❷ (*nowożeńcy – młoda para po ślubie*) a newly married couple, newly weds

nowożytny modern ['mɒdən]; **historia nowożytna** – modern history; **języki nowożytne** – modern languages

nowy new [nju:]; **Nowy Rok** – New Year; **Nowy Testament** – the New Testament; **zacząć nowe życie** – to start a new life; **nowa moda** – the newest fashion

nożyce shears [ʃɪəz], scissors ['sɪzəz]

nożyczki scissors ['sɪzəz]
nów new moon [nju:'mu:n]
nóż knife, *l.mn.* knives [naɪf, naɪvz]; **nóż kuchenny** – a kitchen knife; **nóż stołowy** – a table knife
nucić hum (mm) [hʌm]
nuda boredom ['bɔ:dəm]
nudności nausea ['nɔ:sjə]; **mieć nudności** – to feel sick
nudny boring ['bɔ:rɪŋ]
nudysta nudist ['nju:dɪst], naturist ['neɪtʃərɪst]; **plaża nudystów** – a nudist camp/colony
nudyzm nudism ['nju:dɪzm], naturism ['neɪtʃərɪzm]
nudziarz bore [bɔ:]
nudzić bore [bɔ:]; *Nudził nas swoimi opowieściami.* – He bored us with his stories.
nudzić się be bored [bi:'bɔ:d], get bored [get'bɔ:d]; *Mam nadzieję, że się nie nudzisz.* – I hope you aren't bored.
nuklearny nuclear ['nju:klɪə]; **wojna nuklearna** – a nuclear war
numer ❶ (*liczba*) number ['nʌmbə]; *Jaki jest twój numer telefonu?* – What's your phone number? **pokój numer 12** – room (number) 12; *Oni mieszkają pod numerem szóstym.* – They live at number six (No 6). **bieżący numer „Newsweeka"** – the current number of "Newsweek"; ❷ (*rozmiar butów*) size [saɪz]; *Jaki numer butów nosisz?* – What size of shoes do you wear? *Te buty są o dwa numery za duże.* – These shoes are two sizes too big.
numerować number ['nʌmbə]
nurek diver ['daɪvə]
nurkować dive [daɪv]
nurt current ['kʌrənt], stream [stri:m], (*w sztuce*) trend [trend]
nuta note [nəʊt]; **nuty** (*zapis muzyczny*) – music
nużący tiresome ['taɪəsəm], wearisome ['wɪərɪsəm]
nużyć weary ['wɪərɪ], tire ['taɪə]
nylon nylon ['naɪlɒn]
nylonowy nylon ['naɪlɒn]

O

o ❶ (*przy wyrażeniach oznaczających czynność mówienia, myślenia na temat, pytanie, decyzję, oskarżenie*) about [ə'baʊt], of [ɒv/əv/v/f]; *Powiedz mi o tym.* – Tell me about it. *Nigdy o tym nie słyszałam.* – I've never heard of/about it. *Była oskarżona o morderstwo.* – She was accused of murder. *Kłócili się o pieniądze.* – They quarrelled about/over money. ❷ (*przy wyrażeniach oznaczających opieranie, uderzenie itp.*) on [ɒn], against [ə'geɪnst]; *Oprzyj drabinę o ścianę.* – Lean the ladder against the wall. *Deszcz uderzał o szyby.* – The rain beat against the window. *Oprzyj* *się o moje ramię.* – Lean on my shoulder. *Uderzył głową o belkę.* – He hit his head on/against the rafter. ❸ (*przy wyrażeniach oznaczających porę*) at [æt/ət]; **o dziesiątej wieczorem** – at 10 p.m.; **o północy** – at midnight; **o świcie** – at daybreak ❹ (*przy wyrażeniach oznaczających stopień, wielkość*) by [baɪ] (*czasami nie tłumaczy się*); *Kula przeleciała koło niego o cal.* – The bullet missed him by an inch. *Twoja spódnica jest o dziesięć centymetrów za krótka.* – Your skirt is short by ten centimetres. *On jest o dwa lata od niej starszy.* – He is her senior by two years./He is two years her senior. **o wiele za dużo** – much too many; **o wiele za duży** – much too big ❺ (*przy wyrażeniach oznaczających cel*) for [fɔ:/fə]; *Prosił o pomoc.* – He asked for help. ❻ (*przy podawaniu cech charakterystycznych*) with [wɪð] (*czasami nie tłumaczy się*); **dziewczyna o niebieskich oczach** – a blue-eyed girl/a girl with blue eyes

◆ **żyć o chlebie i wodzie** – to live on bread and water

oaza oasis, *l.mn.* oases [əʊ'eɪsɪs, əʊ'eɪsi:z]

oba both [bəʊθ]; **trzymać coś w obu rękach** – to hold sth in both hands

obaj both [bəʊθ]; *Mam dwóch braci. Obaj są lekarzami.* – I have two brothers. Both are doctors.

obalać ❶ (*doprowadzać do upadku*) overthrow (overthrew, overthrown) [əʊvə'θrəʊ, əʊvə'θru:, əʊvə'θrəʊn]; **obalić rząd** – to overthrow the government ❷ (*unieważnić, znieść*) abolish [ə'bɒlɪʃ], refute [rɪ'fju:t]; **obalić niewolnictwo** – to abolish slavery; **obalić teorię** – to refute a theory

obawa fear [fɪə], anxiety [æŋ'zaɪətɪ]

obawiać się be afraid [bi:ə'freɪd], fear [fɪə]; *Obawiam się, że on może stracić pracę.* – I'm afraid (that) he may lose his job. *Obawiam się o jej bezpieczeństwo.* – I'm afraid for her safety./I fear for her safety. *Nie ma się czego obawiać.* – There's nothing to be afraid of. *Obawiali się najgorszego.* – They feared the worst. *Obawiam się, że tak.* – I'm afraid so./I fear so. *Obawiam się, że nie.* – I'm afraid not.

obcas heel [hi:l]; **buty na wysokim obcasie** – high-heeled shoes

obcęgi pliers ['plaɪəz], pincers ['pɪnsəs]

obchodzić ❶ (*okrążać, iść okrężną drogą*) go round [gəʊ'raʊnd] (went, gone), walk round [wɔ:k'raʊnd], bypass ['baɪpɑ:s] ❷ (*przejawiać troskę*) care [keə]; *Nie obchodzi go, co się stanie.* – He doesn't care about what happens. *W ogóle mnie to nie obchodzi.* – I couldn't care less./I don't care a damn. ❸ (*świętować*) celebrate ['selɪbreɪt]; **obchodzić rocznicę ślubu/Boże Narodzenie/urodziny** – to celebrate a wedding anniversary/ /Christmas/one's birthday ❹ (*robić obchód*) make one's rounds

obchodzić się ❶ (*posługiwać się, postępować*) treat [tri:t], handle ['hændl]; **źle się z kimś obchodzić** – to treat sb badly; *On wie, jak się obchodzić z ludźmi.* – He knows how to handle people. **obchodzić się z czymś ostrożnie** – to handle sth with care ❷ / **obejść się: obejść się bez czegoś** – to do without; *Musieliśmy się obejść bez jego pomocy.* – We had to do without his help.

obchód ❶ (*kontrola*) round [raʊnd]; **obchód lekarski** – the doctor's rounds; *Lekarz był na obchodzie.* – The doctor was making his rounds. ❷ (*zazwyczaj l.mn. – obchody*) celebration [selɪ'breɪʃn]; **obchody rocznicy** – celebration of an anniversary

obciąć cut (off) (cut, cut) [kʌt-, kʌt, kʌt]; **obciąć włosy/paznokcie** – to cut one's hair/one's nails; *Obcinam włosy co miesiąc.* – I have my hair cut every month. **obcinać żywopłot** – to cut the hedge; *Obcięto mu zarobki o 20%.* – His salary has been cut by twenty per cent.

obciążać weight down [weɪt'daʊn], burden ['bɜ:dn], load down [ləʊd'daʊn];

być obciążonym dużą ilością pracy – to be burdened with a lot of work; *Był obciążony bagażem.* – He was weighted down/loaded down with the luggage.

obciążenie burden ['bɜ:dn], weight [weɪt], load [ləʊd]

obcisły tight [taɪt], tight-fitting ['taɪt fɪtɪŋ]

obco unfamiliarly [ʌnfə'mɪljəlɪ]; **czuć się obco** – to feel a stranger/to feel an outsider; *To brzmi obco.* – It sounds unfamiliar.

obcokrajowiec foreigner ['fɒrənə]

obcość strangeness ['streɪndʒnɪs], alienation [eɪljə'neɪʃn]

obcy¹ ❶ (*nie swój, nie znany*) strange [streɪndʒ], alien ['eɪljən], unfamiliar [ʌnfə'mɪljə]; **obca kultura** – a strange culture; **obce zwyczaje** – alien customs; *Ta dziedzina jest mi obca.* – This subject is unfamiliar to me. **obce otoczenie** – unfamiliar surroundings ❷ (*z innego kraju*) foreign ['fɒrən]; **język obcy** – a foreign language

obcy² (*osoba nieznajoma*) stranger ['streɪndʒə]; *Nigdy nie rozmawiaj z obcymi.* – Never talk to strangers.

obecnie at present [ət'preznt], (*w dzisiejszych czasach*) nowadays ['naʊədeɪz]

obecność presence ['prezns], attendance [ə'tendəns]; *Obecność nie jest obowiązkowa.* – Attendance is not compulsory. **w czyjejś obecności** – in the presence of sb/in sb's presence; **czytać listę obecności** – to call the roll

obecny present ['preznt]; *Czy byłeś obecny w szkole?* – Were you present at school? **obecne trudności** – the present difficulties; **obecny rząd** – the present government

obejmować *p.* **objąć**

obejrzeć *p.* **oglądać**

obejść się *p.* **obchodzić się** ❷

obelga insult ['ɪnsʌlt], (*obelgi*) abuse [ə'bju:s]; **obrzucać kogoś obelgami** – to throw insults at sb

obelżywy abusive [ə'bju:sɪv], insulting [ɪn'sʌltɪŋ]

obezwładniać overpower [əʊvə'paʊə]; *Złodziej został obezwładniony przez dwóch mężczyzn.* – The thief was overpowered by two men. *Byliśmy obezwładnieni upałem.* – We were overpowered by the heat.

obfitość abundance [ə'bʌndəns], profusion [prə'fju:ʒn]; *Owoce były w obfitości.* – Fruit was in abundance. **znajdować się/występować w obfitości** – to be in abundance; **róg obfitości** – horn of plenty/cornucopia

obfity abundant [ə'bʌndənt], plentiful ['plentɪfʊl], profuse [prə'fju:s]; **kraj obfity w bogactwa naturalne** – a country abundant in natural resources; **obfite krwawienie** – profuse bleeding

obgryzać bite (bit, bitten) [baɪt, bɪt, 'bɪtn], gnaw [nɔ:]; **obgryzać paznokcie** – to bite one's nails; **obgryzać kość** – to gnaw (at) a bone

obiad (*posiłek we wczesnych godzinach popołudniowych*) lunch [lʌntʃ], (*gorący posiłek późnym popołudniem lub wieczorem*) dinner ['dɪnə]; **jeść obiad** – to have lunch/dinner

obiecujący promising ['prɒmɪsɪŋ]

obiecywać promise ['prɒmɪs]; *Obiecała, że przyjdzie na czas.* – She promised to be on time./She promised that she would come on time.

obieg ❶ (*krążenie*) circulation [sɜ:kjʊ'leɪʃn]; **wprowadzić banknoty do obiegu** – to put banknotes into circulation; **wycofać banknoty z obiegu** – to withdraw banknotes from circulation; *W obiegu jest pewna liczba sfałszowanych banknotów.* – A number of forged banknotes are in circulation. **obieg krwi** – blood circulation ❷ (*okrążenie*) revolution [revə'lu:ʃn]

obiekt object ['ɒbdʒɪkt]; **obiekt zainteresowania/uwagi** – an object of interest/attention

obiektyw lens [lenz]

obiektywny objective [əb'dʒektɪv]

obierać peel [pi:l]; **obierać kartofle/ /banana/pomarańczę/jabłko** – to peel potatoes/a banana/an orange/an apple

obietnica promise ['prɒmɪs]; **złożyć obietnicę** – to make/to give a promise; **spełnić obietnicę** – to fulfil a promise; **dotrzymać obietnicy** – to keep a promise; **nie dotrzymać obietnicy** – to break a promise

objaśnić explain [ɪk'spleɪn]; *Objaśnił nam, jak się dostać na stację.* – He explained to us how to get to the station.

objaw symptom ['sɪmtəm]; *Ból głowy i wysoka gorączka mogą być objawami grypy.* – High fever and a headache may be symptoms of flu.

objawiać się manifest itself ['mænɪfest ɪt'self], reveal itself [rɪ'vi:l ɪt'self]

objawienie vision ['vɪʒn], revelation [revə'leɪʃn]

objazd ❶ (*objeżdżanie, okrążanie przeszkody*) detour ['di:tʊə], diversion [daɪ'vɜ:ʃn] ❷ (*droga objeżdżająca miasto – obwodnica*) bypass ['baɪpɑ:s]

objąć ❶ (*otoczyć ramionami*) embrace [ɪm'breɪs]; *Objął ją i pocałował.* – He embraced her and kissed. ❷ (*podjąć się pełnienia funkcji, objąć stanowisko*) take over [teɪk'əʊvə] (took, taken), assume [ə'sju:m]; **objąć stanowisko** – to assume office ❸ (*zawrzeć, ogarnąć, zmieścić*) include [ɪn'klu:d], embrace [ɪm'breɪs], take in [teɪk'ɪn] (took, taken); *Czy cena obejmuje podatek VAT?* – Does the price include VAT? *Program obejmuje wyższą matematykę, fizykę i chemię.* – The programme embraces/ /includes higher mathematics, physics and chemistry. *On objął wzrokiem wszystkie szczegóły scenerii.* – He took in every detail of the scenery.

O

objąć się embrace (each other) [ɪm'breɪs-]; *Objęli się czule.* – They embraced (each other) lovingly.

objechać ❶ (*pojechać naokoło*) go/ /drive round, detour ['di:tʊə], make a detour; *Musieliśmy objechać blokadę dróg.* – We had to detour a road-block./We had to make a detour round the road-block. ❷ (*zwiedzić podróżując*) tour [tʊə], make a tour, go on a tour; *Objechaliśmy całą Francję.* – We made a tour of France.

objętość volume ['vɒlju:m], capacity [kə'pæsətɪ]; **objętość 100 cm³** – volume of 100 cm³ (cubic centimetres); **objętość** (*pojemność*) **20 litrów** – capacity of 20 litres

oblać spill (spilt, spilt) [spɪl, spɪlt, spɪlt], throw water [θrəʊ'wɔ:tə] (threw, thrown); *Oblałam kawą cały stół.* – I spilled coffee all over the table. **oblać kogoś wodą** – to throw water on sb; **oblać kogoś wiadrem zimnej wody** (*przen. – ostudzić zapał*) – to throw/pour cold water on sb

◆ **oblać egzamin** — to fail an exam

◆ (*pot. – uczcić*) celebrate; **oblać nowe mieszkanie** – to give a house-warming party

oblać się:

oblać się (zimnym potem) – to break out into a (cold) sweat; **oblać się rumieńcem** – to redden, to flush

oblegać besiege [bɪ'si:dʒ], surround [sə'raʊnd]; *Prezydent był oblegany przez reporterów.* – The president was besieged by reporters.

oblewać *p.* **oblać**

oblężenie siege [si:dʒ]; **przystąpić do oblężenia** – to lay siege

obliczać count [kaʊnt], calculate ['kælkjʊleɪt], evaluate [ɪ'væljʊeɪt], estimate ['estɪmeɪt]

oblicze face [feɪs], countenance ['kaʊntənəns]

obligacja (*ekon. – zazwyczaj l.mn. – obligacje*) bond [bɒnd], stock [stɒk]; **obligacje państwowe** – government bonds

oblizać się lick one's lips

oblodzony icy ['aɪsɪ]; **oblodzone chodniki/drogi** – icy pavements/roads

obładowany loaded down [ləʊdɪd'daʊn], weighted down [weɪtɪd'daʊn]; **obładowany pakunkami** – loaded down with parcels

obłąkany mad [mæd], insane [ɪn'seɪn], crazy ['kreɪzɪ]

obłęd madness ['mædnɪs], insanity [ɪn-'sænətɪ], lunacy ['lu:nəsɪ]; **wpaść w obłęd** – to go mad; **czysty obłęd** – sheer madness; **doprowadzić kogoś do obłędu** – to drive sb mad

obłok cloud [klaʊd]; *przen.* **bujać w obłokach** – to daydream

obłuda hypocrisy [hɪ'pɒkrəsɪ]

obłudnik hypocrite ['hɪpəkrɪt]

obłudny hypocritical [hɪpə'krɪtɪkl], false [fɔ:ls]

obmyślać think out [θɪŋk'aʊt] (thought, thought); **dobrze obmyślony plan** – a well thought-out plan

obniżać lower ['ləʊə], reduce [rɪ'dju:s], diminish [dɪ'mɪnɪʃ]; **obniżać ceny** – to reduce/to lower prices; **obniżać sufit** – to lower the ceiling; **obniżać głos** – to lower one's voice

obniżać się drop (pp) [drɒp], fall (fell, fallen) [fɔ:l, fel, 'fɔ:ln], decline [dɪ-'klaɪn], diminish [dɪ'mɪnɪʃ]; *Temperatura obniżyła się o dziesięć stopni.* – The temperature has dropped by ten degrees. *Ceny na giełdzie obniżyły się.* – Prices fell on the stock market. *Liczba studentów obniżyła się.* – The number of students has decreased. **obniżający się wskaźnik urodzeń** – a declining birth-rate

obniżka reduction [rɪ'dʌkʃn], drop [drɒp], fall [fɔ:l], decrase ['di:kri:s]; **obniżka cen** – price reduction; **obniżka pensji** – a reduction in salary

obojczyk *anat.* collar-bone ['kɒləbəʊn]

oboje both [bəʊθ]

obojętność indifference [ɪn'dɪfrəns], unconcern [ʌnkən'sɜ:n]

obojętny indifferent [ɪn'dɪfrənt], unconcerned [ʌnkən'sɜ:nd], (*niewrażliwy*) insensible [ɪn'sensəbl], *chem.* neutral ['nju:trəl]; **obojętny na cierpienia innych ludzi** – insensible/indifferent to the suffering of other people; **obojętny na problemy moralne** – unconcerned with questions of morality

obok next to ['nekstə], close by [kləʊs'baɪ], close to ['kləʊstə], near [nɪə]; *Usiadłam obok niego.* – I sat next to him. *Oni mieszkają obok.* – They live close by. *Oni mieszkają w domu/w mieszkaniu obok.* – They live next door.

obora cow shed ['kaʊʃed]

obowiązek duty ['dju:tɪ], obligation [ɒblɪ-'geɪʃn], responsibility [rɪspɒnsə'bɪlətɪ]; **poczucie obowiązku** – a sense of duty; **wykonywać swój obowiązek** – to do one's duty/to carry out/to perform one's duty; **podjąć się obowiązku** – to take on a duty; *Moim obowiązkiem jest opiekować się nim.* – It's my responsibility to look after him. **unikać obowiązku** – to shirk responsibility

obowiązkowość conscientiousness [kɒnʃɪ'enʃəsnɪs]

obowiązkowy ❶ (*obowiązujący*) obligatory [ə'blɪgətərɪ], compulsory [kəm-'pʌlsərɪ]; **przedmioty obowiązkowe** – compulsory subjects ❷ (*sumienny*) conscientious [kɒnʃɪ'enʃəs]

obowiązywać ❶ (*być uznanym za zasadę*) be compulsory [bi:kəm'pʌlsərɪ], be obligatory [bi:ə'blɪgətərɪ]; *Obowiązuje przestrzeganie tej zasady.* – It's obligatory to observe this rule. ❷ (*mieć moc prawną*) be in force [bi:ɪn-'fɔ:s]; *Obowiązuje teraz nowe prawo.* – A new law is now in force.

obozować camp (out) [kæmp-], bivouac ['bɪvʊæk]

obozowisko camp [kæmp]; **rozbić obozowisko** – to pitch/to set up camp

obóz camp [kæmp]; **obóz letni** – a summer camp; **rozbić obóz** – to pitch/to set up camp; **obóz pracy** – a labour camp; **obóz jeniecki** – a prisoner-of--war camp/a POW camp; **obóz koncentracyjny** – a concentration camp; **obóz internowanych** – an internment camp; *Oni należą do różnych obozów politycznych.* – They belong to different political camps.

obrabować rob (bb) [rɒb]; **obrabować bank** – to rob a bank; *Obrabowano go z gotówki.* – He was robbed of his cash.

obracać turn [tɜ:n]

obracać się turn [tɜ:n], turn round, move round [mu:v'raʊnd], rotate [rə'teɪt], spin (spun, spun) [spɪn, spʌn, spʌn]; *Obró-*

ciła się, żeby na mnie spojrzeć. – She turned round to look at me. *Ziemia obraca się wokół własnej osi.* – The Earth turns/rotates on its axis.

obrada debate [dɪ'beɪt]; **rozpocząć obrady** – to open the debate; *Po długich obradach parlament przyjął projekt ustawy.* – After a long debate Parliament approved the bill.

obradować debate [dɪ'beɪt]; **obradować nad budżetem** – to debate on the budget

obraz ❶ (*malowidło*) picture ['pɪktʃə], painting ['peɪntɪŋ] ❷ (*obraz myślowy*) picture ['pɪktʃə], image ['ɪmɪdʒ]; *To daje ci dokładny obraz tego, co się stało.* – It gives you an accurate picture of what had happened. *Bóg stworzył człowieka na swój obraz.* – God created man in His image. ❸ (*obraz na ekranie telewizora*) picture ['pɪktʃə]; *Odkąd używamy nowej anteny, obraz jest o wiele lepszy.* – With the new aerial the picture is much better. ❹ (*widok, scena*) view [vju:], sight [saɪt]; **obraz nędzy i rozpaczy** – a pitiful sight

obraza offence [ə'fens], insult ['ɪnsʌlt], affront [ə'frʌnt]; **obraza sądu** – contempt of court

obrazek picture ['pɪktʃə], illustration [ɪlə'streɪʃn]

obrazić offend [ə'fend], insult [ɪn'sʌlt]; *Obraziłeś ją swoimi nietaktownymi uwagami.* – She was offended by your tactless remarks.

obrazić się take offence [teɪkə'fens], feel/be offended [-ə'fendɪd]; *Ona łatwo się obraża.* – She's quick to take offence./She is easily offended.

O

obraźliwy insulting [ɪn'sʌltɪŋ], offensive [ə'fensɪv], abusive [ə'bju:sɪv]

obrażony offended [ə'fendɪd]

obrączka ring [rɪŋ], (*ślubna*) wedding-ring ['wedɪŋrɪŋ]

obręcz hoop [hu:p], girdle ['gɜ:dl]

obrodzić be plentiful [bi:'plentɪfʊl]; *Jabłka w tym roku obrodziły.* – Apples are plentiful this year.

obrona defence [dɪ'fens]; **walczyć w obronie swojego kraju** – to fight in defence of one's country; *Przemówiła w obronie swojej teorii.* – She spoke in defence of her theory. **obrona w sądzie** – the defence/counsel for the defence

obronność defence [dɪ'fens], defensibility [dɪfensɪ'bɪlətɪ]

obronny defensive [dɪ'fensɪv]; **działania obronne** – defensive action; **mury obronne** – battlements

obrońca defender [dɪ'fendə], *prawn.* counsel for the defence

obrotowy ❶ (*dotyczący obracania się*) rotary ['rəʊtərɪ]; **ruch obrotowy** – rotary motion ❷ (*obracający się*) revolving; **drzwi obrotowe** – revolving door

obroża dog-collar ['dɒgkɒlə]

obrót ❶ (*ruch dookoła*) turn [tɜ:n], revolution [revə'lu:ʃn]; **wykonać pełen obrót** – to make/to describe a full revolution; **45 obrotów na minutę** – 45 revolutions per minute ❷ (*tok sprawy*) turn [tɜ:n]; *Sytuacja przybrała niespodziewany obrót.* – The situation has taken an unexpected turn. ❸ *ekon.* turnover ['tɜ:nəʊvə]; *Firma ma roczny obrót 10 milionów funtów.* – The firm has an annual turnover of 10 million pounds.

obrus table-cloth ['teɪblklɒθ]

obrzęk swelling ['swelɪŋ]

obrzmiały swollen ['swəʊln]

obrzydliwy disgusting [dɪs'gʌstɪŋ], abominable [ə'bɒmɪnəbl]

obrzydnąć become abominable [bɪ'kʌmə'bɒmɪnəbl]; *Obrzydło mi to.* – I'm sick of it./I'm fed up with it.

obrzydzać *p.* **obrzydzić**

obrzydzenie disgust [dɪs'gʌst]; **mieć do czegoś obrzydzenie** – to be filled with disgust at sth; **budzić obrzydzenie** – to disgust/to fill with disgust

obrzydzić rouse a feeling of aversion, make disgusting, fill with disgust

obsada ❶ (*zespół osób razem pracujących*) staff [stɑ:f] ❷ (*załoga*) crew [kru:] ❸ (*aktorzy grający w przedsta-

wieniu) cast [kɑ:st]; **obsada:** *(napis w filmie poprzedzający nazwiska grających w nim aktorów)* – starring:

obserwacja observation [ɒbzə'veɪʃn]; **być pod obserwacją** – to be under observation

obserwacyjny observation [ɒbzə'veɪʃn], observational [ɒbzə'veɪʃənl]; **punkt obserwacyjny** – an observation post

obserwator observer [əb'zɜ:və]

obserwatorium observatory [əb'zɜ:vətrɪ]

obserwować observe [əb'zɜ:v]

obsesja obsession [əb'seʃn]; **ulec obsesji** – to become obsessed; *Ona ma obsesję na punkcie porządku.* – She is obsessive about tidiness./She has an obsession about tidiness.

obsługa ❶ *(obsługiwanie)* service ['sɜ:vɪs]; *Do rachunku w restauracji dodaje się 10 procent za obsługę.* – An extra 10 per cent is added to the restaurant bill for service. ❷ *(obsługa maszyny)* service ['sɜ:vɪs], maintenance ['meɪntənəns]; **instrukcja obsługi** – instructions ❸ *(personel)* staff [stɑ:f], personnel [pɜ:sə'nel]; **obsługa hotelowa** – hotel staff

obsługiwać ❶ *(usługiwać)* serve [sɜ:v], attend to [ə'tend tə], *(w restauracji)* wait on [weɪt'ɒn]; *Czy panią ktoś obsługuje?* – Are you being attended to?/Are you being served? *Ona musi mieć służbę, ponieważ lubi być obsługiwana.* – She must have servants because she likes to be waited on. ❷ *(posługiwać się urządzeniem)* operate ['ɒpəreɪt], work [wɜ:k]; *Czy wiesz, jak obsługiwać tę maszynę?* – Do you know how to work/how to operate this machine?

obstrukcja ❶ *(hamowanie, utrudnianie)* obstruction [əb'strʌkʃn]; hindrance ['hɪndrəns] ❷ *med.* constipation [kɒnstɪ'peɪʃn]

obsypać shower ['ʃaʊə]; **obsypać kogoś prezentami** – to shower gifts on sb; *Została obsypana pochwałami.* – She was showered with praise. *Nowożeńcy zostali obsypani ryżem.* – The newly-weds were showered with rice.

obszar area ['eərɪə], territory ['terətərɪ]; **obszar górzysty** – a mountainous area; **obszar niezamieszkały** – an uninhabited area; **obszar państwa** – a country's territory

obszerny ❶ *(duży, przestronny)* large [lɑ:dʒ], spacious ['speɪʃes], *(o ubraniu)* loose [lu:s]; **obszerne mieszkanie** – a spacious/a large flat ❷ *(wyczerpujący)* extensive [ɪk'stensɪv]; **obszerne sprawozdanie** – an extensive report

obudzić wake (up) [weɪk'ʌp-] (woke, woken), awaken [ə'weɪkn]; *Robili taki hałas, że mogliby obudzić umarłego.* – They were making enough noise to wake/to awaken the dead. *Nie obudź dziecka.* – Don't wake the baby. **obudzić wspomnienia** – to wake memories

obudzić się wake up [weɪk'ʌp] (woke, woken), awake (awoke, awoken) [ə'weɪk, ə'wəʊk, ə'wəʊkn]; **obudzić się rano** – to wake up in the morning; **obudzić się z głębokiego snu** – to wake up from a sound sleep; *Obudź się! Już ósma!* – Wake up! It's eight o'clock!

oburzać outrage ['aʊtreɪdʒ], fill with indignation [-ɪndɪg'neɪʃn]; *Byliśmy oburzeni sposobem, w jaki nas potraktowano.* – We were outraged by the way we were treated.

oburzać się be/feel/become indignant [-ɪn'dɪgnənt], be outraged [-'aʊtreɪdʒd]

oburzający outrageous [aʊt'reɪdʒəs]

oburzenie indignation [ɪndɪg'neɪʃn], outrage ['aʊtreɪdʒ]; *Podwyżka cen wzbudziła ogólne oburzenie.* – A rise in prices aroused general indignation. *Ku memu oburzeniu zaprzeczył, jakoby pożyczał ode mnie pieniądze.* – To my indignation he denied that he had borrowed money from me.

oburzony indignant [ɪn'dɪgnənt]

obustronny mutual ['mju:tʃʊəl], bilateral [baɪ'lætərəl]; **obustronna korzyść** – a mutual advantage; **obustronne porozumienie** – a bilateral agreement; **obustronne zapalenie płuc** – double pneumonia

obuwie footwear ['fʊtweə], shoes [ʃu:z]

obwieścić announce [ə'naʊns], proclaim [prə'kleɪm]

obwieszczenie announcement [ə'naʊnsmənt], notice ['nəʊtɪs], proclamation [prɒklə'meɪʃn]

obwiniać accuse [ə'kju:z], blame [bleɪm]; **obwiniać kogoś o kradzież** – to accuse sb of theft; *Ona go obwinia o nieudane małżeństwo.* – She blames him for the failure of their marriage.

obwodnica bypass ['baɪpɑ:s]

obwoluta (*okładka książki*) jacket ['dʒækɪt], (*okładka płyty*) sleeve [sli:v], *am.* jacket ['dʒækɪt]

obwód ❶ (*linia okalająca płaszczyznę lub bryłę*) circumference [sə'kʌmfərəns]; **obwód koła** – circumference of a circle ❷ *elektr.* circuit ['sɜ:kɪt] ❸ (*okręg, obszar administracyjny*) district ['dɪstrɪkt]

obwódka border ['bɔ:də], edge [edʒ]

oby:

Obyście byli szczęśliwi! – May you be happy! *Oby tak się stało!* – May it happen so!

obyczaj (*utwierdzony tradycją sposób postępowania*) custom ['kʌstəm]; **ustanowić obyczaj** – to establish a custom; **postępować zgodnie z obyczajem** – to observe/to practice a custom; *Wczesne wstawanie nie jest moim obyczajem.* – It's not my custom to get up early.

obyczajowy:

powieść obyczajowa – a classical novel; **swoboda obyczajowa** – permissiveness; **policja obyczajowa** – vice squad

obyć się ❶ (*dać sobie radę bez czegoś*) do without [dʊwɪ'ðaʊt] (did, done), dispense with [dɪ'spens wɪ'ð]; *Będziemy musieli obyć się bez samochodu.* – We'll have to do without a car. ❷ (*zadowolić się czymś*) make do [meɪk'du:]; *Nie było obiadu, więc musiał się obyć kanapką.* – There was no lunch so he had to make do with a sandwich.

obydwa *p.* **oba**

obyty ❶ (*umiejący się zachować*) refined [rɪ'faɪnd], polished ['pɒlɪʃt], well-mannered [wel'mænəd] ❷ (*obeznany*) familiar with [fə'mɪljə'wɪð], accustomed to [ə'kʌstəmdtə]

obywać się *p.* **obyć się**

obywatel citizen ['sɪtɪzn]

obywatelski civic ['sɪvɪk], civil ['sɪvɪl]; **prawa obywatelskie** – civil rights; **duch obywatelski** – public spirit

obywatelstwo citizenship ['sɪtɪznʃɪp], nationality [næʃə'nælətɪ]; **ubiegać się o obywatelstwo brytyjskie** – to apply for British citizenship

ocalać rescue ['reskju:], save [seɪv]; *Ocaliłeś mi życie.* – You saved my life. **ocalić od zapomnienia** – to rescue from oblivion

ocaleć survive [sə'vaɪv]; **ocaleć od śmierci** – to escape death/to save one's life; *Tylko kilka osób ocalało z katastrofy.* – Only a few people survived the crash. *Ocalał cudem.* – He survived by a miracle.

ocalenie rescue ['reskju:], saving ['seɪvɪŋ]

ocean ocean ['əʊʃn]

oceaniczny oceanic [əʊʃɪ'ænɪk]; **statek oceaniczny** – an ocean-going ship; **flora oceaniczna** – oceanic plant life

ocena ❶ (*sąd*) opinion [ə'pɪnjən]; **według mojej oceny** – in my opinion ❷ (*stopień w szkole*) mark [mɑ:k]; **dobra ocena z matematyki** – a good mark in mathematics

oceniać ❶ (*szacować*) evaluate [ɪ'væljʊeɪt], estimate ['estɪmeɪt], assess [ə'ses]; *Jak oceniasz nasze szanse na sukces?* – How do you evaluate our chances of success? *Oceniam szkody na 1000 funtów.* – I assess the damage at £1000. **oceniać pracę ucznia** – to appraise/to evaluate a student's work ❷ (*wydawać opinię*) judge [dʒʌdʒ]; **oceniać na podstawie wyglądu zewnętrznego** – to judge by appear-

O

ances; **oceniać na podstawie faktów** – to judge from the facts; **oceniać sprawiedliwie/bezstronnie/surowo** – to judge fairly/impartially/severely ❸ (*w szkole – stawiać stopnie*) mark [mɑ:k]; **oceniać prace egzaminacyjne** – to mark examination papers

ocet vinegar ['vɪnɪgə]

och! oh! [əʊ]

ochłodzenie chill [tʃɪl], coolness ['ku:lnɪs]

ochłodzić cool (down) [ku:l-], chill [tʃɪl]; *Lekki wiatr nas ochłodził.* – A breeze cooled us down. *Musisz ochłodzić białe wino, zanim je podasz.* – You must chill white wine before you serve it. *Jego sceptycyzm ochłodził nasz entuzjazm.* – His scepticism chilled our enthusiasm.

ochłodzić się cool down [ku:l'daʊn], cool off [ku:l'ɒf]; *Ochłodziliśmy się orzeźwiającą kąpielą.* – We cooled off with a refreshing swim. *Ochłodziło się.* – It grew colder.

ochłonąć recover [rɪ'kʌvə], cool down [ku:l'daʊn]; *Gdy ochłoniesz, będziesz mógł spojrzeć na to bardziej obiektywnie.* – When you cool down you'll be able to look at it more objectively. **ochłonąć z szoku/ze zdumienia** – to recover from shock/surprise

ochoczy willing ['wɪlɪŋ], eager ['i:gə], ready ['redɪ]

ochota willingness ['wɪlɪŋnɪs], eagerness ['i:gənɪs]; **bez wielkiej ochoty** – unwillingly; *Czy masz ochotę pójść do kina?* – Would you like to go to the cinema?/Do you feel like going to the cinema? *Mam ochotę na kieliszek wina.* – I have a fancy for a glass of wine./I fancy a glass of wine./I feel like a glass of wine.

ochotniczy voluntary ['vɒləntərɪ], volunteer [vɒlən'tɪə]; **ochotnicze oddziały** – volunteer troops

ochotnik volunteer [vɒlən'tɪə]

ochraniać protect (from) [prə'tekt-], preserve (from) [prɪ'zɜ:v-], guard (against) [gɑ:d-]; **ochraniać przed zimnem** – to protect from cold

ochrona ❶ (*zabezpieczenie*) protection [prə'tekʃn], safeguard ['seɪfgɑ:d]; **ochrona przyrody** – preservation of nature ❷ (*straż*) guard [gɑ:d], security guard [sɪ'kjʊərətɪ'gɑ:d]

ochronny protective [prə'tektɪv], preventive [prɪ'ventɪv]; **barwy ochronne** – protective colouring/camouflage; **ubranie ochronne** – protective clothing; **cła ochronne** – protective tariffs

ochrypły hoarse [hɔ:s], husky ['hʌskɪ]

ochrzcić christen ['krɪsn], baptize [bæp'taɪz]; *Został ochrzczony imieniem Tomasz.* – He was baptized Thomas. *Został ochrzczony jako katolik.* – He was baptized/christened a Catholic.

ociągać się ❶ (*zwlekać*) linger ['lɪŋgə], dawdle ['dɔ:dl], procrastinate [prə'kræstɪneɪt]; *Nie ociągaj się, bo spóźnimy się na pociąg.* – Stop dawdling or we'll miss the train. ❷ (*robić coś niechętnie*) be reluctant [bi:rɪ'lʌktənt], be slow [bi:'sləʊ]; *Ociągała się z wyjazdem.* – She was reluctant to leave. *Ociągali się z zapłaceniem nam.* – They were slow about paying us.

ociemniały blind [blaɪnd]

ocieplać make warmer [meɪk'wɔ:mə]

ocieplać się get warmer [get'wɔ:mə], grow warmer [grəʊ'wɔ:mə]; *Ociepliło się.* – It got/grew warmer.

ociężały heavy ['hevɪ]

ocucić revive [rɪ'vaɪv], bring back [brɪŋ'bæk] (brought, brought)

oczarować enchant [ɪn'tʃɑ:nt], charm [tʃɑ:m]; *Jej śpiew oczarował publiczność.* – Her singing enchanted the audience. *Byłam oczarowana jego głosem.* – I was charmed by his voice.

oczekiwać wait [weɪt], await [ə'weɪt], expect [ɪk'spekt]; *Oczekujemy jej od dawna.* – We've been waiting for her for a long time. *Oczekujemy jej o siódmej.* – We are expecting her at seven. **oczekiwać na rezultaty** – to await results

oczekiwanie expectation [ekspek'teɪʃn]; **wbrew wszelkim oczekiwaniom** – contrary to all expectations; *To nie* *dorównało naszym oczekiwaniom.* – It didn't come up to our expectations. **czas oczekiwania** – waiting time

oczerniać slander ['slɑ:ndə]

oczyszczać *p.* **oczyścić**

oczyszczalnia purification plant [pjʊərıfı'keıʃn plɑ:nt], treatment plant ['tri:tmənt'plɑ:nt]; **oczyszczalnia wody** – water purification plant; **oczyszczalnia ścieków** – sewage treatment plant/ /sewage works

oczyszczanie ❶ (*usuwanie brudu*) cleaning ['kli:nıŋ] ❷ (*usuwanie niepożądanych domieszek*) purification [pjʊərıfı'keıʃn]; **oczyszczanie wody** – water purification

oczyścić ❶ (*usunąć brud*) clean [kli:n], cleanse [klenz]; **oczyścić buty** – to clean the shoes ❷ (*usunąć niepożądane domieszki*) purify ['pjʊərıfaı], refine [rı'faın]; *Woda jest oczyszczana przy przechodzeniu przez filtr.* – Water is purified by passing through the filter. ❸ (*uporządkować, usunąć*) clear [klıə]; **oczyścić teren budowy** – to clear a building site; **oczyścić ulice ze śniegu** – to clear the streets of snow ❹ (*uwolnić od obciążeń*) clear [klıə]; **oczyścić swoje imię** – to clear one's name; *Została oczyszczona ze wszystkich zarzutów.* – She was cleared of all charges.

oczyścić się clear [klıə], be cleared, be purified [bi:'pjʊər'faıd]

oczytany well-read [wel'red]

oczywisty evident ['evıdənt], obvions ['ɒbvıəs], clear [klıə], self-evident [self'evıdənt]

oczywiście of course [əv'kɔ:s], certainly ['sɜ:tnlı]; *Czy przyjedziesz? – Oczywiście.* – Will you come? – Yes, certainly./Yes, of course.

od ❶ (*przy określeniu czasu, ilości, odległości*) from [frɒm, frəm]; **od świtu do zmroku** – from dawn till dusk; *On jest na wakacjach od pierwszego sierpnia.* – He has been on holiday from the first of August. *Bilety kosztują od 10 do 150 funtów.* – Tickets cost from 10 to 150. **100 km od Londynu** – 100 km from London; **od czasu do czasu** – from time to time; *Jest głuchy od urodzenia.* – He is deaf from birth. ❷ (*przy określaniu źródła pochodzenia*) from [frɒm/frəm]; **prezent od przyjaciela** – a present from a friend; *Wzięłam to od niej.* – I took it from her. ❸ (*przy wyrażeniach określających zabezpiecznie od zagrożenia*) from [frɒm/frəm], against [ə'geınst] (*czasami nie tłumaczy się*); **zabezpieczyć się od ognia** – to take precautions against fire; **chronić od zimna** – to protect from/against cold; **płaszcz od deszczu** – raincoat; **okulary od słońca** – sunglasses; **tabletki od bólu głowy** – headache pills ❹ (*przy porównaniach*) than [ðən]; *Ona jest ładniejsza od swojej siostry.* – She is prettier than her sister.

odbarwiać decolourize [di:'kʌləraız]

odbicie (*obraz zwierciadlany*) reflection/reflexion [rı'flekʃn]; **odbicie drzew w jeziorze** – reflection of trees in the lake; **zobaczyć swoje odbicie w lustrze** – to see one's reflection in a mirror

odbić ❶ (*powodować zmianę kierunku promieni*) reflect [rı'flekt], (*o głosie*) echo ['ekəʊ]; **twarz odbita w lustrze** – a face reflected in a mirror; *Księżyc świeci odbitym światłem.* – The moon shines with reflected light. ❷ (*odeprzeć, odparować*) return [rı'tɜ:n], counter ['kaʊntə]; **odbić piłkę** – to return a shot ❸ (*odcisnąć*) print [prınt]; **ślady odbite na piasku** – footmarks printed in the sand/footprints in the sand ❹ (*odpłynąć od brzegu*) put off [pʊt'ɒf] (put, put), shove off [ʃʌv'ɒf]; *Odbiliśmy od mola.* – We put off from the jetty.

odbić się ❶ (*o dźwięku, świetle*) reflect [rı'flekt], be reflected [bi:rı'flektıd], be echoed [bi:'ekəʊd]; *Drzewa odbijały się w wodzie.* – The trees were reflected in water. *Jego głos odbijał się echem w pustym domu.* – His voice echoed in the empty house. ❷ (*ude-

rzywszy o coś odskoczyć) bounce [baʊns], rebound [rɪ'baʊnd]; *Piłka odbijała się od podłogi.* – The ball bounced up and down. *Piłka odbiła się od ściany i uderzyła w okno.* – The ball rebounded from/off the wall into the window. ❸ (*odcisnąć się*) be printed [bi:'prɪndɪd], leave its imprint; *Na jej twarzy odbiło się cierpienie.* – Her face bore the imprint of suffering.

odbiec ❶ (*biegnąc oddalić się*) run away from [rʌnə'weɪfrəm] (ran, run) ❷ (*oddalić się*) stray [streɪ], wander from ['wɒndə-]; *Nie odbiegaj od tematu.* – Don't stray (away) from the subject./Don't wander from the subject.

odbierać ❶ (*wziąć z powrotem – odzyskać*) take back [teɪk'bæk] (took, taken); *Pożyczyłem mu 500 funtów, teraz muszę je odebrać.* – I lent him £500, now I must take it back. ❷ (*zabrać z powrotem rzecz oddaną w jakimś celu*) collect [kə'lekt]; **odebrać płaszcz z pralni** – to collect a coat from the cleaner's; **odebrać dziecko ze szkoły** – to collect a child from school ❸ (*otrzymać*) receive [rɪ'si:v]; **odbierać gratulacje** – to receive congratulations; **odbierać program przez satelitę** – to receive a programme via satellite; **odebrać telefon** – to answer the phone ❹ (*pozbawić*) deprive (of) [dɪ'praɪv-], take away (from) [teɪkə'weɪ-] (took, taken); **odebrać komuś prawa obywatelskie** – to deprive sb of civil rights; *Dziecko zostało odebrane matce.* – The child was taken away from his mother. **odebrać sobie życie** – to take one's life

odbiornik receiver [rɪ'si:və]

odbiór ❶ (*radiowy, telewizyjny*) reception [rɪ'sepʃn] ❷ (*odebranie*) receipt [rɪ'si:t]; **potwierdzić odbiór listu** – to acknowledge receipt of a letter; **płatne (gotówką) przy odbiorze** – cash on delivery

odbitka print [prɪnt], copy ['kɒpɪ]

odblask reflection [rɪ'flekʃn]

odbudowa reconstruction [ri:kən'strʌkʃn], restoration [restə'reɪʃn]

odbudowywać rebuild (rebuilt, rebuilt) [ri:'bɪld, ri:'bɪlt, ri:'bɪlt], restore [rɪ'stɔ:]; **odbudować miasto po wojnie** – to rebuild a city after a war

odbyć (*wziąć udział, przebyć*) have (had, had) [hæv, hæd, hæd], do (did, done) [du:/dʊ, dɪd, dʌn], make (made, made) [meɪk, meɪd, meɪd]; **odbyć ważną rozmowę** – to have a serious talk; **odbyć długą podróż** – to make a long journey; **odbyć służbę wojskową** – to do a military service; **odbyć studia** – to complete one's studies

odbyć się take place [teɪk'pleɪs], be held [bi:'held]; *Kiedy odbyła się ceremonia?* – When did the ceremony take place? *Zebranie właśnie się odbywa.* – The meeting is in progress. *Zebranie odbędzie się jutro.* – The meeting will be held tomorrow.

odbyt *anat.* anus ['eɪnəs]

odbywać *p.* **odbyć**

odchody faeces ['fi:si:z], excrements ['ekskrɪmənts]

odchodzić ❶ (*opuszczać, oddalać się*) leave (left, left) [li:v, left, left], go away [gəʊə'weɪ] (went, gone); **odchodzić z niczym** – to go away empty-handed; *On odszedł od niej.* – He left her./He walked out on her. **odchodzić od starych tradycji** – to depart from old traditions ❷ (*odjeżdżać – o środkach komunikacji*) leave (left, left) [li:v, left, left], depart [dɪ'pɑ:t]; *Kiedy odchodzi pociąg do Londynu?* – When does the train for London leave/depart?

odchudzać się slim (mm) (down) [slɪm-]

odciąć cut off [kʌt'ɒf] (cut, cut); *Odcięto dopływ prądu.* – Electricity has been cut off. **odciąć odwrót nieprzyjacielowi** – to cut off the enemy's retreat; *Domek został odcięty (od świata) przez opady śniegu.* – The cottage was cut off by snow.

odciąć się ❶ (*odseparować się*) cut oneself off [kʌtwʌn'self'ɒf] (cut, cut), keep away [ki:pə'weɪ] (kept, kept), isolate oneself ['aɪsəleɪt-] ❷ (*zająć odrębne stanowisko*) distance oneself from ['dɪstnswʌn'self frəm] ❸ (*trafnie odpowiedzieć*) make a repartee ['meɪkərepɑ:'ti:], retort [rɪ'tɔ:t]

odcień hue [hju:]

odcięty cut off [kʌt'ɒf], isolated ['aɪsəleɪtɪd]

odcinać *p.* **odciąć**

odcinek ❶ (*wyodrębniona część prostej*) section ['sekʃn], segment ['segmənt]; **odcinek prostej** – a line segment; *Ten odcinek drogi jest oblodzony.* – This section of the road is icy. ❷ (*część serialu lub utworu literackiego*) episode ['epɪsəʊd], instalment [ɪn'stɔ:lmənt]; *Opowieść ukaże się w odcinkach.* – The story will appear in instalments. *Co zdarzyło się w ostatnim odcinku?* – What happened in the last episode?

odcisk ❶ (*ślad, odbicie*) impression [ɪm'preʃn], imprint ['ɪmprɪnt]; **odcisk stopy** – footprint; **odcisk stopy na piasku** – imprint of a foot in the sand; **odciski palców** – fingerprints ❷ (*nagniotek*) corn [kɔ:n]

odczepić detach [dɪ'tætʃ]

odczepić się ❶ (*odwiązać się, urwać się*) come loose [kʌm'lu:s], become unfastened [bɪ'kʌmʌn'fɑ:snd], detach oneself [dɪ'tætʃwʌn'self] ❷ (*pozbyć się*) get rid of [get'rɪdəv]; **odczepić się od kogoś** – to get rid of sb

odczucie feeling ['fi:lɪŋ]

odczuwać feel (felt, felt) [fi:l, felt, felt]; **odczuwać piękno muzyki** – to feel the beauty of music; *Giełda już odczuwa rezultaty recesji.* – The Stock Exchange is already feeling the effects of the recession. *W pokoju dało się odczuć pewne napięcie.* – A certain tension was felt in the room.

odczuwalny perceptible [pə'septəbl], palpable ['pælpəbl]; *Zmiana była ledwo odczuwalna.* – The change was barely perceptible.

odczyt lecture ['lektʃə], talk [tɔ:k] (*uwaga: słowo „talk" wskazuje na bardziej popularny charakter odczytu*); **wygłosić odczyt o sztuce abstrakcyjnej** – to give a talk/lecture on abstract art

odczytywać ❶ (*przeczytać*) read (read, read) [ri:d, red, red], read out; **odczytać licznik gazowy** – to read the gas meter; *Odczytał list nam wszystkim.* – He read out the letter to us all. **odczytać listę obecności** – to call the roll ❷ (*przeczytać z trudem – domyślić się*) make out [meɪk'aʊt] (made, made), interpret [ɪn'tɜ:prɪt], read (read, read) [ri:d, red, red]; *Czy możesz mi pomóc – nie mogę tego odczytać.* – Can you help me – I can't make this out. *przen.* **odczytywać czyjeś myśli** – to read sb's mind/to read sb's thoughts/to read sb like a book; *Milczenie może być odczytane jako zgoda.* – Silence can be read as consent./Silence can be interpreted as consent.

oddać ❶ (*zwrócić*) return [rɪ'tɜ:n], give back [gɪv'bæk] (gave, given), (*o pieniądzach*) pay back [peɪ'bæk] (paid, paid); *Czy możesz mi oddać książkę?* – Can you give me my book back? *On musi oddać pieniądze, które ode mnie pożyczył.* – He must return the money he borrowed from me. ❷ (*przekazać*) give away, give in [gɪvə'weɪ/gɪv'ɪn] (gave, given), give up to, give over to; *Oddał wszystkie swoje pieniądze instytucjom dobroczynnym.* – He gave away all his money to charities. *Kiedy skończycie, proszę mi oddać swoje prace egzaminacyjne.* – When you've finished please give in your examination papers to me. **oddać kogoś w ręce policji** – to give sb up/over to the police ❸ (*oddać na krótko, w określonym celu*) send (sent, sent) [send, sent, sent]; **oddać płaszcz do pralni** – to send the coat to the cleaners/to have the coat cleaned; **oddać zegarek do naprawy** – to have the watch repaired

◆ **oddać komuś przysługę** – to do sb a favour

O

◆ **oddać sprawiedliwość** – to do justice
◆ **oddać hołd** – to pay homage

oddać się ❶ (*postawić się do dyspozycji*) give oneself up to/over to; *Oddał się w ręce policji.* – He gave himself up to the police. ❷ (*zająć się całkowicie*) give oneself over to/up to; *Oddał się rozpaczy.* – He gave himself over to despair. *Musisz się całkowicie oddać pracy.* – You must give yourself over to your work. **oddać się szlachetnej sprawie** – to devote oneself to a noble cause

oddal:
w oddali – in the distance; **z oddali** – from a distance

oddalać carry away [kærɪə'weɪ], *prawn.* dismiss [dɪs'mɪs]; *Prąd oddalał łódź od brzegu.* – The current was carrying the boat away from the shore. **oddalić sprawę** – to dismiss a case

oddalać się ❶ (*odejść*) walk away [wɔ:kə'weɪ], (*odjechać*) drive away [draɪvə'weɪ] (drove, driven) ❷ (*niknąć*) recede [rɪ'si:d]

oddawać *p.* **oddać**

oddech breath [breθ]; **zaczerpnąć głęboki oddech** – to take a deep breath; **wstrzymać oddech** – to hold one's breath

oddechowy breathing ['bri:ðɪŋ], respiratory [rɪ'spaɪərətrɪ]; **układ oddechowy** – the respiratory system; **choroby układu oddechowego** – respiratory diseases; **aparat oddechowy** – a breathing apparatus

oddychać breathe [bri:ð]; **oddychać głęboko/ciężko** – to breathe deeply/ /heavily; *Dobrze jest oddychać świeżym, górskim powietrzem.* – It's good to breathe fresh mountain air. **odetchnąć z ulgą** – to breathe a sigh of relief

oddychanie breathing ['bri:ðɪŋ], respiration [respə'reɪʃn]; **sztuczne oddychanie** – artificial respiration

oddział division [dɪ'vɪʒn], department [dɪ'pɑ:tmənt], (*banku*) branch [brɑ:ntʃ], (*szpitala*) ward [wɔ:d], (*wojska, policji*) squad [skwɒd]

oddziaływanie influence ['ɪnfluəns], (*wzajemne oddziaływanie*) interaction [ɪntər'ækʃn]

oddzielać separate ['sepəreɪt], isolate ['aɪsəleɪt]; **oddzielić chore dziecko od innych** – to separate a sick child from the others

oddzielnie separately ['seprətlɪ], individually [ɪndɪ'vɪdjuəlɪ]; *Oni mieszkają oddzielnie.* – They live separately. *Pomów z każdym studentem oddzielnie.* – Speak to each student individually.

oddzielny separate ['seprət]; *Oni śpią w oddzielnych pokojach.* – They sleep in separate bedrooms.

odebrać *p.* **odbierać**

odegrać play [pleɪ]; **odegrać sonatę na pianinie** – to play a sonata on the piano; **odegrać rolę Julii** – to play the part of Julia
◆ **odgrywać rolę** (*mieć znaczenie*) – to matter/to be of importance; *To nie odgrywa roli.* – It doesn't matter./It's of no importance.

odegrać się ❶ (*zemścić się*) revenge (on) [rɪ'vendʒ-], take revenge, revenge oneself (on) ❷ (*odbić przegraną*) win back [wɪn'bæk] (won, won), regain [rɪ'geɪn]

odejmować *p.* **odjąć**

odejmowanie subtraction [səb'trækʃn]

odejście departure [dɪ'pɑ:tʃə]

odepchnąć push away/back/aside [pʊʃ-], (*od brzegu*) push off/out, (*odrzucić, wzgardzić*) reject [rɪ'dʒekt]

oderwać tear off/away [teər'ɒf/ə'weɪ] (tore, torn); *Trudno jest oderwać dzieci od telewizora.* – It's difficult to tear children away from the television set. *Nie mógł oderwać od niej oczu.* – He couldn't take his eyes off her. **oderwać uwagę** – to divert one's attention

oderwać się ❶ (*odpaść*) come off [kʌm'ɒf] (came, come); *Ten guzik oderwał mi się od żakietu.* – That button has come off my jacket. ❷ (*zrobić przerwę w jakiejś czynności*) tear oneself away [teə-] (tore, torn); *Film tak* *mi się podobał, że nie mogłam się oderwać.* – I liked the film so much, that I could hardly tear myself away.

odetchnąć *p.* **oddychać**

odezwać się ❶ (*przemówić, powiedzieć*) speak (spoke, spoken) [spi:k, spəʊk, 'spəʊkn], say (said, said) [seɪ, sed, sed]; *Nie odezwał się słowem.* – He didn't say a word. *Po kłótni nie odzywają się do siebie.* – They are not speaking to each other after the quarrel. *Miała nadzieję, że on się do niej odezwie.* – She hoped he would speak to her. ❷ (*dać się słyszeć*) be heard [bi:'hɜ:d], sound [saʊnd], (*odezwać się echem*) echo ['ekəʊ]; *Odezwał się dźwięk trąbki.* – A trumpet sounded. *Odezwał się dzwonek u drzwi.* – The doorbell was heard.

odgadywać guess [ges]; *On odgadł, co myślałam.* – He guessed what I was thinking. **odgadnąć odpowiedź** – to guess the answer

odganiać drive away/off [draɪv-] (drove, driven)

odgarniać brush away [brʌʃə'weɪ], (*śnieg*) clear away [klɪərə'weɪ]

odginać (*wyprostować coś zgiętego*) unbend (unbent, unbent) [ʌn'bend, ʌn'bent, ʌn'bent], straighten ['streɪtn]

odgłos sound [saʊnd], noise [nɔɪz]

odgradzać separate ['sepəreɪt], (*murem*) wall of [wɔ:l'ɒf], (*płotem*) fence off [fens'ɒf], (*przegrodą*) partition off [pɑ:'tɪʃnɒf]; *Część ogrodu została odgrodzona murem.* – Part of the garden has been walled off. *Odgrodziliśmy część salonu, żeby zrobić dodatkową sypialnię.* – We partitioned off our living-room to make an extra bedroom.

O

odgrywać *p.* **odegrać**

odjazd departure [dɪ'pɑ:tʃə]

odjąć *mat.* subtract [səb'trækt], deduct [dɪ'dʌkt]

odjechać leave (left, left) [li:v, left, left], (*samochodem*) drive away [draɪvə'weɪ] (drove, driven), (*konno*) ride away [raɪdə'weɪ] (rode, ridden); *Pociąg odjechał pięć minut temu.* – The train left five minutes ago. *On odjechał rano.* – He left in the morning.

odkażać disinfect [dɪsɪn'fekt]

odkąd ❶ (*w odniesieniu do czasu*) since [sɪns]; *Zmieniłeś się, odkąd cię ostatnio widziałam.* – You've changed since I last saw you. **odkąd pamiętam** – since I can remember; *Odkąd tu pracujesz?* – How long have you been working here? ❷ (*w odniesieniu do miejsca*) from [frɒm/frəm]

odklejać detach [dɪ'tætʃ]

odklejać się get unstuck [getʌn'stʌk]

odkładać ❶ (*kłaść na bok, na miejsce*) put down/away [pʊt'daʊn/ə'weɪ] (put, put); *Odłóż gazetę i pomóż mi.* – Put the newspaper down and help me. ❷ (*przesuwać na później*) put off [pʊt'ɒf] (put, put), postpone [pəʊs'pəʊn]; *Egzamin został odłożony do następnego poniedziałku.* – The exam was postponed till the following Monday. *Nie odkładaj tego do jutra.* – Don't put it off till tomorrow. ❸ (*zbierać pieniądze*) save [seɪv]; **odkładać na czarną godzinę** – to save for a rainy day

odkręcać ❶ (*śrubę*) unscrew [ʌn'skru:] ❷ (*otwierać odkręcając*) open ['əʊpn], twist off [twɪst'ɒf] ❸ (*otworzyć dopływ gazu, wody*) turn on [tɜ:n'ɒn]; **odkręcić gaz** – to turn on the gas/turn the gas on; **odkręcić kran** – to turn the tap on

odkrycie discovery [dɪ'skʌvərɪ]; **odkrycie Ameryki** – the discovery of America

odkryć ❶ (*dokonać odkrycia*) discover [dɪ'skʌvə]; *Kolumb odkrył Amerykę.* – Columbus discovered America. ❷ (*odsłonić*) uncover [ʌn'kʌvə]

odkrywca discoverer [dɪ'skʌvərə]

odkrywczy original [ə'rɪdʒənl]; **odkrywcza wyprawa** – an exploratory expedition

odkrywkowy opencast ['əʊpənkɑ:st]; **kopalnia odkrywkowa węgla** – an opencast coal mine/pit

odkurzacz vacuum-cleaner ['vækjʊəmkli:nə], Hoover ['hu:və]

odkurzać ❶ (*ścierać kurze*) dust [dʌst] ❷ (*usuwać kurz za pomocą odkurzacza*) hoover ['hu:və], vacuum ['vækjʊəm]; **odkurzać dywan** – to hoover/ /to vacuum the carpet

odległość distance ['dɪstns]; *Z tej odległości on nie trafi do celu.* – He'll miss the target at that distance. *Stał w odległości dziesięciu metrów ode mnie.* – He was standing ten metres away from me. **trzymać kogoś na odległość** – to keep sb at a distance; **sterowanie na odległość** – remote control

odległy distant ['dɪstnt], far-away ['fɑ:rəweɪ], remote [rɪ'məʊt]; **odległa przyszłość** – the distant future; **odległa wioska** – a remote village/a distant village; *Morze jest stąd odległe o 5 mil.* – The sea is about 5 miles away from here.

odlot departure [dɪ'pɑ:tʃə], take-off ['teɪkɒf], start [stɑ:t]

odłamek splinter ['splɪntə]

odłączyć disconnect [dɪskə'nekt], detach [dɪ'tætʃ]; *Odłączyli nam gaz i elektryczność, ponieważ nie zapłaciliśmy rachunków.* – They disconnected our electricity and gas because we hadn't paid the bills.

odłączyć się separate ['sepəreɪt], stray [streɪ]; *Odłączyliśmy się od grupy.* – We strayed from the group.

odmawiać ❶ (*nie zgodzić się*) refuse [rɪ'fju:z]; *On odmówił nam pomocy.* – He refused to help us. **odmówić przyjęcia prezentu** – to refuse a present; **odmawiać sobie drobnych przyjemności** – to deny oneself small pleasures ❷ (*mówić*) say (said, said) [seɪ, sed, sed]; **odmówić modlitwę** – to say a prayer

odmiana ❶ (*zmiana*) change [tʃeɪndʒ]; *Potrzebna jest nam wszystkim odmiana.* – We all need a change. **odmiana na lepsze** – a change for the better; **odmiana pogody** – a change in the weather; **na odmianę/dla odmiany** – for a change ❷ *zool., bot.* variety [və'raɪətɪ]; **nowa odmiana jabłek** – a new variety of apples

odmieniać change [tʃeɪndʒ], alter ['ɔ:ltə]; **odmieniać bieg historii** – to change the course of history

odmieniać się change [tʃeɪndʒ]; *Nasze plany się odmieniły.* – Our plans have changed. *Wszystko odmieniło się na lepsze.* – Everything changed for the better.

odmienny different ['dɪfrənt], unlike [ʌn'laɪk]; **być odmiennego zdania** – to be of a different opinion; **płeć odmienna** – the opposite sex

odmładzać rejuvenate [rɪ'dʒu:vɪneɪt]; *Po wakacjach wyglądasz na odmłodzoną.* – You look rejuvenated after your holiday.

odmowa refusal [rɪ'fju:zl]; **spotkać się z odmową** – to meet with a refusal; **stanowcza odmowa** – a flat refusal

odmowny negative ['negətɪv]

odmówić *p.* **odmawiać**

odmrozić (*doznać odmrożenia*) get frost-bitten [get 'fɒstbɪtn]

odmrożenie frost-bite ['frɒstbaɪt]

odnawiać ❶ (*ponawiać*) renew [rɪ'nju:]; **odnowić przyjaźń** – to renew a friendship; **odnowić kontrakt** – to renew a contract ❷ (*o mieszkaniu*) redecorate [ri:'dekəreɪt], renovate ['renəveɪt]

odniesienie reference ['refrəns]; **w odniesieniu do...** – with reference to...; **punkt odniesienia** – point of reference; **układ odniesienia** – frame of reference

odnieść ❶ (*zanieść*) take back [teɪk'bæk] (took, taken), (*przynieść*) bring back [brɪŋ 'bæk] (brought, brought); *Muszę odnieść te książki do biblioteki.* – I have to take these books back to the library. *Odnieś mi to jutro, dobrze?* – Bring it back tomorrow, will you? ❷ (*osiągnąć, uzyskać*) achieve [ə'tʃi:v]; **odnieść sukces** – to achieve success; **odnieść zwycięstwo** – to achieve/to gain victory; **odnieść skutek** – to take effect/to produce results ❸ (*doznać, doświadczyć*) gain [geɪn], get (got, got) [get, gɒt, gɒt]; **odnieść wrażenie** – to get the impression/to be under the impression; **odnieść obrażenia** – to suffer injuries/to be injured; **odnieść rany** – to receive wounds/to be wounded

odnosić się ❶ (*dotyczyć*) refer (rr) [rɪ'fɜ:], relate [rɪ'leɪt], concern [kən'sɜ:n]; *To, co powiedziałem, odnosi się do was wszystkich.* – What I said refers to you all/concerns all of you. ❷ (*traktować kogoś*) treat [tri:t]; **dobrze się do kogoś odnosić** – to treat sb kindly

odnośnik reference ['refrəns], footnote ['fʊtnəʊt], (*znak graficzny*) reference mark ['refrəns'mɑ:k]

odnowa renewal [rɪ'nju:əl]

odór odour ['əʊdə]

odpadać ❶ (*odrywać się*) fall off [fɔ:l'ɒf], come off [kʌm'ɒf] (came, come) ❷ (*rezygnować, wycofywać się*) drop out (pp) [drɒp'aʊt]; *Niektórzy studenci odpadają w ciągu pierwszego roku.* – Some students drop out during the first year.

odpadek (*zazwyczaj l.mn. – odpadki*) waste [weɪst], refuse ['refju:s], garbage ['gɑ:bɪdʒ]

odpędzać drive away/off [draɪvə'weɪ/'ɒf] (drove, driven)

odpiąć ❶ (*rozpiąć*) unfasten [ʌn'fɑ:sn], undo (undid, undone) [ʌn'du:, ʌn'dɪd, ʌn'dʌn], (*zamek błyskawiczny*) unzip (pp) [ʌn'zɪp], (*guziki*) unbutton [ʌn'bʌtn] ❷ (*zdjąć*) take off [teɪk'ɒf] (took, taken)

odpiąć się come undone [kʌm ʌn'dʌn]; *Odpięły ci się guziki.* – Your buttons have come undone.

O

odpisać (*odpowiedzieć na list*) answer (a letter) ['ɑ:nsə-]

odpłacić (się) return [rɪ'tɜ:n], repay [ri:'peɪ], pay back [peɪ'bæk]; **odpłacić dobrem za zło** – to return good for evil

odpłatność payment ['peɪmənt]

odpłatny payable ['peɪəbl], non-gratuitous [nɒngrə'tju:ɪtəs], not free [nɒt'fri:]

odpływ ❶ (*wyciek, wypływ*) outflow ['aʊtfləʊ] ❷ (*spust*) spout [spaʊt], offtake ['ɒf,teɪk] ❸ (*pływ morski*) ebb tide ['ebtaɪd], low tide ['ləʊtaɪd]; **jest odpływ** – the tide ebbs/tide goes out

odpocząć rest [rest], have/take a rest, relax [rɪ'læks]; *On teraz odpoczywa.* – He is resting now.

odpoczynek rest [rest], relaxation [ri:læk'seɪʃn]; *Potrzebujesz odpoczynku.* – You need a rest. *Oglądam telewizję dla odpoczynku.* – I watch television for relaxation.

odporność resistance [rɪ'zɪstəns], *med.* immunity [ɪ'mju:nətɪ]; **naturalna odporność organizmu na choroby** – organism's natural immunity/resistance to disease

odporny resistant [rɪ'zɪstənt], immune [ɪ'mju:n]; **odporny na chorobę** – immune to a disease; *Niektóre owady stały się odporne na DDT.* – Some insects have become resistant to DDT. **wodoodporny** – water resistant/waterproof; **żaroodporny** – heat resistant

odpowiadać ❶ (*reagować, dawać odpowiedź*) answer ['ɑ:nsə], reply [rɪ'plaɪ], respond [rɪ'spɒnd]; **odpowiadać na pytania** – to answer questions; **odpowiadać na list** – to answer a letter; **odpowiadać na zarzut** – to reply to an accusation; *Odpowiedziała, że wie, co robi.* – She replied//answered that she knew what she was doing. ❷ (*odwzajemniać, odpłacać*) return [rɪ'tɜ:n], respond [rɪ'spɒnd], reply [rɪ'plaɪ]; **odpowiedzieć na pozdrowienie** – to return a greeting; *Odpowiedziała skinieniem głowy.* – She replied with a nod. ❸ (*ponosić odpowiedzialność*) be responsible [bi:rɪ'spɒnsəbl]; *Pilot odpowiada za bezpieczeństwo pasażerów.* – The pilot is responsible for the safety of his passengers. **odpowiadać przed sądem** – to be liable [-'laɪəbl]; *Nie odpowiadam za długi mojego męża.* – I'm not liable for my husband's debts. ❹ (*być zgodnym z czymś, podobnym* *do czegoś*) answer ['ɑ:nsə]; **odpowiadać czyimś potrzebom/wymaganiom** – to answer sb's needs/requirements; **odpowiadać opisowi** – to answer (to) the description of ❺ (*być odpowiednim, dogodnym*) suit [su:t/ /sju:t]; *Czy godzina piąta będzie ci odpowiadać? – Tak, świetnie mi odpowiada.* – Will 5 o'clock suit you? – Yes, it suits me fine.

odpowiedni appropriate [ə'prəuprıət], suitable ['sju:təbl], right [raıt]

odpowiednik equivalent [ı'kwıvələnt]

odpowiedzialność responsibility [rıspɒnsə'bılətı]; *prawn.* liability [laıə'bılətı]; **ponosić za coś odpowiedzialność** – to be responsible for sth/ /to take responsibility for sth/*prawn.* to be liable for sth; **obarczyć kogoś odpowiedzialnością za coś** – to make sb responsible for sth

odpowiedzialny ❶ (*rzetelny*) responsible [rı'spɒnsəbl], reliable [rı'laıəbl], trustworthy ['trʌstwɜ:ðı]; *Ona jest bardzo odpowiedzialną osobą.* – She is a very responsible person. ❷ (*obarczający odpowiedzialnością, trudny*) responsible [rı'spɒnsəbl]; **niezwykle odpowiedzialne stanowisko** – a highly responsible position ❸ (*ponoszący konsekwencje*) responsible [rı'spɒnsəbl]; *Pijany nie jest w pełni odpowiedzialny za swoje czyny.* – A drunk man is not fully responsible for his actions. *On jest odpowiedzialny bezpośrednio przed prezydentem.* – He is directly responsible to the president.

odpowiedź answer ['ɑ:nsə], reply [rı'plaı]

odprężenie ❶ (*zmniejszenie napięcia*) relaxation [ri:læk'seıʃn] ❷ *polit.* détente [deı'tɑ:nt]

odprowadzać escort [ı'skɔ:t], take (took, taken) [teık, tuk, 'teıkn]; **odprowadzać dziecko do szkoły** – to take the child to school; **odprowadzać kogoś do domu** – to take sb home/to see sb home; **odprowadzać kogoś na stację** – to see sb off at the station

odpychać ❶ (*powodować niechęć*) repel (ll) [rı'pel] ❷ (*odepchnąć, popchnąć*) push away [puʃə'weı]

odpychający repulsive [rı'pʌlsıv], disgusting [dıs'gʌstıŋ], odious ['əudjəs]

odra *med.* measles ['mi:zlz]

odrabiać *p.* **odrobić**

odraza aversion [ə'vɜ:ʃn], repugnance [rı'pʌgnəns], disgust [dıs'gʌst]; *To budzi we mnie odrazę./To napełnia mnie odrazą.* – It fills me with disgust. **odwrócić się z odrazą** – to turn away in disgust

odrażający disgusting [dıs'gʌstıŋ], revolting [rı'vəultıŋ], repulsive [rı'pʌlsıv], repugnant [rı'pʌgnənt]

odrobić (*wykonać jakąś pracę zgodnie ze zobowiązaniem*) do one's work; **odrobić zaległości** – to catch up with one's work; **odrobić pracę domową** – to do one's homework

odrobina a bit [ə'bıt], a little bit [əlıtl'bıt]

odrodzenie ❶ (*narodzenie się na nowo*) rebirth [ri:'bɜ:θ], revival [rı'vaıvl] ❷ (*epoka odrodzenia, renesans*) the Renaissance [-rı'neısns]

odróżnić distinguish [dı'stıŋgwıʃ], tell apart [telə'pɑ:t], tell from [tel'frɒm] (told, told), discriminate [dı'skrımıneıt]; *On nie odróżnia kolorów.* – He can't distinguish between colours. *Trudno jest odróżnić jedną bliźniaczkę od drugiej.* – It's difficult to distinguish one twin from the other. *Czy potrafisz odróżnić Betty od jej siostry-bliźniaczki? Ja nie mogę ich odróżnić.* – Can you tell Betty from her twin sister? I can't tell them apart.

odróżnić się differ ['dıfə], be distinguished [bi:dı'stıŋgwıʃt], stand out [stænd'aut] (stood, stood); *Samiec odróżnia się od samicy większą głową.* – The male is distinguished from the female by a bigger head.

odruch reflex ['ri:fleks], impulse ['ımpʌls]; **odruch warunkowy** – a conditioned reflex; **kontrolować swoje odruchy/panować nad swoimi odru-**

O

chami – to control one's reflexes; **kierować się odruchem** – to act on impulse

odruchowy reflex ['ri:fleks], involuntary [ɪn'vɒləntərɪ], instinctive [ɪn'stɪŋktɪv]; **reakcja odruchowa** – a reflex response

odrywać *p.* **oderwać**

odrzucać ❶ (*odsunąć coś zbędnego*) cast aside [kɑ:stə'saɪd] (cast, cast), discard [dɪ'skɑ:d], throw aside [θrəʊə'saɪd] (threw, thrown), abandon [ə'bændən]; *Kiedy się wzbogacił, odrzucił wszystkich starych przyjaciół.* – As he became rich he threw aside/cast aside his old friends. **odrzucić przestarzałe przekonania** – to discard outdated beliefs ❷ (*nie przyjąć czegoś*) reject [rɪ'dʒekt], decline [dɪ'klaɪn], turn down [tɜ:n'daʊn], throw away [θrəʊə'weɪ] (threw, thrown); *Ona odrzuciła jego propozycję małżeństwa.* – She rejected his offer of marriage. *Nie odrzucaj tej szansy.* – Don't throw that chance away. *Odrzucili jego propozycję.* – They turned down his offer. *Wniosek został odrzucony 150 głosami przeciw 67.* – The motion was rejected by 150 votes to 67.

odrzutowiec jet [dʒet], jet aircraft [dʒet'eəkrɑ:ft]

odrzutowy jet [dʒet], jet-propelled [dʒetprə'peld]; **silnik odrzutowy** – a jet engine; **napęd odrzutowy** – jet propulsion

odsetek percentage [pə'sentɪdʒ]

odsetki interest (rates) ['ɪntrɪst-]

odsłona *teatr.* scene [si:n]

odsłonić ❶ (*uczynić widocznym, pokazać*) expose [ɪk'spəʊz], unveil [ʌn'veɪl], uncover [ʌn'kʌvə]; **odsłonić pomnik** – to unveil a monument; *Uśmiechnął się odsłaniając wspaniałe białe zęby.* – He smiled exposing his perfect white teeth. ❷ (*ujawnić*) expose [ɪk'spəʊz], disclose [dɪs'kləʊz], reveal [rɪ'vi:l]; **odsłonić tajemnicę** – to disclose/to reveal a secret

odstąpić ❶ (*odejść, cofnąć się*) retreat [rɪ'tri:t], withdraw (withdrew, withdrawn) [wɪð'drɔ:, wɪð'dru:, wɪð'drɔ:n], draw back [drɔ:'bæk] (drew, drawn); **odstąpić od umowy** – to draw back from an agreement/to renounce a contract; **odstąpić od zasady** – to depart from a rule ❷ (*zrzec się na czyjąś korzyść*) give up [gɪv'ʌp] (gave, given); **odstąpić komuś swoje miejsce** – to give up one's seat to sb

odstęp space [speɪs], interval ['ɪntəvl]; **w regularnych odstępach czasu** – at regular intervals; *Drzewa były posadzone w odstępach piętnastometrowych.* – The trees were planted at 15 m intervals. *Między pojazdami powinien być zachowany odpowiedni odstęp.* – A proper interval should be maintained between vehicles.

odstępstwo deviation [di:vɪ'eɪʃn]; **odstępstwo od zasady** – deviation from the rule

odstraszać frighten away/off ['fraɪtn-], discourage [dɪ'skʌrɪdʒ]

odsunąć push aside/away [pʊʃ-], shove away [ʃʌvə'weɪ]; *Odsunęła od siebie talerz.* – She pushed her plate away.

odsunąć się move back [mu:v'bæk], step back (pp) [step'bæk], draw back [drɔ:'bæk] (drew, drawn); *Odsuń się, dach spada!* – Move back! The roof is falling! *Proszę się odsunąć!* – Stand back, please! *Tłum odsunął się, żeby pozwolić policjantom przejść.* – The crowd drew back to let the policemen through.

odszkodowanie damages ['dæmɪdʒɪz]; **zapłacić odszkodowanie** – to pay the damages; *Sąd przyznał mu 1000 funtów odszkodowania.* – The court awarded him 1000 damages. **odszkodowania wojenne** – (war) reparations

odszyfrować decode [di:'kəʊd], decipher [dɪ'saɪfə]

odśnieżać clear snow from the streets, clear the streets of snow

odśrodkowy centrifugal [sent'trɪfjʊgl]; **siła odśrodkowa** – centrifugal force

odświeżać refresh [rɪ'freʃ], (*o meblach, mieszkaniu*) renovate ['renəveɪt];

Chłodny prysznic cię odświeży. – A cool shower will refresh you.

odświeżyć się refresh oneself [rɪ-'freʃwʌn'self], **odświeżyć się kąpielą** – to refresh oneself with a bath

odtąd ❶ (*od tego czasu*) since then, since that time, from then on, ever since; *Wyszedł z domu dwa lata temu i odtąd słuch o nim zaginął.* – He left home two years ago and hasn't been heard of since. ❷ (*od chwili obecnej*) from now on; *Odtąd musisz sama na siebie zarabiać.* – From now on you must earn your own living. ❸ (*od tego miejsca*) from here

odtwarzać ❶ (*oddać coś wiernie*) portray [pɔ:'treɪ], render ['rendə], perform [pə'fɔ:m], (*o dźwięku, obrazie*) reproduce [ri:prə'dju:s]; **odtworzyć postać** – to portray a character; **odtworzyć** (*odegrać*) **rolę** – to perform a role; **odtworzyć dźwięk** – to reproduce sound ❷ (*rekonstruować*) reconstruct [ri:kən'strʌkt]

odwaga courage ['kʌrɪdʒ]; **okazać odwagę** – to show courage; **stracić odwagę** – to lose courage; **zdobyć się na odwagę** – to pluck up/to summon/to muster one's courage

odważać *p.* **odważyć**

odważnik weight [weɪt]

odważny courageous [kə'reɪdʒəs], brave [breɪv], daring ['deərɪŋ]

odważyć się (*zdobyć się na odwagę*) dare [deə], venture ['ventʃə], muster one's courage ['mʌstəwʌnz'kʌrɪdʒ]; *Nie odważę się poprosić go o podwyżkę.* – I daren't ask him for a rise. *Nigdy nie odważyłam się zadać mu tego pytania.* – I never dared to ask him that question. *On nigdy się nie odważy poprosić ją o rękę.* – He'll never have the courage to ask her to marry him.

odwdzięczyć się return [rɪ'tɜ:n], repay [rɪ'peɪ], reciprocate [rɪ'sɪprəkeɪt]; *Jak ci się odwdzięczę?* – How shall I return your kindness?

odwet revenge [rɪ'vendʒ], retaliation [rɪtælɪ'eɪʃn], reprisal [rɪ'praɪzl]; **w odwecie** – in revenge

odwetowy retaliatory [rɪ'tælɪətərɪ]; **akcja odwetowa** – reprisals; **podjąć działania odwetowe** – take retaliatory measures

odwiązać untie [ʌn'taɪ], undo (undid, undone) [ʌn'du:, ʌn'dɪd, ʌn'dʌn]

odwiązać się come undone, come untied

odwiedzać visit ['vɪzɪt], call on [kɔ:l-'ɒn], come and see [kʌmən'si:], look sb up [lʊk-'ʌp]; *Musisz przyjść nas odwiedzić.* – You must come and visit us./Do come and see us.

odwiedziny visit ['vɪzɪt]

odwilż thaw [θɔ:]; *Robi się odwilż.* – A thaw is setting in.

odwirować (*w pralce*) spin-dry [spɪn-'draɪ]; *Możesz odwirować ten sweter.* – You can spin-dry this pullover.

odwlekać (*odłożyć*) put off [pʊt'ɒf] (put, put), postpone [pəs'pəʊn], delay [dɪ-'leɪ]; *Oni odwlekali tę decyzję.* – They put off making that decision.

odwodnienie dehydration [di:haɪ-'dreɪʃn], (*osuszenie terenu*) drainage ['dreɪnɪdʒ]; *Można umrzeć z odwodnienia.* – You may die of dehydration.

odwodniony dehydrated [di:'haɪdreɪtɪd]

odwołać ❶ (*przywołać do siebie*) call off [kɔ:l'ɒf], (*odwołać skinieniem na stronę*) beckon aside ['beknə'saɪd]; ❷ (*ogłosić za niebyłe*) cancel (ll) ['kænsl], call off [kɔ:l'ɒf]; *Strajk został odwołany.* – The strike has been called off. *Mecz musiał być odwołany z powodu deszczu.* – The match had to be cancelled becuse of the rain. *Ich ślub jest odwołany.* – Their wedding is off. ❸ (*usunąć ze stanowiska*) recall [rɪ-'kɔ:l]; **odwołać ambasadora** – to recall an ambassador from his post ❹ (*cofnąć*) withdraw (withdrew, withdrawn) [wɪð'drɔ:, wɪð'dru:, wɪð'drɔ:n]; **odwołać swoją obietnicę/swoje słowa** – to withdraw one's promise/one's words

odwołać się ❶ (*zwrócić się, zaapelować*) appeal [ə'pi:l]; **odwołać się do wyższej instancji** – to appeal to the higher court; **odwołać się do zdrowego rozsądku** – to appeal to common sense ❷ (*powołać się*) refer (rr) [rɪ'fɜ:]; **odwołać się do słownika** – to refer to a dictionary

odwołanie ❶ (*rzeczownik od „odwołać"*) recall [rɪ'kɔ:l]; **aż do odwołania** – until further notice ❷ (*prośba o ponowne rozpatrzenie sprawy*) appeal [ə'pi:l]; **wnieść odwołanie** – to make/ /to lodge an appeal

odwracać turn (over) [tɜ:n-]; **odwracać twarz** – to turn one's face away

odwracać się turn (round/away) [tɜ:n-]; *Odwróciła się i spojrzała na mnie.* – She turned to look at me. *Jak możesz odwrócić się od kogoś, kto jest w potrzebie?* – How can you turn away from someone who is in need?

odwracalny reversible [rɪ'vɜ:səbl]

odwrotnie (*przeciwnie*) inversely [ɪn'vɜ:slɪ], (*na odwrót*) the other way round, quite the contrary, quite the reverse; **odwrotnie proporcjonalny** – inversely proportional

odwrotność the reverse [-rɪ'vɜ:s]

odwrotny reverse [rɪ'vɜ:s], opposite ['ɒpəzɪt], contrary ['kɒntrərɪ]; **odwrotny skutek** – the opposite effect; *Szedł w odwrotnym kierunku.* – He was going in the opposite direction. *Rezultaty były odwrotne, niż się spodziewaliśmy.* – The results were contrary to what we had expected.

odwrócić *p.* **odwracać**

odwrót ❶ (*druga strona*) reverse [rɪ'vɜ:s]; *Moneta miała orła na odwrocie.* – The coin had an eagle on its reverse. ❷ *wojsk.* retreat [rɪ'tri:t], withdrawal [wɪð'drɔ:əl]; **odwrót taktyczny/strategiczny** – a tactical/a strategical retreat

◆ **na odwrót** ❶ (*wręcz przeciwnie*) on the contrary/quite the opposite ❷ (*w drugą stronę*) the other way round ❸ (*na lewą stronę*) inside out ❹ (*tyłem do przodu*) back to front

O

odwykać get out of the habit of, be no longer used to

odwzajemniać return [rɪ'tɜ:n], reciprocate [rɪ'sɪprəkeɪt]; *On nie może odwzajemnić twojej miłości.* – He can't return your love. **miłość nie odwzajemniona** – unrequited love [ʌnrɪ'kwaɪtɪd-]

odzew response [rɪ'spɒns]; *Jego apel spotkał się z szerokim odzewem.* – His appeal met with generous response.

odziedziczyć inherit [ɪn'herɪt], come into (a fortune) [kʌm'ɪntə-] (came, come); *Odziedziczył majątek po swoim wuju.* – He inherited a fortune from his uncle. *Odziedziczyła talent po matce.* – She inherited her mother's talent. *On ma nadzieję odziedziczyć majątek, kiedy jego wuj umrze.* – He hopes to come into a fortune when his uncle dies.

odzież clothes [kləʊðz], clothing ['kləʊðɪŋ], wear [weə]; **odzież damska/ /męska/dziecięca/sportowa** – ladies'/ /men's/children's wear/sportswear

odznaczać ❶ (*cechować*) characterize ['kærəktəraɪz], distinguish [dɪ'stɪŋgwɪʃ], mark [mɑ:k] ❷ (*nadawać odznaczenie*) award a medal [ə'wɔ:də'medl]

odznaczać się be characterized [bi:'kærəktəraɪzd], be distingished [bi:dɪ'stɪŋgwɪʃt], stand out [stænd'aʊt] (stood, stood), be marked [bi:'mɑ:kt]; *Ciemny zarys budynku odznaczał się na tle jasnego nieba.* – The dark outline of the building stood out against the pale sky. *Ich stosunek odznaczał się wrogością.* – Their relationship was characterized by hostility.

odznaka ❶ (*znak rozpoznawczy*) badge [bædʒ] ❷ (*wyróżnienie*) medal ['medl]

odzwierciedlać reflect [rɪ'flekt], mirror ['mɪrə]; *Smutny wygląd odzwierciedlał jej myśli.* – Her sad look reflected her thoughts.

odzwyczaić wean (away) [wi:n-]; **odzwyczaić kogoś od picia** – to wean sb from drinking

odzwyczaić się ❶ (*pozbyć się nałogu*) break the habit, of get out of the habit of, give up [gɪv'ʌp] (gave, given), go off a habit; **odzwyczaić się od palenia** – to give up smoking ❷ (*oduczyć się*) be no longer accustomed to, change one's habits

odzyskać recover [rɪ'kʌvə], regain [rɪ'geɪn], retrieve [rɪ'tri:v]; **odzyskać skradzioną własność** – to recover lost property; **odzyskać wzrok/słuch** – to recover one's sight/hearing; **odzyskiwać przytomność** – to recover consciousness/to regain consciousness/to come to one's senses/to come to; **odzyskać zdrowie** – to recover (from an illness); **odzyskać równowagę** (*fizycznie*) – to regain one's balance; **odzyskać równowagę** (*psychicznie*) – to regain composure/to recover from shock; **odzyskać dane z dyskietki** – to retrieve data from a disk

odzywać się *p.* **odezwać się**

odżywczy nourishing ['nʌrɪʃɪn], nutritious [nju:'trɪʃəs], nutritive ['nju:trətɪv]; **wartość odżywcza** – nutritive value

odżywiać nourish ['nʌrɪʃ], feed up [fi:d'ʌp] (fed, fed); **dobrze odżywione/źle odżywione** (*niedożywione*) **dziecko** – a well-nourished/an undernourished child; *Wyglądasz mizernie. Należy cię odżywić.* – You look thin. You need feeding up.

odżywiać się feed on [fi:d'ɒn] (fed, fed); *Krowy odżywiają się trawą.* – Cows feed on grass. **dobrze/racjonalnie/źle/nieracjonalnie się odżywiać** – to have good/bad eating habits; *Wyglądasz mizernie. Pewnie źle się odżywiasz.* – You look thin. I'm sure you haven't been eating properly.

odżywianie nutrition [nju:'trɪʃn], nourishment ['nʌrɪʃmənt]

ofensywa offensive [ə'fensɪv]; **rozpocząć ofensywę** – to launch an offensive; **przeprowadzić ofensywę** – to carry out an offensive

oferta offer ['ɒfə]

ofiara ❶ (*dar na jakiś cel*) contribution [kɒntrɪ'bju:ʃn], (*w kościele*) offering ['ɒfərɪŋ] ❷ (*poświęcenie, oddanie*) sacrifice ['sækrɪfaɪs]; **ponieść ofiarę** – to make a sacrifice ❸ (*osoba, która doznała szkody*) victim ['vɪktɪm], (*ofiara wypadku*) casualty ['kæʒjʊəltɪ]; **ofiara morderstwa/gwałtu** – a murder//a rape victim; **lista ofiar** (*katastrofy*) – a casualty list; **paść ofiarą czegoś** – to fall victim to; *Padł ofiarą jej uroku.* – He fell victim to her charm. ❹ *relig.* sacrifice ['sækrɪfaɪs], sacrifice victim ['sækrɪfaɪs 'vɪktɪm]; **zabić owcę w ofierze** – to kill a sheep as a sacrifice

ofiarność generosity [dʒenə'rɒsətɪ]

ofiarny ❶ (*przy obrzędzie składania ofiar*) sacrificial [sækrɪ'fɪʃl]; *przen.* **kozioł ofiarny** – a scapegoat ❷ (*szczodry*) generous ['dʒenərəs] ❸ (*gotowy do poświęceń*) devoted [dɪ'vəʊtɪd], dedicated ['dedɪkeɪtɪd]

ofiarodawca subscriber [səb'skraɪbə], contributor [kən'trɪbju:tə], donor ['dəʊmə]

ofiarować ❶ (*dać w prezencie*) give (as a present) (gave, given) [gɪv-, geɪv, 'gɪvn] ❷ (*zaproponować*) offer ['ɒfə]; *Ofiarował nam pomoc.* – He offered to help us. ❸ (*złożyć w ofierze*) offer up ['ɒfə-], sacrifice ['sækrɪfaɪs]

ofiarować się (*wyrazić gotowość*) offer ['ɒfə], volunteer [vɒlən'tɪə]; *Ofiarowała się, że nam pomoże.* – She volunteered/offered to help us.

oficer officer ['ɒfɪsə]; **oficer wojska//marynarki wojennej/lotnictwa** – an army/a naval/an air-force officer

oficjalny official [ə'fɪʃl], formal ['fɔ:ml]

ogień fire ['faɪə], *wojsk.* fire ['faɪə]; **ugasić ogień** – to extinguish/to put out a fire; **zapalić ogień** – to make/to light a fire; **igrać z ogniem** – to play with fire; **podłożyć ogień pod coś** – to set fire to sth/to set sth on fire; *Nie ma dymu bez ognia.* – There is no smoke without fire. **ubezpieczyć od ognia** – to insure against fire; **dolewać oliwy do ognia** – to pour oil on the flames; **otworzyć ogień do nieprzyjaciela** – to open fire on the enemy; **wstrzymać ogień** – to cease fire; **być wziętym w dwa ognie** – to be (taken) between two fires

oglądać look at ['lʊkət], see (saw, seen) [si:, sɔ:, si:n], watch [wɒtʃ], inspect [ɪn'spekt]; **oglądać telewizję** – to watch TV; **oglądać film w telewizji** – to watch a film on TV; **oglądać fotografie** – to look at photographs; **obejrzeć wystawę** – to see an exhibition; **obejrzeć kogoś od stóp do głów** – to look sb up and down

oglądać się ❶ (*patrzeć na siebie w lustrze*) look at oneself (in the mirror) ❷ (*odwrócić głowę i spojrzeć*) look back/ /round [lʊk'bæk/'raʊnd]

ogłosić announce [ə'naʊns], declare [dɪ'kleə], (*drukiem*) publish ['pʌblɪʃ]; **ogłosić amnestię** – to declare amnesty

ogłoszenie ❶ (*podanie do wiadomości*) announcement [ə'naʊnsmənt], notice ['nəʊtɪs], declaration [deklə'reɪʃn], proclamation [prɒklə'meɪʃn]; **tablica ogłoszeń** – a notice-board ❷ (*anons w gazecie*) advertisement [əd'vɜ:tɪsmənt], ad [æd]; **dać ogłoszenie** – to put in an advertisement

ogłuchnąć become deaf [bɪkʌm'def]

ogłuszać deafen ['defn], (*pozbawić przytomności*) stun (nn) [stʌn], daze [deɪz]; *Byliśmy ogłuszeni panującym tu hałasem.* – We were deafened by the noise.

ogłuszający deafening ['defnɪŋ]

ognioodporny fireproof ['faɪəpru:f], flameproof ['fleɪmpru:f], non flammable [nɒn'flæməbl]

ogniotrwały fireproof ['faɪəpru:f]

ognisko bonfire ['bɒnfaɪə], fire ['faɪə], *fiz., med., fot.* focus ['fəʊkəs]; **ognisko domowe** – hearth and home; **rozpalić ognisko** – to make/to build a fire; **siedzieć przy ognisku** – to sit round a bonfire

ogniwo link [lɪŋk]; *fiz., chem.* cell [sel]

ogolić shave [ʃeɪv]

ogolony shaven ['ʃeɪvn], clean-shaven ['kli:nʃeɪvn]

O

ogon tail [teɪl]

ogólny general ['dʒenərəl], universal [ju:nɪ'vɜ:sl]; **ogólne wrażenie** – a general impression; **wiedza ogólna** – general knowledge; **ogólna zasada** – a general principle; *Jego stan ogólny jest dobry.* – His general condition is good.

ogół ❶ (*całość*) the whole [-həʊl] ❷ (*społeczeństwo*) the public [-'pʌblɪk], society [sə'saɪətɪ]

◆ **ogółem** – in general/altogether; **na ogół** – in general/on the whole; **w ogóle** (*wcale*) – at all/altogether; *W ogóle nic nie wiem.* – I don't know anything at all.

ogórek *bot.* cucumber ['kju:kʌmbə]

ogórkowy cucumber ['kju:kʌmbə]; **sezon ogórkowy** – the silly season

ograbić rob (bb) [rɒb], burgle ['bɜ:gl]; **ograbić kogoś z pieniędzy** – to rob sb of his money; *Ich mieszkanie zostało ograbione.* – Their flat has been burgled.

ograniczać limit ['lɪmɪt], restrict [rɪ'strɪkt], cut down [kʌt'daʊn] (cut, cut); *Musimy ograniczać nasze wydatki.* – We must limit our expenditures. *Mgła ograniczała widoczność.* – Fog restricted visibility. **ograniczać wolność/prawa** – to restrict freedom/ /rights; *Prędkość jest ograniczona do 50 km/godz.* – Speed is restricted to 50 km per hour./The speed limit is 50 km per hour.

ograniczać się limit oneself ['lɪmɪtwʌn'self], restrict oneself [rɪ'strɪktwʌn'self]; *Musisz się ograniczyć do 1200 kilokalorii dziennie.* – You must restrict/limit yourself to 1200 kilocalories a day.

ograniczenie limitation [,lɪmɪ'teɪʃn], restriction [rɪ'strɪkʃn]; **ograniczenie prędkości** – speed limit; **nałożyć ograniczenia na** – to put/to place/to impose restrictions on; **znieść ograniczenia** – to lift restrictions; **ograniczenia budżetowe** – budgetary limitations; **bez ograniczeń** – unreservedly/without restrictions

ograniczony ❶ (*zamknięty w wąskich granicach*) limited ['lımıtıd], restricted [rı'strıktıd]; **spółka z ograniczoną odpowiedzialnością** – a limited liability company (Ltd); *Jego inteligencja jest ograniczona.* – His intelligence is limited. *Sprzedaż alkoholu powinna być ograniczona.* – The sale of alcohol should be restricted. ❷ (*nie mający szerszych zainteresowań*) narrow-minded [nærəʊ-'maındıd]

ogrodnictwo gardening ['gɑ:dnıŋ], horticulture ['hɔ:tı'kʌltʃə]

ogrodniczy gardening ['gɑ:dnıŋ], horticultural [hɔ:tı'kʌltʃərəl]; **rękawice/narzędzia ogrodnicze** – gardening gloves/tools; **wystawa ogrodnicza** – a horticultural show; **sklep ogrodniczy** – a garden centre

ogrodnik gardener ['gɑ:dnə]

ogrodowy garden ['gɑ:dn]; **kwiaty ogrodowe** – garden flowers

ogrodzenie (*płot*) fence [fens]

ogrodzić enclose [ın'kləʊz], (*płotem*) fence in [fens'ın], (*murem*) wall in [wɔ:l'ın]; **ogrodzić ogród płotem** – to enclose a garden with a fence

ogrom immensity [ı'mensətı]; magnitude ['mægnıtju:d], enormity [ı'nɔ:mətı]; *Nie zdawałem sobie sprawy z ogromu problemu.* – I didn't realize the magnitude of the problem.

ogromnie extremely [ık'stri:mlı], infinitely ['ınfənətlı], enormously [ı'nɔ:məslı], immensely [ı'menslı]; *Jest mi ogromnie przykro.* – I'm extremely sorry. *Jestem ogromnie wdzięczna.* – I'm infinitely/enormously grateful. *To jest ogromnie interesujące.* – That's extremely interesting.

ogromny immense [ı'mens], enormous [ı'nɔ:məs], vast [vɑ:st], huge [hju:dʒ], (*w wysokim stopniu*) extreme [ık'stri:m]; **ogromne sumy pieniędzy** – enormous/vast/immense sums of money; *Okazał nam ogromną serdeczność.* – He showed us extreme kindness.

ogród garden ['gɑ:dn]; **ogród botaniczny/zoologiczny** – botanical/zoological gardens

ogródek garden ['gɑ:dn]; **ogródek alpejski** – a rock garden/a rockery; **ogródek działkowy** – allotment

ogryzek (*jabłka*) core (of an apple) [kɔ:-]

ogrzać heat [hi:t], warm [wɔ:m]; **ogrzać dom** – to heat a house; *Ogrzej ręce przy ogniu.* – Warm your hands by the fire. **ogrzewany basen** – a heated swimming-pool; *Woda jest ogrzewana w bojlerze.* – Water is heated (up) in a boiler.

ogrzać się get warm [get'wɔ:m], warm oneself, heat (up) [hi:t'ʌp]; *Pokój zaraz się ogrzeje.* – The room will soon heat up. *Ogrzej się przy ogniu.* – Warm yourself by the fire.

ogrzewanie heating ['hi:tıŋ]; **centralne ogrzewanie** – central heating

ojciec father ['fɑ:ðə]; **ojcowie miasta** – city fathers; **Bóg Ojciec** – God the Father

ojcostwo fatherhood ['fɑ:ðəhʊd], paternity [pə'tɜ:nətı]; **ustalić ojcostwo** – to establish paternity

ojcowski fatherly ['fɑ:ðəlı], paternal [pə'tɜ:nl]; **ojcowska rada** – fatherly advice; **ojcowskie uczucie** – paternal affection

ojczym stepfather ['stepfɑ:ðə]

ojczysty native ['neıtıv], mother ['mʌðə]; **język ojczysty** – (one's) native language/(one's) mother tongue; **kraj ojczysty** – (one's) native land/(one's) mother country/(one's) native country

ojczyzna native land, native country, mother country, home; *Grecja jest ojczyzną demokracji.* – Greece is the home of democracy.

okaleczyć cripple ['krıpl], maim [meım], mutilate ['mju:tıleıt]

okaz specimen ['spesımın]; **okaz zdrowia** – the picture of health

okazać show (showed, shown/-ed) [ʃəʊ, ʃəʊd, ʃəʊn/ʃəʊd], demonstrate ['demənstreıt], display [dıs'pleı]; *Musi pan oka-*

zać swój bilet/paszport. – You must show your ticket/passport. *Okazała mi dużo zrozumienia.* – She showed me great understanding. *Okazał wielką odwagę.* – He showed/demonstrated/ /displayed great courage.

okazać się turn out [tɜ:n'aʊt], prove [pru:v]; *Okazało się to trudniejsze niż przypuszczaliśmy.* – It turned out/ /proved to be more difficult than we had expected. *On okazał się dobrym pracownikiem.* – He proved himself to be a good worker.

okaziciel bearer ['beərə]; *Czek jest płatny na okaziciela.* – The cheque is payable to the bearer.

okazja occasion [ə'keɪʒn], chance [tʃɑ:ns], opportunity [ɒpə'tju:nətɪ]; *Nie strać tej okazji.* – Don't miss this opportunity. *To jest okazja, na którą czekałam.* – That's the chance I have been waiting for. *Skorzystaliśmy z okazji i odwiedziliśmy naszych przyjaciół w Londynie.* – We took the opportunity of visiting our friends in London. *Ona nie miała okazji poznawać interesujących ludzi.* – She didn't have much opportunity for meeting interesting people. *Noszę tę suknię tylko na specjalne okazje.* – I wear this dress only on special occasions. **uroczysta okazja** – a festive occasion; **przy pierwszej okazji** – at the first opportunity; **jeżeli nadarzy się okazja** – when the occasion arises; *Wszystkiego najlepszego z okazji urodzin!* – Happy birthday!/Many happy returns of the day! *Najlepsze życzenia z okazji (waszego) ślubu!* – Congratulations on your marriage! *Pogratulował nam z okazji urodzenia się naszej córeczki.* – He congratulated us on the birth of our daughter.

okazywać *p.* **okazać**

okienko window ['wɪndəʊ], (*kasowe*) pay-desk ['peɪdesk], (*miejsce, gdzie załatwia się interesantów*) counter ['kaʊntə]

okiennica shutter ['ʃʌtə]

oklaski applause [ə'plɔ:z]; **burzliwe oklaski** – thunderous applause

okładka cover ['kʌvə]; **książka w papierowej okładce** – a paperback; **książka w sztywnej okładce** – a hardback

okłamywać deceive [dɪ'si:v], lie [laɪ]; *Nie okłamuj samego siebie.* – Don't deceive yourself. *Okłamała mnie co do swojego wieku.* – She lied to me about her age.

okno window ['wɪndəʊ]; **wyglądać przez okno** – to look out of the window; **otworzyć/zamknąć okno** – to open/to shut a window; **okno na świat** – a window on the world; **okno wystawowe** – a shop-window

oko eye [aɪ]; *Ona ma niebieskie oczy.* – She has blue eyes. **otworzyć/zamknąć oczy** – to open/to close one's eyes; **zamrugać oczami** – to blink one's eyes; **spojrzeć komuś w oczy** – to look sb in the eyes; **mieć bystre oko** – to have sharp eyes; **rzucić na coś okiem** – to have a look at sth/to cast an eye over sth; **przymknąć na coś oko** – to close one's eyes to sth/to turn a blind eye; **mieć oczy otwarte** – to keep one's eyes open; *Nie mógł od niej oderwać oczu.* – He couldn't take his eyes off her. **spojrzeć na coś kątem oka** – to look at sth out of the corner of one's eye; *To nie jest widoczne gołym okiem.* – It's not visible to the naked eye. *W końcu przejrzał na oczy.* – At last the scales fell from his eyes. *Myślał, że mu się dwoi w oczach.* – He thought he was seeing double.

okolica ❶ (*otoczenie*) neighbourhood ['neɪbəhʊd], surroundings [sə'raundɪŋz] ❷ (*obszar*) region ['ri:dʒən]; **górzysta okolica** – a mountainous region

okoliczność circumstance ['sɜ:kəmstəns]; **w tych okolicznościach** – under those circumstances; *Jakie były okoliczności jego śmierci?* – What were the circumstances of his death? **zbieg oko-**

liczności – coincidence [kəʊ'ınsıdəns]; **sprzyjające/nie sprzyjające okoliczności** – favourable/adverse circumstances; **nieprzewidziane okoliczności** – unforeseen circumstances

około about [ə'baʊt]; *Ona ma około czterdziestu lat.* – She is about forty.

okradać rob (bb) [rɒb], steal (stole, stolen) [sti:l, stəʊl, 'stəʊln]; *Został okradziony z pieniędzy.* – He was robbed out of his money./His money was stolen from him.

okrąg (*koło*) circle ['sɜ:kl]; **promień/ /średnica okręgu** – radius/diameter of a circle

okrągły round [raʊnd], (*o sylwetce*) rounded ['raʊndıd], curved ['kɜ:vd]; **okrągły stół** – a round table; **okrągła suma pieniędzy** – a round sum of money; **przez okrągły rok** – all year long

okrążać ❶ (*poruszać się naokoło*) circle ['sɜ:kl], go round [gəʊ'raʊnd] (went, gone), move round [mu:v'raʊnd] ❷ (*otaczać*) encircle [ın'sɜ:kl]; *Oddziały nieprzyjaciela okrążyły miasto.* – The enemy troops encircled the city. ❸ (*obejść, objechać naokoło*) make a detour

okrążenie encirclement [ın'sɜ:klmənt], *sport.* lap [læp]

okres period ['pıərıəd]; **okres przejściowy** – a transitional period; **okres inkubacji** – an incubation period; **okres powojenny** – the post-war period; **w tym okresie historii** – in that period of history

okresowy periodic [pıərı'ɒdık], temporary ['tempərərı]; **układ okresowy/ /tablica okresowa pierwiastków** – periodic table; **zajęcie okresowe** – a temporary job

określać define [dı'faın], determine [dı'tɜ:mın]; *Władza prezydenta jest określona w konstytucji.* – The power of the President is defined in the constitution. **określić położenie statku** – to determine the position of a ship

określenie designation [dezıg'neıʃn], definition [defı'nıʃn]

określony definite ['defınıt], defined [dı'faınd], determined [dı'tɜ:mınd]; **przedimek określony** – the definite article

okręg ❶ (*obszar*) district ['dıstrıkt] ❷ *p.* **okrąg**

okręt ship [ʃıp], (*wojenny*) battle ship ['bætlʃıp], war ship ['wɔ:ʃıp]

okrężny indirect [ındı'rekt/ındaı'rekt], roundabout ['raʊndəbaʊt]; *Pojechaliśmy okrężną drogą.* – We took a roundabout route. **powiedzieć coś w sposób okrężny** – to say sth in a roundabout way/to say sth in an indirect way

okropny horrible ['hɒrəbl], terrible ['terəbl], awful ['ɔ:fʊl], dreadful ['dredfʊl], fearful ['fıəfʊl], ghastly ['gɑ:stlı]

okruch fragment ['frægmənt], crumb [krʌm], bit [bıt]; **okruch chleba** – a crumb of bread

okrucieństwo cruelty ['krʊəltı]

okruszyna crumb [krʌm], bit [bıt]

okrutny cruel [krʊəl]

okrzyk shout [ʃaʊt], cry [kraı]; **okrzyk triumfu** – a cry of triumph; **okrzyki radości** – shouts of joy; **okrzyk wojenny** – a battle/a war cry

okulary glasses ['glɑ:sız]; spectacles ['spektəklz]; **okulary słoneczne** – sunglasses/dark glasses; **okulary do czytania** – reading glasses; **patrzeć przez różowe okulary** – to see life through rose-coloured glasses/spectacles

okulista oculist ['ɒkjʊlıst], ophthalmologist [ɒfθæl'mɒlədʒıst], eye specialist [aı'speʃəlıst]

okulistyczny ophthalmologic [ɒfθæl'mɒlədʒık]

okulistyka ophthalmology [ɒfθæl'mɒlədʒı]

okup ransom ['rænsəm]; **zapłacić okup** – to pay ransom; **żądać okupu** – to demand ransom

okupacja occupation [ɒkjʊ'peıʃn]; **w czasie okupacji niemieckiej** – during the German occupation

olbrzym giant ['dʒaıənt]

olbrzymi giant ['dʒaɪənt], gigantic [dʒaɪ-'gæntɪk], huge [hju:dʒ], enormous [ɪ'nɔ:məs]

olej oil [ɔɪl], (*w malarstwie*) oils [ɔɪlz]; **olej jadalny/słonecznikowy/sojowy/ /lniany** – cooking/sunflower/soya/ /linseed oil

olejek oil [ɔɪl]

olejny oil [ɔɪl]; **farba olejna** – oil paint; **obraz olejny** – oil painting

olimpiada Olympiad [ə'lɪmpjæd], Olympic Games [ə'lɪmpɪk 'geɪmz], Olympics [ə'lɪmpɪks]

olimpijski (*dot. olimpiady*) Olympic [ə'lɪmpɪk], (*dot. starożytnej Grecji*) Olympian [ə'lɪmpɪən]; **Igrzyska Olimpijskie** (*obecne*) – Olympic Games; **igrzyska olimpijskie** (*w starożytnej Grecji*) – Olympian Games

oliwa oil [ɔɪl]; **oliwa z oliwek** – olive--oil; **dolewać oliwy do ognia** – to pour oil on the flames

oliwić oil [ɔɪl], lubricate ['lu:brɪkeɪt]

oliwka *bot.* olive ['ɒlɪv]

oliwny olive ['ɒlɪv], oil [ɔɪl]; **gałązka oliwna** – an olive branch; **gaj oliwny** – an olive grove; **Góra Oliwna** – the Mount of Olives; **lampka oliwna** – an oil-lamp

olśnić ❶ (*porazić silnym blaskiem*) dazzle ['dæzl] ❷ (*wzbudzić zachwyt, porwać*) enchant [ɪn'tʃɑ:nt], dazzle ['dæzl]

olśnienie (*nagłe uświadomienie sobie*) revelation [revə'leɪʃn], inspiration [ɪnspə'reɪʃn]

olśniewający dazzling ['dæzlɪŋ]

ołów *chem.* lead [led]

ołówek pencil ['pensl]

ołtarz altar ['ɔ:ltə]

O

omawiać talk over [tɔ:k'əʊvə], discuss [dɪs'kʌs]; *Musimy to omówić.* – We must talk it over.

omlet *kulin.* omelette ['ɒmlɪt]

omylić się make a mistake ['meɪkə-mɪs'teɪk], make an error ['meɪkən'erə], be mistaken [bi:mɪs'teɪkn]; *Musiałeś się omylić co do niego – jest niewinny.* – You must have been mistaken about him – he's innocent.

omylny fallible ['fælɪbl]

omyłka mistake [mɪs'teɪk], error ['erə]; **popełnić omyłkę** – to make a mistake

omyłkowo by mistake [baɪmɪs'teɪk], mistakenly [mɪs'teɪknlɪ], by error [baɪ-'erə], erroneously [ɪ'rəʊnjəslɪ]; *Jego nazwisko zostało omyłkowo pominięte.* – His name was omitted by error.

on he [hi/i:/hɪ], (*jemu, jego, niego, nim*) him [hɪm/ɪm]

ona she [ʃi:], (*jej, ją, niej, nią*) her [hɜ:/ /ɜ:/hə]

one they [ðeɪ], (*im, nimi, nich*) them [ðem/ðəm/ðm/əm]

oni they [ðeɪ], (*im, nimi, nich*) them [ðem/ðəm/ðm/əm]

oniemiały speechless ['spi:tʃlɪs], dumbfounded [dʌm'faʊndɪd]

oniemieć be speechless [bi:'spi:tʃlɪs], be dumbfounded [bi:dʌm'faʊndɪd], be rendered speechless [bi:'rendəd 'spi:tʃlɪs]; *Oniemiałem ze zdziwienia.* – I was speechless with surprise.

onieśmielenie self-consciousness [self-'kɒnʃəsnɪs], diffidence ['dɪfɪdəns], bashfulness ['bæʃfʊlnɪs], timidity [tɪ-'mɪdətɪ]

onieśmielony self-conscious [self--'kɒnʃəs], diffident ['dɪfɪdənt], bashful ['bæʃfʊl]

onkolog oncologist [ɒŋ'kɒlədʒɪst]

onkologia oncology [ɒŋ'kɒlədʒɪ]

ono it [ɪt], (*jemu, niemu, nim, jego*) it [ɪt]

opad fall [fɔ:l], (*deszczu*) rainfall ['reɪn-fɔ:l], (*śniegu*) snowfall ['snəʊfɔ:l]; *Mieliśmy duże opady śniegu.* – We had a heavy fall of snow/a heavy snowfall.

opadać fall (fell, fallen) [fɔ:l, fel, 'fɔ:ln], sink (san, sunk) [sɪŋk, sæŋk, sʌŋk], droop [dru:p]; *Ramiona mu opadały ze zmęczenia.* – His shoulders drooped in tiredness. *Wody powodziowe opadły.* – The flood waters sank. **opaść na dno** – to sink to the bottom; *Opadł na fotel.* – He sank into a chair. *Włosy opadają jej na ramiona.* – Her hair falls over her shoulders.

opakowanie packaging ['pækıdʒıŋ], packing ['pækıŋ], pack [pæk]; *Opakowanie podnosi cenę produktu.* – Packaging increases the price of a product. **jedno opakowanie papierosów** – a pack of cigarettes

opalać się tan (nn) [tæn], get tanned [get'tænd], lie in the sun, sunbathe ['sʌnbeıð]

opalenizna suntan ['sʌntæn], tan [tæn]

opalony suntanned ['sʌntænd], tanned ['tænd], sunburnt ['sʌnbɜ:nt]

opał fuel [fjʊəl]

opanować ❶ (*zdobyć władzę, zawładnąć*) seize [si:z], take (took, taken) [teık, tʊk, 'teıkn], conquer ['kɒŋkə]; *Oddziały nieprzyjaciela opanowały miasto.* – The enemy troops have seized the town. ❷ (*poradzić sobie z czymś, poskromić*) master ['mɑ:stə], control (ll) [kən'trəʊl], get under control ['getʌndəkən'trəʊl], overcome (overcame, overcome) [əʊvə'kʌm, əʊvə'keım, əʊvə'kʌm]; **opanować epidemię** – to control an epidemic; **opanować pożar** – to bring a fire under control; **opanować sytuację** – to get the situation under control; **opanować swój gniew/swoje uczucia** – to master one's temper/one's feelings/to control oneself; *Opanowała chęć powiedzenia mu całej prawdy.* – She overcame the impulse to tell him the whole truth. ❸ (*o stanach fizycznych i psychicznych – ogarnąć, owładnąć, przeniknąć*) seize [si:z], come over [kʌm'əʊvə] (came, come); *Opanował mnie strach.* – I was seized with fear./I was overcome with/by fear. *Opanowała nas panika.* – Panic seized us. ❹ (*nauczyć się, osiągnąć w czymś sprawność*) master ['mɑ:stə]; **opanować język obcy** – to master a foreign language

opanować się control (ll) oneself [kən'trəʊlwʌn'self]; *Byłam tak wściekła, że nie mogłam się opanować.* – I was so furious I couldn't control myself.

opanowanie ❶ (*panowanie nad sobą, spokój*) self-control [selfkən'trəʊl] ❷ (*zdobycie*) seizure ['si:ʒə], capture ['kæptʃə] ❸ (*poskromienie*) control [kən'trəʊl]

opanowany (*spokojny, zrównoważony*) self-possessed [selfpə'zest], composed [kəm'pəʊzd], calm [kɑ:m], self-controlled [selfkən'trəʊld]

oparcie ❶ (*punkt podparcia, podpora*) support [sə'pɔ:t], rest [rest], prop [prɒp]; *W trudnych chwilach był dla nas wielkim oparciem.* – He was a great support to us in trouble. **oparcie dla głowy/dla rąk** – a head rest/an arm rest; **oparcie dla stopy** (*przy wspinaniu*) – foothold ❷ (*część krzesła, fotela itp. – służąca do opierania się plecami*) back (of a chair) [bæk-]

oparzenie burn [bɜ:n], scald [skɔ:ld]; **oparzenia pierwszego/drugiego//trzeciego stopnia** – first/second//third degree burns; **doznać poważnych oparzeń** – to suffer serious burns; **maść na oparzenia** – an ointment for burns and scalds

oparzyć burn (burnt, burnt/-ed) [bɜ:n, bɜ:nt, bɜ:nt/bɜ:nd], (*wodą*) scald [skɔ:ld]; *Oparzyłam rękę rozpalając ognisko.* – I burnt my hand while lighting a fire. **oparzyć rękę wrzątkiem** – to scald one's hand with boiling water

oparzyć się get burned/burnt [get'bɜ:nt], burn oneself [bɜ:nwʌn'self] (burnt, burnt/-ed)

opaska band [bænd]; **opaska na głowę** – a head-band; **opaska uciskowa** – a tourniquet; **opaska na biodra** – a loin-cloth

opasły fat [fæt], obese [əʊ'bi:s]

opasywać *p.* **opasać**

opaść *p.* **opadać**

opatentować patent ['peıtənt], draw a patent (on), take out a patent (on)

opatrunek dressing ['dresıŋ], bandage ['bændıdʒ]; **założyć/zmienić opatrunek** – to apply/to change a dressing; **założyć opatrunek na ranę** – to dress a wound

opatrzność providence ['prɒvıdəns]; **opatrzność boska** – divine providence

opera opera ['ɒprə]; **gmach opery** – an opera house; *Mam dwa bilety do opery.* – I've got two tickets for the opera. **opera Mozarta** – an opera by Mozart; **śpiewać w operze** – to sing in opera

operacja ❶ (*zabieg chirurgiczny*) operation [ɒpə'reɪʃn], surgery ['sɜ:dʒərɪ]; **poddać się operacji/przejść operację wyrostka robaczkowego** – to undergo an operation for appendicitis/to be operated on for appendicitis; **przeprowadzić operację** – to perform an operation; **operacja przeszczepu serca** – a heart transplant operation; **operacja plastyczna/kosmetyczna** – plastic/cosmetic surgery; **operacja na otwartym sercu** – open-heart surgery; **poważna/drobna operacja** – major/minor surgery/operation ❷ (*działanie*) operation [ɒpə'reɪʃn], action ['ækʃn]; **operacje bankowe** – banking operations ❸ *wojsk.* operation [ɒpə'reɪʃn]

operacyjny ❶ (*dot. chirurgii*) operating ['ɒpəreɪtɪŋ], surgical ['sɜ:dʒɪkl]; **stół operacyjny** – an operating table; **sala operacyjna** – an operating theatre/ /*am.* an operating room; **leczenie operacyjne** – surgical treatment ❷ *wojsk.* operational [ɒpə'reɪʃnl], operation [ɒpə'reɪʃn]

operator ❶ *med.* surgeon ['sɜ:dʒən] ❷ (*w filmie*) cameraman, *l.mn.* cameramen ['kæmərəmən], (*operator dźwięku*) mixer ['mɪksə] ❸ *techn.* operator ['ɒpəreɪtə]

operetka operetta [ɒpə'retə]

operować ❶ (*dokonywać zabiegu chirurgicznego*) operate (on) ['ɒpəreɪt-]; *Chirurg podjął decyzję, żeby ją natychmiast operować.* – The surgeon decided to operate on her immediately. ❷ (*działać*) act [ækt], operate ['ɒpəreɪt] ❸ *wojsk.* operate ['ɒpəreɪt]

operowy opera ['ɒprə], operatic [ɒpə'rætɪk]; **sezon operowy** – the opera season; **muzyka operowa** – operatic music; **arie operowe** – operatic arias

opętać possess [pə'zes], come over [kʌm'əʊvə] (came, come); *Jest opętany zazdrością.* – He is possessed by jealousy. *Co cię opętało, że to zrobiłeś?* – What possessed you to do it? *Co cię opętało?* – What has come over you?

opętanie possession [pə'zeʃn], mania ['meɪnjə], infatuation [ɪnfætjʊ'eɪʃn]

opętany possessed [pə'zest]; **być opętanym przez diabła** – to be possessed by the devil; **jak opętany** – like a man possessed/like one possessed

opętańczy wild [waɪld], frenzied ['frenzɪd], frantic ['fræntɪk]

opieka ❶ (*troszczenie się, dozór, dbanie*) care [keə], protection [prə'tekʃn]; *Zostawiła dzieci pod opieką przyjaciółki.* – She left her children in a friend's care. **roztaczać nad kimś opiekę** – to care for sb/to look after sb; **powierzyć coś/kogoś czyjejś opiece** – to entrust sth/sb to sb's care; **pod opieką lekarza** – under a doctor's care; **opieka lekarska** – medical care; **opieka społeczna** – social welfare; **Towarzystwo Opieki nad Zwierzętami** – The Society for the Prevention of Cruelty to Animals ❷ *prawn.* custody ['kʌstədɪ]; *Sąd przyznał ojcu opiekę nad dzieckiem.* – The court gave the father custody of the child./The child was placed in the custody of his father.

opiekować się take care of [teɪk'keərɒv], look after [lʊk'ɑ:ftə]; *Kiedy wyjechałam, siostra opiekowała się moim psem.* – My sister took care of my dog while I was away.

opiekun protector [prə'tektə], guardian ['gɑ:djən], (*wyznaczony przez sąd*) custodian [kʌ'stəʊdjən]

opiekuńczy protective [prə'tektɪv]

opierać ❶ (*podtrzymać, wesprzeć, przystawić coś do czegoś*) lean (leant, leant) [li:n, lent, lent], rest [rest]; *Oprzyj drabinę o ścianę.* – Lean the ladder against the wall. *Oparł łokcie na stole.* – He rested his elbows on the

O

table. ❷ (*potraktować coś jako podstawę*) base [beɪs], found [faʊnd], ground [graʊnd]; *Scenariusz filmowy oparty jest na faktach autentycznych.* – The story of the film is based on authentic facts. **moralność oparta na zasadach religijnych** – morality founded on religious principles; *Ona opiera swoje argumenty na faktach.* – She grounds her arguments on facts.

opierać się ❶ (*użyć czegoś jako podpory*) lean (leant, leant) [li:n, lent, lent], rest (on/upon) [rest-]; *Stary człowiek opierał się na lasce.* – The old man was leaning upon his stick. *Oprzyj się na moim ramieniu.* – Lean on my arm. ❷ (*wziąć coś za podstawę*) base [beɪs], found [faʊnd], ground [graʊnd]; **opierać się na faktach historycznych** – to base on historical facts ❸ (*stawiać opór*) resist [rɪ'zɪst]; **oprzeć się pokusie** – to resist temptation; *Nie mogłem się oprzeć wrażeniu, że...* – I couldn't help feeling that...

opinia ❶ (*mniemanie, sąd*) opinion [ə'pɪnjən]; **wyrazić/wygłosić opinię** – to express/to voice an opinion; **opinia publiczna** – public opinion; *Według opinii lekarzy operacja jest konieczna.* – According to the doctor's opinion the operation is necessary. *Spytano ją o jej opinię na temat kandydatów.* – She was asked her opinion about the candidates. *Podzielam twoją opinię.* – I'm of the same opinion./ /I share your opinion. ❷ (*dobra lub zła sława, dobre lub złe imię*) reputation [repjʊ'teɪʃn]; **cieszyć się dobrą/złą opinią jako lekarz** – to have a good/a bad reputation as a doctor; **wyrobić sobie (dobrą) opinię** – to build up/to make a reputation for oneself

opis description [dɪ'skrɪpʃn], *techn.* specification [spesɪfɪ'keɪʃn]; *Podała policji opis złodzieja.* – She gave the police a description of the thief. **dokładny/szczegółowy opis** – an accurate/an exact/a clear/a detailed description; **barwny opis** – a lively/ /a vivid description

opisać ❶ (*przedstawić za pomocą opisu*) describe [dɪ'skraɪb]; **opisać piękno krajobrazu** – to describe the beauty of a landscape; *To było nie do opisania.* – It was indescribable./ /It was beyond description. ❷ (*scharakteryzować*) characterize ['kærəktəraɪz]

opium opium ['əʊpjəm]

opłacać się (*przynosić zysk*) pay (paid, paid) [peɪ, peɪd, peɪd]; *Opłaca się być uczciwym.* – It pays to be honest. *Opłacałoby ci się wydać trochę pieniędzy na reklamę.* – It would pay you to spend some money on publicity. *Nie opłaca się oszczędzać na rzeczach podstawowych.* – It doesn't pay to economize on essentials.

opłacalność profitability [prɒfɪtə'bɪlətɪ]

opłacalny profitable ['prɒfɪtəbl]

opłakany lamentable ['læməntəbl], deplorable [dɪ'plɔ:rəbl], pitiful ['pɪtɪfʊl], sad [sæd], pathetic [pə'θetɪk]

opłakiwać mourn (for/over) [mɔ:n-], weep over [wi:p'əʊvə] (wept, wept); *Przez całe lata opłakiwała swojego zmarłego męża.* – She mourned (for/ /over) her dead husband for years.

opłata payment ['peɪmənt], charge [tʃɑ:dʒ], fee [fi:]; **opłata celna** – customs duty; **opłata pocztowa** – postage; **opłata członkowska** – a membership fee; **opłata za przejazd** – fare; *Można wejść bez opłaty.* – You can enter free of charge. *Zalegamy z opłatą czynszu.* – Our rent is overdue. *Opłatę należy wnosić u sekretarza.* – Payment should be made to the secretary. **opłata w gotówce** – a cash payment; **opłata z dołu** – a down payment

opłatek wafer ['weɪfə]

opłukać rinse [rɪns]

opodal nearby ['nɪəbaɪ], close by [kləʊs-'baɪ]

opodatkować tax [tæks], impose a tax on, put a tax on; **opodatkować towary luksusowe** – to tax luxuries

opoka rock [rɒk], a tower of strength

opona tyre ['taɪə], *am.* tire ['taɪə]

oporność resistance [rɪ'zɪstəns], (*cecha osoby upartej*) recalcitrance [rɪ'kælsɪtrəns]

oporny ❶ (*przeciwstawiający się, nieustępliwy, nieposłuszny*) refractory [rɪ'fræktərɪ], recalcitrant [rɪ'kælsɪtrənt], stubborn ['stʌbən] ❷ (*o chorobie*) refractory [rɪ'fræktərɪ]

oportunista opportunist ['ɒpətju:nɪst]

oportunistyczny opportunistic [ɒpətju:'nɪstɪk]

oportunizm opportunism ['ɒpətju:nɪzm]

opowiadać tell (told, told) [tel, təʊld, təʊld], relate [rɪ'leɪt]; *Opowiedz dzieciom historyjkę.* – Tell a story to the children./Tell the children a story. *Opowiedziała nam, jak to się stało.* – She related (to us) how it had happened./ /She told us how it had happened.

opowiadanie story ['stɔ:rɪ], *lit.* short story [ʃɔ:t'stɔ:rɪ]

opowieść tale [teɪl], story ['stɔ:rɪ]

opozycja opposition [ɒpə'zɪʃn], *polit.* the opposition; *Jego plan spotkał się z silną opozycją.* – His plan met with strong opposition. **być w opozycji do kogoś/czegoś** – to be in opposition to sb/sth; **przywódca opozycji** – the leader of the opposition

opozycjonista a member of the opposition

opozycyjny opposing [ə'pəʊzɪŋ], opposition [ɒpə'zɪʃn]; **partia opozycyjna** – an opposition party

opór resistance [rɪ'zɪstəns]; **stawić opór** – to put up resistance (to)/to resist; **złamać opór** – to break down/to crush resistance; **pokonać opór** – to overcome resistance; **opór zbrojny** – armed resistance; **opór bierny** – passive resistance

opóźniać delay [dɪ'leɪ]; *Pociąg był opóźniony.* – The train was delayed. **bomba z opóźnionym zapłonem** – a delayed-action bomb; **opóźniony w rozwoju** – backward/retarded

opóźnienie delay [dɪ'leɪ]; *Pociąg przyjechał z opóźnieniem.* – The train was late/delayed.

opracować work out [wɜ:k'aʊt], elaborate [ɪ'læbəreɪt]; **opracować plan** – to work out a plan

oprawa ❶ (*okładka*) binding ['baɪndɪŋ]; **książka w skórzanej oprawie** – a leather-bound book ❷ (*to, w czym jest przedmiot osadzony*) setting ['setɪŋ], (*oprawa okularów*) rims ['rɪmz]; **brylant w platynowej oprawie** – a diamond in a platinum setting; **okulary w stalowej oprawie** – steel-rimmed glasses ❸ (*oprawianie książki*) the binding of books; **oddać książkę do oprawy** – to have a book bound

oprawić ❶ (*zaopatrzyć książkę w okładkę*) bind (bound, bound) [baɪnd, baʊnd, baʊnd]; **oprawić książkę w skórę** – to bind a book in leather ❷ (*osadzić, ująć w ramy, dać oprawę*) set (set, set) [set, set, set], frame [freɪm]; **rubin oprawiony w złoto** – a ruby set in gold; **oprawić obraz/ /fotografię** – to frame a painting/ /a photograph ❸ (*zdjąć skórę z zabitego zwierzęcia, oczyścić, wypatroszyć*) dress [dres], flay [fleɪ]; **oprawić kurczaka** – to dress a chicken

oprawka (*okularów*) rims [rɪmz], frames ['freɪmz]; **okulary w rogowej oprawce** – horn-rimmed spectacles

opresja trouble ['trʌbl], difficulty ['dɪfɪkəltɪ], distress [dɪ'stres]; **być w opresji** – to be in trouble

oprocentowanie interest (rates) ['ɪntrɪst-]

oprowadzać show round [ʃəʊ'raʊnd] (showed, shown/-ed), take round [teɪk'raʊnd] (took, taken); *Oprowadzili nas po muzeum.* – They showed us round the museum. *Oprowadził mnie po mieście.* – He took me round the city.

oprócz ❶ (*dodatkowo, ponadto, niezależnie*) besides [bɪ'saɪdz], apart from [a'pɑ:t frɒm]; **oprócz tego** – morever/besides; *Spóźniła się, a oprócz tego zapomniała wziąć bilety.* – She was late and besides she forgot to take the tickets. *Było nas czworo, oprócz pana Jonesa.* – There were four of us be-

O

sides Mr Jones. *Uchodźcy nie mieli żywności, oprócz dostaw z Czerwonego Krzyża.* – The refugees had no food apart from the Red Cross supplies. ❷ (*z wyjątkiem*) except [ık'sept], excepting [ık'septıŋ], besides [bı'saıdz]; *Muzeum otwarte jest codziennie oprócz poniedziałków.* – The museum is open every day except Monday. *Ona nie ma nikogo oprócz ciebie.* – She has nobody in the world besides you. **oprócz tego, że...** – except for the fact that...

opryskliwy gruff [grʌf], surly ['sɜ:lı], brusque [brʊsk]

oprzeć *p.* **opierać**

oprzytomnieć recover consciousness [rı'kʌvə'kɒnʃəsnıs], come to ['kʌmtə], come round ['kʌm raʊnd] (came, come)

optyczny optical ['ɒptıkl]; **przyrządy optyczne** – optical instruments; **złudzenie optyczne** – an optical illusion

optyk optician [ɒp'tıʃn]

optymalny optimum ['ɒptıməm], optimal ['ɒptıml]; **optymalna temperatura** – an optimum temperature; **optymalne warunki ekonomiczne** – optimum economic conditions

optymista optimist ['ɒptımıst]; **niepoprawny optymista** – an incurable optimist

optymistyczny optimistic [ɒptı'mıstık]; **optymistyczne prognozy** – optimistic forecasts

optymizm optimism ['ɒptımızm]; **niepoprawny optymizm** – incurable optimism; *On jest wciąż pełen optymizmu co do przyszłości.* – He is still full of optimism for the future. **przejawiać optymizm** – to display/to show optimism

opublikować publish ['pʌblıʃ]; *On opublikował ten artykuł w jakimś czasopiśmie.* – He published the article in some magazine. *Książka została opublikowana po śmierci autora.* – The book was published after the author's death.

opustoszały deserted [dı'zɜ:tıd], empty ['emptı]; **opustoszałe ulice** – deserted/ /empty streets; **opustoszały dom** – a deserted house

opuszczać ❶ (*odejść od kogoś, zostawić, porzucić*) leave (left, left) [li:v, left, left], abandon [ə'bændən]; *Kapitan wydał rozkaz, żeby opuścić statek.* – The captain gave orders to abandon ship. *Nie opuszczaj mnie!* – Don't leave me! ❷ (*zmienić położenie, zniżyć, spuścić*) lower ['ləʊə], let down [let 'daʊn] (let, let); **opuścić żagle/ /flagę** – to lower the sails/a flag; **opuścić wzrok** – to lower one's eyes; **opuścić wiadro na sznurze** – to let a bucket down by a rope ❸ (*obniżyć cenę*) lower a price, reduce a price ❹ (*pominąć, przepuścić*) omit (tt) ['əmıt], leave out [li:v'aʊt] (left, left), skip (pp) [skıp]; *Ten rozdział może być opuszczony.* – This chapter may be omitted/left out. **opuścić fragment książki** – to skip a passage; **opuszczać lekcje** – to miss lessons/classes

orać plough [plaʊ]; **orać pole** – to plough a field

oranżada orangeade [ɒrındʒ'eıd]

oranżeria conservatory [kən'sɜ:vətrı], hothouse ['hɒthaʊs]

oraz and [ænd/ənd/ən], also ['ɔ:lsəʊ], as well as [əz'weləz], in addition [ınə'dıʃn]

orbita orbit ['ɔ:bıt], (*orbita oczna*) eye-socket ['aısɒkıt]; *Satelita jest na orbicie wokół Ziemi.* – The satellite is in orbit round the Earth. **umieścić satelitę na orbicie okołoziemskiej** – to put a satellite into orbit round the Earth; *Oczy wychodziły mu z orbit.* – His eyes were popping out.

orchidea *bot.* orchid ['ɔ:kıd]

order order ['ɔ:də]; **Order Podwiązki** – the Order of the Garter; **Order Imperium Brytyjskiego** – Order of the British Empire

ordynarność vulgarity [vʌl'gærətı], coarseness ['kɔ:snıs], rudeness ['ru:dnıs], boorishness ['bʊərıʃnıs]

ordynarny vulgar ['valgə], boorish ['bʊərɪʃ], coarse [kɔ:s], rude [ru:d]

organ ❶ (*część organizmu*) organ ['ɔ:gən] ❷ (*jednostka administracyjna aparatu państwowego*) organ ['ɔ:gən]; *Parlament jest głównym organem władzy.* – Parliament is the chief organ of government. ❸ (*dziennik lub czasopismo reprezentujące poglądy organizacji politycznej*) organ ['ɔ:gən]; *Ta gazeta jest oficjalnym organem partii liberalnej.* – This paper is the official organ of the Liberal Party. ❹ (*w l.mn. – organy – instrument muzyczny*) organ ['ɔ:gən]; **grać na organach** – to play the organ

organiczny ❶ (*dot. organów ciała ludzkiego*) organic [ɔ:'gænɪk]; **choroby/ /zaburzenia organiczne** – organic diseases/disorders ❷ (*pochodzący od lub będący częścią składową organizmów żywych*) organic [ɔ:'gænɪk]; **związki organiczne** – organic compounds; **materia organiczna** – organic matter; **chemia organiczna** – organic chemistry ❸ (*mający cechy jakiejś struktury, nierozerwalny*) organic [ɔ:'gænɪk]

organista organist ['ɔ:gənɪst]

organizacja ❶ (*sposób organizowania*) organization [ɔ:gənaɪ'zeɪʃn/ɔ:gənɪ'zeɪʃn]; *Brakuje mu organizacji.* – He lacks organization. ❷ (*grupa ludzi zjednoczonych wspólnymi poglądami*) organization [ɔ:gənaɪ'zeɪʃn/ɔ:gənɪ'zeɪʃn]; **założyć organizację** – to establish/to form/ /to set up an organization; **organizacja charytatywna** – a charitable organization; **organizacja społeczna/międzynarodowa/kobieca/studencka** – a community/an international/a women's/a student organization; **Organizacja Narodów Zjednoczonych** – the United Nations Organization

organizacyjny organizational [ɔ:gənaɪ'zeɪʃnəl]; **zdolności organizacyjne** – organizational skills

organizator organizer ['ɔ:gənaɪzə]

organizm organism ['ɔ:gənɪzm]

organizować organize ['ɔ:gənaɪz], arrange [ə'reɪndʒ]; **organizować zebranie** – to organize a meeting; **organizować wyprawę** – to organize an expedition; *Czy mogłaby pani zorganizować spotkanie z panem Jonesem we wtorek?* – Could you arrange a meeting with Mr Jones for Tuesday?

organowy organ ['ɔ:gən]; **muzyka organowa** – organ music

orientacja ❶ (*orientowanie się w terenie*) orientation [ɔ:rɪən'teɪʃn]; **zmysł orientacji** – a sense of direction; **stracić orientację** – to lose the sense of direction; **biegi na orientację** – orienteering ❷ (*trafne rozumienie sytuacji*) acumen [ə'kju:men], (*znajomość tematu*) knowledge ['nɒlɪdʒ] ❸ (*skłanianie się ku jakiemuś kierunkowi w polityce*) trend [trend], orientation [ɔ:rɪən'teɪʃn]

orientacyjny ❶ (*dot. orientacji w terenie*): **punkt orientacyjny** – landmark; **zmysł orientacyjny** – sense of direction ❷ (*określający coś w przybliżeniu*) approximate [ə'prɒksɪmət]

orientalny oriental [ɔ:rɪ'entl]; **sztuka orientalna** – oriental art

orientować się ❶ (*rozpoznawać teren, strony świata*) orientate oneself ['ɔ:rɪenteɪt-], *am.* orient oneself ['ɔ:rɪent-]; **orientować się w terenie** – to orientate oneself to one's surroundings; *Trudno mi było zorientować się we mgle.* – I found it difficult to orientate myself in the fog. ❷ (*rozeznawać się w czymś*); **orientować się w temacie** – to be familiar with a subject

orkiestra orchestra ['ɔ:kɪstrə]; **orkiestra symfoniczna/kameralna/smyczkowa** – a symphony/a chamber/a string orchestra; **dyrygować orkiestrą** – to conduct an orchestra; **grać w orkiestrze** – to play in an orchestra

orkiestrowy orchestral [ɔ:'kestrəl]; **muzyka orkiestrowa** – orchestral music; **instrumenty orkiestrowe** – orchestral instruments

Ormianin Armenian [ɑ:'mi:njən]

ormiański Armenian [ɑ:'mi:njən]

ornitolog ornithologist [ɔ:nɪ'θɒlədʒɪst]

ornitologia ornithology [ɔ:nɪ'θɒlədʒɪ]

ornitologiczny ornithological [ɔ:nɪθə'lɒdʒɪkl]

ortodoksyjny orthodox ['ɔ:θədɒks]

ortografia (*nauka*) orthography [ɔ:'θɒgrəfɪ], (*poprawna pisownia*) spelling ['spelɪŋ]

ortograficzny orthographic [ɔ:θə'græfɪk], orthographical [ɔ:θə'græfɪkl]; **błąd ortograficzny** – a spelling mistake

ortopeda orthopaedist [ɔ:θə'pi:dɪst]; **chirurg ortopeda** – an orthopaedic surgeon

ortopedia (*dział medycyny*) orthopaedics [ɔ:θə'pi:dɪks], (*oddział szpitala*) the orthopaedics department

ortopedyczny orthopaedic [ɔ:θə'pi:dɪk]; **operacja ortopedyczna** – orthopaedic surgery

oryginalność originality [ərɪdʒə'næləti]; *Jego pracom brauje oryginalności.* – His work lacks originality.

oryginalny original [ə'rɪdʒənl]; **oryginalny** (*niezwykły*) **pomysł** – an original idea; **oryginalny** (*nowatorski*) **pisarz** – an original writer; **oryginalny** (*prawdziwy*) **dokument** – an original document

oryginał ❶ (*człowiek-dziwak*) eccentric [ɪk'sentrɪk] ❷ (*autentyk, rzecz oryginalna*) original [ə'rɪdʒənl]; **czytać Goethego w oryginale** – to read Goethe in the original; *Ten obraz jest kopią. Gdzie jest oryginał?* – This painting is a copy. Where is the original?

orzech ❶ (*owoc*) nut [nʌt]; **orzech laskowy/włoski/kokosowy/arachidowy** – a hazelnut/a walnut/a coconut/a peanut; **łupina orzecha** – a nutshell; **dziadek do orzechów** – nutcrackers ❷ (*drzewo orzecha włoskiego*) walnut ['wɔ:lnʌt]

orzekać ❶ (*oświadczyć*) state [steɪt], pronounce [prə'naʊns], declare [dɪ'kleə], decree [dɪ'kri:], give an opinion; *Lekarz orzekł, że jest zdrowa.* – The doctor pronounced her to be healthy. ❷ (*wydać wyrok*) announce a verdict [ə'naʊnsə'vɜ:dɪkt], pass judgment [pɑ:s'dʒʌdʒmənt]; *Ława przysięgłych orzekła, że jest on niewinny.* – The jury found him not guilty.

orzeł eagle ['i:gl]

orzeźwiający refreshing [rɪ'freʃɪŋ], cool [ku:l], invigorating [ɪn'vɪgəreɪtɪŋ]; **orzeźwiające powietrze** – invigorating air; **orzeźwiająca kąpiel w morzu** – an invigorating swim in the sea; **napoje orzeźwiające** – refreshing/ /cool drinks

orzeźwić refresh [rɪ'freʃ], invigorate [ɪn'vɪgərəɪt]; *Zimny prysznic orzeźwi cię.* – A cold shower will refresh you.

orzeźwić się refresh oneself [rɪ'freʃwʌn'self]; **orzeźwić się chłodnym prysznicem** – to refresh oneself with a cool shower

osa *zool.* wasp [wɒsp]

osadzać (się) ❶ (*osiedlać się*) settle ['setl] ❷ (*zbierać się w postaci osadu*) settle ['setl], sediment ['sedɪmənt]

oset *bot.* thistle ['θɪsl]

osiągać ❶ (*uzyskać, zdobyć, otrzymać*) attain [ə'teɪn], achieve [ə'tʃi:v], accomplish [ə'kʌmplɪʃ], gain [geɪn], get (got, got) [get, gɒt, gɒt]; **osiągnąć sukces** – to achieve/to attain success; **osiągnąć sławę** – to achieve/to attain fame/to become famous; **osiągnąć cel w życiu** – to attain one's goal in life/to accomplish one's aim in life; *To jest człowiek, który nigdy niczego nie osiągnie.* – That's the man who will never accomplish anything. ❷ (*dotrzeć*) attain [ə'teɪn], reach [ri:tʃ]; **osiągnąć szczyt** – to reach the top ❸ (*dojść do pewnej granicy*) reach [ri:tʃ]; **osiągnąć doskonałość** – to reach perfection; **osiągnąć prędkość 200 km/godz.** – to reach a speed of 200 km per hour; *Zrozumiesz, kiedy osiągniesz mój wiek.* – You'll understand when you reach my age.

osiągnięcie accomplishment [ə'kʌmplɪʃmənt], achievement [ə'tʃi:vmənt], attainment [ə'teɪnmənt]; **największe osiągnięcia naukowe tego wieku** – the greatest scientific achievements of the century; **osiągnięcie własnych celów** – attainment/achievement of one's aims/objectives

osiąść *p.* **osadzić się**

osiedlać się settle ['setl], install oneself [ɪ'nstɔ:lwʌn'self]; *W końcu zdecydowali osiedlić się w Australii.* – They finally decided to settle in Australia.

osiedle housing estate ['haʊzɪŋɪ'steɪt]

osiem eight [eɪt]

osiemdziesiąt eighty ['eɪtɪ]

osiemdziesiąty eightieth ['eɪtɪəθ] (80th); **lata osiemdziesiąte** – the eighties//1980s/'80s (the nineteen eighties); **strona osiemdziesiąta** – page eighty

osiemnastowieczny eighteenth-century (18th century)

osiemnasty eighteenth [eɪ'ti:nθ] (18th); **wiek osiemnasty** – the eighteenth century; **godzina osiemnasta** – 6 p.m.//eighteen hours; **strona osiemnasta** – page eighteen

osiemnaście eighteen [eɪ'ti:n]

osiemset eight hundred [eɪt'hʌndrəd]

osierocić orphan ['ɔ:fn]; *Został osierocony w czasie wojny.* – He was orphaned in the war.

osiodłać (*konia*) saddle (a horse) ['sædl-]

osioł *zool.* donkey ['dɒŋkɪ], ass [æs]

osiwieć turn grey [tɜ:n'greɪ], go grey [gəʊ'greɪ]

oskalpować scalp [skælp]; **chcieć kogoś oskalpować** – to be after sb's scalp

oskarżać accuse [ə'kju:z]; **oskarżać kogoś o kradzież/o morderstwo** – to accuse sb of theft/of murder

oskarżenie accusation [ækju:'zeɪʃn], charge [tʃɑ:dʒ]; **oskarżenie o morderstwo** – a murder charge/a charge of murder; **być aresztowanym na podstawie oskarżenia o morderstwo** – to be arrested on a charge of murder; *Wniesiono przeciwko niemu oskarżenie o kradzież.* – An accusation of theft has been brought against him. **postawić kogoś w stan oskarżenia o kradzież** – to charge sb with theft; **wycofać oskarżenie** – to withdraw a charge; **świadek oskarżenia** – witness for the prosecution

oskarżony the accused [-ə'kju:zd], (*w sądzie*) defendant [dɪ'fendənt]; *Oskarżony został uwolniony od wszystkich zarzutów.* – The accused was acquitted of all charges. **ława oskarżonych** – the dock

oskarżyciel ❶ (*osoba oskarżająca*) accuser [ə'kju:zə] ❷ (*w sądzie*) prosecutor ['prɒsɪkju:tə]

oskarżycielski accusatory [ə'kju:zətərɪ], accusing [ə'kju:zɪŋ]

oskrzele bronchus, *l.mn.* bronchi ['brɒŋkəs, 'brɒŋkaɪ]; **zapalenie oskrzeli** – bronchitis [brɒŋ'kaɪtɪs]

osłabiać weaken ['wi:kn], (*nadwerężać*) impair [ɪm'peə]; *Hałas osłabił jego słuch.* – Loud noise impaired his hearing. *Jest osłabiony chorobą.* – He is weakened by the disease.

osłabienie ❶ (*utrata sił organizmu*) weakness ['wi:knɪs] ❷ (*zmniejszenie*) impairment [ɪm'peəmənt], weakening ['wi:knɪŋ]

osłaniać shelter ['ʃeltə], protect [prə'tekt], shield ['ʃi:ld], *wojsk.* defend [dɪ'fend]; *Drzewa osłaniają dom od wiatru.* – The trees shelter the house from the wind. **osłaniać oczy od słońca** – to shield one's eyes from the sun; **osłaniać przed atakiem** – to shield from/against attack; *wojsk.* **osłaniać odwrót** – to cover the retreat

osłupieć be astounded [bi:ə'staʊndɪd], be flabbergasted [bi:'flæbəgɑ:stɪd], be rendered speechless [bi:'rendəd'spi:tʃlɪs], be taken aback [bi:'teɪknə'bæk]; *Osłupieliśmy ze zdumienia.* – We were taken speechless with surprise. *Osłupiałam, kiedy się dowiedziałam, że ona znowu wychodzi za mąż.* – I was taken aback to hear she was getting married again.

osłupienie amazement [ə'meɪzmənt], stupefaction [stju:pɪ'fækʃn], astonishment [ə'stɒnɪʃmənt]

osoba person, *l.mn.* persons, people ['pɜ:sn, 'pɜ:sns/'pi:pl]; *Było obecnych tylko kilka osób.* – Only a few people were present. *On by tam we własnej osobie.* – He was there in person. **kolacja na pięć osób** – dinner for five; **wysoko postawiona osoba** – a very important person (VIP); (*postać utworu literackiego*) a character [-'kærəktə]; **osoby dramatu** – dramatis personae/characters

osobistość personage ['pɜ:snɪdʒ]

osobisty personal ['pɜ:snl]; **dowód osobisty** – an identity card; **sprawy osobiste** – personal affairs; **osobiste przekonania** – personal beliefs; **rachunek osobisty** – a personal account; **osobisty sekretarz/osobista sekretarka dyrektora** – a personal assistant (P.A.); **rewizja osobista** – body search

osobiście personally ['pɜ:snəlɪ], in person [ɪn'pɜ:sn]; *Musisz się stawić osobiście.* – You must be there in person. *Osobiście go nie znam.* – I don't know him personally.

osobnik ❶ (*okaz gatunku*) individual [ɪndɪ'vɪdjʊəl], specimen ['spesɪmɪn] ❷ (*osoba*) individual [ɪndɪ'vɪdjʊəl], character ['kærəktə]; *Co za dziwny osobnik!* – What a strange individual! *Wygląda na podejrzanego osobnika.* – He looks a suspicious character.

osobno separately ['seprətlɪ], individually [ɪndɪ'vɪdjʊəlɪ], apart [ə'pɑ:t]; *Oni mieszkają osobno.* – They live separately. *Musisz porozmawiać z każdym osobno.* – You must speak to each of them individually.

osobność:

na osobności – in private; **porozmawiać z kimś na osobności** – to talk to sb in private; **trzymać się na osobności** – to keep oneself to oneself/to keep oneself apart from other people

osobny separate ['seprət], individual [ɪndɪ'vɪdjʊəl]; *Śpią w osobnych sypialniach.* – They sleep in separate bedrooms.

osobowość personality [pɜ:sə'nælətɪ], individuality ['ɪndɪvɪdjʊ'ælətɪ]; **rozwój osobowości dziecka** – the development of a child's personality; **silna/ /charyzmatyczna osobowość** – a strong/a charismatic personality; **osobowość prawna** – legal status

osobowy:

zaimek osobowy – a personal pronoun

◆ **pociąg osobowy** (*nie pospieszny*) – a slow train

ospa smallpox ['smɔ:lpɒks]; **ospa wietrzna** – chicken-pox

ostatecznie ❶ (*definitywnie, w sposób ostateczny*) finally ['faɪnəlɪ], decisevely [dɪ'saɪsɪvlɪ], definitely ['definɪtlɪ]; *Musimy załatwić tę sprawę ostatecznie.* – We must settle this matter finally/definitely. ❷ (*w ostateczności*) if there is not other alternative, if there is no other choice, in the last resort ❸ (*w końcu, wreszcie*) in the end, finally ['faɪnəlɪ], eventually [ɪ'ventʃʊəlɪ]; *Ostatecznie postanowili wyjechać.* – In the end they decided to leave.

ostateczność extreme [ɪk'stri:m], the utmost [-'ʌtməʊst]; **posuwać się do ostateczności** – to go to extremes; **wpadać z jednej ostateczności w drugą** – to go from one extreme to the other; **w ostateczności** – if the worst comes to the worst/if there is no other choice/in the last resort

ostateczny ❶ (*ostatni, definitywny*) final ['faɪnl], ultimate ['ʌltɪmət], definite ['definɪt]; *Moja decyzja jest ostateczna.* – My decision is final. **ostateczny wynik/wniosek** – ultimate result/conclusion/final result/conclusion; **dzień Sądu Ostatecznego** – doomsday; **Sąd Ostateczny** – the Last Judgment ❷ (*krańcowy, szczytowy*) extreme [ɪk'stri:m], utmost ['ʌtməʊst]; **ostateczna nędza** – extreme poverty; **ostateczne granice wytrzymałości** – the utmost limits of endurance

O

ostatni ❶ (*końcowy*) last [lɑ:st]; *Kiedy widziałeś ją po raz ostatni?* – When did you see her last? *To nasza ostatnia szansa.* – That's our last chance. *To była ostatnia rzecz, jakiej się spodziewałem.* – It was the last thing I had expected to happen. **w ostatniej chwili** – at the last moment/minute; *Ostatnią swoją książkę napisał, kiedy miał 75 lat.* – He wrote his last novel when he was 75. ❷ (*najnowszy*) latest ['leɪtɪst]; **ostatnia moda** – the latest fashion; *Jego ostatnia powieść jest bestsellerem.* – His latest novel is a bestseller. **ostatnimi czasy** – recently ['ri:sntlɪ] ❸ (*najgorszy*) the worst [-wɜ:st], the meanest [-'mi:nɪst]

ostatnio lately ['leɪtlɪ], recently ['ri:sntlɪ]; *Ostatnio go nie widuję.* – I haven't seen him recently. *Co ostatnio porabiasz?* – What have you been doing lately? – *Ostatnio przeprowadzili się do nowego domu.* – They've recently moved into the new house.

ostentacyjnie ostentatiously [ɒstən'teɪʃəslɪ], demonstratively [dɪ'mɒnstrətɪvlɪ]

ostentacyjny ostentatious [ɒstən'teɪʃəs], demonstrative [dɪ'mɒnstrətɪv], showy ['ʃəʊɪ]

ostro sharply ['ʃɑ:plɪ]

ostrosłup *mat.* pyramid ['pɪrəmɪd]

ostrość sharpness ['ʃɑ:pnɪs], acuteness [ə'kju:tnɪs]

ostrożnie cautiously ['kɔ:ʃəslɪ], carefully ['keəfʊlɪ]; *Ostrożnie – szkło!* – Fragile. Handle with care.

ostrożność caution ['kɔ:ʃn], care [keə]; **przedsięwziąć środki ostrożności** – to take precautions; *Podczas jazdy po śniegu powinno się zachowywać największą ostrożność.* – You should exercise extreme caution while driving in the snow. **mieć się na ostrożności** – to be on one's guard; **ostrożność nie zawadzi** – it's better to be safe than sorry

ostrożny cautions ['kɔ:ʃəs], careful ['keəfʊl]; *Bądź ostrożna przechodząc przez ulicę.* – Be careful crossing the street. **ostrożny kierowca** – a careful driver

ostry ❶ (*mający kłujące zakończenie*) sharp [ʃɑ:p], keen [ki:n]; **ostre narzędzie** – a sharp-edged tool; **ostry nóż** – a sharp knife; *przen.* **mieć ostry język** – to have a sharp tongue ❷ (*skręcający lub nachylony pod kątem mniejszym od prostego*) acute [ə'kju:t], sharp [ʃɑ:p]; **kąt ostry** – an acute angle; **ostry zakręt drogi** – a sharp bend in the road; **ostry zakręt w prawo** – a sharp turn to the right ❸ (*odznaczający się dużą intensywnością*) keen [ki:n], sharp [ʃɑ:p], acute [ə'kju:t], severe [sɪ'vɪə], (*o kolorach*) vivid ['vɪvɪd], glaring ['gleərɪŋ], (*o smaku*) hot [hɒt], spicy ['spaɪsɪ], sharp [ʃɑ:p], (*o świetle*) glaring ['gleərɪŋ], bright [braɪt]; **ostry wzrok** – keen eyesight/sharp eyes; **ostry słuch** – keen hearing/acute hearing/sharp ears; *Obraz w telewizorze nie jest ostry.* – The TV picture isn't sharp. **ostry kontrast** – a sharp contrast; **ostry wiatr** – a sharp/a keen wind; **ostra zima** – a severe winter; **ostry ból** – a sharp/an acute pain; **ostre zapalenie wyrostka robaczkowego** – acute appendicitis; **ostra konkurencja** – a sharp/a severe competition ❹ (*surowy, bezwględny, stanowczy*) severe [sɪ'vɪə], harsh [hɑ:ʃ], strict [strɪkt]; **ostry ton** – harsh tone; **ostra krytyka** – severe/sharp criticism

ostrze blade [bleɪd], edge [edʒ]; **scyzoryk z trzema ostrzami** – penknife with three blades; **nóż z tępym ostrzem** – a knife with a blunt edge; **ostrze brzytwy** – the razor's edge

ostrzegawczy warning ['wɔ:nɪŋ], **światła ostrzegawcze** – warning lights; **znak ostrzegawczy** – warning signal/sign

ostrzeżenie warning ['wɔ:nɪŋ]; **ostrzeżenie o sztormie** – a gale warning; *Nieprzyjaciel zaatakował bez ostrzeżenia.* – The enemy attacked without warning. **wystosować/wydać ostrzeżenie** – to issue a warning; *Niech to będzie dla ciebie ostrzeżeniem.* – Let this be a warning to you.

ostrzyć sharpen ['ʃɑ:pn]

ostudzić cool [ku:l]; *Doprowadź mieszaninę do wrzenia, potem ostudź do temperatury pokojowej.* – Boil the mixture then cool it to room temperature. **ostudzić czyjś zapał** – to damp (down)/to dampen (down) sb's enthusiasm

ostygnąć cool off [ku:l'ɒf], cool down [ku:l'daʊn], get cold [get'kəʊld]; *Niech ciasto ostygnie, zanim wyjmiesz je z formy.* – Let the cake cool (off) before you take it out of the tin. *Szybko pij herbatę, żeby nie ostygła.* – Drink your tea quickly, don't let it get cold.

osunąć się ❶ (*przesunąć się w dół*) slide (slid, slid) [slaɪd, slɪd, slɪd], slip (pp) [slɪp]; *Osunęliśmy się po oblodzonym zboczu.* – We slid down the icy slope. *Stopa mu się osunęła i spadł w przepaść.* – His foot slipped and he fell over a precipice. ❷ (*opaść, upaść*) fall (fell, fallen) [fɔ:l, fel, 'fɔ:ln], slump [slʌmp]; *Osunęła się na fotel.* – She slumped down onto an armchair.

osuszyć dry [draɪ], (*o terenie*) drain [dreɪn]; osuszyć bagna – to drain marshes

oswajać ❶ (*przyzwyczajać*) accustom (to) [ə'kʌstəm-]; *Musisz oswajać swoje dziecko z wodą.* – You must accustom your child to water. ❷ (*o zwierzętach*) tame [teɪm], domesticate [də'mestɪkeɪt]; **oswajać dzikie zwierzęta** – to tame wild animals

oswajać się ❶ (*przyzwyczajać się do*) get accustomed to [getə'kʌstəmdtə], accustom oneself [ə'kʌstəmwʌn'self], get used to [get'ju:sttə]; *On oswoił się z nową sytuacją.* – He got accustomed to the new situation. ❷ (*o zwierzętach*) become tame, become domesticated

oswobodzić free [fri:], set free [set'fri:]; **oswobodzić ptaka z klatki** – to free a bird from a cage; **oswobodzić więźniów** – to free prisoners; *Terroryści oswobodzili zakładników.* – The terrorists set the hostages free.

oswojony ❶ (*przyzwyczajony*) accustomed (to) [ə'kʌstəmd-], used to ['ju:sttʊ]; **oswojony z wodą** – accustomed to water ❷ (*o zwierzęciu*) tame [teɪm], domesticated [də'mestɪkeɪtɪd]

oszacować estimate ['estɪmeɪt], evaluate [ɪ'væljʊeɪt]; *Oszacowaliśmy, że koszt wyniesie 1500 funtów.* – We estimated the cost to be £1500.

oszacowanie estimate ['estɪmət], evaluation [ɪvæljʊ'eɪʃn], estimation [estɪ'meɪʃn]; *Według mojego oszacowania zabierze nam to więcej niż dwie godziny.* – In my estimation it'll take us more than two hours. **oszacowanie kosztu** – an estimate of the cost

oszaleć go mad [gəʊ'mæd], go crazy [gəʊ'kreɪzɪ], become insane [bɪ'kʌmɪn'seɪn]; *On oszalał na jej punkcie.* – He is crazy/mad about her.

oszałamiać ❶ (*wprowadzać w stan zamroczenia*) intoxicate [ɪn'tɒksɪkeɪt]; **być oszołomionym sukcesem** – to be intoxicated by success ❷ (*wywierać bardzo silne wrażenie*) stun (nn) [stʌn], daze [deɪz], bewilder [bɪ'wɪldə]; *Cios oszołomił go na chwilę.* – The blow stunned/dazed him for a moment. *Był oszołomiony jej pięknością.* – He was stunned by her beauty. *Był oszołomiony ruchem i gwarem wielkiego miasta.* – He was bewildered by the noise and traffic of the big city.

oszałamiający stunning ['stʌnɪŋ], staggering ['stægərɪŋ], astounding [ə'staʊndɪŋ]

oszczep javelin ['dʒævlɪn]; **rzucać oszczepem** – to hurl/to throw the javelin; **rzut oszczepem** (*konkurencja sportowa*) – the javelin

oszczerca slanderer ['slɑ:ndərə]

oszczerczy slanderous ['slɑ:ndərəs]

oszczerstwo slander ['slɑ:ndə], libel ['laɪbl]; **wytoczyć gazecie proces o oszczerstwo** – to sue a newspaper for libel; **wszcząć przeciwko komuś sprawę o oszczerstwo** – to bring an action against sb for slander

oszczędnie economically [i:kə'nɒmıkəlı], thriftily ['θrıftılı], sparingly ['speərıŋlı]; *Oszczędniej jest pojechać autobusem.* – It's more economical to go by bus. **żyć oszczędnie** – to practise economy/to economize/to live economically

oszczędnościowy economical [i:kə'nɒmıkl], economizing [ı'kɒnəmaızıŋ]; **ze względów oszczędnościowych** – for economy reasons; **książeczka oszczędnościowa** – bankbook; **rachunek oszczędnościowy** – a savings account; **kasa oszczędnościowa** – a savings bank

oszczędność ❶ (*bycie oszczędnym*) economy [ı'kɒnəmı], thrift [θrıft], economizing [ı'kɒnəmaızıŋ] ❷ (*to, co zostało zaoszczędzone*) saving ['seıvıŋ], (*oszczędności – zaoszczędzone pieniądze*) savings ['seıvıŋz]; **oszczędność czasu i pieniędzy** – saving of time and money; **trzymać swoje oszczędności w banku** – to keep one's savings in the bank

oszczędny ❶ (*o człowieku*) thrifty ['θrıftı] ❷ (*taki, gdzie nic się nie trwoni*) economical [i:kə'nɒmıkl], sparing ['speərıŋ]; **samochód oszczędny w eksploatacji** – an economical car to run

oszczędzać ❶ (*odkładać pieniądze*) save (up) [seıv-]; *Oszczędzają na nowy samochód.* – They are saving for a new car. ❷ (*gospodarować oszczędnie*) economize [ı'kɒnəmaız], save [seıv]; *Komputer oszczędzi nam dużo czasu.* – The computer will save us a lot of time. *Zimą musieliśmy oszczędzać opał.* – In winter we had to economize on fuel. **oszczędzać czas/ /energię/siłę** – to save time/energy/ /strength; *Zużywasz zbyt dużo prądu – spróbuj oszczędzać.* – You use too much electricity – try to economize. ❸ (*mieć względy dla kogoś*) spare [speə], save [seıv]; *Chcę zaoszczędzić ci kłopotu przychodzenia jeszcze raz.* – I want to save/to spare you the trouble of coming once again. **oszczędzić kogoś** (*darować mu życie*) – to spare a person his life; *Nie oszczędzał się.* – He didn't spare himself. *Proszę, oszczędź mi szczegółów.* – Please spare me the details.

oszczędzać się take care of oneself, take it easy

oszczędzanie saving money ['seıvıŋ'mʌnı], saving up [seıvıŋ'ʌp], economizing [ı'kɒnəmaızıŋ]

oszołomienie daze [deız], (*alkoholowe*) intoxication [ıntɒksı'keıʃn]

oszołomiony dazed ['deızd], stunned ['stɒnd], stupefied ['stju:pıfaıd], bewildered [bı'wıldəd]

oszpecić mar (rr) [mɑ:], disfigure [dıs'fıgə]

oszukać cheat [tʃi:t], deceive [dı'si:v]; **oszukiwać w kartach** – to cheat at cards; **dać się oszukać** – to be cheated/to be taken in

oszust swindler ['swındlə], fraud [frɔ:d], cheat [ʃi:t], crook [krʊk]

oszustwo fraud [frɔ:d], swindle ['swındl], hoax [həʊks]

oś axis *l.mn.* axes ['æksıs, 'æksi:z], (*w pojazdach mechanicznych*) axle ['æksl]; **obracać się wokół osi** – to rotate on an axis

ościsty (*o rybie*) bony ['bəʊnı]

ość fish-bone ['fıʃbəʊn]; **udławić się ością** – to choke on a fish-bone

oślepiać blind [blaınd]; *Oślepiło nas światło słoneczne.* – We were blinded by the sunlight.

oślepnąć go blind, become blind; **oślepnąć na jedno oko** – to go blind in one eye

oślizgły slimy ['slaımı], slippery ['slıpərı]

ośmielać embolden [ım'bəʊldən], encourage [ın'kʌrıdʒ]; *Sukces ośmielił go do dalszego inwestowania w interes.* – His success emboldened him to invest more money in business. *Jej niezwykła uprzejmość ośmieliła mnie.* – Her extreme kindness put me at (my) ease.

O

ośmielać się dare [deə], venture ['ventʃə], take the liberty to ['teıkðə'lıbətıtu], muster one's courage ['mʌstəwʌnz'kʌrıdʒ], pluck up one's courage [plʌk'ʌpwʌnz'kʌrıdʒ]; *Nikt nie ośmielił się powiedzieć ani słowa.* – Nobody dared say a word. *Ośmieliłem się pożyczyć twoją maszynę do pisania.* – I took the liberty of borrowing your typewriter.

ośmieszać ridicule ['rıdıkju:l], make fun of [meık'fʌnəv]

ośmieszać się make oneself ridiculous [meıkwʌn'selfrı'dıkjuləs], make a fool of oneself ['meıkə'fu:ləvwʌn'self]

ośmiokąt *mat.* octagon ['ɒktəgən]

ośmiornica *zool.* octopus ['ɒktəpəs]

ośrodek ❶ (*środkowy, centralny punkt*) centre ['sentə], *am.* center; **ośrodek władzy** – centre of power; **ośrodek kulturalny** – a cultural centre; **ośrodek nerwowy** – a nerve centre ❷ (*instytucja*) institute ['ınstıtju:t], centre ['sentə]; **ośrodek naukowo-badawczy** – a research centre/a research institute; **ośrodek zdrowia** – a health centre ❸ *fiz.* medium, *l.mn.* media ['mi:djəm, 'mi:djə]

oświadczać *p.* **oświadczyć**

oświadczenie declaration [deklə'reıʃn]; **złożyć oświadczenie** – to make a declaration/to declare

oświadczyć declare [dı'kleə], state [steıt]; *Oświadczył, że jest niewinny.* – He declared he was innocent.

oświadczyć się propose [prə'pəuz]; *Oświadczył się jej, ale mu odmówiła.* – He proposed to her but she refused to marry him.

oświadczyny proposal of marriage [prə'pəuzləv'mærıdʒ], declaration of love [deklə'reıʃnəv'lʌv]

oświata education [edju:'keıʃn]; **Ministerstwo Oświaty** – the Ministry of Education

oświatowy educational [edju:'keıʃənl]

oświecenie (*epoka*) the Enlightenment [ın'laıtnmənt]

oświecony enlightened [ın'laıtnd], educated ['edju:keıtıd]

oświetlać illuminate [ı'lju:mıneıt], light (lit, lit/-ed) [laıt, lıt, lıt/laıtıd]; **oświetlić ulice** – to illuminate the streets; *Ulice są źle/jasno oświetlone.* – The streets are badly/brightly lit. *W dzisiejszych czasach domy są oświetlane za pomocą prądu elektrycznego.* – The houses are lit by electricity nowadays. *Weź latarkę, żeby oświetlać sobie drogę.* – Take the torch to light your way.

oświetlenie lighting ['laıtıŋ], illumination [ılju:mı'neıʃn], light [laıt]; **oświetlenie ulicy** – street lighting; *Nie powinno się czytać przy złym oświetleniu.* – You shouldn't read in an inadequate light.

otaczać surround [sə'raund], encircle [ın'sɜ:kl]; *Jezioro otaczały drzewa.* – Trees surrounded the lake. *Dom był otoczony kamiennym murem.* – The house was surrounded with a stone wall. *Oddziały wojska otoczyły miasto.* – The troops surrounded the town. **otoczyć kogoś opieką** – to look after sb; **otaczać coś tajemnicą** – to shroud sth in mystery; **otaczać kogoś szacunkiem** – to have a great respect for sb

oto ❶ (*oto jest*) this is, that is, here is; *Oto nasz dom.* – Here is our house./ /This/That is our house. *Oto i ona.* – Here she is. *Oto obraz, który ci chciałem pokazać.* – That's the picture I wanted to show you. ❷ (*streszczenie tego, o czym przedtem mówiono*) that is; *Oto wszystko, co wiem na ten temat.* – That's all I know on the subject.

otoczenie surroundings [sə'raundıŋz], environment [ın'vaıənmənt]; *Mieszkają w pięknym otoczeniu.* – They live in beautiful surroundings.

otóż ❶ (*wzmocnione* **oto** ❶) ❷ *fraz.: Otóż to! (Właśnie!)* – That's just it./ /Exactly!

otręby *roln., kulin.* bran [bræn]

otruć poison ['pɔızn]; *Otruła go cyjankiem.* – She poisoned him with cyanide.

otruć się take poison [teɪk'pɔɪzn], poison oneself

otrzeźwić ❶ (*przywrócić do przytomności*) bring round [brɪŋ'raʊnd] (brought, brought), revive [rɪ'vaɪv]; *Staraliśmy się go otrzeźwić, spryskując mu twarz zimną wodą.* – We tried to bring him round sprinkling cold water on his face. *Zemdlała, ale koniak szybko ją otrzeźwił.* – She fainted, but brandy soon revived her. ❷ (*usunąć senność*) wake up [weɪk'ʌp] (woke, woken); *Mocna kawa cię otrzeźwi.* – Strong coffee will wake you up.

otrzymać get (got, got) [get, gɒt, gɒt], receive [rɪ'si:v], obtain [əb'teɪn]; **otrzymać prezent** – to get/to receive a present; *Otrzymałam od niego list.* – I got a letter from him. **otrzymać dobre wykształcenie** – to receive a good education; **otrzymać podziękowania/gratulacje** – to receive thanks/congratulations

otucha heart [hɑ:t]; **tracić otuchę** – to lose heart; **dodać komuś otuchy** – to encourage sb; **nabrać otuchy** – to take heart

otwarcie[1] ❶ (*rozpoczęcie*) opening ['əʊpənɪŋ], inauguration [ɪnɔ:gjʊ'reɪʃn]; **ceremonia otwarcia** – opening ceremony ❷ (*urzędowanie, funkcjonowanie*): **godziny otwarcia** (*w sklepie*) – business hours/(*w muzeum*) visiting hours

otwarcie[2] (*szczerze, wprost*) openly ['əʊpnlɪ], frankly ['fræŋklɪ], candidly ['kændɪdlɪ]; **mówiąc otwarcie** – frankly speaking; **mówić o czymś otwarcie** – to speak openly about sth; **powiedzieć coś komuś otwarcie** – to be open with sb/to be candid with sb/not to beat about the bush/to be straightforward with sb

otwartość openness ['əʊpənnɪs], frankness ['fræŋknɪs], candour ['kændə]

otwarty ❶ (*nie zamknięty*) open ['əʊpn]; **otwarte okno** – an open window; *Sklepy nie są otwarte w niedziele.* – The shops aren't open on Sundays. **na otwartym powietrzu** – in the open air; **mieć oczy otwarte** (*czuwać, obserwować*) – to keep one's eyes open; *Zostawmy tę sprawę otwartą.* – Let's leave the matter open. **na otwartym morzu** – on the open sea; **dom otwarty** – open house; **prowadzić dom otwarty** – to keep open house/to hold an open house; **operacja na otwartym sercu** – open-heart surgery; *Powitali nas z otwartymi ramionami.* – They welcomed us with open arms. ❷ (*jawny, nie ukrywany*) open ['əʊpn]; **list otwarty** – an open letter; **grać w otwarte karty** – to act openly ❸ (*szczery, niezakłamany*) open ['əʊpn], frank [fræŋk]

otwieracz opener ['əʊpnə]; **otwieracz konserw** – tin-opener

otworzyć ❶ (*odemknąć*) open ['əʊpn], (*kluczem*) unlock [ʌn'lɒk]; **otworzyć okno** – to open a window; *Zadzwonił dzwonek, więc poszłam otworzyć drzwi.* – The doorbell rang and I went to open the door. *Otworzyła drzwi (kluczem).* – She unlocked the door. **otworzyć paczkę/list** – to open a parcel/a letter; **otworzyć książkę** – to open a book; **otworzyć puszkę/butelkę** – to open a tin/a bottle; **otworzyć przed kimś serce** – to open one's heart to sb ❷ (*rozpostrzeć, rozłożyć*) open ['əʊpn]; **otworzyć parasol** – to open an umbrella ❸ (*założyć, uruchomić, rozpocząć*) open ['əʊpn]; **otworzyć nowy sklep** – to open a new shop; **otworzyć zebranie/debatę** – to open a meeting/a debate

otworzyć się ❶ (*zostać odemkniętym*) open ['əʊpn]; *Okno otwiera się do wewnątrz.* – The window opens inwards. *Drzwi nie chcą się otworzyć.* – The door won't open. ❷ (*rozchylić się szeroko*) open (out) ['əʊpn-]; *Kwiaty otworzyły się przez noc.* – Flowers opened out overnight. *Oczy otworzyły się jej szeroko ze zdumienia.* – Her eyes opened wide with surprise. ❸ (*ukazać się*) lay open [leɪ'əʊpn], be open [bi:'əʊpn]; *Otworzył się przed*

O

nami wspaniały widok. – A magnificent view lay open in front of us. *Otworzyły się przed nimi nowe możliwości.* – New opportunities are now open to them.

otwór opening ['əʊpənɪŋ]

otyły obese [ə'bi:s], fat [fæt], gross [grəʊs]

owacja ovation [ə'veɪʃn]; **owacja na stojąco** – a standing ovation

owad insect ['ɪnsekt]

owadobójczy: **środek owadobójczy** – insecticide [ɪn'sektɪsaɪd]

owca sheep, *l.mn.* sheep [ʃi:p]; **stado owiec** – flock of sheep; **czarna owca** – black sheep

owdowieć (*o kobiecie*) become a widow, lose one's husband, (*o mężczyźnie*) become a widower, lose one's wife

owies *bot.* oat(s) [əʊt(s)]

owłosiony hairy ['heərɪ]

owoc fruit [fru:t]; **owoce tropikalne/ /cytrusowe** – tropical/citrus fruit; *Te drzewa nie rodzą owoców.* – These trees don't bear fruit. **zakazany owoc** – forbidden fruit

owocny fruitful ['fru:tfʊl]

owocować bear fruit [beə'fru:t], fruit [fru:t]; *Ta grusza zawsze dobrze owocowała.* – This pear-tree has always fruited well. *Jej praca zaowocowała wydaniem książki.* – Her efforts finally bore fruit and her book was published.

owocowy fruit [fru:t], (*przypominający owoc*) fruity ['fru:tɪ]; **sok owocowy** – fruit juice; **drzewa owocowe** – fruit trees; **zapach owocowy** – fruity smell

owsianka porridge ['pɒrɪdʒ]

ozdabiać *p.* **ozdobić**

ozdoba decoration [dekə'reɪʃn], ornament ['ɔ:nəmənt], adornment [ə'dɔ:nmənt]

ozdobić decorate ['dekəreɪt], adorn [ə'dɔ:n]

ozdobny decorative ['dekərətɪv], ornamental [ɔ:nə'mentl], (*o stylu*) florid ['flɒrɪd], ornate [ɔ:'neɪt]

oziębiać cool [ku:l], chill [tʃɪl]

oziębiać się get cold [get'kəʊld], get chilly [get'tʃɪlɪ]; *Po burzy oziębiło się.* – It got chilly after the storm.

ozięble coldly ['kəʊldlɪ], frigidly ['frɪdʒɪdlɪ]

oziębłość frigidity [frɪ'dʒɪdətɪ]

oziębły frigid ['frɪdʒɪd], cold [kəʊld], chilly ['tʃɪlɪ]

oznaczać ❶ (*robić znak*) mark [mɑ:k]; **oznaczyć miejsce na mapie** – to mark a place on the map; **oznaczać ubranie swoimi inicjałami** – to mark one's clothes with one's initials ❷ (*zaznaczyć, określić*) designate ['dezɪgneɪt] ❸ (*ustalać*) determine [dɪ'tɜ:mɪn] ❹ (*znaczyć*) mean (meant, meant) [mi:n, ment, ment]; *Co te słowa oznaczają?* – What do these words mean?

oznajmiać announce [ə'naʊns], declare [dɪ'kleə]; *Oznajmiła, że wyjeżdża.* – She announced she was leaving. *„Podjęłam decyzję" – oznajmiła.* – "I've made the decision" – she declared.

oznaka ❶ symptom ['sɪmtəm], sign [saɪn]; *Demonstracja była oznaką niezadowolenia wśród robotników.* – The demonstration was a symptom of discontent among the workers. *Gorączka jest oznaką choroby.* – Fever is a symptom of an illness. *Na jej twarzy widniały oznaki cierpienia.* – There were signs of suffering on her face. *Widzę pewne oznaki poprawy.* – I can see some signs of improvement. *Nie dawali żadnych oznak życia.* – They showed no signs of life. ❷ (*przedmiot, będący znakiem, godło, odznaka*) badge [bædʒ], (*oznaki wojskowe*) insignia of rank [ɪn'sɪgnɪə əv'ræŋk]

oznakować mark [mɑ:k]; **oznakować szlak** – to mark a route

ozon *chem.* ozone ['əʊzəʊn]

ozonowy ozone ['əʊzəʊn]; **warstwa ozonowa** – an ozone layer; **dziura ozonowa** – an ozone hole

ożenić się get married [get'mærɪd], marry ['mærɪ]; *Słyszałam, że on się* *ożenił.* – I heard he had got married. *Ożenił się z tą słynną aktorką.* – He married that famous actress.

ożyć ❶ (*powrócić do życia*) revive [rɪ'vaɪv], come back to life; *Kwiaty ożyły w wodzie.* – The flowers revived in water. *Nasze gasnące nadzieje ożyły.* – Our failing hopes revived. ❷ (*ożywić się*) brighten up ['braɪtn'ʌp]

ożywczy refreshing [rɪ'freʃɪŋ], stimulating ['stɪmjʊleɪtɪŋ], invigorating [ɪn'vɪgəreɪtɪŋ]

ożywić ❶ (*przywrócić do życia*) reanimate [ri:'ænɪmeɪt], revive [rɪ'vaɪv] ❷ (*pobudzić energię*) enliven [ɪn'laɪvn], stimulate ['stɪmjʊleɪt], liven ['laɪvn]; *Puścił (jakąś) muzykę, żeby ożywić przyjęcie.* – He put on some music to enliven the party. **ożywić gospodarkę kraju** – to stimulate a country's economy

ożywić się brighten up ['braɪtn'ʌp], liven up ['laɪvn'ʌp]

ożywienie animation [ænɪ'meɪʃn], liveliness ['laɪvlɪnɪs], revival [rɪ'vaɪvl]; **ożywienie gospodarcze** – an economic revival/growth; *Rozmawiali z wielkim ożywieniem.* – They discussed with great animation.

ożywiony ❶ (*odznaczający się żywością*) animated ['ænɪmeɪtɪd], excited [ɪk'saɪtɪd], lively ['laɪvlɪ]; **ożywiona dyskusja** – an animated discussion ❷ (*żywy*) animate ['ænɪmət]; **materia ożywiona** – animate matter

Ó

ósmy eighth [eɪtθ] (8th); **ósmy maja** – the eighth of May/May the eighth/ /8th May/May 8th; **ósma godzina** – eight o'clock/(*rano*) 8 a.m./(*wieczorem*) 8 p.m.; **strona ósma** – page eight

ów ❶ (*ten, ten właśnie*) that, *l.mn.* those [ðæt, ðəʊz]; **w owych czasach** – in those days ❷ (*ten lub inny, niejeden, niektóry*) other ['ʌðə], another [ə'nʌðə]; **to i owo** – this and that/one thing or another; **ten i ów** – one man or another

ówczesny then [ðen]; **ówczesny premier** – the then Prime Minister

ówdzie:
tu i ówdzie – here and there

p

pacha armpit ['ɑ:mpɪt]; **nieść coś pod pachą** – to carry sth under one's arm

pachnący fragrant ['freɪgrənt], scented ['sentɪd]; **pachnący papier listowy** – scented notepaper; **groszek pachnący** – sweet peas

pachnieć smell (smelt, smelt/-ed) [smel, smelt, smelt/smeld]; *Kwiaty pachniały słodko.* – The flowers smelt sweet. *Pokój pachniał lawendą.* – The room smelt of lavender. *Jak pachną te perfumy?* – What does this perfume smell like?

pachwina groin [grɔɪn]

pacierz prayer [preə]; **zmówić pacierz** – to say a prayer

pacjent patient ['peɪʃnt]

pacyfikacja pacification [pæsɪfɪ'keɪʃn]

pacyfikować pacify ['pæsɪfaɪ]

pacyfista pacifist ['pæsɪfɪst]

pacyfistyczny pacifist ['pæsɪfɪst]

pacyfizm pacifism ['pæsɪfɪzm]

paczka ❶ (*zawiniątko, pakunek*) parcel ['pɑ:sl], bundle ['bʌndl], (*opakowanie*) packet ['pækɪt], *am.* pack [pæk]; **paczka papierosów** – a packet of cigarettes/*am.* a pack of cigarettes; **paczka herbatników/herbaty** – a packet of biscuits/of tea ❷ (*przesyłka pocztowa*) parcel ['pɑ:sl], *am.* package ['pækɪdʒ]; **wysłać/otrzymać paczkę** – to send/to receive a parcel

padaczka epilepsy ['epɪlepsɪ]; **atak padaczki** – an epileptic fit

padać fall (fell, fallen) [fɔ:l, fel, 'fɔ:ln], drop (pp) [drɒp]; *Padł na nich strach.* – Fear fell upon them. *Śnieg padał nieprzerwanie.* – Snow was falling steadily. *Padł na kolana.* – He fell on his knees. *Rząd padł po rewolucji.* – The goverment fell after the revolution. *W bitwie padło wielu żołnierzy.* – Many soldiers fell in the battle. *W wyrazie „psychologist" akcent pada na drugą sylabę.* – In the word "psychologist" the stress falls on the second syllable. *Jego wzrok padł na dziwny przedmiot na stole.* – His eye fell on the strange object on the table. *Z jego ust nie padło ani jedno słowo.* – Not a word fell from his lips. **paść martwym** – to drop dead; **padać jak muchy** – to drop/to fall like flies; *Jestem tak zmęczona, że za chwilę padnę.* – I'm so tired I feel ready to drop. **paść ofiarą** – to fall prey to/to fall a victim to; **paść komuś w objęcia** – to fall into sb's arms

◆ **pada** (*nieosobowo*) (*o deszczu*) – it rains, (*o śniegu*) it snows; *Wczoraj padało cały dzień.* – It rained all day yesterday. **pada słowo** – a word is said/uttered; **pada bramka** – a goal is scored; **pada strzał** – a shot is fired

pagórek hill [hɪl], hillock ['hɪlək]

pagórkowaty hilly ['hɪlɪ]

pająk spider ['spaɪdə]

pajęczyna cobweb ['kɒbweb], spider's web ['spaɪdəz'web]

Pakistańczyk Pakistani [pɑ:kɪ'stɑ:nɪ]

pakistański Pakistani [pɑ:kɪ'stɑ:nɪ]

pakować ❶ (*wkładać do walizki*) pack [pæk]; **pakować walizkę** – to pack a suitcase/pack up; *Nie zapomnij zapakować ciepłego swetra!* – Don't forget to pack a warm pullover! ❷ (*wpychać*) stuff [stʌf], cram (mm) [kræm]; *Wpakował wszystkie papiery do szuflady.* – He stuffed/crammed all his papers into a drawer.

pakować się ❶ (*pakować swoje rzeczy*) pack up [pæk'ʌp], pack one's things ❷ (*przen. – wchodzić na siłę*) barge in [bɑ:dʒ-], pack in/into [pæk-]; *Wszyscy wpakowaliśmy się do jego samochodu.* – All of us packed into his car. *Próbowałam go powstrzymać, ale wpakował się do pokoju.* – I tried to stop him but he barged into the room.

pakt pact [pækt]; **podpisać pakt** – to sign a pact; **pakt o nieagresji** – a non-aggression pact; **pakt o wzajemnej pomocy** – a mutual-assistance pact

pakunek parcel ['pɑ:sl], bundle ['bʌndl]

pal (*słup jako element konstrukcyjny budowli*) pile [paɪl], (*słup do ogradzania terenu*) pale [peɪl], stake [steɪk]; **wbić kogoś na pal** – to impale sb

palacz ❶ (*pracownik obsługujący piec*) stoker ['steʊkə] ❷ (*osoba paląca papierosy*) smoker ['sməʊkə]; **nałogowy palacz** – a chain/a heavy smoker

palarnia (*pomieszczenie, gdzie wolno palić tytoń*) smoking room ['sməʊkɪŋrʊm]

palący[1] *p.* **palacz** ❷; **wagon/przedział dla palących** – a smoker; **miejsca dla palących** (*np. w samolocie*) – a smoking area

P

palący[2] (*naglący, pilny*) burning ['bɜ:nɪŋ], urgent ['ɜ:dʒənt]

palec ❶ (*u ręki, u rękawiczki*) finger ['fɪŋgə]; **mały/serdeczny/środkowy/ /wskazujący palec** – the little/ring/ /middle/index finger; **liczyć na palcach** – to count on one's fingers; **wskazać coś palcem** – to point a finger at sth; **tknąć kogoś palcem** – to lay a finger on sb; **okręcić kogoś dookoła małego palca** – to twist sb round one's little finger; *Nawet nie ruszył palcem, żeby nam pomóc.* – He didn't even lift his finger to help us. **koniuszki palców** – fingertips; **odciski palców** – fingerprints; **patrzeć na coś przez palce** – to turn a blind eye on sth ❷ (*palec u nogi, buta*) toe [təʊ]; **chodzić na palcach** – to walk on tiptoe; **stać/wspiąć się na palcach** – to stand on tiptoe

Palestyńczyk Palestinian [pælə'stɪnɪən]

palestyński Palestinian [pælə'stɪnɪən]

paleta palette ['pælət]

palić ❶ (*rozniecać i podtrzymywać ogień*) light (lit, lit/-ed) [laɪt, lɪt, lɪt/ /'laɪtɪd], burn (burnt, burnt/-ed) [bɜ:n, bɜ:nt, bɜ:nt/bɜ:nd]; **palić ognisko** – to light/to make a bonfire; **palić w piecu** – to use a stove for heating; **palić drzewem/węglem** – to burn wood/ /coal; **palić w kominku** – to use a fireplace ❷ (*niszczyć ogniem*) burn (burnt, burnt/-ed) [bɜ:n, bɜ:nt, bɜ:nt/ /bɜ:nd]; **palić śmieci/suche liście** – to burn rubbish/dead leaves; **palić za sobą mosty** – to burn one's bridges/ /one's boats ❸ (*podtrzymywać źródło światła*) light (lit, lit/-ed) [laɪt, lɪt, lɪt/'laɪtɪd]; **palić światło** – to have the light on/(*zapalić światło*) to turn on the light; **palić świecę** – to burn a candle ❹ (*palić papierosa, fajkę itp.*) smoke [sməʊk] ❺ (*przyrządzać coś za pomocą działania wysokich temperatur*) roast [rəʊst]; **palić kawę** – to roast coffee ❻ (*oddziaływać wysoką temperaturą, odznaczać się wysoką temperaturą*) burn (burnt, burnt/-ed) [bɜ:n, bɜ:nt, bɜ:nt/bɜ:nd]; *Policzki paliły ją ze wstydu.* – Her cheeks were burning with shame. *Słońce paliło niemiłosiernie.* – The sun was beating down mercilessly.

palić się ❶ (*płonąć*) burn (burnt, burnt/-ed) [bɜ:n, bɜ:nt, bɜ:nt/bɜ:nd]; *Papier łatwo się pali.* – Paper burns easily. *Czuję, że coś się pali.* – I can smell something burning. *Pali się!* – Fire! *Las palił się godzinami, zanim ugaszono ogień.* – The forest had been burning for hours before the fire was put out. *W tym piecu centralnego ogrzewania pali się koksem.* – This central heating boiler burns coke. ❷ (*dawać światło*) burn (burnt, burnt/-

ed) [bɜ:n, bɜ:nt, bɜ:nt/bɜ:nd]; *W domu paliły się wszystkie światła.* – All the lights were burning in the house./ /All the lights were on in the house. *W jego pokoju paliła się świeca.* – A candle was burning in his room.

paliwo fuel [fjʊəl]

palma palm [pɑ:m], palm-tree ['pɑ:m-tri:]; **palma daktylowa/kokosowa** – a date/a coconut palm; *symb.* **palma zwycięstwa** – the victor's palm

palmowy palm [pɑ:m]; palmy ['pɑ:mɪ]; **Niedziela Palmowa** – Palm Sunday; **olej palmowy** – palm-oil

palnik burner ['bɜ:nə], (*w kuchence gazowej*) gas jet ['gæs dʒet]

pałac palace ['pælɪs]

pałka truncheon ['trʌntʃən], baton ['bætən]

pamiątka souvenir [su:və'nɪə], keepsake ['ki:pseɪk]; **sklep z pamiątkami** – a souvenir shop; *Dałam jej jeden z moich pierścionków na pamiątkę.* – I gave her one of my rings as a keepsake.

pamięć ❶ (*zdolność pamiętania*) memory ['memərɪ]; **niezawodna/fotograficzna/krótka pamięć** – an infallible/ /a photographic/a short memory; **mieć dobrą/złą pamięć** – to have a good/ /poor memory; **mieć dobrą pamięć do nazwisk** – to have a good memory for names; **mówić/malować z pamięci** – to speak/to paint from memory; *Uciekło mi to z pamięci.* – It has slipped my memory. **stracić pamięć** – to lose one's memory; **o ile mnie pamięć nie myli** – if I remember rightly/if my memory serves me right; **uczyć się czegoś na pamięć** – to learn sth by heart/to memorize sth ❷ (*pamiętanie, wspomnienie*) memory ['memərɪ], remembrance [rɪ'membrəns]; **wznieść pomnik dla uczczenia czyjejś pamięci** – to erect a memorial in sb's memory; **jej świętej pamięci mąż** – her late husband ❸ (*pamięć komputera*) memory ['memərɪ]; **pamięć tylko do odczytu** – read-only memory (ROM); **pamięć o dostępie swobodnym** – random-access memory (RAM)

pamiętać ❶ (*zachować w pamięci*) remember [rɪ'membə], recollect [rekə'lekt]; **o ile dobrze pamiętam** – as far as I remember/if I remember rightly; *Czy pamiętasz jego numer telefonu?* – Do you remember his phone number? *Pamiętam, że dawałam mu klucze.* – I remember giving him the keys. *Nie pamiętam, jak on się nazywa.* – I don't recollect/remember his name. ❷ (*nie zapomnieć, nie zaniedbać*) remember [rɪ'membə]; *Pamiętaj zgasić światło.* – Remember to switch off the light. *On zawsze pamięta o moich urodzinach.* – He always remembers my birthday.

pamiętnik ❶ (*codzienne notatki*) diary ['daɪərɪ]; **pisać/prowadzić pamiętnik** – to keep a diary ❷ (*pamiętniki – utwór literacki, zwykle w l.mn.*) memoirs ['memwɑ:z]

pamiętny memorable ['memərəbl]

pan ❶ (*mężczyzna*) gentleman, *l.mn.* gentlemen ['dʒentlmən]; *Jakiś pan chce się z tobą widzieć.* – There's a gentleman who wants to see you. **pan w starszym wieku** – an elderly gentleman ❷ (*forma grzecznościowa przy zwracaniu się do mężczyzny*) you [ju:/jʊ], Mr (+nazwisko) ['mɪstə-], (*przy adresowaniu listów*) Mr ['mɪstə], Esq. (Esquire) [ɪ'skwaɪə], (*przy rozpoczęciu listu*) Sir [sɜ:]; *Zechce pan usiąść.* – Would you sit down? **pan Jenkins** – Mr Jenkins; *Proszę pana!* – Sir! *Panowie! Czy mogę prosić o chwilę uwagi!* – Gentlemen! May I have your attention, please! *Panowie przysięgli!* – Gentlemen of the jury! *Panie i panowie!* – Ladies and gentlemen! **Szanowny Panie** (*w liście*) – Dear Sir/ /Dear Mr Brown; **pan doktor/pan profesor** – doctor/professor; **Panie profesorze!** – Professor (+nazwisko)! **pan młody** – the bridegroom ❸ (*ten, który ma władzę*) master ['mɑ:stə]; **pan i sługa** – master and servant; **pan domu** (*główna osoba w domu*) – the master of the house; *Pies przybiegł do swojego pana.* – The dog ran to his master. **być panem sytuacji** – to be master of the situation; *Możesz być panem swojego losu.* – You can be the master of your own fate. **pan i władca** – one's lord and master ❹ (*pan domu – reprezentujący rodzinę wobec gości*) host [həust]; **czynić honory pana domu** – to play host/to act as host ❺ (*możnowładca, magnat, arystokrata*) lord [lɔ:d]; **żyć jak pan** – to live like a lord; **Pan Bóg** – God/the Lord ❻ (*nauczyciel*) master ['mɑ:stə]; **pan od historii** – the history master; *Proszę pana!* – Sir!

pancerny armoured ['ɑ:məd]; **dywizja pancerna** – an armoured division; **kasa pancerna** – a safe; **samochód pancerny** – an armoured car

pancerz armour ['ɑ:mə]

pani ❶ (*kobieta*) lady ['leɪdɪ]; *Czeka na ciebie jakaś pani.* – There's lady waiting for you. **pani w starszym wieku** – an elderly lady ❷ (*forma grzecznościowa przy zwracaniu się do kobiety*) you [ju:/jʊ], Mrs (+nazwisko) ['mɪsɪz-], Miss (+nazwisko) [mɪs-], Ms (+nazwisko) [mɪz], Madam ['mædəm] (*uwaga: "Mrs" używa się przy nazwisku kobiety zamężnej używającej nazwiska męża; "Miss" używa się przed nazwiskiem kobiety niezamężnej lub przed nazwiskiem panieńskim kobiety zamężnej – jeżeli z jakichś powodów używa ona nadal swojego panieńskiego nazwiska; "Ms" używa się przed nazwiskiem kobiety zamężnej lub niezamężnej*); *Czy mogę pani w czymś pomóc?* – Can I help you? **Droga Pani** (*w liście*) – Dear Madam/Dear Mrs Brown; **Pani Davis** – Mrs Davis/Miss Davis/Ms Davis; **pani doktor** – Dr. (+nazwisko) (*„pani" nie tłumaczy się*) ❸ (*kobieta, która ma władzę*) mistress ['mɪstrɪs]; **być panią sytuacji** – to be mistress of the situation; **być panią siebie** – to be one's own mistress; **pani domu** (*główna osoba płci żeńskiej w domu*) – the mistress of the house/the lady of the house; *Dobry pies! A gdzie twoja pani?* – Good dog! And where is your mistress/missus? ❹ (*pani domu – zapraszająca gości i reprezentująca rodzinę wobec gości*) hostess ['həustɪs] ❺ (*właścicielka dóbr ziemskich, arystokratka*) lady ['leɪdɪ] ❻ (*nauczycielka*) mistress ['mɪstrɪs]; **pani od historii** – the history mistress; *Proszę pani!* – Miss!

panieński maiden ['meɪdn]; **nazwisko panieńskie** – maiden name

panika panic ['pænɪk]; *Nie wpadaj w panikę!* – Don't panic! **szerzyć panikę** – to spread panic; *Ogarnęła nas panika.* – Panic seized us. *Wpadłam w panikę, kiedy się zorientowałam, że spóźnię się na samolot.* – I got into panic when I realized I was going to miss the plane.

panna ❶ (*młoda kobieta, dziewczyna*) girl [gɜ:l]; **panna młoda** – the bride; **stara panna** – old maid/spinster ❷ (*używane przy nazwisku kobiety niezamężnej*) Miss [mɪs] ❸ Panna (*znak Zodiaku*) Virgo ['vɜ:gəu]

panorama panorama [pænə'rɑ:mə]

panoramiczny panoramic [pænə'ræmɪk]; **film panoramiczny** – a cinemascope picture

panować ❶ (*być władcą, mieć władzę*) rule [ru:l], reign [reɪn]; **panować w kraju/nad krajem** – to rule/to reign over a country; **klasa/partia panująca** – the ruling class/party ❷ (*podporządkować coś sobie*) control (ll) [kən'trəul]; **panować całkowicie nad sytuacją** – to be in full control of the situation; *Byłam tak wściekła, że nie panowałam nad sobą.* – I was so furious I couldn't control myself. *Straciła panowanie nad kierownicą i uderzyła w drzewo.* – Her car went out of control and crashed into a tree. **nie panować nad uczuciami** – to have no control over one's emotions/ /be carried away by one's feelings ❸ (*szerzyć, trwać, rozprzestrzeniać się*) reign [reɪn], prevail [prɪ'veɪl], (*o cho-*

p

robie lub czymś nieprzyjemnym) be rife [bi:'raɪf], be rampant [bi:'ræmpənt], be widespread [bi:'waɪdspred]; *Zwyczaje, które ciągle panują w tym kraju...* – The customs which still prevail in this country... *Zapanowała martwa cisza.* – Dead silence reigned. *W naszym nowym biurze panuje chaos.* – Chaos reigns in our new office. *Panuje epidemia grypy.* – There is an epidemic of flu.

panowanie ❶ (*rządy*) rule [ru:l], reign [reɪn]; *W czasie panowania Elżbiety I...* – During the reign of Elisabeth I... *Ten kraj był pod panowaniem brytyjskim.* – The country was under British rule. ❷ (*podporządkowanie swojej woli*) control [kən'trəʊl], command [kə'mɑ:nd]; *Kierowca stracił panowanie nad kierownicą.* – The driver lost control of the car. *Brak mu panowania nad sobą.* – He has no command over himself. **stracić panowanie nad sobą** – to lose control of oneself/to lose self-control

pantera *zool.* panther ['pænθə]

pantofel (*lekki bucik*) shoe [ʃu:], (*damski*) court-shoe [kɔ:t'ʃu:], pump [pʌmp], (*domowy*) slipper ['slɪpə]

pantomima pantomime ['pæntəmaɪm], panto ['pæntəʊ]

pański ❶ (*forma grzecznościowa przy zwracaniu się do mężczyzny*) your [jɔ:], yours [jɔ:z]; *Jak się czuje pańska żona?* – How is your wife? ❷ (*odnoszący się do pana – arystokraty*) lordly ['lɔ:dlɪ]; **pańskie maniery** – lordly manners; **pańska rezydencja** – a lordly mansion ❸ (*odnoszący się do Boga*) the Lord's [-'lɔ:dz]; **Modlitwa Pańska** – the Lord's Prayer; **roku Pańskiego** – Anno Domini

państwo[1] (*organizacja polityczna*) state [steɪt]

państwo[2] ❶ (*para małżeńska*) Mr and Mrs (+nazwisko); **państwo Dickinson** – Mr and Mrs Dickinson; **państwo młodzi** – the bride and bridegroom/(*po ślubie*) the newly weds ❷ (*forma grzecznościowa przy zwracaniu się do kilku osób*) you [ju:/jʊ]; *Proszę państwa!* (*oficjalnie*) – Ladies and Gentlemen!

państwowość state [steɪt]

państwowy state [steɪt], national ['næʃnl]; **państwowe koleje/szkoły** – state railways/schools; **hymn państwowy** – the national anthem

papeteria writing paper ['raɪtɪŋ'peɪpə]

papier ❶ (*do pisania, pakowania itp.*) paper ['peɪpə]; **skrawek/kawałek papieru** – a slip/a bit/a piece of paper; **arkusz papieru** – a sheet of paper; **papier listowy** – writing paper ❷ (*zwykle w l.mn. – akta, dokumenty, notatki*) papers ['peɪpəz], documents ['dɒkjʊmənts]; *Urzędnik poprosił, abym okazał mu swoje papiery.* – The official asked me to show him my papers. *Jego biurko było zawalone papierami.* – His desk was littered with papers. ❸ (*papiery wartościowe*) bonds [bɒndz], shares [ʃeəz], securities [sɪ'kjʊərətɪz]

papiernia paper-mill ['peɪpəmɪl]

papieros cigarette [sɪgə'ret]; **zapalić papierosa** – to light a cigarette; **palić papierosa** – to smoke a cigarette; **zgasić papierosa** – to extinguish/to put out/to stub out a cigarette

papierośnica cigarette-case [sɪgə'ret keɪs]

papież pope [pəʊp]

papirus ❶ (*roślina*) papyrus [pə'paɪərəs] ❷ (*manuskrypt egipski na papierze papirusowym*) papyrus, *l.mn.* papyri [pə'paɪərəs, pə'paɪəraɪ]

paproć *bot.* fern [fɜ:n]

papryka *bot., kulin.* paprika ['pæprɪkə], pepper ['pepə]

papuga *zool.* parrot ['pærət]

papużka *zool.* parrot ['pærət], parakeet ['pærəki:t], (*falista*) budgerigar ['bʌdʒərɪgɑ:]

para[1] (*substancja w fazie gazowej*) steam [sti:m], vapour ['veɪpə]; *Z czajnika wydobywała się para.* – Steam was coming out of a (boiling) kettle. **żelazko na parę** – a steam iron; **para wodna** – water vapour

◆ **nie puścić pary z ust** – not to breathe a word

para2 ❶ (*dwie podobne, symetryczne lub jednakowe sztuki*) pair [peə]; **para butów/rękawiczek** – a pair of shoes/ /gloves; **para rąk** – a pair of hands; **nie do pary** – odd; **but/rękawiczka nie do pary** – an odd shoe/glove; **dobrać do pary** – to match; *Kolczyki sprzedaje się tylko parami.* – Earrings are sold only in pairs. ❷ (*dwoje ludzi, zwierząt*) pair [peə], couple ['kʌpl]; **para małżeńska** – a married couple; **młoda para** – the bride and bridegroom/(*po ślubie*) the newly weds; *Kilka par tańczyło.* – Several couples were dancing. **para koni** – a pair of horses; **parami** – in twos/in pairs; *Nieszczęścia chodzą parami.* – It never rains but it pours. ❸ (*jeden przedmiot składający się z dwóch symetrycznych części*) pair [peə]; **para nożyczek** – a pair of scissors; **para spodni** – a pair of trousers; **para okularów** – a pair of glasses

parabola ❶ *mat.* parabola [pə'ræbələ] ❷ (*przypowieść, porównanie*) parable ['pærəbl]

parada parade [pə'reɪd]

parafia parish ['pærɪʃ]

parafialny parish ['pærɪʃ]; **kościół parafialny** – a parish church; **kancelaria parafialna** – a parish register office

parafina *chem.* paraffin ['pærəfɪn], paraffin wax ['pærəfɪn'wæks]

paragon receipt [rɪ'si:t]

paragraf (*część ustawy*) clause [klɔ:z]

paraliż paralysis [pə'rælɪsɪs]

paraliżować paralyse ['pærəlaɪz]; *On ma sparaliżowane obie nogi.* – He is paralysed in both legs. **być sparaliżowanym ze strachu** – to be paralysed with fear

parapet window-sill ['wɪndəʊsɪl], window-ledge ['wɪndəʊ'ledʒ]

parasol umbrella [ʌm'brelə]; **otworzyć/ /zwinąć parasol** – to open/to fold (up) an umbrella

parawan screen [skri:n]

parę couple ['kʌpl]; *To parę mil stąd.* – It's a couple of miles from here. *Zabierze to nam parę godzin.* – It'll take us a couple of hours. **parę groszy** – a little money

park park [pɑ:k]; **iść na spacer do parku** – to go for a walk in the park; **park narodowy** – a national park; **park safari** – a safari park

parkan fence [fens]

parking car-park ['kɑ:pɑ:k], *am.* parking lot ['pɑ:kɪŋlɒt], parking ['pɑ:kɪŋ]

parkować park [pɑ:k]; *Pani samochód jest źle zaparkowany.* – Your car is badly parked. *Gdzie mogę zaparkować?* – Where can I park the car? *Zakaz parkowania.* – No parking.

parlament parliament ['pɑ:ləmənt]; **członek parlamentu** – a Member of Parliament; **rozwiązać parlament** – to dissolve Parliament; *Trwa sesja parlamentu.* – Parliament is in session.

parlamentarny parliamentary; **debata parlamentarna** – a parliamentary debate

parlamentarzysta parliamentarian [pɑ:ləmen'teərɪən], Member of Parliament ['membərəv'pɑ:ləmənt]

parny sultry ['sʌltrɪ], close [kləʊs]; **parna noc** – a sultry night

parodia parody ['pærədɪ], travesty ['trævɪstɪ]; *Ten proces był parodią sprawiedliwości.* – The trial was a travesty/a parody of justice.

parodiować parody ['pærədɪ], travesty ['trævɪstɪ]

parokrotnie a couple of times, several times, two or three times

parować ❶ (*zamieniać się w parę*) evaporate [ɪ'væpəreɪt], vaporize ['veɪpəraɪz]; *Było tak gorąco, że woda szybko wyparowała.* – It was so hot that water soon evaporated. ❷ (*wydzielać parę*) steam [sti:m]; **parująca, gorąca herbata** – steaming hot tea; *Okna zaparowały.* – The windows steamed up.

parowiec steamship ['sti:mʃɪp], steamer ['sti:mə], steamboat ['sti:mbəʊt]

parowy steam [sti:m]; **maszyna parowa** – steam-engine

parówka sausage ['sɒsɪdʒ], *am.* hot dog ['hɒtdɒg]

parter ground floor [graʊnd'flɔ:], *am.* first floor [fɜ:st'flɔ:]

partia ❶ (*organizacja społeczna*) party ['pɑ:tɪ]; **partia rządząca** – the ruling party; **Partia Pracy** – the Labour Party; **partia konserwatywna** – a conservative party ❷ (*grupa ludzi*) group [gru:p] ❸ (*określona ilość towaru*) lot [lɒt], batch [bætʃ] ❹ (*w grach towarzyskich i sportowych – część gry stanowiąca całość*) game [geɪm]; **partia szachów** – a game of chess ❺ (*rola w dramacie, operze*) part [pɑ:t], role [rəʊl] ❻ (*kandydat do małżeństwa*) match [mætʃ]; **zrobić dobrą partię** – to make a good match

partner partner ['pɑ:tnə]

partyzant partisan [pɑ:tɪ'zæn], guerrilla [gə'rɪlə]

paryski Parisian [pə'rɪʒjən]

paryżanin Parisian [pə'rɪʒjən]

parzyć ❶ (*dawać się odczuć jako coś gorącego*) burn (burnt, burnt/-ed) [bɜ:n, bɜ:nt, bɜ:nt/bɜ:nd], scorch [skɔ:tʃ], scald [skɔ:ld] ❷ (*wywoływać podrażnienie skóry*) burn (burnt, burnt/-ed) [bɜ:n, bɜ:nt, bɜ:nt/bɜ:nd], (*o pokrzywach*) sting (stung, stung) [stɪŋ, stʌŋ, stʌŋ]; *Sparzyłam sobie rękę.* – I burnt my hand. ❸ (*otrzymać napar przez zalanie wrzątkiem*) brew [bru:]; **parzyć herbatę** – to make/to brew tea ❹ (*zalewać wrzątkiem*) scald [skɔ:ld], blanch [blɑ:ntʃ]; *Musisz sparzyć migdały, żeby zdjąć z nich skórkę.* – You must blanch almonds to remove the skins.

parzysty even ['i:vn]; **liczba parzysta** – an even number

pas¹ ❶ (*część ubioru*) belt [belt] ❷ (*długi kawałek skóry, tkaniny itp., służący do łączenia, spinania*) belt [belt], strap [stræp], band [bænd]; **pas bezpieczeństwa** – a seat belt ❸ (*powierzchnia w kształcie długiego prostokąta*) belt [belt], strip [strɪp], zone [zəʊn]; **pas lasu** – a forest belt; **pas neutralny** – a neutral zone; **pas startowy** – a runway; **pas ruchu** – a lane ❹ (*element wzoru*) stripe [straɪp]; **biała bluzka w niebieskie pasy** – a white blouse with blue stripes ❺ (*talia*) waist [weɪst]; *Ona jest bardzo szczupła w pasie.* – She is very thin round the waist. ❻ (*pasy – oznakowane przejście dla pieszych*) zebra crossing [zebrə'krɒsɪŋ]

pas² (*przy grze w karty*) no bid [nəʊ'bɪd], *am.* pass [pɑ:s/pæs]

pasażer passenger ['pæsɪndʒə]

pasażerski passenger ['pæsɪndʒə]; **pociąg pasażerski** – a passenger train

pasek ❶ (*część ubioru*) belt [belt] ❷ (*wąski pas do spinania, łączenia itp.*) strap [stræp]; **pasek do zegarka** – a watch strap ❸ (*element wzoru*) stripe [straɪp], *p.* **pas¹** ❹

pasja ❶ (*silne zamiłowanie, namiętność*) passion ['pæʃn] ❷ (*silny gniew, furia*) passion ['pæʃn], fury ['fjʊərɪ], rage [reɪdʒ]; **wpaść w pasję** – to fly into a passion/a fury/a rage; **doprowadzony do pasji** – wild with rage

pasjans patience ['peɪʃns], *am.* solitaire [sɒlɪ'teə]; **stawiać pasjansa** – to play solitaire

paskudny nasty ['nɑ:stɪ], horrid ['hɒrɪd], dreadful ['dredfʊl], rotten ['rɒtn]

pasować¹ ❶ (*dostosowywać*) fit (tt) [fɪt], adjust [ə'dʒʌst] ❷ (*być dopasowanym, dobrze przylegać, przystawać*) fit (tt) [fɪt]; *Klucz pasuje do zamka.* – The key fits the lock. *Pasuje jak ulał.* – It fits like a glove. *Ten kostium pasuje na mnie.* – This suit fits me. *Wszystkie fakty pasują do twojej teorii.* – All the facts fit your theory. *Coś mi tu nie pasuje.* – Something doesn't quite fit here. ❸ (*być odpowiednim, dobrze dobranym, nadawać się*) suit [sju:t/su:t], match [mætʃ]; *Ta suknia nie pasuje do twojego stylu.* – This dress doesn't suit your style. *Ta suknia nie pasuje do okazji.* – This dress is not suitable for the occasion. *Ta apaszka nie pasuje*

P

do sukni. – The scarf doesn't match the dress.

pasować² (*przy grze w karty*) pass [pɑ:s], say "no bid"

pasożyt parasite ['pærəsaɪt]

pasożytniczy parasitic [pærə'sɪtɪk]; **rośliny pasożytnicze** – parasitic plants; **choroby pasożytnicze** – parasitic diseases; **prowadzić życie pasożytnicze** – to live a parasitic existence

pasta paste [peɪst]; **pasta do zębów** – tooth-paste; **pasta do butów** – shoe-polish; **pasta do podłogi** – floorpolish

pastelowy pastel ['pæstl]; **pastelowe kolory** – pastel colours

pasteryzacja pasteurization [pæstəraɪ'zeɪʃn]

pasteryzować pasteurize ['pæstəraɪz]

pasterz shepherd ['ʃepəd]

pastor pastor ['pɑ:stə], clergyman, *l.mn.* clergymen ['klɜ:dʒɪmən]

pastować polish ['pɒlɪʃ], wax [wæks]; **pastować podłogę** – to polish/to wax the floor

pastwisko pasture ['pɑ:stʃə]

pastylka tablet ['tæblɪt], pill [pɪl], lozenge ['lɒzɪndʒ]; **zażywać pastylki** – to take tablets

pasza (*pokarm*) fodder ['fɒdə], forage ['fɒrɪdʒ]

paszcza mouth [maʊθ], jaws [dʒɔ:z]

P

paszport passport ['pɑ:spɔ:t]; **ubiegać się o paszport** – to apply for a passport; **wydać paszport** – to issue a passport; **paszport dyplomatyczny** – a diplomatic passport; *Ważność mojego paszportu wygasa w przyszłym miesiącu.* – My passport expires next month.

pasztet paté ['pæteɪ]

paść *p.* **padać**

paść się (*o zwierzętach na pastwisku – jeść*) pasture ['pɑ:tʃə], graze [greɪz]

patelnia frying-pan ['fraɪɪŋ pæn]

patent patent ['peɪtənt]

patologia pathology [pə'θɒlədʒɪ]

patologiczny pathological [pæθə'lɒdʒɪkl]; **patologiczna zazdrość** – pathological jealousy

patriarcha patriarch ['peɪtrɪɑ:k]

patriarchalny patriarchal [peɪtrɪ'ɑ:kl]

patriota patriot ['pætrɪət]

patriotyczny patriotic [pætrɪ'ɒtɪk]

patriotyzm patriotism ['pætrɪətɪzm]

patrol patrol [pə'trəʊl]; **patrol policyjny** – a police patrol; **odbywać patrol** – to be on patrol

patrolować patrol (ll) [pə'trəʊl]; **patrolować ulice nocą** – to patrol streets at night

patron ❶ (*opiekun, protektor*) patron ['peɪtrən] ❷ (*święty opiekujący się osobami lub miejscem*) patron saint ['peɪtrən seɪnt]; *Święty Krzysztof jest patronem podróżujących.* – St. Christopher is the patron saint of travellers.

patronat patronage ['pætrənɪdʒ]

patrzeć (*spoglądać, kierować wzrok*) look [lʊk], (*utkwić wzrok*) stare [steə]; *Patrzył na mnie.* – He was looking at me. *Patrz! To znowu oni!* – Look! It's them again! **patrzeć przez teleskop** – to look through a telescope; **patrzeć komuś w oczy** – to look sb in the eye; **patrzeć spode łba** – to scowl; **patrzeć na kogoś z góry** – to look down on sb; **patrzeć w przyszłość** – to look ahead/to look into the future

patyk stick [stɪk]

pauza break [breɪk]

paw *zool.* peacock ['pi:kɒk]; **dumny jak paw** – proud as a peacock

paznokieć nail [neɪl]; **szczoteczka do paznokci** – nail-brush; **pilnik do paznokci** – nail-file

pazur claw [klɔ:]

październik October [ɒk'təʊbə]

pączek ❶ (*zawiązek kwiatostanu*) bud [bʌd]; *Drzewa mają pączki.* – The trees are in bud. ❷ (*rodzaj ciastka*) doughnut ['dəʊnʌt]

pąsowy crimson ['krɪmzn]

pchać ❶ (*posuwać przed sobą, popychać*) push [pʊʃ]; **pchnąć drzwi** – to push the door; *Samochód się zepsuł i musieliśmy go pchać.* – The car broke down and we had to push it. ❷ (*wkładać, wpychać*) pack [pæk], stuff [stʌf], cram (mm) [kræm]; **pchać swoje rzeczy do walizki** – to stuff one's clothes into a suitcase; **pchać nos w cudze sprawy** – to poke one's nose into other people's affairs

pchać się push [pʊʃ], push one's way; *Musieliśmy pchać się przez tłum.* – We had to push our way through the crowd. *Ludzie pchali się do zatłoczonego autobusu.* – People were pushing into the crowded bus.

pchła flea [fli:]

pchnąć *p.* **pchać**

pchnięcie push [pʊʃ], shove [ʃʌv], thrust [θrʌst]; **pchnięcie kulą** – shot-put

pech bad luck [bæd'lʌk], hard luck [hɑ:d'lʌk]; **mieć pecha** (*być pechowcem*) – to be unlucky; **mieć pecha** (*doznać niepowodzenia*) – to be out of luck/to have bad luck; *To przynosi pecha.* – It brings bad luck./It's unlucky. *A to pech!* – Worse luck!/Hard luck!

pechowiec unlucky person [ʌn'lʌkɪ'pɜ:sn]

pechowy unlucky [ʌn'lʌkɪ], ill-starred [ɪl'stɑ:d], unfortunate [ʌn'fɔ:tʃnət]

pedagogiczny pedagogic [pedə'gɒdʒɪk], pedagogical [pedə'gɒdʒɪkl], educational [edju:'keɪʃnl]

pedagogika pedagogy ['pedəgɒdʒɪ]

pedał pedal ['pedl]; **pedał gazu** – accelerator; **pedał hamulca** – brake

pedałować pedal (ll) ['pedl]

pedant pedantic person [pɪ'dæntɪk'pɜ:sn]

pedantyczny pedantic [pɪ'dæntɪk]

pediatra paediatrician [pi:dɪə'trɪʃn]

pediatria paediatrics [pi:dɪ'ætrɪks]

pediatryczny paediatric [pi:dɪ'ætrɪk]

pedicure pedicure ['pedɪkjʊə]

pejzaż landscape ['lændskeɪp]

pekińczyk *zool.* Pekinese/Pekingese [pi:kɪ'ni:z], peke [pi:k]

pelargonia geranium [dʒɪ'reɪnjəm], pelargonium [pelə'gəʊnjəm]

peleryna ❶ (*szerokie okrycie wierzchnie*) cloak [kləʊk] ❷ (*część płaszcza – peleryna od kołnierza do łokci*) cape [keɪp]

pelikan pelican ['pelɪkən]

pełen *p.* **pełny**

pełnia ❶ (*faza księżyca*) full moon [fʊl'mu:n] ❷ (*stan, w którym nic nie brakuje, zenit*) height [haɪt]; **pełnia lata** – the height of summer; **pełnia sezonu** – high season; **pełnia morza** – the high sea/seas; **w pełni** – fully; **być w pełni zadowolonym** – to be fully satisfied; **w pełni cieszyć się życiem** – to enjoy life to the full; **pełnia zadowolenia** – complete satisfaction

pełnić fulfil (ll) [fʊl'fɪl], perform [pə'fɔ:m]; **pełnić funkcję** – to fulfil/to perform a function; **pełnić rolę** – to perform a role; **pełnić obowiązki** – to perform duties; **pełniący obowiązki dyrektora** – the acting manager; *Ona pełni w tej chwili obowiązki dyrektora.* – She is the acting manager. **pełnić wartę** – to keep guard; **pełnić służbę** – to be on duty

pełno ❶ (*tak, że więcej się nie zmieści*) full [fʊl], to the brim [tʊðə'brɪm]; **nalać pełno do szklanki** – to fill the glass to the brim; **nalać (wody) do pełna do wiadra** – to fill a bucket full (of water) ❷ (*bardzo dużo, wiele*) a lot of [ə'lɒtəv], plenty of ['plentɪəv]; *W pokoju było pełno ludzi.* – There were a lot of/plenty of people in the room.

pełnoletni of age [ɒv'eɪdʒ]; **stać się pełnoletnim** – to come of age

pełnoletność majority [mə'dʒɒrətɪ]; **osiągnąć pełnoletność** – to come of age

pełnomocnictwo plenipotentiary powers [plenɪpə'tenʃərɪ'paʊəz], authorization [ɔ:θəraɪ'zeɪʃn]; **dać pełnomocnictwo** – to authorize; *Ministrowi udzielono pełnomocnictwa do prowadzenia negocjacji.* – The minister was given plenipotentiary powers to conduct the negotiations.

pełnomocnik plenipotentiary [plenɪpə'tenʃərɪ]

pełny full [fʊl]; *Szuflady są pełne papierów.* – The drawers are full of papers. *On jest pełen energii.* – He is full of energy. *Musieliśmy czekać na pociąg pełne dwie godziny.* – We had to wait two full hours for the train. *Tulipany są w pełnym rozkwicie.* – The tulips are in full bloom. *Ona jest raczej pełna na twarzy.* – She is rather full in the face. **pełne morze** – open sea/high sea(s); **brać coś pełną garścią** – to take sth by the handful

pełzać crawl [krɔ:l], creep (crept, crept) [kri:p, krept, krept]

penicylina penicillin [penɪ'sɪlɪn]

pens penny, *l.mn.* pence/pennies ['penɪ, pens/'penɪs]; *Funt jabłek kosztuje 60 pensów.* – Apples are 60 pence (60p) a pound. **dwa pensy** – twopenny ['tʌpnɪ]; **trzy pensy** – threepenny ['θrepənɪ], threepence ['θrepəns]; **moneta dziesięciopensowa** – a ten pence coin

pensja salary ['sælərɪ]

pensjonat pension ['pɑ:ŋsɪɔ:ŋ], hotel [həʊ'tel]

peonia *bot.* peony ['pi:ənɪ]

perfumeria perfumery [pə'fju:mərɪ]

perfumować perfume [pə'fju:m]

perfumy perfume ['pɜ:fju:m], scent [sent]; **flakonik perfum** – a bottle of perfume/of scent

pergamin ❶ (*cienka, odpowiednio spreparowana skóra, dokument pisany na takiej skórze*) parchment ['pɑ:tʃmənt] ❷ (*rodzaj papieru nie przepuszczającego wody ani tłuszczu*) wax paper ['wækspeɪpə], waxed paper ['wækst peɪpə]

perła pearl [pɜ:l]; **sznur pereł** – a string of pearls

peron platform ['plætfɔ:m]

perski Persian ['pɜ:ʃən]; **kot perski** – a Persian cat/a Persian; **dywan perski** – a Persian carpet/a Persian rug

personel personnel [pɜ:sə'nel], staff [stɑ:f]

perspektywa ❶ (*przedstawienie trójwymiarowych przedmiotów na płaszczyźnie*) perspective [pə'spektɪv]; **prawa perspektywy** – the laws of perspective ❷ (*odległość w czasie umożliwiająca właściwą ocenę zdarzeń*) perspective [pə'spektɪv]; **patrząc na coś z perspektywy** – to look at sth in perspective/in retrospect ❸ (*widok, panorama, przen. – widoki na coś*) view [vju:], prospect ['prɒspekt], vista ['vɪstə]; *To odkrycie otwiera nowe perspektywy.* – The discovery opens up new vistas. *Są małe perspektywy na poprawę sytuacji.* – There is little prospect of improvement in the situation. *Ta praca nie ma perspektyw.* – The job has no prospects. **szeroka perspektywa** – a broad/a wide vista

perspektywiczny ❶ (*odnoszący się do perspektywy*) perspective [pə'spektɪv]; **szkic perspektywiczny** – a perspective drawing ❷ (*odnoszący się do przyszłości*) future ['fju:tʃə], prospective [prə'spektɪv], far-reaching [fɑ:-'ri:tʃɪŋ]

peruka wig [wɪg]

pestka (*moreli, brzoskwini, oliwki, śliwki, wiśni*) stone [stəʊn], (*jabłka, gruszki, winogrona, cytryny, pomarańczy*) pip [pɪp], (*słonecznika, dyni*) seed [si:d]

pesymista pessimist ['pesɪmɪst]; *Nie bądź takim pesymistą!* – Don't be so pessimistic!

pesymistyczny pessimistic [pesɪ-'mɪstɪk]; **pesymistyczne spojrzenie na świat** – a pessimistic view of the world; **pesymistyczna prognoza** – a pessimistic forecast

pesymizm pessimism ['pesɪmɪzm]

peszyć put out [pʊt'aʊt] (put, put), disconcert [dɪskən'sɜ:t]; put out of countenance [pʊt'aʊtəv'kaʊntənəns]; *Peszyła go obecność tylu osób.* – He was put out by the presence of so many people.

peszyć się lose countenance [lu:z-'kaʊntnəns], be put out [bi:pʊt'aʊt], be disconcerted [bi:dɪskən'sɜ:tɪd]

petunia *bot.* petunia [pɪ'tju:njə]

petycja petition [pɪ'tɪʃn]; **wnieść do rządu petycję o obniżenie podatków** – to petition the government for tax relief

pewien¹ (*jakiś, jeden z*) a/an [eɪ, ə/æn, ən], a certain [ə'sɜ:tn], one [wʌn], some [sʌm/səm]; **pewnego dnia** – one day; *Przez pewien czas milczał.* – He was silent for some time. **pewnego razu** – once; *Zgodzę się, ale pod pewnymi warunkami.* – I'll agree but on certain conditions. *Czułam do niej pewną niechęć.* – I felt a certain dislike for her. **z pewnych powodów** – for certain reasons

pewien² *p.* **pewny**

pewnie ❶ (*w sposób zdecydowany, sprawnie, bez wahania*) confidently ['kɒnfɪdəntlɪ], with assurance [wɪðə'ʃʊərəns] ❷ (*prawdopodobnie*) probably ['prɒbəblɪ]; *On pewnie nie przyjdzie.* – He probably won't come. ❸ (*zapewne, z pewnością*) surely ['ʃɔ:lɪ], certainly ['sɜ:tnlɪ], undoubtedly [ʌn'daʊtɪdlɪ], for sure [fə'ʃɔ:]; *Tak głośno krzyczał, że pewnie słyszano go w całym domu.* – He shouted so loudly he was undoubtedly heard in the whole house.

pewno *p.* **pewnie ❸**; **na pewno** – surely/for sure/certainly; *On na pewno nie przyjdzie.* – I'm sure he won't come. *Przyjdę na pewno.* – I'll certainly come./I'll surely come.

pewność ❶ (*niezachwiane przekonanie*) certainty ['sɜ:tntɪ], certitude ['sɜ:tɪtju:d]; **niezachwiana pewność** – absolute/dead certainty; **mieć pewność** – to be sure/to be certain; *Nie możemy mieć pewności, czy odniesiemy sukces.* – We can have no certainty of success. **z całą pewnością** – certainly/surely; *To z całą pewnością jest jego najlepsza sztuka.* – This surely is his best play. ❷ (*zdecydowanie*) confidence ['kɒnfɪdəns], assurance [ə'ʃʊərəns]; **pewność siebie** – self-confidence/self-assurance; *Brak mu pewności siebie.* – He lacks self-confidence. ❸ (*niezawodność*) reliability [rɪlaɪə'bɪlətɪ] ❹ (*bezpieczeństwo*) security [sɪ'kjʊərətɪ], safety ['seɪftɪ]

pewny ❶ (*niechybny*) sure [ʃɔ:], certain ['sɜ:tn], inevitable [ɪn'evɪtəbl]; *Czeka ich pewna śmierć.* – They face certain death. **pewne nieszczęście** – an inevitable disaster; *Wydaje się pewne, że...* – It seems inevitable that... ❷ (*o człowieku – godny zaufania*) reliable [rɪ'laɪəbl], trustworthy ['trʌstwɜ:ðɪ], dependable [dɪ'pendəbl] ❸ (*nie budzący wątpliwości*) sure [ʃɔ:], certain ['sɜ:tn]; **to pewne** – it's certain; *Jedna rzecz jest pewna – ona nigdy do niego nie wróci.* – One thing is sure/certain – she'll never come back to him. ❹ (*dający rezultaty, skuteczny*) sure [ʃɔ:]; **pewne lekarstwo na przeziębienie** – a sure remedy for cold; **pewna ręka** (*taka, która nie drgnie*) – a sure hand//a steady hand ❺ (*przekonany o czymś, ufny*) certain ['sɜ:tn], sure [ʃɔ:], convinced [kən'vɪnst]; *Jestem pewna, że ci się uda.* – I'm sure you'll succeed. *Nie jestem pewna, co zrobię.* – I'm not sure what I'll do. **pewny siebie** – self-assured/self-confident; **nie być pewnym jutra** – to be uncertain of the future ❻ (*bezpieczny*) safe [seɪf], secure [sɪ'kjʊə]

pęcherz ❶ (*od oparzenia lub odparzenia*) blister ['blɪstə] ❷ *anat.* bladder ['blædə], (*u ryb – pęcherz pławny*) air-bladder

pęcherzyk ❶ (*na skórze*) blister ['blɪstə] ❷ *anat.* bladder ['blædə]; **pęcherzyk żółciowy** – the gall-bladder ❸ (*bąbelek powietrza*) bubble ['bʌbl]

pęczek bunch [bʌntʃ]; **pęczek zielonej pietruszki** – a bunch of parsley

pęcznieć swell (swelled, swollen) [swel, sweld, 'swəʊln], bulge [bʌldʒ]

pęd¹ ❶ (*pędzenie, bieg, szybki ruch*) rush [rʌʃ], speed [spi:d], (*impet*) impetus ['ɪmpɪtəs]; **nabrać pędu** – to pick up speed; **pędem** – at full speed ❷ *fiz.* momentum [mə'mentəm] ❸ (*wewnętrzna potrzeba, popęd*) urge [ɜ:dʒ], impulse ['ɪmpʌls], drive [draɪv]

p

pęd[2] (*część rośliny*) shoot [ʃu:t], sprout [spraʊt]; **puszczać pędy** – to shoot/ /to sprout

pędzel brush [brʌʃ]; **pędzel do malowania** – paintbrush; **pędzel do golenia** – a shaving brush

pędzić ❶ (*bardzo szybko poruszać się*) rush [rʌʃ], hurry ['hʌrɪ], dash [dæʃ]; *Już późno, muszę pędzić.* – It's late, I must rush/dash/hurry. ❷ (*zmuszać do biegu, poganiać*) drive (drove, driven) [draɪv, drəʊv, 'drɪvn]; **pędzić krowy na pole** – to drive cows into a field; *Suche liście były pędzone wiatrem.* – Dead leaves were driven by the wind. ❸ (*nakłaniać, zmuszać*) urge [ɜ:dʒ] ❹ (*produkować napoje alkoholowe*) distil (ll) [dɪ'stɪl]

◆ **pędzić spokojne życie** – to live a peaceful life

pęk bunch [bʌntʃ]; **pęk kwiatów** – bunch of flowers; **pęk kluczy** – bunch of keys

pękać crack [kræk], burst (burst, burst) [bɜ:st, bɜ:st, bɜ:st], split (split, split) [splɪt, splɪt, splɪt], break (broke, broken) [breɪk, brəʊk, 'brəʊkn], (*o gałęzi*) snap (pp) [snæp]; *Głowa mi pęka.* – My head is splitting. *Serce mi pęka.* – My heart breaks. *Szkło łatwo pęka.* – Glass breaks easily. *Rury wodociągowe często pękają w zimie.* – Water-pipes often burst in winter. **pękać w szwach** – to be bursting at the seams; **pękać z dumy** – to be bursting with pride; **pękać ze śmiechu** – to burst with laughter

pęknięcie crack [kræk], split [splɪt], rift [rɪft], (*o kości*) fracture ['fræktʃə]

pępek navel ['neɪvl]

pępowina umbilical cord [ʌmbɪ'laɪkl-'kɔ:d]

pęseta tweezers ['twi:zəz]

pętla hoop [hu:p], noose [nu:s]

piach sand [sænd]

piać ❶ (*o kogucie*) crow [krəʊ] ❷ (*głosić pochwały*) praise [preɪz], sing sb's praises

piana foam [fəʊm], (*z mydła*) lather ['lɑ:ðə], (*na piwie*) froth [frɒθ]; **ubić jajka na pianę** – to whip eggs into froth

pianino piano [pɪ'ænəʊ]; **grać na pianinie** – to play the piano

pianista pianist ['pɪənɪst]

piasek sand [sænd]; **ziarnko piasku** – a grain of sand; **gruby/drobny piasek** – coarse/fine sand; **zamek z piasku** – sandcastle; **chować głowę w piasek** – to bury one's head in the sand

piaszczysty sandy ['sændɪ]; **piaszczysta plaża** – a sandy beach

piąć się climb [klaɪm]; **piąć się po drabinie** – to climb up a ladder; **piąć się na szczyt** – to climb to the top; *Na odcinku kilku mil szlak pnie się stromo.* – The track climbs steeply for several miles. **pnąca róża** – a climbing rose

piątek Friday ['fraɪdɪ]; **Wielki Piątek** – Good Friday

piątka ❶ (*liczba*) five [faɪv] ❷ (*ocena*) full marks [fʊl'mɑ:ks], very good [verɪ'gʊd]

piąty fifth [fɪfθ] (5th); **piąty maja** – the fifth of May/May the fifth/5th May/ /May 5th; **piąta godzina** – five o'clock/(*rano*) 5 a.m./(*po południu*) 5 p.m.; **strona piąta** – page five

picie (*napój*) drink [drɪŋk]; *Nie mieli nic do picia.* – They had nothing to drink. **jedzenie i picie** – food and drink; **woda nadająca się do picia** – drinking-water

pić drink (drank, drunk) [drɪŋk, dræŋk, drʌŋk]; **pić kawę/herbatę** – to drink coffee/tea; *Chce mi się pić.* – I'm thirsty. *On za dużo pije.* – He drinks too much. **pić czyjeś zdrowie** – to drink sb's health; **pić na umór** – to drink oneself to death

piec[1] ❶ (*urządzenie ogrzewcze*) stove [stəʊv] ❷ (*piec, w którym się piecze*) oven ['ʌvn] ❸ (*urządzenie techniczne*) furnace ['fɜ:nɪs], kiln [kɪln]

piec[2] ❶ (*wypiekać*) bake [beɪk], (*na ogniu, na ruszcie*) roast [rəʊst]; **piec chleb/ciastka/kartofle** – to bake bread/cakes/potatoes; **piec kurczaka/mięso** – to roast a chicken/meat ❷ (*oddziaływać gorącem, parzyć, palić*) burn (burnt, burnt/-ed), (*o słońcu*) scorch [skɔ:tʃ], beat down [bi:t'daʊn] (beat, beaten); *Słońce piekło niemiłosiernie.* – The sun was beating down mercilessly. ❸ (*sprawiać ból, dawać uczucie gorąca*) burn (burnt, burnt/ /-ed) [bɜ:n, bɜ:nt, bɜ:nt/bɜ:nd], smart [smɑ:t], sting (stung, stung) [stɪŋ, stʌŋ, stʌŋ]; *Policzki mnie pieką.* – My cheeks are burning. *Oczy mnie pieką od dymu.* – My eyes are smarting/stinging from the smoke.

piechota *wojsk.* infantry ['ɪnfəntrɪ]; **piechota morska** – marines

◆ **piechotą/na piechotę** – on foot; **iść piechotą** – to go on foot/to walk

piechur walker ['wɔ:kə]

piecyk (*do gotowania*) stove [stəʊv], (*do ogrzewania*) heater ['hi:tə], (*piecyk gazowy – do ogrzewania wody*) geyser ['gi:zə], (*do pieczenia*) oven ['ʌvn]

pieczara cave [keɪv], cavern ['kævən]

pieczarka *bot.* mushroom ['mʌʃrʊm]

pieczątka stamp [stæmp]; **przybić pieczątkę na dokumencie** – to stamp a document

pieczeń roast [rəʊst]; **pieczeń wołowa/ /cielęca** – roast beef/veal

pieczęć ❶ *p.* **pieczątka** ❷ (*odbity znak na wosku itp. służący do zabezpieczenia np. listu*) seal [si:l]

pieczętować seal [si:l]

pieczołowicie with great care, meticulously [mɪ'tɪkjʊləslɪ]

pieczołowity meticulous [mɪ'tɪkjʊləs], painstaking ['peɪnzteɪkɪŋ]

pieczony roast [rəʊst], baked ['beɪkt]; **pieczony kurczak** – a roast chicken; **pieczone ziemniaki** – baked potatoes

pieczywo bread and rolls [bredən'rəʊlz]

pieg freckle ['frekl]

piegowaty freckled ['frekld]

piekarnia bakery ['beɪkərɪ], baker's (shop) ['beɪkəz-]

piekarnik oven ['ʌvn]

piekarz baker ['beɪkə]

piekło hell [hel]

pielęgnacja care [keə], (*chorego*) nursing ['nɜ:sɪŋ]

pielęgniarka nurse [nɜ:s]

pielęgnować nurse [nɜ:s], look after [lʊk 'ɑ:ftə]; **pielęgnować młode rośliny** – to nurse young plants

pielgrzym pilgrim ['pɪlgrɪm]

pielgrzymka pilgrimage ['pɪlgrɪmɪdʒ]; **iść z pielgrzymką** – to go on a pilgrimage/to make a pilgrimage

pieniądz(e) money ['mʌnɪ]; *Czas to pieniądz.* – Time is money. *Pieniądze są ważne.* – Money is important. **zarabiać/oszczędzać/wydawać pieniądze** – to earn/to save/to spend money; *Nie mam dużo pieniędzy.* – I haven't got much money. **robić pieniądze** – to make money; **szastać pieniędzmi** – to throw one's money about; **wyrzucać/trwonić pieniądze** – to throw money away/to squander money; **prać brudne pieniądze** – to launder money; **ładny pieniądz** – a pretty sum of money/a pretty penny

pienić się ❶ (*wytwarzać pianę*) foam [fəʊm], froth [frɒθ], (*o mydle*) lather ['lɑ:ðə]; *przen.* **pienić się ze złości** – to froth/to foam at the mouth with rage ❷ (*musować*) effervesce [efə'ves], fizz [fɪz]

pień ❶ (*część drzewa*) trunk [trʌŋk], stem [stem]; **głuchy jak pień** – stone deaf/deaf as a post ❷ (*część drzewa pozostała po ścięciu*) stump [stʌmp]

pieprz pepper ['pepə]

piernik gingerbread ['dʒɪndʒəbred]

pierożek dumpling ['dʌmplɪŋ]

pierś ❶ (*klatka piersiowa*) chest [tʃest], bosom ['bʊzəm], breast [brest]; **wypiąć pierś (z dumy)** – to throw out one's chest; **bić się w pierś** – to beat one's breast; **oddychać pełną piersią** – to breathe deeply ❷ (*biust*) breast [brest], bosom ['bʊzəm]; **karmienie piersią** – breast-feeding; *Miała dziecko przy piersi.* – She had a baby at her breast. **pierś kury** – chicken breast

pierścień ring [rɪŋ]

pierścionek ring [rɪŋ]; **pierścionek zaręczynowy** – an engagement ring; **pierścionek z brylantem** – a diamond ring

pierwiastek ❶ *mat.* root [ru:t]; **pierwiastek kwadratowy** – the square root ❷ (*część*) element ['elımənt]; *Może być jakiś pierwiastek prawdy w tym, co mówi.* – There may be an element of truth in what he says. ❸ *chem.* element ['elımənt]; *Tlen i azot są pierwiastkami.* – Oxygen and nitrogen are elements.

pierwiosnek *bot.* primrose ['prımrəuz]

pierwotny ❶ (*prehistoryczny*) primitive ['prımıtıv], primeval [praı'mi:vl]; **kultura pierwotna** – primitive culture; **człowiek pierwotny** – primitive man; **plemiona pierwotne** – primitive tribes; **lasy/skały pierwotne** – primeval forests/rocks ❷ (*początkowy*) original [ə'rıdʒənl], primary ['praımərı]; **pierwotne stadium rozwoju** – the primary stage of development

pierwszeństwo priority [praı'ɒrətı]; *Pojazdy nadjeżdżające z prawej strony mają pierwszeństwo.* – Vehicles coming from the right have priority. **palma pierwszeństwa** – the victor's palm

pierwszorzędny first-class [fɜ:st'klɑ:s], first-rate [fɜ:st'reıt]

pierwszy first [fɜ:st] (1st); **pierwszy stycznia** – the first of January/January the first/Jan 1st/1st January; **pierwsza godzina** – one o'clock/(*w nocy*) 1 a.m./ /(*po południu*) 1 p.m.; **strona pierwsza** – page one; **w pierwszej chwili** – at first; **po raz pierwszy** – for the first time/first; *Kiedy ją spotkałam po raz pierwszy...* – When I first met her... **na pierwszy rzut oka** – at first glance/ /sight; **miłość od pierwszego wejrzenia** – love at first sight; **po pierwsze** – first/firstly; **pierwsze piętro** – the first floor/*am.* the second floor; *gram.* **pierwsza osoba** – the first person; **pierwszy bieg** – first gear; **wagon pierwszej klasy** – a first-class carriage; *Przyszła jako pierwsza.* – She was the first to arrive. *Kto był pierwszy w wyścigu?* – Who came first in the race? **pierwsza pomoc** – first aid; **pierwszy lepszy** – any/anyone; **pierwszy plan** (*na obrazie*) – foreground

pierze feathers ['feðəz]

pierzyna eiderdown ['aıdədaun], duvet ['dju:veı]

pies dog [dɒg]

pieszczota caress [kə'res]

pieszczotliwy tender ['tendə], caressing [kə'resıŋ]

pieszy[1] (*człowiek idący pieszo*) pedestrian [pı'destrıən]; **przejście dla pieszych** – pedestrian crossing

pieszy[2] (*odbywający się pieszo*) pedestrian [pı'destrıən], walking ['wɔ:kıŋ], hiking ['haıkıŋ]; **ciąg pieszy** (*ulica, gdzie jest tylko ruch pieszy*) – pedestrian precinct; **wczasy turystyczne piesze** – walking tour/hiking holiday

pieścić caress [kə'res], fondle ['fɒndl], pet (tt) [pet]

pieśń song [sɒŋ]

pietruszka *bot.* parsley ['pɑ:slı]

pięciobok pentagon ['pentəgən]

pięciobój *sport.* pentathlon [pen'tæθlɒn]

pięć five [faıv]

pięćdziesiąt fifty ['fıftı]

pięćdziesiąty fiftieth ['fıftıəθ] (50th); **lata pięćdziesiąte** – the fifties/1950s (the nineteen fifties)

pięćset five hundred [faıv'hʌndrıd]

pięćsetny five hundredth [faıv'hʌndrıdθ]

pięknie beautifully ['bju:təflı]; *Ona pięknie śpiewała.* – She sang beautifully. *Wyglądasz dziś pięknie.* – You look beautiful today. *Jest dziś pięknie.* – It's a lovely/a beautiful day today./ /Lovely weather today.

piękno beauty ['bju:tı], loveliness ['lʌvlınıs]

piękność ❶ (*piękna kobieta*) beauty ['bju:tı] ❷ (*właściwość tego, co jest piękne*) beauty ['bju:tı], loveliness ['lʌvlınıs]

piękny beautiful ['bju:təful], lovely ['lʌvlı]; **piękna kobieta** – a beautiful woman; **piękny widok** – a beautiful view; **literatura piękna** – belles-let-

p

tres; **płeć piękna** – the fair sex; **sztuki piękne** – fine arts; **pewnego pięknego dnia** – one of these fine days

pięść fist [fɪst]; **zaciskać pięści** – to clench one's fists

pięta heel [hi:l]

piętnastowieczny fifteenth-century [fɪf'ti:nθ'sentʃərɪ] (15th century), of the fifteenth century

piętnasty fifteenth [fɪf'ti:nθ] (15th); **piętnasty maja** – the fifteenth of May/May the fifteenth/15th May/ /May 15th; **godzina piętnasta** – three p.m./fifteen hours; **strona piętnasta** – page fifteen

piętnaście fifteen [fɪf'ti:n]

piętro storey ['stɔ:rɪ], floor [flɔ:], *am.* story ['stɔ:rɪ]; *Mieszkają na drugim piętrze.* – They live on the second floor./*am.* They live on the third floor/story.

piętrowy storeyed ['stɔ:rɪd], storied ['stɔ:rɪd]; **dom piętrowy/jednopiętrowy** – a two-storeyed/storied house; **autobus piętrowy** – a double-decker bus

pigułka pill [pɪl]; **gorzka pigułka** – a bitter pill; **pigułka antykoncepcyjna** – the pill/the contraceptive pill; **osłodzić gorzką pigułkę** – to sugar/to sweeten the pill

pijak drunkard ['drʌŋkəd]

pijany drunk [drʌŋk], intoxicated [ɪn'tɒksɪkeɪtɪd]; **kompletnie pijany** – dead drunk; **pijany sukcesem** – drunk with success

pijaństwo ❶ (*nałóg*) drunkenness ['drʌŋkənnɪs] ❷ (*pijatyka*) drinking-bout ['drɪŋkɪŋbaʊt]

pijawka leech [li:tʃ]

pik (*w kartach*) spades [speɪdz]

pikantny spicy ['spaɪsɪ], piquant ['pi:kənt]

pilnie ❶ (*gorliwie*) diligently ['dɪlɪdʒəntlɪ], industriously [ɪn'dʌstrɪəslɪ]; **pracować pilnie** – to work hard ❷ (*pośpiesznie, nagląco*) urgently ['з:dʒəntlɪ]

pilnik file [faɪl]; **pilnik do paznokci** – a nail-file

pilność diligence ['dɪlɪdʒəns], industriousness [ɪn'dʌstrɪəsnɪs], industry ['ɪndəstrɪ]

pilnować ❶ (*strzec*) guard [gɑ:d], watch (over) [wɒtʃ-], keep watch [ki:p'wɒtʃ], mind [maɪnd]; *Czy możesz popilnować moich rzeczy, kiedy będę się kąpać?* – Could you watch (over)/mind my things while I have a swim? ❷ (*doglądać*) look after [lʊk'ɑ:ftə], mind [maɪnd]; **pilnować dzieci** – to look after children; **pilnować swojego nosa** – to mind one's own business

pilny ❶ (*pracowity, gorliwy, staranny*) diligent ['dɪlɪdʒənt], hard-working ['hɑ:dwз:kɪŋ], industrious [ɪn'dʌstrɪəs]; **pilny uczeń** – a diligent pupil ❷ (*nagły, naglący*) urgent ['з:dʒənt], pressing ['presɪŋ]; **pilna sprawa** – a matter of great urgency

pilot ❶ (*lotnik*) pilot ['paɪlət]; **pilot automatyczny** – an automatic pilot ❷ (*osoba przeprowadzająca statki przez miejsca trudne dla żeglugi*) pilot ['paɪlət] ❸ (*osoba, która wskazuje trasę*) pilot ['paɪlət], guide [gaɪd]

pilotować pilot ['paɪlət]

piła saw [sɔ:]

piłka ball [bɔ:l]; **grać w piłkę** – to play ball; **rzucić/złapać/odbijać/kopnąć piłkę** – to throw/to catch/to bounce/ /to kick a ball; **piłka do tenisa** – a tennis-ball; **piłka nożna** – football

piłkarz footballer ['fʊtbɔ:lə], football player ['fʊtbɔ:l'pleɪə]

piłować ❶ (*za pomocą piły*) saw (sawed, sawn) [sɔ:, sɔ:d, sɔ:n] ❷ (*za pomocą pilnika*) file [faɪl]; **piłować paznokcie** – to file one's fingernails

pinezka drawing-pin ['drɔ:ɪŋpɪn], *am.* thumb-tack ['θʌmtæk]

ping-pong ping-pong ['pɪŋpɒŋ], table tennis ['teɪbltenɪs]

pingwin *zool.* penguin ['peŋgwɪn]

pion ❶ (*kierunek pionowy*) the vertical [-'vз:tɪkl], the perpendicular [-pз:pən'dɪkjʊlə]; **nie w pionie** – out of the vertical/perpendicular ❷ (*przyrząd do wyznaczania kierunku pionowego*) plumb-line ['plʌmlaın] ❸ (*odcinek instalacji biegnący pionowo w budynku*) rising main ['raızıŋ'meın], riser ['raızə]; **pion ciepłej/zimnej wody** – a cold-water/a hot-water riser

pionek (*w szachach i przen.*) pawn [pɔ:n], (*w warcabach*) draughtsman, *l.mn.* draughtsmen ['drɑ:ftsmən], *am.* checker ['tʃekə]

pionowy vertical ['vɜ:tıkl], perpendicular [pɜ:pən'dıkjʊlə]; **stojący w pozycji pionowej** – upright

piorun thunder ['θʌndə], thunderbolt ['θʌndəbəʊlt], lightning ['laıtnıŋ]; **burza z piorunami** – a thunderstorm; **huk/łoskot/trzask pioruna** – a roll/ /a peal/a clap of thunder; *Piorun uderzył w drzewo.* – A thunderbolt struck the tree. **być uderzonym/porażonym przez piorun** – to be struck by lightning; **jak rażony piorunem** – (as if) thunderstruck

piorunochron lightning conductor ['laıtnıŋkən'dʌktə], lightning rod ['laıtnıŋ'rɒd]

piosenka song [sɒŋ]; **śpiewać/nucić piosenkę** – to sing/to hum a song

piosenkarka singer ['sıŋə], pop-singer ['pɒpsıŋə]

piosenkarz singer ['sıŋə], pop-singer ['pɒpsıŋə]

piórko feather ['feðə]; **lekki jak piórko** – as light as a feather

pióro ❶ (*ptasie*) quill [kwıl], quill-feather ['kwılfeðə] ❷ (*do pisania*) pen [pen]; **wieczne pióro** – a fountain pen; **gęsie pióro** – a quill-pen

piracki pirate ['paıərət]; **piracki statek** – a pirate ship; **piracka rozgłośnia radiowa** – a pirate radio

piractwo piracy ['paıərəsı]

piramida pyramid ['pırəmıd]

pirat pirate ['paıərət]

pisać write (wrote, written) [raıt, rəʊt, 'rıtn]; *Mój syn potrafi już czytać i pisać.* – My son can already read and write. **pisać książkę** – to write a book; **pisać list** – to write a letter; *Musisz do niego napisać.* – You must write to him. **pisać piórem** – to write with a pen; *To jest napisane piórem/ /ołówkiem.* – It's written in ink/in pencil. **słowo pisane** – the written word

pisać się (*być poprawnie pisanym*) be spelled/spelt [bi:'speld/spelt]; *Jak się pisze to słowo?* – How is the word spelled?/How do you spell the word?

pisak felt-tip pen ['felttıp'pen]

pisarz writer ['raıtə], novelist ['nɒvəlıst], author ['ɔ:θə]

pisemnie in writing [ın'raıtıŋ]

pisemny written ['rıtn]; **egzamin pisemny** – a written examination; **pisemne potwierdzenie/pisemna umowa** – a written confirmation/a written agreement

pisk squeak [skwi:k], squeal [skwi:l]; **pisk myszy** – the squeak of a mouse; **pisk hamulców** – the squeal of brakes

pisklę nestling ['neslıŋ]

piskliwy shrill [ʃrıl], squeaky ['skwi:kı]

pismo ❶ (*litery, alfabet*) characters ['kærəktəz], type [taıp], script [skrıpt], writing ['raıtıŋ], lettering ['letərıŋ]; **pismo arabskie/chińskie/rosyjskie** – Arabic/Chinese/Russian characters; **pismo hieroglificzne** – hieroglyphic writing; **pismo gotyckie** – black letter/Gothic type/Gothic lettering ❷ (*charakter pisma*) handwriting ['hændraıtıŋ], writing ['raıtıŋ]; *Nie mogę odczytać jego pisma.* – I can't read his handwriting. ❸ (*umiejętność pisania*) writing ['raıtıŋ]; **biegły w mowie i piśmie** – fluent in speech and writing; **na piśmie** – in writing; *Chcę mieć to na piśmie.* – I want to have it in writing. **umowa na piśmie** (*pisemna*) – a written agreement ❹ (*list, dokument*) letter ['letə]; **otrzymać pismo** – to get/to receive a letter ❺ (*utwór, dzieło – zazwyczaj w l.mn. – pisma*) writings ['raıtıŋz], works [wɜ:ks]; **Pismo Święte** – the Scriptures/Scripture/Holy Writ/the Bible ❻ (*gazeta, czasopis-*

p

mo) newspaper ['nju:speɪpə], paper ['peɪpə], periodical [pɪərɪ'ɒdɪkl], journal ['dʒɜ:nl], magazine [mægə'zi:n]

pisownia spelling ['spelɪŋ], orthography [ɔ:'θɒgrəfɪ]

pistolet pistol ['pɪstl], gun [gʌn]; **pistolet automatyczny** – an automatic pistol; **pistolet maszynowy** – a machine gun

piszczeć squeak [skwi:k], squeal [skwi:l]

piśmienny ❶ (*umiejący pisać i czytać*) literate ['lɪtərət] ❷ (*odnoszący się do pisania*) written ['rɪtn], writing ['raɪtɪŋ]; **egzamin piśmienny** (*pisemny*) – a written exam; **materiały piśmienne** – stationery/writing materials

pitny drinking ['drɪŋkɪŋ], drinkable ['drɪŋkəbl]; **woda pitna** (*zdatna do picia*) – drinking water; **miód pitny** – mead

piwiarnia pub [pʌb]

piwnica cellar ['selə]

piwo beer [bɪə]; *Poproszę dwa piwa.* – Two beers, please. **piwo beczkowe** – beer on draught

piżama pyjamas [pə'dʒɑ:məz], *am.* pajamas [pə'dʒɑ:məz]

plac ❶ (*otwarta przestrzeń w mieście*) square [skweə], (*o kształcie okrągłym*) circus ['sɜ:kəs]; **na placu** – in the square ❷ (*miejsce pod budowę, działka*) site [saɪt]; **plac pod budowę nowego szpitala** – a site for a new hospital; **plac budowy** – a building site; **plac boju** – the site of the battle/ /battle-field/battle ground

placek ❶ (*ciasto*) pie [paɪ], cake [keɪk], tart [tɑ:t], flan [flæn]; **placek z jabłkami** – apple-pie/apple-tart ❷ (*rodzaj potrawy – smażone kawałki ciasta*) cake [keɪk], pancake ['pænkeɪk]; **placki ziemniaczane** – potato pancakes ◆ **paść plackiem** – to fall flat; **leżeć plackiem** – to lie flat

plagiat plagiarism ['pleɪdʒjərɪzm]

plakat poster ['pəʊstə]

plama ❶ (*ślad brudu*) stain [steɪn], spot [spɒt]; *Na twojej bluzce jest plama z kawy.* – There's a coffee stain on your blouse. ❷ (*skaza, zmaza, piętno*) spot [spɒt], blemish ['blemɪʃ], flaw [flɔ:]; **plama na czyjejś reputacji** – a spot on sb's reputation; **plama na czyimś charakterze** – a stain on sb's character ❸ (*w malarstwie*) patch [pætʃ], blotch [blɒtʃ], dab [dæb]

plamić stain [steɪn], soil [sɔɪl], smear [smɪə]; **obrus poplamiony herbatą** – a tablecloth stained with tea

plamić się soil [sɔɪl]; *Ten materiał łatwo się plami.* – This material soils easily.

plamka spot [spɒt], fleck [flek], speckle ['spekl]

plan ❶ (*zamysł, projekt*) plan [plæn], scheme [ski:m]; **robić plany na przyszłość** – to make plans for the future; *Jakie masz plany?* – What are your plans? **wprowadzić plan w życie** – to put a plan into practice; **wykonać plan** – to carry out/to execute a plan; **genialny plan** – a briliant/an ingenious plan; **dobrze obmyślany plan** – a well-thought-out plan; **realistyczny plan** – a realistic plan ❷ (*program, rozkład*) plan [plæn], schedule ['ʃedju:l]; **sporządzić plan** – to draw up a plan; **zmiana planu** – a change of plan; **pokrzyżować plany** – to frustrate plans; **wprowadzić plan w życie** – to put a plan into practice; **wykonać plan** – to carry out/to execute a plan; **plan pięcioletni/perspektywiczny** – a five-year/a long-term plan; **zgodnie z planem** – according to schedule/to plan; *Jeżeli wszystko pójdzie zgodnie z planem...* – If everything goes according to plan... **plan zajęć/jazdy** – time-table/schedule ❸ (*szkic, rysunek*) plan [plæn], map [mæp], sketch [sketʃ]; **plan budynku** – a plan of a building; **sporządzić plan** – to draw up a plan ❹ (*miejsce na obrazie*): **pierwszy plan** – the foreground; **drugi plan** – the background; **na pierwszym/drugim planie** – in the foreground/in the background; **wysunąć się na pierwszy plan** – to come into prominence; **zejść na drugi plan** – to become of secondary importance ❺ (*miejsce realizacji akcji filmowej*) location [lə'keɪʃn], set [set]; **na planie** – on the set

planeta planet ['plænɪt]

planetarny planetary ['plænɪtərɪ]

planować plan (nn) [plæn]; **planować na przyszłość** – to plan for the future; *Tego lata planuję wyjechać do Grecji.* – I'm planning to go to Greece this summer. **planować wydatki** – to plan (out) one's expenditure

planowanie planning ['plænɪŋ]; **planowanie rodziny** – family planning; **planowanie przestrzenne** – town-planning

planowo according to schedule, according to plan, on time; *Pociąg przyszedł planowo.* – The train arrived on time. *Wszystko idzie planowo.* – Everything is going according to schedule.

planowy planned ['plænd], scheduled ['ʃedju:ld]

plantacja plantation [plæn'teɪʃn]

plantator grower ['grəʊə], plantation owner ['plæn'teɪʃn'əʊnə]

plastelina plasticine ['plæstɪsi:n]

plaster ❶ (*przylepiec*) sticking-plaster ['stɪkɪŋ'plɑ:stə], adhesive plaster [əd-'hi:sɪv plɑ:stə] ❷ (*odkrojony szeroki płat czegoś*) slice [slaɪs]; **plaster szynki** – a slice of ham; **pokroić ser w plastry** – to slice cheese/to cut cheese into slices ❸ (*plaster miodu*) honeycomb ['hʌnɪkəʊm]

plasterek *p.* **plaster ❷**

plastik plastic ['plæstɪk]; *Ta zabawka jest zrobiona z plastiku.* – The toy is made of plastic.

plastikowy plastic ['plæstɪk]; **plastikowa torba** – a plastic bag; **plastikowa filiżanka** – a plastic cup

plastyczny ❶ (*dotyczący sztuk pięknych*) artistic [ɑ:'tɪstɪk]; **sztuki plastyczne** – fine arts/plastic arts; **pracownia plastyczna** – a studio ❷ (*wypukły*) relief [rɪ'li:f]; **mapa plastyczna** – a relief map ❸ (*obrazowy, barwny*) vivid ['vɪvɪd], graphic ['græfɪk]; **plastyczny opis** – a vivid description ❹ (*o masach, materiałach – dający się formować*) plastic ['plæstɪk]; **masa plastyczna** – plastic; *Glina jest substancją plastyczną.* – Clay is a plastic substance. **plastyczne materiały wybuchowe** – plastic explosives

◆ **chirurgia plastyczna** – plastic surgery

plastyk artist ['ɑ:tɪst]

platforma ❶ (*płaska powierzchnia*) platform ['plætfəm] ❷ (*przednia lub tylna część wagonu*) platform ['plætfəm] ❸ (*nadwozie ciężarowe pojazdu lub wagonu*) truck [trʌk]

platyna *chem.* platinum ['plætɪnəm]

plaża beach [bi:tʃ]; **na plaży** – on the beach; **piaszczysta plaża** – a sandy beach

plątać ❶ (*motać, wikłać*) tangle ['tæŋgl], twist [twɪst] ❷ (*mylić*) mix up [mɪks-'ʌp], confuse [kən'fju:z]; **plątać fakty** – to confuse facts

plątać się get tangled up [get'tæŋgld-'ʌp], become entangled [bɪ'kʌmɪn-'tæŋgld]; *Wszystko plątało mi się w głowie.* – I got confused. *Język mu się plątał.* – He faltered and stammerred. *Zaplątałam się w wodorosty.* – I got entangled in the seaweed. **plątać się pod nogami** – to get underfoot/to get in the way

plebania (*w kościele katolickim*) presbytery ['prezbɪtərɪ], (*w kościele anglikańskim*) vicarage ['vɪkərɪdʒ]

plecak rucksack ['rʌksæk], knapsack ['næpsæk], *am.* backpack ['bækpæk]

plecy back [bæk]; **leżeć na plecach** – to lie on one's back; **poklepać kogoś po plecach** – to pat sb on the back; **odwrócić się do kogoś plecami** – *przen.* to turn one's back on sb/*dosł.* to sb; *Oni to zrobili za moimi plecami.* – They did it behind my back.

pleć weed [wi:d], **pleć ogród** – to weed (in) the garden

pled rug [rʌg], blanket ['blæŋkɪt]

plemię tribe [traɪb]

pleść ❶ (*splatać*) plait [plæt], weave (wove, woven) [wi:v, wəʊv, 'wəʊvn],

p

braid [breɪd]; **pleść włosy** – to braid/ /plait sb's (one's) hair; **pleść koszyk** – to plait/to weave a basket; **pleść wieniec** – to weave a wreath ❷ (*gadać*) blab (bb) [blæb], blabber ['blæbə], babble ['bæbl]; **pleść głupstwa** – to talk nonsense

pleśnieć get mouldy [get'məʊldɪ], mildew ['mɪldju:]

pleśń mould [məʊld], mildew ['mɪldju:]

plewić *p.* **pleć**

plomba ❶ *dent.* filling ['fɪlɪŋ]; **założyć plombę** – to fill a tooth ❷ (*ołowiany krążek z odbitą pieczęcią*) seal [si:l]

plombować ❶ (*wypełniać ząb*) fill (a tooth) [fɪl-] ❷ (*zabezpieczać, oznaczać plombą*) seal [si:l]

plon crop [krɒp], yield [ji:ld], (*żniwo*) harvest ['hɑ:vɪst]; **dobry plon pszenicy** – a good crop of wheat; **dobry/wysoki/zły/słaby plon pszenicy** – a good/a high/a poor yield of wheat; *Jaki jest plon z hektara?* – What is the yield per hectare? **zbierać plony swojej ciężkiej pracy** – to reap the harvest of one's hard work

plotka a piece of gossip [-'gɒsɪp] (*"gossip" – rzeczownik niepoliczalny*), rumour ['ru:mə]; *Plotka głosi, że...* – Rumour has it that...; **rozsiewać/ /roznosić plotki** – to spread/to circulate gossip/rumour; **bezpodstawna plotka** – unfounded rumour/gossip; **złośliwa plotka** – malicious gossip; **plotki krążą/rozprzestrzeniają się** – rumours circulate/spread

plotkarka gossip ['gɒsɪp], scandalmonger ['skændlmʌŋgə]

plotkarz gossip ['gɒsɪp], scandalmonger ['skændlmʌŋgə]

plotkować gossip ['gɒsɪp]

pluć spit (spat, spat) [spɪt, spæt, spæt]

plus ❶ *mat.* plus [plʌs]; *Dwa plus dwa jest cztery.* – Two plus two is four. *Temperatura wynosi plus dziesięć stopni.* – The temperature is plus ten degrees. **plus minus** (*mniej więcej*) – more or less/approximately ❷ (*zaleta*) plus [plʌs], advantage [əd'vɑ:ntɪdʒ]; **rozważyć plusy i minusy** – to weigh the pluses and the minuses/to consider advantages and disadvantages

plusk splash [splæʃ]; *Wpadł do wody z pluskiem.* – He fell into the water with a splash.

pluskać się splash about [splæʃə'baʊt]; *Dzieci uwielbiają pluskać się w wodzie.* – Children love splashing about in water.

pluskwa *zool.* bed-bug ['bedbʌg]

pluton[1] *wojsk.* platoon [plə'tu:n]; **pluton egzekucyjny** – firing squad

pluton[2] *chem.* plutonium [plu:'təʊnjəm]

płaca pay [peɪ], wages ['weɪdʒɪz], (*zarobki*) earnings ['ɜ:nɪŋz], (*pensja*) salary ['sælərɪ]; **lista płac** – the payroll

płacić pay (paid, paid) [peɪ, peɪd, peɪd]; *Czy pan płaci gotówką, czy czekiem?* – Are you paying in cash or by cheque? *Ile zapłaciłeś za swój dom?* – How much did you pay for your house? **płacić komuś od godziny** – to pay sb by the hour; **płacić komuś od wykonanej pracy** – to pay sb by the job; **płacić podatki/czynsz/rachunki/długi** – to pay taxes/rent/bills/ /debts

płacz crying ['kraɪɪŋ], weeping ['wi:pɪŋ], tears [tɪəz]; **doprowadzać kogoś do płaczu** – to bring sb to tears/to reduce sb to tears; **wybuchnąć płaczem** – to burst into tears

płaczliwy tearful ['tɪəfʊl], weepy ['wi:pɪ], plaintive ['pleɪntɪv], wimpering ['wɪmpərɪŋ]; **płaczliwy nastrój** – tearful mood; **płaczliwy głos** – a tearful/ /whimpering/plaintive voice

płakać cry [kraɪ], weep (wept, wept) [wi:p, wept, wept], be in tears; **płakać z radości** – to weep/to cry for joy/to weep tears of joy; **płakać nad czyjąś śmiercią** – to weep over sb's death/to mourn over sb; *Dziecko płacze, kiedy jest głodne.* – A baby cries when it is hungry. *Nie ma sensu* *płakać nad rozlanym mlekiem.* – It's no use crying over spilt milk.

płaski ❶ (*równy*) flat [flæt]; *Ludzie kiedyś myśleli, że Ziemia jest płaska.* – People used to think that the world was flat. **płaski krajobraz** – flat countryside ❷ (*banalny*) banal [bə'nɑ:l], trite [traɪt], commonplace ['kɒmənpleɪs]

płaskorzeźba bas-relief ['bæsrɪli:f], relief [rɪ'li:f]

płaskowyż plateau ['plætəʊ]

płaszcz coat [kəʊt], overcoat ['əʊvəkəʊt]; **płaszcz przeciwdeszczowy** – a raincoat; **płaszcz nieprzemakalny** – a waterproof coat; **nałożyć/zdjąć płaszcz** – to put on/to take off one's coat; **płaszcz kąpielowy** – a bathrobe

płaszczyzna plane [pleɪn], (*równa, płaska powierzchnia*) surface ['sɜ:fɪs], expanse [ɪk'spæns]; **szeroka płaszczyzna morza** – the wide expanse of the sea

płatek ❶ (*kwiatowy*) petal ['petl] ❷ (*mały, cienki kawałek*) flake [fleɪk]; **płatki śniegu** – snowflakes; **płatki kukurydziane** – cornflakes; **płatki owsiane** – oatmeal; **płatki mydlane** – soap-flakes

◆ *Poszło jak z płatka.* – It was a piece of cake. *Idzie jak z płatka.* – Everything is going fine/smoothly.

p

płatnik payer ['peɪə]; **płatnicy podatków** – taxpayers

płatność payment ['peɪmənt], (*płatności – należne sumy*) liabilities [laɪə'bɪlətɪz]; **płatność gotówką** – a cash payment; **płatność przy dostawie towarów/przy odbiorze towarów** – payment on delivery (P.O.D.)/payment on receipt of goods

płatny ❶ (*taki, któremu się płaci*) paid [peɪd] ❷ (*taki, za który dostaje się wynagrodzenie*) paid [peɪd]; **nisko/ /dobrze płatna praca** – a low-paid job/a well-paid job; **płatny urlop** – a paid holiday ❸ (*taki, za który należy zapłacić*) payable ['peɪəbl]; **płatne w ratach** – payable in instalments; *Wstęp płatny 5 funtów.* – Admission £5.

płaz *zool.* amphibian [æm'fɪbɪən]

płciowy sexual ['seksjʊəl], sex [seks]; **narządy płciowe** – sexual organs/sex organs; **stosunek płciowy** – sexual intercourse; **rozmnażanie płciowe** – sexual reproduction

płeć sex [seks]; **płeć męska/żeńska** – male/female sex; **równouprawnienie płci** – equality of/between the sexes; **różnice płci** – differences of sex; **słaba płeć** – the weaker sex; **płeć piękna** – the gentle sex/the fair sex; **płeć przeciwna** – the opposite sex

płetwa fin [fɪn]

płetwonurek frogman, *l.mn.* frogmen ['frɒgmən]

płodność fertility [fə'tɪlətɪ]

płomienny flaming ['fleɪmɪŋ], fiery ['faɪərɪ], flaring ['fleərɪŋ]; **płomienne przemówienie** – a fiery speech; **płomienne uczucie** – ardent passion/ardent love; **płomienne rude włosy** – fiery/flaming red hair

płomień ❶ (*język ognia*) flame [fleɪm], blaze [bleɪz]; **stanąć w płomieniach** – to burst into flames; **migocący płomień świecy** – a flickering flame of a candle; **stać się pastwą płomieni** – to go up in flames ❷ (*błysk*) flash [flæʃ], flame [fleɪm], sparkle ['spɑ:kl]; **płomień namiętności/pożądania** – a flame of passion/of desire; *Ze złości jego oczy ciskały płomienie.* – His eyes flashed/sparkled angrily.

płonąć ❶ (*palić się równomiernie*) burn (burnt, burnt/-ed) [bɜ:n, bɜ:nt, bɜ:nt/ /bɜ:nd], be on fire [bi:ɒn'faɪə], be in flames [bi:ɪn'fleɪmz]; **płonący budynek** – a burning building/a building on fire; *W kominku płonął ogień.* – A fire was burning in the grate. **płonąć ze złości/z ciekawości** – to be burning with rage/with curiosity; *Jego policzki płonęły ze wstydu.* – His cheeks were burning with shame. ❷ (*silnie świecić, błyszczeć*) glow [gləʊ], shine (shone, shone) [ʃaɪn, ʃɒn, ʃɒn], sparkle [spɑ:kl]; **płonąć z dumy** – to glow with pride

płoszyć frighten (away) ['fraɪtn-], scare off [skeər'ɒf]; *Alarm przepłoszył złodzieja.* – The alarm frightened the burglar away.

płoszyć się get frightened [get'fraɪtnd], take fright [teɪk'fraɪt]; *Na odgłos naszych kroków zwierzęta się spłoszyły.* – The animals took fright at the sound of our footsteps.

płot fence [fens]; **otoczyć ogród płotem** – to surround a garden with a fence

płotek *p.* **płot**, *sport.* hurdle ['hɜ:dl]; **bieg przez płotki** – hurdle-race

płotka roach [reʊtʃ]

płotkarz hurdler ['hɜ:dlə]

płowieć fade [feɪd]

płowy fawn [fɔ:n], (*o włosach*) flaxen ['flæksn]

płoza (*u sań i sanek*) runner ['rʌnə]

płócienny linen ['lɪnɪn], canvas ['kænvəs], cloth [klɒθ]; **płócienna sukienka** – a linen dress; **płócienny obrus** – a linen table-cloth; **płócienne prześcieradła** – linen sheets; **płócienne buty** – canvas shoes; **płócienna torba** – a canvas bag; **płócienna oprawa książki** – a cloth binding

płód ❶ (*zarodek*) foetus ['fi:təs], embryo ['embrɪəʊ] ❷ (*wszelkie dobra natury*): **płody rolne** – agricultural produce

płótno ❶ (*tkanina bieliźniana*) linen ['lɪnɪn], (*grube płótno na żagle*) canvas ['kænvəs]; *Ta spódnica jest zrobiona z płótna.* – The skirt is made of linen. **blady jak płótno** – as white as a sheet ❷ (*obraz*) canvas ['kænvəs]

płuco *anat.* lung [lʌŋ]; **zapalenie płuc** – pneumonia

pług plough [plaʊ], *am.* plow [plaʊ]; **pług śnieżny** – snow-plough

płukać rinse [rɪns]

płyn liquid ['lɪkwɪd], fluid ['flu:ɪd]

płynąć ❶ (*o płynie – przemieszczać się*) flow [fləʊ], run (ran, run) [rʌn, ræn, rʌn]; *Z rury woda płynęła.* – Water flowed from the pipe. *Łzy płynęły jej po policzkach.* – Tears flowed/ran down her cheeks.*Rzeka płynie z południa na północ.* – The river flows from south to north. **kraj miodem i mlekiem płynący** – a land flowing with milk and honey ❷ (*o czasie – mijać*) fly (flew, flown) [flaɪ, flu:, fləʊn], pass [pɑ:s] ❸ (*o człowieku i zwierzętach – przemieszczać się w wodzie*) swim (swam, swum) [swɪm, swæm, swʌm]; **płynąć do brzegu** – to swim for shore; **płynąć pod prąd** – to swim upstream; **płynąć żabką/kraulem** – to swim the breast-stroke/to swim the crawl ❹ (*o statku, łodzi*) sail [seɪl], steer [stɪə]; **płynąć wzdłuż wybrzeża** – to sail along the coast; **płynąć statkiem** – to go by boat

płynnie ❶ (*o ruchu – harmonijnie*) smoothly ['smu:ðlɪ], gracefully ['greɪsfʊlɪ] ❷ (*o sposobie wypowiadania się, stylu*) fluently ['flu:əntlɪ]; **mówić płynnie po angielsku** – to speak English fluently

płynność ❶ (*cecha dotycząca stanu płynnego*) liquidity ['lɪkwɪdətɪ], fluidity [flu:'ɪdətɪ] ❷ (*dot. ruchu*) smoothness ['smu:ðnɪs], gracefulness ['greɪsfʊlnɪs] ❸ (*dot. stylu, sposobu mówienia*) fluency ['flu:ənsɪ]

płynny ❶ (*w stanie płynnym*) liquid ['lɪkwɪd], fluid ['flu:ɪd]; **płynny pokarm** – liquid food/nourishment ❷ (*o sposobie poruszania się*) smooth [smu:ð], graceful ['greɪsfʊl]; **płynne ruchy** – graceful movements ❸ (*o sposobie mówienia, stylu*) fluent ['flu:ənt]

płyta ❶ (*płaski kawał kamienia, metalu itp.*) slab [slæb], (*metalu, szkła*) plate [pleɪt], sheet [ʃi:t], (*drewna*) board [bɔ:d]; **płyta chodnikowa** – a paving stone/a flagstone; **płyta nagrobna** – tombstone; **płyta pamiątkowa** – a commemorative plaque ❷ (*płyta kuchenna*) kitchen range ❸ (*płyta gramofonowa*) record ['rekəd], (*kompaktowa*) compact disc ['kɒmpækt'dɪsk]; **nagranie/nagrywanie na płycie kompaktowej** – a recording on disc;

nastawić płytę – to put on/to play a record

płytki shallow ['ʃæləʊ]; **płytka woda** – shallow water; **płytki talerz** – a dinner plate; **płytki oddech** – shallow breathing; **płytki sen** – light sleep; *Film był uznany za płytki i powierzchowny.* – The film was found shallow and superficial.

pływać ❶ (*o człowieku, zwierzęciu – przemieszczać się w wodzie*) swim (swam, swum) [swɪm, swæm, swʌm]; *Ona nie umie pływać.* – She can't swim. **pływać pod wodą** – to swim underwater; **pływać żabką/kraulem** – to swim the breast-stroke/to swim the crawl; *Nie wszystkie psy lubią pływać.* – Not all dogs like swimming. *Mięso pływało w sosie.* – Meat was swimming in gravy. ❷ (*o przedmiocie – unosić się na wodzie*) float [fləʊt]; *Drewno pływa w wodzie – nie tonie.* – Wood floats in water – it doesn't sink. ❸ (*o statku, łodzi*) sail [seɪl], be afloat [bi:ə'fləʊt] ❹ (*podróżować statkiem, łodzią*) sail [seɪl], go (by boat); **pływać jachtem** – to sail a yacht; **pływać po Morzu Śródziemnym** – to sail the Mediterranean

pływak ❶ (*człowiek, który pływa*) swimmer ['swɪmə] ❷ (*przedmiot unoszący się na powierzchni, mający różne zastosowania*) float [fləʊt]

pływalnia swimming-pool ['swɪmɪŋpu:l]; **kryta pływalnia** – an indoor swimming-pool/swimming baths

pływanie swimming ['swɪmɪŋ]; **nauka pływania** – swimming lessons

po ❶ (*dot. miejsca, gdzie się coś odbywa*) on [ɒn], in [ɪn], along [ə'lɒŋ], up and down [ʌpən'daʊn], across [ə'krɒs]; *Szedł po ulicy.* – He walked up/down the street. **chodzić po pokoju** – to walk up and down a room; **wchodzić po drabinie** – to go up a ladder; *Chmury płyną po niebie.* – Clouds drift across the sky. *Pociąg jedzie po szynach.* – A train runs on rails. **całować kogoś po rękach** – to kiss sb's hands ❷ (*dot. granicy*) till [tɪl], up to ['ʌptʊ], as far as [əz'fɑ:rəz]; **śnieg po kolana** – snow knee-deep/ /snow up to one's knees; **po uszy** – up to the ears; **pola ciągnące się po horyzont** – fields stretching up to the horizon ❸ (*dot. miary, liczby, wartości*) each [i:tʃ], by [baɪ]; **dać dzieciom po kawałku ciasta** – to give children a piece of cake each; **po kropli** – drop by drop; **po trochu** – little by little ❹ (*dot. następowania po sobie w czasie*) past [pɑ:st], after ['ɑ:ftə]; **pięć po drugiej** – five past two; **Wrócił po dwóch latach.** – He came back two years later/after two years. *Było po północy.* – It was after/past midnight. *Spotkaliśmy się po wakacjach.* – We met after the holidays. *Po ślubie wyjechali.* – They left after the wedding. **jeden po drugim** – one after the other; **dzień po dniu** – day after day; **woda po goleniu** – after-shave; *Jest po wszystkim.* – Everything is over./It's all over. ❺ (*dot. celu*) for [fɔ:/fə]; **posłać po doktora** – to send for a doctor; *Po co?* – What for? **iść do sklepu po chleb** – to go and buy some bread; **po to, żeby...** – in order to.../so that.../in order that.../to... ❻ (*dot. trwania*) for [fɔ:/fə]; **po całych dniach** – all day long/for days and days ❼ (*dot. przejęcia stanu posiadania*) from [frəm]; *Odziedziczył posiadłość po ojcu.* – He inherited the estate from his father. *Ma imię po babce.* – She is named after her grandmother. ❽ (*dot. sposobu*) in a... way; **po mistrzowsku** – in a masterly way; **po matczynemu** – in a motherly way; **po swojemu** – in one's own way; **po prostu** – simply/merely; **po cichu** – silently/softly; **mówić po polsku** – to speak Polish

pobić ❶ (*zwyciężyć*) defeat [dɪ'fi:t], beat (beat, beaten) [bi:t, bi:t, 'bi:tn]; **pobić nieprzyjaciela** – to defeat the enemy; *Został pobity w szachach.* – He was defeated at chess. **pobić rekord** – to beat a record ❷ (*ciężko zbić*) beat up [bi:t'ʌp] (beat, beaten); *Został ciężko pobity przez gang młodocianych* *przestępców.* – He was badly beaten by a gang of youths.

pobliże neighbourhood ['neɪbəhʊd], vicinity [vɪ'sɪnətɪ]; **w pobliżu** – in the vicinity/in the neighbourhood; **w pobliżu naszego domu** – near our house

pobłażliwość forbearance [fɔ:'beərəns], tolerance ['tɒlərəns], lenience(y) ['li:njəns(ɪ)]

pobłażliwy tolerant ['tɒlərənt], lenient ['li:njənt], indulgent [ɪn'dʌldʒənt]; **pobłażliwi rodzice** – indulgent parents

pobocze shoulder ['ʃəʊldə], soft shoulder, verge [vɜ:dʒ], roadside ['rəʊdsaɪd]; **zaparkować na poboczu** – to park at/by the roadside

pobożność piety ['paɪətɪ], devoutness [dɪ'vaʊtnɪs]

pobożny pious ['paɪəs], devout [dɪ'vaʊt], religious [rɪ'lɪdʒəs]

pobór ❶ (*powołanie do wojska*) recruitment [rɪ'kru:tmənt], draft [drɑ:ft], *am.* call-up [kɔ:l'ʌp] ❷ (*czerpanie z jakiegoś źródła, zaopatrywanie się*) consumption [kən'sʌmʃn] ❸ (*pobieranie opłat*) collection [kə'lekʃn] ❹ (*pobory – wynagrodzenie*) pay [peɪ], salary ['sælərɪ], (*tygodniowe*) wages ['weɪdʒɪz]

pobudliwość excitability [ɪksaɪtə'bɪlətɪ]

pobudliwy excitable [ɪk'saɪtəbl]

pobudzać stimulate ['stɪmjʊleɪt], rouse [raʊz]; **środki pobudzające** – stimulants; **pobudzać kogoś do czynu** – to rouse sb to action; **pobudzać apetyt** – to whet one's appetite; **pobudzać czyjąś ambicję** – to spur/stir sb's ambition

pobyt stay [steɪ], sojourn ['sɒdʒɜ:n]; **miejsce stałego pobytu** – one's permanent address

pocałować *p.* **całować**

pocałunek kiss [kɪs]

pochlebiać flatter ['flætə]; **pochlebiać sobie** – to flatter oneself

pochlebny flattering ['flætərɪŋ]; **pochlebna opinia** – a flattering opinion; **mieć o kimś pochlebne zdanie** – to think highly of sb/to have a high opinion of sb/to hold sb in high esteem

pochlebstwo flattery ['flætərɪ]

pochłaniać ❶ (*zabierać*) absorb [əb'sɔ:b], consume [kən'sju:m], take up [teɪk'ʌp] (took, taken), claim [kleɪm]; *Praca w ogrodzie pochłania mi wiele czasu.* – Gardening claims/takes up much of my time. *Praca pochłania go.* – His work absorbs him. **praca pochłaniająca dużo czasu** – a time-consuming job; *Była pochłonięta książką.* – She was absorbed in her book. *Trzęsienie ziemi pochłonęło wiele istnień ludzkich.* – The earthquake claimed thousands of lives. ❷ (*zjadać łapczywie*) devour [dɪ'vaʊə]; **pochłaniać jedzenie** – to devour the food ❸ (*chem., fiz. – absorbować*) absorb [əb'sɔ:b]; *Rośliny pochłaniają dwutlenek węgla.* – Plants absorb carbon dioxide.

pochmurny cloudy ['klaʊdɪ], overcast ['əʊvəkɑ:st]

pochodnia torch [tɔ:tʃ]

pochodzenie ❶ (*początek*) origin ['ɒrɪdʒɪn], provenance ['prɒvənəns]; **pochodzenie człowieka** – the origin of man; **wyraz greckiego pochodzenia** – a word of Greek origin ❷ (*rodowód*) descent [dɪ'sent], ancestry ['ænsestrɪ], origin ['ɒrɪdʒɪn], parentage ['peərəntɪdʒ], background ['bækgraʊnd], stock [stɒk]; **osoba francuskiego pochodzenia** – a person of French descent; **skromne pochodzenie** – humble parentage/origin

pochodzić ❶ (*brać początek*) originate [ə'rɪdʒəneɪt], come from ['kʌmfrəm] (came, come), be descended from [bi:dɪ'sendɪd frəm]; *On twierdzi, że pochodzi z arystokratycznej rodziny.* – He claims to be descended from an aristocratic family. **styl architektoniczny pochodzący ze starożytnej Grecji** – the style of architecture originated from Ancient Greece; *Ona pochodzi z dobrej rodziny.* – She comes of/from a good family. ❷ (*datować* *się*) date back [deɪt'bæk]; *Katedra pochodzi z czternastego wieku.* – The cathedral dates back from the fourteenth century.

pochopny rash [ræʃ], hasty ['heɪstɪ]; **pochopna decyzja** – a rash decision

pochować (*pogrzebać*) bury ['berɪ]

pochód march [mɑ:tʃ], procession [prə'seʃn]

pochwalić *p.* **chwalić**

pochwała praise [preɪz]; **zasłużyć na pochwałę** – to earn/to deserve praise; **osiągnięcie godne wielkiej pochwały** – an achievement worthy of great praise; **godny pochwały** – praiseworthy; **obsypać kogoś pochwałami** – to lavish/to heap praise on sb

pochylać bend (bent, bent) [bend, bent, bent], incline [ɪn'klaɪn]; *Pochyliła głowę w modlitwie.* – She inclined/ /bowed her head in prayer. *Miał głowę pochyloną nad książką.* – His head was bent over a book.

pochylać się bend down/forward [bend'daʊn/'fɔ:wəd] (bent, bent); *Pochyliła się, żeby wysłuchać dziecka.* – She bent forward to listen to the child. *Pochyliła się nad kołyską, żeby popatrzeć na śpiące dziecko.* – She bent over the cradle to look at the sleeping baby.

P

pochyłość slope [sləʊp], slant [slænt], gradient ['greɪdjənt], inclination [ɪnklɪ'neɪʃn], incline [ɪn'klaɪn]; **stroma pochyłość** – a steep gradient/slope/incline

pochyły slanting ['slæntɪŋ], sloping ['sləʊpɪŋ]; **równia pochyła** – inclined plane

pociąg ❶ (*środek transportu*) train [treɪn]; **pociąg pasażerski/osobowy/ /pospieszny** – a passenger/slow/express train; **pociąg towarowy** – a goods/freight train; **pociąg podmiejski** – a commuter/suburban train; **podróżować pociągiem** – to travel by train; *Zazwyczaj jeżdżę pociągiem o 8.30.* – I usually take the 8.30 train. **wsiąść do pociągu** – to get on/to board a train; **wysiąść z pociągu** – to get off a train; **zdążyć na pociąg** – to catch a train; **spóźnić się na pociąg** – to miss a train ❷ (*skłonność*) inclination [ɪnklɪ'neɪʃn], liking ['laɪkɪŋ]; *Jej pociąg do whisky jest wszystkim znany.* – Her liking for Scotch is no secret.

pociągający attractive [ə'træktɪv]

pociągnąć ❶ (*ciągnąć*) pull [pʊl]; **pociągnąć za sznur** – to pull at a rope; **pociągnąć kogoś za rękaw** – to pull sb's sleeve; **pociągnąć za hamulec bezpieczeństwa** – to pull the emergency cord; *Pociągnął ją za włosy.* – He pulled her hair. **pociągnąć za spust (rewolweru)** – to pull the trigger; **pociągać z butelki** – to pull at a bottle; **pociągać nosem** – to sniff ❷ (*przesuwać coś po czymś*) pass [pɑ:s], draw (drew, drawn) [drɔ:, dru:, drɔ:n]; *Pociągnęła dłonią po czole.* – She passed her hand across her forehead. **pociągać nogami** – to shuffle one's feet ❸ (*wzbudzać zainteresowanie, nęcić*) attract [ə'trækt], appeal (to) [ə'pi:l-]; *To mnie nie pociąga.* – It doesn't appeal to me. ❹ (*wywoływać*) result (in) [rɪ'zʌlt-], involve [ɪn'vɒlv], entail [ɪn'teɪl], imply [ɪm'plaɪ]; *Stosowanie takich metod mogłoby pociągnąć za sobą katastrofalne zmiany ekologiczne.* – The use of such methods could result in disastrous ecological changes. *To pociąga za sobą radykalną zmianę w stylu życia.* – This entails/implies a radical change in lifestyle.

pocić się sweat [swet], perspire [pə'spaɪə]

pociecha (*pocieszenie*) consolation [kɒnsə'leɪʃn], comfort ['kʌmfət]; **kilka słów pociechy** – a few words of consolation/comfort; *Jedyna pociecha, że mogłoby być gorzej!* – It might have been worse, that's one consolation! *Jesteś dla mnie wielką pociechą.* – You are a great comfort to me.

pocieszać console [kən'səʊl], comfort ['kʌmfət], bring comfort, cheer (up) [tʃɪə-]; **pocieszać kogoś po stracie osoby bliskiej** – to console sb on the loss of a loved one

pocieszać się console oneself [kən'səʊlwʌn'self]; *Pocieszałam się myślą, że mogłoby być gorzej.* – I consoled myself with the thought that it might have been worse.

pocisk missile ['mɪsaɪl]; **wystrzelić pocisk** – to fire/to launch a missile; **pocisk ziemia-powietrze** – a ground-to--air missile; **pocisk przewlotniczy** – an anti-aircraft missile

począć ❶ (*zacząć*) begin (began, begun) [bɪ'gɪn, bɪ'gæn, bɪ'gʌn]; *Począł padać deszcz.* – It began to rain. *Co mam począć?* – What shall I do? **począwszy od pierwszego** – (beginning) from the first of the month ❷ (*zajść w ciążę*) conceive [kən'si:v]

początek ❶ (*początkowa faza*) beginning [bɪ'gɪnɪŋ], start [stɑ:t], outset ['aʊtset]; **od początku do końca** – from start to finish/from beginning to end; **od (samego) początku** – from the (very) beginning/from the start/ /from the outset; *Nie widziałem początku filmu.* – I didn't see the beginning of the film. **zrobić dobry początek** – to make a good beginning; **początek końca** – the beginning of the end; **na początku** – at/in the beginning/at the outset ❷ (*źródło, geneza*) beginning [bɪ'gɪnɪŋ], origin ['ɒrɪdʒɪn]; *Demokracja ma swoje początki w Atenach.* – Democracy has its beginnings in Athens. **brać początek z czegoś** – to originate from sth

początkowo at first [ət'fɜ:st], at the beginning [ətθəbɪ'gɪnɪŋ]

początkowy ❶ (*występujący na początku*) initial [ɪ'nɪʃl]; **w początkowym stadium** – in the initial stages; *Jego początkową reakcją była irytacja.* – His initial reaction was irritation. ❷ (*podstawowy*) elementary [elɪ'mentərɪ]; **początkowy kurs angielskiego** – an elementary course in English

początkujący (*osoba rozpoczynająca naukę*) beginner [bɪ'gɪnə]; **kurs dla początkujących** – a course for beginners

poczekalnia waiting-room ['weɪtɪŋrʊm]

poczęcie conception [kən'sepʃn]

poczta ❶ (*sposób przesyłania listów, instytucja*) post [pəʊst], (*urząd*) the Post Office [-'pəʊstɒfɪs], the Post; **wysłać coś pocztą** – to send sth by post; **przysłać coś odwrotną pocztą** – to send sth by return post; **poczta lotnicza** – airmail; **wysłać list pocztą lotniczą** – to send a letter by airmail; *Zanieś te listy na pocztę.* – Take these letters to the post. ❷ (*listy, przesyłki*) post [pəʊst], mail [meɪl]; *Ten list przyszedł poranną pocztą.* – The letter came in the morning post. **sortować pocztę** – to sort the mail; **dostarczać pocztę** – to deliver the mail

pocztowy mail [meɪl], post [pəʊst], postal ['pəʊstl], postage ['pəʊstɪdʒ]; **urząd pocztowy** – the Post Office/the Post; **skrzynka pocztowa** – mailbox/postbox/pillar-box; **skrytka pocztowa** – post-office box (PO box); **kod pocztowy** – postcode/postal code/*am.* zip code; **opłata pocztowa** – postage/ /postal charge; *Jaka jest opłata pocztowa za list lotniczy do Australii?* – How much is the postage for an airmail letter to Australia? **wolne od opłaty pocztowej** – post-free; **znaczek pocztowy** – a (postage) stamp; **przekaz pocztowy/pieniężny** – a postal order/*am.* money order; **wagon pocztowy** – a mail van

pocztówka postcard ['pəʊstkɑ:d]

poczucie feeling ['fi:lɪŋ], sense [sens]; **poczucie bezpieczeństwa** – a sense of security; **poczucie humoru** – a sense of humour; **poczucie winy** – a feeling of guilt; **poczucie obowiązku** – a sense of duty; **poczucie piękna** – a sense of beauty

poczuć *p.* **czuć**

pod ❶ (*poniżej*) under ['ʌndə], below [bɪ'ləʊ], underneath [ʌndə'ni:θ], beneath [bɪ'ni:θ]; *Kot schował się pod łóżkiem.* – The cat hid under the bed. *Schroniliśmy się pod drzewem.* – We sheltered under a tree. **pod spodem** – underneath/beneath; *Znalazłam ten list pod stertą książek.* – I found the letter beneath/under a pile of books. *Proszę nic nie pisać pod tą linią.* – Please don't write below this line. ❷ (*przy wyrażeniach oznaczających przyczynę, wpływ*) under ['ʌndə]; *Uginał się pod ciężarem trzech walizek.* – He stooped under the weight of three suitcases. **pojemnik pod ciśnieniem** – container under pressure; **być pod wpływem kogoś** – to be under sb's influence; *Był operowany pod narkozą.* – He was operated on under (an) anaesthetic. **być pod wpływem alkoholu** – to be under the influence of alcohol ❸ (*dot. zarządzania, kierowania, opieki*) under ['ʌndə]; **urodzić się pod szczęśliwą gwiazdą** – to be born under a lucky star; **Anglia pod rządami pani Thatcher** – Britain under Thatcher; **pływać pod polską banderą** – to sail under the Polish flag; *Wszystko jest pod kontrolą.* – Everything is under control. ❹ (*przy nazwiskach, nazwach, tytułach*) under ['ʌndə]; **pisać pod pseudonimem** – to write under a pseudonym; **otworzyć rachunek w banku pod fałszywym nazwiskiem** – to open a bank account under a false name; **pod tytułem** – entitled/called/under the title ❺ (*dot. lokalizacji w przestrzeni*) at [æt/ət]; **mieszkać pod tym samym adresem** – to live at the same address; *Mieszkają pod numerem siódmym na Brompton Road.* – They live at number seven Brompton Road. **pod drzwiami** – at the door; **pod ścianą** – near a wall; **pod kątem** – at an angle; **pod kątem prostym/pod kątem trzydziestu stopni** – at a right angle/ /at an angle of thirty degrees ❻ (*przy określaniu kierunku przeciwnego*) against [ə'geɪst], up [ʌp]; **iść pod górę** – to walk up the hill/to walk uphill; **iść pod wiatr** – to walk against the wind; **płynąć pod prąd** – to swim against the current ❼ (*niedaleko*) by [baɪ], near [nɪə]; *Mieszkają pod Warszawą.* – They live near Warsaw. **pod lasem** – by the forest; **bitwa pod Waterloo** – the battle of Waterloo; **mieć coś pod ręką** – to keep sth handy/to keep sth by oneself; *Zawsze mam słownik pod ręką.* – I always keep a dictionary by me. ❽ (*dot. zagrożenia, nałożenia warunków*) under ['ʌndə], on [ɒn]; **pod warunkiem, że...** – on condition that...; **pod żadnym pozorem** – on no condition/on no account; **pod groźbą** – under threat of; **pod tym względem** – in this respect; **pod każdym względem** – in every respect; **zeznawać pod przysięgą** – to testify under oath

podać ❶ (*dać, wręczyć, przekazać*) give (gave, given) [gɪv, geɪv, 'gɪvn], hand [hænd], pass [pɑs], get (got, got) [get, gɒt, gɒt]; *Czy możesz podać mi sól?* – Could you pass me the salt, please? *Proszę, podaj mi tamtą książkę.* – Please give me/hand me that book. **podać komuś płaszcz** – to help sb with his coat; **podać komuś rękę** (*przywitać się*) – to shake hands with sb; *Czy możesz mi podać swój numer telefonu?* – Could you give me your phone number? ❷ (*podawać do stołu*) serve [sɜ:v]; *Podano obiad.* – Dinner is/was served. ❸ (*zakomunikować, ogłosić*) announce [ə'naʊns], broadcast (broadcast, broadcast) ['brɔ:dkɑ:st, 'brɔ:dkɑ:st, 'brɔ:dkɑ:st]; *Podajemy wiadomości.* – This/ /Here is the news. **podać coś do wiadomości** – to make sth known/to announce sth; **podać kogoś do sądu** – to sue sb

podać się claim to be ['kleɪm tə'bi:], pose as [pəʊz-], pretend to be [prɪ'tendtə'bi:]; *Podawał się za lekarza.* – He claimed to be a doctor./He pretended to be a doctor.

◆ **podać się do dymisji** – to resign (from office)/to hand in one's resigna-

p

tion; *Minister podał się do dymisji.* – The Minister resigned from office.

podanie (*pismo z prośbą*) application [æplı'keıʃn]; **złożyć podanie o pracę** – to apply for a job; **złożyć podanie** – to put in an application; **podanie o pracę** – an application for a job

podarować ❶ (*dać w prezencie*) give (gave, given) [gıv, geıv, 'gıvn]; *Na urodziny ojciec podarował jej jacht.* – Her father gave her a yacht for her birthday. ❷ (*przebaczyć*) *p.* **darować**

podarunek present ['preznt], gift [gıft]; **podarunek urodzinowy** – a birthday present

podatek duty ['dju:tı], tax [tæks]; **płacić podatki** – to pay taxes; **nałożyć podatki na...** – to impose/to put taxes on...; **podatek spadkowy** – death duty/*am.* inheritance tax; **podatek dochodowy** – income tax; **podatek od wartości dodanej** – value-added tax (VAT); *W zeszłym roku zapłacił 5000 funtów podatku.* – He paid £5000 in taxes last year.

podatkowy tax [tæks]; **poborca podatkowy** – taxman; **urząd podatkowy** – (*w W. Bryt.*) Inland Revenue

podatnik taxpayer ['tækspeıə]

podatny susceptible [sə'septəbl], subject (to) ['sʌbdʒıkt-], liable ['laıəbl-]; **podatny na choroby** – susceptible to disease; *Czy jest pan podatny na zaziębienia?* – Are you subject/liable to colds?

podawać *p.* **podać**

podaż supply [sə'plaı]

podbiegunowy polar ['pəʊlə]; **koło podbiegunowe** – the Arctic Circle

podburzać incite [ın'saıt], stir up (rr) [stɜ:r'ʌp]; **podburzać robotników przeciw rządowi** – to incite the workers against the government; **podburzać oficerów do buntu** – to incite officers to mutiny

podchodzić ❶ (*zbliżać się*) come up to [kʌmʌp'tʊ] (came, come), approach [ə'prəʊtʃ]; *Podszedł do mnie, żeby zapytać, która godzina.* – He came up to me to ask the time. *Podeszła do drzwi.* – She came up to the door. *Pies zaczął szczekać, kiedy podeszliśmy.* – The dog started to bark as we approached. ❷ (*ustosunkowywać się*) approach [ə'prəʊtʃ], take up an attitude ['teıkʌp ən'ætıtju:d], assume an attitude [ə'sju:mən'ætıtju:d]; *Są różne sposoby, w jakie można podejść do tego tematu.* – There are various ways of approaching the subject. *Powinieneś podchodzić do tego w sposób bardziej tolerancyjny.* – You ought to take up a more tolerant attitude. ❸ (*wspinać się*) climb [klaım]; *Podeszli na sam szczyt.* – They climbed to the summit.

podczas during ['djʊərıŋ], (*podczas gdy*) while [waıl], when [wen]; **podczas jego pobytu w Londynie** – during his stay in London; *Podczas gdy ona pracowała, jej mąż oglądał telewizję.* – While she was working, her husband was watching TV.

podczerwień infra-red radiation [ınfrə-'red reıdı'eıʃn]

podczerwony infra-red [ınfrə'red]

poddać ❶ (*oddać*) surrender [sə'rendə]; **poddać fortecę** – to surrender a fortress (to the invader) ❷ (*podporządkować, uzależnić, wystawić na działanie*) subject [səb'dʒekt], submit (tt) [səb'mıt]; **poddać kogoś krytyce** – to subject sb to criticism; *Metal był poddawany działaniu wysokich temperatur.* – The metal was subjected to great heat. **poddać kogoś czyjejś kontroli** – to submit a person to sb's inspection; **poddać kogoś przesłuchaniu** – to put sb through an interrogation

poddać się ❶ (*uznać się za zwyciężonego*) surrender (oneself) [sə'rendə-], give oneself up; *Nigdy nie poddamy się.* – We shall never surrender. *Terroryści w końcu poddali się policji.* – The terrorists finally surrendered (themselves) to the police. ❷ (*wystawić się na działanie, podporządkować, uzależnić*) submit (tt) [səb'mıt],

p

give in to [gɪv'ɪntʊ] (gave, given); **poddać się dyscyplinie** – to submit to discipline; **poddać się losowi** – to resign oneself to one's fate/to give in to one's fate; **poddać się operacji/leczeniu** – to undergo an operation/medical treatment

poddany (*podległy królowi*) subject ['sʌbdʒɪkt]; **chłopi poddani** (*pańszczyźniani*) – serfs

poddasze attic ['ætɪk]

poddawać *p.* **poddać**

podejmować *p.* **podjąć**

podejrzany[1] (*człowiek posądzony o popełnienie przestępstwa*) suspect ['sʌspəkt]; *Policja przesłuchuje dwóch podejrzanych.* – The police are interrogating two suspects.

podejrzany[2] ❶ (*taki, na którego padło podejrzenie*) suspected [sə'spektɪd]; *On jest podejrzany o morderstwo.* – He is suspected of murder. ❷ (*budzący podejrzenia, wątpliwy*) suspicious [sə'spɪʃəs]; **podejrzana postać** – a suspicious character; *To bardzo podejrzane, że on...* – It's very suspicious that he...

podejrzenie suspicion [sə'spɪʃn]; *Podejrzenie pada na osobę, która miała motyw do popełnienia zbrodni.* – Suspicion falls on a person who had a motive for commiting a crime. **poza wszelkimi podejrzeniami** – above suspicion; **wzbudzać podejrzenia** – to arouse suspicions; **potwierdzić podejrzenia** – to confirm suspicions; **rzucić podejrzenie na** – to cast suspicion on; **bezpodstawne podejrzenie** – a groundless/an unfounded suspicion

podejrzewać suspect [sə'spekt]; *Policja podejrzewa go o morderstwo.* – The police suspect him of murder. *Podejrzewam, że on nie mówił prawdy.* – I suspect that he wasn't telling the truth. *Podejrzewam, że to nie jest takie łatwe.* – I suspect it's not that easy.

podejrzliwość distrust [dɪs'trʌst], mistrust [mɪs'trʌst], suspiciousness [sə'spɪʃəsnɪs]

podejrzliwy suspicious [sə'spɪʃəs], distrustful [dɪs'trʌstfʊl]; *Ona jest podejrzliwa wobec obcych.* – She is suspicious of strangers.

podejście ❶ (*droga, wejście na górę*) approach [ə'prəʊtʃ], climb [klaɪm]; **strome podejście** – a steep climb ❷ (*sposób ujmowania, stosunek*) attitude ['ætɪtju:d], approach [ə'prəʊtʃ]

podejść *p.* **podchodzić**

podeprzeć *p.* **podpierać**

podest (*schodów*) landing ['lændɪŋ]

podeszły:
w podeszłym wieku – advanced in years

podeszwa sole [səʊl]

podglądać spy [spaɪ], peep [pi:p]; **podglądać przez dziurkę od klucza** – to peep through the keyhole

podgrzewać heat up [hi:t'ʌp], warm up [wɔ:m'ʌp]; **podgrzać zupę** – to warm up (the) soup

podium platform ['plætfəm], dais ['deɪɪs]

podjazd (*droga prowadząca do budynku*) drive [draɪv], driveway ['draɪvweɪ]

podjąć ❶ (*podnieść*) pick up [pɪk'ʌp], take up [teɪk'ʌp] (took, taken); **podjąć słuchawkę** – to pick up the receiver//the telephone; **podjąć wyzwanie** – to take up a challenge ❷ (*wziąć pieniądze z banku*) withdraw money from the bank, raise money from the bank ❸ (*przedsięwziąć działanie*) take (up/on) [teɪk'ʌp/ɒn] (took, taken); **podjąć pracę jako nauczyciel** – to take up a job as a teacher; **podjąć decyzję** – to take/to make a decision ❹ (*zacząć temat, zabrać głos, nawiązać*) raise [reɪz], take up [teɪk'ʌp] (took, taken); *Cieszę się, że podjął pan tę kwestię.* – I'm glad you raised that point.

podjąć się undertake (undertook, undertaken) [ʌndə'teɪk, ʌndə'tʊk, ʌndə'teɪkn]; **podjąć się zadania** – to undertake a task; *Podjęła się, że skończy pracę w tym tygodniu.* – She undertook to finish the job this week.

podjechać (*jadąc zbliżyć się*) drive up [draɪv'ʌp] (drove, driven), (*podjechać i zatrzymać się*) draw up [drɔ:'ʌp] (drew, drawn)

podkolanówki knee-length socks ['ni:leŋθ'sɒks]

podkop underground passage ['ʌndəgraʊnd 'pæsɪdʒ], tunnel ['tʌnl]

podkopać (*dosł. i przen.*) undermine [ʌndə'maɪn]; **podkopać czyjś autorytet** – to undermine sb's authority

podkopać się dig one's way, dig a tunnel

podkoszulek ❶ (*część bielizny*) vest [vest] ❷ (*koszulka trykotowa z krótkimi rękawami*) T-shirt ['ti:ʃɜ:t]

podkowa horseshoe ['hɔ:ʃʃu:]

podkreślać ❶ (*zaznaczać poziomą linią*) underline ['ʌndəlaɪn] ❷ (*położyć nacisk*) emphasize ['emfəsaɪz], underline ['ʌndəlaɪn], stress [stres]; *Podkreślił ważność natychmiastowego działania.* – He emphasized the importance of immediate action. *Podkreślił konieczność reformy ekonomicznej.* – He underlined/emphasized/stressed the need for economic reform.

podlać water ['wɔ:tə]; *Pamiętaj o podlewaniu kwiatów.* – Remember to water the flowers.

podlewać *p.* **podlać**

podłoga floor [flɔ:]

podłość meanness ['mi:nnɪs], baseness ['beɪsnɪs], (*podły postępek*) mean/ /dirty/foul/vile trick

podłużny elongated ['i:lɒŋgeɪtɪd], oblong ['ɒblɒŋ]

podły ❶ (*nikczemny, niegodziwy*) mean [mi:n], vile [vaɪl], ignoble [ɪg'nəʊbl], despicable ['despɪkəbl] ❷ (*marny, kiepski*) rotten ['rɒtn], lousy ['laʊzɪ]

podmiejski suburban [sə'bɜ:bən]; **strefa podmiejska** – the suburbs/the outskirts

podmiot subject ['sʌbdʒɪkt]

podmokły marshy ['mɑ:ʃɪ], swampy ['swɒmpɪ], boggy ['bɒgɪ]

podmuch (*wiatru*) gust (of wind) [gʌst-], (*podmuch powietrza wywołany wybuchem*) blast [blɑ:st]

podniebienie palate ['pælət], the roof of the mouth

podniecać excite [ɪk'saɪt], rouse [raʊz], stir up (rr) [stɜ:r'ʌp]; *W dniu podróży dzieci były podniecone.* – On the day the yourney the children were excited. **podniecać do buntu** – to excite/to stir sb to rebellion; *Opowieść podnieciła jego wyobraźnię.* – The story stirred his imagination. **podniecić** (*pobudzić*) **kogoś do działania** – to rouse sb to action

podniecać się get excited [getɪk'saɪtɪd], excite oneself [ɪk'saɪtwʌn'self]

podniecający exciting [ɪk'saɪtɪŋ]

podniecony excited [ɪk'saɪtɪd], agitated ['ædʒɪteɪtɪd]

podniecenie excitement [ɪk'saɪtmənt]

podnieść ❶ (*unieść w górę*) lift [lɪft], raise [reɪz], hoist [hɔɪst]; **podnieść rękę** – to raise/to lift a hand; **podnieść żagle** – to hoist the sails; **podnieść wzrok** – to raise one's eyes; **podnieść kurtynę** – to raise the curtain; **podnieść kotwicę** – to raise the anchor ❷ (*podjąć coś, co leży*) pick up [pɪk'ʌp], lift [lɪft]; *Podniósł książkę z podłogi.* – He picked up a book from the floor. ❸ (*powodować unoszenie w górę*) raise [reɪz]; **podnieść kurz** – to raise dust ❹ (*wzmóc, podwyższyć*) raise [reɪz]; **podnieść cenę** – to raise the price; **podnieść głos** – to raise one's voice; *mat.* **podnieść do drugiej potęgi** – to raise to the second power ❺ (*wszcząć*) raise [reɪz]; **podnieść alarm** – to raise the alarm

◆ **podnieść kogoś na duchu** – to cheer sb up/to raise sb's spirits/to boost sb's morale

podnieść się ❶ (*zmienić pozycję z siedzącej na stojącą*) stand up [stænd'ʌp] (stood, stood), rise (rose, risen) [raɪz, rəʊz, 'rɪzn], (*z pozycji leżącej do siedzącej*) sit up [sɪt'ʌp] (sat, sat), (*po upadku*) pick oneself up, (*wstać z łóżka*) get up [get'ʌp] (got, got); *Podniósł się, żeby mnie przywitać.* – He rose to greet me. ❷ (*zostać uniesionym w górę*) lift [lɪft], rise (rose, risen) [raɪz, rəʊz, 'rɪzn], go up [gəʊ'ʌp]

P

(went, gone); *Mgła zaczęła się podnosić.* – The mist began to lift. ❸ (*podwyższyć się*) rise (rose, risen) [raɪz, rəʊz, 'rɪzn]; *Poziom wody podniósł się o dwa metry.* – The water level has risen by two metres.

podnieta impulse ['ɪmpʌls], stimulus ['stɪmjʊləs], spur [spɜ:]

podniosły elevated ['elɪveɪtɪd], lofty ['lɒftɪ]

podniszczony shabby ['ʃæbɪ], (*o ubraniu*) worn-out [wɔ:n'aʊt], (*o budynku*) dilapidated [dɪ'læpɪdeɪtɪd], decrepit [dɪ'krepɪt]

podnosić *p.* **podnieść**

podnoszenie lifting ['lɪftɪŋ]; **podnoszenie ciężarów** – weight-lifting

podnóże foot [fʊt], base [beɪs]; **u podnóża góry** – at the foot of a mountain

podobać się:
Podoba mi się ten obraz. – I like this picture. *Jak ci się podobał film?* – How did you like the film? *Bardzo mi się podobał.* – I liked it very much.

podobieństwo likeness ['laɪknɪs], similarity [sɪmə'lærətɪ], resemblance [rɪ'zembləns]; **podobieństwo rodzinne** – a family likeness; *Jest duże podobieństwo między nim a jego bratem.* – There is much likeness/resemblance between him and his brother.

p

podobizna image ['ɪmɪdʒ], portrait ['pɔ:trɪt], photograph ['fəʊtəgrɑ:f]

podobnie similarly ['sɪmələlɪ], alike [ə'laɪk], likewise ['laɪkwaɪz]; **podobnie jak** – like

podobno they say..., I hear; *Podobno wyszła za mąż.* – I hear she got married.

podobny similar ['sɪmələ], like [laɪk], resembling [rɪ'zemblɪŋ]; *Dwaj bracia są bardzo (do siebie) podobni.* – The two brothers are very much alike. *On jest bardzo podobny do swojego młodszego brata.* – He is very like his younger brother. *Mamy podobne problemy.* – We have similar problems. *Nasze problemy są podobne do waszych.* – Our problems are similar to yours. *Nigdy w życiu nie widziałem czegoś podobnego.* – Never in my life have I seen anything like that. *Nic podobnego!* – Nothing of the kind!

podoficer non-commisioned officer

podołać manage ['mænɪdʒ], be equal to [bi:'i:kwəltʊ]; **podołać zadaniu** – to be equal to the task; *Czy potrafisz temu podołać?* – Can you manage it?

podpalacz arsonist ['ɑ:sənɪst], fire-raiser ['faɪəreɪzə]

podpalać set fire to [set'faɪətʊ]; **podpalić dom** – to set fire to a house/to set a house on fire

podpalenie arson ['ɑ:sn]

podparcie support [sə'pɔ:t], prop [prɒp]

podpaska sanitary towel ['sænətərɪ taʊəl]

podpierać support [sə'pɔ:t]; **kolumny podpierające balkon** – the columns supporting the balcony

podpierać się lean on [li:n'ɒn] (leant, leant); **podpierać się laską** – to lean on a stick

podpis signature ['sɪgnətʃə]; **złożyć podpis pod dokumentem** – to sign a document; **sfałszować czyjś podpis** – to forge sb's signature

podpisać sign [saɪn]; **podpisać traktat** – to sign a treaty

podpisać się sign (one's name)

podpora support [sə'pɔ:t]

podporządkować subordinate [sə'bɔ:dɪneɪt]; *Podporządkowała swoje potrzeby potrzebom rodziny.* – She subordinated her needs to the needs of her family. **podporządkować kogoś swojej woli** – to impose one's will on sb

podporządkować się submit [səb'mɪt], conform (to) [kən'fɔ:m-]; *Nigdy nie chciał podporządkować się konwenansom towarzyskim.* – He always refused to conform to social conventions. *Zmuszono go, aby podporządkował się dyscyplinie wojskowej.* – He was forced to submit to military discipline.

podpowiadać prompt [prɒmt]

podrabiać *p.* **podrobić**

podręcznik (*szkolny*) textbook ['teksbʊk], (*poradnik*) manual ['mænjʊəl], handbook ['hænbʊk]; **podręcznik algebry** – an algebra textbook; **podręcznik gramatyki** – a grammar textbook

podręczny handy ['hændɪ], hand- [hænd-]; **bagaż podręczny** – hand-luggage; **apteczka podręczna** – first-aid kit

podrobić forge [fɔ:dʒ], counterfeit ['kaʊntəfɪt], falsify ['fɔ:lsɪfaɪ], fake [feɪk]; **podrobić banknot** – to forge a banknote

podróż travel ['trævl], journey ['dʒɜ:nɪ], trip [trɪp], (*morska*) voyage ['vɔɪɪdʒ], sea voyage ['si:vɔɪɪdʒ]; **wybrać się w podróż** – to go on a journey/to set out on a journey; **podróż dookoła świata** – a round-the-world journey; *Podróże kształcą.* – Travel broadens the mind. *Szczęśliwej podróży!* – Have a good journey!/Have a nice trip! **biuro podróży** – travel agency/bureau; **podróż służbowa** – a business trip

podróżniczy traveller's ['trævləz], travel ['trævl]; **książki podróżnicze** – travel books; **czeki podróżnicze** – traveller's cheques

podróżnik traveller ['trævlə]

podróżny[1] (*osoba podróżująca*) traveller ['trævlə], passenger ['pæsɪndʒə]

podróżny[2] (*dot. podróży*) travelling ['trævlɪŋ]

podróżować travel (ll) ['trævl]; *On podróżował po całym świecie.* – He travelled the whole world. *Ona uwielbia podróżować.* – She loves travelling. **podróżować pierwszą klasą** – to travel first-class

podrzędny second-rate [sekənd'reɪt], inferior [ɪn'fɪərɪə]; *gram.* **zdanie podrzędne** – subordinate clause

podrzeć ❶ (*porwać na kawałki*) tear up [teər'ʌp] (tore, torn) ❷ (*o ubraniu – znosić*) wear out [weər'aʊt] (wore, worn)

podrzucać ❶ (*rzucać w górę*) toss [tɒs]; **podrzucać piłkę** – to toss a ball ❷ (*umieścić coś ukradkiem*) plant [plɑ:nt]; *Mówi, że rewolwer mu podrzucono.* – He says that the gun has been planted on him. **podrzucić dziecko** – to abandon a baby ❸ (*podwieźć samochodem*) give sb a lift ❹ (*dostarczyć, przywieźć*) deliver [dɪ'lɪvə]

podsłuch tap [tæp], bug [bʌg]; **założyć podsłuch w ambasadzie** – to plant a bug in an embassy; **założyć podsłuch w telefonie** – to put a tap on sb's phone; *Myślę, że mój telefon jest na podsłuchu.* – I think my phone is being bugged/tapped.

podsłuchiwać eavesdrop (pp) ['i:vzdrɒp], overhear (overheard, overheard) [əʊvə'hɪə, əʊvə'hɜ:d, əʊvə'hɜ:d]; **podsłuchiwać rozmowę** – to eavesdrop on a conversation/to overhear a conversation

podstawa ❶ (*dolna część*) base [beɪs], foundation [faʊn'deɪʃn]; **podstawa trójkąta** – the base of a triangle ❷ (*zasadniczy element, zasada, punkt wyjścia*) base [beɪs], basis, *l.mn.* bases ['beɪsɪs, 'beɪsi:z], foundation [faʊn'deɪʃn], grounds [graʊndz]; **solidna/ /silna podstawa** – solid/sound/firm/ /strong foundation; *Nie masz podstaw do narzekania.* – You have no grounds for complaint. *Nie mieli podstaw, żeby go aresztować.* – They had no grounds to arrest him. *Na jakiej podstawie stawiasz ten zarzut?* – On what grounds do you make the accusation? **argument bez podstaw** – an argument without foundations; **podstawy matematyki** – foundations/rudiments of mathematics

podstawowy basic ['beɪsɪk], fundamental [fʌndə'mentl], elementary [elɪ'mentərɪ]; **szkoła podstawowa** – primary/elementary school

podstęp trick [trɪk], trap [træp]

podstępny tricky ['trɪkɪ], deceitful [dɪ'si:tfʊl], crafty ['krɑ:ftɪ]

podsumować sum up (mm) [sʌm'ʌp]

podsumowanie summary ['sʌmərɪ]

podszewka lining ['laɪnɪŋ]

podświadomość the subconscious [-sʌb'kɒnʃəs]

podświadomy subconscious [sʌb'kɒnʃəs]

podtrzymywać ❶ (*chronić od upadku*) support [sə'pɔ:t], prop (pp) [prɒp], hold (held, held) [həʊld, held, held]; *Był tak słaby, że musiałem go podtrzymywać.* – He was so weak that I had to support him. *Kolumny podtrzymywały dach.* – Pillars supported the roof. **podtrzymywać kogoś na duchu** – to cheer sb up/to comfort sb ❷ (*nie dopuścić do ustania*) sustain [sə'steɪn], maintain [meɪn'teɪn], keep up [ki:p'ʌp] (kept, kept), uphold (upheld, upheld) [ʌp'həʊld, ʌp'held, ʌp'held]; **podtrzymywać kogoś przy życiu** – to keep sb alive/to sustain sb's life; **podtrzymywać stare tradycje** – to maintain/to uphold/to keep up old traditions; **podtrzymywać znajomość** – to keep up an acquaintanceship; **podtrzymywać ogień** – to feed the flames/ /keep up a fire; *Jego słowa podtrzymywały nasze nadzieje.* – His words fed our hopes. **podtrzymywać rozmowę** – to carry on a conversation

podudzie shin [ʃɪn]

podupaść deteriorate [dɪ'tɪərɪəreɪt], fall into decline; *On podupada na zdrowiu.* – He's been failing in health.

podupadły (*o człowieku*) impoverished [ɪm'pɒvərɪʃt], (*o budynku*) dilapidated [dɪ'læpɪdeɪtɪd], decrepit [dɪ'krepɪt]

poduszka (*do spania*) pillow ['pɪləʊ], (*na kanapę*) cushion ['kʊʃn]

podwajać double ['dʌbl], redouble [ri:'dʌbl]; **podwajać dochód** – to double the profit

podwajać się double ['dʌbl]; *Ceny podwoiły się od zeszłego roku.* – Prices have doubled since last year.

podważać ❶ (*osłabiać*) undermine ['ʌndəmaɪn]; **podważać czyjś autorytet** – to undermine sb's authority ❷ (*unieść*) lever ['li:və], prize open [praɪz 'əʊpn]; **podważyć wieczko** – to prize open a lid

podwieczorek tea [ti:]; *Zazwyczaj jemy podwieczorek o piątej.* – We usually have tea at 5 o'clock.

podwieźć give sb a lift

podwładny subordinate [sə'bɔ:dnət]

podwodny underwater [ʌndə'wɔ:tə]; **łódź podwodna** – a submarine

podwozić *p.* **podwieźć**

podwozie (*w samolocie*) undercarriage ['ʌndəkærɪdʒ], landing gear [lændɪŋ'gɪə], (*w samochodzie*) chassis, *l.mn.* chassis ['ʃæsɪ, 'ʃæsɪz]

podwójny double ['dʌbl]

podwórko yard [jɑ:d], courtyard ['kɔ:tjɑ:d], backyard ['bækjɑ:d]

podwórze yard [jɑ:d], courtyard ['kɔ:t'jɑ:d]; **podwórze gospodarskie** – a farmyard

podwyżka rise [raɪz], *am.* raise [reɪz], increase ['ɪnkri:s]; **podwyżka pensji** – a rise in salary; **podwyżka cen** – a price increase; **podwyżka zarobków** – an increase in wages; *On nie ośmieli się poprosić szefa o podwyżkę.* – He daren't ask his boss for a rise.

podwyższać ❶ (*powodować zwiększenie*) increase [ɪn'kri:s], raise [reɪz]; **podwyższyć produkcję o 20 procent** – to increase production by 20 percent; **podwyższyć zarobki/ceny** – to raise salaries/prices; **podwyższyć temperaturę do 90°** – to raise the temperature to 90°C ❷ (*powiększać wysokość*) heighten ['haɪtn]

podwyższać się rise (rose, risen) [raɪz, rəʊz, 'rɪzn], go up [gəʊ'ʌp] (went, gone); *Gorączka mu się podwyższa.* – His temperature is rising/going up.

podziać (*zapodziać*) mislay (mislaid, mislaid) [mɪs'leɪ, mɪs'leɪd, mɪs'leɪd]; *Gdzie ja podziałem klucze?* – Where have I mislaid my keys?

podziać się ❶ (*przebywać, być, znaleźć schronienie*): *Gdzie on się podziewa?* – Where is he?/What are his whereabouts?/What has become of him? *Nie mają się gdzie podziać.* – They have nowhere to go. ❷ (*zawieruszyć się*) get lost [get'lɒst], get mislaid [get-mɪs'leɪd], disappear [dɪsə'pɪə]; *Gdzie się podziały moje rękawiczki?* – Where are my gloves? *Jego klucze gdzieś się podziały.* – His keys seem to have disappeared.

podział division [dɪ'vɪʒn]; **równy/nierówny podział** – an equal/unequal division; **sprawiedliwy/niesprawiedliwy podział** – a fair/an unfair division; **podział pracy** – division of labour; **podział komórki** – cell division

podziałka scale [skeɪl]

podzielać share [ʃeə]; **podzielać czyjeś przekonania/zdanie** – to share sb's belief/opinion; *Podzielam twoje obawy co do przyszłości.* – I share your fears about the future.

podzielić divide [dɪ'vaɪd], share [ʃeə]; **podzielić zyski równo między partnerów** – to share profits equally between the partners; **podzielić klasę na małe grupy** – to divide a class into small groups; *10 podzielić przez 2 wynosi 5.* – 10 divided by 2 is 5. *Podzieliliśmy pracę między siebie.* – We divided the work between us.

podzielić się divide [dɪ'vaɪd], share [ʃeə]; *Podzieliła się ze mną swoją tajemnicą.* – She shared her secret with me. *Klasa podzieliła się na małe grupy.* – The class divided into small groups. *Podzieliliśmy się z nimi jedzeniem.* – We shared our food with them.

podzielność divisibility [dɪvɪzɪ'bɪlətɪ]

podzielny divisible [dɪ'vɪzəbl]; *10 jest podzielne przez 2 i 5, ale nie przez 3.* – 10 is divisible by 2 and 5, but not by 3.

podziemie ❶ (*część budowli znajdująca się pod ziemią*) cellar ['selə] ❶ (*tajna, nielegalna działalność polityczna*) the Underground [-'ʌndəgraʊnd]; **działać w podziemiu** – to work for the Underground; **wstąpić do podziemia** – to join the Underground

podziemny ❶ (*znajdujący się pod ziemią*) underground ['ʌndəgraʊnd]; **korytarz podziemny** – an underground passage; **parking podziemny** – an underground car-park ❷ (*tajny, konspiracyjny*) underground ['ʌndəgraʊnd]; **prasa podziemna** – the underground press

podziewać *p.* **podziać**

podziękować thank [θæŋk]; *Podziękowałam mu za pomoc.* – I thanked him for his help.

podziękowanie thanks [θæŋks]; *Wam wszystkim należą się wyrazy podziękowania.* – Thanks are due to all of you. **list z podziękowaniem** – a thank-you letter; **szczere/gorące podziękowania** – heartfelt/sincere/warm thanks; **wyrazić swoje podziękowania** – to express one's thanks

podziw admiration [ædmə'reɪʃn]; **wzbudzić czyjś podziw** – to arouse sb's admiration; **wyrazić swój podziw** – to express one's admiration; *Czułam dla niej głęboki podziw.* – I felt a deep admiration for her. **nad podziw** – beyond all expectations

podziwiać admire [əd'maɪə]; *Ogromnie ją podziwiam.* – I admire her greatly.

podzwrotnikowy tropical ['trɒpɪkl], subtropical [sʌb'trɒpɪkl]; **kraje podzwrotnikowe** – the tropics; **klimat podzwrotnikowy** – a subtropical/tropical climate

podżegać incite [ɪn'saɪt]; **podżegać robotników przeciw rządowi** – to incite the workers against the government; **podżegać żołnierzy do buntu** – to incite soldiers to mutiny

poemat poem ['pəʊɪm]

poeta poet ['pəʊɪt]

poetka poetess ['pəʊɪtɪs]

poetycki poetical [pəʊ'etɪkl], poetic [pəʊ'etɪk]

poezja poetry ['pəʊɪtrɪ]

pogadanka talk [tɔ:k]; **wygłosić pogadankę** – to give a talk

poganiać drive on [draɪv'ɒn] (drove, driven), urge [ɜ:dʒ], hurry ['hʌrɪ]; *Spóźniłby się na pociąg, gdybym go nie poganiała.* – He would have missed the train if I hadn't hurried him. **poganiać konia** – to urge a horse on

poganin pagan ['peɪgən]
pogański pagan ['peɪgən]
pogaństwo paganism ['peɪgənɪzm]
pogarda contempt [kən'temt], scorn [skɔ:n], disdain [dɪs'deɪn]; **godny pogardy** – contemptible/despicable
pogardliwy contemptuous [kən'temtjʊəs], disdainful [dɪs'deɪnfʊl], scornful ['skɔ:nfʊl]
pogardzać (*odnosić się z pogardą*) hold in contempt ['həʊldɪnkən'temt], scorn [skɔ:n]
pogarszać make (sth) worse, worsen ['wɜ:sn]; *To tylko pogorszy sytuację.* – That will only make the matters worse.
pogarszać się get worse [get'wɜ:s], become worse [bɪ'kʌmwɜ:s], deteriorate [dɪ'tɪərɪəreɪt], worsen ['wɜ:sn]; *Pogoda pogorszyła się.* – The weather deteriorated/got worse. *Przez noc stan pacjenta pogorszył się.* – The patient's condition worsened during the night. *Sytuacja ekonomiczna pogarsza się.* – The economic situation is getting worse/is deteriorating. *Jeżeli się jej pogorszy, musimy wezwać lekarza.* – If she gets worse we must call the doctor.
pogawędka chat [tʃæt]
pogląd view [vju:], opinion [ə'pɪnjən]; *Nie podzielam twoich poglądów.* – I don't share your views.
pogłębiać deepen ['di:pən]; **pogłębić kanał** – to deepen a canal; **pogłębić wiedzę** – to deepen one's knowledge
pogłębiać się deepen ['di:pən]; *Kryzys pogłębił się.* – The crisis deepened.
pogłoska rumour ['ru:mə]; *Pogłoska głosi, że...* – Rumour has it that... **roznosić pogłoski** – to circulate/to spread rumour(s); **nie potwierdzona pogłoska** – an unconfirmed rumour; *Krąży pogłoska, że wyjechał z kraju.* – He is rumoured to have left the country.
pogoda weather ['weðə]; **prognoza pogody** – a weather forecast; **dobra/ładna pogoda** – good/fair/fine weather; **zła/fatalna pogoda** – bad/foul weather; **pogoda ducha** – cheerfulness
pogodny ❶ (*słoneczny*) sunny ['sʌnɪ], fine [faɪn], fair [feə]; **pogodny dzień** – a sunny/a fine day ❷ (*o człowieku*) cheerful ['tʃɪəfʊl], cheery ['tʃɪərɪ], of cheerful disposition, serene [sɪ'ri:n]
pogodzić reconcile ['rekənsaɪl]; *Próbowaliśmy pogodzić ją z mężem.* – We tried to reconcile her with her husband. *Jak możesz pogodzić pracę zawodową z wychowywaniem dzieci?* – How can you reconcile your career with caring for the children?
pogodzić się reconcile oneself ['rekənsaɪl-], be reconciled [bi:'rekənsaɪld], make (it) up with (made, made); *Nie chciała pogodzić się z mężem.* – She refused to be reconciled with her husband. **pogodzić się z sytuacją** – to be reconciled to the situation; **pogodzić się z losem** – to reconcile/to resign oneself to one's fate; *Przeprosił mnie i pogodziliśmy się.* – He apologized and we were reconciled. *Pokłócili się, ale zaraz się pocałowali i pogodzili.* – They quarrelled, but soon they kissed and made it up.
pogoń chase [tʃeɪs], pursuit [pə'sju:t]; **pogoń za zyskiem** – pursuit of profit; *Podróżował po całym kraju w pogoni za pracą.* – He travelled about the country in pursuit of work.
pogorszenie deterioration [dɪtɪərɪə'reɪʃn], change for the worse; **pogorszenie stosunków międzynarodowych** – deterioration in international relations; *Nastąpiło pogorszenie pogody.* – The weather deteriorated.
pogorszyć *p.* **pogarszać**
pogotowie ❶ (*stan gotowości*) readiness ['redɪnɪs], alert [ə'lɜ:t]; **być w pogotowiu** – to be in readiness/to hold oneself in readiness/to be on the alert; **stan pogotowia** – a state of alert//emergency ❷ (*instytucja*) emergency service [ɪ'mɜ:dʒənsɪ 'sɜ:vɪs]; **karetka pogotowia** – an ambulance; **pogo-**

p

towie straży pożarnej – fire brigade; **pogotowie policji** – the police

pogranicze borderland ['bɔ:dəlænd]

pogrążać plunge [plʌndʒ], engulf [ɪn'gʌlf]; *Kryzys polityczny pogrążył społeczeństwo w chaosie i anarchii.* – The political crisis has plunged society into chaos and anarchy. **pogrążony w zadumie** – lost in thought; **pogrążony we śnie** – fast asleep; **pogrążony w ciemnościach** – in darkness; **pogrążony w ciszy** – engulfed in silence

pogrążyć się sink (sank, sunk) [sɪŋk, sæŋk, sʌŋk], plunge [plʌndʒ]; *Zgasły światła i hall pogrążył się w ciemności.* – The lights went out and the hall was plunged into darkness. *Kraj pogrążył się w wojnie domowej.* – The country plunged into civil war. **pogrążyć się w rozpaczy** – to give oneself over to grief/to abandon oneself to grief

pogrom (*klęska*) crushing defeat ['krʌʃɪŋdɪ'fi:t], (*hist. – pogrom ludności żydowskiej*) – pogrom ['pɒgrəm]

pogróżka threat [θret]

pogrzeb funeral ['fju:nərəl], burial ['berɪəl]

pogrzebacz poker ['pəʊkə]

pogrzebać bury ['berɪ]

pogrzebowy funeral ['fju:nərəl], funereal [fju:'nɪərɪəl], burial ['berɪəl]; **ceremonia pogrzebowa** – a burial service; **kondukt pogrzebowy** – a funeral procession; **marsz pogrzebowy** – a funeral march; **zakład pogrzebowy** – a funeral parlour/the undertaker's

pogwałcenie violation [vaɪə'leɪʃn]; **pogwałcenie praw człowieka** – a violation of the human rights

pogwałcić violate ['vaɪəleɪt]; **pogwałcić traktat** – to violate a treaty

pohamować check [tʃek], restrain [rɪ'streɪn], control (ll) [kən'trəʊl]; **pohamować gniew/odruchy/łzy** – to restrain one's anger/one's impulses//one's tears

pohamować się control oneself (ll) [kən'trəʊl-], restrain oneself [rɪ'streɪn-]; *Chciał powiedzieć, co myśli, ale pohamował się.* – He wanted to say what he thought but he restrained himself.

poić (*dawać wodę*) water ['wɔ:tə]; **poić konie** – to water the horses

pojawiać się appear [ə'pɪə], turn up [tɜ:n'ʌp]; *Statek pojawił się na horyzoncie.* – A ship appeared on the horizon. *Czekaliśmy do szóstej, ale się nie pojawił.* – We waited till six, but he didn't turn up.

pojazd vehicle ['vi:ɪkl]; **pojazd kosmiczny** – a spaceship

pojąć *p.* **pojmować**

pojechać leave (left, left) [li:v, left, left], go (went, gone) [gəʊ, went, gɒn]; *On już pojechał.* – He has already left. *Pojechał pociągiem.* – He went by train. *Pojechali nad morze.* – They went to the seaside.

pojednać się be reconciled [bi:'rekənsaɪld], get reconciled

pojednanie reconcilation [rekənsɪlɪ'eɪʃn]

pojednawczy conciliatory [kən'sɪlɪətərɪ]

pojedynczy single ['sɪŋgl]; *gram.* **liczba pojedyncza** – the singular

pojedynek duel ['dju:əl]; **wyzwać kogoś na pojedynek** – to challenge sb to a duel

pojedynkować się fight a duel [faɪtə'dju:əl], duel (ll) ['dju:əl]

pojemnik container [kən'teɪnə]

pojemność capacity [kə'pæsətɪ], cubic content ['kju:bɪk'kɒntent]

pojezierze lake district [leɪk'dɪstrɪkt]

pojęcie ❶ (*konstrukcja myślowa*) concept ['kɒnsəpt], conception [kən'sepʃn]; **podstawowe pojęcia matematyki** – the basic concepts of mathematics ❷ (*wyobrażenie, pogląd*) idea [aɪ'dɪə], conception [kən'sepʃn]; *Nie mam pojęcia, gdzie on jest.* – I have no idea where he is. *Nie mam najmniejszego pojęcia.* – I haven't the faintest/the foggiest (idea). **mieć o czymś słabe pojęcie** – to have a vague/a hazy idea of sth; *To przecho-*

dzi ludzkie pojęcie. – It's incomprehensible/inconceivable./It's beyond my comprehension.

pojętny intelligent [ɪn'telɪdʒənt], clever ['klevə], sharp [ʃɑ:p], quick-witted [kwɪk'wɪtɪd], good learner [gʊd'lɜ:nə]

pojmować understand (understood, understood) [ʌndə'stænd, ʌndə'stʊd, ʌndə'stʊd], comprehend [kɒmprɪ'hend], conceive [kən'si:v], grasp [grɑ:s]; *Nie pojął ani słowa.* – He didn't understand a word. *Szybko pojął, co się dzieje.* – He grasped quite soon what was going on. *Nie mogę pojąć, jak to się mogło stać.* – I can't conceive how it could have happened.

pojutrze the day after tomorrow

pokarm food [fu:d], nourishment ['nʌrɪʃmənt], (*dla zwierząt hodowlanych*) feed [fi:d], fodder ['fɒdə]

pokarmowy alimentary [ælɪ'mentərɪ]; **przewód pokarmowy** – the alimentary canal; **zatrucie pokarmowe** – food poisoning

pokaz show [ʃəʊ], demonstration [demən'streɪʃn]; **pokaz mody** – a fashion show; **pokaz gotowania** – a cookery demonstration; **na pokaz** (*dla pozoru*) – for show

pokazać ❶ (*okazać, demonstrować*) show (showed, shown/-ed) [ʃəʊ, ʃəʊd, ʃəʊn/ʃəʊd]; *Musisz pokazać swój paszport.* – You must show your passport. *Pokazała mi, jak to się robi.* – She showed me how to do it. *Zegar pokazuje ósmą.* – The clock shows eight o'clock. **pokazać w najlepszym świetle** – to show in the best light/to show to advantage; **pokazać komuś język** – to stick a tongue at sb ❷ (*wskazać*) point [pɔɪnt], show (showed, shown/-ed) [ʃəʊ, ʃəʊd, ʃəʊn/ʃəʊd]; **pokazać coś/ /kogoś palcem** – to point the finger at sb/sth; *Pokazano nam drogę do stacji.* – We were shown the way to the station.

pokazać się appear [ə'pɪə], show oneself [ʃəʊwʌn'self]; *Ona rzadko pokazuje się publicznie.* – She rarely shows herself/appears in public. **pokazać się z najlepszej strony** – to show oneself to advantage/in the best light

pokaźny considerable [kən'sɪdərəbl], substantial [səb'stæʃl], impressive [ɪm'presɪv]

poker poker ['pəʊkə]

poklepać *p.* **klepać**

pokład ❶ (*statku, samolotu*) board [bɔ:d], (*statku*) deck [dek]; **na pokładzie statku/samolotu** – on board a ship/a plane; **na pokładzie** – on board/aboard; **wejść na pokład samolotu** – to board a plane; **wejść na pokład** (*statku*) – to go on board/ /aboard (a ship)/to board a ship; **pod pokładem** – below deck ❷ (*warstwa*) layer ['leɪə], stratum, *l.mn.* strata ['strɑ:təm, 'strɑ:tə]

pokłócić się quarrel (ll) ['kwɒrəl], fall out with [fɔ:laʊt'wɪð] (fell, fallen)

pokochać fall in love with

pokojowy[1] (*dot. zgody*) peaceful ['pi:sfʊl], peace [pi:s]; **pokojowe współistnienie** – peaceful co-existence; **traktat pokojowy** – a peace treaty; **siły pokojowe** – peace-keeping force; **inicjatywa pokojowa** – a peace initiative; **pokojowe rozwiązanie konfliktu** – a peaceful solution to a conflict

pokojowy[2] (*dot. pomieszczenia mieszkalnego*) room [rʊm]; **w temperaturze pokojowej** – at room temperature; **malarz pokojowy** – a house painter; **mieszkanie dwupokojowe** – a two-room flat

pokojówka housemaid ['haʊsmeɪd], maid-servant ['meɪd sɜ:vnt], (*w hotelu*) chamber-maid ['tʃeɪmbəmeɪd]

pokolenie generation [dʒenə'reɪʃn]; **przekazywać doświadczenie z pokolenia na pokolenie** – to hand down experience from generation to generation; **konflikt/różnica pokoleń** – the generation gap

pokonać ❶ (*zwyciężyć*) conquer ['kɒŋkə], defeat [dɪ'fi:t], beat (beat, beaten) [bi:t, bi:t, 'bi:tn]; *Nieprzyjaciel został pokonany w bitwie.* – The enemy was defeated in a battle. *Pokonał mnie*

P

w szachach. – He beat me at chess. ❷ (*przezwyciężyć*) overcome (overcame, overcome) [əʊvə'kʌm, əʊvə'keɪm, əʊvə'kʌm], conquer ['kɒŋkə]; **pokonać trudności** – to overcome difficulties; **pokonać pokusę/strach/nałóg** – to overcome a temptation/fear/a bad habit

◆ **pokonać odległość** – to cover a distance of

pokora humility [hju:'mɪlətɪ]

pokorny humble ['hʌmbl], meek [mi:k], submissive [səb'mɪsɪv]

pokój[1] (*spokój*) peace [pi:s]; **trwały pokój** – a durable/lasting/permanent peace; *Dwa narody żyją w pokoju.* – The two nations live together in peace. **podpisać pokój** – to sign a peace agreement; **zawrzeć pokój z...** – to make peace with...; *Niech spoczywa w pokoju.* – May he rest in peace.

pokój[2] (*pomieszczenie*) room [rʊm]; **pokój stołowy** – a dining-room; **pokój sypialny** – a bedroom; **pokój gościnny** – a guest room; **pokój dziecinny** – a nursery

pokrewieństwo family relationship, blood relationship, kinship ['kɪnʃɪp], kindred ['kɪndrɪd]; *Jest między nami dalekie pokrewieństwo.* – We are distantly related.

pokrewny related [rɪ'leɪtɪd], kindred ['kɪndrɪd], akin [ə'kɪn]; **pokrewna dusza** – a kindred spirit; **języki pokrewne** – kindred languages; **pokrewne nauki** – related sciences

pokroić *p.* **kroić**

pokrowiec cover ['kʌvə]

pokryć cover ['kʌvə]; **pokryć poduszki nowym materiałem** – to cover the cushions with new material; *Zaśmiał się, żeby pokryć zdenerwowanie.* – He laughed to cover his nervousness. *Kto pokryje koszty?* – Who will cover the costs? *Śnieg pokrył pola.* – Snow covered the fields.

pokryć się ❶ (*stać się pokrytym, zasłanym*) be covered [bi:'kʌvəd]; *Pola pokryły się śniegiem.* – The fields were covered with snow. ❷ (*być zbieżnym*) tally ['tælɪ], correspond [kɒrɪ'spɒnd]; *Dane, które podała, nie pokrywają się z liczbami w dokumentach.* – The data she gave didn't tally with the figures shown in the records. *Jej teorie nie pokrywają się z rzeczywistością.* – Her theories don't correspond with reality. *Data ich ślubu pokrywa się z jej urodzinami.* – The date of their wedding corresponds with her birthday.

pokrywa ❶ (*wieko*) cover ['kʌvə], lid [lɪd] ❷ (*warstwa przykrywająca*) cover ['kʌvə], covering ['kʌvərɪŋ]; **pokrywa śnieżna** – the covering of snow

pokrywka lid [lɪd], cover ['kʌvə]

pokrzywa *bot.* nettle ['netl]

pokusa temptation [tem'teɪʃn]; **oprzeć się pokusie** – to resist/to overcome temptation; **ulec pokusie** – to give way/to yield/to succumb to temptation

pokuta penance ['penəns], expiation [ekspɪ'eɪʃn], (*kara*) punishment ['pʌnɪʃmənt]

pokutować ❶ (*odczuwać złe skutki czegoś*) suffer ['sʌfə] ❷ *rel.* do penance [dʊ'penəns] ❸ (*trwać jako przeżytek*) linger (on) ['lɪŋgə-]; *Ten zwyczaj ciągle jeszcze pokutuje w niektórych regionach kraju.* – This custom still lingers on in some parts of the country.

pokwitanie puberty ['pju:bətɪ]; **wiek pokwitania** – the age of puberty

pokwitować sign a receipt

pokwitowanie receipt [rɪ'si:t]

Polak Pole [pəʊl]; *Jestem Polakiem.* – I'm Polish.

polana clearing ['klɪərɪŋ]

polarny polar ['pəʊlə]; **niedźwiedź polarny** – a polar bear

pole ❶ (*teren pod uprawę*) field [fi:ld]; **zaorać pole** – to plough a field; **pracować w polu** – to work in the fields; **pole pszenicy** – a field of wheat ❷ (*obszar*) field [fi:ld]; **pole lodowe** – ice-field; **pole naftowe** – oil-field; **pole magnetyczne** – magnetic field;

pole grawitacji – the gravitational field; **pole widzenia** – one's field of vision; **pole bitwy** – a battlefield; **pole karne** – the penalty area ❸ (*dziedzina, zakres, teren*) field [fi:ld]; **na polu nauki** – in the field of science ❹ (*mat. – powierzchnia*) area ['eərıə]; **pole trójkąta** – the area of a triangle

polecać ❶ (*wydać polecenie*) order ['ɔ:də], tell (told, told) [tel, təuld, təuld]; *Polecił mi wezwać wszystkich pracowników.* – He told me/ordered me to call all the workers. ❷ (*zarekomendować*) recommend [rekə'mend]; *Czy może mi pani polecić dobrą powieść?* – Can you recommend me a good novel?

polecenie ❶ (*rozkaz, rozporządzenie*) order ['ɔ:də], instruction [ın'strʌkʃn]; **wydawać polecenia** – to give orders ❷ (*zaprotegowanie, zarekomendowanie*) recommendation [rekəmen'deıʃn]; **z twojego polecenia** – on your recommendation

polecony:
list polecony – a registered letter

polegać ❶ (*ufać komuś, liczyć na kogoś*) rely (on) [rı'laı-], depend (on) [dı'pend-]; *Możemy na nim polegać.* – We can rely on him. ❷ (*zasadzać się*) consist in [kən'sıst-]; *Sekret jej sukcesu polega na pracowitości.* – The secret of her success consists in her industriousness. *Problem polega na tym, że...* – This problem is that...

p

poległy killed ['kıld]

polemiczny polemical [pɒ'lemıkl], controversial [kɒntrə'vɜ:ʃl]

polemika polemic [pɒ'lemık]

polemizować polemize ['pɒlemaız], engage in controversy

polepszyć improve [ım'pru:v]; **polepszyć jakość** – to improve the quality

polepszyć się get better [get'betə], improve [ım'pru:v]; *Jego zdrowie stopniowo się polepsza.* – His health is gradually improving. *Pogoda polepszyła się w ciągu dnia.* – The weather improved later in the day. *Stan pacjenta polepsza się.* – The patient is getting better.

polerować polish ['pɒlıʃ]

polędwica sirloin ['sɜ:lɔın]

policja police [pə'li:s]; **oficer policji** – a police officer; **posterunek policji** – a police station. *Policja aresztowała go.* – The police have arrested him. (*w j.ang. "the police" zawsze jest traktowane jako l.mn.*)

policjant policeman, *l.mn.* policemen [pə'li:smən]

policjantka policewoman, *l.mn.* policewomen [pə'li:swʊmən, pə'li:swımın]

policyjny police [pə'li:s]; **pies policyjny** – a police dog; **państwo policyjne** – a police state

policzek cheek [tʃi:k]

policzkować slap sb's face

polisa insurance policy [ın'ʃʊərəns'pɒləsı]

politechnika polytechnic [pɒlı'teknık], technical university, university of technology

politura polish ['pɒlıʃ], laquer ['lækə], varnish ['vɑ:nıʃ]

polityczny political [pə'lıtıkl]; **system polityczny** – a political system; **geografia polityczna** – political geography; **nauki polityczne** – political science/politics; **więzień polityczny** – a political prisoner; **poprosić o azyl polityczny** – to ask for political asylum; *Został uwięziony z przyczyn politycznych.* – He was imprisoned on political grounds.

polityk politician [pɒlı'tıʃn]

polityka ❶ (*całokształt spraw politycznych*) politics ['pɒlıtıks]; **zająć się polityką** (*profesjonalnie*) – to go into politics; **rozmawiać/dyskutować o polityce** – to talk/to discuss politics ❷ (*sposób postępowania*) policy ['pɒləsı]; **polityka zagraniczna/ekonomiczna** – foreign policy/economic policy; **polityka rządu** – a government policy; **przyjąć nową politykę** – to adopt a new policy

Polka Pole [pəul], Polish woman, *l.mn.* Polish women ['pəulıʃ'wʊmən, 'pəulıʃ'wımın]; *Jestem Polką.* – I'm Polish.

polka (*taniec*) polka ['pɒlkə]

polny field [fi:ld]; **mysz polna** – a field mouse; **kwiaty polne** – wild flowers; **konik polny** – a grasshopper

polonez polonaise [pɒlə'neɪz]

polonista ❶ (*uczony*) Polish philologist ['pəʊlɪʃfɪ'lɒlədʒɪst] ❷ (*nauczyciel polskiego*) teacher of Polish

polonistyka ❶ (*studia polonistyczne*) Polish philology, Polish studies ❷ (*wydział*) department of Polish studies

polować hunt [hʌnt]; **polować na lisy i zające** – to hunt foxes and hares

polowanie hunt [hʌnt]; **polowanie na lisa** – fox-hunt; **iść na polowanie** – to go hunting

polowy field [fi:ld], camp [kæmp]; **lornetka polowa** – field-glasses; **łóżko polowe** – a camp-bed; **szpital polowy** – a field hospital; **sąd polowy** – court martial

polski Polish ['pəʊlɪʃ]; **język polski** – Polish; **mówić po polsku** – to speak Polish

polszczyzna Polish (language) ['pəʊlɪʃ-]; **mówić poprawną polszczyzną** – to speak correct Polish

polubić become fond of, get to like, come to like

połączenie ❶ (*zespolenie*) union ['ju:njən], fusion ['fju:ʒn]; **połączenie dwóch partii** – the union of two parties ❷ (*zestawienie*) combination [kɒmbɪ'neɪʃn]; **niezwykłe połączenie kolorów** – an unusual combination of colours ❸ (*element łączący*) joint [dʒɔɪnt] ❹ (*w komunikacji i telekomunikacji*) connection [kə'nekʃn]; **uzyskać połączenie** – to get a connection/to be put through

połączyć ❶ (*złączyć, zespolić*) join [dʒɔɪn], unite [ju:'naɪt], connect [kə'nekt], link [lɪŋk]; *Wyspa jest połączona z lądem za pomocą mostu.* – The island is joined/connected to the mainland by a bridge. **połączyć dwa odcinki rur** – to join two sections of pipe; *Wspólne interesy połączyły dwie partie.* – Common interests united the two parties. **połączyć wysiłki** – to join efforts; **połączyć dwoje ludzi węzłem małżeńskim** – to join two people in marriage ❷ (*dać połączenie telefoniczne*) connect [kə'nekt], put through [pʊt'θru:] (put, put); *Proszę nie odkładać słuchawki, połączę pana z dyrektorem.* – Hold on, I'll just connect you with the director. *Czy może mnie pani połączyć z tym numerem?* – Can you put me through to this number?

połączyć się ❶ (*złączyć, zespolić*) join (up) [dʒɔɪn-], unite [ju:'naɪt]; *Firma połączyła się z dużym przedsiębiorstwem.* – The firm joined up with a big company. *Dwie partie połączyły się w koalicję.* – The two parties have united to form a coalition. ❷ (*dostać połączenie telefoniczne*) get through [get'θru:] (got, got), get the connection [getðəkə'nekʃn]; *Nie mogę połączyć się z Londynem, linie są zajęte.* – I can't get through to London, the lines are busy.

połknąć swallow ['swɒləʊ]

połowa ❶ (*jedna z dwóch równych części*) half, *l.mn.* halves [hɑ:f, hɑ:vz]; **podzielić coś na połowę** – to divide sth in half/into halves. *W pierwszej połowie meczu nie padła żadna bramka.* – No goals were scored in the first half. ❷ (*środek*) middle ['mɪdl]; **w połowie wieku** – in the middle of the century

położenie ❶ (*lokalizacja*) situation [sɪtjʊ'eɪʃn], position [pə'zɪʃn]; *Dom ma piękne położenie.* – The house has a beautiful situation. **ustalić położenie statku** – to determine the ship's position ❷ (*sytuacja, warunki*) situation [sɪtjʊ'eɪʃn], circumstances ['sɜ:kəmstənsɪz], position [pə'zɪʃn]; **być w trudnym położeniu** – to be in a difficult situation; *Co byś zrobił w moim położeniu?* – What would you do in my position? **położenie materialne** – a financial position

położna midwife, *l.mn.* midwives ['mɪdwaɪf, 'mɪdwaɪvz]

położnictwo obstetrics [ɒb'stetrɪks]

położniczy obstetric [ɒb'stetrɪk], obstetrical [ɒb'stetrɪkl], maternity [mə'tɜ:-

nətı]; **szpital położniczy** – a maternity hospital; **oddział położniczy** – the obstetric/maternity ward

położnik obstetrician [ɒbstə'trıʃn]

położyć put (put, put) [pʊt, pʊt, pʊt], lay (laid, laid) [leı, leıd, leıd], place [pleıs]; *Połóż książkę na stole.* – Put the book on the table. **położyć dzieci do łóżka** – to put the children to bed; **położyć fundamenty pod dom** – to lay the foundations of a house; **położyć nacisk na...** – to lay stress on.../ /to lay the emphasis on...; *Dom jest położony na wzgórzu.* – The house is situated on a hill.

położyć się lie down [laı'daʊn] (lay, lain); *Położył się na łóżku i zasnął.* – He lay down on his bed and fell asleep. **położyć się do łóżka** – to go to bed

połów fishing ['fıʃıŋ]; **połowy dalekomorskie** – deep-sea fishing

południe ❶ (*pora dnia*) noon [nu:n], midday ['mıddeı]; **w południe** – at noon/at midday; **przed południem** – in the morning; **po południu** – in the afternoon; **o dwunastej w południe** – at twelve noon ❷ (*strona świata*) south [saʊθ]; *Okna wychodzą na południe.* – The windows face south. *Mieszkają na południu Francji.* – They live in the South of France. *Miejscowość leży na południe od Warszawy.* – The village is to the south of Warsaw. **na południe** (*w kierunku południowym*) – south/in a southerly direction; *Jesienią ptaki odlatują na południe.* – Birds fly south in autumn.

południk meridian [mə'rıdıən]; **południk zerowy** – the Greenwich meridian

południowoamerykański South American [saʊθə'merıkən]

południowo-wschodni south-east [saʊθ'i:st], south-easterly [saʊθ'i:stəlı]

południowo-zachodni south-west [saʊθ'west], south-westerly [saʊθ-'westəlı]; **wiatr południowo-zachodni** – a south-west wind; **podróżować w kierunku południowo-zachodnim** – to travel in a south-westerly direction/to travel south-west

południowy ❶ (*dot. stron świata*) south [saʊθ], southern ['sʌðən], southerly ['sʌðəlı]; **Ameryka Południowa** – South America; **południowa Europa** – southern Europe; **wiatr południowy** – a south wind; **półkula południowa** – the Southern Hemisphere; **przemieszczać się w kierunku południowym** – to travel in a southerly direction ❷ (*przypadający na środek dnia*) midday ['mıddeı]; **posiłek południowy** – the midday meal

połykać *p.* **połknąć**

połysk gloss [glɒs], lustre ['lʌstə], sheen [ʃi:n], shine [ʃaın]; **nadać czemuś wysoki połysk** – to give sth a high gloss

połyskliwy glossy ['glɒsı], glittering ['glıtərıŋ], shiny ['ʃaını]

pomagać ❶ (*służyć pomocą*) help [help]; *Pomógł mi nieść bagaż.* – He helped me (to) carry the luggage. *Jak mogę ci pomóc?* – How can I help you? **pomóc komuś w pracy** – to help sb with his work; *Pomógł jej wysiąść z pociągu.* – He helped her off the train. ❷ (*wywołać pożądany skutek*) help [help], be of some use [-ju:s]; *Płacz tu nie pomoże.* – It's no use crying. *Nasze perswazje nic nie pomogły.* – Our persuasions were of no avail.

pomału slowly ['sləʊlı]

pomarańcza *bot.* orange ['ɒrındʒ], (*drzewo*) orange tree; **kwiat pomarańczy** – orange blossom

pomarańczarnia hothouse ['hɒthaʊs]

pomarańczowy ❶ (*dot. drzewa lub owocu*) orange ['ɒrındʒ]; **sok pomarańczowy** – orange juice; **gaj pomarańczowy** – an orange grove ❷ (*koloru pomarańczy*) orange ['ɒrındʒ]

pomiar measurement ['meʒəmənt], (*gruntu*) survey ['sɜ:veı]

pomidor *bot.* tomato, *l.mn.* tomatoes [tə-'mɑ:təʊ, tə'mɑ:təʊz]

pomidorowy tomato [tə'mɑ:təʊ]; **sok pomidorowy** – tomato juice; **przecier/ /koncentrat pomidorowy** – tomato purée

P

pomieszać *p.* **mieszać**

pomieszczenie room [rʊm]

pomieścić ❶ (*zawrzeć w sobie*) contain [kən'teɪn], hold (held, held) [həʊld, held, held]; *Ta walizka nie pomieści wszystkich moich rzeczy.* – This suitcase won't hold all my things. ❷ (*zmieścić*) find room [faɪnd'rʊm]; *Obawiałam się, że nie pomieścimy wszystkich gości.* – I was afraid that we wouldn't be able to find room for all the guests.

pomieścić się go (went, gone) [gəʊ, went, gɒn]; fit (tt) [fɪt]; *Tylko pięć osób może się pomieścić w tej windzie.* – Only five people can go/fit in this lift.

pomiędzy *p.* **między**

pomięty crumpled ['krʌmpld]

pomijać omit (tt) [ə'mɪt], leave out [li:v'aʊt] (left, left), pass over [pɑ:s'əʊvə]; **pominąć coś milczeniem** – to pass sth over in silence; **pomijając to, że...** – to say nothing of the fact that...

pomimo in spite of [ɪn'spaɪtəv], despite [dɪ'spaɪt]; *Pomimo że on dużo pracuje, zarabia mało.* – In spite of/Despite working a lot he earns very little. **pomimo to/tego** – nevertheless/all the same

pominąć *p.* **pomijać**

pomnażać increase [ɪn'kri:s], multiply ['mʌltɪplaɪ]

pomniejszać ❶ (*czynić mniejszym*) diminish [dɪ'mɪnɪʃ], reduce [rɪ'dju:s] ❷ (*ujmować znaczenia*) belittle [bɪ'lɪtl], play down [pleɪ'daʊn], diminish [dɪ'mɪnɪʃ]; **pomniejszać czyjeś osiągnięcia** – to diminish/to play down sb's achievements

pomnik monument ['mɒnjʊmənt]

pomnożyć *p.* **pomnażać**

pomoc ❶ (*pomaganie*) help [help], aid [eɪd], assistance [ə'sɪstəns]; **z pomocą przyjaciela** – with the help/aid of a friend; *Dziękuję za pańską pomoc.* – Thank you for your kind help. **pomoc lekarska** – medical help; **pierwsza pomoc** – first aid; *Czy mogę służyć pomocą?* – Can I be of any assistance/help? ❷ (*osoba pomagająca*) help [help]; **pomoc domowa** – domestic help ❸ (*ratunek*) help [help], rescue ['reskju:]; *Na pomoc!* – Help! *Przyszła nam z pomocą.* – She came to our help/aid/rescue. ❹ (*środki pomagające*) aid [eɪd]; **pomoce naukowe** – teaching aids

pomocniczy auxiliary [ɔ:g'zɪljərɪ], supplementary [sʌplɪ'mentərɪ]

pomocnik helper ['helpə], assistant [ə'sɪstənt]

pomocny helpful ['helpfʊl]

pomorski Pomeranian [pɒmə'reɪnjən]

pomost jetty ['dʒetɪ], (*ze statku*) gangway ['gæŋweɪ]

pomóc *p.* **pomagać**

pompa[1] (*urządzenie do pompowania*) pump [pʌmp]

pompa[2] (*przesadna wystawność, przepych*) pomp [pɒmp]

pompka pump [pʌmp]; **pompka rowerowa** – a bicycle pump

pompować pump [pʌmp]

pomylić mistake (mistook, mistaken) [mɪs'teɪk, mɪs'tʊk, mɪs'teɪkn], confuse [kən'fju:z], mix up [mɪks'ʌp]; *Pomyliłam ją z jej siostrą.* – I mistook her for her sister. *Oni pomylili daty.* – They mixed up/confused dates.

pomylić się make a mistake, make an error, go wrong, be mistaken; *Pomyliłam się w obliczeniach.* – I made a mistake in my calculations. *Pomyliłeś się co do niego.* – You were mistaken about him. *Wszystko mi się pomyliło.* – I got utterly confused/mixed up.

pomyłka mistake [mɪs'teɪk], error ['erə]; **popełnić pomyłkę** – to make/to commit a mistake; **poprawić pomyłkę** – to correct a mistake; **pomyłka w obliczeniach** – a mistake/an error in calculations; *Zrobiłam to przez pomyłkę.* – I did it by mistake/error. *Pomyłka!* (*telef.*) – Wrong number!

pomysł idea [aɪ'dɪə]; *To dobry pomysł!* – It's/That's a good idea! *Wpadłem na* *pomysł, żeby...* – An idea occurred to me that... *Co za pomysł!* – What an idea!

pomysłowość ingeniousness [ɪn'dʒi:-njəsnɪs], inventiveness [ɪn'ventɪvnɪs]

pomysłowy ❶ (*mający wiele pomysłów*) ingenious [ɪn'dʒi:njəs], inventive [ɪn'ventɪv], full of ideas ❷ (*o urządzeniu – sprytnie zrobiony*) ingenious [ɪn'dʒi:njəs], clever ['klevə]

pomyśleć ❶ (*myśleć*) think (thought, thought) [θɪŋk, θɔ:t, θɔ:t] ❷ (*wyobrazić sobie*) imagine [ɪ'mædʒɪn]; *Tylko pomyśl! Jutro będziemy w Nowym Jorku!* – Just imagine! Tomorrow we'll be in New York!

pomyślność success [sək'ses]

pomyślny successful [sək'sesfʊl], favourable ['feɪvərəbl], satisfactory [sætɪs'fæktərɪ]; **pomyślne okoliczności/warunki** – favourable circumstances/conditions; **pomyślny zbieg okoliczności** – a happy coincidence; **pomyślny wynik** – a satisfactory result; **pomyślna wiadomość** – good news; **pomyślna próba** – a successful attempt; **pomyślne wiatry** – favourable winds

ponad ❶ (*leżący wyżej lub dalej*) above [ə'bʌv], over ['əʊvə], beyond [bɪ'jɒnd]; **1500 metrów ponad poziomem morza** – 1500 metres above sea-level; *Lecieliśmy ponad chmurami.* – We were flying over the clouds. ❷ (*więcej niż*) above [ə'bʌv], over ['əʊvə], beyond [bɪ'jɒnd]; *To waży ponad tonę.* – It weighs over/above a ton. *Ona jest tu od ponad dwóch godzin.* – She's been here over two hours. *On ma ponad 40 lat.* – He is over/above forty. ❸ (*poza pewną granicą*) above [ə'bʌv], beyond [bɪ'jɒnd]; *Ona jest ponad wszelkimi podejrzeniami.* – She is above suspicion. *Żyją ponad stan.* – They live beyond their means. *Kochał swoją żonę ponad wszystko.* – He loved his wife above everything else/ /above all. **ponad miarę** – beyond measure; **ponad wszelką wątpliwość** – beyond any doubt; *To jest ponad moje siły.* – It's beyond my capability./It's beyond what I can manage.

p

ponadczasowy timeless ['taɪmlɪs]

ponaddźwiękowy supersonic [su:pə-'sɒnɪk]

ponadto moreover [mɔ:'rəʊvə], furthermore [fɜ:ðə'mɔ:], besides [bɪ'saɪdz]

ponaglać urge [ɜ:dʒ], press [pres], hurry ['hʌrɪ]; *Bank ponagla nas o zwrot pożyczki.* – The bank is pressing us for repayment of the loan. *Ponaglał nas, żeby już iść.* – He urged us to go.

ponawiać renew [rɪ'nju:]; **ponawiać wysiłki** – to renew one's efforts; **ponawiać prośbę** – to renew a request

ponawiać się recur (rr) [rɪ'kɜ:]; *Symptomy mogą się ponowić.* – The symptoms may recur. **ponawiający się problem** – a recurring problem

ponętny tempting ['temtɪŋ], alluring [ə'ljʊərɪŋ]

poniedziałek Monday ['mʌndɪ]; **w poniedziałek** – on Monday

poniekąd in a way, in a sense, somehow ['sʌmhaʊ]

ponieść ❶ (*nieść*) carry ['kærɪ] ❷ (*zostać obarczonym*) bear (bore, borne) [beə, bɔ:, bɔ:n], shoulder ['ʃəuldə], take on [teɪk'ɒn] (took, taken); **ponosić odpowiedzialność za** – to bear responsibility for/to be responsible for; **ponieść karę** – to take punishment/to be punished; **ponieść koszty** – to bear the cost(s); **ponosić winę** – to take/to bear the blame/to be to blame; **ponosić obowiązki** – to shoulder the duties ❸ (*doświadczyć czegoś*) suffer ['sʌfə]; **ponieść klęskę** – to suffer defeat; **ponieść duże straty** – to suffer huge losses ❹ (*o uczuciach – porwać*) be carried away, lose control of oneself; *Poniosło go i powiedział, co o tym wszystkim sądzi.* – He lost control of himself and he said what he really thought about it.

ponieważ because [bɪ'kɒz], for [fɔ:/fə], since [sɪns], as [æz/əz]

poniżej below [bɪ'ləʊ]; **temperatua poniżej zera** – temperature below zero; **poniżej poziomu morza** – below sea level; *To był cios poniżej pasa.* – It was below the belt.

poniższy mentioned below

ponosić *p.* **ponieść**

ponowić *p.* **ponawiać**

ponowienie repetition [repɪ'tɪʃn]

ponowienie się recurrence [rɪ'kʌrəns]

ponownie again [ə'geɪn] (*lub przez użycie przedrostka re-*); **ponownie wyjść za mąż** – to remarry; **otworzyć ponownie** – to reopen

ponowny renewed [rɪ'nju:d], fresh [freʃ]

ponton inflatable dinghy [ɪn'fleɪtəbl-'dɪŋgɪ], *wojsk.* pontoon [pɒn'tu:n]

ponury gloomy ['glu:mɪ]

pończocha stocking ['stɒkɪŋ]

popadać ❶ (*wpaść, dostać się*) fall (fell, fallen) [fɔ:l, fel, 'fɔ:ln]; **popaść w ruinę** – to fall into ruin; **popaść w długi** – to get into debts/to run up debts; **popaść w nałóg** – to get into a bad habit ❷ (*zdarzyć się, trafić się*): **jak popadnie** – at random

poparcie ❶ (*pomoc*) backing ['bækɪŋ], support [sə'pɔ:t]; *Jego propozycja nie spotkała się z poparciem.* – His proposal received no support. **udzielić komuś poparcia** – to give one's backing/support to sb; **zadeklarować swoje poparcie** – to declare one's support ❷ (*potwierdzenie dowodów*) support [sə-'pɔ:t]; *Przedstawiła kilka faktów na poparcie swojej teorii.* – She presented some facts in support of her theory.

popełniać commit (tt) [kə'mɪt]; **popełnić pomyłkę** – to commit an error; **popełnić przestępstwo** – to commit a crime; **popełnić samobójstwo** – to commit suicide; **popełnić morderstwo** – to commit murder

popęd ❶ (*impuls, skłonność*) impulse ['ɪmpʌls], instinct ['ɪnstɪŋkt], urge [ɜ:dʒ]; **niskie popędy** – basic/low instincts ❷ *biol.* urge [ɜ:dʒ], drive [draɪv]; **popęd płciowy** – sexual drive/ /*psych.* libido

popędzać ❶ (*przynaglać*) hurry ['hʌrɪ], rush [rʌʃ]; *Nie popędzaj mnie!* – Don't rush me! *Muszę cię popędzić, bo się spóźnisz na pociąg.* – I must hurry you or else you'll miss the train. ❷ (*zmuszać do posuwania się*) drive (drove, driven) [draɪv, drəʊv, 'drɪvn], (*konia*) spur (rr) (a horse) [spɜ:-]

popękany cracked ['krækt], (*o skórze*) chapped ['tʃæpt]

popić *p.* **popijać**

popielaty grey [greɪ], pale grey [peɪl-'greɪ], *am.* gray [greɪ]

Popielec Ash Wednesday [æʃ'wenzdɪ]

popielniczka ashtray ['æʃtreɪ]

popierać support [sə'pɔ:t]; **popierać kogoś w kampanii wyborczej** – to support sb in the election campaign; **poprzeć teorię faktami** – to support a theory with facts

popiersie bust [bʌst]

popijać ❶ (*wolno pić*) sip (pp) [sɪp]; *Gawędziliśmy popijając kawę.* – We were chatting and sipping coffee. ❷ (*pić po jedzeniu*) wash down [wɒʃ-'daʊn]; *Zażył dwie tabletki i popił wodą.* – He took two tablets and washed them down with water. ❸ (*pić alkohol od czasu do czasu*) drink (drank, drunk) [drɪŋk, dræŋk, drʌŋk]

popiół ash [æʃ]; **popiół papierosowy** – cigarette ash; **popiół wulkaniczny** – volcanic ash; **obrócić coś w popiół** – to reduce sth to ashes

popisywać się show off [ʃəʊ'ɒf] (showed , shown/-ed); *Dzieci na ogół lubią się popisywać przed wszystkimi.* – Children usually like showing off to everybody. **popisywać się swoją wiedzą** – to show off one's knowledge

poplątać ❶ (*splątać*) tangle (up) ['tæŋgl-] ❷ (*pogmatwać*) confuse [kən'fju:z], muddle (up) ['mʌdl-]; **poplątać fakty** – to muddle up/to confuse facts

poplątać się ❶ (*splątać*) get tangled (up) [get'tæŋgld-] ❷ (*stać się niejasnym, pogmatwanym*) get confused, get muddled up; *Wszystko mi się* *poplątało.* – I got utterly muddled up/confused.

popłacać pay (paid, paid) [peɪ, peɪd, peɪd]; *Uczciwość popłaca.* – It pays to be honest.

popłatny profitable ['prɒfɪtəbl], lucrative ['lu:krətɪv], well-paid [wel'peɪd]; **popłatna praca** – a well-paid job; **popłatny interes** – a profitable business

popłoch panic ['pænɪk], scare [skeə], fright [fraɪt]; **wpaść w popłoch** – to get into a panic

popołudnie afternoon [ɑ:ftə'nu:n]; **niedzielne popołudnie** – a Sunday afternoon

popołudniowy afternoon ['ɑ:ftənu:n]; **popołudniowy pociąg** – an afternoon train; **popołudniowa drzemka** – an afternoon sleep/nap

popołudniówka ❶ (*przedstawienie popołudniowe*) matinée ['mætɪneɪ] ❷ (*gazeta popołudniowa*) evening paper ['i:vnɪŋpeɪpə]

poprawa improvement [ɪm'pru:vmənt], a change for the better; **wyraźna/ /znaczna poprawa** – a distinct/a marked/a significant improvement; **lekka/stopniowa poprawa** – a slight/ /a gradual improvement; **poprawa pogody** – an improvement in the weather

p

poprawczak reformatory [rɪ'fɔ:mətərɪ]

poprawiać ❶ (*ulepszać*) improve [ɪm'pru:v], better ['betə]; **poprawiać warunki bytowe** – to better/to improve the living conditions; *Ona poprawiła swój poprzedni rekord na 100 metrów.* – She improved on her previous record in the 100 metres. ❷ (*usuwać błędy*) correct [kə'rekt]; **poprawiać błędy** – to correct mistakes; *Popraw mnie, jeżeli się mylę.* – Correct me if I'm wrong. *Nauczyciel musi poprawiać prace klasowe.* – A teacher has to correct/to mark tests. ❸ (*doprowadzać do porządku*) adjust [ə'dʒʌst]; **poprawiać włosy/krawat** – to adjust one's hair/tie

poprawiać się ❶ (*polepszać się*) improve [ɪm'pru:v]; *Jej zdrowie stopniowo się poprawia.* – Her health is gradually improving. **poprawić się z angielskiego** – to improve one's English ❷ (*inaczej się wyrazić*) correct oneself [kə'rektwʌn'self] ❸ (*o człowieku – zmienić się na lepsze*) mend one's ways, reform [rɪ'fɔ:m] ❹ (*o człowieku – przybrać na wadze*) put on flesh

poprawka ❶ (*modyfikacja*) alteration [ɔ:ltə'reɪʃn] ❷ (*poprawa błędu*) correction [kə'rekʃn] ❸ (*zmiana w ustawie*) amendment [ə'mendmənt]; *Parlament obradował nad kilkoma poprawkami do ustawy.* – Parliament debated several amendments to the bill.

poprawnie correctly [kə'rektlɪ], properly ['prɒpəlɪ]; **zachowywać się poprawnie** – to behave properly; **mówić poprawnie po angielsku** – to speak English correctly

poprawność correctness [kə'rektnɪs]

poprawny correct [kə'rekt], proper ['prɒpə]; **poprawne zachowanie** – proper behaviour; **mówić poprawną angielszczyzną** – to speak correct English

popromienny:
choroba popromienna – radiation sickness

poprzeć *p.* **popierać**

poprzedni former ['fɔ:mə], previous ['pri:vjəs]; **poprzedni rząd** – the former government; **poprzedniego dnia** – the previous day/the day before

poprzednik predecessor ['pri:dɪsesə]

poprzedzać precede [pri:'si:d]

poprzedzający previous ['pri:vjəs], preceding [pri:'si:dɪŋ]

poprzek:
w poprzek – crosswise

poprzez across [ə'krɒs], through [θru:]

popularnonaukowy popular scientific ['pɒpjʊləsaɪən'tɪfɪk]

popularność popularity [pɒpjʊ'lærətɪ]; **cieszyć się popularnością** – to be popular/to enjoy popularity

popularyzować popularize ['pɒpjʊləraɪz]

popychać push [pʊʃ]

popyt demand [dɪ'mɑ:nd]; **cieszyć się wielkim popytem** – to be in great demand

por[1] *bot.* leek [li:k]

por[2] (*mikroskopijny otwór np. w skórze*) pore [pɔ:]

pora time [taɪm], hour ['aʊə], season ['si:zn]; **pory roku** – the seasons of the year; **pora letnia** – summer-time; **pora zimowa** – winter-time; **pora obiadowa** – lunch-time; *To nie jest stosowna pora, aby o tym dyskutować.* – It's not the time to start discussing the subject. **w porę** (*we właściwej chwili*) – in time/timely; **nie w porę** – untimely/ill-timed; *Nasza wizyta była nie w porę – właśnie się pakowali.* – Our visit was ill-timed – they were packing. **przybycie nie w porę** – an untimely arrival; **do tej pory** – so far/up to now/until now; **od tamtej pory** – since that time; **o tej porze** – this time/at this hour; *Gdzie będziesz o tej porze jutro?* – Where will you be this time tomorrow? *Co tu robisz o tej porze?* – What are you doing here at this hour? **późna/wczesna pora** – a late/an early hour; **o każdej porze** – any time

porabiać do (did, done) [du:/dʊ/də, dɪd, dʌn]; *Co porabiasz ostatnio?* – What have you been doing lately?

porada advice [əd'vaɪs], counsel ['kaʊnsl]; **działać za czyjąć poradą** – to act on/ /to follow/to take sb's advice; **zasięgnąć czyjejś porady** – to seek sb's advice/to ask sb for advice; **zasięgnąć porady lekarza/prawnika** – to consult a doctor/a lawyer

poradnia (*lekarska*) clinic ['klɪnɪk], outpatient clinic, (*rodzinna*) family counselling centre, (*małżeńska*) marriage counselling centre

poradnik manual ['mænjʊəl], handbook ['hænbʊk], guide [gaɪd], guidebook ['gaɪdbʊk]; **poradnik ogrodniczy** – a gardening guide

poradzić ❶ (*udzielić rady*) advise [əd'vaɪz]; *Poradził mi, żebym poczekał kilka dni.* – He advised me to wait a few days. ❷ (*dać sobie radę*) manage ['mænɪdʒ], cope [kəʊp]; *Poradzę sobie bez twojej pomocy.* – I will manage without your help. *Czy ona poradzi sobie z tym problemem?* – Will she cope with the problem? *Zabrał samochód, więc musiałam sobie poradzić bez niego.* – He took the car so I had to manage/to do without. ❸ (*znaleźć sposób*) help [help]; *Nic się na to nie poradzi.* – It can't be helped.

poranek ❶ (*ranek*) morning ['mɔ:nɪŋ] ❷ (*przedstawienie, seans przedpołudniowy*) matinée ['mætɪneɪ]

poranny morning ['mɔ:nɪŋ]

porazić strike (struck, struck) [straɪk, strʌk, strʌk], hit (hit, hit) [hɪt, hɪt, hɪt]; **porażony piorunem** – struck by lightning; *Może cię porazić prąd.* – You may get an electric shock.

porażenie (*prądem*) electric shock [ɪ'lektrɪk'ʃɒk], *med.* paralysis [pə'rælɪsɪs], palsy ['pɔ:lzɪ]; **porażenie słoneczne** – sunstroke; **porażenie dziecięce** – polio/infantile paralysis

porażka defeat [dɪ'fi:t]; **doznać porażki** – to suffer a defeat/to be defeated; **zadać komuś porażkę** – to inflict a defeat on/to defeat sb; **druzgocąca/całkowita porażka** – a crushing/a total/ /an utter defeat

porcelana china ['tʃaɪnə], porcelain ['pɔ:səlɪn]; *przen.* **słoń w składzie porcelany** – a bull in a china shop

porcelanowy china ['tʃaɪnə], porcelain ['pɔ:səlɪn]; **figurka porcelanowa** – a porcelain figure; **wazon porcelanowy** – a china vase

porcja portion ['pɔ:ʃn], (*jedzenia*) helping (of food) ['helpɪŋ-]; *Zjadłam dwie duże porcje placka.* – I had two big helpings of pie. *Pokroiła placek na sześć porcji.* – She cut the pie into six portions. **podwójna porcja lodów** – a double portion of ice-cream

poręcz railing ['reɪlɪŋ], handrail ['hændreɪl], balustrade [bælə'streɪd], (*fotela*) arm [ɑ:m]

poręczyć guarantee [gærən'ti:]
poręczenie guarantee [gærən'ti:], warranty ['wɒrəntı]
poręczny convenient [kən'vi:njənt], handy ['hændı]
pornografia pornography [pɔ:'nɒgrəfı]
pornograficzny pornographic [pɔ:nə'græfık]
porodowy labour ['leıbə]; **izba porodowa** – labour ward; **bóle porodowe** – labour pains
poronić miscarry [mıs'kærı]
poronienie miscarriage [mıs'kærıdʒ], (*sztuczne*) abortion [ə'bɔ:ʃn]
poroniony abortive [ə'bɔ:tıv]
porowaty porous ['pɔ:rəs]
porozumieć się ❶ (*komunikować się, rozmawiać*) talk [tɔ:k], communicate [kə'mju:nıkeıt]; *Zanim podejmę decyzję, muszę się z nim porozumieć.* – Before I make the decision I must talk to him/I must see him. *Policja porozumiewa się (między sobą) za pomocą radia.* – The police communicate (with each other) by radio. *On ma nadzieję, że wkrótce będzie w stanie porozumiewać się po angielsku.* – He hopes that he will soon be able to communicate in English. ❷ (*osiągnąć porozumienie*) come to an understanding, come to terms
porozumienie ❶ (*jednomylność poglądów*) agreement [ə'gri:mənt], understanding [ʌndə'stændıŋ]; **dojść do porozumienia w jakiejś sprawie** – to arrive at/to come to/to reach an understanding about a matter; **osiągnąć pełne porozumienie** – to reach full agreement; **znaleźć płaszczyznę porozumienia** – to find some common ground ❷ (*umowa*) agreement [ə'gri:mənt]; **zawrzeć porozumienie** – to conclude/to sign an agreement; **porozumienie dwustronne** – a bilateral agreement
porozumiewać się *p.* **porozumieć się**
poród childbirth ['tʃaıldbɜ:θ], labour ['leıbə], delivery [dı'lıvərı]
porównać compare [kəm'peə]; *Jeżeli porównasz ten obraz z tamtym, stwierdzisz, że są bardzo do siebie podobne.* – If you compare this painting with that one you'll find they are very much alike. *Poeci porównują sen do śmierci.* – Poets compare sleep to death.
porównać się compare [kəm'peə], be compared; *Nie możesz się z nim porównywać.* – You cannot compare with him.
porównanie comparison [kəm'pærısn]; **robić porównanie między...** – to make/ /to draw a comparison between...; **to nie wytrzymuje porównania z...** – it doesn't bear/stand comparison with...; **w porównaniu z...** – by/in comparison with...; *Nie ma porównania!* – There is no comparison! **bez porównania** – by far; *Ona jest bez porównania lepsza!* – She is the best by far!/She is by far the best! **poza wszelkim porównaniem** – beyond comparison
porównywać *p.* **porównać**
port port [pɔ:t], harbour ['hɑ:bə], *przen.* haven ['heıvn]; **port lotniczy** – airport; **port rybacki** – a fishing port; *W końcu dotarli do portu.* – They reached port at last. **zawinąć do portu** – to call at a port; **wyjść z portu** – to leave/to clear a port/a harbour
portfel wallet ['wɒlıt]
portier doorman, *l.mn.* doormen ['dɔ:mən], doorkeeper ['dɔ:ki:pə], porter ['pɔ:tə], caretaker ['keəteıkə], *am.* janitor ['dʒænıtə]
portiernia porter's lodge
portmonetka purse [pɜ:s]
portret portrait ['pɔ:trıt]
portretować portay [pɔ:'treı]
Portugalczyk Portuguese [pɔ:tʃʊ'gi:z]
portugalski Portuguese [pɔ:tʃʊ'gi:z]
porucznik lieutenant [lef'tenənt]
poruszać ❶ (*ruszać*) move [mu:v]; **poruszać ręką/głową** – to move one's arm/head; **poruszyć niebo i ziemię** – to move heaven and earth; *Jej opowieść poruszyła nas do łez.* – Her story moved us to tears. ❷ (*wprawiać*

w ruch) propel (ll) [prə'pel], drive (drove, driven) [draɪv, drəʊv, 'drɪvn]; **silnik poruszany elektrycznością** – an engine driven by electricity ❸ (*dotknąć jakiegoś tematu*) raise [reɪz], bring up [brɪŋ'ʌp] (brought, brought); **poruszyć sprawę/temat** – to bring up/to raise an issue/a subject

poruszać się move [mu:v]; *Liście poruszały się na wietrze.* – The leaves were moving in the breeze. *Stał nieruchomo – nie poruszał się.* – He stood perfectly still – he didn't move.

poruszenie (*podniecenie, wzburzenie*) stir [stɜ:], commotion [kə'məʊʃn], agitation [ædʒɪ'teɪʃn]; *Ta wiadomość wywołała dość duże poruszenie w naszym biurze.* – The news caused quite a stir in our office. *Byli w stanie ogromnego poruszenia.* – They were in a state of great agitation.

porwać ❶ (*unieść*) blow away [bləʊə'weɪ] (blew, blown), carry away [kærɪə'weɪ]; *Prąd porwał łódź.* – The current carried the boat away. ❷ (*uprowadzić kogoś*) kidnap (pp) ['kɪdnæp], (*samolot*) hijack ['haɪdʒæk]; *Został porwany przez terrorystów.* – He was kidnapped by terrorists. ❸ (*złapać, wyrwać, chwycić*) snatch [snætʃ], grab (bb) [græb], seize [si:z]; *Porwał mi list z ręki.* – He snatched/grabbed the letter from my hand. *Jastrząb porwał swoją ofiarę.* – The hawk seized its prey. ❹ (*wzbudzić zachwyt*) enrapture [ɪn'ræptʃə], carry away [kærɪə'weɪ]; *Porwał publiczność swoim przemówieniem.* – He carried the audience away with his speech.

porywacz (*samolotu*) hijacker ['haɪdʒækə], (*osoby*) kidnapper ['kɪdnæpə]

porwanie (*samolotu*) hijacking ['haɪdʒækɪŋ], hijack ['haɪdʒæk], (*osoby*) kidnapping ['kɪdnæpɪŋ]

porywczość impulsiveness [ɪm'pʌlsɪvnɪs], impetuosity [ɪmpetjʊ'ɒsətɪ]

porywczy impulsive [ɪm'pʌlsɪv], impetuous [ɪm'petjʊəs], rash [ræʃ], hot-tempered [hɒt'tempəd]

porywisty gusty ['gʌstɪ]

porządek ❶ (*ład*) order ['ɔ:də], tidiness ['taɪdɪnɪs], neatness ['ni:tnɪs]; **doprowadzić swoje sprawy/papiery do porządku** – to put/to set one's affairs/papers in order; *Trudno było nauczycielowi utrzymać porządek w klasie.* – The teacher found it difficult to keep order in the class. *Policja próbowała przywrócić porządek.* – The police tried to restore order. *Należy przestrzegać ładu i porządku.* – Law and order must be maintained. **robić porządki** – to tidy (up)/to clean/to clear up; **robić porządki w szufladach** – to tidy out one's drawers; **wiosenne porządki** – spring-cleaning ❷ (*kolejność*) order ['ɔ:də], sequence ['si:kwəns]; **nazwiska w porządku alfabetycznym** – names in alphabetical order; **wydarzenia w porządku chronologicznym** – events in chronological order; **porządek obrad** – the order of the day

◆ **w porządku** – in order; *Wszystko w porządku.* – Everything is OK/all right. *Coś tu nie jest w porządku.* – There is something wrong here.

porządkować tidy (up) ['taɪdɪ-], clear (up) [klɪə-], clean (up) [kli:n-]; **porządkować pokój** – to tidy (up) the room; **porządkować swoje sprawy** – to put one's affairs in order

porządkowy ❶ (*kolejny*): **liczebnik porządkowy** – ordinal number ❷ (*dot. ładu*): **przepisy porządkowe** – regulations

porządny ❶ (*schludny*) neat [ni:t], tidy ['taɪdɪ], orderly ['ɔ:dəlɪ] ❷ (*przyzwoity*) decent ['di:snt]; *Laboratorium nie ma porządnego wyposażenia.* – The laboratory has no decent equipment. *To bardzo porządny facet.* – He is a thoroughly decent fellow. ❸ (*duży, silny, znaczny*) sound [saʊnd] ❹ (*starannie wykonany*) good [gʊd], solid ['sɒlɪd]

porzeczka currant ['kʌrənt]; **biała/czerwona/czarna porzeczka** – white/red//black currant

porzucić ❶ (*opuścić, zostawić*) abandon [ə'bændən], leave (left, left) [li:v, left, left]; **dziecko porzucone przez matkę** – a baby abandoned by its mother; *Porzucił żonę i dzieci.* – He abandoned/left his wife and children. *Porzucił ją.* – He walked out on her. ❷ (*zaniechać, zarzucić*) abandon [ə'bændən], give up [gɪv'ʌp] (gave, given); **porzucić pracę** – to give up one's job; **porzucić plan/zamiar** – to abandon a plan/a project; **porzucić nałóg** – to abandon a bad habit; *Porzuciliśmy wszelką nadzieję.* – We abandoned all hope.

posada job [dʒɒb], employment [ɪm'plɔɪmənt], situation [sɪtjʊ'eɪʃn], post [pəʊst]

posadzić (*roślinę*) plant [plɑ:nt], (*kogoś*) seat [si:t]; *Posadź go obok mnie.* – Seat him next to me.

posadzka floor [flɔ:]

posądzać suspect [səs'pekt]; **posądzać kogoś o kradzież** – to suspect sb of theft

posąg statue ['stætʃu:]

posążek statue ['stætʃu:], statuette [stætjʊ'et]

poselski parliamentary [pɑ:lə'mentərɪ]; **mandat poselski** – seat in Parliament

poseł ❶ (*deputowany do parlamentu*) Member of Parliament ❷ (*wysłannik*) envoy ['envɔɪ]

P

posezonowy off-season [ɒf'si:zn], out of season [aʊtəv'si:zn]

posępny gloomy ['glu:mɪ], dismal ['dɪzməl], cheerless ['tʃɪəlɪs], glum [glʌm], sullen ['sʌlən]

posiadacz owner ['əʊnə], holder ['həʊldə], man of property; **posiadacz samochodu** – a car owner; **posiadacz konta** – an account-holder

posiadać (*mieć*) possess [pə'zes], have (had, had) [hæv/həv, hæd/həd], own [əʊn]; **posiadać duży majątek** – to have a large fortune; *Oddał biednym wszystko, co posiadał.* – He gave away all he possessed to the poor.

posiadanie possession [pə'zeʃn], ownership ['əʊnəʃɪp]; **być w czyimś posiadaniu** – to be in sb's possession; **wejść w posiadanie czegoś** – to come into possession of sth

posiadłość (*ziemska*) estate [ɪ'steɪt]

posiąść *p.* **posiadać**

posiedzenie meeting ['mi:tɪŋ], conference ['kɒnfrəns], session ['seʃn]; **posiedzenie sejmu** – a session of Parliament; **zwołać posiedzenie** – to call a meeting; **przewodniczyć posiedzeniu** – to chair a meeting/to preside over a meeting

posiłek ❶ (*jedzenie*) meal [mi:l]; **przygotować posiłek** – to prepare/to cook a meal ❷ (*l.mn. – wojsk.*) reinforcements [ri:ɪn'fɔ:smənts]

posiłkowy *gram.* auxiliary [ɔ:g'zɪljərɪ]

poskramiacz tamer ['teɪmə]; **poskramiacz lwów** – a lion-tamer

poskramiać suppress [sə'pres], restrain [rɪ'streɪn], curb [kɜ:b], check [tʃek], (*zwierzęta*) tame ['teɪm]; **poskromić swoje uczucia/swój gniew** – to curb one's feelings/anger; **poskromić swoje odruchy** – to restrain one's natural impulses

posłać¹ (*wysłać*) send (sent, sent) [send, sent, sent]; **posłać po doktora** – to send for a doctor

posłać² (*pościelić łóżko*) make a bed

posłanie (*łóżko*) bed [bed]

posłaniec messenger ['mesɪndʒə]

posłannictwo mission ['mɪʃn]

posłowie afterword ['ɑ:ftəwɜ:d]

posłuchać ❶ (*słuchać*) listen ['lɪsn] ❷ (*poddać się czyjejś woli*) listen ['lɪsn], obey [ə'beɪ]; **posłuchać głosu rozsądku** – to listen to reason; **posłuchać czyjegoś rozkazu** – to obey sb's order

posłuszeństwo obedience [ə'bi:djəns]

posłuszny obedient [ə'bi:djənt]

pospieszyć *p.* **pośpieszyć**

pospieszny *p.* **pośpieszny**

pospolitość vulgarity [vʌl'gærətɪ], triteness ['traɪtnɪs]

pospolity ❶ (*często występujący, zwykły*) common ['kɒmən], ordinary ['ɔ:dnrɪ]

❷ (*prostacki*) commonplace ['kɒmənpleɪs], vulgar ['vʌlgə], primitive ['prɪmɪtɪv]

post fast [fɑ:st]; **Wielki Post** – Lent [lent]

postać[1] ❶ (*kształt*) shape [ʃeɪp], form [fɔ:m]; *Nie piję alkoholu w żadnej postaci.* – I don't drink alcohol in any shape or form. *W mroku zobaczyłam niewyraźną postać.* – I could see a dim shape in the gloom. **pod postacią** – in the shape/form of; **woda pod postacią pary** – water in the form of steam; **przybrać postać** – to assume/ /to take the shape of; **przybrać postać ludzką** – to take the shape of a human being ❷ (*sylwetka*) figure ['fɪgə], human shape ['hju:mənʃeɪp] ❸ (*osoba*) character ['kærəktə], personage ['pɜ:snɪdʒ]; *On wygląda na podejrzaną postać.* – He looks a suspicious character. ❹ (*bohater utworu literackiego*) character ['kærəktə]

postać[2] *p.* **stać**

postanowić decide [dɪ'saɪd], resolve [rɪ'zɒlv], make up one's mind; *Postanowili kupić mniejszy dom.* – They decided to buy a smaller house. *Postanowiła nikomu nigdy o tym nie mówić.* – She resolved never to tell that to anybody. *Postanowiła zostać aktorką.* – She made up her mind/resolved to become an actress.

postanowienie decision [dɪ'sɪʒn], resolve [rɪ'zɒlv], resolution [rezə'lu:ʃn]; **podjąć postanowienie** – to make a resolve/a resolution; **dotrzymać postanowienia** – to keep a resolution; *Podjęła postanowienie nigdy nie wychodzić za mąż.* – She made a resolution never to marry.

postawa ❶ (*pozycja ciała*) posture ['pɒstʃə], position [pə'zɪʃn], pose [pəʊz]; **przybrać postawę pionową/poziomą** – to assume an upright/a lying position; **dobra/wyprostowana postawa** – a good/an erect posture ❷ (*ustosunkowanie się*) attitude ['ætɪtju:d]; **przybrać postawę wyzywającą/obronną** – to assume an attitude of defiance/defence

postawić ❶ (*umieścić, ustawić*) place [pleɪs], put (put, put) [pʊt, pʊt, pʊt], set (set, set) [set, set, set], stand (stood, stood) [stænd, stʊd, stʊd]; *Postaw drabinę opierając ją o ścianę.* – Stand the ladder against the wall. **postawić tacę na stole** – to set the tray on the table; **postawić (gdzieś) stopę** – to set foot; **pierwszy człowiek, który postawił stopę na Księżycu** – the first man to set foot on the Moon; **postawić wodę na herbatę** – to put the kettle on; **postawić kogoś w trudnej sytuacji** – to place sb in a difficult position; **postawić kogoś na nogi** – to set sb on his feet; **postawić komuś drinka** – to stand sb a drink; **postawić na swoim** – to have one's way ❷ (*nastawić, podnieść*) raise [reɪz], put up [pʊt'ʌp] (put, put); **postawić kołnierz** – to put up a collar; **postawić uszy** (*nasłuchując*) – to prick up one's ears ❸ (*sformułować, przedstawić*) bring up [brɪŋ'ʌp] (brought, brought), raise [reɪz], make (made, made) [meɪk, meɪd, meɪd], formulate ['fɔ:mjʊleɪt]; **postawić diagnozę** – to make a diagnosis; **postawić hipotezę** – to formulate a hypothesis; **postawić warunek** – to impose/to set down/to stipulate a condition; **postawić zarzut** – to bring/make an accusation; **postawić ultimatum** – to give an ultimatum; **postawić pytanie** – to ask/to formulate/to put a question ❹ (*wznieść*) build (built, built) [bɪld, bɪlt, bɪlt], erect [ɪ'rekt], raise [reɪz]; **postawić pomnik** – to erect/to raise a monument; **postawić dom** – to build a house ❺ (*dać jako stawkę*) bet (bet, bet/betted) [bet, bet, bet/'betɪd], put (put, put) [pʊt, pʊt, pʊt]; **postawić na konia** – to put money on a horse/to bet on a horse

postawny statuesque [stætjʊ'esk], handsome ['hænsəm], well-built [wel'bɪlt]

posterunek ❶ (*stanowisko*) post [pəʊst]; *Straże były na posterunkach.* – The sentries were all at their posts. *Rozkazano im nie opuszczać swoich posterunków.* – They were ordered not to leave their posts. ❷ (*posterunek policji*) police-station [pə'li:s'steɪʃn]

posterunkowy (*policjant*) constable ['kʌnstəbl]

postęp ❶ (*rozwój*) progress ['prəugres], development [dɪ'veləpmənt]; **robić postępy** – to make progress; **hamować postęp** – to hinder/obstruct/impede progress; **postęp ekonomiczny//naukowy/techniczny** – economic//scientific/technological progress ❷ *mat.* progression [prə'greʃn]; **postęp arytmetyczny/geometryczny** – an arithmetic/a geometric progression

postępek action ['ækʃn], act [ækt], deed [di:d]; **niecny postępek** – a wicked deed; **szlachetny postępek** – a noble deed

postępować ❶ (*krocząc posuwać się*) follow ['fɒləu], advance [əd'vɑ:ns]; **postępować krok w krok za kimś** – to follow sb closely; **postąpić parę kroków naprzód** – to advance a few steps forward ❷ (*zachowywać się*) act [ækt], behave [bɪ'heɪv], (*wobec kogoś*) treat (sb) [tri:t]; **postępować z kimś nie fair** – to behave unfairly towards sb/to treat sb unfairly ❸ (*robić postępy, rozwijać się*) develop [dɪ'veləp], progress [prə'gres], (*powoli*) creep (crept, crept) [kri:p, krept, krept]; *Praca postępuje powoli.* – The work is progressing slowly. **postępująca choroba** – a progressive disease; **paraliż postępujący** – creeping paralysis

postępowanie behaviour [bɪ'heɪvjə], conduct ['kɒndʌkt]; **postępowanie sądowe** – legal proceedings

postępowy progressive [prə'gresɪv]; **postępowa partia polityczna** – a progressive political party

postój ❶ (*w podróży*) stop [stɒp] ❷ (*w pracy*) stoppage ['stɒpɪdʒ] ❸ (*miejsce, gdzie stoją taksówki*) taxi-rank ['tæksɪræŋk], taxi-stand ['tæksɪstænd]

postrach terror ['terə]; *Gangi chuliganów są postrachem całego miasta.* – Gangs of hooligans are a terror to the entire town.

postradać lose (lost, lost) [lu:z, lɒst, lɒst]; **postradać zmysły** – to lose one's reason/one's senses/to go mad

postronny outside ['autsaɪd], side [saɪd], not involved [nɒtɪn'vɒlvd]; **osoba postronna** – an outsider

postrzelić shoot (shot, shot) [ʃu:t, ʃɒt, ʃɒt]; **postrzelić kogoś w ramię** – to shoot sb in the arm

postscriptum postscript ['pəusskrɪpt], PS [pi:'es]

posunąć ❶ (*ruszyć coś z miejsca, przesunąć*) move [mu:v], shove [ʃʌv], push [puʃ]; **posunąć zegar o godzinę do przodu** – to put a clock an hour forward ❷ (*doprowadzić coś do pewnej granicy*) carry ['kærɪ], take (took, taken) [teɪk, tuk, 'teɪkn]; *Posunął swój żart za daleko.* – He carried his joke too far.

posunąć się ❶ (*przesunąć się*) move (over) [mu:v-], progress [prə'gres]; *Posuwaliśmy się powoli.* – We were moving slowly. *Posuń się i zrób mi miejsce.* – Move over and make room for me. *Jak się posuwa praca?* – How's the work progressing/going on? ❷ (*dojść do pewnej granicy*) go to the length; *Posuwasz się za daleko.* – You are going too far. ❸ (*pot. starzeć się*) age [eɪdʒ]; *Ona ostatnio bardzo się posunęła.* – She's aged a lot recently.

posunięcie ❶ (*czyn, krok*) move [mu:v], step [step]; **sprytne/genialne posunięcie** – a clever/a brilliant move; **fałszywe posunięcie** – a false step/move ❷ (*w szachach, warcabach*) move [mu:v]; **zrobić posunięcie** – to make a move; *Teraz twoje posunięcie.* – Now it's your move.

posuwać się *p.* **posunąć się**

posyłać *p.* **posłać**[1]

posypać sprinkle [sprɪŋkl]

poszanowanie respect [rɪ'spekt]

poszczególny each [i:tʃ], individual [ɪndɪ'vɪdjuəl], separate ['seprət]

p

poszerzać widen ['waɪdn], broaden ['brɔ:dn], (*o ubraniu*) let out [let'aʊt] (let, let); **poszerzać swoje horyzonty** – to broaden one's mind; **poszerzać wiedzę** – to widen one's knowledge; **poszerzać drogę** – to widen a road

poszerzać się broaden ['brɔ:dn], widen ['waɪdn]

poszewka pillow-case ['pɪləʊkeɪs], pillow slip ['pɪləʊslɪp]

poszkodowany injured ['ɪndʒəd], *prawn.* suer ['sju:ə]

poszlaka (*ślad*) trace [treɪs], *prawn.* circumstantial evidence

poszukać look for ['lʊkfə], seek (sought, sought) [si:k, sɔ:t, sɔ:t]

poszukiwacz seeker ['si:kə]; **poszukiwacz skarbów** – a treasure hunter; **poszukiwacz przygód** – an adventurer; **poszukiwacz złota** – a gold digger/a prospector

poszukiwać look for ['lʊkfə], search for ['sɜ:tʃfə], seek (sought, sought) [si:k, sɔ:t, sɔ:t]; *Wiele osób poszukuje pracy.* – Many people are looking for work. *Setki policjantów poszukują chłopca odkąd zaginął.* – Hundreds of police have been searching for the boy since he disappeared. **poszukiwać rozwiązania** – to seek a solution; *Ten człowiek jest poszukiwany przez policję.* – The man is wanted by the police.

poszukiwanie search [sɜ:tʃ], quest [kwest]; **poszukiwanie prawdy** – a search for truth; *Ludzie opuszczają kraj w poszukiwaniu pracy.* – People are leaving the country in search of work. **prowadzić poszukiwania** – to conduct/to make a search (for)

poszukiwany[1] (*osoba poszukiwana przez policję – kryminalista*) wanted ['wɒntɪd]

poszukiwany[2] (*mający popyt*) in demand [ɪndɪ'mɑ:nd]; *Ta książka jest bardzo poszukiwana.* – This book is very much in demand.

poszukiwawczy exploratory [ek'splɒrətərɪ]; **wyprawa poszukiwawcza** – an exploratory expedition

poszwa case [keɪs], cover ['kʌvə]

pościć fast [fɑ:st]

pościel bedclothes ['bedkləʊðz]

pościelić *p.* **posłać**[2]

pościelowy bed [bed]; **bielizna pościelowa** – bed-linen

pościg pursuit [pə'sju:t], chase [tʃeɪs]

pośladek buttock ['bʌtək]

poślizg skid (dd) [skɪd]; **wpaść w poślizg** – to skid; *Samochód wpadł w poślizg na lodzie.* – The car skidded on the ice. **wyjść z poślizgu** – to get out of a skid

poślizgnąć się slip (pp) [slɪp]; *Poślizgnął się na oblodzonym chodniku i złamał nogę.* – He slipped on the icy pavement and broke his leg.

poślubić marry ['mærɪ], wed (dd) [wed]

poślubny wedding ['wedɪŋ]; **podróż poślubna** – honeymoon trip/honeymoon; *Są w podróży poślubnej.* – They are on their honeymoon. **noc poślubna** – the wedding night

pośpiech hurry ['hʌrɪ], haste [heɪst]; **w pośpiechu** – in a hurry; *Nie ma pośpiechu.* – There's no hurry.

pośpieszyć hurry ['hʌrɪ], hasten ['heɪsn]; *Pośpieszył do domu.* – He hurried home. *Pośpieszyli mu na pomoc.* – They hurried to help him.

pośpieszyć się hurry up [hʌrɪ'ʌp], make haste [meɪk'heɪst]; *Jeżeli się pośpieszymy, zdążymy na pociąg.* – If we hurry we will catch the train. *Pośpiesz się, robi się późno.* – Hurry up, it's getting late.

pośpieszny ❶ (*odbywający się w pośpiechu*) hurried ['hʌrɪd], hasty ['heɪstɪ] ❷ (*o pociągu*) fast [fɑ:st] ❸ (*zbyt prędki, przedwczesny*) hasty ['heɪstɪ], rash [ræʃ]; **pośpieszna decyzja** – a rash decision

pośredni ❶ (*nie dot. czegoś wprost*) indirect [ɪndɪ'rekt/ɪndaɪ'rekt]; **pośrednia przyczyna** – an indirect cause ❷ (*przejściowy*) intermediate [ɪntə'mi:djət], transitional [træn'zɪʃnl]; **faza pośrednia** – a transitional stage

pośrednictwo ❶ (*w rokowaniach*) mediation [mi:dɪ'eɪʃn] ❷ (*pośredniczenie* *np. przy zawieraniu transakcji*) agency ['eɪdʒənsɪ]; **biuro pośrednictwa** – agency; **biuro pośrednictwa pracy** – an employment agency; **pośrednictwo kupna i sprzedaży nieruchomości** – estate/real estate agent(s)

pośredniczyć mediate ['mi:dɪeɪt]

pośrednik ❶ (*osoba pośrednicząca w rozmowach*) intermediary [ɪntə'mi:djərɪ], go-between [gəʊbɪ'twi:n] ❷ (*pośrednik handlowy*) agent ['eɪdʒənt]; **pośrednik handlu nieruchomościami** – (real) estate agent/*am.* realtor

pośrodku in the middle [ɪnθə'mɪdl], in the midst [ɪnθə'mɪdst]

pośród among [ə'mʌŋ], amongst [ə'mɒŋst], amid [ə'mɪd]; **pośród drzew** – among the trees

poświęcać ❶ (*podporządkować coś komuś*) devote [dɪ'vəʊt], dedicate ['dedɪkeɪt]; *Całe swoje życie Poświęciła pomocy biednym.* – She dedicated/devoted all her life to helping the poor. *Poświęciła tę książkę mężowi.* – She dedicated her book to her husband. ❷ (*składać w ofierze*) sacrifice ['sækrɪfaɪs]; *Poświęciła swoją karierę i wyszła za niego za mąż.* – She sacrificed her career to marrying him. ❸ (*dokonać obrzędu święcenia*) consecrate ['kɒnsɪkreɪt], dedicate ['dedɪkeɪt]; *Kościół został poświęcony w 1980 roku.* – The church was consecrated/dedicated in 1980.

p

poświęcać się dedicate onself ['dedɪkeɪtwʌn'self], devote oneself [dɪ'vəʊtwʌn'self], sacrifice oneself ['sækrɪfaɪs wʌn'self]; **poświęcać się szlachetnej sprawie** – to devote oneself to a noble cause; **poświęcać się pracy** – to dedicate oneself to one's work; **poświęcać się dla dzieci** – to devote oneself to children/to make sacrifice for the children's sake

poświęcenie ❶ (*wyrzeczenie, ofiara*) devotion [dɪ'vəʊʃn], dedication [dedɪ'keɪʃn] ❷ (*obrzęd religijny*) consecration [kɒnsɪ'kreɪʃn]

poświęcenie się self-sacrifice [self-'sækrɪfaɪs]

pot sweat [swet], perspiration [pɜ:spə'reɪʃn]; **oblać się zimnym potem** – to break out in a cold sweat; **krople potu** – beads of sweat/perspiration

◆ **pracować w pocie czoła** – to toil, to sweat over sth

potajemny secret ['si:krɪt]

potakiwać agree [ə'gri:]; **potakiwać głową** – to nod one's head in agreement/to nod one's assent

potas *chem.* potassium [pə'tæsjəm]

potem afterwards ['ɑ:ftəwədz], then [θen], after that [ɑ:ftə'θæt], later ['leɪtə]

potencjalny potential [pə'tenʃl]; *fiz.* **energia potencjalna** – potential energy

potencjał potential [pə'tenʃl]

potęga might [maɪt], power ['paʊə], *mat.* power ['paʊə]; **podnieść liczbę do trzeciej potęgi** – to raise a number to the third power

potępiać condemn [kən'dem]

potępienie condemnation [kɒndəm'neɪʃn], *relig.* damnation [dæm'neɪʃn]; **cierpieć potępienie wieczne** – to suffer eternal damnation

potężny ❶ (*silny*) powerful ['paʊəfʊl], mighty ['maɪtɪ] ❷ (*duży*) huge [hju:dʒ], enormous [ɪ'nɔ:məs]

potknąć się stumble ['stʌmbl]; *Potknęłam się o korzeń drzewa.* – I stumbled over a tree root.

potknięcie stumble ['stʌmbl], slip [slɪp], (*błąd*) slip [slɪp], lapse [læps]

potłuc break (broke, broken) [breɪk, brəʊk, 'brəʊkn], smash [smæʃ], shatter ['ʃætə]; **potłuc na kawałki** – to smash/shatter into pieces

potłuc się ❶ (*zbić się*) get broken [get-'brəʊkn] ❷ (*doznać obrażeń ciała*) hurt oneself [hɜ:twʌn'self], get hurt

potłuczenie (*miejsce stłuczone*) bruise [bru:z]

potoczny colloquial [kə'ləʊkwɪəl], everyday ['evrɪdeɪ]; **mowa potoczna** – colloquial speech

potok ❶ (*nurt wody*) stream [stri:m], brook [brʊk]; **potok górski** – a mountain stream; **wezbrany potok** – a swollen stream ❷ (*strumień*) stream [stri:m], torrent ['tɒrənt], flood [flʌd]; **potok lawy** – a stream of lava; **potoki deszczu** – torrents of rain; **potok łez** – a flood of tears; **potok wyzwisk** – a stream/torrent/flood of abuse

potomek descendant [dɪ'sendənt], (*dziecko*) offspring, *l.mn.* offspring ['ɒfsprɪŋ]

potomność posterity [pɒ'sterətɪ], future generations ['fju:tʃə dʒenə'reɪʃnz]

potomstwo progeny ['prɒdʒənɪ], offspring ['ɒfsprɪŋ], *prawn.* issue ['ɪʃu:]; **umrzeć bez potomstwa** – to die without issue

potop deluge ['delju:dʒ], flood [flʌd]

potrafić be able to, be capable of, can/ /could (*występuje tylko w formie osobowej*); *Nie potrafiłaby skłamać.* – She wouldn't be capable of telling a lie. *Moje dziecko już potrafi czytać i pisać.* – My child can already read and write. *Czy będziesz potrafiła to zrobić?* – Will you be able to do it?

potrajać *p.* **potroić**

potrawa dish [dɪʃ], course [kɔ:s]; **potrawa chińska** – a Chinese dish

potrącać ❶ jostle ['dʒɒsl], (*o pojeździe*) knock down [nɒk'daʊn], run down [rʌn'daʊn] (ran, run); *Został potrącony przez samochód.* – He was knocked down/run down by a car. ❷ (*odjąć*) deduct from [dɪ'dʌktfrəm], knock off [nɒk'ɒf]

potrząsać shake (shook, shaken) [ʃeɪk, ʃʊk, 'ʃeɪkn]; **potrząsnąć (przecząco) głową** – to shake one's head

potrzeba[1] ❶ (*konieczność*) need [ni:d], necessity [nɪ'sesətɪ]; *Nie ma potrzeby niepokoić się.* – There is no need to worry. **jeżeli zajdzie potrzeba** – if need be/if it's necessary; *Czuję pilną potrzebę porozmawiania z tobą.* – I feel an urgent need to talk to you. **bez potrzeby** – unnecessarily; *Potrzeba jest matką wynalazków.* – Necessity is the mother of invention. **artykuły pierwszej potrzeby** – necessities of life ❷ (*potrzeby – to, co jest potrzebne*) needs [ni:dz]; *Mam niewielkie potrzeby.* – My needs are few. *Wystarcza mi do zaspokojenia moich potrzeb.* – I have enough to satisfy my needs. **potrzeby materialne** – material needs; **potrzeby emocjonalne** – emotional needs ❸ (*ciężka sytuacja*) need [ni:d], want [wɒnt]; **być w potrzebie** – to be in need

potrzeba[2] (*należy*): *Potrzeba, żebyś przyszedł.* – It's necessary that you should come. *Mówisz więcej niż potrzeba.* – You speak more than (it's) necessary. *Powiedz, czego ci potrzeba.* – Tell me what you need. *Wszystko, czego mi potrzeba, to trochę więcej czasu.* – All I need is a little more time.

potrzebny necessary ['nesəsərɪ], needed ['ni:dɪd]; *Ona nie ma kwalifikacji potrzebnych do tej pracy.* – She hasn't got the qualifications necessary for the job. **koniecznie potrzebny** – indispensable; *Jesteś mi potrzebny.* – I need you.

potrzebować need [ni:d]; *Potrzebują dużo pieniędzy, żeby kupić dom.* – They need a lot of money to buy a house. *Nie potrzebujesz się spieszyć.* – You don't need to hurry.

potwierdzać confirm [kən'fɜ:m]; *Ten list potwierdził moje najgorsze podejrzenia.* – The letter confirmed my worst suspicions.

potwierdzenie confirmation [kɒnfə'meɪʃn]; **oficjalne potwierdzenie** – an official confirmation; **potwierdzenie odbioru** – a receipt

potwornie terribly ['terəblɪ], horribly ['hɒrəblɪ]

potworność monstrosity [mɒn'strɒsətɪ]

potworny horrible ['hɒrəbl], terrible ['terəbl], monstrous ['mɒnstrəs]

potwór monster ['mɒnstə]

potykać się *p.* **potknąć się**

pouczać lecture ['lekʃə], instruct [ɪn'strʌkt]; *Przestań mnie pouczać!* – Stop lecturing me! *Pouczył mnie, jak tego używać.* – He instructed me how to use it.

pouczający instructive [ɪn'strʌktɪv], edifying ['edɪfaɪɪŋ]

pouczenie instruction(s) [ɪn'strʌkʃn(z)]
poufałość familiarity [fəmɪlɪ'ærətɪ]; **nie pozwalać komuś na poufałości** – to keep sb at arm's length; **pozwalać sobie na poufałości** – to take liberties
poufały familiar [fə'mɪljə]; **być z kimś na poufałej stopie** – to be on familiar terms with sb
poufny confidential [kɒnfɪ'denʃl]; **ściśle poufne** – strictly confidential
powaga seriousness ['sɪərɪəsnɪs], gravity ['grævətɪ], solemnity [sə'lemnətɪ], (*sposób zachowania*) dignity ['dɪgnətɪ]; **zachowywać się z powagą** – to behave with dignity/solemnity. *Nie zdajesz sobie sprawy z powagi sytuacji.* – You don't realize the gravity of the situation.
poważanie respect [rɪ'spekt], regard [rɪ'gɑ:d], esteem [ɪ'sti:m]; **mieć kogoś w głębokim poważaniu** – to hold sb in high esteem; **z wyrazami poważania** – with kind regards
poważnie seriously ['sɪərɪəslɪ], gravely ['greɪvlɪ]; *Muszę z nią o tym porozmawiać poważnie.* – I must speak seriously to her about it. **traktować kogoś/coś poważnie** – to take sb/sth seriously; **poważnie chory** – seriously/ /gravely ill
poważny serious ['sɪərɪəs], grave [greɪv], solemn ['sɒləm]; *Bądź poważny!* – Be serious! **poważna choroba** – a serious/grave illness; **poważny błąd** – a serious/a grave mistake; **poważny wyraz twarzy** – a serious/a solemn face
powątpiewanie doubt [daʊt]; **z powątpiewaniem** – doubtfully
powiadomić (*kogoś*) let (sb) know, inform [ɪn'fɔ:m], notify ['nəʊtɪfaɪ]; **powiadomić policję** – to notify/to inform the police; *Powinieneś był mnie o tym powiadomić.* – You should have let me know about it.
powiedzenie saying ['seɪɪŋ]
powiedzieć say (said, said) [seɪ, sed, sed], tell (told, told) [tel, təʊld, təʊld]; *Powiedz mi, jak to się stało.* – Tell me how it happened. *Powiedział, że jest zajęty.* – He said he was busy. **powiedzieć prawdę** – to tell the truth; *Łatwiej powiedzieć, niż wykonać.* – Easier said than done. *Co chcesz przez to powiedzieć?* – What do you mean? **że tak powiem** – if I may say so/so to say
powieka eye-lid ['aɪlɪd]
powierzać entrust [ɪn'trʌst], confide [kən'faɪd]; *Powierzyła swoje dzieci mojej opiece.* – She entrusted her children to my care. **powierzyć komuś zadanie** – to entrust sb with a task/to entrust a task to sb; **powierzyć komuś tajemnicę** – to entrust sb with a secret/to confide a secret to sb
powierzchnia ❶ (*wierzchnia strona*) surface ['sɜ:fɪs]; **pod powierzchnią** – under/below the surface; **wypłynąć na powierzchnię** – to rise to the surface/to surface; **chropowata powierzchnia ściany** – the rough surface of the wall; **zetrzeć coś z powierzchni ziemi** – to wipe sth off the face of the earth ❷ (*pole, obszar*) area ['eərɪə]; *Jaka jest powierzchnia mieszkania?* – What's the area of the flat? *Kuchnia ma 10 metrów (kwadratowych) powierzchni.* – The kitchen is ten square metres in area./The kitchen has an area of ten square metres.
powierzchniowy surface ['sɜ:fɪs]; *fiz.* **napięcie powierzchniowe** – surface tension; **warstwa powierzchniowa** – surface layer
powierzchowność ❶ (*wygląd zewnętrzny*) appearance [ə'pɪərəns] ❷ (*powierzchowne traktowanie*) superficiality ['su:pəfɪʃɪ'ælətɪ]
powierzchowny superficial [su:pə'fɪʃl]; **powierzchowna wiedza** – a superficial knowledge; **powierzchowne podobieństwo** – a superficial similarity; **powierzchowne zranienie** – a superficial wound
powierzyć *p.* **powierzać**
powiesić ❶ (*zawiesić*) hang (hung, hung) [hæŋ, hʌŋ, hʌŋ]; **powiesić obraz/ /firanki** – to hang a picture/curtains

P

❷ (*uśmiercić kogoś wieszając*) hang (hanged, hanged) [hæŋ, hæŋd, hæŋd]

powieszenie (*rodzaj śmierci*) gallows ['gæləʊz]; **skazać kogoś na śmierć przez powieszenie** – to send sb to the gallows

powieściopisarz novelist ['nɒvəlɪst]

powieściowy fictional ['fɪkʃnl]; **bohater powieściowy** – a fictional character; **utwory powieściowe** – works of fiction

powieść novel ['nɒvl]; **powieść historyczna/kryminalna** – a historical/ /a detective novel

powietrze air [eə]; **łyk świeżego powietrza** – a breath of fresh air; **podmuch gorącego powietrza** – a blast of hot air; **suche/wilgotne/arktyczne powietrze** – dry/humid/polar air

powietrzny air [eə]; **drogą powietrzną** – by air; **siły powietrzne** – the airforce; **trąba powietrzna** – a tornado/ /whirlwind

powiewać wave [weɪv], flutter ['flʌtə], fly (flew, flown) [flaɪ, flu:, fləʊn]; *Włosy powiewały jej na wietrze.* – Her hair was flying about in the wind. **powiewać** (*chustką*) **na pożegnanie** – to wave goodbye; *Zasłony powiewały na wietrze.* – The curtains were fluttering in the breeze.

powiewny flowing ['fləʊɪŋ]; **długie powiewne szaty** – long flowing robes

powiększać increase [ɪn'kri:s], enlarge [ɪn'lɑ:dʒ], (*o fotografii*) blow up [bləʊ-'ʌp] (blew, blown); **powiększyć fotografię** – to enlarge/to blow up a photograph; **powiększyć liczbę studentów** – to increase a number of students. *Powiększył prędkość do 80 km/ /godz.* – He increased his speed to 80 kilometres per hour. **szkło powiększające** – a magnifying glass

powiększać się increase [ɪn'kri:s]; *Ludność powiększyła się do 40 milionów.* – The population has increased to 40 million.

powiększenie enlargement [ɪn'lɑ:dʒmənt], (*fotografii*) blow-up ['bləʊʌp]; **zrobić powiększenie (fotografii)** – to do a blow-up

powinien should [ʃʊd/ʃəd], ought to ['ɔ:ttə] (*czasowniki te występują tylko w formie osobowej*); *Powinieneś odwiedzić go w szpitalu.* – You should/ /ought to visit him in hospital. *Powinieneś był to zrobić.* – You should have done it./You ought to have done it. *Powinien już tu być.* – He should be here by now. *Powinno się wcześnie chodzić spać.* – One should go to bed early.

powinność duty ['dju:tɪ]; **czynić swoją powinność** – to do one's duty

powinowactwo relationship by marriage

powinowaty relation by marriage

powinszować congratulate [kən'grætjʊleɪt]; **powinszować komuś z okazji ślubu** – to congratulate sb on his/her marriage; **powinszować komuś z okazji urodzin** – to wish sb a happy birthday/to wish sb many happy returns of the day; **powinszować komuś z powodu zdania egzaminu** – to congratulate sb on a good exam result/on passing the exam; *Możesz sobie powinszować.* – You can congratulate yourself.

powinszowanie congratulations [kəngrætjʊ'leɪʃnz], best wishes; **złożyć komuś powinszowania z okazji** – to congratulate sb on; *Powinszowania z okazji urodzin!* – Many happy returns of the day!/Best wishes on your birthday!/Happy birthday!

powitać greet [gri:t], welcome ['welkəm]; *Powitali nas serdecznie.* – They welcomed us warmly. *Powitał mnie przyjaznym uśmiechem.* – He greeted me with a friendly smile.

powitalny welcoming ['welkəmɪŋ]; **mowa powitalna** – a speech of welcome

powitanie welcome ['welkəm]; *Zgotowano nam entuzjastyczne powitanie.* – We were given an enthusiastic welcome.

powłoczka pillow-case ['pɪləʊkeɪs], pillow slip ['pɪləʊslɪp]

powłoka covering ['kʌvərɪŋ], shell [ʃel], (*warstwa*) coating ['kəʊtɪŋ]

powodować cause [kɔ:z], bring about [brɪŋə'baʊt] (brought, brought), provoke [prə'vəʊk], make (made, made) [meɪk, meɪd, meɪd]; *Co spowodowało pożar?* – What caused the fire? *Palenie może powodować raka płuc.* – Smoking can cause lung cancer. *To spowodowało, że rzuciłem palenie.* – It made me give up smoking. *Kryzys ekonomiczny spowodował upadek rządu.* – The economic crisis brought about the fall of the government.

powodzenie success [sək'ses], popularity [pɒpjʊ'lærətɪ]; **cieszyć się powodzeniem u kobiet** – to be successful with women; **mieć powodzenie** – to be popular/to enjoy popularity

powodzić się:
Jak ci się powodzi? – How are you doing?/How are you getting on? *Dobrze mu się powodzi.* – He is doing nicely./He is doing well.

powoli ❶ (*wolno*) slowly ['sləʊlɪ], slow [sləʊ]; **mówić/poruszać się powoli** – to speak/to move slowly; *Jak powoli jedzie ten pociąg!* – How slow the train goes! ❷ (*stopniowo*) gradually ['grædʒʊəlɪ], step by step [stepbaɪ'step]; *Jej stan powoli się poprawia.* – She is gradually getting better.

powolnie slowly ['sləʊlɪ], leisurely ['leʒəlɪ], unhurriedly [ʌn'hʌrɪdlɪ]

powolność slowness ['sləʊnɪs], sluggishness ['slʌgɪʃnɪs]

powolny ❶ (*niespieszny*) slow [sləʊ], leisurely ['leʒəlɪ], unhurried [ʌn'hʌrɪd]; **powolny postęp** – slow progress; *Wchodził na górę swoim zwykłym, powolnym krokiem.* – He was walking up the stairs at his usual unhurried pace. ❷ (*stopniowy*) gradual ['grædʒʊəl]; **powolna poprawa** – a gradual improvement

powołać ❶ (*wyznaczyć*) appoint [ə'pɔɪnt]; *Powołano go na wolne stanowisko.* – He was appointed to the vacant post. ❷ (*powołać do życia*) call into being; *Powołano komisję, aby zbadała przyczyny wypadku.* – A committee was called into being to discover the cause of the accident. ❸ (*wezwać do wojska*) call up [kɔ:l'ʌp]

powołać się ❶ (*przytaczać coś lub kogoś jako źródło*) quote (sth/sb) [kwəʊt-], refer (rr) to (sth/sb) [rɪ'fɜ:-]; *Powołując się na pański list...* – With reference to your letter.../Referring to your letter... ❷ (*na kogoś*) mention sb's name ['menʃn-]

powołanie ❶ (*wyznaczenie na stanowisko*) appointment [ə'pɔɪntmənt] ❷ (*wezwanie do wojska*) conscription [kən'skrɪpʃn], call-up ['kɔ:lʌp], draft [drɑ:ft]; **dostać powołanie do wojska** – to receive one's call-up ❸ (*głos wewnętrzny wskazujący drogę życiową*) vocation [vəʊ'keɪʃn], call [kɔ:l], calling ['kɔ:lɪŋ]; **powołanie do kapłaństwa** – vocation to the priesthood; **czuć w sobie powołanie do kapłaństwa** – to feel the call to the priesthood; *On czuje, że jego powołaniem jest zostać lekarzem.* – He feels that it's his calling to become a doctor. *Powinnaś być aktorką, minęłaś się z powołaniem.* – You should be an actress, you've missed your vocation.

powołany qualified ['kwɒlɪfaɪd], competent ['kɒmpɪtənt]

powonienie sense of smell

powód cause [kɔ:z], reason ['ri:zn], grounds [graʊndz]; *Nie ma powodu do niepokoju.* – There is no cause for anxiety. *Nie masz powodu do narzekań.* – You have no cause to complain/no grounds for complaints. *Nie zdarzyło jej się być nieobecną bez powodu.* – She was never absent without good cause. **z jakiegoś powodu** – for some reason or other; **mieć dostateczne powody do zrobienia czegoś** – to have sufficient/adequate reason for doing sth; *Musiała przejść na emeryturę z powodu złego stanu zdrowia.* – She had to retire on the grounds of ill health. **wystarczający powód do rozwodu** – sufficient grounds for divorce

powódź flood [flʌd]

powóz coach [kəʊtʃ], carriage ['kærɪdʒ]

powracać return [rɪ'tɜ:n], come back [kʌm'bæk] (came, come); **powrócić do domu** – to return home/come back home; **powracać do złych nawyków** – to return to one's bad habits; **powracać do zdrowia** – to recover (from an illness); **powracać do przytomności** – to come to/to recover consciousness

powrotny return [rɪ'tɜ:n]; **bilet powrotny** – a return ticket; **podróż powrotna** – a return journey

powrót return [rɪ'tɜ:n]; **powrót do domu** – a return home; **powrót do starych nawyków** – a return to one's old habits; **powrót do zdrowia** – recovery

powstać ❶ (*zacząć istnieć*) come into being, come into existence, originate [ə'rɪdʒəneɪt] ❷ (*wstać*) stand up [stænd'ʌp] (stood, stood), rise (rose, risen) [raɪz, rəʊz, 'rɪzn], (*z łóżka*) get up [get'ʌp] (got, got)

powstanie ❶ (*zbrojne wystąpienie*) uprising ['ʌpraɪzɪŋ], insurrection [ɪnsə'rekʃn] ❷ (*początek*) origin ['ɒrɪdʒɪn], coming into existence; **powstanie życia na ziemi** – the origin of life on earth; **powstanie gatunków** – the origin of species

powstaniec insurgent [ɪn'sɜ:dʒənt]

powstawać *p.* **powstać**

powstawanie formation [fɔ:'meɪʃn]

powstrzymać restrain [rɪ'streɪn], check [tʃek], stop (pp) [stɒp]; **powstrzymać łzy** – to restrain one's tears; *Jeżeli chce wyjść za niego za mąż, nic jej nie powstrzyma.* – If she wants to marry him, there's nothing to stop her.

powstrzymać się restrain oneself [rɪ'streɪnwʌŋ 'self], check oneself [tʃekwʌn'self]; *Chciałem coś powiedzieć, ale powstrzymałem się.* – I wanted to say something, but I restrained myself. *Nie mogłam się powstrzymać od śmiechu.* – I couldn't help laughing.

powszechnie universally [ju:nɪ'vɜ:səlɪ], generally ['dʒenərəlɪ]

powszechny universal [ju:nɪ'vɜ:sl], general ['dʒenərl], common ['kɒmən]; *Jego zachowanie spotkało się z powszechnym potępieniem.* – His behaviour met with universal condemnation. **szkoła powszechna** – primary/ /elementary school

powszedni everyday ['evrɪdeɪ], daily ['deɪlɪ], common ['kɒmən]; **chleb powszedni** – daily bread; **dzień powszedni** – week-day

powściągliwość moderation [mɒdə'reɪʃn], restraint [rɪ'streɪnt], temperance ['temprəns]

powściągliwy restrained [rɪ'streɪnd], self-controlled [selfkən'trəʊld], reserved [rɪ'zɜ:vd]

powtarzać repeat [rɪ'pi:t]; *Powtórzyła to, co powiedziała.* – She repeated what she had said. *Powtarzaj za mną.* – Repeat after me. *Nie powtarzaj tego nikomu.* – Don't repeat it to anyone.

powtarzać się repeat oneself [rɪ'pi:twʌn'self], happen again [hæpnə'geɪn]; *Czy historia powtarza się?* – Does history repeat itself? *To się więcej nie powtórzy.* – It won't happen again.

powtarzanie repetition [repɪ'tɪʃn]

powtórka revision [rɪ'vɪʒn]; **zrobić powtórkę przed egzaminem** – to do some revision for the exam

powtórny second ['seknd], repeated [rɪ'pi:tɪd], another [ə'nʌðə]; **powtórne ostrzeżenie** – a second warning

powyżej ❶ (*wyżej w przestrzeni*) above [ə'bʌv], over ['əʊvə]; **1500 metrów powyżej poziomu morza** – 1500 metres above sea level; *Woda sięgała nam powyżej kolan.* – The water came above our knees. **mieć kogoś powyżej uszu** – to be fed up with sb ❷ (*więcej niż*) above [ə'bʌv], over ['əʊvə]; *On ma powyżej pięćdziesiątki.* – He is above fifty/over fifty. **temperatura powyżej zera** – a temperature above zero; **powyżej średniej** – above the average ❸ (*w odniesieniu do stanowiska*) above [ə'bʌv]; **powyżej rangi kapitana** – above the rank of captain

powyższy above [ə'bʌv], above mentioned; **powyższe stwierdzenie** – the above statement

powziąć ❶ (*rozstrzygnąć, postanowić*) take (took, taken) [teɪk, tʊk, 'teɪkn], make (made, made) [meɪk, meɪd, meɪd]; **powziąć decyzję** – to take/to make a decision; **powziąć postanowienie** – to make up one's mind/to resolve/to decide ❷ (*zacząć odczuwać*) entertain [entə'teɪn]; **powziąć wątpliwości/podejrzenia** – to entertain doubts/suspicions

poza[1] ❶ (*postawa*) position [pə'zɪʃn], pose [pəʊz]; **przybrać pozę** – to assume/to adopt a pose; *Przybrała swobodną pozę do zdjęcia.* – She adopted a relaxed pose for the camera. ❷ (*maniera*) pose [pəʊz], air [eə]; **przybrać nonszalancką pozę** – to assume a nonchalant air

poza[2] ❶ (*dalej niż*) beyond [bɪ'jɒnd]; *Spojrzał daleko poza ogród.* – He looked far beyond the garden. ❷ (*na zewnątrz w czasie i przestrzeni*) outside [aʊt'saɪd], out of ['aʊtəv]; *Nie wychodź poza teren.* – Don't go outside the grounds. *On jest poza krajem.* – He is out of the country./He is abroad. *Co robisz poza godzinami pracy?* – What do you do outside working hours? *Na szczęście mam to już poza sobą.* – Luckily it's over. ❸ (*oprócz*) except [ɪk'sept]; *Wszyscy byli obecni poza nim.* – Everybody was present except him. **poza tym** – besides/apart from that

pozbawiać deprive (of) [dɪ'praɪv], rob (bb) of [rɒb-], take away [teɪkə'weɪ] (took, taken); **pozbawić kogoś praw obywatelskich** – to deprive sb of his civil rights; **pozbawić kogoś życia** – to kill sb/to take sb's life

pozbawiony devoid [dɪ'vɔɪd], deprived [dɪ'praɪvd]; *Przestępca jest całkowicie pozbawiony sumienia.* – The criminal is utterly devoid of conscience. *Pokój był pozbawiony światła.* – The room was deprived of light.

pozbywać się get rid of [get'rɪdəv], dispose of [dɪ'spəʊzəv]; **jak pozbyć się starych mebli** – how to dispose of old furniture; *Musiał się pozbyć swojej sekretarki – była całkowicie niekompetentna.* – He had to get rid of his secretary – she was utterly incompetent.

pozdrawiać ❶ (*kłaniać się*) greet [gri:t]; *Pozdrowił mnie na ulicy skinieniem ręki.* – He greeted me in the street with a wave of his hand. ❷ (*przesyłać pozdrowienia*) send one's regards, send one's greetings, give/send one's love; *Proszę pozdrowić ode mnie żonę.* – Remember me to your wife. *Pozdrów ode mnie Alicję.* – Please give Alice my love.

pozdrowienie greeting ['gri:tɪŋ], regards [rɪ'gɑ:dz], love [lʌv]; **serdeczne pozdrowienia** – warm/sincere/cordial greetings; **przesyłać pozdrowienia** – to send greetings/one's love; *Proszę przekazać pozdrowienia żonie.* – Give my regards to your wife. *Moi rodzice przekazują ci pozdrowienia.* – My parents send their love.

poziom ❶ (*położenie, wysokość płaszczyzny*) level ['levl]; **wysoki/niski poziom** – a high/a low level; **1000 metrów powyżej poziomu morza** – 1000 metres above sea level; **poziom alkoholu we krwi** – the level of alcohol in the blood; **na poziomie 100 metrów** – at a level/on a level of 100 metres; *Nie zniżę się do twego poziomu.* – I refuse to sink to your level. ❷ (*stopień osiągnięć, rozwoju, postępu*) standard ['stændəd]; **wysoki poziom moralny** – a high moral standard; **poziom życia** – living standards; *Jakość produktu nie osiąga wymaganego poziomu.* – The quality of the product doesn't reach the standard required. **być na poziomie/osiągać wymagany poziom** – to be up to standard/to be up to the mark

poziomka *bot.* wild strawberry [waɪld'strɔ:bərɪ]

poziomy horizontal [hɒrɪ'zɒntl], level ['levl]

p

poznać ❶ (*zawrzeć znajomość*) meet (met, met) [mi:t, met, met], become acquainted (with) [bɪ'kʌm ə'kweɪntɪd-]; *Znam go, poznałem go zeszłego lata.* – I know him, I met him last summer. *Chciałbym, żebyś poznał naszego przyjaciela.* – I'd like you to meet our friend. *Miło mi pana poznać.* – Nice to meet you/pleased to meet you. ❷ (*posiąść wiedzę o kimś, o czymś*) get to know, (*o języku*) master ['mɑ:stə], learn [lɜ:n], know (knew, known) [nəʊ, nju:, nəʊn]; *On poznał zarówno biedę, jak i bogactwo.* – He's known both poverty and riches. *Polubisz go, kiedy go poznasz lepiej.* – You'll like him when you get to know him better. ❸ (*rozpoznać*) recognize ['rekəgnaɪz], know (knew, known) [nəʊ, nju:, nəʊn]; *Poznam tę twarz wszędzie.* – I'll recognize that face anywhere. *Poznałam ją po głosie.* – I recognized her by her voice. **nie dać po sobie poznać** – to betray no emotions ❹ (*przedstawić kogoś komuś*) introduce [ɪntrə'dju:s]; *Poznałem ich ze sobą.* – I introduced them to each other.

poznać się ❶ (*zawrzeć znajomość*) meet (met, met) [mi:t, met, met], become acquainted [bɪ'kʌmə'kweɪntɪd]; *Chyba nie poznaliśmy się jeszcze.* – I don't think we've met. ❷ (*poznać się wzajemnie*) get to know each other ❸ (*należycie ocenić*) see through [si:'θru:] (saw, seen), know (knew, known) [nəʊ, nju:, nəʊn], appreciate [ə'pri:ʃɪeɪt]; *Poznałem się na nim od razu – to oszust.* – I saw through him at once – he's a crook. ❹ (*rozpoznać się wzajemnie*) recognize each other ['rekəgnaɪz-]; *Po tylu latach nie poznaliśmy się.* – We didn't recognize each other after so many years.

poznanie ❶ (*rozpoznanie*) recognition [rekəg'nɪʃn]; *Zmienił się nie do poznania.* – He changed beyond recognition. ❷ (*zdobywanie wiedzy*) cognition [kɒg'nɪʃn]; **teoria poznania** – theory of cognition/epistemology

pozornie seemingly ['si:mɪŋlɪ], apparently ['əpærəntlɪ]

pozorny apparent [ə'pærənt], seeming ['si:mɪŋ]

pozostać ❶ (*nie ruszyć się skądś*) stay [steɪ], remain [rɪ'meɪn]; *Pozostał w domu.* – He stayed at home. *Pozostanę tu do końca miesiąca.* – I'll remain/stay here until the end of the month. ❷ (*zostać bez zmian w jakimś położeniu*) remain [rɪ'meɪn], be left [bi:'left]; *Mimo wszystko pozostali najlepszymi przyjaciółmi.* – In spite of everything they remained the best of friends. *Wiele pozostaje do zrobienia.* – Much remains to be done. *Nie pozostaje nic innego, tylko się pożegnać.* – Nothing remains except to say goodbye. **pozostać daleko w tyle** – to be left far behind ❸ (*stać się resztą jakiejś ilości, zostać*) remain [rɪ'meɪn], be left [bi:'left]; *Pozostało mi tylko 10 funtów.* – I have only £10 left. *Fakt pozostaje faktem, że kłamała.* – The fact remains that she was lying. *Na kolację zjedliśmy to, co pozostało z obiadu.* – For supper we had what had remained of lunch.

pozostałość remainder [rɪ'meɪndə], remnant ['remnənt], remains [rɪ'meɪnz]

pozostały ❶ (*taki, który został*) remaining [rɪ'meɪnɪŋ] ❷ (*nie należący do grupy, ten drugi*) the other ['ʌðə]; **pozostali** – the others; **pozostali ludzie** – the other people

pozostawać *p.* **pozostać**

pozostawiać leave (left, left) [li:v, left, left]; *Pozostawił otwarte drzwi.* – He left the door open. *Pozostawił (opuścił) żonę z dwojgiem dzieci.* – He left/ /abandoned his wife and two children. *Pozostawił po sobie wdowę z dwojgiem dzieci.* – He left a widow and two children. *Herbata pozostawi plamę na obrusie.* – Tea will leave a stain on the tablecloth. *To pozostawia wiele do życzenia.* – It leaves much to be desired. **pozostawić kogoś swojemu losowi** – to leave sb to his own devices.

pozować ❶ (*służyć jako model*) sit (sat, sat) [sɪt, sæt, sæt], pose [pəʊz]; **pozować malarzowi** – to sit for/to pose for a painter; **pozować do portretu** –

to sit for a portrait ❷ (*przybierać pozę, udawać*) pose [pəʊz], pretend to be [prɪ'tend tə'bi:]; *Ona pozuje na intelektualistkę.* – She pretends to be an intellectual./She poses as an intellectual.

pozór appearance [ə'pɪərəns], pretence [prɪ'tens]; *Pozory mylą.* – Appearances can be misleading. **zachowywać pozory** – to keep up appearances; **stwarzać pozory** – to make a pretence of; **z pozoru** (*pozornie*) – apparently/by the looks of it

pozwalać *p.* **pozwolić**

pozwolenie permission [pə'mɪʃn], consent [kən'sent], (*urzędowe*) permit ['pɜ:mɪt]; **pozwolenie na pracę** – a work permit; **udzielić pozwolenia** – to grant/to give a permit; *Nie chciała udzielić swego pozwolenia.* – She refused to give her permission. *Ona nie wyjdzie za niego za mąż bez pozwolenia ojca.* – She won't marry him without her father's consent. **za państwa pozwoleniem** – with your kind permission

pozwolić ❶ (*udzielić zezwolenia*) allow [ə'laʊ], let (let, let) [let, let, let], permit (tt) [pə'mɪt]; *Nie pozwolili nam wejść.* – We were not allowed to enter. *Nie pozwól chłopcu bawić się zapałkami.* – Don't let the boy play with matches. *Pozwól mi wyjaśnić.* – Let me explain. *Przyjdę jutro, o ile pogoda na to pozwoli.* – I'll come tomorrow, weather permitting. ❷ (*móc sobie pozwolić np. na kupno*) afford [ə'fɔ:d]; *Nie mogę sobie pozwolić na marnowanie czasu.* – I can't afford to waste time. *Możemy sobie pozwolić na taksówkę.* – We can afford to take a taxi. ❸ (*pozwolić sobie – udzielić sobie zezwolenia*) take the liberty to, dare [deə], venture ['ventʃə]; *Pozwoliłam sobie pożyczyć twoją maszynę do pisania.* – I took the liberty of borrowing your typewriter. *Pozwolę sobie nie zgodzić się.* – I venture to disagree. *Pozwolę sobie powiedzieć.* – I venture to say/I daresay. ❹ (*w formułach grzecznościowych*): *Pani pozwoli, że zapalę?* – May I smoke?/ /Would you mind if I smoked? *Pani pozwoli tędy.* – Would you step this way, please.

pozycja ❶ (*położenie*) position [pə'zɪʃn], situation [sɪtjʊ'eɪʃn]; **określić pozycję statku** – to fix the ship's position; **pozycja społeczna** – one's social position; **negocjować z pozycji siły** – to negotiate from a position of strength ❷ (*układ ciała*) position; **siedząca/leżąca pozycja** – a sitting/a lying position; **przybrać wygodną pozycję** – to assume a comfortable position ❸ *wojsk.* position [pə'zɪʃn]; **zaatakować pozycje nieprzyjaciela** – to attack the enemy's positions ❹ (*miejsce w rejestrze, spisie*) entry ['entrɪ], item ['aɪtəm] ❺ *sport.* position [pə'zɪʃn]

pozytyw positive ['pɒzətɪv]

pozytywny ❶ (*wyrażający zgodę*) positive ['pɒzətɪv], affirmative [ə'fɜ:mətɪv]; **pozytywna odpowiedź** – a positive/ /an affirmative answer ❷ (*dodatni, korzystny*) favourable ['feɪvərəbl], advantageous [ædvæn'teɪdʒəs], satisfactory [sætɪs'fæktərɪ]; **pozytywny wynik egzaminu** – a satisfactory exam result; **pozytywna strona** – the bright side

pożar fire ['faɪə]; **ugasić pożar** – to extinguish/to put out a fire; **opanować pożar** – to bring a fire under control; **wywołać pożar w domu** – to set fire to a house/to start a fire in the house; *Zeszłej nocy wybuchł pożar w szpitalu.* – Fire broke out in the hospital last night.

pożarny fire ['faɪə]; **straż pożarna** (*organizacja*) – the fire brigade; **samochód straży pożarnej** – a fire engine

pożądać desire [dɪ'zaɪə]

pożądanie desire [dɪ'zaɪə], lust [lʌst]

pożądany desirable [dɪ'zaɪərəbl]

pożądliwość greed [gri:d], greediness ['gri:dɪnəs]

pożądliwy greedy ['gri:dɪ], (*lubieżny*) lustful ['lʌstfʊl]

pożegnać say goodbye to sth/sb

pożegnać się say goodbye to sth/sb, bid sb goodbye, take one's leave

pożegnalny farewell ['feəwel], parting ['pɑ:tɪŋ]; **przyjęcie pożegnalne** – a farewell party; **mowa pożegnalna** – a farewell speech

pożegnanie farewell [feə'wel], parting ['pɑ:tɪŋ], goodbye [gʊd'baɪ]; **pocałować kogoś na pożegnanie** – to kiss sb goodbye; **odejść bez pożegnania** – to leave without saying goodbye

pożerać devour [dɪ'vaʊə]

pożyczać ❶ (*komuś*) lend (lent, lent) [lend, lent, lent]; *Czy możesz mi pożyczyć swój parasol?* – Can you lend me your umbrella? ❷ (*od kogoś*) borrow ['bɒrəʊ]; *Czy mogę pożyczyć twój parasol?* – May I borrow your umbrella? **pożyczyć pieniądze z banku** – to borrow money from the bank; **pożyczać książki z biblioteki** – to borrow books from the library

pożyczka loan [ləʊn]; **pożyczka nieoprocentowana** – an interest-free loan; **pożyczka długoterminowa/ /krótkoterminowa** – a long-term/a short-term loan; **spłacić pożyczkę** – to pay off/to repay a loan

pożyteczny useful ['ju:sfʊl]

pożytek use [ju:s]; benefit ['benɪfɪt]; good [gʊd]; *Jaki jest z tego pożytek?* – What's the use of it? **pracować z pożytkiem dla kraju** – to work for the good of one's country; *Będziemy mieli duży pożytek z nowego wynalazku.* – The new discovery will be of great benefit to us all.

pożywienie food [fu:d], nourishment ['nʌrɪʃmənt]

pożywny nourishing ['nʌrɪʃɪŋ], nutritious [nju:'trɪʃəs]

pójść go (went, gone) [gəʊ, went, gɒn]; **pójść do szpitala/do więzienia** – to go to hospital/to prison; **pójść w ślady** – to follow sb/to follow suit; *Wszystko poszło gładko.* – Everything went smoothly. **pójść za czyimś przykładem** – to follow sb's example; **pójść za czyjąś radą** – to follow sb's advice; *Ceny znowu poszły w górę.* – The prices went up again.

póki ❶ (*dot. kresu czynności*) till [tɪl], until [ʌn'tɪl]; *Poczekaj póki nie przyjdę.* – Wait till/until I come. ❷ (*dot. okresu trwania*) as long as, while [waɪl]; **póki jesteś jeszcze młody** – while you are still young; **póki czas** – before it's too late

pół half, *l.mn.* halves [hɑ:f, hɑ:vz]; **przeciąć coś na pół** – to cut sth in half; **dwa i pół kilograma** – two and a half kilograms; **pół tuzina** – half a dozen; **pół godziny** – half an hour; **pół do siódmej** – half past six; **w pół drogi** – half-way

półbut shoe [ʃu:]

półetat part-time job ['pɑ:ttaɪm'dʒɒb]; **pracować na półetacie** – to have a part-time job/to work part-time

półfinał semifinal [semɪ'faɪnl]

półgłosem in a subdued voice [-səb'dju:d'vɔɪs], softly ['sɒftlɪ]

półka shelf, *l.mn.* shelves [ʃelf, ʃelvz], (*w pociągu na bagaże*) rack [ræk]

półkula hemisphere ['hemɪsfɪə]; **półkula północna/południowa** – the Northern/the Southern Hemisphere

półmisek platter ['plætə]

półmrok twilight ['twaɪlaɪt], dusk [dʌsk], half-light ['hɑ:flaɪt]

północ ❶ (*pora*) midnight ['mɪdnaɪt]; **o północy** – at midnight ❷ (*strona świata*) north [nɔ:θ]; *Czy wiesz, gdzie jest północ?* – Do you know which way is north? **jechać/żeglować na północ** – to drive/to sail north; *On mieszka na północ od Warszawy.* – He lives to the north of Warsaw. *On mieszka na północy Anglii.* – He lives in the North of England. *Okno wychodzi na północ.* – The window is facing north. **zimny wiatr z północy** – a cold wind from the north

północnoamerykański North American [nɔ:θə'merɪkən]

północno-wschodni north-east [nɔ:θ'i:st], north-eastern [nɔ:θ'i:stən] (*użycie p.* **południowo-zachodni**)

północno-zachodni north-west [nɔ:θ-'west], north-western [nɔ:θ'westən] (*użycie p.* **południowo-zachodni**)

północny north [nɔ:θ], northern ['nɔ:ðən], northerly ['nɔ:ðəlı]; **Ameryka Północna** – North America; **biegun północny** – the North Pole; **półkula północna** – the Northern Hemisphere; **wiatr północny** – a north wind/a northerly wind; **posuwać się w kierunku północnym** – to go in a northerly direction

półrocze half-year ['hɑ:f jɜ:], (*w szkole*) semester [sə'mestə]

półroczny half-yearly [hɑ:f'jɜ:lı]; *Spotykamy się w odstępach półrocznych.* – We meet at half-yearly intervals.

półszlachetny semiprecious [semı-'preʃəs]

półśrodek half-measure ['hɑ:fmeʒə]

półtora one and a half

półwysep peninsula [pı'nınsjʊlə]

póty till [tıl], (not) until [-ʌn'tıl] (*p.* **dopóki**)

później later ['leıtə], later on ['leıtərɒn]; **prędzej czy później** – sooner or later

późniejszy later ['leıtə]

późno late [leıt]; *Wróciła do domu późno.* – She came home late. *Jest późno.* – It's late. *Robi się późno.* – It's getting late. *Lepiej późno niż wcale.* – Better late than never. *Nigdy nie jest za późno.* – It's never too late. **do późna w nocy** – until late at night

późny late [leıt]; **późną jesienią** – in late autumn; **późnym popołudniem** – in the late afternoon; **późna godzina** – a late hour; **późna starość** – advanced old age

prababka great grandmother [greıt'grænmʌðə]

praca ❶ (*działanie*) work [wɜ:k], labour ['leıbə]; *Mam dużo pracy.* – I have a lot of work to do. *Czy możesz mi pomóc w pracy?* – Can you help me with my work? **praca fizyczna** – physical labour; **praca naukowa** – research work; **podział pracy** – division of labour ❷ (*wytwór pracy*) work [wɜ:k]; **wystawa prac młodych malarzy** – en exhibition of the work of young painters; **praca magisterska/ /doktorska** – Master's thesis/dissertation/Ph.D. dissertation ❸ (*zajęcie, zatrudnienie*) work [wɜ:k], job [dʒɒb], occupation [ɒkjʊ'peıʃn]; *Wiele osób szuka pracy.* – Many people are looking for work. **być bez pracy** – to be out of work; **mieć dobrą pracę** – to have a good job; **dostać pracę/stracić pracę** – to get/to lose a job ❹ (*miejsce pracy*) work [wɜ:k]; **iść do pracy** – to go to work; **być w pracy** – to be at work; **koledzy z pracy** – friends from work

pracodawca employer [ım'plɔıə]

pracować ❶ work [wɜ:k]; *Pracuję ciężko przez cały dzień.* – I've been working hard all day. *Ona pracuje 30 godzin w tygodniu.* – She works 30 hours per week; **pracować w biurze** – to work in an office; **pracować w dużej firmie** – to work for a large firm ❷ (*być w ruchu, funkcjonować*) function ['fʌŋkʃn]

pracowitość diligence ['dılıdʒəns], industriousness [ın'dʌstrıəsnıs], industry ['ındəstrı]

pracowity ❶ (*o człowieku*) hard-working [hɑ:d'wɜ:kıŋ], diligent ['dılıdʒənt], industrious [ın'dʌstrıəs] ❷ (*wypełniony pracą*) busy ['bızı]; *Miałem pracowity dzień.* – I've had a busy day.

pracownia ❶ (*chemiczna, fizyczna*) laboratory [lə'bɒrətərı] ❷ (*malarska, rzeźbiarska*) studio ['stju:dıəʊ]

pracownik worker ['wɜ:kə], (*podwładny*) employee [emplɔı'i:]; **pracownik naukowy** – a research worker/a scientific worker

pracujący working ['wɜ:kıŋ]; **ciężko pracujący** – hard-working; **klasy pracujące** – the working classes

prać wash (the clothes) [wɒʃ-], launder ['lɔ:ndə]; **prać na sucho** – to dry--clean; **prać brudne pieniądze** – to launder money

pradziad great grandfather [greıt' grænfɑ:ðə]

pragnąć (*usilnie chcieć*) want [wɒnt], desire [dɪ'zaɪə], wish [wɪʃ], long (for) [lɒŋ-]; *On ma wszystko, czego można zapragnąć.* – He has everything one could wish for. *Pragnę cię znowu zobaczyć.* – I'm longing to see you again. *Pragnę jego szczęścia.* – I want him to be happy. *Pragnęła, żeby poprosił ją do tańca.* – She longed for him to ask her to dance

pragnienie ❶ (*życzenie, dążenie*) wish [wɪʃ], desire [dɪ'zaɪə]; **spełnić/zaspokoić czyjeś pragnienie** – to fulfil sb's wish/to satisfy sb's desire; **wyrazić pragnienie** – to express a wish ❷ (*uczucie, gdy chce się pić*) thirst [θɜ:st]; **odczuwać pragnienie** – to be thirsty; **zaspokoić pragnienie** – to quench one's thirst; **umrzeć z pragnienia na pustyni** – to die of thirst in the desert; **pragnienie wiedzy/sławy** – a thirst for knowledge/fame

praktyczny practical ['præktɪkl]

praktyka ❶ (*działalność*) practice ['præktɪs]; **zastosować coś w praktyce** – to put (a plan) into practice; *W praktyce to się może nie udać.* – It may not work in practice. ❷ (*wykonywanie zawodu lekarza, prawnika*) practice; **praktyka lekarska/adwokacka** – medical/legal practice; **praktyka prywatna** – private practice; **rozpocząć praktykę lekarską** – to start practising as a doctor ❸ (*okres szkolenia praktycznego w zawodzie*) training ['treɪnɪŋ], practical training

praktykant trainee [treɪ'ni:]

pralka washing-machine ['wɒʃɪŋmə'ʃi:n]

pralnia laundry ['lɔ:ndrɪ], (*chemiczna*) dry-cleaner's [draɪ'kli:nəz]; *Musisz oddać to do pralni (chemicznej).* – You must have it dry-cleaned.

pranie ❶ (*czynność prania bielizny*) washing ['wɒʃɪŋ], wash [wɒʃ], laundering ['lɔ:ndərɪŋ]; **proszek do prania** – washing-powder; **robić pranie** – to do the washing; *pot. Wszystkie ręczniki są w praniu.* – All the towels are in the wash. *Wszystkie ręczniki poszły do prania.* – All the towels have gone to the wash. *Sweter skurczył się w praniu.* – The pullower has shrunk in the wash. **pranie brudnych pieniędzy** – money laundering ❷ (*bielizna do prania*) laundry ['lɔ:ndrɪ], wash [wɒʃ], washing ['wɒʃɪŋ]; **rozwiesić pranie** – to hang out the washing; *W tym tygodniu jest duże pranie.* – There is a large wash/much laundry this week.

◆ **pranie mózgów** – brainwashing (*manipulacja świadomością*)

prasa ❶ (*maszyna, urządzenie mechaniczne*) press [pres]; **prasa hydrauliczna** – a hydraulic press; **prasa drukarska** – a printing-press ❷ (*dzienniki i czasopisma*) press [pres]; **prasa lokalna** – the local press; **wolność prasy** – freedom of the press; **przegląd prasy** – a press review; **mieć dobrą/złą prasę** – to get a good/bad press ❸ (*ogół dziennikarzy*) the Press [-'pres]; *Prasy nie wpuszczono.* – The Press were not allowed to enter.

prasować press [pres], iron ['aɪən]

prasowanie ironing ['aɪənɪŋ]

prasowy press [pres]; **konferencja prasowa** – a press conference; **komentarz prasowy** – a press comment

prastary ancient ['eɪnʃənt]

prawda truth [tru:θ]; *Czy to prawda?* – Is it true? **mówić prawdę** – to tell the truth; **ustalić/znaleźć/odkryć prawdę** – to establish/to find/to reveal the truth; **naga/gorzka prawda** – the naked/bitter truth; *Jest ziarno prawdy w tym, co on mówi.* – There is a grain/ /a kernel of truth in what he says. **prawdę mówiąc** – to tell the truth/to be quite truthful/to be quite honest/ /frankly speaking; **spojrzeć prawdzie w oczy** – to face the truth

prawdomówny truthful ['tru:θfʊl]

prawdopodobieństwo probability [prɒbə'bɪlətɪ], likelihood ['laɪklɪhʊd]; *Jest małe prawdopodobieństwo, że on przyjdzie.* – There is little probability that he will come. **według wszelkiego prawdopobieństwa** – in all probability

P

prawdopodobny probable ['prɒbəbl], likely ['laɪklɪ]

prawdziwość genuineness ['dʒenjʊɪnnɪs], authenticity [ɔ:θən'tɪsətɪ]

prawdziwy real [rɪəl], authentic [ɔ:'θentɪk], genuine ['dʒenjʊɪn], true [tru:], (*absolutny*) positive ['pɒzətɪv]; **prawdziwa miłość** – true love; *On jest prawdziwym dżentelmenem.* – He is a real gentleman. **prawdziwy jedwab** – real silk; **prawdziwe perły** – real/genuine pearls; *To prawdziwy cud, że on ocalał.* – It's a positive miracle that he survived.

prawidłowość regularity [regjʊ'lærətɪ]

prawidłowy correct [kə'rekt], proper ['prɒpə]

prawie nearly ['nɪəlɪ], almost ['ɔ:lməʊst], (*w przeczeniu*) hardly ['hɑ:dlɪ]; *Jest prawie północ.* – It's nearly midnight. *On prawie zawsze się spóźnia.* – He almost always comes late. *On prawie nigdy się nie uśmiecha.* – He hardly ever smiles. *Prawie nikt mu nie uwierzył.* – Hardly anyone believed him.

prawniczy legal ['li:gl]; **zawód prawniczy** – the legal profession

prawnik lawyer ['lɔ:jə]

prawnuczka great granddaughter [greɪt-'grændɔ:tə]

prawnuk great grandson [greɪt'grænsʌn]

prawny legal ['li:gl], lawful ['lɔ:fʊl]; **zasięgnąć porady prawnej** – to seek legal advice; **podjąć kroki prawne** – to take legal action; **podjąć postępowanie prawne przeciw komuś** – to take legal action/proceedings against sb; **środki prawne** – lawful means; *On jest prawnym właścicielem.* – He is the lawful owner.

prawo[1] ❶ (*ogół przepisów*) the law [-lɔ:]; **przestrzegać prawa** – to obey/observe the law; **złamać prawo** – to break the law; *To jest niezgodne z prawem.* – It's against the law. **wziąć prawo w swoje ręce** – to take the law into one's own hands; **utrzymywać prawo i porządek** – to maintain law and order; **prawo cywilne/karne/rodzinne** – civil/criminal/family law; **prawo dżungli** – the law of the jungle; **być ponad prawem** – to be above the law ❷ (*norma prawna*) law [lɔ:]; *Nowe prawo wchodzi w życie w przyszłym miesiącu.* – The new law comes into force next month. **interpretować prawo** – to interpret a law; **znieść prawo** – to annul a law; **niepisane prawo** – an unwritten law ❸ (*nauka prawa*) law [lɔ:]; **studiować prawo** – to study law; **student prawa** – a law student ❹ (*zasada*) law [lɔ:]; **prawa fizyki** – the laws of physics; **prawo grawitacji** – the law of gravity ❺ (*uprawnienie*) right [raɪt]; **prawa obywatelskie** – civil rights; **prawa człowieka** – human rights; **prawa wyborcze** – voting rights/the right to vote; **prawo pierwszeństwa** – the right-of-way; **prawa autorskie** – copyright; **wszystkie prawa zastrzeżone** – all rights reserved; *Jakim prawem tak mówisz?* – What right do you have to say that? *Czy oni mieli prawo go aresztować?* – Did they have the right to arrest him?

prawo[2] (*prawa strona*) the right [-raɪt]; *Skręcić w prawo.* – Turn right/to the right.

prawostronny right-hand [raɪt'hænd]; **ruch prawostronny** – right-hand traffic

prawość righteousness ['raɪtʃəsnɪs], integrity [ɪn'tegrətɪ]

prawowity lawful ['lɔ:fʊl], legitimate [lɪ'dʒɪtɪmət]; **prawowity spadkobierca** – the legitimate/legal heir

prawy[1] ❶ (*szlachetny, uczciwy*) honest ['ɒnɪst], upright ['ʌpraɪt] ❷ (*legalny*) legitimate [lɪ'dʒɪtɪmət], lawful ['lɔ:fʊl]

prawy[2] (*dot. położenia*) right [raɪt]; **po prawej stronie** – on the right side/on the right; **prawe skrzydło partii** – the right wing of a party

prąd ❶ (*nurt wody, ruch powietrza*) current ['kʌrənt], stream [stri:m]; **płynąć pod prąd/z prądem** – to swim against/with the current; **prąd powietrza** – a current of air; *Liście płynęły z prądem.* – Leaves were moving with the stream. ❷ (*kierunek w literaturze, sztuce*) current ['kʌrənt], trend

P

[trend]; **współczesne prądy w literaturze** – contemporary trends in literature ❸ (*prąd elektryczny*) current ['kʌrənt]; **prąd elektryczny** – electric current; **prąd stały/zmienny** – direct/ /alternating current

precedens precedent ['presɪdənt]; **fakt bez precedensu** – unprecedented fact

precyzyjny precise [prɪ'saɪs], exact [ɪg'zækt]; **narzędzia/instrumenty precyzyjne** – precision tools/instruments

precz:
down with [daʊn'wɪð]; *Precz z rządem!* – Down with the government! – *Idź precz!* – Go away!

prelekcja lecture ['lektʃə], talk [tɔ:k]; **wygłosić prelekcję** – to give a lecture/a talk

preludium prelude ['prelju:d]

premedytacja premeditation [pri:medɪ'teɪʃn]; **morderstwo z premedytacją** – a premeditated murder

premia bonus ['bəʊnəs], premium ['pri:mjəm]

premier (*w W. Bryt.*) Prime Minister [praɪm'mɪnɪstə], premier ['premjə]

premiera premiére ['premɪeə], first night [fɜ:st'naɪt]

prenumerata subscription [səb'skrɪpʃn]; **prenumerata czasopisma** – a subscription to a magazine

prenumerować subscribe [səb'skraɪb]; **prenumerować czasopismo** – to subscribe to a magazine

preria prairie ['preərɪ]

presja pressure ['preʃə]; **wywierać presję na kogoś** – to put pressure on sb/ /to bring pressure to bear on sb; **pod presją** – under pressure

prestiż prestige [pre'sti:ʒ]; **mieć prestiż/cieszyć się prestiżem w społeczeństwie** – to have/to enjoy prestige in the community; **stracić prestiż** – to lose prestige

prestiżowy prestigious [pre'stɪdʒəs]

pretekst pretext ['pri:tekst], excuse [ɪk'skju:s]; *Wrócił pod pretekstem, że zapomniał parasola.* – He returned under the pretext of having forgotten his umbrella. *Muszę znaleźć jakiś pretekst, żeby nie pójść na ich ślub.* – I must find a pretext for not going to their wedding.

pretensja ❶ (*wymaganie, żądanie*) claim [kleɪm]; **rościć sobie pretensje do czegoś** – to lay claim to sth ❷ (*żal*) resentment [rɪ'zentmənt], grievance ['gri:vns], grudge [grʌdʒ]; *Nie mam do niego pretensji.* – I bear him no grudge. **mieć do kogoś pretensje** – to harbour/to bear a grievance against sb; *Ona ma pretensję, że tak ją traktowano.* – She bears resentment over the way she was treated.

pretensjonalność pretentiousness [prɪ'tenʃəsnɪs], affectation [æfək'teɪʃn]

pretensjonalny pretentious [prɪ'tenʃəs], pompous ['pɒmpəs], affected [ə'fektɪd]

prezent present ['preznt], gift [gɪft]; **prezent urodzinowy/ślubny/gwiazdkowy** – a birthday/a wedding/a Christmas present; **dać komuś prezent** – to give sb a present; **dostać prezent** – to get a present

prezerwatywa condom ['kɒndəm]

prezes president ['prezɪdənt], chairman, *l.mn.* chairmen ['tʃeəmən]

prezydencki presidential [prezɪ'denʃl]; **wybory prezydenckie** – a presidential election

prezydent president ['prezɪdənt]; *Został wybrany prezydentem.* – He was elected president. **prezydent Stanów Zjednoczonych** – President of the United States

prezydentura presidency ['prezɪdənsɪ]

prędki quick [kwɪk], rapid ['ræpɪd], swift [swɪft]

prędko quickly ['kwɪklɪ], rapidly ['ræpɪdlɪ], swiftly ['swɪftlɪ]

prędkość speed [spi:d], *fiz.* velocity [vɪ'lɒsətɪ]; **nabrać prędkości** – to gather/to pick up speed; **osiągnąć prędkość 100 kilometrów na godzinę** – to reach a speed of one hundred kilometres per hour; **prędkość dźwięku** – the velocity of sound/the speed at which sound travels

pręt rod [rɒd], bar [bɑ:]
priorytet priority [praɪ'ɒrətɪ]
problem problem ['prɒbləm]; **powodować problemy** – to cause/to create problems; **rozwiązać problem** – to solve a problem; *On ma problemy z synem.* – He has problems with his son.
problematyczny problematic [prɒblə'mætɪk]
proboszcz parish priest ['pærɪʃ'pri:st]
probówka test-tube ['testju:b]
proca catapult ['kætəpʌlt], sling [slɪŋ]
procent ❶ (*setna część*) percentage [pə'sentɪdʒ]; *Wzrastający procent ludności jest dotknięty bezrobociem.* – An increasing percentage of the population are unemployed. **20%** – twenty per cent; *Sprzedawca dostaje procent od wszystkiego, co sprzedaje.* – The salesman gets a percentage on everything he sells. ❷ (*odsetki – dochód, jaki daje kapitał*) interest ['ɪntrɪst]; **zwrócić pieniądze z procentem** – to repay money with interest; **płacić procent od kapitału** – to pay interest on a capital sum
procentowy per cent [pə'sent]; **wzrost 10-procentowy** – a 10 per cent increase; **stopa procentowa** – the rate of interest/the interest rate
proces ❶ (*przebieg*) process ['prəʊses] ❷ *prawn.* lawsuit ['lɔ:su:t], (*w sprawie karnej*) trial ['traɪəl]; **proces o zabójstwo** – a trial for murder/a murder trial; **wytoczyć komuś proces o zniesławienie** – to sue sb for libel
procesja procession [prə'seʃn]
procesować się sue sb [su:-/sju:-], bring a legal action against sb, take legal proceedings against sb
proch ❶ (*materiał wybuchowy*) gunpowder ['gʌnpaʊdə] ❷ (*prochy – popioły*) ashes ['æʃɪz]
producent producer [prə'dju:sə], manufacturer [mænjʊ'fæktʃərə]
produkcja ❶ (*wytwarzanie*) production [prə'dʌkʃn], manufacture [mænjʊ'fæktʃə]; **masowa produkcja** – mass production; **produkcja węgla/stali** – coal/steel production; **środki produkcji** – means of production; **zwiększyć/przyspieszyć produkcję** – to increase/to speed up production; *Produkcja nowego samochodu rusza w przyszłym miesiącu.* – Production of the new car will start next month. ❷ (*to, co zostało wyprodukowane*) produce ['prɒdju:s]; **produkcja rolna** – farm produce
produkcyjny production [prə'dʌkʃn]; **linia produkcyjna** – production line
produkować produce [prə'dju:s], manufacture [mænjʊ'fæktʃə], make (made, made) [meɪk, meɪd, meɪd]; **produkować samochody** – to produce/to manufacture cars; **produkować żywność na eksport** – to produce food for export; **wyprodukowane w Polsce** – made in Poland/(*o produktach spożywczych*) Produce of Poland
produkt product ['prɒdʌkt]; **produkt wysokiej jakości** – a high-quality product; **produkt uboczny** – a by-product; **produkt końcowy** – an end-product; **produkty rolne** – farm produce; **produkt polski** (*o produkcie spożywczym*) – Produce of Poland; **produkt globalny** – the gross national product (GNP)
produktywność productivity [prɒdʌk'tɪvətɪ]
produktywny productive [prə'dʌktɪv]
profesja profession [prə'feʃn], occupation [ɒkjʊ'peɪʃn]
profesjonalista professional [prə'feʃənl], pro [prəʊ]
profesjonalny professional [prə'feʃənl]
profesor professor [prə'fesə]
profil profile ['prəʊfaɪl]; **z profilu** – in profile
prognoza prognosis, *l.mn.* prognoses [prɒg'nəʊsɪs, prɒg'nəʊsi:z], forecast ['fɔ:kɑ:st]; **prognoza na przyszłość** – the prognosis for the future; **pomyślna prognoza ekonomiczna** – a favourable economic prognosis; **prognoza pogody** – a weather forecast; **prognoza długoterminowa/ /krótkoterminowa** – a long-range/ /a short-range forecast

p

prognozować forecast (forecast, forecast/-ed) ['fɔ:kɑ:st, 'fɔ:kɑ:st, 'fɔ:kɑ:st]; **prognozować wyniki wyborów** – to forecast the outcome of the election

program ❶ (*plan*) programme ['prəʊgræm], *am.* program; **program polityczny** – a political programme; **program modernizacji** – a programme of modernization; *Jaki mamy program na jutro?* – What's on the program for tomorrow? ❷ (*teatralny, telewizyjny*) programme ['prəʊgræm]; *Dziś jest interesujący program w telewizji.* – There's an interesting programme on TV tonight. ❸ (*zakres wiedzy wykładanej w szkole*) programme ['prəʊgræm], syllabus ['sɪləbəs], curriculum [kə'rɪkjʊləm]; *Niemiecki nie mieścił się w programie naszej szkoły.* – German was not on our school's curriculum. ❹ (*program komputerowy*) program ['prəʊgræm]; **napisać/opracować program** – to write a program

programować programme ['prəʊgræm], (*opracowywać program komputerowy*) program (mm) ['prəʊgræm]

prohibicja prohibition [prəʊɪ'bɪʃn]

projekt ❶ (*zamysł*) project ['prɒdʒekt], scheme [ski:m], plan [plæn]; **wprowadzić projekt w życie** – to put a plan into operation; **wykonać projekt** – to carry out a project ❷ (*plan, szkic*) design [dɪ'zaɪn], plan [plæn]; **sporządzić projekty** – to draw up plans

projektant designer [dɪ'zaɪnə]; **projektant mody** – a fashion designer; **projektant samolotów** – an aircraft designer; **projektant wnętrz** – an interior designer/decorator

projektować (*opracowywać projekt*) design [dɪ'zaɪn]

prokurator public prosecutor [pʌblɪk'prɒsɪkjʊtə], (*w USA – prokurator okręgowy*) district attorney ['dɪstrɪktə'tɜ:nɪ]

prokuratura public prosecutor's office/ /department

prom ferry ['ferɪ], (*kosmiczny*) space shuttle [speɪs'ʃʌtl]

promenada promenade [prɒmə'nɑ:d], (*nadmorska*) sea front ['si:frʌnt]

promieniotwórczy *chem.* radioactive [reɪdɪəʊ'æktɪv]; **pierwiastki promieniotwórcze** – radioactive elements

promieniowanie radiation [reɪdɪ'eɪʃn], rays [reɪz]; **promieniowanie jądrowe** – nuclear radiation; **promieniowanie kosmiczne/gamma/podczerwone/ultrafioletowe** – cosmic/gamma/infrared/ultraviolet rays

promienny radiant ['reɪdjənt]; **promienny uśmiech** – a radiant smile

promień ❶ (*wiązka świetlna itp.*) ray [reɪ]; **promienie słoneczne** – rays of the sun/sunrays; **promienie rentgenowskie/gamma** – X rays/gamma rays ❷ *mat., geom.* radius, *l.mn.* radii ['reɪdjəs, 'reɪdɪaɪ]; **promień koła** – a radius of a circle; *Przeszukali las w promieniu sześciu mil.* – They searched the woods within a six-mile radius.

propaganda propaganda [prɒpə'gændə]

propagować propagate ['prɒpəgeɪt]

proponować propose [prə'pəʊz], suggest [sə'dʒest], offer ['ɒfə]; *Proponuję, żebyśmy wcześnie wyruszyli.* – I suggest/propose that we (should) start early. *Zaproponowałam go jako kandydata na stanowisko prezydenta.* – I proposed him as a candidate for the presidency. *Zaproponował, żeby pojechać wcześniejszym pociągiem.* – He suggested taking an earlier train. *Zaproponowałam mu, żebyśmy zwołali zebranie.* – I suggested to him that we (should) call the meeting. *Zaproponowano mu pracę w Kanadzie.* – He's been offered a job in Canada. *Firma zaproponowała pracę komu innemu.* – The firm offered the job to somebody else. *Zaproponowałem, że mu pomogę, ale odmówił.* – I offered to help him, but he refused.

proporcja proportion [prə'pɔ:ʃn]

proporcjonalnie in proportion, proportionately [prə'pɔ:ʃnətlɪ]

proporcjonalny proportional [prə'pɔ:ʃənl]; **wprost/odwrotnie proporcjonalny do** – directly/inversely proportional to; *Cena wyrobu powinna być* *proporcjonalna do kosztu jego produkcji.* – The price of the product should be proportional to the cost of production. *Wzrost cen nie jest proporcjonalny do dochodów.* – Rising prices are out of proportion to income.

propozycja proposal [prə'pəʊzl], suggestion [sə'dʒestʃən], offer ['ɒfə], (*w biznesie*) proposition [prɒpə'zɪʃn]; **wystąpić z propozycją** – to put forward a proposal/to make a suggestion

prosić ❶ (*starać się skłonić do czegoś*) ask [ɑ:sk], request [rɪ'kwest]; *Poprosił szefa o podwyżkę.* – He asked his boss for a rise. *Prosiłam go, żeby pożyczył mi samochód.* – I asked him to lend me his car. *Czy mogę cię prosić o przysługę?* – May I ask a favour of you? *Prosimy nie palić.* – You are kindly requested not to smoke. ❷ (*zapraszać*) ask [ɑ:sk], invite [ɪn'vaɪt]; **prosić kogoś na obiad** – to ask sb/to invite sb to dinner ❸ (*w zwrotach grzecznościowych*); *Dziękuję. – Proszę.* – Thank you. – You are welcome./That's all right. *Przepraszam. – Proszę.* – I'm sorry. – It's/That's all right. *Proszę, otwórz okno.* – Please, open the window./Would you open the window, please? *Czy mógłbyś podać mi tę książkę? – Proszę!* – Could you pass me that book? – Here you are! *Czy mógłbym zapalić? – Ależ proszę!* – May I smoke? – Yes, certainly!/Yes, please, do./Yes, by all means. *Proszę panią tędy.* – Would you please step this way. *Proszę!* (*odpowiedź na pukanie do drzwi*) – Come in! *Proszę pana/Proszę pani* – Mr (+ nazwisko)/Mrs (+ nazwisko) *Proszę Państwa!* – Ladies and Gentlemen! ❹ (*wykrzyknik tylko w formie „proszę"*) please [pli:z]; *Proszę mi wierzyć...* – Please, believe me... *Proszę o ciszę!* – Silence, please! *Proszę (cię), nie mów o tym nikomu.* – Please, don't tell it to anyone. ❺ (*wyrażające zdumienie*): *Proszę, proszę!/No i proszę!* – Well, well, well!

prospekt brochure ['brəʊʃə], prospectus [prə'spektəs]; **prospekt biura podróży** – a travel/a holiday brochure

prosto ❶ (*nie odchylając się*) straight [streɪt]; *Proszę iść prosto, potem skręcić w lewo.* – Keep straight on, then turn left. *Był zbyt pijany, żeby iść prosto.* – He was too drunk to walk straight. *Poszłam prosto do domu.* – I went straight home. **mleko prosto od krowy** – milk straight from the cow; *Powiedziałam mu prosto z mostu, że...* – I told him straight that... ❷ (*w sposób nieskomplikowany*) simply ['sɪmplɪ]; *To można prosto wyjaśnić.* – It can be simply explained. **po prostu** – simply; *To było po prostu straszne.* – It was simply terrible.

prostokąt rectangle [rek'tæŋgl]

prostokątny rectangular [rek'tæŋgjʊlə]

prostopadły perpendicular [pɜ:pən'dɪkjʊlə]

prostota simplicity [sɪm'plɪsətɪ]

prostować straighten ['streɪtn], put straight

prosty ❶ (*nie krzywy*) straight [streɪt]; **linia prosta** – a straight line; **proste włosy** – straight hair ❷ (*o człowieku – stojący na niskim stopniu rozwoju intelektualnego*) simple ['sɪmpl]; **prosty żołnierz** – a simple soldier ❸ (*nieskomplikowany*) simple ['sɪmpl]; **proste zadanie** – a simple task; **prosty problem** – a simple problem

prostytucja prostitution [prɒstɪ'tju:ʃn]

prostytutka prostitute ['prɒstɪtju:t]

proszek ❶ (*drobno pokruszona substancja*) powder ['paʊdə]; **proszek do prania** – washing powder; **proszek do pieczenia** – baking powder; **mleko w proszku** – powdered milk ❷ (*lekarstwo, tabletka*) powder ['paʊdə], tablet ['tæblɪt]; **proszek nasenny** – a sleeping tablet

prośba request [rɪ'kwest]; *Przyszedłem na jego prośbę.* – I came at his request. *Mam do ciebie prośbę.* – I have a favour to ask of you./There's something I'd like to ask you for. **odrzucić prośbę** – to deny/to reject a request

protest protest ['prəutest]; **wyrazić protest** – to express/to voice a protest; **złożyć protest** – to lodge a protest; **na znak protestu przeciwko** – in protest against

protestacyjny protest ['prəutest]; **nota protestacyjna** – a note of protest; **demonstracja protestacyjna** – a protest demonstration

protestancki *rel.* Protestant ['prɒtɪstənt]

protestant *rel.* Protestant ['prɒtɪstənt]

protestantyzm *rel.* Protestantism ['prɒtɪstəntɪzm]

protestować protest [prəu'test]

proteza ❶ (*sztuczna szczęka*) denture ['dentʃə] ❷ (*sztuczna część ciała*) artificial limb [ɑ:tɪ'fɪʃl'lɪm]

protokołować record [rɪ'kɔ:d], (*robić notatki z zebrania*) take the minutes

protokół ❶ (*ceremoniał dyplomatyczny*) protocol ['prəutəkɒl] ❷ (*akt urzędowy*) official record [ə'fɪʃl'rekɔd] ❸ (*pisemne sprawozdanie z obrad*) minutes ['mɪnɪts]

prototyp prototype ['prəutətaɪp]

prowadzić ❶ (*wieść*) lead (led, led) [li:d, led, led]; **prowadzić kogoś za rękę** – to lead sb by the hand; **prowadzić konia za uzdę** – to lead a horse by the bridle; **prowadzić podwójne życie** – to lead a double life; *Ta ścieżka prowadzi do rzeki.* – This path leads to the river. *Wszystkie drogi prowadzą do Rzymu.* – All roads lead to Rome. *Ta rozmowa do niczego nie prowadzi.* – The conversation is leading nowhere. ❷ (*kierować pojazdem*) drive (drove, driven) [draɪv, drəuv, 'drɪvn]; **prowadzić samochód** – to drive a car; *On dobrze prowadzi.* – He drives well. *Wolę prowadzić niż być pasażerem.* – I prefer driving to being driven. ❸ (*kierować kimś, czymś*) lead (led, led) [li:d, led, led], run (ran, run) [rʌn, ræn, rʌn], conduct [kən'dʌkt]; **prowadzić dom** – to keep house/to run the house; **prowadzić hotel/sklep/interes** – to run a hotel/a shop/a business; **prowadzić orkiestrę** – to conduct an orchestra ❹ (*realizować*) carry on [kærɪ'ɒn], conduct [kən'dʌkt]; **prowadzić rozmowę/dialog** – to conduct a conversation/a dialogue; **prowadzić badania naukowe** – to conduct/to carry on research; **prowadzić zajęcia** (*w szkole*) – to conduct/to give classes ❺ (*być na przedzie*) lead (led, led) [li:d, led, led]

prowadzić się behave [bɪ'heɪv], conduct oneself [kən'dʌktwʌn'self]

prowiant provisions [prə'vɪʒnz], victuals ['vɪtlz]

prowincja ❶ (*część kraju poza stolicą*) the provinces [-'prɒvɪnsɪz], the country [-'kʌntrɪ] ❷ (*jednostka administracyjna*) province ['prɒvɪns]

prowincjonalny provincial [prə'vɪnʃl]

prowizja percentage [pə'sentɪdʒ]; *Sprzedawca dostaje prowizję od wszystkiego, co sprzeda.* – A salesman gets a percentage on everything he sells.

prowokacja provocation [prɒvə'keɪʃn]

prowokacyjny provocative [prə'vɒkətɪv]

prowokator (*tajny agent*) agent provocateur [ɑ:ʒɑ̃:prəvɒkə'tɜ:]

prowokować provoke [prə'vəuk]

prowokujący provocative [prə'vɒkətɪv]

proza prose [prəuz]

próba ❶ (*próbowanie, sprawdzenie*) trial ['traɪəl]; **metoda prób i błędów** – the trial-and-error method; **uczyć się metodą prób i błędów** – to learn by trial and error; **przejść ciężką próbę** – to go through an ordeal; **próba sił** – a show-down; **próba ciążowa** – pregnancy test ❷ (*usiłowanie*) attempt [ə'temt]; **daremna próba** – a futile/ /vain/fruitless attempt; **nieudana próba** – an unsuccesful attempt; **podjąć próbę** – to make an attempt ❸ (*próba teatralna*) rehearsal [rɪ'hɜ:sl]; **robić próbę** – to hold a rehearsal; **próba kostiumowa** – a dress rehearsal ❹ (*stempel urzędu probierczego*) hallmark ['hɔ:lmɑ:k]

próbka sample ['sɑ:mpl]

próbny trial ['traɪəl]; **zatrudnić kogoś na okres próbny** – to employ sb for a trial period; **jazda próbna** – a trial run

próbować ❶ (*usiłować*) try [traı], attempt [ə'temt]; *Próbował otworzyć puszkę.* – He tried to open the box. *Próbował znaleźć pracę.* – He attempted to find a job. ❷ (*sprawdzać*) try [traı]; *Czy próbowałaś tego nowego proszku do prania?* – Have you tried the new washing powder? ❸ (*kosztować, smakować*) taste [teıst] ❹ (*odbywać próbę teatralną*) rehearse [rı'hɜ:s]; **próbować nową sztukę** – to rehearse for a new play

próchnica ❶ *dent.* caries ['keərıi:z], tooth decay [tu:θdı'keı] ❷ (*rodzaj ziemi*) humus ['hju:məs]

próchnieć rot (tt) [rɒt]

prócz *p.* **oprócz**

próg ❶ (*domu*) doorstep ['dɔ:step], threshold ['θreʃəʊld]; **przekroczyć próg** – to cross the threshold; **na progu** – on the doorstep ❷ *przen.* threshold ['θreʃəʊld], verge [vɜ:dʒ]; **na progu nowej ery** – on the threshold of a new era; **na progu bankructwa** – on the verge of bankruptcy; **wysoki/niski próg bólu** – high/low pain threshold

próżnia *fiz.* vacuum ['vækjʊəm]; *pot.* (pustka) void [vɔıd]

próżniactwo idleness ['aıdlnıs]

próżniaczy idle ['aıdl], lazy ['leızı]; **próżniacze życie** – idle life

próżno:
na próżno – in vain

próżność vanity ['vænətı]

próżnować laze [leız], idle one's time away

próżny ❶ (*pełen próżności*) vain [veın] ❷ (*daremny*) vain [veın], futile ['fju:taıl], idle ['aıdl], fruitless ['fru:tlıs]; **próżna nadzieja** – vain hope; **próżne obietnice** – idle/vain promises; **próżne usiłowanie** – a vain attempt ❸ (*pusty*) empty ['emptı]; **z próżnymi rękoma** – empty-handed

prymas primate ['praımət]

prymitywny primitive ['prımıtıv]; **prymitywna kultura** – primitive culture; **prymitywne warunki życia** – primitive living conditions

pryskać splash [splæʃ], spray [spreı]; *Dzieci pryskały się nawzajem wodą.* – Children splashed water over each other. **pryskać plony środkiem owadobójczym** – to spray crops with pesticide

pryszcz pimple ['pımpl]

pryszczaty pimpled ['pımpld]

prysznic shower ['ʃaʊə]; **wziąć prysznic** – to take a shower

prywatny private ['praıvıt]; **prywatna własność** – private property; **życie prywatne** – private life; **moim prywatnym zdaniem** – in my private opinion

przebaczać forgive (forgave, forgiven) [fə'gıv, fə'geıv, fə'gıvn]

przebaczenie forgiveness [fə'gıvnıs]; **prosić o przebaczenie** – to ask for forgiveness

przebieg course [kɔ:s], run [rʌn]

przebiegać ❶ (*przenosić się z miejsca na miejsce*) run (ran, run) [rʌn, ræn, rʌn]; **przebiec przez ulicę** – to run across the street; *Dreszcz przebiegł mi po plecach.* – A shiver ran down my spine. ❷ (*odbywać się*) take a course [teıkə'kɔ:s], progress [prə'gres], get on [get'ɒn] (got, got); *Choroba przebiega normalnie.* – The illness is taking its normal course.

przebiegłość cunning ['kʌnıŋ], craftiness ['krɑ:ftınıs]

przebiegły cunning ['kʌnıŋ], crafty ['krɑ:ftı]

przebierać ❶ (*wybredzać, grymasić*) pick and choose [pıkənd'tʃu:z], be fussy [bi:'fʌsı]; **nie przebierać w słowach** – not to mince words; **nie przebierać w środkach** – to have no scruples ❷ *pot.* (*oddzielać dobre od np. zepsutych*) sort out [sɔ:t'aʊt] ❸ (*zmienić komuś ubranie*) change [tʃeındʒ] ❹ (*zmienić komuś wygląd*) disguise [dız'gaız]; **przebrać kogoś za policjanta** – to disguise sb as a policeman

◆ **przebrać miarę** – to go too far

przebierać się ❶ (*zmieniać ubranie*) change [tʃeɪndʒ]; *Poszłam się przebrać do swojego pokoju.* – I went to my room to change. **przebrać się do obiadu** – to change for dinner; **przebrać się w suche ubranie** – to change into dry clothes ❷ (*za kogoś*) disguise oneself [dɪz'gaɪz wʌn'self]; *Przebrali się za policjantów.* – They disguised themselves as policemen.

przebłysk flash [flæʃ], ray [reɪ], glimmer ['glɪmə], stroke [strəʊk]; **przebłysk nadziei** – a glimmer/a ray of hope; **przebłysk intuicji** – a flash of intuition

przebój hit [hɪt]

przebrać *p.* **przebierać**

przebranie disguise [dɪz'gaɪz]; **w przebraniu** – in disguise

przebudowa reconstruction [ri:kən'strʌkʃn]

przebudzenie awakening [ə'weɪknɪŋ]

przebyć ❶ (*przejść, przejechać przestrzeń*) cover ['kʌvə], travel ['trævl]; **przebyć odległość 1000 mil** – to travel/to cover a distance of 1000 miles ❷ (*przeżyć*) experience [ɪk'spɪərɪens], get through [get'θru:] (got, got), go through [gəʊ'θru:] (went, gone), pass through [pɑ:s'θru:], undergo (underwent, undergone) [ʌndə'gəʊ, ʌndə'went, ʌndə'gɒn]; **przebyć operację** – to undergo an operation

przebywać (*znajdować się*) be (was/ /were, been) [bi:, wɒs/wɜ:, bi:n], abide [ə'baɪd], dwell [dwel]; *Czy wiesz przypadkiem, gdzie on przebywa w tej chwili?* – Do you happen to know where he is at the moment?

przecena reduction of/in prices

przeceniać ❶ (*cenić zbyt wysoko*) overestimate [əʊvər'estɪmeɪt] ❷ (*obniżać cenę*) reduce the price

przechadzać się stroll [strəʊl]; **przechadzać się po parku** – to stroll around in the park

przechadzka stroll [strəʊl]; **iść na przechadzkę** – to go for a stroll

przechodzić *p.* **przejść**

przechowalnia (*bagażu*) left-luggage office [left'lʌgɪdʒɒfɪs]

przechowywać keep (kept, kept) [ki:p, kept, kept], preserve [prɪ'zɜ:v]

przechwalać się boast [bəʊst], brag (gg) [bræg]

przechylać tip (pp) [tɪp], tilt [tɪlt]; *Przechylił wiadro, żeby je opróżnić.* – He tilted the bucket to empty it.

przechytrzyć outwit (tt) [aʊt'wɪt]

przeciąć ❶ (*rozciąć*) cut (cut, cut) [kʌt, kʌt, kʌt]; **przeciąć na pół** – to cut in half ❷ (*przejść w poprzek*) cross [krɒs], intersect [ɪntə'sekt]; *Prosta AB przecina prostą CD w punkcie E.* – The line AB intersects the line CD at E.

przeciąć się cross [krɒs], intersect [ɪntə'sekt]; *Drogi przecinają się niedaleko stąd.* – The roads cross not far from here.

przeciąg[1] (*prąd powietrza*) draught [drɑ:ft]

przeciąg[2] (*odcinek czasu*) period of time

przeciągać ❶ (*ciągnąć*) pull [pʊl] ❷ (*rozpościerać*) stretch [stretʃ]; **przeciągnąć sznur między dwoma drzewami** – to stretch a line between two trees ❸ (*przedłużać*) prolong [prə'lɒŋ], protract [prə'trækt], extend [ɪk'stend]; *Proszę już nie przeciągać debaty.* – Don't protract the debate any further, please.

przeciągać się ❶ (*przedłużać się*) prolong [prə'lɒŋ], protract [prə'trækt]; **przeciągająca się dyskusja** – a protracted discussion ❷ (*wyciągać się, prostować się*) stretch [stretʃ]; *Obudził się, ziewnął i przeciągnął się.* – He woke up, yawned and stretched.

przeciek leak [li:k], leakage ['li:kɪdʒ]; **przeciek w przewodzie gazowym** – a leak in the gas pipe; **przeciek tajnych informacji** – the leakage of secret information. *W łodzi zrobił się przeciek.* – The boat has sprung a leak.

przeciekać leak [li:k]; *Łódź przecieka jak sito.* – The boat leaks like a sieve. *Łódź zaczęła przeciekać.* – The boat has sprung a leak.

przecier purée ['pjʊəreɪ], mash [mæʃ]; **przecier pomidorowy** – tomato purée

przecież but [bʌt, bət], yet [jet], still [stɪl], after all [ɑ:ftər'ɔ:l]; *Nie wierzysz, a przecież to prawda.* – You don't believe, and yet/but it's true. *Przecież ci mówiłam.* – I told you, didn't I?/Didn't I tell you?

przeciętność mediocrity ['mi:dɪ'ɒkrətɪ]

przeciętny ❶ (*będący średnią*) average ['ævərɪdʒ], mean [mi:n]; **przeciętna roczna temperatura** – the mean annual temperature; **powyżej przeciętnej** – above the average ❷ (*zwykły, pospolity*) mediocre [mi:dɪ'əʊkə]

przecinać *p.* **przeciąć**

przecinek ❶ (*znak interpunkcji*) comma ['kɒmə] ❷ *mat.* point [pɔɪnt], decimal point ['desɪml'pɔɪnt]; **4,8 (cztery, przecinek osiem)** – 4.8 (four point eight); **14,75** – 14.75 (fourteen point seven five); **0,126** – 0.126 (nought point one two six); **obliczyć z dokładnością do sześciu miejsc po przecinku** – to calculate to six decimal places

przeciw/przeciwko against [ə'geɪnst]; *Czy jesteś za, czy przeciw?* – Are you for or against? **przeprowadzać szczepienia przeciw ospie** – to carry out vaccination against smallpox; *Nie mam nic przeciwko temu.* – I have no objections./I have nothing against it.

przeciwbólowy analgesic [ænæl'dʒi:sɪk]; **środek przeciwbólowy** – an analgesic/a pain-killer

przeciwieństwo opposite ['ɒpəzɪt]; *„Gorący" jest przeciwieństwem „zimnego".* – "Hot" is the opposite of "cold". **w przeciwieństwie do** – unlike/in cotrast to/in contradiction to; *W przeciwieństwie do mnie, mój mąż wstaje wcześnie.* – Unlike me, my husband gets up early.

przeciwko *p.* **przeciw**

przeciwnie (*wręcz przeciwnie*) on the contrary [-'kɒntrərɪ]

przeciwnik ❶ (*ten, kto jest przeciwko*) opponent [ə'pəʊnənt], antagonist [æn'tægənɪst]; **przeciwnik polityczny** – a political opponent; **zagorzali przeciwnicy aborcji** – fierce opponents of abortion ❷ (*rywal*) adversary ['ædvəsərɪ]; *Pokonał swojego przeciwnika.* – He defeated his adversary.

przeciwność (*losu*) adversity [əd'vɜ:sətɪ], misfortune [mɪs'fɔ:tʃən]; **pokonać przeciwności** – to overcome adversities; **walczyć/borykać się z przeciwnościami** – to face adversities

przeciwny ❶ (*leżący naprzeciw*) opposite ['ɒpəzɪt]; **po przeciwnej stronie ulicy** – on the opposite side of the street; **płeć przeciwna** – the opposite sex ❷ (*sprzeczny, niezgodny, różny*) contrary ['kɒntrərɪ], opposite ['ɒpəzɪt]; **przeciwne sądy/przekonania** – contrary beliefs; *Wyniki były przeciwne do tych, których się spodziewaliśmy.* – The results were contrary to our expectations/to what we had expected. *Poruszaliśmy się w przeciwnym kierunku.* – We were moving in the opposite direction. ❸ (*sprzeciwiający się*) opposed to [ə'pəʊzd-], against [ə'geɪnst]; *Ona była bardzo temu przeciwna, żeby jej syn studiował za granicą.* – She was very much opposed to her son studying abroad. *Jestem temu przeciwna.* – I'm against it.

przeciwpożarowy fire [faɪə]; **hydrant przeciwpożarowy** – fire-hydrant/*am.* fire-plug; **przepisy przeciwpożarowe** – fire regulations

przeciwsłoneczny sun [sʌn]; **okulary przeciwsłoneczne** – sun-glasses; **filtr przeciwsłoneczny** – sunblock/UV filter

przeciwstawiać oppose [ə'pəʊz], contrast [kən'trɑ:st]

przeciwstawiać się oppose [ə'pəʊz], be against [bi: ə'geɪnst]; **przeciwstawiać się budowie lotniska** – to oppose the building of an airport; **przeciwstawiać się komuś** – to stand up to sb/to oppose sb

przeciwstawność opposition [ɒpə'zɪʃn], contrast ['kɒntrɑ:st]

przeciwstawny opposing [ə'pəʊzɪŋ], opposite ['ɒpəzɪt]

p

przeciwwaga counterbalance ['kaʊntəbæləns]

przeciwwskazanie contraindication [kɒntrəɪndɪ'keɪʃn]

przeciwwskazany contraindicated [kɒntrə'ɪndɪkeɪtɪd]; *Ten środek jest przeciwwskazany w ciąży.* – The drug is contraindicated in pregnancy.

przecząco in the negative [-'negətɪv]; *Odpowiedział przecząco.* – He answered in the negative.

przeczący negative ['negətɪv]; **zdanie przeczące** – a negative sentence; **forma przecząca** – the negative

przeczenie negation [nɪ'geɪʃn]

przecznica crossing ['krɒsɪŋ]; *Proszę skręcić w drugą przecznicę w lewo.* – Take the second turning to the left.

przeczucie premonition [pri:mə'nɪʃn], misgiving [mɪs'gɪvɪŋ]; **przeczucie nieszczęścia** – a premonition of disaster

przeczuwać have misgivings [hævmɪs'gɪvɪŋz], have premonitions [hævpri:mə'nɪʃnz]

przeczyć deny [dɪ'naɪ], (*negować*) contradict [kɒntrə'dɪkt]; *Zaprzeczył, że cokolwiek wiedział na ten temat.* – He denied knowing anything about it. **przeczyć samemu sobie** – to contradict oneself

przed ❶ (*w przestrzeni*) before [bɪ'fɔ:], in front of [ɪn'frʌntəv]; **przed domem** – in front of the house; *Samochód przede mną nagle się zatrzymał.* – The car in front of me stopped suddenly. *Byłam przed tobą w kolejce.* – I was before you in the queue. *Twoje nazwisko jest na liście przed moim.* – Your name comes before mine on the list. ❷ (*w czasie*) before [bɪ'fɔ:], ago [ə'gəʊ]; *Zażyj lekarstwo przed obiadem.* – Take the medicine before lunch. *To było przed świętami Bożego Narodzenia.* – It was before Christmas. *Dom był zbudowany przed wojną.* – The house was built before the war. **przed chwilą** – a moment ago; **przed dziesięciu laty** – ten years ago/before; *Byłam tu przed dziesięcioma laty.* – I was here ten years ago. *Powiedziała, że była tu dziesięć lat temu.* – She said she had been here ten years before. ❸ (*dot. reakcji obronnej*) before [bɪ'fɔ:], against [ə'geɪnst]; **wycofać się przed nieprzyjacielem** – to retreat before the enemy; **chronić rośliny przed mrozem** – to protect plants against frost ❹ (*wobec*) before [bɪ'fɔ:], from [frɒm, frəm], in front of [ɪn'frʌntəv]; *Próbował ukryć swój alkoholizm przed rodziną.* – He tried to conceal his drinking from his family. *Popisywał się swoją wiedzą przed dyrektorem.* – He showed off his knowledge in front of the director.

przeddzień the day before [ðə'deɪbɪ'fɔ:], the eve [-i:v]; **w przededniu wyborów** – on the eve of the elections

przede *p.* **przed**; **przede wszystkim** – first of all/above all/to begin with

przedimek *gram.* article ['ɑ:tɪkl]

przedłużać ❶ (*powiększać długość*) extend [ɪk'stend], lengthen ['leŋθən]; **przedłużać drogę** – to extend a road ❷ (*sprawić, że coś trwa dłużej*) extend [ɪk'stend], prolong [prə'lɒŋ], protract [prə'trækt]; **lekarstwo, które pomaga przedłużyć życie** – medicine that helps to prolong life; *Przedłużyłam swój pobyt o kilka dni.* – I prolonged/extended my stay by a few days. **przedłużyć termin płatności kredytu** – to extend credit

przedłużać się be protracted [bi:prə'træktɪd]; **przedłużająca się dyskusja** – a protracted discussion

przedłużenie prolongation [prəʊlɒŋ'geɪʃn], extension [ɪk'stenʃn]

przedmieście suburb ['sʌbɜ:b]

przedmiot ❶ (*rzecz*) object ['ɒbdʒɪkt]; *Co to jest ten czarny, drewniany przedmiot?* – What's that black wooden object? ❷ (*temat*) subject ['sʌbdʒɪkt]; **interesujący przedmiot rozmowy** – an interesting subject of conversation; *Jakie są twoje ulubione przedmioty w szkole?* – What are your favourite subjects at school?

przedmowa preface ['prefıs], foreword ['fɔ:wɜ:d]
przedni ❶ (*znajdujący się na przodzie*) front [frʌnt]; **przednie zęby** – the front teeth; **przednie siedzenie samochodu** – the front seat of a car; **przednie łapy** – forefeet ❷ (*znakomity*) excellent ['eksələnt], choice [tʃɔıs]
przedostatni the last but one
przedpokój hall [hɔ:l]
przedpołudnie morning ['mɔ:nıŋ]
przedramię forearm ['fɔ:rɑ:m]
przedsiębiorca businessman, *l.mn.* businessmen ['bıznısmən], entrepreneur [ɒntrəprə'nɜ:]; **przedsiębiorca budowlany** – a building contractor
przedsiębiorczość enterprise ['entəpraız]
przedsiębiorczy enterprising ['entəpraızıŋ]
przedsiębiorstwo company ['kʌmpənı], firm [fɜ:m], enterprise ['entəpraız], establishment [ı'stæblıʃmənt], business ['bıznıs]; **założyć/prowadzić przedsiębiorstwo** – to establish/to run a firm
przedsięwzięcie undertaking [ʌndə'teıkıŋ], venture ['ventʃə], enterprise ['entəpraız]
przedstawiać ❶ (*poznać kogoś z kimś*) introduce [ıntrə'dju:s], present [prı'zent]; *Pozwól, że ci przedstawię mojego przyjaciela.* – Allow me to introduce my friend. *Na przyjęciu został przedstawiony prezydentowi.* – He was introduced to the president at the party. ❷ (*zaprezentować, pokazać*) present [prı'zent], produce [prə'dju:s]; show (showed, shown/-ed) [ʃəu, ʃəud, ʃəun/ʃəud]; *Teatr przedstawia „Romea i Julię" w nowej inscenizacji.* – The theatre presents "Romeo and Juliet" in a new production. **przedstawić plany do aprobaty** – to present designs for approval; **przedstawić bilet do kontroli** – to produce a ticket for inspection
przedstawiać się introduce oneself [ıntrə'dju:swʌn'self]; *Państwo pozwolą, że się przedstawię – nazywam się...* – Let me introduce myself/May I introduce myself, my name is...
przedstawiciel representative [reprı'zentətıv]
przedstawicielstwo agency ['eıdʒənsı]
przedstawienie ❶ (*spektakl*) performance [pə'fɔ:məns] ❷ (*pokazanie*) presentation [prezən'teıʃn]
przedszkole kindergarten ['kındəgɑ:tn], nursery school ['nɜ:sərı'sku:l]
przedtem before [bı'fɔ:], beforehand [bı'fɔ:hænd], before that [bı'fɔ: ðæt]
przedwczoraj the day before yesterday
przedział ❶ (*w pociągu*) compartment [kəm'pɑ:tmənt]; **przedział pierwszej klasy** – a first-class compartment; **przedział dla palących/niepalących** – a smoker/a non-smoker
przedziałek parting ['pɑ:tıŋ]
przegląd ❶ (*przedstawienie najważniejszych faktów*) review [rı'vju:]; **przegląd prasy** – a press review ❷ (*inspekcja, kontrola*) inspection [ın'spekʃn] ❸ (*przegląd techniczny urządzenia*) overhaul ['əuvəhɔ:l]; **dać samochód do przeglądu** – to take the car in for an overhaul/to have the car overhauled
przeglądać look through [luk'θru:], glance through [glɑ:ns'θru:], (*książkę, czasopismo*) leaf through [li:f'θru:]; *Czekając przeglądał czasopisma.* – He was looking/leafing through magazines while waiting.
przegrać lose (lost, lost) [lu:z, lɒst, lɒst]; *Przegrał wszystkie pieniądze w karty.* – He lost all the money at cards. *Drużyna przegrała mecz.* – The team lost the match. **przegrać wojnę/ /bitwę** – to lose a war/a battle
przegrana loss [lɒs]
przegroda partition [pɑ:'tıʃn]
przegrywać *p.* **przegrać**
przejaśniać się clear up [klıər'ʌp]; *Po południu przejaśniło się.* – It cleared up in the afternoon.
przejaśnienie *meteor.* bright interval [braıt'ıntəvl]

przejaw sign [saın], indication [ındı'keıʃn], symptom ['sımptəm]; *W sytuacji ekonomicznej widać pewne przejawy poprawy.* – There are some signs//indications of improvement in the economic situation. *Ona nie zdradza żadnych przejawów zainteresowania.* – She shows no sign of being interested.

przejawiać show (showed, shown/-ed) [ʃəʊ, ʃəʊd, ʃəʊn/ʃəʊd], manifest ['mænıfest], display [dı'spleı]; *On nie przejawia śladu inteligencji.* – He shows no signs of intelligence. **przejawiać nienawiść/strach** – to manifest hatred/fear

przejawiać się show oneself [ʃəʊwʌn'self], manifest oneself ['mænıfestwʌn'self]

przejazd ❶ (*jazda*) journey ['dʒɜ:nı], passage ['pæsıdʒ]; **opłata za przejazd** – fare; *Jestem tu tylko przejazdem.* – I'm only just passing through here. ❷ (*miejsce, gdzie się przejeżdża np. tory kolejowe*) crossing ['krɒsıŋ]; **przejazd kolejowy** – level crossing/*am.* grade crossing

przejażdżka ride [raıd], drive [draıv]; **udać się na przejażdżkę za miasto** – to go for a ride/drive in the country

przejąć ❶ (*wziąć*) take over [teık'əʊvə] (took, taken); *On przejął interes od ojca.* – He took over the business from his father. ❷ (*przechwycić*) intercept [ıntə'sept], seize [si:z]; *Policja przejęła jego listy.* – The police intercepted his letters. *Policja przejęła na granicy 20 kilogramów heroiny.* – The police seized 20 kilogrames of heroin at the border. *Armia przejęła władzę.* – The army has seized power. ❸ (*przyswoić sobie*) adopt [ə'dɒpt]; **przejąć zwyczaj** – to adopt a custom ❹ (*przeniknąć*) penetrate ['penıtreıt], seize [si:z]; *Przejął mnie strach.* – I was seized with fear. ❺ (*wzruszyć, poruszyć*) move [mu:v]; *Historia jego cierpień przejęła nas do głębi.* – The story of his sufferings moved us deeply.

przejąć się be concerned [bi:kən'sɜ:nd], be perturbed [bi:pə'tɜ:bd], worry ['wʌrı], be upset [bi:ʌp'set]; *Przejęliśmy się wiadomością o jego chorobie.* – We were perturbed to hear of his illness. *Nie przejmuj się.* – Don't worry./Take it easy.

przejechać ❶ (*jadąc przebyć jakąś drogę*) cover ['kʌvə], travel (ll) ['trævl]; *Przejechaliśmy już 500 mil.* – We have already covered/travelled 500 miles. ❷ (*przedostać się*) pass [pɑ:s]; *Był taki tłok na jezdni, że samochody nie mogły przejechać.* – The traffic was so heavy that cars were unable to pass. ❸ (*przekroczyć*) pass [pɑ:s], cross [krɒs]; **przejechać przez punkt kontrolny** – to pass a checkpoint; **przejechać granicę/most** – to cross a border/a bridge ❹ (*przejechać obok, minąć*) pass [pɑ:s]; *Przejechaliśmy obok kościoła i skręciliśmy w prawo.* – We passed the church and turned right. *W drodze do Londynu przejeżdżaliśmy przez Oxford.* – We passed Oxford on our way to London. *Samochód przejechał obok mnie z prędkością 100 km na godzinę.* – A car passed me at 100 kilometres per hour. ❺ (*przejechać po czymś*) run over [rʌn'əʊvə] (ran, run); *Kot został przejechany przez autobus.* – The cat was run over by a bus.

przejechać się go for a drive, go for a ride

przejęcie ❶ (*wzruszenie*) feeling ['fi:lıŋ], emotion [ı'məʊʃn] ❷ (*przechwycenie*) seizure ['si:ʒə], take-over ['teıkəʊvə]; **przejęcie władzy przez wojsko** – a military take-over

przejęty ❶ (*wzruszony*) moved ['mu:vd] ❷ (*zaniepokojony*) worried ['wʌrıd], concerned [kən'sɜ:nd]

przejmować *p.* **przejąć**

przejmujący ❶ (*o zimnie, wietrze*) penetrating ['penətreıtıŋ], keen [ki:n], sharp [ʃɑ:p] ❷ (*o uczuciu*) intense [ın'tens], keen [ki:n] ❸ (*o widoku – poruszający*) moving ['mu:vıŋ], shocking ['ʃɒkıŋ]

przejrzystość clarity ['klærətı], clearness ['klıənıs], transparency [træns'pærənsı]

przejrzysty clear [klıə], transparent [træns'pærənt]; **przejrzysta woda** – clear water

przejście ❶ (*miejsce, gdzie można przejść*) passage ['pæsıdʒ], way [weı], crossing ['krɒsıŋ]; **przejście dla pieszych** (*naziemne*) – a pedestrian crossing; **przejście podziemne** – a subway/an underpass; **stać w przejściu** – to stand in the way ❷ (*zmiana, przemiana*) conversion [kən'vɜ:ʃn], transition [træn'zıʃn]; **przejście od dzieciństwa do dorosłości** – the transition from childhood to adult life ❸ (*ciężkie przeżycie*) ordeal [ɔ:'di:l], traumatic experience [trɔ:'mætık ık'spıərıəns]

przejściowy ❶ (*chwilowy*) passing ['pɑ:sıŋ], temporary ['tempərərı] ❷ (*dot. stadium pośredniego*) transitional [træn'zıʃənl]; **stadium przejściowe** – transitional stage

przejść ❶ (*idąc przebyć przestrzeń*) walk [wɔ:k], cover ['kʌvə]; *Przeszliśmy już 5 kilometrów.* – We have already walked 5 kilometres. ❷ (*przejść obok, minąć*) pass [pɑ:s], go by [gəʊ 'baı] (went, gone), go past [gəʊ 'pɑ:st], pass by [pɑ:s 'baı]; *Proszę przechodzić (dalej)!* – Pass along! *Przeszła obok mnie na ulicy.* – She passed me in the street./She went past me in the street. ❸ (*przekroczyć*) pass [pɑ:s], cross [krɒs]; **przejść przez rzekę** – to cross a river; **przejść przez ulicę** – to cross the street ❹ (*skończyć się*) pass [pɑ:s]; *Czekaliśmy, aż burza przejdzie.* – We waited for the storm to pass. *Ból wkrótce przejdzie.* – The pain will soon pass. ❺ (*zostać przekazanym*) pass [pɑ:s]; *Tytuł przechodzi na najstarszego syna.* – The title passes to the eldest son. **przejść do historii** – to go down in history ❻ (*przedostać się*) pass [pɑ:s], get through [get'θru:] (got, got), pass through [pɑ:sθru:], go through [gəʊ'θru:] (went, gone); *Mężczyzna był tak gruby, że nie mógł przejść przez drzwi.* – The man was so fat, he couldn't get through the doorway. *Proszę pozwolić mi przejść!* – Let me pass! *To nigdy nie przeszło mi przez myśl.* – It never crossed my mind./ /It never occurred to me. *Musiałem jej to powiedzieć, ale słowa nie chciały mi przejść przez gardło.* – I had to tell her, but the words stuck in my throat. *Dreszcz przeszedł mi po plecach.* – A shiver went up and down my spine. ❼ (*zmienić przekonania*) be converted [bi: kən'vɜ:tıd]; *On przeszedł na katolicyzm.* – He was converted to Catholicism. ❽ (*o wniosku, projekcie*) be passed [bi:'pɑ:st], go through [gəʊ'θru:] (went, gone), pass [pɑ:s]; *Wniosek przeszedł 150 głosami do 132.* – The motion was passed by 150 votes to 132. ❾ (*przekształcić się*) pass [pɑ:s]; *Kiedy weszliśmy wyżej, deszcz przeszedł w śnieg.* – As we got higher up the mountain the rain passed into snow. ❿ (*przewyższyć*) pass [pɑ:s], surpass [sə'pɑ:s]; *To przeszło wszystkie nasze oczekiwania.* – It surpassed all our expectations. – *To przechodzi pojęcie.* – It passes my comprehension./It's beyond my comprehension./It's beyond me. ⓫ (*przeżyć, doznać*) undergo (underwent, undergone) [ʌndə'gəʊ, ʌndə'went, ʌndə'gɒn], pass through [pɑ:s'θru:], go through [gəʊ'θru:] (went, gone); **przejść operację** – to undergo an operation; **przejść trudny okres** – to pass through a difficult period; *On przeszedł właśnie silne zaziębienie.* – He's just had a nasty cold. ⓬ (*doznać, dokonać zmiany*) pass (on) [pɑ:s-]; *Przejdźmy do następnego zagadnienia.* – Let's pass on to the next issue. **przejść nad czymś do porządku dziennego** – to pass over sth; **przejść na emeryturę** – to retire; **przejść do innej pracy** – to change one's job

przejść się go for a walk, take a walk

przekazywać pass on [pɑ:s'ɒn], convey [kən'veı], hand down [hænd'daʊn]; **przekazywać doświadczenie z poko-**

p

lenia na pokolenie – to pass experience from generation to generation; *Ten pierścionek był przekazywany w naszej rodzinie z matki na córkę.* – This ring has been passed on/down in my family from mother to daughter. *Przekaż im moje najlepsze życzenia.* – Give/convey my best wishes to them. *Przekazała mi list/ /wiadomość.* – She passed the letter/ /the message to me.

przekąska ❶ (*lekki posiłek*) snack [snæk] ❷ (*potrawa podana przed głównym daniem*) hors-d'oeuvre [ɔ:'dɜ:vrə]

przekleństwo curse [kɜ:s]

przeklęty cursed [kɜ:st], damned [dæmd]

przeklinać curse [kɜ:s], swear (swore, sworn) [sweə, swɔ:, swɔ:n]; *Przeklinał swojego pecha.* – He cursed his bad luck.

przekład translation [træns'leɪʃn]

przekonać persuade [pə'sweɪd], convince [kən'vɪns]; *Przekonałam ją, żeby zmieniła zdanie.* – I persuaded her to change her mind. *Przekonałam ją, że mówię prawdę.* – I persuaded/ /convinced her that I was telling the truth.

przekonać się become convinced [bɪ'kʌmkən'vɪnst], see (saw, seen) [si:, sɔ:, si:n]; *Przekonałam się, że mówi prawdę.* – I became convinced that she was telling the truth./I saw/found that she was telling the truth.

przekonanie conviction [kən'vɪkʃn], belief [bɪ'li:f]; *Czy zawsze postępujesz zgodnie ze swoimi przekonaniami?* – Do you always act in accordance with your convictions? *Byli prześladowani za przekonania religijne.* – They were persecuted for their religious beliefs. **wyrazić przekonanie** – to express a conviction/a belief; **głębokie/mocne przekonanie** – a deep/firm/strong conviction

przekonany convinced [kən'vɪnst]; *Byłam przekonana, że to prawda.* – I was convinced it was true.

przekonywać *p.* **przekonać**

przekonywający convincing [kən'vɪnsɪŋ]

przekraczać ❶ (*przechodzić na drugą stronę*) cross [krɒs]; **przekraczać granicę** – to cross a border ❷ (*przewyższać*) exceed [ɪk'si:d]; **przekroczyć dozwoloną szybkość** – to exceed the speed limit; **przekroczyć prawo** – to break/to offend the law

przekreślać cross out [krɒs'aʊt], cross through [krɒs'θru:], *przen.* shatter ['ʃætə], ruin [rʊɪn]; **przekreślić czyjeś nadzieje** – to shatter sb's hopes; **przekreślić czyjeś perspektywy** – to ruin sb's prospects

przekręcać twist [twɪst], turn over [tɜ:n-'əʊvə]; *Gazeta przekręciła wszystko, co mówiłem.* – The paper twisted everything I said.

przekształcać transform [træns'fɔ:m], convert [kən'vɜ:t]

przekształcenie transformation [trænsfə'meɪʃn], conversion [kən'vɜ:ʃn]

przekupić bribe [braɪb]

przekupstwo bribery ['braɪbərɪ], corruption [kə'rʌpʃn]

przekupywać *p.* **przekupić**

przekwitać wither ['wɪðə], wilt [wɪlt], fade away [feɪdə'weɪ]

przekwitanie *med.* menopause ['menəpɔ:z]; **okres przekwitania** – the menopause

przelecieć ❶ (*o samolocie, ptaku*) pass over [pɑ:s'əʊvə], go by [gəʊ 'baɪ] (went, gone), fly (flew, flown) (by/ /over) [flaɪ, flu:, fləʊn]; **przelecieć przez Atlantyk** – to fly the Atlantic; *Przez cały dzień samoloty przelatują nad domem ze straszliwym hałasem.* – Planes fly over the house all day, making a terrible noise. *Kiedy byliśmy w ogrodzie, przeleciały nisko dwa samoloty.* – As we were in the garden, two planes passed over, flying very low. ❷ (*o czasie*) fly (flew, flown) [flaɪ, flu:, fləʊn], pass [pɑ:s], go by [gəʊ 'baɪ] (went, gone)

przelewać ❶ (*krew, łzy*) shed (shed, shed) [ʃed, ʃed, ʃed]; **przelewać krew** – to shed blood ❷ (*nalewać z jednego naczynia do drugiego*) pour [pɔ:]; **przelać mleko z butelki do dzbanka** – to pour milk from a bottle into a jug

przelewać się overflow [əuvə'fləu]; *Woda w wannie się przelewa.* – The bath is overflowing.

przelotny ❶ (*o ptakach – wędrujący*); **ptaki przelotne** – birds of passage, migratory birds ❷ (*krótkotrwały*) passing ['pɑ:sıŋ], fleeting ['fli:tıŋ], transient ['trænzıənt]; **przelotna myśl** – a passing thought; **przelotne spojrzenie** – a fleeting glance; **przelotne opady** – occasional showers

przeludnienie overpopulation ['əuvəpɒpju'leıʃn]

przeludniony overpopulated [əuvə'pɒpjuleıtıd]

przełaj:

na przełaj – across country; **bieg na przełaj** – a cross-country run; **iść na przełaj** – to take a short cut

przełamywać ❶ (*złamać*) break (broke, broken) [breık, brəuk, 'brəukn]; **przełamać na dwie części** – to break in two ❷ (*przemóc, przezwyciężyć*) overcome (overcame, overcome) [əuvə'kʌm, əuvə'keım, əuvə'kʌm], break down [breı'kdaun] (broke, broken); **przełamać opór** – to break down/ /to overcome resistance; **przełamać przeszkody/trudności** – to overcome obstacles/difficulties

przełęcz pass [pɑ:s]

przełom ❶ (*zwrot*) turn [tɜ:n], turning-point ['tɜ:nıŋpɔınt], breakthrough ['breıkθru:]; **przełom wieku** – the turn of the century; *Odkrycie penicyliny stanowiło przełom w walce z wieloma chorobami.* – The discovery of penicillin was a turning-point in fight against many diseases. ❷ (*dolina rzeki*) ravine [rə'vi:n], gorge [gɔ:dʒ]

przełomowy crucial ['kru:ʃl], decisive [dı'saısıv]; **przełomowy moment** – a crucial moment

przełożony (*zwierzchnik*) superior [su:'pıərıə]

przełożyć ❶ (*przesunąć na później*) postpone [pəus'pəun], put off [put'ɒf] (put, put); *Zebranie zostało przełożone na następny tydzień.* – The meeting was put off/postponed until the following week. ❷ (*przetłumaczyć*) translate [træns'leıt]; **przełożyć z polskiego na angielski** – to translate from Polish into English

przełyk gullet ['gʌlıt], *med.* oesophagus [i:'sɒfəgəs]

przełykać swallow ['swɒləu]

przemagać *p.* **przemóc**

przemakać leak [li:k], let water in [let'wɔ:tərın], get soaked [get'səukt]; *Te buty przemakają.* – These boots let water in. *Namiot przemaka.* – The tent is leaking.

przemawiać ❶ (*wygłaszać mowę*) speak (spoke, spoken) [spi:k, spəuk, 'spəukn], make a speech [meıkə'spi:tʃ]; *On przemówił do tłumu.* – He spoke to the crowd. ❷ (*odezwać się*) speak (spoke, spoken) [spi:k, spəuk, 'spəukn], say (said, said) [seı, sed, sed]; *Nie przemówił ani słowem.* – He didn't say a word. ❸ (*trafiać do przekonania*) appeal [ə'pi:l]; **przemówić do rozsądku** – to appeal to common sense; *Sztuka abstrakcyjna nigdy do mnie nie przemawiała.* – Abstract art never appealed to me.

przemęczać się overwork [əuvə'wɜ:k], work too hard; *Nie powinieneś się przemęczać.* – You shouldn't work too hard. *Lekarz powiedział mu, żeby przez jakiś czas się nie przemęczał.* – The doctor told him to take it easy for a while.

przemęczenie tiredness ['taıədnıs], fatigue [fə'ti:g]

przemiana change [tʃeındʒ], metamorphosis, *l.mn.* metamorphoses [metə'mɔ:fəsıs, metə'mɔ:fəsi:z], transformation [trænsfə'meıʃn], *fiz.* conversion [kən'vɜ:ʃn], *chem.* transmutation [trænzmju:'teıʃn]; **ulec radykalnej przemianie** – to undergo a radical change/metamorphosis; **przemiana następuje** – a change occurs/takes place; **przemiana materii** – metabolism

przemieniać change ['tʃeɪndʒ], transform [træns'fɔ:m], convert [kən'vɜ:t]; *Czarownica przemieniła księcia w żabę.* – The witch changed the prince into a frog..

przemieniać się change [tʃeɪndʒ], be transformed [bi:træns'fɔ:md], be converted [bi:kən'vɜ:tɪd]

przemieszczać się move [mu:v], shift [ʃɪft]

przemieszczenie dislocation [dɪslə'keɪʃn], displacement [dɪs'pleɪsmənt]

przemijać pass [pɑ:s], go by [gəʊ'baɪ] (went, gone); *Wakacje przeminęły bardzo szybko.* – The holidays passed/ /went by very quickly.

przemijający fleeting ['fli:tɪŋ], transient ['trænzɪənt], short-lived [ʃɔ:t'lɪvd]

przemilczać ❶ (*pomijać milczeniem*) pass over in silence ❷ (*zataić*) conceal [kən'si:l], keep secret [ki:p'si:krɪt]

przemoc violence ['vaɪələns]; **akt przemocy** – act of violence; **przemocą** – by sheer force/forcibly

przemoczyć wet (tt) [wet]; *Nie wychodź, przemoczysz buty.* – Don't go out, you'll wet your shoes.

przemoknąć (*bardzo zmoknąć*) get wet [get'wet], get soaked [get'səʊkt], **przemoknąć do nitki** – to get wet through/to the skin/to get soaked through

przemowa speech [spi:tʃ], address [ə'dres]

przemówienie speech [spi:tʃ], address [ə'dres]; **wygłosić przemówienie** – to make a speech; **wygłosić przemówienie inauguracyjne** – to deliver/to make an inaugural address

przemycać smuggle ['smʌgl]; **przemycać towary przez granicę** – to smuggle goods across the border; **przemycać skradzione samochody z jakiegoś kraju/do jakiegoś kraju** – to smuggle stolen cars out of a country/into a country

przemysł industry ['ɪndəstrɪ]; **przemysł lekki/ciężki** – light/heavy industry; **przemysł kluczowy** – key/basic industry; **przemysł stalowy/tekstylny** – steel/textile industry; **gałąź przemysłu** – a branch of industry

przemysłowiec industrialist [ɪn'dʌstrɪəlɪst]

przemysłowy industrial [ɪn'dʌstrɪəl]; **kraj przemysłowy** – an industrial country

przemyśleć think over [θɪŋk'əʊvə] (thought, thought); *Przemyśl to, zanim podejmiesz decyzję.* – Think it over before you make a decision.

przemyt smuggling ['smʌglɪŋ]

przemytnik smuggler ['smʌglə]

przemywać bathe [beɪð]; **przemywać oczy/ranę** – to bathe the eyes/a wound

przenieść ❶ (*przemieścić*) carry (over) [kærɪ ('əʊvə)], transfer (rr) [træns'fɜ:], transmit (tt) [trænz'mɪt], convey [kən'veɪ]; *Muchy przenoszą choroby.* – Flies carry disease. *Główne biuro zostało przeniesione do Londynu.* – The head office has been transferred to London. **choroby przenoszone drogą płciową** – sexually transmitted diseases ❷ (*przenieść wyraz*) divide (a word) [dɪ'vaɪd-]

przenieść się move [mu:v]; *Przenieśli się na wieś.* – They moved to the country.

przenikać penetrate ['penɪtreɪt], permeate ['pɜ:mɪeɪt], pervade [pə'veɪd]; *Oddziały przeniknęły na teren wroga.* – The troops penetrated into enemy territory. *Nasz wzrok nie mógł przeniknąć ciemności.* – Our eyes couldn't penetrate the darkness. **przeniknąć tajemnicę** – to penetrate a mystery

przenikliwość ❶ (*bystrość umysłu*) shrewdness ['ʃru:dnɪs], perspicacity [pɜ:spɪ'kæsətɪ] ❷ (*o wzroku*) keenness ['ki:nnɪs], sharpness ['ʃɑ:pnɪs] ❸ (*fiz. – zdolność przenikania*) penetration [penɪ'treɪʃn], pervasiveness [pə'veɪsɪvnɪs]

p

przenikliwy ❶ (*dotkliwy, przejmujący*) penetrating ['penıtreıtıŋ], sharp [ʃɑ:p], acute [ə'kju:t], keen [ki:n]; **przenikliwy wiatr** – penetrating/sharp wind; **przenikliwy ból** – sharp/acute pain ❷ (*o dźwiękach*) penetrating ['penıtreıtıŋ], piercing ['pıəsıŋ], shrill [ʃrıl] ❸ (*bystry, wnikliwy*) penetrating ['penıtreıtıŋ], shrewd [ʃru:d], (*o spojrzeniu*) keen [ki:n], searching ['sɜ:tʃıŋ]; **przenikliwy umysł** – penetrating/shrewd mind; **przenikliwe spojrzenie** – penetrating/searching look

przenocować spend the night [spendðə'naıt], (*kogoś – dać komuś nocleg*) put sb up (for the night); *Przenocowaliśmy w hotelu.* – We spent the night at a hotel. *Możemy cię przenocować – jest mnóstwo miejsca.* – We can put you up – there is plenty of room.

przenosić *p.* **przenieść**

przepadać (*bardzo lubić*) love [lʌv], like [laık], be extremely fond of, be crazy about, be keen on; *Dzieci przepadają za lodami.* – Children love ice-cream. *Nie przepadam za tym.* – I'm not particularly keen on it./I don't particularly like it.

przepaść¹ (*urwisko*) precipice ['presıpıs], abyss [ə'bıs]; **spaść w przepaść** – to fall over a precipice; *Gospodarka kraju jest na skraju przepaści.* – The country's economy is on the edge of the precipice.

przepaść² ❶ (*zniknąć, zapodziać się*) disappear [dısə'pıə], vanish ['vænıʃ], get lost [get 'lɒst]; *Wydaje się, że książka gdzieś przepadła.* – The book seems to have got lost. **przepaść bez śladu** – to vanish/to disappear into thin air/to disappear without a trace; ❷ (*zmarnować się*) be lost [bi:'lɒst]; *Wszystko przepadło.* – Everything is lost.

przepis ❶ (*prawo*) rule [ru:l], regulation [regjʊ'leıʃn]; **przepisy drogowe** – traffic regulations; **przepisy bezpieczeństwa** – safety regulations; *To wbrew przepisom.* – It's against the rules. **łamać przepisy** – to break/to violate the rules; **przestrzegać przepisów** – to obey/to observe the rules ❷ (*przepis kulinarny*) recipe ['resıpı]; **przepis na ciasto drożdżowe** – a recipe for yeast cake

przepisowy regulation [regjʊ'leıʃn], regular ['regjʊlə]; **jechać z przepisową prędkością** – to drive at the regulation speed; **przepisowy mundur** – a regulation uniform

przepisywać ❶ (*napisać raz jeszcze*) rewrite (rewrote, rewritten) [ri:'raıt, ri:'rəʊt, ri:'rıtn], write over again; *Wypracowanie musi być jeszcze raz przepisane.* – The essay must be rewritten. ❷ (*odpisać*) copy ['kɒpı]; *Nauczyciel napisał zdania na tablicy, a dzieci przepisały je do zeszytów.* – The teacher wrote sentences on the blackboard and the children copied them down in their exercise books. ❸ (*zalecić*) prescribe [prı'skraıb]; **przepisać lekarstwo** – to prescribe a medicine; *Nie przekraczać przepisanej dawki.* – Do not exceed the prescribed dose.

przepowiadać foretell (foretold, foretold) [fɔ:'tel, fɔ:'təʊld, fɔ:'təʊld], forecast (forecast, forecast) [fɔ:'kɑ:st, fɔ:'kɑ:st, fɔ:'kɑ:st], predict [prı'dıkt], prophesy ['prɒfısaı]; **przepowiadać przyszłość** – to foretell/to predict the future; **przepowiadać pogodę** – to forecast the weather

przepowiednia forecast ['fɔ:kɑ:st], prognosis, *l.mn.* prognoses [prɒg'nəʊsıs, prɒg'nəʊsi:z], prediction [prı'dıkʃn], (*proroctwo*) prophecy ['prɒfısı]; *Przepowiednia sprawdziła się.* – The prophecy turned out to be true/ /came true.

przepracowywać się overwork [əʊvə'wɜ:k]; *Przepracowujesz się – potrzebne ci są wakacje.* – You've been overworking – you need a holiday.

przepraszać apologize [ə'pɒlədʒaız], be sorry [bi:'sɒrı]; *Przeprosiłam go, że nie mogłam przyjść.* – I apologized to him for not being able to come. *Chcę cię przeprosić.* – I want to say I'm sorry. *Przepraszam za spóźnienie.* – I'm sorry to be late. *Przepraszam, ale nie może pan wejść.* – Sorry, but you can't come in. *Przepraszam, że ci sprawiłam tyle kłopotu.* – I'm sorry to have caused you so much trouble. (*gdy kogoś np. niechcący potrącimy*) (*Bardzo*) *Przepraszam!* – *Nic nie szkodzi.* – I'm (so) sorry!/I'm awfully sorry!/I beg your pardon!/*am.* Excuse me! – That's all right. (*podchodząc, zwracając się do kogoś*) *Przepraszam, czy może mi pan powiedzieć, jak się dostać do dworca?* – Excuse me, could you tell me how to get to the station?

przeprowadzać ❶ (*prowadzić kogoś*) take across [teɪkə'krɒs] (took, taken); **przeprowadzić niewidomego przez jezdnię** – to take a blind person across the street ❷ (*realizować*) carry out [kærɪ'aʊt], execute ['eksɪkju:t]; **przeprowadzić badania/eksperymenty** – to carry out tests/experiments

przeprowadzać się move [mu:v], move house [mu:v 'haʊs]; *Przeprowadzili się na przedmieścia.* – They moved to the suburbs.

przeprowadzka removal [rɪ'mu:vl], moving house [mu:vɪŋ 'haʊs]

przepustka pass [pɑ:s]; *Nie można wejść bez przepustki.* – There is no admittance without a pass.

przepuszczać ❶ (*pozwalać przejść*) let (sb) pass [let'pɑ:s], let by [let'baɪ] (let, let); *Samochód zatrzymał się, żeby przepuścić straż pożarną.* – The car stopped to let the fire engine by. *Proszę mnie przepuścić!* – Let me pass! ❷ (*być nieszczelnym*) leak [li:k], let (sth) in/through; *Zasłony nie przepuszczają światła.* – The curtains don't let the light through. ❸ (*przeoczać*) overlook [əʊvə'lʊk], miss [mɪs]; **przepuścić okazję** – to miss an opportunity/to let the opportunity slip; **przepuścić błąd** – to overlook an error

przepuścić *p.* **przepuszczać**

przepych pomp [pɒmp], splendour ['splendə], glamour ['glæmə]

przerabiać ❶ (*zmieniać kształt*) alter ['ɔ:ltə], remake (remade, remade) [ri:-'meɪk, ri:'meɪd, ri:'meɪd], make over [meɪk'əʊvə] (made, made) ❷ (*przetworzyć*) process ['prəʊses] ❸ (*omawiać w szkole*) go through [gəʊ'θru:] (went, gone), study ['stʌdɪ], do (did, done) [du:, dɪd, dʌn]

przerastać outgrow (outgrew, outgrown) [aʊt'grəʊ, aʊt'gru:, aʊt'grəʊn], *przen.* surpass [sə'pɑ:s]; *On już przerósł swojego starszego brata.* – He's already outgrown his elder brother. *To przerosło nasze wszelkie oczekiwania.* – It surpassed all our expectations.

przerazić terrify ['terɪfaɪ], horrify ['hɒrɪfaɪ]

przerazić się get terrified [get'terɪfaɪd], get horrified [get'hɒrɪfaɪd], get frightened [get'fraɪtnd], get alarmed [getə-'lɑ:md]

przeraźliwy terrifying ['terɪfaɪɪŋ], horrifying ['hɒrɪfaɪɪŋ], (*o dźwięku*) shrill [ʃrɪl], piercing ['pɪəsɪŋ]

przerażający terrifying ['terɪfaɪɪŋ], horrifying ['hɒrɪfaɪɪŋ], frightful ['fraɪtfʊl]

przerobić *p.* **przerabiać**

przerwa ❶ (*odstęp w czasie*) break [breɪk], interval ['ɪntəvl], pause [pɔ:z], stop [stɒp]; **bez przerwy** – non-stop/ /without a pause ❷ (*w szkole, teatrze*) break [breɪk], (*w teatrze*) interval ['ɪntəvl]; **przerwa na lunch** – lunch--break; *W czasie przerwy wypiliśmy kawę.* – We had coffee in the interval. ❸ (*puste miejsce*) gap [gæp]

przerwać ❶ (*rozerwać*) break (broke, broken) [breɪk, brəʊk, 'brəʊkn]; **przerwać linę** – to break a rope ❷ (*przeszkodzić, zakłócić*) break (in) [breɪk '(ɪn)] (broke, broken), interrupt [ɪntə-'rʌpt]; *To niegrzecznie przerywać, kiedy ktoś mówi.* – It's rude to interrupt when someone is talking. **przerwać komuś rozmowę** – to break in on sb's conversation ❸ (*zakończyć*) stop (pp)

P

[stɒp], terminate ['tɜ:mɪneɪt], break off [breɪk'ɒf] (broke, broken) ; **przerwać pracę** – to stop working; *Nagle przerwał w połowie zdania.* – He broke off suddenly in the middle of the sentence. **przerwać ciążę** – to terminate a pregnancy

przesada exaggeration [ɪgzædʒə'reɪʃn]

przesadny exaggerated [ɪg'zædʒəreɪtɪd], excessive [ɪk'sesɪv]

przesadzać ❶ (*przebrać miarę*) exaggerate [ɪg'zædʒəreɪt] ❷ (*posadzić roślinę gdzie indziej*) transplant [træns'plɑ:nt], replant [ri:'plɑ:nt]

przesąd ❶ (*zabobon*) superstition [su:pə'stɪʃn] ❷ (*uprzedzenie*) prejudice ['predʒʊdɪs]

przesądny superstitious [su:pə'stɪʃəs]

przesądzać:
To przesądza sprawę. – That settles the matter. **z góry przesądzone** – a foregone conclusion; *Wynik wyborów jest z góry przesądzony.* – The result of the election is a foregone conclusion.

przesiadać się ❶ (*zmieniać miejsce, gdzie się siedzi*) change one's seat ❷ (*zmieniać środek lokomocji*) change (trains) [tʃeɪndʒ-]; *Czy muszę się przesiadać?* – Do I have to change?

przesiadka change (of trains) [tʃeɪndʒ-]

przeskoczyć (*przebyć skokiem*) jump (over) [dʒʌmp-]; **przeskoczyć rów** – to jump over a ditch; **przeskakiwać z tematu na temat** – to jump from one topic to the next

przesłaniać cover ['kʌvə], screen [skri:n]; *Szczyty gór były przesłonięte chmurami.* – The tops of the mountains were covered with cloud.

przesłanie message ['mesɪdʒ]

przesłuchiwać ❶ (*słuchać*) hear (heard, heard) [hɪə, hɜ:d, hɜ:d] ❷ (*prowadzić śledztwo*) interrogate [ɪn'terəgeɪt], question ['kwestʃən], examine [ɪg'zæmɪn]; **przesłuchiwać więźnia** – to interrogate/to question a prisoner

przesłuchanie interrogation [ɪnterə'geɪʃn], questioning ['kwestʃənɪŋ]

przestać stop (pp) [stɒp], cease [si:z]; *Przestało padać.* – It stopped raining.

przestarzały obsolete ['ɒbsəli:t], out of date [aʊtəv'deɪt], outmoded [aʊt'məʊdɪd]

przestawiać ❶ (*umieścić w innym miejscu*) rearrange [ri:ə'reɪndʒ], shift [ʃɪft]; **przestawiać meble** – to rearrange furniture ❷ (*zmieniać kolejność*) invert [ɪn'vɜ:t]

przestąpić step over (pp) [step'əʊvə], cross [krɒs]; **przestąpić próg** – to cross a threshold; **przestępować z nogi na nogę** – to shift one's weight from one foot to the other

przestępca offender [ə'fendə], delinquent [dɪ'lɪŋkwənt], (*kryminalny*) criminal ['krɪmɪnl]; **młodociany przestępca** – a juvenile delinquent; **przestępca wojenny** – a war criminal

przestępczość delinquency [dɪ'lɪŋkwənsɪ]; **przestępczość młodocianych** – juvenile delinquency

przestępny:
rok przestępny – a leap year

przestępować *p.* **przestąpić**

przestępstwo crime [kraɪm], felony ['felənɪ], offence [ə'fens]; **popełnić przestępstwo** – to commit a crime/ /a felony; **drobne przestępstwo** – a minor/a petty crime

przestraszyć frighten ['fraɪtn], scare [skeə], alarm [ə'lɑ:m]

przestraszyć się get frightened [get'fraɪtnd], take fright [teɪk'fraɪt]

przestroga warning ['wɔ:nɪŋ]; *Niech to będzie dla ciebie przestrogą.* – Let this be a warning to you.

przestronny spacious ['speɪʃəs]

przestrzegać ❶ (*ostrzegać*) warn [wɔ:n]; *Przestrzegł nas przed złodziejami kieszonkowymi.* – He warned us against pickpockets. ❷ (*stosować się do*) observe [əb'zɜ:v], obey [ə'beɪ]; **przestrzegać prawa** – to obey/to observe the law

przestrzeń space [speɪs]; **pusta przestrzeń** – empty space; **kraj rozległych, otwartych przestrzeni** – a

p

country of wide open spaces; **naruszyć przestrzeń powietrzną kraju** – to violate a country's airspace; **przestrzeń kosmiczna** – outer space

przesunąć ❶ (*zmienić położenie*) shift [ʃɪft], move [mu:v], shove [ʃʌv]; *Pomóż mi przesunąć tę komodę.* – Help me shift this chest of drawers. *Przesuń fotel bliżej kominka.* – Move/Shift the armchair nearer to the fire. ❷ (*zmienić termin*) postpone [pəʊst'pəʊn], put off [pʊt'ɒf] (put, put); *Egzamin został przesunięty na poniedziałek.* – The exam was put off till Monday.

przesunąć się move over [mu:v'əʊvə]; *Przesuń się i zrób dla mnie miejsce.* – Move over and make room for me.

przesyłać *p.* **przesłać**

przesyłka letter ['letə], parcel ['pɑ:sl], (*pieniężna*) money order ['mʌnɪ'ɔ:də]

przeszkadzać ❶ (*zakłócać*) disturb [dɪs'tɜ:b]; *Czy mogę wejść? Nie chciałbym ci przeszkadzać.* – May I come in? I wouldn't like to disturb you. *Nie przeszkadzaj mu w pracy.* – Do not disturb him while he is working. *Nie, ten hałas mi nie przeszkadza.* – No, I don't mind the noise. ❷ (*być zawadą*) interfere [ɪntə'fɪə], (*uniemożliwić*) stop (pp) [stɒp], prevent [prɪ'vent]; *Miała nadzieję, że posiadanie dzieci nie przeszkodzi jej w pracy zawodowej.* – She hoped that having children wouldn't interfere with her career.

przeszkoda obstacle ['ɒbstəkl], hindrance ['hɪndrəns]; **napotkać przeszkodę** – to encounter/to come across an obstacle; **bieg z przeszkodami** – an obstacle race; **pokonać przeszkodę** – to overcome an obstacle; **przeskoczyć przez przeszkodę** – to clear/ /to take an obstacle; *Nie widzę przeszkód.* (*Nie mam nic przeciwko.*) – I have no objections.

przeszkolić train [treɪn]

przeszło more than ['mɔ:ðæn], over ['əʊvə], above [ə'bʌv]; *To będzie kosztować przeszło 100 dolarów.* – It'll cost more than/over $100. *Nie widzieliśmy się przeszło rok.* – We haven't seen each other for more than a year. *Ona ma przeszło 40 lat.* – She is above 40.

przeszłość the past [-pɑ:st]; **w przeszłości** – in the past; **wspomnienia z przeszłości** – memories of the past; **spoglądać w przeszłość** – to look back on the past; *Nie wiem nic o jej przeszłości.* – I know nothing about her past.

przeszły past [pɑ:st]; **czas przeszły** – the past tense

prześcigać overtake (overtook, overtaken) [əʊvə'teɪk, əʊvə'tʊk, əʊvə'teɪkn], outdistance [aʊt'dɪstns], (*przewyższyć*) surpass [sə'pɑ:s]

prześladować ❶ (*robić przykrości*) persecute ['pɜ:sɪkju:t], opress [ə'pres]; **prześladować mniejszości religijne** – to persecute religious minorities; **być prześladowanym za przekonania** – to be persecuted for one's beliefs ❷ (*nie dawać spokoju*) pester ['pestə], plague [pleɪg], (*o wspomnieniu*) haunt [hɔ:nt]; *On mnie prześladuje ciągłymi prośbami o pieniądze.* – He is pestering me with constant requests for money. *To wspomnienie ciągle mnie prześladuje.* – This memory still haunts me.

prześladowanie persecution [pɜ:sɪ'kju:ʃn], oppression [ə'preʃn]; **cierpieć prześladowania za przekonania** – to suffer persecution for one's beliefs; **prześladowanie przeciwników politycznych** – persecution of the political opponents

prześladowany persecuted ['pɜ:sɪkju:tɪd], oppressed [ə'prest]

prześladowca persecutor ['pɜ:sɪkju:tə], oppressor [ə'presə]

prześladowczy:
mania prześladowcza – persecution mania

prześliczny lovely ['lʌvlɪ], beautiful ['bju:təfʊl]

przeświadczenie conviction [kən'vɪkʃn], certainty ['sɜ:tntɪ]

przeświadczony convinced [kən'vɪnst], certain ['sɜ:tn]

przetarg auction ['ɔ:kʃn]

przetłumaczyć translate [træns'leɪt]; **przetłumaczyć z niemieckiego na angielski** – to translate from German into English

przetrwać survive [sə'vaɪv]; **przetrwać wojnę** – to survive the war; *Zwyczaj ten przetrwał po dziś dzień.* – The custom survived to this day.

przetwarzać process ['prəʊses]

przetwarzanie processing ['prəʊsesɪŋ]

przewaga superiority [su:pɪərɪ'ɒrətɪ], supremacy [sʊ'preməsɪ], predominance [prɪ'dɒmɪnəns]; **osiągnąć przewagę nad** – to achieve superiority over; **przewaga militarna** – military supremacy

przeważać ❶ (*występować w większej ilości*) prevail [prɪ'veɪl], predominate [prɪ'dɒmɪneɪt] ❷ (*przechylić szalę wagi*) tip the balance, tip the scales; **przeważyć szalę na czyjąś korzyść** – to tip the balance in sb's favour

przeważnie mostly ['məʊstlɪ], chiefly ['tʃi:flɪ], in most cases [ɪnməʊst'keɪsɪz], mainly ['meɪnlɪ]

przewidujący far-sighted [fɑ:'saɪtɪd], far-seeing [fɑ:'si:ɪŋ]

przewidywać ❶ (*odgadywać, co będzie*) foresee (foresaw, foreseen) [fɔ:'si:, fɔ:'sɔ:, fɔ:'si:n], foretell (foretold, foretold) [fɔ:'tel, fɔ:'təʊld, fɔ:'təʊld], forecast (forecast, forecast) [fɔ:'kɑ:st, fɔ:'kɑ:st, fɔ:'kɑ:st]; **przewidywać przyszłość** – to foretell/to foresee the future; **przewidywać pogodę** – to forecast the weather; **przewidzieć trudności** – to foresee difficulties ❷ (*spodziewać się*) expect [ɪk'spekt], anticipate [æn'tɪsɪpeɪt]; *Sprawy potoczyły się lepiej, niż przewidywałem.* – Things turned out better than I had expected.

przewidywanie expectation [ekspek'teɪʃn]; **wbrew wszelkim przewidywaniom** – contrary to/against all expectations; **zdolność przewidywania** – foresight

p

przewietrzyć air [eə]

przewieźć *p.* **przewozić**

przewijać ❶ (*taśmę np. magnetofonu*) rewind (rewound, rewound) [ri:'waɪnd, ri:'waʊnd, ri:'waʊnd] ❷ (*zmieniać dziecku pieluszki*) change [tʃeɪndʒ]; **przewinąć dziecko** – to change the baby

przewlec (*nitkę przez igłę*) thread (a needle) [θred-]

przewlekły chronic ['krɒnɪk], lasting ['lɑ:stɪŋ], lingering ['lɪŋgərɪŋ]; **przewlekły bronchit** – chronic bronchitis; **przewlekłe zaziębienie** – lingering cold

przewodnictwo ❶ (*kierownictwo*) leadership ['li:dəʃɪp]; **objąć przewodnictwo** – to take on/to assume the leadership; **przejąć przewodnictwo** – to take over the leadership ❷ (*fiz. – zjawisko przewodzenia ciepła lub elektryczności*) conductivity [kɒndʌk'tɪvətɪ], conduction [kən'dʌkʃn]

przewodniczący chairman, *l.mn.* chairmen ['tʃeəmən], president ['prezɪdənt]

przewodniczyć preside [prɪ'zaɪd], chair [tʃeə]; **przewodniczyć zebraniu** – to preside over a meeting

przewodnik ❶ (*osoba prowadząca, wskazująca drogę*) guide [gaɪd]; *Przewodnik oprowadził nas po zamku.* – The guide showed us round the castle. ❷ (*książka*) guidebook ['gaɪdbʊk], guide [gaɪd]; **przewodnik po Grecji** – a guide to Greece; **przewodnik po Muzeum Brytyjskim** – a guide to the British Museum ❸ (*fiz. substancja przewodząca*) conductor [kən'dʌktə]

przewodzić ❶ (*kierować*) lead (led, led) [li:d, led, led], direct [dɪ'rekt/daɪ'rekt]; **przewodzić armii** – to lead an army ❷ (*przenosić prąd, ciepło*) conduct [kən'dʌkt]; *Miedź przewodzi elektryczność.* – Copper conducts electricity.

przewozić transport [træn'spɔ:t], carry ['kærɪ]; **przewozić towary koleją** – to transport goods by rail

przewód ❶ (*rura, kanał*) pipe [paɪp], main [meɪn]; **przewód wodociągowy**

– water pipe/water main; **przewód gazowy** – gas pipe/gas main; **przewód kanalizacyjny** – sewer; **przewód kominowy** – chimney flue; **przewód wentylacyjny** – ventilation shaft ❷ (*elektryczny*) wire [waɪə], line [laɪn]; **przewód pod napięciem** – live wire; **przewody telefoniczne** – telephone wires/telephone lines; **przewody wysokiego napięcia** – high voltage lines ❸ (*linia postępowania*); **przewód sądowy** – legal proceedings; **przewód doktorski** – doctoral studies/thesis/dissertation

przewóz transport ['trænspɔ:t], transportation [trænspɔ:'teɪʃn]

przewracać ❶ (*powodować upadek*) overturn [əʊvə'tɜ:n], upset (upset, upset) [ʌp'set, ʌp'set, ʌp'set], knock over [nɒk'əʊvə]; *Przewrócił filiżankę i kawa wylała się na obrus.* – He upset his cup and the coffee spilt all over the table-cloth. ❷ (*odwracać na drugą stronę*) overturn [əʊvə'tɜ:n], turn over/round [tɜ:n'əʊvə/'raʊnd]; *Olbrzymia fala przewróciła łódź.* – A huge wave overturned/upset the boat.

przewracać się ❶ (*wywrócić się*) fall down/over [fɔ:l'daʊn/'əʊvə] (fell, fallen); *Dziecko próbowało chodzić, ale ciągle się przewracało.* – The baby tried to walk but kept falling down. *Przewróciła się i zraniła nogę.* – She fell over and hurt her leg. ❷ (*odwrócić się na drugą stronę*) turn over [tɜ:n'əʊvə], overturn [əʊvə'tɜ:n]; *Przewróciła się na drugi bok i zasnęła.* – She turned over and went to sleep. *Samochód wpadł w poślizg i przewrócił się.* – The car skidded and turned over. *Łódź przewróciła się.* – The boat capsized/overturned.

przewyższać surpass [sə'pɑ:s], exceed [ɪk'si:d]; *Koszt nie powinien przewyższać 5000 funtów.* – The cost shouldn't exceed £5000. **przewyższać kogoś siłą/umiejętnościami** – to surpass sb in strength/skill

przez ❶ (*dot. przestrzeni*) across [ə'krɒs], through [θru:], over ['əʊvə], by [baɪ]; **przejść przez ulicę** – to walk across the street; **przepłynąć łodzią przez jezioro** – to row across the lake; *Włamywacz dostał się przez okno.* – The burglar got in through the window. *Ścieżka wiedzie przez las.* – The path leads through the wood. *Samochody nie mogą przejeżdżać przez centrum.* – Cars are not allowed to go through the city centre. *Jechaliśmy do Rzymu przez Mediolan.* – We travelled to Rome through Milan. **uciec przez granicę** – to escape over a frontier; **przeskoczyć przez strumień** – to jump over a stream; **przejść przez mur** – to climb over a wall; *Nic nie widziałam przez mgłę.* – I could see nothing through the mist. ❷ (*dot. np. sposobu, pośrednictwa*) through [θru:], over ['əʊvə], by [baɪ], on [ɒn]; **rozmawiać przez telefon** – to speak on/over the phone; **porozumieć się przez telefon** – to communicate by phone; **słuchać koncertu przez radio** – to listen to the concert on/over the radio; **patrzeć przez lunetę** – to look through a telescope; *Znalazłam tę pracę przez ogłoszenie w gazecie.* – I found the job through a newspaper advertisement. ❸ (*dot. czasu*) for [fɔ:, fə], over ['əʊvə]; *Wahał się przez chwilę.* – He hesitated for a moment. *Nie widzieliśmy się przez całe lata.* – We haven't seen each other for years. *Zostanę tu przez weekend.* – I'll stay here over the weekend. ❹ (*dot. przyczyny*) by [baɪ], because of [bɪ'kɒzəv], out of [aʊ'təv]; **przez przypadek** – by chance; **przez pomyłkę** – by mistake; **przez grzeczność/litość** – out of politeness/pity; **przez nieuwagę** – through carelessness; *To wszystko przez ciebie.* – It's all your fault. ❺ (*w konstrukcjach biernych*) by [baɪ]; *Został porwany przez terrorystów.* – He was kidnapped by terrorists. ❻ (*przy działaniach matematycznych*) by [baɪ]; **mnożyć/dzielić przez** – to multiply/divide by

przeziębiać się catch (a) cold [kætʃ (ə) 'kəʊld], catch a chill [kætʃə'tʃɪl]; *Prze-*

ziębiłem się. – I've caught cold/I have a cold.

przeziębienie cold [kəʊld], chill [tʃɪl]; *Czy jest pan podatny na przeziębienia?* – Are you liable to colds?

przeznaczać *p.* **przeznaczyć**

przeznaczenie ❶ (*los*) destiny ['destɪnɪ], fate [feɪt]; *Stać się sławną było jej przeznaczeniem.* – It was her destiny to become famous. ❷ (*cel*) purpose ['pɜ:pəs], use [ju:s]; **narzędzie o wielu przeznaczeniach** – a tool with many uses; **miejsce przeznaczenia** (*cel podróży*) – destination

przeznaczyć intend [ɪn'tend], mean (meant, meant) [mi:n, ment, ment]; *Ta książka nie jest przeznaczona dla dzieci.* – This book is not intended for children.

przezorność foresight ['fɔ:saɪt], caution ['kɔ:ʃn], prudence ['pru:dns]

przezorny prudent ['pru:dnt], cautious ['kɔ:ʃəs]

przezrocze slide [slaɪd]

przezroczystość transparency [træns'pærənsɪ]

przezroczysty transparent [træns'pærənt], (*o wodzie*) clear [klɪə], crystal clear ['krɪstlklɪə], (*o tkaninie*) sheer [ʃɪə]

przezwyciężać overcome (overcame, overcome) [əʊvə'kʌm, əʊvə'keɪm, əʊvə'kʌm], conquer ['kɒŋkə]; **przezwyciężać trudności** – to overcome difficulties; *Musisz przezwyciężyć swój strach przed lataniem.* – You must conquer/overcome your fear of flying.

przeżegnać się make the sign of the cross, cross oneself; *Przeżegnał się, kiedy przechodził obok kościoła.* – He crossed himself as he passed the church.

przeżycie ❶ (*pozostanie przy życiu*) survival [sə'vaɪvl] ❷ (*doznanie*) experience [ɪk'spɪərɪəns]; **nieprzyjemne/ /niezapomniane przeżycie** – an unpleasant/an unforgettable experience

przeżyć ❶ (*żyć jakiś czas*) live [lɪv]; *Przeżyli razem dwadzieścia lat.* – They lived together for twenty years. ❷ (*przetrwać, utrzymać się przy życiu*) survive [sə'vaɪv], live through [lɪv-'θru:]; *Pacjent nie przeżyje nocy.* – The patient won't live through the night. **przeżyć trzęsienie ziemi** – to survive an earthquake; *Ze stu pięćdziesięciu ludzi na pokładzie samolotu nikt nie przeżył.* – Of the one hundred and fifty people on the plane nobody survived. ❸ (*doznać silnych emocji, przejść*) experience [ɪk'spɪərɪəns], go through [gəʊ'θru:] (went, gone); *Nie masz pojęcia, co przeżyłam czekając na wyniki.* – You have no idea what I went through waiting for the results. *On ciężko przeżył śmierć żony.* – His wife's death was a great shock to him. ❹ (*żyć dłużej od kogoś*) survive [sə'vaɪv], outlive [aʊt'lɪv]; *Przeżyła wszystkie swoje dzieci.* – She survived all her children. *Przeżyła swojego męża o trzy lata.* – She outlived her husband by three years.

przód front [frʌnt]; **przód domu** – the front of the house; **posuwać się do przodu** – to move forward; **pochylić się do przodu** – to lean forward

przy ❶ (*dot. miejsca*) at [æt/ət], by [baɪ], near [nɪə]; **przy stole/biurku** – at the table/desk; *Ktoś jest przy drzwiach.* – There is someone at the door. *Telefon jest przy oknie.* – The telephone is by the window. *Mieszkają przy tej ulicy od lat.* – They've been living in this street for years. *Usiądź przy mnie.* – Sit by me. *Zawsze mam przy sobie pieniądze.* – I always have money on me. *Ręce przy sobie!* – Hands off! ❷ (*dot. okoliczności*) at [æt/ət], by [baɪ]; **przy pracy** – at work; **dzieci przy zabawie** – children at play; **przy obiedzie** – at dinner; *Porozmawiajmy o tym przy obiedzie.* – Let's talk about it over dinner. *Czytanie przy złym oświetleniu jest szkodliwe dla oczu.* – Reading by poor light is bad for the eyes. **przy tej sposobności** – by the way/incidentally; **spacerować przy świetle księżyca** – to walk by moonlight; **tańczyć przy muzyce** – to dance to the music ❸ (*dot. sposobu*) with [wɪð]; **przy**

twojej pomocy – with your help; **przy odrobinie szczęścia** – with a little bit of luck ❹ (*dot. osoby*) in the presence of [ɪnðə'preznsəv]; **przy świadkach** – in the presence of witnesses

przybierać *p.* **przybrać**

przybliżać się draw near [drɔ:'nɪə], come closer [kʌm'kləʊsə], approach [ə'prəʊtʃ]

przybliżenie approximation [əprɒksɪ'meɪʃn]; **w przybliżeniu** – approximately

przybliżony approximate [ə'prɒksɪmət]; **przybliżona cena/liczba** – approximate price/figure

przybór ❶ (*wody*) rise [raɪz] ❷ (*przybory – narzędzia*) articles ['ɑ:tɪklz], accessories [ək'sesərɪz], untensils [ju:'tenslz], implements ['ɪmplɪmənts], instruments ['ɪnstrumənts]; **przybory toaletowe** – toilet articles; **przybory kuchenne** – kitchen utensils/implements; **przybory do manicure** – manicuring instruments/a manicure set

przybrać ❶ (*podnieść się powyżej zwykłego poziomu*) rise (rose, risen) [raɪz, rəʊz, 'rɪzn]; *Rzeka przybrała o kilka metrów.* – The river has risen by several metres. **przybrać na wadze** – to put on weight ❷ (*uznać coś za swoje*) adopt [ə'dɒpt], assume [ə'sju:m]; **przybrać pseudonim** – to adopt a pseudonym; **ukrywać się pod przybranym nazwiskiem** – to live under an assumed name; **przybrane dziecko** – an adopted child ❸ (*ozdobić*) adorn [ə'dɔ:n], decorate ['dekəreɪt], trim (mm) [trɪm]; **przybrać kapelusz kwiatami** – to trim a hat with flowers ❹ (*nabrać jakichś cech*) assume [ə'sju:m]; take on [teɪk'ɒn] (took, taken); *Kameleon może przybierać barwy tła.* – The chameleon can take on the colours of its background. *Jego twarz przybrała wyraz uprzejmej obojętności.* – His face took on the look of polite indifference. **przybrać pozę niewinności** – to assume an air of innocence; *Sprawy przybrały nieoczekiwany obrót.* – Matters have taken an unexpected turn.

przybycie arrival [ə'raɪvl], coming ['kʌmɪŋ]

przybyć ❶ (*przyjść, nadejść*) come (came, come) [kʌm, keɪm, kʌm], arrive [ə'raɪv], turn up [tɜ:n'ʌp]; *Czekaliśmy i czekaliśmy, ale on nie przybył.* – We waited and waited but he failed to turn up. *Przybył na czas.* – He arrived on time. ❷ (*powiększać liczbę*) grow in numbers; *Przybywa nam kłopotów.* – Our troubles are growing in numbers. *Przybyło jej dwa kilogramy.* – She's put on two kilograms.

przybysz newcomer ['nju:kʌmə], stranger ['streɪndʒə], new arrival [nju:ə'raɪvl]

przybywać *p.* **przybyć**

przychodnia outpatient clinic

przychodzić *p.* **przyjść**

przychylny friendly ['frendlɪ], well-disposed [weldɪ'spəʊzd], (*o warunkach*) favourable ['feɪvərəbl]

przyciągać ❶ (*ciągnąć*) pull [pʊl], draw (drew, drawn) [drɔ:, dru:, drɔ:n]; **przyciągać czyjąś uwagę** – to draw sb's attention ❷ (*nęcić*) lure [ljʊə], appeal [ə'pi:l], attract [ə'trækt]; *Ten film przyciąga rzesze publiczności.* – The film is drawing large audiences. ❸ *fiz.* attract [ə'trækt]

przyciąganie *fiz.* attraction [ə'trækʃn], gravitation [grævɪ'teɪʃn]; **siła przyciągania ziemskiego** – the force of gravitation; **prawo powszechnego przyciągania** – the law of universal gravitation

przycisk ❶ (*ciężki przedmiot do przyciskania*) paper-weight ['peɪpəweɪt], weight [weɪt] ❷ (*przycisk kontaktu*) button ['bʌtn]

przyciskać press [pres], push [pʊʃ]

przyczepa (*ciężarówki*) trailer ['treɪlə], (*campingowa*) caravan ['kærəvæn]

przyczepiać attach [ə'tætʃ], fix [fɪks]

przyczepiać się stick (stuck, stuck) [stɪk, stʌk, stʌk], cling (clung, clung) [klɪŋ, klʌŋ, klʌŋ]; **przyczepić się do kogoś jak pijawka** – to cling/to stick to sb like a leech

przyczyna reason ['ri:zn], cause [kɔ:z]; *Jaka jest przyczyna jego rezygnacji?* – What's the reason for his resignation? **badać przyczynę wypadku** – to investigate the cause of the accident; **przyczyna i skutek** – cause and effect; *Nie mogę tego zrobić z tej prostej przyczyny, że nie wiem jak.* – I can't do it for the simple reason that I don't know how.

przyczyniać się contribute [kən'trıbju:t], bring about [brıŋə'baʊt] (brought, brought); *Jej praca przyczyniła się do naszego sukcesu.* – Her work contributed to our success. *Kryzys przyczynił się do wzrostu bezrobocia.* – The crisis brought about an increase in unemployment.

przydać się come in useful, come in handy

przydarzać się happen ['hæpn], occur (rr) [ə'kɜ:]; *Co mu się przydarzyło?* – What happened to him?

przydatny useful ['ju:sfʊl], helpful ['helpfʊl]

przydawać się *p.* **przydać się**

przydomek nickname ['nıkneım]

przydzielać allot [ə'lɒt], allocate ['æləʊkeıt], assign [ə'saın]; **przydzielić fundusze na remont** – to allocate funds for repair work; *Ona przydzieliła zadania każdemu z nas.* – She allocated/ /assigned tasks to each of us.

p

przyglądać się watch [wɒtʃ], observe [əb'zɜ:v], examine [ıg'zæmın], look [lʊk], scrutinize ['skru:tınaız]; *Przyglądaj się, co robię i jak to robię.* – Watch what I do and how I do it. *Przyjrzyj się temu uważnie.* – Look at it carefully. *Nic nie zrobili, stali i przyglądali się.* – They did nothing, they just stood and looked on.

przygnębiać depress [dı'pres]; *Deszczowa pogoda zawsze ją przygnębia.* – Rainy weather always depresses her.

przygnębiający depressing [dı'presıŋ], disheartening [dıs'hɑ:tnıŋ]

przygnębienie depression [dı'preʃn], low spirits [ləʊ'spırıts], gloom [glu:m]

przygoda adventure [əd'ventʃə]

przygodowy of adventure [-əd'ventʃə]

przygotować prepare [prı'peə], get ready [get'redı]; **przygotować posiłek** – to prepare a meal; **przygotować kogoś do egzaminu** – to prepare sb for an examination/to coach sb for an examination; *Jestem przygotowana na wszystko.* – I'm prepared for anything (to happen).

przygotować się prepare [prı'peə], get ready [get'redı]; **przygotować się do podróży** – to get ready for a journey; **przygotować się do egzaminu** – to prepare for an exam; **przygotować się na kłopoty** – to prepare for trouble; *Przygotuj się na szok!* – Prepare yourself for a shock!

przygotowanie preparation [prepə'reıʃn]

przyimek *gram.* preposition [prepə'zıʃn]

przyjaciel friend [frend]; **bliski/dobry przyjaciel** – a close/a good friend; **wierny/lojalny przyjaciel** – a faithful/a loyal friend

przyjacielski friendly ['frendlı]; **przyjacielska rada** – friendly advice; **być z kimś w przyjacielskich stosunkach** – to be on friendly terms with sb

przyjaciółka friend [frend], (*sympatia*) girl-friend ['gɜ:lfrend]

przyjazd arrival [ə'raıvl]

przyjazny friendly ['frendlı]; **przyjazne stosunki** – friendly relations; **przyjazny gest/uśmiech** – a friendly gesture/smile

przyjaźnić się be friends with

przyjaźń friendship ['frendʃıp]; **bliska przyjaźń** – close friendship; **być z kimś w przyjaźni** – to be friends with sb; **więzy przyjaźni** – the bonds of friendship

przyjąć ❶ (*wziąć, zaakceptować*) accept [ək'sept], take (took, taken) [teık, tʊk, 'teıkn], receive [rı'si:v]; *Proszę, przyjmij tę broszkę jako dar ode mnie.* – Please accept/take this brooch as a gift from me. *Oskarżono go o przyjmowanie łapówek.* – He was accused of taking bribes. *Czy ten sklep przyjmuje czeki podróżne?* – Does the shop take traveller's cheques? **przyjąć czyjąś radę** – to take sb's advice; **przyjąć na siebie winę** – to take the blame; *Oświadczył się jej i przyjęła go.* – He proposed to her and she accepted him. *Jak została przyjęta jego nowa sztuka?* – How was his new play received? *Moja propozycja została przyjęta z entuzjazmem.* – My suggestion was received with enthusiasm. *Jak on przyjął tę wiadomość?* – How did he take the news? **przyjąć do wiadomości** – to accept the fact/to acknowledge the fact ❷ (*przybrać*) adopt [ə'dɒpt], take on [teɪk'ɒn] (took, taken), assume [ə'sju:m]; **przyjąć postawę obronną** – to take up a defensive position; *Przyjął pozę osoby niewinnej. – He assumed an air of innocence.* **przyjąć nazwę** – to adopt a name; **przyjąć katolicyzm** – to be converted to Catholicism ❸ (*zażyć*) take (took, taken) [teɪk, tʊk, 'teɪkn], receive [rɪ'si:v]; **przyjąć lekarstwo** – to take medicine; **przyjąć chrzest** – to receive baptism; **przyjąć komunię** – to take communion ❹ (*podjąć*) take on/up [teɪk'ɒn/'ʌp] (took, taken); **przyjąć pracę** – to take up a job; **przyjąć wielką odpowiedzialność** – to take on a great resposibility; **przyjąć wyzwanie** – to accept/to take up a challenge ❺ (*umożliwić pobyt*) receive [rɪ'si:v], take (in) [teɪk-] (took, taken), admit (tt) [əd'mɪt]; **przyjąć lokatorów na mieszkanie** – to take in lodgers; *Ta szkoła nie przyjmuje dziewcząt.* – The school doesn't take girls. *Szkoła co roku przyjmuje sześćdziesięciu uczniów.* – The school admits sixty pupils every year. *Został przyjęty do szpitala.* – He was admitted to hospital. *Został przyjęty na łono kościoła.* – He was received into church. ❻ (*zatrudnić*) employ [ɪm'plɔɪ], take on [teɪk'ɒn] (took, taken); **przyjąć nowego pracownika** – to employ/to take on a new worker ❼ (*przyjmować gości*) entertain [entə'teɪn]; *Niezbyt często przyjmujemy gości.* – We don't entertain very often. *Przyjęli nas obiadem.* – They entertained us to dinner. ❽ (*powitać*) receive [rɪ'si:v], welcome ['welkəm]; *Przyjęli nas serdecznie.* – They welcomed us warmly. *Przyjęto ją gorącymi oklaskami.* – She was received with warm applause. ❾ (*założyć*) assume [ə'sju:m]; *Musimy przyjąć, że on jest niewinny.* – We must assume him to be innocent. ❿ (*np. pacjentów, interesantów*) see (saw, seen) [si:, sɔ:, si:n]; *Dyrektor nie może pana teraz przyjąć.* – The director can't see you now. *Doktor przyjmuje w godzinach...* – The doctor's surgery hours are...

przyjemnie pleasantly ['plezntlɪ], nicely ['naɪslɪ]; *Było mi przyjemnie pana poznać.* – It's been a pleasure meeting you. *Spędziliśmy wieczór bardzo przyjemnie.* – We spent the evening very pleasantly.

przyjemność pleasure ['pleʒə]; *Czy napijesz się czegoś? – Z przyjemnością.* – Will you have a drink? – With pleasure. *Cała przyjemność po mojej stronie.* – The pleasure is mine. *Czy wyjeżdżasz w interesach, czy dla przyjemności?* – Are you going on business or for pleasure? *Spędza swoje życie w pogoni za przyjemnością.* – He spends his life in pursuit of pleasure.

przyjemny pleasant ['pleznt], nice [naɪs]

przyjezdny[1] (*osoba przyjezdna*) visitor ['vɪzɪtə], stranger ['streɪndʒə]

przyjezdny[2] visiting ['vɪzɪtɪŋ]

przyjeżdżać *p.* **jechać**

przyjęcie ❶ (*akceptacja*) acceptance [ək'septəns], receipt [rɪ'si:t]; **do przyjęcia** – acceptable; **nie do przyjęcia** – unacceptable; **potwierdzić przyjęcie listu** – to acknowledge receipt of a letter ❷ (*do szkoły, szpitala*) admission [əd'mɪʃn] ❸ (*zebranie towarzyskie*) reception [rɪ'sepʃn], party ['pɑ:tɪ]; **przyjęcie weselne** – a wedding reception; **przyjęcie urodzinowe** – a birthday party; **dawać/urządzać przyjęcie** – to give/to throw/to have a party; **być na przyjęciu** – to be at a party/at a reception ❹ (*powitanie*) reception [rı'sepʃn], welcome ['welkəm]; **przygotować pokoje na przyjęcie gości** – to prepare rooms for the reception of guests; **doznać serdecznego przyjęcia** – to be given a warm welcome

◆ **godziny przyjęć** – (*u lekarza*) surgery hours, (*w urzędzie*) office hours

przyjmować *p.* **przyjąć**

przyjście coming ['kʌmıŋ], arrival [ə'raıvl]

przyjść ❶ (*nadejść*) come (came, come) [kʌm, keım, kʌm], arrive [ə'raıv]; **przyjść do domu** – to come home; *List przyszedł dziś rano.* – The letter came this morning. *Wiosna przyszła późno tego roku.* – Spring came late this year. **przyjść do kogoś z wizytą** – to come and see sb/to visit sb; **przyjść na świat** – to be born ❷ (*odzyskać zdrowie, przytomność*); **przyjść do zdrowia** – to recover; **przyjść do siebie** – to come to oneself/(*odzyskać przytomność*) to come round/to come to/to recover consciousness ❸ (*o myśli – przyjść do głowy*) come (came, come) [kʌm, keım, kʌm], occur (rr) [ə'kɜ:]; *Przyszło mi do głowy, że...* – It occurred to me that... ❹ (*dać się osiągnąć*) come (came, come) [kʌm, keım, kʌm]; *Sukces przyszedł mu łatwo.* – Success came easily to him. *Łatwo przyszło, łatwo poszło.* – Easy come, easy go.

przykazać tell (told, told) [tel, təʊld, təʊld], order ['ɔ:də]; *Przykazał dzieciom, żeby były cicho.* – He told the children to be quiet. *Doktor przykazał mu leżeć w łóżku.* – The doctor ordered him to stay in bed.

przykazanie commandment [kə'mɑ:ndmənt]

przyklejać stick (stuck, stuck) [stık, stʌk, stʌk], glue [glu:], paste [peıst]; **przykleić znaczek na list** – to stick a stamp on a letter

przykleić się stick (stuck, stuck) [stık, stʌk, stʌk]; *Ciasto przykleiło mi się do palców.* – The dough stuck to my fingers.

przykład example [ıg'zɑ:mpl]; **na przykład** – for example/for instance/e.g. (*łac.* exemplum gratias); *Jego zachowanie powinno być przykładem dla nas wszystkich.* – His behaviour should be an example to all of us. **iść za czyimś przykładem** – to follow sb's example; **dać dobry przykład** – to set a good example; *Ta katedra jest pięknym przykładem architektury gotyckiej.* – The cathedral is a fine example of gothic architecture.

przykręcać screw on [skru:'ɒn]

przykro unpleasantly [ʌn'plezntlı], disagreeably [dısə'grıəblı]; *Przykro jest na to patrzeć.* – It's painful to look at it. *Zrobiło mi się przykro.* – I felt hurt. *Przykro mi o tym mówić.* – I regret to have to say it. *Mój mąż jest ciężko chory. – Bardzo mi przykro z tego powodu.* – My husband is seriously ill. – Oh, I'm very sorry about it.

przykrość ❶ (*nieprzyjemne zdarzenie*) unpleasantness [ʌn'plezntnıs]; *Wolałbym uniknąć jakichkolwiek przykrości.* – I'd like to avoid any unpleasantness. ❷ (*niemiłe uczucie*) distress [dı'stres]; **sprawić komuś przykrość** – to hurt sb/to distress sb; *Z przykrością dowiedziałam się, że...* – I was very sorry to hear that... *Z przykrością muszę stwierdzić, że...* – I'm sorry to say that.../I regret to have to say that...

przykry unpleasant [ʌn'pleznt], disagreeable [dısə'grıəbl]

przykryć cover ['kʌvə]; *Przykryła dziecko kocykiem.* – She covered the baby with a blanket. *Śnieg przykrył pola.* – Snow covered the fields.

przykrywka lid [lıd]

przylądek cape [keıp]; **Przylądek Dobrej Nadziei** – the Cape of Good Hope

przylepiać *p.* **przyklejać**

przylot arrival [ə'raıvl]

p

przyłapać catch (caught, caught) [kætʃ, kɔ:t, kɔ:t]; **przyłapać złodzieja** – to catch a thief; *Przyłapałam chłopca, jak kradł jabłka z ogrodu.* – I caught a boy stealing apples from the garden. **przyłapać kogoś na gorącym uczynku** – to catch sb red-handed

przymierzać try on [traɪ'ɒn]; *Czy mogę przymierzyć ten płaszcz?* – May I try on this coat?

przymierze alliance [ə'laɪəns]

przymiotnik *gram.* adjective ['ædʒɪktɪv]

przymus compulsion [kəm'pʌlʃn], pressure ['preʃə], constraint [kə'streɪnt], duress [djʊ'res]; **działać pod przymusem** – to act under constraint/ /compulsion

przymusowy compulsory [kəm'pʌlsərɪ]; *Czy w waszym kraju służba wojskowa jest przymusowa?* – Is military service compulsory in your country?

przynajmniej at least [ət'li:st]

przynależność membership ['membəʃɪp]; **przynależność do partii** – membership of a party; **przynależność państwowa** – national status, nationality

przynęta bait [beɪt], decoy [dɪ'kɔɪ]; **połknąć przynętę** – to swallow the bait; **dać się zwabić na przynętę** – to be decoyed

przynieść bring (brought, brought) [brɪŋ, brɔ:t, brɔ:t]; *Przynieś mi szklankę wody.* – Bring me a glass of water. *To lekarstwo przynosi ulgę przy bólu.* – This medicine brings relief from pain. *Pieniądze nie przyniosły im szczęścia.* – Money brought them no happiness. *Sklep przynosi mu duży dochód.* – The shop brings him a big profit. *To przynosi nieszczęście.* – It brings bad luck.

przypadek ❶ (*traf*) chance [tʃɑ:ns]; **przez przypadek** – by chance/by accident; *Czy nie wiesz przypadkiem, gdzie on jest?* – Do you happen to know where he is? *Jeżeli przypadkiem znajdziesz tę książkę, daj mi znać.* – If you happen to find the book, please let me know./If you should find the book, please let me know. *To był czysty przypadek, że spotkaliśmy się.* – It was pure chance that we met. *Przypadek odgrywa dużą rolę w naszym życiu.* – Chance plays a big part in our lives. **zdać się na przypadek** – to trust to chance/to leave sth to chance ❷ (*wypadek*) case [keɪs], instance ['ɪnstns]; **w przypadku pożaru** – in case of fire; **w tym przypadku** – in this case/instance; **w większości przypadków** – in most cases/instances; **ciężki/łagodny przypadek żółtaczki** – an acute/a mild case of jaundice ❸ *gram.* case [keɪs]; **odmieniać rzeczownik przez przypadki** – to decline a noun

przypadkowo by chance [baɪ'tʃɑ:ns], accidentally [æksɪ'dentlɪ]

przypadkowy chance [tʃɑ:ns], accidental [æksɪ'dentl], incidental [ɪnsɪ'dentl]; **przypadkowe spotkanie** – a chance/ /an accidental meeting

przypadłość ailment ['eɪlmənt], complaint [kəm'pleɪnt], disease [dɪ'zi:z]

przypalić burn (burnt, burnt/-ed) [bɜ:n, bɜ:nt, bɜ:nt/bɜ:nd], (*żelazkiem*) scorch [skɔ:tʃ]; **przypalić grzankę** – to burn a toast

przypinać attach [ə'tætʃ], pin (nn) [pɪn], fasten ['fɑ:sn]

przypis footnote ['fʊtnəʊt]

przypływ ❶ (*morza*) flow of the tide, high tide; *Jest przypływ.* – The tide is coming in. ❷ (*napływ, wezbranie*) inflow ['ɪnfləʊ], *przen.* flush [flʌʃ], rush [rʌʃ]; **w przypływie entuzjazmu** – in a rush/flush of enthusiasm

przypominać ❶ (*komuś*) remind [rɪ'maɪnd]; *Przypomnij mi, żebym do niego dziś wieczorem zatelefonował.* – Remind me to telephone him this evening. *Ta piosenka przypomina mi moje dzieciństwo.* – This song reminds me of my childhood. ❷ (*pamiętać*) remember [rɪ'membə], recollect [rekə'lekt], recall [rɪ'kɔ:l]; *O ile sobie przypominam...* – As far as I remember... *Nie mogę sobie przypom-*

nieć, jak on się nazywa. – I can't remember/recall his name.

przyprawa spice [spaɪs]

przyprawiać ❶ (*dodawać przyprawy*) season ['si:zn], flavour ['fleɪvə], spice [spaɪs]; **przyprawić zupę pieprzem** – to season soup with pepper; *Sos był mocno przyprawiony czosnkiem.* – The sauce was strongly flavoured/seasoned with garlic. ❷ (*powodować*) make (made, made) [meɪk, meɪd, meɪd], give (gave, given) [gɪv, geɪv, 'gɪvn]; *To mnie przyprawia o zawroty głowy/o mdłości.* It makes me dizzy/ /sick. *To mnie przyprawia o dreszcze.* – It gives me the shivers.

przyprowadzić bring (brought, brought) [brɪŋ, brɔ:t, brɔ:t]; *Przyprowadził ze sobą swojego kolegę.* – He brought his friend with him.

przypuszczać suppose [sə'pəʊz], presume [prɪ'zjum], believe [bɪ'li:v], *am.* guess [ges]; *Przypuszczam, że on przyjdzie jutro.* – I suppose he'll come tomorrow. *Przypuszcza się, że on wyjechał z kraju.* – He is supposed to have left the country. *Przypuszczam, że tak/że nie.* – I suppose so./I don't suppose so. *Przypuśćmy, że to prawda, co wtedy?* – Suppose that it's true: what then? *Przypuśćmy, że miałbyś dużo pieniędzy: co byś zrobił?* – Suppose you had a lot of money: what would you do?

p

przypuszczalnie presumably [prɪ'zju:məblɪ], probably ['prɒbəblɪ], supposedly [sə'pəʊzɪdlɪ]

przypuszczalny presumable [prɪ'zju:məbl], supposed [sə'pəʊzd]

przypuszczenie supposition [sʌpə'zɪʃn], assumption [ə'sʌmpʃn], conjecture [kən'dʒektʃə], surmise [sɜ:'maɪz], guess [ges]; **snuć przypuszczenia** – to make conjectures/guesses

przyroda ❶ (*natura*) nature ['neɪtʃə]; **prawa przyrody** – the laws of nature; **siły przyrody** – the forces of nature ❷ (*nauka*) natural science ['nætʃrəl'saɪəns], (*w szkole*) nature study ['neɪtʃəstʌdɪ]

przyrodni:
brat przyrodni – half-brother; **siostra przyrodnia** – half-sister

przyrodniczy natural scientific ['nætʃrəlsaɪən'tɪfɪk]; **program przyrodniczy w telewizji** – a natural scientific programme on TV

przyrodnik naturalist ['nætʃrəlɪst]

przyrodoznawstwo natural science ['nætʃrəl 'saɪəns]

przyrost increase ['ɪnkri:s], growth [grəʊθ]; **przyrost naturalny** – population growth; **przyrost produkcji** – an increase in production

przyrząd instrument ['ɪnstrʊmənt], device [dɪ'vaɪs], implement ['ɪmplɪmənt], gadget ['gædʒɪt]; **przyrządy optyczne** – optical instruments; **przyrządy kuchenne** – kitchen implements

przyrządzać make (made, made) [meɪk, meɪd, meɪd], prepare [prɪ'peə]; **przyrządzać posiłek** – to prepare a meal

przyrzec promise ['prɒmɪs]; *Przyrzekł jej, że nigdy jej nie opuści.* – He promised he would never leave her./ /He promised never to leave her.

przyrzekać *p.* **przyrzec**

przysiąc swear (swore, sworn) [sweə, swɔ:, swɔ:n]; *Przysiągł, że nikomu o tym nie powie.* – He swore not to tell anybody about it. *Mogłabym przysiąc, że już go gdzieś przedtem widziałam.* – I could have sworn I had seen him before somewhere. *Mówię prawdę, przysięgam.* – I'm telling the truth, I swear it. *Świadek musi przysiąc na Biblię, że będzie mówił prawdę.* – A witness has to swear on the Bible to tell the truth.

przysięga oath [əʊθ]; **złożyć przysięgę** – to take an oath; **złamać przysięgę** – to violate an oath; **zeznawać pod przysięgą** – to testify under oath

przysięgać *p.* **przysiąc**

przysięgły sworn [swɔ:n]; **członek ławy przysięgłych** – juryman; **ława przysięgłych** – the jury

przysłowie proverb ['prɒvɜ:b]

przysłówek *gram.* adverb ['ædvɜ:b]

przysługa favour ['feɪvə], service ['sɜ:vɪs]; **wyświadczyć komuś przysługę** – to do sb a favour/to render sb a service; *Czy mogę cię prosić o przysługę?* – May I ask a favour of you?

przysmak delicacy ['delɪkəsɪ], titbit ['tɪtbɪt]

przyspieszać *p.* **przyspieszyć**

przyspieszenie acceleration [əkselə'reɪʃn]

przyspieszony accelerated [ək'seləreɪtɪd]; **ruch jednostajnie przyspieszony** – uniformly accelerated motion

przyspieszyć ❶ (*zwiększyć szybkość*) accelerate [ək'seləreɪt], speed up [spi:d'ʌp]; *Samochód przyspieszył, kiedy nas wymijał.* – The car accelerated/speeded up as it overtook us. ❷ (*uczynić coś wcześniejszym*) speed up [spi:d'ʌp], hasten ['heɪsn], precipitate [prɪ'sɪpɪteɪt]; *Ciepło przyspiesza wzrost roślin.* – Warmth hastens the growth of plants. **przyspieszyć produkcję** – to speed up the production

przystanąć (*stanąć*) stop (pp) [stɒp]; *Przystanął, żeby popatrzeć na wystawę.* – He stopped to look at the shop-window. *Pociąg przystawał na każdej stacji.* – The train stopped at every station.

przystanek stop [stɒp]; **przystanek autobusowy/tramwajowy** – a bus/a tram stop

przystań harbour ['hɑ:bə], port [pɔ:t], *przen.* haven ['heɪvn]; **zawinąć/przybić do przystani** – to reach harbour/ /port

przystojny handsome ['hænsəm], good-looking [gʊd'lʊkɪŋ]

przystosować adapt [ə'dæpt], adjust [ə'dʒʌst], accommodate [ə'kɒmədeɪt]; *Przystosuję moje plany do twoich.* – I will accomodate my plans to yours.

przystosować się adapt oneself [ə'dæptwʌn'self], adjust (oneself) [ə'dʒʌst-], accommodate [ə'kɒmədeɪt]; **przystosować się do nowych warunków** – to adapt oneself to the new conditions; *Było mu trudno przystosować się do normalnego życia.* – He found it difficult to adjust to normal life.

przystosowanie adaptation [ædæp'teɪʃn], adjustment [ə'dʒʌstmənt], accommodation [əkɒmə'deɪʃn]

przyswajać ❶ (*przyjmować*) acquire [ə'kwaɪə], assimilate [ə'sɪmɪleɪt]; **przyswoić obcy język** – to acquire a foreign language; **przyswoić wiedzę** – to assimilate knowledge ❷ *biol.* assimilate [ə'sɪmɪleɪt]; **przyswajać pokarm** – to assimilate food

przysyłać send (sent, sent) [send, sent, sent]; **przysłać list** – to send a letter; **przysłać wiadomość** – to send a message

przyszłość the future [-'fju:tʃə]; **w bliskiej/dalekiej przyszłości** – in the near/distant future; *Wszystko może się zdarzyć w przyszłości.* – Anything can happen in the future. **na przyszłość/ /w przyszłości** – in future; *Moja przyszłość jest niepewna.* – My future is uncertain. **przewidywać przyszłość** – to predict the future

przyszły future ['fju:tʃə]; **jej przyszły mąż** – her future husband

przyszyć sew on [səʊ'ɒn] (sewed, sewn); **przyszyć guzik do koszuli** – to sew a button onto a shirt

przytomnieć regain consciousness [rɪ'geɪn'kɒnʃəsnɪs], recover consciousness [rɪ'kʌvə'kɒnʃəsnɪs], come round/ /come to [kʌm'raʊnd/tə] (came, come)

przytomność ❶ (*świadomość*) consciousness ['kɒnʃəsnɪs]; **stracić przytomność** – to lose consciousness/to become unconscious/to faint/to pass out; **odzyskać przytomność** – to regain/to recover consciousness/to come to/to come round ❷ (*rozsądek*) sense [sens]; **przytomność umysłu** – presence of mind

przytomny ❶ (*świadomy*) conscious ['kɒnʃəs]; *Pacjent jest całkowicie przytomny.* – The patient is fully conscious. ❷ (*trzeźwo oceniający sytuację*) intelligent [ɪn'telɪdʒənt], sharp [ʃɑ:p], quick-witted [kwɪk'wɪtɪd]

przytulić hug (gg) [hʌg], snuggle ['snʌgl], clasp [klɑ:sp], cuddle ['kʌdl];

p

Przytuliła dziecko do piersi. – She clasped/cuddled her child to her chest.

przytulić się snuggle (up) ['snʌgl-], cuddle (up) ['kʌdl-]; *Dziecko przytuliło się do matki.* – The child snuggled up to his mother.

przytulny cosy ['kʊzɪ], snug [snʌg]

przytwierdzać fix [fɪks], fasten [fɑ:sn], secure [sɪ'kjʊə], attach [ə'tætʃ]

przytyć put on weight, put on flesh

przywiązać tie (up) [taɪ-], attach [ə'tætʃ], bind (bound, bound) [baɪnd, baʊnd, baʊnd]; *Przywiąż łódź, żeby nie odpłynęła.* – Tie up the boat, so that it doesn't slip away. *Włamywacze przywiązali go do krzesła i uciekli.* – The burglars bound him to a chair and left. *Czy przywiązujesz jakąkolwiek wagę do tego, co powiedział?* – Do you attach any importance to what he said?

przywidzenie hallucination [həlu:sɪ'neɪʃn], imagination [ɪmædʒɪ'neɪʃn]; *Masz przywidzenia.* – You are imagining things. *To musiało być przywidzenie.* – It must have been imagination.

przywierać (*przylgnąć*) adhere [əd'hɪə], stick (stuck, stuck) [stɪk, stʌk, stʌk]

przywieźć bring (brought, brought) [brɪŋ, brɔ:t, brɔ:t]

przywilej privilege ['prɪvəlɪdʒ]; **nadać przywilej** – to grant/to give a privilege; **cieszyć się przywilejami** – to enjoy privileges; **przywilej dyplomatyczny** – diplomatic immunity

p

przywłaszczać take possession of ['teɪk pə'zeʃnəv], appropriate [ə'prəʊprɪət]; *Był oskarżony o przywłaszczenie funduszy klubowych.* – He was accused of appropriating club funds.

przywoływać call [kɔ:l], summon ['sʌmən]; *Przywołaj dzieci, pora na lunch.* – Call the children in, it's time for lunch. *Przywołał do siebie sekretarkę.* – He summoned his secretary. *Przywołał go (na stronę) skinieniem ręki.* – He beckoned him aside.

przywódca leader ['li:də]; **przywódca polityczny** – a political leader; **przywódca związkowy** – a trade union leader

przywództwo leadership ['li:dəʃɪp]; **objąć przywództwo** – to assume/to take on/to take over the leadership

przywracać restore [rɪ'stɔ:]; **przywracać ład i porządek** – to restore law and order; **przywracać kogoś do władzy** – to restore sb to power; **przywracać stare zwyczaje** – to restore ancient traditions; **przywracać komuś zdrowie** – to restore sb's health; **przywracać kogoś do zdrowia** – to restore sb to health; **przywrócić kogoś do przytomności** – to bring sb back to consciousness

przywyknąć get/become used to, get/ /become accustomed to; *Szybko przywykliśmy do nowego stylu życia.* – We quickly got used to the new way of life.

przyznać ❶ (*uznać za słuszne*) admit (tt) [əd'mɪt], grant [grɑ:nt], acknowledge [ək'nɒlɪdʒ]; *Przyznaję, że się myliłam.* – I admit that I was wrong. *Przyznaję, że masz rację.* – I admit that you're right. *Przyznał, że to prawda.* – He acknowledged it to be true./He admitted that it was true. *Przyznaję, że jest bardzo zdolny.* – I grant you he is very talented. ❷ (*udzielić*) grant [grɑ:nt], award [ə'wɔ:d]; **przyznać komuś nagrodę** – to award sb a prize; *Rząd przyznał jej emeryturę.* – The government granted her a pension.

przyznać się admit (tt) [əd'mɪt]; *On nigdy się nie przyzna, że się pomylił.* – He will never admit to being wrong. *Więzień przyznał się do winy.* – The prisoner has admitted his guilt. **przyznać/ /nie przynać się do winy** (*w sądzie*) – to plead guilty/to plead not guilty

przyzwoicie decently ['di:sntlɪ], properly ['prɒpəlɪ]; **zachowywać się przyzwoicie** – to behave properly/decently; **być przyzwoicie wynagradzanym** – to be decently paid

przyzwoitość decency ['di:snsɪ], propriety [prə'praɪətɪ]

przyzwoity decent ['di:snt], proper ['prɒpə], suitable ['su:təbl/'sju:təbl]; **przyzwoite zachowanie** – proper behaviour; **przyzwoita płaca** – decent pay; *To bardzo przyzwoity człowiek.* – He is a thoroughly decent man.

przyzwyczaić accustom [ə'kʌstəm]

przyzwyczaić się get/become/grow accustomed to, get/become used to; *Szybko przyzwyczailiśmy się do życia w nowych warunkach.* – We quickly got accustomed to living in the new conditions.

przyzwyczajenie habit ['hæbɪt]; *Robię to z przyzwyczajenia.* – I do it out of habit. **nabrać przyzwyczajenia** – to get into a habit of...; **siłą przyzwyczajenia** – from/out of force of habit

pseudonim pseudonym ['sju:dənɪm]; **pisać pod pseudonimem** – to write under a pseudonym

psi dog's [dɒgz], canine ['kenaɪn], dog-like ['dɒglaɪk]; **psie życie** – a dog's life; **psie oddanie** – dog-like devotion; **psia wierność** – dog-like fidelity

psocić be up to mischief

psota prank [præŋk], trick [trɪk], mischief ['mɪstʃɪf]

pstrąg *zool.* trout [traʊt]

psuć spoil (spoilt, spoilt/-ed) [spɔɪl, spɔɪlt, spɔɪlt/spɔɪld], break (broke, broken) [breɪk, brəʊk, 'brəʊkn], ruin [rʊɪn]; *Nie czytaj przy takim słabym świetle – popsujesz sobie wzrok!* – Don't read in such poor light – you'll ruin your eyes! **psuć sobie apetyt** – to spoil one's appetite; *Zła pogoda zepsuła im wakacje.* – Bad weather spoilt their holidays. **psuć dziecko** – to spoil a child

psuć się break down [breɪk'daʊn] (broke, broken), fail [feɪl], deteriorate [dɪ'tɪərɪəreɪt] (*o żywności*) go bad; *Samochód się zepsuł.* – The car broke down. *Wzrok mi się psuje.* – My eyesight is failing.

psychiatra psychiatrist [saɪ'kaɪətrɪst]

psychiatria psychiatry [saɪ'kaɪətrɪ]

psychiatryczny psychiatric [saɪkɪ'ætrɪk]

psychiczny mental ['mentl], psychological [saɪkə'lɒdʒɪkl]; **choroba psychiczna** – mental illness/disorder; **rozwój psychiczny dziecka** – the psychological development of a child

psychika psyche ['saɪkɪ], mentality [men'tælətɪ]; **psychika przestępcy** – the mentality of a criminal; *Takie przeżycia mogą mieć niszczący wpływ na psychikę.* – Such experiences can have a damaging effect on a person's psyche.

psycholog psychologist [saɪ'kɒlədʒɪst]

psychologia psychology [saɪ'kɒlədʒɪ]

psychologiczny psychological [saɪkə'lɒdʒɪkl]; **wojna psychologiczna** – psychological warfare

pszczelarz bee-keeper ['bi:ki:pə], apiarist ['eɪpjərɪst]

pszczeli bee [bi:]; **wosk pszczeli** – beeswax; **miód pszczeli** – bee honey; **mleczko pszczele** – royal jelly

pszczoła *zool.* bee [bi:]

pszenica *bot.* wheat [wi:t]

ptactwo fowl [faʊl]; **ptactwo domowe** – poultry; **ptactwo wodne/dzikie** – waterfowl/wildfowl

ptak bird [bɜ:d]

publicysta journalist ['dʒɜ:nəlɪst], publicist ['pʌblɪsɪst]

publicystyczny journalistic [dʒɜ:nə'lɪstɪk]

publicystyka journalism ['dʒɜ:nəlɪzm]

publicznie publicly ['pʌblɪklɪ], in public [ɪn'pʌblɪk], openly ['əʊpnlɪ]

publiczność ❶ (*ogół*) the public [-'pʌblɪk]; *Ogrody są otwarte dla publiczności.* – The gardens are open to the public. **publiczność teatralna** – the theatre-going public ❷ (*widownia, czytelnicy*) audience ['ɔ:djəns]; **przemówić do publiczności** – to address the audience; *Książka dotarła do szerokiej publiczności.* – The book reached a wide audience. *Film przyciąga olbrzymią publiczność.* – The film is attracting/drawing huge audiences. *Publiczność głośno biła*

P

brawo. – The audience applauded loudly.

publiczny public ['pʌblɪk]; **opinia publiczna** – the public opinion; **miejsce publiczne** – a public place; **dom publiczny** – a brothel

publikacja publication [pʌblɪ'keɪʃn]

publikować publish ['pʌblɪʃ]

puch fluff [flʌf], down [daʊn]

puchar cup [kʌp]

puchnąć swell (swelled, swollen) [swel, sweld, 'swəʊln]

puchowy down [daʊn]; **kołdra/pierzyna puchowa** – eiderdown

pucołowaty chubby ['tʃʌbɪ]

pucz coup [ku:]; **dokonać puczu** – to stage a coup; **próba puczu** – an attempted coup

pudding pudding ['pʊdɪŋ]

pudełko box [bɒks]

puder powder ['paʊdə], face-powder ['feɪs paʊdə]; **cukier-puder** – caster/ /castor sugar

puderniczka compact ['kɒmpækt]

pudło box [bɒks], case [keɪs]

pudrować powder ['paʊdə]

pukać knock [nɒk], tap (pp) [tæp]; **pukać do drzwi** – to knock at the door; **pukać w okno** – to knock on the window

pukiel lock [lɒk]

p

pulchny (*o osobie*) plump [plʌmp], (*o cieście*) fluffy ['flʌfɪ], soft [sɒft], (*o glebie*) soft [sɒft], light [laɪt]

pulower pullover ['pʊləʊvə]

puls pulse [pʌls]; **mierzyć komuś puls** – to take/to feel sb's pulse; **nieregularny/słaby puls** – an irregular/an unsteady/a weak pulse; *przen.* **trzymać rękę na pulsie** – to have/to keep one's fingers on the pulse

pulsować throb (bb) [θrɒb], pulse [pʌls], pulsate [pʌl'seɪt]; **pulsujący ból** – throbbing pain

pułapka trap [træp]; **pułapka na myszy** – a mouse trap; **zastawić pułapkę na...** – to set a trap for...; **wpaść w pułapkę** – to fall into a trap

pułk *wojsk.* regiment ['redʒɪmənt]

pułkownik *wojsk.* colonel ['kɜ:nl]

puma *zool.* puma ['pju:mə]

punkt point [pɔɪnt], (*punkt programu*) item ['aɪtəm]; *Proste AB i CD przecinają się w punkcie E.* – Lines AB and CD intersect at the point E. **punkt wrzenia/zamarzania/topnienia** – boiling/freezing/melting point; *Wyjaśnij swoją teorię punkt po punkcie.* – Explain you theory point by point. **w tym punkcie historii** – at that point in history; **punkt zwrotny** – a turning-point; **punkt wyjścia** – a starting point; **mocny/słaby punkt** – a strong/ /a weak point; **punkt honoru** – a point of honour; **punkt widzenia** – one's point of view; **zdobyć punkt** – to score a point; **prowadzić pięcioma punktami** – to lead by five points; **wygrać na punkty** – to win on points; **na punkcie** *przen.* – about; *On szaleje na jej punkcie.* – He is crazy about her.

punktualnie punctually ['pʌŋktʃʊəlɪ], on time [ɒn'taɪm]; *Przyszedł punktualnie.* – He arrived on time. **punktualnie co do minuty** – on the dot; *Przedstawienie zaczyna się punktualnie o siódmej.* – The performance starts at seven sharp.

punktualność punctuality [pʌŋktʃʊ'ælətɪ]

punktualny punctual ['pʌŋktʃʊəl]

pupa bottom ['bɒtəm]

pupilek favourite ['feɪvərɪt]

pureé pureé ['pjʊəreɪ]; **ziemniaki pureé** – mashed potatoes

purpura crimson ['krɪmzn]

purpurowy crimson ['krɪmzn]

pustka void [vɔɪd], emptiness ['emptɪnɪs], blank [blæŋk]; *Nie wiedziała, jak wypełnić pustkę powstałą po śmierci dziecka.* – She didn't know how to fill the void left by the death of her child. *Miałem kompletną pustkę w głowie.* – My mind/memory was a complete blank.

pusty empty ['emptɪ], void [vɔɪd]; **puste ulice** – empty streets; **pusty pokój** – an empty room; **przyjść z pustymi rękami** – to come empty-handed; *Nie jest dobrze pić na pusty żołądek.* – It's not good to drink on an empty stomach. **puste słowa/obietnice** – empty words/promises

pustynia desert ['dezət]

pustynny desert ['dezət]; **pustynne piaski** – desert sands

puszcza forest ['fɒrɪst], primaeval forest [praɪ'mi:vl 'fɒrɪst], virgin forest ['vɜ:dʒɪn 'fɒrɪst]

puszczać *p.* **puścić**

puszek down [daʊn], fluff [flʌf], (*do pudru*) powder-puff ['paʊdəpʌf]

puszka tin [tɪn], can [kæn]

puszysty fluffy ['flʌfɪ]

puścić ❶ (*przestać trzymać*) let go [let'gəʊ], release [rɪ'li:s], (*upuścić*) drop (pp) [drɒp]; **puścić linę** – to let the rope go/let go of the rope; **puścić kogoś wolno** – to release sb/to set sb free ❷ (*pozwolić, żeby coś leciało*); **puścić wodę** – to turn on the water; **puszczać latawce** – to fly kites; **puszczać bańki mydlane** – to blow soap-bubbles; **puścić coś w niepamięć** – to forget sth; **puścić coś mimo uszu** – to let sth go/pass/to ignore sth ❸ (*pozwolić odejść*) let (sb) go, let (sb) leave, let off [let ɒf] (let, let); *Nauczyciel puścił nas dziś wcześniej.* – The teacher let us leave early today. ❹ (*wprowadzać w obieg*) spread (spread, spread) [spred, spred, spred], circulate ['sɜ:kjʊleɪt]; **puszczać plotki** – to spread/circulate rumours; **puszczać w obieg fałszywe banknoty** – to put forged banknotes into circulation ❺ (*uruchamiać*); **puszczać w ruch maszynę** – to set a machine in motion; **puszczać płytę** – to put on/to play a record ❻ (*ustępować pod naciskiem, rozrywać się*) give way [gɪv 'weɪ], yield [ji:ld]; *Drzwi nie puściły.* – The door didn't give way.

pycha pride [praɪd], conceit [kən'si:t]

pył dust [dʌst]

pyłek (*kwiatowy*) pollen ['pɒlən], (*pyłek kurzu*) a speck of dust

pysk mouth [maʊθ], muzzle ['mʌzl]

pyszny delicious [dɪ'lɪʃəs], excellent ['eksələnt]

pytać ask [ɑ:sk], enquire/inquire [ɪn'kwaɪə]; *Zapytał, czy umiem prowadzić.* – He asked me if I could drive. **pytać o cenę** – to ask the price; **pytać o drogę** – to ask the way; **pytać o pozwolenie/zdanie** – to ask sb's permission/opinion

pytający questioning ['kwestʃənɪŋ], inquiring [ɪn'kwaɪərɪŋ]; **pytające spojrzenie** – an inquiring look; *gram.* **zdanie pytające** – an interrogative sentence

pytanie question ['kwestʃən]; **zadawać pytania** – to ask questions; **postawić komuś pytanie** – to put a question to sb; **odpowiedzieć na pytanie** – to answer a question

pyton *zool.* python ['paɪθən]

r

rabarbar rhubarb ['ru:bɑ:b]

rabat discount ['dɪskaʊnt]; *Przy zakupie gotówką udzielamy 10% rabatu.* – We give you 10% discount for cash.

rabować rob (bb) [rɒb], plunder ['plʌndə]

rabunek robbery ['rɒbərɪ]; **rabunek z bronią w ręku** – armed robbery

rabunkowy:
napad rabunkowy – assault and robbery; **gospodarka rabunkowa** – wasteful exploitation of natural resources

rachować count [kaʊnt], reckon ['rekən], calculate ['kælkjʊleɪt]

rachuba count [kaʊnt], calculation [kælkjʊ'leɪʃn], reckoning ['rekənɪŋ]; **stracić rachubę czasu** – to lose count of time; **brać coś w rachubę** – to take sth into account/consideration; *To nie wchodzi w rachubę.* – It doesn't come into consideration. **pomylić się w rachubach** – to miscalculate

rachunek ❶ (*obliczanie*) calculation [kælkjʊ'leɪʃn], *mat.* calculus ['kælkjʊləs]; *Pomyliłeś się w rachunku.* – You made an error in your calculation. **zrobić szybki rachunek** – to do a rapid calculation; **rachunek całkowy/ /różniczkowy** – the integral/the differential calculus ❷ (*zapis wpływów i wydatków – konto*) account [ə'kaʊnt]; **prowadzić rachunki** – to keep the accounts; **mieć/otworzyć/zamknąć rachunek w banku** – to have/to open/to close an account at/with a bank; **wpłacić pieniądze na rachunek** – to pay money into an account ❸ (*należność do zapłacenia*) bill [bɪl]; **rachunek telefoniczny/za gaz** – a telephone/a gas bill; **rachunek na 1000 funtów** – a bill for 1000 pounds; **płacić/regulować rachunki** – to pay/ /to settle the bills

rachunkowość accountancy [ə'kaʊntənsɪ], book-keeping ['bʊk ki:pɪŋ]

racja ❶ (*słuszność*) right [raɪt]; *Masz rację.* – You are right. *Chyba nie masz racji.* – I don't think you are right. *Racja!* – That's right!/Exactly! ❷ (*argument*) argument ['ɑ:gjʊmənt]; **przytoczyć/przedstawić swoje racje** – to put forward/to present one's arguments ❸ (*uzasadniona przyczyna*) reason ['ri:zn], justification [dʒʌstɪfɪ'keɪʃn]; **nie bez racji** – not without reason; **bez dania racji** – without any reason; *Z jakiej racji?* – By what right? **racja bytu** – raison d'étre; **racja stanu** – raison d'état ❹ (*wyznaczona porcja*) ration ['ræʃn]

racjonalizacja rationalization [ræʃnəlaɪ'zeɪʃn]

racjonalizować rationalize ['ræʃnəlaɪz]; **racjonalizować produkcję** – to rationalize production

racjonalny rational ['ræʃnl]

racjonować ration ['ræʃn]; **racjonować żywność** – to ration food

racjonowanie rationing ['ræʃnɪŋ]; **wprowadzić racjonowanie benzyny** – to introduce petrol rationing

raczej rather ['rɑ:ðə]; *Pracowała jako asystentka, albo raczej sekretarka.* – She worked as an assistant or rather a secretary. *Ona raczej umrze, niż się do tego przyzna.* – She'd rather die than admit it.

rad[1] *chem.* radium ['reɪdjəm]

rad[2] (*zadowolony*) glad [glæd], happy ['hæpɪ]; *Rad jestem, że cię widzę.* – I'm happy/glad to see you.

rada ❶ (*porada*) advice [əd'vaɪs] (*rzeczownik niepoliczalny – występuje tylko w l.poj.*), counsel ['kaʊnsl]; **przyjacielska/dobra/rozsądna/mądra rada** – friendly/good/sensible/sound advice; **udzielić rady** – to give/offer advice; **skorzystać z czyjejś rady** – to take/to act on/to follow sb's advice ❷ (*poradzenie sobie*); *Dam sobie radę bez twojej pomocy.* – I'll manage without your help. *Musisz dać sobie radę bez samochodu.* – You must do without a car. *Na to nie ma rady.* – It can't be helped./There's nothing to be done. *Nie da rady!* – Nothing can be done! *Nie ma innej rady, jak tylko...* – There is no other way but... ❸ (*zgromadzenie obradujące*) council ['kaʊnsl], board [bɔ:d]; **Rada Europy** – Council of Europe; **rada miejska** – town council; **Rada Ministrów** – the Cabinet/the Council of Ministers; **rada wojenna** – a council of war

radar radar ['reɪdɑ:]

radca:
radca prawny – legal adviser/legal counsellor

radio radio ['reɪdɪəʊ]; **włączyć radio** – to put on/switch on/turn on a radio; **wyłączyć radio** – to switch off/turn off a radio; **słuchać radia** – to listen to the radio; *Słyszałam tę wiadomość przez radio.* – I heard the news on the radio.

radioaktywność radioactivity [reɪdɪəʊæk'tɪvətɪ]

radioaktywny radioactive [reɪdɪəʊ'æktɪv]; **opad radioaktywny** – radioactive fall-out; **pierwiastki radioaktywne** – radioactive elements

radioodbiornik radio set ['reɪdɪəʊset]

radiostacja broadcasting station ['brɔ:dkɑ:stɪŋ'steɪʃn]

radiowy radio ['reɪdɪəʊ]; **program radiowy** – a radio programme; **wysłać wiadomość drogą radiową** – to radio a message; **porozumiewać się drogą radiową** – to communicate by radio

radosny happy ['hæpɪ], joyful ['dʒɔɪfʊl]; **radosny dzień** – a happy day

radość joy [dʒɔɪ], delight [dɪ'laɪt]; **nieopanowana/bezgraniczna radość** – unbridled/boundless/unbounded joy; **promienieć radością** – to radiate with joy; **tańczyć/skakać z radości** – to dance/to jump for joy; *Z radością przyjęłam dobrą wiadomość.* – I was delighted to hear the good news.

radzić ❶ (*udzielać rad, zalecać*) advise [əd'vaɪz]; *Radziłam mu, żeby zmienił pracę.* – I advised him to change his job. ❷ (*naradzać się*) discuss [dɪs'kʌs]; *Radzili, jak rozwiązać ten problem.* – They discussed how to solve the problem. ❸ (*szukać sposobu – radzić sobie*) manage ['mænɪdʒ], cope [kəʊp]; **radzić sobie z problemami/ /trudnościami** – to cope/to manage with problems/difficulties

radzić się consult [kən'sʌlt]; **radzić się prawnika/lekarza** – to consult a lawyer/a doctor

rafa reef [ri:f]; **rafa koralowa** – a coral reef

rafineria refinery [rɪ'faɪnərɪ]; **rafineria nafty** – an oil refinery

rafinowany refined [rɪ'faɪnd]; **cukier rafinowany** – refined sugar

raj paradise ['pærədaɪs]

rajstopy tights [taɪts]

rak ❶ *zool.* lobster ['lɒbstə], crayfish ['kreɪfɪʃ], crawfish ['krɔ:fɪʃ] ❷ *med.* cancer ['kænsə]; **rak wątroby** – cancer of the liver; **rak płuc** – lung cancer ❸ **Rak** (*znak zodiaku*) Cancer ['kænsə]

rakieta[1] ❶ (*kosmiczna*) rocket ['rɒkɪt] ❷ (*pocisk*) rocket ['rɒkɪt]; **wystrzelić rakietę** – to fire/to launch a rocket; **rakiety przeciwczołgowe** – anti-tank rockets

rakieta[2]**/rakietka** (*tenisowa*) racket/ /racquet ['rækɪt], (*do tenisa stołowego*) bat [bæt]

rama frame [freɪm], (*rowerowa*) crossbar ['krɒsbɑ:]; **rama okienna** – a window frame; **rama obrazu** – a picture frame

ramię ❶ (*bark*) shoulder ['ʃəʊldə]; **wzruszać ramionami** – to shrug one's shoulders; **spojrzeć przez ramię** – to look back over one's shoulder; **stać ramię przy ramieniu** – to stand shoulder to shoulder ❷ (*kończyna*) arm [ɑ:m]; **powitać kogoś z otwartymi ramionami** – to welcome sb with open arms; **iść z kimś pod ramię** – to walk arm in arm ❸ (*mat., geom. – bok*) side [saɪd]; **ramię trójkąta** – a side of a triangle

rana wound [wu:nd], injury ['ɪndʒərɪ]; **opatrzyć ranę** – to dress a wound; **zadać komuś ranę** – to inflict a wound on/upon sb; **śmiertelna rana** – a fatal/a mortal wound

randka date [deɪt]; **mieć z kimś randkę** – to have a date with sb; **umówić się z kimś na randkę** – to make a date with sb; **iść na randkę** – to go out on a date

ranek morning ['mɔ:nɪŋ]

ranić wound [wu:nd], hurt (hurt, hurt) [hɜ:t, hɜ:t, hɜ:t]; *Poczuł się głęboko zraniony jej krytyką.* – He felt deeply wounded/hurt by her criticism. **ranić czyjeś uczucia** – to wound/to hurt sb's feelings

ranny[1] (*człowiek zraniony*) wounded ['wu:ndɪd], injured ['ɪndʒəd]; *Przewieziono rannych do szpitala.* – The wounded/injured were taken to hospital.

ranny[2] (*zraniony*) wounded ['wu:ndɪd], injured ['ɪndʒəd], hurt [hɜ:t]; *Został ciężko ranny w wypadku.* – He was badly hurt/injured in the accident. *Dwóch żołnierzy zostało zabitych, a dziesięciu ciężko rannych.* – Two soldiers were killed and ten seriously wounded.

ranny[3] (*poranny*) morning ['mɔ:nɪŋ]; **świeże ranne powietrze** – the fresh morning air; **ranne pantofle** – slippers; **ranny ptaszek** – an early bird

rano[1] (*wczesna pora dnia, poranek*) morning ['mɔ:nɪŋ]; **pracować od rana do nocy** – to work from morning to night; **spać do rana** – to sleep till morning; **z samego rana** – first thing in the morning; **nad ranem** – at dawn; **do białego rana** – till dawn

rano[2] (*na początku dnia, przed południem*) in the morning; **dziś rano** – this morning; **w poniedziałek rano** – on Monday morning; **wcześnie rano** – early in the morning; **o siódmej rano** – at seven o'clock in the morning/at 7 a.m.

raport report [rɪ'pɔ:t]

raptownie suddenly ['sʌdnlɪ], abruptly [ə'brʌptlɪ]

raptowny sudden ['sʌdn]; **raptowna zmiana pogody** – a sudden change in the weather

rasa ❶ (*ludzka*) race [reɪs] ❷ (*zwierząt*) race [reɪs], breed [bri:d], pedigree ['pedɪgri:]; *Jakiej rasy jest twój pies?* – What breed is your dog? **wyhodować nową rasę bydła** – to breed a new race of cattle; **koń czystej rasy** – a thoroughbred horse

rasista racist ['reɪsɪst], racialist ['reɪʃəlɪst]

rasistowski racialist ['reɪʃəlɪst]

rasizm racism ['reɪsɪzm], racialism ['reɪʃəlɪzm]

rasowy ❶ (*dot. ras ludzkich*) race [reɪs], racial ['reɪʃl]; **konflikty rasowe** – racial conflicts; **dyskryminacja rasowa** – racial discrimination; **rozruchy na tle rasowym** – race-riots ❷ (*o zwierzętach – czystej krwi*) pure-bred ['pjʊəbred], pedigree ['pedɪgri:]; thoroughbred ['θʌrəbred], full-blooded [fʊl'blʌdɪd]; **psy rasowe** – pedigree dogs

rata instalment [ɪn'stɔ:lmənt]; **kupno na raty** – hire-purchase/instalment plan; **kupić coś na raty** – to buy sth on hire-purchase; **płacić za dom w ratach miesięcznych** – to pay for a house by monthly instalments

ratować save [seɪv], rescue ['reskju:]; **ratować komuś życie** – to save sb's life; **ratować tonącego** – to rescue/ /save sb from drowning; **ratować twarz** – to save one's face; **ratować sytuację** – to save the situation; **ratować swoją skórę** – to save one's skin

ratować się save one's life; **ratować się ucieczką** – to run for one's life

ratownik rescuer ['reskjʊə], (*na plaży*) life guard ['laɪf gɑ:d]

ratunek help [help], rescue ['reskju:]; **przybyć komuś na ratunek** – to come to sb's rescue; **wołać o ratunek** – to call for help; *Ratunku!* – Help! *Nie ma dla niego ratunku.* – He is past help. **ostatnia deska ratunku** – the last resort

ratunkowy:

ekipa ratunkowa – a rescue party; **szalupa ratunkowa** – a lifeboat; **kamizelka ratunkowa** – a life jacket/ /*am.* a life preserver; **koło ratunkowe** – a life belt/a life buoy; **pogotowie ratunkowe** – the ambulance service/ /(*miejsce, gdzie udziela się pomocy w nagłych wypadkach*) the casualty department/*am.* the emergency ward

ratusz town-hall ['taʊn hɔ:l], *am.* city-hall ['sɪtɪhɔ:l]

ratyfikacja ratification [rætɪfɪ'keɪʃn]

ratyfikować ratify ['rætɪfaɪ]; **ratyfikować traktat** – to ratify a treaty

raz[1] ❶ (*uderzenie*) blow [bləʊ] ❷ (*kroć*) time [taɪm]; **jeden raz** – once; **dwa razy** – twice; **trzy razy** – three times; **raz w tygodniu/w roku** – once a week/a year; **trzy razy w miesiącu** – three times a month; **dwa razy więcej niż...** – twice as much as...; **trzy razy większy niż...** – three times as big as...; **po raz pierwszy** – for the first time; **za każdym razem** – every time; **raz na zawsze** – once and for all; **ani razu** – not once; **wiele razy** – many times; **niejeden raz** – many a time ❸ (*okoliczność, sytuacja, przypadek*) case [keɪs], time [taɪm]; **tym razem** – this time; **innym razem** – another time; **pewnego razu** – once/once upon a time; **ostatnim razem, kiedy ją widziałem** – the last time I saw her; **w każdym bądź razie** – in any case/ /anyway; **w takim razie** – in that case; **w najgorszym razie** – if the worst comes to the worst; **w przeciwnym razie** – otherwise; **w razie pożaru** – in case of fire; **w razie czego** – if need be; **w żadnym razie** (*w żadnym wypadku*) – in/under no circumstances; **w sam raz** – just right

◆ **na razie** (*jak dotąd*) – for the time being/so far; *Na razie sytuacja się nie zmieniła.* – The situation hasn't changed so far. *Musisz na razie tu zostać.* – You must stay here for the time being.

raz[2] (*w użyciu liczebnikowym*) one [wʌn]; **raz, dwa, trzy...** – one, two, three...

◆ **razy** *mat.* times; *Cztery razy trzy równa się dwanaście.* – Four times three equals twelve.

◆ **na raz** – at a time; *Proszę nie brać więcej niż dwie tabletki na raz.* – Don't take more that two tablets at a time.

razem together [tə'geðə]; *Pracujemy razem.* – We work together. *Ma więcej pieniędzy niż my wszyscy razem wzięci.* – He's got more money than the rest of us put together.

razić ❶ (*o świetle – oślepiać*) dazzle ['dæzl], blind [blaɪnd] ❷ (*obrażać poczucie estetyki*) offend [ə'fend], grate [greɪt]

rażący ❶ (*o świetle*) dazzling ['dæzlɪŋ], blinding ['blaɪndɪŋ], glaring ['gleərɪŋ] ❷ (*o zjawiskach negatywnych – wyraźny*) glaring ['gleərɪŋ], gross [grəʊs], flagrant ['fleɪgrənt]; **rażąca niesprawiedliwość** – a glaring injustice; **rażące zaniedbanie** – gross negligence; **rażący błąd** – a glaring/a gross error; **rażące naruszenie praw ludzkich** – flagrant violation of human rights

rąbać chop (pp) [tʃɒp]

rączka (*uchwyt*) handle ['hændl]

rdza rust [rʌst]

rdzewieć rust [rʌst]

reagować ❶ (*odpowiadać na bodziec*) react [rɪ'ækt], respond [rɪ'spɒnd]; *Mówiłam do niej, ale nie reagowała.* – I talked to her but she didn't respond. **reagować na bodziec** – to react to a stimulus; *Nie zareagował na mój list.* – He didn't respond to my letter. ❷ *chem.* react [rɪ'ækt]

reakcja ❶ reaction [rɪ'ækʃn], response [rɪ'spɒns]; **reakcja pozytywna/negatywna** – a positive/a negative response ❷ *chem.* reaction [rɪ'ækʃn]; **reakcja chemiczna/łańcuchowa/jądrowa** – a chemical/chain/nuclear reaction

reaktor reactor [rɪ'æktə]; **reaktor jądrowy** – a nuclear reactor

realistyczny realistic [rɪə'lɪstɪk]

realizacja ❶ (*urzeczywistnienie*) realization [rɪəlaɪ'zeɪʃn], fulfilment [fʊl'fɪlmənt], accomplishment [ə'kʌmplɪʃmənt]; **plan trudny do realizacji** – a plan difficult to carry out/to execute; **realizacja celów** – the accomplishment of one's objectives; **realizacja marzeń** – the fulfilment of one's dreams ❷ (*sztuki, filmu*) production [prə'dʌkʃn]

realizm realism ['rɪəlɪzm]

realizować realize ['rɪəlaɪz], fulfil (ll) [fʊl'fɪl], accomplish [ə'kʌplɪʃ]; **realizować swoje nadzieje** – to realize one's hopes; **realizować swoje cele** – to accomplish one's objectives; **realizować plan** – to carry out/to execute a plan; **realizować film** – to produce a film

r

realny ❶ (*rzeczywisty*) real [rɪəl] ❷ (*możliwy do wykonania*) practicable ['præktɪkəbl], feasible ['fi:zəbl]; **realny plan** – a practicable/a feasible plan

reanimacja resuscitation [rɪsʌsɪ'teɪʃn]

reanimować resuscitate [rɪ'sʌsɪteɪt]

rebelia rebellion [rɪ'beljən]

rebeliant rebel ['rebl]

recenzent reviewer [rɪ'vju:ə]

recenzja review [rɪ'vju:]

recenzować review [rɪ'vju:]

recepcja reception [rɪ'sepʃn], reception desk

recepcjonista receptionist [rɪ'sepʃnɪst]

recepta prescription [prɪ'skrɪpʃn], (*przepis*) recipe ['resɪpɪ]; *Lekarz dał mi receptę na tabletki nasenne.* – The doctor gave me the prescription for sleeping tablets. *Ten lek jest tylko na receptę.* – The drug is by/on prescription only.

recital recital [rɪ'saɪtl]; **dać recital fortepianowy** – to give a piano recital

recytacja recitation [resɪ'teɪʃn], declamation [deklə'meɪʃn]

recytować recite [rɪ'saɪt], declaim [dɪ'kleɪm]

redagować edit ['edɪt]

redakcja ❶ (*redagowanie, praca redaktorska*) editorship ['edɪtəʃɪp] ❷ (*biuro redakcji*) editorial office [edɪ'tɔ:rɪəl'ɒfɪs] ❸ (*zespół redakcji*) editorial staff [edɪ'tɔ:rɪəl'stɑ:f]

redaktor editor ['edɪtə]

redukcja reduction [rɪ'dʌkʃn]

redukować reduce [rɪ'dju:s]

referat paper ['peɪpə], lecture ['lektʃə]; **wygłosić referat na temat zanieczyszczenia powietrza** – to deliver/to give/to present a paper on the problem of air pollution

referendum referendum [refə'rendəm]; **przeprowadzić referendum w sprawie aborcji** – to hold a referendum on abortion

referować ❶ (*przedstawiać sprawę*) report [rɪ'pɔ:t], give an account of ❷ (*wygłaszać referat*) present a paper, read a paper

refleks ❶ (*odruch, szybka reakcja*) *l.mn.* reflexes ['ri:fleksɪz]; **mieć szybki refleks** – to have quick/good reflexes ❷ (*odblask*) reflection [rɪ'flekʃn]

reflektor floodlight ['flʌdlaɪt], (*samochodu*) headlight ['hedlaɪt]

reforma reform [rɪ'fɔ:m]; **daleko idąca/ /radykalna reforma** – a far-reaching/a radical reform; **reforma rolnictwa** – an agrarian reform; **reforma ekonomiczna** – an economic reform; **przeprowadzać reformy w szkolnictwie** – to carry out reforms in education

reformować reform [rɪ'fɔ:m], reorganize [ri:'ɔ:gənaɪz]

refren refrain [rɪ'freɪn], chorus ['kɔ:rəs]

regał bookshelf, *l.mn.* bookshelves ['bʊkʃelf, 'bʊkʃelvz]

regeneracja regeneration [rıdʒenə'reıʃn]
regenerować regenerate [rı'dʒenəreıt]
region region ['ri:dʒən]
regionalny regional ['ri:dʒənl]
regulacja ❶ (*normowanie, porządkowanie*) regulation [regjʊ'leıʃn], control [kən'trəʊl]; **regulacja urodzeń** – birth-control ❷ (*nastawienie przyrządu*) adjustment [ə'dʒʌstmənt]
regulamin regulations [regjʊ'leıʃnz]; **przestrzegać regulaminu** – to observe regulations
regulaminowy regular ['regjʊlə], regulation [regjʊ'leıʃn]; **regulaminowy mundur** – a regulation uniform
regularność regularity [regjʊ'lærətı]
regularny regular ['regjʊlə]; **regularny puls** – regular pulse; **prowadzić regularny tryb życia** – to have regular habits/to keep regular hours; **w regularnych odstępach czasu** – at regular intervals; **regularne rysy twarzy** – regular features
regulator regulator ['regjʊleıtə]
regulować ❶ (*nastawiać*) regulate ['regjʊleıt], adjust [ə'dʒʌst], control [kən'trəʊl]; **regulować temperaturę pokoju** – to regulate the temperature in the room; *To pokrętło reguluje siłę głosu.* – This knob controls the volume. *Prosimy nie regulować odbiorników.* – Please do not adjust your set. ❷ (*porządkować*) regulate ['regjʊleıt]; **regulować ruch uliczny** – to regulate the traffic; *To jest regulowane prawem.* – It's regulated by law. ❸ (*płacić*) settle ['setl]; **regulować rachunki** – to settle the bills
reguła rule [ru:l]; **reguły gry** – the rules of the game; **z reguły** – as a rule; **ustalić reguły** – to establish/formulate the rules; **odstąpić od reguły** – to deviate from a rule; **postępować według reguł** – to observe the rules; **złamać regułę** – to break a rule; *Wyjątek potwierdza regułę.* – The exception proves the rule. **reguły gramatyczne** – the rules of grammar
rehabilitacja ❶ (*przywrócenie dobrego imienia*) rehabilitation [ˌri:əbılı'teıʃn] ❷ (*przystosowanie do normalnego życia osoby niepełnosprawnej*) rehabilitation [ˌri:əbılı'teıʃn]
reinkarnacja reincarnation [ri:ınkɑ:'neıʃn]
rejestracja registration [redʒı'streıʃn]
rejestrować register ['redʒıstə]; **rejestrować samochód** – to register one's car; **rejestrować się u lekarza** – to make an appointment with a doctor; *Termometry rejestrowały 30°C.* – The thermometers registered 30°C.
rejon district ['dıstrıkt], region ['ri:dʒən]
rejs cruise [kru:z], voyage ['vɔııdʒ]; **wyruszyć w rejs** – to go on a voyage/to go to sea
rekin shark [ʃɑ:k]
reklama ❶ (*rozpowszechnianie informacji o towarach*) advertising ['ædvətaızıŋ], publicity [pʌb'lısətı]; *On pracuje w reklamie.* – He works in advertising. *Ona to zrobiła dla reklamy.* – She did it for publicity. *Reklama papierosów powinna być zakazana.* – Cigarette advertising should be banned. ❷ (*pojedynczy przykład reklamowania*) advertisement [əd'vɜ:tısmənt], (*w radiu, telewizji*) commercial [kə'mɜ:ʃl]
reklamacja complaint [kəm'pleınt]
reklamować ❶ (*propagować*) advertise ['ædvətaız], promote [prə'məʊt] ❷ (*zgłaszać reklamację*) lodge a complaint [lɒdʒəkəm'pleınt]
reklamowy advertising ['ædvətaızıŋ], publicity [pʌb'lısətı]; **kampania reklamowa** – advertising/publicity campaign
rekompensata compensation [kɒmpən'seıʃn]
rekompensować compensate ['kɒmpənseıt], make up for [meıkʌp'fɔ:] (made, made); **rekompensować stratę** – to compensate for/to make up for the loss
rekonstrukcja reconstruction [ri:kən'strʌkʃn]
rekonwalescencja convalescence [kɒnvə'lesns]

r

rekonwalescent convalescent [kɒnvə'lesnt]

rekord record ['rekɔ:d]; **pobić rekord** – to beat/to break a record

rekordzista record-holder ['rekɔ:d həuldə], record-breaker ['rekɔ:d breɪkə]

rektor rector ['rektə], vice-chancellor [vaɪs'tʃɑ:nsələ], *am.* president ['prezɪdənt]

relaks relaxation [ri:læk'seɪʃn], recreation [rekrɪ'eɪʃn]; **chodzić i wspinać się po górach dla relaksu** – to walk and climb the mountains for recreation

religia religion [rɪ'lɪdʒn]

religijny religious [rɪ'lɪdʒəs]

remanent stock-taking ['stɒkteɪkɪŋ], inventory ['ɪnvəntrɪ]; **robić remanent** – to make/to take (an) inventory; *Sklep jest zamknięty z powodu remanentu.* – The shop is closed for stock-taking.

remis draw [drɔ:]; *Mecz zakończył się remisem 1:1.* – The match ended in a draw 1:1.

remisować draw (drew, drawn) [drɔ:, dru:, drɔ:n]; *Drużyny zremisowały ze sobą.* – The two teams drew.

remont repair [rɪ'peə], renovation [renə'veɪʃn]; **przeprowadzić remont mieszkania** – to renovate the flat; *Budynek jest w remoncie.* – The building is under repair/renovation. *Sklep jest zamknięty z powodu remontu.* – The shop is closed for repairs/renovation. *Zamek przejdzie gruntowny remont.* – The castle will undergo extensive renovations. **remont kapitalny domu** – extensive/major repairs to the house

remontować renovate ['renəveɪt]; **remontować mieszkanie** – to renovate the flat

rencista pensioner ['penʃənə]

renesans (*odrodzenie*) renaissance [re'neɪsəns], (*okres w kulturze europejskiej XIV–XVI w.*) the Renaissance

renesansowy Renaissance [re'neɪsəns]; **sztuka renesansowa** – Renaissance art

renifer *zool.* reindeer ['reɪndɪə]

renoma fame [feɪm], renown [rɪ'naun], reputation [repju'teɪʃn], repute [rɪ'pju:t]; **wyrobić sobie renomę** – to establish/build up a reputation for oneself; **szkoła o wspaniałej renomie** – a school with an excellent reputation

renomowany renowned [rɪ'naund], famous ['feɪməs]

renowacja renovation [renə'veɪʃn]; **być w renowacji** – to undergo renovation

renta pension ['penʃn]; **renta inwalidzka** – a disability pension; **być na rencie/otrzymywać/pobierać rentę** – to receive/to draw one's pension

rentgen ❶ (*aparat do prześwietlania*) X-ray apparatus [eks'reɪæpə'reɪtəs] ❷ (*prześwietlenie promieniami Roentgena*) X-ray [eks'reɪ]; **zrobić rentgen ręki** – to take an X-ray of sb's hand/to X-ray sb's hand ❸ (*zdjęcie rentgenowskie*) X-ray [eks'reɪ], X-ray picture [eks'reɪ pɪktʃə], radiograph ['reɪdɪəugrɑ:f]; *Lekarz chciał obejrzeć rentgen mojej ręki.* – The doctor wanted to see the X-rays of my hand.

rentowny profitable ['prɒfɪtəbl]

reorganizacja reorganization ['ri:ɔ:gənaɪ'zeɪʃn]

reorganizować reorganize [ri:'ɔ:gənaɪz]

reperacja repair [rɪ'peə], mending ['mendɪŋ]; *Mój zegarek jest w reperacji.* – I'm having my watch mended.

reperować repair [rɪ'peə], mend [mend]; **reperować samochód/zegarek** – to mend a car/a watch; **reperować buty** – to mend shoes

repertuar repertoire ['repətwɑ:]

reportaż reportage [repɔ:'tɑ:ʒ]

reporter reporter [rɪ'pɔ:tə]

represja repression [rɪ'preʃn]

reprezentacja representation [reprɪzen'teɪʃn]

reprezentant representative [reprɪ'zentətɪv]

reprezentować represent [reprɪ'zent]

reprodukcja ❶ (*kopia oryginału*) reproduction [ri:prə'dʌkʃn]; *Czy ten ob-*

r

raz to oryginał, czy reprodukcja? – Is that painting an original or a reproduction? ❷ (*rozmnażanie*) reproduction [ri:prə'dʌkʃn]

republika republic [rɪ'pʌblɪk]

republikanin republican [rɪ'pʌblɪkən]

republikański republican [rɪ'pʌblɪkən]

reputacja reputation [repjʊ'teɪʃn], repute [rɪ'pju:t]; **cieszyć się dobrą reputacją** – to enjoy a good reputation; **zepsuć komuś reputację** – to ruin sb's reputation

resor spring [sprɪŋ]

respekt awe [ɔ:], respect [rɪ'spekt], fear [fɪə]; **mieć przed kimś respekt** – to hold sb in awe/to feel respect for sb; **odnosić się do kogoś z respektem** – to treat sb with respect; **budzić w kimś respekt** – to fill sb with awe/to inspire awe in sb

respektować respect [rɪ'spekt]; **respektować czyjeś prawa** – to respect sb's rights

restauracja (*lokal*) restaurant ['restərɑ:ŋ]

restaurator restaurateur [restɒrə'tɜ:], restaurant owner ['restərɑ:ŋ'əʊnə]

restaurować restore [rɪ'stɔ:]; **restaurować zamek** – to restore a castle

reszta ❶ (*to, co pozostaje*) the rest [-rest], the remainder [-rɪ'meɪndə]; *Niektórzy chłopcy zostali po szkole, reszta poszła do domu.* – Some boys stayed on after school, the rest (of them) went home. *Resztę dnia spędziliśmy w domu.* – We spent the rest/remainder of the day at home. ❷ (*wydane pieniądze*) change [tʃeɪndʒ]; *Dała mi pięć funtów reszty.* – She gave me five pounds change. ❸ (*mat. – to, co zostaje z dzielenia*) remainder [rɪ'meɪndə]

resztka remnant ['remnənt], (*resztki*) remains [rɪ'meɪnz]; **resztki jedzenia** – the remains of a meal/the remnants of a meal/left-overs

reumatyzm *med.* rheumatism ['ru:mətɪzm]

rewanż ❶ (*odwet*) revenge [rɪ'vendʒ], (*w sporcie*) return game [rɪ'tɜ:n geɪm], return match [rɪ'tɜ:nmætʃ] ❷ (*odwzajemnienie*) return [rɪ'tɜ:n]; **w rewanżu za twoją pomoc** – in return for your help

rewanżować się (*odwzajemniać się, odwdzięczać się*) reciprocate [rɪ'sɪprəkeɪt], do sth in return; *Jak się mogę panu zrewanżować?* – What can I do in return for your kindness?

rewia revue [rɪ'vju:], show [ʃəʊ]; **rewia na lodzie** – ice-show; **rewia mody** – a fashion show

rewidować ❶ (*dokonać rewizji*) search [sɜ:tʃ], make a search [meɪkə'sɜ:tʃ]; **rewidować mieszkanie** – to search a flat ❷ (*poddawać krytyce dotychczasowe poglądy*) revise [rɪ'vaɪz], reasses [rɪ:ə'ses]

rewizja ❶ (*przeszukanie*) search [sɜ:tʃ]; **nakaz rewizji** – a search-warrant; **dokonać rewizji** – to make a search ❷ (*kontrola, korekta*) revision [rɪ'vɪʒn]

rewolta revolt [rɪ'vəʊlt], rebellion [rɪ'beljən], mutiny ['mju:tɪnɪ]

rewolucja revolution [revə'lu:ʃn]

rewolucjonista revolutionary [revə'lu:ʃnərɪ], revolutionist [revə'lu:ʃnɪst]

rewolucyjny revolutionary [revə'lu:ʃnərɪ]

rewolwer revolver [rɪ'vɒlvə]

rezerwa ❶ (*zapas*) reserve [rɪ'zɜ:v], stock [stɒk]; **mieć coś w rezerwie** – to have sth in reserve ❷ (*powściągliwość*) reserve [rɪ'zɜ:v], aloofness [ə'lu:fnɪs] ❸ *wojsk.* (*ogół obywateli mogących być powołanych na wypadek wojny*) the Reserve [-rɪ'zɜ:v]

rezerwacja reservation [rezə'veɪʃn], booking ['bʊkɪŋ]; **zrobić rezerwację** – to make a reservation/to book; **potwierdzić rezerwację** – to confirm a reservation; **rezerwacja hotelu** – a hotel reservation

rezerwat reserve [rɪ'zɜ:v], reservation [rezə'veɪʃn]; **rezerwat przyrody** – a wildlife reserve; **rezerwat indiański** – an Indian reservation

rezerwować reserve [rɪ'zɜ:v], book [bʊk]; **rezerwować pokój w hotelu/ /miejsce w samolocie** – to book a hotel room/a seat on a plane; **rezerwować bilety** – to reserve/to book tickets

rezultat result [rɪ'zʌlt], outcome ['aʊtkʌm]; **osiągać rezultaty** – to get//achieve results; **dawać dobre rezultaty** – to produce/bring good results; **bez rezultatu** – without result; **w rezultacie** – as a result

rezydencja residence ['rezɪdəns]

rezygnacja ❶ (*ustąpienie*) resignation [rezɪg'neɪʃn]; **złożyć rezygnację** – to give in/to hand in/to offer one's resignation ❷ (*pogodzenie się*) resignation [rezɪg'neɪʃn]; **przyjąć niepowodzenie z rezygnacją** – to accept failure with resignation

rezygnować resign [rɪ'zaɪn], give up [gɪv'ʌp] (gave, given); *Ona nie zrezygnowała z pracy po urodzeniu dziecka.* – She didn't give up her job when she had the baby. **rezygnować z urzędu/ze stanowiska** – to resign from office/from one's post

reżim regime [reɪ'ʒi:m]

reżyser director [dɪ'rəktə/daɪ'rektə], producer [prə'dju:sə], (*filmu*) film director

reżyseria stage management [steɪdʒ 'mænɪdʒmənt], direction [daɪ'rekʃn//dɪ'rekʃn]

r

ręcznik towel ['taʊəl]

ręczny ❶ (*wykonany ręcznie*) hand-made ['hænmeɪd]; **sweter ręcznej roboty** – a hand-made pullover; **robótki ręczne** – needlework ❷ (*obsługiwany ręcznie*) hand [hænd]; **hamulec ręczny** – a hand-brake; **granat ręczny** – a hand-grenade; **bagaż ręczny** – hand-luggage

ręczyć vouch [vaʊtʃ], guarantee [gærən'ti:], warrant ['wɒrənt]; *Ręczę za jego uczciwość.* – I can vouch for his honesty.

ręka ❶ (dłoń) hand [hænd]; *Trzymała książkę w ręku.* – She was holding a book in her hand. **uścisnąć komuś rękę** – to shake sb's hand; **wziąć kogoś za rękę** – to take sb by the hand; **prowadzić kogoś za rękę** – to lead sb by the hand; **trzymać się za ręce** – to hold hands; **iść trzymając się za ręce** – to walk hand-in-hand; *Ręce do góry!* – Hands up! **załamywać ręce** – to wring one's hands; **prosić kogoś o rękę** – to ask for sb's hand; *przen.* **silna ręka** – a firm/an iron hand; **mieć pełne ręce roboty** – to have one's hands full; *przen.* **jeść komuś z ręki** – to eat out of sb's hand; **wpaść w ręce nieprzyjaciela** – to fall into enemy hands; **umywać od czegoś ręce** – to wash one's hands of sth; **mieć wolną rękę** – to get/to have a free hand; **mieć związane ręce** – to have one's hands tied; **wziąć prawo w swoje ręce** – to take the law into one's own hands; **wziąć sprawy w swoje ręce** – to take matters into one's own hands ❷ (*ramię*) arm [ɑ:m]; **rozkładać ręce** – to spread one's hands; *przen.* **siedzieć z założonymi rękoma** – to stand idly by; **złożyć ręce na piersiach** – to fold one's arms; **iść z kimś pod rękę** – to walk arm-in-arm ❸ (*siła robocza*) hand [hænd]; *Brakuje rąk do pracy.* – There's a shortage of labour.

rękaw sleeve [sli:v]; **bluzka z długimi//krótkimi rękawami** – a blouse with long/short sleeves; **zawinąć rękawy koszuli** – to roll up the sleeves of one's shirt; **mieć asa w rękawie** – to have an ace up one's sleeve

rękawica glove [glʌv], (*z jednym palcem*) mitten ['mɪtn], (*hist. – część zbroi*) gauntlet ['gɔ:ntlɪt]; **rękawica bokserska** – a boxing glove; **rękawica motocyklowa** – gauntlet; **rękawice ogrodnicze** – gardening gloves; **rzucić rękawicę** – to throw down the gauntlet; **podjąć rękawicę** – to pick up/to take up the gauntlet

rękawiczka glove [glʌv]; **skórzane//zamszowe rękawiczki** – leather//suede gloves

rękopis manuscript ['mænjʊskrɪpt]

ring ring [rɪŋ]; **ring bokserski** – a boxing ring

robak worm [wɜ:m]

robić ❶ (*wytwarzać*) make (made, made) [meɪk, meɪd, meɪd], produce [prə'dju:s]; **robić obiad** – to make lunch; **robić kawę** – to make coffee; *Z czego to jest zrobione?* – What is it made of? ❷ (*postępować, wykonywać czynność*) make (made, made) [meɪk, meɪd, meɪd], do (did, done) [du:/ /dʊ/də, dɪd, dʌn]; *Co robisz?* – What are you doing? *Rób, jak uważasz.* – Do as you please! *Zrób coś!* – Do something! *Co robisz dziś wieczorem?* – What are you doing this evening? *Zrobię, co będę mógł, żeby ci pomóc.* – I'll do what I can to help you. **robić zakupy** – to do the shopping; **robić pranie** – to do the washing; **robić pracę domową** (*szkolną*) – to do homework; **robić dobre wrażenie** – to make a good impression; **robić komuś krzywdę** – to do sb harm; **robić zamieszanie** – to make a fuss; *To ci dobrze zrobi.* – That'll do you good. **robić błędy** – to make mistakes; **robić wysiłek** – to make an effort; **robić wyjątek** – to make an exception; **robić interesy** – to do business; **robić dobry interes** – to make a bargain; **robić pieniądze** – to make money; **robić miny** – to make faces

robić się ❶ (*stawać się*) grow (grew, grown) [grəʊ, gru:, grəʊn], get (got, got) [get, gɒt, gɒt], become (became, become) [bɪ'kʌm, bɪ'keɪm, bɪ'kʌm], turn [tɜ:n], go (went, gone) [gəʊ, went, gɒn]; *Robi się ciemno.* – It's getting/growing dark. *Zrobił się blady, kiedy usłyszał tę wiadomość.* – He went/turned pale when he heard the news. *Wszyscy robimy się coraz starsi.* – We are all getting older. ❷ (*strona bierna od „robić" – być robionym*); *Obiad już się robi.* – Lunch is just being prepared.

roboczy working ['wɜ:kɪŋ], work [wɜ:k]; **dzień roboczy** – work-day/working day; **ubranie robocze** – work clothes; **siła robocza** – labour, work force

robot robot ['rəʊbɒt]

robota ❶ (*praca*) work [wɜ:k], labour ['leɪbə]; **wziąć się do roboty** – to get down to work; *Został skazany na dziesięć lat ciężkich robót.* – He was sentenced to ten years of hard labour. ❷ (*wynik pracy*) work [wɜ:k]; *Zniszczenie to robota wandali.* – The damage is the work of vandals.

robotnica factory girl ['fæktərɪ gɜ:l], worker ['wɜ:kə]; **pszczoła robotnica** – a worker bee

robotniczy working ['wɜ:kɪŋ], worker's ['wɜ:kəz]; **klasa robotnicza** – the working class

robotnik worker ['wɜ:kə], workman, *l.mn* workmen ['wɜ:kmən]; **robotnik wykwalifikowany/niewykwalifikowany** – a skilled/an unskilled worker

rocznica anniversary [ænɪ'vɜ:sərɪ]; **rocznica ślubu** – a wedding anniversary; **obchodzić dziesiątą rocznicę** – to celebrate the tenth anniversary

rocznie yearly ['jɜ:lɪ], annually ['ænjʊəlɪ]

rocznik ❶ (*periodyk wychodzący raz na rok, np. statystyczny*) year-book ['jɜ:-bʊk] ❷ (*roczniki – kroniki*) *l.mn.* annals ['ænlz] ❸ *wojsk.* class [klɑ:s] ❹ (*wino ze zbioru danego roku*) vintage ['vɪntɪdʒ]

roczny ❶ (*trwający rok*) one year's, year-long; **roczna przerwa** – a year-long break ❷ (*mający rok*) one-year-old; **roczne dziecko** – a one-year-old child/baby

rodzaj ❶ (*gatunek, typ*) kind [kaɪnd], sort [sɔ:t]; **rodzaj ludzki** – mankind; **ludzie tego rodzaju** – people of that kind/sort; **coś w tym rodzaju** – something of the kind/sort; **nic w tym rodzaju** – nothing of the kind/sort; **jedyny w swoim rodzaju** – unique ❷ *gram.* gender ['dʒendə]; **rodzaj żeński/męski/nijaki** – the feminine/the masculine/the neuter gender

rodzeństwo brothers and sisters ['brʌðəzən'sɪstəz], siblings ['sɪblɪŋz]; *Czy masz jakieś rodzeństwo?* – Have got any brothers or sisters?

rodzice parents ['peərənts]

rodzicielski parents ['peərənts], parental [pə'rentl]; **rodzicielska miłość/opieka** – parental affection/love/care

rodzicielstwo parenthood ['peərənthud]

rodzić ❶ (*wydawać na świat potomstwo*) give birth to, bear (bore, borne) [beə, bɔ:, bɔ:n] ❷ (*o glebie, roślinach – dawać plon*) bear (bore, borne) [beə, bɔ:, bɔ:n], yield ['ji:ıld], produce [prə'dju:s]; *Te drzewa już nie rodzą owoców.* – These trees no longer yield//bear fruit.

rodzić się ❶ (*przychodzić na świat*) be born [bi: 'bɔ:n] ❷ (*powstawać*) arise (arose, arisen) [ə'raız, ə'rəuz, ə'rızn]

rodzimy native ['neıtıv]

rodzina family ['fæməlı]; **głowa rodziny** – the head of a family; **planowanie rodziny** – family planning; **założyć rodzinę** – to start a family

rodzinny family ['fæməlı]; **podobieństwo rodzinne** – family likeness; **krąg rodzinny** – family circle; **miasto rodzinne** – one's home town; **kraj rodzinny** – one's native country

rodzynek/rodzynka raisin ['reızn]

rogalik roll [rəul], croissant ['krwɑ:sã:ŋ]

roić się swarm [swɔ:m]; *Na plaży roiło się od ludzi.* – The beach was swarming with people.

r

rok (*l.mn.* **lata**) year [jɜ:]; **rok kalendarzowy** – calendar year; **rok szkolny//akademicki** – the school/the academic year; **studenci pierwszego roku** – first-year students; *To było w roku 1990.* – It was in 1990/nineteen ninety. **cały rok** – a full year/a whole year; **przez cały rok** – all year round//the whole year; **w tym roku/w zeszłym roku/w przyszłym roku** – this year/last year/next/the following year; *Ile ona ma lat? – Przynajmniej czterdzieści.* – How old is she? – She's at least forty. *Mieszkamy tu od dwóch lat.* – We've been living here for two years. *Szczęśliwego Nowego Roku!* – (a) Happy New Year!

rokoko rococo [rə'kəukəu]

rokowania negotiations [nıgəuʃı'eıʃnz]; **prowadzić rokowania pokojowe** – to conduct peace negotiations; **przerwać rokowania** – to break off negotiations

rokrocznie every year [evrı'jɜ:], yearly ['jɜ:lı]

rola[1] (*ziemia*) land [lænd], soil [sɔıl]; **uprawiać rolę** – to cultivate the soil//land; **pracować na roli** – to work as a farmer

rola[2] ❶ (*udział, znaczenie*) role [rəul]; **rola nauczyciela w procesie uczenia się** – the role of the teacher in the learning process; **odgrywać rolę** (*mieć znaczenie*) – to play a role; *To nie odgrywa żadnej roli.* – It's of no consequence. ❷ (*odtworzenie postaci przez aktora*) role [rəul], part [pɑ:t]; **grać rolę** – to play a role/a part; **uczyć się roli** – to learn one's part; *On grał rolę Hamleta.* – He played the part of Hamlet. **rola tytułowa** – the title-role; **główna rola** – the leading role

roleta roller-blind ['rəuləblaınd]

rolka roll [rəul]

rolnictwo agriculture ['ægrıkʌltʃə], farming ['fɑ:mıŋ]; **rolnictwo intensywne/ekstensywne** – intensive/extensive farming; **Ministerstwo Rolnictwa** – the Ministry of Agriculture

rolniczy agricultural [ægrı'kʌltʃərəl], farm [fɑ:m], farming ['fɑ:mıŋ]; **kraj rolniczy** – an agricultural country; **maszyny rolnicze** – farm machinery//farming equipment

rolnik farmer ['fɑ:mə]

rolny agrarian [ə'greərıən], agricultural [ægrı'kʌltʃərəl], farm [fɑ:m], farming ['fɑ:mıŋ]; **reforma rolna** – a land reform; **produkty rolne** – farm produce; **gospodarstwo rolne** – a farm

romans ❶ *lit., muz.* romance [rəu'mæns] ❷ (*przygoda miłosna*) love-affair ['lʌvəfeə] ❸ (*lekka powieść o tematyce miłosnej*) love-story ['lʌvstɔ:rı]

romantyczny romantic [rəu'mæntık]

romantyk romantic [rəu'mæntık]

romantyzm romanticism [rəu'mæntısızm], (*prąd literacko-artystyczny koniec XVIII w/pocz. XIX w..*) Romanticism [rəu'mæntısızm]

romb rhombus ['rɒmbəs]

rondel pan [pæn], saucepan ['sɔ:spən]

rondo[1] ❶ (*kapelusza*) brim [brɪm]; **kapelusz z szerokim rondem** – a wide-/ /a broad-brimmed hat ❷ (*muz.*) rondo ['rɒndəʊ]

rondo[2] (*kolisty plac*) circus ['sɜ:kəs], (*rondo komunikacyjne*) roundabout ['raʊndəbaʊt], cloverleaf ['kləʊvəli:f], *am.* traffic circle ['træfɪksɜ:kl]

ropa ❶ (*wydzielina przy stanie zapalnym*) puss [pʊs] ❷ (*chem. – ropa naftowa*) (crude) oil [-ɔɪl], mineral oil ['mɪnrəl ɔɪl], petroleum [pɪ'trəʊljəm]

ropucha *zool.* toad [təʊd]

rosa dew [dju:]

Rosjanin Russian ['rʌʃən]

rosnąć ❶ (*rozwijać się, wzrastać*) grow (grew, grown) [grəʊ, gru:, grəʊn]; *Dziecko szybko rośnie.* – The baby is growing fast. *Ta roślina nie będzie rosła w naszym klimacie.* – This plant won't grow in our climate. ❷ (*zwiększać się*) grow (grew, grown) [grəʊ, gru:, grəʊn], increase [ɪn'kri:s], rise (rose, risen) [raɪz, rəʊz, 'rɪzn]; *Ceny rosną.* – The prices are rising. *Jego majątek rośnie.* – His fortune is growing. *Inflacja wzrosła o 12%.* – The rate of inflation has increased by 12%.

rosół broth [brɒθ], consommé [kən'sɒmeɪ]

rosyjski Russian ['rʌʃn]; **mówić po rosyjsku** – to speak Russian

roślina plant [plɑ:nt]; **roślina jednoroczna/dwuletnia** – an annual/a biennal plant; **rośliny tropikalne/egzotyczne/dekoracyjne** – tropical/exotic/decorative plants; **hodować rośliny** – to grow plants

roślinność flora ['flɔ:rə], vegetation [vedʒɪ'teɪʃn]; **bujna roślinność tropików** – the luxuriant vegetation of the tropics

roślinny vegetable ['vedʒtəbl]; **olej roślinny** – vegetable oil; **barwniki roślinne** – vegetable dyes

roślinożerny herbivorous [hɜ:'bɪvərəs]

rower bicycle ['baɪsɪkl], bike [baɪk]; **jeździć na rowerze** – to ride a bicycle; **wsiąść na rower** – to mount a bicycle

rowerzysta cyclist ['saɪklɪst]

rozbić ❶ (*stłuc*) break (broke, broken) [breɪk, brəʊk, 'brəʊkn], smash [smæʃ], shatter ['ʃætə]; **rozbić szybę** – to break/to smash a window; **rozbić jajko** – to break an egg ❷ (*zburzyć, zniszczyć*) smash [smæʃ], shatter ['ʃætə], wreck [rek], break up [breɪk'ʌp] (broke, broken); **rozbić samochód** – to smash (up) a car/to wreck a car; **rozbić małżeństwo** – to break up a marriage ❸ (*uszkodzić część ciała przez upadek, uderzenie*) injure ['ɪndʒə], hurt (hurt, hurt) [hɜ:t, hɜ:t, hɜ:t], smash [smæʃ]; *Upadła i rozbiła kolano.* – She fell and hurt her knee. **rozbić komuś nos** – to smash sb's nose ❹ (*rozpiąć, rozpostrzeć*) put up [pʊt'ʌp] (put, put), pitch [pɪtʃ]; **rozbić namiot/obóz** – to pitch/to put up a tent/a camp ❺ (*pokonać*) defeat [dɪ'fi:t], smash [smæʃ] ❻ (*podzielić*) split (split, split) [splɪt, splɪt, splɪt]; **rozbić atom** – to split the atom

rozbić się ❶ (*zostać rozbitym*) break (broke, broken) [breɪk, brəʊk, 'brəʊkn], get broken [get'brəʊkn]; *Wazon rozbił się na kawałki.* – The vase broke into pieces. *Fale rozbijały się o brzeg.* – The waves were breaking on the beach. ❷ (*ulec katastrofie*) crash [kræʃ], (*o statku*) be wrecked [bi:'rekt]; *Samolot rozbił się o zbocze góry.* – The plane crashed into the mountain. *Samochód rozbił się o drzewo.* – The car crashed into a tree. *Statek rozbił się u wybrzeży Grecji.* – The ship was wrecked off the coast of Greece. ❸ (*podzielić się*) split (split, split) [splɪt, splɪt, splɪt]

rozbierać ❶ (*zdejmować ubranie*) undress [ʌn'dres], take clothes off; **rozbierać dziecko** – to undress a child ❷ (*rozkładać na części*) take to pieces [teɪktə'pi:sɪz], dismantle [dɪs'mæntl]; **rozebrać maszynę** – to dismantle a machine/to take a machine to pieces ❸ (*burzyć*) pull down [pʊl'daʊn], demolish [dɪ'mɒlɪʃ]; **rozebrać stary dom** – to pull down an old house

rozbierać się undress [ʌn'dres], take off one's clothes, strip (pp) [strɪp];

r

rozebrać się do pasa – to strip to the waist

rozbijać *p.* **rozbić**

rozbiór ❶ (*analiza*) analysis, *l.mn.* analyses [ə'næləsıs, ə'næləsi:z] ❷ (*hist.* – *podział obszaru państwa na części*) partition [pɑ:'tıʃn]

rozbiórka demolition [demə'lıʃn], pulling down [pʊlıŋ'daʊn]

rozbitek shipwrecked (person) ['ʃıprekt-]

rozbój armed robbery [ɑ:md 'rɒbərı]; **to rozbój w biały dzień/rozbój na równej drodze** – it's daylight robbery

rozbrajać *p.* **rozbroić**

rozbrajający disarming [dıs'ɑ:mıŋ]; **rozbrajający uśmiech** – a disarming smile; **rozbrajająca szczerość** – disarming frankness

rozbroić ❶ (*pozbawić broni*) disarm [dıs'ɑ:m] ❷ (*o bombie – unieszkodliwić*) defuse [di:'fju:z], deactivate [di:'æktıveıt]; **rozbroić bombę** – to defuse/to deactivate a bomb

rozbrojenie disarmament [dıs'ɑ:məmənt]; **rozbrojenie jądrowe** – nuclear disarmament

rozbudować enlarge [ın'lɑ:dʒ], expand [ık'spænd], develop [dı'veləp]

r

rozbudować się develop [dı'veləp], expand [ık'spænd]; *Nasze miasto bardzo się rozbudowało w ostatnich latach.* – Our town has expanded/grown greatly in recent years.

rozchodzić się ❶ (*o grupie ludzi – udać się w różne strony*) break up [breık'ʌp] (broke, broken), separate ['sepəreıt], part [pɑ:t], split (split, split) [splıt, splıt, splıt]; *Około północy nasza grupa rozeszła się.* – About midnight our group broke up. ❷ (*o małżeństwie – rozpaść się*) split up [splıt'ʌp] (split, split), separate ['sepəreıt], (*rozwieść się*) divorce [dı'vɔ:s]; *Rozeszli się po dziesięciu latach małżeństwa.* – They divorced//separated after ten years of marriage. ❸ (*rozprzestrzeniać się*) spread (spread, spread) [spred, spred, spred], (*o cieple*) radiate ['reıdıeıt]; *Wiadomość rozeszła się błyskawicznie.* – The news spread like wildfire. ❹ (*o drogach – rozwidlać się, prowadzić w różnych kierunkach*) branch (off) [brɑ:ntʃ-], (*o kilku drogach*) radiate ['reıdıeıt]; *Za przejazdem kolejowym drogi rozchodzą się.* – The roads branch after the level crossing. *Z tego ronda rozchodzą się cztery drogi.* – Four roads radiate from this roundabout.

rozciągać ❶ (*wyciągać, wydłużyć*) stretch [stretʃ], distend [dıs'tend]; **rozciągnąć rękawiczki** – to stretch a pair of gloves ❷ (*rozpostrzeć, rozłożyć*) spread (spread, spread) [spred, spred, spred], extend [ık'stend], stretch [stretʃ]; **rozciągnąć sznur między dwoma drzewami** – to stretch/to extend a rope between two trees

rozciągać się ❶ (*wyciągnąć, wydłużyć*) stretch [stretʃ]; *Ten sweter rozciągnął się po praniu.* – This pullover stretched after I had washed it. ❷ (*rozpościerać się*) stretch [stretʃ], extend [ık'stend], spread (spread, spread) [spred, spred, spred]; *Morze rozciągało się aż po horyzont.* – The sea stretched as far as the horizon.

rozciągłość extent [ık'stent]; **w całej rozciągłości** – to the full extent

rozciągnąć *p.* **rozciągać**

rozcieńczać dilute [daı'lju:t/dı'lju:t], thin (nn) down [θın'daʊn]; **rozcieńczać wino wodą** – to dilute wine with water; **rozcieńczać farbę terpentyną** – to thin down paint with turpentine

rozcieńczalnik *techn.* thinner ['θınə]

rozcierać ❶ (*trzeć*) rub (bb) [rʌb]; **rozcierać stłuczone kolano** – to rub a bruised knee ❷ (*miażdżyć*) grind (ground, ground) [graınd, graʊnd, graʊnd], crush [krʌʃ]

rozczarować disappoint [dısə'pɔınt]; *Film rozczarował nas.* – The film disappointed us.

rozczarować się be disappointed [bi:dısə'pɔıntıd]; *Rozczarowałem się gorz-*

ko co do ciebie. – I'm bitterly disappointed in you. *Rozczarowałam się, kiedy usłyszałam, że nie przyjeżdżasz.* – I was disappointed to hear you were not coming.

rozczarowanie disappointment [dɪsə'pɔɪntmənt]; **gorzkie/głębokie rozczarowanie** – a bitter/a deep/a profound disappointment; **doznać rozczarowania** – to get/to become disappointed

rozszczepiać split (split, split) [splɪt, splɪt, splɪt]; **rozszczepiać atom** – to split the atom

rozdać distribute [dɪ'strɪbju:t], give out/ /away [gɪv'aʊt/ə'weɪ] (gave, given), (*karty*) deal (dealt, dealt) [di:l, delt, delt]; **rozdać nagrody** – to give away the prizes; *Rozdał swój majątek biednym.* – He gave away his fortune to the poor. *Nauczyciel rozdał testy egzaminacyjne.* – The teacher gave out/distributed/handed out the examination papers. *Na kogo kolej rozdać karty?* – Whose turn is it to deal the cards?

rozdrabniać crumble ['krʌmbl], crush [krʌʃ]

rozdrażnienie irritation [ɪrɪ'teɪʃn], vexation [vek'seɪʃn], annoyance [ə'nɔɪəns]

rozdrażniony irritated ['ɪrɪteɪtɪd], annoyed [ə'nɔɪd], irritable ['ɪrɪtəbl]

rozdroże (*dosł. i przen.*) crossroads ['krɒsrəʊdz]; **znaleźć się na rozdrożu** – to be at the crossroads

rozdwajać split (split, split) [splɪt, splɪt, splɪt], divide into two [dɪ'vaɪd-]

rozdwajać się ❶ (*dzielić się na dwie części*) split (split, split) [splɪt, splɪt, splɪt] ❷ (*rozwidlać się*) fork [fɔ:k], branch out [brɑ:ntʃ'aʊt]

rozdwojenie split [splɪt]; **rozdwojenie jaźni** – a split personality/schizophrenia

rozdział ❶ (*jedna z części książki*) chapter ['tʃæptə] ❷ (*rozdzielenie, oddzielenie*) division [dɪ'vɪʒn], separation [sepə'reɪʃn], split [splɪt]; **rozdział w koalicji** – a split in the coalition; **rozdział państwa i Kościoła** – separation of church and state ❸ (*obdzielenie*) distribution [dɪstrɪ'bju:ʃn]; **rozdział żywności** – distribution of food

rozdzielać ❶ (*obdzielać, dzielić na części*) divide [dɪ'vaɪd], distribute [dɪ'strɪbju:t], share [ʃeə], split (split, split) [splɪt, splɪt, splɪt]; **rozdzielić zysk równo między partnerów** – to share/to distribute the profits equally among the partners ❷ (*rozłączyć*) separate ['sepəreɪt]; *Rozdzieliły ich przekonania polityczne.* – Political beliefs separated them. ❸ (*przedzielić, przegrodzić*) separate ['sepəreɪt], partition [pɑ:'tɪʃn], divide [dɪ'vaɪd]; *Rzeka rozdziela dwie części miasta.* – The river separates the two parts of the city.

rozdzielać się split (up) (split, split) [splɪt, splɪt, splɪt], separate ['sepəreɪt]; *Dzieci rozdzieliły się na grupki.* – The children split (up) into groups. *Olej i woda zawsze się rozdzielają.* – Oil and water always separate (out).

rozebrać *p.* **rozbierać**

rozegrać (*mecz*) play a match [pleɪə'mætʃ], (*bitwę*) fight a battle [faɪtə'bætl]

rozegrać się take place [teɪk'pleɪs], happen ['hæpn], occur [ə'kɜ:]; *Akcja powieści rozgrywa się w małej wiosce.* – The action of the novel takes place in a small village.

rozejm truce [tru:s], cease-fire [si:s'faɪə]; **zawrzeć rozejm** – to agree on a truce

rozejść się *p.* **rozchodzić się**

rozerwać ❶ (*przerwać, rozedrzeć*) tear (tore, torn) [teə, tɔ:, tɔ:n], rip (pp) [rɪp], rend (rent, rent) [rend, rent, rent]; **rozerwać kopertę** – to tear/to rip open an envelope; **rozerwać kawałek materiału na połowę** – to rip a piece of cloth into two ❷ (*zniszczyć, powodować rozpadnięcie się*) burst (burst, burst) [bɜ:st, bɜ:st, bɜ:st], break (broke, broken) [breɪk, brəʊk, 'brəʊkn], tear apart [teərə'pɑ:t]; *Woda rozerwała tamę.* – Water broke the dam. ❸ (*do-*

r

starczyć rozrywki) divert [daı'vɜ:t/dı'vɜ:t], entertain [entə'teın], amuse [ə'mju:z]

rozerwać się ❶ (*rozedrzeć się*) get torn [get'tɔ:n], split (split, split) [splıt, splıt, splıt] ❷ (*rozpaść się*) burst (burst, burst) [bɜ:st, bɜ:st, bɜ:st], break (broke, broken) [breık, brəʊk, 'brəʊkn], (*o bombie*) explode [ık'spləʊd], go off [gəʊ'ɒf] (went, gone); *Tama rozerwała się pod ciężarem wody.* – The dam burst under the weight of water. *Torba rozerwała się pod ciężarem zakupów.* – The bag broke under the weight of shopping. ❸ (*znaleźć sobie rozrywkę*) divert oneself [dı'vɜ:t/daı'vɜ:t wʌn'self], amuse oneself [ə'mju:zwʌn'self]

roześmiać się burst out laughing ['bɜ:staʊt'lɑ:fıŋ], laugh [lɑ:f]

rozgałęziać się branch out [brɑ:ntʃ'aʊt], fork [fɔ:k]

rozgardiasz confusion [kən'fju:ʒn]

rozgarnięty clever ['klevə], sharp [ʃɑ:p], quick-witted [kwık'wıtıd]

rozglądać się look about/around [lʊkə'baʊt/'raʊnd], look out for [lʊkaʊt'fɔ:]; *Rozglądaj się za mną na stacji.* – Look out for me at the station. *Rozejrzałam się po ogrodzie, ale nikogo nie zobaczyłam.* – Looking about the garden I couldn't see anybody.

rozgłaszać make sth known, make sth public, broadcast (broadcast, broadcast) [brɔ:d'kɑ:st, brɔ:d'kɑ:st, brɔ:d'kɑ:st], spread (spread, spread) [spred, spred, spred]; **rozgłaszać pogłoski** – to spread rumour

rozgłos renown [rı'naʊn], fame [feım], publicity [pʌb'lısətı]; **zdobyć rozgłos** – to make oneself known/to win renown; **unikać rozgłosu** – to avoid publicity

rozgłośnia broadcasting station ['brɔ:dkɑ:stıŋ'steıʃn]

rozgniewać anger ['æŋgə], vex [veks], irritate ['ırıteıt]

rozgniewać się get angry [get'æŋgrı]

rozgoryczenie embitterment [ım'bıtəmənt], bitterness ['bıtənıs]

rozgoryczony embittered [ım'bıtəd], bitter ['bıtə]

rozgościć się make oneself comfortable, feel at home

rozgrywać *p.* **rozegrać**

rozgrzać warm (up) [wɔ:m-]; **rozgrzać ręce przy ogniu** – to warm one's hands by the fire; **napój rozgrzewający** – a warming drink; **rozgrzać samochód/silnik** – to warm the car/ /the engine up

rozgrzać się get warm [get'wɔ:m], warm oneself [wɔ:mwʌn'self], (*np. przed występem sportowym*) warm up; **rozgrzać się przy ogniu** – to get warm/to warm oneself by the fire; **rozgrzać się przed meczem** – to warm up before a game; *Rozgrzejesz się, kiedy przejdziesz kawałek.* – You'll soon warm up when you've walked a little way. *Silnik powinien się rozgrzać, zanim ruszysz.* – The engine should warm up before you start.

rozgrzeszenie absolution [æbsə'lu:ʃn]; **udzielić komuś rozgrzeszenia** – to grant sb absolution

rozgrzeszyć absolve [əb'zɒlv], forgive (forgave, forgiven) [fə'gıv, fə'geıv, fə'gıvn]; **rozgrzeszyć grzesznika** – to absolve a sinner; **rozgrzeszyć z grzechów** – to absolve sb from his sins

rozgrzewać *p.* **rozgrzać**

rozjemca mediatior ['mi:dıeıtə], arbitrator ['ɑ:bıtreıtə]

rozkaz order ['ɔ:də], command [kə'mɑ:nd]; **wydawać rozkazy** – to give/ /to issue orders/commands; **wykonywać rozkazy** – to carry out/to obey orders/commands; **rozkaz do ataku** – an order to attack; *Na jego rozkaz otworzyli ogień.* – They opened fire at his command.

rozkazać order ['ɔ:də], command [kə'mɑ:nd]; *Rozkazał im wyjść z pokoju.* – He ordered them to leave the room./ /He ordered them out of the room. *Oficer rozkazał żołnierzom strzelać.* – The officer commanded the soldiers to fire.

rozkazujący imperative [ım'perətıv], imperious [ım'pıərıəs], commanding [kə'mɑ:ndıŋ]; **rozkazujący ton głosu** – the imperative/commanding tone of voice; *gram.* **tryb rozkazujący** – the imperative mood

rozkład ❶ (*porządek, plan*) timetable ['taımteıbl], schedule ['ʃedju:l]; **rozkład jazdy pociągów** – a train timetable/a railway timetable; **rozkład zajęć w szkole** – a school timetable; **według rozkładu** – according to schedule ❷ (*rozmieszczenie, rozplanowanie*) arrangement [ə'reındʒmənt], plan [plæn] ❸ (*biol. i przen. rozpad*) decay [dı'keı], decomposition [di:kɒmpə'zıʃn], putrefaction [pju:trı'fækʃn]; *Powoli nastąpił rozkład systemu feudalnego.* – The feudal system slowly fell into decay.

rozkładać ❶ (*rozpościerać*) spread (spread, spread) [spred, spred, spred], unfold [ʌn'fəʊld]; **rozłożyć obrus na stole** – to spread a cloth on the table; **rozłożyć mapę** – to unfold/to spread a map; *Ptak rozłożył skrzydła.* – The bird spread/unfolded its wings. **rozłożyć bezradnie ręce** – to spread out one's hands; **rozłożyć łóżko polowe** – to unfold a camp-bed; **rozłożyć namiot** – to put up/to pitch a tent; **rozłożyć parasol** – to put up an umbrella ❷ (*ułożyć, rozmieścić*) put (put, put) [pʊt, pʊt, pʊt], arrange [ə'reındʒ], (*karty*) deal (dealt, dealt) [di:l, delt, delt]; **rozłożyć książki na półkach** – to put/to arrange books on the shelves ❸ (*podzielić na odcinki, etapy, rozplanować*) spread (spread, spread) [spred, spred, spred]; **rozłożyć spłatę na trzy miesiące** – to spread the payment over three months ❹ (*rozebrać na części*) take to pieces [teıktə'pi:sız], dismantle [dıs'mæntl]; **rozłożyć silnik** – to dismantle an engine/to take an engine to pieces ❺ (*powodować rozkład, zepsucie*) decompose [di:kəm'pəʊz], putrefy ['pju:trıfaı] ❻ (*chem. – rozłożyć związek na pierwiastki*) decompose [di:kəm'pəʊz], dissolve [dı'zɒlv], resolve [rı'zɒlv]

rozkładać się ❶ (*wyciągnąć się, ułożyć się*) spread oneself [spred wʌn'self], lie down [laı'daʊn] (lay, lain) ❷ (*zająć miejsce*) spread out [spred'aʊt] (spread, spread), (*biwakiem*) bivouac ['bıvæk], pitch camp [pıtʃ'kæmp] ❸ (*ulec zepsuciu*) decay [dı'keı], putrefy ['pju:trıfaı], decompose [di:kəm'pəʊz] ❹ (*chem. – ulec podziałowi*) decompose [di:kəm'pəʊz], disolve [dı'zɒlv]

rozkładany folded ['fəʊldıd]; **rozkładany fotel** – a folded chair; **rozkładane łóżko** – a folded bed

rozkosz joy [dʒɔı], delight [dı'laıt], ecstasy ['ekstəsı]

rozkoszny delightful [dı'laıtfʊl]

rozkoszować się delight in [dı'laıtın], relish ['relıʃ], savour ['seıvə], take delight in [teıkdı'laıtın]; *Rozkoszowaliśmy się jej śpiewem.* – We took delight in listening to her singing. **rozkoszować się pięknem przyrody** – to delight in the beauties of nature; *Rozkoszuję się swoją wolnością.* – I'm savouring/enjoying my freedom.

rozkręcać ❶ (*rozprostowywać coś skręconego*) unwind (unwound, unwound) [ʌn'waınd, ʌn'waʊnd, ʌn'waʊnd] ❷ (*odkręcać śrubę*) unscrew [ʌn'skru:]

rozkręcać się (*dosł. i przen.*) unwind (unwound, unwound) [ʌn'waınd, ʌn'waʊnd, ʌn'waʊnd]; *Po kilku drinkach zaczął się rozkręcać.* – After a few drinks he began to unwind.

rozkwit prime [praım], bloom [blu:m]; *Drzewa są w rozkwicie.* – Trees are in blossom/bloom. *Jego geniusz jest w pełnym rozkwicie.* – His genius is in full bloom. **rozkwit gospodarczy** – prosperity/economic boom

rozkwitać ❶ (*okryć się kwiatami, zakwitnąć*) bloom [blu:m], blossom ['blɒsəm] ❷ (*pomyślnie się rozwijać*) flourish ['flʌrıʃ], blossom out ['blɒsəm'aʊt]; *Jego talent rozkwitł wcześnie.* – His talent blossomed out early.

rozlać ❶ (*wylać*) spill (spilt, spilt) [spıl, spılt, spılt]; *Nie ma sensu płakać nad rozlanym mlekiem.* – It's no use cry-

r

ing over spilt milk. ❷ (*o wodzie, rzece – wystąpić z brzegów*) flood [flʌd]

rozlać się spill (spilt, spilt) [spɪl, spɪlt, spɪlt]; *Wino rozlało się po całym stole.* – The wine spilt all over the table.

rozlegać się sound [saʊnd], be heard [bi:'hɜ:d]; *Rozległ się dźwięk trąbki.* – A trumpet sounded.

rozległy ❶ (*zajmujący dużo przestrzeni*) vast [vɑ:st], extensive [ɪk'stensɪv], immense [ɪ'mens]; **rozległy obszar pustyni** – the vast expanse of the desert; **rozległy widok** – an extensive view ❷ (*mający wielki zakres*) extensive [ɪk'stensɪv], wide-spread ['waɪdspred], wide [waɪd], far-reaching [fɑ:'ri:tʃɪŋ]; **rozległa wiedza** – extensive knowledge; **rozległe doświadczenie** – wide experience; **rozległe wpływy** – far--reaching influence

rozleniwiać się grow lazy [grəʊ'leɪzɪ]

rozleniwienie laziness ['leɪzɪnɪs]

rozlew:

rozlew krwi – bloodshed ['blʌdʃed]

rozlewać *p.* **rozlać**

rozliczać się account (for) [ə'kaʊnt-]; *Musimy się rozliczyć z każdego grosza, który wydamy.* – We must account for every penny we spend. **rozliczyć się z kimś** (*uregulować rachunki*) – to settle accounts with sb

rozluźniać loosen (up) ['lu:sn-], ease [i:z], slacken ['slækn]; **rozluźnić krawat/kołnierzyk** – to loosen one's tie/one's collar; **rozluźnić węzeł** – to loosen a knot; **rozluźnić uchwyt** – to slacken one's grip; **rozluźnić mięśnie** – to loosen up one's muscles

rozluźnić się loosen up [lu:sn'ʌp]

rozładować ❶ (*wyładować*) unload [ʌn'ləʊd]; **rozładować ładunek ze statku** – to unload cargo from a ship ❷ (*pozbawić napięcia*); **rozładować napięcie** – to relieve tension; **rozładować akumulator** – to discharge/to run down a battery

rozładować się run down [rʌn'daʊn] (ran, run), discharge [dɪs'tʃɑ:dʒ], go flat [gəʊ'flæt]; *Akumulator się rozładował.* – The battery ran itself down/ /went flat.

rozładunek unloading [ʌn'ləʊdɪŋ], discharge [dɪs'tʃɑ:dʒ]; **rozładunek towaru** – the discharge of cargo

rozłam split [splɪt]; **rozłam w partii** – a split in the party

rozłamać break (broke, broken) [breɪk, brəʊk, 'brəʊkn], split (split, split) [splɪt, splɪt, splɪt]; **rozłamać na dwie części** – to split in two

rozłączać disconnect [dɪskə'nekt], cut off [kʌt'ɒf] (cut, cut), separate ['sepəreɪt], divide [dɪ'vaɪd]; *Nasza rozmowa telefoniczna została rozłączona.* – Our telephone conversation has been cut off. **rozłączyć telewizor** – to disconnect a TV-set

rozłączać się ❶ (*rozstać się z kimś*) separate ['sepəreɪt], part [pɑ:t]; *Nie chcieli się rozłączać.* – They were unwilling to separate/part. ❷ (*odłożyć słuchawkę telefoniczną*) put down the receiver, hang up [hæŋ'ʌp] (hung, hung)

rozłąka separation [sepə'reɪʃn]

rozłożyć *p.* **rozkładać**

rozmach ❶ (*siła, moc, impet*) swing [swɪŋ], momentum [məʊ'mentəm]; **nabierać rozmachu** – to gather momentum; *Rzucił piłkę z rozmachem.* – He threw the ball with a swing. ❷ (*dynamika, śmiałość przedsięwzięcia*) dash [dæʃ], daring ['deərɪŋ], spirit ['spɪrɪt], drive [draɪv], bravado [brə'vɑ:dəʊ], imagination [ɪmædʒɪ'neɪʃn]; **człowiek odznaczający się rozmachem** – a man of spirit/a man famous for his dash; **pracować z rozmachem** – to work with dash/spirit/with a great deal of drive; **budynek zaprojektowany z rozmachem** – a building designed on a lavish scale/on a grand scale

rozmaitość variety [və'raɪətɪ]

rozmaity various ['veərɪəs]; **z rozmaitych powodów** – for a variety of reasons/for various reasons

rozmawiać speak (spoke, spoken) [spi:k, spəʊk, 'spəʊkn], talk [tɔ:k]; *O czym rozmawiacie?* – What are you talking about? **rozmawiać przez telefon** – to talk on the phone; *Czy mogę rozmawiać z Anną?* – May I speak to Ann? *Muszę z tobą porozmawiać.* – I must talk to you. *Rozmawialiśmy prawie przez godzinę.* – We talked for almost an hour.

rozmiar ❶ (*wielkość*) size [saɪz], proportion [prə'pɔ:ʃn]; *Jaki rozmiar pani nosi?* – What size do you wear? **obraz wielkich rozmiarów** – a painting of huge proportions/of a huge size ❷ (*zakres*) proportions [prə'pɔ:ʃnz], dimensions [dɪ'menʃnz/daɪ'menʃnz]; *Wybuch grypy przybrał rozmiary epidemii.* – The outbreak of flu assumed epidemic proportions. *Nie zdawałem sobie sprawy z rozmiaru problemu.* – I didn't realize the dimensions of the problem.

rozmieniać change (a banknote) [tʃeɪndʒ-]

rozmieścić arrange [ə'reɪndʒ], put (put, put) [pʊt, pʊt, pʊt], distribute [dɪ'strɪbju:t]

rozmnażać breed (bred, bred) [bri:d, bred, bred], multiply ['mʌltɪplaɪ]; **rozmnażać króliki** – to breed rabbits; **rozmnażać bakterie** – to multiply bacteria

rozmnażać się breed (bred, bred) [bri:d, bred, bred], reproduce [ri:prə'dju:s], multiply ['mʌltɪplaɪ]; *Jak rozmnażają się rośliny?* – How do plants reproduce? *Króliki rozmnażają się bardzo szybko.* – Rabbits breed/multiply very quickly.

rozmnażanie reproduction [ri:prə'dʌkʃn]; **rozmnażanie płciowe/bezpłciowe** – sexual/asexual reproduction

rozmontować dismantle [dɪs'mæntl], take to pieces [teɪktə'pi:sɪz]

rozmowa conversation [kɒnvə'seɪʃn], talk [tɔ:k]; **ożywiona rozmowa** – an animated/a lively conversation; **rozmowa towarzyska** – small-talk; **rozmowa przy stole** – a table talk; **rozmowa telefoniczna** – a telephone conversation; **rozmowa międzymiastowa** – a trunk-call/*am.* a long-distance call; **rozmowy dyplomatyczne** – diplomatic talks/negotiations; **nawiązać rozmowę** – to begin/to strike up a conversation; **prowadzić rozmowę** – to carry on conversation/to make conversation; **być zatopionym w rozmowie** – to be deep in conversation; **przerwać rozmowę** – to break off a conversation; **zerwać rozmowy dyplomatyczne** – to break off talks//negotiations

rozmowny talkative ['tɔ:kətɪv], communicative [kə'mju:nɪkətɪv]

rozmówca interlocutor [ɪntə'lɒkjʊtə]

rozmówić się speak to ['spi:ktə] (spoke, spoken), talk to ['tɔ:ktə]; *Muszę się z tobą rozmówić.* – I must speak to you./I must have a word with you.

rozmówka conversation [kɒnvə'seɪʃn], dialogue ['daɪəlɒg]; **rozmówki** – conversation guide

rozmrażać defrost [di:'frɒst], unfreeze (unfroze, unfrozen) [ʌn'fri:z, ʌn'frəʊz, ʌn'frəʊzn]; **rozmrażać lodówkę** – to defrost a fridge; *Mięso należy rozmrozić przed przyrządzeniem.* – Meat should be defrosted before cooking./ /Meat should be allowed to unfreeze before cooking.

rozmysł consideration [kənsɪdə'reɪʃn]; **zrobić coś z rozmysłem** – to do sth intentionally

rozmyślać meditate (on/upon) ['medɪteɪt-], reflect (on/upon) [rɪ'flekt-], brood (on/over) [bru:d-], think (thought, thought) [θɪŋk, θɔ:t, θɔ:t], ponder (on/over) ['pɒndə-]; *Nad czym rozmyślasz?* – What are you thinking about? **rozmyślać nad sensem życia** – to ponder on the meaning of life; **rozmyślać o przeszłości** – to brood over the past

rozmyślanie meditation [medɪ'teɪʃn], contemplation [kɒntəm'pleɪʃn]

rozmyślić się (*zmienić zamiar*) change one's mind

rozmyślny deliberate [dɪ'lɪbrət], intentional [ɪn'tenʃənl]

roznosić ❶ (*rozdać, dostarczyć*) deliver [dɪ'lɪvə], distribute [dɪ'strɪbju:t]; **roznosić listy** – to deliver letters ❷ (*rozpowszechniać*) spread (spread, spread) [spred, spred, spred], carry ['kærɪ]; *Szczury roznoszą choroby.* – Rats spread/carry disease.

roznosić się spread (spread, spread) [spred, spred, spred]; *Wiadomość rozniosła się bardzo szybko.* – The news spread very fast.

rozpacz despair [dɪ'speə]; **być w rozpaczy** – to be filled with despair/to be in despair; **oddać się rozpaczy** – to give oneself over to despair; **zrobić coś w przystępie rozpaczy** – to do sth out of despair; **doprowadzić kogoś do rozpaczy** – to drive sb to despair

rozpaczać despair [dɪ'speə], (*po stracie kogoś*) mourn (over) [mɔ:n-]; **rozpaczać po śmierci dziecka** – to mourn over the death of a child

rozpaczliwy desperate ['desprət]

rozpad disintegration [dɪsɪntɪ'greɪʃn], decay [dɪ'keɪ]; **rozpad życia rodzinnego** – the decay of family life; **rozpad tradycyjnych wartości** – the disintegration of traditional values

r

rozpadać się disintegrate [dɪs'ɪntɪgreɪt], come apart [kʌmə'pɑ:t], fall apart [fɔ:lə'pɑ:t], fall to pieces [fɔ:ltə'pi:sɪz]; *To rozpadło mi się w rękach.* – It came apart/fell apart in my hands. *Ich małżeństwo rozpadło się.* – Their marriage fell apart.

rozpakować unpack [ʌn'pæk], (*z papieru*) unwrap (pp) [ʌn'ræp]

rozpakować się unpack [ʌn'pæk]

rozpalić ❶ (*rozniecić ogień*) light (lit, lit/-ed) [laɪt, lɪt, lɪt/'laɪtɪd], (*przen. – wywołać uczucie*) kindle ['kɪndl], arouse [ə'raʊz], inspire [ɪn'spaɪə]; **rozpalić ognisko** – to light a bonfire; **rozpalić ogień w kominku w salonie** – to light a fire in the living-room ❷ (*rozgrzać*) heat [hi:t]; **rozpalony do białości/do czerwoności** – white-hot/red-hot

rozpalić się catch fire, start burning, burst into flame

rozpatrywać consider [kən'sɪdə], look into [lʊk'ɪntə]

rozpęd impetus ['ɪmpɪtəs], momentum [məʊ'mentəm]; **nabrać rozpędu** – to gather momentum

rozpędzać (*rozproszyć*) scatter ['skætə], dispel (ll) [dɪ'spel], disperse [dɪ'spɜ:s]; *Wiatr rozpędził chmury.* – The wind dispersed the clouds. *Policja rozpędziła tłum.* – The police scattered the crowd.

rozpędzać się gather speed [gæðə-'spi:d]

rozpiąć ❶ (*odpiąć*) undo (undid, undone) [ʌn'du:, ʌn'dɪd, ʌn'dʌn], (*guzik*) unbutton [ʌn'bʌtn], (*zamek błyskawiczny*) unzip (pp) [ʌn'zɪp] ❷ (*rozciągnąć*) spread (spread, spread) [spred, spred, spred], put up [pʊt'ʌp] (put, put); **rozpiąć parasol** – to put up/to open an umbrella

rozpiąć się come undone [kʌmʌn'dʌn]

rozpieszczać spoil (spoilt, spoilt/-ed) [spɔɪl, spɔɪlt, spɔɪlt/spɔɪld], pamper ['pæmpə]; **rozpieszczać dziecko** – to spoil a child

rozpieszczony spoilt [spɔɪlt]; **rozpieszczone dziecko** – a spoilt child

rozpiętość span [spæn], (*zakres, skala*) range [reɪndʒ]

rozpinać *p.* **rozpiąć**

rozplątać untangle [ʌn'tæŋgl], unravel (ll) [ʌn'rævl], untie [ʌn'taɪ]; **rozplątać węzeł** – to untie a knot; **rozplątać motek wełny** – to unravel a ball of wool

rozpłakać się burst into tears, burst out crying

rozpłaszczyć flatten (out) ['flætn-]

rozpłaszczyć się flatten (out) ['flætn-]

rozpływać się ❶ (*rozlewać się szeroko*) spread (spread, spread) [spred, spred, spred]; *Woda rozpłynęła się po całej podłodze.* – Water spread all over the floor. ❷ (*rozpuścić się*) melt [melt];

Ciasto rozpływa się w ustach. – The cake melts in the mouth. ❸ (*stawać się niewidocznym*) melt [melt], dissolve [dı'zɒlv], vanish ['vænıʃ], disappear [dısə'pıə]; *Statek rozpłynął się w ciemności.* – The ship melted into darkness. *Widok rozpłynął się we mgle.* – The view dissolved in mist.

rozpocząć start [stɑ:t], begin (began, begun) [bı'gın, bı'gæn, bı'gʌn]; **rozpocząć nowe życie** – to start a new life; *Rozpoczynamy pracę o ósmej.* – We begin/start work at eight.

rozpocząć się start [stɑ:t], begin (began, begun) [bı'gın, bı'gæn, bı'gʌn]; *Koncert rozpoczyna się o 7.30.* – The concert starts/begins at 7.30. *Rok szkolny rozpoczyna się we wrześniu.* – The school year begins in September.

rozpoczęcie beginning [bı'gınıŋ]

rozpogodzenie a spell of bright/fine weather, a bright/sunny interval; **chwilowe rozpogodzenia** – bright intervals

rozpogodzić się (*o pogodzie*) clear up [klıər'ʌp], (*o człowieku*) cheer up [tʃıər'ʌp], brighten up [braıtn'ʌp]

rozporek (*w spodniach*) fly [flaı], (*w spódnicy*) slit [slıt]

rozporządzenie order ['ɔ:də], decree [dı'kri:]

rozpościerać spread (spread, spread) [spred, spred, spred], stretch [stretʃ]; **rozpościerać skrzydła** – to spread one's wings; **rozpostrzeć koc na trawie** – to spread a rug on the grass

rozpościerać się stretch [stretʃ]; *Ocean rozpościerał się jak okiem sięgnąć.* – The ocean stretched as far as one could see.

rozpowszechniać propagate ['prɒpəgeıt], publicize ['pʌblısaız], spread (spread, spread) [spred, spred, spred]

rozpowszechniać się spread (spread, spread) [spred, spred, spred], become popular [bı'kʌm' pɒpjʊlə]

rozpowszechnienie propagation [prɒpə'geıʃn], distribution [dıstrı'bju:ʃn]

rozpoznać ❶ (*poznać coś znajomego*) recognize ['rekəgnaız], identify [aı'dentıfaı], distinguish [dı'stıŋgwıʃ]; *Tak się zmienił, że go nie rozpoznałam.* – He changed so much that I didn't recognize him. *Rozpoznała mężczyznę, który wyrwał jej torebkę.* – She identified the man who had snatched her handbag. **rozpoznawać głosy ptaków** – to distinguish birds' voices ❷ *med.* diagnose ['daıəgnəʊz]

rozpoznanie ❶ (*poznanie, rozróżnienie*) recognition [rekəg'nıʃn], identification [aıdentıfı'keıʃn]; *Zmienił się nie do rozpoznania.* – He changed beyond recognition. ❷ *med.* diagnosis, *l.mn.* diagnoses [daıəg'nəʊsıs, daıəg'nəʊsi:z]

rozprawa ❶ (*sądowa*) trial ['traıəl], hearing ['hıərıŋ]; *Rozprawa odbędzie się w przyszłym tygodniu.* – The case will be heard in court next week./The trial will be held next week./The case comes to trial next week. ❷ (*praca naukowa*) dissertation [dısə'teıʃn], treatise ['tri:tız], paper ['peıpə]

rozpromienić light up [laıt'ʌp] (lit, lit/ /-ed); *Uśmiech rozpromienił jego twarz.* – A smile lit up his face.

rozpromienić się light up [laıt'ʌp] (lit, lit/-ed), brighten up [braıtn'ʌp], beam [bi:m]; *Jej oczy rozpromieniły się.* – Her eyes lit up.

rozprostować straighten ['streıtn], unbend (unbent, unbent) [ʌn'bend, ʌn'bent, ʌn'bent], stretch [stretʃ]; **rozprostować kości** – to stretch one's limbs; **rozprostować nogi** – to stretch one's legs

rozprostować się (*wyprostować się w pozycji pionowej*) straighten oneself up, (*wyciągnąć się w pozycji poziomej*) stretch oneself out

rozprzestrzeniać spread (spread, spread) [spred, spred, spred], diffuse [dı'fju:z]

rozprzestrzeniać się spread (spread, spread) [spred, spred, spred], expand [ık'spænd]; *Epidemia grypy rozprzestrzeniła się na cały kraj.* – The flu epidemic spread all over the country. *Ogień szybko się rozprzestrzeniał.* – The fire was spreading fast.

rozpusta dissipation [dɪsɪ'peɪʃn], immorality [ɪmə'rælətɪ]

rozpustny immoral [ɪ'mɒrəl], licentious [laɪ'senʃəs], dissolute ['dɪsəlu:t]

rozpuszczać ❶ (*rozprowadzać substancję w cieczy*) dissolve [dɪ'zɒlv]; **rozpuszczać sól w wodzie** – to dissolve salt in water ❷ (*roztapiać*) melt [melt], thaw [θɔ:]; *Słońce rozpuściło śnieg.* – The sun melted the snow. ❸ (*być zbyt pobłażliwym dla kogoś*) spoil (spoilt, spoilt/-ed) [spɔɪl, spɔɪlt, spɔɪlt/spɔɪld]; **rozpuszczać dziecko** – to spoil a child

◆ **rozpuścić** (*rozpleść*) **włosy** – to have the hair hanging loose/to let the hair hang loose

rozpuszczać się ❶ (*ulec rozprowadzeniu w cieczy*) dissolve [dɪ'zɒlv]; *Sól rozpuszcza się w wodzie.* – Salt dissolves in water. ❷ (*ulec roztopieniu*) melt [melt], thaw [θɔ:]; *Śnieg rozpuścił się.* – The snow has melted/thawed.

rozpuszczalnik solvent ['sɒlvənt]

rozpuszczalność solubility [sɒljʊ'bɪlətɪ]

rozpuszczalny soluble ['sɒljʊbl]; **rozpuszczalny w wodzie** – soluble in water

rozpylacz atomizer ['ætəmaɪzə], vaporizer ['veɪpəraɪzə], spray [spreɪ]

rozpylać spray [spreɪ]

rozrastać się ❶ (*rozwijać się*) grow (grew, grown) [grəʊ, gru:, grəʊn], develop [dɪ'veləp]; *Musisz inwestować, jeśli chcesz, żeby twój interes się rozrastał.* – You must invest if you want your business to grow. ❷ (*powiększać się*) grow (grew, grown) [grəʊ, gru:, grəʊn], expand [ɪk'spænd], increase [ɪn'kri:s], grow bigger [grəʊ'bɪgə]; *Miasto znacznie się rozrosło, od kiedy tu byłem ostatnim razem.* – The town has grown considerably since I last was here.

rozrodczy reproductive [ri:prə'dʌktɪv]; **narządy rozrodcze** – reproductive organs

rozróżniać distinguish [dɪ'stɪŋgwɪʃ], discriminate [dɪ'skrɪmɪneɪt]; *On nie rozróżnia kolorów.* – He can't distinguish between colours. *Nie mogę rozróżnić jednej bliźniaczki od drugiej/bliźniaczek.* – I can't distinguish one twin from the other./I can't tell the twins apart. **rozróżnić kształt w ciemności** – to distinguish/to make out a shape in the darkness

rozruch ❶ (*wprawianie w ruch*) start [stɑ:t], setting in motion ❷ (*rozruchy – zamieszki*) riots ['raɪəts]; **stłumić rozruchy** – to put down/to quell the riots; *Rozruchy wybuchły w wielu miastach.* – Riots broke out in many towns.

rozruszać ❶ (*wprawić w ruch*) start [stɑ:t], set in motion [setɪn'məʊʃn] ❷ (*ożywić*) enliven [ɪn'laɪvn], liven up [laɪvn'ʌp], animate ['ænɪmeɪt]

rozruszać się liven up [laɪvn'ʌp]

rozrusznik *techn.* starter ['stɑ:tə]

rozrywać *p.* **rozerwać**

rozrywka entertainment [entə'teɪnmənt], amusement [ə'mju:zmənt], pastime ['pɑstaɪm]; **zapewnić rozrywkę** – to provide entertainment; *Hotel oferuje gościom szeroką gamę rozrywek.* – The hotel offers its guests a wide variety of amusements. *Oglądanie telewizji jest jego jedyną rozrywką.* – Watching TV is his only pastime.

rozrywkowy entertainment [entə'teɪnmənt], amusement [ə'mju:zmənt]; **program rozrywkowy** – an entertainment program; **muzyka rozrywkowa** – light music

rozrzutność extravagance [ɪk'strævəgəns]

rozrzutny extravagant [ɪk'strævəgənt]

rozsadzać ❶ (*sadzać na odpowiednich miejscach*) seat [si:t]; **rozsadzać gości przy stole** – to seat the guests round the table ❷ (*przesadzać rośliny*) plant out [plɑ:nt'aʊt]; **rozsadzać sadzonki ogórków** – to plant out cucumber seedlings ❸ (*sprawić, żeby się coś rozerwało*) burst (burst, burst) [bɜ:st, bɜ:st, bɜ:st], blow up [bləʊ'ʌp] (blew, blown), explode [ɪk'spləʊd]; **rozsadzać coś dynamitem** – to blow sth up with dynamite; *Woda rozsadziła skałę.* – Water burst the rock. *Rozsadza* *mnie radość/entuzjazm.* – I'm bursting with joy/enthusiasm.

rozsądek reason ['ri:zn], sense [sens]; **zdrowy rozsądek** – common sense; **słuchać głosu rozsądku** – to listen to reason; **małżeństwo z rozsądku** – a marriage of convenience

rozsądny reasonable ['ri:znəbl], sensible ['sensəbl]

rozstać się part [pɑ:t], separate ['sepəreɪt]; *Rozstaliśmy się jako przyjaciele.* – We parted as friends. *Ona rozstała się z mężem.* – She and her husband have parted.

rozstanie separation [sepə'reɪʃn], parting ['pɑ:tɪŋ]

rozstawać się *p.* **rozstać się**

rozstąpić się part [pɑ:t], draw aside [drɔ:ə'saɪd] (drew, drawn); *Tłum rozstąpił się, żeby zrobić przejście dla policji.* – The crowd parted to let the police through. *Chmury rozstąpiły się i wyjrzało słońce.* – The clouds parted and the sun shone.

rozstrój upset ['ʌpset]; **rozstrój nerwowy** – a nervous breakdown; **rozstrój żołądka** – an upset stomach

rozstrzelać shoot (shot, shot) [ʃu:t, ʃɒt, ʃɒt]

rozstrzygać decide [dɪ'saɪd], settle ['setl]; *Nic jeszcze nie jest rozstrzygnięte.* – Nothing is settled yet. *To rozstrzyga sprawę.* – That settles the matter. **rozstrzygać o czyimś losie** – to decide sb's fate; **rozstrzygać spór** – to settle an argument

rozstrzygający decisive [dɪ'saɪsɪv], final ['faɪnl], conclusive [kən'klu:sɪv]; **rozstrzygająca bitwa** – a decisive battle

rozstrzygnięcie decision [dɪ'sɪʒn], conclusion [kən'klu:ʒn], settlement ['setlmənt]

rozsuwać draw apart [drɔ:ə'pɑ:t], draw aside [drɔ:ə'saɪd] (drew, drawn), part [pɑ:t]; **rozsunąć zasłony** – to draw the curtains aside/apart, to part the curtains

rozsuwać się draw aside [drɔ:ə'saɪd], part [pɑ:t]

rozsypać spill (spilt, spilt/-ed) [spɪl, spɪlt, spɪlt/spɪld], scatter ['skætə], strew (strewed, strewn/-ed) [stru:, stru:d, stru:n/stru:d]; **rozsypać sól** – to spill salt

rozsypać się ❶ (*wysypać się*) spill (spilt, spilt/-ed) [spɪl, spɪlt, spɪlt/ /spɪld]; *Cukier rozsypał się po całej podłodze.* – Sugar spilled all over the floor. ❷ (*rozlecieć się*) fall to pieces, fall apart, come apart ❸ (*rozproszyć się*) scatter ['skætə]; *Tłum rozsypał się we wszystkich kierunkach.* – The crowd scattered in all directions.

rozszarpać tear to pieces [teətə'pi:sɪz], tear apart [teərə'pɑ:t]

rozszerzać widen ['waɪdn], broaden ['brɔ:dn], dilate [daɪ'leɪt/dɪ'leɪt]; **rozszerzać drogę** – to widen a road; **rozszerzać swoją wiedzę** – to widen one's knowledge

rozszerzać się ❶ (*stawać się szerszym*) widen ['waɪdn], broaden ['brɔ:dn], dilate [daɪ'leɪt/dɪ'leɪt]; *Źrenice oczu rozszerzają się w ciemności.* – The pupils of the eyes dilate in the dark. ❷ (*stawać się większym*) expand [ɪk'spænd]; *Metale rozszerzają się pod wpływem ciepła.* – Metals expand when (they are) heated. ❸ (*rozprzestrzenić się*) spread (spread, spread) [spred, spred, spred]; *Epidemia szybko się rozszerza.* – Epidemic is spreading fast.

rozsznurować unlace [ʌn'leɪs]

rozsznurować się come undone [kʌmʌn'dʌn]

rozszyfrować decipher [dɪ'saɪfə]

rozśmieszać amuse [ə'mju:z], make sb laugh

roztapiać *p.* **roztopić**

roztargnienie absent-mindedness [æbsnt'maɪndɪdnɪs]

roztargniony absent-minded [æbsnt'maɪndɪd]

roztopić melt [melt], thaw [θɔ:]; *Gorące słońce roztopiło lód.* – The hot sun melted the ice. **roztopić masło** – to melt butter

roztopić się melt [melt], thaw [θɔ:]; *Śnieg się roztopił.* – The snow melted/ /thawed. **roztopić się w mroku/we mgle** – to melt into the darkness/fog

r

roztropność prudence ['pru:dns], caution ['kɔ:ʃn]

roztropny prudent ['pru:dnt], cautious ['kɔ:ʃəs]

roztrzaskać smash [smæʃ], shatter ['ʃætə]; **roztrzaskać na kawałki** – to smash/shatter (in)to pieces

roztwór solution [sə'lu:ʃn]; **roztwór soli w wodzie** – a solution of salt in water; **stężony/słaby/nasycony roztwór** – strong/weak/saturated solution

rozum ❶ (*władza poznawcza umysłu*) reason ['ri:zn], mind [maɪnd], intellect ['ɪntəlekt] ❷ (*mądrość, rozsądek*) reason ['ri:zn], sense [sens]; **zdrowy, chłopski rozum** – common sense; **stracić rozum** – to lose one's reason; **być niespełna rozumu** – to be out of one's mind

rozumieć understand (understood, understood) [ʌndə'stænd, ʌndə'stʊd, ʌndə'stʊd]; *Nie rozumiałem ani słowa.* – I didn't understand a word. *Czy mam rozumieć, że odmawiasz?* – Am I to understand that you refuse? *Tak, rozumiem.* – Yes, I see.

rozumieć się ❶ (*rozumieć wzajemnie jeden drugiego*) understand each other ❷ (*być rozumianym*) be understood [bi:ʌndə'stʊd]; *To się samo przez się rozumie.* – It's self-evident./It's taken for granted. *Ma się rozumieć, że pokryjemy wszystkie koszty.* – We'll cover all the expenses, that's understood.

rozumienie understanding [ʌndə'stændɪŋ], comprehension [kɒmprɪ'henʃn]

rozumny rational ['ræʃənl], sensible ['sensɪbl], wise [waɪz]; *Człowiek jest istotą rozumną.* – Man is a rational being. **rozumne posunięcie** – a wise step; **rozumna rada** – sensible advice

rozumować reason ['ri:zn]

rozumowanie reasoning ['ri:znɪŋ]

rozwaga consideration [kənsɪdə'reɪʃn], thought [θɔ:t], deliberation [dɪlɪbə'reɪʃn]; **wziąć pod rozwagę** – to consider, to take into consideration

rozważać consider [kən'sɪdə], ponder (on/over) ['pɒndə-], deliberate (on) [dɪ'lɪbəreɪt-]; *Rozważę twoją propozycję.* – I'll consider your suggestion/ /offer. *Rozważała możliwość ustąpienia.* – She considered resigning. **rozważyć problem** – to ponder over/ /to consider a problem

rozważanie consideration [kənsɪdə'reɪʃn], reflection [rɪ'flekʃn]

rozważny cautious ['kɔ:ʃəs], prudent ['pru:dənt], judicious [dʒu:'dɪʃəs]; **rozważna decyzja** – a judicious decision; **rozważny kierowca** – a cautious driver

rozweselać amuse [ə'mju:z], make (sb) laugh; **gaz rozweselający** – laughing-gas

rozwiać (się) scatter ['skætə], dispel (ll) [dɪ'spel], disperse [dɪ'spɜ:s]; *Wiatr rozwiał chmury.* – The wind dispersed the clouds. **rozwiać czyjeś wątpliwości/obawy** – to dispel sb's doubts/ /fears; **rozwiane wiatrem włosy** – wind-blown hair

rozwiązać ❶ (*rozsupłać*) untie [ʌn'taɪ], undo (undid, undone) [ʌn'du:, ʌn'dɪd, ʌn'dʌn]; **rozwiązać sznurowadło** – to undo a shoe-lace; **rozwiązać węzeł** – to untie a knot ❷ (*zlikwidować*) dissolve [dɪ'zɒlv], disband [dɪs'bænd]; **rozwiązać małżeństwo** – to dissolve a marriage; **rozwiązać towarzystwo/ /parlament** – to dissolve a society/ /parliament ❸ (*znaleźć rozwiązanie*) solve [sɒlv], unravel [ʌn'rævl]; **rozwiązać równanie matematyczne** – to solve a mathematical equation; **rozwiązać problem/krzyżówkę** – to solve a problem/a crossword puzzle; **rozwiązać zagadkę/tajemnicę** – to unravel a mystery

rozwiązać się ❶ (*rozsupłać się*) come undone [kʌmʌn'dʌn]; *Rozwiązało ci się sznurowadło.* – Your shoe-lace has come undone. ❷ (*ulec zlikwidowaniu*) dissolve [dɪ'zɒlv], be dissolved [bi:dɪ'zɒlvd], be disbanded [bi:dɪs'bændɪd]

rozwiązanie ❶ (*rozstrzygnięcie*) solution [sə'lu:ʃn]; **znaleźć rozwiązanie problemu** – to find a solution to a problem ❷ (*zlikwidowanie*) dissolution [dɪsə'lu:ʃn]; **rozwiązanie parlamentu** – the dissolution of Parliament; **rozwiązanie małżeństwa** – dissolution of a marriage ❸ *med.* delivery [dɪ'lɪvərɪ] ❹ (*projekt architektoniczny*) design [dɪ'zaɪn], plan [plæn], arrangement [ə'reɪndʒmənt]

rozwiązywać *p.* **rozwiązać**

rozwiedziony[1] (*osoba rozwiedziona*) divorcee [dɪvɔ:'si:]

rozwiedziony[2] divorced [dɪ'vɔ:st]

rozwieść divorce [dɪ'vɔ:s]

rozwieść się get divorced [getdɪ'vɔ:st]

rozwiewać *p.* **rozwiać**

rozwijać ❶ (*rozkręcać*) (*dosł., przen.*) unwind (unwound, unwound) [ʌn'waɪnd, ʌn'waʊnd, ʌn'waʊnd], unroll [ʌn'rəʊl]; **rozwinąć bandaż z rolki** – to unwind a roll of bandage; **rozwinąć dywan** – to unroll a carpet ❷ (*rozpościerać*) unfold [ʌn'fəʊld], unfurl [ʌn'fɜ:l], spread (spread, spread) [spred, spred, spred]; **rozwinąć mapę** – to unfold/to spread a map; **rozwinąć żagle** – to unfurl sails; **rozwinąć skrzydła** – to spread/to unfold the wings ❸ (*odwinąć coś zapakowanego*) unwrap (pp) [ʌn'ræp]; **rozwinąć paczkę** – to unwrap a parcel ❹ (*rozbudowywać*) develop [dɪ'veləp], expand [ɪk'spænd], extend [ɪk'stend], build up [bɪld'ʌp] (built, built); **rozwinąć temat** – to expand on a subject/to develop a subject

rozwijać się ❶ (*o roślinach, kwiatach – otwierać się*) open out [əʊpn'aʊt], blossom out [blɒsm'aʊt], bloom [blu:m] ❷ (*przechodzić kolejne stadia rozwoju*) develop [dɪ'veləp], evolve [ɪ'vɒlv]; *Nasz szczeniak dobrze się rozwija.* – Our puppy is developing well. *Miasto rozwinęło się w duży ośrodek przemysłowy.* – The town developed into a big industrial centre. *Człowiek rozwinął się z niższych form życia.* – Man evolved from lower forms of life. ❸ (*przebiegać pomyślnie*) blossom out [blɒsm'aʊt], flourish ['flʌrɪʃ] ❹ (*przebiegać, przybierać na sile*) develop [dɪ'veləp], progress ['prəʊgres]; *Czy nasza cywilizacja bardzo się rozwinęła w ciągu ostatniego wieku?* – Has our civilization progressed much in the past century?

rozwinięty ❶ (*o kwiatach*) in full bloom [ɪn fʊl 'blu:m]; *Tulipany są już rozwinięte.* – Tulips are in full bloom./ /Tulips are out. ❷ (*ukształtowany*) developed [dɪ'veləpt]; *Ona jest dobrze rozwinięta jak na swój wiek.* – She is well developed for her age.

rozwodnik divorcee [dɪvɔ:'si:]

rozwód divorce [dɪ'vɔ:s]; **wystąpić o rozwód** – to ask/to sue for divorce; **dostać rozwód** – to get/to obtain a divorce; **mieć powody do rozwodu** – to have grounds for divorce

rozwódka divorcee [dɪvɔ:'si:]

rozwój development [dɪ'veləpmənt]; **rozwój dziecka** – the development of a child; **rozwój umysłowy/fizyczny** – intellectual/physical development; **opóźniony w rozwoju** – backward/ /retarded; **rozwój gospodarczy** – economic development

rozzłościć anger ['æŋgə], infuriate [ɪn'fjʊərɪeɪt]

rozzłościć się get angry [get'æŋgrɪ], lose one's temper ['lu:zwʌnz'tempə]

rożen spit [spɪt]

ród ❶ (*rodzina, pochodzenie*) family ['fæməlɪ], parentage ['peərəntɪdʒ], origin ['ɒrɪdʒɪn], descent [dɪ'sent]; **szlachetnego rodu** – of noble descent/ /origin/parentage ❷ (*dynastia, dom*) house [haʊs], line [laɪn]; **ród ludzki** – the human kind ❸ (*w społeczeństwie pierwotnym*) tribe [traɪb]

róg ❶ (*u zwierząt*) horn [hɔ:n]; *przen.* **wziąć byka za rogi** – to take the bull by the horns ❷ *muz.* horn [hɔ:n]; **róg myśliwski** – a hunting horn; **zadąć w róg** – to blow/to sound a horn ❸ (*substancja rogowa*) horn [hɔ:n] ❹ (*przedmiot mający kształt rogu*) horn [hɔ:n]; **róg obfitości** – horn of plenty, cornucopia ❺ (*kąt*) corner ['kɔ:nə]; **w rogu pokoju** – in the corner of the room ❻ (*zbieg dwóch ulic*) corner ['kɔ:nə]; **na rogu ulicy** – at/on a corner of a street; *To jest tuż za rogiem.* – It's just round the corner.

rój swarm [swɔ:m]; **rój pszczeli** – a swarm of bees

rów ditch [dɪtʃ]

równać się ❶ (*być jednoznacznym*) be equal [bi:'ɪkwəl], equal (ll) ['i:kwəl]; *2 plus 5 równa się 7.* – 2 plus 5 equals 7. ❷ (*dorównać*) equal (ll) ['i:kwəl], match [mætʃ]; *Nikt nie może się z nim równać w szachach.* – No one can equal him in chess.

równanie equation ['ɪkweɪʒn]; **równanie liniowe/kwadratowe** – a linear/ /a quadratic equation

równie equally ['i:kwəlɪ]

również too [tu:], also ['ɔ:lsəʊ], as well [əz'wel], (*w zdaniu przeczącym*) either ['aɪðə]; *Zaprosili również jego.* – They invited him as well. *Oni wyjeżdżają jutro i my również.* – The are leaving tomorrow and so are we. *My również jutro wyjeżdżamy.* – We are leaving tomorrow, too. *Ona również nie przyszła.* – She didn't come either. *Była piękna. Była również bardzo bogata.* – She was beautiful. She was also very rich.

r

równik *geogr.* the equator [-ɪ'kweɪtə]

równikowy equatorial [ekwə'tɔ:rɪəl]

równina plain [pleɪn]

równo ❶ (*gładko*) evenly ['i:vnlɪ] ❷ (*prosto*) straight [streɪt] ❸ (*miarowo*) regularly ['regjʊləlɪ], steadily ['stedɪlɪ]

równoczesny simultaneous [sɪməl'teɪnjəs]

równoległobok parallelogram [pærə'leləgræm]

równoległy parallel ['pærəlel]; **linie równoległe** – parallel lines; *Droga i linia kolejowa są do siebie równoległe.* – The road and the railway are parallel to each other.

równoleżnik parallel ['pærəlel], parallel of latitude; **czterdziesty dziewiąty równoleżnik** – the 49th parallel

równomierny regular ['regjʊlə], uniform ['ju:nɪfɔ:m], steady ['stedɪ], even ['i:vn]

równoprawny possessing equal rights

równorzędny equally important, of equal status

równość equality [ɪ'kwɒlətɪ]; **równość płci** – equality between the sexes; **równość szans** – equality of opportunities

równouprawnienie equality of rights; **równouprawnienie płci** – equality between the sexes/equality between men and women

równowaga balance ['bæləns], equilibrium [i:kwɪ'lɪbrɪəm]; **delikatna równowaga** – a delicate balance; **zmysł równowagi** – a sense of balance; **zachowywać równowagę** – to maintain equilibrium/to keep one's balance; **nie stracić równowagi/stracić równowagę** – to keep/to lose one's balance; **odzyskać równowagę** – to recover/to regain one's balance; **zostać wyprowadzonym z równowagi** – to lose one's temper; **równowaga sił** – parity

równowartość equivalent [ɪ'kwɪvələnt], equivalence [ɪ'kwɪvələns]

równoważny equivalent [ɪ'kwɪvələnt]

równoważyć balance ['bæləns], equalize ['i:kwəlaɪz], counterpoise ['kaʊntəpɔɪz]

równoznaczny tantamount ['tæntəmaʊnt], synonymous [sɪ'nɒnɪməs]

równy ❶ (*gładki, płaski*) even ['i:vn], level ['levl], smooth [smu:ð] ❷ (*prosty*) straight [streɪt]; **skoczyć na równe nogi** – to leap to one's feet ❸ (*jednakowy*) equal ['i:kwəl]; **żądać równej płacy za równą pracę** – to demand equal pay for equal work; *Wszyscy są równi wobec prawa.* – Everyone is equal before the law. *Podzieliła ciasto na pięć równych części.* – She divided the cake into five equal parts. **równy rangą** – equal in rank ❹ (*jednostajny, rytmiczny*) even ['i:vn], regular ['regjʊlə], steady ['stedɪ]; **równy oddech** – even/regular breathing

róż[1] (*kolor*) pink [pɪŋk]

róż[2] (*środek kosmetyczny*) rouge [ru:ʒ], blusher ['blʌʃə]

róża *bot.* rose [rəuz]

różnica difference ['dɪfrəns]; *Jest między nimi różnica czterech lat.* – There is an age difference of four years between them. *Nie ma dużej różnicy.* – There isn't much difference. **prawie bez różnicy** – as near as makes no difference; **różnica zdań** – a difference of opinion; **różnica temperatur** – the differences in temperature

różnić się differ (from) ['dɪfə-], be different (from) [bi:'dɪfrənt-], be unequal [bi:ʌn'i:kwəl]; *Angielski i francuski różnią się bardzo od siebie.* – English and French differ. *Dwa trójkąty różnią się wielkością.* – The two triangles are different in size. *On się różni od swojego brata.* – He is different from his brother.

różnoraki varied ['veərɪd], different ['dɪfrənt], diversified [daɪ'vɜ:sɪfaɪd/dɪ'vɜ:sɪfaɪd]

różnorodność variety [və'raɪətɪ], diversity [daɪ'vɜ:sətɪ/dɪ'vɜ:sətɪ], multiplicity [mʌltɪ'plɪsətɪ]

różnorodny various ['veərɪəs], varied ['veərɪd], diverse [daɪ'vɜ:s]; *Jego zainteresowania są bardzo różnorodne.* – His interests are very diverse.

różny ❶ (*rozliczny*) various ['veərɪəs], different ['dɪfrənt], varied ['veərɪd]; *Był w wielu różnych krajach.* – He visited many different countries. **z różnych powodów** – for various/different reasons; **sukienki w różnych fasonach i rozmiarach** – dresses in various shapes and sizes ❷ (*różniący się*) different ['dɪfrənt], unlike [ʌn'laɪk], unequal [ʌn'i:kwəl]; *One są tak różne, że chyba nie są siostrami.* – They are so different/unlike, they can't be sisters.

różowy pink [pɪŋk], rosy ['rəuzɪ], rose-coloured ['rəuzkʌləd]; **różowe policzki** – rosy cheeks; **różowa przyszłość** – a rosy future; **patrzeć przez różowe okulary** – to look through rose-coloured speclacles

rtęć *chem.* mercury ['mɜ:kjurɪ]

rubin ruby ['ru:bɪ]

rubryka column ['kɒləm]

ruch ❶ (*przesuwanie się*) motion ['məuʃn], movement ['mu:vmənt]; **wprawić coś w ruch** – to put/to set sth in motion; *Nie wsiadaj do pociągu, kiedy jest w ruchu.* – Don't get on the train when it is in motion. **ruch jednostajny** – uniform motion; **ruch jednostajnie przyspieszony** – uniformly accelerated motion ❷ (*sposób poruszania się, poruszanie się*) motion ['məuʃn], movement ['mu:vmənt], move [mu:v]; **swoboda ruchów** – freedom of movement; **ruch ręki** – a motion of the hand; **zrobić nagły ruch** – to make a sudden motion; **zgrabne ruchy** – graceful motions; **nieskoordynowane ruchy** – uncoordinated movements; *Obserwował mój każdy ruch.* – He watched my every move. *Stał bez ruchu.* – He stood still without making any movement. ❸ (*wysiłek fizyczny, gimnastyka*) exercise ['eksəsaɪz]; *Powinien pan zażywać więcej ruchu.* – You ought to take more exercise. ❹ (*ożywienie*) activity [æk'tɪvətɪ], rush [rʌʃ], bustle ['bʌsl]; **ruch wielkomiejski** – the bustle of city life; **ruch przedświąteczny** – the Christmas rush; *Jest słaby ruch w interesach.* – Business is slack. ❺ (*poruszanie się samochodów i pojazdów*) traffic ['træfik]; **ruch kołowy** – vehicular traffic; **ruch pasażerski/towarowy** – passenger/goods traffic; **duży/mały ruch** – heavy/light traffic; **przepisy ruchu** – traffic regulations; **trasa szybkiego ruchu** – expressway; **kierować ruchem** – to direct traffic; **zablokować/wstrzymać ruch** – to block/ /to hold up traffic ❻ (*zespół działań*) movement ['mu:vmənt]; **ruch oporu** – the underground resistance movement; **ruch obrony praw człowieka** – civil rights movement; **ruch feministyczny** – feminist movement ❼ (*w szachach*) move [mu:v], *wojsk.* movement ['mu:vmənt]; *Teraz twój ruch.* – It's your move now. **sprytny/genialny ruch** – a clever/a brilliant move

ruchliwość activity [æk'tɪvətɪ], liveliness ['laɪvlɪnɪs]

ruchliwy ❶ (*odznaczający się wzmożonym ruchem*) busy ['bɪzɪ], bustling ['bʌslɪŋ]; **ruchliwa ulica** – a busy/a bustling street ❷ (*żwawy w ruchach*) lively ['laɪvlɪ], active ['æktɪv]

ruchomość ❶ (*zdolność wykonywania ruchów*) movability [mu:və'bɪlətɪ], flexibility [fleksɪ'bɪlətɪ] ❷ (*ruchomości – majątek ruchomy*) movables ['mu:vəblz], personal property [pɜ:snl-'prɒpətɪ]

ruchomy ❶ (*będący w ruchu*) moving ['mu:vɪŋ]; **ruchome piaski** – quicksands; **schody ruchome** – an escalator ❷ (*przenośny, dający się przesuwać*) movable ['mu:vəbl], mobile ['məʊbaɪl]; *Wielkanoc jest świętem ruchomym.* – Easter is a movable feast.

ruda ore [ɔ:]; **ruda żelaza** – iron ore

rudera slum [slʌm]

rudowłosy red-haired [red'heəd], ginger ['dʒɪndʒə]

rudy ❶ (*kolor*) reddish-brown [redɪʃ-'braʊn], russet ['rʌsɪt] ❷ (*o włosach*) red [red], ginger ['dʒɪndʒə]; **rude włosy** – red hair/ginger hair

rufa *mar.* stern [stɜ:n]

rugby *sport.* rugby ['rʌgbɪ]

ruina ❶ (*zniszczenia*) ruin [rʊɪn]; **ruina finansowa** – financial ruin; **doprowadzić coś do ruiny** – to bring sth to ruin; *Doprowadził się do ruiny przez narkotyki.* – He is brought to ruin by drugs. ❷ (*o człowieku – ruina człowieka*) wreck [rek] ❸ (*pozostałości budynku*) ruins [rʊɪnz]; **ruiny zamku** – the ruins of a castle; **starożytne ruiny** – ancient ruins

rujnować ruin [rʊɪn], bring to ruin [brɪŋtə'rʊɪn]; *Hazard go zrujnował.* – Gambling ruined him.

ruletka roulette [ru:'let]; **grać w ruletkę** – to play roulette

rulon roll [rəʊl]

rum rum [rʌm]

rumianek *bot.* camomile ['kæməmaɪl], chamomile ['kæməmaɪl]

rumienić (*przypiekać*) brown [braʊn]

rumienić się blush [blʌʃ], flush [flʌʃ]; **rumienić się z zażenowania** – to blush with embarrassment

rumieniec blush [blʌʃ]

Rumun Romanian/Rumanian [ru:'meɪnjən]

rumuński Romanian/Rumanian [ru:-'meɪnjən]

runąć fall down [fɔ:l'daʊn] (fell, fallen), collapse [kə'læps], tumble down [tʌmbl'daʊn], crash [kræʃ]

runda ❶ (*kolejny etap*) round [raʊnd] ❷ (*okrążenie bieżni*) lap [læp]; **zrobić rundę honorową** – to do a lap of honour

rura pipe [paɪp]

rurka tube [tju:b]

rurociąg main [meɪn], pipeline ['paɪplaɪn]; **rurociąg naftowy** – oil pipeline

ruszać ❶ (*wykonywać ruch*) move [mu:v]; **ruszać ręką** – to move one's arm ❷ (*dotykać*) touch [tʌtʃ]; *Nie ruszaj tego.* – Don't touch it. ❸ (*wyruszać*) set off/out [set'ɒf/aʊt] (set, set), start [stɑ:t]; **ruszać w drogę** – to start on one's way; **ruszać w podróż** – to set off/out on a journey

ruszać się move [mu:v], stir (rr) [stɜ:]; *Nie ruszaj się.* – Don't move. *On nie chce się ruszyć z domu.* – He won't budge from the house.

ruszt ❶ (*część paleniska*) grate [greɪt] ❷ (*urządzenie do pieczenia mięsa*) grill [grɪl]

rusztowanie scaffolding ['skæfəldɪŋ]

rutyna ❶ (*nawyk*) routine [ru:'ti:n]; **codzienna rutyna** – a daily/an ordinary routine ❷ (*biegłość*) practice ['præktɪs], experience [ɪk'spɪərɪəns]; **nabrać rutyny** – to acquire/to gain experience

rutynowy routine [ru:'ti:n], habitual [hə-'bɪtjʊəl], regular ['regjʊlə]; **rutynowa procedura** – routine procedure

rwać ❶ (*drzeć*) tear (tore, torn) [teə, tɔ:, tɔ:n] ❷ (*zrywać*) pick [pɪk], pluck [plʌk]; **rwać kwiaty** – to pick/to pluck flowers ❸ (*mocno ciągnąć*) pull [pʊl], draw (drew, drawn) [drɔ:, dru:, drɔ:n]

rwać się ❶ (*ulec zerwaniu*) get broken [get'brəʊkn], break (broke, broken) [breɪk, brəʊk, 'brəʊkn]; *Nitka łatwo się rwie.* – The thread gets broken//breaks easily. ❷ (*ulec podarciu*) get torn [get'tɔ:n], tear (tore, torn) [teə, tɔ:, tɔ:n]; *Ten materiał łatwo się rwie.* – The material gets torn/tears easily. ❸ (*mocno chcieć*) be eager to, be keen to/on; **rwać się do pracy** – to be keen to work

ryba fish, *l.mn.* fish/fishes [fɪʃ], **Ryby** (*znak zodiaku*) Pisces ['pɪsi:z/'paɪsi:z]; **ryba morska/słodkowodna** – saltwater/freshwater fish; **ryba wędzona//smażona** – smoked/fried fish; **ławica ryb** – a shoal/a school of fish; **iść na ryby** – to go fishing; **łowić ryby** – to catch fish

rybacki fishing ['fɪʃɪŋ]; **port rybacki** – a fishing port; **sieć rybacka** – a fishing net

rybactwo fishing ['fɪʃɪŋ]

rybak fisherman, *l.mn.* fishermen ['fɪʃəmən]

rybi fish [fɪʃ], fishy ['fɪʃɪ]; **rybi zapach** – fishy smell; **łuska rybia** – scale

rybka fish [fɪʃ]; **złota rybka** – goldfish; **drobne rybki** – small fry

rybny fish [fɪʃ]; **konserwa rybna** – tinned/canned fish; **sklep rybny** – fishmonger's

rybołówstwo fishing ['fɪʃɪŋ]; **rybołówstwo dalekomorskie** – deep-sea fishing

rycerski ❶ (*związany ze stanem rycerskim*) knight's [naɪts]; **zbroja rycerska** – knight's armour ❷ (*właściwy rycerzowi, kurtuazyjny*) knightly ['naɪtlɪ], chivalrous ['ʃɪvlrəs]

rycerz knight [naɪt]; **błędny rycerz** – a knight-errant

ryczeć ❶ (*o krowach*) low [ləʊ], (*o lwie*) roar [rɔ:], (*o ośle*) bray [breɪ] ❷ (*huczeć, rozbrzmiewać*) roar [rɔ:] ❸ (*głośno krzyczeć*) roar [rɔ:]; **ryczeć ze śmiechu/z wściekłości** – to roar with laughter/rage

rygiel bolt [bəʊlt]

ryglować bolt [bəʊlt]; **ryglować drzwi** – to bolt the door

ryj snout [snaʊt]

ryk roar [rɔ:], (*krowy*) low [ləʊ], (*osła*) bray [breɪ]

rym rhyme [raɪm]

rymować rhyme [raɪm]

rymować się rhyme [raɪm]

rynek ❶ (*główny plac miasta*) market ['mɑ:kɪt], market square ['mɑ:kɪtskweə] ❷ *ekon.* market ['mɑ:kɪt]; **czarny rynek** – the black market; **rynek producenta/konsumenta** – the seller's/the buyer's market; **wejść na rynek** – to come onto the market; **wprowadzić coś na rynek** – to put sth on the market

rynkowy market ['mɑ:kɪt]; **cena rynkowa** – market price

rynna drain-pipe ['dreɪn paɪp]

rynsztok gutter ['gʌtə]

rys ❶ (*cecha*) trait [treɪt], characteristic [kærəktə'rɪstɪk]; **rys charakteru** – a trait of the character ❷ (*rysy – układ linii twarzy*) features

rysa ❶ (*zadrapanie*) scratch [skrætʃ] ❷ (*pęknięcie*) crack [kræk], rift [rɪft]

rysopis description [dɪ'skrɪpʃn]

rysować ❶ (*kreślić*) draw (drew, drawn) [drɔ:, dru:, drɔ:n] ❷ (*robić rysy*) scratch [skrætʃ]

rysownik draughtsman, *l.mn.* draughtsmen ['drɑ:ftsmən]

rysunek drawing ['drɔ:ɪŋ], illustration [ɪlə'streɪʃn]

rytm rhythm ['rɪðəm]

rytmiczny rhythmical ['rɪðmɪkl], regular ['regjʊlə]

rywal rival ['raɪvl]

rywalizacja rivalry ['raɪvlrɪ], competition [kɒmpɪ'tɪʃn]

rywalizować rival ['raɪvl], compete [kəm'pi:t]

ryzyko risk [rɪsk]; **na swoje własne ryzyko** – at one's own risk; **narażać się na ryzyko** – to run the risk of; **podjąć ryzyko** – to take the risk

ryzykować risk [rɪsk]; **ryzykować życiem** – to put one's life at risk/to risk one's life

ryzykowny risky ['rɪskɪ]; **ryzykowne przedsięwzięcie** – a risky undertaking

ryż rice [raɪs]

rzadki ❶ (*o luźnej konsystencji*) thin [θɪn]; **rzadki sos** – thin gravy ❷ (*rozproszony*) thin [θɪn]; **rzadkie włosy** – thin hair ❸ (*nieczęsto występujący*) rare [reə]; **rzadka roślina** – a rare plant; **rzadki gość** – a rare visitor

rzadko ❶ (*niegęsto*) thinly ['θɪnlɪ], sparsely ['spɑ:slɪ] ❷ (*nieczęsto*) rarely ['reəlɪ], seldom ['seldəm], not often [nɒt'ɒfn]; *Ona rzadko tu przychodzi.* – She seldom/rarely comes here./She doesn't often come here. ❸ (*wyraz modyfikujący przyimek lub przysłówek*) hardly ['hɑ:dlɪ]; **rzadko kiedy** – hardly ever; *On rzadko kiedy się uśmiecha.* – He hardly ever smiles. **rzadko kto** – hardly anybody

rzadkość rarity ['reərətɪ], rareness ['reənɪs]; *Deszcz jest rzadkością na pustyni.* – Rain is a rarity in the desert.

rząd[1] ❶ (*naczelny organ władzy*) government ['gʌvnmənt]; **uformować rząd** – to form a government; **obalić rząd** – to overthrow a government; **słaby/silny rząd** – a weak/a strong government ❷ (*sprawowanie władzy*) rule [ru:l], government ['gʌvnmənt]; **rząd większości/mniejszości** – majority/minority rule; **rząd motłochu** – mob rule; **sprawować rząd** – to govern; **pod obcymi rządami** – under foreign rule

rząd[2] ❶ (*szereg*) row [rəʊ], line [laɪn]; *Siedzieliśmy w pierwszym rzędzie.* – We sat in the front row. *To trzecia niedziela z rzędu, kiedy nie przyszedł.* – It's the third Sunday in a row that he hasn't come. *Spóźniłeś się trzy razy pod rząd.* – You came late three times running. *Spóźniłeś się trzy dni z rzędu.* – You came late for the third day running. **w pierwszym rzędzie** (*przede wszystkim*) – first of all/in the first place ❷ (*kategoria, rodzaj*) order ['ɔ:də], range [reɪndʒ], rank [ræŋk]; **najwyższego rzędu** – of the highest order/rank

rządowy government ['gʌvnmənt], governmental [gʌvn'mentl]; **instytucja rządowa** – a governmental institution

rządzić govern ['gʌvn], rule [ru:l]; *W Wielkiej Brytanii królowa panuje, parlament rządzi.* – In Britain the Queen reigns, Parliament rules. **rządzić imperium** – to rule over an empire; **klasa rządząca** – the ruling class

rzec say (said, said) [seɪ, sed, sed]

rzecz ❶ (*przedmiot*) thing [θɪŋ], object ['ɒbdʒɪkt]; *Co to za rzecz stoi na półce?* – What's the thing standing on the shelf? **spakować swoje rzeczy** – to pack one's things ❷ (*sprawa*) thing [θɪŋ]; *Jak się rzeczy mają?* – How are things?/How do things stand? **w obecnym stanie rzeczy** – as things stand; *Pierwszą rzeczą, którą zrobiła, było zadzwonienie na policję.* – The first thing she did was to phone the police. ❸ (*myśl, przedmiot myśli*) matter ['mætə], point [pɔɪnt]; **w gruncie rzeczy** – as a matter of fact/in point of fact; **nazywać rzeczy po imieniu** – to call a spade a spade/not to mince matters; **mówić do rzeczy** – to speak to the point; **mówić od rzeczy** – to talk nonsense; *W tym cała rzecz.* – That's the point. *To nie ma nic do rzeczy.* – It's irrelevant.

rzeczka river ['rɪvə], brook [brʊk]

rzecznik spokesman ['spəʊksmən], spokesperson ['spəʊkspɜ:sn]

rzeczownik noun [naʊn]

rzeczowy ❶ (*dot. rzeczy*) material [mə'tɪərɪəl], factual ['fæktʃʊəl]; **dowód rzeczowy** – material evidence ❷ (*trafny, obiektywny*) objective [əb'dʒektɪv], to the point [təðə'pɔɪnt], matter-of-fact [mætərəv'fækt], relevant ['reləvənt]; **rzeczowe argumenty** – arguments to the point

rzeczoznawca expert ['ekspɜt]

rzeczpospolita republic [rɪ'pʌblɪk]

rzeczywistość reality [rɪ'æləti]; **brutalna rzeczywistość** – the grim/the harsh reality; **poczucie rzeczywistości** – a sense of reality; **przywołać kogoś do rzeczywistości** – to bring sb back to reality; **stanąć twarzą w twarz z rzeczywistością** – to face reality; **w rzeczywistości** – in reality/in actual fact

rzeczywisty real [rɪəl], actual ['æktʃʊəl]; *Jaka była rzeczywista przyczyna jego rezygnacji?* – What was the real cause of his resignation? **liczby rzeczywiste** – real numbers

rzeczywiście really ['rɪəlɪ], actually ['æktʃʊəlɪ], in actual fact

rzeka river ['rɪvə]; **w górę/w dół rzeki** – up/down the river; **spacerować nad rzeką** – to walk by the river/to walk along the riverside; **brzeg rzeki** – riverbank

rzekomy alleged [ə'ledʒd], professed [prə'fest], apparent [ə'pærənt]; *Jej rzekomi przyjaciele zdradzili ją.* – She was betrayed by her professed friends. **dur rzekomy** – paratyphoid fever

rzemień strap [stræp], belt [belt]

rzemieślnik artisan [ɑ:tɪ'zæn], craftsman, *l.mn.* craftsmen ['krɑ:ftsmən]

rzemiosło craft [krɑ:ft], handicraft ['hændɪkrɑ:ft]

rzepa turnip ['tɜ:nɪp]

rzepak rape [reɪp]

rześki ❶ (*pełen werwy*) spry [spraɪ], lively ['laɪvlɪ], brisk [brɪsk], fresh [freʃ] ❷ (*orzeźwiający*) fresh [freʃ], brisk [brɪsk], bracing ['breɪsɪŋ]; **rześkie powietrze** – brisk/bracing air

rześkość vigour ['vɪgə], sprightliness ['spraɪtlɪnɪs], briskness ['brɪsknɪs]

rzetelność honesty ['ɒnɪstɪ], reliability [rɪlaɪə'bɪlətɪ], integrity [ɪn'tegrətɪ]

rzetelny ❶ (*o człowieku*) reliable [rɪ'laɪəbl], honest ['ɒnɪst] ❷ (*dokładny, należyty*) sound [saʊnd], proper ['prɒpə]

rzeź ❶ (*ubój zwierząt*) slaughter ['slɔ:tə] ❷ (*mordowanie*) massacre ['mæsəkə], butchery ['bʊtʃərɪ]

rzeźba sculpture ['skʌlptʃə]; **rzeźba w kamieniu** – a sculpture in stone

rzeźbiarstwo sculpture ['skʌlptʃə]

rzeźbiarz sculptor ['skʌlptə]

rzeźbić sculpt [skʌlpt], sculpture ['skʌlptʃə]; **rzeźbić w drzewie** – to sculpture in wood

rzeźnia slaughter-house ['slɔ:təhaʊs]

rzeźnik butcher ['bʊtʃə], (*sklep*) butcher's shop

rzęsa ❶ (*włoski na brzegu powiek*) eyelash ['aɪlæʃ]; **tusz do rzęs** – mascara ❷ (*występująca na powierzchni wody*) duckweed ['dʌkwi:d]

rzodkiewka *bot.* radish ['rædɪʃ]

rzucać ❶ (*ciskać*) throw (threw, thrown) [θrəʊ, θru:, θrəʊn], cast (cast, cast) [kɑ:st, kɑ:st, kɑ:st], fling (flung, flung) [flɪŋ, flʌŋ, flʌŋ], hurl [hɜ:l]; **rzucać w kogoś kamieniem** – to throw/to fling/to hurl a stone at sb; *Demonstranci rzucali kamieniami w policję.* – The demonstrators hurled stones at the police. *Rzuciła do mnie piłkę.* – She threw the ball to me. *Rzucił przeciwnika na ziemię.* – He flung his opponent to the ground. ❷ (*szarpać*) toss [tɒs]; *Fale rzucały łódką.* – The waves tossed the boat. ❸ *przen.* cast (cast, cast) [kɑ:st, kɑ:st, kɑ:st], throw (threw, thrown) [θrəʊ, θru:, θrəʊn], hurl [hɜ:l]; **rzucać cień** – to cast/to throw a shadow; *Rzuciła mi spojrzenie pełne złości.* – She cast/ /threw me an angry look. **rzucić na coś okiem** – to cast one's eye over sth; **rzucić klątwę** – to cast a spell; **rzucać obelgami** – to hurl/to fling insults; **rzucać rozkaz/sygnał** – to give an order/a signal ❹ (*zaniechać, opuścić*) give up [gɪv'ʌp] (gave, given); **rzucić palenie** – to give up smoking; **rzucić pracę** – to give up one's job; *Rzucił ją.* – He left her./He walked out on her.

rzucać się ❶ (*skoczyć*) jump [dʒʌmp], fling (flung, flung) [flɪŋ, flʌŋ, flʌŋ]; *On rzucił się z szóstego piętra.* – He jumped from the sixth floor. *Rzuciła*

r

się pod pociąg. – She flung herself in front of a train. ❷ (*zerwać się, pobiec, uczynić gwałtowny ruch*) throw (threw, thrown) [θrəʊ, θru:, θrəʊn], fling (flung, flung) [flɪŋ, flʌŋ, flʌŋ], rush [rʌʃ]; **rzucić się w wir pracy** – to throw oneself into one's work; **rzucić się na pomoc** – to rush to sb's assistance; **rzucić się na coś chciwie** – to grab at sth; *Rzucił się na łóżko.* – He flung himself on the bed. *To się rzuca w oczy.* – It's conspicuous. ❸ (*miotać się*) toss [tɒs]; **rzucać się we śnie** – to toss about in one's sleep ❹ (*atakować*) attack [ə'tæk]; **rzucić się na kogoś z nożem** – to attack sb with a knife; *Pies rzucił się na nieznajomego.* – The dog attacked a stranger.

rzut (*wyrzucenie, wprawienie w ruch*) throw [θrəʊ], toss [tɒs], (*w piłce nożnej*) kick [kɪk]; **celny rzut** – a well-aimed throw; **rzut karny** – a penalty kick; **rzut dyskiem** – throwing the discus; **na pierwszy rzut oka** – at first glance

Rzymianin Roman ['rəʊmən]

rzymski Roman ['rəʊmən]; **rzymskie cyfry** – Roman numerals

rzymskokatolicki Roman Catholic [ˌrəʊmən'kæθəlɪk]; **Kościół rzymskokatolicki** – the Roman-Catholic Church

rżeć neigh [neɪ]

S

S

sabotaż sabotage ['sæbətɑ:ʒ]; **akt sabotażu** – an act of sabotage

sabotażysta saboteur [sæbə'tɜ:]

sabotować sabotage ['sæbətɑ:ʒ]

sacharyna saccharin ['sækərɪn]

sad orchard ['ɔ:tʃəd]

sadysta sadist ['seɪdɪst/'sædɪst]

sadystyczny sadistic [sə'dɪstɪk]

sadyzm sadism ['seɪdɪzm/'sædɪzm]

sadza soot [sʊt]

sadzawka pool [pu:l], pond [pɒnd]

sadzić (*rośliny*) plant [plɑ:nt]; **sadzić drzewa** – to plant trees

saga saga ['sɑ:gə]

sakrament sacrament ['sækrəmənt]

sala room [ru:m/rʊm], (*w szpitalu*) ward [wɔ:d]; **sala balowa** – a ball-room; **sala konferencyjna** – a conference room; **sala operacyjna** – operating theatre/*am.* operating room; **sala porodowa** – a delivery room

salaterka bowl [bəʊl]

salon ❶ (*pokój do przyjmowania gości*) drawing-room ['drɔ:ɪŋrʊm], parlour ['pɑ:lə] ❷ (lokal) parlour ['pɑ:lə]; **salon kosmetyczny** – a beauty parlour

sałata lettuce ['letɪs]

sałatka salad ['sæləd]

sam[1] ❶ (*bez niczyjej pomocy*) oneself (myself, yourself, himself, herself, itself, ourselves, yourselves, themselves); *Zrobiłem to sam.* – I did it myself. ❷ (*samotny, odosobniony*) alone [ə'ləʊn], all alone, by oneself; *Mieszka sam w tym dużym domu.* – He lives all alone in that big house./ /He lives all by himself in that big house. ❸ (*wyraz podkreślający*) very ['verı], just [dʒʌst], oneself; *Szkoła została otwarta przez samą królową.* – The school was opened by the Queen herself. **od samego początku** – from the very beginning; **na samą myśl** – at the very thought; **przyjść w samą porę** – to come just in time; **w sam raz** – just right ❹ (*ten sam*) the same [ðə'seım]; *Mam taki sam pogląd.* – I am of the same opinion.

◆ **sam na sam** (*w cztery oczy*) – privately

sam[2] (*sklep samoobsługowy*) self-service-shop [self'sɜ:vısʃɒp]

samica female ['fi:meıl]

samiec male [meıl]

samobójca suicide ['sjʊısaıd]

samobójstwo suicide ['sjʊısaıd]; **popełnić samobójstwo** – to commit suicide

samochodowy car [kɑ:], motor ['məʊtə], automobile ['ɔ:təməbi:l]; **wyścigi samochodowe** – motor races

samochód car [kɑ:], motor-car ['məʊtəkɑ:], *am.* automobile ['ɔ:təməbi:l]; **samochód sportowy** – a sports car; **samochód wyścigowy** – a racing-car; **jechać/podróżować samochodem** – to go/to travel by car; **prowadzić samochód** – to drive a car

samodzielność independence [ındı'pendəns]

samodzielny ❶ (*nie uzależniony od nikogo*) independent [ındı'pendənt ❷ (*tworzący odrębną całość*) separate ['seprət], self-contained [selfkən'teınd]

samogłoska *gram.* vowel ['vaʊəl]

samolot plane [pleın], aeroplane ['eərəpleın], aircraft, *l.mn.* aircraft ['eəkrɑ:ft], *am.* airplane ['eəpleın]; **samolot odrzutowy** – a jet plane; **samolot myśliwski** – a fighter; **podróżować samolotem** – to go by plane/to travel by air/to fly; **prowadzić samolot** – to fly a plane; **wejść na pokład samolotu** – to board a plane

samolub egoist ['egəʊıst], selfish person ['selfıʃ'pɜ:sn]

samolubny egoistic [egəʊ'ıstık], selfish ['selfıʃ]

samoobrona self-defence [selfdı'fens]; **sztuka samoobrony** – the art of self-defence; **zabić kogoś w samoobronie** – to kill sb in self-defence

samoobsługa self-service [self'sɜ:vıs]

samoobsługowy self-service [self'sɜ:vıs]; **restauracja samoobsługowa** – a self-service restaurant

samopoczucie feeling ['fi:lıŋ], (*stan psychiczny*) frame of mind [freıməv'maınd]; **złe samopoczucie** (*pod względem fizycznym*) – discomfort; **dobre samopoczucie** – well-being; *Jak samopoczucie?* – How are you feeling?

samorząd (*terytorialny*) local government [ləʊkl'gʌvnmənt], (*w zakładzie pracy*) self-management [self'mænıdʒmənt]

samotność loneliness ['ləʊnlınıs], solitude ['sɒlıtju:d]

samotny ❶ (*odosobniony, sam jeden*) lonely ['ləʊnlı], solitary ['sɒlıtərı]; **samotny podróżnik** – a lonely traveller; **samotne drzewo** – a solitary tree; *On mieszka sam, ale nigdy nie czuje się samotny.* – He lives all alone, but he never feels lonely. ❷ (*odbywany w samotności*) lonely ['ləʊnlı], solitary ['sɒlıtərı]; **samotne życie** – a lonely/ /a solitary life; **samotny spacer** – a solitary walk ❸ (*bez partnera, nieżonaty, niezamężna*) single ['sıŋgl]; **samotna matka** – a single mother

samouczek teach-yourself book [ti:tʃjɔ:'selfbʊk]

samouk self-taught person [selftɔ:t'pɜ:sn]

samowystarczalność self-sufficiency [selfsə'fıʃnsı]

samowystarczalny self-sufficient [selfsə'fıʃnt]

sanatorium sanatorium [sænə'tɔ:rɪəm], sanitarium [sænə'teərɪəm]
sandał sandal ['sændl]
saneczki sledge [sledʒ]
sanie sleigh [sleɪ], sledge [sledʒ]
sanitariusz male nurse [meɪl'nɜ:s]
sanitariuszka nurse [nɜ:s]
sankcja sanction ['sæŋkʃn]; **sankcje ekonomiczne/handlowe** – economic/trade sanctions; **nałożyć sankcje** – to apply/to impose sanctions; **znieść sankcje** – to lift sanctions
sanki sledge [sledʒ], *am.* sled [sled]; **zjeżdżać na sankach** – to sledge down the slope
sapać puff [pʌf], gasp [gɑ:sp]
sardynka *zool.* sardine [sɑ:'di:n]
sarna *zool.* roe-deer ['rəʊdɪə]
satelita satellite ['sætəlaɪt]; *Księżyc jest satelitą Ziemi.* – The Moon is the Earth's satellite. **satelita telekomunikacyjny** – a communication satellite
satelitarny satellite ['sætəlaɪt]; **państwo satelitarne** – a satellite state; **telewizja satelitarna** – satellite television; **antena satelitarna** – a satellite dish

S

satyra satire ['sætaɪə]
satyryczny satirical [sə'tɪrɪkl]
satysfakcja satisfaction [sætɪs'fækʃn]; **przynosić satysfakcję** – to bring satisfaction; **dawać satysfakcję** – to give satisfaction; **mieć satysfakcję z pracy** – to get/to obtain satisfaction from one's work
sauna sauna ['sɔ:nə]
sączyć się ❶ (*powoli wypływać*) ooze [u:z], trickle ['trɪkl]; *Krew sączyła się z rany.* – Blood was oozing from the wound. ❷ (*wylewać się, przeciekać*) seep [si:p]; *Olej sączył się z silnika.* – Oil was seeping from the engine.
sąd ❶ (*organ wymiaru sprawiedliwości*) court of justice [kɔ:təv'dʒʌstɪs], law court ['lɔ:kɔ:t]; **sprawa w sądzie** – lawsuit; **sąd apelacyjny** – court of appeal; **sąd dla nieletnich** – juvenile court; **sąd wojenny** – court martial; **Sąd Ostateczny** – the Last Judgement; **sąd przysięgłych** – the jury; **stanąć przed sądem** – to appear before the court; **stanąć przed sądem wojennym** – to be court-martialled; **podawać kogoś do sądu** – to sue sb/ /to take sb to court; **zeznawać w sądzie** – to testify in court ❷ (*rozprawa sądowa*) trial ['traɪəl]; **odbywać nad kimś sąd** – to try sb ❸ (*gmach*) law court ['lɔ:kɔ:t] ❹ (*zdanie, opinia*) opinion [ə'pɪnjən], judgement ['dʒʌdʒmənt]; **wydawać sąd o czymś** – to make/to pass judgement about sth; **podzielać czyjś sąd** – to share sb's opinion
sądownictwo jurisdiction [dʒʊərɪs'dɪkʃn]
sądowy judicial [dʒu:'dɪʃl]; **koszty sądowe** – court fees; **postępowanie sądowe** – legal proceedings; **sprawa sądowa** – a lawsuit; **wytoczyć komuś sprawę sądową** – to bring a suit against sb; **wyrok sądowy** – a sentence of the court/a verdict
sądzić ❶ (*decydować w sądzie*) judge [dʒʌdʒ]; **sądzić w sprawie o morderstwo** – to judge a murder case; **sądzić surowo/łagodnie** – to judge harshly/leniently; **sądzić sprawiedliwie** – to judge fairly ❷ (*mniemać*) think (thought, thought) [θɪŋk, θɔ:t, θɔ:t], believe [bɪ'li:v], suppose [sə'pəʊz], presume [prɪ'zju:m]; *Czy sądzisz, że to możliwe?* – Do you think it's possible? *Sądzę, że tak.* – I think so. *Nie sądzę.* – I don't think so. ❸ (*oceniać*) judge [dʒʌdʒ]; **sądzić po wyglądzie** – to judge by appearances; *Kim jesteś, żeby sądzić innych?* – Who are you to judge other people?
sąsiad neighbour ['neɪbə]
sąsiadować ❶ (*być czyimś sąsiadem*) be neighbours [bi:'neɪbəz]; *Sąsiadujemy ze sobą.* – We are neighbours. ❷ (*być położonym obok*) adjoin [ə'dʒɔɪn], border ['bɔ:də]; *Ich ogród sąsiaduje z naszym.* – Their garden adjoins ours. *Teren szkoły sąsiaduje z autostradą.* – The school grounds border on the motorway.

sąsiedni adjoining [ə'dʒɔɪnɪŋ], neighbouring ['neɪbərɪŋ]; **sąsiedni pokój** – the adjoining room; **sąsiednia wioska** – the neighbouring village

sąsiedztwo neighbourhood ['neɪbəhʊd]

scena ❶ (*podwyższenie w teatrze*) stage [steɪdʒ]; **scena obrotowa** – a revolving stage; **ukazać się na scenie** – to appear on the stage ❷ (*teatr*) theatre ['θɪətə] ❸ (*część dramatu*) scene [si:n]; *Akt I, scena 2.* – Act I, Scene 2. ❹ (*zdarzenie*) scene [si:n]; **zabawna scena** – a funny scene; **zrobić scenę** (*awanturę*) – to make a scene

scenariusz scenario [sɪ'nɑ:rɪəʊ], screenplay ['skri:npleɪ]

sceniczny scenic ['si:nɪk], stage [steɪdʒ]; **szept sceniczny** – a stage whisper

scenograf stage designer [steɪdʒdɪ'zaɪnə]

scenografia décor ['deɪkɔ:], stage setting, stage decoration

sceptycyzm scepticism ['skeptɪsɪzm]

sceptyczny sceptical ['skeptɪkl]

schemat ❶ (*ogólny plan*) draft [drɑ:ft], diagram ['daɪəgræm] ❷ (*szablonowy wzór*) pattern ['pætən]; **postępować według utartego schematu** – to follow a set pattern

schizofrenia schizophrenia [skɪtsə'fri:njə]

schizofrenik schizophrenic [skɪtsə'frenɪk]

schludny neat [ni:t], tidy ['taɪdɪ]

schnąć ❶ (*stawać się suchym*) dry [draɪ], get dry [get'draɪ] ❷ (*o kwiatach – więdnąć*) wither ['wɪðə] ❸ *pot.* schnąć z miłości/z tęsknoty/ze zgryzoty – pine (away) [paɪn (ə'weɪ)]

schodek step [step], stair [steə]

schodowy:
klatka schodowa – staircase

schody stairs [steəz], (*schody ruchome*) escalator ['eskəleɪtə]; **wspinać się po schodach** – to climb the stairs; **iść po schodach na górę** – to go up the stairs; **schodzić schodami w dół** – to go down the stairs; *Minęłam ją na schodach.* – I passed her on the stairs.

schodzić ❶ (*zstępować*) go down [gəʊ'daʊn] (went, gone), descend [dɪ'send], climb down [klaɪm'daʊn], get off [get'ɒf] (got, got); **schodzić z drabiny** – to climb down a ladder; **schodzić ze sceny** – get off the stage ❷ (*zsiadać*) dismount [dɪs'maʊnt], get off [get'ɒf] (got, got); **schodzić z konia** – to dismount from a horse/to get off a horse ❸ (*ustępować, usunąć się*); **zejść na bok** – to step aside; **zejść komuś z drogi** – to make way for sb/get off sb's way ❹ (*o skórze, powłoce – łuszczyć się*) peel off [pi:l'ɒf], come off [kʌm'ɒf] (came, come); *Po opalaniu skóra może schodzić.* – After sunbathing the skin may peel (off).

schodzić się ❶ (*gromadzić się*) gather ['gæðə], get together ❷ (*o drogach, ulicach – przecinać się*) meet (met, met) [mi:t, met, met] ❸ (*o czynnościach – odbywać się jednocześnie*) coincide [kəʊɪn'saɪd]

schorzenie illness ['ɪlnɪs], disease [dɪ'zi:z]

schować ❶ (*ukryć*) hide (hid, hidden) [haɪd, hɪd, 'hɪdn], conceal [kən'si:l] ❷ (*odłożyć na miejsce*) put away [pʊt ə'weɪ] (put, put)

schować się hide (hid, hidden) [haɪd, hɪd, 'hɪdn], conceal oneself [kən'si:lwʌn'self]

schowek hiding-place ['haɪdɪŋ pleɪs]

schron shelter ['ʃeltə]

schronić się take shelter [teɪk'ʃeltə], take refuge [teɪk'refju:dʒ], shelter ['ʃeltə]; *Schroniliśmy się przed deszczem pod drzewem.* – We took shelter from the rain under a tree.

schronienie shelter ['ʃeltə], refuge ['refju:dʒ]; **szukać schronienia** – to seek shelter/refuge; **dać schronienie** – to give shelter

schronisko shelter ['ʃeltə], (*górskie*) mountain chalet ['maʊntɪn 'ʃæleɪ], mountain hut [maʊntɪn'hʌt], mountain hotel ['maʊntɪnhəʊ'tel], (*młodzieżowe*) youth hostel [ju:θ'hɒstl]

schylać się bend down [bend'daʊn] (bent, bent), stoop [stu:p]; *Schyliła* *się, żeby podnieść książkę.* – She bent down to pick up a book.

schyłek decline [dı'klaın], close [kləʊz]; **mieć się ku schyłkowi** – to draw to a close/to come to a close; **u schyłku XIX wieku** – towards the close of the 19th century; **schyłek imperium rzymskiego** – the decline of the Roman Empire

scyzoryk pen-knife ['pen naıf]

seans (*w kinie*) performance [pə'fɔ:məns], (*spirytystyczny*) séance ['seıɑ̃:ns]

secesja ❶ (*styl w sztuce na przełomie XIX i XX wieku*) art nouveau [ɑ:tnu:-'vəʊ] ❷ (*oddzielenie się*) secession [sı'seʃn]

secesyjny ❶ (*dot. sztuki*) art nouveau [ɑ:tnu:'vəʊ] ❷ (*dot. oddzielenia się*) secession [sı'seʃn]

sedno heart [hɑ:t], crux [krʌks]; **sedno sprawy** – the heart of the matter; **dojść do sedna problemu** – to come to the crux of the problem

segment segment ['segmənt], section ['sekʃn]

segregacja segregation [segrı'geıʃn]; **segregacja rasowa** – racial segregation

segregator file [faıl]

segregować classify ['klæsıfaı]

sejf safe [seıf]

sejm the Lower House [-ləʊə'haʊs], Parliament ['pɑ:ləmənt]

sejmowy parliamentary [pɑ:lə'mentərı]; **debata sejmowa** – a parliamentary debate

sejsmiczny seismic ['saızmık]; **badania sejsmiczne** – seismic research; **fale sejsmiczne** – seismic waves

sejsmograf seismograph ['saızməgrɑ:f]

sejsmolog seismologist [saız'mɒlədʒıst]

sejsmologia seismology [saız'mɒlədʒı]

sekret secret ['si:krıt]; **robić sekret z czegoś** – to make a secret out of sth; **spotykać się w sekrecie** – to meet in secret

sekretariat secretariat [sekrə'teərıət], secretary's office ['sekrətrız'ɒfıs]

sekretarka secretary ['sekrətrı]

sekretarz secretary ['sekrətrı]; **sekretarz stanu** – secretary of state

sekretny secret ['si:krıt]; **sekretne plany** – secret plans

seks sex [seks]

seksualny sexual ['sekʃʊəl]

sekta sect [sekt]

sektor sector ['sektə]

sekunda (*jednostka miary czasu, kąta, łuku*) second ['sekənd]; **ułamek sekundy** – a split second

sekundnik second hand (of a watch) ['sekəndhænd-]

selekcja selection [sı'lekʃn]

seler celery ['selərı]

semafor semaphore ['seməfɔ:]

semestr semestr [sı'mestə]

seminarium ❶ (*akademickie*) seminar ['semınɑ:] ❷ (*duchowne*) seminary ['semınərı]

sen ❶ (*spanie – stan fizjologiczny*) sleep [sli:p]; *Potrzebujesz osiem godzin snu.* – You need eight hours of sleep. **głęboki sen** – deep/profound/sound sleep; **lekki/niespokojny sen** – light/ /fitful sleep; **zapaść w sen** – to fall asleep/to go to sleep; **być głęboko pogrążonym we śnie** – to be fast asleep ❷ (*marzenie senne*) dream [dri:m]; **zły/koszmarny sen** – a bad dream/a nightmare

senat senate ['senıt]

senator senator ['senətə]

senior senior ['si:njə]

senność sleepiness ['sli:pınıs]

senny sleepy ['sli:pı], drowsy ['draʊzı]

sens ❶ (*logiczny cel*) sense [sens], use [ju:s]; *Jaki jest sens robienia tego?* – What's the sense of doing that? *Nie ma sensu czekać.* – It's no use waiting. *To jest bez sensu.* – It's nonsense./It doesn't make any sense. ❷ (*znaczenie*) sense [sens], meaning ['mi:nıŋ]; *Jaki jest sens tego słowa?* – What's the sense/meaning of this word? **w pewnym sensie** – in a way/ /in a sense

sensacja sensation [sen'seɪʃn]; **spowodować wielką sensację** – to cause a great sensation

sensacyjny sensational [sen'seɪʃnəl], thrilling ['θrɪlɪŋ]; **film sensacyjny** – a thriller

sensowny sensible ['sensəbl], rational ['ræʃənl]

sentymentalny sentimental [sentɪ'mentl]

separacja separation [sepə'reɪʃn]

separatka isolation ward [aɪsə'leɪʃn'wɔ:d]

separować separate ['sepəreɪt]

seplenić lisp [lɪsp]

ser cheese [tʃi:z], (*ser biały*) cottage cheese [kɒtɪdʒ'tʃi:z], farm cheese [fɑ:m'tʃi:z], (*ser topiony*) processed cheese [prəusest'tʃi:z]

serce (*dosł. i przen.*) heart [hɑ:t]; **atak serca** – a heart attack; **choroba serca** – a heart trouble/disease; **zawał serca** – a coronary; *Ona ma dobre serce.* – She has a kind heart. **w głębi serca** – at heart; **bez serca** – heartless; *Nie miałam serca odmówić.* – I didn't have the heart to refuse. **wziąć sobie coś do serca** – to take sth to heart; **złamać komuś serce** – to break sb's heart

serdecznie ❶ (*szczerze*) cordially ['kɔ:djəlɪ], warmly ['wɔ:mlɪ]; *Powitali nas serdecznie.* – They welcomed us warmly. ❷ (*z całego serca*) cordially ['kɔ:djəlɪ], heartily ['hɑ:tɪlɪ], from the bottom of one's heart; *Mam tego serdecznie dosyć.* – I'm heartily fed up with it. *Serdecznie dziękuję.* – Thank you very much./Thanks a lot.

serdeczność cordiality [kɔ:dɪ'ælətɪ], warmth [wɔ:mθ]

serdeczny cordial ['kɔ:djəl], warm [wɔ:m]; **serdeczny uśmiech** – a cordial/a warm smile; **serdeczne powitanie** – a cordial welcome; **serdeczny przyjaciel** – a bosom friend; **palec serdeczny** – the ring finger

seria series, *l.mn.* series ['sɪəri:z], succession [sək'seʃn]; **seria wydarzeń** – a series of events; **seria znaczków** – a series of stamps; **numer serii** (*na banknocie*) – serial number

serial serial ['sɪərɪəl], series ['sɪəri:z]; **odcinek serialu** – an episode/an instalment/a part

serio seriously ['sɪərɪəslɪ]; **brać kogoś/ /coś serio** – to take sb/sth seriously; *Czy mówisz serio?* – Are you serious? *Serio?* – Really?/Honestly?

sernik *kulin.* cheese-cake ['tʃi:zkeɪk]

serpentyna ❶ (*droga*) hairpin road [heəpɪn'rəud] ❷ (*spiralna taśma papierowa*) streamer ['stri:mə]

serweta table-cloth ['teɪblklɒθ]

serwetka table napkin ['teɪblnæpkɪn], serviette [sɜ:vɪ'et]

serwis ❶ (*komplet naczyń*) service ['sɜ:vɪs], set [set]; **serwis obiadowy** – a dinner service; **serwis do kawy** – a coffee set ❷ (*obsługa*) service ['sɜ:vɪs]

seryjny serial ['sɪərɪəl]; **numer seryjny** – serial number

sesja session ['seʃn]

setka a hundred [ə'hʌndrɪd]; **setki ludzi** – hundreds of people; **jechać setką** – to drive one hundred kilometres per hour

setny hundredth ['hʌndrɪdθ]

sezon season ['si:zn]; **sezon teatralny/ /operowy** – the theatre/the opera season; **sezon ogórkowy** – the silly season; **sezon na truskawki** – strawberry season; **pełnia sezonu** – (the) high season; **poza sezonem** – off season

sezonowy seasonal ['si:zənl]; **praca sezonowa** – seasonal work

sędzia ❶ *prawn.* judge [dʒʌdʒ], (*sędzia przysięgły*) juryman ['dʒuərɪmən], (*sędziowie przysięgli*) the jury [-'dʒuərɪ] ❷ *sport.* (*w piłce nożnej, boksie, hokeju*) referee [refə'ri:], (*w tenisie*) umpire ['ʌmpaɪə]

sęp *zool.* vulture ['vʌltʃə]

sfera ❶ (*kula*) sphere [sfɪə] ❷ (*zakres*) sphere [sfɪə], range [reɪndʒ]; **sfera wpływów** – a sphere of influence; **sfera zainteresowań** – a sphere of interest ❸ (*grupa społeczna*) sphere [sfɪə], class [klɑ:s], (*sfery*) circles ['sɜ:klz];

S

sfery arystokratyczne – the upper classes; **niższe sfery** – the lower classes; **poruszać się w najwyższych sferach** – to move in the highest circles; **sfery dyplomatyczne/literackie** – diplomatic/literary circles

sfinks sphinx [sfɪŋks]

siać ❶ (*sypać ziarno*) sow (sowed, sown/-ed) [səʊ, səʊd, səʊn/səʊd] ❷ (*szerzyć*) sow (sowed, sown/-ed) [səʊ, səʊd, səʊn/səʊd], spread (spread, spread) [spred, spred, spred]; **siać wątpliwości** – to sow doubt; **siać nienawiść** – to sow the seeds of hatred; **siać panikę** – to spread panic; **siać strach** – to inspire/to arouse fear ❸ (*przesiewać*) sift [sɪft]

siadać sit (down) [sɪt'daʊn] (sat, sat); *Dlaczego nie siadasz?* – Why don't you sit down? **siadać na krześle/na podłodze/za stołem** – to sit on a chair/on the floor/at the table

siano hay [heɪ]

siarka *chem.* sulphur ['sʌlfə]

siatka net [net]

siatkówka ❶ *med.* retina ['retɪnə] ❷ *sport.* volley-ball ['vɒlɪbɔ:l]; **grać w siatkówkę** – to play volley-ball

siąpić drizzle ['drɪzl]

siebie ❶ (*zaimek zwrotny – siebie samego*) oneself (myself, yourself, himself, herself, itself, ourselves, yourselves, themselves); *Spojrzała na siebie w lustrze.* – She looked at herself in the mirror. *On zawsze mówi o sobie.* – He always talks about himself. *Uważaj na siebie.* – Look after yourself. ❷ (*zaimek osobowy w funkcji dopełnienia*) me (you, him, her, it, us, you, them); *Weź ze sobą psa.* – Take the dog with you. *Nigdy nie mam przy sobie pieniędzy.* – I never have money on me. *Jestem u siebie w domu.* – I'm at home. *Jestem u siebie w pokoju.* – I'm in my room. ❸ (*siebie nawzajem*) each other [i:tʃ'ʌðə], (*dla większej liczby osób*) one another [wʌnə'nʌðə]; *Oni piszą do siebie regularnie.* – They write to each other regularly. *Pomagamy sobie wzajemnie.* – We help each other.

sieć net [net]; **sieć rybacka** – a fishing net

siedem seven ['sevn]

siedemdziesiąt seventy ['sevntɪ]

siedemdziesiąty seventieth ['sevntɪəθ]

siedemnastowieczny seventeenth century [sevn'ti:nθ'sentʃərɪ], 17th century

siedemnasty seventeenth [sevn'ti:nθ] (17th); **siedemnasty maja** – the seventeenth of May/May the seventeenth/May 17th/17th May; **godzina siedemnasta** – 5 p.m./five o'clock in the afternoon/seventeen hours

siedemnaście seventeen [sevn'ti:n]

siedemset seven hundred [sevn'hʌndrɪd]

siedziba abode [ə'bəʊd], seat [si:t]

siedzieć ❶ (*znajdować się w pozycji siedzącej*) sit (sat, sat) [sɪt, sæt, sæt]; **siedzieć na krześle/przy biurku** – to sit on a chair/at the desk ❷ (*przebywać w tym samym miejscu*) stay [steɪ]; **siedzieć długo w biurze** – to stay late at the office; **siedzieć do późnej nocy** – to sit up/to stay up late; **siedzieć w domu** – to stay at home ❸ (*być w więzieniu*) be in prison, be in jail; *On siedzi.* – He is in prison.

siekać chop up (pp) [tʃɒp'ʌp], hack [hæk]

siekiera axe [æks], hatchet ['hætʃɪt]

sierociniec orphanage ['ɔ:fənɪdʒ]

sierota orphan ['ɔ:fn]

sierpień August ['ɔ:gəst]

sierść hair [heə], coat [kəʊt], fur [fɜ:]

sierżant sergeant ['sɑ:dʒnt]

siew sowing ['səʊɪŋ]

się ❶ (*zaimek zwrotny p.* **siebie** ❶); *Obejrzała się dokładnie w lustrze.* – She looked at herself carefully in the mirror. ❷ (*zaimek będący częścią czasownika zwrotnego*) myself, yourself, himself, herself, itself, ourselves, yourselves, themselves (*lub nie tłumaczy się*); *Obejrzała się za siebie.* – She looked back./She looked over her shoulder. **opanować się** – to control oneself; **dobrze się bawić** – to enjoy oneself; **skaleczyć się** – to cut oneself; **ubrać się** – to dress/to get dressed; **przygotować się** – to prepare; **spodziewać się** – to expect ❸ (*jeden drugiego*) each other [i:tʃ'ʌðə]; *Znamy się od dawna.* – We've known each other for a long time. ❹ (*w zdaniach nieosobowych*) one [wʌn], you [ju:/jʊ]; *Jak się nie ma pewności, nie należy nic mówić.* – When one isn't sure, one should say nothing./When you aren't sure you should say nothing. ❺ (*w zdaniach bezpodmiotowych*) it [ɪt]; *Robi się późno.* – It's getting late. *Wydaje się, że...* – It seems that... ❻ (*przy konstrukcjach o znaczeniu biernym*); *Mówi się o nim, że jest bogaty.* – He is said to be rich. *Tu się buduje nowy dom.* – A new house is being built here.

sięgać ❶ (*wyciągać rękę*) reach [ri:tʃ]; *Sięgnęła do torebki po klucze.* – She reached into her handbag for her keys. *Sięgnął po papierosa.* – He reached for a cigarette. ❷ (*docierać*) reach [ri:tʃ], extend [ɪk'stend]; *Sznur nie sięgał ziemi.* – The rope didn't reach to the ground. **włosy sięgające do pasa** – hair reaching down to the waist; *Ich teren sięga aż do rzeki.* – Their grounds extend as far as the river. **jak okiem sięgnąć** – as far as the eye can see ❸ (*datować się*) date back [deɪt'bæk]

silnik engine ['endʒɪn], motor ['məʊtə]; **zapuścić silnik** – to start an engine; **wyłączyć silnik** – to cut/to turn off an engine

silny ❶ (*mocny*) strong [strɒŋ], powerful ['paʊəfʊl]; **silny mężczyzna** – a strong man; **silny cios** – a strong blow; **silna wola** – strong will; **mieć silne nerwy** – to have strong nerves; **silna osobowość** – a strong personality ❷ (*silnie działający, intensywny*) strong [strɒŋ], intense [ɪn'tens], violent ['vaɪələnt]; **silna burza** – a violent storm; **silny wiatr/prąd** – strong wind/current; **silne uczucie** – a strong/an intense emotion

siła ❶ (*moc*) strength [streŋθ], force [fɔ:s], power ['paʊə]; **mężczyzna o wielkiej sile** – a man of great strength; **siła charakteru/woli** – strength of character/will/force of will; *On nie ma siły, żeby to nieść.* – He hasn't the strength to carry it. **odzyskać siły po chorobie** – to regain one's strength after an illness; **siła uderzenia** – the force of the blow; **siły nadprzyrodzone** – supernatural powers; **demonstracja siły** – a show of strength; **siłą przyzwyczajenia** – out of/from force of habit; *Odebrał mi to siłą.* – He took it from me by force. ❷ (*natężenie*) strength [streŋθ], intensity [ɪn'tensətɪ] ❸ *fiz.* force [fɔ:s]; **siła grawitacji** – the force of gravity ❹ (*wojsk. siły*) forces ['fɔ:sɪz]; **siły zbrojne** – the armed forces ❺ (*grupa ludzi*) force [fɔ:s]; **siła robocza** – labour force

siłacz athlete ['æθli:t]

siniak bruise [bru:z]

sinieć grow/become/turn blue

siny blue [blu:]; **być sinym z zimna** – to be blue with cold

siodełko (*roweru, motocykla*) saddle ['sædl]

siodłać saddle ['sædl]

siodło saddle ['sædl]

siostra ❶ (*córka tych samych rodziców*) sister ['sɪstə]; **siostra cioteczna/stryjeczna** – cousin; **siostra przyrodnia** – step-sister ❷ (*zakonnica*) sister ['sɪstə], nun [nʌn] ❸ (*pielęgniarka*) nurse [nɜ:s]

siostrzany sisterly ['sɪstəlɪ]; **miłość siostrzana** – sisterly love; **siostrzany pocałunek** – a sisterly kiss

siostrzenica niece [ni:s]

siostrzeniec nephew ['nevju:]

siódmy seventh ['sevnθ] (7th); **siódmy kwietnia** – the seventh of April/April the seventh/7th April/April 7th; **siódma godzina** – seven o'clock; **strona siódma** – page seven

sito sieve [sɪv], strainer ['streɪnə]

siwieć become/turn grey

siwowłosy grey-haired [greı'heəd]
siwy grey [greı], white [waıt]
skafander ❶ (*kurtka*) anorak ['ænəræk], wind jacket ['wınd dʒækıt] ❷ (*szczelny strój dostosowany do przebywania w szczególnych warunkach np. pod wodą*) suit [sju:t/su:t]; **skafander płetwonurka** – a diving suit; **skafander kosmonauty** – a spacesuit
skakać jump [dʒʌmp], spring (sprang, sprung) [sprıŋ, spræŋ, sprʌŋ], skip (pp) [skıp], leap (leapt, leapt/-ed) [li:p, lept, lept/li:pt]; **skakać z radości** – to jump for joy; **skakać z tematu na temat** – to jump from one subject to the next; **skakać do wody** – to dive into the water/to plunge
skakanka skipping-rope ['skıpıŋrəʊp]
skala ❶ (*podziałka na przyrządach*) scale [skeıl]; **skala w centymetrach** – a scale in centimetres ❷ (*miara*) scale [skeıl], range [reındʒ], scope [skəʊp], extent [ık'stent]; **szeroka skala zainteresowań** – a wide range of interests; **na dużą skalę** – on a large scale ❸ (*skala mapy*) scale [skeıl]; **mapa w dużej skali** – a large-scale map

S

skaleczenie cut [kʌt]
skaleczyć cut (cut, cut) [kʌt, kʌt, kʌt], hurt (hurt, hurt) [hɜ:t, hɜ:t, hɜ:t], injure ['ındʒə]
skaleczyć się cut (oneself) (cut, cut) [kʌt-, kʌt, kʌt]; **skaleczyć się w palec** – to cut one's finger; **skaleczyć się nożem** – to cut oneself with a knife
skalisty rocky ['rɒkı]
skalny rocky ['rɒkı], rock [rɒk]; **rośliny skalne** – rock-plants; **ogródek skalny** – a rock-garden/a rockery
skalpel scalpel ['skælpəl]
skała rock [rɒk]
skamienieć petrify ['petrıfaı], fossilize ['fɒsılaız]; *Skamieniał ze strachu.* – He was petrified with fear.
skandal scandal ['skændl]; **wywołać skandal** – to cause (a) scandal
skandaliczny scandalous ['skændələs], shocking ['ʃɒkıŋ]
Skandynaw Scandinavian [skændı'neıvjən]
skandynawski Scandinavian [skændı'neıvjən]
skarb treasure ['treʒə]; **znaleźć ukryty skarb** – to find (a) buried treasure; **za żadne skarby** – not for all the world; *fin.* **Skarb Państwa** – the Treasury
skarbiec treasury ['treʒərı]
skarbnik treasurer ['treʒərə]
skarbonka money-box ['mʌnıbɒks]
skarcić scold [skəʊld], rebuke [rı'bju:k], reprimand [reprı'mɑ:nd]
skarga complaint [kəm'pleınt]; **wnieść skargę na kogoś** – to lodge a complaint against sb
skarpetka sock [sɒk]
skarżyć się complain [kəm'pleın]; *Skarżyła się na swojego męża.* – She complained about her husband. *Pacjent skarży się na silny ból zęba.* – The patient is complaining of acute toothache.
skaza flaw [flɔ:], fault [fɔ:lt], blemish ['blemıʃ]; **bez skazy** – flawless; *Jej reputacja jest bez skazy.* – Her reputation is without a blemish.
skazać ❶ (*wydać wyrok*) sentence ['sentəns], condemn [kən'dem]; **skazać kogoś na śmierć** – to sentence/to condemn sb to death; **skazać kogoś na siedem lat więzienia** – to sentence sb to seven years imprisonment ❷ (*przesądzić o czyimś losie*) condemn [kən'dem]; *On jest skazany na samotne życie.* – He is condemned to live alone. *Niektóre gatunki zwierząt są skazane na wymarcie.* – Some species of animals are doomed to extinction. *Przedsięwzięcie było skazane na niepowodzenie.* – The venture was doomed to failure.
skazany (*oskarżony, na którego wydano wyrok skazujący*) convict ['kɒnvıkt]
skazywać *p.* **skazać**
skąd ❶ (*zaimek pytający*) where from, from where; *Skąd jesteś?* – Where are you from? *Skąd to masz?* – Where did you get it from? *Skąd wiesz?* – How do you know? ❷ (*w funkcji ekspresywnej – ależ skąd!*) No! Nothing of the kind!
skądś from some place or other

skądże *p.* **skąd ❷**
skąpić grudge [grʌdʒ]; **nie skąpić wysiłków** – to spare no pains/trouble
skąpiec miser ['maɪzə]
skąpstwo avarice ['ævərɪs], meanness ['mi:nnɪs]
skąpy ❶ (*nadmiernie oszczędny*) mean [mi:n], stingy ['stɪndʒɪ], tight-fisted [taɪt'fɪstɪd] ❷ (*zbyt mały*) scanty ['skæntɪ], meagre ['mi:gə]; **skąpe bikini** – a scanty bikini; **skąpe dostawy żywności** – scanty supplies of food
skierować ❶ (*kierować, wysyłać*) send (sent, sent) [send, sent, sent], refer (rr) [rɪ'fɜ:]; **skierować kogoś do szpitala** – to send sb to hospital; **skierować pacjenta do specjalisty** – to refer a patient to a specialist; **skierować sprawę do sądu** – to bring a case before the court ❷ (*zwrócić w jakąś stronę*) direct [dɪ'rekt/daɪ'rekt], turn [tɜ:n]; **skierować czyjąś uwagę na coś** – to direct sb's attention to sth; **skierować do kogoś swoje uwagi** – to direct one's remarks to sb; *Skierowaliśmy nasze kroki w kierunku domu.* – We directed our steps towards home. *Skierowała wzrok na niego.* – She turned her eyes towards him.
skierować się direct one's steps, turn [tɜ:n]; *Wszystkie oczy skierowały się w naszą stronę.* – All eyes turned towards us.
skinąć (*głową*) nod (dd) [nɒd], (*ręką*) beckon ['bekn]; *Zapytałem ją, czy się zgadza, a ona skinęła głową.* – I asked her if she agreed and she nodded. *Skinął mi (głową) na powitanie.* – He nodded a welcome to me. *Skinęła (ręką), żebym szła za nią.* – She beckoned me to follow.
sklep shop [ʃɒp], *am.* store [stɔ:]
sklepienie vault [vɔ:lt], dome [dəʊm]
sklepikarz shop-keeper ['ʃɒpki:pə]
skład ❶ (*magazyn*) warehouse ['weəhaʊs], storehouse ['stɔ:haʊs]; **skład broni/amunicji** – magazine; **mieć coś na składzie** – to have sth in stock ❷ (*zbiór elementów, składników*) composition [kɒmpə'zɪʃn], make-up ['meɪkʌp]; **zmienić skład komitetu** – to change the make-up of the committee; **skład osobowy** – personnel/staff; **wchodzić w skład czegoś** – to belong to/to be included in sth; *druk.* **skład komputerowy** – typesetting
składać *p.* **złożyć**
składany collapsible [kə'læpsəbl], folding ['fəʊldɪŋ], foldaway [fəʊldə'weɪ], fold-up ['fəʊldʌp]; **składane krzesło** – a folding chair/a fold-up chair; **składane łóżko** – a foldaway bed
składka ❶ (*zbiórka pieniędzy na jakiś cel*) collection [kə'lekʃn]; **składka na głodujących** – a collection for famine relief ❷ (*kwota dana na wspólny fundusz*) subscription [səb'skrɪpʃn], contribution [kɒntrɪ'bju:ʃn], (*członkowska*) membership fee ['membəʃɪp'fi:]; **składka na cele dobroczynne** – a subscription/a contribution to charity; **pomnik wybudowany ze składek społecznych** – a monument paid for by public subscriptions
składnica store [stɔ:], repository [rɪ'pɒzɪtərɪ]; **składnica złomu** – a scrap-yard
składnik ingredient [ɪn'gri:djənt], component [kəm'pəʊnənt]
składować store [stɔ:]
skłaniać *p.* **skłonić**
skłonić ❶ (*wpłynąć na czyjąś decyzję*) induce [ɪn'dju:s], make (made, made) [meɪk, meɪd, meɪd], persuade [pə'sweɪd]; *Nie mogę jej skłonić, aby zmieniła decyzję.* – I can't induce/persuade her to change her mind./I can't make her change her mind. ❷ (*pochylić*) incline [ɪn'klaɪn], bow [baʊ], bend (bent, bent) [bend, bent, bent]; *Skłoniła głowę w modlitwie.* – She inclined/bowed her head in prayer.
skłonić się ❶ (*przychylać się*) incline [ɪn'klaɪn] ❷ (*ukłonić się*) bow [baʊ], nod (dd) [nɒd]
skłonność inclination [ɪnklɪ'neɪʃn], disposition [dɪspə'zɪʃn], pronness ['prəʊnnɪs]; *On ma skłonność do tycia.* – He has an inclination to stoutness. **skłon-**

S

ność do zazdrości – a disposition to jealousy; **skłonność do infekcji** – a pronness to infections; **skłonność do przeziębień** – a liability to colds

skłonny inclined [ɪn'klaɪnd], disposed [dɪs'pəʊzd], prone [prəʊn], liable ['laɪəbl]; *Jestem skłonna uwierzyć, że on jest niewinny.* – I'm inclined to believe he's innocent. **skłonny do przeziębień** – liable to colds

skoczek jumper ['dʒʌmpə], (*spadochronowy*) parachutist ['pærəʃu:tɪst], (*w szachach*) knight [naɪt]; **skoczek narciarski** – a ski-jumper

skoczyć ❶ jump [dʒʌmp], spring (sprang, sprung) [sprɪŋ, spræŋ, sprʌŋ], leap (leapt, leapt) [li:p, lept, lept]; **skoczyć na równe nogi** – to jump/to spring/to leap to one's feet; *On skoczył 2,5 metra.* – He jumped 2.5 metres. *Ceny skoczyły o 50%.* – Prices jumped by 50%. **skoczyć z okna** – to jump out of a window ❷ (*pobiec*) pop (pp) over [pɒp'əʊvə]; **skoczyć do sklepu** – to pop over to a shop

S

skojarzenie association [ə,səʊsɪ'eɪʃn]

skojarzyć *p.* **kojarzyć**

skok jump [dʒʌmp], leap [li:p], skip [skɪp], vault [vɔ:lt]; **skok w dal** – the long/*am.* the broad jump; **skok wzwyż** – the high jump; **skok narciarski** – a ski jump; **skok o tyczce** – pole-vault; **skok do wody** – a water jump; **skok ze spadochronem** – a parachute jump; **duże skoki temperatur** – wide fluctuations in temperature

skomplikowany complicated ['kɒmplɪkeɪtɪd], complex ['kɒmpleks]

skończony (*kompletny*) utter ['ʌtə], complete [kəm'pli:t], finished ['fɪnɪʃt]; **skończony głupiec** – an utter fool

skończyć ❶ (*ukończyć*) end [end], finish ['fɪnɪʃ]; **skończyć szkołę** – to finish/to leave school; **skończyć uniwersytet** – to graduate from university; **skończyć pisać list** – to finish writing a letter ❷ (*zaprzestać*) give up [gɪv'ʌp] (gave, given), stop (pp) [stɒp]; **skończyć z paleniem** – to give up/to stop smoking ❸ (*zerwać z czymś lub kimś*) be through with [bi:'θru:wɪθ]; *Ona skończyła ze swoim chłopakiem.* – She is through with her boyfriend.

◆ **źle skończyć** – to come to a bad end; **skończyć w kryminale** – to end up in prison

skończyć się ❶ (*dobiec końca*) end [end]; *Jak skończyła się ta sztuka?* – How did the play end? **skończyć się klęską** – to end (up) in failure ❷ (*wyczerpać się*) run out [rʌn'aʊt] (ran, run); *Skończył się nam cukier.* – We have run out of sugar. *Skończyły się pieniądze.* – Money has run out.

skorowidz ❶ (*spis alfabetyczny*) index, *l.mn.* indices ['ɪndeks, 'ɪndɪsi:z] ❷ (*notes z umieszczonymi z boku literami alfabetu*) thumb index ['θʌm'ɪndeks]

skorpion *zool.* scorpion ['skɔ:pjən], **Skorpion** (*znak zodiaku*) Scorpio ['skɔ:pɪəʊ]

skorupa crust [krʌst], shell [ʃel]; **skorupa ziemska** – the earth's crust; **skorupa orzecha** – nut shell

skorupka shell [ʃel]; **skorupka jajka** – egg shell

skorzystać *p.* **korzystać**

skostnieć ❶ (*zdrętwieć*) grow numb [grəʊ'nʌm], grow stiff [grəʊ'stɪf]; **skostnieć z zimna** – to grow numb with cold ❷ (*utrwalić się w postaci pierwotnej*) become fossilized [bɪ'kʌm-'fɒsɪlaɪzd]

skosztować taste [teɪst]

skośny slanting ['slɑ:ntɪŋ], diagonal [daɪ'ægənl]; **skośne oczy** – slanting eyes; **skośne pasy** – diagonal stripes

skowronek *zool.* lark [lɑ:k]

skóra ❶ (*człowieka, zwierzęcia*) skin [skɪn]; **sucha/tłusta skóra** – dry/oily skin; **wrażliwa/gładka skóra** – sensivite/smooth skin; **ocalić swoją skórę** – to save one's skin; **być jak skóra i kości** – to be all skin and bone; **mieć skórę hipopotama/mieć grubą skórę** – to have a skin like a rhinoceros/ /to have a thick skin; **zrzucać skórę** – to cast one's skin; **obedrzeć ze skóry** –

to skin; **zajść komuś za skórę** – to get under sb's skin; **ratować własną skórę** – to save one's skin ❷ (*wyprawiona skóra*) leather ['leðə], skin [skɪn]; **prawdziwa skóra** – genuine leather; **książka oprawna w skórę** – a leather-bound book ❸ (*zewnętrzna warstwa owocu*) skin [skɪn], rind [raɪnd]

skórka ❶ (*p.* **skóra**); **gęsia skórka** – gooseflesh ❷ (*zewnętrzna warstwa owocu*) (*banana*) skin [skɪn], (*cytryny, banana, ziemniaka, pomarańczy*) peel [pi:l], (*cytryny, melona*) rind [raɪnd]; **smażona skórka pomarańczy** – candied orange peel

skórny skin [skɪn]; **choroby skórne** – skin diseases

skórzany leather ['leðə]; **skórzana kurtka** – a leather jacket

skracać shorten ['ʃɔ:tn]; **skrócić swój pobyt** – to shorten one's stay; **skrócić spodnie** – to shorten/to turn up trousers

skracać się shorten ['ʃɔ:tn], get/become shorter; *Dnie/Dni zaczynają się skracać.* – Days are beginning to shorten/to get shorter.

skradać się creep (crept, crept) [kri:p, krept, krept], steal (stole, stolen) [sti:l, stəʊl, 'stəʊln]

skraj brink [brɪŋk], edge [edʒ], verge [vɜ:dʒ]; **skraj lasu** – the edge of a forest; **skraj przepaści** – the edge of the precipice

skrajny extreme [ɪk'stri:m]; **mieć skrajne poglądy** – to hold extreme views; **skrajna nędza** – extreme/dire poverty

skraplać się condense [kən'dens], be condensed [bi:kən'denst]

skreślać cross out [krɒs'aʊt], delete [dɪ'li:t], strike off [straɪk'ɒf] (struck, struck); **skreślić czyjeś nazwisko z listy** – to strike sb's name off a list; *Dwa słowa zostały skreślone.* – Two words have been crossed out.

skręcać ❶ (*kręcąc zwijać*) twist [twɪst]; **skręcić nogę w kostce** – to twist/to sprain one's ankle; **skręcić kark** – to break one's neck ❷ (*zmienić kierunek*) turn [tɜ:n]; *Droga skręca ostro w lewo.* – The road turns sharply to the left. ❸ (*połączyć za pomocą śrub*) screw [skru:]; **skręcić razem wszystkie elementy** – to screw all the parts together

skręcać się twist (about) [twɪst-], writhe [raɪð]; **skręcać się z bólu** – to twist about/to writhe with pain; **skręcać się ze śmiechu** – to be convulsed with laughter

skrępowanie restraint [rɪ'streɪnt], embarrassment [ɪm'bærəsmənt]

skrępowany embarrassed [ɪm'bærəst], ill-at-ease [ɪlət'i:z], uneasy [ʌn'i:zɪ]

skręt (*ruch powodujący zmianę kierunku*) turn [tɜ:n]

skrobać ❶ (*zrywać wierzchnią warstwę*) scrape [skreɪp]; **skrobać farbę z drzwi** – to scrape paint from the door ❷ (*drapać*) scratch [skrætʃ]; *Pies skrobie do drzwi.* – The dog is scratching at the door.

skrobia *biol., chem.* starch [stɑ:tʃ]

skromność modesty ['mɒdɪstɪ]

skromny modest ['mɒdɪst]; **skromny dochód** – a modest income; *Ona jest skromna i nigdy nie mówi o swoich osiągnięciach.* – She is modest and never speaks about her achievements. **skromny posiłek** – a modest/frugal meal; **skromna sukienka** – a simple dress

skroń temple ['templ]

skrót ❶ (*skrócona postać utworu, artykułu*) summary ['sʌmərɪ], digest ['daɪdʒest]; **skrót wiadomości** – the news headlines ❷ (*skracanie*) shortening ['ʃɔ:tnɪŋ], abridgement [ə'brɪdʒmənt]; **w skrócie** – in short ❸ (*krótsza droga*) short cut ['ʃɒtkʌt]; **iść na skróty** – to take short cuts ❹ (*skrócenie wyrazu*) abbreviation [əbri:vɪ'eɪʃn]

skrucha repentance [rɪ'pentəns]; **okazać skruchę** – to show (signs of) repentance

skrupulatność conscientiousness [kɒnʃɪ'enʃəsnɪs], meticulous care [mɪ'tɪkjʊləs'keə], punctiliousness [pʌŋ'tɪlɪəsnɪs]

S

skrupulatny scrupulous ['skru:pjʊləs], conscientious [kɒnʃɪ'enʃəs], meticulous [mɪ'tɪkjʊləs], punctilious [pʌŋ'tɪlɪəs]

skrupuł scruple ['skru:pl]; **nie mieć skrupułów** – to have no scruples

skruszony remorseful [rɪ'mɔ:sfʊl], repentant [rɪ'pentənt], apologetic [əpɒlə'dʒetɪk]

skrytka (*kryjówka*) hiding-place ['haɪdɪŋpleɪs], (*pocztowa*) post-office box (PO Box) ['pəʊstɒfis'bɒks (pi:'əʊbɒks)]

skrytość secretiveness ['si:krɪtɪvnɪs]; **w skrytości ducha** – at heart

skryty secretive ['si:krɪtɪv]

skrzeczeć screech [skri:tʃ], (*o żabie*) croak [krəʊk]

skrzele *zool.* gill [gɪl]

skrzydło ❶ (*ptaka, samolotu, przen.*) wing [wɪŋ]; **rozpostrzeć skrzydła** – to spread one's wings; **podciąć komuś skrzydła** – to clip sb's wings; **wziąć kogoś pod swoje skrzydła** – to take sb under one's wings ❷ (*część boczna budynku*) wing [wɪŋ]; **dobudować nowe skrzydło do szpitala** – to add a new wing to the hospital ❸ (*odłam ugrupowania, partii*) wing [wɪŋ]; **skrzydło radykalne** – the radical wing ❹ (*ruchoma część urządzenia mechanicznego*) (*wiatraka*) sail [seɪl], (*wentylatora*) blade [bleɪd]

S

skrzynia box [bɒks], case [keɪs], crate [kreɪt]

skrzynka box [bɒks], case [keɪs], crate [kreɪt]; **skrzynka na listy** (*w domu*) – letter-box/mailbox; **skrzynka pocztowa** – post-box/pillar-box; **skrzynka na kwiaty** – a window-box

skrzypce violin [vaɪə'lɪn], fiddle ['fɪdl]; **grać na skrzypcach** – to play the violin; *przen.* **grać pierwsze skrzypce** – to play the first fiddle

skrzypcowy violin [vaɪə'lɪn]; **koncert skrzypcowy** – a violin concerto

skrzypek violinist ['vaɪəlɪnɪst], fiddler ['fɪdlə]

skrzypieć creak [kri:k], squeak [skwi:k], crunch [krʌntʃ]; *Podłoga skrzypi, kiedy się po niej chodzi.* – The floor-boards creak when someone walks on them.

skrzyżowanie junction ['dʒʌnkʃn], intersection [ɪntə'sekʃn]; **skrzyżowanie dwupoziomowe** – flyover; **skrzyżowanie bezkolizyjne** – cloverleaf

skulić się curl up [kɜ:l'ʌp], bend (bent, bent) [bend, bent, bent]

skupiać concentrate ['kɒnsəntreɪt], collect [kə'lekt], focus ['fəʊkəs]; **skupiać uwagę na czymś** – to focus one's attention on sth; **skupiać myśli** – to concentrate one's thoughts; **skupiać promienie słoneczne** – to focus the sun rays

skupiać się ❶ (*gromadzić się*) assemble [ə'sembl], cluster ['klʌstə], gather ['gæðə]; *Dzieci skupiły się wokół nauczyciela.* – The children clustered round the teacher. ❷ (*koncentrować myśli*) concentrate ['kɒnsəntreɪt]; *Nie mogę się skupić.* – I can't concentrate.

skupienie concentration [kɒnsən'treɪʃn]

skupisko conglomeration [kənglɒmə'reɪʃn]

skurcz cramp [kræmp], spasm ['spæzəm]; **dostać skurczu** – to be seized with cramp; *Schwycił mnie skurcz w nogę, kiedy pływałem.* – I got cramp in my leg while swimming.

skuteczność efficiency [ɪ'fɪʃənsɪ], effectiveness [ɪ'fektɪvnɪs]

skuteczny effective [ɪ'fektɪv], effectual [ɪ'fektʃʊəl]; **skuteczne środki zmniejszenia bezrobocia** – effective measures to reduce unemployment

skutek effect [ɪ'fekt], result [rɪ'zʌlt]; *Lekarstwo wkrótce odniosło skutek.* – The medicine soon took effect. **z małym skutkiem** – with little effect; **bez skutku** – of no effect/with no effect; **na skutek** – as a result

skuter scooter ['sku:tə]

skwarno hot [hɒt], sweltering ['sweltərɪŋ]; *Jest dziś skwarno.* – It's sweltering today.

skwarny sweltering ['sweltərɪŋ], hot [hɒt]; **skwarny dzień** – a sweltering (hot) day

skwer square [skweə], (*rodzaj małego parku*) green [gri:n]

slalom slalom ['slɑ:ləm]; **slalom gigant** – giant slalom

slang slang [slæŋ]

sleeping sleeping-car [sli:pɪŋ'kɑ:], (*miejsce w slipingu*) sleeper ['sli:pə]

slogan slogan ['sləʊgən], catchword ['kætʃwɜ:d]

slumsy slums [slʌmz]

słabnąć weaken ['wi:kn], grow weaker [grəʊ'wi:kə], lose one's strength; *Ona słabła, w miarę jak choroba postępowała.* – She weakened as the disease progressed.

słabo weakly ['wi:klɪ]; *Jest mi słabo.* – I feel faint.

słabość weakness ['wi:knɪs]; **słabość charakteru** – weakness of character; **okazać słabość** – to show weakness; *Wszyscy mają swoje słabości.* – We all have our weaknesses. *Zgodziłem się w chwili słabości.* – In a weak moment I agreed./I agreed in a moment of weakness.

słaby weak [wi:k], poor [pɔ:]; *On jest zbyt słaby, żeby to podnieść.* – He is too weak to lift it. **być słabym z głodu** – to be weak with hunger; **słaby urodzaj na truskawki** – a poor crop of stawberries; *On jest słaby z matematyki.* – He is weak in/at mathematics. **słaby wzrok/słabe serce** – weak sight/heart; **słaba herbata** – weak tea; **słaby roztwór** – a weak solution; **słaby punkt** – a weak point; **słaba płeć** – the weaker sex

słać[1] (*wysyłać*) send (sent, sent) [send, sent, sent]; **słać po doktora** – to send for a doctor

słać[2] (*rozkładać pościel*) make a bed

sława ❶ (*rozgłos*) fame [feɪm], renown [rɪ'naʊn]; **zdobyć sławę** – to achieve/ /to win fame/renown; **pisarz o wielkiej sławie** – a writer of great renown ❷ (*reputacja*) repute [rɪ'pju:t], reputation [repjʊ'teɪʃn]; **mieć dobrą/złą sławę jako lekarz** – to have a good/a bad reputation as a doctor; **miejsce cieszące się złą sławą** – a place of ill/ /low repute ❸ (*sławna postać*) celebrity [sɪ'lebrətɪ]

sławny famous ['feɪməs]

słodki sweet [swi:t]; **słodkie wino** – sweet wine; **słodki smak/zapach** – sweet taste/smell; **słodki uśmiech** – a sweet smile; **słodka woda** – fresh water

słodko sweetly ['swi:tlɪ]; **uśmiechnąć się słodko** – to smile sweetly; *Kwiaty pachną słodko.* – The flowers smell sweet.

słodkowodny fresh-water ['freʃwɔ:tə]; **ryby słodkowodne** – fresh-water fish

słodowy malt [mɔ:lt]

słodycz ❶ (*cecha smaku, zapachu, przen.*) sweetness ['swi:tnɪs] ❷ (*słodycze*) sweets [swi:ts]; **lubić słodycze** – to have a sweet tooth

słodzić sweeten ['swi:tn]; *Nigdy nie słodzę herbaty.* – I never sweeten my tea.

słoik jar [dʒɑ:]

słoma straw [strɔ:]; **dach kryty słomą** – a thatched roof

słomiany straw [strɔ:]; **słomiany materac** – a straw matress; **słomiany dach** – a thatched roof; **słomiany wdowiec** – a grass widower

słomka straw [strɔ:]; **pić coca-colę przez słomkę** – to drink Coke through a straw

słomkowy straw [strɔ:], (*o kolorze*) straw-coloured [strɔ:'kʌləd]; **słomkowy kapelusz** – a straw hat

słonecznik *bot.* sunflower ['sʌnflaʊə]

słoneczny ❶ (*pełen słońca*) sunny ['sʌnɪ]; **słoneczny dzień** – a sunny day; **słoneczny pokój** – a sunny room; **słoneczny uśmiech** – a sunny smile ❷ (*dot. słońca*) sun [sʌn], solar ['səʊlə]; **światło słoneczne** – sunlight; **promienie słoneczne** – sun-rays; **zegar słoneczny** – sundial; **udar słoneczny** – sunstroke; **oparzenie słoneczne** – sunburn; **układ słoneczny** – the solar system; **energia słoneczna** – solar energy; **rok słoneczny** – the solar year; **bateria słoneczna** – a solar cell

S

słonina pork fat [pɔ:k'fæt]

słoniowy elephant's ['elɪfənts]; **kość słoniowa** – ivory

słonowodny salt-water ['sɔ:ltwɔ:tə]

słony salt [sɔ:lt], salty ['sɔ:ltɪ], saline ['seɪlaɪn]; **słona woda** – salt water; *Zupa jest zbyt słona.* – The soup is too salty. **słone jezioro** – saline lake; **słone źródło** – saline spring

słoń *zool.* elephant ['elɪfənt]; **słoń w składzie porcelany** – a bull in a china shop

słońce sun [sʌn]; *Słońce świeciło.* – The sun was shining. **siedzieć na słońcu** – to sit in the sun; **promień słońca** – a sun beam; **o wschodzie/zachodzie słońca** – at sunrise/sunset

Słowianin Slav [slɑ:v]

słowiański Slavonic [slə'vɒnɪk]; **języki słowiańskie** – Slavonic languages

słowik *zool.* nightingale ['naɪtɪŋgeɪl]

słownictwo vocabulary [və'kæbjʊlərɪ]

słownik dictionary ['dɪkʃənrɪ]

słowny ❶ (*dotrzymujący słowa*) reliable [rɪ'laɪəbl], dependable [dɪ'pendəbl] ❷ (*wyrażony słowem, ustny*) verbal ['vɜ:bl]

S

słowo ❶ (*wyraz*) word [wɜ:d]; *Co znaczy to słowo?* – What does this word mean? *Nie powiedział ani słowa.* – He didn't say a word. **powtarzać coś słowo w słowo** – to repeat sth word for word; *Wyszedł bez słowa.* – He left without a word. *Ani słowa do niej o tym wszystkim.* – Not a word to her about it. **mieć ostatnie słowo** – to have the last word; **jednym słowem** – in a word; **innymi słowy** – in other words; **nie przebierać w słowach** – not to mince words ❷ (*mowa, język*) word [wɜ:d], speech [spi:tʃ]; **słowo mówione** – the spoken word; **siła słowa drukowanego** – the power of the printed word; **słowo wstępne** – the foreword; **wolność słowa** – the freedom of speech ❸ (*obietnica, zobowiązanie*) word [wɜ:d]; **słowo honoru** – one's word of honour; **dać słowo** – to give one's word; *Wierzę ci na słowo.* – I take your word for it. *Biorę cię za słowo.* – I'll take you up on that. **nie dotrzymać słowa** – to go back on one's word; **złamać słowo** – to break one's word; **dotrzymać słowa** – to keep one's word/to be as good as one's word

słód malt [mɔ:lt]

słój ❶ (*naczynie*) jar [dʒɑ:], pot [pɒt] ❷ (*warstwa w drewnie*) grain [greɪn], (*w kamieniu*) vein [veɪn]

słówko word [wɜ:d]; *Czy mogę cię prosić na słówko?* – May I have a word with you? **szepnąć za kimś słówko** – to put in/to say a good word for sb

słuch ❶ (*zmysł*) hearing ['hɪərɪŋ]; **mieć słaby słuch** – to be hard on hearing; **zamienić się w słuch** – to be all ears; *Od tej pory słuch o nim zaginął.* – He hasn't been heard of since. ❷ (*słuch muzyczny*) an ear for music; **mieć słuch** – to have an ear for music; **być pozbawionym słuchu** – to be tone-deaf

słuchacz ❶ (*ten, co słucha*) listener ['lɪsnə] ❷ (*osoba uczęszczająca na kurs*) student ['stju:dnt]

słuchać ❶ (*uważać*) listen ['lɪsn]; **słuchać radia** – to listen to the radio; **słuchać muzyki** – to listen to music; *Nie słuchałeś tego, co mówiłam.* – You didn't listen to what I was saying. ❷ (*być posłusznym*) obey [ə'beɪ], listen ['lɪsn]; **słuchać rady** – to listen to advice; **słuchać głosu rozsądku** – to listen to reason; **słuchać rodziców** – to obey one's parents; **słuchać rozkazów** – to obey orders

słuchawka (*telefoniczna*) receiver [rɪ'si:və], (*do radia itp. – słuchawki*) headphones ['hedfəʊnz], earphones ['ɪəfəʊnz], (*lekarska*) stethoscope ['steθəskəʊp]; **odłożyć słuchawkę** – to put down the receiver/to hang up

słuchowisko radio-play ['reɪdɪəʊpleɪ]

słuchowy hearing ['hɪərɪŋ], auditory ['ɔ:dɪtərɪ]; **nerw słuchowy** – the auditory nerve; **aparat słuchowy** – a hearing-aid

sługa servant ['sɜ:vnt]

słup pillar ['pılə], post [pəʊst], column ['kɒləm]; **słup latarni** – lamp-post; **słup dymu** – a column of smoke

słupek post [pəʊst], stake [steık]

słusznie ❶ (*trafnie*) rightly ['raıtlı] ❷ (*w sposób uzasadniony, sprawiedliwie*) justly ['dʒʌstlı], fairly ['feəlı], deservedly [dı'zɜ:vıdlı], rightly ['raıtlı]; *Została słusznie nagrodzona.* – She was deservedly rewarded. *Możesz być słusznie dumny.* – You can be justly proud. ❸ (*racja, rzeczywiście*) true [tru:], quite so ['kwaıtsəʊ]

słuszność rightness ['raıtnıs], justness ['dʒʌstnıs]; **mieć słuszność** – to be right

słuszny ❶ (*zawierający rację, trafny*) right [raıt]; **słuszna decyzja** – a right decision ❷ (*uzasadniony*) fair [feə], just [dʒʌst], right [raıt], proper ['prɒpə], fitting ['fıtıŋ]; *Nigdy nie jest rzeczą słuszną zabijać.* – It's never right to kill. *Wydawało się po prostu słuszne ostrzec cię.* – It seemed only right to warn you. **słuszna skarga** – a just complaint; **słuszne żądania** – just demands; **słuszna nagroda** – a just reward; **słuszny wyrok** – a fair verdict

służalczość servility [sɜ:'vılətı]

służalczy servile ['sɜ:vaıl]

służąca servant ['sɜ:vnt], maid-servant ['meıdsɜ:vnt], domestic help [də'mestık help]

służący servant ['sɜ:vnt], manservant, *l.mn.* menservants ['mænsɜ:vnt, mensɜ:vnts]

służba ❶ (*praca*) service ['sɜ:vıs]; **dziesięć lat służby w policji** – ten years service in the police force; **być na służbie u kogoś** – to be in service with sb; **iść do kogoś na służbę** – to go into service with sb ❷ (*instytucja, działalność instytucji*) service ['sɜ:vıs]; **służba wojskowa** – military service; **służba dyplomatyczna** – the Diplomatic Service; **Służba Zdrowia** – the National Health Service; **służba państwowa** – the Civil Service ❸ (*obowiązki służbowe*) duty ['dju:tı]; **być na służbie** – to be on duty ❹ (*osoby zatrudnione w charakterze służących*) the servants [-'sɜ:vnts]

służbowy office ['ɒfıs], official [ə'fıʃl]; **wyjazd służbowy** – a business trip; **godziny służbowe** – office hours; **drogą służbową** – through official channels; **samochód służbowy** – company car; **mieszkanie służbowe** – company flat

służyć ❶ (*pracować u kogoś*) serve [sɜ:v]; **służyć w wojsku** – to serve in the army; **służyć do mszy** – to serve at Mass; **służyć dwóm panom** – to serve two masters ❷ (*być komuś użytecznym*) serve [sɜ:v], oblige [əb'laıdʒ]; *Czy mogę pani czymś służyć?* – Can I help you, madam? *Czym mogę pani służyć?* – What can I do for you? *Ten pokój może służyć jako sypialnia.* – This room can serve as a bedroom. **służyć komuś pożyczką** – to oblige sb with a loan ❸ (*wpływać dodatnio, wychodzić na zdrowie*) suit [sju:t/ /su:t], agree [ə'gri:]; *Ten klimat mi nie służy.* – The climate doesn't agree with me./The climate doesn't suit me. ❹ (*nie zawodzić, dopisywać*); *Zdrowie ciągle mu służy.* – He still enjoys good health. *Zdrowie mu nie służy.* – His health is failing. *Apetyt mu nie służy.* – He has a poor appetite.

słychać ❶ (*dać się słyszeć*) be heard [bi:'hɜ:d]; *Słychać było kroki w pokoju na górze.* – Someone's footsteps were heard in the room upstairs. *Słychać było muzykę.* – Music could be heard. ❷ (*w wyrażeniach idiomatycznych*); *Co słychać?* – What's the news?/How are things? *Co u niego słychać?* – How is he getting on? *Co słychać z naszym wyjazdem?* – How about our trip? *Wyjechał i nie słychać o nim.* – He left and wasn't heard of.

słynąć be famous [bi:'feıməs], be famed [bi:'feımd]; *On słynie z odwagi.* – He is famous/famed for his courage.

słynny famous ['feıməs]; **słynny pianista** – a famous pianist

słyszalny audible ['ɔ:dəbl]; *Jej głos był ledwie słyszalny w tym hałasie.* – Her

S

voice was scarcely audible in the noise.

słyszeć hear (heard, heard) [hɪə, hɜ:d, hɜ:d]; *Czy coś słyszysz?* – Can you hear anything? *Ona nie słyszy dobrze.* – She doesn't hear very well. *Czy kiedykolwiek słyszałeś tę piosenkę?* – Have you ever heard this song? *Słyszałam, że wyjechał z kraju.* – I heard that he had left the country. *Słyszałem, jak ona śpiewa.* – I heard her sing/ /singing. *Nie chciał słyszeć o mojej rezygnacji.* – He wouldn't hear of my resigning.

smaczny tasty ['teɪstɪ], savoury ['seɪvərɪ]

smagły swarthy ['swɔ:ðɪ]

smak ❶ (*zmysł*) taste [teɪst]; *Straciłem zmysł smaku.* – I've lost my sense of taste. *To jest słodkie w smaku.* – It's sweet to the taste./It tastes sweet. ❷ (*właściwość*) taste [teɪst], flavour ['fleɪvə]; **słodki/kwaśny smak** – a sweet/sour taste; **smak miodu** – the taste of honey; *Dodaj soli do smaku.* – Add some salt to taste. *Dodaj trochę przypraw, żeby poprawić smak.* – Add some spices to improve the flavour. **lody w sześciu smakach** – six flavours of ice-cream; **lody o smaku waniliowym** – vanilla (flavoured) ice-cream; **bez smaku** – tasteless ❸ (*chęć do jedzenia*) appetite ['æpɪtaɪt], relish ['relɪʃ]; **jeść coś ze smakiem** – to eat sth with appetite ❹ (*gust*) taste [teɪst]; **pokój urządzony ze smakiem** – a room furnished with taste; **w dobrym/złym smaku** – in good/bad taste

smakować ❶ (*kosztować*) taste [teɪst] ❷ (*delektować się*) relish ['relɪʃ] ❸ (*mieć smak*) taste [teɪst]; *Jak to smakuje?* – What does it taste like? *Jak ci to smakuje?* – How do you like it? *To smakuje dobrze.* – It tastes good. *Jedzenie nam smakowało.* – We enjoyed the food.

smakowity tasty ['teɪstɪ], savoury ['seɪvərɪ], appetizing ['æpɪtaɪzɪŋ]

smalec lard [lɑ:d]

smar grease [gri:s], lubricant ['lu:brɪkənt]

smarować ❶ (*powlekać smarem*) grease [gri:z], lubricate ['lu:brɪkeɪt], oil [ɔɪl], smear [smɪə] ❷ (*rozprowadzać*) spread (spread, spread) [spred, spred, spred]; **smarować chleb masłem** – to spread butter on bread/to spread bread with butter ❸ (*powlekać kremem*) smear [smɪə], apply [ə'plaɪ]; **smarować twarz kremem** – to smear cream on the face/to apply cream to the face

smażyć fry [fraɪ]

smoczek dummy ['dʌmɪ], *am.* comforter ['kʌmfətə], pacifier ['pæsɪfaɪə], (*do butelki*) teat [ti:t], nipple ['nɪpl]

smok dragon ['drægən]

smoking dinner-jacket ['dɪnədʒækɪt], *am.* tuxedo [tʌk'si:dəʊ]

smoła tar [tɑ:], pitch [pɪtʃ]; **czarny jak smoła** – pitch black

smród stink [stɪŋk], stench [stentʃ], fetor ['fi:tə]

smucić sadden ['sædn], grieve [gri:v], distress [dɪ'stres]

smucić się be/feel sad [bi:/fi:l 'sæd]

smuga streak [stri:k], strip [strɪp], stripe [straɪp], trail [treɪl]

smukły slender ['slendə], slim [slɪm]

smutek sadness ['sædnɪs], sorrow ['sɒrəʊ], grief [gri:f]; **odczuwać głęboki smutek z powodu straty kogoś bliskiego** – to feel deep sorrow at the death of a loved one; **odczuwać/wyrażać smutek** – to feel/to express sadness/sorrow

smutny sad [sæd], sorrowful ['sɒrəʊfʊl], melancholy ['melənkɒlɪ]

smycz lead [li:d], leash [li:ʃ]; **trzymać psa na smyczy** – to keep a dog on a lead; **spuścić psa ze smyczy** – to unleash a dog

smyczek bow [bəʊ]

smyczkowy string [strɪŋ]; **kwartet smyczkowy** – a string quartet; **instrumenty smyczkowe** – stringed instruments

snob snob [snɒb]

snobistyczny snobbish ['snɒbɪʃ]

snobizm snobbery ['snɒbərɪ], snobbishness ['snɒbɪʃnɪs]

S

snop (*pęk zboża*) sheaf, *l.mn.* sheaves [ʃi:f, ʃi:vz], (*wiązka, strumień*) shaft [ʃɑ:ft]; **snop światła** – a shaft of light
sobą *p.* **siebie**
sobie *p.* **siebie**
◆ **tak sobie** – so, so
sobota Saturday ['sætədɪ]
sobowtór double ['dʌbl]
socjalista socialist ['səʊʃəlɪst]
socjalistyczny socialist ['səʊʃəlɪst], socialistic [səʊʃə'lɪstɪk]; **partia socjalistyczna** – socialist Party; **socjalistyczne poglądy** – socialistic views
socjalizm socialism ['səʊʃəlɪzm]
socjalny social ['səʊʃl]; **problemy socjalne** – social problems; **pomoc socjalna** – social security/welfare
socjolog sociologist [səʊsɪ'ɒlədʒɪst]
socjologiczny sociological [səʊsjə'lɒdʒɪkl]
soczewka lens [lenz]
soczysty juicy ['dʒu:sɪ]
soda *chem.* soda ['səʊdə], washing soda [wɒʃɪŋ 'səʊdə], sodium carbonate ['səʊdjəm'kɑ:bənɪt]; **soda oczyszczona** – baking soda/sodium bicarbonate/ /bicarbonate of soda; **soda kaustyczna** – caustic soda/sodium hydroxide
sodowy[1] (*dot. wody sodowej*) soda ['səʊdə]; **woda sodowa** – soda water; **whisky z wodą sodową** – whisky and soda
sodowy[2] *chem.* (*dot. sodu*) sodium ['səʊdjəm]; **chlorek sodowy** – sodium chloride
sofa sofa ['səʊfə], settee [se'ti:]
soja *bot.* soya beans ['sɔɪəbi:nz], *am.* soy beans ['sɔɪbi:nz]
sojowy soya ['sɔɪə]; **olej sojowy** – soya oil; **sos sojowy** – soya sauce
sojusz alliance [ə'laɪəns]; **zawrzeć sojusz z** – to enter into an alliance with; **złamać sojusz** – to break off an alliance
sojuszniczy allied ['ælaɪd]
sojusznik ally ['ælaɪ]
sok juice [dʒu:s]; **sok pomarańczowy** – orange juice; **soki żołądkowe/trawienne** – gastric/digestive juices
solić salt [sɔ:lt], put salt
solidarność solidarity [sɒlɪ'dærətɪ]
solidarny loyal ['lɔɪəl]
solidny ❶ (*zasługujący na zaufanie*) solid ['sɒlɪd], reliable [rɪ'laɪəbl], dependable [dɪ'pendəbl] ❷ (*mocny, masywny*) solid ['sɒlɪd], sound [saʊnd]; **solidne fundamenty** – solid/sound foundations ❸ (*pokaźny, znaczny*) sound [saʊnd], substantial [səb'stænʃl]
solista soloist ['səʊləʊɪst]
solniczka salt-cellar ['sɔ:ltselə], *am.* salt-shaker ['sɔ:ltʃeɪkə]
solo solo ['səʊləʊ]; **solo skrzypcowe** – a violin solo; **śpiewać solo** – to sing a solo
sonata *muz.* sonata [sə'nɑ:tə]
sonda sounder ['saʊndə], probe [prəʊb]; **sonda kosmiczna** – a space probe
sondaż ❶ (*badanie opinii publicznej*) public opinion poll ❷ (*badanie za pomocą sondy*) sounding ['saʊndɪŋ]
sonet sonnet ['sɒnɪt]
song song [sɒŋ]
sopel icicle ['aɪsɪkl]
sopran *muz.* soprano [sə'prɑ:nəʊ]
sortować sort [sɔ:t]
sos sauce [sɔ:s], (*do sałatki*) dressing ['dresɪŋ], (*do mięsa*) gravy ['greɪvɪ], (*z mięsa*) juice ['dʒu:s]; **gotować mięso we własnym sosie** – to cook meat in its own juice
sosna *bot.* pine [paɪn], pine-tree ['paɪntri:], (*drewno*) pine-wood ['paɪnwʊd]
sowa *zool.* owl [aʊl]
sód *chem.* sodium ['səʊdjəm]
sól salt [sɔ:lt]; **sól kuchenna** – table-salt; **szczypta soli** – a grain/a pinch of salt; **kopalnia soli** – salt-mine; **sole mineralne** – mineral salts; **sole trzeźwiące** – smelling salts
spacer walk [wɔ:k], stroll [strəʊl]; **iść na spacer** – to go for a walk
spacerować stroll [strəʊl], saunter ['sɔ:ntə]
spać sleep (slept, slept) [sli:p, slept, slept]; **spać dobrze/źle** – to sleep well/badly; **spać głęboko** – to sleep

S

soundly/to be fast asleep; **spać jak kłoda** – to sleep like a log

spadać ❶ (*zlecieć z góry na dół*) fall (fell, fallen) [fɔ:l, fel, 'fɔ:ln], drop (pp) [drɒp]; *Wazon spadł ze stołu na podłogę.* – The vase fell off the table onto the floor. **spaść w przepaść** – to fall over a precipice; *Spadł śnieg.* – Snow has fallen. ❷ (*przytrafić, trafić*) fall (fell, fallen) [fɔ:l, fel, 'fɔ:ln], befall (befell, befallen) [bɪ'fɔ:l, bɪ'fel, bɪ'fɔ:ln]; *Wina spadnie na mnie.* – The blame will fall on me. *Spadło na niego wielkie nieszczęście.* – A great misfortune befell him. *Spadło to na nas jak grom z jasnego nieba.* – It was like a bolt from the blue. ❸ (*obniżyć się*) fall (fell, fallen) [fɔ:l, fel, 'fɔ:ln], drop (pp) [drɒp], decrease [di:'kri:s]; *Na giełdzie ceny spadły.* – Prices fell on the Stock Exchange. *W nocy temperatura bardzo spadła.* – The temperature fell/dropped sharply at night. *Liczba pracowników spadła.* – The number of workers has decreased. **spaść na wadze** – to lose/to take off weight

S

spadek ❶ (*zmniejszanie się wartości*) decrease [di:'kri:s], fall [fɔ:l], drop [drɒp]; **stopniowy spadek cen** – a gradual decrease in prices; **spadek temperatury** – a drop in temperature ❷ (*nachylenie*) slope [sləʊp], inclination [ɪnklɪ'neɪʃn], gradient ['greɪdjənt]; **stromy spadek** – a steep slope/gradient; **niewielki spadek** – a slight slope ❸ *prawn.* inheritance [ɪn'herɪtəns], legacy ['legəsɪ], bequest [bɪ'kwest]; **otrzymać w spadku** – to inherit; **otrzymać spadek** – to come into an inheritance; **dać w spadku** – to bequeath/to leave a bequest

spadkobierca heir [eə]; **spadkobierca dużego majątku** – an heir to a large fortune

spadkowy inheritance [ɪn'herɪtəns]; **podatek spadkowy** – inheritance tax/ /*am.* death duty

spadochron parachute ['pærəʃu:t]

spadochroniarz parachutist ['pærəʃu:tɪst]

spadochronowy parachute ['pærəʃu:t]; **skok spadochronowy** – a parachute jump

spadzisty (*stromy*) steep [sti:p], (*nachylony*) sloping ['sləʊpɪŋ]

spakować pack [pæk]; **spakować walizkę** – to pack one's suitcase

spalać *p.* **spalić**

spalanie combustion [kəm'bʌstʃən]

spalić ❶ (*zniszczyć ogniem*) burn (burnt, burnt/-ed) [bɜ:n, bɜ:nt, bɜ:nt/bɜ:nd]; **spalić za sobą mosty** – to burn one's bridges/one's boats; **spalić kogoś na stosie** – to burn sb at the stake ❷ (*przypiec, przypalić*) burn (burnt, burnt/-ed) [bɜ:n, bɜ:nt, bɜ:nt/bɜ:nd], scorch [skɔ:tʃ]; **spalić grzankę** – to burn/to scorch a toast; *Słońce spaliło trawnik.* – The sun scorched the lawn. ❸ (*zużyć jako paliwo*) consume [kən'sju:m], use up [ju:'zʌp]; *Samochód spala dużo paliwa.* – The car consumes/uses a lot of fuel.

spalić się ❶ (*zostać spalonym*) be burnt [bi:'bɜnt], burn (burnt, burnt/-ed) [bɜ:n, bɜ:nt, bɜ:nt/bɜ:nd]; *Dom spalił się do cna.* – The house was burnt to the ground. **spalić się żywcem** – to be burned alive ❷ (*przypalić się, opalić się*) get burnt [get'bɜ:nt]; *Ona spaliła się na słońcu.* – She got burnt in the sun.

spalinowy:
techn. **silnik spalinowy** – internal-combustion engine

spaliny fumes [fju:mz]

sparaliżować paralyse ['pærəlaɪz]

sparaliżowany paralysed ['pærəlaɪzd]; **być sparaliżowanym ze strachu** – to be paralysed with fear; *Miał sparaliżowane obie nogi.* – He was paralysed in both legs

sparzyć ❶ (*oparzyć, przypiec*) burn (burnt, burnt/-ed) [bɜ:n, bɜ:nt, bɜ:nt/ /bɜ:nd], scald [skɔld]; **sparzyć rękę wrzątkiem** – to scald one's hand with boiling water; **sparzyć palce** – to burn one's fingers ❷ (*zalać, opłukać wrzątkiem*) blanch [blɑ:ntʃ]; **sparzyć migdały** – to blanch almonds

sparzyć się get burnt [get'bɜ:nt], burn (oneself) [bɜ:n(wʌn'self)] (burnt, burnt/-ed); *Dziecko sparzyło się bawiąc się zapałkami.* – The child burnt itself while playing with matches.

spaść *p.* **spadać**

spawacz welder ['weldə]

spawać weld [weld]

spawanie welding ['weldɪŋ]

specjalista specialist ['speʃəlɪst], expert ['ekspət]

specjalistyczny specialist ['speʃəlɪst], specialized ['speʃəlaɪzd]; **wiedza specjalistyczna** – specialized knowledge

specjalizacja specialization [speʃəlaɪ'zeɪʃn]

specjalizować się specialize ['speʃəlaɪz]

specjalnie specially ['speʃlɪ], especially [ɪ'speʃlɪ], particularly [pə'tɪkjʊləlɪ]; *Specjalnie przyjechałam, żeby się z tobą zobaczyć.* – I came especially/specially to see you.

specjalność speciality [speʃɪ'ælətɪ], specialty ['speʃltɪ]

specjalny special ['speʃl], especial [ɪ'speʃl], particular [pə'tɪkjʊlə]

specjał titbit ['tɪtbɪt], delicacy ['delɪkəsɪ]

specyficzny specific [spɪ'sɪfɪk], peculiar [pɪ'kju:ljə]; **specyficzne poczucie humoru** – a peculiar sense of humour

spektakl performance [pə'fɔ:məns]

spełniać fulfil (ll) [fʊl'fɪl], perform [pə'fɜ:m], satisfy ['sætɪsfaɪ]; **spełniać obietnicę/marzenie** – to fulfil a promise/a dream; **spełniać czyjeś oczekiwania** – to fulfil/to satisfy sb's expectations; **spełniać warunki** – to fulfil/to meet the conditions; **spełniać obowiązki** – to perform/fulfil duties

spełniać się be fulfilled [bi:fʊl'fɪld], come true [kʌm'tru:]; *Moje marzenie spełniło się.* – My dream was fulfilled. *Przepowiednia się nie spełniła.* – The prophecy didn't come true.

speszyć disconcert [dɪskən'sɜ:t], put out of countenance [pʊt'aʊtəv'kaʊntənəns]

speszyć się lose countenance [lu:z'kaʊntənəns], be put out [bi: pʊt'aʊt]

speszony disconcerted [dɪskən'sɜ:tɪd], put out [pʊt'aʊt], self-conscious [self'kɒnʃəs]

spędzać ❶ (*wypędzać, przeganiać*) drive away [draɪvə'weɪ] (drove, driven); **spędzać komuś sen z powiek** – to keep sb awake at night ❷ (*przebywać*) spend (spent, spent) [spend, spent, spent], *Gdzie spędziłeś wakacje?* – Where did you spend your holiday? *Spędziliśmy cały wieczór oglądając telewizję.* – We spent the whole evening watching television.

spiąć *p.* **spinać**

spierać się (*toczyć spór*) argue ['ɑ:gju:], quarrel ['kwɒrəl]

spięcie:
elektr. **krótkie spięcie** – short-circuit

spiker announcer [ə'naʊnsə]

spinacz paper-clip ['peɪpəklɪp]

spinać fasten together [fɑ:sntə'geðə], clip (pp) together [klɪptə'geðə]

spinka (*do włosów*) hair-clip ['heəklɪp], (*do mankietów*) cuff-link ['kʌflɪŋk], (*do kołnierzyka*) stud [stʌd]

spirala spiral ['spaɪərəl], (*spirala antykoncepcyjna*) IUD [,aɪju:'di:] (intra-uterine device), coil [kɔɪl]

spiralny spiral ['spaɪərəl]

spirytus spirit ['spɪrɪt], alcohol ['ælkəhol]

spis ❶ (*wykaz*) list [lɪst], record ['rekəd], register ['redʒɪstə]; **figurować w spisie** – to be on the list; **spis potraw** – bill of fare/menu; **spis rzeczy/treści** – contents ❷ (*spisywanie*) registration [redʒɪ'streɪʃn]

spisać ❶ (*sporządzić wykaz*) make a list [meɪkə'lɪst] ❷ (*sporządzić tekst*) write (down) (wrote, written) [raɪt, rəʊt, 'rɪtn], draw up [drɔ:'ʌp] (drew, drawn); **spisać testament** – to make/to draw up a will; **spisać umowę** – to draw up/to write a contract

spisek plot [plɒt], conspiracy [kən'spɪrəsɪ]; **knuć spisek** – to plot/to conspire

spiskować plot (tt) [plɒt], conspire [kən'spaɪə]

spiskowiec conspirator [kən'spɪrətə], plotter ['plɒtə]

spisywać *p.* **spisać**

spiżarnia larder ['lɑ:də], cupboard ['kʌbəd]

spłacać repay (repaid, repaid) [ri:'peɪ, ri:'peɪd, ri:'peɪd], pay back [peɪ'bæk] (paid, paid); **spłacać pożyczkę/dług hipoteczny** – to repay a loan/mortgage

spłata repayment [ri:'peɪmənt]

spłonąć burn down [bɜ:n'daʊn] (burnt, burnt/-ed)

spłoszyć frighten away [fraɪtnə'weɪ], startle ['stɑ:tl]

spłowieć fade [feɪd]

spłowiały faded ['feɪdɪd]

spłukiwać rinse [rɪns], (*toaletę*) flush [flʌʃ]

S

spływać flow [fləʊ], stream [stri:m]; *Pot spływał mu po twarzy.* – Sweat streamed down his face./His face was streaming with sweat. *Łzy spływały po jej policzkach.* – Tears flowed down her cheeks. *Włosy spływały jej na ramiona.* – Her hair flowed down over her shoulders.

spocić się break out in a sweat

spocząć ❶ (*usiąść, odpocząć*) rest [rest], sit down [sɪt'daʊn] (sat, sat); *Proszę spocząć.* – Please, sit down./ /Please be seated./Please, take a seat. **spocząć na laurach** – to rest on one's laurels; *On nie spocznie, zanim nie pozna prawdy.* – He will never rest until he knows the truth. **stanąć na spocznij** – to stand at ease; *Niech spoczywa w pokoju.* – May he rest in peace. ❷ (*zostać gdzieś umieszczonym*) rest [rest], lie (lay, lain) [laɪ, leɪ, leɪn]; *Jego wzrok spoczął na jej twarzy.* – His eyes rested on her face. *Odpowiedzialność spoczywa na tobie.* – The responsibility lies with you.

spoczynek rest [rest]; **nie zaznać spoczynku** – to get no rest; **w stanie spoczynku** – at rest; **oficer w stanie spoczynku** – a retired officer; **udać się na spoczynek** – to retire/to turn in

spoczywać *p.* **spocząć**

spod/spode from under [frəm'ʌndə]

spodek saucer ['sɔ:sə]

spodenki drawers [drɔ:z]; **spodenki kąpielowe** – swimming-trunks

spodnie trousers ['traʊzəz], *am.* pants [pænts]

spodziewać się expect [ɪk'spekt]; *Spodziewam się, że on przyjdzie jutro.* – I expect him to arrive tomorrow. *Ona spodziewa się dziecka.* – She is expecting a baby.

spoglądać *p.* **spojrzeć**

spojówka *anat.* conjuctiva [kɒndʒʌŋ'taɪvə]; **zapalenie spojówek** – conjuctivitis [kəndʒʌktɪ'vaɪtɪs]

spojrzeć look [lʊk], gaze [geɪz], glance [glɑ:ns]; *Spojrzał na nią.* – He looked at ther. **spojrzeć komuś w oczy** – to look sb in the eyes. *Spojrzał na nią przelotnie.* – He cast a brief glance at her.

spojrzenie look [lʊk], glance [glɑ:ns], gaze [geɪz]; **przelotne spojrzenie** – a brief/a fleeting glance; **ukradkowe spojrzenie** – a furtive glance; **krytyczne spojrzenie** – a critical look

spokojny quiet ['kwaɪət], calm [kɑ:m]; **spokojne dzieci** – quiet children; **spokojne morze** – a quiet/a calm sea; **prowadzić spokojne życie** – to lead a quiet life; *Ona była bardzo spokojna.* – She was very calm. **spokojny odcień niebieskiego** – a quiet shade of blue

spokój quiet ['kwaɪət], calm [kɑ:m], calmness ['kɑ:mnɪs], peace [pi:s]; *Potrzebna mi cisza i spokój.* – I need peace and quiet. **zostawić kogoś w spokoju** – to leave sb in peace; **zachować spokój** – to keep calm; **zakłócić spokój** – to disturb/break the peace; *Proszę o spokój!* – Silence, please!

spokrewniony related (to) [rɪ'leɪtɪd-]; *Jesteśmy blisko/daleko spokrewnieni.*

– We are closely/distantly related. *On jest blisko ze mną spokrewniony.* – He is closely related to me.

społeczeństwo society [sə'saɪətɪ]

społeczność community [kə'mju:nətɪ]

społeczny ❶ (*odnoszący się do społeczeństwa*) social ['səʊʃl]; **problemy społeczne** – social problems; **reformy społeczne** – social reforms; **niepokoje społeczne** – social unrest; **awans społeczny** – social advancement; **nauki społeczne** – social science/studies ❷ (*będący własnością ogółu*) public ['pʌblɪk]; **własność społeczna** – public property ❸ (*zbiorowy, ogólny*) communal ['kɒmjʊnl]

spontaniczny spontaneous [spɒn'teɪnjəs], impulsive [ɪm'pʌlsɪv]

sporadyczny sporadic [spə'rædɪk], occasional [ə'keɪʒənl]

sporny controversial [kɒntrə'vɜ:ʃl], disputable [dɪ'spju:təbl], questionable ['kwestʃənəbl]

sporo quite a lot, a considerable number of

sport sport [spɔ:t]; **sport amatorski//profesjonalny** – amateur/professional sport; **sporty zimowe/wodne** – winter/aquatic sports; **uprawiać sport** – to play sport/to go in for sport

sportowiec sportsman, *l.mn.* sportsmen ['spɔ:tsmən]

sportowy sports [spɔ:ts]; **samochód sportowy** – a sports car; **boisko sportowe** – a sports field; **ubranie sportowe** – sportswear; **komentator sportowy** – a sportscaster

spory considerable [kən'sɪdərəbl], pretty big [prɪtɪ'bɪg], pretty large [prɪtɪ'lɑ:dʒ]

sporządzać make (up) (made, made) [meɪk-, meɪd, meɪd], prepare [prɪ'peə], draw up [drɔ:'ʌp] (drew, drawn); **sporządzić testament** – to draw up/to make a will; **sporządzić umowę** – to draw up/to make a contract

sposobność opportunity [ɒpə'tju:nətɪ], chance [tʃɑ:ns], occasion [ə'keɪʒn]; **przy pierwszej sposobności** – at the first opportunity; *Nie miałam sposobności pomówienia z nim.* – I haven't had an occasion/a chance/an opportunity to talk to him. **skorzystać ze sposobności i zrobić coś** – to take the opportunity to do sth/of doing sth; **jeżeli nadarzy się sposobność** – if the occasion arises; **stracić/zmarnować sposobność** – to miss the opportunity

sposób way [weɪ], manner ['mænə], style [staɪl]; *Pokazała mi, w jaki sposób to zrobić.* – She showed me the way to do it. *Nie podoba mi się sposób, w jaki on ją traktuje.* – I don't like the way he treats her. *Są różne sposoby przyrządzania ryby.* – There are different ways of cooking fish.

spostrzec ❶ (*zauważyć*) notice ['nəʊtɪs], see (saw, seen) [si:, sɔ:, si:n]; *Spostrzegłem go w tłumie.* – I saw/noticed him in the crowd. ❷ (*uświadomić sobie*) discover [dɪs'kɒvə], see (saw, seen) [si:, sɔ:, si:n], perceive [pə'si:v], realize ['rɪəlaɪz]; *Spostrzegłam zmianę w jej zachowaniu.* – I perceived a change in her behaviour.

spostrzegawczość perceptibility [pəseptə'bɪlətɪ], perceptiveness [pə'septɪvnɪs]

spostrzegawczy observant [əb'zɜ:vnt], perceptive [pə'septɪv]

spostrzeżenie observation [ɒbzə'veɪʃn], remark [rɪ'mɑ:k]

spośród from among

spotkać ❶ (*natknąć się*) meet (met, met) [mi:t, met, met], come across [kʌmək'rɒs] (came, come), run into [rʌn'ɪntə] (ran, run); *Spotkałam go na ulicy.* – I met him in the street. *Spotkałem dzisiaj (przypadkowo) starego kolegę ze szkoły.* – I came across an old school friend today. *Spotkam cię na stacji (Wyjdę po ciebie na stację).* – I'll meet you at the station. ❷ (*zdarzyć się*) happen ['hæpn], befall (befell, befallen) [bɪ'fɔ:l, bɪ'fel, bɪ'fɔ:ln], be met with [bi:met'wɪð]; *Spotkało nas dużo życzliwości.* – We were met with much kindness. *Spotkało go wielkie nieszczęście.* – A great misfor-

S

tune befell him/happened to him./He suffered a great misfortune. ❸ (*znaleźć*) find (found, found) [faınd, faʊnd, faʊnd]; **minerał często spotykany w przyrodzie** – a mineral often found in nature

spotkać się meet (met, met) [mi:t, met, met]; *Rzadko się spotykamy.* – We seldom meet. *Prezydent spotkał się z sekretarzem stanu.* – The president met with the secretary of state. **spotkać się z trudnościami** – to meet with difficulties

spotkanie meeting ['mi:tıŋ], encounter [ın'kaʊntə], (*umówione*) appointment [ə'pɔıntmənt], (*randka*) date [deıt]; **przypadkowe spotkanie** – a chance encounter; **umówić się na spotkanie** – to make a date/an appointment

spowiadać się confess [kən'fes]

spowiednik confessor [kən'fesə]

spowiedź confession [kən'feʃn]; **iść do spowiedzi** – to go to confession

spowinowacony related by marriage

spoza (*zza jakiegoś przedmiotu*) from behind, (*z zewnątrz*) from outside, (*zza jakiejś strefy*) from beyond

spożycie consumption [kən'sʌmpʃn]; **niezdatny do spożycia** – unfit for human consumption

spożyć consume [kən'sju:m], (*jeść*) eat (ate, eaten) [i:t, eıt/et, 'i:tn], (*pić*) drink (drank, drunk) [drıŋk, dræŋk, drʌŋk]

spożywczy:
artykuły spożywcze – groceries; **sklep spożywczy** – the grocer's shop; **przemysł spożywczy** – food industry

spód (*dolna część*) bottom ['bɒtm]; **na spodzie/u spodu** – at the bottom; **pod spodem** – underneath

spódnica skirt [skɜ:t]; **wąska spódnica** – a straight skirt; **szeroka/marszczona spódnica** – a full/a gather skirt; **spódnica plisowana** – a pleat skirt; **szkocka spódnica** – a kilt

spółdzielczy co-operative [kəʊ'ɒpərətıv]

spółdzielnia co-operative [kəʊ'ɒpərətıv]; **spółdzielnia mieszkaniowa** – a housing co-operative

spółgłoska *gram.* consonant ['kɒnsənənt]

spółka partnership ['pɑ:tnəʃıp]; **wejść z kimś w spółkę** – to enter into partnership with sb; **robić coś do spółki** – to do sth jointly; **spółka akcyjna** – a joint-stock company; **spółka z ograniczoną odpowiedzialnością** – a limited liability company

spór argument ['ɑ:gjʊmənt], dispute [dı'spju:t], quarrel ['kwɒrəl]; **wdać się w spór** – to get into an argument; **rozstrzygnąć spór** – to settle an argument/a dispute

spóźniać się be late [bi:'leıt], come late [kʌm'leıt]; *On zawsze się spóźnia do szkoły.* – He is always late for school. **spóźnić się na pociąg** – to miss the train; *Pociąg spóźnił się o dwadzieścia minut.* – The train was twenty minutes late/delayed.

spóźnienie delay [dı'leı], late arrival [leıtə'raıvl]; *Przepraszam za spóźnienie.* – I'm sorry to be late.

spóźniony delayed [dı'leıd]

spragniony ❶ (*odczuwający pragnienie*) thirsty ['θɜ:stı] ❷ (*żądny*) craving ['kreıvıŋ], keen on [ki:n'ɒn]; spragniony wiedzy – thirsty for knowledge

sprawa ❶ (*fakt, wydarzenie, okoliczność*) matter ['mætə], affair [ə'feə], business ['bıznıs]; **sprawa życia i śmierci** – a matter of life and death; **wziąć sprawy w swoje ręce** – to take matters into one's own hands; *To tylko sprawa czasu.* – It's only a matter of time. **sedno sprawy** – the heart of the matter; *Mamy do przedyskutowania kilka ważnych spraw.* – We have several important matters to discuss. *To nie twoja sprawa.* – It's none of your business. *Pilnuj swoich spraw.* – Mind your own business. **Ministerstwo Spraw Zagranicznych** – the Ministry of Foreign Affairs/(*w W. Bryt.*) the Foreign Office; **zdać sobie sprawę z czegoś** – to realize sth ❷ (*wielkie zadania, wzniosłe cele*) cause [kɔ:z]; **służyć szlachetnej sprawie** – to serve a noble cause; **walczyć w słusznej**

sprawie – to fight for a just cause ❸ *prawn.* case [keɪs], action ['ækʃn]; **wytoczyć komuś sprawę** – to bring an action against sb; **wygrać/przegrać sprawę** – to win/to lose a case; **sprawa cywilna/karna** – a civil/a criminal case; **sprawa rozwodowa** – a divorce action

sprawca culprit ['kʌlprɪt], perpetrator ['pɜ:pɪtreɪtə]

sprawdzać check [tʃek], examine [ɪg'zæmɪn], inspect [ɪn'spekt]; *Muszę sprawdzić, czy zgasiłam gaz.* – I must check (up) if I have switched off the gas. **sprawdzać prace klasowe** – to mark the tests

sprawdzać się come true [kʌm'tru:]; *Przepowiednia sprawdziła się.* – The prophecy has come true.

sprawdzian test [test]

sprawiać ❶ (*być przyczyną, wywoływać*) give (gave, given) [gɪv, geɪv, 'gɪvn], cause [kɔ:z], bring about [brɪŋə'baʊt] (brought, brought); **sprawiać zawód** – to cause disappointment/to disappoint; **sprawiać kłopot** – to give trouble; **sprawiać przyjemność** – to give pleasure; **sprawiać ulgę** – to give/ /to bring relief; **sprawiać wrażenie** – to give the impression; **sprawiać ból** – to cause pain ❷ (*powodować, czynić coś*) make (made, made) [meɪk, meɪd, meɪd]; *To lekarstwo sprawi, że poczujesz się lepiej.* – The medicine will make you feel better.

sprawiedliwość justice ['dʒʌstɪs]; **oddać sprawiedliwość** – to do justice

sprawiedliwy just [dʒʌst], fair [feə]; **sprawiedliwa decyzja** – a just decision; **sprawiedliwy wyrok** – a just sentence/verdict; **spać snem sprawiedliwego** – to sleep the sleep of the just; *Nauczyciel powinien być sprawiedliwy wobec wszystkich uczniów.* – A teacher ought to be fair to everybody.

sprawność ❶ (*umiejętność*) skill [skɪl], dexterity [dek'sterətɪ], proficiency [prə'fɪʃnsɪ] ❷ (*sprawne działanie, funkcjonowanie*) efficiency [ɪ'fɪʃnsɪ] ❸ (*sprawność fizyczna*) fitness ['fɪtnɪs]

sprawny ❶ (*dobrze wyćwiczony fizycznie*) fit [fɪt] ❷ (*mający wprawę, zręczny*) skilful ['skɪlfʊl], adroit [ə'drɔɪt] ❸ (*dobrze działający*) efficient [ɪ'fɪʃnt], (*o mechanizmie*) in working order [ɪn'wɜ:kɪŋ'ɔ:də]; **sprawna administracja** – efficient administration

sprawować:
sprawować władzę – to be in authority/to exercise power/to be in power; **sprawować nadzór** – to maintain surveillance; **sprawować urząd** – to hold office; **sprawować funkcję** – to perform a function

sprawować się behave [bɪ'heɪv]

sprawowanie behaviour [bɪ'heɪvjə]; **wzorowe sprawowanie** – model behaviour

sprawozdanie report [rɪ'pɔ:t]

sprawozdawca reporter [rɪ'pɔ:tə], commentator ['kɒmənteɪtə]; **sprawozdawca sportowy** – a sportscaster

sprężyna spring [sprɪŋ]

sprężystość springiness ['sprɪŋɪnɪs]

sprężysty springy ['sprɪŋɪ]

sprostać ❶ (*dorównać komuś*) match [mætʃ], equal (ll) ['i:kwəl]; *Nikt mu nie sprosta w tenisie.* – No-one can match/equal him in tennis. ❷ (*dać sobie radę*) be equal to [bi:'i:kwəltə], be up to [bi:'ʌptə], come up to [kʌm'ʌptə]; **sprostać zadaniu** – to be equal to the task; **sprostać czyimś oczekiwaniom** – to come up to sb's expectations

sprostować correct [kə'rekt], put right [pʊt'raɪt]

sprostowanie correction [kə'rekʃn], (*dementi*) denial [dɪ'naɪəl]

sprowadzać ❶ (*spowodować przybycie*) bring in [brɪŋ'ɪn] (brought, brought) , fetch [fetʃ], (*towar z zagranicy*) import [ɪm'pɔ:t]; **sprowadzić doktora** – to fetch a doctor; **sprowadzić ekspertów** – to bring in experts ❷ (*wywoływać, pociągać za sobą*) bring about [brɪŋə'baʊt] (brought, brought), cause [kɔ:z]; **sprowadzać nieszczęście** – to cause a disaster

❸ (*skierować na inną drogę*) switch [swɪtʃ]; **sprowadzić rozmowę na inny temat** – to switch conversation to a different topic; **sprowadzić na złą drogę/manowce** – to lead astray ❹ (*wprowadzić się*) move in [mu:v'ɪn]; *Nowi sąsiedzi sprowadzili się w zeszłym tygodniu.* – New neighbours moved in last week. ❺ (*prowadzić w dół*) lead down [li:d'daʊn] (led, led), take down [teɪk'daʊn] (took, taken)

spróchniały rotten ['rɒtn]

spryskiwać sprinkle ['sprɪŋkl], spray [spreɪ]; **spryskiwać wodą** – to sprinkle with water; **spryskiwać rośliny środkiem ochronnym** – to spray plants with pesticide

spryt cleverness ['klevənɪs], smartness ['smɑ:tnɪs], shrewdness ['ʃru:dnɪs], cunning ['kʌnɪŋ]

sprytny clever ['klevə], smart [smɑ:t], cunning ['kʌnɪŋ]

sprzączka buckle ['bʌkl], clasp [klɑ:sp]

sprzątaczka cleaning woman [kli:nɪŋ-'wʊmən], charwoman, *l.mn.* charwomen ['tʃɑ:wʊmən, 'tʃɑ:wɪmɪn]

S

sprzątać ❶ (*doprowadzać do porządku*) clean (out/up) [kli:n-], tidy (up) ['taɪdɪ-]; **sprzątać pokój po przyjęciu** – to clean up a room after a party ❷ (*usuwać, kłaść na właściwe miejsce*) put away [pʊtə'weɪ] (put, put), clear (away) [klɪərə'weɪ]; *Sprzątnij swoje zabawki.* – Tidy away your toys./Put your toys away. **sprzątać ze stołu** – to clear the table/to clear the dishes away

sprzątanie cleaning ['kli:nɪŋ]; **wiosenne sprzątanie** – spring cleaning

sprzeciw protest ['prəʊtest], opposition [ɒpə'zɪʃn], objection [əb'dʒekʃn]; **spotkać się z gwałtownym sprzeciwem** – to meet with/to run up against violent opposition; *Zapłacił mandat bez słowa sprzeciwu.* – He paid the fine without a murmur.

sprzeciwiać się oppose [ə'pəʊz], object [əb'dʒekt]; **sprzeciwiać się wprowadzeniu nowych podatków** – to object to new taxes; **sprzeciwiać się wybudowaniu nowego lotniska** – to oppose the building of a new airport

sprzeczać się quarrel ['kwɒrəl], argue ['ɑ:gju:]

sprzeczka quarrel ['kwɒrəl], argument ['ɑ:gju:mənt]

sprzeczność discrepancy [dɪ'skrepənsɪ], contradiction [kɒntrə'dɪkʃn]

sprzeczny contradictory [kɒntrə'dɪktərɪ]

sprzed from before, from in front of

sprzedać sell (sold, sold) [sel, səʊld, səʊld]; **sprzedać dom za 50 tysięcy funtów** – to sell a house for fifty thousand pounds; **sprzedać coś za wysoką cenę** – to sell sth at a high price; **sprzedać coś ze stratą** – to sell sth at a loss; **sprzedać drogo swoje życie** – to sell one's life dearly; **sprzedać duszę diabłu** – to sell one's soul to the devil

sprzedający seller ['selə]

sprzedawać *p.* **sprzedać**

sprzedawca shop assistant [ʃɒpə'sɪstənt], salesclerk ['seɪlzklɑ:k], salesman, *l.mn.* salesmen ['seɪlzmən]

sprzedawczyni shop assistant [ʃɒpə'sɪstənt], shop girl ['ʃɒpgɜ:l], saleswoman, *l.mn.* saleswomen ['seɪlzwʊmən, 'seɪlzwɪmɪn]

sprzedaż sale [seɪl]; **wystawić na sprzedaż** – to put up for sale; *Nowy model samochodu jest w sprzedaży.* – The new model of the car is on sale. *Ten dom nie jest na sprzedaż.* – The house is not for sale. **dział sprzedaży** – the sales department

sprzęgło clutch [klʌtʃ]

sprzęt ❶ (*urządzenie, narzędzie*) implement ['ɪmplɪmənt], utensil [ju:'tensɪl], appliance [ə'plaɪəns], equipment [ɪ'kwɪpmənt]; **sprzęt gospodarstwa domowego** – household untensils; **sprzęt kuchenny** – kitchen implements; **sprzęt zmechanizowany gospodarstwa domowego** – household appliances; **sprzęt narciarski** – skiing equipment; **sprzęt ogrodniczy** – gardening implements ❷ (*mebel*) piece of furniture [pi:səv'fɜ:nɪtʃə], (*sprzęty*) furniture ['fɜ:nɪtʃə]

sprzyjać favour ['feɪvə], be favourable [bi:'feɪvərəbl]; *Szczęście mu sprzyjało.* – His luck was with him. **sprzyjające wiatry** – favourable winds; **sprzyjające warunki** – favourable conditions

sprzymierzyć się ally (oneself) [ə'laɪ-]

sprzymierzeniec ally ['ælaɪ]

spustoszenie devastation [devə'steɪʃn], ruin [rʊɪn]

spustoszyć ravage ['rævɪdʒ], devastate ['devəsteɪt], ruin [rʊɪn]

spuszczać ❶ (*pochylić, skierować w dół*) droop [dru:p], cast down [kɑ:st'daʊn] (cast, cast), bend down [bend'daʊn] (bent, bent); **spuścić głowę** – to bend down one's head; **spuścić wzrok** – to cast down one's eyes/to lower one's eyes ❷ (*opuścić w dół*) lower ['ləʊə]; **spuścić flagę** – to lower the flag ❸ (*upuścić, pozwolić, żeby coś spadło*) let fall [let'fɔ:l], drop (pp) [drɒp], throw down [θrəʊ'daʊn] (threw, thrown) ❹ (*wypuścić płyn, powietrze*) let out [let'aʊt] (let, let); **spuścić wodę w toalecie** – flush the toilet; **spuścić komuś powietrze z opon** – to let the air out of sb's tires

srebrny silver ['sɪlvə]; **srebrne łyżeczki** – silver spoons; **srebrny jubileusz** – a silver jubilee; **srebrne wesele** – a silver wedding

srebro silver ['sɪlvə]

srogi stern [stɜ:n], severe ['sɪvɪə]

ssać suck [sʌk]

ssak *zool.* mammal ['mæml]

ssanie suction ['sʌkʃn]

stabilizacja stabilization [ˌsteɪbɪlaɪ'zeɪʃn]

stabilizować stabilize ['steɪbɪlaɪz]

stabilność stability [stə'bɪlətɪ]

stabilny stable ['steɪbl]

stacja ❶ (*kolejowa*) railway station ['reɪlweɪ'steɪʃn], station ['steɪʃn] ❷ (*ośrodek, placówka*) station ['steɪʃn]; **stacja telewizyjna** – a TV station; **stacja doświadczalna** – a research station; **stacja benzynowa** – a petrol station/ /filling station/service station/*am.* gas station

staczać *p.* **stoczyć**

stać stand (stood, stood) [stænd, stʊd, stʊd]; **stać nieruchomo** – to stand still; **stać na palcach** – to stand on tiptoe; **stać na baczność** – to stand at attention; **stać na spocznij** – to stand at ease; **stać na czele** – to be at the head; **stać na warcie** – to keep guard

◆ *Nie stać mnie na to.* – I can't afford it.

stać się ❶ (*wydarzyć się*) happen ['hæpn]; *Co się stało?* – What's the matter? *Co stało się potem?* – What happened next? *Gdyby mu się coś stało...* – If anything should happen to him... *Co mu się stało?* – What happened to him? ❷ (*zostać, zrobić się*) become (became, become) [bɪ'kʌm, bɪ'keɪm, bɪ'kʌm]; *Stał się sławny.* – He became famous. *Co się z nim stało?* – What became of him?

stadion stadium ['steɪdjəm]

stadium stage [steɪdʒ], phase [feɪz]; **w tym stadium rozwoju** – in this stage of development; **krytyczne stadium choroby** – a critical phase of an illness; **początkowe/pośrednie/końcowe stadium** – a beginning/an intermediate/a final stage

stado (*krów, bydła*) herd [hɜ:d], (*owiec*) flock [flɒk], (*ptaków*) flock [flɒk], (*wilków*) pack [pæk]

stajnia stable ['steɪbl]

stal steel [sti:l]; **stal nierdzewna** – stainless steel

stale constantly ['kɒnstəntlɪ], always ['ɔ:lweɪz]; *On stale się spóźnia.* – He always comes late./He keeps coming late. *On mi stale przeszkadza.* – He is constantly disturbing me.

stalownia steel mill ['sti:lmɪl]

stalowy steel [sti:l], steely ['sti:lɪ]

stała (*niezmienna wartość*) constant ['kɒnstənt]

stałość stability [stə'bɪlətɪ], constancy ['kɒnstənsɪ], permanence ['pɜ:mənəns], permanency ['pɜ:mənənsɪ]

stały ❶ *fiz.* solid ['sɒlɪd]; **stan stały** – a solid state; **ciało stałe** – a solid ❷ (*nieruchomy, nieprzenośny*) fixed ['fɪkst], permanent ['pɜ:mənənt], stationary ['steɪʃnərɪ], stable ['steɪbl]; **stała gwiazda** – a fixed star; **stali mieszkańcy** – permanent inhabitants; **stałe zęby** – permanent teeth ❸ (*niezmienny*) constant ['kɒnstənt], fixed ['fɪkst]; **stała prędkość/temperatura** – constant speed/temperature; **stałe ciśnienie** – constant pressure; **stałe ceny** – fixed prices; **stała pogoda** – settled weather ❹ (*trwający bez przerwy, ciągły*) permanent ['pɜ:mənənt]; **stały adres** – a permanent address; **stałe zatrudnienie** – permanent employment

stamtąd from there

stan ❶ (*sytuacja*) state [steɪt], condition [kən'dɪʃn]; **stan stały/ciekły/gazowy** – a solid/a liquid/a gaseous state. *Samochód jest w dobrym stanie.* – The car is in good state of repair. **stan cywilny** – marital status; **zły stan zdrowia** – a poor state of health; **w stanie nietrzeźwym** – under the influence of alcohol; **stan wojenny** – martial law; **stan wyjątkowy** – a state of emergency ❷ (*możność*) position [pə'zɪʃn]; *Nie jestem w stanie ci pomóc.* – I'm not in a position to help you./I'm unable to help you. *Nie był w stanie się skupić.* – He was unable to concentrate. ❸ (*część państwa*) state [steɪt]; **Stany Zjednoczone Ameryki** – the United States of America ❹ (*warstwa społeczna*) order ['ɔ:də], class [klɑ:s]; **żyć ponad stan** – to live beyond one's means ❺ (*państwo*) state [steɪt]; **sekretarz stanu** – secretary of state; **mąż stanu** – a statesman; **racja stanu** – raison d'etat; **zamach stanu** – coup d'etat; **zdrada stanu** – high treason

stanąć *p.* **stawać**

standard standard ['stændəd], norm [nɔ:m]; **standard życiowy** – living standards

stanik ❶ (*część sukni*) bodice ['bɒdɪs] ❷ (*biustonosz*) brassiere ['bræsɪə], bra [brɑ:]

stanowczo definitely ['defɪnɪtlɪ], firmly ['fɜ:mlɪ], with determination [wɪðdɪtəmɪ'neɪʃn]

stanowczość firmness ['fɜ:mnɪs]

stanowczy firm [fɜ:m], unyielding [ʌn'ji:ldɪŋ], definite ['defɪnɪt]; *Musisz być stanowczy wobec dzieci.* – You must be firm with the children. **stanowcza odmowa** – a flat refusal

stanowić ❶ (*tworzyć coś, być czymś*) make (made, made) [meɪk, meɪd, meɪd], constitute ['kɒnstɪtju:t], form [fɔ:m]; **stanowić całość** – to make a whole; **stanowić większość** – to constitute a majority; *To nie stanowi precedensu.* – This does not constitute a precedent. *Oni będą stanowili dobraną parę.* – They will make a well-matched couple. ❷ (*ustanawiać*) establish [ɪ'stæblɪʃ], make (made, made) [meɪk, meɪd, meɪd]; **stanowić prawa** – to establish rules ❸ (*decydować, rozstrzygać*) decide [dɪ'saɪd], determine [dɪ'tɜ:mɪn]; **stanowić o czyimś losie** – to decide sb's fate

stanowisko ❶ (*miejsce*) post [pəʊst], stand [stænd], position [pə'zɪʃn]; **zająć stanowisko** – to take a position; **stanowisko obserwacyjne** – an observation post; *Strażnicy otrzymali rozkaz, by nie opuszczać stanowisk.* – The guards were ordered not to leave their posts. ❷ (*funkcja, urząd, posada*) post [pəʊst], position [pə'zɪʃn]; *Zaproponowano jej stanowisko w rządzie.* – She was offered a post in the government. *Został mianowany na stanowisko dyrektora.* – He was appointed to the post of managing director. ❸ (*punkt widzenia, pogląd*) standpoint ['stændpɔɪnt], point of view [pɔɪntəv'vju:], attitude ['ætɪtju:d]; *Jakie jest pana stanowisko w sprawie aborcji?* – What's your attitude to abortion? **zająć stanowisko** – to adopt an attitude

starać się ❶ (*próbować*) try [traɪ]; *Staraj się o tym nie myśleć.* – Try not to think about it. *Starał się jak mógł.* – He was trying his best./He was doing his best. ❷ (*zabiegać o coś, dążyć*) try [traɪ], strive (strove, striven) [straɪv, strəʊv, 'strɪvn]; **starać się o sukces** – to strive for success; **starać się o pracę** – to try to get a job/to look for a job

staranie effort ['efət], endeavour [ɪn'devə]; **dokładać starań/czynić starania** – to make efforts; **nie szczędzić starań** – to spare no efforts/pains

staranność care [keə], accuracy ['ækjʊrəsɪ]

staranny careful ['keəfʊl], painstaking ['peɪnzteɪkɪŋ]

starczać be enough [bi:'ɪnʌf], be sufficient [bi:sə'fɪʃnt], suffice [sə'faɪs]; *Moja pensja nie starcza mi na życie.* – My salary is not enough to live on. *Czy sto funtów starczy ci na twoje wydatki?* – Will one hundred pounds be enough for your expenses? *Czy to starczy?* – Will that do?

starodawny ancient ['eɪnʃənt]

staromodny old-fashioned [əʊld'fæʃnd], antiquated ['æntɪkweɪtɪd]

starość ❶ (*okres życia*) old age [əʊld'eɪdʒ]; **osiągnąć starość** – to reach an old age ❷ (*stan*) age [eɪdʒ]; **budynek czarny ze starości** – a building black with age

staroświecki old-fashioned [əʊld'fæʃnd], ancient ['eɪnʃənt]

starożytność antiquity [æn'tɪkwətɪ]

starożytny ancient ['eɪnʃənt], antique [æn'ti:k]; **historia starożytna** – ancient history; **starożytna Grecja** – Ancient Greece

starszy older ['əʊldə], elder ['eldə]; **mój starszy brat** – my elder brother; *On jest starszy ode mnie o dwa lata.* – He is two years older than me.

start ❶ (*rozpoczęcie*) start [stɑ:t] ❷ (*miejsce, skąd się startuje*) starting point ['stɑ:tɪŋ pɔɪnt], starting line ['stɑ:tɪŋlaɪn]

startować start [stɑ:t], (*o samolocie*) take off [teɪk'ɒf] (took, taken)

stary ❶ (*mający wiele lat, istniejący od dawna*) old [əʊld]; **stary człowiek** – an old man; **stare zwyczaje** – old customs; **stare dobre czasy** – good old days; **stara panna** – an old maid/a spinster; **stary kawaler** – a bachelor; **Stary Testament** – the Old Testament ❷ (*doświadczony*) old [əʊld]; **stara gwardia** – old guard; **stary przyjaciel** – an old friend ❸ (*dawny, poprzedni, nieaktualny*) old [əʊld], former ['fɔ:mə]; **nasz stary dom** – our old house; **moja stara praca** – my old job; **moja stara szkoła** – my old school ❹ (*o chlebie – czerstwy*) stale [steɪl]

starzeć się grow old [grəʊ'əʊld], age [eɪdʒ]; *Ona się ostatnio bardzo postarzała.* – She has aged a lot recently.

statek ship [ʃɪp], boat [bəʊt]; **płynąć statkiem** – to go/to travel by boat; **wejść na pokład statku** – to go on board a ship/to board a ship; **zejść z pokładu statku** – to disembark from a ship; **opuścić statek** (*w niebezpieczeństwie*) – to abandon ship; **statek handlowy/pasażerski** – a merchant/a passenger ship; **statek kosmiczny** – a spaceship

statua statue ['stætʃu:]

statuetka statuette [stætʃʊ'et]

statyczny static ['stætɪk]

statyka statics ['stætɪks]

statystyczny statistical [stə'tɪstɪkl]

statystyka statistics [stə'tɪstɪks]

staw ❶ (*zbiornik wodny*) pond [pɒnd] ❷ *anat.* joint [dʒɔɪnt]

stawać ❶ *p.* **stać** ❷ (*wstawać, przyjmować pozycję pionową*) stand up [stænd'ʌp] (stood, stood); *Włosy stanęły mu dęba ze strachu.* – Fear made his hair stand on end. **stawać dęba** (*o koniu*) – to rear ❸ (*zatrzymać się*) stop (pp) [stɒp]; *Pociąg stawał na wszystkich stacjach.* – The train stopped at every station. *Mój zegarek stanął.* – My watch has stopped. *On stanął jak wryty.* – He stopped dead./ /He stopped in his tracks. ❹ (*przybyć, zjawić się*) appear [ə'pɪə]; **stanąć przed sądem** – to appear before the court ❺ (*zająć pozycję, przybrać formę*); **stanąć po czyjejś stronie** – to

S

side with sb; **stanąć w płomieniach** – to burst into flames/to go up in flames; **stanąć na wysokości zadania** – to rise to the occasion; *Łzy stanęły jej w oczach.* – Tears welled up in her eyes. **stanąć na baczność** – to come to attention

stawać się *p.* **stać się**

stawiać ❶ (*umieszczać*) stand (stood, stood) [stænd, stʊd, stʊd], put (put, put) [pʊt, pʊt, pʊt], place [pleɪs], set (set, set) [set, set, set]; *Nie stawiać kanistrów z benzyną blisko ognia.* – Don't stand cans of petrol near the fire. **stawiać kogoś w trudnej sytuacji** – to place/to put sb in a difficult situation; **stawiać komuś horoskop** – to read sb's horoscope; **stawiać opór** – to offer resistance/to put up resistance/to resist ❷ (*nadawać pozycję pionową*) put up [pʊt'ʌp] (put, put), raise [reɪz]; **stawiać kołnierz** – to put up one's collar; *Pies stawia uszy.* – A dog pricks up its ears. ❸ (*budować, wznosić*) build (built, built) [bɪld, bɪlt, bɪlt], erect [ɪ'rekt], raise [reɪz], put up [pʊt'ʌp] (put, put); **stawiać pomnik** – to erect/to put up/to raise a memorial; **stawiać dom** – to build a house ❹ (*wysuwać, formułować*) put up [pʊt'ʌp] (put, put), make (made, made) [meɪk, meɪd, meɪd], set (set, set) [set, set, set]; **stawiać warunki** – to set/to lay down conditions; **stawiać żądania** – to make demands; **stawiać diagnozę** – to make a diagnosis; **stawiać zarzuty** – to make accusations; **jasno stawiać sprawę** – to make oneself clear/ /plain; **stawiać czyjąś kandydaturę** – to put up a candidate ❺ (*zapraszać i płacić za kogoś*) stand (stood, stood) [stænd, stʊd, stʊd]; **stawiać komuś drinka** – to stand sb a drink

stawić się present oneself [prɪ'zentwʌn'self], appear [ə'pɪə]; **stawić się przed sądem** – to appear in court/to present oneself in court

stawka ❶ (*kwota w grze hazardowej*) stake [steɪk]; **grać o wysokie stawki** – to play for high stakes ❷ (*ustalona jednostka, według której np. oblicza się zarobek*) rate [reɪt]

staż ❶ (*okres próbny pracy*) training ['treɪnɪŋ] ❷ (*okres pracy*) practice ['præktɪs]

stażysta (*lekarz odbywający staż*) intern ['ɪntɜ:n], (*praktykant*) trainee [treɪ'ni:]

stąd ❶ (*z tego miejsca*) from here [frəm'hɪə]; *To niedaleko stąd.* – It's not far from here./It's near here. ❷ (*z tego powodu*) therefore ['ðeəfɔ:], hence [hens]; **ni stąd ni zowąd** – suddenly/ /unexpectedly/all of a sudden ❸ (*z faktu, że*) from the fact that, hence [hens]

stąpać tread (trod, trodden) [tred, trɒd, 'trɒdn], step (pp) [step]; **stąpać lekko** – to tread lightly; **stąpać na palcach** – to walk on tiptoe

stempel stamp [stæmp], (*pocztowy*) post mark ['pəʊstmɑ:k]

stenografia shorthand ['ʃɔ:thænd]

stenografować take shorthand [teɪk'ʃɔ:thænd]

stenotypistka shorthand typist ['ʃɔ:thænd 'taɪpɪst]

ster rudder ['rʌdə], *przen.* helm [helm], (*koło sterowe*) wheel [wi:l]; **człowiek u steru** – a man at the wheel/at the helm; **wziąć ster** – to take the wheel

stereofonia stereo ['stɪərɪəʊ]

stereofoniczny stereophonic [stɪərɪə'fɒnɪk], stereo ['stɪərɪəʊ]

sternik helmsman, *l.mn.* helmsmen ['helmzmən], steersman, *l.mn.* steersmen ['stɪəzmən]

sterować steer [stɪə]; **sterować łodzią** – to steer a boat

sterta stack [stæk], pile [paɪl], heap [hi:p]

sterylizacja sterilization [sterəlaɪ'zeɪʃn]

sterylizować sterilize ['sterəlaɪz]; **sterylizować narzędzia chirurgiczne** – to sterilize surgical instruments

sterylny sterile ['steraɪl]

steward steward ['stjʊəd]

stewardesa stewardess [stjəʊ'des], air hostess [eə'həʊstɪs]

stłuc ❶ (*rozbić*) break (broke, broken) [breɪk, brəʊk, 'brəʊkn], shatter ['ʃætə], smash [smæʃ] ❷ (*uderzyć, uszkodzić*) hurt (hurt, hurt) [hɜ:t, hɜ:t, hɜ:t], bruise [bru:z], injure ['ɪndʒə]

stłuczenie bruise [bru:z], contusion [kən'tju:ʒn]

sto a hundred [ə'hʌndrɪd], one hundred [wʌn'hʌndrɪd]; **dożyć stu lat** – to live to be a hundred; *On kończy dzisiaj sto lat.* – He is a hundred today. *Mówiłam to sto razy.* – I've said it a hundred times.

stocznia shipyard ['ʃɪpjɑ:d]

stoczyć się tumble down [tʌmbl'daʊn], roll down [rəʊl'daʊn]; **stoczyć się ze schodów** – to tumble down the steps

stodoła barn [bɑ:n]

stoisko stall [stɔ:l], stand [stænd]

stojak stand [stænd], rack [ræk], prop [prɒp], rest [rest]

stojący standing ['stændɪŋ], stagnant ['stægnənt]; **owacja na stojąco** – a standing ovation; **woda stojąca** – stagnant water; **lampa stojąca** – a standard lamp/*am.* a floor lamp

stok slope [sləʊp]; **stok narciarski** – a ski slope

stokrotka *bot.* daisy ['deɪzɪ]

stokrotnie a hundred times [ə'hʌndrɪd 'taɪmz]

stolarstwo carpentry ['kɑ:pəntrɪ]

stolarz carpenter ['kɑ:pəntə], joiner ['dʒɔɪnə]

stolica capital ['kæpɪtl]; *Warszawa jest stolicą Polski.* – Warsaw is the capital of Poland.

stolik small table [smɔ:l'teɪbl], coffee table ['kɒfɪteɪbl]

stołeczny capital ['kæpɪtl], metropolitan [metrə'pɒlɪtən]; *Warszawa jest miastem stołecznym.* – Warsaw is a capital city.

stołek stool [stu:l]

stołowy ❶ (*dot. stołu*) table ['teɪbl]; **tenis stołowy** – table tennis ❷ (*dot. stołu jadalnego*) table ['teɪbl]; **łyżka stołowa** – a tablespoon; **zastawa stołowa** – tableware; **pokój stołowy** – a dining room ❸ (*do celów spożywczych*) table ['teɪbl]; **wino stołowe** – table wine

stołówka canteen [kən'ti:n]

stomatolog dentist ['dentɪst]

stomatologia dentistry ['dentɪstrɪ]

stop¹ (*substancja otrzymana przez stopienie metali*) alloy ['ælɔɪ]

stop² (*wykrzyknik nakazujący zatrzymanie*) stop! [stɒp], halt! [hɔ:lt]

stopa ❶ (*najniższa część nogi, pończochy, przen. podnóże*) foot, *l.mn.* feet [fʊt, fi:t]; **od stóp do głów** – from head to foot; **u stóp góry** – at the foot of the mountain ❷ (*jednostka długości = 0,304 m*) foot, *l.mn.* feet [fʊt, fi:t] ❸ (*poziom, stan*) standard ['stændəd], footing ['fʊtɪŋ]; **stopa życiowa** – living standards; **stopa procentowa** – interest rates; **być z kimś na równej stopie** – to be on equal footing/terms with sb; **być z kimś na przyjacielskiej stopie** – to be on friendly terms with sb

stoper stop-watch ['stɒpwɒtʃ]

stopień ❶ (*element schodów*) step [step], stair [steə] ❷ (*szczebel w hierarchii*) degree [dɪ'gri:], rank [ræŋk], position [pə'zɪʃn]; **stopień naukowy** – an academic degree; **stopień doktorski** – a doctoral degree; **stopień magistra nauk humanistycznych** – the degree of Master of Arts; **poparzenia pierwszego/drugiego/trzeciego stopnia** – first/second/third degree burns; **stopień generała** – the rank of general ❸ (*ocena*) mark [mɑ:k]; **dostać dobry stopień** – to get a good mark ❹ (*jednostka miary temperatury, kąta, długości, szerokości geograficznej*) degree [dɪ'gri:]; *Woda zamarza w temperaturze zero stopni Celsjusza.* – Water freezes at zero degrees Celsius. **kąt dziewięćdziesięciu stopni** – an angle of ninety degrees ❺ (*poziom, intensywność*) degree [dɪ'gri:]; *On nie był w najmniejszym stopniu zainteresowany.* – He wasn't interested in the slightest degree. **w pewnym stopniu** – to a certain degree; **w najwyższym**

S

stopniu – extremely/most; *To było w najwyższym stopniu interesujące.* – It was most interesting. ❻ (*gram. – forma przymiotnika*) degree of comparison; **stopień równy/wyższy/najwyższy** – positive/comparative/superlative degree

stopniowo gradually ['grædʒʊəlɪ], by degrees [baɪdɪ'gri:z]

stopniowy gradual ['grædʒʊəl]; **stopniowa poprawa** – gradual improvement; **stopniowe postępy** – gradual progress

stos ❶ (*sterta*) heap [hi:p], pile [paɪl]; **stos książek** – pile of books; **stos atomowy** – atomic pile ❷ (*sterta do palenia*) pyre ['paɪə]; **spalić kogoś na stosie** – to burn sb at the stake

stosować use [ju:z], apply [ə'plaɪ]; **stosować metody** – to apply/to use methods; **stosować środki antykoncepcyjne** – to use contraception; **stosować wyniki badań naukowych w technologii** – to apply the results of research in technology; **stosować sankcje ekonomiczne** – to apply economic sanctions

S

stosować się ❶ (*przestrzegać*) comply with [kəm'plaɪwɪð], conform to [kən'fɔ:mtə], obey [ə'beɪ], observe [əb'zɜ:v]; **stosować się do zasad/do czyichś życzeń/do czyichś próśb** – to comply with the rules/sb's wished//sb's requests; **stosować się do rozkazów** – to obey orders; **stosować się do przepisów** – to observe the rules ❷ (*odnosić się*) apply [ə'plaɪ]; *To, co powiedziałem, stosuje się do was wszystkich.* – What I said applies to all of you.

stosowany applied [ə'plaɪd]; **matematyka stosowana** – applied mathematics

stosownie ❶ (*odpowiednio*) properly ['prɒpəlɪ], suitably ['su:təblɪ/'sju:təblɪ]; *Ona była stosownie ubrana do okazji.* – She was suitably dressed for the occasion. ❷ (*mając na uwadze*) in compliance with, in accordance with, accordingly [ə'kɔ:dɪŋlɪ]; **stosownie do zwyczajów** – in accordance with the customs; **stosownie do czyjegoś życzenia** – in compliance with sb's wish

stosowny (*odpowiedni*) suitable ['su:təbl/'sju:təbl], proper ['prɒpə]; **stosowny moment** – a suitable moment; **ubranie stosowne do okazji** – clothes proper/suitable for the occasion; *Rób to, co uważasz za stosowne.* – Do as you think fit.

stosunek ❶ (*związek, kontakt*) relation [rɪ'leɪʃn], relationship [rɪ'leɪʃnʃɪp]; **stosunki dyplomatyczne/międzynarodowe** – diplomatic/international relations; **przyjazne stosunki** – friendly relations; **nawiązać/utrzymywać stosunki** – to establish/to maintain relations; **zerwać stosunki z rodziną** – to break off all relations with one's family ❷ (*proporcja, relacja, zależność*) proportion [prə'pɔ:ʃn], relation [rɪ'leɪʃn], ratio ['reɪʃɪəʊ], rate [reɪt]; *Zarobki są niskie w stosunku do cen.* – Wages are very low in relation to prices. ❸ (*odnoszenie się*) attitude ['ætɪtju:d]; **stosunek do zwierząt** – attitude to/towards animals; **przyjacielski/wrogi stosunek do** – a friendly//a hostile attitude towards ❹ (*znajomości, kontakty*) connections [kə'nekʃnz]; **mieć stosunki** – to have connections ❺ (*warunki*) conditions [kən'dɪʃnz] ❻ (*akt płciowy*) sexual intercourse ['sekʃʊl'ɪntəkɔ:s] ❼ (*mat. iloraz*) ratio ['reɪʃɪəʊ], quotient ['kwəʊʃnt]

stosunkowo relatively ['relətɪvlɪ], comparatively [kəm'pærətɪvlɪ]

stowarzyszenie society [sə'saɪətɪ], association [əsəʊsɪ'eɪʃn]

stożek cone [kəʊn]

stóg stack [stæk], rick [rɪk]; **szukać igły w stogu siana** – to look for a needle in a haystack

stół table ['teɪbl]

stracenie ❶ (*egzekucja*) execution [eksɪ'kju:ʃn]; **miejsce straceń** – the place of execution ❷ (*strata*) loss [lɒs]; **nie mieć nic do stracenia** – to have nothing to lose; *Nie mamy chwili do stracenia.* – We have no time to lose.

strach fear [fɪə], dread [dred], horror ['hɒrə], terror ['terə]; **budzić strach/ /napawać strachem** – to arouse/to inspire fear; **pokonać strach** – to overcome fear; **odczuwać/okazywać strach** – to feel/to show fear; **żyć w strachu przed czymś** – to live in terror of sth; **śmiertelny strach** – mortal fear; *Kłamał ze strachu przed karą.* – He lied for fear of being punished. *Zrobił to ze strachu.* – He did it out of fear. **strach na wróble** – a scarecrow

stracić ❶ (*ponieść stratę*) lose (lost, lost) [lu:z, lɒst, lɒst]; *Straciła swojego męża w katastrofie lotniczej.* – She lost her husband in an air crash. **stracić pracę** – to lose one's job; **stracić włosy/zęby** – to lose one's hair/one's teeth; **stracić pewność siebie** – to lose one's self-confidence; **stracić cierpliwość/panowanie nad sobą** – to lose patience/one's temper; **stracić głowę** – to lose one's head; **stracić równowagę** – to lose one's balance/equilibrium; *Straciła na wadze dziesięć kilo.* – She lost ten kilograms in weight. **stracić rachubę** – to lose count; **stracić twarz** – to lose one's face; **stracić w czyichś oczach** – to lose in sb's eyes; **stracić z kimś kontakt** – to lose touch with sb; **stracić życie** – to lose one's life ❷ (*nie wykorzystać, zmarnować*) lose (lost, lost) [lu:z, lɒst, lɒst], miss [mɪs], waste [weɪst]; **stracić okazję** – to miss an opportunity; **stracić majątek w karty** – to lose a fortune at cards; *Straciliśmy dwie godziny czekając na niego.* – We wasted two hours waiting for him. ❸ (*wykonać wyrok*) execute ['eksɪkju:t]

stracony lost [lɒst]; *Nie wszystko stracone.* – All is not lost./Not everything is lost. **nadrobić stracony czas** – to make up for the lost time

stragan stall [stɔ:l], stand [stænd]

strajk strike [straɪk]; **strajk generalny/ /dziki/okupacyjny** – a general/a wildcat/a sit-down strike; **strajk głodowy** – a hunger strike; **ogłosić strajk** – to call a strike; **przystąpić do strajku** – to go on strike; **prowadzić strajk** – to conduct a strike; **łamać strajk** – to break a strike

strajkować strike (struck, struck) [straɪk, strʌk, strʌk], be on strike

strasznie terribly ['terəblɪ], horribly ['hɒrəblɪ], awfully ['ɔ:fʊlɪ], fearfully ['fɪəfʊlɪ]

straszny terrible ['terəbl], horrible ['hɒrəbl], awful ['ɔ:fʊl], fearful ['fɪəfʊl]

straszyć frighten ['fraɪtn], scare [skeə], terrify ['terɪfaɪ], (*grozić*) threaten ['θretn], (*o duchach*) haunt [hɔ:nt]; *On straszył, że mnie pobije.* – He threatened to beat me up. *W tym domu straszy.* – This house is haunted.

strata loss [lɒs]; **strata zdrowia/pieniędzy** – a loss of health/money; **strata czasu** – a waste of time; **sprzedać coś ze stratą** – to sell sth at a loss; **ponieść ciężkie straty** – to suffer heavy losses

strategia strategy ['strætɪdʒɪ]

strategiczny strategic [strə'ti:dʒɪk]

strawić digest [dɪ'dʒest/daɪ'dʒest]

straż guard [gɑ:d]; *Więzień był eskortowany pod ścisłą strażą.* – The prisoner was escorted under close guard. **straż graniczna** – border guard; **straż pożarna** – fire brigade; **pełnić straż** – to keep guard; **stać na straży** – to stand on guard

strażak fireman, *l.mn.* firemen ['faɪəmən]

strażnik guard [gɑ:d], (*więzienny*) warder ['wɔ:də]

strąk pod [pɒd]

strefa zone [zəʊn]; **strefa klimatyczna** – a climatic zone; **strefa wojenna** – a war zone; **strefa zdemilitaryzowana/neutralna** – a demilitarized/a neutral zone

S

stres stress [stres]; **być pod stresem** – to be under stress; **stresy i napięcia współczesnego życia** – stresses and strains of modern life

streszczać summarize ['sʌməraız]

streszczenie summary ['sʌmərı], précis ['preısi:], synopsis, *l.mn.* synopses [sı'nɒpsıs, sı'nɒpsi:z], (*pracy naukowej*) abstract ['æbstrækt]

striptiz strip-tease ['strıpti:z]

strofować admonish [əd'mɒnıʃ], rebuke [rı'bju:k], reprimand ['reprımɑ:nd], scold [skəʊld], tell off [tel'ɒf] (told, told)

stroić ❶ (*przystrajać*) adorn [ə'dɔ:n], dress [dres], trim (mm) [trım] ❷ (*regulować instrument muzyczny*) tune [tju:n]

◆ **stroić miny** – to make/to pull faces; **stroić żarty z kogoś** – to make fun of sb

stroić się dress up [dres'ʌp]

stromy steep [sti:p], sheer [ʃıə]

strona ❶ (*bok*) side [saıd]; **po drugiej stronie ulicy** – on the other side of the street; **południowa strona pola** – the south side of the field; **odwrotna strona medalu** – the other side of the coin; **prawa strona materiału** – the right side of the cloth; *Włożyłeś sweter na lewą stronę.* – You've got your pullover the wrong side out. *Czas jest po naszej stronie.* – Time is on our side. *Po czyjej stronie jesteś?* – Whose side are you on? **brać czyjąś stronę** – to take sides with sb ❷ (*strona książki*) page [peıdʒ]; **przewracać strony** – to turn pages; *To jest na stronie dziesiątej.* – It's on page ten. ❸ (*cecha, aspekt*) side [saıd], point [pɔınt]; **dobre/złe strony** – good/bad points, advantages/disadvantages; **mocna/słaba strona** – a strong/a weak point; *Cierpliwość nie jest jego mocną stroną.* – Patience is not his strong point. **podejść do problemu z innej strony** – to approach the problem from a different side; Z *jednej strony jest to bardzo praktyczne, z drugiej, dość kosztowne.* – On the one hand it's very practical, on the other, it's quite expensive. ❹ (*kierunek*) way [weı], direction [dı'rekʃn/daı'rekʃn], quarter ['kwɔ:tə]; *W którą stronę on poszedł?* – Which way did he go? *Tłum rozbiegł się we wszystkie strony.* – The crowd scattered in all directions. **kuzyn ze strony mojej matki** – a cousin on my mother's side; **cztery strony świata** – the four points of the compass; *To ładnie z twojej strony.* – That's kind/nice of you. ❺ (*terytorium, kraj, okolica*) part [pɑ:t]; *Jestem w tych stronach po raz pierwszy.* – I'm for the first time in these parts. ❻ (*uczestnik sporu, zatargu*) party ['pɑ:tı], side [saıd]; *Wina leży po obu stronach.* – There are faults on both sides./Both sides are to blame. **strona winna** – the guilty party ❼ *gram.* voice [vɔıs]; **strona czynna/bierna** – the active/the passive voice

stronica page [peıdʒ]

stronniczy partial ['pɑ:ʃl], biased ['baıəst]

stronnik supporter [sə'pɔ:tə], follower ['fɒləʊə]

stront *chem.* strontium ['strɒntıəm]

strop ceiling ['si:lıŋ], roof [ru:f]

strój dress [dres], attire [ə'taıə]; **strój ludowy** – a national costume; **strój wieczorowy** – evening dress

stróż caretaker ['keəteıkə]

struktura structure ['strʌktʃə]

strumień stream [stri:m], brook [brʊk], *fiz.* flux [flʌks]; **strumień neutronów** – a flux of neutrons; **strumień magnetyczny** – a magnetic flux; *Deszcz lał się z nieba strumieniami.* – The rain came down in torrents.

strumyk stream [stri:m], brook [brʊk]

struna string [strıŋ], cord [kɔ:d]; **struny głosowe** – vocal cords

struś *zool.* ostrich ['ɒstrıtʃ]

strych attic ['ætık]

strzał shot [ʃɒt]

strzał(k)a arrow ['ærəʊ]

strzec ❶ (*pilnować*) guard [gɑ:d], keep watch [ki:p'wɒtʃ], watch [wɒtʃ]; *Smok strzegł skarbu.* – A dragon guarded the treasure. **strzec tajemnicy** – to guard a secret ❷ (*chronić*) guard [gɑ:d], protect [prə'tekt]; **strzec kogoś przed niebezpieczeństwem** – to protect sb from danger

strzec się beware [bɪ'weə], be on one's guard

strzelać shoot (shot, shot) [ʃu:t, ʃɒt, ʃɒt]; *Wycelował i strzelił do tarczy.* – He aimed and shot at the target. **strzelić w powietrze** – to shoot into the air; **strzelić bramkę** – to score a goal

strzelanie shooting ['ʃu:tɪŋ], marksmanship ['mɑ:ksmənʃɪp]

strzelba gun [gʌn], rifle ['raɪfl]

strzelec shooter ['ʃu:tə], marksman, *l.mn.* marksmen ['mɑ:ksmən], **Strzelec** (*znak zodiaku*) Sagittarius [sædʒɪ'teərɪəs]; **dobry strzelec** – a good shot; **strzelec wyborowy** – a sharpshooter

strzelectwo shooting ['ʃu:tɪŋ], marksmanship ['mɑ:ksmənʃɪp]

strzyc (*obcinać włosy*) cut (cut, cut) (hair) [kʌt, kʌt, kʌt], (*owce*) shear (sheared, shorn) [ʃɪə, ʃɪəd, ʃɔ:n], (*żywopłot*) trim (mm) [trɪm], (*psa*) trim (mm) [trɪm], (*trawę*) mow (mowed, mown) [məʊ, məʊd, məʊn]; **strzyc uszami** (*o psie*) – to prick the ears

strzykawka hypodermic syringe [haɪpəʊ'dɜ:mɪk'sɪrɪndʒ]

student student ['stju:dnt]

studio studio ['stu:djəʊ]; **studio telewizyjne/filmowe/nagrań** – a television/a film/a recording studio

studiować study ['stʌdɪ], read (read, read) [ri:d, red, red], **studiować na uniwersytecie** – to study at university; **studiować prawo/medycynę** – to study law/medicine; *Ona studiuje historię w Oxfordzie.* – She is reading history at Oxford.

studium ❶ (*studia – nauka na wyższej uczelni*) studies ['stʌdɪz]; **być na studiach** – to study at university; **mieć wyższe studia** – to have a university degree; **ukończyć studia** – to graduate from a university ❷ (*studia – badania naukowe*) studies ['stʌdɪz], research [rɪs'ɜ:tʃ]; **prowadzić studia** – to do research ❸ (*dzieło, rozprawa naukowa*) study ['stʌdɪ], dissertation [dɪsə'teɪʃn]

studnia well [wel]

stukać tap (pp) [tæp], knock [nɒk]; **stukać do drzwi** – to knock at the door; *Ktoś stuka do okna.* – Somebody is tapping at the window.

stukanie knock [nɒk], tap [tæp]; **stukanie do drzwi** – a knock at the door

stulecie ❶ (*sto lat, wiek*) century ['sentʃərɪ], a hundred years ❷ (*rocznica*) centenary [sen'ti:nərɪ]

stwarzać create [kri:'eɪt]; **stworzyć dzieło** – to create a masterpiece; **stwarzać problemy** – to create problems; *Bóg stworzył świat.* – God created the world.

stwierdzać find (found, found) [faɪnd, faʊnd, faʊnd], discover [dɪs'kʌvə]; *Stwierdziliśmy, że pokój jest bardzo wygodny.* – We found the room very comfortable.

stworzenie ❶ (*istota*) being ['bi:ɪŋ], creature ['kri:tʃə] ❷ (*utworzenie*) creation [kri:'eɪʃn]

stwórca creator [kri:'eɪtə]

styczeń January ['dʒænjʊərɪ]

stygnąć cool down/off [ku:l-]

stykać się ❶ (*przylegać*) adjoin [ə'dʒɔɪn], border ['bɔ:də] ❷ (*wejść w kontakt*) meet (met, met) [mi:t, met, met], come into contact

styl style [staɪl], (*w architekturze greckiej*) order ['ɔ:də]; **kościół w stylu gotyckim** – a church in Gothic style; **styl dorycki** – the Doric order; **styl życia** – a style of living/a way of life

stylon nylon ['naɪlɒn]

stylonowy nylon ['naɪlɒn]

stymulacja stimulation [stɪmjʊ'leɪʃn]

stymulować stimulate ['stɪmjʊleɪt]

stypendium scholarship ['skɒləʃɪp], grant [grɑ:nt], fellowship ['feləʊʃɪp]

stypendysta scholar ['skɒlə]
subiektywny subjective [səb'dʒektɪv]
substancja substance ['sʌbstəns]
subtelność subtlety ['sʌtltɪ], delicacy ['delɪkəsɪ]
subtelny subtle ['sʌtl], delicate ['delɪkət]
suchar ship biscuit ['ʃɪpbɪskɪt], toast [təʊst]
sucho dry [draɪ], (*ozięble*) drily/dryly [draɪlɪ]; **czyścić na sucho** – to dry-clean
suchość dryness ['draɪnɪs]
suchy dry [draɪ]; **suchy klimat** – a dry climate; **suchy kaszel** – a dry cough; **suchy dok** – a dry dock
sufit ceiling ['si:lɪŋ]
sugerować suggest [sə'dʒest]; *Zasugerował, żebyśmy zaczekali.* – He suggested waiting./He suggested that we (should) wait.
sugestia suggestion [sə'dʒestʃən]
suka bitch [bɪtʃ]
sukces success [sək'ses]; **osiągnąć sukces** – to achieve/to attain success; **odnieść sukces** – to succeed

S

sukienka dress [dres], frock [frɒk]
suknia dress [dres], gown [gaʊn]; **suknia ślubna** – a wedding gown; **suknia balowa** – a ball-gown; **suknia wieczorowa** – an evening gown
sułtan sultan ['sʌltən]
suma ❶ (*zbiór, kwota, wynik dodawania*) sum [sʌm]; *Sumą 2 i 7 jest 9.* – The sum of 2 and 7 is 9. *Oni wydają olbrzymie sumy pieniędzy co miesiąc.* – They spend huge sums every month. **w sumie** – on the whole ❷ (*msza śpiewana*) high mass [haɪ'mæs]
sumaryczny total ['təʊtl], global ['gləʊbl]
sumienie conscience ['kɒnʃəns]; **mieć coś na sumieniu** – to have sth on one's conscience; **mieć czyste/nieczyste sumienie** – to have a clear/a guilty conscience; **mieć wyrzuty sumienia** – to have an uneasy conscience/to be conscience-stricken; **poruszyć czyjeś sumienie** – to arouse sb's conscience
sumienność conscientiousness [kɒnʃɪ'enʃəsnɪs]
sumienny conscientious [kɒnʃɪ'enʃəs], scrupulous ['skru:pjʊləs]
sumować sum (mm) up [sʌm'ʌp], add up [æd'ʌp]
supeł knot [nɒt]; **zawiązać supeł** – to make/to tie a knot
surowiec raw material [rɔ:mə'tɪərɪəl]
surowo ❶ (*bez pobłażania, bezwzględnie*) severely [sɪ'vɪəlɪ], strictly ['strɪktlɪ]; **być surowo ukaranym** – to be severely punished ❷ (*bez ozdób, przepychu*) austerely [ɒ'stɪəlɪ] ❸ (*w stanie nieugotowanym*) raw [rɔ:]; *To można jeść na surowo.* – It can be eaten raw.
surowość ❶ (*brak wyrozumiałości*) severity [sɪ'verətɪ], strictness ['strɪktnɪs] ❷ (*cecha budowli, wnętrza, stroju*) austerity [ɒ'sterətɪ]
surowy ❶ (*w stanie naturalnym*) raw [rɔ:]; **surowe warzywa** – raw vegetables; **surowy jedwab** – raw silk ❷ (*bezwzględny, niewyrozumiały*) strict [strɪkt], severe [sɪ'vɪə], harsh [hɑ:ʃ]; **surowy nauczyciel** – a strict teacher; **być surowym wobec dzieci** – to be severe with the children; **surowa krytyka/kara** – severe criticism/punishment; **surowy osąd** – a harsh judgement ❸ (*pozbawiony ozdób, wygód, przyjemności*) austere [ɒ'stɪə], severe [sɪ'vɪə]; *Zakonnicy prowadzą surowe życie.* – Monks lead an austere life. *Pokój był urządzony w surowym stylu.* – The room was furnished in an austere style. ❹ (*o klimacie – zimny, ostry*) severe [sɪ'vɪə]; **surowa zima** – a severe winter
surówka ❶ (*sałatka*) salad ['sæləd] ❷ (*stop żelaza*) pig-iron ['pɪgaɪən]
surrealistyczny surrealistic [sərɪə'lɪstɪk]
surrealizm surrealism [sə'rɪəlɪzm]
sus (*długi skok*) leap [li:p], bound [baʊnd]
susza drought [draʊt]; **obszar dotknięty suszą** – the area affected by drought
suszarka drier/dryer [draɪə]; **suszarka do włosów** – a hair drier; **suszarka**

do bielizny (*do rozwieszania prania*) – a clothes drier; **suszarka do naczyń** – a plate-rack; **suszarka do bielizny** (*będąca częścią pralki automatycznej*) – tumble drier

suszony dried [draɪd]

suszyć dry (-ied) [draɪ]

sutanna cassock ['kæsək], frock [frɒk]

sutek nipple ['nɪpl], teat [ti:t]

suterena basement ['beɪsmənt]

suwać shove [ʃʌv], push [pʊʃ]

suwak zip fastener ['zɪpfɑ:snə], zipper ['zɪpə]

suwerenność sovereignty ['sɒvrəntɪ]

suwerenny sovereign ['sɒvrən]

sweter sweater ['swetə], pullover ['pʊləʊvə], (*rozpinany na przodzie*) cardigan ['kɑ:dɪgən]

swędzenie itch [ɪtʃ]

swędzić itch [ɪtʃ]

swoboda ❶ (*brak skrępowania*) freedom ['fri:dəm], liberty ['lɪbətɪ]; *Oni dają swoim dzieciom dużo swobody.* – They give their children a great deal of liberty/freedom. **wypuścić ptaka na swobodę** – to set a bird free; **żyć na swobodzie** – to be free/to be at large ❷ (*łatwość zachowania, niewymuszoność*) ease [i:z]

swobodnie ❶ (*na wolności, bez przymusu*) freely ['fri:lɪ], without restraint [wɪ'ðaʊt rɪ'streɪnt]; **czuć się swobodnie** – to feel free/to feel at ease; **oddychać swobodnie** – to breathe freely ❷ (luźno) loosely ['lu:slɪ] ❸ (*niewymuszenie*) naturally ['nætʃrəlɪ], at ease [ət'i:z]; **zachowywać się swobodnie** – to behave naturally/to be at one's ease

swobodny ❶ (*wolny*) free [fri:] ❷ (*nie związany, nie połączony, ruchomy*) free [fri:]; **spadanie swobodne** – free fall ❸ (*o zachowaniu*) easy ['i:zɪ], natural ['nætʃrəl]; **swobodna atmosfera** – a free and easy atmosphere

swoisty specific [spɪ'sɪfɪk], peculiar [pɪ'kju:ljə:], characteristic [kærəktə'rɪstɪk]

swój ❶ (*w połączeniu z rzeczownikiem – przymiotnik dzierżawczy*) my, your, his, her , its, our, your, their; *On jest w swoim pokoju.* – He is in his room. *Ona kocha swoje dzieci.* – She loves her children. ❷ (*występujący samodzielnie – zaimek dzierżawczy*) mine, yours, his, hers, its, yours, theirs; *To jest twoja parasolka, ale nie mogę znaleźć swojej.* – This is your umbrella, but I can't find mine.

syczeć hiss [hɪs]

sygnalizować signal (ll) ['sɪgnl]

sygnał signal ['sɪgnl]; **dać sygnał** – to give a signal; **wysłać sygnał** – to send a signal; **otrzymywać sygnał z satelity** – to receive a signal from a satellite; **sygnał pożarowy** – a fire alarm

syk hiss [hɪs]

sylaba *gram.* syllable ['sɪləbl]

sylabizować syllabify [sɪ'læbɪfaɪ], (*literować*) spell [spel]

sylwester New Year's Eve [nju:jɜ:z'i:v]

sylwetka silhouette [sɪlu:'et], outline ['aʊtlaɪn], figure ['fɪgə]

symbol symbol ['sɪmbl]

symboliczny symbolic [sɪm'bɒlɪk]

symbolizować symbolize ['sɪmbəlaɪz]

symetria symmetry ['sɪmɪtrɪ]

symetryczny symmetrical [sɪ'metrɪkl], symmetric [sɪ'metrɪk]

symfonia symphony ['sɪmfənɪ]

symfoniczny symphonic [sɪm'fɒnɪk], symphony ['sɪmfənɪ]; **orkiestra symfoniczna** – a symphony orchestra; **poemat symfoniczny** – a symphonic poem

sympatia ❶ (*przychylny, przyjazny stosunek*) liking ['laɪkɪŋ], fondness ['fɒnnɪs]; **czuć do kogoś sympatię** – to like sb/to be fond of sb; **więź sympatii** – a bond of sympathy ❷ (*osoba*) boyfriend ['bɔɪfrend], girlfriend ['gɜ:lfrend]

sympatyczny ❶ (*miły, pociągający*) nice [naɪs], likable ['laɪkəbl], agreeable [ə'grɪəbl] ❷ (*przyjazny, życzliwy*) friendly ['frendlɪ]

sympozjum symposium, *l.mn.* symposia [sɪm'pəʊzjəm, sɪm'pəʊzjə]

symptom symptom ['sɪmtəm]

S

syn son [sʌn]
synagoga synagogue ['sɪnəgɒg]
synonim synonym ['sɪnənɪm]
synowa daughter-in-law ['dɔ:tərɪnlɔ:]
syntetyczny synthetic [sɪn'θetɪk]
syntetyk synthetic [sɪn'θetɪk]
synteza synthesis, *l.mn.* syntheses ['sɪnθɪsɪs, 'sɪnθɪsi:z]
sypać strew (strewed, strewn/-ed) [stru:, stru:d, stru:n/stru:d], scatter ['skætə], throw (threw, thrown) [θrəʊ, θru:, θrəʊn]; *Śnieg sypie.* – It's snowing.
sypać się ❶ (*rozpadać się*) fall to pieces ['fɔ:ltə'pi:sɪz] ❷ (*występować w dużej ilości*) shower (down) ['ʃa:ʊə-]; *Małe kamienie sypały się na nas z góry.* – Small stones showered on us from above.
sypialnia bedroom ['bedrʊm]
sypialny:
wagon sypialny – a sleeping car/ /a sleeper
syrena ❶ (*nimfa morska*) mermaid ['mɜ:meɪd], siren ['saɪərən] ❷ (*przyrząd alarmowy*) siren ['saɪərən]

S

syrop syrup ['sɪrəp]
system system ['sɪstəm]; **system nerwowy** – the nervous system; **system polityczny** – a political system
systematyczny systematic [sɪstɪ'mætɪk], methodical [mɪ'θɒdɪkl]
sytuacja situation [sɪtjʊ'eɪʃn], position [pə'zɪʃn]; **sytuacja kryzysowa/krytyczna/rozpaczliwa/beznadziejna** – a crisis/a critical/a desperate/a hopeless situation; **sytuacja międzynarodowa/ekonomiczna** – an international/an economic situation; **sytuacja finansowa** – a financial situation; **znaleźć się w niezręcznej sytuacji** – to find oneself in an awkward situation; **postawić kogoś w niezręcznej sytuacji** – to put sb in an awkward position; **wyjść z trudnej sytuacji** – to get out of a difficult situation; **uratować sytuację** – to save the situation; *Co byś zrobił w mojej sytuacji?* – What would you do in my position?
sytuacyjny situation [sɪtjʊ'eɪʃn], situational [sɪtjʊ'eɪʃnl]; **komedia sytuacyjna** – a situation comedy
syty (*najedzony*) full [fʊl], satiated ['seɪʃɪeɪtɪd]
szabla sabre ['seɪbə]
szach ❶ (*monarcha*) shah [ʃɑ:] ❷ (*szachy*) chess [tʃes]; **grać w szachy** – to play chess ❸ (*w grze w szachy – natarcie na króla*) check [tʃek]; **szach i mat** – check-mate
szachista chess player ['tʃespleɪə]
szachować (*w szachach*) checkmate ['tʃekmeɪt]
szachownica ❶ (*pole do gry w szachy*) chessboard ['tʃesbɔ:d] ❷ (*wzór*) chequered pattern ['tʃekəd pætən], chequers ['tʃekəz], *am.* checkers
szacować estimate ['estɪmeɪt]; *Szacujemy, że koszt wyniesie 1000 funtów.* – We estimate the cost at £1000/to be £1000.
szacowny respectable [rɪ'spektəbl]
szacunek ❶ (*poważanie*) respect [rɪ'spekt], esteem [ɪ'sti:m], regard [rɪ'gɑ:d]; **darzyć kogoś głębokim szacunkiem** – to have a deep respect for sb; **być otaczanym wielkim szacunkiem** – to be held in great/high esteem/respect; **stracić u kogoś szacunek** – to fall in sb's esteem; *Dzieci powinny okazywać szacunek nauczycielowi.* – Children should show respect for their teacher. **z wyrazami szacunku** (*zakończenie listu*) – with kind regards/yours sincerely ❷ (*oszacowanie*) estimate ['estɪmət]
szacunkowy estimated ['estɪmeɪtɪd]; **szacunkowa wartość** – estimated value
szafa (*na ubrania*) wardrobe ['wɔ:drəʊb], (*z półkami*) cupboard ['kʌbəd], *am.* closet ['klɒzɪt]; **szafa w ścianie** – a built-in wardrobe; **szafa pancerna** – a safe; **szafa grająca** – a jukebox
szafir sapphire ['sæfaɪə]
szafirowy sapphire-blue [sæfaɪə'blu:]
szafka cupboard ['kʌbəd], cabinet ['kæbənɪt], (*zamykana na klucz – np. na pływalni*) locker ['lɒkə]

szajka gang [gæŋ]

szakal *zool.* jackal ['dʒækɔ:l]

szal shawl [ʃɔ:l]

szala scale [skeɪl]; **przeważyć szalę** – to turn the scale

szaleć rage [reɪdʒ], be frantic [bi:'fræntɪk], be mad [bi:'mæd], be crazy [bi:'kreɪzɪ]; *Burza szalała całą noc.* – The storm raged all night. **szaleć z niepokoju/gniewu/rozpaczy** – to be frantic with worry/anger/grief; *On szaleje na jej punkcie.* – He is crazy about her.

szalenie very ['verɪ], extremely [ɪk'stri:mlɪ], most [məʊst]; *To było szalenie interesujące.* – It was most interesting. *Jestem panu szalenie wdzięczna.* – I'm extremely grateful to you.

szaleniec madman, *l.mn.* madmen ['mædmən], lunatic ['lu:nətɪk]

szaleńczy frantic ['fræntɪk], mad [mæd], insane [ɪn'seɪn]

szaleństwo ❶ (*postępek wykraczający poza przeciętne normy*) madness ['mædnɪs], folly ['fɒlɪ]; **czyste szaleństwo** – utter/pure folly; *To szaleństwo pływać w taką pogodę.* – It's madness to go swimming in such weather. ❷ (*stan psychiczny*) madness ['mædnɪs], insanity [ɪn'sænətɪ]; **doprowadzić kogoś do szaleństwa** – to drive sb mad; **być w kimś zakochanym do szaleństwa** – to be madly in love with sb

szalet public convenience [pʌblɪkkən'vi:nɪəns]

szalik scarf [skɑ:f], muffler ['mʌflə]

szalony[1] (*szaleniec*) madman, *l.mn.* madmen ['mædmən]; **jak szalony** – like mad

szalony[2] ❶ (*obłąkany*) mad [mæd], insane [ɪn'seɪn] ❷ (*właściwy szaleńcowi*) mad [mæd], crazy ['kreɪzɪ], madcap ['mædkæp]; **szalony pomysł** – a crazy/a madcap idea; *Oni są szaleni, że wybrali się na wspinaczkę w taką pogodę.* – They must be mad to go climbing in such weather. ❸ (*nieopanowany*) frantic ['fræntɪk], wild [waɪld], mad [mæd] ❹ (*ogromny*) tremendous [trɪ'mendəs], terrific [tə'rɪfɪk]

szalupa life boat ['laɪfbəʊt]

szał ❶ (*ostry napad gniewu, złości*) rage [reɪdʒ], fury ['fjʊərɪ]; **wpaść w szał** – to fly into a fury/rage; **doprowadzić kogoś do szału** – to drive sb mad/ /crazy ❷ (*stan psychiczny – niepanowanie nad emocjami*) frenzy ['frenzɪ], madness ['mædnɪs]; **szał entuzjazmu** – frenzy of enthusiasm

szamotać się struggle ['strʌgl]

szampan champagne [ʃæm'peɪn]

szampon shampoo [ʃæm'pu:]

szanować ❶ (*poważać*) respect [rɪ'spekt]; **szanować kogoś** – to respect sb; **szanować czyjeś życzenia/uczucia** – to respect sb's wishes/feelings ❷ (*ochraniać, oszczędzać*) take care of; **szanować zdrowie** – to take care of one's health

szanować się ❶ (*mieć poczucie własnej godności*) respect oneself ❷ (*dbać o siebie*) take care of oneself

szanowny:

Szanowny Panie/Pani! (*początek listu*) – Dear Sir/Dear Madam

szansa ❶ (*możliwość*) chance [tʃɑ:ns]; *To była szansa, na którą czekałam.* – It was the chance I had been waiting for. *Czy jest jakaś szansa dostania biletów?* – Is there any chance of getting the tickets? *Miała małą szansę dostania tej pracy.* – She had little chance/a slim chance of getting that job. *To jest twoja wielka szansa!* – This is your big chance! *Nie zmarnuj tej szansy.* – Don't miss that chance/ /opportunity. ❷ (*prawdopodobieństwo*) odds [ɒdz]; *Szanse były dziesięć do jednego, że on wygra.* – The odds were ten to one that he would win.

szantaż blackmail ['blækmeɪl]

szantażować blackmail ['blækmeɪl]

szantażysta blackmailer ['blækmeɪlə]

szarańcza *zool.* locust ['ləʊkəst]

szarlotka apple-pie ['æplpaɪ], apple-tart ['æpltɑ:t]

S

szarość grey [greı], (*monotonia*) dullness ['dʌlnıs]
szary grey [greı], *am.* gray; **szary dzień** – a grey day; **szare życie** – a grey existence; **szare komórki** – grey matter; **szary człowiek** – the common man/ /the man in the street; **szara eminencja** – grey eminence
szata garment ['gɑ:mənt], gown [gaʊn]
szatan satan ['seıtən], devil ['devl]
szatański satanic [sə'tænık], devilish ['devlıʃ]
szatnia cloak-room ['kləʊkrʊm]
szatniarka cloak-room attendant ['kləʊkrʊmə'tendənt]
szatyn dark-haired man ['dɑ:kheəd'mæn]
szatynka dark-haired woman ['dɑ:kheəd-'wʊmən]
szczebel ❶ (*u drabiny*) rung [rʌŋ] ❷ (*przen. – poziom*) rung [rʌŋ], level ['levl], rank [ræŋk]; **negocjacje na wysokim szczeblu** – high-level negotiations; **spotkanie na najwyższym szczeblu** – a summit meeting
szczególnie ❶ (*zwłaszcza*) especially [ı'speʃlı], specially ['speʃlı], particularly [pə'tıkjʊləlı]; **być szczególnie ostrożnym** – to be particularly careful; *Było zimno, szczególnie rano.* – It was cold, especially in the morning. ❷ (*osobliwie*) singularly ['sıŋgjʊləlı], peculiarly [pı'kju:ljəlı]; *Zachowywał się szczególnie.* – He behaved in a peculiar way.
szczególny ❶ (*specjalny*) special ['speʃl], especial [ı'speʃl], particular [pə'tıkjʊlə]; **traktować kogoś ze szczególną troską** – to treat sb with special care; **zachować szczególną ostrożność** – to take particular care ❷ (osobliwy) singular ['sıŋgjʊlə], peculiar [pı'kju:ljə]
szczegół detail [dı'teıl], particular [pə-'tıkjʊlə]; **zwracać uwagę na szczegóły** – to pay attention to details; **wdawać się w szczegóły** – to go into details; *Jej sprawozdanie było prawidłowe w każdym szczególe.* – Her report was correct in every particular/detail.
szczegółowo in detail [ındı'teıl]
szczegółowy detailed [dı'teıld]; **szczegółowy opis** – a detailed description
szczekać bark [bɑ:k]
szczekanie bark [bɑ:k], barking ['bɑ:kıŋ]
szczelina crack [kræk], slot [slɒt], crevice ['krevıs]
szczelność tightness ['taıtnıs]
szczelny tight [taıt], hermetic [hɜ:'metık]
szczeniak puppy ['pʌpı], pup [pʌp]
szczep tribe [traıb]
szczepić vaccinate ['væksıneıt], inoculate [ı'nɒkjʊleıt], immunize [ı'mju:-naız]; **szczepić psa przeciwko wściekliźnie** – to vaccinate a dog against rabies
szczepienie vaccination [væksı'neıʃn], immunization [ımju:naı'zeıʃn]
szczepionka vaccine ['væksi:n]; **szczepionka przeciwko wściekliźnie** – rabies vaccine
szczerość frankness ['fræŋknıs], sincerity [sın'serətı], candour ['kændə]
szczery frank [fræŋk], sincere [sın'sıə], candid ['kændıd], honest ['ɒnıst]; **szczera odpowiedź** – a frank reply; **szczere podziękowania** – sincere thanks; **szczera prawda** – the simple truth; *Jeżeli mam być szczery, muszę powiedzieć...* – To be perfectly frank/ /honest I must say that...
szczerze sincerely [sın'sıəlı], frankly ['fræŋklı]; **szczerze mówiąc** – frankly speaking; **szczerze komuś podziękować** – to thank sb sincerely; **szczerze oddany** (*zakończenie listu*) – Yours sincerely
szczęka jaw [dʒɔ:], (*sztuczna szczęka*) denture ['dentʃə]; **górna/dolna szczęka** – the upper/the lower jaw
szczęście ❶ (*powodzenie, pomyślny los*) luck [lʌk], success [sək'ses]; **próbować szczęścia w kartach** – to try one's luck at cards; **mieć szczęście** – to have good luck/to be lucky; **nie mieć szczęścia** – to have bad luck/to be unlucky; *To ci przyniesie szczęście.* – That will bring you luck. *Miałem szczęście, że go zastałem w domu.* – I had the luck/I was lucky to find him

at home. *Na szczęście zastaliśmy go w domu.* – Luckily we found him at home. *Szczęście go nie zawiodło i wygrał.* – His luck was with him and he won. *Życzę szczęścia!* – Good luck! ❷ (*uczucie radości, spełnienia*) happiness ['hæpɪnɪs]; *Pieniądze nie przyniosły im szczęścia.* – Money didn't bring them happiness.

szczęśliwie luckily ['lʌkɪlɪ], happily ['hæpɪlɪ]; *I żyli długo i szczęśliwie.* – And they lived happily ever after.

szczęśliwy ❶ (*przynoszący szczęście, pomyślny*) lucky ['lʌkɪ], happy ['hæpɪ]; **szczęśliwy zbieg okoliczności** – a happy coincidence; **szczęśliwa gwiazda** – a lucky star; *Siódemka jest moją szczęśliwą liczbą.* – Seven is my lucky number. ❷ (*uszczęśliwiony*) happy ['hæpɪ]; **być szczęśliwym w małżeństwie** – to be happy in marriage; *Szczęśliwego Nowego Roku!* – (A) Happy New Year! **szczęśliwe zakończenie** – a happy ending

szczoteczka brush [brʌʃ]; **szczoteczka do zębów** – a toothbrush

szczotka brush [brʌʃ]

szczotkować brush [brʌʃ]

szczupleć slim down (mm) [slɪm'daʊn], grow thin [grəʊ'θɪn]

szczupły slim [slɪm], slender ['slendə], thin [θɪn]

szczur *zool.* rat [ræt]

szczypać pinch [pɪntʃ], (*o mrozie*) bite (bit, bitten) [baɪt, bɪt, 'bɪtn], (*podrażniać oczy*) sting (stung, stung) [stɪŋ, stʌŋ, stʌŋ]; *Dym szczypie mnie w oczy.* – My eyes are stinging from the smoke./The smoke is stinging my eyes.

szczypce tongs [tɒŋz], (*raka*) claws [klɔ:z], nippers ['nɪpəz], pincers ['pɪnsəz]; **szczypce do cukru** – sugar tongs

szczypta pinch [pɪntʃ]; **szczypta soli** – a pinch of salt

szczyt ❶ (*najwyżej wzniesiona część góry*) top [tɒp], peak [pi:k], summit ['sʌmɪt]; **wspiąć się na szczyt** – to climb to the top/the summit; **szczyty gór okryte śniegiem** – snow-covered mountain peaks ❷ (*najwyższy stopień, górna granica*) top [tɒp], summit ['sʌmɪt], height [haɪt], pinnacle ['pɪnəkl], peak [pi:k]; **osiągnąć szczyt** – to reach the top; **u szczytu kariery** – at the pinnacle/the summit/the height of one's career; **spotkanie//konferencja na szczycie** – a summit meeting/conference; **szczyt komunikacyjny/godziny szczytu komunikacyjnego** – rush hour; **godziny szczytu** (*np. w poborze energii*) – peak hours; **szczyt sezonu turystycznego** – the height of the tourist season; **szczyt luksusu** – the height of luxury

szef boss [bɒs], chief [tʃi:f], (*szef kuchni*) chef [ʃef]; **szef sztabu** – Chief of Staff

szejk sheikh [ʃeɪk]

szelest rustle ['rʌsl]

szeleścić rustle ['rʌsl]

szelka (*pas*) strap [stræp], (*szelki do spodni*) braces ['breɪsɪz]

szept whisper ['wɪspə]

szeptać whisper ['wɪspə]

szereg ❶ (*rząd*) row [rəʊ], line [laɪn]; **stać w szeregu** – to stand in a row; **ustawić ludzi w szereg** – to line up people ❷ (*wojsk. – szeregi*) the ranks [-ræŋks]; **wstąpić w szeregi** – to join the ranks ❸ (*pewna liczba, wiele*) a number of [ə'nʌmbərəv]; **szereg osób** – a number of people; **szereg powodów** – a number of reasons

szeregowiec *wojsk.* private (soldier) ['praɪvɪt-]

szermierka *sport.* fencing ['fensɪŋ]

szermierz fencer ['fensə]

szeroki broad [brɔ:d], wide [waɪd]; **szeroka ulica** – a wide/a broad street; **szerokie ramiona** – broad shoulders; **szeroki uśmiech** – a broad/a wide smile; **szeroki świat** – the wide world

szeroko wide [waɪd], widely ['waɪdlɪ], broadly ['brɔ:dlɪ]; **uśmiechnąć się szeroko** – to smile broadly; **z szeroko otwartymi oczami** – with wide-opened eyes; **szeroko rozpowszechniony** – widespread

szerokość width [wɪdθ], breadth [bredθ]; *Pokój ma cztery metry szerokości.* –

S

The room is four metres wide./The room is four metres in width. *Rzeka ma 50 metrów szerokości.* – The river is 50 metres broad./The river is 50 metres in breadth. **szerokość geograficzna** – latitude

szeryf sheriff ['ʃerɪf]

szerzyć spread (spread, spread) [spred, spred, spred], propagate ['prɒpəgeɪt], disseminate [dɪ'semɪneɪt]; **szerzyć grozę/panikę** – to spread fear/panic; **szerzyć wiedzę** – to disseminate knowledge; **szerzyć plotki** – to spread rumours

szerzyć się spread (spread, spread) [spred, spred, spred], (*o chorobie, epidemii*) be rampant [bi:'ræmpənt], be rife [bi:'raɪf]; *Epidemia szybko się szerzy.* – The epidemic is spreading fast.

szesnasty sixteenth [sɪks'ti:nθ] (16th); **szesnasty sierpnia** – the sixteenth of August/August the sixteenth/16th August/August 16th; **szesnasty wiek** – the sixteenth century/16th century; **godzina szesnasta** – four p.m./four o'clock in the afternoon/sixteen hours; **strona szesnasta** – page sixteen

szesnaście sixteen [sɪks'ti:n]

sześcian *mat.* cube [kju:b]

sześcienny cubic ['kju:bɪk]; **metr sześcienny** – a cubic metre

sześciobok *mat.* hexagon ['heksəgən]

sześć six [sɪks]

sześćdziesiąt sixty ['sɪkstɪ]

sześćdziesiąty sixtieth ['sɪkstɪəθ]

sześćset six hundred [sɪks'hʌndrɪd]

sześćsetny six hundredth [sɪks'hʌndrɪdθ]

szew seam [si:m], *med.* stitch [stɪtʃ]

szewc shoemaker ['ʃu:meɪkə]

szkarlatyna *med.* scarlet fever [skɑ:lɪt-'fi:və]

szkatułka jewellery box ['dʒu:əlrɪbɒks]

szkic ❶ (*rysunek, projekt*) sketch [sketʃ], draft [drɑ:ft] ❷ (*artykuł, rozprawa literacka*) essay ['eseɪ], study ['stʌdɪ]

szkicować sketch [sketʃ]

szkielet ❶ (*kościec*) skeleton ['skelɪtn] ❷ (*system konstrukcyjny*) framework ['freɪmwɜ:k]

szklanka glass [glɑ:s]; **burza w szklance wody** – a storm in a teacup

szklarnia greenhouse ['gri:nhaʊs], glasshouse ['glɑ:shaʊs]

szklarz glazier ['gleɪzjə]

szklić glaze [gleɪz]

szkliwo ❶ (*polewa, glazura*) glaze [gleɪz], enamel [ɪ'næml] ❷ (*wierzchnia warstwa zęba*) enamel [ɪ'næml]

szkło ❶ (*substancja*) glass [glɑ:s] ❷ (*szkła – soczewki, okulary*) glasses ['glɑ:sɪz]; *Musi pan nosić szkła.* – You must wear glasses. **szkła kontaktowe** – contact lenses; **szkło powiększające** – a magnifying glass

szkocki Scottish ['skɒtɪʃ], Scotch [skɒtʃ]; **szkocka whisky** – Scotch whisky; **terier szkocki** – a Scotch terrier; **szkocka krata** – tartan; **szkocka spódnica** – a kilt

szkoda[1] (*strata, uszczerbek*) damage ['dæmɪdʒ], harm [hɑ:m]; **wyrządzić szkodę** – to do damage; **doznać szkody** – to come to harm; **robić więcej szkody niż pożytku** – to do more harm than good; **płacić za szkody** – to pay damages

szkoda[2] ❶ (*żal, przykro*) a pity [ə'pɪtɪ]; *Szkoda, że nie możesz przyjść.* – It's a pity you can't come. *Jaka szkoda!* – What a pity! *Szkoda, że nie wzięliśmy mapy.* – It's a pity we haven't taken the map./I wish we had taken the map. ❷ (*nie ma sensu*); *Szkoda czasu i pieniędzy.* – It's a waste of time and money. *Szkoda o tym mówić.* – It's no use talking about it.

szkodliwość harmfulness ['hɑ:mfʊlnɪs]

szkodliwy harmful ['hɑ:mfʊl]; **szkodliwe skutki** – harmful effects; *Palenie jest szkodliwe dla zdrowia.* – Smoking is harmful to your health.

szkodnik pest [pest]

szkodzić ❶ (*być szkodliwym*) be harmful [bi:'hɑ:mfʊl], harm [hɑ:m], do harm [dʊ 'hɑ:m]; *Zaszkodziło mi coś,*

co zjadłem. – Something I ate disagreed with me. ❷ (*przynosić uszczerbek*) damage ['dæmɪdʒ]
◆ *Przepraszam! – Nic nie szkodzi!* – I'm sorry! – That's all right. *Nie udało ci się? Nie szkodzi, spróbuj jeszcze raz!* – So you've failed? Never mind, try once again!

szkolenie training ['treɪnɪŋ]

szkolić train [treɪn], instruct [ɪn'strʌkt]

szkolnictwo educational system [edjʊ'keɪʃnl'sɪstəm]

szkolny school [sku:l]; **dziecko w wieku szkolnym** – a child of school age; **kolega szkolny** – a schoolfellow/a schoolmate; **budynek szkolny** – a schoolhouse; **młodzież szkolna** – schoolchildren

szkoła school [sku:l]; **szkoła podstawowa** – primary/elementary school; **szkoła średnia** – secondary school/ /*am.* high school; **szkoła dzienna/ /wieczorowa** – day/evening school; **skończyć szkołę** – to finish/to leave school; **chodzić do szkoły** – to go to school/to attend school; **szkoła pomaturalna** – training college; **szkoła wyższa** – university; **flamandzka szkoła malarstwa** – the Dutch school of painting

Szkot Scotsman, *l.mn.* Scotsmen ['skɒtsmən]; **Szkoci** – the Scots

Szkotka Scotswoman, *l.mn.* Scotswomen ['skɒtswʊmən, 'skɒtswɪmɪn]

szlachetność nobleness ['nəʊblnɪs], dignity ['dɪgnɪtɪ], refinement [rɪ'faɪnmənt]

szlachetny ❶ (*prawy, wspaniałomyślny*) noble ['nəʊbl]; **szlachetny gest** – a noble gesture ❷ (*odznaczający się pięknem, harmonią*) refined [rɪ'faɪnd], elegant ['elɪgənt] ❸ (*o wysokim gatunku*); **szlachetne wino** – vintage wine; **szlachetne kamienie** – precious stones

szlachta the nobility [-nə'bɪlətɪ], the gentry [-'dʒentrɪ]

szlafrok dressing gown ['dresɪŋgaʊn]

szlak ❶ (*droga*) route [ru:t], track [træk], trail [treɪl]; **szlak turystyczny** – a hiking trail; **szlak morski/handlowy** – shipping/trade route; **iść szlakiem** – to follow a route ❷ (*motyw dekoracyjny*) border ['bɔ:də]

szlifować polish ['pɒlɪʃ]

szloch sob [sɒb]

szlochać sob (bb) [sɒb]

szmaragd (*kolor*) emerald ['emərəld]

szmaragdowy emerald green ['emərəld gri:n]

szmata rag [ræg]

szmatka cloth [klɒθ]

szmer murmur ['mɜ:mə], whisper ['wɪspə]

szminka lipstick ['lɪpstɪk]

szmira trash [træʃ]

szmuglować smuggle ['smʌgl]

sznur rope [rəʊp], cord [kɔ:d], line [laɪn], string [strɪŋ], (*izolowany przewód elektryczny*) flex [fleks]; **sznur do bielizny** – cloth line; **sznur pereł** – a string of pearls

sznurek string [strɪŋ]

sznurowadło shoe-lace ['ʃu:leɪs]

sznycel *kulin.* veal cutlet ['vi:lkʌtlɪt], schnitzel ['ʃnɪsl]

szofer chauffeur ['ʃəʊfə]

szok shock [ʃɒk]; *Wiadomość była dla nas szokiem.* – The news came as a shock to us. **być w stanie szoku** – to be in shock/to go into shock/to suffer from shock

szokować shock [ʃɒk], scandalize ['skændəlaɪz]

szopa shed [ʃed]

szopka (*na Boże Narodzenie*) crib [krɪb], *am.* creche [kreɪʃ]

szorować scrub (bb) [skrʌb], scour ['skaʊə]; **szorować podłogę** – to scrub the floor; **szorować garnki** – to scour the pots and pans; **proszek do szorowania** – scouring powder/scourer; **szczotka do szorowania** – a scrubbing brush

szorstki ❶ (*chropowaty*) rough [rʌf], coarse [kɔ:s] ❷ (*opryskliwy*) harsh [hɑ:ʃ], brusque [brʊsk]

szorty shorts [ʃɔ:ts]

szosa road [rəʊd], highway ['haɪweɪ]
szowinista chauvinist ['ʃəʊvɪnɪst]
szowinistyczny chauvinist ['ʃəʊvɪnɪst]
szowinizm chauvinism ['ʃəʊvɪnɪzm]
szósty sixth [sɪksθ] (6th); **szósty stycznia** – the sixth of January/January the sixth/6th January/January 6th; **szósta godzina** – six o'clock; **strona szósta** – page six
szpada sword [sɔ:d]
szpadel spade [speɪd]
szpalta column ['kɒləm]
szpara slot [slɒt], gap [gæp], crack [kræk]
szparag *bot.* asparagus [ə'spærəgəs], (*rzeczownik niepoliczalny*); *Na obiad były szparagi.* – We had asparagus for lunch.
szpecić mar (rr) [mɑ:], spoil (spoilt, spoilt) [spɔɪl, spɔɪlt, spɔɪlt]
szpiczasty pointed ['pɔɪntɪd]
szpieg spy [spaɪ]
szpiegostwo spying ['spaɪɪŋ], espionage [espɪə'nɑ:ʒ]
szpiegować spy [spaɪ]

S

szpik marrow ['mærəʊ]; **zmarznąć do szpiku kości** – to be frozen to the marrow/to the bone; *On jest Anglikiem do szpiku kości.* – He is an Englishman through and through.
szpilka pin [pɪn]; **szpilka do włosów** – a hairpin; **szpilka do krawata** – a tie-pin
szpilki (*pantofle na cienkim obcasie*) stilettos [stɪ'letəʊz], stiletto heels [stɪ'letəʊ hi:lz]
szpinak *bot.* spinach ['spɪnɪdʒ]
szpital hospital ['hɒspɪtl]; **iść do szpitala** (*jako pacjent*) – to go to hospital; **pójść do szpitala odwiedzić kogoś** – to go to the hospital to visit sb; **zostać przyjętym do szpitala** – to be admitted to hospital; **zostać wypisanym/ /wypuszczonym ze szpitala** – to be discharged/released from hospital
szpon claw [klɔ:], talon ['tælən], (*szpony*) clutches ['klʌtʃɪz]; *Jastrząb trzymał mysz w szponach.* – The hawk held a mouse in its clutches. **wpaść w czyjeś szpony** – to fall into sb's clutches
szron hoar-frost ['hɔ:frɒst]
sztab headquarters ['hedkwɔ:təz], staff [stɑ:f]
sztaba bar [bɑ:]; **sztaba złota** – a bar of gold
sztandar banner ['bænə], standard ['stændəd]
sztorm storm [stɔ:m], gale [geɪl]; **ostrzeżenie o sztormie** – gale warning
sztruks cord [kɔ:d]
sztućce knives, spoons and forks ['naɪvs spu:nzən'fɔ:ks], cutlery ['kʌtlərɪ]
sztuczka trick [trɪk]; **robić sztuczki** – to do/to perform tricks
sztuczność artificiality [ɑ:tɪfɪʃɪ'ælətɪ], (*w zachowaniu*) affectation [æfək'teɪʃn]
sztuczny artificial [ɑ:tɪ'fɪʃl], imitation [ɪmɪ'teɪʃn]; **sztuczne kwiaty/perły/ /oświetlenie** – artificial flowers/ /pearls/light; **sztuczne oddychanie** – artificial respiration; **sztuczna biżuteria** – imitation/costume jewellery; **sztuczna skóra** – imitation leather
sztuka ❶ (*twórczość artystyczna*) art [ɑ:t]; **sztuki piękne** – the fine arts; **dzieło sztuki** – a work of art; **sztuka impresjonistyczna/abstrakcyjna** – impressionist/abstract art; **krytyk sztuki** – an art critic ❷ (*utwór dramatyczny*) play [pleɪ] ❸ (*umiejętność*) art [ɑ:t]; **sztuka konwersacji** – the art of conversation ❹ (*dowód zręczności*) trick [trɪk] ❺ (*pojedyncza rzecz*) piece [pi:s], item ['aɪtəm], (*sztuka bydła*) head [hed]
szturm attack [ə'tæk], assault [ə'sɔ:lt], storm [stɔ:m], onslaught [ɒn'slɔ:t]; **przypuścić szturm na pozycje nieprzyjaciela** – to make/to carry out an assault/attack on the enemy positions; **wziąć coś szturmem** – to take sth by storm
sztylet dagger ['dægə], stiletto [stɪ'letəʊ]
sztywny stiff [stɪf]
szubienica gallows ['gæləʊz]
szufla shovel ['ʃʌvl]

szuflada drawer [drɔ:]
szukać look for [lʊk'fɔ:], search for [sɜ:tʃ'fɔ:], seek (sought, sought) [si:k, sɔ:t, sɔ:t]; *Czego szukasz?* – What are you looking for? *On szuka pracy.* – He is looking for a job. **szukać rozwiązań** – to seek (for) solutions; **szukać szczęścia/pomocy** – to seek happiness/help; **szukać wyrazu w słowniku** – to look up a word in a dictionary
szum sound [saʊnd], noise [nɔɪz], murmur ['mɜ:mə]; **szum przepływającej wody** – the sound of rushing water; *W oddali słychać było szum morza.* – The sound of the sea was heard in the distance.
szumieć (*o falach*) roar [rɔ:], (*o rzece*) murmur ['mɜ:mə]; *Morze szumiało w oddali.* – We heard the distant sound of the sea.
szurać shuffle ['ʃʌfl]; **szurać nogami** – to shuffle one's feet
szwagier brother-in-law ['brʌðərɪnlɔ:]
szwagierka sister-in-law ['sɪstərɪnlɔ:]
Szwajcar Swiss [swɪs]; **Szwajcarzy** – the Swiss
szwajcarski Swiss [swɪs]
Szwed Swede [swi:d]; *Jestem Szwedem.* – I'm Swedish.
szwedzki Swedish ['swi:dɪʃ]; **szwedzki stół** – smorgasboard
szyba window-pane; **podwójne szyby** – double glazing
szybki (*prędki*) quick [kwɪk], fast [fɑ:st], rapid ['ræpɪd]; **szybki samochód** – a fast car; **szybki puls** – a rapid pulse; **szybkie tempo** – fast/rapid/quick pace; **szybki jak błyskawica** – as quick as a flash/as lightning; **droga szybkiego ruchu** – expressway
szybko quick [kwɪk], quickly ['kwɪklɪ], fast [fɑ:st], rapidly ['ræpɪdlɪ]; **jak stać się szybko bogatym** – how to get rich quick; *On mówił zbyt szybko.* – He was speaking too fast.
szybkościomierz speedometer [spi:'dɒmɪtə]
szybkość speed [spi:d]; **nabrać szybkości/stracić szybkość** – to gather/to lose speed; *On jechał z szybkością 60 kilometrów na godzinę.* – He was driving at a speed of sixty kilometres an hour. **z największą/maksymalną szybkością** – at top speed
szybować glide [glaɪd], soar [sɔ:]; *Jastrząb szybował cicho nad polami.* – A hawk was gliding silently over the fields.
szybowiec glider ['glaɪdə]
szybownictwo gliding ['glaɪdɪŋ]
szycie sewing ['səʊɪŋ]; **maszyna do szycia** – a sewing-machine
szyć sew (sewed, sewn) [səʊ, səʊd, səʊn]
szyderstwo sneer [snɪə], jeer [dʒɪə], gibe [dʒaɪb]
szydzić sneer (at) [snɪə-], jeer (at) [dʒɪə-]
szyfr code [kəʊd]
szyfrować code [kəʊd]
szyja neck [nek]
szykować prepare [prɪ'peə], get ready [get'redɪ]; **szykować posiłek** – to prepare a meal
szykować się prepare [prɪ'peə], get ready [get'redɪ]; **szykować się do podróży** – to prepare/to get ready for a journey
szyld sign-board ['saɪnbɔ:d]
szympans chimpanzee [tʃɪmpən'zi:]
szyna rail [reɪl], (*szyny*) track [træk]; **wyskoczyć z szyn** – to jump the rails/the track
szynka ham [hæm]
szyszka *bot.* cone [kəʊn]

S

Ś

ściana wall [wɔ:l]; **blady jak ściana** – as white as a sheet

ściąć (*odciąć, obciąć*) cut down/off [kʌt'daʊn/'ɒf] (cut, cut); **ściąć włosy** – to cut one's hair; **ściąć drzewo** – to cut down a tree; **ściąć komuś głowę** – to cut off sb's head/to behead sb; **ściąć trawnik** – to mow the lawn; **ściąć żywopłot** – to trim the hedge

ściąć się (*skrzepnąć*) coagulate [kəʊ'ægjʊleɪt], congeal [kən'dʒi:l]

ściągać ❶ (*ciągnąć, opuszczać*) pull down [pʊl'daʊn], lower ['ləʊə]; **ściągnąć flagę** – to lower the flag; *Kot ściągnął obrus ze stołu.* – The cat has pulled the cloth off the table. ❷ (*zdejmować z siebie część ubrania*) pull off [pʊl'ɒf]; **ściągnąć płaszcz/buty** – to pull off one's coat/one's shoes ❸ (*mocno zawiązać, ściskać*) tighten ['taɪtn], tie up [taɪ'ʌp] ❹ (*przyciągać*) attract [ə'trækt], draw (drew, drawn) [drɔ:, dru:, drɔ:n] ❺ (*być sprawcą*) bring on/upon [brɪŋ'ɒn/ə'pɒn] (brought, brought); *Ściągniesz na siebie kłopoty.* – You'll bring trouble on yourself. ❻ (*pobierać opłaty, zmuszać do zapłacenia*) collect [kə'lekt]; **ściągać podatki** – to collect taxes ❼ (*odpisywać na klasówce*) copy ['kɒpɪ], crib [krɪb]

ścieg stitch [stɪtʃ]

ściek ❶ (*zanieczyszczone wody – ścieki*) sewage ['sju:ɪdʒ], wastes [weɪsts] ❷ (*kanał*) sewer ['sjʊə], waste-pipe ['weɪstpaɪp], (*rynsztok*) gutter ['gʌtə]

ściemniać się grow dark [grəʊ'dɑ:k], get dark [get'dɑ:k]

ściemnieć darken ['dɑ:kn], grow dark [grəʊ'dɑ:k]

ścienny wall [wɔ:l]; **malowidło ścienne** – a mural

ścierać ❶ (*wycierać*) rub (bb) [rʌb], wipe (up) [waɪp-]; **ścierać z podłogi rozlane mleko** – to wipe (up) the spilt milk off the floor; **ścierać zdanie z tablicy** – to wipe/to rub a sentence off the blackboard; **ścierać kurze** (*z mebli*) – to dust the furniture ❷ (*zdzierać wierzchnią warstwę*) scrape [skreɪp]

ścierać się ❶ (*zostać startym*) wear away [weərə'weɪ] (wore, worn); *Napis na nagrobku starł się.* – The inscription on the tombstone has worn away. ❷ (*o ludziach, poglądach – być w konflikcie*) clash [klæʃ]

ścierka cloth [klɒθ], (*do kurzu*) duster ['dʌstə]; **ścierka do naczyń** – a dishcloth; **ścierka do podłogi** – a floorcloth

ścierny abrasive [ə'breɪsɪv]; **papier ścierny** – sandpaper

ścierpieć bear (bore, borne) [beə, bɔ:, bɔ:n], stand (stood, stood) [stænd, stʊd, stʊd], endure [ɪn'djʊə], suffer ['sʌfə]; *Nie mogę ścierpieć jego bezczelności.* – I can't stand/suffer/endure his impudence.

ścieżka path [pɑ:θ]

ścięgno *anat.* tendon ['tendən], sinew ['sɪnju:]

ścigać ❶ (*biec za kimś, gonić*) chase [tʃeɪs], run after [rʌn'ɑ:ftə] (ran, run); *Pies ścigał kota.* – The dog was chasing/running after a cat. ❷ (*poszukiwać przestępcy*) hunt [hʌnt], pursue [pə'sju:], (*ścigać sądownie*) prosecute ['prɒsɪkju:t]; *Policja ściga zbiegłego przestępcę.* – The police are hunting the escaped criminal.

ścigać się race against each other

ścinać *p.* **ściąć**

ścisk (*tłok*) crowd [kraʊd]

ściskać squeeze [skwi:z], clasp [klɑ:sp], press [pres]; **ściskać kogoś za rękę** – to squeeze sb's hand; **ścisnąć zęby** – to clench one's teeth

ścisłość exactitude [ɪg'zæktɪtju:d], exactness [ɪg'zæktnɪs], precision [prɪ'sɪʒn], accuracy ['ækjʊrəsɪ]

ścisły ❶ (*zwarty, gęsty*) dense [dens], close [kləʊs] ❷ (*bliski*) close [kləʊs]; **ścisły związek** – a close relationship ❸ (*dokładny, określony, sprecyzowany*) precise [prɪ'saɪs], exact [ɪg'zækt], accurate ['ækjʊrət]; **nauki ścisłe** – exact sciences ❹ (*bezwzględny*) strict [strɪkt], close [kləʊs]; **w ścisłym znaczeniu tego słowa** – in the strict sense of the word; **ścisła dyscyplina** – strict discipline; **ścisły areszt** – close arrest

ściszać (*własny głos*) drop one's voice, (*przyciszać dźwięk*) turn down [tɜ:n'daʊn]; *Ściszył głos do szeptu.* – He dropped his voice to a whisper. **ściszyć radio** – to turn the radio down

ślad ❶ (*pozostałość*) trace [treɪs]; **ślady pradawnych kultur** – traces of prehistoric cultures; **zniknąć bez śladu** – to vanish without trace; *Nie było po nim widać nawet śladu wyrzutów sumienia.* – He showed not trace of remorse. ❷ (*odcisk, trop*) print [prɪnt], trail [treɪl], trace [treɪs], track [træk]; **ślady stóp** – footprints; **ślady opon w błocie** – tyre tracks in mud; **zostawiać ślady** – to leave a trail; **iść po czyichś śladach** – to follow sb's tracks; **świeże ślady niedźwiedzia** – fresh bear tracks

śledzić ❶ (*tropić*) watch [wɒtʃ], shadow ['ʃædəʊ], spy [spaɪ]; *Wiedziała, że jest śledzona.* – She knew she was being watched. *Przez cały dzień śledził podejrzanego policjant w cywilu.* – A plain-clothes policeman shadowed the suspect all day. *Śledziłeś mnie!* – You've been spying on me! ❷ (*obserwować*) watch [wɒtʃ], follow ['fɒləʊ]; *Śledził każdy mój ruch.* – He watched my every move. *Śledziliśmy każde jego słowo.* – We followed his every word.

śledztwo investigation [ɪnvəstɪ'geɪʃn]; **prowadzić śledztwo** – to conduct an investigation/to investigate; **prowadzić śledztwo w sprawie morderstwa** – to investigate a murder

śledź *zool.* herring ['herɪŋ]

ślepnąć go blind [gəʊ'blaɪnd]

ślepota blindness ['blaɪndnɪs]

ślepy blind [blaɪnd]; **ślepy na jedno oko** – blind in one eye; *On jest ślepy na jej wady.* – He is blind to her faults. **ślepe posłuszeństwo** – blind obedience; **ślepy los** – blind destiny; **ślepa uliczka** – a blind alley/a cul-de-sac

śliczny lovely ['lʌvlɪ], beautiful ['bju:təfʊl]

ślimak *zool.* snail [sneɪl]

ślina saliva [sə'laɪvə]

śliski slippery ['slɪpərɪ]

śliwa *bot.* plum-tree ['plʌmtri:]

śliwka plum [plʌm], (*suszona*) prune [pru:n]

ślizgać się slide (slid, slid) [slaɪd, slɪd, slɪd], (*na łyżwach*) skate [skeɪt]

ślizgawka skating-rink ['skeɪtɪŋrɪŋk]

ślub ❶ (*zawarcie małżeństwa*) wedding ['wedɪŋ], marriage ['mærɪdʒ]; *Byłam zaproszona na ich ślub.* – I was invited to their wedding. **ślub cywilny** – a civil marriage; **zawrzeć ślub** – to be wed/to get married; **ustalić datę ślubu** – to set the wedding date; **dzień ślubu** – the wedding day; **rocznica ślubu** – a wedding anniversary ❷ (*ślubowanie*) vow [vaʊ]; **złożyć śluby zakonne** – to take the vows; **odnowić śluby małżeńskie** – to renew one's marriage vows

ślubny wedding ['wedɪŋ], marriage ['mærɪdʒ]; **ceremonia ślubna** – the marriage/wedding ceremony; **suknia**

ślubna – a wedding gown; **prezent ślubny** – a wedding present; **obrączka ślubna** – a wedding-ring

ślubować vow [vaʊ]

ślusarz locksmith ['lɒksmɪθ]

śmiać się laugh [lɑ:f]; **śmiać się z żartu** – to laugh at a joke; **śmiać się z kogoś** – to laugh at sb

śmiało ❶ (*odważnie, bez obawy*) courageously [kə'reɪdʒəslɪ], boldly ['bəʊldlɪ], bravely ['breɪvlɪ] ❷ (*bez wątpliwości*) without hesitation, safely ['seɪflɪ]; *Możemy śmiało założyć, że...* – We can safely assume, that... *Śmiało pytaj, jeżeli czegoś nie będziesz wiedział.* – Don't hesitate to ask if you don't know something.

śmiałość courage ['kʌrɪdʒ], boldness ['bəʊldnɪs]

śmiały ❶ (*odważny*) courageous [kə'reɪdʒəs], bold [bəʊld], audacious [ɔ:'deɪʃəs] ❷ (*świadczący o pewności siebie, o braku obaw*) bold [bəʊld], daring ['deərɪŋ]; **śmiały plan** – a bold plan/ /a daring plan

Ś

śmiech laugh [lɑ:f], laughter ['lɑ:ftə]; **stłumić śmiech** – to stifle/to supress a laugh; **wybuchnąć śmiechem** – to burst out laughing; **wybuch śmiechu** – a burst of laughter; **serdeczny śmiech** – a hearty laugh; **zaraźliwy śmiech** – infectious/contagious laugh/ /laughter

śmieciarz dustman, *l.mn.* dustmen ['dʌstmən], refuse collector [refju:skə'lektə], *am.* garbage man ['gɑ:bɪdʒmæn]

śmiecić throw litter about

śmieć¹ (*śmieci*) rubbish ['rʌbɪʃ], garbage ['gɑ:bɪdʒ], litter ['lɪtə], refuse ['refju:s]; **kosz na śmieci** – a wastepaper basket; **pojemnik na śmieci** – a rubbish-bin/a dustbin/*am.* a garbage can; **wysypisko śmieci** – a rubbish/ /a refuse heap/dump

śmieć² (*ośmielić się*) dare [deə], venture ['ventʃə], have the courage; *On nie będzie śmiał poprosić szefa o podwyżkę.* – He won't dare to ask the boss for a rise. *Jak śmiesz!* – How dare you!

śmierć death [deθ]; **gwałtowna/nagła śmierć** – a violent/a sudden death; **umrzeć gwałtowną/naturalną śmiercią** – to die a violent/a natural death; **zagłodzić się na śmierć** – to starve to death; **zostać skazanym na śmierć** – to be sentenced to death; **łoże śmierci** – a deathbed; **sprawa życia i śmierci** – a matter of life and death

śmierdzący stinking ['stɪŋkɪŋ], smelly ['smelɪ]

śmierdzieć stink (stank/stunk, stunk) [stɪŋk, stæŋk, stʌŋk], smell (smelt, smelt/-ed) [smel, smelt, smelt/smeld]; *Tu śmierdzi zepsutą rybą.* – It stinks/ /smells of rotten fish here. *Ta sprawa śmierdzi.* – The whole business stinks.

śmiertelnie mortally ['mɔ:tlɪ], deadly ['dedlɪ], dead [ded]; **śmiertelnie ranny** – mortally/fatally wounded; **śmiertelnie blady** – deadly pale; **śmiertelnie poważny** – deadly serious; **śmiertelnie zmęczony** – dead tired; **być śmiertelnie znudzonym** – to be bored to death

śmiertelnik mortal ['mɔ:tl]

śmiertelność mortality [mɔ:'tælətɪ]; **śmiertelność noworodków** – infant mortality

śmiertelny mortal ['mɔ:tl], deadly ['dedlɪ], dead [ded]; *Człowiek jest śmiertelny.* – Man is mortal. **śmiertelna rana** – a mortal/a fatal wound; **śmiertelni wrogowie** – mortal enemies; **śmiertelny strach** – mortal fear; **śmiertelne niebezpieczeństwo** – mortal danger; **śmiertelna bladość** – deadly paleness; **śmiertelna cisza** – dead/ /deadly silence; **śmiertelny grzech** – mortal sin

śmieszność ridiculousness [rɪ'dɪkjʊləsnɪs], ridicule ['rɪdɪkju:l]; **narazić się na śmieszność** – to become an object of ridicule

śmieszny ❶ (*zabawny*) funny ['fʌnɪ], amusing [ə'mju:zɪŋ]; **śmieszna historia** – a funny/an amusing story ❷ (*za-*

sługujący na wyśmianie) ridiculous [rɪ'dɪkjʊləs]; *Nie bądź śmieszny.* – Don't be ridiculous.

śmieszyć amuse [ə'mju:z], make sb laugh

śmietana sour cream [saʊə'kri:m]

śmietanka cream [kri:m]; **bita śmietanka/śmietana** – whipped cream

śmietnik rubbish heap ['rʌbɪʃhi:p], refuse heap ['refju:s hi:p], (*pojemnik na śmieci*) dust-bin ['dʌstbɪn]

śmigło propeller [prə'pelə]

śmigłowiec helicopter ['helɪkɒptə]

śniadanie breakfast ['brekfəst]; **jeść śniadanie** – to have breakfast

śnić ❶ (*marzyć*) dream (dreamt, dreamt/-ed) [dri:m, dremt, dremt/dri:md]; **śnić na jawie** – to daydream; *Nigdy nie śniłam, że znowu cię zobaczę.* – I've never dreamt that I'll see you again. ❷ (*mieć marzenia senne*) dream (dreamt, dreamt/-ed) [dri:m, dremt, dremt/dri:md]; *Śniłam o tobie ostatniej nocy.* – I dreamt about you last night.

śnić się (*ukazywać się we śnie*) appear in a dream; *Śniło mi się znowu, że zdawałam egzamin.* – I dreamt again that I was taking an exam. *Chyba ci się śniło, ja nigdy nic takiego nie mówiłem.* – You must have dreamt it, I never said such a thing.

śnieg snow [snəʊ]; *Góry były pokryte śniegiem.* – The mountains were covered with snow. *Pada śnieg!* – It's snowing! **duży opad śniegu** – a heavy snowfall/a heavy fall of snow; **biały jak śnieg** – as white as snow; **płatek śniegu** – a snowflake

śnieżka snow-ball ['snəʊbɔ:l]
◆ **Królewna Śnieżka** – Snow-White

śnieżnobiały snow-white ['snəʊwaɪt]

śnieżny snow [snəʊ], snowy ['snəʊɪ]; **pług śnieżny** – a snow-plough; **zaspa śnieżna** – a snow-drift; **zawieja śnieżna** – a snow storm; **śnieżna pogoda** – snowy weather

śnieżyca snow-storm ['səʊstɔ:m], blizzard ['blɪzəd]

śpiący ❶ (*senny*) sleepy ['sli:pɪ] ❷ (*pogrążony we śnie*) asleep [ə'sli:p]; **Śpiąca Królewna** – the Sleeping Beauty

śpiączka (*choroba*) sleeping sickness ['sli:pɪŋ'sɪknɪs], (*med. – letarg*) coma ['kəʊmə]

śpieszyć hurry ['hʌrɪ], hasten ['heɪsn]; **śpieszyć komuś z pomocą** – to hurry to help sb/to rush to sb's help

śpieszyć się be in a hurry [bi:ɪnə'hʌrɪ], hurry ['hʌrɪ], hasten ['heɪsn], (*o zegarze*) be fast [bi:'fɑ:st]; *Śpieszył się na pociąg.* – He was in a hurry to catch the train. *Ludzie śpieszyli (się) do domów.* – People hurried home. *Nie śpieszy się.* – There is no hurry. *Nie śpieszył się z odpowiedzią na to pytanie.* – He was in no hurry to answer the question. *Mój zegarek śpieszy się dziesięć minut.* – My watch is ten minutes fast.

śpiew singing ['sɪŋgɪŋ], song [sɒŋ]; **nauczyciel śpiewu** – a singing teacher; **lekcje śpiewu** – singing lessons; **śpiew ptaków** – the song of the birds

śpiewaczka singer ['sɪŋə]

śpiewać sing (sang, sung) [sɪŋ, sæŋ, sʌŋ]; **śpiewać piosenkę** – to sing a song; *Ona pięknie śpiewa.* – She sings beautifully. **śpiewać dziecku do snu** – to sing a baby to sleep

śpiwór sleeping-bag ['sli:pɪŋbæg]

średni ❶ (*przeciętny*) average ['ævrɪdʒ], mean [mi:n]; **średnia roczna temperatura** – the mean annual temperature ❷ (*pośredni*) medium ['mi:djəm], middle ['mɪdl]; **osoba w średnim wieku** – a middle-aged person; **człowiek średniego wzrostu** – a man of medium height; **klasa średnia** – the middle class; **szkoła średnia** – secondary school/grammar school; **wieki średnie** – the Middle Ages

średnia (the) average [-'ævrɪdʒ]; **powyżej/poniżej średniej** – above/below (the) average

średnica diameter [daɪ'æmɪtə]

średnio on (the) average [-'ævrɪdʒ]; *Pracuję średnio siedem godzin dziennie.*

Ś

– On average I work seven hours a day.

średniowiecze the Middle Ages [-mɪdl-'eɪdʒɪz]

średniowieczny medieval [medɪ'i:vl]

środa Wednesday ['wenzdɪ]

środek ❶ (*punkt centralny*) middle ['mɪdl], centre ['sentə]; **środek pokoju** – the middle of the room; **środek ciężkości** – the centre of gravity; **środek koła** – the centre of a circle; **złoty środek** – the happy/the golden medium/mean ❷ (*wnętrze*) inside ['ɪnsaɪd]; **wejść do środka domu** – to go inside the house; *Pokój został zamknięty od środka.* – The room has been locked on/from the inside. ❸ (*to, co umożliwia działanie*) means [mi:nz], medium, *l.mn.* media ['mi:djəm, 'mi:djə]; **środki transportu** – means of transport; **środki masowego przekazu** – mass--media ❹ (*sposoby, metody*) *l.mn.* means [mi:nz], measures ['meʒəz]; *Cel uświęca środki.* – The end justifies the means. **przedsięwziąć środki ostrożności** – to take safety measures ❺ (*specyfik farmaceutyczny*) remedy ['remədɪ], medicine ['medsɪn]; **środek na przeziębienie** – a remedy for cold ❻ (*zasoby materialne*) means [mi:nz], funds [fʌndz], resources [rɪ'sɔ:sɪz]; **osoba dysponująca niezależnymi środkami** – a person of independent means; *Czy oni mają środki, żeby kupić tak duży dom?* – Do they have the means to buy such a big house? **środki produkcji** – the means of production

środkowy middle ['mɪdl]; **środkowe ucho** – the middle ear; **palec środkowy** – middle finger

środowisko environment [ɪn'vaɪənmənt]; **zanieczyszczenie środowiska** – the pollution of the environment

śródmieście centre ['sentə], city centre ['sɪtɪsentə]

śródziemnomorski Mediterranean [medɪtə'reɪnjən]; **klimat śródziemnomorski** – a Mediterranean climate

śruba screw [skru:]

śrubokręt screwdriver ['skru:draɪvə]

świadczyć ❶ (*być objawem, dowodem*) bear witness to, testify to, be evidence of; *Jego odpowiedź świadczyła o nieczystym sumieniu.* – His answer was evidence of his guilty conscience. *To dobrze świadczy o tobie.* – It gives you credit. ❷ (*składać zeznania*) give evidence [gɪv'evɪdəns], testify ['testɪfaɪ] ❸ (*czynić*) render ['rendə]; **świadczyć usługi** – to render services

świadectwo ❶ (*dokument*) certificate [sə'tɪfɪkət]; **świadectwo lekarskie** – a medical certificate; **świadectwo urodzenia/ślubu/zgonu** – a birth/a marriage/a death certificate; **świadectwo maturalne** – secondary-school certificate/certificate of secondary education; **wydać świadectwo** – to issue a certificate ❷ (*fakt, dowód*) evidence ['evɪdəns]

świadek witness ['wɪtnɪs]; **świadek wypadku** – a witness to an accident; **być świadkiem czegoś** – to witness sth; **świadek obrony** – a witness for the defence; **świadek oskarżenia** – a witness for the prosecution; **świadkowie Jehowy** – Jehova Witnesses

świadomość consciousness ['kɒnʃəsnɪs], awareness [ə'weənɪs]; **stracić świadomość** – to lose consciousness; **odzyskać świadomość** – to regain/to recover consciousness

świadomy conscious ['kɒnʃəs], aware [ə'weə]; *Czy jest pan w pełni świadomy niebezpieczeństwa?* – Are you fully conscious of the danger? **być świadomym trudności** – to be aware of the difficulties; **świadome rodzicielstwo** – planned parenthood

świat world [wɜ:ld]; **podróżować dokoła świata** – to travel around the world; **Trzeci Świat** – the Third World; **przyjść na świat** – to come into the world

światło light [laɪt]; **jasne/silne/przymglone/słabe światło** – bright/strong//dull/faint light; **światło słońca** – sunlight; **światło księżyca** – moonlight; **światło elektryczne** – electric light; **czytać przy świetle świecy** – to read by the light of a candle; *W jego pokoju paliło się światło.* – A light was burning in his room. *Nagle światło zgasło.* – Suddenly the lights went out. **zapalić światło** – to put on/switch on/turn on the light; **zgasić światło** – to extinguish/to turn off/to switch off the light; **światła ruchu** – traffic lights; **przechodzić ulicę na czerwonym świetle** – to cross the street against the red light; **przejechać na czerwonym świetle** – to jump the lights; **rzucać na coś światło** – to cast/to shed/to throw light on sth; **światło na końcu tunelu** – light at the end of the tunnel

światowy ❶ (*odnoszący się do świata*) world [wɜ:ld]; **literatura światowa** – world literature; **pierwsza wojna światowa** – the First World War/ /World War I (one); **druga wojna światowa** – the Second World War/ /World War II (two); **pisarz światowej klasy** – a world-class author; **o zasięgu światowym** – world-wide ❷ (*odnoszący się do życia towarzyskiego*) worldly ['wɜ:ldlɪ], of the world; **osoba światowa** – a worldly person; **kobieta światowa** – a woman of the world

świąteczny holiday ['hɒlədɪ], festive ['festɪv]; **okres świąteczny** (*Bożego Narodzenia*) – the festive season; **życzenia świąteczne** (*z okazji Bożego Narodzenia*) – Christmas greetings

świątynia temple ['templ], shrine [ʃraɪn]; **świątynia grecka/hinduska/buddyjska** – a Greek/a Hindu/a Budhist temple

świeca candle ['kændl]

świecić ❶ (*wysyłać światło*) shine (shone, shone) [ʃaɪn, ʃɒn, ʃɒn]; *Słońce świeci.* – The sun is shining. ❷ (*błyszczeć*) shine (shone, shone) [ʃaɪn, ʃɒn, ʃɒn], glitter ['glɪtə], sparkle ['spɑ:kl], glisten ['glɪsn]; *Oczy mu świeciły z radości.* – His eyes sparkled with joy. *Księżyc świecił.* – The moon was shining. *Umyła szklanki, tak że świeciły.* – She cleaned the glasses until they shone. ❸ (*oświetlać*) light (lit, lit/-ed) [laɪt, lɪt, lɪt/'laɪtɪd], burn (burnt, burnt/-ed) [bɜ:n, bɜ:nt, bɜ:nt/bɜ:nd]]; **świecić latarką** – to light the torch

świecki secular ['sekjʊlə], lay [leɪ]

świecznik candlestick ['kændlstɪk]

świergot twitter ['twɪtə], chirrup ['tʃɪrəp]

świergotać twitter ['twɪtə], chirp [tʃɜ:p], chirrup ['tʃɪrəp], tweet [twi:t]

świerk *bot.* spruce [spru:s]

świetny ❶ (*doskonały*) excellent ['eksələnt], splendid ['splendɪd]; **być w świetnym humorze** – to be in high spirits ❷ (*okazały*) splendid ['splendɪd], magnificent [mæg'nɪfɪsnt]

świeżość freshness ['freʃnɪs]

świeży fresh [freʃ]

święcić ❶ (*obchodzić*) celebrate ['selɪbreɪt] ❷ (*kropić wodą święconą*) bless [bles], consecrate ['kɒnsɪkreɪt]; **woda święcona** – holy water

święto feast [fi:st], holiday ['hɒlədɪ]; **święto ruchome** – a movable feast; **Święta Bożego Narodzenia** – Christmas; **Święta Wielkanocne** – Easter; **Wesołych Świąt** (*Bożego Narodzenia*) – (a) Merry Christmas; **Święto Zmarłych** – All Souls Day; **święto kościelne** – a religious holiday; **święto narodowe** – a national holiday

świętość sanctity ['sæŋtətɪ], holiness ['həʊlɪnɪs], sacredness ['seɪkrɪdnɪs]; *Ona jest żywym przykładem świętości.* – She is a living example of sanctity. *Małżeństwo jest dla niej świętością.* – Her marriage is sacred to her. **świętość przysięgi** – the sanctity of an oath; **największa świętość** – the holy of holies

świętować celebrate ['selɪbreɪt]; **świętować rocznicę** – to celebrate an anniversary

święty ❶ (*o Bogu, bóstwach*) holy ['həʊlɪ], saint (St) [seɪnt (snt)]; **Duch Święty** – the Holy Ghost/the Holy Spirit; **dzień Wszystkich Świętych** – All Saints Day; **św. Jan** – St John

❷ (*uświęcony, związany z kultem*) holy ['həʊlɪ], sacred ['seɪkrɪd]; **Ojciec Święty** – the Holy Father; **komunia święta** – Holy Communion; **Ziemia Święta** – the Holy Land; **Pismo Święte** – the Holy Bible/Scriptures ❸ (*szlachetny, prawy*) saintly ['seɪntlɪ], pious ['paɪəs], holy ['həʊlɪ]; **prowadzić święte życie** – to lead a holy/saintly life; **święty człowiek** – a holy man; **jej świętej pamięci mąż** – her late husband ❹ (*nietykalny*) sacred ['seɪkrɪd]; **święta krowa** – a sacred cow; **święta obietnica** – a sacred promise; **święty obowiązek** – a sacred duty

świnia *zool.* pig [pɪg], swine, *l.mn.* swine [swaɪn], (*obelżywie*) swine

świnka ❶ (*mała świnia*) piggy ['pɪgɪ], piglet ['pɪglɪt], little pig [lɪtl'pɪg]; **świnka morska** – a guinea-pig ❷ *med.* mumps ['mʌmps]

świński pig's [pɪgz], piggy ['pɪgɪ]; **świńska skóra** – pigskin

świństwo ❶ (*łajdactwo*) dirty trick [dɜ:tɪ'trɪk], shabby trick [ʃæbɪ'trɪk] ❷ (*paskudztwo*) nasty stuff [nɑ:stɪ'stʌf]

świst whistle ['wɪsl], whizz [wɪz]; *Kula przeleciała mi koło ucha ze świstem.* – A bullet whizzed past my ear.

świt dawn [dɔ:n], daybreak ['deɪbreɪk]; **o świcie** – at dawn

świtać dawn [dɔ:n]; *Świtało, kiedy wrócił.* – It was dawning when he came back. *Zaczęło mu świtać w głowie, jak było naprawdę.* – The truth began to dawn on him.

t

ta *p.* **ten**

tabela table ['teɪbl], chart [tʃɑ:t]

tabletka tablet ['tæblɪt]; **tabletka nasenna** – a sleeping tablet; **zażyć tabletkę** – to take a tablet

tablica ❶ (*szkolna*) blackboard ['blækbɔ:d] ❷ (*płyta*) board [bɔ:d]; **tablica ogłoszeń** – a notice-board; **tablica pamiątkowa** – a commemorating plaque/ /a memorial plaque; **tablica rozdzielcza** – a control panel; **tablica rejestracyjna samochodu** – a licence plate/a number plate ❸ (*tabela*) table ['teɪbl]; **tablice logarytmiczne** – log tables

tabliczka ❶ (*płytka, tafla*) plaque [plɑ:k], plate [pleɪt]; **tabliczka czekolady** – a bar of chocolate ❷ (*tabela*) table ['teɪbl]; **tabliczka mnożenia** – the multiplication table

taboret stool [stu:l]

taca tray [treɪ], salver ['sælvə]

taczka wheel-barrow ['wi:lbærəʊ]

taić conceal [kən'si:l], hold back [həʊld'bæk] (held, held), keep dark, make a secret of sth; **nie taić czegoś** – to make no secret of sth

tajemnica ❶ (*sekret*) secret ['si:krɪt]; **trzymać coś w tajemnicy przed kimś** – to keep sth secret from sb; **dochować tajemnicy** – to keep a secret; **powiedzieć coś komuś w tajemnicy** – to tell sb sth in confidence; **tajemni-**

ca sukcesu – the secret of (sb's) success ❷ (*rzecz niezbadana, zagadkowa*) mystery ['mıstərı]; **okryty tajemnicą** – shrouded in mystery; **tajemnica Eucharystii** – the mystery of the Eucharist

tajemniczość mysteriousness [mı'stıərıəsnıs]

tajemniczy mysterious [mı'stıərıəs]; **tajemnicza postać** – a mysterious person; **tajemnicze zniknięcie** – a mysterious disapperance

tajemny secret ['si:krıt], (*o wiedzy – niedostępny dla wszystkich*) occult [ɒ'kʌlt]; **wiedza tajemna** – occult science; **tajemne przejście** – a secret passage

tajfun typhoon [taı'fu:n]

tajny secret ['si:krıt]; **tajny dokument** – a secret document; **tajny agent** – a secret agent; **tajna policja** – the secret police; **ściśle tajne** – top secret

tak ❶ (*wyraz stanowiący potwierdzenie*) yes [jes]; *Czy ci się to podoba? – Tak.* – Do you like it? – Yes, I do. *Czy mogę wejść? – Tak, oczywiście.* – May I come in? – Yes, of course. *Tak jest, proszę pana* (*przy zwracaniu się do przełożonego*). – Yes, sir! *Przepraszam... – Tak? – Czy mógłby mi pan powiedzieć...* – Excuse me... – Yes? – Could you tell me... ❷ (*dot. nasilenia*) so [səʊ], such [sʌtʃ]; *Była dla mnie tak dobra!* – She was so kind to me! *Byłam tak zła, że zaniemówiłam.* – I was so angry that I couldn't speak. *To było tak dawno temu.* – It was such a long time ago. *Dlaczego się tak śpieszysz?* – Why are you in such a hurry? *Tak bardzo cię kocham!* – I love you so much! **tak sobie** – so, so ❸ (*dot. skutku, celu*) so [səʊ]; *Była chora, tak że musiałam ją zastąpić.* – She was ill so I had to substitute for her. *Mówiła szeptem, tak żeby nikt nie usłyszał.* – She spoke in a whisper so that nobody could hear. ❹ (*w taki sposób*) so [səʊ], like this [laık 'ðıs], as [æz/əz]; *To było tak:* – It was like this; **i tak dalej, i tak dalej** – and so on, and so forth; **że tak powiem** – so to say/in a manner of speaking; *Jeżeli tak musi być...* – If it must be so...; *Zróbmy tak...* – Let's do it like this...; *Myślę, że tak.* – I think so./I believe so. *Zrób tak, jak uważasz.* – Do as you like. *Czy oni przyjeżdżają jutro? Jeżeli tak, musimy przygotować dla nich pokój.* – Are they coming tomorrow? If so we must prepare the room for them. *Zrób to tak jak ja.* – Do it as I do/like I do. ❺ (*przy wyrażeniach porównawczych*) so [səʊ], like [laık], as [æz/əz]; **tak... jak...** – as... as...; *To nie było tak złe, jak się spodziewaliśmy.* – It wasn't as bad as we had expected. *Zachowujesz się tak jak dziecko.* – You behave like a child.

taki so [səʊ], such [sʌtʃ], like [laık]; **taka ciekawa książka** – such an interesting book; *On jest taki, jak jego ojciec.* – He is like his father. *On nie jest takim dobrym pianistą, jak jego brat.* – He is not so good a pianist/ /such a good pianist as his brother. *On nie jest takim głupcem, na jakiego wygląda.* – He is not such a fool as he looks. **jaki taki/taki sobie** – so so; **taki to a taki** – such-and-such

taksówka taxi ['tæksı], taxi-cab [tæksıkæb], *am.* cab [kæb]; **wezwać taksówkę** – to call a taxi; **wziąć taksówkę** – to take a taxi; **postój taksówek** – a taxi stand/rank

takt ❶ (*cecha*) tact [tækt] ❷ *muz.* (*rytm*) time [taım], (*jednostka podziału*) bar [bɑ:]; **w takt muzyki** – in time with the music; **w takt marsza** – in march time; **zagrać kilka taktów** – to play a few bars ❸ *techn.* stroke [strəuk]

taktowny tactful ['tæktfʊl]

taktyczny tactical ['tæktıkl]; **posunięcie taktyczne** – a tactical move

taktyka tactics ['tæktıks]

także too [tu:], also ['ɔ:lsəʊ], as well [əz'wel], (*także nie*) either ['aıðə]; *Oni także wyjeżdżają jutro.* – They are

t

leaving tomorrow, too./They are also leaving tomorrow./They are leaving tomorrow as well. *Ja także tego nie lubię.* – I don't like it either. *Lubię sztukę nowoczesną. – Ja także!* – I like modern art. – So do I!

talent talent ['tælənt], gift [gɪft]; *On ma talent do muzyki.* – He has a talent/ /a gift for music. **poeta o wielkim talencie** – a poet of great talent; *On ma talent do mówienia niewłaściwych rzeczy.* – He has a gift for saying the wrong thing.

talia ❶ (*zwężenie ciała nad biodrami*) waist [weɪst]; *Ona jest bardzo szczupła w talii.* – She is very thin round the waist. ❷ (*komplet kart do gry*) a pack of cards

talizman talisman ['tælɪzmən], charm [tʃɑ:m]

talk talcum powder ['tælkəmpaʊdə]

tam (*nie tu*) there [ðeə], over there [əʊvə'ðeə]; *Nie idź tam sama.* – Don't go there alone. **tu i tam** – here and there; **tam i z powrotem** – to and fro/ /up and down/back and forth/there and back; *Kto tam?* – Who is there? *Chodził tam i z powrotem po pokoju.* – He paced up and down the room.

tama dam [dæm]

tamować dam up (mm) [dæm'ʌp]; stop (pp) [stɒp], block [blɒk], obstruct [əb'strʌkt]; **tamować krwotok** – to staunch the bleeding; **tamować ruch uliczny** – to block/to obstruct the traffic

tampon tampon ['tæmpən]

tamten that, *l.mn.* those [ðæt, ðəʊz]; *Który obraz ci się podoba? – Tamten.* – Which picture do you like? That one. *Kto to był tamten człowiek, z którym rozmawiałeś?* – Who was that man you were talking to? **tamtego dnia** – that day

tamtędy that way [ðæt'weɪ]

tamto that [ðæt]; **to i tamto** – this and that

tancerka dancer ['dɑ:nsə]

tancerz dancer ['dɑ:nsə]

tango tango ['tæŋgəʊ]; **tańczyć tango** – to dance the tango/to do the tango

tani cheap [tʃi:p], inexpensive [ɪnɪk'spensɪv]

taniec dance [dɑ:ns]; **taniec klasyczny/ /nowoczesny/ludowy** – a classical/ /modern/folk dance; *Czy mogę prosić do tańca?* – May I have the pleasure of this dance?/Shall we dance?

tanieć grow cheaper [grəʊ'tʃi:pə], get cheaper [get'tʃi:pə]

tanio cheap [tʃi:p], cheaply ['tʃi:plɪ]; **kupować/sprzedawać coś tanio** – to buy/to sell sth cheap

tankować tank up [tæŋk'ʌp]

tankowiec *mar.* oil tanker [ɔɪl'tæŋkə]

tańczyć dance [dɑ:ns]; **tańczyć walca** – to dance the waltz; **tańczyć przy muzyce** – to dance to the music; **tańczyć z radości** – to dance for joy; **tańczyć jak ktoś zagra** – to dance to sb's tune; *przen.* **tańczyć koło kogoś** – to dance attendance on sb

tapczan couch [kaʊtʃ]

tapeta wallpaper ['wɔ:lpeɪpə]

tapetować wallpaper ['wɔ:lpeɪpə]

taras terrace ['terəs]

tarcie *fiz., techn.* friction ['frɪkʃn]

tarcza ❶ (*część uzbrojenia*) shield [ʃi:ld] ❷ (*herbowa*) escutcheon [ɪ'skʌtʃən], coat of arms [kəʊtəv'ɑ:mz] ❸ (*cel do strzelania*) target ['tɑ:gɪt]

targ ❶ (*miejsce, gdzie odbywa się sprzedaż i kupno*) market ['mɑ:kɪt], fair [feə] ❷ (*targi*) fair [feə]; **targi światowe** – a world fair; **targi książki** – a book fair ❸ (*spór o cenę*) bargaining ['bɑ:gɪnɪŋ], haggling ['hæglɪŋ]; **dobić targu** – to strike a bargain

targować się haggle ['hægl], bargain ['bɑ:gɪn]

targowisko market ['mɑ:kɪt], market place ['mɑ:kɪtpleɪs]

targowy market ['mɑ:kɪt]; **dzień targowy** – a market day; **hala targowa** – a market hall

tarka grater ['greɪtə]

tartak saw-mill ['sɔ:mɪl]

taryfa tariff ['tærɪf], (*kolejowa*) table of fares; *przen.* **stosować taryfę ulgową wobec kogoś** – to make allowances for sb

tarzać się roll [rəʊl]; **tarzać się ze śmiechu** – to roll with laughter

tasiemka ribbon ['rɪbən], tape [teɪp], band [bænd]

taśma tape [teɪp], band [bænd]; **taśma izolacyjna** – insulating tape; **taśma miernicza** – tape measure; **taśma magnetofonowa** – tape; **puścić taśmę** (*magnetofonową*) to play a tape; **słuchać taśmy** – to listen to a tape; **przewinąć taśmę** – to rewind a tape; **cofnąć taśmę** – to play back a tape; **skasować taśmę** – to erase a tape

tata daddy ['dædɪ], dad [dæd]

taternictwo mountaineering [maʊntɪ'nɪərɪŋ]

taternik mountaineer [maʊntɪ'nɪə], mountain climber ['maʊntɪn 'klaɪmə]

tatuaż tatoo [tə'tu:]

tatuować tatoo [tə'tu:]

tatuś dad [dæd], daddy ['dædɪ]

tchawica *anat.* windpipe ['wɪndpaɪp]

tchórz ❶ (*człowiek*) coward ['kaʊəd] ❷ *zool.* polecat ['pəʊlkæt]

tchórzliwy cowardly ['kaʊədlɪ]

tchórzostwo cowardice ['kaʊədɪs]

tchórzyć quail [kweɪl]

teatr theatre ['θɪətə]; **pójść do teatru** – to go to the theatre

teatralny theatrical [θɪ'ætrɪkl]; **teatralna sceneria** – theatrical scenery; **recenzja teatralna** – a theatrical review

techniczny technical ['teknɪkl]

technik technician [tek'nɪʃn]

technika ❶ (*metoda*) technique [tek'ni:k]; **doskonalić technikę** – to perfect a technique ❷ (*wiedza*) technology [tek'nɒlədʒɪ], technical science ['teknɪkl 'saɪəns]

technikum technical school ['teknɪkl 'sku:l]

technolog technologist [tek'nɒlədʒɪst]

technologia technology [tek'nɒlədʒɪ]

technologiczny technological [teknə'lɒdʒɪkl]

teczka ❶ (*rodzaj torby z rączką*) brief-case ['bri:fkeɪs], portfolio [pɔ:t'fəʊljəʊ] ❷ (*tekturowa okładka*) folder ['fəʊldə]

tegoroczny this year's

tekst text [tekst]

tekstylia textiles ['tekstaɪlz], fabrics ['fæbrɪks]

tekstylny textile ['tekstaɪl]; **przemysł tekstylny** – the textile industry

tektura cardboard ['kɑ:dbɔ:d]

telefon ❶ (*urządzenie techniczne*) telephone ['telɪfəʊn], phone [fəʊn]; **telefon bezprzewodowy** – a cordless telephone; **zainstalować telefon** – to install a phone; *Czy masz telefon?* – Are you on the phone? *O ósmej zadzwonił telefon.* – The phone rang at eight. **rozmawiać przez telefon** – to speak by/on the phone ❷ (*połączenie telefoniczne, rozmowa telefoniczna*) telephone ['telɪfəʊn], call [kɔ:l], phone call ['fəʊnkɔ:l], phone [fəʊn]; **odebrać telefon** – to answer a telephone; *Jest do ciebie telefon.* – There's a phone call for you./You are wanted on the phone./There is someone on the phone for you. ❸ (*numer aparatu telefonicznego*) telephone number ['telɪfəʊn 'nʌmbə], phone number ['fəʊn'nʌmbə]; *Czy masz mój telefon?* – Have you got my phone number?

telefoniczny telephone ['telɪfəʊn], phone [fəʊn]; **słuchawka telefoniczna** – a telephone receiver; **rozmowa telefoniczna** – a telephone call; **budka telefoniczna** – a telephone box/booth; **książka telefoniczna** – the telephone directory/book; **centrala telefoniczna** – a telephone exchange

telefonistka operator ['ɒpəreɪtə], telephonist [tɪ'lefənɪst], telephone operator

telefonować telephone ['telɪfəʊn], phone [fəʊn]; *Czy ktoś telefonował?* – Did anybody phone?/Have there been any calls?

telegraf telegraph ['telɪgrɑ:f]

telegraficzny telegraphic [telɪ'græfɪk], telegraph ['telɪgrɑ:f]; **linia telegra-**

t

ficzna – a telegraph wire; **słup telegraficzny** – a telegraph pole

telegrafista telegraphist [tɪ'legrəfɪst], telegrapher [tɪ'legrəfə]

telegrafować telegraph ['telɪgræf], wire ['waɪə], cable ['keɪbl]

telegram telegram ['telɪgræm], wire ['waɪə]; **wysłać komuś telegram** – to send sb a wire/a telegram/to wire sb

telekomunikacja telecommunications ['telɪkəmju:nɪ'keɪʃnz]

teleks telex ['teleks]

telepatia telepathy [tɪ'lepəθɪ]

telepatyczny telepathic [telɪ'pæθɪk]

teleskop telescope ['telɪskəʊp]

telewidz television viewer ['telɪvɪʒn-'vju:ə]

t

telewizja television ['telɪvɪʒn], TV [ti:'vi:]; **telewizja czarno-biała/kolorowa** – black-and-white/colour television; **telewizja kablowa** – cable television; **oglądać telewizję** – to watch television; *Co jest dziś wieczorem w telewizji?* – What's on television this evening? *Premier będzie mówił/wystąpi dziś w telewizji.* – The Prime Minister will speak/appear on TV today.

telewizor television set ['telɪvɪʒn'set], TV-set [ti:'vi: set]; **włączyć telewizor** – to switch on/to put on/to turn on the television; **wyłączyć telewizor** – to turn off/to switch off the television

telewizyjny television ['telɪvɪʒn]; **serial telewizyjny** – a television series/serial

temat subject ['sʌbdʒɪkt], theme [θi:m], topic ['tɒpɪk], *muz.* theme [θi:m]; *Nie mam nic do powiedzenia na ten temat.* – I have nothing to say on the subject. **zmienić temat** – to change the subject; **unikać tematu** – to avoid a subject; **odbiegać od tematu** – to stray from the subject; **temat rozmowy** – a subject/a topic of conversation; **poruszyć temat** – to bring up a subject

temblak *med.* sling [slɪŋ]

temperament temperament ['tempərəmənt]

temperatura ❶ (*wielkość fizyczna*) temperature ['temprətʃə]; *Woda wrze w temperaturze 100°C.* – Water boils at a temperature of 100°C. **w temperaturze pokojowej** – at room temperature; **wysoka/niska temperatura** – a high/a low temperature; **zmierzyć komuś temperaturę** – to take sb's temperature; **temperatura spada** – a temperature falls/drops/goes down; **temperatura rośnie** – a temperature goes up/rises ❷ (*gorączka*) temperature ['temprətʃə]; **dostać temperatury** – to get/to run a temperature; **wysoka/podwyższona temperatura** – a high/a slight temperature

temperować ❶ (*zaostrzać ołówek*) sharpen (a pencil) ['ʃɑ:pn] ❷ (*mitygować, powściągać*) mitigate ['mɪtɪgeɪt], curb [kɜ:b]

temperówka pencil-sharpener [pensl-'ʃɑ:pnə]

tempo pace [peɪs], rate [reɪt]; **iść w tempie dwóch mil na godzinę** – to walk at the rate of two miles per hour; **nadawać tempo** – to set the pace; **zwolnić tempo** – to slacken the pace; **szybkie tempo** – a brisk/a fast/a rapid pace; **zabójcze tempo** – a killing pace; *W tym tempie nigdy nie skończysz pracy.* – You'll never finish at the rate you are working. **w zwolnionym tempie** – in slow motion

temu ago [ə'gəʊ]; **dwa lata temu** – two years ago; **dawno temu** – a long time ago/long ago

ten ❶ (*wyraz wskazujący*) (*ten tutaj, bliżej mówiącego*) this, *l.mn.* these [ðɪs, ði:z], (*ten tam, dalej mówiącego, nie tutaj*) that, *l.mn.* those [ðæt, ðəʊz]; **w tym tygodniu/miesiącu/roku** – this week/month/year; **w tej chwili** – at the moment; **tym razem** – this time; **o tej porze jutro** – this time tomorrow; **w tych czasach** – these days; **na ten temat** – on the subject; **coś w tym rodzaju** – something of this/that kind; *Czy podoba ci się ten obraz?* – Do you like this/that picture? *Kto to jest ten człowiek?* – Who is that man? *Poproś tę panią, żeby weszła.* – Ask the lady to came in. ❷ (*zamiast rzeczownika*) this one, that one, he etc. *Którą książkę wybrałeś? – Tę.* – Which book did you choose? – This one. *Zapytał ojca, a ten mu odpowiedział, że...* – He asked his father and he answered him that... **wobec tego** – in that case; *Ci, którzy nie znali drogi, zabłądzili.* – Those who didn't know the way got lost.

tendencja tendency ['tendənsı]; **tendencja do tycia** – a tendency to get fat; **wykazywać tendencję** – to show a tendency; **tendencja zwyżkowa/zniżkowa** – an upward/a downward tendency

tenis tennis ['tenıs]; **tenis stołowy** – table tennis; **tenis ziemny** – lawn tennis; **grać w tenisa** – to play tennis

tenisista tennis player ['tenıs pleıə]

tenisowy tennis ['tenıs]; **kort tenisowy** – a tennis court; **rakieta tenisowa** – a tennis racquet; **piłka tenisowa** – a tennis ball

tenisówki tennis shoes ['tenısʃu:z], plimsolls ['plımsəlz]

tenor *muz.* tenor ['tenə]

teolog theologian [θıə'ləʊdʒjən]

teologia theology [θı'ɒlədʒı]

teologiczny theological [θıə'lɒdʒıkl]

teoretyczny theoretical [θıə'retıkl]

teoria theory ['θıərı]; **sformułować teorię** – to formulate a theory; **potwierdzić teorię** – to confirm a theory; **obalić teorię** – to disprove/to explode/to refute a theory; **teoria względności** – the theory of relativity; **w praktyce i w teorii** – in practice and in theory

terakota ❶ (*materiał ceramiczny, wyrób, kolor*) terracota [terə'kɒtə] ❷ (*płytki ceramiczne na podłogę*) tiles [taılz]

terapia therapy ['θerəpı], treatment ['tri:tmənt]; **poddać się terapii** – to undergo a therapy/a treatment

teraz now [naʊ], at present [ət'preznt], at the moment; *Teraz albo nigdy.* – It's now or never. *Co on teraz robi?* – What is he doing now?

teraźniejszość the present [-'preznt]

teraźniejszy present ['preznt]; *gram.* **czas teraźniejszy** – the present tense

teren ❶ (*część powierzchni ziemi*) ground [graʊnd], area ['eərıə], territory ['terətərı], space [speıs]; **tereny górzyste/ /pustynne/nie zamieszkane** – mountainous/desert/uninhabited areas; **tereny rekreacyjne** – recreation grounds; **tereny łowieckie** – hunting grounds; *Dom stoi na rozległym terenie.* – The house has extensive grounds. *Teren prywatny. Wstęp wzbroniony.* – Private property. No entry. ❷ (*obręb np. gmachu*) premises ['premısız]; *Na terenie fabryki palenie wzbronione.* – Smoking is forbidden on the premises of the factory. ❸ (*obszar podległy komuś*) range [reındʒ], region ['ri:dʒən]; **być w terenie** – to be away on tour

terier terrier ['terıə]

termiczny thermal ['θɜ:ml]

termin ❶ (*wyznaczony czas*) time-limit ['taımlımıt]; **w terminie** – in due time; **przed terminem** – ahead of time; **termin nieprzekraczalny** – deadline; *Nie mogę tego zrobić w tak krótkim terminie.* – I can't do it at such short notice. ❷ (*nazwa, wyraz*) term [tɜ:m]; **terminy techniczne/prawne/naukowe** – technical/legal/scientific terms

terminologia terminology [tɜ:mı'nɒlədʒı]; **terminologia medyczna/naukowa** – medical/scientific terminology

termometr thermometer [θə'mɒmıtə]

termos thermos ['θɜ:məs], thermos flask ['θɜ:məsflɑ:sk], vacuum flask ['vækjʊəm'flɑ:sk], *am.* thermos bottle ['θɜ:məsbɒtl]

termostat *techn.* thermostat ['θɜ:məstæt]

terpentyna *chem.* turpentine ['tɜ:pəntaın]

terror terror ['terə]; **szerzyć terror** – to spread terror

terrorysta terrorist ['terərıst]

terroryzm terrorism ['terərızm]

terroryzować terrorize ['terəraız], bully ['bʊlı]

t

terytorialny territorial [terɪ'tɔ:rɪəl]; **wody terytorialne** – territorial waters; **mieć roszczenia terytorialne wobec innego kraju** – to have territorial claims against another country

terytorium territory ['terətərɪ]; **bronić własnego terytorium** – to defend one's territory

test test [test]; **test z fizyki** – a test in physics

testament will [wɪl], testament ['testəmənt]; **sporządzić testament** – to make/to draw up a will; **obalić testament** – to break/to overturn a will; **Stary/Nowy Testament** – the Old/the New Testament

testować test [test]

teściowa mother-in-law ['mʌðərɪnlɔ:]

teść father-in-law ['fɑ:ðərɪnlɔ:]

t

teza thesis, *l.mn.* theses ['θi:sɪs, 'θi:si:z], proposition [prɒpə'zɪʃn]; **postawić tezę** – to advance/to propose a thesis; **podważać tezę** – to challenge a thesis

też (*również*) too [tu:], also ['ɔ:lsəʊ], as well [əz'wel] (*p.* **także**)

◆ **lub też** – or else

◆ **dlatego też** – that's why, therefore

tęcza rainbow ['reɪnbəʊ]; **we wszystkich kolorach tęczy** – in all the colours of the rainbow

tędy this way [ðɪs'weɪ]; *Proszę tędy.* – Step this way, please.

tępić ❶ (*walczyć*) fight (fought, fought) [faɪt, fɔ:t, fɔ:t], (*zabijać*) exterminate [ɪk'stɜ:mɪneɪt]; **tępić szczury** – to exterminate rats; **tępić robactwo** – to destroy vermin; **tępić ignorancję** – to fight (against) ignorance ❷ (*robić tępym, nieostrym*) blunt [blʌnt], dull [dʌl]; **tępić nóż** – to blunt a knife

tępieć ❶ (*o narzędziu*) grow blunt [grəʊ'blʌnt], become blunt [bɪ'kʌm-'blʌnt] ❷ (*o człowieku*) grow dull [grəʊ'dʌl] ❸ (*o zmysłach*) become dulled [bɪ'kʌm'dʌld], grow weak [grəʊ'wi:k]

tępota dullness ['dʌlnɪs], denseness ['densnɪs], stupidity [stju:'pɪdətɪ]

tępy ❶ (*nieostry*) blunt [blʌnt], dull [dʌl]; **tępy nóż** – a blunt knife ❷ (*mało bystry*) dull [dʌl], slow-witted [sləʊ'wɪtɪd], slow [sləʊ], dense [dens] ❸ (*apatyczny, bierny*) dull [dʌl], spiritless ['spɪrɪtlɪs] ❹ (*odczuwany, słyszalny niewyraźnie*) dull [dʌl]; **tępy ból** – a dull ache/pain

tęsknić miss [mɪs], long (for) [lɒŋ-], yearn (for) [jɜ:n-], pine (for) [paɪn-]; *Tęsknię za tobą.* – I miss you. *Dziewczynka tęskniła za matką.* – The girl was pining for her mother. **tęsknić za domem** – to be homesick

tęsknota longing ['lɒŋgɪŋ], (*za krajem*) nostalgia [nɒ'stældʒɪə]; **umierać z tęsknoty** – to pine away

tęskny longing ['lɒŋgɪŋ], melancholy ['melənkəlɪ], yearning ['jɜ:nɪŋ]

tętnica *anat.* artery ['ɑ:tərɪ]

tętniczy arterial [ɑ:'tɪərɪəl]

tętno pulse [pʌls], heartbeat ['hɑ:tbi:t]; **regularne tętno** – regular/steady pulse; **słabe/silne/nieregularne tętno** – weak/strong/irregular heartbeat

tężeć ❶ (*ścinać się*) set (set, set) [set, set, set], solidify [sə'lɪdɪfaɪ] ❷ (*stawać się nieruchomym, sztywnym*) stiffen ['stɪfn]

tkacz weaver ['wi:və]

tkać weave (wove, woven) [wi:v, wəʊv, 'wəʊvn]

tkalnia weaving-mill ['wi:vɪŋmɪl]

tkanina fabric ['fæbrɪk], cloth [klɒθ], material [mə'tɪərɪəl]

tkanka tissue ['tɪʃu:]

tknąć ❶ (*poruszyć*) touch [tʌtʃ]; *Nie waż się tknąć moich rzeczy, kiedy mnie nie będzie.* – Don't you dare touch my things while I'm away. *Nie waż się go tknąć.* – Don't you dare lay a finger on him. *On nie tknął alkoholu przez rok.* – He didn't touch alcohol for a year. ❷ (*o uczuciach, myślach*); *Coś mnie tknęło.* – I had a premonition.

tkwić ❶ (*trwać, być umocowanym*) stick (stuck, stuck) [stɪk, stʌk, stʌk]; *To wspomnienie ciągle tkwi w mojej pamięci.* – The memory still sticks in my mind. ❷ (*być, przebywać*) remain [rɪ'meɪn], stay [steɪ]; *Ona nie powinna tkwić w domu przez cały dzień.* – She shouldn't stay at home all day long. ❸ (*być zawartym*) lie (lay, lain) [laɪ, leɪ, leɪn]; **tkwić u podstaw czegoś** – to underlie sth/lie behind sth; *Co tkwi u podstaw jego dziwnego zachowania?* – What lies behind his strange behaviour?

tlen *chem.* oxygen ['ɒksɪdʒən]

tlenek *chem.* oxide ['ɒksaɪd]

tlić się smoulder ['sməʊldə]

tło background ['bækgraʊnd]; **na ciemnym tle** – against a dark background

tłoczyć się crowd [kraʊd], throng [θrɒŋ]

tłok ❶ (*ścisk*) crowd [kraʊd], throng [θrɒŋ]; *W pociągu był tłok.* – The train was overcrowded. ❷ *techn.* piston ['pɪstən]

tłuc ❶ (*rozbijać*) break (broke, broken) [breɪk, brəʊk, 'brəʊkn], shatter ['ʃætə], smash [smæʃ] ❷ (*miażdżyć*) grind (ground, ground) [graɪnd, graʊnd, graʊnd], pound [paʊnd] ❸ (*bić*) beat (beat, beaten) [bi:t, bi:t, bi:tn] ❹ (*dobijać się*) hammer ['hæmə], pound [paʊnd], bang [bæŋ]; **tłuc głową w ścianę** – to bang one's head against a brick wall; **tłuc do drzwi** – to hammer/to bang/to pound at the door

tłuczek (*do moździerza*) pestle ['pesl], (*do rozbijania mięsa*) mallet ['mælɪt]

tłum crowd [kraʊd], throng [θrɒŋ]

tłumacz ❶ (*autor przekładu*) translator [træns'leɪtə] ❷ (*tłumacz mowy*) interpreter [ɪn'tɜ:prɪtə]

tłumaczenie ❶ (*przekład*) translation [træns'leɪʃn]; **tłumaczenie z polskiego na angielski** – a translation from Polish into English; **robić tłumaczenie** – to do/to make a translation; **tłumaczenie literackie** – a literary translation; **tłumaczenie dosłowne** – a word-for-word/a literal translation; **wolne tłumaczenie** – a free/a loose translation ❷ (*wytłumaczenie*) explanation [eksplə'neɪʃn] ❸ (*wymówka*) excuse [ɪk'skju:s]

tłumaczyć ❶ (*przekładać na język*) translate [træns'leɪt]; **tłumaczyć z polskiego na angielski** – to translate from Polish into English ❷ (*wyjaśniać*) explain [ɪk'spleɪn]; *On starał się wytłumaczyć, jak rozwiązać ten problem.* – He tried to explain how to solve the problem. ❸ (*usprawiedliwić*) excuse [ɪk'skjʊ:z], justify ['dʒʌstɪfaɪ]

tłumaczyć się explain oneself [ɪk'spleɪnwʌn'self], excuse oneself [ɪk'skju:zwʌn'self], justify oneself ['dʒʌstɪfaɪwʌn'self]

tłumić ❶ (*opanować*) suppress [sə'pres], repress [rɪ'pres], stifle ['staɪfl], restrain [rɪ'streɪn], (*o ogniu*) extinguish [ɪk'stɪŋgwɪʃ], put out [pʊt'aʊt] (put, put), quell [kwel]; **tłumić bunt** – to suppress a revolt/to put down/to quell a mutiny/to stifle a rebellion; **tłumić gniew** – to suppress one's anger/to restrain one's anger; **tłumić łzy** – to restrain one's tears; **tłumić śmiech** – to stifle a laugh; **tłumić kaszel** – to repress a cough; **tłumić emocje/uczucia** – to bottle up one's emotions ❷ (*przyciszać*) muffle ['mʌfl], deaden ['dedn]; **stłumiony dźwięk** – a muffled sound

tłusty ❶ (*zawierający tłuszcz*) fat [fæt], fatty ['fætɪ]; **tłuste mięso** – fat meat; **tłuste mleko** – whole milk; **tłusty ser** – full-cream cheese ❷ (*zatłuszczony*) oily ['ɔɪlɪ], greasy ['gri:sɪ]; **tłusta cera** – oily skin; **tłuste włosy** – greasy hair ❸ (*gruby, tęgi*) fat [fæt]; **tłusty druk** – bold type

tłuszcz fat [fæt]; **tłuszcze roślinne/ /zwierzęce** – vegetable/animal fats

tłuszczowy fatty ['fætɪ], adipose ['ædɪpəʊs]; **tkanka tłuszczowa** – fatty/adipose tissue

to[1] (*p.* **ten**) this, *l.mn.* these [ðɪs, ði:z], that, *l.mn.* those [ðæt, ðəʊz]; **to dziecko** – this/that child

to[2] ❶ (*wyraz wskazujący*) it [ɪt], this [ðɪs], that [ðæt]; *Czy to ty?* – Is that you? *Kto to? – To ja.* – Who's that? – It's me. *Co to jest?* – What's this/that?

To jest mój nowy obraz abstrakcyjny. – It's/That's my new abstract painting. *To były wiadomości.* – That was the news. ❷ (*w zdaniach względnych*); **to co** – what [wɒt]; *To, co mówiłeś, było bardzo interesujące.* – What you said was very interesting. ❸ (*w zdaniach warunkowych*); *Jeżeli ci zimno, to włóż sweter.* – If you are cold then put on a pullover. *Jeżeli on nas zaprosi, to przyjdziemy.* – If he invites us we shall come. ❹ (*w funkcji łącznika*); *Czas to pieniądz.* – Time is money.

toaleta ❶ (*elegancki strój*) dress [dres] ❷ (*mycie, ubieranie się*) toilet ['tɔɪlɪt] ❸ (*ubikacja*) toilet ['tɔɪlɪt], lavatory ['lævətərɪ]; **toaleta damska** – the Ladies; **toaleta męska** – the Gents

t

toaletka dressing-table ['dresɪŋteɪbl]

toaletowy toilet ['tɔɪlɪt]; **papier toaletowy** – toilet paper

toast toast [təʊst]; **wznieść toast za państwa młodych** – to toast the bride and groom; **wypić toast za kogoś** – to drink a toast to sb

toczyć ❶ (*obracając posuwać*) roll [rəʊl] ❷ (*wieźć na kołach*) wheel [wi:l]; **toczyć taczkę** – to wheel a barrow ❸ (*prowadzić*) carry on [kærɪ'ɒn], conduct [kən'dʌkt]; **toczyć negocjacje** – to carry on/to conduct negotiations; **toczyć wojnę** – to conduct a war ❺ (obracać na tokarce) turn [tɜ:n]

toczyć się ❶ (*obracając posuwać się*) roll [rəʊl]; *Piłka toczyła się po ścieżce.* – The ball was rolling along the path. *Łzy toczyły się po jej policzkach.* – Tears rolled down her cheeks. ❷ (*odbywać się*) take place [teɪk'pleɪs], go on [gəʊ'ɒn] (went, gone); *Akcja książki toczy się w Afryce.* – The action of the book takes place in Africa. *Życie toczy się dalej.* – Life goes on. *Jak długo toczyła się wojna?* – How long did the war go on?

tok progress ['prəʊgres], course [kɔ:s], run [rʌn]; *Wykład jest w toku.* – The lecture is in progess. **w toku naszej rozmowy** – in the course of our conversation; **przerwać komuś tok myśli** – to interrupt sb's train of thought; **tok postępowania** – a course of action

toksyczny toxic ['tɒksɪk]

tolerancja tolerance ['tɒlərəns]; **tolerancja religijna/rasowa** – religious/ /racial tolerance

tolerancyjny tolerant ['tɒlərənt]

tolerować tolerate ['tɒləreɪt], put up with [pʊtʌp'wɪð] (put, put); *Jak możesz tolerować jego zachowanie?* – How can you put up with his behaviour?/How can you tolerate his behaviour?

tom volume ['vɒlju:m]

ton ❶ (*dźwięk, barwa głosu, intonacja*) tone [təʊn]; **słodkie tony muzyki** – sweet tones of music; *Nie mów do mnie tym tonem.* – Don't speak to me in that tone. **nadawać ton** – to set the tone ❷ (*etykieta, konwenans*) form [fɔ:m]; *W złym tonie jest spóźniać się.* – It's bad form to come late. ❸ (*stopień nasycenia barwy, odcień*) tone [təʊn]; **ciepłe/jaskrawe tony** – warm/ /bright tones; **tapeta w tonach brązu i beżu** – a wallpaper in tones of brown and beige

tona (*1000 kg*) tonne [tʌn]

tonacja ❶ *muz.* key [ki:] ❷ (*dot. barwy, odcieni*) tone [təʊn]

tonąć ❶ (*o istocie żywej*) drown [draʊn] ❷ (*o przedmiocie, statku*) sink (sank, sunk) [sɪŋk, sæŋk, sʌŋk]; *Statek tonął.* – The ship was sinking. *Drewno nie tonie.* – Wood doesn't sink.

topić ❶ (*sprawiać, żeby coś zatonęło*) drown [draʊn], sink (sank, sunk) [sɪŋk, sæŋk, sʌŋk]; *Okręt został zatopiony przez torpedę.* – The ship was sunk by a torpedo. **topić smutki w alkoholu** – to drown one's sorrows in drink ❷ (*zamieniać ciało stałe w płynne*) melt [melt]; **topić masło** – to melt butter; *Słońce roztopiło śnieg.* – The sun melted the snow. **ser topiony** – processed cheese

topić się ❶ (*o człowieku – iść na dno*) drown [draʊn] ❷ (*tracić stałą konsystencję*) melt [melt]

topnieć melt [melt], thaw [θɔ:]; *Cały śnieg stopniał.* – All snow has melted/ /thawed.

topnienie melting ['meltɪŋ]; **punkt topnienia** – the melting point

topola *bot.* poplar ['pɒplə]

toporek hatchet ['hætʃɪt]

topór axe [æks]

tor ❶ (*kolejowy*) track [træk], (tory) rails [reɪlz]; **wyskoczyć z toru** – to jump the rails/the track; **pojedynczy/podwójny tor** – a single/a double track ❷ (*trasa, droga*) course [kɔ:s], path [pɑ:θ], track [træk], (*tor pocisku*) trajectory ['trædʒɪktərɪ]; *Wypadki potoczyły się naturalnym torem.* – The events took their natural course. ❸ (*sport. – wytyczona trasa*) course [kɔ:s], track [træk]; **tor wyścigowy** – a race-course; **tor rowerowy** – a cycling track; **tor motocyklowy** – a motor-racing track/a dirt track

torba bag [bæg], (*u kangura*) pouch [paʊtʃ]; **torba na zakupy** – a shopping bag; **torba podróżna** – a hold-all

toreador toreador ['tɒrɪədɔ:]

torebka ❶ (*mała torba, opakowanie*) bag [bæg]; **torebka papierowa** – a paper bag ❷ (*torba damska*) bag [bæg], handbag ['hænbæg], *am.* purse [pɜ:s]

tornister (*szkolny*) satchel ['sætʃəl], *wojsk.* pack [pæk], knapsack ['næpsæk], rucksack ['rʌksæk]

torsje:
mieć torsje – to be sick/to throw up

tort layer cake ['leɪəkeɪk]

tortura torture ['tɔ:tʃə], (*udręka*) torment ['tɔ:ment]; **stosować tortury** – to employ/to use torture; **zadawać komuś tortury** – to inflict torture on sb; **być poddawanym torturom** – to undergo torture; **cierpieć tortury z powodu bólu zęba** – to suffer torments from toothache

torturować torture ['tɔ:tʃə], (*dręczyć*) torment [tɔ:'ment]

totalitarny totalitarian [təʊtælɪ'teərɪən]

totalny total ['təʊtl]; **wojna totalna** – total war

tournée tour [tʊə]; *Orkiestra odbywa tournée po Europie.* – The orchestra is on tour in Europe.

towar commodity [kə'mɒdətɪ], merchandise ['mɜ:tʃəndaɪz], article ['ɑ:tɪkl], (*towary*) goods [gʊdz]; **import/eksport towarów** – import/export of goods; **towary konsumpcyjne** – consumer goods; **handel żywym towarem** – white slavery

towarowy:
pociąg towarowy – a goods train; **dom towarowy** – a department store

towarzyski ❶ (*lubiący towarzystwo*) sociable ['səʊʃəbl] ❷ (*dot. kontaktu z ludźmi*) social ['səʊʃl]; **bogate życie towarzyskie** – a busy social life; **telefon towarzyski** – a party line; **gry towarzyskie** – parlour games ❸ (*odnoszący się do wyższych sfer*) society [sə'saɪətɪ]; **elita towarzyska** – high society; **kronika towarzyska** – society column

towarzystwo ❶ (*przebywanie z kimś*) company ['kʌmpənɪ], society [sə'saɪətɪ]; **spędzić wieczór w towarzystwie przyjaciół** – to spend the evening in the society/company of one's friends; **dotrzymać komuś towarzystwa** – to keep sb company; **dama do towarzystwa** – a companion ❷ (*grono osób znajomych*) company ['kʌmpənɪ]; **wejść w złe towarzystwo** – to get into bad company ❸ (*organizacja, stowarzyszenie*) society [sə'saɪətɪ], company ['kʌmpənɪ], association [əsəʊsɪ'eɪʃn]; **towarzystwo ubezpieczeniowe** – an insurance company; **założyć towarzystwo** – to establish/ /to found/to set up a society; **towarzystwo naukowe** – a learned society ❹ (*wyższe sfery*) society [sə'saɪətɪ]

towarzysz companion [kəm'peɪnjən], associate [ə'səʊʃɪət], (*członek partii*) comrade ['kɒmrɪd]; **wierny towarzysz** – a faithful companion; **towarzysz podróży** – a fellow-traveller; **towarzysze broni** – companions in arms; **towarzysze niedoli** – companions in misfortune

towarzyszyć accompany [ə'kʌmpənɪ], keep (sb) company; *Poprosiłam, żeby mi towarzyszył.* – I asked him to accompany me/to keep me company.

tożsamość identity [aɪ'dentətɪ]; **dowód tożsamości** – an identity card; **ustalić czyjąś tożsamość** – to establish sb's identity

tracić ❶ (*gubić, ponosić stratę*) lose (lost, lost) [lu:z, lɒst, lɒst]; **tracić pieniądze w karty** – to lose money at cards; **tracić równowagę** – to lose one's balance; **tracić pewność siebie** – to lose one's self-confidence; **tracić prędkość** – to lose speed; **tracić na wadze** – to lose weight; **tracić cierpliwość** – to lose patience; *Tekst literacki zawsze traci w tłumaczeniu.* – A literary text always loses in translation. **tracić w czyichś oczach** – to lose favour in sb's eyes; **tracić kogoś/coś z oczu** – to lose sight of sb/ /sth ❷ (*marnować*) waste [weɪst], lose (lost, lost) [lu:z, lɒst, lɒst]; **tracić czas** – to waste time; **tracić okazję** – to lose/to miss an opportunity

tradycja tradition [trə'dɪʃn]; **stara/dawna tradycja** – an ancient tradition; **głęboko zakorzeniona tradycja** – a deep-rooted tradition; **zachowywać tradycję** – to maintain/to preserve tradition; **zerwać z tradycją** – to break with tradition

tradycyjny traditional [trə'dɪʃnl]

traf chance [tʃɑ:ns], luck [lʌk]; *To był czysty traf, że się spotkaliśmy.* – It was pure chance that we met. **szczęśliwy traf** – a lucky chance/coincidence

trafiać ❶ (*nie chybiać*) hit (hit, hit) [hɪt, hɪt, hɪt]; **trafić do celu** – to hit a target; **nie trafić do tarczy/do celu** – to miss the target; *Kula trafiła go w ramię.* – He's been hit in the arm by a bullet. **na chybił trafił** – at random ❷ (*znajdować drogę*) find the way; *Mają mapę, więc chyba trafią.* – The have a map, so perhaps they will find the way. **trafiać do przekonania** – to convince ❸ (*napotkać*) encounter [ɪn'kaʊntə], come across [kʌmə'krɒs] (came, come); **trafi(a)ć na przeszkody** – to encounter obstacles

trafiać się happen ['hæpn], come one's way; *Taka okazja nie trafia się często.* – An opportunity like this doesn't often come one's way.

trafienie hit [hɪt], lucky hit [lʌkɪ 'hɪt]

trafność accuracy ['ækjʊrəsɪ]

trafny ❶ (*celny*) accurate ['ækjʊrət], well-aimed [wel'eɪmd] ❷ (*stosowny*) relevant ['reləvənt], pertinent ['pɜ:tɪnənt]

tragarz porter ['pɔ:tə]

tragedia tragedy ['trædʒɪdɪ]

tragiczny tragic ['trædʒɪk]

tragikomedia tragicomedy [trædʒɪ'kɒmɪdɪ]

trakt ❶ (*droga*) road [rəʊd], highway ['haɪweɪ], route [ru:t]; **trakt bity** – a dirt road ❷ (*bieg, tok*) course [kɔ:s]; **w trakcie** – in the course of/in the middle of; *Byliśmy w trakcie obiadu, kiedy przyszedł.* – We were in the middle of dinner when he came.

traktat ❶ (*układ międzynarodowy*) treaty ['tri:tɪ]; **podpisać/ratyfikować traktat** – to sign/to ratify a treaty; **zerwać/pogwałcić traktat** – to break/to violate a treaty ❷ (*rozprawa*) treatise ['tri:tɪz]

traktor tractor ['træktə]

traktorzysta tractor-driver ['træktədraɪvə]

traktować treat [tri:t]; **traktować kogoś dobrze/źle** – to treat sb well/badly; *Potraktowałem jego uwagę jako żart.* – I treated his remark as a joke. *Ta książka traktuje o problemach ekonomicznych.* – This book treats of economic problems.

trampki sneakers ['sni:kəz]
trampolina (*deska do skoków do wody*) diving-board ['daıvıŋbɔ:d], spring-board ['sprıŋbɔ:d], trampoline ['træmpəlın]
tramwaj tram [træm], *am.* streetcar ['stri:tkɑ:]
tran cod-liver oil [kɒdlıvər 'ɔıl]
trans trance [trɑ:ns]; **wpaść w trans** – to go/to fall into a trance; **wprowadzić kogoś w trans** – to put/to send sb into a trance
transakcja transaction [træn'zækʃn], deal [di:l]; **transakcje finansowe** – financial transactions; **sfinalizować transakcję** – to conclude/to finalize a deal
transformacja transformation [trænsfə-'meıʃn]
transformator *fiz.* transformer [træns-'fɔ:mə]
transfuzja *med.* transfusion [træns-'fju:ʒn]; *Rannemu trzeba było zrobić transfuzję krwi.* – The injured man had to be given a blood transfusion.
transmisja transmission [trænz'mıʃn]
transmitować transmit (tt) [trænz'mıt]
transparent banner ['bænə]
transplantacja transplant ['trænsplɑ:nt], transplantation [trænsplɑ:n'teıʃn]; **operacja transplantacji serca** – a heart transplant operation
transplantować transplant [træns-'plɑ:nt]
transport transport ['trænspɔ:t], *am.* transportation [trænspɔ:'teıʃn]; **transport drogowy/kolejowy** – road/rail transport; **transport miejski** – municipal transport; **koszty transportu** – transportation costs; **podróżować publicznymi środkami transportu** – to travel by public transport
transportować transport [træn'spɔ:t]
tranzystor transistor [træn'sıstə], (*odbiornik radiowy na tranzystorach*) transistor radio
tranzyt transit ['trænsıt]
tranzytowy transit ['trænsıt]; **wiza tranzytowa** – a transit visa
trap gang plank ['gæŋ plæŋk], gangway ['gæŋweı]
trapez ❶ (*figura geometryczna*) trapezium [trə'pi:zjəm], *am.* trapezoid ['træpızɔıd] ❷ (*przyrząd gimnastyczny*) trapeze [trə'pi:z]
trapić worry ['wʌrı]; *Co cię trapi?* – What's worrying you?
trapić się worry ['wʌrı]; *Nie trap się tym.* – Don't worry about it.
trasa route [ru:t], line [laın]; **trasa tramwajowa/autobusowa** – a tram line/a bus line/route; **trasa okrężna** – a roundabout route
tratować trample ['træmpl]
tratwa raft [rɑ:ft]
trawa grass [grɑ:s]
trawić ❶ (*przyswajać substancje pokarmowe*) digest [dı'dʒest/daı'dʒest] ❷ (*pochłaniać, wyniszczać*) consume [kən'sju:m], devour [dı'vaʊə]; **być trawionym nienawiścią/zazdrością** – to be consumed with hatred/envy ❸ (*chem. – traktować metal kwasem*) corrode [kə'rəʊd], treat with acid
trawienie digestion [dı'dʒestʃən/daı-'dʒestʃən]
trawnik lawn [lɔ:n], the grass [-grɑ:s]; *Nie deptać trawników.* – Keep off the grass.
trąba *muz.* trumpet ['trʌmpıt], (*słonia*) trunk [trʌŋk]; **trąba powietrzna** – a cyclone/typhoon/whirlwind
trąbić ❶ (*grać na trąbie*) play the trumpet ❷ (*używać klaksonu*) hoot [hu:t]
trąbka trumpet ['trʌmpıt], bugle ['bju:gl]
trąd *med.* leprosy ['leprəsı]
trądzik *med.* acne ['æknı]
trefl club [klʌb]; **as trefl** – the ace of clubs
trema stage fright ['steıdʒfraıt]
trener coach ['kəʊtʃ]
trening training ['treınıŋ]
trenować train [treın], coach [kəʊtʃ]; **trenować drużynę na Olimpiadę** – to coach a team for the Olympics; *On trenuje przed walką.* – He is training for the fight.

t

treser trainer ['treınə], (*dzikich zwierząt*) tamer ['teımə]

tresować train [treın], (*dzikie zwierzęta*) tame [teım]

tresura training ['treınıŋ], (*poskramianie dzikich zwierząt*) taming ['teımıŋ]

treść ❶ (*przedmiot, temat, fabuła*) contents ['kɒntents], plot [plɒt]; **spis treści** – (a table of) contents; **treść listu** – the contents of a letter; **treść filmu//książki** – the plot of a film/book ❷ (*istota*) essence ['esns] ❸ (*zawartość*) content ['kɒntent]

trębacz trumpeter ['trʌmpıtə], bugler ['bju:glə]

trędowaty (*osoba chora na trąd*) leper ['lepə]

trick trick [trık]

triumf triumph ['traıəmf]; **okrzyki triumfu** – shouts of triumph

triumfalny triumphal [traı'ʌmfl], triumphant [traı'ʌmfənt]; **łuk triumfalny** – a triumphal arch; **triumfalny okrzyk** – a triumphant cheer

triumfować triumph ['traıəmf]

trochę a little [ə'lıtl], a bit [ə'bıt], a little bit [ə'lıtlbıt], some [sʌm/səm], (*z rzeczownikami policzalnymi*) some [sʌm//səm], a few [ə'fju:]; *Mówię trochę po niemiecku.* – I speak a little German. *Jestem trochę zmęczona.* – I'm a little tired. *Poczekaj trochę.* – Wait a little.//Wait a few minutes. **ani trochę** – not a bit; *Potrzebuję trochę więcej czasu.* – I need some more time.

trolejbus trolley bus ['trɒlıbʌs]

tron throne [θrəʊn]; **następca tronu** – heir to the throne; **wstąpić na tron** – to succeed to the throne/to come to/to ascend the throne; **zrzec się tronu** – to abdicate (from) the throne/to give up the throne

trop trail [treıl], track [træk], scent [sent], spoor [spʊə]; **być na dobrym/na fałszywym tropie** – to be on the right/on the false track; **zmylić trop** – to put sb off the scent; *Policja jest na tropie przestępcy.* – The police are on the criminal's trail.

◆ **zbić kogoś z tropu** – to put sb out of countenance

tropić hunt [hʌnt], trail [treıl], track [træk]; **tropić przestępcę** – to hunt/to trail a criminal

tropik tropic ['trɒpık]

tropikalny tropical ['trɒpıkl]

troska ❶ (*niepokój, zmartwienie*) worry ['wʌrı], anxiety [æŋ'zaıətı], care [keə]; **przysparzać komuś trosk** – to cause sb worry; **być wolnym od trosk** – to be free from care/to be carefree/not to have a care in the world ❷ (*dbałość, troszczenie się*) care [keə], concern [kən'sɜ:n], attention [ə'tenʃn]; **troska rodzicielska** – parental care; **otoczyć kogoś troską** – to take care of sb/to look after sb

troskliwość care [keə], consideration [kənsıdə'reıʃn]

troskliwy caring ['keərıŋ]; **troskliwi rodzice** – loving parents

troszczyć się ❶ (*otaczać troską*) care for ['keəfɔ:], look after [lʊk'ɑ:ftə]; **troszczyć się o dzieci** – to care for the children ❷ (*martwić się*) worry ['wʌrı], care [keə]; *Czy nie troszczysz się o przyszłość swoich dzieci?* – Don't you care about your children's future? ❸ (*dbać, starać się*) take care [teık'keə], see to ['si:tə] (saw, seen); *Ona musi się troszczyć o to, żeby wszystko było na czas.* – She must see to it/take care that everything is finished on time.

trotuar pavement ['peıvmənt], *am.* sidewalk ['saıdwɔ:k]

trójka ❶ (*liczba*) three [θri:] ❷ (*stopień*) fair mark ['feəmɑ:k], pass mark ['pɑ:smɑ:k]

trójkąt *mat.* triangle ['traıæŋgl]; **trójkąt równoboczny/równoramienny** – equilateral/isosceles triangle; **trójkąt prostokątny** – a right-angled triangle

trójkątny triangular [traı'æŋgjʊlə]

trójwymiarowy three-dimensional [θri:dı'menʃənl], three-D [θri:'di:]

trucizna poison ['pɔızn]; **śmiertelna trucizna** – deadly/lethal poison; **zażyć truciznę** – to take poison

truć poison ['pɔızn]

truć się take poison [teık'pɔızn]

trud toil [tɔıl], labour ['lɔıbə], pains [peınz], (*trudy*) hardships ['hɑ:dʃıps]; **zadać sobie trud** – to take trouble to; **nie szczędzić trudów** – to spare no pains doing sth; **znosić/ponosić trudy** – tu suffer/to bear (many) hardships

trudnić się be engaged [bi: ın'geıdʒd], occupy oneself ['ɒkjʊpaıwʌn'self]; *Czym się trudnisz?* – What do you do (for a living)?/What's your occupation?

trudno it's difficult, it's hard; *Trudno mi zdecydować.* – It's hard for me to decide. *Trudno im dogodzić.* – They are hard to please. *Trudno powiedzieć, czy to prawda.* – It's hard/difficult to say whether it's true. **trudno dostępny** (*o miejscu*) – difficult of approach; **trudno osiągalny** – difficult to obtain; *Trudno!* – It can't be helped!/ /Hard luck!

trudność difficulty ['dıfıkəltı]; **robić coś z trudnością** – to do sth with difficulty; **napotkać trudności** – to meet with/to encounter/to come across difficulties; **stwarzać trudności** – to make/to create difficulties; **pokonać trudności** – to overcome difficulties; *Bez trudności przekonałam ją, żeby się zgodziła.* – I had no difficulty in persuading her to agree.

trudny hard [hɑ:d], difficult ['dıfıkəlt]; **trudne zadanie** – a hard/a difficult task; **trudny problem do rozwiązania** – a difficult problem to solve; **trudna sytuacja** – a difficult situation; **trudne dziecko** – a difficult child

trudzić trouble ['trʌbl], cause trouble [kɔ:z'trʌbl], bother ['bɒðə]; *Przepraszam, że cię tak trudziłem.* – I'm sorry to have put you to so much trouble./ /I'm sorry to have caused you so much trouble.

trudzić się give oneself trouble [gıvwʌn'self 'trʌbl], take pains [teık'peınz], toil [tɔıl], labour ['leıbə]; *Student trudził się nad zadaniem matematycznym.* – The student toiled over a math's problem. *Miło z twojej strony, że się tak trudziłeś.* – It was nice of you to go to so much trouble.

trujący poisonous ['pɔıznəs]; **trujące rośliny** – poisonous plants

trumna coffin ['kɒfın]

trunek liquor ['lıkə], alcoholic drink [ælkə'hɒlık 'drıŋk], alcoholic beverage [ælkə'hɒlık 'bevərıdʒ]

trup corpse [kɔ:ps], dead body [ded-'bɒdı]; **paść trupem** – to drop dead; **po moim trupie** – over my dead body

truskawka *bot.* strawberry ['strɔ:bərı]

trwać ❶ (*być, istnieć przez jakiś czas*) last [lɑ:st]; *Wojna trwała pięć lat.* – The war lasted five years. ❷ (*stać wytrwale, niezłomnie obstawać*) stay [steı], remain [rı'meın]; **trwać w bezruchu** – to stand/to keep still; **trwać w pozycji siedzącej** – to remain sitting; **trwać na posterunku** – to remain at one's post; **trwać w uporze** – to persist

trwale permanently ['pɜ:mənəntlı], durably ['djʊərəblı]

trwałość durability [djʊərə'bılətı], permanence ['pɜ:mənəns], (*trwałość uczuć*) constancy ['kɒnstənsı]

trwały permanent ['pɜ:mənənt], lasting ['lɑ:stıŋ], firm [fɜ:m], durable ['djʊərəbl], fast [fɑ:st]; **trwały pokój** – lasting/durable peace; **trwała przyjaźń** – durable/lasting friendship; **trwałe kolory** (*nie farbujące w praniu*) – fast colours; **trwały materiał** – durable material; **trwałe uczucie** – a lasting affection; **trwałe kalectwo** – a permanent disability; **trwała ondulacja** – a permanent wave/perm; **rośliny trwałe** – perennial plants

tryb ❶ (*ustalony porządek*) procedure [prə'si:dʒə], course [kɔ:s]; *Jaki jest tryb załatwiania wizy?* – What's the procedure for getting a visa? **normalnym trybem rzeczy** – in the ordinary course of things; **tryb postępowania**

– a course of action; **prowadzić spokojny tryb życia** – to lead a quiet life ❷ *gram.* mood [mu:d]; **tryb orzekający/rozkazujący/warunkowy/łączący** – the indicative/the imperative/the conditional/the subjunctive mood ❸ *techn.* cog-wheel ['kɒgwi:l]

trybuna ❶ (*mównica*) speaker's platform ❷ (*miejsce na stadionie*) stand [stænd], grandstand ['grænstænd]

tryskać gush [gʌʃ], spout [spaʊt], stream [stri:m]; *Woda tryskała z pękniętej rury.* – Water was spouting from a broken pipe. **tryskać energią** – to be bursting with energy; **tryskać zdrowiem** – to be bursting with health and vitality

t

trzask crash [kræʃ], crack [kræk], crackle ['krækl]; **trzask piorunu** – a crash/a crack of thunder; **trzaski w radiu** – the crackle/the crackling on the radio; **z trzaskiem zamknąć drzwi** – to slam the door

trzaskać ❶ (*uderzać*) bang [bæŋ], slam (mm) [slæm], crack [kræk], crash [kræʃ]; **trzaskać drzwiami** – to bang/ /to slam the door; **trzaskać z bata** – to crack a whip; *Piorun trzasnął w drzewo.* – The tree was struck by lightning. ❷ (*wydawać odgłos*) crack [kræk], crackle ['krækl]; **trzaskający ogień** – crackling fire; *Gałązki trzaskały, kiedy po nich stąpałam.* – The twigs crackled as I stepped on them. **trzaskający mróz** – hard/severe frost

trząść shake (shook, shaken) [ʃeɪk, ʃʊk, 'ʃeɪkn]

trząść się shake (shook, shaken) [ʃeɪk, ʃʊk, 'ʃeɪkn], shiver ['ʃɪvə], tremble ['trembl]; **trząść się z zimna** – to shiver/to shake with cold; **trząść się ze strachu** – to shake with fear; **trząść się ze śmiechu** – to shake with laughter; *Głos trząsł mu się ze wzruszenia.* – His voice shook with emotion.

trzcina *bot.* reed [ri:d], (*łodyga*) cane [keɪn]; **trzcina cukrowa** – sugar cane; **fotel z trzciny** – a cane chair

trzcinowy cane [keɪn]; **cukier trzcinowy** – cane sugar; **fotel trzcinowy** – a cane chair

trzeba it's necessary, one should, one ought to, one must, one has to; *Trzeba było zaczekać.* – You should have waited. *Trzeba pracować.* – One should work. *Pomóc ci? – Nie trzeba.* – Shall I help you? – No, it's not necessary. *Trzeba przyznać, że...* – One must/should admit that...

trzeci third [θɜ:d] (3rd); **trzeci maja** – the third of May/May the third/3rd May/May 3rd; **oparzenia trzeciego stopnia** – third-degree burns; **Trzeci Świat** – the Third World; **po trzecie** – thirdly; **strona trzecia** – page three; **trzecia godzina** – three o'clock

trzeć rub (bb) [rʌb]

trzepać (*uderzać trzepaczką*) beat the carpet [bi:tθə'kɑ:pɪt], (*otrząsać kurz itp.*) shake (off) (shook, shaken) [ʃeɪk-, ʃʊk, 'ʃeɪkn]; **otrzepać śnieg z butów** – shake snow off one's shoes; **trzepać ściereczkę do kurzu** – to shake the duster

trzepotać flutter ['flʌtə], flap (pp) [flæp]; **trzepotać skrzydłami** – to flutter/to flap the wings

trzeszczeć crack [kræk], creak [kri:k], crackle [krækl]; *Podłoga trzeszczała, kiedy po niej stąpałem.* – The floor boards creaked when I stepped on them.

trzeźwieć sober (up) ['səʊbə-], come round [kʌm'raʊnd] (came, come)

trzeźwość sobriety [sə'braɪətɪ]

trzeźwy ❶ (*nie pijany*) sober ['səʊbə] ❷ (*rzeczowy*) sober ['səʊbə], level-headed [levl'hedɪd], realistic [rɪə'lɪstɪk]

trzęsienie:
trzęsienie ziemi – earthquake

trzy three [θri:]

trzydziesty thirtieth (30th) ['θɜ:tɪəθ]; **lata trzydzieste** – the thirties

trzydzieści thirty ['θɜ:tɪ]

trzymać ❶ (*nie wypuszczać*) hold (held, held) [həʊld, held, held]; *W ręku trzy-*

mał pistolet. – He was holding a gun in his hand. ❷ (*utrzymywać, zachowywać*) keep (kept, kept) [ki:p, kept, kept]; **trzymać głowę wysoko** – to hold one's head high; **trzymać kogoś za słowo** – to keep sb to his word; **trzymać kogoś w niepewności** – to keep sb in suspense; **trzymać język za zębami** – to hold one's tongue; **trzymać psa na smyczy** – to keep a dog on a lead; *On trzyma pieniądze w banku.* – He keeps his money in a bank. *Trzymał ręce w kieszeniach.* – He kept his hands in his pockets. ❸ (*hodować*) keep (kept, kept) [ki:p, kept, kept]; **trzymać pszczoły** – to keep bees

trzymać się ❶ (*ująwszy ręką nie puszczać*) hold on to [həʊld'ɒntə] (held, held); *Trzymał się za barierkę, żeby nie upaść.* – He held on to the railing to prevent oneself from falling. *Trzymaj się mocno!* – Hold tight! ❷ (*pozostawać, przebywać*) keep (kept, kept) [ki:p, kept, kept], hold (held, held) [həʊld, held, held]; *Trzymaj się z dala ode mnie.* – Keep out of my way. **trzymać się razem** – to stick together/to keep together; **trzymać się przy życiu** – to stay alive; **trzymać się z boku** – to keep oneself to oneself; *To się nie trzyma kupy.* – It's falling apart./*przen.* It doesn't make sense ❸ (*zachowywać, utrzymywać jakąś pozycję*) hold (held, held) [həʊld, held, held], keep (kept, kept) [ki:p, kept, kept]; **trzymać się prosto** – to hold oneself upright; **dobrze się trzymać** (*w dobrej formie*) – to keep well; *Trzymaj się!* – Take care!/Look after yourself! **z trudem trzymać się na nogach** – be hardly able to stand/to walk ❹ (*zachowywać wyznaczony kierunek*) keep (kept, kept) [ki:p, kept, kept]; **trzymać się prawej strony** – to keep right/to the right; **trzymać się warunków kontraktu** – to keep to the terms of the contract

trzynastowieczny thirteenth century (13th century)

trzynasty thirteenth [θɜ:'ti:nθ] (13th); **trzynasty maja** – the thirteenth of May/May the thirteenth/13th May/ /May 13th; **strona trzynasta** – page thirteen; **godzina trzynasta** – one o'clock in the afternoon/1 p.m.

trzynaście thirteen [θɜ:'ti:n]

trzysta three hundred [θri:'hʌndrɪd]

tu ❶ (*w tym miejscu*) here [hɪə]; **tu i tam** – here and there; **tu i teraz** – here and now; *Postaw tu tę skrzynię.* – Put the box here. *Chodź tu.* – Come over here. *Czy on tu mieszka?* – Does he live here? ❷ (*przy rozmowach telefonicznych itp. – kto mówi*): *Tu Londyn.* – This is London. – *Tu Anna.* – This is Ann.

tuba ❶ (*urządzenie do wzmacniania głosu*) loudhailer ['laʊdheɪlə], *am.* bullhorn ['bʊlhɔ:n] ❷ (*rurka z blachy, do pasty, farby, itp.*) tube [tju:b] ❸ *muz.* tuba ['tju:bə]

t

tubka tube [tju:b]

tubylec native ['neɪtɪv], local inhabitant ['ləʊklɪn'hæbɪtənt]

tuczyć fatten ['fætn]

tulić cuddle ['kʌdl], hug (gg) [hʌg], nestle ['nesl]

tulić się cuddle ['kʌdl], hug (gg) [hʌg], nestle ['nesl]

tulipan *bot.* tulip ['tju:lɪp]

tułów trunk [trʌŋk]

tunel tunnel ['tʌnl]

tuńczyk *zool.* tuna ['tu:nə/'tju:nə]

tupać stamp [stæmp], tramp [træmp]; **tupnąć nogą** – to stamp one's foot

turban turban ['tɜ:bən]

turbina turbine ['tɜ:baɪn]

turecki Turkish ['tɜ:kɪʃ]; **łaźnia turecka** – Turkish bath; **kawa po turecku** – Turkish coffee

Turek Turk [tɜ:k]

turkot rumble ['rʌmbl]

turkotać rumble ['rʌmbl]

turkus turquoise ['tɜ:kwɔɪz]

turniej tournament ['tʊənəmənt]

turysta tourist ['tʊərɪst]

turystyczny tourist ['tʊərɪst]

turystyka tourism ['tʊərɪzm]

tusz ❶ (*farba wodna do pisania*) ink [ɪŋk] ❷ (*tusz do rzęs*) mascara [mæ'skɑ:rə]

tusza (*otyłość*) corpulence ['kɔ:pjʊləns], obesity [ə'bi:sətɪ], stoutness ['staʊtnɪs]

tuszować hush up [hʌʃ'ʌp]; **tuszować skandal** – to hush up a scandal

tutaj *p.* **tu**

tutejszy local ['ləʊkl]

tuzin dozen, *l.mn.* dozen/dozens [dʌzn (z)]; **dwa tuziny** – two dozen; **sprzedawać coś na tuziny** – to sell sth by the dozen

tuż ❶ (*niedaleko*) nearby ['nɪəbaɪ], next to ['nekst tə], close by [kləʊs'baɪ]; *Sklep jest tuż za rogiem.* – The shop is just round the corner. *Oni mieszkają tuż obok nas.* – They live next to us./ /They live close by. ❷ (*blisko w czasie*) just [dʒʌst], close on ['kləʊs ɒn]; *Było tuż po północy.* – It was just after twelve. *Północ jest tuż.* – It's close on midnight.

twardnieć harden ['hɑ:dn], stiffen ['stɪfn]

twardo ❶ (*o twardej konsystencji*) hard [hɑ:d]; **jajko na twardo** – a hard-boiled egg ❷ (*nieustępliwie*) firmly ['fɜ:mlɪ], uncompromisingly [ʌn'kɒmprəmaɪzɪŋlɪ]

◆ **twardo spać** – to sleep soundly/to be fast asleep

twardość hardness ['hɑ:dnɪs]

twardy ❶ (*nie ulegający odkształceniom*) hard [hɑ:d], tough [tʌf]; **twardy jak kamień** – as hard as stone; **twardy orzech do zgryzienia** – a tough/a hard nut to crack; **twarda woda** – hard water; **twarde mięso** – tough meat ❷ (*zahartowany, odporny, niewrażliwy*) tough [tʌf], hardened ['hɑ:dnd]; **twardy facet** – a tough fellow/guy ❸ (*ostry, nieustępliwy, surowy*) severe [sɪ'vɪə], inflexible [ɪn'fleksebl], rigid ['rɪdʒɪd], firm [fɜ:m]; **twarde zasady** – rigid principles; **postawić twarde warunki** – to set/to lay down strict conditions

twaróg/twarożek cottage cheese ['kɒtɪdʒtʃi:z], farm cheese ['fɑ:mtʃi:z], curd cheese ['kɜ:dtʃi:z]

twarz face [feɪs]; **piękna twarz** – a beautiful/a pretty face; **znajoma twarz** – a familiar face; **spojrzeć komuś w twarz** – to look sb in the face; **zachować/stracić twarz** – to save/to lose face

twarzowy becoming [bɪ'kʌmɪŋ]; **twarzowa fryzura** – a becoming hair-style

tweed tweed [twi:d]

twierdza fortress ['fɔ:trɪs], citadel ['sɪtədəl]

twierdząco affirmatively [ə'fɜ:mətɪvlɪ]; **odpowiedzieć twierdząco** – to answer in the affirmative

twierdzący affirmative [ə'fɜ:mətɪv]

twierdzenie statement ['steɪtmənt], *mat.* theorem ['θɪərəm]

twierdzić say (said, said) [seɪ, sed, sed], maintain [meɪn'teɪn], claim [kleɪm]; *Ona twierdzi, że widziała ducha.* – She maintains/claims that she had seen a ghost.

tworzenie creation [kri:'eɪʃn], formation [fɔ:'meɪʃn]

tworzyć ❶ (*powodować powstanie*) create [kri:'eɪt], form [fɔ:m]; **tworzyć zdania** – to form sentences; **tworzyć rząd** – to form a government ❷ (*komponować, tworzyć dzieło*) compose [kəm'pəʊz], create [kri:'eɪt]; **tworzyć dzieło sztuki** – to create a work of art; **tworzyć muzykę** – to compose music ❸ (*stanowić*) make up [meɪk'ʌp] (made, made), constitute ['kɒnstɪtju:t]; *Te trzy tomy tworzą całość.* – These three volumes make up a whole.

tworzyć się form [fɔ:m], be formed [bi:'fɔ:md]; *Na niebie zaczęły się tworzyć chmury.* – Clouds were beginning to form in the sky.

tworzywo material [mə'tɪərɪəl], substance ['sʌbstəns], stuff [stʌf]; **tworzywo sztuczne** – plastic

twój ❶ (*przymiotnik dzierżawczy*) your [jɔ:]; *Czy to twój pies?* – Is that your dog? ❷ (*zaimek dzierżawczy*) yours [jɔ:z]; *Czy to mój parasol, czy twój?* – Is this my umbrella or is it yours?

twór ❶ (*istota żywa*) creature ['kri:tʃə] ❷ (*wytwór pracy ludzkiej*) creation [kri:'eɪʃn], production [prə'dʌkʃn] ❸ (*wytwór przyrody*) formation [fə-'meɪʃn]

twórca author ['ɔ:θə]

twórczość ❶ (*twórcza zdolność*) creativity [kri:eɪ'tɪvətɪ], creativeness [kri:'eɪtɪvnɪs] ❷ (tworzenie) creation [kri:'eɪʃn], production [prə'dʌkʃn], creative activity [kri:'eɪtɪvæk'tɪvətɪ] ❸ (*stworzone dzieła*) works [wɜ:ks]

twórczy creative [kri:'eɪtɪv]; **w pełni sił twórczych** – in one's prime

ty you [ju:/jʊ], (*cię, ciebie, tobie, tobą, ci*) you [ju:/jʊ]; *Widziałam cię wczoraj w teatrze.* – I saw you at the theatre yesterday. *Co ty tu robisz?* – What are you doing here? **być z kimś na ty** – to be on first-name terms with sb/to be on familiar terms with sb

Tybetańczyk Tibetan [tɪ'betn]

tybetański Tibetan [tɪ'betn]

tyczka stake [steɪk], pole [pəʊl], perch [pɜ:tʃ]; **skok o tyczce** – pole-vault

tyć get fat [get 'fæt], grow fat [grəʊ'fæt], put on weight [pʊtɒn'weɪt]

tydzień week [wi:k]; **w tym tygodniu** – this week; **w przyszłym tygodniu** – next week; **trzy razy w tygodniu** – three times a week; **dwa tygodnie** – a fortnight/two weeks; **Wielki Tydzień** – Holy Week; **od jutra za tydzień** – tomorrow week/a week tomorrow

tyfus *med.* typhoid fever ['taɪfɔɪd fi:və]

tygodnik weekly (magazine) ['wi:klɪ-]

tygodniowy weekly ['wi:klɪ], week's [wi:ks]

tygrys *zool.* tiger ['taɪgə]

tygrysica tigress ['taɪgrɪs]

tykać (*o zegarze*) tick [tɪk]

tyle ❶ (*dot. rzeczowników policzalnych*) so many [səʊ'menɪ]; *Jest tyle rzeczy do zrobienia.* – There are so many things to do. ❷ (*dot. ilości*) so much [səʊ'mʌtʃ]; *Nie mam tyle czasu.* – I don't have so much time. ❸ (*dot. stopnia nasilenia*) as much [əz'mʌtʃ], as many [əz'menɪ]; *To było tyle, co mogłam zrobić.* – It was as much as I was able to do.

tylko only ['əʊnlɪ], merely ['mɪəlɪ]; *Ja tylko pytałam.* – I was only asking. *Tylko pięciu studentów zdało egzamin.* – Only five students passed the exam. *Gdyby on tylko był tutaj...* – If only he were here... *On tylko co wyszedł.* – He's only just left. *Jak tylko przyjedzie, powiem mu o tym.* – As soon as he comes I'll tell him about it.

tylny back [bæk], rear [rɪə]; **tylne wejście** – the back door; **tylne siedzenie samochodu** – the back seat of a car; **tylne światła samochodu** – the rear lights (of a car); **tylna straż** – rear guard

tył back [bæk], rear [rɪə]; **z tyłu domu** – at the rear/back of the house; *Włożyłeś sweter tyłem do przodu.* – You've put your pullover back to front. **siedzieć z tyłu w samochodzie** – to sit in the back of the car; **być zaatakowanym od tyłu** – to be attacked from the rear

tym:

im... tym... – the... the...; **im prędzej, tym lepiej** – the sooner the better; *Im więcej o tym myślę, tym mniej mi się to podoba.* – The more I think about it the less I like it. **tym samym** – thus; **tym gorzej dla ciebie** – so much the worse for you

tymczasem ❶ (*w tym czasie*) meanwhile ['mi:nwaɪl], in the meantime [ɪnθə'mi:ntaɪm]; *Ty tu czekaj, ja tymczasem zapytam o drogę.* – Wait here, meanwhile I'll ask the way. ❷ (*natomiast*) meanwhile ['mi:nwaɪl], whereas [weər'æz]

tymczasowo temporarily ['tempərərəlɪ], for the time being

tymczasowość temporariness ['tempərərɪnɪs]

t

tymczasowy temporary ['tempərərı], provisional [prə'vıʒnl]; **tymczasowe zatrudnienie** – temporary employment; **rząd tymczasowy** – a provisional government; **tymczasowy kontrakt** – a provisional contract

tynk *bud.* plaster ['plɑ:stə]

tynkować plaster (a wall) ['plɑ:stə-]

typ ❶ (*model, wzór, charakter*) type [taıp] ❷ (*postać literacka*) character ['kærəktə] ❸ (*facet*) character ['kærəktə]; **podejrzany typ** – a suspicious character; **dziwny typ** – a queer customer

typowy typical ['tıpıkl]

tyran tyrant ['taıərənt]

tyrania tyranny ['tırənı]

tyranizować tyrannize ['tırənaız]

tysiąc thousand ['θaʊznd]

tysiąclecie millennium [mı'lenıəm]

tytoń tobacco [tə'bækəʊ]

tytuł ❶ (*nazwa utworu, dzieła*) title ['taıtl]; **tytuł książki** – the title of a book; **książka pod tytułem „Przeminęło z wiatrem"** – the book entitled/ /called "Gone with the Wind" ❷ (*stopień naukowy, godność*) title ['taıtl]; **tytuł szlachecki** – knighthood; **otrzymać tytuł szlachecki od królowej** – to be knighted by the Queen ❸ (*podstawa, racja*) title ['taıtl], right [raıt], claim [kleım]; **tytuł własności** – (the) title/the right/the claim to a property

tytułować ❶ (*zwracając się do kogoś wymieniać jego tytuł*) address [ə'dres]; *Jak mam go tytułować?* – How shall I address him? ❸ (*nadawać tytuł dziełu*) entitle [ın'taıtl]

tytułowy title ['taıtl]; **strona tytułowa** – the title-page; **rola tytułowa** – the title-role

u

u ❶ (*dot. przynależności, części składowej*); **klamka u drzwi** – the handle of the door; **palce u prawej/lewej ręki** – right/left hand fingers ❷ (*dot. punktu w przestrzeni i czasie*) at [æt/ət], by [baı]; *Stał u drzwi.* – He stood at the door. **u stóp góry** – at the foot of a mountain; **znaleźć się u celu** – to arrive at one's destination; **być u kresu sił** – to be at the end of one's tether/to be totally exhausted; **u kresu życia** – at the end of one's life; **u szczytu sukcesu** – at the peak of one's success; **u dołu** – at the bottom; **u góry** – at the top ❸ (*dot. osoby, miejsca*) at [æt/ət], with [wıð]; *Oni są u Anny.* – They are at Ann's. *Mieszkam u rodziców.* – I live with my parents. *Byłam u rodziców.* – I was at my parents'. *Byłam u siebie w pokoju.* – I was in my room. *Zostawiłam dziecko u sąsiadki.* – I left the baby with my neighbour. *Co u ciebie słychać?* – How are things with you?

ubezpieczać ❶ (*w zakładzie ubezpieczeniowym*) insure [ɪn'ʃʊə]; **ubezpieczać dom od ognia** – to insure one's house against fire ❷ (*zabezpieczać, asekurować*) secure [sɪ'kjʊə]

ubezpieczać się insure oneself, insure one's life; **ubezpieczyć się na pięćdziesiąt tysięcy dolarów** – to insure one's life for fifty thousand dollars

ubezpieczalnia (*społeczna w Wlk. Brytanii*) National Health Service

ubezpieczenie insurance [ɪn'ʃʊərəns]; **zakład ubezpieczeń** – insurance company; **ubezpieczenie od ognia/od kradzieży** – an insurance against fire/ /theft

ubezpieczeniowy insurance [ɪn'ʃʊərəns]; **polisa ubezpieczeniowa** – an insurance policy

ubiec forestall [fɔ:'stɔ:l]

ubiegać się compete (for) [kəm'pi:t-], contend [kən'tend]; **ubiegać się o pracę** – to apply for a job; *Kilka firm ubiega się o ten kontrakt.* – Several companies are competing to get the contract. *Kilka drużyn ubiega się o tytuł.* – Several teams are contending for the title.

ubiegły last [lɑ:st], past [pɑ:st]; **w ubiegłym roku** – last year; **w ubiegłym tygodniu** – last week; **w ubiegłych latach** – in the past years

ubierać ❶ (*nakładać ubranie*) dress [dres]; **ciepło ubrać dziecko** – to dress a child warmly; **dobrze ubrana kobieta** – a well-dressed woman ❷ (*przystrajać*) dress [dres], trim (mm) [trɪm], decorate ['dekəreɪt]; **ubierać choinkę** – to dress a Christmas tree

ubierać się dress [dres], get dressed [get'drest]; *Ubieraj się!* – Get dressed! *On zawsze ubiera się na czarno.* – He always dresses in black. **ubierać się dobrze/źle/modnie** – to dress well/ /badly/fashionably

ubikacja lavatory ['lævətərɪ], toilet ['tɔɪlɪt], *pot.* loo [lu:]

ubiór attire [ə'taɪə], clothes [kləʊðz], dress [dres]

ubliżać insult [ɪn'sʌlt], offend [ə'fend]

uboczny side [saɪd], incidental [ɪnsɪ'dentl]; **uboczne skutki leku** – side-effects of a drug; **produkt uboczny** – a by-product; **zajęcie uboczne** – a sideline

ubogi poor [pʊə]; **uboga rodzina** – a poor family; **ubogi krewny** – a poor relation; **pożywienie ubogie w składniki odżywcze** – food poor in nutrients; **kraj ubogi w zasoby naturalne** – a country poor in natural resources

ubolewać be sorry [bi:'sɒrɪ], grieve [gri:v], regret (tt) [rɪ'gret]; *On ubolewał, że nie może przyjść.* – He was sorry/He regretted he was unable to come. *Ubolewała nad tym, że jej syn wyemigrował.* – It grieved her that her son had emigrated.

ubolewanie ❶ (*żal*) regret [rɪ'gret]; **godne ubolewania** – regrettable; *Z ubolewaniem muszę stwierdzić, że...* – I'm sorry to have to say that.../I regret to have to say that... ❷ (*współczucie*) sympathy ['sɪmpəθɪ], condolence [kən'dəʊləns]; **złożyć wyrazy ubolewania** – to offer one's condolences

ubożeć get poor [get'pʊə], become impoverished [bɪ'kʌmɪm'pʌvərɪʃt]

ubój slaughter ['slɔ:tə]

ubóstwiać adore [ə'dɔ:]

ubóstwo poverty ['pʌvətɪ]

ubranie clothes [kləʊðz]

ubrany dressed ['drest]; **ubrany na czarno** – dressed in black

ubyć ❶ (*odejść*) leave (left, left) [li:v, left, left]; *Ubyło kilku pracowników.* – Several workers have left. ❷ (*stać się mniejszym*) dwindle ['dwɪndl], diminish [dɪ'mɪnɪʃ], decrease [di:'kri:s]; *Ubyło mu na wadze.* – He has lost weight. *Ubywa dnia.* – The days are shortening.

ubytek loss [lɒs], decrease ['di:kri:s], (*dziura w zębie*) cavity ['kævətɪ]; **ubytek krwi** – loss of blood

U

ubywać *p.* **ubyć**

ucho ear [ɪə]; **ucho zewnętrzne/środkowe/wewnętrzne** – outer/middle/ /inner ear; **ból ucha** – earache; **nie wierzyć własnym uszom** – not to believe one's ears

uchodzić *p.* **ujść**

uchodźca refugee [refjʊ'dʒi:], exile ['eksaɪl]; **obóz dla uchodźców** – a refugee camp; **uchodźca polityczny** – a political refugee

uchodźstwo exile ['eksaɪl]; **być na uchodźstwie** – to be in exile

uchwalić pass [pɑ:s], decide [dɪ'saɪd], accept [ək'sept]; **uchwalić ustawę** – to pass a bill; **uchwalić wniosek** – to carry/to accept a motion

uchwała resolution [rezə'lu:ʃn]; **podjąć uchwałę** – to pass/to adopt a resolution

uchwyt ❶ (*rączka*) handle ['hændl] ❷ (*chwyt*) grasp [grɑ:sp], grip [grɪp]; **mocny uchwyt** – a strong grasp

uchybienie offence [ə'fens], affront [ə'frʌnt]

uchylać ❶ (*lekko otwierać*) set ajar [setə'dʒɑ:]; **uchylić drzwi** – to set the door ajar ❷ (*nieco odsunąć*) put aside [pʊtə'saɪd] (put, put), draw aside [drɔ:ə'saɪd] (drew, drawn); **uchylić zasłony** – to draw a curtain aside; **uchylić rąbka tajemnicy** – to reveal a secret ❸ (*znieść*) lift [lɪf], abolish [ə'bɒlɪʃ]; **uchylić embargo** – to lift an embargo; **uchylić zakaz** – to lift a ban

uchylać się shirk [ʃɜ:k], shun [ʃʌn], avoid [ə'vɔɪd]; **uchylać się od odpowiedzialności** – to shirk responsibility

uciążliwy burdensome ['bɜ:dnsəm], difficult ['dɪfɪkəlt], troublesome ['trʌblsʌm], onerous ['ɒnərəs]; **uciążliwe zadanie** – an onerous task; **uciążliwe obowiązki** – burdensome duties/responsibilities

ucichnąć grow silent [grəʊ'saɪlənt], calm down [kɑ:m'daʊn], quiet down [kwaɪət'daʊn]; *Wiatr ucichł.* – The wind has calmed down.

uciecha ❶ (*radość*) joy [dʒɔɪ], delight [dɪ'laɪt] ❷ (*przyjemność*) pleasure ['pleʒə]

ucieczka escape [ɪ'skeɪp], flight [flaɪt]

uciekać ❶ (*oddalać się biegiem*) run away [rʌnə'weɪ] (ran, run), flee (fled, fled) [fli:, fled, fled], fly (flew, flown) [flaɪ, flu:, fləʊn]; *Zobaczył mnie i uciekł.* – He saw me and ran away. **uciekać od rzeczywistości** – to run away from reality; *Uciekł mi pociąg.* – I missed my train. ❷ (*wydostać się skądś*) escape [ɪ'skeɪp], run away [rʌnə'weɪ] (ran, run); *Przestępca uciekł z więzienia.* – The criminal has escaped from prison. **uciec z domu** – to run away from home; *Kiedy wybuchła wojna, wiele osób uciekło z kraju.* – When the war broke out a lot of people fled the country.

uciekać się resort to [rɪ'zɔ:t-]; **uciekać się do przemocy** – to resort to violence; **uciekać się do drastycznych środków** – to resort to drastic measures

uciekinier runaway ['rʌnəweɪ], fugitive ['fju:dʒətɪv]

ucieszyć please [pli:z], make sb happy; *Jestem pewna, że ucieszy go wiadomość o twoim sukcesie.* – I'm sure that it will make him happy to hear of your success.

ucieszyć się be glad [bi:'glæd], be delighted [bi:dɪ'laɪtɪd], be happy [bi:'hæpɪ]; *Ucieszyliśmy się wiadomością, że zdałeś egzamin.* – We were delighted to hear your had passed the exam.

ucinać ❶ (*odciąć*) cut (off) (cut, cut) [kʌt-, kʌt, kʌt]; **uciąć gałąź** – to cut off a branch; **uciąć komuś głowę** – to cut off sb's head/to behead sb ❷ (*przerwać*) cut short [kʌt'ʃɔ:t]; *Ucięła mi w połowie zdania.* – She cut me short in the middle of the sentence. ❸ (*wykonać*): **uciąć sobie drzemkę** – to have a nap; **uciąć sobie pogawędkę** – to have a chat ❹ (*o owadach – użądlić*) sting (stung, stung) [stɪŋ, stʌŋ, stʌŋ], bite (bit, bitten) [baɪt, bɪt, 'bɪtn]; *Ucięła mnie pszczoła.* – A bee has stung me.

ucisk ❶ (*przyciskanie*) pressure ['preʃə]; **wywierać ucisk** – to exert pressure ❷ (*ograniczenie wolności*) oppression [ə'preʃn]; **ofiary ucisku** – victims of oppression; **żyć w ucisku** – to live under oppresion

uciskać ❶ (*naciskać*) press [pres] ❷ (*ograniczać wolność*) oppress [ə'pres]; *Ludność była uciskana przez reżim totalitarny.* – The people were oppresed by the totalitarian regime.

uciszać silence ['saɪləns], hush [hʌʃ]; *Nauczyciel próbował uciszyć hałaśliwą klasę.* – The teacher tried to silence the noisy class.

uciszać się calm down [kɑ:m'daʊn], subside [səb'saɪd], quiet down [kwaɪət'daʊn]

uciśniony oppressed [ə'prest]

uczcić ❶ (*oddać cześć*) honour ['ɒnə] ❷ (*uświetnić, obchodzić*) celebrate ['selɪbreɪt]; **uczcić rocznicę** – to celebrate an anniversary

uczciwość honesty ['ɒnɪstɪ]

uczciwy honest ['ɒnɪst]

uczelnia academy [ə'kædəmɪ], university [ju:nɪ'vɜ:sətɪ]

uczennica ❶ (*dziewczynka chodząca do szkoły*) schoolgirl ['sku:lgɜ:l] ❷ (*praktykantka*) apprentice [ə'prentɪs] ❸ (*wychowanka*) pupil ['pju:pl]; *Ona jest uczennicą tego sławnego skrzypka.* – She is a pupil of that famous violinist.

uczeń ❶ (*chłopiec chodzący do szkoły*) schoolboy ['sku:lbɔɪ] ❷ (*praktykant*) apprentice [ə'prentɪs] ❸ (*zwolennik, kontynuator czyichś nauk*) disciple [dɪ'saɪpl] ❹ (*wychowanek*) pupil ['pju:pl]

uczesać do sb's hair

uczesać się comb one's hair, do one's hair

uczesanie hair-do ['heədu:], hair-style ['heəstaɪl]

uczestnictwo participation [pɑ:tɪsɪ'peɪʃn]

uczestniczyć participate [pɑ:'tɪsɪpeɪt], take part [teɪk'pɑ:t]; **uczestniczyć w zebraniu/w dyskusji** – to participate in a meeting/in a discussion; **uczestniczyć w olimpiadzie** – to participate in the Olympic Games

uczestnik participant [pɑ:'tɪsɪpənt]

uczęszczać attend [ə'tend], go to ['gəʊtə] (went, gone); **uczęszczać do szkoły/do kościoła** – to attend school/ /church

uczony[1] (*naukowiec*) scientist ['saɪəntɪst], scholar ['skɒlə]

uczony[2] (*mądry*) learned ['lɜ:nɪd]

uczta feast [fi:st]

ucztować feast [fi:st], banquet ['bæŋkwɪt]

uczucie ❶ (*doznanie psychiczne*) feeling ['fi:lɪŋ], emotion [ɪ'məʊʃn]; **odwołać się do czyichś uczuć** – to appeal to sb's feelings; **mieć mieszane uczucia wobec czegoś** – to have mixed feelings about sth; **zranić czyjeś uczucia** – to hurt sb's feelings; **uczucie radości/wdzięczności** – a feeling of joy/of gratitude; *Mówił z głębokim uczuciem.* – He spoke with deep emotion. ❷ (*miłość*) affection [ə'fekʃn], love [lʌv]; **odwzajemnić czyjeś uczucie** – to return sb's affection/to reciprocate sb's love; **głębokie uczucie** – deep/strong affection; **zdobyć czyjeś uczucie** – to gain/to win sb's affection ❸ (*doznanie fizyczne*) feeling ['fi:lɪŋ]; **uczucie głodu** – a feeling of hunger

uczuciowy emotional [ɪ'məʊʃənl]

uczulać *p.* **uczulić**

uczulenie allergy ['ælədʒɪ]; **mieć uczulenie na truskawki** – to be allergic to strawberries

uczulić ❶ (*uwrażliwić*) make sb sensitive to ❷ (*wywołać uczulenie*) cause allergy [kɔ:z 'ælədʒɪ]

uczulony allergic [ə'lɜ:dʒɪk]; *On jest uczulony na koty.* – He is allergic to cats.

uczyć teach (taught, taught) [ti:tʃ, tɔ:t, tɔ:t]; **uczyć dzieci w szkole** – to teach children at school; **uczyć fizyki** – to teach physics; **uczyć kogoś prowadzić samochód** – to teach sb to drive a car

uczyć się learn (learnt, learnt/-ed) [lɜ:n, lɜ:nt, lɜ:nt/lɜ:nd]; **uczyć się w szkole** – to learn at school; **uczyć się języków obcych** – to learn foreign languages; **uczyć się na własnych błędach** – to learn from one's mistakes; **uczyć się czegoś na pamięć** – to learn sth by heart

uczynek deed [di:d], act [ækt], action ['ækʃn]; **dobry uczynek** – a good deed; **schwytać kogoś na gorącym uczynku** – to catch sb red-handed

U

udany successful [sək'sesfʊl]; *Przyjęcie było bardzo udane.* – The party was a great success. **udana próba** – a successful attempt

udar stroke [strəʊk]; **udar mózgu** – a stroke; **udar słoneczny** – a sunstroke

udaremniać frustrate [frʌ'streɪt], upset (upset, upset) [ʌp'set, ʌp'set, ʌp'set]; *Zła pogoda udaremniła nasze plany.* – Bad weather has frustrated/upset our plans.

udawać ❶ (*stworzyć pozór*) pretend [prɪ'tend], feign [feɪn], simulate ['sɪmjʊleɪt]; **udawać przyjaźń** – to pretend friendship; **udawać zainteresowanie** – to simulate interest; *Udawałam, że nie zauważyłam.* – I pretended not to notice. **udawać chorobę** – to feign illness ❷ (*naśladować kogoś*) act [ækt], play [pleɪ]; **udawać głupiego** – to act/ /to play a fool

udawać się ❶ (*odbyć się pomyślnie*) succeed [sək'si:d], be a success [bi:əsək'ses]; *Przyjęcie udało się.* – The party was a success. *Udało mu się w interesach.* – He has succeeded in business. ❷ (*podążyć, skierować się*) make one's way, go (went, gone) [gəʊ, went, gɒn]; **udać się w podróż** – to go on a journey; **udać się z wizytą** – to go and see sb; **udać się do domu** – to make one's way home/to go home ❸ (*zdołać*) manage ['mænɪdʒ], succeed in [sək'si:d-]; *Udało mu się dostać bilety.* – He succeeded in getting the tickets./He managed to get the tickets.

uderzać ❶ (*bić*) strike (struck, struck) [straɪk, strʌk, strʌk], hit (hit, hit) [hɪt, hɪt, hɪt], beat (beat, beaten) [bi:t, bi:t, 'bi:tn], knock [nɒk]; *Uderzyła go w głowę.* – She struck him on the head. **uderzyć kogoś w twarz** – to slap sb's face; *Uderzył głową o sufit.* – He struck the ceiling with his head. **uderzyć kogoś kijem/kamieniem** – to strike sb with a stick/stone; *Piorun uderzył w dom.* – The house was struck by lightning. *Samochód uderzył w latarnię.* – The car hit/struck a lamp-post. ❷ (*powodować dźwięk*) sound [saʊnd], ring (rang, rung) [rɪŋ, ræŋ, rʌŋ]; **uderzyć na alarm** – to sound an alarm; **uderzyć w dzwony** – to sound/to ring the bells ❸ (*atakować*) attack [ə'tæk], strike (struck, struck) [straɪk, strʌk, strʌk]; *Nieprzyjaciel uderzył w nocy.* – The enemy struck at night. ❹ (*zwrócić czyjąś uwagę*) strike (struck, struck) [straɪk, strʌk, strʌk]; *Co mnie uderzyło, to ich obojętność wobec problemu.* – What struck me was their indifference to the problem.

uderzający striking ['straɪkɪŋ]; **uderzający kontrast** – a striking contrast; **uderzające podobieństwo** – a striking likeness

uderzenie blow [bləʊ], hit [hɪt], stroke [strəʊk], *muz.* touch [tʌtʃ]; **uderzenia w bęben** – the beat of a drum; **uderzenie w głowę** – blow on the head; **uderzenia serca** – heartbeat

uderzyć się hit (hit, hit) [hɪt, hɪt, hɪt]; *Uderzył się w kolano, kiedy upadł.* – He hit his knee as he fell.

udko (*kurczaka*) leg [leg]

udławić się choke [tʃəʊk]; **udławić się ością** – to choke on a fish bone

udo *anat.* thigh [θaɪ]

udogodnienie improvement [ɪm'pru:vmənt], (*udogodnienia – urządzenia*) facilities [fə'sɪlətɪz]

udoskonalić improve [ɪm'pru:v]

udoskonalenie improvement [ɪm'pru:vmənt]

udowodnić prove [pru:v]; **udowodnić swoją niewinność** – to prove one's innocence; **udowodnić czyjąś winę** – to prove sb guilty/to prove sb's guilt; *Udowodniła wszystkim, że podoła zadaniu.* – She proved to everyone that she was equal to the task.

udusić strangle ['stræŋgl], throttle ['θrɒtl]

udusić się suffocate ['sʌfəkeɪt]

uduszenie strangulation [stræŋgjʊ'leɪʃn], (*z braku powietrza*) suffocation [sʌfə'keɪʃn]

udział ❶ (*wkład*) share [ʃeə]; **mieć udział w dochodach** – to have a share in the profits ❷ (*uczestnictwo*) participation [pɑ:tɪsɪ'peɪʃn]; **brać udział** – to participate/to take part

udzielać give (gave, given) [gɪv, geɪv, 'gɪvn], administer [əd'mɪnɪstə], grant [grɑ:nt], impart [ɪm'pɑ:t]; **udzielać zezwolenia** – to give/to grant one's permission; **udzielać wyjaśnień** – to give explanations; **udzielać informacji/porady** – to give information/advice; **udzielić odpowiedzi** – to give an answer; **udzielić wywiadu** – to grant/to give an interview; **udzielać pierwszej pomocy** – to administer/to give first aid

udzielać się (*przejść z jednej osoby na drugą*) be infectious [bi:ɪn'fekʃəs], be contagious [bi:kən'teɪdʒəs]; *Ziewanie udziela się.* – Yawning is contagious.

ufać trust [trʌst]; *On ślepo jej ufał.* – He trusted her blindly. **nie ufać** – to distrust

ufność trust [trʌst], confidence ['kɒnfidəns]; **pokładać w kimś ufność** – to place/to put trust in sb

ufny trustful ['trʌstfʊl], confident ['kɒnfidənt]

uginać się bend (bent, bent) [bend, bent, bent], sag (gg) [sæg], be weighted down with [bi:weɪtɪd'daʊnwɪð]; *Gałąź ugięła się, ale się nie złamała.* – The branch bent, but it didn't break. *Uginał się pod ciężarem bagażu.* – He was weighted down with all the luggage.

ugoda agreement [ə'gri:mənt], settlement ['setlmənt]; **zawrzeć ugodę** – to come to terms/to an agreement/to reach an agreement/a settlement

ugodowy conciliatory [kən'sɪlɪətərɪ]

ugotować cook [kʊk], prepare (a meal) [prɪ'peə-]; **ugotować obiad** – to cook//to prepare dinner; **ugotować jajko na miękko** – to boil an egg soft

ugotować się:
Ziemniaki ugotowały się. – The potatoes are ready.

ugryźć bite (bit, bitten) [baɪt, bɪt, 'bɪtn], (*o owadzie*) sting (stung, stung) [stɪŋ, stʌŋ, stʌŋ]

ugrzęznąć get bogged down [get bɒgd'daʊn], get stuck [get'stʌk]; *Ugrzęźliśmy w błocie.* – We were stuck in the mud.

ujawniać expose [ɪk'spəʊz], reveal [rɪ'vi:l], disclose [dɪs'kləʊz]; **ujawniać sekret** – to reveal a secret; *Nie chciał ujawnić swojego prawdziwego nazwiska.* – He didn't want to disclose his real name.

ujemny ❶ (*mniejszy od zera*) negative ['negətɪv]; **liczby ujemne** – negative numbers; **biegun ujemny** – the negative pole ❷ (*niekorzystny*) negative ['negətɪv], unfavourable [ʌn'feɪvərəbl], disadvantageous [dɪsædvɑ:n'teɪdʒəs]; **ujemna strona** – a disadvantage; **mieć na kogoś ujemny wpływ** – to have a bad influence on sb

ujmujący engaging [ɪn'geɪdʒɪŋ], captivating ['kæptɪveɪtɪŋ]

ujrzeć see (saw, seen) [si:, sɔ:, si:n], catch a glimpse of [kætʃə'glɪmsəv]; **ujrzeć coś na własne oczy** – to see sth with one's own eyes; **ujrzeć coś w oddali** – to see sth in the distance

ujście ❶ (*wylot*) outlet ['aʊtlet]; **ujście wody** – an outlet for water ❷ *geogr.* estuary ['estjʊərɪ], river mouth ['rɪvəmaʊθ]

ujść ❶ (*umknąć*) escape [ɪ'skeɪp]; *Nic nie ujdzie jej uwagi.* – Nothing will escape her attention. *Gaz uchodzi z przewodu.* – Gas is escaping from the pipe. **ujść z życiem** – to survive ❷ (*być poczytywanym za*) pass for ['pɑ:sfə]; *Ona uchodzi za dużo młodszą kobietę niż jest.* – She can pass for a much younger woman than she is. ❸ (*nie pociągnąć za sobą konsekwencji*) get away with [getə'weɪwɪð] (got, got); *On wybił szybę, ale uszło mu to (na sucho).* – He broke a window, but got away with it.

ukazywać show (showed, shown/-ed) [ʃəʊ, ʃəʊd, ʃəʊn/ʃəʊd], present [prɪ'zent], reveal [rɪ'vi:l]

ukazywać się appear [ə'pɪə]; **ukazać się na horyzoncie** – to appear on the horizon; **ukazać się drukiem** – to appear in print

ukąsić bite (bit, bitten) [baɪt, bɪt, 'bɪtn], (*o owadach*) sting (stung, stung) [stɪŋ, stʌŋ, stʌŋ]; *Pszczoła ukąsiła go w rękę.* – A bee stung him in the hand.

ukąszenie bite [baɪt], sting [stɪŋ]

układ ❶ (*sposób rozmieszczenia*) arrangement [ə'reɪndʒmənt] ❷ (*struktura, system*) system ['sɪstəm], structure ['strʌktʃə], pattern ['pætən]; **układ pokarmowy/nerwowy/krążenia/oddechowy** – digestive/nervous//circulatory/respiratory system; **układ słoneczny** – the solar system; **układ dziesiętny** – the decimal system ❸ (*umowa*) agreement [ə'gri:mənt], pact [pækt], settlement ['setlmənt], (*układ międzynarodowy*) treaty ['tri:tɪ]; **zawrzeć układ** – to make a pact; **układ dwustronny** – a bilateral treaty; **podpisać układ** – to sign a treaty; **zerwać układ** – to break/to violate a treaty ❹ (*układy, pertraktacje*) negotiations [nɪgəʊʃɪ'eɪʃnz]; **prowadzić układy** – to conduct negotiations

układać ❶ (*kłaść w pewnym porządku*) arrange [ə'reɪndʒ], lay (laid, laid) [leɪ, leɪd, leɪd]; **układać książki na półkach** – to arrange books on the shelves; **układać coś w porządku alfabetycznym** – to arrange sth in alphabetical order; **układać kwiaty w wazonie** – to arrange flowers in a vase; **układać podłogę** – to lay the floor; **układać sobie włosy** – to set one's hair ❷ (*umieszczać w pozycji poziomej*) lay out [leɪ'aʊt] (laid, laid); **układać dziecko do snu** – to put a child to bed; *Towary były ułożone na wystawie.* – The goods were laid out in the shop-window. ❸ (*tworzyć*) compose [kəm'pəʊz], make (made, made) [meɪk, meɪd, meɪd]; **ułożyć zdanie** – to make a sentence; **ułożyć wiersz** – to compose a poem ❹ (*planować*) draw up [drɔ:'ʌp] (drew, drawn), make (made, made) [meɪk, meɪd, meɪd]; **układać plany** – to make/to draw up plans; **ułożyć sobie życie** – to arrange one's life

układać się ❶ (*kłaść się*) lay oneself down, lie down [laɪ'daʊn] (lay, lain); **układać się do snu** – to lay oneself down to sleep ❷ (*ustalać się w pewien sposób*); *Nasze stosunki z sąsiadami układają się dobrze.* – We are getting on very well with our neighbours.

układanka puzzle ['pʌzl]

ukłon bow [baʊ]

ukłonić się bow [baʊ], (*pozdrowić kogoś*) greet (sb) [gri:t-]; *Ukłonił mi się na ulicy.* – He greeted me in the street.

ukłucie prick [prɪk], (*owada*) bite [baɪt], sting [stɪŋ]; **ukłucie igłą** – a prick of a needle; **ukłucie komara** – a mosquito bite

ukłuć prick [prɪk]

ukochana/ukochany beloved [bɪ'lʌvɪd]

ukośny diagonal [daɪ'ægənl], slanting ['slɑ:ntɪŋ]; **bluzka w ukośne pasy** – blouse with diagonal stripes

ukradkiem furtively ['fɜ:tɪvlɪ], surreptitiously [sʌrəp'tɪʃəslɪ]; **spojrzeć ukradkiem** – to cast a furtive glance

ukradkowy surreptitious [sʌrəp'tɪʃəs], furtive ['fɜ:tɪv]; **ukradkowe spoj-**

rzenie – a furtive/a surreptitious glance

Ukrainiec Ukrainian [ju:'kreınjən]

ukraiński Ukrainian [ju:'kreınjən]

ukrop boiling water [bɔılıŋ'wɒtə]

ukrycie hiding ['haıdıŋ], concealment [kən'si:lmənt]; **pozostawać w ukryciu** – to stay in hiding/concealment; **wyjść z ukrycia** – to come out of hiding

ukryć ❶ (*umieścić w miejscu bezpiecznym*) hide (hid, hidden) [haıd, hıd, 'hıdn], conceal [kən'si:l]; *Ona gdzieś ukryła swoją biżuterię.* – She's hidden her jewellery somewhere. ❷ (*zataić*) hide (hid, hidden) [haıd, hıd, 'hıdn]; **ukrywać swoje uczucia** – to hide one's feelings; *Jego słowa miały ukryte znaczenie.* – His words had a hidden meaning. ❸ (*ukrywać kogoś*) harbour ['hɑ:bə]; **ukrywać przestępcę** – to harbour a criminal

ukryć się hide (oneself) (hid, hidden) [haıd, hıd, 'hıdn]; *Ukrył się za krzakami.* – He hid behind the bushes.

ukrzyżować crucify ['kru:sıfaı]

ukrzyżowanie crucifixion [kru:sı'fıkʃn]

ul beehive ['bi:haıv]

ulatniać się ❶ (*wyparować*) evaporate [ı'væpəreıt] ❷ (*wydobywać się*) escape [ı'skeıp], leak [li:k]; *Gaz ulatnia się z pękniętego przewodu.* – Gas is escaping from a broken pipe. ❸ (*znikać*) disappear [dısə'pıə], vanish ['vænıʃ]; **ulotnić się bez śladu** – to vanish into thin air/to disappear without a trace

ulec ❶ (*poddać się, ustąpić*) give in (to) [gıv'ın(tə)] (gave, given), surrender [sə'rendə], yield [ji:ld], succumb [sə'kʌm]; **ulec bez walki** – to give in without a fight; *Po długiej dyskusji uległa naszym namowom.* – After a long discussion she gave in to our persuasions. **ulec żądaniom** – to give way to demands ❷ (*doznać, być pod wpływem czegoś*) succumb [sə'kʌm], yield ['ji:ld], give way to [gıv'weıtə], suffer ['sʌfə], experience [ık'spıərıəns]; **ulec pokusie** – to yield to/to succumb/to give in to temptation; **ulec złudzeniu** – to be under an illusion; **ulec halucynacjom** – to suffer from hallucinations; **ulec czyimś wpływom** – to come under sb's influence ❸ (*stać się, doznać działania*) undergo (underwent, undergone) [ʌndə'gəʊ, ʌndə'went, ʌndə'gɒn]; **ulec zmianie** – to undergo a change; **ulec pogorszeniu** – to deteriorate; **ulec poprawie** – to improve/to get better; **ulec wypadkowi** – to have an accident/to meet with an accident; **ulec zniszczeniu** – to be destroyed; *To nie ulega wątpliwości.* – There is no doubt about it.

uleczalny curable ['kjʊərəbl]

uleczyć cure [kjʊə], heal [hi:l]

uległość submission [səb'mıʃn]

uległy submissive [səb'mısıv]

ulepszać improve [ım'pru:v]

ulepszenie improvement [ım'pru:vmənt]

ulewa downpour ['daʊnpɔ:]

ulewny (*deszcz*) torrential (rain) [tə'renʃl-]

ulga ❶ (*złagodzenie*) relief [rı'li:f], alleviation [əli:vı'eıʃn]; **przynosić ulgę** – to bring relief; **odetchnąć z ulgą** – to sigh with relief/to heave a sigh of relief ❷ (*zniżenie opłat*) reduction [rı'dʌkʃn], reduced tariffs [rı'dju:st'tærıfs]

ulgowy reduced [rı'dju:st]; **bilet ulgowy** – a half-fare ticket; *przen.* **stosować taryfę ulgową** – to make allowances

ulica street [stri:t]; *Widziałam ją na ulicy.* – I saw her in the street. *On mieszka przy tej ulicy.* – He lives in this street. **przejść przez ulicę** – to cross the street; **iść ulicą** – to walk along the street

ulotka leaflet ['li:flıt]

ulotny ❶ (*przejściowy*) transitory ['trænsıtərı] ❷ (*lotny*) volatile ['vɒlətaıl]

ultimatum ultimatum [ʌltı'meıtəm]; **postawić ultimatum** – to give an ultimatum

ultradźwięk ultrasound ['ʌltrəsaʊnd]

ultradźwiękowy ultrasonic [ʌltrə'sɒnɪk]
ultrafiolet ultraviolet rays [ʌltrə'vaɪələt-'reɪz]
ultrafioletowy ultraviolet [ʌltrə'vaɪələt]; **promienie ultrafioletowe** – ultraviolet rays
ulubiony favourite ['feɪvərɪt]
ulżyć ease [i:z], relieve [rɪ'li:v], alleviate [ə'li:vɪeɪt]; **ulżyć w cierpieniu** – to relieve suffering; **ulżyć w bólu** – to relieve/to ease pain; *Ulżyło mi.* – I felt relieved.
ułamać break off [breɪk'ɒf] (broke, broken)
ułamek fraction ['frækʃn]; **ułamek właściwy/niewłaściwy** – a proper/an improper fraction; **ułamek dziesiętny** – a decimal fraction; **ułamek sekundy** – a split second
ułaskawić pardon ['pɑ:dn]
ułaskawienie pardon ['pɑ:dn]
ułatwiać make (sth) easy [meɪk 'i:zɪ], facilitate [fə'sɪlɪteɪt]
ułatwienie simplification [sɪmplɪfɪ-'keɪʃn], facilitation [fəsɪlɪ'teɪʃn]
ułomność disability [dɪsə'bɪlətɪ], infirmity [ɪn'fɜ:mətɪ]
ułomny disabled [dɪs'eɪbld], infirm [ɪn-'fɜ:m]; *gram.* **czasownik ułomny** – a defective verb
umacniać strengthen ['streŋθn], fortify ['fɔ:tɪfaɪ], consolidate [kən'sɒlɪdeɪt]; **umacniać swoją pozycję** – to strengthen/to consolidate one's position
umacniać się be strengthened [bi:-'streŋθnd], consolidate [kən'sɒlɪdeɪt]; **umacniać się w przekonaniu** – to become confirmed in one's opinion; **umacniać się w postanowieniu** – to become more determined/to be strengthened in one's resolution
umarły dead [ded]; **umarli** – the dead
umawiać się ❶ (*ustalać spotkanie*) make an appointment; **umawiać się na randkę** – to make a date ❷ (*ustalać*) arrange [ə'reɪndʒ], agree [ə'gri:]; **umawiać się co do ceny** – to agree a price; *Umówiłem się z przyjaciółmi, że możemy pożyczyć ich samochód.* – I arranged with my friends that we could borrow their car.
umeblować furnish ['fɜ:nɪʃ]
umeblowanie furniture ['fɜ:nɪtʃə], furnishings ['fɜ:nɪʃɪŋz]
umiar moderation [mɒdə'reɪʃn]; **wykazać umiar** – to display moderation; **pić z umiarem** – to drink in moderation
umiarkowanie[1] (*umiar*) moderation [mɒdə'reɪʃn], temperance ['temprəns]
umiarkowanie[2] (*z umiarem*) moderately ['mɒdərətlɪ], in moderation [ɪnmɒd-ə'reɪʃn]
umiarkowany moderate ['mɒdərət], (*o klimacie*) temperate ['temprət]; **umiarkowana cena** – a moderate price; **umiarkowane żądania** – moderate demands
umieć ❶ (*znać*) know (knew, known) [nəʊ, nju:, nəʊn]; **umieć coś na pamięć** – to know sth by heart ❷ (*potrafić, być w stanie*) be able to, can/ /could (*czasowniki te występują tylko w formie osobowej*); *Czy umiesz jeździć na nartach?* – Can you ski? *Nie umiem rozwiązać tego zadania.* – I can't solve this problem.
umiejętność skill [skɪl], (*wiedza*) knowledge ['nɒlɪdʒ]; **umiejętności praktyczne** – practical skills
umierać die [daɪ], pass away [pɑ:sə'weɪ]; **umrzeć śmiercią naturalną/śmiercią gwałtowną** – to die a natural/a violent death; **umrzeć na raka** – to die of/from cancer; **umrzeć z głodu** – to die of hunger; **umrzeć młodo** – to die young; *Umieram z pragnienia.* – I'm dying for something to drink. *Umarła we śnie zeszłej nocy.* – She passed away in her sleep last night.
umieralność mortality [mɔ:'tælətɪ], death-rate ['deθreɪt]
umieszczać place [pleɪs], put (put, put) [pʊt, pʊt, pʊt], locate [lə'keɪt]
umięśniony muscular ['mʌskjʊlə]

umknąć escape [ɪ'skeɪp], get away [getə'weɪ] (got, got); **umknąć czyjejś uwadze** – to escape sb's attention

umocnienie consolidation [kənsɒlɪ'deɪʃn], *wojsk.* fortification [fɔ:tɪfɪ'keɪʃn]

umocować fix [fiks], fasten ['fɑ:sn], secure [sɪ'kjʊə]

umowa contract ['kɒntrækt], agreement [ə'gri:mənt]; **podpisać umowę** – to sign a contract; **zerwać umowę** – to break a contract

umożliwiać enable [ɪ'neɪbl]; *Znajomość języków umożliwiła jej wykonywanie pracy tłumacza.* – Her knowledge of languages enabled her to work as an interpreter.

umówić *p.* **umawiać się**

umrzeć *p.* **umierać**

umyć *p.* **myć**

umykać *p.* **umknąć**

umysł mind [maɪnd], intellect ['ɪntəlekt], brain [breɪn], intelligence [ɪn'telɪdʒəns]; **zdrowy na umyśle** – sound in mind, sane

umysłowo mentally ['mentlɪ], intellectually [ɪntə'lektʃʊəlɪ]; **umysłowo chory** – mentally ill; **niedorozwinięty umysłowo** – mentally retarded

umysłowość mentality [men'tælətɪ]

umysłowy mental ['mentl], intellectual [ɪntə'lektʃʊəl]; **niedorozwój umysłowy** – mental deficiency; **choroba umysłowa** – mental illness; **pracownik umysłowy** – a white-collar worker

umyślnie specially ['speʃlɪ], purposely ['pɜ:pəslɪ], on purpose [ɒn'pɜ:pəs], deliberately [dɪ'lɪbərətlɪ]; *Jestem pewna, że ona nie zrobiła tego umyślnie.* – I'm sure she didn't do it on purpose.

umyślny ❶ (*zamierzony*) intentional [ɪn'tenʃnl], deliberate [dɪ'lɪbərət] ❷ (*specjalny*) special ['speʃl]

umywać *p.* **myć:**

umywać ręce od czegoś – to wash one's hands of sth

umywalka wash-basin ['wɒʃbeɪsn], wash-bowl ['wɒʃbəʊl]

uncja (*28,35 g*) ounce [aʊns]

unia union ['ju:nɪən]

unicestwiać annihilate [ə'naɪəleɪt]

uniemożliwić make sth impossible, prevent [prɪ'vent]; *Deszcz uniemożliwił nam wyjście na spacer.* – Rain prevented us from going for a walk.

unieruchomić immobilize [ɪ'məʊbɪlaɪz]; **unieruchomić złamaną nogę** – to immobilize a broken leg

unieść się ❶ (*podnieść się*) rise (rose, risen) [raɪz, rəʊz, 'rɪzn], raise oneself [reɪzwʌn'self], lift [lɪft], stand up [stænd'ʌp] (stood, stood); *Mgła uniosła się i zobaczyliśmy widok.* – The mist lifted and we could see the view. ❷ (*oderwać się od ziemi*) rise into the air, lift [lɪft], (*unosić się na wodzie*) float [fləʊt]

unieszczęśliwiać make sb unhappy

unieważniać invalidate [ɪn'vælɪdeɪt], declare invalid [dɪ'kleərɪn'vælɪd]

unieważnienie invalidation [ɪnvælɪ'deɪʃn], cancellation [kænsə'leɪʃn]

uniewinnić acquit (tt) [ə'kwɪt]; *Sąd przysięgłych uniewinnił go.* – The jury acquitted him of the crime.

uniewinnienie acquittal [ə'kwɪtl]

uniform uniform ['ju:nɪfɔ:m]

unik dodge [dɒdʒ], evasion [ɪ'veɪʒn]; **zrobić unik** – to dodge/to evade

unikać avoid [ə'vɔɪd]; *On unika ludzi.* – He avoids people. **unikać kogoś jak zarazy** – to avoid sb like the plague; *Powinieneś unikać prowadzenia samochodu nocą.* – You should avoid driving at night.

unikalny unique [ju:'ni:k]

unikanie avoidance [ə'vɔɪdəns], evasion [ɪ'veɪʒn]

uniknąć escape [ɪ'skeɪp], evade [ɪ'veɪd], avoid [ə'vɔɪd]; **uniknąć śmierci** – to avoide death/to survive; **uniknąć nieszczęścia** – to avoid disaster

uniwersalny universal [ju:nɪ'vɜ:sl]

uniwersytet university [ju:nɪ'vɜ:sətɪ]; **iść na uniwersytet** – to go to university; **studiować na uniwersytecie** – to study at university

unormować normalize ['nɔ:məlaɪz], regulate ['regjʊleɪt]

unosić *p.* **unieść**

uodpornić immunize ['ɪmju:naɪz]

uodpornienie immunization [ɪmju:naɪ'zeɪʃn]

uodporniony immune [ɪ'mju:n]; **uodporniony na chorobę** – immune to (a) disease

uogólniać generalize ['dʒenərəlaɪz]

uogólnienie generalization [dʒenərəlaɪ'zeɪʃn]

uosabiać personify [pɜ:'sɒnɪfaɪ], embody [ɪm'bɒdɪ]

U

uosobienie personification [pɜ:sɒnɪfɪ'keɪʃn], embodiment [ɪm'bɒdɪmənt]

upadać ❶ (*padać*) fall down/over [fɔ:l'daʊn/'əʊvə] (fell, fallen); *Upadł i uszkodził sobie kolano.* – He fell down and hurt his knee. **upaść na kolana** – to fall to one's knees; **upadać ze zmęczenia** – to be dead tired ❷ (*chylić się ku upadkowi*) decline [dɪ'klaɪn], decay [dɪ'keɪ], fall (fell, fallen) [fɔ:l, fel, fɔ:ln], fall into a decline ❸ (*o wniosku, projekcie – nie przejść*) fall through [fɔ:l'θru:] (fell, fallen)

upadek ❶ (*przewrócenie się*) fall [fɔ:l]; **upadek z konia** – fall from a horse ❷ (*koniec, klęska*) decline [dɪ'klaɪn], fall [fɔ:l], downfall ['daʊnfɔ:l]; **chylić się ku upadkowi** – to fall into a decline; **upadek Cesarstwa Rzymskiego** – the fall of the Roman Empire; **upadek rządu** – the fall of the government

upadłość bankruptcy ['bæŋkrəpsɪ], insolvency [ɪn'sɒlvənsɪ]; **ogłosić upadłość** – to declare oneself insolvent

upalny sweltering hot [sweltərɪŋ'hɒt]

upał heat [hi:t]; **fala upałów** – a heat wave

upaństwowienie nationalization [næʃnəlaɪ'zeɪʃn]

uparty stubborn ['stʌbən], obstinate ['ɒbstɪnət]

upewniać się make sure [meɪk'ʃʊə], assure oneself [ə'ʃʊəwʌn'self]; *Musiałam się upewnić, o której odjeżdża pociąg.* – I had to make sure what time the train left.

upewnienie assurance [ə'ʃʊərəns]

upić się get drunk [get'drʌŋk]

upiec bake [beɪk], (*mięso*) roast [rəʊst] ◆ *Upiekło ci się.* – You got away with it.

upierać się insist [ɪn'sɪst], persist [pə'sɪst]; *Upierał się, że zapłaci za bilety.* – He insisted on paying for the tickets./He insisted that he should pay for the tickets. *Upierał się przy swoim zdaniu.* – He refused to change his mind.

upijać się *p.* **upić się**

upiorny ghastly ['gɑ:stlɪ], nightmarish ['naɪtmeərɪʃ]

upiór ghost [gəʊst], spectre ['spektə], phantom ['fæntəm]

upłynąć ❶ (*o czasie*) pass [pɑ:s], go by [gəʊ'baɪ] (went, gone), elapse [ɪ'læps]; *Upłynął rok, a my nie mieliśmy od niego żadnej wiadomości.* – A year had passed and we still had no news of him. *Wakacje upłynęły bardzo szybko.* – The holidays passed very quickly. *Upłynęło dziesięć lat od naszego ostatniego spotkania.* – Ten years have elapsed since we last met. ❷ (*o terminie ważności*) expire [ɪk'spaɪə]; *Termin ważności pańskiej wizy upłynął w zeszłym miesiącu.* – Your visa expired last month.

upływ ❶ (*upłynięcie, odpływ*): **upływ krwi** – loss of blood ❷ (*o czasie – minięcie*) passage of time [pæsɪdʒəv'taɪm], lapse [læps]; **z upływem lat** – as the years go by/with years; **po upływie miesiąca** – after a month; **po upływie daty ważności** – after expiry date

upodobanie fancy ['fænsɪ], liking ['laɪkɪŋ], inclination [ɪnklɪ'neɪʃn]; **upodobania** – likes and dislikes; **robić coś z upodobaniem** – to enjoy doing sth

upojenie intoxication [ɪntɒksɪ'keɪʃn]; **upojenie alkoholowe** – alcoholic stupor

upokarzać humiliate [hju:'mɪlɪeɪt]

upokarzać się humiliate oneself [hju:-'mılıeıtwʌn'self]

upokorzenie humiliation [hju:mılı'eıʃn]

upominać admonish [əd'mɒnıʃ], reprimand [reprı'mɑ:nd], tell off [tel'ɒf] (told, told)

upominać się demand [dı'mɑ:nd], claim [kleım]

upominek present ['preznt], gift [gıft], souvenir [su:və'nıə]

upomnienie admonition [ædmə'nıʃn]

uporczywy persistent [pə'sıstənt], stubborn ['stʌbən], obstinate ['ɒbstınət]; **uporczywy ból** – persistent pain

uporządkować tidy up [taıdı'ʌp], put in order [pʊtın'ɔ:də]; **uporządkować swoje sprawy** – to put/to set one's affairs in order; **uporządkować pokój** – to tidy up a room

uposażenie salary ['sælərı], pay [peı]

upośledzenie handicap ['hændıkæp], disability [dısə'bılətı]

upośledzony disabled [dıs'eıbld], handicapped ['hændıkæpt]; **upośledzony umysłowo** – mentally deficient

upoważniać authorize ['ɔ:θəraız]

upoważnienie authorization [ɔ:θəraı-'zeıʃn], authority [ɔ:'θɒrətı], power of attorney; **dać komuś upoważnienie** – to authorize sb

upowszechniać spread (spread, spread) [spred, spred, spred], disseminate [dı-'semıneıt]

upór stubbornness ['stʌbənıs], obstinacy ['ɒbstınəsı]

uproszczenie simplification [sımplıfı-'keıʃn]

uprawa cultivation [kʌltı'veıʃn]

uprawiać ❶ (*hodować rośliny*) grow (grew, grown) [grəʊ, gru:, grəʊn], cultivate ['kʌltıveıt]; **uprawiać warzywa** – to grow vegetables ❷ (*przygotować glebę*) cultivate ['kʌltıveıt]; **uprawiać ziemię** – to cultivate the soil ❸ (*zajmować się*) pursue [pə'sju:], practice ['præktıs]; **uprawiać zawód** – to pursue a profession; **uprawiać sport** – to go in for sport/ to play sport

uprawniać authorize ['ɔ:θəraız], entitle [ın'taıtl]

uprawnienie authorization [ɔ:θəraı-'zeıʃn], title ['taıtl], right [raıt]

uprawniony authorized ['ɔ:θəraızd], entitled [ın'taıtld]

uprowadzać kidnap (pp) ['kıdnæp]

uprowadzenie kidnapping ['kıdnæpıŋ]

uprzedni previous ['pri:vjəs]

uprzednio previously ['pri:vjəslı]

uprzedzać ❶ (*ubiegać*) forestall [fɔ:-'stɔ:l], anticipate [æn'tısıpeıt] ❷ (*informować, ostrzegać*) warn [wɔ:n], inform [ın'fɔ:m]

uprzedzać się be prejudiced [bi:-'predʒʊdıst]; **uprzedzić się do kogoś** – to become prejudiced against sb

uprzedzenie ❶ (*niechęć*) prejudice ['predʒʊdıs]; **mieć do kogoś/do czegoś uprzedzenie** – to have a prejudice against sb/sth ❷ (*poinformowanie*) warning ['wɔ:nıŋ], notice ['nəʊtıs]; **bez uprzedzenia** – without warning; **z krótkim terminem uprzedzenia** – at short notice

uprzejmość ❶ (*cecha*) politeness [pə-'laıtnıs], courtesy ['kɜ:tısı] ❷ (*przysługa*) kindness ['kaındnıs], favour ['feıvə]; **wyświadczyć komuś uprzejmość** – to do sb a favour

uprzejmy polite [pə'laıt], courteous ['kɜ:-tjəs], kind [kaınd], obliging [ə'blaıdʒ-ıŋ]; *To było uprzejme z twojej strony, że dałeś mi znać wcześniej.* – It was kind of you to let me know earlier. **uprzejma odmowa** – a polite refusal

uprzemysłowienie industrialization [ındʌstrıəlaı'zeıʃn]

uprzemysłowiony industrialized [ın-'dʌstrıəlaızd]

uprzytamniać ❶ (*komuś*) make sb realize, make sb aware; *Uprzytomniłam mu, jakie to będzie miało konsekwencje.* – I made him realize what consequences it would bring. ❷ (*sobie*) realize ['rıəlaız]; *Uprzytomniłam sobie, że popełniłam błąd.* – I realized that I had made a mistake.

uprzywilejowany privileged ['prɪvɪlɪdʒd]

uran *chem.* uranium [jʊ'reɪnjəm]

uratować save [seɪv], rescue ['reskju:]; **uratować komuś życie** – to save sb's life; **uratować sytuację** – to save the situation; **uratować tonącego** – to save/to rescue sb from drowning

uratować się be saved [bi:'seɪvd], be rescued [bi:'reskju:d], survive [sə'vaɪv]; *Uratowało się tylko pięciu pasażerów.* – Only five passangers survived.

uraz ❶ (*uszkodzenie*) injury ['ɪndʒərɪ] ❷ *psych.* complex ['kɒmpleks], trauma ['trɔ:mə], shock [ʃɒk]

uraza resentment [rɪ'zentmənt], grudge [grʌdʒ], ill-feeling [ɪl'fi:lɪŋ]; *Nie mam do niego urazy.* – I bear him no grudge.

urazić ❶ (*zranić*) hurt (hurt, hurt) [hɜ:t, hɜ:t, hɜ:t] ❷ (*sprawić przykrość*) hurt (hurt, hurt) [hɜ:t, hɜ:t, hɜ:t]

urlop holiday ['hɒlədɪ], *am.* vacation [və'keɪʃn]; **być na urlopie** – to be on holiday; **urlop płatny/bezpłatny** – a paid/an unpaid holiday; **urlop macierzyński** – maternity leave

urna ❶ (*do głosowania*) ballot box ['bælət bɒks]; **iść do urn** – to go to the polls ❷ (*naczynie*) urn [ɜ:n]

uroczy charming ['tʃɑ:mɪŋ], enchanting [ɪn'tʃɑ:ntɪŋ], delightful [dɪ'laɪtfʊl]

uroczystość festive occasion ['festɪvə'keɪʒn], festivity [fə'stɪvətɪ], celebration [selɪ'breɪʃn], ceremony ['serɪmɒnɪ]

uroczysty ❶ (*podniosły*) solemn ['sɒləm]; **uroczysta obietnica** – a solemn promise ❷ (*odświętny*) ceremonial [serɪ'məʊnjəl], festive ['festɪv]; **uroczysta okazja** – a ceremonial occasion

uroda beauty ['bju:tɪ], loveliness ['lʌvlɪnɪs], looks [lʊks]

urodzaj ❶ (*wynik uprawy*) harvest ['hɑ:vɪst], crop [krɒp], yield [ji:ld]; **dobry urodzaj na jabłka** – a good crop of apples; **słaby urodzaj** – crop failure; **klęska urodzaju** – a bumper crop ❷ (*obfitość*) abundance [ə'bʌndəns]

urodzajność fertility [fə'tɪlətɪ]

urodzajny fertile ['fɜ:taɪl]; **urodzajna gleba** – fertile soil

urodzenie birth [bɜ:θ]; **data i miejsce urodzenia** – date and place of birth; **metryka urodzenia** – a birth certificate; **być Brytyjczykiem z urodzenia** – to be British by birth; **być niewidomym od urodzenia** – to be blind from birth; **kontrola urodzeń** – birth-control

urodzić give birth to [gɪv'bɜ:θtə], bear (bore, borne) [beə, bɔ:, bɔ:n]; *Urodziła bliźniaki.* – She gave birth to twins. *Urodziła mu troje dzieci.* – She bore him three children.

urodzić się be born [bi:'bɔ:n]; *Ona urodziła się w 1961 roku.* – She was born in 1961.

urodzinowy birthday ['bɜ:θdeɪ]; **prezent urodzinowy** – a birthday present; **przyjęcie urodzinowe** – a birthday party

urodziny birthday ['bɜ:θdeɪ]; *Wszystkiego najlepszego z okazji urodzin!* – Happy birthday!/Many happy returns of the day!

urodziwy good-looking [gʊd'lʊkɪŋ], handsome ['hænsəm], pretty ['prɪtɪ]

urodzony born [bɔ:n]; **urodzony przywódca** – a born leader

urok ❶ (*powab*) charm [tʃɑ:m]; **wielki/nieodparty urok** – a great/an irresistible charm; *On jest osobą o wielkim uroku.* – He is a person of great charm. ❷ (*siła magiczna*) spell [spel]; **rzucić urok na kogoś** – to cast a spell on/over sb

uruchomić set in motion [setɪn'məʊʃn], start [stɑ:t], get sth going; **uruchomić silnik** – to start the engine

urwać ❶ (*oderwać*) tear off [teər'ɒf] (tore, torn), wrench off [rentʃ'ɒf] ❷ (*nagle przestać*) break off [breɪk'ɒf] (broke, broken); **urwać w połowie zdania** – to break off in the middle of a sentence

urwać się ❶ (*oderwać się*) come off [kʌm'ɒf] (came, come), break loose [breɪk'lu:s]; *Urwał mi się guzik od płaszcza.* – A button came off my coat. *Pies urwał się z łańcucha.* – The dog broke loose. ❷ (*zostać wstrzymanym, skończyć się*) come to an end, discontinue [dɪskən'tɪnju:]

urwisko precipice ['presɪpɪs]

urwisty precipitous [prɪ'sɪpɪtəs], steep [sti:p]

urywać *p.* **urwać**

urywek fragment ['frægmənt], passage ['pæsɪdʒ]

urząd ❶ (*organ władzy publicznej*) office ['ɒfɪs]; **Urząd Stanu Cywilnego** – Registry Office/Register Office ❷ (*funkcja, stanowisko*) office ['ɒfɪs], post [pəʊst]; **sprawować urząd** – to hold office; **zrezygnować z urzędu** – to resign from a post ❸ (*biuro*) office ['ɒfɪs]

urządzać ❶ (*wyposażyć, zagospodarować*) furnish ['fɜ:nɪʃ], set up [set'ʌp] (set, set); **urządzać mieszkanie** – to furnish a flat; **urządzić sklep** – to set up a shop ❷ (*zorganizować*) organize ['ɔ:gənaɪz], give (gave, given) [gɪv, geɪv, 'gɪvn], make (made, made) [meɪk, meɪd, meɪd]; **urządzić przyjęcie** – to give a party; **urządzić wycieczkę** – to organize a trip; **urządzić wystawę** – to organize an exhibition; **urządzić awanturę** – to make a row/to kick up a row

urządzenie (*mechanizm, zespół elementów*) appliance [ə'plaɪəns], device [dɪ'vaɪs], fixture ['fɪkstʃə], apparatus [æpə'reɪtəs], (*urządzenia*) equipment [ɪ'kwɪpmənt], installations [ɪnstə'leɪʃnz]; **urządzenia laboratoryjne** – laboratory apparatus/equipment; **urządzenia klimatyzacyjne** – air-conditioning

urzeczony spell-bound ['spelbaʊnd], enchanted [ɪn'tʃɑ:ntɪd]

urzeczywistniać realize ['rɪəlaɪz], fulfil (ll) [fʊl'fɪl]; **urzeczywistnić pragnienie/nadzieję/marzenie** – to fulfil a desire/a hope/a dream

urzeczywistniać się become realized, become fulfilled, materialize [mə'tɪərɪəlaɪz], come true [kʌm'tru:]; *Pewnego dnia twoje marzenia się urzeczywistnią.* – Your dreams will be fulfilled one day.

urzeczywistnienie realization [rɪəlaɪ'zeɪʃn], fulfilment [fʊl'fɪlmənt]

urzekać charm [tʃɑ:m], enchant [ɪn'tʃɑ:nt], captivate ['kæptɪveɪt]

urzekający charming ['tʃɑ:mɪŋ], enchanting [ɪn'tʃɑ:ntɪŋ], captivating ['kæptɪveɪtɪŋ]

urzędniczka clerk [klɑ:k], official [ə'fɪʃl], office worker [ɒfɪs'wɜ:kə]

urzędnik clerk [klɑ:k], official [ə'fɪʃl]; **urzędnik państwowy** – a civil servant; **urzędnik na poczcie** – a post-office clerk; **urzędnik kolejowy** – a railway official

urzędować (*pracować*) work [wɜ:k]

urzędowanie work at the office; **godziny urzędowania** – office hours

urzędowy official [ə'fɪʃl]; **osoba urzędowa** – an official

usamodzielniać się become independent [bɪ'kʌmɪndɪ'pendənt]

uschnąć wither ['wɪðə], wilt [wɪlt]; *Kwiaty uschły, ponieważ ich nie podlewałeś.* – The flowers withered because you didn't water them. **usychać z tęsknoty za kimś** – to pine for sb

usiąść sit down [sɪt'daʊn] (sat, sat); *Proszę usiąść.* – Please sit down./ /Please take a seat. *Usiadł na kanapie.* – He sat down on the sofa.

usiłować try [traɪ], attempt [ə'temt]; *Na próżno usiłował im to wyjaśnić.* – He tried in vain te explain it to them.

usiłowanie attempt [ə'temt]

uskarżać się complain [kəm'pleɪn]; *Ona uskarża się na hałas.* – She complains about the noise. *Ona uskarża się na silne bóle głowy.* – She complains of acute headaches.

usługa service ['sɜ:vɪs]; **świadczyć usługi** – to provide/to offer services; **być na czyjeś usługi** – to be at sb's service

U

usługiwać serve [sɜ:v], attend to [ə'tend-], wait on [weɪt'ɒn]; **usługiwać choremu** – to attend to a sick person; **usługiwać przy stole** – to wait at table

usłużny obliging [ə'blaɪdʒɪŋ]

usnąć fall asleep [fɔ:lə'sli:p], go to sleep [gəʊtə'sli:p], drop off (pp) [drɒp'ɒf]

uspokajać calm [kɑ:m], soothe [su:ð], pacify ['pæsɪfaɪ], tranquilize ['træŋkwɪlaɪz]; **uspokoić nerwy** – to calm one's nerves/to tranquilize one's nerves; **uspokoić płaczące dziecko** – to calm down/to soothe a crying baby; **uspokoić swoje sumienie** – to ease one's conscience; **uspokoić czyjeś obawy** – to set/to put sb's mind at rest/to reassure sb

uspokajać się calm down [kɑ:m'daʊn], (*o burzy, wietrze*) subside [səb'saɪd], die down [daɪ'daʊn]

uspokajający soothing ['su:ðɪŋ], reassuring [rɪə'ʃʊərɪŋ]; **uspokajające słowa** – reassuring words; **środek uspokajający** – a tranquilizer/a sedative

usposobienie disposition [dɪspə'zɪʃn], nature ['neɪtʃə], temper ['tempə]; **łagodne usposobienie** – a quiet/a mild disposition/a calm temper/an even temper

usprawiedliwiać excuse [ɪk'skju:z], justify ['dʒʌstɪfaɪ]; *Nic nie może usprawiedliwić takiego zachowania.* – Nothing can excuse/justify such behaviour.

usprawiedliwić się explain oneself, excuse oneself

usprawiedliwienie excuse [ɪk'skju:s], justification [dʒʌstɪfɪ'keɪʃn]; *Był nieobecny bez usprawiedliwienia.* – He was absent without (good) excuse. *Nie masz nic na swoje usprawiedliwienie.* – You have nothing to justify yourself.

usprawiedliwiony excused [ɪk'sku:zd], justified ['dʒʌstɪfaɪd]; **nieobecność usprawiedliwiona** – an excused absence

usprawnienie improvement [ɪm'pru:vmənt]

usta lips [lɪps], mouth [maʊθ]; **zamknąć/otworzyć usta** – to open/to shut one's lips; **pocałować kogoś w usta** – to kiss sb on the lips; **szminka do ust** – a lipstick; *Jego nazwisko jest na ustach wszystkich.* – His name is on everyone's lips. *Nie rozmawiaj z pełnymi ustami.* – Don't talk with your mouth full. **odejmować komuś chleb od ust** – to take the bread out of sb's mouth; *Wyjęłaś mi te słowa z ust.* – You took the words out of my mouth. **sztuczne oddychanie metodą usta-usta** – mouth-to-mouth resuscitation/kiss of life

ustać ❶ (*przestać*) stop (pp) [stɒp], cease [si:s]; *Deszcz ustał.* – The rain has stopped. **nie ustawać w wysiłkach** – to persist in one's efforts/to go on doing sth ❷ (*stać*) stand (stood, stood) [stænd, stʊd, stʊd]; *On ledwo mógł ustać.* – He could hardly stand.

ustalać ❶ (*określić*) determine [dɪ'tɜ:mɪn], establish [ɪ'stæblɪʃ]; **ustalić zasady** – to establish/to make rules; *Musimy ustalić, kiedy wyjeżdżamy.* – We must determine/establish when we are going./We must fix the date of our departure. **ustalić datę** – to fix a date/to set a date ❷ (*stwierdzić*) establish [ɪ'stæblɪʃ], ascertain [æsə'teɪn], find (found, found) [faɪnd, faʊnd, faʊnd]; *Policja ustaliła, że on jest niewinny.* – The police established that he was innocent. **ustalić ponad wszelką wątpliwość** – to ascertain beyond any doubt

ustalić się settle ['setl], stabilize ['stæbɪlaɪz], become stabilized [bɪ'kʌm'stæbɪlaɪzd]; *Pogoda ustaliła się.* – The weather has settled.

ustalenie settlement ['setlmənt]

ustanowić set up [set'ʌp] (set, set), establish [ɪ'stæblɪʃ]; **ustanowić zasady** – to establish the rules; **ustanowić nowy rekord** – to set up a new record; **ustanawiać prawa** – lay down the law

ustawa law [lɔ:], act [ækt], regulation [regjʊ'leɪʃn]; **projekt ustawy** – a bill; **uchwalić ustawę** – to pass a law;

wprowadzić ustawę w życie – to bring a law into operation; *Ustawa wchodzi w życie w przyszłym miesiącu.* – The law comes into force next month. **naruszyć ustawę** – to break/ /to violate a law

ustawać *p.* **ustać**

ustawiać ❶ (*postawić, umieścić*) place [pleɪs], put (put, put) [pʊt, pʊt, pʊt], arrange [ə'reɪndʒ]; **ustawić filiżanki na półce** – to arrange the cups on the shelf ❷ (*wznieść*) put up [pʊt'ʌp] (put, put), erect [ɪ'rekt], pitch [pɪtʃ]; **ustawić namiot** – to put up/to pitch a tent; **ustawić rusztowanie** – to erect/ /to put up scaffolding

ustawiać się:
ustawiać się w kolejce – to form a queue; **ustawić się w szeregu** – to form single file/a line

ustawicznie constantly ['kɒnstəntlɪ], incessantly [ɪn'sensntlɪ], continually [kən'tɪnjʊəlɪ]

ustawiczny constant ['kɒnstənt], incessant [ɪn'sesnt], continual [kən'tɪnjʊəl]

ustawienie arrangement [ə'reɪndʒmənt]

ustawodawca legislator ['ledʒɪsleɪtə]

ustawodawczy legislative ['ledʒɪslətɪv]

ustawowy legal ['li:gl], statutory ['stætʃʊtrɪ]

ustąpić ❶ (*opuścić jakieś miejsce, wycofać się*) retreat [rɪ'tri:t], withdraw (withdrew, withdrawn) [wɪð'drɔ:, wɪð'dru:, wɪð'drɔ:n]; **ustąpić przed nieprzyjacielem** – to retreat before the enemy; **ustąpić komuś z drogi** – to make way for sb/to step aside ❷ (*uczynić ustępstwo*) give in [gɪv'ɪn] (gave, given), yield [ji:ld], give way to [gɪv'weɪtə]; **ustąpić wobec czyichś żądań** – to give way to sb's demands; *Po długich namowach ustąpił.* – After long persuasions he gave in. ❸ (*zrezygnować, odejść*) resign [rɪ'zaɪn]; **ustąpić ze stanowiska** – to resign one's post ❹ (*zniknąć, minąć*) pass [pɑ:s]; *Ból wkrótce ustąpi.* – The pain will soon pass. ❺ (*odstąpić, zrzec się czegoś*) give up [gɪv'ʌp] (gave, given); **ustąpić komuś miejsca** – to give up one's seat to sb

ustąpienie ❶ (*rezygnacja*) resignation [rezɪg'neɪʃn] ❷ (*wycofanie się*) retreat [rɪ'tri:t], withdrawal [wɪð'drɔ:əl]

usterka fault [fɔ:lt], flaw [flɔ:]

ustęp ❶ (*urywek*) passage ['pæsɪdʒ] ❷ (*klozet*) lavatory ['lævətərɪ], toilet ['tɔɪlət]

ustępliwość complaisance [kəm'pleɪzəns]

ustępliwy complaisant [kəm'pleɪzənt]

ustępować *p.* **ustąpić**

ustępstwo concession [kən'seʃn]; **robić komuś ustępstwa** – to make concessions to sb

ustnie orally ['ɔ:rəlɪ], verbally ['vɜ:bəlɪ]

ustny ❶ (*dot. ust*) mouth [maʊθ]; **harmonijka ustna** – mouth organ ❷ (*dot. mowy*) oral ['ɔ:rəl], verbal ['vɜ:bl]; **egzamin ustny** – an oral examination; **ustna umowa** – a verbal agreement

ustronny secluded [sɪ'klu:dɪd]; **ustronne miejsce** – a secluded place/spot

ustrój ❶ (*organizacja władzy państwowej*) system ['sɪstəm], regime [reɪ'ʒi:m]; **ustrój polityczny/ekonomiczny** – a political/an economic system; **w naszym ustroju politycznym** – under our political system; **ustrój totalitarny** – a totalitarian regime; **obalić ustrój** – to overthrow a regime ❷ (*organizm*) organism ['ɔ:gənɪzm]

ustrzec protect [prə'tekt], guard [gɑ:d], safeguard ['seɪfgɑ:d]; **ustrzec kogoś od niebezpieczeństwa** – to protect sb against/from danger

ustrzec się avoid [ə'vɔɪd]; **ustrzec się od popełnienia błędu** – to avoid making a mistake

usunąć ❶ (*przenieść gdzie indziej*) remove [rɪ'mu:v]; **usunąć meble z pokoju** – to remove furniture from a room ❷ (*pozbawić stanowiska*) dismiss [dɪs'mɪs], remove [rɪ'mu:v]; **usunąć kogoś ze stanowiska** – to remove sb from office ❸ (*wyrwać*) extract [ɪk'strækt], pull out [pʊl'aʊt]; **usunąć ząb** – to extract/to pull out a tooth

➍ (*wyeliminować*) remove [rɪ'mu:v], eliminate [ɪ'lɪmɪneɪt]; **usunąć plamy** – to remove stains; **usunąć przeszkody** – to remove obstacles; **usunąć ciążę** – to teminate a pregnancy/to have/to perform an abortion

usunąć się withdraw (withdrew, withdrawn) [wɪð'drɔ:, wɪð'dru:, wɪð'drɔ:n], retreat [rɪ'tri:t]

usunięcie (*przeniesienie*) removal [rɪ'mu:vl], (*wyrwanie zęba*) extraction [ɪk'strækʃn]; **usunięcie ciąży** – abortion

usychać *p.* **uschnąć**

U

usypiać ➊ (*spowodować, żeby ktoś zasnął*) send to sleep ➋ (*przed operacją*) anaesthetize [æ'ni:sθətaɪz], put sb to sleep

uszczelniać seal (off) [si:l-]

uszczęśliwiać make sb happy

uszczęśliwiony happy ['hæpɪ], overjoyed [əʊvə'dʒɔɪd], delighted [dɪ'laɪtɪd]

uszczypnąć pinch [pɪntʃ]

uszkodzenie damage ['dæmɪdʒ], harm [hɑ:m]; **uszkodzenie ciała** – a bodily harm/an injury

uszkodzić damage ['dæmɪdʒ]

uszkodzony (*zepsuty*) out of order [aʊtəv'ɔ:də], damaged ['dæmɪdʒd]

uścisk clasp [klɑ:sp], grip [grɪp]; **uścisk dłoni** – a handshake; **silny uścisk** – a firm/a strong/a tight grip

uścisnąć ➊ (*objąć, przytulić*) embrace [ɪm'breɪs], hug (gg) [hʌg] ➋ (*ścisnąć*) clasp [klɑ:sp], grip [grɪp]; **uścisnąć komuś dłoń** – to shake hands with sb

uśmiech smile [smaɪl]; **posłać komuś uśmiech** – to give sb a smile; **rozbrajający/promienny uśmiech** – a disarming/a radiant smile

uśmiechać się smile [smaɪl]; *Uśmiechnął się do mnie.* – He smiled at me. *Los uśmiechnął się do nas.* – Fortune smiled on us. **uśmiechać się od ucha do ucha** – to smile from ear to ear

uśmierzać soothe [su:ð], alleviate [ə'li:vɪeɪt], appease [ə'pi:z], relieve [rɪ'li:v]; **uśmierzać ból** – to relieve pain

uśmierzający soothing ['su:ðɪŋ], alleviating [ə'li:vɪeɪtɪŋ]; **środek uśmierzający** – an analgesic/a pain killer

uśpić *p.* **usypiać**

uświadamiać ➊ (*komuś*) enlighten [ɪn'laɪtn], make sb realize ➋ (*sobie*) realize ['rɪəlaɪz]

uświęcać sanctify ['sæŋktɪfaɪ], justify ['dʒʌstɪfaɪ]; *Cel nie uświęca środków.* – The end doesn't justify the means.

utajony latent ['leɪtənt], dormant ['dɔ:mənt]

utalentowany talented ['tæləntɪd], gifted ['gɪftɪd]

utknąć get stuck [get'stʌk], stick (stuck, stuck) [stɪk, stʌk, stʌk], get bogged [get'bɒgd]; *Samochód utknął w zaspie.* – The car stuck in a snow-drift. *Debata utknęła w nieistotnych szczegółach.* – The debate got bogged down in irrelevant details.

utkwić stick (stuck, stuck) [stɪk, stʌk, stʌk]; *Klucz utkwił w zamku.* – The key stuck in the lock. *Ten obraz utkwił mi w pamięci.* – The picture stuck in my mind. *Słowa utkwiły mi w gardle.* – The words stuck in my throat.

utleniać *chem.* oxidize ['ɒksɪdaɪz], (*o włosach*) peroxide [pə'rɒksaɪd]

utlenianie oxidation [ɒksɪ'deɪʃn]

utleniony:
woda utleniona – *chem.* hydrogen peroxide solution

utonąć ➊ (*o człowieku*) drown [draʊn] ➋ (*o przedmiocie – iść na dno*) sink (sank, sunk) [sɪŋk, sæŋk, sʌŋk]

utonięcie drowning ['draʊnɪŋ], sinking ['sɪŋkɪŋ]

utopia utopia [ju:'təʊpjə]

utopić drown [draʊn], sink (sank, sunk) [sɪŋk, sæŋk, sʌŋk]

utopić się drown [draʊn], be drowned [bi:'draʊnd]

utożsamiać identify [aɪ'dentɪfaɪ]

utożsamiać się identify oneself [aɪ'dentɪfaɪ wʌn'self], **utożsamiać się z bohaterem powieści** – to identify oneself with a character in a novel

utracić lose (lost, lost) [lu:z, lɒst, lɒst]; **utracić pamięć** – to lose memory

utrata loss [lɒs]; **utrata zdrowia** – loss of health; **utrata pamięci** – loss of memory; **utrata pieniędzy** – loss of money

utrudniać impede [ɪm'pi:d], hinder ['hɪndə], make sth difficult, obstruct [əb'strʌkt]

utrudnienie impediment [ɪm'pedɪmənt], hindrance ['hɪndrəns], obstruction [əb'strʌkʃn]

utrzymać ❶ (*nie wypuścić*) hold (held, held) [həʊld, held, held]; *Nie mógł utrzymać pióra.* – He could barely hold his pen. ❷ (*podtrzymać*) bear (bore, borne) [beə, bɔ:, bɔ:n], sustain [sə'steɪn]; *Most nie utrzyma takiego ciężaru.* – The bridge won't bear such weight. ❸ (*nie stracić nad czymś panowania*) hold (held, held) [həʊld. held, held], keep (kept, kept) [ki:p, kept, kept], keep in hand; **utrzymać tajemnicę** – to keep a secret; **utrzymać język za zębami** – to hold one's tongue ❹ (*zapewnić byt, pokryć koszty*) support [sə'pɔ:t], maintain [meɪn-'teɪn], keep (kept, kept) [ki:p, kept, kept]; *On musi utrzymywać rodzinę.* – He has a family to support. **utrzymywać rodzinę** – to keep/to maintain a family; **utrzymywać dom** – to keep a house ❺ (*zachowywać w należytym stanie*) maintain [meɪn'teɪn], keep (kept, kept) [ki:p, kept, kept]; **utrzymywać czystość w domu** – to keep the house clean; **utrzymywać porządek** – to maintain order; **utrzymywać kogoś w niepewności** – to keep sb in suspense; **utrzymywać z kimś dobre stosunki** – to maintain friendly relationships with sb; **utrzymywać z kimś kontakt** – to keep in touch with sb; **dobrze utrzymany pies** – a well-kept dog ❻ (*nie stracić, zdołać zachować*) keep (kept, kept) [ki:p, kept, kept], maintain [meɪn'teɪn], retain [rɪ'teɪn]; *Ten rodzaj gleby utrzymuje wilgoć.* – This kind of soil retains water. **utrzymać równowagę** – to keep/to maintain one's balance

utrzymać się ❶ (*pozostawać w pewnej pozycji, nie przewrócić się*) stay [steɪ], remain [rɪ'meɪn]; **utrzymywać się na wodzie** – to float; *On ledwo utrzymywał się na nogach.* – He could barely stand. ❷ (*zachować pozycję*) remain [rɪ'meɪn], stay [steɪ]; **utrzymać się u steru władzy** – to remain in power; **utrzymać się przy życiu** – to stay alive/to survive; **utrzymywać się w dobrej formie fizycznej** – to keep fit; **utrzymać się na zajmowanej pozycji** – to hold/to maintain a position; *Ładna pogoda utrzymywała się przez cztery tygodnie.* – The fine weather held for four weeks. ❸ (*wyżyć*) keep oneself, live (on) [lɪv-]; **utrzymywać się z renty** – to live on a pension

utrzymanie ❶ (*środki do życia*) livelihood ['laɪvlɪhʊd], keep [ki:p], upkeep ['ʌpki:p]; **pracować na własne utrzymanie** – to earn a living/to earn one's livelihood ❷ (*zachowanie w pewnym stanie*) maintenance ['meɪntənəns], preservation [prezə'veɪʃn]; **utrzymanie dobrych stosunków** – maintenance of good relations ❸ (*wyżywienie*) board [bɔ:d]

utrzymywać ❶ *p.* **utrzymać** ❷ (*twierdzić*) maintain [meɪn'teɪn], claim [kleɪm]; *On utrzymuje, że widział ducha.* – He maintains/claims that he had seen a ghost.

utwardzać harden ['hɑ:dn], toughen ['tʌfn]

utwierdzić się become convinced [bɪ-'kʌmkən'vɪnst]; **utwierdzić się w przekonaniu** – to become confirmed in one's belief

utworzenie establishment [ɪ'stæblɪʃmənt], foundation [faʊn'deɪʃn]

utworzyć form [fɔ:m], establish [ɪ'stæblɪʃ], make (made, made) [meɪk, meɪd, meɪd], set up [set'ʌp] (set, set), found [faʊnd]; **utworzyć rząd** – to form a government; **utworzyć stowarzyszenie** – to form a society

utworzyć się form [fɔ:m], be formed [bi:'fɔ:md]

utwór work [wɜ:k], composition [kɒmpə'zɪʃn], production [prə'dʌkʃn]

U

utyć put on weight [pʊtɒn'weɪt]

utylizować utilize ['ju:tɪlaɪz], recycle [ri:'saɪkl]; **utylizować makulaturę/ /szkło** – to recycle paper/glass

uwaga ❶ (*koncentracja świadomości*) attention [ə'tenʃn], heed [hi:d], notice ['nəʊtɪs]; **nie zwracać uwagi** – to take no notice; **przyciągać czyjąś uwagę** – to attract/to draw sb's attention; *Ten fakt uszedł mojej uwagi.* – The fact escaped my attention. **skoncentrować swoją uwagę na czymś** – to focus one's attention on sth/to concentrate on sth; **poświęcać swoją uwagę czemuś** – to devote one's attention to sth; **brać coś pod uwagę** – to take sth into consideration/account; *Proszę o chwilę uwagi!* – Attention, please! *Uwaga, stopień!* – Mind the step! *Uwaga, niebezpieczeństwo!* – Caution! Danger! *Uwaga, zły pies!* – Beware of the dog! ❷ (*komentarz, spostrzeżenie*) remark [rɪ'mɑ:k], observation [ɒbzə'veɪʃn], comment ['kɒmənt]; **robić głupie uwagi** – to make silly remarks ❸ (*napomnienie*) reproof [rɪ'pru:f], rebuke [rɪ'bju:k]; **zwrócić komuś uwagę** – to reprimand sb ❹ (*wzgląd, powód*); **z uwagi na...** – on account of.../owing to...

U

uwalniać free [fri:], set free [set'fri:], release [rɪ'li:s], liberate ['lɪbəreɪt]; **uwolnić zwierzę z potrzasku** – to release/ /to free an animal from a trap; **uwolnić więźniów** – to release/to liberate prisoners

uwalniać się ❶ (*odzyskać wolność*) free oneself [fri:wʌn'self], regain one's freedom [rɪ'geɪnwʌnz'fri:dəm] ❷ (*pozbyć się*) get rid of [get'rɪdɒv], free oneself [fri:wʌn'self], be relieved [bi:rɪ'li:vd]; **uwolnić się od przesądów** – to free oneself from prejudices; **uwolnić się od obowiązku** – to be relieved from a duty

uwarunkować condition [kən'dɪʃn], determine [dɪ'tɜ:mɪn]

uważać ❶ (*natężać uwagę*) pay attention [peɪə'tenʃn]; *Uważaj na to, co mówię.* – Pay attention to what I am saying. ❷ (*być ostrożnym*) watch out [wɒtʃ'aʊt], be careful [bi:'keəfʊl], take care [teɪk'keə], look out [lʊk'aʊt]; *Uważaj, gdzie idziesz!* – Look out where you are going! *Uważaj na psa!* – Watch out for the dog! *Uważaj, żebyś nie upadł!* – Take care you don't fall! *Uważaj na stopień!* – Mind the step! *Uważaj! Nadjeżdża samochód!* – Look out! There's a car coming! ❸ (*pilnować, troszczyć się*) look after [lʊk'ɑ:ftə], take care (of) [teɪk'keə], mind [maɪnd]; *Uważaj na siebie!* – Take care of yourself!/Look after yourself! ❹ (*poczytywać sobie*) consider [kən'sɪdə], regard (as) [rɪ'gɑ:d]; *Uważam to za swój obowiązek.* – I consider it my duty. ❺ (*sądzić, mniemać*) consider [kən'sɪdə], think (thought, thought) [θɪŋk, θɔ:t, θɔ:t], be of the opinion; *Uważam, że tak.* – I think so. *Rób, co uważasz za stosowne.* – Do what you think fit. *Uważam, że jest to całkiem możliwe.* – I think it's quite possible. *On jest uważany za największego malarza naszych czasów.* – He is considered to be the greatest painter of our time.

uważnie attentively [ə'tentɪvlɪ], carefully ['keəfʊlɪ]

uważny attentive [ə'tentɪv], careful ['keəfʊl]

uwertura overture ['əʊvətjʊə]

uwiązać tie [taɪ], bind (bound, bound) [baɪnd, baʊnd, baʊnd], fasten ['fɑ:sn], attach [ə'tætʃ]; **uwiązać psa na łańcuchu** – to chain up a dog

uwieczniać immortalize [ɪ'mɔ:təlaɪz]

uwiedzenie seduction [sɪ'dʌkʃn]

uwielbiać adore [ə'dɔ:], admire [ə'dmaɪə], worship ['wɜ:ʃɪp]

uwielbienie adoration [ædə'reɪʃn], admiration [ædmə'reɪʃn], worship ['wɜ:ʃɪp]

uwierać pinch [pɪntʃ]

uwierzyć believe [bɪ'li:v]; *Muszę to zobaczyć, żeby uwierzyć.* – I must see it to believe it.

uwieść seduce [sɪ'dju:s]

uwięzić imprison [ɪm'prɪzn]

uwięzienie imprisonment [ɪm'prɪznmənt]

uwięznąć stick (stuck, stuck) [stɪk, stʌk, stʌk], get stuck [get'stʌk]; *Słowa uwięzły mi w gardle.* – The words stuck in my throat.

uwikłać entangle [ɪn'tæŋgl], involve [ɪn'vɒlv]; *On był uwikłany w tę aferę.* – He was involved in that scandal.

uwikłać się get entangled [getɪn'tæŋgld], get involved [getɪn'vɒlvd]

uwłosienie hair [heə]

uwłosiony hairy ['heərɪ], hirsute ['hɜ:sju:t]

uwodziciel seducer [sɪ'dju:sə]

uwodzicielski seductive [sɪ'dʌktɪv]

uwodzić *p.* **uwieść**

uwolnienie liberation [lɪbə'reɪʃn]

uwzględniać ❶ (*brać pod uwagę*) take into account, take into consideration ❷ (*przychylać się do czegoś*) comply (with) [kəm'plaɪ-], meet (met, met) [mi:t, met, met]; **uwzględniać czyjąś prośbę** – to comply with sb's request

uzależniać subject (to) [səb'dʒekt-], subordinate [sə'bɔ:dɪneɪt], make dependent [meɪk dɪ'pendənt]; *Moja decyzja uzależniona jest od...* – My decision depends on.../My decision is dependent on...

uzależniać się become dependent [bɪ'kʌmdɪ'pendənt], (*od środków narkotycznych, nikotyny, alkoholu*) become addicted to [bɪ'kʌmə'dɪktɪd-]; **osoba uzależniona** (*od narkotyków*) – a drug-addict; **uzależnić się od alkoholu** – to become addicted to alcohol

uzależnienie dependence [dɪ'pendəns], (*od środków narkotycznych itp.*) addiction [ə'dɪkʃn]; **uzależnienie od alkoholu** – alcohol addiction; *Ten lek nie powoduje uzależnienia.* – This drug is not habit-forming.

uzasadnić justify ['dʒʌstɪfaɪ], warrant ['wɒrənt], give reasons [gɪv'ri:znz], give grounds [gɪv'graʊndz]

uzasadnienie reasons [ri:znz], grounds [graʊndz], justification [dʒʌstɪfɪ'keɪʃn], rationale [ræʃə'nɑ:l]

uzasadniony plausible ['plɔ:zəbl], reasonable ['ri:znəbl], justifiable ['dʒʌstɪfaɪəbl], well-founded [wel'faʊndɪd]

uzbrajać ❶ (*zaopatrzyć w broń*) arm [ɑ:m]; **uzbroić kogoś w pistolet** – to arm sb with a gun ❷ (*wyposażyć*) equip (pp) [ɪ'kwɪp], (*teren*) provide infrastructure

uzbroić się (*zaopatrzyć się w broń*) arm (oneself) [ɑ:m-]

uzbrojenie armament ['ɑ:məmənt], arms [ɑ:mz], weapons ['wepənz], (*terenu*) infrastructure ['ɪnfrəstrʌktʃə]

uzbrojony armed ['ɑ:md]; **uzbrojony po zęby** – armed to the teeth

uzda bridle ['braɪdl]

uzdolniony talented ['tæləntɪd], gifted ['gɪftɪd]

uzdrowić heal [hi:l], cure [kjʊə]

uzdrowienie healing ['hi:lɪŋ], cure [kjʊə]

uzdrowisko health resort ['helθrɪ'zɔ:t], spa [spɑ:]

uzewnętrzniać reveal [rɪ'vi:l], manifest ['mænɪfest], show (showed, shown/ /-ed) [ʃəʊ, ʃəʊd, ʃəʊn/ʃəʊd], display [dɪ'spleɪ]

uzewnętrzniać się manifest oneself ['mænɪfestwʌn'self]

uzgodnienie agreement [ə'gri:mənt]

uziemienie *elektr.* earth [ɜ:θ]

uzmysłowić (*komuś*) make sb realize, make sb aware (of), (*sobie*) realize ['rɪəlaɪz], become aware (of); *Uzmysłowiłem mu niebezpieczeństwo.* – I made him aware of the danger. *Uzmysłowiłem mu, że to nie będzie takie proste.* – I made him realize that it wouldn't be so simple. *Uzmysłowiłem sobie, że zostałem oszukany.* – I realized that I had been cheated.

uznać ❶ (*przyznać, stwierdzić prawdziwość*) acknowledge [ək'nɒlɪdʒ], recognize ['rekəgnaɪz], admit (tt) [əd'mɪt]; *On jest uznany za najlepszego dramaturga naszych czasów.* – He is acknowledged to be the best playwright of our times. *Uznał siebie za pokonanego.* – He acknowledged himself defeated. **uznać czyjeś żą-**

U

dania – to recognize/to acknowledge sb's claims ❷ (*dojść do wniosku*) find (found, found) [faɪnd, faʊnd, faʊnd]; **uznać kogoś za winnego** – to find sb guilty

uznanie acknowledgement [ək'nɒlɪdʒmənt], recognition [rekəg'nɪʃn], approval [ə'pru:vl], acceptance [ək'septəns]; **zdobyć uznanie** – to receive/to win recognition; **w uznaniu zasług** – in recognition of sb's achievements; **wyrazić swoje uznanie** – to voice one's approval

uznawać *p.* **uznać**

uzupełniać complete [kəm'pli:t]

uzupełniający complementary [kɒmplɪ'mentərɪ], supplementary [sʌplɪ'mentərɪ]

uzupełnienie supplement ['sʌplɪmənt], completion [kəm'pli:ʃn]

uzyskać get (got, got) [get, gɒt, gɒt], obtain [əb'teɪn], gain [geɪn], acquire [ə'kwaɪə]

użalać się ❶ (*narzekać*) complain [kəm'pleɪn]; *Użalała się, że jest samotna.* – She complained that she was lonely. ❷ (*litować się*) pity ['pɪtɪ]; **użalać się nad sobą** – to pity oneself

użądlenie sting [stɪŋ]

użądlić sting (stung, stung) [stɪŋ, stʌŋ, stʌŋ]

użycie use [ju:s]; **sposób użycia** – directions for use; **użycie siły** – the use of force; **wejść w użycie** – to come into use; **wyjść z użycia** – to go out of use

użyczać grant [grɑ:nt], lend (lent, lent) [lend, lent, lent]

użyć *p.* **używać**

użyteczność usefulness ['ju:sfʊlnɪs], utility [ju:'tɪlətɪ]

użyteczny useful ['ju:sfʊl]

użytek ❶ (*użytkowanie, używanie*) use [ju:s]; *To jest do mojego własnego użytku.* – It's for my own use. **do użytku zewnętrznego/wewnętrznego** – for external/for internal use; **rzeczy osobistego użytku** – personal belongings ❷ (*użytki – tereny pod uprawę*) arable land

użytkować use [ju:z], utilize ['ju:tɪlaɪz]

użytkownik user ['ju:zə]

użytkowy:

sztuka użytkowa – applied art

używać use [ju:z]; *Ona ciągle używa swojego panieńskiego nazwiska.* – She still uses her maiden name. **użyć siły** – to use force; **używać życia** – to enjoy life/to make the most of life

używany used [ju:zd], second-hand ['sekndhænd]

użyźniać fertilize ['fɜ:tɪlaɪz]

V

vademecum vade-mecum [veɪdɪ'mi:kəm/vɑ:dɪ'meɪkʊm]
veto veto ['vi:təʊ]; **postawić veto** – to veto; **skorzystać z prawa veta** – to exercise the right of veto
via via ['vaɪə], by way of [baɪ'weɪəv]
vice versa vice versa [vaɪsɪ'vɜ:sə]
vis-à-vis vis-à-vis ['vi:zɑ:vi:]
votum vote [vəʊt]; **votum zaufania** – a vote of confidence; **votum nieufności** – a no-confidence vote

W

W

w ❶ (*dot. miejsca*) in [ɪn], at [æt/ət]; **w domu** – at home; **w szkole** (*jako uczelni*) – at school; **w budynku** – in the building; **w środku** – inside; **w kącie pokoju** – in the corner of the room; **w szpitalu** – in hospital; **w łóżku** – in bed; **w biurze** – at the office; **w teatrze/kinie** – at the theatre/the cinema; **w Europie** – in Europe ❷ (*dot. czasu*) in [ɪn], at [æt/ət], on [ɒn]; **w poniedziałek** – on Monday; **w tym roku/miesiącu/tygodniu** – this year/ /month/week; **w roku 1990** – in 1990; **w lecie/zimie** – in (the) summer/(the) winter; **w styczniu** – in January; **w tym momencie** – at the moment; **w przyszłości/w przeszłości** – in the past/the future; **w samą porę** – in time; **w ostatniej chwili** – at the last moment ❸ (*dot. kierunku*) in [ɪn]; **w kierunku wschodnim** – in the easterly direction; **skręcić w prawo/ /w lewo** – turn right/left; **w górę** – up/upwards; **w dół** – down/downwards ❹ (*dot. stanu*) in [ɪn]; **w pośpiechu** – in a hurry; **dom w płomieniach** – a house in flames; **kobieta we łzach** – a woman in tears; **być**

w dobrym nastroju – to be in a good mood; **żyć w nędzy** – to live in poverty; *Powiedział to w gniewie.* – He said it in anger. **w porządku** – in order; *W porządku!* – All right!/O.K. ❺ (*dot. ubrania*) in [ın]; **kobieta w białej sukni** – a woman in a white dress; **kobieta w bieli** – a woman in white; **w przebraniu** – in disguise ❻ (*dot. wzoru*) with [wıð]; **bluzka w czerwone kropki** – a blouse with red spots; **w ukośne pasy** – with diagonal stripes; **materiał w kwiecisty wzór** – a material with a flowery pattern ❼ (*dot. materiału, tworzywa*) in [ın]; **rzeźba w marmurze** – a sculpture in marble; **rysunek w tuszu** – a drawing in ink ❽ (*dot. narzędzia*) in [ın]; **trzymać coś w ręku** – to hold sth in one's hand ❾ (*dot. obiektu działania*) in [ın], on [ɒn]; **uderzyć kogoś w twarz** – to slap sb in the face; **zranić kogoś w nogę** – to wound sb in the leg; **walić w drzwi** – to bang on the door

wachlarz fan [fæn]

wachlować fan (nn) [fæn]

wada ❶ (*cecha ujemna*) fault [fɔ:lt], shortcoming ['ʃɔ:tkʌmıŋ]; *On jest ślepy na jej wady.* – He is blind to her faults. ❷ (*defekt*) defect ['di:fekt/dı'fekt], flaw [flɔ:]; **wada wymowy** – a defect of speech/a speech defect

wadliwy defective [dı'fektıv], faulty ['fɔ:ltı]

wafel wafer ['weıfə]

waga ❶ (*przyrząd do ważenia*) scales [skeılz], balance ['bæləns], **Waga** (*znak zodiaku*) Libra ['laıbrə/'li:brə]; **waga łazienkowa** – bathroom scales ❷ (*ciężar*) weight [weıt]; **waga brutto/netto** – gross/net weight; **tracić na wadze** – to lose weight; **przybierać na wadze** – to put on weight ❸ (*ważność*) importance [ım'pɔ:tns], weight [weıt], consequence ['kɒnsıkwəns]; **sprawa wielkiej wagi** – a matter of great importance; **nie przywiązywać do czegoś większej wagi** – to attach no great importance to sth ❹ (*sport. – klasa bokserska*) weight [weıt]; **bokser wagi ciężkiej/średniej/lekkiej** – a heavyweight/a middleweight/a lightweight boxer

wagarować play truant [pleı'tru:ənt], play hookey [pleı'hʊkı]

wagarowicz truant ['tru:ənt]

wagary playing truant [pleııŋ'tru:ənt]; **iść na wagary** – to play truant

wagon carriage ['kærıdʒ], coach [kəʊtʃ], car [kɑ:]; **wagon restauracyjny** – a dining car; **wagon sypialny** – a sleeping car/a sleeper; **wagon pierwszej klasy** – a first-class carriage; **wagon bagażowy** – a luggage van/*am.* a baggage car

wahać się ❶ (*być niezdecydowanym*) hesitate ['hezıteıt]; *Ona wahała się, zanim podjęła tę decyzję.* – She hesitated before making the decision. *On nie wahał się rzucić pracy.* – He didn't hesitate to give up his job. **wahać się przy dokonywaniu wyboru** – to hesitate over a choice ❷ (*oscylować*) fluctuate ['flʌktjʊeıt], oscillate ['ɒsıleıt], vary ['veərı], range [reındʒ]; *Temperatura waha się od 10° do 15°.* – The temperature ranges/fluctuates between 10° and 15°. ❸ (*wykonywać ruchy wahadłowe*) swing (swung, swung) [swıŋ, swʌŋ, swʌŋ], sway [sweı]

wahadło pendulum ['pendjʊləm]

wahadłowy swinging [swıŋıŋ]; **ruch wahadłowy** – swinging movement; **drzwi wahadłowe** – swing-door; **przewóz/transport wahadłowy** – shuttle service

wahanie ❶ (*niezdecydowanie*) hesitation [hezı'teıʃn]; *Odpowiedziała mi bez wahania.* – She answered me without hesitation. ❷ (*zmienność zjawiska*) fluctuation [flʌktjʊ'eıʃn], oscillation [ɒsı'leıʃn], variation [veərı'eıʃn]; **wahania temperatury** – fluctuations of temperature

wakacje holidays ['hɒlədız], *am.* vacations [və'keıʃnz]; **wakacje letnie** – summer holidays; **wakacje szkolne** – the school holidays; *Gdzie wyjeżdżasz* *na wakacje?* – Where are you going for your holidays?

walc waltz [wɔ:ls]

walczyć fight (fought, fought) [faɪt, fɔ:t, fɔ:t], struggle ['strʌgl]; **walczyć dzielnie/bohatersko/zaciekle** – to fight bravely/heroically/desperately; **walczyć do końca** – to fight to the finish/to the bitter end

walec cylinder ['sɪlɪndə], *techn.* roller ['rəʊlə]; **walec drogowy** – a road-roller

waleczność bravery ['breɪvərɪ], fighting spirit [faɪtɪŋ'spɪrɪt]

waleczny brave [breɪv]

walet (*w kartach*) jack [dʒæk]

walić (*mocno uderzać*) beat (beat, beaten) [bi:t, bi:t, 'bi:tn], bang [bæŋ], hammer ['hæmə]; **walić do drzwi** – to bang/to hammer at the door

Walijczyk Welshman, *l.mn.* Welshmen ['welʃmən]; **Walijczycy** – the Welsh

Walijka Welshwoman, *l.mn.* Welshwomen ['welʃwʊmən, 'welʃwɪmɪn]

walijski Welsh [welʃ]

waliza trunk [trʌŋk]

walizka suitcase ['su:tkeɪs/'sju:tkeɪs]

walka fight [faɪt], battle ['bætl], struggle ['strʌgl]; **zacięta walka** – a bitter//a desperate fight; **walka do końca** – a fight to the finish; **walka z przestępczością** – a fight against crime; **walka o sprawiedliwość** – a fight//a struggle for justice

waluta currency ['kʌrənsɪ]; **obca waluta** – foreign currency

wał embankment [ɪm'bæŋkmənt], bank [bæŋk]

wałek (*przedmiot okrągły i wydłużony*) roller ['rəʊlə], cylinder ['sɪlɪndə], (*do ciasta*) rolling-pin

wampir vampire ['væmpaɪə]

wandal vandal ['vændl]

wandalizm vandalism ['vændəlɪzm]

wanilia vanilla [və'nɪlə]

wanna bath [bɑ:θ]

wapień *miner.* limestone ['laɪmstəʊn]

wapnieć calcify ['kælsɪfaɪ]

wapno *pot.* lime [laɪm]

wapń *chem.* calcium ['kælsɪəm]

warcaby draughts [drɑ:fts], *am.* checkers ['tʃekəz]

warczeć growl [graʊl], snarl [snɑ:l]; *Pies zawarczał na nieznajomego.* – The dog growled at the stranger.

warczenie growl [graʊl], growling ['graʊlɪŋ], snarl [snɑ:l]

warga lip [lɪp]; **górna/dolna warga** – the upper/the lower lip; **wydąć wargi** – to purse one's lips

wariant variant ['veərɪənt], alternative [ɔ:l'tɜ:nətɪv], option ['ɒpʃn]

wariat lunatic ['lu:nətɪk], madman ['mædmən]; **dom wariatów** – a mad house/a lunatic asylum

wariować go mad [gəʊ'mæd], be crazy [bi:'kreɪzɪ]; **wariować za kimś** – to be crazy about sb

warkocz plait [plæt], braid [breɪd]; **czesać się w warkocze** – to wear one's hair in plaits

warkot whirr [wɜ:], throb [θrɒb], drone [drəʊn]

warkotać whirr [wɜ:], throb (bb) [θrɒb], drone [drəʊn]

warstwa layer ['leɪə], *geol.* stratum, *l.mn.* strata ['strɑ:təm, 'strɑ:tə]; **warstwa kurzu** – a layer of dust; **warstwa farby** – a coat of paint; **warstwy społeczne** – classes of society/social classes

warszawiak/warszawianka Varsovian [vɑ:'səʊvɪən]

warszawski Warsaw ['wɔ:sɔ:], Varsovian [vɑ:'səʊvɪən]

warsztat workshop ['wɜ:kʃɒp]

wart worth [wɜ:θ], worthy ['wɜ:ðɪ]; *Posiadłość jest warta milion dolarów.* – The estate is worth a million dollars. *Jego słowo nie jest nic warte.* – His word is not worth a damn. *Ten film jest wart obejrzenia.* – The film is worth seeing. *Gra nie była warta świeczki.* – The game was not worth the candle.

warta guard [gɑ:d], sentry ['sentrɪ]; **trzymać wartę** – to stand guard; **warta honorowa** – guard of honour; **zmiana warty** – the changing of the guard

W

wartki rapid ['ræpɪd], fast [fɑ:st]

warto it's worth, it's worthwhile; *Warto obejrzeć ten film.* – That film is worth seeing. *Warto było tam pójść.* – It was worthwhile going there.

wartościowy valuable ['væljʊəbl], precious ['preʃəs]; **papiery wartościowe** – (government) securites/(*obligacje*) bonds

wartość value ['vælju:], worth [wɜ:θ]; **tracić na wartości** – to go down in value; **spadek wartości funta** – a decline in the value of the pound; **nabierać wartości** – to acquire/to increase in value; **wartość kaloryczna/ /odżywcza** – calorific/nutritional value; **wartość nominalna** – a nominal value; **wartości moralne** – moral values

W

wartownia guardhouse ['gɑ:dhaʊs]

wartowniczy guard [gɑ:d], sentry ['sentrɪ]; **budka wartownicza** – sentry-box

wartownik sentry ['sentrɪ], guard [gɑ:d]

warunek ❶ (*wymaganie*) condition [kən'dɪʃn]; *Zgodzę się, ale pod jednym warunkiem.* – I'll agree, but on one condition. **narzucać/stawiać warunki** – to impose/to set/to stipulate conditions; **spełniać warunki** – to fulfil/ /to meet/to satisfy conditions ❷ (*warunki – sytuacja*) circumstances ['sɜ:kəmstənsɪz], conditions [kən'dɪʃnz]; **pracować w trudnych warunkach** – to work in difficult conditions; **warunki finansowe** – financial circumstances/conditions; **warunki życia** – living conditions; **warunki pogodowe** – weather conditions; **sprzyjające/nie sprzyjające warunki** – favourable/unfavourable conditions

warunkowo conditionally [kən'dɪʃnəlɪ]

warunkowy conditional [kən'dɪʃnl]; **warunkowa zgoda** – conditional acceptance; **odruch warunkowy** – a conditioned reflex; *gram.* **zdanie warunkowe** – a conditional clause

warzywnictwo market gardening [mɑ:kɪt'gɑ:dnɪŋ]

warzywny vegetable ['vedʒtəbl]; **sklep warzywny** – a greengrocer's (shop)

warzywo vegetable ['vedʒtəbl]

wasz ❶ (*przymiotnik dzierżawczy*) your [jɔ:]; **wasz dom** – your house; **wasze dzieci** – your children ❷ (*zaimek dzierżawczy*) yours [jɔ:z]; *Czy ten samochód jest wasz?* – Is that car yours?

wata cotton wool ['kɒtnwʊl]; **wata cukrowa** – candy floss/spun sugar

watolina wadding ['wɒdɪŋ]

wawrzyn laurel ['lɒrəl]; **wieniec z wawrzynu** – laurels

waza ❶ (*do zupy*) tureen [tə'ri:n] ❷ (*ozdobne naczynie ceramiczne*) vase [vɑ:z]

wazelina vaseline ['væsɪli:n]

wazon vase [vɑ:z]

ważka dragon-fly ['drægənflaɪ]

ważność ❶ (*doniosłość, znaczenie*) importance [ɪm'pɔ:tns], significance [sɪg'nɪfɪkəns] ❷ (*prawomocność*) validity [və'lɪdətɪ]; **data ważności** – expiry date; *Pańska wiza traci ważność w przyszłym tygodniu.* – Your visa expires next week.

ważny ❶ (*mający duże znaczenie*) important [ɪm'pɔ:tnt], weighty ['weɪtɪ]; **ważny problem** – an important problem; *Jest dla mnie ważne, żeby...* – It's important to/for me that... ❷ (*prawomocny, nie przedawniony*) valid ['vælɪd]; *Pańska wiza już nie jest ważna.* – Your visa is no longer valid.

ważyć ❶ (*określać ciężar*) weigh [weɪ]; **ważyć walizkę** – to weigh a suitcase ❷ (*mieć ciężar*) weigh [weɪ]; *Ile on waży?* – How much does he weigh? *On waży 80 kg.* – He weighs 80 kilos. ❸ (*zastanawiać się, rozważać*) weigh [weɪ]; **ważyć słowa** – to weigh one's words; **ważyć argumenty za i przeciw** – to weigh advantages and disadvantages/to weigh the pros and cons

ważyć się ❶ (*określać swój ciężar*) weigh oneself [weɪwʌn'self] ❷ (*mieć śmiałość, odważyć się*) dare [deə], *Nie waż się mu o tym powiedzieć.* – Don't you dare tell him about it.

wąchać smell [smel], sniff [snıf]

wąs (*zarost*) moustache [mə'stɑ:ʃ], (*wąsy*) whiskers ['wıskəz], (*wąsy u zwierząt*) whiskers ['wıskəz]

wąsaty whiskered ['wıskəd]

wąski narrow ['nærəʊ]; **wąska droga** – a narrow road; **wąski krąg przyjaciół** – a narrow circle of friends; **wąskie horyzonty** – a narrow mind; *przen.* **wąskie gardło** – bottle-neck

wąskotorowy narrow-gauged ['nærəʊgeıdʒd]; **kolejka wąskotorowa** – a narrow-gauge railway

wątek (*w utworze literackim*) plot [plɒt], (*ciągłość treści*) train [treın]; **wątek myśli** – a train of thought

wątły frail [freıl], weak [wi:k]

wątpiący doubtful ['daʊtfʊl]

wątpić doubt [daʊt]; *Wątpię, czy to prawda.* – I doubt whether it's true. *Nigdy nie wątpiłam w jego słowo.* – I never doubted his word. *Wątpię w to.* – I doubt it.

wątpienie:
bez wątpienia – undoubtedly/without any doubt

wątpliwość doubt [daʊt]; **czuć/wyrażać wątpliwość co do czegoś** – to feel/to express doubt about sth; *Nie ma co do tego żadnych wątpliwości.* – There's no doubt about it. **poza wszelką wątpliwością** – beyond any doubt

wątpliwy doubtful ['daʊtfʊl], dubious ['dju:bjəs]

wątroba *anat.* liver ['lıvə]

wątróbka *kulin.* liver ['lıvə]

wąwóz ravine [rə'vi:n], gorge [gɔ:dʒ]

wąż ❶ *zool.* snake [sneık], serpent ['sɜ:pənt]; **jadowity wąż** – a poisonous snake ❷ (*przewód gumowy*) hose [həʊz], hose-pipe ['həʊzpaıp]; **wąż ogrodniczy** – a gardenhose

wbijać drive in/into [draıv'ın/'ıntʊ] (drove, driven), hammer in/into [hæmər'ın/'ıntə], (*wbijać na pal*) impale [ım'peıl]; **wbijać gwóźdź w ścianę** – to drive/to hammer a nail into a wall; **wbić sobie coś do głowy** – to get sth into one's head (that)

wbrew against [ə'geınst], in spite of [ın'spaıtəv], despite [dı'spaıt]; *To jest wbrew zasadom.* – It's against the rules. **czynić coś wbrew czyjejś woli** – to do sth against sb's will; **wbrew pozorom** – contrary to/against all appearances

wcale ❶ (*z przeczeniem*) at all [ət'ɔ:l], not in the least; *On cię wcale nie rozumie.* – He doesn't uderstand you at all. ❷ (*dość, dosyć*) quite [kwaıt]; *To jest wcale dobre.* – It's quite good./It's not too bad.

wchłaniać absorb [əb'sɔ:b]

wchłanianie absorption [əb'sɔ:pʃn]

wchodzić ❶ (*wkraczać*) come in [kʌm'ın] (came, come), go in [gəʊ'ın] (went, gone), enter ['entə]; *Proszę wejść.* – Please come in. *Oni weszli do domu.* – They went into the house./They entered the house. **wchodzić bez pukania** – to enter without knocking; **wchodzić w szczegóły** – to go into details; **wejść w posiadanie** – to take possession of; **wejść w życie** (*o ustawie*) – to come into force; *Nowa ustawa wchodzi w życie w przyszłym miesiącu.* – The new law comes into force next month. **wejść z kimś w konflikt** – to come into conflict with sb ❷ (*wspinać się*) go up [gəʊ'ʌp] (went, gone), climb [klaım]; **wchodzić po schodach** – to go up the stairs/to climb the stairs; **wchodzić po drabinie** – to climb a ladder ❸ (*mieścić się*) go into [gəʊ'ıntə] (went, gone); *Czy wszystkie moje rzeczy wejdą do tej walizki?* – Will all my things go into this suitcase? **wchodzić w skład** – to be part of/to be included in

wciągać ❶ (*ciągnąć do góry*) pull up [pʊl'ʌp], draw up [drɔ:'ʌp] (drew, drawn); **wciągać kogoś do rozmowy** – to draw sb into conversation; **wciągać brzuch** – to pull in one's stomach ❷ (*umieścić w spisie*) enter ['entə]; **wciągnąć kogoś na listę** – to enter sb's name on a list

wciąż ❶ (*jeszcze*) still [stıl]; *On wciąż tu jest.* – He is still here. ❷ (*stale*) con-

W

stantly ['kɒnstəntlı]; *On mi wciąż przerywa.* – He's constantly interrupting me.

wcielać (*przyłączać*) incorporate [ın'kɔ:pəreıt], annex [ə'neks]; **wcielać nowe terytorium do** – to annex (a) new territory to

◆ **wcielać plan w życie** – to put a plan into operation/to put a plan into action/to carry out a plan

wcielać się impersonate [ım'pɜ:səneıt]; **wcielać się w kogoś** – to impersonate sb

W

◆ **wcielać się w życie** – to materialize

wcielenie ❶ (*przyłączenie*) incorporation [ınkɔ:pə'reıʃn], annexation [ænək'seıʃn] ❷ (*ucieleśnienie*) incarnation [ınkɑ:'neıʃn]

wcierać rub in (bb) [rʌb'ın]

wciskać push in [pʊʃ'ın], squeeze in [skwi:z'ın], thrust in [θrʌst'ın], drive in [draıv'ın] (drove, driven)

wciskać się squeeze in [skwi:z'ın]; *Autobus był zatłoczony, ale zdołaliśmy się wcisnąć.* – The bus was overcrowded but we managed to squeeze in.

wczasowicz holiday-maker ['hɒlədımeıkə]

wczasowy holiday ['hɒlədı], vacation [və'keıʃn]; **miejscowość wczasowa** – a holiday resort

wczasy holiday ['hɒlədı], vacation [və'keıʃn]; **na wczasach** – on holiday

wczesny early ['ɜ:lı]; **wczesny ranek** – early morning; **wczesne stadium** – an early stage; **wczesne dzieła artysty** – the early works of an artist; *Zjedliśmy wczesny obiad.* – We had an early lunch.

wcześnie early ['ɜ:lı]; *Dziś wcześnie wstałam.* – I got up early today. *Przyszedłeś za wcześnie.* – You came too early.

wczoraj yesterday ['jestədı]; **wczoraj rano** – yesterday morning

wczorajszy yesterday's ['jestədız]; **wczorajsza gazeta** – yesterday's paper

wdawać się ❶ (*wmieszać się*) become involved [bı'kʌmın'vɒlvd]; **wdawać się w rozmowę** – to enter into conversation ❷ (*wnikać*) go into [gəʊ'ıntə] (went, gone); **wdawać się w szczegóły** – to go into details ❸ (*być podobnym*) take after [teık'ɑ:ftə] (took, taken); *Ona wdała się w ojca.* – She takes after her father.

wdech breathing in ['bri:ðıŋ'ın]; **zrobić wdech** – to breathe in

wdowa widow ['wıdəʊ]; **słomiana wdowa** – a grass widow

wdowiec widower ['wıdəʊə]; **słomiany wdowiec** – a grass widower

wdowieństwo widowhood ['wıdəʊhʊd]

wdychać breathe in [bri:ð'ın]

wdzięczność gratitude ['grætıtjʊd], thankfulness ['θæŋkfʊlnıs]; **wyrazić/ /odczuwać wdzięczność** – to express/ /to feel gratitude; **głęboka wdzięczność** – deep/profound gratitude; **dług wdzięczności** – a debt of gratitude

wdzięczny ❶ (*odczuwający wdzięczność*) grateful ['greıtfʊl], thankful ['θæŋkfʊl]; *Jestem ci wdzięczna za pomoc.* – I'm grateful to you for your help. ❷ (*pełen wdzięku*) graceful ['greısfʊl], charming ['tʃɑ:mıŋ]

według according to [ə'kɔ:dıŋtə]; *Wszystko idzie według planu.* – Everything goes according to plan. **według warunków kontraktu** – according to the terms of the contract; **według przepisów** – according to the rules/regulations; **według mnie** – in my opinion/ /as I see it; **ułożyć coś według rozmiarów** – arrange sth according to size

weekend weekend [wi:k'end]; **pracować w czasie weekendów** – to work at weekends; **spędzać weekend poza miastem** – to spens the weekend in the country

wegetacja vegetation [vedʒı'teıʃn]

wegetarianizm vegetarianism [vedʒı'teərıənızm]

wegetariański vegetarian [vedʒı'teərıən]; **dieta wegetariańska** – vegetarian diet; **kuchnia wegetariańska** – vegetarian cooking

wegetować vegetate ['vedʒɪteɪt]
wehikuł vehicle ['vi:ɪkl]
wejrzenie look [lʊk], sight [saɪt], glance [glɑ:ns]; **od pierwszego wejrzenia** – at first sight
wejście ❶ (*miejsce, gdzie się wchodzi*) entrance ['entrəns], door [dɔ:]; **wejście główne/frontowe/tylne** – main/ /front/back entrance, front/back door ❷ (*czynność wchodzenia*) entrance ['entrəns], entry [entrɪ], entreé ['ɒntreɪ]; **zakaz wejścia** – No entry/ /No admittance; **wejście do wyższych sfer** – an entreé into upper-class circles
wejść *p.* **wchodzić**
weksel bill of exchange
wektor vector ['vektə]
welon veil [veɪl]
welur ❶ (*aksamit*) velvet ['velvɪt], velour(s) [və'lʊə(z)] ❷ (*rodzaj skóry*) suéde [sweɪd]
welwet cord [kɔ:d], corduroy ['kɔ:dərɔɪ]
wełna wool [wʊl]; **wełna jagnięca/szetlandzka** – lambswood/Shetland wool; **wełna wielbłądzia** – camel-hair
wełniany wool [wʊl], woollen ['wʊlən]; **wełniany koc** – a wool/a woollen blanket
wemknąć się slip in (pp) [slɪp'ɪn], steal in [sti:l'ɪn] (stole, stolen)
weneryczny venereal [və'nɪərɪəl]; **choroba weneryczna** – venereal disease/ /(VD) [vi:'di:]
wentyl *techn.* valve [vælv]; **wentyl (zawór) bezpieczeństwa** – a safety valve
wentylacja ventilation [ventɪ'leɪʃn]
wentylacyjny ventilating ['ventɪleɪtɪŋ], ventilation [ventɪ'leɪʃn]; **przewód wentylacyjny** – a ventilation shaft
wentylator ventilator ['ventɪleɪtə], extractor fan [ɪk'stræktə'fæn], fan [fæn]
wepchnąć push in [pʊʃ'ɪn], thrust in [θrʌst'ɪn], shove in [ʃʌv'ɪn], force in [fɔ:s'ɪn]
wepchnąć się squeeze in [skwi:z'ɪn]
weranda veranda(h) [və'rændə], porch [pɔ:tʃ]
werdykt verdict ['vɜ:dɪkt]; **ogłosić werdykt** – to announce a verdict
wersja version ['vɜ:ʃn]
werwa verve [vɜ:v], spirit ['spɪrɪt], gusto ['gʌstəʊ]; **pełen werwy** – energetic/ /lively/spirited
wesele wedding ['wedɪŋ]; **srebrne/złote wesele** – silver/golden wedding
weselny wedding ['wedɪŋ]; **marsz weselny** – a wedding march; **przyjęcie weselne** – a wedding reception
wesoło gaily ['geɪlɪ], joyfully ['dʒɔɪfʊlɪ], merrily ['merɪlɪ]
wesołość gaiety ['geɪətɪ], joy [dʒɔɪ], mirth [mɜ:θ]
wesoły ❶ (*pełen radości*) gay [geɪ], joyful ['dʒɔɪfʊl], merry ['merɪ], jolly ['dʒɒlɪ]; **Wesołych Świąt** – (*Bożego Narodzenia*) Merry Christmas/(*Wielkanocnych*) Happy Easter ❷ (*zabawny*) funny ['fʌnɪ], amusing [ə'mju:zɪŋ]
westchnąć sigh [saɪ]
westchnienie sigh [saɪ]; **westchnienie ulgi** – a sigh of relief
western western ['westən]
wesz *zool.* louse, *l.mn.* lice [laʊs, laɪs]
weteran veteran ['vetərən]
weterynaria veterinary medicine ['vetnrɪ'medsɪn], (*studia*) veterinary studies ['vetnrɪ'stʌdɪz]
weterynaryjny veterinary ['vetnrɪ]
weterynarz veterinary surgeon ['vetnrɪ'sɜ:dʒn], vet [vet], *am.* veterinarian [vetrɪ'neərɪən]
wetknąć *p.* **wtykać**
wewnątrz inside [ɪn'saɪd], within [wɪ'ðɪn]; **wejść do wewnątrz** – to come inside; *Wewnątrz było bardzo ciepło.* – It was very warm inside. **wewnątrz budynku** – inside the building; *Drzwi były zamknięte od wewnątrz.* – The door was locked from within/from the inside.
wewnętrzny ❶ (*znajdujący się w środku*) inner ['ɪnə], inside [ɪn'saɪd], internal [ɪn'tɜ:nl], interior [ɪn'tɪərɪə]; **organy wewnętrzne** – internal organs; **choroby wewnętrzne** – internal dis-

eases; **ucho wewnętrzne** – the inner ear; **kieszeń wewnętrzna** – an inside pocket; **monolog wewnętrzny** – interior/inner monologue ❷ (*zachodzący w danym kraju*) home [həʊm], domestic [də'mestɪk], inland ['ɪnlənd], inner ['ɪnə], internal [ɪn'tɜ:nl]; **sprawy wewnętrzne** – internal affairs; **handel wewnętrzny** – domestic trade/internal trade; **Ministerstwo Spraw Wewnętrznych** – (*w W. Bryt.*) the Home Office/(*w Polsce*) the Ministry of Internal Affairs

W

wezbrać rise (rose, risen) [raɪz, rəʊz, 'rɪzn], swell (swelled, swollen) [swel, sweld, 'swəʊln]; *Rzeka wezbrała.* – The river has swollen.

wezwać ❶ (*zawołać*) call (in) [kɔ:l'ɪn], summon ['sʌmən]; **wezwać policję/ /pogotowie** – to call the police/the ambulance; **wezwać lekarza** (*specjalistę*) – to call in a specialist/to send for a doctor; **wzywać pomocy** – to call for help; *Dyrektor wezwał do siebie sekretarkę.* – The director summoned his secretary. **zostać wezwanym do wojska** – to be called up; *Został wezwany do stawienia się przed sądem.* – He was summoned to appear before the court. ❷ (*zwrócić się*) appeal [ə'pi:l]

wezwanie ❶ (*nakaz*) summons ['sʌmənz]; **wezwanie do sądu** – a summons to appear in court, subpoena; **wezwanie do wojska** – a draft-card ❷ (*apel*) appeal [ə'pi:l]; **wezwanie o pomoc** – an appeal for help

węch sense of smell [sensəv'smel], nose [nəʊz]

wędka fishing-rod ['fɪʃɪŋrɒd]

wędkarstwo angling ['æŋglɪŋ], fishing ['fɪʃɪŋ]

wędkarz angler ['æŋglə]

wędliny pork-butcher's products, smoked ham and sausages

wędrować wander ['wɒndə], hike [haɪk]

wędrowiec wanderer ['wɒndərə]

wędrowny wandering ['wɒndərɪŋ], nomadic [nə'mædɪk], hiking ['haɪkɪŋ]; **ptaki wędrowne** – migratory birds/ /birds of passage; **życie wędrowne** – nomadic existence; **wczasy wędrowne** – hiking holiday

wędrówka ❶ (*wędrowanie*) wandering ['wɒndərɪŋ], hiking ['haɪkɪŋ]; **iść na wędrówkę** – to go hiking ❷ (*przenoszenie się z miejsca na miejsce*) migration [maɪ'greɪʃn]; **coroczne wędrówki ptaków** – annual migration of birds

wędzić smoke [sməʊk]

wędzonka smoked bacon [sməʊkt 'beɪkn]

wędzony smoked [sməʊkt]

węgiel ❶ *chem.* carbon ['kɑ:bn]; **tlenek/ /dwutlenek węgla** – carbon monoxide/dioxide ❷ *miner.* coal [kəʊl]; **kopalnia węgla** – a coal-mine; **węgiel brunatny** – brown coal

węgielny:
kamień węgielny – a corner-stone/a foundation-stone; **położyć kamień węgielny** – lay a corner-stone

Węgier/Węgierka Hungarian [hʌŋ'geərɪən]

węgierka (*śliwka*) plum [plʌm], (*suszona*) prune [pru:n]

węgierski Hungarian [hʌŋ'geərɪən]

węglowodan *chem.* carbohydrate [kɑ:bə'haɪdreɪt]

węgorz *zool.* eel [i:l]

węszyć sniff [snɪf], scent [sent]

węzeł knot [nɒt], tie [taɪ], *przen.* bond [bɒnd]; **zawiązać/rozwiązać węzeł** – to do/to undo a knot; **przeciąć węzeł gordyjski** – to cut the Gordian knot; **węzeł małżeński** – the holy wedlock

whisky whisky/whiskey ['wɪskɪ]; **whisky z lodem** – whisky on the rocks; **whisky z wodą sodową** – whisky and soda

wiać (*dmuchać*) blow (blew, blown) [bləʊ, blu:, bləʊn]; *Wiał zimny wiatr.* – A cold wind was blowing.

wiadomo everybody knows, it's a well-known fact; **nic nie wiadomo** – nobody knows; **nigdy nic nie wiadomo**

– you never can tell; **o ile mi wiadomo** – a far as I know; *Wiadomo, że on był w więzieniu.* – He is known to have been in prison.

wiadomość ❶ (*informacja*) news [nju:z], message ['mesɪdʒ]; *Czy są jakieś wiadomości?* – Is there any news? **dobra/zła wiadomość** – good/bad news; *Mam dla ciebie wiadomość od Piotra.* – I have a message for you from Peter. **oglądać wiadomości w telewizji** – to watch the news on TV; *Podajemy wiadomości.* – This is the news./Here is the news. *Czy miałeś od niego jakieś wiadomości?* – Have you heard from him? ❷ (*zasób wiedzy – wiadomości*) knowledge ['nɒlɪdʒ]; **doszło do mojej wiadomości** – it came to my knowledge

wiadomy well-known ['welknəʊn], known [nəʊn]; **z wiadomego powodu** – for a well-known reason

wiadro bucket ['bʌkɪt], pail [peɪl]

wiadukt viaduct ['vaɪədʌkt], (*napowietrzny odcinek szosy*) fly-over ['flaɪəʊvə]

wianek wreath [ri:θ]

wiara ❶ (*przeświadczenie, przekonanie*) belief [bɪ'li:f], faith [feɪθ], trust [trʌst]; **pokładać w kimś wiarę** – to put one's faith in sb; **stracić wiarę w kogoś** – to lose faith in sb; **zachwiać czyjąś wiarę w coś** – to shake sb's faith in sth; **działać w dobrej/złej wierze** – to act in good/in bad faith; **nie dawać czemuś wiary** – not to believe sth; *To nie do wiary.* – It's unbelievable. ❷ *relig.* faith [feɪθ], belief [bɪ'li:f]; **stracić wiarę w Boga** – to lose one's belief/faith in God; **silna wiara** – a strong faith; **wiara chrześcijańska** – the Christain faith ❸ (*wierność*) fidelity [fɪ'deləti], faithfulness ['feɪθfʊlnɪs]; **dotrzymać komuś wiary** – to be faithful to sb

wiarołomny unfaithful [ʌn'feɪθfʊl]

wiarygodność credibility [kredɪ'bɪləti]], reliability [rɪlaɪə'bɪləti]

wiarygodny credible ['kredəbl], reliable [rɪ'laɪəbl]; **wiarygodne źródło informacji** – a reliable source of information

wiaterek breeze [bri:z]

wiatr wind [wɪnd]; **powiew/poryw wiatru** – a breath/a gust of wind; **wiatr północny/południowy** – a north/a south wind; *Wiatr wieje ze wschodu.* – The wind is blowing from the east. *Wiatr ustał.* – The wind has dropped.

wiatrak windmill ['wɪndmɪl]; **walczyć z wiatrakami** – to tilt at windmills

wiązać ❶ (*związywać*) tie [taɪ], bind (bound, bound) [baɪnd, baʊnd, baʊnd]; **wiązać koniec z końcem** – to make both ends meet ❷ (*łączyć, kojarzyć*) connect [kə'nekt], link up [lɪŋk'ʌp]

wiązanie ❶ (*element łączący*) bond [bɒnd], link [lɪŋk] ❷ (*wiązanie do nart*) binding ['baɪndɪŋ]

wiązanka bunch [bʌntʃ], bouquet [bʊ'keɪ], posy ['pəʊzɪ]

wiązka bundle ['bʌndl], bunch [bʌntʃ]; **wiązka promieni** – a beam of rays

wiążący binding ['baɪndɪŋ]; **kontrakt wiążący obie strony** – a contract binding both parties

wibracja vibration [vaɪ'breɪʃn]

wibrować vibrate [vaɪ'breɪt]

wicedyrektor assistant manager [əˌsɪstənt'mænɪdʒə]

wicehrabia viscount ['vaɪkaʊnt]

wiceminister under-secretary [ʌndə'sekrətrɪ], deputy minister ['depjʊtɪ'mɪnɪstə]

wicemistrz vice-champion [vaɪs'tʃæmpjən]

wicepremier deputy premier ['depjʊtɪ premɪə]

wiceprezydent vice-president [vaɪs'prezɪdənt]

wicher gale [geɪl]

wichrzyć tousle ['taʊzl]

wichura gale [geɪl], wind-storm ['wɪndstɔ:m]

wić (*splatać*) plait [plæt], braid [breɪd], weave (wove, woven) [wi:v, wəʊv, 'wəʊvn]; **wić wianek** – to weave/to make a wreath; **wić gniazdo** – to build/to make a nest

W

wić się ❶ (*kręcić się*) writhe [raıð], wriggle ['rıgl], squirm [skwɜ:m]; **wić się z bólu** – to writhe with pain ❷ (*układać się wężowato*) wind (wound, wound) [waınd, waʊnd, waʊnd]; **wijąca się rzeka** – a winding river ❸ (*o włosach – kręcić się*) curl [kɜ:l]

widać ❶ (*daje się widzieć*) (it) can be seen, (it) is visible; *Nie było nic widać.* – Nothing could be seen. *Tego nie widać gołym okiem.* – It's not visible to the naked eye. *Czy widać tę plamę?* – Does the stain show? *W jego oczach było widać strach.* – Fear showed in his eyes. ❷ (*widocznie*) apparently [ə'pærəntlı], evidently ['evıdəntlı], it appears [ıtə'pıəz]; *Widać nie mógł przyjść.* – Apparently he couldn't come.

W

widelec fork [fɔ:k]

widły fork [fɔ:k]

widmo ❶ (*zjawa*) phantom ['fæntəm], ghost [gəʊst], apparition [æpə'rıʃn], spectre ['spektə] ❷ *fiz.* spectrum ['spektrəm]

widnieć be visible [bi:'vızəbl], appear [ə'pıə]

widnokrąg horizon [hə'raızn]

widny light [laıt]

widocznie apparently [ə'pærəntlı], evidently ['evıdəntlı], clearly ['klıəlı]

widoczność visibility [vızı'bılətı]

widoczny ❶ (*dający się dostrzec*) visible ['vızəbl], noticeable ['nəʊtısəbl], seen [si:n]; **widoczny gołym okiem** – visible to the naked eye; **widoczna zmiana** – a noticeable improvement; **wyraźnie widoczny** – clearly seen/ /visible ❷ (*oczywisty*) obvious ['ɒbvıəs], evident ['evıdənt]

widok ❶ (*widziana przestrzeń*) sight [saıt], view [vju:], scene [si:n]; **widok z lotu ptaka** – a bird's-eye view; **zasłaniać komuś widok** – to block sb's view; **pokój z widokiem na morze** – a room with a view of the sea ❷ (*postrzeganie*) sight [saıt]; *On mdleje na widok krwi.* – He faints at the sight of blood. **nie znosić czyjegoś widoku** – to hate the sight of sb; *Kiedy wrócił, przedstawiał sobą żałosny widok.* – He was a pitiful sight when he returned. ❸ (*widoki – plany na przyszłość*) prospects ['prɒspəkts]; **widoki na przyszłość** – prospects for the future

widokówka picture postcard ['pıktʃə pəʊskɑ:d]

widowisko spectacle ['spektəkl], show [ʃəʊ]; **robić z siebie widowisko** – to make a spectacle/an exhibition of oneself

widownia ❶ (*publiczność*) audience ['ɔ:djəns] ❷ (*część sali treatralnej*) auditorium [ɔ:dı'tɔ:rıəm], the house [-'haʊs]; **pusta/pełna widownia** – the full/the empty house

widywać see (saw, seen) [si:, sɔ:, si:n], meet (met, met) [mi:t, met, met]; *Kiedyś widywałem ją codziennie.* – I used to see her every day.

widz spectator [spek'teıtə], onlooker ['ɒnlʊkə]

widzenie ❶ (*wzrok*) vision ['vıʒn], sight [saıt]; **pole widzenia** – a field of vision; **w polu widzenia** – in sight; **punkt widzenia** – a point of view; **znać kogoś z widzenia** – to know sb by sight; **do widzenia** – goodbye ❷ (*odwiedziny np. więźnia*) visit ['vızıt] ❸ (*zjawa, halucynacja*) hallucination [həlu:sı'neıʃn], vision ['vıʒn]

widzialny visible ['vızəbl]

widzieć see (saw, seen) [si:n, sɔ:, si:n]; *Co widzisz?* – What can you see? *Nic nie widzę.* – I can't see anything. *Czy widziałeś ten nowy film?* – Have you seen the new film? *Widziałam ją, jak wchodziła do domu.* – I saw her enter the house./I saw her entering the house.

widzieć się ❶ (*widzieć siebie w lustrze*) see oneself [si:wʌn'self] ❷ (*spotykać kogoś*) see (each other) (saw, seen) [si:-, sɔ:, si:n], meet (met, met) [mi:t, met, met]; *Będę się z nią widziała jutro.* – I'll be seeing her tomorrow. *Widzimy (widujemy) się codziennie.* –

We see each other every day./We meet every day.

wiec meeting ['mi:tɪŋ], rally ['rælɪ]

wieczerza supper ['sʌpə]; **Ostatnia Wieczerza** – the Last Supper

wieczność eternity [i:'tɜ:nətɪ]

wieczny ❶ (*nieograniczony w czasie*) eternal [i:'tɜ:nl], everlasting [evə-'lɑ:stɪŋ]; **życie wieczne** – eternal life; **wieczna miłość** – everlasting love/ /undying love; **Wieczne Miasto** – the Eternal City; **wieczne pióro** – a fountain pen ❷ (*nieustanny*) perpetual [pə'petʃʊəl], endless ['endlɪs]; **jej wieczne narzekania** – her endless complaining

wieczorowy evening ['i:vnɪŋ]; **strój wieczorowy** – evening dress

wieczór ❶ (*pora dnia*) evening ['i:vnɪŋ]; **dobry wieczór** – good evening; **dziś wieczór** – this evening; **jutro wieczorem** – tomorrow evening; **w niedzielę wieczorem** – on Sunday evening; *Wieczorem jesteśmy na ogół w domu.* – In the evening we usually stay at home. **pod wieczór życia** – in the evening of one's life ❷ (*zebranie wieczorne z programem literackim, muzycznym*) soirée ['swɑ:reɪ]

wiedza knowledge ['nɒlɪdʒ]; **zdobywać wiedzę** – to acquire/to gain knowledge; **wykazywać swoją wiedzę** – to demonstrate/to display/to show one's knowledge; **bez czyjejś wiedzy** – without sb's knowledge

wiedzieć know (knew, known) [nəʊ, nju:, nəʊn]; *Czy wiesz, gdzie on jest?* – Do you know where he is? *Nic o tym nie wiem.* – I don't know anything about it. *Skąd wiesz?* – How do you know? *Wiem to na pewno.* – I know it for a fact. **o ile wiem** – as far as I know

wiedźma witch [wɪtʃ], (*jędza*) hag [hæg]

wiejski rural ['rʊrəl], rustic ['rʌstɪk], country ['kʌntrɪ], village ['vɪlɪdʒ]; **szkoła wiejska** – a village school; **wiejskie życie** – a rustic existence/ /country life

wiek ❶ (*stulecie*) century ['sentʃərɪ], age [eɪdʒ]; **w dziewiętnastym wieku** – in the nineteenth century (19th century); **na przełomie wieku** – at the turn of the century; *Nie widziałem cię całe wieki.* – I haven't seen you for ages. ❷ (*czas od urodzenia*) age [eɪdʒ]; *W jakim ona jest wieku?* – What age is she? *Wyszła za mąż w wieku dwudziestu lat.* – She got married at the age of twenty. *Kiedy ja byłem w twoim wieku...* – When I was your age... *Mam syna w twoim wieku.* – I've got a son your age. **dożyć do sędziwego wieku** – to live to a ripe old age; *Wino staje się coraz lepsze z wiekiem.* – Wine improves with age. ❸ (*epoka*) age [eɪdʒ]; **wieki średnie** – the Middle Ages; **złoty wiek** – golden age; **wiek atomowy** – the nuclear age

wielbiciel admirer [əd'maɪərə]

wielbić adore [ə'dɔ:], admire [əd'maɪə], worship ['wɜ:ʃɪp]

wielbłąd *zool.* camel ['kæml]

wielbłądzi camel ['kæml]; **wełna wielbłądzia** – camel hair

wielce very ['verɪ], extremely [ɪk'stri:mlɪ], most [məʊst]; *Jestem panu wielce zobowiązany* – I'm most/extremely grateful to you.

wiele[1] ❶ (*z rzeczownikami policzalnymi*) a lot of, many; *On ma wielu przyjaciół.* – He has a lot of friends. *Znam go od wielu lat.* – I've known him for many years. **z wielu powodów** – for many reasons ❷ (*z rzeczownikami niepoliczalnymi*) a lot of, much, plenty of, a great deal of; *To nie zabierze ci wiele czasu.* – That won't take you much time.

wiele[2] (*dot. nasilenia, dużo*) much, a lot; *Czuję się o wiele lepiej.* – I feel much better. *On wiele pracuje.* – He works a lot. *Ona jest o wiele bardziej inteligentna od swojej siostry.* – She is much more intelligent than her sister. *To pozostawia wiele do życzenia.* – That leaves a lot to be desired. *Tego już za wiele!* – That's too much!

W

Wielkanoc Easter ['i:stə]
wielkanocny Easter ['i:stə]; **Niedziela Wielkanocna** – Easter Sunday; **jajko wielkanocne** – Easter egg
wielki ❶ (*pod względem rozmiaru*) large [lɑ:dʒ], vast [vɑ:st], big [bɪg], great [greɪt]; **wielkie miasto** – a big city; **wielki majątek** – a vast/a large fortune; **wielka różnica** – a big/a vast difference; **Wielki Kanion** – the Grand Canyon; **Wielka Brytania** – Great Britain; **Wielka Niedźwiedzica** – the Great Bear ❷ (*przen. – dużej klasy*) great [greɪt], grand [grænd]; **wielkie dzieło** – a great masterpiece; **wielki artysta** – a great artist; **wielka miłość** – a great love; **wielka szansa** – a great chance; **Aleksander Wielki** – Alexander the Great; **wielki mistrz** – Grand Master; **wielki książę** – grand duke; *Wielkie nieba!* – Great heavens! **Wielki Tydzień** – Holy Week; **Wielka Niedziela** – Easter Sunday; **Wielki Piątek** – Good Friday; **Wielki Czwartek** – Maundy Thursday
wielkoduszność generosity [dʒenə'rɒsətɪ], magnanimity [mægnə'nɪmətɪ]
wielkoduszny generous ['dʒenərəs], magnanimous [mæg'nænɪməs]
wielkość ❶ (*rozmiar, wartość*) size [saɪz], dimension [dɪ'menʃn/daɪ'menʃn], *mat.* value ['vælju:], *astr.* magnitude ['mægnɪtju:d]; **być jednakowej wielkości** – to be the same size ❷ (*ogrom*) magnitude ['mægnɪtju:d], vastness ['vɑ:stnɪs], immensity [ɪ'mensətɪ] ❸ (*cechy osoby wybitnej*) greatness ['greɪtnɪs]
wielobarwny colourful ['kʌləfʊl], multicoloured [mʌltɪ'kʌləd]
wielokrotnie many times [menɪ'taɪmz], repeatedly [rɪ'pi:tɪdlɪ], again and again [ə'geɪnənə'geɪn], over and over again ['əʊvərən'əʊvərə'geɪn]
wielokrotność *mat.* multiple ['mʌltɪpl]
wielokrotny repeated [rɪ'pi:tɪd], frequent ['fri:kwənt]
wieloraki manifold ['mænɪfəʊld], diversified [daɪ'vɜ:sɪfaɪd/dɪ'vɜ:sɪfaɪd], various ['veərɪəs], multifarious [mʌltɪ'feərɪəs]
wieloryb *zool.* whale [weɪl]
wieloznaczność ambiguity [æmbɪ'gju:ɪtɪ]
wieloznaczny ambiguous [æm'bɪgjʊəs], equivical [ɪ'kwɪvəkl]
wielożeństwo polygamy [pə'lɪgəmɪ]
wieniec wreath [ri:θ]; **wieniec laurowy** – a laurel wreath
wieprz hog [hɒg]
wieprzowina pork [pɔ:k]
wieprzowy pork [pɔ:k]; **kotlet wieprzowy** – a pork chop; **mięso wieprzowe** – pork
wiercić drill [drɪl], bore [bɔ:]; **wiercić studnię** – to sink a well
wiernie faithfully ['feɪθfʊlɪ], truly ['tru:lɪ]
wierność ❶ (lojalność) faith [feɪθ], faithfulness ['feɪθfʊlnɪs], fidelity [fɪ'delətɪ], loyalty ['lɔɪəltɪ]; **wierność wobec własnych zasad** – fidelity to one's principles; **dochować komuś wierności** – to be faithful to sb/to keep faith with sb ❷ (*dokładność, ścisłość, zgodność z rzeczywistością*) fidelity [fɪ'delətɪ], verity ['verətɪ]; **wysoka wierność odtwarzania** – high fidelity (hi-fi); **zachować wierność przy tłumaczeniu** – to translate sth with fidelity
wierny ❶ (*lojalny*) faithful ['feɪθfʊl], loyal ['lɔɪəl]; **wierny mąż** – a faithful husband; **być wiernym swoim zasadom** – to be faithful to one's principles; **wierny przyjaciel** – a true friend ❷ (*dokładny*) faithful ['feɪθfʊl]
wiersz ❶ (*utwór*) poem ['pəʊɪm], verse [vɜ:s], (*wiersze*) poetry ['pəʊɪtrɪ] ❷ (*odcinek utworu – wers*) verse [vɜ:s]; **biały wiersz** – blank verse; **pisać wierszem lub prozą** – to write in verse or in prose ❸ (*linijka*) line [laɪn]; **czytać między wierszami** – to read between the lines
wiertarka *techn.* drill [drɪl]
wiertło *techn.* drill [drɪl]
wierzący believer [bɪ'li:və]

wierzba *bot.* willow [wɪləʊ]; **wierzba płacząca** – a weeping willow

wierzch top [tɒp], surface ['sɜ:fɪs]; *Położyła książkę na wierzchu (innych).* – She put the book on top of the others. **wypłynąć na wierzch** – to rise to the surface.

wierzchni top [tɒp], upper ['ʌpə], outer ['aʊtə]; **wierzchnia warstwa** – the top/the upper layer; **wierzchnie okrycie** – the outer garment

wierzchołek top [tɒp], peak [pi:k], *mat.* apex, *l.mn.* apices ['eɪpəks, 'eɪpɪsi:z]; **wierzchołek góry** – the top/the peak of a mountain; **wierzchołek góry lodowej** – the tip of the iceberg; **wierzchołek trójkąta** – the apex of a triangle

wierzchowiec horse [hɔ:s], mount [maʊnt]

wierzyciel creditor ['kredɪtə]

wierzyć ❶ (*uznawać za prawdę*) believe [bɪ'li:v]; **wierzyć w Boga** – to believe in God; **wierzyć w duchy** – to believe in ghosts; *Nie wierzę w to, co on mówi.* – I don't believe what he says. ❷ (*mieć zaufanie*) trust [trʌst], believe [bɪ'li:v]; *Ja mu nie wierzę.* – I don't believe him. **nie wierzyć własnym uszom** – not to believe one's ears

wierzytelność *ekon.* liability [laɪə'bɪlətɪ]

wieszać ❶ (*zaczepiać*) hang (up) (hung, hung) [hæŋ-, hʌŋ, hʌŋ]; **wieszać płaszcz na wieszaku** – to hang a coat on a hook; **wieszać pranie** – to hang (out) the washing ❷ (*uśmiercać przez powieszenie*) hang (hanged, hanged) [hæŋ, hæŋd, hæŋd]

wieszać się ❶ (*odbierać sobie życie*) hang oneself [hæŋwʌn'self] ❷ (*zawieszać się*) hang (on) (hung, hung) [hæŋ-, hʌŋ, hʌŋ]

wieszak hanger ['hæŋə]

wieszcz poet ['pəʊɪt]

wieś ❶ (*wioska*) village ['vɪlɪdʒ] ❷ (*okolica wiejska*) the country [-'kʌntrɪ]; **mieszkać na wsi** – to live in the country; *Wakacje spędziliśmy na wsi.* – We spent our holidays in the country.

wieść ❶ (*wiadomość*) news [nju:z]; *Czy są jakieś wieści?* – Is there any news? ❷ (*pogłoska*) rumour ['ru:mə]; **wieść głosi, że...** – rumour has it that...; *Od tej pory przepadł bez wieści.* – He hasn't been heard of since.

wieśniaczy rustic ['rʌstɪk]

wieśniak peasant ['peznt], rustic ['rʌstɪk], villager ['vɪlɪdʒə]

Wietnamczyk Vietnamese [vjetnə'mi:z]

wietnamski Vietnamese [vjetnə'mi:z]

wietrzny windy ['wɪndɪ], gusty ['gʌstɪ]; **wietrzny dzień** – a windy day; **ospa wietrzna** – chicken-pox

wietrzyć air [eə]

wietrzyk breeze [bri:z]

wiewiórka *zool.* squirrel ['skwɪrəl]

wieźć transport [træn'spɔ:t], carry ['kærɪ]

wieża tower ['taʊə], (*w szachach*) castle ['kɑ:sl]; **wieża z kości słoniowej** – an ivory tower; **wieża kościelna** – a church tower; **wieża ciśnień** – a water tower

wieżowiec sky-scraper ['skaɪskreɪpə]

więc so [səʊ], therefore ['ðeəfɔ:]; **tak więc** – thus; **a więc** – well/so

więcej ❶ (*dot. ilości*) more [mɔ:]; *Ona pracuje teraz więcej i więcej zarabia.* – Now she works more and earns more. **coraz więcej** – more and more; **mniej więcej** – more or less; **a co więcej...** – and what's more... ❷ (*z przeczeniem*): **nikt więcej** – nobody else; **nigdy więcej** – never again; *Wyjechała tamtej nocy i nigdy więcej jej nie zobaczyliśmy.* – She left that night and we never saw her again. *Więcej tu nie przyjdę.* – I won't come here again./I won't come here any more.

więdnąć wilt [wɪlt], wither ['wɪðə]

większość majority [mə'dʒɒrətɪ]; **większość ludzi** – the majority of people/ /most people; **milcząca większość** – the silent majority; **wygrać przeważającą większością głosów** – to win by an overwhelming majority

większy bigger ['bɪgə], greater ['greɪtə], larger ['lɑ:dʒə]

W

więzić detain [dɪ'teɪn], keep (sb) imprisoned, imprison [ɪm'prɪzn]

więzienie ❶ (*zakład karny*) prison ['prɪzn], jail/gaol [dʒeɪl]; *On jest w więzieniu.* – He's in prison. **pójść do więzienia** – to be sent to prison/to go to prison; **uciec z więzienia** – to escape from prison; **wyjść/zostać wypuszczonym z więzienia** – to come out of/to be released from prison ❷ (*kara pozbawienia wolności*) imprisonment [ɪm'prɪznmənt]; **zostać skazanym na pięć lat więzienia** – to be sentenced to five years' imprisonment

więzień prisoner ['prɪznə]; **więzień polityczny** – a political prisoner

więź bond [bɒnd], tie [taɪ]; **więzi przyjaźni** – bonds of friendship; **więzi rodzinne** – family ties

wigilia ❶ (*dzień poprzedzający ważne wydarzenie*) eve [i:v]; **wigilia Nowego Roku** – New Year's Eve ❷ (*Wigilia Bożego Narodzenia*) Christmas Eve ❸ (*uroczysta wieczerza*) Christmas Eve Supper

wiklina (*surowiec do wyplatania koszy*) wicker ['wɪkə]

wiklinowy wicker ['wɪkə]; **kosz wiklinowy** – a wicker basket

wikłać (*wciągać kogoś w kłopotliwą sytuację*) involve [ɪn'vɒlv]

wikłać się ❶ (*gmatwać się*) become complicated [bɪ'kʌmkɒmplɪkeɪtɪd], become confused [bɪkʌmkən'fju:zd] ❷ (*wplątywać się w kłopotliwą sytuację*) get involved [getɪn'vɒlvd], become involved [bɪ'kʌmɪn'vɒlvd]

wilgoć dampness ['dæmpnɪs], moisture ['mɔɪstʃə], humidity [hju:'mɪdətɪ]

wilgotnieć moisten ['mɔɪsn], become moist [bɪ'kʌm mɔɪst]

wilgotność humidity [hju:'mɪdətɪ]

wilgotny moist [mɔɪst], damp [dæmp], humid ['hju:mɪd]; **wilgotne ubranie** – damp clothes; **wilgotny klimat** – humid climate

wilk *zool.* wolf, *l.mn.* wolves [wʊlf, wʊlvz]; **stado wilków** – a pack of wolves; **wilk w owczej skórze** – a wolf in sheep's clothing

willa villa ['vɪlə]

wina guilt [gɪlt], fault [fɔ:lt], blame [bleɪm]; *Przyznał, że była to jego wina.* – He admitted it was all his fault. **ponosić winę** – to bear/to take the blame; **przyznać się do winy** (*w sądzie*) – to plead guilty; **poczucie winy** – a feeling of guilt; **kompleks winy** – a guilt complex

winda lift [lɪft], *am.* elevator ['elɪveɪtə]

winiarnia wine-bar ['waɪnbɑ:]

winić blame [bleɪm]; *Winił ją za swoje wszystkie niepowodzenia.* – He blamed her for all his failures.

winien ❶ (*mający do spłacenia*) owing ['əʊɪŋ]; *Ile jestem ci winien?* – How much do I owe you? ❷ *p.* **powinien**; *Książki winne być zwracane w terminie.* – Books should be returned in time. *Winienem mu natychmiast odpisać.* – I should answer his letter at once. ❸ *p.* **winny²**; *On nie jest winien.* – He is not to blame./It's not his fault.

winnica vineyard ['vɪnjəd]

winny¹ ❶ (*dot. winorośli*) vine [vaɪn]; **winne grona** – grapes; **winna latorośl** – vine/grape-vine ❷ (*dot. wina*) wine [waɪn]; **ocet winny** – wine vinegar

winny² (*taki, na którym ciąży wina*) guilty ['gɪltɪ], to blame [tə'bleɪm]; **być winnym zaniedbania** – to be guilty of negligence; **strona winna** – the guilty party; **być winnym przestępstwa** – to be guilty of crime; *Sąd przysięgłych uznał go winnym morderstwa.* – The jury found him guilty of murder. *Ona nie jest winna.* – She is not to blame.

wino wine [waɪn]; **wino słodkie/wytrawne** – sweet/dry wine; **wino białe/czerwone** – white/red wine

winogrona grapes [greɪps]

winorośl *bot.* grape-vine ['greɪpvaɪn]

winowajca culprit ['kʌlprɪt]

winszować congratulate [kən'grætjʊleɪt]; *Powinszowałam mu zdania eg-*

zaminu. – I congratulated him on passing the exam.

wiolonczela *muz.* cello ['tʃeləʊ]; **grać na wiolonczeli** – to play the cello

wiolonczelista cellist ['tʃelɪst]

wiosenny spring [sprɪŋ]; **kwiaty wiosenne** – spring flowers; **pogoda wiosenna** – spring weather; **wiosenne porządki** – spring cleaning

wioska village ['vɪlɪdʒ]

wiosło oar [ɔ:], paddle ['pædl]

wiosłować row [rəʊ], (*na kajaku*) paddle ['pædl]

wiosna spring [sprɪŋ]

wioślarstwo rowing ['rəʊɪŋ]

wioślarz oarsman, *l.mn.* oarsmen ['ɔ:zmən], rower ['rəʊə]

wiotczeć droop [dru:p], grow limp [grəʊ'lɪmp], grow flabby [grəʊ'flæbɪ]

wiotki ❶ (*zwiotczały*) limp [lɪmp], flabby ['flæbɪ] ❷ (*smukły*) slender ['slendə], supple ['sʌpl]

wir vortex, *l.mn.* vortices ['vɔ:teks, 'vɔ:tɪsi:z], whirl [wɜ:l], whirpool ['wɜ:lpu:l]

wirować rotate [rə'teɪt], spin (spun, spun) [spɪn, spʌn, spʌn], whirl [wɜ:l], (*w pralce*) spin-dry [spɪn'draɪ]

wirowy rotary ['rəʊtərɪ], whirling ['wɜ:lɪŋ]; **ruch wirowy** – rotary motion

wirówka (*w pralce*) spin-dryer [spɪn'draɪə], (*do oddzielania śmietany od mleka*) centrifuge ['sentrɪfju:dʒ]

wirtuoz virtuoso [vɜ:tʃʊ'əʊzəʊ]

wirus virus ['vaɪərəs]; **wirus grypy** – the flu virus

wirusowy virus ['vaɪərəs]; **infekcja wirusowa** – a virus infection

wisieć hang (hung, hung) [hæŋ, hʌŋ, hʌŋ]; *Obraz wisiał nad kominkiem.* – The painting was hanging over the fireplace.

wiskoza *chem., techn.* viscose ['vɪskəʊz]

wiśnia cherry ['tʃerɪ], morello cherry [mə'rələʊ'tʃerɪ], *bot.* cherry tree ['tʃerɪtri:]

wiśniowy ❶ (*dot. wiśni*) cherry ['tʃerɪ]; **wiśniowy sad** – a cherry orchard ❷ (kolor) dark red [dɑ:k'red], wine red [waɪn'red]

witać greet [gri:t], welcome ['welkəm]; *Witaj!* – Welcome! **witać kogoś serdecznie** – to welcome sb warmly

witać się shake hands with sb, say hallo

witamina vitamin ['vɪtəmɪn/'vaɪtəmɪn]; **niedobór witamin** – vitamin deficiency

witraż stain-glass window ['steɪn glɑ:s'wɪndəʊ]

wiwatować cheer [tʃɪə]

wiza visa ['vi:zə]; **wiza wjazdowa** – an entry visa; **wiza turystyczna** – a tourist visa; **wiza tranzytowa** – a transit visa; **przyznać komuś/przedłużyć wizę** – to grant sb/to extend a visa; **dostać wizę** – to get/to receive a visa; **ubiegać się o wizę** – to apply for a visa; **odmówić komuś wizy** – to deny sb a visa

wizerunek picture ['pɪktʃə], likeness ['laɪknɪs]

wizja ❶ (*przywidzenie, obraz*) vision ['vɪʒn]; **wizja końca świata** – a vision of the end of the world ❷ (*obraz w telewizorze*) picture ['pɪktʃə], vision ['vɪʒn]

wizyta visit ['vɪzɪt]; **złożyć komuś wizytę** – to pay sb a visit; **pójść do kogoś z wizytą** – to visit sb

wizytówka visiting card ['vɪzɪtɪŋkɑ:d], *am.* calling card ['kɔ:lɪŋ'kɑ:d]

wjazd entry ['entrɪ], entrance ['entrəns]

wjeżdżać ❶ (*dostać się do środka*) enter ['entə], drive in/into [draɪv'ɪn/'ɪntə] (drove, driven) ❷ (*dostać się na szczyt*) ascend [ə'send], go up [gəʊ'ʌp] (went, gone) ❸ (*jadąc natrafić na coś*) run into [rʌn'ɪntə] (ran, run), drive into [draɪv'ɪntə] (drove, driven); *Wjechała na drzewo.* – She ran into a tree.

wklęsły concave ['kɒnkeɪv]

wkład ❶ (*udział*) contribution [kɒntrɪ'bju:ʃn], share [ʃeə] ❷ (*pieniądze złożone w banku*) deposit [dɪ'pɒzɪt] ❸ (*zapas – element wymienny*) refill ['ri:fɪl]

W

wkładać ❶ (*umieszczać coś w środku*) put in [pʊt'ɪn] (put, put), insert [ɪn'sɜ:t]; **wkładać klucz do zamka** – to insert a key into a lock; *Włożyła biżuterię do sejfu.* – She put her jewels into the safe. ❷ (*nakładać na siebie części ubrania*) put on [pʊt'ɒn] (put, put); **włożyć płaszcz** – to put on an overcoat

wkraczać ❶ (*wejść*) enter ['entə]; **wkraczać do pokoju** – to enter the room ❷ (*o wojsku – zajmować terytorium*) invade [ɪn'veɪd], (*ingerować*) intervene [ɪntə'vi:n]

wkradać się steal (stole, stolen) [sti:l, stəʊl, 'stəʊln]; *Wkradł się do domu nie widziany przez nikogo.* – He stole into the house without being seen.

wkrótce soon [su:n], shortly ['ʃɔ:tlɪ]

wlać pour (into) [pɔ:-]

wlec draw (drew, drawn) [drɔ:, dru:, drɔ:n], drag (gg) [dræg]

wlec się drag (gg) (on) [dræg-]; *Lekcja wlokła się niemiłosiernie.* – The lesson dragged on mercilessly. *Nie wlecz się, bo się spóźnimy.* – Don't drag behind, we'll be late.

wlewać *p.* **wlać**

władać ❶ (*rządzić*) reign [reɪn], rule [ru:l]; **władać krajem** – to rule over a country ❷ (*posługiwać się*) have a command of, have the use of; **władać obcym językiem** – to have a command of a foreign language

władca ruler ['ru:lə], sovereign ['sɒvrɪn]

władczy imperious [ɪm'pɪərɪəs], domineering [dɒmɪ'nɪərɪŋ]

władza ❶ (*prawo rządzenia*) power ['paʊə], authority [ɔ:'θɒrətɪ]; **dojść do władzy** – to come (in)to power; **przejąć władzę** – to take over power; **partia u władzy** – the party in power; **władza wykonawcza** – the executive power ❷ (*władze – organy rządowe*) the authorities [ði:ɔ:'θɒrɪtɪz] ❸ (*zdolność poruszania się*) use [ju:s], control [kən'trəʊl], faculty ['fækltɪ], power ['paʊə]; **stracić władzę w nogach** – to lose the use of one's legs

włamać się break into [breɪk'ɪntə] (broke, broken); **włamać się do domu** – to break into a house

włamanie burglary ['bɜ:glərɪ], housebreaking ['haʊsbreɪkɪŋ]; *W ich domu było włamanie.* – Their house has been broken into. **być oskarżonym o włamanie** – to be accused of burglary

włamywacz burglar ['bɜ:glə], housebreaker ['haʊsbreɪkə]

własność ❶ (*rzecz posiadana, mienie, majątek*) property ['prɒpətɪ], possessions [pə'zeʃnz]; **własność osobista** – personal property; **własność publiczna** – public property; *To nie jest twoja własność.* – It's not your property. ❷ (*prawo rozporządzania*) ownership ['əʊnəʃɪp], possession [pə'zeʃn]; **przejąć coś na własność** – to come into possession of/to take possession of sth ❸ (*właściwość*) property ['prɒpətɪ]

własny (one's) own [-əʊn]; **zobaczyć coś na własne oczy** – to see sth with one's own eyes; *Mam swoje własne powody, dla których odmawiam.* – I have reasons of my own to refuse. **imię własne** – proper noun/proper name

właściciel owner ['əʊnə], proprietor [prə'praɪətə]

właściwie ❶ (*poprawnie*) properly ['prɒpəlɪ], suitably ['su:təblɪ]; **zachowywać się właściwie** – to behave properly ❷ (*ściśle biorąc*) actually ['ætʃʊəlɪ], as a matter of fact, in point of fact

właściwość property ['prɒpətɪ]

właściwy ❶ (*odpowiedni*) proper ['prɒpə], suitable ['su:təbl], appropriate [ə'prəʊprɪət]; *Przybył we właściwym momencie.* – He arrived at the suitable moment. **właściwe zachowanie** – proper behaviour; **we właściwym czasie** – in due course ❷ *fiz.* specific [spɪ'sɪfɪk]; **ciężar właściwy** – specific gravity ❸ *mat.* proper ['prɒpə]; **ułamek właściwy** – proper fraction ❹ (*charakterystyczny*) characteristic (of) [kærəktə'rɪstɪk-], typical (of) ['tɪpɪkl-]; *Zabrał się do pracy* *z właściwą sobie energią.* – He got down to work with the energy characteristic of him.

właśnie just [dʒʌst]; *On właśnie wyszedł.* – He's just left. *To jest właśnie ten człowiek, o którym mówiłam.* – That's just the man I was talking about. *Właśnie!* – Exactly!/Precisely!/That's right!

właz manhole ['mænhəʊl]

włączać ❶ (*uruchamiać*) switch on [swɪtʃ'ɒn], turn on [tɜ:n'ɒn]; **włączyć światło** – to turn/to switch on the light; **włączyć radio/telewizję** – to turn on the radio/the television ❷ (*zawierać*) include [ɪn'klu:d]

włączać się join [dʒɔɪn]; **włączać się do rozmowy** – to join the conversation

włącznie inclusive [ɪn'klu:sɪv], including [ɪn'klu:dɪŋ]

Włoch Italian [ɪ'tæljən]

włos hair [heə], (*włosy na głowie*) hair [heə]; *Ona ma jasne włosy.* – She has fair hair. **ciągnąć kogoś za włosy** – to pull sb's hair; **suszarka do włosów** – a hair-dryer; **spinka do włosów** – a hairpin; **dzielić włos na** czworo – to split hairs; **o włos** – by a hair's breath

włoski Italian [ɪ'tæljən]; **mówić po włosku** – to speak Italian; **kapusta włoska** – savoy cabbage; **orzech włoski** – walnut

włoszczyzna soup vegetables [su:p'vedʒtəblz]

włożyć *p.* **wkładać**

włóczęga tramp [træmp], vagrant ['veɪgrənt]

włóczęgostwo vagrancy ['veɪgrənsɪ]

włóczka yarn [jɑ:n]

włócznia spear [spɪə]

włóczyć się loiter ['lɔɪtə], roam [rəʊm], wander about [wɒndərə'baʊt]

włókiennictwo textile industry ['tekstaɪl'ɪndəstrɪ]

włókienniczy textile ['tekstaɪl]

włókniarka/włókniarz textile worker ['tekstaɪl'wɜ:kə]

włókno fibre ['faɪbə]; **sztuczne włókno** – synthetic fibre

wnet soon [su:n], before long [bɪ'fɔ:lɒŋ]

wnętrze inside ['ɪnsaɪd], interior [ɪn'tɪərɪə]; **wnętrze domu** – the interior of a house; **dekorator wnętrz** – interior decorator/interior designer

wnieść *p.* **wnosić**

wnikać ❶ (*przenikać*) penetrate ['penɪtreɪt] ❷ (*badać*) go into [gəʊ'ɪntə] (went, gone), probe into [prəʊb'ɪntə]; **wnikać w szczegóły** – to go into details; *Nie będziemy wnikać w tę sprawę.* – We won't probe into the matter.

wnikliwość insight ['ɪnsaɪt], penetration [penɪ'treɪʃn], perspicacity [pɜ:spɪ'kæsətɪ]

wnikliwy penetrating [penɪ'treɪtɪŋ], perspicacious [pɜ:spɪ'keɪʃəs], discerning [dɪ'sɜ:nɪŋ]

wniosek ❶ (*wynik rozumowania*) conclusion [kən'klu:ʒn]; **poprawny/pochopny/nieodparty wniosek** – a correct/a hasty/an inevitable conclusion; **dojść do wniosku** – to arrive at/to come to a conclusion; **wyciągnąć pochopny wniosek** – to jump to a conclusion ❷ (*projekt, propozycja*) motion ['məʊʃn], proposal [prə'pəʊzl]; **wysunąć wniosek** – to make a motion; **przyjąć wniosek** – to accept a motion; **głosować nad wnioskiem** – to vote on a motion; **odrzucić wniosek** (*przez głosowanie*) – to vote down a motion ❸ (*podanie skierowane do odpowiednich władz*) application [æplɪ'keɪʃn]

wnioskować gather ['gæðə], come to a conclusion ['kʌmtʊəkən'klu:ʒn], infer (rr) [ɪn'fɜ:]

wnosić ❶ (*przynosić*) bring in [brɪŋ'ɪn] (brought, brought); **wnosić wkład** – to contribute; **wnosić poprawki do tekstu** – to make amendments to a text; **wnosić opłatę** – to make a payment ❷ (*przedstawiać*) lodge [lɒdʒ], enter ['entə]; **wnosić skargę** – to lodge a complaint; **wnosić protest** – to enter/to lodge a protest

W

wnuczek grandson ['grænsʌn]
wnuczka granddaughter ['grændɔ:tə]
wnuk (*chłopiec*) grandson ['grænsʌn], (*dziecko własnego dziecka*) grandchild, *l.mn.* grandchildren ['græntʃaɪld, 'græntʃɪldrən]
woalka veil [veɪl]
wobec ❶ (*w obecności*) in the presence of, in the face of, before [bɪ'fɔ:]; **wobec świadków** – in the presence of witnesses; **stać wobec ruiny** – to be faced with ruin ❷ (*w porównaniu*) in comparison with, compared with; *Moje zmartwienia są znikome wobec twoich.* – My worries are negligible in comparison with yours. ❸ (*w stosunku do*) towards [tə'wɔ:dz]; **być okrutnym wobec** – to be cruel towards
woda water ['wɔ:tə]; **woda słodka/słona** – fresh/salt water; **woda destylowana** – distilled water; **woda mineralna** – mineral water; **woda bieżąca** – running water; **woda sodowa** – soda water; **pływać pod wodą** – to swim under water
Wodnik (*znak zodiaku*) Aquarius [ə'kweərɪəs]
wodnisty watery ['wɔ:tərɪ]
wodny water ['wɔ:tə], aquatic [ə'kwætɪk]; **lilia wodna** – water-lily; **znak wodny** – watermark; **szlak wodny** – waterway; **armatka wodna** – water cannon; **narty wodne** – water-skis; **sporty wodne** – aquatic sports
wodociąg waterworks ['wɔ:təwɜ:ks], water-supply ['wɔ:təsə'plaɪ]
wodoodporny waterproof ['wɔ:təpru:f]
wodorost seaweed ['si:wi:d]
wodorotlenek *chem.* hydroxide [haɪ'drɒksaɪd]
wodorowy *chem..* hydrogen ['haɪdrədʒɪn]; **bomba wodorowa** – hydrogen bomb
wodospad waterfall ['wɔ:təfɔ:l]
wodoszczelny waterproof ['wɔ:təpru:f], watertight ['wɔ:tətaɪt]
wodotrysk fountain ['faʊntɪn]
wodować launch [lɔ:ntʃ]; **wodować statek** – to launch a ship
wodór *chem.* hydrogen ['haɪdrədʒɪn]
wojenny war [wɔ:]; **ścieżka wojenna** – war-path; **korespondent wojenny** – a war correspondent; **jeniec wojenny** – Prisoner of War (POW); **okręt wojenny** – warship; **zbrodnie wojenne** – war crimes; **marynarka wojenna** – the navy
wojewódzki provincial [prə'vɪnʃl]; **miasto wojewódzkie** – a provincial capital
województwo province ['prɒvɪns]
wojna war [wɔ:], (*prowadzenie wojny*) warfare ['wɔ:feə]; **wojna atomowa** – nuclear/atomic war; **wojna konwencjonalna** – a conventional war; **wojna domowa** – a civil war; **wojna partyzancka** – guerilla warfare; **wojna totalna** – total war; **wojna psychologiczna** – psychological warfare; **zimna wojna** – cold war; **wojny gwiezdne** – star wars; **pierwsza/druga wojna światowa** – the First/the Second World War/World War I (one)/World War II (two); **wojna nerwów** – war of nerves; **być w stanie wojny** – to be in a state of war; **wypowiedzieć wojnę komuś** – to declare war on sb; **prowadzić wojnę** – to conduct a war; *Wojna wybuchła w 1939 roku.* – The war broke out in 1939.
wojownik warrior ['wɒrɪə]
wojsko ❶ (*siły zbrojne*) army ['ɑ:mɪ]; **wstąpić do wojska** – to join the army; **zostać powołanym do wojska** – to be called up/*am.* to be drafted into the army ❷ (*służba wojskowa*) military service ❸ (*grupa, oddział żołnierzy*) the military [-'mɪlɪtrɪ]; *Wezwano wojsko do pomocy.* – The military were called in to help.
wojskowy military ['mɪlɪtərɪ], army ['ɑ:mɪ]; **służba wojskowa** – military service; **wojskowa dyscyplina** – military discipline; **mundur wojskowy** – a military uniform; **attaché wojskowy** – a military attaché
wokalista vocalist ['vəʊkəlɪst]
wokalny vocal ['vəʊkl]
wokoło round [raʊnd], about [ə'baʊt], *p.* **dokoła**

wola will [wɪl]; **wolna wola** – free will; **z własnej nieprzymuszonej woli** – of one's own free will; **mieć silną/słabą wolę** – to have a strong/a weak will; *On to zrobił wbrew mojej woli.* – He did it against my will. **okazać dobrą wolę** – to show good will; **zła wola** – ill-will; **siła woli** – will-power; **narzucić swoją wolę komuś** – to impose one's will on sb; **ostatnia wola** – one's last will and testament

woleć prefer (rr) [prɪ'fɜ:]; *Co wolisz, kawę czy herbatę?* – Which do you prefer, tea or coffee? *Wolę jechać autobusem niż pociągiem.* – I prefer going by bus to going by train./I prefer going by bus rather than going by train. *Wolałabym pojechać autobusem niż pociągiem.* – I'd rather go by bus than by train. *Wolałabym, żebyś ty pojechał autobusem.* – I'd rather you went by bus.

wolno[1] ❶ (*powoli*) slowly ['sləʊlɪ], slow [sləʊ]; **jechać wolno** – to drive slowly ❷ (*swobodnie*) freely ['fri:lɪ]; **puścić kogoś wolno** – to set sb free/to let sb free/to release sb; **wolno stojący dom** – a detached house

wolno[2] (*można, jest dozwolone*); **jeśli wolno spytać** – if I may ask; *Czy wolno mi skorzystać z telefonu?* – May I use the phone? *Tu nie wolno palić.* – You are not allowed to smoke here./ /It's forbidden to smoke here. *Nie wolno ci wychodzić.* – You are not allowed to go out./You mustn't go out.

wolnocłowy duty-free [dju:tɪ'fri:]

wolnorynkowy free-market [fri:'mɑ:kɪt]

wolność ❶ (*polit. niepodległość*) independence [ɪndɪ'pendəns], freedom ['fri:dəm] ❷ (*swoboda*) freedom ['fri:dəm], liberty ['lɪbətɪ]; **wolność wyboru** – a freedom of choice/decision; **wypuścić kogoś na wolność** – to set sb free; **kara pozbawienia wolności** – imprisonment; *Morderca jest ciągle na wolności.* – The murderer is still at large. ❸ (*prawa obywatelskie*) freedom ['fri:dəm]; **wolność słowa/myśli** – freedom of speech/thought; **wolność zgromadzeń/prasy** – freedom of assembly/of the press

wolny ❶ (*będący na swobodzie, nieograniczony*) free [fri:]; **wolna wola** – free will; **wolny wybór** – free choice; **wolny kraj** – a free country; **mieć wolny dostęp do informacji** – to have free access to all the information; **dać komuś wolną rękę** – to give sb a free hand; **wstęp wolny** – admission free; **rzut wolny** – a free kick; **na wolnym powietrzu** – in the open air ❷ (*nie obarczony niczym niepożądanym*) free [fri:]; **wolny od podatku** – free of tax; **wolny od przesądów** – free from prejudice ❸ (*nie wypełniony pracą*) free [fri:]; *Czy jesteś jutro wolny?* – Are you free tomorrow? **wolny dzień** (*w pracy*) – a day off; **czas wolny od pracy** – free/spare time, leasure ❹ (*nie zajęty przez nikogo*) free [fri:], vacant ['veɪkənt]; *Czy to miejsce jest wolne?* – Is this seat free? **wolny etat** – a vacant post ❺ (*nie połączony związkiem małżeńskim*) single ['sɪŋgl] ❻ (*powolny*) slow [sləʊ]; **wolne tempo** – slow pace; **iść wolnym krokiem** – to walk with slow steps ❼ *chem.* free [fri:]; **wolny wodór** – free hydrogen

wołać call [kɔ:l], shout [ʃaʊt], cry [kraɪ]; **wołać dzieci na obiad** – to call the children for lunch; **wołać o pomoc** – to call for help

wołanie call [kɔ:l], cry [kraɪ], shout [ʃaʊt]; **wołanie o pomoc** – call for help

wołowina beef [bi:f]

wołowy ❶ (*dot. wołu*) ox [ɒks] ❷ (*dot. mięsa wołowego*) beef [bi:f]; **pieczeń wołowa** – roast beef

wonny fragrant ['freɪgrənt], aromatic [ærəʊ'mætɪk], sweet-scented [swi:t-'sentɪd]

woń smell [smel], (*przyjemna*) fragrance ['freɪgrəns], scent [sent], aroma [ə'rəʊmə], perfume ['pɜ:fju:m]

worek bag [bæg], sack [sæk]

wosk wax [wæks]; **wosk pszczeli** – beeswax

woskować wax [wæks]
wotum *p.* **votum**
wozić transport [træn'spɔ:t], carry ['kærı]
woźna/woźny caretaker ['keəteıkə], *am.* janitor ['dʒænıtə]
wódka vodka ['vɒdkə]
wódz leader ['li:də], *wojsk.* commander [kə'mɑ:ndə]
wół ox [ɒks]
wór sack [sæk]
wówczas then [ðen], at that time [ət ðæt'taım]
wóz ❶ (*fura*) cart [kɑ:t], waggon ['wægən] ❷ (*samochód*) car [kɑ:]; **wóz meblowy** – a furniture van; **wóz policyjny** – a police car
wózek cart [kɑ:t], carriage ['kærıdʒ]; **wózek dziecinny** – a perambulator/ /a pram/*am.* a baby carriage/a buggy; **wózek inwalidzki** – wheelchair
wpadać ❶ (*trafiać, dostać się do wnętrza*) fall (in) (fell, fallen) [fɔ:l, fel, 'fɔ:lən]; **wpaść w pułapkę** – to fall into a trap; **wpaść w czyjeś ręce** – to fall into sb's hands; **wpaść do wody** – to fall into the water; **wpaść na pomysł** – to have an idea; *Wpadłem na pomysł, że...* – An idea occurred to me that... **wpaść w długi** – to get into debt; **wpaść w złe towarzystwo** – to get into bad company ❷ (*wbiegać*) rush in [rʌʃ'ın], storm in [stə:m'ın]; *Ona wpadła do pokoju.* – She rushed/ /stormed into the room. ❸ (*wstąpić z wizytą*) drop in (pp) [drɒp'ın], call on sb [kɔ:l'ɒn-], look sb up [lʊk'ʌp]; *Musisz do nas wpaść, kiedy będziesz w Londynie.* – You must look us up when you are in London. ❹ (*zderzyć się*) run into [rʌn'ıntə] (ran, run), crash into [kræʃ'ıntə]; **wpaść na drzewo** – to crash into a tree; **wpaść pod samochód** – to be run over/to be knocked down by a car ❺ (*znaleźć się w sytuacji, nad którą nie można zapanować*) fall into [fɔ:l'ıntə] (fell, fallen), get into [get'ıntə] (got, got); **wpaść w nałóg** – to fall into a bad habit; **wpaść w panikę** – to get into a panic; **wpaść w przesadę** – to exaggerate; **wpaść we wściekłość** – to fly into a fury; **wpaść w złość** – to get angry/to get into a temper; **wpadać z jednej ostateczności w drugą** – to to go from one extreme to the other; **wpaść w poślizg** – to skid ❻ (*mieć odcień*) border on ['bɔ:də-], verge on ['vɜ:dʒ-] ❼ (*o rzece – wpływać*) flow [fləʊ]; **wpadać do morza** – to flow into the sea
wpierw first of all, in the first place
wpis ❶ (*zarejestrowanie*) registration [redʒı'streıʃn] ❷ (*zapis, pozycja w rejestrze*) entry ['entrı]
wpisać ❶ (*wciągnąć do rejestru, na listę*) enter ['entə], register ['redʒıstə] ❷ (*zapisać, zanotować*) write down [raıt'daʊn] (wrote, written), note down [nəʊt'daʊn]
wpłacać pay [peı]; **wpłacać pieniądze na czyjeś konto** – to pay money into sb's account
wpłata payment ['peımənt]; **dokonać wpłaty** – to make a payment
wpłynąć ❶ (*płynąc dostać się dokądś*) (*o rzece*) flow into [fləʊ'ıntə]; **wpłynąć do portu** – to reach/to enter a harbour ❷ (*dotrzeć*) flow in [fləʊ'ın], come in [kʌm'ın] (came, come); *Wpłynęło kilka skarg.* – Some letters of complaint have come in. *Wpłynęło wiele ofert.* – Many offers have flowed in. ❸ (*wywierać wpływ*) influence ['ınflʊəns]; **wpłynąć na czyjś charakter** – to influence sb's character
wpływ ❶ (*oddziaływanie*) influence ['ınflʊəns]; **wywierać na kogoś wpływ** – to influence sb/to exert (an) influence on sb; **szkodliwy/korzystny wpływ** – (a) harmful/(a) beneficial influence; **użyć swoich wpływów** – to use one's influence; **prowadzić samochód pod wpływem alkoholu** – to drive under the influence of alcohol ❷ (*wpływy – wpłacona suma pieniędzy*) takings ['teıkıŋz]
wpływać *p.* **wpłynąć**

wpływowy influential [ɪnflu'enʃl]

wpół ❶ (*w połowie*) half-way [hɑ:f'weɪ]; **wpół do szóstej** – half past five; **zgiąć się wpół** – to double ❷ (*nie do końca*) half [hɑ:f]; **wpółmartwy** – half-dead

wprawa skill [skɪl], proficiency [prə-'fɪʃnsɪ], practice ['præktɪs]; **nabrać wprawy w robieniu czegoś** – to acquire skill in doing sth/to become skillful in sth; **wyjść z wprawy** – to get out of practice

wprawdzie admittedly [əd'mɪtɪdlɪ], although [ɔ:l'ðəu]

wprawiać ❶ (*wstawiać*) fit in (tt) [fɪt-'ɪn], set in [set'ɪn] (set, set) ❷ (*powodować powstanie jakiegoś stanu*); **wprawiać w ruch** – to set sth in motion; **wprawiać kogoś w osłupienie** – to astound sb/to render sb speechles; **wprawiać kogoś w zakłopotanie** – to embarrass sb

wprost ❶ (*bezpośrednio*) directly [dɪ-'rektlɪ/daɪ'rektlɪ], straight [streɪt]; **wprost proporcjonalny** – directly proportional ❷ (*otwarcie, szczerze, bez ogródek*) outright ['autraɪt], frankly ['fræŋklɪ], openly ['əupnlɪ], point-blank [pɔɪnt'blæŋk]; *Powiedziałam mu wprost, że...* – I told him straight that... ❸ (*wręcz*) simply ['sɪmplɪ]; *To wprost niewiarygodne.* – It's simply unbelievable. **wprost przeciwnie** – quite/on the contrary ❹ (*w prostej linii*) straight [streɪt]; **iść wprost przed siebie** – to walk straight ahead; **na wprost** – opposite; *Siedziała na wprost drzwi.* – She sat opposite the door.

wprowadzać ❶ (*wchodzić prowadząc*) usher ['ʌʃə], show in [ʃəu'ɪn] (showed, shown/-ed), introduce [ɪntrə'dju:s], lead in [li:d'ɪn] (led, led); **wprowadzić kogoś do pokoju** – to usher/to show sb into a room; **wprowadzić kogoś w błąd** – to mislead sb ❷ (*umieścić, wetknąć*) insert [ɪn'sɜ:t], put into [put'ɪntə] (put, put) ❸ (*zacząć stosować*) introduce [ɪntrə'dju:s]; **wprowadzić nowe metody** – to introduce new methods; **wprowadzić pieniądze do obiegu** – to put money into circulation; **wprowadzić modę** – to set a fashion; **wprowadzić ustawę w życie** – to put a law into force ❹ (*zaznajomić kogoś z czymś*) introduce [ɪntrə'dju:s]; **wprowadzić nowy temat** – to introduce a new subject

wprowadzić się move in/into [mu:v-'ɪn/'ɪntə]; **wprowadzić się do nowego domu** – to move into a new house

wprowadzenie introduction [ɪntrə-'dʌkʃn]

wpuszczać let in [let'ɪn] (let, let), admit (tt) [əd'mɪt], allow sb to enter; *On mnie ostrzegł, żebym nikogo nie wpuszczała.* – He warned me not to let anyone in.

wracać ❶ (*przybywać z powrotem*) come back [kʌm'bæk] (came, come), return [rɪ'tɜ:n]; *Wracaj jak najszybciej.* – Come back as soon as you can. **wrócić z wakacji** – to return from a holiday; **wracając do rzeczy..** – to return to the point...; **wracać do starych zwyczajów** – to return to one's old habits ❷ (*odzyskiwać poprzedni stan*) recover [rɪ'kʌvə], regain [rɪ'geɪn]; **wracać do przytomności** – to recover consciousness; **wracać do normy** – to be back to normal; **wracać do zdrowia** – to recover

wrak wreckage ['rekɪdʒ]

wraz together with [tə'geðəwɪð], with [wɪð]

wrażenie ❶ (*reakcja narządu zmysłowego*) sensation [sen'seɪʃn]; **wrażenie ciepła** – a sensation of warmth ❷ (*reakcja psychiczna*) impression [ɪm-'preʃn]; **być pod wrażeniem, że...** – to be under the impression that...; **zrobić na kimś silne wrażenie** – to make a strong impression on sb/to impress sb; *On robi wrażenie człowieka uczciwego.* – He gives the impression of being an honest man.

wrażliwość sensitivity [sensɪ'tɪvətɪ], sensibility [sensɪ'bɪlətɪ], susceptibility [səseptə'bɪlətɪ]; **wrażliwość na światło** – sensitivity to light

W

wrażliwy sensitive ['sensıtıv], susceptible [sə'septəbl]; *Moje oczy są wrażliwe na światło.* – My eyes are sensitive to light. **wrażliwa skóra** – sensitive skin; **być wrażliwym na krytykę** – to be sensitive to criticism; *Ta roślina jest wrażliwa na zimno.* – The plant is susceptible to cold.

wreszcie at last [ət'lɑ:st], finally ['faınlı], eventually [ı'ventʃuəlı]

wręcz ❶ (*wprost*) simply ['sımplı]; **wręcz przeciwnie** – quite the contrary/on the contrary ❷ (*o sposobie walki*) hand-to-hand; **walka wręcz** – hand-to-hand combat

wręczać hand (over) [hænd-], give (gave, given) [gıv, geıv, 'gıvn]; *Wręczył mi klucze.* – He handed the keys to me. **wręczać nagrody** – to distribute the prizes

wrodzony inborn ['ınbɔ:n], (*o chorobie*) congenital [kən'dʒenıtl]; **wrodzony talent** – an inborn talent

wrogi ❶ (*nieprzyjacielski*) enemy ['enəmı], hostile ['hɒstaıl]; **wrogi obóz** – the enemy's camp ❷ (*nieprzyjazny*) hostile ['hɒstaıl]; **wrogie spojrzenie** – hostile glance

wrogość hostility [hɒ'stılətı], enmity ['enmətı]

wrona *zool.* crow [krəu]

wrota gate [geıt]

wrotka roller-skate ['rəuləskeıt]; **jeździć na wrotkach** – to roller-skate

wróbel *zool.* sparrow ['spærəu]

wróg enemy ['enəmı]

wróżba ❶ (*wróżenie*) fortune-telling ['fɔ:tʃu:n'telıŋ] ❷ (*przepowiednia, zapowiedź*) omen ['əumen], augury ['ɔ:gjurı]; **dobra/zła wróżba** – a good/ /a bad omen

wróżka ❶ (*kobieta zajmująca się wróżeniem*) fortune-teller [fɔ:tʃu:n'telə] ❷ (*w bajkach – czarodziejka*) fairy ['feərı]; *przen.* **dobra wróżka** – a fairy godmother

wróżyć ❶ (*przepowiadać przyszłość*) tell sb's fortune, foretell the future ❷ (*być oznaką, zapowiedzią*) augur ['ɔ:gə]; *To dobrze wróży na przyszłość.* – This augurs well for the future.

wrzawa clamour ['klæmə], noise [nɔız], uproar ['ʌprɔ:]

wrzątek boiling water [bɔılıŋ'wɔ:tə]

wrzeć (*gotować się*) boil [bɔıl]; *Woda wrze w temperaturze 100°C.* – Water boils at 100°C.

◆ *W kraju wrzało.* – The country was in a state of upheaval.

wrzenie boil [bɔıl], *przen.* upheaval [ʌp'hi:vl], turmoil ['tɜ:mɔıl]; *Doprowadź wodę do wrzenia.* – Bring water to the boil. **punkt wrzenia** – boiling point

wrzesień September [sep'tembə]; **we wrześniu** – in September

wrzos *bot.* heather ['heðə]

wrzosowisko moor [muə], heath [hi:θ]

wrzód *med.* ulcer ['ʌlsə], abscess ['æbsıs]; **wrzód żołądka** – stomach ulcer

wschodni ❶ (*dot. strony świata*) east [i:st], eastern ['i:stən], easterly ['i:stəlı], eastward ['i:stwɜ:d]; **kierunek wschodni** – an easterly/eastward direction; **wiatr wschodni** – an east/ /easterly wind ❷ (*orientalny*) oriental [ɔ:rı'entl]

wschodzić ❶ (*ukazywać się nad horyzontem*) rise (rose, risen) [raız, rəuz, 'rızn] ❷ (*o roślinach – kiełkować*) sprout [spraut]

wschód ❶ (*ukazanie się nad horyzontem*); **wschód słońca** – sunrise; **wschód księżyca** – moonrise; **o wschodzie słońca** – at sunrise ❷ (*strona świata*) the east [-i:st]; **wiatr ze wschodu** – the wind from the east; **podróżować na wschód** – to travel east; *Oni mieszkają na wschód od Warszawy.* – They live to the east of Warsaw.

Wschód (*kraje wschodnie*) the Orient [-'ɔ:rıent], the East [-i:st]; **Bliski/Daleki Wschód** – the Middle (the Near)/ /the Far East

wsiadać (*do pociągu, autobusu*) get on (a train, a bus), (do *samochodu*) get into (a car), (*na rower, na konia*) mount (a bicycle, a horse), (*do sa-*

molotu) board (a plane), (*na statek*) board, embark (a ship)

wsiąkać soak in(to) [səʊk'ɪn]

wskazać show (showed, shown/-ed) [ʃəʊ, ʃəʊd, ʃəʊn/ʃəʊd], point out [pɔɪnt'aʊt], indicate ['ɪndɪkeɪt]; *Termometr wskazywał 30°C.* – The thermometer was indicating 30°C. **wskazać komuś drogę** – to show sb the way; **palec wskazujący** – the index finger

wskazanie ❶ (*zalecenie*) indication [ɪndɪ'keɪʃn] ❷ (*to, co pokazuje przyrząd*) readings ['ri:dɪŋz]

wskazany ❶ (*zalecany*) advisable [əd'vaɪzəbl], desirable [dɪ'zaɪərəbl] ❷ (*pokazany*) indicated ['ɪndɪkeɪtɪd]

wskazówka ❶ (*część przyrządu pomiarowego*) needle ['ni:dl], (*w zegarze*) hand [hænd]; **duża/mała wskazówka zegara** – the minute/the hour hand of a clock; **zgodnie ze wskazówkami zegara** – clockwise; **przeciwnie do ruchu wskazówek zegara** – anticlockwise ❷ (*pouczenie*) instruction(s) [ɪn'strʌkʃn(z)], advice [əd'vaɪs]; **postępować według czyichś wskazówek** – to follow sb's advice ❸ (*znak*) sign [saɪn], indication [ɪndɪ'keɪʃn]

wskazywać *p.* **wskazać**

wskrzesić bring back to life, resurrect [rezə'rekt], rise sb from the dead; **wskrzesić stare tradycje** – to revive/to resurrect the old traditions

wskutek as a result, in consequence, because of

wspaniale magnificently [mæg'nɪfɪsntlɪ], splendidly ['splendɪdlɪ], superbly [sju:'pɜ:blɪ]; *To wspaniale!* – That's great!/That's splendid!/That's superb!

wspaniałomyślność generosity [dʒenə'rɒsətɪ], magnanimity [mægnə'nɪmətɪ]

wspaniałomyślny generous ['dʒenərəs], magnanimous [mæg'nænɪməs]

wspaniałość magnificence [mæg'nɪfɪsns], splendour ['splendə], grandeur ['grændʒə]

wspaniały magnificent [mæg'nɪfɪsnt], splendid ['splendɪd], superb [sju:'pɜ:b], glorious ['glɔ:rɪəs]

wsparcie help [help], support [sə'pɔ:t], aid [eɪd], assistance [ə'sɪstəns]

wspiąć się climb [klaɪm]; **wspiąć się po drabinie** – to climb a ladder; **wspinać się po górach** – to climb mountains

wspinaczka mountain climbing [maʊntɪn'klaɪmɪŋ], mountaineering [maʊntɪ'nɪərɪŋ]; **iść na wspinaczkę** – to go climbing

wspinać się *p.* **wspiąć się**

wspomagać support [sə'pɔ:t], aid [eɪd], assist [ə'sɪst], help [help]

wspominać ❶ (*przypominać sobie*) recall [rɪ'kɔ:l], remember [rɪ'membə], recollect [rekə'lekt]; **mile coś wspominać** – to have a pleasant memory of sth; **wspominać dawne czasy** – to talk/to think about good old days ❷ (*nadmieniać*) mention ['menʃn], make a mention [meɪkə'menʃn]; *On nie wspomniał o tym incydencie.* – He made no mention of the incident. *Słyszałem, że było wspomniane twoje nazwisko.* – I heard your name mentioned.

wspomnienie ❶ (*obraz przeszłości*) memory ['memərɪ], reminiscence [remɪ'nɪsns]; *Ta fotografia przywołała dawne wspomnienia.* – The photograph evoked old memories. **snuć wspomnienia** – to reminisce [-remɪ'nɪs] ❷ (*wspomnienia – pamiętniki*) memoirs ['memwɑ:z]; **pisać wspomnienia** – to write one's memoirs

wspólnie together [tə'geðə], jointly ['dʒɔɪntlɪ]

wspólnik partner ['pɑ:tnə], associate [ə'səʊʃɪət], (*zbrodni*) accomplice [ə'kʌmplɪs]

wspólnota community [kə'mju:nətɪ], commonwealth ['kɒmənwelθ]; **Brytyjska Wspólnota Narodów** – the British Commonwealth of Nations; **Wspólnota Państw Niepodległych** – the Commonwealth of Independent Countries

wspólny common ['kɒmən], joint [dʒɔɪnt]; **wspólny cel** – a common purpose; **wspólny mianownik** – a common denominator; **wspólny wysiłek** – a joint effort; **Wspólny Rynek** – the Common Market; **mieć z kimś pewne wspólne cechy** – to have certain features in common with sb; *Nie mamy ze sobą nic wspólnego.* – We have nothing in common. **dzielić z kimś wspólny pokój** – to share a room with sb

W

współczesność the present day, contemporary life

współczesny ❶ (*dot. przeszłości*) contemporary [kən'tempərərɪ] ❷ (*dot. teraźniejszości*) contemporary [kən'tempərərɪ], modern ['mɒdən], present-day [preznt'deɪ]; **współczesna literatura** – contemporary literature

współczucie sympathy ['sɪmpəθɪ], compassion [kəm'pæʃn], pity ['pɪtɪ]; **budzić czyjeś współczucie** – to arouse sb's compassion; **być przepełnionym współczuciem dla kogoś** – to be filled with pity for sb; *Proszę przyjąć wyrazy współczucia.* – Please accept my condolences.

współczuć pity ['pɪtɪ], feel compassion for, feel pity for, feel sorry for; *Bardzo ci współczuję.* – I'm sorry for you.

współdziałać co-operate [kəʊ'ɒpəreɪt]

współdziałanie co-operation [kəʊɒpə'reɪʃn]

współistnieć coexist [kəʊɪg'zɪst]

współistnienie coexistence [kəʊɪg'zɪstəns]; **pokojowe współistnienie** – peaceful coexistence

współmałżonek spouse [spaʊz]

współpraca co-operation [kəʊɒpə'reɪʃn], collaboration [kəlæbə'reɪʃn]

współpracować co-operate [kəʊ'ɒpəreɪt], collaborate [kə'læbəreɪt]

współrzędna co-ordinate [kəʊ'ɔ:dnət]

współrzędny co-ordinate [kəʊ'ɔ:dnət]

współsprawca accomplice [ə'kʌmplɪs], accessory [ək'sesərɪ]; **współsprawca zbrodni** – accessory to a crime

współtowarzysz companion [kəm'pænjən]

współuczestnictwo participation [pɑ:tɪsɪ'peɪʃn]

współuczestniczyć participate [pɑ:'tɪsɪpeɪt]

współuczestnik participant [pɑ:'tɪsɪpənt]

współudział participation [pɑ:tɪsɪ'peɪʃn], share [ʃeə]

współzawodnictwo competition [kɒmpɪ'tɪʃn]

współzawodniczyć compete [kəm'pi:t]

współzawodnik competitor [kəm'petɪtə], contestant [kən'testənt]

współżycie coexistence [kəʊɪg'zɪstəns]

współżyć coexist [kəʊɪg'zɪst], live together with; **dobrze z kimś współżyć** – to get on well with sb

wstać ❶ (*zmienić pozycję z siedzącej na stojącą*) stand up [stænd'ʌp] (stood, stood), rise (rose, risen) [raɪz, rəʊz, 'rɪzn]; *Wstał, kiedy weszłam do pokoju.* – He stood up when I entered the room. *Proszę nie wstawać.* – Please remain seated. ❷ (*opuścić posłanie po śnie*) get up [get'ʌp] (got, got), be up [bi:'ʌp] (was/were, been); *Zawsze wstaję wcześnie.* – I always get up early. *Dochodzi ósma, jestem pewien, że oni już wstali.* – It's getting on for eight, I'm sure they are already up.

wstawiać ❶ (*umieścić*) put (put, put) [pʊt, pʊt, pʊt], place [pleɪs]; **wstawić talerze do szafki** – to put the plates in the cupboard ❷ (*osadzić brakującą część*) put in [pʊt'ɪn] (put, put), set in (set, set) ❸ (*postawić na ogniu*) put on [pʊt'ɒn] (put, put); **wstawić wodę na herbatę** – to put the kettle on

wstąpić ❶ (*wejść na krótko*) call on (sb) [kɔ:l'ɒn], drop in (pp) [drɒp'ɪn]; **wstąpić do kogoś** (*z krótką wizytą*) – to call on sb/to drop in; **wstąpić** (*po drodze*) **do apteki** – to call at the chemist's; **wstąpić po kogoś** – to call for sb ❷ (*zostać członkiem jakiejś*

społeczności) join [dʒɔɪn]; **wstąpić do wojska** – to join the army; **wstąpić do partii** – to join a party; **wstąpić do klasztoru** – to take the habit/the veil
◆ **wstąpić na tron** – to ascend/to mount the throne

wstążka ribbon ['rɪbən]

wstecz backwards ['bækwədz]; **oglądać się wstecz** – to look back; **zrobić krok wstecz** – to make a step backward

wsteczny ❶ (*konserwatywny*) reactionary [rɪ'ækʃənrɪ] ❷ (*dot. ruchu wstecz*) backward ['bækwəd]; **bieg wsteczny** – reverse gear/reverse; **wrzucić bieg wsteczny** – to put the car into reverse; **lusterko wsteczne** – rear-view mirror

wstęga band [bænd], ribbon ['rɪbən]

wstęp ❶ (*prawo wejścia*) entrance ['entrəns], entry ['entrɪ], admission [əd'mɪʃn]; *Wstęp wzbroniony.* – No entry. *Wstęp wolny.* – Admission free. ❷ (*początek*) beginning [bɪ'gɪnɪŋ], preamble [pri:'æmbl] ❸ (*przedmowa*) preface ['prefɪs], introduction [ɪntrə'dʌkʃn]

wstępny ❶ (*początkowy*) initial [ɪ'nɪʃl], preliminary [prɪ'lɪmɪnərɪ], introductory [ɪntrə'dʌktərɪ]; **wstępne stadium** – the initial stage; **uwagi wstępne** – introductory remarks; **artykuł wstępny** – an editorial; **słowo wstępne** – a foreword/preface ❷ (*dot. wstępu, wejścia*) entrance ['entrəns]; **egzamin wstępny na uczelnię** – a university entrance exam

wstępować *p.* **wstąpić**

wstręt repugnance [rɪ'pʌgnəns], disgust [dɪs'gʌst]; **napełnić kogoś wstrętem** – to fill sb with disgust

wstrętny disgusting [dɪs'gʌstɪŋ], repugnant [rɪ'pʌgnənt]

wstrząs shock [ʃɒk]; **wstrząs mózgu** – concussion

wstrząsać ❶ (*potrząsać*) shake (shook, shaken) [ʃeɪk, ʃʊk, 'ʃeɪkn]; *Przed zażyciem leku musisz wstrząsnąć butelką.* – You must shake the bottle before taking the medicine. ❷ (*spowodować silne wzruszenie*) shake (shook, shaken) [ʃeɪk, ʃʊk, 'ʃeɪkn], shock [ʃɒk]; *Byliśmy wstrząśnięci tą wiadomością.* – We were shocked at the news./We were shaken by the news.

wstrząsający shocking ['ʃɒkɪŋ]

wstrzemięźliwość moderation [mɒdə'reɪʃn], temperance ['temprəns], restraint [rɪ'strent], abstinence ['æbstɪnəns]

wstrzemięźliwy moderate ['mɒdərət], abstemious [æb'sti:mjəs], restrained [rɪ'streɪnd]

wstrzykiwać inject [ɪn'dʒekt]

wstrzymać ❶ (*spowodować zatrzymanie*) hold up [həʊld'ʌp] (held, held), restrain [rɪ'streɪn]; **wstrzymywać łzy** – to restrain/to hold back (one's) tears; **wstrzymać oddech** – to hold (one's) breath; **wstrzymać ruch uliczny** – to hold up traffic ❷ (*zawiesić, ograniczyć*) arrest [ə'rest], defer (rr) [dɪ'fɜ:], postpone [pəʊs'pəʊn]; **wstrzymać wypłatę** – to defer payment; **wstrzymać rozprzestrzenianie się epidemii** – to arrest the spread of the epidemic

wstrzymać się refrain [rɪ'freɪn], abstain [əb'steɪn], restrain oneself [rɪ'streɪnwʌn'self]; **wstrzymać się od komentarza** – to refrain from comment; **wstrzymać się od głosowania** – to abstain from voting

wstyd shame [ʃeɪm]; **odczuwać wstyd** – to feel shame/to be ashamed; **przynieść wstyd swojej rodzinie** – to bring disgrace/shame upon one's family

wstydliwość modesty ['mɒdəstɪ]

wstydliwy ❶ (*nieśmiały, skromny*) modest ['mɒdəst], shy [ʃaɪ] ❷ (*krępujący*) embarassing [ɪm'bærəsɪŋ]

wstydzić się be ashamed [bi:ə'ʃeɪmd], feel shame [fi:l'ʃeɪm]; *Powinieneś się wstydzić.* – You should be ashamed of yourself. *Wstydź się!* – Shame on you!

wszechmocny almighty [ɔ:l'maɪtɪ], omnipotent [ɒm'nɪpətənt]

wszechstronnie in every respect; **wszechstronnie uzdolniony** – versa-

W

tile, all-rounder; **wszechstronnie wykształcony** – well-educated

wszechstronność versatility [vɜ:sə'tɪlətɪ]

wszechświat the universe [-'ju:nɪvɜ:s]

wszelki ❶ (*każdy*) every ['evrɪ], all [ɔ:l]; **rozważyć wszelkie możliwości** – to consider every possibility; **wszelkie prawa zastrzeżone** – all rights reserved; **wszelkimi sposobami** – in every possible way ❷ (*jakikolwiek*) any ['enɪ], all [ɔ:l]; **za wszelką cenę** – at any cost/at all costs; **na wszelki wypadek** – just in case

W

wszerz across [ə'krɒs]; **przepłynąć rzekę wszerz** – to swim the river across

wszędzie everywhere ['evrɪweə]; **wszędzie dookoła** – all around

wszyscy everybody ['evrɪbɒdɪ], everyone ['evrɪwʌn], all [ɔ:l]; *(Oni) wszyscy przyszli na czas.* – They all came on time./All of them came on time. *Wszyscy o tym wiedzą.* – Everybody knows about it. **Wszystkich Świętych** – All Saints' Day

wszystek all [ɔ:l], whole [həʊl]; *Nie zużyj wszystkiego mleka.* – Don't use up all the milk.

wszystko all [ɔ:l], everything ['evrɪθɪŋ]; *Wszystko, czego mi trzeba to cisza i spokój.* – All I need is peace and quiet. **mimo wszystko** – all the same/ /nevertheless; *Wszystko dobre, co się dobrze kończy.* – All's well that ends well. **przede wszystkim** – first af all/in the first place; **nade wszystko** – above all [ə'bʌv'ɔ:l]; *To wszystko.* – That's all. **wszystko jedno** – it doesn't matter/never mind

wścibski nosy ['nəʊzɪ], inquisitive [ɪn'kwɪzətɪv]

wściekać się ❶ (*wpaść w złość*) fly into a rage, fly into a fury, rage [reɪdʒ], rave [reɪv] ❷ (*dostać wścieklizny*) come down with rabies, get rabies

wścieklizna rabies ['reɪbi:z]

wściekłość rage [reɪdʒ], fury ['fjʊərɪ]

wściekły ❶ (*chory na wściekliznę*) rabid ['reɪbɪd] ❷ (*rozgniewany*) furious ['fjʊərɪəs], raving ['reɪvɪŋ], wild [waɪld], raging ['reɪdʒɪŋ]

wślizgnąć się steal in [sti:l'ɪn] (stole, stolen), creep in [kri:p'ɪn] (crept, crept), slip in (pp) [slɪp'ɪn]

wśród among [ə'mʌŋ], amongst [ə'mʌŋkst], amid [ə'mɪd]; *Jesteś wśród przyjaciół.* – You are among friends.

wtajemniczać initiate [ɪ'nɪʃɪeɪt]

wtajemniczenie initiation [ɪnɪʃɪ'eɪʃn]

wtajemniczony initiated [ɪ'nɪʃɪeɪtɪd], initiate [ɪ'nɪʃɪət]

wtargnąć invade [ɪn'veɪd], break into [breɪk'ɪntə] (broke, broken), storm into [stɔ:m'ɪntə]; *Oddziały nieprzyjaciela wtargnęły na terytorium kraju.* – Enemy troops invaded the country's territory.

wtedy ❶ (*wówczas*) then [ðen], at that time ❷ (*wtedy, gdy*) when [wen]; *On obudził się wtedy, gdy zadzwonił budzik.* – He woke up when the alarm-clock went off.

wtem suddenly ['sʌdnlɪ]

wtorek Tuesday ['tju:zdɪ]; **we wtorek** – on Tuesday

wtrącać ❶ (*wygłosić zdanie, kiedy ktoś mówi*) throw in [θrəʊ'ɪn] (threw, thrown), put in [pʊt'ɪn] (put, put); *Rozmawiali tak zażarcie, że nie mogłem wtrącić słowa.* – They argued so fiercely that I wasn't able to throw in a word. ❷ (*wepchnąć*) throw into [θrəʊ'ɪntə] (threw, thrown), put into [pʊt'ɪntə] (put, put); **wtrącić kogoś do więzienia** – to throw sb into prison

wtrącać się ❶ (*ingerować*) interfere [ɪntə'fɪə], meddle ['medl] ❷ (*przerwać rozmowę jakimś zdaniem*) butt in [bʌt'ɪn], join [dʒɔɪn]; **wtrącać się do dyskusji** – to butt in on a discussion; **wtrącać się, kiedy ktoś mówi** – to butt in when sb is speaking; **wtrącać się do czyjejś rozmowy** – to butt in on sb's conversation

wtyczka *elektr.* plug [plʌg]

wtykać stick (stuck, stuck) [stɪk, stʌk, stʌk], stuff [stʌf]

wuj uncle ['ʌŋkl]

wujeczny:
brat wujeczny/siostra wujeczna – a cousin

wujenka aunt [ɑ:nt]

wujostwo aunt and uncle ['ɑ:ntənd-'ʌŋkl]

wulgarność vulgarity [vʌl'gærətı], coarseness ['kɔ:snıs]

wulgarny vulgar ['vʌlgə], coarse [kɔ:s]

wulkan volcano [vɒl'keınəʊ]; **czynny/ /nieczynny wulkan** – an active/a dead/a dormant volcano; **wygasły wulkan** – an extinct volcano

wulkaniczny volcanic [vɒl'kænık]

wwozić bring in [brıŋ'ın] (brought, brought), import [ım'pɔ:t]

wwóz import ['ımpɔ:t]

wy you [ju:/ju], (*was, wami, wam*) you [ju:/ju]; *Co wy o tym myślicie?* – What do you think of it? *On chce was wszystkich zaprosić na przyjęcie.* – He wants to invite all of you to his party.

wybaczać forgive (forgave, forgiven) [fə'gıv, fə'geıv, fə'gıvn], pardon ['pɑ:dn], excuse [ık'skju:z]; *Ona mu wybaczyła dawno temu.* – She forgave him a long time ago. *Proszę mi wybaczyć spóźnienie.* – Excuse me for being late. *Proszę mi wybaczyć, że przeszkadzam/przerywam.* – Forgive me my interruping.

wybaczalny excusable [ık'skju:zəbl], pardonable ['pɑ:dnəbl]

wybaczenie forgiveness [fə'gıvnıs], pardon ['pɑ:dn]; **prosić o wybaczenie** – to ask for forgiveness

wybić ❶ (*uderzeniem wypchnąć*) knock out [nɒk'aʊt]; **wybić oko/ząb** – to knock out an eye/a tooth; **wybić szybę** – to break a window; **wybić coś komuś z głowy** – to put sth out of sb's head ❷ (*uderzyć*) strike (struck, struck) [straık, strʌk, strʌk], beat (beat, beaten) [bi:t, bi:t, 'bi:tn]; *Zegar wybił szóstą.* – The clock struck six. **wybijać rytm** – to beat time ❸ (*wyścielić suknem*) cover ['kʌvə], line [laın]

wybielać whiten ['waıtn], bleach [bli:tʃ], (*przeszłość*) whitewash ['waıtwɒʃ]

wybierać ❶ (*dokonywać selekcji*) choose (chose, chosen) [tʃu:z, tʃəʊz, 'tʃəʊzn], select [sı'lekt], pick [pık]; **wybrać zawód** – to choose a career; *Możesz wybrać, którą chcesz.* – You can pick/choose whichever you like. *Wybraliśmy ją spośród wielu ubiegających się.* – We selected her from among many applicants. ❷ (*powołać kogoś na urząd przez głosowanie*) elect [ı'lekt]

wybierać się be about to; **wybrać się w podróż** – to go on a trip/to set out; *Dokąd się wybierasz?* – Where are you off to?

wybijać *p.* **wybić**

wybitny outstanding [aʊt'stændıŋ], eminent ['emınənt], distinguished [dı'stıŋgwıʃt]

wyblakły faded ['feıdıd]

wyboisty bumpy ['bʌmpı], uneven [ʌn-'i:vn]

wyborca voter ['vəʊtə], elector [ı'lektə]; **wyborcy** – the electorate

wyborczy electoral [ı'lektərəl], election [ı'lekʃn]; **gorączka wyborcza** – election fever; **kampania wyborcza** – an election campaign ; **fundusze wyborcze** – electoral funds; **okręg wyborczy** – a constituency; **lista wyborcza** – an electoral register/roll; **ordynacja wyborcza** – an election law

wyborny excellent ['eksələnt], splendid ['splendıd], delicious [dı'lıʃəs], (*gatunkowo*) choice [tʃɔıs]

wyborowy choice [tʃɔıs], select [sı'lekt]

wybór ❶ (*wybieranie*) choice [tʃɔıs], selection [sı'lekʃn], option ['ɒpʃn]; **dokonać wyboru** – to make a choice; **trudny wybór** – a difficult choice; *Nie miałem innego wyboru, jak przyjąć ofertę.* – I had no choice but to accept the offer. ❷ (*zespół, zestaw przedmiotów*) assortment [ə'sɔ:tmənt], selection [sı'lekʃn]; *Mamy duży wybór płaszczy.* – We have a big selection/ /assortment of coats; **wybór pism/ /poezji** – selected prose/poetry ❸ (*wybory*) election [ı'lekʃn]; **wybory pre-**

zydenckie – presidential election; **wybory powszechne** – general election; **wybory uzupełniające** – by-election

wybredny choosy ['tʃu:zɪ], fastidious [fə'stɪdɪəs], fussy ['fʌsɪ]

wybrzeże sea-coast [si:'kəʊst], coast [kəʊst]; **miasto na wybrzeżu** – a town on the coast; **wyspa u wybrzeży Grecji** – an island off the coast of Greece

wybuch ❶ (*eksplozja*) explosion [ɪk'spləʊʒn] ❷ (*gwałtowny początek czegoś*) outbreak ['aʊtbreɪk]; **wybuch wojny/epidemii** – an outbreak of a war/an epidemic ❸ (*wybuch wulkanu*) eruption [ɪ'rʌpʃn] ❹ (*gwałtowny przejaw uczuć*) outburst ['aʊtbɜ:st], fit [fɪt]; **wybuch śmiechu** – an outburst of laughter; **wybuch gniewu** – an explosion/an outburst of anger

wybuchać ❶ (*eksplodować*) explode [ɪk'spləʊd], go off [gəʊ'ɒf] (went, gone) ❷ (*gwałtownie się zaczynać*) break out [breɪk'aʊt] (broke, broken); *Wojna wybuchła w 1939 roku.* – The war broke out in 1939. ❸ (*o wulkanie*) erupt [ɪ'rʌpt] ❹ (*dać wyraz intensywnym uczuciom*) burst (burst, burst) [bɜ:st, bɜ:st, bɜ:st], **wybuchnąć płaczem** – to burst into tears; **wybuchnąć śmiechem** – to burst out laughing; **wybuchnąć gniewem** – to fly into a rage/to flare up

wybuchowy explosive [ɪk'spləʊsɪv]; **materiały wybuchowe** – explosives

wycena estimate ['estɪmət]

wyceniać estimate ['estɪmeɪt]

wychodzić ❶ *p.* **wyjść** ❷ (*być skierowanym na, prowadzić do*) face [feɪs], look out on [lʊk'aʊtɒn], give on to (gave, given); *Okna wychodzą na południe.* – The windows face south. *Okna wychodzą na ogród.* – The windows look out on the garden.

wychować bring up [brɪŋ'ʌp] (brought, brought), raise [reɪz], educate ['edju:keɪt]; **wychowywać dzieci** – to bring up children; **dobrze wychowane dzieci** – well-behaved children

wychowanek ❶ (*uczeń*) pupil ['pju:pl] ❷ (*dziecko wzięte na wychowanie*) foster-child ['fɒstətʃaɪld], ward [wɔ:d]

wychowanie ❶ (*wychowywanie dzieci, wykształcenie*) upbringing ['ʌpbrɪŋgɪŋ], education [edju:'keɪʃn]; **wychowanie fizyczne** – physical education/ /training ❷ (*ogłada*) good manners [gʊd'mænəz], good-breeding [gʊd'bri:dɪŋ]

wychowawca tutor ['tju:tə]

wychowawczy educational [edju:'keɪʃnl]

wychowywać *p.* **wychować**

wychudzony emaciated [ɪ'meɪʃɪeɪtɪd], gaunt [gɔ:nt]

wychylać się lean out of [li:n'aʊtəv] (leant, leant/leaned); **wychylać się przez okno** – to lean out of a window

wyciąć ❶ (*wykrajać*) cut out/away [kʌt'aʊt/ə'weɪ] (cut, cut); **wyciąć artykuł z gazety** – to cut an article out of a newspaper; **głęboko wycięta suknia** – a low-cut dress ❷ (*usunąć, ściąć*) cut down [kʌt'daʊn] (cut, cut); **wyciąć drzewa** – to cut down trees

wyciąg ❶ (*skrótowy odpis*) extract ['ekstrækt], excerpt ['eksɜ:pt] ❷ (*ekstrakt*) extract ['ekstrækt], essence ['esns] ❸ (*wyciąg narciarski*) ski-lift ['ski:lɪft]; **wyciąg krzesełkowy** – a chair-lift; **wyciąg orczykowy** – a T-bar lift

wyciągać ❶ (*ciągnąc wydostać*) pull out [pʊl'aʊt], draw out [drɔ:'aʊt] (drew, drawn), take out [teɪk'aʊt] (took, taken); *Nie mogę wyciągnąć tego gwoździa.* – I can't pull this nail out. *Wyciągnął rewolwer i wymierzył we mnie.* – He pulled out his gun and pointed at me. ❷ (*rozprostować*) stretch [stretʃ], extend [ɪk'stend]; **wyciągnąć rękę** (*na powitanie*) – to extend one's hand; **wyciągać szyję** – to stretch one's neck up

wyciągnąć się ❶ (*położyć się w pozycji wyprostowanej*) stretch oneself out ['stretʃwʌn'self aʊt], lie down [laɪ'daʊn] (lay, lain) ❷ (*ulec rozciągnięciu*) stretch [stretʃ]; *Sweter wyciągnął* *się po praniu.* – The pullover stretched after washing.

wycieczka excursion [ɪk'skɜ:ʃn], outing ['aʊtɪŋ], trip [trɪp], (*zorganizowany wyjazd z grupą za granicę*) package tour ['pækɪdʒ tʊə], (*piesza*) hike [haɪk], (*statkiem*) cruise [kru:z]; **pojechać na wycieczkę** – to go on an excursion/on an outing; **wycieczka szkolna** – a school outing

wyciekać flow out [fləʊ'aʊt], ooze out [u:z'aʊt]

wycieńczenie weakness ['wi:knɪs], exhaustion [ɪg'zɔ:stʃən]

wycieńczony weak [wi:k], exhausted [ɪg'zɔ:stɪd]

wycieraczka ❶ (*przy drzwiach*) doormat ['dɔ:mæt] ❷ (*w samochodzie*) wiper ['waɪpə]

wycierać ❶ (*osuszać*) wipe [waɪp]; **wycierać naczynia do sucha** – to wipe the dishes dry; **wycierać nogi w wycieraczkę** – to wipe one's feet on the doormat; **wycierać ręce w ręcznik** – to wipe one's hands on a towel; **wycierać nos** – to wipe one's nose; **wytrzeć rozlaną wodę z podłogi** – to wipe up the spilt water off the floor ❷ (*zdzierać*) wear out [weər'aʊt] (wore, worn); **wytarte dżinsy** – worn-out jeans

wycinać *p.* **wyciąć**

wyciskać ❶ (*cisnąć*) squeeze [skwi:z], press [pres]; **wyciskać sok z pomarańczy** – to squeeze the juice out of an orange; **wyciskać oliwki/winogrona** – to press olives/grapes; **wycisnąć pastę z tubki** – to squeeze toothpaste out of the tube ❷ (*odciskać*) imprint [ɪm'prɪnt], impress [ɪm'pres]

wycofać withdraw (withdrew, withdrawn) [wɪð'drɔ:, wɪð'dru:, wɪð'drɔ:n]; **wycofywać swoją ofertę** – to withdraw one's offer; **wycofać stare monety z obiegu** – to withdraw old coins from circulation; **wycofać pieniądze z banku** – to withdraw money from the bank

wycofać się ❶ (*opuścić pewien teren*) withdraw (withdrew, withdrawn) [wɪð'drɔ:, wɪð'dru:, wɪð'drɔ:n], retreat [rɪ'tri:t]; *Oddziały wycofały się z terytorium nieprzyjaciela.* – The troops have withdrawn from the enemy territory. ❷ (*zaprzestać działalności – wycofać się z życia zawodowego*) retire [rɪ'taɪə]

wycofanie się withdrawal [wɪð'drɔ:əl], retreat [rɪ'tri:t], (*zaprzestanie działalności zawodowej*) retirement [rɪ'taɪəmənt]

wyczerpać ❶ (*zużyć*) exhaust [ɪg'zɔ:st], use up [ju:z'ʌp]; **wyczerpać wszelkie możliwości** – to exhaust all possibilities; **wyczerpać wszystkie pieniądze** – to exhaust/to use up all the money; **wyczerpać temat** – to exhaust the subject; *Nakład książki jest wyczerpany.* – The book is out of print. ❷ (*osłabić, zmęczyć*) exhaust [ɪg'zɔ:st], tire out [taɪər'aʊt]; *Długa podróż wyczerpała nas.* – The long journey has exhausted us/has tired us out.

wyczerpać się ❶ (*zostać wyczerpanym*) run out [rʌn'aʊt] (ran, run), be used up [bi:ju:zd'ʌp]; *Nasze zapasy żywności wyczerpały się.* – Our food supply has run out./We have run out of food. *Moja cierpliwość się wyczerpała.* – My patience has run out.

wyczerpanie exhaustion [ɪg'zɔ:stʃən]

wyczerpany exhausted [ɪg'zɔ:stɪd]

wyczerpujący exhausting [ɪg'zɔ:stɪŋ]

wyczerpywać *p.* **wyczerpać**

wyczucie intuition [ɪntju:'ɪʃn], sense [sens]; **na wyczucie** – by instinct

wyczuwać sense [sens], feel (felt, felt) [fi:l, felt, felt], (*węchem*) smell (smelt, smelt) [smel, smelt, smelt]; *Wyczuwałem jego wrogość.* – I could sense his hostility.

wyczuwalny perceptible [pə'septəbl], palpable ['pælpəbl]

wyć howl [haʊl], wail [weɪl]

wydać ❶ (*pieniądze*) spend (money) (spent, spent) [spend-, spent, spent]; *Ona wszystkie pieniądze wydaje na* *ubrania.* – She spends all her money on clothes. **wydać komuś resztę** – to give sb his change ❷ (*dać*) give out [gɪv'aʊt] (gave, given), dispense [dɪs'pens]; **wydać przyjęcie** – to give a party; **wydać córkę za mąż** – to marry one's daughter off ❸ (*ujawnić*) give over/away [gɪv'əʊvə/ə'weɪ] (gave, given); **wydać sekret** – to give a secret away; **wydać przestępcę w ręce policji** – to give a criminal over to the police ❹ (*obwieścić*) give (gave, given) [gɪv, geɪv, 'gɪvn]; **wydawać rozkazy** – to give orders; **wydać opinię** – to give/to express one's opinion ❺ (*drukiem*) publish ['pʌblɪʃ], print [prɪnt]; **wydać książkę** – to publish a book ❻ (*dać z siebie*) yield [ji:ld], bear (bore, borne) [beə, bɔ:, bɔ:n]; **wydawać owoce** – to bear fruit; **wydać z siebie dźwięk** – to utter a sound

wydawać się seem [si:m], appear [ə'pɪə]; *Wydaje mi się...* – I think...

wydajność productivity [prɒdʌk'tɪvətɪ], efficiency [ɪ'fɪʃənsɪ]

wydajny effective [ɪ'fektɪv], productive [prə'dʌktɪv], efficient [ɪ'fɪʃnt]

wydalać excrete [ek'skri:t]; **wydalić kogoś ze szkoły** – to expel sb from school

wydanie (*nowe*) edition [ɪ'dɪʃn], (*drukiem*) publication [pʌblɪ'keɪʃn], (*nakład*) impression [ɪm'preʃn]; **wydanie specjalne gazety** – a special edition of a newspaper; **wydanie poprawione** – a revised edition; **piąte wydanie** – the fifth impression/edition; **data wydania** – date of publication

wydarzenie event [ɪ'vent], happening ['hæpənɪŋ], occurence [ə'kʌrəns]; **dramatyczne/tragiczne wydarzenie** – a dramatic/a tragic event; **wydarzenie historyczne** – a historic(al) event; *Wydarzenie miało miejsce w zeszłym tygodniu.* – The event took place/occured last week.

wydarzyć się happen ['hæpn], occur [ə'kɜ:], take place [teɪk'pleɪs]; *Wydarzyło się to wczoraj.* – It happened yesterday. *Kiedy wydarzył się ten wypadek?* – When did the accident occur/take place?

wydatek expense [ɪk'spens], expenditure [ɪk'spendɪtʃə]; **narazić kogoś na duży wydatek/duże wydatki** – to put sb to a lot of expense; **ograniczyć wydatki** – to cut down/to reduce expense; **wydatki osobiste** – personal expense

wydawać *p.* **wydać**

wydawca publisher ['pʌblɪʃə]

wydawnictwo ❶ (*instytucja*) publisher ['pʌblɪʃə], publishing house ['pʌblɪʃɪŋ'haʊs] ❷ (*publikacja*) publication [pʌblɪ'keɪʃn]

wydech exhalation [eksə'leɪʃn], breathing out [bri:ðɪŋ'aʊt]; **zrobić wydech** – to exhale, to breathe out

wydłużać się get longer [get'lɒŋgə], lengthen ['leŋθən]; *Dni wydłużają się.* – Days are getting longer.

wydłużony elongated ['i:lɒŋgeɪtɪd]

wydma dune [dju:n]

wydobywać ❶ (*wyjmować*) extract [ɪk'strækt], take out [teɪk'aʊt] (took, taken), get out [get'aʊt] (got, got); **wydobyć biżuterię z sejfu** – to get the jewels out of a safe ❷ (*wykopać*) excavate ['ekskəveɪt]; **wydobyć zakopany skarb** – to excavate/to dig out buried treasure; **wydobywać węgiel** – to mine for coal

wydobywać się ❶ (*wydostać się*) get out [get'aʊt] (got, got), extricate oneself ['ekstrɪkeɪtwʌn'self], disengage oneself (from) [dɪsɪn'geɪdʒwʌn'self] ❷ (*wydzielać się*) escape [ɪ'skeɪp]; *Z przewodu wydobywał się gaz.* – Gas was escaping from the pipe.

wydobywczy mining ['maɪnɪŋ]; **przemysł wydobywczy** – mining industry

wydostawać (*wyjąć*) take out [teɪk'aʊt] (took, taken), get out [get'aʊt] (got, got)

wydostawać się get out [get'aʊt] (got, got)

wydra *zool.* otter ['ɒtə]

wydychać breathe out [bri:ð'aʊt], exhale [eks'heɪl]

wydział department [dı'pɑ:tmənt], section ['sekʃn], (*uniwersytecki*) faculty ['fækltı]; *Na jakim wydziale ona studiuje?* – What faculty is she studying?

wydziedziczać disinherit [dısın'herıt]

wydziedziczenie disinheritance [dısın'herıtəns]

wydzielać ❶ (*dawać z siebie*) give off [gıv'ɒf] (gave, given); **wydzielać nieprzyjemny zapach** – to give off an unpleasant smell ❷ (*biol. – wytwarzać substancję*) secrete [sı'kri:t], discharge [dıs'tʃɑ:dʒ]

wydzielać się ❶ (*wydostawać się*) emanate ['eməneıt], exude [ıg'zju:d] ❷ *chem.* be liberated [bi:'lıbəreıtıd], be isolated [bi:'aısəleıtıd]

wydzielić (*wyznaczyć, wydawać*) ration out [ræʃn'aʊt], allot (tt) [ə'lɒt]

wydzielina *biol.* secretion [sı'kri:ʃn]

wydzierżawiać *p.* **dzierżawić**

wyganiać drive away/out [draıvə'weı/'aʊt] (drove, driven), turn out [tɜ:n'aʊt], expel (ll) [ık'spel]; **wygonić kogoś z domu** – to turn sb out of the house

wygasać ❶ (*o ogniu*) die out [daı'aʊt], go out [gəʊ'aʊt] (went, gone), (*o wulkanie*) become extinct [bı'kʌmık'stıŋkt] ❷ (*o terminie ważności*) expire [ık'spaıə]

wygasły (*o wulkanie*) extinct [ık'stıŋkt]

wygaszać *p.* **wygasić**

wygaśnięcie expiration [ekspı'reıʃn], expiry [ık'spaıərı]; **data wygaśnięcia** – expiry date

wyginać bend (bent, bent) [bend, bent, bent]

wygląd appearance [ə'pıərəns], looks [lʊks]; **sądząc z wyglądu** – to all appearances/judging by appearances

wyglądać ❶ (*patrzeć*) look (out) [lʊk-]; **wyglądać przez okno** – to look out of the window ❷ (*mieć wygląd*) look [lʊk]; *Ona wygląda pięknie.* – She looks beautiful. *Ona ma trzydzieści lat, ale nie wygląda na tyle.* – She is thirty but she doesn't look it. *Jak wygląda ich nowy dom?* – What is their new house like?/What does their new house look like? *Jak wyglądam w tym płaszczu?* – How do I look in this coat? ❸ (*wydawać się*) look [lʊk], seem [si:m], appear [ə'pıə]; *Sytuacja wygląda na beznadziejną.* – The situation looks/seems hopeless. *On wygląda na chorego.* – He looks ill. *Wygląda na to, że będzie padać.* – It looks like rain. *Nie wygląda na to, żeby sytuacja się zmieniła.* – It doesn't look as if the situation were going to change.

wygłaszać give (gave, given) [gıv, geıv, 'gıvn], make (made, made) [meık, meıd, meıd], deliver [dı'lıvə]; **wygłaszać mowę** – to make a speech; **wygłaszać wykład** – to give a lecture; **wygłaszać kazanie** – to preach a sermon; **wygłaszać referat** – to give/to deliver a paper

wygnanie exile ['eksaıl]; **na wygnaniu** – in exile

wygoda comfort ['kʌmfət], convenience [kən'vi:njəns]; *To wielka wygoda mieć sklep tuż za rogiem.* – It's a great convenience to have a shop just round the corner. *Dom ma wszystkie nowoczesne wygody.* – The house has all modern conveniences/comforts.

wygodnie comfortably ['kʌmfətəblı]; **usiąść wygodnie** – to make oneself comfortable

wygodny comfortable ['kʌmfətəbl], (*dogodny*) convenient [kən'vi:njənt]; **wygodny fotel** – a comfortable armchair; **wygodne mieszkanie** – a comfortable flat

wygórowany excessive [ık'sesıv], unreasonable [ʌn'ri:znəbl], (*o cenie*) exorbitant [ıg'zɔ:bıtənt]; **wygórowane ambicje** – excessive ambitions; **wygórowane żądania** – unreasonable demands

wygrać win (won, won) [wın, wʌn, wʌn]; **wygrać pieniądze w karty** – to win money at cards; **wygrać zakład** – to win a bet

wygrana ❶ (*w grze*) prize [praız], (*wygrane pieniądze*) winnings ['wınıŋz];

główna wygrana – the first prize ❷ (*zwycięstwo*) victory ['vɪktərɪ]
◆ **dać za wygraną** – to give up

wygrywać *p.* **wygrać**

wygrzewać się bask [bɑ:sk]; **wygrzewać się na słońcu** – to bask in the sun

wygwizdać hoot [hu:t], boo [bu:]; **wygwizdać kogoś ze sceny** – to boo sb off the stage

wyjaławiać (*sterylizować*) sterilize ['sterəlaɪz]

W

wyjaśniać explain [ɪk'spleɪn], clarify ['klærɪfaɪ]; *Wyjaśnił mi jak to zrobić.* – He explained to me how to do it.

wyjaśnienie explanation [ekspləˈneɪʃn], clarification [klærɪfɪ'keɪʃn]

wyjazd ❶ (*odjazd*) departure [dɪ'pɑ:tʃə]; *Jego wyjazd był dla nas niespodzianką.* – His departure was a surprise to us. ❷ (*podróż*) journey ['dʒɜ:nɪ], trip [trɪp]; **wyjazd służbowy** – a business trip

wyjąć *p.* **wyjmować**

wyjątek ❶ (*odstępstwo od reguły*) exception [ɪk'sepʃn]; **wyjątek od reguły** – an exception to the rule; *Wyjątek potwierdza regułę.* – The exception proves the rule. **robić dla kogoś wyjątek** – to make an exception for sb; **bez wyjątku** – without exception; *Wszyscy byli obecni z wyjątkiem Anny.* – Everybody was present except Ann. ❷ (*urywek*) excerpt ['eksɜ:pt]

wyjątkowy exceptional [ɪk'sepʃənl], unusual [ʌn'ju:ʒʊəl]; **stan wyjątkowy** – state of emergency/an emergency state

wyjechać leave (left, left) [li:v, left, left], depart [dɪ'pɑ:t], go (away) (went, gone) [gəʊ-, went, gɒn]; *On wyjechał wczoraj bez pożegnania.* – He left yesterday without saying goodbye. **wyjechać za granicę** – to go abroad; **wyjechać w podróż** – to go on a journey

wyjmować take out [teɪk'aʊt] (took, taken), get out [get'aʊt] (got, got); **wyjąć dokumenty z sejfu** – to take/ /to get the documents out of the safe

wyjście ❶ (*czynność wychodzenia*) exit ['eksɪt], departure [dɪ'pɑ:tʃə]; *Przed wyjściem wyłącz światło.* – Turn off the light before going out. ❷ (*miejsce, przez które się wychodzi*) exit ['eksɪt], way out [weɪ'aʊt]; **wyjście awaryjne** – emergency exit ❸ (*sposób rozstrzygnięcia*) way out [weɪ'aʊt]; *Nie mamy innego wyjścia, jak czekać.* – We have no other way out but wait.

wyjść ❶ (*opuścić jakieś miejsce*) go out [gəʊ'aʊt] (went, gone), leave (left, left) [li:v, left, left]; *On wyszedł przed chwilą.* – He went out a moment ago. *Musiałam wyjść po zakupy.* – I had to go out shopping. **wyjść z domu** – to leave the house; **wyjść na spacer** – to go out for a walk; **wyjść z więzienia** – to come out of prison; *przen.* **wychodzić z siebie** – to be beside oneself; **wyjść za mąż** – to get married; **wyjść z założenia** – to assume; **wyjść z użycia** – to go out of use/to become obsolete/to be no longer in use; **wyjść z wprawy** – to get out of practice ❷ (*wydobyć się*) get out [get'aʊt] (got, got); *Drzwi były zamknięte na klucz i nie mogliśmy wyjść.* – The door was locked and we couldn't get out. **wyjść z opresji** – to get out of trouble; **wyjść z długów** – to get out of debt; **dobrze na czymś wyjść** – to profit by sth/to benefit from sth; **źle na czymś wyjść** – to lose by sth ❸ (*wydostać się*) emerge [ɪ'mɜ:dʒ], come out [kʌm'aʊt] (came, come); *Deszcz przestał padać i wyszło słońce.* – The rain stopped and the sun came out. **wyjść na jaw** – to go out in the open/ /to become known; **wychodzić** (*wypadać – o włosach*) – fall out/come out ❹ (*udawać się*) succeed [sək'si:d], come out [kʌm'aʊt] (came, come), work out [wɜ:k'aʊt]; *Ona zawsze dobrze wychodzi na zdjęciach.* – She always comes out well in pictures. ❺ (*ukazać się drukiem*) be published [bi:'pʌblɪʃt]

wykałaczka toothpick ['tu:θpɪk]

wykańczać finish off [fɪnɪʃ'ɒf]

wykipieć boil over [bɔɪl'əʊvə]

wykluczać ❶ (*usuwać*) exclude [ɪk'sklu:d], expel (ll) [ɪk'spel]; **wykluczyć kogoś z partii** – to exclude a person from membership of a party/to expel sb from a party ❷ (*wyłączać*) exclude [ɪk'sklu:d], rule out [ru:l'aʊt]; *Nie możemy wykluczyć możliwości, że...* – We can't exclude the possibility that... *To wykluczone!* – It's out of the question!

wykład lecture ['lektʃə]; **wygłosić wykład** – to deliver/to give a lecture; **wykład z filozofii** – a lecture on philosophy

wykładać (*mieć wykłady*) lecture ['lektʃə]; **wykładać literaturę angielską** – to lecture on English literature

wykładowca lecturer ['lektʃərə]

wykładzina (*dywanowa*) carpeting ['kɑ:pɪtɪŋ]

wykolejać się ❶ (*o pociągu*) jump the track, jump the rails, leave the rails ❷ (*o człowieku*) become completely demoralized

wykonać ❶ (*wprowadzić w czyn, spełnić*) carry out [kærɪ'aʊt], execute ['eksɪkju:t], fulfil (ll) [fʊl'fɪl]; **wykonać obowiązek** – to carry out/to fulfil a duty; **wykonać rozkaz** – to carry out an order; **wykonać plan** – to carry out/to execute a plan; **wykonać eksperyment** – to carry out an experiment ❷ (*sporządzić, wyprodukować*) make (made, made) [meɪk, meɪd, meɪd], produce [prə'dju:s]; **wykonać rzeźbę w marmurze** – to make a sculpture in marble ❸ (*odtworzyć*) execute ['eksɪkju:t]; **dobrze wykonany koncert** – a well executed concert

wykonanie execution [eksɪ'kju:ʃn]

wykonawca (*roli, utworu*) performer [pə'fɔ:mə], (*w budownictwie*) a building company

wykonywać *p.* **wykonać**

wykończyć *p.* **wykańczać**

wykop excavation [ekskə'veɪʃn]

wykopać excavate ['ekskəveɪt], dig out [dɪg'aʊt] (dug, dug); **wykopać rów** – to excavate a trench; **wykopać drzewo** – to dig out a tree

wykopalisko ❶ (*wykopaliska – prace archeologiczne*) excavations [ekskə'veɪʃnz] ❷ (*to, co zostało wykopane*) archaeological find [ɑ:kɪə'lɒdʒɪkl'faɪnd]

wykopaliskowy:
prace wykopaliskowe – excavations/ /excavation works

wykopki potato lifting [pə'teɪtəʊ'lɪftɪŋ]

wykopywać *p.* **wykopać**

wykorzeniać root out [ru:t'aʊt], uproot [ʌp'ru:t]

wykorzystać ❶ (*spożytkować, zużytkować*) make use of [meɪk'ju:səv]; **wykorzystać jak najlepiej wolny czas** – to make the most of one's free time; **wykorzystać każdą szansę** – to make use of every chance; **wykorzystać sposobność i...** – to take an opportunity to...; **wykorzystywać odpadki** – to utilize waste material ❷ (*wyzyskiwać*) exploit [ɪk'splɔɪt], take advantage of (sb)

wykraczać ❶ (*wychodzić poza ustalone granice*) go beyond [gəʊbɪ'jɒnd], exceed [ɪk'si:d]; **wykraczać poza swoje kompetencje** – to exceed one's authority ❷ (*naruszać przepisy*) trespass ['trespəs], transgress [træns'gres]; **wykraczać przeciwko prawu** – to offend the law/to trespass against the law; **wykraczać poza granice przyzwoitości** – to transgress the bounds of decency

wykres graph [græf/grɑ:f], chart [tʃɑ:t], diagram ['daɪəgræm]; **wykres funkcji** – a graph of a function

wykręcać ❶ (*kręcąc zmieniać kształt*) twist [twɪst], wring (wrung, wrung) [rɪŋ, rʌŋ, rʌŋ]; **wykręcić komuś rękę** – to twist sb's arm; **wykręcić sobie nogę w kostce** – to sprain/to twist one's ankle; **wykręcić wodę z mokrego ręcznika** – to wring the water out of a wet towel ❷ (*zmienić kierunek*) turn [tɜ:n] ❸ (*o telefonie*) **wykręcić numer** – dial (ll) a number

wykręcić się ❶ (*zmienić kierunek*) turn [tɜ:n] ❷ (*wymówić się, uniknąć*) evade

W

[ɪ'veɪd], get out of [get'aʊtəv] (got, got), wriggle out [rɪgl'aʊt]; **wykręcić się od zrobienia czegoś** – to get out of doing sth

wykręt evasion [ɪ'veɪʒn], dodge [dɒdʒ], quibble ['kwɪbl]

wykrętny evasive [ɪ'veɪsɪv]; **wykrętna odpowiedź** – an evasive answer

wykroczenie offence [ə'fens], transgression [træns'greʃn]; **popełnić wykroczenie** – to commit an offence

W

wykrywać detect [dɪ'tekt], discover [dɪ'skʌvə]

wykrywanie detection [dɪ'tekʃn]

wykrzyknik ❶ (*znak interpunkcji „!"*) exclamation mark [eksklə'meɪʃnmɑ:k] ❷ (*gram. – nieodmienna część mowy*) interjection [ɪntə'dʒekʃn]

wykrzywiać twist [twɪst], distort [dɪ'stɔ:t], contort [kən'tɔ:t]

wykształcenie education [edju:'keɪʃn]; **wykształcenie podstawowe** – elementary/primary education; **wykształcenie wyższe** – (a) university education; **osoba bez wykształcenia** – an uneducated person

wykształcić ❶ (*nadać kształt*) form [fɔ:m], shape [ʃeɪp]; **wykształcić czyjś charakter** – to shape/to mould sb's character ❷ (*dać wykształcenie*) educate ['edju:keɪt] ❸ (*wyćwiczyć*) train [treɪn]

wykształcić się ❶ (*przybrać kształt*) be formed [bi:'fɔ:md], develop [dɪ'veləp] ❷ (*zdobyć wykształcenie*) be educated [bi:'edju:keɪtɪd]; *On się wykształcił w Oxfordzie.* – He was educated at Oxford.

wykształcony well-educated [wel'edju:keɪtɪd]

wykwalifikowany qualified ['kwɒlɪfaɪd]

wykwintność elegance ['elɪgəns], refinement [rɪ'faɪnmənt]

wykwintny elegant ['elɪgənt], refined [rɪ'faɪnd], exquisite ['ekskwɪzɪt]

wylać ❶ (*rozlać*) spill (spilt, spilt/-ed) [spɪl, spɪlt, spɪlt/spɪld]; *Wylałam herbatę na stół.* – I spilt the tea all over the table. ❷ (*przelać, usunąć z naczynia*) pour out [pɔ:r'aʊt]; **wylać mleko z dzbanka** – to pour milk out of a jug; **wylać dziecko z kąpielą** – to throw the baby out with the bath water ❸ (*o rzekach – wystąpić z brzegów*) flood [flʌd]

wylać się ❶ (*rozlać się*) pour [pɔ:], spill (spilt, spilt/-ed) [spɪl, spɪlt, spɪlt/ /spɪld] ❷ (*wydostać się, wypłynąć*) run out [rʌn'aʊt] (ran, run), flow out [fləʊ'aʊt] ❸ (*przelać się wierzchem*) overflow [əʊvə'fləʊ], run over [rʌn'əʊvə] (ran, run); *Woda wylewa się z wanny (wierzchem).* – The bath is overflowing.

wyleczyć cure [kjʊə], heal [hi:l]; **wyleczyć kogoś z choroby** – to cure sb of a disease

wyleczyć się cure oneself [kjʊəwʌn'self], get cured [get'kjʊəd]

wylewać *p.* **wylać**

wylęg hatch [hætʃ]

wylęgać się hatch [hætʃ]

wyliczać ❶ (*wymienić*) specify ['spesɪfaɪ], recite [rɪ'saɪt] ❷ (*obliczyć*) count [kaʊnt], calculate ['kælkjʊleɪt] ❸ (*sport. – odliczać*) count out [kaʊnt'aʊt]

wyliczać się account for [ə'kaʊntfɔ:]; *Ona musi się wyliczać z każdego grosza, który wydaje.* – She has to account for every penny she spends.

wyliczenie (*obliczenie*) calculation [kælkjʊ'leɪʃn]

wylosować draw by lot [drɔ:baɪ'lɒt]

wylot (*otwór, ujście*) outlet ['aʊtlet]

◆ **znać kogoś na wylot** – to know sb through and through

wyludniać się become deserted [bɪ'kʌmdɪ'zɜ:tɪd]

wyładować ❶ (*opróżnić*) unload [ʌn'ləʊd], discharge [dɪs'tʃɑ:dʒ] ❷ *fiz.* discharge [dɪs'tʃɑ:dʒ], run down [rʌn'daʊn] (ran, run); **wyładować akumulator** – to run down/to discharge a battery

◆ **wyładować swój gniew (na kimś)** – to vent one's anger (on sb)

wyładować się ❶ *fiz.* go flat [gəʊ'flæt], run down [rʌn'daʊn] (ran, run);

Akumulator wyładował się. – The battery has gone flat. ❷ (*dać upust czemuś*) vent [vent]; **wyładować się na kimś** – to vent one's anger/frustration on sb

wyładunek unloading [ʌn'ləʊdɪŋ], discharge [dɪs'tʃɑ:dʒ]

wyłamać break down [breɪk'daʊn] (broke, broken); **wyłamać drzwi** – to break the door open/to break down the door

wyłaniać się (*ukazywać się*) appear [ə'pɪə], emerge [ɪ'mɜ:dʒ]

wyłączać ❶ (*rozłączać*) disconnect [dɪskə'nekt], switch off [swɪtʃ'ɒf], turn off [tɜ:n'ɒf]; **wyłączyć telefon** – to disconnect the telephone; **wyłączyć telewizor** – to switch off/to turn off the television ❷ (*wykluczyć*) exclude [ɪk'sklu:d], eliminate [ɪ'lɪmɪneɪt]

wyłączyć się (*przestać działać*) switch off [swɪtʃ'ɒf]; *Kuchenka mikrofalowa wyłącza się automatycznie.* – The microwave oven switches off automatically.

wyłącznie only ['əʊnlɪ], exclusively [ɪk'sklu:sɪvlɪ]

wyłącznik switch [swɪtʃ]

wyłączność exclusiveness [ɪk'sklu:sɪvnɪs]

wyłączny ❶ (*jedyny*) the only [ði:'əʊnlɪ], sole [səʊl]; **wyłączna odpowiedzialność** – sole responsibility; **wyłączny spadkobierca** – the sole heir ❷ (*wyłączający wszystko inne*) exclusive [ɪk'sklu:sɪv]

wymagać ❶ (*żądać*) demand [dɪ'mɑ:nd], exact [ɪg'zækt], require [rɪ'kwaɪə]; **wymagać posłuszeństwa** – to exact obedience; *On wymaga, żeby wszyscy byli punktualni.* – He demands that everybody should come on time. **mieć wymagane kwalifikacje** – to have the required qualifications; *Zbyt wiele wymagasz.* – You are asking too much. *Zbyt wiele od niego wymagasz.* – You are asking too much of him. ❷ (*niezbędnie potrzebować*) need [ni:d], want [wɒnt], demand [dɪ'mɑ:nd], require [rɪ'kwaɪə]; *Okna wymagają umycia.* – The windows need/want cleaning. *Ta praca wymaga wielkiej cierpliwości.* – The job demands great patience.

wymagający demanding [dɪ'mɑ:ndɪŋ], exacting [ɪg'zæktɪŋ]; **wymagający nauczyciel** – an exacting teacher

wymaganie demand [dɪ'mɑ:nd], requirement [rɪ'kwaɪəmənt]; **spełnić wymagania** – to satisfy/to meet the requirements

wymagany required [rɪ'kwaɪəd]; **spełnić wymagane warunki** – to satisfy the required conditions

wymarcie extinction [ɪk'stɪŋkʃn]; *Ten gatunek jest na wymarciu.* – The species is becoming extinct. **gatunek zagrożony wymarciem** – a species threatened with extinction

wymarły ❶ (*o gatunku*) extinct [ɪk'stɪŋkt] ❷ (*opustoszały*) deserted [dɪ'zɜ:tɪd]

wymarsz departure [dɪ'pɑ:tʃə]

wymawiać ❶ (*wypowiadać dźwięk*) pronounce [prə'naʊns] ❷ (*wypowiadać słowo*) utter ['ʌtə], enunciate [ɪ'nʌnsɪeɪt], say (said, said) [seɪ, sed, sed] ❸ (*robić wymówki*) reproach [rɪ'prəʊtʃ] ❹ (*zawiadamiać o rozwiązaniu umowy*) (*wymawiać komuś pracę*) give sb notice, (*rezygnować z pracy*) hand in one's notice, (*rezygnować z kontraktu*) cancel a contract

wymawiać się ❶ (*o dźwięku – być wypowiadanym w pewien sposób*) be pronounced [bi:prə'naʊnst] ❷ (*wykręcać się od czegoś*) excuse oneself [ɪk'skju:swʌn'self]

wymazać erase [ɪ'reɪz], rub out (bb) [rʌb'aʊt]; **wymazać coś z pamięci** – to blot sth out of one's memory

wymiana exchange [ɪks'tʃeɪndʒ]; **wymiana kulturalna** – cultural exchange; **wymiana jeńców** – the exchange of (war) prisoners; **wymiana spojrzeń** – an exchange of glances; **wymiana ognia** – an exchange of gun-fire; **kurs wymiany walut** – rate of exchange

wymiar ❶ (*wielkość*) dimension [dɪ'menʃn/daɪ'menʃn], size [saɪz], measurement ['meʒəmənt]; **trzeci wymiar** – the third dimension; *Jakie są wymiary pokoju?* – What are the dimensions of the room? *Jakie są twoje wymiary?* – What are your measurements? ❷ (*wymierzanie*); **wymiar sprawiedliwości** – jurisdiction; **najwyższy wymiar kary** – capital punishment; **surowy/łagodny wymiar kary** – severe/harsh/light punishment; **pełny wymiar czasu pracy** – a full-time job; **pracować w pełnym/ /w niepełnym wymiarze** – to work full-time/to work part-time

W

wymieniać ❶ (*zamieniać*) exchange [ɪks'tʃeɪndʒ], change [tʃeɪndʒ], substitute ['sʌbstɪtju:t]; **wymieniać dolary na marki** – to change dollars for marks; **wymieniać spojrzenia** – to exchange glances; **wymieniać pozdrowienia** – to exchange greetings ❷ (*zastępować*) replace [rɪ'pleɪs], change [tʃeɪndʒ]; **wymienić żarówkę** – to change a lightbulb ❸ (*podać nazwę*) mention ['menʃn]; *On nie wymienił twojego nazwiska.* – He didn't mention your name. **wyżej wymieniony** – above-mentioned/mentioned above ❹ (*wyliczyć*) specify ['spesɪfaɪ], recite [rɪ'saɪt], name [neɪm]; *Czy możesz wymienić wszystkie książki, które przeczytałeś w tym roku?* – Can you name all books you've read this year?

wymieniać się (*robić zamianę*) make an exchange ['meɪkənɪks'tʃeɪndʒ], swap (pp) [swɒp]

wymienny exchangeable [ɪks'tʃeɪndʒəbl]; **handel wymienny** – barter

wymierać die out [daɪ'aʊt], become extinct [bɪ'kʌmɪk'stɪŋkt]

wymierny measurable ['meʒərəbl], *mat.* rational ['ræʃənl]; **liczby wymierne** – rational numbers

wymijać (*przejeżdżać obok*) pass [pɑ:s]

wymijający non-commital [nɒnkə'mɪtl], evasive [ɪ'veɪsɪv]

wymiotować be sick [bi:'sɪk], vomit ['vɒmɪt], throw up [θrəʊ'ʌp] (threw, thrown)

wymioty vomiting ['vɒmɪtɪŋ]

wymizerowany haggard ['hægəd], gaunt [gɔ:nt]

wymknąć się slip (pp) (away) [slɪp-], escape [ɪ'skeɪp]; *Filiżanka wymknęła mi się z ręki.* – The cup slipped out of my hand. *Nie pozwól wymknąć się okazji.* – Don't let the opportunity slip. **wymknąć się niezauważenie** – to slip away unnoticed; *Wymknęło się jej, że odchodzi.* – She let slip that she was leaving.

wymowa ❶ (*sposób wymawiania*) pronunciation [prənʌnsɪ'eɪʃn] ❷ (*znaczenie*) meaning ['mi:nɪŋ], significance [sɪg'nɪfɪkəns]

wymowny (*wiele znaczący*) significant [sɪg'nɪfɪkənt], meaningful ['mi:nɪŋfʊl]; **wymowne spojrzenie** – a significant/a meaningful look

wymóg requirement [rɪ'kwaɪəmənt]

wymówienie (*zawiadomienie o zwolnieniu z pracy*) notice ['nəʊtɪs]; **dać komuś wymówienie** – to give sb notice; **złożyć wymówienie** – to hand in one's notice

wymówka ❶ (*wymówienie się*) excuse [ɪk'skju:s]; **niezręczna wymówka** – a lame excuse ❷ (*wyrzut*) reproach [rɪ'prəʊtʃ]; **robić komuś wymówki** – to reproach sb

wymuszać force [fɔ:s], compel (ll) [kəm'pel], coerce [kəʊ'ɜ:s]; **wymuszać na kimś zeznanie** – to force a confession out of sb; **wymuszać posłuszeństwo** – to compel obedience

wymuszony forced [fɔ:st]; **wymuszony uśmiech** – a forced smile

wymykać się *p.* **wymknąć się**

wymysł invention [ɪn'venʃn], figment of imagination

wymyślać ❶ (*odkrywać*) invent [ɪn'vent], contrive [kən'traɪv], devise [dɪ'vaɪz] ❷ (*zmyślać*) make up [meɪk'ʌp] (made, made), concoct [kən'kɒkt]; *On wymyślił tę całą historię.* – He made up/invented the whole story. ❸ (*ubliżać komuś*) abuse [ə'bju:z], insult [ɪn'sʌlt]

wynagradzać ❶ (*dawać nagrodę*) reward [rɪ'wɔ:d], gratify ['grætɪfaɪ] ❷ (*dawać odszkodowanie*) compensate ['kɒmpənseɪt], recompense ['rekəmpens], make up for [meɪk'ʌpfə] (made, made); **wynagradzać komuś poniesioną stratę** – to compensate sb for a loss

wynagrodzenie (*zapłata za pracę*) pay [peɪ], salary ['sælərɪ]

wynająć ❶ (*wziąć w najem*) rent [rent], hire ['haɪə]; **wynająć samochód** – to rent a car; **wynająć łódź/samochód/ /człowieka** – to hire a boat/a car/a man; **wynająć mieszkanie** – to rent a flat ❷ (*oddać w najem*) let (let, let) [let, let, let]

wynajem hire ['haɪə], lease [li:s]

wynajęcie:
pokoje do wynajęcia – rooms to let

wynajmować *p.* **wynająć**

wynalazca inventor [ɪn'ventə]

wynalazczy inventive [ɪn'ventɪv]

wynalazek invention [ɪn'venʃn]; **opatentować wynalazek** – to patent an invention; *Potrzeba jest matką wynalazku.* – Necessity is the mother of invention.

wynalezienie invention [ɪn'venʃn]

wynaleźć invent [ɪn'vent]

wynędzniały emaciated [ɪ'meɪʃɪeɪtɪd], starved [stɑ:vd], gaunt [gɔ:nt]

wynieść ❶ (*zabrać, usunąć*) take away [teɪkə'weɪ] (took, taken), carry away [kærɪə'weɪ], remove [rɪ'mu:v]; *Mężczyźni wynieśli meble.* – The men carried the furniture away. ❷ (*stanowić pewną sumę*) amount to [ə'maʊnt tu:]; *Koszt wyniesie 100 funtów.* – The cost will amount to £100. *Ile wynosi odległość między...* – What is the distance between... *Ile wynosi szerokość pokoju?* – What is the breadth of the room?

wynieść się (*opuścić jakieś miejsce*) go away [gəʊə'weɪ] (went, gone), leave (left, left) [li:v, left, left]; *Wynoś się!* – Get out of here!

wynik result [rɪ'zʌlt], outcome ['aʊtkʌm]; **wyniki wyborów** – results of an election; **w wyniku** – as a result; **dobre/złe wyniki egzaminów** – good/bad exam results; *Jaki był wynik meczu?* – What was the result of the match?

wynikać ❶ (*być następstwem*) result [rɪ'zʌlt] ❷ (*okazywać się*) appear [ə'pɪə], follow ['fɒləʊ]; *Z tego, co on mówi, wynika, że...* – From what he says appears that...

wyniosły haughty ['hɔ:tɪ], proud [praʊd]

wynos:
na wynos – to take away; **pizza na wynos** – a take-away pizza

wynosić *p.* **wynieść**

wynurzać się surface ['sɜ:fɪs], emerge [ɪ'mɜ:dʒ], come to the surface

wyobraźnia imagination [ɪmædʒɪ'neɪʃn]; **żywa wyobraźnia** – an active/a lively imagination; **pobudzić czyjąś wyobraźnię** – to excite/to stir sb's imagination

wyobrażać ❶ (*przedstawiać*) represent [reprɪ'zent], picture ['pɪktʃə] ❷ (*przedstawiać sobie*) imagine [ɪ'mædʒɪn]; *Nie wyobrażasz sobie, jak byłam zdenerwowana.* – You can't imagine how nervous I was. *Nie mogę go sobie wyobrazić jako naukowca.* – I can't imagine him as a scientist.

wyobrażenie ❶ (*obraz*) representation [reprɪzən'teɪʃn], picture ['pɪktʃə], image ['ɪmɪdʒ] ❷ (*mniemanie*) idea [aɪ'dɪə], notion ['nəʊʃn]

wyodrębniać separate ['sepəreɪt], isolate ['aɪsəleɪt]

wyolbrzymiać exaggerate [ɪg'zædʒəreɪt], magnify ['mægnɪfaɪ]; **wyolbrzymiać niebezpieczeństwa** – to magnify dangers

wypada (*jest słuszne*) it's proper, it's the right thing

wypadać ❶ (*spaść*) fall (out) [fɔ:l('aʊt)] (fell, fallen), (*o włosach*) come out [kʌm'aʊt] (came, come); *Pisklę wypadło z gniazda.* – A baby bird fell out of the nest. **wypaść za burtę** – to fall overboard ❷ (*szybko wychodzić*) rush out [rʌʃ'aʊt], run out [rʌn'aʊt]

W

(ran, run), sweep out [swi:p'aʊt] (swept, swept); *Wypadła z pokoju.* – She swept/ran out of the room. ❸ (*przypadać*) fall (on) [fɔ:l'ɒn] (fell, fallen); *Boże Narodzenie wypada we wtorek.* – Christmas Day falls on a Tuesday. ❹ (*stać się udziałem*) fall on/to [fɔ:l'ɒn/tə] (fell, fallen); *Na mnie wypadło, żebym jej to powiedziała.* – It fell on/to me to tell her about it. ❺ (*dać w wyniku*) come off [kʌm'ɒf] (came, come), go off [gəʊ'ɒf] (went, gone); *To nie wypadło tak dobrze, jak się spodziewaliśmy.* – It didn't come off as well as we had expected. *Jak wypadło przyjęcie?* – How did the party go off? ❻ (*zdarzać się*) happen ['hæpn]; *Jeżeli nam nic nie wypadnie, przyjdziemy.* – If nothing happens we'll come.

W

wypadek ❶ (*zdarzenie*) event [ɪ'vent], occurence [ə'kʌrəns], incident ['ɪnsɪdənt]; **bieg wypadków** – a course of events; **w tym wypadku** – in this/that case; **na wszelki wypadek** – just in case; *W wypadku, gdybym się spóźnił...* – In case I'm late... ❷ (*nieszczęśliwe wydarzenie*) accident ['æksɪdənt]; **wypadek samochodowy** – a car accident

wypalać burn (off/out) (burnt, burnt/-ed) [bɜ:n-, bɜ:nt, bɜ:nt/bɜ:nd], (*o słońcu*) scorch [skɔ:tʃ]; **wypalona słońcem trawa** – scorched grass; **wypalać ściernisko na polach** – to burn off the stubble in the fields

wypalać się burn out [bɜ:n'aʊt] (burnt, burnt/-ed); *Ognisko wypaliło się.* – The fire has burnt out.

wyparować evaporate [ɪ'væpəreɪt]

wypatrywać look out for [lʊk'aʊtfə]

wypchać stuff [stʌf], fill [fɪl]; **wypchać poduszkę pierzem** – to stuff a pillow with feathers

wypchany stuffed ['stʌft], (*o spodniach*) baggy ['bægɪ]; **wypchane ptaki** – stuffed birds

wypełniać ❶ (*napełniać*) fill [fɪl] ❷ (*spełniać*) fulfil (ll) [fʊl'fɪl], carry out [kærɪ'aʊt]; **wypełniać swoje obowiązki** – to fulfil one's duties ❸ (*wpisywać*) fill in [fɪl'ɪn]; **wypełniać formularz** – to fill in a form

wypełniać się get filled [get'fɪld], become full [bɪ'kʌm'fʊl]

wyperswadować dissuade [dɪ'sweɪd]; *Udało mi się wyperswadować jej, żeby nie wychodziła za niego za mąż.* – I managed to dissuade her from marrying him.

wypędzać turn out [tɜ:n'aʊt], (*z kraju*) banish ['bænɪʃ], expel (ll) [ɪk'spel]; **wypędzić kogoś z domu** – to turn sb out of the house

wypić drink up [drɪŋk'ʌp] (drank, drunk)

wypierać się (*zaprzeczać*) deny [dɪ'naɪ]; *Wyparł się, że cokolwiek o tym wiedział.* – He denied knowing anything about it.

wypijać *p.* **wypić**

wyplątać extricate ['ekstrɪkeɪt], disentangle [dɪsɪn'tæŋgl]

wypluć spit out [spɪt'aʊt] (spat, spat)

wypłacalność solvency ['sɒlvənsɪ]

wypłacalny solvent ['sɒlvənt]

wypłata ❶ (*wypłacenie*) payment ['peɪmənt]; **dzień wypłaty** – pay-day ❷ (*pobory*) pay [peɪ], (*płaca*) wages ['weɪdʒɪz], (*pensja*) salary ['sælərɪ]

wypłowieć fade [feɪd]

wypłowiały faded ['feɪdɪd]

wypływać ❶ (*o statku – odpływać*) sail [seɪl], put out to sea ❷ (*ukazywać się na powierzchni*) surface ['sɜ:fɪs], rise to the surface, emerge [ɪ'mɜ:dʒ] ❸ (*wyciekać*) flow out [fləʊ'aʊt], run out [rʌn'aʊt] (ran, run) ❹ (*wynikać*) result from [rɪ'zʌltfrəm], spring from ['sprɪŋ frəm] (sprang, sprung), arise from [ə'raɪzfrəm] (arose, arisen); *Jego błędy wypływają z niewiedzy.* – His mistakes result from his ignorance.

wypływ outflow ['aʊtfləʊ]

wypoczywać rest [rest], take a rest [teɪkə'rest], relax [rɪ'læks]

wypoczynek rest [rest], relaxation [ri:læk'seɪʃn]

wypogadzać się clear up [klɪər'ʌp], brighten up [braɪtn'ʌp]

wyposażenie equipment [ɪ'kwɪpmənt]

wyposażyć provide [prə'vaɪd], equip (pp) [ɪ'kwɪp], furnish ['fɜ:nɪʃ]

wypowiadać ❶ (*wyrażać słowami*) express [ɪk'spres], say (said, said) [seɪ, sed, sed]; **wypowiadać swoją opinię** – to express one's opinion; **wypowiedzieć coś publicznie** – to say sth publicly ❷ (*oświadczyć*) declare [dɪ'kleə]; **wypowiadać wojnę** – to declare war (on) ❸ (*zerwać umowę*); **wypowiedzieć komuś pracę** – to give sb notice; **wypowiedzieć pracę** (*złożyć wymówienie*) – to hand in one's notice

wypowiadać się ❶ (*wyrażać myśli*) express oneself, voice one's views ❷ (zabrać głos) express one's opinion, voice one's opinion; **wypowiedzieć się za/przeciw** – to speak for/against; **wypowiedzieć się w jakiejś sprawie** – to express one's opinion on a subject

wypowiedzenie ❶ (*wymówienie*) notice ['nəʊtɪs] ❷ (*oświadczenie*) declaration [deklə'reɪʃn]; **wypowiedzenie wojny** – declaration of war

wypowiedź statement ['steɪtmənt], opinion [ə'pɪnjən]

wypożyczać ❶ (*dawać*) lend (lent, lent) [lend, lent, lent], hire out [haɪər'aʊt] ❷ (*brać*) borrow ['bɒrəʊ], hire ['haɪə]; **wypożyczać książki z biblioteki** – to borrow books from the library; **wypożyczyć suknię ślubną** – to hire a wedding-dress

wypożyczalnia hire firm [haɪə'fɜ:m], (*książek*) lending library [lendɪŋ 'laɪbrərɪ]

wypracowanie (*szkolne*) composition [kɒmpə'zɪʃn], essay ['eseɪ]

wyprać *p.* **prać**

wyprawa ❶ (*podróż*) expedition [ekspə'dɪʃn]; **zorganizować/prowadzić wyprawę** – to organize/to lead an expedition; **wyruszyć na wyprawę** – to go on an expedition ❷ (*wyposażenie dziewczyny wychodzącej za mąż*) trousseau ['tru:səʊ]

wyprawiać ❶ (*urządzić*) give (gave, given) [gɪv, geɪv, 'gɪvn], throw (threw, thrown) [θrəʊ, θru:, θrəʊn]; **wyprawiać przyjęcie** – to throw/to give a party; *Co ty wyprawiasz? – pot.* What do you think you are doing?/What are you up to? ❷ (*garbować skóry*) tan (nn) [tæn]

wyprawka (*dla niemowlęcia*) layette [leɪ'et]

wyprostować straighten ['streɪtn]

wyprostować się (*stanąć prosto*) draw oneself up, straighten oneself up

W

wyprowadzać take out [teɪk'aʊt] (took, taken), lead out [li:d'aʊt] (led, led); **wyprowadzać psa** – to take the dog out; **wyprowadzać kogoś z błędu** – to undeceive sb; **wyprowadzać kogoś z równowagi** – to make sb lose his/ /her temper; **wyprowadzać kogoś w pole** – to deceive sb/to mislead sb/ /to lead sb up the garden path

wyprowadzać się move out [mu:v'aʊt]

wypróbować try out [traɪ'aʊt], test [test]

wyprzedaż sale [seɪl]

wyprzedzać overtake (overtook, overtaken) [əʊvə'teɪk, əʊvə'tʊk, əʊvə'teɪkn]

wypukłość swelling ['swelɪŋ], bulge [bʌldʒ], convexity [kɒn'veksətɪ]

wypukły in relief [ɪnrɪ'li:f], bulging ['bʌldʒɪŋ], *geom.* convex ['kɒnveks]

wypuszczać ❶ (*zwolnić uścisk*) let go of; *Nie wypuszczaj liny!* – Don't let go of the rope! ❷ (*pozwolić odejść*) release [rɪ'li:s], set free [set'fri:], let sb go; **wypuścić zakładników** – to release hostages; **wypuścić kogoś z więzienia** – to release sb from prison; **wypuścić zwierzę z klatki** – to release an animal from a cage; *Nie wypuszczaj kota (z domu).* – Don't let the cat out (of the house). ❸ (*sprawić, żeby coś wyleciało, ulotniło się, wypłynęło*) let out [let'aʊt] (let, let); **wypuścić powietrze z opon** – to let the air out of the car's tyres; **wypuścić wodę z wanny** – to let the water out of the bath ❹ (*wprowadzić na rynek*) emit (tt) [ɪ'mɪt], issue ['ɪʃu:], bring out [brɪŋ'aʊt] (brought, brought), release [rɪ'li:s], put into circulation; **wypuścić nową serię znaczków** – to issue a new series of stamps; *Nowy model samochodu został wypuszczony na rynek.* – A new model of the car has been released for sale. ❺ (*o roślinach – wydać z siebie*) shoot (shot, shot) [ʃu:t, ʃɒt, ʃɒt], sprout up [spraʊt'ʌp]; **wypuszczać nowe pąki** – to sprout new buds

wypychać *p.* **wypchać**

wyrabiać ❶ (*produkować*) manufacture [mænjʊ'fæktʃə], make (made, made) [meɪk, meɪd, meɪd], produce [prə'dju:s] ❷ (*wykształcić, udoskonalić*) develop [dɪ'veləp]; **wyrabiać mięśnie** – to develop one's muscles; **wyrabiać czyjś charakter** – to develop/to form/to mould sb's character ❸ (*staraniem uzyskiwać*); **wyrobić sobie dobrą markę** – to acquire/to establish a reputation for oneself; **wyrobić sobie praktykę** – to build up a practice

wyrachowanie calculation [kælkjʊ'leɪʃn]

wyrachowany calculating ['kælkjʊleɪtɪŋ]

wyrafinowany refined [rɪ'faɪnd], sophisticated [sə'fɪstɪkeɪtɪd]

wyrastać ❶ (*o roślinach – pojawiać się*) sprout (up) [spraʊt-], shoot up [ʃu:t'ʌp] (shot, shot), grow (grew, grown) [grəʊ, gru:, grəʊn]; *Na drzewach wyrastają nowe pąki.* – New buds are sprouting on the trees. *Jeleniowi wyrastają rogi.* – The deer sprouts horns. ❷ (*o człowieku – stawać się większym*) grow (grew, grown) [grəʊ, gru:, grəʊn], shoot up [ʃu:t'ʌp] (shot, shot); *Ona wyrosła na piękną kobietę.* – She grew into a beautiful woman. *Wyrosła na wysoką osobę.* – She's grown very tall. *On bardzo wyrósł w czasie wakacji.* – He has shot up this holiday. ❸ (*tracić pewne cechy*) grow out of [grəʊ'aʊtəv] (grew, grown); **wyrosnąć z ubrań** – to grow out of one's clothes; **wyrosnąć z dziecinnych zabaw** – to grow out of the children's games

wyraz ❶ (*słowo*) word [wɜ:d], term [tɜ:m]; **wyraz bliskoznaczny** – a synonym; **wyrazy poważania** – kind regards; **wyrazy współczucia** – condolences ❷ (*przejaw*) expression [ɪk'spreʃn]; **bez wyrazu** – expressionless; **środki wyrazu** – means of expression; **dać czemuś wyraz** – to express sth; **dać wyraz zadowoleniu** – to express one's pleasure

◆ **nad wyraz** – extremely

wyrazić express [ɪk'spres], say (said, said) [seɪ, sed, sed], voice [vɔɪs]; **wyrazić swoje zdanie** – to express/to voice one's opinion; **wyrazić niezadowolenie** – to express/to voice one's dissatisfaction; **wyrazić życzenie** – to express a wish; **wyrazić zgodę** – to give one's consent

wyrazić się ❶ (*wypowiedzieć się*) speak (spoke, spoken) [spi:k, spəʊk, 'spəʊkn], express one's opinion; **wyrażać się o kimś dobrze** – to speak well of sb; **wyrażać się o kimś z uznaniem** – to speak highly of sb ❷ (*objawić się, zostać wyrażonym*) be expressed [bi:ɪk'sprest]

wyraźnie distinctly [dɪ'stɪŋktlɪ], clearly ['klɪəlɪ], (*niedwuznacznie*) explicitly [ɪk'splɪsɪtlɪ], unambiguously [ʌnæm'bɪgjʊəslɪ]; **wyraźnie widoczny** – clearly seen; *Powiedziałem wyraźnie, że...* – I made it clear that...

wyraźny distinct [dɪ'stɪŋkt], clear [klɪə], (*niedwuznaczny*) explicit [ɪk'splɪsɪt]

wyrażać się (*mieć pewien sposób mówienia*) express oneself; **jasno się wyrażać** – to express oneself lucidly

wyrażenie expression [ɪk'spreʃn]

wyrodnieć degenerate [dɪ'dʒenəreɪt]

wyrok verdict ['vɜ:dɪkt], sentence ['sentəns]; **ogłosić wyrok** – to announce a verdict; **zmniejszyć/zawiesić wyrok** – to reduce/to suspend a sentence; **wyrok śmierci** – a death sentence

wyrokować pass judgement [pɑ:s-'dʒʌdʒmənt], decree [dɪ'kri:], decide [dɪ'saɪd]

wyrosnąć *p.* **wyrastać**

wyrostek ❶ (*młody chłopak*) youth [ju:θ] ❷ *med.*: **wyrostek robaczkowy** – appendix; **zapalenie wyrostka** – appendicitis

wyrozumiałość indulgence [ɪn'dʌl-dʒəns], leniency ['li:njənsɪ], forbearance [fɔ:'beərəns], tolerance ['tɒlər-əns]

wyrozumiały lenient ['li:njənt], indulgent [ɪn'dʌldʒənt], forbearing [fɔ:-'beərɪŋ], tolerant ['tɒlərənt]

wyrób ❶ (*produkt*) product ['prɒdəkt], article ['ɑ:tɪkl], (*wyroby*) goods [gʊdz], ware [weə]; **wyroby cukiernicze** – confectionery; **wyroby z gliny** – earthenware; **wyroby ze srebra** – silverware; **wyroby skórzane** – leather goods ❷ (*wyrabianie*) manufacture [mænjʊ'fæktʃə], production [prə-'dʌkʃn]

wyrównać level ['levl], flatten ['flætn], even ['i:vn], square [skweə]; **wyrównać rachunki** – to settle the accounts/square one's accounts

wyrównany level ['levl], even ['i:vn]

wyrównywać *p.* **wyrównać**

wyróżniać ❶ (*faworyzować*) favour ['feɪvə] ❷ *p.* **rozróżniać**

wyróżnić się distinguish oneself [dɪs-'tɪŋgwɪʃwʌn'self], stand out [stænd-'aʊt] (stood, stood); **wyróżniać się w tłumie** – to stand out in a crowd; *Ona zawsze wyróżniała się (pozytywnie) w klasie.* – She always stood out from the whole class.

wyróżnienie (*nagroda*) award [ə'wɔ:d], (*wyrażenie uznania*) distinction [dɪs-'tɪŋkʃn], honour ['ɒnə]

wyruszać leave (left, left) [li:v, left, left], set out/off [set'aʊt/ɒf] (set, set); *Wyruszyli wcześnie.* – They set out early. **wyruszyć na wycieczkę** – to set out on a trip; **wyruszyć na wojnę** – to go to war; **wyruszyć na wyprawę** – to go on an expedition

wyrwa breach [bri:tʃ], gap [gæp]

wyrwać ❶ (*rwąc wyciągnąć*) tear out/ /up [teər'aʊt/'ʌp] (tore, torn), pull out [pʊl'aʊt], (*o zębie*) extract [ɪk'strækt]; **wyrwać kartkę z książki** – to tear a page out of a book; **wyrywać sobie włosy** – tear one's hair out; **wyrwać drzewo z korzeniami** – to tear a tree up by its roots; **wyrwać ząb** – to extract/to pull out a tooth ❷ (*siłą zabrać*) snatch [snætʃ]; **wyrwać komuś coś z ręki** – to snatch sth out of sb's hand

wyrwać się ❶ (*wydostać się*) tear oneself free, wrench oneself free ❷ (*wyjść, wyjechać*) get away [getə'weɪ] (got, got); *Zebranie trwało całe przedpołudnie i nie mogłem wyrwać się wcześniej.* – The meeting lasted all the morning and wasn't able to get away earlier. ❸ (*o słowach – wymknąć się*) escape [ɪ'skeɪp], slip (pp) [slɪp]; *Wyrwała mi się ta niefortunna uwaga.* – The unfortunate remark escaped my lips. *Wyrwało mi się, że ona odchodzi.* – I let it slip that she was leaving.

wyrządzać:

wyrządzać zło – to do wrong/evil; **wyrządzać szkody** – to do damage; **wyrządzić komuś przykrość** – to hurt sb's feelings

wyrzec *p.* **rzec**

wyrzec się renounce [rɪ'naʊns], give up [gɪv'ʌp] (gave, given); **wyrzec się przywileju** – to renounce a privilege; **wyrzec się tytułu/bogactwa** – to renounce a title/wealth; **wyrzec się alkoholu** – to give up alcohol

wyrzeczenie self-denial [selfdɪ'naɪəl], self-deprivation [selfdeprɪ'veɪʃn]

wyrzucać ❶ (*rzucać w górę*) toss [tɒs], throw (up) (threw, thrown) [θrəʊ, θru:, θrəʊn]; **wyrzucać piłkę w górę** – to throw the ball up ❷ (*usuwać*) throw away [θrəʊə'weɪ] (threw, thrown); *Ten wazon jest pęknięty – możesz go wyrzucić.* – The vase is cracked – you can throw it away. **wyrzucać pieniądze** – to waste money/to throw one's

W

money about ❸ (*pozbywać się kogoś*) throw out [θrəʊ'aʊt] (threw, thrown), get rid of [get'rɪdəv], turn out [tɜ:n-'aʊt], expel (ll) [ɪk'spel]; **wyrzucić kogoś za burtę** – to throw sb overboard; **wyrzucić kogoś z klasy** – to throw/to turn sb out of the class; **wyrzucić kogoś ze szkoły** – to expel sb from school ❹ (*robić komuś wyrzuty*) reproach [rɪ'prəʊtʃ]; **wyrzucać sobie** – to reproach oneself/to blame oneself

W

wyrzut (*wymówka*) reproach [rɪ'prəʊtʃ], reproof [rɪ'pru:f]; **robić komuś wyrzuty** – to reproach sb; **wyrzuty sumienia** – an uneasy conscience

wyrzutek outcast ['aʊtkɑ:st], misfit ['mɪsfɪt]

wysadzić ❶ (*dać wysiąść podróżnym*) drop off (pp) [drɒp'ɒf], set down [set-'daʊn] (set, set); *Kierowca autobusu wysadził pasażerów przy moście.* – The bus driver set the passangers down near the bridge. ❷ (*powodować eksplozję*) blow up [bləʊ'ʌp] (blew, blown)

wyschnąć dry up [draɪ'ʌp]

wysepka islet ['aɪlɪt], (*miejsce na jezdni bezpieczne dla pieszych*) traffic island [træfɪk'aɪlənd], safety island [seɪftɪ-'aɪlənd]

wysiadać (*z pociągu, autobusu*) get off [get'ɒf] (got, got), alight from [ə'laɪt-frəm], (*z samochodu*) get out of [get-'aʊtəv] (got, got), (*na ląd*) disembark [dɪsɪm'bɑ:k]

wysilać strain [streɪn], exert [ɪg'zɜ:t]

wysilać się exert oneself [ɪg'zɜ:twʌn-'self], make an effort [meɪkən'efət]

wysiłek effort ['efət], exertion [ɪg'zɜ:ʃn]; **zrobić wysiłek** – to make an effort; **wysiłek fizyczny** – physical exertion

wyskoczyć jump out [dʒʌmp'aʊt], spring out [sprɪŋ'aʊt] (sprang, sprung); **wyskoczyć z okna** – to jump out of a window; **wyskoczyć z łóżka** – to spring out of bed; **wyskoczyć z szyn** (*o pociągu*) – to jump the rails/the track

wysłać[1] (*wyprawić*) send (sent, sent) [send, sent, sent], dispatch [dɪ'spætʃ]; **wysłać list/telegram** – to send a letter/a telegram; *Wysłałam go do sklepu po chleb.* – I sent him to the shop to buy some bread.

wysłać[2] (*wyścielić*) pad (dd) [pæd], line [laɪn]

wysłannik envoy ['envɔɪ]

wysmukleć slim down (mm) [slɪm-'daʊn]

wysmukły slim [slɪm], slender ['slendə]

wysoce extremely [ɪk'stri:mlɪ], highly ['haɪlɪ]

wysoki ❶ (*o człowieku*) tall [tɔ:l]; **wysoki mężczyzna** – a tall man ❷ (*o przedmiotach, przen.*) high [haɪ], tall [tɔ:l]; **wysoki budynek** – a high/a tall building; **buty na wysokich obcasach** – high-heeled shoes; **wysoka cena/ /temperatura** – a high price/temperature; **wysokie ciśnienie** – a high pressure; **grać o wysokie stawki** – to play for high stakes; **wysoka jakość** – high quality; **wysoki głos** – a high voice/ /a high-pitched voice

wysoko high [haɪ]; *Ptaki fruwają wysoko na niebie.* – The birds are flying high in the sky. *On zajdzie wysoko.* – He will go far.

wysokogórski alpine ['ælpaɪn]

wysokokaloryczny high-calorie [haɪ-'kælərɪ]; **dieta wysokokaloryczna** – high-calorie diet

wysokościowiec sky-scraper ['skaɪ-skreɪpə], tower [taʊə]

wysokość ❶ (*odległość między podstawą a wierzchołkiem*) height [haɪt]; *Jaka jest wysokość budynku?* – What is the height of the building? *Budynek ma 20 metrów wysokości.* – The building is 20 metres high. ❷ (*odległość od ziemi*) height [haɪt], altitude ['æltɪtju:d]; **na wysokości 6000 metrów nad poziomem morza** – at a height of 6000 metres above sea level; **na dużych wysokościach** – at high altitudes; **lęk wysokości** – fear of heights ❸ (*ilość, liczba, wielkość*) amount [ə'maʊnt], degree [dɪ'gri:], quantity ['kwɒntətɪ] ❹ (*tytuł*): **Wa-**

sza Wysokość – Your Highness/Your Grace

◆ **stanąć na wysokości zadania** – to rise to the occasion

wyspa island ['aılənd]; **bezludna wyspa** – an ininhabited island/a desert island; **Wyspy Brytyjskie** – the British Isles

wyspać się have a good sleep, to catch up on one's sleep

wysportowany athletic [æθ'letık]

wystarczać be enough [bi:ı'nʌf], be sufficient [bi:sə'fıʃnt], suffice [sə'faıs]; *Nie wystarczyło żywności dla nas wszystkich.* – There wasn't enough//sufficient food for all of us. *To wystarczy!* – That will do!

wystarczająco sufficiently [sə'fıʃntlı], enough [ı'nʌf]; *Czy masz wystarczająco dużo pieniędzy, żeby pokryć wszystkie wydatki?* – Have you got enough money to cover all the expenses? *Czy herbata jest wystarczająco słodka?* – Is the tea sweet enough?

wystawa ❶ (*pokaz*) exhibition [eksı'bıʃn], show [ʃəʊ]; **wystawa dzieł sztuki** – an art exhibition; **wystawa kwiatów** – a flower show; **otworzyć/zamknąć wystawę** – to open/to close an exhibition ❷ (*okno sklepowe*) shop-window ['ʃɒpwındəʊ]

wystawiać ❶ (*wynieść na zewnątrz*) put out [pʊt'aʊt] (put, put), take out [teık'aʊt] (took, taken); **wystawić butelki po mleku na zewnątrz** – to put out the empty milk bottles; **wystawić meble z pokoju** – to take the furniture out of the room ❷ (*wysunąć*) stick out [stık'aʊt] (stuck, stuck); **wystawić głowę przez okno** – to stick one's head out of the window ❸ (*położyć tak, żeby było widoczne*) exhibit [ıg'zıbıt], display [dıs'pleı]; **wystawiać swoje dzieła w galerii** – to exhibit one's works in a gallery/to display one's works to the public ❹ (*poddawać działaniu*) expose [ık'spəʊz]; *Nie wystawiaj dziecka na słońce.* – Don't expose the baby to the sun. ❺ (*pokazać w teatrze*) stage [steıdʒ], produce [prə'dju:s], put on [pʊt'ɒn] (put, put); **wystawiać sztukę** – to put on/to produce a play ❻ (*zaproponować*); **wystawiać kandydata** – to put up a candidate ❼ (*sporządzić, wypisać dokument*) draw (drew, drawn) [drɔ:, dru:, drɔ:n], issue ['ıʃu:]; **wystawić czek** – to draw a cheque

wystawić się (*narazić się*) expose oneself [ık'spəʊzwʌn'self]; **wystawić się na pośmiewisko** – to expose oneself to ridicule

wystawny sumptuous ['sʌmtʃʊəs]

wystąpić ❶ (*wyjść z szeregu*) step forward [step'fɔ:wəd]; **wystąpić z brzegów** (*o rzece*) – flood/burst its banks ❷ (*zabrać głos*) speak (spoke, spoken) [spi:k, spəʊk, 'spəʊkn], express one's opinion; **wystąpić w czyjejś obronie** – to speak up for sb; **wystąpić w czyimś imieniu** – to speak on sb's behalf; **wystąpić z przemówieniem** – to make a speech ❸ (*ukazać się*) appear [ə'pıə]; **wystąpić na scenie** – to appear on stage; *Premier wystąpi dziś w telewizji.* – The Prime Minister will appear on TV tonight. ❹ (*przestać być członkiem*) leave (left, left) [li:v, left, left]; **wystąpić z partii** – to leave a party ❺ (*pojawić się, przejawiać się*) appear [ə'pıə], manifest oneself ['mænıfestwʌn'self]; *Objawy wystąpiły bardzo szybko.* – The symptoms manifested themselves very soon.

wystąpienie ❶ (*pojawienie się*) appearance [ə'pıərəns] ❷ (*zabranie głosu*) speech [spi:tʃ]

występ ❶ (*wystająca część*) projection [prə'dʒekʃn], (*występ skalny*) ledge [ledʒ] ❷ (*popis publiczny*) performance [pə'fɔ:məns], appearance [ə'pıərəns]

występować ❶ *p.* **wystąpić** ❷ (*znajdować się*) be found [bi:'faʊnd], occur [ə'kɜ:]; *Żelazo występuje w przyrodzie w formie rudy żelaza.* – Iron is found/

/occurs in nature in the form of iron ore.

występowanie (*pojawianie się*) occurence [ə'kʌrəns]

wystraszyć frighten (away) ['fraɪtn-], scare (off) [skeə-]

wystraszyć się be frightened [bi:-'fraɪtnd], take fright [teɪk'fraɪt]

wystroić dress up [dres'ʌp]

wystroić się dress oneself up [dreswʌn-'self'ʌp]

W

wystrój décor ['deɪkɔ:]

wystrzał shot [ʃɒt]

wystrzegać się avoid [ə'vɔɪd]

wystrzelić fire a shot [faɪərə'ʃɒt], shoot (shot, shot) [ʃu:t, ʃɒt, ʃɒt]; **wystrzelić z pistoletu** – to fire a pistol; **wystrzelić w powietrze** – to fire into the air; **wystrzelić pocisk/satelitę** – to launch a missile/a satellite

wystrzępić fray [freɪ]

wystygnąć get cold [get'kəʊld], grow cold [grəʊ'kəʊld]

wysunąć ❶ (*do przodu*) push out [pʊʃ'aʊt]; **wysunąć szufladę** – to pull out a drawer ❷ (*zaproponować*) put forward [pʊt'fɔ:wəd] (put, put), propose [prə'pəʊz], put up [pʊt'ʌp] (put, put), advance [əd'vɑ:ns]; **wysunąć teorię** – to advance/to propose a theory; **wysunąć wniosek** – to make/to put forward a motion; **wysunąć propozycję** – to put forward a proposal/ /to make a suggestion; **wysunąć czyjąś kandydaturę** – to put up a candidate

wysunąć się ❶ (*wyjść do przodu*) put oneself forward; **wysunąć się na czoło** – to take the lead ❷ (*wymknąć się*) slip out (pp) [slɪp'aʊt]

wyswobodzenie liberation [lɪbə'reɪʃn], release [rɪ'li:s]

wyswobodzić liberate ['lɪbəreɪt], free [fri:], release [rɪ'li:s]

wyswobodzić się free oneself [fri:-wʌn'self]

wysychać *p.* **wyschnąć**

wysyłać *p.* **wysłać**[1]

wysypać spill (spilt, spilt/-ed) [spɪl, spɪlt, spɪlt/spɪld], pour out [pɔ:r'aʊt]

wysypać się spill (spilt, spilt/-ed) [spɪl, spɪlt, spɪlt/spɪld], pour out [pɔ:r'aʊt]

wysypisko (*śmieci*) refuse heap ['refju:-shi:p], refuse dump ['refju:sdʌmp]

wysypka rash [ræʃ]; **dostać wysypki** – to break out in a rash

wysypywać *p.* **wysypać**

wyszczególniać specify ['spesɪfaɪ]

wyszczególnienie specification [spesɪfɪ'keɪʃn]

wyszczuplеć slim down (mm) [slɪm-'daʊn]

wyszkolić train [treɪn], educate ['edju:-keɪt]

wyszukany elaborate [ɪ'læbərət], sophisticated [sə'fɪstɪkeɪtɪd], exquisite ['ekskwɪzɪt]

wyścielać *p.* **wysłać**[2]

wyścig race [reɪs]; **wyścigi konne** – horse races; **wyścigi samochodowe** – motor/automobile races; **wyścig zbrojeń** – the arms race; **wyścig z czasem** – a race against time

wyścigowy race [reɪs], racing ['reɪsɪŋ]; **tor wyścigowy** – race course/race track; **koń wyścigowy** – a race horse; **samochód wyścigowy** – a racing car

wyśledzić spy out [spaɪ'aʊt], discover [dɪs'kʌvə]

wyślizgnąć się slip (out) (pp) [slɪp-]; *Filiżanka wyślizgnęła mi się z ręki.* – The cup slipped out of my hand. *On wyślizgnął się nie zauważony.* – He slipped out/off/away unnoticed.

wyśmienity excellent ['eksələnt], superb [sju:'pɜ:b], perfect ['pɜ:fɪkt]

wyśmiewać ridicule ['rɪdɪkju:l], make fun of [meɪk'fʌnəv], mock [mɒk]; *Oni wyśmiali mój pomysł.* – They ridiculed my idea.

wyśmiewać się laugh at [lɑ:f-], make fun of [meɪk'fʌnəv]

wyświadczać render ['rendə], do (did, done) [du:/dʊ, dɪd, dʌn]; **wyświadczać komuś przysługę** – to do sb a favour/to render sb a service

wyświetlać (*pokazywać na ekranie*) project [prə'dʒekt]

wytaczać ❶ (*toczyć*) roll [rəʊl] ❷ (*przedstawić*): **wytaczać argumenty** – to present/to put forward arguments; **wytoczyć komuś proces** – to bring legal action against sb

wytapiać smelt [smelt]; **wytapiać rudę żelaza** – to smelt iron ore

wytarty (*o ubraniu*) threadbare ['θredbeə], worn-out [wɔ:n'aʊt]

wytchnienie rest [rest]; **bez wytchnienia** – tirelessly

wytężać strain [streɪn]; **wytężać wzrok/ /słuch** – to strain one's eyes/ears; **wytężać wszystkie siły** – to strain every nerve

wytłumaczalny explicable [ɪk'splɪkəbl/ /'eksplɪkəbl], explainable [ɪk'spleɪnəbl]

wytłumaczyć explain [ɪk'spleɪn]

wytoczyć *p.* **wytaczać**

wytrawny ❶ (*o winie*) dry [draɪ] ❷ (*doświadczony*) experienced [ɪk'spɪərɪənst], seasoned ['si:znd]; **wytrawny podróżnik** – a seasoned traveller

wytrącać ❶ (*trąciwszy wyrzucać*) knock out [nɒk'aʊt]; *Wytrącił mi szklankę z ręki.* – He knocked the glass out of my hand. ❷ (*wyrwać z jakiegoś stanu*): **wytrącić kogoś z równowagi** – to throw sb off (his) balance ❸ *chem.* precipitate [prɪ'sɪpɪteɪt]

wytropić track down [træk'daʊn], trace [treɪs]

wytrwać persist [pə'sɪst], persevere [pɜ:sɪ'vɪə], hold out [həʊld'aʊt] (held, held)

wytrwałość perseverance [pɜ:sɪ'vɪərəns]

wytrwały persevering [pɜ:sɪ'vɪərɪŋ], persistent [pə'sɪstənt]

wytrych master-key ['mɑ:stəki:], skeleton-key ['skelɪtnki:]

wytrzeć *p.* **wycierać**

wytrzeszczać (*oczy*) stare [steə], goggle ['gɒgl]

wytrzeźwieć sober up [səʊbər'ʌp]

wytrzymać stand (stood, stood) [stænd, stʊd, stʊd], bear (bore, borne) [beə, bɔ:, bɔ:n], endure [ɪn'djʊə], withstand (withstood, withstood) [wɪð'stænd, wɪð'stʊd, wɪð'stʊd]; *Nie mogłam wytrzymać bólu.* – I couldn't stand/endure the pain. **wytrzymać atak** – to withstand an attack; *To nie wytrzymuje porównania.* – It doesn't bear/stand comparison. *Trudno z nim wytrzymać.* – It's difficult to put up with him.

wytrzymałość ❶ (*zdolność znoszenia trudów, odporność*) stamina ['stæmɪnə], endurance [ɪn'djʊərəns]; **być u kresu wytrzymałości** – to be at the end of one's tether; **wytrzymałość fizyczna** – physical endurance; *To przechodzi wytrzymałość ludzką.* – It's beyond endurance. ❷ *techn.* durability [djʊərə'bɪlətɪ], strength [streŋθ]

wytrzymały ❶ (*taki, który może wiele znieść*) resistant [rɪ'zɪstənt], tough [tʌf], hardy ['hɑ:dɪ] ❷ (*o rzeczach, materiałach – mocny*) durable ['djʊərəbl], resistant [rɪ'zɪstənt]

wytrzymanie:
To jest nie do wytrzymania. – It's unbearable.

wytrzymywać *p.* **wytrzymać**

wytwarzać produce [prə'dju:s], manufacture [mænjʊ'fæktʃə]

wytworny refined [rɪ'faɪnd], elegant ['elɪgənt], stylish ['staɪlɪʃ]

wytwór product ['prɒdʌkt], creation [kri:'eɪʃn]

wytwórca producer [prə'dju:sə], manufacturer [mænjʊ'fæktʃərə]

wytwórczość production [prə'dʌkʃn], manufacture [mænjʊ'fæktʃə]

wytwórnia factory ['fæktərɪ]

wytyczać mark out [mɑ:k'aʊt]

wytyczne instructions [ɪn'strʌkʃnz]

wytypować appoint [ə'pɔɪnt], select [sɪ'lekt]

wywabiacz stain remover [steɪnrɪ'mu:və]

wywabiać (*plamy*) remove stains [rɪ'mu:v'steɪnz]

W

wywar decoction [dɪ'kɒkʃn]

wywiad ❶ (*rozmowa*) interview ['ɪntəvju:]; **udzielić wywiadu** – to give an interview; **przeprowadzić wywiad** – to conduct an interview ❷ (*instytucja zbierająca tajne informacje*) intelligence service [ɪn'telɪdʒəns 'sɜ:vɪs], secret service ['si:krɪt'sɜ:vɪs]; **agent wywiadu** – a secret agent

wywiadowca secret agent [si:krɪt'eɪdʒənt]

wywiadówka parents-teacher meeting ['peərənts'ti:tʃə'mi:tɪŋ]

wywiązać się ❶ (*wyniknąć*) arise (arose, arisen) [ə'raɪz, ə'rəʊz, ə'rɪzn], spring up [sprɪŋ'ʌp] (sprang, sprung) ❷ (*wykonać coś*) perform [pə'fɔ:m], fulfil (ll) [fʊl'fɪl], meet (met, met) [mi:t, met, met]; **wywiązać się ze zobowiązania** – to fulfil/to meet an obligation ❸ (*o chorobie, objawach – powstać*) develop [dɪ'veləp], set in [set'ɪn] (set, set), start [stɑ:t]; *Wywiązało się obustronne zapalenie płuc.* – Double pneumonia has set in.

wywierać ❶ (*działać*) exert [ɪg'zɜ:t]; **wywierać nacisk** – to exert pressure; **wywierać wpływ na coś** – to influence sth ❷ (*wywołać, sprawić*): **wywierać wrażenie** – to make/to create an impression; **wywrzeć skutek** – to bring about the result

wywieszać hang out [hæŋ'aʊt] (hung, hung), put up [pʊt'ʌp] (put, put), post up [pəʊst'ʌp]; **wywiesić flagę** – to hang out the flag; **wywiesić pranie** – to hang the washing out; **wywiesić ogłoszenie** – to put up a notice; *Wyniki egzaminów będą wywieszone na tablicy.* – The exam results will be put up on the board. *Pies biegł z wywieszonym językiem.* – The dog was running with his tongue hanging out.

wywieszka notice ['nəʊtɪs]

wywieść ❶ (*wyprowadzić*) lead (out) (led, led) [li:d, led, led]; **wywieść kogoś w pole** – to lead sb up the garden path/to mislead sb ❷ (*dojść do czegoś drogą rozumowania*) deduce [dɪ'dju:s], conclude [kən'klu:d]; **wywieść wniosek** – to arrive at a conclusion ❸ (*wyjaśnić*) explain [ɪk'spleɪn]

wywietrzyć air [eə]

wywietrznik ventilator ['ventɪleɪtə], vent [vent]

wywieźć take away [teɪkə'weɪ] (took, taken), export [ek'spɔ:t]; **wywozić śmieci** – to dispose of refuse

wywodzić się originate [ə'rɪdʒəneɪt], trace one's origin, be descended from; *On się wywodzi ze starej arystokratycznej rodziny.* – He is descended from an old aristocratic family. *Ten styl wywodzi się ze starożytnej Grecji.* – That style originated in ancient Greece.

wywołać ❶ (*sprawić*) stir up (rr) [stɜ:r'ʌp], cause [kɔ:z], bring about [brɪŋə'baʊt] (brought, brought), create [kri:'eɪt], arouse [ə'raʊz], provoke [prə'vəʊk]; **wywołać entuzjazm** – to arouse enthusiasm; **wywołać dyskusję** – to arouse/to provoke/to stir up a discussion; **wywołać skandal** – to cause/to create a scandal; **wywołać panikę** – to cause/to create panic; **wywołać kłótnię** – to cause/to start a quarrel; **wywołać awanturę** – to make/to raise a row/to kick up a row; **wywołać zamęt** – to cause/to create confusion; **wywołać bójkę** – to provoke/to start a fight; **wywołać wesołość** – to provoke mirth ❷ *fot.* develop [dɪ'veləp]

wywozić *p.* **wywieźć**

wywóz transportation [trænspɔ:'teɪʃn], removal [rɪ'mu:vl], export ['ekspɔ:t]; **wywóz śmieci** – garbage disposal

wywrotka ❶ (*samochód*) tipper lorry ['tɪpəlɒrɪ], tipper truck ['tɪpətrʌk] ❷ (*przewrócenie się*) fall [fɔ:l]

wywrotowy subversive [səb'vɜ:sɪv]

wyzdrowieć recover [rɪ'kʌvə], get well [get'wel], get better [get'betə]; **wyzdrowieć** (*zwalczyć chorobę*) – to recover from an illness

wyzdrowienie recovery [rɪ'kʌvərɪ], recuperation [rɪkju:pə'reɪʃn]

wyznaczać ❶ (*wytyczać granice*) mark out [mɑ:k'aʊt]; **wyznaczać granice** – to mark out boundaries ❷ (*wskazywać, określać*) fix [fiks], determine [dɪ'tɜ:mɪn], set (set, set) [set, set, set]; **wyznaczać datę** – to fix/to set a date; **wyznaczać cenę** – to fix/to set a price ❸ (*powierzyć komuś funkcję, zadanie*) appoint [ə'pɔɪnt], assign [ə'saɪn]; **wyznaczyć kogoś na stanowisko** – to appoint sb to the post; **wyznaczyć kogoś na przewodniczącego** – to appoint sb chairman; **wyznaczyć komuś zadanie** – to assign sb a task ❹ (*określić za pomocą obliczeń*) calculate ['kælkjʊleɪt], determine [dɪ'tɜ:mɪn]; **wyznaczyć prędkość** – to determine/ /to calculate the speed

wyznać confess [kən'fes]; *On wyznał, że ukradł pieniądze.* – He confessed that he had stolen the money. **wyznać miłość** – to declare love

wyznanie ❶ (*zwierzenie się*) confession [kən'feʃn] ❷ *rel.* religion [rɪ'lɪdʒən], creed [kri:d], religious belief [rɪ'lɪdʒəsbɪ'li:f]

wyznawać (*uznawać za prawdziwe*) profess [prə'fes]; **wyznawać islam/ /chrześcijaństwo** – to profess Islam/ /Christianity; **wyznawać pogląd** – to hold an opinion/a belief

wyznawca ❶ *rel.* believer [bɪ'li:və] ❷ (*zwolennik*) follower ['fɒləʊə], adherent [əd'hɪərənt], believer [bɪ'li:və]

wyzwać (*wezwać do udziału w walce*) challenge ['tʃælɪndʒ]; **wyzwać kogoś na pojedynek** – to challenge sb to a duel

wyzwalać ❶ (*obdarzać wolnością*) liberate ['lɪbəreɪt], set free [set'fri:], release [rɪ'li:s], free [fri:]; **wyzwolić okupowany kraj** – to liberate an occupied country; **wyzwolić więźniów** – to release prisoners ❷ (*powodować pojawienie się*) release [rɪ'li:s], let loose [let'lu:s]

wyzwalać się ❶ (*odzyskać wolność*) free oneself [fri:wʌn'self] ❷ (*odzyskać swobodę ruchów*) extricate oneself ['ekstrɪkeɪtwʌn'self], disengage oneself [dɪsɪn'geɪdʒwʌn'self]

wyzwanie challenge ['tʃælɪndʒ]; **przyjąć wyzwanie** – to accept/to take up a challenge; **rzucić wyzwanie** – to challenge

wyzwisko insult ['ɪnsʌlt], abuse [ə'bju:s]

wyzwolenie liberation [lɪbə'reɪʃn]; **wyzwolenie kobiet** – emancipation of women; **ruch wyzwolenia kobiet** – women's liberation movement/women's lib

wyzwoleńczy liberation [lɪbə'reɪʃn]; **ruch wyzwoleńczy** – liberation movement

wyzysk exploitation [eksplɔɪ'teɪʃn]

wyzyskiwać ❶ (*uzyskać coś cudzym kosztem*) exploit [ɪk'splɔɪt] ❷ (*wykorzystać*) take advantage of ['teɪkəd'vɑ:ntɪdʒəv]

wyzywać (*obrzucać obelgami*) hurl insults at, call sb names

wyzywający provocative [prə'vɒkətɪv], defiant [dɪ'faɪənt]

wyż *meteor.* high-pressure area [haɪ'preʃə'eərɪə]; **wyż demograficzny** – population explosion/*pot.* baby boom

wyżej higher (up) [haɪə-]; *Oni mieszkają piętro wyżej.* – They live on the floor above. **wyżej wymieniony** – above-mentioned; *Nie potrafię już skoczyć wyżej.* – I can't jump any higher.

wyżeł *zool.* pointer ['pɔɪntə]

wyżłobić groove [gru:v]

wyżłobienie groove [gru:v], furrow ['fʌrəʊ]

wyższość superiority [su:pɪərɪ'ɒrətɪ]; **kompleks wyższości** – a superiority complex

wyższy higher ['haɪə], taller ['tɔ:lə]; *On jest wyższy od swojego brata.* – He is taller than his brother. **wyższe wykształcenie** – higher education; **szkoła wyższa** – university

wyżymaczka mangle ['mæŋgl], wringer ['rɪŋə]

wyżymać wring (out) (wrung, wrung) [rɪŋ-, rʌŋ, rʌŋ]

wyżyna upland ['ʌplənd]

W

wyżywienie food [fu:d], board [bɔ:d]
wzajemnie reciprocally [rɪ'sɪprəkəlɪ], in return [ɪnrɪ'tɜ:n]; **pomagać sobie wzajemnie** – to help each other
wzajemność reciprocation [rɪsɪprə'keɪʃn], reciprocity [resɪ'prɒsətɪ]; **miłość bez wzajemności** – unreciprocated/unrequited love
wzajemny mutual ['mju:tʃʊəl], reciprocal [rɪ'sɪprəkl]; **wzajemne oddziaływanie** – interaction; **wzajemna pomoc** – mutual aid/assistance

W

wzbierać *p.* **wezbrać**
wzbijać raise [reɪz]; **wzbijać tuman kurzu** – to raise a cloud of dust
wzbijać się soar [sɔ:], rise (rose, risen) [raɪz, rəʊz, 'rɪzn]; **wzbijać się w powietrze** – to rise in the air
wzbogacać enrich [ɪn'rɪtʃ]; **wzbogacać glebę nawozem** – to enrich soil with fertilizer
wzbogacać się get rich [get'rɪtʃ]
wzbraniać forbid (forbade, forbidden) [fə'bɪd, fə'bæd, fə'bɪdn], prohibit [prə'hɪbɪt]; *Wstęp wzbroniony.* – No entry. *Palenie wzbronione.* – No smoking.
wzbraniać się object [əb'dʒekt], demur [dɪ'mɜ:]
wzbudzać arouse [ə'raʊz], excite [ɪk'saɪt], stir up (rr) [stɜ:r'ʌp], inspire [ɪn'spaɪə], raise [reɪz]; **wzbudzać zainteresowanie** – to arouse interest
wzburzony (*o morzu*) rough [rʌf], (*o człowieku*) agitated ['ædʒɪteɪtɪd], flustered ['flʌstəd], flurried ['flʌrɪd], excited [ɪk'saɪtɪd]
wzdłuż longways ['lɒŋweɪz], longwise ['lɒŋwaɪz], lengthways ['leŋθweɪz], along [ə'lɒŋ]
wzdragać się hesitate ['hezɪteɪt], demur [dɪ'mɜ:], recoil [rɪ'kɔɪl]
wzdrygać się start [stɑ:t], wince [wɪns]
wzdychać sigh [saɪ]
wzgarda scorn [skɔ:n], contempt [kən'temt], disdain [dɪs'deɪn]
wzgardliwy scornful ['skɔ:nfʊl], contemptuous [kən'temtjʊəs], disdainful [dɪs'deɪnfʊl]
wzgardzić (*odrzucić*) spurn [spɜ:n]
wzgląd ❶ (*branie pod uwagę*) regard [rɪ'gɑ:d], consideration [kənsɪdə'reɪʃn], sake [seɪk]; **mieć coś na względzie** – to take sth into consideration; **bez względu na** – regardless of; *Zrobiłam to ze względu na dzieci.* – I did it for my children's sake. ❷ (*przyczyny, powody*) reason ['ri:zn]; **z tego względu, że...** – for the reason that...; **względy bezpieczeństwa** – the reasons of safety ❸ (*względy, przychylność*) favour ['feɪvə], good graces [gʊd'greɪsɪz]; **darzyć kogoś względami** – to bestow favours on sb ❹ (*punkt widzenia – aspekt*) respect [rɪ'spekt]; **pod tym względem** – in this respect; **pod każdym względem** – in every respect
względem (*w stosunku do*) in relation to [ɪnrɪ'leɪʃntə], towards [tə'wɔ:dz]
względnie ❶ (*nieźle*) quite [kwaɪt], tolerably ['tɒlərəblɪ], fairly ['feəlɪ], passably ['pɑ:səblɪ] ❷ (*stosunkowo*) relatively ['relətɪvlɪ], comparatively [kəm'pærətɪvlɪ]
względność relativity [relə'tɪvətɪ]; **teoria względności** – the theory of relativity
względny ❶ (*relatywny*) relative ['relətɪv], comparative [kəm'pærətɪv]; *gram.* **zaimek względny** – a relative pronoun ❷ (*dość dobry, znośny*) tolerable ['tɒlərəbl], passable ['pɑ:səbl], fair [feə]
wzgórze hill [hɪl]
wziąć *p.* **brać**
wzlot (*ruch ku górze*) rise [raɪz], ascent [ə'sent]; **wzloty i upadki** – ups and downs
wzmacniacz *fiz.* amplifier ['æmplɪfaɪə]
wzmacniać ❶ (*dodawać siły*) strengthen ['streŋθn] ❷ (*umacniać*) reinforce [ri:ɪn'fɔ:s], fortify ['fɔ:tɪfaɪ]; **wzmocnić ścianę** – to reinforce a wall
wzmacniać się grow stronger [grəʊ'strɒŋgə], get stronger [get'strɒŋgə]
wzmagać (się) increase [ɪn'kri:s], intensify [ɪn'tensɪfaɪ]

wzmianka mention ['menʃn], (*w gazecie*) paragraph ['pærəgrɑ:f], notice ['nəʊtɪs]

wznak:
na wznak – on one's back

wznawiać ❶ (*podejmować na nowo*) resume [rɪ'zju:m], renew [rɪ'nju:] ❷ (*wydawać książkę po raz kolejny*) reprint [ri:'prɪnt]

wzniecać ❶ (zapalać) light [laɪt], kindle ['kɪndl]; **wzniecać ogień** – to light a fire ❷ (*wzbudzać*) arouse [ə'raʊz], excite [ɪk'saɪt], stir (rr) [stɜ:], incite [ɪn'saɪt]; **wzniecać entuzjazm** – to arouse/to stir up enthusiasm; **wzniecać bunt** – to stir up/to incite revolt; **wzniecać niepokoje** – to stir up unrest ❸ (*powodować wznoszenie się*) raise [reɪz]; **wzniecać tuman kurzu** – to raise a cloud of dust

wznieść ❶ (*podnieść*) raise [reɪz], lift [lɪft]; **wznieść rękę** – to raise one's hand; **wznieść oczy** – to lift (up) one's eyes; **wznieść okrzyk** – to raise a cheer; **wznieść kielich** – to raise one's glass ❷ (*postawić, zbudować*) raise [reɪz], erect [ɪ'rekt]; **wznieść pomnik** – to erect/to raise a memorial ❸ (*powodować unoszenie*) raise [reɪz]; **wznieść tuman kurzu** – to raise a cloud of dust

wznieść się ❶ (*zostać uniesionym*) be raised [bi:'reɪzd], be lifted [bi:'lɪftɪd] ❷ (*wzbić się w górę*) rise (rose, risen) [raɪz, rəʊz, 'rɪzn], go up [gəʊ'ʌp] (went, gone), soar [sɔ:], mount [maʊnt]

wzniosły lofty ['lɒftɪ], elevated ['elɪveɪtɪd]

wznowienie (*publikacji*) a new printing, a new edition, reprint, reissue

wzorować się imitate ['ɪmɪteɪt], follow ['fɒləʊ]; **wzorować się na przykładzie** – to follow an example

wzorowy exemplary [ɪg'zemplərɪ], model ['mɒdl]; **wzorowy mąż** – a model husband; **wzorowe zachowanie** – model behaviour

wzorzec standard ['stændəd], model ['mɒdl], pattern ['pætən]

wzorzysty patterned ['pætənd]

wzór ❶ (*przykład, ideał*) example [ɪg'zɑ:mpl], model ['mɒdl], pattern ['pætən]; **brać kogoś za wzór** – to follow sb's example ❷ (*motyw, rysunek*) pattern ['pætən], design [dɪ'zaɪn]; **suknia w kwiecisty wzór** – a dress with a flowery pattern; **wzór dziewiarski** – a knitting pattern ❸ (*model do odtwarzania w produkcji*) model ['mɒdl] ❹ *mat., chem.* formula, *l.mn.* formulae ['fɔ:mjʊlə, 'fɔ:mjʊli:]

wzrastać ❶ (*rosnąć*) grow (up) (grew, grown) [grəʊ-, gru:, grəʊn] ❷ (*powiększać się*) increase [ɪn'kri:s], grow (grew, grown) [grəʊ, gru:, grəʊn], go up [gəʊ'ʌp] (went, gone); *Produkcja znacznie wzrosła.* – Production increased considerably. *Ceny stopniowo wzrastają.* – Prices are gradually increasing/going up.

wzrok ❶ (*zmysł*) eyesight ['aɪsaɪt], vision ['vɪʒn]; **krótki wzrok** – short sight; **słaby wzrok** – poor/weak eyesight; **wytężać wzrok** – to strain one's eyes; **być w zasięgu wzroku** – to be in sight ❷ (*wyraz oczu, spojrzenie*) eyes [aɪz], gaze [geɪz], look [lʊk]; *Nie mógł oderwać od niej wzroku.* – He couldn't take his eyes off her. **badawczy/przenikliwy wzrok** – keen/ /sharp eyes/look

wzrokowy ❶ (*dot. narządu wzroku*) optic ['ɒptɪk]; **nerw wzrokowy** – the optic nerve ❷ (*wizualny*) visual ['vɪʒjʊəl]; **pamięć wzrokowa** – visual memory

wzrost ❶ (*wysokość człowieka*) height [haɪt], size [saɪz]; **mężczyzna średniego wzrostu** – a man of medium height; **mężczyzna wysokiego wzrostu** – a tall man; *Ile masz wzrostu?* – How tall are you? *On ma prawie dwa metry wzrostu.* – He is almost two metres tall. ❷ (*zwiększenie*) increase ['ɪŋkri:s], growth [grəʊθ]; **znaczny/umiarkowany/nieduży wzrost** – a considerable/a moderate/a slight increase/ /growth; **wzrost konsumpcji** – an increase in consumption; **wzrost wagi** – an increase in weight ❸ (*rośnięcie*) growth [grəʊθ]; **wzrost ekonomiczny**

– economic growth; *Wysoka temperatura pobudza wzrost roślin.* – High temperature stimulates growth of plants.

wzruszać move [mu:v], touch [tʌtʃ]; **wzruszać głęboko** – to move deeply; **wzruszać do łez** – to move to tears

wzruszać się be moved [bi:'mu:vd], be touched [bi:'tʌtʃt]; **wzruszać się głęboko/do łez** – to be deeply moved/to be moved to tears

wzruszający moving ['mu:vɪŋ], touching ['tʌtʃɪŋ]

wzruszenie emotion [ɪ'məʊʃn]

wzwyż upwards ['ʌpwədz]; **skok wzwyż** – a high jump

wzywać *p.* **wezwać**

Z

z ❶ (*dot. punktu wyjścia, pochodzenia, źródła*) from [frɒm/frəm], out of ['aʊtəv]; **wiatr z południa** – a wind from the south; **pociąg z Londynu** – a train from London; **wrócić z pracy** – to come from work; *Jestem z Polski.* – I'm from Poland./I come from Poland. **wyskoczyć z łóżka** – to jump out of bed; **kościół z XVI wieku** – a church from the 16th century; **pić ze szklanki** – to drink out of a glass; **urywek z książki** – a passage from a book; **książka z biblioteki** – a book from the library; **tłumaczenie z angielskiego** – a translation from English; **z mojego punktu widzenia** – from my point of view ❷ (*dot. tworzywa, materiału*) from [frɒm/frəm], of [ɒv/əv]; *Marmolada jest zrobiona z pomarańczy.* – Marmalade is made from oranges. *To jest zrobione z plastiku.* – It's made of plastic. ❸ (*dot. wyróżnienia*) from [frɒm/frəm], of [ɒv/əv]; **najlepszy ze wszystkich** – best of all; **najmłodsze z dzieci** – the youngest of all children ❹ (*dot. przyczyny*) from [frɒm/frəm], out of ['aʊtəv], for [fɔ:/fə], with [wɪð]; **pytać z ciekawości** – to ask out of curiosity; **pomóc z litości** – to help sb out of pity; **umrzeć z głodu** – to die from hunger; **być chorym ze zmęczenia** – to be ill from tiredness; **trząść się ze strachu** – to tremble with fear; **być zdrętwiałym z zimna** – to be numb with cold; **z następujących powodów** – for the following reasons; **ze względu na mnie** – for my sake ❺ (*razem*) with [wɪð]; **pracować z kimś** – to work with sb; **dziewczynka z psem** – a girl with a dog; **pokój z łazienką** – a room with a bath; **dom z ogrodem** – a house with a garden; **kłócić się z kimś** – to quarrel with sb; **płynąć z prądem** – to swim with the current ❻ (*dot. okoliczności*) with [wɪð]; **z przy-**

jemnością – with pleasure; **z wysiłkiem** – with an effort; **z rękami w kieszeniach** – with one's hands in (one's) pockets ❼ (*w miarę*) with [wɪð]; **z wiekiem** – with age; **z upływem czasu** – with time ❽ (*z powodu*) with [wɪð]; **problemy z dziećmi** – problems with children; **być zadowolonym z wyniku** – to be pleased with the result

za[1] ❶ (*dot. miejsca*) behind [bɪ'haɪnd], beyond [bɪ'jɒnd], after ['ɑ:ftə]; **schować się za kanapą** – to hide behind the sofa; **ogród za domem** – a garden behind the house; *Zamknij drzwi za sobą!* – Shut the door behind/after you! *Co się za tym kryje?* – What's behind all that? ❷ (*dot. czasu, teraźniejszości, przyszłości*) in [ɪn]; **za chwilę** – in a moment; **za godzinę** – in an hour; **dzień za dniem** – day after day; **za dnia** – by day/in the daytime ❸ (*dot. przeszłości*) in [ɪn]; **za moich czasów** – in my times ❹ (*dot. przedmiotu uczuć*) about [ə'baʊt], for [fɔ:/fə]; **szaleć za czymś** – to be crazy about sth; **tęsknić za czymś** – to pine for sth ❺ (*dot. sposobu chwycenia*) by [baɪ]; **trzymać kogoś za rękę** – to hold sb by the hand; **chwycić kogoś za kark** – to seize sb by the scruff of the neck ❻ (*dot. przyczyny, ceny, nagrody, kary*) for [fɔ:/fə]; **iść do więzienia za kradzież** – to go to prison for theft; *Dostałam to za darmo.* – I got it for nothing. **ukarać kogoś za jego przewinienie** – to punish sb for his misdeed; **medal za odwagę** – a medal for bravery ❼ (*zamiast*) for [fɔ:/fə]; **zrobić pracę za kogoś** – to do the work for sb; *Mieliśmy go za uczciwego człowieka.* – We took him for an honest person.

za[2] (*zbyt*) too [tu:]; *To jest dla mnie za ciężkie.* – It's too heavy for me. *Przychodzisz za późno.* – You come too late.

za[3] (*wykrzyknik: co za!*) what (a); *Co za dzień!* – What a day! *Cóż za piękne kwiaty!* – What beautiful flowers!

zaangażowany involved [ɪn'vɒlvd], committed [kə'mɪtɪd]

zabarwienie colour ['kʌlə], colouring ['kʌlərɪŋ], tinge [tɪndʒ]

zabawa ❶ (*rozrywka*) play [pleɪ], amusement [ə'mju:zmənt], entertainment [entə'teɪnmənt], game [geɪm]; **dziecinna zabawa** – a child's play; **plac zabaw** – playground; **dla zabawy** – for fun ❷ (*zebranie towarzyskie*) party ['pɑ:tɪ], dance [dɑ:ŋs]

zabawiać amuse [ə'mju:z], entertain [entə'teɪn]; *Zabawiał dzieci swoimi opowieściami.* – He amused the children with his stories.

zabawiać się *p.* **bawić się**

zabawka toy [tɔɪ], plaything ['pleɪθɪŋ]; **sklep z zabawkami** – a toyshop

zabawny funny ['fʌnɪ], amusing [ə'mju:zɪŋ]

zabezpieczać ❶ (*osłaniać*) protect [prə'tekt], guard [gɑ:d] ❷ (*czynić bezpiecznym*) secure [sɪ'kjʊə], safeguard ['seɪfgɑ:d]; **zabezpieczyć drzwi i okna** – to secure doors and windows

zabezpieczać się protect oneself [prə'tektwʌn'self]

zabezpieczenie protection [prə'tekʃn]

zabić ❶ (*pozbawić życia*) kill [kɪl] ❷ (*przybić*) nail up [neɪl'ʌp]; **zabić okno gwoździami** – to nail up a window ❸ (*zacząć szybko bić*) strike (struck, struck) [straɪk, strʌk, strʌk], beat (beat, beaten) [bi:t, bi:t, 'bi:tn], pound [paʊnd]; *Serce zabiło mi gwałtownie.* – My heart started pounding.

zabić się ❶ (*odebrać sobie życie*) kill oneself [kɪlwʌn'self] ❷ (*ponieść śmierć*) be killed [bi:'kɪld]; *Zabił się na miejscu.* – He was killed instantaneously.

zabieg ❶ (*interwencja chirurgiczna*) surgical intervention ['sɜ:dʒɪkl ɪntə'venʃn], operation [ɒpə'reɪʃn] ❷ (*zabiegi – starania*) endeavours [ɪn'devəz]

zabierać ❶ (*brać*) take (away) (took, taken) [teɪk-, tʊk, 'teɪkn]; *Dziecko zostało zabrane od matki.* – The child was taken away from its mother. *On* *zabrał ze sobą pieniądze.* – He took the money with him. *Autobus zabrał wszystkich pasażerów.* – The bus took all the passengers. ❷ (*zajmować przestrzeń, czas*) take up [teɪk'ʌp] (took, taken); *Ta szafa zabiera zbyt dużo miejsca.* – The wardrobe takes up too much room. *Zabrało mi to dwie godziny.* – It took me two hours.

Z

zabierać się (*rozpoczynać*) set about [setə'baʊt] (set, set), begin (began, begun) [bɪ'gɪn, bɪ'gæn, bɪ'gʌn], start [stɑ:t], get busy [get'bɪzɪ]; *Ona zabrała się do przygotowywania obiadu.* – She got busy preparing lunch. **zabrać się do pracy** – to get to work; *Nie wiem, jak się do tego zabrać.* – I don't know how to set about it.

zabijać *p.* **zabić**

zabłądzić loose the way, get lost, *p.* **błądzić**

zabłocić soil [sɔɪl], soil with mud

zabobon superstition [su:pə'stɪʃn]

zabobonny superstitious [su:pə'stɪʃəs]

zabójca murderer ['mɜ:dərə], killer ['kɪlə]

zabójstwo murder ['mɜ:də], manslaughter ['mænslɔ:tə], homicide ['hɒmɪsaɪd]

zabrać *p.* **zabierać**

zabraniać forbid (forbade, forbidden) [fə'bɪd, fə'bæd, fə'bɪdn]; *Zabroniła dzieciom wychodzić poza ogród.* – She forbade the children to go beyond the garden.

zaburzenie disturbance [dɪ'stɜ:bəns], disorder [dɪs'ɔ:də]; **zaburzenie emocjonalne** – emotional disorder; **zaburzenia przemiany materii** – metabolic disorder; **zaburzenia psychiczne** – mental disorder; **zaburzenia osobowości** – personality disorder

zabytek monument of art, relic of the past

zabytkowy antique [æn'ti:k], historical [hɪ'stɒrɪkl]

zachęcać encourage [ɪn'kʌrɪdʒ], stimulate ['stɪmjʊleɪt]; *Zachęcałam ją, żeby spróbowała jeszcze raz.* – I encouraged her to try again.

zachęcający encouraging [ɪn'kʌrɪdʒɪŋ], promising ['prɒmɪsɪŋ]

zachęta encouragement [ɪn'kʌrɪdʒmənt]

zachłanność greed [gri:d]

zachłanny greedy ['gri:dɪ], rapacious [rə'peɪʃəs]

zachłysnąć się choke [tʃəʊk]

zachmurzać się cloud (over) [klaʊd'əʊvə], become cloudy [bɪ'kʌm'klaʊdɪ]; *Rano było słonecznie, ale wkrótce niebo zachmurzyło się i zaczął padać deszcz.* – In the morning the weather was sunny, but soon the sky clouded over and it started to rain. *Jej twarz zachmurzyła się.* – Her face clouded over.

zachmurzenie clouds [klaʊdz]

zachodni western ['westən], west [west], westerly ['westəlɪ]; **zachodni wiatr** – a west/a westerly wind; **kierunek zachodni** – a westerly direction; **kultura zachodnia** (*dot. krajów Zachodu*) – Western culture; **zachodni styl życia** – the Western way of life

zachodzić ❶ (*kryć się za horyzontem*) set (set, set) [set, set, set]; *Latem słońce zachodzi później niż zimą.* – The sun sets later in summer than in winter. ❷ (*zajść – dojść do jakiegoś miejsca*) reach [ri:tʃ], go as far as; *Zaszliśmy aż do mostu.* – We went as far as the bridge. *On zajdzie daleko.* – He will go far. **zachodzić na siebie** (*o dwóch częściach*) overlap ❸ (*zasnuwać się*) cloud over [klaʊd'əʊvə], mist over [mɪst'əʊvə]; *Okulary zaszły mi mgłą.* – My glasses misted over. ❹ (*zdarzać się*) happen ['hæpn], occur [ə'kɜ:]; **zaszło nieporozumienie** – there's been a misunderstanding; **zachodzi konieczność** – it's necessary; *Co tu zaszło?* – What happened here?

zachorować fall ill [fɔ:l'ɪl], be taken ill [bi:teɪkn'ɪl], come down with [kʌm'daʊnwɪð] (came, come); *Zachorowaliśmy na grypę.* – We were taken ill with flu./We came down with flu.

zachować ❶ (*zatrzymać*) keep (kept, kept) [ki:p, kept, kept], retain [rɪ'teɪn];

Możesz zachować tę książkę. – You can keep this book. ❷ (*utrzymać*) keep (kept, kept) [ki:p, kept, kept], maintain [meɪn'teɪn], preserve [prɪ'zɜ:v]; **zachowywać pozory** – to keep up appearances; **zachowywać kondycję** – to keep fit; **zachować tradycję** – to maintain/to preserve a tradition; **zachować spokój** – to keep quiet; **zachować ostrożność** – to be on one's guard/to be careful ❸ (*przestrzegać*) observe [əb'zɜ:v]

zachować się ❶ (*postąpić*) behave [bɪ'heɪv] ❷ (*zostać zachowanym, uchować się*) remain [rɪ'meɪn]

zachowanie behaviour [bɪ'heɪvɪə]; **poprawne zachowanie** – proper behaviour

zachód[1] ❶ (*moment wejścia planety za horyzont*) setting ['setɪŋ]; **zachód słońca** – sunset ❷ (*strona świata*) west [west]; **posuwać się na zachód** – to travel west; **na zachodzie Anglii** – in the west of England; *Oni mieszkają na zachód od Warszawy.* – They live to the west of Warsaw. ❸ (*Zachód – kraje zachodnie*) the West [-west], the Western countries; *On teraz mieszka na Zachodzie.* – He now lives in the West.

zachód[2] (*trud, staranie*) endeavour [ɪn'devə], trouble ['trʌbl]; *To nie było warte zachodu.* – It wasn't worth the trouble.

zachrypnąć become hoarse [bɪ'kʌm'hɔ:s]

zachwiać shake (shook, shaken) [ʃeɪk, ʃʊk, ʃeɪkn]; **zachwiać czyjąś wiarę** – to shake sb's faith/belief

zachwiać się stagger ['stægə], lose one's balance, totter ['tɒtə]

zachwycać enchant [ɪn'tʃɑ:nt], charm [tʃɑ:m], delight [dɪ'laɪt], fill with admiration [fɪlwɪðædmə'reɪʃn]; *Widok zachwycił nas.* – The view filled us with admiration.

zachwycający delightful [dɪ'laɪtfʊl], enchanting [ɪn'tʃɑ:ntɪŋ], wonderful ['wʌndəfʊl]

zachwycić się be enchanted [bi:ɪn'tʃɑ:ntɪd], be delighted [bi:dɪ'laɪtɪd], be filled with admiration [bi:'fɪldwɪðædmə'reɪʃn]

zachwycony delighted [dɪ'laɪtɪd], enchanted [ɪn'tʃɑ:ntɪd]

zachwyt admiration [ædmə'reɪʃn], rapture ['ræptʃə]; *Patrzał na nią z niemym zachwytem.* – He looked at her in silent admiration. **wpaść w zachwyt** – to be filled with admiration; **budzić zachwyt** – to delight/to fill with admiration

zaciąć *p.* **zacinać** ❶

zaciągać ❶ (*ciągnąc zmienić miejsce*) pull [pʊl], drag (gg) [dræg] ❷ (*zasunąć*) pull [pʊl], draw (drew, drawn) [drɔ:, dru:, drɔ:n]; **zaciągnąć zasłony** – to draw the curtains

◆ **zaciągnąć dług** – to run up a debt; **zaciągnąć pożyczkę** – to raise a loan

zaciekawić rouse interest [raʊz'ɪntrɪst], intrigue [ɪn'tri:g]

zaciekawienie interest ['ɪntrɪst], curiosity [kjʊərɪ'ɒsətɪ]

zaciekłość intensity [ɪn'tensətɪ], fury ['fjʊərɪ], fierceness ['fɪəsnɪs], passion ['pæʃn]

zaciekły intense [ɪn'tens], fierce [fɪəs], vehement ['vi:ɪmənt], passionate ['pæʃənət]; **zaciekły sprzeciw** – fierce opposition; **zaciekły wróg** – a sworn enemy

zacieniać shade [ʃeɪd]

zacierać (*tuszować*) rub out/off/away (bb) [rʌb-]; **zacierać ślady** – to cover up one's trail; **zacierać ręce** – to rub one's hands together

zacierać się (*zamazywać się*) become obliterated [bɪ'kʌmə'blɪtəreɪtɪd], wear away [weərə'weɪ] (wore, worn), become fuzzy [bɪ'kʌm'fʌzɪ]; *Napis na nagrobku zatarł się.* – The inscription on the tombstone has worn away.

zacieśniać tighten ['taɪtn]; **zacieśniać uścisk** – to tighten one's grip

zaciętość doggedness ['dɒgɪdnɪs], tenacity [tɪ'næsətɪ]

zacięty dogged ['dɒgɪd], tenaciaus [tɪ'neɪʃəs], adamant ['ædəmənt], obstinate ['ɒbstənət], determined [dɪ'tɜ:-

Z

mınd], fierce [fıəs], persistent [pə'sıstənt]; **zacięty opór** – fierce/determined resistance

zacinać (*o deszczu – padać z ukosa*) lash [læʃ], whip (pp) [wıp]

zacinać się ❶ (*skaleczyć się*) cut oneself [kʌtwʌn'self]; *Zaciął się przy goleniu.* – He cut himself while shaving. ❷ (*o mechanizmie – nie dać się uruchomić*) jam (mm) [dʒæm], get jammed [get'dʒæmd], (*o silniku*) seize [si:z], stick (stuck, stuck) ❸ (*jąkać się*) stammer ['stæmə], stutter ['stʌtə]

zaciskać tighten ['taıtn], constrict [kən'strıkt], clench [klentʃ]; **zaciskać zęby/pięści** – to clench one's teeth/fists; **zaciskać mięśnie** – to constrict/to contract the muscles; **zaciskać węzeł//uścisk** – to tighten the knot/the grip; **zaciskać pasa** – to tighten one's belt

zacisze shelter ['ʃeltə], retreat [rı'tri:t]

zaciszny sheltered ['ʃeltəd], secluded [sı'klu:dıd]; **zaciszne miejsce** – a secluded spot

zacofanie backwardness ['bækwədnıs]

zacofany backward ['bækwəd], (*zacofany gospodarczo*) under-developed [ʌndədı'veləpt]

zaczarować cast a spell [kɑ:stə'spel], bewitch [bı'wıtʃ]

zaczepiać ❶ (*przyczepiać*) hitch [hıtʃ], fasten ['fɑ:sn] ❷ (*nagabywać*) accost [ə'kɒst]; *Zostałam zaczepiona przez nieznajomego.* – I was accosted by a stranger. ❸ (*zawadzić*) catch (caught, caught) [kætʃ, kɔ:t, kɔ:t]; *Zaczepiłam spódnicą o gwóźdź.* – My skirt caught on a nail.

zaczerwienić się go/turn red [gəʊ/tɜ:n'red], redden ['redn], blush [blʌʃ], flush [flʌʃ]

zaczerwienienie redness ['rednıs]

zaczynać begin (began, begun) [bı'gın, bı'gæn, bı'gʌn], start [stɑ:t], commence [kə'mens]; *Zaczęło padać.* – It started to rain/raining. **zaczynać szkołę** – to begin/to start school; *Zaczynam rozumieć.* – I'm beginning to understand. *Zacznijmy od początku.* – Let's start from the beginning. *Najwyższy czas, żebyś zaczął pracować.* – It's high time you started working.

zaczynać się begin (began, begun) [bı'gın, bı'gæn, bı'gʌn], start [stɑ:t]; *Kiedy zaczyna się sztuka?* – When does the play begin/start? *Alfabet zaczyna się od litery „A".* – The alphabet starts with the letter "A".

zaćma cataract ['kætərækt]

zaćmienie eclipse [ı'klıps]; **całkowite zaćmienie Słońca/Księżyca** – a full//a total eclipse of the sun/the moon; **częściowe zaćmienie** – a partial eclipse

zaćmiewać eclipse [ı'klıps], outshine (outshone, outshone) [aʊt'ʃaın, aʊt'ʃɒn, aʊt'ʃɒn]; *Ona zaćmiła pozostałych aktorów.* – She outshone all the other actors.

zad (*u zwierzęcia*) hind quarters [haınd'kwɔ:təz], rump [rʌmp]

zadać ❶ (*wyznaczyć*) assign [ə'saın]; **zadać pytanie** – to ask a question; **zadać pracę domową** – to give homework ❷ (przyczyniać) inflict [ın'flıkt]; **zadać komuś ranę** – to inflict a wound on sb; **zadać cios** – to deliver a blow/to strike a blow; **zadać miażdżącą klęskę** – to inflict a crushing defeat

zadanie task [tɑ:sk], job [dʒɒb], *mat.* problem ['prɒbləm]; **rozwiązać zadanie** (*matematyczne*) – to solve a problem; **trudne zadanie** – a difficult task; **wykonać zadanie** – to carry out//to fulfil a task; **stanąć na wysokości zadania** – to be equal to the task; **przydzielić komuś zadanie** – to assign sb a task/to set a task to sb

zadarty:

zadarty nos – an upturned nose/a snub-nose

zadatek (*zaliczka*) advance [əd'vɑ:ns], deposit [dı'pɒzıt]

zadawać *p.* **zadać**

zadbany well cared-for [wel'keədfə]

zadłużenie liabilities [laıə'bılətız], debts [dets]

zadłużyć się run up debts, get into debt, go into debt

zadośćuczynić satisfy ['sætɪsfaɪ], meet (met, met) [mi:t, met, met]; **zadośćuczynić żądaniom** – to satisfy demands

zadośćuczynienie compensation [kɒmpən'seɪʃn]

zadowalać satisfy ['sætɪsfaɪ], please [pli:z]; *Wydaje się, że nic jej nie zadowala.* – Nothing seems to satisfy her.

zadowalać się be satisfied with, content oneself with; *Nie było sera, więc musiałem się zadowolić chlebem z masłem.* – There was no cheese, so I had to content myself with bread and butter.

zadowalający satisfactory [sætɪs'fæktərɪ]

zadowolenie satisfaction [sætɪs'fækʃn]; **zadowolenie z siebie** – complacency

zadowolony satisfied ['sætɪsfaɪd], glad [glæd], pleased [pli:zd]; *Jestem całkowicie zadowolony.* – I'm completely/perfectly/thoroughly satisfied. *Jestem zadowolony z wyników.* – I'm satisfied with the results. *Jestem zadowolony, że wreszcie znalazłeś pracę.* – I'm glad/pleased that you found a job at last.

zadra splinter ['splɪntə]

zadrapanie scratch [skrætʃ], graze [greɪz]

zadrasnąć scratch [skrætʃ], graze [greɪz]

zadraśnięcie graze [greɪz]

zaduma meditation [medɪ'teɪʃn], reverie ['revərɪ], thought [θɔ:t], reflexion [ri:'flekʃn]; **być pogrążonym w zadumie** – to be lost in reverie/in meditation/in thought

zadumać się muse [mju:z], be lost in thought [bi:'lɒstɪn'θɔ:t]

zadumany pensive ['pensɪv], thoughtful ['θɔ:tfʊl]

zadusić choke [tʃəʊk], suffocate ['sʌfəkeɪt]

Zaduszki All Souls' Day [ɔ:l'səʊlzdeɪ]

zadymka snow-storm [snəʊ'stɔ:m], blizzard ['blɪzəd]

zadyszany breathless ['breθlɪs], out of breath [aʊtəv'breθ]

zadyszka short breath [ʃɔ:t'breθ]

zadziałać ❶ (*wywołać skutek*) take effect [teɪkɪ'fekt], work [wɜ:k]; *Lekarstwo szybko zadziałało.* – The medicine quickly took effect. ❷ (*przystąpić do działania*) get busy [get'bɪzɪ], act [ækt] ❸ (*o mechanizmie – zacząć funkcjonować*) start (working) [stɑ:t ('wɜ:kɪŋ)]

zadzierać lift [lɪft], pull up [pʊl'ʌp], hitch [hɪtʃ]; **zadzierać głowę** – to crane one's neck; **zadzierać nosa** – to give oneself airs

◆ **zadzierać z kimś** – to pick a quarrel with sb

zadziwiać amaze [ə'meɪz], astonish [ə'stɒnɪʃ]

zadziwiający amazing [ə'meɪzɪŋ], astonishing [ə'stɒnɪʃɪŋ]

zagadka ❶ (*pytanie do odgadnięcia*) riddle ['rɪdl], puzzle ['pʌzl]; **zadać komuś zagadkę** – to ask sb a riddle; **rozwiązać zagadkę** – to solve a riddle ❷ (*tajemnica*) mystery ['mɪstərɪ], riddle ['rɪdl], puzzle ['pʌzl]; **nie rozwiązana zagadka** – an unsolved mystery; **zagadki życia** – mysteries of life; *Jej zachowanie było dla mnie zagadką.* – Her behaviour is a puzzle/ /a riddle/a mystery to me.

zagadkowy mysterious [mɪ'stɪərɪəs], enigmatic [enɪg'mætɪk]

zagadnienie problem ['prɒbləm], question ['kwestʃən]

zagajnik coppice ['kɒpɪs], copse [kɒps], shrubbery ['ʃrʌbərɪ]

zagęszczać thicken ['θɪkən], condense [kən'dens]

zagęszczenie (*liczba mieszkańców przypadająca na określony obszar*) density of the population

zaginąć get lost [get'lɒst], (*o ludziach*) be missing [bi:'mɪsɪŋ]; *Dokumenty zaginęły.* – The documents got lost. *Od tej pory słuch o nim zaginął.* – He hasn't been heard of since.

zaginięcie disappearance [dɪsə'pɪərəns]

Z

Z

zaginiony missing ['mɪsɪŋ]; **zaginione dziecko** – a missing child

zaglądać look (into) [lʊk-], peep (into) [pi:p-], peek [pi:k]; **zaglądać przez dziurkę od klucza** – to look/to peep through the keyhole

zagłada extermination [ɪkstɜ:mɪ'neɪʃn], annihilation [ənaɪə'leɪʃn], holocaust ['hɒləkɔ:st]

zagłębiać sink (sank, sunk) [sɪŋk, sæŋk, sʌŋk], dip (pp) [dɪp]

zagłębiać się ❶ (*zanurzyć się*) penetrate ['penɪtreɪt], enter ['entə], sink (sank, sunk) [sɪŋk, sæŋk, sʌŋk] ❷ (*zająć się intensywnie*) become engrossed [bɪ'kʌmɪn'grəʊst], become absorbed [bɪ'kʌməb'sɔ:bd]

zagłębie (*węglowe*) coalfield ['kəʊlfi:ld], (*przemysłowe*) industrial area [ɪn'dʌstrɪəl'eərɪə]

zagłębienie depression [dɪ'preʃn], hollow ['hɒləʊ]

zagoić się heal (over) [hi:l-]

zagorzały fanatic [fə'nætɪk], zealous ['zeləs], ardent ['ɑ:dənt], dedicated ['dedɪkeɪtɪd], fervent ['fɜ:vənt]

zagranica foreign countries [fɒrən'kʌntrɪz]; **goście z zagranicy** – visitors from abroad; **wrócić z zagranicy** – to return from abroad

zagraniczny foreign ['fɒrən]

zagrażać threaten ['θretn], be imminent [bi:'ɪmɪnənt], imperil (ll) [ɪm'perəl], endanger [ɪn'deɪndʒə]; **być zagrożonym** – go be in danger; **gatunek zagrożony wymarciem** – species threatened by extinction; *Zagraża nam wojna.* – War is imminent. *Nasze bezpieczeństwo jest zagrożone.* – Our security is imperilled.

zagroda ❶ (*teren zagrodzony*) pen [pen], (*dla koni*) paddock ['pædək] ❷ (*dom wiejski z podwórzem*) farm [fɑ:m]

zagrożenie danger ['deɪndʒə], threat [θret]; **zagrożenie głodem** – a threat of famine; **zagrożenie bezpieczeństwa narodowego** – a threat to national security

zahartować harden ['hɑ:dn], inure (to) [ɪ'njʊə-]

zahartowany hardened ['hɑ:dnd], inured [ɪ'njʊəd]

zaimek *gram.* pronoun ['prəʊnaʊn]

zainteresować interest ['ɪntrɪst], arouse interest [ə'raʊz'ɪntrɪst]

zainteresować się become interested [bɪ'kʌm'ɪntrɪstɪd]

zainteresowanie interest ['ɪntrɪst]; **okazywać zainteresowanie** – to demonstrate/to show interest; **obudzić czyjeś zainteresowanie** – to stir up/to arouse sb's interest in; **stracić zainteresowanie** – to lose interest; **osoba o szerokich zainteresowaniach** – a person of wide interests

zaistnieć come into being, come into existence, arise (arose, arisen) [ə'raɪz, ə'rəʊz, ə'rɪzn]; *Zaistniały pewne trudności.* – Certain difficulties have arisen.

zajadłość fierceness ['fɪəsnɪs], ferocity [fə'rɒsətɪ], relentlessness [rɪ'lentlɪsnɪs]

zajadły fierce [fɪəs], ferocious [fə'rəʊʃəs], unrelenting [ʌnrɪ'lentɪŋ]; **zajadły przeciwnik** – a fierce opponent

zajazd (*rodzaj hotelu przy autostradzie*) inn [ɪn], motel [məʊ'tel]

zając *zool.* hare [heə]

zająć ❶ (*zapełnić miejsce*) take (up) (took, taken) [teɪk-, tʊk, 'teɪkn], occupy ['ɒkjʊpaɪ]; *Zajęli miejsca przy stole.* – They took places round the table. *Ten stół zajmuje zbyt dużo miejsca.* – This table is taking up too much space. **zajmować ważne stanowisko w ministerstwie** – to occupy an important position in the Ministry ❷ (*wziąć w użytkowanie, zagarnąć*) occupy ['ɒkjʊpaɪ], take (over) (took, taken) [teɪk-, tʊk, 'teɪkn]; *On zajmuje dwa pokoje na pierwszym piętrze.* – He occupies two rooms on the second floor. *Oddziały nieprzyjaciela zajmują kraj.* – The enemy troops are occupying the country. *Oddziały nieprzyjaciela zajęły stolicę.* – The enemy troops have taken (over) the capital.

❸ (*wypełnić czas pracą*) take up [teɪk'ʌp] (took, taken), occupy ['ɒkjʊpaɪ]; *To nie zajmie ci zbyt dużo czasu.* – That won't take too much of your time. ❹ (*znaleźć dla kogoś zajęcie*) engage [ɪn'geɪdʒ]

zająć się ❶ (*zabrać się do czegoś*) take up [teɪk'ʌp] (took, taken), get busy [get'bɪzɪ], occupy oneself with; **zająć się sportem/ogrodnictwem** – to take up sport/gardening; **zająć się przygotowaniem obiadu** – to get busy preparing lunch ❷ (*zacząć pracować zawodowo*) take up a job ❸ (*zatroszczyć się*) see to ['si:tə] (saw, seen); **zająć się dziećmi** – to take care of the children; **zająć się gośćmi** – to entertain guests; **zająć się organizowaniem przyjęcia** – to see to the arrangements for the party ❹ (*zapalić się*) catch fire [kætʃ'faɪə]

zająknąć się falter ['fɔ:ltə]

zajechać ❶ (*dojechać*) get (to) (got, got) [get-, gɒt, gɒt], reach [ri:tʃ], arrive [ə'raɪv]; *Zajechaliśmy do domu o północy.* – We arrived/reached home at midnight. ❷ (*przyjechawszy stanąć*) drive up [draɪv'ʌp] (drove, driven), pull up [pʊl'ʌp], draw up; *Samochód zajechał przed dom.* – The car drove up and stood in front of the house./The car pulled up/drew up in front of the house. ❸ (*jadąc zastąpić drogę*) block (the way) ['blɒk(ðə'weɪ)]

zajezdnia depot ['depəʊ]

zajęcie ❶ (*praca stanowiąca źródło utrzymania*) occupation [ɒkjʊ'peɪʃn], job [dʒɒb], profession [prə'feʃn]; **stałe zajęcie** – a permanent job; **szukać zajęcia** – to look for a job ❷ (*zajęcia, wykłady, ćwiczenia*) lessons ['lesnz], lectures ['lektʃəz], classes ['klɑ:sɪz]

zajęty busy ['bɪzɪ], engaged [ɪn'geɪdʒd], occupied ['ɒkjʊpaɪd]; *Dziś wieczorem jestem zajęty.* – I'm busy this evening. *Ona jest w tej chwili zajęta i nie może z tobą rozmawiać.* – She is busy/occupied at the moment and can't speak to you. *Telefon jest nadal zajęty.* – The line is still engaged.

zajmować *p.* **zająć**

zajście incident ['ɪnsɪdənt]

zajść *p.* **zachodzić**; **zajść w ciążę** – to get pregnant/to become pregnant/to conceive

zakasać turn up [tɜ:n'ʌp], roll up [rəʊl'ʌp]; **zakasać rękawy** – to roll up one's sleeves

zakaz ban [bæn], prohibition [prəʊɪ'bɪʃn]; **wprowadzić zakaz na import żywności** – to put/to impose a ban on the import of foods; **znieść zakaz** – to lift a ban. *Zakaz parkowania.* – No parking.

zakazać forbid (forbade, forbidden) [fə'bɪd, fə'bæd, fə'bɪdn]

zakazany forbidden [fə'bɪdn]; **zakazany owoc** – forbidden fruit

zakazić infect [ɪn'fekt]; **zakazić ranę** – to infect a wound

zakazić się get/become infected [get/ /bɪ'kʌm ɪn'fektɪd]

zakazywać *p.* **zakazać**

zakaźny infectious [ɪn'fekʃəs], contagious [kən'teɪdʒəs]

zakażać *p.* **zakazić**

zakażenie infection [ɪn'fekʃn], poisoning ['pɔɪznɪŋ]; **zakażenie krwi** – blood poisoning

zakąska (*przystawka*) appetizer ['æpɪtaɪzə], hors-d'oeuvre [ɔ:'dɜ:vrə], (*przekąska*) snack [snæk]

zakątek corner ['kɔ:nə], part [pɑ:t]; **zakątek świata** – a corner of the world; **zakątek kraju** – a part of a country

zakląć (*wypowiedzieć przekleństwo*) curse [kɜ:s], swear (swore, sworn) [sweə, swɔ:, swɔ:n]

zaklęcie ❶ (*formuła magiczna*) spell [spel], incantation [ɪnkæn'teɪʃn], charm [tʃɑ:m]; **wypowiedzieć zaklęcie** – to recite a spell; **rzucić na kogoś zaklęcie** – to put/to cast a spell on sb ❷ (*błaganie*) entreaty [ɪn'tri:tɪ]; **być głuchym na wszelkie zaklęcia** – to be deaf to all entreaties

zaklęty spellbound ['spelbaʊnd], enchanted [ɪn'tʃɑ:ntɪd]

Z

zaklinacz charmer ['tʃɑ:mə]; **zaklinacz węży** – a serpent charmer

zaklinać (*błagać*) entreat [ın'tri:t], beg (gg) [beg]

zaklinać się swear (swore, sworn) [sweə, swɔ:, swɔ:n]; **zaklinać się na wszystkie świętości** – to swear by all that one holds sacred

Z

zakład ❶ (*instytucja*) institution [ınstı'tju:ʃn], establishment [ı'stæblıʃmənt]; **zakład naukowy** – an institute; **zakład wychowawczy** – an institution ❷ (*przedsiębiorstwo*) works [wɜ:ks], plant [plɑ:nt], workshop ['wɜ:kʃɒp]; **zakład fryzjerski** – a hairdresser's shop ❸ (*umowa*) bet [bet]

zakładać ❶ (*powoływać do życia*) found [faʊnd], establish [ı'stæblıʃ], set up [set'ʌp] (set, set); **założyć szkołę** – to set up/to establish a school; **założyć firmę** – to establish a firm; **założyć rodzinę** – to get married/to start a family ❷ (*umieścić coś gdzieś*) put on [pʊt'ɒn] (put, put); **założyć płaszcz** – to put on a coat; **założyć nogę na nogę** – to cross one's legs; **siedzieć z założonymi rękami** – to stand idly by ❸ (*zainstalować*) install [ın'stɔ:l], put in [pʊt'ın] (put, put); *Zakładamy u siebie centralne ogrzewanie.* – We are having central heating installed. ❹ (*przyjąć założenie*) assume [ə'sju:m]; *Zakładam, że on o wszystkim wie.* – I assume that he knows about everything.

zakładać się bet (tt) [bet]

zakładka ❶ (*fałdka*) fold [fəʊld], pleat [pli:t] ❷ (*do książki*) bookmark ['bʊkmɑ:k]

zakładnik hostage ['hɒstıdʒ]; **zostać wziętym do niewoli jako zakładnik** – to be taken hostage

zakłamany hypocritical [hıpə'krıtıkl]

zakłopotanie embarrassment [ım'bærəsmənt]

zakłopotany embarrassed [ım'bærəst]

zakłócać disturb [dıs'tɜ:b]; **zakłócać porządek publiczny** – to disturb the peace

zakłócenie disturbance [dıs'tɜ:bəns]

zakochać się fall in love [fɔ:lın'lʌv]

zakochany in love [ın'lʌv], infatuated [ın'fætjʊeıtıd]; **być w kimś zakochanym** – to be in love with sb

zakole bend [bend], curve [kɜ:v]; **zakola rzeki** – meanders of a river

zakon monastic order [mə'næstık'ɔ:də], (*żeński*) convent ['kɒnvənt]; **zakon rycerski** – order of knighthood; **wstąpić do zakonu** – to enter a convent/a monastery

zakonnica nun [nʌn]

zakonnik monk [mʌŋk]

zakonny monastic [mə'næstık]

zakończenie end [end], ending ['endıŋ], conclusion [kən'klu:ʒn]; **szczęśliwe zakończenie** – a happy ending; **na zakończenie** – to end with; **na zakończenie tego listu** – at the conclusion of this letter

zakończyć end [end], conclude [kən'klu:d], bring to an end ['brıŋtʊən 'end]; *Zakończył swoje przemówienie mówiąc...* – He ended off his speech by saying...

zakończyć się end [end], come to an end ['kʌmtʊən'end]; *Jak zakończył się ten film?* – How did the film end? *Ich kłótnia zakończyła się bójką.* – Their argument ended in a fight. **zakończyć się niepowodzeniem** – to end (up) in failure

zakopać bury ['berı]; *Pies zakopał kość w ogrodzie.* – The dog buried the bone in the garden.

zakopać się bury oneself ['berıwʌn'self]; **zakopać się na wsi** – to bury oneself in the country

zakorzenić się take root [teık'ru:t]

zakradać się steal (stole, stolen) [sti:l, stəʊl, 'stəʊln], sneak (into) [sni:k-], creep (crept, crept) [kri:p, krept, krept]

zakres range [reındʒ], scope [skəʊp], sphere [sfıə], domain [də'meın], extent [ık'stent]; **szeroki zakres zainteresowań** – a wide range of interests; *Zakres jego wiedzy jest zdumiewający.* – The extent of his knowledge is amazing.

zakręcać ❶ (*robić zakręt*) turn [tɜ:n] ❷ (*zamykać dopływ*) turn off [tɜ:n'ɒf]; **zakręcić gaz/wodę** – to turn off the gas/water ❸ (*zamykać np. słoik*) screw on [skru:'ɒn]

zakręt bend [bend], curve [kɜ:v], turning ['tɜ:nɪŋ]; **ostry zakręt** – a sharp bend; **wziąć zakręt** – to take a corner

zakrętka cap [kæp]

zakrystia sacristy ['sækrɪstɪ], vestry ['vestrɪ]

zakrywać cover up [kʌvər'ʌp], hide (hid, hidden) [haɪd, hɪd, 'hɪdn]

zakup purchase ['pɜ:tʃəs], buy [baɪ]; **dokonać zakupu** – to buy; **udany zakup** – a good buy

zakupy shopping ['ʃɒpɪŋ]; **iść po zakupy** – to go shopping

zakwaterować quarter ['kwɔ:tə], give lodgings [gɪv'lɒdʒɪŋz]

zakwaterowanie quarters ['kwɔ:təz], lodgings ['lɒdʒɪŋz], accommodation [əkɒmə'deɪʃn]

zakwitać blossom (out) ['blɒsm-], bloom [blu:m], come into bloom [kʌmɪntə-'blu:m]; *Zakwitły tulipany.* – The tulips are out.

zalać ❶ (*pokryć wodą*) flood [flʌd]; *Rzeka zalała dolinę.* – The river flooded the valley. *Towary z importu zalały rynek.* – Import goods have flooded the market. ❷ (*rozlać*) spill (spilt, spilt/-ed) [spɪl, spɪlt, spɪlt/spɪld]; **zalać stół herbatą** – to spill the tea all over the table

zalać się ❶ (*zostać zalanym*); **zalać się łzami** – to burst into tears ❷ (*upić się*) get drunk [get' drʌŋk], get plastered [get'plɑ:stəd]

zalecać (*doradzać*) recommend [rekə-'mend], advise [əd'vaɪz], prescribe [prɪ'skraɪb]; *Lekarz zalecił mi leżeć.* – The doctor has ordered me to stay in bed. *Nie przekraczać zalecanej dawki.* – Don't exceed the prescribed dose.

zalecać się woo [wu:]; court [kɔ:t]; **zalecać się do kobiety** – to woo a woman

zalecenie advice [əd'vaɪs]; **zalecenie lekarza** – doctor's orders; **stosować się do czyichś zaleceń** – to follow sb's advice

zaledwie hardly ['hɑ:dlɪ], barely ['beəlɪ], scarcely ['skeəslɪ], merely ['mɪəlɪ], only ['əʊnlɪ]; *On spał zaledwie kilka godzin.* – He slept only a few hours. *Zaledwie zaczął mówić, gdy ktoś mu przerwał.* – Hardly had he started talking when somebody interrupted him.

zaległość/zaległości arrears [ə'rɪəz]; **zaległości w spłacaniu długu hipotecznego** – mortgage arrears; **nadrobić zaległości** (*w pracy*) – to catch up with one's work

zaległy overdue [əʊvə'dju:]

zaleta merit ['merɪt], advantage [əd-'vɑ:ntɪdʒ], good point [gʊd' pɔɪnt]

zalew ❶ (zatoka) bay [beɪ], lagoon [lə-'gu:n] ❷ *przen.* invasion [ɪn'veɪʒn]

zalewać *p.* **zalać**

zależeć ❶ (*być uwarunkowanym*) depend (on) [dɪ'pend]; *Czy przyjdziesz? – To zależy.* – Are you coming? – That depends. *Wyniki zależą od twojej pracy.* – The results depend on your work. *Od ciebie zależy, jaką podejmiesz decyzję.* – It's up to you what decision you'll make. ❷ (*chcieć*); **zależy mi** – I'm set on/I'm intent on; *Zależy mi na tym, żebyś przyszedł.* – I particularly want you to come. *Jemu strasznie zależy na dostaniu tej pracy.* – He is dead set on getting the job. *Jemu zależy na dostaniu nagrody.* – He's intent/keen on getting the prize. *Nie zależy mi.* – I don't care.

zależnie accordingly [ə'kɔ:dɪŋlɪ]; *Płacimy naszym pracownikom zależnie od ich kwalifikacji.* – We pay our workers according to their qualifications.

zależność dependence [dɪ'pendəns]

zależny dependent [dɪ'pendənt]; *Ona jest zależna finansowo od niego.* – She is financially dependent on him. *Twój sukces jest zależny od jakości*

Z

twojej pracy. – Your success is dependent on the quality of your work.

zaliczać ❶ (*włączać do kategorii*) include [ɪn'klu:d], count (among) [kaʊnt-], number ['nʌmbə], reckon ['rekn]; *Zaliczam go do swoich przyjaciół.* – I count/number him among my friends. ❷ (*uznać coś komuś*) accept [ək'sept]; **zaliczyć egzamin** – to pass an exam

zaliczać się count among [kaʊntə'mɒŋ]; *On się zalicza do najlepszych dramaturgów naszego wieku.* – He counts among the best playwrights of our century.

zaliczenie (*na uczelni*) credit ['kredɪt]; **dostać zaliczenie z historii i angielskiego** – to get credits in history and English

zaliczka advance (payment) [əd'vɑ:ns ('peɪmənt)]

zalotność coquetry ['kɒkɪtrɪ]

zalotny coquetish [kɒ'ketɪʃ]

zaloty courtship ['kɔ:tʃɪp], wooing ['wu:ɪŋ]

zaludniać populate ['pɒpjʊleɪt]; **regiony gęsto zaludnione** – densely populated regions

zaludniać się become populated [bɪ'kʌm'pɒpjʊleɪtɪd]

zaludnienie population [pɒpjʊ'leɪʃn]; **gęstość zaludnienia** – population density; **duże/nieduże zaludnienie** – dense/sparce population

załadować load [ləʊd]; **załadować węgiel na statek** – to load coal into a ship; **załadować statek węglem** – to load a ship with coal

załadunek loading ['ləʊdɪŋ]

załagodzić appease [ə'pi:z], calm [kɑ:m], soothe [su:ð]

załamać ❶ (*złamać*) break (down) (broke, broken) [breɪk-, brəʊk, 'brəʊkn]; *Śmierć córki kompletnie go załamała.* – His daughter's death broke him completely. **załamywać ręce** – to wring one's hands ❷ (*fiz.* – *załamywać promienie*) refract [rɪ'frækt], deflect [dɪ'flekt]

załamać się ❶ (*zawalić się*) break (down) (broke, broken) [breɪk-, brəʊk, 'brəʊkn], collapse [kə'læps]; *Dach załamał się pod ciężarem śniegu.* – The roof collapsed under the weight of snow. *Załamała się, kiedy straciła pracę.* – She broke down when she lost her job. ❷ *fiz.* be refracted [bi:rɪ'fræktɪd]

załamanie ❶ (*zagięcie*) deflection [dɪ'flekʃn], refraction [rɪ'frækʃn] ❷ (*depresja*) breakdown ['breɪkdaʊn], collapse [kə'læps], nervous breakdown [nɜ:vəs'breɪkdaʊn]

załatwić settle ['setl], fix [fɪks], arrange [ə'reɪndʒ]; *Załatwiłam z sąsiadami, że będą się opiekować naszym mieszkaniem, kiedy wyjedziemy.* – I've arranged with my neighbours to look after our flat while we are away. *To załatwia całą sprawę.* – That settles the matter. *Załatwię ci pracę.* – I'll fix you up with a job.

załączać enclose [ɪn'kləʊz]; *W liście załączam swoją fotografię.* – I enclose my photo with the letter. **załączam pozdrowienia** (*w liście*) – with kind regards

załącznik enclosure [ɪn'kləʊʒə]

załoga (*samolotu lub statku*) crew [kru:], (*pracownicy fabryki*) staff [stɑ:f]

założenie ❶ (*utworzenie*) foundation [faʊn'deɪʃn], establishment [ɪ'stæblɪʃmənt] ❷ (*teza*) assumption [ə'sʌmʃn], principle ['prɪnsəpl]; **wychodzić z założenia** – to assume; *Teoria jest oparta na błędnym założeniu.* – The theory is based on a wrong assumption.

założyciel founder ['faʊndə]

założyć *p.* **zakładać**

zamach (*napad*) attempt on sb's life; **zamach stanu** – coup d'etat; **zginąć w zamachu** – to be assassinated; **zamach terrorystyczny** – a terrorist attack

zamachowiec assassin [ə'sæsɪn], terrorist ['terərɪst]

zamaczać *p.* **zamoczyć**

zamakać *p.* **zamoknąć**

zamarły dead [ded], lifeless ['laɪflɪs]

zamarzać freeze (froze, frozen) [fri:z, frəʊz, 'frəʊzn]; *Woda zamarza w temperaturze 0°C.* – Water freezes at 0°C. *Całą zimę jezioro było zamarznięte.* – The lake was frozen all winter. *Rury wodociągowe zamarzły.* – The water pipes froze (up). **zamarznąć na śmierć** – to freeze to death/to be frozen to death

zamawiać order ['ɔ:də]; **zamawiać wizytę u lekarza** – to make an appointment with a doctor; **zamawiać rozmowę telefoniczną** – to put a call through; *Zamówiliśmy rybę z frytkami.* – We ordered fish and chips.

zamazany (*niewyraźny*) blurred [blɜ:d], fuzzy ['fʌzɪ], indistinct [ɪndɪ'stɪŋkt]

zamążpójście marriage ['mærɪdʒ]

zamek ❶ (*budowla*) castle ['kɑ:sl] ❷ (*urządzenie do zamykania drzwi*) lock [lɒk] ❸ (*suwak – zamek błyskawiczny*) zip fastener [zɪp'fɑ:snə], zipper ['zɪpə]

zameldować *p.* **meldować**

zameldowanie (*zapisanie się w książce meldunkowej*) registration [redʒɪ'streɪʃn]

zamęt confusion [kən'fju:ʒn], muddle ['mʌdl], fuss [fʌs]; **spowodować zamęt** – to cause confusion; **wprowadzić zamęt do czegoś** – to throw sth into confusion

zamężna married ['mærɪd]

zamglić haze [heɪz], blur (rr) [blɜ:]

zamglony (*zasnuty mgłą*) hazy ['heɪzɪ], misty ['mɪstɪ], foggy ['fɒgɪ], (*niewyraźny*) blurred [blɜ:d], fuzzy ['fʌzɪ]

zamian:

w zamian – instead of/in exchange for/in place of/in return for

zamiana ❶ (*wymiana*) exchange [ɪks'tʃeɪndʒ], *pot.* swap [swɒp] ❷ (*przekształcenie, przemiana*) conversion [kən'vɜ:ʃn]

zamiar intention [ɪn'tenʃn], purpose ['pɜ:pəs], design [dɪ'zaɪn]; **mieć zamiar** – to intend to/to be going to; *Mamy zamiar sprzedać nasz dom.* – We intend to sell our house./We are going to sell our house. *Nie mam najmniejszego zamiaru przyjąć ich propozycji.* – I have no intention of accepting their offer. *Jakie są jego zamiary?* – What are his intentions? **mieć wobec kogoś (złe) zamiary** – to have designs on sb; **złe zamiary** – evil designs

zamiast instead (of) [ɪn'sted(əv)]; *Powinieneś pracować zamiast grać w karty.* – You should work instead of playing cards. *Powinien był przyjść, ale zamiast tego przysłał swoją żonę.* – He ought to have come, but he sent his wife instead.

zamiatać sweep (swept, swept) [swi:p, swept, swept]

zamieć blizzard ['blɪzəd], snow-storm ['snəʊstɔ:m]

zamiejscowy:

rozmowa zamiejscowa – a long-distance call/a trunk call; **osoba zamiejscowa** – a stranger

zamieniać ❶ (*wymieniać*) exchange [ɪks'tʃeɪndʒ], change [tʃeɪndʒ], swap (pp) [swɒp]; **zamienić kilka słów** – to exchange a few words ❷ (*zmienić w coś*) change (into) [tʃeɪndʒ-], turn (into) [tɜ:n-]

zamieniać się ❶ (*wymieniać się*) change [tʃeɪndʒ], swap (pp) [swɒp]; **zamieniać się miejscami** – to change seats ❷ (*zamienić się w coś*) turn into [tɜ:n'ɪntə], change into [tʃeɪndʒ'ɪntə]

zamienny exchangeable [ɪks'tʃeɪndʒəbl]; **części zamienne** – spare parts

zamierać ❶ (*obumierać*) die [daɪ], wither ['wɪðə] ❷ (*nieruchomieć*) freeze (froze, frozen) [fri:z, frəʊz, 'frəʊzn]; *Zamarła ze strachu.* – She froze with terror.

zamierzać intend [ɪn'tend], be going to [bi:'gəʊɪŋtə], mean (meant, meant) [mi:n, ment, ment]; *Co zamierzasz zrobić?* – What do you intend to do?/What are you going to do? *Zamierzałam ci powiedzieć, że...* – I meant to tell you that...

zamierzenie intention [ɪn'tenʃn], plan [plæn], view [vju:]

zamierzony intended [ɪn'tendɪd], deliberate [dɪ'lɪbərət], purposeful ['pɜ:pəsfʊl]

zamieszanie confusion [kən'fju:ʒn], fuss [fʌs]; **wprowadzić zamieszanie** – to create/to make a fuss; **wprowadzić gdzieś zamieszanie** – to throw sth into confusion

zamieszczać place [pleɪs], put (put, put) [pʊt, pʊt, pʊt], insert [ɪn'sɜ:t]; **zamieścić ogłoszenie w gazecie** – to put/to insert/to place an advertisement in the paper

zamieszkać take up one's residence, settle (down) [setl'(daʊn)], take up quarters ['teɪkʌp'kwɔ:təz]

zamieszkały ❶ (*mieszkający*) residing [rɪ'zaɪdɪŋ], resident ['rezɪdənt] ❷ (*zamieszkany*) inhabited [ɪn'hæbɪtɪd]

zamieszkanie residence ['rezɪdəns]; **miejsce zamieszkania** – (place of) residence; **stałe zamieszkanie** – permanent residence

zamieszki riots ['raɪəts], unrest [ʌn'rest]; **zamieszki na tle społecznym/ /politycznym** – social/political unrest; *Zamieszki wybuchły w wielu miastach.* – Riots broke out in many towns. **stłumić zamieszki** – to quell riots

zamieszkiwać occupy ['ɒkjʊpaɪ], inhabit [ɪn'hæbɪt], live [lɪv]

zamiłowanie liking ['laɪkɪŋ], passion ['pæʃn], fondness ['fɒndnɪs]

zamiłowany enthusiastic [ɪnθju:zɪ'æstɪk], keen [ki:n]

zamknąć ❶ (*zawrzeć*) close [kləʊz], shut (shut, shut) [ʃʌt, ʃʌt, ʃʌt]; **zamknąć drzwi/okna** – to close/to shut the door/the windows; **zamknąć szufladę** – to shut a drawer; **zamknąć walizkę** – to shut a suitcase; **zamknąć drzwi komuś przed nosem** – to shut the door in sb's face; **zamknąć oczy** – to close one's eyes; **zamykać oczy na czyjeś wady** – to close one's eyes to sb's faults ❷ (*zamknąć na klucz*) lock [lɒk] ❸ (*zagrodzić, zastawić, zablokować*) close (off/up) [kləʊz-]; **zamknąć drogę** – to close (off/up) a road; **zamknąć granicę** – to close a border ❹ (*schować, umieścić w zamknięciu*) lock (up) [lɒk-]; *Biżuteria jest zamknięta w sejfie.* – The jewels are locked up in a safe. *Pies był zamknięty (w domu) cały dzień.* – The dog has been locked in all day. ❺ (*złożyć coś rozłożonego*) shut (shut, shut) [ʃʌt, ʃʌt, ʃʌt]; **zamknąć książkę** – to shut a book; **zamknąć scyzoryk** – to shut a penknife ❻ (*zawiesić, zlikwidować działalność*) close down [kləʊz'daʊn]; **zamknąć interes** – to close down a business; **zamknąć sklep** (*zlikwidować*) – to shut down/to close down a shop; **zamknąć sklep** (*po skończonej pracy*) – to close up a shop/to shut a shop ❼ (*doprowadzić do końca*) close [kləʊz]; **zamknąć zebranie** – to close a meeting ❽ (*wyłączyć*) turn off [tɜ:n-'ɒf]; **zamknąć gaz/wodę/światło** – to turn off the gas/the tap/the light; **zamknąć dopływ gazu** – to shut the gas supply

zamknąć się ❶ (*zostać zamkniętym*) close [kləʊz], shut (shut, shut) [ʃʌt, ʃʌt, ʃʌt]; *Drzwi zamykają się automatycznie.* – The door shut automatically. *Okno nie chce się zamknąć.* – The window won't shut/close. *Sklepy zamyka się o siódmej.* – Shops shut/ /close at seven. ❷ (*oddzielić się*) shut oneself [ʃʌtwʌn'self], lock oneself [lɒkwʌn'self]; *Zamknął się w swoim pokoju, żeby pracować.* – He shut himself in his room to work. *Ona zamknęła się (na klucz) w swoim pokoju i nie chciała z nikim rozmawiać.* – She locked herself in her room and refused to talk to anyone. ❸ (*pot. – zamilknąć*) shut up [ʃʌt'ʌp] (shut, shut)

zamknięcie (*urządzenie do zamykania*) lock [lɒk], catch [kætʃ]

◆ **trzymać coś w zamknięciu** – to keep sth under lock and key

zamknięty closed ['kləʊzd], shut [ʃʌt], (*na klucz*) locked ['lɒkt]; *Sklepy są* *zamknięte w niedziele.* – Shops are closed on Sundays. **za zamkniętymi drzwiami** – behind closed doors; **zamknięta granica** – a closed border

zamocować fix [fiks], fasten ['fɑ:sn]

zamoczyć ❶ (*zanurzyć w płynie*) dip (pp) [dɪp], soak [səʊk]; **zamoczyć pióro w atramencie** – to dip the pen into the ink; **zamoczyć bieliznę w wodzie z proszkiem** – to soak the clothes in soapy water ❷ (*zwilżyć*) wet (tt) [wet]; **zamoczyć sobie ubranie** – to get one's clothes wet

zamoczyć się get wet [get'wet], get soaked [get'səʊkt]

zamoknąć soak [səʊk], get wet [get'wet], get soaked [get'səʊkt]

zamordować murder ['mɜ:də]

zamorski overseas [əʊvə'si:z]; **handel zamorski** – overseas trade

zamożność wealth [welθ], affluence ['æflʊəns]

zamożny wealthy ['welθɪ], affluent ['æflʊənt], well-off [wel'ɒf]

zamówić *p.* **zamawiać**

zamówienie order ['ɔ:də]; **złożyć zamówienie** – to place an order

zamrażalnik freezer ['fri:zə]

zamrażarka freezer ['fri:zə], deep freeze [di:p'fri:z]

zamrozić freeze (froze, frozen) [fri:z, frəʊz, 'frəʊzn]

zamsz suéde [sweɪd], chamois-leather ['ʃæmɪleðə]

zamykać *p.* **zamknąć**

zamysł intention [ɪn'tenʃn], purpose ['pɜ:pəs], plan [plæn]

zamyślenie reverie ['revərɪ], meditation [medɪ'teɪʃn]

zamyślić się be lost in thought

zamyślony thoughtful ['θɔ:tfʊl], brooding ['bru:dɪŋ], meditative ['medɪtətɪv], lost in thought [lɒstɪn'θɔ:t]

zanadrze:
mieć coś w zanadrzu – to have sth up one's sleeve

zanadto too [tu:]

zaniechać give up [gɪv'ʌp] (gave, given)

zanieczyszczać pollute [pə'lu:t], contaminate [kən'tæmɪneɪt]

zanieczyszczenie pollution [pə'lu:ʃn], contamination [kəntæmɪ'neɪʃn]

zaniedbanie neglect [nɪ'glekt], negligence ['neglɪdʒəns], dereliction [derɪ'likʃn]; **zaniedbanie obowiązku** – neglect of duty/dereliction of duty; **karygodne zaniedbanie** – criminal negligence

zaniedbany neglected [nɪ'glektɪd], (*o wyglądzie*) untidy [ʌn'taɪdɪ], unkempt [ʌn'kempt]; **zaniedbany ogród** – a neglected garden

zaniedbywać neglect [nɪ'glekt]; **zaniedbywać dzieci** – to neglect one's children; **zaniedbywać własne zdrowie** – to neglect one's health; **zaniedbywać swoje obowiązki** – to neglect one's duties

zaniedbywać się grow remiss [grəʊrɪ'mɪs], be negligent [bi:'neglɪdʒənt]; **zaniedbywać się w obowiązkach** – to be negligent of one's duties

zaniemówić be rendered speechless, be struck dumb

zaniepokoić alarm [ə'lɑ:m], disturb [dɪs'tɜb]

zaniepokoić się become alarmed [bɪ'kʌmə'lɑ:md], become uneasy [bɪ'kʌmʌn'i:zɪ]

zaniepokojenie alarm [ə'lɑ:m], concern [kən'sɜ:n], anxiety [æŋ'zaɪətɪ]

zaniepokojony alarmed [ə'lɑ:md], upset [ʌp'set], anxious ['æŋkʃəs]

zanieść carry ['kærɪ], bring (brought, brought) [brɪŋ, brɔ:t, brɔ:t], fetch [fetʃ]

zanieść się *p.* **zanosić się**

zanik decline [dɪ'klaɪn], atrophy ['ætrəfɪ]; **zanik pamięci** – loss of memory; **zanik mięśni** – atrophy of muscles; **być w zaniku** – to be on the decline

zanikać wane [weɪn], disappear [dɪsə'pɪə], dwindle ['dwɪndl]

zanim before [bɪ'fɔ:], by the time [baɪðə'taɪm]; *Będę gotowa, zanim on przyjdzie.* – I'll be ready by the time/before he comes.

zanosić się ❶ (*nie móc czegoś opanować*); **zanosić się od śmiechu** – to choke with laughter/to be convulsed with laughter; **zanosić się od kaszlu** – to choke with coughing ❷ (*zapowiadać się*) look like ['lʊklaɪk], be imminent [bi:'ɪmɪnənt]; *Zanosi się na deszcz.* – It looks like rain. *Nie zanosi się na to (że się to zdarzy).* – It's not likely to happen.

zanotować note down [nəʊt'daʊn], write down [raɪt'daʊn] (wrote, written), take down [teɪk'daʊn] (took, taken)

zanurzać dip (pp) [dɪp], immerse [ɪ'mɜ:s]

zanurzać się submerge [səb'mɜ:dʒ]

zanurzenie submersion [səb'mɜ:ʃn]; **linia zanurzenia** – water-line

zaoczny:
studia zaoczne – extra-mural studies

zaokrąglać round [raʊnd]; **zaokrąglać liczbę w górę/w dół** – to round up/ /down a figure

zaopatrzenie supply [sə'plaɪ]; **zaopatrzenie w wodę** – water-supply

zaopatrzyć provide [prə'vaɪd], supply [sə'plaɪ]; **zaopatrzyć odbiorców w gaz/w energię elektryczną** – to supply consumers with gas/with electricity; **zaopatrzyć kogoś w żywność** – to provide sb with food and drink

zaopatrzyć się provide/equip oneself with

zaostrzyć ❶ (*uczynić ostrym*) sharpen ['ʃɑ:pn] ❷ (*wzmóc*) heighten ['haɪtn], intensify [ɪn'tensɪfaɪ], aggravate ['ægrəveɪt]; **zaostrzyć apetyt** – to heighten/to whet one's appetite; **zaostrzyć restrykcje** – to tighten restrictions

zapach smell [smel], (*przyjemny*) fragrance ['freɪgrəns], scent [sent], perfume ['pɜ:fju:m], aroma [ə'rəʊmə]

zapadać ❶ (*spaść, pogrążyć się*) sink (sank, sunk) [sɪŋk, sæŋk, sʌŋk], fall (fell, fallen) [fɔ:l, fel, 'fɔ:ln]; **zapaść w drzemkę** – to fall into a doze; **zapaść w sen** – to fall asleep; **zapaść na zdrowiu** – to fall ill; **zapaść na (jakąś) chorobę** – to be taken ill with sth/to come down with a disease ❷ (*nadejść, nastać*) drop (pp) [drɒp], fall (fell, fallen) [fɔ:l, fel, 'fɔ:ln]; *Zapadł mrok.* – Darkness fell. *Zapadła nagła cisza.* – A sudden silence fell. *Czy już zapadła decyzja?* – Has the decision been made yet?

zapadać się fall in [fɔ:l'ɪn] (fell, fallen), collapse [kə'læps], sink in [sɪŋk'ɪn] (sank, sunk); *Dach zapadł się.* – The roof fell in. *Policzki zapadły mu się w czasie choroby.* – His cheeks sank in during his illness. *Nogi zapadały się nam w głębokim śniegu.* – Our feet sank into deep snow. **zapadać się po kolana** – to sink up to the knee

zapadły ❶ (*wklęsły*) hollow ['hɒləʊ], sunken ['sʌŋkən]; **zapadłe policzki** – hollow/sunken cheeks ❷ (*o miejscowości*) isolated ['aɪsəleɪtɪd], out-of- -the-way [aʊtəvðə'weɪ]

zapakować ❶ (*do walizki*) pack (up) [pæk-] ❷ (*zawinąć*) wrap up (pp) [ræp'ʌp]

zapakować się pack up [pæk'ʌp], pack one's suitcase

zapalać light (lit, lit/-ed) [laɪt, lɪt, lɪt/ /laɪtɪd]; **zapalać ogień/świecę/papierosa** – to light a fire/a candle/a cigarette; **zapalać światło** – to turn on/to switch on the light

zapalać się ❶ (*zacząć się świecić*) light up [laɪt'ʌp] (lit, lit/-ed), be lit [bi:'lɪt]; *W jego pokoju zapaliła się lampa.* – A lamp was lit in his room. ❷ (*zacząć się palić*) catch fire [kætʃ'faɪə] ❸ (*wpadać w entuzjazm*) become enthusiastic [bɪ'kʌm ɪnθju:zɪ'æstɪk]

zapalczywość impetuosity [ɪmpetjʊ'ɒsətɪ]

zapalczywy impetuous [ɪm'petjʊəs], passionate ['pæʃənət], hot-headed ['hɒthedɪd]

zapalenie *med.* inflammation [ɪnflə'meɪʃn]; **zapalenie płuc** – pneumonia; **zapalenie oskrzeli** – bronchitis; **zapalenie migdałków** – tonsilitis

zapalniczka lighter ['laɪtə]
zapalnik detonator ['detəneɪtə]
zapalny ❶ (*łatwo zapalający się*) combustible [kəm'bʌstəbl], inflammable [ɪn'flæməbl], flammable ['flæməbl] ❷ *med.* inflammatory [ɪn'flæmətərɪ]; **stan zapalny** – inflammatory condition
zapalony keen [ki:n], enthusiastic [ɪnθju:zɪ'æstɪk], fervent ['fɜ:vənt]
zapał zeal [zi:l], enthusiasm [ɪn'θju:zɪæzm], eagerness ['i:gənɪs]; **pełen zapału** – eager/zealous/enthusiastic
zapałka match [mætʃ]
zapamiętać keep in mind, remember [rɪ'membə]
zapamiętać się become absorbed [bɪ'kʌməb'sɔ:bd]
zapamiętale passionately ['pæʃənətlɪ], in abandon [ɪnə'bændən], frenziedly ['frenzɪdlɪ]
zapamiętały passionate ['pæʃənət], frenzied ['frenzɪd], fanatic [fə'nætɪk]
zapamiętywać *p.* **zapamiętać**
zapanować control (ll) [kən'trəʊl]; **zapanować nad sobą** – to control oneself
zaparcie constipation [kɒnstɪ'peɪʃn]
zaparzyć brew [bru:]; **zaparzyć herbatę** – to make/to brew tea
zapas ❶ (*zasób, rezerwa*) store [stɔ:], stock [stɒk]; **żelazny zapas** – iron ration; **mieć coś w zapasie** – to have sth in stock/store; **zapasy na zimę** – stocks for winter; **mieć duży zapas węgla** – to have a good store of coal ❷ (*element wymienny*) refill ['ri:fɪl]
zapasowy spare [speə]; **koło zapasowe** – a spare tyre; **części zapasowe** – spare parts; **wyjście zapasowe** – emergency exit/fire escape
zapasy *sport.* wrestling ['reslɪŋ]
zapaść¹ *med.* collapse [kə'læps]
zapaść² *p.* **zapadać**
zapaśnik wrestler ['reslə]
zapatrywanie opinion [ə'pɪnjən], view(s) [vju:z]
zapełniać fill [fɪl]
zapełniać się fill up [fɪl'ʌp]; *Hol zaczął się zapełniać.* – The hall began to fill up.
zapewne surely ['ʃɔ:lɪ], doubtless ['daʊtlɪs], undoubtedly [ʌn'daʊtɪdlɪ]
zapewniać ❶ (*upewniać*) assure [ə'ʃʊə]; *Zapewniam cię, że to nie jest niebezpieczne.* – I can assure you that it's not dangerous. ❷ (*gwarantować*) ensure [ɪn'ʃʊə], guarantee [gærən'ti:]; *Nie możemy zapewnić panu pracy.* – We cannot ensure/guarantee you a job. **zapewnić komuś byt** – to provide for sb
zapewnienie assurance [ə'ʃʊərəns], guarantee [gærən'ti:]
zapiekanka ❶ (*zapieczona bułka*) toast [təʊst] ❷ (*zapiekana potrawa*) casserole ['kæsərəʊl]
zapiąć do up [dʊ'ʌp] (did, done), (*na guziki*) button up [bʌtn'ʌp], (*na zamek błyskawiczny*) zip (pp) up [zɪp'ʌp], (*na sprzączkę*) clasp ['klɑ:sp], fasten (up) ['fɑ:sn-]; **zapiąć płaszcz** – to button up/to fasten up one's coat; **zapiąć bransoletkę** – to clasp a bracelet; **zapiąć pas bezpieczeństwa** – to fasten the seat belt
zapiąć się (*na guziki*) button up [bʌtn'ʌp], fasten up [fɑ:sn'ʌp]; *Bluzka zapina się z tyłu.* – The blouse buttons up/fastens up at the back.
zapięcie (*urządzenie do zapinania*) clasp [klɑ:sp], catch [kætʃ], buckle ['bʌkl]
zapinać *p.* **zapiąć**
zapis ❶ (*wpis*) record ['rekɔ:d], entry ['entrɪ] ❷ *prawn.* legacy ['legəsɪ], bequest [bɪ'kwest]
zapisać ❶ (*napisać, zrobić notatkę*) note down [nəʊt'daʊn], write down [raɪt'daʊn] (wrote, written), take down [teɪk'daʊn] (took, taken); *Zapisał mój adres.* – He wrote down my address. *Proszę to zapisać na mój rachunek.* – Put in down/Charge it to my account. ❷ (*zapełnić pismem*) fill [fɪl]; **zapisać całą stronę** – to fill a whole page with writing ❸ (*wciągnąć kogoś na listę*) register ['redʒɪstə], enrol (ll) [ɪn'rəʊl]; **zapisać nowych studentów** – to register new students ❹ (*zrobić zapis w testamencie*) bequeath [bɪ'kwi:ð],

Z

make a bequest ['meɪkə bɪ'kwest]; *Zapisała wszystkie pieniądze swojej siostrzenicy.* – She bequathed all her money to her niece.

zapisać się enrol (ll) [ɪn'rəʊl], put one's name down; **zapisać się na kurs wieczorowy** – to enrol in evening classes

zaplątać tangle up [tæŋgl'ʌp]

zaplątać się get tangled [get'tæŋgld], get into a tangle ['getɪntʊə'tæŋgl], (*zostać w coś zamieszanym*) become involved [bɪ'kʌmɪn'vɒlvd]

zapłacić *p.* **płacić**

zapładniać fertilize ['fɜ:tɪlaɪz], impregnate ['ɪmpregneɪt], inseminate [ɪn'semɪneɪt]

zapłodnienie fertilization [fɜ:tɪlaɪ'zeɪʃn], insemination [ɪnsemɪ'neɪʃn]

zapłakany in tears [ɪn'tɪəz], tearful ['tɪəfʊl]

zapłata payment ['peɪmənt]

zapłon ignition [ɪg'nɪʃn]

zapłonąć flare up [fleər'ʌp], burst into flame [bɜ:st ɪntə'fleɪm]

zapobiegać prevent [prɪ'vent]; **zapobiec poważnemu wypadkowi** – to prevent a serious accident; **zapobiec rozprzestrzenianiu się choroby** – to prevent a disease from spreading; **zapobiegać ciąży** – to use contraception

zapobieganie prevention [prɪ'venʃn]; **zapobieganie ciąży** – contraception

zapobiegawczy preventive [prɪ'ventɪv], precautionary [prɪ'kɔ:ʃnərɪ]; **środki zapobiegawcze** – preventive measures

zapobiegliwość foresight ['fɔ:saɪt], providence ['prɒvɪdəns]

zapobiegliwy foresighted ['fɔ:saɪtɪd]

zapoczątkować initiate [ɪ'nɪʃɪeɪt], start [stɑ:t]

zapodziać mislay (mislaid, mislaid) [mɪs'leɪ, mɪs'leɪd, mɪs'leɪd]

zapodziać się get lost [get'lɒst], get mislaid [get mɪs'leɪd]

zapomnieć forget (forgot, forgotten) [fə'get, fə'gɒt, fə'gɒtn]; *Zapomniałem jej numeru telefonu.* – I've forgotten her phone number. *Nie zapomnij kluczy.* – Don't forget (to take) the keys.

zapomnieć się forget oneself [fə'getwʌn'self]

zapomnienie ❶ (*brak pamięci, niepamięć*) oblivion [ə'blɪvɪən] ❷ (*roztargnienie*) forgetfulness [fə'getfʊlnɪs]

zapomoga benefit ['benɪfɪt]

zapora (*tama*) dam [dæm], (*przeszkoda*) barrier ['bærɪə], obstacle ['ɒbstəkl]

zapotrzebowanie ❶ (*popyt*) demand [dɪ'mɑ:nd] ❷ (*zamówienie*) order ['ɔ:də]

zapowiadać ❶ (*oznajmić*) announce [ə'naʊns] ❷ (*zwiastować, wróżyć*) augur ['ɔ:gə], prognosticate [prɒg'nɒstɪkeɪt]

zapowiadać się promise ['prɒmɪs]; *Zapowiada się ciepły dzień.* – It promises to be a warm day.

zapoznać (*umożliwić komuś poznanie*) introduce [ɪntrə'dju:s], acquaint [ə'kweɪnt]; **zapoznać kogoś z nowym tematem** – to acquaint sb with a new subject

zapoznać się ❶ (*poznać coś*) acquaint oneself (with) [ə'kweɪntwʌn'self]; **zapoznać się z tematem** – to acquaint oneself with the subject ❷ (*poznać kogoś*) become acquainted [bɪ'kʌmə'kweɪntɪd], meet (met, met) [mi:t, met, met]

zapożyczać borrow ['bɒrəʊ]

zapożyczać się run up debts, get into debt

zapóźniony late [leɪt], (*opóźniony w rozwoju*) backward ['bækwəd]

zapraszać invite [ɪn'vaɪt]

zaproszenie invitation [ɪnvɪ'teɪʃn]

zaprzeczać deny [dɪ'naɪ]; **zaprzeczyć kategorycznie** – to deny cathegorically/emphatically; *Nie możesz zaprzeczyć, że ona ma talent.* – You can't deny that she has talent. *Nie sposób zaprzeczyć, że...* – There's no denying that... *Ona zaprzeczyła, że go zna.* – She denied knowing him.

zaprzeczenie ❶ (*nieprzyznanie się*) denial [dɪ'naɪəl] ❷ (*przeciwstawienie,* *przeciwieństwo*) negation [nɪ'geɪʃn], contradiction [kɒntrə'dɪkʃn]

zaprzepaścić throw away [θrəʊə'weɪ] (threw, thrown), waste [weɪst], squander ['skwɒndə]; **zaprzepaścić swoje szanse** – to throw away one's chances; **zaprzepaścić pieniądze** – to waste money

zaprzęgać harness ['hɑ:nɪs]

zaprzyjaźnić się make friends with

zaprzysiężenie oath [əʊθ], vow [vaʊ], pledge [pledʒ]

zapytać *p.* **pytać**

zapytanie question ['kwestʃən]; **znak zapytania** – question mark

zarabiać earn [ɜ:n]; **zarabiać na życie** – to earn one's living

zaradność resourcefulness [rɪ'sɔ:sfʊlnɪs]

zaradny resourceful [rɪ'sɔ:sfʊl], practical ['præktɪkl]

zaraz ❶ (*natychmiast*) at once [ət'wʌns], immediately [ɪ'mi:djətlɪ] ❷ (*za chwilę*) soon [su:n], shortly ['ʃɔ:tlɪ], presently ['prezntlɪ]; *Zaraz wrócę.* – I'll be back in a moment. *Zaraz!* – One moment!/Just a minute!

zaraza pest [pest], pestilence ['pestɪləns], plague [pleɪg]; **unikać kogoś jak zarazy** – to avoid sb like the plague

zarazek *med.* germ [dʒɜ:m], microbe ['maɪkrəʊb]

zarazem also ['ɔ:lsəʊ], as well [əz'wel]

zarazić infect [ɪn'fekt]

zarazić się become infected [bɪ'kʌm ɪn'fəktɪd], catch (caught, caught) [kætʃ, kɔ:t, kɔ:t]; **zarazić się grypą** – to catch flu

zaraźliwy infectious [ɪn'fekʃəs], contagious [kən'teɪdʒəs], catching ['kætʃŋ]; *Grypa jest chorobą zaraźliwą.* – Flu is an infectious disease. **zaraźliwy śmiech** – infectious laugh

zarażać *p.* **zarazić**

zardzewiały rusty ['rʌstɪ]

zardzewieć rust [rʌst]

zaręczać ensure [ɪn'ʃɔ:], assure [ə'ʃɔ:]

zaręczać się get engaged [getɪn'geɪdʒd], become engaged (to be married); *Zaręczyli się w zeszłym miesiącu.* – They got engaged last month.

zaręczony engaged (to be married) [ɪn'geɪdʒd-]

zaręczynowy engagement [ɪn'geɪdʒmənt]; **pierścionek zaręczynowy** – an engagement ring

zaręczyny engagement [ɪn'geɪdʒmənt]

zarobek (*wynagrodzenie*) wages ['weɪdʒɪz], (*zarobki*) earnings ['ɜ:nɪŋz]

zarodek (*u zwierząt*) embryo ['embrɪəʊ], (*u rośliny*) germ [dʒɜ:m]; **stłumić coś w zarodku** – to nip sth in the bud

zarodnik *bot.* spore [spɔ:]

zarost growth [grəʊθ]; **tygodniowy zarost** – a week's growth of beard

zarośla thicket ['θɪkɪt]

zarośnięty ❶ (*nie ogolony*) unshaven [ʌn'ʃeɪvn] ❷ (*obrośnięty*) overgrown ['əʊvəgrəʊn]; **ogród zarośnięty chwastami** – a garden overgrown with weeds

zarozumialstwo conceit [kən'si:t], complacency [kəm'pleɪsnsɪ]

zarozumiały conceated [kən'si:tɪd], complacent [kəm'pleɪsnt]

zarówno as well [əz'wel], both... and...; *Zarówno ona, jak i jej mąż, potrafią prowadzić samochód.* – Both she and her husband can drive.

zarumienić się ❶ (*przysmażyć się*) brown [braʊn] ❷ (*dostać rumieńców*) blush [blʌʃ], flush [flʌʃ], redden ['redn]

zaryglować bolt [bəʊlt]

zarys ❶ (*sylwetka*) outline ['aʊtlaɪn]; **w ogólnych zarysach** – in broad outline ❷ (*szkic*) sketch [sketʃ], draft [drɑ:ft]

zarząd management ['mænɪdʒmənt], board of directors [bɔ:dəvdaɪ'rektəz]

zarządzać ❶ (*wydawać polecenia*) order ['ɔ:də], give orders [gɪv'ɔ:dəz] ❷ (*sprawować zarząd*) manage ['mænɪdʒ], run (ran, run) [rʌn, ræn, rʌn]

zarządzający managing ['mænɪdʒɪŋ], (*osoba zarządzająca*) manager ['mænɪdʒə]

Z

zarządzanie management ['mænɪdʒmənt], administration [ədmɪnɪ'streɪʃn]

zarzucać ❶ (*rzucając zawiesić*) cast (cast, cast) [kɑ:st, kɑ:st, kɑ:st], fling (flung, flung) [flɪŋ, flʌŋ, flʌŋ]; **zarzucić kotwicę** – to cast/to drop anchor; **zarzucić sieć** – to cast a net; **zarzucić sobie coś przez ramię** – to fling sth over one's shoulder ❷ (*zasypać*) flood [flʌd], scatter ['skætə], strew (strewed, strewn/-ed) [stru:, stru:d, stru:n/stru:d]; **zarzucić rynek towarami** – to flood the market with goods; **zarzucić stół papierami** – to scatter the papers all over the table ❸ (*robić zarzuty*) accuse [ə'kju:z]; **zarzucić komuś kłamstwo** – to accuse sb of telling a lie; *Nie mam sobie nic do zarzucenia.* – I have nothing to blame myself for.

zarzut ❶ (*zastrzeżenie*) objection [əb'dʒekʃn]; **bez zarzutu** – faultless/perfect ❷ (*oskarżenie*) accusation [ækju:'zeɪʃn], charge [tʃɑ:dʒ]; **aresztować kogoś pod zarzutem morderstwa** – to arrest sb on a charge of murder

zasada ❶ (*podstawa, reguła*) principle ['prɪnsəpl]; *To funkcjonuje na tej samej zasadzie.* – It functions on the same principle. **w zasadzie** – in principle ❷ (*zasady – normy postępowania*) principles ['prɪnsəplz]; **żyć zgodnie ze swoimi zasadami** – to live according to one's principles; **dla zasady** – on principle ❸ *chem.* alkali ['ælkəlaɪ], base [beɪs]

zasadniczy basic ['beɪsɪk], fundamental [fʌndə'mentl], principal ['prɪnsəpl]

zasadowość *chem.* alkalinity [ælkə'lɪnətɪ]

zasadowy *chem.* alkaline ['ælkəlaɪn]

zasadzka ambush ['æmbʊʃ], trap [træp]; **urządzić zasadzkę na** – to lay/to set an ambush for; **wciągnąć kogoś w zasadzkę** – to draw sb into an ambush; **wpaść w zasadzkę** – to run into an ambush

zasapany breathless ['breθlɪs]

zasięg range [reɪndʒ], extent [ɪk'stent], scope [skəʊp]; **w zasięgu mego wzroku** – within my range of vision; **poza zasięgiem mojego głosu** – out of range of my voice

zasiłek allowance [ə'laʊəns], benefit ['benɪfɪt]; **zasiłek dla bezrobotnych** – unemployment benefit, dole; *pot.* **być na zasiłku** – to be on the dole

zaskakiwać *p.* **zaskoczyć**

zaskakujący surprising [sə'praɪzɪŋ], astonishing [ə'stɒnɪʃɪŋ]

zaskoczenie surprise [sə'praɪz], astonishment [ə'stonɪʃmənt]; *Ku mojemu zaskoczeniu on zdał egzamin.* – To my surprise he passed the exam.

zaskoczyć surprise [sə'praɪz]; *Zaskoczyło mnie, że widzę ich razem.* – It surprized me to see them together.

zasłabnąć faint [feɪnt], collapse [kə'læps]

zasłać cover ['kʌvə], spread (spread, spread) [spred, spred, spred]; **zasłać łóżko** – to make the bed; **zasłać stół obrusem** – to spread a cloth on the table/to spread the table with a cloth

zasłaniać ❶ (*zakrywać*) cover ['kʌvə]; *Zasłoniła twarz rękoma.* – She covered her face with her hands. ❷ (*ochraniać*) shield [ʃi:ld, screen [skri:n]; **zasłaniać oczy od słońca** – to shield one's eyes from the sun ❸ (*przesłaniać*) block [blɒk], shut out [ʃʌt'aʊt] (shut, shut), obstruct [əb'strʌkt]; *Drzewa zasłaniają widok.* – The trees shut out/obstruct the view.

zasłona curtain ['kɜ:tn], blind [blaɪnd]; **zaciągnąć zasłony** – to draw/to pull the curtains; *przen.* **spuścić/zapuścić zasłonę na coś** – to draw a veil over sth

zasługa merit ['merɪt]

zasłużenie deservedly [dɪ'zɜ:vɪdlɪ]

zasłużyć deserve [dɪ'zɜ:vd]; *Zasługujesz na nagrodę za to, co zrobiłeś.* – You deserve a reward for what you have done.

zasmucać grieve [gri:v], sadden ['sædn]

zasnąć fall asleep [fɔ:lə'sli:p], drop off [drɒp'ɒf]

zasobny ❶ (*zamożny*) rich [rɪtʃ], wealthy ['welθɪ] ❷ (*obfitujący*) rich [rɪtʃ], abundant [ə'bʌndənt]; **kraj zasobny w bogactwa naturalne** – a country rich in natural resources

zasób store [stɔ:], stock [stɒk], supply [sə'plaɪ]; **zasoby pieniężne** – funds; **szeroki/bogaty zasób słów** – a wide/ /an extensive/a rich vocabulary

zaspa snow-drift ['snəʊ drɪft]

zaspać oversleep (overslept, overslept) [əʊvə'sli:p, əʊvə'slept, əʊvə'slept]

zaspany sleepy ['sli:pɪ]

zaspokajać satisfy ['sætɪsfaɪ], appease [ə'pi:z], quench [kwentʃ]; **zaspokajać głód/ciekawość** – to satisfy one's hunger/one's curiosity; **zaspokajać czyjeś żądania/potrzeby** – to satisfy sb's demands/needs; **zaspokoić pragnienie** – to quench one's thirst

zaspokojenie satisfaction [sætɪs'fækʃn]

zastać find (found, found) [faɪnd, faʊnd, faʊnd]; *Przyszedłem po południu, ale nie zastałem go w domu.* – I came in the afternoon but I didn't find him at home.

zastanawiać puzzle ['pʌzl], intrigue [ɪn'tri:g]; *Zastanawia mnie, że...* – It puzzles me that...

zastanawiać się ❶ (*rozmyślać*) reflect [rɪ'flekt], ponder ['pɒndə]; **zastanawiać się nad sensem życia** – to reflect on the sense of life ❷ (*starać się znaleźć odpowiedź*) wonder ['wʌndə]; *Zastanawiam się, czy to jest możliwe.* – I'm wondering if it is possible. ❸ (*rozważać, przemyśleć*) think over [θɪŋk'əʊvə] (thought, thought); *Muszę się zastanowić, zanim podejmę decyzję.* – I must think it over before I make a decision. *Chwileczkę, niech się zastanowię.* – One moment, let me see.

zastawa (*naczynia stołowe*) tableware ['teɪblweə]

zastawać *p.* **zastać**

zastawiać ❶ (*zatarasować*) bar (rr) [bɑ:], block [blɒk] ❷ (*zakładać*) set (set, set) [set, set, set], lay (laid, laid) [leɪ, leɪd, leɪd]; **zastawiać pułapkę** – to lay/to set a trap ❸ (*dawać w zastaw*) pawn [pɔ:n]; **zastawić złoty zegarek** – to pawn one's gold watch

zastawka valve [vælv]

zastąpić ❶ (*być zamiast*) substitute ['sʌbstɪtju:t], replace [rɪ'pleɪs]; *Jeden z nauczycieli zachorował i ktoś go musiał zastąpić.* – One of the teachers was taken ill and somebody had to substitute for him. ❷ (*zagrodzić*) bar (rr) [bɑ:]; **zastąpić komuś drogę** – to bar sb's way

zastąpienie substitution [sʌbstɪ'tju:ʃn], replacement [rɪ'pleɪsmənt]

zastęp ❶ (*pewna liczba osób*) host [həʊst] ❷ *wojsk.* unit ['ju:nɪt]

zastępca substitute ['sʌbstɪtju:t], deputy ['depjʊtɪ]

zastępczy substitute ['sʌbstɪtju:t]; **środek zastępczy** – substitute; **rodzina zastępcza** – a foster-home

zastępować *p.* **zastąpić**

zastępstwo replacement [rɪ'pleɪsmənt], substitution [sʌbstɪ'tju:ʃn]

zastosować *p.* **stosować**

zastosowanie application [æplɪ'keɪʃn]; **niemożliwy do zastosowania** – impracticable

zastój standstill ['stændstɪl], stagnation [stæg'neɪʃn]

zastraszyć intimidate [ɪn'tɪmɪdeɪt], bully ['bʊlɪ]

zastrzegać reserve [rɪ'zɜ:v]; **wszystkie prawa zastrzeżone** – all rights reserved; **telefon zastrzeżony** – an unlisted telephone number

zastrzelić shoot down [ʃu:t'daʊn] (shot, shot)

zastrzeżenie ❶ (*warunek*) condition [kən'dɪʃn], reservation [rezə'veɪʃn], stipulation [stɪpjʊ'leɪʃn]; **z zastrzeżeniem, że...** – on condition that...; **robić zastrzeżenie** – to make a reservation ❷ (*uwaga krytyczna*) reservation [rezə'veɪʃn]; *Nie mam żadnych zastrzeżeń.* – I have no reservations.

zastrzyk injection [ɪn'dʒekʃn], shot [ʃɒt]; **zrobić komuś zastrzyk** – to give sb an injection

zastygnąć ❶ (*skrzepnąć*) set (set, set) [set, set, set], congeal [kən'dʒi:l]; *Galaretka jeszcze nie zastygła.* – The jelly hasn't set yet. ❷ (*stanąć bez ruchu*) freeze (froze, frozen) [fri:z, frəuz, 'frəuzn]

zasunąć ❶ (*zasłonić*) draw (drew, drawn) [drɔ:, dru:, drɔ:n]; **zasunąć zasłonę** – to draw a curtain ❷ (*przesunąć, zamknąć*) slide (slid, slid) [slaɪd, slɪd, slɪd]; **zasunąć szufladę** – to push a drawer in/to slide a drawer in; **zasunąć zasuwę** – to slide a bolt in

zasuwa bolt [bəult]; **zamknąć drzwi na zasuwę** – to bolt the door

zasychać dry up [draɪ'ʌp]

zasypać ❶ (*zapełnić*) fill [fɪl] ❷ (*przykryć, przysypać*) cover ['kʌvə], bury ['berɪ]; *Śnieg zasypał pola.* – Snow covered the fields. *Zeszłej zimy byliśmy zasypani śniegiem.* – We were snowed in last winter. ❸ (*obdarzyć w dużych ilościach*) shower ['ʃauə]; **zasypać kogoś komplementami** – to shower compliments on sb; **zasypać kogoś pytaniami** – to bombard sb with questions; **zasypać kogoś prezentami** – to shower gifts on sb

zasypiać *p.* **zasnąć**

zasypka powder ['paudə]

zasypywać *p.* **zasypać**

zaszczepiać ❶ (*wszczepić*) instil (ll) [ɪn'stɪl]; **zaszczepiać dzieciom poczucie obowiązku** – to instil a sense of responsibility into one's children ❷ *med.* vaccinate ['væksɪneɪt], inoculate [ɪ'nɒkjuleɪt]

zaszczycać honour ['ɒnə]

zaszczyt honour ['ɒnə], privilege ['prɪvəlɪdʒ], credit ['kredɪt]; *Przyniosła zaszczyt swojej szkole.* – She brought honour to her school.

zaszczytny honourable ['ɒnərəbl]; **zaszczytne miejsce** – a place of honour

zaszkodzić harm [hɑ:m], do harm [du-'hɑ:m], hurt (hurt, hurt) [hɜ:t, hɜ:t, hɜ:t]; *Wypij to. Nie zaszkodzi ci.* – Drink this. It won't do you any harm. *Nie zaszkodzi ci, jeżeli wstaniesz wcześnie.* – It won't hurt you to get up early.

zasztyletować stab (bb) to death

zaszyć sew up [səu'ʌp] (sewed, sewn), stitch up [stɪtʃ'ʌp]

zaszyfrować code [kəud]

zaszywać *p.* **zaszyć**

zaścielać *p.* **zasłać**

zaślubiać marry ['mærɪ]

zaśmiecać litter ['lɪtə]

zaświadczać testify ['testɪfaɪ], certify ['sɜ:tɪfaɪ]

zaświadczenie certificate [sə'tɪfɪkət]

zaświaty the Beyond [-bɪ'jɒnd], the hereafter [-hɪər'ɑ:ftə]

zaświecić *p.* **świecić**

zataczać (*zakreślać linię kolistą*); **zatoczyć łuk** – to describe a circle

zataczać się stagger ['stægə], reel [ri:l]

zatajać conceal [kən'si:l]

zatajenie concealment [kən'si:lmənt]

zatamować block [blɒk], hold up [həuld'ʌp] (held, held), obstruct [əb-'strʌkt], stop (pp) [stɒp]; **zatamować ruch uliczny** – to hold up/to to obstruct traffic; **zatamować upływ krwi** – to stanch the bleeding

zatapiać *p.* **zatopić**

zatarg conflict ['kɒnflɪkt], quarrel ['kwɒrəl]

zatem then [ðen]

zatęchły musty ['mʌstɪ], frowsty ['fraustɪ]

zatkać stop (pp) [stɒp], block [blɒk], shut (shut, shut) [ʃʌt, ʃʌt, ʃʌt]; **zatkać dziurę** – to stop a hole; **zatkać rurę** – to block a pipe; **zatkać sobie uszy** – to stop one's ears; *Zatkało mnie.* – I was rendered speechless./I was flabbergasted./I was taken aback.

zatoka ❶ *geogr.* gulf [gʌlf], bay [beɪ]; **Zatoka Meksykańska** – the Gulf of Mexico ❷ *anat.* sinus ['saɪnəs]

zatonąć sink (sank, sunk) [sɪŋk, sæŋk, sʌŋk]; *Statek zatonął u wybrzeży Francji.* – The ship sank off the coast of France. **zatonąć w myślach** – to be lost in thought

zatopić sink (sank, sunk) [sɪŋk, sæŋk, sʌŋk]; *Nieprzyjaciel zatopił nasze dwa okręty.* – The enemy sank our two ships.

zatroskany worried ['wʌrɪd], concerned [kən'sɜ:nd]

zatrucie poisoning ['pɔɪznɪŋ]; **zatrucie grzybami** – mushroom poisoning; **zatrucie pokarmowe** – food poisoning

zatruć poison ['pɔɪzn]

zatruć się get poisoned [get'pɔɪznd]

zatrudniać employ [ɪm'plɔɪ]

zatrudnienie employment [ɪm'plɔɪmənt]; **pełne zatrudnienie** – full-time employment/job; **szukać zatrudnienia** – to seek employment; **znaleźć zatrudnienie** – to find employment

zatruwać *p.* **zatruć**

zatrważający alarming [ə'lɑ:mɪŋ]

zatrwożony alarmed [ə'lɑ:md], perturbed [pə'tɜ:bd]

zatrwożyć alarm [ə'lɑ:m], perturb [pə'tɜ:b]

zatrzask ❶ (*guzik do zapinania*) press-stud ['presstʌd], popper ['pɒpə], *am.* snap fastener [snæp'fɑ:snə] ❷ (*zamek sprężynowy*) latch [lætʃ]

zatrzasnąć ❶ (*zamknąć drzwi na zatrzask*) latch the door ❷ (*zamknąć z trzaskiem*) bang [bæŋ], slam (mm) [slæm]

zatrząść shake (shook, shaken) [ʃeɪk, ʃʊk, 'ʃeɪkn]

zatrząść się shake (shook, shaken) [ʃeɪk, ʃʊk, 'ʃeɪkn]

zatrzeć *p.* **zacierać**

zatrzymać ❶ (*uniemożliwić posuwanie się*) stop (pp) [stɒp]; **zatrzymać samochód/pociąg** – to stop a car/a train ❷ (*nie puścić*) detain [dɪ'teɪn], keep (kept, kept) [ki:p, kept, kept]; *Nie będę cię dłużej zatrzymywać.* – I won't keep you any longer. ❸ (*zachować*) keep (kept, kept) [ki:p, kept, kept], retain [rɪ'teɪn] ❹ (*pozbawić kogoś wolności*) detain [dɪ'teɪn], arrest [ə'rest]

zatrzymać się ❶ (*przestać się poruszać*) stop (pp) [stɒp]; *Zatrzymał się, żeby popatrzeć na wystawę.* – He stopped to look at the shop window. *Mój zegarek zatrzymał się.* – My watch has stopped. ❷ (*spędzić gdzieś jakiś czas*) stay [steɪ], stop over (pp) [stɒp'əʊvə]; *Gdzie się zatrzymałeś?* – Where are you staying? *Zatrzymałem się u przyjaciół.* – I'm staying with friends.

zatwardziały (*nieczuły*) cruel [kruəl], (*niezłomny*) confirmed [kən'fɜ:md]; **zatwardziałe serce** – a cruel heart; **zatwardziały stary kawaler** – a confirmed bachelor

zatwierdzać approve (of) [ə'pru:v-]; **zatwierdzać plan** – to approve a plan

zatwierdzenie approval [ə'pru:vl]

zatyczka plug [plʌg], stopper ['stɒpə]

zatykać *p.* **zatkać**

zatytułować (*nadać tytuł*) entitle [ɪn'taɪtl]

zaufać trust [trʌst]

zaufanie trust [trʌst], confidence ['kɒnfɪdəns]; **godny zaufania** – trustworthy; **darzyć kogoś zaufaniem** – to trust sb/to have confidence in sb; **zdobyć czyjeś zaufanie** – to gain/to win sb's confidence; **pokładać w kimś zaufanie** – to place/to put one's trust in sb; **nadużyć czyjegoś zaufania** – to abuse sb's trust; **wotum zaufania** – a vote of confidence

zaufany trusted ['trʌstɪd], reliable [rɪ'laɪəbl]

zaułek lane [leɪn]; **ślepy zaułek** – a blind alley/a cul-de-sac

zauważyć ❶ (*dostrzec*) notice ['nəʊtɪs], catch sight of [kætʃ'saɪtəv], observe [əb'zɜ:v]; *Zauważyłem, że ona dziwnie się zachowuje.* – I noticed that she behaved strangely. *Zauważyłem go, jak wychodził z pokoju.* – I noticed/saw him leave/leaving the room. *Zauważyłem ją w tłumie.* – I caught sight of her in the crowd. ❷ (*zrobić uwagę – powiedzieć*) remark [rɪ'mɑ:k], observe [əb'zɜ:v]

zawada hindrance ['hɪndrəns]

zawadzać ❶ (*przeszkadzać*) hinder ['hɪndə], hamper ['hæmpə], be in the way [biːɪnðə'weɪ] ❷ (*zaczepiać o coś*) brush (against) [brʌʃ-], catch (caught, caught) [kætʃ, kɔːt, kɔːt]

zawahać się hesitate ['hezɪteɪt]

zawalić się fall in [fɔːl'ɪn] (fell, fallen), collapse [kə'læps], crash [kræʃ]

zawał *med.* coronary ['kɒrənərɪ]

zawartość (*ilość*) content ['kɒntent], (*to, co wchodzi w skład*) contents ['kɒntənts]; **zawartość szuflady** – the contents of a drawer; **zawartość srebra w monecie** – the silver content of a coin

zaważyć (*przeważyć szalę*) tip the balance, (*wywrzeć wpływ*) decide [dɪ'saɪd], determine [dɪ'tɜːmɪn]; **zaważyć na czyimś losie** – to determine/to decide sb's fate

zawdzięczać owe [əʊ]; *Wiele mu zawdzięczam.* – I owe him a lot.

zawężać narrow ['nærəʊ], restrict [rɪ'strɪkt], confine [kən'faɪn]

zawiadamiać notify ['nəʊtɪfaɪ], let sb know, inform [ɪn'fɔːm]; **zawiadomić policję** – to notify/to inform the police; *Zawiadom mnie, kiedy przyjeżdżasz.* – Let me know when you are coming.

zawiadomienie announcement [ə'naʊnsmənt]

zawiadowca station-master ['steɪʃn mɑːstə]

zawias hinge [hɪndʒ]

zawiązać tie [taɪ], bind (bound, bound) [baɪnd, baʊnd, baʊnd]; **zawiązać supeł** – to tie a knot

zawieja snow-storm ['snəʊ stɔːm], blizzard ['blɪzəd]

zawierać ❶ (*mieścić w sobie*) contain [kən'teɪn], include [ɪn'kluːd], hold (held, held) [həʊld, held, held]; *Pomarańcze zawierają witaminę C.* – Oranges contain vitamin C. *Wszystkie informacje zawarte są w broszurce.* – All the information is included in the brochure. ❷ (*ustanowić, zawiązać*); **zawrzeć z kimś przyjaźń** – to make friends with sb/to strike up friendship with sb; **zawrzeć z kimś znajomość** – to strike up an acquaintance/to become acquainted with sb; **zawrzeć rozejm** – to agree on a truce; **zawrzeć umowę** – to conclude a contract/an agreement; **zawrzeć traktat** – to conclude a treaty; **zawrzeć małżeństwo** – to get married/to enter into a marriage

zawiesić ❶ (*powiesić*) hang (hung, hung) [hæŋ, hʌŋ, hʌŋ], suspend [sə'spend] ❷ (*wstrzymać na pewien czas*) suspend [sə'spend]; **zawiesić wyrok** – to suspend a sentence; **zawiesić kogoś w obowiązkach** – to suspend sb from duty

zawiesina *chem.* suspension [sə'spenʃn]

zawiesisty thick [θɪk]

zawieszać *p.* **zawiesić**

zawieszenie ❶ (*układ elementów amortyzujących w samochodzie*) suspension [sə'spenʃn] ❷ (*wstrzymanie*) suspension [sə'spenʃn]; **wyrok w zawieszeniu** – a suspended sentence; **zawieszenie broni** – armistice/truce

zawieść ❶ (*sprawić zawód*) disappoint [dɪsə'pɔɪnt], let down [let'daʊn] (let, let); *Ona nas nie zawiodła.* – She didn't let us down. ❷ (*nie dopisać*) fail [feɪl]; *Hamulce zawiodły.* – The brakes failed. *Jego wzrok zawodzi.* – His eyesight is failing. *O ile mnie pamięć nie zawodzi...* – If I remember correctly... ❸ (*zaprowadzić*) lead (led, led) [liːd, led, led]

zawieść się be disappointed [biːdɪsə'pɔɪntɪd]; *Zawiodłem się na tobie.* – I'm disappointed in you.

zawieźć take (took, taken) [teɪk, tʊk, 'teɪkn], drive (drove, driven) [draɪv, drəʊv, 'drɪvn]; *On nas zawiózł swoim samochodem.* – He took us in his car.

zawijać ❶ (*owinąć*) wrap up (pp) [ræp'ʌp]; **zawinąć książkę w papier** – to wrap a book in paper; **zawinąć dziecko w kocyk** – to wrap the baby up in a blanket ❷ (*podwinąć*) roll up [rəʊl'ʌp]; **zawinąć rękawy** – to roll up one's sleeves

zawiłość complexity [kəm'pleksətɪ]

zawiły complicated ['kɒmplɪkeɪtɪd], complex ['kɒmpleks]

zawinąć ❶ *p.* **zawijać** ❷ (*wpłynąć do portu*) call at a port/put into port/enter a port
zawiniątko bundle ['bʌndl]
zawinić be guilty, be at fault, be to blame; *Kto zawinił?* – Whose fault was it?
zawiniony committed [kə'mɪtɪd]
zawistny envious ['envɪəs], jealous ['dʒeləs]
zawiść envy ['envɪ]; **być trawionym zawiścią** – to be consumed with envy
zawodnik competitor [kəm'petɪtə], contestant [kən'testənt]
zawodność unreliability ['ʌnrɪlaɪə'bɪlətɪ]
zawodny unreliable [ʌnrɪ'laɪəbl], fallible ['fæləbl]
zawodowiec professional [prə'feʃənl]
zawodowstwo professionalism [prə'feʃnəlɪzm]
zawodowy professional [prə'feʃənl]; **szkoła zawodowa** – technical school
zawody *sport.* contest ['kɒntəst], competition [kɒmpɪ'tɪʃn], sports event [spɔ:tsɪ'vent]
zawodzić¹ *p.* **zawieść**
zawodzić² (*biadać, śpiewać żałośnie*) lament [lə'ment], wail [weɪl]
zawołać ❶ (*wezwać*) call [kɔ:l]; *Zawołaj mnie, kiedy mnie będziesz potrzebował.* – Call me when you need me. **zawołać lekarza** – to call in a doctor/to send for a doctor ❷ (*krzyknąć*) call out [kɔ:l'aʊt], shout [ʃaʊt], cry out [kraɪ'aʊt]
zawołanie call [kɔ:l], summons ['sʌmənz]; **przybiec na zawołanie** – to respond to a call; **być na każde zawołanie** – to be at sb's beck and call; **zrobić coś na zawołanie** (*bardzo szybko*) – to do sth at a moment's notice
zawozić *p.* **zawieźć**
zawód¹ (*fach, specjalność*) occupation [ɒkjʊ'peɪʃn], profession [prə'feʃn], trade [treɪd]; *Kim jesteś z zawodu?* – What's your occupation?/What's your profession?/What do you do? *On jest z zawodu stolarzem.* – He is a carpenter by trade.
zawód² (*rozczarowanie*) disappointment [dɪsə'pɔɪntmənt], disillusionment [dɪsɪ'lu:ʒnmənt]; **doznać zawodu w miłości** – to be unhappy in love; **nie zrobić komuś zawodu** – not to let sb down; **zrobić komuś zawód** – to disappoint sb/to let sb down; **doznać zawodu** – to be disappointed
zawór *techn.* valve [vælv]
zawracać turn back [tɜ:n'bæk]
zawrót:
zawrót głowy – vertigo ['vɜ:tɪgəʊ]; **zawroty głowy** – dizziness/giddiness; **mieć zawroty głowy** – to feel dizzy//giddy
zawstydzać put sb to shame
zawstydzony ashamed [ə'ʃeɪmd]
zawsze ❶ (*przez cały czas*) always ['ɔ:lweɪz], ever ['evə]; *On zawsze się spóźnia.* – He always comes late. **na zawsze** – for ever/for good; **raz na zawsze** – once for all ❷ (*bądź co bądź*) still [stɪl]
zawziętość ❶ (*upór*) persistence [pə'sɪstəns], obstinacy ['ɒbstɪnəsɪ] ❷ (*zaciętość*) grimness ['grɪmnɪs], relentlessness [rɪ'lentlɪsnɪs]
zawzięty persistent [pə'sɪstənt], relentless [rɪ'lentlɪs], ferocious [fə'rəʊʃəs]
zazdrosny envious ['envɪəs], jealous ['dʒeləs]; *On jest zazdrosny o twój sukces.* – He is envious of your success. **zazdrosny mąż** – a jealous husband
zazdrościć envy ['envɪ], be jealous [bi:'dʒeləs]; *On ci zazdrości twojego sukcesu.* – He envies you your success.//He is jealous of your success. *Nie zazdroszczę ci.* – I don't envy you.
zazdrość envy ['envɪ], jealousy ['dʒələsɪ]; *Nie potrafił ukryć swojej zazdrości, kiedy zobaczył twój nowy samochód.* – He couldn't conceal his envy when he saw your new car.
zaziębić się catch (a) cold [kætʃə'kəʊld]
zaziębienie (a) cold [-kəʊld]

Z

zaziębiony suffering from cold, with a cold

zaznaczyć mark [mɑ:k]

zaznaczyć się be marked [bi:'mɑ:kt], appear [ə'pɪə], become pronounced [bɪ'kʌmprə'naʊnst]

zaznać experience [ɪk'spɪərəns]; **zaznać dobroci** – to experience kindness; **zaznać trudów** – to experience hardships; **zaznać przyjemności** – to experience pleasure

zaznajomić introduce [ɪntrə'dju:s], acquaint [ə'kweɪnt]; **zaznajomić studentów z nowym tematem** – to acquaint the students with a new subject

zaznajomić się become acquainted [bɪ-'kʌmə'kweɪntɪd], acquaint oneself [ə'kweɪnt wʌn'self]

zazwyczaj usually ['ju:ʒʊəlɪ], in general [ɪn'dʒenərəl]; *Oni zazwyczaj spędzają czas oglądając telewizję.* – They usually spend their time watching TV.

zażalenie complaint [kəm'pleɪnt]; **wnieść zażalenie** – to lodge a complaint

zażenowanie embarrassment [ɪm'bær-əsmənt]

zażenowany embarrassed [ɪm'bærəst], disconcerted [dɪskən'sɜ:tɪd]

zażyć ❶ (*przyjąć*) take (took, taken) [teɪk, tʊk, 'teɪkn]; **zażyć tabletkę** – to take a tablet ❷ (*doznać, skorzystać*) enjoy [ɪn'dʒɔɪ], indulge in [ɪn'dʌldʒ-'ɪn]; **zażyć przyjemności** – to enjoy pleasures; **zażywać kąpieli** – (*w wannie*) to take a bath/(*w morzu, jeziorze*) to bathe/have a swim

zażyłość familiarity [fəmɪlɪ'ærətɪ], intimacy ['ɪntɪməsɪ]

zażywać *p.* **zażyć**

ząb tooth, *l.mn.* teeth [tu:θ, ti:θ], (*u węża*) fang [fæŋ]; **zęby przednie** – front teeth; **zęby trzonowe** – molars; **ząb mądrości** – a wisdom tooth; **uzbrojony po zęby** – armed to the teeth; **zgrzytać zębami** – to grit one's teeth; **ból zęba** – toothache; **pasta do zębów** – toothpaste; **szczoteczka do zębów** – a toothbrush

ząbek:
ząbek czosnku – a clove of garlic

ząbkować teethe [ti:ð]

zbaczać deviate ['di:vɪeɪt], swerve [swɜ:v], go out of one's way; **zbaczać z tematu** – to digress

zbankrutować go bankrupt [gəʊ'bæŋ-krʌpt]

zbawca saviour ['seɪvjə]

zbawiać save [seɪv], redeem [rɪ'di:m]

Zbawiciel the Saviour [-'seɪvjə]

zbawienie salvation [sæl'veɪʃn], redemption [rɪ'demʃn]; **Armia Zbawienia** – the Salvation Army

zbawienny beneficial [benɪ'fɪʃl], salutary ['sæljʊtərɪ]

zbędny superfluous [su:'pɜ:flʊəs], useless ['ju:slɪs], redundant [rɪ'dʌndənt]

zbić ❶ (*złączyć gwoździami*) nail together [neɪltə'geðə] ❷ (*pobić*) beat up [bi:t'ʌp] (beat, beaten), give sb a beating ❸ (*rozbić, stłuc*) smash [smæʃ], shatter ['ʃætə], break (broke, broken) [breɪk, brəʊk, 'brəʊkn]

◆ **zbić kogoś z tropu** – to disconcert sb/to put sb out of countenance

zbić się ❶ (*skupić się, stłoczyć*) flock together [flɒktə'geðə], huddle together [hʌdltə'geðə] ❷ (*skawalić się*) lump [lʌmp] ❸ (*stłuc się*) get broken [get'brəʊkn], get smashed [get-'smæʃt]

zbiec ❶ (*biegnąc znaleźć się na dole*) run down [rʌn'daʊn] (ran, run); **zbiec ze schodów** – to run down the stairs ❷ (*uciec*) escape [ɪ'skeɪp]

zbiec się ❶ (*zgromadzić się*) gather ['gæðə], crowd [kraʊd] ❷ (*zdarzyć się w tym samym czasie*) coincide [kəʊɪn-'saɪd] ❸ (*o tkaninach – skurczyć się*) shrink (shrank, shrunk) [ʃrɪŋk, ʃræŋk, ʃrʌŋk]

zbieg ❶ (*uciekinier*) fugitive ['fju:dʒətɪv], runaway ['rʌnəweɪ], *wojsk.* deserter [dɪ'zɜ:tə] ❷ (*zejście się*); **zbieg okoliczności** – a coincidence; **zbieg ulic** – crossroads/intersection

zbiegowisko crowd [kraʊd]

zbieracz ❶ (*kolekcjoner*) collector [kə'lektə] ❷ (*osoba pracująca przy zbiorach*) picker ['pɪkə]

zbierać ❶ (*gromadzić w jednym miejscu*) collect [kə'lekt], gather ['gæðə]; **zbierać znaczki** – to collect stamps; **zbierać makulaturę** – to collect waste paper; **utwory zebrane Szekspira** – the collected works of Shakespeare; **zbierać informacje** – to gather information; **zebrać myśli** – to collect/to gather one's thoughts; **zbierać siły** – to gather (all) one's strength ❷ (*zrywać*) gather ['gæðə], pick [pɪk]; **zbierać grzyby** – to gather mushrooms; **zbierać jagody** – to gather/to pick berries; **zbierać zboże** – to gather/to reap harvest

zbierać się ❶ (*gromadzić się*) gather ['gæðə], collect [kə'lekt]; *Tłum zebrał się na ulicy.* – A crowd gathered/collected in the street. ❷ (*zanosić się*) brew [bru:], gather ['gæðə]; *Zbiera się na burzę.* – A storm is gathering/ /brewing.

zbieżność *mat., techn.* convergence [kən'vɜ:dʒəns]

zbieżny convergent [kən'vɜ:dʒənt]

zbijać *p.* **zbić**

zbiornik container [kən'teɪnə], tank [tæŋk], reservoir ['rezəvwɑ:]

zbiornikowiec *mar.* tanker ['tæŋkə]

zbiorowy collective [kə'lektɪv], group [gru:p], joint [dʒɔɪnt]; **zbiorowy wysiłek** – a joint/a collective effort; **zbiorowa odpowiedzialność** – collective responsibility; **praca zbiorowa** – joint work; **gwałt zbiorowy** – gang rape

zbiór ❶ *mat.* set [set] ❷ (*całość złożona z jednostek*) collection [kə'lekʃn]; **zbiór poezji** – a collection of poems ❸ (*zbiory – kolekcja*) collection [kə'lekʃn]; **wspaniały zbiór starych monet** – a fine collection of old coins ❹ (*zbieranie i zwożenie z pola*) harvest ['hɑ:vɪst], picking ['pɪkɪŋ], (*plon*) crop [krɒp]; **zbiór chmielu** – hop picking; **dobry zbiór pszenicy** – a good crop of wheat

zbiórka ❶ (*zebranie się grupki ludzi*) assembly [ə'semblɪ], meeting ['mi:tɪŋ] ❷ (*zbieranie pieniędzy*) collection [kə'lekʃn]

zblednąć grow pale [grəʊ'peɪl]

zbliżać się come closer [kʌm'kləʊsə], advance [əd'vɑ:ns], approach [ə'prəʊtʃ], draw near [drɔ:'nɪə]

zbliżanie się approach [ə'prəʊtʃ]

zbliżenie *film.* close-up ['kləʊsʌp]

zbłąkany stray [streɪ]

zbocze slope [sləʊp]

zboczenie ❶ (*odchylenie*) deviation [di:vɪ'eɪʃn], departure [dɪ'pɑ:tʃə], deflection [dɪ'flekʃn] ❷ (*perwersja*) deviation [di:vɪ'eɪʃn], perversion [pə'vɜ:ʃn]

zboczeniec pervert ['pɜ:vɜ:t], deviant ['di:vjənt]

zboczyć *p.* **zbaczać**

zboże corn [kɔ:n], grain [greɪn], cereal ['sɪərɪəl]

zbożowy corn [kɔ:n], cereal ['sɪərɪəl]; **produkty/przetwory zbożowe** – cereal products; **płatki zbożowe** – cereals; **kawa zbożowa** – ersatz coffee

zbrodnia crime [kraɪm]; **zbrodnie wojenne** – war crimes; **zbrodnia przeciw ludzkości** – a crime against humanity; **zbrodnia w afekcie** – a crime of passion/crime passionnel; **popełnić zbrodnię** – to commit a crime

zbrodniarz criminal ['krɪmɪnl]

zbrodniczy criminal ['krɪmɪnl]

zbroić ❶ (*zaopatrywać w broń*) arm [ɑ:m] ❷ (*wzmacniać*) reinforce [ri:ɪn'fɔ:s]

zbroić się arm [ɑ:m], arm oneself [ɑ:mwʌn'self]

zbroja armour ['ɑ:mə]

zbrojenie armament ['ɑ:məmənt]; **wyścig zbrojeń** – the arms race

zbrojeniowy armaments ['ɑ:məmənts]; **przemysł zbrojeniowy** – the armaments industry

zbrojny armed ['ɑ:md]; **siły zbrojne** – armed forces; **opór zbrojny** – armed resistance

zbudować *p.* **budować**

zbudzić się *p.* **obudzić się**

Z

zbuntować (się) *p.* **buntować (się)**
zbuntowany rebellious [rɪ'beljəs], mutinous ['mju:tɪnəs]
zburzyć destroy [dɪ'strɔɪ], pull down [pʊl'daʊn], demolish [dɪ'mɒlɪʃ]
zbutwiały decaying [dɪ'keɪɪŋ], rotten ['rɒtn]
zbyć ❶ (*sprzedać*) sell (sold, sold) [sel, səʊld, səʊld] ❷ (*zlekceważyć*) dismiss [dɪs'mɪs], brush off [brʌʃ'ɒf], disregard [dɪsrɪ'gɑ:d]
zbyt[1] (*możliwość sprzedania towaru*) market ['mɑ:kɪt], sale [seɪl]
zbyt[2] (*nazbyt*) too [tu:], too much [tu:'mʌtʃ]
zbytecznie unnecessarily [ʌn'nesəsərɪlɪ], needlessly ['ni:dlɪslɪ]
zbyteczny needless ['ni:dlɪs], unnecessary [ʌn'nesəsərɪ]
zbytek ❶ (*luksus*) luxury ['lʌkʃərɪ] ❷ (*nadmiar*) excess [ɪk'ses]
zbytkowny rich [rɪtʃ], luxurious [lʌg'zjʊərɪəs], sumptuous ['sʌmtjʊəs]
zbytni excessive [ɪk'sesɪv]
zbytnio too much [tu:'mʌtʃ], over-much ['əʊvəmʌtʃ]
zdać ❶ (*przekazać*) hand over [hænd'əʊvə], give (gave, given) [gɪv, geɪv, 'gɪvn]; **zdać sobie sprawę** – to realize; **zdać relację** – to give an account/to report ❷ (*skazać, pozostawić*) leave (left, left) [li:v, left, left]; **zdać kogoś na jego własne siły** – to leave sb to his own devices ❸ (*złożyć pomyślnie egzamin*) pass (an exam); **nie zdać egzaminu** – to fail an exam
zdać się ❶ (*zaufać, zawierzyć*) trust [trʌst], rely [rɪ'laɪ], depend [dɪ'pend]; **zdać się na los** – to trust to chance; **zdać się na czyjąś łaskę** – to throw oneself at sb's mercy ❷ (*stać się potrzebnym*) be of use [bi:əv'ju:s]; *To się nam na nic nie zda.* – It won't be of any use to us. *Płacz na nic się nie zda.* – It's no use crying.
zdalnie:
zdalnie sterowany – operated by remote control; **pocisk zdalnie sterowany** – a guided missile
zdalny remote [rɪ'məʊt]; **zdalne sterowanie** – remote control
zdanie ❶ *gram.* sentence ['sentəns], clause [klɔ:z]; **ułożyć zdanie** – to make a sentence; **zdanie warunkowe/względne** – a conditional/a relative clause; **zdanie nadrzędne** – a principal/a main clause; **zdanie podrzędne** – a subordinate clause ❷ (*opinia*) opinion [ə'pɪnjən]; **moim zdaniem...** – in my opinion; *Jestem zdania, że...* – I'm of the opinion that...
zdarzać się happen ['hæpn], take place [teɪk'pleɪs], occur [ə'kɜ:]; *Kiedy to się zdarzyło?* – When did it happen?
zdarzenie event [ɪ'vent], occurence [ə'kʌrəns], incident ['ɪnsɪdənt]
zdatny fit [fɪt], suitable ['su:təbl/'sju:təbl]; **woda zdatna do picia** – water fit for consumption, drinkable water; *On jest słaby i jeszcze niezdatny do pracy.* – He is weak and not fit for work yet.
zdawać ❶ *p.* **zdać** ❷ (*stawać do egzaminu*) take an exam, sit an exam; *Kiedy zdajesz egzamin?* – When are you taking the exam?
zdawać się (*wydawać się*) seem [si:m], appear [ə'pɪə]; *Zdaje mi się, że on już wyjechał.* – It seems to me that he has already left./I think he has already left. *Zdawało mi się, że mówił prawdę.* – He seemed to be telling the truth. *Zdaje się, że są szczęśliwi.* – They seem to be happy. *Słyszałam czyjeś kroki. – Nie, zdawało ci się.* – I heard somebody's footsteps. – No, you must have imagined it.
zdawkowy trite [traɪt], casual ['kæʒjʊəl], banal [bə'nɑ:l]
zdążać ❶ *p.* **zdążyć** ❷ (*zmierzać, kierować się*) make for ['meɪkfə] (made, made), be bound for [bi:'baʊndfə]; **zdążać do domu** – to make for home//to be bound for home
zdążyć (*być na czas*) be in time [bi:ɪn'taɪm]; *Zdążyliśmy. Ceremonia jeszcze się nie zaczęła.* – We came in time. The ceremony had not yet begun. **zdążyć na pociąg** – to catch the train;

nie zdążyć na pociąg – to miss the train; *Nie zdążyliśmy. Sztuka już się zaczęła.* – We came too late. The play had already started.

zdechnąć die [daɪ]

zdecydować decide [dɪ'saɪd], determine [dɪ'tɜ:mɪn]; **zdecydować o czyimś losie** – to decide sb's fate

zdecydować się decide [dɪ'saɪd], make up one's mind

zdecydowanie[1] (*pewność*) determination [dɪtɜ:mɪ'neɪʃn]

zdecydowanie[2] (*wyraźnie, bez wahania*) definitely ['defɪnɪtlɪ], decidedly [dɪ'saɪdɪdlɪ], positively ['pɒzətɪvlɪ]

zdecydowany ❶ (*stanowczy*) firm [fɜ:m], determined [dɪ'tɜ:mɪnd]; **zdecydowana odmowa** – a firm refusal ❷ (*wyraźny, niewątpliwy*) definite ['defɪnɪt], decided [dɪ'saɪdɪd], emphatic [ɪm'fætɪk]; **zdecydowana poprawa** – a definite improvement

zdejmować take off [teɪk'ɒf] (took, taken), remove [rɪ'mu:v]; **zdjąć płaszcz** – to take off one's coat; **zdjąć walizkę z półki** – to take the suitcase off the rack

zdematerializować się dematerialize [di:mə'tɪərɪəlaɪz]

zdemoralizować corrupt [kə'rʌpt], deprave [dɪ'preɪv]

zdemoralizowany corrupted [kə'rʌptɪd], depraved [dɪ'preɪvd]

zdenerwować ❶ (*zaniepokoić*) upset (upset, upset) [ʌp'set, ʌp'set, ʌp'set] ❷ (*zirytować*) irritate ['ɪrɪteɪt], annoy [ə'nɔɪ], vex [veks]

zdenerwować się ❶ (*zaniepokoić się*) become upset [bɪkʌmʌp'set] ❷ (*zirytować się*) lose one's temper

zdenerwowanie nervousness ['nɜ:vəsnɪs]

zdenerwowany ❶ (*niespokojny*) nervous ['nɜ:vəs], anxious ['æŋkʃəs] ❷ (*zirytowany*) irritated ['ɪrɪteɪtɪd], furious ['fjʊərɪəs]

zderzać się collide [kə'laɪd], crash (together) [kræʃ-]; *Jego samochód zderzył się z autobusem.* – His car collided with a bus.

zderzak *mot.* bumper ['bʌmpə]

zderzenie collision [kə'lɪʒn]; **zderzenie czołowe** – a head-on collision

zdesperowany desperate ['desprət]

zdeterminowany determined [dɪ'tɜ:mɪnd]

zdewastować devastate ['devəsteɪt], damage ['dæmɪdʒ]

zdewastowany devastated ['devəsteɪtɪd], ravaged ['rævɪdʒd], ruined ['rʊɪnd]

zdezorientowany confused [kən'fju:zd], bewildered [bɪ'wɪldəd], disorientated [dɪs'ɔ:rɪenteɪtɪd]

zdjęcie ❶ (*usunięcie*) removal [rɪ'mu:vl] ❷ (*fotografia*) photo ['fəʊtəʊ], photograph ['fəʊtəgrɑ:f], snapshot ['snæpʃɒt], picture ['pɪktʃə]; **zrobić zdjęcie** – to take a photo; **wywołać zdjęcie** – to develop a photo

zdobić embellish [ɪm'belɪʃ], adorn [ə'dɔ:n], decorate ['dekəreɪt]

zdobnictwo decorative art ['dekrətɪv'ɑ:t], ornamentation [ɔ:nəmen'teɪʃn]

zdobniczy decorative ['dekrətɪv], ornamental [ɔ:nə'mentl]

zdobycz ❶ (*łup*) trophy ['trɒfɪ] ❷ (*osiągnięcie*) achievement [ə'tʃi:vmənt]

zdobyć ❶ (*odebrać, zagarnąć*) conquer ['kɒŋkə], seize [si:z], take (took, taken) [teɪk, tʊk, 'teɪkn]; **zdobyć władzę** – to take/to seize power ❷ (*osiągnąć*) achieve [ə'tʃi:v], attain [ə'teɪn]; **zdobyć cel** – to attain one's objective; *Szczyt został zdobyty w zeszłym roku.* – The mountain was conquered last year. ❸ (*stać się posiadaczem*) get (got, got) [get, gɒt, gɒt]; **zdobyć bilety–** to get tickets; **zdobyć majątek** – to make a fortune ❹ (*zjednać sobie*) win (won, won) [wɪn, wʌn, wʌn]; **zdobyć czyjąś sympatię** – to win sb's affection

zdobyć się (*pokonać wewnętrzny opór*); **zdobyć się na odwagę** – to summon up/to muster/to pluck up one's courage

zdobywca conqueror ['kɒŋkərə]

zdobywczy conquering ['kɒŋkərɪŋ]

zdolność ❶ (*sprawność*) ability [ə'bɪlətɪ], capacity [kə'pæsətɪ], capability [keɪpə'bɪlətɪ]; *To przekracza moje zdolności.* – It's beyond my capability. **zdolność myślenia** – ability to think ❷ (*zdolności – uzdolnienia*) talent ['tælənt], aptitude ['æptɪtju:d], ability [ə'bɪlətɪ]; **zdolności językowe** – a talent for languages; **osoba o wyjątkowych zdolnościach** – a person of outstanding abilities

Z

zdolny ❶ (*uzdolniony*) talented ['tæləntɪd], gifted ['gɪftɪd], clever ['klevə], apt [æpt] ❷ (*będący w stanie coś zrobić*) able to ['eɪbltə], capable of ['keɪpəbləv]; *Ona nie byłaby zdolna skłamać.* – She wouldn't be capable of telling a lie. *On nie był zdolny wykonać jakiejkolwiek pracy.* – He was not able to do any work.

zdołać manage ['mænɪdʒ], be able to [bi:'eɪbltə], succeed in [sək'si:d'ɪn]; *Nie zdołałam go przekonać.* – I didn't manage to persuade him./I wasn't able to persuade him.

zdrada ❶ (*przejście na stronę nieprzyjaciela*) treason ['tri:zn], treachery ['tretʃərɪ]; **zdrada stanu** – high treason; **dopuścić się zdrady** – to commit treason ❷ (*niewierność*) betrayal [bɪ'traɪəl], infidelity [ɪnfɪ'delətɪ], unfaithfulness [ʌn'feɪθfʊlnɪs]; **zdrada małżeńska** – marital infidelity

zdradliwy treacherous ['tretʃərəs]

zdradzać ❶ (*przechodzić na stronę nieprzyjaciela*) betray [bɪ'treɪ]; **zdradzić swój kraj** – to betray one's country; **zdradzić czyjeś zaufanie** – to betray sb's trust ❷ (*odstąpić od wyznawanych ideałów*) betray [bɪ'treɪ]; **zdradzić swoje zasady** – to betray one's principles ❸ (*ujawnić*) betray [bɪ'treɪ]; **zdradzić tajemnicę państwową** – to betray state secrets; *Oczy zdradziły jej prawdziwe uczucia.* – Her eyes betrayed her true feelings. ❹ (*nie dochować wierności w uczuciach*) be unfaithful [bi:ʌn'feɪθfʊl], deceive [dɪ'si:v]

zdradzać się ❶ (*ujawniać się*) betray oneself [bɪ'treɪwʌn'self] ❷ (*być wzajemnie niewiernym*) be unfaithful to each other

zdradziecki treacherous ['tretʃərəs]

zdrajca traitor ['treɪtə]

zdrętwieć grow numb [grəʊ'nʌm]; *Palce zdrętwiały mi z zimna.* – My fingers grew numb with cold. *Zdrętwiała mi noga.* – My leg has gone to sleep.

zdrętwienie numbness ['nʌmnɪs]

zdrowie health [helθ]; **być dobrego/słabego zdrowia** – to have good/poor health; **zdrowie fizyczne/psychiczne** – physical/mental health; **cieszyć się dobrym zdrowiem** – to enjoy good health; **służba zdrowia** – health service; **odzyskać zdrowie** – to regain/to recover one's health; **wypić czyjeś zdrowie** – to drink sb's health; *Zdrowie!* – Your good health!/Here's to your health! *Na zdrowie!* – God bless you!

zdrowieć recover [rɪ'kʌvə], get well [get'wel]

zdrowy ❶ (*odznaczający się zdrowiem, świadczący o zdrowiu*) healthy ['helθɪ], sound [saʊnd]; **zdrowe dziecko** – a healthy child; *On nie jest zdrowy.* – He isn't well. **cały i zdrowy** – safe and sound; **zdrowy ząb** – a sound tooth; **być przy zdrowych zmysłach** – to be right in one's mind ❷ (*korzystnie wpływający na zdrowie*) healthy ['helθɪ], health [helθ]; **zdrowa żywność** – health food; **zdrowy klimat** – a healthy climate; **zdrowe środowisko** – healthy environment ❸ (*rozsądny*) sound [saʊnd], sensible ['sensəbl]; **zdrowy rozsądek** – common sense; **zdrowy osąd** – sound judgement

zdrój ❶ (*źródło*) spring [sprɪŋ] ❷ (*miejscowość*) spa [spɑ:]

zdrzemnąć się have a nap [hævə'næp], take a nap [teɪkə'næp]

zdumiewać astonish [ə'stɒnɪʃ], amaze [ə'meɪz], astound [ə'staʊnd]

zdumiewać się be astonished [bi:ə'stɒnɪʃt], be amazed [bi:ə'meɪzd], be astounded [bi:ə'staʊndɪd]

zdumienie astonishment [ə'stɒnɪʃmənt], amazement [ə'meɪzmənt], wonder ['wʌndə]; **oniemiały ze zdumienia** – dumbfounded/taken aback/flabbergasted

zdumiewający astonishing [ə'stɒnɪʃɪŋ], amazing [ə'meɪzɪŋ], astounding [ə'staʊndɪŋ]

zdumiony astonished [ə'stɒnɪʃt], amazed [ə'meɪzd], astounded [ə'staʊndɪd]

zdusić (*stłumić*) stifle ['staɪfl]; **zdusić bunt** – to stifle a rebellion

zdychać *p.* **zdechnąć**

zdyszany breathless ['breθlɪs], out of breath [aʊtəv'breθ]

zdziałać achieve [ə'tʃi:v]

zdziczały barbarous ['bɑ:bərəs], savage ['sævɪdʒ]

zdziecinnieć sink into one's dotage

zdziecinnienie dotage ['dəʊtɪdʒ], (one's) second childhood

zdzierać ❶ (*usunąć osłonę*) tear off/ /away [teər'ɒv/ə'weɪ] (tore, torn), (*skórę*) skin (nn) [skɪn] ❷ (*zniszczyć przez używanie, podrzeć*) wear down/ /out [weə'daʊn/weər'aʊt] (wore, worn); **zedrzeć buty/ubranie** – to wear out shoes/clothes

zdziwić surprise [sə'praɪz], astonish [ə'stɒnɪʃ]

zdziwić się be surprised [bi:sə'praɪzd], be astonished [bi:ə'stɒnɪʃt]

zdziwienie surprise [sə'praɪz], astonishment [ə'stɒnɪʃmənt]

zdziwiony surprised [sə'praɪzd], astonished [ə'stɒnɪʃt]; *Byłem zdziwiony, kiedy się dowiedziałem, że zrezygnował.* – I was surprized to hear he had resigned.

ze *p.* **z**

zebra *zool.* zebra ['zi:brə/'zebrə]

zebrać *p.* **zbierać**

zebranie meeting ['mi:tɪŋ]

zechcieć be willing [bi:'wɪlɪŋ]; *Zechce pan usiąść.* – Would you sit down. *Zechce pan być tak uprzejmy i otworzyć okno.* – Would you be so kind as to open the window?/Would you mind opening the window? *Byłbym wdzięczny, gdyby pan zechciał dać mi znać jak najszybciej.* – I should be grateful if you would let me know as soon as possible.

zegar clock [klɒk]; **zegar słoneczny** – a sundial; **zegar biologiczny** – a biological clock; **zegar z kukułką** – a cuckoo clock; **zegar się późni** – the clock is slow; **zegar się spieszy** – the clock is fast/the clock gains time; **nakręcić zegar** – to wind a clock; **nastawić zegar** – to set the clock; **posunąć zegar o godzinę do przodu** – to set a clock ahead by one hour

zegarek watch [wɒtʃ]; **zegarek na rękę** – a wrist watch; **zegarek kieszonkowy** – a pocket watch; **zegarek wodoszczelny** – a waterproof watch

zegarmistrz watch-maker ['wɒtʃmeɪkə]

zegarowy clock [klɒk], time [taɪm]; **bomba zegarowa** – a time bomb

zegarynka speaking clock ['spi:kɪŋklɒk]

zejść *p.* **schodzić**

zemdleć faint [feɪnt], lose consciousness [lu:z'kɒnʃəsnɪs], pass out [pɑ:s'aʊt]

zemsta revenge [rɪ'vendʒ], vengeance ['vendʒəns]; **zaprzysiąc zemstę** – to vow vengeance; **szukać zemsty za** – to seek vengeance for

zemścić się *p.* **mścić się**

zenit zenith ['zenɪθ]

zepsuć ❶ (*uszkodzić*) damage ['dæmɪdʒ], ruin [rʊɪn]; **zepsuć sobie wzrok** – to ruin one's eyesight; **zepsuć sobie żołądek** – to upset one's stomach ❷ (*zmarnować*) spoil (spoilt, spoilt/ /-ed) [spɔɪl, spɔɪlt, spɔɪlt/spɔɪld]; *Deszcz zepsuł ich wakacje.* – The rain spoiled their holidays. ❸ (*pogorszyć*) spoil (spoilt, spoilt/-ed) [spɔɪl, spɔɪlt, spɔɪlt/ /spɔɪld]; **zepsuć sobie apetyt** – to spoil one's appetite; **zepsuć atmosferę** – to spoil the atmosphere ❹ (*wypaczyć charakter, rozpuścić*) spoil

Z

(spoilt, spoilt/-ed) [spɔɪl, spɔɪlt, spɔɪlt/ /spɔɪld]; **zepsuć dziecko** – to spoil a child

zepsuć się ❶ (*przestać działać*) break down [breɪk'daʊn] (broke, broken); *Silnik zepsuł się i nie mogliśmy jechać dalej.* – The engine broke down and we couldn't continue our journey. ❷ (*pogorszyć się*) deteriorate [dɪ'tɪərɪəreɪt], get worse [get'wɜ:s]; *Pogoda się zepsuła.* – The weather deteriorated. ❸ (*o żywności*) go bad [gəʊ'bæd] ❹ (*wypaczyć sobie charakter*) get spoilt [get'spɔɪlt]

zepsuty ❶ (*nie działający*) out of order [aʊtəv'ɔ:də], broken ['brəʊkn], damaged ['dæmɪdʒd]; *Winda jest zepsuta.* – The lift is out of order. ❷ (*o żywności*) bad [bæd] ❸ (*o charakterze – rozpuszczony*) spoilt [spɔɪlt]

zerkać peep [pi:p], peek [pi:k], cast furtive glances ['kɑ:stfɜ:tɪv'glɑ:nsɪz]

zero ❶ (*liczba*) zero ['zɪərəʊ], (*cyfra*) nought [nɔ:t]; **dwa stopnie poniżej zera** – two degrees below zero; **godzina zero** – zero-hour; **zero absolutne** – absolute zero; **0,1 (zero, przecinek, jeden)** – 0.1 (nought point one); **0,134 (zero, przecinek, sto trzydzieści cztery)** – 0.134 (nought point one three four) ❷ (*w sporcie*) nil [nɪl], (*w tenisie*) love [lʌv]; *Wynik był trzy do zera.* – The score was three nil. ❸ (*przy odczytywaniu numerów konta, telefonu itp.*) O [əʊ]; **12 02 01** – one-two/O-two/O-one; **12 00 00** – one-two/double O/double O [wʌn'tu:/ /dʌbl'əʊ/dʌbl'əʊ]

zerowy zero ['zɪərəʊ]; **temperatura zerowa** – zero temperature; **południk zerowy** – the Greenwich meridian

zerwać ❶ (*urwać, odłączyć*) tear off/ /away [teər'ɒf/ə'weɪ] (tore, torn); **zrywać kwiaty** – to pick/to pluck flowers ❷ (*przerwać*) break (broke, broken) [breɪk, brəʊk, 'brəʊkn], sever ['sevə]; **zerwać z kimś stosunki** – to break off/to sever relations with sb; **zerwać zaręczyny** – to break off one's engagement; *Ona właśnie zerwała ze swoim chłopakiem.* – She's just broken off/up with her boyfriend. **zerwać z tradycją** – to break with tradition; **zerwać z nałogiem** – to break with a bad habit ❸ (*unieważnić*) break (broke, broken) [breɪk, brəʊk, 'brəʊkn]; **zerwać umowę/kontrakt** – to break an agreement/a contract

zerwać się ❶ (*urwać się*) tear away [teərə'weɪ] (tore, torn), sever ['sevə], come off [kʌm'ɒf] (came, come), break loose [breɪk lu:s]; *Lina zerwała się pod ciężarem.* – The rope severed under the strain. *Pies zerwał się z łańcucha.* – The dog broke loose. ❷ (*gwałtownie wstać*) jump up [dʒʌmp'ʌp], start up [stɑ:t'ʌp]; **zerwać się na równe nogi** – to jump to one's feet

zerwanie break [breɪk], severance ['sevərəns], breach [bri:tʃ]; **zerwanie stosunków dyplomatycznych** – severance of diplomatic relations; **zerwanie kontraktu** – a breach of contract; **zerwanie z tradycją** – a break with tradition

zeskoczyć jump down [dʒʌmp'daʊn]

zesłać ❶ (*deportować*) send into exile ['sendɪntə'eksaɪl] ❷ (*przysłać*) send (sent, sent) [send, sent, sent]; **zesłany z nieba** – heaven-sent

zesłanie (*miejsce zsyłki*) exile ['eksaɪl]

zesłaniec exile ['eksaɪl], deportee [di:pɔ:'ti:]

zespołowy joint [dʒɔɪnt], collective [kə'lektɪv], group [gru:p]; **praca zespołowa** – a team work

zespół ❶ (*grupa ludzi*) team [ti:m], group [gru:p], (*zespół muzyczny, taneczny*) ensemble [ɑ:n'sɑ:mbl], (*zespół muzyki pop*) pop group ['pɒpgru:p]; **pracować w zespole** – to work in a team ❷ (*zbiór jednostek*) complex [kɒmpleks]

zestaw ❶ (*całość złożona z elementów*) set [set] ❷ (*zestawienie*) combination [kɒmbɪ'neɪʃn]; **zestaw kolorów** – a combination of colours

zestawić ❶ (*postawić niżej*) take down [teɪk'daʊn] (took, taken), set down [set'daʊn] (set, set) ❷ (*złożyć w całość*) set (set, set) [set, set, set] ❸ (*porównać, stwierdzić cechy wspólne*) compare [kəm'peə]

zestawienie ❶ (*kompozycja*) combination [kɒmbɪ'neɪʃn]; **zestawienie kolorów** – a combination of colours ❷ (*wykaz*) specification [spesɪfɪ'keɪʃn] ❸ (*porównanie*) comparison [kəm'pærɪsn]

zeszczupleć slim down (mm) [slɪm-'daʊn]

zeszłoroczny last year's [lɑ:st'jɜ:z]

zeszły last [lɑ:st]; **w zeszłym tygodniu** – last week

zeszpecić mar (rr) [mɑ:], disfigure [dɪs-'fɪgə]

zesztywniały stiff [stɪf], rigid ['rɪdʒɪd]

zesztywnieć stiffen ['stɪfn]

zesztywnienie stiffness ['stɪfnɪs]

zeszyt note-book ['nəʊt bʊk], exercise-book ['eksəsaɪz'bʊk], copy-book ['kɒpɪbʊk]

zetknąć się *p.* **stykać się**

zetknięcie się contact ['kɒntækt]

zetrzeć *p.* **ścierać**

zew call [kɔ:l]

zewnątrz outside [aʊt'saɪd]; **na zewnątrz** – outside/(*na dworze*) outdoors/out of doors; *Nie wychodź na zewnątrz.* – Don't go outside. **z zewnątrz** – from outside

zewnętrzny outside [aʊt'saɪd], external [ek'stɜ:nl], outward ['aʊtwəd], outer ['aʊtə]; **tylko do użytku zewnętrznego** – for external use only; **wygląd zewnętrzny** – appearance/exterior

zewnętrznie outside [aʊt'saɪd], on the outside [ɒnðɪ:aʊt'saɪd], outwardly ['aʊtwədlɪ]

zewsząd from every quarter, from everywhere

zez squint [skwɪnt]

zeznać testify ['testɪfaɪ], give evidence [gɪv'evɪdəns]

zeznanie evidence ['evɪdəns], testimony ['testɪmənɪ]

zeznawać *p.* **zeznać**

zezować squint [skwɪnt]

zezowaty cross-eyed ['krɒsaɪd]

zezwalać permit (tt) [pə'mɪt], allow [ə'laʊ]; *Nie zezwolono mu na wyjazd z kraju.* – He wasn't permitted to leave the country.

zezwolenie (*dokument*) permit ['pɜ:-mɪt], licence ['laɪsəns], (*pozwolenie*) permission [pə'mɪʃn]

zębaty ❶ *techn.* cogged [kɒgd]; **koło zębate** – cog-wheell ❷ (*uzębiony*) toothed [tu:θt]

zgadnąć guess [ges]

zgaduj-zgadula quiz [kwɪz]

zgadzać się ❶ (*przystać na coś, wyrazić zgodę*) agree [ə'gri:], consent [kən-'sent]; *Zgodził się nam pomóc.* – He agreed to help us. *On się nigdy nie zgodzi, żeby jego córka poślubiła tego człowieka.* – He will never consent to his daughter marrying that man. **zgodzić się na propozycję** – to agree/to consent to a proposal ❷ (*dojść do wspólnych wniosków*) agree [ə'gri:]; *Zgadzam się z tobą, że sytuacja jest trudna.* – I agree with you that the situation is difficult. *Całkowicie się z tobą zgadzam.* – I entirely agree with you./I couldn't agree more. ❸ (*wykazywać zgodność*) agree [ə'gri:]

zgaga heartburn ['hɑ:tbɜ:n]

zgarbiony bowed [baʊd], stooping ['stu:pɪŋ]

zgasić ❶ (*przerwać palenie*) put out [pʊt'aʊt] (put, put), extinguish [ɪk-'stɪŋgwɪʃ]; **zgasić ogień** – to put out/ /to extinguish a fire; **zgasić papierosa** – to stub out a cigarette ❷ (*wyłączyć*) put out [pʊt'aʊt] (put, put), switch off [swɪtʃ'ɒf], turn off [tɜ:n'ɒf]; **zgasić światło** – to put out/switch off/turn off the light; **zgasić silnik** – to turn off/shut off the engine

zgasnąć go out [gəʊ'aʊt] (went, gone), (*stracić blask*) fade away [feɪdə'weɪ]; *Ogień zgasł.* – The fire went out.

zgęstnieć thicken ['θɪkn], condense [kən'dens]

zgęszczać thicken ['θɪkn], condense [kən'dens]

Z

zgęszczony condensed [kən'denst]
zgiąć bend (bent, bent) [bend, bent, bent]
zgiąć się bend (bent, bent) [bend, bent, bent]; **zgiąć się wpół** – to bend double
zgiełk turmoil ['tɜ:mɔɪl], uproar ['ʌprɔ:]
zginać *p.* **zgiąć**
zginąć ❶ (*zostać zabitym*) be killed [bi:'kɪld]; **zginąć w walce** – to be killed in battle ❷ (*przepaść*) get lost [get'lɒst], disappear [dɪsə'pɪə]; *Zginęła mi portmonetka.* – My purse has disappeared.
zgliszcza ashes ['æʃɪz], cinders ['sɪndəz]
zgładzić kill [kɪl], exterminate [ɪk'stɜ:mɪneɪt]
zgłaszać *p.* **zgłosić**
zgłodniały hungry ['hʌngrɪ], starving ['stɑ:vɪŋ]
zgłodnieć get hungry [get'hʌngrɪ]
zgłosić announce [ə'naʊns], declare [dɪ'kleə], report [rɪ'pɔ:t]; **zgłosić wypadek policji** – to report the accident to the police; **zgłosić gotowość pomocy** – to declare one's willingness to help; **zgłosić swoją kandydaturę** – to announce/to put up one's candidature; **zgłosić wniosek** – to make a motion; **zgłosić zastrzeżenia** – to raise objections
zgłosić się ❶ (*przyjść*) call [kɔ:l], report [rɪ'pɔ:t], turn up [tɜ:n'ʌp] ❷ (*odpowiedzieć na telefon*) answer ['ɑ:nsə] ❸ (*oznajmić gotowość uczestnictwa*) come forward [kʌm'fɔ:wəd], present oneself [prɪ'zentwʌn'self]
zgłoska syllable ['sɪləbl]
zgłoszenie ❶ (*zawiadomienie*) report [rɪ'pɔ:t] ❷ (*podanie, oferta*) application [æplɪ'keɪʃn]
zgnić rot (tt) [rɒt], decay [dɪ'keɪ]
zgnieść crush [krʌʃ], crumple ['krʌmpl]
zgniły rotten ['rɒtn], putrid ['pju:trɪd]
zgoda ❶ (*harmonia, brak konfliktów*) agreement [ə'gri:mənt], harmony ['hɑ:mənɪ], (*pojednanie*) reconciliation [rekənsɪlɪ'eɪʃn]; **dojść do zgody** – to reach agreement ❷ (*aprobata*) consent [kən'sent], approval [ə'pru:vl]; **wyrazić zgodę** – to consent/to give one's consent; *Ona wyszła za mąż bez zgody swojego ojca.* – She got married without her father's consent.
zgodnie ❶ (*w zgodzie, bez kłótni*) in harmony [ɪn'hɑ:mənɪ] ❷ (*jednomyślnie*) unanimously [ju:'nænɪməslɪ] ❸ (*stosownie do*) in conformity with [ɪnkən'fɔ:mətɪ-], according to [ə'kɔ:dɪŋtə], in accordance with [ɪnə'kɔ:dəns'wɪð]; **zgodnie z twoimi instrukcjami** – in conformity with your instructions/according to your instructions; *Wszystko idzie zgodnie z planem.* – Everything goes according to plan.
zgodność (*brak rozbieżności*) agreement [ə'gri:mənt], accordance [ə'kɔ:dəns], conformity [kən'fɔ:mətɪ]; **zgodność z przepisami** – conformity/accordance with the rules
zgodny ❶ (*żyjący w zgodzie, niekłótliwy*) good-natured [gʊd'neɪtʃəd], complaisant [kəm'pleɪzənt] ❷ (*jednomyślny, jednogłośny*) unanimous [ju:'nænɪməs] ❸ (*niesprzeczny*) in agreement [ɪnə'gri:mənt], in accordance [ɪnə'kɔ:dəns], in conformity with [ɪnkən'fɔ:mətɪwɪð], consistent with [kən'sɪstənt'wɪð]
zgodzić się *p.* **zgadzać się**
zgon death [deθ], demise [dɪ'maɪz]; **świadectwo zgonu** – death certificate
zgorszenie ❶ (*oburzenie, zgroza*) outrage ['aʊtreɪdʒ] ❷ (*demoralizacja*) depravation [deprə'veɪʃn]
zgorszony scandalized ['skændəlaɪzd], shocked ['ʃɒkt], outraged ['aʊtreɪdʒd]
zgorzkniały embittered [ɪm'bɪtəd], soured ['saʊəd]
zgorzknieć ❶ (*nabrać gorzkiego smaku*) become bitter [bɪ'kʌm'bɪtə], turn bitter [tɜ:n'bɪtə] ❷ (*stać się rozgoryczonym*) become embittered [bɪ'kʌmɪm'bɪtəd]
zgrabny ❶ (*kształtny*) shapely ['ʃeɪplɪ], graceful ['greɪsfʊl] ❷ (*zręczny*) adroit [ə'drɔɪt], deft [deft], neat [ni:t]
zgraja gang [gæŋ], bunch [bʌntʃ], pack [pæk]; **zgraja psów** – a pack of hounds

zgromadzenie meeting ['mi:tɪŋ], gathering ['gæðərɪŋ], assembly [ə'semblɪ], congress ['kɒŋgrəs]; **walne zgromadzenie** – the general assembly

zgromadzić gather ['gæðə], assemble [ə'sembl]

zgromadzić się gather ['gæðə], assemble [ə'sembl]

zgroza horror ['hɒrə]; **być przejętym zgrozą** – to be horror-stricken/to be filled with horror

zgryźliwy caustic ['kɔ:stɪk], biting ['baɪtɪŋ], cutting ['kʌtɪŋ], sarcastic [sɑ:'kæstɪk]; **zgryźliwa uwaga** – a caustic/a cutting remark

zgrzyt jar [dʒɑ:]

zgrzytać grind (ground, ground) [graɪnd, graʊnd, graʊnd], grate [greɪt]; **zgrzytać zębami** – to grind/to grit one's teeth

zguba ❶ (*to, co zostało zgubione*) loss [lɒs] ❷ (*nieszczęście, zagłada*) ruin [rʊɪn], destruction [dɪ'strʌkʃn]; **doprowadzić kogoś do zguby** – to bring sb to ruin

zgubić *p.* **gubić**

zgubiony lost [lɒst]

zgubny fatal ['feɪtl], disastrous [dɪ'zɑ:strəs]

ziajać pant [pænt]

ziarenko grain [greɪn], particle ['pɑ:tɪkl]; **ziarenko piasku** – a grain of sand

ziarnisty granular ['grænjʊlə]; **kawa ziarnista** – coffee beans

ziarnko grain [greɪn]; **ziarnko ryżu** – a grain of rice; **ziarnko prawdy** – a grain of truth

ziarno grain [greɪn], seed [si:d]

ziąb cool [ku:l], chill [tʃɪl]

zielarstwo herb-cultivation ['hɜ:bkʌltɪ'veɪʃn]

zielarz herbalist ['hɜ:bəlɪst]

ziele herb [hɜ:b]

zieleń ❶ (*kolor*) green (colour) [gri:n-] ❷ (*tereny zielone*) green areas [gri:n'eərɪəs]; **pas zieleni** – the green belt

zielony green [gri:n]; **zielony groszek** – green peas; **zielone światło** – the green light; **Zielone Świątki** – Whitsun/Pentecost; *Nie mam zielonego pojęcia.* – I haven't the foggiest idea.

ziemia ❶ (*planeta*) the Earth [ði:'ɜ:θ], earth [ɜ:θ]; *Ziemia krąży dookoła Słońca.* – The Earth goes round the Sun. **trzęsienie ziemi** – earthquake; **poruszyć niebo i ziemię** – to move heaven and earth; **zejść z powrotem na ziemię** – to come down to earth ❷ (*gleba*) soil [sɔɪl], earth [ɜ:θ]; **grudka ziemi** – a lump of earth; **napełnić doniczkę ziemią** – to fill a pot with earth; **słaba/nieurodzajna ziemia** – poor/barren soil; **urodzajna ziemia** – fertile soil ❸ (*grunt – powierzchnia gruntu*) ground [graʊnd]; **spaść na ziemię** – to fall to the ground; *Nie siedź na ziemi, jest mokro.* – Don't sit on the ground, it's wet. **stać obiema nogami mocno na ziemi** – to have both feet on the ground; **pocisk ziemia-powietrze** – a grund-to-air-missile ❹ (*teren, obszar*) land [lænd], landed property [lændɪd'prɒpətɪ] ❺ (*kraina, kraj*) land [lænd], soil [sɔɪl]; **ziemia ojczysta** – one's native land/soil; **ziemia mlekiem i miodem płynąca** – land flowing with milk and honey; **Ziemia Obiecana** – the Promised Land; **Ziemia Święta** – the Holy Land

ziemianin landlord ['lænlɔ:d], squire ['skwaɪə]

ziemiaństwo landed gentry [lændɪd 'dʒentrɪ], landed aristocracy ['lændɪd ærɪ'stɒkrəsɪ]

ziemniak potato, *l.mn.* potatoes [pə'teɪtəʊ, pə'teɪtəʊz]

ziemny earth [ɜ:θ]; **gaz ziemny** – natural gas; **orzeszki ziemne** – peanuts

ziemski ❶ (*dot. Ziemi*) terrestrial [tɪ'restrɪəl] ❷ (*doczesny*) mundane [mʌn'deɪn], wordly ['wɜ:dlɪ], earthly ['ɜ:θlɪ] ❸ (*dot. gruntu, własności*) land [lænd], landed ['lændɪd]; **właściciel ziemski** – a landowner; **dobra ziemskie** – landed property

ziewać yawn [jɔ:n]

Z

ziewanie yawning ['jɔ:nɪŋ]
ziębić chill [tʃɪl]
zięć son-in-law ['sʌnɪnlɔ:]
zima winter ['wɪntə]; **zimą/w zimie** – in (the) winter; **ostra/sroga zima** – a hard/a harsh/a severe winter; **łagodna zima** – a mild winter
zimno¹ (*chłód*) cold [kəʊld]; *Nie czuję zimna.* – I don't feel the cold. **drżeć z zimna** – to shiver with cold
zimno² (*przysłówek od zimny*) coldly ['kəʊldlɪ], cold [kəʊld]; *Spojrzał na mnie zimno.* – He looked coldly at me. – *Zimno mi.* – I'm cold. *Jest dziś zimno.* – It's cold today.
zimnokrwisty cold-blooded [kəʊld-'blʌdɪd]
zimny cold [kəʊld]; **zimny dzień** – a cold day; **zimny klimat/wiatr** – a cold climate/wind; **zimne powitanie** – a cold welcome
zimować spend the winter
zimowy winter ['wɪntə], wintry ['wɪntrɪ]; **zimowy dzień** – a winter's day; **zimowa pogoda** – wintry weather; **pora zimowa** – winter-time; **krajobraz zimowy** – a wintry landscape; **wakacje zimowe** – a winter holiday; **sporty zimowe** – winter sports
ziołowy herb [hɜ:b], herbal ['hɜ:bl]; **herbatka ziołowa** – herb tea; **lek ziołowy** – a herbal remedy
zjadać *p.* **jeść**
zjadliwość malice ['mælɪs], spitefulness ['spaɪtfʊlnɪs]
zjadliwy spiteful ['spaɪtfʊl], malicious [mə'lɪʃəs], vicious ['vɪʃəs], biting ['baɪtɪŋ]
zjawa apparition [æpə'rɪʃn], phantom ['fæntəm], spectre ['spektə]
zjawiać się appear [ə'pɪə], turn up [tɜ:n-'ʌp]
zjawisko phenomenon, *l.mn.* phenomena [fə'nɒmɪnən, fə'nɒmɪnə]
zjazd ❶ (*zjeżdżanie z góry*) downhill ride ['daʊnhɪl'raɪd], downhill drive ['daʊnhɪl'draɪv], (*na nartach*) downhill run ['daʊnhɪl'rʌn] ❷ (*spadzista droga*) descent [dɪ'sent], downward slope ['daʊnwəd'sləʊp] ❸ (*konferencja*) congress ['kɒŋgrəs], convention [kən'venʃn], conference ['kɒnfrəns]; **zjazd partii** – a party congress/convention; **zjazd lekarzy** – a doctor's convention; **zjazd rodzinny** – a family reunion
zjazdowy ❶ (*dot. zebrania, zgromadzenia się*) conference ['kɒnfrəns], congress ['kɒŋgrəs] ❷ (*dot. jazdy na nartach*): **bieg zjazdowy** – downhill run
zjechać (*przemieścić się z góry na dół*) go down [gəʊ'daʊn] (went, gone), descend [dɪ'send]; **zjechać windą na dół** – to go/to come down in a lift
zjednać win (won, won) [wɪn, wʌn, wʌn]; **zjednać sobie czyjeś uczucie** – to win sb's affection
zjednoczenie union ['ju:nɪən], federation [fedə'reɪʃn]
zjednoczony united [ju:'naɪtɪd]; **Stany Zjednoczone Ameryki Północnej** – the United States of America; **Organizacja Narodów Zjednoczonych** – the United Nations Organization
zjednoczyć unite [ju:'naɪt]
zjednoczyć się unite [ju:'naɪt]
zjednywać *p.* **zjednać**
zjełczały rancid ['rænsɪd]
zjeżdżać *p.* **zjechać**
zjeżdżalnia chute [ʃu:t], slide [slaɪd]
zlecać commission [kə'mɪʃn]; **zlecić artyście namalowanie obrazu** – to commission an artist to paint a picture
zlecenie commission [kə'mɪʃn], order ['ɔ:də]
zlepiać *p.* **sklejać**
zlew sink [sɪŋk]
zlewozmywak kitchen sink ['kɪtʃən-sɪŋk]
zlot (*zjazd*) rally ['rælɪ], (*harcerski*) jamboree [dʒæmbə'ri:]
złagodnieć soften ['sɒfn]
złagodzenie alleviation [əli:vɪ'eɪʃn], mitigation [mɪtɪ'geɪʃn]
złagodzić alleviate [ə'li:vɪəɪt], mitigate ['mɪtɪgeɪt], lighten ['laɪtn]; **złagodzić**

ból – to alleviate the pain; **złagodzić czyjeś cierpienie** – to mitigate sb's suffering

złamać *p.* **łamać**

złamanie ❶ (*naruszenie*) breach [bri:tʃ], violation [vaɪə'leɪʃn]; **złamanie protokołu** – a breach of protocol; **złamanie kontraktu** – a breach of contract ❷ (*uszkodzenie, pęknięcie*) fracture ['fræktʃə]; **nastawić złamanie** (*kości*) – to set a fracture; **złamanie otwarte** – a compound fracture
◆ **pędzić na złamanie karku** – to drive at breakneck speed

złapać *p.* **łapać**

złącze *techn.* joint [dʒɔɪnt]

złączyć *p.* **łączyć**

zło evil ['i:vl], harm [hɑ:m], wrong [rɒŋ], ill [ɪl]; **mniejsze zło** – the lesser of two evils; **odpłacać dobrem za zło** – to return good for evil; **zło konieczne** – a necessary evil; **wyrządzić komuś wielkie zło** – to do sb a great wrong; **odróżniać dobro od zła** – to tell the difference between right and wrong

złocenie gilt [gɪlt], gilding ['gɪldɪŋ]

złocić gild [gɪld]

złocisty golden ['gəʊldən]

złocony gilded ['gɪldɪd], gold-plated ['gəʊld pleɪtɪd]

złoczyńca criminal ['krɪmɪnl]

złodziej thief, *l.mn.* thieves [θi:f, θi:vz], (*kieszonkowy*) pick-pocket ['pɪk pɒkɪt]

złodziejstwo theft [θeft], larceny ['lɑ:sənɪ]

złom scrap metal [skræp'metl]

złościć irritate ['ɪrɪteɪt], vex [veks], exasperate [ɪg'zæspəreɪt]

złościć się be angry [bi:'æŋgrɪ], be irritated [bi:'ɪrɪteɪtɪd]

złość anger ['æŋgə], irritation [ɪrɪ'teɪʃn], vexation [vek'seɪʃn]; **wpaść w złość** – to get angry/to fly into a fury/to lose one's temper

złośliwie spitefully ['spaɪtfʊlɪ], maliciously [mə'lɪʃəslɪ]; *Ona to zrobiła złośliwie.* – She did it out of spite.

złośliwość spite [spaɪt], malice ['mælɪs], malevolence [mə'levələns]

złośliwy ❶ (*skłonny do robienia przykrości*) malicious [mə'lɪʃəs], spiteful ['spaɪtfʊl], malevolent [mə'levələnt]; **złośliwa plotka** – malicious gossip; **złośliwa uwaga** – a spiteful remark ❷ *med.* malignant [mə'lɪgnənt], pernicious [pə'nɪʃəs]; **nowotwór złośliwy** – a malignant tumour; **anemia złośliwa** – pernicious anaemia

złotnik goldsmith ['gəʊldsmɪθ]

złoto gold [gəʊld]; **kopalnia złota** – a gold-mine; **gorączka złota** – gold-rush; *Nie wszystko złoto, co się świeci.* – All that glitters is not gold. **poszukiwać złota** – to mine/to prospect for gold; *Milczenie jest złotem.* – Silence is golden.

złotówka zloty coin ['zlɒtɪkɔɪn]

złoty gold [gəʊld], golden ['gəʊldən]; **złota bransoletka** – a gold bracelet; **złoty zegarek** – a gold watch; **złoty medal** – a gold medal; **złoty jubileusz** – a golden jubilee; **złote serce** – a heart of gold; **złota rybka** – goldfish; **złoty wiek** – the golden age; **złoty środek** – the golden mean; **złote włosy** – golden hair

złowieszczy sinister ['sɪnɪstə], ominous ['ɒmɪnəs]

złowrogi sinister ['sɪnɪstə], ominous ['ɒmɪnəs]

złoże deposit [dɪ'pɒzɪt]

złożony ❶ (*składający się z wielu części*) complex ['kɒmpleks], compound ['kɒmpaʊnd]; **zdanie złożone** – a compound sentence ❷ (*skomplikowany*) complicated ['kɒmplɪkeɪtɪd], complex ['kɒmpleks]

złożyć ❶ (*zgiąć, załamać*) fold [fəʊld]; **złożyć kartkę papieru na dwie części** – to fold a sheet of paper into two; **złożyć krzesło/łóżko** – to fold a chair/a bed; **złożyć ręce jak do modlitwy–** to fold one's hands; **złożyć parasol** – to furl an umbrella ❷ (*złączyć, zmontować*) put together [pʊttə'geðə], assemble [ə'sembl] ❸ (*przy-

nieść i położyć) deposit [dı'pɒzıt], store [stɔ:], lay (laid, laid) [leı, leıd, leıd], place [pleıs]; **złożyć pieniądze w banku** – to deposit money in a bank; **złożyć na kogoś winę** – to lay blame on sb ❹ (*dać, przekazać, wręczyć*): **złożyć okup** – to pay ransom; **złożyć rezygnację** – to hand in one's resignation; **złożyć wymówienie** – to hand in one's notice; **złożyć meldunek** – to make a report/to report; **złożyć podpis** – to put one's signature/to sign; **złożyć podziękowanie** – to express/to give/to offer one's thanks; **złożyć kondolencje** – to offer one's condolences; **złożyć przysięgę** – to take an oath; **złożyć skargę** – to lodge a complaint; **złożyć hołd** – to pay homage; **złożyć komuś wizytę** – to pay sb a visit; **złożyć egzamin** – to pass an exam

złożyć się ❶ (*być elementem składowym*) consist of [kən'sıstəv], be composed of [bi:kəm'pəuzdəv], be made up of [bi:'meıdʌpəv]; *Woda składa się z wodoru i tlenu.* – Water is composed of hydrogen and oxygen. ❷ (*być składanym*) fold (up) [fəuld-]; *Czy to łóżko się składa?* – Does the bed fold up? **złożyć się wpół** – to bend double ❸ (*o okolicznościach – układać się*) happen ['hæpn]; *Tak się złożyło, że go spotkałam.* – I happened to meet him. *Tak się składa, że...* – As it happens... *Dobrze się składa, że...* – It's fortunate that... ❹ (*dać pieniądze na wspólny cel*) pool (together) [pu:l-]

złuda illusion [ı'lu:ʒn], delusion [dı'lu:ʒn]

złudny illusory [ı'lu:sərı], deceptive [dı'septıv], delusive [dı'lu:sıv]

złudzenie illusion [ı'lu:ʒn], hallucination [həlu:sı'neıʃn], delusion [dı'lu:ʒn]; **ulegać złudzeniu, że** – to be under the illusion that; **złudzenie optyczne** – an optical illusion; **żywić złudzenia** – to cherish/to harbour illusions; **rozwiać czyjeś złudzenia** – to dispel sb's illusions

zły bad [bæd], ill [ıl], evil ['i:vl], wrong [rɒŋ], (*słaby*) poor [puə]; **zła pogoda** – bad weather; **zły znak** – an ill omen; **zły wzrok** – poor eyesight; **złe myśli** – evil thoughts; **zła odpowiedź** – a wrong answer; *Kłamać jest rzeczą złą.* – It's wrong to lie.

zmagać się wrestle ['resl], struggle ['strʌgl]; **zmagać się z problemem** – to wrestle/to struggle with a problem

zmaganie się struggle ['strʌgl]

zmarły dead [ded], deceased [dı'si:st], late [leıt]; **zmarli** – the dead; **Święto Zmarłych** – All Souls' Day

zmarnować *p.* **marnować**

zmarszczka wrinkle ['rıŋkl], line [laın]

zmarszczyć *p.* **marszczyć**

zmartwić worry ['wʌrı], sadden ['sædn], *p.* **martwić**

zmartwienie worry ['wʌrı], trouble ['trʌbl], distress [dı'stres]

zmartwiony worried ['wʌrıd]

zmartwychwstać rise from the dead ['raızfrəmðə'ded]

zmartwychwstanie resurrection [rezə'rekʃn]

zmarznąć freeze (froze, frozen) [fri:z, frəuz, 'frəuzn], get cold [get'kəuld]

zmawiać *p.* **zmówić**

zmazać wipe off [waıp'ɒf], erase [ı'reız]

zmęczenie tiredness ['taıədnıs], fatigue [fə'ti:g], weariness ['wıərınıs]

zmęczony tired ['taıəd], weary ['wıərı]

zmęczyć tire ['taıə]

zmęczyć się get tired [get'taıəd]

zmętnieć become turbid [bı'kʌm'tɜ:bıd]

zmętnienie turbidity [tɜ:'bıdətı]

zmiana ❶ (*odmiana, zamiana*) change [tʃeındʒ]; **zmiana adresu** – a change of address; **zmiana pracy** – a change of job; **zmiana pogody** – a change in the weather; **zmiana klimatu** – a change of climate ❷ (*czas pracy*) shift [ʃıft], relay [ri:'leı]; **zmiana dzienna/ /nocna** – a day/a night shift; **pracować na zmiany** – to work in relays

zmieniać ❶ (*odmieniać*) change [tʃeındʒ], alter ['ɔ:ltə], vary ['veərı]; **zmienić swoje zdanie** – to change one's opinion; **zmienić bieg historii** – to change the course of history; **zmienić pracę** – to change one's job; **zmienić temat** – to change the subject ❷ (*rozmieniać, wymieniać*) change [tʃeɪndʒ]. **zmieniać franki na dolary** – to change francs into dollars; *Czy może mi pani zmienić banknot dziesięciofuntowy?* – Can you change a ten-pound note?

zmieniać się change [tʃeɪndʒ], alter ['ɔ:ltə]; *Nasze plany się zmieniły.* – Our plans have changed.

zmienna *mat.* variable ['veərɪəbl]

zmienność ❶ (*uleganie zmianom*) variability [veərɪə'bɪlətɪ], changeability [tʃeɪndʒə'bɪlətɪ] ❷ (*niestałość uczuć, usposobienia*) inconstancy [ɪn'kɒnstənsɪ], volatility [vɒlə'tɪlətɪ], fickleness ['fɪklnɪs]

zmienny ❶ (*ulegający zmianom*) variable ['veərɪəbl], changeable ['tʃeɪndʒəbl], unstable [ʌn'steɪbl]; **zmienne ciśnienie** – variable pressure; **zmienna pogoda** – changeable weather; **prąd zmienny** – alternating current; **ruch jednostajnie zmienny** – uniformly variable motion ❷ (*o uczuciach, usposobieniu*) inconstant [ɪn'kɒnstənt], volatile ['vɒlətaɪl], fickle ['fɪkl]

zmierzać (*kierować się*) make for ['meɪkfə] (made, made), make one's way towards; *Do czego zmierzasz?* – What are you driving at?

zmierzch dusk [dʌsk], twilight ['twaɪlaɪt]; **o zmierzchu** – at dusk; *Zapadał zmierzch.* – It was growing dark.

zmierzyć *p.* **mierzyć**

zmieszać *p.* **mieszać**

zmieszać się (*poczuć zakłopotanie*) feel disconcerted, be put out of countenance

zmieszanie embarrassment [ɪm'bærəsmənt], discomfiture [dɪs'kʌmfɪtʃə]

zmieścić *p.* **mieścić**

zmiękczać soften ['sɒfn]

zmięknąć soften ['sɒfn]

zmięty crumpled ['krʌmpld], creased [kri:st], crushed [krʌʃt]

zmiłować się have mercy on

zmiłowanie mercy ['mɜ:sɪ], pity ['pɪtɪ]

zmniejszać diminish [dɪ'mɪnɪʃ], decrease [di:'kri:s], reduce [rɪ'dju:s]; **zmniejszać prędkość** – to reduce speed; **zmniejszać fundusze** – to reduce funds

zmniejszać się grow smaller [grəʊ'smɔ:lə], diminish [dɪ'mɪnɪʃ], dwindle ['dwɪndl], decrease [di:'kri:s], wane [weɪn]; *Inflacja zmniejszyła się o 5%.* – The inflation has decreased by 5%. *Nasz zapał gwałtownie się zmniejsza.* – Our enthusiasm is waning rapidly.

zmoczyć wet (tt) [wet]

zmoczyć się get wet [get'wet]

zmoknąć get wet [get'wet], get soaked [get'səʊkt]; **zmoknąć do suchej nitki** – to get wet through/to get wet to the skin

zmoknięty wet [wet]

zmora nightmare ['naɪtmeə]

zmowa conspiracy [kən'spɪrəsɪ], collusion [kə'lu:ʒn]; **zmowa milczenia** – a conspiracy of silence; **działać z kimś w zmowie** – to act in collusion with sb

zmówić (*odmówić modlitwę*) say (a prayer) ['seɪ (ə'preə)]

zmówić się conspire [kən'spaɪə], plot (tt) [plɒt], collude [kə'lu:d]

zmrok dusk [dʌsk], twilight ['twaɪlaɪt], dark [dɑ:k]

zmrużyć (*oczy*) squint one's eyes; *Nie zmrużyłem oka.* – I haven't slept a wink.

zmurszały rotten ['rɒtn], decaying [dɪ'keɪɪŋ]

zmuszać force [fɔ:s], compel (ll) [kəm'pel], make (made, made) [meɪk, meɪd, meɪd]; *Zmusiły go do ustąpienia.* – They forced him to resign. *Byłam zmuszona zgodzić się.* – I was compelled to agree. *Nikt jej nie zmusi do zmiany decyzji.* – Nobody can make her change her mind.

zmuszać się force oneself [fɔ:swʌn'self]

zmyć wash off/away [wɒʃ'ɒf/ə'weɪ]; **zmyć naczynia** – to wash up/to wash the dishes; **zostać zmytym z pokładu** – to be washed overboard; *Ślady stóp zostały zmyte przez deszcz.* – The footprints were washed away by the rain.

zmysł ❶ (*zdolność reagowania na bodźce*) sense [sens]; **zmysł słuchu** – a sense of hearing; **szósty zmysł** – a sixth sense ❷ (*poczucie, predyspozycja*) sense [sens]; **zmysł piękna** – a sense of beauty ❸ (*zmysły – świadomość*) the senses [-'sensız], consciousness ['kɒnʃəsnıs]; **leżeć bez zmysłów** – to lie unconscious; **odchodzić od zmysłów** – to be beside oneself ❹ (*zmysły – rozum*) the senses [-'sensız], the reason [-'ri:zn]; **pomieszanie zmysłów** – madness; **postradać zmysły** – to take leave of one's senses/to lose one's senses; **być przy zdrowych zmysłach** – to be in one's right mind

zmysłowość sensuality [sensjʊ'ælətı]

zmysłowy sensual ['sensjʊəl], sensory ['sensərı]; **przyjemność zmysłowa** – sensual pleasure; **organy zmysłowe** – the sensory organs; **postrzeganie zmysłowe** – sensory perception

zmyślać make up [meık'ʌp] (made, made), fabricate ['fæbrıkeıt], concoct [kən'kɒkt]; *On tę historię zmyślił.* – He made up that story.

zmywać *p.* **zmyć**

zmywanie washing up [wɒʃıŋ'ʌp]

znachor quack [kwæk]

znacząco significantly [sıg'nıfıkəntlı], pointedly ['pɔıntıdlı]

znaczący significant [sıg'nıfıkənt]

znaczek ❶ (*pocztowy*) (postage) stamp [-stæmp]; **zbierać znaczki** – to collect stamps ❷ (*odznaka*) badge [bædʒ]

znaczenie ❶ (*sens*) meaning ['mi:nıŋ], significance [sıg'nıfıkəns]; **podwójne/ /dosłowne znaczenie** – double/literal meaning; **znaczenie wyrazu** – the meaning of a word ❷ (*ważność*) significance [sıg'nıfıkəns], importance [ım'pɔ:təns], value ['vælju:], consequence ['kɒnsıkwəns]; *To jest bez znaczenia.* – It's of no consequence/importance. *To nie ma znaczenia.* – It doesn't matter. **przywiązywać do czegoś znaczenie** – to attach importance to sth

znacznie considerably [kən'sıdərəblı]; **znacznie lepszy** – much/far better

znaczny considerable [kən'sıdərəbl], substantial [səb'stænʃl]

znaczyć ❶ (*robić znak*) mark [mɑ:k] ❷ (*zawierać znaczenie*) mean (meant, meant) [mi:n, ment, ment], signify ['sıgnıfaı]; *Co znaczy to słowo?* – What does this word mean? *Wiem co to znaczy być głodnym.* – I know what it means to be hungry. **to znaczy...** – that is... ❸ (*mieć znaczenie, odgrywać rolę*) matter ['mætə], be of importance ['bi:əv ım'pɔ:təns]

znać ❶ (*mieć o czymś pojęcie, wiadomości*) know (knew, known) [nəʊ, nju:, nəʊn]; *Znam go od wielu lat.* – I've known him for many years. *Znam go dobrze.* – I know him well. *Znam go z widzenia.* – I know him by sight. *Czy znasz jego adres?* – Do you know his address? *Daj mi znać.* – Please, let me know. ❷ (*umieć, mieć opanowane*) know (knew, known) [nəʊ, nju:, nəʊn]; **znać angielski** – to know English; **znać coś na pamięć** – to know sth by heart

znać się ❶ (*znać siebie wzajemnie*) know each other ❷ (*być znawcą*) know (knew, known) [nəʊ, nju:, nəʊn], understand (understood, understood) [ʌndə'stænd, ʌndə'stʊd, ʌndə'stʊd], be familiar with [bi:fə'mıljəwıð], be an expert [bi:ən'ekspət]

znad from above [frəmə'bʌv]; **znad morza** – from the seaside

znajdować find (found, found) [faınd, faʊnd, faʊnd], come across [kʌmək'rɒs] (came, come); **biuro rzeczy znalezionych** – the lost property office; *Znalazłam ten pierścionek na ulicy.* – I found this ring in the street. *Znalazłam tę fotografię, kiedy przeglądałam jego papiery.* – I came across this photograph when I was looking through his papers.

znajdować się ❶ (*odnaleźć się*) be found [bi:'faʊnd]; *Mój paszport się nie znalazł.* – My passport hasn't been found. ❷ (*być*) be (was/were, been) [bi:, wɒz/wɜ:, bi:n]; *On nie wiedział, gdzie się znajduje.* – He didn't know where he was. *Gdzie znajduje się szpital?* – Where is the hospital? ❸ (*trafić*) find oneself [faɪnd wʌn'self]; *On znalazł się w trudnej sytuacji.* – He found himself in a difficult situation.

znajomość ❶ (*wiedza*) knowledge ['nɒlɪdʒ]; **posiadać płynną/dobrą znajomość angielskiego** – to have a fluent/a good knowledge of English; **znajomość natury ludzkiej** – knowledge of human nature ❷ (*fakt, że się kogoś zna*) acquaintance [ə'kweɪntəns]; **zawrzeć z kimś znajomość** – to strike up an acquaintance with sb/to make sb's acquaintance; *Przy bliższej znajomości okazało się, że jest ona całkiem miłą osobą.* – On closer acquaintance she proved to be quite a nice person.

znajomy[1] (*znajoma osoba*) acquaintance [ə'kweɪntəns], friend [frend]; *On jest jednym z moich znajomych.* – He is an acquaintance of mine. **przypadkowy znajomy** – a chance/a casual acquaintance; **krewni i znajomi** – friends and relations; **pewien mój znajomy** – someone I know

znajomy[2] (*znany*) familiar [fə'mɪljə]; *Jego twarz wydała mi się znajoma.* – His face looked/seemed familiar.

znak ❶ (*sygnał – symbol*) sign [saɪn], mark [mɑ:k], signal ['sɪgnl]; **znaki interpunkcji** – punctuation marks; **znak szczególny** – a distinguishing mark; **znaki drogowe** – traffic signs; **znak handlowy** – a trade mark; **znaki zodiaku** – the signs of the Zodiac; **dawać znaki rękoma** – to signal with one's hands/arms; **robić znak krzyża** – to make the sign of the cross ❷ (*omen, przepowiednia*) omen ['əʊmən], sign [saɪn]; *To dobry znak.* – It's a good omen. ❸ (*ślad*) trace [treɪs], sign [saɪn]; **nie wykazywać znaków życia** – to show no signs of life ❹ (*dowód, oznaka*) symbol ['sɪmbəl], sign [saɪn]

znakomicie excellently ['eksələntlɪ], superbly [sju:'pɜ:blɪ]

znakomitość ❶ (*wybitna osoba*) celebrity [sɪ'lebrətɪ] ❷ (*cecha*) excellence ['eksələns]

znakomity excellent ['eksələnt], splendid ['splendɪd], superb [sju:'pɜ:b]

znakować mark [mɑ:k]

znamienny characteristic [kærəktə'rɪstɪk], symptomatic [sɪmtə'mætɪk]; *To jest znamienne dla niego.* – That's characteristic of him.

znamię ❶ (*znak na skórze*) birth-mark ['bɜ:θmɑ:k], mole [məʊl] ❷ (*znak, cecha charakterystyczna*) stamp [stæmp], sign [saɪn], stigma, *l.mn.* stigmata ['stɪgmə, 'stɪgmətə]

znany well-known [wel'nəʊn]

znawca expert ['ekspət], connoisseur [kɒnə'sɜ:]; **znawca historii starożytnej** – an expert in/on ancient history; **znawca malarstwa** – an connoisseur of painting

znęcać się ill-treat ['ɪltri:t], torment [tɔ:'ment]

znęcanie się cruelty ['krʊəltɪ]

zniechęcać discourage [dɪs'kʌrɪdʒ]

zniechęcać się become discouraged [bɪ'kʌm dɪs'kʌrɪdʒd], lose heart [lu:z'hɑ:t]

zniechęcenie discouragement [dɪs'kʌrɪdʒmənt]

zniechęcony discouraged [dɪs'kʌrɪdʒd], dispirited [dɪ'spɪrɪtɪd]

zniecierpliwienie ❶ (*brak cierpliwości*) impatience [ɪm'peɪʃns] ❷ (*rozdrażnienie*) irritation [ɪrɪ'teɪʃn], exasperation [ɪgzæspə'reɪʃn]

znieczulać *med.* anaesthetize [æ'ni:sθətaɪz]; **środek znieczulający** – anaesthetic

znieczulenie anaesthetization [ə'ni:sθətaɪ'zeɪʃn], anaesthetic [ænɪs'θetɪk]; **pod znieczuleniem** – under an anaesthetic; **znieczulenie miejscowe** – a local anaesthetic

Z

zniekształcać deform [dı'fɔ:m], disfigure [dıs'fıgə]

zniekształcenie deformation [d:fɔ:-'meıʃn], distortion [dı'stɔ:ʃn]

znienacka suddenly ['sʌdnlı], unexpectedly [ʌnık'spektıdlı]

znienawidzić come to hate [kʌmtə'heıt]

znienawidzony hateful ['heıtfʊl]

Z

znieruchomieć become motionless [bı-'kʌm'məʊʃnlıs], freeze (froze, frozen) [fri:z, frəʊz, 'frəʊzn]

zniesienie ❶ (*uchylenie prawa*) abolition [æbə'lıʃn]; **zniesienie niewolnictwa** – abolition of slavery ❷ (*ścierpienie*) tolerance ['tɒlərəns], endurance [ın'djʊərəns]; **do zniesienia** – tolerable; **nie do zniesienia** – intolerable/unbearable/beyond endurance

zniesławiać slander ['slɑ:ndə], defame [dı'feım]

zniesławienie slander ['slɑ:ndə], libel ['laıbl]

znieść ❶ (*przynieść z góry na dół*) take down [teık'daʊn] (took, taken), bring down [brıŋ'daʊn] (brought, brought) ❷ (*o ptakach – złożyć jajko*) lay (an egg) (laid, laid) [leı-, leıd, leıd] ❸ (*o prądzie wody – porwać*) carry away [kærıə'weı] ❹ (*unieważnić*) annul [ə'nʌl], raise [reız], abolish [ə'bɒlıʃ], lift [lıft]; **znieść prawo** – to annul a law; **znieść embargo** – to lift an embargo; **znieść karę śmierci** – to abolish the death penalty; **znieść niewolnictwo** – to abolish slavery; **znieść zakaz** – to lift a ban ❺ (*ścierpieć*) bear (bore, borne) [beə, bɔ:, bɔ:n], stand (stood, stood) [stænd, stʊd, stʊd], tolerate ['tɒləreıt], endure [ın'djʊə], withstand (withstood, withstood) [wıð'stænd, wıð'stʊd, wıð'stʊd]; **nie znosić** – to hate/to detest; *Nie mogę znieść jego zachowania.* – I can't stand his behaviour. **znieść ból** – to endure pain; **znosić trudy** – to bear hardships

zniewaga insult ['ınsʌlt]

znieważać insult [ın'sʌlt], abuse [ə'bju:z]

zniewieściały effeminate [ı'femınət]

znikać disappear [dısə'pıə], vanish ['vænıʃ]; **zniknąć bez śladu** – to disappear without a trace/to vanish into thin air; **zniknąć w tłumie** – to vanish in the crowd; **zniknąć z pola widzenia** – to disappear from view

znikąd from nowhere [frəm'nəʊweə]

zniknąć *p.* **znikać**

zniknięcie disappearance [dısə'pıərəns]

znikomy minimal ['mınıml], insignificant [ınsıg'nıfıkənt]

zniszczenie destruction [dı'strʌkʃn], devastation [devə'steıʃn], ruin [rʊın]; **zniszczenia wojenne** – war damage

zniszczyć damage ['dæmıdʒ], ruin [rʊın], destroy [dı'strɔı], (*o ubraniu*) wear out [weər'aʊt] (wore, worn); **zniszczyć sobie zdrowie** – to ruin one's health; *Zniszczysz sobie wzrok.* – You'll ruin your eyes. *On zniszczył ten dokument.* – He destroyed the document. *Dom został zniszczony w czasie wojny.* – The house was destroyed during the war. **zniszczone ubranie** – worn-out/shabby clothes

zniżać lower ['ləʊə]; **zniżać głos** – to lower one's voice

zniżać się drop (pp) [drɒp], sink (sank, sunk) [sıŋk, sæŋk, sʌŋk], descend [dı'send], come down [kʌm'daʊn] (came, come)

zniżka (*niższa cena*) reduction [rı'dʌkʃn], reduced price [rı'dju:stpraıs]

znosić *p.* **znieść**

znoszony worn-out [wɔ:n'aʊt]

znośny tolerable ['tɒlərəbl]

znowu again [ə'geın], once again [wʌns ə'geın]; *Kiedy znowu cię zobaczę?* – When will I see you again?

znudzenie boredom ['bɔ:dəm]; **do znudzenia** – over and over again

znudzić bore [bɔ:], weary ['wıərı]

znudzić się ❶ (*zacząć odczuwać nudę*) get bored [get'bɔ:d] ❷ (*sprzykrzyć się*) get tired [get'taıəd], get weary [get'wıərı], become fed up [bıkʌm fed'ʌp]; *Znudziły mi się twoje narzekania.* – I got tired of your complaining./I am fed up with your complaining.

znudzony bored [bɔ:d]; **znudzony życiem** – world-weary/tired of life

znużenie fatigue [fə'ti:g], weariness ['wɪərɪnɪs], tiredness ['taɪədnɪs]

znużony weary ['wɪərɪ], tired ['taɪəd]

znużyć weary ['wɪərɪ], tire ['taɪə]

znużyć się grow/get tired [grəʊ/get taɪəd], grow weary [grəʊ'wɪərɪ]

zobaczenie:
do zobaczenia – goodbye; **do zobaczenia wkrótce** – see you soon

zobaczyć see (saw, seen) [si:, sɔ:, si:n]; *Zobaczyłam go przez okno.* – I saw him through the window. *Pójdę zobaczyć, czy on już przyszedł.* – I'll go and see whether he has already come. *Zobaczę, co się da zrobić.* – I'll see what can be done. *Zobaczymy.* – We'll see./That remains to be seen.

zobaczyć się ❶ (*widzieć siebie samego*) see oneself [si:wʌn'self]; **zobaczyć się w lustrze** – to see oneself in the mirror ❷ (*spotkać się*) meet (met, met) [mi:t, met, met], see (saw, seen) [si:, sɔ:, si:n]; *Kiedy się zobaczymy?* – When shall we meet?/When shall we see each other? *Zobaczę się z nią jutro.* – I'll be seeing her tomorrow.

zobojętniały indifferent [ɪn'dɪfrənt], apathetic [æpə'θetɪk]

zobojętnić *chem.* neutralize ['nju:trəlaɪz]

zobojętnieć become indifferent [bɪ'kʌmɪn'dɪfrənt]

zobojętnienie ❶ *chem.* neutralization [nju:trəlaɪ'zeɪʃn] ❷ (*stan psychiczny*) indifference [ɪn'dɪfrəns], apathy ['æpəθɪ]

zobowiązać oblige [ə'blaɪdʒ], obligate ['ɒblɪgeɪt]

zobowiązać się undertake (undertook, undertaken) [ʌndə'teɪk, ʌndə'tʊk, ʌndə'teɪkn]

zobowiązanie obligation [ɒblɪ'geɪʃn], commitment [kə'mɪtmənt]; **przyjąć zobowiązanie** – to assume/to take on an obligation; **wypełnić zobowiązanie** – to fulfil/to meet an obligation

zobowiązany obliged [ə'blaɪdʒd], indebted [ɪn'detɪd]; *Jestem ci bardzo zobowiązany za pomoc.* – I'm much obliged to you for your help.

zobowiązywać *p.* **zobowiązać**

zodiak zodiac ['zəʊdɪæk]; **znaki zodiaku** – the Signs of the Zodiac

zoo zoo [zu:]

zoolog zoologist [zəʊ'ɒlədʒɪst]

zoologia zoology [zəʊ'ɒlədʒɪ]

zoologiczny zoological [zəʊə'lɒdʒɪkl]

zostać ❶ (*nie opuścić jakiegoś miejsca*) stay [steɪ], remain [rɪ'meɪn]; *Poszliśmy do kina, ale ona została w domu.* – We went to the cinema but she stayed at home. *Musisz zostać na kolacji.* – You must stay to dinner. *Niech to zostanie między nami.* – Let this remain between you and me. *Zostanę tu do końca miesiąca.* – I'll stay here until the end of the month. **zostać w tyle** – to stay/to lag behind ❷ (*być pozostawionym – stać się resztą*) be left [bi:'left], remain [rɪ'meɪn]; *Nic nie zostaje do zrobienia, jak czekać.* – Nothing remains to be done, but wait. *Po wybuchu z domu zostało bardzo niewiele.* – After the explosion very little remained of the house. ❸ (*znaleźć się w jakimś położeniu*) be left [bi:'left]; *On został bez grosza.* – He was left penniless. ❹ (*stać się*) become (became, become) [bɪ'kʌm bɪ'keɪm, bɪ'kʌm]; *Został aktorem.* – He became an actor.

zostawiać leave (left, left) [li:v, left, left]; *Zostaw mnie w spokoju!* – Leave me alone! *Zostaw drzwi otwarte.* – Leave the door open. *Zostawiłam parasol w domu.* – I left my umbrella at home. *On zostawił (w spadku) swoje wszystkie pieniądze instytucjom charytatywnym.* – He left all his money to charity. *Zostawił wdowę z dwojgiem dzieci.* – He left a widow and two children. *Nie przejmuj się gotowaniem. Zostaw to mnie.* – Don't worry about the cooking. Leave it to me.

zranić hurt (hurt, hurt) [hɜ:t, hɜ:t, hɜ:t], injure ['ɪndʒə], wound [wu:nd]; **zranić kogoś w nogę** – to wound sb in the leg; **zranić czyjąś dumę** – to hurt sb's pride

zranić się injure oneself ['ɪndʒəwʌn'self], hurt oneself [hɜ:twʌn'self]

zranienie injury ['ɪndʒərɪ], wound [wu:nd]

zrazić put off [pʊt'ɒf] (put, put), discourage [dɪs'kʌrɪdʒ]; *Jego sposób bycia zraża ludzi.* – His manner puts people off.

zrazić się become discouraged [bɪ'kʌm dɪs'kʌrɪdʒd], be put off [bi:pʊt'ɒf]; **zrazić się do kogoś** – to take a dislike to sb; *Nie zrażaj się trudnościami* – Don't be put off by the difficulties.

zredukować *p.* **redukować**

zresztą anyway ['enɪweɪ], besides [bɪ'saɪdz]

zrezygnować *p.* **rezygnować**

zrezygnowany discouraged [dɪs'kʌrɪdʒd], dispirited [dɪ'spɪrɪtɪd]

zręcznie deftly ['deftlɪ], adroitly [ə'drɔɪtlɪ], skilfully ['skɪlfʊlɪ]

zręczność deftness ['deftnɪs], adroitness [ə'drɔɪtnɪs], skill [skɪl], cleverness ['klevənɪs]

zręczny ❶ (*sprawny fizycznie, zwinny*) deft [deft], adroit [ə'drɔɪt], skilful ['skɪlfʊl], nimble ['nɪmbl] ❷ (*sprytny*) clever ['klevə], cunning ['kʌnɪŋ], smart [smɑ:t]; **zręczne posunięcie** – a clever move; **zręczny dyplomata** – a cunning diplomat

zrobić *p.* **robić**

zrozpaczony desperate ['desprət]; *Byłam zrozpaczona.* – I was in despair.

zrozumiały ❶ (*łatwy do zrozumienia*) comprehensible [kɒmprɪ'hensəbl], intelligible [ɪn'telɪdʒəbl] ❷ (*uzasadniony*) understandable [ʌndə'stændəbl]; **zrozumiałe powody/motywy** – understandable reasons/motives; *Jego nie będzie. To zrozumiałe.* – He won't be present. That's understood.

zrozumieć understand (understood, understood) [ʌndə'stænd, ʌndə'stʊd, ʌndə'stʊd], comprehend [kɒmprɪ'hend]; *Nie zrozumiałam ani słowa z tego, co mówił.* – I didn't understand a word of what he was saying.

zrozumienie understanding [ʌndə'stændɪŋ]; **wzajemne zrozumienie między mężem a żoną** – a mutual understanding between husband and wife; **dać komuś do zrozumienia** – to give sb to understand

zrównać even ['i:vn], level (ll) ['levl]; **zrównać różnice społeczne** – to level social differences; *Miasto zostało zrównane z ziemią przez trzęsienie ziemi.* – The town was levelled by an earthquake.

zrównać się ❶ (*dopędzić*) catch up with [kætʃ'ʌpwɪð] (caught, caught) ❷ (*osiągnąć jednakowy poziom*) equal (ll) ['i:kwəl]

zrównoważony even-tempered [i:vn'tempəd], balanced ['bælənst], self-possessed [selfpə'zest]

zrównoważyć balance ['bæləns], counterbalance ['kaʊntəbæləns]

zrównywać *p.* **zrównać**

zróżnicowany differentiated [dɪfə'renʃɪeɪtɪd], varied ['veərɪd]

zrujnować ruin [rʊɪn], destroy [dɪ'strɔɪ], shatter ['ʃætə]

zrywać *p.* **zerwać**

zrzec się renounce [rɪ'naʊns], abdicate ['æbdɪkeɪt], resign [rɪ'zaɪn]; **zrzec się tytułu/przywileju/prawa własności** – to renounce a title/a privilege/a claim; **zrzec się tronu** – to abdicate (from) the throne

zrzeczenie się renouncement [rɪ'naʊnsmənt], abdication [æbdɪ'keɪʃn]

zrzeszenie (*związek*) union ['ju:nɪən], society [sə'saɪətɪ], association [əsəʊsɪ'eɪʃn]

zrzucać drop (pp) [drɒp], cast (cast, cast) [kɑ:st, kɑ:st, kɑ:st], throw (threw, threwn) [θrəʊ, θru:, θrəʊn]; **zrzucić płaszcz** (*z siebie*) – to throw off one's coat; *Węże zrzucają skórę.* – Snakes cast their skins. *Żywność jest zrzucana na tereny dotknięte klęską.* – Food supplies are being dropped to the stricken area.

zsiadły:
zsiadłe mleko – sour milk

zsiąść dismount (from) [dɪs'maʊnt-], get off [get'ɒf] (got, got); **zsiąść z konia** – to dismount from a horse; **zsiąść z roweru** – to get off a bicycle

zsiąść się (*o mleku*) get sour [get'saʊə]

zsyłać *p.* **zesłać**

zsyp chute [ʃu:t]

zubożały impoverished [ɪm'pɒvərɪʃt]

zubożeć grow poor [grəʊ'pʊə], become impoverished [bɪ'kʌm ɪm'pɒvərɪʃt]

zubożenie impoverishment [ɪm'pɒvərɪʃmənt]

zubożyć impoverish [ɪm'pɒvərɪʃ]

zuchwalstwo impudence ['ɪmpjʊdəns], cheek [tʃi:k]

zuchwały impudent ['ɪmpjʊdənt], cheeky ['tʃi:kɪ], audacious [ɔ:'deɪʃəs]

zupa soup [su:p]

zupełnie completely [kəm'pli:tlɪ], altogether [ɔ:ltə'geðə], utterly ['ʌtəlɪ], fully ['fʊlɪ], absolutely ['æbsəlu:tlɪ]

zupełny complete [kəm'pli:t], total ['təʊtl], absolute ['æbsəlu:t], utter ['ʌtə], perfect ['pɜ:fɪkt]

zużycie ❶ (*spożycie*) consumption [kən'sʌmpʃn] ❷ (*amortyzacja*) wear and tear [weərən'teə]

zużyć use up [ju:z'ʌp]

zużyć się be used up [bi:ju:zd'ʌp]

zużytkować ❶ (*użyć*) use up [ju:z'ʌp] ❷ (*spożytkować*) make use of [meɪk 'ju:səv], exploit [ɪk'splɔɪt]

zużywać *p.* **zużyć**

zwabić *p.* **wabić**

zwada quarrel ['kwɒrəl]

zwalać ❶ (*gromadzić*) heap [hi:p], pile (together) [paɪl-] ❷ (*powodować upadek*) knock down [nɒk'daʊn]; **zwalić kogoś z nóg** – to knock sb down/to knock sb off his feet ❸ (*obarczać odpowiedzialnością*); **zwalać na kogoś winę** – to lay the blame at sb's door; **zwalać na kogoś obowiązki** – to burden sb with duties

zwalczać fight (fought, fought) [faɪt, fɔ:t, fɔ:t]

zwalniać ❶ (*zmniejszać prędkość*) slow down [sləʊ'daʊn]; *Zwolnił, kiedy dojechał do skrzyżowania.* – He slowed down when he got to the crossing. **w zwolnionym tempie** – in slow motion ❷ (*uwolnić od obowiązku*) relieve [rɪ'li:v], release [rɪ'li:s], let off [let'ɒf] (let, let), exempt [ɪg'zemt]; **zwolnić straże** – to relieve the guard; **zwolnić kogoś z danej obietnicy** – to release sb from a promise; *Dzieci zostały dziś wcześniej zwolnione ze szkoły.* – The children were let off school earlier today. **zwolnić kogoś ze służby wojskowej** – to exempt sb from military service; **zwolnić towary od podatku** – to exempt goods from tax ❸ (*wypowiedzieć komuś pracę*) dismiss [dɪs'mɪs], give sb notice, *pot.* sack [sæk]; *On został zwolniony za to, że ciągle się spóźniał.* – He was dismissed for always being late. ❹ (*wypuścić na wolność*) release [rɪ'li:s]; **zwolnić więźnia** (*z więzienia*) – to release a prisoner ❺ (*rozluźnić*) release [rɪ'li:s]; **zwolnić uścisk/uchwyt** – to release the grip/grasp ❻ (*opuścić jakieś miejsce*) vacate [və'keɪt]; **zwolnić pokój** – to vacate a room

zwalniać się ❶ (*wypowiedzieć pracę*) resign [rɪ'zaɪn], hand in one's notice, *pot.* quit (tt) [kwɪt] ❷ (*uwolnić się od obowiązku*) be exempted from duty [bi:ɪg'zemptɪd-] ❸ (*zostać opuszczonym, opróżnić się*) become vacant [bɪ'kʌm'veɪkənt]

zwany called ['kɔ:ld]; **tak zwany** – so called

zwarcie *elektr.* short-circuit [ʃɔ:t'sɜ:kɪt], fuse [fju:z]

zwariować go mad [gəʊ'mæd], become insane [bɪ'kʌmɪn'seɪn]

zwariowany crazy ['kreɪzɪ], mad [mæd]; *On jest zwariowany na punkcie muzyki pop.* – He is crazy about pop music.

zwarty dense [dens], close [kləʊs], compact [kəm'pækt]; **w zwartym szyku** – in close order/formation

Z

zważać mind [maınd], pay attention to [peıə'tenʃntə], take notice of [teık'nəʊtısəv], heed [hi:d], take heed of [teık'hi:dəv]; **nie zważając na niebezpieczeństwo** – heedless of danger; *On nie zważał na moje przestrogi.* – He took no notice of my warning.

zważyć (*mierzyć ciężar*) weigh [weı]

Z

zwątpić lose hope [lu:z'həʊp]

zwątpienie hopelessness ['həʊplısnıs], despair [dı'speə]

zwężać (*czynić węższym*) narrow ['nærəʊ], (*o ubraniu*) take in [teık'ın] (took, taken)

zwężać się grow narrow [grəʊ'nærəʊ], become narrow [bı'kʌm'nærəʊ]

zwiad reconnaissance [rı'kɒnısəns]

zwiastować herald ['herəld], proclaim [prə'kleım], announce [ə'naʊns]

Zwiastowanie *rel.* Annunciation [ənʌnsı'eıʃn]

zwiastun herald ['herəld], harbinger ['hɑ:bındʒə]

związać *p.* **wiązać**

związany ❶ (*mający związek*) connected [kə'nektıd], related [rı'leıtıd] ❷ (*skrępowany*) bound [baʊnd], tied [taıd]; **związany słowem honoru** – honour bound

związek ❶ (*powiązanie, zależność*) relation [rı'leıʃn], relationship [rı'leıʃnʃıp], connection [kə'nekʃn]; **związek między kosztem produkcji a ceną produktu** – the relation/the relationship between the cost of production and the price of the product; **pytanie mające związek z tematem** – a relevant question ❷ (*organizacja*) union ['ju:njən], federation [fedə'reıʃn], association [əsəʊsı'eıʃn]; **związki zawodowe** – trade unions ❸ (*stosunek między ludźmi*) relationship [rı'leıʃnʃıp], relation [rı'leıʃn]; **zerwać związki z rodziną** – to break off relations with one's family. *Ich związek trwał wiele lat.* – Their relationship lasted many years. **związek małżeński** – union/ /marriage/matrimony ❹ *chem.* compound ['kɒmpaʊnd]

związkowiec trade unionist ['treıd-'ju:njənıst]

związywać *p.* **wiązać**

zwichnąć sprain [spreın], dislocate ['dısləkeıt]; **zwichnąć nogę w kostce** – to sprain one's ankle; **zwichnąć komuś karierę** – to ruin sb's career

zwichnięcie sprain [spreın], dislocation [dıslə'keıʃn]

zwichrzony tousled ['taʊzld]

zwiedzać visit ['vızıt], see (saw, seen) [si:, sɔ:, si:n], go/do sightseeing [gəʊ/ /dʊ'saıtsi:ıŋ]; **zwiedzać muzeum** – to see a museum; **iść zwiedzać** (*np. miasto, okolicę*)– to go sightseeing

zwiedzający (*w muzeum*) visitor ['vızıtə], (*w mieście*) tourist ['tʊərıst]

zwiedzanie sightseeing ['saıtsi:ıŋ]

zwierciadlany mirror ['mırə]; **obraz zwierciadlany** – a mirror image

zwierciadło mirror ['mırə], looking-glass ['lʊkıŋ glɑ:s]

zwierz beast [bi:st]; **dziki zwierz** – a wild beast; **gruby zwierz** – big game

zwierzać się confide (to/on) [kən'faıd-]

zwierzchnik superior [su:'pıərıə], chief [tʃi:f]

zwierzę animal ['ænıml], beast [bi:st]; **dzikie zwierzę** – a wild animal; **zwierzę drapieżne** – beast of prey/a predator/a predatory animal; **zwierzę domowe** – a domestic animal; **zwierzę mięsożerne/roślinożerne** – a carnivorous/a herbivorous animal; **zwierzę społeczne** – a social animal

zwierzęcy animal ['ænıml]; **instynkt zwierzęcy** – animal instinct

zwierzyna game [geım]

zwiewny ethereal [i:'θıərıəl]

zwiędnąć wither ['wıðə], wilt [wılt], fade [feıd]

zwiększać increase [ın'kri:s]

zwiększać się grow bigger [grəʊ'bıgə], grow (grew, grown) [grəʊ, gru:, grəʊn], increase [ın'kri:s]; *Wskaźnik inflacji zwiększył się.* – The rate of inflation has increased.

zwiększenie increase [ıŋ'kri:s]

zwięzłość conciseness [kən'saɪsnɪs], briefness ['bri:fnɪs], brevity ['brevətɪ], compactness [kəm'pæktnɪs]

zwięzły concise [kən'saɪs], brief [bri:f], compact [kəm'pækt]

zwijać ❶ (*skręcać*) roll (up) [rəʊl-], coil up [kɔɪl'ʌp]; **zwijać wełnę w kłębek** – to roll wool into a ball ❷ (*likwidować*) wind up [waɪnd'ʌp] (wound, wound); **zwijać interes** – to wind up a business

zwijać się roll up [rəʊl'ʌp], curl up [kɜ:l'ʌp], coil up [kɔɪl'ʌp]; *Pies zwinął się i zasnął.* – The dog curled up and went to sleep. **zwijać się z bólu** – to writhe with pain

zwilżać moisten ['mɔɪsn]

zwinność deftness ['deftnɪs], nimbleness ['nɪmblnɪs], agility [ə'dʒɪlətɪ]

zwinny deft [deft], nimble ['nɪmbl], agile ['ædʒaɪl]

zwiotczały flabby ['flæbɪ], limp [lɪmp], flaccid ['flæksɪd]

zwisać hang (down) (hung, hung) [hæŋ-, hʌŋ, hʌŋ], dangle ['dæŋgl]

zwlekać delay [dɪ'leɪ], put off [pʊt'ɒf] (put, put), postpone [pəʊs'pəʊn]; *Nie zwlekaj! Zrób to teraz!* – Don't delay! Do it now! *Zwlekał z podjęciem decyzji.* – He put off making a decision. *Zwlekał z wyjazdem.* – He delayed his departure.

zwłaszcza particularly [pə'tɪkjʊləlɪ], especially [ɪ'speʃlɪ]

zwłoka delay [dɪ'leɪ]; **sprawa nie cierpiąca zwłoki** – a matter of great urgency; *Muszę przeprosić za zwłokę w odpisaniu na pański list.* – I must apologize for the delay in answering your letter.

zwłoki corpse [kɔ:ps], (dead) body [(ded)'bɒdɪ]

zwodniczy deceptive [dɪ'septɪv]

zwodzić *p.* **zwieść**

zwodzony:
most zwodzony – a drawbridge

zwolennik adherent [əd'hɪərənt], supporter [sə'pɔ:tə], believer [bɪ'li:və], follower ['fɒləʊə]; *Jestem zwolennikiem wczesnego wstawania.* – I believe in getting up early./I'm a believer in getting up early.

zwolnić *p.* **zwalniać**

zwolnienie ❶ (*odstąpienie od obowiązującego prawa*) exemption [ɪg'zemʃn]; **zwolnienie ze służby wojskowej** – exemption from military service; **zwolnienie od podatku** – exemption from tax ❷ (*usunięcie z pracy*) dismissal [dɪs'mɪsl] ❸ (*zaświadczenie lekarskie*) sick leave ['sɪkli:v]; **być na zwolnieniu** – to be on sick leave

zwołać call (together) [kɔ:l-], summon ['sʌmən]; **zwołać zebranie** – to call a meeting; **zwołać wszystkich pracowników** – to summon all the workers

zwój roll [rəʊl], scroll [skrəʊl], (*spiralny*) coil [kɔɪl]

zwracać ❶ (*kierować w jakimś kierunku*) turn [tɜ:n], face [feɪs]; **balkon zwrócony na południe** – a balcony facing south; *Zwrócił wzrok w moim kierunku.* – He turned his eyes towards me. **zwrócić na coś uwagę** (*dostrzec*) – to notice sth; **zwrócić na coś szczególną uwagę** – to pay special attention to sth; **zwracać na siebie uwagę** – to attract attention; **zwrócić czyjąś uwagę na coś** – to call sb's attention to sth; **zwrócić komuś uwagę** – to point out to sb ❷ (*oddać*) return [rɪ'tɜ:n], give back [gɪv'bæk] (gave, given); **zwrócić książki do biblioteki** – to return the books to the library; **zwrócić pieniądze** – to pay back the money

zwrócić się ❶ (*skierować się*) turn [tɜ:n]; *Zwróciła się do mnie o pomoc.* – She turned to me for help. ❷ (*stanowić zwrot kosztów*) be refunded [bi: ri:'fʌndɪd], pay for itself

zwrot ❶ (*obrót*) turn [tɜ:n]; **zwrot ku lepszemu** – a turn for the better ❷ (*oddanie, zwrócenie*) return [rɪ'tɜ:n], repayment [ri:'peɪmənt], refund ['ri:fʌnd]; **zwrot kosztów podróży** – a refund of the travel costs; **zwrot książek do biblioteki** – the return of library books ❸ (*wyrażenie*) expression [ɪk'spreʃn], phrase [freɪz]

zwrotka stanza ['stænzə], verse [vɜ:s]

zwrotnik tropic ['trɒpɪk]; **Zwrotnik Raka/Koziorożca** – the Tropic of Cancer/Capricorn

Z

zwrotnikowy tropical ['trɒpɪkl]

zwrotny ❶ (*dot. zmiany kierunku*): **punkt zwrotny** – turning point ❷ (*zwinny*) nimble ['nɪmbl] ❸ (*przeznaczony do zwrotu*) returnable [rɪ'tɜ:nəbl], (*o pieniądzach*) repayable [ri:'peɪəbl] ❹ *gram.* reflexive [rɪ'fleksɪv]; **zaimek zwrotny** – a reflexive pronoun

zwrócić *p.* **zwracać**

zwycięski victorious [vɪk'tɔ:rɪəs], triumphant [traɪ'ʌmfənt]

zwycięstwo victory ['vɪktərɪ]; **osiągnąć zwycięstwo** – to achieve/to gain a victory; **zwycięstwo moralne** – a moral victory; **zwycięstwo nad nieprzyjacielem** – a victory over an enemy

zwycięzca victor ['vɪktə], winner ['wɪnə], conqueror ['kɒŋkərə]

zwyciężać ❶ (*wygrać*) win (won, won) [wɪn, wʌn, wʌn], conquer ['kɒŋkə]; **zwyciężyć nieprzyjaciela** – to conquer an enemy; **zwyciężyć w bitwie** – to win a battle ❷ (*przezwyciężyć*) overcome (overcame, overcome) [əʊvə'kʌm, əʊvə'keɪm, əʊvə'kʌm], conquer ['kɒŋkə]; **zwyciężyć strach** – to overcome one's fear

zwyczaj (*obyczaj*) custom ['kʌstəm], (*przyzwyczajenie*) habit ['hæbɪt]; **stary zwyczaj** – an old/an ancient custom; **postępować według zwyczaju** – to observe/to practice a custom; *Moim zwyczajem jest wstawać wcześnie.* – I'm in the habit of getting up early. *Nie jest moim zwyczajem czytanie cudzych listów.* – It's not my custom to read other people's letters./I'm not in the habit of reading other people's letters.

zwyczajnie simply ['sɪmplɪ], ordinarily ['ɔ:dɪnərəlɪ]

zwyczajny ordinary ['ɔ:dnrɪ], common ['kɒmən], usual ['ju:ʒʊəl]

zwyczajowy customary ['kʌstəmərɪ]

zwykle usually ['ju:ʒʊəlɪ], generally ['dʒenərəlɪ], ordinarily ['ɔ:dɪnərəlɪ]; **jak zwykle** – as usual

zwykły usual ['ju:ʒʊəl], common ['kɒmən], ordinary ['ɔ:dnrɪ]

zwyknąć (*mieć coś w zwyczaju*) used to ['ju:stə]; *On zwykł był przychodzić tu codziennie.* – He used to come here every day.

zwyrodnialec degenerate [dɪ'dʒenərət]

zwyrodnieć degenerate [dɪ'dʒenəreɪt]

zwyrodnienie degeneration [dɪdʒenə'reɪʃn]

zysk profit ['prɒfɪt]; **przynosić zysk** – to bring in/to yield a profit

zyskać ❶ (*osiągnąć korzyść*) profit ['prɒfɪt], make a profit [meɪkə'prɒfɪt], gain [geɪn]; *Nic nie zaryzykujesz, nic nie zyskasz.* – Nothing ventured nothing gained. ❷ (*zdobyć*) gain [geɪn]; **zyskać na czasie** – to gain time ❸ (*zjednać sobie*) win (won, won) [wɪn, wʌn, wʌn]; **zyskać zwolenników** – to win supporters ❹ (*na wyglądzie*) improve (in looks) [ɪm'pru:v-]

zyskowność profitability [prɒfɪtə'bɪlətɪ]

zyskowny profitable ['prɒfɪtəbl], lucrative ['lu:krətɪv], profit-yielding ['prɒfɪt 'ji:ldɪŋ]

zza from behind [frəmbɪ'haɪnd], from beyond [frəmbɪ'jɒnd]

zziębnąć get chilled [get'tʃɪld], get cold [get'kəʊld]; **zziębnąć do szpiku kości** – to get chilled to the bone

zżyć się get accustomed to (each other) [getə'kʌstəmd tə-], get used to (each other) [get'ju:sttə-]

zżymać się writhe [raɪð], seethe [si:ð]

Ź Ż

Ź

źdźbło stalk [stɔ:k], (*trawy*) blade (of grass) [bleɪd-]

źle badly ['bædlɪ], wrong [rɒŋ], ill [ɪl]; *Nie zrozum mnie źle.* – Don't misunderstand me./Don't get me wrong. **pracować źle** – to work badly; **być źle ubranym** – to be badly dressed; **mówić/myśleć źle o kimś** – to speak/ /to think ill of sb; *To źle wróży.* – It augurs ill./It's not a promising outlook. **źle kogoś traktować** – to ill-treat sb/to treat sb badly; *Nie życzę mu źle.* – I don't wish him ill.

źrebak foal [fəʊl]

źrenica pupil ['pju:pl]; *przen.* **być źrenicą oka** – to be the apple of sb's eye

źródlany spring [sprɪŋ]; **woda źródlana** – spring water

źródło ❶ (*naturalny wypływ wody*) spring [sprɪŋ]; **źródło mineralne** – a mineral spring; **źródło gorące** – a hot/a thermal spring ❷ (*początek, punkt wyjścia*) source [sɔ:s]; **źródło energii** – a source of energy; **źródło dochodu** – a source of income; **źródła rzeki** – the sources of a river; *Informacja pochodzi z wiarygodnego źródła.* – The information comes from a reliable source. ❸ (*źródła – materiały do badań*) sources ['sɔ:sɪz]

Ż

żaba *zool.* frog [frɒg]

żabka (*styl pływania*) breast stroke ['brest strəʊk]

żaden[1] (*ani jeden*) no [nəʊ], not any [nɒt'enɪ]; *To nie ma żadnego znaczenia.* – It's of no importance. *Nie mam żadnych książek na ten temat.* – I don't have any books on the subject./I have no books on the subject. **pod żadnym pozorem** – under no circumstances

Ż

żaden[2] (*ani ten, ani tamtem*) (*żaden z dwóch*) neither ['naɪðə], (*żaden z większej liczby*) none [nʌn]; *Żadne z jego rodziców nie żyje.* – Neither of his parents is alive. *Pytałem wielu ludzi, ale żaden z nich nie znał drogi.* – I asked many people but none of them knew the way.

żagiel sail [seɪl]; **podnieść żagle** – to hoist/to raise the sails; **opuścić żagle** – to lower the sails

żaglowiec yacht [jɒt], sailing-ship ['seɪlɪŋʃɪp]

żaglowy sailing ['seɪlɪŋ], sail [seɪl]; **płótno żaglowe** – sail cloth

żaglówka yacht [jɒt], sailing-boat ['seɪlɪŋbəʊt]

żakiet jacket ['dʒækɪt], blazer ['bleɪzə]

żal ❶ (*smutek*) sorrow ['sɒrəʊ], grief [gri:f]; **wyrażać/odczuwać żal** – to express/to feel sorrow; **głęboki żal** – deep/profound sorrow/grief; *Z żalem informujemy pana, że nie możemy przyjąć pańskiej oferty.* – We regret to inform you that we cannot accept your offer. *Żal mi było wyjeżdżać.* – I was sorry to leave. *Żal mi go.* – I feel sorry for him./I pity him. ❷ (*wyrzuty sumienia, skrucha*) remorse [rɪ'mɔ:s], regret [rɪ'gret], *relig.* repentance [rɪ'pentəns]; **okazywać/wyrażać/odczuwać żal za swoje czyny** – to show/to express/to feel remorse for one's deeds ❸ (*uraza*) grudge [grʌdʒ], ill-feeling [ɪl'fi:lɪŋ]; *Nie mam do niego żalu.* – I bear him no grudge.

żalić się complain [kəm'pleɪn]

żaluzja (Venetian) blind [(və'ni:ʃn) 'blaɪnd], *am.* window shade ['wɪndəʊ ʃeɪd]; **podnieść żaluzję** – to lift/to raise a blind; **zasunąć/opuścić żaluzję** – to draw/to lower a blind

żałoba mourning ['mɔ:nɪŋ]; **być w żałobie** – to be in mourning

żałobnik mourner ['mɔ:nə]

żałobny mournful ['mɔ:nfʊl], funereal [fju:'nɪərɪəl], funeral ['fju:nərl]; **marsz żałobny** – a funeral march; **żałobna atmosfera** – a funeral atmosphere

żałosny miserable ['mɪzrəbl], pitiful ['pɪtɪfʊl], lamentable ['læməntəbl]

żałować ❶ (*odczuwać żal, smutek*) regret (tt) [rɪ'gret], be sorry [bi:'sɒrɪ], pity ['pɪtɪ]; **żałować zmarnowanych okazji** – to regret missed opportunities; *Żałuję, że nie mogę ci pomóc.* – I'm sorry that I can't help you./I regret that I cannot help you. ❷ (*odczuwać skruchę*) regret (tt) [rɪ'gret], repent [rɪ'pent], be sorry [bi:'sɒrɪ]; **żałować za grzechy** – to repent one's sins; *Żałuję, że to powiedziałam.* – I regret having said it./I'm sorry (that) I said it. *Jeżeli to zrobisz, będziesz żałował.* – If you do it you'll regret it//you'll be sorry. ❸ (*ograniczać, skąpić*) grudge [grʌdʒ], stint [stɪnt]; *On jej żałuje każdego grosza.* – He grudges her every penny.

żandarm gendarme ['ʒɒndɑ:m]

żandarmeria gendarmerie [ʒɒn'dɑ:mərɪ], military police ['mɪlɪtrɪpə'li:s]

żar ❶ (*rozżarzony węgiel*) glowing embers [gləʊɪŋ'embəz] ❷ (*gorąco, upał*) heat [hi:t] ❸ (*namiętność, zapał*) passion ['pæʃn], fervour ['fɜ:və], ardour ['ɑ:də]

żargon jargon ['dʒɑ:gən], slang [slæŋ]

żarliwość zeal [zi:l], ardour ['ɑ:də]

żarliwy zealous ['zeləs], fervent ['fɜ:vənt], ardent ['ɑ:dənt]

żarłoczność voracity [vɒ'ræsətɪ], gluttony ['glʌtənɪ], greedines ['gri:dɪnɪs], rapaciousness [rə'peɪʃəsnɪs]

żarłoczny voracious [və'reɪʃəs], gluttonous ['glʌtnəs], greedy ['gri:dɪ]

żarłok glutton ['glʌtn]

żaroodporny heat-proof ['hi:tpru:f]

żarówka light bulb ['laɪt bʌlb]; **żarówka 60-watowa** – a 60-watt light bulb; **zmienić żarówkę** – to change a bulb; **wkręcić żarówkę** – to put in/to screw in a bulb; **żarówka przepala się** – a light bulb blows out/burns out

żart joke [dʒəʊk]; **dla żartu** – for fun; **zrobić komuś żart** – to play a joke on sb; **posunąć żart za daleko** – to carry a joke too far; *On nie zna się na żartach.* – He can't take a joke.

żartobliwy joking ['dʒəʊkɪŋ], facetious [fə'si:ʃəs], playful ['pleɪfʊl]

żartować joke [dʒəʊk]; *Chyba żartujesz.* – You must be joking. *Tylko żartowałem.* – I was only joking. **żartować z kogoś** – to make fun of sb

żartowniś jester ['dʒestə], joker ['dʒəʊkə]

żarzyć się glow [gləʊ]

żądać demand [dɪ'mɑ:nd]; *Żądam, żeby mnie informowano o wszystkim.* – I demand to be informed about everything. *Żądam, żeby on mi pomógł.* – I demand that he (should) help me. *On żądał ode mnie przeprosin.* – He demanded an apology from me.

żądanie demand [dɪ'mɑ:nd]; **stawiać żądania** – to make demands; **spełnić czyjeś żądania** – to meet/to satisfy sb's demands; **odrzucić czyjeś żądanie** – to reject sb's demand; **wygórowane żądania** – excessive demands; **skromne żądania** – moderate/modest demands; **żądania płacowe** – wages demands

żądlić sting (stung, stung) [stɪŋ, stʌŋ, stʌŋ]

żądło sting [stɪŋ]

żądny greedy ['gri:dɪ], eager ['i:gə]; **żądny władzy** – greedy for power; **żądny sukcesu** – eager for success

żądza ❶ (*pragnienie*) greed [gri:d], lust [lʌst]; **żądza władzy** – greed/lust for power; **pałać żądzą** – to long for/to be keen on/to be crazy about ❷ (*pożądanie*) lust [lʌst], desire [dɪ'zaɪə]; **niezaspokojona żądza** – insatiable lust; **zaspokoić swoją żądzę** – to satisfy one's lust

że (*wyraz łączący zdanie*) that [ðət]; *Wiem, że jesteś zajęty.* – I know (that) you are busy.

żebrać beg (gg) [beg]

żebrak beggar ['begə]

żebro *anat.* rib [rɪb]

żeby ❶ (*aby*); *Chciałbym, żeby on to zrobił.* – I'd like him to do it. *Jest konieczne, żeby on był obecny.* – It's necessary/essential/vital that he (should) be present. *Zaproponował, żebyśmy poszli do kina.* – He suggested that we (should) go to the cinema. ❷ (*dla wyrażenia celu – po to aby*) to [tə/tʊ/tu:], in order to [ɪn'ɔ:dətʊ], in order that [ɪn'ɔ:dəðət], so that ['səʊ ðət]; *On pojechał do Francji, żeby nauczyć się francuskiego.* – He went to France to learn French. *Przebrał się, żeby nikt go nie rozpoznał.* – He disguised himself in order not to be recognized. *On ciężko pracował po to, żeby jego żona mogła pojechać na wakacje.* – He worked hard so that/in order that his wife could go on holiday. ❸ (*żeby tylko*) hopefully ['həʊpfʊlɪ], if only [ɪf'əʊnlɪ]; *Żeby tylko nie padało!* – I do hope it won't rain! ❹ (*że*) that [ðət]; *Nie wierzę, żeby to była prawda.* – I don't believe (that) it is true. ❺ (*dot. polecenia, prośby*) mind [maɪnd]; *Żebyś nie przyszedł za późno!* – Mind you don't come too late!

żeglarski yacht [jɒt]; **klub żeglarski** – yacht club

żeglarstwo sailing ['seɪlɪŋ], yachting ['jɒtɪŋ]

żeglarz sailor ['seɪlə]

żeglować sail [seɪl]

żeglowny navigable ['nævɪgəbl]

żegluga sailing ['seɪlɪŋ], navigation [nævɪ'geɪʃn]

żegnać bid (sb) farewell [bɪd-feə'wel], say goodbye (to sb)

żegnać się ❶ (*rozstawać się*) say goodbye ['seɪgʊd'baɪ], take one's leave ❷ (*robić znak krzyża*) cross oneself, make the sign of the cross

żel gel [dʒel]

żelatyna gelatine [dʒelə'ti:n]

żelazko iron ['aɪən]

żelazny iron ['aɪən]; **żelazne zdrowie** – an iron constitution; **Żelazna Kurtyna** – the Iron Curtain; **żelazny zapas** – an iron ration

żelazo iron ['aɪən]; **ruda żelaza** – iron ore; **epoka żelaza** – the Iron Age; **kuć**

Ż

żelazo póki gorące – to strike while the iron is hot
żelazobeton reinforced concrete [ri:ɪn-'fɔ:st'kɒŋkri:t], ferro-concrete [ferəu-'kɒŋkri:t]
żeliwo cast-iron [kɑ:st'aɪən]
żenić się get married [get'mærɪd], marry ['mærɪ]
żenujący embarassing [ɪm'bærəsɪŋ]
żeński female ['fi:meɪl], feminine ['femɪnɪn]; *gram.* **rodzaj żeński** – the feminine gender; **szkoła żeńska** – girls' school; **chór żeński** – women's choir; **płeć żeńska** – the female sex
żeń-szeń ginseng ['dʒɪnseŋ]
żeton counter ['kauntə]
żłobek créche [kreɪʃ]
żłobić groove [gru:v], furrow ['fʌrəu]
żłób manger ['meɪndʒə]
żmija *zool.* viper ['vaɪpə], adder ['ædə]
żmudny arduous ['ɑ:djuəs], laborious [lə'bɔ:rɪəs]
żniwiarz harvester ['hɑ:vɪstə], reaper ['ri:pə]
żniwo ❶ (*żniwa – zbieranie plonów*) harvest ['hɑ:vɪst] ❷ *przen.* toll [təul], harvest ['hɑ:vɪst]; **zbierać żniwo swojej pracy** – to reap the harvest of one's work; *Epidemia zebrała swoje żniwo.* – The epidemic took its toll.
żołądek stomach ['stʌmək]; **ból żołądka** – a stomach-ache; **wrzód żołądka** – stomach ulcer; **rozstrój żołądka** – an upset stomach
żołądź *bot.* acorn ['eɪkɔ:n]
żołd soldier's pay ['səuldʒəz'peɪ]
żołnierz soldier ['səuldʒə]
żona wife, *l.mn.* wives [waɪf, waɪvz]
żonaty married ['mærɪd]
żongler juggler ['dʒʌglə]
żonglować juggle ['dʒʌgl]
żonkil *bot.* jonquil ['dʒɒŋkwɪl], daffodil ['dæfədɪl]
żorżeta georgette [dʒɔ:'dʒet]
żółciowy bile [baɪl], gall [gɔ:l]; **pęcherzyk żółciowy** – the gall-bladder; **kamienie żółciowe** – gall stones
żółć bile [baɪl], gall [gɔ:l]
żółknąć grow yellow [grəu'jeləu], turn yellow [tɜ:n'jeləu]
żółtaczka jaundice ['dʒɔ:ndɪs]
żółtko yolk [jəuk]
żółty yellow ['jeləu], (*o światłach sygnalizacji drogowej*) amber ['æmbə]
żółw *zool.* tortoise ['tɔ:təs], turtle ['tɜ:tl]
żółwi tortoise's ['tɜ:təsɪz], turtle's ['tɜ:tlz]; **w żółwim tempie** – at snail's pace
żrący (*o substancji*) corrosive [kə'rəusɪv], caustic ['kɔ:stɪk]
żubr *zool.* aurochs ['ɔ:rɒks], bison, *l.mn.* bison ['baɪsn]
żuchwa jaw [dʒɔ:]
żuć chew [tʃu:]; **guma do żucia** – chewing-gum
żuk *zool.* beetle ['bi:tl]
żuraw ❶ *zool.* crane [kreɪn] ❷ *techn.* crane [kreɪn]
żurawina *bot.* cranberry ['krænbərɪ]
żurnal fashion magazine [fæʃn mægə'zi:n]
żużel slag [slæg], cinders ['sɪndəz], *sport.* motor-cycle races, (*nawierzchnia*) dirt-track
żwawy lively ['laɪvlɪ], brisk [brɪsk], spry [spraɪ], jaunty ['dʒɔ:ntɪ]
żwir gravel ['grævl]
życie life, *l.mn.* lives [laɪf, laɪvz]; **pochodzenie życia na ziemi** – the origin of life on earth; **życie ludzkie** – human life; **życie rodzinne** – family life; **życie seksualne** – sex life; **życie towarzyskie** – social life; **życie prywatne** – private life; **długie/krótkie życie** – a long/short life; **prowadzić spokojne życie** – to lead a peaceful/ /quiet life; **trudne/ciężkie życie** – hard/difficult life; **aktywne życie** – active/busy life; **ryzykować życiem** – to risk one's life; **ocalić komuś życie** – to save sb's life; **odebrać sobie życie** – to take one's life; **zacząć życie na nowo** – to start a new life; *To jest sprawa życia i śmierci.* – It's a matter of life and death. *Ona jest zawsze tak pełna życia.* – She is always so full of life. **wejść w życie** (*o ustawie*) – to come into force; **wprowadzić coś w życie** – to carry sth into effect

życiorys ❶ (*historia życia*) autobiography [ɔ:təbaɪ'ɒgrəfɪ], biography [baɪ'ɒgrəfɪ] ❷ (*opis dotychczasowego życia zawodowego przy ubieganiu się o pracę*) curriculum vitae [kə'rɪkjʊləm'vi:taɪ/'vaɪtɪ], (CV) [si:'vi:], *am.* résumé [rezʊ'meɪ]

życiowy ❶ (*dot. życia biologicznego*) biological [baɪə'lɒdʒɪkl], vital ['vaɪtl]; **procesy życiowe** – vital functions ❷ (*dot. warunków życia*) living ['lɪvɪŋ], of life [əv'laɪf]; **standard życiowy** – living standards

życzenie ❶ (*pragnienie*) wish [wɪʃ], desire [dɪ'zaɪə], request [rɪ'kwest]; *Twoje życzenie spełniło się.* – Your wish came true. *Twoje życzenie będzie spełnione.* – Your wish will be granted. *Przyszłam tu na jej życzenie.* – I came here at her request. *To pozostawia wiele do życzenia.* – That leaves much to be desired. *Katalog jest dostępny na życzenie.* – The catalogue is available on request. ❷ (*życzenia – formuła grzecznościowa*) wishes ['wɪʃɪz]; **z najlepszymi życzeniami** – with best wishes; **składać życzenia z okazji Bożego Narodzenia** – to wish sb a Merry Christmas; **składać komuś życzenia z okazji ślubu** – to congratulate sb on his marriage; **składać komuś życzenia z okazji urodzin** – to wish sb a Happy Birthday/to wish sb many happy returns of the day

życzliwość kindness ['kaɪndnɪs], friendliness ['frendlɪnɪs]

życzliwy friendly ['frendlɪ], kindly ['kaɪndlɪ], well-disposed [weldɪs'pəʊzd]

życzyć wish [wɪʃ]; *Ona ma wszystko, czego by sobie można życzyć.* – She has everything one could wish for. *Życzyłem mu miłej podróży.* – I wished him a nice journey. **życzyć komuś szczęścia** – to wish sb hapiness; *Życzyłam mu powodzenia.* – I wished him luck. **życzyć komuś dobrze/źle** – to wish sb well/ill

żyć ❶ (*być żywym*) live [lɪv], be alive [bi:ə'laɪv]; *On jeszcze żyje.* – He is still alive. *Niech żyje król!* – Long live the King! ❷ (*bytować w jakichś warunkach*) live [lɪv]; **żyć w luksusie** – to live in comfort; *I żyli długo i szczęśliwie.* – And they lived happily ever after. **żyć o chlebie i wodzie** – to live on bread and water; **żyć z dnia na dzień** – to live from day to day; **żyć nad stan** – to live beyond one's means; **żyć na wsi** – to live in the country ❸ (*przestawać, obcować z kimś*) get on with [get'ɒnwɪð] (got, got); **żyć z kimś dobrze** – to get on well with sb ❹ (*trwać, być aktualnym*) live [lɪv]; *Pamięć o nim będzie zawsze żyła w naszych sercach.* – His memory will live on in our hearts forever.

Żyd Jew [dʒu:]

żydowski Jewish ['dʒu:ɪʃ]

Żydówka Jewess ['dʒu:ɪs]

żyletka safety-razor ['seɪftɪreɪzə]

żyła *anat.* vein [veɪn]

żyrafa *zool.* giraffe [dʒɪ'rɑ:f]

żyrandol chandelier [ʃændə'lɪə]

żytni rye [raɪ]; **chleb żytni** – rye bread

żyto rye [raɪ]

żywcem alive [ə'laɪv]; **być żywcem pogrzebanym** – to be buried alive

żywica resin ['rezɪn]

żywić ❶ (*odżywiać*) feed (fed, fed) [fi:d, fed, fed], nourish ['nʌrɪʃ] ❷ (*odczuwać*) feel (felt, felt) [fi:l, felt, felt], cherish ['tʃerɪʃ]; **żywić do kogoś miłość/nienawiść** – to feel love/hatred for sb; **żywić złudzenia/nadzieje** – to cherish illusions/hopes

żywić się feed (fed, fed) [fi:d, fed, fed]; *Krowy żywią się trawą.* – Cows feed on grass.

żywienie nourishment ['nʌrɪʃmənt]

żywioł element ['elɪmənt]; **być w swoim żywiole** – to be in one's element

żywiołowo impulsively [ɪm'pʌlsɪvlɪ], spontaneously [spɒn'teɪnjəslɪ]

żywiołowy ❶ (*dot. żywiołu*); **klęska żywiołowa** – natural disaster ❷ (*gwałtowny*) impulsive [ɪm'pʌlsɪv], spontaneous [spɒn'teɪnjəs]

żywność food [fu:d], provisions [prə'vɪʒnz]

Ż

żywo ❶ (*intensywnie, wyraziście*) intensely [ɪn'tenslɪ], lively ['laɪvlɪ] ❷ (*będąc żywym*) alive [ə'laɪv], live [laɪv]; **nagranie na żywo** – a live recording

żywopłot hedge [hedʒ]

żywość ❶ (*ruchliwość*) liveliness ['laɪvlɪnɪs], animation [ænɪ'meɪʃn], vitality [vaɪ'tælətɪ] ❷ (*intensywność*) vividness ['vɪvɪdnɪs], intensity [ɪn'tensətɪ]

żywot life, *l.mn.* lives [laɪf, laɪvz]

żywotność vitality [vaɪ'tælətɪ]

żywotny ❶ (*pełen energii*) lively ['laɪvlɪ] ❷ (*bardzo ważny, istotny*) vital ['vaɪtl]

żywy[1]**:**
żywi – the living; **żywi i martwi** – the living and the dead

żywy[2] ❶ (*żyjący*) alive [ə'laɪv], live [laɪv], living ['lɪvɪŋ]; **żywy organizm** – a living organism; *Nie wiedzieliśmy, czy on jest żywy, czy martwy.* – We didn't know if he was alive or dead. ❷ (*pełen energii, werwy*) lively ['laɪvlɪ], sprightly ['spraɪtlɪ], animated ['ænɪmeɪtɪd]; **żywa dyskusja** – a lively/an animated discussion ❸ (*intensywny, silny*) vivid ['vɪvɪd], intense [ɪn'tens], acute [ə'kju:t]; **żywe kolory** – vivid colours; **żywa wyobraźnia** – lively/vivid imagination ❹ (*wartki*) lively ['laɪvlɪ], brisk [brɪsk]; **żywa melodia** – a lively melody

żyzny fertile ['fɜ:taɪl], rich [rɪtʃ]